麦读
MyRead

走向上的路　追求正义与智慧

THE COLLECTION OF
THE SUPREME PEOPLE'S COURT'S
JUDICIAL RULES

新编

最高人民法院司法观点集成

行政卷 I

（第二版）

总 主 编｜杜万华　副总主编｜刘德权
本卷主编｜蔡小雪　陈裕琨　缪　蕾

中国民主法制出版社
全国百佳图书出版单位

第二版编辑出版说明

“天下之事，不难于立法，而难于法之必行。”习近平总书记强调：“法律的生命力在于实施，法律的权威也在于实施。”随着中国特色社会主义法律体系的构建完成，最高人民法院监督、指导地方各级人民法院和专门法院在审判工作中正确、统一适用法律的任务更加艰巨，责任更加重大，意义更加深远。党的十八大以来，最高人民法院多次强调，要认真研究具体法律适用中出现的新情况、新问题，通过制定或修改司法解释、下发指导性意见、发布指导性案例等方式，确保法律适用和裁判尺度的统一。

由于历史发展、发布载体等原因，蕴藏于最高人民法院司法解释、司法文件、指导性案例、会议纪要、个案答复、裁判文书等文件和案例中的大量司法观点，存在相对分散、没有集中梳理、不便于查阅以及新旧文件阐述不完全一致等问题，从而在某种程度上影响了广大法官以及其他法律职业者对法律的正确理解与统一适用。为解决此问题，相关图书出版单位付出辛勤劳动，出版了很多梳理或解读最高人民法院司法文件的图书，但这些图书仍不能完全满足读者对权威、有效、实用、系统的司法观点的需求。为此，我们于 2017 年专门策划、编辑了《新编版最高人民法院司法观点集成》（六卷本)。该套书自上市以来，深受广大读者的好评，在法律实务图书出版市场形成了良好的口碑、广泛的知名度和高度的品牌价值。

但是，不容忽视的是，近五年来，用于提炼最高人民法院司法观点的新依据和新材料大量增加，该套书的内容随着司法实践的发展而渐显滞后。为进一步增强图书内容的时效性，作者团队决定从 2021 年起启动新编版的修订工作，从而帮助读者学习、运用最高人民法院新的司法观点。考虑到各卷的修订背景各不相同，面对的读者也有所差异，本次修订将按照“成熟一部出版一部”的原则，依次推出各卷的第二版。

一

顾名思义，《新编最高人民法院司法观点集成》（第二版）是一部可以通览最高人民法院各类司法观点的权威司法实务指导用书，其对于不断提高广大法官准确理解和适用法律的能力，统一各类案件裁判标准，从而提高各类案件的审判质量有着积极的参考作用。

我们编写本套书最大的出发点是解决司法实务工作者在实际办案中或在处理具体法律事务中，遇到难点、疑点、热点以及前沿问题时寻找确定性司法依据的需求问题。我国是成文法国家，以法律条文为审判的根本依据，但抽象的法律文本落实到复杂的现实纠纷中存在很大的适用和解释空间，常常给办理具体案件的法官、律师等实务工作者带来困扰。作为最高审判机关的最高人民法院，为统一裁判尺度，确保司法公正，制定和公布了大量的司法解释以及司法解释性文件，还通过其他多种形式表达其适用法律的观点，如：全国性审判工作会议上的院长、庭长讲话，发布专项司法指导性政策文件，在一些典型案件的判决中宣示其司法立场，发布指导性案例或者在《最高人民法院公报》上选登地方法院典型案例以肯定其做法。最高人民法院各审判业务庭也常以“函复”“庭推纪要”“解答”“专题论述”等形式阐述对具体法律适用问题的意见或倾向性观点，在不同程度和层面上反映最高人民法院的司法态度和立场。此外，最高人民法院的法官对审判实务中的新情况、新问题，特别是疑难复杂问题，推出了大量的研究著述，对司法实务也有一定的影响。

对于司法实务工作者而言，上述司法观点对他们的实际办案无疑具有极强的指导和参考价值。但这些司法观点的载体，形式多样、效力各异，虽然互联网越来越发达、法律数据库的种类也越来越多，但仍不能满足他们系统或分类查找、理解与适用的需求，而对于并不经常收集和阅读各类审判指导刊物的读者来说，就更难以全面、准确和及时地知悉。

为此，我们组织既有审判实务经验，又注重法学理论研究的作者，以最高人民法院发布的司法解释、司法文件、指导性案例、会议纪要、个案答复、裁判文书和《最高人民法院公报》刊载的案例等为依据和素材，将散见于各种资料中的对审判工作具有指导性、参考性的内容进行收集、分类、归纳，从最具实践价值和理论意义的内容中提炼出最高人民法院的司法观点，整理编写而成这套《新编最高人民法院司法观点集成》(第二版)。

二

《新编最高人民法院司法观点集成》(第二版) 秉承立足实践、突出实用、重在指导、体现权威的编辑宗旨，致力于为广大法官以及其他法律职业者提供系统完整的、有针对性的、权威的实务指导和参考。

努力提升司法观点的精细程度，以充分体现司法观点的权威性、时效性、实用性、系统性，是我们编写本套书的目标。在修订过程中，我们广泛、认真地听取了各级人民法院法官、律师和其他法律从业人员的意见与建议，也征求了一些法学专家、学者的意见与建议。根据这些意见与建议，我们全面梳理、深入挖掘、精准归纳最高人民法院司法观点，于是就有了呈现在广大读者面前的《新编最高人民法院司法观点集成》(第二版)。

本套书的特点有三个：其一，以司法解释为核心。书中编入的司法观点首先注重从现行有效的司法解释中提炼，突出观点来源的权威性。其二，全面梳理、立体呈现。以司法解释为核心，全面收集最高人民法院各种政策文件、指导性案例、裁判文书等，形成对司法观点多维度、多层面的立体支撑。其三，仔细甄别、去旧选新。对最高人民法院公布的各项司法解释、司法文件、指导性案例、裁判文书等进行仔细甄别，对已失效的内容予以排除，只选取现行有效的文件和资料。

三

《新编最高人民法院司法观点集成》(第二版) 整体包括以下栏目：

【最高人民法院司法解释】最高人民法院在审判工作中针对具体应用法律的问题，作出的解释、规定、规则、批复和决定。

【最高人民法院司法文件】最高人民法院单独或与其他部门联合发布的通知、全国性的审判业务会议纪要等文件。

【最高人民法院司法政策】最高人民法院院领导在有关审判工作会议或其他会议上所作的重要讲话。

【最高人民法院答复】最高人民法院及各业务庭、局、室就下级法院或其他单位对法律适用问题或具体案件的处理问题的请示、函等所作的答复。

【最高人民法院审判业务意见】最高人民法院各业务庭、局、室发布的关于审判工作和具体法律适用问题的意见，以及组织编写的审判指导丛书中的庭推纪要、审判实务释疑、倾向性意见、研究意见、审判综述等内容。

【最高人民法院专业法官会议纪要】最高人民法院专业法官会议在讨论案件的法律适用问题，或者与事实认定高度关联的证据规则适用问题，以及其他事项过程中形成的纪要。

【最高人民法院指导性案例】最高人民法院确立并统一发布的对全国法院审判、执行工作具有指导作用的指导性案例，各级人民法院审判类似案件时应当参照。

【最高人民法院裁判案例】最高人民法院审判并确立了新的裁判规则的案例，或者虽未确立新的裁判规则，但对法律、司法解释中不够具体的规则进行了界定、解释或者例证的案例，包括在中国裁判文书网上公布的裁判文书。

【最高人民法院公报案例】《最高人民法院公报》除登载最高人民法院裁判文书外，所选登的案例都是由最高人民法院正式选编并作为参考性案例对外公布的，虽然其中的大部分案例不是由最高人民法院直接审判，但这些案例所涉及的法律适用问题得到了最高人民法院的认可，直接反映了最高人民法院对有关法律适用问题的具体意见。

【最高人民法院参考案例】最高人民法院公布的典型案例以及由最高人民法院各业务庭、局、室所编选推出的参考案例。

【链接：理解与适用（参照）】最高人民法院司法解释、司法文件、指导性案例公布后，相关起草部门或人员针对文件或案例所撰写的理解与适用（参照）、解读、解答等内容。

【链接：答记者问】最高人民法院院领导以及各业务庭、局、室负责人在新的司法解释和司法文件出台时召开的新闻发布会上的答记者问内容。

【链接：信箱】《司法信箱》是最高人民法院机关刊——《人民司法》的传统栏目，其答复意见一般是由最高人民法院各审判业务庭业务骨干撰写，并经庭长审定；《民事审判信箱》是最高人民法院民事审判第一庭编写的《民事审判指导与参考》中的栏目；《再审信箱》是最高人民法院审判监督庭编写的《审判监督指导》中的栏目。

【链接：最高人民法院法官著述】最高人民法院法官发表在《人民司法》《法律适用》《中国应用法学》以及“中国审判指导丛书”等刊物和个人专著上的著述。这些著述反映了最高人民法院法官对一些法律问题的研究情况和倾向性意见，虽然是以个人名义发表，从法理上说属于学理解释，但无疑也颇具参考价值。

四

行政卷第二版由蔡小雪、陈裕琨、缪蕾主编。蔡小雪同志是本次修订新增加的主编，他在最高人民法院行政审判庭工作30余年，具有十分丰富的司法实务经验，被誉为“行政审判领域的活字典”。在编写工作中，他具体负责章节体例的设计、完善以及司法观点的最后审改。

行政卷第二版共分为3册，180万字，1144个司法观点。由于第二版只保留了国家赔偿中的行政赔偿内容，因此，相对第一版，增加了65个司法观点。第二版删除了第一版中大量过时的内容，整体新增内容占到全书的50%左右。为方便读者了解，特将此次修订说明如下：

关于“增”。本次修订，增补了12个最高人民法院司法解释及司法文件，14 个最高人民法院答复，92 个最高人民法院专业法官会议纪要，12 个最高人民法院指导性案例，26 个最高人民法院公报案例，260 余个最高人民法院裁判案例。其他栏目亦根据新的材料进行了相应补充。此次修订，主要是以 2018 年行政诉讼法司法解释为核心，吸收与其不冲突的原有内容，并增补行政赔偿、行政协议、行政诉讼被告资格、行政申请再审、行政案件案由、行政机关负责人出庭应诉等新的内容。另外，此次修订还增加了【最高人民法院专业法官会议纪要】栏目，这是因为最高人民法院 2020 年下发文件提出专门要求，专业法官会议讨论案件的法律适用问题以及与事实认定高度关联的证据规则适用问题，其纪要对于司法审判实务具有重要的指导和参考价值。

关于"删"。本次修订，对于已被明确废止的最高人民法院司法解释、司法文件、答复，直接予以删除；对于最高人民法院裁判案例、参考案例，则根据新公布的司法解释、司法文件进行全面梳理，剔除与之相矛盾和不合时宜的案例，以避免读者误用。另外，需要说明的是，本卷修订后，其内容更加集中，专门针对行政审判领域，因此卷名由"行政及国家赔偿卷"改为"行政卷"，国家赔偿中除行政赔偿外的其他内容不再收录。

关于"改"。本次修订，除了上述增删的内容，更是对编排体例和适用内容进行了优化，切实提升读者的阅读体验。一是强化分类梳理，增加标题层次。例如，第一版第二章受案范围有 99 个司法观点，没有二级标题；第二版不仅增加 4 个二级标题，还在二级标题下增加了三级、四级标题。无论是二级标题，还是三级、四级标题，其统领的司法观点均按固有的逻辑顺序予以排列。二是强调就近原则，调整栏目顺序。第一版各个司法观点下的栏目，基本按照文件、案例、著述的顺序排列，虽然整体上比较统一，但却割裂了部分栏目内容之间的联系。第二版注重内容的实质关联，将相关栏目尽量依次排序，方便读者对照阅读。比如，【最高人民法院司法解释】下跟排【链接：理解与适用】，【最高人民法院指导性案例】下跟排【链接：理解与参照】。三是定位适用痛点，增加新旧规定之间不一致之处的说明。有些司法解释、司法文件没有被明文废止，有些答复根本就无法纳入清理范围，但实际上，上述文件的个别条文与后公布的法律法规、司法解释、司法文件的相关规定并不一致。对于这些不一致之处，第一版未作处理，第二版则以注释的形式予以说明，尽可能理清新旧规则之间的关系，指出需要注意的地方，以便于读者准确理解和适用。

五

本套书的内容来自：《最高人民法院公报》，最高人民法院机关刊《人民司法》杂志，“中国审判指导丛书”，“法律与司法解释理解与适用丛书”，最高人民法院各业务庭、局、室编写的司法实务类著作等公开出版物，以及最高人民法院网、中国裁判文书网等网站公开发布的信息。在编辑过程中，我们对原文进行了必要的提炼，对非文件类栏目的引用内容所涉及的法律全简称、法条序号等予以了统一。

在本套书中，我们精心节选了部分最高人民法院法官的合作作品、个人专著，他们深入细致的阐述有助于读者更清晰地了解最高人民法院司法观点的深刻含义，以便读者在实务工作中正确适用。对于这些作者，我们由衷地表示感谢！

由于我们所掌握的资料和编写水平有限，对最高人民法院司法解释、司法政策精神等所包含的司法观点的理解、提炼可能不尽准确，所梳理的最高人民法院司法观点仅供读者在法律实务工作中参考适用，故凡与法律、司法解释不一致的，或者法律、司法解释有新规定的，应当按照法律、司法解释的规定适用。本书的编辑内容和体例尚有可改进之处，请读者给我们多提宝贵意见，以便将来继续修订更新。

杜万华

2022年12月

本卷总目

CONTENTS

本册细目

CONTENTS

第一章 行政审判总论

第二章 受案范围

第四章 诉讼参加人

第六章　起诉与受理

第一章 | CHAPTER 01

行政审判总论

001 行政审判工作面临的问题和困难

关键词｜行政审判理念｜行政审判队伍｜行政审判体制机制｜当事人滥用诉权｜行政审判外部环境｜

【最高人民法院司法政策】

一是行政审判理念有待进一步转变,对行政审判在“四个全面”战略布局中重要作用的认识有待进一步提高。比如,有的法院将服务大局简单理解为维护行政机关的行政行为,轻视行政相对人的权利保护;有的将是否得到某些地方领导的首肯作为评价案件社会效果的标准,并以所谓“社会效果”否定法律效果,不能坚守法治底线;有的在立案问题上,抱有“行政审判费力不讨好,案件宁少勿多”的错误认识,限制当事人的诉权;有的在案件处理上抗不住干扰,顶不住压力,不敢严格司法,等等。这些理念和认识上的差距,严重影响了行政审判工作的健康发展。

二是行政审判队伍力量薄弱,专业化水平有待提高。受行政审判工作起步较晚、行政案件数量相对较少、外部环境制约较大等因素影响,行政审判队伍专业化建设严重滞后,且骨干人才流失严重,难以满足人民群众日益增长的司法需求。目前,全国从事行政审判的法官共 8878 人,高级、中级和基层法院行政审判庭法官数量平均分别仅为 10. 8 人、4. 4 人、2. 3 人,基层法院行政审判庭“一人庭”“二人庭”现象十分普遍,地方三级法院行政审判合议庭数量“三二一”的最低标准仍未完全实现。行政审判队伍不稳定、人员流动快的现象较为突出,具有十年以上行政审判工作经验的法官仅占 22. 3%。

三是行政审判体制机制改革面临困难。受机构、编制、职级等各种因素的制约,跨行政区划法院的设立和行政案件集中管辖改革面临一系列困难,出现“案件集中易、法官集中难”问题,形成“有的地方有人无案办、有的地方有案无人办”的被动局面。此外,司法管辖区和行政管理区适当分离后,一些部门对行政案件引发的信访问题相互推诿,导致案件审理后的信访压力全部集中在受理案件的法院。

四是行政诉讼中当事人滥用诉权的问题较为突出。新修改的行政诉讼法极大地方便了行政相对人依法行使诉权,但在一些地方也出现了恶意诉讼、滥用诉权的现象。由于打行政官司成本低,一些当事人不能理性维权,随意提起诉讼,有的甚至变换不同地方重复起诉,耗费了大量行政审判资源。个别当事人长期缠诉闹访,扰乱庭审秩序,严重影响行政审判工作的正常开展。

五是行政审判的外部环境有待进一步优化。在全面依法治国的大背景下,行政审判的外部环境有了较大改善,但仍然存在不少问题。比如,有的领导干部不能正确对待行政诉讼，不尊重群众诉权，不支持法院受理行政案件；有的行政机关负责人不愿出庭、出庭不出声或不愿接受败诉结果；有的地方党政领导干部仍然公开插手行政案件，少数地区规定如判决行政机关败诉即对相关法院考核扣分；有的地方仍视法院为政府的工作部门，要求法院承担司法职权之外的强制拆迁、城管执法、招商引资等工作。

——周强：《最高人民法院关于行政审判工作情况的报告——2015 年 11 月 2 日在第十二届全国人民代表大会常务委员会第十七次会议上》，载中国人大网 2015 年 11 月 3 日，http://www.npc.gov.cn/zgrdw/npc/xinwen/2015-11/03/content_1949926.htm。

002 加强和改进行政审判工作的措施和建议

关键词｜行政审判工作重要性｜行政审判职能｜行政审判队伍建设｜行政审判体制机制｜

【最高人民法院司法政策】

一是要进一步提高对行政审判工作重要性的认识，把行政审判司法能力建设作为人民法院"十三五"期间的一项重要任务，纳入经济社会发展大局来谋划和推进。深入研究协调推进"四个全面"战略布局、贯彻实施新修改的行政诉讼法对行政审判工作提出的新要求，大力加强对行政审判工作的组织领导。各级人民法院领导特别是"一把手"，要切实转变"重民刑、轻行政"的错误观念，把行政审判作为促进经济社会健康发展、推进国家法治进步、提升司法公信力的重要抓手，努力解决影响行政审判质效的深层次问题。加强对行政审判的力量配备和资源倾斜，为广大行政审判法官坚持原则、依法办案提供有力支持和良好条件。抓紧出台相应的制度措施，加大对恶意诉讼、滥用诉权、缠诉缠访行为的惩处力度，营造良好行政诉讼环境。落实"谁执法谁普法"要求，加大对行政审判及相关法律知识的宣传力度，争取各方面对行政审判的理解和支持。

二是要认真贯彻实施新修改的行政诉讼法，充分发挥行政审判职能。大力加强行政审判执法办案工作，通过审理、执行行政案件，妥善化解行政纠纷，协调各种利益关系，保护行政相对人合法权益，密切党群、干群关系，监督、支持行政机关依法行政，弘扬社会主义核心价值观，努力为推动经济社会发展提供有力司法服务和保障。妥善应对立案登记制改革带来的影响，处理好法院内部在行政案件立案问题上的分工与合作，完善起诉人投诉处理机制，对违法不立案的依法追究责任。始终坚持严格司法，依法审查行政行为，对被诉行政行为主要证据不足、适用法律法规错误、违反法定程序、超越职权、明显不当的，坚决依法予以撤销或确认违法、无效。坚持实质性化解纠纷，增强裁判的可执行性，既有效维护行政相对人合法权益，又依法支持行政机关发挥经济调控、市场监管、公共服务、社会管理等职能。及时出台司法解释，妥善解决新修改的行政诉讼法贯彻实施中出现的新问题。认真贯彻落实中央全面深化改革领导小组会议审议通过的《关于加强和改进行政应诉工作的意见》，促进行政机关依法做好行政应诉工作，支持各级政府将行政应诉能力建设作为"十三五"期间的重要项目加以推进。支持行政机关加强行政应诉培训工作，在旁听庭审、案例研讨等方面积极提供便利。

三是要进一步加强行政审判队伍建设，为行政审判工作发展提供有力组织保障。以正在推进的法官员额制、司法责任制和法官单独职务序列改革为契机，吸引优秀人才从事行政审判工作。加强教育培训工作，加快行政审判法官的知识更新速度，不断提升行政审判法官司法为民、公正司法的能力和水平。持之以恒加强党风廉政建设和反腐败工作，不断提高行政审判法官拒腐防变能力，严格落实防止法院内部人员干扰办案等规定，坚决清除行政审判队伍中的害群之马，确保队伍廉洁。

四是要进一步推进行政审判工作体制机制改革，全面提高行政审判工作质效。在党中央和中央政法委的领导下，进一步推进行政案件管辖制度改革，全面落实新修改的行政诉讼法有关跨行政区划集中管辖的规定，着力解决一些法院不敢收案和不敢依法裁判的问题。认真落实《关于完善人民法院司法责任制的若干意见》，推进以审判为中心的诉讼制度改革，建立健全权责明晰、权责统一、监督有序、配套齐全的行政审判权力运行机制，实现让审理者裁判、由裁判者负责。加强信息技术在行政审判工作中的应用，建立四级法院行政案件信息数据采集分析系统，促进行政案件立案、庭审、裁判文书以及执行工作全面公开。完善行政案件审理方式和裁判方式，实现简案快审、繁案精审，提高行政审判的质量和效率。进一步落实诉讼终结和"诉访分离"制度，规范行政案件申请再审的条件和程序，及时解决群众合法合理诉求。更好地延伸行政审判职能，规范司法建议等工作，加强与行政机关的良性互动、信息共享，完善多元化纠纷解决机制，齐心协力化解社会矛盾。

针对行政审判工作面临的困难和问题，提出四点建议：一是以党的十八大、十八届三中、四中、五中全会和习近平总书记系列重要讲话精神为指导，推动全社会树立法治意识，不断增进各级行政机关、领导干部和人民群众对行政审判工作的理解和支持，帮助克服各种非法干扰，进一步为行政审判工作营造良好外部环境。二是支持行政审判体制机制改革，修改人民法院组织法等法律，从立法层面解决跨行政区划法院审理行政案件的法律依据问题，加快推进省以下地方法院人财物统一管理，完善利用铁路运输法院等集中管辖行政案件的改革试点，确保各项改革举措于法有据。授权最高人民法院对行政再审案件的级别管辖作出适当调整，避免将大量案件集中到最高人民法院，尽量将矛盾化解在基层。三是进一步加强对行政审判工作的监督，推动建立地方各级人大常委会定期听取人民法院行政审判工作报告制度，深入开展行政审判专项调研，对行政机关负责人出庭应诉等情况组织专项执法检查，及时发现和纠正行政审判存在的问题，同时进一步关心支持行政审判队伍建设，帮助解决编制、机构和人员等方面的实际困难。四是支持行政机关加强行政应诉工作，改善行政应诉工作条件，促进提升行政应诉能力和水平。

——周强：《最高人民法院关于行政审判工作情况的报告——2015 年 11 月 2 日在第十二届全国人民代表大会常务委员会第十七次会议上》，载中国人大网 2015 年 11 月 3 日，http://www.npc.gov.cn/zgrdw/npc/xinwen/2015-11/03/content_1949926.htm。

【最高人民法院司法文件】

12. 加强诉讼服务体系建设。加快推进诉讼服务中心现代化建设，努力提供普惠均等、便捷高效、智能精准的诉讼服务。健全线上"一网通办"、线下"一站服务"的集约化诉讼服务机制。引入社会第三方参与诉讼服务工作，提升诉讼服务社会化水平。普遍推行"分流、调解、速裁、快审"机制改革，健全相应信息系统，促进纠纷及时快速解决。加快推进跨域立案改革，推动诉讼事项跨区域远程办理、跨层级联动办理，解决好异地诉讼难等问题。完善当场立案、网上立案、自助立案、跨域立案服务相结合的便民立案机制，实现诉讼服务"就近能办、同城通办、异地可办"。推进智慧诉讼服务建设，研发智能辅助软件，为当事人提供诉讼风险评估、诉前调解建议、自助查询咨询、业务网上办理等服务，切实减轻人民群众诉累。

29. 优化四级法院职能定位。完善审级制度，充分发挥其诉讼分流、职能分层和资源配置的功能，强化上级人民法院对下监督指导、统一法律适用的职能。健全完善案件移送管辖和提级审理机制，推动将具有普遍法律适用指导意义、关乎社会公共利益的案件交由较高层级法院审理。推动完善民事、行政案件级别管辖制度。推动完善民事、行政再审申请程序和标准，构建规范公正透明的审判监督制度。①

① "十三届全国人大常委会第三十八次会议今天在京召开，行政诉讼法（修正草案）首次提请全国人大常委会审议，修正草案进一步优化中级人民法院一审管辖规定、完善行政申请再审管辖规定。修正草案优化中级人民法院一审管辖规定，在行政诉讼法第十五条新增一款作为第二款，明确下列以县级、地市级人民政府为被告的第一审行政案件，由基层人民法院管辖。具体包括：政府信息公开案件；不履行法定职责的案件；行政复议机关不予受理或者程序性驳回复议申请的案件；土地山林等自然资源权属争议行政裁决案件。修正草案完善行政申请再审管辖规定，在行政诉讼法第九十条新增一款作为第二款，明确当事人不服高级人民法院生效裁判，原则上应当向原审高级人民法院申请再审。符合第二款规定的两种情形之一的，可以向最高人民法院申请再审。第一种情形是'当事人对原判决、裁定认定的事实和适用的诉讼程序等无异议，认为适用法律、法规有错误的'，第二种情形是'原判决、裁定经高级人民法院审判委员会讨论决定的'。"参见张赛：《行政诉讼法（修正草案）提请审议》，载央视新闻客户端 2022 年 12 月 27 日。——编者注

33. 深化与行政区划适当分离的司法管辖制度改革。科学界定人民法院跨行政区划管辖案件的范围和标准，推动形成有利于打破诉讼“主客场”现象的新型诉讼格局。配合人民法院组织体系改革，推动整合铁路运输法院、林区法院、农垦法院等机构，进一步优化司法资源配置。

42. 推进行政诉讼制度改革。围绕推进法治政府建设，改革完善行政审判工作机制，依法保护行政相对人合法权益，推动行政争议实质性化解，监督和支持行政机关依法行政。促进行政执法规范化、法治化，服务和保障“放管服”改革。规范行政案件管辖机制，完善案件管辖标准及类型，优化行政审判资源配置。

44. 健全完善民事、行政案件法律文书送达机制。在民事、行政诉讼和执行工作中，综合运用电子送达、委托送达、约定送达等方式，探索完善送达新模式，推动完善相关规定。搭建全国统一的电子送达平台，进一步扩大电子送达法律文书的范围。推动落实当事人送达地址确认书制度。推广集约化、分段化送达工作机制，积极探索利用社会化服务方式开展送达工作。

——《最高人民法院关于深化人民法院司法体制综合配套改革的意见——人民法院第五个五年改革纲要(2019—2023)》(2019 年 2 月 27 日，法发〔2019〕8 号)。

003 树立正确的行政审判理念，实现行政诉讼的职能作用

关键词｜行政审判理念｜行政诉讼职能｜

【最高人民法院司法政策】

以下几点理念需要继续坚持：一是监督行政机关依法行政。监督行政机关依法行使职权，是行政诉讼区别于民事诉讼的核心价值所在。行政诉讼之所以能够从民事诉讼中分离出来，成为一个独立的诉讼制度，正是因为它不同于民事诉讼，仅仅是一种纠纷解决手段，它同时还肩负着监督行政机关依法行政的使命。为了维护公共利益、国家利益，人民法院审理行政案件，必须全面审查被诉行政行为的合法性，不受原告诉讼请求和理由的限制。二是维护公民、法人和其他组织的合法权益。行政诉讼监督行政机关依法行政，根本目的在于防止和纠正违法的行政行为侵犯公民、法人和其他组织的合法权益，让受到违法行政行为侵犯的合法权益得到恢复和救济。所以，人民法院审理行政案件，不能仅仅停留在对行政行为的合法性审查阶段，要在全面审查被诉行政行为合法性的基础上，通过撤销判决、履行判决、变更判决、行政赔偿或行政补偿判决等法定判决方式，切实维护公民、法人和其

他组织的合法权益。只有这样，行政审判才能赢得人民群众的支持和拥护。三是实质化解行政争议。有纠纷才有诉讼。诉讼制度的建立，从根本上说是要化解争议、解决纠纷。行政诉讼制度作为三大诉讼制度之一，同样要能够实质化解行政争议。只是单纯地强调监督行政机关依法行政，不考虑对老百姓合法权益的维护，不考虑纠纷如何实质解决，对违法的被诉行政行为仅仅是一撤了之，结案了事，这是不符合行政诉讼作为诉讼制度的根本目的的。四是依法审判底线思维。行政诉讼不同于民事诉讼，合法性审查是其基本原则。如何进行合法性审查，以什么标准来判断被诉行政行为是否合法，这是行政诉讼必须解决的核心问题。根据行政诉讼法的规定，人民法院审理行政案件，只能依据法律、法规，参照规章。因此，人民法院审理行政案件，判断被诉行政行为合法性的标准，只能是法律、法规、合法有效的规章和其他规范性文件。法官不能抛开法律规范的规定，仅以自己认为的公平、公正理念，判断被诉行政行为的合法性。

——《裴显鼎专委在第一巡回法庭巡回区 2019 年行政审判工作座谈会上的讲话》（2019 年 5 月 17 日），载最高人民法院第一巡回法庭编著：《最高人民法院第一巡回法庭行政案件裁判精要》，中国法制出版社 2020 年版，第 4—5 页。

【链接：最高人民法院法官著述】

摘要：1989 年行政诉讼法颁布之初，我国行政诉讼制度就是以行政行为为中心建立起来的。2014 年修改后的行政诉讼法，总结我国行政审判实践经验，仍然坚持和完善了以行政行为为中心的行政诉讼制度，未采纳借鉴德、日等大陆法系国家诉讼类型化的立法建议。修改后的行政诉讼法，从立法目的、诉权保护、合法性审查原则，一直到受案范围、原告资格、适格被告、诉讼请求和事实根据、管辖法院、起诉期限等法定起诉条件，再到审理内容、审理方式和法定判决方式的适用，都离不开行政行为，行政行为贯穿行政诉讼的始终。明确被诉行政行为是行政审判的第一要务，坚持对被诉行政行为合法性全面审查，在此基础上通过行政赔偿、行政补偿充分维护公民、法人和其他组织的合法权益，选择适用行政诉讼法规定的最能够解决行政争议的审理和判决方式进行审理和裁判，实质化解争议，这就是我国行政诉讼法规定的人民法院审理行政案件的基本思路。

——郭修江：《以行政行为为中心的行政诉讼制度——人民法院审理行政案件的基本思路》，载《法律适用》2020 年第 17 期。

004 以行政行为为中心，确定行政案件审判思路

关键词｜行政行为｜行政审判思路｜

【最高人民法院司法政策】

（二）以行政行为为中心，展开行政审判活动

我国行政诉讼制度，是以行政行为为中心构建起来的。首先，人民法院审查原告起诉是否符合法定条件，需明确被诉行政行为。明确被诉行政行为是行政诉讼的第一要务。只有对当事人权利义务产生实际影响的行政行为，才是可诉的行政行为；与被诉行政行为有利害关系的公民、法人或者其他组织，具有原告资格；作出被诉行政行为的行政机关是适格被告；行政案件由最初作出行政行为的行政机关所在地人民法院管辖；公民、法人或者其他组织直接向人民法院提起诉讼的，应当自知道或者应当知道作出行政行为之日起六个月内提出。行政诉讼法定受理条件中，受案范围、原告资格、适格被告、管辖法院、起诉期限等，无一不以行政行为为基础。没有明确的被诉行政行为，人民法院将不能判断原告起诉是否符合法定起诉条件。其次，人民法院对被诉行政行为的合法性进行审查，行政诉讼的审理对象是被诉行政行为。没有明确被诉行政行为，行政诉讼的审查内容将无从展开，合法性审查基本原则将难以得到落实。最后，行政诉讼的法定判决方式，依赖于对被诉行政行为合法性的审理结果。被诉行政行为证据确凿，适用法律、法规正确，符合法定程序，即行政行为合法的，判决驳回原告诉讼请求；行政行为违法，判决撤销或撤销重做；行政行为违法，但撤销会给国家利益、公共利益造成重大损害的，判决确认违法保留效力；行政行为存在重大且明显违法情形的，判决确认无效；行政处罚明显不当，或者其他行政行为涉及对款额的确定、认定确有错误的，判决变更；被告不履行法定职责的，判决限期履行；被告未依法履行给付义务的，判决限期履行给付义务。离开对被诉行政行为合法性的审查，人民法院无法作出正确的行政判决。

——《裴显鼎专委在第一巡回法庭巡回区 2019 年行政审判工作座谈会上的讲话》（2019 年 5 月 17 日），载最高人民法院第一巡回法庭编著：《最高人民法院第一巡回法庭行政案件裁判精要》，中国法制出版社 2020 年版，第 9—10 页。

【链接：最高人民法院法官著述】

（二）明确被诉行政行为是行政审判的第一要务

行政诉讼区别于民事诉讼的本质特征是，行政诉讼在解决争议保护合法权益的同时，还肩负着对被诉行政行为合法性的监督职能。行政诉讼的所有活动都须

紧紧围绕着被诉行政行为的合法性展开。离开被诉行政行为，行政诉讼将失去目标和方向。因此，行政诉讼的第一要务是明确被诉行政行为。从行政诉讼的立案条件开始，就离不开被诉行政行为。起诉人提起行政诉讼的法定条件之一是，要有明确的诉讼请求和事实根据。在行政诉讼中，什么是明确的诉讼请求？就是要有明确的被诉行政行为。只有明确被诉行政行为之后，才谈得上原告资格、被告适格、诉讼请求和事实根据、受案范围、管辖、是否超过起诉期限、是否属于复议前置的案件等一系列起诉条件问题。明确被诉行政行为，是行政诉讼程序的起点，也是裁判的终点，判决结果必须对被诉行政行为的合法性作出评判。例如，征收土地是一个系列行政行为，包括市政府请示征地的报告、省政府的征地批复、发布征收公告和征收补偿方案公告、征收补偿决定或协议、强制搬迁等一系列行政行为。当事人笼统以征收土地行为为被诉行政行为，人民法院无法对相关起诉条件进行审查。在此情形下，人民法院应当按照行政诉讼法第五十一条的规定，对当事人给予指导和释明，并一次性告知当事人需要补正的内容。经指导和释明，当事人仍不能明确被诉行政行为的，人民法院可以以诉讼请求不明确为由，裁定不予立案或驳回起诉。类似的情形还有国有土地上房屋征收行为，这个行为也是一个系列行为，包含征收之前的公共利益项目的立项审批、用地批复、规划审批、违法建筑和临时建筑的甄别，以及征收决定和征收补偿方案、征收补偿决定或协议、违法强制拆除等许多行政行为。行政协议行为同样是一个系列行政行为，包含签订协议行为、不依法履行或未按约定履行协议行为、单方解除协议行为、单方变更协议行为等。当事人对此类系列行政行为笼统提起行政诉讼的，属于被诉行政行为不明确的情形，一审时需要法官履行指导和释明义务，由起诉人明确被诉行政行为。

——郭修江：《监督权力 保护权利 实质化解行政争议——以行政诉讼法立法目的为导向的行政案件审判思路》，载《法律适用》2017 年第 23 期。

005 进一步保护和规范当事人依法行使行政诉权

关键词 | 行政诉权 | 立案登记制 | 滥用诉权 | 恶意诉讼 |

【最高人民法院司法文件】

一、进一步强化诉权保护意识，积极回应人民群众合理期待，有力保障当事人依法合理行使诉权

1. 各级人民法院要高度重视诉权保护，坚持以宪法和法律为依据，以满足人

民群众需求为导向，以实质化解行政争议为目标，对于依法应当受理的行政案件，一律登记立案，做到有案必立、有诉必理，切实维护和保障公民、法人和其他组织依法提起行政诉讼的权利。

2. 要切实转变观念，严格贯彻新行政诉讼法的规定，坚决落实立案登记制度，对于符合法定起诉条件的，应当当场登记立案。严禁在法律规定之外，以案件疑难复杂、部门利益权衡、影响年底结案等为由，不接收诉状或者接收诉状后不出具书面凭证。

3. 要不断提高保护公民、法人和其他组织依法行使诉权的意识，对于需要当事人补充起诉材料的，应当一次性全面告知当事人需要补正的内容、补充的材料及补正期限等；对于当事人欠缺法律知识的，人民法院必须做好诉讼引导和法律释明工作。

4. 要坚决清理限制当事人诉权的“土政策”，避免在立案环节进行过度审查，违法将当事人提起诉讼的依据是否充分、事实是否清楚、证据是否确凿、法律关系是否明确等作为立案条件。对于不能当场作出立案决定的，应当严格按照行政诉讼法和司法解释的规定，在七日内决定是否立案。人民法院在七日内既不立案、又不作出不予立案裁定，也未要求当事人补正起诉材料的，当事人可以向上一级人民法院起诉，上一级人民法院认为符合起诉条件的，应当立案、审理或指定其他下级人民法院立案、审理。

5. 对于属于人民法院受案范围的行政案件，人民法院发现没有管辖权的，应当告知当事人向有管辖权的人民法院起诉；已经立案的，应当移送有管辖权的人民法院。对于不属于复议前置的案件，人民法院不得以当事人的起诉未经行政机关复议为由不予立案或者不接收起诉材料。当事人的起诉可能超过起诉期限的，人民法院应当进行认真审查，确因不可抗力或者不可归责于当事人自身原因耽误起诉期限的，人民法院不得以超过起诉期限为由不予立案。

6. 要进一步提高诉讼服务能力，充分利用“大数据”“互联网+”“人工智能”等现代技术，继续推进诉讼服务大厅、诉讼服务网络、12368 热线、智能服务平台等建设，不断创新工作理念，完善服务举措，为人民群众递交材料、办理手续、领取文书以及立案指导、咨询解答、信息查询等提供一站式、立体化服务，为人民群众依法行使诉权提供优质、便捷、高效的诉讼引导和服务。

7. 要依法保障经济困难和诉讼实施能力较差的当事人的诉权。通过法律援助、司法救助等方式，让行使诉权确有困难的当事人能够顺利进入法院参与诉讼。要积极建立与律师协会、法律援助中心等单位的沟通交流和联动机制，为当事人提供及时有效的法律援助，提高当事人的诉讼实施能力。

8. 要严格执行中共中央办公厅、国务院办公厅印发的《领导干部干预司法活动、插手具体案件处理的记录、通报和责任追究规定》和中央政法委印发的《司法机关内部人员过问案件的记录和责任追究规定》，及时制止和纠正干扰依法立案、故意拖延立案、人为控制立案等违法违规行为。对于阻碍和限制当事人依法行使诉权、干预人民法院依法受理和审理行政案件的机关和个人，人民法院应当如实记录，并按规定报送同级党委政法委，同时可以向其上级机关或监察机关进行通报、提出处理建议。

二、正确引导当事人依法行使诉权，严格规制恶意诉讼和无理缠诉等滥诉行为

9. 要正确理解立案登记制的精神实质，在防止过度审查的同时，也要注意坚持必要审查。人民法院除对新行政诉讼法第四十九条规定的起诉条件依法进行审查外，对于起诉事项没有经过法定复议前置程序处理、起诉确已超过法定起诉期限、起诉人与行政行为之间确实没有利害关系等明显不符合法定起诉条件的，人民法院依法不予立案，但应当向当事人说明不予立案的理由。

10. 要引导当事人依法行使诉权，对于没有新的事实和理由，针对同一事项重复、反复提起诉讼，或者反复提起行政复议继而提起诉讼等违反“一事不再理”原则的起诉，人民法院依法不予立案，并向当事人说明不予立案的理由。当事人针对行政机关未设定其权利义务的重复处理行为、说明性告知行为及过程性行为提起诉讼的，人民法院依法不予立案，并向当事人做好释明工作，避免给当事人造成不必要的诉累。

11. 要准确把握新行政诉讼法第二十五条第一款规定的“利害关系”的法律内涵，依法审查行政机关的行政行为是否确与当事人权利义务的增减得失密切相关，当事人在诉讼中是否确实具有值得保护的实际权益，不得虚化、弱化利害关系的起诉条件。对于确与行政行为有利害关系的起诉，人民法院应当予以立案。

12. 当事人因请求上级行政机关监督和纠正下级行政机关的行政行为，不服上级行政机关作出的处理、答复或者未作处理等层级监督行为提起诉讼，或者不服上级行政机关对下级行政机关作出的通知、命令、答复、回函等内部指示行为提起诉讼的，人民法院在裁定不予立案的同时，可以告知当事人可以依法直接对下级行政机关的行政行为提起诉讼。上述行为如果设定了当事人的权利义务或者对当事人权利义务产生了实际影响，人民法院应当予以立案。

13. 当事人因投诉、举报、检举或者反映问题等事项不服行政机关作出的行政行为而提起诉讼的，人民法院应当认真审查当事人与其投诉、举报、检举或者反映问题等事项之间是否具有利害关系，对于确有利害关系的，应当依法予以立案，不得一概不予受理。对于明显不具有诉讼利益、无法或者没有必要通过司法渠道进

行保护的起诉,比如当事人向明显不具有事务、地域或者级别管辖权的行政机关投诉、举报、检举或者反映问题,不服行政机关作出的处理、答复或者未作处理等行为提起诉讼的,人民法院依法不予立案。

14. 要正确区分当事人请求保护合法权益和进行信访之间的区别,防止将当事人请求行政机关履行法定职责当作信访行为对待。当事人因不服信访工作机构依据《信访条例》作出的处理意见、复查意见、复核意见或者不履行《信访条例》规定的职责提起诉讼的,人民法院依法不予立案。但信访答复行为重新设定了当事人的权利义务或者对当事人权利义务产生实际影响的,人民法院应当予以立案。

15. 要依法制止滥用诉权、恶意诉讼等行为。滥用诉权、恶意诉讼消耗行政资源,挤占司法资源,影响公民、法人和其他组织诉权的正常行使,损害司法权威,阻碍法治进步。对于以危害国家主权和领土完整、危害国家安全、破坏国家统一和民族团结、破坏国家宗教政策为目的的起诉,人民法院依法不予立案;对于极个别当事人不以保护合法权益为目的,长期、反复提起大量诉讼,滋扰行政机关,扰乱诉讼秩序的,人民法院依法不予立案。

16. 要充分尊重和保护公民、法人或者其他组织的知情权,依法及时审理当事人提起的涉及申请政府信息公开的案件。但对于当事人明显违反《中华人民共和国政府信息公开条例》立法目的,反复、大量提出政府信息公开申请进而提起行政诉讼,或者当事人提起的诉讼明显没有值得保护的与其自身合法权益相关的实际利益,人民法院依法不予立案。公民、法人或者其他组织申请公开已经公布或其已经知晓的政府信息,或者请求行政机关制作、搜集政府信息或对已有政府信息进行汇总、分析、加工等,不服行政机关作出的处理、答复或者未作处理等行为提起诉讼的,人民法院依法不予立案。

17. 在认定滥用诉权、恶意诉讼的情形时,应当从严掌握标准,要从当事人提起诉讼的数量、周期、目的以及是否具有正当利益等角度,审查其是否具有滥用诉权、恶意诉讼的主观故意。对于属于滥用诉权、恶意诉讼的当事人,要探索建立有效机制,依法及时有效制止。

——《最高人民法院关于进一步保护和规范当事人依法行使行政诉权的若干意见》(2017 年 8 月 31 日,法发〔2017〕25 号)。

二、不得随意限缩受案范围、违法增设受理条件

行政诉讼法和相关司法解释根据我国国情和现阶段的法治发展程度,设计了符合实际的行政案件受案范围,这是人民法院受理行政诉讼案件的法定依据。各

级人民法院要全面准确理解和适用,不得以任何借口随意限制受案范围。凡是行政诉讼法明确规定的可诉性事项,不得擅自加以排除;行政诉讼法没有明确规定但有单行法律、法规授权的,也要严格遵循;法律和司法解释没有明确排除的具体行政行为,应当属于人民法院行政诉讼受案范围。不仅要保护公民、法人和其他组织的人身权和财产权,也要顺应权利保障的需要,依法保护法律、法规规定可以提起诉讼的与人身权、财产权密切相关的其他经济、社会权利。要坚决清除限制行政诉讼受理的各种"土政策",严禁以服务地方中心工作、应对金融危机等为借口,拒绝受理某类依法应当受理的行政案件。要准确理解、严格执行行政诉讼法和相关司法解释关于起诉条件、诉讼主体资格、起诉期限的规定,不得在法律规定之外另行规定限制当事人起诉的其他条件。要正确处理起诉权和胜诉权的关系,不能以当事人的诉讼请求明显不成立而限制或者剥夺当事人的诉讼权利。要正确处理诉前协调和立案审理的关系,既要充分发挥诉前协调的作用,又不能使之成为妨碍当事人行使诉权的附加条件。要全面正确审查起诉期限,对不属于起诉人自身原因超过起诉期限的,应当根据案件具体情况依法提供有效救济。

三、依法积极受理新类型行政案件

随着形势的发展和法治的进步,行政行为的方式不断丰富,行政管理的领域不断拓展,人民群众的司法需求不断增长,行政争议的特点不断变化。各级人民法院要深入了解各阶层人民群众的生活现状和思想动向,了解人民群众对行政审判工作的期待,依法受理由此引发的各种新类型案件,积极回应人民群众的现实司法需求。要依法积极受理行政给付、行政监管、行政允诺、行政不作为等新类型案件;依法积极受理教育、劳动、医疗、社会保障等事关民生的案件;依法积极受理政府信息公开等涉及公民其他社会权利的案件;积极探讨研究公益诉讼案件的受理条件和裁判方式。对新类型案件拿不准的,应当在法定期间先予立案,必要时请示上级人民法院,不得随意作出不予受理决定。

四、完善工作机制,改进工作作风

行政案件立案专业性较强。各级人民法院的立案庭和行政庭要在行政案件受理环节加强协调、沟通与配合。要严格执行行政诉讼法和司法解释有关受理案件的程序制度,对于当事人的起诉要在法定期限内立案或者作出裁定;不能决定是否受理的,应当先予受理,经审查确实不符合法定立案条件的,裁定驳回起诉。要认真执行《关于行政案件管辖若干问题的规定》①,对于起诉人向上一级人民法院起

---

① 已被2019年7月20日施行的《最高人民法院关于废止部分司法解释(第十三批)的决定》(法释〔2019〕11号)废止。理由:行政诉讼法及相关司法解释已规定。——编者注

诉的,上一级人民法院应当依法及时作出处理,符合受理条件的,督促有管辖权的人民法院立案受理,也可以直接立案后由自己审理或者指定辖区其他人民法院审理。要改进工作作风,强化便民措施,简化立案环节,丰富立案方式,方便群众诉讼。对于情况紧急且涉及人民群众切身利益或公共利益符合立案条件的案件,要及时立案,尽快审理。要大力推行诉讼引导和指导、权利告知、风险提示等措施,由于起诉人法律知识不足导致起诉状内容欠缺、错列被告等情形的,应当给予必要的指导和释明,不得未经指导和释明即以起诉不符合条件为由予以驳回。要增强司法公开和透明,对依法不予受理或驳回起诉的,必须依法出具法律文书,并在法律文书中给出令人信服的理由。

——《最高人民法院关于依法保护行政诉讼当事人诉权的意见》(2009 年 11 月 9 日,法发〔2009〕54 号)。

六、畅通行政案件受理渠道,积极引导群众通过理性、合法的方式表达诉求

进一步增强为党委和政府分忧、为群众解难的主动性和自觉性,依法及时受理行政案件,积极引导群众通过理性、合法的方式表达诉求。各级人民法院要高度重视行政诉讼立案工作,不得随意限缩行政诉讼受案范围,不得额外增加受理条件。上级人民法院要加强行政诉讼立案监督,对于符合立案条件不予受理的,及时予以纠正,防止因当事人告状无门而到处上访,激化社会矛盾。

——《最高人民法院关于当前形势下做好行政审判工作的若干意见》(2009 年 6 月 26 日,法发〔2009〕38 号)。

006 监督和支持行政机关依法行政

关键词｜依法行政｜金融危机｜行政审判职能｜

【最高人民法院司法文件】

10. 各级人民法院在依法保护行政相对人合法权益,监督行政机关依法行政的同时,对于行政机关依法实施的行政管理活动及合法行政行为,要给予及时有力的支持。要依法正确受理和及时执行非诉行政执行案件,支持行政机关依法行政。对于各级行政机关依法实施经济调控、市场监管、公共服务、社会管理职能,要积极提供有效的司法保障。要坚决依法支持各级政府和相关行政部门打击制裁土地违法行为、金融证券领域的违法违规行为、侵犯知识产权的违法行为、危害食品药品

安全的违法行为、破坏自然资源和环境保护的违法行为、损害农民合法权益的违法行为等专项执法活动，维护正常的行政管理秩序、经济秩序和社会秩序，维护各级政府和行政部门的权威和良好形象。

——《最高人民法院关于加强和改进行政审判工作的意见》（2007 年 4 月 24 日，法发〔2007〕19 号）。

二、公正审判，保障民生

五是要维护和支持行政机关旨在保障和改善民生的宏观调控措施和行政执法行为。对于各级政府和行政机关在食品安全、生产安全、生命健康、住房保障、国民教育、消费维权、环境保护、劳动保障等领域实施的保障和改善民生的宏观调控措施和合法的行政行为，要依法给予维护和支持。要妥善处理个人利益、公共利益、国家利益的关系，服务党和国家大局，维护社会安定团结。

——《最高人民法院关于充分发挥行政审判职能作用为保障和改善民生提供有力司法保障的通知》（2008 年 3 月 25 日，法〔2008〕125 号）。

二、充分发挥司法保障作用，依法支持行政机关为应对金融危机而采取的各项政策、措施

各级人民法院要切实增强为大局服务的意识，认真审理好因金融危机应对措施引发的行政诉讼案件。要深刻领会党和政府的各项大政方针、决策部署，全面了解相关政策、措施的出台背景，密切跟踪分析形势，及时调整行政审判为大局服务的思路和方法，注意克服就案办案、孤立办案的倾向。

要着眼于科学发展，本着有利于实现“三保”目标的原则，充分尊重行政机关的选择和判断。对于行政机关在拉动内需、促进企业发展、实行积极的财政政策和适度宽松的货币政策、压缩行政许可和行政审批事项、防范金融风险等方面实施的各项行政行为，在坚持合法性审查的基础上依法维护和支持。

对于因行政指导或政策调整而引发的案件，既要注意保护各类企业的信赖利益、公平竞争，促进政府诚实守信，也要考虑因金融危机而导致的情势变更因素，充分考虑特殊时期行政权的运行特点，妥善处理好国家利益、公共利益和个人利益的关系。

要依法慎重受理和审理政府信息公开行政案件，正确处理公开与例外的关系。既要保障公民、法人和其他组织的知情权、参与权、表达权、监督权，促进政务公开和服务型政府建设，又要注意把握信息披露的时间、对象和范围，保证政府信息公

开不危及国家安全、经济安全、公共安全和社会稳定。

三、正确处理适用法律与执行政策关系，努力实现法律效果与社会效果的有机统一

要坚持法制的原则性和灵活性相结合，法律标准与政策考量相结合。在对规范性文件选择适用和对具体行政行为进行审查时，充分考虑行政机关为应对紧急情况而在法律框架内适当采取灵活措施的必要性，既要遵循法律的具体规定，又要善于运用法律的原则和精神解决个案的法律适用问题。对于没有明确法律依据但并不与上位法和法律原则相抵触的应对举措，一般不应作出违法认定。

要始终坚持法制统一原则，不能以牺牲法律为代价迁就明显违反法律强制性规定、侵犯当事人合法权益的行为。对于那些以应对危机为借口擅自突破法律规定，形成新的地方保护和行业垄断，侵犯公民、法人和其他组织合法权益的违法行为，要依法予以纠正。

四、主动建言献策，促进依法行政，不断强化行政审判的服务功能

要高度重视法律服务工作。积极参与党委、政府为“保增长、保民生、保稳定”出台重大政策、重大项目的研究论证，主动提供司法意见和法律咨询，积极为党委和政府建言献策，协助行政机关完善各项制度措施，从源头上预防和减少争议。

要高度重视司法建议工作。对于个案审理中发现的行政执法方面存在的问题，及时向有关行政机关提出改进意见和建议。对于政府决策和行政管理活动中出现的共性问题，书面报送当地党委、人大和政府，为领导决策和改进工作提供参考。

要高度重视立法建议工作。在审判活动中发现现行法律、法规或者规章确实不适应经济社会发展要求、无法满足应对金融危机需要的，应当通过法定程序及时向有关机关提出修改或者废止的建议。

五、改进和加强非诉行政案件审查执行，确保各项应对措施落到实处

高度重视与“保增长、保民生、保稳定”密切相关的行政行为的非诉执行工作，对于行政机关和权利人依法提出的非诉执行申请，人民法院要尽可能缩短审查期间，及时审查，及时执行。情况紧急需要先予执行的，可以依法先予执行。确有必要采取保全措施的，一般应当准许。在掌握非诉执行的审查标准时，要充分考虑应对金融危机和服务“三保”的特殊需要，不过多纠缠细枝末节，切实保证行政效率和人民群众合法权益的及时救济。

——《最高人民法院关于当前形势下做好行政审判工作的若干意见》(2009年6月26日，法发〔2009〕38号)。

【最高人民法院专业法官会议纪要】

法律问题：税务机关能否在房产拍卖形成的拍卖成交价格作为计税依据纳税后，以“计税依据价格明显偏低，又无正当理由”为由重新核定应纳税额补征税款？

法官会议意见：“计税依据价格明显偏低，又无正当理由”是税务机关行使法律赋予的应纳税额核定权的法定事实要件之一。税务机关基于法定调查程序，对这一不确定法律概念进行的专业认定和行政解释，具有较强的判断余地和裁量空间，人民法院对此应当给予必要的尊重，除非这种专业认定明显不合常理或者滥用职权。

——最高人民法院行政审判庭编：《最高人民法院行政审判庭法官会议纪要》（第一辑），人民法院出版社 2022 年版，第 216—217 页。

【最高人民法院参考案例】

二、广州德发房产建设有限公司诉广州市地方税务局第一稽查局税务处理决定案

（二）裁判结果

本案一审判决驳回德发公司诉讼请求；二审维持一审判决，驳回德发公司上诉。再审判决撤销一、二审判决，并撤销被诉处理决定中加收营业税滞纳金和堤围防护费滞纳金的部分。

最高人民法院再审认为：（1）不违反法律原则和精神的行政惯例应当予以尊重。广州税稽一局在查处涉嫌税务违法行为时，依据税收征管法第三十五条规定核定纳税义务人的应纳税额是其职权的内在要求和必要延伸，符合税务稽查的业务特点和执法规律，符合《国家税务总局关于稽查局职责问题的通知》关于税务局和稽查局的职权范围划分的精神，不构成超越职权。（2）税务机关确定应纳税额时，应当尊重市场行为形成的市场价格；其基于国家税收利益的考虑否定拍卖价格作为计税价格时，行使税收征管法第三十五条第一款第（六）项应纳税额核定权时，应当受到严格限制。纳税义务人以拍卖不动产的拍卖价格作为计税依据依法纳税后，在该拍卖行为未被有权机关依法认定为无效或者认定存在违反拍卖法的行为并影响拍卖价格的情况下，税务机关原则上不能根据税收征管法第三十五条第一款第（六）项的规定行使应纳税额核定权，但如果拍卖行为中存在影响充分竞价的因素导致拍卖价格过低，如本案中的一人竞拍时，税务机关基于国家税收利益的考虑，有权行使应纳税额核定权。（3）没有法律、法规和规章的规定，行政机关不得作出影响行政相对人合法权益或者增加行政相对人义务的决定。税务机关根据税收征管法第三十五条第一款第(六)项的规定行使应纳税额核定权,应当受到税收征管法第五十二条关于追缴税款和滞纳金的条件和期限的限制;因不能归责于纳税义务人的原因时,新确定的应纳税额,缴纳义务应当自核定之日发生,征收该应纳税额确定之前的税收滞纳金没有法律依据。

(三)典型意义

本案是最高人民法院提审改判的第一起税务行政案件,案件多个焦点问题的裁判理由均具有较强的典型意义:(1)尊重行政机关长期执法活动中形成的专业判断和行政惯例。通过司法确认的方式,认可省级以下税务局及其税务稽查局在具体执法过程中形成的不违反法律原则和精神且符合具体执法规律和特点的惯例,对今后人民法院处理类似问题提供借鉴方法。(2)体现法院在促进依法行政方面的司法能动性,既保障国家利益不受损,也要防止税收权力的任性。进一步明确拍卖价格作为计税依据的合法性,限定税务机关行使应纳税额核定权行使条件,厘清特定税收专业领域行政机关职权和市场主体自治的界限。(3)贯彻“法无明文规定不可为”的法治理念,确保当事人合法权益不受行政机关无法律依据的剥夺。行政权的行使应当严格限定在法律明确规定的范围内,在法律没有规定的情况下,行政机关不得作出影响行政相对人合法权益或者增加行政相对人义务的决定。

——《最高人民法院行政审判十大典型案例(第一批)》,载最高人民法院网 2017 年 6 月 13 日,https://www.court.gov.cn/zixun-xiangqing-47862.html。

007 行政诉讼中要坚持司法谦抑原则

关键词 | 司法谦抑原则 | 行政权 | 司法权 | 合法性审查 |

【链接:最高人民法院法官著述】

行政诉讼中,司法谦抑原则是指人民法院在行使审判权对行政行为进行监督的过程中,要尽可能克制司法权对行政权干预的冲动。不属于行政诉讼受案范围,或者不符合行政诉讼法定立案条件的案件,依法不予受理;人民法院依法受理的行政案件,要坚持合法性审查原则的底线,对于行政机关在法律规定范围内行使自由裁量权的行为,要尽可能尊重行政机关的抉择,确保合法、有效的行政行为得到实际实施,保障行政管理活动的依法、高效、有序运转。

……

行政诉讼中，司法谦抑原则的基本要求主要包括以下几个方面：

（一）要深刻理解司法监督的根本目的。行政诉讼法赋予人民法院对行政机关依法行使职权的监督职能，根本目的在于实现国家的有效治理，绝对不是让国家管理失控。国家的有效治理，是任何时代建立国家政权机器的根本目的。现代社会为什么仍需要建立国家政权，其根本原因在于科技进步，社会分工更加细密，人和人之间的相互依赖关系更加紧密。由人组成的社会，分工合作，共享社会发展成果，需要科学、有序、和谐发展，无序将会导致整个人类社会的崩溃。西方社会契约论正是建立在人类这一基本社会需求的基础上，形成的现代国家理论。尤其需要强调的是，在社会主义的中国，中国共产党领导之下的各级各类国家机关，根本目标是一致的，就是要在和谐稳定的社会环境中，实现中华民族的伟大复兴，实现每一个人的梦想，实现每一个个体的最大发展。也就是说，监督不是行政诉讼的最终目标，促成行政管理目标的实现，实现社会利益的最大化，从而实现每一个个体的最大发展，才是监督的根本目的。用一句通俗的话说，就是行政审判要“成事”，要在监督权力、保障权利、实质化解行政争议的同时，更加积极地促进符合国家整体利益的行政管理目标的实现。

（二）要严守司法权对行政权监督的范围。行政诉讼法对行政诉讼受案范围作出明确界定，限于侵犯特定公民、法人或其他组织人身权、财产权等合法权益，或对其权利义务产生实际不利影响的行政行为。国防、外交行为，行政机关制定、发布行政法规、规章的行为，对行政机关工作人员的奖惩、任免行为，法律规定由行政机关最终裁决的行政行为，以及不具有强制力的行政指导、行政调解行为，未对外产生法律效力的行政机关内部程序性行为等，不属于行政诉讼的受案范围。人民法院对于明确不属于行政诉讼受案范围的事项，不得以救世主心态，违法受理并审判。

（三）要符合行政案件的法定受理条件。行政诉讼法对起诉条件作出了一系列的明确限定，只有符合法定受理条件的案件，人民法院才能受理、审判。无论是原告资格、适格被告、具体的诉讼请求和事实根据、受案范围、管辖法院，还是起诉期限、起诉前置程序等，只要有一项不符合法定条件，人民法院就不能受理，已经受理的，也要裁定驳回起诉。不符合法定受理条件，人民法院对该案件不具有审判的职权，无论如何审理、判决，均属于司法越权，属于违反司法谦抑原则的表现。如果行政行为违法侵犯当事人合法权益，但起诉又不符合法定条件，人民法院应当通过司法建议、协调和解、多元化解等方式解决问题，维护老百姓合法权益，绝对不能通过违法受理案件、越权裁判来实现所谓的“公平正义”。

（四）要尊重行政机关对事实和法律问题的初次判断。行政诉讼的一审，很多情况下实际上类似于民事案件的二审。出现某种法律上需要国家干预的情形时，行政机关依职权进行调查处理，这是国家机关对社会关系的第一次干预。它类似于原、被告发生民事争议后，向人民法院起诉，一审进行审理和判决的情形。所以，英、美等国家把行政诉讼称为“司法复审”（Judicial Review），把提起行政诉讼称为“上诉”（Appeal）。诉讼中，人民法院应当尊重一审法院的初次判断，一审法院在其司法自由裁量权范围内作出的事实认定和法律判断，二审没有新的事实根据和法律依据，不得仅以自己的主观判断否定一审的事实认定和法律判断。行政诉讼中，一审法院对待行政机关的被诉行政行为，恰似二审法院对待一审法院，应当尊重行政机关在其行政自由裁量权范围内作出的事实认定和法律判断。一审否定被诉行政行为的事实认定，必须要有新的证据，或者是行政机关对证据的采信违反行政诉讼法和《最高人民法院关于行政诉讼证据若干问题的规定》等证据规则的规定；一审否定被诉行政行为的法律适用，必须要有新的事实根据，或者认为行政行为认定事实与法律规定的适用条件不相符，或者存在对法律规定的理解明显错误情形。例如，在审理土地、山林权属确权行政裁决案件中，被告根据现有证据，依照优势证明标准，作出确权处理决定。人民法院认定确权处理决定主要证据不足，必须要有新的证据足以推翻被告认定事实，或者被告没有综合分析可采信证据，认定事实违背优势证明标准等具体的事实和理由，不能仅以法官的主观认识，否定被告的事实认定。又如，人民法院认定被诉行政行为程序违法，应当说明被诉行政行为程序的哪一个步骤、顺序或时限，违反哪一部法律、法规、规章中的哪一条款的具体规定，即便是认为违反正当程序原则，至少也要引用国务院印发的《全面推进依法行政实施纲要》（国发〔2004〕10 号）第五条、第二十条的规定，绝不能以法官个人对正当程序的理解，作为认定被诉行政行为程序违法的依据，更不能以诸如英国的“自然公正原则”、美国的“正当程序原则”中相关判例规则、法律标准或学理解释的要求，作为人民法院判断被诉行政行为程序是否合法的依据。

（五）要尊重行政机关对专业技术问题的判断。随着科技的进步，现代行政管理越来越趋向于专业技术化。法官在相关行政管理专业技术领域，完全是外行。审理有关专业技术领域行政案件，法官应当保持高度的谦抑态度，认真聆听学习，理解和弄懂其中的基本原理。此类案件，法官审查的重点不是行政机关专业技术的判断，除非专业技术判断违背其基本原理，法官要尊重行政机关在专业技术问题上的判断。法官需要审查的主要内容是，行政机关进行专业判断的过程中是否遵守法定的程序规则，包括法定的技术操作规程的要求，因为行政机关违反法定程序或技术操作规程，可能导致其技术判断结果错误。判断行政机关作出专业判断时是否符合法定程序和明确的技术操作规程要求，这是法官的专长和优势，法官的监督重点要放在自己的特长上。

（六）要守住依法判决的底线。我国行政诉讼法对人民法院作出行政判决的方式和适用条件，有明确的规定。所以，大家可以看到，行政判决的判决主文之前引用的法律条文，不同于民事判决和刑事判决。民事判决依照民法总则、合同法、侵权责任法、票据法、公司法等民事实体法律规范，①作出实体判决；刑事判决依照刑法分则的相关条款，作出实体判决。而行政判决，则是依照程序法——行政诉讼法作出相关的实体判决：依照第六十九条，判决驳回原告诉讼请求；依照第七十条，判决撤销被诉行政行为；依照第七十二条，判决被告限期履行法定职责；依照第七十三条，判决被告履行给付义务；依照第七十四条，判决确认被诉行政行为违法；依照第七十五条，判决确认被诉行政行为无效；依照第七十七条，判决变更被诉行政行为。行政判决引用行政诉讼法而非行政实体法，其原因在于立法对行政审判权进行了限制，除适用给付判决、变更判决外，不准许人民法院直接适用行政实体法，代替行政机关对行政案件相关事项直接作出处理。人民法院只能根据行政诉讼法规定的有限判决方式，依法作出判决。严守依法判决底线，是司法谦抑原则在行政诉讼中最为集中的表现。

司法谦抑还要求人民法院要选择适用正确的判决方式，确保行政判决在监督行政机关依法行使职权，保护公民、法人和其他组织合法权益的基础上，有利于纠纷的实质化解，不得对违法的行政行为一撤了之。判决方式选择错误，属于适用法律错误、判决结果错误，人民法院应当通过二审或审判监督予以纠正。根据行政诉讼法的规定，判决方式的适用分为作为和不作为两种情形。

……

（七）要依法支持行政机关申请非诉执行和生效判决的执行。行政机关作出行政行为后，行政相对人不履行相应义务，我国法律规定了两种强制执行方式：一是行政机关自行强制执行。根据行政强制法的规定，只有全国人大及其常委会制定的法律授予行政机关享有自行强制执行权的，行政机关才可以依法自行强制执行。且一旦法律赋予行政机关自行强制执行权，即便是行政相对人申请行政复议、提起行政诉讼，根据诉讼、复议不停止执行原则，行政机关均可依法强制执行，不受

① 民法总则、合同法、侵权责任法等法律已被2021年1月1日起施行的民法典废止。下同。——编者注

复议、诉讼的影响，以确保行政行为得到及时有效实施。例外情况只有行政强制法第四十四条规定。人民法院在行政诉讼中，要慎用停止被诉行政行为执行的裁定，保持司法的克制。二是申请人民法院强制执行。法律未授予行政机关自行强制执行权的，行政机关须依法申请人民法院强制执行，又包括两种情形：(1)非诉行政执行。根据行政强制法的规定，当事人在法定期限内不申请行政复议或者提起行政诉讼，又不履行的，行政机关可以自期限届满之日起三个月内申请人民法院强制执行。人民法院审查非诉执行案件，不予执行的法定条件是“明显缺乏事实根据”，“明显缺乏法律、法规依据”，或者“其他明显违法并损害被执行人合法权益的”。对于当事人放弃行政复议、行政诉讼救济，又不履行相应义务，行政机关申请人民法院强制执行的非诉执行案件，人民法院不能按照行政诉讼案件审查被诉行政行为合法性的标准判断是否准予执行。根据行政强制法的规定，“明显违法并损害被执行人合法权益”是判断是否应当准予强制执行的实质标准，只要申请执行的行政行为不属于明显违法，且未侵犯被执行人实体合法权益的，人民法院就应当依法裁定准予强制执行，至于存在的不影响行政行为处理结果合法性的其他违法情形，人民法院应当通过司法建议督促行政机关予以纠正，建议依法追究主管人员和主要责任人员的法律责任，甚至依法追究刑事责任。(2)生效判决的执行。人民法院作出的行政判决书、调解书终审生效后，行政相对人仍不依法履行生效判决确定的义务，或者经生效判决确认具有执行效力的原行政行为义务的，没有强制执行权的行政机关应当申请人民法院强制执行。生效判决的执行，包括人民法院作出的给付判决、具有执行内容的变更判决；也包括被诉行政行为具有执行内容的驳回原告诉讼请求判决和根据行政诉讼法第七十四条第一款规定确认被诉行政行为保留效力判决。行政机关申请生效判决执行的，人民法院既不能对经生效判决确认具有执行效力的行政行为进行合法性审查，也不能按照非诉执行案件对所涉行政行为进行“明显违法并损害被执行人合法权益”的审查，只能按照《最高人民法院关于适用〈中华人民共和国行政诉讼法〉的解释》第一百五十五条第一款规定的内容进行审查，并作出是否准予执行的裁定。实践中，谨防将生效判决执行当作非诉执行案件予以立案审查执行。

——黄永维、郭修江：《司法谦抑原则在行政诉讼中的适用》，载《法律适用》2021 年第 2 期。

008 探索和完善多元解纷机制，实质性化解行政争议

关键词｜行政案件协调工作｜行政调解｜行政和解｜行政撤诉｜

【最高人民法院司法文件】

第四条 人民法院应当强化行政争议的诉源治理，完善行政诉讼与行政复议、行政裁决等非诉讼解纷方式的分流对接机制，探索建立诉前和解机制，依托司法与行政的良性互动，加强行政争议多元化解及相关平台建设。

第五条 行政诉讼法规定可以调解的案件、行政相对人要求和解的案件，或者通过和解方式处理更有利于实质性化解行政争议的案件，人民法院可以在立案前引导当事人自行和解或者通过第三方进行调解。开展诉前调解应在调解平台上进行，并编立相应案号。

建立非诉讼调解自动履行正向激励机制，通过将自动履行情况纳入诚信评价体系等，引导当事人自动、即时履行调解协议，及时化解行政争议。

第六条 经诉前调解达成和解协议，当事人共同申请司法确认的，人民法院可以依法确认和解协议效力，出具行政诉前调解书。

当事人拒绝调解或者未达成和解协议，符合法定立案条件的，人民法院应当依法及时登记立案。

立案后，经调解当事人申请撤诉，人民法院审查认为符合法律规定的，依法作出准予撤诉的裁定。

第七条 诉前调解中，当事人没有争议的事实应当记入调解笔录，并由当事人签字确认。

在审理过程中，经当事人同意，双方在调解过程中已确认的无争议事实不再进行举证、质证，但当事人为达成和解协议作出妥协而认可的事实或者有相反证据足以推翻的事实除外。

——《最高人民法院关于推进行政诉讼程序繁简分流改革的意见》(2021 年 6 月 1 日，法发〔2021〕17 号)。

6. 着力做好行政案件协调工作。在依法维护和监督行政机关依法行使行政职权的同时，要针对不同案件特点，通过积极有效的协调、和解，妥善化解行政争议。

在不违背法律规定的前提下，除了对行政赔偿案件依法开展调解外，在受理行政机关对平等主体之间的民事争议所作的行政裁决、行政确权等行政案件，行政机关自由裁量权范围内的行政处罚、行政征收、行政补偿和行政合同等行政案件，以

及具体行政行为违法或者合法但不具有合理性的行政案件时，应当重点做好案件协调工作。①

对一些重大疑难、影响较大的案件，要积极争取党委、人大支持和上级行政机关配合，邀请有关部门共同参与协调。对具体行政行为违法或者合法但不具有合理性的行政案件，要通过协调尽可能促使行政机关在诉讼中自行撤销违法行为，或者自行确认具体行政行为无效，或者重新作出处理决定。

——《最高人民法院关于进一步贯彻“调解优先、调判结合”工作原则的若干意见》（2010 年 6 月 7 日，法发〔2010〕16 号）。

八、注重行政审判协调，建立健全司法与行政的良性互动机制

要善于运用协调手段有效化解行政纠纷，促进社会和谐。在不违反法律规定的前提下，将协调、和解机制贯穿行政审判的庭前、庭中和庭后全过程。协调过程既可以由法官主持，也可以委托其他机关和个人主持。下级法院协调处理案件存在困难的，可以请求上级法院予以协助。要通过推动行政机关法定代表人出庭应诉制度，为协调、和解提供有效的沟通平台。要关注撤诉和解协议的执行情况，防止裁定撤诉后和解协议得不到及时有效执行而引起新的争议。

要探索建立制度化的沟通协调平台，形成司法与行政良性互动机制。通过制度化的良性互动机制，积极争取当地党委和政府的支持，形成协调、和解的合力，有效化解行政争议，维护社会和谐。

——《最高人民法院关于当前形势下做好行政审判工作的若干意见》（2009 年 6 月 26 日，法发〔2009〕38 号）。

15. 人民法院在查清事实，分清是非，不损害国家利益、公共利益和他人合法权益的前提下，可以建议由行政机关完善或改变行政行为，补偿行政相对人的损失，人民法院可以裁定准许行政相对人自愿撤诉。特别是对因农村土地征收、城市房屋拆迁、企业改制、劳动和社会保障、资源环保等社会热点问题引发的群体性行政争议，更要注意最大限度地采取协调方式处理。既要有娴熟的司法审查能力，又要具备高超的沟通协调能力和群众工作能力；既要依法保护群众的切身利益，又要善于引导当事人正当合法行使权利；既要保证个案处理的公正性，又要注意社会效益的最大化；既要全力做好本职工作，又要善于取得和依靠党委、政府的支持，要防

① 现行行政诉讼法第六十条第一款规定，行政赔偿、补偿以及行政机关行使法律、法规规定的自由裁量权的案件可以调解。——编者注

止和避免因工作方法不当导致矛盾激化和转化，力争将案件处理的负面影响减少到最低限度。

16. 探索和完善协调机制应当正确处理好以下关系：一是合法性审查与协调的关系。人民法院要在查明事实、分清是非，不损害国家利益、公共利益和他人合法权益的前提下，协调处理行政争议。二是自愿撤诉与积极协调的关系。原告申请撤诉必须建立在自愿的基础上，不得代替当事人表达意愿，更不能强迫当事人接受某种条件。三是协调与裁判的关系。当事人不同意撤诉或者和解后又反悔的，应当及时恢复审理、作出裁判，不得片面追求撤诉率而当判不判，久拖不结。四是撤诉与执行的关系。在确认当事人协议效力的同时，对按约应即时履行没有履行的，不能急于送达裁定；对于约定到期履行的，应对义务方履行协议情况进行监督，防止因毁约或者失信而导致循环诉讼。

——《最高人民法院关于加强和改进行政审判工作的意见》（2007 年 4 月 24 日，法发〔2007〕19 号）。

二、执行中应当注意处理好的几个问题

一是以依法妥善处理行政争议为目标。制定《撤诉规定》[①]的主要目的，是为了妥善化解行政争议，依法审查行政诉讼中行政机关改变被诉具体行政行为及当事人申请撤诉的行为。人民法院经审查认为被诉具体行政行为违法或者明显不当，可以根据案件的具体情况，建议被告改变其所作的具体行政行为，主动赔偿或补偿原告的损失，原告同意后可以申请撤诉。这种处理机制是在法律允许范围内的制度创新，是新形势下解决行政争议的一项有效制度，是实现“案结事了”，促进“官”民和谐的必然要求。各级人民法院要通过认真执行《撤诉规定》，积极探索协调解决行政争议的新机制。特别是对于群体性行政争议、因农村土地征收、城市房屋拆迁、企业改制、劳动和社会保障、资源环保等社会热点问题引发的行政争议，更要注意最大限度地采取协调方式处理。鼓励和提倡双方当事人通过合意协商，在妥善解决争议的基础上通过撤诉的方式结案。

二是正确处理合法性审查与当事人撤诉的关系。提倡和鼓励以当事人撤诉的方式结案，不能排除或放弃合法性审查原则。人民法院应当在通过对具体行政行为的合法性、适当性进行审查，初步确认具体行政行为违法或明显不当的基础上，根据案件具体情况建议被告改变被诉具体行政行为。被告改变其所作的具体行政

① 即《最高人民法院关于行政诉讼撤诉若干问题的规定》（法释〔2008〕2 号）。——编者注

行为及原告申请撤诉只有符合法定条件,人民法院才能作出准许撤诉的裁定。

三是准确把握审判组织在新机制中的地位和作用。由于行政诉讼中被告改变其所作的具体行政行为,原告同意并申请撤诉,是建立在当事人自愿的基础上,合议庭可以发挥宣传、建议、协调和法律释明的作用,但要严格遵循当事人自愿原则,坚决防止和杜绝动员甚至强迫当事人撤诉的现象。既要尽可能通过协调化解行政争议,又不能片面追求撤诉率,侵害当事人合法权益。

四是注意选择裁定准许撤诉的时机。在当事人之间达成的和解中,往往具有履行权利义务的内容,人民法院应当关注和解内容的履行情况,对于有履行内容且履行完毕,符合撤诉条件的,应当裁定准许撤诉;不能即时或者一次性履行的,可以裁定准许撤诉,也可以裁定中止审理,以防止约定的义务不能及时履行或者不履行,使当事人的权益再次受到侵害。

五是正确处理撤诉与裁判的关系。及时救济权利,兼顾行政效率,是行政审判应当追求的目标。要正确处理好撤诉与裁判的关系,防止当判不判,久拖不结。经审查申请撤诉不符合法定条件,或者行政机关改变被诉具体行政行为后当事人不撤诉的,应当及时作出裁判。

六是完善撤诉的结案方式。为了满足审判实践的需要,《撤诉规定》对撤诉裁定的方式进行了必要的完善。准许撤诉裁定可以载明被告改变被诉具体行政行为的主要内容,并可以根据案件具体情况,在裁定理由中明确被诉具体行政行为全部或者部分不再执行。准许撤回上诉或者再审申请的裁定参照上述要求制作,并可以明确被诉具体行政行为或者原裁判全部或者部分不再执行,以解决双方当事人的合意与被诉具体行政行为或者原裁判的冲突。通过对行政机关改变具体行政行为的内容及履行情况加以确认,使当事人的权利义务更加明确。由于裁定通常只解决诉讼程序方面问题,因此,上述已在裁定理由中明确、涉及实体处理的内容,在裁定主文中不再表述。

七是注意撤诉的适用范围。行政机关改变被诉具体行政行为后原告申请撤诉,一般发生在第一审诉讼期间,但在第二审和再审期间也可能出现,如果片面强调判决的既判力和稳定性而不允许撤诉,不利于实现化解行政争议、妥善解决纠纷的目的。《撤诉规定》对此也作了明确规定,当事人在第二审期间申请撤回上诉,再审期间申请撤回再审申请的,均可参照本规定执行。

——《最高人民法院关于认真贯彻执行〈关于行政诉讼撤诉若干问题的规定〉的通知》(2008 年 1 月 31 日,法发〔2008〕9 号)。

009 推进司法与行政良性互动，努力营造良好的行政审判司法环境

关键词｜司法与行政良性互动｜行政审判白皮书｜行政审判司法环境｜

【最高人民法院司法文件】

四、努力营造良好的司法环境

11. 当前影响行政审判工作发展的因素中，司法环境仍然是一个比较突出的问题。各级人民法院要紧紧依靠党委和人大的领导、监督和支持，切实解决以言代法、以权压法和非法干预行政审判的问题，克服行政审判中的地方和部门保护主义。对于干预、阻碍人民法院受理、审判和执行行政案件的行为，要及时向各级纪检监察机关通报情况，取得支持。

12. 要积极推进行政案件管辖制度的改革和完善，通过加大指定管辖、异地审理的力度，防止和排除地方非法干预，为人民法院依法独立公正审理行政案件提供制度保障。

13. 探索管辖制度改革应当正确处理好以下问题：一是要以确保司法公正为目标。无论是指定管辖还是提级管辖，其目的都在于防止和排除不当干预，保证人民法院依法公正处理行政案件。对于由当地基层法院管辖可能会影响公正审理的案件，中级人民法院可以根据当事人的申请，决定指定管辖或者提级管辖，以确保案件审理的公正性。二是当事人选择和法院决定相结合。当事人可以向被告所在地基层人民法院起诉，也可以申请中级人民法院管辖，或者请求中级人民法院指定本辖区其他基层人民法院管辖，是否准许由中级人民法院决定。三是方便诉讼与案件平衡相兼顾。指定管辖应当考虑当事人的困难和负担，尽可能以就近为原则。同时可以通过指定管辖均衡各基层法院承办行政案件的数量。四是立案和审判机构相配合。在决定指定管辖或者提级管辖时，立案庭和行政庭要加强沟通与配合，如何确定管辖法院可以由行政庭提出意见。五是以解决基层法院公正司法为重点，尽可能把行政争议解决在基层。中级以上人民法院案件的管辖问题，应当按照现行法律和司法解释的规定执行。

七、建立司法与行政良性互动机制

22. 人民法院要采取多种方式加强同政府有关部门和复议机构沟通联系，交流行政审判和行政执法的情况和信息，增加相互之间的了解和共识；分析行政执法存在的问题并提出司法建议，协助行政机关总结经验教训，完善行政程序制度；协助行政机关加强对行政执法人员的教育和培训，提高其法治意识和执法水平；邀请行政复议和行政执法人员旁听典型案件的开庭审理，增强依法行政观念和依法应

诉能力;对于重视和支持行政审判的经验和做法要予以宣传和推广;对非法干扰行政审判、妨碍行政诉讼的典型进行通报或者曝光,维护诉讼秩序和法律尊严。

23. 人民法院在与政府有关部门和复议机构沟通交流中,应当处理好司法权与行政权的关系,人民法院不得参与行政机关对具体行政案件的处理,不得参加行政机关组织的具体执法活动,以保持司法的中立性和公信力。

24. 人民法院要肯定和支持行政领导出庭应诉。地方政府和行政部门领导出庭,是对行政审判工作的重视、支持和尊重,也是国家法治水平提升、社会文明进步的可喜现象,对于增强行政机关的诉讼意识和应诉能力、提高审判质量与效率、妥善解决行政争议、提高执法水平等,都有重要的作用和意义。

——《最高人民法院关于加强和改进行政审判工作的意见》(2007 年 4 月 24 日,法发〔2007〕19 号)。

自今年起,在全国法院普遍开展行政审判“白皮书”活动,这是人民法院创新行政审判工作方式、主动服务大局的一种有效方式,不仅对于构建司法与行政良性机制,提高政府决策水平具有积极作用,也有利于增进党委、人大和政府对人民法院行政审判工作的理解、关心和支持。

——《最高人民法院关于在全国法院开展行政审判“白皮书”活动的通知》(2009 年 4 月 24 日,法发〔2007〕19 号)。

四、努力营造良好的行政审判司法环境。各级法院要结合当地实际,通过定期专题汇报、采取行政诉讼法执法检查等方式,主动自觉地接受党委领导和人大监督,争取政府支持,依法排除各种以言代法、以权压法和非法干预行政审判工作的现象,杜绝“官官相护”,认真清除妨碍行政案件受理和审判的各种“土政策”,优化司法环境,确保司法公正。务必时刻注意维护行政审判的中立性和独立性,遇有当地要求与有关部门“合署办公”、“联合执法”等现象,要积极向有关方面做好说服工作。要加强行政审判工作的司法宣传,增进社会各界对行政审判工作的了解和理解,营造良好的社会氛围。

——《最高人民法院关于进一步加强行政审判工作的通知》(2004 年 3 月 17 日,法〔2004〕33 号)。

010 推进行政诉讼程序繁简分流，依法快速审理简单行政案件，提高行政审判质效

关键词 | 行政诉讼程序繁简分流 | 简案快审 | 类案专审 | 繁案精审 |

【最高人民法院司法文件】

第一条 人民法院应当严格规范审理复杂行政案件，依法快速审理简单行政案件，完善行政诉讼简易程序适用规则，推动电子诉讼的应用，引导当事人正确行使诉讼权利、依法履行诉讼义务，全面提升行政审判质量、效率和公信力。

第二条 第一审人民法院审理下列行政案件，可以作为简单案件进行审理：

（一）属于行政诉讼法第八十二条第一款、第二款规定情形的；

（二）不符合法定起诉条件的；

（三）不服行政复议机关作出的不予受理或者驳回复议申请决定的；

（四）事实清楚、权利义务关系明确、争议不大的政府信息公开类、履行法定职责类以及商标授权确权类行政案件。

第二审人民法院对于第一审人民法院按照简单案件快速审理的上诉案件，以及当事人撤回上诉、起诉、按自动撤回上诉处理的案件，针对不予立案、驳回起诉、管辖权异议裁定提起上诉的案件等，可以作为简单案件进行审理。

高级人民法院可以探索开展行政申请再审案件繁简分流工作。

第三条 人民法院可以建立行政案件快审团队或者专业化、类型化审判团队，也可以设立程序分流员，负责行政案件繁简分流，实现简案快审、类案专审、繁案精审。

——《最高人民法院关于推进行政诉讼程序繁简分流改革的意见》（2021 年 6 月 1 日，法发〔2021〕17 号）。

1. 遵循司法规律推进繁简分流。科学调配和高效运用审判资源，依法快速审理简单案件，严格规范审理复杂案件，实现简案快审、繁案精审。根据案件事实、法律适用、社会影响等因素，选择适用适当的审理程序，规范完善不同程序之间的转换衔接，做到该繁则繁，当简则简，繁简得当，努力以较小的司法成本取得较好的法律效果。

2. 推进立案环节案件的甄别分流。地方各级人民法院根据法律规定，科学制定简单案件与复杂案件的区分标准和分流规则，采取随机分案为主、指定分案为辅的方式，确保简单案件由人民法庭、速裁团队及时审理，系列性、群体性或关联性案

件原则上由同一审判组织审理。对于繁简程度难以及时准确判断的案件，立案、审判及审判管理部门应当及时会商沟通，实现分案工作的有序高效。

——《最高人民法院关于进一步推进案件繁简分流优化司法资源配置的若干意见》（2016 年 9 月 12 日，法发〔2016〕21 号）。

011 正确处理行政诉讼案件和民事诉讼案件交叉的问题

关键词 | 行民交叉 | 中止诉讼 | 审判程序 |

【最高人民法院司法文件】

19. 正确处理行政诉讼案件和民事诉讼案件交叉的问题。要区别责任发生的时间、法律对责任实现顺序是否有专门规定，以及是否涉及国家利益、公共利益，审慎解决民事责任和行政责任的冲突。要立足我国社会主义初级阶段的国情，既重视保障民事受害人的及时有效救济，也要兼顾行政与民事两种赔偿责任承担的基本公平。对选择民事或行政救济途径法律规定不明确的，要加强法院内部的沟通协商，不轻易否定起诉人的行政诉权或民事诉权。如争议的民事法律关系是行政行为合法的基础性前提性事实和主要构成要件的，应当先行中止行政诉讼，等候民事诉讼的判决结果。反之则可以行政诉讼先行。不同审判庭或者法院之间应当主动加强沟通协调，不得各行其是。

——《最高人民法院关于加强和改进行政审判工作的意见》（2007 年 4 月 24 日，法发〔2007〕19 号）。

充分发挥行政诉讼附带解决民事争议的功能，在受理行政机关对平等主体之间的民事争议所作的行政裁决、行政确权、行政处理、颁发权属证书等案件时，可以基于当事人申请一并解决相关民事争议。要正确处理行政诉讼与民事诉讼交叉问题，防止出现相互矛盾或相互推诿。

——《最高人民法院关于当前形势下做好行政审判工作的若干意见》（2009 年 6 月 26 日，法发〔2009〕38 号）。

【最高人民法院答复】

四川省高级人民法院：

你院〔2002〕川行他字第 1 号《关于行政诉讼与民事诉讼交叉而引起的审判程

序问题的请示》收悉。经研究，答复如下：

根据《中华人民共和国民事诉讼法》第一百三十六条第一款第（五）项[①]的规定，当行政诉讼与民事诉讼交叉且行政诉讼的裁判结果是民事诉讼的定案根据或裁判依据时，应当中止民事诉讼，待行政诉讼终结后再恢复民事诉讼。

——《最高人民法院行政审判庭关于对行政诉讼与民事诉讼交叉引起的审理程序如何处理问题的答复》（2002年8月1日，〔2002〕行他字第10号）。

012 妥善处理群体性行政案件

关键词｜群体性行政案件｜行政和解｜法律效果和社会效果统一｜

【最高人民法院司法文件】

二、高度重视群体性行政案件的立案受理工作。对于起诉到法院的群体性行政争议，符合法定起诉条件的，应当依法及时立案受理，不得拒之门外；对于不符合起诉条件的，或者不属于法院主管的问题，在依法作出处理前，应当向起诉人说明原因，告知其依法解决问题的途径，并视情况通知有关部门做好稳控工作；对于政治性、政策性强，难以单纯通过行政诉讼解决问题的争议，要慎重对待和处理，尽可能通过当地党委、政府统一协调解决；对于人数众多、重大复杂、符合立案条件的群体性案件，可以由中级人民法院受理，也可以指定其他基层人民法院受理。要根据案件的不同情况，对于可分的群体性案件，可以分别立案受理。各级人民法院的立案庭和行政庭在立案受理环节上要加强沟通，密切配合。

三、认真做好群体性行政案件的稳控工作。针对群体性行政争议涉及人数众多、矛盾尖锐、处理难度大等特点，要把维护稳定和防止矛盾激化贯穿诉讼活动始终。在受理、审理、开庭、执行等环节耐心细致地做好当事人的工作，对可能出现的影响稳定和案件正常审理等情况的，特别是对重大复杂的群体性案件，要事先做好预测，认真研究并制定相应的预案，防止矛盾激化和事态扩大酿成严重事件。对于重大、复杂和影响大的案件，院长、庭长可以亲自担任审判长。

四、积极探索以和解方式解决群体性行政争议机制。对于群体性行政争议案件，要尽可能通过协调方式加以解决。在依法进行合法性审查的基础上，对行政行为违法或者明显不合理、不适当，符合和解条件的案件，根据当事人自愿，积极做好

① 2021年修正的民事诉讼法第一百五十三条第一款第（五）项。——编者注

协调工作,促使当事人达成诉讼和解,以达到消除矛盾、减少对抗、定分止争、案结事了的效果。

五、力求法律效果和社会效果的有机统一。处理群体行政案件,要把司法为民和服务大局紧密联系起来,综合考虑和平衡各方面的利益,既要保护最广大人民群众的根本利益和每一个公民的切身利益,又要监督支持行政机关依法行政,从大局出发,保障各项改革政策和措施的落实,维护经济和社会发展的秩序。要注意裁判的导向作用,通过对行政案件的审理和裁判,彰显社会的公平正义,促进改革和建设的健康发展,为构建社会主义和谐社会提供坚强有力的司法保障。

六、不断提高妥善处理群体性案件的能力。要切实提高协调利益关系、开展群众工作、处理人民内部矛盾、维持社会稳定的本领,讲究审判艺术,注意工作方法;要注重对当事人进行必要的诉讼指导,善于做耐心细致的疏导和解释工作,引导当事人依法行使诉讼权利和主张实体权益;要注意把握裁判的有利时机,缓解当事人的对立情绪,避免因工作方法不当,引起矛盾激化或者形成集体上访;要增强裁判文书的说理性,重视做好释明和答疑工作,使当事人明法知理,服判息诉,避免引发新的矛盾。

七、紧紧依靠党委的领导和政府的支持。对于重大复杂和有影响的群体性行政案件,要主动及时地向当地党委汇报,在党委的统一领导和协调下依法妥善处理。进一步加强与行政机关的沟通与联系,取得行政机关的理解和配合,增进司法与行政的良性互动。对于案件中反映出的苗头性、倾向性问题以及有可能引发群体性案件和影响社会稳定的问题,要及时提出司法建议,便于党委、政府及时采取措施,从源头上预防和减少群体性行政争议的发生。要加强同新闻媒体的协调与联系,注意正确引导舆论,防止对群体性行政案件的恶意炒作。

八、加强对群体性行政争议的调查研究。要了解和掌握群体性行政争议的规律和特点,注意总结预防和妥善处理群体性行政争议的经验。要坚持大要案报告制度,重大、复杂的群体性行政案件要及时向上级人民法院报告,上级人民法院要加强对下级人民法院受理和审理群体性行政案件指导。对于在审判中出现的重要、敏感情况和问题,应当及时报告上级人民法院。

——《最高人民法院关于妥善处理群体性行政案件的通知》(2006 年 12 月 5 日,法〔2006〕316 号)。

17. 要认清当前群体性行政争议日趋增多的严峻形势,不断提高依法妥善处理好群体性行政案件的司法能力,要按照最高人民法院下发的《关于妥善处理群体性行政案件的通知》的要求，对本辖区群体性行政案件的情况进行调查分析，制定相应的工作方案和措施，并认真抓好各项工作措施的落实，在党委的统一协调和政府的配合支持下，充分发挥人民法院在维护社会和谐稳定中的积极作用。

——《最高人民法院关于加强和改进行政审判工作的意见》（2007 年 4 月 24 日，法发〔2007〕19 号）。

013 应急处置与低温雨雪冰冻灾害以及其他自然灾害等突发事件有关的行政案件

关键词｜低温雨雪冰冻灾害｜自然灾害｜突发事件｜

【最高人民法院司法文件】

一、关于审理原则

会议认为，低温雨雪冰冻灾害属于造成严重社会危害的突发事件，需要采取应急处置措施予以应对。与此相关的行政案件，具有不同于一般行政案件的特殊性，因此，在审理时应把握好以下原则：

（一）服从服务大局，实现两个效果的统一。对低温雨雪冰冻灾害的应急抢险抗灾措施，是在党中央、国务院直接领导下研究、决定和部署的特别重大突发事件的应对工作，事关国家安全、公共安全、人民生命和财产安全，事关社会的稳定与和谐。人民法院在处理有关行政案件时，必须牢固树立服从和服务大局的意识，克服就案办案、孤立办案倾向，妥善处理国家利益、公共利益和个人利益的关系，努力实现法律效果和社会效果的统一。通过公正、高效的审判，切实维护抗灾救灾的胜利成果和灾后恢复与重建的各项部署和安排。

（二）注重权利救济，切实保障民生。低温雨雪冰冻灾害期间行政权力的特殊行使，有时对公民权利会有一些限制或者造成损害。人民法院在办案时应当从关注和保障民生，维护好、实现好、发展好最广大人民根本利益的高度出发，充分保护公民、法人和其他组织依法获得救济的权利。对因灾害引发的行政案件，凡是符合法定起诉条件的，均应当及时立案，不得以属于紧急状态为由不予受理。在案件审理中，要用足、用好法律、法规的规定，最大程度地保护公民、法人或者其他组织的合法权益。

（三）遵从应急规则，维护权力运行。突发事件应对属于非常时期，与正常情况下行政权力的行使有着明显的不同。人民法院在审理相关行政案件时，既要坚持合法性审查原则，依法对行政机关突发事件应对活动进行司法监督，又要充分考虑灾害期间行政权力的特殊运行原则，切实维护行政机关在控制、减轻和消除灾害后果方面所采取的各种必要的应对活动。一是为了保护人民生命财产安全，维护国家安全、公共安全、环境安全和社会秩序，有可能暂停、限制或者克减特定个体的某些权利；二是为了迅速应对突发事件，需要更多地追求效率价值，遵循某些特殊的程序性规定；三是行政权力应当依法行使，行政机关依照突发事件应对法和其他有关法律、法规、规章规定采取的应急处置措施，人民法院应当依法予以维护；四是人民法院应当尊重行政机关在危机状态下较大的自由裁量权，但以处置灾害为由滥用行政权力的，人民法院不予支持；五是有关人民政府及其部门采取的应对突发事件的措施，与突发事件可能造成社会危害的性质、程度和范围相适应的，人民法院应当依法予以支持；有多种措施可供选择的，应当选择有利于最大程度地保护公民、法人或者其他组织权益的措施。

二、关于期限问题

（一）关于起诉期限。公民、法人或者其他组织因低温雨雪冰冻灾害耽误法定起诉期限，在障碍消除后的10日内申请延长期限的，人民法院应当认定属于行政诉讼法第四十条①规定的不可抗力。低温雨雪冰冻灾害的起止时间，原则上应以当地气象部门的认定为准。

（二）关于举证期限。被告因低温雨雪冰冻灾害逾期提供证据，或者无法在收到起诉状副本之日起10日内向人民法院提出延期提供证据书面申请的，人民法院应当认定属于《最高人民法院关于行政诉讼证据若干问题的规定》第一条规定的不可抗力或者客观上不能控制的其他正当事由，一般不视为被诉具体行政行为没有相应的证据。原告或者第三人因低温雨雪冰冻灾害申请延期提供证据的，经人民法院准许，可以在法庭调查中提供。由于低温雨雪冰冻灾害属于众所周知的事实，原则上无须诉讼当事人举证证明。

（三）关于中止诉讼问题。因低温雨雪冰冻灾害致使诉讼活动不能正常进行的，适用《最高人民法院关于执行〈中华人民共和国行政诉讼法〉若干问题的解释》第五十一条②关于中止诉讼的规定，人民法院可以依职权作出中止诉讼的裁定。

---

① 现行行政诉讼法第四十八条。——编者注

② 该解释已被废止。现为《最高人民法院关于适用〈中华人民共和国行政诉讼法〉的解释》（法释〔2018〕1号）第八十七条。——编者注

三、关于行政处罚、行政强制措施类案件的处理

（一）不服行政处罚和行政强制措施案件。对于履行统一领导职责的人民政府以及公安、工商、物价等机关依照突发事件应对法作出的行政处罚和行政强制措施等行政行为，只要实体合法，不宜仅以行政程序存在瑕疵而判决撤销或者确认违法。[①]

（二）不服交通管制案件。对于不服履行统一领导职责的人民政府以及公安机关为应对雨雪冰冻灾害而采取的交通管制、交通秩序疏导等措施提出行政赔偿请求的案件，可以依法判决驳回原告的诉讼请求。

（三）不服临时价格干预措施案件。对于物价部门加强市场监管，对生活必需品、救灾物资实行临时价格干预的措施，可以依法判决驳回原告的诉讼请求。

（四）不服林业执法案件。对于林业行政执法部门针对公民、法人或者其他组织灾后以树木难以成活等为由，未经批准自行清理的行为作出的罚款、没收财物等行政处罚，人民法院应根据案件具体情况慎重处理；对于自行清理行为构成借机乱砍滥伐林木的，应当依法维持行政机关的行政处罚决定。

四、关于工伤认定类行政案件的处理

（一）临时雇用员工的工伤认定。低温雨雪冰冻灾害期间，用人单位为维护国家利益和公共利益的需要，在恢复交通、通信、供电、供水、排水、供气、道路抢修、保障食品、饮用水、燃料等基本生活必需品的供应、组织营救和救治受害人员等过程中，临时雇用员工受到伤害的，可视为工伤，参照《工伤保险条例》的规定进行处理。

（二）工作时间的认定。低温雨雪冰冻灾害期间，工作时间应作宽泛理解，不仅指企业明确规定的上班至下班时间段，还应包括企业当班组长、班长或者某项具体工作负责人同意和安排的临时加班工作的时间。

（三）工作场所的认定。鉴于灾害期间的特殊情势，对于工作场所的认定，应当综合考虑工作职责、工作性质、工作需要、工作纪律等因素。某些劳动者可能存在多处或者不固定的工作地点和工作岗位，也有可能在企业住所地以外的场所，应当根据具体案情从宽掌握。原则上，凡是与职工的工作职责相关的场所，一般应认定为工作场所。

（四）上下班途中的认定。低温雨雪冰冻灾害期间，上下班的路线，不宜只严格掌握为工作地点和居住地点之间特定的、固定的路线。只要路线没有显失合理且方向正确，一般应予认定。

---

① 根据现行行政诉讼法第七十四条第一款第（二）项的规定，行政行为程序轻微违法，但对原告权利不产生实际影响的，应判决确认违法。——编者注

五、关于行政征用、发放救济款物以及减免税费、救助、抚恤、安置等类行政案件的处理

（一）行政征用案件。公民、法人或者其他组织就有关人民政府及其部门依照突发事件应对法作出的行政征用行为提起诉讼的，人民法院应当依法受理，并可判决或者建议有关人民政府及其部门在使用完毕或者突发事件应急处置工作结束后，及时返还被征用的财产。对于财产被征用或者征用后毁损、灭失的，应当判决给予补偿。法律、法规对补偿标准有具体规定的，依照规定；没有具体规定的，按照适当与合理的原则裁判。也可以建议双方当事人协商解决补偿争议。

（二）发放救济款物案件。对要求人民政府及其部门依法发放自然灾害生活救助资金、城乡低保对象临时补助等救济款物的案件，人民法院应当及时进行处理。在审理过程中发现救济款物管理中存在问题的，及时向有关部门提出司法建议。发现截留、挪用、私分或者变相私分应急救援资金、物资或者救灾款物线索的，应当移送有关部门处理。

（三）要求减免税费、救助、抚恤、安置等案件。对于公民、法人或者其他组织以低温雨雪冰冻灾害发生较大损失，正常生产经营活动受到较大影响为由主张减税、免税或者减免行政收费负担的，人民法院应当及时与有关行政机关沟通，征求相关部门意见，确有证据证明受灾损失较大的，应当依法予以支持。对于公民、法人或者其他组织要求人民政府履行救助、抚恤、安置等法定职责的，应当及时作出判决。

会议还认为，为了公正及时地审理好冰雪灾害有关的行政案件，各级人民法院应当坚持案件沟通协调制度，立案后及时与行政机关沟通联系，准确掌握行政行为发生的全面情况，加大协调处理的力度；坚持重大案件请示汇报制度，对重大、复杂或者群体性、敏感性等可能导致矛盾激化和事态扩大的案件，应当及时向上级人民法院和当地党委、人大汇报，力求得到及时妥善处理；要通过行使释明权以及案外沟通工作，向当事人做好耐心细致的宣传解释工作，树立人民法院关注民生、服务大局的良好形象。

人民法院在审理与其他自然灾害等突发事件有关的行政案件时，可以参照本座谈会纪要的精神处理。

——《最高人民法院关于审理与低温雨雪冰冻灾害有关的行政案件若干问题座谈会纪要》（2008 年 4 月 29 日，法〔2008〕139 号）。

014 依法审理环境资源行政案件

关键词｜环境资源行政案件｜行民交叉｜

【最高人民法院司法文件】

9. 依法审理环境资源行政案件。依法受理环境资源行政案件，充分保障当事人诉权。案件审理既要从程序上审查行政机关的执法程序是否合法，也要从实体上审查行政许可、行政处罚等行为是否符合法定标准，特别要加强对行政机关不履行查处违反环境资源保护法律法规行为职责案件的审理，督促行政机关依法履职。谨慎适用协调手段结案，最大限度保护行政相对人的合法权益以及社会公众的环境健康与安全。妥善审理山林权属纠纷及确权行政案件，促进健全自然资源资产产权制度，加强对土地、矿产、水源、森林等自然资源的保护。妥当处理因同一环境资源纠纷引发的民事诉讼与行政诉讼的关系，避免不同审判组织对同一行政行为作出矛盾认定。积极探索环境行政诉讼与民事诉讼的合并审理，不断完善环境行政诉讼证据规则和法律适用规则。

——《最高人民法院关于全面加强环境资源审判工作为推进生态文明建设提供有力司法保障的意见》（2014 年 6 月 23 日，法发〔2014〕11 号；2021 年 3 月 24 日，经法发〔2021〕12 号修正）。

015 充分发挥行政审判职能作用，切实加强产权司法保护

关键词｜行政审判职能｜产权司法保护｜涉产权保护行政案件｜

【最高人民法院司法文件】

一、坚持产权司法保护的基本原则

1. 坚持平等保护。坚持各种所有制经济权利平等、机会平等、规则平等，对各类产权主体的诉讼地位和法律适用一视同仁，确保公有制经济和非公有制经济财产权不可侵犯。注重对非公有制产权的平等保护。妥善审理各类涉外案件，平等保护中外当事人的诉讼权利和实体权益。

2. 坚持全面保护。既要保护物权、债权、股权，也要保护知识产权及其他各种无形财产权。通过刑事、民事、行政等各种审判及执行活动，依法明确产权归属，制裁各类侵犯产权的违法犯罪行为，特别是利用公权力侵犯私有产权的违法犯罪

行为。

3. 坚持依法保护。结合各个时期经济发展的形势和政策,准确把握立法精神,严格公正司法,妥善处理涉及产权保护的各类案件。结合案件审判和司法调研,促进社会主义市场经济法律制度不断健全,推动完善产权保护制度。

二、准确把握、严格执行产权保护的司法政策

……

7. 依法慎用强制措施和查封、扣押、冻结措施,最大限度降低对企业正常生产经营活动的不利影响。对涉案企业和人员,应当综合考虑行为性质、危害程度以及配合诉讼的态度等情况,依法慎重决定是否适用强制措施和查封、扣押、冻结措施。在刑事审判中,对已被逮捕的被告人,符合取保候审、监视居住条件的,应当变更强制措施。在刑事、民事、行政审判中,确需采取查封、扣押、冻结措施的,除依法需责令关闭的企业外,在条件允许的情况下可以为企业预留必要的流动资金和往来账户。不得查封、扣押、冻结与案件无关的财产。

8. 严格规范涉案财产的处置,依法维护涉案企业和人员的合法权益。严格区分违法所得和合法财产,对于经过审理不能确认为违法所得的,不得判决追缴或者责令退赔。严格区分个人财产和企业法人财产,处理股东、企业经营管理者等自然人犯罪不得任意牵连企业法人财产,处理企业犯罪不得任意牵连股东、企业经营管理者个人合法财产。严格区分涉案人员个人财产和家庭成员财产,处理涉案人员犯罪不得牵连其家庭成员合法财产。按照公开公正和规范高效的要求,严格执行、不断完善涉案财物保管、鉴定、估价、拍卖、变卖制度。

9. 依法公正审理行政协议案件,促进法治政府和政务诚信建设。对因招商引资、政府与社会资本合作等活动引发的纠纷,要认真审查协议不能履行的原因和违约责任,切实维护行政相对人的合法权益。对政府违反承诺,特别是仅因政府换届、领导人员更替等原因违约毁约的,要坚决依法支持行政相对人的合理诉求。对确因国家利益、公共利益或者其他法定事由改变政府承诺的,要依法判令补偿财产损失。

10. 依法公正审理财产征收征用案件,维护被征收征用者的合法权益。准确把握立法精神,合理把握征收征用适用的公共利益范围,坚决防止公共利益扩大化。遵循及时合理补偿原则,对土地征收和房屋拆迁补偿标准明显偏低的,要综合运用多种方式进行公平合理补偿,充分保护被征收征用者的合法权益。

……

12. 依法处理历史形成的产权申诉案件,坚决落实有错必纠的要求。建立专

门工作机制，抓紧甄别纠正一批社会反映强烈的产权纠纷申诉案件。对涉及重大财产处置的产权纠纷申诉案件、民营企业和投资人犯罪的申诉案件，经审查确属事实不清、证据不足、适用法律错误的，依法及时予以纠正并赔偿当事人损失。严格落实司法责任制，对存在违法审判情形的依法依纪严肃追究，同时完善审判管理，从源头上、制度上有效防范冤错案件的发生。

13. 提高审判执行效率，切实防止因诉讼拖延影响企业生产经营。强化审限监管，严格审限延长、扣除、中止等情形的审批，不断提高审限内结案率，切实解决"隐性"超审限问题。持续开展长期未结诉讼案件和久押不决刑事案件专项清理工作，建立定期通报和督办机制。进一步完善繁简分流审判机制，对符合条件的案件依法适用简易程序、速裁程序。加大执行力度，提升执行速度，及时有效维护胜诉当事人的合法权益。

——《最高人民法院关于充分发挥审判职能作用切实加强产权司法保护的意见》（2016 年 11 月 28 日，法发〔2016〕27 号）。

三、正确把握工作原则

6. 坚持实事求是原则。尊重历史，实事求是，以发展眼光客观看待和依法妥善处理改革开放以来各类企业特别是民营企业经营过程中存在的不规范问题。

7. 坚持平等保护原则。为各类产权主体提供平等的司法保护，坚持法律面前人人平等，畅通产权申诉案件的立案渠道，规范适用再审审理程序，确保诉讼地位平等、诉讼权利平等、法律适用平等。

8. 坚持依法纠错原则。坚持以事实为根据，以法律为准绳，严格遵循法不溯及既往、罪刑法定、在新旧法之间从旧兼从轻等原则，严守法定程序。对符合再审条件的申诉案件，依法启动再审程序；对确有错误的生效裁判，坚决予以纠正，维护公平正义，提升司法公信。

9. 坚持纠防结合原则。通过对产权错案冤案的甄别和纠正，强化审判监督司法救济、倒逼防错和统一法律适用功能；落实司法责任制，加强源头预防。

四、严格甄别纠正工作程序

10. 保障诉讼权利。畅通申诉渠道，做好诉讼服务。充分尊重、依法保障当事人的申请权、申诉权、知情权、陈述权、辩护辩论权和处分权。

11. 强化程序监督。对产权申诉案件，要加强审级监督，上级法院可以提审和改判的，不宜指令再审和发回重审，强化对下级法院办理产权案件的监督和指导，防止程序空转。重视检察监督，依法办理检察机关提起的抗诉和检察建议案件。

12. 维护程序公正。落实接谈要求,完善询问方式,充分听取申诉人的意见。突出庭审功能,注重裁判说理,强化司法公开。加强司法救助与法律援助,为确有困难的涉诉民营企业及投资人减轻负担。

五、审慎把握司法政策

……

15. 依法妥善处理因产权混同引发的申诉案件。在甄别和再审产权案件时,要严格区分个人财产和企业法人财产,对股东、企业经营管理者等自然人违法的案件,要注意审查在处置其个人财产时是否存在随意牵连企业法人财产的问题;对企业违法的案件,在处置企业法人财产时是否存在随意牵连股东、企业经营管理者个人合法财产的问题。要严格区分违法所得和合法财产、涉案人员个人财产和家庭成员财产,要注意审查在处置违法所得时是否存在牵连合法财产和涉案人员家庭成员合法财产的问题,以及是否存在违法处理涉案财物的问题,尤其要注意审查是否侵害了当事人及其近亲属、股东、债权人等相关方的合法权益。对确属因生效裁判错误而损害当事人财产权的,要依法纠正并赔偿当事人损失。

16. 依法妥善处理与政府行为有关的产权申诉案件。甄别和再审产权案件时,对于在招商引资、政府与社会资本合作等活动中与投资主体依法签订的各类合同,因政府换届、领导人员更替而违约毁约侵犯投资主体合法权益的,或者因法定事由改变政府承诺和合同约定,对投资主体受到的财产损失没有依法补偿的,人民法院应当依法再审和改判。对于政府在土地、房屋等财产征收、征用过程中,没有按照补偿范围、形式和标准给予被征收征用者公平合理补偿的错误裁判,人民法院应当依法审查,启动再审。在再审审查和审理中,要注意运用行政和解协调机制、民事调解方式,妥善解决财产纷争。

17. 依法妥善处理涉案财产处置申诉案件。对于因错误实施保全措施、错误采取执行措施、错误处置执行标的物,致使当事人或利害关系人、案外人等财产权利受到侵害的,应当及时解除或变更强制措施、执行回转、返还财产。执行过程中,对执行标的异议所作裁定不服的,当事人、案外人可以通过执行异议之诉或者审判监督程序等法定途径予以救济;造成损害的,受害人有权依照法律规定申请国家赔偿。

18. 依法审理涉及产权保护的国家赔偿案件。对于因产权申诉案件引发的国家赔偿,应当认真审查,符合立案条件的应当依法立案,符合赔偿条件的应当依法赔偿。坚持法定赔偿原则,加大赔偿决定执行力度。

——《最高人民法院关于依法妥善处理历史形成的产权案件工作实施意见》

（2016 年 11 月 28 日，法发〔2016〕28 号）。

1. 依法平等保护各类市场主体。坚持公有制经济和非公有制经济法律地位平等、法律适用平等、权利保护平等，不断加强对非公有制经济的司法保护力度。依法平等保护中外当事人的诉讼权利和实体权益，坚定不移扩大高水平开放。坚持严格公正司法，平等保护民营企业和企业家的人格权益和财产权益，保障各类市场主体平等使用生产要素，公开公平参与市场竞争。

……

6. 健全以公平公正为原则的产权保护制度。严格执行产权保护司法政策，全面依法平等保护各种所有制经济产权和合法权益，推动健全归属清晰、权责明确、保护严格、流转顺畅的现代产权制度。明确和统一裁判标准，准确界定产权关系，合理划定责任财产范围，重点解决国有资产流失，利用公权力侵害私有产权，违法查封、扣押、冻结民营企业财产等产权保护中的突出问题。严格区分经济纠纷与经济犯罪，依法慎用刑事强制措施，严格规范涉案财产的保全和处置措施，健全涉产权冤错案件有效防范和常态化纠错机制。坚持法定赔偿原则，加大涉产权冤错案件赔偿决定执行力度。完善和统一执行异议之诉、担保物权实现、破产债权清偿中的权利冲突解决规则。强化善意文明执行理念，严禁超标的查封、乱查封，建立健全查封财产融资偿债和自行处置机制，尽最大可能保持企业财产运营价值。加强对数字货币、网络虚拟财产、数据等新型权益的保护，充分发挥司法裁判对产权保护的价值引领作用。

7. 依法惩治各类侵犯产权行为。依法惩治侵吞、瓜分、贱卖国有、集体资产的犯罪，推动完善资产监督管理制度。坚持惩罚犯罪与追赃挽损并重的原则，打击针对企业家和严重危害民营企业发展的违法犯罪行为，依法追缴民营企业被侵占、挪用的财物，完善财产返还和退赔制度。依法制裁知识产权违法犯罪，加大对链条式、产业化知识产权犯罪的惩治力度。合理认定产权侵权行为及其民事责任，及时出台证券纠纷代表人诉讼司法解释，保护上市公司与新三板公司股东权利。依法支持行政机关为保护产权实施的行政执法行为，纠正侵犯产权的违法行政行为，修订完善行政赔偿案件司法解释。

8. 服务农村集体产权制度改革。依法加强对农村集体产权制度改革的司法保障，促进集体资产保值增值，不断增加农民收入，推动乡村振兴发展，巩固脱贫攻坚成果。严格实施土地管理法、农村土地承包法和民法典物权编规定，妥善审理农村承包地、宅基地“三权分置”产生的土地权属流转纠纷案件，依法依规认定承包地经营权流转合同、宅基地使用权流转合同的效力，促进土地资源有效合理利用。依法保护农户土地承包权和宅基地资格权，确保农村土地归农民集体所有。依法保护农村集体经济组织成员权益，对农村集体经济组织将经营性资产、资源性资产折股量化到集体经济组织成员的，要依法充分保障农村集体经济组织成员参与经营决策和收益分配的权利。

9. 公正审理土地征收征用案件。严格界定公共利益用地范围，对不符合公共利益需要征收、征用土地的行为，依法不予支持。支持行政机关依法打击各种违法占用耕地行为，确保耕地和永久基本农田不受侵犯。遵循及时合理补偿原则，综合运用多种方式对被征收征用者进行公平合理补偿，维护被征收征用者的合法权益。妥善审理承包地征收补偿费用分配纠纷案件，防止农村集体经济组织非法截留土地承包经营权人应得的补偿。

10. 加强自然资源的产权保护。依法审理自然资源权属争议，规范自然资源交易流转制度，加强自然资源资产产权保护。贯彻生态环境监管体制改革要求，依法审理自然生态空间确权登记等案件，推进自然资源资产确权登记制度有效实施。修改完善公益诉讼和生态环境损害赔偿诉讼司法解释，全面促进自然资源保护和生态环境修复。促进建立健全协商、调解、仲裁、行政裁决、行政复议和诉讼等有机衔接、相互协调、多元化的自然资源资产产权纠纷解决机制。

11. 服务国家创新体系建设。完善与重大科技攻关、科技成果转化等有关的知识产权归属、保护、利益分配等相关制度，实现知识产权保护范围、强度与其贡献程度相适应，推动形成激励和保护创新的司法保障体系。研究制定专利授权确权、商业秘密、惩罚性赔偿、知识产权民事诉讼证据等司法解释和司法政策，加大对知识产权、商誉权侵权犯罪行为的惩治力度。加强知识产权专门化审判体系和人才队伍建设。积极适应新技术、新领域、新业态对司法保护提出的新要求，强化对科技创新、商业模式创新和技术要素市场的规则指引，为国家创新体系建设和新兴产业发展提供司法保障。

12. 尊重合同自愿和契约精神。以要素市场化配置改革为重点，坚持诚实信用、意思自治、公平竞争，充分发挥各类合同在市场配置资源中的基础性作用。准确把握自然垄断行业、服务业等市场准入的放宽对合同效力的影响，落实“非禁即入”政策，妥善审理建设工程、房地产、矿产资源以及水、电、气、热力等关系要素配置和市场准入的合同纠纷案件，正确处理合同自愿与行政审批、自然资源开发利用与生态环境保护的关系。适应土地供给的政策调整，统一国有土地使用权出让、转让合同纠纷案件的裁判尺度。合理判断股权融资、双向对赌等交易模式和交易结构创新的合同效力，鼓励市场主体创新创业。及时出台不良资产处置司法解释，优化资本与生产要素配置。

……

17. 依法支持和服务“放管服”改革。依法审理涉及行政审批、行政许可等行政案件，促进行政机关不断优化行政审批制度、创新行政管理和服务方式，服务法治政府和政务诚信建设。研究制定行政诉讼中规范性文件附带审查的司法解释，加大对行政决策合法性和行政行为合理性的审查力度，促进政府守信践诺。依法审理政府招商引资、政府特许经营、土地房屋征收等行政协议案件，严格把握政府解除行政协议的条件，切实维护行政相对人的合法权益。

18. 加强反不正当竞争、反垄断审判工作。准确把握法律标准，恪守竞争中性原则，综合运用效能竞争、比例原则、竞争效果评估方法，建立健全第三方审查和评估机制，依法判断竞争行为的正当性，及时制止不正当竞争、垄断行为，提高违法成本，引导市场主体诚信公平有序竞争，增强市场竞争活力。

……

22. 推动完善更加公平的社会保障体系。服务保障扩大内需战略，加大对“互联网+”领域涉及的产品质量、旅游消费、教育培训、通讯服务等消费纠纷案件的审判力度，依法认定设置消费陷阱或者霸王条款等损害消费者权益的不法行为及其法律责任，维护消费者合法权益。加大对促进就业的司法支持力度，坚决纠正就业中的地域、性别等歧视，维护劳动者公平就业权利。保护劳动者创业权利，注重引导劳动者转变就业观念，推动健全网约工、快递员等新业态从业人员的权益保障。强化司法救济，依法支持劳动者和弱势群体在工伤、医疗保险、社会救助等方面的合理诉求，解决养老保险参保率低、断保、保险关系转移接续不畅等现实问题。落实统筹完善社会救助制度的要求，继续深入推进人身损害赔偿标准城乡统一试点，适时修订相关司法解释。

……

25. 规范完善食品药品安全监管。坚持“四个最严”标准，严格执行食品安全法、药品管理法、疫苗管理法等规定，对生产、销售不安全食品以及假药、劣药构成犯罪的，依法追究刑事责任。正确适用民事赔偿首负责任制、惩罚性赔偿等规定，依法判定不诚信生产经营者的民事责任。加快制定关于审理食品安全民事纠纷的司法解释，统一裁判标准，确保人民群众“舌尖上的安全”。健全完善行政执法与行政、刑事司法衔接机制，对于审判实践中发现的食品、药品、疫苗等突出问题，在依法公正裁判的同时，及时向相关行政部门发出司法建议。坚持保护消费者权益与推动企业发展、维护市场营商环境并重，依法打击涉嫌敲诈勒索等刑事犯罪的违法索赔，保障企业商家正常生产经营。

——《最高人民法院、国家发展和改革委员会关于为新时代加快完善社会主义市场经济体制提供司法服务和保障的意见》(2020 年 7 月 20 日，法发〔2020〕25 号)。

【最高人民法院参考案例】

一、海口博泰隆房地产开发有限公司诉海口市人民政府有偿收回国有土地使用权案

(三)典型意义

本案的意义在于确定了有偿收回国有土地使用权补偿标准的问题。根据 2004 年修正的土地管理法第五十八条第二款规定，为公共利益需要使用土地而收回国有土地使用权的，对土地使用权人应当给予适当补偿。该款规定的“适当补偿”应当是公平合理的补偿，即综合考虑被收回土地的性质、用途、区位、评估方法、闲置原因等因素，参考市场价格予以补偿。为了适时解决有关历史遗留问题，切实维护土地使用权人及其他投资人合法权益，营造良好营商环境，自然资源部 1903 号函以及海南省人民政府 12 号文均规定，县级以上人民政府有偿收回存量商品住宅用地的补偿金额不低于土地使用权人取得土地的成本，并综合考虑其合理的直接损失，参考市场价格确定。本案中，行政机关应本着实质化解行政争议的目的，按照自然资源部 1903 号函以及海南省人民政府 12 号文的精神，依法合理作出补偿，合法合理保护土地使用权人的合法权益，营造良好营商环境。

二、古田翠屏湖爱乐置业有限公司、福建爱乐投资有限公司诉古田县人民政府行政协议及赔偿案

(三)典型意义

行政机关与民营企业依法签订的行政协议应受法律保护，行政机关应对符合法律规定解除行政协议给民营企业合法产权造成的损失依法给予补偿，切实保护民营企业的合法产权。行政协议具有双方意思表示一致的特点，审理行政协议案件可适用审理民事合同纠纷的相关规则，因此，属于可适用调解的行政案件。二审法院为认真贯彻落实生态文明实验区建设要求，切实保护好民营企业的合法产权，有效化解和实质性解决行政争议，积极组织各方当事人协商调解。在查明事实、分清责任的基础上，为双方厘清是非、释明法理，终于使各方取得共识，达成调解协议。不仅有效化解了案涉行政协议的争议，还一揽子解决了因解除案涉行政协议引起的土地使用权出让合同解除、土地使用权收回、在建工程交接以及有关购房户、工程款纠纷等一系列相关问题。既为生态文明建设大局提供司法服务，又为民营企业合法产权提供司法保障，促进了法治政府、诚信政府建设，有利于营造良好的营商环境，取得了较好的法律效果和社会效果。

三、李三德诉宝鸡市渭滨区人民政府行政强制案

（三）典型意义

土地管理法、《国有土地上房屋征收与补偿条例》等法律法规对集体土地和国有土地上房屋征收程序和方式均作出了明确规定。行政机关在对土地和房屋征收的过程中，应当遵循“先补偿、后拆迁”原则，依法对被征收人进行安置补偿。在被征收人已经依法得到安置补偿或者无正当理由拒绝接受安置补偿的情况下，行政机关若要实现强制搬迁和拆除，也必须按照法定程序申请人民法院强制执行，在获得人民法院准许强制执行裁定前，行政机关没有直接强制拆除被征收房屋的权利。本案中，渭滨区政府在李三德腾空房屋并交付住房钥匙后实施拆除房屋的行为，从形式上看似乎是依照协议的行为，也不违背李三德的意愿。但不可忽视的是，这种“貌似自愿”是建立在被征收人李三德并没有获得实质补偿的基础上。李三德受政府许诺“奖励”政策的影响，与陈家村城改办签订了《拆迁过渡协议》，仅对过渡费、搬迁费和奖励金额等进行约定，并未对李三德作出实质性补偿安置。渭滨区政府以此作为拆除房屋的依据，不符合“先补偿、后拆迁”原则的立法精神，不利于全面保护被征收人切身利益。因此，渭滨区政府在没有完成安置补偿工作，又没有依法申请人民法院强制执行的情况下，即拆除了李三德的房屋，明显违反法律规定。

四、武汉市武昌南方铁路配件厂诉武汉市洪山区人民政府房屋征收补偿决定案

（三）典型意义

处于正常生产经营状态、特别是经济效益尚可的企业在遇到征收时，出于坚持生产事业、安置员工等主客观方面的实际需要，往往抱有在征收后继续生产经营的意愿，这种意愿是企业经营权及财产权的合理延伸。为实现这一意愿，被征收企业多倾向于选择房屋产权调换的补偿方式，希望直接获得用于继续生产的房屋、场地等必要生产资料。在征收补偿工作中，征收补偿实施主体应当适度考虑被征收企业的意愿和被征收房屋的特定用途，在不突破法律规定和征收补偿政策框架、不背离国家利益及社会公共利益的前提下，尽可能制定与之相匹配的征收补偿安置方案，正当履行告知、送达等法定程序义务，作出合理的补偿决定，在维护国家利益及社会公共利益的同时，兼顾对企业经营权、财产权等合法权益的保护，使企业的市场经济活力得以维系。

五、汕尾市真诚公共汽车运输有限公司诉汕尾市人民政府排除、限制竞争案

（三）典型意义

行政机关滥用行政权力排除、限制竞争是我国反垄断法明确禁止的行为。在基础设施和公用事业管理领域，地方政府较常以授予独家特许经营权为对价，吸引、鼓励和引导更多优质社会资本参与相关投资和管理，以提高公共服务的质量和效率。由于反垄断法的相关规定较为原则，加上独家特许经营许可本身具有排他性，因此在特许经营许可纠纷案中，如何对行政性限制竞争行为进行审查认定难度较大。行政机关违反法律、法规、规章的规定，未经公平、公开、公正的竞争机制，未按法定程序实施或者故意设置不合理的条件，指定特许经营者，排除、限制同一市场其他同业经营者的公平竞争权和参与权，损害消费者的自主选择权，属于反垄断法上所规制的行政性限制竞争行为，应当确认其违法，以保护各种市场主体平等参与市场竞争。

六、新泰市海纳盐业有限公司诉原新泰市盐务局行政处罚案

（三）典型意义

盐资源作为关系国计民生的重要物资，盐业行政主管部门应当依法依规对相关生产、经营活动进行监管，深化“放管服”改革，满足市场和企业发展需求。《盐业管理条例》作为规范盐业管理领域的行政法规，对违反该条例的行为设定了相应的行政处罚，但对盐业公司之外的其他企业购买经营工业用盐的行为没有设定行政处罚，地方性法规不能对该行为设定行政处罚，盐业行政主管部门不能超出《盐业管理条例》规定的给予行政处罚行为的范围作出行政处罚决定。本案的典型意义在于，人民法院通过再审审查程序明确了设定行政处罚的权限，彰显了司法的监督纠错功能，保护了企业正常的生产经营权，有利于进一步激发市场活力，促进民营经济健康发展。

七、广州市淦灿贸易有限公司诉原韶关市新丰县工商行政管理局工商行政登记案

（三）典型意义

经营场所是企业从事经营活动的平台，关系到企业的竞争和发展，不能随意被限制。政府因为城市规划、经济发展和公共利益的需要，依法适当限定经营地点，有利于建设卫生文明城市、提升群众的居住环境和生活品位。但权力的行使不能因为创建卫生文明城市等需要便不加限制，必须以法律、法规的明确规定为限。

《条例》[①]第十九条第二款明确授权地级以上市人民政府以禁设区域目录的方式，限定经营场所禁设区域。因此，行政机关未经法律、法规授权作出的涉及禁设区域的规范性文件，不能作为人民法院审理行政案件的依据。本案新丰工商局作出行政行为的依据，为《暂行办法》[②]的规定，但该办法与新丰工商局在诉讼期间提供的《管理办法》[③]均未将涉案企业的经营地点列入禁设区域目录，据此新丰工商局作出的《登记驳回通知书》缺乏法律依据，依法应予撤销。本案的典型意义在于，人民法院审理涉及民营企业经营场地的行政案件时，在支持人民政府积极开展创建卫生文明城市活动的同时，也应保护民营企业的经营自主权。

八、诸暨市勍田置业有限公司诉原诸暨市国土资源局国有土地使用权出让合同纠纷案

（三）典型意义

法治是最好的营商环境，行政机关既是行政职权的行使者，也是市场经济的参与者，更要依法行政、诚实守信。本案在一定程度上厘清了土地出让部门在进行国有土地使用权出让时，需要遵守的相关规定和应当承担的合同义务。在监督行政机关依法行政的同时，也依法保护了民营企业产权，是行政审判保护非公有制市场主体权利、助推营商环境优化的典型案例。

九、夏高凤诉原都江堰市国土资源局违法注销集体土地使用权案

（三）典型意义

实践中，因分不清“权”和“证”的关系，错误采用注销“证”的方式注销“土地使用权”的现象大量存在。依法登记的土地所有权和使用权受法律保护，任何单位和个人不得侵犯。权利人只有依法取得不动产后，才能进行不动产登记，不动产登记是拥有合法不动产权利的证书。通过该案的审理，厘清了先有“权利”后有“登记”，先有“权利消失”才有“注销登记”的关系，行政机关不能用“注销登记”方式侵犯依法登记的土地所有权和使用权。

——《最高人民法院产权保护行政诉讼典型案例》，载最高人民法院网 2020 年 7 月 27 日，https://www.court.gov.cn/zixun-xiangqing-244101.html。

---

① 即《广东省商事登记条例》。——编者注

② 即《韶关市农贸市场管理暂行办法》。——编者注

③ 即《韶关市商事主体住所登记管理办法》。——编者注

五、郑州市中原区豫星调味品厂诉郑州市人民政府行政处理决定案

（三）典型意义

本案典型意义在于，加强对各类非公有制经济市场主体的产权保护，是当前人民法院的一项迫切任务，行政审判在监督行政机关依法行政方面意义重大。本案中，郑州市政府针对其十年前的错误颁证行为，仅以申请人采取“欺骗手段”为由一注了之，没有考虑当事人曾在申请表中据实填写“个体”而行政机关未尽到审慎审查义务，亦未核实当事人多年来对行政机关的信赖利益、房地产开发因素以及注销程序的规范性、正当性，被最高人民法院指出事实认定有误，程序明显不当。最高人民法院同时指出，对于信赖利益及如何弥补问题，可由郑州市政府在判后组织调查并作相应处理。本案的终审判决纠正了下级法院前后作出的四次判决，对于保障非公有制经济主体的实体权益、彰显正当程序价值和体现司法权威性，具有重要的审判监督价值。

——《最高人民法院行政审判十大典型案例（第一批）》，载最高人民法院网 2017 年 6 月 13 日，https://www.court.gov.cn/zixun-xiangqing-47862.html。

【链接：答记者问】

1. 由于涉产权保护行政案件的一方当事人是行政机关，请问人民法院在审理产权保护行政案件时，是如何实现平等保护产权的？

完善产权保护制度是坚持和完善社会主义基本经济制度、完善社会主义市场经济的内在要求。人民法院在审理涉产权保护行政案件时，坚持以平等保护为原则，坚持毫不动摇巩固和发展公有制经济，毫不动摇鼓励、支持、引导非公有制经济发展，明确公有制经济财产权不可侵犯，非公有制经济财产权同样不可侵犯。

人民法院在处理涉产权保护行政案件时，为实现平等保护产权，主要采取了以下几个方面的措施：第一，严格落实立案登记制，大力畅通涉产权保护行政案件的救济渠道，对依法应当受理的涉产权保护行政案件切实做到有案必立、有诉必理。第二，坚持合法性审查原则。依法审查行政机关行政行为的合法性，切实保护各种所有制经济产权合法利益，保证各种所有制经济依法平等使用资源要素、公开公平公正参与竞争、同等受到法律保护、共同履行社会责任。第三，明确因行政机关违法行为的充分赔偿和因国家利益需要的充分补偿原则，确保当事人产权利益得到有力保护。

2. 产权保护涉及老百姓日常生活的方方面面，人民法院在审理产权保护行政案件时，重点关注哪些方面的内容？

各类产权与作为国家治权核心的行政权在日常生活中有许多交集，对此，人民法院准确把握其中行政纠纷的易发点和多发点，以这些易发点和多发点为切入点，作为行政诉讼领域产权保护工作的关键。结合当前的行政审判实践，人民法院审理涉产权保护行政案件时，重点关注以下几个方面的内容：第一，加大对处罚、没收等行政强制行为和征收征用行为的司法审查，切实保护行政相对人的合法产权。行政强制、行政处罚、行政征收是强制性最大、干涉性最强、对产权影响最为突出的几类行政行为，重点关注对这几类行政行为的司法审查是保护产权的重要抓手。第二，严格把握政府解除行政协议的条件，监督政府诚实守信，营造鼓励民营经济和社会资本创业、创新的土壤，推动责任政府、诚信政府建设落到实处。第三，加大对行政主体不作为的监督，在产权受到非法侵害需要借助公权力保护的情况下，督促行政机关积极行使行政权力，对私有财产权提供有效保护。第四，加大对地方保护、区域封锁等行政行为的审查，消除隐性壁垒，保护各种所有制经济依法平等使用资源要素、公平公开公正参与竞争、同等受到法律保护、共同履行社会责任。

3. 人民法院在审理涉产权保护行政案件时，是如何处理公共利益和个人利益之间的关系的？

行政审判是一座托起“官”与“民”的天平，因此如何协调好保护公共利益和保护个人利益之间的关系，是人民法院在审理涉产权保护行政案件时非常关注的一个问题。对此，人民法院深入贯彻落实党中央、国务院关于完善产权保护制度依法保护产权的部署，依法审理涉产权行政案件，在行政审判中正确处理官民关系，对行政权力坚持“法无授权不可为”原则，对各种所有制经济组织和公民坚持“法无禁止即可为”原则，大力加强对各种所有制经济组织和公民合法权益的平等司法保护，用更有力更有效的产权保护，依法平等保护公有制和非公有制经济产权，加强企业自主经营权和合法财产所有权保护，增进市场主体投资创业信心，提升广大群众和企业的获得感、幸福感、安全感。

——《最高人民法院产权保护行政诉讼典型案例答记者问》，载最高人民法院网 2020 年 7 月 27 日，https://www.court.gov.cn/zixun-xiangqing-244111.html。

016 充分发挥行政审判职能作用，为企业家创新创业营造良好法治环境

关键词 | 行政审判职能 | 企业家创新创业 |

【最高人民法院司法文件】

二、依法保护企业家的人身自由和财产权利。严格执行刑事法律和司法解释，坚决防止利用刑事手段干预经济纠纷。坚持罪刑法定原则，对企业家在生产、经营、融资活动中的创新创业行为，只要不违反刑事法律的规定，不得以犯罪论处。严格非法经营罪、合同诈骗罪的构成要件，防止随意扩大适用。对于在合同签订、履行过程中产生的民事争议，如无确实充分的证据证明符合犯罪构成的，不得作为刑事案件处理。严格区分企业家违法所得和合法财产，没有充分证据证明为违法所得的，不得判决追缴或者责令退赔。严格区分企业家个人财产和企业法人财产，在处理企业犯罪时不得牵连企业家个人合法财产和家庭成员财产。

三、依法保护诚实守信企业家的合法权益。妥善认定政府与企业签订的合同效力，对有关政府违反承诺，特别是仅因政府换届、领导人员更替等原因违约、毁约的，依法支持企业的合理诉求。妥善审理因政府规划调整、政策变化引发的民商事、行政纠纷案件，对于确因政府规划调整、政策变化导致当事人签订的民商事合同不能履行的，依法支持当事人解除合同的请求。对于当事人请求返还已经支付的国有土体使用权出让金、投资款、租金或者承担损害赔偿责任的，依法予以支持。对企业家财产被征收征用的，要综合运用多种方式进行公平合理的补偿。

四、依法保护企业家的知识产权。完善符合知识产权案件特点的诉讼证据规则，着力破解知识产权权利人"举证难"问题。推进知识产权民事、刑事、行政案件审判三合一，增强知识产权司法保护的整体效能。建立以知识产权市场价值为指引，补偿为主、惩罚为辅的侵权损害司法认定机制，提高知识产权侵权赔偿标准。探索建立知识产权惩罚性赔偿制度，着力解决实践中存在的侵权成本低、企业家维权成本高的问题。坚持依法维护劳动者合法权益与促进企业生存发展并重的原则，依法保护用人单位的商业秘密等合法权益。

五、依法保护企业家的自主经营权。加强金融审判工作，促进金融服务实体经济。对商业银行、典当公司、小额贷款公司等金融机构以不合理收费变相收取高息的，参照民间借贷利率标准处理，降低企业融资成本。加强破产案件审理，对于暂时经营困难但是适应市场需要具有发展潜力和经营价值的企业，综合运用重整、和解等手段，促进生产要素的优化组合和企业转型升级。对违法违规向企业收费或者以各种监督检查的名义非法干预企业自主经营权的，依法予以纠正。严格依法采取财产保全、行为保全等强制措施，防止当事人恶意利用保全手段，侵害企业正常生产经营。对资金暂时周转困难、尚有经营发展前景的负债企业，慎用冻结、划拨流动资金等手段。加强对虚假诉讼和恶意诉讼的审查力度，对于恶意利用诉讼打击竞争企业，破坏企业家信誉的，要区分情况依法处理。

六、努力实现企业家的胜诉权益。综合运用各种强制执行措施，加快企业债权实现。强化对失信被执行人的信用惩戒力度，推动完善让失信主体“一处失信、处处受限”的信用惩戒大格局。同时，营造鼓励创新、宽容失败的社会氛围。对已经履行生效裁判文书义务或者申请人滥用失信被执行人名单的，要及时恢复企业家信用。对经营失败无偿债能力但无故意规避执行情形的企业家，要及时从失信被执行人名单中删除。

七、切实纠正涉企业家产权冤错案件。进一步加大涉企业家产权冤错案件的甄别纠正工作力度，对于涉企业家产权错案冤案，要依法及时再审，尽快纠正。准确适用国家赔偿法，及时启动国家赔偿程序，公正高效审理涉及企业家的国家赔偿案件，加大赔偿决定执行力度，依法保障企业家的合法权益。

八、不断完善保障企业家合法权益的司法政策。进一步加快“智慧法院”建设，充分利用信息技术，深入调研涉企业家案件的审判执行疑难问题，及时总结审判经验，健全裁判规则。加大制定司法解释、发布指导性案例工作力度，统一司法尺度和裁判标准。在制定有关司法政策、司法解释过程中要充分听取企业家的意见、建议。

——《最高人民法院关于充分发挥审判职能作用为企业家创新创业营造良好法治环境的通知》(2017 年 12 月 29 日，法〔2018〕1 号)。

【最高人民法院参考案例】

二、许某某诉金华市婺城区人民政府行政强制及行政赔偿案

(三)典型意义：保护被征收人产权　促进政府依法行政

《国有土地上房屋征收与补偿条例》的颁布实施，为解决征收拆迁中的行政纠纷，实现国有土地上房屋征收补偿领域的“善治”，提供了良好的法律基础。被征收人与市、县级政府通过平等协商达成补偿协议后自愿搬迁已经成为常态，需要强制搬迁的越来越少。在婺城区政府分期分批对二七区块房屋进行征收补偿中，绝大多数被征收人在得到公平合理补偿及搬迁奖励后自愿搬迁，居住条件得到显著改善。在因建设快速公交等公共利益需要征收案涉区块包括许某某等 22 户 1184 平方米房屋，少数住户对补偿不满未自愿搬迁的情况下，婺城区政府本应依法分别作出征收决定、补偿决定，遵循先补偿、后搬迁原则，依法申请人民法院强制执行以实现强制搬迁。但在征收决定和补偿决定均未依法作出的情况下，婺城区二七区块改造工程指挥部即委托婺城建筑公司在拆除已签订补偿协议的邻居房屋时一并拆除了许某某房屋,侵犯了许某某的房屋产权。这样的事例具有一定普遍性,暴露了一些基层政府的法治意识不强,不善于用法治思维、法治方式和法律手段解决问题;同时也说明一些基层政府在征收补偿中未能做到效率与法治的统一,更多考虑行政效能,而忽视程序正义。婺城区政府在案涉房屋被拆除一个月之后才作出征收决定,至今未作出补偿决定,未给予许某某任何补偿,严重违反法定程序。由于婺城区二七区块改造工程指挥部是婺城区政府组建并赋予行政管理职能但不具有独立承担法律责任能力的临时机构,其违法侵权的责任应由婺城区政府承担。由于许某某在人民法院审理中始终主张应以在改建地段提供房屋的方式赔偿损失,故最高人民法院判决责令婺城区政府用在改建地段或者就近地段提供类似房屋的方式予以赔偿,或者以作出赔偿决定时的房地产市场评估价格为基准计付赔偿款;同时对许某某在合法的征收补偿程序中应当获得、也可以获得的可得利益损失一并予以赔偿。

本案再审判决,充分贯彻《中共中央、国务院关于完善产权保护制度依法保护产权的意见》所规定的及时补偿、合理补偿和公平补偿的原则精神,体现有权必有责、违法须担责、侵权要赔偿、赔偿应全面的法治理念,明确宣示产权人因行政机关侵权所得到的赔偿不能低于依合法征收程序应得到的补偿。与此同时,本案再审判决充分发挥司法的评价、引导功能,加大对侵犯产权行为的监督力度,防范市、县级政府在违法强拆后利用补偿程序回避国家赔偿责任,从而促进行政机关自觉依法行政,从源头上减少行政争议,既顺利推进公共利益建设,也确保房屋产权人得到公平合理补偿。

七、某集团有限公司与某市国土资源、房屋管理局土地登记纠纷案

（三）典型意义:依法规范政府行为　保护企业财产权利

城乡规划法只是将规划条件作为出让土地的前置条件,并没有要求土地登记需要提交建设用地规划许可证。根据城乡规划法第三十八条第一款和第三款规定,出让土地之前应当确定规划条件,否则不得出让;城市、县人民政府城乡规划主管部门不得在建设用地规划许可证中,擅自改变作为国有土地使用权出让合同组成部分的规划条件。本案中,原告在与被告签订《国有建设用地使用权出让合同》前已经取得了《建设工程规划审查函意见书》,同时原、被告也在《国有建设用地使用权出让合同》第十三条中对规划条件进行了约定。在原告已经付清全部国有土地出让价款后,持国有建设用地使用权出让合同和土地出让价款缴纳凭证等相关证明材料申请土地使用权登记,符合法律规定条件,遂判决被告依法履行法定职责。本案对于督促行政机关依法履行职责,保障企业合法财产权益具有示范作用。

——《人民法院充分发挥审判职能作用保护产权和企业家合法权益典型案例》,载最高人民法院网 2018 年 1 月 30 日,https://www.court.gov.cn/zixun-xiangqing-79262.html。

五、罗某明等五人与某综合行政执法局行政赔偿案

【典型意义】

《产权保护意见》[①]要求,"大力推进法治政府和政务诚信建设","对因政府违约等导致企业和公民财产权受到损害等情形,进一步完善赔偿、投诉和救济机制,畅通投诉和救济渠道"。本案中,某综合行政执法局对案涉养猪场的猪栏和饲料仓库实施强制拆除,客观上已导致养猪场无法正常经营,只能停业并关闭。二审法院在确定赔偿数额时,仅考虑了被拆除的猪栏和饲料仓库的直接损失,对因养猪场必然不能继续正常经营导致的其他场内设备、设施无法继续使用的损失未予任何考虑,当事人产权未能依法得到公平和充分保护。最高人民法院严格贯彻依法保护产权审判理念,进一步落实《产权保护意见》有关要求,坚持完善、畅通当事人产权受损后的救济渠道,通过再审改判,准确认定当事人直接损失范围,客观计算实际财产损失金额,给予公平和充分赔偿,在支持国家环保政策执行的同时,依法平等保护市场主体的财产权。

——《人民法院充分发挥审判职能作用保护产权和企业家合法权益典型案例(第三批)》,载最高人民法院网 2021 年 5 月 19 日,https://www.court.gov.cn/zixun-xiangqing-303421.html。

【链接:答记者问】

5. 问:在第三批典型案例中,有一个涉及养猪场被强拆引发的行政赔偿案件。请问发布这样一个"小案件"作为典型案例是如何考虑的?

答:小案件,大道理。我们发布本案主要有三点考虑:

一是彰显平等保护原则。平等保护是法律的精神和原则。人民法院对产权进行司法保护,不论国企民企、内资外资、大中小微企业、法人自然人均一视同仁。本案中,最高人民法院通过再审改判,依法保护了一家养猪农民专业合作社以及相关权利人的合法产权利益,表明了人民法院依法平等保护各类所有制经济和各类产

① 即《中共中央、国务院关于完善产权保护制度依法保护产权的意见》(2016 年 11 月 4 日)。下同。——编者注

权主体的信念与决心。本案具有涉农因素,依法审理涉农产权案件,切实维护涉农产权主体和农民的合法产权利益,是人民法院服务乡村振兴、维护农民权益的应有之义。

二是助推法治政府、政务诚信建设。《产权保护意见》明确提出,要完善政府守信践诺机制,大力推进法治政府和政务诚信建设,加大对政务失信行为惩戒力度。本案中,罗某明等五人在经营养猪场期间多次获得财政补贴资金和专项资金,经营期间,积极落实环保部门有关通知要求,建设水污染防治设施,基于对行政机关信赖而开展经营与投入。某区综合行政执法局片面理解违法建筑认定标准,且未经当事人陈述申辩或者听证就实施的强拆行为缺乏合理性。人民法院判决确认强拆行为违法,并判决政府赔偿老百姓因信赖公权力而产生的损失,对提升政府公信力、推动法治政府建设具有重要意义。

三是探索了行政赔偿中的"直接损失"认定标准。国家赔偿法第三十六条第(八)项规定,对财产权造成其他损害的,按照直接损失给予赔偿。如何准确、合理认定"直接损失",一直是司法实践中的难点问题。本案中,二审法院仅将强拆对象即猪栏和饲料仓库的价值作为认定直接损失的依据过于机械,不足以弥补当事人的损失。最高人民法院依法纠正,并将因强拆而造成的部分养猪设备、设施因无法继续使用而必然产生的价值贬损,作为直接损失予以适当考虑。据此确定的赔偿数额较为全面救济了当事人的实际损失,保护了当事人的合法产权利益。既对明确行政赔偿中"直接损失"的认定标准具有重要示范意义,也有助于增强市场主体安全感,进一步优化放心投资、安心发展的市场环境。

——《最高法相关庭室负责人就第三批保护产权和企业家合法权益典型案例答记者问》,载最高人民法院网 2021 年 5 月 19 日,https://www.court.gov.cn/zixun-xiangqing-303691.html。

017 统一法律适用标准,避免"类案不同判"

关键词|统一法律适用标准|类案同判|法律适用分歧解决机制|

【最高人民法院司法文件】

二、加强司法解释和案例指导工作

3. 发挥司法解释统一法律适用标准的重要作用。司法解释是中国特色社会主义司法制度的重要组成部分,是最高人民法院的一项重要职责。对审判工作中具体应用法律问题，特别是对法律规定不够具体明确而使理解执行出现困难、情况变化导致案件处理依据存在不同理解、某一类具体案件裁判尺度不统一等问题，最高人民法院应当加强调查研究，严格依照法律规定及时制定司法解释。涉及人民群众切身利益或重大疑难问题的司法解释，应当向社会公开征求意见。进一步规范司法解释制定程序，健全调研、立项、起草、论证、审核、发布、清理和废止机制，完善归口管理和报备审查机制。

4. 加强指导性案例工作。最高人民法院发布的指导性案例，对全国法院审判、执行工作具有指导作用，是总结审判经验、统一法律适用标准、提高审判质量、维护司法公正的重要措施。各级人民法院应当从已经发生法律效力的裁判中，推荐具有统一法律适用标准和确立规则意义的典型案例，经最高人民法院审判委员会讨论确定，统一发布。指导性案例不直接作为裁判依据援引，但对正在审理的类似案件具有参照效力。进一步健全指导性案例报送、筛选、发布、编纂、评估、应用和清理机制，完善将最高人民法院裁判转化为指导性案例工作机制，增强案例指导工作的规范性、针对性、时效性。

5. 发挥司法指导性文件和典型案例的指导作用。司法指导性文件、典型案例对于正确适用法律、统一裁判标准、实现裁判法律效果和社会效果统一具有指导和调节作用。围绕贯彻落实党和国家政策与经济社会发展需要，最高人民法院及时出台司法指导性文件，为新形势下人民法院工作提供业务指导和政策指引。针对经济社会活动中具有典型意义及较大影响的法律问题，或者人民群众广泛关注的热点问题，及时发布典型案例，树立正确价值导向，传播正确司法理念，规范司法裁判活动。

三、建立健全最高人民法院法律适用问题解决机制

6. 建立全国法院法律适用问题专门平台。最高人民法院建立重大法律适用问题发现与解决机制，加快形成上下贯通、内外结合、系统完备、规范高效的法律适用问题解决体系，及时组织研究和解决各地存在的法律适用标准不统一问题。充分发挥专家学者在统一法律适用标准中的咨询作用，积极开展专家咨询论证工作，通过组织召开统一法律适用标准问题研讨会等方式，搭建人大代表、政协委员、专家学者、行业代表等社会各界广泛参与的平台，总结归纳分歧问题，研究提出参考意见，为审判委员会统一法律适用标准提供高质量的辅助和参考。

7. 健全法律适用分歧解决机制。审判委员会是最高人民法院法律适用分歧解决工作的集体领导和决策机构，最高人民法院各业务部门、审判管理办公室和中国应用法学研究所根据法律适用分歧解决工作需要，为审判委员会决策提供服务

和决策参考。进一步优化法律适用分歧的申请、立项、审查和研究工作机制，对于最高人民法院生效裁判之间存在法律适用分歧或者在审案件作出的裁判结果可能与生效裁判确定的法律适用标准存在分歧的，应当依照《最高人民法院关于建立法律适用分歧解决机制的实施办法》提请解决。

四、完善高级人民法院统一法律适用标准工作机制

8. 规范高级人民法院审判指导工作。各高级人民法院可以通过发布办案指导文件和参考性案例等方式总结审判经验、统一裁判标准。各高级人民法院发布的办案指导文件、参考性案例应当符合宪法、法律规定，不得与司法解释、指导性案例相冲突。各高级人民法院应当建立办案指导文件、参考性案例长效工作机制，定期组织清理，及时报送最高人民法院备案，切实解决不同地区法律适用、办案标准的不合理差异问题。

9. 建立高级人民法院法律适用分歧解决机制。各高级人民法院应当参照最高人民法院做法，建立本辖区法律适用分歧解决机制，研究解决本院及辖区内法院案件审理中的法律适用分歧。各中级、基层人民法院发现法律适用标准不统一问题，经研究无法达成一致意见的，应当层报高级人民法院，超出高级人民法院辖区范围的，应当及时报送最高人民法院研究解决。

五、强化审判组织统一法律适用标准的法定职责

10. 强化独任法官、合议庭正确适用法律职责。各级人民法院应当全面落实司法责任制，充分发挥独任法官、合议庭等审判组织在统一法律适用标准中的基础作用。独任法官、合议庭应当严格遵守司法程序，遵循证据规则，正确运用法律解释方法，最大限度降低裁量风险，避免法律适用分歧。发现将要作出的裁判与其他同类案件裁判不一致的，应当及时提请专业法官会议研究。合议庭应当将统一法律适用标准情况纳入案件评议内容，健全完善评议规则，确保合议庭成员平等行权、集思广益、民主决策、共同负责。

11. 发挥审判委员会统一法律适用标准职责。完善审判委员会议事规则和议事程序，充分发挥民主集中制优势，强化审判委员会统一法律适用标准的重要作用。审判委员会应当着重对下列案件，加强法律适用标准问题的研究总结：(1)涉及法律适用标准问题的重大、疑难、复杂案件；(2)存在法律适用分歧的案件；(3)独任法官、合议庭在法律适用标准问题上与专业法官会议咨询意见不一致的案件；(4)拟作出裁判与本院或者上级法院同类案件裁判可能发生冲突的案件。审判委员会应当及时总结提炼相关案件的法律适用标准，确保本院及辖区内法院审理同类案件时裁判标准统一。

六、落实院庭长统一法律适用标准的监督管理职责

12. 明确和压实院庭长监督管理职责。院庭长应当按照审判监督管理权限，加强审判管理和业务指导，确保法律适用标准统一。通过主持或参加专业法官会议，推动专业法官会议在统一法律适用标准上充分发挥专业咨询作用，定期组织研究独任法官、合议庭审理意见与专业法官会议咨询意见、审判委员会决定不一致的案件，为统一法律适用标准总结经验。及时指导法官对审理意见长期与专业法官会议咨询意见、审判委员会决定意见不一致的案件进行分析，促进法官提高统一法律适用标准能力，防止裁判不公和司法不廉。推动院庭长审判监督管理职责与审判组织审判职能、专业法官会议咨询职能、审判委员会决策职能有机衔接、有效运行，形成统一法律适用标准的制度机制体系。

13. 加强对“四类案件”的监督管理。院庭长应当对《最高人民法院关于完善人民法院司法责任制的若干意见》规定的“四类案件”①加强监督管理，及时发现已决或待决案件中存在的法律适用标准不统一问题，依照程序采取改变审判组织形式、增加合议庭成员、召集专业法官会议、建议或决定将案件提交审判委员会讨论等举措，及时解决法律适用分歧。院庭长可以担任审判长或承办人审理“四类案件”，依照职权主持或者参加审判委员会讨论决定“四类案件”，在审判组织中促进实现法律适用标准统一。

七、充分发挥审判管理在统一法律适用标准上的作用

14. 加强和规范审判管理工作。各级人民法院应当完善审判管理机制，构建全面覆盖、科学规范、监管有效的审判管理制度体系。审判管理部门在履行流程管理、质量评查等审判管理职责时，对于发现的重大法律适用问题应当及时汇总报告，积极辅助审判委员会、院庭长研究解决统一法律适用标准问题。

15. 将统一法律适用标准作为审判管理的重点。各级人民法院应当加强审判质量管理，完善评查方法和评查标准，将统一法律适用标准情况纳入案件质量评查指标体系。对于可能存在背离法律、司法解释、指导性案例所确定裁判规则等情形的，承办法官应当向案件评查委员会说明理由。对信访申诉、长期未结、二审改判、发回重审、指令再审、抗诉再审案件的审判管理中发现法律适用标准不统一问题的，应当及时提请院庭长和审判委员会研究解决。

---

① “四类案件”是指有下列情形之一的案件：(1)涉及群体性纠纷，可能影响社会稳定的；(2)疑难、复杂且在社会上有重大影响的；(3)与本院或者上级法院的类案判决可能发生冲突的；(4)有关单位或者个人反映法官有违法审判行为的。——编者注

八、充分发挥审级制度和审判监督程序统一法律适用标准的作用

16. 发挥审级监督体系作用。强化最高人民法院统一裁判尺度、监督公正司法的职能。加强上级法院对下级法院的审级监督指导，建立健全改判、发回重审、指令再审案件的跟踪督办、异议反馈制度，完善分析研判和定期通报机制。充分发挥二审程序解决法律争议的作用，在二审程序中依法对法律适用问题进行审查，对属于当事人意思自治范围内的法律适用问题，应当充分尊重当事人的选择；对影响司法公正的法律适用标准不统一问题，应当根据当事人诉求或者依职权予以纠正。

17. 充分发挥审判监督程序依法纠错作用。生效案件存在法律适用标准不统一问题的，应当正确处理审判监督程序与司法裁判稳定性的关系，区分案件情况，根据当事人请求或者依法启动院长发现程序，对法律适用确有错误的案件提起再审。人民检察院提出检察建议、抗诉等法律监督行为，涉及法律适用标准不统一问题的，应当依法处理，必要时提请审判委员会讨论决定。

——《最高人民法院关于完善统一法律适用标准工作机制的意见》（2020 年 9 月 14 日，法发〔2020〕35 号）。

第一条　最高人民法院审判委员会（以下简称审委会）是最高人民法院法律适用分歧解决工作的领导和决策机构。

最高人民法院审判管理办公室（以下简称审管办）、最高人民法院各业务部门和中国应用法学研究所（以下简称法研所）根据法律适用分歧解决工作的需要，为审委会决策提供服务与决策参考，并负责贯彻审委会的决定。

第二条　最高人民法院各业务部门、各高级人民法院、各专门人民法院在案件审理与执行过程中，发现存在以下情形的，应当向审管办提出法律适用分歧解决申请：

（一）最高人民法院生效裁判之间存在法律适用分歧的；

（二）在审案件作出的裁判结果可能与最高人民法院生效裁判确定的法律适用原则或者标准存在分歧的。

第三条　法研所在组织人民法院类案同判专项研究中，发现最高人民法院生效裁判之间存在法律适用分歧的，应当向审管办提出法律适用分歧解决申请。

第四条　提出法律适用分歧解决申请，应当包括以下材料：

（一）法律适用分歧解决申请书。申请书中应当提炼、总结存在法律适用分歧的法律问题；

（二）存在法律适用分歧的最高人民法院裁判文书或者案号；

(三)其他需要提交的材料。

材料中含有在审案件的,应当隐去当事人及其他可能影响案件公正审理的信息。

第五条 审管办收到法律适用分歧解决申请后,应当及时进行审查。符合立项条件的,应当立项并将有关材料送交法研所。

第六条 法研所收到审管办送交的材料后,应当在五个工作日内对申请书中涉及的法律适用分歧问题进行研究,形成初审意见后送交审管办。

第七条 审管办收到法研所送交的初审意见后,应当按照最高人民法院审判执行工作职能分工,将初审意见送交相应业务部门进行复审。

第八条 最高人民法院相应业务部门收到上述材料后,应当及时组织研究,形成复审意见后送交审管办。必要时可以组织专家进行论证。

第九条 审管办收到业务部门的复审意见后,应当及时报请院领导提请审委会就法律适用分歧问题进行讨论。

第十条 审委会对法律适用分歧问题进行讨论,作出决定后,审管办应当及时将决定反馈给法律适用分歧解决申请报送单位,并按照该法律适用分歧问题及决定的性质提出发布形式与发布范围的意见,报经批准后予以落实。

第十一条 审委会关于法律适用分歧作出的决定,最高人民法院各业务部门、地方各级人民法院、各专门人民法院在审判执行工作中应当参照执行。

——《最高人民法院关于建立法律适用分歧解决机制的实施办法》(2019 年 10 月 28 日,法发〔2019〕23 号)。

9. 完善统一法律适用机制。进一步完善关联案件和类案检索机制、专业法官会议机制和审判委员会制度,确保各项机制有机衔接、形成合力。通过类案检索初步过滤、专业法官会议研究咨询、审判委员会讨论决定,有效解决审判组织内部、不同审判组织以及院庭长与审判组织之间的分歧,促进法律适用标准统一。

承办法官应当按照相关文件要求,对于应当类案检索的案件,在合议庭评议、专业法官会议讨论和审理报告中说明情况,或制作专门的类案检索报告。各级人民法院可以根据案件类型、所涉事项,视情召开跨团队、跨庭室的专业法官会议。上级人民法院为推动法律统一适用,可以就类型化案件组织辖区法院召开跨审级、跨地域的专业法官会议。对于依法应当提交审判委员会讨论决定、但不存在内部分歧的案件,可以不提交专业法官会议讨论。各级人民法院应当建立务实管用的法律适用分歧解决机制,探索建立当事人和其他诉讼参与人反映法律适用不一致问题的渠道,配套完善监测、反馈和公开机制。

各高级人民法院应当进一步规范办案指导文件、参考性案例发布程序,及时向最高人民法院备案,杜绝不同地区办案标准的不合理差异。

——《最高人民法院关于深化司法责任制综合配套改革的实施意见》(2020 年 8 月 4 日,法发〔2020〕26 号)。

9. 健全完善法律统一适用机制。各级人民法院应当在完善类案参考、裁判指引等工作机制基础上,建立类案及关联案件强制检索机制,确保类案裁判标准统一、法律适用统一。存在法律适用争议或者“类案不同判”可能的案件,承办法官应当制作关联案件和类案检索报告,并在合议庭评议或者专业法官会议讨论时说明。

——《最高人民法院关于进一步全面落实司法责任制的实施意见》(2018 年 12 月 4 日,法发〔2018〕23 号)。

7. 审判委员会的主要职能是:

(1)总结审判工作经验;

(2)讨论决定重大、疑难、复杂案件的法律适用;

(3)讨论决定本院已经发生法律效力的判决、裁定、调解书是否应当再审;

(4)讨论决定其他有关审判工作的重大问题。

最高人民法院审判委员会通过制定司法解释、规范性文件及发布指导性案例等方式,统一法律适用。

8. 各级人民法院审理的下列案件,应当提交审判委员会讨论决定:

(1)涉及国家安全、外交、社会稳定等敏感案件和重大、疑难、复杂案件;

(2)本院已经发生法律效力的判决、裁定、调解书等确有错误需要再审的案件;

(3)同级人民检察院依照审判监督程序提出抗诉的刑事案件;

(4)法律适用规则不明的新类型案件;

(5)拟宣告被告人无罪的案件;

(6)拟在法定刑以下判处刑罚或者免予刑事处罚的案件。

高级人民法院、中级人民法院拟判处死刑的案件,应当提交本院审判委员会讨论决定。

9. 各级人民法院审理的下列案件,可以提交审判委员会讨论决定:

(1)合议庭对法律适用问题意见分歧较大,经专业(主审)法官会议讨论难以作出决定的案件；

（2）拟作出的裁判与本院或者上级法院的类案裁判可能发生冲突的案件；

（3）同级人民检察院依照审判监督程序提出抗诉的重大、疑难、复杂民事案件及行政案件；

（4）指令再审或者发回重审的案件；

（5）其他需要提交审判委员会讨论决定的案件。

——《最高人民法院关于健全完善人民法院审判委员会工作机制的意见》（2019年8月2日，法发〔2019〕20号）。

018 严格执行行政审判工作请示制度

关键词｜行政审判工作请示制度｜法律适用问题｜书面报告｜

【最高人民法院司法文件】

一、对于审判案件如何具体应用法律的问题，需要最高人民法院作出司法解释的，高级人民法院、解放军军事法院可以向最高人民法院请示。

二、高级人民法院、解放军军事法院向最高人民法院请示的案件必须是：

1. 适用法律存在疑难问题的重大案件；

2. 依照有关规定应当报最高人民法院审核的涉外、涉港澳、涉台和涉侨案件。

报送请示案件的事实、证据问题由高级人民法院、解放军军事法院负责。案件事实不清、证据不足的不得报送请示。

三、向最高人民法院请示问题，必须写出书面报告（案件请示一式十五份；法律问题请示一式十份），逐级报送。报告中应当写明高级人民法院、解放军军事法院审判委员会的意见及理由。有分歧意见的，要写明倾向性意见。

四、最高人民法院答复请示问题，应当采用书面形式。

五、本通知自下发之日起执行。此前最高人民法院制定下发的有关请示工作的文件不再执行。

——《最高人民法院关于审判工作请示问题的通知》（1999年1月26日，法〔1999〕13号）。

近来，有些高级人民法院送报本院的有关行政审判工作的请示，不符合本院1999年1月26日下发的《关于审判工作请示问题的通知》（以下简称《通知》）的要

求,影响了请示工作的质量和效率。为严格执行《通知》,规范请示问题的范围和程序,现就有关问题重申如下:

一、按《通知》要求对于审判行政案件如何适用法律的问题,高级人民法院可以向最高人民法院请示。但不得以高级人民法院行政审判庭的名义请示。

二、高级人民法院向最高人民法院请示的内容必须是:

1. 适用法律存在疑难问题;

2. 适用法律规范冲突,应当由最高人民法院与有关部门协调或者确认的;

3. 依照有关规定应当报请最高人民法院审核的涉外、涉港澳台和涉侨案件。

报送请示的事实、证据问题由高级人民法院负责。事实不清、证据不足的,不得报送请示。

三、向最高人民法院请示问题,必须写出书面报告,逐级报送。报告应当写明高级人民法院审判委员会的意见及理由;有分歧意见的,要写明倾向性意见及理由。涉及地方法规、地方规章及其他规范性文件的,应当一并报送。

今后凡不符合上述条件的请示,本庭将按规定要求退回。

——《最高人民法院行政审判庭关于严格执行行政审判工作请示制度的通知》(2000 年 12 月 29 日,法行〔2000〕44 号)。

18. 要严格规范法律适用问题请示程序。各级人民法院在审理行政案件中遇到法律适用的疑难问题,可以向上级法院请示。上报请示应当严格执行最高人民法院关于请示问题的规定,请示的内容应当限于法律和司法解释的适用问题,不得就案件的事实认定问题、定性问题或者实体处理问题进行请示,更不得全案请示。法律适用问题请示应当逐级上报,不得越级请示。请示法院应当对请示问题的事实负责,并且经过审判委员会讨论提出倾向性意见。

——《最高人民法院关于加强和改进行政审判工作的意见》(2007 年 4 月 24 日,法发〔2007〕19 号)。

019 健全完善行政审判类案检索机制,使在先案例成为法官作出裁判的参照或参考

关键词｜类案检索｜法律适用｜司法责任制｜

【最高人民法院司法文件】

一、本意见所称类案，是指与待决案件在基本事实、争议焦点、法律适用问题等方面具有相似性，且已经人民法院裁判生效的案件。

二、人民法院办理案件具有下列情形之一，应当进行类案检索：

（一）拟提交专业（主审）法官会议或者审判委员会讨论的；

（二）缺乏明确裁判规则或者尚未形成统一裁判规则的；

（三）院长、庭长根据审判监督管理权限要求进行类案检索的；

（四）其他需要进行类案检索的。

三、承办法官依托中国裁判文书网、审判案例数据库等进行类案检索，并对检索的真实性、准确性负责。

四、类案检索范围一般包括：

（一）最高人民法院发布的指导性案例；

（二）最高人民法院发布的典型案例及裁判生效的案件；

（三）本省（自治区、直辖市）高级人民法院发布的参考性案例及裁判生效的案件；

（四）上一级人民法院及本院裁判生效的案件。

除指导性案例以外，优先检索近三年的案例或者案件；已经在前一顺位中检索到类案的，可以不再进行检索。

五、类案检索可以采用关键词检索、法条关联案件检索、案例关联检索等方法。

六、承办法官应当将待决案件与检索结果进行相似性识别和比对，确定是否属于类案。

七、对本意见规定的应当进行类案检索的案件，承办法官应当在合议庭评议、专业（主审）法官会议讨论及审理报告中对类案检索情况予以说明，或者制作专门的类案检索报告，并随案归档备查。

八、类案检索说明或者报告应当客观、全面、准确，包括检索主体、时间、平台、方法、结果，类案裁判要点以及待决案件争议焦点等内容，并对是否参照或者参考类案等结果运用情况予以分析说明。

九、检索到的类案为指导性案例的，人民法院应当参照作出裁判，但与新的法律、行政法规、司法解释相冲突或者为新的指导性案例所取代的除外。

检索到其他类案的，人民法院可以作为作出裁判的参考。

十、公诉机关、案件当事人及其辩护人、诉讼代理人等提交指导性案例作为控

(诉)辩理由的,人民法院应当在裁判文书说理中回应是否参照并说明理由;提交其他类案作为控(诉)辩理由的,人民法院可以通过释明等方式予以回应。

十一、检索到的类案存在法律适用不一致的,人民法院可以综合法院层级、裁判时间、是否经审判委员会讨论等因素,依照《最高人民法院关于建立法律适用分歧解决机制的实施办法》等规定,通过法律适用分歧解决机制予以解决。

——《最高人民法院关于统一法律适用加强类案检索的指导意见(试行)》(2020 年 7 月 31 日,法发〔2020〕24 号)。

九、完善类案和新类型案件强制检索报告工作机制

18. 规范和完善类案检索工作。按照《最高人民法院关于统一法律适用加强类案检索的指导意见(试行)》要求,承办法官应当做好类案检索和分析。对于拟提交专业法官会议或者审判委员会讨论决定的案件、缺乏明确裁判规则或者尚未形成统一裁判规则的案件、院庭长根据审判监督管理权限要求进行类案检索的案件,应当进行类案检索。对于应当类案检索的案件,承办法官应当在合议庭评议、专业法官会议讨论及审理报告中对类案检索情况予以说明,或者制作类案检索报告,并随案流转归档备查。

19. 规范类案检索结果运用。法官在类案检索时,检索到的类案为指导性案例的,应当参照作出裁判,但与新的法律、行政法规、司法解释相冲突或者为新的指导性案例所取代的除外;检索到其他类案的,可以作为裁判的参考;检索到的类案存在法律适用标准不统一的,可以综合法院层级、裁判时间、是否经审判委员会讨论决定等因素,依照法律适用分歧解决机制予以解决。各级人民法院应当定期归纳整理类案检索情况,通过一定形式在本院或者辖区内法院公开,供法官办案参考。

——《最高人民法院关于完善统一法律适用标准工作机制的意见》(2020 年 9 月 14 日,法发〔2020〕35 号)。

【链接:答记者问】

问:请您介绍一下《意见》[①]的制定主要基于什么背景?

答:深化司法责任制综合配套改革、全面落实司法责任制,是新一轮司法体制改革的重要任务。健全完善类案检索机制,使在先案例成为法官作出裁判的参照

① 即《最高人民法院关于统一法律适用加强类案检索的指导意见(试行)》(法发〔2020〕24 号)。下同。——编者注

或参考，是统一法律适用、促进公正司法的重要制度保障。近年来，最高人民法院及一些地方法院分别创设了类案检索机制，要求承办法官在审理相关案件时进行类案检索，为合议庭、专业（主审）法官会议、审判委员会研究讨论案件提供必要参考。该机制运行至今对帮助法官正确裁判发挥了一定作用，但由于类案检索的适用范围、检索主体及平台、检索范围、结果运用等仍缺乏明确具体统一的规定，亟须进一步规范完善。为此，最高人民法院在认真总结各级法院有益经验的基础上，经充分调研论证、广泛征求意见，研究制定了《意见》，将类案检索定位为具有中国特色的、成文法体系下的具体制度，旨在实现法律的统一适用。

问：人民法院"五五改革纲要"提出"完善类案和新类型案件强制检索报告工作机制"的要求，《意见》对类案强制检索的具体情形及检索报告有何要求？

答：类案检索是一种帮助法官作出正确司法判断的方法。在法律适用问题存在争议，缺乏明确裁判规则或者尚未形成统一裁判规则等情况下，法官有必要对法律适用问题进行更加认真的研究，在类案检索的基础上作出更加慎重的裁判。为规范裁判权行使、促进法律适用统一，《意见》规定以下四种情形应当进行类案检索：一是拟提交专业（主审）法官会议或者审判委员会讨论的；二是缺乏明确裁判规则或者尚未形成统一裁判规则的；三是院长、庭长根据审判监督管理权限要求进行类案检索的；四是其他需要进行类案检索的。为规范类案检索报告机制，《意见》不仅明确了类案检索说明或报告应包括的主要内容，还要求承办法官在合议庭评议、专业（主审）法官会议讨论及审理报告中说明类案检索情况。考虑到审判工作实际，类案检索情况既可以口头说明，也可以专门制作书面的类案检索报告；但无论采用哪种形式，都要力求客观、全面、准确。

问：《意见》对类案检索的范围是如何规定的？

答：类案检索的过程在某种意义上说是对法律适用问题进行研究的过程。为确保类案检索工作有序开展，促进法律统一适用，《意见》明确了类案检索的范围：一是最高人民法院发布的指导性案例；二是最高人民法院发布的典型案例及裁判生效的案件；三是本省（自治区、直辖市）高级人民法院发布的参考性案例及裁判生效的案件；四是上一级人民法院及本院裁判生效的案件。同时，结合审判工作实践，《意见》规定除指导性案例以外，优先检索近三年的案例或者案件；已经在前一顺位中检索到类案的，可以不再进行检索，以适当限缩类案检索的范围，提高类案检索和审判工作效率。

问：《意见》对诉讼参与人向法院提交类案检索报告的情况是如何考虑的？

答：近年来，随着司法工作与信息技术的融合发展，类案检索对人们来讲已成为现实。司法实践中,一些当事人、律师及其他诉讼参与人会事先进行类案检索,并向法院提交检索报告以支持自己的诉请或抗辩。对此,《意见》在制度设计上主要做了两个方面的安排:一是允许公诉机关、案件当事人及其辩护人、诉讼代理人等提交类案检索报告,为法官提供裁判参考。二是明确人民法院的回应方式,即公诉机关、案件当事人及其辩护人、诉讼代理人等提交指导性案例作为控(诉)辩理由的,人民法院应当在裁判文书说理中回应是否参照并说明理由,增强裁判的可接受性,实现法律效果和社会效果的有机统一;提交其他类案作为控(诉)辩理由的,人民法院可以通过释明等方式予以回应。

问:通过类案检索发现的案例或者案件,具体对法官裁判案件有何影响?

答:根据我国现行法律制度,检索的类案不具有法定的约束力,但事实上会存在一定的约束性和参考性。特别是根据人民法院组织法以及《最高人民法院关于案例指导工作的规定》,最高人民法院发布的指导性案例具有明显的约束性,即检索到的类案为指导性案例的,人民法院应当参照作出裁判。除指导性案例以外的其他案例或者案件虽不具有约束力,但也具有一定的参考借鉴价值,人民法院对检索到的此种类案可以将其作为裁判的参考。

问:如果类案检索中发现法律适用问题存在不一致的,应当如何处理?

答:我国是成文法国家,人民法院应当依照法律裁判案件,而类案检索只是辅助法官办案的一种工作机制,检索到的类案对法官裁判案件主要起一定的参照或参考作用。对于在类案检索中发现法律适用问题不一致的,法官应当依照自身对法律的理解审慎作出裁判,对法律适用分歧问题可以通过相关机制予以解决。为此,《意见》规定,检索到的类案存在法律适用不一致的,人民法院可以综合法院层级、裁判时间、是否经审判委员会讨论等因素,依照《最高人民法院关于建立法律适用分歧解决机制的实施办法》等规定,通过法律适用分歧解决机制予以解决,以实现法律的统一适用。

——《加强类案检索 统一法律适用 全面落实司法责任制——最高人民法院相关负责人就〈关于统一法律适用加强类案检索的指导意见(试行)〉答记者问》,载最高人民法院网 2020 年 7 月 27 日,https://www.court.gov.cn/zixun-xiangqing-244021.html。

020 完善行政审判专业法官会议工作机制,健全专业法官会议制度

关键词|专业法官会议|统一法律适用|司法责任制|

【最高人民法院司法文件】

一、专业法官会议是人民法院向审判组织和院庭长(含审判委员会专职委员,下同)履行法定职责提供咨询意见的内部工作机制。

二、各级人民法院根据本院法官规模、内设机构设置、所涉议题类型、监督管理需要等,在审判专业领域、审判庭、审判团队内部组织召开专业法官会议,必要时可以跨审判专业领域、审判庭、审判团队召开。

三、专业法官会议由法官组成。各级人民法院可以结合所涉议题和会议组织方式,兼顾人员代表性和专业性,明确不同类型会议的最低参加人数,确保讨论质量和效率。

专业法官会议主持人可以根据议题性质和实际需要,邀请法官助理、综合业务部门工作人员等其他人员列席会议并参与讨论。

四、专业法官会议讨论案件的法律适用问题或者与事实认定高度关联的证据规则适用问题,必要时也可以讨论其他事项。独任庭、合议庭办理案件时,存在下列情形之一的,应当建议院庭长提交专业法官会议讨论:

(一)独任庭认为需要提交讨论的;

(二)合议庭内部无法形成多数意见,或者持少数意见的法官认为需要提交讨论的;

(三)有必要在审判团队、审判庭、审判专业领域之间或者辖区法院内统一法律适用的;

(四)属于《最高人民法院关于完善人民法院司法责任制的若干意见》第 24 条规定的"四类案件"范围的;

(五)其他需要提交专业法官会议讨论的。

院庭长履行审判监督管理职责时,发现案件存在前款情形之一的,可以提交专业法官会议讨论;综合业务部门认为存在前款第(三)(四)项情形的,应当建议院庭长提交专业法官会议讨论。

各级人民法院应当结合审级职能定位、受理案件规模、内部职责分工、法官队伍状况等,进一步细化专业法官会议讨论范围。

五、专业法官会议由下列人员主持:

(一)审判专业领域或者跨审判庭、审判专业领域的专业法官会议,由院长或其委托的副院长、审判委员会专职委员、庭长主持;

(二)本审判庭或者跨审判团队的专业法官会议,由庭长或其委托的副庭长主持；

（三）本审判庭内按审判团队组织的专业法官会议，由庭长、副庭长或其委托的资深法官主持。

六、主持人应当在会前审查会议材料并决定是否召开专业法官会议。对于法律适用已经明确，专业法官会议已经讨论且没有出现新情况，或者其他不属于专业法官会议讨论范围的，主持人可以决定不召开会议，并根据审判监督管理权限督促或者建议独任庭、合议庭依法及时处理相关案件。主持人决定不召开专业法官会议的情况应当在办案平台或者案卷中留痕。

主持人召开会议时，应当严格执行讨论规则，客观、全面、准确归纳总结会议讨论形成的意见。

七、拟提交专业法官会议讨论的案件，承办案件的独任庭、合议庭应当在会议召开前就基本案情、争议焦点、评议意见及其他参考材料等简明扼要准备报告，并在报告中明确拟提交讨论的焦点问题。案件涉及统一法律适用问题的，应当说明类案检索情况，确有必要的应当制作类案检索报告。

全体参加人员应当在会前认真阅读会议材料，掌握议题相关情况，针对提交讨论的问题做好发言准备。

八、专业法官会议可以定期召集，也可以根据实际需要临时召集。各级人民法院应当综合考虑所涉事项、议题数量、会务成本、法官工作量等因素，合理确定专业法官会议的召开频率。

九、主持人应当指定专人负责会务工作。召开会议前，应当预留出合理、充足的准备时间，提前将讨论所需的报告等会议材料送交全体参加人员。召开会议时，应当制作会议记录，准确记载发言内容和会议结论，由全体参加人员会后及时签字确认，并在办案平台或者案卷中留痕；参加人员会后还有新的意见，可以补充提交书面材料并再次签字确认。

十、专业法官会议按照下列规则组织讨论：

（一）独任庭或者合议庭作简要介绍；

（二）参加人员就有关问题进行询问；

（三）列席人员发言；

（四）参加人员按照法官等级等由低到高的顺序发表明确意见，法官等级相同的，由晋升现等级时间较短者先发表意见；

（五）主持人视情况组织后续轮次讨论；

（六）主持人最后发表意见；

（七）主持人总结归纳讨论情况，形成讨论意见。

十一、专业法官会议讨论形成的意见供审判组织和院庭长参考。

经专业法官会议讨论的“四类案件”，独任庭、合议庭应当及时复议；专业法官会议没有形成多数意见，独任庭、合议庭复议后的意见与专业法官会议多数意见不一致，或者独任庭、合议庭对法律适用问题难以作出决定的，应当层报院长提交审判委员会讨论决定。

对于“四类案件”以外的其他案件，专业法官会议没有形成多数意见，或者独任庭、合议庭复议后的意见仍然与专业法官会议多数意见不一致的，可以层报院长提交审判委员会讨论决定。

独任庭、合议庭复议情况，以及院庭长提交审判委员会讨论决定的情况，应当在办案平台或者案卷中留痕。

十二、拟提交审判委员会讨论决定的案件，应当由专业法官会议先行讨论。但存在下列情形之一的，可以直接提交审判委员会讨论决定：

（一）依法应当由审判委员会讨论决定，但独任庭、合议庭与院庭长之间不存在分歧的；

（二）专业法官会议组成人员与审判委员会委员重合度较高，先行讨论必要性不大的；

（三）确因其他特殊事由无法或者不宜召开专业法官会议讨论，由院长决定提交审判委员会讨论决定的。

十三、参加、列席专业法官会议的人员和会务人员应当严格遵守保密工作纪律，不得向无关人员泄露会议议题、案件信息和讨论情况等审判工作秘密；因泄密造成严重后果的，依纪依法追究纪律责任直至刑事责任。

——《最高人民法院关于完善人民法院专业法官会议工作机制的指导意见》（2021 年 1 月 12 日，法发〔2021〕2 号）。

8. 健全专业法官会议制度和审判委员会制度。各级人民法院应当健全专业法官会议制度，切实发挥专业法官会议统一法律适用、为审判组织提供法律咨询的功能。专业法官会议成员不以职务、等级为必要条件，参会人员地位平等。完善专业法官会议会前准备程序和议事规则，完善配套考核机制，提升专业法官会议质量。

健全专业法官会议与合议庭评议、审判委员会讨论的工作衔接机制。判决可能形成新的裁判标准或者改变上级人民法院、本院同类生效案件裁判标准的，应当提交专业法官会议或者审判委员会讨论。合议庭不采纳专业法官会议一致意见或者多数意见的,应当在办案系统中标注并说明理由,并提请庭长、院长予以监督,庭长、院长认为有必要提交审判委员会讨论的,应当按程序将案件提交审判委员会讨论。除法律规定不应当公开的情形外,审判委员会讨论案件的决定及其理由应当在裁判文书中公开。

——《最高人民法院关于进一步全面落实司法责任制的实施意见》(2018年12月4日,法发〔2018〕23号)。

021 进一步提高行政裁判文书释法说理水平和质量

关键词 | 裁判文书释法说理 | 社会主义核心价值观 | 法治与德治 |

【最高人民法院司法政策】

(四)提倡三段论说理模式,提高裁判文书质量

行政裁判文书应当根据不同类型案件特点,围绕全面审查被诉行政行为合法性及当事人的诉争焦点进行论述。裁判说理提倡使用三段论的论述模式,即:首先,找出应适用的法律规范,明确被诉行政行为应当遵循的行为规则,告诉各方当事人和社会各界,行政机关应当如何行政才是合法有效的;其次,对照法定行为规则,对本案中行政机关作出被诉行政行为的关键事实,进行简单叙述,发现两者的统一或差异;最后,依据法律规范和案件事实,对被诉行政行为的合法性作出准确判断,得出案件的处理结论。在对被诉行政行为合法性运用三段论模式进行论述的基础上,还要针对当事人提出的、与被诉行政行为合法性相关联的主张,依据事实和法律,作出有针对性的回应。事实证明,三段论的说理方式,依法有据,说服力强,辨法析理的效果较好。裁判文书要释明法理、讲究文理、阐明事理、讲明情理,要避免说理不足和过度说理现象,充分发挥裁判文书辨法析理、定分止争的作用。

——《裴显鼎专委在第一巡回法庭巡回区2019年行政审判工作座谈会上的讲话》(2019年5月17日),载最高人民法院第一巡回法庭编著:《最高人民法院第一巡回法庭行政案件裁判精要》,中国法制出版社2020年版,第11页。

【最高人民法院司法文件】

一、裁判文书释法说理的目的是通过阐明裁判结论的形成过程和正当性理由,提高裁判的可接受性,实现法律效果和社会效果的有机统一;其主要价值体现在增

强裁判行为公正度、透明度，规范审判权行使，提升司法公信力和司法权威，发挥裁判的定分止争和价值引领作用，弘扬社会主义核心价值观，努力让人民群众在每一个司法案件中感受到公平正义，切实维护诉讼当事人合法权益，促进社会和谐稳定。

二、裁判文书释法说理，要阐明事理，说明裁判所认定的案件事实及其根据和理由，展示案件事实认定的客观性、公正性和准确性；要释明法理，说明裁判所依据的法律规范以及适用法律规范的理由；要讲明情理，体现法理情相协调，符合社会主流价值观；要讲究文理，语言规范，表达准确，逻辑清晰，合理运用说理技巧，增强说理效果。

三、裁判文书释法说理，要立场正确、内容合法、程序正当，符合社会主义核心价值观的精神和要求；要围绕证据审查判断、事实认定、法律适用进行说理，反映推理过程，做到层次分明；要针对诉讼主张和诉讼争点、结合庭审情况进行说理，做到有的放矢；要根据案件社会影响、审判程序、诉讼阶段等不同情况进行繁简适度的说理，简案略说，繁案精说，力求恰到好处。

四、裁判文书中对证据的认定，应当结合诉讼各方举证质证以及法庭调查核实证据等情况，根据证据规则，运用逻辑推理和经验法则，必要时使用推定和司法认知等方法，围绕证据的关联性、合法性和真实性进行全面、客观、公正的审查判断，阐明证据采纳和采信的理由。

五、……行政案件涉及举证责任分配或者证明标准争议的，裁判文书应当说明理由。

六、裁判文书应当结合庭审举证、质证、法庭辩论以及法庭调查核实证据等情况，重点针对裁判认定的事实或者事实争点进行释法说理。依据间接证据认定事实时，应当围绕间接证据之间是否存在印证关系、是否能够形成完整的证明体系等进行说理。采用推定方法认定事实时，应当说明推定启动的原因、反驳的事实和理由，阐释裁断的形成过程。

七、诉讼各方对案件法律适用无争议且法律含义不需要阐明的，裁判文书应当集中围绕裁判内容和尺度进行释法说理。诉讼各方对案件法律适用存有争议或者法律含义需要阐明的，法官应当逐项回应法律争议焦点并说明理由。法律适用存在法律规范竞合或者冲突的，裁判文书应当说明选择的理由。民事案件没有明确的法律规定作为裁判直接依据的，法官应当首先寻找最相类似的法律规定作出裁判；如果没有最相类似的法律规定，法官可以依据习惯、法律原则、立法目的等作出裁判，并合理运用法律方法对裁判依据进行充分论证和说理。法官行使自由裁量权处理案件时,应当坚持合法、合理、公正和审慎的原则,充分论证运用自由裁量权的依据,并阐明自由裁量所考虑的相关因素。

八、下列案件裁判文书,应当强化释法说理:疑难、复杂案件;诉讼各方争议较大的案件;社会关注度较高、影响较大的案件;……;行政诉讼中对被诉行政行为所依据的规范性文件一并进行审查的案件;判决变更行政行为的案件;新类型或者可能成为指导性案例的案件;抗诉案件;二审改判或者发回重审的案件;重审案件;再审案件;其他需要强化说理的案件。

九、下列案件裁判文书,可以简化释法说理:……;适用行政简易程序审理的案件;适用普通程序审理但是诉讼各方争议不大的案件;其他适宜简化说理的案件。

十、二审或者再审裁判文书应当针对上诉、抗诉、申请再审的主张和理由强化释法说理。二审或者再审裁判文书认定的事实与一审或者原审不同的,或者认为一审、原审认定事实不清、适用法律错误的,应当在查清事实、纠正法律适用错误的基础上进行有针对性的说理;针对一审或者原审已经详尽阐述理由且诉讼各方无争议或者无新证据、新理由的事项,可以简化释法说理。

十一、制作裁判文书应当遵循……《行政诉讼文书样式(试行)》《人民法院国家赔偿案件文书样式》等规定的技术规范标准,但是可以根据案件情况合理调整事实认定和说理部分的体例结构。

十二、裁判文书引用规范性法律文件进行释法说理,应当适用《最高人民法院关于裁判文书引用法律、法规等规范性法律文件的规定》等相关规定,准确、完整地写明规范性法律文件的名称、条款项序号;需要加注引号引用条文内容的,应当表述准确和完整。

十三、除依据法律法规、司法解释的规定外,法官可以运用下列论据论证裁判理由,以提高裁判结论的正当性和可接受性:最高人民法院发布的指导性案例;最高人民法院发布的非司法解释类审判业务规范性文件;公理、情理、经验法则、交易惯例、民间规约、职业伦理;立法说明等立法材料;采取历史、体系、比较等法律解释方法时使用的材料;法理及通行学术观点;与法律、司法解释等规范性法律文件不相冲突的其他论据。

十四、为便于释法说理,裁判文书可以选择采用下列适当的表达方式:案情复杂的,采用列明裁判要点的方式;案件事实或数额计算复杂的,采用附表的方式;裁判内容用附图的方式更容易表达清楚的,采用附图的方式;证据过多的,采用附录的方式呈现构成证据链的全案证据或证据目录;采用其他附件方式。

十五、裁判文书行文应当规范、准确、清楚、朴实、庄重、凝练,一般不得使用方言、俚语、土语、生僻词语、古旧词语、外语；特殊情形必须使用的，应当注明实际含义。裁判文书释法说理应当避免使用主观臆断的表达方式、不恰当的修辞方法和学术化的写作风格，不得使用贬损人格尊严、具有强烈感情色彩、明显有违常识常理常情的用语，不能未经分析论证而直接使用“没有事实及法律依据，本院不予支持”之类的表述作为结论性论断。

——《最高人民法院关于加强和规范裁判文书释法说理的指导意见》（2018年6月13日，法发〔2018〕10号）。

一、深入推进社会主义核心价值观融入裁判文书释法说理，应当坚持以下基本原则：

（一）法治与德治相结合。以习近平新时代中国特色社会主义思想为指导，贯彻落实习近平法治思想，忠于宪法法律，将法律评价与道德评价有机结合，深入阐释法律法规所体现的国家价值目标、社会价值取向和公民价值准则，实现法治和德治相辅相成、相得益彰。

（二）以人民为中心。裁判文书释法说理应积极回应人民群众对公正司法的新要求和新期待，准确阐明事理，详细释明法理，积极讲明情理，力求讲究文理，不断提升人民群众对司法裁判的满意度，以司法公正引领社会公平正义。

（三）政治效果、法律效果和社会效果的有机统一。立足时代、国情、文化，综合考量法、理、情等因素，加强社会主义核心价值观的导向作用，不断提升司法裁判的法律认同、社会认同和情理认同。

二、各级人民法院应当深入推进社会主义核心价值观融入裁判文书释法说理，将社会主义核心价值观作为理解立法目的和法律原则的重要指引，作为检验自由裁量权是否合理行使的重要标准，确保准确认定事实，正确适用法律。对于裁判结果有价值引领导向、行为规范意义的案件，法官应当强化运用社会主义核心价值观释法说理，切实发挥司法裁判在国家治理、社会治理中的规范、评价、教育、引领等功能，以公正裁判树立行为规则，培育和弘扬社会主义核心价值观。

三、各级人民法院应当坚持以事实为根据，以法律为准绳。在释法说理时，应当针对争议焦点，根据庭审举证、质证、法庭辩论以及法律调查等情况，结合社会主义核心价值观，重点说明裁判事实认定和法律适用的过程和理由。

四、下列案件的裁判文书，应当强化运用社会主义核心价值观释法说理：

（一）涉及国家利益、重大公共利益，社会广泛关注的案件；

（二）涉及疫情防控、抢险救灾、英烈保护、见义勇为、正当防卫、紧急避险、助人为乐等，可能引发社会道德评价的案件；

（三）涉及老年人、妇女、儿童、残疾人等弱势群体以及特殊群体保护，诉讼各方存在较大争议且可能引发社会广泛关注的案件；

（四）涉及公序良俗、风俗习惯、权利平等、民族宗教等，诉讼各方存在较大争议且可能引发社会广泛关注的案件；

（五）涉及新情况、新问题，需要对法律规定、司法政策等进行深入阐释，引领社会风尚、树立价值导向的案件；

（六）其他应当强化运用社会主义核心价值观释法说理的案件。

五、有规范性法律文件作为裁判依据的，法官应当结合案情，先行释明规范性法律文件的相关规定，再结合法律原意，运用社会主义核心价值观进一步明晰法律内涵、阐明立法目的、论述裁判理由。

六、民商事案件无规范性法律文件作为裁判直接依据的，除了可以适用习惯以外，法官还应当以社会主义核心价值观为指引，以最相类似的法律规定作为裁判依据；如无最相类似的法律规定，法官应当根据立法精神、立法目的和法律原则等作出司法裁判，并在裁判文书中充分运用社会主义核心价值观阐述裁判依据和裁判理由。

七、案件涉及多种价值取向的，法官应当依据立法精神、法律原则、法律规定以及社会主义核心价值观进行判断、权衡和选择，确定适用于个案的价值取向，并在裁判文书中详细阐明依据及其理由。

八、……行政诉讼中的当事人、诉讼代理人等在诉讼文书中或在庭审中援引社会主义核心价值观作为诉辩理由的，人民法院一般应当采用口头反馈、庭审释明等方式予以回应；属于本意见第四条规定的案件的，人民法院应当在裁判文书中明确予以回应。

九、深入推进社会主义核心价值观融入裁判文书释法说理应当正确运用解释方法：

（一）运用文义解释的方法，准确解读法律规定所蕴含的社会主义核心价值观的精神内涵，充分说明社会主义核心价值观在个案中的内在要求和具体语境。

（二）运用体系解释的方法，将法律规定与中国特色社会主义法律体系、社会主义核心价值体系联系起来，全面系统分析法律规定的内涵，正确理解和适用法律。

（三）运用目的解释的方法，以社会发展方向及立法目的为出发点，发挥目的解释的价值作用，使释法说理与立法目的、法律精神保持一致。

（四）运用历史解释的方法，结合现阶段社会发展水平，合理判断、有效平衡司法裁判的政治效果、法律效果和社会效果，推动社会稳定、可持续发展。

十、裁判文书释法说理应当使用简洁明快、通俗易懂的语言，讲求繁简得当，丰富修辞论证，提升语言表达和释法说理的接受度和认可度。

十一、人民法院应当探索建立强化运用社会主义核心价值观释法说理的案件识别机制，立案部门、审判部门以及院长、庭长等应当加强对案件诉讼主体、诉讼请求等要素的审查，及时识别强化运用社会主义核心价值观释法说理的重点案件，并与审判权力制约监督机制有机衔接。

十二、人民法院应当认真落实《最高人民法院关于统一法律适用加强类案检索的指导意见（试行）》《最高人民法院关于完善统一法律适用标准工作机制的意见》等相关要求，统一法律适用，确保同类案件运用社会主义核心价值观释法说理的一致性。

十三、对于本意见第四条规定的案件，根据审判管理相关规定，需要提交专业法官会议或审判委员会讨论的，法官应当重点说明运用社会主义核心价值观释法说理的意见。

——《最高人民法院关于深入推进社会主义核心价值观融入裁判文书释法说理的指导意见》（2021年3月1日，法〔2021〕21号）。

第二章 CHAPTER 02

受案范围

一、总体划定

022 行政行为的判断标准

关键词｜受案范围｜行政行为｜行政不作为｜

【最高人民法院司法解释】

第一条第一款　公民、法人或者其他组织对行政机关及其工作人员的行政行为不服,依法提起诉讼的,属于人民法院行政诉讼的受案范围。

——《最高人民法院关于适用〈中华人民共和国行政诉讼法〉的解释》(2018年2月8日,法释〔2018〕1号)。

【链接:理解与适用】

判断一个行为是否属于行政行为,关键看其是否具备以下要素:(1)行政行为是行政机关所为的行为。这里的行政机关包括法律、法规、规章授权行使行政职权的组织。(2)行政行为是行政主体在行政管理活动中的行为。行政机关在民事活动、刑事侦查活动中的行为不属于行政行为。(3)行政行为包括合法的行政行为,也包括违法的行政行为。因此,行政机关在行政管理活动中超越自身行政职权的行为也属于行政行为。(4)行政行为包括行政机关作为的行为,也包括行政机关不作为的行为。因此,行政机关不履行法定职责的行为也属于行政行为。(5)行政行为包括行政机关行使行政职权的单方行为,也包括行政机关为履行行政职责、实施行政管理与行政相对人签订行政协议的双方行为。

——最高人民法院行政审判庭编著:《中华人民共和国行政诉讼法及司法解释条文理解与适用》,人民法院出版社2015年版,第102页。

行政诉讼法学理论一般认为,可诉的行政行为是指行政机关针对特定的、具体的事项对外作出的能够产生法律效果的行为。对于可诉的行政行为的具体含义,应当从以下几个方面来把握:一是可诉的行政行为,不仅包括作为类的行政行为,也包括不作为类的行政行为;不仅包括行政法律行为,也包括行政事实行为;不仅包括单方行为，也包括双方和多方行为。二是可诉的行政行为是针对特定的、具体的事项作出的行为，不包括针对不特定对象、不特定事项作出的行为。三是可诉的行政行为是对外发生法律效力的行为，不包括尚处于酝酿、研究等内部程序或者为作出最终的行政行为而实施的准备行为等。四是行政行为是一个涵盖性很强的概念，随着国家行政管理职能的转变，公共服务范围的扩大，行政行为的内容将会越来越丰富，行政行为的内涵也将不断发展。

——最高人民法院行政审判庭编著：《最高人民法院行政诉讼法司法解释理解与适用》（上），人民法院出版社2018年版，第46—47页。

【最高人民法院裁判案例】

黄绍花诉辉县市人民政府提高抚恤金标准案［最高人民法院（2017）最高法行申7073号行政裁定书］

要旨[①]：可诉行政行为的一个重要标志，就是针对具体事件，并且指向特定个人。但是，个别与一般的区别不能仅根据数量确认，如果具体的处理行为针对的不是一个人，而是特定的或者可以确定的人群时，个别性仍然成立。

20世纪六七十年代，辉县人民在极端困难的情况下，劈山凿石，筑路修渠，大搞水利工程建设，当年的建设者"敢教日月换新天"的气概至今为人们所传诵。本案再审申请人就是1700余名因兴修水利工程而受伤、牺牲的建设者中的一员，他们提起本案诉讼，是要求法院判令辉县市政府作出提高发放抚恤金标准的行政行为。一审法院认为，抚恤标准是具有普遍约束力的决定，并不具有可诉性，原告的起诉不属于行政诉讼受案范围，据此裁定驳回了起诉。再审申请人认为，在辉县市水利建设工程中因公伤亡的民工人数是特定的，因此，辉县市政府下发的《通知》不具有适用于不特定多数人的性质，并非行政机关发布的具有普遍约束力的决定和命令，属于可诉的行政行为。就辉县市政府下发的《通知》是否属于行政机关发布的具有普遍约束力的决定、命令而言，本院对再审申请人的上述观点予以认可。可诉行政行为的一个重要标志，就是针对具体事件，并且指向特定个人。但是，个别与一般的区别不能仅根据数量确认，如果具体的处理行为针对的不是一个人，而是特定的或者可以确定的人群时，个别性仍然成立。

——最高人民法院第四巡回法庭编：《最高人民法院第四巡回法庭典型行政案件裁判观点（2017—2018）》，法律出版社2020年版，第17、19页。

---

① 本书各类案例用楷体区分的内容为案例的要旨，其出处不同，原称谓不同，如裁判观点、裁判要点、裁判摘要、裁判要旨等。除指导性案例外，本书其他案例统一称为"要旨"。——编者注

023 合法权益的判断标准

关键词｜受案范围｜合法权益｜起诉理由｜

【链接：理解与适用】

如何判断一项权利是否属于修改后的行政诉讼法规定的“合法权益”，应当把握以下几条标准：(1)“合法权益”是起诉人主张的权利。对同一个行政行为提起诉讼，不同的起诉人可能会提出不同的理由。例如，同样是对规划建设许可证提起诉讼，有的人可能是主张规划建设许可证批准第三人建房的位置距离其房屋太近，违反楼间距的法律规定，侵犯了其采光权；有的人可能是认为楼间距不存在违法，主张规划建设许可证批准第三人在其房屋的前面建房，遮挡了其在家中观看远方湖景的权利。要根据起诉人的起诉理由确定“合法权益”的具体内容。如果起诉人起诉理由明显不属于法律明确所保护的“合法权益”的，应当进行释明。(2)“合法权益”是指法律、法规、规章或者规范性文件以及行政机关依法承诺所保护的权利和利益。例如，观景的权利原本不属于法律保护的权利，但是，开发商在取得土地使用权时，行政机关依据城市规划方案承诺在其取得土地使用权的土地前面不再批准任何建设项目，确保其所建商品房为不再有建筑物遮挡住房观看海景视线的“无敌海景房”。这时，如果行政机关事后违背承诺，开发商或者住户主张兑现承诺的，“无敌海景房”的视觉审美权利也属于法律明确保护的“合法权益”。(3)“合法权益”不包括法律已经明确规定应当通过民事诉讼、刑事诉讼途径救济的权益。(4)“合法权益”不包括法律不予干涉的自治组织内部的各项权利。(5)“合法权益”不包括根据人民法院地位和司法能力不适宜通过行政诉讼予以保护的其他权利。

——最高人民法院行政审判庭编著：《中华人民共和国行政诉讼法及司法解释条文理解与适用》，人民法院出版社 2015 年版，第 103—104 页。

024 请求确认被诉行政行为合法的处理

关键词｜受案范围｜行政行为｜

【最高人民法院裁判案例】

孙世武诉辽宁省沈阳市浑南区人民政府颁发宅基地使用证案[最高人民法院(2015)行提字第 34 号行政裁定书]

要旨：只有认为被诉行政行为侵犯其合法权益，公民、法人或者其他组织才有权依法提起行政诉讼；如果认为行政行为合法，则不能提起行政诉讼。行政行为一经作出即发生法律效力，未经法定程序予以撤销，其法律效力无须人民法院的行政判决予以确认。

一、关于确认给孙福颁发宅基地使用证行为合法的诉求

行政诉讼法第二条第一款规定："公民、法人或者其他组织认为行政机关和行政机关工作人员的行政行为侵犯其合法权益，有权依照本法向人民法院提起诉讼。"也就是说，只有认为被诉行政行为侵犯其合法权益，公民、法人或者其他组织才有权依法提起行政诉讼；如果认为行政行为合法，则不能提起行政诉讼。行政行为一经作出即发生法律效力，未经法定程序予以撤销，其法律效力无须人民法院的行政判决予以确认。无争议即无诉讼。国家设立行政诉讼制度的目的在于化解行政争议，维护公民、法人和其他组织的合法权益，监督行政机关依法行政。如果认为被诉行政行为合法，未侵犯其合法权益，不存在行政争议，则无须启动行政诉讼程序。本案中，给孙福颁发的宅基地使用证并未经过法定程序予以撤销，其在法律上的合法有效性无须经过诉讼程序予以确认，孙世武请求确认给孙福颁证的行政行为合法，不属于行政诉讼的受案范围，一、二审据此裁定驳回孙世武的该项诉讼请求符合行政诉讼法的规定，依法应予支持。

——中国裁判文书网，https://wenshu.court.gov.cn/。

025 行政行为和司法行为的区分

关键词｜受案范围｜行政行为｜司法行为｜

【最高人民法院裁判案例】

芦玉昌、侯惠娟、曲亚珍诉辽宁省鞍山市铁东区人民政府不履行法定职责案

［最高人民法院（2016）最高法行申 575 号行政裁定书］

要旨：破产申请人申请人民法院宣告破产，人民法院作出准予进入破产程序的裁定后，依法指定破产清算组组成人员，清算组成员作出的对于破产财产的保管、清理、估价、处理及分配等一系列活动，均属于人民法院的司法行为，不是行政行为，不属于行政诉讼的受案范围。

行政诉讼法第二条第一款规定，公民、法人或者其他组织认为行政机关和行政机关工作人员的行政行为侵犯其合法权益，有权依照行政诉讼法的规定向人民法院提起行政诉讼。也就是说，可以提起行政诉讼的行为应当是行政机关或行政机

关的工作人员所作出的行政行为,司法行为不属于行政诉讼的受案范围。本案纠纷发生时有效的 1998 年 10 月 1 日施行的企业破产法(试行)第二十四条规定:“人民法院应当自宣告企业破产之日起十五日内成立清算组,接管破产企业。清算组负责破产财产的保管、清理、估价、处理和分配。清算组可以依法进行必要民事活动。清算组成员由人民法院从企业上级主管部门、政府财政部门等有关部门和专业人员中指定。清算组可以聘任必要的工作人员。清算组对人民法院负责并且报告工作。”也就是说,破产申请人申请人民法院宣告破产,人民法院作出准予进入破产程序的裁定后,依法指定破产清算组组成人员,清算组成员作出的对于破产财产的保管、清理、估价、处理及分配等一系列活动,均属于人民法院的司法行为,不是行政行为,不属于行政诉讼的受案范围。本案中,芦玉昌等三人所诉企业破产清算中遗留的拖欠职工各项安置费用问题,实质是对在鞍山市中级人民法院主持下,清算组依法对破产企业财产进行分配的司法行为不服提起的诉讼,并非铁东区政府作出的行政行为。故,不属于行政诉讼的受案范围。

——中国裁判文书网,https://wenshu. court. gov. cn/。

【链接:最高人民法院法官著述】

如何区分行政行为和司法行为,是判断被诉行为是否可诉的核心标准之一。被诉行为是司法行为,当然不属于行政诉讼的受案范围。行政机关会经常性地参与司法活动,行政机关按照司法机关的指令实施的行为,是司法行为的组成部分,不属于行政行为,不可诉。《最高人民法院关于审理企业破产案件若干问题的规定》(法释〔2002〕23 号)第十八条规定:“人民法院受理企业破产案件后,除可以随即进行破产宣告成立清算组的外,在企业原管理组织不能正常履行管理职责的情况下,可以成立企业监管组。企业监管组成员从企业上级主管部门或者股东会议代表、企业原管理人员、主要债权人中产生,也可以聘请会计师、律师等中介机构参加。企业监管组主要负责处理以下事务:(一)清点、保管企业财产;(二)核查企业债权;(三)为企业利益而进行的必要的经营活动;(四)支付人民法院许可的必要支出;(五)人民法院许可的其他工作。企业监管组向人民法院负责,接受人民法院的指导、监督。”在审理涉及具有国有资产的企业破产案件时,无论是成立清算组,还是设立企业监管组,其成员中均会有政府工作人员的参与,代表政府行使监管职权。但是,无论作为破产清算组成员还是企业监管组成员,政府工作人员只能在破产清算组或者企业监管组内部发挥作用,对外只能以破产清算组或者企业监管组的名义行使职权、履行义务。而破产清算组或者企业监管组必须接受人民法院的指导、监督，对人民法院负责，其行为性质实质是司法行为的组成部分，不是行政行为，也不同于一般的普通民事行为。正因为如此，司法破产程序中，破产清算组或者企业监管组实施的行为不属于行政诉讼的受案范围，不可诉。本案中，芦玉昌等三人所诉企业破产清算中遗留的拖欠职工各项安置费用问题，实质是对司法破产程序中清算组根据人民法院的指令对破产财产的处置行为不服提起的诉讼，当然不属于行政诉讼的受案范围。

——最高人民法院第二巡回法庭编著：《行政典型案例及审判经验》，人民法院出版社 2019 年版，第 66—67 页。

二、肯定范围[①]

026 责令改正行为属于行政诉讼受案范围

关键词｜责令改正｜受案范围｜

【最高人民法院公报案例】

邵仲国诉黄浦区安监局安全生产行政处罚决定案

要旨：安全生产法（2002年）第八十一条第二款所称"前款违法行为"，是指该条第一款"生产经营单位的主要负责人未履行本法规定的安全生产管理职责"的行为。这种违法行为无论是否被安全生产监管部门发现并责令限期改正，只要导致发生了生产安全事故，安全生产监管部门都有权依照安全生产法第八十一条第二款规定，直接对生产经营单位的主要负责人给予行政处罚，不必先责令限期改正后再实施行政处罚。

安全生产法第八十一条第二款规定："生产经营单位的主要负责人有前款违法行为，导致发生生产安全事故，构成犯罪的，依照刑法有关规定追究刑事责任；尚不够刑事处罚的，给予撤职处分或者处二万元以上二十万元以下的罚款。"而第一款的规定是："生产经营单位的主要负责人未履行本法规定的安全生产管理职责的，责令限期改正；逾期未改正的，责令生产经营单位停产停业整顿。"显然，第二款所说的"违法行为"，是指第一款中"未履行本法规定的安全生产管理职责"行为。按照第一款规定，对"未履行本法规定的安全生产管理职责"的违法行为，安全生产监管部门发现后，应当责令生产经营单位的主要负责人限期改正，对逾期未改正的，责令停产停业整顿。然而在安全生产监管部门发现前，或者在安全生产监管部门发现并责令改正后，"未履行本法规定的安全生产管理职责"的违法行为导致发生生产安全事故的，则与第一款无关，是第二款规定所指的情形，应当按照第二款规定处理。安全生产监管部门的职责，只是对辖区内各生产经营单位的安全生产

① 本书受案范围部分肯定范围和否定范围的划分是从整体角度讲的，但是部分司法观点之间有相关性，对照阅读更有利于理解，因此关涉相同或相似问题的肯定和否定观点在局部排列在一起。——编者注

工作进行监督管理,以落实安全生产法的规定。安全生产法颁布施行后,每一个生产经营单位都有自觉遵守执行的义务,并非只有在安全生产监管部门的监督管理下,生产经营单位才有执行安全生产法的义务;安全生产监管部门的监督管理不及时或者不到位,也不能因此免除生产经营单位的这种义务。邵仲国认为,对其“未履行本法规定的安全生产管理职责”的违法行为,黄浦区安监局只有先行责令限期改正后才能再对其实施处罚,是对安全生产法第八十一条的误解。

——《中华人民共和国最高人民法院公报》2006 年第 8 期。

【链接：最高人民法院法官著述】

我们认为,应当根据以下几种情况加以判断:(1)如果行政法律法规仅仅规定了责令改正,应当视为单独的行政处罚。(2)如果行政法律法规规定在作出行政处罚时,“应当”责令改正的,则应将责令改正视为附属于行政处罚的从行政行为,不是独立的行政处罚。例如,行政许可法第六十六条规定,被许可人未依法履行开发利用自然资源义务或者未依法履行利用公共资源义务的,行政机关应当责令限期改正;被许可人在规定期限内不改正的,行政机关应当依照有关法律、行政法规的规定予以处理。(3)如果行政法律法规规定在作出行政处罚时,“可以”责令改正的,行政机关应当按照行政处罚法第二十三条的规定责令改正。行政机关实质上并无是否责令改正的裁量权,此时责令改正亦为行政处罚的先行行为或者后续行为,不具有独立的行政处罚的地位。

——江必新、梁凤云:《行政诉讼法理论与实务(第三版)》(上),法律出版社 2016 年版,第 220 页。

027 依据行政机关采取的具体措施确定取缔的性质

关键词 | 受案范围 | 依法取缔 | 行政处罚 | 行政强制措施 |

【最高人民法院公报案例】

再胜源公司诉上海市卫生局行政强制决定案

要旨:根据献血法第八条和第十八条的规定,血站是国家法定的采集、提供临床用血机构,除卫生行政部门依法定职权批准的血站外,任何单位和机构从事采集、提供临床用血的,都构成违法,卫生行政部门有权依法予以取缔。

血液的采集、分离等环节关系人的健康与生命。根据献血法第八条的规定,血站是国家法定的专门从事采集、提供临床用血的机构,设立血站向公民采集血液,必须经国务院卫生行政部门或者省、自治区、直辖市人民政府卫生行政部门批准。献血法第八条及《血站管理办法(暂行)》(以下简称《管理办法》)第二十一条规定,我国目前对血液的采集实行许可证管理制度。献血法第十八条规定,县级以上政府的卫生行政部门,有权处理非法采集血液的行为。这说明,除卫生行政部门依法定职权批准的血站外,任何单位和机构从事采集、提供临床用血的,都是法律禁止的,卫生行政部门都有权依法予以查处,故本案中卫生局依法具有作出行政强制决定的主体资格。

脐带血的称谓是根据解剖部位而来。脐带血是采自胎盘的血液,其成分与新生儿的血液成分一致。本案中,采集脐带血是为了分离提取造血干细胞,造血干细胞的存储目的是用于临床治疗。所以,脐带血属于《管理办法》中所称的血液范畴,脐带血采集行为属于《管理办法》调整的范围。脐带血造血干细胞库的设置要求,高于一般的血库,需要具备相当的条件,应符合血液管理的技术规范。储存脐带血造血干细胞需要经过脐带血的采集、检测、分离等过程,卫生行政主管部门对有关操作人员、条件、实验室等均有明确的资质要求。所以,采集脐带血需要得到卫生行政许可。

卫生局的执法目的,在于加强对血液的监督管理,防止血液性传染病的发生,保障公司的合法权益,故对被上诉人执法目的的合法性应予以确认。本案中,卫生局提供的证据来源及形式合法,内容真实,符合证据的关联性、合法性、真实性要求。现场检查笔录反映当时在再胜源公司内发现了用于储存脐带血造血干细胞的液氮容器以及“脐血处理室”等。再胜源公司法定代表人及工作人员在卫生局的询问笔录中亦认可该公司通过医院采集脐带血样本。被上诉人提供的证据之间能够相互印证,其认定上诉人有擅自采集血液的行为,事实清楚,证据充分。上诉人提供的证据虽来源合法,具有真实性,但不能证明其不存在擅自采集血液的事实。再胜源公司所取得的企业法人营业执照只能证明其符合开办企业的条件,获得了工商许可,但不能证明其已获得开展脐带血造血干细胞储存等业务的卫生行政许可,故对再胜源公司的上诉理由不予支持。

卫生局经调查取证,发现再胜源公司有擅自采集血液行为,遂作出取缔的行政强制决定,并将行政文书当场送达给上诉人,其行政执法程序合法。但卫生局在作出取缔的同时,对再胜源公司又科以没收液氮容器,具有行政制裁性质,属于我国法律规定的行政处罚种类,而卫生局在作出该没收决定时,未依据行政处罚法的规定履行相关处罚程序,故该行政处罚依法不能成立。

综上，卫生局具有作出行政强制决定的执法主体资格。卫生局认定再胜源公司存在未经许可擅自采集血液的行为，事实清楚，证据充分。卫生局据此认定再胜源公司违反了《管理办法》第二十一条，并依据行政处罚法第四十八条之规定对其违法行为作出取缔的行政强制决定，适用法律正确，执法目的合法。因卫生局作出没收决定时未履行法律规定的相关处罚程序，违反行政处罚法的规定，原审法院判决确认该没收行为无效，符合法律规定。上诉人的上诉请求缺乏事实证据和法律依据，不予支持。

——《中华人民共和国最高人民法院公报》2005 年第 1 期。

【链接：最高人民法院法官著述】

从时间情况看，“取缔”是国家对违法活动采取的一系列制止性、制裁性措施的统称。这些措施既可能包括行政强制措施，比如《无照经营查处取缔办法》第九条规定：“县级以上工商行政管理部门对涉嫌无照经营行为进行查处取缔时，可以行使下列职权：（一）责令停止相关经营活动；（二）向与无照经营行为有关的单位和个人调查、了解有关情况；（三）进入无照经营场所实施现场检查；（四）查阅、复制、查封、扣押与无照经营行为有关的合同、票据、账簿以及其他资料；（五）查封、扣押专门用于从事无照经营活动的工具、设备、原材料、产品（商品）等财物；（六）查封有证据表明危害人体健康、存在重大安全隐患、威胁公共安全、破坏环境资源的无照经营场所。”也可能包括行政处罚，比如国务院国函〔1994〕111 号文件批复的《关于清理、取缔“三无”船舶的通告》中关于“对海上航行、停泊的‘三无’船舶”，一经查获，一律没收，并可对船主处船价 2 倍以下的罚款的规定；又比如《非法金融机构和非法金融业务活动取缔办法》第二十二条规定：“设立非法金融机构或者从事非法金融业务活动，构成犯罪的，依法追究刑事责任；尚不构成犯罪的，由中国人民银行没收非法所得，并处非法所得 1 倍以上 5 倍以下的罚款；没有非法所得的，处 10 万元以上 50 万元以下的罚款。”可见，“取缔”在很多情况下是一个统称，不宜简单地将其认定为是行政处罚或行政强制，而要看行政机关取缔而采取的具体措施是什么而定。

——最高人民法院行政强制法研究小组编著：《〈中华人民共和国行政强制法〉条文理解与适用》，人民法院出版社 2011 年版，第 70 页。

028 发布立即停航紧急通知行为属行政强制措施

关键词｜受案范围｜行政强制措施｜立即停航｜

【最高人民法院答复】

辽宁省高级人民法院：

你院〔2000〕辽行疑字第12号“关于大连康大船务公司诉大连港务监督停航通知行政行为的性质的请示报告”收悉。经研究，原则上同意你院审判委员会多数人的意见，即：大连港务监督大港监字〔1999〕第25号《关于南海明珠轮立即停航的紧急通知》，其性质属于行政强制措施，应适用《中华人民共和国海上交通安全法》。

——《最高人民法院行政审判庭关于对人民法院审理港务监督行政案件适用法律问题的答复》（2000年11月1日，行他〔2000〕第13号）。

029 行政机关向供电公司出具《通知单》责令其对当事人停止供电的行为可诉

关键词｜受案范围｜行政委托｜

【最高人民法院裁判案例】

吉林省四平市万芳机械设备有限公司诉吉林省四平市人民政府确认行政行为违法案［最高人民法院（2020）最高法行再315号行政裁定书］

要旨：行政机关向供电公司出具的停电通知属于行政诉讼受案范围。

四平市政府于2018年2月26日向供电公司出具《通知单》，主要内容系根据四平市政府主要领导指示，请供电公司对16家采石场停止供电，并拆除相关供电设施。《通知单》列明了要求供电公司停止供电的具体16家采石场，并在四平市政府官网上予以公布，万芳设备公司即在《通知单》所列明的16家采石场范围内。虽然《通知单》系对供电公司作出，但责令供电公司对万芳设备公司停电的行为对万芳设备公司的权利义务产生了实质影响，万芳设备公司针对《通知单》提起撤销诉讼属于人民法院行政诉讼受案范围。

——中国裁判文书网，https://wenshu.court.gov.cn/。

郑州市恒升教育软件科技有限公司诉郑州市金水区人民政府确认行政行为违法案［最高人民法院（2017）最高法行申 8513 号行政裁定书］

要旨：行政机关通知供电公司停电是其涉案拆迁工作的一部分，具体运用了行政权，是一种行政事实行为。

（一）金水区政府通知停电行为是行政事实行为。行政行为，是指具有行政权能的组织运用行政权，针对行政相对人设定、变更或者消灭权利义务的行为。本案，金水区政府通知郑州供电公司停电是希望郑州供电公司提供辅助行为，并未在金水区政府与郑州供电公司之间设立、变更或者消灭权利义务，不具备行政行为的实质要件，因此金水区政府通知停电行为不是行政行为。但是，金水区政府作为一级地方人民政府，具有行政权能，其通知郑州供电公司停电是其涉案拆迁工作的一部分，具体运用了行政权，是一种行政事实行为。

（二）恒升公司具备提起本案诉讼的主体资格。金水区政府通知郑州供电公司对涉案开发地块停电，郑州供电公司按照要求的时间、范围停止了涉案地块的电力供应。恒升公司的经营性用房住所地在金水区政府通知郑州供电公司停止电力供应的区域内，恒升公司是合法用电人，其用电权益受到了影响。从形式上看，是郑州供电公司的停电行为给恒升公司造成了影响，但综合全案来看，对涉案开发地块停止电力供应是金水区政府拆迁工作的一部分，郑州供电公司对停电原因、停电范围等事实不具有判断能力和义务，其停止电力供应仅是辅助金水区政府的通知停电行为，故实质上是金水区政府的通知停电行为给恒升公司带来了影响。因此，恒升公司与金水区政府的通知停电行为有法律上的利害关系，其具备提起本案诉讼的主体资格。

（三）金水区政府通知停电行为不具备合法性基础。对涉案开发地块停止电力供应是金水区政府拆迁工作的一部分，涉案开发地块是否如涉案函和通知中所述属于违法建设、存在火灾隐患的判断职责属于金水区政府，郑州供电公司对上述事项不具有判断能力，其也没有判断义务，其停止电力供应仅是辅助金水区政府的行为。相应的，停止供电可能对恒升公司造成的不利影响的合理注意义务，也应当由金水区政府来承担。而实际上，金水区政府并未尽到合理的注意义务，履行相应的告知等程序义务。另外，综合全案证据，金水区政府向郑州供电公司发送涉案函和通知，要求郑州供电公司对涉案开发地块停止电力供应的目的是变相实现相关居民或商户搬迁，没有法律依据。而且，金水区政府提供的证据不足以证明其通知停电行为具有合法性，其辩解行为合法的理由缺少证据支持。

——中国裁判文书网，https://wenshu.court.gov.cn/。

030 关停行为的可诉性

关键词｜受案范围｜关停行为｜

【最高人民法院裁判案例】

二连市荣兴砖厂诉内蒙古自治区锡林郭勒盟二连浩特市人民政府行政强制及行政赔偿案［最高人民法院（2017）最高法行申 4073 号行政裁定书］

要旨："关停行为"包括下发相关通知、批复、督查送阅件、供电局停电、水务局停水等一系列行政行为，以起诉不符合"有具体的诉讼请求和事实根据"的起诉条件为由不支持当事人的上诉请求，亦存在不当。"关停行为"本身完全可以表现为一种行政事实行为，不宜苛求当事人必须择出其中的某一个具体程序性环节才允许起诉。

本案在案证据显示，被申请人二连市政府于 2012 年 4 月 9 日作出限期关停重点区域粘土砖厂的 22 号通知以及于 2014 年 5 月 13 日作出同意对和平等三家砖厂予以关闭的 29 号批复，上述行政行为已经产生了外化效果。本案在卷材料亦反映出存在停水、停电等一系列行政强制行为。一审法院认为当事人的起诉缺乏事实根据，属于认定事实不清。根据当时有效的《最高人民法院关于适用〈中华人民共和国行政诉讼法〉若干问题的解释》①第二条第二款之规定，针对当事人未能正确表达诉讼请求之情形，人民法院应当予以释明。人民法院审查诉讼请求是否明确、具体，应根据原告的起诉状等材料予以综合审查、审慎判断。有权利则有救济，对于当事人提出的合法合理的诉求，人民法院应当高度重视，依法及时受理。在本案在案证据可以证明存在关停砖厂行为，且可以初步推定该关停行为系被申请人组织实施的情形下，一审法院以荣兴砖厂未能提供证据证明为由裁定驳回起诉，显失偏颇。而二审法院则指出所诉"关停行为"包括下发相关通知、批复、督查送阅件、供电局停电、水务局停水等一系列行政行为，以起诉不符合"有具体的诉讼请求和事实根据"的起诉条件为由不支持当事人的上诉请求，亦存在不当。"关停行为"本身完全可以表现为一种行政事实行为，不宜苛求当事人必须择出其中的某一个具体程序性环节才允许起诉。二审法院的分析理由碎片化了政府组织实施下的一系列关停政策表现，且未履行相应释明义务，即径行裁定驳回上诉、维持一审裁

① 该司法解释和《最高人民法院关于执行〈中华人民共和国行政诉讼法〉若干问题的解释》已废止，现行有效的是《最高人民法院关于适用〈中华人民共和国行政诉讼法〉的解释》。人民法院审理案件适用的是当时有效的司法解释。如无特别需要，不再一一释明。——编者注

定，确有不妥。本案从当事人权利救济的便捷性和可得性角度看，给予其相关诉权有利于人民法院统筹多方面因素综合作出审查判断，有利于实质性化解涉案行政争议。

——中国裁判文书网，https://wenshu.court.gov.cn/。

031 少年收容教养决定属于行政诉讼受案范围

关键词 | 受案范围 | 少年收容教养 | 行政强制措施 |

【最高人民法院答复】

湖南省高级人民法院：

你院〔1997〕湘行请字第4号请示收悉。经研究，答复如下：

公安机关对公民作出的“少年收容教养”决定是具体行政行为，属于《中华人民共和国行政诉讼法》第十一条[①]规定的受案范围，若当事人对公安机关作出的“少年收容教养”决定不服向人民法院起诉的，人民法院应当受理。

——《最高人民法院关于“少年收容教养”是否属于行政诉讼受案范围的答复》（1998年8月15日，〔1998〕行他字第3号）。

032 不服公安机关留置措施可以提起行政诉讼

关键词 | 受案范围 | 留置盘问 | 行政强制措施 |

【最高人民法院答复】

安徽省高级人民法院：

你院〔1997〕皖行请字第03号请示报告收悉。

经研究，基本同意你院的第一种意见，即留置是公安机关行政管理职权的一种行政强制措施，属于《行政诉讼法》第十一条[②]第一款第二项规定的人民法院行政诉讼受案范围。

---

① 现行行政诉讼法第十二条。——编者注

② 现行行政诉讼法第十二条。——编者注

——《最高人民法院行政审判庭关于对当事人不服公安机关采取的留置措施提起的诉讼法院能否作为行政案件受理的答复》(1997 年 10 月 29 日,〔1997〕法行字第 21 号)。

033 交警大队开具暂扣凭证和扣押车辆、行驶证的行为是行政强制措施

关键词｜受案范围｜行政强制措施｜

【最高人民法院答复】

广西壮族自治区高级人民法院:

你院《关于审理广东省雷州市外经公司凯华食品厂、刘秋海和冯昌炳不服广西北海市银海区公安交通警察大队暂扣汽车及其行驶证一案有关问题的请示》收悉,经研究,现就请示中的第一个问题答复如下:

关于被上诉人广西北海市银海区公安交通警察大队开具暂扣凭证和将车辆及行驶证扣押的行为能否当作两种行为看待的问题,我们原则同意你院审判委员会的第二种意见,即不应将开具暂扣凭证和将车辆及行驶证暂扣的行为看成是性质不同的两种行为,开具暂扣凭证和将车辆及行驶证暂扣的行为是一种强制措施行为。

请示中的其他问题,请你院根据案件的具体情况,依法处理。

——《最高人民法院行政审判庭关于对广西壮族自治区高级人民法院〈关于审理广东省雷州市外经公司凯华食品厂、刘秋海和冯昌炳不服广西北海市银海区公安交通警察大队暂扣汽车及其行驶证一案有关问题的请示〉答复意见》(1999 年 2 月 2 日,〔1999〕行他字第 2 号)。

034 行政行为的延期行为具有可诉性

关键词｜受案范围｜延长期限行为｜

【最高人民法院司法解释】

第一条　公民、法人或者其他组织认为行政机关作出的行政许可决定以及相

应的不作为，或者行政机关就行政许可的变更、延续、撤回、注销、撤销等事项作出的有关具体行政行为及其相应的不作为侵犯其合法权益，提起行政诉讼的，人民法院应当依法受理。

——《最高人民法院关于审理行政许可案件若干问题的规定》（2010 年 1 月 4 日，法释〔2009〕20 号）。

【最高人民法院司法文件】

5. 延长行政许可期限行为的可诉性问题

延长行政许可期限的行为是独立于相关行政许可的行政行为，具有可诉性。在此类案件中，人民法院应当着重审查许可期限延长的理由是否合法、与此前的许可内容是否一致，以及相关行政许可是否存在重大、明显违法等情形。（42 号）[①]

——《最高人民法院办公厅关于印发〈行政审判办案指南（一）〉的通知》（2014 年 2 月 24 日，法办〔2014〕17 号）。

【最高人民法院参考案例】

夏鸣诉上海市杨浦区住房保障和房屋管理局房屋拆迁许可延长通知案（行政审判案例第 42 号）

要旨：房屋拆迁期限延长许可通知是一个独立的具体行政行为，具有可诉性。

——中华人民共和国最高人民法院行政审判庭编：《中国行政审判案例》（第 2 卷），中国法制出版社 2011 年版，第 11 页。

【链接：最高人民法院法官著述】

审判实践中经常发生行政相对人对具体行政行为的延期行为不服，提起行政诉讼的情况，如被拆迁人针对延长拆迁期限提起的行政诉讼，一般认为延期行为属于具体行政行为，具有可诉性。最高人民法院的相关司法解释也认可这一做法，如《最高人民法院关于审理行政许可案件若干问题的规定》第一条规定。延长查封、扣押期限的决定与原查封、扣押决定之间既紧密相连，又相对独立的，其性质与许可延续行为是一致的，可以认为是一项新的具体行政行为。当事人如果对延长查封、扣押期限的决定不服，可针对延长查封、扣押期限决定申请行政复议或提起行政诉讼。需要强调的是，当事人申请复议或提起诉讼的期限应当自其知道延长查

---

① 最高人民法院行政审判庭编写的《中国行政审判案例》相关案例编号，下同。具明该号便于各级人民法院审判人员对照参考具体案例，全面准确理解本指南要旨。

封、扣押期限决定之日起计算，而不是从其收到原查封、扣押决定书之日起计算。行政机关延长期限的，应当告知当事人延长查封、扣押期限的决定，否则即构成程序违法，当事人可以根据《若干解释》[①]第四十二条规定的起诉期限提起行政诉讼。

——最高人民法院行政强制法研究小组编著：《〈中华人民共和国行政强制法〉条文理解与适用》，人民法院出版社2011年版，第155—156页。

035 对行政机关作出的全民所有制工业企业分立的决定不服可以提起行政诉讼

关键词 | 受案范围 | 国有企业 | 企业经营自主权 |

【最高人民法院答复】

山西省高级人民法院：

你院〔1994〕晋法行字第14号请示收悉。经研究，我们认为，根据《中华人民共和国全民所有制工业企业法》第二条第二款、《全民所有制工业企业转换经营机制条例》第六条和《中华人民共和国行政诉讼法》第十一条第一款第（三）项[②]的规定，当事人对行政机关强行作出的关于全民所有制工业企业分立的决定不服，依法向人民法院提起行政诉讼的，人民法院应作为"侵犯法律规定的经营自主权的"行政案件受理。

——《最高人民法院关于当事人对行政机关作出的全民所有制工业企业分立的决定不服提起诉讼人民法院应作为何种行政案件受理问题的复函》（1994年6月27日，法函〔1994〕34号）。

【链接：最高人民法院法官著述】

《若干解释》第十七条仅对非国有企业的诉权作规定，而未涉及国有企业的诉权问题。根据现有的法律规定，行政机关可以对国有企业采取多种措施影响企业的经营状况，如撤销、合并、兼并、分立或改变企业隶属关系和企业经营范围等。关于国有企业对行政机关的分立决定不服是否可以提起行政诉讼的问题，最高人民

① 《最高人民法院关于执行〈中华人民共和国行政诉讼法〉若干问题的解释》（已废止）。下同。——编者注

② 现行行政诉讼法第十二条第一款第（七）项。——编者注

法院1994年法函〔1994〕34号《关于当事人对行政机关作出的全民所有制工业企业分立的决定不服提起诉讼人民法院应作为何种行政案件受理问题的复函》中规定，对此类案件应当作为“侵犯法律规定的经营自主权的”行政案件受理。我们认为，对于行政机关兼并、合并等行为，同样可以作为“侵犯法律规定的经营自主权的”案件提起行政诉讼。国有企业是否具有与非国有企业相同的诉权，应当依照法律、法规或者司法解释的相关规定处理。

——甘文：《行政诉讼司法解释之评论——理由、观点与问题》，中国法制出版社2000年版，第74—75页。

036 行政机关撤换企业法定代表人行为的可诉性

关键词｜受案范围｜企业经营自主权｜

【最高人民法院答复】

四川省高级人民法院：

你院〔1996〕川行他字第10号请示报告收悉。经研究并报院审判委员会讨论决定答复如下：

原则同意你院审判委员会倾向性意见，即：成都市青羊区大通商贸公司是由成都市青羊区城乡管理委员会的下属单位环境卫生管理局申办的，区工商行政管理局核发的营业执照表明该公司为集体所有制企业，主管部门也由环境卫生管理局变更为青羊区城乡管理委员会。青羊区城乡管理委员会关于暂停许东风的大通公司法定代表人、总经理的职务，暂停公司营业活动的决定是合法的，人民法院应判决予以维持。

——《最高人民法院关于成都青羊区大通商贸公司企业经济性质问题的答复》（1998年5月15日，〔1997〕行他字第4号）。

陕西省高级人民法院：

你院〔1996〕陕高法行监字第26号请示收悉。经研究，答复如下：

原则同意你院审判委员会的倾向性意见。即县委工交财贸部作出的“免职决定”不属于具体行政行为，亦不能视为县人民政府的行为，故市第二运输公司以县人民政府为被告提起行政诉讼，不符合行政诉讼法规定的起诉条件。

——《最高人民法院行政审判庭关于对兴平市第二运输公司诉兴平市人民政

府侵犯企业经营自主权一案受理问题的答复》(1997年10月27日,〔1997〕行他字第15号)。

【最高人民法院公报案例】

刘本元不服蒲江县乡镇企业管理局侵犯财产权、经营自主权处理决定行政纠纷案

要旨:侵犯财产所有权和企业经营自主权的行为属于行政诉讼的受案范围。

成都蒲江小蘖碱厂、成都市朝阳印刷厂和成都鹤山矿泉饮料厂的建厂资金均是上诉人刘本元个人投资,其分配形式、经营管理实际上是按私营企业进行的,根据《私营企业暂行条例》第七条第一款关于“独资企业是指一人投资经营的企业”的规定,上述三个企业应为私营企业,企业财产属刘本元所有。被上诉人蒲江县乡镇企业管理局作出的免去刘本元厂长职务和任命他人为厂长的决定,以及查封企业财产的行为,是于法无据的超越职权的具体行政行为。这一行为致使刘本元失去了对其财产的实际控制,又使其无法组织企业的生产经营,侵犯了刘本元的财产所有权和私营企业经营自主权。故对被上诉人的行为属违法的具体行政行为,应予撤销。一审判决撤销被上诉人的任免决定和查封行为是正确的,应予维持。

——《中华人民共和国最高人民法院公报》1994年第2期。

【链接:最高人民法院法官著述】

我们认为,在审理国有企业法定代表人被撤换的行政案件中,应当注意以下两个问题:

一是注意国有企业法定代表人的产生方式。根据全民所有制工业企业法的规定,法定代表人的产生方式包括两种:一种是由政府及其主管部门任命产生的,政府及其主管部门当然有权力予以撤换,企业不能以侵犯企业经营自主权提起行政诉讼;另一种是由选举产生的,即企业职工代表大会选举的厂长,由职工代表大会罢免,并须报政府主管部门批准。如果政府及其主管部门越俎代庖,直接擅自撤换的,则侵犯了企业对于法定代表人的人事自主权,企业得提起行政诉讼。这同时也意味着,如果行政机关根据企业职工代表大会任免厂长(经理)的报告,作出批准职工代表大会任免厂长(经理)报告的决定,不能认为行政机关的批准行为侵犯了企业的经营自主权。因为行政机关批准企业职工代表大会的报告,实际上是在保护企业的经营自主权。

二是在特定的情形下,国有企业的法定代表人可以代表企业提起行政诉讼。

有一种观点认为,国有企业的法定代表人与一般企业的法定代表人的性质有所区别。行政机关对于国有企业法定代表人的撤换行为属于内部行为,不具有可诉性。我们认为,行政机关撤换国有企业法定代表人的行为,可能是依据法律规定作出的,同时,也可能是违背法律规定作出的。例如前述跳过职工代表大会直接撤换的行为,就是侵犯企业经营自主权的行为。国有企业法定代表人的身份具有双重性:政府及其主管部门委派其作为管理企业的代表;维护企业经营自主权的代表。如果不允许被撤换的国有企业的法定代表人提起行政诉讼,将非常不利于企业法定代表人运用法律手段保护企业的经营自主权。因此,在特定的情形下,应当允许其原法定代表人提起行政诉讼。最高人民法院在一个批复中体现了这一精神,即在企业法定代表人被行政机关变更或撤换的情况下,原企业法定代表人有权提起行政诉讼。需要注意的是,上述问题已经和正在发生不断的变化。政企关系涉及社会主义市场经济是否能够真正建立,在司法实践中可能表现得更为复杂。因此,对于行政机关撤换法定代表人的行为需要动态地加以考虑。

——江必新、梁凤云:《行政诉讼法理论与实务(第三版)》(上),法律出版社2016年版,第293—294页。

037 高校颁发学历或学位证书行为属于行政诉讼受案范围

关键词｜受案范围｜高等院校｜受教育权｜

【最高人民法院司法文件】

9. 高等院校的适格被告问题

高等院校依据法律、法规授权作出颁发学历、学位证书以及开除学籍等影响学生受教育权利的行政行为,当事人不服提起行政诉讼的,以高等院校为被告。(5号、9号)

——《最高人民法院办公厅关于印发〈行政审判办案指南(一)〉的通知》(2014年2月24日,法办〔2014〕17号)。

【最高人民法院指导性案例】

田永诉北京科技大学拒绝颁发毕业证、学位证案(最高人民法院指导案例38号)

裁判要点:(1)高等学校对受教育者因违反校规、校纪而拒绝颁发学历证书、学位证书,受教育者不服的,可以依法提起行政诉讼。

(2)高等学校依据违背国家法律、行政法规或规章的校规、校纪,对受教育者作出退学处理等决定的,人民法院不予支持。

(3)高等学校对因违反校规、校纪的受教育者作出影响其基本权利的决定时,应当允许其申辩并在决定作出后及时送达,否则视为违反法定程序。

法院生效裁判认为:根据我国法律、法规规定,高等学校对受教育者有进行学籍管理、奖励或处分的权力,有代表国家对受教育者颁发学历证书、学位证书的职责。高等学校与受教育者之间属于教育行政管理关系,受教育者对高等学校涉及受教育者基本权利的管理行为不服的,有权提起行政诉讼,高等学校是行政诉讼的适格被告。

高等学校依法具有相应的教育自主权,有权制定校纪、校规,并有权对在校学生进行教学管理和违纪处分,但是其制定的校纪、校规和据此进行的教学管理和违纪处分,必须符合法律、法规和规章的规定,必须尊重和保护当事人的合法权益。本案原告在补考中随身携带纸条的行为属于违反考场纪律的行为,被告可以按照有关法律、法规、规章及学校的有关规定处理,但其对原告作出退学处理决定所依据的该校制定的第068号通知,与《普通高等学校学生管理规定》第二十九条规定的法定退学条件相抵触,故被告所作退学处理决定违法。

退学处理决定涉及原告的受教育权利,为充分保障当事人权益,从正当程序原则出发,被告应将此决定向当事人送达、宣布,允许当事人提出申辩意见。而被告既未依此原则处理,也未实际给原告办理注销学籍、迁移户籍、档案等手续。被告于1996年9月为原告补办学生证并注册的事实行为,应视为被告改变了对原告所作的按退学处理的决定,恢复了原告的学籍。被告又安排原告修满四年学业,参加考核、实习及毕业设计并通过论文答辩等。上述一系列行为虽系被告及其所属院系的部分教师具体实施,但因他们均属职务行为,故被告应承担上述行为所产生的法律后果。

国家实行学历证书制度,被告作为国家批准设立的高等学校,对取得普通高等学校学籍、接受正规教育、学习结束达到一定水平和要求的受教育者,应当为其颁发相应的学业证明,以承认该学生具有的相当学历。原告符合上述高等学校毕业生的条件,被告应当依《中华人民共和国教育法》第二十八条第一款第五项及《普通高等学校学生管理规定》第三十五条的规定,为原告颁发大学本科毕业证书。

国家实行学位制度,学位证书是评价个人学术水平的尺度。被告作为国家授权的高等学校学士学位授予机构,应依法定程序对达到一定学术水平或专业技术水平的人员授予相应的学位,颁发学位证书。依《中华人民共和国学位条例暂行实施办法》第四条、第五条、第十八条第三项规定的颁发学士学位证书的法定程序要求，被告首先应组织有关院系审核原告的毕业成绩和毕业鉴定等材料，确定原告是否已较好地掌握本门学科的基础理论、专业知识和基本技能，是否具备从事科学研究工作或担负专门技术工作的初步能力；再决定是否向学位评定委员会提名列入学士学位获得者的名单，学位评定委员会方可依名单审查通过后，由被告对原告授予学士学位。

——《最高人民法院关于发布第九批指导性案例的通知》（2014 年 12 月 24 日，法〔2014〕337 号）。

何小强诉华中科技大学拒绝授予学位案（最高人民法院指导案例 39 号）

裁判要点：（1）具有学位授予权的高等学校，有权对学位申请人提出的学位授予申请进行审查并决定是否授予其学位。申请人对高等学校不授予其学位的决定不服提起行政诉讼的，人民法院应当依法受理。

（2）高等学校依照《中华人民共和国学位条例暂行实施办法》的有关规定，在学术自治范围内制定的授予学位的学术水平标准，以及据此标准作出的是否授予学位的决定，人民法院应予支持。

法院生效裁判认为：本案争议焦点主要涉及被诉行政行为是否可诉、是否合法以及司法审查的范围问题。

一、被诉行政行为具有可诉性。根据《中华人民共和国学位条例》等法律、行政法规的授权，被告华中科技大学具有审查授予普通高校学士学位的法定职权。依据《中华人民共和国学位条例暂行实施办法》第四条第二款“非授予学士学位的高等院校，对达到学士学术水平的本科毕业生，应当由系向学校提出名单，经学校同意后，由学校就近向本系统、本地区的授予学士学位的高等院校推荐。授予学士学位的高等院校有关的系，对非授予学士学位的高等院校推荐的本科毕业生进行审查考核，认为符合本暂行办法及有关规定的，可向学校学位评定委员会提名，列入学士学位获得者名单”，以及国家促进民办高校办学政策的相关规定，华中科技大学有权按照与民办高校的协议，对于符合本校学士学位授予条件的民办高校本科毕业生经审查合格授予普通高校学士学位。

本案中，第三人武昌分校是未取得学士学位授予资格的民办高校，该院校与华中科技大学签订合作办学协议约定，武昌分校对该校达到学士学术水平的本科毕业生，向华中科技大学推荐，由华中科技大学审核是否授予学士学位。依据《中华人民共和国学位条例暂行实施办法》的规定和华中科技大学与武昌分校之间合作办学协议，华中科技大学具有对武昌分校推荐的应届本科毕业生进行审查和决定是否颁发学士学位的法定职责。武昌分校的本科毕业生何小强以华中科技大学在收到申请之日起六十日内未授予其工学学士学位，向人民法院提起行政诉讼，符合《最高人民法院关于执行〈中华人民共和国行政诉讼法〉若干问题的解释》第三十九条第一款的规定。因此，华中科技大学是本案适格的被告，何小强对华中科技大学不授予其学士学位不服提起诉讼的，人民法院应当依法受理。

二、被告制定的《华中科技大学武昌分校授予本科毕业生学士学位实施细则》第三条的规定符合上位法规定。《中华人民共和国学位条例》第四条规定："高等学校本科毕业生，成绩优良，达到下述学术水平者，授予学士学位：（一）较好地掌握本门学科的基础理论、专门知识和基本技能……"《中华人民共和国学位条例暂行实施办法》第二十五条规定："学位授予单位可根据本暂行条例实施办法，制定本单位授予学位的工作细则。"该办法赋予学位授予单位在不违反《中华人民共和国学位条例》所规定授予学士学位基本原则的基础上，在学术自治范围内制定学士学位授予标准的权力和职责，华中科技大学在此授权范围内将全国大学英语四级考试成绩与学士学位挂钩，属于学术自治的范畴。高等学校依法行使教学自主权，自行对其所培养的本科生教育质量和学术水平作出具体的规定和要求，是对授予学士学位的标准的细化，并没有违反《中华人民共和国学位条例》第四条和《中华人民共和国学位条例暂行实施办法》第二十五条的原则性规定。因此，何小强因未通过全国大学英语四级考试不符合华中科技大学学士学位的授予条件，武昌分校未向华中科技大学推荐其申请授予学士学位，故华中科技大学并不存在不作为的事实，对何小强的诉讼请求不予支持。

三、对学校授予学位行为的司法审查以合法性审查为原则。各高等学校根据自身的教学水平和实际情况在法定的基本原则范围内确定各自学士学位授予的学术水平衡量标准，是学术自治原则在高等学校办学过程中的具体体现。在符合法律法规规定的学位授予条件前提下，确定较高的学士学位授予学术标准或适当放宽学士学位授予学术标准，均应由各高等学校根据各自的办学理念、教学实际情况和对学术水平的理想追求自行决定。对学士学位授予的司法审查不能干涉和影响高等学校的学术自治原则，学位授予类行政诉讼案件司法审查的范围应当以合法性审查为基本原则。

——《最高人民法院关于发布第九批指导案例的通知》（2014 年 12 月 24 日，法〔2014〕337 号）。

【链接：理解与参照】

四、其他相关问题的说明

1. 指导案例38号与39号的区别和联系。两个案例，即田永案与何小强案，虽然都是因为高等学校拒绝颁发毕业证、学位证引起的行政诉讼，但两案在基本案情、裁判结果和裁判要点等方面有所不同。首先，田永案是因为大学生违反校规、校纪，高等学校对其作出退学处理决定而拒绝颁发毕业证书、学位证书；何小强案是因为大学本科毕业生因为没有通过大学英语四级考试，高等学校在学术自治范围内经过审查，认为学生达不到学术标准拒绝授予学位证引起的。其次，两案都涉及高等学校自行制定的校规、校纪问题。田永案中，北京科技大学发布的068号通知，由于违背国家法律、行政法规或规章等上位法的规定，被告据此通知对大学生作出退学处理决定的，被判败诉。何小强案中，华中科技大学和武昌分校制定的授予本科毕业生学士学位实施细则等规定，将通过全国大学外语四级考试作为非外国语专业学生申请学士学位的必备条件之一。最终法院认定高等学校依法定授权，在学术自治范围内实施的审查授权学士学位行为合法。再次，田永案的第一个裁判要点在说理方面，侧重阐释高等学校实施了影响受教育者基本权利的管理行为，就可能成为行政诉讼中的适格被告。而何小强案第一个裁判要点突出的是高等学校实施的审查授予学位行为属于依法定授权实施的行政行为，具有可诉性，属于行政诉讼的受案范围。二者结论是一样的，只是阐释的角度有所不同。还有，田永案第三个裁判要点还涉及正当法律程序原则，即应当保障受教育者在教育管理活动中享有最低程序权利原则，这一问题在何小强案中没有涉及。

2. 本案例裁判要点在编写时的一些具体问题的说明。一是吸收了教育部提出的意见，即将案例标题和裁判要点中的“学业证书”修改为“学历证书”，以与高等教育法保持一致。另外，田永案中原告是大学毕业生，被告拒绝向其颁发本科毕业学历证书和学士学位证书，裁判要点直接使用了学历证书、学位证书，这样本案例的参照适用不局限于本科阶段，可以推广到硕士和博士阶段，保证案例参照适用的普遍指导价值。二是本案例裁判要点在编写时，选择了高等学校的行政诉讼主体地位，高等学校行使教育自主权不得违背法律、法规、规章规定，以及教育行政活动应遵循正当程序原则三个要点，并未涉及被告是否应当颁发毕业证书、学位证书以及办理毕业派遣手续等问题。因为上述三个要点是本案例的前提问题、核心问题，也是本案例在法律适用方面最具指导价值的要点，解决了上述三个问题，确认了被告决定的违法性，认定原告仍然具备学籍，本案涉及的其他相关问题也就迎刃而解。因此,本案例在编写裁判要点时有所取舍。三是本案例说理部分引用的《普通高等学校学生管理规定》(1990 年 1 月 20 日国家教育委员会令第 7 号发布)已被《普通高等学校学生管理规定》(2005 年 3 月 29 日发布,2005 年 9 月 1 日实施)修改。但该规定的修改并未影响本案例的判决依据和说理。

——饶亚东、石磊:《指导案例 38 号〈田永诉北京科技大学拒绝颁发毕业证、学位证案〉的理解与参照——受教育者因学校拒发毕业证、学位证可提起行政诉讼》,载最高人民法院案例指导工作办公室编著:《中国案例指导》(总第 3 辑),法律出版社 2016 年版,第 134—135 页。

四、其他相关问题的说明

2. 本案例裁判要点在编写时的一些具体考虑。根据《教育部关于鼓励和引导民间资金进入教育领域促进民办教育健康发展的实施意见》(教发〔2012〕10 号)的规定,“民办高校可以申请学士、硕士和博士学位授予权,其审批程序和要求与公办高校相同”。当前,大量民办高校已经具有独立学位授予权。如本案中,当时华中科技大学武昌分校没有学位授予权,但其已于 2012 年通过学士学位授予权评估,获得学士学位授予权。经征求教育部意见,考虑到民办高校挂靠高等学校取得学位授予权的情况将逐渐减少,以及教育改革中高等学校学位申请人情形将日趋多样化,所以在编写第一个裁判要点时,没有再引述武昌分校委托华中科技大学审查授予学位的事实,而是使用了“学位申请人”的表述。即直接表述为“具有学位授予权的高等学校,有权对学位申请人提出的学位授予申请进行审查并决定是否授予其学位”。这样第一个裁判要点的适用情形更为广泛,更适应目前民办高校的发展实际情况。

另外,本案例标题和两个裁判要点中,直接使用了“学位”这一概念,没有限制为“学士学位”。学位包括学士学位、硕士学位和博士学位,这样用词的目的主要是学位的范围较学士学位大一些,用学位可适当推广本案例的适用范围。本案例文本只有在特定的语境下,为了前后文一致才使用“学士学位”这一概念。

最后,本案例第二个裁判要点基于的事实是被告将学士学位授予与四级考试挂钩,但裁判要点在编写时做了适当抽象概括,没有限制于四级考试,而是扩展表述为高等学校在学术自治范围内实施的审查授予学位决定,人民法院应当以合法性审查为原则,合法的应当予以支持。这样表述也是为了适当扩展本案例适用的情形。

——石磊:《指导案例 39 号〈何小强诉华中科技大学拒绝授予学位案〉的理解与参照——高等学校在学术自治范围内有依法制定学术评价标准职权》,载最高人民法院案例指导工作办公室编著:《中国案例指导》(总第3辑),法律出版社2016年版,第148页。

【最高人民法院公报案例】

杨宝玺诉天津服装技校不履行法定职责案

要旨:根据教育法(1995年)第四十二条第(三)项的规定,受教育者享有完成规定的学业后获得相应的学业证书的权利。教育机构没有直接向其准予毕业的受教育者发放毕业证书的行为,构成了违法。

根据教育法第四十二条第(三)项的规定,受教育者享有完成规定的学业后获得相应的学业证书的权利。

被告服装技校作为从事培养技术工人的中等职业教育学校,应根据教育法第四十二条第(三)项的规定和1990年5月4日劳动部关于颁发《技工学校学生学籍管理规定》第三十条"学生学完教学计划规定的全部课程,毕业考核和操行总评(毕业鉴定)成绩合格者,准予毕业,由学校发给毕业证书"的规定,向在学校接受教育且完成规定学业的学生颁发学业证书。现服装公司以原告杨宝玺的毕业证书已交上级主管单位为由,不向杨宝玺颁发毕业证的行为,缺乏法律依据,侵犯了杨宝玺依法应享有的受教育权,故应承担相应的法律责任。第三人纺织集团在服装技校1994年未向杨宝玺颁发毕业证书时,虽然不是服装技校的主管单位,但在2002年2月原隶属于中孚国际集团有限公司的服装技校划转回归其管理后,作为服装技校主管单位应承担监督管理的职责,及时清查服装技校的遗留问题,督促其纠正违法行为。由于纺织集团疏于管理,导致本案争议纠纷长期未得到解决,最终形成诉讼。为此,纺织集团应负有一定的责任。鉴于本案的实际情况,纺织集团应积极通过有关劳动行政主管部门协助其下属的服装技校办理毕业证书,以切实维护杨宝玺的合法权益不受侵害。

——《中华人民共和国最高人民法院公报》2005年第7期。

【最高人民法院参考案例】

武华玉诉华中农业大学教育行政行为案(行政审判案例第9号)

要旨:高等学校有权依照《学位条例暂行实施办法》第二十五条的规定,在不与上位法相冲突的情况下,结合本校实际情况制定学位授予工作细则,并据此作出相应的行政行为。司法机关应就以上行为证据是否充分、程序是否合法进行有限度的司法审查。

——中华人民共和国最高人民法院行政审判庭编:《中国行政审判指导案例》(第1卷),中国法制出版社2010年版,第43页。

褚玥诉天津师范大学不履行授予学位证法定职责案(行政审判案例第5号)

要旨:(1)按照行政诉讼法和司法解释的有关规定,相对人不服高等学校根据法律、法规授权行使行政职权的行为,提起行政诉讼,以高等学校为被告。

(2)高等学校对受教育者授予学位、颁发学位证书的行为系代表国家行使行政职权,属于行政诉讼受案范围。

——中华人民共和国最高人民法院行政审判庭编:《中国行政审判指导案例》(第1卷),中国法制出版社2010年版,第22页。

038 开除学籍等直接导致学生身份丧失行为的可诉性

关键词 | 受案范围 | 开除学籍 | 受教育权 |

【最高人民法院裁判案例】

甘露诉暨南大学开除学籍决定再审案[最高人民法院(2011)行提字第12号行政判决书]

要旨:学生对高等学校作出的开除学籍等严重影响其受教育权利的决定可以依法提起诉讼。人民法院裁判时以法律、法规为依据,参照规章,并可参考高等学校正式公布的校纪校规。但校纪校规违反上位法规定的,人民法院不予适用。

高等学校学生应当遵守《高等学校学生行为准则》《普通高等学校学生管理规定》,并遵守高等学校依法制定的校纪校规。学生在考试或者撰写论文过程中存在的抄袭行为应当受到处分,高等学校也有权依法给予相应的处分。但高等学校对学生的处分应遵守《普通高等学校学生管理规定》第五十五条规定,做到程序正当、证据充足、依据明确、定性准确、处分恰当。特别是在对违纪学生作出开除学籍等直接影响受教育权的处分时,应当坚持处分与教育相结合原则,做到育人为本、罚当其责,并使违纪学生得到公平对待。违纪学生针对高等学校作出的开除学籍等严重影响其受教育权利的处分决定提起诉讼的,人民法院应当予以受理。人民法院在审理此类案件时,应依据法律法规、参照规章,并可参考高等学校不违反上位法且已经正式公布的校纪校规。

——中华人民共和国最高人民法院行政审判庭编:《行政执法与行政审判》

（总第52集），中国法制出版社2012年版，第11—12页。

【链接：最高人民法院法官著述】

宪法第四十六条规定，中华人民共和国公民有受教育的权利和义务。教育法第九条规定，中华人民共和国公民有受教育的权利和义务。因此，高等学校向符合条件的学生提供高等教育，是落实宪法和法律保障公民受教育权利的一项职责。学生在高等学校的学习，并不是完全取决于双方的合意，而是国家权力介入的后果。与国外高校不同，我国高等学校学生的入学，从招生计划的批准、招生指标的分配、招生环节的管理，实际上都是国家授权和批准的。同时，在学生与学校的关系问题上，高校一方往往拥有更实质性的解释权和决定权，用私法合同加以调整会导致以平等的形式掩盖双方地位不平等的实质，产生不公平的结果，因此在涉及学生身份丧失的问题上，高等学校的行为应当视为国家行为，而不是自治权。因此，高等学校的取消入学资格、作退学处理、开除学籍等直接导致学生身份丧失的行为，可能直接侵犯公民的受教育权利，从有权利必有救济的原则来看，应当予以有效的救济。

学校对学生作出的警告、记过、留校察看等不涉及学生身份变更的纪律处分与学籍管理决定不符的，不论是否经过申诉处理，目前仍不宜纳入行政诉讼受案范围。主要是考虑此类纠纷面广量大，既直接涉及学校的办学自主权，又不直接侵犯学生的受教育权，学生参加学习、接受教育的机会仍然受到保障，权利受到的影响既不“重大”也不“显著”，因此法院不宜过度介入。但为了保证受教育者申诉权利的有效保障，明确规定对教育行政部门不受理申诉的，可以以教育行政部门不履行法定职责为由提起诉讼，这样可以避免部分教育行政部门不积极履行职责，不重视学生对此类问题的申诉，而导致学生投诉无门，激化矛盾。

同时，对于教育行政部门虽然受理了申诉申请并作出申诉处理决定（一般为维持学校处分的处理决定），但受教育者认为申诉决定不是依照法定程序作出（如申诉决定未进行调查取证、未听取受教育者意见、遗漏主要证据），可以以不履行法定职责为由提起诉讼，但也只能以此作为诉讼请求和理由提起诉讼。法院在审理此类特殊案件时，仅对申诉处理决定的处理程序是否合法进行审查，对于申诉所作出的实体决定是否合法原则上不进行审查。即法院在此类案件中一般不对警告、记过、留校察看等行为的事实与证据问题、法律适用问题进行审查，而只审查教育行政部门在作出申诉处理决定时，是否存在违反法定程序的情形。如不存在违反法定程序，则驳回原告诉讼请求；存在违反法定程序的，判决确认违法或重新作出申诉处理决定。

对救济程序进行这样的设计和规定，主要是考虑到法院目前虽然不对学校对学生作出的警告、记过、留校察看等不涉及学生身份变更的纪律处分与管理决定进行司法审查，法院对学校的办学自主权给予高度的尊重，引导学生通过向教育部门申诉来解决，但是也要避免教育部门申诉程序流于形式，走过场，不经过正当程序，不给学生公开说理的机会，而是一味地维持学校的决定。因此，有必要加强对教育行政部门是否遵循申诉处理程序的监督和审查，从而促进教育行政部门申诉处理决定的质量和可接受性。

——耿宝建：《高等教育行政案件中的司法谦抑》，载中华人民共和国最高人民法院行政审判庭编：《行政执法与行政审判》（总第 55 集），中国法制出版社 2013 年版，第 74—76 页。

039 高校不依法发放奖学金、贷学金、助学金等行为可诉

关键词｜受案范围｜受教育权｜

【链接：最高人民法院法官著述】

高等学校根据国家有关规定分配国家设立的奖学金、贷学金、助学金，是高等学校根据法律法规的授权从事的行为，资金来源于国家公共财政，高等学校受授权和国家委托发放此类资金，也是国家为了履行保护特殊学生群体受教育权利的一种形式，因此，学生申请国家设立的奖学金、贷学金、助学金，高等学校拒绝的，是高等学校侵犯学生财产权的一种行为，学生可以依法以高等学校为被告提起行政诉讼。

——耿宝建：《高等教育行政案件中的司法谦抑》，载中华人民共和国最高人民法院行政审判庭编：《行政执法与行政审判》（总第 55 集），中国法制出版社 2013 年版，第 74 页。

040 高考录取行为的可诉性

关键词｜受案范围｜受教育权｜高考录取行为｜

【链接：最高人民法院法官著述】

目前，全国不少法院均已经成功受理了此类案件，并作出了较好的裁判，取得了较好的效果。但仍然存在一定的不同意见。反对者认为，影响高考学生被招录的原因很多，且高考录取时间很短，录取环节多（涉及高校、招生办、考试院甚至是教育厅等主体），司法审查通常都是事后介入，此时招生已经结束，学生可能已被其他高校录取，已经不能及时给参加高考的学生提供有效的救济。反对者还认为，目前高校招生监察已经形成了比较完善的制度，如果学校不予录取，学生可以寻求行政救济或者行政裁决，可以快速地解决此类纠纷。同时，高等学校的招生具有自主权，有时并不是简单地从高分到低分进行录取，特别是有的招生，尤其是硕士、博士的自主招生，法院很难进行实体审查。因此，法院不宜受理此类案件。

我们认为，司法审查的介入时机和介入程度，与特定领域的公民权利救济体制的完善程度密切相关，也与该领域对公民基本权利的侵犯的可能性紧密相连。而高校招生领域目前存在的侵犯考生受教育权利的情况并不鲜见，招生不公平、不公正、不公开的现象时有发生。在号称“最为公平”的高考制度屡有沦陷的背景下，司法的适度介入，将有助于保障高考招录的规范化和法治化，促进社会的和谐稳定。因此，我们认为，不宜简单否定因违法被侵犯受教育权的考生起诉的权利，也不能简单地将高考招生录取行为排斥在行政诉讼的受案范围之外。但同样鉴于高考招录行为的特殊性和复杂性，人民法院对高考招录行为的司法审查应当是有限度的，要充分尊重高校与教育行政部门的判断，不能简单地以分数作为评判依据。因此，原告的主体资格、诉讼请求的种类、被告的确定以及法院的审理和裁判，也仍有待于各地的审判实践来探索，目前作出统一规定的时间仍不成熟。

——耿宝建：《高等教育行政案件中的司法谦抑》，载中华人民共和国最高人民法院行政审判庭编：《行政执法与行政审判》（总第 55 集），中国法制出版社 2013 年版，第 74—75 页。

041 教育行政部门对适龄儿童入学争议作出的处理决定可诉

关键词｜受案范围｜受教育权｜

【最高人民法院答复】

山东省高级人民法院：

你院《关于学校不接受适龄儿童入学是否可提起行政诉讼的请示》收悉。经研究认为：根据《教育法》第四十二条第（四）项和《未成年人保护法》第四十六条的规定，当事人不服教育行政部门对适龄儿童入学争议作出的行政处理决定，属于行政诉讼法第十一条第二款①规定的受案范围，人民法院应当受理。

——《最高人民法院关于当事人不服教育行政部门对适龄儿童入学争议作出的处理决定可否提起行政诉讼的答复》（1998 年 8 月 21 日，〔1998〕法行字第 7 号）。

【链接：最高人民法院法官著述】

关于受教育权是否纳入行政诉讼法调整的范围问题，我们认为对行政诉讼受案范围不应机械地理解为保护相对人人身权和财产权，根据宪法的规定，受教育权是公民的基本权利。在教育还不很发达的今天，能否平等地接受教育，将对其人身权和财产权产生巨大的影响。同等情况下，能接受高等教育的人会受到社会的良好评价，其就业容易一些，经济收入相对高一些。从这个意义上说，受教育权直接影响人身权和财产权。最高人民法院〔1998〕法行字第 7 号《关于当事人不服教育行政部门对适龄儿童入学争议作出的处理决定可否提起行政诉讼的答复》已明确将公民的受教育权列为行政诉讼受案范围，即公民的受教育权受司法权的救济。按照行政复议法第六条第（九）项的规定，保护相对人的受教育权也是行政复议的范围。同理，受教育权应当属于行政诉讼受案范围。

——王达：《普通债权人行政诉讼原告资格的特定情形——对“法律上利害关系”的理解》，载最高人民法院行政审判庭编：《行政审判指导》（总第 6 辑），人民法院出版社 2007 年版，第 100 页。

042 村民对乡（镇）人民政府就村民待遇问题的处理行为可以提起行政诉讼

关键词 | 受案范围 | 村民待遇 | 不履行法定职责 |

---

① 现行行政诉讼法第十二条第二款。——编者注

【最高人民法院答复】

陕西省高级人民法院：

你院《关于杨红艳、宋竞媛及宁多莲诉宝鸡市渭滨区神农镇人民政府有关村民待遇案适用法律的请示》收悉。经研究，原则同意你院审判委员会第一种意见，即：

根据《中华人民共和国地方各级人民代表大会和地方各级人民政府组织法》第六十一条和《中华人民共和国妇女权益保障法》第三十条规定，以及《陕西省实施〈中华人民共和国妇女权益保障法〉办法》第三十五条的规定，乡（镇）人民政府负有保障公民的人身权利、民主权利和其他权利及妇女合法权益的职责。杨红艳、宋竞媛、宁多莲等认为其合法权益受到侵犯，请求镇政府予以处理，符合上述规定的精神。

请示所涉及的具体案件，请你院依法处理。

——《最高人民法院行政审判庭关于杨红艳、宋竞媛及宁多莲诉宝鸡市渭滨区神农镇人民政府有关村民待遇案适用法律的请示的答复》（2001 年 11 月 27 日，〔2001〕行他字第 6 号）。

043 乡、镇人民政府不依法履行对村民委员会监督职责的，属于行政诉讼受案范围

关键词｜受案范围｜监督义务｜

【最高人民法院裁判案例】

毛武营诉吉林省长春市二道区人民政府不履行行政职责案［最高人民法院（2016）最高法行申 42 号行政裁定书］

要旨：公民、法人或者其他组织申请行政机关履行保护人身权、财产权等合法权益的法定职责，行政机关拒绝履行或者不予答复的，属于人民法院行政诉讼受案范围。

一、关于乡、镇人民政府不履行监督义务行为的可诉性

2010 年实施的村委会组织法第三十六条规定："村民委员会或者村民委员会成员作出的决定侵害村民合法权益的，受侵害的村民可以申请人民法院予以撤销，责任人依法承担法律责任。村民委员会不依照法律、法规的规定履行法定义务的，

由乡、民族乡、镇的人民政府责令改正。乡、民族乡、镇的人民政府干预依法属于村民自治范围事项的，由上一级人民政府责令改正。”根据上述条文规定，村民委员会成员对村民委员会作出的侵犯村民合法权益的行为有两条救济途径：一是向人民法院提起诉讼，二是由乡、镇人民政府责令改正。这两条途径均是村民依法获得救济的法定渠道，村民可以选择通过诉讼途径解决其与村民委员会之间的侵权纠纷，也可以选择请求乡、镇人民政府行使行政监督权，依法责令村民委员会改正侵权的决定。当村民选择通过行政程序获得救济时，村民一旦向乡、镇人民政府提出行使监督权的申请，有管辖权的乡、镇人民政府即有履行法定监督职责的义务，不履行监督义务，构成不履行法定职责。根据行政诉讼法第十二条第一款第（六）项规定，公民、法人或者其他组织申请行政机关履行保护人身权、财产权等合法权益的法定职责，行政机关拒绝履行或者不予答复的，属于人民法院行政诉讼受案范围，当事人依法提起行政诉讼，人民法院应当立案受理。

——中国裁判文书网，https://wenshu.court.gov.cn/。

044 履行法定职责之诉要审查当事人申请行政机关履行的是否属于其法定职责

关键词｜受案范围｜不履行法定职责｜

【最高人民法院裁判案例】

张月仙诉太原市人民政府不履行法定职责案［最高人民法院（2018）最高法行申906号行政裁定书］

要旨：在一个行政机关明显不具有原告所申请履行的法定职责的情况下，不能因为原告曾经提出过申请并且行政机关拒绝履行或者不予答复而就此拥有了诉权。

再审申请人并非直接起诉居民委员会，而是以太原市政府为被告，请求人民法院判令太原市政府履行保护公民人身权财产权、保护妇女男女平等的法定职责，具体内容是，由太原市政府责令武家庄居委会给其补发被取消了的一切村民福利。再审申请人提起诉讼的主要依据是行政诉讼法第十二条第一款第（六）项。该项规定，“申请行政机关履行保护人身权、财产权等合法权益的法定职责，行政机关拒绝履行或者不予答复的”。对于这类履行法定职责之诉而言，不仅仅要看当事人是否向行政机关提出过申请、行政机关是否拒绝履行或者不予答复，更要看当事人申请行政机关履行的是否属于该行政机关的法定职责。再审申请人主张，地方各级人民代表大会和地方各级人民政府组织法第五十九条第（六）项、第（九）项规定了县级以上地方各级人民政府有保护公民财产权、人身权，保障宪法和法律赋予妇女的男女平等权利的法定职责。但是，由哪一级政府履行、如何履行这些法定职责，需要法律、法规或者规章的具体规定。就各级人民政府与居民委员会的关系而言，城市居民委员会组织法只是在第二条第二款规定："不设区的市、市辖区的人民政府或者它的派出机关对居民委员会的工作给予指导、支持和帮助。"第二十条规定："市、市辖区的人民政府的有关部门，可以对居民委员会有关的下属委员会进行业务指导。"这些指导、支持、帮助等行为，在性质上属于行政指导。通常情况下，行政指导因其不具有羁束力和强制力，不能成为撤销之诉的对象。基于同样的道理，也不能通过提起一个履行法定职责之诉，要求判令行政机关履行行政指导职责，因为，履行法定职责之诉要求作出的行为必须是一个法律行为，但行政指导显然并不属于这样一种旨在设定某种法律后果的个别调整。对于本案来讲，更为关键的是，该法并没有将针对居民委员会的行政指导职责赋予像太原市政府这样的设区的市政府，更没有规定设区的市政府有直接责令居民委员会调整其成员福利待遇的法定职责。在一个行政机关明显不具有原告所申请履行的法定职责的情况下，不能因为原告曾经提出过申请并且行政机关拒绝履行或者不予答复而就此拥有了诉权。针对一个明显没有管辖权的行政机关提起履行职责之诉，属于不符合法定起诉条件，人民法院应当不予立案或者裁定驳回起诉。

——中国裁判文书网，https://wenshu.court.gov.cn/。

045 建设行政主管部门对集体土地住宅小区颁发验收合格证行为可诉

关键词 | 受案范围 | 行政证明 |

【最高人民法院公报案例】

夏善荣诉徐州市建设局行政证明纠纷案

要旨：(1)建设行政主管部门对在集体土地上建造的住宅小区组织竣工综合验收并颁发验收合格证，不违背《城市房地产开发经营管理条例》关于"房地产开发项目竣工，经验收合格后，方可交付使用"的立法原意，是依职权实施的行政行为。该行为直接影响到住宅小区居民的利益，属可诉的行政行为。

(2)建设行政主管部门是本行政区域内住宅小区竣工综合验收的组织者和最终审验者,代表国家对住宅小区行使竣工综合验收权力。在竣工综合验收合格后建设行政主管部门颁发的《住宅竣工验收合格证书》,是以政府机关公信力来担保住宅小区的建筑质量达到了可以交付使用的水平。建设行政主管部门在颁发证书前,必须保证证书所证明的每个事实都真实,以免因此破坏政府机关的公信力。如果证书所证明的某一事实是虚假的,建设行政主管部门应当承担审查失职的法律责任。

国务院《城市房地产开发经营管理条例》第十七条规定:“房地产开发项目竣工,经验收合格后,方可交付使用;未经验收或者验收不合格的,不得交付使用。房地产开发项目竣工后,房地产开发企业应当向项目所在地的县级以上地方人民政府房地产开发主管部门提出竣工验收申请。房地产开发主管部门应当自收到竣工验收申请之日起30日内,对涉及公共安全的内容,组织工程质量监督、规划、消防、人防等有关部门或者单位进行验收。”建设部《城市住宅小区竣工综合验收管理办法》第三条第三款规定:“城市人民政府建设行政主管部门负责组织实施本行政区域内城市住宅小区竣工综合验收工作。”现行法律、法规和规章虽然规定建设行政主管部门负责本行政区域内城市住宅小区的组织竣工综合验收工作,但建设行政主管部门对建设在集体土地上的住宅小区组织竣工综合验收,也不违背“房地产开发项目竣工,经验收合格后,方可交付使用”的立法原意。无论世纪花园住宅小区所在的土地是国有还是集体所有,原审被上诉人徐州市建设局都必须依其享有的行政职权,才能对该住宅小区组织竣工综合验收。其在竣工综合验收后颁发15号验收合格证,直接影响到世纪花园住宅小区居民的利益,属可诉的行政行为。原审第三人恒信房产公司认为徐州市建设局对世纪花园颁发验收合格证的行为不属于行政诉讼受案范围,理由不能成立。

——《中华人民共和国最高人民法院公报》2006年第9期。

046 教育行政主管部门出具介绍信的行为对行政相对人的权利义务产生实际影响的可诉

关键词｜受案范围｜出具介绍信｜行政证明｜

【最高人民法院答复】

辽宁省高级人民法院：

你院《关于大连市教育局出具介绍信的行为是否为具体行政行为的疑请报告》收悉。经研究，答复如下：

教育行政主管部门出具介绍信的行为对行政相对人的权利义务产生实际影响的，属于可诉的具体行政行为。

——《最高人民法院关于教育行政主管部门出具介绍信的行为是否属于可诉具体行政行为请示的答复》（2003年11月26日，〔2003〕行他字第17号）。

【链接：最高人民法院法官著述】

证明行为是指行政机关或法律、法规授权的组织，以国家的名义证实某种法律状态存在的行为。行政机关的证明行为，在理论上往往被界定为准法律行为。最高人民法院作出的〔2003〕行他字第17号《关于教育行政主管部门出具介绍信的行为是否属于可诉具体行政行为请示的答复》指出"教育行政主管部门出具介绍信的行为对行政相对人的权利义务产生实际影响的，属于可诉的具体行政行为"。该答复确定了一基本原则：行政机关出具的对当事人的权利义务产生实际影响的介绍信的行为属于可诉的具体行政行为。如果这种影响是间接的，且通过其他具体行政行为对当事人的权利义务不产生直接的实际影响，那么，这种行为属于一种证据或者一种内部行为；如果这种证明行为对当事人的权利义务产生直接的实际影响，那么，这种证明行为就属于可诉的具体行政行为。应当说，出具介绍信的证明行为属于准具体行政行为，准具体行政行为是否可诉关键看是否对当事人的权利义务产生直接的实际影响。

——王达：《行政机关出具介绍信对相对人的权利义务产生影响的行为具有可诉性》，载最高人民法院行政审判庭编：《行政审判指导》（总第1辑），人民法院出版社2004年版，第143—144页。

047 公司登记案件中备案事项的可诉性

关键词｜受案范围｜备案行为｜公司登记｜

【最高人民法院司法文件】

四、备案行为的受理问题

备案申请人或者备案事项涉及的董事、监事、经理、分公司和清算组等备案关系人,认为登记机关公开的备案信息与申请备案事项内容不一致,要求登记机关予以更正,登记机关拒绝更正或者不予答复,因此提起行政诉讼的,人民法院应予受理。

备案申请人以外的人对登记机关的备案事项与备案申请人之间存在争议,要求登记机关变更备案内容,登记机关不予变更,因此提起行政诉讼的,人民法院不予受理,可以告知通过民事诉讼等方式解决。

——《最高人民法院办公厅关于印发〈关于审理公司登记行政案件若干问题的座谈会纪要〉的通知》(2012年3月7日,法办〔2012〕62号)。

048 不服公安机关变更公民姓名行为提起行政诉讼应予受理

关键词 | 受案范围 | 行政登记 |

【最高人民法院答复】

公安部法制司:

你司《征求对〈关于抚养人申请变更子女姓名问题的请示〉意见的函》收悉。经研究认为,公安机关根据户口登记条例的规定变更公民姓名的行为,是其在行政管理活动中行使职权的具体行政行为,公民认为公安机关变更姓名的行为侵犯其合法权益,向人民法院提起行政诉讼的,人民法院应予受理。

——《最高人民法院行政审判庭关于抚养人申请变更子女姓名问题的答复》(1995年8月22日,法行〔1995〕11号)。

【链接:最高人民法院法官著述】

对法律关系的确认可诉,主要限于对人身关系的确认。行政诉讼法实施之初,一般公众遇到此类纠纷,很少想到通过行政诉讼解决。偶有诉讼,法院亦多不受理。直到1995年发生了一起户口登记案件后,情况才开始改观。在该案中,公安机关依某女士的申请为其儿子做了姓名变更登记。但该女士事前未与前夫协商,前夫不服提起诉讼。法院受理后,公安部法制局具函最高人民法院,指出该女士与前夫发生的子女姓名争议,应协商解决;协商不一致的,应通过民事诉讼解决。公安机关可以协商或法院确定的意见再行登记,法院受理该案是错误的。最高人民法院行政庭作出了明确答复,认为公安机关根据户口登记条例的规定变更公民姓名的行为,是其在行政管理活动中行使职权的具体行政行为,公民认为公安机关变更姓名的行为侵犯其合法权益,向人民法院提起行政诉讼的,人民法院应予受理。此后,各类确认人身关系的行政案件,包括姓名登记、身份证登记、收养登记、婚姻登记等,陆续进入法院的大门。

——王振宇:《行政诉讼的诉权保护》,载《人民司法·应用》2010 年第 7 期。

049 残疾人联合会为残疾人补贴培训学费行为具有可诉性

关键词 | 受案范围 | 行政给付 |

【最高人民法院参考案例】

吴建敏诉北京市朝阳区残疾人联合会要求报销培训学费案(行政审判案例第 41 号)

要旨:残疾人联合会补贴残疾人职业技能培训学费的行为是行政行为,属于行政诉讼的受案范围。

依据残疾人保障法、《残疾人就业条例》、《中国残疾人联合会章程》以及《北京市朝阳区残疾人联合会职能配置、内设机构和人员编制规定》的有关规定,朝阳区残联是北京市残疾人联合会的地方组织,是各类残疾人的代表组织、社会福利团体和事业管理机构融为一体的事业团体,具有依照法律、法规、章程或者接受政府委托,开展残疾人工作,动员社会力量,发展残疾人事业的职能。同时,依据《残疾人就业条例》第六条规定,财政部《残疾人就业保障金管理暂行规定》第四条、第六条规定,《暂行办法》[①]第十二条、第十三条规定,区残联具有促进本区残疾人就业,加强残疾人职业培训,对残疾人参加职业技能培训按规定给予学费补贴的审核权,该补贴费在区残联就业保障金中列支。

原告吴建敏参加由区残联举办的职业技能培训并享受学费补贴是其合法权利,同时,区残联为残疾人核定学费补贴数额应依法进行。原告吴建敏系中策北京啤酒有限公司退养职工,与用人单位存在劳动关系,为在职人员。区残联依据《暂

---

① 即《北京市残疾人职业技能培训学费补贴暂行办法》(京残发〔2001〕43 号)。下同。——编者注

行办法》第八条的规定,审核同意给予吴建敏职业技能培训一次性学费补贴 50%,审核行为事实清楚,适用规范性文件并无不当,予以支持。此外,关于原告认为朝阳区残疾人活动中心残疾人职业技能培训科目公示牌公示的内容与原告本次参加的培训没有关联性,展板上记载的内容亦不是被告对残疾人职业技能培训补贴申请作出审核意见的依据。原告所述其实际收入低于北京市最低生活保障线标准以及 2006 年参加培训按学费 90%报销的诉讼意见,均不是区残联审核原告 2007 年 5 月参加培训应予补贴学费数额的法定理由,故对于原告的诉讼意见亦不予采纳。

——中华人民共和国最高人民法院行政审判庭编:《中国行政审判案例》(第 2 卷),中国法制出版社 2011 年版,第 5、6—7 页。

050 行政机关没有依法支付养老保险统筹项目外待遇是否属于行政诉讼受案范围

关键词｜受案范围｜行政给付｜

【最高人民法院裁判案例】

杜三友、李立有、胡高荣、史海斌、成引龙等 804 人诉山西省临汾市人民政府不履行给付待遇案[最高人民法院(2017)最高法行申 3461 号行政裁定书]

要旨:依法支付抚恤金、最低生活保障待遇或者社会保险待遇,是行政机关重要的给付义务,但绝不仅仅是给付义务的全部内容。只要公民、法人或者其他组织具有给付请求权,就可以依法向人民法院提起给付之诉。而这种给付请求权,既有可能来自法律、法规、规章的规定,来自一个行政决定或者一个行政协议的约定,也有可能来自行政机关作出的各种形式的承诺。仅当从任何角度看,给付请求权都显然而明确地不存在,或者不可能属于原告的主观权利时,才可以否定其诉权。

本案的核心争议是,行政机关没有依法支付养老保险统筹项目外待遇是否属于行政诉讼受案范围。一审法院认为:“行政诉讼法第十二条第一款第(十)项规定:‘人民法院受理公民、法人或者其他组织提起的下列诉讼:……(十)认为行政机关没有依法支付抚恤金、最低生活保障待遇或者社会保险待遇的。’杜三友等 804 人要求临汾市政府履行政策性破产企业退休人员基本养老保险统筹项目外待遇给付义务并赔偿损失,不符合上述规定,不属于行政诉讼受案范围。”这是对行政诉讼法相关规定的限缩解释。行政诉讼法第七十三条规定:“人民法院经过审理,查明被告依法负有给付义务的，判决被告履行给付义务。”这是修改后的行政诉讼法确立的一种新的判决方式。《最高人民法院关于适用〈中华人民共和国行政诉讼法〉若干问题的解释》第二条也规定，“具体的诉讼请求”包括请求判决行政机关履行给付义务。依法支付抚恤金、最低生活保障待遇或者社会保险待遇，是行政机关重要的给付义务，但绝不仅仅是给付义务的全部内容。只要公民、法人或者其他组织具有给付请求权，就可以依法向人民法院提起给付之诉。而这种给付请求权，既有可能来自法律、法规、规章的规定，来自一个行政决定或者一个行政协议的约定，也有可能来自行政机关作出的各种形式的承诺。仅当从任何角度看，给付请求权都显然而明确地不存在，或者不可能属于原告的主观权利时，才可以否定其诉权。

——最高人民法院第四巡回法庭编：《最高人民法院第四巡回法庭典型行政案件裁判观点（2017—2018）》，法律出版社2020年版，第25、27页。

051 行政奖励行为的可诉性

关键词 | 受案范围 | 行政奖励 |

【最高人民法院参考案例】

张炽脉、袭爱玲诉浙江省绍兴市人民政府不履行招商引资奖励行政职责案（行政审判案例第56号）

要旨：行政机关的奖励系其应当履行的职责之一，承诺的内容可构成对其履行行为进行合法性审查的规范依据。

由于当事人系在绍政发〔2002〕6号文件内容的基础上达成有关招商引资奖励的一致意思表示，因此，该文件的内容应成为本案审查之依据。首先，除据以确定注册资金数额的验资报告外，该文件并未明确要求提供其他能够证明有关资金数额的材料。鉴于此，如果把“实际到位金额”理解为项目实际投资总额，那么，在“办理程序”中未明确要求提供据以确定项目实际投资总额的相关材料不合常理。因此，上诉人提出的以投资总额作为计奖依据的上诉理由不能成立。其次，由于绍政发〔2002〕6号文件对于实际到位金额的计算应截止于何时并未作出限制，且绍兴市人民政府相关部门为实施该文件而制定的《实施细则》也明确规定：“凡项目规定分期出资的，项目奖金根据实际资金到位情况分批兑现。”因此，本案应以上海茂盛公司实际投入的注册资金总和作为计奖依据。尽管期间上海茂盛公司与其他主体之间发生了一系列的股权转让,但对于奖励设定方绍兴市人民政府而言,上海茂盛公司的股权转让行为对引资目的的实现并无实质影响,故原审法院以股权转让致使计算发生困难为由未将注册资金总和作为计奖依据不当。此外,鉴于上海茂盛公司存在抽逃出资 1.5 亿元的犯罪事实,对该部分资金应从实际到位的注册资金总和中扣除。综上,本案上海茂盛公司实际投入的注册资金总和为 3.3 亿元(即第一期注册资本 1.05 亿元+第二期注册资本 1.05 亿元+第三期注册资本 2.7 亿元-上海茂盛公司抽逃出资的 1.5 亿元)。绍兴市人民政府应给予张炽脉、裘爱玲两人人民币 99 万元的奖励。

——中华人民共和国最高人民法院行政审判庭编:《中国行政审判案例》(第 2 卷),中国法制出版社 2011 年版,第 97、100 页。

黄银友、张希明诉湖北省大冶市人民政府、大冶市保安镇人民政府行政允诺案(行政审判案例第 22 号)

要旨:行政机关为促进辖区经济社会发展而制定的奖励文件,如所含允诺性内容与法律法规不相违背,应视为合法有效。当引资人按照文件规定,通过发挥中介作用客观上促成本地招商引资时,行政允诺关系成立,引资人依法要求兑现相关奖励的权利受法律保护。

大冶市政府制定的《大冶市关于鼓励外商投资的优惠办法》是为了充分调动和发挥社会各方面参与招商引资积极性,实现政府职能和公共利益为目的向不特定相对人发出承诺,在相对人实施某一特定行为后由自己或由自己所属的职能部门给予该相对人物质利益或其他利益的单方意思表示行为。黄银友、张希明在得知尖峰集团对外投资水泥项目信息后,将该信息传递给了保安镇政府,保安镇政府也就上述引资事项作出了奖励承诺。其后二人多次邀请、陪同投资商到保安镇进行考察,并多次前往投资商所在地进行洽谈沟通。由于其与大冶市政府及保安镇政府的共同努力终于促成了尖峰水泥落户到大冶市保安镇。上述事实说明黄银友、张希明在浙江尖锋集团 500 万吨水泥项目落户大冶市保安镇的过程中,实施了招商引资中介行为。大冶市政府、保安镇政府辩称黄银友、张希明不是大冶尖峰水泥项目的引进人,其与黄银友、张希明之间无合法有效的行政允诺关系的理由不能成立,本院不予支持。至于黄银友、张希明要求大冶市政府、保安镇政府支付奖励款数额的确定问题,黄银友、张希明在整个招商引资过程中实施了中介行为,起到了一定作用,但该项目成功引进大冶市保安镇,绝非仅仅是其两人的因素,但两人在招商过程中所起的作用及金额的确定是行政机关的职责,大冶市政府及保安镇政府应根据其制定的《大冶市关于鼓励外商投资的优惠办法》的规定对黄银友、张希明给予兑现奖励。故本院对黄银友、张希明要求大冶市政府、保安镇政府给付奖励款336万元请求不予支持。

——中华人民共和国最高人民法院行政审判庭编：《中国行政审判指导案例》（第1卷），中国法制出版社2010年版，第108、110—111页。

052 收回国有土地使用权行为属于行政诉讼受案范围

关键词｜受案范围｜行政协议｜国有土地使用权出让｜

【最高人民法院答复】

山东省高级人民法院：

你院《关于青岛九方集团有限公司诉海阳市人民政府收回国有土地使用权通知一案法律适用问题的请示》收悉。经研究，答复如下：

同意你院审判委员会少数意见。在国有土地使用权出让合同纠纷中，具有土地行政管理职能的市、县人民政府决定收回国有土地使用权的行为，是单方履行行政职权的行为，对该行为不服提起诉讼的，属于行政诉讼受案范围。

——《最高人民法院关于收回国有土地使用权案件适用法律问题的答复》（2012年12月24日，〔2012〕行他字第10号）。

053 土地储备中心签订土地使用权收购合同不属于行政诉讼受案范围

关键词｜受案范围｜土地使用权｜

【最高人民法院裁判案例】

大连保税区德珑房地产开发有限公司诉大连保税区管理委员会、大连保税区规划和土地房屋局收回国有土地使用权并行政赔偿案［最高人民法院（2015）行监字第1731号行政裁定书］

要旨：土地储备中心根据《土地储备管理办法》第十三条规定，与土地使用权人签订的土地使用权收购合同，属于平等主体之间签订的土地使用权转让民事合同，不属于行政诉讼的受案范围。经仲裁裁决或者民事判决解除土地出让合同后，原土地受让人与涉案土地不再具有利害关系,对行政机关就涉案土地作出的相关行政行为,不具有原告主体资格。原土地受让人不执行生效仲裁裁决或者民事判决,继续占用涉案土地的,不能以土地使用人的身份,取得对行政机关就涉案土地作出的相关行政行为的原告资格。

关于《收地协议》行为性质的问题。本案一审发生在 2015 年 5 月 1 日第十二届全国人民代表大会常务委员会第十一次会议讨论通过的《关于修改〈中华人民共和国行政诉讼法〉的决定》实施之前,关于是否符合立案条件问题,应当适用当时有效的修改前的行政诉讼法。修改前的行政诉讼法第十一条规定:“公民、法人或者其他组织认为具体行政行为侵犯其人身权、财产权的,属于人民法院行政诉讼受案范围。”也就是说,只有行政机关行使行政职权的行为,才属于行政诉讼的受案范围,非行政机关实施的平等主体之间的民事行为,不属于行政诉讼的受案范围。本案中,德珑公司诉保税区管委会、保税区规划房屋局收回土地使用权,而实际上,两行政机关并未作出任何有关收回涉案土地使用权的行政行为。签订《收地协议》的行为,实质是储备中心与唐银公司进行土地和地上构筑物及附属设施转让的民事行为,储备中心并非行政机关,不行使行政职权,转让土地使用权及地上附着物属于平等主体之间的民事交易行为,亦不存在受委托或者经授权行使行政职权的情形,与保税区管委会、保税区规划房屋局的行政职权没有关联性,不能视为两行政机关的行为。因此,德珑公司诉储备中心与唐银公司签订《收地协议》的行为并非行政行为,不属于行政诉讼的受案范围。一、二审裁定驳回德珑公司起诉,并无不当。

——中国裁判文书网,https://wenshu.court.gov.cn/。

054 国有土地使用权拍卖、公告行为的可诉性

关键词｜受案范围｜国有土地使用权｜拍卖｜公告｜

【最高人民法院司法文件】

4. 国有土地使用权拍卖行为的可诉性问题

土地管理部门出让国有土地使用权之前作出的拍卖公告等相关拍卖行为属于可诉的行政行为。(45 号)

——《最高人民法院办公厅关于印发〈行政审判办案指南(一)〉的通知》(2014 年 2 月 24 日,法办〔2014〕17 号)。

【最高人民法院答复】

四川省高级人民法院：

你院〔2009〕川行终字第64号《关于土地管理部门出让国有土地使用权以及与之相关的拍卖、拍卖公告等行为性质的请示》收悉。经研究，答复如下：

原则同意你院第二种意见，即土地管理部门出让国有土地使用权之前的拍卖行为以及与之相关的拍卖公告等行为属于行政行为，当事人不服提起行政诉讼的，人民法院应当依法受理。

——《最高人民法院关于土地管理部门出让国有土地使用权之前的拍卖行为以及与之相关的拍卖公告等行为性质的答复》（2009年12月23日，〔2009〕行他字第55号）。

【链接：理解与适用】

由于土地管理部门出让国有土地使用权以及与之相关的拍卖、拍卖公告等行为有可能剥夺行政管理相对人的合法权益，因该类行为是在国有土地使用权出让、转让合同之前作出的，与该类合同的实体内容无直接关系，不依赖国有土地使用权出让、转让合同的效力就可以作出判断。为了及时保护与该类行为有法律上的利害关系人的合法权益，故他们对此类行为不服可以依法提起行政诉讼。

人民法院在审理国有土地使用权出让之前的拍卖行为以及与之相关的拍卖公告等行为的案件时，应当注意以下问题：

1. 有关管理部门决定土地使用权出让、转让、出租、抵押、终止及有关的地上建筑物、其他附着物的登记的行为，亦属于具体行政行为，同样不依赖国有土地使用权出让、转让合同的效力就可以作出判断，故属于可诉的具体行政行为。

2. 如果土地管理部门已经作出拍卖决定，后又公告具体的拍卖时间，前者是一个具体行政行为，后者仅属于通知性质，其依赖前者的存在而存在，原告对前者提起行政诉讼并符合其他起诉条件的，人民法院应当受理。如果仅以后者提起行政诉讼的，应当告知原告变更诉讼对象。

——蔡小雪：《关于土地管理部门出让国有土地使用权以及与之相关的拍卖、拍卖公告等行为的性质问题》，载江必新主编：《行政与执行法律文件解读》（总第63辑），人民法院出版社2010年版，第98—101页。

【最高人民法院参考案例】

湖南泰和集团股份有限公司诉湖南省岳阳市人民政府、岳阳市国土资源局国有建设用地使用权拍卖出让公告案(行政审判案例第 45 号)

要旨:土地管理部门出让国有建设用地使用权之前的拍卖行为以及与之相关的拍卖公告等属于行政行为,具有可诉性。行政相对人或利害关系人对该行为不服提起行政诉讼的,人民法院应当作为行政案件予以受理。

——中华人民共和国最高人民法院行政审判庭编:《中国行政审判案例》(第 2 卷),中国法制出版社 2011 年版,第 27 页。

【链接:最高人民法院法官著述】

行政机关委托拍卖人拍卖当事人的财产,可能会因行政决定错误、拍卖标的错误、拍卖程序违法等多种情形,侵犯当事人或案外人的合法权益。行政强制执行中的委托拍卖行为可能侵犯当事人或者案外人的合法权益,就应当给予当事人或者案外人以救济的权利。参照 2009 年 12 月 23 日〔2009〕行他字第 55 号《最高人民法院关于土地管理部门出让国有土地使用权之前的拍卖行为以及与之相关的拍卖公告等行为性质的答复》关于国有土地使用权出让过程中的拍卖行为属于行政行为并可诉的规定,与该批复类似情况的行政强制执行中的委托拍卖行为以及与执行关联的公告、拍卖、确认等也应当属于可诉的具体行政行为,当事人或者案外人对该委托拍卖行为不服,应当有权向人民法院提起行政诉讼。因拍卖人的行为均属于受行政机关委托实施的行为,当然该诉讼的被告就应当是委托人——实施行政强制执行行为的行政机关,拍卖人则应当以第三人的身份参加诉讼活动。因拍卖人的违法行为造成当事人或者案外人损失的,委托的行政机关应当先向当事人或者案外人承担行政赔偿责任,赔偿之后可以向拍卖人追偿。

——最高人民法院行政强制法研究小组编著:《〈中华人民共和国行政强制法〉条文理解与适用》,人民法院出版社 2011 年版,第 254—255 页。

055 土地行政主管部门拍卖出让国有土地使用权与竞得人签署成交确认书行为可诉

关键词|受案范围|国有土地使用权|

【最高人民法院答复】

山东省高级人民法院：

你院鲁高法函〔2010〕17 号《关于国有土地使用权拍卖后土地管理部门与竞得人签署的成交确认书行为的性质问题的请示》收悉。经研究，答复如下：

土地行政主管部门通过拍卖出让国有建设土地使用权，与竞得人签署成交确认书的行为，属于具体行政行为。当事人不服提起行政诉讼的，人民法院应当依法受理。

——《最高人民法院行政审判庭关于拍卖出让国有建设用地使用权的土地行政主管部门与竞得人签署成交确认书行为的性质问题请示的答复》（2010 年 12 月 21 日，〔2010〕行他字第 191 号）。

【链接：理解与适用】

人民法院在适用〔2010〕行他字第 191 号答复审理诉拍卖出让国有建设用地使用权的土地行政主管部门与竞得人签署成交确认书行为的案件时，应当注意以下问题：

1. 与《最高人民法院关于审理涉及国有土地使用权合同纠纷案件适用法律问题的解释》以及《最高人民法院关于土地管理部门出让国有土地使用权之前的拍卖行为及与之相关的拍卖公告等行为性质的答复》的关系问题。根据《最高人民法院关于审理涉及国有土地使用权合同纠纷案件适用法律问题的解释》，国有土地使用权出让合同在订立、履行过程中的民事纠纷，应按照民事案件受理。根据《最高人民法院关于土地管理部门出让国有土地使用权之前的拍卖行为及与之相关的拍卖公告等行为性质的答复》，土地管理部门出让国有土地使用权之前的拍卖行为以及与之相关的拍卖公告等行为属于行政行为，当事人不服提起行政诉讼的，人民法院应当依法受理。〔2010〕行他字第 191 号答复针对的拍卖出让国有建设用地使用权的土地行政主管部门与竞得人签署成交确认书行为，是拍卖之后、土地使用权出让合同缔结以前的行为，与二者是并列的关系。人民法院在审理诉拍卖出让国有建设用地使用权的土地行政主管部门与竞得人签署成交确认书行为的案件时，不能受《最高人民法院关于审理涉及国有土地使用权合同纠纷案件适用法律问题的解释》的影响，简单地将相关纠纷划归民事案件受理；也不能直接依据〔2009〕行他字第 55 号答复而按照行政案件受理。

……

3.〔2010〕行他字第191号答复虽然只规定了"土地行政主管部门通过拍卖出让国有建设用地使用权,与竞得人签署成交确认书的行为,属于具体行政行为。当事人不服提起行政诉讼的,人民法院应当依法受理"。对于土地行政主管部门依法应当作出确认而不作为的,当事人也可提起行政诉讼。

——邵长茂:《拍卖出让国有土地使用权的土地行政主管部门与竞得人签署成交确认书行为的性质及监督救济方式》,载中华人民共和国最高人民法院行政审判庭编:《行政执法与行政审判》(总第46集),中国法制出版社2011年版,第69—70页。

【最高人民法院参考案例】

莱芜市泰和房地产开发有限公司诉山东省莱芜市国土资源局行政拍卖案(行政审判案例第83号)

要旨:土地行政主管部门通过拍卖出让国有土地使用权,与竞得人签署成交确认书的行为,属于具体行政行为。当事人不服提起行政诉讼的,人民法院应当受理。

《招标拍卖挂牌出让国有建设用地使用权规定》第六条第一款规定:"市、县人民政府国土资源行政主管部门应当按照出让年度计划,会同城市规划等有关部门共同拟订拟招标拍卖挂牌出让地块的出让方案,报经市、县人民政府批准后,由市、县人民政府国土资源行政主管部门组织实施。"本案中,莱芜市国土局作为政府土地管理部门,根据法律规定的权限具有行使出让国有土地使用权的职权,其在国有土地使用权挂牌拍卖后与魏晓东签署了成交确认书,确认魏晓东竞得出让的国有土地使用权。该行政行为作出后对行政相对人的权利义务产生实际影响。因此,本案被诉行为属于行政诉讼的受案范围。

——中华人民共和国最高人民法院行政审判庭编:《中国行政审判案例》(第3卷),中国法制出版社2013年版,第9、12页。

056 征收城市排水设施有偿使用费纠纷为行政案件

关键词｜受案范围｜行政缴费｜

【最高人民法院答复】

湖北省高级人民法院:

你院《关于征收城市排水设施有偿使用费发生的纠纷人民法院可否作为经济

纠纷案件受理的请示报告》收悉。经研究,答复如下:

有关部门根据人民政府的授权,征收城市排水设施使用费与行政管理相对方发生的争议属于行政争议。根据行政诉讼法第十一条①的规定,行政管理相对一方对有关部门作出的处理决定不服,依法向人民法院起诉的,人民法院应作为行政案件受理。行政管理相对一方在法定期限内不起诉,又不履行行政处理决定的,作出行政处理决定的有关部门可依法申请人民法院强制执行。

——《最高人民法院行政审判庭关于征收城市排水设施有偿使用费发生纠纷案件受理的答复意见》(1996年8月24日,〔1996〕法行字第10号)。

057 依行政机关指示实施的辅助行为具有可诉性

关键词｜受案范围｜辅助行为｜

【最高人民法院参考案例】

张敏不服内蒙古自治区通辽市公安局道路交通行政处理案(行政审判案例第125号)

要旨:公民、法人或者其他组织依据行政机关的指示,实施辅助行政机关行使国家行政职权的行为,他人不服起诉的,属行政诉讼受案范围。实施辅助行为造成他人损害的,由作出指示的行政机关承担法律责任。

通辽市公安局交通警察支队工作人员在永安路与昆都仑大街道路口执勤时,扣押唐建东驾驶无号牌货车后,指令唐建东继续驾驶该车向停车场行驶的行为,属于具体行政行为。上诉人认为该具体行政行为侵犯其合法权益,有权提起行政诉讼。由于通辽市公安局交通警察支队具有独立承担责任的资格,故不应将通辽市公安局作为共同被告。

——中华人民共和国最高人民法院行政审判庭编:《中国行政审判案例》(第4卷),中国法制出版社2012年版,第21、22页。

058 与证券交易所监管职能相关的诉讼案件范围

关键词｜受案范围｜证券交易所｜

① 现行行政诉讼法第十二条。——编者注

【最高人民法院司法解释】

二、与证券交易所监管职能相关的诉讼案件包括：

（一）证券交易所根据《中华人民共和国公司法》《中华人民共和国证券法》《中华人民共和国证券投资基金法》《证券交易所管理办法》等法律、法规、规章的规定，对证券发行人及其相关人员、证券交易所会员及其相关人员、证券上市和交易活动作出处理决定引发的诉讼；

（二）证券交易所根据国务院证券监督管理机构的依法授权，对证券发行人及其相关人员、证券交易所会员及其相关人员、证券上市和交易活动作出处理决定引发的诉讼；

（三）证券交易所根据其章程、业务规则、业务合同的规定，对证券发行人及其相关人员、证券交易所会员及其相关人员、证券上市和交易活动作出处理决定引发的诉讼；

（四）证券交易所在履行监管职能过程中引发的其他诉讼。

三、投资者对证券交易所履行监管职责过程中对证券发行人及其相关人员、证券交易所会员及其相关人员、证券上市和交易活动作出的不直接涉及投资者利益的行为提起的诉讼，人民法院不予受理。

——《最高人民法院关于对与证券交易所监管职能相关的诉讼案件管辖与受理问题的规定》（2005年1月31日，法释〔2005〕1号；2021年1月1日，经法释〔2020〕20号修正）。

三、否定范围

（一）国防、外交行为

059 国防、外交等国家行为的认定

关键词 | 受案范围 | 国家行为 | 国防、外交 | 紧急状态 |

【最高人民法院司法解释】

第二条第一款 行政诉讼法第十三条第一项规定的“国家行为”，是指国务院、中央军事委员会、国防部、外交部等根据宪法和法律的授权，以国家的名义实施的有关国防和外交事务的行为，以及经宪法和法律授权的国家机关宣布紧急状态等行为。

——《最高人民法院关于适用〈中华人民共和国行政诉讼法〉的解释》（2018年2月8日，法释〔2018〕1号）。

【链接：理解与适用】

国防、外交行为等国家行为不可诉，主要是指发布军事演习、实行战争总动员决定等行为本身不可诉，并不代表与之相关的行政行为都不可诉。例如，军事演习结束后，如果因军事演习涉及征用土地补偿的，根据修改后的行政诉讼法第十二条第一款第（五）项的规定，对行政机关为配合军演作出的征用土地补偿决定不服的，依法属于行政诉讼受案范围。被征用土地的当事人因为国防、外交等国家行为使自身权益受到了损害，作出了牺牲，理应得到相应补偿。对地方政府作出的补偿决定是否合法进行司法审查，有利于促进地方政府依法公正作出补偿决定。人民法院不得以征用土地系为了军事演习，属于国防行为为由，对就征用土地补偿决定提起的行政诉讼不予立案或者裁定驳回起诉。

——最高人民法院行政审判庭编著：《最高人民法院行政诉讼法司法解释理解与适用》（上），人民法院出版社2018年版，第59页。

【链接：最高人民法院法官著述】

在把握是否属于国家行为时，应当注意两点：一是并非所有与国防、外交有关的行为都是国家行为。国家行为也并非仅限于与国防、外交有关的行为，更不是说，行政相对人对外交组织、国防部门的职权都无权提起行政诉讼。判断一个行为是否国家行为，主要应看这个行为是否以政治上的利益为目的，是否涉及国家主权的运用。二是国家行为不一定是中央一级的国家机关作出的，关键是要看是否以国家名义作出。例如，根据国防法的规定，地方各级人民政府和驻地军事机关根据需要可以召开军地联席会议，协调解决本行政区域内有关国防事务的问题。上述机关如果作出行为即属于国家行为，因为是以国家而非以地方名义作出的行为。

——梁凤云：《行政诉讼法司法解释讲义》，人民法院出版社 2018 年版，第 31 页。

（二）发布决定、命令行为

060 具有普遍约束力的决定、命令的认定

关键词｜受案范围｜具有普遍约束力｜决定、命令｜不特定对象｜反复适用｜

【最高人民法院司法解释】

第二条第二款　行政诉讼法第十三条第二项规定的“具有普遍约束力的决定、命令”，是指行政机关针对不特定对象发布的能反复适用的规范性文件。

——《最高人民法院关于适用〈中华人民共和国行政诉讼法〉的解释》（2018 年 2 月 8 日，法释〔2018〕1 号）。

【链接：理解与适用】

掌握本条第二款精神，应当注意以下几个问题：一是这里所说的不特定对象，强调的是对象的不确定性，而不在乎对象的多少，不能认为涉及人数众多的行为具有普遍约束力，涉及人数少的行为就不具有普遍约束力；二是这里所说的反复适用应当理解为对事项或事件的反复适用，而不应理解为对人的反复适用；三是有时一个行政决定中可能包含几个行政行为，其中可能部分具有普遍约束力，部分不具有

普遍约束力,实践中需要认真鉴别区分。

——最高人民法院行政审判庭编著:《最高人民法院行政诉讼法司法解释理解与适用》(上),人民法院出版社 2018 年版,第 59 页。

【最高人民法院裁判案例】

王秀云诉辽宁省阜新市太平区人民政府给付取暖费案[最高人民法院(2015)行监字第 960 号行政裁定书]

要旨:行政机关针对特定的人和特定事项作出的、具有直接执行效力、不能反复适用的行政行为,属于人民法院行政诉讼的受案范围;行政机关制定、发布具有普遍约束力的决定、命令等行政规范性文件的行为,不属于人民法院行政诉讼的受案范围。

修改前的行政诉讼法第十二条第(二)项规定,公民、法人或者其他组织对行政机关制定、发布行政法规、规章或者其他具有普遍约束力的决定、命令的行为提起行政诉讼的,人民法院不予受理。《最高人民法院关于执行〈中华人民共和国行政诉讼法〉若干问题的解释》第一条第二款第(一)项也规定,公民、法人或者其他组织对行政诉讼法第十二条规定的行为不服提起诉讼的,不属于人民法院行政诉讼的受案范围。根据上述规定,行政机关针对特定的人和特定事项作出的、具有直接执行效力、不能反复适用的行政行为,属于人民法院行政诉讼的受案范围;行政机关制定、发布具有普遍约束力的决定、命令等行政规范性文件的行为,不属于人民法院行政诉讼的受案范围。阜太政发〔2001〕10 号文件,是太平区政府制定、发布的普遍适用于辖区内财政全额拨款的机关、团体和事业单位中有关人员取暖费补贴的实施意见,该文件的实施对象不特定,并可以反复适用,属于行政机关制定行政规范性文件的行为,不属于人民法院行政诉讼的受案范围。

——中国裁判文书网,https://wenshu.court.gov.cn/。

061 规范性文件包含行政行为内容时具有可诉性

关键词|受案范围|规范性文件|

【最高人民法院司法文件】

2. 规范性文件包含具体行政行为内容时的可诉性问题

行政机关发布的具有普遍约束力的规范性文件不可诉,但包含具体行政行为内容的，该部分内容具有可诉性。

——《最高人民法院办公厅关于印发〈行政审判办案指南（一）〉的通知》（2014年2月24日，法办〔2014〕17号）。

【最高人民法院参考案例】

易泽广诉湖南省株洲县人民政府送电线路建设工程征地拆迁补偿安置决定案（行政审判案例第44号）

要旨：县级人民政府为辖区内特定工程出台的房屋拆迁补偿标准文件，关涉人数固定、范围确定的征地拆迁补偿安置相对人的合法权益，是可诉的具体行政行为。

株洲县人民政府是湖南省送变电建设公司长衡500KV送电线路工程株洲县段建设工程项目征地、拆迁的组织者和实施者，其制定的株县政办发〔2007〕9号《拆迁补偿安置办法》，是针对长衡500KV送电线路工程株洲县段范围内特定的征地对象所制定，具有一定的时限性，也不能反复适用，属于超越法定职权的具体行政行为。

——中华人民共和国最高人民法院行政审判庭编：《中国行政审判案例》（第2卷），中国法制出版社2011年版，第22、23页。

062 司法局"对年满70岁的律师不再注册"的规定系抽象行政行为

关键词｜受案范围｜抽象行政行为｜

【最高人民法院裁判案例】

王明三诉重庆市司法局不予执业注册上诉案［最高人民法院（2000）行终字第1号行政裁定书］

要旨：司法局"对年满70岁的律师不再注册"的规定，是具有普遍效力的规范性文件，系抽象行政行为，不属于行政诉讼受案范围。

上诉人王明三、田有丰、周麟惠将申请律师注册的材料交到所在重庆学苑律师事务所后，该所并未按照申请注册的程序向重庆市司法局上报，上诉人称重庆学苑律师事务所将材料上报及被上诉人未给予注册的事实并不存在。被上诉人重庆市司法局在未接到上诉人注册申请的情况下，不发生未履行律师注册法定职责问题，上诉人请求重庆市司法局履行律师注册法定职责缺乏事实依据。重庆市司法局

〔1999〕渝司办 54 号文件中关于“对年满 70 岁的律师不再注册”的条款，是依据司法部《律师执业证管理办法》和司法部司复〔1994〕4 号《关于律师执业年龄问题的批复》制定的，重庆市司法局〔1999〕渝司办 54 号文件以及该文件中有关“对年满70 岁的律师不再注册”的规定，均是具有普遍效力的规范性文件，属于抽象行政行为。上诉人关于重庆市司法局〔1999〕渝司办 54 号文件中有关“对年满 70 岁的律师不再注册”的规定是具体行政行为的上诉理由不能成立。上诉人对抽象行政行为提起诉讼，不符合行政诉讼法的规定。

——最高人民法院行政审判庭编：《最高人民法院最新行政裁判汇编》，人民法院出版社 2006 年版，第 680 页。

063 规划和规划行为是否可诉

关键词｜受案范围｜抽象行政行为｜规划｜

【最高人民法院公报案例】

湛江喜强工业气体有限公司与遂溪县住房和城乡规划建设局等编制并批准土地利用总体规划纠纷案［最高人民法院（2019）最高法行申 10407 号行政裁定书］

要旨：就城镇总体规划可诉性而言，总体规划内容实施尚有不确定性，且需借助详细规划尤其是修建性详细规划才能实施，更需要通过“一书两证”才能得以具体化。当事人认为总体规划内容侵犯其合法权益的，应当通过对实施总体规划的详细规划尤其是修建性详细规划的异议程序以及对颁发或不颁发“一书两证”行政行为的司法审查程序寻求救济。对总体规划的监督既可以通过城乡规划法第十六条等规定的民主审议程序进行，也可以通过专业判断和公众参与等程序进行，但不宜通过司法审查程序监督。

城乡规划法第二条、第五条规定，城市规划、镇规划分为总体规划和详细规划。详细规划分为控制性详细规划和修建性详细规划。其中，城市总体规划是依据城市社会经济发展的战略对一定时期的城市性质、发展规模、土地利用、空间布局以及各项城市基础设施所做的综合部署和空间安排，是城市建设和发展的总体部署和总纲，具有综合性、战略性、政策性、长期性和指导性。城市总体规划编制主要考虑当地的社会经济发展情况、自然条件、资源条件、历史背景、现状特点，统筹兼顾、综合协调，属于公共政策和规范制定范畴，具有抽象性和实施中的不确定性，其法律意义在于对下一层次的规划权力进行限制，而不是对具体的建设项目进行直接约束。总体规划的内容,需要通过控制性详细规划和修建性详细规划来加以落实和具体化,并通过对建设项目颁发“一书两证”(即建设项目选址意见书、建设用地规划许可证和建设工程规划许可证)等行政许可决定才能得以具体化。而控制性详细规划即为城市总体规划在城市局部地区的解释与深化,确定局部地区建设用地中可开发地块的土地使用性质、开发强度等控制指标以及道路和市政规划控制要求的空间安排,是城市总体规划与土地开发的桥梁,是行政权对建设项目管理的直接依据。修建性详细规划则是依据控制性详细规划确定的指标,对将要进行建设的地区,编制的具体的、操作性的规划,作为各项建筑和工程设施设计和施工的依据,更是颁发“一书两证”和规划管理的依据。因此,就总体规划可诉性而言,总体规划内容实施尚有不确定性,且需借助详细规划尤其是修建性详细规划才能实施,更需要通过“一书两证”才能得以具体化。当事人认为总体规划内容侵犯其合法权益的,应当通过对实施总体规划的详细规划尤其是修建性详细规划的异议程序以及对颁发或不颁发“一书两证”行政行为的司法审查程序寻求救济。对总体规划的监督既可以通过城乡规划法第十六条等规定的民主审议程序进行,也可以通过专业判断和公众参与等程序进行,但不宜通过司法审查程序监督。

编制和修改详细规划,的确可能影响土地权利人对土地的开发和利用,甚至是减损权利人已经依法取得的土地利用权和开发权。尤其是控制性详细规划一经批准,就形成约束力,是规划管理的最直接依据,是国有土地使用权出让、开发和建设管理的法定前置条件,城乡规划部门必须严格按规划实施管理,建设单位必须严格按规划实施建设,各相关利益群体必须服从规划管理。因此,对地方政府编制和修改详细规划行为亦有司法救济的必要。但与仅设定特定行政管理相对人权利义务的传统行政行为不同,详细规划涉及局部地区建设用地中可大批量开发地块总体空间安排且具有高度政策性和公众参与性,司法机关对详细规划行为受理和合法性审查应当审慎。特定地块权利人一般并不宜对详细规划的整体内容提起诉讼。权利人对与其土地利用权有直接利害关系的内容提起诉讼的,人民法院仍应结合详细规划实施情况、权利人或者利益相对方申请许可情况以及是否已经依据详细规划取得“一书两证”情况等综合判定被诉行政行为、起诉时机以及具体的审查内容和审查标准。只有在详细规划已经直接限制当事人权利且无须通过“一书两证”行为即能得出明确限制结论的情况下,才宜考虑承认修建性详细规划中有关特定地块规划限制内容的可诉性;相对人还应明确具体的诉讼请求。对详细规划内容的合法性审查,应尊重总体规划控制和专业判断,尊重行政机关的政策调整,并考虑详细规划的稳定性;合法性审查更多体现在程序合法性审查。规划行政主管部门已经依据详细规划作出“一书两证”行为的，当事人应直接对颁发“一书两证”行为申请行政复议或提起行政诉讼，或者对规划行政主管部门不依法履行颁发“一书两证”行政许可职责的行为申请行政复议或提起行政诉讼，而不宜再对详细规划的内容申请复议和诉讼。当事人认为详细规划侵犯其土地利用权的，可以根据行政复议法第七条、行政诉讼法第五十三条等规定在对“一书两证”行为引发的复议和诉讼案件中，一并请求对详细规划进行审查，以维护合法权益。详细规划的编制和修改给权利人已经取得的权利造成损失的，权利人还可依据城乡规划法第五十条规定精神，直接诉请相关主体依法补偿损失。

总之，根据行政诉讼法第十三条规定以及《最高人民法院关于适用〈中华人民共和国行政诉讼法〉的解释》第二条第二款规定，人民法院不受理公民、法人或者其他组织对行政机关制定、发布的具有普遍约束力的决定、命令提起的诉讼，城市总体规划和镇总体规划，不应纳入行政诉讼受案范围，以避免现行法律制度框架下原告资格、起诉期限、合法性审查标准和审查强度、既判力范围等方面的冲突。

——《中华人民共和国最高人民法院公报》2022 年第 3 期。

【最高人民法院裁判案例】

艾年俊诉黄石市人民政府规划行政批准案［最高人民法院（2017）最高法行申4731 号行政裁定书］

要旨：某一规划和规划行为是否可诉，依赖于该规划和规划行为是否针对特定人，并对该特定人的权利义务直接产生影响。

一、规划和规划行为的性质

行政规划是指行政主体为实现特定的行政目标而对未来一定时期内拟采取的方法、步骤和措施依法作出的具有约束力的设计与规划。行政规划种类繁多，效力各有不同。某一规划和规划行为是否可诉，依赖于该规划和规划行为是否针对特定人，并对该特定人的权利义务直接产生影响。以城乡规划为例，根据城乡规划法的规定，城乡规划包括编制、审批、实施、修改等不同环节，依据城乡规划法作出的行政处罚、行政许可等具体实施行为，属于可诉的具体行政行为；给当事人造成损失的，应当依法给予补偿或者赔偿。城乡规划的修改行为，如果给被许可人或者利害关系人合法权益造成损失，亦可以对其提起诉讼，请求补偿。但就规划的编制和审批而言，因其属于针对不特定对象作出的面向未来的一般性调整，因此具有抽象行政行为的特征，不能直接对其提起诉讼。本案中，被诉的黄石市政府办公室《关于中窑湾旧城改造等五个项目控制性详细规划的批复》，就属控制性详细规划的审批行为，再审申请人不能重建受损房屋，并非该审批行为所产生的直接法律效果，而是后续的具体规划措施，即城乡规划主管部门不予颁发建设工程规划许可证的具体行政行为所致（事实上，再审申请人也已针对不予颁发建设工程规划许可证先行另案起诉），因此，原审法院裁定驳回其要求撤销规划批复的起诉，并无不当。

二、抽象行政行为与行政规范性文件

再审申请人之所以申请再审，核心理由是因为一审法院认定，"黄石市政府办公室印发的黄政办函〔2004〕64号《关于中窑湾旧城改造等五个项目控制性详细规划的批复》系行政机关针对不特定对象发布的能反复适用的行政规范性文件"，而湖北省人民政府法制办公室《不予受理的决定书》又认定该批复"不属于行政规范性文件"。本院认为，一审法院对于规划批复属于"行政规范性文件"的认定确实有欠斟酌，这也造成与湖北省人民政府法制办公室所作定性的相互矛盾。与行政规范性文件相类似，规划和规划批复同样具有不特定性和可反复适用性，但不能就此将规划和规划批复等同于行政规范性文件。规划和规划批复之所以不可诉，在于它和行政规范性文件一样，都具有"普遍约束"性，而不在于它必须是行政规范性文件本身。因此，尽管湖北省人民政府法制办公室认定规划批复"不属于行政规范性文件"，并不必然导致规划批复因而变得可诉。

——中国裁判文书网，https://wenshu. court. gov. cn/。

（三）奖励、任免行为

064 对行政机关工作人员的奖励、任免等决定的认定

关键词 | 受案范围 | 行政机关工作人员 | 奖励、任免 |

【最高人民法院司法解释】

第二条第三款 行政诉讼法第十三条第三项规定的"对行政机关工作人员的奖惩、任免等决定"，是指行政机关作出的涉及行政机关工作人员公务员权利义务的决定。

——《最高人民法院关于适用〈中华人民共和国行政诉讼法〉的解释》（2018年2月8日，法释〔2018〕1号）。

【链接：理解与适用】

关于如何区分内部行政行为与外部行政行为，我们认为，不能仅看行为的相对人与作出行为的行政机关之间是否有隶属关系。因为许多行政机关可能对其所属工作人员作出一个外部行政行为，如公安机关可能对违反治安管理处罚法的警察给予行政处罚，也有某些行政机关对不具有隶属关系的工作人员作出内部行政行为，如监察机关对其他机关工作人员给予警告等行政处分。因此，根据本款的规定，区分内部行政行为与外部行为主要应看行政行为所涉及的权利义务，是一个普通公民的权利义务，还是行政机关公务员所特有的权利义务，如果是后者，应当认定为内部行政行为。

……

在我国，不仅公务员所属行政机关可以对其作出奖惩、任免等决定，根据行政监察法的规定，监察机关亦可根据其干部管理权限分工，对公务员给予相应行政处分。我们认为，监察机关是行政机关内部的专门监察机关，与其管理的公务员之间仍然属于内部国家职务关系，其对公务员作出的行政处分一般属于内部行政行为，依法不属于行政诉讼受案范围。

——最高人民法院行政审判庭编著：《最高人民法院行政诉讼法司法解释理解与适用》（上），人民法院出版社 2018 年版，第 57—58、59 页。

【链接：最高人民法院法官著述】

对于行政机关针对行政机关工作人员作出的奖惩、任免决定不能作过于宽泛的理解。一是行政诉讼法仅仅就行政机关对行政机关工作人员的奖惩、任免等决定作出了排除规定，本条规定并非对于所谓“特别权力关系”的排除，不宜理解为是关于“特别权力关系”的排除规定。至于是否排除其他涉及“特别权力关系”的行为，需要法律尤其是行政诉讼法作出明确规定。二是对于“行政机关工作人员”不宜作宽泛的理解。行政机关的工作人员包括了公务员（选任制和聘任制）、工勤人员、行政协助人员、临时工人等。其中，只有公务员是依法履行公职、纳入国家行政编制、由国家财政负担工资福利的工作人员。其余人员并不履行行政职务，并非行政诉讼法上的“行政机关的工作人员”。例如，行政机关针对工勤人员作出的辞退决定，不属于此处的内部行为，应当按照劳动法的有关规定寻求救济。三是对于“行政机关对行政机关工作人员的奖惩、任免等决定”的内容应当准确理解。根据立法者的解释，此处的“奖惩、任免等决定”是参考当时的有关国家公务员的法律法规作出的规定。即行政机关对其所属的工作人员作出的警告、记过、撤职、留用察看、开除等纪律处分以及停职检查或者任免等措施。这个范围不可谓不宽泛，显然没有采取学术界所称的“等内说”。可见，立法者所称的上述决定毋宁是涉及公务员权利义务的决定。据此，《行诉解释》规定，本项规定的“对行政机关工作人员的奖惩、任免等决定”，是指行政机关作出的涉及该行政机关工作人员公务员权利义务的决定。

——梁凤云：《行政诉讼法司法解释讲义》，人民法院出版社 2018 年版，第 34—35 页。

065 公务员一次性死亡抚恤金的发放行为（包含作为与不作为），不属于行政诉讼受案范围

关键词 | 受案范围 | 公务员 | 死亡抚恤金 |

【最高人民法院答复】

江西省高级人民法院：

你院〔2015〕赣行他字第 2 号《关于因国家机关工作人员病故引发的不履行抚恤金发放义务诉讼应以谁为被告及市委、市政府联合下发的规范性文件是否可以作为不予发放一次性抚恤金法律依据的请示》收悉。经研究，答复如下：

公务员一次性死亡抚恤金的发放行为（包含作为与不作为），不属于行政诉讼受案范围。

——《最高人民法院关于公务员一次性死亡抚恤金发放行为可诉性问题的答复》（2018 年 7 月 25 日，〔2016〕最高法行他 9 号）。

【最高人民法院裁判案例】

王绪英、张立华、张立勇诉山东省东阿县人民政府行政给付案［最高人民法院（2018）最高法行再 189 号行政裁定书］

要旨：依照公务员法第七十七条第二款“公务员因公致残的，享受国家规定的伤残待遇。公务员因公牺牲、因公死亡或者病故的，其亲属享受国家规定的抚恤和优待”的规定，公务员的亲属享受国家规定的抚恤属于公务员人事管理中的工资福利保险事项，系基于公务员的权利义务而产生。对于行政机关向公务员的亲属发

放死亡一次性抚恤金，亦应属于行政机关作出的涉及公务员权利义务决定的内部行为范畴，由此产生的争议不属于人民法院行政诉讼的受案范围。

本案系因再审申请人王绪英等三人认为再审被申请人东阿县政府依据64号通知规定的标准向其发放国家机关离退休人员死亡一次性抚恤金错误而引发。公民、法人或其他组织的起诉符合法定起诉条件是人民法院对行政案件进行实体审理的基本前提。若不符合法定起诉条件，则人民法院不应立案，已经立案的，应裁定驳回起诉。依照行政诉讼法第四十九条第（四）项的规定，公民、法人或其他组织起诉的事项属于人民法院受案范围是行政诉讼的法定起诉条件之一。行政诉讼法第二条第一款规定：“公民、法人或者其他组织认为行政机关和行政机关工作人员的行政行为侵犯其合法权益，有权依照本法向人民法院提起诉讼。”通常认为，该款规定的行政行为系指行政主体按照行政管理职责权限对外作出直接影响公民、法人或其他组织权利义务的行为。行政诉讼法第十二条第一款第（十）项关于依法支付抚恤金的规定亦应在此意义上予以理解与适用。但再审申请人于2015年7月2日提起本案诉讼，系认为再审被申请人向其发放的抚恤金不符合192号通知关于国家机关离退休人员病故的一次性抚恤金发放标准。行政诉讼法第十三条第（三）项规定，“人民法院不受理公民、法人或者其他组织对下列事项提起的诉讼：……（三）行政机关对行政机关工作人员的奖惩、任免等决定”。当时有效的《最高人民法院关于执行〈中华人民共和国行政诉讼法〉若干问题的解释》第四条对该项的解释为，对行政机关工作人员的奖惩、任免等决定“是指行政机关作出的涉及该行政机关公务员权利义务的决定”。依照公务员法第七十七条第二款“公务员因公致残的，享受国家规定的伤残待遇。公务员因公牺牲、因公死亡或者病故的，其亲属享受国家规定的抚恤和优待”的规定，公务员的亲属享受国家规定的抚恤属于公务员人事管理中的工资福利保险事项，系基于公务员的权利义务而产生。对于行政机关向公务员的亲属发放死亡一次性抚恤金，亦应属于行政机关作出的涉及公务员权利义务决定的内部行为范畴，由此产生的争议不属于人民法院行政诉讼的受案范围。再审申请人的起诉不符合法定起诉条件，一、二审法院予以立案及实体审理构成适用法律错误，且一、二审法院经实体审理后对张明旺生前工作身份所作认定对再审申请人的权利义务产生实际影响，故一、二审判决应予撤销，对再审申请人的起诉应予裁定驳回。在本案诉讼程序终结之后，一、二审判决关于张明旺生前工作身份的认定便失去拘束效力，再审申请人与再审被申请人之间的抚恤金发放争议恢复至再审申请人提起本案诉讼之前的状态，再审申请人可依照公务员法规定的复核、申诉、再申诉等法定途径另行寻求权利救济。

——中国裁判文书网,https://wenshu.court.gov.cn/。

066 人事主管部门对企事业单位工作人员作出开除公职处分行为可诉

关键词｜受案范围｜开除公职｜

【最高人民法院答复】

云南省高级人民法院：

你院〔1997〕云高行请字第2号《关于赵新妹诉剑川县人事局开除公职一案是否属于受案范围的请示报告》收悉。经研究,同意你院倾向性意见。即本案应作为行政案件予以受理。

——《最高人民法院行政审判庭关于开除公职是否属于受案范围请示的答复》(1998年2月11日,〔1997〕行他字第28号)。

【链接：最高人民法院法官著述】

在司法实践中,人事主管部门针对企事业单位的工作人员作出的行政处分决定是否具有可诉性,存在两种不同意见。

一种意见认为,不属于人民法院受案范围。理由是,人事局对企事业单位工作人员作出开除公职的行政处分属于行政诉讼法规定的内部行为,人民法院不应受理。

另一种意见认为,应该属于人民法院的受案范围。理由是,行政诉讼法规定的内部行为,指的是行政机关对行政机关工作人员的奖惩、任免决定,而非企事业单位的职员。作为企事业单位的工作人员,不是行政机关的工作人员。人事局对其作出开除公职的行政处分不属行政诉讼法规定的排除范围,应视为可诉的行政行为。根据行政诉讼法第十二条的规定,人民法院应予受理。

……

最高人民法院支持了第二种意见。理由主要是:其一,行政诉讼法和司法解释认为,所谓内部行为,是指行政机关对其工作人员作出的影响其权利义务关系的决定,并不包括行政机关针对行政机关工作人员之外的公民。其二,人事部门作出的行为具有很强的外部特征,企事业单位的工作人员在事实上处于行政相对人的法律地位。其三,将此类行政案件纳入行政诉讼受案范围有利于保护相关公民在行政诉讼法上的合法权益。

——江必新、梁凤云：《行政诉讼法理论与实务（第三版）》（上），法律出版社2016年版，第435—436页。

067 监察机关作出开除处分行为不属于行政诉讼受案范围

关键词 | 受案范围 | 监察机关 | 开除 |

【最高人民法院答复】

海南省高级人民法院：

你院〔1999〕琼行终字第12号《关于孙德金诉海南省监察厅行政赔偿一案应否驳回上诉的请示报告》收悉。

经研究，原则同意你院审判委员会的意见，即：本案监察机关作出的开除处分行为，不属于人民法院行政诉讼受案范围。

——《最高人民法院对孙德金诉海南省监察厅行政赔偿一案应否驳回上诉的请示的答复》（2000年11月1日，行他〔2000〕3号）。

【链接：最高人民法院法官著述】

在司法实践中，外部行政行为和内部行政行为有时很难划分清楚。例如，某县监察局对该县土地管理局公务员，兼下属土地管理局的某公司经理孙某，作出一个行政处分决定，认定孙某在任公司经理期间有违法行为，并决定没收其违法所得一万元，追缴赃款二万元。该监察局在作出行政处分决定时，没有引用所依据的法律规范，孙某向法院提起行政诉讼。对于孙某的起诉，法院是否应当受理的问题，有两种观点。

一种观点认为，监察局对孙某的处分，是其任公司经理期间的违法行为，作为监察机关，无权对孙某的经营行为作出行政处分。因此，监察局对孙某的行政处分，实质上是一个行政处罚决定，是一个外部行政行为，法院应当受理孙某的起诉。

另一种观点认为，行政监察机关作为政府的一个组成部门，实施的行政处分行为，应当被认为内部行政行为。根据行政监察法的规定，行政监察机关有权对有违法行为的行政机关工作人员作出没收违法所得，追缴非法财物的行政处分决定。该县监察局对作为行政机关人员的孙某，作出没收和追缴的决定，是获得行政监察法授权的内部行政行为。该县监察局在作出行政处分决定时，没有引用规范性依据，只能说明该行政处分决定是一个违法的行政监察行为，并不能改变该行为作为内部行政行为的性质。如果所有违法的监察行为都可诉的话,划分内部行政行为和外部行政行为也就失去了意义。

我们同意第二种观点。值得一提的是,尽管孙某的违法行为是在其任公司经理期间实施的,但监察机关是根据法律的授权将孙某作为行政机关工作人员来对待而作出行政处分,而非将孙某作为行政管理相对人来对待作出行政处分。监察机关实施的没收、追缴的行政处分决定,是行政诉讼法第十二条第(三)项规定的惩罚行为。基于行政诉讼法的规定,作出行政处分行为的行政机关是否获得法律的明确授权,是划分内部行政行为和外部行政行为的一个重要标准。

——蔡小雪主编:《行政审判与行政执法实务指引》,人民法院出版社2009年版,第17页。

068 教师职称评定及批准退休与教育局之间的关系属于行政机关履行内部管理职责的关系

关键词｜受案范围｜职称评定｜批准退休｜

【最高人民法院裁判案例】

谭大荣诉贵州省贵阳市人民政府、贵州省清镇市人民政府、贵州省清镇市教育局请求确认行政行为违法案[最高人民法院(2018)最高法行申1983号行政裁定书]

要旨:当事人因教师职称评审活动与教育主管部门之间形成的关系,属于行政机关履行内部管理职责形成的法律关系,其可依据教师法的规定向有关部门提起申诉,一般不属于行政诉讼的受案范围。

关于谭大荣诉称清镇市教育局1993年不予择优推荐其晋升其小学高级教师职务,2004年不予批准其退休是否属于行政诉讼的受案范围。教师法第三十九条第二款规定:“教师认为当地人民政府有关行政部门侵犯其根据本法规定享有的权利的,可以向同级人民政府或者上一级人民政府有关部门提出申诉,同级人民政府或者上一级人民政府有关部门应当作出处理。”谭大荣因小学高级教师职称评定及批准退休与清镇市教育局之间形成的关系属于行政机关履行内部管理职责形成的法律关系,其可依据教师法的规定向有关部门提起申诉,一般不属于行政诉讼的受案范围。

——中国裁判文书网,https://wenshu.court.gov.cn/。

(四)最终裁决行为

069 法律规定由行政机关最终裁决的行政行为的认定

关键词｜受案范围｜最终裁决｜

【最高人民法院司法解释】

第二条第四款 行政诉讼法第十三条第四项规定的“法律规定由行政机关最终裁决的行政行为”中的“法律”，是指全国人民代表大会及其常务委员会制定、通过的规范性文件。①

——《最高人民法院关于适用〈中华人民共和国行政诉讼法〉的解释》(2018年2月8日，法释〔2018〕1号)。

【链接：理解与适用】

根据本条的解释，行政诉讼法第十三条第(四)项规定中的“法律”是狭义上的法律，即仅限于全国人民代表大会及其常务委员会制定、通过的规范性文件。也就是说，除了全国人民代表大会及其常务委员会以外，其他任何机关都无权设定行政终局裁决权。需要注意的是，拥有终局裁决权的机关并不对所有的事项都拥有终局裁决权，如果拥有终局裁决权的行政机关超出了法律规定的终局裁决权的范围，其所实施的行为就是可诉的。另外，某些行政机关通过行政解释扩大终局裁决的范围也是无效的。

——最高人民法院行政审判庭编著：《最高人民法院行政诉讼法司法解释理解与适用》(上)，人民法院出版社2018年版，第59—60页。

---

① 该类法律包括行政复议法第十四条、第三十条第二款，出境入境管理法第六十四条、第八十一条，审计法第五十三条等。——编者注

（五）其他规定

070 不属于人民法院行政诉讼受案范围的具体规定

关键词｜受案范围｜行政行为｜

【最高人民法院司法解释】

第一条第二款　下列行为不属于人民法院行政诉讼的受案范围：

（一）公安、国家安全等机关依照刑事诉讼法的明确授权实施的行为；

（二）调解行为以及法律规定的仲裁行为；

（三）行政指导行为；

（四）驳回当事人对行政行为提起申诉的重复处理行为；

（五）行政机关作出的不产生外部法律效力的行为；

（六）行政机关为作出行政行为而实施的准备、论证、研究、层报、咨询等过程性行为；

（七）行政机关根据人民法院的生效裁判、协助执行通知书作出的执行行为，但行政机关扩大执行范围或者采取违法方式实施的除外；

（八）上级行政机关基于内部层级监督关系对下级行政机关作出的听取报告、执法检查、督促履责等行为；

（九）行政机关针对信访事项作出的登记、受理、交办、转送、复查、复核意见等行为；

（十）对公民、法人或者其他组织权利义务不产生实际影响的行为。

——《最高人民法院关于适用〈中华人民共和国行政诉讼法〉的解释》（2018年2月8日，法释〔2018〕1号）。

【链接：理解与适用】

理解与适用本条第二款规定的不属于人民法院行政诉讼受案范围的十项内容需要注意以下两个问题：第一，该款列举不属于人民法院行政诉讼受案范围的事项属于不完全列举。主要是就司法实践中比较常见的、争议比较大的事项进行了列举。是否属于可诉的行政行为，应当考察该行政行为是否具有对外性、是否属于行政主体作出的行为、是否具有处分性等。第二，第二款各项之间的关系属于并列关系。在起草本司法解释过程中，有意见提出，本条第二款各项内容之间存在重合或者包含关系。例如，本条第二款中有关不对外发生效力的行为与行政机关作出的过程性行为之间有一定重合。如果单纯从行为的内外部效力来看，两种行为之间具有一定的相似性。但是，不对外发生法律效力的行为属于行政机关的内部程序中没有发生对外效力的行为；过程性行为则是为行政行为的作出而实施的准备、论证、研究、层报、咨询等行为。前者是从法律效果角度定义，后者是从实施目的角度定义。此外，还有意见提出，行政指导行为、重复处理行为与不产生实际影响的行为之间也存在一定的重合。这些行为的共同特征是缺乏行政行为应当具备的“处分性”，但是角度不同。行政指导行为是从尊重当事人意愿角度进行定义，重复处理行为是从“一事不再理”等角度进行定义，不产生实际影响则是从权利义务关系进行定义。这几种行为之间具有一定的相似性，但是角度和侧重点均有所不同。可见，本款内容是从不同角度、侧重不同作出的规定。

——最高人民法院行政审判庭编著：《最高人民法院行政诉讼法司法解释理解与适用》（上），人民法院出版社2018年版，第53页。

1. 刑事司法行为

071 刑事司法行为的认定

关键词｜受案范围｜刑事司法行为｜行政强制措施｜

【链接：最高人民法院法官著述】

刑事司法行为是指公安或者国家安全机关依照刑事诉讼法明确授权实施的行为，是公安或者国家安全机关在刑事案件的立案阶段采取的强制措施。……这里的“明确授权实施的行为”包括两个方面的要求：既要符合授权的范围，也要符合刑事诉讼法的授权目的。

——本书编委会编：《行政诉讼法及司法解释关联理解与适用》（上），中国法制出版社2018年版，第111—112页。

本项规定中的“公安、国家安全等机关”中的“等”是“等外等”，即刑事司法行为的实施机关包括公安机关、国家安全机关、监狱管理部门、海关的缉私部门，等等。

需要注意的是，公安、国家安全机关所实施的查封、扣押或者冻结等强制手段是否属于行政诉讼受案范围应当作全面分析。因为这些行为既在刑事司法中存在，也可以在行政行为中存在。如果在行政行为中存在，就属于一种行政强制措施。要确定此类强制措施的法律性质，必须对公安、国家安全机关实施该行为的过程进行综合、全面的分析。通过分析该行为的过程，最终确定实施该行为的目的。如果一个行为确实属于为追究犯罪而搜集证据，就应当认定该行为属于刑事司法行为。但是，如果通过分析认为公安、国家安全机关实施上述强制措施的目的是干预经济纠纷或者为一方当事人讨债，则该行为属于行政行为的范畴。

——梁凤云：《行政诉讼法司法解释讲义》，人民法院出版社 2018 年版，第 8 页。

072 公安机关刑事侦查行为不属于行政诉讼受案范围

关键词 | 受案范围 | 刑事侦查行为 |

【最高人民法院答复】

江西省高级人民法院：

你院《关于肖钢都、刘永绪不服浏阳市公安局限制人身自由、扣押财产一案的请示》已收悉。经审查现答复如下：

一、在起诉受理阶段，受诉法院在公安机关被诉行为的性质尚不能确定的情况下，作为行政案件受理并无不当。

二、在一审期间，公安机关不举证或所举的证据不能证明其实施的行为系刑事诉讼法明确授权的行为，法院不宜认定其是刑事司法行为。

三、对于被告在一审期间不举证而在二审期间向法庭提供了证据，按照《最高人民法院关于执行〈行政诉讼法〉若干问题的解释》第三十一条的规定，不能作为二审法院撤销或者变更一审裁判的根据。

所涉及的案件如何处理，请你院根据案件的具体情况研究决定。

——《最高人民法院行政审判庭关于如何界定公安机关的行为是刑事侦查行为还是具体行政行为请示的答复意见》（2000 年 4 月 28 日，〔1999〕行他字第 26 号）。

四川省高级人民法院：

你院川法研〔1991〕22号请示收悉。经研究，同意请示中第一种意见。公安机关在侦破刑事案件中，对公民的住宅、人身进行搜查，属于刑事侦查措施。对于刑事侦查措施不服提起诉讼的，不属于行政诉讼调整范围。如果公安机关在采取上述措施时违反法定程序，可以向该公安机关或其上级机关及有关部门反映解决，人民法院不应作为行政案件受理。

——《最高人民法院行政审判庭关于公安机关未具法定立案搜查手续对公民进行住宅人身搜查被搜查人提起诉讼人民法院可否按行政案件受理问题的电话答复》（1991年6月18日）。

【最高人民法院公报案例】

黄梅县振华建材物资总公司不服黄石市公安局扣押财产及侵犯企业财产权行政上诉案

要旨：公安机关以刑事侦查为名，对与案件无关的且明知是相对人的合法财产而予以扣押的，违反了我国刑事诉讼法的规定，相对人对公安机关的该行政行为不服提起行政诉讼的，符合行政诉讼法的受案范围。公安机关的违法行为给相对人造成损害的，相对人有权依照行政诉讼法的规定，依法请求行政机关承担赔偿责任。

上诉人黄石市公安局以张卖席涉嫌诈骗被收容审查，需进行刑事侦查为名，扣押了被上诉人黄梅振华公司所购钢材，其行为无论从事实上或者法律上，均不属于刑事诉讼法所规定的侦查措施。上诉人在对张卖席收容审查的同时，以同一事实和理由扣押被上诉人财产，被上诉人对扣押财产不服依法提起行政诉讼，符合行政诉讼法第十一条第一款第（二）项规定的受案范围。上诉人明知所扣钢材既非赃物，亦非可用以证明所称嫌疑人有罪或无罪的证据，而是被上诉人的合法财产，与其所办案件无关，却继续扣押，拒不返还，并一手操纵被上诉人与无任何经济关系的瑞安生资公司签订经济合同，用被上诉人合法财产为他人还债，违反了刑事诉讼法第八十七条关于“对于扣押的物品、文件、邮件、电报，经查明确实与案件无关的，应当迅速退还原主或者原邮电机关”和公安部《关于公安机关不得非法越权干预经济纠纷案件处理的通知》第二条“对经济纠纷问题，应由有关企事业及其行政主管部门、仲裁机关和人民法院依法处理，公安机关不要去干预，更不允许以查处诈骗等经济犯罪为名，以收审、扣押人质等非法手段去插手经济纠纷问题”的规定；由此给被上诉人造成的经济损失，应当由上诉人依照行政诉讼法第六十七条第一款的规定,承担赔偿责任。

——《中华人民共和国最高人民法院公报》1996 年第 1 期。

张晓华不服磐安县公安局限制人身自由、扣押财产行政案

要旨:公安机关以刑事侦查为名,限制当事人人身自由,扣押其财产,侵犯了当事人人身权利和合法权益,属行政诉讼法的受案范围。当事人的合法权益由于受到行政机关作出的行政行为的侵犯造成损害,依照行政诉讼法的规定,其提出赔偿请求,应予支持。

张晓华与磐安县燃料公司签有联营煤块粉碎加工协议,后因双方为原煤提价问题产生矛盾,致使协议终止履行。张晓华尚欠磐安县燃料公司部分货款属实,应当通过民事程序解决,但上诉人磐安县公安局以刑事侦查为名将被上诉人张晓华强行关押,侵犯了其人身权。嗣后,又强行运走其厂的原煤 2031.38 吨,给磐安县燃料公司抵作货款。该公安局限制张晓华人身自由、扣押财产的行政强制措施,属超越职权的具体行政行为,应予撤销,并赔偿张晓华造成的损失。义乌市人民法院的判决认定事实清楚,适用法律、法规正确,程序合法。

——《中华人民共和国最高人民法院公报》1994 年第 4 期。

073 公安机关扣押案外人财产的行为不属于刑事诉讼法明确授权实施的行为

关键词｜受案范围｜刑事司法行为｜

【最高人民法院裁判案例】

吉林省梅河口市华光土特产品有限责任公司诉吉林省梅河口市公安局扣押财产案[最高人民法院(2007)行提字第 1 号行政判决书]

要旨:刑事诉讼法并未授予公安机关扣押案外人财产的权力,故公安机关扣押案外人财产的行为不属于刑事诉讼法明确授权实施的行为。

《若干解释》第一条第二款第(二)项规定的含义是,公安、国家安全等机关依照刑事诉讼法明确授权实施的行为,不属于人民法院行政诉讼受案范围,而超出刑事诉讼法明确授权作出的行为则属于行政诉讼受案范围。刑事诉讼法并未授予公安机关扣押案外人财产的权力,故公安机关扣押案外人财产的行为不属于《若干解释》第一条第二款第(二)项的情形。

——中华人民共和国最高人民法院行政审判庭编:《行政执法与行政审判》(总第29集),人民法院出版社2008年版,第388—395页。

074 公安机关在刑事侦查活动终结后超越职权作出的没收行为系可诉行政行为

关键词 | 受案范围 | 刑事司法行为 | 没收 |

【最高人民法院参考案例】

杜明星诉湖北省松滋市公安局行政处罚案(行政审判案例第121号)

要旨:公安机关在刑事侦查行为终结后作出的没收非法所得决定,非刑事司法行为,属具体行政行为,相对人不服提起行政诉讼的,人民法院应当受理。

被告松滋市公安局对原告杜明星是以偷税罪[①]立案并进行刑事侦查的。刑事侦查终结后,向松滋市人民检察院提请批准逮捕嫌疑人杜明星,检察院以该案证据不足、事实不清向其制作送达了不批准逮捕决定书,松滋市公安局对原告杜明星变更采取取保候审的强制措施,在取保候审期满后已制作送达解除取保候审的决定书,此时松滋市公安局应按《公安机关办理刑事案件程序规定》第二百六十八条的规定,将杜明星偷税案移送松滋市国税局依法作出行政处理。但被告松滋市公安局作出没收杜明星12万元的非法所得并付诸实施的这一行为,非刑事司法行为,属具体行政行为。且实施该没收非法所得这一具体行政行为时,因松滋市公安局不具备主体资格,其超越职权处罚的行政行为违法,应予撤销。被告应对违法处罚所没收原告的款项予以返还。

——中华人民共和国最高人民法院行政审判庭编:《中国行政审判案例》(第4卷),中国法制出版社2012年版,第1、2页。

① 罪名已调整为逃税罪。——编者注

2. 行政调解行为、仲裁行为

075 行政调解行为、仲裁行为的认定

关键词|受案范围|行政调解|仲裁|

【链接：最高人民法院法官著述】

行政调解是指由国家行政机关主持的，以争议双方自愿为原则，通过行政机关的调停、斡旋等活动，促成争议双方当事人互让以达成协议，从而解决争议的行政活动和方式。……正是由于行政调解体现了双方当事人的意思自治，双方当事人可以不经过调解程序或者不达成调解协议而直接起诉，即使是已经达成了调解协议，该调解协议也不具强制执行力，不具有限制人民法院对相关民事争议再行处理的效力。双方当事人事后对调解协议不满意的，因调解协议的达成是其自主选择的结果，不能以行政机关为被告提起行政诉讼，只能将原始的民事争议交人民法院裁判。

——本书编委会编：《行政诉讼法及司法解释关联理解与适用》（上），中国法制出版社2018年版，第112页。

仲裁行为是指法律规定的仲裁机构以中立者的身份对当事人之间的民事纠纷依照法定的程序作出具有法律效力的裁决的行为。仲裁行为体现了民间性和自治性。对于法律规定的仲裁行为不能提起行政诉讼的理由主要是：其一，仲裁行为的独立性。仲裁行为是由相对独立的仲裁机构作出的，这些独立的仲裁机构独立于行政机关，仲裁行为不具有公权力性质。其二，一般情况下仲裁是由当事人约定的。根据仲裁法的规定，平等主体的公民、法人和其他组织之间发生的合同纠纷和其他财产权益纠纷，可以仲裁。当事人采用仲裁方式解决纠纷，应当双方自愿，达成仲裁协议。没有仲裁协议，一方申请仲裁的，仲裁委员会不予受理。也可以说，仲裁行为是当事人意思自治的体现。其三，仲裁具有最终性。根据仲裁法的规定，仲裁实行一裁终局。裁决作出后，当事人就同一纠纷再申请仲裁或者向人民法院起诉的，仲裁委员会或者人民法院不予受理。

——本书编委会编：《行政诉讼法及司法解释关联理解与适用》（上），中国法制出版社2018年版，第112—113页。

076 违背当事人意愿的“行政调解行为”可诉

关键词｜受案范围｜行政调解｜

【最高人民法院答复】

浙江省高级人民法院：

你院浙高法〔2001〕201 号《关于一方当事人对乡(镇)人民政府就民间纠纷作出的调处决定不服而起诉的,人民法院应以何种案件受理的请示》收悉。经研究,答复如下：

乡(镇)人民政府对民间纠纷作出调处决定,当事人不服并就原争议标的向人民法院起诉的,应当按照《最高人民法院关于如何处理经乡(镇)人民政府调处的民间纠纷的通知》①的规定,由人民法院作为民事案件受理。但乡(镇)人民政府在调解民间纠纷时违背当事人的意愿,强行作出决定,当事人以乡(镇)人民政府为被告诉讼的,由人民法院作为行政案件受理。

——《最高人民法院研究室关于当事人对乡(镇)人民政府就民间纠纷作出的调处决定不服而起诉人民法院应以何种案件受理的复函》(2001 年 2 月 19 日,法研〔2001〕26 号)。

3. 行政指导行为

077 行政指导行为的认定

关键词｜受案范围｜行政指导｜非强制性｜

【链接：最高人民法院法官著述】

行政指导是行政机关在其所管辖事务的范围内,对于特定的公民、企业、社会团体等,通过制定诱导性法规、政策、计划、纲要等规范性文件以及采用具体的示范、建议、劝告、鼓励、提倡、限制等非强制性方式并付之以利益诱导促使相对人自愿作出或不作出某种行为,以实现一定行政目的的行为。行政指导在社会生活中

---

① 已被《最高人民法院关于废止 1980 年 1 月 1 日至 1997 年 6 月 30 日期间发布的部分司法解释和司法解释性质文件(第九批)的决定》(法释〔2013〕2 号)所废止。理由：已被人民调解法代替。——编者注

广泛存在，其显著特征是非强制性，公民、法人和其他组织没有服从的义务，行政主体与相对人之间不产生法定的权利义务关系。一般情况下，行政指导行为是一种柔性的行政活动，行政机关并无形成行政法律关系之意愿。如果行政机关以行政指导的形式，作出了发生行政法律关系的意思表示或者在实施了事实上影响行政相对人的合法权益的行为，那么这种行为就不再是行政指导行为，当事人对此种行为不服，可以向人民法院提起行政诉讼。

——本书编委会编：《行政诉讼法及司法解释关联理解与适用》（上），中国法制出版社 2018 年版，第 113 页。

需要注意的是，如果行政机关以行政指导的形式，作出了发生行政法律关系的意思表示或者在事实上影响了行政相对人的合法权益的行为，那么这种行为就不再是行政指导行为，当事人对此种行为不服，可以向人民法院提起行政诉讼。也就是说，行政机关的行政指导行为并不因为其具有行政指导行为的外观而免除司法审查，是否属于行政诉讼受案范围仍然需要坚持“实际影响”标准。

——梁凤云：《行政诉讼法司法解释讲义》，人民法院出版社 2018 年版，第 12 页。

078 政府运用强制干预性行政手段保证实施的“意见”具有可诉性

关键词｜受案范围｜行政指导行为｜强制干预｜

【最高人民法院公报案例】

点头隆胜石材厂不服福鼎市人民政府行政扶优扶强措施案

要旨：虽具有行政指导的形式，但在事实上影响了行政相对人的合法权益的行为，属于行政诉讼的受案范围。

福鼎市的玄武岩石材企业，其生产用原料都由第三人福建玄武石材有限公司供应，而且供应数量有限。在此情况下，被告福鼎市人民政府以鼎政办〔2001〕14 号文件，批准下发了《工业领导小组办公室关于 2001 年玄武岩石板材加工企业扶优扶强的意见》。该文件虽未给原告点头隆胜石材厂确定权利与义务，但却通过强制干预福建玄武石材有限公司的销售办法，直接影响到点头隆胜石材厂的经营权利。因此对点头隆胜石材厂来说，该文件具有了行政诉讼法第十一条第一款第（三）项规定的“认为行政机关侵犯法律规定的经营自主权的”情形，是行政诉讼法

第二条规定的具体行政行为，属于人民法院行政诉讼的受案范围，点头隆胜石材厂有权提起行政诉讼。人民法院受理此案，符合《若干解释》第一条第一款关于"公民、法人或者其他组织对具有国家行政职权的机关和组织及其工作人员的行政行为不服，依法提起诉讼的，属于人民法院行政诉讼的受案范围"的规定。福鼎市人民政府认为鼎政办〔2001〕14 号文件是行政指导性文件，没有强制性，不是具体行政行为，不是行政诉讼可诉对象的理由，不能成立。

——《中华人民共和国最高人民法院公报》2001 年第 6 期。

4. 重复处理行为

079 重复处理行为的认定

关键词 | 受案范围 | 重复处理行为 | 起诉期限 |

【最高人民法院裁判案例】

王运生诉西安市灞桥区人民政府履行法定职责案［最高人民法院（2020）最高法行申 14294 号行政裁定书］

要旨：行政机关在作出行政行为之后，若利害关系人在法定期限内不提出行政复议、行政诉讼或经上述程序未获支持的，该行为原则上不能随意改变，行政机关亦无须就同一事项再次作出行政行为。在此之后，当事人仍可能向行政机关提出要求重新处理或自行纠正等的申诉请求。对于此类申诉，行政机关可能予以驳回或不予答复，或作出与之前相同的行为，或告知其已处理等，即可视为驳回当事人对行政行为提起申诉的重复处理行为。

《最高人民法院关于适用〈中华人民共和国行政诉讼法〉的解释》第一条第二款规定："下列行为不属于人民法院行政诉讼的受案范围：……（四）驳回当事人对行政行为提起申诉的重复处理行为；……"一般情况下，行政机关在作出行政行为之后，若利害关系人在法定期限内不提出行政复议、行政诉讼或经上述程序未获支持的，该行为原则上不能随意改变，行政机关亦无须就同一事项再次作出行政行为。在此之后，当事人仍可能向行政机关提出要求重新处理或自行纠正等的申诉请求。对于此类申诉，行政机关可能予以驳回或不予答复，或作出与之前相同的行为，或告知其已处理等，即可视为驳回当事人对行政行为提起申诉的重复处理行为。行政机关以已经存在相关行政行为不得随意变更或者撤销为理由，明示或者默示拒绝申请，以及在拒绝的同时增加拒绝理由的，不发生法律效果，未创设新的权利义务，故不属于行政诉讼受案范围。如果允许当事人对以上行为提起行政诉讼，则意味着行政诉讼法上关于起诉期限的规定失去了实际意义；那么当事人可就同一事项不断进行申诉，再通过复议、诉讼重新进入法定救济程序循环往复地要求相关机关予以处理，一定程度上可能会产生权利滥用。

就本案而言，王运生就同一争议事项多次向灞桥区政府提出申请，后又起诉请求灞桥区政府履行法定职责。在第一次王运生提出申请、灞桥区政府作出7号决定后，王运生再次向灞桥区政府提出申请在本质上属于申诉行为。王运生虽并未就灞桥区政府之后的两次回复行为单独提起撤销之诉，而是以其申请被拒绝为由，向法院提起履行法定职责之诉，但其实质仍属于在其申诉被驳回后要求灞桥区政府再次处理同一争议，并以较隐蔽方式规避复议和起诉期限等法律规定。据此，原审法院经审理认定王运生此次申请仍沿袭之前主张，系对同一事项重复提出的申请，遂根据《最高人民法院关于适用〈中华人民共和国行政诉讼法〉的解释》第一条第二款第(四)项的规定，认定王运生的本次起诉不属于行政诉讼受案范围，并无不当。

——中国裁判文书网，https://wenshu.court.gov.cn/。

【链接：最高人民法院法官著述】

重复处理行为是指行政机关作出的没有改变原行政行为确定的法律关系，没有对行政相对人已有的权利义务关系带来新的影响的行为。……重复处理行为不可诉的理由主要是：其一，重复处理行为并未创设新的行政法律关系。例如，行政相对人对行政机关作出的已经生效的行政行为不服，向行政机关申诉。行政机关经审查认为原行政行为正确，通知申请人审查意见，这种行为属于重复处理行为。行政机关在该行为中没有确定行政相对人的权利义务关系，仅仅告知其审查结果，不属于具有法律效果和法律意义的行政行为。凡是行政机关以已经存在相关的行政行为不得随意变更或者撤销为理由，明示或者默示拒绝行政相对人的申请，以及在拒绝的同时增加别的拒绝理由的，均属于重复处理行为，不发生法律效果，亦不属于行政诉讼受案范围。其二，如果允许行政相对人对重复处理行为提起行政诉讼，就意味着行政诉讼法上关于起诉期限的规定失去了实际意义。

——本书编委会编：《行政诉讼法及司法解释关联理解与适用》(上)，中国法制出版社2018年版，第113—114页。

080 行政申诉的重复处理行为不可诉

关键词｜受案范围｜重复处理｜

【最高人民法院公报案例】

杨一民诉成都市政府其他行政纠纷案

要旨：行政机关驳回当事人申诉的信访答复，属于行政机关针对当事人不服行政行为的申诉作出的重复处理行为，未对当事人的权利义务产生新的法律效果，不是行政复议法所规定的可以申请行政复议的行政行为。当事人不服行政机关作出的上述信访答复，申请行政复议，行政复议机关作出不予受理决定并无不当。

根据上述规定，被上诉人成都市政府有权管辖当事人对其下属职能部门作出的具体行政行为不服申请行政复议的案件，对当事人提出的行政复议申请，经审查认为不符合行政复议法规定的受理范围的，有权作出不予受理决定。成都市政府于 2005 年 9 月 9 日收到上诉人杨一民递交的行政复议申请，经审查后以该申请不符合行政复议受理条件为由，作出了不予受理决定书，并于同月 13 日送达杨一民。成都市政府作出该不予受理决定的程序合法。

根据上述法律，可以申请行政复议的具体行政行为，是指行政主体在行使行政职权过程中，针对特定的行政相对人就特定的事项作出的、能够对行政相对人的权利义务产生法律效果的行为。本案中，上诉人杨一民申请行政复议的事项，是成都市教育局办公室针对杨一民的申诉作出的信访答复，该信访答复的内容仅是重申 1992 年原成都市第五中学报送的《关于对我校职工杨一民作除名处理的报告》和原成都市教育委员会于当年作出的《对成都市第五中学〈关于对我校职工杨一民作除名处理的报告〉的批复》均符合川人发〔1984〕4 号文件规定，并没有对杨一民的权利义务产生新的法律效果，属于行政机关对当事人不服具体行政行为提出申诉的重复处理行为，因而不是行政复议法所规定的可以申请行政复议的具体行政行为。

行政复议法规定了申请行政复议的期限，而当事人向有关行政机关申诉并没有相应的时效限制。如果将行政机关驳回当事人对具体行政行为提起的申诉的重复处理行为视为新的具体行政行为，则无论是否在法律规定的期间内，当事人都可以通过申诉启动行政复议程序，即"申诉——驳回申诉的重复处理行为——对该重复处理行为申请行政复议——行政复议或者再申诉"的重复循环，这样必将导致行政复议申请期限失去意义，影响行政行为的稳定性，影响行政机关依法行政。

——《中华人民共和国最高人民法院公报》2007 年第 10 期。

5. 不产生外部效力的行为

081 不产生外部效力的行为的认定

关键词｜受案范围｜不产生外部效力｜内部沟通｜会签意见｜内部报批｜

【链接：最高人民法院法官著述】

对外性是可诉的行政行为的重要特征之一。行政机关在行政程序内部所作的行为，例如行政机关的内部沟通、会签意见、内部报批等行为，并不对外发生法律效力，不对公民、法人或者其他组织合法权益产生影响，因此不属于可诉的行为。

——本书编委会编：《行政诉讼法及司法解释关联理解与适用》（上），中国法制出版社2018年版，第114页。

082 会议纪要的可诉性

关键词｜受案范围｜会议纪要｜

【最高人民法院司法文件】

1. 会议纪要的可诉性问题

行政机关的内部会议纪要不可诉。但其直接对公民、法人或者其他组织的权利义务产生实际影响，且通过送达等途径外化的，属于可诉的具体行政行为。（1号）

——《最高人民法院办公厅关于印发〈行政审判办案指南（一）〉的通知》（2014年2月24日，法办〔2014〕17号）。

【最高人民法院公报案例】

吉德仁等诉盐城市人民政府行政决定案

要旨：《会议纪要》对当事人合法权益造成了实际的影响，是可诉行政行为。

所谓行政指导行为，是指行政机关在进行行政管理的过程中，所作出的具有咨询、建议、训导等性质的行为，不具有行政强制执行力。而被上诉人盐城市人民政府《会议纪要》中有关公交车辆在规划区免交规费的规定，是明确要求必须执行的，因此，盐城市人民政府认为该行为属行政指导行为没有法律依据。该项免交规费的规定,是针对公交总公司这一特定的主体并就特定的事项即公交总公司在规划区内开通的线路是否要缴纳交通规费所作出的决定,《会议纪要》的上述内容实际上已直接给予了公交总公司在规划区内免交交通规费的利益,不应认定为抽象行政行为。同时,由于该《会议纪要》是赋予一方当事人权利的行为,公交总公司作为受益人也参加了会议,因此《会议纪要》虽未向利益相对方直接送达,但《会议纪要》的相关内容在其后已经得到执行,城区交通局已将无法对公交总公司进行行政管理的原因及《会议纪要》的内容书面告知了吉德仁等人,因此应当认定盐城市政府在《会议纪要》中作出的有关公交车辆在规划区免征规费的行为是一种可诉的具体行政行为。

——《中华人民共和国最高人民法院公报》2003 年第 4 期。

【最高人民法院裁判案例】

王秀云诉辽宁省阜新市太平区人民政府给付取暖费案[最高人民法院(2015)行监字第 960 号行政裁定书]

要旨:取暖费报销事宜的会议纪要属于行政机关的内部行政行为,不属于人民法院行政诉讼的受案范围。

《最高人民法院关于执行〈中华人民共和国行政诉讼法〉若干问题的解释》第一条第二款第(六)项规定,公民、法人或者其他组织不服对其权利义务不产生实际影响的行为提起行政诉讼的,不属于人民法院行政诉讼的受案范围。太平区政府于 2009 年 12 月 25 日召开区长办公会议,对太平区机关和财政全额拨款事业单位取暖费补贴报销事宜进行了专题研究,并形成了被诉的关于取暖费报销事宜的会议纪要。该会议纪要是制定、发布有关取暖费报销事宜行政规范性文件的内部程序性文件,未对外发生法律效力,对王秀云的权利义务没有产生实际影响。王秀云报销取暖费相关权利义务实际上是受到了太平区政府于 2001 年 10 月 29 日制定、发布,并发生法律效力的阜太政发〔2001〕10 号文件的影响。据此,一、二审法院认为取暖费报销事宜的会议纪要属于行政机关的内部行政行为,不属于人民法院行政诉讼的受案范围,对王秀云的该项诉讼请求裁定不予立案受理,亦无不当。

——中国裁判文书网,https://wenshu. court. gov. cn/。

【最高人民法院参考案例】

马应堂诉宁夏回族自治区人力资源和社会保障厅、宁夏回族自治区教育厅、宁夏回族自治区同心县人民政府会议纪要案(行政审判案例第124号)

要旨:对相对人权利义务直接发生法律效力的会议纪要属于可诉的行政行为。

——中华人民共和国最高人民法院行政审判庭编:《中国行政审判案例》(第4卷),中国法制出版社2012年版,第17页。

延安宏盛建筑工程有限责任公司诉陕西省延安市安全生产监督管理局生产责任事故批复案(行政审判案例第1号)

要旨:按照行政诉讼法的规定,作为内部行政行为的批复不可诉,但内部行政行为通过行政机关的职权行为外化后,则可以纳入行政诉讼的受案范围。

被诉延市安监发〔2008〕16号《关于子长县"10·21"建筑工地塔式起重机倒塌事故调查报告的批复》虽未由上诉人延安市安监局正式给宏盛公司送达,但作为事故调查成员单位之一的子长县监察局将批复作为谈话内容告知被上诉人宏盛公司,并送达了复印件,已将批复的内容外化,而该批复中将宏盛公司列为责任单位,并要求给予处罚,为被上诉人设定了一定的义务,该批复与被上诉人有利害关系,且陕西省安全生产监督管理局复议决定亦告知宏盛公司可以提起行政诉讼,所以一审法院受理被上诉人宏盛公司的起诉正确,上诉人延安市安监局称该批复属内部批复,不对被上诉人宏盛公司产生法律效力,本案不属人民法院受案范围的上诉理由不能成立。本案事故调查中,技术组给调查组出具的事故分析报告中明确指出"该塔吊是否存在质量问题还有待于司法鉴定",被上诉人也申请对塔吊的产品质量进行司法鉴定,在未按照《生产安全事故报告和调查处理条例》第二十七条"事故调查中需要进行技术鉴定的,事故调查组应当委托具有国家规定资质的单位进行技术鉴定。必要时,事故调查组可以直接组织专家进行技术鉴定"的规定进行鉴定,且没有任何有效证据排除出事塔吊产品质量问题的情况下,上诉人即作出批复,对事故原因、责任等进行了分析、认定,属事实不清,故一审判决认为事故批复未能全面查清原因,从而撤销批复中对事故原因的分析、事故性质和事故责任的认定正确,依法应予维持,上诉人延安市安监局的上诉理由不能成立,依法应予驳回。

——中华人民共和国最高人民法院行政审判庭编:《中国行政审判指导案例》(第1卷),中国法制出版社2010年版,第1、3—4页。

【链接：最高人民法院法官著述】

在司法实践中，对于涉及上述公文的行政案件，该文件是否具有可诉性，应当注意把握以下几个问题：

一是对于行政机关制作的公文文书是否具有可诉性，不能仅仅从名称或者形式上进行判断，而应当探求行政机关的真意。如果行政机关以“批复”、“函”或者“会议纪要”的形式确定行政相对人的权利义务，则对行政相对人产生了实际影响，应当属于可诉的行政行为。否则，如果法院仅仅从公文名称上判断行政机关的行为是否可诉，就可能导致行政机关采取此类形式的行为而避免受到司法审查。行政机关通过上述形式制作的公文，并不能判断行政行为的种类。该行为可能是影响行政相对人的各种行政行为，可能是单方的行政行为，可能是双方的行政行为，属于哪种行政行为，必须通过行为的具体内容予以确定。例如，最高人民法院在一份判决中认定，某会议纪要“系教育行政主管部门为解决电器化学校举办人之间的纠纷拟定的处理意见，会议纪要中的部分条款设定了教育行政管理部门行使职权的内容，且该纪要条款以举办人各方签名同意为生效条件，应视为中牟县教委与电器化学校的两名举办人三方签订的行政协议。被上诉人申钟在中牟县教委不履行协议中确定的义务条款时，以被上诉人中牟县教委不履行义务提起行政诉讼，属于人民法院的受案范围”。这个案件中，行政机关的会议纪要实际上是一个行政合同。

二是应当考察是否存在后续的法律行为。行政机关在作出具有法律效果的行政行为之前，一般要进行一系列的准备工作。这些准备工作并非单独的行政行为，不具备可诉性。……行政机关的准备程序之后，如果存在后续的法律行为，则后续的法律行为才是真正产生法律效果的行政行为。如果行政机关的答复中含有规制行政相对人权利义务的内容，不需要凭借另一行政行为达到一定法律效果时，行政机关的该行为无论其具体表现为何种公文，均得为可诉行政行为。例如，行政机关如果在答复中称“申请人应当在 7 日内补齐相关申请材料”，这一答复中并无申请人在 7 日内如果没有补齐相关材料的法律后果，该答复并不具有法律行为的特征，还需要行政机关作出进一步的行政行为才能发生法律后果。行政机关如果在答复中称“申请人应当在 7 日内补齐相关申请材料，逾期视为放弃申请”，这一答复中设定了申请人如果 7 日内不补齐相关材料的后果，以产生一定法律效果为目的，属于实质上的行政行为，行政相对人得就此行政行为提起行政诉讼。

三是该种文件属于法律行为还是内部规程行为产生争议时，应当先予受理。

在很多情况下，行政机关的行为属于法律行为还是内部规程行为，并不容易辨别清楚。例如，行政机关在批复中称："申请人所申请的事项，正在研究处理当中。"如果行政相对人认为其申请符合法定的申请条件，行政机关有意回避或者拒绝其申请的，行政机关的答复属于内部规程行为还是法律行为，不无疑义。如果行政相对人提起行政诉讼的，应当先予受理。经审查认为不符合相关法律规定的，再裁定驳回起诉或者判决驳回原告诉讼请求，不宜直接裁定不予受理，否则对保护行政相对人的合法权益不利。这一做法与《若干解释》第三十二条第二款规定的内容一致，即人民法院在7日内不能决定是否受理的，应当先予受理；受理后经审查不符合起诉条件的，裁定驳回起诉。

——江必新、梁凤云：《行政诉讼法理论与实务（第三版）》（上），法律出版社2016年版，第468—470页。

083 行政机关内部指示对相对人产生实际影响的具有可诉性

关键词｜受案范围｜内部指示｜

【最高人民法院公报案例】

建明食品公司诉泗洪县政府检疫行政命令纠纷案

要旨：审查行政机关内部上级对下级作出的指示是否属于人民法院行政诉讼受案范围内的可诉行政行为，应当从指示内容是否对公民、法人或者其他组织权利义务产生了实际影响着手。在行政管理过程中，上级以行政命令形式对下级作出的指示，如果产生了直接的、外部的法律效果，当事人不服提起行政诉讼的，人民法院应当受理。

被上诉人泗洪县政府的分管副县长2003年5月22日的电话指示，是对其下级单位原审第三人县兽检所作出的。审查行政机关内部上级对下级作出的指示是否属于人民法院行政诉讼受案范围内的可诉行政行为，应当从指示内容是否对公民、法人或者其他组织权利义务产生了实际影响着手。

……

县兽检所当时以分管副县长有电话指示为由拒绝检疫，可见该电话指示是县兽检所拒绝履行法定职责的唯一依据。生猪定点屠宰场所的生猪未经当地动物防疫监督机构进行屠宰前后的检疫和检验，不得屠宰，屠宰后的生猪及其产品也无法上市销售。尽管分管副县长对县兽检所的电话指示是行政机关内部的行政行为，但通过县兽检所拒绝对建明食品公司的生猪进行检疫来看，电话指示已经对建明食品公司的合法权益产生实际影响，成为具有强制力的行政行为。再有，分管副县长在该县仅有两家定点屠宰场所还在从事正常经营活动的情况下，电话指示停止对县肉联厂以外单位的生猪进行检疫，指示中虽未提及建明食品公司的名称，但实质是指向该公司。分管副县长就特定事项、针对特定对象所作的电话指示，对内、对外均发生了效力，并已产生了影响法人合法权益的实际后果，故属于人民法院行政诉讼受案范围内的可诉行政行为。

行政指导行为，是指行政机关在行政管理过程中作出的具有示范、倡导、咨询、建议等性质的行为。分析被上诉人泗洪县政府分管副县长作出的关于“停止……检疫”电话指示，既不是行政示范和倡导，也不具有咨询、建议等作用，实质是带有强制性的行政命令。泗洪县政府关于该指示属于行政机关内部行政指导行为的答辩理由，不能成立。

综上所述，被上诉人泗洪县政府分管副县长的电话指示，属于人民法院行政诉讼受案范围。该指示是分管副县长在履行公务活动中行使职权的行为，其后果应由泗洪县政府承担。上诉人建明食品公司不服该指示，以泗洪县政府为被告提起行政诉讼，该起诉符合法定条件，人民法院应当依法受理。一审以该指示属于内部行政指导行为为由，裁定驳回建明食品公司的起诉，是错误的。

——《中华人民共和国最高人民法院公报》2006 年第 1 期。

084 行政机关接受上经机关的指令，履行特定职责义务的行为，属于行政诉讼受案范围

关键词｜受案范围｜履行特定职责｜

【最高人民法院裁判案例】

杨启鹏诉辽宁省绥中县人民政府、绥中县海洋与渔业局不履行发放污染补偿款法定职责案[最高人民法院(2015)行提字第 38 号行政裁定书]

要旨：行政机关接受上级机关的指令，履行特定职责义务的行为，属于行使职权的行政行为。公民、法人或者其他组织对行政机关不履行上级机关交办事项的行为提起行政诉讼的，属于行政诉讼的受案范围。

一、关于发放赔偿款的行为性质问题

行政诉讼法第二条第一款规定，公民、法人或者其他组织认为行政机关和行政机关工作人员的行政行为侵犯其合法权益，有权依照本法向人民法院提起诉讼。也就是说，公民、法人或者其他组织认为侵犯其人身权、财产权等合法权益的行政行为，属于人民法院行政诉讼的受案范围。本案中，因康菲公司漏油事故造成海面污染，给中国渔业养殖户造成巨大损害。为充分保障受损渔业养殖户的合法权益，简化赔偿程序，提高赔偿效率，中国政府代表受损失渔业养殖户与康菲石油公司就污染损失赔偿问题进行谈判。中国政府受托谈判行为，是行使平等民事主体之间民事权利的行为。达成赔偿协议后，康菲公司将赔偿款缴付中国政府，有关绥中县渔业养殖户的赔偿款发放工作，辽宁省海洋与渔业厅交绥中县政府办理，并由绥中县渔业局具体负责实施。绥中县政府制定赔偿款发放规则，绥中县渔业局确定受污染养殖户及其赔偿款数额、实施发放赔偿款的行为，是接受上级行政机关的指令，根据行政管理职权，履行交办事项的行为，属于依职权行使行政权的行政行为。绥中县政府和绥中县渔业局拒绝向杨启鹏发放赔偿款，直接影响其财产权益，属于行政诉讼的受案范围。一、二审法院以"不属于行政诉讼的受案范围"为由，裁定不予受理，适用法律错误，依法应予纠正。

——中国裁判文书网，https://wenshu. court. gov. cn/。

085 内部行政行为外部化具有可诉性

关键词｜受案范围｜内部行政行为｜

【最高人民法院答复】

安徽省高级人民法院：

你院《关于魏永高、陈守志诉来安县人民政府收回土地使用权行政批复案适用法律问题的请示》收悉。经研究，答复如下：

地方人民政府针对其所属土地行政管理部门作出的同意收回国有土地使用权批复，土地行政管理部门直接据此付诸实施且已经过复议程序，原国有土地使用权人对地方人民政府同意收回土地使用权的批复不服提起诉讼的，人民法院应当依法受理。

——《最高人民法院关于地方人民政府作出的同意收回国有土地使用权批复是否属于可诉具体行政行为问题的答复》(2012年8月23日，〔2012〕行他字第9号)。

【最高人民法院指导性案例】

魏永高、陈守志诉来安县人民政府收回土地使用权批复案（最高人民法院指导案例22号）

裁判要点：地方人民政府对其所属行政管理部门的请示作出的批复，一般属于内部行政行为，不可对此提起诉讼。但行政管理部门直接将该批复付诸实施并对行政相对人的权利义务产生了实际影响，行政相对人对该批复不服提起诉讼的，人民法院应当依法受理。

法院生效裁判认为：根据《土地储备管理办法》和《安徽省国有土地储备办法》以收回方式储备国有土地的程序规定，来安县国土资源行政主管部门在来安县人民政府作出批准收回国有土地使用权方案批复后，应当向原土地使用权人送达对外发生法律效力的收回国有土地使用权通知。来安县人民政府的批复属于内部行政行为，不向相对人送达，对相对人的权利义务尚未产生实际影响，一般不属于行政诉讼的受案范围。但本案中，来安县人民政府作出批复后，来安县国土资源行政主管部门没有制作并送达对外发生效力的法律文书，即直接交来安县土地储备中心根据该批复实施拆迁补偿安置行为，对原土地使用权人的权利义务产生了实际影响；原土地使用权人也通过申请政府信息公开知道了该批复的内容，并对批复提起了行政复议，复议机关作出复议决定时也告知了诉权，该批复已实际执行并外化为对外发生法律效力的具体行政行为。因此，对该批复不服提起行政诉讼的，人民法院应当依法受理。

——《最高人民法院关于发布第五批指导性案例的通知》（2013年11月8日，法〔2013〕241号）。

【链接：理解与参照】

三、其他需要说明的问题

本指导案例在参照适用时要注意以下几个问题：

一是关于被告的确定。在本指导案例中，魏永高、陈守志对来安县人民政府作出的同意收回国有土地使用权的批复不服提起的行政诉讼，本案的审理对象是批复的合法性，由于作出批复的行政主体是来安县人民政府，而非当地所属的国土和房产局，所以被告应当是来安县人民政府。

二是关于批复是否需要先经过复议才可诉。本指导案例裁判要点在初稿中曾有如下表述：土地行政管理部门直接将批复付诸实施且已经过复议程序，原国有土地使用权人对批复不服提起诉讼的，人民法院应当依法受理。在修改裁判要点时删除了“且已经过复议程序”，本指导案例中所涉批复是否经过复议不影响其可诉性，即是否经过复议不是相对人提起行政诉讼的前置条件，故删去。此外，在修改要点时补充了实施该批复“对原国有土地使用权人的权利义务产生了实际影响”的表述，这样裁判要点的依据和说理更加具体明确，易于理解。

——石磊：《指导案例22号〈魏永高、陈守志诉来安县人民政府收回土地使用权批复案〉的理解与参照——内部行政行为外部化具有可诉性》，载最高人民法院案例指导工作办公室编著：《中国案例指导》（总第2辑），法律出版社2015年版，第170页。

086 派驻地方的国家土地督察局不履行查处职责是否属于行政诉讼受案范围

关键词 | 受案范围 | 土地督察 |

【最高人民法院裁判案例】

孟泽芳、陈敏琼、易大友、李容诉中华人民共和国自然资源部行政复议不予受理决定案［最高人民法院（2018）最高法行申6096号行政裁定书］

要旨：派驻地方的国家土地督察局职责限于监督检查，不直接查处案件，土地督察行为属于内部监督行为，具有内部性。

派驻地方的国家土地督察局负责对其督察范围内地方人民政府土地利用和管理情况进行监督检查，不改变、不取代地方人民政府及其土地主管部门的行政许可、行政处罚等管理职权。派驻地方的国家土地督察局履行监督检查职责，不直接查处案件，对发现的土地利用和管理中的违法违规问题，由国家土地总督察按照有关规定通报监察部等部门依法处理。可见，派驻地方的国家土地督察局职责限于监督检查，不直接查处案件，土地督察行为属于内部监督行为，具有内部性，并非原国土资源部对外履行公共管理职责行为。

——中国裁判文书网，https://wenshu.court.gov.cn/。

087 城乡规划法第六十八条规定的“责成”行为的可诉性

关键词｜受案范围｜责成｜

【最高人民法院裁判案例】

黄蓉诉江苏省南京市建邺区人民政府、江苏省南京市建邺区城市管理行政执法局房屋拆除行政强制案［最高人民法院（2018）最高法行申4119号行政裁定书］

要旨：“责成”行为本身通常只具有内部性，是上级政府为推进行政强制执行而明确具体实施部门的内部核准指令活动，同时是一种过程性、阶段性的行政活动，其本身往往并不对被执行人的实体合法权益产生直接影响，难以作为行政诉讼受案范围，除非出现极个别情形下政府以自身名义直接对被执行人作出而非依法责成“有关部门”实施或者出现其他可能产生外化效果之情形。

城乡规划法第六十八条规定：“城乡规划主管部门作出责令停止建设或者限期拆除的决定后，当事人不停止建设或者逾期不拆除的，建设工程所在地县级以上地方人民政府可以责成有关部门采取查封施工现场、强制拆除等措施。”本案中，6号《强制执行决定书》中载明：“依据《中华人民共和国城乡规划法》第六十八条的规定，我局决定自2017年12月19日起，对你（单位）上述违法建设组织强制拆除。”由上可见，《强制执行决定书》明确的执行主体是建邺区执法局。至于该局实施行政强制是否经过建邺区政府“责成”程序，只是判断该局其后行政强制行为合法性的要件之一。而“责成”行为本身通常只具有内部性，是上级政府为推进行政强制执行而明确具体实施部门的内部核准指令活动，同时是一种过程性、阶段性的行政活动，其本身往往并不对再审申请人的实体合法权益产生直接影响，难以作为行政诉讼受案范围，除非出现极个别情形下政府以自身名义直接对被执行人作出而非依法责成“有关部门”实施或者出现其他可能产生外化效果之情形。

——中国裁判文书网，https://wenshu.court.gov.cn/。

6. 过程性行为

088 过程性行为的认定

关键词｜受案范围｜过程性行为｜程序性行为｜

【链接：最高人民法院法官著述】

可诉的行政行为需要具备成熟性、终结性。行政机关在作出行政行为之前，一般要为作出行政行为而进行准备、论证、研究、层报、咨询等，这些行为尚不具备最终的、对外的法律效力，一般称为“过程行为”，不属于可诉的行为。程序性行为的效力通常为最终的行政行为所吸收和覆盖，当事人可以通过对最终行政行为的起诉获得救济。

——本书编委会编：《行政诉讼法及司法解释关联理解与适用》（上），中国法制出版社 2018 年版，第 114 页。

089 答复或通知行为的可诉性

关键词｜受案范围｜答复行为｜通知行为｜

【最高人民法院司法解释】

第三条 公民、法人或者其他组织仅就行政许可过程中的告知补正申请材料、听证等通知行为提起行政诉讼的，人民法院不予受理，但导致许可程序对上述主体事实上终止的除外。

——《最高人民法院关于审理行政许可案件若干问题的规定》（2010 年 1 月 4 日，法释〔2009〕20 号）。

【最高人民法院参考案例】

马光俊不服湖北省武汉市蔡甸区人民政府侏儒街办事处等地矿行政决定案（行政审判案例第 81 号）

要旨：通知是否属于具体行政行为因内容而异。若通知的内容为单纯告知此前作出的行政决定内容，或重复引述行政合同条款，对外不产生实际影响，不属于具体行政行为。若通知同时具有针对特定相对人产生实际影响的内容，应属具体行政行为。

被上诉人侏儒办事处等五单位鉴于上诉人马光俊临时林地占用许可证和采矿许可证已到期限，根据湖北省林业局《关于停止蔡甸区国有洪北林场土茧山森林地带石材开采行为的函》和 2006 年 12 月 2 日蔡甸区政府专题会议，以及五单位按照湖北省林业局要求联合制定的《关于停止蔡甸区国有洪北林场土茧山森林地带石材开采的整治方案》与马光俊在2007年1月20日签订的整治协议,作出《停采通知》并不违反法律规定。上诉人马光俊请求撤销该《停采通知》无法律依据,本院不予支持。《停采通知》是侏儒办事处、蔡甸矿产总站、蔡甸林业局、蔡甸安监局、蔡甸公安分局为保护土茧山地区生态环境,保护山林植被和矿产资源,根据湖北省林业局《关于停止蔡甸区国有洪北林场土茧山森林地带石材开采行为的函》和2006年12月22日蔡甸区政府专题会议要求共同作出的,符合武汉"两型社会"建设总体要求,亦是武汉"两型社会"建设组成环节。

——中华人民共和国最高人民法院行政审判庭编:《中国行政审判案例》(第3卷),中国法制出版社2013年版,第1、2—3页。

090 程序性行政行为具有终局性，对相对人权利义务产生实质影响，并且无法通过提起针对相关的实体性行政行为的诉讼获得救济的，则属于可诉行政行为

关键词 | 受案范围 | 程序性行为 |

【最高人民法院指导性案例】

王明德诉乐山市人力资源和社会保障局工伤认定案(最高人民法院指导案例69号)

裁判要点:当事人认为行政机关作出的程序性行政行为侵犯其人身权、财产权等合法权益,对其权利义务产生明显的实际影响,且无法通过提起针对相关的实体性行政行为的诉讼获得救济,而对该程序性行政行为提起行政诉讼的,人民法院应当依法受理。

一、关于《中止通知》是否属于可诉行政行为问题

法院认为,被告作出《中止通知》,属于工伤认定程序中的程序性行政行为,如果该行为不涉及终局性问题,对相对人的权利义务没有实质影响的,属于不成熟的行政行为,不具有可诉性,相对人提起行政诉讼的,不属于人民法院受案范围。但如果该程序性行政行为具有终局性,对相对人权利义务产生实质影响,并且无法通过提起针对相关的实体性行政行为的诉讼获得救济的,则属于可诉行政行为,相对人提起行政诉讼的,属于人民法院行政诉讼受案范围。

虽然根据《中华人民共和国道路交通安全法》第七十三条的规定,"公安机关

交通管理部门应当根据交通事故现场勘验、检查、调查情况和有关的检验、鉴定结论，及时制作交通事故认定书，作为处理交通事故的证据。交通事故认定书应当载明交通事故的基本事实、成因和当事人的责任，并送达当事人”。但是，在现实道路交通事故中，也存在因道路交通事故成因确实无法查清，公安机关交通管理部门不能作出交通事故认定书的情况。对此，《道路交通事故处理程序规定》第五十条规定：“道路交通事故成因无法查清的，公安机关交通管理部门应当出具道路交通事故证明，载明道路交通事故发生的时间、地点、当事人情况及调查得到的事实，分别送达当事人。”就本案而言，峨眉山市公安局交警大队就王雷兵因交通事故死亡，依据所调查的事故情况，只能依法作出《道路交通事故证明》，而无法作出《交通事故认定书》。因此，本案中《道路交通事故证明》已经是公安机关交通管理部门依据《道路交通事故处理程序规定》就事故作出的结论，也就是《工伤保险条例》第二十条第三款中规定的工伤认定决定需要的“司法机关或者有关行政主管部门的结论”。除非出现新事实或者法定理由，否则公安机关交通管理部门不会就本案涉及的交通事故作出其他结论。而本案被告在第三人申请认定工伤时已经提交了相关《道路交通事故证明》的情况下，仍然作出《中止通知》，并且一直到原告起诉之日，被告仍以工伤认定处于中止中为由，拒绝恢复对王雷兵死亡是否属于工伤的认定程序。由此可见，虽然被告作出《中止通知》是工伤认定中的一种程序性行为，但该行为将导致原告的合法权益长期，乃至永久得不到依法救济，直接影响了原告的合法权益，对其权利义务产生实质影响，并且原告也无法通过对相关实体性行政行为提起诉讼以获得救济。因此，被告作出《中止通知》，属于可诉行政行为，人民法院应当依法受理。

——《最高人民法院关于发布第 14 批指导性案例的通知》(2016 年 9 月 19 日，法〔2016〕311 号)。

【链接：理解与参照】

上述裁判要点针对某个具体程序性行政行为是否可诉，确立了两个司法判断标准：一是该程序性行政行为，侵犯了当事人的人身权、财产权，对其合法权益产生了明显的实际影响；二是该程序性行政行为作出以后，当事人又无法通过提起对相关联的实体性行政行为的诉讼获得救济。只有同时具备前述两个要件，程序性行政行为才具有可诉性。以下围绕与该裁判要点相关的问题进行分析说明。

程序性行政行为，[①]是指行政主体“在行政程序开始或进行程序中针对程序而非就最终实体问题所为之决定或行为，其具有促进程序之进行而最终以达成实体决定之目的”。在传统行政法学理论以及以往的行政审判实践中，受到“司法成熟性”原则以及程序性行政行为不直接涉及相对人权利义务的观念的影响，一般认为只有在后续实体性行政行为的阶段，相对人才可以针对后续实体性行政行为提起行政诉讼；此时，程序性行政行为的违法性已经被吸收到后续的实体性行政行为之后，在针对后续实体性行政行为提起的行政诉讼中，可以以前置的程序性行政行为的违法作为理由而主张后续实体性行政行为的违法性。依据上述理由，一方面，没有必要对某个阶段的程序性行政行为进行司法干预；另一方面，不恰当的司法干预将影响一般行政行为合理的流程状态，可能适得其反。因此，司法审查主要应当审查实体性行政行为，而非程序性行政行为。但是，如果行政主体并未在法定、合理的期限内推进行政程序的正常进行，某环节无端中断、中止，行政程序出现不合理的迟延，并导致相对人权益无法及时得到保证，实际影响了相对人合法权益的，该情况下的程序性行政行为法律效力就应当视为独立的、现实的，而并非暂时的，就应当具备可诉性。

从部分国家或地区的法律规定看，对于程序性行政行为，不能单独提起行政诉讼，例外情形下方才准许。例如，《德国行政法院法》第四十四条 A 项的规定：“对于官署程序行为提起救济者，仅得对于本案实体裁决提起救济之同时为之。但官署之程序行为得强制执行或系对第三人所为之者，不在此限。”[②]我国台湾地区的“行政程序法”参酌德国的立法，在该法第一百七十四条中也作出类似规定，即：“当事人或利害关系人不服行政机关关于行政程序中所为决定或处置，得于对实体决定声明不服时一并声明之。但行政机关之决定或处置得强制执行或本法或其他法规定另有规定者不在此限。”我国行政诉讼立法和司法实践一直以来对涉及程序性行政行为是否具有可诉性的问题，不甚明确。但是对于判定某个具体行政行为是否可诉，行政诉讼法（1989 年）第十一条第（八）项和行政诉讼法（2015 年修正）第十二条第（十二）项均规定，人民法院受理公民、法人和其他组织认为“行政机关侵犯其他人身权、财产权”提起的诉讼。这表明当事人的权利是否受到实害，是判

---

① 程序性行政行为不是一个法律概念，我国台湾地区的学者称之为“行政机关程序行为”。大陆地区表述这一概念的用语也不尽一致，主要有“程序行政行为”“程序行为”“程序性行政行为”，参见朱维究、阎尔宝：《程序行政行为初论》，载《政法论坛》1997 年第 3 期；赵大光、杨临萍、王振宇：《关于审理行政许可案件若干问题的规定的理解与适用》，载《人民法院报》2010 年 1 月 6 日；杨科雄：《试论程序性行政行为》，载《法律适用》2010 年第 8 期。

② 蔡茂寅等：《行政程序法实用》，台湾地区学林文化事业有限公司 2001 年版，第 342 页。

定行政行为是否可诉的一个核心要件。《最高人民法院关于执行〈中华人民共和国行政诉讼法〉若干问题的解释》(1999年11月24日通过)第一条第二款第(六)项规定,“对公民、法人或者其他组织权利义务不产生实际影响的行为”,不属于人民法院行政诉讼的受案范围。该条将无实际影响的行政行为排除在行政诉讼受案范围之外。《最高人民法院关于审理行政许可案件若干问题的规定》(2010年1月4日施行)第三条规定:“公民、法人或者其他组织仅就行政许可程序中的告知补正申请材料、听证等通知行为提起行政诉讼的,人民法院不予受理,但导致许可程序对上述主体事实上终止的除外。”该规定第一次对程序性行政行为可诉问题在司法解释层面作了明确,其中的“通知行为”就是程序性行政行为。只是该司法解释仅仅针对行政许可这一类特殊行政行为,并且也没有将如何判定程序性行政行为的“可诉要件”明确固定下来。综上可知,我国行政诉讼立法和司法领域,对程序性行政行为可诉性问题,同样也采用了“不可诉是原则、可诉是例外”的通行立场和观点,并以程序性行政行为是否对相对人人身、财产权利造成了实际损害和影响为核心判定标准。

当然,从遵循“司法成熟性”原则,坚持以程序性行政行为是否对相对人人身、财产权利造成实际损害和影响为判定标准出发,还应当同时强调,只有相对人确实“无法通过提起针对相关的实体性行政行为的诉讼获得救济”时,其对程序性行政行为提起的诉讼,人民法院才应当受理。正如本案例中,被告作出的《工伤认定时限中止通知书》尽管是工伤认定程序中的一个过程性行政行为,但该过程行为将导致原告的合法权益事实上长期乃至永久得不到依法救济,直接影响了行政相对人的合法权益,并且行政相对人也无法通过对相关的实体性行政行为提起诉讼以获得救济。在此情形下,法律应当赋予行政相对人对程序性行政行为的诉讼权利,以充分保障其权益得到有效救济。根据上述理由和判定标准,法院依法受理了该案件,并对被告作出的《工伤认定时限中止通知书》行为依法进行了审查。

随着我们国家依法行政的不断推进,行政机关行政程序将进一步朝着精细化、科学化方向发展,行政程序在数量上也将不断增加,涉及程序性行政行为提起的行政诉讼也会呈现增多的趋势。因此,对程序性行政行为司法审查相关的问题给予足够重视,进一步明确、统一程序性行政行为可诉性司法审查标准,具有重要的意义。

——豆晓红、李兵:《指导案例69号〈王明德诉乐山市人力资源和社会保障局工伤认定案〉的理解与参照——程序性行政行为的可诉性问题》,载最高人民法院案例指导工作办公室编著:《中国案例指导》(总第5辑),法律出版社2017年版,第 98—100 页。

091 房屋征收涉及内容、性质不同的行为并不都属于可诉行政行为

关键词｜受案范围｜房屋征收｜过程行为｜

【最高人民法院裁判案例】

李海鹰诉常德市武陵区人民政府其他行政纠纷案［最高人民法院（2019）最高法行申 5988 号行政裁定书］

要旨：行政机关实施的砌墙围挡行为属于为了保障征收顺利实施的临时性、过程性、程序性的行政强制措施，不具有独立的法律地位，该过程性行为不属于行政诉讼的受案范围。在征收行为完成后，相对人因该措施产生的损失会被征收补偿行为吸收。

《最高人民法院关于适用〈中华人民共和国行政诉讼法〉的解释》第一条第二款第（六）项规定，行政机关为作出行政行为而实施的准备、论证、研究、层报、咨询等过程性行为，不属于人民法院行政诉讼的受案范围。国有土地上房屋征收与补偿活动全过程中，房屋征收部门及其委托承担房屋征收与补偿具体工作的房屋征收实施单位，乃至发展规划、国土资源以及住房城建等多个部门分别可能在征收与补偿的不同阶段实施多种内容不同、性质不同的行为，这些行为并不都属于可诉的行政行为，也并非全都需要通过独立的司法审查程序来评价相应行为的合法性问题。对于不具有独立法律地位的程序性行为的合法性，应当作为征收行为或补偿行为的要件进行审查，而不应独立成诉，分别进行。

本案中，武陵区政府实施的砌墙围挡行为属于为了保障征收顺利实施的临时性、过程性、程序性的行政强制措施，不具有独立的法律地位，该过程性行为不属于行政诉讼的受案范围。在征收行为完成后，相对人因该措施产生的损失会被征收补偿行为吸收。如李海鹰认为征收补偿未对该损失进行处理，可在其提起的针对征收补偿的行政诉讼中一并主张。原审法院已经指引李海鹰在另案中解决，处理并无不当。李海鹰的该项请求，不符合法律规定，本院不予支持。

——中国裁判文书网，https://wenshu.court.gov.cn/。

7. 协助执行和执行生效裁判行为

092 协助执行和执行生效裁判行为的认定

关键词 | 受案范围 | 协助执行行为 | 执行生效裁判行为 |

【链接：最高人民法院法官著述】

可诉的行政行为须是行政机关基于自身意思表示作出的行为。行政机关依照人民法院生效裁判作出的行为，本质上属于履行生效裁判的行为，并非行政机关自身依职权主动作出的行为，亦不属于可诉的行为。例如，根据民事诉讼法第二百五十一条的规定，在执行中，需要办理有关财产权证照转移手续的，人民法院可以向有关单位发出协助执行通知书，有关单位必须办理。此时，行政机关有协助执行的义务。该类行为具有一定的"司法性"，不属于可诉的行为。

——本书编委会编：《行政诉讼法及司法解释关联理解与适用》(上)，中国法制出版社2018年版，第114页。

093 依据协助执行通知书实施的行为不属行政诉讼受案范围

关键词 | 受案范围 | 协助执行行为 |

【最高人民法院司法解释】

第二条 土地登记机构根据人民法院生效裁判文书、协助执行通知书或者仲裁机构的法律文书办理的土地权属登记行为，土地权利人不服提起诉讼的，人民法院不予受理，但土地权利人认为登记内容与有关文书内容不一致的除外。

——《最高人民法院关于审理涉及农村集体土地行政案件若干问题的规定》(2011年9月5日，法释〔2011〕20号)。

第二条第一款 房屋登记机构根据人民法院、仲裁委员会的法律文书或者有权机关的协助执行通知书以及人民政府的征收决定办理的房屋登记行为，公民、法人或者其他组织不服提起行政诉讼的，人民法院不予受理，但公民、法人或者其他组织认为登记与有关文书内容不一致的除外。

——《最高人民法院关于审理房屋登记案件若干问题的规定》(2010 年 11 月 18 日,法释〔2010〕15 号)。

【最高人民法院司法文件】

五、执行生效裁判和仲裁裁决的问题

对登记机关根据生效裁判、仲裁裁决或者人民法院协助执行通知书确定的内容作出的变更、撤销等登记行为,利害关系人不服提起行政诉讼的,人民法院不予受理,但登记行为与文书内容不一致的除外。

公司登记依据的生效裁判、仲裁裁决被依法撤销,利害关系人申请登记机关重新作出登记行为,登记机关拒绝办理,利害关系人不服提起行政诉讼的,人民法院应予受理。

多份生效裁判、仲裁裁决或者人民法院协助执行通知书涉及同一登记事项且内容相互冲突,登记机关拒绝办理登记,利害关系人提起行政诉讼的,人民法院经审理应当判决驳回原告的诉讼请求,同时建议有关法院或者仲裁机关依法妥善处理。

——《最高人民法院办公厅关于印发〈关于审理公司登记行政案件若干问题的座谈会纪要〉的通知》(2012 年 3 月 7 日,法办〔2012〕62 号)。

【最高人民法院参考案例】

周玉华、周霞诉江苏省镇江市房产管理局房屋行政登记案(行政审判案例第 47 号)

要旨:行政机关履行法院协助执行通知的行为不属于行政诉讼受案范围,不具有可诉性。

1. 协助执行通常针对存款、土地、房屋、货物等可以实现履行金钱给付义务的标的而进行。对上述标的协助执行问题,有的最高人民法院已会同中国人民银行、国土资源部、建设部等行政机关作出司法解释,有的已由知识产权局、铁道部等作出规范性文件加以规定。人民法院在审查过程中要根据司法解释、参考规范性文件对行政机关在协助执行时有无扩大范围、有无违法采取措施造成当事人损害进行严格审查。

2. 随着我国机构改革的深化,部分负有协助执行义务的原行政机关已转化为企业,如邮局。对这样的被告,首先要依法审查其作出的行为是否有法律法规明确授权,其可否成为行政诉讼适格被告。如没有法律法规明确授权,则不能成为适格被告，依法裁定驳回起诉。如有法律法规明确授权，则可以成为适格被告，再对其在协助执行时有无扩大范围、有无违法采取措施造成当事人损害进行司法审查，依法作出相应裁判。

3. 对银行、邮局等非行政机关履行协助执行义务作出的非行政行为，当事人提起民事诉讼的，个人认为根据《批复》[①]精神，亦应当不属于民事诉讼受案范围，裁定不予受理；已经受理的，裁定驳回起诉。

——中华人民共和国最高人民法院行政审判庭编：《中国行政审判案例》（第2卷），中国法制出版社2011年版，第40、43页。

094 行政机关撤销或者变更已经作出的协助执行行为是否属于行政诉讼受案范围

关键词 | 受案范围 | 协助执行 |

【最高人民法院答复】

辽宁省高级人民法院：

你院〔2013〕辽行终字第41号请示收悉，经研究答复如下：

行政机关认为根据人民法院生效裁判或者协助执行通知书作出相应行政行为可能损害国家利益、公共利益或他人合法权益，可以向相关人民法院提出建议；行政机关擅自撤销已经作出的行政行为，相对人不服提起行政诉讼的，人民法院应当依法受理。

——《最高人民法院行政审判庭关于行政机关撤销或者变更已经作出的协助执行行为是否属于行政诉讼受案范围请示问题的答复》（2014年10月31日，〔2014〕行他字第6号）。

095 行政机关不履行人民法院协助执行义务行为是否属于行政诉讼受案范围

关键词 | 受案范围 | 协助执行 |

---

① 即《最高人民法院关于行政机关根据法院的协助执行通知书实施的行政行为是否属于人民法院行政诉讼受案范围的批复》（法释〔2004〕6号，已废止）。——编者注

【最高人民法院答复】

辽宁省高级人民法院：

你院《关于宫起斌诉大连市道路客运管理处、大连市金州区交通局、大连市金州区公路运输管理所不履行法定职责及行政赔偿一案的请示报告》收悉，经研究，答复如下：

行政机关根据人民法院的协助执行通知书实施的行为，是行政机关必须履行的法定协助义务，公民、法人或者其他组织对该行为不服提起诉讼的，不属于人民法院行政诉讼受案范围。

行政机关拒不履行协助义务的，人民法院应当依法采取执行措施督促其履行；当事人请求人民法院判决行政机关限期履行协助执行义务的，人民法院不予受理。但当事人认为行政机关不履行协助执行义务造成其损害，请求确认不履行协助执行义务行为违法并予以行政赔偿的，人民法院应当受理。

——《最高人民法院关于行政机关不履行人民法院协助执行义务行为是否属于行政诉讼受案范围的答复》（2013 年 7 月 29 日，〔2012〕行他字第 17 号）。

8. 内部层级监督行为

096 内部层级监督行为的认定

关键词｜受案范围｜内部层级监督｜

【最高人民法院司法文件】

12. 当事人因请求上级行政机关监督和纠正下级行政机关的行政行为，不服上级行政机关作出的处理、答复或者未作处理等层级监督行为提起诉讼，或者不服上级行政机关对下级行政机关作出的通知、命令、答复、回函等内部指示行为提起诉讼的，人民法院在裁定不予立案的同时，可以告知当事人可以依法直接对下级行政机关的行政行为提起诉讼。上述行为如果设定了当事人的权利义务或者对当事人权利义务产生了实际影响，人民法院应当予以立案。

——《最高人民法院关于进一步保护和规范当事人依法行使行政诉权的若干意见》（2017 年 8 月 31 日，法发〔2017〕25 号）。

【最高人民法院裁判案例】

崔永超诉山东省济南市人民政府不履行法定职责案［最高人民法院(2016)最高法行申1394号行政裁定书］

要旨：起诉人民政府不履行层级监督职责，不属于行政诉讼受案范围。

人民法院对行政机关行使职权行为的监督应当依照行政诉讼法的规定进行。《国有土地上房屋征收与补偿条例》第六条第一款和第三十条虽然规定了上级人民政府应当加强对下级人民政府房屋征收与补偿工作的监督，也有权对下级人民政府及房屋征收部门在房屋征收与补偿工作中违法行为责令改正，但此种职权系基于上下级行政机关之间的层级监督关系而形成。上级人民政府不改变或者不撤销所属各工作部门及下级人民政府决定、命令的，一般并不直接设定当事人新的权利义务，当事人可以通过直接起诉所属工作部门或者下级人民政府作出的行政行为来维护合法权益。在存在更为有效便捷的救济方式的情况下，当事人坚持起诉人民政府不履行层级监督职责，不具有权利保护的必要性和实效性，也不利于纠纷的及时解决，且易于形成诉累。因此，济南市政府是否受理当事人的反映、是否启动层级监督程序、是否改变或者撤销所属各工作部门及下级人民政府的决定、命令等，不属司法监督范畴。

——中国裁判文书网，https://wenshu.court.gov.cn/。

佘成诉湖北省人民政府不履行医疗行政监管、处罚职责案［最高人民法院(2017)最高法行申3348号行政裁定书］

要旨：请求行政机关履行的，必须是法律、法规、规章等明确赋予行政机关对外行使的行政管理职责。那些仅限于行政内部领域的措施，例如请求上级行政机关对下级行政机关作出一个命令、对下级行政机关实施监管监督，因其不具有对外性、不直接设定新的权利义务，通常不能在请求履行法定职责之诉中提出。

再审申请人因不服荆州市精神病医院于2000年6月23日作出的荆精鉴字〔2000〕第69号《司法精神鉴定意见书》，向再审被申请人提出履行职责申请，因再审被申请人未予答复而提起本案诉讼。再审申请人主张，“再审被申请人目前虽不具有直接对精神病医院进行监督处罚的法定职责，但是具有协调省直机关湖北省司法厅和湖北省卫生和计划生育委员会进行监管、处罚的职权”。行政诉讼法第十二条第一款第(六)项规定，“申请行政机关履行保护人身权、财产权等合法权益的法定职责，行政机关拒绝履行或者不予答复的”，属于行政诉讼受案范围。根据上述规定，请求行政机关履行的，必须是法律、法规、规章等明确赋予行政机关对外行使的行政管理职责。那些仅限于行政内部领域的措施，例如请求上级行政机关对下级行政机关作出一个命令、对下级行政机关实施监管监督，因其不具有对外性、不直接设定新的权利义务，通常不能在请求履行法定职责之诉中提出。本案中，再审申请人要求再审被申请人履行“协调省直机关湖北省司法厅和湖北省卫生和计划生育委员会进行监管、处罚”的职责，属于行政机关的内部监督管理范畴。上级行政机关对下级行政机关监督、协调职责的履行与否，一般并不直接设定当事人新的权利义务。从司法权与行政权的关系出发，人民法院也不宜过多地介入行政机关的内部关系当中。此外，从诉的利益考虑，当事人如果认为下级行政机关的行政行为侵犯其合法权益，可以通过直接针对下级行政机关提起行政诉讼的方式寻求救济，且该种救济方式更为便捷直接。

——中国裁判文书网，https://wenshu.court.gov.cn/。

【链接：最高人民法院法官著述】

内部层级监督属于行政机关上下级之间管理的内部事务。司法实践中，有的法律规定了上级行政机关对下级行政机关的监督，例如《国有土地上房屋征收与补偿条例》第六条规定了上级人民政府应当加强对下级人民政府房屋征收补偿工作的监督。有的当事人起诉要求法院判决上级人民政府履行监督下级人民政府的职责。法律法规规定的内部层级监督，并不直接设定当事人新的权利义务关系，因此，该类行为属于不可诉的行为。

——本书编委会编：《行政诉讼法及司法解释关联理解与适用》（上），中国法制出版社2018年版，第114—115页。

097 当事人起诉要求法院判决上级行政机关履行层级监督法定职责不属于行政诉讼受案范围

关键词｜受案范围｜层级监督｜

【最高人民法院裁判案例】

张辉、张德艳诉北京市海淀区人民政府不履行法定职责案［最高人民法院（2016）最高法行申1186号行政裁定书］

要旨：内部层级监督属于行政机关上下级之间管理的内部事务，法律法规规定的内部层级监督并不直接设定当事人新的权利义务关系。当事人起诉要求法院判决上级行政机关履行层级监督法定职责,不属于行政诉讼法第十二条第一款第(六)项规定的情形,即"申请行政机关履行保护人身权、财产权等合法权益的法定职责,行政机关拒绝履行或者不予答复的",当事人提起此类履行法定职责诉讼,人民法院应不予受理。

人民法院对行政机关行使职权行为的监督应当依照行政诉讼法的规定进行。《北京市建设征地补偿安置办法》第三条第三款虽规定了区、县人民政府应当对本行政区域内的征地补偿安置工作实施监督管理,但此种职权系基于上下级行政机关之间的层级监督关系而形成,上级人民政府不履行层级监督职责,一般并不直接设定当事人新的权利义务,当事人可以通过直接起诉所属工作部门或者下级人民政府作出的行政行为来维护其合法权益。在存在更为有效便捷的救济方式的情况下,当事人坚持起诉人民政府不履行层级监督职责,不具有权利保护的必要性和实效性,也不利于纠纷的及时解决,且易于形成诉累。因此,海淀区政府是否受理当事人的申请、是否启动层级监督程序不属于司法监督范畴。一、二审法院裁定驳回张辉、张德艳起诉和上诉,符合法律规定。再审申请人如认为海淀区政府不履行相关的监督职责违法,应循其他法定渠道解决。

——中国裁判文书网,https://wenshu.court.gov.cn/。

【链接:最高人民法院法官著述】

本案的争议焦点在于上级行政机关不履行层级监督职责,是否属于行政诉讼的受案范围。行政诉讼法第十二条第一款第(六)项规定,"申请行政机关履行保护人身权、财产权等合法权益的法定职责,行政机关拒绝履行或者不予答复的",可以提起行政诉讼。这里的法定职责是具有"外部性"的职权,指行政主体依据法律、行政法规、地方性法规、自治条例和单行条例以及规章的规定或授权进行与其职权范围一致的某些行政管理活动,实现其具体行政管理职能所应承担的法定责任义务。具体包括法律、法规明确规定的行政机关的职责和法律、法规赋予行政机关某种职权所派生的职责,也包括行政机关自由裁量行为为行政机关自身设置的某些法律义务,还包括与宪法、法律、法规不相抵触的行政规章所明确规定的行政机关的职责和这些规章赋予行政机关某种职权所派生的职责。

内部层级监督职责是指行政机关基于领导与被领导关系对其所属部门和下级行政机关进行的监督。不同于行政诉讼法第十二条第一款第(六)项规定的"法定职责"所具有的"外部性",行政机关内部层级监督具有"内部性"的特征,是政府系统内部监督,包括一般行政层级监督和专门行政层级监督。一般行政层级监督,是指上级行政机关基于行政隶属关系对下级行政机关实施的监督，包括上级人民政府对下级人民政府、本级人民政府对其所属工作部门、上级行政部门对下级行政部门的监督。根据宪法第八十九条、第一百零八条、第一百一十条第二款规定，国务院统一领导各部和各委员会的工作，并且领导不属于各部和各委员会的全国行政工作；国务院统一领导全国地方各级行政机关的工作；县级以上的地方各级人民政府领导所属各工作部门和下级人民政府的工作，有权改变或者撤销所属各工作部门和下级人民政府的不适当决定；地方各级人民政府对上一级国家行政机关负责并报告工作。全国地方各级人民政府都是国务院统一领导下的国家行政机关，都服从国务院。内部层级监督行政所形成的监督与被监督关系，是宪法确立的行政机关之间领导与被领导关系的充分体现。专门行政层级监督是指在政府系统内设立的专职监督机关对行政机关及其工作人员的监督，包括行政监察监督和审计监督。本案中，《北京市建设征地补偿安置办法》第三条第三款虽规定了区、县人民政府应当对本行政区域内的征地补偿安置工作实施监督管理，此种职权就属于基于上下级行政机关之间的层级监督关系而形成的。

上级行政机关是否行使层级监督权，对当事人的权利、义务不产生实际影响，不侵犯当事人的合法权益。因此，当事人以上级行政机关不行使层级监督权提起行政诉讼，不属于行政诉讼的受案范围。2018 年 2 月 8 日施行的《最高人民法院关于适用〈中华人民共和国行政诉讼法〉的解释》第一条第二款第（八）项对此问题已经作了明确规定，即上级行政机关基于内部层级监督关系对下级行政机关作出的听取报告、执法检查、督促履责等行为，不属于行政诉讼的受案范围。同理，当事人起诉要求法院判决行政机关履行层级监督职责，亦不属于行政诉讼受案范围。当事人依据宪法、地方各级人民代表大会和地方各级人民政府组织法关于上级行政机关有权撤销、纠正下级行政机关不适当行政行为的规定，要求上级行政机关行使层级监督权的行为属于信访投诉，应当按照《信访条例》规定救济途径处理。

因此，是否启动内部监督程序以及程序启动后作出如何处理，属于行政机关内部管理范畴，原则上不属于行政复议和行政诉讼受理范围。只有在上级行政机关撤销或者改变原行政行为以及作出新的影响当事人权利义务关系的行政行为时，这种内部监督行为才外化为可复议和诉讼的行政行为。

——最高人民法院行政审判庭编：《最高人民法院行政裁判要旨及评述》（第一卷），人民法院出版社 2019 年版，第 27—28 页。

098 当事人申请启动层级监督的应如何处理

关键词｜受案范围｜层级监督｜

【最高人民法院裁判案例】

吴爱兰诉河南省郑州市人民政府不履行法定职责案［最高人民法院（2016）最高法行申2178号行政裁定书］

要旨：层级监督是基于行政隶属关系，由上级行政机关对下级行政机关进行的检查和督促。行政系统内的责任追究是对不履行或者不正确履行职责，造成不良影响或后果的行政机关工作人员追究行政责任。上级行政机关是否受理当事人的申请启动层级监督和责任追究，不直接设定当事人新的权利义务，人民法院应当在告知起诉人寻求更便利直接的救济渠道的基础上，裁定不予立案或者驳回起诉。

再审申请人吴爱兰要求郑州市政府对新郑市政府违法实施房屋征收的行为予以查处，属于公民要求上级行政机关启动对下级行政机关的内部监督管理机制。上级行政机关对下级行政机关的监督管理是有一定的"内部性"，是行政机关内部的层级关系，上级行政机关是否启动、如何启动这种内部的层级监督管理，人民法院不宜率尔介入。这并不意味着公民、法人或者其他组织就此难以寻求司法救济，如果公民、法人或者其他组织认为下级行政机关的行政行为或不履行法定职责的行为侵犯其合法权益，完全可以直接针对下级行政机关提起诉讼，相比之下，这种救济途径反而更为便捷和直接。此外，再审申请人吴爱兰还要求郑州市政府追究有关单位和直接责任人相关法律责任，但是，行政诉讼法第十三条第（三）项规定，人民法院不受理公民、法人或者其他组织针对行政机关对行政机关工作人员的奖惩、任免等决定提起的诉讼。就本案而言，虽然行政机关尚未作出一个对行政机关工作人员的奖惩、任免决定，但行政机关是否应当作出这样一个决定，如何作出这样一个决定，人民法院同样不应介入审查。总之，在一般情况下，涉及上下级行政机关内部层级监督管理以及行政机关对行政机关工作人员的奖惩、任免等决定的起诉，人民法院应当在告知起诉人寻求更便利直接的救济渠道的基础上，裁定不予立案或者驳回起诉。考虑到本案已经走完一审和二审程序，判决结果亦遵循了司法审查的必要限度，因此并无启动再审程序裁定驳回起诉的必要。

——中国裁判文书网，https://wenshu.court.gov.cn/。

9. 信访处理行为

099 信访办理行为的认定

关键词｜受案范围｜信访办理行为｜首次判断权｜

【最高人民法院答复】

湖北省高级人民法院：

你院鄂高法〔2005〕210号《关于不服县级以上人民政府信访行政管理部门、负责受理信访事项的行政管理机关以及镇（乡）人民政府作出的处理意见或者不再受理决定而提起的行政诉讼人民法院是否受理的请示》收悉。经研究，答复如下：

一、信访工作机构是各级人民政府或政府工作部门授权负责信访工作的专门机构，其依据《信访条例》作出的登记、受理、交办、转送、承办、协调处理、督促检查、指导信访事项等行为，对信访人不具有强制力，对信访人的实体权利义务不产生实质影响。信访人对信访工作机构依据《信访条例》处理信访事项的行为或者不履行《信访条例》规定的职责不服提起行政诉讼的，人民法院不予受理。

二、对信访事项有权处理的行政机关依据《信访条例》作出的处理意见、复查意见、复核意见和不再受理决定，信访人不服提起行政诉讼的，人民法院不予受理。

——《最高人民法院关于不服信访工作机构依据〈信访条例〉处理信访事项的行为提起行政诉讼人民法院是否受理的复函》（2005年12月12日，〔2005〕行立他字第4号）。

【链接：最高人民法院法官著述】

信访办理行为不是行政机关行使“首次判断权”的行为。根据《信访条例》的规定，信访工作机构是各级人民政府或政府工作部门授权负责信访工作的专门机构，其依据《信访条例》作出的登记、受理、交办、转送、承办、协调处理、督促检查、指导信访事项等行为，对信访人不具有强制力，对信访人的实体权利义务不产生实质影响，因此不具有可诉性。

——本书编委会编：《行政诉讼法及司法解释关联理解与适用》（上），中国法制出版社2018年版，第115页。

100 信访制度是与行政复议和行政诉讼制度相互独立、相互分离的权利救济制度

关键词｜受案范围｜信访制度｜行政复议｜行政诉讼｜

【最高人民法院裁判案例】

杨中国诉枣阳市人民政府不予受理行政复议决定并请求行政赔偿案[最高人民法院(2017)最高法行申364号行政裁定书]

要旨:信访制度是与行政复议和行政诉讼制度相互独立、相互分离的权利救济制度。对于能够通过诉讼、仲裁、行政复议等法定途径解决的事项,信访途径是排斥的;基于同样理由,对于信访工作机构处理信访事项的行为、不履行《信访条例》规定的职责的行为,或者行政机关依据《信访条例》作出的处理意见、复查意见、复核意见和不再受理决定,行政复议和诉讼途径亦是排斥的。《信访条例》对不服信访答复意见提供了复查、复核等充足的救济途径,信访人穷尽救济途径或者自愿放弃救济,信访事项即告终结。

信访制度是与行政复议和行政诉讼制度相互独立、相互分离的权利救济制度。所谓"信访",根据《信访条例》第二条第一款的规定,是指公民、法人或者其他组织采用书信、电子邮件、传真、电话、走访等形式,向各级人民政府、县级以上人民政府工作部门反映情况,提出建议、意见或者投诉请求,依法由有关行政机关处理的活动。《信访条例》第十四条第二款规定:"对依法应当通过诉讼、仲裁、行政复议等法定途径解决的投诉请求,信访人应当依照有关法律、行政法规规定的程序向有关机关提出。"该条例第二十一条第一款第(一)项还规定:"对已经或者依法应当通过诉讼、仲裁、行政复议等法定途径解决的,不予受理,但应当告知信访人依照有关法律、行政法规规定程序向有关机关提出。"据此,对于能够通过诉讼、仲裁、行政复议等法定途径解决的事项,信访途径是排斥的;基于同样理由,对于信访工作机构处理信访事项的行为、不履行《信访条例》规定的职责的行为,或者行政机关依据《信访条例》作出的处理意见、复查意见、复核意见和不再受理决定,行政复议和诉讼途径亦是排斥的。

——最高人民法院第四巡回法庭编:《最高人民法院第四巡回法庭典型行政案件裁判观点(2017—2018)》,法律出版社2020年版,第3、5页。

101 信访办理行为特殊情形下的可诉性

关键词｜受案范围｜信访办理行为｜可诉行政行为｜

【最高人民法院裁判案例】

马恩本诉黑龙江省嫩江县人民政府不履行发放安置补偿款法定职责案［最高人民法院(2015)行提字第33号行政裁定书］

要旨：如果信访答复意见、复查意见或者复核意见否定了既往的处理意见，作出新的处理决定，对当事人的权利义务作出了不同于既往处理意见的新的安排，实质是对公民、法人或者其他组织的权利义务产生了新的实际影响，在此情形下，无论是信访答复意见，还是信访复查意见、信访复核意见，均应当属于行政诉讼的受案范围。

行政机关针对当事人的申诉作出的答复意见，内容仍然是坚持既往的处理意见，对公民、法人或者其他组织的权利义务没有产生实际影响的信访答复意见，以及相应的复查意见、复核意见，均不属于行政诉讼的受案范围。但是，如果信访答复意见、复查意见或者复核意见否定了既往的处理意见，作出新的处理决定，对当事人的权利义务作出了不同于既往处理意见的新的安排，实质是对公民、法人或者其他组织的权利义务产生了新的实际影响，在此情形下，无论是信访答复意见，还是信访复查意见、信访复核意见，均应当属于行政诉讼的受案范围。本案中，黑河市政府作出的黑市政信复核决字〔2011〕第12号《关于马恩本信访事项的复核意见书》，撤销了嫩江县政府作出的《关于马恩本同志信访事项的复查决定》，要求嫩江县政府负责协调，将调整后的补偿款交给移民接收地。黑河市政府的信访复核意见，是对马恩本申诉事项作出的新的处理，对马恩本的权利义务作出了新的安排，已经对其权利义务产生了新的实际影响，应当属于行政诉讼的受案范围。

——中国裁判文书网，https://wenshu.court.gov.cn/。

王景彬诉辽宁省人民政府驳回行政复议申请案［最高人民法院(2015)行监字第43号行政裁定书］

要旨：信访答复意见、复核意见并非都是“驳回当事人对行政行为提起申诉的重复处理行为”，只有对当事人权利义务不产生实际影响的重复处理性质的信访答复意见、复核意见，才是不能申请复议、不可诉的行为；如果信访答复意见、复核意见对当事人的权利义务作出了新的处理，则属于可以申请行政复议、提起行政诉讼的新的行政决定。

根据行政复议法第六条规定，公民、法人或者其他组织认为行政机关的行政行为侵犯其合法权益的，属于行政复议的受案范围。故不会对当事人的权利义务产生不利影响的行政行为，不属于行政复议的受案范围。因此，信访复核答复意见如果只是重复下级行政机关之前的处理意见，未对当事人设定新的权利义务的，属于对当事人权利义务不产生实际影响的行政行为，该行政行为不属于行政复议的受案范围。但是，如果信访复核答复意见对当事人设定了新的权利义务，事实上成为一个新的行政处理决定，则属于行政复议的受案范围。本案中，辽宁省公安厅作出的《复核意见书》并非简单重复之前的行政处理，而是明确对王景彬请求确认赔偿的有关问题，作出了新的处理意见：(1)要求赔偿 75 平方米红松原木经济损失无依据；(2)落叶松差价 1.5 万元返还给本人；(3)扣押的办公用品作价返还给本人；(4)公安机关收审过甄宝军并收缴 1.7 万元挪用无依据；(5)其他的赔偿问题通过法律渠道解决。这几条意见是辽宁省公安厅对王景彬信访事项作出的新的处理意见，对王景彬的权利义务产生了实际影响，应属于行政复议受案范围。辽宁省政府以辽宁省公安厅作出的《复核意见书》不属于行政复议受案范围为由，驳回王景彬的复议申请，其理由不当，应予纠正。《信访条例》第三十五条第三款关于"信访人对复核意见不服，仍然以同一事实和理由提出投诉请求的，各级人民政府信访工作机构和其他行政机关不再受理"的规定，仅仅适用于信访人的"信访"投诉申请，并不适用于信访人依法申请行政复议的情形。

——中国裁判文书网，https://wenshu.court.gov.cn/。

【最高人民法院参考案例】

张真常诉江西省定南县岿美山镇人民政府信访事项办理意见案(行政审判案例第 123 号)

要旨：对于行政机关以信访答复的形式行使《信访条例》规定之外行政管理法上职权的行为，不能因其在信访程序中作出而排除于行政诉讼受案范围。

三、运用裁判要旨应当注意的问题

应当在正确把握处理信访事项行为特征的基础上，合理甄别以信访答复形式履行行政管理职责的行为，从而对被诉信访答复的可诉性准确判断。如果信访事项办理意见没有对相对人的权利义务造成实际影响，如仅是答复"转由某某机关处理""对某某建议、咨询的解释、说明"等，则该信访事项办理意见不能成为诉讼对象。反之，如经审查该信访办理意见是"以信访答复之名行行政管理职权之实"，完全具备可诉具体行政行为的基本特征，即使是以信访形式进行答复，也应纳入行政诉讼受案范围,通过司法程序进行审查。

——中华人民共和国最高人民法院行政审判庭编:《中国行政审判案例》(第4卷),中国法制出版社2012年版,第12、16页。

【链接：最高人民法院法官著述】

需要注意的是,一是要准确把握信访办理行为的概念。在司法实践中,有的公民、法人或者其他组织向行政机关提出履行法定职责的申请,有的行政机关会作出信访事项告知书、信访答复意见书等。对于公民依法要求行政机关履行法定职责,行政机关作出的上述告知书、意见书,应当对其内容进行审查,不能一概认定为信访行为。人民法院经审查,对于政府的信访答复中具有可能影响公民合法权益,对公民权利义务产生不利影响的内容的,应当属于可诉的行政行为。

——梁凤云:《行政诉讼法司法解释讲义》,人民法院出版社2018年版,第21页。

信访答复意见、复查意见、复核意见,未对当事人的权利义务作出新的处理,只是重复确认既往处理意见的,属于对当事人权利义务不产生实际影响的行政行为,不属于行政复议的受案范围。但是,如果信访答复意见、复查意见或者复核意见,全部或者部分否定既往的处理结果,对当事人的权利义务作出新的处理,则属于新的行政行为,属于可申请复议的行政行为。本案中,辽宁省公安厅作出的《复核意见书》改变了既往的处理意见,对王景彬的权利义务作出新的处理,属于行政复议的受案范围,一、二审法院以该《复核意见书》属于对当事人权利义务不产生实际影响的重复处理行为为由,判决驳回王景彬对辽宁省政府驳回复议申请的复议决定的诉讼请求,理由不当。①

——最高人民法院第二巡回法庭编著:《行政典型案例及审判经验》,人民法院出版社2019年版,第5页。

102 对于信访事项，不能提起履责之诉

关键词 | 受案范围 | 信访事项 | 不履行职责 |

① 具体参见王景彬诉辽宁省人民政府驳回行政复议申请案[最高人民法院(2015)行监字第43号行政裁定书]。——编者注

【最高人民法院裁判案例】

谢伯玉等137人诉湖南省城步苗族自治县人民政府养老保险待遇案[最高人民法院(2017)最高法行申6506号行政裁定书]

要旨:实质诉求是对信访事项不服的不属于行政诉讼受案范围。

当事人对信访事项不服,提起行政诉讼,只要有关该信访事项的行政行为未对当事人的权利义务产生实际影响,就不属于行政诉讼的受案范围。当事人为了规避有关信访事项处理的行政行为不属于行政诉讼受案范围的规定,将对信访事项处理结果不服,转变为请求行政机关履行法定职责案件提起诉讼,其实质仍然是对信访事项的处理结果不服提起的诉讼,人民法院应当按照其实质诉求,依法作出处理。本案中,2003年土桥农场体制改革后,原城步劳保局已经按照44号文件规定,将农场管理区相关退休人员纳入国有农垦企业职工基本养老保险。2012年谢伯玉等9名水泥厂退休人员请求城步人社局将其纳入城镇企业基本养老保险,实质是对已经办理的退休待遇不服提出的申诉。城步人社局作出信访答复意见,认为按照44号文件规定,不能支持其请求。后经信访复查、复核程序,邵阳人社局、湖南人社厅均驳回其信访请求。2015年8月,谢伯玉等人又以城步县政府为被告,提起本案行政诉讼,请求判令将其纳入城镇企业基本养老保险,实质仍然是对信访事项不服提起的诉讼。根据上述规定,谢伯玉等人的起诉事项不属于行政诉讼的受案范围,一、二审裁定驳回其起诉,并无不当。

——中国裁判文书网,https://wenshu.court.gov.cn/。

翁少华诉江苏省东台市人民政府、江苏省东台市富安镇人民政府其他行政管理案[最高人民法院(2017)最高法行申682号行政裁定书]

要旨:行政相对人基于信访答复意见提起的不履行职责等诉讼,不宜纳入行政诉讼受案范围。

行政机关应当依法履行法定职责,不履行法定职责的,应当承担相应的责任。但这并不意味着行政机关所有不履行职责的行为都属于行政诉讼受案范围,也不意味着人民法院能够通过司法审查方式来监督行政机关履行所有其应尽的职责和义务。由于行政权的复杂性以及行政职责来源的多样性,人民法院对行政机关不履行职责行为是否应予司法监督和审查,要结合行政机关行使行政权力的性质以及相应职责的不同来源予以综合判断,同时还要考虑当事人申请履行职责所保护的权利是否属于行政诉讼法保护的权利范围和权利种类。本案中,信访复核意见所处理的纠纷，本质上是事业单位与其工作人员之间因工资、社会保险等引发的纠纷，本身并不属于行政诉讼的受案范围。翁少华诉请东台市政府和富安镇政府履行的相关义务，也非来源于法律规定，而系上级行政机关的信访复核意见中的要求。如人民法院将此类案件纳入行政诉讼受案范围，则必然会涉及对信访复核意见合法性的评价以及对下级行政机关是否履行了信访复核意见的内容的判断等，此实际上是将信访事项又重新导入司法诉讼程序，最终可能形成信访和诉讼的不正当循环，因此人民法院原则上不应将信访事宜纳入行政诉讼受案范围。且当事人既然已经选择通过信访方式来维护权利，对信访复核意见是否满意、是否全部得到落实，仍应通过信访程序来解决；《信访条例》第三十六条、第三十八条等条款，对相关情形的处理也均作了具体明确的规定。

——中国裁判文书网，https://wenshu.court.gov.cn/。

【链接：最高人民法院法官著述】

在司法实践中，有的公民向信访机关提出申请，信访机关不予答复的，公民是否可以提出履责之诉？一种意见认为，信访机关属于行政机关，依照《信访条例》的规定，依法负有作出信访答复的义务。因此，应当允许公民提起履责之诉。另一种意见认为，不应当允许提起信访事项的履责诉讼。……一般而言，可诉的行政行为，作为行为如果不具有可诉性，不作为行为也不具有可诉性。例如，公务员要求行政机关对其作出奖励，因行政机关的“奖惩任免”决定不具有可诉性，所以，公务员要求作出奖励决定，行政机关不作为的，亦不能提起行政诉讼。同理，公民对信访机关不作为的，也不能提起履责之诉。

——梁凤云：《行政诉讼法司法解释讲义》，人民法院出版社2018年版，第21—22页。

10. 不产生实际影响的行为

103 不产生实际影响的行为的认定

关键词 | 受案范围 | 不产生实际影响 | 观念通知 |

【链接：最高人民法院法官著述】

是否产生法律上的效果，是行政行为的重要特征之一。可诉性的行政行为必须是行政机关作出的发生法律效果的行为，也就是对行政相对人的权利义务关系产生调整作用。如果行政机关的行为并不产生法律上的效果，则不具备行政行为的特征，亦不属于行政诉讼的受案范围。不产生实际影响的行为属于观念通知。观念通知是大陆法系行政法学的一个重要概念，主要是指行政机关针对行政相对人作出的不发生法律效果的行为。这类行为与行政行为之间的主要区别在于行政机关的行为是否对行政相对人的申请有所批准或者有所驳回。一般而言，行政机关作出的告诫、劝告、建议、通知、初步意见等观念通知行为，属于不发生法律效果的事实行为。较为典型的观念表示是行政机关就某一事件的真相以及处理经过的阐述，该类行为并没有影响到行政相对人的权利义务关系，所以并非可诉的法律行为。例如，行政机关在作出关于某一事件的处理决定后，向社会公众公布处理结果，即为不发生法律效果的观念表示行为。

——本书编委会编：《行政诉讼法及司法解释关联理解与适用》（上），中国法制出版社 2018 年版，第 115 页。

104 将房屋所在小区认定为棚户区的行为，没有对行政相对人的权利产生实质性影响或造成实际的损害

关键词｜受案范围｜实际影响｜

【最高人民法院裁判案例】

陈中杰等人诉郑州市人民政府行政行为案［最高人民法院（2017）最高法行申 3276 号行政裁定书］

要旨：行政机关对行政相对人房屋所在的小区认定为棚户区的行为，没有对其权益产生实质性影响或造成实际的损害，不属于行政诉讼受案范围。

本案中，陈中杰等人的诉讼请求为确认郑州市人民政府将其房屋所在小区认定为棚户区的行为违法，认为其房屋所在小区被认定为棚户区后造成其房屋被出于公共利益予以征收改造，征收补偿标准显著低于周边房地产的市场价格，对其产生了实际影响。经一审法院查明，2011 年 6 月 3 日郑州市人民政府作出《关于下达 2011 年度第一批棚户区改造计划的通知》，通知所辖各区人民政府及相关部门决定将包括案涉南阳路 180 号粮机家属院在内的 9 个项目纳入棚户区改造计划，内容中未涉及具体征收及补偿标准，亦未向陈中杰等人送达。被认定为棚户区后，

陈中杰等人依然在其房屋中正常居住和生活，并没有因房屋所在小区被认定为棚户区而改变对其房屋的占有和使用状态。可见，郑州市人民政府将陈中杰等人房屋所在小区认定为棚户区的行为，没有对陈中杰等人的权利产生实质性影响或造成实际的损害。2013 年 11 月 22 日，郑州市惠济区人民政府作出《郑州市惠济区人民政府关于对国有土地上房屋征收决定的通知》，并据此对陈中杰等人的房屋进行征收拆迁。因此，对外发生法律效力的应是《郑州市惠济区人民政府关于对国有土地上房屋征收决定的通知》，而非《关于下达 2011 年度第一批棚户区改造计划的通知》；对陈中杰等人的权利产生实质性影响的是郑州市惠济区人民政府的征收行为，而非郑州市人民政府将陈中杰等人房屋所在小区认定为棚户区的行为。一、二审法院以此为由认定陈中杰等人本案的起诉不属于人民法院行政诉讼受案范围，并无不当。陈中杰等人主张其所在小区被认定为棚户区的行为是郑州市惠济区人民政府作出征收决定的依据，直接导致其房屋被征收，缺乏事实依据。

关于陈中杰等人提出的其房屋所在小区被认定为棚户区导致其房屋价值被人为降低的主张，首先，郑州市人民政府虽将陈中杰等人房屋所在小区认定为棚户区，但并没有实际对其房屋进行征收拆迁，不存在人为降低房屋价值的情形。其次，陈中杰等人已就《郑州市惠济区人民政府关于对国有土地上房屋征收决定的通知》提起了行政诉讼，该案河南省高级人民法院（2016）豫申字 1222 号驳回再审申请通知已向陈中杰等人释明，涉案房屋被拆除后至今未能安置和补偿，郑州市惠济区人民政府在作出补偿行为时应当参照现行的房屋市场价格，依法作出符合市场价值及合理的补偿决定，进行妥善安置和补偿。因此，陈中杰等人此项申请理由亦缺乏事实依据，不能得到支持。陈中杰等人如果就涉案房屋的拆除及补偿问题产生争议，可依法寻求救济途径。

——中国裁判文书网，https://wenshu.court.gov.cn/。

105 建设项目选址意见书是否属于行政复议或行政诉讼受案范围

关键词｜受案范围｜不产生实际影响｜

【最高人民法院裁判案例】

许卓云诉江西省南昌市人民政府行政复议案［最高人民法院（2019）最高法行申 10485 号行政裁定书］

要旨：选址意见书对项目实施涉及的房屋、土地权利不产生实际影响，亦不会对安置补偿权利产生实际影响。

根据城乡规划法第三十六条第一款的规定,按照国家规定需要有关部门批准或者核准的建设项目,以划拨方式提供国有土地使用权的,建设单位在报送有关部门批准或者核准前,应当向城乡规划主管部门申请核发选址意见书。选址意见书系城乡规划部门根据建设单位申请依法出具的意见,其目的在于为相关部门批准或核准建设项目提供决策参考,本身并不直接决定建设项目的实施与否,故对项目实施涉及的房屋、土地权利不产生实际影响,亦不会对再审申请人的安置补偿权利产生实际影响。034 号《建设项目选址意见书》不属于行政复议的受案范围,亦不属于行政诉讼的受案范围。

——中国裁判文书网,https://wenshu.court.gov.cn/。

106 诉请撤销临时工作机构的行为,不属于行政诉讼受案范围

关键词｜受案范围｜临时工作机构｜

【最高人民法院裁判案例】

湖北鑫天地房地产开发有限公司、李景平诉湖北省广水市人民政府履行法定职责案[最高人民法院(2020)最高法行申 8568 号行政裁定书]

要旨:行政机关为了完成某一项临时任务或者专门工作的需要,设置临时工作机构的行为,属于该行政机关内部行政管理方面的事务,设置或者撤销临时工作机构的行为对当事人的权利义务不产生影响,不属于人民法院行政诉讼的受案范围。

《最高人民法院关于适用〈中华人民共和国行政诉讼法〉的解释》第一条第二款第(十)项规定,对公民、法人或者其他组织权利义务不产生实际影响的行为不属于人民法院行政诉讼的受案范围。该法第二十条第一款规定,行政机关组建并赋予行政管理职能但不具有独立承担法律责任能力的机构,以自己的名义作出行政行为,当事人不服提起诉讼的,应当以组建该机构的行政机关为被告。本案中,湖北鑫天地公司、李景平认为广水市政府成立"广水市鑫世纪花园维稳工作领导小组"侵犯其合法权益,诉请判令广水市政府履行法定职责,即撤销"广水市鑫世纪花园维稳工作领导小组"。行政机关为了完成某一项临时任务或者专门工作的需要,设置临时工作机构的行为,属于该行政机关内部行政管理方面的事务,设置或者撤销临时工作机构的行为对当事人的权利义务不产生影响,不属于人民法院行政诉讼的受案范围。

——中国裁判文书网,https://wenshu. court. gov. cn/。

107 补发证书行为的可诉性

关键词｜受案范围｜补发证书｜

【最高人民法院裁判案例】

游万全、郑婉静诉浙江省人民政府经贸行政许可案［最高人民法院(2016)最高法行申311号行政裁定书］

要旨:补发证书相对于原证书而言,应当保持原证书各记载事项不变动。如果补发证书记载的各事项与原证书记载事项完全一致,则补发证书行为对利害关系人的权利义务不产生新的影响,不具有可诉性;如果补发证书记载的各事项与原证书记载事项不完全一致,发生变动,则补发证书的变动部分可能对利害关系人的权利义务产生新的影响,利害关系人可以对该补发证书行为提起行政诉讼。

关于补发证书行为的可诉性。在原批准证书损毁、遗失等情况下,颁证机关可以根据权利人的申请补发批准证书。补发证书相对于原证书而言,应当保持原证书各记载事项不变动。如果补发证书记载的各事项与原证书记载事项完全一致,则补发证书行为对利害关系人的权利义务不产生新的影响,不具有可诉性;如果补发证书记载的各事项与原证书记载事项不完全一致,发生变动,则补发证书的变动部分可能对利害关系人的权利义务产生新的影响,利害关系人可以对该补发证书行为提起行政诉讼,人民法院应当受理,但审理范围应限于补发证书记载事项的变动部分。就涉案批准证书而言,各方当事人对补发证书的正本、副本与原证书的正本、副本一致这一事实不持异议,争议点是涉案批准证书的存根是否属于批准证书的组成部分,批准证书存根部分法定代表人事项信息的变动是否属于批准证书的变动等问题。商务部2003年11月3日下发的《关于启用2004年新版外商投资企业和台港澳侨投资企业批准证书及存根的通知》(商资函〔2003〕642号)第六条明确新版批准证书为正本一份,副本两份,存根一份。据此,存根是台港澳侨投资企业批准证书的组成部分,存根记载事项的变动,属于批准证书的变动,如果该变动事项对相对人的权利义务产生新的影响,属于可诉行为。

——中国裁判文书网,https://wenshu. court. gov. cn/。

108 12345 热线受理转办投诉事项行为是否可诉

关键词｜受案范围｜投诉｜

【最高人民法院裁判案例】

刘曙萍诉确认受理转办投诉事项行为无效案［最高人民法院（2019）最高法行申 449 号行政裁定书］

要旨：受理转办投诉事项行为，属于内部运行的程序性行为，并不具有终局性及外部法律效力，对当事人的权利义务不产生实际影响，不属于行政诉讼的受案范围。

本案中，广州市 12345 政府服务热线由广州市人民政府设立，通过整合全市各类非紧急类政府服务专线，以便民、智能、高效为服务理念，为公众提供政务咨询、民生诉求、政民互动、投诉举报、效能监察等公共服务；该热线对相关咨询、投诉举报和建议事项受理并进行分类处理后，交由承办单位办理。被诉的受理转办投诉事项行为，属于内部运行的程序性行为，并不具有终局性及外部法律效力，对再审申请人的权利义务不产生实际影响，不属于行政诉讼的受案范围。

——中国裁判文书网，https://wenshu. court. gov. cn/。

11. 其他

109 诉请确认行政机关伪造证据行为违法，不属于行政诉讼受案范围

关键词｜受案范围｜伪造证据｜

【最高人民法院裁判案例】

柞水县超群獭兔繁育场诉陕西省柞水县人民政府确认伪造证据行为违法及行政赔偿案［最高人民法院（2020）最高法行申 12301 号行政裁定书］

要旨：对证据的认定是通过对外生效的法律文书产生法律效果的，对证据相关问题的异议也需通过对生效法律文书的异议实现。

根据再审申请人超群繁育场起诉所称内容，再审申请人认为再审被申请人柞水县政府成立的柞水县两路办在征地补偿工作及相关诉讼中，伪造证据，侵犯其合法权益，请求法院确认伪造证据行为违法并赔偿其损失。一般而言，证据是认定事

实的依据，事实是作出行政决定或者司法裁判的基础，当事人对行政机关作出的行政决定或者人民法院作出的判决、裁定中关于证据的认定有异议，应当通过对该行政决定或者判决、裁定申请救济来实现，而非专门针对相关证据举证、认证行为寻求救济，也就是说，对证据的认定是通过对外生效的法律文书产生法律效果的，对证据相关问题的异议也需通过对生效法律文书的异议实现。因此，本案再审申请人认为再审被申请人伪造证据导致其补偿权益受损，应通过对相关司法裁判进行救济或者提起诉讼请求再审被申请人依法履行征收补偿职责，而不能提起行政诉讼请求确认伪造证据行为违法。一、二审法院认定本案起诉不属于行政诉讼受案范围，裁定驳回再审申请人的起诉和上诉，其结果并无不当。

——中国裁判文书网，https://wenshu.court.gov.cn/。

110 历史遗留的落实政策性质的房地产纠纷不属行政诉讼受案范围

关键词 | 受案范围 | 历史遗留问题 |

【最高人民法院司法文件】

三、凡不符合民事诉讼法、行政诉讼法有关起诉条件的属于历史遗留的落实政策性质的房地产纠纷，因行政指令而调整划拨、机构撤并分合等引起的房地产纠纷，因单位内部建房、分房等而引起的占房、腾房等房地产纠纷，均不属于人民法院主管工作的范围，当事人为此而提起的诉讼，人民法院应依法不予受理或驳回起诉，可告知其找有关部门申请解决。

——《最高人民法院关于房地产案件受理问题的通知》（1992年11月25日，法发〔1992〕38号）。

【最高人民法院裁判案例】

唐述鑫诉江苏省南京市鼓楼区人民政府行政赔偿案［最高人民法院（2017）最高法行申5号行政裁定书］

要旨：对社会主义改造等历史遗留的落实政策性质的房地产纠纷，不属于人民法院主管工作的范围。

根据行政诉讼法第四十九条第（四）项、《最高人民法院关于适用〈中华人民共和国行政诉讼法〉若干问题的解释》第三条第一款第（一）项规定，公民、法人或者其他组织提起行政诉讼，应当属于人民法院的受案范围，对已经立案但不符合起诉条件的，应当裁定驳回起诉。根据《最高人民法院关于房地产案件受理问题的通知》第三条规定，参照《城乡建设环境保护部印发〈关于城市私有出租房屋社会主义改造遗留问题的处理意见〉的通知》，对社会主义改造等历史遗留的落实政策性质的房地产纠纷，不属于人民法院主管工作的范围，当事人为此而提起的诉讼，人民法院应依法不予受理或驳回起诉。本案中，原南京市下关区房产经营公司 1997 年 11 月 24 日向唐述鑫作出的“关字 7 号通知”，其主要内容为：根据南京市人民政府宁政发〔1996〕243 号文件规定，决定自 1997 年 12 月 1 日起将坐落在栅栏门 28 号 34.2 平方米房屋的产权退还给产权人尤刘氏自行管理，通知你户与房主建立租赁关系，原公有住房租赁合约自即日起作废。上述“关字 7 号通知”，是对经社会主义改造后退还产权的城市私有房屋相关租赁关系的处理，唐述鑫起诉要求确认该通知违法并赔偿损失，根据上述法律、司法解释的规定，依法不属于人民法院主管工作的范围。一审法院裁定驳回起诉，二审法院裁定驳回上诉、维持原裁定，并无不当。唐述鑫诉请解决的原公有住房租赁合约解除后的住房保障问题，应依法向有关部门申请解决，由有关部门依法处理。

——中国裁判文书网，https://wenshu.court.gov.cn/。

【链接：最高人民法院法官著述】

“历史遗留问题”并非法律术语，但在我国政府行政规范性文件中经常使用。人们通常用历史遗留问题界定时间跨度比较长，情况相对复杂，无法完全按照现行的法律规范处理的棘手社会问题。在新中国建立和发展的整个进程中，由于体制变迁而造成的，在现实制度体系中无法有效确认或保障的土地历史遗留问题。这些问题产生于特定历史变迁的背景下，受国家土地制度调整的影响，其合法性在现行制度框架下存在模糊，需要从我国的实际情况出发，通过一些特殊的政策来解决。对于这些需要通过特殊政策而不是通过法律来解决的纠纷，人民法院一般是不予受理的。

在一些省份不同程度地存在着这类土地历史遗留问题，但是这些问题，又不像在房屋管理领域那样突出，全国各地普遍存在着落实城镇私房政策的问题。并且，随着各地出台的一些政策，使得这些历史遗留问题逐步得到解决，可以说这类问题越来越少。因此，审判委员会讨论时，还是认为这条没有必要规定，人民法院处理相关案件时，可以依照最高人民关于审理房地产案件的规定来处理。

——江必新主编：《最高人民法院关于审理涉及农村集体土地行政案件若干问题的规定理解与适用》，中国法制出版社 2013 年版，第 25—27 页。

111 国企政策性破产后职工安置不属于行政诉讼的受案范围

关键词｜受案范围｜政策性破产｜

【最高人民法院裁判案例】

罗远佳诉南宁市邕宁区人民政府履行法定职责案[最高人民法院(2021)最高法行申1779号行政裁定书]

要旨:国有企业实施政策性破产后因职工安置问题引发的纠纷,不属于行政诉讼受案范围。

本案系国有企业邕宁县农机一厂实施政策性破产后因职工安置问题引发的纠纷,是企业改制过程中的历史遗留问题,属于国家政策调整范畴,依法不属于行政诉讼受案范围。根据行政诉讼法第四十九条第(四)项"提起行政诉讼应当属于人民法院受案范围"的规定,原裁定驳回罗远佳的起诉,并无不当。

——中国裁判文书网,https://wenshu.court.gov.cn/。

112 农村老电影放映员生活待遇等历史遗留问题不属于行政诉讼受案范围

关键词｜受案范围｜历史政策｜

【最高人民法院裁判案例】

王凤鸣等14人诉徐州市人民政府、徐州市信访局劳动和社会保障行政管理行政行为案[最高人民法院(2017)最高法行申4776号行政裁定书]

要旨:农村老电影放映员生活待遇等历史遗留问题,产生于过去特定历史时期,争议形成的背景相对复杂,大多因当时的法律、行政法规不健全而导致,或者问题本身就是由当时的政策性规定而引起。由于该类历史遗留问题涉及国家对人民群众切身利益相关事项的政策性安排,无法在现行的法律制度框架内进行合法性评价,更加适宜通过行政程序解决。

为强化人民法院对行政行为的监督,有效发挥行政机关职能作用,更好地保护公民、法人和其他组织的合法权益,法律对行政诉讼案件受理范围进行了限定。只有当行政争议在法律规定的受案范围之内,行政相对人才可以提起行政诉讼。行政诉讼法自1990年10月1日施行,对于在此之前发生的行政行为,除非当时的法律明确纳入行政诉讼受案范围的，当事人不能在 1990 年 10 月 1 日后根据行政诉讼法的规定提起行政诉讼。对于行政诉讼法施行后发生的行政行为所提起的诉讼，人民法院应当依照行政诉讼法第十二条关于行政诉讼受案范围的规定，依法审查并决定是否予以受理。王凤鸣等 14 人主张，本案应当适用行政诉讼法第十二条第一款第（十）项的规定受理其提出的诉讼。但依据该项规定，所谓行政机关没有依法支付社会保险待遇的情形，是指依据社会保险法等法律、行政法规应当支付社会保险待遇，但社会保险机构违反上述规定不予支付、侵犯行政相对人社会保险权益的行为。社会保险是一种缴费性的社会保障。根据社会保险法的规定，只有相关缴费义务主体履行了缴纳各项社会保险费的义务，劳动者才能依法享受相应的养老、医疗、失业、工伤、生育等社会保险待遇。也只有在依法享有上述权利的前提下，当事人才能依照行政诉讼法第十二条第一款第（十）项规定以行政机关没有支付社会保险待遇为由提起行政诉讼。王凤鸣等 14 人提起本案诉讼，主张其自 1970 年初开始从事农村电影放映工作，并以此为据要求徐州市人民政府为其办理社会养老保险。此类关于解决历史遗留问题的诉求，并非行使社会保险法等法律、行政法规所赋予的要求支付社会保险待遇的权利，不属于行政诉讼法第十二条第一款第（十）项所规定的可以提起行政诉讼的事项。

诸如本案所涉农村老电影放映员生活待遇等历史遗留问题，产生于过去特定历史时期，争议形成的背景相对复杂，大多因当时的法律、行政法规不健全而导致，或者问题本身就是由当时的政策性规定而引起。由于该类历史遗留问题涉及国家对人民群众切身利益相关事项的政策性安排，无法在现行的法律制度框架内进行合法性评价，更加适宜通过行政程序解决。因此，王凤鸣等 14 人所主张的作为农村老电影放映员的生活待遇等历史遗留问题，需要由当地政府及其行政主管部门结合本地实际情况研究制定具体实施方案，采取有效措施予以妥善解决。人民法院对行政机关行使职权行为的监督，应当依照行政诉讼法的规定进行。由于法律规范并未将行政机关对本案所涉历史遗留问题的处理纳入可诉行政行为之列，故王凤鸣等 14 人提出的要求法院判令徐州市人民政府为其办理社会养老保险、确认徐州市信访局徐信联办〔2013〕200 号文件无效等方面的诉讼请求，不属行政诉讼的受案范围。本案中，王凤鸣等 14 人还主张其至今仍在从事电影放映工作，如其系在现行劳动用工体制下形成与有关单位的劳动关系，或者系基于劳务合同继续从事电影放映工作且相关权益遭受侵害，其可依法另行主张权利。

——中国裁判文书网，https://wenshu.court.gov.cn/。

113 行政机关完全依据政策进行决策的行为，对其无法进行合法性审查，不属行政诉讼受案范围

关键词 | 受案范围 | 历史政策 |

【最高人民法院裁判案例】

张光诉吉林省伊通满族自治县人民政府辞退民办教师行为案[最高人民法院(2017)最高法行申2245号行政裁定书]

要旨：人民法院审理行政案件，对行政行为是否合法进行审查。行政机关完全依据政策进行决策的行为，人民法院无法对其合法性进行审查，不属于行政诉讼的受案范围。

行政诉讼法第四十九条第(四)项规定，提起诉讼应当属于行政诉讼的受案范围。第六条规定，人民法院审理行政案件，对行政行为是否合法进行审查。行政机关完全依据政策进行决策的行为，人民法院无法对其合法性进行审查，不属于行政诉讼的受案范围。本案中，伊通县政府对张光的口头辞退行为，是根据国家有关民办教师清理政策规定，结合当地实际，作出的政策性处理行为，人民法院对该行为无法进行合法性审查，本案不属于行政诉讼的受案范围。一、二审裁定对张光的起诉不予立案，并无不当。张光申请再审主张，依据96号文件，张光是定向培养的民办教师，伊通县政府口头予以辞退违法。而本案一、二审系裁定不予立案，辞退行为是否违法并不属于一、二审审理范围，以此为由申请再审，理由不能成立。

——中国裁判文书网，https://wenshu.court.gov.cn/。

四、特殊情形

114 公证行为不具有可诉性

关键词 | 受案范围 | 公证行为 |

【最高人民法院裁判案例】

徐崇阳、乔丽诉武汉市人民政府、武汉市司法局、武汉市江汉区人民政府、武汉市江汉区司法局、湖北省武汉市中星公证处行政不作为及行政赔偿案[最高人民法院(2019)最高法行申495号行政裁定书]

要旨:无论在公证法实施之前,还是实施之后,公证机构作出的公证行为,属于一般证明性质,在诉讼中仅作为一种证据来对待,均不具有可诉性。

2006年3月1日实施的公证法将公证机构的性质定位于独立承担民事责任的证明机构,明确公证行为系依照法定程序对民事法律行为、有法律意义的事实和文书的真实性、合法性予以证明的活动。公证内容的争议属于民事争议,应当通过民事诉讼途径解决,因公证行为造成损害的,公证机构及其公证员承担民事赔偿责任。故公证法实施后,已明确公证行为不属于行政行为,不具有可诉性。因此,无论在公证法实施之前,还是实施之后,公证机构作出的公证行为,属于一般证明性质,在诉讼中仅作为一种证据来对待,均不具有可诉性。

——中国裁判文书网,https://wenshu.court.gov.cn/。

【链接:最高人民法院法官著述】

我们认为,公证法颁布之后,对于公证机构的职能、公证行为的性质以及公证行为造成损害的情形作了比较明确的规定。据此,公证行为不属于行政行为,也不属于准行政决定,不具有可诉性。理由主要有以下几个:一是公证机关的性质定位于承担民事责任的证明机构。例如,根据公证法第六条的规定,公证机构是依法设立,不以营利为目的,依法独立行使公证职能、承担民事责任的证明机构。二是公证行为定位于民事行为。对于公证行为的性质,公证法第二条规定,公证是公证机构根据自然人、法人或者其他组织的申请,依照法定程序对民事法律行为、有法律意义的事实和文书的真实性、合法性予以证明的活动。三是对于公证内容的争议属于民事争议，通过民事诉讼途径解决。对于公证的内容如果存在争议的，公证法第四十条规定，当事人、公证事项的利害关系人对公证书的内容有争议的，可以就该争议向人民法院提起民事诉讼。四是对于公证行为造成损害的，公证机关及其公证员承担民事赔偿责任。公证法第四十三条规定，公证机构及其公证员因过错给当事人、公证事项的利害关系人造成损失的，由公证机构承担相应的赔偿责任；公证机构赔偿后，可以向有故意或者重大过失的公证员追偿。当事人、公证事项的利害关系人与公证机构因赔偿发生争议的，可以向人民法院提起民事诉讼。五是域外一些国家的司法实践也认为公证行为不属于可诉的行政行为。

——江必新、梁凤云：《行政诉讼法理论与实务（第三版）》（上），法律出版社2016年版，第362页。

115 催告行为的可诉性

关键词 | 受案范围 | 催告行为 |

【链接：最高人民法院法官著述】

催告行为是一个准行政行为，当事人对催告通知有异议，可以向催告的行政机关提出申辩。通常情况下，催告行为是不可诉的，当事人不服提起行政诉讼，人民法院应当不予受理。其理由是：通常催告行为并不增加当事人新的权利义务，只是通知当事人按照已经生效的行政决定所确定的义务限期履行。根据《若干解释》第一条第二款第（六）项规定，“对公民、法人或者其他组织权利义务不产生实际影响的行为”不属于人民法院行政诉讼的受案范围。先行催告通知只是重复已经生效的行政决定给当事人确定的义务，没有对当事人的权利义务产生实际影响，因此不可诉。

但是，催告行为不可诉也不是绝对的。例外的情况是：催告行为改变了生效行政决定确定的义务主体、内容等，当事人的权利义务因催告行为发生变化，经陈述申辩，行政机关仍不予采纳，此时当事人起诉催告行为，应当属于人民法院受案范围。理由是：这时的催告行为不再是对行政决定确定的行政义务的简单重复督促履行，它改变了行政决定的实体内容，构成了一个新的具体行政行为，对当事人的权利义务产生了实际影响，该行为不再是形式意义上的催告通知，不是一个准行政行为，应当属于可诉的行政行为。应当注意的是，当事人对催告行为提起行政诉讼的，必须初步证明催告行为的催告履行的行政法义务，与行政决定确定的行政法义务存在不同之处，催告行为侵犯了行政决定未包含的当事人合法权益。所谓初步证明责任，仅是需要当事人就催告行为与行政决定确定的义务表面存在不同即可，无须证明催告行为确实影响或者侵害了其行政决定内容之外的合法权益，“确实侵害”这个事实应当在进入行政诉讼程序之后，通过实体审查予以查清，而不是在起诉阶段就要求原告举证证明属实，否则，原告对催告行为的起诉条件就成了必须证明其有胜诉的绝对把握，这是不符合诉讼原理的。

——最高人民法院行政强制法研究小组编著：《〈中华人民共和国行政强制法〉条文理解与适用》，人民法院出版社2011年版，第199—200页。

116 行政许可核准类里的检验、检测、检疫行为不可诉

关键词｜受案范围｜检验｜检测｜检疫｜

【链接：最高人民法院法官著述】

如果行政许可申请人对行政许可核准类里的检验、检测、检疫等行为不服，向人民法院提起行政诉讼，检验、检测、检疫行为是否属于可诉的行政许可？根据行政诉讼法和行政许可法的规定，检验、检测、检疫行为不可诉。理由为，依据行政许可法第五十五条规定：“实施本法第十二条第四项所列事项的行政许可的，应当按照技术标准、技术规范依法进行检验、检测、检疫，行政机关根据检验、检测、检疫的结果作出行政许可决定。行政机关实施检验、检测、检疫，应当自受理申请之日起5日内指派两名以上工作人员按照技术标准、技术规范进行检验、检测、检疫。不需要对检验、检测、检疫结果作进一步技术分析即可认定设备、设施、产品、物品是否符合技术标准、技术规范的，行政机关应当当场作出行政许可决定。行政机关根据检验、检测、检疫结果，作出不予行政许可决定的，应当书面说明不予以行政许可所依据的技术标准、技术规范。”可以得出三个结论：第一，检验、检测、检疫本身不是行政许可，但其属于取得行政许可条件。第二，提起行政许可申请，对需要检验、检测、检疫的，遵守行政许可收取费用的限制性规定。有法律法规的，依法律法规规定执行；无法律法规规定的，按照国际通行做法予以接轨。第三，检验、检测、检疫是取得该核准类行政许可的前置条件，是作出是否准予行政许可的根据。故而检验、检测、检疫本身不可诉。

——杨临萍：《行政许可司法解释理解与适用》，中国法制出版社2010年版，第

54—55 页。

117 价格鉴定、认证行为不可诉

关键词 | 受案范围 | 价格鉴定 | 价格认证 |

【最高人民法院参考案例】

蔡俊杰诉天津市河东区价格认证中心价格鉴定案（行政审判案例第 40 号）

要旨：价格鉴定、认证行为不属于行政诉讼受案范围，对其不服可以依法申请重新鉴定、认证。

被上诉人天津市河东区价格认证中心是依法设立的价格鉴证机构，系事业单位法人，不是行使行政职权的行政机关。依据《价格认证管理办法》第二条的规定，被上诉人所作的价格鉴定行为是其接受各类市场主体及公民的委托，对所提出的各类商品（财产）和有偿服务项目价格进行的公证性认定。当事人对价格鉴定结论有异议，参照《价格认证管理办法》第十八条的规定，可以向认证机构要求补充认证或重新认证。仍然有异议时，可以委托上级价格鉴定机构重新鉴定。

——中华人民共和国最高人民法院行政审判庭编：《中国行政审判案例》（第 2 卷），中国法制出版社 2011 年版，第 1、2 页。

118 货币鉴定行为本身不属于行政诉讼受案范围

关键词 | 受案范围 | 货币鉴定 |

【最高人民法院答复】

天津市高级人民法院：

你院《关于孙宇剑请求撤销中国人民银行天津分行〈货币真伪鉴定书〉一案的请示》收悉，经研究，答复如下：

货币真伪鉴定系中国人民银行或者其委托的国有独资商业银行业务机构对货币的真伪问题实施的科学技术鉴定行为，人民法院难以通过诉讼程序对相关科学技术问题进行合法性审查。因此，货币鉴定行为本身不属于行政诉讼受案范围。人民法院可以在当事人对没收假币行为提起的行政诉讼中对货币真伪鉴定行为作为证据进行审查。

——《最高人民法院关于货币真伪鉴定行为是否可诉的电话答复》(2012 年 5 月 17 日,〔2012〕行他字第 4 号)。

119 劳动能力鉴定结论不具有可诉性

关键词｜受案范围｜劳动能力鉴定结论｜

【最高人民法院裁判案例】

袁景祯诉辽宁省人民政府不履行行政复议法定职责案[最高人民法院(2015)行监字第 95 号行政裁定书]

要旨:劳动能力鉴定委员会实际是一个对专业技术问题进行综合决策的机构,不是行政机关或者法律、法规授权的组织;决策的内容是依据专家组提出的意见对伤残职工的伤残等级这一专业技术性问题作出判断,而非行政职权活动。

根据《工伤保险条例》第二十四条、第二十五条规定,劳动能力鉴定委员会由社会保险行政部门、卫生行政部门、工会组织、经办机构代表以及用人单位代表组成。劳动能力鉴定委员会建立医疗卫生专家库,列入专家库的医疗卫生专业技术人员应当具有医疗卫生高级专业技术职务任职资格、掌握劳动能力鉴定的相关知识。设区的市级劳动能力鉴定委员会收到劳动能力鉴定申请后,应当随机抽取 3 名或者 5 名专家组成专家组,由专家组提出鉴定意见。设区的市级劳动能力鉴定委员会根据专家组的鉴定意见作出工伤职工劳动能力鉴定结论。从上述规定可以看出,劳动能力鉴定委员会实际是一个对专业技术问题进行综合决策的机构,不是行政机关或者法律、法规授权的组织;决策的内容是依据专家组提出的意见对伤残职工的伤残等级这一专业技术性问题作出判断,而非行政职权活动。所以,《工伤保险条例》第二十六条还规定,省、自治区、直辖市劳动能力鉴定委员会作出的劳动能力鉴定结论为最终结论。《人力资源社会保障行政复议办法》第八条第(三)项亦明确规定,公民、法人或者其他组织对劳动能力鉴定委员会的行为不服,不能申请行政复议。据此,辽宁省政府对袁景祯就辽宁省劳动鉴定委员会作出的《鉴定结论通知单》申请行政复议不予受理,于法有据,原审判决驳回原告诉讼请求并无不当。

——中国裁判文书网,https://wenshu.court.gov.cn/。

120 交通事故责任认定行为不可诉

关键词｜受案范围｜交通事故责任认定｜

【最高人民法院裁判案例】

王敏龙诉铜陵市人民政府行政复议案［最高人民法院（2019）最高法行申 4559 号行政裁定书］

要旨：道路交通事故认定书是公安机关交通管理部门对交通事故的成因、责任分担等作出的客观评价，其作为处理交通事故的证据，并非作出的行政行为，不属于行政复议受案范围。

道路交通安全法第七十三条规定，公安机关交通管理部门应当根据交通事故现场勘验、检查、调查情况和有关的检验、鉴定结论，及时制作交通事故认定书，作为处理交通事故的证据。根据该规定，道路交通事故认定书是公安机关交通管理部门对交通事故的成因、责任分担等作出的客观评价，其作为处理交通事故的证据，并非作出的行政行为，不属于行政复议受案范围。故针对道路交通事故认定作出的复核行为，亦不属于行政复议受案范围。

——中国裁判文书网，https://wenshu.court.gov.cn/。

121 火灾事故认定不具有可诉性

关键词｜受案范围｜火灾事故认定｜

【最高人民法院裁判案例】

杨维坤、任素芳诉伊犁哈萨克斯坦自治州公安消防支队、新疆维吾尔自治区公安消防总队火灾事故认定复核决定案［最高人民法院（2016）最高法行申 775 号行政裁定书］

要旨：火灾事故认定作为处理火灾事故的证据，是公安消防机构对火灾产生原因的客观评价，是一种专业技术鉴定行为，本身并不确定当事人的权利义务，不是一种独立的行政行为。

消防法第五十一条第三款规定："公安机关消防机构根据火灾现场勘验、调查情况和有关的检验、鉴定意见，及时制作火灾事故认定书，作为处理火灾事故的证据。"因此，火灾事故认定作为处理火灾事故的证据，是公安消防机构对火灾产生原因的客观评价,是一种专业技术鉴定行为,本身并不确定当事人的权利义务,不是一种独立的行政行为。本案中,杨维坤、任素芳对火灾事故认定复核决定、复核申请不予受理通知不服提起诉讼,不属于行政诉讼受案范围。原审裁定不予立案正确。

——中国裁判文书网,https://wenshu.court.gov.cn/。

122 建设工程消防验收备案结果通知含有消防竣工验收是否合格的评定,不属于技术性验收通知

关键词 | 受案范围 | 消防验收 | 行政确认 |

【最高人民法院指导性案例】

戴世华诉济南市公安消防支队消防验收纠纷案(最高人民法院指导案例59号)

裁判要点:建设工程消防验收备案结果通知含有消防竣工验收是否合格的评定,具有行政确认的性质,当事人对公安机关消防机构的消防验收备案结果通知行为提起行政诉讼的,人民法院应当依法予以受理。

法院生效裁判认为:关于行为的性质。《中华人民共和国消防法》(以下简称《消防法》)第四条规定:"县级以上地方人民政府公安机关对本行政区域内的消防工作实施监督管理,并由本级人民政府公安机关消防机构负责实施。"公安部《建设工程消防监督管理规定》第三条第二款规定:"公安机关消防机构依法实施建设工程消防设计审核、消防验收和备案、抽查,对建设工程进行消防监督。"第二十四条规定:"对本规定第十三条、第十四条规定以外的建设工程,建设单位应当在取得施工许可、工程竣工验收合格之日起七日内,通过省级公安机关消防机构网站进行消防设计、竣工验收消防备案,或者到公安机关消防机构业务受理场所进行消防设计、竣工验收消防备案。"上述规定表明,建设工程消防验收备案就是特定的建设工程施工人向公安机关消防机构报告工程完成验收情况,消防机构予以登记备案,以供消防机构检查和监督,备案行为是公安机关消防机构对建设工程实施消防监督和管理的行为。消防机构实施的建设工程消防备案、抽查的行为具有行使行政职权的性质,体现出国家意志性、法律性、公益性、专属性和强制性,备案结果通知是备案行为的组成部分,是备案行为结果的具体表现形式,也具有上述行政职权的特性,应该纳入司法审查的范围。

关于行为的后果。《消防法》第十三条规定:"按照国家工程建设消防技术标准

需要进行消防设计的建设工程竣工，依照下列规定进行消防验收、备案：……（二）其他建设工程，建设单位在验收后应当报公安机关消防机构备案，公安机关消防机构应当进行抽查。依法应当进行消防验收的建设工程，未经消防验收或者消防验收不合格的，禁止投入使用；其他建设工程经依法抽查不合格的，应当停止使用。”公安部《建设工程消防监督管理规定》第二十五条规定：“公安机关消防机构应当在已经备案的消防设计、竣工验收工程中，随机确定检查对象并向社会公告。对确定为检查对象的，公安机关消防机构应当在二十日内按照消防法规和国家工程建设消防技术标准完成图纸检查，或者按照建设工程消防验收评定标准完成工程检查，制作检查记录。检查结果应当向社会公告，检查不合格的，还应当书面通知建设单位。建设单位收到通知后，应当停止施工或者停止使用，组织整改后向公安机关消防机构申请复查。公安机关消防机构应当在收到书面申请之日起二十日内进行复查并出具书面复查意见。”上述规定表明，在竣工验收备案行为中，公安机关消防机构并非仅仅是简单地接受建设单位向其报送的相关资料，还要对备案资料进行审查，完成工程检查。消防机构实施的建设工程消防备案、抽查的行为能产生行政法上的拘束力。对建设单位而言，在工程竣工验收后应当到公安机关消防机构进行验收备案，否则，应当承担相应的行政责任，消防设施经依法抽查不合格的，应当停止使用，并组织整改；对公安机关消防机构而言，备案结果中有抽查是否合格的评定，实质上是一种行政确认行为，即公安机关消防机构对行政相对人的法律事实、法律关系予以认定、确认的行政行为，一旦消防设施被消防机构评定为合格，那就视为消防机构在事实上确认了消防工程质量合格，行政相关人也将受到该行为的拘束。

据此，法院认为作出建设工程消防验收备案通知，是对建设工程消防设施质量监督管理的最后环节，备案结果通知含有消防竣工验收是否合格的评定，具有行政确认的性质，是公安机关消防机构作出的具体行政行为。备案手续的完成能产生行政法上的拘束力。故备案行为是可诉的行政行为，人民法院可以对其进行司法审查。原审裁定认为建设工程消防验收备案结果通知性质属于技术性验收通知，不是具体行政行为，并据此驳回上诉人戴世华的起诉，确有不当。

——《最高人民法院关于发布第 12 批指导性案例的通知》（2016 年 5 月 30 日，法〔2016〕172 号）。

【链接：理解与参照】

四、其他相关问题的说明

本案例是从诉讼程序上认定针对消防验收备案结果通知行为提起的诉讼属于

行政案件的受案范围,将消防验收行为纳入司法审查,适用该案例时,需要注意以下三点。

1. 将消防验收备案行为与消防验收备案结果通知行为区分。前者是工程建设方根据消防法和《建设工程消防监督管理规定》要求,向公安消防机构提供建设工程消防建设相关信息或资料的行为。该行为需要公安消防机构对材料审核同意后方能最终完成,不按规定备案也将承担相应的责任,具有公安消防机构基于行政管理目的行使职权的过程,在某些方面具有行政行为的特征,有学者将其称为准行政行为。但该类行为与本案例所涉备案验收结果通知行为明显不同。

从主体上,前者(消防验收备案行为,下同)系由工程建设单位推进,后者(消防验收备案结果通知行为,下同)是由公安消防机构完成。从内容上,前者是工程建设单位向公安消防机构告知建设工程消防建设信息,后者是消防机构向工程建设单位告知消防验收结果,两者的行为方向是相对的。从后果上,前者应备案而不备案,并不对当事人的权利义务产生实质影响。而后者,验收备案结果是否合格,直接影响建设工程能否投入使用,对当事人的权利义务产生直接实质影响。从程序顺序上,前者在前,是基础,后者在后,是结果。没有备案则没有备案抽查,更没有抽查结果通知行为。

2. 消防验收备案结果通知行为与消防验收结果通知行为性质一致。根据修订后消防法的规定,对国务院公安部门规定的大型人员密集场所和其他特殊建设工程,实行消防验收制度,对其他建设工程的消防设计和竣工验收实行备案抽查制度。消防验收和消防验收备案抽查,均是对建设工程竣工消防验收,除时间顺序不同外,在主体、行为性质、后果等方面没有任何不同。对"其他工程"的消防验收备案抽查结果通知行为提起的诉讼属于人民法院行政案件受案范围,对"国务院公安部门规定的大型人员密集场所和其他特殊建设工程"消防验收结果通知行为提起的诉讼,同样应属于人民法院行政案件受案范围。

3. 注意程序结果与实体结果的区分。本案例确定对消防验收备案结果通知行为提起的行政诉讼,人民法院应予受理,系从立案审查的角度,将该类诉讼纳入行政诉讼管辖范围,属法院程序审查结果。之后,公安消防机构的消防验收结果通知应否予以支持,属于该类案件实体审查范畴。

——赵雯、石磊:《指导案例 59 号〈戴世华诉济南市公安消防支队消防验收纠纷案〉的理解与参照——建设工程消防验收备案结果通知具有可诉性》,载最高人民法院案例指导工作办公室编著:《中国案例指导》(总第 4 辑),法律出版社 2017 年版,第 121—122 页。

123 事故调查结论可能影响相对人权利义务时具有可诉性

关键词｜受案范围｜事故调查结论｜

【最高人民法院司法文件】

3. 行政处理过程中特定事实之确认的可诉性问题

……

行政机关依职权就特定事实作出确认，并将其作为行政处理决定事实根据的，该确认行为不能成为独立的诉讼客体，但其直接对公民、法人或者其他组织的权利义务产生实质影响的具有可诉性。（43号）

——《最高人民法院办公厅关于印发〈行政审判办案指南（一）〉的通知》（2014年2月24日，法办〔2014〕17号）。

【最高人民法院参考案例】

李国飞等六人诉浙江省宁波市镇海区农业局农业行政检查案（行政审判案例第43号）

要旨：事故调查结论不同于处理决定，因其不属最终处理而不具有可诉性；但行政机关依法具有对该类事故进行查处的法定职责时，如该调查结论依据不足或没有明确结论，则可能对行政相对人的权利义务产生影响，此时该调查结论具有可诉性。

行政机关作出的具体行政行为必须以事实为依据。本案中，由于被告在作出被诉具体行政行为时认定的事实缺乏相应的证据，且2008年7月31日下午的调查取证和其他事后补证也依法不能作为被诉具体行政行为作出时的依据，为此，被告所作的被诉具体行政行为认定的事实缺乏主要证据，应予撤销。根据国务院《饲料和饲料添加剂管理条例》的规定，被告有依法查处“经营饲料、饲料添加剂失效、霉变或者超过保质期的”职权。据此判决撤销被告宁波市镇海区农业局于2008年7月30日作出的调查结果通报；并责令被告宁波市镇海区农业局于本判决生效之日起三十日内对第三人胡昌兆在2008年4月至同年6月期间是否经营发霉变质玉米饲料进行调查处理。

——中华人民共和国最高人民法院行政审判庭编：《中国行政审判案例》（第2卷），中国法制出版社2011年版，第17、18页。

124 事故调查报告批复是否可诉要结合案件的具体情况分析判断

关键词｜受案范围｜事故调查报告批复｜

【最高人民法院裁判案例】

陈素霞诉福建省人民政府其他行政行为案[最高人民法院(2018)最高法行申2613号行政裁定书]

要旨:一方面,从一般规则角度分析,上级行政机关基于下级行政机关的请示所作的批复,在性质上往往属于上下级行政机关之间的内部行为,通常不直接对外产生法律效果,不属于可诉的行政行为范畴。另一方面,从特定情形角度分析,不排除实践中一些人民政府针对事故调查报告等所作的批复,虽然从形式上看是上级行政机关对下级行政机关所作,但在批复中认定了明确具体的事故责任和处理意见,且这种认定具有公定力和约束力,对公民、法人或其他组织的合法权益可能产生直接的不利影响。要结合案件的具体情况,看是否对当事人的实体权益产生重要影响和侵害,是否存在明确设定或者改变其权利义务的情形,是否确有必要对在此环节所作的行政行为的实体、程序合法性单独进行审查判断,从而对不同表现情形的批复之可诉性作出科学合理的界定。

按照《生产安全事故报告和调查处理条例》第十九条第二款、第二十五条、第二十九条、第三十条第一款之规定,重大事故的调查由省级人民政府负责,相关人民政府可以直接组织事故调查组进行调查,也可以授权或委托有关部门组织事故调查组进行调查。事故调查组履行的职责包括认定事故性质和事故责任。事故责任的认定是事故调查组提交的事故调查报告应当包括的内容。该条例第三十二条规定的事故处理基本程序为,先由负责事故调查的人民政府对事故调查报告作出批复,然后由有关机关按照人民政府的批复,依照法律、行政法规规定的权限和程序,对事故发生单位和有关人员进行行政处罚,对负有事故责任的国家工作人员进行处分,涉嫌犯罪的依法追究刑事责任。从上述规定内容和程序看,一方面,从一般规则角度分析,上级行政机关基于下级行政机关的请示所作的批复,在性质上往往属于上下级行政机关之间的内部行为,通常不直接对外产生法律效果,不属于可诉的行政行为范畴。另一方面,从特定情形角度分析,不排除实践中一些人民政府针对事故调查报告等所作的批复,虽然从形式上看是上级行政机关对下级行政机关所作,但在批复中认定了明确具体的事故责任和处理意见,且这种认定具有公定力和约束力,对公民、法人或其他组织的合法权益可能产生直接的不利影响。因此,判断上级行政机关所作批复是否可诉,根本上取决于对上述司法解释有关"对公民、法人或者其他组织权利义务不产生实际影响的行为”之规定的科学理解和准确把握。人民法院在审理涉批复的案件时，要防止“一刀切”，不宜泛化认定相关实际影响而将批复一律纳入行政诉讼的受案范围，亦不可片面限缩援引司法解释上述规定而将批复一律拒之门外。要结合案件的具体情况，看是否对当事人的实体权益产生重要影响和侵害，是否存在明确设定或者改变其权利义务的情形，是否确有必要对在此环节所作的行政行为的实体、程序合法性单独进行审查判断，从而对不同表现情形的批复之可诉性作出科学合理的界定。此外，依照《生产安全事故和调查处理条例》第三十二条规定受到行政处罚、处分乃至被追究刑事责任者，有权通过相应的法定途径提出异议、主张权益。

本案中，涉案《事故调查报告》本身针对陈素霞的表述为“对事故负有主要责任，建议司法机关进一步调查处理。”上述表述内容，是在认定事故相关事实和责任的基础上，将依法作出处理的裁量权交给了有关部门，可以视为对当事人权利义务不直接产生法律影响的不确定性意见。而福建省政府依照法定程序作出的涉案《事故调查报告的批复》，表述为“原则同意腾龙芳烃（漳州）有限公司‘4·6’爆炸着火事故调查组关于事故性质的认定、对相关责任单位和责任人员的处理建议以及相关整改措施的意见”，要求“督促有关地方政府和相关部门依照有关规定严格执行对有关责任单位和责任人员的处理意见”，并要求“向社会公开事故调查报告”。上述表述内容，只是一般性、概括性和程序性的表述，亦没有对当事人的权利义务作出实质性认定。可见，涉案事故调查报告及其批复符合实践中大多数事故调查报告及其批复的共有特点，没有直接设立或者改变陈素霞具体的权利义务，尚未对其产生实质性影响，不构成对其合法权益的侵害。因此，能够适用司法解释的上述规定精神，不作为行政诉讼的受案范围。陈素霞仍可以通过刑事诉讼审判监督等法定程序寻求救济，在其他纠纷处理环节中对作为定案证据的《事故调查报告的批复》的客观性、关联性、合法性等提出异议。上述具体情形，与最高人民法院此前认定有关事故调查报告批复可诉的一些案件，个案的具体情况并不相同。对于陈素霞的相关再审请求和理由，本院不予支持。

应当看到，各级人民政府依照法定职权对不同类型、不同等级的事故调查报告作出批复，是发挥统筹指挥、监督管理、及时有效妥善处理各种事故的法定行政程序，是突发事件应急管理体制的重要组成部分，在当前和今后的社会生活中必将发挥越来越重要的作用。事故调查报告的形成以及各级人民政府对此作出批复的过程，往往涉及多个部门、多类人员、多项环节，具有较强的综合性、专业性、政策性，关乎社会稳定、关乎受害群众抚慰、关乎方方面面的评价。人民法院在办理相关案件的过程中,要结合当前行政法治建设整体情况和法律法规的相关规定,从维护国家安全稳定和经济社会发展大局,维护公民、法人和其他组织的合法权益,监督行政机关依法行政行为的角度,兼顾公平与效率、实体公正与程序公正,切实发挥司法审查职能,正确适用法律、法规和司法解释,为促进安全生产、保障民生权益、推进依法行政发挥积极作用,切实体现公平正义。

——中国裁判文书网,https://wenshu. court. gov. cn/。

125 地质矿产主管部门作出的非法采矿及破坏性采矿鉴定意见不可诉

关键词 | 受案范围 | 鉴定意见 | 准行政行为 |

【最高人民法院答复】

河北省高级人民法院:

你院〔2004〕冀法行字第1号请示报告收悉,经研究,答复如下:

《最高人民法院关于审理非法采矿、破坏性采矿刑事案件具体应用法律若干问题的解释》[①]第六条中规定的"地质矿产主管部门所作的鉴定结论",作为刑事案件中的证据,将在刑事诉讼中接受审查,对当事人不直接产生权利义务的实质影响。因此,当事人对地质矿产主管部门作出的上述鉴定结论有异议,可以依照刑事诉讼法的有关规定要求重新鉴定,一般不能直接向人民法院提起行政诉讼。

——《最高人民法院行政审判庭关于地质矿产主管部门作出的非法采矿及破坏性采矿鉴定结论是否属于人民法院受案范围问题的答复》(2005年2月22日,〔2004〕行他字第16号)。

【链接:最高人民法院法官著述】

和交通事故责任认定一样,火灾事故责任认定行为等都属于纯粹事实判断的准行政行为。其他纯粹事实判断的准行政行为还包括行政机关出具鉴定书等行为。例如,某省地质矿产厅根据某市检察院的委托对某煤矿非法采矿所造成的破坏后果作出鉴定结论。该煤矿以该鉴定书鉴定结论依据的资料不真实,结论错误为由,向该市法院提起行政诉讼,请求撤销该鉴定结论。法院裁定不予受理。在该

① 该解释已被《最高人民法院、最高人民检察院关于办理非法采矿、破坏性采矿刑事案件适用法律若干问题的解释》(法释〔2016〕25号)所废止。其第六条规定的内容被吸收到新司法解释的第十四条。虽然针对的司法解释有了变化,但批复的内容仍然适用。——编者注

“鉴定书”案中，省地质矿产厅所作的鉴定结论，是一个技术的判断，作为检察机关提起公诉时的证据，是一个纯粹的事实。

——蔡小雪主编：《行政审判与行政执法实务指引》，人民法院出版社 2009 年版，第 456—457 页。

人民法院在处理具体行政案件，适用〔2004〕行他字第 16 号答复时，需要注意以下两个问题：

（一）未外化的鉴定结论均不得提起行政诉讼

最高人民法院对高级人民法院的请示，一般仅就请示的问题予以答复，对未请示的问题不作答复。河北省高级人民法院的请示报告，仅就地质矿产主管部门作出的非法采矿及破坏性采矿鉴定结论是否属于人民法院受案范围问题请示，故〔2004〕行他字第 16 号答复仅就此问题作出答复。根据这一法理，其他的鉴定结论除外化的，亦属于不可诉的行为。

（二）注意区分外化与未外化的鉴定结论

外化与未外化的鉴定结论是区分该鉴定结论是否可诉的重要条件，确定外化与未外化的区别点是“是否向社会公布”。行政机关未向社会公布，仅供有关机关处理具体案件时作为证据使用的鉴定结论，属于未外化的鉴定结论，不具有可诉性。行政相对人通过行政机关内部途径或者在行政处理、诉讼中得到行政机关未向社会公布的鉴定结论，仍属于未外化的性质，仍不具有可诉性。反之，向社会公布的，则属于外化的鉴定结论，具有可诉性。

——蔡小雪、郭修江、耿宝建：《行政诉讼中的法律适用》，人民法院出版社 2011 年版，第 13—14 页。

126 特种设备监督检验所出具《电梯验收检验报告》具有可诉性

关键词 | 受案范围 | 特种设备 | 行政许可 |

【最高人民法院答复】

湖北省高级人民法院：

你院〔2010〕鄂行他字第 2 号《关于特种设备监督检验机构出具〈电梯验收检验报告〉是否属于可诉行政行为的请示》收悉。经研究，答复如下：

根据《中华人民共和国行政许可法》第十二条第（四）项、第三十九条第二款的规定，特种设备检验机构对电梯实施检验检测后出具的《电梯验收检验报告》，似可作为行政许可行为对待。但凯恩斯国际置业（武汉）有限公司是否具有本案原告资格，请你院进一步研究后作出正确认定。

——《最高人民法院关于特种设备监督检验所出具的〈电梯验收检验报告〉是否属于可诉行政行为问题的答复》(2012 年 6 月 5 日，〔2011〕行他字第 100 号)。

127 行政机关现场检查笔录不可诉

关键词｜受案范围｜现场检查笔录｜

【最高人民法院参考案例】

封丘县电业局诉封丘县卫生局撤销检查笔录案(行政审判案例第 84 号)

要旨：行政机关在执法过程中制作的现场检查笔录属于记录客观事实的证据，没有确定当事人的权利义务，不具有可诉性。

新乡市中级人民法院认为：封丘县卫生局对宏源食品公司冷库进行例行监督检查中出具的现场检查笔录，是对现场检查情况的一种记载，也是封丘县卫生局日后可能对宏源食品公司进行行政处理的一个证据，该现场检查笔录不属于具体行政行为，不属于人民法院的受案范围。

——中华人民共和国最高人民法院行政审判庭编：《中国行政审判案例》(第 3 卷)，中国法制出版社 2013 年版，第 15、16 页。

128 当事人在诉讼期间达成的和解协议是否可诉

关键词｜受案范围｜和解协议｜

【最高人民法院裁判案例】

孝感新宏基房地产开发有限公司诉湖北省孝感高新技术产业开发区管理委员会、湖北省孝感市国土资源局高新区分局撤销和解协议案[最高人民法院(2019)最高法行申 1138 号行政裁定书]

要旨：经司法确认的和解协议效力等同于法院作出的行政调解书故而不可诉。

当事人在诉讼期间达成的和解协议是否可诉，主要取决于法院是否对和解协议进行过司法确认。如果法院对和解协议进行过司法确认，则该协议具有与法院作出的行政调解书同等的法律效力，当事人不能就该协议直接提起诉讼。如果法院没有对和解协议进行过司法确认，则当事人可以就该协议提起诉讼。本案中，

《和解协议书》第五条约定："本协议达成后，由甲方申请撤诉，本协议的项下条款，应当载入法院下达的准许撤诉的《行政裁定书》，本协议自该裁定书送达后生效。"孝感市中级人民法院(2016)鄂09行初31号行政裁定对《和解协议书》的主要条款内容均予以列明，并予以确认。该裁定书明确载明："上述协议，符合有关法律规定，本院予以确认。原告以纠纷得到妥善解决为由，申请撤回起诉。本院认为，原告的撤诉申请符合法律规定，应予准许……裁定如下：准许原告孝感新宏基房地产开发有限公司撤回起诉。"裁定书上述内容表明，《和解协议书》已经过孝感市中级人民法院的司法确认，因此，孝感新宏基公司不能就该协议直接提起诉讼，其可以通过对前案申请启动审判监督程序进行权利救济。

——中国裁判文书网，https://wenshu.court.gov.cn/。

第三章 | CHAPTER 03

管辖

一、一般规定

129 行政案件法院内部管辖的具体规定

关键词｜管辖｜专门人民法院｜

【最高人民法院司法解释】

第三条　各级人民法院行政审判庭审理行政案件和审查行政机关申请执行其行政行为的案件。

专门人民法院、人民法庭不审理行政案件，也不审查和执行行政机关申请执行其行政行为的案件。铁路运输法院等专门人民法院审理行政案件，应当执行行政诉讼法第十八条第二款的规定。

——《最高人民法院关于适用〈中华人民共和国行政诉讼法〉的解释》(2018年2月8日，法释〔2018〕1号)。

【链接：最高人民法院法官著述】

在司法实践中，专门人民法院只有经过法定授权，才能审理行政案件。专门人民法院审理行政案件，需要注意以下几个问题：

一是知识产权法院经授权可以审理行政案件。全国人大常委会《关于在北京、上海、广州设立知识产权法院的决定》中明确，知识产权法院管辖有关专利、植物新品种、集成电路布图设计、技术秘密等专业技术性较强的第一审知识产权行政案件。不服国务院行政部门裁定或者决定而提起的第一审知识产权授权确权行政案件，由北京知识产权法院管辖。知识产权法院所在市的基层人民法院第一审著作权、商标等知识产权行政判决、裁定的上诉案件，由知识产权法院审理。《最高人民法院关于北京、上海、广州知识产权法院案件管辖的规定》第一条规定，知识产权法院管辖所在市辖区内的下列第一审案件：(一)专利、植物新品种、集成电路布图设计、技术秘密、计算机软件民事和行政案件；(二)对国务院部门或者县级以上地方人民政府所作的涉及著作权、商标、不正当竞争等行政行为提起诉讼的行政案件；(三)涉及驰名商标认定的民事案件。第五条规定，下列第一审行政案件由北京知识产权法院管辖：（一）不服国务院部门作出的有关专利、商标、植物新品种、集成电路布图设计等知识产权的授权确权裁定或者决定的；（二）不服国务院部门作出的有关专利、植物新品种、集成电路布图设计的强制许可决定以及强制许可使用费或者报酬的裁决的；（三）不服国务院部门作出的涉及知识产权授权确权的其他行政行为的。

二是海事法院经授权可以审理行政案件。根据《最高人民法院关于海事法院受理案件范围的规定》（2016 年 2 月 24 日，法释〔2016〕4 号）第 79—85 项的规定，部分海事行政案件授权由海事法院受理。该司法解释规定的海事行政案件包括："79. 因不服海事行政机关作出的涉及海上、通海可航水域或者港口内的船舶、货物、设备设施、海运集装箱等财产的行政行为而提起的行政诉讼案件；80. 因不服海事行政机关作出的涉及海上、通海可航水域运输经营及相关辅助性经营、货运代理、船员适任与上船服务等方面资质资格与合法性事项的行政行为而提起的行政诉讼案件；81. 因不服海事行政机关作出的涉及海洋、通海可航水域开发利用、渔业、环境与生态资源保护等活动的行政行为而提起的行政诉讼案件；82. 以有关海事行政机关拒绝履行上述第 79 项至第 81 项所涉行政管理职责或者不予答复而提起的行政诉讼案件；83. 以有关海事行政机关及其工作人员作出上述第 79 项至第 81 项行政行为或者行使相关行政管理职权损害合法权益为由，请求有关行政机关承担国家赔偿责任的案件；84. 以有关海事行政机关及其工作人员作出上述第 79 项至第 81 项行政行为或者行使相关行政管理职权影响合法权益为由，请求有关行政机关承担国家补偿责任的案件；85. 有关海事行政机关作出上述第 79 项至第 81 项行政行为而依法申请强制执行的案件。"《最高人民法院关于海事诉讼管辖问题的规定》在海事行政案件管辖部分明确，海事法院审理第一审海事行政案件。海事法院所在地的高级人民法院审理海事行政上诉案件，由行政审判庭负责审理。

三是其他专门人民法院经授权可以审理行政案件，并且应当执行行政诉讼法第十八条第二款的规定。对于第十八条第二款规定的程序，需要注意以下几个方面：（1）高级人民法院确定"若干人民法院"既包括基层人民法院，也包括中级人民法院。（2）跨区域管辖的案件不应当仅仅限于第一审行政案件，第二审行政案件也应当实行跨区域管辖。（3）根据立法法的规定，对于包括管辖在内的诉讼制度应当由全国人民代表大会制定法律。根据人民法院组织法和三大诉讼法的规定，最高人民法院有权指令下级人民法院管辖和批准各级人民法院的管辖权。同时，确定管辖的事权属于中央事权，必须由最高人民法院批准。

——本书编委会编：《行政诉讼法司法解释实务指南与疑难解答》，中国法制出版社 2018 年版,第 19—21 页。

130 行政诉讼管辖恒定原则

关键词 | 管辖 | 管辖恒定 |

【最高人民法院司法解释】

第四条 立案后,受诉人民法院的管辖权不受当事人住所地改变、追加被告等事实和法律状态变更的影响。

——《最高人民法院关于适用〈中华人民共和国行政诉讼法〉的解释》(2018 年 2 月 8 日,法释〔2018〕1 号)。

【链接:理解与适用】

我们认为,管辖权恒定原则在我国行政诉讼法中的适用,也同样应该以行政诉讼法规定有管辖权为前提,而该法院是否现实行使管辖权,亦以原告起诉时为准。管辖权的效力及于行政案件诉讼的全过程,如果在原告起诉时法院就无法定管辖权,就不发生管辖权恒定的效力,法院也不得以此为由剥夺当事人的诉讼权利。

管辖确定始点为“原告起诉时”,有两层含义:一是当事人起诉时,如果受诉法院没有管辖权,则不发生管辖恒定的效力。根据行政诉讼法第二十二条的规定,法院受理案件后发现没有管辖权的,应当移送给有管辖权的法院,而不适用管辖恒定原则,无管辖权的法院不因此而取得管辖权。这是因为,无管辖权意味着没有管辖权的联结点,也就是该法院管辖没有任何理由,可能导致无法保障案件的审理质量。二是法院是否具有管辖权以当事人起诉时为始点。当事人起诉之前或者起诉之后发生的管辖权联结点的变动、变化并不影响法院的管辖权。

管辖恒定原则并不妨碍管辖权异议的行使。管辖恒定原则的前提是法院有管辖权。在诉讼中,如果当事人提出管辖权异议并且其异议成立,说明受诉法院的管辖权存在问题,也就谈不上管辖恒定原则的适用,法院将采用移送管辖的方式解决争议。但是,这并不是说,管辖恒定的效力从管辖权异议解决之时开始,其效力仍然应从当事人起诉时开始。管辖权异议只是一个异议检验和进一步明确管辖权的过程。

——最高人民法院行政审判庭编著:《最高人民法院行政诉讼法司法解释理解与适用》(上),人民法院出版社 2018 年版,第 67—68 页。

131 如何理解“本辖区内重大、复杂的案件”

关键词 | 管辖 | 重大、复杂的案件 |

【最高人民法院司法解释】

第五条 有下列情形之一的，属于行政诉讼法第十五条第三项规定的“本辖区内重大、复杂的案件”：

（一）社会影响重大的共同诉讼案件；

（二）涉外或者涉及香港特别行政区、澳门特别行政区、台湾地区的案件；

（三）其他重大、复杂案件。

——《最高人民法院关于适用〈中华人民共和国行政诉讼法〉的解释》（2018年2月8日，法释〔2018〕1号）。

【链接：理解与适用】

我们认为，“重大、复杂”应当从三个方面进行确定：一是案件所涉及的方面、领域多寡。与一般性行政案件只涉及某一方面、个别当事人不同，重大、复杂的行政案件往往涉及方面广，常常影响社会的公共利益或与相当一部分公民、组织的合法权益相联系。二是案件所产生的影响大小。由于重大、复杂的行政案件涉及的面很广，在其发生地往往产生较大影响，当地群众对此非常关注，对这类案件的处理结果也可能引起很大的社会反响。三是案件审理的难度高低。重大、复杂的行政案件中的行政行为往往具有较强的专业性、技术性，需要用较高的技术手段或者设备进行检测。有时案件所涉及的法律规范规定不够明确，或者相关政策界限不清，以致处理案件较为困难，由较高一级的法院审理更为妥当。

——最高人民法院行政审判庭编著：《最高人民法院行政诉讼法司法解释理解与适用》（上），人民法院出版社2018年版，第71页。

132 中级人民法院对当事人向其提起的诉讼如何确定管辖

关键词 | 管辖 | 重大、复杂的案件 |

【最高人民法院司法解释】

第六条 当事人以案件重大复杂为由，认为有管辖权的基层人民法院不宜行使管辖权或者根据行政诉讼法第五十二条的规定，向中级人民法院起诉，中级人民法院应当根据不同情况在七日内分别作出以下处理：

（一）决定自行审理；

（二）指定本辖区其他基层人民法院管辖；

（三）书面告知当事人向有管辖权的基层人民法院起诉。

——《最高人民法院关于适用〈中华人民共和国行政诉讼法〉的解释》（2018年2月8日，法释〔2018〕1号）。

133 中级人民法院对基层人民法院报请管辖如何处理

关键词｜管辖｜报请管辖｜

【最高人民法院司法解释】

第七条 基层人民法院对其管辖的第一审行政案件，认为需要由中级人民法院审理或者指定管辖的，可以报请中级人民法院决定。中级人民法院应当根据不同情况在七日内分别作出以下处理：

（一）决定自行审理；

（二）指定本辖区其他基层人民法院管辖；

（三）决定由报请的人民法院审理。

——《最高人民法院关于适用〈中华人民共和国行政诉讼法〉的解释》（2018年2月8日，法释〔2018〕1号）。

【链接：最高人民法院法官著述】

本条在适用中需要注意以下两点：

一、如何启动指定管辖和提级管辖

在指定管辖和提级管辖的启动上，赋予基层法院报请的权利，但最终是否要实行指定管辖或者提级管辖，必须由中级人民法院作出决定。中级人民法院应当结合本地实际情况和案件具体情况确定案件的管辖，对于可能存在影响公正审理事由的，应当指定本辖区其他基层人民法院管辖或者决定自行审理。如果认为被告所在地人民法院能够保证案件审理的公正与效率，也可以决定由报请的基层人民法院审理案件。因此，应当由基层法院报请和中级人民法院决定相结合启动指定管辖和提级管辖。

二、执行过程中应遵守的原则

应当遵守指定管辖为主，提级管辖为辅的原则。实践证明，适当提高个别行政案件的审级对于保证公正审理案件是必要的，同时也要坚持和体现将矛盾和争议解决在基层的原则和精神。

——本书编委会编：《行政诉讼法司法解释实务指南与疑难解答》，中国法制出版社 2018 年版，第 30 页。

134 行政诉讼管辖中"原告所在地"的认定

关键词 | 管辖 | 原告所在地 |

【最高人民法院司法解释】

第八条 行政诉讼法第十九条规定的"原告所在地"，包括原告的户籍所在地、经常居住地和被限制人身自由地。

对行政机关基于同一事实，既采取限制公民人身自由的行政强制措施，又采取其他行政强制措施或者行政处罚不服的，由被告所在地或者原告所在地的人民法院管辖。

——《最高人民法院关于适用〈中华人民共和国行政诉讼法〉的解释》(2018 年 2 月 8 日，法释〔2018〕1 号)。

135 "因不动产提起的行政诉讼"的具体理解

关键词 | 管辖 | 不动产 |

【最高人民法院司法解释】

第九条 行政诉讼法第二十条规定的"因不动产提起的行政诉讼"是指因行政行为导致不动产物权变动而提起的诉讼。

不动产已登记的，以不动产登记簿记载的所在地为不动产所在地；不动产未登记的，以不动产实际所在地为不动产所在地。

——《最高人民法院关于适用〈中华人民共和国行政诉讼法〉的解释》(2018 年 2 月 8 日，法释〔2018〕1 号)。

【链接：理解与适用】

在实践中，行政诉讼原告一般对何为因不动产提起的行政诉讼有较深的误解，这也导致其对相关案件的管辖法院、起诉期限的计算等问题产生错误认识。如在司法实践中，房屋被征收人对市县人民政府所作的房屋征收补偿决定提起诉讼时，往往会主张该纠纷属于因不动产引起的纠纷，应当由不动产所在地人民法院管辖，在起诉期限上也应当适用20年的最长保护期限。从本条司法解释的规定我们可以获知，因不动产提起的行政诉讼，必须是被诉行为产生了不动产物权设立、变更、转让或消灭的法律效果，而非行政诉讼中涉及不动产物权的因素即为因不动产引起的纠纷。

——最高人民法院行政审判庭编著：《最高人民法院行政诉讼法司法解释理解与适用》（上），人民法院出版社2018年版，第86页。

【链接：最高人民法院法官著述】

如果不动产所在地跨连两个以上人民法院，这些人民法院对案件都有管辖权，就产生共同管辖的问题。出现共同管辖，即两个以上人民法院都有管辖权，究竟由哪个人民法院管辖，主要取决于原告向何地人民法院提起诉讼。行政诉讼法第二十一条规定："两个以上人民法院都有管辖权的案件，原告可以选择其中一个人民法院提起诉讼。"这一规定是为了解决人民法院共同管辖的问题，而对原告来说也是原告选择管辖的问题。如果原告为了及时保护自己的合法权益，向两个以上有管辖权的人民法院提起诉讼，如何确定管辖人民法院呢？行政诉讼法第二十一条规定，原告向两个以上有管辖权的人民法院提起诉讼的，由最先立案的人民法院管辖。

——梁凤云：《行政诉讼法司法解释讲义》，人民法院出版社2018年版，第62页。

136 行政诉讼中的管辖权异议

关键词｜管辖｜管辖权异议｜

【最高人民法院司法解释】

第十条 人民法院受理案件后，被告提出管辖异议的，应当在收到起诉状副本之日起十五日内提出。

对当事人提出的管辖异议，人民法院应当进行审查。异议成立的，裁定将案件移送有管辖权的人民法院；异议不成立的，裁定驳回。

人民法院对管辖异议审查后确定有管辖权的，不因当事人增加或者变更诉讼请求等改变管辖，但违反级别管辖、专属管辖规定的除外。

第十一条 有下列情形之一的，人民法院不予审查：

（一）人民法院发回重审或者按第一审程序再审的案件，当事人提出管辖异议的；

（二）当事人在第一审程序中未按照法律规定的期限和形式提出管辖异议，在第二审程序中提出的。

——《最高人民法院关于适用〈中华人民共和国行政诉讼法〉的解释》（2018年2月8日，法释〔2018〕1号）。

【最高人民法院参考案例】

孙嘉佳诉商丘市梁园区文化旅游局文化行政许可案（行政审判案例第90号）

要旨：行政诉讼第三人与被诉具体行政行为有法律上的利害关系的，可以提出管辖权异议。

——中华人民共和国最高人民法院行政审判庭编：《中国行政审判案例》（第3卷），中国法制出版社2013年版，第44页。

【链接：最高人民法院法官著述】

关于行政协议案件的级别管辖。行政诉讼法规定了行政协议属于行政诉讼受案范围，对于行政协议案件是否按照诉讼标的额确定管辖，目前还没有统一规定。笔者认为，考虑到行政协议当事人实体权益的保障，应当参照民事案件根据诉讼标的额确定管辖的方式。如果当事人增加或者减少诉讼请求，诉讼标的额超过或者没有达到受诉法院的管辖标准的，应当调整管辖，防止一方当事人采取这种方式规避级别管辖法院，损害对方当事人的级别管辖利益。

——梁凤云：《行政诉讼法司法解释讲义》，人民法院出版社2018年版，第51—52页。

二、特殊规定

137 国有资产产权界定行政案件的管辖

关键词 | 管辖 | 国有资产产权界定 |

【最高人民法院司法解释】

当事人因国有资产产权界定行为提起行政诉讼的,应当根据不同情况确定管辖法院。产权界定行为直接针对不动产作出的,由不动产所在地人民法院管辖。产权界定行为针对包含不动产在内的整体产权作出的,由最初作出产权界定的行政机关所在地人民法院管辖;经过复议的案件,复议机关改变原产权界定行为的,也可以由复议机关所在地人民法院管辖。

——《最高人民法院关于国有资产产权管理行政案件管辖问题的解释》(2001年2月21日,法释〔2001〕6号)。

【链接:最高人民法院法官著述】

产权界定部门对涉案单位整体产权作出界定之后,当事人对产权界定不服,提起行政诉讼,意味着当事人对整体产权存在异议。由于整体产权中包括了不动产,因此,除非当事人声明对其中的不动产产权没有争议,法院不能当然地推定当事人对其中的不动产产权没有争议。在这种情况下,可以有两种不同的处理方式。

一种处理方式是,只要当事人没有对其中的不动产申明没有异议,该案就由不动产所在地人民法院管辖;当事人申明对其中的不动产没有异议,由被告所在地人民法院管辖。另一种处理方式是,无论当事人是否对其中的不动产有异议,均由被告所在地人民法院管辖。

我们认为,第二种处理方式符合行政诉讼法的有关规定。主要理由是:

(一)产权界定部门对整体产权进行界定,既可能涉及动产也可能涉及不动产,而其中的不动产可能分布在不同地区,如果采用第一种处理方式,在当事人没有申明对其中的不动产没有异议的情况下,只要是不动产所在地的人民法院(可能有多个)都有管辖权,这可能会造成管辖权上的混乱。

（二）当事人对产权界定部门的整体产权界定不服，提起诉讼，是因整体产权的归属而提起的诉讼。因行政诉讼法第十九条规定的是，因不动产提起诉讼的由不动产所在地人民法院管辖。这里的“因不动产”，不能理解为当事人提起诉讼的原因，而是指当事人对不动产作出的具体行政行为不服。产权界定部门针对整体产权作出产权界定行为，当事人提起诉讼，不服的是针对整体产权作出的产权界定行为，不属于“因不动产”的情形。从原告的诉讼请求看，当事人对整体产权界定行为不服，其诉讼请求只能是要求撤销、变更针对整体产权作出的产权界定行为，即使当事人对其中的不动产产权归属不服是提起诉讼的直接原因，或者对其中的不动产产权归属有异议，当事人提起行政诉讼，也不属于“因不动产”提起的行政诉讼。

（三）产权界定部门对整体产权作出界定，当事人提起行政诉讼，不服的是有关整体产权的产权界定行为，其中，既可能是对涉及不动产的界定不服，也可能是对涉及动产的界定不服。而不动产可能在整体产权中只占极少的份额，如果这类案件由不动产所在地人民法院管辖，不利于法院对产权界定行为进行合法性审查。

——甘文：《〈最高人民法院关于国有资产产权管理行政案件管辖问题的解释〉涉及的法律问题》，中华人民共和国最高人民法院行政审判庭编：《行政执法与行政审判参考》（总第3辑），法律出版社2002年版，第216—218页。

138 与证券交易所监管职能相关的一审行政案件由中级人民法院管辖

关键词｜管辖｜证券交易所｜

【最高人民法院司法解释】

一、根据《中华人民共和国民事诉讼法》第三十七条和《中华人民共和国行政诉讼法》第二十三条的有关规定，指定上海证券交易所和深圳证券交易所所在地的中级人民法院分别管辖以上海证券交易所和深圳证券交易所为被告或第三人的与证券交易所监管职能相关的第一审民事和行政案件。

——《最高人民法院关于对与证券交易所监管职能相关的诉讼案件管辖与受理问题的规定》（2005年1月31日，法释〔2005〕1号；2021年1月1日，经法释〔2020〕20号修正）。

139 不服海关作出的行政处罚决定提起诉讼的案件，由有管辖权的地方人民法院审理

关键词 | 管辖 | 海关 | 行政处罚 |

【最高人民法院司法解释】

为规范海事法院的受理案件范围，根据《中华人民共和国行政诉讼法》的有关规定，现就海关行政处罚案件的诉讼管辖问题解释如下：

相对人不服海关作出的行政处罚决定提起诉讼的案件，由有管辖权的地方人民法院依照《中华人民共和国行政诉讼法》的有关规定审理。相对人向海事法院提起诉讼的，海事法院不予受理。

——《最高人民法院关于海关行政处罚案件诉讼管辖问题的解释》(2002年2月7日，法释〔2002〕4号)。

140 对兵团农牧团场行政行为提起诉讼的案件管辖

关键词 | 管辖 | 兵团农牧团场 |

【最高人民法院答复】

新疆维吾尔自治区高级人民法院生产建设兵团分院：

你院〔2014〕新兵行他字第1号请示收悉。经研究，答复如下：

新疆生产建设兵团实行党政军企合一体制，是在自己所辖垦区内，依照国家和新疆维吾尔自治区的法律、法规，自行管理内部行政、司法事务，在国家实行计划单列的特殊社会组织。对于兵团团场依照国务院《国有土地上房屋征收与补偿条例》的有关规定作出的房屋征收与补偿行为，被征收人不服，可以依法申请行政复议或提起行政诉讼。管辖权限应当依照《最高人民法院关于新疆生产建设兵团人民法院案件管辖权问题的若干规定》确定执行。

——《最高人民法院关于行政相对人不服兵团农牧团场具体行政行为提起的行政诉讼兵团垦区人民法院应否受理的请示答复》(2014年10月31日，〔2014〕行他字第14号)。

第四章 | CHAPTER 04

诉讼参加人

一、原告资格

141 行政诉讼中的原告资格问题

关键词 | 原告资格 | 直接利益关系 | 有利害关系 |

【最高人民法院司法政策】

行政诉讼的原告资格问题要解决的是谁有资格、有权利能力提起行政诉讼问题。各国立法例理论上可分为三个等级:第一,对原告资格不作任何限制,即任何人随时都可以提起行政诉讼,这是最宽泛的等级。与民事诉讼不同,行政诉讼除救济当事人权利的功能外,还有监督行政机关依法行使职权,保证法律得到统一贯彻实施,促进行政机关依法行政等重要功能。若一个国家高度重视权利救济之外的功能,将其上升到最高地位,则鼓励公民积极提起行政诉讼,当事人有无利害关系并无实际意义和价值,因此对原告资格不作任何限制的可能性在理论上是存在的,尤其是全体公民都处于理性状态,不会随意提起行政诉讼,而主要基于国家利益、公共利益之考虑而提起之时。当前,不少国家在原告资格问题上逐步放宽,尤其是公益诉讼领域,当公益诉讼的资格完全敞开,就意味着彻底取消了原告资格的限制。第二,对原告资格进行严格限制。考虑到行政管理关系的稳定性及行政机关的承受能力,也考虑到司法机关的承受能力,把原告资格限制在法律上的利害关系,而且是在公法上的利害关系。有些国家最初限制在公法上的利害关系,后来考虑到公法和私法上存在交叉交集,所以放宽到作为法律上的利害关系。将受案范围的行政行为限定在行政法律行为范围之内,主要考虑到行政诉讼的功能,其很大程度是特定的司法机关将公民、法人或其他组织从行政行为的羁束力中解放出来,脱离行政法律效力的不利影响。因此,将行政诉讼的原告资格限定在法律上的利害关系,而对于行政事实行为,则交由普通法院或其他机构管辖,不需要专门的行政审判机构管辖。第三,对原告资格适当放宽。在我国,行政诉讼的受案范围包括行政事实行为,这是由于在行政诉讼中可以一并处理行政赔偿问题,这也是我国行政诉讼制度的优势体现,扩大了行政案件受案范围,原告资格也相应放宽,只要有利害关系就具备原告资格。因此,原告资格对应的是“权益”之概念,其包括两层含义：权利和利益。既包括权利和义务，也包括法定权利义务之外的正当利益。换言之，只要正当利益受到损失即具有原告资格，而无须权利受到损害或者义务发生了增减得失。值得注意的是，利害关系有直接和间接之分，行政诉讼中的利益关系是直接的利益关系，不包括间接的利益关系，间接的利益关系可以通过其他诉讼来救济。直接利益关系的判断标准为：某一个人或者组织在发起行政诉讼后能够获得直接的诉讼利益，或者此诉讼利益没有其他的途径可提供救济。换言之，提起行政诉讼与否将对诉讼利益产生直接影响，即利益会有增减得失，裁判结果不同，所获得的利益也有不同。

——江必新：《行政审判基本问题研究》，载中华人民共和国最高人民法院行政审判庭编：《行政执法与行政审判》（总第70集），中国法制出版社2018年版，第6—7页。

【最高人民法院审判业务意见】

原告适格制度的功能主要在于通过限制起诉人的资格，保护诉讼的相对人。行政诉讼法第二十五条规定：行政行为的相对人以及其他与行政行为有利害关系的公民、法人或者其他组织，具有行政诉讼的原告主体资格。“有利害关系”是界定原告资格的标准，也是排除主张他人权利以及侵害公共利益诉讼的依据。“有利害关系”意味着原告并非仅限于行政行为的相对人，还应包括有利害关系的第三人。“利害关系”作为原告主体资格要件要求原告在向法院提起诉讼时，其提交的起诉材料需显示原告“可能”因为被诉行政行为导致其权益受到损害。法院在审查起诉人是否具备原告主体资格时需要考量权益的可保护性、行为的可诉性以及行为与权益受损之间具有法律意义上的关联性等因素。

1. 行政强制拆除案件确认诉讼中原告主体资格问题。行政强制拆除案件确认诉讼的原告主体资格不同于有关征收案件中的原告主体资格。在征收案件中，被征收人在达成征收补偿协议或者征收补偿决定作出后，超过法定起诉期限未起诉，或者起诉后人民法院生效判决驳回原告诉讼请求的，被征收人对行政机关就征收后收归国家的土地予以出让、给他人颁发国有土地使用证等行为提起行政诉讼的，因其已经获得安置补偿，与涉案土地不具有利害关系，不具有原告主体资格。而在行政强制拆除案件确认诉讼中，即便实施征收的行政机关在强制拆除行为实施后与被征收人签订了征收补偿协议或者作出征收补偿决定，被征收人在确认诉讼中仍与强制拆除行为有利害关系。被征收人请求确认行政机关实施的强制拆除行为违法的，人民法院应予受理。如来某诉某区政府强制拆除房屋案，区政府先强制拆除来某的房屋,后虽与来某签订了产权调换协议书,但来某作为被拆除房屋的所有权人,其与确认签订产权调换协议书之前的强制拆除行为违法性之间有正当的利益,因此其与被诉强制拆除行为有利害关系,具有提起诉讼的原告主体资格。

2. 履行职责案件中原告主体资格问题。履行职责的诉讼系课予义务诉讼,属于广义的给付诉讼。在课予义务诉讼中,只有起诉人可能具有请求行政机关履行职责的主观权利时,才能成为适格的原告。具体可以从以下三方面进行审查:一是其有无提交行政机关负有法定职责的具体规定;二是该规定是否为保护"私人"的权益;三是起诉人是否是规定保护的对象。三个条件缺一不可,只有同时具备,起诉人才具备原告主体资格。如甲公司诉某区政府履行补偿职责案,甲公司主张其房屋被征收,要求区政府履行补偿职责。首先,区政府作为征收主体,具有补偿职责。其次,有关补偿的规定是为了保护被征收人的合法权益。最后,甲公司只要满足其为征收补偿有关规定的保护对象即为适格原告。根据该案查明的事实,已有生效裁判文书认定依据生效的执行公证书,涉案房屋已经评估作价后抵给了案外人所有。据此,甲公司并不是被征收房屋的所有权人,其并非征收补偿相关规定的保护对象,因而不是提起履责诉讼的适格原告。

3. 行政不作为并赔偿案件中原告主体资格问题。行政赔偿责任的承担以行政机关违法行使职权侵犯受害人的合法权益并造成损害为前提。在判断行政不作为是否违法时,首先需要确定行政机关的不作为必须是基于具体的事由、针对特定的相对人承担的具体的作为义务,不是抽象、普遍意义上的法定职责义务。换言之,有关规定中的法定职责只有是为了保护"私人"权益的职责,起诉人才与行政机关不作为存在利害关系。如果行政机关的法定职责是抽象、普遍意义上的法定职责义务,那么起诉人与行政机关不作为之间不具有利害关系,其不具有原告主体资格。如王某诉某公安分局行政赔偿案,在刘某伤害白某案件中,加害人刘某与白某达成调解协议后,某公安分局同意刘某回家。此后,刘某殴打了王某。王某认为某公安分局存在"失职和纵容"的不履行法定职责行为,要求某公安分局承担行政赔偿责任。《最高人民法院关于公安机关不履行法定行政职责是否承担行政赔偿责任问题的批复》[1](法释〔2001〕23 号,简称批复)规定:"由于公安机关不履行法定行政职责,致使公民、法人和其他组织的合法权益遭受损害的,应当承担行政赔偿责任。"此批复中的不履行法定职责"致使"公民、法人和其他组织的合法权益遭

---

① 已被 2019 年 7 月 20 日施行的《最高人民法院关于废止部分司法解释(第十三批)的决定》(法释〔2019〕11 号)废止。理由:已被《最高人民法院关于适用〈中华人民共和国行政诉讼法〉的解释》代替。——编者注

受损害，应当是指基于具体的事由，公安机关对特定的行政相对人承担的具体的作为义务，公安机关没有履行相关义务，从而造成该行政相对人人身、财产损害的情形。批复中所称"法定职责"，不是抽象、普遍意义上的法定职责、义务。否则，公安机关负有保障全社会每一个公民人身、财产安全的法定职责，每一个受到违法犯罪行为侵害的公民，均可以公安机关没有维护好社会治安，违法犯罪频发，系不履行法定职责为由，要求公安机关承担行政赔偿责任。该案中，王某受到刘某伤害，与某公安分局不履行法定职责行为之间，未形成特定的职责义务对应关系。因此，该案并不符合批复的适用条件。王某以某公安分局不履行法定职责为由提起该案诉讼，不是适格原告。

4. 政府信息公开案件中原告主体资格问题。在政府信息公开案件中，针对"利害关系"的审查需满足原告"可能"因为被诉行政行为导致其权益受到损害的条件。如韩某诉某街道办事处（以下简称办事处）撤销政府信息不存在告知书案，韩某主张其父（已去世）是原海域使用权人，申请公开有关海域使用权征收的政府信息。韩某作为死亡的有权提起诉讼公民的近亲属，办事处作出的信息不存在告知书"可能"导致其权益受到损害。因此，韩某提起该案诉讼已经满足原告"可能"因为被诉行政行为导致其权益受到损害的条件，即与被诉行政行为具有利害关系，具有原告主体资格。

——《最高人民法院第二巡回法庭建庭以来行政案件审理情况分析报告——以申请再审案件为核心（2015.01—2020.06）》（一），载最高人民法院第二巡回法庭微信公众号"第二巡回法庭"2020年12月30日。

142 与行政行为有利害关系的具体认定

关键词 | 原告资格 | 利害关系 | 行政行为 |

【最高人民法院司法解释】

第十二条 有下列情形之一的，属于行政诉讼法第二十五条第一款规定的"与行政行为有利害关系"：

（一）被诉的行政行为涉及其相邻权或者公平竞争权的；

（二）在行政复议等行政程序中被追加为第三人的；

（三）要求行政机关依法追究加害人法律责任的；

（四）撤销或者变更行政行为涉及其合法权益的；

（五）为维护自身合法权益向行政机关投诉，具有处理投诉职责的行政机关作出或者未作出处理的；

（六）其他与行政行为有利害关系的情形。

——《最高人民法院关于适用〈中华人民共和国行政诉讼法〉的解释》（2018年2月8日，法释〔2018〕1号）。

【链接：理解与适用】

相对人之外的人与行政行为有利害关系的情形非常复杂，难以尽列。在案件审理当中，最关键的一点就是准确掌握原告资格的基本标准，即与行政行为有利害关系。经过多年的探索，大致符合以下几个条件，就可以认定利害关系存在：一是原告主张的必须是权利或者类似权利的利益。如果行政行为涉及的仅是其建立在单纯个人偏好、兴趣基础上的所谓利益，则不能认为存在利害关系。比如行政机关批准修复古建筑，某人不喜欢建筑的颜色，其以此为由提起行政诉讼，即不能认为其与批准行为存在利害关系。二是权益归属于原告。如果原告主张的利益属于他人，或者属于公共利益（此时即便包含其利益在内也极其微不足道），也不宜承认其与行政行为之间具有利害关系。三是权益损害实际存在而非主观臆想。虽然在立案阶段，并不要求权益受到行政行为损害具有必然性，但至少从主张的层面看，受损的可能性是可以预见的，否则，利害关系就不能成立。四是原告主张的权益受到行政规范保护。也就是说，原告所主张的利益，从规范或者规范目的来看，行政机关在作出行政行为时，本来也应在考虑范围之内。比如，从规划法上关于间距的要求可以推知，行政机关批准建设行为时，必须要考虑相邻权人的利益并予以保护。在这个意义上，法官在审查原告资格问题时，必须要看相对人主张什么权益受到侵犯，主张不同，结果也可能不同。比如诉结婚登记的行政案件中，儿子病亡后，母亲提起行政诉讼。如果其理由是儿子的结婚登记侵犯其继承权，能否承认其诉权？笔者认为，按照婚姻登记规则，继承人的意见恰恰是行政机关在办理婚姻登记时不允许考虑的事情。如果因为继承人不同意就不做登记，恰恰违背了婚姻法上婚姻自主的原则。如果其理由是登记是在儿子不知情的情况下办理的，婚姻登记侵犯了儿子的婚姻自主权，则其原告资格应予承认。因为其所主张的婚姻自主恰恰是婚姻登记规则最为关注的，也是登记机关应予保护的。

——最高人民法院行政审判庭编著：《最高人民法院行政诉讼法司法解释理解与适用》（上），人民法院出版社2018年版，第102—103页。

【最高人民法院司法文件】

11. 要准确把握新行政诉讼法第二十五条第一款规定的“利害关系”的法律内涵，依法审查行政机关的行政行为是否确与当事人权利义务的增减得失密切相关，当事人在诉讼中是否确实具有值得保护的实际权益，不得虚化、弱化利害关系的起诉条件。对于确与行政行为有利害关系的起诉，人民法院应当予以立案。

——《最高人民法院关于进一步保护和规范当事人依法行使行政诉权的若干意见》（2017 年 8 月 31 日，法发〔2017〕25 号）。

143 行政诉讼原告资格中利害关系应以“可能性”为标准

关键词 | 原告资格 | 可能性 | 利害关系 |

【最高人民法院裁判案例】

徐闻县迈陈镇迈陈村讨墩经济合作社诉徐闻县人民政府土地行政登记案［最高人民法院（2017）最高法行再 41 号行政裁定书］

要旨：公民、法人或者其他组织提起行政诉讼，其原告资格中的利害关系应当以“可能性”为标准，只要原告的主张与被诉行政行为存在利害关系的可能性即具有利害关系。至于是否事实上存在利害关系则不属于原告资格的审查范畴，而是实体审查的范畴。

行政诉讼法第二条第一款规定，公民、法人或者其他组织认为行政机关和行政机关工作人员的具体行政行为侵犯其合法权益，有权依照本法向人民法院提起诉讼。该法第四十九条第（一）项、第二十五条则进一步规定，提起行政诉讼的原告应当是符合该法规定的公民、法人或者其他组织，即必须是行政行为的相对人以及其他与行政行为有利害关系的公民、法人或者其他组织。在审查原告资格时，原告主张的合法权益仅是可能存在，经过实体审查后可能出现两种结果，一种结果是原告主张的合法权益实际存在，其诉讼请求可以获得支持；还有一种结果是原告的诉讼请求不成立，没有可以保护的合法权益。但不能以实体审查标准中的事实上的利害关系代替原告资格审查中的可能性的利害关系。公民、法人或者其他组织提起行政诉讼，其原告资格中的利害关系应当以“可能性”为标准，只要原告的主张与被诉行政行为存在利害关系的可能性即具有利害关系。至于是否事实上存在利害关系则不属于原告资格的审查范畴，而是实体审查的范畴。因为原告资格本身的利益之诉中，所谓的利益无论是民事诉讼还是行政诉讼，都是一种存在可保护合法利益的可能性。如果要求原告资格中就必须要有实际的利害关系，也就是要求原告在起诉的时候就必须要有胜诉的绝对把握，这是不符合诉讼规律的。诉讼本身就是以存在争议为前提，只要争议存在，与争议有关的各方当事人就具有诉讼当事人的资格，而不是说只有绝对胜诉的一方才具有当事人的资格。进一步而言，在原告资格存在的情况下，如果被诉行政行为事实清楚、证据充分，适用法律、法规正确，符合法定程序，不存在主体越权情况和滥用职权、行政处罚显失公正等情况，应当判决驳回原告的诉讼请求。如果行政行为存在轻微违法，但对原告权利不产生实际影响的，可以判决确认违法。这样的判决方式有利于体现人民法院对被诉行政行为实质审查的结果，有利于体现行政诉讼实质性解决纠纷的诉讼目的。如果进入实体审查，审查完毕却作出一个驳回原告起诉的程序性裁定，则完全抹杀了人民法院实体审查的成果，未从实体上作出判决也不利于对被诉行政行为合法性的监督，更不利于当事人服判息诉。

——中国裁判文书网，https://wenshu. court. gov. cn/。

144 行政诉讼的裁判基准时，应当以行政行为作出时的事实和法律状态为判断的基准

关键词 | 原告资格 | 行政行为作出 | 房屋登记 |

【最高人民法院裁判案例】

漯河市逢春企业咨询有限公司诉河南省漯河市国土资源局房屋行政登记案

[最高人民法院(2019)最高法行申10675号行政裁定书]

要旨：只有行政行为作出时，受其影响的主体才具备提起诉讼的资格。如果在行政行为作出后事实发生了变化，那么之后参与的主体及其利益也不是行政机关作出行政行为时所能考虑的对象及利益。

根据行政诉讼法第二十五条的规定，行政行为的相对人以及其他与行政行为有利害关系的公民、法人或者其他组织，有权提起诉讼。因此，不是行政行为的相对人时，只有与行政行为有利害关系的，才能取得提起行政诉讼的原告资格。这里的与行政行为有利害关系应当指受到行政行为的实际影响，即行政行为实际上处分了其权利义务，包括行政行为增加了其义务或减损了其权利等情形。因此，只有

行政行为确与当事人的权利义务增减得失相关的，当事人权利和法律上利益才有受到行政行为侵害的可能性。而且，行政诉讼的裁判基准时，应当以行政行为作出时的事实和法律状态为判断的基准。只有行政行为作出时，受其影响的主体才具备提起诉讼的资格。如果在行政行为作出后事实发生了变化，那么之后参与的主体及其利益也不是行政机关作出行政行为时所能考虑的对象及利益。本案中，被诉房屋登记行为作出于 2006 年 5 月，房屋所有权主体变更前后分别为漯河石化集团和中油股份公司，两者均未对房屋变更登记行为提出异议。2011 年 11 月，案外人李选峰受让了相关民事主体对漯河石化集团的债权，逢春公司在本案二审阶段又从李选峰处取得该债权。因此，本案被诉行政行为作出时，案外人李选峰及逢春公司不是原漯河市房产管理局作出行政行为时应当考虑及保护的对象，案外人李选峰及逢春公司的权利和法律上利益亦不具有受到被诉行政行为侵害的可能性，其与购得相关不良资产前行政机关已经作出的被诉房屋变更登记行为，不具有利害关系。

——中国裁判文书网，https://wenshu.court.gov.cn/。

145 原集体土地使用权人与该土地被征收并出让后的国有土地登记行为无法律上的利害关系

关键词｜原告资格｜利害关系｜国有土地登记｜

【最高人民法院裁判案例】

李成金诉安徽省太和县人民政府土地行政登记案［最高人民法院（2020）最高法行申 5080 号行政裁定书］

要旨：原享有使用权的集体土地，经历了土地征收、地上附属物补偿、国有土地挂牌出让等程序。因此，对申请人权益产生实质影响的是集体土地征收及补偿等行为。

根据行政诉讼法第二十五条第一款的规定，行政行为的相对人以及其他与行政行为有利害关系的公民、法人或者其他组织，有权提起诉讼。本案中，李成金并非被诉行为的相对人，因此案件争议在于李成金是否与被诉行为有利害关系。被诉行为即太国用〔2016〕第 0019 号国有土地使用权证系集体土地被征收转为国有用地后，原审第三人通过出让获得的权属证书。李成金原享有使用权的集体土地，经历了土地征收、地上附属物补偿、国有土地挂牌出让等程序。因此,对申请人权益产生实质影响的是集体土地征收及补偿等行为。申请人如果认为权益受损,应当通过对以上行为主张权利进行救济。李成金与被诉行为之间没有利害关系,原审裁定驳回其起诉并无不当。

——中国裁判文书网,https://wenshu.court.gov.cn/。

146 未起诉初始登记仅对转移登记提起诉讼的不具有原告主体资格

关键词 | 原告资格 | 初始登记 | 转移登记 |

【最高人民法院裁判案例】

广东省惠东县大岭镇大岭社区中心埔村民小组诉广东省惠东县人民政府、惠州市人民政府土地登记案[最高人民法院(2017)最高法行申 5033 号行政裁定书]

要旨:土地登记案件中,与涉案土地存在权属争议的组织或个人,原本与该颁证行为有利害关系,具有复议申请人、原告资格。但是,如果该利害关系人对初始登记行为未申请行政复议或提起行政诉讼,仅对后来的换证行为或者主体变更登记行为申请复议或起诉的,因初始登记行为已经生效,土地权属已经明确,后来的换证行为或主体变更登记行为不可能侵犯其合法权益,该利害关系人与后来的换证行为或主体变更登记行为没有利害关系,不具有申请行政复议、提起行政诉讼的主体资格。

《行政复议法实施条例》第二十八条第(二)项规定,申请人与行政行为有利害关系,是行政复议机关受理行政复议申请的法定条件之一。行政诉讼法第二十五条第一款规定,行政行为的相对人以及其他与行政行为有利害关系的公民、法人或者其他组织,有权提起诉讼。申请人、起诉人与被诉行政行为有利害关系,是申请行政复议、提起行政诉讼的法定要件之一。土地登记案件中,与涉案土地存在权属争议的组织或个人,原本与该颁证行为有利害关系,具有复议申请人、原告资格。但是,如果该利害关系人对初始登记行为未申请行政复议或提起行政诉讼,仅对后来的换证行为或者主体变更登记行为申请复议或起诉的,因初始登记行为已经生效,土地权属已经明确,后来的换证行为或主体变更登记行为不可能侵犯其合法权益,该利害关系人与后来的换证行为或主体变更登记行为没有利害关系,不具有申请行政复议、提起行政诉讼的主体资格。本案中,惠东县政府于 2009 年将水泥二厂第 13230200670 号土地证项下的划拨土地收归国有后,重新登记在土储中心名下,并核发被诉的第020253号土地证。因中心埔村民小组未对第13230200670号土地证提起诉讼,且该颁证行为发生在修改前的行政诉讼法实施之前,亦不可诉,颁证行为生效,涉案土地权属明确,中心埔村民小组与惠东县政府给土储中心颁发第020253号土地证的行为没有利害关系,不具有行政复议申请人的主体资格,惠州市政府驳回其复议申请并无不当。行政复议之后,中心埔村民小组又对惠东县政府颁发第020253号土地证行为提起行政诉讼,与行政复议同样理由,该小组与被诉的颁证行为不具有利害关系,没有原告主体资格,起诉不符合法定条件,一、二审裁定驳回其起诉,亦无不当。

——中国裁判文书网,https://wenshu.court.gov.cn/。

罗绍发诉海南省人民政府、海南省三亚市人民政府颁发房屋权证案[最高人民法院(2018)最高法行申1258号行政裁定书]

要旨:在土地登记案件中,与涉案土地存在权属争议的公民、法人或者其他组织,原本与行政机关颁发土地证的行政行为有利害关系,具有提起诉讼的原告资格,但是,如果该利害关系人对初始登记行为提起行政诉讼,但被确定已丧失对初始登记行为提出主张的权利,因初始登记行为已经生效,土地权属已经明确,因此,而后发生的换证行为或主体变更登记行为已不可能侵犯该利害关系人的合法权益。

行政诉讼法第二十五条第一款规定,行政行为的相对人以及其他与行政行为有利害关系的公民、法人或者其他组织,有权提起诉讼。也就是说,申请人或起诉人与行政行为有利害关系,是申请行政复议、提起行政诉讼的法定要件之一。在土地登记案件中,与涉案土地存在权属争议的公民、法人或者其他组织,原本与行政机关颁发土地证的行政行为有利害关系,具有提起诉讼的原告资格,但是,如果该利害关系人对初始登记行为提起行政诉讼,但被确定已丧失对初始登记行为提出主张的权利,因初始登记行为已经生效,土地权属已经明确,因此,而后发生的换证行为或主体变更登记行为已不可能侵犯该利害关系人的合法权益。本案中,三亚市公安局于2000年3月取得三亚市政府颁发的0406号证,2006年4月,三亚市政府作出三府函〔2006〕63号《关于同意将市公安局金鸡岭监狱5232.62平方米用地调整为经济适用住房用地的批复》,同意将市公安局原金鸡岭监狱用地中靠近市消防局用地北侧部分5232.62平方米用地调整给三亚市消防局作为经济适用房用地,并办理相应的土地使用权变更登记。2006年6月,三亚市政府就上述5232.62平方米土地使用权给三亚市消防局颁发2255号证。根据一审查明的事实,罗绍发已在另案中就0406号证的颁证行为提起诉讼,海南省高级人民法院作出(2016)琼行终292号行政裁定,以超过起诉期限为由驳回其起诉。根据生效裁定,罗绍发已丧失对0406号证的颁证行为提出主张的权利。而本案所涉2255号证系由0406号证变更而来,三亚市政府颁发2255号证的行为已不可能侵犯罗绍发的合法权益,罗绍发与该颁证行为没有利害关系,其不具有提起本案诉讼的原告主体资格。

——中国裁判文书网,https://wenshu.court.gov.cn/。

147 受害人对行政机关违规批准设立经营性企业、不履行抽象的法定监管职责行为提起诉讼,不具有原告资格

关键词｜原告资格｜行政审批｜不履行行政监督职责｜

【最高人民法院裁判案例】

张敏、张卫平、张梓恒诉湖南省湘潭市人民政府行政审批行为及不履行行政监督职责案[最高人民法院(2017)最高法行申5239号行政裁定书]

要旨:行政机关违规批准设立经营性企业、不履行相关的法定监管职责,企业违规从事经营活动,将来可能会造成社会不特定人员的人身、财产损害。但是,由于行政机关的审批行为、不履行监管法定职责行为,可能造成的危害后果是针对不特定多数人的,除该行政审批行为的行政相对人以及竞争权人外,不特定多数人对这种潜在的损害后果,并没有区别于普通人的、特别的合法权益值得保护,与相关行政审批行为、不履行监管职责行为没有利害关系,不具有原告资格。

行政诉讼法第二十五条第一款规定,行政行为的相对人以及其他与行政行为有利害关系的公民、法人或者其他组织,有权提起诉讼。所谓"利害关系"应当是指被诉行政行为对起诉人的合法权益可能造成现实的、特别的直接损害或者不利影响。行政机关违规批准设立经营性企业、不履行相关的法定监管职责,企业违规从事经营活动,将来可能会造成社会不特定人员的人身、财产损害。但是,由于行政机关的审批行为、不履行监管法定职责行为,可能造成的危害后果是针对不特定多数人的,除该行政审批行为的行政相对人以及竞争权人外,不特定多数人对这种潜在的损害后果,并没有区别于普通人的、特别的合法权益值得保护,与相关行政审批行为、不履行监管职责行为没有利害关系,不具有原告资格。本案中,张敏等人并非民资中心成立审批行为的行政相对人或者竞争权人,湘潭市政府批准成立

民资中心、不履行对民资中心的监管职责行为，不会直接影响张敏等人的合法权益，张敏等人与被诉的批准成立民资中心行为以及不履行对民资中心监管职责的行为，并无区别于其他普通人的、特别的合法权益需要保护，与该被诉行政行为没有利害关系，不具有提起本案诉讼的原告资格。张敏等人主张，作为民资中心的借资方，与被诉行政行为有利害关系。但是，出借资金给民资中心造成损失，主要是其投资风险的直接后果，并非湘潭市政府批准成立民资中心、不履行监管职责行为直接所致。以此为由申请再审，理由不能成立。

——中国裁判文书网，https://wenshu.court.gov.cn/。

148 行政相对人的合法权益受到潜在影响的具有原告资格

关键词｜原告资格｜潜在影响｜行政相对人｜

【最高人民法院司法文件】

6. 受行政行为潜在影响者的原告资格问题

公民、法人或其他组织认为行政行为对自身合法权益具有潜在的不利影响，如果这种影响以通常标准判断可以预见，则其对该行政行为具有原告资格。（2 号）

——《最高人民法院办公厅关于印发〈行政审判办案指南（一）〉的通知》（2014 年 2 月 24 日，法办〔2014〕17 号）。

【最高人民法院参考案例】

王念仁等诉福建省福鼎市人民政府土地行政登记案（行政审判案例第 2 号）

要旨：合法权益受到潜在影响的公民、法人和其他组织，有权依据行政诉讼法的规定提起行政诉讼。

行政诉讼的原告是认为其合法权益受到被诉行政行为侵害的公民、法人或其他组织。一般认为，合法权益的侵害是现实发生的。在本案中，因被告未依法履行职责，王念仁、林惠莲与本案第三人相邻土地的部分界址不明。这种情况下是否构成对王念仁、林惠莲权益的侵害？正是对这个问题有不同的理解，才有以上不同的处理意见。实际上，对合法权益侵害，不仅包括现实的，在一定情况下也包括将来的；不仅包括明显的，而且也应当包括潜在的。由于部分界址登记不明，王念仁、林惠莲土地使用权处于一个不完全确定的状态，对其合法权益是有潜在影响的。例如，王念仁、林惠莲如果打算卖房屋，由于土地使用权范围没有最终明确，将影响到其交易。虽然这类“侵害”不是现实的，但是其影响也是客观存在的。在这种情况下，应认定“部分界址不明”也是侵害其合法权益的一种情形，王念仁、林惠莲是与被诉行为有“法律上利害关系”的人，因此具有原告资格。解决了这个问题，本案的处理就比较明确了。

——中华人民共和国最高人民法院行政审判庭编：《中国行政审判指导案例》(第1卷)，中国法制出版社2010年版，第7、9页。

149 行政相对人的信赖利益受到行政行为影响的具有原告资格

关键词 | 原告资格 | 信赖利益 |

【最高人民法院公报案例】

益民公司诉周口市政府等行政行为违法案[最高人民法院(2004)行终字第6号行政判决书]

要旨：被诉行政行为违反了法律规定，且损害了相对人信赖利益，但如果撤销该行政行为，将会给公共利益造成重大损失的，应确认被诉行政行为违法，并责令被诉行政机关采取相应的补救措施。

(一)关于益民公司的原告主体资格

1999年4月益民公司已取得工商营业执照，其经营范围包括燃气，2000年7月，益民公司又取得原周口地区建设局关于授予益民公司管道燃气专营权的批复，其中注明益民公司经营的燃气项目既能近期满足周口市(川汇区)工业与民用对燃气的需要，又能与“西气东输”工程接轨。2003年5月到6月，市计委和市政府基于建设部建城〔2002〕272号《关于加快市政公用行业市场化进程的意见》关于公用事业要开放市场、通过招标确定特许经营权人的政策规定，就周口市的天然气管网项目进行招标并确定了亿星公司对周口市天然气管网项目的独家经营权。由于当时益民公司的燃气经营权未被废止或撤销，亿星公司的天然气管网项目独家经营权直接与益民公司的燃气经营权冲突。如果被诉行政行为成立或产生法律效果，益民公司对天然气的经营权就不能行使。所以，益民公司与被诉行政行为有法律上的利害关系，具备本案的原告主体资格。

——《中华人民共和国最高人民法院公报》2005年第8期。

【链接：最高人民法院法官著述】

我们认为，益民公司具有原告主体资格，主要理由是：(1)按照通常理解，行政诉讼的原告范围不限于权利受到影响的人，也可以包括利益受到影响的人。益民公司获得的批文上写明"批准你公司为周口城市管道燃气专营单位"，该批文同时还称该项目"能与天然气西气东输工程接轨"。尽管该批文并没有直接授予益民公司经营天然气西气东输城市管网的权利，但毕竟足以使益民公司基于对该批文的信赖而进行一定的投入，并对经营城市管网产生合理期待，这种基于信赖的投入及合理期待即为益民公司利益之所在。很明显，益民公司的上述利益受到了被诉行政行为的影响。(2)益民公司在获得批文的过程中未被发现存在恶意违法的情形，该批文又不存在其他无效情形，因此，法院只能在推定该批文合法的基础上，把益民公司对天然气城市管网项目经营的期待利益看作应受法律保护的利益，并据此承认益民公司的原告资格。虽然批文在诉讼过程中被有关机关撤销，但是益民公司的信赖利益仍然存在，故法院不应据此否认益民公司的原告资格。

——周红耕、王振宇：《周口益民燃气有限公司诉周口市人民政府、周口市发展计划委员会行政特许及相关招标行为上诉案评析》，载最高人民法院行政审判庭编：《行政审判指导》(总第3辑)，人民法院出版社2005年版，第184页。

150 起诉人主张的权利与被诉行政行为无因果关系的，不具备原告资格

关键词 | 原告资格 | 因果关系 | 驾驶证 |

【最高人民法院参考案例】

安邦财产保险股份有限公司吉林中心支公司诉吉林市公安局交通管理支队颁发驾驶证案(行政审判案例第86号)

要旨：起诉人不是具体行政行为的相对人或相关人，其主张的权益与该涉诉具体行政行为又无因果关系，则其不具备原告主体资格。

安邦保险公司不具备原告主体资格。1992年李树生冒用李树森的名义考取的机动车驾驶证，并非是因为李树生本人不具有学习驾驶和考取驾驶证的资格。学习驾驶并考取驾驶证的本人即李树生与填报的名字不符，吉林市公安局交通管

理支队审查不细,便为李树生颁发了名为李树森的驾驶证,该行为虽然不当,但该行为并不必然引起李树生2009年发生交通事故,更不能必然引起安邦保险公司予以理赔。故吉林市公安局交通管理支队1992年由于审查不细为李树生颁发名为李树森的驾驶证的行为不侵犯安邦保险公司的合法权益。

——中华人民共和国最高人民法院行政审判庭编:《中国行政审判案例》(第3卷),中国法制出版社2013年版,第22、24页。

151 相邻权人的原告资格

关键词｜原告资格｜相邻权人｜相邻权｜

【最高人民法院公报案例】

念泗三村28幢楼居民35人诉扬州市规划局行政许可行为侵权案

要旨:根据城市规划法①第二十一条的规定,编制分区规划城市的规划主管行政机关,依照法律和地方性法规的授权规划许可的建筑工程,虽然缩短了相邻人住宅的原日照时间,但符合国家和当地行政主管部门技术规范规定的最低日照标准,且不违反其他法律、法规规定的,应认定其许可行为合法。

本案中的当事人不是具体行政行为的直接相对人,而是因相邻权受到侵害而提起行政诉讼。起诉所基于的相邻权,属于民法范畴。根据民法通则的规定,民事主体因建筑物相邻产生的日照、通风、采光、排水、通行等民事纠纷,应当通过民事诉讼的方式解决。但现实中,如果一方当事人实施的与其他当事人相邻权有关的行为是经行政机关批准、许可的,其他当事人就无法通过民事诉讼获得救济。为此,《若干解释》第十三条规定相邻权人有对行政主体作出的涉及相邻权的具体行政行为提起行政诉讼的原告主体资格,其目的是保护民事主体享有的相邻权不受侵害。本案28幢楼居民因认为扬州市规划局核发给东方天宇公司的2003076号《建设工程规划许可证》侵犯其日照、通风、采光等相邻权而提起行政诉讼。因此,这类行政诉讼的审查重点,应当是被诉具体行政行为许可建设的建筑项目是否符合有关建筑管理的技术规范,是否侵犯了原告的相邻权。

——《中华人民共和国最高人民法院公报》2004年第11期。

---

① 已被2008年1月1日起施行的城乡规划法废止。——编者注

【最高人民法院裁判案例】

梁新玲诉淇县人民政府土地行政登记案[最高人民法院(2017)最高法行再78号行政裁定书]

要旨：相邻权受损属于行政诉讼原告适格的情形之一，但应当理解为权利人只能就对相邻权产生直接影响的行政行为提起诉讼，而不能理解为只要涉及相邻权，权利人即可对所有相关行政行为进行挑战。

此外，从本案听证情况看，梁新玲与卢培成亦承认彼此之间不存在土地及地上附着物的权属争议，所以，虽然双方房屋所占土地相邻，但本案争议的实质问题并非土地权属纠纷，而是梁新玲因占用通道经营饭店产生的相邻通行权问题。《最高人民法院关于执行〈中华人民共和国行政诉讼法〉若干问题的解释》第十三条第(一)项规定："有下列情形之一的，公民、法人或者其他组织可以依法提起行政诉讼：(一)被诉的具体行政行为涉及其相邻权或者公平竞争权的……"据此，相邻权受损属于行政诉讼原告适格的情形之一，但该条规定应当理解为权利人只能就对相邻权产生直接影响的行政行为提起诉讼，而不能理解为只要涉及相邻权，权利人即可对所有相关行政行为进行挑战。本案中，直接影响梁新玲通行权的是政府有关部门的规划行为及其与卢培成之间的相关民事权利义务关系，土地登记部门的颁证行为本身没有对梁新玲的合法通行权产生直接影响，梁新玲以缺失地籍调查为由质疑被诉颁证行为的合法性，无助于其权利的救济，也无法实现其提起本案诉讼的最终目的，其与本案被诉的土地颁证登记行政行为不具有法律上的利害关系，无权提起本案行政诉讼，其起诉依法应予驳回。对于梁新玲的相邻通行权问题，其可以通过其他途径予以救济。

——中国裁判文书网，https://wenshu.court.gov.cn/。

152 竞争权人的原告资格

关键词｜原告资格｜竞争权人｜公平竞争权｜

【最高人民法院公报案例】

吉德仁等诉盐城市人民政府行政决定案

要旨：公交总公司免交有关交通规费，导致不平等竞争，作为领取了经营许可证的业主，其经济利益与车辆的营运效益密切相关，有权以政府的行政行为侵犯其公平竞争权为由提起行政诉讼。

由于公交总公司的5路、15路客运线路与吉德仁等人经营的客运线路存在重叠，双方在营运上的竞争是客观存在的。公交总公司营运中微利或者是亏损也不能否定双方的竞争关系。吉德仁等人认为《会议纪要》规定公交总公司免交有关交通规费，导致不平等竞争，因而提起行政诉讼，符合《最高人民法院关于执行〈中华人民共和国行政诉讼法〉若干问题的解释》第十三条第（一）项的规定，吉德仁等人作为领取了经营许可证的业主，其经济利益与车辆的营运效益密切相关，有权以盐城市人民政府的行政行为侵犯其公平竞争权为由提起行政诉讼。是否存在不公平竞争并不影响其行使诉权。一审判决对此认定合法，盐城市人民政府认为吉德仁等人不具有原告主体资格的理由不能成立。

——《中华人民共和国最高人民法院公报》2003年第4期。

153 投诉和举报中原告资格的认定

关键词｜原告资格｜投诉人｜举报人｜

【最高人民法院司法文件】

13. 当事人因投诉、举报、检举或者反映问题等事项不服行政机关作出的行政行为而提起诉讼的，人民法院应当认真审查当事人与其投诉、举报、检举或者反映问题等事项之间是否具有利害关系，对于确有利害关系的，应当依法予以立案，不得一概不予受理。对于明显不具有诉讼利益、无法或者没有必要通过司法渠道进行保护的起诉，比如当事人向明显不具有事务、地域或者级别管辖权的行政机关投诉、举报、检举或者反映问题，不服行政机关作出的处理、答复或者未作处理等行为提起诉讼的，人民法院依法不予立案。

——《最高人民法院关于进一步保护和规范当事人依法行使行政诉权的若干意见》（2017年8月31日，法发〔2017〕25号）。

【最高人民法院答复】

辽宁省高级人民法院：

你院《关于李万珍等人是否具有复议申请人资格的请示报告》收悉，经研究答复如下：

根据《中华人民共和国行政复议法》第九条第一款、《行政复议法实施条例》第二十八条第(二)项规定,举报人为维护自身合法权益而举报相关违法行为人,要求行政机关查处,对行政机关就举报事项作出的处理或者不作为行为不服申请行政复议的,具有行政复议申请人资格。

——《最高人民法院关于举报人对行政机关就举报事项作出的处理或者不作为行为不服是否具有行政复议申请人资格问题的答复》(2014 年 3 月 14 日,〔2013〕行他字第 14 号)。

【最高人民法院专业法官会议纪要】

1. 投诉与举报的区分标准

公民、法人或者其他组织认为第三人实施的违法行为侵犯自身合法权益,请求行政机关依法查处的,属于《最高人民法院关于适用〈中华人民共和国行政诉讼法〉的解释》第十二条第(五)项规定的投诉。投诉人与行政机关对其投诉作出或者未作出处理的行为有法律上的利害关系。

公民、法人或者其他组织认为第三人实施的违法行为侵犯他人合法权益或者国家利益、社会公共利益,请求行政机关依法查处的,属于举报。举报人与行政机关对其举报作出或者未作出处理的行为无法律上的利害关系。

——《最高人民法院行政法官专业会议纪要(六)》(投诉领域),载中华人民共和国最高人民法院行政审判庭编:《行政执法与行政审判》(总第 80 集),中国法制出版社 2020 年版,第 254 页。

1. 举报人就其举报事项的查处情况申请政府信息公开,举报人是否具有原告资格。

答:作为消费者、服务的接受者、竞争权人、受害人或者举报事项奖励请求权人等利害关系人,为维护自身合法权益,向享有法定查处职权的行政机关举报经营者的违法行为,举报人就举报事项的处理情况申请政府信息公开的,与法定职权机关的政府信息公开答复行为或不予答复行为有利害关系,具有原告资格。

仅以普通公民身份,行使宪法赋予的检举、控告权,向法定职权机关举报经营者的违法经营行为,要求予以查处,举报人就举报事项的处理情况申请政府信息公开的,通常与法定职权机关的政府信息公开答复行为或不予答复行为没有利害关系,不具有原告资格。但是,行政机关承诺举报有奖,举报人为获取奖励申请公开相关信息的除外。

理由:《最高人民法院关于适用〈中华人民共和国行政诉讼法〉的解释》第十二

条第(五)项规定,为维护自身合法权益向行政机关投诉,具有处理投诉职责的行政机关作出或者未作出处理的,投诉人与行政机关作出或未作出处理的行政行为有利害关系。〔2013〕行他字第 14 号《最高人民法院关于举报人对行政机关就举报事项作出的处理或者不作为行为不服是否具有行政复议申请人资格问题的答复》规定,根据行政复议法第九条第一款、《行政复议法实施条例》第二十八条第(二)项规定,举报人为维护自身合法权益而举报相关违法行为人,要求行政机关查处,对行政机关就举报事项作出的处理或者不作为行为不服申请行政复议的,具有行政复议申请人资格。行政诉讼原告资格可以参照该答复确定。同样,投诉人就其举报事项的查处情况申请政府信息公开的,只有在为维护其自身合法权益而投诉时,行政机关作出的有关投诉处理情况的政府信息公开决定或不予答复行为,才有可能侵犯其合法权益。以普通公民身份行使宪法、法律赋予公民的控告、检举权,对当事人的违法行为进行举报,要求行政机关予以查处,行政机关作出的处理决定或未处理行为,或者举报人对查处情况申请政府信息公开,行政机关作出的政府信息公开答复或不予答复行为,均不会对其权利义务产生实际影响。政府信息公开案件的原告应当与被申请的政府信息有利害关系,才具有原告资格。如果只要提出政府信息公开申请,对行政机关作出的政府信息公开决定或不予答复行为不服,均具有利害关系,将会使政府信息公开案件变成全民诉讼,形成滥诉,浪费行政资源和司法资源。因此,不能仅仅以与其他公众完全相同的知情权受到侵犯为由,主张与被诉行政行为有利害关系。

——《最高人民法院第一巡回法庭关于行政审判法律适用若干问题的会议纪要》(2018 年 7 月 23 日),载最高人民法院第一巡回法庭编著:《最高人民法院第一巡回法庭行政案件裁判精要》,中国法制出版社 2020 年版,第 179—181 页。

【最高人民法院指导性案例】

罗镕荣诉吉安市物价局物价行政处理案(最高人民法院指导案例 77 号)

裁判要点:(1)行政机关对与举报人有利害关系的举报仅作出告知性答复,未按法律规定对举报进行处理,不属于《最高人民法院关于执行〈中华人民共和国行政诉讼法〉若干问题的解释》第一条第(六)项规定的“对公民、法人或者其他组织权利义务不产生实际影响的行为”,因而具有可诉性,属于人民法院行政诉讼的受案范围。

(2)举报人就其自身合法权益受侵害向行政机关进行举报的,与行政机关的举报处理行为具有法律上的利害关系,具备行政诉讼原告主体资格。

法院生效裁判认为：关于吉安市物价局举报答复行为的可诉性问题。根据《中华人民共和国行政诉讼法》（以下简称《行政诉讼法》，1989 年 4 月 4 日通过）第十一条第一款第（五）项规定，申请行政机关履行保护人身权、财产权的法定职责，行政机关拒绝履行或者不予答复的，人民法院应受理当事人对此提起的诉讼。本案中，吉安市物价局依法应对罗镕荣举报的吉安市电信公司收取卡费行为是否违法进行调查认定，并告知调查结果，但其作出的举报答复将《关于江西电信全业务套餐资费优化方案的批复》（以下简称《批复》）中规定的 UIM 卡收费上限标准进行了罗列，未载明对举报事项的处理结果。此种以告知《批复》有关内容代替告知举报调查结果行为，未能依法履行保护举报人财产权的法定职责，本身就是对罗镕荣通过正当举报途径寻求救济的权利的一种侵犯，不属于《最高人民法院关于执行〈中华人民共和国行政诉讼法〉若干问题的解释》（以下简称《行政诉讼法解释》）第一条第（六）项规定的"对公民、法人或者其他组织权利义务不产生实际影响的行为"的范围，具有可诉性，属于人民法院行政诉讼的受案范围。

关于罗镕荣的原告资格问题。根据《行政诉讼法》第二条、第二十四条第一款及《行政诉讼法解释》第十二条规定，举报人就举报处理行为提起行政诉讼，必须与该行为具有法律上的利害关系。本案中，罗镕容虽然要求吉安市物价局"依法查处并没收所有电信用户首次办理手机卡被收取的卡费"，但仍是基于认为吉安电信公司收取卡费行为侵害其自身合法权益，向吉安市物价局进行举报，并持有收取费用的发票作为证据。因此，罗镕荣与举报处理行为具有法律上的利害关系，具有行政诉讼原告主体资格，依法可以提起行政诉讼。

关于举报答复合法性的问题。《价格违法行为举报规定》第十四条规定："举报办结后，举报人要求答复且有联系方式的，价格主管部门应当在办结后五个工作日内将办理结果以书面或者口头方式告知举报人。"本案中吉安市物价局作为价格主管部门，依法具有受理价格违法行为举报，并对价格是否违法进行审查，提出分类处理意见的法定职责。罗镕荣在申诉举报函中明确列举了三项举报请求，且要求吉安市物价局在查处结束后书面告知罗镕荣处理结果，该答复未依法载明吉安市物价局对被举报事项的处理结果，违反了《价格违法行为举报规定》第十四条的规定，不具有合法性，应予以纠正。

——《最高人民法院关于发布第 15 批指导性案例的通知》（2016 年 12 月 28 日，法〔2016〕449 号）。

【链接：理解与参照】

（二）举报人的原告主体资格问题

从举报事项是否侵害自身合法权益的角度来看，举报人可分为两大类，一类是未受举报事项侵害的举报人，另一类是受举报事项侵害的举报人。根据行政诉讼法及有关司法解释的规定，举报人就举报处理行为提起行政诉讼，必须与该行为具有法律上的利害关系。对于前一类举报人，因自身合法权益并未受到侵害，与举报处理行为不具备法律上的利害关系，不具有行政诉讼原告主体资格。对于后一类举报人，一方面要求其自身合法权益受到举报事项的侵害，另一方面要求这种侵害有一定的事实根据，符合上述两方面条件，即具有行政诉讼原告主体资格。本案中，罗镕容虽然要求吉安市物价局"依法查处并没收所有电信用户首次办理手机卡被收取的卡费"，但原告在办理手机号码时，吉安电信公司收取了其 20 元卡费并出具了发票，故罗镕容仍是基于认为吉安电信公司收取卡费行为侵害了其自身合法权益，向吉安市物价局进行举报，并持有收取费用的发票作为证据。因此，罗镕容的举报事项虽然包含了要求物价部门对电信公司一般物价违法行为的处理要求，但其自身也是电信公司物价违法行为的受害者，与举报处理行为具有法律上的利害关系，依法可以提起行政诉讼。

四、其他相关问题的说明

实践中，不少未受举报事项侵害的举报人，基于实名举报而期待获得举报奖励的权利或者利益，往往针对举报处理行为提起行政诉讼。但未受举报事项侵害的举报人获得举报奖励只是一种可期待的权利或者利益，举报人可能获得举报奖励，也可能无法获得举报奖励，其主张与举报处理行为具有法律上的利害关系，并没有客观上的事实根据。因此，未受举报事项侵害的举报人不服举报答复行为，以此为由起诉的人民法院不应受理。这种情况下，举报人可以应当获得举报奖励而未获得为由提起行政诉讼。

——郑红葛、石磊：《指导案例 77 号〈罗镕荣诉吉安市物价局物价行政处理案〉的理解与参照——行政机关实施的与举报人有利害关系的举报处理行为具有可诉性》，载最高人民法院案例指导工作办公室编著：《中国案例指导》（总第 5 辑），法律出版社 2017 年版，第 259 页。

【最高人民法院裁判案例】

刘朝华、王兴、杨志实诉重庆市沙坪坝区人民政府行政不作为案［最高人民法院（2019）最高法行申472号行政裁定书］

要旨：在行政诉讼中，当事人并不因举报行为而当然享有原告主体资格，还必须受到原告主体资格的限制。

本案的争议焦点系刘朝华等三人的起诉是否符合法定起诉条件。举报权是我国法律赋予公民、法人或者其他组织普遍享有的向有关行政机关举报违法行为的权利，但在行政诉讼中，当事人并不因举报行为而当然享有原告主体资格，还必须受到原告主体资格的限制。根据行政诉讼法第二条第一款、第二十五条第一款规定，行政行为的相对人以及其他与行政行为有利害关系的公民、法人或者其他组织，认为行政机关和行政机关工作人员的行政行为侵犯其合法权益，有权提起诉讼。对于"利害关系"的理解，应当限于法律上的利害关系，即具有实体法上的请求权基础，不能简单理解为与被诉行政行为有联系的当事人都是利害关系人，特别针对当事人投诉举报则必须基于保护其自身的合法权益。本案中，刘朝华等三人自述其举报是基于公民的基本权利，亦未提供证据证明其与被诉行政不作为存在法律上的利害关系，故依法不具有原告主体资格。一、二审以刘朝华等三人的起诉不符合法定起诉条件为由裁定驳回其起诉，并无不当。

——中国裁判文书网，https://wenshu.court.gov.cn/。

154 债权人原则上不具有原告资格

关键词｜原告资格｜债权人｜物权登记｜

【最高人民法院司法解释】

第十三条 债权人以行政机关对债务人所作的行政行为损害债权实现为由提起行政诉讼的，人民法院应当告知其就民事争议提起民事诉讼，但行政机关作出行政行为时依法应予保护或者应予考虑的除外。

——《最高人民法院关于适用〈中华人民共和国行政诉讼法〉的解释》（2018年2月8日，法释〔2018〕1号）。

第四条 房屋登记机构为债务人办理房屋转移登记，债权人不服提起诉讼，符合下列情形之一的，人民法院应当依法受理：

（一）以房屋为标的物的债权已办理预告登记的；

（二）债权人为抵押权人且房屋转让未经其同意的；

（三）人民法院依债权人申请对房屋采取强制执行措施并已通知房屋登记机构的；

（四）房屋登记机构工作人员与债务人恶意串通的。

——《最高人民法院关于审理房屋登记案件若干问题的规定》（2010 年 11 月 18 日，法释〔2010〕15 号）。

【最高人民法院司法文件】

7. 物权转移登记案件中债权人的原告资格问题

行政机关依债务人申请作出的物权转移登记行为，债权人一般不具有起诉的原告资格，但该登记所涉不动产或者动产因抵押、裁判执行等因素与债权产生特定联系的除外。（3 号、49 号）

——《最高人民法院办公厅关于印发〈行政审判办案指南（一）〉的通知》（2014 年 2 月 24 日，法办〔2014〕17 号）。

【最高人民法院裁判案例】

十堰市中达建筑安装工程有限公司诉十堰市自然资源和规划局房屋行政登记案［最高人民法院（2019）最高法行再 24 号行政裁定书］

要旨：在债权人已经依循法定方式对债务人相关财产权施以限制的情况下，行政机关作出房屋转移登记行为时应当预见到该行为可能对债权实现产生不利影响，此时行政机关应当对债权人的利益予以保护，并对是否作出相应的行政行为慎重考虑。

《最高人民法院关于适用〈中华人民共和国行政诉讼法〉的解释》第十三条规定："债权人以行政机关对债务人所作的行政行为损害债权实现为由提起行政诉讼的，人民法院应当告知其就民事争议提起民事诉讼，但行政机关作出行政行为时依法应予保护或者应予考虑的除外。"由债权的相对性所决定，在一般情况下，债权人不具有基于其债权针对行政机关对债务人所作的行政行为提起诉讼的原告资格。上述规定中关于"行政机关作出行政行为时依法应予保护或者应予考虑的除外"属于有限地承认债权人原告资格的例外情形。《最高人民法院关于审理房屋登记案件若干问题的规定》第四条规定："房屋登记机构为债务人办理房屋转移登记，债权人不服提起诉讼，符合下列情形之一的，人民法院应当依法受理：（一）以房屋为标的物的债权已办理预告登记的；（二）债权人为抵押权人且房屋转让未经其同意的；（三）人民法院依债权人申请对房屋采取强制执行措施并已通知房屋登记机构的；（四）房屋登记机构工作人员与债务人恶意串通的。"据此，在债权人已经依循法定方式对债务人相关财产权施以限制的情况下，行政机关作出房屋转移登记行为时应当预见到该行为可能对债权实现产生不利影响，此时行政机关应当对债权人的利益予以保护，并对是否作出相应的行政行为慎重考虑。在行政机关未予以保护或考虑的情况下作出了房屋转移登记行为时，债权人有权对该转移登记行为提起行政诉讼。上述规定虽然与本案情形稍有不同，即上述规定针对的是债权人对房屋登记机构为债务人办理房屋转移登记提起诉讼，本案属于债权人对房屋登记机构为债务人办理房屋初始登记提起诉讼，但是，转移登记与初始登记均属于不动产物权变动的法定情形，且行政机关作出的行政行为在职权依据、适用法律等方面均无本质区别，故上述司法解释的精神可以适用于本案。本案中，十堰中达公司以十堰市房管局违法给十堰特铁厂办理房屋所有权初始登记侵犯其对十堰特铁厂享有的建设工程价款优先受偿权为由提起本案诉讼，请求撤销上述房屋所有权初始登记。然而，根据十堰中达公司提供的证据，本案并不存在前述规定中行政机关作出行政行为时依法应予保护或者应予考虑的相应情形，此时如要求行政机关作出行政行为时考虑对债权实现的影响既无法律法规依据，亦不符合一般登记规则。

——中国裁判文书网，https://wenshu. court. gov. cn/。

【最高人民法院参考案例】

吕青青诉山东省烟台市公安局交通警察支队车辆行政登记案（行政审判案例第49号）

要旨：在由交通肇事引发的债权债务关系中，债务人将肇事车辆转让他人，行政机关为其办理了转移登记，债权人与该转移登记行为不具有法律上利害关系，不具有起诉该登记行为的原告资格。

根据《机动车登记规定》的相关规定，机动车转移登记行为，是公安机关交通管理部门在已经注册登记的机动车所有权发生转移的情况下，根据现机动车所有人在机动车交付后提出的申请和机动车所有权转移的证明、凭证，将机动车登记在现所有人名下，以法律的形式公示现所有人享有该车的所有权而履行的法定登记职责。机动车作为动产，其所有权转移以交付的方式实现，而非以在公安机关交通管理部门进行机动车转移登记的方式实现。虽然机动车所有权发生转移的应当在公安机关交通管理部门办理转移登记,但该转移登记的目的是对机动车所有权的公示和进行机动车的管理和备案,并不具有不动产转移登记所产生的物权变动效力。

本案中,上诉人与原审第三人王爱平之间系因侵权行为而存在债权债务关系,并非与涉案车辆存在所有权的纠纷,且上诉人亦未通过法律手续限制涉案车辆的转移或设置涉案车辆的担保物权。在被上诉人的转移登记行为不是涉案车辆物权发生变动要件的情况下,上诉人以普通债权人的身份试图通过追究被上诉人转移登记涉案车辆的行为而达到向原审第三人王爱平实现债权的目的不符合法律规定。而且,被上诉人的转移登记行为,也没有带来导致涉案车辆物权发生变动的法律结果。故上诉人与涉案车辆的转移登记行为不存在法律上的直接利害关系,在原审第三人之间因买卖、交付而产生的涉案车辆物权变动后,上诉人以普通债权人的身份对涉案车辆不享有法律上的追及力。该转移登记行为对上诉人的权利义务不产生实际影响,上诉人没有提起本案诉讼的原告主体资格,原审裁定正确,应予维持。

——中华人民共和国最高人民法院行政审判庭编:《中国行政审判案例》(第2卷),中国法制出版社2011年版,第50、52—53页。

【链接:最高人民法院法官著述】

当然,实践情况是很复杂的。按照本条规定,普通债权不能成为原告资格的权利基础,这只是一个原则,实践中最大的难点在于例外如何把握。本条提供的判断标准是:行政机关在作出行政行为时,对于当事人主张的债权是否依法应予保护?或者是否依法应予考虑?如果答案是肯定的,则应当承认其原告资格,反之则否。

——最高人民法院行政审判庭编著:《最高人民法院行政诉讼法司法解释理解与适用》(上),人民法院出版社2018年版,第106—107页。

在例外情形下,对债权人的保护已经成为行政法律关系中的法定权益或者行政裁量的考虑因素,行政机关与债权人之间已经产生行政法上的利害关系,债权人具有原告主体资格。主要包括两种情形:

第一,行政机关作出行政行为时依法应予保护。即行政机关根据法律法规的规定,应当考虑债权人利益。以房屋租赁权人为例,对于一般债权而言,承租人对房屋征收决定不具有行政诉讼原告资格。例如,张曙安等24人诉新昌县人民政府行政征收案[(2014)浙行终字第284号]。如果法律法规规定行政机关在作出行政行为时应当考虑债权人的权益，债权人就具有了行政诉讼原告资格。例如根据原《城市房屋拆迁管理条例》的规定，拆迁安置对象除了作为房屋所有权人的被拆迁人，还包括了房屋承租人。该房屋承租人不服拆迁安置行政行为的，可以作为行政诉讼原告提起诉讼。对于公房租赁权人是否可以提起行政诉讼，考虑到公房承租是历史形成的，各地公房情况不同，对承租人的保护政策也不同，《国有土地上房屋征收与补偿条例》没有在全国层面上作出规定，而是交由各地作出规定。司法实践中，公房租赁权人虽然属于债权人，但特定的地方性法规规定了公房租赁权人在行政程序中的相对人地位。《上海市国有土地上房屋征收与补偿实施细则》明确规定，公房租赁权人在房屋征收和补偿中具有行政诉讼原告资格。即，公房的租赁权人在其所租住的公房被征收时，可以要求获得补偿，具有原告主体资格。司法实践中，也有相应的案例。例如，刘凤英诉兰州市西固区房屋征收办公室案[(2016)甘71行终143号]。

第二，行政机关作出行政行为时应予考虑。在特定情况下，即便法律法规没有规定行政机关在作出行政行为时应当考虑债权人的权益，但是，行政机关在作出行政行为时必须履行考虑债权人利益的相关义务，该债权人亦得为行政诉讼原告。例如，根据《最高人民法院关于审理房屋登记案件若干问题的规定》第四条的规定，房屋登记机构为债务人办理房屋转移登记，债权人不服的，可以提起行政诉讼：以房屋为标的物的债权已办理预告登记的；债权人为抵押权人且房屋转让未经其同意的；人民法院依债权人申请对房屋采取强制执行措施并已通知房屋登记机构的；房屋登记机构工作人员与债务人恶意串通的。

——梁凤云：《行政诉讼法司法解释讲义》，人民法院出版社2018年版，第82—83页。

155 行政机关批准公司股权转让行为与公司的普通债权人不具有利害关系

关键词 | 原告资格 | 公司股权转让 | 利害关系 |

【最高人民法院裁判案例】

贺宗玉诉驻马店市人民政府批准国有股权转让案[最高人民法院(2017)最高法行申1142号行政裁定书]

要旨:行政机关批准公司股权转让的行为,会导致公司内部股东变更、股东持股比例的变动,但不影响公司债权人的债权利益,公司作为独立企业法人以其全部财产对外承担债务的民事主体资格不会发生变更或者消灭。行政机关批准公司部分股权转让的行为,并未对公司普通债权人的权利义务产生直接影响。

根据行政诉讼法第二十五条的规定,行政行为的相对人以及其他与行政行为有利害关系的公民、法人或者其他组织,有权提起诉讼。本案中,驻马店市人民政府批准东方公司80%股权转让的行为,会导致东方公司内部股东变更、股东持股比例的变动,但不影响公司债权人的债权利益,东方公司作为独立企业法人以其全部财产对外承担债务的民事主体资格不会发生变更或者消灭。驻马店市人民政府批准东方公司部分股权转让的行为,并未对东方公司普通债权人的权利义务产生直接影响。因此,即便再审申请人贺宗玉有证据证明其是东方公司的普通债权人,也与本案被诉行政行为没有利害关系,不具有提起本案行政诉讼的原告主体资格。原审裁定驳回再审申请人的起诉,并无不当。

——中国裁判文书网,https://wenshu.court.gov.cn/。

156 征收部门向房屋所有权人发放停产停业损失补偿后,承租人无权提起诉讼主张停产停业损失

关键词|原告资格|承租人|房屋所有权人|

【最高人民法院专业法官会议纪要】

法律问题:征收部门向房屋所有权人发放停产停业损失补偿后,承租人是否有权提起诉讼主张停产停业损失?

法官会议意见:于某与乙公司签订《房屋租赁合同》,经人民法院生效裁判判决解除双方的租赁合同,并判令于某腾退租赁房屋,乙公司返还剩余租金。在上述案件审理过程中,经法院释明,于某对其添附部分不申请鉴定。且甲区政府征收部门已经就涉案被征收房屋与所有权人乙公司达成了征收补偿协议,对征收范围内

的房屋、构筑物、机械设备、动植物、停产停业损失等进行了补偿。故于某与本案征收行为并不具有利害关系，依法不具有要求甲区政府履行征收补偿职责的原告主体资格。

——最高人民法院第二巡回法庭2020年第9次法官会议纪要，载贺小荣主编：《最高人民法院第二巡回法庭法官会议纪要》（第二辑），人民法院出版社2021年版，第354—355页。

157 存在重大添附的承租人与强制拆除房屋行为具有利害关系

关键词｜原告资格｜承租人｜重大添附｜

【最高人民法院专业法官会议纪要】

法律问题：在被征收房屋上有经营事实或重大添附的承租人与拆除该房屋的行政行为是否有利害关系。

法官会议意见：一般而言，承租人与征收决定、补偿决定、补偿协议、强制拆除房屋行为没有利害关系，但是承租人在被征收房屋上有不可分割的重大添附，或依法独立在承租房屋开展经营活动或者可以证明强制拆除房屋造成其物品损失的，应认为承租人与该强制拆除房屋行为有利害关系，符合其他法定起诉条件的，具有原告资格。

——最高人民法院第一巡回法庭2019年第3次法官会议纪要，载最高人民法院第一巡回法庭编著：《最高人民法院第一巡回法庭行政主审法官会议纪要》（第1卷），中国法制出版社2020年版，第34—35页。

【最高人民法院裁判案例】

裴玉梅诉北京市人民政府行政复议案［最高人民法院（2020）最高法行申7667号行政裁定书］

要旨：普通承租人对征收房屋行为通常不具有原告资格和复议申请人资格。

也就是说，除非承租人在租赁的房屋上有重大添附或者依托承租的房屋依法享有生产经营权，征收行为将会直接造成其在房屋上的重大添附损失或者存在停产停业损失，为维护其自身合法权益，承租人依法对征收决定或强制执行行为享有原告资格和复议申请人资格外，一般情况下，作为被征收房屋的普通承租人，与房屋所有权人之间存在的仅仅是普通债权债务关系，对政府征收房屋行为通常不具有原告资格和复议申请人资格。

——中国裁判文书网,https://wenshu.court.gov.cn/。

158 建设工程质量管理领域行政处罚利害关系的认定

关键词｜原告资格｜行政处罚｜利害关系｜

【最高人民法院专业法官会议纪要】

法律问题:(1)建筑材料生产者与建设工程质量管理领域的行政处罚是否具有利害关系;……

法官会议意见:建设行政主管部门以产品使用者未按规定对使用的建筑材料进行检验作出的行政处罚决定,由于建设工程使用的建筑材料属于产品范围,客观上也是对建筑材料的产品质量作出负面评价,必然对该产品的生产者产生不利影响,即生产者可能会因此承担产品质量法所规定的行政处罚。在此情形下,生产者与处罚决定具有利害关系。

——最高人民法院第一巡回法庭2019年第3次、第8次法官会议纪要,载最高人民法院第一巡回法庭编著:《最高人民法院第一巡回法庭行政主审法官会议纪要》(第1卷),中国法制出版社2020年版,第41页。

159 近亲属的原告资格

关键词｜原告资格｜近亲属｜

【最高人民法院司法解释】

第十四条　行政诉讼法第二十五条第二款规定的"近亲属",包括配偶、父母、子女、兄弟姐妹、祖父母、外祖父母、孙子女、外孙子女和其他具有扶养、赡养关系的亲属。

公民因被限制人身自由而不能提起诉讼的,其近亲属可以依其口头或者书面委托以该公民的名义提起诉讼。近亲属起诉时无法与被限制人身自由的公民取得联系,近亲属可以先行起诉,并在诉讼中补充提交委托证明。

——《最高人民法院关于适用〈中华人民共和国行政诉讼法〉的解释》(2018

年2月8日，法释〔2018〕1号）。

【链接：最高人民法院法官著述】

我们认为，确定原告资格转移的顺序应当注意继承的性质，即看是遗嘱继承还是法定继承，如果是遗嘱继承，则所有的遗嘱继承人均具有被转继的原告资格；但如果系法定继承，则应按照法定的继承顺序确定原告资格的承继者，只有在上一顺序的继承人放弃其诉权时，下一顺序的继承人才具有被转继的原告资格。此外，还应当注意争讼客体和对象的性质，即看争讼的客体和对象是否属于遗产的范围，如果不属于遗产的范围，原告资格的转移就不宜受继承顺序的限制。

……

公民因被限制人身自由无法提起行政诉讼委托其近亲属代为起诉的情况不属于原告资格的转移。在这种情况下需要注意以下几个问题：(1)公民被限制人身自由不能提起诉讼，其近亲属可以代为起诉。若公民被限制人身自由但仍能实施诉讼行为的，则不能口头委托近亲属代为起诉。只要行政机关不能举证证明被限制人身自由的公民可以实施诉讼行为，法院就应当受理该公民近亲属依口头委托提起的行政诉讼。(2)被限制人身自由的公民可以以口头或者书面的形式委托近亲属提起诉讼。行政诉讼法对委托代理的形式未作规定，根据民事诉讼法的规定，委托代理诉讼必须向法院提交书面的委托书。而公民在被限制人身自由的时候，很难进行书面委托。因此，有必要赋予被限制人身自由的公民口头委托权利。(3)近亲属只能以被限制人身自由的公民的名义提起行政诉讼，而不能以自己的名义提起诉讼。

——江必新、梁凤云：《行政诉讼法理论与实务（第三版）》（上），法律出版社2016年版，第553—554页。

160 近亲属的诉权应当与原始原告的诉权保持一致

关键词｜原告资格｜近亲属｜

【最高人民法院裁判案例】

王建国诉太原市杏花岭区自然资源局、太原市杏花岭区人民政府土地行政登记案［最高人民法院(2019)最高法行申1546号行政裁定书］

要旨：自然人死亡涉及原告主体资格转移的，因其近亲属是继承前手的原告资格而介入到行政法律关系中的，因此近亲属的诉权应当与原始原告的诉权保持一致，且受到原始原告诉讼状态的影响。原始原告已经超过起诉期限的，其近亲属也超过起诉期限，原始原告已经自愿放弃诉权的，其近亲属也不再拥有诉权。

行政诉讼法第二十五条第二款规定："有权提起诉讼的公民死亡，其近亲属可以提起诉讼。"自然人死亡涉及原告主体资格转移的，因其近亲属是继承前手的原告资格而介入到行政法律关系中的，因此近亲属的诉权应当与原始原告的诉权保持一致，且受到原始原告诉讼状态的影响。原始原告已经超过起诉期限的，其近亲属也超过起诉期限，原始原告已经自愿放弃诉权的，其近亲属也不再拥有诉权。本案中，王建国的母亲刘玉珍与阳曲县侯村乡张拔村民委员会于 1987 年 8 月 10 日订立转让房院契约，约定将争议土地转让给刘玉珍，在该协议没有被确认无效的情况下，刘玉珍与杏花岭区人民政府为殷爱生颁发集体土地使用证的行为具有利害关系。但 20 世纪 90 年代初，本案第三人殷爱生在争议宅基地上翻建房屋，当时刘玉珍就已应知道相关情况。直到刘玉珍 2014 年死亡，争议土地及地上房屋始终由殷爱生占有使用。在 20 余年的期间内，刘玉珍未主张过相关权利，其间杏花岭区于 1999 年开展了农村宅基地的清查工作，殷爱生此期间提出申请，杏花岭区人民政府在 2000 年为殷爱生颁发了集体土地使用证，刘玉珍亦未提出确权颁证主张。故应视为刘玉珍在生前已经知道行政行为内容但一直怠于主张相关权利，已经超过起诉期限。刘玉珍去世后，王建国作为刘玉珍相关诉讼权利的继承人亦超过起诉期限。

——中国裁判文书网，https://wenshu.court.gov.cn/。

161 婚姻关系当事人以外的其他人起诉婚姻登记行为的处理

关键词｜原告资格｜婚姻登记行为｜

【最高人民法院答复】

安徽省高级人民法院：

你院〔2014〕皖行终字第 0056 号婚姻登记请示收悉。经研究答复如下：

对婚姻登记行为不服提起诉讼的，一般只能是婚姻关系当事人。婚姻关系当事人死亡后，其近亲属仅以婚姻登记程序违法等为由提起诉讼的，人民法院一般不予受理。婚姻关系当事人死亡后，其近亲属以婚姻关系当事人未到场办理婚姻登记、事后也不知晓婚姻登记为由提起诉讼，请求确认婚姻登记行为无效的，人民法院应当依法受理,并依据查明的事实依法作出裁判。请求确认婚姻登记行为无效的诉讼,起诉期限从近亲属知道婚姻登记行为之日起计算,但最长不得超过两年。

——《最高人民法院行政审判庭关于婚姻关系当事人死亡后近亲属能否提起行政诉讼请示的答复》(2014 年 12 月 26 日,〔2014〕行他字第 17 号)。

162 合伙企业、个体工商户的原告资格

关键词 | 原告资格 | 合伙企业 | 个体工商户 |

【最高人民法院司法解释】

第十五条 合伙企业向人民法院提起诉讼的,应当以核准登记的字号为原告。未依法登记领取营业执照的个人合伙的全体合伙人为共同原告;全体合伙人可以推选代表人,被推选的代表人,应当由全体合伙人出具推选书。

个体工商户向人民法院提起诉讼的,以营业执照上登记的经营者为原告。有字号的,以营业执照上登记的字号为原告,并应当注明该字号经营者的基本信息。

——《最高人民法院关于适用〈中华人民共和国行政诉讼法〉的解释》(2018 年 2 月 8 日,法释〔2018〕1 号)。

【链接:理解与适用】

在实务中,对于合伙企业和个体工商户提起行政诉讼存在的实务问题包括两个。

1. 合伙组织的合伙人能否以企业或者自己的名义提起行政诉讼?对于商事合伙而言,合伙企业分为两种形式。一是普通合伙,所有的合伙人均参与经营,均承担责任,对于合伙企业的财产是共有,同时对于执行合伙事务享有同等的权利。在这种情况下,由于合伙人对于合伙的财产是共有,对合伙的债务承担连带责任,合伙组织与合伙人之间其实是密不可分的关系,损害合伙组织的利益直接就损害到合伙人的利益,因此如果合伙人认为行政机关的行政行为损害了合伙组织的合法利益,作为利害关系人,可以以自己的名义提起行政诉讼以维护自身合法权益。二是有限合伙,由于有限合伙人以出资额为限对合伙企业的债务承担责任,且并无执行合伙企业事务的权利,与合伙企业相对独立,故不宜赋予其独立的行政诉权。

2. 个体工商户的家庭成员能否以自己的名义提起行政诉讼?根据《个体工商户条例》第八条第二款“个体工商户登记事项包括经营者姓名和住所、组成形式、

经营范围、经营场所。个体工商户使用名称的，名称作为登记事项”之规定，个体工商户的登记只有经营者以及相关的字号，因此对于外界而言，无法获知相应的个体工商户是属于个人经营还是家庭经营，根据商事法的“外观主义”原则，不宜认可个体工商户的家庭成员以自己的名义因个体工商户的利益提起相关的行政诉讼。

——最高人民法院行政审判庭编著：《最高人民法院行政诉讼法司法解释理解与适用》（上），人民法院出版社2018年版，第114—115页。

163 股份制企业、联营企业、中外合资合作企业以及非国有企业的原告资格

关键词｜原告资格｜股份制企业｜联营企业｜中外合资企业｜中外合作企业｜非国有企业｜

【最高人民法院司法解释】

第十六条　股份制企业的股东大会、股东会、董事会等认为行政机关作出的行政行为侵犯企业经营自主权的，可以企业名义提起诉讼。

联营企业、中外合资或者合作企业的联营、合资、合作各方，认为联营、合资、合作企业权益或者自己一方合法权益受行政行为侵害的，可以自己的名义提起诉讼。

非国有企业被行政机关注销、撤销、合并、强令兼并、出售、分立或者改变企业隶属关系的，该企业或者其法定代表人可以提起诉讼。

——《最高人民法院关于适用〈中华人民共和国行政诉讼法〉的解释》（2018年2月8日，法释〔2018〕1号）。

【链接：理解与适用】

对于企业的利害关系人提起行政诉讼的实务问题涉及较多，主要包括以下三个。

1. 股份制企业的控股股东能否以企业或者自己的名义提起行政诉讼？对于股份有限公司和有限责任公司而言，为了维护公司利益，减少恶意诉讼，节省司法资源，如果普通股东认为行政机关行政行为损害了公司的合法权益，只能向公司提出相关请求，或者是要求公司管理层采取必要法律措施，或者是建议董事会采取相关法律措施，或者是在股东会（股东大会）上提起相关议案，说服股东会（股东大

会)作出相关决议,但是不能以自己的名义提起行政诉讼。如果是公司的控股股东能否以自己的名义提起行政诉讼？控股股东作为公司实际利益享有者,其利益与公司的利益息息相关,但是从法律角度看,公司作为独立法人,与其控股股东之间是相互独立的法律关系,如果控股股东认为行政机关的行为侵犯了企业的合法权益,应当通过股东会(股东大会)作出相应决议提起诉讼,而不能以自己的名义起诉。当然这一制度也存在例外,即联营企业、中外合资企业、中外合作企业的出资人可以按照本条第二款的规定,以自己的名义起诉。

2. 股份制企业的董事能否以企业或者自己的名义提起行政诉讼？公司法第四十六条规定了董事会决定公司的主要事项,对公司股东会负责。与境外不同的是,我国的董事会是集体负责制,即董事通过参加董事会进行讨论、表决来对公司事务进行管理,但是不能以自己的名义独立管理公司事务,故股份制企业的董事认为行政机关的行为侵犯企业权益,只能通过要求召开董事会,并经董事会多数表决后,以企业的名义提起行政诉讼,但是不能以自己的名义提起行政诉讼。当然也存在一个例外,根据公司法第五十条的规定,有限责任公司可以不设董事会,只有执行董事,执行董事如果认为行政机关的行为侵犯企业权益,可以以企业的名义提起行政诉讼,但仍然不能以自己的名义提起行政诉讼。

3. 非国有企业的出资人能否以企业或者自己的名义提起行政诉讼？非国有企业的含义很广泛,包括集体所有企业、股份制企业、合伙企业、个人独资企业、中外合资企业、中外合作企业。一般我们认为是否赋予企业的出资人享有以自己的名义提起行政诉讼的原告主体资格,应取决于出资人对于企业债务承担责任的方式,如果出资人承担的是以出资额为限的有限责任,则出资人与企业之间相互独立(人格独立、财产独立、行为独立、利益独立、责任独立),不宜赋予出资人享有独立的提起行政诉讼的诉权。如股份制企业,出资人只能通过股东会以企业的名义提起诉讼;对于合伙企业,有限责任的合伙人就不享有诉权;同理,集体所有制企业的出资人按照《城镇集体所有制企业条例》第五条、第六条的规定,其设立人或者出资人不享有诉权;例外的是中外合作企业、中外合资企业,出资人可以按照本条第二款的规定提起行政诉讼。但是如果出资人与企业的财产、债务不可分,出资人对于企业债务承担的是无限连带责任,企业形式实质上都是出资人的企业表现,从本质上讲,这种企业是自然人在商法上的延伸,其商法人格与自然人的个人人格不能分离,自然人的属性影响着独资企业的属性,企业是附着于个人人格上的商事主体。如普通合伙企业、个人独资企业等,损害企业的利益实质上是损害出资人的利益,则应依据行政诉讼法第二十五条的规定,认定出资人作为相关行政行为的利害关系人,可以以自己的名义提起行政诉讼。

——最高人民法院行政审判庭编著:《最高人民法院行政诉讼法司法解释理解与适用》(上),人民法院出版社2018年版,第119—121页。

【最高人民法院答复】

甘肃省高级人民法院:

你院《关于谭永智不服甘肃省人民政府房产登记行政复议决定一案的请示报告》收悉,经研究答复如下:

……

2. 公司的法定代表人应以在公司登记机关登记备案为准。经股东大会或者董事会任命的董事长虽未依法办理法定代表人登记手续,但在全体股东对股东大会或者董事会决议的合法性无异议的情况下,可以代表公司申请行政复议或提起诉讼。如其后的股东大会、董事会已经通过新的决议否定了对原董事长的任命,则原董事长无权代表公司申请复议或诉讼。公司股东对行政复议机关或人民法院受理原董事长的复议申请或起诉提出异议后,行政复议机关或人民法院不应作出实体裁判,而应中止案件审理,要求相关当事人先行依法解决公司决议纠纷,明确公司代表权。

——《最高人民法院行政审判庭关于谭永智不服甘肃省人民政府房产登记行政复议决定请示案的答复》(2011年7月12日,〔2011〕行他字第26号)。

164 股东能否以自己名义代表公司提起行政诉讼

关键词|原告资格|股东|

【最高人民法院裁判案例】

张佰强、施新国诉浙江省慈溪市人民政府、浙江省慈溪市掌起镇人民政府不履行行政协议案[最高人民法院(2016)最高法行再91号行政裁定书]

要旨:公司法并未将股东代表诉讼限制在民事诉讼范围内,公司股东亦有权提起行政诉讼。且本案系行政协议争议,行政协议本身即具有行政和协议的双重属性,作为公司股东如果在民事诉讼中可以作为原告提起诉讼,那么并不因为相关争议纳入行政诉讼而丧失其作为行政诉讼的原告主体资格。

（二）张佰强、施新国作为云柱公司的股东是否具有提起本案诉讼的原告主体资格

当时有效的《最高人民法院关于执行〈中华人民共和国行政诉讼法〉若干问题的解释》第十二条规定了在行政审判实践中确立原告资格的认定标准，即“与具体行政行为有法律上利害关系的公民、法人或者其他组织对该行为不服的，可以依法提起行政诉讼”。修改后的行政诉讼法第二十五条第一款亦规定“行政行为的相对人以及其他与行政行为有利害关系的公民、法人或者其他组织，有权提起诉讼”。“有利害关系”这一标准为认定行政诉讼的原告提供了较为合理的依据和尺度，而这一规定确定的原告资格有以下两方面要件：一是必须是公民、法人或者其他组织；二是该公民、法人或者其他组织与行政行为有利害关系。根据公司法相关原理，公司和股东人格互相独立。公司具有独立的人格，公司独立于公司股东而存在，公司股东原则上不能代表公司。一般情况下，公司股东既不属于行政诉讼法规定的一般意义的公民、法人或者其他组织，也与行政行为不具有利害关系，且行政诉讼法及相关司法解释亦未赋予公司股东具有行政诉讼法上的原告主体资格。故张佰强、施新国作为云柱公司股东，一旦出资，就丧失了对其所出资资产的所有权，股东以出资资产获得的是出资人享有的股权，一般不具有原告主体资格。

在本案，涉案《房屋拆迁补偿协议》及其补充协议均由掌起镇政府与云柱公司签订。张佰强、施新国作为云柱公司的股东，认为其有权以自己名义提起本案行政诉讼的依据为公司法第一百五十一条第三款关于“他人侵犯公司合法权益，给公司造成损失的，本条第一款规定的股东可以依照前两款的规定向人民法院提起诉讼”的规定。公司法第一百五十一条规定赋予了股东维护公司利益的起诉权，规定了股东可以提起股东代表诉讼及提起股东代表诉讼的条件和程序。股东代表诉讼是指当公司的合法权益受到他人不法侵害而公司却拒绝或者怠于通过诉讼手段追究有关侵权人的责任时，具有法定资格的股东为了公司利益而依据法定程序，以自己的名义代表公司对侵权人提起诉讼，追究其法律责任，所获赔偿归于公司的一种法律制度。提起股东代表诉讼的条件如下：第一，股东需符合法律规定要件。公司法对有限责任公司提起股东代表诉讼的股东资格未作限制，而对股份有限公司提起股东代表诉讼的股东资格则要求是连续 180 日以上单独或者合计持有公司 1%以上股份的股东。第二，股东必须在诉前用尽公司内部救济。即他人侵犯公司合法权益，给公司造成损失的，股东可书面请求监事会或不设监事会的有限责任公司的监事、董事会或不设董事会的有限责任公司的执行董事提起诉讼。只有前述监事会、不设监事会的有限责任公司的监事，或者董事会、执行董事收到书面请求后拒

绝提起诉讼,或者自收到请求之日起30日内未提起诉讼,或者情况紧急、不立即提起诉讼将会使公司利益受到难以弥补的损害的,前述股东有权为了公司利益以自己的名义直接向法院起诉。公司法第一百五十一条第三款规定赋予了公司股东在他人侵犯公司合法权益,给公司造成损失而公司怠于行使诉权的情况下以自身名义向人民法院提起诉讼的权利。但该规定并未将股东代表诉讼限制在民事诉讼范围内,公司股东亦有权提起行政诉讼。且本案系行政协议争议,行政协议本身即具有行政和协议的双重属性,作为公司股东如果在民事诉讼中可以作为原告提起诉讼,那么并不因为相关争议纳入行政诉讼而丧失其作为行政诉讼的原告主体资格。本案中,云柱公司系有限责任公司,张佰强、施新国作为云柱公司的股东,在慈溪市政府、掌起镇政府不履行与云柱公司签订的系列协议,云柱公司不仅怠于起诉且与张佰强、施新国达成允许其起诉协议的情况下,依据公司法第一百五十一条第三款规定,为了公司利益有权提起行政诉讼。

——中国裁判文书网,https://wenshu.court.gov.cn/。

165 公司登记中利害关系人的原告资格

关键词｜原告资格｜公司登记｜利害关系人｜

【最高人民法院答复】

内蒙古自治区高级人民法院:

你院〔1999〕内法行请字第1号《关于内蒙古康辉国际旅行社有限责任公司诉呼和浩特市工商行政管理局履行法定职责一案的请示报告》收悉。经研究,答复如下:

依据《中华人民共和国行政诉讼法》第二条,公司登记中的利害关系人认为登记管理机关的登记行为侵犯其合法权益,或者对登记行为不服请求变更、撤销,登记管理机关不予变更或撤销,向人民法院提起行政诉讼的,具备原告资格。

——《最高人民法院对内蒙古高院〈关于内蒙古康辉国际旅行社有限责任公司诉呼和浩特市工商行政管理局履行法定职责一案的请示报告〉的答复》(1999年11月24日,〔1999〕行他字第13号)。

166 原公司法定代表人对后续工商变更登记行为的原告资格

关键词｜原告资格｜公司法定代表人｜

【最高人民法院答复】

福建省高级人民法院：

你院〔2013〕闽行他字第12号《关于原公司法定代表人与后续工商变更登记是否有法律上的利害关系的请示》收悉。经研究，答复如下：

在原公司法定代表人是公司实际控制人的情况下，其与后续工商变更登记具有法律上的利害关系，如对变更登记有异议，可以提起行政诉讼。因后续变更登记行为已经发生，若仅对涉及其本人的首次变更登记行为起诉，不利于解决实际纠纷，人民法院应当释明其对首次变更登记行为及后续变更登记行为一并提起行政诉讼。行政复议机关应当受理原公司法定代表人提出的复议申请，如果需要等待相关民事诉讼就公司股权纠纷的确认，可中止复议程序。

——《最高人民法院关于原公司法定代表人与后续工商变更登记是否有法律上利害关系的请示的答复》（2014年7月1日，〔2014〕行他字第7号）。

167 非营利法人的出资人、设立人的原告资格

关键词｜原告资格｜非营利法人｜

【最高人民法院司法解释】

第十七条 事业单位、社会团体、基金会、社会服务机构等非营利法人的出资人、设立人认为行政行为损害法人合法权益的，可以自己的名义提起诉讼。

——《最高人民法院关于适用〈中华人民共和国行政诉讼法〉的解释》（2018年2月8日，法释〔2018〕1号）。

【链接：理解与适用】

需要指出的是，本条对于非营利法人进行了列举，包括“事业单位、社会团体、基金会、社会服务机构”，但是非营利法人的类型不限于这些列举的组织，如本条使用了“等”字进行概括的说明，对于其他符合非营利法人特征的组织，仍然应该将其纳入非营利组织中，赋予其出资人、设立人相应的诉权。

——最高人民法院行政审判庭编著：《最高人民法院行政诉讼法司法解释理解与适用》（上），人民法院出版社2018年版，第124页。

168 业主委员会和业主的原告资格

关键词｜原告资格｜业主委员会｜业主｜

【最高人民法院司法解释】

第十八条　业主委员会对于行政机关作出的涉及业主共有利益的行政行为，可以自己的名义提起诉讼。

业主委员会不起诉的，专有部分占建筑物总面积过半数或者占总户数过半数的业主可以提起诉讼。

——《最高人民法院关于适用〈中华人民共和国行政诉讼法〉的解释》(2018年2月8日，法释〔2018〕1号)。

【链接：最高人民法院法官著述】

在司法实践中，需要注意以下两个问题：

第一，在确定行政诉讼原告时，应当注意顺序性，即只有业主委员会不起诉的情况下，特定业主才能提起行政诉讼。

第二，依法产生但未备案业委会的原告资格。司法实践中，有的业委会已经依法产生但是尚未备案，业委会针对行政机关的不予备案行为提起诉讼的，是否给予原告资格，有两种观点：一种观点认为，业委会依法成立后，行政机关应当备案而不予备案，实际上侵害了依法成立的业委会的权益，应当给予业委会原告资格；另一种观点认为，对于业委会是否已经依法成立，业委会往往难以证明，法院往往难以判断，暂不赋予其原告资格为妥。笔者认为，应当赋予未备案的业委会原告资格，理由是：第一，业委会依法成立是一个民事行为，成立之后就具有相应的权利能力；第二，行政机关不予备案的行为针对的对象即是申请备案的业委会，如果不赋予其原告资格，其合法权益无从保障。

——梁凤云：《行政诉讼法司法解释讲义》，人民法院出版社2018年版，第88页。

169 村民委员会或农村集体经济组织成员的原告资格

关键词｜原告资格｜村民委员会｜

【最高人民法院司法解释】

第三条 村民委员会或者农村集体经济组织对涉及农村集体土地的行政行为不起诉的，过半数的村民可以以集体经济组织名义提起诉讼。

农村集体经济组织成员全部转为城镇居民后，对涉及农村集体土地的行政行为不服的，过半数的原集体经济组织成员可以提起诉讼。

——《最高人民法院关于审理涉及农村集体土地行政案件若干问题的规定》（2011年9月5日，法释〔2011〕20号）。

【链接：理解与适用】

一、过半数户的代表或过半数的原集体经济组织户的代表是否可以集体经济组织名义或自己名义提起诉讼

本条仅仅规定，村民委员会或者农村集体经济组织或农村集体经济组织成员全部转为城镇居民后，过半数的村民或过半数的原集体经济组织成员可以集体经济组织名义或自己名义提起诉讼，而并未规定过半数户的代表是否可以以集体经济组织名义或自己名义提起诉讼。村民委员会组织法第二十一条、第二十二条规定，村民会议由本村十八周岁以上的村民组成。召开村民会议，应当由本村十八周岁以上村民的过半数，或者本村三分之二以上的户的代表参加，所作决定应当经到会人员的过半数通过。按照上述规定，我们认为，村民委员会或农村集体经济组织不起诉的，或者农村集体经济组织成员全部转为城镇居民后，过半数户可以以集体经济组织名义或自己名义提起诉讼。否则，既违反公平原则，也与村民委员会组织法第二十一条、第二十二条规定不相符合。

二、如何确定“过半数的村民或户”或“过半数的原集体经济组织成员或户”

确定“过半数的村民或户”或“过半数的原集体经济组织成员或户”的问题就是确定村集体经济组织的意思表示。根据村民委员会组织法第二条、第二十二条、第二十三条的规定，村民委员会向村民会议、村民代表会议负责并报告工作，村民会议是村集体的最高意思表示机构，对涉及村民利益的重大事项具有最终决定权。所以，组成村民会议的多数集体成员（过半数的十八周岁以上村民，或者本村三分之二以上的户的代表）可以用村民委员会或者农村集体经济组织的名义提起行政诉讼。如上述多数村民在诉讼中的意思表示与村民委员会或者农村集体经济组织不一致，应将多数村民的意思表示视为是集体经济组织的意思表示。尤其是多数村民坚持诉讼而村民委员会或者农村集体经济组织要求申请撤诉的，应当认定撤

诉申请不能代表原告真实意思表示。在司法实践中有三方面值得注意：

一是“过半数的村民或户”或“过半数的原集体经济组织成员或户”指的是什么？本条第一款的“过半数的村民或户”，是指合法参加村民会议的村民或户的“过半数”还是村民委员会或者农村集体经济组织村民或户的“过半数”？我们认为，既包括农村集体经济组织村民的“过半数”，也包括合法参加村民会议村民的“过半数”。因为本条的立法原意是要赋予具有代表性的村民可以集体名义提起诉讼，上述两种情况都可以代表集体经济组织的意思表示。同理可得，本条第二款的“过半数的原集体经济组织成员或户”，亦应既包括原农村集体经济组织村民或户的“过半数”，也包括合法参加村民会议的村民或户的“过半数”。

二是“过半数的村民或户”或“过半数的原集体经济组织成员或户”的形成方式可以是多种多样的。既可以会议表决，又可以私下联署，甚至可以是其他方式。

三是如何审查甄别村民身份和每个个体的具体意思表示存在巨大的困难。由于在一些农村大量农民外出打工，也往往很难召集到合法比例的村民。建议可以以委托投票方式表达意见或法院通过电话方式征询意见等对村民具体意思表示予以确认。总之，不宜以程序上司法成本较高为由侵害相对人寻求司法救济的权利，尽可能以简单方式甄别“过半数的村民或户”或“过半数的原集体经济组织成员或户”的问题。

三、农村集体经济组织的个别成员在一定条件下也可以具有原告主体资格

按照本条规定，村民委员会或者农村集体经济组织或农村集体经济组织成员全部转为城镇居民后，过半数的村民或过半数的原集体经济组织成员可以以集体经济组织名义或自己名义提起诉讼，而农村集体经济组织的个别成员是不具有原告主体资格的。

但是，我们认为，在实践中，对于这个问题不可以片面理解。从加大土地保护力度的角度出发，对土地违法行为或相关不履行职责行为起诉，原告资格应当放宽，只要是具有法律上利害关系的公民、法人或其他组织，都可以起诉。这些利害关系人通常包括所涉土地的所有权人、使用权人，相关集体经济组织的多数村民，村委会，以及占有、使用争议土地的集体成员（如土地承包权人、宅基地使用权人等）等。在司法实践中存在争议较大的是并不占有、使用相关土地的其他集体成员能否起诉。我们认为，一般情况下这类成员不能仅以其具有该集体成员资格而获得诉权，因为非法占地等土地违法行为虽然直接侵害了集体经济组织整体的合法权益，然而并不一定直接影响所有集体成员个人的权利义务。如果这类成员能够举证证明即使其没有使用该土地，但土地违法行为已经直接影响到其合法权益（如

相邻权），人民法院对其起诉也应受理。且实际中村委会本身就是土地违法行为主体的情况很多，如不赋予集体组织成员诉权，则土地违法行为难以及时发现、纠正、查处。综上，农村集体经济组织的成员如能证明其与被诉行为具有法律上的利害关系，可以以自己名义起诉。而且这里所说的利害关系要从宽解释，只要某个公民、组织能够证明其与被诉行政行为具有别人所不具有的利害关系，或具有某种特殊利益，那么，就应当认为其与行政行为具有利害关系。但其仅以具有集体组织身份为由起诉，人民法院应当依照《若干解释》第四十四条第一款第（二）项的规定，以起诉人无原告诉讼主体资格为由裁定不予受理。

——江必新主编：《最高人民法院关于审理涉及农村集体土地行政案件若干问题的规定理解与适用》，中国法制出版社 2013 年版，第 44—47 页。

170 土地实际使用人对行政机关处分土地行为可以提起行政诉讼

关键词 | 原告资格 | 土地实际使用人 |

【最高人民法院司法解释】

第四条 土地使用权人或者实际使用人对行政机关作出涉及其使用或实际使用的集体土地的行政行为不服的，可以以自己的名义提起诉讼。

——《最高人民法院关于审理涉及农村集体土地行政案件若干问题的规定》（2011 年 9 月 5 日，法释〔2011〕20 号）。

【最高人民法院答复】

辽宁省高级人民法院：

你院〔2005〕辽行终字第 1 号《关于李永明是否具有原告资格的请示》收悉。经研究，答复如下：

同意你院审委会多数人意见。根据《中华人民共和国行政诉讼法》第二条和《最高人民法院关于执行〈中华人民共和国行政诉讼法〉若干问题的解释》第十二条的规定，土地的实际使用人对行政机关出让土地行为不服，可以作为原告提起行政诉讼。

——《最高人民法院关于土地实际使用人对行政机关出让土地的行为不服可否作为原告提起诉讼问题的答复》（2005 年 6 月 3 日，〔2005〕行他字第 12 号）。

【链接：最高人民法院法官著述】

我们认为，在原告资格问题上，不宜将“土地实际使用人”理解为必须是完全合法使用人，只要原告的诉讼请求和理由能够证明其使用土地具有一定的合理性，不是明显违法即可。就请示案而言，法院判决以房抵债将原属长海公司的房产抵给外人邹明和、邹明军，李永明通过合同行为又从邹明和、邹明军处购买了上述房产，由此获得了该房产和房产所占用土地的使用权。从李永明占有使用涉案土地的过程看，不是明显的违法侵权占用。在此情形下，即应认可李永明符合原告资格条件中的“合法权益”项。对于请示案中关于另外非法圈占800平方米土地问题，可以不作为认定李永明原告资格的条件，因为，只要李永明有正常理由占用合法购买房屋项下的土地，就已经具备了原告资格，800平方米土地使用权问题可在实体审查中予以审查认定。

在审查原告资格时，原告主张的合法权益仅是可能存在。经过实体审查后，有可能出现两种结果，一种结果是原告主张的合法权益实际存在，其诉讼请求可以获得支持；还有一种结果是原告的诉讼请求不成立，没有可以保护的合法权益。第一种情况可以撤销被诉行政行为，全部或者部分满足原告的诉讼请求；第二种情况则比较麻烦，原告的诉讼请求不成立，没有合法权益可以保护，其结果是原告与被诉行政行为实际上不存在法律上的利害关系。这时，是判决驳回原告的诉讼请求呢？还是裁定驳回原告起诉？裁定驳回原告起诉是建立在原告资格中法律上的利害关系必须是实际存在，不是仅仅存在可能性。而判决驳回原告诉讼请求是建立在原告资格所要求的法律上利害关系只要是存在可能性即可。我们赞同判决驳回原告诉讼请求的意见。首先，原告资格中的法律上利害关系应当理解为一种可能性，只要原告的主张与被诉具体行政行为存在法律上利害关系的可能性即具有法律上的利害关系。至于是否事实上存在法律上的利害关系不是原告资格的审查范畴，而是实体审查的范畴。因为原告资格本身的利益之诉中，所谓的利益无论是民事诉讼还是行政诉讼，都是一种存在可保护合法利益的可能性。如果要求原告资格中就必须要有实际的利害关系，也就是要求原告在起诉的时候就必须要有胜诉的绝对把握，这是不符合诉讼规律的。诉讼本身就是以存在争议为前提，只要争议存在，与争议有关的各方当事人就具有诉讼当事人的资格，而不是说只有绝对胜诉的一方才具有当事人的资格。其次，在原告资格存在的情况下，如果被诉具体行政行为事实清楚、证据充分，适用法律、法规正确，符合法定程序，不存在主体越权情况和滥用职权、行政处罚显失公正情况，应当依法判决维持被诉具体行政行为。如果行政行为存在瑕疵,原告又无合法权益可保护的,可以判决驳回原告的诉讼请求。这样的判决有利于体现人民法院对被诉行政行为实质审查的成果。如果进入实体审查,审查完毕却作出一个驳回原告起诉的程序性裁定,则完全抹杀了人民法院实体审查的成果,未从实体上作出判决也不利于对被诉行政行为合法性的监督,更不利于当事人服判息诉。

——郭修江:《土地实际使用权人对行政机关出让土地行为具有行政诉讼原告资格》,载中华人民共和国最高人民法院行政审判庭编:《行政执法与行政审判》(总第50集),中国法制出版社2012年版,第65—66页。

171 行政法律关系在前，民事法律关系在后，民事行为介入已经存在的行政法律关系，民事行为的主体不具有行政诉讼原告资格

关键词 | 原告资格 | 民事法律关系 | 行政法律关系 |

【最高人民法院裁判案例】

广州市海龙王投资发展有限公司诉广东省广州市对外经济贸易委员会行政处理决定纠纷案[最高人民法院(2001)行终字第2号行政裁定书]

要旨:行政法律关系在前,民事法律关系在后,民事行为介入已经存在的行政法律关系的,民事行为的主体不具有行政诉讼原告资格。

上诉人海龙王公司根据其与三联公司签订的协议书,付给三联公司6000万元,作为对珠江侨都项目的投资,使协议得到了部分履行。但三联公司只是侨都公司投资三方中的一方,无权决定海龙王公司参加珠江侨都项目的开发。海龙王公司与三联公司之间形成的只是民事法律关系,不能证明海龙王公司在侨都公司中占有股份。由于海龙王公司没有与珠江侨都项目的各方签订合作合同和章程,也没有按照《中外合作经营企业法》的有关规定经审查批准加入珠江侨都公司,所以,海龙王公司以在侨都公司占有股权为由,认为被上诉人广州市外经委针对珠江侨都公司作出的233号通知,与其有法律上的利害关系的上诉理由不能成立。

——最高人民法院行政审判庭编:《最高人民法院最新行政裁判汇编》,人民法院出版社2006年版,第845—846页。

【链接：最高人民法院法官著述】

要回答海龙王公司是否具备原告资格的问题,首先要回答海龙王公司与外经

贸委的233号通知之间是否存在法律上的利害关系。而法律上利害关系存在的前提是两者存在行政法律关系。从本案的情况看,海龙王公司是通过与三联公司签订投资协议,而介入已经存在的市外经贸委与三联公司、珠江投资公司和广大投资公司的行政法律关系。已有的行政法律关系在前,而民事法律关系在后。海龙王公司的介入并没有改变已有的行政法律关系状态。另外,《纪要》形成了以珠江侨都筹委会办公室为行政主体的行政法律关系,主要是同意了海龙王公司与南华西组成投资组合,参加珠江侨都项目的投资。这个行政法律关系也没有改变外经贸委与三联公司、珠江投资公司和广大投资公司之间形成的行政法律关系的状态。在这个案件中,海龙王公司与《纪要》形成了行政法律关系,具有法律上的利害关系,却始终没有与337号批复、6号批复和9号批复、143号通知、233号批复形成行政法律关系。因此,海龙王公司与这几个批复之间不存在法律上的利害关系。

通过上述分析,我们可以得出一个结论:行政法律关系在前,民事法律关系在后,民事行为介入已经存在的行政法律关系,在这种情况下,民事行为的主体不具有行政诉讼的原告资格。

——甘文:《法律关系与原告资格的判断》,载中华人民共和国最高人民法院行政审判庭编:《行政执法与行政审判》(总第29集),人民法院出版社2008年版,第399—400页。

二、适格被告

172 法定具体职能部门经县级以上地方人民政府指导作出行政行为情形下被告资格的确定

关键词｜被告资格｜县级以上地方人民政府｜行政指导｜

【最高人民法院司法解释】

第一条 法律、法规、规章规定属于县级以上地方人民政府职能部门的行政职权,县级以上地方人民政府通过听取报告、召开会议、组织研究、下发文件等方式进行指导,公民、法人或者其他组织不服县级以上地方人民政府的指导行为提起诉讼的,人民法院应当释明,告知其以具体实施行政行为的职能部门为被告。

——《最高人民法院关于正确确定县级以上地方人民政府行政诉讼被告资格若干问题的规定》(2021年4月1日,法释〔2021〕5号)。

173 县级以上地方人民政府将履责申请转送法定下级人民政府或者相应职能部门情形下被告资格的确定

关键词｜被告资格｜县级以上地方人民政府｜履行法定职责｜

【最高人民法院司法解释】

第四条 公民、法人或者其他组织向县级以上地方人民政府申请履行法定职责或者给付义务,法律、法规、规章规定该职责或者义务属于下级人民政府或者相应职能部门的行政职权,县级以上地方人民政府已经转送下级人民政府或者相应职能部门处理并告知申请人,申请人起诉要求履行法定职责或者给付义务的,以下级人民政府或者相应职能部门为被告。

——《最高人民法院关于正确确定县级以上地方人民政府行政诉讼被告资格若干问题的规定》(2021年4月1日,法释〔2021〕5号)。

174 经批准行为的被告资格

关键词｜被告资格｜批准｜

【最高人民法院司法解释】

第十九条　当事人不服经上级行政机关批准的行政行为，向人民法院提起诉讼的，以在对外发生法律效力的文书上署名的机关为被告。

——《最高人民法院关于适用〈中华人民共和国行政诉讼法〉的解释》（2018年2月8日，法释〔2018〕1号）。

【链接：最高人民法院法官著述】

审判实践中的具体问题应当具体分析，本条的规定，应当注意把握三点：

一是“经上级行政机关批准的行政行为”中的“批准”应作广义的理解，既包括经上级机关批准，也包括经上级机关同意或认可，还包括下级机关根据上级机关对其请示所作的批复等情形。无论何种情形，均以在对外发生法律效力的文书上署名的机关为被告。

二是“对外发生法律效力的文书”，即对公民、法人或者其他组织的权利义务具有法律效力的法律文书。

三是以“署名的机关为被告”，是指对外发生法律效力的文书上签署的是哪个机关的名称，加盖哪个机关的印章，哪个机关就是被告。

——本书编委会编：《行政诉讼法司法解释实务指南与疑难解答》，中国法制出版社2018年版，第60页。

一是关于《行政复议法实施条例》有关规定的衔接。该条例第十三条规定，下级行政机关依照法律、法规、规章规定，经上级行政机关批准作出行政行为的，批准机关为被申请人。这一条例对于被申请人的确定标准为“法定标准”，即如果法律、法规、规章规定须经批准的，批准机关为被申请人。这一内容在实践中导致几个难题：第一，行政行为作出机关如果应当经过批准程序而未经批准程序的，批准机关作为被申请人无法参加行政复议程序；第二，经过批准之后，作为机关依照法律、法规、规章依照自己名义作出的行政行为是独立的行政行为，对于行政行为应当承担相应的法律责任；第三，如果涉及其他利害关系人，其他利害关系人认为批准机关未作出行政行为，坚持以盖章行政机关作为被申请人，行政复议程序也将出现逻辑上的混乱。实际上，这一问题，在条例制定之时，就存在反对意见。参与条例起草的有关人士认为，从复议角度讲，复议机关往往就是批准机关甚至在批准机关的下级机关，由复议机关审查本级机关甚至上级机关的批准行为，其阻力和难度是可想而知的，行政复议很可能形同虚设，行政复议的效果只能更差，不会更好。从这个意义上讲，该条例的规定确有必要修改。在司法实践中，如果在行政复议程序中，依照条例规定，批准机关作为被申请人的，复议机关维持，当事人不服提起诉讼的，应当以批准机关和复议机关为共同被告；复议机关改变的，以复议机关为被告。

二是关于与最高人民法院《行政许可司法解释》有关规定的衔接。该解释第四条规定，行政许可依法须经上级行政机关批准，当事人对批准或者不批准行为不服一并提起诉讼的，以上级行政机关为共同被告。上述解释与本解释不一致，应当按照《行诉解释》规定处理。

——梁凤云：《行政诉讼法司法解释讲义》，人民法院出版社 2018 年版，第 94—95 页。

175 行政机关内设机构、派出机构或者其他组织的被告资格

关键词 | 被告资格 | 内设机构 | 派出机构 |

【最高人民法院司法解释】

第二十条　行政机关组建并赋予行政管理职能但不具有独立承担法律责任能力的机构，以自己的名义作出行政行为，当事人不服提起诉讼的，应当以组建该机构的行政机关为被告。

法律、法规或者规章授权行使行政职权的行政机关内设机构、派出机构或者其他组织，超出法定授权范围实施行政行为，当事人不服提起诉讼的，应当以实施该行为的机构或者组织为被告。

没有法律、法规或者规章规定，行政机关授权其内设机构、派出机构或者其他组织行使行政职权的，属于行政诉讼法第二十六条规定的委托。当事人不服提起诉讼的，应当以该行政机关为被告。

——《最高人民法院关于适用〈中华人民共和国行政诉讼法〉的解释》（2018 年 2 月 8 日，法释〔2018〕1 号）。

【链接：最高人民法院法官著述】

在理解上述条文时,需要注意以下几个问题:

第一,本条第一款中的“独立承担法律责任能力”并非是指行政机关本身具有独立的财政支付能力,而是指具有法律、法规、规章规定的职权。行政主体与民事主体之间最大的区别,在于前者是否具有法律、法规、规章的授权。行政机关违法行为造成损害的,应当由国家来承担赔偿责任,并非行政机关自身来承担法律责任。

第二,根据本条第二款的规定,法律、法规、规章授权的行政机构、派出机构具有行政诉讼被告资格。例如,治安管理处罚法第九十一条规定,治安管理处罚由县级以上人民政府公安机关决定;其中警告、500 元以下的罚款可以由公安派出所决定。对于警告、500 元以下的罚款,由公安派出所以自己名义而非以公安局的名义作出。因此,从技术上考虑,与其让派出机构的上级机关作被告,不如将派出机构列为被告更为妥当。最高人民法院在这个问题上采取的是“授权”标准,即观察行政派出机构是否有法律、法规或者规章的授权。本条第二款“超出法定授权范围”是指行政机关内设机构、派出机构或者其他组织在法定授权范围之外行使行政职权,按照“谁行为,谁被告”的规则,应当由该内设机构、派出机构或者其他组织承担相关法律责任。

第三,法院对“超出法定授权范围”的审查,包含了规章授权是否合法的审查。规章授权组织在诉讼中被确认为行政诉讼被告之后,法院在进行权限审查时,要审查规章的授权是否合法,该组织是否具有合法的执法主体资格。只有在规章的授权和更高层级的法律法规没有抵触,而且该授权是必要的情况下,才应当承认受权组织的执法主体资格。……

第四,没有法律、法规、规章授权,行政机关的“授权”视为委托。行政诉讼法规定的行政诉讼被告须有法律、法规、规章的明确规定或者特别授权。法律、法规、规章没有授权,行政机关“授权”其内设机构、派出机构或者其他组织行使行政职权的,视为行政机关的委托。值得注意的是,一般情况下,行政委托需要具备正式的书面委托文书,口头委托并非合法的委托。

——梁凤云:《行政诉讼法司法解释讲义》,人民法院出版社 2018 年版,第 99—100 页。

176 政府法制办公室不宜作为行政诉讼的被告

关键词｜被告资格｜政府法制机构｜

【最高人民法院答复】

天津市高级人民法院：

你院津高法〔2017〕141号《关于张殿堃与天津市南开区人民政府、天津市南开区人民政府法制办公室行政复议一案的请示》收悉。现答复如下：

经征求国务院法制办公室意见，本院给北京市高级人民法院〔2016〕最高法行他109号答复对此问题已经明确。即政府法制机构所承担的法规审查、行政复议、备案审查等工作均由同级人民政府作出最终决定，政府法制机构本身并不独立对外行使行政管理职权，不宜作为行政诉讼的被告。请你院遵照执行。

——《最高人民法院关于政府法制办公室是否具备行政诉讼被告主体资格问题请示的答复》（2017年12月27日，〔2017〕最高法行他318号）。

177 综合整治指挥部非行政诉讼适格被告

关键词｜被告资格｜综合整治指挥部｜临时机构｜

【最高人民法院公报案例】

陈莉诉徐州市泉山区城市管理局行政处罚案

要旨：综合整治指挥部是城市管理局的内设协调机构，不具行政诉讼的被告资格。

因综合整治指挥部是城市管理局的内设协调机构，且2002年8月21日晚暂扣原告陈莉物品行为是城市管理局工作人员实施的，该局是依法成立具有行政主体资格的行政组织，故本案中城市管理局应作为适格的被告，暂扣陈莉物品行为的法律后果，应由城市管理局承担。故综合整治指挥部不具行政诉讼的被告资格，区人民政府与本案被诉行政行为无直接的法律关系，也不应承担法律责任。

——《中华人民共和国最高人民法院公报》2003年第6期。

【链接：最高人民法院法官著述】

对于临时组建的组织，诸如综合执法大队、城市管理监察大队等临时机构在特定的时间和范围行使行政职权，这些临时机构通常由若干行政机关组织成立，有的属于事业单位，有的属于经济组织，有的属于行政机构，是否确立为共同被告？这个问题应当考察临时机构能否独立承担法律责任。如果临时机构属于若干行政机关临时派员组织的，应当以这些行政机关作为共同被告；如果临时机构属于有独立承担法律责任的组织，则应当以该临时机构作为被告；如果临时机构没有取得法定的行政主体资格，不论该临时机构盖何种章，一概以组建该临时机构的行政机关为被告。正如有的学者所称的，政府机构的设置是一个严肃的法律问题，除了法定的、经权力机关批准成立的以外，其他都不能作为行政诉讼被告。在此种情况下，应当以组建或者成立该机构或者组织的政府作为被告。目的在于消除任意设置临时组织和行政机构，避免相互推诿情况的发生。

——江必新、梁凤云：《行政诉讼法理论与实务（第三版）》（上），法律出版社2016 年版，第 618—619 页。

178 中国人民银行分支机构具有行政诉讼主体资格

关键词｜被告资格｜中国人民银行分支机构｜

【最高人民法院答复】

北京市高级人民法院：

你院京高法〔2003〕191 号《关于当事人不服商业银行行政处罚提起行政诉讼，应如何确定被告的请示》收悉，经研究，答复如下：

根据《中华人民共和国中国人民银行法》第十二条①和《支付结算办法》第二百三十九条的规定，商业银行受中国人民银行的委托行使行政处罚权，当事人不服商业银行行政处罚提起行政诉讼的，应当以委托商业银行行使行政处罚权的中国人民银行分支机构为被告。

——《最高人民法院关于诉商业银行行政处罚案件的适格被告问题的答复》（2003 年 8 月 8 日，〔2003〕行他字第 11 号）。

中国人民银行办公厅：

你厅银办函〔2002〕236 号函收悉。经研究认为，根据《中华人民共和国中国人

① 2003 年修正的中国人民银行法第十三条。——编者注

民银行法》等法律、法规、规章和《中华人民共和国行政诉讼法》及司法解释的有关规定，当事人对人民银行分支机构依法律授权作出的金融监管的具体行政行为不服提起行政诉讼的，应当以人民银行分支机构为被告。

——《最高人民法院办公厅关于中国人民银行分支机构是否具有行政诉讼主体资格问题的复函》（2002 年 5 月 31 日，法办〔2002〕119 号）。

【链接：最高人民法院法官著述】

适用时需要注意的问题：

（一）关于人民银行分支机构与实施行政处罚权的商业银行的法律关系

人民银行分支机构与实施行政处罚权的商业银行的法律关系实际上是一种平级委托关系。人民银行分支机构行使行政管理的权力来源于中国人民银行法的“概括性”授权，而商业银行实施行政处罚的权力来源于《支付结算办法》第二百三十九条的“概括性”委托。实践中，商业银行实施行政处罚的权力直接来源于人民银行分支机构的行政委托，因此，人民银行分支机构与实施行政处罚权的商业银行的法律关系实际上是一种平级委托关系。

（二）关于人民银行分支机构与商业银行的委托关系的合法性

在受理案件时，为了准确无误地确定案件被告，应当严格地按照行政处罚法第十八条规定，对具体实施行政处罚权的商业银行和与其平级的人民银行分支机构之间的委托关系的合法性进行审查。只有在确定了两者委托关系确实存在并且符合行政处罚法第十八条、第十九条规定的委托要件，才能将两者确定为法律意义上的委托关系，才能正确适用法律确定案件的被告。

另外，2003 年 8 月，第十届全国人民代表大会常务委员会第四次会议首次对《中国人民银行法修正案》提出审议，也就意味着有关人民银行对有关金融行政管理的职责问题会有所变化，因此，我们在运用该司法解释时，需要特别关注新法对原有金融行政管理职责问题是否进行修改，当新法修改以后，新法的规定与该司法解释不一致的，应适用新法的规定。

——段小京：《关于商业银行实施行政处罚案件的适格被告问题》，载中华人民共和国最高人民法院行政审判庭编：《行政执法与行政审判》（总第 7 集），法律出版社 2004 年版，第 69—72 页。

179 对道路交通违法行为具有行政处罚权的主体

关键词｜被告资格｜行政处罚｜

【最高人民法院答复】

山东省高级人民法院：

你院《关于郭玉文诉烟台市公安局交通警察支队第二大队道路交通行政处罚案适用法律问题的请示》收悉。经研究，答复如下：

一、根据《中华人民共和国道路交通安全法实施条例》第一百零九条第一款"对道路交通安全违法行为人处以罚款或者暂扣驾驶证处罚的，由违法行为发生地的县级以上人民政府公安机关交通管理部门或者相当于同级的公安机关交通管理部门作出决定"的规定，如果烟台市公安局交通警察支队下设的大队相当于县级公安机关交通管理部门，其可以以自己名义作出处罚决定。

——《最高人民法院关于交通警察支队的下属大队能否作为行政处罚主体等问题的答复》(2009年12月2日，〔2009〕行他字第9号)。

【链接：最高人民法院法官著述】

根据道路交通安全法第五条、《道路交通安全法实施条例》第一百零九条第一款以及《道路交通安全违法行为处理程序规定》第四十六条第(三)项规定，对道路交通安全违法行为人处以罚款处罚的，可以由县级以上人民政府公安机关交通管理部门或者相当于同级的公安机关交通管理部门作出。这三条仅仅规定，对道路交通安全违法行为人可以作出行政处罚的最低一级的公安机关。也就是说，县级以上人民政府公安机关交通管理部门或者相当于同级的公安机关交通管理部门对道路交通安全违法行为人都具有行政处罚职权。交通警察支队下属的大队如果相当于县级的公安机关交通管理部门，就具有对道路交通安全违法行为人的行政处罚职权，反之则没有该项职权。由于各地人民政府对公安交通警察支队下属的大队授予的层级职权不同，有的地方人民政府将公安交通警察支队下属的大队按照县级的公安机关交通管理部门对待，有的地方人民政府将公安交通警察支队下属的大队按照县的公安机关交通管理部门内部的下设机构对待。公安部给广西壮族自治区公安厅的答复中指出："市区的市公安机关交通管理机构下设的公安交通警察大队，属于实施条例第一百零九条规定的相当于同级的公安机关交通管理部门。"根据该答复的意见，一般设区的市公安机关交通管理机构下设的公安交通警察大队相当于县级的公安机关交通管理部门，具有对道路交通安全违法行为人的行政处罚职权；不设区的市公安机关交通管理机构下设的公安交通警察大队一般属于县级的公安机关交通管理部门的内部机构，不具有对道路交通安全违法行为人的行政处罚职权。

有关道路交通安全的法律、行政法规仅仅规定了作出行政处罚主体的下限，作为地方人民政府可以在规定的范围内作出具体的层级职权的规定，其作出的规定一般应当作为法定职权的依据。但是，一般不能作出完全剥夺法律、行政法规授予最低一级行政机关的行政职权。只有在出现最低一级行政机关行使该项职权确有困难时，才可以免除其行使该项职权。2003 年烟台市人民政府第 93 号令公布的行政主体有烟台市公安局交通警察支队，对其下属的大队是否具有对道路交通安全违法行为人的行政处罚职权未作出规定。从 2005 年至今，烟台市政府法制办对支队直属各大队的执法主体均予认可，也就意味着，烟台市公安局交通警察支队下属的大队具有对道路交通安全违法行为人作出行政处罚的职权。

据此，从法理上讲，倘若烟台市人民政府将烟台市公安局交通警察支队下属的大队按照相当于县级的公安机关交通管理部门对待，该大队就可以以自己的名义作出行政处罚决定，反之，则不能以自己的名义作出行政处罚决定。

人民法院在审理交通安全行政处罚案件中适用〔2009〕行他字第 9 号答复需注意以下问题：

根据《道路交通安全法实施条例》第一百零九条第一款的规定，相当于县级的公安机关交通管理部门的交通警察支队的下属大队可以以自己的名义作出处罚决定，但是，如果行政规章或者上级行政机关对有关行政处罚层级职权作出具体规定的，一般应当作为判断层级职权的法定依据，若违反这些规定作出的行政处罚，一般应认定为超越层级职权。

——蔡小雪：《关于交通警察支队下属的大队能否作为行政处罚主体的问题》，载江必新主编：《行政与执行法律文件解读》（总第 62 辑），人民法院出版社 2010 年版，第 100—103 页。

180 对县级以上林业主管部门授权的单位所作行政处罚决定起诉的，以授权单位为被告

关键词 | 被告资格 | 行政委托 |

【最高人民法院答复】

广西壮族自治区高级人民法院：

你院《关于覃正龙等四人不服来宾县公安局维都林场派出所林业行政处罚一案管辖问题的请示报告》收悉。经研究，我们认为：由县级以上林业主管部门（包括自治区林业厅）授权的单位所作的行政处罚决定属于由行政机关委托的组织所作的具体行政行为，根据《中华人民共和国行政诉讼法》第二十五条第四款[①]的规定，本案被告应是广西壮族自治区林业厅，本案应由该厅所在地法院南宁市新城区人民法院管辖。

——《最高人民法院对广西壮族自治区高级人民法院〈关于覃正龙等四人不服来宾县公安局维都林场派出所林业行政处罚一案管辖问题的请示报告〉的复函》［1991年10月1日，法（行）函〔1991〕102号］。

181 开发区管理机构及其所属职能部门的被告资格

关键词｜被告资格｜开发区管理机构｜

【最高人民法院司法解释】

第二十一条　当事人对由国务院、省级人民政府批准设立的开发区管理机构作出的行政行为不服提起诉讼的，以该开发区管理机构为被告；对由国务院、省级人民政府批准设立的开发区管理机构所属职能部门作出的行政行为不服提起诉讼的，以其职能部门为被告；对其他开发区管理机构所属职能部门作出的行政行为不服提起诉讼的，以开发区管理机构为被告；开发区管理机构没有行政主体资格的，以设立该机构的地方人民政府为被告。

——《最高人民法院关于适用〈中华人民共和国行政诉讼法〉的解释》（2018年2月8日，法释〔2018〕1号）。

---

① 现行行政诉讼法第二十六条第五款。——编者注

【最高人民法院裁判案例】

唐祯兴诉绥中县人民政府、辽宁省东戴河新区管理委员会行政强制措施并赔偿案[最高人民法院(2015)行监字第96号行政裁定书]

要旨:行政机关委托的组织所作的行政行为,委托的行政机关是被告。

关于二审判决是否遗漏责任主体问题。东戴河管委会的前身是绥中滨海经济区管理委员会,原为葫芦岛市政府的派出机构。2010年底,辽宁省政府决定绥中县实行省管县体制,并于2011年3月29日批准成立绥中高新技术产业开发区,由绥中县政府管理。2012年更名为"东戴河新区管理委员会"。参照地方各级人民代表大会和地方各级人民政府组织法第六十八条第二款规定,省级人民政府批准成立的区公所、开发区管委会等县级人民政府的派出机关,具有独立的行政主体资格。东戴河管委会是经辽宁省人民政府批准成立的、隶属于绥中县政府的派出机关,依法应当具有独立的行政主体资格,对其以自身名义作出的行政行为,应当依法独立承担法律责任。但是,本案中,绥中县政府认可东戴河管委会及其综合执法局、公安局的强制搬移行为是受其委托所为。根据修改前的行政诉讼法第二十五条第四款规定,行政机关委托的组织所作的行政行为,委托的行政机关是被告。绥中县政府委托东戴河管委会实施强制搬移,东戴河管委会不是本案适格被告,委托的绥中县政府是本案适格被告。

——人民法院出版社法规编辑中心编:《最高人民法院裁判观点精编(2014—2015)》,人民法院出版社2016年版,第788页。

【链接：最高人民法院法官著述】

在司法实践中,对于本条的理解,有的意见认为,本条第二句中所称的,由国务院、省级人民政府批准设立的开发区管理机构所属职能部门,是指国务院、省级人民政府批准设立的开发区管理机构,还是国务院、省级人民政府批准设立的开发区管理机构所属职能部门,存在不同理解。我们认为,根据本条的规定,只要是国务院或者省级人民政府批准设立的,如果行政行为是开发区管理机构作出的,以该开发区管理机构为被告;如果行政行为是开发区管理机构所属职能部门作出的,以该职能部门为被告。

——本书编委会编:《行政诉讼法司法解释实务指南与疑难解答》,中国法制出版社2018年版,第65页。

182 行政机关被撤销或者职权变更时的被告资格

关键词｜被告资格｜行政机关被撤销｜

【最高人民法院司法解释】

第二十三条　行政机关被撤销或者职权变更，没有继续行使其职权的行政机关的，以其所属的人民政府为被告；实行垂直领导的，以垂直领导的上一级行政机关为被告。

——《最高人民法院关于适用〈中华人民共和国行政诉讼法〉的解释》（2018年2月8日，法释〔2018〕1号）。

【链接：最高人民法院法官著述】

在理解本条规定时，应当注意以下几个问题：

第一，鉴于原告在起诉时，可能无法知晓继续履行职权的行政机关，人民法院仍然可以允许将原行政机关作为被告向法院提起诉讼。法院在审查被告资格时，可以运用诉讼指导，变更为正确的被告。

第二，对于作为人民政府的职能部门被撤销或者职权变更，没有继续行使其职权的行政机关的，以该职能部门所隶属的人民政府为被告。这里的“人民政府”是指省级人民政府、市级人民政府等，但不包括中央人民政府，即国务院。对于人民政府被撤销或者职权变更的，没有继续行使职权的行政机关的，以上一级人民政府为被告。对于海关、金融、国税、外汇管理等实行垂直领导的行政机关和国家安全机关被撤销或者职权变更的，以垂直领导的上一级行政机关为被告。

第三，如果被撤销或者合并的机关是复议机关，则被告应当根据以下两种情况分别确定：如果复议决定维持原行政行为的，则应当由原行政机关和继续行使其职权的行政机关作为共同被告。如果复议决定撤销或者变更原行政行为的，应当由继续行使职权的行政机关作为被告；没有继续行使职权的行政机关，由其所属的人民政府或者垂直领导的上一级行政机关作为被告。

——梁凤云：《行政诉讼法司法解释讲义》，人民法院出版社2018年版，第109页。

【最高人民法院裁判案例】

王金南诉江苏省常州市武进区人民政府土地行政管理案[最高人民法院(2017)最高法行申 137 号行政裁定书]

要旨:《不动产登记暂行条例》施行后,单一的土地登记转变为不动产统一登记,原不同登记机关的相应职权已经整合到不动产登记机构,县级以上人民政府不再具有土地登记职权。根据行政诉讼法第二十六条第六款关于“行政机关被撤销或者职权变更的,继续行使其职权的行政机关是被告”的规定,当事人对《不动产登记暂行条例》施行前县级以上人民政府作出的土地登记行为不服,应当以继续行使其职权的不动产统一登记机构为被告,不能再以作出被诉土地登记的人民政府为被告。

本案争议的焦点是谁为适格的行政诉讼被告。土地管理法第五十三条规定,经批准的建设项目需要使用国有建设用地的,建设单位应当持法律、行政法规规定的有关文件,向有批准权的县级以上人民政府土地行政主管部门提出建设用地申请,经土地行政主管部门审查,报本级人民政府批准。《土地管理法实施条例》(1999 年 1 月 1 日起施行)第五条规定,单位和个人依法使用的国有土地,由土地使用者向土地所在地的县级以上人民政府土地行政主管部门提出土地登记申请,由县级以上人民政府登记造册,核发国有土地使用权证书,确认使用权。本案中,武进区政府基于湖滨公司的申请于 2009 年 12 月 7 日颁发《国有土地使用证》的行为,即属于上述规定的情形。此后,包括土地登记在内的不动产登记法律制度发生了变化。2015 年 3 月 1 日起施行的《不动产登记暂行条例》第一条规定:“为整合不动产登记职责,规范登记行为,方便群众申请登记,保护权利人合法权益,根据《中华人民共和国物权法》等法律,制定本条例。”《不动产登记暂行条例》以物权法为依据,吸收借鉴相关登记办法的内容,对不动产统一登记方面的一系列重要制度予以了明确。该条例第二条规定:“本条例所称不动产,是指土地、海域以及房屋、林木等定着物。”第七条规定:“不动产登记由不动产所在地的县级人民政府不动产登记机构办理;直辖市、设区的市人民政府可以确定本级不动产登记机构统一办理所属各区的不动产登记。”基于上述规定,《不动产登记暂行条例》施行后,本案所涉单一的土地登记已经转变为不动产统一登记,原不同登记机关的职责整合到不动产登记机构。本案王金南诉请撤销武进区政府 2009 年 12 月 7 日颁发的武国用(2009)第 1206262 号《国有土地使用证》。土地权属证书是土地登记的载体,因此本案被诉行政行为仍是土地权属登记行为。王金南申请再审主张,其起诉的是武进区政府决定颁发国有土地使用证的行为而不是该证的登记行为,系对法律法规的误解。根据常州市相关部门制定的《常州市政府办公室关于印发常州市不动产统一登记工作实施方案的通知》《常州市编委关于整合不动产登记职责的通知》等规范性文件,从 2015 年 10 月起,常州市范围内的不动产登记的法定职责统一由常州市国土资源局承担,即原武进区政府行使的土地登记职权由常州市国土资源局承继。根据行政诉讼法第二十六条第六款的规定,行政机关被撤销或者职权变更的,继续行使其职权的行政机关是被告。因此,武进区政府已不是本案的适格被告。

——中国裁判文书网,https://wenshu.court.gov.cn/。

183 村民委员会、居民委员会的被告资格

关键词|被告资格|村民委员会|居民委员会|

【最高人民法院司法解释】

第二十四条第一、二款　当事人对村民委员会或者居民委员会依据法律、法规、规章的授权履行行政管理职责的行为不服提起诉讼的,以村民委员会或者居民委员会为被告。

当事人对村民委员会、居民委员会受行政机关委托作出的行为不服提起诉讼的,以委托的行政机关为被告。

——《最高人民法院关于适用〈中华人民共和国行政诉讼法〉的解释》(2018 年 2 月 8 日,法释〔2018〕1 号)。

【最高人民法院专业法官会议纪要】

2. 当事人对村民委员会或村民小组接受依据法律、法规、规章的授权作出的行政行为不服提起诉讼的,是否是适格被告。

答:当事人对村民委员会依据法律、法规、规章授权作出的行政行为不服提起行政诉讼的,是适格的被告。但是,就现行法律、法规、规章规定来看,审判实践中尚未发现法律、法规、规章授权村委会或村民小组行使行政权的情形。

理由:行政诉讼法第二条第二款规定,前款所称行政行为,包括法律、法规、规章授权的组织作出的行政行为。《最高人民法院关于适用〈中华人民共和国行政诉讼法〉的解释》第二十四条第一款规定,当事人对村民委员会或者居民委员会依

据法律、法规、规章的授权履行行政管理职责的行为不服提起诉讼的，以村民委员会或者居民委员会为被告。

应当注意区分授权与委托、授权与行使自治权的关系。村委会或村民小组受委托行使行政权的情形实践中是经常发生的，例如，集体土地征收过程中，土地管理部门委托村委会与村民签订征收补偿协议。此时，应当以委托的行政机关为被告。村委会或村民小组行使村民自治权的行为，不属于行政行为。根据村民委员会组织法第三十六条规定，村民委员会或村民小组行使自治权的决定侵犯村民合法权益的，可以通过民事诉讼解决，或者向乡镇政府举报，由乡镇政府依法行使监督权，责令其纠正。

——《最高人民法院第一巡回法庭关于行政审判法律适用若干问题的会议纪要》（2018 年 7 月 23 日），载最高人民法院第一巡回法庭编著：《最高人民法院第一巡回法庭行政案件裁判精要》，中国法制出版社 2020 年版，第 181 页。

【链接：最高人民法院法官著述】

在司法实践中，特别是在征收拆迁领域，行政机关如果不采取委托的方式，而是采取指令、命令、暗示等行为，要求村委会、居委会实施具体的拆迁行为，是否视为委托？对于这一问题，应当从以下几种情形来分析：第一，如果行政机关没有采取书面委托等方式进行委托，应当视为是村委会、居委会作出的事实行为；第二，如果确有证据能够证明行政机关通过召开会议并有会议纪要记载等方式委托的，应当视为行政机关的行为；第三，如果行政机关否认参与实施行为，村委会、居委会认可自己参与了实施行为，应当以村委会、居委会作为被告；第四，如果有初步证据证明属于行政机关的行为，例如政府发布征拆公告、政府组织人员在现场等，应当视为行政机关作出的行为。例如，在最高人民法院发布的人民法院征收拆迁典型案例（第二批）“陆继尧诉江苏省泰兴市人民政府济川街道办事处强制拆除”一案中，法院认为在不动产征收案件中，不作书面决定直接拆迁房屋的事实行为时有发生，当事人双方均未能提供证据，申请人在街道办的行政辖区内，街道办在强拆当天日间对有主的地上附着物采取了有组织的拆除运离，且街道办实际经历了该次拆除活动。街道办具有推动动迁工作，拆除非属动迁范围之涉案附着物的动因，故从常理上看，街道办在未有其他主体宣告实施拆除或者承担责任的情况下，可以推定其拆除了申请人的房屋及附着物。

——梁凤云：《行政诉讼法司法解释讲义》，人民法院出版社 2018 年版，第 113—114 页。

184 高等学校等事业单位以及律师协会、注册会计师协会等行业协会的被告资格

关键词｜被告资格｜高等学校｜律师协会｜注册会计师协会｜

【最高人民法院司法解释】

第二十四条第三、四款　当事人对高等学校等事业单位以及律师协会、注册会计师协会等行业协会依据法律、法规、规章的授权实施的行政行为不服提起诉讼的,以该事业单位、行业协会为被告。

当事人对高等学校等事业单位以及律师协会、注册会计师协会等行业协会受行政机关委托作出的行为不服提起诉讼的,以委托的行政机关为被告。

——《最高人民法院关于适用〈中华人民共和国行政诉讼法〉的解释》(2018年2月8日,法释〔2018〕1号)。

185 证券交易所属于行政案件的适格被告

关键词｜被告资格｜证券交易所｜

【最高人民法院裁判案例】

郑宇诉上海证券交易所政府信息公开案[最高人民法院(2016)最高法行申1468号行政裁定书]

要旨:证券交易所作为法律、法规、规章授权组织,有权按照法律、法规、规章的规定实施包括对证券市场的违法行为予以处罚等监管行为,故证券交易所具有相应的行政管理职能,属于行政案件的适格被告。

中国证券监督管理委员会颁布的《证券交易所管理办法》第九十九条规定:"证券交易所应当在其职责范围内,及时向证监会报告其会员、上市公司及其他人员违反国家法律、法规、规章、政策的情况;国家有关法律、法规、规章授权由证券交易所处罚,或者按照证券交易所章程、业务规则、上市协议等证券交易所可以处罚的,证券交易所可以按照有关规定予以处罚,并报证监会备案;国家有关法律、法规、规章规定由证监会处罚的,证券交易所可以向证监会提出处罚建议。证监会可以要求证券交易所对其会员、上市公司进行处罚。"《最高人民法院关于对与证券交易所监管职能相关的诉讼案件管辖与受理问题的规定》第一条规定:"根据《中

华人民共和国民事诉讼法》第三十七条和《中华人民共和国行政诉讼法》第二十二条的有关规定，指定上海交易所和深圳交易所所在地的中级人民法院分别管辖以上海交易所和深圳交易所为被告或第三人的与证券交易所监管职能有关的第一审民事和行政案件。”第二条规定：“与证券交易所监管职能相关的诉讼案件包括：(一)证券交易所根据《中华人民共和国公司法》、《中华人民共和国证券法》、《中华人民共和国证券投资基金法》、《证券交易所管理办法》等法律、法规、规章的规定，对证券发行人及其相关人员、证券交易所会员及其相关人员、证券上市和交易活动作出处理决定引发的诉讼；(二)证券交易所根据国务院证券监督管理机构的依法授权，对证券发行人及其相关人员、证券交易所会员及其相关人员、证券上市和交易活动作出处理决定引发的诉讼；……”根据上述规定，证券交易所作为法律、法规、规章授权组织，有权按照法律、法规、规章的规定实施包括对证券市场的违法行为予以处罚等监管行为，故证券交易所具有相应的行政管理职能，属于行政案件的适格被告。

——中国裁判文书网，https://wenshu. court. gov. cn/。

186 地方国有资产监督管理委员会可以作为行政诉讼被告

关键词｜被告资格｜国有资产监督管理委员会｜

【最高人民法院答复】

山东省高级人民法院：

你院《关于曹明华诉临沂市财政局临沂市科学技术局资产认定行政批复一案适用法律问题的请示收悉》，经研究，答复如下：

原则同意你院意见，即：按照《中华人民共和国行政诉讼法》第二十五条第五款[①]规定，原地方国有资产管理局被撤销，其确认企业资产性质的职能为地方国有资产监督管理委员会所承受，当事人对原地方国有资产管理局作出的确认企业资产性质的行为不服提起行政诉讼的，应当以地方国有资产监督管理委员会为被告。

——《最高人民法院行政审判庭关于地方国有资产监督管理委员会是否可以作为行政诉讼被告问题的答复》(2009 年 8 月 4 日，〔2009〕行他字第 14 号)。

---

① 现行行政诉讼法第二十六条第六款。——编者注

农业部乡镇企业行政执法领导小组：

基于20世纪80年代和90年代初的政策背景，企业“红帽子”现象比较普遍，产权界定存在障碍，产权纠纷的处理也存在一些不同的认识。结合乡镇企业法和行政诉讼法等有关规定，就“红帽子”企业产权纠纷处理有关问题提出如下意见：

一、程序上可以通过“红帽子”企业产权利害关系人向工商行政管理部门申请变更企业登记项目，工商行政管理部门拒绝变更的，申请人可以依法向人民法院提起行政诉讼，人民法院可以根据有关证据作出裁判；

二、人民法院在审理这类行政案件时，对实体问题应当尊重“谁投资谁所有”的原则。在审理过程中，人民法院可以依法委托审计等机关进行审计或者鉴定；

三、涉及企业产权可能存在国有性质的，应当告知当事人先向国有资产管理部门申请予以界定。

以上意见供参考。

——《最高人民法院行政审判庭关于“红帽子”企业产权纠纷处理有关问题的意见》（2004年1月16日）。

【最高人民法院参考案例】

曹明华诉临沂市财政局、临沂市科技局资产认定行政批复案（行政审判案例第127号）

要旨：虽然《企业国有资产监督管理暂行条例》第七条第二款作出了“国有资产监督管理机构不行使政府的社会公共管理职能”之规定，但该条例第三十条第一款又规定：“国有资产监督管理机构……负责企业国有资产的产权界定……等基础管理工作。”据此，国有资产监督管理委员会具有行政管理职权，可以成为行政诉讼被告。

——中华人民共和国最高人民法院行政审判庭编：《中国行政审判案例》（第4卷），中国法制出版社2012年版，第30页。

【链接：最高人民法院法官著述】

地方国资委行使确认企业产权职权后是否可以作为行政诉讼的被告，需要从其机关的性质及行为的性质两个方面进行分析。

（一）关于地方国资委是否属于行政机关的问题

2003年，国务院在机构改革中新设立了“国务院国有资产监督管理委员会”。鉴于国资委既不同于对全社会各类企业进行公共管理的政府行政机构，也不同于一般的企事业单位,具有特殊性质,因此,被确定为国务院直属的正部级特设机构。国资委的内设机构与国务院组成部门一样,设置司、处两级。国务院的“三定方案”中对其主要职责、内设机构和人员编制等都作出了明确规定。在此之后,地方各级人民政府批准设立了同级的地方国有资产监督管理委员会,并对其主要职责、内设机构和人员编制等都作出了明确规定。从上述分析来看,各级国资委都属于行政机关。

(二)关于国资委行使职权的性质问题

国资委行使的大多数职权行为是代表政府履行出资人职责,其行使出资人职责的行为,不是行使行政管理职责的行为,不属于行政行为,而属于民事行为,对外承担民事法律责任,故不应成为行政诉讼的被告。但是国有资产产权登记,是指财政(国资)部门代表国家对应属国家所有的资产组织进行的产权登记,是依法确认国家对国有资产的所有权以及企业、单位占有、使用国有资产的法律行为。它揭示了两层含义:一是国有资产产权登记是一种法律行为,其结果是以法律文件的形式表现出来,具有法律效力并受法律保护;二是国有资产产权登记是对国家取得所有权和授予企业、单位经营使用权的两方面同时确认。国资委所作出的有关产权界定的决定和国有资产产权登记均不是代表政府履行出资人职责的行为,而是行使行政管理职责的行为。当其行使国有资产产权界定、国有资产产权登记等行政管理职责的行为时,行政相对人不服该行为,依法向人民法院提起行政诉讼的,其就应当成为行政诉讼的被告。

(三)关于承继职权的问题

临沂市国资局被撤销后,其确权职能先是被财政局承受,2004 年临沂市国资委成立后,该职能又从财政局转入国资委。所以,临沂市国资局被撤销后,其确认企业权属的职能最终为临沂市国资委所承受。根据行政诉讼法第二十五条第五款“行政机关被撤销的,继续行使其职权的行政机关是被告”的规定,应当由临沂市国资委做被告。

人民法院在审理此类案件时,需要注意以下两个问题:

(一)要注意分清国资委行为的性质

国资委主要是代表政府履行出资人职责的特设机构,其行为具有多重属性,有的属于民事行为,有的属于行政行为,因此要注意分清其行为的性质。公民、法人或者其他组织对其代表政府履行出资人职责的行为不服而提起的诉讼,不能作为行政案件受理;对其行使行政管理职责的行为不服而提起的诉讼,应当作为行政案件受理。

（二）应注意国有资产界定案件的管辖问题

公民、法人或者其他组织因国有资产界定行为提起行政诉讼的，应当根据不同的情况确定管辖法院。产权界定行为直接针对不动产作出的，如针对特定的土地、房屋等构建物作出产权界定，由不动产所在地人民法院管辖。产权界定行为针对包含不动产在内的整体产权作出的，如对某企业全部资产作出产权界定，由最初作出产权界定的行政机关所在地人民法院管辖；经过复议的案件，复议机关改变原产权界定行为的，也可以由复议机关所在地人民法院管辖。

——蔡小雪、郭修江、耿宝建：《行政诉讼中的法律适用》，人民法院出版社 2011 年版，第 54—56 页。

187 邮电局拒绝开通"120"急救电话，可以邮电局为被告提起行政诉讼

关键词 | 被告资格 | 邮电局 |

【最高人民法院公报案例】

溆浦县中医院诉溆浦县邮电局不履行法定职责案

要旨：由法律、法规、规章授权的组织所作的行政行为，该组织是被告。

长期以来，我国对邮电部门实行政企合一的管理模式。邮电部门既具有邮电行政主管机关的职权，又参与邮电市场经营。经过改革，目前虽然邮政和电信初步分离，一些电信部门逐渐成为企业法人，但是由于电信行业的特殊性，我国电信市场并未全面放开，国有电信企业仍然是有线通讯市场的单一主体，国家对电信方面的行政管理工作，仍然要通过国有电信企业实施。这些国有电信企业沿袭过去的做法行使行政管理职权时，应视为行政诉讼法第二十五条第四款所指的"由法律、法规授权的组织"。

开办"120"急救中心，是医疗机构救死扶伤的一项公益事业。鉴于此举能给医疗机构带来一定收益，为使责任专一，趋利避害，防止因混乱而耽误抢救病人，政府对"120"急救事业实施行政管理，规定在一个行政区域只允许一家医疗机构开办"120"急救中心、开通"120"急救电话。"120"急救电话不是只要交纳安装费就能装的普通电话，因此省卫生厅、省邮电局联合下发的 15 号文件规定，只有功能较全，医疗急救水平较高，且急诊科已达标的综合医院，在经县卫生局指定并报地、市

卫生行政主管部门批准后，才能获得开通“120”急救电话的特许权。联合文件还规定，邮电部门对开通“120”急救电话只收电话安装费，免费安装影示系统和电脑自答系统，免收电话费。这些明显不同于企业营利行为的优惠政策，既体现了政府支持举办此项公益事业的行政意志，也表明了政府对此项事业进行统一规范和管理。

15号文件下发给地、市和县级的卫生行政主管部门以及邮电局，正说明政府要通过这些职能部门对“120”急救电话的开通实施行政管理。邮电局执行这个文件时与被审查的医疗机构之间发生的关系，不是平等的民事关系，而是特殊的行政管理关系。它们之间因此发生争议而引起的诉讼，不是民事诉讼，而是行政诉讼。尽管行政诉讼中的被告通常是行政机关，但是为了维护行政管理相对人的合法权益，监督由法律、法规授权的组织依法行政，将其列为行政诉讼的被告，适用行政诉讼法解决其与管理相对人之间的行政争议，有利于化解社会矛盾、维护社会稳定。

按照15号文件的分工，确定哪一家医疗机构有开办“120”急救中心的资格，由卫生行政主管部门负责；而审查申请开通“120”急救电话的医疗机构是否符合15号文件的规定，决定是否给其开通“120”急救电话，则由邮电局负责。上诉人县中医院是被批准开办“120”急救中心的合格单位。县中医院向被上诉人县邮电局提出开通“120”急救电话的申请后，县邮电局即着手安装。该局后来又以“120”急救电话的开通应由邮电与卫生行政部门共同确定为由，拒绝对县中医院履行开通职责，却私自为另一家未经审批的医院开通“120”急救电话。这一事实说明，所谓“应由邮电与卫生行政部门共同确定”，只是县邮电局为达到与卫生行政部门分享开通确定权的目的而对15号文件的曲解；当其分权目的无法达到时，就不再坚持共同确定的主张，单方行使“120”急救电话的开通权力。

综上所述，被上诉人县邮电局在接到上诉人县中医院的申请后拒不开通“120”急救电话，是不履行职责的错误行政行为，应当纠正。县邮电局为推卸责任而提出的县中医院申办不符合文件规定、自己已经履行了开通“120”急救电话的义务、不具备行政诉讼被告资格等辩解理由，均不能成立。县中医院的主要上诉理由成立，应当采纳。县中医院请求县邮电局赔偿购置的急救车辆和其他设施不能正常运转的损失问题，鉴于急救车辆和急救设备没有投入急救使用，这项损失不宜按国家赔偿法第二十八条第（七）项规定的“直接损失”计算，因此依法不予支持。

——《中华人民共和国最高人民法院公报》2000年第1期。

188 公务协助关系中的行政诉讼被告

关键词 | 被告资格 | 公务协助 |

【链接：最高人民法院法官著述】

公务协助关系是指行政机关在作成行政公务行为时，得请求其他行政机关作成法律行为或者事实行为，公务协助关系必须具备以下两个条件：第一，行政机关之间不存在领导关系，即不存在隶属性的指挥关系。第二，公务协助被申请行政机关提供的协助不能是其本职工作，即申请协助的事项仍属于申请行政机关职权范围。但公安机关的协助是例外。公安机关的协助是一种特殊的公务协助，这种协助本身就是公安机关的职权范围。公安机关仅对其协助行为（如执行行为，这种执行行为多是一种事实行为）负责，至于行政公务决定的作出则由申请行政机关负责。公务协助行为的性质既可能是法律行为，又可能是事实行为。例如，递送档案或其他行政文件以备查阅使用、对所知悉的事实予以证明，对相对人进行调查，提供人力物力，制作检验、鉴定结论、作成行政公务行为等均是。公务协助行为以提出申请为其法律要件。被申请的行政机关有多个时，应当尽可能从请求机关及所属下级行政机关中选择行政级别最低的行政机关提供协助。在公务协助关系中，涉及两个行政行为，一个是请求方的行政行为，另一个是被请求方的执行行为。当事人如果对于请求方的行政行为不服，则应当以请求方行政机关作为被告；被请求方的执行行为的性质取决于其是否超越请求方行政机关的公务协助范围。如果被请求方完全按照请求方行政机关的要求作出执行行为，则此执行行为属于实质意义上的事实行为，行政诉讼被告为请求方行政机关；如果被请求方行政机关的执行行为超出请求方行政机关要求协助执行的范围，则在超出范围内以被请求行政机关作为被告，即请求方行政机关就其请求另一行政机关为公务协助行为以合法性承担法律责任，被请求方行政机关就其公务协助的执行行为负法律责任。所以，严格来讲，所谓的事项委托、执行委托并非真正意义上的行政委托，不能适用行政诉讼法上关于行政委托情形下行政诉讼被告的规定。

——江必新、梁凤云：《行政诉讼法理论与实务（第三版）》（上），法律出版社2016年版，第629—630页。

189 变更被告和追加被告

关键词｜被告资格｜变更被告｜追加被告｜

【最高人民法院司法解释】

第二十六条 原告所起诉的被告不适格，人民法院应当告知原告变更被告；原告不同意变更的，裁定驳回起诉。

应当追加被告而原告不同意追加的，人民法院应当通知其以第三人的身份参加诉讼，但行政复议机关作共同被告的除外。

——《最高人民法院关于适用〈中华人民共和国行政诉讼法〉的解释》（2018年2月8日，法释〔2018〕1号）。

【链接：理解与适用】

正确厘清变更被告与追加被告的区别，避免司法审判实践选用不适当的处理方式。变更被告与追加被告属于两种不同性质的被告不适格情形，相应的处理方式也存在不同。故此，正确区分两者的差异，避免司法审判实践选用不适当的处理方式显得尤为重要。具体而言，两者的区别主要表现在三个方面。(1)性质不同，即变更被告属于被告不正确的问题，而追加被告则涉及被告不完全、不健全的问题。(2)适用情形不同，即变更被告适用于原告错列单一被告和多列被告的情形，而追加被告适用于原告遗漏被告的情形。(3)拒绝改变的法律效果不同，即原告拒绝变更被告的，人民法院应当以不符合法定条件为由，驳回起诉，诉讼程序终结；而原告拒绝追加被告时，人民法院或者通知未被追加为被告的行政主体以第三人身份参加诉讼，或者依职权追加为被告，相应的诉讼程序正常进行，不会因原告的拒绝追加而结束诉讼程序。

——最高人民法院行政审判庭编著：《最高人民法院行政诉讼法司法解释理解与适用》（上），人民法院出版社2018年版，第156页。

【最高人民法院专业法官会议纪要】

4. 如何理解《最高人民法院关于适用〈中华人民共和国行政诉讼法〉的解释》第二十六条第二款关于原告不同意追加被告，人民法院通知其以第三人身份参加诉讼的规定。

答：应当追加被告而原告不同意追加的，人民法院应当通知该行政机关以第三人的身份参加诉讼。这是诉讼法的一般原理。行政诉讼中的例外情形，仅仅是复议决定维持原行政行为,复议机关与作出原行政行为的机关为共同被告的情况下,原告仅仅起诉复议机关或作出原行政行为的机关,人民法院应当追加未被起诉的一方为共同被告,不得通知该行政机关以第三人身份参加诉讼。

理由:根据诉讼法的一般原理,被告就是诉讼中被原告起诉、控告的人。应当作为共同被告参加诉讼的人,原告不愿意起诉,通知其作为第三人参加诉讼,符合诉讼法的基本原则。相反,追加被告是法定的例外情形,只有在复议机关与原行政行为机关作共同被告的情形下才能够适用。

应当追加被告,主要是指几个行政机关共同作出同一被诉行政行为,原告仅起诉其中一个或几个行政机关,未对全部参与作出被诉行政行为的行政机关提起诉讼的情形。根据被告的基本特性,原告经释明仍坚持不起诉共同作出被诉行政行为的部分行政机关的,人民法院通常不能追加被告,只能将其追加为第三人。

——《最高人民法院第一巡回法庭关于行政审判法律适用若干问题的会议纪要》(2018 年 7 月 23 日),载最高人民法院第一巡回法庭编著:《最高人民法院第一巡回法庭行政案件裁判精要》,中国法制出版社 2020 年版,第 182 页。

三、其他

190 不得遗漏必须共同进行诉讼的当事人

关键词 | 诉讼参加人 | 必须共同进行诉讼 |

【最高人民法院司法解释】

第二十七条 必须共同进行诉讼的当事人没有参加诉讼的，人民法院应当依法通知其参加；当事人也可以向人民法院申请参加。

人民法院应当对当事人提出的申请进行审查，申请理由不成立的，裁定驳回；申请理由成立的，书面通知其参加诉讼。

前款所称的必须共同进行诉讼，是指按照行政诉讼法第二十七条的规定，当事人一方或者双方为两人以上，因同一行政行为发生行政争议，人民法院必须合并审理的诉讼。

第二十八条 人民法院追加共同诉讼的当事人时，应当通知其他当事人。应当追加的原告，已明确表示放弃实体权利的，可不予追加；既不愿意参加诉讼，又不放弃实体权利的，应追加为第三人，其不参加诉讼，不能阻碍人民法院对案件的审理和裁判。

——《最高人民法院关于适用〈中华人民共和国行政诉讼法〉的解释》（2018年2月8日，法释〔2018〕1号）。

191 必须参加诉讼的当事人人数众多，人民法院是否可以参照民事诉讼法第五十七条规定处理

关键词 | 诉讼参加人 | 共同诉讼 |

【最高人民法院专业法官会议纪要】

5. 必须参加诉讼的当事人人数众多，人民法院是否可以参照民事诉讼法第五

十四条[①]规定，发出公告，说明案件情况和诉讼请求，通知权利人在一定期间向人民法院登记参加诉讼？

答：行政诉讼中，同一被诉行政行为涉及多人，则必须参加诉讼的当事人人数很多，部分利害关系人起诉，其他利害关系人在一审开庭前申请参加诉讼的，作为共同原告加入诉讼。未参加诉讼的利害关系人，在其他人提起的诉讼判决生效后，受生效判决羁束。行政诉讼中不适用民事诉讼第五十四条的规定。

理由：《最高人民法院关于适用〈中华人民共和国行政诉讼法〉的解释》第二十七条第一款规定，必须共同参与诉讼的当事人没有参加诉讼的，人民法院应当依法通知其参加；当事人也可以向人民法院申请参加。但是，征收案件中，个别被征收人对征收决定或征收补偿方案提起行政诉讼，而征收决定或征收补偿方案涉及的行政相对人人数众多，公告通知全部被征收人参加诉讼，容易形成群体性诉讼，不利于纠纷的解决。因此，实践中通常不主动通知其他未起诉的被征收人参加诉讼。判决生效后，其他被征收人对同一被诉行政行为提起诉讼的，人民法院应当以诉讼标的受生效判决羁束为由，裁定不予立案。

审判实践中难以处理的问题是，必须参加诉讼的利害关系人在一审开庭后、二审判决生效前，对同一行政行为提起诉讼。此时追加后起诉的利害关系人为共同原告，需重新开庭审理，将耽误时间、影响审判效率；对同一行政行为起诉属于必要的共同诉讼，必须合并审理，对后起诉的案件另行立案审理判决又违反必要的共同诉讼必须合并一案审理的基本原则。对此，审判实践中确实难以处理。我们的建议是，对一审开庭后、二审判决生效前，其他利害关系人又对同一行政行为起诉的，人民法院以完善起诉材料等为由，暂不立案受理。二审判决生效后，再以起诉标的受生效判决羁束为由，裁定不予立案。

根本解决问题的方式是修改行政诉讼法或者以司法解释形式明确：对被诉行政行为涉及利害关系人人数众多的案件，部分利害关系人提起诉讼的，其他利害关系人可以在一审开庭前申请作为共同原告或第三人参加诉讼。未在一审开庭前申请作为共同原告或第三人参加诉讼的，人民法院不再通知其以共同原告或第三人身份参加诉讼，利害关系人也不得对同一行政行为另行提起行政诉讼。部分利害关系人起诉案件的行政判决，应当予以公告，并对全体利害关系人发生法律效力。未参加诉讼的利害关系人对生效判决不服的，有权以案外人身份依法申请再审。

——《最高人民法院第一巡回法庭关于行政审判法律适用若干问题的会议纪

---

① 2021年修正的民事诉讼法第五十七条。——编者注

要》(2018 年 7 月 23 日),载最高人民法院第一巡回法庭编著:《最高人民法院第一巡回法庭行政案件裁判精要》,中国法制出版社 2020 年版,第 182—184 页。

192 如何理解共同诉讼中的“人数众多”

关键词｜诉讼参加人｜共同诉讼｜人数众多｜

【最高人民法院司法解释】

第二十九条 行政诉讼法第二十八条规定的“人数众多”,一般指十人以上。

根据行政诉讼法第二十八条的规定,当事人一方人数众多的,由当事人推选代表人。当事人推选不出的,可以由人民法院在起诉的当事人中指定代表人。

行政诉讼法第二十八条规定的代表人为二至五人。代表人可以委托一至二人作为诉讼代理人。

——《最高人民法院关于适用〈中华人民共和国行政诉讼法〉的解释》(2018 年 2 月 8 日,法释〔2018〕1 号)。

193 第三人参加诉讼的方式及在诉讼中的权利义务

关键词｜诉讼参加人｜第三人｜

【最高人民法院司法解释】

第三十条 行政机关的同一行政行为涉及两个以上利害关系人,其中一部分利害关系人对行政行为不服提起诉讼,人民法院应当通知没有起诉的其他利害关系人作为第三人参加诉讼。

与行政案件处理结果有利害关系的第三人,可以申请参加诉讼,或者由人民法院通知其参加诉讼。人民法院判决其承担义务或者减损其权益的第三人,有权提出上诉或者申请再审。

行政诉讼法第二十九条规定的第三人,因不能归责于本人的事由未参加诉讼,但有证据证明发生法律效力的判决、裁定、调解书损害其合法权益的,可以依照行政诉讼法第九十条的规定,自知道或者应当知道其合法权益受到损害之日起六个月内,向上一级人民法院申请再审。

——《最高人民法院关于适用〈中华人民共和国行政诉讼法〉的解释》(2018年2月8日,法释〔2018〕1号)。

【链接：理解与适用】

一、关于第一审程序中未参加诉讼的第三人申请参加第二审程序的问题

对于第一审程序中未参加诉讼的第三人申请参加第二审程序的问题,一直存有争议。有人认为,在一审程序中没有作为第三人参加诉讼,在第二审程序中,不宜列为第三人,因为如果二审中作为第三人,则该第三人本是可以上诉的第三人,但由于其未参加一审,而二审直接终审,事实上剥夺了第三人的上诉权。但有人认为,《民诉解释》第八十一条第二款专门增加规定了未参加第一审程序的第三人申请参加第二审程序,人民法院可以准许的规定,因此行政诉讼法也应当参照。

我们认为,行政诉讼中对此问题可以分为两种情形。一是一审法院应当通知未通知,且属于必须参加诉讼的第三人。此种情形下二审法院则可以以一审程序违法为由,判决撤销一审判决,发回原审法院重新审理。但是,如果是可以调解的行政案件,二审法院也可以根据当事人的意愿进行调解,调解不成的,发回重审。二是一审中未申请参加诉讼,在二审中又申请参加的第三人。此种情形则又可分为三种具体情况。其一,一审法院判决其承担义务或者减损其权益的;其二,一审不涉及其利益,但是二审可能对其造成不利影响的;其三,一、二审均不涉及其利益,不会对其造成不利影响的。对于前两种情况,经人民法院审查,可以准许其参加诉讼。如果人民法院判决其承担义务或者减损其权益,则可以判决撤销一审判决,发回重审。如果是可以调解的行政案件,也可以根据当事人意愿调解,调解不成,发回重审。对于第三种情况,人民法院对其申请参加诉讼的申请,则可以不予准许。

二、何谓“不能归责于本人的事由”

虽然本条并没有采用民事诉讼中第三人撤销之诉的规定,但对本条中“不能归责于本人的事由”的理解,可以参照《民诉解释》第二百九十五条所列举的情形,即:(1)不知道诉讼而未参加的;(2)申请参加未获准许的;(3)知道诉讼,但因客观原因无法参加的;(4)因其他不能归责于本人的事由未参加诉讼的。第三人应当对上述不可归责于自己的事由承担举证责任。

——最高人民法院行政审判庭编著:《最高人民法院行政诉讼法司法解释理解与适用》(上),人民法院出版社2018年版,第172—173页。

194 因不能归责于本人的事由未参加诉讼的第三人申请再审的条件

关键词｜诉讼参加人｜第三人｜申请再审｜

【最高人民法院裁判案例】

广西壮族自治区永福县永福镇坪岭村英石屯第10村民小组诉广西壮族自治区永福县人民政府、广西壮族自治区桂林市人民政府土地行政裁决及行政复议案

［最高人民法院(2019)最高法行再102号行政判决书］

要旨：应当参加诉讼而未参加诉讼的第三人，可以通过申请再审的方式维护自己的合法权益，但应当具备以下两个条件：第一，因不能归责于本人的事由未参加诉讼；第二，有证据证明发生法律效力的判决、裁定、调解书损害其合法权益。

《最高人民法院关于适用〈中华人民共和国行政诉讼法〉的解释》第三十条第三款规定，行政诉讼法第二十九条规定的第三人，因不能归责于本人的事由未参加诉讼，但有证据证明发生法律效力的判决、裁定、调解书损害其合法权益的，可以依照行政诉讼法第九十条的规定，自知道或者应当知道其合法权益受到损害之日起六个月内，向上一级人民法院申请再审。据此可知，应当参加诉讼而未参加诉讼的第三人，可以通过申请再审的方式维护自己的合法权益，但应当具备以下两个条件：第一，因不能归责于本人的事由未参加诉讼；第二，有证据证明发生法律效力的判决、裁定、调解书损害其合法权益。参照《最高人民法院关于适用〈中华人民共和国民事诉讼法〉的解释》第二百九十五条所列举的情形，因不能归责于本人的事由未参加诉讼，是指没有被列为生效判决、裁定、调解书当事人，且无过错或者无明显过错的情形，具体包括不知道诉讼而未参加的、申请参加未获准许的、知道诉讼但因客观原因无法参加的、因其他不能归责于本人的事由未参加诉讼的。至于发生法律效力的判决、裁定、调解书侵犯其合法权益，则应当根据行政诉讼法第二十九条第一款的规定，以公民、法人或者其他组织同案件处理结果有利害关系作为标准。

本案中，英石屯因不服永福县政府5号处理决定及桂林市政府62号复议决定，提起行政诉讼，中竹山屯作为第三人参加诉讼。白沙洲、侯桂德、侯忠善及拉搞屯、廖小祥并不知道该诉讼，直至2018年4月各申请人收到永福县林业局《林权登记有关事项告知书》及侯忠义的转告，才知道本案一、二审判决结果。故申请人符合前述"不知道诉讼而未参加的"情形。其次，本案一、二审判决驳回英石屯的诉讼请求，维持了5号处理决定及62号复议决定的合法性。由于申请人提交了相应权属凭证，证明5号处理决定将属于申请人的林地所有权和使用权确定给中竹山屯所有,申请人与5号处理决定具有利害关系。申请人已经提交证据证明二审判决结果损害其合法权益,依法有权申请再审。

——中国裁判文书网,https://wenshu.court.gov.cn/。

195 当事人委托诉讼代理人,应当向人民法院提交授权委托书

关键词｜诉讼参加人｜委托诉讼代理人｜

【最高人民法院司法解释】

第三十一条　当事人委托诉讼代理人,应当向人民法院提交由委托人签名或者盖章的授权委托书。委托书应当载明委托事项和具体权限。公民在特殊情况下无法书面委托的,也可以由他人代书,并由自己捺印等方式确认,人民法院应当核实并记录在卷;被诉行政机关或者其他有义务协助的机关拒绝人民法院向被限制人身自由的公民核实的,视为委托成立。当事人解除或者变更委托的,应当书面报告人民法院。

——《最高人民法院关于适用〈中华人民共和国行政诉讼法〉的解释》(2018年2月8日,法释〔2018〕1号)。

196 以当事人工作人员名义作为诉讼代理人参加诉讼活动需提交的证据

关键词｜诉讼参加人｜当事人工作人员｜

【最高人民法院司法解释】

第三十二条　依照行政诉讼法第三十一条第二款第二项规定,与当事人有合法劳动人事关系的职工,可以当事人工作人员的名义作为诉讼代理人。以当事人的工作人员身份参加诉讼活动,应当提交以下证据之一加以证明:

(一)缴纳社会保险记录凭证;

(二)领取工资凭证;

(三)其他能够证明其为当事人工作人员身份的证据。

——《最高人民法院关于适用〈中华人民共和国行政诉讼法〉的解释》(2018

年 2 月 8 日，法释〔2018〕1 号）。

【链接：最高人民法院法官著述】

关于“合法劳动人事关系”证明材料，诉讼代理人应当提交委托人单位介绍信、本人身份证、上岗证或工作证等身份证明，也可以是劳动合同、工资表、社会保险资料等证明材料，以证实自己与委托单位的关系。无法提供劳动合同的，根据《劳动和社会保障部关于确立劳动关系有关事项的通知》（劳社部发〔2005〕12 号）第二条规定，用人单位未与劳动者签订劳动合同，认定双方存在劳动关系时可参照下列凭证：（一）工资支付凭证或记录（职工工资发放花名册）、缴纳各项社会保险费的记录；（二）用人单位向劳动者发放的“工作证”“服务证”等能够证明身份的证件；（三）劳动者填写的用人单位招工招聘“登记表”“报名表”等招用记录；（四）考勤记录；（五）其他劳动者的证言等。其中，一、三、四项的有关凭证由用人单位负举证责任。故而，如能够提供上述证明材料，亦可认定相关人员的当事人工作人员身份。

——本书编委会编：《行政诉讼法司法解释实务指南与疑难解答》，中国法制出版社 2018 年版，第 97 页。

197 有关社会团体推荐公民担任诉讼代理人应当符合的条件

关键词｜诉讼参加人｜社会团体推荐公民｜

【最高人民法院司法解释】

第三十三条 根据行政诉讼法第三十一条第二款第三项规定，有关社会团体推荐公民担任诉讼代理人的，应当符合下列条件：

（一）社会团体属于依法登记设立或者依法免予登记设立的非营利性法人组织；

（二）被代理人属于该社会团体的成员，或者当事人一方住所地位于该社会团体的活动地域；

（三）代理事务属于该社会团体章程载明的业务范围；

（四）被推荐的公民是该社会团体的负责人或者与该社会团体有合法劳动人事关系的工作人员。

专利代理人经中华全国专利代理人协会推荐，可以在专利行政案件中担任诉讼代理人。

——《最高人民法院关于适用〈中华人民共和国行政诉讼法〉的解释》(2018年2月8日,法释〔2018〕1号)。

198 当事人所在社区、单位推荐的公民应限于当事人所在社区的居民、工作人员或者当事人所在单位的工作人员

关键词｜诉讼参加人｜社区居民｜

【最高人民法院裁判案例】

徐如纲诉南京市人民政府政府信息公开案[最高人民法院(2017)最高法行申4774号行政裁定书]

要旨:基于行政诉讼法的立法目的和汉语正常文意,当事人所在社区、单位推荐的公民应限于当事人所在社区的居民、工作人员或者当事人所在单位的工作人员。

行政诉讼法第三十一条第二款规定:"下列人员可以被委托为诉讼代理人:(一)律师、基层法律服务工作者;(二)当事人的近亲属或者工作人员;(三)当事人所在社区、单位以及有关社会团体推荐的公民。"修改前的行政诉讼法第二十九条规定:"律师、社会团体、提起诉讼的公民的近亲属或者所在单位推荐的人,以及经人民法院许可的其他公民,可以受委托为诉讼代理人。"两相对照,现行行政诉讼法对公民作为委托诉讼代理人的范围予以了限制,明确只有"当事人所在社区、单位以及有关社会团体推荐的公民"可以被委托为诉讼代理人。当事人所在社区、单位推荐公民代理诉讼,是为了保护与之有密切联系的当事人的利益,其只有基于对本社区、本单位人员专业知识、诉讼能力、道德品行的了解,才有足够理由作出推荐或者不予推荐的决定。基于行政诉讼法的立法目的和汉语正常文意,当事人所在社区、单位推荐的公民应限于当事人所在社区的居民、工作人员或者当事人所在单位的工作人员。本案徐如纲所在社区为南京市鼓楼区××××办事处×××社区居委会,其委托的杨易明住址为四川省营山县,与其并不在同一社区,徐如纲所在社区推荐杨易明作为其诉讼代理人,不符合行政诉讼法第三十一条的规定,二审法院认定杨易明不具有诉讼代理人资格并无不当。

——中国裁判文书网,https://wenshu.court.gov.cn/。

199 行政诉讼的公民代理

关键词 | 诉讼参加人 | 公民代理 |

【最高人民法院答复】

四川省高级人民法院：

你院《关于曾少梅、张昌洪等四人不服成都市人民政府行政复议上诉一案的请示》收悉。经研究，答复如下：

根据《中华人民共和国行政诉讼法》第二十九条[①]、《法官法》第十七条之规定并参照《最高人民法院关于适用〈中华人民共和国民事诉讼法〉若干问题的意见》第六十八条等规定，人民法院是否准许其他公民作为诉讼代理人，应当考虑该公民的行为能力、是否存在法定的回避情形、是否可能损害被代理人利益以及是否可能妨碍诉讼活动等因素，不能简单以其曾受到刑事处罚或不具有关法律知识为由否定其代理资格。

人民法院经审查认为其他公民不宜作诉讼代理人的，应当作出书面或口头决定，并告知理由。口头决定的，应记录在案。

——《最高人民法院关于行政诉讼中当事人委托其他公民担任诉讼代理人有关问题的答复》(2012 年 4 月 12 日，〔2011〕行他字第 93 号)。

200 公民代理是否可以收取费用

关键词 | 诉讼参加人 | 公民代理 |

【链接：最高人民法院法官著述】

公民代理中争议最大的问题就是公民代理是否可以收取劳动报酬。该问题长期以来在司法实践中存在不统一认识，各地法院对此问题先后有不同判决。2012年民事诉讼法修改对该问题征求意见时，全国人大法工委、国务院法制办、司法部的意见也不一致。但多数意见认为，鉴于现行法律没有对此问题作出明确规定，不宜直接认定公民代理收取费用的协议无效。但应当考虑，当前公民代理出现的职业代理人等问题，都直接或者间接与公民代理收费有关，从规范公民代理行为角度

---

① 现行行政诉讼法第三十一条。——编者注

出发,应当对公民代理收费进行必要的限制。最高人民法院民一庭在 2010 年 9 月 16 日曾对《重庆市高级人民法院关于公民代理合同中给付报酬约定的效力问题的请示》答复:"未经司法行政机关批准的公民个人与他人签订的有偿法律服务合同,人民法院不予保护;但对于受托人为提供服务实际发生的差旅等合法费用,人民法院可以根据当事人的请求给予支持。"该处理意见得到立法机关和有关单位的认可。本次行政诉讼法修改对公民代理收费问题未作规定。实践中,仍应按照最高人民法院的上述答复意见,对于代理合同中约定的高额代理费用不宜支持,但可以根据代理行为的完成情况和代理人实际支出的相关费用,对差旅费等实际发生的相关费用予以支持。

——最高人民法院行政审判庭编著:《中华人民共和国行政诉讼法及司法解释条文理解与适用》,人民法院出版社 2015 年版,第 191 页。

201 我国大陆地区以外的人担任行政诉讼代理人问题

关键词 | 诉讼参加人 | 台湾地区居民 |

【最高人民法院答复】

上海市高级人民法院:

你院《关于行政诉讼中台湾地区居民能否以个人名义担任诉讼代理人的请示》收悉。经研究,答复如下:

参照《中华人民共和国民事诉讼法》及有关司法解释的规定,台湾地区诉讼当事人可以委托台湾地区居民以公民个人名义代理诉讼,但不得以律师身份代理。

——《最高人民法院关于行政诉讼中台湾地区居民能否以个人名义担任诉讼代理人等有关问题的答复》(2004 年 4 月 9 日,〔2004〕行他字第 4 号)。

四、行政机关负责人出庭应诉

202 行政机关负责人出庭应诉的具体内涵

关键词 | 诉讼参加人 | 行政机关负责人 |

【最高人民法院司法解释】

第一条 行政诉讼法第三条第三款规定的被诉行政机关负责人应当出庭应诉，是指被诉行政机关负责人依法应当在第一审、第二审、再审等诉讼程序中出庭参加诉讼，行使诉讼权利，履行诉讼义务。

法律、法规、规章授权独立行使行政职权的行政机关内设机构、派出机构或者其他组织的负责人出庭应诉，适用本规定。

应当追加为被告而原告不同意追加，人民法院通知以第三人身份参加诉讼的行政机关，其负责人出庭应诉活动参照前款规定。

第七条 对于同一审级需要多次开庭的同一案件，行政机关负责人到庭参加一次庭审的，一般可以认定其已经履行出庭应诉义务，但人民法院通知行政机关负责人再次出庭的除外。

行政机关负责人在一个审理程序中出庭应诉，不免除其在其他审理程序出庭应诉的义务。

——《最高人民法院关于行政机关负责人出庭应诉若干问题的规定》（2020 年 7 月 1 日，法释〔2020〕3 号）。

【链接：理解与适用】

行政诉讼法第三条第三款规定的被诉行政机关负责人出庭应诉，是指被诉行政机关负责人依法在第一审、第二审、再审等诉讼程序中出庭参加诉讼，行使诉讼权利，履行诉讼义务。

它包含三个层面：一是仅限于诉讼程序，不包括调查等程序。二是不限于行政机关，还包括其他具有行政诉讼被告主体资格的行政主体。三是不限于作为被告的行政机关，还包括应当追加为被告而原告不同意追加，人民法院通知以第三人身份参加诉讼的行政机关。

——黄永维、梁凤云、章文英:《〈关于行政机关负责人出庭应诉若干问题的规定〉的理解与适用》,载《人民司法·应用》2020年第22期。

203 应当出庭应诉的行政机关负责人的范围

关键词｜诉讼参加人｜行政机关负责人｜参与分管｜

【最高人民法院司法解释】

第二条　行政诉讼法第三条第三款规定的被诉行政机关负责人,包括行政机关的正职、副职负责人、参与分管被诉行政行为实施工作的副职级别的负责人以及其他参与分管的负责人。

被诉行政机关委托的组织或者下级行政机关的负责人,不能作为被诉行政机关负责人出庭。

——《最高人民法院关于行政机关负责人出庭应诉若干问题的规定》(2020年7月1日,法释〔2020〕3号)。

第一百二十八条　行政诉讼法第三条第三款规定的行政机关负责人,包括行政机关的正职、副职负责人以及其他参与分管的负责人。

行政机关负责人出庭应诉的,可以另行委托一至二名诉讼代理人。行政机关负责人不能出庭的,应当委托行政机关相应的工作人员出庭,不得仅委托律师出庭。

——《最高人民法院关于适用〈中华人民共和国行政诉讼法〉的解释》(2018年2月8日,法释〔2018〕1号)。

【链接:理解与适用】

在实践中要正确适用本款规定,需要注意以下几个问题:

1. 对行政机关负责人范围的确定应当遵循“分管”原则。本款规定一方面在《行政诉讼法解释》第一百二十八条第一款的基础上进行了细化,另一方面实际上对“副职负责人”的范围进行了一定的限缩。为了解决当前表现较为突出的因出庭负责人对被诉行政行为不了解或没有相关决策权限等导致出庭效果不佳的问题,需要通过本款规定对副职负责人以及其他分管负责人的判断作出具体引导。

本款规定实际上将出庭负责人的范围限定于分管被诉行政行为具体实施工作的负责人，因为行政机关负责人出庭应诉制度的主要目的在于实质化解行政争议，只有分管、经手或熟悉被诉行政行为的负责人才能最大限度地发挥出该项制度的功能。

2. 行政机关负责人出庭应诉具有顺序性。根据行政诉讼法第三条第三款的规定，被诉行政机关负责人应当出庭应诉。也就是说，行政机关负责人出庭应诉首先是指行政机关的法定代表人，只有在其不能出庭应诉的情况下，才能由有关副职或副职级别的分管负责人出庭应诉。具体来说，被诉行政机关负责人应当出庭应诉，首先是指行政机关的法定代表人，如果法定代表人能够出庭的，应当亲自出庭应诉；如果法定代表人不能出庭的，应当由分管的副职负责人或者其他参与分管被诉行政行为实施工作的副职级别的负责人，以及其他参与分管的负责人出庭应诉。

3. “其他参与分管的负责人”的确定可实行“职级”标准。由于行政机关负责人出庭应诉的目的在于实质性化解行政纠纷，因此并非严格要求出庭应诉的行政机关负责人级别越高越好。对于“其他参与分管的负责人”的确定在实践中可能会有一定争议，较为可行的办法是实行“职级”标准，可参照“参与分管被诉行政行为实施工作的副职级别的负责人”确定，即有的行政机关由与领导职务级别相同或相当的非领导职务分管相关工作，也应当认定为“其他参与分管的负责人”，比如参与分管法制工作的行政机关副职级别的负责人等。在司法实践中，对于其他分管负责人，应当灵活把握，但应当明确的是，参与分管的负责人首先是指正职、副职等领导职务，以及参与分管被诉行政行为实施工作的副职级别的负责人之外的负责人。

——最高人民法院行政审判庭编著：《最高人民法院关于行政机关负责人出庭应诉司法解释理解与适用》，人民法院出版社 2021 年版，第 39—40 页。

204 通知行政机关负责人出庭应诉的案件范围

关键词｜诉讼参加人｜行政机关负责人｜应当出庭｜

【最高人民法院司法解释】

第四条 对于涉及食品药品安全、生态环境和资源保护、公共卫生安全等重大公共利益，社会高度关注或者可能引发群体性事件等的案件，人民法院应当通知行政机关负责人出庭应诉。

有下列情形之一，需要行政机关负责人出庭的，人民法院可以通知行政机关负责人出庭应诉：

（一）被诉行政行为涉及公民、法人或者其他组织重大人身、财产权益的；

（二）行政公益诉讼；

（三）被诉行政机关的上级机关规范性文件要求行政机关负责人出庭应诉的；

（四）人民法院认为需要通知行政机关负责人出庭应诉的其他情形。

——《最高人民法院关于行政机关负责人出庭应诉若干问题的规定》（2020年7月1日，法释〔2020〕3号）。

第一百二十九条第一款　涉及重大公共利益、社会高度关注或者可能引发群体性事件等案件以及人民法院书面建议行政机关负责人出庭的案件，被诉行政机关负责人应当出庭。

——《最高人民法院关于适用〈中华人民共和国行政诉讼法〉的解释》（2018年2月8日，法释〔2018〕1号）。

【链接：理解与适用】

1. 明确了人民法院应当通知负责人出庭应诉的案件类型。包含三个方面的内容：一是进一步明确负责人出庭应诉的类型。《行诉解释》第一百二十九条规定了被诉行政机关负责人应当出庭的四类特殊案件，但司法实践中关于人民法院书面建议出庭的案件与其他三类特殊案件之间的关系还存在不同认识，《负责人出庭应诉规定》对此予以明确。二是明确通知出庭应诉程序。为了更加符合司法实践，将《行诉解释》的人民法院"书面建议"出庭调整为人民法院"通知"出庭。三是引导行政机关主动出庭应诉。《负责人出庭应诉规定》根据行政诉讼法的规定，具体列举了涉及食品药品安全、生态环境和资源保护、公共卫生安全等案件类型，引导行政机关对三类特殊案件主动出庭应诉。

2. 明确了人民法院可以通知负责人出庭应诉的案件类型。主要是明确人民法院可以通知的具体情形，对于需要行政机关负责人出庭应诉的，人民法院可以根据案件具体情况，本着实质性化解行政纠纷的原则予以确定。

——黄永维、梁凤云、章文英：《〈关于行政机关负责人出庭应诉若干问题的规定〉的理解与适用》，载《人民司法·应用》2020年第22期。

205 行政机关负责人不能出庭的正当理由及审查

关键词｜诉讼参加人｜行政机关负责人｜正当理由｜

【最高人民法院司法解释】

第八条 有下列情形之一的，属于行政诉讼法第三条第三款规定的行政机关负责人不能出庭的情形：

（一）不可抗力；

（二）意外事件；

（三）需要履行他人不能代替的公务；

（四）无法出庭的其他正当事由。

第九条 行政机关负责人有正当理由不能出庭的，应当提交相关证明材料，并加盖行政机关印章或者由该机关主要负责人签字认可。

人民法院应当对行政机关负责人不能出庭的理由以及证明材料进行审查。

行政机关负责人有正当理由不能出庭，行政机关申请延期开庭审理的，人民法院可以准许；人民法院也可以依职权决定延期开庭审理。

——《最高人民法院关于行政机关负责人出庭应诉若干问题的规定》（2020 年 7 月 1 日，法释〔2020〕3 号）。

【链接：理解与适用】

司法实践中，原告在庭审过程中，可能就负责人不能出庭的合理理由提出质疑，或对人民法院审查结果有异议，审判人员在处理时应注意以下两点：（1）正确运用司法裁量权，保证法定诉讼程序正常有序进行。负责人出庭制度的目的在于促进案件的更好审理，但其并非对应着诉讼参加人享有的某一项法定的诉讼权利。法律并未规定，负责人不出庭是影响诉讼进程的因素，从本规定第十一条规定的内容亦可知，原告因对负责人不出庭产生质疑进而退庭的法律后果，是按撤诉处理，而针对负责人不出庭的不当做法的处理，人民法院可另行通过发司法建议等措施进行处理。（2）法庭记录在案的同时，可视情向诉讼参加人予以释明。审判人员在庭审中，应要求书记员把原告的质疑意见记录在案，并在考虑庭审效果的前提下，可根据庭审现场情况，向诉讼参加人当庭予以释明，告知其司法解释的相关精神，即对负责人出庭与否的质疑不得影响案件审理，人民法院具有审查裁量权，如经审查，负责人不出庭的理由确不符合法定情形，人民法院将在庭审后通过其他法定途径予以处理。

——最高人民法院行政审判庭编著：《最高人民法院关于行政机关负责人出庭应诉司法解释理解与适用》，人民法院出版社 2021 年版，第 124 页。

206 政府法律顾问或者公职律师是否可以视为“行政机关相应的工作人员”

关键词｜诉讼参加人｜行政机关工作人员｜政府法律顾问｜公职律师｜

【最高人民法院司法解释】

第十条　行政诉讼法第三条第三款规定的相应的工作人员，是指被诉行政机关中具体行使行政职权的工作人员。

行政机关委托行使行政职权的组织或者下级行政机关的工作人员，可以视为行政机关相应的工作人员。

人民法院应当参照本规定第六条第二款的规定，对行政机关相应的工作人员的身份证明进行审查。

——《最高人民法院关于行政机关负责人出庭应诉若干问题的规定》(2020年7月1日，法释〔2020〕3号)。

第一百三十条　行政诉讼法第三条第三款规定的“行政机关相应的工作人员”，包括该行政机关具有国家行政编制身份的工作人员以及其他依法履行公职的人员。

被诉行政行为是地方人民政府作出的，地方人民政府法制工作机构的工作人员，以及被诉行政行为具体承办机关工作人员，可以视为被诉人民政府相应的工作人员。

——《最高人民法院关于适用〈中华人民共和国行政诉讼法〉的解释》(2018年2月8日，法释〔2018〕1号)。

【链接：理解与适用】

我们认为，通常情况下，律师如果以行政机关法律顾问的身份出庭应诉时，由于法律顾问也是律师法赋予律师开展执业、提供服务的方式之一，无论是短期或者一案一聘的法律顾问，还是长期的法律顾问，其执业身份仍然为律师，不宜视为本条所规定的行政机关相应的工作人员。如果是不具有律师身份和执业资格的人员担任法律顾问(如学者、退休的司法人员)，原则上也不应当视为相应的工作人员。本规定第十条第一款规定的“行政诉讼法第三条第三款规定的相应的工作人员，是指被诉行政机关中具体行使行政职权的工作人员”，主要落脚点在于“具体行使行政职权”。针对上述情况，行政机关负责人不能出庭应诉时，则必须委托至少一名行政机关相应的工作人员出庭应诉，不能仅委托律师出庭应诉。

《行政诉讼法解释》第一百二十八条第二款规定的“不得仅委托律师出庭”的禁止性规定，有其独特的实践价值。重在强调告“官”要见“官”，同时，负有行政职权的人到庭更便于人民法院全面查明事实、了解情况。但是，考虑到实践中的复杂性，法律顾问在很多时候是另一套管理制度与模式，在不违反法律的禁止性规定的情况下，针对个案特定情形，将少数不具有律师身份、长期实际在行政机关接触工作、行使职权，熟悉该机关复议、应诉情况且有明确委托手续的法律顾问，视为行政机关的相应的工作人员，并非绝对禁止。同时，随着司法行政相关改革的逐步推开，有关行政机关积极推进公职律师制度改革，一些行政机关对外公开招聘公职律师，甚至由其本身相应的工作人员担任公职律师的情形越来越多。他们有别于一般的社会化的律师事务所的律师，长期在行政机关办公，领取相应的报酬，享受相应的待遇，甚至人事关系亦属于行政机关管理的内部人员；在出庭身份上，也可以视为《行政诉讼法解释》第一百三十条有关“该行政机关具有国家行政编制身份的工作人员以及其他依法履行公职的人员”中的两种情形之一，不视为构成违反《行政诉讼法解释》第一百二十八条第二款有关“不得仅委托律师出庭”之禁止性规定的情形。也即，政府公职律师在特定情形下可以视为行政机关相应的工作人员。

——最高人民法院行政审判庭编著：《最高人民法院关于行政机关负责人出庭应诉司法解释理解与适用》，人民法院出版社 2021 年版，第 140—141 页。

207 行政机关负责人未出庭应诉不属于启动审判监督程序的法定事由

关键词 | 诉讼参加人 | 行政机关负责人 | 未履行出庭应诉义务 |

【最高人民法院司法解释】

第十二条 有下列情形之一的，人民法院应当向监察机关、被诉行政机关的上一级行政机关提出司法建议：

（一）行政机关负责人未出庭应诉，且未说明理由或者理由不成立的；

（二）行政机关有正当理由申请延期开庭审理，人民法院准许后再次开庭审理时行政机关负责人仍未能出庭应诉，且无正当理由的；

（三）行政机关负责人和行政机关相应的工作人员均不出庭应诉的；

（四）行政机关负责人未经法庭许可中途退庭的；

（五）人民法院在庭审中要求行政机关负责人就有关问题进行解释或者说明，行政机关负责人拒绝解释或者说明，导致庭审无法进行的。

有前款情形之一的，人民法院应当记录在案并在裁判文书中载明。

——《最高人民法院关于行政机关负责人出庭应诉若干问题的规定》（2020年7月1日，法释〔2020〕3号）。

第一百三十二条　行政机关负责人和行政机关相应的工作人员均不出庭，仅委托律师出庭的或者人民法院书面建议行政机关负责人出庭应诉，行政机关负责人不出庭应诉的，人民法院应当记录在案和在裁判文书中载明，并可以建议有关机关依法作出处理。

——《最高人民法院关于适用〈中华人民共和国行政诉讼法〉的解释》（2018年2月8日，法释〔2018〕1号）。

【最高人民法院裁判案例】

郑军海诉河南省人民政府行政复议案［最高人民法院（2018）最高法行申1577号行政裁定书］

要旨：行政机关负责人未出庭应诉的，不构成违反法定程序。如果案件裁判结果正确，不能仅以行政机关负责人未出庭应诉发回重审或者提起再审。

行政机关负责人出庭应诉，有利于维护司法权威，和谐官民关系，促进行政争议的顺利解决。行政诉讼法第三条第三款虽然确立了"被诉行政机关负责人应当出庭应诉"的原则，但同时也允许有"不能出庭"的例外。据此可知，法律并非要求每一起案件都要由行政机关负责人出庭应诉。根据《最高人民法院关于适用〈中华人民共和国行政诉讼法〉的解释》第一百二十九条第一款的规定，"涉及重大公共利益、社会高度关注或者可能引发群体性事件等案件以及人民法院书面建议行政机关负责人出庭的案件，被诉行政机关负责人应当出庭"。除上列情形之外，行政机关负责人未出庭应诉的，不构成违反法定程序。即使行政机关负责人应当出庭应诉而不出庭应诉，人民法院所应采取的处理方式也是《最高人民法院关于适用〈中华人民共和国行政诉讼法〉的解释》第一百三十二条规定的"记录在案和在裁判文书中载明，并可以建议有关机关依法作出处理"。如果案件裁判结果正确，不能仅以行政机关负责人未出庭应诉发回重审或者提起再审。

——中国裁判文书网，https://wenshu.court.gov.cn/。

208 行政机关负责人出庭应诉事项不属于行政复议的受理范围

关键词｜诉讼参加人｜行政机关负责人｜行政复议｜

【最高人民法院裁判案例】

孙德安诉北京市人民政府行政复议案[最高人民法院(2017)最高法行申559号行政裁定书]

要旨：被诉行政机关负责人实施的出庭应诉行为属于行政诉讼行为，并非行政机关出于行政管理目的的履行行政法律、法规等规定的应当履行的法定职责。

通常认为，行政复议法第六条规定的行政机关履行法定职责，一般应当是请求行政机关履行法定行政管理职责对外作出行政行为，直接保护公民、法人或其他组织的合法权益。依照行政诉讼法第三条第三款“被诉行政机关负责人应当出庭应诉。不能出庭的，应当委托行政机关相应的工作人员出庭”的规定，被诉行政机关负责人出庭应诉是我国的一种基本行政诉讼制度。被诉行政机关负责人虽有法定义务参与行政诉讼活动，但该义务的履行不以公民、法人或其他组织的申请为前提，亦不以直接保护公民、法人或其他组织的合法权益为目的。设立该制度的基本立法本意是，被诉行政机关负责人通过出庭应诉，参与行政诉讼活动，直接面对公民、法人或其他组织，了解本行政机关的执法情况，有效解决行政争议，有利于全面推进依法行政，加强法治政府建设。被诉行政机关负责人不能出庭的，应当委托相应的工作人员出庭。如果被诉行政机关负责人不出庭应诉也不委托相应的工作人员出庭，需要就此追究有关人员责任的，应当通过公务员法、行政监察法等规定的内部追责程序加以解决，而不属于行政复议和行政诉讼的受案范围。因此，被诉行政机关负责人实施的出庭应诉行为属于行政诉讼行为，并非行政机关出于行政管理目的的履行行政法律、法规等规定的应当履行的法定职责，再审申请人所称朝阳区政府负责人在三个行政诉讼中未出庭应诉不属于行政复议法规定的行政机关未履行法定职责范畴，不属于行政复议范围。

——中国裁判文书网，https://wenshu.court.gov.cn/。

209 行政机关负责人是否出庭应诉并不是、也不能成为当事人辩论的争议焦点

关键词｜诉讼参加人｜行政机关负责人｜当事人异议｜

【最高人民法院司法解释】

第十三条　当事人对行政机关具有本规定第十二条第一款情形提出异议的，人民法院可以在庭审笔录中载明，不影响案件的正常审理。

原告以行政机关具有本规定第十二条第一款情形为由拒不到庭、未经法庭许可中途退庭的，人民法院可以按照撤诉处理。

原告以行政机关具有本规定第十二条第一款情形为由在庭审中明确拒绝陈述或者以其他方式拒绝陈述，导致庭审无法进行，经法庭释明法律后果后仍不陈述意见的，人民法院可以视为放弃陈述权利，由其承担相应的法律后果。

——《最高人民法院关于行政机关负责人出庭应诉若干问题的规定》（2020 年 7 月 1 日，法释〔2020〕3 号）。

【最高人民法院裁判案例】

滕染琴诉江苏省南京市雨花台区人民政府行政协议案［最高人民法院（2017）最高法行申 145 号行政裁定书］

要旨：被诉行政机关负责人未出庭应诉不影响人民法院的开庭审理活动。在二审庭审中无视法院释明，拒绝服从指挥，拒不参加庭审活动，其法律后果与拒不到庭无异，应当视为主动放弃上诉权。

根据行政诉讼法第一百零一条、民事诉讼法第一百三十七条规定，对当事人和其他诉讼参与人是否到庭，被诉行政机关负责人是否出庭应诉等事项，由书记员在开庭审理前查明，并由审判长在开庭审理时核对，而不宜作为庭审辩论内容。当事人应当根据法庭引导，在庭审的不同环节，适时表达相应不同的诉求。当事人如果对被诉行政机关负责人未出庭应诉有异议，可以向人民法院提出，由人民法院记录在案并作出法律释明；当事人如果进一步认为庭审活动存在不当或者违法之处，还可以根据《人民法院法庭规则》第二十二条第二款规定，在庭审活动结束后向人民法院反映。但当事人不能无视法庭审判秩序，在庭审环节反复纠缠法庭已经审查完毕的事项，更不能以此妨碍人民法院庭审活动正常进行。

本案中，雨花台区政府庭前提交了其负责人因工作原因无法出庭应诉的书面说明材料，并委托相应工作人员和律师出庭，符合行政诉讼法、《行政诉讼应诉通知》、《行政应诉工作意见》的规定。滕染琴对此提出异议，二审法院予以反复释明，告知滕染琴被诉行政机关负责人未出庭应诉不影响人民法院的开庭审理活动，但滕染琴坚决要求雨花台区政府负责人出庭应诉，并多次表示法院不能强迫其参加庭审,导致庭审无法继续进行。滕染琴在二审庭审中无视法院释明,拒绝服从指挥,拒不参加庭审活动,其法律后果与拒不到庭无异,应当视为主动放弃上诉权。二审法院参照行政诉讼法第五十八条以及《执行行政诉讼法解释》第四十九条第一款有关“原告或者上诉人经人民法院合法传唤,无正当理由拒不到庭或者未经法庭许可中途退庭的,可以按撤诉处理”的规定,将此案裁定按撤诉处理,并不违反法律规定。

——中国裁判文书网,https://wenshu. court. gov. cn/。

第五章 | CHAPTER 05

证据

210 行政诉讼证据的证明对象是与被诉行政行为合法性有关的案件待证事实

关键词｜证据｜证明对象｜合法性审查｜

【链接：理解与适用】

我国行政诉讼法第五条规定："人民法院审理行政案件，对具体行政行为是否合法进行审查。"根据这一规定，在行政诉讼中，司法审查的对象是被诉具体行政行为的合法性，这是法院审理行政案件的基本任务。因此，行政诉讼证据的证明对象，应当是与被诉具体行政行为合法性有关的案件待证事实。法院就被诉具体行政行为合法性进行审查，既包括审查被诉行政机关是否具有相应的行政管理职权，是否超越职权或者滥用职权，具体行政行为所依据的法律规范是否正确，行政程序是否合法，也包括具体行政行为所认定的事实证据是否确实充分。那种认为行政诉讼只就被诉具体行政行为的合法性进行审查，只存在法律审而不存在事实审的认识，是对行政诉讼制度的一种误解或者偏见。在行政诉讼中，对事实依据的审查即事实审，与合法性审查原则并不矛盾，具体行政行为关于案件事实的认定是对案件性质作出判断并对案件作出最终处理的基础，案件事实的认定是否具有充分的依据，直接关系到作出该具体行政行为的基础是否存在，理由是否成立，由此作出的判断（如案件的性质）是否准确，以及所适用的法律是否正确。因此说，对于被诉具体行政行为事实认定的审查，也是行政诉讼合法性审查的重要组成部分，或者说行政诉讼对事实认定的审查也是合法性审查的一个方面，它应当寓于合法性审查之中，而不是游离于合法性审查之外。

——最高人民法院行政审判庭编著：《最高人民法院〈关于行政诉讼证据若干问题的规定〉释义与适用》，人民法院出版社 2002 年版，第 178 页。

211 根据行政行为的内容和当事人的主张来分配举证责任

关键词｜证据｜举证责任分配｜

【链接：最高人民法院法官著述】

我们认为，应当根据行政行为的内容和当事人的主张来分配举证责任。要针对行政法律关系的特点来考虑行政诉讼的举证责任，必须首先考虑当事人主张（诉

讼请求)所针对的行政行为的内容和性质。从行政行为的内容和性质出发,可以初步设想如下原则来分配举证责任:

1. 原告的诉讼请求如果是要求撤销或者变更行政机关旨在剥夺行政相对人某些权利或者科以行政相对人义务的,原则上应当由行政机关承担举证责任。理由是,行政机关旨在剥夺、减少相对人权利或者科以、增加行政相对人义务时,行政行为是依职权、主动开始的,无须行政相对人的申请行为。此时,就举证能力而言,行政机关举证能力强而相对人举证能力弱。行政机关对行政相对人造成不利影响本身必须具备法定的事实要件,要件事实不具备,就不能作出行政行为。如果让作为被采取了不利处分行为、科以义务一方的行政相对人负担举证责任,就等于要求行政相对人自证其违法行为,从而导致无辜公民在诉讼中承担不应承担的不利后果。在行政诉讼中,被告有义务提供证据证明自己行政行为的合法性,这也是行政诉讼的客观诉讼的性质所决定的,法院要监督行政机关的行政行为必须要审查行政行为的合法性,对于合法性的证据材料,应当由行政机关提供。

2. 如果原告的诉讼请求是申请行政机关为一定行政行为,行政机关不作为的,对于提出申请的事实,应当由原告承担举证责任;行政机关对于不作为的合法性承担举证责任。理由是,在此种情形下,行政行为通常由行政相对人的申请开始,在作出行政行为之前,相对人必须按照法律法规等规范性文件提供一定的申请材料,原告对于这类证据材料在举证上不存在困难。当然,如果原告因被告受理申请的登记制度不完备等正当事由不能提供相关证据材料并能够作出合理说明的,仍得由行政机关举证。依照行政诉讼属于客观诉讼的性质,行政机关有义务对其不作为的合法性提供证据材料。当然,证据材料的提供应当按照是否属于公知事实而有所区别,对于公知事实,行政机关得免除举证责任。例如,在行政相对人申请工商机关税务登记、行政相对人申请工商机关进行户口登记等类案件中,工商机关不受理税务登记、工商机关不受理户口登记属于公知事实,行政机关对于行政相对人的申请没有答复义务,工商机关无须出具有关税务法律证明自己不具有税务登记职权。如果申请的事项不属于公知事实或者法律规定了其答复义务的,则行政机关负有对其不作为的合法性的举证责任。例如,某项法律明确规定了行政机关不管行政相对人提出何种申请,必须有所答复,则行政机关负有答复义务。行政机关须就未答复的不作为行为的合法性承担举证责任。不属于公知事实的情形大体上是指对于是否接受申请的行政事项存在较大的争议,未形成公知事实。例如,向卫生行政机关举报饭店不符合卫生标准、医用工业用氧是否属于药品等,对于此类事实,行政机关具有专业性的优势,应当就其不作为行为的合法性承担举证责任。

3. 如果原告的诉讼请求是行政机关应当主动实施行政行为而未实施的，对于赔偿事项由原告承担举证责任；行政机关对于不作为的合法性承担举证责任。理由是，对于前者而言，由于此类行政行为具有即时性的特点，原告此时大多数是要求赔偿。赔偿的前提是造成了损失，行政相对人对自己的损失感受最深，材料最多，在证据距离上最近，应当由其来承担举证责任。对于后者而言，行政机关应当依职权作出行政行为而未作出，表明行政机关对于行政管理事项的发生已经作出判断，认定此时无须作出行政行为。这是一种默示形式的主张，并且以不作为形式表现出来。既然行政机关已经经过法律判断，须就其收集到的证据和所进行的判断承担举证责任。例如，消防行政机关未赶赴火情现场，原因是不属于该消防行政机关的管辖范围，这说明消防行政机关对于该行政事项已经经过法律判断，须就其行政职权管辖范围提供举证责任。

——江必新、梁凤云：《行政诉讼法理论与实务（第三版）》（上），法律出版社2016 年版，第 768—769 页。

212 行政诉讼被告的举证责任范围

关键词｜证据｜被告举证责任｜

【链接：最高人民法院法官著述】

由于行政案件的种类不同，对被告向法院提供全部证据的要求就有所不同，举证的内容亦有所不同。

（一）一般行政案件被告举证的内容

一般行政案件，被告应当向法院提供以下五个方面的证据材料证明被诉具体行政行为的合法性：

1. 有关作出被诉具体行政行为主体的证据材料。法院应当以在对外发生法律效力的法律文书上署名的行政机关或者法律法规授权的组织或者行政机关的内部机构、派出机构为作出被诉具体行政行为的主体。法院应当要求被告提供被诉具体行政行为的法律文书的正本并将其作为判断作出被诉具体行政行为主体的重要证据。这里需要注意两个问题：一是行政机关委托的组织作出的具体行政行为，被告还应当向法院提供委托书、有关接受委托组织的基本情况（如批准成立的文件、营业执照、章程等）的证明材料；二是被告的执法资格不明确，需要根据法律规范及有关机关的批准文件进行综合判断，被告还应当向法院提供有关法律规范及有关机关的批准文件等证明材料。例如，某市开发区管理委员会作出收回国有土地使用权的决定，当事人不服起诉到法院，开发区管理委员会认为其属于该市政府的派出机关，原告认为其属于该市政府的派出机构。此时，被告开发区管理委员会就应当向法院提供市政府批准其成立、编制、财政拨款等有关文件。

2. 有关行政执法程序方面的证据材料。行政程序是由行政机关作出具体行政行为的方式、步骤、顺序和时限等组成的。因此，被告应当向法院提供这几方面的所有证据。需要注意的是，原告或者第三人在行政程序中提出行政机关办案人员存在应当回避的问题，并举出相应的证据材料，被告若有否定这些证据的证明材料亦应向法院提供。

3. 有关被诉具体行政行为所认定事实的证据材料。这里所说的"认定的事实"是指在具体行政行为中用文字记载的事实（如果具体行政行为认定的事实非常复杂，在处理决定上表述原则，但该决定附有一些附件，附件中所认定的事实亦应属于具体行政行为认定的事实），或向行政相对人口头宣告具体行政行为时宣读的事实。行政机关作出书面具体行政行为的，应当提供被诉具体行政行为认定事实所依据的全部证据。行政机关口头宣布的事实，除应当提供有关认定的事实所依据的全部证据外，还应当提供有关口头宣布的事实的有关记录材料。

4. 有关适用法律规范的证据材料。被诉具体行政行为适用的法律规范是指被诉具体行政行为中引用的具体法律规范条文，也就是行政处罚决定书、行政处理决定通知书等法律文书中载明的具体法律规范条文，或在宣告具体行政行为时宣读的具体法律规范条文。被告仅在法庭中陈述，没有在被诉具体行政行为中引用的法律规范条文，不能认定为被诉具体行政行为适用的法律规范条文。因此，被告提供被诉具体行政行为的法律文书一般应当认定其完成了这方面的举证责任。但对法律文书中没有引用，被告向原告宣读法律规范条文的，亦应提供有关宣读笔录或者其他能够证明被告宣读适用该法律规范条文的证据。

5. 有关处理结果的证据材料。处理结果往往涉及被诉具体行政行为是否存在滥用职权的问题，法院在一般情况下仅根据被诉具体行政行为所写明的处理结果即可认定。但在行政处理程序中，行政相对人向行政机关提供有关涉及滥用职权的证据，行政机关没有采纳的，其若有否定此类证据的证据，亦应向法院提供。

（二）授益性行政案件被告举证的内容

诉行政不作为案件和诉行政机关拒绝履行法定职责或义务的案件，虽然亦应由被告对行政不作为行为、拒绝履行法定职责或义务行为的合法性承担举证责任，但这两类案件一般是行政相对人寻求行政机关授予某种权利或者给予某种保护，均具有授益性质。因此，这两类行政案件对被告要求举证的内容与一般行政诉讼案件有所不同。

1. 诉行政机关不作为案件被告的举证内容。此类案件被告所举证的内容应当根据其辩称的理由而定。具体来讲主要有以下几种情况：

（1）被告以已履行其职责或者义务但未达到原告的期望为由的不作为案件。此类案件，被告在答辩中称其已经履行了法定职责或者义务，但未达到原告期望，而不存在不履行法定职责或者义务的问题。

（2）被告以原告未按要求补充材料而未作出决定的案件。这类案件，被告在答辩中称，原告向其申请许可证，经审查发现原告缺少某项法定应当提交的材料，通知原告补交这些材料，原告在规定的期限内未补交的，视为原告放弃申请，故不需要被告答复，也就是说，被告不存在不履行法定职责或者法定义务的问题。原告在规定的期间内未向被告提交有关补充材料，也未说明未提交的理由，故视为放弃申请，未作出决定。这类案件，被告除应当向法院提供原告缺少哪些材料的证据外，还应提供要求原告补充材料的通知材料，如通知书、口头通知笔录、送达回执、邮寄存根、证人证言等。被告提供的证据材料能够证明其辩称内容的，应当认定被告完成了举证责任，反之，则应当认定被告未完成举证责任。

（3）被告以不属于其管辖范围而未作出答复的案件。这类案件，被告辩称，原告申请的事项不属于其法定职权管辖的范围，故未给予答复。

（4）被告以办理期限尚未届满而未作答复的案件。这类案件被告在答辩中以各种理由称办理期限尚未届满，故在起诉时未作出决定。因此，对此类案件，被告应当提供收到原告申请的时间以及延长办理期限的证据材料。如果被告提供的证据材料能够证明其法定办理期限尚未届满的，应当认定其完成了举证责任，反之，则未完成举证责任。这里需要注意两个问题：一是如果办理某项事务需要通过鉴定、试验、考试等，进行鉴定、试验、考试等所用的时间应当从办理期限中扣除；二是被告在诉讼中作出决定的，如果原告对被告作出的决定也提起行政诉讼的，法院可以一并审理，经审理认定后起诉的决定合法的，法院对不作为行为应当确认违法。

2. 诉行政机关拒绝履行法定职责或义务案件被告举证的内容。此类案件，被告应当根据拒绝的理由而定。除被告以其不具有申请事项管辖职权拒绝履行职责或义务的案件与诉行政机关不作为案件举证内容相同外，此类案件还有以下两种特殊情况：

（1）以申请人未提交有关材料为由拒绝颁发法律证书的案件。这类案件要求被告向法院提供原告提交有关材料的登记表。如果被告提供不出原告提交有关材料的登记表，原告坚持认为其已经提供给被告的，被告作不出令人信服的说明的，应当推定被告拒绝履行法定职责或义务的行为主要证据不足。

(2)以申请不符合法定条件为由拒绝履行职责或义务的案件。这类案件应当要求被告提供其认定不符合法定条件的证据。如果认定原告提交的材料不符合法定要求的，被告应当向法庭提交原告申请时提交的申请材料登记表及材料；如果认定原告提交的材料是虚假的，应当向法庭提交伪造、变造的原件及鉴定报告等，提供原告以非法手段取得证明材料的证据及其他证据；如果认定不符合某项技术指标，应提供检测报告、鉴定书、论证书等证据。

但对这两类案件，如果被告完不成举证责任，只能推定被告不履行法定职责或者义务的行为违法，但不能证明被告必须履行某种职责或者义务，一般情况下应当判决撤销被诉决定，限被告在接到原告重新申请材料的一定期限内作出具体行政行为。为了减少申请人的诉累，原告如果向法庭提供其全部申请材料，经法庭审查符合行政机关履行法定职责或者义务条件的，可以判决被告在一定期限内履行某项法定职责或义务。

——蔡小雪、甘文：《行政诉讼实务指引》，人民法院出版社 2014 年版，第 143—147 页。

213 被告提供的作出行政行为所依据的规范性文件不属于证据

关键词 | 证据 | 规范性文件 |

【链接：最高人民法院法官著述】

规范性文件不属于证据，不适用证据规则。理由有四：其一，行政诉讼法第三十二条是将证据和规范性文件分开表述的，并没有将所依据的规范性文件作为证据的一个种类加以规定，可见，行政诉讼法中所说的证据，没有包括行政机关作出具体行政行为所依据的规范性文件。在现代证据学理论中，法律依据早已不再被作为证据来对待了。其二，行政机关作出具体行政行为所依据的规范性文件的内容很宽泛，包括法律、法规、规章以及规章效力等级以下的规范性文件。行政机关作出具体行政行为时，应当基于充分的证据，但未必需要掌握作为依据的所有规范性文件。其三，从规范性文件的性质看，它不具有证据的属性，规范性文件通常是作为依据、准绳、标准来加以适用的，对于规范性文件，有独立的法律适用规则加以调整,如适用立法法等有关法律规定,判断规范性文件的法律效力;而证据通常是作为佐证某一待证事实的材料加以适用的,应当适用证据规则。因此,规范性文件与证据的属性完全不同,两者不能混同。其四,倘若行政机关在提交答辩状时仅提供一部分规范性依据,而在诉讼过程中又进一步提供了规范性依据,人民法院对后来提供的规范性依据不予接纳,显然不符合行政诉讼程序要求。因为被告在法庭中有权提供所有有利于证明被诉具体行政行为合法性的法律依据。

——蔡小雪、甘文:《行政诉讼实务指引》,人民法院出版社 2014 年版,第 147 页。

214 行政行为合理性的说服责任由行政机关承担

关键词 | 证据 | 行政行为合理性 | 自由裁量行为 |

【链接:理解与适用】

关于诉讼中的行政行为合理性问题,法律没有明确规定应当如何分配举证责任。建立行政诉讼制度的国家一般都确认自由裁量行为不受审查,应当属于行政机关的职权范围。行政诉讼中合法性审查的例外情况是法院对于行政处罚显失公正和滥用职权的合理性审查。根据行政行为合理性推定原则,对原告主张的应当从轻、减轻或者免除行政处罚的事实,既然成为司法审查的例外,就应当由被告承担举证责任。如在美国,构成不合理的行为主要有两种情况,一是背离行政机关先例,如果行政机关不遵循先例而且又没有作出充分的解释则法院认定其行为不合理。二是行政机关未能令人满意地解释为何不选择不严厉的批准条件。对于上述两种情况,由于我国没有建立行政情报公开制度,行政机关掌握的案卷材料并不能为相对人所了解,因此并不能由原告举证。但是,行政机关却能够通过列举先例,证明行政行为符合先例,是合法、合理的行为。因此,根据我国国情,由行政机关承担合理性问题的说服责任较为合理。

——最高人民法院行政审判庭编著:《最高人民法院〈关于行政诉讼证据若干问题的规定〉释义与适用》,人民法院出版社 2002 年版,第 218—219 页。

215 证券行政处罚案件中监管机构的举证责任

关键词 | 证据 | 行政处罚 | 证券监管机构 | 举证责任 |

【最高人民法院司法文件】

一、关于证券行政处罚案件的举证问题

会议认为，监管机构根据行政诉讼法第三十二条[①]、《最高人民法院关于行政诉讼证据若干问题的规定》第一条的规定，对作出的被诉行政处罚决定承担举证责任。人民法院在审理证券行政处罚案件时，也应当考虑到部分类型的证券违法行为的特殊性，由监管机构承担主要违法事实的证明责任，通过推定的方式适当向原告、第三人转移部分特定事实的证明责任。

监管机构在听证程序中书面明确告知行政相对人享有提供排除其涉嫌违法行为证据的权利，行政相对人能够提供但无正当理由拒不提供，后又在诉讼中提供的，人民法院一般不予采纳。行政处罚相对人在行政程序中未提供但有正当理由，在诉讼中依照《最高人民法院关于行政诉讼证据若干问题的规定》提供的证据，人民法院应当采纳。

监管机构除依法向人民法院提供据以作出被诉行政处罚决定的证据和依据外，还应当提交原告、第三人在行政程序中提供的证据材料。

——《最高人民法院关于审理证券行政处罚案件证据若干问题的座谈会纪要》（2011 年 7 月 13 日，法〔2011〕225 号）。

【链接：理解与适用】

《纪要》的观点，在确定举证责任分配规则时，既考虑到证券违法行为的特殊性，不宜采取由监管机构承担全部违法事实举证责任的分配方式，在坚持被告负举证责任的基本原则下，将部分事实的举证责任进行适当分配和转移；同时考虑到证券违法行为的多样性，不同类型违法行为的举证责任在监管机构和行政相对人之间的分配不宜采取同一模式，而是采取类型化的举证责任分配方式。因此，《纪要》关于举证责任的规定，采取概括和列举相结合的方式，即一般性地规定被告监管机构承担主要事实的举证责任，在认定具体违法行为的规定中，通过推定的方式适当向原告、第三人分配和转移部分事实的举证责任。

1. 关于证明标准的问题

《纪要》最终虽然没有明确将“明显优势”作为证券行政案件的证明标准，但是对内幕交易行为和上市公司信息披露违法责任人的认定采取了“举证责任合理分

① 现行行政诉讼法第三十四条。——编者注

配+推定”的方式,较大程度地降低了监管机构的证明难度,监管机构承担的不是证明违法行为全部事实构成要件的举证责任,而是在完成对特定部分违法行为构成要件的证明责任后,通过推定的方式认定违法行为的存在,但如果违法嫌疑人提供的证据能够推翻推定事实的,就不能认定推定事实。这种证明方式实际上是要求法院通过比较双方当事人提供证据的证明力,根据证明力具有明显优势的一方当事人提供的证据认定案件事实,属于明显优势证明标准。

2. 关于案卷外证据排除规则的适用问题

《纪要》第一条第二款是针对原告、第三人提供的行政案卷外证据的排除规则。这条规定基于《行政证据规定》第五十九条“被告在行政程序中依照法定程序要求原告提供证据,原告依法应当提供而拒不提供,在诉讼程序中提供的证据,人民法院一般不予采纳”的规定,同时为推动证监会处罚委听证程序的规范化,在第五十九条基础上做了进一步规定。首先,对原告或第三人的行政案卷外证据排除规则,必须符合“三个特定”。一是程序特定,将行政程序限定在听证程序,没有举行听证的,不适用案卷外证据排除规则,听证程序的依据是《中国证券监督管理委员会行政处罚听证规则》;二是形式特定,听证程序中必须以书面形式明确告知被处罚人享有提供证据的权利,非书面形式告知且无法证明违法嫌疑人已经知悉相关权利内容的,不适用案卷外证据排除规则;三是内容特定,告知内容必须明确,必须明确告知监管机构认定的违法事实和相关证据,违法嫌疑人对此享有提出排除涉嫌违法行为证据的权利。其次,将“依法应当提供”改为“能够提供”,考虑到行政处罚相对人提供排除其涉嫌违法行为的证据是听证程序必须赋予被处罚人的权利而不是义务,因此,不宜规定“依法应当提供”,而是采取了客观上能够提供而主观上拒不提供的标准。最后,增加了有正当理由未在听证程序中提供证据的情况下,在诉讼中提供的有关证据不适用案卷外证据排除规则的规定。

《纪要》之所以作出上述规定,主要目的是推动证监会处罚程序的规范化。证监会处罚委也表示以此为根据进一步完善处罚听证程序。同时,也可以促使行政相对人尽可能在听证程序中全面、充分行使权利,便于行政机关全面收集证据,准确作出处理决定,防止行政相对人在诉讼中滥用诉讼权利,搞证据突袭,保障执法和司法资源高效利用。

此外,为了防止监管机构滥用权力,充分保障被监管人的合法权益,《纪要》第一条第三款中明确规定,监管机构要向法院提交原告、第三人在行政程序中提供的证据材料。

——赵大光、杨临萍、蔡小雪、李涛:《〈关于审理证券行政处罚案件证据若干问题的座谈会纪要〉的理解与适用》，载中华人民共和国最高人民法院行政审判庭编：《行政执法与行政审判》(总第48集)，中国法制出版社2011年版，第8—11页。

216 发回重审或指令继续审理案件，是否应当再给被告一次举证的机会

关键词｜证据｜发回重审｜指令继续审理｜

【最高人民法院专业法官会议纪要】

10. 发回重审或指令继续审理案件，是否应当再给被告一次举证的机会。

答：发回重审或指令继续审理案件，重审或继续审理的人民法院按照一审程序审理，应当给予被告举证的机会。

理由：无论是撤销一审判决发回重审，还是撤销一审裁定指令继续审理，回到一审后，都是一个新的案件，人民法院应当按照行政诉讼法规定的一审程序，给予被告举证的机会。否则，人民法院无法对被诉行政行为合法性进行有效审查，难以实质化解行政争议。

——《最高人民法院第一巡回法庭关于行政审判法律适用若干问题的会议纪要》(2018年7月23日)，载最高人民法院第一巡回法庭编著：《最高人民法院第一巡回法庭行政案件裁判精要》，中国法制出版社2020年版，第185—186页。

217 共同被告中一名被告未举证的处理

关键词｜证据｜共同被告｜

【最高人民法院裁判案例】

陈玉勤诉河南省人民政府、河南省济源市人民政府信息公开及行政复议案［最高人民法院(2016)最高法行申1907号行政裁定书］

要旨：在作出原行政行为的行政机关和复议机关作共同被告情形下，法院可根据复议机关提供的证据综合认定行政行为相关事实，并不因作出原行政行为的行政机关未提供证据而视为无证据判决其承担举证不利后果。

提交证据的义务和举证责任是两个不同的法律概念，前者是行为责任，后者是结果责任。作为行政诉讼的当事人，无论原告还是被告，都有向人民法院提交相关

证据的义务,以利于人民法院查明案件事实。而举证责任的分配并非每一个案件中都会涉及,它只出现于当法院要对案件作出裁判时,仍然存在争议事实真伪不明的情况下,此时,由主张该事实的人承担不利的诉讼后果。一般情况下,被告行政机关应当提供作出该行政行为的证据和所依据的规范性文件,以证明被诉行政行为的合法性,行政诉讼法第三十四条也规定:"被告不提供或者无正当理由逾期提供证据,视为没有相应证据。"但经过复议的案件,由于复议机关和作出原行政行为的机关为共同被告,就要适用特殊的证据规则,即对原行政行为合法性的证明责任由作出原行政行为的行政机关和复议机关共同承担,因为复议机关既然对原行政行为予以认可并且维持,就应当与原行政机关一道对其认为该行政行为合法的主张承担举证责任。由于此前经过了行政复议程序,行政复议机关和作出原行政行为的机关所掌握的能够证明原行政行为合法的证据材料大体相同,所以没有必要由两个被告重复提交证据,因此,《最高人民法院关于适用〈中华人民共和国行政诉讼法〉若干问题的解释》第九条规定:"作出原行政行为的行政机关和复议机关对原行政行为的合法性共同承担举证责任,可以由其中一个机关实施举证行为。"本案中,虽然作出原行政行为的济源市人民政府在法定举证期限内没有提交据以作出行政行为的证据和所依据的规范性文件,但原审法院根据作为共同被告的河南省人民政府复议时提交的证据材料对案件事实作出认定,既不存在争议事实真伪不明的问题,也符合行政诉讼的证据规则。再审申请人认为"应当视为其答复没有依据"的主张不能成立。

——中国裁判文书网,https://wenshu. court. gov. cn/。

【链接:最高人民法院法官著述】

行政诉讼的举证责任是指由法律预先规定,在行政案件的真实情况难以确定的情况下,由一方当事人提供证据予以证明,如果其提供不出证明相应事实情况的证据,则承担败诉风险及不利后果的制度。行政诉讼法第三十四条规定:"被告不提供或者无正当理由逾期提供证据,视为没有相应证据。"根据行政法的一般原理和行政诉讼法的相关规定,被告就被诉行政行为的合法性承担举证责任。在有两个以上行政机关作为共同被告的行政诉讼中,这一规则仍然适用,但其适用有其特殊性。在两个行政机关作共同被告情形下,其中一个行政机关未在法定期限内提交据以作出行政行为的证据材料的,人民法院可以根据另一个行政机关提供的证据材料,综合认定行政行为相关事实。

这一点在经过复议的案件中最为典型。《最高人民法院关于适用〈中华人民共和国行政诉讼法〉若干问题的解释》第九条规定:“作出原行政行为的行政机关和复议机关对原行政行为的合法性共同承担举证责任,可以由其中一个机关实施举证行为。”在经过复议的案件中,由于复议机关和作出原行政行为的机关为共同被告,法院就要适用特殊的证据规则,即对原行政行为合法性的证明责任由作出原行政行为的行政机关和复议机关共同承担。由于此前经过了行政复议程序,行政复议机关和作出原行政行为的机关所掌握的能够证明原行政行为合法的证据材料大体相同,所以没有必要由两个被告重复提交证据。这也意味着,只要有一个被告提供了作出原行政行为的证据并证明了行政行为的合法性,另一被告未举证的,并不必然导致原行政行为因未举证而承受举证不能的不利后果。

——最高人民法院行政审判庭编:《最高人民法院行政裁判要旨及评述》(第一卷),人民法院出版社 2019 年版,第 86 页。

218 行政诉讼原告的举证责任范围

关键词｜证据｜原告举证责任｜

【链接：最高人民法院法官著述】

原告承担关于起诉条件的举证责任的主要理由是防止滥诉。原告不能没有任何理由和事实就提起对行政机关的法律监督,法院受理行政案件的前提是存在一个纠纷。这个纠纷须构成法律上的争点,法院才能受理。也就是说,原告须举证证明自己的合法权益可能受到了侵害或者不利影响,自己属于行政行为的利害关系人并且有一定的证据加以证明。这种举证责任是典型的主张责任。原告须就相关行政行为的存在、可能受到的侵害等事实提供证据证明。当然,在审查起诉阶段,法院对于证据材料的审查强度并非如审判过程中那样。只要存在受到影响的可能性,就应当考虑受理而不应当进行实质意义上的认证过程。

——江必新、梁凤云:《行政诉讼法理论与实务(第三版)》(上),法律出版社 2016 年版,第 795 页。

1. 在起诉被告不履行法定职责的案件中,原告应当提供其向被告提出申请的证据。但有下列情形之一的除外:(1)被告应当依职权主动履行法定职责的;(2)原告因正当理由不能提供证据的。

不履行法定职责类行政案件的范围很广。本法第十二条规定了“申请行政许可，行政机关拒绝或者在法定期限内不予答复，或者对行政机关作出的有关行政许可的其他决定不服的”“申请行政机关履行保护人身权、财产权等合法权益的法定职责，行政机关拒绝履行或者不予答复的”“认为行政机关没有依法支付抚恤金、最低生活保障待遇或者社会保险待遇的”“认为行政机关不依法履行、未按照约定履行或者违法变更、解除政府特许经营协议、土地房屋征收补偿等协议的”，公民、法人或者其他组织不服提起诉讼的，人民法院应当受理。这里涉及的就是不履行职责类行政案件。在最初制定行政诉讼法时，立法者的理解是：政府是人民的政府，是为人民服务的，行政机关工作人员应当忠实履行自己的法定职责。所谓拒绝履行或者不予答复，是指主管行政机关依法负有保护公民人身权、财产权的职责，应当履行法定职责而不履行的行政行为。这项规定对于进一步保障公民的合法权益，促进行政机关认真履行自己的法定职责，具有重要作用。行政机关具有法定职责，是指行政机关具有保护行政相对人人身权和财产权等合法权益的法定职责。所谓“法定”，是指“法律规定的、确定的、认可的”之意。所谓“职责”，是指因行政职权而派生出来的行政责任，没有行政职权的存在就无所谓职责。所谓“拒绝履行”，是一种明示的作为行为，是一个否定性的行政行为，得为撤销诉讼之标的。所谓“在法定期限内不予答复”，是一种在形式上和实质上都不作为的情形。在形式上，行政机关并未对行政相对人作出任何有意思表示的行为；在实质上，行政机关没有作出任何具有法律约束力的行政行为。一般而言，行政相对人向行政机关提出申请之后，行政机关不予答复的情形主要包括：(1)完全置之不理。即行政机关对于行政相对人的申请没有任何意思表示或者超过法定期限之后仍然没有答复。(2)不完全答复。即行政机关对于行政相对人的部分申请作了答复，部分申请没有答复。(3)拖延答复。即行政机关应允要答复但无正当理由在法定期限内不予答复。(4)推托答复。即行政机关以办事人员不在或者正在研究等借口，对行政相对人的申请不予实质性的答复。

在起诉被告不履行法定职责的案件中，原告应当提供其向被告提出申请的证据。对此要注意以下几点：(1)原告提供的是曾经提出申请的证据，而不是提供申请行为合法性的证据。换句话说，原告对其申请行为的存在负有举证责任，而不是对申请行为的合法性负有举证责任。这是因为，原告很难知道其申请所提供的材料是否齐全，是否符合法律规定的条件。(2)原告所提供的证据，不要求特别的形式和要件，只要能够在一定程度上证明原告提出过申请即可。这是因为，在很多时候，原告已经将有关材料交给了行政机关，再以较高标准让其提供有关证据强人所难。(3)原告提供曾经提出申请的证据，必须是在行政程序中提出的证据。在审判实践中,有的原告对法律规定的“提供其向被告提出申请的证据”的要求不甚清楚,向人民法院提供其向行政机关提出的申请并不是在行政程序中的申请,而是在行政程序终结后才向行政机关提出的申请,甚至在起诉后向行政机关提出的申请。尽管法律对此没有予以明确,但可以推断出这里所说的原告提供曾经提出申请的证据,必须是在行政程序中提出的证据。

原告对此负有举证责任的例外包括以下情形:第一,被告应当依职权主动履行法定职责的。行政权的本质是执行,与司法权不告不理的消极性相比,行政权是具有积极塑造性的权力,因此,行政机关的法定职责往往不是被动履行。对于应当主动履行法定职责的情形,不存在原告申请的问题,自然也不需要原告对此提供证据。第二,原告因正当理由不能提供证据的。这里的正当理由的范围比较宽,标准也并非很严格。这是因为,在很多时候,原告已经将有关材料交给了行政机关,并且在行政程序中往往没有足够的主动性和话语权,若以较高标准让其提供正当理由可能会因此侵犯其合法权益。比如说,北京市海淀区人民法院曾经受理过这样一个案件:某人在诉工商行政机关不履行法定职责的案件中称,其向工商行政机关申请办理工商执照后,工商行政机关不出具任何接受手续,拒绝颁发执照并不说明任何理由。原告提供不出证据曾提出了申请,但向法院反映被告没有规范的登记程序。海淀区人民法院要求被告提供当天受理申请的登记册,被告无法提供。法院据此推定原告提出了申请。这个案例是最高人民法院制定《行政证据规定》时,海淀区人民法院提供的。在这个案例中,行政机关受理申请的登记制度不完备,就属于本条规定中的“正当理由”。

2. 在行政赔偿、补偿的案件中,原告应当对行政行为造成的损害提供证据。因被告的原因导致原告无法举证的,由被告承担举证责任。

行政赔偿、补偿的案件,原告应当对行政行为造成的损害提供证据。之所以作出这样的规定,是考虑到原告对其损害最清楚,对损失的证据掌握得最可靠,比如购物凭据、评估报告、医疗发票等。由其提供更准确、更便利。但是,如果因被告的原因导致原告无法举证的,由被告承担举证责任。在审理行政案件过程中,尤其是在审理强拆案件时,经常会遇到行政机关没有清点财产、进行公证或者评估而径行强拆的情况。强拆标的毁损后,原告也很难提供损害情况。在这种情况下,一般由原告主张其损失,而转由被告承担举证责任,被告提供不出相应证据的,由被告承担不利后果。

另外需要注意把握本条规定的“损害”的含义。本条所规定的损害,是指行政行为对原告合法权益所造成的不利影响。除法律明确限定外,这里的损害既包括人身损害,也包括财产损害;既包括物质损害,也包括精神损害;既包括直接损害,也包括间接损害;既包括已经发生的损害,也包括将来一定要发生的损害。但是,这里的损害只能是受到法律保护或者认可的权益所受到的损害,不包括违法利益或者法律不保护的利益所遭受的损害。比如违章建筑,不被法律认可也不受法律保护,原告就其损害诉至法院,得不到法院的支持。

——最高人民法院行政审判庭编著:《中华人民共和国行政诉讼法及司法解释条文理解与适用》,人民法院出版社 2015 年版,第 231—234 页。

219 行政不作为案件不以原告曾提出申请为起诉条件的情形

关键词 | 证据 | 行政不作为 | 他人申请 |

【最高人民法院司法文件】

11. 行政裁决申请事实的举证问题

《最高人民法院关于行政诉讼证据若干问题的规定》第四条第二款关于“在起诉被告不作为的案件中,原告应当提供其在行政程序中曾经提出申请的证据材料”之规定,针对的是申请人起诉的情形。被申请人起诉时,只要证明存在申请人申请裁决的事实,即可视为满足该款规定的举证要求。(52 号)

——《最高人民法院办公厅关于印发〈行政审判办案指南(一)〉的通知》(2014 年 2 月 24 日,法办〔2014〕17 号)。

【最高人民法院参考案例】

海口市美兰区演丰镇塔市村委会大塘村民小组诉海南省海口市人民政府不履行法定职责纠纷案(行政审判案例第 52 号)

要旨:不作为案件中,他人在行政程序中已向被告提出申请,且被告已将原告纳入行政程序,原告是否向被告提出过申请不再属于该案件必备的起诉条件。

土地管理法第十六条规定:“土地所有权和使用权争议,由当事人协商解决;协商不成的,由人民政府处理。”“单位之间的争议,由县级以上人民政府处理”,进行土地确权是人民政府的法定职责。所谓“不履行法定职责”是指行政机关及其工作人员在行政管理活动中,当发生法律、法规规定对某种事务由其处理的情况,拒绝处理或拖延处理。本案中,桂林洋农场与原告之间对三宗土地发生权属争议遂向被告提出土地确权申请,被告按法定程序已经通知原告进行答辩,原告亦向被告提交土地确权答辩意见和有关证据材料，并按时参加了被告组织召开的土地确权会议，签收了被告发出的指界通知等。上述事实说明被告及其所属土地行政主管部门处理了桂林洋农场与原告之间的土地权属争议案件，但此后在长达几年的时间里被告仍未对此土地权属争议案件作出确权决定，使该土地争议长期处于持续状态。依照《土地权属争议调查处理办法》第二十八条、第三十条的规定，人民政府应当在相应的时间（办理期限为六个月或经批准适当延长办理期限）内对当事人提出土地确权申请作出处理。本案被告自 2005 年 8 月受理该三宗土地争议案件始，至原告提出本案诉讼时止，被告无正当理由超过法定的办理期限拖延至今仍未作出处理决定，应认定属于不履行法定职责，其不作为的行政行为违反法律规定。

被告辩称：原告不是土地确权案件的申请人，故原告不具有本案的原告诉讼主体资格问题。法院认为，被告启动土地权属争议案件处理程序后，原告已按要求提出答辩意见和相关的土地确权材料，主张争议土地所有权属于自己所有并请求政府依法确权维护自己的合法权益，这些主张和相关证据材料应视为原告"在行政程序中曾经提出申请的证据材料"，据此本案原告与桂林洋农场一样在土地确权程序中具有平等的地位和权利，对被告已经受理的土地争议案件长期拖延，迟迟不作出处理意见的行政不作为依法享有诉权，可以作为本案原告提出本案之诉，唯此认定方能符合行政诉讼法设定履行法定职责之诉的立法目的。

——中华人民共和国最高人民法院行政审判庭编：《中国行政审判案例》（第 2 卷），中国法制出版社 2011 年版，第 71、72—73 页。

220 行政赔偿、补偿案件中的举证责任倒置以及与之相关损失的鉴定和认定

关键词 | 证据 | 行政赔偿 | 行政补偿 | 举证责任倒置 | 鉴定 |

【最高人民法院司法解释】

第四十七条 根据行政诉讼法第三十八条第二款的规定，在行政赔偿、补偿案件中，因被告的原因导致原告无法就损害情况举证的，应当由被告就该损害情况承担举证责任。

对于各方主张损失的价值无法认定的，应当由负有举证责任的一方当事人申

请鉴定，但法律、法规、规章规定行政机关在作出行政行为时依法应当评估或者鉴定的除外；负有举证责任的当事人拒绝申请鉴定的，由其承担不利的法律后果。

当事人的损失因客观原因无法鉴定的，人民法院应当结合当事人的主张和在案证据，遵循法官职业道德，运用逻辑推理和生活经验、生活常识等，酌情确定赔偿数额。

——《最高人民法院关于适用〈中华人民共和国行政诉讼法〉的解释》(2018年2月8日，法释〔2018〕1号)。

【链接：理解与适用】

首先，就申请的条件而言，主要是在行政赔偿、补偿案件中，“对于各方主张损失的价值无法认定的”情形。这里的“无法认定”主要指因各方当事人各执一词，提供的证据可信度不强，法院难以认定，而前提是有待鉴定的物品尚在，没有丧失鉴定条件。其次，提出鉴定申请的主体限于“负有举证责任的一方当事人”，该规定的申请主体与《行政诉讼证据规定》第三十一条规定的主体相同，也是行政诉讼中基于利害关系考量最有需要获得鉴定意见以强化其所主张的事实的一方当事人。既可能是原告和第三人，也可能是行政机关(如对原告或第三人所提交的证据申请法院鉴定)。再次，对于法律、法规、规章规定行政机关在作出行政行为时，依法应当评估或者鉴定的情形除外。也即在此种情形下，鉴定已经是行政程序的必要组成部分，形成的作为国家公权力机关组织实施的鉴定意见或者评估报告，本身可以作为重要证据使用。但如果当事人存有异议，可以在鉴定或评估过程中依照相关法律规定提出复议、复核等加以纠正。人民法院在审查过程中，也有权对鉴定意见作为行政诉讼证据之一，从客观性、合法性、关联性等角度对其证明效力作出认定，有权决定是否采信并有权要求重新组织鉴定。最后，本条规定对举证责任作了明确规定，即负有举证责任的当事人拒绝申请鉴定的，由其承担不利的法律后果。

……

首先，要紧密结合“当事人的主张和在案证据”。其要旨在于即便当事人的损失因客观原因无法鉴定，也即某些定案关键证据难以通过鉴定获得时，不排除法官仍有空间结合当事人主张及其他现有在案证据作出综合衡量。之所以必须考虑上述情形，其意义在于强调法官的裁量权应受到必要限制，需结合当事人陈述和已掌握的部分事实依据方才具有合理的逻辑基础，以防止偏听偏信、主观臆断、拍脑袋决策。其次，对于赔偿数额应当“运用逻辑推理和生活经验、生活常识等”酌情加以确定。该规定可视为在当事人损失无法鉴定时为法院行使裁量权提供了重要的审查原则和审查标准。即运用“逻辑推理和生活经验、生活常识等”作出酌情确定，不仅有利于使“法律真实”最大限度地接近“客观真实”，更有利于法官结合各方主张、在案证据和行政机关致损过错、举证责任等因素，尽可能平衡各方权益，抚慰照顾被侵权人，化解实践中较为常见的突出矛盾。“酌情确定”带有自由裁量因素，应当合乎逻辑和生活经验、生活常识。……再次，法官酌定赔偿额时要“遵循法官职业道德”。

——最高人民法院行政审判庭编著：《最高人民法院行政诉讼法司法解释理解与适用》（上），人民法院出版社 2018 年版，第 267—269 页。

【最高人民法院指导性案例】

沙明保等诉马鞍山市花山区人民政府房屋强制拆除行政赔偿案（最高人民法院指导案例 91 号）

裁判要点：在房屋强制拆除引发的行政赔偿案件中，原告提供了初步证据，但因行政机关的原因导致原告无法对房屋内物品损失举证，行政机关亦因未依法进行财产登记、公证等措施无法对房屋内物品损失举证的，人民法院对原告未超出市场价值的符合生活常理的房屋内物品的赔偿请求，应当予以支持。

法院生效裁判认为：根据《中华人民共和国土地管理法实施条例》第四十五条的规定，土地行政主管部门责令限期交出土地，被征收人拒不交出的，申请人民法院强制执行。马鞍山市花山区人民政府提供的证据不能证明原告自愿交出了被征土地上的房屋，其在土地行政主管部门未作出责令交出土地决定亦未申请人民法院强制执行的情况下，对沙明保等四人的房屋组织实施拆除，行为违法。关于被拆房屋内物品损失问题，根据《中华人民共和国行政诉讼法》第三十八条第二款之规定，在行政赔偿、补偿的案件中，原告应当对行政行为造成的损害提供证据。因被告的原因导致原告无法举证的，由被告承担举证责任。马鞍山市花山区人民政府组织拆除上诉人的房屋时，未依法对屋内物品登记保全，未制作物品清单并交上诉人签字确认，致使上诉人无法对物品受损情况举证，故该损失是否存在、具体损失情况等，依法应由马鞍山市花山区人民政府承担举证责任。上诉人主张的屋内物品 5 万元包括衣物、家具、家电、手机等，均系日常生活必需品，符合一般家庭实际情况，且被上诉人亦未提供证据证明这些物品不存在，故对上诉人主张的屋内物品种类、数量及价值应予认定。上诉人主张实木雕花床价值为 5 万元，已超出市场正常价格范围，其又不能确定该床的材质、形成时间、与普通实木雕花床有何不同等，法院不予支持。但出于最大限度保护被侵权人的合法权益考虑,结合目前普通实木雕花床的市场价格,按“就高不就低”的原则,综合酌定该实木雕花床价值为3万元。综上,法院作出如上判决。

——《最高人民法院关于发布第17批指导性案例的通知》(2017年11月15日,法〔2017〕332号)。

【链接:理解与参照】

三、裁判要点的理解与说明

该指导案例的裁判要点确认:在房屋强制拆除引发的行政赔偿案件中,原告提供了初步证据,但因行政机关的原因导致原告无法对房屋内物品损失举证,行政机关亦因未依法进行财产登记、公证等措施无法对房屋内物品损失举证的,人民法院对原告未超出市场价值的符合生活常理的房屋内物品的赔偿请求,应当予以支持。该指导案例确定的裁判要点主要涉及原、被告双方对违法强制拆除所造成的损失均无法举证时,人民法院在分配举证责任、确定赔偿范围、赔偿数额等方面应考虑的因素及应把握的裁判原则。现围绕与该裁判要点相关的问题逐一解释和说明如下。

(一)举证责任的分配

行政诉讼法第三十八条第二款规定,在行政赔偿、补偿的案件中,原告应当对行政行为造成的损害提供证据。因被告的原因导致原告无法举证的,由被告承担举证责任。该条款主要涉及行政赔偿、补偿案件中,对原被告举证责任如何分配问题,该指导案例在适用该条款时有以下几个问题需要说明。

一是关于原告的举证责任。行政赔偿诉讼审查的是行政行为是否造成损害后果,其主要解决的是行政机关是否对行政相对人承担财产责任的问题。通说认为,行政赔偿之诉性质上属于给付诉讼,其举证责任分配与民事损害赔偿之诉并无不同。法律上的赔偿以损害的存在为前提条件,有损害才有赔偿,无损害则无赔偿。因此在行政赔偿诉讼中,赔偿请求人应当对具体行政行为造成其损害的事实提供证据。在实践中,赔偿请求人提供证据证明的内容一般包括:赔偿义务机关实施的行政行为违法,该违法行为对行政相对人的合法权益造成了实际损害,该损害与赔偿义务机关的行为有因果关系,赔偿义务机关应予赔偿的损失数额等。

具体到本案,沙明保因马鞍山市花山区人民政府强制拆除其房屋的行为被确认违法提起行政赔偿之诉,其对房屋内家具、家电、手机、实木雕花床等提出了具体的赔偿请求。在一般情况下,沙明保应当对其主张的上述财产损失提供证据,如果其无法提供证据或其提供的证据无法证明其财产损失的，就要承担败诉的后果。本案中，沙明保提供的基本证据能够证明马鞍山市花山区人民政府对其房屋组织实施拆除的行为，直接导致其房屋内物品损失殆尽，由于该拆除行为导致沙明保等人对房屋内财产损失价值客观上举证不能，这时相应地举证责任即转移至被告。

二是关于被告的举证责任。因被告的原因导致原告无法举证的，由被告承担举证责任。如前所述在行政赔偿诉讼中，原告应当对存在损失的事实及具体的损失金额承担举证责任，但如果由于行政机关未依法进行财产登记、公证等方式留存证据导致原告对灭失的财产无法负举证责任的，且原告能够提供初步证据证明有财产损失的情况下，举证责任即转移至被告，被告应当对其强制拆除行为没有造成相应的损失承担举证责任，并承担举证不能的后果。这种特殊的举证责任不仅充分保障原告的合法权益，同时也警醒行政机关应当依法行政，按照法定程序实施强拆。

本案中，马鞍山市花山区人民政府在组织实施强制拆除过程中，既未制作物品清单，又未委托公证部门对房屋内物品公证并登记，房屋拆除后也未能说明房屋内物品的去向，导致沙明保对房屋内物品损失客观上举证不能。沙明保提供了初步证据证明其有财产损失，并提出了具体的赔偿请求，此时举证责任转移至马鞍山市花山区人民政府。但马鞍山市花山区人民政府既没有提供证据证明其强制拆除行为没有对沙明保造成财产损失，也没有对沙明保提出的赔偿请求提供反证，其应当承担举证不能可能带来的法律后果。

（二）赔偿范围的认定

针对沙明保提出的关于涉案土地、房屋的价值及装饰、装潢损失问题，根据土地管理法第四十七条的规定，征收土地的，按照被征收土地的原用途给予补偿，其中包括对地上附着物的补偿。沙明保主张的房屋及装饰、装潢损失，属于土地征收补偿的范畴，依法应由征地实施单位进行补偿安置。且就涉案房屋相关权利人已与征地实施单位达成补偿安置协议，并履行完毕，因此该部分损失，人民法院未予支持。需要说明的是如原告在起诉时提出行政赔偿请求，人民法院经审理认为应当属于行政补偿问题，应当向原告释明，要求其变更诉讼请求。原告坚持不变更，如果补偿与赔偿的标的并无实质区别且尚未协商解决的，为实质性化解行政争议，人民法院也可以根据原告提出的行政赔偿事实，就补偿问题作出实体判决。

（三）赔偿数额的认定

本案审理的难点在于，在原、被告双方都举证困难的情况下，人民法院对房屋内物品损失的赔偿数额如何确定。在法律没有明确规定的情况下，实践中，要靠法官综合全案的证据进行酌情确定。酌定是法官的自由裁量权,但也不能毫无道理和依据地行使酌定裁量的权利。酌定的前提,应该是对证据的充分分析与认定。从本案的审理情况看,沙明保主张房屋内物品损失 5 万元包括衣物、家具、家电、手机等,均系日常生活必需品,符合一般家庭实际情况,且马鞍山市花山区人民政府亦未提供证据证明上述物品不存在,故对上述 5 万元房屋内物品损失,人民法院予以确认。沙明保主张实木雕花床价值为 5 万元,已经超出市场正常价格范围,其又不能确定该床的材质、形成时间、与普通实木雕花床有何区别等,但出于最大限度保护被侵权人的合法权益考虑,结合目前普通实木雕花床的市场价格,综合酌定该实木雕花床的价值为 3 万元。这样既保护了当事人的合法权益,也防止了当事人漫天要价,在符合社会经验和生活逻辑的前提下对其赔偿请求进行了符合公平、合乎常理的认定。

四、参照适用时应注意的问题

(一)关于负有举证责任的当事人穷尽举证能力问题。法官作为专业的司法人员,往往没有能力对有关财产权益作出最符合客观实际的认定,这时要借助鉴定部门、公证部门等社会专业机构、专业人员对相关财产权益作出认定,只有在专业机构、专业人员也无法作出认定的情况下,人民法院为实质解决行政争议,保护公民的合法权益,才能酌情认定赔偿数额。具体来讲,一是要求负有举证责任的当事人要提供基本的证据;二是负有举证责任的当事人无法举证的,其应当申请鉴定;三是负有责任的当事人不申请鉴定的,经双方同意后,人民法院可以组织有鉴定资质的鉴定机构进行鉴定;四是由于客观原因鉴定机构也无法鉴定的,人民法院可以根据生活经验、逻辑推理进行酌情认定。

(二)审判实践中还存在大量类似的行政赔偿案例,即存在损害事实难以查明的情况下,法官未审查这一情况的出现是否是因被告的原因导致,简单适用"谁主张,谁举证"的举证责任,判决驳回原告的赔偿请求。这样将会导致被告通过不依法进行财产登记、公证等方式留存证据以规避赔偿责任的现象,这样不仅不利于行政相对人合法权益的保护,而且将严重损害法律的公平正义。从另外一方面讲,行政机关应当承担举证不能的相应法律后果。这个"相应",也应当符合法律的原则和精神,符合一般的社会经验和生活常理。否则,可能损害社会公共利益,诱发道德风险,造成缠讼闹访,不利于社会矛盾纠纷的疏导和化解。

——宋鑫、石磊:《指导案例 91 号〈沙明保等诉马鞍山市花山区人民政府房屋强制拆除行政赔偿案〉的理解与参照——违法强制拆除行政赔偿案件的举证责任分配及赔偿数额认定》,载最高人民法院案例指导工作办公室编著:《中国案例指导》(总第7辑),法律出版社2019年版,第59—62页。

【最高人民法院参考案例】

禄久顺、邢瑞英诉郑州市中原区人民政府行政强制措施及行政赔偿案(行政审判案例第92号)

要旨:在一并提起的行政赔偿诉讼中,原告对因被诉行政行为侵害而造成损失的事实及损失大小负有举证责任。因被告原因致原告虽能证明受到损害但对赔偿数额无法举证时,基于公平原则,赔偿数额的确定适用举证责任倒置。

中原区政府2000年3月22日对禄久顺、邢瑞英财产采取强制措施的主要依据是郑拆管裁字(1999)第02号行政裁决,而该行政裁决已被生效判决撤销,中原区政府所采取的行政强制措施没有法律依据。中原区政府在移转、保管禄久顺和邢瑞英财产过程中,应当负担慎重、妥善的注意义务,确保被移转财产的完整。尽管中原区政府对被移转财产进行了清点,并由中原区公证处出具了公证书,但从郑州中院2005年4月对现存物品的清点情况看,公证书载明物品明显少于现存物品,这说明该公证文书并不能反映被移转物品的全部事实,被移转物品存在争议。产生这种状况的原因在于:(1)中原区政府对大件物品特别是家具进行移转时,未对其内部存放的物品进行清点和妥善封存,也未对大件物品之外的部分古玩、邮票、首饰等小件贵重物品进行清点和妥善保管;(2)移转物品时禄久顺、邢瑞英及其家人被限制人身自由或强制带离现场,这种情况下中原区政府可通过询问是否有贵重物品等方式,为可能发生的争执保存证据,但其并没有提供此类证据;(3)从郑州中院现场勘验情况看,中原区政府不能证明其对被移转物品确实尽到妥善保管义务,以保证相关物品不丢失。因此,中原区政府应当承担被移转物品事实不清的举证责任及可能产生的行政赔偿责任。

在本行政赔偿诉讼一案中,禄久顺、邢瑞英主张被移转物品价值为2011878元,经郑州科健财务咨询有限公司鉴定,实物资产评估价值14476.75元,无实物资产评估价值1878120.72元,其中无实物部分据禄久顺、邢瑞英自报主要为邮票、首饰等,中原区政府对该自报财产部分的真实性提出异议。对此本院认为:由于中原区政府未能履行慎重、妥善的注意义务,造成被移转物品存在争议,其应当承担相应的法律责任。而从郭国谦等人证言、公证书记载与物品现状不符、部分购物发票及现存邮票、邮册、小本票等证据看,禄久顺、邢瑞英已基本穷尽了举证义务,证明争议物品曾属自己所有,在中原区政府未履行举证义务的前提下,苛求其更完善的举证不符合实际情况,亦违反公正原则。

——中华人民共和国最高人民法院行政审判庭编:《中国行政审判案例》(第3卷),中国法制出版社2013年版,第54、56页。

221 原告应当对其提出被告在作出被诉行政行为时没有认定而与该行为的合法性有关联的事实，承担举证责任

关键词｜证据｜举证责任｜合法性｜

【链接：最高人民法院法官著述】

原告应当对其提出被告在作出被诉具体行政行为时没有认定而与该行为的合法性有关联的事实,承担举证责任。主要理由是:第一,被诉具体行政行为没有认定的事实,即被告对这部分待证事实没有提出主张,而提出主张者是原告。正因原告是该项事实的最先主张者,类似民事诉讼中被告的反诉性质,原告承担举证责任符合"谁主张,谁举证"的原则。第二,原告不了解具体行政行为的情况,也就不应当承担举证责任。但是,原告提出被诉具体行政行为没有认定的事实,就应推定其了解情况并掌握相关证据材料。因此说,原告完全具备对其主张的事实提供证据的能力,免除其举证责任是不正确的。第三,原告没有通过举证证明自己的主张成立之前,法院无法判断被告是否没有认定应当认定的事实。在行政诉讼中,原告往往可以提出很多免除行政责任的主张,这些主张与被诉具体行政行为的合法性有关,让被告为原告的主张承担举证责任,不符合举证责任的一般原理。

在让原告承担这一举证责任时,应当注意以下三个问题:(1)根据行政诉讼法的规定,在一般情况下,虽然原告不对被诉具体行政行为承担举证责任,但原告可以提供被诉具体行政行为违法的证据。因此,对原告不承担举证责任的事项,原告有权利向法院提供证据。(2)原告对其提出被告在作出被诉具体行政行为时没有认定而与该行为的合法性有关联的事实,举证不能时,只能认定原告主张的事实不成立,不能免除被告对被诉具体行政行为合法性的举证责任。(3)被告在作出具体行政行为时未收集,原告在诉讼中提供的证据,根据"先取证、后裁决"的原则,只能作为认定被诉具体行政行为不合法的证据使用,不能作为认定被诉具体行政行为合法的证据使用。

——蔡小雪、甘文:《行政诉讼实务指引》,人民法院出版社2014年版,第154—155页。

222 行政诉讼第三人的举证责任

关键词｜证据｜举证责任｜第三人｜

【最高人民法院裁判案例】

兰考县兰青综合商店诉河南省兰考县人民政府土地行政管理案［最高人民法院（2019）最高法行申6691号行政裁定书］

要旨：在涉及第三人合法权益的情况下，不能简单适用被告举证原则，否则有可能将不利后果转嫁给第三人。

兰青商店以兰考县政府1998年3月28日为范献林颁发的被诉契证违法为由，提起本案诉讼，请求予以撤销。原审中，兰考县政府并未提供证据证明被诉契证的合法性。根据行政诉讼法第三十四条的规定，被告对作出的行政行为负有举证责任，应当提供作出该行政行为的证据和所依据的规范性文件。被告不提供或者无正当理由逾期提供证据，视为没有相应证据。但是，被诉行政行为涉及第三人合法权益，第三人提供证据的除外。据此，行政诉讼原则上由被告即行政机关承担证明行政行为合法的举证责任，但在涉及第三人合法权益的情况下，不能简单适用被告举证原则，否则有可能将不利后果转嫁给第三人，第三人的合法权益可能因行政机关怠于举证而遭受不利的后果。因此，行政诉讼法第三十九条规定，人民法院有权要求当事人提供或者补充证据。第四十三条第二款规定，人民法院应当按照法定程序，全面、客观地审查核实证据。

——中国裁判文书网，https://wenshu.court.gov.cn/。

【链接：最高人民法院法官著述】

第三人是指同被诉行政行为有利害关系但没有提起诉讼的公民、法人或者其他组织，或者同案件处理结果有利害关系的诉讼参加人。修改前的行政诉讼法和《若干解释》《行政证据规定》未对第三人的举证责任作出明确规定。《行政证据规定》第七条也仅是对第三人举证期限的规定。但司法实践中，第三人举证对于法院查清案件事实、准确作出裁判、及时保护当事人的合法权益具有重要意义。特别是在行政许可或者确权案件过程中，有时存在被告怠于举证或者原、被告串通以不举证的方式消极应诉的情形，如果机械地采取被告负举证责任的规则，将被告怠于举证的不利后果由受益的第三人承担，则对第三人不公平，甚至还会损害公共利益，有违法律原则和精神。在司法实践中不乏第三人掌握主要证据的情形。例如，原告认为邻居建房影响其采光、通行，起诉规划管理部门颁发建房许可证。诉讼中，规划管理部门不举证或者逾期举证，一般情况下，应当视为被诉行政行为没有相应的证据而被告面临败诉的后果。但是作为第三人的邻居掌握全部的申请材料，可以证明其取得建房许可证是合法的，并不必然导致行政机关败诉的法律后果，人民法院应当判决驳回原告的诉讼请求。

——最高人民法院行政审判庭编著：《中华人民共和国行政诉讼法及司法解释条文理解与适用》，人民法院出版社 2015 年版，第 208—209 页。

行政诉讼法和《行政诉讼证据规定》中均未对第三人的举证责任作出明确的规定，行政诉讼第三人参加行政诉讼有两种情况：一是法院通知其作为第三人参加诉讼，二是其自己要求作为第三人参加诉讼。前者参加行政诉讼属于被动参加诉讼，故不存在需要证明其与被诉具体行政行为之间具有法律上的利害关系，因此，也就不存在举证责任的问题；后者因为是其自己要求参加行政诉讼的，其需要证明自己与被诉具体行政行为之间具有法律上的利害关系，因而此种情况才存在第三人的举证责任问题。因此，笼统地说，第三人在程序性事实方面负有举证责任是不全面的。

……

按照行政诉讼的特点，行政诉讼第三人可以分为两种类型：一类是行政主体以外与被诉具体行政行为之间具有利害关系的公民、法人或者其他组织作为第三人参加诉讼的。这类第三人或认为被诉具体行政行为合法，或认为被诉具体行政行为违法，一般情况下没有新的诉讼主张，所以不承担举证责任。但是，有两种例外情况：一是第三人在诉讼中提出被诉具体行政行为没有认定的事实且与该行为的合法性有关联的事实，在这种情况下，第三人应当对其提出的事实承担举证责任。理由与原告承担这一举证责任的理由相同。二是在原告以行政机关违法向第三人颁发权利证书或者许可证的案件中，被告在法定举证期限内不举证，第三人就有责任向法庭举出其在办理权利证书或者许可证时，向被告提供过有关证明材料的证据。因为如果第三人提供不出其在办理权利证书或许可证时向被告提供的有关证明材料的证据，法庭只能认定被告向第三人颁发权利证书或许可证的行为主要证据不足，只有在第三人提供有关证据的情况下，法庭才能确认其合法取得权利证书或许可证。另一类是行政主体作出的具体行政行为与被诉具体行政行为的合法性有关联，该行政主体作为第三人参加诉讼的。例如，某农民李某经乡政府批准建住宅后，县土地管理局认定，乡政府违法批准李某建房，决定让该农民拆除所建房屋。李某不服，依法向法院提起行政诉讼。因被诉决定是否合法直接关系到乡政府批准李某建房行为的合法性及有关行政赔偿问题。据此，乡政府作为该案的第三人参加了诉讼。如果李某仅仅请求法院撤销或者确认县土地管理局行政处罚行为违法，没有提出行政赔偿诉讼请求的，因被告对被诉具体行政行为的合法性承担举证责任，尽管第三人乡政府有向法院提供证据的权利，但不应承担举证责任。如果李某认为其建房是合法申请，乡政府批准行为违法，其建房损失应当由乡政府赔偿。实际上这种情况属于原告提出两个诉讼请求，法院可以将这两个诉一并审理。此时，乡政府在行政赔偿诉讼中的地位已发生变化，从第三人的地位转变为被告的地位。如果法院判决确认被诉具体行政行为违法，判决撤销或者确认违法，乡政府不承担赔偿责任，也就对有关行政赔偿诉讼不承担举证责任；如果法院确认被诉具体行政行为合法，判决维持该行为或者确认该行为合法或者驳回诉讼请求，也就意味着，乡政府批准李某建房行为违法，乡政府只有举出原告向其提供虚假材料骗取批准，或者李某采取向乡政府工作人员行贿等违法手段获取批准的，才能免除或者减轻其行政赔偿责任。据此，乡政府在行政赔偿之诉中，要承担有关免除或者减轻行政赔偿责任的事实的举证责任。

——蔡小雪、甘文：《行政诉讼实务指引》，人民法院出版社 2014 年版，第 157—158 页。

223 并非只要被告超过举证期限，就必然产生视为被诉行政行为没有证据的法律后果

关键词 | 证据 | 举证期限 |

【最高人民法院裁判案例】

海南灿兴实业开发有限公司诉海南省海口市人民政府、海南省人民政府土地行政处罚及行政复议案［最高人民法院(2019)最高法行申 7705 号行政裁定书］

要旨：行政诉讼中，对于被告逾期举证的，人民法院必须查明是否存在被告因不可抗力或者客观上不能控制的其他正当事由逾期举证的情形。即便是因行政机关工作人员的故意或重大过失导致被告逾期举证，如果案件涉及国家利益、公共利益或者他人合法权益的事实认定，或者涉及依职权追加当事人、中止诉讼、终结诉讼、回避等程序性事项，人民法院也应当依法向被告行政机关或者其他知情人员调取证据，从而查明案件事实。

从上述规定可以看出,并非只要被告超过举证期限,就必然产生视为被诉行政行为没有证据的法律后果。对于被告因不可抗力或者客观上不能控制的其他正当事由,不能在前款规定的期限内提供证据的,人民法院应当依法准许被告逾期举证;对于案件涉及国家利益、公共利益或者他人合法权益的事实认定,或者涉及依职权追加当事人、中止诉讼、终结诉讼、回避等程序性事项的,即便被告逾期举证不存在"不可抗力或者客观上不能控制的其他正当事由",人民法院为了查清事实,仍然可以依职权向包括被告行政机关在内的人员调查取证。设定被告举证期限,目的是督促被告及时履行举证义务,防止被告在法庭上搞证据突袭,影响原告质证和辩论权利的公平行使,从而更加有利于查明案件的事实真相。设定被告举证期限,绝不是要掩盖事实真相,造成人民法院事实认定黑白颠倒的结果。行政诉讼中,对于被告逾期举证的,人民法院必须查明是否存在被告因不可抗力或者客观上不能控制的其他正当事由逾期举证的情形。即便是因行政机关工作人员的故意或重大过失导致被告逾期举证,如果案件涉及国家利益、公共利益或者他人合法权益的事实认定,或者涉及依职权追加当事人、中止诉讼、终结诉讼、回避等程序性事项,人民法院也应当依法向被告行政机关或者其他知情人员调取证据,从而查明案件事实。对于故意或重大过失造成逾期举证的行政机关工作人员,人民法院可以依照行政诉讼法第五十九条第一款第(二)项隐藏证据、妨碍人民法院审理案件为由,予以训诫、责令具结悔过或者处一万元以下的罚款、十五日以下的拘留;构成犯罪的,依法追究刑事责任。

——中国裁判文书网,https://wenshu. court. gov. cn/。

224 被告提供原告不符合起诉条件的证据的期限问题

关键词｜证据｜举证期限｜起诉条件｜

【链接:最高人民法院法官著述】

在一审程序中,被告在收到起诉状副本10日后,提供有关原告不符合起诉条件的证据材料,法院应否接纳的问题,在审判实践中存在不同的认识。有观点认为,《行政诉讼证据规定》第一条中已明确规定,被告超出举证期限提供的证据材料,法院不应当接纳。为此,被告超过举证期限提供有关原告不符合起诉条件的证据,法院不应当接纳。也有意见认为,《行政诉讼证据规定》第一条仅仅规定,被告在举证期限内不提供或者无正当理由逾期提供证据的,视为被诉具体行政行为没有相应的证据。也就是说,被告超出举证期限提供的证据材料,不能作为认定被诉具体行政行为合法的依据。被告提供有关原告不符合起诉条件的证据,不是用于证明被诉具体行政行为合法性的问题,而是法院应否受理该案件的问题,故不应当受《行政诉讼证据规定》第一条的限制。《行政诉讼证据规定》中确实没有规定此情况的举证期限,显然是起草时的一个疏漏。对此问题简单地适用或者不适用《行政诉讼证据规定》第一条的规定,都可能出现问题。要解决这一问题,首先,应当明确设定举证期限的基本原则。确定当事人举证期限,是以当事人收集和准备向法院提交证据材料所需要花费的时间,作为确定当事人举证期限长短的基本原则。因此,被告向法院提供有关原告不符合起诉条件的证据,必须要根据被告收集和准备这方面证据材料所需要花费的时间来确定其举证的期限。其次,由于被告收集、准备有关原告不符合起诉条件的证据的情况不同,所需要花费的时间亦有所不同,因此,不应当采取简单划一的方式确定被告向法院提供原告不符合起诉条件的证据的期限。

被告向法院提供原告起诉不符合起诉条件的证据材料主要有以下几个方面的内容:(1)被诉具体行政行为不存在。(2)原告与被诉具体行政行为之间不具有法律上的利害关系。(3)原告起诉超过起诉期限。(4)不符合起诉的其他条件,如复议为前置条件的,原告未经复议直接向法院提起诉讼的;行政机关正在进行行政复议;等等。

根据有关法律、法规及规章的规定,被告作出的具体行政行为的法律文书中,应当写明起诉期限,非要式具体行政行为亦应在宣读有关决定时,告知行政相对人起诉期限,有关告知内容应当记录在案。被告接到起诉状副本之日起 10 日内,完全有条件向法院提供有关原告超过起诉期限的证据材料。因此,被告提供原告起诉是否超过起诉期限的证据的举证期限问题,可以参照《行政诉讼证据规定》第一条中的有关规定处理。

根据《行政诉讼证据规定》第四条的规定,原告向法院起诉时应当向法院提供被诉具体行政行为存在、原告与被诉具体行政行为之间具有法律上的利害关系的证据材料。在这两个问题上,被告与原告发生争议,一般原告在行政程序中未向被告提供这两个方面中的有关证据材料,而在起诉时向法院提供有关证据材料的,被告需要根据原告向法院提供的证据材料,收集、准备有关证据材料,如果适用《行政诉讼证据规定》第一条规定的被告举证期限,显然被告难以完成,不符合确定举证期限的基本原则。因此,我们认为,对此种情况,可以参照《行政诉讼证据规定》第二条的规定,经法院准许,应当允许被告在第一审程序中补充相应的证据。但是,为了防止被告滥用这一权利,将被告的举证期限限定在一审开庭前为宜。

原告不服行政机关最初作出的具体行政行为申请行政复议的,一般不通过最初作出具体行政行为的行政机关,而是直接向有关行政机关申请行政复议。有些被告接到法院送达的起诉状副本后,并不知晓原告是否申请行政复议、复议机关是否受理原告的行政复议申请等问题,有时被告在庭审中才获得有关证据材料。因此,对被告在一审庭审中提供的有关原告不符合起诉条件的证据材料,不应一律拒绝,而应听取被告的说明,如果被告所述的正当事由成立,人民法院应当接纳这些证据材料。

——蔡小雪、甘文:《行政诉讼实务指引》,人民法院出版社 2014 年版,第 160—161 页。

225 被告提出管辖权异议案件的举证期限的确定

关键词｜证据｜举证期限｜管辖权异议｜

【链接：最高人民法院法官著述】

对于被告向法院提出管辖权异议的案件,被告应当从何时提供证据是一个司法实践中的难点问题。……笔者认为,被告应当在收到驳回管辖权异议裁定之日或者收到接受移送法院应诉通知书之日起 15 日内向法院提供证据。理由是:第一,如果管辖权问题尚未解决,行政机关一般不会提供证据,而是向法院提供有关管辖方面的证据。第二,根据《行诉解释》第十条的规定,当事人提出管辖异议,应当在接到人民法院应诉通知之日起 10 日内以书面形式提出。对当事人提出的管辖异议,人民法院应当进行审查。异议成立的,裁定将案件移送有管辖权的人民法院;异议不成立的,裁定驳回。被告应当在收到应诉通知之日(同时也是收到起诉状副本之日)15 日内提供证据。被告提出管辖权异议的,法院仅对其管辖权异议的有关证据进行审查。第三,管辖权异议问题解决后,存在两种情况:如果需要移送的,受移送法院将重新立案,并向各方当事人送达立案通知书、应诉通知书并且要求当事人在举证时限内提供证据;如果不需要进行移送,法院将裁定驳回管辖权异议,则此时管辖已经确定,被告应当自收到应诉通知书之日起计算举证时限。

——梁凤云:《行政诉讼法司法解释讲义》,人民法院出版社 2018 年版,第 131—132 页。

226 原告或者第三人举证期限、延期举证及逾期举证的后果

关键词｜证据｜第三人｜举证期限｜延期举证｜逾期举证｜

【最高人民法院司法解释】

第三十五条 原告或者第三人应当在开庭审理前或者人民法院指定的交换证据清单之日提供证据。因正当事由申请延期提供证据的，经人民法院准许，可以在法庭调查中提供。逾期提供证据的，人民法院应当责令其说明理由；拒不说明理由或者理由不成立的，视为放弃举证权利。

原告或者第三人在第一审程序中无正当事由未提供而在第二审程序中提供的证据，人民法院不予接纳。

——《最高人民法院关于适用〈中华人民共和国行政诉讼法〉的解释》（2018年2月8日，法释〔2018〕1号）。

【链接：理解与适用】

处于不同地位的第三人的举证期限是不同的。本条规定中的第三人，应当是指居于非被告地位的第三人。行政诉讼中的第三人有几种情形。根据行政诉讼法第二十九条的规定，公民、法人或者其他组织同被诉行政行为有利害关系但没有提起诉讼，或者同案件处理结果有利害关系的，可以作为第三人申请参加诉讼，或者人民法院通知参加诉讼。前者作为第三人参加诉讼其地位相当于原告；后者参加诉讼的第三人，可能与被告的利益相一致，如行政许可案件或者行政确权案件的另一方，其地位相对独立，有其可保护的独立的自身利益。这两种情形下的第三人的举证期限适用本条规定。但在行政诉讼中，还存在另一种第三人，根据本解释第二十六条第二款的规定，应当追加被告而原告不同意追加的，人民法院应当通知其以第三人的身份参加诉讼。也就是说，在这种情况下，所追加的第三人，其地位与被告相同，因此对这样的第三人的举证期限应当适用有关被告举证期限的规定。

——最高人民法院行政审判庭编著：《最高人民法院行政诉讼法司法解释理解与适用》（上），人民法院出版社2018年版，第197页。

227 在诉讼过程中，被告及其诉讼代理人不得自行向原告、第三人和证人收集证据

关键词｜证据｜诉讼代理人｜自行收集证据｜

【链接：理解与适用】

一、被告的执法人员是否包含在本条所规定的证人之列

被告的执法人员，参与了本案的执法活动，知道案件的相关事实，从这个意义上来讲，被告的执法人员也属于证人之列。并且被告的执法人员与通常意义上所讲的证人不同，其在执法活动中系代表被告从事公务活动，往往与被告持同一立场。如果允许被告在诉讼过程中向其执法人员自行取证，考虑到其与被告的身份隶属关系以及与行政行为的利害相关性，对原告极为不利。因此，被告的执法人员应该也包含在本条规定的证人之列，被告及其代理人不得自行向其收集证据。

二、本应为共同被告，因原告不同意追加其为被告而作为第三人参加诉讼，该类第三人是否在本条规定的禁止之列

两个以上行政机关共同作出同一行政行为的，共同作出行政行为的行政机关为共同被告。如果原告在起诉时只列其中一个行政机关为被告，又不同意追加共同作出行政行为的其他行政机关为被告的，该其他行政机关将作为第三人参加诉讼。在这种情形下，因系两个以上行政机关共同作出同一行政行为，有些证据可能保存在该其他机关。遇到这种情况，被告收到起诉状副本后，应当及时调取保存在该其他机关处的证据，并在举证期限内提交人民法院。如果确因该其他机关的原因不能在举证期限内举证的，可以向人民法院申请延期举证，而不能在诉讼过程中，向该机关收集证据。

——最高人民法院行政审判庭编著：《中华人民共和国行政诉讼法及司法解释条文理解与适用》，人民法院出版社2015年版，第218页。

228 允许被告补充证据的特殊情形

关键词｜证据｜补充证据｜

【链接：最高人民法院法官著述】

在审查被告是否符合补充证据的条件时，应当注意以下五个问题：(1)法院作为

中立的裁决机构，在诉讼中应当处于中立的立场，而不应帮助任何一方诉讼当事人。因此，被告没有提出补充证据申请的，法院一般不主动提示其补充证据。(2)根据“先取证、后裁决”的原则，行政机关不得在作出具体行政行为后收集证据。因此，未经法院允许，被告及其诉讼代理人在诉讼中或诉讼前收集的证据作为补充的证据向法院提供的，法院一般不予接纳。(3)行政机关申请补充证据的理由成立的，行政机关必须在第一审程序中向法院提供补充的证据，第一审程序结束后，行政机关向第二审法院提供的补充证据，法院不予接纳。(4)根据行政诉讼法第三十三条和《行政诉讼证据规定》第三条的规定，在行政诉讼过程中，被告及其代理人不得自行向原告和证人收集证据。被告及其代理人超出法院准许收集证据的范围所收集的证据，不能作为认定被诉具体行政行为合法的证据使用。(5)被告在法院准许的范围内补充的证据，不能直接作为认定被诉具体行政行为合法的证据使用，只能作为原告在诉讼中新提出的反驳理由或者证据不能成立的证据使用。

——蔡小雪、甘文：《行政诉讼实务指引》，人民法院出版社2014年版，第168—169页。

229 人民法院依职权要求当事人提供或者补充证据

关键词 | 证据 | 提供证据 | 补充证据 |

【最高人民法院司法解释】

第三十七条　根据行政诉讼法第三十九条的规定，对当事人无争议，但涉及国家利益、公共利益或者他人合法权益的事实，人民法院可以责令当事人提供或者补充有关证据。

——《最高人民法院关于适用〈中华人民共和国行政诉讼法〉的解释》(2018年2月8日，法释〔2018〕1号)。

【链接：最高人民法院法官著述】

法院处于居中裁决者的地位，因此，在一般情况下，没有当事人的申请，不应依职权主动责令当事人补充证据。但是，由于行政诉讼是对被诉具体行政行为的合法性进行审查，在个别案件中，有些关系到被诉具体行政行为的合法性，关系到国家利益、公共利益或者他人合法权益的事实却与任何一方当事人之间都不具有明显的利害关系，因此，没有当事人向法院提供这方面事实的证据，为维护国家利益、公共利益和他人合法权益,法院完全有必要依职权要求当事人补充证据。有人可能会问,根据行政诉讼法和司法解释的有关规定,如果被告未提供有关被诉具体行政行为合法性方面的证据,可以以“主要证据不足”判决撤销该具体行政行为。被告在举证期限后提供的证据,不能作为被诉具体行政行为合法的依据,但可以作为被诉具体行政行为不合法的依据,被诉具体行政行为违法,判决的方式不仅仅是撤销一种,除此之外,还可以有判决撤销被诉具体行政行为同时责令被告采取补救措施或者判决确认被诉具体行政行为违法等方式。如在诉行政机关违法出具施工许可证这一案例中,被告补充的证据,如果证明车棚下具有管线,法院撤销后,被告将不能再作具体行政行为;如果证明车棚下没有管线,在其他方面合法的情况下,法院可以判决确认出具施工许可证的行为违法,车棚还是可以建的。这样将会减少以后的纠纷,节省行政管理资源和司法资源。因此说,此种情况法院依职权责令被告补充证据是十分必要的。

这里需要注意的是,对于当事人没有争议,但涉及国家利益、公共利益或者他人合法权益的事实,法院可以责令当事人提供或者补充有关证据,由于《行政诉讼证据规定》第九条第二款使用的是“可以”一词,“责令当事人提供或者补充有关证据”并不是法院唯一可以采取的手段。法院认为有必要,也可以根据《行政诉讼证据规定》第二十二条第(一)项的规定,依职权向当事人调取证据。

——蔡小雪、甘文:《行政诉讼实务指引》,人民法院出版社 2014 年版,第 170—171 页。

230 对经释明所明确的诉讼请求,法院有权依法要求当事人提供或补充证据

关键词 | 证据 | 诉讼请求 | 释明 |

【最高人民法院裁判案例】

赵建国诉西安市临潼区人民政府圈占土地行为案[最高人民法院(2019)最高法行申 14166 号行政裁定书]

要旨:行政诉讼的原告因诉讼能力和法律知识所限,提出的诉讼请求可能不甚精准,对此法院应根据实际情况行使释明权依法给予释明引导。法院将最终围绕明确后的诉讼请求予以审查,并有权依法要求当事人提供或补充相应证据以查明

案情，但不得为证明行政行为的合法性调取行政主体作出行政行为时未收集的证据。

法院不能放弃对起诉条件的审查义务。原告在起诉时应提交证据材料依法证明其与被诉行政行为具有利害关系，被诉行为对其权利义务产生了实际的不利影响，原告资格就已具备。同时，被诉行政主体或第三人有权提供相应证据材料予以反驳，即使不提出相反证据，甚至予以认可，亦不能免除人民法院对于原告主体资格的主动审查义务，尤其是在涉及国家利益、公共利益或者他人合法权益的情况下，人民法院应主动予以审查。……一般而言，行政诉讼的原告因诉讼能力和法律知识所限，提出的诉讼请求可能不甚精准，对此法院应根据实际情况行使释明权依法给予释明引导。例如本案当事人起诉要求确认土地征收行为违法，因征地行为由一系列可拆分的行政行为构成（包括征地批复、发布征地公告、进行征地补偿登记、签订补偿协议或者作出补偿决定、责令交出土地等行为），法院应进行释明。经释明引导，当事人最终调整并明确了诉讼请求，法院也已予以准许。法院将最终围绕明确后的诉讼请求予以审查，并有权依法要求当事人提供或补充相应证据以查明案情，但不得为证明行政行为的合法性调取行政主体作出行政行为时未收集的证据。

——中国裁判文书网，https://wenshu. court. gov. cn/。

231 人民法院依原告或者第三人申请责令被告提交对其有利的证据

关键词｜证据｜依申请提交证据｜

【最高人民法院司法解释】

第四十六条 原告或者第三人确有证据证明被告持有的证据对原告或者第三人有利的，可以在开庭审理前书面申请人民法院责令行政机关提交。

申请理由成立的，人民法院应当责令行政机关提交，因提交证据所产生的费用，由申请人预付。行政机关无正当理由拒不提交的，人民法院可以推定原告或者第三人基于该证据主张的事实成立。

持有证据的当事人以妨碍对方当事人使用为目的，毁灭有关证据或者实施其他致使证据不能使用行为的，人民法院可以推定对方当事人基于该证据主张的事实成立，并可依照行政诉讼法第五十九条规定处理。

——《最高人民法院关于适用〈中华人民共和国行政诉讼法〉的解释》（2018

年2月8日,法释〔2018〕1号)。

【链接：最高人民法院法官著述】

对于本条的规定,应当从以下几个方面理解:

第一,原告或者第三人确有证据证明被告持有的证据对原告或者第三人有利的,可以在开庭审理前书面申请人民法院责令行政机关提交。本条第一款规定了行政诉讼中证明妨碍的条件。“确有证据证明被告持有的证据对原告或者第三人有利”意味着原告或者第三人应当就相关事实承担初步证明责任。承担举证责任的当事人需要提供证据证明“被告持有”的事实,或者行政机关负有法定或者依习惯保存、保管证据的义务。同时,从证明妨碍的原理来看,也并非只要行政机关持有,就责令行政机关提交。法院要审查不提交是否导致案件事实难以查清等情况。原告或者第三人须在开庭审理前提交书面申请的要求,与《行诉解释》第三十五条第一款规定的原告或者第三人举证期限保持一致。

第二,申请理由成立的,人民法院应当责令行政机关提交,因提交证据所产生的费用,由申请人预付。这里的“申请理由成立”是指原告或者第三人提供的初步证据能够证明被告持有证据对原告或者第三人有利,被告不提供将导致待证事实处于真伪不明的状态。持有证据需要从行政机关是否具有法定义务或者约定、惯常义务等方面进行判断。人民法院责令行政机关提交证据,应当使用裁定。行政机关提交证据是由于原告或者第三人申请法院导致的,使得原告或者第三人能够破除证据真伪不明的僵局,增加胜诉的机会,因此该费用应当由原告或者第三人预付。

第三,行政机关无正当理由拒不提交的,人民法院可以推定原告或者第三人基于该证据主张的事实成立。对于行政机关无正当理由拒不提交的,应当承担何种法律后果,主要有三种观点:第一种观点认为,应当由行政机关承担举证责任转移的责任。第二种观点认为,应当降低原告或者第三人的证明标准。第三种观点认为,应当采取推定机制,即推定原告或者第三人基于该证据所主张的事实成立。考虑到行政机关持有对于原告或者第三人证据,人民法院裁定责令行政机关提交,行政机关有义务承担提交证据的义务,为了确保法院裁定的严肃性和保障原告或者第三人合法权利,本解释采用了第三种观点。即推定证据的内容不利于持有人,同时推定原告或者第三人基于该证据主张的事实成立。

第四,公法制裁。持有证据的当事人以妨碍对方当事人使用为目的,毁灭有关证据或者实施其他致使证据不能使用行为的,人民法院可以推定对方当事人基于该证据主张的事实成立,并可依照行政诉讼法第五十九条规定处理。在行政诉讼中,持有证据的当事人可能是行政机关,也可能是原告或者第三人。如果当事人实施毁灭证据等行为,致使证据不能使用的,应当按照行政诉讼法第五十九条的规定进行处理。……

——梁凤云:《行政诉讼法司法解释讲义》,人民法院出版社 2018 年版,第 143—144 页。

232 案情比较复杂或者证据数量较多的案件，可组织当事人开庭前出示或者交换证据

关键词｜证据｜庭前证据交换｜

【最高人民法院司法解释】

第三十八条 对于案情比较复杂或者证据数量较多的案件,人民法院可以组织当事人在开庭前向对方出示或者交换证据,并将交换证据清单的情况记录在卷。

当事人在庭前证据交换过程中没有争议并记录在卷的证据,经审判人员在庭审中说明后,可以作为认定案件事实的依据。

——《最高人民法院关于适用〈中华人民共和国行政诉讼法〉的解释》(2018 年 2 月 8 日,法释〔2018〕1 号)。

【链接：最高人民法院法官著述】

理解本条规定需要注意以下几个问题:

一是证据交换的条件。证据交换的范围只有一个条件——案情比较复杂或者证据数量较多。这一规定排除了那些案情不太复杂,证据不多,通过指定举证期限能够固定争点和证据的案件,以及不必经过庭前准备程序的简单案件。对于“案情比较复杂或者证据数量较多”不宜作严格的解释,“案情比较复杂”一般限于新类型案件、法律关系比较复杂、当事人矛盾较为尖锐等情形;“证据数量较多”一般限于同种证据数量较多、异种证据数量较多、可疑证据数量较多等情形。法官可以根据案件的具体情况具体适用。值得注意的是,此种情形的证据交换,在民事诉讼中属于人民法院的一项义务,即《民事诉讼证据规定》第三十七条第二款规定的,人民法院对于证据较多或者复杂疑难的案件,应当组织当事人在答辩期届满后、开庭审理前交换证据。也有观

点主张,应当借鉴民事诉讼证据交换的规定,即对于“案情复杂”或者“证据数量较多”的案件,人民法院“应当”组织交换,而非“可以”组织证据交换。实践中,也有当事人认为证据交换属于当事人的一项权利。但是,在行政诉讼的司法解释中的规定与民事诉讼中完全不同。即人民法院“可以”组织当事人在开庭前向对方出示或者交换证据。这就意味着,是否组织证据交换的权力在于人民法院,当事人没有要求必须进行证据交换的权利。也就是说,证据交换是一项司法权力,不是当事人的权利。

二是证据交换的方式为“出示和交换证据”。大多数情况下,所谓的交换证据指的是交换证据清单。之所以这样规定,就在于有的证据只能交换证据清单不能交换证据,例如,体积较大的物证。司法解释对于证据交换的证据种类没有作出限制,所以才作了这样的规定。实际上,一些国家对证据交换的证据种类是作限制的。例如,英国的证据披露的范围包括书证和鉴定结论,而将物证、勘验报告等证据形式排除在外。

三是证据交换的法律效果。即当事人在证据交换期间交换或者不交换的法律后果。证据交换规则必须和证据失权制度相联系,也就是说,当事人超过这一时限提出的证据将不被法庭采纳。另外,在这一时限内交换证据的,将产生以下的法律后果:(1)当事人在庭前证据交换过程中没有争议并记录在卷的证据,经审判人员在庭审中说明后,可以作为认定案件事实的依据;(2)经合法传唤,因被告无正当理由拒不到庭而需要依法缺席判决的,被告提供的证据不能作为定案的依据,但当事人在庭前交换证据中没有争议的证据除外;(3)当事人在行政程序或者庭前证据交换中对证人证言无异议的,经人民法院准许,当事人可以提交书面证言。一般认为,对于经过证据交换的案件,除当事人同意外,未经交换的证据开庭审理时不予质证。此外,为便于确认证据信息披露的法律效果,在举行证据交换过程中最好发传票不要发通知。法庭一旦指定证据交换,当事人在交换中不提供证据的,如无正当事由以后将不允许提交。

——梁凤云:《行政诉讼法司法解释讲义》,人民法院出版社 2018 年版,第 134—135 页。

233 人民法院依职权调取证据的范围

关键词 | 证据 | 依职权调取证据 |

【链接：最高人民法院法官著述】

（一）涉及国家利益、公共利益或者他人合法权益的事实认定的

涉及国家利益、公共利益或者他人合法权益的事实，主要表现为，危害国家安全、损害国家政治秩序，危害国家经济、财政、税收等经济秩序，危害公共安全、妨害社会秩序，侵犯公民人身权、财产权、受教育权等合法权益。法院在审理行政案件中，经常会遇到某些涉及国家利益、公共利益或者他人合法权益的事实，当事人因害怕给其带来不利的后果或与其没有直接的利害关系，被告与原告及第三人有意或无意均未向法院提供相关证据。为了维护国家利益、公共利益或者他人合法权益，法院有必要依职权主动调取有关证据。

因法院依职权调取证据与法院依职权要求当事人补充证据有一定的联系，对调取的证据有可能在诉讼当事人控制之下的，法院一般应当先责令当事人补充有关证据，当事人在法院规定的时间内未提供的，法院可以依职权调取有关证据。对原告与被告行政机关均提供一定证据证明各自的主张，被告的证据相对充分，但需要进一步鉴定、勘验等手段才能认定案件事实的，在原告、第三人未申请调取证据的前提下，法院可以依职权调取有关证据。这里需要注意的问题是，在一些特殊案件中，法院不得依职权调取证据，法院若代为调取证据，则失去了应有的中立性。因此，并非在所有的案件中法院都必须调取涉及国家利益、公共利益或者他人合法权益的事实的证据，而是要考虑依职权调取证据的必要性和公平性。

（二）涉及依职权追加当事人、中止诉讼、终结诉讼、回避等程序性事项的

根据行政诉讼法和有关司法解释的规定，与具体行政行为有法律上利害关系并对该具体行政行为不服的公民、法人或者其他组织可以作为原告参加诉讼。未提起诉讼的，可以作为第三人申请参加诉讼。法院通过审查起诉材料或者在诉讼中发现有公民、法人或者其他组织与被诉具体行政行为之间具有法律上的利害关系可以追加为被告或者第三人。在一般情况下，法院通过审查诉讼材料就可以确定是否追加当事人参加诉讼。但在个别案件中存在通过审查诉讼材料发现有些证据显示可能需要追加当事人，但无法确定是否应当追加。在这种情况下，如果直接追加，可能出现追加错误，致使法院处在一个尴尬的地位，如果不追加，有可能遗漏诉讼当事人，影响法院公正审理案件，此时法院有必要依职权主动调取有关证据。

根据《若干解释》第五十一条和第五十二条的规定，中止诉讼主要有七种情形，终结诉讼主要有五种情形。这些情形的事实认定一般无须法院调取证据。只有在很特殊的情况下，才需要法院调取证据。

根据行政诉讼法和有关司法解释的规定,当事人认为审判人员与本案有利害关系或者其他关系可能影响公正审判的,有权申请回避。申请人应当提供一些证据证明其主张成立的事实。如果申请人提供的证据构成回避存在疑点,不调查取证难以排除的情况时,法院应当依职权调取有关证据。

这里需要强调,适用该项规定必须同时具备两个条件:一是必须是涉及依职权追加当事人、中止诉讼、终结诉讼、回避等程序事项。这里所讲的"涉及依职权追加当事人、中止诉讼、终结诉讼、回避等程序事项"是不完全列举,行政诉讼法及有关司法解释明确规定的有关诉讼程序的事项均包括在内,但未明确规定的程序事项不包括在内。二是必须是与案件实体事实无关的程序事项。这里所说的案件实体事实是指与被诉具体行政行为合法性及行政赔偿有关的诉讼内容。诉讼程序内容是与案件实体事实并不直接相关的程序事项,如回避、中止诉讼、终结诉讼等这类情形,如果法院不依职权调取证据,诉讼程序无法推进,依其性质应当依职权调取证据。

——蔡小雪、甘文:《行政诉讼实务指引》,人民法院出版社 2014 年版,第 198—199 页。

234 人民法院依原告或者第三人申请调取证据的范围

关键词 | 证据 | 依申请调取证据 |

【链接:理解与适用】

1. 一般情况下,法院只能根据原告或者第三人的申请调取证据,而不能根据被告的申请调取证据。对于后者,《行政证据规定》没有作明确规定。讨论稿中曾规定:"人民法院一般应当根据原告或者第三人的申请调取证据。"讨论稿的言下之意是,在特殊情况下,法院还可以根据被告的申请调取证据。我们认为,被告申请法院调取证据的,法院应当作十分严格的审查。所调取的证据应当仅限于行政机关在行政程序中无法收集的证据原件或者原物等,而行政机关在申请法院调取这些证据时应当已经收集到复印件、复制件等。也就是说,法院所调取的证据,只限于印证行政机关原有的证据的真实性。

2. 一般情况下,法院不得为了证明被诉具体行政行为的合法性而调取被告在作出具体行政行为时没有收集的证据。但《行政证据规定》未对法院非基于证明被诉具体行政行为的合法性的前提下,是否可以调取被告作出具体行政行为时没有收集的证据作出规定。我们认为,在被告已经收集了证据的情况下,被告一般不得再向法院申请收集证据,只有在被告缺乏证据的时候,才有可能申请法院调取。因此,若不是基于证明被诉具体行政行为的合法性的前提下,法院仍可以调取被告在作出具体行为时没有收集的证据。

3. 第三人申请法院调取证据时,法院调取证据的目的仍应受到限制。有些行政诉讼案件第三人的利益与被告的利益是一致的。第三人申请法院调取的证据,可能可以证明被诉具体行政行为在实体上是合法的。对此,根据《行政证据规定》第二十三条的规定,法院不能进行调取。

4. 从《行政证据规定》第二十三条的字面规定看,法院一般只在第一审中根据原告或者第三人的申请调取证据。但在特殊情况下,由于一审原告和第三人在二审中仍有举证的权利,一审原告或者第三人在二审中还有申请法院调取证据的权利。例如,一审原告因客观原因不能收集涉及国家秘密的证据,在一审中曾经要求法院调取。但一审法院拒绝调取该证据。在二审中,一审原告继续提出调取证据的申请。法院经审查认为原告的申请符合条件的,应当调取相关证据。

5. 应当根据案件的具体情况,判断哪些是由国家有关部门保存而须由人民法院调取的证据材料。我国已经加入 WTO,WTO 对成员方的行政决定的公开性有明确的要求。随着行政法治的不断发展,由行政机关保存而必须由人民法院调取证据的情况会减少。但非行政机关性质的国家机构的行为的透明度仍然受到传统体制的限制。法院不可避免地需要接受原告或者第三人的申请调取相关证据。我们认为,在目前的法治条件下,法院无法判断原告或者第三人申请调取的是否属于《行政证据规定》第二十三条第一款第(一)项规定的证据,应当依法调取,而不应当轻易拒绝调取。

6. 原告或者第三人申请法院调取证据的权利不得滥用。根据《行政证据规定》第二十三条第一款第(三)项的规定,原告申请法院调取证据的一个重要条件,是原告基于客观原因而不能自行收集证据。例如,尽管某一项对原告有利的证据不属于"由国家有关部门保存而须由人民法院调取的证据材料",但由于行政机关违反法律规定,拒绝原告或者第三人收集,原告或者第三人申请法院调取的,法院应当调取。在审判实践中,出现这种情况的客观原因很多,例如,物证的原物为珍贵物品,原告没有保管能力或者条件,原告已经向法院提供原物照片或者复制品,但只有在原告提供原物的情况下,才能证明某一个案件事实,在这种情况下,法院可以根据当事人的申请依法调用该原物以便法庭质证。法院在无法或者不便调用该物证原物的情况下,可以核对复制品、照片与原物是否一致。后者也是法院调取证据的一种方式。

——最高人民法院行政审判庭编著:《最高人民法院〈关于行政诉讼证据若干问题的规定〉释义与适用》,人民法院出版社 2002 年版,第 257—259 页。

235 被告在特定情形下也可申请人民法院调取证据

关键词 | 证据 | 调取证据 |

【链接:理解与适用】

行政诉讼法第四十一条和《行政诉讼证据规定》第二十三条均规定原告或者第三人不能自行收集的证据,可以申请人民法院调取,即明确原告和第三人享有申请人民法院调查取证权。立法和司法解释之所以如此规定,其深刻原因在于作为行政法律关系主体的行政机关与行政相对人或利害关系人在地位上的不平等性。通常情况下,被告行政机关占据主动和优越地位,拥有充足的人员、装备等有利条件,享有调取证据的主动权。而作为原告的行政相对人或利害关系人在行政程序中处于被动地位,被诉行政行为作出时所依据的事实材料和规范性文件一般由行政机关掌握,行政相对人或利害关系人查阅和收集起来具有一定难度甚至根本无法获取,但行政诉讼法和《行政诉讼证据规定》并没有对被告行政机关申请调取证据作出禁止性规定,也并不意味着被告需要申请人民法院调取证据的情形就不存在。为给行政诉讼可能发生的特殊情况留有一定便于人民法院灵活掌握的空间,本条司法解释将申请调取证据的主体明确为当事人,即认可被告同样享有申请调取证据的权利。但需要特别强调指出的是,被告申请人民法院调查收集证据的用途是应当受到严格限制的,不能违背"先调查取证后裁决"这一原则,也不能违背被告对作出的行政行为合法性承担举证责任原则,人民法院不为证明行政行为合法性而接受被告调查收集证据的申请,人民法院根据被告申请所调查收集的证据,也不能直接作为证明被诉行政行为合法性的证据,一般只能用以证明与被诉行政行为合法性不直接关联的待证事实。例如,在原告起诉被告房屋登记案件中,被告主张原告起诉超过一年的法定起诉期限,其理由是原告在另案民事诉讼中早已知道房屋登记的事实,此时被告可以申请调取相关民事案件的庭审笔录和裁判文书。再如根据行政诉讼法第三十六条第二款有关被告补充证据的例外规定,即"原告或者第三人提出了其在行政处理程序中没有提出的理由或者证据的,经人民法院准许,被告可以补充证据",那么此种类型的证据,如果存在符合行政诉讼法第四十一条规定情形的，被告也可以向人民法院申请调查收集，是否准许由人民法院决定。

——最高人民法院行政审判庭编著：《最高人民法院行政诉讼法司法解释理解与适用》（上），人民法院出版社2018年版，第217—218页。

236 人民法院对于当事人申请调查收集的证据因无关联性、无意义、无必要而不准许

关键词｜证据｜调取证据｜待证事实｜

【最高人民法院司法解释】

第三十九条 当事人申请调查收集证据，但该证据与待证事实无关联、对证明待证事实无意义或者其他无调查收集必要的，人民法院不予准许。

——《最高人民法院关于适用〈中华人民共和国行政诉讼法〉的解释》（2018年2月8日，法释〔2018〕1号）。

【链接：理解与适用】

首先，与待证事实无关联的证据。“关联性是证据的自然属性，是证据与案件事实之间的客观存在的联系。”①关联性是人民法院审查判断证据能力的基本标准，缺乏关联性的证据没有证据能力，不属于行政诉讼法所规定的证据，不能作为认定案件事实的根据。故对于当事人申请调取的证据与待证事实无关联的，人民法院可以决定不予调取。

其次，对证明待证事实无意义的证据。此处所谓“无意义的证据”主要是指无价值的证据。“证据的生命力在于证据价值。证据价值又称为证据的证明力，是指证据对于案件事实的证明意义和作用。不同种类的证据，其证明价值有强弱之分，基本上可以分为绝对证据价值、相对证据价值和无证据价值三种。”②对证明待证事实无意义的证据，实际上就是对证明待证事实无价值的证据，简言之，无价值的证据就是指没有证明力或者证明力极其微弱的证据。一般情况下，难以形成证据链条的单个或几个间接证据，无法核实比对的传来证据，不能有效证明待证事实的存在与否，这些证据即属于没有价值或没有意义的证据，调取也丧失了效用，故不

---

① 何家弘：《论证据的基本范畴》，载《法学杂志》2007年第8期。

② 齐树洁主编：《英国证据法》，厦门大学出版社2002年版，第42页。

应准许。

最后,其他无调查收集必要的证据。若案件现有证据已经能够有效证明待证事实的存在与否,或者现有证据已经能够决定案件的裁判结果,再行调查收集来的证据对案件的结果已经没有影响,此时基于诉讼经济和法律效果之考虑,对当事人提出的调查收集证据申请不应再准许,以防止诉讼进行的拖延,或者不适当地加重对方当事人的负担。例如,现有证据能够证明工商行政管理部门在作出处罚决定前未听取陈述申辩,而原告以工商行政管理部门在现场检查时未告知身份和出示证件为由向人民法院申请调取监控摄像,由于对被诉行政处罚的程序合法性事实上已能够作出判断,此时再申请调取证据已无现实必要,故不应准许。

——最高人民法院行政审判庭编著:《最高人民法院行政诉讼法司法解释理解与适用》(上),人民法院出版社 2018 年版,第 215—216 页。

237 保全证据的条件和措施

关键词 | 证据 | 证据保全 |

【链接:最高人民法院法官著述】

法院在采取保全证据措施时,应当注意以下两个问题:一是以上所列的九种具体措施是不穷尽列举,法院可以采取的方法并不应仅局限于这九种措施;二是由于情况的不同,法院可采取的具体措施不同,有的仅可以采取其中一种措施,有的却需要同时采取几种措施。因此,法院要针对不同情况采取相应的措施。根据《行政诉讼证据规定》第二十八条第二款的规定,法院在进行保全证据时,可以要求一方当事人到场见证保全证据的过程,也可以要求双方当事人都到场,甚至可以让诉讼代理人到场,以便诉讼当事人及其代理人对法院的保全证据进行监督,以维护自己的合法权益。当然,当事人或者其代理人不到场的,不影响法院采取保全措施。

——蔡小雪、甘文:《行政诉讼实务指引》,人民法院出版社 2014 年版,第 211 页。

238 电子证据的保全

关键词 | 证据 | 电子证据 | 证据保全 |

【链接：理解与适用】

1. 如何认定电子证据的可能灭失性及以后难以取得性

由于电子证据具有脆弱性、可修改性、无界性等特殊的属性，电子证据灭失的可能性比一般证据更大，而且时间越长，以后就越难以取得。正因如此，办理电子证据保全具有一定的时间紧迫性，要求保全需及时、准确、全面。在认定过程中，应从以下几方面予以考虑：首先，电子证据有灭失的可能性，如果没有灭失的可能性或者电子证据已经经过认定，则不符合可能灭失的规定；其次，灭失可能性的认定应基于电子证据本身特点，如实时更新的网页，是否灭失或难以取得是指如不及时固定和保护，随着时间的推移，在技术上难以恢复或获取。

2. 电子证据如何进行行政诉讼证据保全

通行的观点认为，对于电子证据进行保全应当包含保护现场、搜查物证、固定易丢失数据、现场在线勘查、提取物证五个步骤。对电子证据进行保全必须持十分谨慎的态度：保护好现场，防止对电子设施运转的破坏，检查与计算机相连的系统，搜查数字化的存储系统；固定易丢失信息如屏幕上的显示内容、系统运行状态以及时间等信息；现场在线勘查主要用于关机或是切断互联网之后，有些数据可能丢失等情形。应特别注意的是，保全提取数字证据应当在全程录像之下进行。人民法院保全证据时，可以要求当事人或者其诉讼代理人到场。

——最高人民法院行政审判庭编著：《中华人民共和国行政诉讼法及司法解释条文理解与适用》，人民法院出版社 2015 年版，第 253 页。

239 原告或者第三人对被告据以认定案件事实的鉴定意见有异议申请重新鉴定的条件

关键词｜证据｜鉴定意见｜重新鉴定｜

【链接：最高人民法院法官著述】

原告或者第三人对被告据以认定案件事实的鉴定结论有异议申请重新鉴定，必须同时满足以下三个条件：

1. 原告或者第三人有证据或者有正当理由表明被告据以认定案件事实的鉴定结论可能有错误，是构成其申请重新鉴定的充分条件。原告或者第三人在两种情况下，可以怀疑被告据以认定案件事实的鉴定结论可能有错误：一是原告或者第三人持有与鉴定结论相反的证据，而该证据本身的真实性和合法性无法通过其他方法予以排除。换言之，要么鉴定结论是错误的，要么该证据本身不能证明待证事实。二是鉴定结论本身存在逻辑上的缺陷。这种情况表现为，原告或者第三人对鉴定结论所提出的异议，鉴定结论本身无法否定异议的成立。也就是说，对这两种情况，不通过重新鉴定，法官不能作出鉴定结论正确或者错误的肯定性结论，只能作出可能正确或者错误的或然性结论。因此，需要重新鉴定，才能使法官作出一个肯定性判断。

2. 重新鉴定的申请必须在举证期限内提出。原告或者第三人对被告据以认定案件事实的鉴定结论有异议，申请重新鉴定既是其诉讼权利，同时也是其反驳对方当事人、履行举证责任的一种手段，为此，原告或者第三人对被告据以认定案件事实的鉴定结论申请重新鉴定应当在其举证期限内提出。即在一般情况下，原告或者第三人应当在第一审开庭审理前或者在法院指定的交换证据之日前，向法院递交重新鉴定申请书，原告或者第三人有正当理由的，可以在第一审庭审中，也可以在第二审开庭前或者庭审中提出。

3. 重新鉴定申请必须以书面的形式向法院提出。原告或者第三人申请重新鉴定是其一项重要的诉讼权利，必须严肃对待。因此，《行政诉讼证据规定》中规定，重新鉴定申请必须以书面的方式向法院提出，以便法院进行审查，从而决定是否启动重新鉴定程序。

在我国，原告、第三人在特定的条件下也可以委托鉴定机构作出鉴定结论。《行政诉讼证据规定》对原告或者第三人委托的鉴定机构作出的鉴定结论在何种条件下可以申请法院重新鉴定的问题没有规定。原告委托鉴定机构作出的鉴定结论一般用于证明被诉具体行政行为违法，第三人委托鉴定机构作出的鉴定结论用于证明对自己有利但对原告或被告不利的案件事实。为了同等保护各方当事人的合法权益，行政机关认为原告或者第三人委托鉴定机构作出的鉴定结论可能有错误，或原告认为第三人委托的鉴定机构作出的鉴定结论可能有错误的，均可以向法院提出重新鉴定的申请。

——蔡小雪、甘文：《行政诉讼实务指引》，人民法院出版社 2014 年版，第 213—214 页。

240 当事人对法院委托的鉴定部门的鉴定意见有异议申请重新鉴定的条件

关键词 | 证据 | 鉴定意见 | 重新鉴定 |

【最高人民法院司法文件】

一、对鉴定事项的审查

1. 严格审查拟鉴定事项是否属于查明案件事实的专门性问题，有下列情形之一的，人民法院不予委托鉴定：

（1）通过生活常识、经验法则可以推定的事实；

（2）与待证事实无关联的问题；

（3）对证明待证事实无意义的问题；

（4）应当由当事人举证的非专门性问题；

（5）通过法庭调查、勘验等方法可以查明的事实；

（6）对当事人责任划分的认定；

（7）法律适用问题；

（8）测谎；

（9）其他不适宜委托鉴定的情形。

2. 拟鉴定事项所涉鉴定技术和方法争议较大的，应当先对其鉴定技术和方法的科学可靠性进行审查。所涉鉴定技术和方法没有科学可靠性的，不予委托鉴定。

二、对鉴定材料的审查

3. 严格审查鉴定材料是否符合鉴定要求，人民法院应当告知当事人不提供符合要求鉴定材料的法律后果。

4. 未经法庭质证的材料（包括补充材料），不得作为鉴定材料。

当事人无法联系、公告送达或当事人放弃质证的，鉴定材料应当经合议庭确认。

5. 对当事人有争议的材料，应当由人民法院予以认定，不得直接交由鉴定机构、鉴定人选用。

三、对鉴定机构的审查

6. 人民法院选择鉴定机构，应当根据法律、司法解释等规定，审查鉴定机构的资质、执业范围等事项。

7. 当事人协商一致选择鉴定机构的，人民法院应当审查协商选择的鉴定机构是否具备鉴定资质及符合法律、司法解释等规定。发现双方当事人的选择有可能损害国家利益、集体利益或第三方利益的，应当终止协商选择程序，采用随机方式选择。

8. 人民法院应当要求鉴定机构在接受委托后5个工作日内，提交鉴定方案、收费标准、鉴定人情况和鉴定人承诺书。

重大、疑难、复杂鉴定事项可适当延长提交期限。

鉴定人拒绝签署承诺书的，人民法院应当要求更换鉴定人或另行委托鉴定机构。

四、对鉴定人的审查

9. 人民法院委托鉴定机构指定鉴定人的，应当严格依照法律、司法解释等规定，对鉴定人的专业能力、从业经验、业内评价、执业范围、鉴定资格、资质证书有效期以及是否有依法回避的情形等进行审查。

特殊情形人民法院直接指定鉴定人的，依照前款规定进行审查。

五、对鉴定意见书的审查

10. 人民法院应当审查鉴定意见书是否具备《最高人民法院关于民事诉讼证据的若干规定》第三十六条规定的内容。

11. 鉴定意见书有下列情形之一的，视为未完成委托鉴定事项，人民法院应当要求鉴定人补充鉴定或重新鉴定：

(1)鉴定意见和鉴定意见书的其他部分相互矛盾的；

(2)同一认定意见使用不确定性表述的；

(3)鉴定意见书有其他明显瑕疵的。

补充鉴定或重新鉴定仍不能完成委托鉴定事项的，人民法院应当责令鉴定人退回已经收取的鉴定费用。

……

16. 行政诉讼中人民法院委托鉴定，参照适用本规定。

——《最高人民法院关于人民法院民事诉讼中委托鉴定审查工作若干问题的规定》(2020年9月1日，法〔2020〕202号)。

【链接：最高人民法院法官著述】

当事人对法院委托的鉴定部门作出的鉴定结论有异议申请重新鉴定，提出证据证明存在下列情形之一的，法院应当予以准许：

1. 鉴定部门或者鉴定人不具有相应的鉴定资格。鉴定部门或者鉴定人具有鉴定资格是保障鉴定结论正确的前提条件，鉴定部门或者鉴定人不具有相应的鉴定资格，其作出的鉴定结论不具有法律上的证明力，因此，当事人对发生这类情形的鉴定结论有权申请法院重新鉴定。

2. 鉴定程序严重违法。鉴定程序是对鉴定活动过程的法律规范，是为了保证鉴定活动准确、有序进行和有关鉴定各方当事人权利义务实施而制定的共同遵守的规则、步骤和方法。鉴定程序严重违法是指鉴定机构或者鉴定人违反鉴定活动的基本程序规则或者重大关键的程序步骤，且对鉴定结论的公正可信产生实质影响的鉴定行为。正因为鉴定程序严重违法动摇了鉴定结论的公正性和可信度，法院将不予采信，因此，发生此种情况，应当允许当事人申请法院重新鉴定。需注意，对鉴定程序轻微违法，未影响鉴定结论的结果的，当事人申请法院重新鉴定的，法院不应准许。

3. 鉴定结论明显依据不足。鉴定结论明显依据不足是指鉴定结论明显违反客观规律或与当事人提供的其他证据明显不一致。对此种情形，当事人有权申请重新鉴定。

4. 鉴定结论经过质证不能作为证据使用的其他情形。这是一个兜底规定，是对当事人举证责任的保障。上述三种情形既可以在庭审质证前由当事人向法院提出，也可以在庭审质证后提出。而第四种情形限定在只能经过质证认定后，当事人才可以向法院提出重新鉴定的申请。

在当前司法实践中，重复鉴定或者无休止的鉴定的现象比较突出。为了限制不必要的重复鉴定，《行政诉讼证据规定》第三十条第二款规定："对有缺陷的鉴定结论，可以通过补充鉴定、重新质证或者补充质证等方式解决。"该款所说的有缺陷的鉴定结论，主要是指鉴定程序不规范、鉴定结论依据充分但鉴定书表述不清楚等，在这种情况下，法院一般不再进行重新鉴定。

——蔡小雪、甘文：《行政诉讼实务指引》，人民法院出版社 2014 年版，第 214—215 页。

241 鉴定和举证责任的关系

关键词 | 证据 | 鉴定 | 举证责任 |

【链接：最高人民法院法官著述】

1. 鉴定申请一般应当在举证期限内提出。申请鉴定是当事人举证权利的一部分，当事人就必须履行有关举证的责任，为了防止当事人借口通过申请鉴定拖延诉讼，影响诉讼效率，因此，当事人申请鉴定一般应当在举证期限内提出，如果不提出申请，法院一般不会组织鉴定，其将承担相应的举证不能的法律后果。但是，在特殊的情况下也有例外，主要有以下两种情况：一是被告与原告各向法院提出证据，以证明某事项的存在与否，双方各自的证据相反，但又无法否定对方提供的证据的真实性，其中一方当事人此时向法院申请鉴定的，一般举证期限已经届满，此种情况法院不应拒绝申请；二是原告或者第三人在诉讼期间提供在行政程序中未提供的新的证据，被告发现新的证据有缺陷或者与其他证据有矛盾并无法确认真伪时，被告申请鉴定。因被告发现这一问题时，一般举证期限已经届满，为保障法院认定案件事实的正确性，法院经审查确认后，应当准许鉴定。这里需要注意的是，该条中规定当事人不提出申请“致使对案件争议事实无法通过鉴定结论予以认定的”表述，暗含着一般情况下法院不主动进行鉴定。

2. 申请鉴定必须预交鉴定费用。为了便于启动鉴定程序，约束当事人严肃对待自己的诉讼权利，避免当事人借口申请鉴定拖延审判时间，因此，将预交鉴定费用确定为当事人申请鉴定的一项义务。申请鉴定的当事人如果不预交鉴定费用，可能导致无法鉴定，其应当对与申请鉴定相关的案件事实承担举证不能的后果。这里需要注意两个问题：一是法院依职权提交鉴定的，不需要当事人预付鉴定费用，而是由法院垫付；二是鉴定费用由败诉的当事人承担。但是，重新鉴定的鉴定结论不能推翻原鉴定结论的，鉴定费用由申请重新鉴定的当事人承担。

3. 申请鉴定必须提供相关的材料。鉴定机构必须在相关材料齐全的情况下，才能对被鉴定事项作出客观、准确的鉴定结论。申请鉴定的当事人如果不提供鉴定所需要的相关材料，将导致鉴定结论无法作出。申请人不提供相关的材料，意味着其放弃申请，法院不组织鉴定，法院对申请人申请鉴定相关的案件事实的主张不予支持。

——蔡小雪、甘文：《行政诉讼实务指引》，人民法院出版社 2014 年版，第 215—216 页。

242 人民法院勘验现场和制作勘验笔录需注意的程序性问题

关键词 | 证据 | 勘验现场 | 勘验笔录 |

【链接：理解与适用】

勘验现场需要注意以下程序性问题：第一，勘验人应当出示法院的证件。法院的审判人员一般不是专门技术问题的专家，因此，勘验人并不一定是法院的工作人员。这里所说的证件不一定是工作证，也可以是法院邀请或者委托勘验人的书面证明。第二，法院主持勘验时，应当邀请当地居民委员会或者村民委员会派人参加；当事人有固定工作单位的，应当邀请单位派人参加。第三，法院应当通知当事人本人到场，当事人本人无法到场的，也可以有其成年亲属到场，以免因勘验造成损害而引起新的争议。当事人或者其近亲属拒不到场的，法院的勘验工作可以继续进行，但应当在勘验笔录中说明当事人或者其近亲属不到场的原因和具体的到场人员情况。第四，勘验笔录由审判人员制作。对于这一程序，我们认为，在审判实践中应当灵活处理。因为审判人员可能不是勘验所涉及的专门问题的专家，而无法制作笔录。在这种情况下，可以由专业人员制作笔录，由审判人员审核。涉及绘制现场图的，更应当由专业人员制作笔录。第五，当事人对勘验结论有异议的，可以申请重新勘验。

——最高人民法院行政审判庭编著：《最高人民法院〈关于行政诉讼证据若干问题的规定〉释义与适用》，人民法院出版社 2002 年版，第 276 页。

243 行政诉讼质证的主体

关键词 | 证据 | 质证 | 质证主体 |

【链接：最高人民法院法官著述】

所谓行政诉讼质证主体，是指从事质证活动行为，与本案审理结果有利害关系的人，也就是因实施质证行为而享有一定权利或者承担一定义务的诉讼主体。

行政诉讼是一项非常重要的民主制度，设立这一制度的主要目的是赋予受到行政行为影响的公民、法人或者其他组织一种司法救济的权利。原告行使这一权利的方式和基础取决于能够在法庭调查中充分表达自己的意见，包括对被告所举出的证据发表自己的意见，予以质疑，这必然要落实到原告对被告提供证据的质证权利。诉讼是原告与被告之间一种攻击与防守的博弈关系，因此，也就决定了原告与被告的对抗性，他们双方各自所提供的证据往往是对立和排斥的。被告对被诉具体行政行为的合法性承担举证责任，因此，如果不赋予被告对原告向法庭提供的证据的质证权利,法庭审理就不完整,案件事实将难以查清,法院作为定案依据的证据亦难以保证客观性。因此,质证权是诉讼当事人的一项重要的诉讼权利。原告、被告和第三人是行政诉讼法规定的诉讼主体,理所当然应当具有质证权利,所以他们应当成为行政诉讼质证的主体。在行政诉讼中,大多数当事人由于自身素质、专业知识的限制,难以有效地完成诉讼活动,常常授权代理人进行诉讼活动,质证后果由被代理人承担。因代理人质证权利是基于当事人的授权而享有的,他仅仅是当事人的代言人,质证的法律后果不由其承担,所以,代理人本身不是质证的主体。在行政诉讼中,法院是居中裁判者,应当处于不偏不倚的位置,不带有任何倾向性。如果法院成为质证主体,其在质证过程中,不仅对当事人、证人、鉴定人、勘验人具有发问的权利,同时还具有对当事人的发问质疑和辩论的权利,将参与到诉讼中去,不仅因此会与当事人发生冲突和矛盾,而且还会导致整个质证活动甚至诉讼活动都难以进行,容易使法官失去独立性与公正性,因此,法院不应成为质证主体。

——蔡小雪、甘文:《行政诉讼实务指引》,人民法院出版社 2014 年版,第 221—222 页。

244 行政诉讼质证的内容

关键词 | 证据 | 质证 | 关联性 | 合法性 | 真实性 | 证明效力 |

【链接:理解与适用】

质证的目的是确定证据是否可以作为定案的根据,因此,质证应包括两方面的内容。一方面要审查证据是否具有证据能力。证据能力,也称证据资格或证据的可采性,是指证据作为定案的根据时应当具有关联性、合法性和真实性。另一方面要审查证据的证明力。证据的证明力是指证据对案件事实证明作用的有无和证明程度的大小问题。当事人针对证据的证明能力和证明力的大小,进行质疑、说明与辩驳的过程,也是法官心证形成的过程。

——最高人民法院行政审判庭编著:《最高人民法院〈关于行政诉讼证据若干问题的规定〉释义与适用》,人民法院出版社 2002 年版,第 288 页。

245 对证据“三性”进行质证的顺序

关键词 | 证据 | 质证顺序 |

【链接：最高人民法院法官著述】

这里需要特别指出的是，在起草《行政诉讼证据规定》时，关于当事人对有关证据“三性”的质证的顺序问题曾经有过争论。有学者认为，当事人质证应当按照合法性、真实性、关联性、证明效力的大小的顺序进行。其理由是，只有在对证据的合法性、真实性进行质证后，当事人才有可能对证据与待证事实之间的关联性作出判断。与待证事实之间具有事实上或者法律上的某种联系，具有证明待证事实的可能性的证据就有关联性。但是，实务界和法学界多数同志认为，此观点不能成立。理由是，如果一个证据与待证事实之间没有任何联系，也没有证明待证事实的可能性，完全可以将其排除在定案的依据之外。因此，经质证发现没有关联性的证据，就无须对其合法性和真实性进行质证。所以，证据的关联性是当事人首先需要质证的问题。证据的合法性是证据真实性的重要保障，也是证据具有法律效力的重要条件。法庭经审查发现证据合法性存在严重问题的，不论其是否真实，均应当排除在定案依据之外。因此，在确定证据具有关联性后，就应当对其合法性问题进行质证，在审查合法性质证后，才应当进入真实性审查。判断证据证明效力的大小是根据有关认定证据真实性规则来进行的，因此，对证据证明效力大小问题的质证应当放在最后进行。基于多数同志的意见，作出了《行政诉讼证据规定》第三十九条的规定。换言之，该条对证据“三性”的排列顺序亦是当事人对证据“三性”质证的顺序，法庭在庭审质证时，应当按照此顺序进行。

——蔡小雪、甘文：《行政诉讼实务指引》，人民法院出版社 2014 年版，第 231—232 页。

246 行政诉讼再审程序中需要庭审质证的证据问题

关键词 | 证据 | 认证 | 第二审程序 | 审判监督程序 |

【最高人民法院公报案例】

夏善荣诉徐州市建设局行政证明纠纷案

要旨：按照审判监督程序审理的行政诉讼案件，当事人应依法提供其在原审举证期限届满后发现的新证据,对确因客观原因不能自行收集且提供了相关线索的,当事人可以申请人民法院调取,人民法院也可以依职权向行政机关、其他组织或者公民调取证据。经过对新的证据质证、认证,被诉具体行政行为所依据的主要事实不能成立的,应当改判撤销原具体行政行为。

江苏省高级人民法院审查认为:《行政诉讼证据规定》第五十二条第(三)项规定,当事人在举证期限届满后发现的证据,是新的证据。再审申请人夏善荣申请再审时,以《答复》作为证据。《答复》于原审判决生效后作出,夏善荣不可能在举证期限内发现,因此属于新的证据。夏善荣持新的证据申请再审,符合再审条件,对本案应当立案再审。

——《中华人民共和国最高人民法院公报》2006 年第 9 期。

【最高人民法院裁判案例】

陕西省靖边县杨桥畔镇杨桥畔二村八组诉陕西省靖边县人民政府林权行政登记案[最高人民法院(2019)最高法行申 8365 号行政裁定书]

要旨:原告或者第三人提供的在举证期限届满后发现的证据属于"新证据"。

《最高人民法院关于行政诉讼证据若干问题的规定》第五十二条对当事人在二审程序中和审判监督程序中依法提供的新证据作了规定。通常认为,该条第(三)项规定的"原告或者第三人提供的在举证期限届满后发现的证据",系指原告或者第三人在举证期限届满之前无法取得或者还没有出现的证据,即基于不可归责于原告或者第三人的原因在举证期限届满后才发现的证据。

——中国裁判文书网,https://wenshu.court.gov.cn/。

247 当事人对在庭前交换证据中没有争议的证据在庭审中反悔的,应当进行质证

关键词 | 证据 | 庭前证据交换 | 反悔 |

【链接:最高人民法院法官著述】

《行政诉讼证据规定》第三十五条第二款中没有明确规定在庭前交换证据中没有争议的证据,当事人在庭审中反悔,对该证据又提出质疑,在此种情况下法庭应否对该证据进行质证?目前没有相关的法律对庭前证据交换的法律效力问题作

出规定，不宜规定对当事人在庭前证据交换中没有异议，在庭审中反悔的证据不进行质证。[①] 理由有四：第一，《行政诉讼证据规定》第三十五条第二款规定："……经审判人员在庭审中说明后，可以作为认定案件事实的依据。"如果不允许当事人反悔，则没有必要作此规定，而应直接规定为，当事人庭前证据交换过程中已经表示没有争议的证据，法院可以直接认定。也就是说，该款的规定暗含着当事人可以反悔之意。第二，根据《行政诉讼证据规定》规定，庭前证据交换程序作为庭审程序的前置程序，庭前证据交换仅仅确认哪些证据有争议、哪些证据没有争议。因此，法庭对当事人没有争议但发现问题的证据可以在庭审中进行质证。换言之，庭前证据交换对当事人不具有约束力。第三，庭前证据交换时，当事人是在对其他证据没有质证的情况下作出没有争议的判断，这种判断可能在庭审中通过对其他证据质证后，当事人发现原没有争议的证据存在问题，如果仅因庭前证据交换程序中表示了没有争议，不让当事人对这类证据在庭审中进行质证显然是不公正的。第四，在绝大多数案件中，当事人在庭前证据交换过程中认为没有争议的证据，在庭审中都没有反悔，仅少数案件出现此类问题。换言之，允许当事人反悔，并不影响设立庭前证据交换制度以提高法院审判效率的作用。同时需要指出的是，法院的审判工作应当在保证公正的前提下提高效率，而不应为了提高效率牺牲公正。

——蔡小雪、甘文：《行政诉讼实务指引》，人民法院出版社 2014 年版，第 223—224 页。

248 被告无正当理由拒不到庭的证据如何处理

关键词｜证据｜缺席审判｜

【链接：最高人民法院法官著述】

在行政诉讼实践中，被告行政机关经合法传唤，无正当理由拒不到庭参加诉讼的情况时有发生。根据行政诉讼法第四十八条的规定，对此种情况，法院可以缺席判决，但法律对法院在缺席审理中如何认定有关证据的问题，没有作出规定。从本质而言，诉讼是一种在法庭的主持下，各争议方提出自己的主张及用以证明其主张的证据，由法庭在听取各方意见并审查证据后加以裁判的活动。当事人参加庭审，进行面对面的对质、辩论是诉讼的基本要求。在缺席审理中，由于对抗主体的不存

① 参见甘文：《行政诉讼证据司法解释之评论》，中国法制出版社 2003 年版，第 77—78 页。

在,任何一方当事人提供的证据均无法进行质证。在此种情况下,世界各国对缺席审理中的缺席方处理都是相当严厉的,因为任何当事人无故缺席审理都是对司法权威的挑战和破坏。根据行政诉讼法第三十二条的规定,被告对作出的具体行政行为负有举证责任。行政诉讼中的质证主要是就被告所提供的证据来进行的,在被告缺席的情况下,其提供的证据就无法在法庭上出示,质证也就无法进行。在这种情况下,法庭原则上可对原告提供的证据直接依据有关证据规则审查认定,对被告提供的证据一般不予认定。但是,对于当事人在庭前交换证据中没有争议的证据,也应当适用《行政诉讼证据规定》第三十五条第二款的规定,经审判人员在庭审中说明,可以作为认定案件事实的依据。因此,《行政诉讼证据规定》第三十六条规定:"经合法传唤,因被告无正当理由拒不到庭而需要依法缺席判决的,被告提供的证据不能作为定案的依据,但当事人在庭前交换证据中没有争议的证据除外。"适用该条规定时,需要注意,原告、第三人在庭前交换证据中没有异议,但在正式开庭审理过程中提出异议或者对自己在庭前交换证据中的陈述反悔的,对这些证据不能作为定案的依据。

——蔡小雪、甘文:《行政诉讼实务指引》,人民法院出版社 2014 年版,第 235 页。

249 涉密证据的质证方式

关键词｜证据｜涉密证据｜

【最高人民法院公报案例】

肇庆外贸公司诉肇庆海关海关估价行政纠纷案

要旨:涉及企业商业秘密的证据,不得在开庭时公开质证。

被上诉人肇庆海关据以提出价格质疑和确定估价所引用的相同型号规格集成电路的价格资料,来源于其他企业的进口价格,事涉其他企业商业秘密。《海关审价办法》第三十八条规定:"海关对于买方、卖方或贸易相关方提供的属于商业秘密的资料予以保密。"《最高人民法院关于行政诉讼证据若干问题的规定》第三十七条规定:"涉及国家秘密、商业秘密和个人隐私或者法律规定的其他应当保密的证据,不得在开庭时公开质证。"一审对肇庆海关提交的这部分海关负有保密义务的证据不公开质证,处理正确。上诉人肇庆外贸公司、翱思科技公司认为此举违反法定程序,理由不能成立。

——《中华人民共和国最高人民法院公报》2006 年第 5 期。

【链接：最高人民法院法官著述】

1. 根据行政诉讼法第四十五条的规定，人民法院审理的行政案件的事实涉及国家秘密、商业秘密、个人隐私或者法律规定的其他应当保密的情况的，不论该案的证据是否涉及国家秘密、商业秘密、个人隐私或者法律规定的其他应当保密的问题，该案都应当不公开审理，所有证据都应当秘密质证，不得公开质证。法院审理的行政案件的事实不涉及国家秘密、商业秘密、个人隐私或者法律规定的其他应当保密的问题，但个别证据涉及这些问题的，人民法院应当公开审理该案，但是，对个别涉密证据不应当公开质证，而应当秘密质证。

2. 涉密证据有两种情况：一是对各方当事人均无须保密的证据。对此种涉密证据，应当在不公开审理中由当事人进行质证。二是涉及需要对当事人保密的证据。对这些证据，为了防止秘密的泄露，法庭不能在不公开开庭中以正常的方式进行质证。在《行政诉讼证据规定》讨论稿中曾规定，对于这些证据，法庭可以采用适当提示的方式质证。由于很多法官对如何提示提出疑问，故在最终定稿时删去了该规定。但是，为了保障法庭正确认定证据的证明效力及证明力的大小，法庭应当在不公开审理中，根据案件的具体情况而确定采取何种方式进行适当提示。在一般情况下，法官应当对这类证据的证明效力及证明力的大小进行审查，如果发现问题时，应当要求提供证据的一方当事人向法庭说明有关情况。说明情况后，法官可以在法庭上提示某方当事人向法庭提供了某一涉密证据的名称及大致内容，就此进行质证。如果大致内容亦不能让对方当事人知晓的，法官仅可以在法庭上提示某方当事人提供了某一涉密证据的名称及用于证明案件事实中的有关问题，并就所涉及的问题进行质证。

——蔡小雪、甘文：《行政诉讼实务指引》，人民法院出版社 2014 年版，第 229—230 页。

250 重复质证中“确有必要”如何理解

关键词｜证据｜重复质证｜确有必要｜

【链接：最高人民法院法官著述】

“确有必要”主要包括以下三种情况：一是合议庭在组织质证后，发现原来的质证程序明显不公，存在影响对该证据的正确认定的问题；二是当事人对相关证据的理解确实存在重大误解；三是法庭通过所有证据审查后，发现已经质证过的证据的证明力及证明效力大小的问题未查清楚的。

——蔡小雪、甘文：《行政诉讼实务指引》，人民法院出版社 2014 年版，第 237 页。

251 证人出庭如实作证的义务及排除情形

关键词｜证据｜证人出庭作证｜

【最高人民法院司法解释】

第四十条第一款　人民法院在证人出庭作证前应当告知其如实作证的义务以及作伪证的法律后果。

——《最高人民法院关于适用〈中华人民共和国行政诉讼法〉的解释》(2018 年 2 月 8 日，法释〔2018〕1 号)。

【链接：最高人民法院法官著述】

(一)当事人在行政程序或者庭前证据交换中对证人证言无异议的

在行政程序或者庭前证据交换中，各方当事人对证人的证言没有异议，也就意味着他们均承认了该证言的效力，一般情况下，法庭可以将其作为定案的依据。因此，该证人不在法庭复述其证言不会影响到司法公正，有利于提高诉讼效率，节约司法资源。据此，当事人在行政程序或者庭前证据交换中对证人证言无异议的，可以提交书面证据。但在适用该项规定时，需要注意以下两个问题：一是当事人在行政程序或者在庭前证据交换中对证人证言没有异议的，在诉讼过程中反悔，提出异议，并要求证人出庭作证的，法庭应当准许证人出庭作证；二是当事人在行政程序或者在庭前证据交换中对证人证言没有异议的，但法庭发现该证人证言有疑点的，可以依职权要求该证人出庭作证。

(二)证人因年迈体弱或者行动不便无法出庭的

证人因身体原因而无法或者不宜出庭作证的，从人道主义的角度考虑，应当免除其出庭作证的义务，准许当事人向法庭提交书面证人证言。这也是各国普遍通行的做法，也是合乎情理的。这里所要强调的是，该项规定是免除证人出庭作证的义务，当事人以“证人因年迈体弱或者行动不便无法出庭”为由提出免除证人出庭作证的义务，允许其提交书面证言的，就应当向法庭提交相关证据支持其提出的理由成立。对于这些证据，其他当事人在诉讼过程中有权提出反驳。

（三）证人因路途遥远、交通不便无法出庭的

这里所说的“路途遥远”与“交通不便”是相对应的。虽然路途遥远但交通便利的，不能作为证人可以不出庭作证的理由。只有在路途遥远且交通不便，令证人出庭作证不合理或者不可行的情况下，证人方可不出庭作证。法官在判断“路途遥远、交通不便”这一条件是否成立时，应当考虑两个因素：一是案件的重要程度。如果该案件对当事人的权益影响较小，“路途遥远、交通不便”的条件可以相对放宽。如果对当事人的权益影响较大的，需要严格掌握。二是证言在该案件的重要程度。如果该证言对案件的定性及处理结果影响很小，即使案件本身对当事人权益影响较大，对“路途遥远、交通不便”的条件也应当相对放宽。如果该证言对案件的定性、处理结果有较大影响的，且案件本身对当事人权益影响较大的，需要严格掌握。

（四）证人因自然灾害等不可抗力或者其他意外事件无法出庭的

不可抗力是证人自身无法避免、无法克服的自然现象和社会现象。证人因不可抗力的原因无法出庭的，当事人可以向法庭提交书面证言。“其他意外事件”是指在一般情况下证人应当出庭作证，但由于客观条件发生变化导致证人无法出庭的情形，如证人遇到车祸、突然生病等原因无法出庭。

（五）证人因其他特殊原因确实无法出庭的

这是一项兜底条款，在审判实践中，遇到特殊情况时，由审判人员根据具体情况自由裁量。证人因特殊情形确有困难不能出庭作证的，以书面形式作证，在审判实践中是最为简便、最为常见的方式。但是除了此种方式外，还可以采取视听资料的形式作证和双向视听传输技术手段作证。以视听资料的方式作证，因有图像、语音可以比较全面地反映证人的环境，在一定程度上反映出证人作证时的心理状况，有利于法庭对该证言的真实性作出判断。因此，视听资料比书面证言具有较大的优越性。以视听传输技术手段形式作证的，因具有即时性、互动性的优点，能够更为全面地反映证人作证现场的情况，同时能够通过视听传输技术手段对证人进行询问，更为有利于法庭正确判断该证言的证明效力，其效果与证人出庭作证基本相同。据此，以视听传输技术手段作证的方式与以视听资料、书面证言作证的方式相比较，它具有更大的优越性。法庭在证人因特殊情形不能出庭作证时，在具备条件的情况下，应当优先适用视听传输技术手段的方式对证人进行质证，其次是采取视听资料形式作证，只有在这两种形式都不具备的情况下，才可以采用书面证言的形

式作证。《行政诉讼证据规定》第四十一条对证人因特殊情形,确有困难不能出庭的,仅规定可以采取书面证言的形式作证,没有规定可以采取其他形式作证,不能不说是一个遗憾。我们认为,法庭在庭审中可以允许证人采取其他两种形式作证。

——蔡小雪、甘文:《行政诉讼实务指引》,人民法院出版社 2014 年版,第 237—239 页。

252 原告或者第三人要求相关行政执法人员出庭说明的条件

关键词｜证据｜行政执法人员｜出庭说明｜

【最高人民法院司法解释】

第四十一条　有下列情形之一,原告或者第三人要求相关行政执法人员出庭说明的,人民法院可以准许:

(一)对现场笔录的合法性或者真实性有异议的;

(二)对扣押财产的品种或者数量有异议的;

(三)对检验的物品取样或者保管有异议的;

(四)对行政执法人员身份的合法性有异议的;

(五)需要出庭说明的其他情形。

——《最高人民法院关于适用〈中华人民共和国行政诉讼法〉的解释》(2018 年 2 月 8 日,法释〔2018〕1 号)。

【链接:最高人民法院法官著述】

在司法实践中,需要注意以下几个问题:

第一,关于行政执法人员的诉讼地位。行政执法人员是作为类似当事人地位而非证人。行政执法人员出庭所作的说明,不是证人证言,而是当事人陈述。

第二,关于出庭说明的启动程序。本条仅仅规定了原告或者第三人可以申请人民法院要求行政执法人员出庭说明。实际上,出庭说明不仅仅可以依照原告或者第三人的申请,人民法院根据案件具体情况也可以要求行政执法人员出庭说明。原告或者第三人申请的,应当在开庭审理前或者人民法院指定的交换证据之日提出。

第三,出庭说明的前提。人民法院依职权要求出庭说明,须以现有证据不能证明案件相关事实为前提。如果现有证据已经能够证明案件事实,无须行政执法人员出庭说明。

第四,拒不出庭说明的后果。无正当理由拒不出庭说明的,人民法院可以推定原告或者第三人基于该说明所主张的事实成立,并可以依照行政诉讼法第五十九条关于妨害行政诉讼的强制措施的规定处理。

——梁凤云:《行政诉讼法司法解释讲义》,人民法院出版社 2018 年版,第 137 页。

253 相关行政执法人员出庭说明是否属于证人出庭作证

关键词 | 证据 | 行政执法人员 | 出庭说明 | 证人 |

【链接：理解与适用】

自《行政诉讼证据规定》出台之后,对于行政执法人员能否作为证人而出庭作证问题就存在不同的看法。但从本条目前的表述来看,本司法解释所持的态度是否定了被告机关行政执法人员的证人身份,所以本条规定的被告机关行政执法人员出庭说明,就应当属于当事人陈述。主要理由包括两方面。第一,证人证言是指证人以口头或者书面方式向人民法院所做的有关案件事实的陈述。证人是指直接或间接了解案件情况的人,且证人必须是当事人以外的人。被告机关的行政执法人员,虽然从形式上看其为自然人,且其本身不是案件的当事人(被告),但该执法人员的行政执法活动是履行职权的行为,此时执法人员的行为就视为被告机关的行为。行政机关行政权的实际运用都是通过其内部公务员的行为来实现的。只要是公务员在工作时间和职责权限内,以行政机关名义作出的行为,都是公务行为,其归属主体是其所在行政机关。所以,被告机关行政执法人员的行为与被告机关的行为并非两个行为。行政执法人员不可能脱离其与被告机关的法律关系,以旁观者的身份作证。第二,行政诉讼遵循案卷主义规则。案卷主义规则又称案卷排他主义,是指行政机关在行政程序之外形成的证据不能作为证明行政机关行为合法或定案的根据。如果认为被告机关行政执法人员是证人,而其陈述的事实是用以证明行政行为的合法性,并增强了原行政案卷中证据的证明力,那么法院是否将其作为证人证言予以采纳呢?如果采纳就会与案卷主义规则相悖。基于上述考虑,被告机关行政执法人员出庭说明不属于证人出庭作证,但被告机关之外的其他行政机关执法人员出庭,可以作为证人出庭作证。

——最高人民法院行政审判庭编著:《最高人民法院行政诉讼法司法解释理解

与适用》(上),人民法院出版社 2018 年版,第 228—229 页。

254 被告行政机关能否申请相关行政执法人员出庭说明

关键词 | 证据 | 行政执法人员 | 出庭说明 |

【链接:理解与适用】

本条只规定了原告或者第三人要求相关行政执法人员出庭说明,而未规定被告要求相关行政执法人员出庭说明。如果被告在诉讼中提出了此申请,法院是否允许呢?对此,不应一概否认被告此项申请权。(1)如果被告在举证期限内提供了相关行政执法人员的证人证言,原告或第三人对此持有异议的,被告申请行政执法人员出庭说明,是希望通过法庭质证程序确认上述证人证言可采信,并非补充新证据。但是被告提供的行政执法人员的证人证言,不能违背行政机关"先取证、后裁决"的基本要求。(2)行政诉讼法第三十六条第二款规定,原告或者第三人提出了其在行政处理程序中没有提出的理由或者证据的,经人民法院准许,被告可以补充证据。在这种情况下,针对原告、第三人新的理由或证据,被告申请相关行政执法人员出庭说明其原证据的取得、证据的内容等以证明行政行为的合法性,应当准许。

——最高人民法院行政审判庭编著:《最高人民法院行政诉讼法司法解释理解与适用》(上),人民法院出版社 2018 年版,第 229 页。

255 人民法院可以要求当事人本人或者行政机关执法人员到庭接受询问

关键词 | 证据 | 当事人 | 行政机关执法人员 |

【最高人民法院司法解释】

第四十四条 人民法院认为有必要的,可以要求当事人本人或者行政机关执法人员到庭,就案件有关事实接受询问。在询问之前,可以要求其签署保证书。

保证书应当载明据实陈述、如有虚假陈述愿意接受处罚等内容。当事人或者行政机关执法人员应当在保证书上签名或者捺印。

负有举证责任的当事人拒绝到庭、拒绝接受询问或者拒绝签署保证书，待证事实又欠缺其他证据加以佐证的，人民法院对其主张的事实不予认定。

——《最高人民法院关于适用〈中华人民共和国行政诉讼法〉的解释》（2018年2月8日，法释〔2018〕1号）。

【链接：最高人民法院法官著述】

在理解本条规定时，应当注意以下几个问题：

一是人民法院要求当事人到庭接受询问的条件。根据本条规定，是否需要责令到庭，属于人民法院裁量范围。“必要时”应当局限于案件待证事实处于真伪不明的状况。询问对象是当事人本人或者行政执法人员。对于是否要求签署保证书，也属于人民法院裁量范围。

二是保证书。法院询问当事人本人或者行政执法人员，可以要求当事人具结保证书。保证书的内容包括两个方面：（1）载明据实陈述的保证；（2）载明如有虚假陈述愿意接受处罚等内容。保证书是为了保证当事人或者行政执法人员对自己行为负责，因此当事人或者行政机关执法人员应当在保证书上签名或者捺印。

三是法律后果。包括两个方面的内容：对于负有举证责任的当事人拒绝到庭、拒绝接受询问或者拒绝签署保证书，待证事实又欠缺其他证据加以佐证的，人民法院对其主张的事实不予认定；对于不负有举证责任的当事人拒绝举证，人民法院可以按照妨碍举证的行为处理。即有证据证明一方当事人持有证据无正当理由拒不提供，如果对方当事人主张该证据的内容不利于证据持有人，则推定该主张成立。

——梁凤云：《行政诉讼法司法解释讲义》，人民法院出版社2018年版，第142—143页。

256 鉴定人出庭接受询问及排除情形

关键词 | 证据 | 鉴定人 | 接受询问 |

【链接：最高人民法院法官著述】

法庭在处理鉴定人出庭接受询问的问题上，应当注意以下几个问题：（1）当事人对鉴定结论提出异议，并要求鉴定人出庭接受询问，只要异议的问题有可能出现并需要鉴定人说明的，法庭应当传唤鉴定人出庭接受询问。但这并不意味着当事人未提出要求，法庭就不能要求鉴定人出庭接受询问。如果法庭在审查鉴定结论中,认为鉴定结论存在不明确、不清楚或者有疑点的,亦可以要求鉴定人出庭接受询问。(2)鉴定人出庭接受询问是鉴定人应当履行的诉讼义务。但鉴定人有法定事由不能出庭的,经人民法院准许,可以不出庭,可以由当事人对其书面鉴定结论进行质证。但在具备视听传输技术手段的条件下,应当适用视听传输技术手段的方式对鉴定人进行质证。(3)鉴定结论与其他证据一样,也需要质证才能作为认定案件事实的依据。鉴定人要凭借自己的经验、知识对被鉴定事物进行分析、研究、判断。由于鉴定人本身的主观因素,或者由于鉴定过程的客观原因,鉴定结论难免出现差错。这就需要对鉴定结论进行质证。由于鉴定在广义上属于人证或言词证据的一种,在司法实践中对于鉴定人的质证,应当遵循与证人、勘验人同样的规则和程序。(4)鉴定机构根据法院的要求作出新的鉴定结论或补充鉴定结论,法庭对新的鉴定结论或者补充鉴定结论均应当在庭审中进行质证,未经质证同样不能作为定案的依据。因此,法庭仍可以根据当事人的要求传唤作出新的鉴定结论或者补充鉴定的鉴定人出庭接受询问。

——蔡小雪、甘文:《行政诉讼实务指引》,人民法院出版社 2014 年版,第 250 页。

257 专家辅助人出庭说明

关键词｜证据｜专家辅助人｜

【最高人民法院司法文件】

三、关于专业意见

会议认为,对被诉行政处罚决定涉及的专门性问题,当事人可以向人民法院提供其聘请的专业机构、特定行业专家出具的统计分析意见和规则解释意见;人民法院认为有必要的,也可以聘请相关专业机构、专家出具意见。

专业意见应当在法庭上出示,并经庭审质证。当事人可以申请人民法院通知出具相关意见的专业人员出庭说明,人民法院也可以通知专业人员出庭说明。专业意见之间相互矛盾的,人民法院可以组织专业人员进行对质。

人民法院应当根据案件的具体情况,从以下方面审核认定上述专业意见:(一)专业机构或者专家是否与本案有利害关系;(二)专业机构或者专家是否具有合法资质;(三)专业机构或者专家所得出的意见是否超出指定的范围,形式是否规范,内容是否完整,结论是否明确;(四)行政程序中形成的专业意见是否告知对方当事人,并听取对方当事人的质辩意见。

——《最高人民法院关于审理证券行政处罚案件证据若干问题的座谈会纪要》(2011年7月13日,法〔2011〕225号)。

【链接：最高人民法院法官著述】

在处理有关专家辅助人出庭接受询问的问题时,法庭应当注意以下几个问题:

(1)当事人对专家辅助人的资格有异议的,可以进行询问,最后由法庭决定。该条中的“专业人员”就是指专家辅助人。当事人对专家辅助人资格问题可以提出异议,当事人提出异议后,法庭应当让专家辅助人进行说明,当事人也可以进行询问。如果在专家辅助人说明后,当事人无异议的,法庭可以进行下一阶段的审理工作;如果不能消除当事人异议的,法庭应当根据专家辅助人的条件作出最后裁决。专家辅助人是指在科学、技术以及其他专业知识方面具有特殊的专门知识或经验的人员,根据当事人的请托并经法院准许,出庭辅助当事人对争讼的案件事实所涉及的专门知识性问题进行说明或发表专业意见和评论的人。其条件十分宽泛,如专业汽车修理工、砖瓦工、金属工、测量工、木工和电工都可以成为专业人员。因此,法庭在确定是否具备“专家辅助人”资格时,关键不是看此人具有何种学历、职称,而是要审查此人是否具有案件中所涉及的专门性问题的知识、技术和经验。凡是不具有案件中所涉及的专业性问题的知识、技术和经验的人,不论学历、职称多高,都应当将其排除在“辅助当事人”之外。

(2)专家辅助人在诉讼中的地位不同于证人和鉴定人。专家辅助人与证人之间存在很大的差别。证人只能就其亲历的具体事实作出陈述,而专家辅助人是根据其知识、技能和经验对案件中所涉及的专门性问题提出自己的看法。因此,证人是不能替代的,而专家辅助人是可以替代的。专家辅助人与鉴定人主要有两点不同:一是参加诉讼的根据不同。根据行政诉讼法第三十五条的规定,在诉讼过程中,人民法院认为对专门性问题需要鉴定的,应当交由法定鉴定部门鉴定;没有法定鉴定部门的,由人民法院指定的鉴定部门鉴定,而专家辅助人则可以由当事人请托参加诉讼活动。二是具体作用不同。鉴定人参加诉讼的目的是就案件的专门性问题作出结论性意见,目的是为法庭解决案件中有关专门性问题的认定;专家辅助人出庭参加诉讼活动的主要目的是就案件中的专门性问题替一方当事人进行说明以及对鉴定人进行询问,澄清不当的认识,从而弥补当事人和法官专业知识的欠缺和不足,帮助他们准确认定案件事实。正是因为专家辅助人不同于证人、鉴定人,因此专家辅助人出庭时不是坐在证人席位上,也不能坐在鉴定人、勘验人的席位上,他们可以与当事人及其诉讼代理人同座,可以旁听案件的审理过程,可以就涉及的专业性问题向当事人、证人、鉴定人、勘验人进行询问,可以对专门性问题发表意见,但无权对其他问题发表意见和看法。

(3)不同专业人员的说明不一致的,法庭可以组织专业人员对质。法庭在审理案件过程中,常常会遇到鉴定人的说明与当事人或法院请托的专家辅助人的说明意见不一致,双方当事人的专家辅助人的说明不一致的情况,如果法庭难以判断谁对谁错,应当组织专业人员进行对质,在对质的过程中,可以要求他们提供其说明所依据的材料,以供法庭认定时参考。

(4)当事人单方自己组织的专家所出具的专家意见不属于专家辅助人的说明意见。近几年,在司法实践中,常常会遇到一方当事人庭审外单方面组织专家对案件中有关专门性的问题进行论证,该方当事人将专家的意见提供给法庭。这些专家意见能否作为证据,还需进一步进行分析。如果专家是法律专家,因他们不是专门性问题的专家,所提供的专家意见不属于专家辅助人的说明意见,应排除在证据的范围之外。如果专家是专门性问题的专家,但其是根据一方当事人提供的有关材料提出的专家意见,并未参加庭审活动,不能全面了解有关材料,同时其亦未接受庭审质证,尽管他们都是专门性问题的专家,但他们所提供的专家意见亦不属于专家辅助人的说明意见,也应排除在证据的范围之外,最多只能作为当事人对有关证据的分析意见。

——蔡小雪、甘文:《行政诉讼实务指引》,人民法院出版社 2014 年版,第 251—253 页。

258 定案证据的基本条件

关键词｜证据｜定案证据｜

【最高人民法院司法解释】

第四十二条　能够反映案件真实情况、与待证事实相关联、来源和形式符合法律规定的证据,应当作为认定案件事实的根据。

——《最高人民法院关于适用〈中华人民共和国行政诉讼法〉的解释》(2018 年 2 月 8 日,法释〔2018〕1 号)。

【链接：理解与适用】

定案证据是全部证据的一部分，只有具备定案证据基本条件的证据才可能成为定案证据。本条仍然采传统证据法学学说，强调定案证据要具备关联性、合法性和真实性。

——最高人民法院行政审判庭编著：《最高人民法院行政诉讼法司法解释理解与适用》（上），人民法院出版社 2018 年版，第 231 页。

259 认定证据的方式

关键词｜证据｜当庭认定｜合议庭认定｜

【链接：最高人民法院法官著述】

应当注意以下几个问题：（1）对明显不具有关联性的证据，法庭应当当庭将其排除在定案依据之外，对是否具有关联性不明显的证据，则应当在合议时认定；（2）对根据法律、法规及司法解释明确规定，应当排除在定案证据之外的非法证据材料，只要当庭查清后，就应当当庭作出不予采纳的认定；（3）对像营业执照、许可证等较容易判断其合法性、真实性的证据材料，可以对其合法性、真实性问题当庭作出认定，但不宜对其证明力大小作出认定；（4）间接性证据需要与其他证据放在一起进行综合分析，因此不宜当庭作出认定；（5）无论是当庭认定的证据，还是合议中认定的证据，在裁判文书中均要阐述采纳或不采纳的理由。对当事人争议较大的证据材料，在裁判文书中更应当充分阐明认定的理由，对当事人无争议的证据材料，简要阐述理由即可。

——蔡小雪、甘文：《行政诉讼实务指引》，人民法院出版社 2014 年版，第 271—272 页。

260 排除合理怀疑证明标准的适用情形

关键词｜证据｜证明标准｜排除合理怀疑｜

【最高人民法院参考案例】

刘玉恒不服河北省三河市公安局行政处罚决定案(行政审判案例第133号)

要旨:行政行为的多样性决定了行政诉讼不能采用单一的证明标准,法官在审判中应根据行政案件的性质、被诉行政行为的种类以及对当事人权益的影响程度等因素综合判定行政诉讼案件的证明标准。

公安机关依法行使职权,对违反治安管理规定的违法行为人作出行政处罚应以具有确凿充分的证据为基础。本案被告三河市公安局作出对刘玉恒行政拘留15天的处罚决定,是以认定“刘玉恒燃放爆竹引燃花炮摊位并导致花炮市场爆炸着火,尚未造成严重后果不够刑罚”为事实依据的。但三河市公安局提交的证据材料不足以证明上述事实的存在,因此三河市公安局对刘玉恒作出的行政处罚主要证据明显不足,应予撤销。

——中华人民共和国最高人民法院行政审判庭编:《中国行政审判案例》(第4卷),中国法制出版社2012年版,第65、67页。

261 无关联证据排除规则的运用

关键词｜证据｜无关联证据｜证据排除规则｜

【链接:最高人民法院法官著述】

第一个阶段是法院在开庭审理前接受当事人提供的证据时,应当对当事人提供的证据的关联性进行初步审查。当事人向法院提供证据时,应当说明每个证据所要证明的对象及其可能性。如果当事人没有说明证据所要证明的对象,而且法院经审查认为当事人提供的证据明显没有可能证明案件事实的,法院应当拒绝接纳这些证据。我们曾经审理过某高院上诉到最高人民法院的一个案件。该法院移送到最高人民法院的案件卷宗多达十多本,其中相关的卷宗只有六本,其余的是当事人提供的所谓的证据材料。而这些材料与待证案件事实之间没有任何关联。当事人在提供证据时,没有向法院说明这些材料所要证明的对象,该法院在一审中未经审查便接纳了,而且移送到最高人民法院,令最高人民法院不知所措,左右为难。因为既然是随卷移送的材料,二审法院就应当审查,并对这些证据的证明效力作出判断。这显然是在浪费诉讼资源。

第二个阶段是在法庭质证过程中,法庭可以对与案件无关联的证据进行排除。

《行政证据规定》第四十九条规定："法庭在质证过程中，对与案件没有关联的证据材料，应予排除并说明理由。法庭在质证过程中，准许当事人补充证据的，对补充的证据仍应进行质证。法庭对经过庭审质证的证据，除确有必要外，一般不再进行质证。"

根据该条第一款的规定，法庭在质证的阶段就可以对无关联的证据进行排除。从性质上讲，排除无关联的证据，是一个认证的过程。若法庭能够得出某个证据与案件事实之间没有关联，法庭就不再对其真实性和合法性进行质证和认证。若法庭通过质证，无法对该证据是否与案件有关联作出判断，法庭将由当事人就证据的真实性和合法性进行质证，但法庭不在质证的过程中进行认证。关于该条第一款规定的内容，在起草的时候曾经有过争论。反对该条款规定的观点认为，法庭不应当在质证的过程中对无关联的证据进行排除，因为排除无关联的证据，属于认证的过程，这应当在认证阶段进行。如果在质证阶段排除无关联的证据发生错误，将导致诉讼程序的混乱。我们认为，在质证阶段排除无关联的证据十分必要，主要理由有：第一，法庭不应当就无关联的证据的合法性和真实性进行质证。这不利于保证诉讼程序的效率。第二，质证过程中排除无关联的证据，不否定在认证阶段法庭还可以继续排除无关联的证据。因此，质证过程中排除无关联的证据只是一种初步的排除。法庭审查的严格程度比认证过程排除无关联的证据要弱。因此，发生错误的可能性较小。第三，排除无关联证据发生错误在任何阶段都是不可避免的，即使发生了错误，法庭还可以在认证过程中进行纠正。

第三个阶段是在认证过程中，法庭可以对无关联的证据进行排除。

——甘文：《关于行政诉讼质证程序的几个问题》，载中华人民共和国最高人民法院行政审判庭编：《行政执法与行政审判》（总第16集），法律出版社2006年版，第21—23页。

262 审查证据的合法性的方法

关键词｜证据｜合法性｜

【链接：最高人民法院法官著述】

1. 审查证据是否符合法定形式。根据行政诉讼法第三十一条的规定，行政诉讼证据有书证、物证、视听资料、证人证言、当事人陈述、鉴定结论和勘验笔录及现场笔录等七种。尽管行政诉讼法所规定的证据，主要是根据形式所作的划分，未作明确的形式上的要求,但是,证据的种类随着社会的发展不断丰富,为了适应社会的发展,其他法律、法规及司法解释可以对证据的形式作出一些特别要求的规定。这些特别要求的规定称之为"法定形式"。例如,公文文书、行政处理决定、房屋产权证书等公文书证必须要有发文机关加盖的印章。又如,行政机关收集的证人证言必须写明调查时间、地点,并由调查人和被调查人签名。再如,鉴定结论要求写明参加鉴定人员的姓名、职称、所依据的材料、分析过程、参加鉴定的鉴定人签名,并加盖鉴定机关印章。对法律、法规、规章和司法解释对证据形式上有特别要求的证据,必须要查清该证据是否符合法定形式要求,不符合法定形式要求的证据,一般不能作为定案的根据。法官在审查证据是否符合法定形式时,一般可以采取个别审查的方式。但是,如果对有关形式要件某个环节上的真伪问题,当事人之间有争议或法官发现有疑点时,就需要结合其他证据通过比较印证的方式进行审查。

2. 证据的取得程序是否符合法定要求。在一般的行政诉讼案件中,证据主要是由行政机关提供的。因此,法庭对证据取得是否合法的审查,实际上主要是对行政机关收集证据的行政程序审查。对原告、第三人提供的证据仅审查取得该证据是否存在采取违反法律禁止性规定或者侵犯他人合法权益的方式的情况。对当事人违反有关规定的程序收集的证据,法庭一般不得作为定案的根据。因此,法庭必须查明证据的取得是否符合法律、法规、司法解释和规章的要求,凡是发现非法证据的,不得作为定案的证据。对证据是否办理法定手续的审查,一般只要当事人向法庭提供有关手续,经审查该手续真实并符合法定形式要求即可认定,若当事人向法庭提供不出法定手续的,应当推定为没有办理法定手续,该证据不予认定。对于是否属于其他违反法定程序收集的证据,一般需要结合其他证据进行综合判断。

……

这里有两个问题需要说明:(1)该条要求证据的形式应当符合法律、法规、司法解释和规章的要求,不等于证据的形式不符合法定要求,就一定不具有合法性。例如,行政机关向法庭提交的勘验笔录,根据相关法律规定,勘验笔录应当有两个行政执法人员的签名,但该证据只有一名勘验人员签名。如果原告、第三人或者其他证人证明确实是两个勘验人员进行勘验,另一人因疏忽未签名,在没有其他相反证据足以推翻的情况下,该证据可以作为定案依据。(2)制定《行政诉讼证据规定》时,考虑到不合法的证据情况非常复杂,难以一一列出,为了使法官可以根据实际情况灵活正确地运用证据,所以制定了第五十五条第(三)项兜底条款。

——蔡小雪、甘文:《行政诉讼实务指引》,人民法院出版社 2014 年版,第 268—269 页。

263 “以非法手段取得的证据”的认定

关键词 | 证据 | 非法证据排除规则 |

【最高人民法院司法解释】

第四十三条 有下列情形之一的，属于行政诉讼法第四十三条第三款规定的“以非法手段取得的证据”：

(一)严重违反法定程序收集的证据材料；

(二)以违反法律强制性规定的手段获取且侵害他人合法权益的证据材料；

(三)以利诱、欺诈、胁迫、暴力等手段获取的证据材料。

——《最高人民法院关于适用〈中华人民共和国行政诉讼法〉的解释》(2018年2月8日，法释〔2018〕1号)。

【链接：最高人民法院法官著述】

第一，严重违反法定程序收集的证据材料。这里的“严重”主要是指在行政程序和诉讼程序中，违反了最基本的正当程序，并造成利害关系人权利受损的证据收集行为，如：先处罚后调查取证、应当回避而没有回避、在诉讼程序中未经人民法院准许擅自收集证据等。从主体上看，严重违反法定程序的主体，不仅仅限于被告，也包括原告和第三人。

第二，以违反法律强制性规定的手段获取且侵害他人合法权益的证据材料。这里的“违反法律强制性规定”主要是指实体法方面的规定，包括但不限于行政法对行政执法行为和公民行为的各种规定。“侵害他人合法权益”，即要求在违反法律强制性规定的同时，还必须满足同时造成对他人合法权益侵害的后果，这里的合法权益，包括隐私权、人身权等。需要注意的是，证据规定第五十八条规定“以违反法律禁止性规定或者侵犯他人合法权益的方法取得的证据，不能作为认定案件事实的依据”。本次司法解释修改，将“或者”改为“且”，实际上提高了对违法证据认定的标准。

第三，以利诱、欺诈、胁迫、暴力等手段获取的证据材料。所谓利诱，是指当事人采用利益引诱的方法获取证据；所谓欺诈，是指当事人故意捏造虚假情况或歪曲、掩盖事实真相，致使他人判断错误，作出错误的行为；所谓胁迫，是指当事人以不法损害相恐吓，或以身体强制使他人处于恐怖状态、无力反抗的境地而作出特定行为；所谓暴力，是指采用身体伤害等激烈的方式强制他人就范。以上述行为为代表的证据获取手段，是对公民基本权利的严重损害，多数构成侵权或是犯罪，因此都是典型违法取证行为。

——本书编委会编:《行政诉讼法司法解释实务指南与疑难解答》,中国法制出版社 2018 年版,第 123—124 页。

264 审查证据真实性的方法

关键词｜证据｜真实性｜

【链接:最高人民法院法官著述】

1. 证据形成的原因。证据的形成原因与该证据的真实性往往具有极其重要的关系,证据的形成与收集证据的执法人员或者行政相对人的自主意志的行为有着密切的关系,因此,审查清楚证据形成的原因,对判断证据的真实性具有重要的作用。判断证据形成的原因,一般需要结合其他证据进行综合分析的方式作出判断。

2. 发现证据时的客观环境。发现证据时的客观环境不同,对证据的真实性亦有一定的影响。有些证据由于客观环境发生变换,其所反映的问题并不一定就能够证明案件的事实。因此,在一些案件中查清发现证据时的客观环境对正确认定案件事实具有很大的作用。

3. 证据是否为原件、原物,复制件、复制品与原件、原物的内容、形式及其他特征是否相符。物证的原物、书证和视听资料的原件的证据效力优于复制品、复制件。复制品、复制件与原物、原件核对无异的,其效力与原物、原件的效力相同。因此,法庭在认定证据的真实性时,应当确认当事人提供的物证、书证是否属于原物、原件。提供的复制品和复制件应当与原物、原件从内容、形式及其他特征进行核对,核对无异的,可以作为定案的根据,核对后发现有出入的,一般需要与其他证据结合起来进行综合分析,确定部分或全部不具有证明效力。

4. 提供证据的人或者证人与当事人是否具有利害关系。在社会生活中,人与人之间必然具有各种各样的关系。由于人的意识受主观因素的影响,提供证据的人或者证人与当事人之间具有敌视关系、竞争对手关系、亲属关系、朋友关系、合作关系等利害关系,其主观态度上就有可能不中立,在一般情况下,提供证据的人或者证人或多或少地会站在自己的立场上,提供对与自己利益一致的当事人有利的证据或者证言,提供对与自己利益不一致的当事人不利的证据或者证言;对与自己利益一致的当事人不利的证据或者证言一般不会主动提供或者作出证言。因此,查清提供证据的人或者证人与当事人是否具有利害关系，对正确判断证据的真实性是非常必要的。

——蔡小雪、甘文：《行政诉讼实务指引》，人民法院出版社 2014 年版，第 270 页。

265 证言真实性的审查方法

关键词｜证据｜证人证言｜

【最高人民法院参考案例】

王龙刚不服海林市公安局治安管理处罚案(行政审判案例第 132 号)

要旨：存在合理差异的证言并不损害其真实性，而高度相同的语言则须谨慎对待。多次反复的证言应优先采信首次证言。完全相反的证言要考虑证人与当事人之间的亲疏关系等因素确定其证明力的大小。

——中华人民共和国最高人民法院行政审判庭编：《中国行政审判案例》(第 4 卷)，中国法制出版社 2012 年版，第 59 页。

266 案卷主义规则的适用

关键词｜证据｜案卷主义｜

【最高人民法院公报案例】

松业石料厂诉荥阳市劳保局工伤认定案

要旨：根据《行政诉讼证据规定》第五十九条，劳动保障部门受理工伤认定申请后，依照法定程序要求用人单位在规定时间内提供相关证据，用人单位无正当理由拒不向行政机关提供证据，事后在行政诉讼程序中向人民法院提供的，人民法院不予采纳。

上诉人松业石料厂未在行政程序中提交而在诉讼程序中提交的四个证据，被上诉人荥阳市劳保局和第三人李喜波在一审质证时均持异议。在决定取舍这样的证据时，司法解释既然规定“一般不予采纳”而不是“一律不予采纳”，就不能只从形式上看该证据是何时提交的，还应当从内容上看采纳该证据是否有利于人民法院查明案情。这四个证据是:(1)2004 年 5 月 13 日以崔庙卫生院眼科医师陈玉转名义出具的诊断证明书,所证内容是 2003 年 5 月 14 日一名普通患者在该院的就诊情况。2003 年 5 月 26 日,崔庙卫生院曾以同一个医师的名义,为李喜波出具过一份《诊断证明书》,其上记载的患者主诉是右眼被石子碰伤一天余伴视物不清;医师诊断结果是右眼外伤、右眼角膜溃疡。2004 年 5 月 13 日又出具的这份诊断证明书,把李喜波的就诊时间从 2003 年 5 月 26 日提前到 2003 年 5 月 14 日,把对李喜波的诊断结果从右眼外伤、右眼角膜溃疡改变为角膜溃疡。由于这份诊断证明书上既没有患者主诉也没有医师检查所见,从字面上无法得知患者是哪只眼角膜溃疡,因何溃疡。崔庙卫生院何以在一年后出具这样一份残缺不全的诊断证明书?该诊断证明书既然能对一年前的患者姓名、准确就医时间以及诊断结果记录得如此清晰,却为什么说不出患者是哪只眼有病?如果崔庙卫生院是靠该院病案记载内容出具这份诊断证明书的,为什么不能将病案记载内容直接作为证据提供?如果 2004 年 5 月 13 日的这份诊断证明书反映的是事实真相,那么崔庙卫生院对 2003 年 5 月 26 日出具的那份《诊断证明书》,又该作何解释?这些疑点,出具该证据的崔庙卫生院和提供该证据的松业石料厂有义务说明。(2)松业石料厂 2003 年 5 月份的记工表。该证据出自松业石料厂,是记工员一人在笔记本上书写的,极易伪造,如无其他证据印证,则不具有证明力。(3)2004 年 9 月 3 日原告的委托代理人对李学亮的调查笔录一份。在这份笔录中,李学亮说:他不识字,只是在人家写好的内容上签名捺了指印;2003 年 5 月 21 日他不上班,不知道李喜波崩着眼的事,也没有听说李喜波去医院看眼睛。对与工伤认定有利害关系的李喜波来说,李学亮的这一理由,足以推翻李学亮在先给其出具的证言。然而,荥阳市劳保局工作人员与工伤认定无任何利害关系;在荥阳市劳保局工作人员向李学亮调查时,李学亮所述内容仍与其给李喜波出具证言的内容一致,已经被荥阳市劳保局工作人员记录在案。李学亮翻证后的证言,不足采信。(4)2004 年 9 月 3 日原告的委托代理人对李海木的调查笔录一份。在这份笔录中,李海木说到:他们在一起干活时的距离很近,如果有人崩着眼,别人应该知道,就是当场没看见,也会听他说一声;而李海木说他既看到李喜波眼睛红,也听到李喜波说过是崩着眼了。该证言不能否定李喜波在工作时眼睛受伤的事实。再者,从四个证据的内容分析,这四个证据完全能在行政机关调查工伤情况时形成,松业石料厂当时如果持有这四个证据,完全有条件向行政机关提供。松业石料厂不在《工伤认定协助调查通知书》指定的期间内向行政机关提交这些证据,确实违背了《行政诉讼证据规定》第五十九条的规定。一审在这些证据受到对方当事人质疑的情况下,根据《行政诉讼证据规定》第五十九条的规定,决定不采纳松业石料厂提供的有疑问证据,是正确的。

——《中华人民共和国最高人民法院公报》2005 年第 8 期。

267 行政诉讼中被告可以自行收集不涉及行政行为合法性事项的证据

关键词｜证据｜自行收集｜申请资格｜

【最高人民法院裁判案例】

史学超、田登明、邢占标、朱振江和雷彦卫诉河南省人民政府行政复议案[最高人民法院(2016)最高法行申 3517 号行政裁定书]

要旨:人民法院在审查行政行为合法性时,排除被告在行政行为作出后自行收集的证据和复议机关在复议程序中收集和补充的证据作为认定行政行为合法性的根据,但并未排除不涉及行政行为合法性事项的证据采信。

《最高人民法院关于执行〈中华人民共和国行政诉讼法〉若干问题的解释》第三十条规定:“下列证据不能作为认定被诉具体行政行为合法的根据:(一)被告及其诉讼代理人在作出具体行政行为后自行收集的证据;(二)被告严重违反法定程序收集的其他证据。”第三十一条规定:“未经法庭质证的证据不能作为人民法院裁判的根据。复议机关在复议过程中收集和补充的证据,不能作为人民法院维持原具体行政行为的根据。”上述两条规定明确了人民法院在审查行政行为合法性时,排除被告在行政行为作出后自行收集的证据和复议机关在复议程序中收集和补充的证据作为认定行政行为合法性的根据,但并未排除不涉及行政行为合法性事项的证据采信。本案中,河南省人民政府在复议程序中收集的证据主要用来证明复议申请人的申请资格问题,与原行政行为的合法性无直接关系,因此,该收集和补充证据行为不违反上述司法解释关于“复议机关在复议过程中收集和补充的证据,不能作为人民法院维持原具体行政行为的根据”之规定,收集的证据可以作为认定复议申请人申请复议资格的合法证据。再审申请人史学超等 5 人关于河南省人民政府在复议程序中收集的证据不能作为合法证据使用的主张不能成立。

——中国裁判文书网,https://wenshu. court. gov. cn/。

268 “案卷”以外的证据可以在行政行为作出后搜集和提出的情形

关键词｜证据｜案卷主义｜

【最高人民法院裁判案例】

曹保英诉山西省长治市人民政府土地行政登记案[最高人民法院(2017)最高法行申2926号行政裁定书]

要旨:行政诉讼的证明对象具有多样性,行政诉讼证据也绝不仅仅限于证明行政行为合法性的证据,那些行政行为"案卷"以外的证据就可以在行政行为作出后搜集和提出,包括起诉条件在内的那些诉讼程序事实,人民法院就可以依职权调取。

行政诉讼法第四十条规定:人民法院"不得为证明行政行为的合法性调取被告作出行政行为时未收集的证据"。这一规定既是案卷主义的要求,也是中立原则的要求。根据行政诉讼法的规定,行政行为合法性举证责任由被告承担。受"先取证,后裁决"规则的约束,被告提供的旨在证明行政行为合法性的证据只能限于其在作出行政行为时已经收集的证据。人民法院在审查被诉行政行为合法性时,同样受案卷主义的约束,既不能接受被告在作出行政行为时未收集的证据,也不能为了证明行政行为的合法性调取被告作出行政行为时未收集的证据。如果被诉行政行为是在没有证据或者证据不足的情况下作出的,该行政行为就已经构成违法。但是,行政诉讼的证明对象具有多样性,行政诉讼证据也绝不仅仅限于证明行政行为合法性的证据,那些行政行为"案卷"以外的证据就可以在行政行为作出后搜集和提出,包括起诉条件在内的那些诉讼程序事实,人民法院就可以依职权调取。况且,本案实体审理的大门尚未开启,对被诉行政行为合法性的审查还无从进行。

——中国裁判文书网,https://wenshu.court.gov.cn/。

269 证明同一事实的数个证据其证明效力如何认定

关键词|证据|证明效力|

【最高人民法院司法文件】

12. 简易行政程序情形下执法人员陈述的证明力问题

被诉行政行为适用简易程序,只有一名执法人员从事执法活动的,该执法人员就有关事实所作的陈述具有比原告陈述更高的证明力,但其陈述存在明显影响证明力的瑕疵的除外。(6号)

——《最高人民法院办公厅关于印发〈行政审判办案指南(一)〉的通知》(2014

年2月24日，法办〔2014〕17号）。

【最高人民法院公报案例】

廖宗荣诉重庆市公安局交通管理局第二支队道路交通管理行政处罚决定案

要旨：依照道路交通安全法（2003年）第八十七条规定，交通警察执行职务时有权对所在辖区内发现的道路安全违法行为及时纠正。其对违法行为所作陈述在无相反证据否定其客观真实性及无证据证明交警与违法行为人之间存在利害关系时，应当作为证明违法行为存在的优势证据。

对辖区内的道路交通安全进行管理，是被告交警二支队的法定职责。陶祖坤作为交警二支队派遣执行勤务的交通警察，对在辖区内发生的道路安全违法行为，有权力及时纠正。根据陶祖坤陈述，2005年7月26日8时30分，原告廖宗荣驾驶车牌号为渝AA4760的小轿车，在大溪沟嘉陵江滨江路加油（气）站的道路隔离带缺口处，无视禁止左转弯交通标志违规驾车左转弯。经查，大溪沟嘉陵江滨江路加油（气）站道路隔离带确实有一缺口，此处确实树立着禁止左转弯的交通标志，而且2005年7月26日8时许廖宗荣确实驾车途经此处。对廖宗荣是否在此处违反禁令左转弯，虽然只有陶祖坤一人的陈述证实，但只要陶祖坤是依法执行公务的人员，其陈述的客观真实性得到证实，且没有证据证明陶祖坤与廖宗荣之间存在利害关系，陶祖坤一人的陈述就是证明廖宗荣有违反禁令左转弯行为的优势证据，应当作为认定事实的根据。

——《中华人民共和国最高人民法院公报》2007年第1期。

【最高人民法院参考案例】

郁祝军诉江苏省常州市武进区公安局交通巡逻警察大队交通行政处罚案（行政审判案例第6号）

要旨：现实生活中，“闯红灯”等瞬时交通违法行为大量存在，此类案件在审判实务中最大的争议就是交警现场目击判断的证据效力。从法律规范的意旨和交警从事道路交通管理的实际来看，交警在处理现场的目击判断证明应具有证据效力。除非相对人能提出更有力的证据将之推翻，法院应该尊重交警对交通违法事实的认定权。另外，从利益衡量的角度看，社会公共秩序利益优于财产权等个人利益。因此，法院的裁判应倾向于维护交警对交通违法事实的现场认定权。

根据道路交通安全法第五条第一款规定，常州市武进区公安局交通巡逻警察大队作为县级以上人民政府公安机关的交通管理部门有权对该行政区域内交通安全行使管理职权。道路交通安全法第一百零七条规定:“对道路交通违法行为人予以警告、二百元以下罚款,交通警察可以当场作出行政处罚决定,并出具行政处罚决定书。行政处罚决定书应当载明当事人的违法事实、行政处罚的依据、处罚内容、时间、地点以及处罚机关名称,并由执法人员签名或盖章。”公安部《道路交通安全违法行为处理程序规定》第七条第二款规定,对个人处以二百元以下罚款的,可以适用简易程序,由交通警察当场作出处罚决定;第八条第二款规定,公安交通管理部门按照简易程序作出处罚决定的,可以由一名交通警察实施。据此,常州市武进区公安局交通巡逻警察大队执勤民警在发现道路交通违法行为后有权由其一名交通警察按照简易程序当场实施行政处罚。违法事实发生在公安交通执法这种比较特殊的行政管理领域时,类似于本案这种违法驾驶车辆的行为往往是瞬间发生、不留痕迹的,通常可以是执勤民警当场发现当场处理。本案中,在郁祝军驾驶机动车处于行驶状态时,常州市武进区公安局交通巡逻警察大队在无交通监控设备条件的道路上由一名交通警察依据其亲眼所见的事实当场认定郁祝军驾驶机动车在红灯禁行时继续运行,对此,郁祝军未有充分的反驳证据证明其无上述违法事实存在,也未有其他证据证明交通警察张永成存在滥用职权的故意,故交通警察张永成作为亲眼看到即感知到事实的公务人员对该事实的认定,应当予以采信。嗣后,交通警察张永成已将当场查处的情况用“情况说明”的形式进行了记载,该“情况说明”所记载的内容可以充分反映郁祝军驾驶机动车闯红灯被其当场发现并当场实施行政处罚的事实经过。显然,常州市武进区公安局交通巡逻警察大队的交通警察张永成是在发现郁祝军存在违法事实后依法当场对其实施处罚的。该行政处罚决定认定的基本事实清楚、程序合法、适用法律正确,原审判决维持该处罚决定并无不当,本院应予维持。

——中华人民共和国最高人民法院行政审判庭编:《中国行政审判指导案例》(第1卷),中国法制出版社2010年版,第27、29—30页。

【链接:最高人民法院法官著述】

人民法院在适用《行政诉讼证据规定》第六十三条的规定时,应当注意以下几个问题:

1. 国家机关及其他职能部门作出的未生效的法律文件,不能作为定案的证据使用,只有在其生效后,才能作为定案的证据使用。法律、法规授权的组织行使授权权力所作出的已经生效的具体行政行为,应当视为公文。

2. 国家机关以及其他职能部门制作的文书并非都是公文文书。他们在其职权之外，基于正常的功能性运作所需要或者基于某种民事行为的目的以及民事行为能力与具有相应责任能力的自然人、法人或者其他组织所制作的有关文书，如保证书、承诺书、信函、借据、收据等，均不属于公文文书。非公文文书与其他书证的效力相同，不属于最佳证据的范畴。

3. 由于书证是由制作人基于一定的目的而制作的，因此，审查判断书证时，应当首先查明制作人究竟是谁，如果提供书证所署名或者注明的制作人不承认是其制作的，在未查明真正制作人的情况下，这一书证不能作为定案的根据使用。尔后，应当查明制作书证的意图、经过和内容，对有无记载失实等问题进行审查。为取得某种利益或者陷害他人的目的摹仿他人笔迹、加盖伪造印章或采取涂改、挖补等方式变造过的书证，在暴力、威胁、欺骗、贿赂等情况下形成的书证，均不能作为定案的根据；对事实记载部分失实的，应与其他审查属实的证据结合起来进行判断哪一部分是真实的可以作为定案根据使用，哪一部分是失实的不能作为定案根据使用。

4. 当事人为了胜诉有可能故意改变原物的形状、规格、原物上的痕迹，或以其他物品冒充原物，因此法庭应当查清物证是否是伪造的，原物是否存在破坏、毁损等问题。审查判断物证的真伪时，应查清物证的原始出处，在何时、何地、何种条件下形成的，并在此基础上作出真伪的确认。此外，审查物证还必须认真研究各种物证的外部特征，掌握这些特征与案件事实的联系。不符合案件性质的、与案件事实无内在联系的物品或者痕迹，不能作为物证使用。切忌只要是物证的原物不加分析研究就盲目作为定案的根据。

5. 书证的原件包括原本、正本和副本。经法庭核对与原物、原件无异或者经鉴定证明真实的复制品、复印件、照片、录像与物证的原物、书证的原件具有同等的证明效力。随着信息技术的发展，电子邮件等电子数据资料也成为证据中的一种。电子数据资料或通过电子数据交换，或通过互联网下载等其他方式取得。因此，一般取得的电子数据资料都是复制件。目前，通常将其制作情况和真实性先经对方当事人确认，以备事后无法证实，或采取公证或者交由双方均认可的第三方确认。我们根据上述行之有效的保证电子数据资料真实性的做法，将其上升为规则，《行政诉讼证据规定》第六十四条规定："以有形载体固定或者显示的电子数据交换、电子邮件以及其他数据资料，其制作情况和真实性经对方当事人确认，或者以公证等其他有效方式予以证明的，与原件具有同等的证明效力。"

6. 法定鉴定部门和鉴定人具有鉴定资格，所作出的鉴定结论程序上合法，并不意味着法庭就必须采信。法庭仍需要对其的真实性问题进行审查，特别是在当事人申请的专业人员对鉴定结论提出异议时，法庭对专业性问题可以询问有关专业人员，并听取他们有关专业方面意见后，通过认真分析，才能作出认定。此外，在判断鉴定结论真实性时，不应以鉴定机构或者鉴定人的级别或者职称高低作为标准。

7. 在行政执法中常常出现一对一的证言，即一方是行政执法人员出具的证言，另一方是被行政处罚人的陈述，两者所反映的事实差距很大。在一般情况下，作为负有特定职责的执法人员，对于履行职责过程中出现的情况，其出具的证言具有高度证明力，法院不能机械地以其与被诉主体存在利害关系予以排除。只有在有证据证明执法人员与被处罚人存在个人恩怨等情况时，才能考虑排除证据的适用。例如，陈某在参加英语四级考试时，因监考老师考前接到匿名举报，称陈某将通过传呼机作弊。考试中监考老师发现陈某频频查看传呼机，遂上前检查，发现均是1、2、3、4数字和A、B、C、D字母，但由于经验不足，未将该信息固定，后被新的信息覆盖。陈某因作弊受到学校处分后，以没有作弊行为提起诉讼。学校仅举出监考老师当日的监考记录证明陈某作弊的事实。如果没有证据证明监考老师与被处罚学生之间存在个人恩怨等情况，法院可以依此证据认定案件事实。

8. 在适用《行政诉讼证据规定》第六十三条第（九）项规定前，应当特别注意审查数个种类不同、内容一致的证据是否符合逻辑推理、科学原理、生活经验。如果存在违背逻辑推理、科学原理、生活经验等问题，则不能适用该项规则。

9.《行政诉讼证据规定》第六十三条规定的最佳证据规则，只是为法官在判断不同证据的证明力时提供方向性的指示。法官只有在需要"就数个证据对同一事实的证明力"进行分析时，才能依照最佳证据规则认定。该条规定"证明同一事实的数个证据，其证明效力一般可以按照下列情形分别认定"，特别要对"一般"两个字予以充分的注意。既然是一般，就意味着不是绝对的。在特殊情况下，即当事人提出反证足以推翻依据较强证明力的证据所推定的事实，不能将较强证明力的证据作为定案的依据。在交换证据中或者庭审中，如果当事人对该条中规定的具有较强证明力的证据所证明的事实提出异议时，法官必须要求当事人提出反证。如果有其他反证足以推翻该证据推定的事实，不应将该证据作为定案的依据；如果提不出反证的，可以推定该证据所反映的事实是真实的。

——蔡小雪、甘文：《行政诉讼实务指引》，人民法院出版社2014年版，第302—304页。

270 原始文书规则在行政诉讼中的运用

关键词｜证据｜书证｜最佳证据规则｜

【最高人民法院裁判案例】

刘党诉驻马店市人民政府行政复议案[最高人民法院(2017)最高法行申7107号行政裁定书]

要旨：无法与原件核对无误的书证也不是均不能作为证据使用，我国法律之所以采用“原始文书规则”，初衷在于确保书证本身的真实性及其与案件的关联性。诉讼过程中，如果一方出示的书证并非原件，但各方对该书证的真实性没有异议，或是该复制件的形成年代久远，又或该证据能够与其他证据相互印证，则并非一概不予采纳。

行政行为一经作出即具有公定力和存续力，否定一个行政行为的效力，需有确凿的证据。书证是行政诉讼证据的一种，在各类证据中占有突出地位。一般来说，书证所证明的事实内容比较明确，具有较强的稳定性，可以作为证明待证事实的直接证据。正因如此，书证的采用通常适用“最佳证据规则”或称“原始文书规则”，依此规则，证据的提供者应当提供原始材料，如果提出非原始材料，则必须提供充足理由。《最高人民法院关于行政诉讼证据若干问题的规定》第十条对于提供书证的要求，就体现了这一原则。本案中，行政复议机关决定撤销泌阳县政府为刘党颁发的国有土地使用权证书，是认为涉案土地使用权是刘党和李儒堂、李所堂共有。而支持这个共有关系的证据，是李儒堂、李所堂申请行政复议时提交的《国有土地使用权转让协议书》。但该协议书是复印件，复议机关未对原件进行审核；在诉讼过程中，再审申请人也仍然没有出示原件。因此，该书证就不符合“原始文书规则”。诚然，无法与原件核对无误的书证也不是均不能作为证据使用，我国法律之所以采用“原始文书规则”，初衷在于确保书证本身的真实性及其与案件的关联性。诉讼过程中，如果一方出示的书证并非原件，但各方对该书证的真实性没有异议，或是该复制件的形成年代久远，又或该证据能够与其他证据相互印证，则并非一概不予采纳。就本案而言，再审申请人提供的协议书复印件内容并未得到各方当事人认可，且与涉案国有土地使用权证档案中的其他材料不能相互印证。因此，一审和二审法院认定驻马店市政府作出的行政复议决定证据不足，从而判决撤销该复议决定，并无不当。

——中国裁判文书网，https://wenshu.court.gov.cn/。

271 鉴定意见的认定

关键词 | 证据 | 鉴定意见 |

【最高人民法院公报案例】

丰浩江等人诉广东省东莞市规划局房屋拆迁行政裁决纠纷案

要旨：行政机关作出行政裁决时依据的评估报告，如果存在评估人不具备法定评估资格，或评估人未依法取证等程序上严重违法的问题，应认定行政机关的裁决主要证据不足，依法予以撤销。

东莞市规划局采纳华联公司作出的《评估报告》作为其行政裁决依据时，应当对作出该《评估报告》评估人员的资格、评估程序等事项进行审查。人事部和国有资产管理局联合发布的《注册资产评估师执业资格制度暂行规定》第二十四条规定："资产评估机构接受委托承接的评估项目，其项目负责人只能由注册资产评估师担任，评估报告至少由两位注册资产评估师签署方为有效。"本案《评估报告》中签署姓名的评估人员为张瑞明和肖晓康，但只有张瑞明具有注册评估师资格，肖晓康不具有注册评估师资格。根据上述规定，该《评估报告》无效。《评估报告》将涉案房屋分为商铺和仓库分别予以评估的理由，是因为委托评估的开发公司所提供的资料将涉案房屋已事先区分为商铺和仓库。作为注册资产评估师的张瑞明，评估时未对委托方开发公司提供的资料进行审核，就直接采纳，违反了财政部发布的《中国注册资产评估师职业道德规范》第十八条"注册资产评估师应对客户委托评估的资产进行勘查，并对客户提供的有关资料进行审核"的规定。而且，丰浩江等人持有的《房屋所有权证》对涉案房屋均作了"铺位"字样的记载，华联公司没有提供有关证据和法律依据证明"铺位"可以理解为商铺和仓库，故在《评估报告》中将涉案房屋区分为商铺和仓库两部分，缺乏依据，不能采信。此外，华联公司介绍《评估报告》中采用的租金标准，是通过询问涉案房屋周围有关人员后确定的，但评估人张瑞明却不能提供证据对此予以证明，故华联公司采用该租金标准证据不足。由于作出《评估报告》的两位评估人员中有一位不具备法定评估资格，且评估人员既未对委托方房地产开发公司提供的资料进行审核，亦未能依法取证证明其所采纳的租金标准，在程序上存在严重违法。东莞市规划局在未依法对该《评估报告》的上述事项进行审查的情况下，即采纳其作为行政裁决的依据，应认定为裁决的证据不足，依法应予撤销。《最高人民法院关于行政诉讼证据若干问题的规定》第六十二条规定："对被告在行政程序中采纳的鉴定结论，原告或者第三人提出证据证明有下列情形之一的，人民法院不予采纳：（一）鉴定人不具备鉴定资格；（二）鉴定程序严重违法……”据此，原审法院采纳该《评估报告》中的评估结论不妥，属适用法律错误；同时，原审法院以该《评估报告》作为认定被诉行政裁决合法的定案根据，属认定事实不清。

——《中华人民共和国最高人民法院公报》2004 年第 7 期。

宋莉莉诉宿迁市建设局房屋拆迁补偿安置裁决案

要旨：行政机关在对房屋拆迁补偿纠纷作出裁决时，违反法规的规定，以拆迁人单方委托的评估公司的评估报告为依据，被拆迁人提出异议的，应认定行政裁决的主要证据不足。

本案被拆迁房屋的评估，系万兴公司单方面委托方元公司所为，未经被拆迁人宋莉莉的同意。在万兴公司与宋莉莉无法对房屋拆迁事宜达成一致意见时，宿迁市建设局在行政裁决中以拆迁单位单方面委托的评估公司的评估报告为依据，而不是依照规定在符合条件的评估机构中抽签确定评估单位，对万兴公司与宋莉莉的房屋拆迁纠纷作出裁决不当，应认定为裁决的主要证据不足，程序违法。依照《最高人民法院关于行政诉讼证据若干问题的规定》第六十二条第（二）项规定，对被告在行政程序中采纳的鉴定结论，原告或者第三人提出证据证明鉴定程序严重违法的，人民法院不予采纳。由于宿迁市建设局没有提供证据证实采纳该评估结论的操作程序合法，故应依法对宿迁市建设局裁决中的第（二）项予以撤销。

——《中华人民共和国最高人民法院公报》2004 年第 8 期。

【链接：最高人民法院法官著述】

人民法院在审理行政案件中，判断鉴定结论的效力时，还应当注意以下几个问题：

1. 根据《行政诉讼证据规定》第四十七条“当事人要求鉴定人出庭接受询问的，鉴定人应当出庭”的规定，原告或者第三人要求鉴定人出庭接受询问，鉴定人无正当事由拒绝出庭的，原告或者第三人提出异议的理由，被告无法做到足以使法官确信异议理由不能成立的，一般可以将该鉴定结论排除在定案依据之外。

2. 对抽样物送鉴定的，还应审查抽样人是否具有抽样资格，抽样程序、方法、数量等是否符合规定要求。抽样物是指从某种批量产品中抽取一定数量送鉴定机关进行鉴定的物品。抽样也是一门专门的科学，抽样人的水平如何、抽样的程序和方法对能否作出正确的结论起着极为重要的作用。有关法规和规章中对抽样人的资格、抽样程序、方法等均作了严格的规定。若鉴定结论所依据的鉴定物是不具备抽样资格的人抽取的，或不符合抽样程序、方法、数量等规定抽取的，该鉴定结论只能证明送检物的性质、质量等，不能证明该批物品的性质、质量等，故也不能作为定案的根据。

3. 由两个或者两个以上鉴定部门作出的相互矛盾的鉴定结论，难以判断出哪一个正确时，若其中一个是法定鉴定部门作出的，其他的是非法定鉴定部门作出的，一般应当以法定鉴定部门的鉴定结论为准；若均为法定鉴定部门作出的，法庭应当针对相互矛盾的问题，组织当事人对鉴定人员询问。必要时，法庭可以通知专业人员出庭说明。法庭要对庭审质证的证言及专业人员的说明进行全面分析，从而确定哪一个鉴定结论具有法律效力，切不能简单确认其效力。

4. 行政机关在行政程序中依法要求一方当事人提供有关证据材料，持有证据材料一方当事人不如实提供相关材料或者不配合相关调查，导致鉴定不能进行的，行政机关作出不利于持有证据材料一方当事人结论的，按照证据规则的推定规则，应当承认该结论的效力。……

——蔡小雪、甘文：《行政诉讼实务指引》，人民法院出版社 2014 年版，第 308—309 页。

272 电子证据的认定

关键词 | 证据 | 电子证据 |

【最高人民法院司法文件】

二、关于电子数据证据

会议认为，证券交易和信息传递电子化、网络化、无线化等特点决定电子交易信息、网络 IP 地址、通讯记录、电子邮件等电子数据证据在证券行政案件中至关重要。但由于电子数据证据具有载体多样，复制简单、容易被删改和伪造等特点，对电子数据证据的证据形式要求和审核认定应较其他证据方法更为严格。根据行政诉讼法第三十一条第一款第（三）项[①]的规定，《最高人民法院关于行政诉讼证据若干问题的规定》第十二条、第六十四条的规定，当事人可以向人民法院提供电子数据证据证明待证事实，相关电子数据证据应当符合下列要求：

（一）无法提取电子数据原始载体或者提取确有困难的，可以提供电子数据复制件，但必须附有不能或者难以提取原始载体的原因、复制过程以及原始载体存放地点

① 现行行政诉讼法第三十三条第一款第（四）项。——编者注

或者电子数据网络地址的说明，并由复制件制作人和原始电子数据持有人签名或者盖章，或者以公证等其他有效形式证明电子数据与原始载体的一致性和完整性。

（二）收集电子数据应当依法制作笔录，详细记载取证的参与人员、技术方法、步骤和过程，记录收集对象的事项名称、内容、规格、类别以及时间、地点等，或者将收集电子数据的过程拍照或录像。

（三）收集的电子数据应当使用光盘或者其他数字存储介质备份。监管机构为取证人时，应当妥善保存至少一份封存状态的电子数据备份件，并随案移送，以备法庭质证和认证使用。

（四）提供通过技术手段恢复或者破解的与案件有关的光盘或者其他数字存储介质、电子设备中被删除的数据、隐藏或者加密的电子数据，必须附有恢复或破解对象、过程、方法和结果的专业说明。对方当事人对该专业说明持异议，并且有证据表明上述方式获取的电子数据存在篡改、剪裁、删除和添加等不真实情况的，可以向人民法院申请鉴定，人民法院应予准许。

——《最高人民法院关于审理证券行政处罚案件证据若干问题的座谈会纪要》（2011年7月13日，法〔2011〕225号）。

【链接：最高人民法院法官著述】

我们承认电子证据具有独立的证据效力，但电子证据与其他类型的证据具有很大的差异，因此，法官在认定电子证据的证明效力时，需要注意以下几个问题：

1. 经对方当事人确认或者公证的电子证据不具有当然的证明效力。根据《行政诉讼证据规定》第六十四条规定，电子证据经对方当事人确认或者公证，与原件具有同等的证明效力。但是，与原件的证明效力一样并不一定就意味着能够作为定案的依据。因此，法庭在审查电子证据的证明效力时，首先应当审查该电子证据与案件事实之间是否具有关联性，不具有关联性的，可以直接排除在定案依据之外。在确定具有关联性之后，要审查当事人认可电子证据制作情况和真实性时，是否受到外力影响作出认可的。如果受到外力影响作出的认可，因不是当事人的真实意思表示，不应确认为当事人的确认。在排除受到外力影响后，再审查是否具有合法性，只有最终确认该电子证据具有合法性后，才能作为定案的依据，反之则不能作为定案的依据。

2. 未经对方当事人确认或者公证的电子证据不能仅此认定为不具有证明效力。电子证据虽未经对方当事人确认或者公证，并非一定都要排除在定案的依据外，如果有其他具有证明效力的证据予以印证的，法庭可以认定其具有证明效力。

但如果其他证据自相矛盾、内容前后不一致或者不符合情理的，在未排除合理怀疑的情况下，不能采信该电子证据。因此，在判断电子证据的真实性问题时，需要结合案件的其他所有的有效证据进行分析后，才能作出认定，专家有关技术方面的意见，需要特别予以注意，而不能武断地一概将未经对方当事人确认或者公证的电子证据排除在定案依据之外。

3. 法庭对所有的电子证据都要注意对其合法性进行审查。审查内容包括收集手段是否合法和形式要件是否符合法定要求这两个方面。因此，在审查中需要了解电子证据是以什么方法、在什么情况下取得的，是否违背法定的程序和要求，是否符合法律、法规及规章规定的形式要求。经审查发现收集手段不合法或者形式要件不符合法律、法规及规章规定的形式要求的，其虚假或者错误率很高，难以保障其内容或信息的真实性，故应当将其排除在定案依据之外。

——蔡小雪、甘文：《行政诉讼实务指引》，人民法院出版社 2014 年版，第 311—312 页。

273 证据认定中的自认规则

关键词 | 证据 | 自认 |

【链接：最高人民法院法官著述】

法庭确认诉讼上的自认的证明效力问题时，还应当注意以下问题：

1. 在庭审中，一方当事人就对方当事人对其不利的主张予以承认时，法庭必须确定自认一方的当事人对对方主张的事实是全部了解还是部分了解，是否存在误解等问题。如果自认方当事人仅仅是部分了解，对其不了解的全部或者存在误解的，法庭须让对方当事人进一步予以说明，在确认了解对方全部主张的事实并不存在误解的情况后，自认方当事人仍承认的，应认定“自认”是当事人的真实意思表示。如果自认方当事人不予承认或者不表态的，不能作为自认看待。

2. 诉讼当事人不在场的情况下，委托诉讼代理人作出自认后，法官应当审查委托诉讼代理人是否具有此项权限，对于不具有此项权限的，不能直接作为定案的依据。诉讼当事人在场的情况下，委托诉讼代理人作出自认后，法官应当询问当事人，并就此问题作出明确的回答。当事人不回答的，可以视为自认，但当事人明确表示反对的，则不能适用自认规则。

3. 原告或者第三人在诉讼中有关对被诉具体行政行为认定的事实中的有关问

题所作的自认,必须是在行政程序过程中原告或者第三人亦作出相同的自认,或有其他证据印证的情况下,说明被告在作出被诉具体行政行为前已经调查清楚,不存在违反“先取证、后裁决”的原则,因而可以作为认定被诉具体行政行为合法的依据;反之,则违反了“先取证、后裁决”的原则,不能作为认定被诉具体行政行为合法的依据。

4. 在行政诉讼中当事人的自认,从证据分类上看仍属于当事人陈述的性质,因此,法官首先应当审查该自认是否符合逻辑推理和生活经验,对明显不符合逻辑推理和生活经验的自认,特别是涉及国家利益、公共利益、他人合法权益的,法官不能将其作为定案的依据。如果未发现明显不符合逻辑推理和生活经验问题的,应审查当事人所举出的所有的证据中,有无足以推翻自认的证据。只有经审查不存在足以推翻自认的证据,才可以将其作为定案的根据。以适用排除合理怀疑为标准的案件,还应在审查排除对自认事实的合理怀疑后,才能作为定案的根据。

5. 法官发现自认是在受胁迫或者重大误解情况下作出的,必须结合其他证据进行综合分析,如果发现自认与事实不符或者没有其他证据印证的,应当认定该自认不具有证明效力。所谓受胁迫所至,是指另一方当事人以给公民及其亲友的生命健康、荣誉、名誉、财产等造成损害;或法人、其他组织的荣誉、名誉、财产等造成损害为要挟,迫使对方当事人作出违背真实意思的行为。所谓重大误解,是指当事人对其自身行为的性质和后果发生错误的认识,使行为的后果与自己的意思表示相悖,并造成双方权利义务严重失衡的行为。

6. 在共同诉讼中的自认,如果属于普通的共同诉讼,其中一个当事人的自认除非得到其他共同诉讼当事人的明确认可,才能适用自认规则,否则仅对作出自认的当事人具有拘束力;如果属于必要的共同诉讼中的一个当事人的自认,其他当事人不认可的,不能适用自认规则。在非共同诉讼中,涉及其他诉讼当事人利益的行政案件,其他诉讼当事人对自认提出异议的,不能适用自认规则。

7. 如果在其他行政赔偿诉讼案件中,原告与被告达成调解协议的内容和结论,涉及正在审理的行政诉讼案件认定的事实问题,根据在行政赔偿诉讼案件中,当事人达成的调解协议的内容和结论可以与法院裁判的内容和结论不同的原理,该调解协议的内容和结论不能直接作为正在审理案件的依据。如果法院在审理行政赔偿诉讼案件过程中,双方当事人达成赔偿协议,但在生效前反悔的,未生效的赔偿协议的内容和结论不具有证明效力,法庭应当继续审查案件事实,直至认为可以作出某个判断为止,而不宜直接作出裁判。

——蔡小雪、甘文:《行政诉讼实务指引》,人民法院出版社 2014 年版,第 318—319 页。

第六章 | CHAPTER 06

起诉与受理

一、起诉条件

274 行政诉讼的起诉条件包括绝对的起诉条件和相对的起诉条件

关键词｜起诉条件｜绝对起诉条件｜相对起诉条件｜

【最高人民法院司法政策】

行政诉讼法第四十九条规定,提起行政诉讼需符合四个法定条件。但并不能简单将其与行政诉讼案件的受理条件完全等同,应当将其理解为必要条件而非充分条件。行政诉讼法的“起诉与受理”整章,亦并未穷尽所有行政诉讼案件的受理条件。事实上,行政诉讼的法定受理条件分散在多个章节部分,具体可分为两大类。

第一,绝对的起诉条件,即不具备条件则不能提起行政诉讼。具体有:(1)被诉的行政行为必须属于行政诉讼受案范围。这涉及司法权和行政权之间的关系,不属于行政诉讼受案范围的,则一律不予受理。(2)起诉人必须与被诉行政行为有法律上的利害关系。被诉行政行为包括作为和不作为,除法律规定的公益诉讼外,没有利害关系的主体,不能提起行政诉讼。(3)没有超过法律的起诉期限。为维护行政法律关系的稳定性,避免提起行政诉讼的时间过长而影响公共利益,一般情况下只要起诉人超过起诉期限的,则不能提起行政诉讼。值得注意的是,若超过起诉期限不能归责于起诉人自身,而是不可抗力等客观的外界因素或者行政机关刻意的阻拦等被告方面的原因所造成,人民法院则应当予以受理。(4)受其他诉讼案件的影响而不能提起行政诉讼。如撤诉后无正当理由再次提起行政诉讼的;已经提起行政诉讼而重复提起的行政诉讼;提起的行政诉讼的诉讼标的受生效裁判羁束的;等等。

第二,相对的起诉条件,即起诉时不符合起诉条件,但经过当事人的改变、选择后可以重新提起行政诉讼的条件。具体有:(1)起诉时未经过前置程序的。如法律规定的复议前置案件,未经过复议前置程序而直接提起行政诉讼的,人民法院不予受理。但在当事人经过复议程序后,仍可以提起行政诉讼。(2)未依法缴纳诉讼费的。当事人未按照法律规定依法缴纳诉讼费,人民法院按撤诉处理后,当事人如在起诉期间内缴纳诉讼费后再提起行政诉讼的，人民法院应当予以立案。(3)未提交必要的起诉材料。如未提交原告的身份证明材料以及有效联系方式；未提交被诉行政行为或者不作为存在的材料；由法定代理人或者委托代理人代为起诉的，未提交法定代理人或者委托代理人的身份证明和代理权限证明等材料的。缺乏这些必要材料，人民法院无法开展后续的审理工作，一般不予立案受理，但当事人补充提交材料之后不影响人民法院进行案件审理的，应当予以受理。(4)提交的起诉材料书写不正确的。如被告不明确的或明显不正确的；诉讼请求不具体或明显不正确的；等等。人民法院应当对当事人进行释明和指导，当事人修改后表述正确的，人民法院应当予以受理。当事人拒绝补正或者修改的，则不予以受理。

——江必新：《行政审判基本问题研究》，载中华人民共和国最高人民法院行政审判庭编：《行政执法与行政审判》（总第70集），中国法制出版社2018年版，第4—5页。

275 当事人提起行政诉讼应当提交起诉材料

关键词 | 起诉材料 | 身份证明材料 | 有利害关系的材料 |

【最高人民法院司法解释】

第五十四条 依照行政诉讼法第四十九条的规定，公民、法人或者其他组织提起诉讼时应当提交以下起诉材料：

（一）原告的身份证明材料以及有效联系方式；

（二）被诉行政行为或者不作为存在的材料；

（三）原告与被诉行政行为具有利害关系的材料；

（四）人民法院认为需要提交的其他材料。

由法定代理人或者委托代理人代为起诉的，还应当在起诉状中写明或者在口头起诉时向人民法院说明法定代理人或者委托代理人的基本情况，并提交法定代理人或者委托代理人的身份证明和代理权限证明等材料。

——《最高人民法院关于适用〈中华人民共和国行政诉讼法〉的解释》（2018年2月8日，法释〔2018〕1号）。

第六条 当事人提出起诉、自诉的，应当提交以下材料：

（一）起诉人、自诉人是自然人的，提交身份证明复印件；起诉人、自诉人是法人或者其他组织的，提交营业执照或者组织机构代码证复印件、法定代表人或者主要负责人身份证明书；法人或者其他组织不能提供组织机构代码的，应当提供组织机构被注销的情况说明；

（二）委托起诉或者代为告诉的，应当提交授权委托书、代理人身份证明、代为告诉人身份证明等相关材料；

（三）具体明确的足以使被告或者被告人与他人相区别的姓名或者名称、住所等信息；

（四）起诉状原本和与被告或者被告人及其他当事人人数相符的副本；

（五）与诉请相关的证据或者证明材料。

——《最高人民法院关于人民法院登记立案若干问题的规定》（2015 年 5 月 1 日，法释〔2015〕8 号）。

【链接：最高人民法院法官著述】

在司法实践中，需要注意以下几个问题：

一是被诉行政行为或者不作为存在的材料。被诉行政行为可能是法律行为，也可能是事实行为。法律行为一般通过行政决定书等方式表现出来；事实行为则往往没有相应的法律文书。此时，起诉人需要提交相应的证据材料予以证明。《行诉解释》第六十三条规定，行政机关作出行政行为时，没有制作或者没有送达法律文书，公民、法人或者其他组织只要能证明行政行为存在，并在法定期限内起诉的，人民法院应当依法立案。该条主要规定的是作为类的行政行为，对于不作为行为，起诉人是否需要提交相应的证据材料，司法实践中还有一些不同认识。我们认为，对于不作为行为，例如行政机关拒绝履行法定职责、拖延履行法定职责的，起诉人也应当提供相应的证据，证明该不作为行为存在。需要注意的是，起诉人只要证明被诉行政行为或者不作为"存在"即可。

二是原告与被诉行政行为具有利害关系的材料。根据行政诉讼法第二十五条的规定，除了行政公益诉讼的原告，原告的资格限制为"行政行为的相对人以及其他与行政行为有利害关系"。"利害关系"是原告应当承担的初步证明责任。

——梁凤云：《行政诉讼法司法解释讲义》，人民法院出版社 2018 年版，第 157 页。

276 “有明确的被告”的认定

关键词｜起诉状｜明确的被告｜不予立案｜

【最高人民法院司法解释】

第六十七条 原告提供被告的名称等信息足以使被告与其他行政机关相区别的,可以认定为行政诉讼法第四十九条第二项规定的“有明确的被告”。

起诉状列写被告信息不足以认定明确的被告的,人民法院可以告知原告补正;原告补正后仍不能确定明确的被告的,人民法院裁定不予立案。

——《最高人民法院关于适用〈中华人民共和国行政诉讼法〉的解释》(2018年2月8日,法释〔2018〕1号)。

【链接:理解与适用】

由此可知,行政诉讼法第四十九条对于适格被告的规定,仅要求“明确”,而非“正确”。对于“明确”的认定,本条司法解释确定的标准是“提供被告的名称等信息足以使被告与其他行政机关相区别”。也就是说,只要原告在诉状中列明了被告的名称等信息,指向了具体的、特定的被诉行政机关,达到足以使其指控的被告与其他行政机关相区别的效果,即可认定为“有明确的被告”。至于所列被告是否正确,并不是行政诉讼法第四十九条第(二)项所要解决的范畴。

——最高人民法院行政审判庭编著:《最高人民法院行政诉讼法司法解释理解与适用》(上),人民法院出版社2018年版,第339页。

277 被告适格包括形式上适格和实质性适格

关键词｜被告适格｜明确的被告｜

【最高人民法院裁判案例】

李春山诉怀远县人民政府房屋强拆案[最高人民法院(2017)最高法行申366号行政裁定书]

要旨:在行政诉讼中,被告适格包含两个层面的含义。一是形式上适格,亦即行政诉讼法第四十九条第(二)项规定的“有明确的被告”。所谓“有明确的被告”,是指起诉状指向了具体的、特定的被诉行政机关。但“明确”不代表“正确”,因此被告适格的第二层含义则是实质性适格,也就是行政诉讼法第二十六条第一款规定的,“公民、法人或者其他组织直接向人民法院提起诉讼的,作出行政行为的行政机关是被告”。又按照行政诉讼法第四十九条第(三)项的规定,提起诉讼应当“有具体的诉讼请求和事实根据”,这里的“事实根据”就包括被告“作出行政行为”的相关事实根据。

就本案而言,再审申请人以怀远县政府对其房屋实施了强制拆除行为为由,以怀远县政府为被告提起本次诉讼,被告虽然是明确的,但并不符合实质性适格的要求。根据原审法院查明的事实,怀远县政府提交的行政处罚决定书、行政执法执行决定书、执行公告等证据已证明系怀远县城市管理行政执法局对再审申请人的房屋具体实施了拆除行为,且怀远县城市管理行政执法局作为政府工作部门是独立的行政主体,亦具有为其行为独立承担法律责任的能力。再审申请人虽提供了照片、证人证言等材料,以此证明怀远县政府是实施主体,但其提供的证据均不能否定怀远县城市管理行政执法局作出的行政处罚决定书、行政执法执行决定书等法律文件的效力。在此情况下,再审申请人仍坚持以怀远县政府为被告进行诉讼,显然不具有行政诉讼法第四十九条第(三)项要求的“事实根据”。在原审法院予以释明的情况下,再审申请人仍拒绝变更被告,属于《最高人民法院关于适用〈中华人民共和国行政诉讼法〉若干问题的解释》第三条第一款第(三)项规定的“错列被告且拒绝变更”,“已经立案的,应当裁定驳回起诉”的情形,一审法院裁定驳回起诉、二审法院裁定驳回上诉,并无不当。至于再审申请人所主张的强拆行为违法等问题,不是在审查是否符合法定起诉条件阶段所应审查的事项,因此对于再审申请人的该项主张,本院不予支持。

——中国裁判文书网,https://wenshu.court.gov.cn/。

278 对于无行政主体认领强制拆除行为的案件,在立案环节,不宜强求所列被告确为行为实施主体

关键词|起诉条件|强制拆除|事实依据|

【最高人民法院裁判案例】

马军诉甘肃省兰州市七里河区人民政府城建行政强制案[最高人民法院(2020)最高法行申5042号行政裁定书]

要旨:在立案环节,审查是否符合法定起诉条件时,若已符合有明确的被告的

要求，则对于是否有事实根据的审查，应重点审查相关证据材料能否证明存在被诉的强制拆除行为及所列被告是否在法律上或事实上具有较大可能作出被诉的强制拆除行为，不宜强求所列被告确为行为实施主体。

对于涉及无行政主体认领强制拆除行为的案件，适用行政诉讼法第四十九条第(三)项关于提起诉讼需有事实根据的规定较为特殊。在此种场合，主张合法权益受到侵害的公民、法人或其他组织往往只是知道或应当知道强制拆除行为本身，无从准确知晓强制拆除行为的实施主体。对于此种情形，若在公民、法人或其他组织起诉时即要求其列正确的行为主体为被告，则无疑是强人所难。在立案环节，依照《最高人民法院关于行政诉讼证据若干问题的规定》第四条第一款的规定审查是否符合法定起诉条件时，若已符合有明确的被告的要求，则对于是否有事实根据的审查，应重点审查相关证据材料能否证明存在被诉的强制拆除行为及所列被告是否在法律上或事实上具有较大可能作出被诉的强制拆除行为，不宜强求所列被告确为行为实施主体。至于所列被告是否确为行为实施主体，则在人民法院立案庭依照《最高人民法院关于人民法院登记立案若干问题的规定》第十二条的规定将案件移送审判庭审理后，由审判庭经审理确定。在审理中，可通过综合审查、追加被告、通知第三人参加、举证责任分配等方式认定或推定行为实施主体。若经审理，所列被告确非行为实施主体，则此时不宜再认定错列被告，仍应以起诉缺乏事实根据为由裁定驳回起诉。经审理后，不宜未确定行为实施主体便裁定驳回起诉。

——中国裁判文书网，https://wenshu.court.gov.cn/。

279 “有具体的诉讼请求”的认定

关键词｜诉讼请求｜具体的诉讼请求｜

【最高人民法院司法解释】

第六十八条 行政诉讼法第四十九条第三项规定的“有具体的诉讼请求”是指：

(一)请求判决撤销或者变更行政行为；

(二)请求判决行政机关履行特定法定职责或者给付义务；

(三)请求判决确认行政行为违法；

(四)请求判决确认行政行为无效；

(五)请求判决行政机关予以赔偿或者补偿；

（六）请求解决行政协议争议；

（七）请求一并审查规章以下规范性文件；

（八）请求一并解决相关民事争议；

（九）其他诉讼请求。

当事人单独或者一并提起行政赔偿、补偿诉讼的，应当有具体的赔偿、补偿事项以及数额；请求一并审查规章以下规范性文件的，应当提供明确的文件名称或者审查对象；请求一并解决相关民事争议的，应当有具体的民事诉讼请求。

当事人未能正确表达诉讼请求的，人民法院应当要求其明确诉讼请求。

——《最高人民法院关于适用〈中华人民共和国行政诉讼法〉的解释》（2018年2月8日，法释〔2018〕1号）。

【链接：理解与适用】

适用本条时还应注意以下几点：

第一，本条第二款专门对单独或一并提起行政赔偿或者行政补偿诉讼、请求一并审查规章以下规范性文件以及请求一并解决相关民事争议的诉讼中诉讼请求的列明作出了具体规定。当事人单独或者一并提起行政赔偿、行政补偿诉讼的，其诉讼请求不能仅笼统地表述为"要求行政机关赔偿、补偿"，而应当列明具体的赔偿、补偿事项以及具体数额。当事人请求一并审查规章以下规范性文件的，也不能只是笼统地表述为"要求审查被诉行政行为所依据的规范性文件"，而应当提供明确的文件名称或者审查对象。当事人请求一并解决相关民事争议的，其诉讼请求中应当包含具体的民事诉讼请求。

第二，诉讼请求指向的被诉行政行为也应当是特定的、明确的，而非含混不清或者存在多种可能的。如果被诉行政行为不明确，比如可能包含一系列的行政行为，作出主体也可能存在不同，则人民法院应当履行释明义务，让当事人明确其所诉行政行为的具体指向，以固定行政诉讼的审查对象。

第三，当事人在一个诉讼中可以提出一个诉讼请求，也可以提出多个诉讼请求。但有些诉讼请求不能单独提出，例如请求一并审查规章以下规范性文件、请求一并解决相关民事争议，既是"一并"提出，自然是建立在其他诉讼请求的基础之上。另外，有些诉讼请求不能同时提出，例如针对某一行政行为同时要求撤销与确认违法，或者同时要求确认违法与确认无效。遇此情形，法院也应当进行必要的指导与释明，以使当事人正确表达其诉讼请求。

——最高人民法院行政审判庭编著：《最高人民法院行政诉讼法司法解释理解

与适用》(上),人民法院出版社 2018 年版,第 346—347 页。

【最高人民法院审判业务意见】

1. 诉讼请求不明确的处理。依照处分权主义,人民法院不得为诉外裁判。诉讼标的是原告提起诉讼时必须予以明确的内容,也是法院审理的对象。诉讼标的通过当事人的诉讼请求予以固定,因此诉讼请求必须满足实现诉讼标的个别化的要件。在撤销诉讼中,明确原告争议的行政行为即可;在课予义务诉讼中,明确原告申请作出的行政行为即可;在确认诉讼中,明确原告要求确认存在或者不存在的诉争法律关系即可;在给付诉讼中,原告需明确根据何种法律关系请求给付。明确的诉讼请求要求原告具体陈述被诉行政行为的违法之处以及损害其权利的内容。根据行政诉讼法第五十一条第三款、《最高人民法院关于适用〈中华人民共和国行政诉讼法〉的解释》第六十八条第三款的规定,当事人提起行政诉讼,但诉讼请求不明确的,人民法院应当对当事人进行指导和释明,要求其予以补正,法院不能未经释明直接自行确认被诉行政行为,或者直接以诉讼请求不明确为由驳回起诉。在起诉状内容欠缺或者未正确表达诉讼请求的情况下,人民法院应当进行指导和释明,要求当事人完善起诉状内容、明确诉讼请求,尤其要注意要求当事人明确被诉行政行为。行政诉讼多是对被诉行政行为的合法性进行审查,当事人所诉行政行为不明确,人民法院将无法进行案件的审理和裁判。原告诉讼请求不明确,一审法院未向原告释明要求其明确诉讼请求的,二审法院不宜简单以诉讼请求不明确为由认定原告的起诉不符合起诉条件,因为法院未经释明即以诉讼请求不具体为由裁定驳回当事人的起诉,违反诉讼程序,适用法律错误。

——《最高人民法院第二巡回法庭建庭以来行政案件审理情况分析报告——以申请再审案件为核心(2015.01—2020.06)》(二),载最高人民法院第二巡回法庭微信公众号“第二巡回法庭”2020 年 12 月 31 日。

280 被诉行政行为不明确，不符合法定起诉条件

关键词 | 行政行为 | 起诉条件 |

【最高人民法院裁判案例】

惠州市富名实业发展有限公司诉广东省惠州市惠东县人民政府、惠州市惠东县自然资源局、惠州市惠东县巽寮滨海旅游度假管理委员会征收土地及行政赔偿案[最高人民法院(2019)最高法行申5549号行政裁定书]

要旨:行政诉讼中,诉讼请求不明确,就是行政行为不具体、不明确。行政诉讼的第一要务是要明确被诉行政行为。被诉行政行为不明确,不符合法定起诉条件。

行政诉讼法第四十九条第(三)项规定,提起行政诉讼,应当要有具体的诉讼请求。《最高人民法院关于适用〈中华人民共和国行政诉讼法〉的解释》第六十九条第一款第(一)项规定,起诉不符合行政诉讼法第四十九条规定,已经立案的,应当裁定驳回起诉。所谓“具体的诉讼请求”,就是要有明确的被诉行政行为。行政诉讼的起诉条件中,受案范围是对当事人权利义务产生实际影响的可诉“行政行为”,原告资格是起诉人要与被诉“行政行为”有利害关系,适格被告是作出“行政行为”的行政机关,起诉期限是从知道或者应当知道“行政行为”之日起计算;进入实体审理后,行政诉讼的审理对象是被诉行政行为,没有明确的被诉行政行为,人民法院无法对被诉行政行为的合法性进行审查。因此,行政诉讼中,诉讼请求不明确,就是行政行为不具体、不明确。行政诉讼的第一要务是要明确被诉行政行为。被诉行政行为不明确,不符合法定起诉条件。本案中,富名公司第一项诉讼请求为确认惠东县政府、惠东县资源局、巽寮管委会向淡水港组、红石湾组征收涉案土地的行为违法。征收土地行为包括审批、备案、公告、补偿、安置、实施等一系列行政行为,涉及不同级别的多个行政机关。起诉征收土地行为,属于被诉行政行为不具体、不明确。经释明,富名公司拒不明确被诉行政行为。一、二审裁定驳回其该项诉讼请求的起诉,处理结果并无不当。富名公司主张,要求其对涉案征收土地行为拆分起诉,增加当事人诉讼成本与难度。但是,一、二审均未提出让其对涉案征收土地行为进行拆分起诉的要求,只是要求其明确被诉行政行为,被诉行政行为不明确,人民法院无法判断起诉是否符合法定条件。以此为由申请再审,没有事实和法律根据,本院不予支持。富名公司还主张,富名公司已合法取得涉案土地的开发权益,并投入征收款4000余万元,与被诉行政行为有利害关系。但是,如前所述,在被诉行政行为都不明确的情况下,何谈利害关系。其该项申请再审理由,缺乏判断的前提条件,同样不能成立。

——中国裁判文书网,https://wenshu.court.gov.cn/。

281 “一行为一诉”的行政诉讼立案受理原则的适用

关键词｜具体的诉讼请求｜一行为一诉｜立案｜

【最高人民法院公报案例】

马生忠与宁夏回族自治区固原市人民政府行政批复、宁夏回族自治区固原市住房和城乡建设局房屋拆迁行政裁决案[最高人民法院(2019)最高法行终1号行政裁定书]

要旨:在一个行政案件中,被诉行政行为一般仅指一个行政机关作出的一个行政行为,或两个及两个以上的行政机关作出的同一个行政行为。在无法律规定的情况下,除非存在关联事实等特殊情况及出于诉讼经济的便宜考虑,一般不得在同一个行政案件中将两个或两个以上的行政行为列为被诉行政行为。

本案的核心争议为上诉人提出的起诉是否符合法定起诉条件。行政诉讼法第四十九条第(三)项规定的“有具体的诉讼请求”便是法定起诉条件之一。通常认为,“有具体的诉讼请求”主要是指要有确切具体的被诉行政行为。被诉行政行为构成人民法院进行合法性审查的对象,亦决定了人民法院审理和裁判的范围。在一个行政案件中,被诉行政行为一般仅指一个行政机关作出的一个行政行为,或两个及两个以上的行政机关作出的同一个行政行为。尽管公民、法人或其他组织在起诉时可以提出多项具有内在逻辑牵连的诉讼请求,但作为诉讼请求基础的被诉行政行为却须只有一个。此即通常所谓的“一行为一诉”的行政诉讼立案受理原则。不同行政行为的作出主体不同,所依据的行政实体和程序法律存在差别,所基于的事实有异,人民法院进行合法性审查的范围、内容、强度等亦不完全一致。若在一个行政案件中同时对两个或两个以上的行政行为提出起诉,则不仅不利于行政机关有效应诉,而且势必对人民法院聚焦被诉行政行为,归纳争议焦点,组织举证质证,认定案件事实,安排法庭辩论,准确适用法律,作出清晰明确的裁判等诉讼活动的有序开展产生阻碍,进而影响到行政案件的公正、及时审理及保护公民、法人和其他组织合法权益、监督行政机关依法行使职权的审判职能作用发挥,还无益于有针对性地促进行政争议的实质性化解。该原则实为行政诉讼规律使然。行政诉讼法第二十六条第四款关于共同作出同一行政行为的行政机关为共同被告的规定及第二十七条关于因同一行政行为产生的必要共同诉讼的规定就典型地体现了这一原则。在无法律规定的情况下,除非存在关联事实等特殊情况及出于诉讼经济的便宜考虑,一般不得在一个行政案件中将两个或两个以上的行政行为列为被诉行政行为。行政诉讼法第二十六条第二款关于复议机关维持原行政行为的,原行政行为机关和复议机关为共同被告的规定是一种非常例外的行政诉讼制度设置。即便如此,依照《最高人民法院关于适用〈中华人民共和国行政诉讼法〉的解释》第一百三十五条第一款的规定,原行政行为的合法性仍是审查的重心,复议决定的合法性只是一并予以审查。另需注意的是,行政诉讼法第二十七条关于因同类行政行为产生的普通共同诉讼的规定只是对相互独立的两个及两个以上行政案件的合并审理,而非同一个行政案件。本案中,上诉人提出的前六项诉讼请求系对多个行为提出起诉,明显有违该原则,构成诉讼请求不具体。但依照《最高人民法院关于适用〈中华人民共和国行政诉讼法〉的解释》第六十八条第三款的规定,人民法院应当进行必要的指导和释明,以便协助诉讼能力不足的公民、法人或其他组织在一个行政案件中恰当确定一个被诉行政行为。原审裁定未显示原审法院进行了相关指导和释明,有欠妥当,但从接下来对上诉人所提诉讼请求逐项分析的情况看,此种欠妥并未影响到上诉人诉权的依法合理行使。

第一项和第三项诉讼请求系针对 3 号批复和 83 号通知提出起诉。从本院核查的情况看,3 号批复和 83 号通知是固原市政府对相关单位作出的内部批复,并未直接对特定的公民、法人或其他组织的权利义务产生法律效果,不属于可诉的行政行为。第二项诉讼请求涉及原固原市建设局作出的 02 号拆迁裁决。从本院核查的情况看,原固原市建设局于 2006 年 9 月 1 日作出该拆迁裁决时告知了诉权和起诉期限。上诉人对该拆迁裁决提出起诉已远远超过当时有效的、修改前的行政诉讼法第三十九条关于三个月的起诉期限的规定,且其提交的证据材料未显示存在超过法定起诉期限的正当理由。由于上诉人已知道该拆迁裁决的内容,其提出的适用二十年的最长诉讼保护期限的主张不能成立。诉讼时效是民事实体法的规定,起诉期限则是行政诉讼法的规定。在法定期限内提起诉讼为法定起诉条件之一,人民法院应当依职权主动审查。原审裁定系以上诉人提起本案诉讼超过法定起诉期限且无正当理由为由,而非上诉人主张的适用了诉讼时效的规定,故上诉人所提原审法院违反民法总则第一百九十三条规定的主张亦不成立。第四项诉讼请求涉及行政诉讼法第五十三条第一款关于行政诉讼附带审查规范性文件的规定。但进行该种附带审查的前提条件之一是对行政行为的起诉已符合法定起诉条件。若对行政行为的起诉尚不成立,则对规范性文件的附带审查也就无所依附。上诉人请求审查 83 号通知和 87 号通知即是此种情形。且上诉人对 83 号通知同时提出起诉和请求进行规范性文件审查,显然有违法律规定。关于第五项诉讼请求,上诉人提交的 02 号拆迁裁决、拆迁协议等证据材料显示,其为被拆迁人,对其承担补偿安置义务的是拆迁人固原市市政公司。无论是固原市政府,还是原固原市建设局，均非拆迁人，亦不存在上诉人上诉所称固原市政府因征收房屋而作出行政行为的情况，且对于原审法院所作上诉人已领取相应拆迁安置补偿款的认定，上诉人在向本院上诉中未予否定，故上诉人请求一并解决安置其居住生活问题显然缺乏事实根据。第六项诉讼请求为行政赔偿诉讼请求。依照国家赔偿法第四条的规定，存在违法的行政行为是公民、法人或其他组织就其财产权所受损害获得行政赔偿的基本前提。上诉人诉请赔偿两次拆除其国有土地上房屋对其造成的损失，但并未提交证据证明固原市政府、原固原市建设局作出了拆除其房屋的行为，其提交的证据材料亦难以证明该二机关存在拆除其房屋的可能性或是存在该二机关依法应对其他主体拆除其房屋承担法律责任的可能性，故上诉人所提该项诉讼请求明显不具备基础。因此，就上诉人所提六项诉讼请求单个而论，亦均不符合法定起诉条件。上诉人还称，原审法院存在违反行政诉讼法第五十一条规定的情况。原审法院接到上诉人提交的起诉状后已进行了审查，且作出不予立案裁定，再结合对上诉人所提诉讼请求的上述分析，故即使上诉人所称属实，该有待依法予以完善之处也未对上诉人诉权的依法合理行使产生实质影响，也难以证明其提起本案诉讼符合法定起诉条件。

——《中华人民共和国最高人民法院公报》2019 年第 12 期。

【最高人民法院裁判案例】

荥阳市广武镇冯庄村第三村民组诉荥阳市人民政府土地行政征收案［最高人民法院(2018)最高法行申 9011 号行政裁定书］

要旨：在一个诉讼请求中，被诉的行政行为，一般仅指一个行政机关作出的一个行政行为，或者两个以上行政机关共同作出的一个行政行为，而不包括同一行政机关或者两个以上行政机关作出的两个以上行政行为。

《最高人民法院关于适用〈中华人民共和国行政诉讼法〉的解释》第六十八条第一款规定，“有具体的诉讼请求”是指请求判决撤销或者变更行政行为、请求判决确认行政行为违法、请求判决确认行政行为无效，等等。可见，通常情况下，具体的诉讼请求往往会指向行政机关作出的行政行为。结合行政诉讼法第二十六条的规定，在一个诉讼请求中，被诉的行政行为，一般仅指一个行政机关作出的一个行政行为，或者两个以上行政机关共同作出的一个行政行为，而不包括同一行政机关或者两个以上行政机关作出的两个以上行政行为。就本案而言，再审申请人一审提出的诉讼请求是，“确认荥阳市人民政府在执行荥阳市 2010 年度第四批乡镇建设征收土地中涉及征收原告冯庄三组的行政行为程序违法”。这个诉讼请求因包涵的内容量过多，难以让人民法院确定具体指向哪一个“执行荥阳市2010年度第四批乡镇建设征收土地中涉及征收冯庄三组的行政行为”。在人民法院释明之后，再审申请人的诉讼请求仍不符合行政诉讼法第二十六条以及《最高人民法院关于适用〈中华人民共和国行政诉讼法〉的解释》第六十八条第一款的相关规定，一审法院裁定驳回起诉，并无不当。提出一个符合法律规定的明确具体的诉讼请求，终究是原告的义务，再审申请人认为“一审法院错误行使释明权，致缩减了原诉讼请求所包含的内容量”，理由不能成立。

——中国裁判文书网，https://wenshu.court.gov.cn/。

282 撤销之诉与义务之诉的区分

关键词｜诉讼类型｜撤销之诉｜义务之诉｜

【最高人民法院裁判案例】

郭传欣诉山东省巨野县人民政府、山东省菏泽市人民政府房屋征收补偿决定及复议决定案［最高人民法院（2016）最高法行申2621号行政裁定书］

要旨：法院在义务之诉中并非只是对行政机关已经作出的决定进行合法性审查并一撤了之，而要进一步对行政机关的义务进行裁判。只要原告对所申请的行政行为有请求权，法院就应当直接宣布行政机关的义务。

行政诉讼法的立法目的在于“保护公民、法人和其他组织的合法权益，监督行政机关依法行使职权”，而要实现此一目的，很大程度上取决于诉讼种类之完善。如果对于侵犯公民权利的每一种国家权力行为都有一个适当的诉讼种类可供利用，则公民合法权益的受保护程度势必会得到大幅提高。修改后的行政诉讼法虽然没有直接引入诉讼种类的概念，但通过判决方式的丰富和整合，事实上完成了诉讼类型化改造。《最高人民法院关于适用〈中华人民共和国行政诉讼法〉若干问题的解释》（以下简称《适用解释》）第二条通过对“具体的诉讼请求”的解释，也对各诉讼种类作出了明示性规定。设置诉讼类型的目的既然在于为公民权利的保护提供一种具体方式，那么选择一个适当的类型就不应成为公民的任务甚至额外增加的负担。诉讼类型制度的根本意义更在于对法院的诉讼行为作出规范，以使法院根据不同的诉讼类型选择最适宜的救济方式和裁判方式。通常情况下，原告对于诉讼类型并不表现得多么疏离，因为他在诉讼请求中表达的想要实现的目的本身就已经自然而然地体现为一个具体的诉讼种类。对于诉讼类型不习惯、不熟悉甚至有意排斥的往往是法官,因为他已经在单一的撤销之诉的环境之中浸淫太久,以至于对于任何争议都习惯性地运用合法性审查的方法。

本案中,郭传欣针对补偿决定提起行政诉讼,他的诉讼请求,除了要求撤销补偿决定,还包括要求对其房屋全部按照商用房给予 577.35 万元的征收补偿。从诉讼类型上说,提出这种金钱支付请求通常属于一般给付之诉。由于一般给付之诉涉及的往往是行政事实行为,而本案之前已有一个补偿决定,因此更进一步归类于作为一般给付之诉亚类的义务之诉,也就是我们通常所说的履行职责之诉。义务之诉与撤销之诉的趣旨有所不同。撤销之诉旨在撤销一个对原告不利的行政行为,一经撤销,该行政行为的法律效力就会随之消除,原告所寻求的权利救济也就不待执行即已实现。义务之诉却不像撤销之诉那样源于经典的干预行政,而是产生于给付行政。义务之诉的原告,总是希望通过他的请求获得授益,总是希望通过判决达到一种较之于初始状态更佳的境况。义务之诉中也可能有一个撤销行政决定的请求,但撤销行政决定本身不是目的,也不是必须,原告的终极目的是要求法院判决行政机关履行他所期待的某项义务。正因为如此,法院在义务之诉中并非只是对行政机关已经作出的决定进行合法性审查并一撤了之,而要进一步对行政机关的义务进行裁判。只要原告对所申请的行政行为有请求权,法院就应当直接宣布行政机关的义务。具体到针对补偿决定的诉讼,法院不能仅仅止于对违法的补偿决定的撤销,更要根据原告的请求,对于具体补偿问题作出裁判。本案一审法院对被诉补偿决定进行了合法性审查,以认定事实不清、适用法律错误为由予以撤销;对于原告要求判令被告补偿 577.35 万元的诉讼请求则不予支持,理由是"确定涉案房屋征收行政补偿金额并作出征收补偿决定系被告行政职权范围,原告可在被告作出征收补偿决定的过程中提出证据主张自己相应的权利",很显然是不适当地采用了撤销之诉的审理方式,其结果是将本来是案件审理重点的补偿问题一推了之。

诚然,在义务之诉中也并非所有的案件都能直接宣布行政机关的义务,作出这种具体到位的判决,需要原告具有请求权,也需要裁判时机成熟,也就是所有事实和法律上的前提皆已具备。在有些情况下,法院可以一方面通过责令行政机关补作所欠缺的事实调查,另一方面通过自己判定尚不清楚的法律问题等途径,促使裁判时机成熟。如此一来更能减少循环诉讼、实质解决纠纷。但在有些情况下,如果这种事实调查过于繁重,或者存在行政裁量或判断余地之情形,法院也可以作出一种答复判决,即法院不是直接宣布行政机关的义务,而是责令行政机关按照法院的法律观重新作出决定。显而易见的是,原审法院尽管表示了司法权对于行政权的必要尊重,但却忽视了作出一个必须作出的答复判决。再退一步讲,即使仍然适用撤销判决的方式,行政诉讼法第七十条也规定,“……人民法院判决撤销或者部分撤销,并可以判决被告重新作出行政行为”。重作判决针对的正是行政行为被撤销后仍有需要重新作出行政行为的情形。

——中国裁判文书网,https://wenshu.court.gov.cn/。

283 提起履行法定职责之诉的条件

关键词 | 履行法定职责 | 不作为 | 信访事项 |

【最高人民法院裁判案例】

李国秀诉山东省人民政府不履行法定职责案[最高人民法院(2016)最高法行申2864号行政裁定书]

要旨:公民、法人或者其他组织提起履行职责之诉至少应当具备这样几个条件:第一,他向行政机关提出过申请,并且行政机关明确予以拒绝或者逾期不予答复。第二,他所申请的事项具有实体法上的请求权基础。第三,他是向一个有管辖权的行政机关提出。第四,他申请行政机关作出的行为应当是一个具体的、特定的行政行为。第五,行政机关对于原告申请的拒绝,可能侵害的必须是属于原告自己的主观权利。

再审申请人向山东省人民政府邮寄请求报告,请求其依法对鲁政发〔1994〕1号《山东省人民政府关于城镇住房制度改革的意见(试行)》中关于平房和自管公房的房改具体问题和事项进行明确解释,并要求尽快出台相应法规政策。山东省人民政府按照信访事项转交信访部门处理,原审法院亦认定山东省人民政府对再审申请人反映信访事项予以转办处理的行为不属于行政诉讼的受案范围。现再审申请人在再审申请中认为,其邮寄的请求报告与平时的人民来信不同,这种主张具有一定道理,人民法院也不宜任意扩大对于信访事项的归类,并以此简单地排除出行政诉讼的受案范围。但再审申请人认为由此就构成“人民法院立案受理的前提”,却没有相应的法律依据支持。再审申请人提起本案诉讼,诉讼请求为“责令被告依法对原告《致山东省人民政府关于现居住公房包括自管公房职工参加房改请求报告》的请求事项予以处理”,因此,其所提诉讼在诉讼类型上应当属于履行职责之诉。履行职责之诉并不意味着:公民、法人或者其他组织随便向任何一个行政机关提出任何一项请求,该行政机关就有履行该项请求的义务;也不意味着只要行政机关“不作为”就可以提起“不作为之诉”。一般来讲，公民、法人或者其他组织提起履行职责之诉至少应当具备这样几个条件：第一，他向行政机关提出过申请，并且行政机关明确予以拒绝或者逾期不予答复。第二，他所申请的事项具有实体法上的请求权基础。这种请求权基础可以产生于或者基于某一法律、某一行政机关的保证以及某一行政合同。总之，要求行政机关依照其申请作出一个特定行政行为，必须具有法定的权利依据。第三，他是向一个有管辖权的行政机关提出。管辖权是行政机关活动的基础和范围，行政机关应当在执行法定任务的同时遵守管辖权的界限。这种管辖权既包括该行政机关是否主管申请人所申请的专业事务，也包括同一专业事务中不同地域、不同级别的行政机关之间对于管辖权的具体分工。向一个无管辖权的行政机关随意提出一个申请，即使该行政机关予以拒绝，也不会使申请人当然地获取了诉权。第四，他申请行政机关作出的行为应当是一个具体的、特定的行政行为。要求行政机关实施没有外部效力的内部调整或者不是针对他个人的一般性调整，必须基于法律的明确规定。第五，行政机关对于原告申请的拒绝，可能侵害的必须是属于原告自己的主观权利。在原告不具备主观权利的情况下，即使行政机关的不作为有可能侵害公共利益，个体也未必具有提起行政诉讼的权利。

本案中，如果再审申请人申请解决的是其本人的住房居所问题，则属于请求行政机关针对其本人作出一个具体的、特定的处理，但即使如此省级政府显然也不具有直接处理该项个人事务的职责。从再审申请人请求报告的内容来看，其核心是请求山东省人民政府对相关政策进行解释并要求尽快出台相关法规政策。这种请求在性质上属于要求行政机关进行一般性的规范创制。应当承认，公民、法人或者其他组织的合法权益，不仅会由于具体行政行为而遭受侵害，也会由于行政机关应当颁布而未颁布相应规范而受到影响，但是，行政诉讼法只是规定公民、法人或者其他组织在针对行政机关作出的行政行为起诉时才可以一并请求对该行政行为所依据的规范性文件进行审查，并没有规定可以直接提起要求行政机关依照其申请制定规范或解释规范的规范颁布之诉，从这个意义上讲，再审申请人提起的本案之诉，既不符合履行职责之诉的法定起诉条件，也不属于行政诉讼的受案范围。原一、二审法院分别裁定驳回再审申请人的起诉和上诉，并无不当。

——中国裁判文书网，https://wenshu.court.gov.cn/。

284 原告提出新的诉讼请求的处理

关键词｜诉讼请求｜起诉状｜正当理由｜

【最高人民法院司法解释】

第七十条　起诉状副本送达被告后，原告提出新的诉讼请求的，人民法院不予准许，但有正当理由的除外。

——《最高人民法院关于适用〈中华人民共和国行政诉讼法〉的解释》(2018年2月8日，法释〔2018〕1号)。

【链接：理解与适用】

依照本条规定，在起诉状副本送达被告之前，由于诉讼活动尚未正式开启，原告提出新的诉讼请求既不会对被告的答辩、举证等权利的行使造成影响，也不会妨碍诉讼进程，此时原告提出新的诉讼请求的，人民法院应当予以准许。而在起诉状副本送达被告之后，除非有正当理由，原告提出新的诉讼请求的将不予准许。之所以规定"有正当理由的除外"，也是出于诉讼经济的考虑。如果被告认可原告在起诉状副本送达被告后提出新的诉讼请求，该新的诉讼请求又与最初的诉讼请求具有一定关联，新的诉讼请求不违反起诉条件，一并审理不会造成审理的困难和诉讼的延宕，人民法院一般可以准许。

——最高人民法院行政审判庭编著：《最高人民法院行政诉讼法司法解释理解与适用》(上)，人民法院出版社2018年版，第359—360页。

【最高人民法院裁判案例】

侯春明诉吕梁市离石区人民政府房屋行政强制案［最高人民法院(2017)最高法行申1183号行政裁定书］

要旨：所谓"提出新的诉讼请求"，通常是指，在不变更诉讼请求同一性的前提下追加或者变更诉讼请求的申请。在这种情况下，虽然具体的请求发生了变化，但请求的基础并未发生变更，因而可以在一个诉讼程序内审理新请求，旧请求的诉讼资料或证据资料可以被用于新请求的审理。

侯春明是在原审庭审时请求对第二次强制拆除行为确认违法，原审法院一并对两次强制拆除行为进行了审理和判决。二审法院也将其定性为"在法定期间增加了诉讼请求"，并表示"应予准许"。对此本院认为，《最高人民法院关于执行〈中华人民共和国行政诉讼法〉若干问题的解释》第四十五条对"原告提出新的诉讼请求”进行了规定。所谓“提出新的诉讼请求”，通常是指，在不变更诉讼请求同一性的前提下追加或者变更诉讼请求的申请。例如，针对被告作出的同一个行政行为，在原来提出的撤销请求的基础上追加赔偿请求、将原来提出的撤销请求变更为确认违法请求，或者只是单纯对于请求金额作出增减。在这种情况下，虽然具体的请求发生了变化，但请求的基础并未发生变更，因而可以在一个诉讼程序内审理新请求，旧请求的诉讼资料或证据资料可以被用于新请求的审理。但就本案而言，侯春明针对第一次强拆的请求是确认违法，针对第二次强拆的请求亦是确认违法，在请求趣旨上并无什么不同。尤为关键的是，前后两个请求针对的是发生于两个不同时间的两次独立的强拆行为。这种情况更应归类于《最高人民法院关于执行〈中华人民共和国行政诉讼法〉若干问题的解释》第四十六条第（三）项规定的人民法院可以决定合并审理的情形，即，“在诉讼过程中，被告对原告作出新的具体行政行为，原告不服向同一人民法院起诉的”。依据该条规定，在诉讼过程中被告对原告作出新的具体行政行为，人民法院尽管可以将新旧行为合并审理，但却不是通过原告在同一个诉讼中“提出新的诉讼请求”，而须原告首先针对新的具体行政行为另案提起诉讼，再由人民法院斟酌是否适宜合并审理。本案没有另案提起诉讼固有缺陷，但基本符合合并审理的其他要件，离石区政府对此亦没有提出异议，因此并无予以纠正的必要。

——中国裁判文书网，https://wenshu.court.gov.cn/。

285 起诉条件中“事实根据”的认定

关键词 | 起诉条件 | 事实根据 |

【最高人民法院审判业务意见】

2. 起诉条件中事实根据的认定。在当事人明确诉讼请求后，对于行政行为违法性及权利损害的具体情形必须达到何种程度，取决于个案情况，不宜要求过高，显示原告“可能”因为被诉行政行为导致其权益受到损害即可。其中被诉“行政行为”不存在的，人民法院不能判决撤销，宜以当事人提起行政诉讼没有事实根据，不符合起诉条件为由，裁定驳回起诉。

——《最高人民法院第二巡回法庭建庭以来行政案件审理情况分析报告——以申请再审案件为核心（2015.01—2020.06）》（二），载最高人民法院第二巡回法庭微信公众号“第二巡回法庭”2020年12月31日。

【最高人民法院裁判案例】

杨学奎诉天津市津南区人民政府、天津市津南区咸水沽镇人民政府房屋行政强制案[最高人民法院(2016)最高法行申2301号行政裁定书]

要旨:所谓“事实根据”,是指一种“原因事实”,也就是能使诉讼标的特定化或者能被识别所需的最低限度的事实。通俗地说,是指至少能够证明所争议的行政行为客观存在。

根据行政诉讼法第四十九条的规定,提起行政诉讼应当有“具体的诉讼请求和事实根据”。通常认为,所谓“事实根据”,是指一种“原因事实”,也就是能使诉讼标的特定化或者能被识别所需的最低限度的事实。通俗地说,是指至少能够证明所争议的行政法上的权利义务关系客观存在。例如,如果请求撤销一个行政决定,就要附具该行政决定;如果起诉一个事实行为,则要初步证明是被告实施了所指控的事实行为。再审申请人提起本案诉讼,系指控再审被申请人津南区政府、咸水沽镇政府对其房屋共同实施了强制拆除的行政行为,故本案的被诉行政行为是实施强制拆除房屋的事实行为。再审申请人在再审申请理由中以咸水沽镇政府出具的《答复意见书》和天津市津南区集体土地房屋拆迁管理办公室对其作出的促拆告知书佐证津南区政府对其房屋实施了强制拆除,并称上述证据已向一、二审法院提交。经审查,咸水沽镇政府出具的《答复意见书》是该政府于2015年1月29日对王玉娟作出的信访答复。该意见书载明,“依据刘家码头村进行土地整合,依据《咸水沽镇示范镇建设整合拆迁方案》,咸水沽镇政府向区集拆办报请促拆手续,批准向你户下发促拆告知书,并贴公告,最后由区政府下发促拆执行公告。因你户诉求过高,镇党委书记、镇长亲自与您做思想工作,主管副镇长吕志华、韩世正及负责拆迁的机关干部10余人找本人协商,最终没有达成一致。2013年7月5日对其房屋进行了促拆,整个拆迁过程有全程录像”。可见,即使该意见书所载报请批准过程属实,也不能证明津南区政府对涉案房屋具体实施了强制拆除。天津市津南区集体土地房屋拆迁管理办公室所作促拆告知书则是该办公室就刘家码头村委会与再审申请人之间的拆迁争议调解无果后,于2013年6月14日对再审申请人所作关于双方权利义务的告知。关于刘家码头村委会的权利,该告知书载明,“刘家码头村委会如认为被告知人杨学奎拒不搬迁的滞留行为已经严重侵犯了本村绝大多数村民的利益,即可以依照《中华人民共和国村民委员会组织法》的有关规定议决后申请有关部门予以拆除,也可以通过司法途径予以拆除”。可见,再审申请人认为该告知书的内容可以证明该办公室明确指示咸水沽镇政府可以拆除再审申请人房屋与事实并不相符。同时，该告知书亦不能证明天津市津南区集体土地房屋拆迁管理办公室或者津南区政府对涉案房屋具体实施了强制拆除。因此，再审申请人对津南区政府提起本案行政诉讼不具有事实根据，不符合行政诉讼法第四十九条第(三)项规定的起诉条件。

——中国裁判文书网，https://wenshu.court.gov.cn/。

二、起诉期限

286 行政机关未履行告知义务的起诉期限

关键词｜起诉期限｜知道或者应当知道｜行政行为内容｜

【最高人民法院司法解释】

第六十四条 行政机关作出行政行为时，未告知公民、法人或者其他组织起诉期限的，起诉期限从公民、法人或者其他组织知道或者应当知道起诉期限之日起计算，但从知道或者应当知道行政行为内容之日起最长不得超过一年。

复议决定未告知公民、法人或者其他组织起诉期限的，适用前款规定。

——《最高人民法院关于适用〈中华人民共和国行政诉讼法〉的解释》(2018年2月8日，法释〔2018〕1号)。

【最高人民法院裁判案例】

周恩殿诉洋浦经济开发区渔政渔港监督管理中心渔业船舶抵押登记案[最高人民法院(2017)最高法行再69号行政裁定书]

要旨：所谓"应当知道"，即在当事人不承认"知道"但结合相关证据足以证明其"知道"的情况下，可以认定为"应当知道"。在判断是否属于"应当知道"时，应当结合案件的相关事实以及相关法律规定，运用逻辑推理，结合生活经验、生活常识进行综合判断。

本案争议的主要焦点问题为，周恩殿的起诉是否超过法定起诉期限。涉及起诉期限的争议，在提起诉讼的当事人否认自己"知道"行政行为的情况下，对于起诉期限的起算点，应以当事人"应当知道"行政行为内容之日起计算。所谓"应当知道"，即在当事人不承认"知道"但结合相关证据足以证明其"知道"的情况下，可以认定为"应当知道"。在判断是否属于"应当知道"时，应当结合案件的相关事实以及相关法律规定，运用逻辑推理，结合生活经验、生活常识进行综合判断。起诉期限是当事人提起行政诉讼的法定条件之一，是否超过起诉期限的判断直接关涉当事人能否通过行政诉讼寻求司法救济，涉及对争议证据和事实的分析认证。人民法院在裁判文书中对于是否超过起诉期限问题应当进行充分阐释，具体分析如何认定"知道"或者"应当知道"时间的理由，客观地确定当事人"知道"或者"应当知道"的时间。

——中国裁判文书网，https://wenshu. court. gov. cn/。

【链接：最高人民法院法官著述】

在司法实践中，需要注意和研究的问题主要是：

第一，与《若干解释》第四十一条的关于"未告知诉权或者起诉期限"的表述不同，《行诉解释》适用的条件是"未告知起诉期限"。这是因为，告知诉权和告知起诉期限并非并列的关系，而是包含的关系。告知起诉期限一定告知了诉权，但是告知诉权并不一定告知了起诉期限。《行诉解释》对《若干解释》的规定作了进一步完善。

第二，《若干解释》第四十一条规定的起算点是"知道或者应当知道具体行政行为内容之日起最长不得超过 2 年"，这一规定主要针对的课以义务的、侵益性的行政行为，主要是针对撤销诉讼的情形。实际上从诉讼类型观点来看，表述为"知道或者应当知道合法权益受到损害之日起最长不得超过 2 年"更为全面，既包括了撤销诉讼，也包括了给付诉讼和确认诉讼，既包括侵益性行政行为，也包括了授益性行政行为。

第三，根据行政复议法的规定，复议决定属于行政行为，复议决定未告知起诉期限的，适用一年起诉期限的规定。

第四，从《行诉解释》第六十五条规定的相对人"不知道行政行为内容"的条件反推，第六十四条的相对人是"知道行政行为内容"的。所谓"知道行政行为内容"与"知道作出行政行为"不同。"知道作出行政行为内容"不仅包括相对人知道行政机关已经作出行政行为，还要使相对人知道其作出行政行为的具体内容，包括认定的事实、理由、法律依据和处理内容等。因此，《行诉解释》第六十四条的完整意思是，当事人虽然知道行政行为内容，但是，行政机关未告知起诉期限的，起诉期限从相对人知道或者应当知道诉权或者起诉期限之日起计算，但从知道或者应当知道行政行为内容之日起最长不得超过一年。

——梁凤云：《行政诉讼法司法解释讲义》，人民法院出版社 2018 年版，第 165—166 页。

287 未告知起诉期限情形下，起诉期限应当如何计算，新旧法之间如何衔接

关键词 | 起诉期限 | 新旧法衔接 |

【最高人民法院专业法官会议纪要】

12. 未告知起诉期限情形下,起诉期限应当如何计算,新旧法之间如何衔接。

答:2015 年 5 月 1 日之前,行政机关作出行政行为未告知起诉期限的,从知道或者应当知道行政行为之日起最长不超过两年;至 2015 年 5 月 1 日,起诉期限尚未届满的,以剩余期限计算起诉期限,但剩余期限超过修改后的行政诉讼法第四十六条第一款规定的六个月起诉期限的,以六个月为限,至 2015 年 11 月 1 日起诉期限届满;2015 年 5 月 1 日至 2018 年 2 月 8 日期间,行政机关作出的行政行为未告知起诉期限的,从当事人知道或者应当知道行政行为之日起仅有六个月的有效起诉期限,超过六个月起诉期限届满;至 2018 年 2 月 8 日,起诉期限尚未届满的,起诉期限适用《最高人民法院关于适用〈中华人民共和国行政诉讼法〉的解释》第六十四条第一款规定,从知道或者应当知道行政行为之日起最长不超过一年。

理由:根据《最高人民法院关于适用〈中华人民共和国行政诉讼法〉若干问题的解释》第二十六条第一款规定,2015 年 5 月 1 日前起诉期限尚未届满的,适用修改后的行政诉讼法关于起诉期限的规定。修改后的行政诉讼法只有六个月起诉期限的规定,因此两年起诉期限至 2015 年 5 月 1 日起不再适用,当事人剩余起诉期限在 2015 年 5 月 1 日之后最长只能保留六个月。2015 年 5 月 1 日至 2018 年 2 月 8 日之间,适用修改后的行政诉讼法规定的六个月起诉期限,两年起诉期限不再适用。至 2018 年 2 月 8 日《最高人民法院关于适用〈中华人民共和国行政诉讼法〉的解释》生效,行政机关作出行政行为未告知起诉期限的,从知道或应当知道行政行为之日起,起诉期限最长不超过一年。至 2018 年 2 月 8 日,当事人六个月起诉期限尚未届满的,符合一年起诉期限适用条件的,起诉期限延长至一年。

——《最高人民法院第一巡回法庭关于行政审判法律适用若干问题的会议纪要》(2018 年 7 月 23 日),载最高人民法院第一巡回法庭编著:《最高人民法院第一巡回法庭行政案件裁判精要》,中国法制出版社 2020 年版,第 186—187 页。

288 新旧规定关于起诉期限不同规定的选择适用

关键词 | 起诉期限 | 新旧法衔接 |

【最高人民法院答复】①

江苏省高级人民法院：

你院关于《最高人民法院关于执行〈中华人民共和国行政诉讼法〉若干问题的解释》(简称《若干解释》)第四十一条第一款理解和溯及力问题的请示报告收悉。经研究,答复如下：

一、根据《最高人民法院关于贯彻执行〈中华人民共和国行政诉讼法〉若干问题的意见(试行)》(简称《贯彻意见》)第三十五条的规定,公民、法人或者其他组织的起诉期限,在《若干解释》实施之日即2000年3月10日之前已经届满,其在起诉期限届满之后提起行政诉讼的,人民法院不予受理。

二、根据《贯彻意见》第三十五条的规定,公民、法人或者其他组织的起诉期限,在《若干解释》实施之日即2000年3月10日之前尚未届满的,其起诉期限适用《若干解释》第四十一条的规定。

——《最高人民法院对如何理解〈最高人民法院关于执行《中华人民共和国行政诉讼法》若干问题的解释〉第四十一条第一款规定的请示的答复》(2000年4月19日,法行〔2000〕7号)。

福建省高级人民法院：

你院〔2002〕闽行他字第2号关于《最高人民法院关于执行〈中华人民共和国行政诉讼法〉若干问题的解释》第四十二条溯及力的请示收悉。经研究,答复如下：

行政机关在《中华人民共和国行政诉讼法》实施之后即1990年10月1日以后作出的具体行政行为,当事人不知道该具体行政行为内容的,其起诉期限的计算应当适用本院《关于执行中华人民共和国行政诉讼法若干问题的解释》第四十二条的规定。

——《最高人民法院关于如何执行〈最高人民法院关于执行《中华人民共和国行政诉讼法》若干问题的解释〉第四十二条的规定的请示的答复》(2002年8月2

---

① 本栏目下的两个答复中的《最高人民法院关于贯彻执行〈中华人民共和国行政诉讼法〉若干问题的意见(试行)》《最高人民法院关于执行〈中华人民共和国行政诉讼法〉若干问题的解释》都已被废止,但是在关涉个别案件法律溯及力问题时仍具参考价值。——编者注

日,〔2002〕行他字第 6 号)。

【最高人民法院专业法官会议纪要】

法律问题:作出裁判时判断原告提起诉讼有无理由,应以何时的法律规定为基础?

法官会议意见:新旧法律更替问题会发生在新法实施前已发生,且实施后继续存在的案件事实上。此既涉及新法秩序的落实,又需顾及当事人既得权益的保障。除非新法明确规定法溯及既往,当新法的法律效果对于相对人而言,比旧法不利时,会产生信赖保护问题,此时应采法不溯及既往原则。反之,则不受法不溯及既往原则的拘束。修改的行政诉讼法第四十六条第一款规定起诉期限为六个月,而涉案强制行为发生时生效的《最高人民法院关于执行〈中华人民共和国行政诉讼法〉若干问题的解释》第四十一条规定起诉期限为二年,本案应采法不溯及既往原则,适用二年的起诉期限。

——最高人民法院第二巡回法庭 2019 年第 16 次法官会议纪要,载贺小荣主编:《最高人民法院第二巡回法庭法官会议纪要》(第一辑),人民法院出版社 2019 年版,第 353—354 页。

【最高人民法院裁判案例】

大理蝶海月酒店管理有限公司等诉云南省大理市人民政府其他行政行为案
[最高人民法院(2018)最高法行申 11441 号行政裁定书]

要旨:对于发生在新法施行之前的行政行为应当从有利于保护行政相对人合法权益的角度选择法律及司法解释适用。

行政诉讼起诉期限是指法律规定的当事人不服某一行政行为向法院请求司法救济的时间限制。行政诉讼起诉期限制度的价值是多元的,一方面尊重长期存在的事实状态,维护社会秩序特别是公法秩序的稳定;另一方面可以敦促当事人及时启动权利救济程序,及早解决行政纠纷,使不确定的行政法律关系尽快确定,从而提高行政管理和公共服务的效率。大理市政府 3 号通告作出时有效的《最高人民法院关于执行〈中华人民共和国行政诉讼法〉若干问题的解释》第四十一条规定“行政机关作出具体行政行为时,未告知公民、法人或者其他组织诉权或者起诉期限的,起诉期限从公民、法人或者其他组织知道或者应当知道诉权或者起诉期限之日起计算,但从知道或者应当知道具体行政行为内容之日起最长不得超过 2 年”;而 2018 年 2 月 8 日施行的《最高人民法院关于适用〈中华人民共和国行政诉讼法〉

的解释》第六十四条将该规定修订为“行政机关作出行政行为时，未告知公民、法人或者其他组织起诉期限的，起诉期限从公民、法人或者其他组织知道或者应当知道起诉期限之日起计算，但从知道或者应当知道行政行为内容之日起最长不得超过一年”。本案再审审查的争议焦点为：前述新旧司法解释对于同一起诉期限作出了不同的规定，蝶海月酒店等经营户2017年3月底至4月初知道涉案通知内容并于2018年6月29日提起本案诉讼，是否超出法定起诉期限。

（一）适用一年起诉期限造成了当事人客观上起诉不能，影响行政诉讼法立法宗旨的实现

本案中，如适用《最高人民法院关于适用〈中华人民共和国行政诉讼法〉的解释》并直接从蝶海月酒店等经营户知道大理市政府3号通告内容之日起计算起诉期限，其起诉期限在2018年3月底4月初即已经届满，亦即，该司法解释于2018年2月8日施行之后，蝶海月酒店等经营户仅剩一个多月的起诉期限，而按照《最高人民法院关于执行〈中华人民共和国行政诉讼法〉若干问题的解释》第四十一条规定，其尚有一年多的起诉期限。如此，因新司法解释实施而导致蝶海月酒店等经营户在本案中的起诉期限严重缩短，而对此蝶海月酒店等经营户显然无法预知。故适用一年起诉期限违反了“法不溯及既往”原则，亦有悖于《最高人民法院关于适用〈中华人民共和国行政诉讼法〉的解释》的制定初衷。

（二）适用一年起诉期限违反了有利于行政相对人的法律适用原则，不利于当事人诉权的行使

《最高人民法院关于审理行政案件适用法律规范问题的座谈会纪要》（法〔2004〕96号）第三部分规定了“实体从旧、程序从新”并有利于行政相对人的原则，对于发生在新法施行之前的行政行为应当从有利于保护行政相对人合法权益的角度选择法律及司法解释适用。故虽然起诉期限属于程序性规定还是实体性规定尚有争议，但在《最高人民法院关于执行〈中华人民共和国行政诉讼法〉若干问题的解释》规定的起诉期限较长的情形下，本案也应从有利于保护行政相对人行使诉权的角度，适用该司法解释有关二年起诉期限的规定，即使不能，亦应自《最高人民法院关于适用〈中华人民共和国行政诉讼法〉的解释》施行后从施行日起重新计算一年起诉期限，而不应如二审法院简单地认定本案超出法定起诉期限。

——中国裁判文书网，https://wenshu.court.gov.cn/。

289 不知道行政行为内容时的起诉期限

关键词|起诉期限|行政行为内容|

【最高人民法院司法解释】

第六十五条 公民、法人或者其他组织不知道行政机关作出的行政行为内容的，其起诉期限从知道或者应当知道该行政行为内容之日起计算，但最长不得超过行政诉讼法第四十六条第二款规定的起诉期限。

——《最高人民法院关于适用〈中华人民共和国行政诉讼法〉的解释》(2018年2月8日，法释〔2018〕1号)。

【最高人民法院答复】

浙江省高级人民法院：

你院浙高法行函〔2007〕1号《关于公民、法人或者其他组织不知道行政机关作出的具体行政行为内容的其起诉期限应当如何确请示》收悉。经研究，答复如下：公民、法人或其他组织不知道行政机关作出具体行政行为的内容，但后来知道了具体行政行为的内容，而不知道诉权和起诉期限的，应适用《最高人民法院关于执行〈中华人民共和国行政诉讼法〉若干问题的解释》第四十一条的规定确定起诉期限，但最长不得超过该解释第四十二条规定的期间。

——《最高人民法院行政审判庭关于对如何理解〈关于执行《中华人民共和国行政诉讼法》若干问题的解释〉第四十一条、第四十二条规定的请示的答复》(2008年3月17日，〔2007〕行他字第25号)。①

【链接：最高人民法院法官著述】

在司法实践中，需要注意和研究的问题主要是：

第一，关于表述和逻辑的问题。本条规定如果与《行诉解释》第六十四条第一款的立法模式相统一的话，主语应当是"行政机关"。即《行诉解释》的上述条文也可以解读为，行政机关作出行政行为时，未告知公民、法人或者其他组织行政行为内容的，起诉期限从知道或者应当知道该行政行为内容之日起计算，但涉及不动产

---

① 虽然《最高人民法院关于执行〈中华人民共和国行政诉讼法〉若干问题的解释》已被废止，但答复的内容本身针对现行有效的《最高人民法院关于适用〈中华人民共和国行政诉讼法〉的解释》相关条款仍具参考价值。——编者注

的行政行为从作出之日起超过二十年,其他行政行为从作出之日起超过五年提起诉讼的,人民法院不予受理。这里的“二十年最长起诉期限”也是借鉴了民法通则最长保护期间的规定。“五年最长起诉期限”则是根据行政审判司法实践需要创制的起诉期限。

第二,关于二十年最长起诉期限。对于涉及不动产的行政案件,之所以规定二十年的最长起诉期限,是因为:不动产涉及的财产价值巨大,应当在起诉期限上给予特殊的保护;不动产涉及的行政行为主要是行政登记,行政机关的不动产登记行为不一定在作出之时及时告知所有的利害关系人;不动产涉及的利害关系人往往人数众多,涉及历史因素较多,需要考察不动产的转移、继承、申请登记等一系列情况。因此,行政诉讼法和《行诉解释》借鉴了民法通则中二十年最长诉讼时效的规定。

第三,不能将五年和二十年的期限理解为可以受理的期限。有人提出,“因不动产提起诉讼的案件自行政行为作出之日起超过二十年,其他案件自行政行为作出之日起超过五年提起诉讼的,人民法院不予受理”的规定可以反向理解为,因不动产提起诉讼的案件自行政行为作出之日起未超过二十年,其他案件自行政行为作出之日起未超过五年提起诉讼的,人民法院予以受理。这种理解是错误的。之所以规定最长的起诉期限,是因为行政机关不制作文书、不送达文书或者其他原因,导致行政相对人根本无法知道行政机关作出行政行为或者行政行为内容。

第四,最长起诉期限的起算点是绝对客观标准。“知道或者应当知道作出行政行为之日”,这个起算点取决于相对人“知道或者应当知道”的日期,具有一定的主观性,因此,这个起算点标准也可以视作相对客观的标准。而“从行政行为作出之日起”,对于行政行为作出的时间而言,这是一个绝对客观的标准,并不以相对人“知道或者应当知道”作为标准。

第五,最长起诉期限是不变期间。有一种观点认为,这个期限是一个相对的期限。例如,相对人在涉及不动产的行政行为作出后的第十九年第十二个月底时,才知道行政行为内容、诉权和起诉期限的,根据本法第四十六条第一款的规定,可以在知道行政行为内容、诉权和起诉期限后的六个月,即第二十年的前六个月内提起诉讼。这种观点将二十年作为一个相对固定的期限,并通过本条第一款的规定延长计算,使得起诉期限超过了二十年,实际上导致本款的规定失去意义。此外,在司法实践中,还有观点认为,起诉超过法定期限且无正当理由的,应当裁定不予受理,已经受理的,裁定驳回起诉,因此,只要“有正当理由”就可以超过法定的起诉期限,包括本条规定的最长起诉期限。我们认为,这种观点是错误的。最长起诉期限的设置目的就在于确定保障起诉利益的最终期限。这一期限分动产和不动产两种情形,并以行政行为作出之日为起算点经历五年或者二十年。这一期限是不变期限,不因任何“正当理由”予以延长。

——梁凤云:《行政诉讼法司法解释讲义》,人民法院出版社 2018 年版,第 167—168 页。

290 违法送达行政决定文书时的起诉期限计算

关键词｜违法送达｜公告送达｜起诉期限｜

【最高人民法院参考案例】

河北省任丘市城内公共汽车有限公司诉任丘市工商行政管理局工商行政处罚案(行政审判案例第 89 号)

要旨:行政主体未尝试其他送达方式而径行通过公告送达方式送达行政处罚决定的,视为未送达。

因此只能理解为相对人不知道具体行政行为内容,从其知道具体行政行为内容之日起计算起诉期限。

——中华人民共和国最高人民法院行政审判庭编:《中国行政审判案例》(第 3 卷),中国法制出版社 2013 年版,第 38、41 页。

【链接:最高人民法院法官著述】

违法送达的法律文书,不能以该送达日为当事人权利救济的开始日期,而应当以当事人实际知道具体行政行为的日期为权利救济期间开始计算的日期。例如:行政机关在当事人家中无人的情况下,违法采取留置送达方式,将强制执行决定书丢在当事人家门口,或者从门缝投入当事人家中,由执法人员及见证人在送达回证上签字认可,送达行政强制执行决定书,起诉时当事人拒绝承认在家中曾看到该强制执行决定书的,人民法院应当从有其他合法有效的证据证明当事人知道该决定书内容之日开始计算当事人的起诉期限,而不能以行政机关提供的违法留置送达的送达回证所确认的时间,推定当事人在违法留置送达当日知道行政强制执行决定的内容。而且,在没有证据证明行政机关向当事人告知了诉权和起诉期限的情况下,当事人的起诉期限应当按照《执行行政诉讼法解释》第四十一条规定,从知道具体行政行为内容之日起二年有效。

为了防止因送达问题造成被执行人拒绝、拖延履行行政义务，行政机关发现法律文书未告知诉权或者起诉期限、送达程序存在不合法问题之后，应当予以补正，依法明确交代诉权和起诉期限，以合法方式送达当事人。补正送达之后，当事人的权利救济期限开始依法正常计算。

——最高人民法院行政强制法研究小组编著：《〈中华人民共和国行政强制法〉条文理解与适用》，人民法院出版社 2011 年版，第 211—212 页。

291 最长保护期限是不变期间，不存在中止、中断、延长的可能

关键词｜最长保护期限｜起诉期限｜

【最高人民法院裁判案例】

马中现、张爱勤诉汝州市人民政府土地登记案［最高人民法院（2017）最高法行申 3010 号行政裁定书］

要旨：最长诉讼保护期限的规定，其含义是指，自行政行为作出之日起，经过一定的期间就不得提起行政诉讼。这一期间属于客观期间，不论当事人是否知道或者应当知道行政行为的存在。

为了实现行政法律关系的尽早安定，修改后的行政诉讼法通过本条第二款增加了最长诉讼保护期限的规定，其含义是指，自行政行为作出之日起，经过一定的期间就不得提起行政诉讼。这一期间属于客观期间，不论当事人是否知道或者应当知道行政行为的存在。本案中，再审申请人主张，“其直至 2015 年 12 月才最终取得汝州市政府为史二杆办证的档案材料，之后才能诉至法院，所以诉讼时效应当从 2015 年 12 月起算”，这种认识是没有完整理解行政诉讼法第四十六条两个条款的内在联系。按照本条规定，即使再审申请人确实是在知道或者应当知道行政行为之后的六个月内提起诉讼，但也因超过了二十年的最长诉讼保护期限，从而丧失了寻求司法救济的权利。

再审申请人还主张，“行政诉讼法虽然没有关于诉讼时效中止、中断的规定，但人民法院审理行政案件可以参照民事诉讼法的有关规定”。行政诉讼法第一百零一条确实规定：“人民法院审理行政案件，关于期间、送达、财产保全、开庭审理、调解、中止诉讼、终结诉讼、简易程序、执行等，以及人民检察院对行政案件受理、审理、裁判、执行的监督，本法没有规定的，适用《中华人民共和国民事诉讼法》的相关规定。”这是因为，行政诉讼与民事诉讼有许多共同点，民事诉讼的许多程序对行

政诉讼是适用的。但是,作为解决行政争议的行政诉讼毕竟有其特有性质,民事诉讼法的一些规定并不能适用于行政诉讼。具体来讲,行政诉讼对于民事诉讼法的适用,应当排除两种情形:一是行政诉讼法已有规定的;二是行政诉讼法虽然没有规定,但民事诉讼法的规定与行政诉讼性质有所抵触的。事实上,行政诉讼法规定的最长诉讼保护期限,正是参照民法通则规定的二十年最长诉讼时效而设计,但基于行政法律关系的特殊性,有意排除了民法通则第一百三十七条关于"有特殊情况的,人民法院可以延长诉讼时效期间"的适用。因此,在撤销之诉中,不存在适用民事诉讼最长诉讼时效的空间,也不存在诉讼时效中止、中断、延长的可能。

——中国裁判文书网,https://wenshu. court. gov. cn/。

292 对行政机关不履行法定职责提起诉讼的起诉期限

关键词|起诉期限|不履行法定职责|

【最高人民法院司法解释】

第六十六条 公民、法人或者其他组织依照行政诉讼法第四十七条第一款的规定,对行政机关不履行法定职责提起诉讼的,应当在行政机关履行法定职责期限届满之日起六个月内提出。

——《最高人民法院关于适用〈中华人民共和国行政诉讼法〉的解释》(2018年2月8日,法释〔2018〕1号)。

【链接:最高人民法院法官著述】

需要注意的是,本条规定的"行政机关履行法定职责期限届满之日"是指行政诉讼法第四十七条第一款规定的两种情形:(1)两个月。即公民、法人或者其他组织申请行政机关履行保护其人身权、财产权等合法权益的法定职责,行政机关在接到申请之日起两个月内不履行的,公民、法人或者其他组织可以向人民法院提起诉讼。(2)如果法律、法规对行政机关履行职责的期限另有规定的,从其规定。这一规定包括以下内容:①"申请保护其人身权、财产权等合法权益"是一个涵盖性很强的概念,既可以包括公民举报、投诉、控告等行为,也可以包括公民申请行政许可、行政登记等行为,对于后一类行为,法律法规一般规定了履行职责的期限,而对于前一种行为,法律法规则没有相应规定。如果法律、法规没有规定履责期限,则适用本法规定的"两个月"期限。一般来说,对于行政机关履责期限应当由行政程序法来规定,由于我国缺乏行政程序法的规定,本条规定实际上是明确了行政机关的按期履行的法定义务。②如果规章和规章以下规范性文件规定了履行职责的期限,仍然适用本条两个月的期限。在修法过程中,我们认为,规章和其他规范性文件对行政机关履行职责的规定,一般体现了具体行政公务的特征,也有利于行政机关提高效率,在现行法律法规缺乏相应规定的情况下,可以适用该期限的规定。在讨论过程中,有人提出,如果法院认可规章和规章以下规范性文件制定的履责期限,可能导致规章和规章以下规范性文件规定较长的履责期限。最后,本条将履责期限除外规定的权力赋予法律和法规。2000 年《若干解释》第三十九条的相应规定不再适用。

在司法实践中,需要注意依职权不作为情形下不适用本条规定。行政诉讼法第四十七条第一款的规定仅仅是关于依申请的情形下不作为的起诉期限的起算点,对于依职权履行法定职责的情形没有规定。据此,对依职权不作为的情形,也不适用本条规定。

——本书编委会编:《行政诉讼法司法解释实务指南与疑难解答》,中国法制出版社 2018 年版,第 197—198 页。

293 当事人在起诉期限届满后另行提起不履行法定职责之诉能否受理

关键词 | 起诉期限 | 履行法定职责 |

【最高人民法院答复】

安徽省高级人民法院:

你院〔2014〕皖行监字第 00021 号关于安徽省农垦建筑工程有限公司诉合肥市房地产管理局不履行法定职责一案的请示收悉。经研究答复如下:

人民法院在行政审判中一般不宜直接认定民事合同的效力,当事人认为行政行为依据的民事合同无效或者应当撤销的,应当通过民事诉讼途径解决;符合《行政诉讼法》第六十一条规定条件的,当事人也可以申请人民法院一并解决相关民事争议。

公民、法人和其他组织在起诉期限届满后,又以行政机关拒绝改变原行政行为为由,起诉行政机关不履行法定职责的,人民法院一般不予受理。但法律规范明确规定行政机关在出现新的证据等法定事由后应当改变原行政行为的除外。

——《最高人民法院关于当事人在起诉期限届满后另行提起不履行法定职责之诉能否受理问题的答复》(2015 年 6 月 26 日,〔2015〕行他字第 1 号)。

【最高人民法院裁判案例】

张国凡诉黑龙江省嫩江县人民政府不履行法定职责案［最高人民法院（2018）最高法行申 11122 号行政裁定书］

要旨：超过六个月起诉期限，公民、法人或者其他组织再次提出履责申请，行政机关有义务继续履行，否则仍然构成不履行法定职责。

行政诉讼法第四十七条规定，公民、法人或者其他组织申请行政机关履行保护其人身权、财产权等合法权益的法定职责，行政机关在接到申请之日起两个月内不履行的，公民、法人或者其他组织可以向人民法院提起诉讼。法律、法规对行政机关履行职责的期限另有规定的，从其规定。《最高人民法院关于适用〈中华人民共和国行政诉讼法〉的解释》第六十六条规定，公民、法人或者其他组织依照行政诉讼法第四十七条第一款的规定，对行政机关不履行法定职责提起诉讼的，应当在行政机关履行法定职责期限届满之日起六个月内提出。根据上述法律和司法解释规定，除法律、法规对行政机关履行职责的期限另有规定的之外，行政机关在接到申请之日起两个月内不履行的，公民、法人或者其他组织可以在两个月的履责期限届满之日起六个月内提起诉讼。行政机关没有履行法定职责，且没有作出处理决定的，其履责义务呈持续存在状态，不因为超过起诉期限而免除。超过六个月起诉期限，公民、法人或者其他组织再次提出履责申请，行政机关有义务继续履行，否则仍然构成不履行法定职责。此为行政机关新的不履责行为，与已超过起诉期限的前一个不履责行为不是同一个行政行为，公民、法人或者其他组织在行政机关两个月履责期限届满之日起六个月内提起行政诉讼，人民法院应当依法受理。

——中国裁判文书网，https://wenshu.court.gov.cn/。

294 对行政行为提起确认无效之诉是否要受到起诉期限限制

关键词｜无效行政行为｜确认无效诉讼｜起诉期限｜

【最高人民法院答复】

2015 年修订后的行政诉讼法第七十五条规定，行政行为有实施主体不具有行政主体资格或者没有依据等重大且明显违法情形，原告申请确认行政行为无效的，人民法院判决确认无效。这条规定将确认无效的判决方式从司法解释上升到法律的高度，从立法上补充了行政诉讼的判决种类。

关于确认无效诉讼的起诉期限问题。对行政行为提起确认无效之诉是否要受到起诉期限的限制，在行政诉讼法修订后的法律规定及司法解释中均没有明确规定。我们倾向于认为提起确认行政行为无效之诉不受起诉期限的限制，行政相对人可以在任何时候请求有权国家机关确认该行为无效。这也与最高人民法院出台的司法解释的观点立场一致。根据《最高人民法院关于适用〈中华人民共和国行政诉讼法〉的解释》第一百六十二条的规定，公民、法人或者其他组织对 2015 年 5 月 1 日之前作出的行政行为提出诉讼，请求确认行政行为无效的，人民法院不予立案。行政行为无效属于实体法规则，按照实体从旧原则，该无效规定不具有溯及力，只有行政诉讼法修法颁布施行后发生的行政行为，才适用无效的规定。因此，行政相对人提起确认无效诉讼只能针对 2015 年 5 月 1 日之后作出的行政行为提出。上述司法解释第九十四条第二款还规定，公民、法人或者其他组织起诉请求确认行政行为无效，人民法院审查认为行政行为不属于无效情形，经释明，原告请求撤销行政行为的，应当继续审理并依法作出相应判决；原告请求撤销行政行为但超过法定起诉期限的，裁定驳回起诉；原告拒绝变更诉讼请求的，判决驳回其诉讼请求。法院审理行政案件遵循先程序后实体原则。先审查起诉是否符合法定条件，再进行合法性审查。在法院裁判之前，行政行为的效力实际上是待定的。行政相对人针对一个行政行为提起确认无效之诉，人民法院应当以确认无效之诉不受起诉期限限制为前提，直接进入实体审理，如果出现最终认定行政行为并非无效的情况，不再以超过起诉期限为由裁定驳回当事人的起诉，而应当判决驳回当事人的诉讼请求。无效行政行为的根本特征是自始无效，这就决定了在任何情况下，一个自始无效的行政行为都不可能通过期限被耽误，而获得一种“确定力”。相对人请求法院确认行政行为无效，也须在起诉期限内向法院提出，这实际上是混淆了“重大且明显违法”的无效行为与一般违法行为。

——《最高人民法院对十三届全国人大一次会议第 2452 号建议的答复》（2018 年 9 月 10 日）。

【最高人民法院裁判案例】

王淑荣诉吉林省长春市绿园区人民政府确认征补协议无效案［最高人民法院（2020）最高法行再 341 号行政裁定书］

要旨：重大且明显违法的行政行为即无效行政行为，自始、绝对无效，不因时间推移而具有合法效力。

本案争议焦点是确认行政协议无效之诉是否受起诉期限限制。《最高人民法院关于适用〈中华人民共和国行政诉讼法〉的解释》第九十四条规定，公民、法人或者其他组织起诉请求撤销行政行为，人民法院经审查认为行政行为无效的，应当作出确认无效的判决。公民、法人或者其他组织起诉请求确认行政行为无效，人民法院审查认为行政行为不属于无效情形，经释明，原告请求撤销行政行为的，应当继续审理并依法作出相应判决；原告请求撤销行政行为但超过法定起诉期限的，裁定驳回起诉；原告拒绝变更诉讼请求的，判决驳回其诉讼请求。第一百六十二条规定，公民、法人或者其他组织对 2015 年 5 月 1 日之前作出的行政行为提起诉讼，请求确认行政行为无效的，人民法院不予立案。从上述司法解释可以得出，重大且明显违法的行政行为即无效行政行为，自始、绝对无效，不因时间推移而具有合法效力。当事人对 2015 年 5 月 1 日之后作出的行政行为可以随时提起确认无效请求，不受起诉期限限制。同时，为避免出现当事人滥用确认无效诉讼请求以规避起诉期限制度的情况，原告一方应当对被诉行政行为属于无效情形举证，被告一方亦可提出证据否定对方主张。人民法院应当对行政行为是否属于无效情形进行审查，认为行政行为属于无效情形的，则不受起诉期限限制；认为行政行为不属于无效情形的，人民法院应当向原告予以释明。经释明，原告变更请求撤销行政行为的，人民法院应当继续审理并审查是否符合撤销之诉的起诉期限规定，超过法定起诉期限的，裁定驳回起诉；原告拒绝变更诉讼请求的，判决驳回其诉讼请求。

——中国裁判文书网，https://wenshu. court. gov. cn/。

295 起诉期限起算时不以起诉人认识到违法性为必要条件

关键词 | 起诉期限 | 行为违法性 |

【最高人民法院裁判案例】

李兴行诉河北省唐山市乐亭县人民政府确认征收行为违法案［最高人民法院(2016)最高法行申 3971 号行政裁定书］

要旨：起诉期限制度中起诉人对行政行为的“知道”并不包括对行政行为违法性的认识，也即起诉人自知道行政机关作出行政行为时，起诉期限便开始计算，而并不以起诉人认识到行政行为的违法性作为起诉期限的计算起点。

修改前行政诉讼法第二条规定：“公民、法人或者其他组织认为行政机关和行政机关工作人员的具体行政行为侵犯其合法权益，有权依照本法向人民法院提起诉讼。”第三十九条规定：“公民、法人或者其他组织直接向人民法院提起诉讼的，应当在知道作出具体行政行为之日起三个月内提出。法律另有规定的除外。”法律设定起诉期限制度的主要目的在于督促公民、法人或者其他组织及时依法主张权利，同时依法维护行政效率和公法秩序。起诉人只要认为行政行为侵犯其合法权益即有权依法提起行政诉讼。一方面，法律并不要求起诉人在认识到行政行为的违法性后方能提起行政诉讼，起诉人在起诉时即使不能判断该行政行为违法与否，也不影响人民法院依法对被诉行政行为的合法性进行审查；另一方面，法律在计算起诉期限时亦不以起诉人认识到违法性为必要条件，因为行政行为是否违法属于有权机关的专业判断范畴，而即使是有权机关亦未必总能作出及时准确的判断，是故如果将对违法性的认识作为起诉期限的必要条件之一，则可能因起诉人对违法性的判断困难导致起诉期限的起点长期处于不确定状态，进而产生起诉期限制度被架空的风险，影响行政效率和公法秩序。因此，起诉期限制度中起诉人对行政行为的“知道”并不包括对行政行为违法性的认识，也即起诉人自知道行政机关作出行政行为时，起诉期限便开始计算，而并不以起诉人认识到行政行为的违法性作为起诉期限的计算起点。本案中，李兴行至迟在 2012 年 3 月已经知道涉案征收行为，但并未在法定期限内提起行政诉讼，而是在通过申请政府信息公开认识到涉案征收行为存在违法可能后，于 2015 年 5 月 5 日提起行政诉讼。根据以上分析，本案的起诉期限应自 2012 年 3 月李兴行知道涉案征收行为时起算，因此李兴行于 2015 年 5 月 5 日提起本案行政诉讼，其起诉已经超过法定起诉期限。一、二审裁定驳回起诉，在结果上并无不当，应予维持。

——中国裁判文书网，https://wenshu.court.gov.cn/。

296 因人民法院管辖权调整，原告向有管辖权的人民法院提起行政诉讼超过法定起诉期限，但不存在怠于行使诉权情形的，属于有正当理由

关键词 | 管辖权 | 起诉期限 | 正当理由 |

【最高人民法院裁判案例】

王长春诉长乐市人民政府行政强制违法案［最高人民法院（2017）最高法行再 98 号行政裁定书］

要旨：人民法院管辖权调整属于具有不能归责于原告自身原因的正当理由。

本案中,因管辖权调整原因,王长春于 2016 年 7 月 11 日再次向有管辖权的一审法院提起本案诉讼,虽然已超过法定起诉期限,但王长春自身并不存在怠于行使诉权的情形,且其长期一直就相关纠纷向有关部门反映,因此不能让王长春承担福州中院未依法立案而导致其告状无门的不利后果。行政诉讼法第四十八条规定,公民、法人或者其他组织因不可抗力或者其他不属于其自身的原因耽误起诉期限的,被耽误的时间不计算在起诉期限内。《最高人民法院关于执行〈中华人民共和国行政诉讼法〉若干问题的解释》第四十四条第(六)项规定,起诉超过法定期限且无正当理由的,人民法院才得裁定不予受理。因此,王长春再次提起诉讼虽然超过法定期限但应当视为具有不能归责于其自身原因的正当理由,一审法院应当依法登记立案。一、二审法院以王长春起诉超过法定期限且无证据证明曾提起过诉讼为由裁定不予立案和驳回上诉,构成认定事实不清和适用法律错误,应予纠正。因管辖权调整原因,福州中院对本案已无管辖权,因此基于诉讼经济和便民原则,对福州中院未就王长春的起诉不依法立案,不再予以纠正。

——中国裁判文书网,https://wenshu.court.gov.cn/。

297 因行政机关错误告知而耽误的时间，应从起诉期限中扣除

关键词｜起诉期限｜期限利益｜

【最高人民法院审判业务意见】

3. 起诉期限的扣除问题。行政诉讼法第四十八条第一款规定:公民、法人或者其他组织因不可抗力或者其他不属于其自身的原因耽误起诉期限的,被耽误的时间不计算在起诉期限内。(1)当事人提交的证据材料能够证明其在法定起诉期限内提起诉讼的,人民法院在审查起诉期限时应当审慎审查当事人提起行政诉讼是否超过起诉期限。(2)当事人基于对行政机关的信赖,等待其就相关争议事项进行协调、处理,导致耽误起诉期限,属于非自身原因耽误起诉的情形,被耽误的时间不计算在起诉期限内。如刘某诉某县政府行政赔偿案,刘某提供了相关证据证明某县政府引导其将本不属于仲裁受理范围的争议申请仲裁,导致其未在行政复议期满十五日内向人民法院提起诉讼,某县政府出具说明亦认可此事。某县政府将争议引入仲裁程序而被耽误的时间应予扣除。

——《最高人民法院第二巡回法庭建庭以来行政案件审理情况分析报告——以申请再审案件为核心(2015.01—2020.06)》(三),载最高人民法院第二巡回法

庭微信公众号"第二巡回法庭"2021年1月5日。

【最高人民法院裁判案例】

王明诉昆明高新技术产业开发区管理委员会房屋行政强制拆除案[最高人民法院(2019)最高法行申6077号行政裁定书]

要旨:案涉房屋拆除后没有及时提起行政诉讼的原因,与复议机关的错误告知具有密切联系,该期限利益不应当因复议机关的错误告知而丧失。

起诉期限是行政诉讼法确定的重要法律制度。该制度一方面敦促当事人及时启动权利救济程序;另一方面亦作出例外规定,将因不可抗力或者其他不属于当事人自身原因耽误的时间从起诉期限中扣除。本案中,王明因房屋被强制拆除以高新区管委会为被申请人向昆明市政府提出行政复议,昆明市政府告知系其他村民拆除,属于民事主体之间的民事侵权纠纷。直至2015年12月25日王明通过政府信息公开的方式获知其房屋系高新区管委会拆除,进而提起本案之诉。王明在案涉房屋拆除后没有及时提起行政诉讼的原因,与复议机关的错误告知具有密切联系,该期限利益不应当因复议机关的错误告知而丧失。王明自2010年10月25日申请行政复议至2015年12月25日通过政府信息公开获取新的证据之间的期间依法应当扣除。

——中国裁判文书网,https://wenshu.court.gov.cn/。

298 应立案而未立案,又未出具书面裁定,造成当事人上访、申诉并继续起诉的,不应将当事人非自身原因延误的时间,计算在起诉期限内

关键词|起诉期限|非自身原因|立案|

【最高人民法院公报案例】

眉山气雾剂厂诉眉山市人民政府、眉山市国土局土地行政登记案

要旨:根据《最高人民法院关于执行〈中华人民共和国行政诉讼法〉若干问题的解释》第四十三条的规定,对于当事人提起的行政诉讼,人民法院应该立案而未立案,又未出具书面裁定,造成当事人向其他部门上访、申诉并继续向人民法院起诉的,不应将当事人第一次起诉被拒绝后,由于非自身原因延误的时间,计算在起

诉期限内。

由于原眉山县人民法院对气雾剂厂于1999年11月提起的诉讼，既未按规定立案，也未按规定向当事人出具不予立案的书面裁定，致使气雾剂厂不断向其他部门申诉和上访，直到2003年12月收到眉山市国土局以重复登记为由作出的《不予受理土地登记通知书》后，才再次向眉山市中级人民法院提起行政诉讼。气雾剂厂反复向有关行政机关上访、申诉的时间，非因自身原因造成，根据《解释》第四十三条"由于不属于起诉人自身的原因超过起诉期限的，被耽误的时间不计算在起诉期间内"的规定，气雾剂厂向其他行政部门上访、申诉的时间不应当计算在起诉期间内。

——《中华人民共和国最高人民法院公报》2005年第2期。

299 权利人在民事诉讼中对行政行为提出异议，行政诉讼起诉期限是否应当扣除

关键词 | 行民交叉 | 起诉期限 |

【最高人民法院答复】

宁夏回族自治区高级人民法院：

你院呈报的王某某与中卫市房屋产权产籍管理所（以下简称中卫市房管所）、宁夏瑞丰小额贷款有限公司（以下简称瑞丰公司）房屋抵押行政登记申请再审案的请示报告收悉。经研究，现答复如下：

原则同意你院审委会少数人意见。即，本案涉及行民交叉案件起诉期限的计算问题。权利人在提起民事诉讼过程中，对被诉行政行为提出异议的，可视为其主张权利，符合我国行政诉讼法规定的起诉期限的扣除及延长等作为计算起诉期限特殊情形的法定事由。民事案件进入审理阶段，行政诉讼的起诉期限可从民事裁判文书生效之日重新计算。本案中，王某某于2010年5月知晓涉案房屋办理了他项权利登记事宜。在瑞丰公司诉王某某民间借贷纠纷中，王某某对被诉房屋抵押行政登记行为提出异议，可作为行政诉讼起诉期限扣除及延长的法定事由。该民事纠纷二审裁判文书于2010年8月25日作出后生效。王某某就被诉房屋抵押行政登记行为的起诉期限应从民事裁判文书生效之日重新计算，其于2015年6月提起行政诉讼已经超过2年的起诉期限。

——《最高人民法院行政审判庭关于权利人在民事诉讼中对行政行为提出异议行政诉讼起诉期限是否应当扣除的答复》(2017 年 5 月)，载微信公众号“行政执法与行政审判”2018 年 6 月 11 日。

300 其他财产共有人起诉期限的计算

关键词｜财产共有人｜起诉期限｜

【最高人民法院答复】

一方共有人未经其他共有人同意处分共有财产，行政机关作出产权变更登记，有证据证明其他共有人不知道该产权变更登记行为的，其他共有人自知道该变更登记内容之日起 2 年内，有权依法提起行政诉讼。抵押权的实现是物权变更的原因和方式之一，同样可以适用善意取得制度。

——《最高人民法院行政审判庭关于其他财产共有人起诉期限计算以及对抵押权人是否适用善意取得问题的答复》(2011 年 12 月 13 日，〔2011〕行他字第 75 号)。

【链接：最高人民法院法官著述】

从答复来看，在认定其他共有人是否应当知道产权变更登记行为时，首先是推定其他共有人与实施转移登记行为的共有人应当是同时知道该转移登记行为的。为何如此规定，主要是基于共有人之间的特殊的身份关系，夫妻共有财产、其他家庭成员之间的共有财产或者是非家庭成员之间产生的共有财产，通常情况下共有人之间都会具有区别于一般人的特别亲密关系。基于这种特殊的亲密关系，其中一位共有人代表其他共有人处分共有财产，通常会告知其他共有人，并征得其他共有人的同意。同样基于共有人这种特殊的亲密关系，对外而言，其中一位共有人的行为往往会被其他人认为是代表其他共有人的行为，构成表见代理。正因为如此，一般情况下，推定共有人知道转让登记行为的时间是同时的，代为办理转移登记的共有人知道转移登记的时间就是所有共有人知道转移登记行为的时间。但是，现实是复杂多样的，确实也会存在共有人之一未经其他共有人同意，擅自处分共有财产，侵犯其他共有人合法权益的情形。如何维护其他共有人的合法权益，从行政诉讼的角度，就是应当赋予其他共有人对此转移登记行为的起诉权，只要有证据证明其他共有人对转移登记行为确实不知情，就应当从其实际知道转移登记行为内容起计算其起诉期限，因未告知诉权和起诉期限，其起诉期限为二年。

谁来承担“不知道该产权变更登记行为”的举证责任？举证达到何种程度算是完成举证责任？这些问题也是需要解决的。我们认为,起诉人应当对此负举证责任,因为,根据生活常识和代理规则,通常推定共有人知道转移登记行为的时间是一样的,其他共有人主张对另一共有人处分共有财产行为不知情,应当说明理由并举证加之证明。只要有证据能够证明其他共有人可能存在不知情的情形,即相对于认定其办理转移登记时就知道该转移登记行为内容,起诉人的举证证明其当初不知道变更登记行为更具有说服力,就可以认为起诉人已经完成了举证责任。

——郭修江:《关于对其他财产共有人起诉期限计算及对抵押权人是否适用善意取得制度答复的解读》,载中华人民共和国最高人民法院行政审判庭编:《行政执法与行政审判》(总第 57 集),中国法制出版社 2013 年版,第 11 页。

三、立案登记制

301 正确理解立案登记制的精神实质，在防止过度审查的同时，也要注意坚持必要审查

关键词 | 立案登记制 | 立案审查制 | 起诉条件 |

【最高人民法院司法解释】

第五十三条 人民法院对符合起诉条件的案件应当立案，依法保障当事人行使诉讼权利。

对当事人依法提起的诉讼，人民法院应当根据行政诉讼法第五十一条的规定接收起诉状。能够判断符合起诉条件的，应当当场登记立案；当场不能判断是否符合起诉条件的，应当在接收起诉状后七日内决定是否立案；七日内仍不能作出判断的，应当先予立案。

——《最高人民法院关于适用〈中华人民共和国行政诉讼法〉的解释》（2018年2月8日，法释〔2018〕1号）。

【最高人民法院司法文件】

9. 要正确理解立案登记制的精神实质，在防止过度审查的同时，也要注意坚持必要审查。人民法院除对新行政诉讼法第四十九条规定的起诉条件依法进行审查外，对于起诉事项没有经过法定复议前置程序处理、起诉确已超过法定起诉期限、起诉人与行政行为之间确实没有利害关系等明显不符合法定起诉条件的，人民法院依法不予立案，但应当向当事人说明不予立案的理由。

——《最高人民法院关于进一步保护和规范当事人依法行使行政诉权的若干意见》（2017年8月31日，法发〔2017〕25号）。

【最高人民法院司法政策】

2015年，行政诉讼法率先确定在行政诉讼领域实行立案登记制，有效解决了行政诉讼立案难问题。但实践中也存在对于立案登记制条件下是否需要审查起诉

条件等问题把握尺度不一，一些不符合起诉条件的案件进入到诉讼程序等问题，尤其是出现一些滥用诉权的现象，浪费了宝贵的司法资源。立案登记制并不是放弃立案受理条件的审查。行政诉讼法明确规定，对于符合法律规定的起诉条件的必须立案，即立案时仍然需要对是否符合起诉条件进行审查。立案登记制取代立案审查制，其实质意义主要是两个方面：第一，避免法外设置受理条件。主要针对过去搞立案土政策，人为设置立案条件，导致应当受理的案件而不受理的现象。第二，避免立案环节的过度审查。实践中，过度审查主要表现在对行政诉讼法第四十九条第（三）项规定的操作上，即有具体诉讼请求和事实根据，其目的是避免原告一方证据突袭，违反正当程序。其中，最主要的是事实根据问题。法律规定对事实根据仅作形式上的要求，当事人提出事实根据即可，避免被告一方难以有针对性地答辩，以及第三人难以发表意见，案件则无法进行审理，但并不要求起诉时事实根据必须确凿、充分。是否具有确凿、充分具体的事实根据，属于审理环节的问题，在立案环节难以确定。因此，立案登记制取代立案审查制的核心要义，并非取消起诉条件，而是仍然要严格遵循行政诉讼法规定的起诉条件。立案审查的问题要尽可能在立案阶段完成，在立案阶段把立案条件进行全面有效的审查，而不能简单地一律登记立案，将立案方面的审查移送至审判庭进行，使大量不能立案的案件到审判庭后再驳回起诉，不仅增加当事人诉累，而且严重浪费司法资源。一般来说，有的起诉条件在立案环节难以查清，尤其是在法律期限内（七日内）难以判断是否完全符合起诉条件，而需要被告答辩或开庭审理才能最终确定的，才可把案件送到审判庭解决受理问题。

——江必新：《行政审判基本问题研究》，载中华人民共和国最高人民法院行政审判庭编：《行政执法与行政审判》（总第 70 集），中国法制出版社 2018 年版，第 5 页。

302 立案阶段人民法院的审查权力和释明义务

关键词 | 一次性告知 | 不予立案 |

【最高人民法院司法解释】

第五十五条　依照行政诉讼法第五十一条的规定，人民法院应当就起诉状内容和材料是否完备以及是否符合行政诉讼法规定的起诉条件进行审查。

起诉状内容或者材料欠缺的，人民法院应当给予指导和释明，并一次性全面告知当事人需要补正的内容、补充的材料及期限。在指定期限内补正并符合起诉条件的,应当登记立案。当事人拒绝补正或者经补正仍不符合起诉条件的,退回诉状并记录在册;坚持起诉的,裁定不予立案,并载明不予立案的理由。

——《最高人民法院关于适用〈中华人民共和国行政诉讼法〉的解释》(2018年2月8日,法释〔2018〕1号)。

303 原告撤诉后，以同一事实和理由重新起诉的，不予立案

关键词｜撤诉｜同一事实和理由｜不予立案｜

【最高人民法院司法解释】

第六十条　人民法院裁定准许原告撤诉后,原告以同一事实和理由重新起诉的,人民法院不予立案。

准予撤诉的裁定确有错误,原告申请再审的,人民法院应当通过审判监督程序撤销原准予撤诉的裁定,重新对案件进行审理。

——《最高人民法院关于适用〈中华人民共和国行政诉讼法〉的解释》(2018年2月8日,法释〔2018〕1号)。

【链接：理解与适用】

同一事实和理由中的“事实”,是指原告主张行政机关作出的行政行为违法的法律事实;“理由”是指原告主张所依据的规范性文件。判断事实和理由同一性的标准是主要事实和主要理由是否一致,即只要主要事实和主要理由一致,就属于本条规定的同一事实和理由,而仅仅次要事实和次要理由的改变则不影响定性和处理。

——最高人民法院行政审判庭编著:《最高人民法院行政诉讼法司法解释理解与适用》(上),人民法院出版社2018年版,第319页。

304 房屋征收被安置户主撤诉的，其家庭成员无正当理由再次起诉的，驳回起诉

关键词｜撤诉｜无正当理由｜

【最高人民法院裁判案例】

蔡生木、蔡雪梅诉浙江省象山县人民政府房屋拆迁行政裁决案［最高人民法院(2016)最高法行申4225号行政裁定书］

要旨：房屋拆迁安置补偿以户为单位进行，作为被拆迁房屋土地证上记载的户主和拆迁主管部门根据相关规定认定的户主，对涉案房屋的拆迁安置补偿事项具有代表权，其不服裁决提起诉讼是代表家庭户并非仅针对个人权益，因此，其撤诉的效力应当及于作为安置补偿对象的其他家庭成员。

本案被诉行政行为是象山县政府于2008年7月15日所作的象房拆裁(2008)2号征收集体所有土地房屋拆迁补偿安置争议裁决。被裁决土地房屋在1997年登记发证时，登记户主为蔡志钢，家庭成员包括蔡志钢(系再审申请人蔡生木、蔡雪梅夫妇之子)及其妻子、儿子和再审申请人等5人。因此，被诉裁决将蔡志钢与再审申请人蔡生木、蔡雪梅等人认定为一户，并以蔡志钢作为该户代表予以安置补偿，符合象山县政府象政发(2007)101号《关于同意〈象山县上张水库移民安置房置换方案〉的批复》的规定。被安置户户主蔡志钢因不服该裁决，曾于2008年11月22日提起过行政诉讼，后在该案审理过程中，蔡志钢撤诉。房屋拆迁安置补偿以户为单位进行，蔡志钢作为被拆迁房屋土地证上记载的户主和拆迁主管部门根据相关规定认定的户主，对涉案房屋的拆迁安置补偿事项具有代表权，其不服裁决提起诉讼是代表家庭户并非仅针对个人权益，因此，其撤诉的效力应当及于作为安置补偿对象的其他家庭成员。现再审申请人以自己的名义对该裁决提起行政诉讼，属于《最高人民法院关于适用〈中华人民共和国行政诉讼法〉若干问题的解释》第三条第(七)项规定的"撤回起诉后无正当理由再行起诉的"情形，一审法院据此驳回起诉，二审法院维持一审裁定并无不当。

——中国裁判文书网，https://wenshu.court.gov.cn/。

305 按自动撤诉处理的原告或者上诉人再次起诉或者上诉，是否应予立案

关键词｜自动撤诉｜应予立案｜

【最高人民法院司法解释】

第六十一条　原告或者上诉人未按规定的期限预交案件受理费，又不提出缓

交、减交、免交申请，或者提出申请未获批准的，按自动撤诉处理。在按撤诉处理后，原告或者上诉人在法定期限内再次起诉或者上诉，并依法解决诉讼费预交问题的，人民法院应予立案。

——《最高人民法院关于适用〈中华人民共和国行政诉讼法〉的解释》（2018年2月8日，法释〔2018〕1号）。

【最高人民法院裁判案例】

谭利余诉湖南省长沙市岳麓区人民政府行政复议决定案［最高人民法院（2016）最高法行申4091号行政裁定书］

要旨：在按撤诉处理后，原告或者上诉人在法定期限内再次起诉或者上诉，并依法解决诉讼费预交问题的，人民法院应予受理。

根据《最高人民法院关于执行〈中华人民共和国行政诉讼法〉若干问题的解释》第三十七条的规定，在按撤诉处理后，原告或者上诉人在法定期限内再次起诉或者上诉，并依法解决诉讼费预交问题的，人民法院应予受理。湖南省长沙市望城区人民法院作出（2014）望行初字第0004号行政裁定，对谭利余诉岳麓区政府行政复议决定一案按撤诉处理后，谭利余于同年6月27日再次就岳麓区政府岳行复决〔2013〕008号《行政复议决定书》向长沙市中级人民法院提起诉讼。在当事人没有提交证据、人民法院没有依职权调取证据的前提下，湖南省高级人民法院二审裁定认定谭利余再次起诉超过法定起诉期限没有事实根据，原审裁定据此驳回谭利余的起诉显属不当，应予纠正。

——中国裁判文书网，https://wenshu.court.gov.cn/。

306 行政行为被撤销，并要求重作的，当事人对重作行为不服起诉的，应予立案

关键词｜撤销且重作｜应予立案｜

【最高人民法院司法解释】

第六十二条　人民法院判决撤销行政机关的行政行为后，公民、法人或者其他组织对行政机关重新作出的行政行为不服向人民法院起诉的，人民法院应当依法立案。

——《最高人民法院关于适用〈中华人民共和国行政诉讼法〉的解释》(2018年2月8日,法释〔2018〕1号)。

【链接:理解与适用】

如果行政机关以同一事实和理由重新作出与原行政行为基本相同的行政行为,人民法院应当如何处理?人民法院依法判决撤销被告行政机关的行政行为,说明被告以前所作出的行政行为存在着违反法律、法规规定的情况,具体讲即是上述行政诉讼法第七十条第(二)项所列的诸种情形。人民法院要求被告重新作出行政行为,是因为作为行政诉讼的原告本身也可能存在着一定的违法行为,需要行政机关依法予以处理。如果行政机关在重新作出行政行为时,仍然以相同的事实和理由作出一个与原行政行为基本相同的行政行为,说明行政机关并未意识到其原行政行为的违法所在,或者是行政机关根本就不想在新作出的行政行为中纠正违法内容,从而具有抗拒人民法院判决的性质。对此,人民法院可采取两种制裁手段:第一,依照行政诉讼法第七十条第(二)项和第七十一条的规定再次判决撤销该行政行为;第二,根据行政诉讼法第九十六条的规定进行处理,依法追究主管人员和直接责任人员的责任。

——最高人民法院行政审判庭编著:《最高人民法院行政诉讼法司法解释理解与适用》(上),人民法院出版社2018年版,第323—324页。

307 行政机关作出行政行为时不制作、不送达法律文书的情形下,原告起诉应否立案

关键词｜法律文书｜行政行为存在｜应予立案｜

【最高人民法院司法解释】

第六十三条　行政机关作出行政行为时,没有制作或者没有送达法律文书,公民、法人或者其他组织只要能证明行政行为存在,并在法定期限内起诉的,人民法院应当依法立案。

——《最高人民法院关于适用〈中华人民共和国行政诉讼法〉的解释》(2018年2月8日,法释〔2018〕1号)。

【链接：理解与适用】

本条虽然降低了原告的证明责任，但应注意，对于行政行为确实存在，这时候的举证责任仍在原告一方，其必须提供行政行为存在的证据，包括物证、书证、证人证言、视听资料等各种形式的证据，只不过对这些证据需要达到的证明标准要求较低，达到优势标准甚至是或然性标准即可。另外根据行政诉讼法第三十四条的规定，人民法院有权向有关的组织和个人调取证据。在原告因某些特殊原因无法搜集到证明行政行为存在的证据时，法院也可以主动调查取证，弄清原告起诉的行政行为是否确实存在，帮助原告实现诉权。

——最高人民法院行政审判庭编著：《最高人民法院行政诉讼法司法解释理解与适用》（上），人民法院出版社 2018 年版，第 326—327 页。

308 起诉人同时起诉多个行政行为的，人民法院应当如何处理

关键词 | 多个行政行为 | 合并审理 | 驳回起诉 |

【最高人民法院审判业务意见】

此外，审判中要区分诉讼请求不明确与同时对多个行政行为提起诉讼情形。诉讼请求不明确属于不符合行政案件受理条件范畴；同时对多个行政行为提起诉讼的，人民法院应当分别对每一个行政行为是否符合法定起诉条件进行审查。起诉人起诉的多个行政行为系关联性行为，均符合法定起诉条件的，人民法院可以合并审理。如果无法合并审理的，应当依法释明，要求起诉人分别起诉。起诉人坚持一并起诉的，人民法院可以根据《行诉解释》第六十九条第一款第（十）项规定，以起诉不符合合并审理法定条件为由，裁定驳回起诉，但应当在裁定理由部分明确如果当事人同意一案一诉、并符合其他起诉条件再次起诉的，人民法院应当予以受理。

——《最高人民法院第二巡回法庭建庭以来行政案件审理情况分析报告——以申请再审案件为核心（2015.01—2020.06）》（二），载最高人民法院第二巡回法庭微信公众号“第二巡回法庭”2020 年 12 月 31 日。

【最高人民法院专业法官会议纪要】

13. 起诉人同时起诉多个行政行为的，人民法院应当如何处理。

答：起诉人同时对多个行政行为提起诉讼，人民法院应当分别对每一个行政行为是否符合法定起诉条件进行审查。起诉人起诉的多个行政行为系关联性行为，均符合法定起诉条件的，人民法院应当合并一案立案审理。人民法院认为起诉人起诉的多个行政行为不宜合并一案审理的，应当向起诉人进行指导和释明，要求起诉人分别起诉。起诉人坚持一并起诉的，人民法院可以根据《最高人民法院关于适用〈中华人民共和国行政诉讼法〉的解释》第六十九条第一款第（十）项规定，以起诉不符合合并审理法定条件为由，裁定驳回起诉。

理由：每一个行政行为均构成一个独立的诉，人民法院审查立案，应当分别对每一个被诉行政行为是否符合起诉条件分别进行审查，作出判断。合并审理是节约诉讼成本、实质化解争议的有效方式。对于几个相互关联的行政行为，人民法院一并审理，有利于减少诉累，节约司法成本。是否应当合并审理，是法定的起诉条件之一，对于不符合合并审理条件，起诉人坚持合并一案起诉的，人民法院可以适用《最高人民法院关于适用〈中华人民共和国行政诉讼法〉的解释》第六十九条第一款第（十）项规定，裁定驳回起诉。

——《最高人民法院第一巡回法庭关于行政审判法律适用若干问题的会议纪要》（2018 年 7 月 23 日），载最高人民法院第一巡回法庭编著：《最高人民法院第一巡回法庭行政案件裁判精要》，中国法制出版社 2020 年版，第 187—188 页。

【最高人民法院公报案例】

伊尔库公司诉无锡市工商局工商行政处罚案

要旨：扣留、查封与行政处罚，是各自独立的具体行政行为。行政机关已经向行政管理相对人告知了复议权、诉讼权以及起诉期限，行政管理相对人在法定期限内对扣留、查封不行使复议或起诉的权利，却在请求撤销行政处罚决定的行政诉讼中指控扣留、查封违法。根据行政管理相对人的诉讼请求，人民法院只审查行政处罚行为的合法性。

——《中华人民共和国最高人民法院公报》2006 年第 3 期。

309 已经立案的，应当裁定驳回起诉的适用情形

关键词｜驳回起诉｜起诉条件｜

【最高人民法院司法解释】

第六十九条 有下列情形之一，已经立案的，应当裁定驳回起诉：

（一）不符合行政诉讼法第四十九条规定的；

（二）超过法定起诉期限且无行政诉讼法第四十八条规定情形的；

（三）错列被告且拒绝变更的；

（四）未按照法律规定由法定代理人、指定代理人、代表人为诉讼行为的；

（五）未按照法律、法规规定先向行政机关申请复议的；

（六）重复起诉的；

（七）撤回起诉后无正当理由再行起诉的；

（八）行政行为对其合法权益明显不产生实际影响的；

（九）诉讼标的已为生效裁判或者调解书所羁束的；

（十）其他不符合法定起诉条件的情形。

前款所列情形可以补正或者更正的，人民法院应当指定期间责令补正或者更正；在指定期间已经补正或者更正的，应当依法审理。

人民法院经过阅卷、调查或者询问当事人，认为不需要开庭审理的，可以迳行裁定驳回起诉。

——《最高人民法院关于适用〈中华人民共和国行政诉讼法〉的解释》（2018年2月8日，法释〔2018〕1号）。

【链接：最高人民法院法官著述】

在司法实践中，需要注意以下两个问题：

一是关于立案庭和行政庭的分工问题。对于起诉条件的审查，包括对行政诉讼法第四十九条规定的起诉条件和其他起诉条件的审查。行政诉讼法第四十九条规定了四项内容的起诉条件，此外还规定了行政复议前置、起诉期限等内容。对于这些内容，立案庭在审查起诉时发现起诉不符合前述条件的，应当裁定不予立案。有观点认为，立案登记制改革之后，立案庭基本上就是接收材料的窗口，不负责审查起诉条件。这种观点是错误的。立案庭有必要在当事人起诉时履行审查职责，对一些明显不符合起诉条件的起诉裁定不予立案，否则立案之后再由行政庭审查，对当事人而言增加诉累，而且由于审限较长，反而可能耽误当事人寻求正确的救济途径。因此，无论从法律规定的角度还是有利于提高司法效率的角度，都有必要在立案环节对是否符合起诉条件进行审查。如果立案之后，行政庭不仅可以对行政诉讼法关于四项起诉条件、起诉期限、行政复议前置进行审查,也可以依照本条的规定,对其余起诉条件的事项进行审查。

二是关于裁定事项和判决事项竞合情况的处理。在司法实践中,起诉人起诉时既有应当判决的实体事项,又有应当裁定不予立案或者驳回起诉的程序事项,如原告数个请求事项中有不属于行政诉讼受案范围且拒绝变更、原告起诉数个被告有错列部分被告且拒绝变更的。起诉人经释明拒不更正,法院如何处理?有的观点认为应当分开裁判,也有观点认为在判决中一并解决裁定事项。我们认为,对于裁定事项和判决事项具有可分性的,应当分别裁判。例如,起诉人起诉数个被告,且可以作为数个案件审理的,可以分案处理。如果裁定事项不具有可分性的,可以在判决中一并作出相应裁定。当事人对判决中的相应裁定不服的,可以在判决书送达之日起十五日内同判决一并上诉。

——本书编委会编:《行政诉讼法司法解释实务指南与疑难解答》,中国法制出版社 2018 年版,第 231—232 页。

310 起诉条件的审查不仅限于立案阶段,在立案之后,甚至在开庭审理之后,仍然会涉及起诉条件的审查

关键词｜起诉条件｜驳回起诉｜立案｜

【最高人民法院裁判案例】

刘勇诉襄阳市人民政府不履行法定职责案[最高人民法院(2018)最高法行申 2968 号行政裁定书]

要旨:行政诉讼的起诉条件相对复杂,有些起诉条件在短时间内难以查清,有些起诉条件可能需要通过言词审理才能查清,所以,起诉条件的审查不仅限于立案阶段,在立案之后,甚至在开庭审理之后,仍然会涉及起诉条件的审查问题。

根据行政诉讼法第四十九条的规定,提起行政诉讼应当符合法定起诉条件。对于起诉条件的审查,一般应当在立案阶段进行。经审查不符合起诉条件的,应当裁定不予立案。但是,行政诉讼的起诉条件相对复杂,有些起诉条件在短时间内难以查清,有些起诉条件可能需要通过言词审理才能查清,所以,起诉条件的审查不仅限于立案阶段,在立案之后,甚至在开庭审理之后,仍然会涉及起诉条件的审查问题。正因如此,《最高人民法院关于适用〈中华人民共和国行政诉讼法〉的解释》

第六十九条(《最高人民法院关于适用〈中华人民共和国行政诉讼法〉若干问题的解释》第三条)才规定:“已经立案的”,如果有不符合起诉条件的情形,“应当裁定驳回起诉”。再审申请人认为,“行政诉讼法第四十九条是在起诉、受理阶段,案件尚未立案前适用的法律条款,一审和二审法院依据该条对已经进入开庭、质证等程序的案件进行裁判是对法律的错误适用”,显然没有正确理解法律及司法解释的准确含义。再审申请人还认为,“一审法院对已经开庭审理的案件裁定驳回起诉,不符合《最高人民法院关于适用〈中华人民共和国行政诉讼法〉若干问题的解释》第三条第二款明确规定的裁定驳回起诉的适用形式”。这一认识同样是对司法解释规定的错误理解。该款规定,“人民法院经过阅卷、调查和询问当事人,认为不需要开庭审理的,可以迳行裁定驳回起诉”,意在强调,在是否符合起诉条件相对清楚的情况下,不用经过开庭审理即可迳行裁定驳回起诉,但这并不意味着经过开庭审理之后就不能作出驳回起诉的裁定。更何况,经过开庭审理,更能保障当事人的诉讼权利,而不是相反。

——中国裁判文书网,https://wenshu.court.gov.cn/。

311 提起行政诉讼是否符合法定起诉条件的审查次序

关键词 | 起诉条件 | 驳回起诉 | 不予立案 |

【最高人民法院裁判案例】

姚军辉诉陕西省宝鸡市渭滨区人民政府断水断电行为违法案[最高人民法院(2019)最高法行申11588号行政裁定书]

要旨:若不以存在可诉的行政行为为前提和基础,便审查是否具有原告诉讼主体资格、是否超过法定起诉期限、是否错列被告等法定起诉条件,则不合法定起诉条件之间的内在逻辑关系。

关于法定起诉条件,《最高人民法院关于适用〈中华人民共和国行政诉讼法〉的解释》第六十九条第一款罗列规定了十余种。就处理具体案件而言,有无比照审查次序,不可一概而论,原因是并非每个案件都必得全部涉及所列众多法定起诉条件。法定起诉条件只要不符其一,便应驳回起诉。尽管如此,行政诉讼法第四十九条第(三)项规定的起诉需有事实根据和第(四)项规定的起诉事项属于人民法院受案范围这两个法定起诉条件却需优先审查。行政诉讼法第一章总则中的第六条规定的对行政行为进行合法性审查的原则决定了必须首先存在可诉的行政行为,

第二章规定了行政诉讼的受案范围,进一步界定了可诉行政行为的种类。若不以存在可诉的行政行为为前提和基础,便审查是否具有原告诉讼主体资格、是否超过法定起诉期限、是否错列被告等法定起诉条件,则不合法定起诉条件之间的内在逻辑关系。在确定了存在可诉的行政行为之后,审查是否符合其他法定起诉条件才得以顺理成章。本案中,二审法院仅查明再审申请人起诉称 2016 年 1 月其房屋被再审被申请人断水断电至今,但并未查明再审被申请人是否确实作出了再审申请人所诉称的断水断电行为。尚未认定存在再审申请人所诉称的行政行为及再审申请人当时已较为完整地知道或应当知道行为主体为再审被申请人等行政行为的内容,二审法院便直接以再审申请人诉称的时间计算起诉期限,实属欠妥。

——中国裁判文书网,https://wenshu. court. gov. cn/。

312 人民法院以不属于本院管辖为由，裁定不予立案或者驳回起诉的，应当对其他起诉条件一并审查

关键词｜管辖权｜起诉条件｜不予立案｜驳回起诉｜

【最高人民法院裁判案例】

辽宁中宇房地产开发有限公司诉沈阳市人民政府、沈阳市人民检察院暂扣、移交公司证件案[最高人民法院(2015)行终字第 1 号行政裁定书]

要旨:人民法院以案件不属于本院管辖为由,裁定不予立案或者驳回起诉的,应当对其他起诉条件一并审查。认为符合其他起诉条件的,可以在裁定中释明,起诉人有权依法向有管辖权的法院起诉;认为不符合其他起诉条件的,也应在裁定中予以明确。

(一)关于确认沈阳市人民政府会议处理决定违法诉求。《最高人民法院关于行政诉讼证据若干问题的规定》第四条第一款规定:"公民、法人或者其他组织向人民法院起诉时,应当提供其符合起诉条件的相应的证据材料。"也就是说,起诉人提起行政诉讼,应当对其起诉是否符合法定条件承担初步的证明责任。行政诉讼法第四十九条第(三)项规定,提起诉讼应当符合下列条件,"有具体的诉讼请求和事实根据"。所谓"具体的诉讼请求"前提是要有明确的被诉行政行为。起诉人提起行政诉讼应当初步证明被诉行政行为的存在。如果不能证明被诉行政行为的存在,起诉人的起诉,不符合法定条件,人民法院应当依照《最高人民法院关于执行

〈中华人民共和国行政诉讼法〉若干问题的解释》第四十四条第一款第(十一)项之规定,裁定不予受理;已经受理的,裁定驳回起诉。本案中,中宇公司一审请求“确认沈阳市人民政府于2003年9月5日作出的将暂扣中宇公司证件移交沈阳市城乡建设委员会的会议处理决定违法”,但是,并未提供充分证据证明沈阳市政府作出过相关的“会议处理决定”,其所提供的2009年12月3日沈阳市人民检察院向其出具的《检察机关处理信访事项答复意见书》也只能证明“2003年9月5日,联合调查组由中共沈阳市纪委牵头召开协调会……决定将暂扣证件移交市城乡建设管理委员会”,不能证明沈阳市政府曾就相关移交事项作出对外发生法律效力的行政决定。因此,中宇公司的该项起诉不符合起诉的法定条件,原审裁定不予受理的处理结果并无不当。

——人民法院出版社法规编辑中心编:《最高人民法院裁判观点精编(2014—2015)》(下),人民法院出版社2016年版,第787—788页。

313 重复起诉的认定

关键词 | 重复起诉 | 既判力 |

【最高人民法院司法解释】

第一百零六条 当事人就已经提起诉讼的事项在诉讼过程中或者裁判生效后再次起诉,同时具有下列情形的,构成重复起诉:

(一)后诉与前诉的当事人相同;

(二)后诉与前诉的诉讼标的相同;

(三)后诉与前诉的诉讼请求相同,或者后诉的诉讼请求被前诉裁判所包含。

——《最高人民法院关于适用〈中华人民共和国行政诉讼法〉的解释》(2018年2月8日,法释〔2018〕1号)。

【链接:理解与适用】

1. 当事人相同,不受当事人在前诉与后诉中的诉讼地位影响。

2. 禁止重复起诉原则不限于向同一法院起诉的情形。向其他法院起诉,构成重复起诉的,同样禁止。

3. 构成重复起诉的情形,不限于后诉独立起诉的情形,当事人通过参加诉讼或变更诉讼等方式,达成后诉与前诉构成同一诉讼的情形的,构成重复起诉,同样禁止。

4. 在前诉与后诉当事人相同、诉讼标的同一的情况下,后诉提起与前诉相反的诉讼请求的,构成一事不再理。

5. 一般认为,既判力的消极作用仅适用于案件当事人,对其才发生重复起诉的可能。而对于案件以外的第三人,则仅适用既判力的积极作用,即后诉与前诉的裁判不得抵触。

——最高人民法院行政审判庭编著:《最高人民法院行政诉讼法司法解释理解与适用》(上),人民法院出版社2018年版,第506页。

【最高人民法院审判业务意见】

禁止重复起诉是诉讼系属效力的体现,同一当事人就同一诉讼标的不能再重新提起诉讼。根据《行诉解释》第一百零六条的规定,构成重复起诉须同时满足三个条件:一是后诉与前诉的当事人相同;二是后诉与前诉的诉讼标的相同;三是后诉与前诉的诉讼请求相同,或者后诉的诉讼请求被前诉裁判所包含。实践中,如果当事人就同一事实反复提起不同种类的诉讼,虽然其诉讼请求不同,但并无实质差异,亦为重复起诉。

1. 未同时满足当事人相同、诉讼标的相同、诉讼请求相同条件的,一般不认定为重复起诉。判断后诉与前诉案件是否具有同一性,应同时具备当事人相同、诉讼标的相同、诉讼请求相同三个条件。其中诉讼请求相同,可以是诉讼请求完全相同,也可以是后诉的诉讼请求实质上被前诉裁判所包含。

2. 同一行为的撤销诉讼与确认违法诉讼构成重复起诉。当事人针对同一行政行为提起撤销之诉,再次提起确认违法之诉的,后诉因前诉已进行全面的合法性审查而构成重复起诉。如甲公司诉某区政府答复意见违法案,甲公司不服区政府作出的答复意见提起诉讼,请求确认答复意见违法。甲公司对答复意见不服,已经提出撤销之诉,其再次就答复意见提起该案确认违法之诉,两诉原、被告相同,诉讼标的相同。诉讼请求虽存在不同之处,但无论撤销之诉还是确认违法之诉,人民法院均会对涉案行政行为作出全面审查和评价。实体上,后诉均会因前诉已进行全面的合法性审查而构成重复起诉。

3. 为生效裁判所羁束的认定问题。(1)既判力理论要求对于已经被生效裁判确定的法律效果,排除任何重新审理及裁判,且在嗣后的诉讼程序中,不得作出与确定判决内容相反的裁判。生效民事裁定已经认定被诉行为是行政行为,驳回当事人的民事诉讼起诉的,在生效民事裁定尚未被依法撤销的情况下,一、二审又以

“本案不属于行政诉讼的受案范围”为由裁定驳回起诉，与生效的民事裁定相抵触，即便应当属于民事诉讼，也应当中止审理，通过审判监督程序撤销生效民事裁定后，恢复审理，依法作出裁判。（2）《行诉解释》第六十九条第一款第（九）项规定：对诉讼标的已为生效裁判或者调解书所羁束的，已经立案的，应当裁定驳回起诉。对于当事人而言，其就已经被生效裁判或者调解书所羁束的诉讼标的，不得再次起诉。一般而言，未经立案审理，行政行为被羁束很难成立，因此应谨慎适用“已为生效裁判所羁束”的规定。人民法院在判断该案诉讼是否受生效判决效力所羁束时，必须要审查诉讼标的是否同一。审查时，不仅需要审查当事人所诉行政行为与作出生效判决案件所审查的行政行为的同一性，而且要注重审查不同案件的当事人之间是否存在相同或相似的诉的理由与诉的利益，应当在充分比较、鉴别的基础上，审慎认定诉讼标的是否“已为生效裁判所羁束”。如张某诉某区政府房屋征收决定案，另案已对征收决定进行了审理，生效判决确认征收决定符合法律规定。该案与前诉的当事人并不相同，能否适用既判力理论需要审理确定，应就再审申请人原审诉求及理由是否涵盖于上述生效判决中原告的诉讼理由之中、诉的利益是否相同及是否存在个案中有别于其他人的、特定的、需要法律保护的合法诉讼利益与实体权益等进行全面审查。

——《最高人民法院第二巡回法庭建庭以来行政案件审理情况分析报告——以申请再审案件为核心（2015.01—2020.06）》（三），载最高人民法院第二巡回法庭微信公众号“第二巡回法庭”2021年1月5日。

【链接：最高人民法院法官著述】

在司法实践中，本条需要注意以下两个问题：

（一）如何判断诉讼请求是否具有“同一性”

本解释第六十八条第一款规定九种“诉讼请求”，其中第（九）项是兜底条款。在判断诉讼请求是否具有“同一性”时，不能仅根据原告请求的表述方式不一致而认定其不具有“同一性”。比如原告已就同一行政行为提起过撤销之诉，法院已经受理或者作出了生效判决，该当事人又针对同一行政行为起诉至法院要求确认该行政行为违法的，同样属于重复起诉。换言之，无论当事人的诉讼请求是确认无效，还是请求撤销（或确认违法），法院通常都会对是否违法以及违法的程度作出全面审查和评价。在对前诉实体上判决驳回之后，后诉即因前诉已经进行了全面的合法性审查而构成重复起诉。如果法院判决驳回当事人要求撤销行政行为的诉讼请求，即产生被诉行政行为并非违法的既判力，当事人不得在后诉中主张行政行为违法,后诉法院亦受不得确认该行政行为违法之拘束。

(二)在行政相对人众多的情况下,因一部分起诉法院作出判决后,其他行政相对人是否还可以起诉

在行政诉讼中,当法院对撤销行政行为的诉讼作出裁判后,在下列情况下应当允许其他适格原告提起诉讼:一是如果法院虽然驳回前诉中当事人的诉讼请求,但就所涉的行政行为合法性未作实体审理,或者虽然进行审理,但没有在判决中对该行政行为的合法性问题进行明确阐述。二是当事人除针对该行政行为的合法性提出诉请外,还有其他诉讼请求。

——本书编委会编:《行政诉讼法司法解释实务指南与疑难解答》,中国法制出版社 2018 年版,第 378 页。

314 民事诉讼败诉后,原告对同一争议提起行政诉讼的,属于重复起诉

关键词 | 重复起诉 | 民事诉讼 | 行政诉讼 |

【最高人民法院裁判案例】

郑胜晚、岳小琴、伍栋梁、岳小利、岳小容诉湖南省邵阳市大祥区人民政府签订征收补偿协议行为案[最高人民法院(2017)最高法行申 5519 号行政裁定书]

要旨:对于一些案件究竟应当通过民事诉讼途径解决,还是通过行政诉讼途径解决,实践中存有争议的,当事人只能选择一种途径进行救济。当事人提起民事诉讼败诉后,又对同一争议所涉行政行为再次提起行政诉讼的,亦属于重复起诉的情形。

本院经审查认为,《最高人民法院关于执行〈中华人民共和国行政诉讼法〉若干问题的解释》第四十四条第一款第(八)项规定,起诉人重复起诉的,人民法院不予受理;第(十)项规定,诉讼标的为生效判决的效力所羁束的,人民法院不予受理。所谓重复起诉,是指当事人对同一被诉行政行为提起诉讼,经人民法院依法处理后,再次提起诉讼的情形。其特点是原告和被诉行政行为均为同一个。对于一些案件究竟应当通过民事诉讼途径解决,还是通过行政诉讼途径解决,实践中存有争议的,当事人只能选择一种途径进行救济。当事人提起民事诉讼败诉后,又对同一争议所涉行政行为再次提起行政诉讼的,亦属于重复起诉的情形。所谓"诉讼标

的为生效判决羁束”是指当事人起诉所指向的诉讼标的已经不具有可争议性，诉讼标的物的归属或者法律关系的性质，已经被生效的人民法院判决所确认。此种情形中，起诉人并非一定是生效判决的起诉人，包括生效判决案件的诉讼当事人，也包括其他相关联的案外人。生效判决具有对世的法律效力，不仅对案件当事人有拘束力，对案件当事人之外的公民、法人或者其他组织同样具有拘束力。本案中，郑胜晚、伍栋梁曾就征收补偿协议的效力问题以援建指挥部为被告提起过民事诉讼。征收补偿协议的效力争议，与本案对签订协议行为提起的行政诉讼，实质属于同一纠纷。在行政诉讼法修改之前，征收补偿协议争议究竟应当通过行政诉讼途径解决，还是通过民事诉讼途径解决，确实存在争议。但是，无论是选择民事诉讼，还是行政诉讼，当事人对同一纠纷只能选择一次救济。郑胜晚、伍栋梁在民事诉讼败诉后，再次提起行政诉讼，属于重复起诉，一、二审裁定驳回两人的起诉，处理结果并无不当。对岳小琴、岳小利、岳小容而言，先前并未提起过民事诉讼，但是终审民事判决的结果已经对其本次提起的行政诉讼的诉讼标的——征收补偿协议的效力作出明确确认，协议效力已经不具有可争议性。郑胜晚等人又针对该协议的效力问题提起行政诉讼，受民事生效判决的羁束。一、二审裁定驳回郑胜晚等人的起诉，亦无不当。

——中国裁判文书网，https://wenshu.court.gov.cn/。

315 诉讼标的已为生效裁判或者调解书所羁束的认定

关键词｜诉讼标的｜既判力｜

【最高人民法院答复】

湖北省高级人民法院：

你院鄂高法〔2000〕13号《关于如何理解最高人民法院〈若干解释〉第四十四条第一款第（十）项规定的请示》收悉。经研究，答复如下：

行政诉讼的标的为人民法院生效判决书、裁定书和调解书所羁束的，人民法院应当依法裁定不予受理；已经受理的，应当依法裁定驳回起诉。

——《最高人民法院对如何理解〈最高人民法院关于执行《中华人民共和国行政诉讼法》若干问题的解释〉第四十四条第一款第（十）项规定的请示的答复》

(2000年6月5日,法行〔2000〕13号)。①

316 具有既判力的生效裁判,既包括生效的行政裁判,也包括生效的民事裁判

关键词 | 既判力 | 驳回起诉 |

【最高人民法院裁判案例】

汪年流诉绩溪县人民政府土地权属登记案[最高人民法院(2017)最高法行申354号行政裁定书]

要旨:虽然一般认为,既判力的范围只及于相同的当事人以及相同的诉讼标的,但在有些情况下,判决遮断效力的范围与诉讼标的的范围可以存在错位。亦即,尽管前后两诉的诉讼标的不同,但前诉判决遮断后诉。当前诉的诉讼标的成为后诉的先决条件,或者后诉在实质上是对前诉展开的再度争执时,就是如此。

行政诉讼法第二十五条第一款规定:"行政行为的相对人以及其他与行政行为有利害关系的公民、法人或者其他组织,有权提起诉讼。"本案中,再审申请人汪年流所请求撤销的是再审被申请人绩溪县政府为原审第三人胡鹏飞颁发的598号土地使用证。很显然,汪年流并非被诉行政行为的相对人。对于其与被诉行政行为之间存在何种利害关系,汪年流除了罗列一系列被诉行政行为的违法情形外,只是强调,"胡鹏飞的建房占用了其宅基地"。经原审法院查明,2013年10月,汪年流曾以胡鹏飞侵占其宅基地为由,向绩溪县人民法院提起民事诉讼。2014年1月13日,绩溪县人民法院作出(2013)绩民一初字第00533号民事判决,以汪年流提出的证据无法认定胡鹏飞有侵占土地行为为由,驳回汪年流的诉讼请求。根据《最高人民法院关于适用〈中华人民共和国行政诉讼法〉若干问题的解释》第三条第一款第(九)项的规定,"诉讼标的已为生效裁判所羁束的",应当不予立案;已经立案的,应当裁定驳回起诉。本条所称"生效裁判",既包括生效的行政裁判,也包括生效的民事裁判。生效裁判对于后诉的这种羁束效力,源于生效裁判的既判力。虽然一般认为,既判力的范围只及于相同的当事人以及相同的诉讼标的,但在有些情况

① 虽然《最高人民法院关于执行〈中华人民共和国行政诉讼法〉若干问题的解释》已被废止,但答复对现行有效的《最高人民法院关于适用〈中华人民共和国行政诉讼法〉的解释》相关条款仍有参考价值。——编者注

下，判决遮断效力的范围与诉讼标的的范围可以存在错位。亦即，尽管前后两诉的诉讼标的不同，但前诉判决遮断后诉。当前诉的诉讼标的成为后诉的先决条件，或者后诉在实质上是对前诉展开的再度争执时，就是如此。具体到本案，虽然前诉是民事诉讼，后诉是行政诉讼，前诉与后诉的诉讼标的并不相同，但前诉的诉讼标的“胡鹏飞的建房占用了其宅基地”，恰恰是汪年流是否与后诉被诉行政行为具有“利害关系”、进而是否具备原告资格的先决条件。虽然汪年流将民事诉讼转换成了行政诉讼，作为民事诉讼被告的胡鹏飞成了行政诉讼第三人，但在实质上仍是对于“胡鹏飞的建房占用了其宅基地”的再度争执。由于这一“利害关系”问题已为生效民事判决所羁束，汪年流就不具有提起行政诉讼的原告资格，按照前述司法解释的规定，本应裁定不予立案或者驳回起诉。一审法院受理案件并在实体上驳回原告诉讼请求，二审维持原判，虽然有违前述规定，但考其初衷，无非出于解决邻里争议的良苦用心。本院在审查期间，亦曾前往当地举行听证、查勘现场，并再次尝试调解，惜无结果。至于再审申请人主张被诉行政行为的诸般违法情形，因其无法逾越原告资格这道门槛，对被诉行政行为的合法性也就无从审查判断。

——中国裁判文书网，https://wenshu. court. gov. cn/。

单君廷诉辽宁省绥中县人民政府、辽宁省绥中县海洋与渔业局发放污染赔偿款案［最高人民法院（2015）行提字第39号行政裁定书］

要旨：生效民事裁定已经认定被诉行为是行政行为，驳回当事人的民事诉讼起诉的，在生效民事裁定尚未被依法撤销的情况下，一、二审又以“本案不属于行政诉讼的受案范围”为由裁定驳回起诉，与生效的民事裁定相抵触，即便应当属于民事诉讼，也应当中止审理，通过审判监督程序撤销生效民事裁定后，恢复审理，依法作出裁判。

《最高人民法院关于行政诉讼证据若干问题的规定》第七十条规定：“生效的人民法院裁判文书或者仲裁机构裁决文书确认的事实，可以作为定案依据。但是如果发现裁判文书或者裁决文书认定的事实有重大问题的，应当中止诉讼，通过法定程序予以纠正后恢复诉讼。”本案中，（2014）葫民一终字第00022号生效民事裁定认为，绥中县政府制定赔偿款发放标准、绥中县渔业局发放赔偿款的行为，是依附在行政权力之下的职权行为，与赔偿请求人之间的主体地位不平等，不属于民事案件受案范围，据此驳回单君廷提起的民事诉讼。单君廷根据生效民事裁定，提起本案行政诉讼。在生效民事裁定已经将绥中县政府、绥中县渔业局的行为定性为行政行为，驳回单君廷的民事诉讼起诉，生效民事裁定尚未被依法撤销的情况下，

一、二审又以本案“不属于行政诉讼的受案范围”为由，裁定驳回单君廷的起诉，与生效的民事裁定相抵触。即便本案一、二审认为单君廷请求绥中县政府、绥中县渔业局发放赔偿款的诉讼应当属于民事诉讼理由成立，也应当中止本案审理，通过审判监督程序，撤销生效民事裁定后，才能裁定驳回单君廷的起诉。一、二审裁定违反司法解释规定，审判程序违法，依法应予纠正。

——中国裁判文书网，https://wenshu.court.gov.cn/。

四、案由规定

317 行政案件案由的基本结构

关键词 | 案由基本结构 | 行政案件案由 |

【最高人民法院司法文件】

二、准确把握案由的基本结构

根据行政诉讼法和相关行政法律规范的规定，遵循简洁、明确、规范、开放的原则，行政案件案由按照被诉行政行为确定，表述为"××(行政行为)"。例如，不服行政机关作出的行政拘留处罚提起的行政诉讼，案件案由表述为"行政拘留"。

此次起草《暂行规定》时，案由基本结构中删除了2004年案由通知规定的"行政管理范围"。司法统计时，可以通过提取被告行政机关要素，确定和掌握相关行政管理领域某类行政案件的基本情况。

——《最高人民法院印发〈关于行政案件案由的暂行规定〉的通知》(2021年1月1日，法发〔2020〕44号)。

318 行政案件案由的适用范围

关键词 | 案由适用范围 | 行政案件案由 |

【最高人民法院司法文件】

三、准确把握案由的适用范围

《暂行规定》适用于行政案件的立案、审理、裁判、执行的各阶段，也适用于一审、二审、申请再审和再审等诉讼程序。在立案阶段，人民法院可以根据起诉状所列被诉行政行为确定初步案由。在审理、裁判阶段，人民法院发现初步确定的案由不准确时，可以重新确定案由。二审、申请再审、再审程序中发现原审案由不准确的，人民法院应当重新确定案由。在执行阶段，人民法院应当采用据以执行的生效法律文书确定的结案案由。

案件卷宗封面、开庭传票、送达回证等材料上应当填写案由。司法统计一般以生效法律文书确定的案由为准，也可以根据统计目的的实际需要，按照相应诉讼阶段或者程序确定的案由进行统计。

——《最高人民法院印发〈关于行政案件案由的暂行规定〉的通知》（2021年1月1日，法发〔2020〕44号）。

319 行政案件案由的确定规则

关键词｜案由确定规则｜行政案件案由｜

【最高人民法院司法文件】

四、准确理解案由的确定规则

（一）行政案件案由分为三级

1. 一级案由。行政案件的一级案由为“行政行为”，是指行政机关与行政职权相关的所有作为和不作为。

2. 二、三级案由的确定和分类。二、三级案由是对一级案由的细化。目前我国法律、法规对行政机关作出的行政行为并无明确的分类标准。三级案由主要是按照法律法规等列举的行政行为名称，以及行政行为涉及的权利内容等进行划分。目前列举的二级案由主要包括：行政处罚、行政强制措施、行政强制执行、行政许可、行政征收或者征用、行政登记、行政确认、行政给付、行政允诺、行政征缴、行政奖励、行政收费、政府信息公开、行政批复、行政处理、行政复议、行政裁决、行政协议、行政补偿、行政赔偿及不履行职责、公益诉讼。

3. 优先适用三级案由。人民法院在确定行政案件案由时，应当首先适用三级案由；无对应的三级案由时，适用二级案由；二级案由仍然无对应的名称，适用一级案由。例如，起诉行政机关作出的罚款行政处罚，该案案由只能按照三级案由确定为“罚款”，不能适用二级或者一级案由。

（二）起诉多个被诉行政行为案件案由的确定

在同一个案件中存在多个被诉行政行为时，可以并列适用不同的案由。例如，起诉行政机关作出的罚款、行政拘留、没收违法所得的行政处罚时，该案案由表述为“罚款、行政拘留及没收违法所得”。如果是两个以上的被诉行政行为，其中一个行政行为适用三级案由，另一个只能适用二级案由的，可以并列适用不同层级的案由。

（三）不可诉行为案件案由的确定

当事人对不属于行政诉讼受案范围的行政行为或者民事行为、刑事侦查行为等提起行政诉讼的案件，人民法院根据《中华人民共和国行政诉讼法》第十三条和《最高人民法院关于适用〈中华人民共和国行政诉讼法〉的解释》第一条第二款规定中的相关表述确定案由，具体表述为：国防外交行为、发布决定命令行为、奖惩任免行为、最终裁决行为、刑事司法行为、行政调解行为、仲裁行为、行政指导行为、重复处理行为、执行生效裁判行为、信访处理行为等。例如，起诉行政机关行政指导行为的案件，案由表述为"行政指导行为"。应当注意的是，"内部层级监督行为""过程性行为"均是对行政行为性质的概括，在确定案件案由时还应根据被诉行为名称来确定。对于前述规定没有列举，但法律、法规、规章或者司法解释有明确的法定名称表述的案件，以法定名称表述案由；尚无法律、法规、规章或者司法解释明确法定名称的行为或事项，人民法院可以通过概括当事人诉讼请求所指向的行为或者事项确定案由，例如，起诉行政机关要求为其子女安排工作的案件，案由表述为"安排子女工作"。

——《最高人民法院印发〈关于行政案件案由的暂行规定〉的通知》（2021 年 1 月 1 日，法发〔2020〕44 号）。

320 特殊行政案件案由的确定规则

关键词｜案由确定规则｜特殊行政案件｜

【最高人民法院司法文件】

五、关于几种特殊行政案件案由确定规则

（一）行政复议案件

行政复议机关成为行政诉讼被告，主要有三种情形：一是行政复议机关不予受理或者程序性驳回复议申请；二是行政复议机关改变（包括撤销）原行政行为；三是行政复议机关维持原行政行为或者实体上驳回复议申请。第一、二种情形下，行政复议机关单独作被告，按《暂行规定》基本结构确定案由即可。第三种情形下，行政复议机关和原行政行为作出机关是共同被告，此类案件案由表述为"××（行政行为）及行政复议"。例如，起诉某市人民政府维持该市某局作出的政府信息公开答复的案件，案由表述为"政府信息公开及行政复议"。

（二）行政协议案件

确定行政协议案件案由时，须将行政协议名称予以列明。当事人一并提出行政赔偿、解除协议或者继续履行协议等请求的，要在案由中一并列出。例如，起诉行政机关解除公交线路特许经营协议，请求赔偿损失并判令继续履行协议的案件，案由表述为“单方解除公交线路特许经营协议及行政赔偿、继续履行”。

（三）行政赔偿案件

行政赔偿案件分为一并提起行政赔偿案件和单独提起行政赔偿案件两类。一并提起行政赔偿案件，案由表述为“××（行政行为）及行政赔偿”。例如，起诉行政机关行政拘留一并请求赔偿限制人身自由损失的案件，案由表述为“行政拘留及行政赔偿”。单独提起行政赔偿案件，案由表述为“行政赔偿”。例如，起诉行政机关赔偿违法强制拆除房屋损失的案件，案由表述为“行政赔偿”。

（四）一并审查规范性文件案件

一并审查规范性文件案件涉及被诉行政行为和规范性文件两个审查对象，此类案件案由表述为“××（行政行为）及规范性文件审查”。例如，起诉行政机关作出的强制拆除房屋行为，同时对相关的规范性文件不服一并提起行政诉讼的案件，案由表述为“强制拆除房屋及规范性文件审查”。

（五）行政公益诉讼案件

行政公益诉讼案件案由按照“××（行政行为）”后缀“公益诉讼”的模式确定，表述为“××（行政行为）公益诉讼”。例如，人民检察院对行政机关不履行查处环境违法行为法定职责提起行政公益诉讼的案件，案由表述为“不履行查处环境违法行为职责公益诉讼”。

（六）不履行法定职责案件

“不履行法定职责”是指负有法定职责的行政机关在依法应当履职的情况下消极不作为，从而使得行政相对人权益得不到保护或者无法实现的违法状态。未依法履责、不完全履责、履责不当和迟延履责等以作为方式实施的违法履责行为，均不属于不履行法定职责。

在不履行法定职责案件案由中要明确行政机关应当履行的法定职责内容，表述为“不履行××职责”。例如，起诉行政机关不履行行政处罚职责案件，案由表述为“不履行行政处罚职责”。此处法定职责内容一般按照二级案由表述即可。确有必要的，不履行法定职责案件也可细化到三级案由，例如“不履行罚款职责”。

（七）申请执行人民法院生效法律文书案件

申请执行人民法院生效法律文书案件，案由由“申请执行”加行政诉讼案由后缀

"判决""裁定"或者"调解书"构成。例如,人民法院作出变更罚款决定的生效判决后,行政机关申请人民法院执行该判决的案件,案由表述为"申请执行罚款判决"。

（八）非诉行政执行案件

非诉行政执行案件案由表述为"申请执行××（行政行为）"。其中,"××（行政行为）"应当优先适用三级案由表述。例如,行政机关作出责令退还非法占用土地的行政决定后,行政相对人未履行退还土地义务,行政机关申请人民法院强制执行的案件,案由表述为"申请执行责令退还非法占用土地决定"。

——《最高人民法院印发〈关于行政案件案由的暂行规定〉的通知》（2021年1月1日,法发〔2020〕44号）。

321 《关于行政案件案由的暂行规定》在适用中应注意的问题

关键词 | 案由性质 | 案由表述 |

【最高人民法院司法文件】

六、应注意的问题

（一）各级人民法院要正确认识行政案件案由的性质与功能,不得将《暂行规定》等同于行政诉讼的受理条件或者范围。判断被诉行政行为是否属于行政诉讼受案范围,必须严格依据行政诉讼法及相关司法解释的规定。

（二）由于行政管理领域及行政行为种类众多,《暂行规定》仅能在二、三级案由中列举人民法院受理的常见案件中被诉行政行为种类或者名称,无法列举所有被诉行政行为。为了确保行政案件案由表述的规范统一以及司法统计的科学性、准确性,各级人民法院应当严格按照《暂行规定》表述案由。对于《暂行规定》未列举案由的案件,可依据相关法律、法规、规章及司法解释对被诉行政行为的表述来确定案由,不得使用"其他"或者"其他行政行为"概括案由。

（三）行政案件的名称表述应当与案由的表述保持一致,一般表述为"××（原告）诉××（行政机关）××（行政行为）案",不得表述为"××（原告）与××（行政机关）××行政纠纷案"。

（四）知识产权授权确权和涉及垄断的行政案件案由按照《最高人民法院关于增加部分行政案件案由的通知》（法〔2019〕261号）等规定予以确定。

——《最高人民法院印发〈关于行政案件案由的暂行规定〉的通知》（2021年1月1日,法发〔2020〕44号）。

322 行政批复与行政许可的区别

关键词｜行政批复｜行政许可｜行政案件案由｜

【链接：最高人民法院法官著述】

行政批复与行政许可均是由行政主体行使行政职权对有关事项予以批准或者不予批准的行为，都含有审核、审查的含义，但二者之间仍是存在差别的，主要体现在以下方面：

第一，适用领域及针对的对象不同。行政批复指的是上级行政机关对下级行政机关提交的报告、计划方案、纲要等以书面形式予以的批准实施行为，主要应用于行政机关系统内部的上下级行文之中，多表现为内部性特征。而行政许可是面对社会公众的，只要符合相关条件的公民、法人或者其他组织均有权申请相关的行政许可。行政许可是行政机关对于公民、法人或者其他组织所提申请事项，依据相关法律法规，通过审查申请人的资质能力等要素来决定是否准许其从事特定事项，是对一般禁止的特殊准许。

第二，法律效力发生的方式不同。在行政批复作出之后，下级行政机关会依据该批复内容采取相应的具体实施行为，将批复转化为对行政相对人发生法律效力的行政行为等。获得行政许可的公民、法人或者其他组织可以实施一般公民、法人或者其他组织不能实施的活动。

第三，行为目的不同。行政批复这一制度主要是基于行政机关内部的层级关系而设立，不同层级行政机关依据法律法规的规定能够行使的职权范围并不相同，上级行政机关对下级行政机关有领导、指示等职权，各层级行政机关之间的职责范围就如同环环相套的同心圆，上级行政机关的职权范围基本上可以涵盖下级行政机关，但下级行政机关自身又有独立性，有权自主决定和实施相关行为，但部分事项在实施之前必须报其上级行政机关审批同意。行政许可则是基于公民、法人或者其他组织提出的从事特定活动申请，由于对特定领域中的特定活动进行严格限制，只允许少数符合资格条件的行政相对人实施特定行为或从事某种活动等，以保障社会公共安全、维护社会公共秩序。

第四，可诉性不同。由于行政批复自身所具有的内部性特点，一般后续会有直接对公民、法人或者其他组织发生法律效力的行政行为，因此，大多数的行政批复并不属于行政诉讼的受案范围。而行政许可基于其面向社会公众的广泛性和公开性等特性，也会直接对公民、法人或者其他组织产生实际影响，基本上都可纳入行政诉讼的受理范围之中。

在行政主体行使行政职权的形式中,还有一类行政行为与行政许可极为接近,即行政审批,既包括行政机关内部的层级性批复,也包括对于公民、法人或者其他组织所提申请的审核批准等行为。在行政管理实践中,有一些行政审批与行政许可是混同的,主要体现在规范性文件里的表述上,尤其是在行政许可法实施之前。从行政诉讼法意义上看,“行政审批”这一表述方式正逐渐为“行政批复”和“行政许可”所替代。

——仝蕾:《行政案件案由制度解析与适用》,人民法院出版社 2022 年版,第 74—75 页。

323 行政确认与行政许可的区别

关键词 | 行政确认 | 行政许可 | 行政案件案由 |

【链接：最高人民法院法官著述】

行政确认与行政许可均是针对公民、法人或者其他组织提出的申请所作出的决定,属于赋权行为。两种行政行为的区别在于:一是适用领域不同,行政确认主要适用在社会保障领域,是对申请人申请享有相关待遇进行的审核和确认,行政许可则是较多的应用于经营、行业或职业准入等范畴,是对具有特殊资质或技能的公民、法人或者组织的“特别授权”;二是法律效果不同,申请人若经过行政确认后即可以获得相应的物质保障、医疗待遇等,获得行政许可后,被许可人则获得了从事某个领域的特定活动或某种职业等的权利,可以开展相应的工作。

法律概念都是在长期社会生活中经由无数实践的持续重复与碰撞后逐渐概括抽象出来的,行政确认与行政许可都带有公权力为了维持社会共同体更好地保存和发展而对私权益的审视和过滤的意味。行政确认侧重于对社会成员基本生活的多方面保障,而行政许可则是为了调节并维护社会经济发展领域的有序运行,防止不具备相应资质的主体参与社会经济、文化等方面的活动。

“行政确认”二级案由项下的三级案由“颁发学位证书或者毕业证书”与行政确认项下的其他三级案由相比,显得较为特殊。在制定《暂行规定》过程中,曾经将《暂行规定》(稿)交给北京市四个法院试用一个月,在试用结束后,其中一个法院提出在案由中应当增加高等教育类的行政诉讼案件案由,因为在行政审判实践中确实存在此类案件。在《暂行规定》送交最高人民法院审委会讨论之前,曾经考虑过将高等教育类案件案由作为一类独立案由予以单列,但对于整个行政案件案由体系而言，高等教育类案件案由实际上与不少二级案由都存在一定重合现象，高等教育类案件固然具有自身的特殊性，但若单独作为一个门类予以特别列出，可能与整个案由体系不相协调，而且若照此逻辑予以列出，各个行政管理领域的行政行为似乎都可以自成一个体系。在制定《暂行规定》的几年时间里，也曾经尝试过按照不同行政管理领域来梳理行政行为，以此作为案由规定的主框架，在梳理过程中发现两个问题：一是各行政管理领域中有不少同一类别的行政行为，如行政处罚等；二是各行政管理领域中存在的同类行政行为名称并不一致，需要进行归纳提炼与统一规范。如果按照行政管理领域中行政行为种类构建行政案件案由体系，可能会对司法统计有一定益处，但于案由体系而言，一是会使得案由体系过于庞大，在具体适用时未必方便；二是案由体系的变动性较大。不同行政管理领域中所包含的行政管理部门及相关职权内容经常会发生调整，相应地案由体系也需要随之调整，不利于行政审判工作的日常开展；三是如果不需要在案由内容中加上行政管理领域名称，那么此种设置方式也意义不大。另外，将各行政管理领域中所有行政行为进行梳理归纳本身也极其困难，考虑到适用的困扰和案由体系自身设置的方向等因素，放弃了采用按照不同行政管理领域行政行为设置案由体系的思路。对于高等教育类案件，在经过多番的讨论和反复的研究后还是决定不将其作为独立的一类案由予以单列，而是将其中较为常见且争议不大的几个三级案由按照涉案行政行为性质归入到各类二级行政行为之下。

——仝蕾：《行政案件案由制度解析与适用》，人民法院出版社 2022 年版，第 75—77 页。

324 行政给付与行政允诺的区别

关键词 | 行政给付 | 行政允诺 | 行政案件案由 |

【链接：最高人民法院法官著述】

《现代汉语词典》中对“给付”的定义为“付给（应付的款项等）”[1]，“允诺”指的是，应许。[2] 在行政法意义上，行政给付包括广义和狭义两种：广义的行政给付指的

① 中国社会科学院语言研究所词典编辑室编：《现代汉语词典》（第 7 版），商务印书馆 2016 年版，第 613 页。

② 中国社会科学院语言研究所词典编辑室编：《现代汉语词典》（第 7 版），商务印书馆 2016 年版，第 1622 页。

是，行政机关依据其法定职责，给予行政相对人一定金钱、实物或者实施一定行为等，实际上包含了行政主体履行其法定职责实施相关行为的内容；狭义的行政给付是指，行政主体给予行政相对人一定金钱或实物。《暂行规定》中的行政给付采用狭义概念，主要适用于社会保障领域，体现在对需要帮助人员提供物质救助，以保障其达到一定生活水平。行政允诺是随着现代市场经济的蓬勃发展而逐渐兴起的行政管理方式，指的是行政主体承诺当公民、法人或者其他组织按照事前设定的要求完成某些事项就兑现奖金或者减免税款等优惠。行政给付与行政允诺都具有当行政相对人达到一定条件或符合特定要求时，由行政主体按照法律规定或者事先承诺给予行政相对人特定物质或优惠保障等的特点，都属于授益性行政行为，而且基本上均需要行政相对人提出相关的申请，如给付最低生活保障金，需要行政相对人向有关行政机关提出申请；对于符合行政主体兑现允诺条件的公民、法人或者其他组织，很多情况下也需要其向相关的行政机关提出兑现允诺申请并提交符合要求的资料等。

行政给付与行政允诺二者的差异主要体现在以下方面：第一，适用的基础不同。行政给付主要立足于社会救助、社会保障等角度，是为了保障社会成员整体的生活水平；行政允诺是为了充分调动社会主体的积极性，挖掘各方面社会资源，以促进当地社会经济的蓬勃发展。二者的出发点是不同的。第二，给付的条件不同。行政给付中的给予需要行政相对人符合法律法规规定的条件，行政允诺的给予则相对宽松一点，在法律规定的框架之内，行政主体有一定的自由裁量权，在不违反法律法规规定的前提下，可以采取更灵活多样的方式去规定允诺的内容和兑现方式。

我们在审理相关案件、确定案由时，须注意两种行政行为实施的场合、条件等，不能受限于当事人对涉案行政行为的表述，须从行政行为实质特点来表述案由。

——仝蕾：《行政案件案由制度解析与适用》，人民法院出版社 2022 年版，第 77—79 页。

325 行政征缴与行政收费的区别

关键词｜行政征缴｜行政收费｜行政案件案由｜

【链接：最高人民法院法官著述】

行政征缴与行政收费是日常生活中较为常见的行政行为类型，二者均有从社会主体处收取相关费用的含义，是对社会主体经济权益的减损行为。行政征缴指的是，行政主体为了保障国家社会秩序的有序运行及社会公共服务的质量等，从公民、法人或者其他组织的收入中收取一部分作为社会公共财政储备或用于特定的社会公共领域等的行政职权行为。行政收费主要指,行政主体因为公民、法人或者其他组织提供社会公共服务等,就支出的合理费用向公民、法人或者其他组织进行收取的行政行为。由于行政征缴与行政收费较为相近,在审理行政案件时容易混淆,有必要对二者进行区分。二者的主要差异是:第一,收取费用的前提条件不同。对于行政征缴而言,公民、法人或者其他组织的缴费是一种社会义务,有的属于普遍性义务,如缴纳税款,而有的则属于特定义务,是因自身行为会对社会公益造成一定负担或损害时须承担的弥补性义务,如缴纳水土保持补偿费、土地闲置费等。行政收费收取的费用实际是一种对价,类似于受市场经济运行规律支配之下各种市场参与主体之间在交易过程中的支出与收取行为。第二,收取费用的目的不同。行政征缴收取相关费用主要是为了增进和维护社会公共利益,维护社会共同体的可持续发展;行政收费主要是为了填平社会公共支出,在为社会大众提供公共服务的同时按照最低成本支出所需费用向享受服务人员予以收取,所收取费用仅为基本的成本费用。第三,强制性强度不同。尽管行政征缴和行政收费中涉及的各个收取费用项目都必须按照法律法规的规定予以收取,但"征缴"这一概念本身就带有行政强制性,如果行政相对人不缴纳相关费用,行政主体有权依照法律规定进行强制缴纳;而行政收费则不同,若行政相对人不按规定交纳相关费用,则无法获得相应社会公共服务,并不会出现强制缴纳的法律后果。第四,适用范围有所不同。二者相比而言,涉及行政收费的项目更多,几乎覆盖社会生活各个不同领域。

——仝蕾:《行政案件案由制度解析与适用》,人民法院出版社 2022 年版,第 79—80 页。

326 行政允诺与行政奖励的区别

关键词 | 行政允诺 | 行政奖励 | 行政案件案由 |

【链接:最高人民法院法官著述】

行政奖励是指"行政主体为了表彰先进、激励后进,充分调动和激发人们的积极性和创造性,依照法定条件和程序,对为国家、人民和社会做出突出贡献或者模范地遵纪守法的行政相对人,给予物质的或者精神的奖励的行政行为"。[①] 行政奖

① 姜明安主编:《行政法与行政诉讼法》(第七版),北京大学出版社、高等教育出版社 2019 年版,第 238 页。

励与行政允诺均带有一定的奖励性质，属于授益性的行政行为，是行政主体须对行政相对人给付一定奖金等的履职行政行为。二者的主要差别在于：第一，适用的条件不同。行政允诺的兑现需要公民、法人或者其他组织达到事前规定的要求；行政奖励的适用尽管也需要公民、法人或者其他组织符合一定条件，但适用条件的弹性较大，只要是对国家和社会做出突出贡献或者足可以成为社会楷模的公民、法人或者其他组织均能够成为行政奖励的对象。第二，公民、法人或者其他组织的行为目的不同。在行政允诺法律关系中，公民、法人或者其他组织所实施行为均是围绕行政主体之前向社会公示过的要求，主要是为了得到行政主体在允诺中的物质奖励或相关优惠。而在行政奖励法律关系中，公民、法人或者其他组织都是自发地为国家和社会做贡献，并不是为了追求获得行政奖励的结果。第三，实施目的不同。行政允诺主要是为了激活当地社会经济发展，以较优惠的条件或物质奖励的方式吸引聚集各方潜在的社会力量；行政奖励则是为了在全社会形成引领标杆示范效果，弘扬正向的社会道德行为价值等而专门对在各方面表现突出的公民、法人或者其他组织进行物质和精神奖励。

在审理行政案件过程中，有时候行政允诺是以行政奖励的形式实施的，需要根据具体案情加以辨别。

——仝蕾：《行政案件案由制度解析与适用》，人民法院出版社2022年版，第80—81页。

327 行政登记与行政确认的区别

关键词 | 行政登记 | 行政确认 | 行政案件案由 |

【链接：最高人民法院法官著述】

行政登记是指行政主体根据公民、法人或者其他组织的申请，依据法律法规等规定的程序对相关申请材料进行审核，审核通过的即在登记系统里记载相关事实，以此达到向社会公示的法律效果。行政登记主要适用于对社会生活中各类权属的登记。行政确认指的是，行政主体依法对行政相对人的法律地位、法律关系或者有关法律事实进行甄别，给予确定、认可、证明（或者否定）并予以宣告的行政行为。①在《暂行规定》中，行政确认主要适用于社会保障领域。行政登记中实际上也蕴含

① 姜明安主编：《行政法与行政诉讼法》（第七版），北京大学出版社、高等教育出版社2019年版，第241页。

着确认的内容,只有经过行政登记机关的确认后才能正式登记记载相关权属或权利。但行政登记与行政确认二者的侧重不相同,主要表现在:第一,实现的法律效果不同。行政登记是为了将公民、法人或者其他组织享有的权利通过国家公示的方式予以确定并加以保护,行政确认是对公民享有某种待遇或资格的认定,是公民享有相关权利的法定要件。第二,对相关权利的影响不同。对于申请行政登记的权利人而言,行政登记是建立在其在先的民事法律关系之上的,即使缺失行政登记这一环节,申请人相关的民事权利也并未丧失。行政登记是权利人通过国家权力对其已经获得的相关权利予以记载和保护。而行政确认是对行政相对人某种资格的审核和认定,在行政主体作出行政确认之前,行政相对人是无法享有相关的待遇或资格的。第三,适用的领域不同。行政登记主要适用于公民、法人或者其他组织享有的各种权属的登记,行政确认主要适用于社会保障领域。

《暂行规定》为了对案件中涉及的各种具体情形加以明确区分,在行政登记和行政确认二级案由项下列举了各自的三级案由,在审理行政案件时,须根据案件的实际情况来确定案由。

——仝蕾:《行政案件案由制度解析与适用》,人民法院出版社 2022 年版,第 81—82 页。

328 行政处罚与行政处理的区别

关键词｜行政处罚｜行政处理｜行政案件案由｜

【链接:最高人民法院法官著述】

行政处理是指"行政主体为实现相应法律、法规、规章等所确定的行政管理目标和任务,而依行政相对人申请或者依职权依法处理涉及特定相对人某种权利义务事项的行政行为。其实定法上的表现形式多种多样,一般为'处理决定'或者'行政决定',而在各个不同领域则有不同表述,如'行政许可决定''行政处罚决定''强制执行决定'等"。[①]《暂行规定》中行政处理这一案由是发挥着作为传统意义上单方行政行为的兜底行政行为表述的功能的,行政处理是行政主体依职权行使的各类行政行为的概称,《暂行规定》中列入行政处理项下的三级案由基本上是无法列入其他典型行政行为种类的行政行为,这些行政行为属于行政诉讼案件

① 姜明安主编:《行政法与行政诉讼法》(第七版),北京大学出版社、高等教育出版社 2019 年版,第 213 页。

中常见的被诉行政行为，但从行政行为性质上看，“责令退还非法占用土地”“责令停止建设”等既不是行政处罚，也不是行政强制，属于行政执法实践中很难将其准确定性的行政行为，为了使《暂行规定》尽量做到全面、准确，只能将行政案件中常见但非典型的被诉行政行为归入行政处理之中。从宏观意义上看，行政处罚也属于行政处理中的一种，在现实生活中，有时会将行政处理视为是对行政相对人权利或权益有所减损的行政行为，容易将行政处理与行政处罚等行政行为混为一谈，在审理相关行政案件时，需要准确理解行政处理在行政法和行政诉讼法中的含义。

——仝蕾：《行政案件案由制度解析与适用》，人民法院出版社 2022 年版，第 82—83 页。

THE COLLECTION OF
THE SUPREME PEOPLE'S COURT'S
JUDICIAL RULES

新 编

最高人民法院司法观点集成

行政卷 III
（第二版）

总 主 编｜杜万华　副总主编｜刘德权
本卷主编｜蔡小雪　陈裕琨　缪　蕾

中国民主法制出版社
全国百佳图书出版单位

本卷总目

CONTENTS

本册细目

CONTENTS

（第十一章　几类特殊案件的审理）

二、不动产登记 /989

（一）房屋登记/989

二、不动产登记

(一)房屋登记

722 房屋登记案件的受案范围

关键词｜房屋登记｜协助执行｜受案范围｜

【最高人民法院司法解释】

第一条　公民、法人或者其他组织对房屋登记机构的房屋登记行为以及与查询、复制登记资料等事项相关的行政行为或者相应的不作为不服,提起行政诉讼的,人民法院应当依法受理。

——《最高人民法院关于审理房屋登记案件若干问题的规定》(2010年11月18日,法释〔2010〕15号)。

723 房屋登记机构协助执行行为不可诉

关键词｜房屋登记｜协助执行｜受案范围｜

【最高人民法院司法解释】

第二条第一款　房屋登记机构根据人民法院、仲裁委员会的法律文书或者有权机关的协助执行通知书以及人民政府的征收决定办理的房屋登记行为,公民、法人或者其他组织不服提起行政诉讼的,人民法院不予受理,但公民、法人或者其他组织认为登记与有关文书内容不一致的除外。

——《最高人民法院关于审理房屋登记案件若干问题的规定》(2010年11月18日,法释〔2010〕15号)。

【最高人民法院答复】

一、根据《最高人民法院关于行政机关根据法院的协助执行通知书实施的行政行为是否属于人民法院行政诉讼受案范围的批复》（法释〔2004〕6 号）①的规定，行政机关根据人民法院的协助执行通知书实施的行为，是行政机关必须履行的法定协助义务，不属于人民法院行政诉讼受案范围。但如果当事人认为行政机关在协助执行时缩小或扩大了范围或违法采取措施造成其损害，提起行政诉讼的，人民法院应当受理。

——《最高人民法院办公厅关于房地产管理部门协助人民法院执行造成转移登记错误，人民法院对当事人提起的行政诉讼的受理及赔偿责任问题的复函》（2006 年 12 月 15 日，法办〔2006〕610 号）。

【最高人民法院参考案例】

周玉华、周霞诉江苏省镇江市房产管理局房屋行政登记案（行政审判案例第 47 号）

要旨：行政机关履行法院协助执行通知的行为不属于行政诉讼受案范围，不具有可诉性。

建设部令第 57 号《城市房屋权属登记管理办法》第八条规定，直辖市、市、县人民政府房地产行政主管部门负责本行政区域内的房屋权属登记管理工作。房管局是本区域内的法定的房屋权属登记管理机关，房管局依据南京市白下区人民法院的协助执行通知书，依法履行人民法院的协助执行义务，是房管局必须履行的法定义务，且房管局在履行协助执行义务时，未扩大范围或违法采取措施，亦未造成他人损害。根据《批复》规定，本案不属于人民法院行政诉讼的受案范围。

——中华人民共和国最高人民法院行政审判庭编：《中国行政审判案例》（第 2 卷），中国法制出版社 2011 年版，第 40、41 页。

【链接：最高人民法院法官著述】

根据人民法院、仲裁机构的生效法律文书和人民政府征收决定所为房屋登记的可诉性。我们认为，根据人民法院、仲裁机构的生效法律文书而为的房屋登记应

① 已被 2019 年 7 月 20 日起施行的《最高人民法院关于废止部分司法解释（第十三批）的决定》（法释〔2019〕11 号）废止。理由：已被《最高人民法院关于适用〈中华人民共和国行政诉讼法〉的解释》代替。——编者注

为不可诉。因为按照物权法第二十八条规定,人民法院作出确权判决后,新的权利人就直接取得了房屋所有权。按照《房屋登记办法》的有关规定,权利人可以直接向房屋登记机构申请,房屋登记机构必须按照判决作出登记。按照司法优越的原则,此时的登记行为实际上并非房屋登记机构的独立意志,而受到司法行为的羁束。不过房屋登记机构改变法律文书时,登记就有了独立于司法意志的因素,应为可诉。

关于根据人民政府征收决定而为房屋登记的可诉性,实践中有争论。一种观点认为,登记并非房屋登记机构独立意志,应为不可诉。另一种观点认为,人民政府在理论上可以作为行政诉讼的被告,其决定并不优越于司法,因此根据征收决定而为的登记并不享有司法的"豁免权"。我们认为,第二种观点在理论上似有一定道理,但综合来看,还是第一种观点更为可取。因为按照物权法第二十八条规定,人民政府征收房屋的决定自生效时起,房屋所有权即为国有,房屋登记不过是加以记录而已,其效力类似于重复处置行为,故受理此类案件没有实际意义,应以不可诉为宜。

根据人民法院协助执行通知而为房屋登记的可诉性,最高人民法院曾经作出《关于行政机关根据法院的协助执行通知书实施的行政行为是否属于人民法院行政诉讼受案范围的批复》(法释〔2004〕6 号),确立了协助执行行为不可诉为原则、可诉为例外的标准,解决了审判上不少的疑惑。《关于审理房屋登记案件若干问题的规定》有必要予以吸收。有人提出,检察机关、公安机关在侦查过程中查封涉案房屋的,房屋登记机构亦须协助,此协助行为亦不可诉。我们认为,这种观点是合理的,可以将登记行为解释为协助行为。不过刑法上只是授权两机关扣押物品,将"物品"解释为包括房屋,在文义上有瑕疵,故在规定中不明确写出检察机关和公安机关,而将其隐含在"有权机关"中。

此外,还可能有其他行政机关,比如税收机关依照税收征收管理法第四十条关于"从事生产、经营的纳税人、扣缴义务人未按照规定的期限缴纳或者解缴税款,纳税担保人未按照规定的期限缴纳所担保的税款,由税务机关责令限期缴纳,逾期仍未缴纳的,经县以上税务局(分局)局长批准,税务机关可以采限下列强制执行措施:(一)书面通知其开户银行或者其他金融机构从其存款中扣缴税款;(二)扣押、查封、依法拍卖或者变卖其价值相当于应纳税款的商品、货物或者其他财产,以拍卖或者变卖所得抵缴税款。税务机关采取强制执行措施时,对前款所列纳税人、扣缴义务人、纳税担保人未缴纳的滞纳金同时强制执行。个人及其所扶养家属维持生活必需的住房和用品,不在强制执行措施的范围之内"的规定。《税收征收管理法实施细则》第五十九条规定，税收征收管理法第三十八条、第四十条所称其他财产，包括纳税人的房地产、现金、有价证券等不动产和动产。机动车辆、金银饰品、古玩字画、豪华住宅或者一处以外的住房不属于税收征收管理法第三十八条、第四十条、第四十二条所称个人及其所扶养家属维持生活必需的住房和用品。税务机关对单价5000元以下的其他生活用品，不采取税收保全措施和强制执行措施。法律法规授权税务机关可以扣押纳税人的房屋并变卖，其采取这些行为时可以要求房屋登记机构协助。故依据法律法规的规定，税务机关也可解释为“有权机关”。

根据《最高人民法院关于行政机关根据法院的协助执行通知书实施的行政行为是否属于人民法院行政诉讼受案范围的批复》（法释〔2004〕6号）的规定，行政机关根据人民法院的协助执行通知书实施的行为，是行政机关必须履行的法定协助义务，不属于人民法院行政诉讼的受案范围。但如果当事人认为行政机关在协助执行时缩小或扩大了范围或违法采取措施造成损害，提起行政诉讼的，人民法院应当受理。

第一，这里的主体仅仅为人民法院，即行政机关根据法院的协助执行通知书实施的行政行为。如果有其他机关也向房屋登记机关提出协助执行，房屋登记机关需要根据法律法规等规范的授权决定其是否协助执行。

第二，房屋登记机构根据人民法院协助执行通知书办理的房屋登记，如果公民、法人或者其他组织认为登记与通知书内容不一致的，则可提起行政诉讼；反之，登记与通知书内容一致的，则不能提起行政诉讼。

第三，房屋登记机构对人民法院协助执行通知书只能执行，不能对协助执行通知书或裁判文书进行实体审查；如果认为有错误，可以提出审查建议，但仍然不能停止执行。这是由司法最终裁决权所决定。如果房屋登记机构执行法院生效法律文书或协助执行通知书错误造成损害结果，由法院承担相应的赔偿责任，房屋登记机构不承担赔偿责任。

——杨临萍：《审理房屋登记行政案件中的若干问题》，载中华人民共和国最高人民法院行政审判庭编：《行政执法与行政审判》（总第34集），人民法院出版社2009年版，第36—38、71页。

724 行政机关不得自行变更根据人民法院协助执行通知书已经协助执行的事项

关键词｜房屋登记｜协助执行｜自行变更｜公示公信｜

【最高人民法院答复】

辽宁省高级人民法院：

你院〔2013〕辽行终字第41号请示收悉，经研究答复如下：

行政机关认为根据人民法院生效裁判或者协助执行通知书作出相应行政行为可能损害国家利益、公共利益或他人合法权益，可以向相关人民法院提出；行政机关擅自撤销已经作出的行政行为，相对人不服提起行政诉讼的，人民法院应当依法受理。

——《最高人民法院行政审判庭关于行政机关撤销或者变更已经作出的协助执行行为是否属于行政诉讼受案范围请示问题的答复》（2014年10月31日，〔2014〕行他字第6号）。

【最高人民法院参考案例】

包头市聚德鑫典当有限责任公司诉包头市房产管理局房屋登记案（行政审判案例第94号）

要旨：协助执行是行政机关必须履行的法律义务，行政机关在协助执行后，不得以其他理由自行变更已经协助执行的事项。

《最高人民法院、国土资源部、建设部关于依法规范人民法院执行和国土资源房地产管理部门协助执行若干问题的通知》（法发〔2004〕5号）第五条第二款规定："在执行人民法院确认土地、房屋权属的生效法律文书时，应当按照人民法院生效法律文书所确认的权利人办理土地、房屋权属变更、转移登记手续。"第二十七条规定："人民法院制作的土地使用权、房屋所有权转移裁定送达权利受让人时即发生法律效力，人民法院应当明确告知权利受让人及时到国土资源、房地产管理部门申请土地、房屋权属变更、转移登记。国土资源、房地产管理部门依据生效法律文书进行权属登记时，当事人的土地、房屋权利应当追溯到相关法律文书生效之时。"本案中，包头市开发区人民法院于2005年1月4日作出（2004）包开执字第1号民事裁定，"将被执行人孙德凤、瞿福亭所有的坐落于青山区幸福路1号街坊建筑面积1111.24平方米的店作价200万元交付申请执行人聚德鑫典当有限责任公司抵偿债务及利息"，该裁定于2005年1月5日送达孙德凤、瞿福亭及聚德鑫公司即发生法律效力。包头市房产管理局已经按照包头市开发区人民法院生效裁定为聚德鑫公司办理了房屋权属变更、转移登记手续，并向聚德鑫公司颁发了房屋所有权证。虽然在办理上述房屋权属变更、转移登记中存在有孙德凤与聚德鑫公司签订的房地产买卖契约，但该契约的实质内容与包头市开发区人民法院的生效裁定并不矛盾，该契约亦未改变包头市房屋管理局应当依照包头市开发区人民法院的生效裁定为聚德鑫公司办理房屋权属变更、转移登记的事实。因此，包头市房屋管理局以“申报不实”为由注销该房屋所有权证的行政行为无法律依据。杨嘉荣的诈骗行为给成扬公司造成损失，成扬公司应当通过其他诉讼程序保护其权利。本案是基于聚德鑫公司认为房管局的具体行政行为侵犯其合法权利而提起的诉讼，成扬公司与本案无利害关系。

——中华人民共和国最高人民法院行政审判庭编：《中国行政审判案例》（第3卷），中国法制出版社2013年版，第65、67—68页。

725 换发、补发权属证书或者更新登记簿的可诉性

关键词 | 房屋登记 | 权属证书 | 登记簿 |

【最高人民法院司法解释】

第二条第二款 房屋登记机构作出未改变登记内容的换发、补发权属证书、登记证明或者更新登记簿的行为，公民、法人或者其他组织不服提起行政诉讼的，人民法院不予受理。

——《最高人民法院关于审理房屋登记案件若干问题的规定》（2010年11月18日，法释〔2010〕15号）。

【链接：最高人民法院法官著述】

关于登记簿记载行为的可诉性，分五种情形：相对人认为房屋权属证书与房屋登记簿记载内容不一致，申请登记机构纠正或更正，登记机构不予以纠正或更正的，倾向可诉；房屋登记机构未改变登记簿内容的换发、补发权属证书，相对人对未改变的补发、换发权属证书行为提起诉讼的，属不可诉的范围；房屋登记机构更新房屋登记簿，更新后的内容与原房屋登记簿内容一致的，相对人不服更新行为，属不可诉范围；房屋登记机构更新房屋登记簿，更新后的内容与原房屋登记簿内容不一致的，相对人不服更新行为，属可诉范围；原房屋登记机构已对登记簿记载的内容注销或更正的，相对人对原登记行为不服，如果符合其他起诉条件的，属可诉范围。

——杨临萍：《审理房屋登记行政案件中的若干问题》，载中华人民共和国最

高人民法院行政审判庭编:《行政执法与行政审判》(总第34集),人民法院出版社2009年版,第74—75页。

726 行政诉讼法实施前的房屋登记行为不可诉

关键词 | 房屋登记 | 受案范围 | 法不溯及既往 |

【最高人民法院司法解释】

第二条第三款 房屋登记机构在行政诉讼法施行前作出的房屋登记行为,公民、法人或者其他组织不服提起行政诉讼的,人民法院不予受理。

——《最高人民法院关于审理房屋登记案件若干问题的规定》(2010年11月18日,法释〔2010〕15号)。

【链接:理解与适用】

关于行政诉讼法实施前的房屋登记行为,在行政诉讼法实施之前,房屋登记不属于行政诉讼的受案范围。按照法不溯及既往原则,此类行为不应受理。

1982年10月1日实施的民事诉讼法第三条规定:"凡在中华人民共和国领域内进行民事诉讼,必须遵守本法。法律规定由人民法院审理的行政案件,适用本法规定。"1990年10月1日起施行行政诉讼法,1992年11月25日最高人民法院作出《关于房地产案件受理问题的通知》,该通知第三部分规定:"凡不符合民事诉讼法、行政诉讼法有关起诉条件的属于历史遗留的落实政策性质的房地产纠纷,因行政指令而调整划拨、机构撤并分合等引起的房地产纠纷,因单位内部建房、分房等而引起的占房、腾房等房地产纠纷,均不属于人民法院主管工作范围,当事人为此而提起的诉讼,人民法院应依法不予受理或驳回起诉,可告知其找有关部门申请解决。"

从房地产案件受理的历史沿革,可知凡属于历史遗留问题、落实政策问题、不符合行政诉讼法起诉条件的人民法院不予受理。即使1982年民事诉讼法规定"法律规定由人民法院审理的行政案件",适用民事诉讼法规定,但房屋登记案件并未有法律规定可以提起诉讼的,包括历史遗留问题的落实政策性质的房地产纠纷不属于人民法院行政主管范围,所提起的行政诉讼人民法院不予受理。

争议问题,属于历史遗留的落实政策性质的房地产登记行为,如果在登记发证以后又换发房屋所有权证,对换发房证行为不服,可以提起行政诉讼;但换发房证行为又涉及历史遗留的落实政策性质的房地产纠纷，则不予受理。理由：行政诉讼是对被诉行政行为合法性审查，对以往落实政策的历史遗留问题，不能以合法性考量当时政策；根据法不溯及既往的原则，1990 年 10 月 1 日实施的行政诉讼法不能溯及以前的行为；对于特殊情况特殊对待，可请有关部门就当时政策规定予以解决。房屋登记机构作出的历史遗留特殊房产，诸如落实私房政策、政府代管房产、托管房产、包租房产等的房屋登记行为，只能根据当时当地的政策执行，不能以现行法律考量，否则违背法不溯及既往的原则。

——杨临萍：《〈关于审理房屋登记案件若干问题的规定〉理解与适用》，中国法制出版社 2012 年版，第 39—40 页。

【最高人民法院司法文件】

一、凡公民之间、法人之间、其他组织之间以及他们相互之间因房地产方面的权益发生争执而提起的民事诉讼，由讼争的房地产所在地人民法院的民事审判庭依法受理。

二、公民、法人和其他组织对人民政府或者其主管部门就有关土地的所有权或者使用权归属的处理决定不服，或对人民政府或者其主管部门就房地产问题作出的行政处罚决定不服，依法向人民法院提起的行政诉讼，由房地产所在地人民法院的行政审判庭依法受理。

三、凡不符合民事诉讼法、行政诉讼法有关起诉条件的属于历史遗留的落实政策性质的房地产纠纷，因行政指令而调整划拨、机构撤并分合等引起的房地产纠纷，因单位内部建房、分房等而引起的占房、腾房等房地产纠纷，均不属于人民法院主管工作的范围，当事人为此而提起的诉讼，人民法院应依法不予受理或驳回起诉，可告知其找有关部门申请解决。

——《最高人民法院关于房地产案件受理问题的通知》（1992 年 11 月 25 日，法发〔1992〕38 号）。

【最高人民法院答复】

四川省高级人民法院：

你院川高法〔1993〕27 号关于不服政府或房地产行政主管部门对争执房屋的确权行为提起诉讼，人民法院应作何种案件受理的请示收悉，经研究，答复如下：

当事人对人民政府或房地产行政主管部门关于房屋产权争议的确权决定不服而提起诉讼的，人民法院应作为行政案件受理。

——《最高人民法院关于不服政府或房地产行政主管理部门对争执房屋的确权行为提起诉讼人民法院应作何种案件受理问题的函》(1993年4月17日,法函〔1993〕33号)。

727 房屋灭失情况下原登记行为的可诉性

关键词｜房屋登记｜房屋灭失｜受案范围｜

【最高人民法院司法解释】

第三条　公民、法人或者其他组织对房屋登记行为不服提起行政诉讼的,不受下列情形的影响:

(一)房屋灭失;

……

——《最高人民法院关于审理房屋登记案件若干问题的规定》(2010年11月18日,法释〔2010〕15号)。

【链接:理解与适用】

对房屋已经灭失,当事人认为房屋灭失前登记的房屋权利状况侵害其合法权益提起行政诉讼的,人民法院应当依法受理。房屋已经灭失,当事人认为房屋灭失前登记的房屋自然状况侵害其合法权益提起行政诉讼的,人民法院不予受理。房屋登记机构改变房屋登记行为的情形主要有注销、撤销、变更、更正等。房屋登记机构注销房屋登记后仍起诉原登记的案件多与拆迁有关。比较典型的情况是:拆迁人与被拆迁人达成拆迁补偿协议后,有人出来主张权利,认为原来的房屋登记是错误的,自己才是真正的权利人。此时,房屋已经灭失,甚至已经注销。我们倾向于可诉,因为:第一,房屋登记的效力并不因为房屋的灭失而完全不存在。第二,拆迁补偿以房产证为依据,真正权利人仍然可能受到原登记的不利影响。

如果房屋权属证书已经注销,当事人认为原登记行为侵犯其合法权益提起诉讼的,人民法院可以依法受理。房屋灭失之后,当事人认为房屋灭失前的登记行为侵犯其合法权益提起诉讼的,人民法院应当依法受理。但当事人认为房屋自然状况侵犯其合法权益的除外。有一种观点认为,只要原来的登记行为在起诉期限之内,就可以提起诉讼。另一种观点认为,登记行为的法律效力不会因房屋的灭失或后续行为的发生而自动消灭或替代,该存续的法律效力所涉相对人之利益可能会因房屋灭失或后续登记行为发生而发生变化，房屋灭失涉及房屋登记行为法律效力的存续问题，故应当予以明确。我们认为第二种观点有法理依据，应当肯定。

——杨临萍：《〈关于审理房屋登记案件若干问题的规定〉理解与适用》，中国法制出版社 2012 年版，第 41 页。

728 房屋登记争议可能因房屋被拆除而缺乏诉的利益

关键词 | 房屋登记 | 诉的利益 |

【最高人民法院裁判案例】

杨文金、严自成诉湖南省常德市人民政府行政复议案［最高人民法院（2020）最高法行申 4080 号行政裁定书］

公民、法人和其他组织提起行政诉讼，应当有合法权益遭受行政机关和行政机关工作人员侵害，需要通过提起行政诉讼使他们受损害的权益得到救济和恢复，即具有诉的利益。具体而言，一是原告要有可能受到行政行为侵害的合法权利或利益，二是该权利或利益具有通过所提诉讼予以救济的可能性和必要性。本案中，杨文金、严自成起诉要求撤销常德市政府作出的常政复决字〔2014〕61 号《行政复议决定书》（以下简称 61 号复议决定），其目的在于撤销王英德的房屋登记，将案涉房屋恢复登记至杨文金、严自成名下。但是，根据原审查明的事实，案涉两套房屋已被征收并拆除，根据物权法第三十条的规定，因合法建造、拆除房屋等事实行为设立或者消灭物权的，自事实行为成就时发生效力，因此，案涉房屋在被拆除时物权即已消灭，针对案涉房屋的不动产登记亦失去了载体。在此情况下，常德市政府作出的 61 号复议决定是否撤销，以及案涉房屋登记是否恢复、恢复至何人名下等，均因房屋灭失而失去了执行的基础。因此，杨文金、严自成针对案涉房屋的不动产登记及相应行政复议行为提起诉讼，均无法实现其权益救济的目的。同时，不动产登记仅是行政机关对不动产权属予以确认和记载的行为，本身并不直接创设物权，当事人对基础民事法律关系有争议的，应当直接解决基础民事争议。案涉两套房屋已被拆除，征收补偿款已经冻结，尚未支付，本案当事人就案涉房屋登记的争议，实质是杨文金、严自成与王英德之间就房屋及补偿款权属产生的争议，对此，争议双方可直接通过民事确权途径解决。杨文金、严自成提起本案行政诉讼，不具有诉的利益，二审在裁定驳回起诉的同时，释明争议双方可通过民事确权解决补偿款分配问题，处理结果并无不当，本院予以支持。

——中国裁判文书网,https://wenshu. court. gov. cn/。

729 房屋登记行为已被登记机构改变情形下原登记行为的可诉性

关键词｜房屋登记｜受案范围｜

【最高人民法院司法解释】

第三条　公民、法人或者其他组织对房屋登记行为不服提起行政诉讼的,不受下列情形的影响:

……

(二)房屋登记行为已被登记机构改变;

……

——《最高人民法院关于审理房屋登记案件若干问题的规定》(2010 年 11 月 18 日,法释〔2010〕15 号)。

【链接:理解与适用】

按照《房屋登记办法》的有关规定,房屋权利人变更权利内容或者房屋自然情况的,应当申请变更登记。权利人、利害关系人认为登记簿记载事项有误的,应当申请更正登记。变更登记或者更正登记之后,原证书收回,重新颁发证书。此时还能否再起诉原登记行为,我们认为应为可诉。因为按照《若干解释》第五十条第三款关于"被告改变原具体行政行为,原告不撤诉,人民法院经审查认为原具体行政行为违法的,应当作出确认其违法的判决"之规定,原具体行政行为改变的,其可诉性不受影响。房屋登记机构已经撤销了原登记,没有必要再起诉。另一种观点认为,按照《若干解释》第五十条第三款关于"被告改变原具体行政行为,原告不撤诉,人民法院经审查认为原具体行政行为违法的,应当作出确认其违法的判决"之规定精神,原登记被撤销并不影响其可诉性。我们倾向于第二种意见。至于起诉的必要性,我们认为,按照《房屋登记办法》第八十一条规定,房屋登记机构撤销的理由是相对人违法,并不涉及其是否尽到审查职责的问题,如果其未尽审查职责,还可能有赔偿责任,不能否认此类诉讼的意义。

——杨临萍:《〈关于审理房屋登记案件若干问题的规定〉理解与适用》,中国法制出版社 2012 年版,第 43 页。

730 作为生效法律文书定案证据的不动产登记行为的可诉性

关键词｜房屋登记｜定案证据｜受案范围｜

【最高人民法院司法解释】

第三条 公民、法人或者其他组织对房屋登记行为不服提起行政诉讼的，不受下列情形的影响：

……

（三）生效法律文书将房屋权属证书、房屋登记簿或者房屋登记证明作为定案证据采用。

——《最高人民法院关于审理房屋登记案件若干问题的规定》（2010 年 11 月 18 日，法释〔2010〕15 号）。

第八条 土地权属登记（包括土地权属证书）在生效裁判和仲裁裁决中作为定案证据，利害关系人对该登记行为提起诉讼的，人民法院应当依法受理。

——《最高人民法院关于审理涉及农村集体土地行政案件若干问题的规定》（2011 年 9 月 5 日，法释〔2011〕20 号）。

【链接：理解与适用】

生效的民事判决裁定、执行裁定、仲裁裁决等生效法律文书将房屋权属证书作为定案证据予以采信，但未对该登记行为合法性作出评判，公民、法人或其他组织对该房屋登记行为不服提起诉讼的，人民法院应当作为行政案件受理。

该问题涉及证据的合法性和被诉行政行为的合法性。房屋登记权属证书虽然已经作为生效法律文书的证据，但只是从民事证据的合法性、真实性和关联性“三性”方面对其审查，房屋权属证书具有证据的效力；民事诉讼或仲裁并未对房屋登记行为的合法性进行审查。因此，尽管生效法律文书将房屋权属证书作为定案证据予以采信，但并不能据此排斥行政审判对该登记行为的合法性审查。

该问题涉及《若干解释》第四十四条第（十）项关于“诉讼标的为生效判决的效力所羁束的”的问题。一种观点认为，房屋权属证书已为生效的民事判决或裁定作为合法证据采信，当事人就房屋权属证书提起行政诉讼就受生效判决的效力所羁束，行政诉讼不能受理。另一种观点认为，该处诉讼标的即被诉具体行政行为，如果已有生效判决对具体行政行为作出处理，则除非经过审判监督程序，否则不能再对该具体行政行为进行审理。因为“一事不再理”是法律的统一性、稳定性和权威性的要求,在一个裁判经法定程序撤销之前,其具有法律效力,法院不能再针对同一案件进行审理。这对当事人也同样具有拘束力。这里需注意"羁束"一词的理解,不能认为,只要与诉讼标的有关就是羁束。正如民事判决中对于房产证作为证据加以采信并不意味法院已对房屋登记机构的发证行为作出确认合法的判决,故发证行为并未受到生效民事判决的羁束。

该问题还涉及《行政证据规定》第七十条,生效的人民法院裁判文书或者仲裁机构裁决文书确认的事实,可以作为定案依据。但是如果发现裁判文书或者裁决文书认定的事实有重大问题的,应当中止诉讼,通过法定程序予以纠正后恢复。作为民事诉讼证据的房屋登记只是对其证据合法性的审查,并未对房屋登记行为的合法性进行审查,应当区分证据的合法性和行为的合法性问题;证据的合法性并不羁束行政诉讼的诉讼标的。但是,如果民事裁判认定证据的房屋登记有重大事实问题,考虑到司法统一性以及法制的统一,行政诉讼应当中止,通过审判监督程序予以纠正后再恢复行政诉讼,避免民事诉讼和行政诉讼对证据重大事实的相反结果,维护司法统一。

——杨临萍:《〈关于审理房屋登记案件若干问题的规定〉理解与适用》,中国法制出版社2012年版,第44页。

1. 如果前诉中法院对作为证据认定的土地权属登记行为采用了行政诉讼中的合法性审查标准进行审查,该事实是否属于既判力范围?

原则上,前诉作为证据认定的土地权属登记不具有既判力,利害关系人不服该认定,可以直接对该土地权属登记单独提起行政诉讼。这主要是考虑到土地权属登记的具体行政行为的特性,登记行为的合法性直接影响到权属登记的证据效力,单纯的证据审查方式不能解决登记行为的合法性问题。审判实践中,基于行政行为的公定力和诉讼标的对审理对象的限制,法院一般不会对作为证据的具体行政行为如本条涉及的土地权属登记行为进行全面的合法性审查,而主要是依据证据规则进行证据的真实性、合法性、关联性审查。需要注意的是,证据"三性"中的合法性与行政审判中的合法性审查是两个完全不同的概念。但实践中也可能出现法院在审理相关案件时,在审查土地权属登记的证据效力时,采用行政诉讼法中具体行政行为的合法性审查标准,对土地权属登记的合法性作出明确判断,此类情况下土地权属登记行为是否属于既判力范围,对此存在较大争议。认为属于既判力范围的观点认为,之所以不承认作为证据认定的土地权属登记行为属于既判力范围,主要是因为证据审查规则解决不了土地权属登记的合法性问题,只能遵守行政行为效力，但如果法院审查采用了行政诉讼的合法性审查标准，对土地权属登记的合法性作出明确判断，则法院的此项判断无论是否体现在判决主文中都应当具有既判力，不能再次被单独提起行政诉讼；认为不属于既判力范围的观点认为，对具体行政行为合法性的审查，应当在专门针对该行为的行政诉讼中完成，其他诉讼在审判过程中作为附属问题解决该问题的，除非是专门的附带行政诉讼，或是类似于《最高人民法院关于审理房屋登记案件若干问题的规定》第五条第二款的规定，对土地权属登记一并提起行政诉讼，否则即使实体上采取合法性审查标准，但由于附属解决程序不能体现出行政诉讼对相关权利人的保护，因此不能将该具体行政行为的判断纳入既判力范围，利害关系人对此不服仍然可以单独提起行政诉讼，而不是通过审判监督程序纠正。

——江必新主编：《最高人民法院关于审理涉及农村集体土地行政案件若干问题的规定理解与适用》，中国法制出版社 2013 年版，第 104—105 页。

731 房屋登记撤销行为的可诉性

关键词 | 撤销登记 | 可诉性 |

【链接：理解与适用】

关于房屋登记撤销行为，根据《房屋登记办法》第八十一条的规定，司法机关、行政机关、仲裁委员会发生法律效力的文件证明当事人以隐瞒真实情况、提交虚假材料等非法手段获取房屋登记的，房屋登记机构可以撤销原房屋登记，收回房屋权属证书、登记证明或者公告作废，但房屋权利为他人善意取得的除外。如果属于司法协助行为，且协助行为的内容与协助执行通知书一致，则不可诉；如果是房屋登记机构自行纠错行为，发现申请人提交虚假材料等非法手段骗取房屋登记的，行政机关完全可以依法予以撤销房屋登记行为。申请人对撤销行为不服提起行政诉讼，属于可诉范围。

——杨临萍：《〈关于审理房屋登记案件若干问题的规定〉理解与适用》，中国法制出版社 2012 年版，第 46—47 页。

732 房屋登记注销行为的可诉性

关键词 | 注销登记 | 可诉性 |

【链接：理解与适用】

关于房屋登记注销行为，根据《房屋登记办法》的规定，经依法登记的房屋发生下列情形之一的，房屋登记簿记载的所有权人应当自事实发生后申请房屋所有权注销登记：房屋灭失的；放弃所有权的；法律、法规规定的其他情形。经登记的房屋所有权消灭后，原权利人未申请注销登记的，房屋登记机构可以依据人民法院、仲裁委员会的生效法律文书或者人民政府的生效征收决定办理注销登记，将注销事项记载于房屋登记簿，原房屋所有权证收回或者公告作废。又如经依法登记的房屋抵押权发生下列情形之一的，权利人应当申请抵押权注销登记：主债权消灭；抵押权已经实现；抵押权人放弃抵押权；法律、法规规定抵押权消灭的其他情形。

注销登记也是房屋登记的一种形式，理论上讲，房屋所有权注销登记包括依申请注销登记和依职权注销登记。但依职权注销登记按照登记办法的规定，实行依职权注销的第三方监督机制，即只能根据人民法院、仲裁委员会的生效法律文书或者人民政府的生效征收决定办理注销登记，并将注销事项记载于房屋登记簿，与物权法第二十八条的规定一致。登记机构发现当事人申报不实造成错误的，不再适用注销登记，而引入第三方监督机制予以解决。对注销登记行为不服，可参照撤销登记的情形，区分不同情形区别对待。

因撤销登记或注销登记不属于行政处罚，故不能以行政处罚法的规则和程序予以规范和要求。

——杨临萍：《〈关于审理房屋登记案件若干问题的规定〉理解与适用》，中国法制出版社 2012 年版，第 46—47 页。

733 房屋登记过程行为的可诉性

关键词 | 房屋登记 | 过程行为 |

【链接：理解与适用】

房屋登记分为申请、受理、审核、记载、发证五个环节，房屋登记机构认为必要时，还可以就登记事项进行公告。在各环节之间或前后还有一些辅助行为，比如受理后的收费行为，审核中的测绘、评估、公证等事项，发证后的换发、补发证书行为等。前述行为是否均可诉，当视具体情况具体分析。

如果是纯过程中的行为，不具有终局性，属于不成熟的行政行为，不可诉。因为诉讼没有意义，对申请人而言不产生实质性权利义务关系。该种情形在《最高人民法院关于审理行政许可案件若干问题的规定》第三条规定："公民、法人或者其他组织仅就行政许可过程中的告知补正申请材料、听证等通知行为提起行政诉讼的，人民法院不予受理，但导致许可程序对上述主体事实上终止的除外。"该司法解释本意解决过程行为的可诉性。行政许可实施过程中存在大量的程序行为，它们多体现为通知或者告知，比如受理行政许可申请通知，准予或不准予听证的通知，补正材料的通知，告知申辩权，行政许可有关信息的告知、公示、说明、解释等。对于上述行为的可诉性存在两种争议：一种观点认为，纯程序意义上的补正通知等行为不可诉，因为仅仅是程序瑕疵，不足以影响其实体权利义务；倘若该程序影响其实体权利的增减得失，方可诉讼。另一种观点认为，纯程序意义上的补正通知等行为可诉，依据行政诉讼法规定，程序违法可以撤销；至于程序违法是否影响相对人权利义务增减得失需经审理后知悉。综合审判实务中规律，两种观点均有合理性，但更倾向于采纳第一种观点。为防止国家司法机器空转，徒增当事人讼累，如果程序违法不影响相对人合法权益的，一般不予受理。公民、法人或者其他组织就行政许可过程中的补正通知、听证通知、告知程序、信息说明、材料解释等纯程序意义上的行为单独提起行政诉讼的，法院一般不予受理。除非该程序影响其实体权益。

纯程序行为的可诉性，涉及公民、法人或者其他组织提起行政诉讼的时机问题，涉及行政行为理论中的行为成熟性问题，涉及行政程序最终性问题。如果程序属于行政程序中的过程行为，不涉及终局性问题，对其权利义务没有实质性影响，当属不成熟的行政行为，相对人对之提起行政诉讼，法院一般不予受理。但如果程序虽属于过程行为，但具有终局性，并影响相对人合法权益，对相对人权利义务产生实质影响，相对人提起行政诉讼，法院则要给予司法救济的机会，《最高人民法院关于审理行政许可案件若干问题的规定》曾规定："公民、法人或者其他组织就行政许可过程中的听证通知、补正通知等行为单独提起行政诉讼的，人民法院不予受理，但直接影响其实体权益的除外。"后修改为："公民、法人或者其他组织就行政许可过程中的听证通知、补正通知等程序行为单独提起行政诉讼的，人民法院不予受理。但程序行为直接影响其实体权益的除外。"最后定稿为："公民、法人或者其他组织仅就行政许可过程中的告知补正申请材料、听证等通知行为提起行政诉讼的，人民法院不予受理，但导致许可程序对上述主体事实上终止的除外。"强调纯程序行为可诉点的终止性，作为判断标准。

根据《最高人民法院关于审理行政许可案件若干问题的规定》的规定，结合房屋登记过程行为的可诉性，要具体情况具体分析。关于房屋登记的受理，行政程序尚不具有终局性,故登记机构受理申请行为不具有可诉性;但是,登记机构不受理登记申请,行政程序对申请人而言具有终局性,其不服提起行政诉讼的,应为可诉,法院应当依法受理。受理之后的审核行为如果不具有终局性,不可诉;但是,登记机构超过受理登记期限,既不作出不予登记决定,又不办理登记的,申请提起行政诉讼的,应为可诉,法院应当依法受理。

——杨临萍:《〈关于审理房屋登记案件若干问题的规定〉理解与适用》,中国法制出版社 2012 年版,第 48—49 页。

734 记载于登记簿行为的可诉性

关键词｜房屋登记｜登记簿｜

【链接:理解与适用】

物权法第十四条规定,不动产物权的设立、变更、转让和消灭,依照法律规定应当登记的,自记载于不动产登记簿时发生效力。关于记载于登记簿行为的可诉性,一种观点认为不可诉,理由为记载于登记簿属于内部程序,只有发证行为才具有对外效力,行政行为外化后才可诉。另一种观点认为可诉,理由为物权法规定物权自记载于登记簿时生效,不动产登记簿是物权归属和内容的根据,不动产权属证书仅仅是权利人享有该不动产物权的证明。记载于登记簿,对物权人和利害关系人产生实际影响;记载于登记簿,物权已经生效并外化,当然可诉,当然属于法院受案范围。第二种观点正确。

——杨临萍:《〈关于审理房屋登记案件若干问题的规定〉理解与适用》,中国法制出版社 2012 年版,第 49—50 页。

735 房屋权属证书和记载于登记簿关系方面的可诉性

关键词｜房屋权属证书｜登记簿｜

【链接:理解与适用】

关于房屋权属证书或者房屋权属证明和记载于登记簿关系方面的可诉性,分五种情况。一为将颁发房屋权属证书和记载于登记簿行为分别起诉的,即单独起诉颁发房产证的行为，又另行起诉记载于登记簿的行为，二者只能选择其一，符合法理的起诉当为状告记载于登记簿的行为。因为房屋权属证书仅是房屋登记簿的证明材料。二为将颁发房屋权属证书和记载于登记簿行为一并起诉的，可以受理，主要审理记载于登记簿的行为。如果登记簿行为合法有效，依据登记簿颁发权属证书当然有效；如果登记簿行为违法无效，依据登记簿行为颁发权属证书当然违法无效。三为仅仅起诉颁发房屋权属证书行为，未起诉记载于登记簿行为，但起诉理由主要以登记簿记载错误的，法院应当依法受理。因为名为起诉颁发房屋权属证书行为，实为起诉登记行为，当然可诉。四为物权人或者利害关系人认为房屋权属证书和登记簿记载内容不一致，申请登记机构按照物权法第十七条规定予以纠正或者更正权属证书，登记机构拒绝纠正或更正，当事人提起行政诉讼，法院应当依法受理。五为记载于登记簿行为作出后，登记机构不予发证，申请人提起行政诉讼的，法院应当依法受理。

——杨临萍：《〈关于审理房屋登记案件若干问题的规定〉理解与适用》，中国法制出版社 2012 年版，第 49—50 页。

736 测绘机构、评估机构、公证机构等出具报告或文书的可诉性

关键词 | 测绘机构 | 评估机构 | 公证机构 |

【链接：理解与适用】

申请房屋登记，需要提交相应的材料，有些材料包括提交测绘报告、评估报告和公证文书等。测绘报告是对房屋自然状况的测绘数据，是房屋初始登记的必备材料之一。评估报告是对房屋价格的评估，在抵押登记中通常需要提交。公证书是对房屋合同、涉及房屋的遗嘱等原因行为的公证。这些测绘报告、评估报告、公证文书错误同样会给当事人合法权益造成损害。当事人就测绘机构、评估机构、公证机构等出具报告或文书提起行政诉讼，是否可诉成为实践中的争点。

关于测绘机构、评估机构、公证机构等出具报告或文书的可诉性，要视这些机构与房屋登记机构的关系而定。如果测绘机构是房屋登记机构的部门，即测绘机构与房屋登记机构没有脱钩，测绘机构的行为是受房屋登记机构委托，物权人或利害关系人对测绘报告不服，可以诉房屋登记机构。如果测绘机构已经不是房屋登记机构的部门，即测绘机构与房屋登记机构已经脱钩，但是，物权人或利害关系人认为房屋登记机构对测绘报告的测绘资质未尽审查职责，或者认为测绘报告和公

摊位置不符合《房产测量规范》规定的格式和公摊面积计算规则，可以起诉房屋登记机构，即涉及房屋登记机构审查职责事项的，可以起诉。不涉及前述情形，物权人或利害关系人可以就测绘机构测绘报告直接提起民事诉讼。评估机构报告可诉性同理。

公证机构公证报告根据公证法规定，公证机构已不是国家机关，而是社会服务机构，属于民事主体。如果公证机构公证文书涉及房屋登记机构审查职责，则可诉房屋登记机构；如果不涉及房屋登记机构审查职责，则可以就公证文书直接提起民事诉讼。

——杨临萍：《〈关于审理房屋登记案件若干问题的规定〉理解与适用》，中国法制出版社 2012 年版，第 49—50 页。

737 收费行为的可诉性

关键词｜房屋登记收费｜可诉性｜

【链接：理解与适用】

物权法第二十二条规定，不动产登记费按件收取，不得按照不动产的面积、体积或者价款的比例收取。具体收费标准由国务院有关部门会同价格主管部门规定。收费不是申请房屋登记的条件，但是属于房屋登记后程序问题，具有单独侵权性，如果物权人或利害关系人就收费提起行政诉讼，当为可诉，法院应当依法受理。

——杨临萍：《〈关于审理房屋登记案件若干问题的规定〉理解与适用》，中国法制出版社 2012 年版，第 51 页。

738 以房屋登记基础行为无效或撤销为由提起行政诉讼的可诉性

关键词｜房屋登记｜基础民事行为｜民行交叉｜

【最高人民法院司法解释】

第八条　当事人以作为房屋登记行为基础的买卖、共有、赠与、抵押、婚姻、继承等民事法律关系无效或者应当撤销为由，对房屋登记行为提起行政诉讼的，人民法院应当告知当事人先行解决民事争议，民事争议处理期间不计算在行政诉讼起诉期限内；已经受理的，裁定中止诉讼。

——《最高人民法院关于审理房屋登记案件若干问题的规定》（2010 年 11 月 18 日，法释〔2010〕15 号）。

【链接：理解与适用】

物权人或利害关系人以房屋登记基础行为无效或撤销为由提起行政诉讼，其基础行为主要包括认为房屋转让合同无效或可撤销，或者认为婚姻、共有、继承等基础法律关系无效或可撤销等情形。决定物权人或利害关系人物权的关键在于物权基础行为，而物权基础行为属于民事诉讼解决的问题。该问题涉及民行交叉的正当法律程序，该争议解决的前提在于基础民事行为，当先行民事诉讼。民事诉讼对基础行为有定论，房屋登记机构实行第三方监督机制，当然根据民事判决予以更正登记。如果物权人或利害关系人先行提起行政诉讼，行政诉讼并不能解决其房屋登记的基础民事行为，诉讼空转，增加当事人诉讼成本，于事无补，故法院应当建议当事人先行提起民事诉讼，解决基础行为后再视情况而定。

——杨临萍：《〈关于审理房屋登记案件若干问题的规定〉理解与适用》，中国法制出版社 2012 年版，第 51 页。

739 行政机关对业主委员会的备案行为属于可诉行政行为

关键词 | 业主委员会 | 备案行为 |

【最高人民法院答复】

湖北省高级人民法院：

你院《关于纪少红诉宜昌市房地产管理局不履行法定职责案法律理解与适用问题的请示》（鄂高法〔2014〕205 号）收悉。经研究，答复如下：

《物业管理条例》第十六条第一款规定的物业所在地的区、县人民政府房地产行政主管部门和街道办事处、乡镇人民政府对业主委员会的备案行为，属于可诉行政行为，人民法院应依法对其合法性进行审查；第十九条第二款规定的“业主大会、业主委员会作出的决定”，包括业主大会和业主委员会的人事决定，上述行政主体认为决定违反法律、法规的均有权依法作出处理。

——《最高人民法院关于〈物业管理条例〉第十六条、第十九条理解与适用有关问题的答复》（2014 年 11 月 29 日，〔2014〕行他字第 11 号）。

【最高人民法院参考案例】

杨晓文诉三亚市河西区管理委员会物业管理备案登记案(行政审判案例第122号)

要旨:行政机关对业主委员会的备案行为,实际是物业管理行政主管部门对业主委员会是否依法成立,是否具备主体资格等一系列事实及法定要件的确认,其结果会对业主或其他利害关系人的权利义务产生实际影响,属于可诉行政行为。

河西区管委会作出的73号《备案通知》,给予碧海蓝天业委会备案,并载明该业主委员会的成立时间为2009年7月5日,任期三年,实际上是对碧海蓝天业委会依法成立的确认。该备案行为公开后,足以让公众相信碧海蓝天业委会成立的合法性,碧海蓝天业委会可以依据该备案文件到公安部门申请刻制印章,并对外从事活动,从而对小区业主的相关物业活动产生影响,故杨晓文对该备案行为不服,提起本案诉讼应当属于行政诉讼的受案范围。

——中华人民共和国最高人民法院行政审判庭编:《中国行政审判案例》(第4卷),中国法制出版社2012年版,第7、9页。

740 一般债权人不具有诉房屋转移登记行为的原告资格

关键词|房屋转移登记|一般债权人|原告资格|

【链接:理解与适用】

一般债权人一般没有起诉房屋转移登记的原告资格。理由为:房屋所有权人买卖房屋可以获得对价,对价可以偿还债务,房屋转移登记并不影响债权实现。根据物权法和《房屋登记办法》的规定,房屋登记机构审查职责就是:查验申请人提供的权属证明和其他必要材料;就有关登记事项询问申请人;如实、及时登记有关事项;法律、行政法规规定的其他职责。申请登记的不动产的有关情况需要进一步证明的,登记机构可以要求申请人补充材料,必要时可以实地查看。房屋登记机构不得有下列行为:要求对不动产进行评估;以年检等名义进行重复登记;超出登记职责范围的其他行为。

法律、行政法规并未赋予房屋登记机构审查房屋买卖交易价格的职责以及房屋所有权人的负债情况。除非一般债权人已经转化为特殊债权人的情形,如有以房屋为标的物的债权已办理预告登记的;债权人为抵押权人且房屋转让未经其同意的；人民法院依债权人申请对房屋采取强制执行措施并已通知房屋登记机构的；房屋登记机构工作人员与债务人恶意串通的情形。

审判实践中有争议的问题在于恶意转让财产的情形，即如何理解合同法第七十四条关于“因债务放弃其到期债权或者无偿转让财产，对债权人造成损害的，债权人可以请求人民法院撤销债务人的行为。债务人以明显不合理的低价转让财产，对债权人造成损害，并且受让人知道该情形的，债权人也可以请求人民法院撤销债务人的行为”的规定。一种观点认为，债权人本无原告主体资格，但是该条规定赋予了债权人原告资格。因为债务人不当转让财产的行为侵害了债权人的合法权益，不动产转让时通过登记行为实现的，登记行为与债权人具有法律上的利害关系。

另一种观点认为，该条并未赋予债权人原告主体资格。因债务人放弃其到期债权或者无偿转让财产，对债权人造成损害的，债权人可以请求人民法院撤销债务人的行为。债务人以明显不合理的低价转让财产，对债权人造成损害，并且受让人知道该情形的，债权人也可以请求人民法院撤销债务人的行为。合同法仅将撤销债务人恶意行为赋予了人民法院，并未赋予房屋登记机构。根据物权法规定，房屋登记机构并无审查交易价格的职责。根据职权法定原则，房屋登记机构在没有法律明确授权情况下，无权限制公民交易行为，无权介入当事人意思自治的范畴。恶意转让财产行为，当事人可以通过司法救济途径予以救济，房屋登记机构负有与司法保持一致的义务，负有协助执行法院生效判决、裁定、决定的法定义务。

——杨临萍：《〈关于审理房屋登记案件若干问题的规定〉理解与适用》，中国法制出版社 2012 年版，第 61—62 页。

741 特定债权人对不动产登记行为的原告资格

关键词｜特定债权人｜不动产登记｜合同撤销权｜原告资格｜

【最高人民法院司法解释】

第四条 房屋登记机构为债务人办理房屋转移登记，债权人不服提起诉讼，符合下列情形之一的，人民法院应当依法受理：

（一）以房屋为标的物的债权已办理预告登记的；

（二）债权人为抵押权人且房屋转让未经其同意的；

（三）人民法院依债权人申请对房屋采取强制执行措施并已通知房屋登记机

构的；

（四）房屋登记机构工作人员与债务人恶意串通的。

——《最高人民法院关于审理房屋登记案件若干问题的规定》（2010 年 11 月 18 日，法释〔2010〕15 号）。

【链接：理解与适用】

一般债权人对债务人转移登记行为没有原告主体资格，但在特定情形下债权人认为房屋登记机构为债务人办理的房屋转移登记侵犯其合法权益，则具有了原告主体资格，人民法院应当依法受理。债权人诉转移登记的资格问题，在房屋登记案件中大量出现，经调研认为，债权人一般没有原告资格，因为房屋所有权人把房屋卖出可以获得对价，对价仍然可以用来还债，一般来说房屋转让并不影响债权；而且房屋所有权人的负债情况并非转移登记中应当考虑的法定要件，如果加上此项审查，加重房屋登记机构审查负担不说，还势必降低房屋交易效率、提高房屋交易成本。但是，以下四种特殊情况可以考虑承认原告资格。

（一）以房屋为标的物的债权已办理预告登记的

物权法第二十条规定："当事人签订买卖房屋或者其他不动产物权的协议，为保障将来实现物权，按照约定可以向登记机构申请预告登记。预告登记后，未经预告登记的权利人同意，处分该不动产的，不发生物权效力。预告登记后，债权消灭或者自能够进行不动产登记之日起三个月内未申请登记的，预告登记失效。"据此，房屋买卖双方办理预告登记后，房屋买受人享有的债权就由普通债权变成了受到特别保护的债权，预告登记后，未经预告登记的权利人同意，处分该不动产的，不发生物权效力。债务人再次转让已作预告登记的房屋，房屋登记机构不得为其办理房屋转移登记。如果房屋登记机构予以办理，则债权人可以基于预告登记权利人的身份提起行政诉讼。

物权法设定预告登记制度的目的，在于保护预告登记人的物权，预告登记人作为特定债权人具有了物权人的效力，具有直接支配权和排他的权利，其与房屋转移登记产生了法律上的物权利害关系，当然具有了原告主体资格。

（二）债权人为抵押权人且房屋转让未经其同意的

物权法第一百九十一条规定："抵押期间，抵押人经抵押权人同意转让抵押财产的，应当将转让所得的价款向抵押权人提前清偿债务或者提存。转让的价款超过债权数额的部分归抵押人所有，不足部分由债务人清偿。抵押期间，抵押人未经抵押权人同意，不得转让抵押财产，但受让人代为清偿债务消灭抵押权的除外。"涉及房屋抵押权问题,分三种情况。一是转让经抵押权人同意,同意则意味着放弃了提出异议的权利;二是转让未经抵押权人同意,但债务人已经代为清偿,此时不仅抵押权消灭,债权也消灭了,自然没有起诉的原告资格;三是转让房屋未经抵押权人同意,且抵押权仍然存在,有原告资格。抵押公示的目的当中,包括对抵押权人的保护,自然有原告资格。

该款制定的目的,在于解决房屋为抵押物,且转让房屋未经抵押权人同意情形下的原告主体资格。

(三)人民法院依债权人申请对房屋采取强制执行措施并已通知房屋登记机构的

甲乙债务纠纷,人民法院根据甲申请,采取财产保全措施依法作出对乙房屋的查封决定。根据最高人民法院、建设部和国土资源部文件,人民法院查封、预查封的房屋,登记机构应当及时办理查封或预查封登记;登记机构在协助人民法院执行土地使用权、房屋时,不对生效法律文书和协助执行通知书进行实体审查;登记机构认为人民法院查封、预查封或者处理的土地、房屋权属错误的,可以向人民法院提出审查建议,但不应当停止办理协助执行事项。

涉及人民法院依债权人申请对房屋采取强制执行措施后,债权人的原告主体资格。经调研认为,债权人在符合以下两个条件时具有原告资格:第一,人民法院采取强制措施的目的在于保障债权实现。如果法院采取措施是为了其他利益而非保护特定债权,则债权与房屋并无关联,仍属于普通债权,无原告资格。第二,人民法院已在房屋登记机构办理了该强制措施登记。房屋登记不得对抗司法,但前提是司法的意志先为房屋登记机构所知悉。按照有关司法解释规定,人民法院对房屋采取强制措施,必须通知房屋登记机构。

(四)房屋登记机构工作人员与债务人恶意串通的

甲公司与乙公司因代建工程合同纠纷,甲公司享有债权;乙公司将其土地使用权转让给丙公司,政府给丙公司颁发土地使用权证。甲公司不服政府给丙公司颁发土地使用权证行为,是否具有原告主体资格。一种观点认为,甲公司不具有原告主体资格。一般债权人对债务人享有权利的土地没有优先权,政府颁发土地使用权证的行为可能影响债权人实现债权,但二者之间没有必然的因果关系。债权人债权的实现取决于债务人的履约能力,与政府出让土地使用权、颁发土地使用权证没有法律上的利害关系。因此甲公司作为一般债权人对政府颁发给丙公司的土地使用权证不具有原告主体资格。另一种观点认为,如果有证据证明乙公司恶意逃债,乙公司、丙公司和政府恶意逃避债务,则甲公司具有原告主体资格。两种观点各有道理,各有缺陷。此种情形的原告资格的法理总结为:一般债权人对政府颁发给丙公司的土地使用权证没有原告主体资格;如果有证据证明乙公司和政府有恶意逃债的行为,则一般债权人对政府颁发土地使用权证有原告主体资格,可以依法提起行政诉讼。

同理,如果是房屋登记机构工作人员与债务人恶意串通办理房屋登记的,当然具有原告主体资格。经调研认为,房屋转让方是否负有债务虽非房屋转移登记需要考虑的法定要件,但房屋登记机构故意侵犯债权却显然超出了登记规则所能容许的底线。如果房屋登记机构工作人员在明知债务人转让房屋系出于逃债目的,而徇私予以办理,则应承认债权人的诉权。

——杨临萍:《〈关于审理房屋登记案件若干问题的规定〉理解与适用》,中国法制出版社 2012 年版,第 52—55 页。

【最高人民法院司法文件】

7. 物权转移登记案件中债权人的原告资格问题

行政机关依债务人申请作出的物权转移登记行为,债权人一般不具有起诉的原告资格,但该登记所涉不动产或者动产因抵押、裁判执行等因素与债权产生特定联系的除外。(3 号、49 号)

——《最高人民法院办公厅关于印发〈行政审判办案指南(一)〉的通知》(2014 年 2 月 24 日,法办〔2014〕17 号)。

【最高人民法院参考案例】

三亚双泽实业有限公司诉五指山市住房保障与房产管理局案(行政审判案例第 128 号)

要旨:作为债权担保的抵押权,可使权利主体对该物享有优先受偿权。因此,在行政机关为该抵押物办理所有权证及他项权证行为违法,导致权利主体的债权及抵押权无法实现时,该主体是行政法上的适格原告,可以与行政行为有法律上利害关系为由提起行政诉讼。

关于原告的诉讼主体问题。原告的债权人身份是通过合法正当的程序取得的,作为债权人,其就享有对抵押物的清偿权利。原告作为债权人,就相当于这个他项权证书的行政相对人,根据行政诉讼法第二条第一款规定,“公民、法人或者其他组织认为行政机关和行政机关工作人员的具体行政行为侵犯其合法权益,有权依照本法向人民法院提起诉讼”。对于被告称万达公司向三亚工行的 600 万元贷款已全部还清，因万达公司未到庭，该事实无法进行核实，因此被告的该项理由不应采纳。被告还认为2003年7月1日万达公司与华融公司签订的《债务清偿协议书》中已重新对债权债务进行约定，因此，原告的贷款协议已解除，在《债务清偿协议书》没有解除之前，原告以已经解除的原三亚工行借贷抵押合同作为依据提起诉讼是没有法律依据的，且双方当事人已另订立新的还款协议，原抵押手续随之失效，在双方没有告知并向五指山市房产局申请重新办理抵押手续的情况下，原告以原抵押登记行政行为提起诉讼是没有事实与法律依据的。合议庭认为被告所说的《债务清偿协议书》是在第三人所提交的证据中的，但因第三人未到庭，且并未说明证据所要证明的内容，因此原告不予质证，故对第三人所提交的证据不予认定，故被告依据该份协议书所抗辩的内容不应采纳。因此原告认为被告颁发他项权证的行为违法而向法院起诉，是合法的，是适格的原告。

——中华人民共和国最高人民法院行政审判庭编：《中国行政审判案例》（第4卷），中国法制出版社2012年版，第36、38—39页。

洪雪英等四人诉浙江省慈溪市人民政府土地行政登记案（行政审判案例第3号）

要旨：人民法院应债权人要求查封债务人房屋后，债权人的债权即不同于普通债权，而受到法院的特别保护。国土部门在此情况下作出土地使用权变更登记导致了房地的分离，妨碍了债权的实现。债权人对此登记行为不服提起行政诉讼的，具有原告资格。

原审被告颁发土地使用证时，法院已根据被上诉人的申请对沈尧荣的房屋进行了查封。根据房地一致的原则，被上诉人对原审被告的颁证行为具有法律上的利害关系，其起诉具有原告资格。

——中华人民共和国最高人民法院行政审判庭编：《中国行政审判指导案例》（第1卷），中国法制出版社2010年版，第10、12—13页。

742 具有合同撤销权的债权人对影响其债权实现的不动产权属变更登记行为的诉权

关键词｜撤销权｜不动产登记｜原告资格｜

【链接：最高人民法院法官著述】

与具体行政行为相对人具有债权债务关系的公民、法人或者其他组织是否具有行政复议申请权和提起行政诉讼权，取决于该债权人与被诉具体行政行为是否具有法律上的利害关系。诉讼请求所保护的不能是泛泛的或者一般性的合法权益，必须是与被诉具体行政行为有关联的、具有确定性的和易于把握的合法权益。按照该标准衡量，起诉人诉讼请求所保护的权益（主张其受到损害的权益）必须是与被诉具体行政行为有关的法律规范所保护的利益，即通常是用以衡量被诉具体行政行为合法性的法律规范所保护的范围，该法律规范以保护该权益为目的或者指向。

根据合同法第七十四条规定，债务人无偿转让或者低价转让不动产的，能够对抗善意第三人的生效要件是变更权属登记，债权人的债权因此造成损害，债权人可以对无偿转让或者低价转让的民事行为行使撤销权。但是，当民事行为通过行政行为所确认而产生拘束力时，其债权遭受损失的债权人就不能通过直接行使合同撤销权来否定无偿转让或者低价转让行为。也就是说，按照正当程序原则，通过行使合同撤销权的民事诉讼已经无能为力了，只有通过行政复议或者行政诉讼来否定变更权属登记行为。

具有行使合同撤销权的债权人与不动产权属变更登记行为存在"法律上的利害关系"，此时，债权人具有原告资格。应当说，具有合同撤销权的债权人的范围与行政诉讼原告资格是一致的。同时，该类行政诉讼案件还必须考虑第三人的确定。债权人行使撤销权时，债务人与第三人的行为作为撤销的对象，则第三人与债务人一并作为民事诉讼的被告，民事诉讼的被告在行政诉讼中是诉讼第三人，因为该第三人的权利义务与诉讼结果具有直接的法律关系。

——王达：《普通债权人行政诉讼原告资格的特定情形——对"法律上利害关系"的理解》，载最高人民法院行政审判庭编：《行政审判指导》（总第6辑），人民法院出版社2007年版，第103—105页。

743 连续转移登记案件的原告资格

关键词｜连续转移登记｜原告资格｜

【最高人民法院司法解释】

第五条　同一房屋多次转移登记，原房屋权利人、原利害关系人对首次转移登记行为提起行政诉讼的，人民法院应当依法受理。

原房屋权利人、原利害关系人对首次转移登记行为及后续转移登记行为一并提起行政诉讼的，人民法院应当依法受理；人民法院判决驳回原告就在先转移登记行为提出的诉讼请求，或者因保护善意第三人确认在先房屋登记行为违法的，应当裁定驳回原告对后续转移登记行为的起诉。

原房屋权利人、原利害关系人未就首次转移登记行为提起行政诉讼，对后续转移登记行为提起行政诉讼的，人民法院不予受理。

——《最高人民法院关于审理房屋登记案件若干问题的规定》（2010年11月18日，法释〔2010〕15号）。

744 房屋多次转让后被善意取得，如何裁判首次转移登记行为

关键词｜善意取得｜首次登记｜

【最高人民法院裁判案例】

温国华诉广州市国土资源和房屋管理局房屋行政登记案［最高人民法院（2018）最高法行再165号行政判决书］

要旨：《最高人民法院关于审理房屋登记案件若干问题的规定》第五条规定，同一房屋多次转移登记，原房屋权利人、原利害关系人对首次转移登记行为提起行政诉讼的，人民法院应当依法受理。

本案中，涉案房屋存在两次转移登记，首次转移登记至谢晓燕名下，谢晓燕又转移登记至曾港森名下。被诉的行政行为是首次转移登记行为，应当依法受理。本案的争议焦点是：一、涉案房屋首次转移登记行为是否合法；二、涉案房屋后续转移登记行为是否依照法律规定已经完成登记，曾港森是否善意取得涉案房屋所有权；三、涉案房屋首次转移登记行为及颁发给谢晓燕的房地产权证是否应当被撤销。

一、关于涉案房屋首次转移登记行为是否合法的问题

物权法第十二条规定，登记机构应当履行下列职责：（一）查验申请人提供的权属证明和其他必要材料；（二）就有关登记事项询问申请人；（三）如实、及时登记有关事项；（四）法律、行政法规规定的其他职责。申请登记的不动产的有关情况需要进一步证明的，登记机构可以要求申请人补充材料，必要时可以实地查看。《房屋登记办法》第十八条规定，房屋登记机构应当查验申请登记材料。本案中，广州市国土资源和房屋管理局作出被诉转移登记行为时所依据的黄灿明提交的登记材料已被生效的广州市中级人民法院（2011）穗中法刑二初字第133号刑事判决

确认为虚假材料,且黄灿明与谢晓燕买卖涉案房屋的行为也已被生效的民事判决确认为无效。被诉转移登记行为主要证据不足,登记结果错误。温国华提出广州市国土资源和房屋管理局未尽合理审查义务,办理涉案房屋所有权转移登记行为违法的主张,可以成立。广州市国土资源和规划委员会提出被诉登记行为没有违法性,犯罪行为导致的后果不应由其来承担的答辩意见,缺乏事实根据和法律依据,本院不予支持。

二、关于涉案房屋后续转移登记行为是否依照法律规定已经完成登记,曾港森是否善意取得涉案房屋所有权的问题

《房屋登记办法》第二条规定,本办法所称房屋登记,是指房屋登记机构依法将房屋权利和其他应当记载的事项在房屋登记簿上予以记载的行为。第七条规定,办理房屋登记,一般依照下列程序进行:(一)申请;(二)受理;(三)审核;(四)记载于登记簿;(五)发证。物权法第十四条规定,不动产物权的设立、变更、转让和消灭,依照法律规定应当登记的,自记载于不动产登记簿时发生效力。第十七条规定,记载不一致的,除有证据证明不动产登记簿确有错误外,以不动产登记簿为准。根据上述规定,虽然房屋登记程序包括记载于登记簿和发证两个程序,但只要房屋登记机构将房屋权利和其他应当记载的事项记载于登记簿,房屋登记便发生效力。本案中,2010 年 9 月 13 日,广州市国土资源和房屋管理局将涉案房屋转移登记至曾港森名下,已将相关事项记载于登记簿。申诉人至 2014 年 9 月 9 日,仍然能够到房屋登记机构查询打印涉案房屋的《房地产登记簿查册表》,查询到涉案房屋的登记字号、权属人及产权证号等信息,足以证明登记事项已对外产生公信力。广州市国土资源和房屋管理局在此后对已经完成的登记事项进行更改,并不能消除涉案房屋依照法律规定已经登记的法律后果。

根据物权法第一百零六条的规定,善意取得需要具备三个要件:(一)受让人受让该不动产或者动产时是善意的;(二)以合理的价格转让;(三)转让的不动产或者动产依照法律规定应当登记的已经登记,不需要登记的已经交付给受让人。本案中,各方当事人对于曾港森受让房屋时是善意的,以合理的价格转让这两个要件,均无异议。涉案房屋是否依照法律规定已经登记就是曾港森是否善意取得房屋所有权的关键。根据现已查明的事实,涉案房屋已登记于曾港森名下,虽未颁发房地产权证,但已产生公示效力,已经符合物权法第一百零六条第一款第(三)项的规定,因此,曾港森提出涉案房屋已进行不动产权登记且已转移登记在其名下,并对外进行公示,其是否拿到房地产权证并不影响转移登记的效力的主张成立,本院予以支持。广州市国土资源和规划委员会提出涉案房屋由谢晓燕转移至曾港森

名下的登记手续并未全部完成，曾港森对涉案房屋的善意取得尚未成立的答辩意见，理由不能成立。温国华认为曾港森没有取得房地产权证，并未善意取得涉案房屋的主张，亦不能成立。

三、关于涉案房屋首次转移登记行为及颁发给谢晓燕的房地产权证是否应当被撤销的问题

《最高人民法院关于审理房屋登记案件若干问题的规定》第十一条第三款规定，被诉房屋登记行为违法，但判决撤销将给公共利益造成重大损失或者房屋已为第三人善意取得的，判决确认被诉行为违法，不撤销登记行为。《房屋登记办法》第八十一条规定，司法机关发生法律效力的文件证明当事人以隐瞒真实情况、提交虚假材料等非法手段获取房屋登记的，房屋登记机构可以撤销原房屋登记，收回房屋权属证、登记证明或者公告作废，但房屋权利为他人善意取得的除外。本案中，已经生效的刑事判决证明黄灿明以隐瞒真实情况、提交虚假材料等非法手段获取房屋登记，被诉的首次转移登记行为违法，但因曾港森已经善意取得涉案房屋所有权，判决确认被诉登记行为违法，不撤销登记行为，符合上述规定。

行政诉讼法第七十四条第一款第（一）项规定，行政行为有下列情形之一的，人民法院判决确认违法，但不撤销行政行为：（一）行政行为依法应当撤销，但撤销会给国家利益、社会公共利益造成重大损害的。本案中，被诉的首次转移登记行为违法，但涉案房屋已由曾港森善意取得。如果撤销首次转移登记行为，取消曾港森善意取得的房屋所有权，不仅会损害善意第三人的合法权益，而且违反法律规定的房屋登记的审查认定标准，影响商品房市场相关交易规则的确立，势必破坏交易秩序，将给社会公共利益造成重大损害，故本案确认被诉登记行为违法但不予撤销，亦符合行政诉讼法第七十四条第一款第（一）项的规定。因被诉房屋登记行为的外化表现形式就是给谢晓燕颁发的房地产权证，温国华请求撤销该房地产权证，所诉的行政行为即是房屋登记行为。一审判决确认被诉房屋登记行为违法正确，但同时判决驳回温国华要求撤销颁发给谢晓燕的房地产权证的诉讼请求，适用法律有误，故对相关判项予以调整。

——中国裁判文书网，https://wenshu. court. gov. cn/。

745 业主大会、业主委员会以及业主的原告资格

关键词 | 业主大会 | 业主委员会 | 业主 | 原告资格 |

【最高人民法院司法解释】

第十八条　业主委员会对于行政机关作出的涉及业主共有利益的行政行为，可以自己的名义提起诉讼。

业主委员会不起诉的，专有部分占建筑物总面积过半数或者占总户数过半数的业主可以提起诉讼。

——《最高人民法院关于适用〈中华人民共和国行政诉讼法〉的解释》（2018年2月8日，法释〔2018〕1号）。

【最高人民法院公报案例】

中海雅园管委会诉海淀区房管局不履行法定职责案

摘要：行政机关对具体行政行为相对人要求其依法履行职责的申请，长时间不予书面答复，亦未按规定履行指导、监督的职责，其行为构成违法。

行政诉讼法第二条第一款规定："公民、法人或者其他组织认为行政机关和行政机关工作人员的具体行政行为侵犯其合法权益，有权依照本法向人民法院提起诉讼。"根据本案发生时实施的建设部《城市新建住宅小区管理办法》、北京市人民政府《北京市居住小区物业管理办法》以及原北京市房屋土地管理局《关于开展居住小区物业管理委员会试点工作的通知》《关于全面开展组建物业管理委员会工作的通知》、北京市人民政府办公厅《关于转发规范和加强本市居住区物业管理的若干意见》的规定，居住小区物业管理委员会是由居住小区内全体业主通过业主大会选举产生，代表本物业区域内全体业主的合法权益，负责对区域内物业实施管理的组织。物业管理委员会的成立及换届选举，均须报当地区县国土房管机关登记备案。据此，可以认为物业管理委员会的产生与改选均须经行政主管机关登记，有自己的组织章程和组织机构，有独立使用的办公场所，办公经费亦有相应保障，因而具有一定的民事行为能力，虽然不具备法人的资格，但如果物业管理委员会认为房管局处理其申请换届登记予以备案的具体行政行为，侵犯了该委员会的合法权益，有权依照行政诉讼法的规定向人民法院提起诉讼。因此，对于被告海淀区房管局提出原告中海雅园管委会不具有诉讼主体资格的主张，不予采纳。

——《中华人民共和国最高人民法院公报》2004年第5期。

【链接：最高人民法院法官著述】

物权法专章规定了业主的建筑物区分所有权，规定业主对建筑物内的住宅、经营性用房等专有部分享有所有权，对专有部分以外的共有部分享有共有和共同管理的权利。建筑区划内的道路，属于业主共有，但属于城镇公共道路的除外。建筑区划内的其他公共场所、公用设施和物业服务用房，属于业主共有。对于建筑区划内依法属于业主共有的公共场所、公共绿地、公共道路、公用设施、物业服务用房等登记行为，业主大会或者业主委员会抑或业主认为侵犯其共有财产，是否可以提起行政诉讼，成为立法中的争执焦点，也是司法实践中的争论焦点。

根据物权法规定，业主可以设立业主大会，选举业主委员会。对于制定和修改业主大会议事规则，制定和修改建筑物及其附属设施的管理规约，选举业主大会或者更换业主委员会成员，选聘和解聘物业服务企业或者其他管理人，筹集和使用建筑物及其附属设施的维修基金，改建、重建建筑物及其附属设施，有关共有和共同管理权利的其他重大事项，由业主共同决定。

业主大会如果认为房屋登记机构对建筑区划内依法属于业主共有的公共场所、公用设施和物业服务用房等房屋登记行为不服，可以依法提起行政诉讼。如果业主大会授权业主委员会，或者根据业主共同决定的事项规约，业主委员会可依法提起行政诉讼。如果业主大会或者业主委员会均不提起诉讼，业主是否可以依据物权法和《物业管理条例》等有关规定依法提起诉讼。

考虑物权法立法过程之中的争执焦点，如果业主大会或业主委员会有权依法提起行政诉讼，关键涉及责任主体资格的承担问题，诉的主体必须能独立承担其法律责任。业主大会或业主委员会不属于自然人，亦不属于独立的法人，最简单的问题是诉讼费谁来承担，最终判决结果谁来履行；倘若业主可以提起诉讼，业主个人是否可以对共有部分单独提起诉讼，一部分提起诉讼，另一部分未提起诉讼，最终判决结果对未提起诉讼的部分是否承受。同时，对建筑区划内的共有部分引起争议，首先为权属争议，当民事权属行为为解决问题的前提时应当先行民事诉讼。特别是物权法虽然规定登记机构应当对建筑区划内依法属于全体业主共有的公共场所、公用设施和物业服务用房等服务进行登记，但是，我国现行的法律没有对此房屋的产权归属作出明确的规定。因此，对于哪些房屋属于全体业主共有的公共场所、公用设施，登记机构无权认定。对房屋进行产权的认定，必须建立在物的归属是法定的而且房屋的范围是明确的情况下，登记机构才能依法登记。鉴于对该类房产（特别是会馆等）产权不明的争议，在无法律依据的情况下，如果纳入行政诉讼，势必将业主和开发企业之间的纠纷转为业主和政府之间的行政纠纷，不利于缓和矛盾化解纠纷。对于业主大会、业主委员会以及业主的原告主体资格问题，经调研后倾向暂不规定，留待立法和司法实践中继续探索为宜。

——杨临萍:《〈关于审理房屋登记案件若干问题的规定〉理解与适用》,中国法制出版社 2012 年版,第 59—60 页。

746 无权占有使用房屋的人不具有起诉房屋登记行为的原告资格

关键词｜房屋登记｜无权占有｜原告资格｜

【最高人民法院司法文件】

8. 房屋转移登记案件中房屋使用人的原告资格问题

房屋使用人具有起诉房屋转移登记行为的原告资格,但其已被依法确认无权占有房屋的,原告资格随着其与房屋转移登记行为之间法律上利害关系的消失而消失。(48 号)

——《最高人民法院办公厅关于印发〈行政审判办案指南(一)〉的通知》(2014 年 2 月 24 日,法办〔2014〕17 号)。

【最高人民法院参考案例】

韦波诉海南省三亚市人民政府、三亚市住房和城乡建设局房屋行政确认案(行政审判案例第 48 号)

要旨:被依法确认无权占有使用房屋的公民、法人或者其他组织与房屋登记行为没有法律上的利害关系,不具有提起行政诉讼的原告资格。

韦波主张具有本案原告资格,应当对其与被诉房屋登记行为之间存在法律上的利害关系承担举证责任。但从其提供的证据来看,海南外信工贸公司→海口中经联公司→溧燃公司→盛京公司→韦波之间的四次房产流转登记均未包括 A 楼地下室,因而韦波不能证明自己对 A 楼地下室具有合法权益。相应地,也就不能证明被诉房屋登记行为侵害或影响了其合法权益。韦波认为其对 A 楼地下室的占有、改造、使用、收益属善意,海南省三亚市中级人民法院(2009)三亚民终字第 117 号民事判决依据被诉房屋登记行为对其设定强制性权利义务即构成自己与被诉房屋登记行为具有法律上双重利害关系的主张不能成立。

——中华人民共和国最高人民法院行政审判庭编:《中国行政审判案例》(第 2 卷),中国法制出版社 2011 年版,第 44、47 页。

747 不动产物权登记行为利害关系人的时点问题

关键词 | 房屋登记 | 利害关系人 | 原告资格 |

【链接：最高人民法院法官著述】

不动产物权登记作出时与不动产物权登记行为有法律上利害关系的公民、法人和其他组织具有原告主体资格。即利害关系的时间点决定原告主体资格。例如，拆迁人在与被拆迁人签订拆迁补偿安置协议履行过程中，发现被拆迁人领取房屋所有权证时未缴纳土地出让金，为此拆迁人就以被拆迁人领取房屋所有权证不合法为由提起行政诉讼，状告颁证机构。拆迁人有无原告主体资格呢？一种观点认为有原告主体资格，因为未缴纳土地出让金涉及被拆迁人领取房屋所有权证合法性，由此涉及合法房屋补偿安置标准，与拆迁人具有法律上的利害关系。另一种观点认为不具有原告主体资格，因为是否缴纳土地出让金并不决定被拆迁人房屋所有权证的合法性，被拆迁人完全可以补缴。特别是被拆迁人在几十年前领取房屋所有权证，拆迁人尚未存在，该房屋所有权证与拆迁人不具有法律上的利害关系，仅从利害关系的时间点即可排除拆迁人的原告主体资格。从法理讲第二种观点正确。

——杨临萍：《〈关于审理房屋登记案件若干问题的规定〉理解与适用》，中国法制出版社2012年版，第59页。

关于利害关系的时点在实践中需要注意一些特殊情形，如审理房屋登记案件时应当注意一个利害关系的时点的例外情况——权利承继。即虽然起诉人是在被诉房屋登记行为作出之后才取得争议房屋权属，但其基于继承、买卖等法律事实在取得房屋所有权的同时也承继了原权利人因房屋所有权而产生的免受权利侵害的诉讼权。在这种情况下，应当先审查原权利人与被诉房屋登记行为之间是否存在法律上利害关系，不能因被诉房屋登记行为作出时，起诉人尚未取得争议房屋权属而一概认定起诉人对被诉房屋登记行为没有法律上利害关系，不具备原告资格。此外，还有地上请求权诉权、涉及消防等特殊情形，也不能以时间点排除。

——吉红：《被依法确认无权占有使用房屋的起诉人不具有起诉房屋登记行为的原告资格——韦波诉海南省三亚市人民政府、三亚市住房和城乡建设局房屋行政确认案》，载中华人民共和国最高人民法院行政审判庭编：《中国行政审判案例》（第2卷），中国法制出版社2011年版，第49页。

748 不动产登记条例实施前，以市、县级人民政府名义作出的不动产登记行为，实行不动产统一登记后被告的确认

关键词｜不动产登记｜被告｜

【最高人民法院司法解释】

第五条 县级以上地方人民政府确定的不动产登记机构或者其他实际履行该职责的职能部门按照《不动产登记暂行条例》的规定办理不动产登记，公民、法人或者其他组织不服提起诉讼的，以不动产登记机构或者实际履行该职责的职能部门为被告。

公民、法人或者其他组织对《不动产登记暂行条例》实施之前由县级以上地方人民政府作出的不动产登记行为不服提起诉讼的，以继续行使其职权的不动产登记机构或者实际履行该职责的职能部门为被告。

——《最高人民法院关于正确确定县级以上地方人民政府行政诉讼被告资格若干问题的规定》(2021 年 4 月 1 日，法释〔2021〕5 号)。

【最高人民法院专业法官会议纪要】

6. 不动产登记条例实施前，以市、县级人民政府名义作出的不动产登记行为，实行不动产统一登记后由谁作被告。

答：不动产登记条例实施前，以市、县级人民政府名义作出的不动产登记行为，实行不动产统一登记后，应当以继续行使不动产登记法定职权的不动产登记机关为被告。

理由：行政诉讼法第二十六条第六款规定，行政机关被撤销或者职权变更的，继续行使其职权的行政机关是被告。不动产登记的法定职权由市、县级人民政府转移至不动产登记机关，被告资格应当由继续行使不动产登记职权的不动产登记机关承接。应当注意的是，各地落实不动产统一登记的具体时间不同，应当以案件发生地不动产登记法定职权实际转移的时间来确定被告资格转移的具体时间，不能简单以《不动产登记暂行条例》的实施时间为准。

至于向同级人民政府申请行政复议，原先作出不动产登记的市、县政府将成为复议机关，变成自己复议自己的问题，因不动产登记行为不属于复议前置案件，当事人自愿申请行政复议，且不选择向上一级不动产登记机关申请复议，是当事人自行选择的结果，法院不宜干涉。而且，不动产登记时，通常是土地房产管理部门具

体实施;行政复议中,则是政府法制机构具体负责,内设机构分工不存在重合。

——《最高人民法院第一巡回法庭关于行政审判法律适用若干问题的会议纪要》(2018 年 7 月 23 日),载最高人民法院第一巡回法庭编著:《最高人民法院第一巡回法庭行政案件裁判精要》,中国法制出版社 2020 年版,第 184 页。

【链接:最高人民法院法官著述】

(一)房屋登记职能调整时的适格被告

房屋登记职能由市、县人民政府转移至其下设登记机构之后,当事人起诉原由市、县人民政府作出的房屋登记行为的,应当以市、县人民政府下设登记机构为被告。

行政区划调整时,有的城市撤县设区,原由县级人民政府建设(房地产)主管部门独立负责的登记工作,应遵循属地管辖原则,由行政区划调整后的区级政府建设(房地产)主管部门履行登记职责。发生行政诉讼,适格被告为履行职责的区级政府房地产部门。有的地方直接由县市房产主管部门作为登记机构负责房屋登记工作,有的地方是房产主管部门作为负责本行政区域内城市房屋权属登记管理工作,具体事务委托所属的房屋权属登记机构办理,大多数地级以上城市按此办理。如某市登记机构是房地产管理局,具体登记事务委托该市产权交易中心承担,根据《房屋登记办法》规定,这些均属房屋登记机构。发生行政诉讼,房屋登记职能由市县人民政府转移至其下设登记机构之后,当事人起诉原由市县人民政府作出的房屋登记行为的,应当以市县人民政府下设登记机构为被告。当事人起诉房屋登记机构所属产权交易部门以自己名义作出的登记行为的,应当以登记机构为被告。

(二)登记机关与发证机关不一致时的被告

物权登记机关与权属证书的发证机关不一致的,可以列物权登记机关为被告,也可以列发证机关为被告,或者列物权登记机关和发证机关为共同被告。这种情形随着《房屋登记办法》的实施日趋弱小缩小。

(三)房屋登记所属机构行为的适格被告

当事人起诉房屋登记机关所属产权交易部门以自己的名义作出的登记行为的,应当以登记机关为被告。

——杨临萍:《〈关于审理房屋登记案件若干问题的规定〉理解与适用》,中国法制出版社 2012 年版,第 65—66 页。

749 房屋登记行政案件的第三人

关键词｜房屋登记｜第三人｜利害关系人｜

【最高人民法院司法解释】

第六条　人民法院受理房屋登记行政案件后，应当通知没有起诉的下列利害关系人作为第三人参加行政诉讼：

（一）房屋登记簿上载明的权利人；

（二）被诉异议登记、更正登记、预告登记的权利人；

（三）人民法院能够确认的其他利害关系人。

——《最高人民法院关于审理房屋登记案件若干问题的规定》（2010年11月18日，法释〔2010〕15号）。

【链接：理解与适用】

调研中，不少法院建议《关于审理房屋登记案件若干问题的规定》对于哪些第三人由法院通知参加诉讼，哪些由第三人申请参加诉讼的问题加以明确。考虑利害关系的明显程度和法院的承受能力，我们认为，房屋登记的权利人以及被诉异议登记、更正登记、预告登记的权利人，他们的利益直接受到判决的影响，而且可能是不利影响，按照正当程序之法理，作出不利处分之前应当给利害关系人申辩的机会。如果他们被记载于登记簿，则利害关系显而易见，法院通知他们以第三人身份参加诉讼，既是可能的，也是必要的。除了明确记载于登记簿上的权利人之外，其他人如果与房屋登记存在利害关系，应当以人民法院能否确认为标准。如果能确认，则应通知；不能确认，则由他们自行申请。

其他的还有抵押权人，房屋登记行政赔偿诉讼当事人的利益相对方等。只要公民、法人或者其他组织能够举证证明其与被诉房屋登记行为有法律上的利害关系，并申请作为第三人参加诉讼的，人民法院应当予以准许。

——杨临萍：《〈关于审理房屋登记案件若干问题的规定〉理解与适用》，中国法制出版社2012年版，第63页。

750 房屋登记案件管辖

关键词｜房屋登记｜不动产专属管辖｜被告所在地｜

【最高人民法院司法解释】

第七条 房屋登记行政案件由房屋所在地人民法院管辖，但有下列情形之一的也可由被告所在地人民法院管辖：

（一）请求房屋登记机构履行房屋转移登记、查询、复制登记资料等职责的；

（二）对房屋登记机构收缴房产证行为提起行政诉讼的；

（三）对行政复议改变房屋登记行为提起行政诉讼的。

——《最高人民法院关于审理房屋登记案件若干问题的规定》（2010 年 11 月 18 日，法释〔2010〕15 号）。

【链接：理解与适用】

一、不动产所在地管辖

地域管辖中的专属管辖，是指法律以诉讼标的所在地为标准，强制规定特定的诉讼只能由特定法院进行管辖。其显著特征为管辖上的排他性。

行政诉讼法规定，因不动产提起的行政诉讼，由不动产所在地法院管辖。不动产是相对于动产而言，一般是指不能移动或移动后丧失其价值的实物。例如，土地、房屋以及土地上的附着物等。因房屋拆迁、土地征收等原因而提起的行政诉讼，规定由不动产所在地法院专属管辖，是便于人民法院对案件进行调查、勘验，便于当事人诉讼，也便于法院审理执行。

房屋登记行为涉及房屋不动产，公民、法人和其他组织对房地产登记行为提起行政诉讼的，由系争登记行为所涉房地产所在地基层法院管辖。公民、法人和其他组织在对房地产登记行为提起行政诉讼时，一并提出行政赔偿请求的，由不动产所在地基层人民法院一并管辖。赔偿请求人在房地产登记行为被确认违法后，单独提起赔偿诉讼的，由赔偿义务机关所在地基层人民法院管辖。

二、涉及不动产所在地法院管辖的例外情形

按照不动产诉讼专属管辖原则，房屋登记案件一般都应由房屋所在地法院管辖。之所以如此，主要是为了便于法院现场调查取证。不过，在某些房屋登记案件中，现场调查取证往往并非必要，因此可以更多地考虑便民之需要，给予原告更多的选择空间。我们认为，请求房屋登记机构履行房屋转移登记、查询、复制登记资料等职责、对房屋登记机构收缴房产证行为提起诉讼，以及因行政复议改变房屋登记行为而引起诉讼等三种情形下，应当给予原告这种选择权。

——杨临萍：《〈关于审理房屋登记案件若干问题的规定〉理解与适用》，中国法制出版社 2012 年版,第 74—75 页。

751 房屋登记纠纷中行政、民事争议交叉的处理

关键词 | 民行交叉 | 中止诉讼 |

【最高人民法院司法解释】

第八条　当事人以作为房屋登记行为基础的买卖、共有、赠与、抵押、婚姻、继承等民事法律关系无效或者应当撤销为由,对房屋登记行为提起行政诉讼的,人民法院应当告知当事人先行解决民事争议,民事争议处理期间不计算在行政诉讼起诉期限内;已经受理的,裁定中止诉讼。

——《最高人民法院关于审理房屋登记案件若干问题的规定》(2010 年 11 月 18 日,法释〔2010〕15 号)。

【链接:理解与适用】

该条司法解释本意旨在解决民行交叉正当法律程序。涉及房屋登记行为的民行交叉一般有三种情形:一是关于单纯基础民事行为的争议,诸如买卖、共有、赠与、抵押、婚姻、继承等民事法律关系无效或者应当撤销为由提起诉讼的,应当通过民事诉讼途径予以解决。二是关于原告既告基础民事争议,又告房屋登记机构违法登记行为的争议,要识别争议争点,真正的诉讼。三是原告仅仅以房屋登记行为违法提起行政诉讼,而行政诉讼解决行政争议的前提在于基础民事争议,行政诉讼受理后应当中止,告知当事人先行解决民事争议。

所谓单纯基础民事行为争议,是指原告不服房屋登记行为,但其理由却仅仅是对作为房屋登记基础关系的转让合同、婚姻、共有、继承等民事行为提出异议,认为应当确认无效或者依法撤销。我们认为,法院不宜受理此类案件。主要理由是:第一,房屋登记的行政争议只是一个表面形式,其实质完全是民事争议。而行政诉讼无法解决民事争议,因此纠纷无法得到实质性解决。第二,民事争议通过民事诉讼解决之后,就没有必要再就房屋登记行为提起行政诉讼。如果基础民事行为不成立、可撤销或者无效,可以通过民事诉讼等程序纠正,纠正后可以通过申请房屋登记机构更正加以救济,也就没有必要提起行政诉讼。如果基础行为没有问题,房屋登记就更是不宜否定。所以无论如何,行政诉讼都是不必要的。

民行交叉正当程序关键在于当事人真正的诉是什么,该诉的解决能否真正解

决问题。有时当事人诉讼名为房屋登记行为违法,实为民事争议的归属,法院受理以后才能知悉。故对第二种和第三种情形,法院有释明义务,告知当事人先行解决基础民事争议。其基础在于物权变动行为和原因行为区分制度。

房屋登记行为往往涉及民行交叉问题,其本身起因源于物权登记行为中的原因区分制度。房屋已经物权登记,但纠纷由于房屋登记基础的买卖、共有、赠与、抵押、婚姻、继承等民事法律关系引起,在民事基础法律关系未解决的情况下,房屋登记行为正确与否,取决于民事行为的合法有效,当事人应当先解决民事争议。民事争议解决后,当事人提起行政诉讼的,涉及提起行政诉讼的起诉期限问题,在民事争议解决期限合理扣除后计算是否超过行政诉讼的起诉期限。

公民之间、法人之间或者其他组织之间以及他们相互之间对房屋权属争议提起民事诉讼或者民事诉讼中,当事人对该民事争议相关的房屋登记行为提起行政诉讼符合行政诉讼法第四十一条规定的起诉条件的,人民法院应当依法受理。

——杨临萍:《〈关于审理房屋登记案件若干问题的规定〉理解与适用》,中国法制出版社 2012 年版,第 73、76—77 页。

【最高人民法院裁判案例】

葛洛如诉如皋市人民政府房屋行政登记案[最高人民法院(2018)最高法行申 2772 号行政裁定书]

根据《最高人民法院关于审理房屋登记案件若干问题的规定》第八条规定,当事人以作为房屋登记行为基础的民事法律关系无效或者应当撤销为由,对房屋登记行为提起行政诉讼的,人民法院应当告知当事人先行解决民事争议。本案中,根据葛洛如、如皋开发区有限公司在本案一、二审和申请再审时的提出的事实、理由和请求以及本案和相关民事案件的审理、裁判情况,可以认定葛洛如与如皋市政府及如皋开发区有限公司等的争议实质为对涉案房屋权属的争议,即如皋开发区有限公司主张改制前的如皋市经济开发区工程建设公司作为开发企业基于建造涉案房屋等行为而设立物权,而葛洛如主张应由其基于葛德福与薛金明于 1999 年签订协议及继承等民事法律关系取得涉案房屋相应民事权利进而认为被诉房屋登记侵犯了其权利。该争议系对房屋登记基础的民事法律关系的争议,葛洛如如认为其对涉案房屋享有权利且该权利受到如皋开发区有限公司的侵犯,应先行通过民事诉讼等方式解决民事争议,而不应通过对相关房屋行政登记单独提起行政诉讼的方式解决民事权属争议、实现其民事权利。二审法院对被诉房屋登记过程中涉案房屋权属相关材料的认定,系对如皋市政府作出被诉房屋登记行为相关事实依据的审查意见,不能直接等同于对不动产物权的司法确认。

——中国裁判文书网,https://wenshu.court.gov.cn/。

752 房屋登记案件中发现涉嫌刑事犯罪问题的处理

关键词 | 房屋登记 | 刑事犯罪 | 中止诉讼 |

【最高人民法院答复】

天津市高级人民法院:

你院《关于李宵诉天津市国土资源和房屋管理局房屋登记一案如何适用法律问题的请示报告》收悉。经研究答复如下:

人民法院在审理有关房屋登记行政案件中,发现涉嫌刑事犯罪问题的,不应将该案全案移送公安机关处理,而应区别不同情况分别处理:

一、第三人购买的房屋不属于善意取得,参照民法通则第五十八条和合同法第五十二条、第五十九条的规定,房屋买卖行为属于无效的行为,人民法院应当依法判决撤销被诉核发房屋产权证行为。

二、第三人购买的房屋属于善意取得,房屋管理机关未尽审慎审查职责的,依据物权法第一百零六条等有关法律的规定,第三人的合法权益应当予以保护,人民法院可以判决确认被诉具体行政行为违法。

三、如果不能确定第三人购买的房屋是否属于善意取得,应当中止案件审理,待有权机关作出有效确认后,再恢复审理。①

——《最高人民法院关于审理房屋登记行政案件中发现涉嫌刑事犯罪问题应如何处理的答复》(2008 年 9 月 23 日,〔2008〕行他字第 15 号)。

【链接:最高人民法院法官著述】

人民法院在审理房屋登记行政案件中发现刑事犯罪时,还应注意以下问题:

(一)关于被告的工作人员与第三人或原告之间存在犯罪的问题

〔2008〕行他字第 15 号答复仅规定原告与第三人之间有串通实施诈骗行为的,应当中止诉讼,但未对被告工作人员与第三人或者原告之间串通实施诈骗行为的,

---

① 2021 年 1 月 1 日民法典施行后,民法通则、合同法、物权法被废止。本答复中关涉的民事法律行为的效力、善意取得等内容,具体参见民法典相关条文规定。——编者注

是否应当中止诉讼作出规定。对此应否中止诉讼，还要根据具体情况，进行分析。

被告工作人员与第三人之间串通实施诈骗行为，如某房屋登记机关明知 A 公司的房屋已抵押给银行，在接受 A 公司贿赂后，又给 A 公司的房屋办理销售许可证。A 公司将房屋销售后，携款逃走。银行将该房屋登记机关告至法院。法院所审理的行政案件，是审查房屋登记行为的合法性，只需查清被告是否存在重复登记的问题，而无须查清被告工作人员是否接受第三人的贿赂，是否与第三人之间串通实施诈骗行为，就可以作出判决。因此，此类情形无须中止诉讼。

被告工作人员与原告之间串通实施诈骗行为的，此类情形主要表现在欺诈诉讼中。例如，原告想取得第三人的房屋产权，与被告工作人员串通，伪造购房合同、房屋产权证书，原告向法院起诉后，被告拒不向法院提供房屋登记时的证据。如果第三人在诉讼中提供了其合法取得产权证的证据，原告伪造的证据被法庭发现，因法院审查的对象是被告给予第三人核发的房屋产权证是否合法的问题，此时无须等待刑事判决的结果，故亦不应中止诉讼。如果法庭发现原告提供的主要证据有伪造的嫌疑，但难以确认时，为了保障刑事判决与行政判决的一致性，行政案件须以刑事案件的审理结果为依据，而刑事案件尚未审结时，须等待刑事案件的判决结果出来后方能再进行裁判。此时，应当中止诉讼。

被告工作人员与原告之间串通实施诈骗行为成功，事后被刑事判决纠正的，原法院或上级法院应当在刑事判决生效后，启动行政诉讼监督程序，通过再审，纠正原错误的行政判决。

（二）关于行政赔偿程序的问题

法院审理房屋登记行政案件中发现涉嫌刑事犯罪的，除了有关对被诉行为审查程序问题外，行政赔偿程序亦是不可回避的问题。因天津市高级人民法院未就有关赔偿程序问题请示，故〔2008〕行他字第 15 号答复未对有关行政赔偿程序问题作出答复。

法院审理房屋登记行政案件中发现涉嫌刑事犯罪的，有关行政赔偿程序应当如何进行，亦须根据案件的具体情况进行处理。法院审理房屋登记行政案件中发现涉嫌刑事犯罪，涉及行政赔偿的，主要有以下几种情况：

1. 原告与案外诈骗人有串通实施诈骗行为或被告工作人员与原告之间串通实施诈骗行为的。这两类情形，法院都应当判决驳回原告的诉讼请求。因此，不存在给予原告的合法权益造成损害，如果原告提出行政赔偿请求的，法院应当予以驳回，故不需进行行政赔偿诉讼程序。

2. 第三人从案外犯罪嫌疑人购买的房屋不属于善意取得的情形。房屋管理机关对具有恶意串通的房屋买卖行为,不应给予核发房屋产权证,其核发行为属于违法,为保护房屋产权人的合法权益,应当撤销被诉核发房屋产权证行为。实际上也就恢复了原告对房屋的所有权。尽管被诉发证行为违法,一般未给原告的合法权益造成损害,无须进行行政赔偿程序。

3. 原告或第三人与案外诈骗人之间不存在串通诈骗,第三人善意取得房屋所有权的情形。此类情形,案外诈骗人是直接侵权人,因此承担全部赔偿责任。如果案外诈骗人无赔偿能力,因被告未尽审慎审查义务,被告应当承担相应的赔偿责任。所以,行政赔偿诉讼要等到刑事诉讼及刑事附带民事诉讼审结后,才能启动。

4. 被告工作人员与第三人、原告存在串通诈骗,并使其他当事人合法权益受到损害的。此类情形,被告承担连带责任,因此,在审结行政案件后,就可以启动行政赔偿诉讼程序。

——蔡小雪:《关于审理房屋登记行政案件中发现涉嫌刑事犯罪应如何处理的问题》,载江必新主编:《行政法律文件解读》(总第 60 辑),人民法院出版社 2009 年版,第 91—92 页。

753 房屋登记案件复印件、影印件的可采性

关键词 | 房屋登记 | 复印件 | 影印件 | 证据 |

【最高人民法院司法解释】

第九条 被告对被诉房屋登记行为的合法性负举证责任。被告保管证据原件的,应当在法庭上出示。被告不保管原件的,应当提交与原件核对一致的复印件、复制件并作出说明。当事人对被告提交的上述证据提出异议的,应当提供相应的证据。

——《最高人民法院关于审理房屋登记案件若干问题的规定》(2010 年 11 月 18 日,法释〔2010〕15 号)。

【链接:理解与适用】

本条是关于复印件、影印件可采性的规定。房屋登记的档案材料中通常会有复印件、影印件的存在。比如申请人的身份证、户籍证明、户口本,护照、结婚证、营业执照等身份证明材料,房屋登记机构只能在核对原件后收取复印件。法院在审查中,如何看待这些证据的证明力?是否应当要求房屋登记机构提供原件加以核

对？目前有两种不同意见。一种意见认为，应当由被告提供原件进行核对；被告无法提供原件的，人民法院可以调取；复印件、影印件与原件不一致或者原件无法取得且被告不能提供其他证据证明的，人民法院对该复印件、影印件的证明效力不予认可。另一种意见认为，若原件由被告保管的，应当由被告提供原件进行核对；被告非自身的原因而不能提供原件的，应提交经核对原件的复印件并作出说明。原告如果仍不认可，则应提供相应的证据。

我们倾向于第二种意见。主要理由是：第一，被告不具有举证能力，由于原件由申请人自己保管，房屋登记机构只能提供档案中保存的复印件，若当事人无法联系到、拒不提供或本来就存在弄虚作假的情况，则房屋登记机构没有途径找到原件，在此情况下，要求房屋登记机构不提供原件就不对复印件的证据效力采信是不合适的。第二，法律要求房屋登记机构在接收复印件时进行核对，如果不给予其信任，这一制度就难以为继，因此，在一般情况下，应当推定被告留存的复印件与原件一致。第三，原告要推翻法律规定，应当提供证据。第四，在审判实务中，房屋登记是依申请登记的行为，登记机构收取登记资料时，原则上应当收取原件，但很多申请登记资料是登记机构无法收取原件的，只能核对原件收取复印件。

——杨临萍：《〈关于审理房屋登记案件若干问题的规定〉理解与适用》，中国法制出版社2012年版，第88—89页。

754 被告怠于举证时，第三人举证证明房屋登记行为合法性的问题

关键词｜房屋登记｜被告怠于举证｜第三人举证｜

【链接：理解与适用】

被告不提供或者无正当理由逾期提供房屋登记行为证据、依据的，而诉讼中的第三人提供的证据证明了被诉具体行政行为的合法性，在房屋登记案件审查中呈现出复杂化的倾向。在审判实务中一般有三种情形：一为第三人提供的证据是被告在作出具体行政行为时已经采纳的证据，因丢失或其他原因未能向法院提供；二为第三人提供的证据是被告在作出具体行政行为时未曾收集的证据；三为第三人提供的证据是被告怠于举证责任或者被告考虑了不相关因素，故意不举证。对于第一种情形法院应予采纳，因为该证据是行政机关在行政程序中已经采纳的证据，只是由于法律上规定的“正当事由”不能向法院提供，而第三人向法院提供了应当认为该证据是证明被诉具体行政行为合法性的证据。对于第二种情形法院不予采

纳，因为该证据不属于被告在作出具体行政行为时已经收集的证据，故第三人提供的证据不能作为证明被诉具体行政行为合法性的证据使用。对于第三种情形，诉讼中的第三人当然可以提供证据以证明被诉行为的合法性，以维持房屋登记行为，保护自己的合法权益。此种情形的证据法院应予采纳。

被告不提供或者无正当理由逾期提供证据的，视为被告行政行为作出时没有相应的证据，将承担举证不能败诉的法律后果。该情形适用行政处罚等负担行政行为，抑或称侵益行政行为均可。但适用房屋登记行为情形则有问题，涉及第三人利益，导致被告诉讼行为的不利后果将由第三人承担。

对于房屋登记行为提起的行政诉讼，如果被告不提供或者无正当理由逾期提供证据的，视为被告行政行为作出时没有相应的证据，该房屋登记行为将被撤销。但第三人有充分证据证明作出具体行政行为的合法性，由于被告行政机关怠于举证的诉讼行为而导致第三人权益受损，故行政证据规则规定第三人可以举证证明被诉行政行为的合法性，也可以申请人民法院调取相关证据，人民法院自己也可以依职权调取证据，以使被告不利诉讼行为的后果与行政行为的合法性区别开。

鉴于此，可以总结规则为：第三人提供或者人民法院调取的证据能够证明房屋登记行为合法的，人民法院应当判决驳回原告的诉讼请求，达到保护第三人合法权益的目的、案结事了的法律效果。

——杨临萍：《〈关于审理房屋登记案件若干问题的规定〉理解与适用》，中国法制出版社 2012 年版，第 90—91 页。

755 第三人善意取得的房屋抵押权不能阻却人民法院依法判决撤销房屋所有权登记

关键词 | 抵押权善意取得 | 撤销房屋所有权登记 |

【最高人民法院答复】

甘肃省高级人民法院：

你院《关于第三人善意取得的抵押权能否阻却人民法院判决撤销房屋所有权登记的请示》收悉。经商中华人民共和国住房和城乡建设部，答复如下：

第三人善意取得的房屋抵押权不能阻却人民法院依法判决撤销房屋所有权登记。人民法院如果认定第三人善意取得抵押权的，房屋登记机关在重新办理房屋所有权登记时，应当保留该房屋上的抵押权登记。

——《最高人民法院关于第三人善意取得的抵押权能否阻却人民法院判决撤销房屋所有权登记请示的答复》(2022 年 11 月 18 日，〔2022〕最高法行他 6 号)。

756 抵押权的善意取得构成房屋登记机关撤销房屋抵押登记的法定阻却事由

关键词｜房屋抵押登记｜善意取得｜

【最高人民法院裁判案例】

黄玉卿、黄健信诉佛山市顺德区人民政府、佛山市顺德区国土城建和水利局房屋行政登记案[最高人民法院(2017)最高法行再 95 号行政判决书]

一、关于案涉房屋房产登记的合法性问题

如前所述，房屋登记机构在进行房屋登记时具有一定的审查义务。本案中，根据一、二审查明的事实，顺德区国土局在审核申请登记材料时已尽到审慎义务，其登记行为符合《房屋登记办法》的要求。但是，在房屋登记之后，顺德区人民法院作出的 2703 号刑事判决已经查明，刘玉朝违反委托事项，向房屋登记机构提供虚假的《户籍证明》证实黄青彩的曾用名为黄丽华，恶意串通黄青彩共同申请房屋过户转移登记，属于隐瞒真实情况、提供虚假材料，从而获取房屋登记的情形。在此情况下，房屋登记机构完全可以依据《房屋登记办法》第八十一条的规定进行审查，决定是否需要行使自行撤销权，撤销对案涉房屋的登记行为。在房屋登记机构未予自行撤销的情况下，当事人诉请法院处理，法院依法应当对登记行为的合法性作出处理，并可以依照该条款的规定认定登记行为的合法性。二审以"黄玉卿和黄健信并未通过民事争议解决途径取得否定其与黄青彩买卖合同效力及顺德分行抵押权效力的生效判决或仲裁裁决，请求撤销粤房地权证佛字第××号《房地产权证》证据不足"为由，驳回黄玉卿、黄健信要求撤销案涉房产证的诉讼请求，同时一并驳回对房屋抵押登记的诉讼请求，适用法律错误。生效的 2703 号刑事判决已经确认在办理房屋登记过程中，当事人提供虚假材料，符合应予撤销的事由。至于登记过程中提交的买卖合同是否有效，并非案涉房屋登记是否应予撤销的唯一考量因素。而且根据再审申请人提交的新证据，顺德区人民法院作出的生效 127 号民事判决也确认案涉房产的买卖合同无效。故本案关于房屋登记的合法性问题，应该以生效的2703号刑事判决以及127号民事判决认定的事实,确认当事人存在提交虚假材料、以非法手段获取房屋登记的情况。根据行政诉讼法第六十九条的规定,行政行为证据确凿,适用法律、法规正确,符合法定程序的,人民法院判决驳回原告的诉讼请求。二审作出驳回再审申请人对房屋登记行为的诉讼请求,适用法律错误,应予纠正。

二、关于案涉房屋抵押登记的合法性问题

由于存在提交虚假材料非法获取房屋登记的情形,案涉房屋登记本应予以撤销。生效的2703号刑事判决已认定黄青彩系与刘玉朝恶意串通骗取房屋登记,因此黄青彩并非善意第三人,本案也不存在因第三人善意取得该房屋而阻却撤销房屋登记的事由。那么,案涉房屋抵押登记的合法性问题将直接影响对房屋登记是否应予撤销的判断。

前已述及,根据物权法第一百零六条的规定,受让人受让不动产时是善意的,受让人取得该不动产的所有权;当事人善意取得其他物权的,与善意取得的所有权具有同样的法律后果。抵押权系设立在所有权之外的受法律保护的其他物权之一。抵押权因被担保债权的成立而成立,亦因被担保债权的消灭而消灭。认定善意取得的核心要件是第三人属于善意、有偿取得抵押权。本案中,黄青彩与顺德分行之间的担保债权经顺德区人民法院生效的19号民事判决确认,该判决确认了黄青彩将涉案房屋抵押贷款行为的效力,并认定顺德分行对涉案房产依法享有抵押权。虽然2703号刑事判决确认刘玉朝与黄青彩共同提供虚假资料骗取房屋转移登记和抵押登记,但顺德分行在与黄青彩签订抵押贷款合同时,进行了相应的审查,且不存在重大过失,应当认定为善意第三人。而且,顺德分行已向黄健信账户发放贷款120万元,根据贷款合同完成了支付抵押权对价的义务。房屋登记机构作出的案涉房屋的抵押登记行为合法有效,并无不当。

一审认为顺德分行工作人员刘坚作为设立抵押权的业务经办人,“既没有接触涉案房地产的卖方黄健信、黄玉卿,也没有审核《房屋买卖合同》的真实性,更没有获得《户籍证明》的情况下,就轻率地相信黄青彩是涉案房屋合法的买方,对贷款合同、抵押合同未经审慎审查,具有重大过失”,“顺德分行对于刘玉朝、黄青彩骗取抵押权登记的后果具有重大过失,不是善意第三人”。一审作出的上述认定,与生效的19号民事判决已经确认案涉房屋的抵押贷款合同合法有效的结论相悖,在未对生效民事判决启动审判监督程序予以纠正的情况下,一审所认定的该部分事实不能作为认定案件的事实,应予纠正。

银行在签订抵押贷款合同、办理抵押登记时,确实应采用审慎的态度对申请人提供的相关材料进行审查。虽然刘坚没有接触卖方黄健信、黄玉卿，但是黄玉卿、黄健信系出具书面委托刘玉朝办理案涉房屋的过户及抵押手续，且该委托手续经过公证部门的公证，刘坚有理由相信刘玉朝具有代理资格。至于对《户籍证明》《房屋买卖合同》的审核，作为房屋登记机构的被申请人在进行登记时尚未发现刘玉朝等人提交的上述材料存在造假或无效的情况，要求银行工作人员作出比政府部门更准确的判断和采用更高的审查强度，没有法律根据和现实可能性。顺德分行在抵押登记的审查中的误信，是由于刘玉朝、黄青彩等人恶意串通提供虚假材料所致，而且其抵押登记亦是建立在房屋登记机构已经先作出房屋转移登记，基于对房屋登记公信力的信赖基础上作出的。顺德分行作出的抵押登记行为不存在重大过失，其所取得的抵押权属于善意取得，应受法律保护。顺德分行的善意取得构成对房屋登记机构撤销抵押登记的法定阻却事由。一审判决撤销该抵押登记属认定事实不清，适用法律错误。

三、关于本案的判决方式问题

对被诉行政行为作出否定性评价并不意味着该行政行为必须撤销，行政诉讼法第七十四条第一款第（一）项规定的判决方式，就是对被诉行政行为的合法性作否定性评价却不改变该行政行为所形成的法律关系，该判决方式的适用条件除涉及国家利益或社会公共利益外，也包括涉及善意第三人的情形。《最高人民法院关于审理房屋登记案件若干问题的规定》第十一条第三款则规定，被诉房屋登记行为违法，但判决撤销将给公共利益造成重大损失或者房屋已为第三人善意取得的，判决确认被诉行为违法，不撤销登记行为。本案中，案涉房屋抵押登记应该受到法律保护。如果撤销案涉房屋的房屋登记行为，则抵押登记的物权基础不复存在，抵押权人的合法权利得不到保护，势必造成社会公共利益的损害。

根据上述规定，案涉房屋登记本应判决撤销，但如撤销房屋登记将直接影响抵押登记的效力，影响抵押权的实现。故本案应判决确认案涉房屋的房屋登记行为违法，保留房屋登记的效力，同时驳回对房屋抵押登记行为和注销原房屋登记行为的诉讼请求。

应当指出的是，物权法第一百零六条第二款规定，“受让人依照前款规定取得不动产或者动产的所有权的，原所有权人有权向无处分权人请求赔偿损失”。本案中，黄玉卿、黄健信因刘玉朝的骗取贷款行为，导致其所有的案涉房屋被转移登记且被抵押，确实存在一定的损失。但是本院也注意到，黄玉卿、黄健信委托刘玉朝办理房屋转移登记并进行抵押，其初衷就是为了应对法院对其旧存贷款的执行。经过刘玉朝的运作，顺德分行所发放的贷款，大部分已用于归还给代为偿还黄玉卿、黄健信旧存贷款的案外人。刘玉朝提交虚假的户籍证明，假借黄青彩的身份骗取房屋登记，黄青彩在一系列的刑事、民事及本案行政诉讼中均未曾出现。本院考虑到上述情况，曾经组织各方当事人进行调解，但在顺德分行提出愿意减少贷款罚息及迟延履行金的条件下，黄玉卿、黄健信坚持不接受相关调解方案，导致未能达成调解协议。黄玉卿、黄健信的相关损失可依照物权法的相关规定，向无权处分人请求赔偿损失。案涉房屋的执行程序结束后，黄玉卿、黄健信亦可对执行后的剩余款项主张权利。

——中国裁判文书网，https://wenshu.court.gov.cn/。

【最高人民法院参考案例】

徐国栋诉南京市住房保障和房产局房屋抵押登记案（行政审判案例第99号）

要旨：根据物权法第一百零六条的规定，受让人受让不动产时是善意的，受让人取得该不动产的所有权；当事人善意取得其他物权的，与善意取得的所有权具有同样的法律后果。在抵押权人属于善意取得的情况下，其对房屋的抵押权应受法律保护，抵押权的善意取得构成房屋登记机关撤销房屋抵押登记的法定阻却事由。

被上诉人市房产局依据抵押人徐云、抵押权人光大银行的申请，对其所提交的所有权人为徐云的房屋所有权证、国有土地使用证、贷款合同、抵押合同以及经过公证的徐云的授权委托书等登记文件的法定形式进行了审查，作出了被诉的抵押登记并发放了房屋他项权证。被上诉人的上述行为并不违反相关法律、法规的规定，程序亦无不当。上诉人认为涉案房屋因系徐云通过欺骗手段骗取的所有权转移登记，现该转移登记已被注销，所有权在徐云名下时设定的抵押权登记应当予以撤销。但是，抵押权系设立在所有权之外的受法律保护的其他物权之一。抵押权因被担保债权的成立而成立，亦因被担保债权的消灭而消灭。根据物权法第一百零六条的规定，受让人受让不动产时是善意的，受让人取得该不动产的所有权；当事人善意取得其他物权的，与善意取得的所有权具有同样的法律后果。光大银行与徐云之间的担保债权并未因徐云受到刑事处罚而消灭，故光大银行所取得的抵押权亦未消灭。虽然涉案房屋所有权转移登记系徐云等人使用欺骗手段骗取，但光大银行在与徐云签订抵押贷款合同时，对其欺骗行为并不知情，其所取得的抵押权属于善意取得，应受法律保护。上诉人认为徐云与光大银行的抵押贷款不属于民事法律关系调整范畴、不适用善意取得制度等上诉意见，没有相应的法律依据。上诉人认为原审法院未审查抵押登记行为的合法性，与事实不符。另外，因涉案房屋登记至徐云名下的转移登记已被注销，上诉人徐国栋要求补发所有权证书，可以向被上诉人市房产局另行提出办理申请。

——中华人民共和国最高人民法院行政审判庭编:《中国行政审判案例》(第3卷),中国法制出版社2013年版,第87、89—90页。

757 房屋登记行为合法时的判决

关键词 | 房屋登记 | 驳回诉讼请求 |

【最高人民法院司法解释】

第十条 被诉房屋登记行为合法的,人民法院应当判决驳回原告的诉讼请求。

——《最高人民法院关于审理房屋登记案件若干问题的规定》(2010年11月18日,法释〔2010〕15号)。

【链接:理解与适用】

一般认为,按照行政诉讼法第五十四条第(一)项规定,登记合法,应当判决维持。我们经调研认为,考虑到房屋登记案件的特殊性,不宜判决维持,判决驳回诉讼请求更为适宜。因为法院对登记行为的审查实际上是复审,而不是代替行政机关作出正确的行为。法院认为被诉登记行为合法意味着两点:一是房屋登记机构的审核达到了合理审慎的程序。二是现有证据可以支持登记结果,但是不能排除将来有新的证据可以推翻这一结果。在登记行为未涉诉的情况下,如果当事人发现登记结果错误,可以持有关证据向房屋登记机构申请更正。但是在登记案件中,如果法院判决维持,按照司法优越原则,房屋登记机构不能作出与此相矛盾的行为,即便登记结果错误,亦无更正空间。

被诉房屋登记行为合法的,人民法院应当判决驳回原告的诉讼请求,既间接维持了房屋登记行为的合法性,又不羁束未来房屋登记行为,更为科学合理,符合实际情况。①

——杨临萍:《〈关于审理房屋登记案件若干问题的规定〉理解与适用》,中国法制出版社2012年版,第132页。

① 2014年行政诉讼法修正,取消了"维持判决",设立了"驳回原告诉讼请求判决"。具体可见行政诉讼法第六十九条规定。——编者注

758 房屋登记违法时的判决

关键词｜房屋登记｜撤销判决｜部分撤销判决｜确认违法判决｜

【最高人民法院司法解释】

第十一条　被诉房屋登记行为涉及多个权利主体或者房屋可分,其中部分主体或者房屋的登记违法应予撤销的,可以判决部分撤销。

被诉房屋登记行为违法,但该行为已被登记机构改变的,判决确认被诉行为违法。

被诉房屋登记行为违法,但判决撤销将给公共利益造成重大损失或者房屋已为第三人善意取得的,判决确认被诉行为违法,不撤销登记行为。

——《最高人民法院关于审理房屋登记案件若干问题的规定》(2010 年 11 月 18 日,法释〔2010〕15 号)。

【链接:理解与适用】

对违法的房屋登记行为可否作出部分撤销判决?我们认为,以下两种情况可以适用部分撤销:一是登记存在多个权利主体,其中部分主体权利基础丧失,可以撤销部分主体的房屋登记。二是房屋可分,其中部分房屋的登记违法的,可以判决撤销该部分房屋的登记行为。

确认房屋登记违法的法律效果有登记效果保留和登记效果消灭之分。按照《若干解释》第五十八条规定,撤销房屋登记将给公共利益造成重大损失的,可以判决确认登记违法,但保留登记效果。除此之外,现有法律和司法解释没有规定其他确认违法保留效果的情形。我们认为,为了与物权法上善意取得制度相衔接,有必要增加一种情形,即房屋已为第三人善意取得的,即便登记行为违法,亦不应撤销。当然,如果违法可以补救,法院应当判决房屋登记机构采取补救措施。

房屋登记在诉讼前或者诉讼中已被房屋登记机构撤销或者注销,其可诉性不受影响,但是如何判决有必要加以明确。按照《若干解释》第五十七条第二款第(二)项规定,“被诉具体行政行为违法,但不具有可撤销内容的”,法院应当判决确认登记行为违法。此种情况,房屋登记的效力在确认违法之前即已被消灭。

——杨临萍:《〈关于审理房屋登记案件若干问题的规定〉理解与适用》,中国法制出版社 2012 年版,第 132—133 页。

759 其他财产共有人起诉转移登记行为的裁判结果

关键词｜财产共有人｜转移登记｜

【链接：最高人民法院法官著述】

其他共有人以共有人擅自处分共有财产为由对转移登记行为提起行政诉讼，符合法定受理条件的人民法院应当受理。但是，受理后的裁判结果却并非因为作为原告的其他共有人合法权利受到损害就必须撤销被诉转移登记行为。根据不同情况，可能会出现如下几种判决形式：

1. 撤销判决。经审理查明，受让人系非善意取得的，人民法院应当判决撤销转移登记行为，并恢复原共有产权证的法律效力。受让人受让财产不符合物权法第一百零六条规定的条件即属于非善意取得，可能是共有人之一与受让人合谋侵犯其他共有人财产权益，也可能是受让人无偿或者以低于市场价格的非合理价格取得财产，等等。这种情形下，既然不适用善意取得，转让归于无效，就应当返还财产，恢复原状。

2. 确认违法。经审理查明，受让人属善意取得的，人民法院应当以转移登记行为事实不清为由，确认转移登记行为违法。确认违法判决实质是承认了转移登记行为的法律效力，认可了受让人取得共有财产所有权的事实，彻底保护了受让人的合法权益。那么，作为原告的其他共有人的合法权益如何救济呢？一是其他共有人向未尽审慎审查义务的登记机关申请行政赔偿，人民法院应当根据登记机关违法行为在损害形成中的作用判决其承担一定比例的行政赔偿责任。二是其他共有人可以以侵权为由对擅自转让共有财产的共有人提起民事诉讼，要求该共有人赔偿损失。

应当注意的是，此类案件无论如何都不应当判决驳回原告的诉讼请求。首先，转移登记行为无论是何种原因引发的错误，最终都表现为将共有财产在未经其他共有人同意的情况下转让给了第三人，实际上是转移登记行为的基础事实不清，主要证据不足。事实不清、主要证据不足这样严重违法的行政行为，不应当属于判决驳回原告诉讼请求的情形。驳回原告诉讼请求判决实质是基本认可了行政行为的合法性，因此，只有在行政行为存在瑕疵，而非重大明显违法的情况下才可以采用。其次，确认违法判决并非对行政机关过错的确认，只是对其行政行为客观上违反法律的一种评价。尽管有可能行政机关尽到了审慎的审查义务仍然没有能够避免将共有财产在未经其他共有人同意的情况下转移登记给了第三人，但是，此时转移登记行为的违法性是确定无疑的，存在严重违法当然不能驳回原告诉讼请求，不能因为登记机关无过错就将明显违法的行为视为基本合法。至于登记机关无过错，免除的是其承担行政赔偿的法律责任，而非从对行政行为的判决形式上予以关照。

——郭修江：《关于对其他财产共有人起诉期限计算及对抵押权人是否适用善意取得制度答复的解读》，载中华人民共和国最高人民法院行政审判庭编：《行政执法与行政审判》（总第57集），中国法制出版社2013年版，第11—12页。

760 房屋登记中混合侵权行政赔偿责任的划分

关键词｜混合侵权｜抵押登记｜行政赔偿责任｜

【最高人民法院司法解释】

第十二条　申请人提供虚假材料办理房屋登记，给原告造成损害，房屋登记机构未尽合理审慎职责的，应当根据其过错程度及其在损害发生中所起作用承担相应的赔偿责任。

——《最高人民法院关于审理房屋登记案件若干问题的规定》（2010年11月18日，法释〔2010〕15号）。

【最高人民法院公报案例】

中国银行江西省分行诉江西省南昌市房产管理局行政赔偿上诉案［最高人民法院（2002）行终字第6号行政赔偿判决书］

要旨：国家行政机关在履行行政登记职责时，未尽到必要的注意义务，致使行政管理相对人遭受财产损失的，应根据国家赔偿法的有关规定，承担相应的赔偿责任。

根据建设部《城市房屋产权产籍管理暂行办法》第四条第二款、第十条和建设部、中国人民银行《关于加强与银行贷款业务相关的房地产抵押和评估管理工作的通知》第二条，以及建设部、国家物价局、国家工商行政管理局《关于加强房地产交易市场管理的通知》第三条的规定，南昌市房管局是南昌市范围内办理房产抵押登记的行政主管部门。南昌市房交所和南昌市房产评估所作为其下属单位，所实施的有关房地产抵押登记的行政行为，视为是受其委托所实施的行为。

根据城市房地产管理法和担保法的有关规定，办理房地产抵押登记是抵押合同生效的前提条件。南昌市房管局作为负责办理房产抵押登记的行政主管部门，在办理房产抵押登记过程中，对当事人的申请应当以高度负责的态度认真履行必要的注意义务,对于抵押房产及其权属证书真伪有条件加以核对与识别。然而,南昌市房管局在本案中违反职业规范,未尽必要的注意义务,为持有假房产证实施诈骗的天龙公司办理抵押登记手续,并明示信托公司可以办理贷款。信托公司基于对房产登记机关所办抵押登记行为的信赖,为天龙公司发放贷款,致使信托公司遭受了财产损失。虽然本案贷款人天龙公司是造成信托公司财产损失的直接责任人,但是南昌市房管局的违法行为客观上为天龙公司骗取贷款提供了条件,其违法出具他项权利证明的行为与信托公司财产损失之间存在法律上的利害关系和因果关系。

——《中华人民共和国最高人民法院公报》2004 年第 2 期。

【最高人民法院裁判案例】

蒙明周诉海南省东方市人民政府行政赔偿案[最高人民法院(2020)最高法行赔申 1002 号行政裁定书]

文某英向东方市政府申请办理涉案房屋过户登记时提供已被撤销的(2001)东法执裁字第 16 号民事裁定作为其申请颁证的材料,属于提供虚假材料办理房屋登记的情形。东方市政府向文某英颁发房权证东字第××号《房屋所有权证》(以下简称 04××07 号房权证)时亦未尽到合理审慎的审查职责,致使该颁证行为被另案生效判决确认违法。案外人李某成基于文某英持有 04××07 号房权证的合理信赖向其购买涉案房屋并办理了过户登记,另案生效判决已确认李某成属于善意取得。文某英以借款过户为由提供虚假材料办理涉案房屋的变更登记,是导致蒙明周财产损失的主要原因,应对蒙明周的财产损失承担主要赔偿责任。但东方市政府未尽合理审慎职责,违法颁证行为客观上为李某成购买涉案房屋增加了内心确信,是造成蒙明周财产损失的另一原因,亦应承担相应赔偿责任。

——中国裁判文书网,https://wenshu.court.gov.cn/。

【链接:最高人民法院法官著述】

在审判实践中,行政机关颁发的登记行为而引发的行政赔偿诉讼案件,主要集中在行政机关颁发涉及不动产产权登记方面的案件。在这类案件中引起行政赔偿诉讼的原因主要是,行政机关将有关不动产的所有权、抵押权登记错误引起行政赔偿诉讼的,具体来讲主要有以下两种情况:一是行政机关将土地、房屋等不动产的所有权人或使用权人登记错误,持有错误产权证人将该不动产转让给第三人,持证人携款潜逃或者无力承担赔偿责任;二是不动产的所有人经行政管理机关将同一土地或房屋抵押给两个或者两个以上的公民、组织，该抵押的不动产小于抵押款项。

对行政机关颁发不动产产权登记方面引发的行政赔偿诉讼案件，行政机关应否承担赔偿责任，承担何种赔偿责任，在司法实践中，存在不同意见：

第一种意见认为，行政机关一般不应当承担行政赔偿责任。理由是，行政机关有关不动产登记行为仅仅是形式审查，而不是实质审查，因此，登记行为只要符合形式登记条件的，行政机关的登记行为即属于合法，申请人采取欺骗、伪造等手段取得登记，由此造成的损害，只能由申请人承担，而不应当由行政机关承担，故在一般情况下，行政机关不应当承担行政赔偿责任。但是，如果行政机关的工作人员与申请人恶意串通，行政机关颁发登记的行为属于违法，应当承担相应的赔偿责任。

第二种意见认为，行政机关应当承担连带行政赔偿责任。因为，我国的登记制度不是形式审查，而是介于实质审查与形式审查之间的一种审查方式。根据我国有关法律、法规的规定，不动产的登记均由不动产所在地的有关行政机关办理。因此，行政机关在办理有关产权登记时，未发现重复登记、重复抵押等问题，主观上具有重大过错。据此，负责登记的行政机关应当对其过错承担连带赔偿责任。

第三种意见认为，行政机关应当承担补充责任。该种意见也认为，行政机关主观上存在重大过错，应当承担一定的赔偿责任。但是，行政赔偿实际上是国家用纳税人的钱进行赔偿，为了有效地利用好纳税人的税金，国家应当承担最小化的责任。据此，在一般情况下，行政机关应当承担补充行政赔偿责任，但行政机关工作人员与申请人之间恶意串通的，应当承担连带赔偿责任。

我们同意第三种意见。法院在处理这类案件时应当注意下列问题：

1. 为了维护不动产的交易安全，保护合法取得不动产产权人的合法权益，法院在审理这类案件时，确认最终取得不动产产权人属于善意的第三人，其取得的不动产产权属于合法，故应当判决确认行政机关的登记行为违法，而不应当撤销行政机关的登记行为。

2. 审理这类案件将会出现民事赔偿与行政赔偿谁先谁后的问题。在赔偿问题上，民事侵权责任国家不应当承担，通过民事赔偿已经给受侵害人充分赔偿的，应当免除国家的赔偿责任。据此，在一般情况下，应当先进行民事诉讼，在民事诉讼结束后，再进行行政诉讼。行政机关仅承担原告实际损害中民事赔偿不足的部分。但对一些特殊案件，如在被侵害人急需医药费用，侵害人短时间内难以找到的情况下，可以先进行行政诉讼，保留行政机关向民事侵权人追偿的权利。

3. 尽管行政机关的登记行为违法，但在确定行政赔偿前，应当审查原告主观上有无过错，如果原告主观上也具有一定的过错，在确定具体行政赔偿数额时，应当根据行政机关过错的大小确定行政赔偿数额。

——蔡小雪、甘文:《行政诉讼实务指引》,人民法院出版社 2014 年版,第 575—576 页。

761 登记人员与第三人恶意串通的行政赔偿责任

关键词 | 房屋登记 | 恶意串通 | 行政赔偿责任 |

【最高人民法院司法解释】

第十三条 房屋登记机构工作人员与第三人恶意串通违法登记,侵犯原告合法权益的,房屋登记机构与第三人承担连带赔偿责任。

——《最高人民法院关于审理房屋登记案件若干问题的规定》(2010 年 11 月 18 日,法释〔2010〕15 号)。

【链接：理解与适用】

本条是关于登记人员与第三人恶意串通的赔偿责任的规定。恶意串通属于共同侵权,而共同侵权的法理是连带赔偿责任。据此,我们拟写了本条规定。

——杨临萍:《〈关于审理房屋登记案件若干问题的规定〉理解与适用》,中国法制出版社 2012 年版,第 137 页。

762 房屋登记机构不作为的赔偿责任

关键词 | 房屋登记不作为 | 行政赔偿责任 |

【链接：最高人民法院法官著述】

房屋登记机关不履行或迟延履行登记职责,致使原告合法权益遭受损害的,应当承担相应的行政赔偿责任。物权法第十九条规定,权利人、利害关系人认为不动产登记簿记载的事项错误的,登记机构应当予以更正。不动产登记簿记载的权利人不同意更正的,利害关系人可以申请异议登记。登记机构予以异议登记的,申请人在异议登记之日起十五日内不起诉,异议登记失效。异议登记不当,造成权利人损害的,权利人可以向申请人请求损害赔偿。该法第二十条规定,当事人签订买卖房屋或者其他不动产物权的协议，为保障将来实现物权，按照约定可以向登记机构申请预告登记。预告登记后，未经预告登记的权利人同意，处分该不动产的，不发生物权效力。预告登记后，债权消灭或者自能够进行不动产登记之日起三个月内未申请登记的，预告登记失效。如果因房屋登记机构不依法及时予以更正登记、异议登记、预告登记而造成当事人合法权益损害的，房屋登记机构承担相应不作为的赔偿责任。

——杨临萍：《〈关于审理房屋登记案件若干问题的规定〉理解与适用》，中国法制出版社 2012 年版，第 138 页。

763 法院违法执行导致房屋登记机构协助执行错误的赔偿责任

关键词｜房屋登记｜违法执行｜协助执行｜

【最高人民法院答复】

二、根据《最高人民法院、国土资源部、建设部关于依法规范人民法院执行和国土资源房地产管理部门协助执行若干问题的通知》(法发〔2004〕5 号)第三条规定，国土资源、房地产管理部门在协助人民法院执行土地使用权、房屋时，不对生效法律文书和协助执行通知书进行实体审查。国土资源、房地产管理部门认为人民法院查封、预查封或者处理的土地、房屋权属错误的，可以向人民法院提出审查建议，但不应当停止办理协助执行事项。

三、根据《最高人民法院关于人民法院民事执行中查封、扣押、冻结财产的规定》(法释〔2004〕15 号)第二十八条规定，对已被人民法院查封的财产，其他人民法院可以进行轮候查封。查封解除的，登记在先的轮候查封即自动生效。在查封尚未解除之前，轮候查封的法院要求协助处置查封标的物的，房地产管理部门应当及时告知查封法院，以便人民法院之间及时协调，在协调期间，协助执行的义务机关暂停协助执行事项。轮候查封的法院违法要求协助义务机关处置查封标的物造成执行申请人损失的，应当进行执行回转，无法执行回转的，根据《最高人民法院关于审理人民法院国家赔偿确认案件若干问题的规定(试行)》(法释〔2004〕10 号)第十一条第(八)项的规定，由错误发出协助执行通知的法院承担司法赔偿责任，协助执行义务机关不承担赔偿责任。

——《最高人民法院办公厅关于房地产管理部门协助人民法院执行造成转移登记错误，人民法院对当事人提起的行政诉讼的受理及赔偿责任问题的复函》(2006 年 12 月 15 日，法办〔2006〕610 号)。

【链接：最高人民法院法官著述】

房屋登记机构根据人民法院裁判文书、协助执行通知书、仲裁机构作出的仲裁裁决书、行政机关作出的征收决定等生效法律文书进行的房屋登记，在上述法律文书被撤销后而导致有关登记被撤销或更正，当事人起诉要求登记机构承担赔偿责任的，人民法院不予支持。因为房屋登记机构协助执行的行为性质属司法行为，其后果应当由司法机关承担。

——杨临萍：《〈关于审理房屋登记案件若干问题的规定〉理解与适用》，中国法制出版社2012年版，第138页。

764 按照直接损失计算违法登记造成损害的赔偿数额

关键词 | 违法登记 | 赔偿数额 | 直接损失 |

【最高人民法院答复】

上海市高级人民法院：

你院〔2001〕沪高行他字第4号《关于对违法的房屋抵押登记行为如何计算行政赔偿数额的请示》收悉。经研究，答复如下：

因违法的房屋抵押登记行为造成的损害，属于《中华人民共和国国家赔偿法》第二十八条第（七）项规定的“对财产权造成的其他损害”，应当按照直接损失计算赔偿数额。请你院在处理特定案件时，根据案件具体情况，酌情确定行政赔偿数额。

——《最高人民法院行政审判庭关于违法的房屋抵押登记行为行政赔偿数额计算问题的电话答复》（2002年7月26日，〔2002〕行他字第2号）。

【最高人民法院公报案例】

中国银行江西分行诉南昌市房管局违法办理抵押登记案［最高人民法院（2002）行终字第6号行政赔偿判决书］

信托公司在办理抵押贷款过程中，没有按照项目调查、项目评估程序规定的要求认真审查天龙公司的资信情况和履约能力，所发贷款额度亦不符合与抵押物市值比例的规定，对于造成财产损失负有一定的过错责任，信托公司主张其在贷款过程中没有过错不应承担责任的理由不能成立。信托公司作为金融机构，需要支付储户的存款利息,一审判决认为利息损失不属于直接损失不当,信托公司提出贷款利息损失属于直接损失应予赔偿的主张应予支持,但是信托公司要求按照贷款利息赔偿缺乏法律依据。南昌市房管局提出信托公司在抵押登记通知书发出前已向天龙公司发放贷款 280 万元的事实和得知抵押房产有问题后没有采取措施防止扩大损失的事实,缺乏证据支持,其认为由于信托公司的过错应当完全免除其赔偿责任的理由亦不能成立。中国银行江西省分行仍可就其实际财产损失向天龙公司行使索赔权。

——《中华人民共和国最高人民法院公报》2004 年第 2 期。

765 房地产管理机关可以撤销错误的注销抵押登记行为

关键词｜抵押登记｜他项权证｜

【最高人民法院司法解释】

广西壮族自治区高级人民法院：

你院《关于首长机电设备贸易(香港)有限公司不服柳州市房产局注销抵押登记、吊销〔1997〕柳房他证字第 0410 号房屋他项权证并要求发还 0410 号房屋他项权证上诉一案的请示》收悉。经研究,答复如下：

房地产管理机关可以撤销错误的注销抵押登记行为。

——《最高人民法院关于房地产管理机关能否撤销错误的注销抵押登记行为问题的批复》(2003 年 11 月 20 日,法释〔2003〕17 号)。

【链接：理解与适用】

解决本案涉及以下五个问题：

1. 违法行政行为的撤销。行政机关依职权或根据申请或举报对违法的行政行为予以撤销,使其不发生法律效力,恢复到违法行政行为作出前的状态。行政行为一经撤销,原则上具有溯及既往的效力,即自始丧失效力,但如果自始丧失效力对于公共利益、整体利益和善意第三人利益不利时,也可以确定自撤销之日起失去效力。如果因该行政行为是行政相对人的信赖利益等合法权益受到侵害,国家应当承担行政赔偿责任。本案中房管局恢复 A 公司与 B 公司的抵押登记,实质就是对撤销 A 公司与 B 公司的抵押登记行为的否定,是一种自我纠错行为。同时,该否定行为还应当考虑对善意第三人的不利影响。而法释〔2003〕17 号司法解释没有提及对抗善意第三人问题，原因在于是否对抗善意第三人问题属于民事审判的范畴，不属于行政审判解决问题的范围。同时，就本案而言，有关民事主体是否属于善意第三人，不宜在有关行政审判的司法解释中直接进行判断，应当由二审法院根据具体案情进行判断。

2. 某房管局注销 A 公司与 B 公司的抵押登记的违法性。B 公司伪造其与 A 公司债务已经履行完毕的材料向房管局申请注销抵押登记，房管局仅凭这些形式要件比较完备的虚假材料，就办理了注销抵押登记。某房管局的行为违法至少有四个理由：其一，对这些虚假的材料没有依法进行审查、核实。其二，《城市房地产抵押管理办法》第三十五条规定："抵押合同发生变更或者抵押关系终止时，抵押当事人应当在变更或者终止之日起十五日内，到原登记机关变更或者注销抵押登记。"本案中某房管局在 A 公司没有到场的情况下，就办理了注销抵押登记手续，违反了《城市房地产抵押管理办法》第三十五条规定。其三，在申请人声称其《他项权利证书》丢失没有登报申明作废的情况下，办理注销登记手续，违反了惯例。其四，抵押登记是一项保护交易安全的法定的公示制度，是抵押权人行使优先受偿权的唯一依据，是行政权对物上请求权的确认，如果以"伪造的材料太逼真、行政机关难以看出破绽、责任应由侵权人承担"为由，而否认自己行为的违法性，违背了现代法治国家"责任政府"的理念，损害了抵押权人的信赖利益。

3. 关于抵押物连续登记问题。本案中 A 公司与 B 公司的抵押登记不能理解成两次登记，一次是 1997 年 3 月 2 日 A 公司与 B 公司的抵押登记；另一次是 1999 年 6 月 9 日恢复 A 公司与 B 公司的抵押登记，第一次被撤销。不适用《若干解释》第十五条第二款"因登记部门的原因致使抵押物进行连续登记的，抵押物第一次登记的日期，视为抵押登记的日期，并依此确定抵押权的顺序"的规定。这里"因登记部门的原因"可以理解为过错或者违法，当然抵押权人没有过错。本案中 A 公司没有过错，房管局给 A 公司与 B 公司的抵押进行两次登记，完全是由于房管局的原因，第一次被违法注销之后，根据法释〔2003〕17 号司法解释的规定，登记机关可以自我纠错，但是该自我纠错行为同时还应当考虑善意第三人的合法权益，所以在判断抵押登记时间上应当根据 C 银行是否为善意而进行综合考虑。

4. 关于抵押物的两次抵押问题。担保法第三十五条第二款规定："财产抵押后，该财产的价值大于所担保债权的余额部分，可以再次抵押，但不得超出余额部分。"本案中的抵押物经评估价值 2 亿多元人民币，1997 年 3 月 2 日 A 公司与 B 公司的抵押的债权是 1000 万美元，1997 年 10 月 10 日 B 公司以其抵押物对 C 银行的 800 多万美元债权提供连带担保。显然两次抵押的标的额没有超出抵押物的价值,从理论上讲两债权人都能实现其优先受偿权。但是,目前抵押物的实际价值很可能低于当时评估的价值,所以A公司和C银行都在争第一顺序抵押权人。与本案有牵连的C银行起诉恢复对A公司抵押登记行为一案的判决实际是肯定了C银行的第一顺序抵押权人。本案中房管局恢复A公司与B公司的抵押登记,实质就是对撤销A公司与B公司的抵押登记行为的否定,是一种自我纠错行为,是法释〔2003〕17号司法解释所肯定的行为,但应当同时考虑善意第三人的利益的保护和救济。

5.登记机关是否实质审查。我国在抵押登记的审查立法例上采用的应当是实质审查主义。事实上,由于登记制度完全具有行政化的特点,登记机关多年来主要采取的是一种形式审查方式,登记的错误时有发生,有关当事人也因此蒙受损失甚至损失惨重,但登记机关从不承担责任。这种做法其实是不妥当的。第一,登记机关不能仅仅只享有收费的权利,而不对错误登记的后果负任何责任。必须要使登记部门在享受一定利益的同时承担一定的责任。现在许多登记部门注重收取登记费用,有的部门甚至不断提高登记费用,但很少注意到其应尽的职责。这就没有体现权利义务对等的原则。第二,登记机关对登记内容不承担任何责任,不利于加强登记机关的职责,负责登记机关很难有压力和动力来履行实质审查的义务。第三,如果因为登记机关的工作人员的严重过错甚至与他人相互勾结、恶意串通,造成交易当事人损害,而登记机关和有关工作人员不承担任何责任,对受害人是极不公平的,同时也不利于树立政府威信。

6.关于信赖利益请求权问题。授益性行政行为是指设定或确定权利或法律上利益的行政行为。房地产抵押登记行为属于授益性行政行为,撤销授益性行政行为意味着剥夺相对人已获得的利益,因此,为了保护相对人对该行政行为的信赖利益,对授益性行政行为的撤销应当严格限制。保护当事人的信赖利益,以当事人的信赖值得保护为前提,如果当事人的信赖不值得保护,特别是受益当事人存在主观恶意时,则应当撤销该授益性行政行为。本案中假设C银行属于善意,那么C银行就是出于对先前抵押登记被撤销的事实、不存在权利负担的情况下,才同意以该房产作为抵押物进行担保。A公司抵押权的取得行为也属于善意取得,其抵押权从公示簿上去掉是由于登记机关的违法行为所致,登记机关可以自我纠错,成为第一顺序的抵押权人。假如A公司和C银行都属于善意,那么,A或C中必然有一个抵押权不能完全得到保护,其信赖利益应当给予保护。但是,按照行政责任最小化原则,A公司或C银行的信赖利益应当是债务人B公司不能履行或者不能实现的部分债务,对于这部分债务的责任是否完全由房管局承担,也有不同的观点:有观点认为房管局应承担补充责任,我们同意该观点,因为只有这样才能体现责任政府的责任;另有观点认为房管局应承担补充责任中的份额,杨建顺教授主张这种观点,他认为如果受益相对人是普通相对人,没有对债务人偿债能力进行判断的能力,行政机关应当承担完全补充责任;受益相对人是银行等特殊相对人,有对债务人偿债能力进行判断的能力,甚至判断能力还超过行政机关,行政机关应当承担份额补充责任。

需要指出的是,因登记机关的过失造成登记错误,所说的过失是指重大过失,即因登记行政机构的疏忽、不负责任而造成登记错误并使当事人蒙受损失。如果因为一般的甚至是轻微过失而发生登记错误,不应该都使登记机关承担责任。

——王达:《房地产管理机关能否撤销错误的注销抵押登记行为——兼谈法释〔2003〕17号司法解释的理解与适用》,载最高人民法院行政审判庭编:《行政审判指导》(总第2辑),人民法院出版社2004年版,第119—122页。

766 房屋登记机关应该在其能力范围内尽到审慎的审查义务

关键词 | 房屋登记 | 审查义务 |

【最高人民法院专业法官会议纪要】

法律问题:房屋登记机关在办理转移登记时,是否应主动对房屋存在共有人或者利害关系人进行审查?

法官会议意见:房屋行政登记系行政机关作出的行政确认行为,即对基础民事法律关系的确认。若房屋登记申请人提交的证明权属来源的相关材料及其他申请材料真实、齐备,符合法定要求,则房屋登记机关应予登记。在房屋行政登记行为完成之后,若经民事诉讼等法定途径确认基础民事法律关系已发生变化,则可再行解决房屋行政登记问题。

——最高人民法院行政审判庭编:《最高人民法院行政审判庭法官会议纪要》(第一辑),人民法院出版社2022年版,第16页。

【最高人民法院裁判案例】

曹锦祥诉广东省佛山市人民政府、广东省佛山市住房和城乡建设管理局房屋行政登记案[最高人民法院(2019)最高法行申5529号行政裁定书]

根据上述规定,申请人申请房屋登记时应按房地产管理部门的指引提交相应申请登记材料,并对申请登记材料的真实性、合法性、有效性负责。关于房屋登记机关对登记材料的审查究竟只是形式审查义务还是实质审查义务,法律并无明确规定,但是,房屋登记机关应该在其能力范围内尽到审慎的审查义务。也就是说,房屋登记机关在审查登记行为时,主要对于申请材料是否完整和齐备、是否符合法定形式进行审查,对于相关材料的实质真实性、合法有效性,登记机关只能在职责范围内尽审慎的审查义务。

——中国裁判文书网,https://wenshu.court.gov.cn/。

767 是否颁发房屋产权证书不影响转移登记的效力

关键词｜房屋产权证书｜房屋登记｜

【最高人民法院裁判案例】

温国华诉广州市国土资源和房屋管理局房屋行政登记案[最高人民法院(2018)最高法行再165号行政判决书]

根据上述规定,虽然房屋登记程序包括记载于登记簿和发证两个程序,但只要房屋登记机构将房屋权利和其他应当记载的事项记载于登记簿,房屋登记便发生效力。本案中,2010年9月13日,广州市国土资源和房屋管理局将涉案房屋转移登记至曾港森名下,已将相关事项记载于登记簿。申诉人至2014年9月9日,仍然能够到房屋登记机构查询打印涉案房屋的《房地产登记簿查册表》,查询到涉案房屋的登记字号、权属人及产权证号等信息,足以证明登记事项已对外产生公信力。广州市国土资源和房屋管理局在此后对已经完成的登记事项进行更改,并不能消除涉案房屋依照法律规定已经登记的法律后果。

——中国裁判文书网,https://wenshu.court.gov.cn/。

768 将缺乏法律依据的约定内容进行不动产登记,有违物权法定原则

关键词｜不动产登记｜物权法定｜

【最高人民法院公报案例】

昆山城开锦亭置业有限公司诉昆山市国土资源局不动产行政登记及行政赔偿纠纷案

要旨：不动产登记系对物权的公示，涉及民事、行政双重法律关系，既应遵循物权法定等民事法律规范，又应符合不动产登记相关行政法规。物权的种类和内容由法律规定，当事人无权通过约定变更物权的法定内容。登记机关如将缺乏法律依据的约定内容进行登记，有违物权法定原则，当事人请求撤销相关登记内容的，人民法院应予支持。

（一）诉争不动产登记属于可诉的行政行为

游站商业中心地下室商业部分2015年的国有土地使用权登记及2016年的房屋所有权登记均是独立且已完成的登记行为。因登记部门不同等原因，房屋及其所占土地的登记存在不一致，即房屋分成43份进行所有权登记，土地使用权按1份使用权登记，土地使用权证附记栏注明不得对外分割销售，每份房屋所有权登记证明附记栏注明不得对外销售等内容。涉案2017年不动产登记，系将上述房屋所有权与土地使用权合并进行统一登记，且将43套房屋归并成1份进行所有权登记，附记栏注明不得对外销售等内容，未记载不得对外分割销售的内容。因此，涉案2017年不动产登记并非简单的对2015年、2016年两次发证的合并换证，还涉及权利状态、附记事项等变化，应属于变更登记，该变更登记对原告权利义务产生实际影响，属于可诉的行政行为。

（二）诉争不动产登记的附记内容违背物权法定原则

民法总则第一百一十六条规定，“物权的种类和内容，由法律规定”。物权法第五条规定，“物权的种类和内容，由法律规定”。根据物权法定原则，物权的种类、内容均由法律明确规定，当事人之间不能任意创立物权或约定变更物权的法定内容。物权法第九条第一款规定，“不动产物权的设立、变更、转让和消灭，经依法登记，发生效力；未经登记，不发生效力，但法律另有规定的除外”。不动产物权经登记发生法律效力，登记起到了物权公示作用，不动产登记簿是物权归属和内容的根据。不动产权属证书记载的事项，应当与不动产登记簿一致。本案中，原告城开公司通过土地出让方式合法取得了昆山市花桥镇徐公桥路东侧C25地块的国有土地使用权，在该地块上开发建设了游站商业中心项目，原告对该房产依法享有直接支配和排他的权利，享有完整的占有、使用、收益、处分的权利。原告享有的上述物权内容是法定的，不应受到任意限制。涉案不动产登记违背了物权法定原则及相关规定。

(三)附记内容违反不动产登记行政法规

《不动产登记暂行条例》第二条第一款规定,“本条例所称不动产登记,是指不动产登记机构依法将不动产权利归属和其他法定事项记载于不动产登记簿的行为”。《不动产登记暂行条例》对于不动产登记簿的记载事项作了明确规定。条例第八条规定:“不动产以不动产单元为基本单位进行登记。不动产单元具有唯一编码。不动产登记机构应当按照国务院国土资源主管部门的规定设立统一的不动产登记簿。不动产登记簿应当记载以下事项:(一)不动产的坐落、界址、空间界限、面积、用途等自然状况;(二)不动产权利的主体、类型、内容、来源、期限、权利变化等权属状况;(三)涉及不动产权利限制、提示的事项;(四)其他相关事项。”上述条款规定了不动产登记簿的记载事项主要分为不动产的自然状况、权属状况以及其他限制、提示事项等三种类型。其中,不动产限制提示事项主要是针对异议登记、预告登记、查封登记等登记类型而规定的。不动产登记部门在作出不动产登记时,应严格按照条例的规定进行办理,对于任何涉及不动产权利限制、提示的事项,登记必须有法律依据,不能随意对《不动产登记暂行条例》第八条的规定作扩大解释。本案被告于 2017 年作出的涉案不动产登记,其附记内容“不得对外销售。如需进行二手房转让,必须先行征得花桥管委会同意”系对原告物权的限制,该限制内容不符合物权法定原则,仅是原告、被告、花桥管委会就土地出让合同签订补充协议时原告与花桥管委会的约定事项,具有合同相对性,不属于《不动产登记暂行条例》第八条规定的应当登记的涉及不动产权利限制的法定事项范围。因此,涉案登记的附记记载行为缺乏法律依据。

(四)原告城开公司主张的融资利息差额损失缺乏依据

行政赔偿适用于因行政行为违法或无效等造成权利人直接损失的情形。原告城开公司主张行政赔偿,系认为基于涉案不动产登记中附记内容违法,限制其销售而导致其向相关企业、单位借款所产生的利息与同期银行贷款利息的差额。但涉案不动产登记中限制的仅是不得销售,不影响原告进行其他相应利用、处分,且原告所称上述损失与涉案登记行为并无直接的因果关系。因此,原告要求行政赔偿缺乏事实和法律依据。

——《中华人民共和国最高人民法院公报》2022 年第 8 期。

（二）土地登记

769 土地登记案件中，换发证行为不可诉

关键词 | 土地登记 | 换发证行为 |

【最高人民法院裁判案例】

陆川县珊罗镇六燕村第一村民小组诉陆川县人民政府颁发国有土地使用证案

［最高人民法院（2018）最高法行申 4548 号行政裁定书］

要旨：土地登记案件中，与涉案土地存在权属争议的组织或个人，原本与该颁证行为有利害关系，具有原告资格。但是，如果该利害关系人对初始登记行为未提起行政诉讼，仅对后来的换证行为或者主体变更登记行为起诉的，因初始登记行为已经生效，土地权属已经明确，后来的换证行为或主体变更登记行为不可能侵犯其合法权益，该利害关系人与后来的换证行为或主体变更登记行为没有利害关系，不具有提起行政诉讼的主体资格。

行政诉讼法第二十五条第一款规定，行政行为的相对人以及其他与行政行为有利害关系的公民、法人或者其他组织，有权提起诉讼。起诉人与被诉行政行为有利害关系，是提起行政诉讼的法定要件之一。土地登记案件中，与涉案土地存在权属争议的组织或个人，原本与该颁证行为有利害关系，具有原告资格。但是，如果该利害关系人对初始登记行为未提起行政诉讼，仅对后来的换证行为或者主体变更登记行为起诉的，因初始登记行为已经生效，土地权属已经明确，后来的换证行为或主体变更登记行为不可能侵犯其合法权益，该利害关系人与后来的换证行为或主体变更登记行为没有利害关系，不具有提起行政诉讼的主体资格。本案中，一审已经查明，被诉的陆国用〔2011〕第 0645 号和 0646 号土地证权属来源于陆国用〔2002〕字第 10090145-1 号土地证，而陆国用〔2002〕字第 10090145-1 号土地证权属来源于陆川县珊罗镇企业供销公司转让给张武林、张武来、吴延林三人的陆国用〔1992〕字第 10090145 号土地证，1992 年的土地证则系因山罗乡供销公司更名为陆川县珊罗镇企业供销公司，由原陆国用〔91〕字第 10090145 号土地证变更主体登记而来。因此，对六燕一组权利义务产生实际影响的是陆川县政府颁发陆国用〔91〕字第 10090145 号土地证的初始登记行为，本案被诉颁证行为系变更主体的换

证行为,对六燕一组的权利义务不产生影响。一、二审驳回六燕一组的起诉,认定事实清楚、适用法律正确、程序合法,应予维持。

——中国裁判文书网,https://wenshu.court.gov.cn/。

770 对于土地多次变更登记行为如何主张权利

关键词 | 土地登记 | 首次登记 |

【最高人民法院裁判案例】

吴荣章等109人诉丽水市人民政府土地行政登记纠纷案[最高人民法院(2018)最高法行申326号行政裁定书]

要旨:本案虽为土地登记案件,但因土地与房屋均属于不动产,按照物权法的规定均以登记作为发生物权变动的生效要件,土地登记与房屋登记的法律后果相同,故可以参照《最高人民法院关于审理房屋登记案件若干问题的规定》进行审理。

本案被诉行政行为是丽水市政府为第三人施月君、周春和进行土地登记并颁发丽国用〔2007〕字第4584号和4585号国有土地使用证的行政行为。根据一、二审法院查明事实,本案丽国用〔2007〕字第4584号和4585号国有土地使用证系从权利人为丽水市粮食局的丽国用〔2007〕字第3449号国有土地使用证变更登记而来,系因施月君通过公开拍卖竞得位于丽水市××镇××街××号的处州大酒店房地产而涉及建设用地使用权转移导致土地权利人改变而进行的登记。根据再审申请书陈述内容,丽国用〔2007〕字第3449号国有土地使用证也是因变更登记行为而发证,可见,丽水市××镇××街××号的处州大酒店房地产涉及的建设用地使用权存在多次变更登记行为。本案丽国用〔2007〕字第4584号和4585号国有土地使用证的颁证行为并非首次变更登记行为,而属于后续变更登记行为,相对而言,丽国用〔2007〕字第3449号国有土地使用证的颁证行为则属于在先变更登记行为。当然,依照法律规定,丽水市××镇××街××号的处州大酒店房地产涉及的建设用地使用权还应存在更早的初始登记行为。又根据一、二审法院查明事实及再审申请书陈述内容,相关争议在2003年处州大酒店房地产被公开拍卖前就已存在,再审申请人认为其因住宅小区部分土地被相邻处州大酒店项目违法侵占和使用而进行长期法律维权近二十年之久,并认为丽国用〔2007〕字第3449号国有土地使用证的颁证行为(即在先变更登记行为)就已侵害了申请人的合法权益,而丽国用〔2007〕字第4584号和4585号国有土地使用证的颁证行为(即后续变更登记行为)则仍然继续侵害申请人的合法权益，可见，若本案被诉颁证行为与再审申请人之间存在利害关系，则再审申请人也应被定性为原利害关系人。本院注意到，虽然丽国用〔2007〕字第3449号国有土地使用证因土地权利人变更而被注销，故不具有可撤销或确定无效的内容，但并不影响对具体行政行为是否违法进行判断。本案被诉的丽国用〔2007〕字第4584号和4585号国有土地使用证项下土地来源于丽国用〔2007〕字第3449号国有土地使用证，目前并没有生效法律文书确认丽国用〔2007〕字第3449号国有土地使用证的颁证行为违法。《最高人民法院关于审理房屋登记案件若干问题的规定》（法释〔2010〕15号）第五条第三款规定，原房屋权利人、原利害关系人未就首次转移登记行为提起行政诉讼，对后续转移登记行为提起行政诉讼的，人民法院不予受理。本案虽为土地登记案件，但因土地与房屋均属于不动产，按照物权法的规定均以登记作为发生物权变动的生效要件，土地登记与房屋登记的法律后果相同，故可以参照《最高人民法院关于审理房屋登记案件若干问题的规定》进行审理。本案中，再审申请人作为原利害关系人，其仅对后续变更登记行为提起行政诉讼，人民法院应不予受理。一、二审法院以丽水市政府向施月君、周春和颁发的丽国用〔2007〕字第4584号和4585号国有土地使用证系由丽水市粮食局持有的原丽国用〔2007〕字第3449号国有土地使用证变更登记而来，被诉颁证行为属于土地使用权的变更登记，并未对吴荣章等109人的权利义务产生新的影响，吴荣章等109人未就对其产生实际影响的在先登记行为提起行政诉讼，而是直接对后续变更登记行为提起诉讼，不具有诉的正当利益，不具备原告主体资格，进而裁定驳回起诉和上诉，并无不当。

——中国裁判文书网，https://wenshu.court.gov.cn/。

【最高人民法院参考案例】

罗富志诉甘肃省白银市人民政府土地登记案（行政审判案例第88号）

要旨：同一宗土地多次变更登记，原土地权利人、原利害关系人对初始登记行为及后续变更登记行为一并提起行政诉讼的，人民法院应当依法受理；原土地权利人、原利害关系人未就初始登记行为提起行政诉讼，只对后续变更登记行为提起行政诉讼，人民法院应予驳回起诉。

本案诉争土地的使用权已由白银市政府根据第三人银光公司2001年1月19日的土地登记申请，同年4月25日通过土地登记审批确权给了第三人银光公司，4月27日为其颁发了白国用〔2001〕字第17号《国有土地使用权证》。而在2007年4月18日白银市政府给第三人银光公司颁发的白国用〔2007〕第036号《国有土地使用权证》是根据土地使用权人的情况变化,对白国用〔2001〕字第 017 号《土地使用权证》的变更登记,不是初始登记。罗富志未对其产生实际影响的白国用〔2001〕第 017 号《国有土地使用权证》提起诉讼,只诉白国用〔2007〕第 036 号《国有土地使用权证》不符合起诉条件。

——中华人民共和国最高人民法院行政审判庭编:《中国行政审判案例》(第 3 卷),中国法制出版社 2013 年版,第 33、35 页。

771 善意受让人取得的土地使用证不应撤销

关键词｜土地使用权｜善意取得｜转移登记｜

【最高人民法院参考案例】

许群峰诉阳西县人民政府颁发土地使用证案(行政审判案例第 111 号)

要旨:人民法院对国有土地使用权多次转移登记行为进行司法审查时,对善意受让人取得的合法权益应当依法予以保护,不能仅以前证违法为由认定后证亦违法。对善意受让人取得的土地使用证原则上不应判决撤销。

怡景公司和中梁公司持有的四项《国有土地使用证》是从西府国用〔2005〕第 0677、0678、0679、0680 号《国有土地使用证》因转让土地使用权变更登记而来,虽然阳江市人民政府于 2010 年 1 月 13 日作出的阳府行复〔2010〕2 号行政复议决定已经确认阳西县人民政府给顺进公司颁发西府国用〔2005〕第 0677、0678、0679、0680 号《国有土地使用证》的具体行政行为违法,但因怡景公司和中梁公司均属于涉案国有土地使用权的善意受让人,根据物权法第一百零六条等法律规定,上述两公司获得的权益依法应受保护;另外,怡景公司和中梁公司向阳西县人民政府申请涉案国有土地使用权登记发证时,西府国用〔2005〕第 0677、0678、0679、0680 号《国有土地使用证》尚未被有权机关确认违法,上述两公司向阳西县人民政府申请登记发证,符合《土地登记规则》规定的登记条件,权属来源清楚,因此,阳西县人民政府应申请给怡景公司颁发的西府国用〔2006〕第 0613 号、第 0615 号、第 0616 号《国有土地使用证》以及给中梁公司颁发的西府国用〔2006〕第 0614 号《国有土地使用证》并不构成违法。原审判决第一、二项和第五项以前证违法即后证亦违法,对具体行政行为的合法性评判不适用善意取得制度等为由,分别判决撤销西府国用〔2006〕第 0613 号、第 0615 号《国有土地使用证》,并确认西府国用〔2006〕第 0616 号《国有土地使用证》违法不妥,予以纠正。

——中华人民共和国最高人民法院行政审判庭编:《中国行政审判案例》(第3卷),中国法制出版社2013年版,第151、154—156页。

772 面积、四至、界址不变的土地使用权变更登记不需要相邻各方到现场指界

关键词 | 变更登记 | 地籍调查 | 现场指界 |

【最高人民法院参考案例】

联成公司诉海南省三亚市人民政府土地使用权变更登记案(行政审判案例第66号)

要旨:根据国家土地管理局《城镇变更地籍调查实施细则》第4.4条、第5.2条、第6.3条规定,对没有发生界址点、界址线变化的变更调查,可以不组织相邻各方进行指界。

2621号证是从1981号、1982号证变更而来的,前证与后证之间界址、四至、面积都没有发生变化。在土地证所载的界址、四至、面积都不变的情况下,本案根据《城镇变更地籍调查实施细则》的有关规定,认为不需要相邻各方到现场指界。联成公司认为相邻方不到现场指界就违反办证程序的理由,因缺乏法律依据,本院不予以支持。

——中华人民共和国最高人民法院行政审判庭编:《中国行政审判案例》(第2卷),中国法制出版社2011年版,第163、164页。

773 土地证四至不清导致权属争议的，仍属于确权争议

关键词 | 四至不清 | 权属争议 |

【最高人民法院裁判案例】

田开顺诉湖南省张家界市永定区人民政府、张家界市人民政府土地确权行政裁决和行政复议决定案[最高人民法院(2018)最高法行申2009号行政裁定书]

要旨:如果根据已经核发的土地证无法确定争议地权属,当事人申请确权的,仍应当属于土地权属确权争议。

本院经审查认为,《土地权属争议调查处理办法》第十五、二十、二十一、二十三、二十七条规定,国土资源行政主管部门决定受理土地权属争议后,应当及时指定承办人,对当事人争议的事实情况进行调查。国土资源行政主管部门应当审查双方当事人提供的人民政府颁发的确定土地权属的凭证,人民政府或者主管部门批准征收、划拨、出让土地或者以其他方式批准使用土地的文件,争议双方当事人依法达成的书面协议,人民政府或者司法机关处理争议的文件或者附图,以及其他有关证明文件。对当事人提供的证据材料,国土资源行政主管部门应当查证属实,方可作为认定事实的根据。国土资源行政主管部门对受理的土地权属争议案件,应当在查清事实、分清权属关系的基础上先行调解。调解未达成协议的,国土资源行政主管部门应当及时提出调查处理意见,报同级人民政府作出处理决定。本案中,永定区国土资源局受理田开顺提出的与田际冬之间的土地权属争议申请后,依法指定承办人对争议事实进行调查处理,审查争议各方提交的证据材料,查阅田开顺和田际冬的土地登记资料,指派所属测绘队对争议地现状进行实地测绘,并对相关证据进行分析认定,查证属实后,组织各方进行调解。在调解未果的情况下,永定区国土资源局提出调查处理意见,报永定区政府依法作出 1 号处理决定,该处理决定符合法定程序。1 号处理决定依据田开顺和田际冬的土地证、地籍资料,张家界市中级人民法院(2013)张中民一终字第 58 号民事判决,并参照永定区国土资源局测绘队对田开顺实际使用面积的测量结果大于 1992 年田开顺土地证登记面积的事实,决定田开顺和田际冬房屋南、北墙角之间巷子土地,以田开顺南墙山尖出檐滴水为界,界内归田开顺享有,界外以南归田际冬享有,认定事实清楚,主要证据充分。15 号复议决定维持 1 号处理决定程序合法,结果正确。一、二审判决驳回田开顺的诉讼请求,并无不当。田开顺主张本案不属于土地权属争议。但是,《土地权属争议调查处理办法》第二条规定,土地权属争议,是指土地所有权或者使用权归属争议,且该办法第十四条列举的排除土地权属争议的案件并不包括已经颁发土地证的案件。60 号复函关于"土地登记发证后已经明确土地的所有权和使用权,土地登记发证后提出的争议不属于土地权属争议"的规定,是指已经发证的土地登记对土地权属、四至范围界定清楚明确,无须进行土地权属确权的情形。如果根据已经核发的土地证无法确定争议地权属,当事人申请确权的,仍应当属于土地权属确权争议。本案中,仅仅根据田开顺和田际冬的土地证,不能确定争议地的权利归属。田开顺申请土地确权,永定区政府依法受理,并作出土地确权处理决定,符合法律规定。田开顺主张本案纠纷不属土地争议纠纷,理由不能成立。

——中国裁判文书网,https://wenshu.court.gov.cn/。

774 土地权属争议与颁发土地权利证书之间的关系

关键词｜土地权属争议｜土地权证｜

【链接：最高人民法院法官著述】

根据土地权属争议产生时间和土地权利证书发放时间的不同，可以将土地权属争议划分为以下三种情形：第一种是争议产生时当事人均无有效的土地权利证书，第二种是争议产生时一方当事人已取得土地权利证书，第三种是争议产生时当事人各方均持有有效的土地权利证书。因此，在审理土地确权引发的案件时，就应当正确认识土地权属争议与土地权利证书争议、土地权利证书与土地权属之间的区别。一般而言，当事人取得争议土地的权利证书后，土地的权属就应当已经清楚、明确。因为政府颁发土地权利证书应遵循“权属合法、界址清楚、面积准确”原则，颁证也必须经过当事人申请、国土部门地籍调查、权属审核、注册登记、颁发证书等法定程序。在登记发证过程中，发生权属争议的，应当暂缓登记。

如果土地权属争议发生在登记发证后，那么异议人只能在法定期限内对颁证行为提起行政诉讼。人民法院在对颁证行为合法性审查时，一并对权属问题作出认定。人民法院既可能作出维持原颁证行为判决，也可能作出驳回原告诉讼请求判决，还可能以权属存在不确定状态或者颁证程序不合法为由，撤销政府的颁证行为。传统观点认为，人民法院审查后认为权属不清或者权属存在争议的，只能撤销政府的颁证行为，不能直接责令政府对争议土地作权属处理决定。我们认为，虽然通常情况下，人民政府机关作出权属处理决定必须以当事人提出土地权属申请为前提，但由于人民法院判决已经认定争议土地权属处于不确定状态，土地权属争议客观存在，因此，为了及时解决权属纠纷、有效化解土地争议，提高权属争议处理的效率，并减少当事人的诉累，人民法院以权属不清或者权属存在争议为由判决撤销颁证行为的，也可直接判决责令政府机关重新对权属争议作处理决定。

异议人对土地权属有异议，对颁证行为提起行政诉讼，人民法院在诉讼过程中，能否中止审理，要求当事人申请土地权属处理，存有一定争议。传统观点认为，由于政府颁发的土地权利证书仍然存在，在该证未被撤销、仍然有效的情况下，当事人只能针对颁证行为起诉，政府也不能再另作权属处理决定。我们认为，对此问题，不能一概而论，现行的法律规范和法学理论并没有排除人民法院可以先行中止对颁证行为引发的行政案件的审理，并责令或者要求当人申请作权属处理决定。人民法院在颁证行为引发的行政诉讼案件中，完全可以根据案情，基于诉讼经济和对权利人最小侵害原则，中止案件审理。主要理由如下：

第一，政府的颁证行为本身只是对当事人土地权利的一种确认和登记。土地权利证书虽然是土地权利的一种有效凭证，但严格来说，土地权利证书本身只是土地权利的证明，而不是土地权利的来源凭证，土地的划拨、出让、转让、承包、继承等法律行为才是导致权利人取得土地权利的唯一来源。政府的登记发证只是从法律上确认和宣告权利人的权利，从而防止任何单位和个人侵犯土地权利，并且对抗善意第三人。从法律层面来看，政府的颁证行为不会增加土地权利人的权利，也不应减损权利人的权利，它是代表国家行使一种确认的权利。这种确认甚至可以不认为是一种许可。当事人持有的土地权利证书，并非土地权属的唯一凭证，也并不意味着其后的土地权属处理决定就必须与其完全一致。在权属争议产生后，争议土地的土地权利证书就仅仅是《土地登记规则》第五十九条第一款第（三）项所指的"土地权属证明文件"以及《土地权属争议调查处理办法》第二十条第（一）项所指称的"人民政府颁发的确定土地权属的凭证"的一种。与其他证据相比，土地权利证书作为国家机关制作的公文书证，具有很高的证明力，权利证书所记载的内容无相反证据也不得推翻，但土地权利证书显然并不是确定权属的唯一凭证。

第二，政府的颁证行为通常是对整个宗地进行的登记发证，而异议人提出的异议，可能并不针对整个宗地，而可能只针对其中的一部分，甚至是很小的界址不清的部分。如果因局部宗地的权属不清，就动辄撤销整个宗地的权利证书，可能严重不符合比例原则，会对权利证书的持有人造成较大的侵害。因此，人民法院在此类案件中，完全可以中止对整个颁证行为的审理，要求当事人先行对争议的界址纠纷或部分宗地的权属申请处理。

第三，按现行行政诉讼法所确立的司法审查原则，人民法院对被诉的颁证行为的合法性进行审查，行政机关只能提供其在颁证时已经取得的证据，也不能收集和补充证据；而异议人在行政登记发证程序中未提出异议，在诉讼过程中才出示新的证据和抗辩理由的，政府的颁证行为就可能存在权属不清的可能性，人民法院在审理中也会得出事实不明、真伪不清的情况，难以判断登记发证究竟是对还是错。由于法官又不能拒绝裁判，而一个较为现实的选择就是法官在难以形成心证，对权属归属不明的情况下，一律判决撤销颁证行为。而在经过一系列确权和诉讼程序后，仍然可能按原被诉的颁证内容进行登记发证。这一方面增加了诉讼成本，另一方面也会因简单撤销颁证行为给真正的权利人带来较大的影响。

——江必新主编：《最高人民法院关于审理涉及农村集体土地行政案件若干问题的规定理解与适用》，中国法制出版社 2013 年版，第 86—88 页。

775 土地登记过程中发生权属争议的处理

关键词 | 土地权属争议 | 土地登记 |

【链接：最高人民法院法官著述】

在土地权属争议案件中，当事人之间虽然对权属存在争执，但此种争执是否能够成立，是否存在可"议"之处，则另当别论。因此不能认为只要有人提出权属异议，就不能颁发证书，关键是要看这种"争议"能否成立、在多大程度上可能成立。人民政府及国土资源管理部门只要能够证明争议土地"权属清楚、产权来源资料齐全"，就可以继续颁证。因此，在登记颁证过程中，一旦有对方当事人提出权属争议，根据《土地登记规则》第六十七条第（一）项的规定，在土地权属争议尚未解决前，土地管理部门可以作出暂缓登记的决定。此时，存在两种可能性：一是提出异议的当事人提供的权属证明材料与申请人提供的权属证明材料两者无法让土地管理部门得出权属应当归谁所有的结论，则土地管理部门应当引导双方当事人作土地权属争议案件处理，然后根据生效的土地权属争议案件行政决定书，进行土地登记；另一种情形是，土地管理部门根据异议人的权属证明材料和申请人的权属证明材料，已经能够作出十分清晰的判断，能够作出土地权属应当归谁所有的结论，则直接给权利人颁发土地权利证书。如对方当事人仍然有异议，一般就应在法定期限内对政府颁发土地权利证书的行为提起诉讼，人民法院在审查政府的颁证行为是否合法时，要结合原告的诉讼请求，重点审查权利证书的权属是否合法、界址是否清楚、面积是否准确，颁证行为是否符合法定程序。

因此，对于异议人提出的权属异议明显不能成立、所提供的证据明显无法证明其主张的，人民政府可以不受理其权属争议处理申请，依法进行登记发证。在土地总登记中，《土地登记办法》第二十四条规定，公告期满，当事人对土地总登记审核结果异议不成立的，国有土地资源行政主管部门可以报经人民政府批准后办理登记。《土地登记规则》第十六条规定，土地登记申请者及其他土地权益有关者在公告规定的期限内，可以向土地管理部门申请复查，并按规定缴纳复查费。经复查无误的，复查费不予退还；经复查确有差错的，复查费由造成差错者承担。这一规定也说明，对于异议，行政机关有核实的义务，而非有异议即不能发证。而在土地的变更登记、注销登记、更正登记、异议登记、预告登记和查封登记中更是如此。

——江必新主编：《最高人民法院关于审理涉及农村集体土地行政案件若干问题的规定理解与适用》，中国法制出版社2013年版，第88—89页。

776 诉讼过程中发现土地权属存在争议的，告知另行提起诉讼并中止审理

关键词｜土地权属登记｜另行起诉｜中止审理｜

【链接：最高人民法院法官著述】

土地权利人对涉及农村集体土地的行政行为不服提起诉讼,但由于对土地权属登记存在争议,法院难以确定起诉人是否是土地权利人的时候,法院的做法是先受理,再中止案件,告知起诉人先解决权属争议。由于有的权属争议解决时间很长,造成案件长期中止,造成积案。因此,本规定起草过程中,曾经有意见建议,对于在受理阶段起诉人已经对土地权属存在争议或者发现权属不清的,法院应当告知起诉人先依法通过行政途径或民事诉讼解决相关权属争议;如果是受理后发现的,则应当中止审理,待权属争议解决后,恢复案件的审理。同时为了保护土地权利人的诉权,不因其解决权属争议而造成其超过起诉期限,规定对土地权利人解决土地所有权、使用权权属争议的时间不计算在起诉期限内,起诉期限从权属确定之日起计算。但也有观点认为,如果被诉行为符合行政诉讼的受理条件,仅因为当事人对其中的土地权属存在争议就暂缓受理,与行政诉讼法的相关规定不符。考虑这一问题目前还存在较大争议,最终删除了这一规定。法院在审理相关案件时,涉及土地权属争议,且该争议对案件的处理具有决定性作用的,法院在无法直接确定土地权属时,可以告知当事人另行提起行政诉讼,中止该案审理;法院在审查受理时如果发现土地权属存在争议,不宜以此为由不予受理,而应当先受理,根据案件具体情况决定继续审理还是中止审理。

——江必新主编:《最高人民法院关于审理涉及农村集体土地行政案件若干问题的规定理解与适用》,中国法制出版社 2013 年版,第 104—105 页。

777 针对土地权属登记的行政诉讼结果对前诉认定的相关事实的影响

关键词｜土地权属登记｜证据｜

【链接：最高人民法院法官著述】

利害关系人对土地权属登记存在争议,对土地权属登记提起行政诉讼,最主要的目的是否定前诉关于土地权属登记的证据效力。土地权属登记的效力取决于权

属登记作为行政行为的效力，因此，行政诉讼对该行政行为的最终判决方式对该权属登记的证据效力具有决定作用。一般来讲，对登记机关有利的判决如维持判决、驳回诉讼请求判决、确认合法判决不会否定登记行为的效力，对前诉相关认定不产生影响。关键是对登记机关不利的判决方式，如撤销判决、确认违法判决。但即使撤销、确认违法判决属于否定行政行为合法性的判决，二者对行政行为效力的影响也是不同的。撤销判决，彻底否定行政行为的效力，登记行为也就不具有证据效力，但撤销判决可能判决重作，而重作的结果可能与被撤销判决是一致的，这登记行为仍然具有证据效力；确认违法判决，虽然否定行政行为的合法性，但保留了行政行为的效力，因此，登记行为仍然具有证据效力。综上所述，直接针对土地权属登记的行政诉讼结果对前诉认定的相关事实是否产生否定性影响，需要根据具体案件情况具体分析判断。

——江必新主编：《最高人民法院关于审理涉及农村集体土地行政案件若干问题的规定理解与适用》，中国法制出版社 2013 年版，第 104—105 页。

778 对于不动产登记确有错误的，法院可以判令行政机关对登记错误事项予以更正登记

关键词 | 登记错误 | 更正登记 |

【最高人民法院裁判案例】

谭土兴诉广东省湛江市人民政府颁发国有土地使用证案［最高人民法院(2021)最高法行再 131 号行政判决书］

要旨：不动产登记确有错误的，不动产登记机构依权利人、利害关系人申请或者自行发现的，应当予以更正登记。

《不动产登记暂行条例实施细则》第七十九条、第八十条规定，权利人、利害关系人认为不动产登记簿记载的事项有错误，可以申请更正登记。不动产权利人或者利害关系人申请更正登记，不动产登记机构认为不动产登记簿记载确有错误的，应当予以更正。第八十一条规定，不动产登记机构发现不动产登记簿记载的事项错误，应当通知当事人在 30 个工作日内办理更正登记。当事人逾期不办理的，不动产登记机构应当在公告 15 个工作日后，依法予以更正。根据上述规定，不动产登记确有错误的，不动产登记机构依权利人、利害关系人申请或者自行发现的，应

当予以更正登记。在本案的处理方式上,因 91 号证颁证时间久远,华兴公司所属兴华广场项目早已出售,若依照行政诉讼法第七十条的规定,直接撤销该证后由湛江市政府重新颁证,必然对众多业主已取得的相关不动产登记产生影响,须耗费的行政成本亦不小。基于此,本着行政诉讼实质化解行政争议的立法目的,并结合上述不动产登记机构更正登记职责的设定,本案由湛江市政府责成辖区内不动产登记机构或者其他实际履行该职责的职能部门予以更正登记更为适宜。如此处理,谭土兴的合法权益亦能得到有效保障。需要指出的是,不动产登记机构或者其他实际履行该职责的职能部门应当遵照本判决所指出的登记错误之处,以东园合作社申请初始登记时所提交的原始权属来源材料为依据,纠正登记错误事项,从而以最小成本、最大限度地降低因纠正违法行政行为所造成的社会不良影响。

——中国裁判文书网,https://wenshu.court.gov.cn/。

779 土地登记机关对登记材料的真实性应当尽到合理审慎的审查义务

关键词｜土地登记｜审查义务｜

【最高人民法院裁判案例】

灵宝市宏福塑化有限责任公司诉灵宝市人民政府颁发土地使用权证案[最高人民法院(2018)最高法行再 183 号行政判决书]

要旨:由于土地登记具有物权设定或公示的法律效力,实践当中对于物权关系的稳定和土地交易秩序的安全具有重要意义,因此,土地登记机关应当在其职责和能力范围内,对登记材料的真实性尽到合理审慎的审查义务。

四、灵宝市人民政府对被诉颁证行为是否存在主观过错。对此,本院认为,由于土地登记在法律性质上属于行政确认,而行政确认的功能在于通过对行政相对人的法律地位、法律关系或有关法律事实进行甄别,给予认定并予以宣告,从而起到稳定法律关系,减少各种纠纷,维护社会秩序,保护公民、法人或者其他组织合法权益的重要作用。据此,尽管《土地登记办法》第九条规定,“申请人申请土地登记,应当如实向国土资源行政部门提交有关材料和反映真实情况,并对申请材料实质内容的真实性负责”。但该规定应当理解为申请人负有如实提交申请材料的义务,并承担相应的法律后果,而不能理解为土地登记机关对申请材料的真实性不承担任何审查职责,或如一审判决所言“对申请人提交材料真实性的审查并非土地登记机关的法定义务”。事实上,由于土地登记具有物权设定或公示的法律效力,实践当中对于物权关系的稳定和土地交易秩序的安全具有重要意义，因此，土地登记机关应当在其职责和能力范围内，对登记材料的真实性尽到合理审慎的审查义务，努力让人民群众对已经登记的土地权属关系放心，从而保障国家物权登记的严肃性和权威性。但具体到本案，鉴于被诉登记行为作出时，统一的不动产登记机构尚未建立，土地登记部门与相关的规划、房产部门亦未实现互联、互通、互查，而瑞华公司提交的虚假材料又不具有明显的可辨识性，故被诉颁证行为虽然违法，但不宜认定灵宝市人民政府在登记颁证过程中具有主观过错。

——中国裁判文书网，https://wenshu.court.gov.cn/。

780 登记机关在对作为遗产的房地产进行登记时应当对继承事项尽到审慎审查义务

关键词 | 房屋登记 | 审查义务 |

【最高人民法院裁判案例】

赵啟、赵丽梅诉云南省昆明市人民政府土地行政登记案［最高人民法院(2020)最高法行再307号行政裁定书］

本案中，赵啟、赵丽梅以案涉房地产法定继承人的身份对案涉土地的《土地使用证》提起诉讼，并提交了其与赵学忠、赵秀英、赵才具有亲属关系的证明材料。登记机关在对作为遗产的房地产进行登记时应当对继承事项尽到审慎审查义务。赵啟、赵丽梅对案涉房地产享有的法定继承权因其与赵学忠、赵秀英的亲属关系而当然形成，在无相反证据证明其不享有继承权的情况下，应认定其具有法定继承权。被诉登记行为可能损害赵啟、赵丽梅作为案涉房地产法定继承人享有的合法权益，赵啟、赵丽梅与被诉登记行为具有利害关系，系本案适格原告。

——中国裁判文书网，https://wenshu.court.gov.cn/。

三、劳动和社会保障

(一)工伤认定和保险

1. 劳动关系

781 工伤认定中对于是否存在劳动关系的争议的处理

关键词｜工伤认定｜劳动争议仲裁｜前置程序｜

【最高人民法院司法解释】

第二条　人民法院受理工伤认定行政案件后,发现原告或者第三人在提起行政诉讼前已经就是否存在劳动关系申请劳动仲裁或者提起民事诉讼的,应当中止行政案件的审理。

——《最高人民法院关于审理工伤保险行政案件若干问题的规定》(2014 年 9 月 1 日,法释〔2014〕9 号)。

【链接:理解与适用】

人民法院在受理工伤认定行政案件后发现职工或者用人单位对是否存在劳动关系发生争议,在处理方式上应当区分情况分别对待。第一种情况是,职工和用人单位对是否存在劳动关系发生争议,提起行政诉讼前已经申请劳动仲裁或者提起民事诉讼的,人民法院应当中止正在审理的工伤认定行政案件;第二种情况是,职工和用人单位对是否存在劳动关系发生争议,没有申请劳动仲裁或者提起民事诉讼的,人民法院可以在审理工伤认定行政案件时一并对是否存在劳动关系进行审查。

主要考虑到,劳动行政部门在工伤认定程序中,具有认定受到伤害的职工与企业之间是否存在劳动关系的职权。社会保险行政部门在工伤认定程序中已经对是否存在劳动关系作出了判断,进入行政诉讼程序后,人民法院可以对社会保险部门就是否存在劳动关系的认定进行审查,职工或者用人单位无须就是否存在劳动关系另行申请劳动仲裁或者提起民事诉讼。另外,效率和便民问题也是处理方式选择上的重要考量因素。社会保险法第三十六条第二款规定,认定程序应当尽可能简便。如果社会保险行政部门已对是否存在劳动关系作出了判断,在行政诉讼中再要求原告或者第三人另行申请劳动仲裁或者提起民事诉讼,中止行政诉讼,必然会因繁多的程序导致效率低下,往往耽误了受伤职工及时的治疗和康复,也导致在实践中很多劳动者因程序繁杂而放弃申请工伤认定或者匆忙和用人单位达成不平等的协议,造成更多的社会矛盾,不利于职工权益保护。一并进行审查,有利于防止用人单位因工伤认定对己不利时,故意就是否存在劳动关系申请劳动仲裁或者提起民事诉讼,借此拖延行政案件的审理,损害工伤职工合法权益。同时,鉴于劳动法、劳动争议调解仲裁法和民事诉讼法有关“申请劳动仲裁或者提起民事诉讼”的规定,人民法院发现原告或者第三人在提起行政诉讼前已经就是否存在劳动关系申请劳动仲裁或者提起民事诉讼的,应当依法中止工伤认定行政案件的审理。

——马永欣、李涛、杨科雄:《〈最高人民法院关于审理工伤保险行政案件若干问题的规定〉的理解与适用》,载中华人民共和国最高人民法院行政审判庭编:《行政执法与行政审判》(总第63集),中国法制出版社2014年版,第5—6页。

782 劳动行政部门在工伤认定程序中具有确认劳动关系的职权

关键词｜工伤认定｜劳动行政部门｜确认劳动关系｜

【最高人民法院答复】

湖北省高级人民法院:

你院《关于劳动行政部门在工伤认定程序中是否具有劳动关系确认权的请示》收悉。经研究,答复如下:

根据《劳动法》第九条和《工伤保险条例》第五条、第十八条的规定,劳动行政部门在工伤认定程序中,具有认定受到伤害的职工与企业之间是否存在劳动关系的职权。

——《最高人民法院行政审判庭关于劳动行政部门在工伤认定程序中是否具有劳动关系确认权请示的答复》(2009年7月20日,〔2009〕行他字第12号)。

【最高人民法院参考案例】

吴江市鑫联旅游用品有限公司诉吴江市劳动和社会保障局劳动、社会保障行政确认案(行政审判案例第114号)

要旨:劳动法律关系存在是认定工伤的前提,但并非所有工伤认定案件都需要劳动关系仲裁,工伤认定部门可以根据具体情况对劳动关系是否存在进行判断,无法判断的再通过仲裁和诉讼程序解决。

本案的争议焦点是在劳动关系存在争议时,劳动保障部门是否具有劳动关系确认权。我们认为劳动保障部门在劳动关系存在争议时有权确认劳动关系。理由如下:

第一,《工伤保险条例》第十八条授予了劳动保障行政部门对劳动关系的认定权,如果说劳动保障行政部门无权对劳动关系确认,那么只要用人单位否认存在劳动关系,就都要先行通过劳动仲裁,在这种情况下,要求申请工伤认定提交劳动关系证明就没有意义了。

第二,劳动保障部门直接认定劳动关系有利于提高行政效率,减少当事人的讼累。实践中很多用人单位不履行申报工伤义务,职工在发生工伤伤害时只能自己申报工伤,很多地方劳动行政部门要求职工申报工伤需要证明与用人单位存在劳动关系,所以职工申请工伤劳动仲裁就要"打两次官司",一个是确认劳动关系仲裁;一个是请求工伤待遇仲裁。对于职工来说,自己申报工伤,再申请两个劳动仲裁,如果用人单位不服仲裁裁决,再进入法院审判程序,造成了诉讼成本的升高和不必要的诉累。

第三,即使劳动部门对劳动关系的认定错误,也不会造成不可弥补的损失。这种认定错误可以通过行政复议和行政诉讼等方式予以纠正。

因此,一般说来,用人单位与劳动者之间就是否存在劳动关系有争议,双方当事人应当到劳动仲裁部门进行劳动关系仲裁,但这不是绝对的,至少在两种情况下,工伤认定机关可以直接认定双方是否存在劳动关系:一是虽然有争议,但用人单位放弃提起劳动争议仲裁的权利;二是工伤认定中申请人提供的劳动关系证明材料具有直接的证明力,足以证明劳动关系存在而无须再作确认。如本案中劳动者提供的劳动监察部门提供并盖章证明的劳动合同信息清单,或者虽没有与用人单位签订书面劳动合同,但能够提供其他与用人单位建立劳动关系的有效证明,如工作证、服务证、工资支付凭证或记录、缴纳各项社会保险费的记录、劳动者填写的用人单位招工招聘"登记表""报名表"等招用记录、考勤记录、其他劳动者的证言等职工提供的证明等。在这些文件被有效推翻之前，应可以直接推定有效。也就是在此种情况下，工伤认定机关可以直接根据相关证据认可双方存在劳动关系。

——中华人民共和国最高人民法院行政审判庭编：《中国行政审判案例》（第3卷），中国法制出版社 2013 年版，第 171、174—175 页。

【链接：最高人民法院法官著述】

人民法院审理有关工伤认定的行政案件，在适用〔2009〕行他字第 12 号答复时，需要注意以下两个问题：

（一）关于劳动行政部门确认劳动关系的职权范围问题

劳动法第九条和《工伤保险条例》第五条、第十八条仅仅授权劳动行政部门在工伤认定程序中，具有认定受到伤害的职工与企业之间是否存在劳动关系的职权。根据职权法定的原则，劳动行政部门对不在工伤认定程序中，劳动者与用人单位的劳动争议，不具有确认劳动关系的职权。

（二）关于行政诉讼与劳动仲裁、民事诉讼的交叉处理问题

人民法院在审理工伤认定行政案件中，原告或者第三人已经就有关受到伤害的职工与企业之间是否存在劳动关系的问题，向劳动争议仲裁委员会申请仲裁的，因法院的裁判属于最终裁判，此时，法院应当通知仲裁机构中止仲裁，等到法院的裁判发生法律效力后，再恢复审理。

人民法院在审理工伤认定行政案件中，原告或者第三人已经就有关受到伤害的职工与企业之间是否存在劳动关系的问题，向人民法院提起民事诉讼的，因有关劳动关系问题属于平等主体之间的民事纠纷，所以，应当中止行政诉讼的审理，等到法院作出的民事判决发生法律效力以后，再恢复行政案件的审理。法院在审理时，发生法律效力的民事判决认定的事实一般应当作为行政判决认定事实的依据。但是，如果在审理中发现民事裁判文书认定的事实有重大问题的，应当根据最高人民法院《行政证据规定》第七十条的规定，中止诉讼，通过法院程序予以纠正后恢复诉讼。

——蔡小雪：《劳动行政部门在工伤认定程序中具有劳动关系的确认职权》，载江必新主编：《行政法律文件解读》（总第 56 辑），人民法院出版社 2009 年版，第 91—95 页。

783 社保部门在行政管理过程中能够直接认定劳动关系

关键词｜工伤认定｜劳动关系｜行政管理｜

【最高人民法院裁判案例】

海南益威药业贸易有限公司诉原海南省社会保险事业局劳动和社会保障行政管理案［最高人民法院(2020)最高法行再507号行政判决书］

省社保中心在作出本案行政行为中能够直接认定双方存在劳动关系，理由包括：(1)省社保中心系根据前述生效裁判作出的认定，理据充分且于法有据；(2)现行法律关于社保部门在行使该项职权时就双方间的劳动关系并未规定需先经仲裁裁决程序，故省社保中心在行政管理过程中对劳动关系予以直接确认，进而作出处理决定，属于其职权范围，并不违反法律规定；(3)社保部门经审查直接作出处理决定符合行政效率的原则，也与劳动法、劳动合同法、社会保险法等保护劳动者合法权益的立法目的一致。另外，〔2009〕行他字第12号《最高人民法院行政审判庭关于劳动行政部门在工伤认定程序中是否具有劳动关系确认权请示的答复》中认定，根据劳动法第九条和《工伤保险条例》第五条、第十八条的规定，劳动行政部门在工伤认定程序中，具有认定受到伤害的职工与企业之间是否存在劳动关系的职权。该答复尽管是针对工伤认定，但亦能佐证本案行政行为的合法性。

——中国裁判文书网，https://wenshu.court.gov.cn/。

2. 用人单位和职工

784 特殊情况下用人单位的确定

关键词｜工伤认定｜用人单位｜追偿权｜

【最高人民法院司法解释】

第三条　社会保险行政部门认定下列单位为承担工伤保险责任单位的，人民法院应予支持：

(一)职工与两个或两个以上单位建立劳动关系，工伤事故发生时，职工为之工作的单位为承担工伤保险责任的单位；

(二)劳务派遣单位派遣的职工在用工单位工作期间因工伤亡的，派遣单位为承担工伤保险责任的单位；

（三）单位指派到其他单位工作的职工因工伤亡的，指派单位为承担工伤保险责任的单位；

（四）用工单位违反法律、法规规定将承包业务转包给不具备用工主体资格的组织或者自然人，该组织或者自然人聘用的职工从事承包业务时因工伤亡的，用工单位为承担工伤保险责任的单位；

（五）个人挂靠其他单位对外经营，其聘用的人员因工伤亡的，被挂靠单位为承担工伤保险责任的单位。

前款第（四）、（五）项明确的承担工伤保险责任的单位承担赔偿责任或者社会保险经办机构从工伤保险基金支付工伤保险待遇后，有权向相关组织、单位和个人追偿。

——《最高人民法院关于审理工伤保险行政案件若干问题的规定》（2014 年 9 月 1 日，法释〔2014〕9 号）。

【链接：理解与适用】

一般情况下，职工只有一个工作单位，承担工伤保险责任的用人单位是工伤发生时职工的工作单位，但在特殊情况下，工伤发生时与职工存在工作关系的单位有两个以上，如何确定承担工伤保险责任的用人单位，《规定》第三条概括了下列情况下确定承担工伤保险责任的用人单位的规则。

1. 职工与两个以上单位存在劳动关系，应当以发生工伤事故时，职工实际为之工作的单位为承担工伤保险责任的用人单位。此种情况下，难以区分多个劳动关系的主次，工伤认定应当以谁受益、谁负责的原则界定责任主体。

2. 指派、派遣关系情况下承担工伤保险责任的用人单位的确定，主要考虑了职工与指派、派遣单位以及实际工作单位形成的双重工作关系，与第（一）项规定中的多个劳动关系存在区别。职工与多个用人单位形成的多个劳动关系之间互相独立，无法区分主次，而在指派、派遣关系中，两个用人关系存在主次区别，职工与指派和派遣单位之间的用人关系是主要的、独立的用人关系，而与被指派或被派遣到的实际工作单位之间的用人关系是因指派和派遣而形成的次要的、附属的用人关系，不能独立存在。另外，劳务派遣关系中用人单位的确定，除考虑以上因素外，还考虑了劳动合同法第五十八条规定，劳务派遣单位是本法所称用人单位，应当履行用人单位对劳动者的义务。

3. 存在转包关系的情况下，发生工伤事故时用人单位的确定，以有利于保护职工为原则。本规定是对原劳动和社会保障部 2005 年 5 月 25 日劳社部发〔2005〕

12号《关于确立劳动关系有关事项的通知》第四条关于“建筑施工、矿山企业等用人单位将工程(业务)或经营权发包给不具备用工主体资格的组织或自然人,对该组织或自然人招用的劳动者,由具备用工主体资格的发包方承担用工主体责任”规定的发展,也吸收采纳了《人力资源和社会保障部关于执行〈工伤保险条例〉若干问题的意见》(人社部发〔2013〕34号)第七条的精神。

4. 挂靠关系中用人单位的确定,最高人民法院行政庭〔2006〕行他字第17号批复《关于车辆挂靠其他单位经营车辆实际所有人聘用的司机工作中伤亡能否认定为工伤问题的请示》已经予以明确。关于挂靠经营过程中,聘用的人员与挂靠单位之间是否存在劳动关系的问题,存在不同认识。我们认为,本条规定主要是从有利于职工的角度出发,其原理与转包关系中无用工主体资格组织或个人聘用的人从事发包工程遭受工伤情况下的用人单位确认相同,不以是否存在真实劳动关系为前提,这是对《工伤保险条例》将劳动关系作为工伤认定前提的一般规定之外的特殊情形处理。需要注意的有两点,一是挂靠人是自然人,单位挂靠不能适用本条;二是仅适用于挂靠人聘用的人员,不包括挂靠人。

由于转包关系和挂靠关系中职工和承担工伤保险责任的用人单位之间并不存在真实的劳动关系,对职工造成伤害的实际侵权人仍然是不具有用工主体资格的组织、自然人。确定用工单位和被挂靠单位作为承担工伤保险责任的用人单位,虽然有利于保护职工的合法权益,但在责任的承担上,由工伤保险基金支付工伤保险待遇,会出现免除实际侵权人赔偿责任的不公平现象。为解决这一问题,司法解释明确了承担工伤保险责任的用人单位和社会保险经办机构在实际承担工伤保险责任后,可以根据实际支出的工伤保险待遇,向实际侵权人行使追偿权。

——马永欣、李涛、杨科雄:《〈最高人民法院关于审理工伤保险行政案件若干问题的规定〉的理解与适用》,载中华人民共和国最高人民法院行政审判庭编:《行政执法与行政审判》(总第63集),中国法制出版社2014年版,第6—7页。

【最高人民法院专业法官会议纪要】

1. 违法发包、转包、分包或者挂靠情形下的工伤认定

生效裁判或者仲裁裁决确认违法发包、转包、分包或者挂靠情形下的工伤职工与具备用工主体资格的单位之间不存在劳动关系,但工伤职工具有《最高人民法院关于审理工伤保险行政案件若干问题的规定》第三条规定的情形,且其工伤认定申请符合《工伤保险条例》有关工伤认定条件的,人民法院应予支持。

——《最高人民法院行政法官专业会议纪要(七)》(工伤保险领域),载中华人

民共和国最高人民法院行政审判庭编:《行政执法与行政审判》(总第 80 集),中国法制出版社 2020 年版,第 256 页。

785 企业未达到法定退休年龄的内退人员与新用人单位之间的关系为劳动关系

关键词 | 工伤认定 | 企业内退人员 | 用人单位 | 劳动关系 |

【最高人民法院公报案例】

伏恒生等诉连云港开发区华源市政园林工程公司工伤待遇赔偿纠纷案

要旨:未达到法定退休年龄的企业内退人员,在与原用人单位保留劳动关系的前提下,到另一单位从事劳动、接受管理的,劳动者与新用人单位之间的用工关系为劳动关系。劳动者在新用人单位工作期间发生工伤事故的,新用人单位是工伤保险责任的赔偿主体,应由其承担工伤待遇赔偿的各项义务。

企业未达到法定退休年龄的内退人员与新用人单位之间的关系为劳动关系。即使内退职工的原用人单位为其缴纳了工伤保险费,新用人单位亦应自用工之日起为职工办理工伤保险的转移手续并续缴工伤保险费,从而实现分散企业用工风险和保护工伤职工合法权益的立法宗旨。新用人单位未履行该法律义务,劳动者在该单位工作期间发生工伤事故的,依法应当由实际用人单位承担工伤待遇赔偿的法律义务。

——《中华人民共和国最高人民法院公报》2018 年第 3 期。

786 下岗、待岗职工到其他单位工作发生工伤，用人单位应当承担工伤保险责任

关键词 | 工伤认定 | 下岗、待岗职工 | 多个劳动关系 |

【最高人民法院公报案例】

北京国玉大酒店有限公司诉北京市朝阳区劳动和社会保障局工伤认定行政纠纷案

要旨:根据《劳动和社会保障部关于实施〈工伤保险条例〉若干问题的意见》第

一条规定,“职工在两个或两个以上用人单位同时就业的,各用人单位应当分别为职工缴纳工伤保险费。职工发生工伤,由职工受到伤害时其工作的单位依法承担工伤保险责任”。下岗、待岗职工到其他单位工作的,该单位应当为其缴纳工伤保险费,职工在该单位发生工伤的,依法为其承担工伤保险责任。

《劳动和社会保障部关于实施〈工伤保险条例〉若干问题的意见》(劳社部函〔2004〕256号)第一条规定:“职工在两个或两个以上用人单位同时就业的,各用人单位应当分别为职工缴纳工伤保险费。职工发生工伤,由职工受到伤害时其工作的单位依法承担工伤保险责任。”根据该规定,下岗、待岗职工又到其他单位工作的,该单位也应当为该职工缴纳工伤保险费;下岗、待岗职工在其他单位工作时发生工伤的,该单位应依法承担工伤保险责任。本案中,陈卫东从馄饨侯公司下岗后,到上诉人国玉酒店公司担任停车场管理员,并与该公司签订了劳动协议。陈卫东作为劳动者,国玉酒店公司作为用人单位,双方的劳动关系清楚。因此,国玉酒店公司应依法承担工伤保险责任。据此,被上诉人朝阳区劳动局作出的涉案工伤认定当然与国玉酒店公司有关。国玉酒店公司未给陈卫东缴纳工伤保险费已违反了相关规定,又以陈卫东系馄饨侯公司下岗职工,其工伤保险费由原单位馄饨侯公司缴纳为由,主张涉案工伤认定与其无关,意图逃避应负的工伤保险责任,其该项上诉理由没有法律依据,不能成立。

——《中华人民共和国最高人民法院公报》2008年第9期。

787 挂靠车辆实际所有人聘用的司机在工作中伤亡的认定

关键词 | 工伤认定 | 挂靠车辆 | 事实劳动关系 |

【最高人民法院参考案例】

淄博国林物流有限公司诉淄博市临淄区人力资源和社会保障局工伤行政确认案(行政审判案例第116号)

要旨:个人购买的车辆挂靠其他单位且以挂靠单位名义对外经营,其聘用的司机与挂靠单位之间的事实劳动关系存续期间,因车辆运营受到伤害的,应当适用劳动法和《工伤保险条例》的有关规定认定是否构成工伤。

三、运用裁判要旨应当注意的问题

在适用最高人民法院行政审判庭作出〔2006〕行他字第17号批复处理类似案件时应当注意,如果挂靠司机与车主建立雇佣关系时明知自己是挂靠的,就没有应受保护的信赖利益,此时对于是否给予工伤认定应综合案件情况审慎处理。

——中华人民共和国最高人民法院行政审判庭编:《中国行政审判案例》(第3卷),中国法制出版社2013年版,第179、183—184页。

【链接：最高人民法院法官著述】

人民法院在审理工伤认定行政案件时,适用〔2006〕行他字第17号答复时,需要特别注意分清挂靠的性质。

"挂靠"最早出现在改革开放的初期,当时我国企业的性质主要有国有和集体两种,当时还不允许成立私人企业。为了创立私人企业,有人将私人企业挂靠到国有或集体企业的名下进行经营,也就是我们以前常说的"戴红帽子"。当时的挂靠有两种形式,一种是以国有或集体企业下属单位但以自己的名义的形式从事经营活动,另一种是以国有或集体企业的名义从事经营活动。现今车辆的挂靠,主要是以后一种形式出现,对此种挂靠,可以适用〔2006〕行他字第17号答复。但也有少数挂靠是以前一种形式出现。此种挂靠不是以挂靠单位的名义从事经营活动,而是以自己的名义从事活动。因此,前一种形式的挂靠,不能适用〔2006〕行他字第17号答复。

——蔡小雪:《车辆挂靠其他单位经营车辆实际所有人聘用的司机工作中伤亡能否认定为工伤》,载中华人民共和国最高人民法院行政审判庭编:《行政执法与行政审判》(总第39集),中国法制出版社2010年版,第47页。

788 被挂靠公司与挂靠人聘用司机没有劳动关系，仍应承担工伤保险责任

关键词｜挂靠｜劳动关系｜工伤保险责任｜

【最高人民法院公报案例】

项红敏诉六盘水市政府改变原行政行为行政复议决定案

要旨:在车辆挂靠关系中,被挂靠人向挂靠人收取挂靠费,应与挂靠人共同承担经营运输风险,仅以协议约定不能免除其作为被挂靠人应承担的风险和责任。个人挂靠其他单位对外经营,其聘用的人员因工伤亡,被挂靠单位以不存在劳动关系为由,主张不承担工伤保险责任的,人民法院不予支持。

依照《最高人民法院关于适用〈中华人民共和国行政诉讼法〉的解释》第八十九条规定，人民法院经审理认为复议决定改变原行政行为错误的，在判决撤销复议决定时，可以一并判决恢复原行政行为的法律效力。

一、关于罗某与上诉人快易通公司之间是否形成挂靠关系的问题。依照《道路运输条例》第二十三条之规定，申请从事危险货物运输经营，应当具备有5辆以上经检测合格的危险货物运输专用车辆、设备等条件。本案中，罗某因不具备从事危险货物运输经营的资质，以其母亲的名义与快易通公司签订《货物车辆代管协议》《危险货物运输车辆承包经营合同》等协议，将其实际使用的车辆落户到快易通公司名下，委托快易通公司代管经营，快易通公司再以承包的形式，将涉案车辆交由罗某使用。上述协议中亦明确约定，罗某需向快易通公司支付一定的费用，遵守并执行快易通公司的规章制度，服从快易通公司的管理；快易通公司亦需向罗某提供运输市场信息，利用公司优势积极为其联系货源、协调运输物资等。由此可见，罗某和快易通公司之间实际形成了挂靠关系。

二、关于一审第三人六盘水市人社局认定工伤是否需以周永鹏与上诉人快易通公司之间具有劳动关系为前提的问题。《工伤保险条例》第十八条第一款第（二）项规定，申请工伤认定应当提交与用人单位存在劳动关系（包括事实劳动关系）的证明材料。因此，一般而言，社会保险行政部门认定工伤，应当以劳动者和用人单位之间存在劳动关系为前提，除非法律、法规及司法解释另有规定。《最高人民法院关于审理工伤保险行政案件若干问题的规定》第三条第一款第（五）项明确规定，个人挂靠其他单位对外经营，其聘用的人员因工伤亡的，被挂靠单位为承担工伤保险责任的单位。该条规定遵照劳动者倾斜保护原则，对将劳动关系作为工伤认定前提的一般规定作了相应补充。只要存在个人挂靠其他单位对外经营的情形时，被挂靠单位承担工伤保险责任不以存在劳动关系为前提。工伤保险本质上是一种社会保障，国家建立工伤保险制度，是维护劳动者合法权益的重要手段，强调对工伤劳动者及其家人基本生活需求的保障。相较于用人单位而言，劳动者往往处于弱势地位。在车辆挂靠关系中，被挂靠人向挂靠人收取挂靠费，应与挂靠人共同承担经营运输的风险，仅以协议约定不能免除其同意挂靠后应承担的风险和责任。被挂靠人承担工伤保险责任，符合宪法、劳动法、《工伤保险条例》中"保护劳动者合法权益"的立法宗旨。本案中，六盘水市人社局依照该条规定认定由快易通公司承担工伤保险责任并无不当。

三、关于本案举证责任分配是否正确的问题。依照《最高人民法院关于行政诉讼证据若干问题的规定》第四条第一款"公民、法人或者其他组织向人民法院起诉时，应当提供其符合起诉条件的相应的证据材料”、《工伤保险条例》第十八条第一款“提出工伤认定申请表应当提交下列材料：（一）工伤认定申请表；（二）与用人单位存在劳动关系（包括事实劳动关系）的证明材料；（三）医疗诊断证明或者职业病诊断证明书（或者职业病诊断鉴定书）”以及第十九条第二款“职工或者其近亲属认为是工伤，用人单位不认为是工伤的，由用人单位承担举证责任”之规定，劳动者对劳动关系和工伤事实负有初步举证责任，而用人单位认为不是工伤的，应当由用人单位承担举证责任。本案中，被上诉人项红敏已经提供了《货运车辆代管协议》《危险货物运输车辆承包经营合同》《证明》等证据，完成了初步举证责任。上诉人快易通公司主张案涉车辆不是以公司的名义进行经营，依照前述规定，应由快易通公司举证证明其主张，而快易通公司未能举证，其应承担举证不能的法律后果。快易通公司的该项上诉理由不能成立。

——《中华人民共和国最高人民法院公报》2022 年第 11 期。

789 工伤职工与被挂靠单位之间无须再另行确认劳动关系

关键词 | 工伤认定 | 挂靠 | 劳动关系 |

【最高人民法院裁判案例】

张勇诉重庆市璧山区人民政府行政复议决定案［最高人民法院（2018）最高法行申 117 号行政裁定书］

根据《最高人民法院关于审理工伤保险行政案件若干问题的规定》第三条第（五）项，个人挂靠其他单位对外经营，其聘用的人员因工伤亡的，被挂靠单位为承担工伤保险责任的单位。该司法解释从保护劳动者的合法权益出发，从挂靠经营关系推定出拟制的劳动关系，在认定工伤时无须再另行确认劳动关系。本案中，根据工伤认定申请表、渝 C×××××货车行驶证、证人证言等证据足以认定，货车实际车主李成勇将渝 C×××××货车挂靠在和美公司从事货物运输业务，张勇系李成勇聘用的驾驶员，张勇在给该货车关车顶入料盖口时摔伤，因此，和美公司应当承担工伤保险责任。

——中国裁判文书网，https://wenshu. court. gov. cn/。

790 专柜销售人员工作时受伤，能否以商场为工作单位申报工伤

关键词｜工伤认定｜用工单位｜

【最高人民法院裁判案例】

余春芳诉江西省景德镇市人民政府行政复议案［最高人民法院(2020)最高法行申9629号行政裁定书］

根据《关于确立劳动关系有关事项的通知》(劳社部发〔2005〕12号)第二条规定,用人单位未与劳动者签订劳动合同,认定双方存在劳动关系时可参照下列凭证:(一)工资支付凭证或记录(职工工资发放花名册)、缴纳各项社会保险费的记录;(二)用人单位向劳动者发放的"工作证""服务证"等能够证明身份的证件;(三)劳动者填写的用人单位招工招聘"登记表""报名表"等招用记录;(四)考勤记录;(五)其他劳动者的证言等。本案中,再审申请人未与华达公司签订劳动合同,华达百货与睿幕专柜签订协议约定,专柜应按照劳动法规定履行用工手续,签订劳动合同,支付员工工资等法定待遇及承担保险等所有费用。再审申请人受伤时系睿幕专柜的销售人员,其从该专柜领取工资及相关报酬,该专柜为其购买基本养老保险,故被申请人作出被诉复议决定认定。再审申请人与原审第三人不存在劳动关系,决定撤销涉案工伤认定决定,具有事实和法律依据。同时,因涉案工伤认定决定仅涉及再审申请人与原审第三人之间是否存在劳动关系,在劳动行政部门未作事实审查于认定的情况下,复议机关不宜代替劳动行政部门直接对劳动者与案外人宇豪公司之间的劳动关系进行认定,故宇豪公司是否参与复议程序,不会对再审申请人的权益产生影响。

——中国裁判文书网,https://wenshu.court.gov.cn/。

791 建筑工程违法分包中招用劳动者的工伤认定

关键词｜工伤认定｜建筑工程违法分包｜劳动关系｜

【最高人民法院参考案例】

张成兵诉上海市松江区人力资源和社会保障局工伤认定上诉案(行政审判案例第118号)

要旨:建筑施工、矿山企业等用人单位将工程(业务)或经营权发包给不具备

用工主体资格的组织或自然人，对该组织或自然人招用的劳动者，应认定其与具备用工主体资格的发包方具有劳动关系。劳动者受伤情形符合工伤认定规定范围的，应当认定为工伤。

根据劳社部发〔2005〕12号《劳动和社会保障部关于确立劳动关系有关事项的通知》第四条规定，建筑施工、矿山企业等用人单位将工程（业务）或经营权发包给不具备用工主体资格的组织或自然人，对该组织或自然人招用的劳动者，由具备用工主体资格的发包方承担用工主体责任。本案中，被上诉人南通六建公司作为建筑施工单位将油漆工程发包给无用工主体资格的自然人李某某，约定李某某所雇佣的人员应服从南通六建公司管理。后李某某又将部分油漆工程再发包给王某某，并由王某某招用了上诉人张成兵进行油漆施工。原审被告松江区人保局依据上述规定及事实认定上诉人与被上诉人具有劳动关系的理由成立，二审法院应予认可。

——中华人民共和国最高人民法院行政审判庭编：《中国行政审判案例》（第3卷），中国法制出版社2013年版，第191、192页。

792 存在违法转包、分包的情形时，用工单位承担职工的工伤保险责任不以是否存在劳动关系为前提

关键词 | 工伤认定 | 劳动关系 | 违法转包、分包 |

【最高人民法院裁判案例】

重庆兴平建筑劳务有限公司诉甘肃省兰州市人力资源和社会保障局工伤行政确认案［最高人民法院（2018）最高法行再151号行政判决书］

国家建立工伤保险制度，其目的在于保障因工作遭受事故伤害或者患职业病的职工获得医疗救治和经济补偿。用人单位有为本单位全部职工缴纳工伤保险费的义务，职工有享受工伤保险待遇的权利。即通常情况下，社会保险行政部门认定职工工伤，应以职工与用人单位之间存在劳动关系为前提，除非法律、法规及司法解释另有规定情形。《最高人民法院关于审理工伤保险行政案件若干问题的规定》第三条第一款规定：“社会保险行政部门认定下列单位为承担工伤保险责任单位的，人民法院应予支持：……（四）用工单位违反法律、法规规定将承包业务转包给不具备用工主体资格的组织或者自然人，该组织或者自然人聘用的职工从事承

包业务时因工伤亡的,用工单位为承担工伤保险责任的单位;……”该条规定从有利于保护职工合法权益的角度出发,对《工伤保险条例》将劳动关系作为工伤认定前提的一般规定作出了补充,即当存在违法转包、分包的情形时,用工单位承担职工的工伤保险责任不以是否存在劳动关系为前提。根据上述规定,用工单位违反法律、法规规定将承包业务转包、分包给不具备用工主体资格的组织或者自然人,职工发生工伤事故时,应由违法转包、分包的用工单位承担工伤保险责任。

本案中,重庆兴平公司对蔺纪全由董海儿聘用并在铺设琉璃瓦时因工受伤一节事实不持异议,但认为其不属于违法分包。住房城乡建设部《建筑工程施工转包违法分包等违法行为认定查处管理办法(试行)》(建市〔2014〕118 号)第九条明确规定:“存在下列情形之一的,属于违法分包:……(六)劳务分包单位将其承包的劳务再分包的;……”该条规定不违反建筑法的相关规定,可以作为判断重庆兴平公司是否属于违法分包的参考依据。中铁二十五局集团第五分公司将其承建项目工程的劳务部分分包给重庆兴平公司。重庆兴平公司属于具有建筑劳务资质的企业,其应使用自有劳务工人完成所承接的劳务项目,但其却又将铺设琉璃瓦劳务分包给自然人董海儿,该行为属于违法分包。故重庆兴平公司的该辩解意见不能成立,本院不予采纳。

重庆兴平公司作为具备用工主体资格的承包单位,违法将其所承包的业务分包给自然人董海儿,董海儿聘用的工人蔺纪全在铺设琉璃瓦时因工受伤,重庆兴平公司依法应当承担蔺纪全所受事故伤害的工伤保险责任。

——中国裁判文书网,https://wenshu. court. gov. cn/。

793 因工伤亡的“包工头”,由具备用工主体资格的承包单位承担工伤保险责任

关键词|工伤认定|劳动关系|工伤保险范围|包工头|

【最高人民法院指导性案例】

刘彩丽诉广东省英德市人民政府行政复议案(最高人民法院指导案例 191 号)

裁判要点:建筑施工企业违反法律、法规规定将自己承包的工程交由自然人实际施工,该自然人因工伤亡,社会保险行政部门参照《最高人民法院关于审理工伤保险行政案件若干问题的规定》第三条第一款有关规定认定建筑施工企业为承担

工伤保险责任单位的，人民法院应予支持。

最高人民法院认为：

一、建安公司应作为承担工伤保险责任的单位

作为具备用工主体资格的承包单位，既然享有承包单位的权利，也应当履行承包单位的义务。在工伤保险责任承担方面，建安公司与梁某某之间虽未直接签订转包合同，但其允许梁某某利用其资质并挂靠施工，参照原劳动和社会保障部《关于确立劳动关系有关事项的通知》（劳社部发〔2005〕12号）第四条、《人力资源和社会保障部关于执行〈工伤保险条例〉若干问题的意见》（人社部发〔2013〕34号，以下简称《人社部工伤保险条例意见》）第七点规定以及《最高人民法院关于审理工伤保险行政案件若干问题的规定》（以下简称《工伤保险行政案件规定》）第三条第一款第（四）项、第（五）项规定精神，可由建安公司作为承担工伤保险责任的单位。

二、建安公司应承担梁某某的工伤保险责任

英德市政府和建安公司认为，根据法律的相关规定，梁某某是不具备用工主体资格的"包工头"，并非其招用的劳动者或聘用的职工，梁某某因工伤亡不应由建安公司承担工伤保险责任。对此，最高人民法院认为，将因工伤亡的"包工头"纳入工伤保险范围，赋予其享受工伤保险待遇的权利，由具备用工主体资格的承包单位承担用人单位依法应承担的工伤保险责任，符合工伤保险制度的建立初衷，也符合《工伤保险条例》及相关规范性文件的立法目的。

首先，建设工程领域具备用工主体资格的承包单位承担其违法转包、分包项目上因工伤亡职工的工伤保险责任，并不以存在法律上劳动关系或事实上劳动关系为前提条件。根据《人社部工伤保险条例意见》第七点规定、《工伤保险行政案件规定》第三条规定，为保障建筑行业中不具备用工主体资格的组织或自然人聘用的职工因工伤亡后的工伤保险待遇，加强对劳动者的倾斜保护和对违法转包、分包单位的惩戒，现行工伤保险制度确立了因工伤亡职工与承包单位之间推定形成拟制劳动关系的规则，即直接将违法转包、分包的承包单位视为用工主体，并由其承担工伤保险责任。

其次，将"包工头"纳入工伤保险范围，符合建筑工程领域工伤保险发展方向。根据《国务院办公厅关于促进建筑业持续健康发展的意见》（国办发〔2017〕19号）、《人力资源社会保障部办公厅关于进一步做好建筑业工伤保险工作的通知》（人社厅函〔2017〕53号）等规范性文件精神，要求完善符合建筑业特点的工伤保险参保政策，大力扩展建筑企业工伤保险参保覆盖面。即针对建筑行业的特点，建筑

施工企业对相对固定的职工，应按用人单位参加工伤保险；对不能按用人单位参保、建筑项目使用的建筑业职工特别是农民工，按项目参加工伤保险。因此，为包括“包工头”在内的所有劳动者按项目参加工伤保险，扩展建筑企业工伤保险参保覆盖面，符合建筑工程领域工伤保险制度发展方向。

再次，将“包工头”纳入工伤保险对象范围，符合“应保尽保”的工伤保险制度立法目的。《工伤保险条例》关于“本单位全部职工或者雇工”的规定，并未排除个体工商户、“包工头”等特殊的用工主体自身也应当参加工伤保险。易言之，无论是工伤保险制度的建立本意，还是工伤保险法规的具体规定，均没有也不宜将“包工头”排除在工伤保险范围之外。“包工头”作为劳动者，处于违法转包、分包等行为利益链条的最末端，参与并承担着施工现场的具体管理工作，有的还直接参与具体施工，其同样可能存在工作时间、工作地点因工作原因而伤亡的情形。“包工头”因工伤亡，与其聘用的施工人员因工伤亡，就工伤保险制度和工伤保险责任而言，并不存在本质区别。如人为限缩《工伤保险条例》的适用范围，不将“包工头”纳入工伤保险范围，将形成实质上的不平等；而将“包工头”等特殊主体纳入工伤保险范围，则有利于实现对全体劳动者的倾斜保护，彰显社会主义工伤保险制度的优越性。

最后，“包工头”违法承揽工程的法律责任，与其参加社会保险的权利之间并不冲突。根据社会保险法第一条、第三十三条规定，工伤保险作为社会保险制度的一个重要组成部分，由国家通过立法强制实施，是国家对职工履行的社会责任，也是职工应该享受的基本权利。不能因为“包工头”违法承揽工程违反建筑领域法律规范，而否定其享受社会保险的权利。承包单位以自己的名义和资质承包建设项目，又由不具备资质条件的主体实际施工，从违法转包、分包或者挂靠中获取利益，由其承担相应的工伤保险责任，符合公平正义理念。当然，承包单位依法承担工伤保险责任后，在符合法律规定的情况下，可以依法另行要求相应责任主体承担相应的责任。

——《最高人民法院关于发布第 34 批指导性案例的通知》（2022 年 12 月 8 日，法〔2022〕240 号）。

794 村民委员会主任因履行职务受伤不认定为工伤

关键词 | 工伤认定 | 村民委员会主任 | 履行职务 |

【最高人民法院参考案例】

韩守定诉南阳市人力资源和社会保障局不履行工伤认定法定职责案(行政审判案例第115号)

要旨:村民委员会是基层群众性自治组织,不是《工伤保险条例》规定的用人单位,村民委员会主任因履行职务受伤,不认定为工伤。

本案争议焦点是村委会是不是用人单位,属不属于民间非营利组织。确立裁判要旨的理由是:

1. 村民委员会不是用人单位。《工伤保险条例》(2003)第二条规定:"中华人民共和国境内的各类企业、有雇工的个体工商户(以下称用人单位)应当依照本条例规定参加工伤保险,为本单位全部职工或者雇工(以下称职工)缴纳工伤保险费。中华人民共和国境内的各类企业的职工和个体工商户的雇工,均有依照本条例的规定享受工伤保险待遇的权利。"而村民委员会是村民自我管理、自我教育、自我服务的基层群众性自治组织,不是企业和个体工商户,不属于《工伤保险条例》规定的用人单位,村民委员会成员与村民委员会之间也不是劳动关系,故不能适用《工伤保险条例》的规定。

2. 村民委员会不属于民间非营利组织。《河南省工伤保险条例》第二条规定民间非营利组织适用工伤保险的相关规定。财政部《民间非营利组织会计制度》第二条第一款规定:"民间非营利组织包括依照国家法律、行政法规登记的社会团体、基金会、民办非企业单位和寺院、宫观、清真寺、教堂等。"村民委员会不属于上述列举中的任何一种情形,也不符合民间非营利性组织的特点,韩守定身为该村的支部书记和村民委员会主任,自然不能认定为非营利组织的工作人员,故也不适用《河南省工伤保险条例》的规定。

3.《河南省工伤保险条例》与国务院《工伤保险条例》的立法精神一致,不存在冲突。本案虽适用了《河南省工伤保险条例》的若干规定,但在全国范围内仍具有指导意义。2010年12月20日修订的《工伤保险条例》将用人单位扩大至中华人民共和国境内的企业、事业单位、社会团体、民办非企业单位、基金会、律师事务所、会计师事务所等组织和有雇工的个体工商户,《河南省工伤保险条例》所确定用人单位的范围被涵盖其中。根据修订后的《工伤保险条例》的规定,村民委员会仍不属于用人单位。

——中华人民共和国最高人民法院行政审判庭编:《中国行政审判案例》(第3卷),中国法制出版社2013年版,第176、178页。

795 国家机关临时聘用人员应参照《工伤保险条例》认定工伤

关键词｜工伤认定｜国家机关聘用人员｜

【最高人民法院答复】

黑龙江省高级人民法院：

你院《关于国家机关聘用人员工作期间死亡如何适用法律的请示》收悉。经研究答复如下：

根据《劳动法》第二条、第七十三条和《工伤保险条例》第六十二条的规定，鹤岗市公安局东山分局东方红派出所临时聘用、未参加工伤保险、不是正式干警的司机王奎在单位突发疾病死亡，应由鹤岗市劳动和社会保障局参照《工伤保险条例》认定是否属于工伤、确定工伤待遇的标准。有关工伤待遇费用由聘用机关支付。

——《最高人民法院行政审判庭关于国家机关聘用人员工作期间死亡如何适用法律请示的答复》(2009 年 5 月 19 日，〔2009〕行他字第 2 号)。

【链接：最高人民法院法官著述】

人民法院审理有关工伤保险行政案件在适用〔2009〕行他字第 2 号答复时，应当注意以下几个问题：

(一)注意有关规章的出台

根据《工伤保险条例》第六十二条的规定，有关国务院部门正在制定有关国家机关、事业单位、社会团体聘用人员(非公务员)工伤保险方面的规章，因此，在这类规章未出台之前，对国家机关、事业单位、社会团体聘用人员有关工伤保险的问题，参照《工伤保险条例》的有关规定处理。一旦有关规章出台后，这类案件就应适用有关规章的规定进行处理。

(二)需要查清聘用单位是否缴纳工伤保险金

国家机关的聘用人员，如果机关为其缴纳了社会保险金，有关工伤保险金待遇一般由工伤保险基金支付；未缴纳工伤保险金的，工伤待遇由聘用机关支付。

(三)关于事业单位、社会团体工作人员的工伤保险问题

根据公务员法及有关行政法规、规章的规定，事业单位和社会团体中的工作人员有两类，一类是实行或者参照公务员进行管理的人员。这类人员因工作原因伤亡的，应当按照公务员法的有关规定处理。另一类是不实行或者不参照公务员进行管理的人员。这类人员因工作原因伤亡的，在新的规定未出台之前，亦应参照此答复处理。

——蔡小雪:《国家机关聘用人员工作期间死亡应参照〈工伤保险条例〉的规定认定工伤》,载江必新主编:《行政法律文件解读》(总第55辑),人民法院出版社2009年版,第87—90页。

796 超过法定退休年龄的进城务工农民在工作时间内因工伤亡的，适用《工伤保险条例》的有关规定进行工伤认定

关键词 | 工伤认定 | 超过法定退休年龄 | 农民工 |

【最高人民法院答复】

山东省高级人民法院:

你院报送的《关于超过法定退休年龄的进城务工农民工作时间内受伤是否适用〈工伤保险条例〉的请示》收悉。经研究,原则同意你院的倾向性意见。即:用人单位聘用的超过法定退休年龄的务工农民,在工作时间内、因工作原因伤亡的,应当适用《工伤保险条例》的有关规定进行工伤认定。

——《最高人民法院行政审判庭关于超过法定退休年龄的进城务工农民因工伤亡的,应否适用〈工伤保险条例〉请示的答复》(2010年3月17日,〔2010〕行他字第10号)。

江苏省高级人民法院:

你院〔2012〕苏行他字第0002号《关于杨通诉南京市人力资源和社会保障局终止工伤行政确认一案的请示》收悉。经研究,答复如下:

同意你院倾向性意见。相同问题我庭2010年3月17日在给山东省高级人民法院的《关于超过法定退休年龄的务工农民因工伤亡的,应否适用〈工伤保险条例〉请示的答复》(〔2010〕行他字第10号)中已经明确。即,用人单位聘用的超过法定退休年龄的务工农民,在工作时间内、因工作原因伤亡的,应当适用《工伤保险条例》的有关规定进行工伤认定。

——《最高人民法院关于超过法定退休年龄的进城务工农民在工作时间内因公伤亡的,能否认定工伤的答复》(2012年11月25日,〔2012〕行他字第13号)。

797 超过法定退休年龄的人员被聘用后发生事故可以认定为工伤

关键词 | 工伤认定 | 离退休人员 | 劳动关系 |

【最高人民法院司法文件】

26. 工伤认定相关法定要件的理解问题

(1)“职工”应当包括用人单位聘用的超过法定退休年龄的人员。(69号)

——《最高人民法院办公厅关于印发〈行政审判办案指南(一)〉的通知》(2014年2月24日,法办〔2014〕17号)。

【最高人民法院答复】

重庆市高级人民法院:

你院〔2006〕渝高法行示字第14号《关于离退休人员与现工作单位之间是否构成劳动关系以及工作时间内受伤是否适用〈工伤保险条例〉一案的请示》收悉。经研究,原则同意你院第二种意见,即:根据《工伤保险条例》第二条、第六十一条等有关规定,离退休人员受聘于现工作单位,现工作单位已经为其缴纳了工伤保险费,其在受聘期间因工作受到事故伤害的,应当适用《工伤保险条例》的有关规定处理。

——《最高人民法院行政审判庭关于离退休人员与现工作单位之间是否构成劳动关系以及工作时间内受伤是否适用〈工伤保险条例〉的答复》(2007年7月5日,〔2007〕行他字第6号)。

【最高人民法院参考案例】

胡兰芝诉内蒙古自治区包头市劳动和社会保障局工伤认定案(行政审判案例第69号)

要旨:退休返聘人员在工作时间、工作地点因工作原因发生事故可以认定为工伤。……

劳动法未规定劳动者年龄上限,上诉人以冯养俊发生事故时年满69岁,已超过退休年龄,不具有法律意义上的劳动者主体资格,不能作为劳动关系当事人的法律依据不足,故作出不予受理工伤认定不正确。上诉人的上诉理由不能成立,本院不予支持。

——中华人民共和国最高人民法院行政审判庭编:《中国行政审判案例》(第2卷),中国法制出版社2011年版,第180、181页。

【链接：最高人民法院法官著述】

是否形成劳动关系，关键在于劳动者是否事实上已成为企业、个体经济组织的成员，并为其提供有偿劳动。离退休人员与现工作单位之间签订的聘用合同实质上就是用人单位与劳动者之间订立的劳动合同，不能因其名称不同就排除在劳动法之外。故应将离退休人员与现工作单位之间的聘用关系认定为劳动关系，离退休人员在受聘期间因工受伤应适用《工伤保险条例》。

〔2007〕行他字第6号答复所涉案例具有特殊性，受聘单位已经为离退休职工缴纳了工伤保险，且工伤保险劳动部门不仅没有拒绝而且予以接受，只能针对该案的具体情况认定为离退休人员与现工作单位之间构成劳动关系，在工作期间内受伤应适用《工伤保险条例》的有关规定依法处理。理由为：第一，根据《工伤保险条例》第二条和第六十一条的规定，参照劳动部《关于贯彻执行劳动法若干问题的意见》第二条和第四条的规定，离退休人员与现工作单位之间签订的聘用合同符合用人单位与劳动者之间订立的劳动合同的要件。第二，参照劳动部《关于实行劳动合同制度若干问题的通知》第十三条关于“已享受养老保险待遇的离退休人员被再次聘用时，用人单位应与其签订书面协议，明确聘用期内的工作内容、报酬、医疗、劳动待遇等权利义务”的规定，和中共中央办公厅、国务院办公厅转发的《中央组织部、中央宣传部、中央统战部、人事科技部、劳动保障部、解放军总政治部、中国科协关于进一步发挥离退休专业技术人员作用的意见》关于“离退休专业人员受聘工作期间，因工作发生职业伤害的，应由聘用单位参照工伤保险的相关待遇妥善处理；因工作发生职业伤害与聘用单位发生争议的，可通过民事诉讼处理；与聘用单位之间因履行聘用合同发生争议的，可通过人事或劳动争议仲裁渠道解决”的规定，离退休人员与企业之间签订的聘用合同，符合劳动者与用人单位之间关系的表象，且具体规定没有明确将离退休人员再受聘新单位排除在劳动合同之外，排除在工伤保险范围之外。第三，离退休专业人员受聘工作期间，因工作发生职业伤害的，应由聘用单位参照工伤保险的相关待遇妥善处理。本案特殊性在于聘用单位已经为其缴纳了工伤保险，且工伤保险劳动部门不仅没有拒绝而且予以接受，当离退休人员与现工作单位形成劳动关系表象并在工作期间内发生工伤，理当享受工伤保险待遇。

——杨临萍：《社会法理念下的工伤保险行政案件司法审查》，载中华人民共和国最高人民法院行政审判庭编：《行政执法与行政审判》（总第28集），人民法院出版社2008年版，第241—243页。

798 职工工作单位的变动不改变职业病工伤认定

关键词｜工伤认定｜职业病｜工作单位变动｜

【最高人民法院公报案例】

中核深圳凯利集团有限公司诉深圳市人力资源和社会保障局工伤认定案

要旨：工伤认定作为行政确认行为，是社会保险行政部门依职权对职工是否因工作受伤或患病的事实进行确认，该事实不因职工工作单位的变动而改变。职工患职业病的，应当认定为工伤。

本案争议焦点是被上诉人深圳市人社局以张华丽在上诉人凯利公司处工作期间无职业病危害接触史为由认定张华丽不属于或不视同工伤是否合法有据。

工伤的核心在于因工作受伤或患病，工伤认定作为行政确认行为，是社会保险行政部门行使职权对职工是否因工作受伤或患病的事实进行确认，该事实不因职工工作单位的变动而改变。《工伤保险条例》第十四条第（四）项及《广东省工伤保险条例》第九条第（四）项均明确规定，职工患职业病的，应当认定为工伤。《工伤保险条例》第十九条第一款及《广东省工伤保险条例》第十五条第二款还进一步规定了，"职业诊断和诊断争议的鉴定，依照职业病防治法的有关规定执行。对依法取得的职业病诊断证明书或者职业病诊断鉴定书，社会保险行政部门不再进行调查核实"。由此，上述立法中对于职工患职业病认定为工伤，并无附加其他条件，即并未明文设定职工须在用人单位工作期间患职业病的限制条件。

同时，对于职业病工伤认定的申请主体，《工伤保险条例》第十七条第一款规定，职工被诊断、鉴定为职业病，所在单位应当自被诊断、鉴定为职业病之日起30日内，向统筹地区社会保险行政部门提出工伤认定申请。再结合该条例第二条有关用人单位的表述及第十七条第二、三、四款有关用人单位未在法定时限内提交工伤认定申请之法律责任的规定，可以得出结论：《工伤保险条例》并未将职业病职工的用人单位限定于具有职业病危害因素、导致职工患职业病的工作单位；相反，职工被诊断为职业病时的所在单位即负有作为用人单位申请工伤认定等法定义务，亦即《工伤保险条例》认同其为职业病职工用人单位。

在职业病防治中，国家为职业病病人设定了多层级保障，从享受工伤保险待遇到向用人单位民事索赔，到最后由人民政府救助，体现了国家对职业病病人的特别保护，表明国家旨在对职业病病人设置无漏洞的保障体系。职业病防治法第六十条规定，职业病病人的诊疗、康复费用，伤残以及丧失劳动能力的职业病病人的社会保障，按照国家有关工伤保险的规定执行。第六十一条进一步明确规定，职业病病人变动工作单位，其依法享有的待遇不变。此处所规定的待遇当然包括职业病病人的工伤保险待遇。

具体到本案中，原审第三人张华丽于 2014 年 10 月被诊断为职业性放射性肿瘤，上诉人凯利公司为张华丽获得诊断时的所在单位，有法律效力的《职业病诊断证明书》上载明的用人单位亦为凯利公司。事实上，张华丽已自 1991 年 10 月调入凯利公司单位起一直在凯利公司处工作，直至 1996 年 6 月退休，凯利公司也一直为张华丽缴纳工伤保险。因此，当张华丽被诊断为职业病时，凯利公司作为其所在单位有义务为张华丽提出工伤认定申请，而被上诉人深圳市人社局应依法进行认定。在《工伤保险条例》及《广东省工伤保险条例》均未对职工患职业病认定工伤设置其他限制条件的情况下，深圳市人社局认定张华丽不属于或不视同工伤属于适用法律错误，依法应予撤销。

被上诉人深圳市人社局以原审第三人张华丽的职业病并非在上诉人凯利公司处工作所造成为由，主张张华丽不属于工伤。然而《工伤保险条例》并未将职业病职工的用人单位限定于具有职业病危害因素、导致职工患职业病的工作单位。如果《工伤保险条例》一方面在第十七条要求职工被诊断为职业病时所在单位申请工伤认定，另一方面又如深圳市人社局所理解，职业病病人只能以导致其患病的工作单位为用人单位方能认定工伤，那《工伤保险条例》第十七条规定就丧失了意义和价值，因为申请只是程序上启动了工伤认定程序，对职业病病人真正有意义的是工伤认定结论。深圳市人社局上述主张没有法律依据，且与工伤保险立法宗旨及相关规定相违，不予采纳。深圳市人社局亦主张根据职业病防治法第六十条规定张华丽应由原工作单位核工业国营 743 厂承担工伤保险待遇，或根据该法第六十二条向韶关当地人民政府民政部门寻求救助。首先，本案审查对象为工伤认定行为，工伤保险待遇承担与工伤认定属两不同阶段的行政行为，不能以后续工伤保险待遇的承担来否定张华丽的工伤事实。其次，张华丽在核工业国营 743 矿工作，职业病危害接触的最后时间为 1986 年 7 月，此时并未建立工伤保险社会统筹制度；从凯利公司出具的工伤认定申请函来看，张华丽已向韶关市社保局申请过工伤认定，而韶关市社保局正是以没有缴交过任何社会保险为由不予受理工伤认定。相反，凯利公司一直为张华丽缴纳工伤保险，即张华丽不属于职业病防治法第六十条规定之"劳动者被诊断患有职业病，但用人单位没有依法参加工伤保险的"情形。最后，职业病防治法第六十一条明确规定，职业病病人变动工作单位，其依法享有的待遇不变。此处所规定的待遇当然包括职工的工伤保险待遇。而职业病防治法第六十二条有关"用人单位已经不存在或者无法确认劳动关系的职业病病人，可以向地方人民政府民政部门申请医疗救助和生活等方面的救助”之规定，是在工伤保险、用人单位确实缺位时，国家对职业病病人的特别兜底保护。不能因存在人民政府救助这一救济途径，而否定张华丽的工伤事实，进而排除其享受工伤保险待遇的权利。因此，深圳市人社局上述主张，不予支持。

——《中华人民共和国最高人民法院公报》2020 年第 12 期。

799 患职业病职工的职业接触史涉及多个单位如何认定工伤

关键词｜工伤认定｜用人单位｜职业病｜

【最高人民法院裁判案例】

胥维益诉四川省广元市人民政府行政复议案［最高人民法院（2017）最高法行再 64 号行政判决书］

（一）关于胥维益的情形是否应认定为工伤及用人单位争议可否影响工伤认定的问题

《工伤保险条例》第十四条第（四）项规定“职工患职业病的，应当认定为工伤”。《工伤保险条例》的上述规定，相对于其他工伤情形是不同的。既未强调工作原因又未要求在工作时间和工作场所内。但是并不意味着职业病与工作无关，相反地，职业病必须是该条例覆盖范围内的用人单位职工在职业活动中引起的属于《职业病目录》上的疾病，且必须经法定的卫生部门确诊。本案中，胥维益于 2010 年 3 月 11 日至 2010 年 6 月 28 日在昭钢炭素公司工作，工种为煅烧加料，双方劳动关系已经生效民事判决确认，胥维益系昭钢炭素公司职工。2012 年，胥维益经四川省广元市疾病预防控制中心、四川省广元市职业病诊断鉴定委员会先后诊断鉴定为职业病“石墨尘肺贰期”，又经四川省职业病诊断鉴定委员会再次诊断鉴定为“煤工尘肺贰期”。故胥维益罹患职业病“石墨尘肺贰期”或者“煤工尘肺贰期”的事实清楚，广元市人社局依据《工伤保险条例》第十四条第（四）项的规定，认定胥维益为工伤，并无不当。

《工伤保险条例》的制定，是为了保障因工作遭受事故伤害或者患职业病的职工获得医疗救治和经济补偿，促进工伤预防和职业康复。工伤保险应优先保护受害职工的合法权益，保障患职业病的职工得到及时的医疗救治，达到基本的生活水平。在本案，胥维益罹患职业病的事实清楚，昭钢炭素公司虽对其为承担工伤责任的用人单位有异议，但不应影响先以上述诊断鉴定结论所列明的单位作为责任单位认定胥维益为工伤。故广元市政府、二审法院以广元市人社局认定昭钢炭素公司为胥维益患“煤工尘肺贰期”的用人单位属于事实不清、证据不足为由而撤销广元市人社局的工伤认定决定，不仅违反《工伤保险条例》第十四条第（四）项规定，亦有悖《工伤保险条例》的立法精神，依法应予纠正。

（二）关于广元市人社局认定昭钢炭素公司为胥维益患“煤工尘肺贰期”的用人单位是否属于事实不清、证据不足的问题

其一，《工伤保险条例》第十九条第一款规定：“社会保险行政部门受理工伤认定申请后，对依法取得职业病诊断证明书或者职业病诊断鉴定书的，社会保险行政部门不再进行调查核实。”《职业病诊断与鉴定管理办法》第三十六条第四款规定：“职业病鉴定实行两级鉴定制，省级职业病鉴定结论为最终鉴定。”《四川省人力资源和社会保障厅关于进一步做好工伤保险若干意见的通知》第五项规定：“职工被初次诊断、鉴定为职业病，有关当事人申请工伤认定的，以职业病诊断、鉴定证明书载明的用人单位作为承担工伤保险责任单位，依法进行工伤认定。”依据上述规定，本案四川省职业病诊断鉴定委员会的诊断鉴定为最终鉴定，具有最终的法律效力。即胥维益患“煤工尘肺贰期”职业病，工作单位为昭钢炭素公司，职业接触史中包含了在昭钢炭素公司从事煅烧加料的工作经历。对于该诊断鉴定所载明的上述内容，广元市人社局在进行工伤认定时可以不再进行调查核实，故其依据该诊断鉴定结论，认定昭钢炭素公司为工伤用人单位，符合上述规定。昭钢炭素公司关于社保部门不需调查核实的对象仅是“事故伤害”，并不包括工伤保险责任的承担主体的主张不能成立，本院不予支持。

其二，根据《工伤保险条例》第十九条第二款的规定，职工或者其近亲属认为是工伤，用人单位不认为是工伤的，应由用人单位承担举证责任。在本案工伤认定过程中，昭钢炭素公司在广元市人社局指定的举证期限内并未举示出胥维益所患职业病是在其他公司形成的有效证据，胥维益虽然在 1998 年至 2004 年间在山西临汾多个煤矿从事过掘进工作，并在 2012 年自述“气短、胸闷 3 年”，但并无证据证实其在此期间确已患上职业病，且昭钢炭素公司亦未提供证据证明其已依法按照职业病防治法第三十五条的规定，对从事接触职业病危害作业的劳动者组织上岗前职业健康检查，而是直接安排胥维益从事接触职业病危害的作业，存在过错，也导致无法排除胥维益的职业病在其公司工作期间罹患致害的可能，依法应承担相应的责任。故广元市人社局认定昭钢炭素公司为胥维益职业病的用人单位，并不违反《工伤保险条例》关于用人单位举证责任的上述规定。

其三，四川省职业病诊断鉴定委员会的诊断鉴定书关于职业接触史中包含胥

维益 1998 年 2 月至 2004 年 9 月在山西临汾多个煤矿从事掘进工作及在昭钢炭素公司从事煅烧加料的工作，因没有列明期间的相关工作单位，既无法认定相关致害单位又无法辨别致害的因果关系，在胥维益与昭钢炭素公司存在劳动关系已经为生效民事判决确认的情况下，为保护职业病职工的合法权益，广元市人社局依据四川省职业病诊断鉴定委员会的诊断鉴定结论，认定昭钢炭素公司为工伤用人单位，并无不当。同时，昭钢炭素公司及有关机构依法承担相应工伤保险责任后，如有相应证据，可以向相关单位主张权利，但因与本案不属同一法律关系，昭钢炭素公司及有关机构需依法另行主张。

——中国裁判文书网，https://wenshu.court.gov.cn/。

800 职业病诊断鉴定结论所列明的单位对其承担工伤保险责任有异议的工伤认定

关键词 | 工伤认定 | 职业病诊断 | 用人单位 |

【最高人民法院专业法官会议纪要】

4. 职业病诊断鉴定结论所列明的单位对其承担工伤保险责任有异议的工伤认定

职业病诊断鉴定结论所列明的单位对其承担工伤保险责任有异议，但社会保险行政部门依据职业病诊断鉴定结论先行认定职工的职业病为工伤的，人民法院应予支持。职业病诊断鉴定结论所列明的单位或工伤保险基金承担相应工伤保险责任后，有权机关否定相关单位为工伤责任单位的，相关单位或工伤保险基金可以向实际致害单位依法另行主张权利。

——《最高人民法院行政法官专业会议纪要（七）》（工伤保险领域），载中华人民共和国最高人民法院行政审判庭编：《行政执法与行政审判》（总第 80 集），中国法制出版社 2020 年版，第 256—257 页。

801 认定工伤并不以用人单位是否缴纳工伤保险费为前提

关键词 | 工伤认定 | 工伤保险费 | 用人单位 |

【最高人民法院公报案例】

北京奥德清洁服务有限公司上海分公司诉上海市长宁区人力资源和社会保障局工伤认定案

要旨:职工应当参加工伤保险,缴纳工伤保险费是用人单位的法定义务,不能由职工和用人单位协商排除用人单位的法定缴纳义务。认定工伤并不以用人单位是否缴纳工伤保险费为前提。用人单位未依法缴纳工伤保险费的,职工在被认定为工伤后可以依法请求用人单位承担相应的工伤保险待遇。

本案的争议焦点是汪朝云在入职后向上诉人提交的“自动放弃缴纳社保声明”能否构成不予认定工伤的理由。根据社会保险法的相关规定,职工应当参加工伤保险,由用人单位缴纳工伤保险费。这是保障公民在工伤情况下,依法从国家和社会获得物质帮助的权利,也是法律明确规定的用人单位的义务,并不是由职工和用人单位自由协商处分的权利。而且是否缴纳社会保险费与认定工伤并无直接关联,社会保险行政部门受理工伤申请以及认定工伤并不以伤(亡)者是否缴纳社会保险费为依据。故对上诉人主张的汪朝云放弃缴纳社保不予认定工伤的理由不予采信。

——《中华人民共和国最高人民法院公报》2020 年第 1 期。

802 如何理解“用人单位未依法缴纳工伤保险费”

关键词｜工伤认定｜用人单位｜工伤保险费｜

【最高人民法院答复】

重庆市高级人民法院:

你院〔2016〕渝他 1 号《关于赵祖坤诉巫山县社会保险局行政给付一案的请示》收悉。经研究,答复如下:

同意你院审判委员会第一种意见,即《社会保险法》第四十一条规定的“用人单位未依法缴纳工伤保险费”的情形,包括用人单位未为职工参加工伤保险,自始未缴纳工伤保险费和用人单位为职工参加了工伤保险后未按时足额缴纳工伤保险费两种情形。

——《最高人民法院行政审判庭关于赵祖坤诉重庆市巫山县社会保险局行政给付一案的答复》(2018 年 6 月 24 日,〔2017〕最高法行他 16 号)。

803 用人单位为职工购买商业性人身意外伤害保险的，不因此免除其为职工购买工伤保险的法定义务

关键词｜工伤认定｜商业性保险｜工伤保险｜

【最高人民法院公报案例】

安民重、兰自姣诉深圳市水湾远洋渔业有限公司工伤保险待遇纠纷案

要旨：用人单位为职工购买商业性人身意外伤害保险的，不因此免除其为职工购买工伤保险的法定义务。职工获得用人单位为其购买的人身意外伤害保险赔付后，仍然有权向用人单位主张工伤保险待遇。

《工伤保险条例》第二条第一款规定："中华人民共和国境内的企业、事业单位、社会团体、民办非企业单位、基金会、律师事务所、会计师事务所等组织和有雇工的个体工商户（以下称用人单位）应当依照本条例规定参加工伤保险，为本单位全部职工或者雇工（以下称职工）缴纳工伤保险费。"根据该规定，为职工缴纳工伤保险费是水湾公司的法定义务，该法定义务不得通过任何形式予以免除或变相免除。《工伤保险条例》第六十二条第二款又进一步规定："依照本条例规定应当参加工伤保险而未参加工伤保险的用人单位职工发生工伤的，由该用人单位按照本条例规定的工伤保险待遇项目和标准支付费用。"在上诉人水湾公司未为安东卫缴纳工伤保险费的情况下，水湾公司应向安东卫的父母被上诉人安民重和兰自姣支付工伤保险待遇。水湾公司为安东卫购买的商业性意外伤害保险，性质上是水湾公司为安东卫提供的一种福利待遇，不能免除水湾公司作为用人单位负有的法定的缴纳工伤保险费的义务或支付工伤保险待遇的义务。

——《中华人民共和国最高人民法院公报》2017 年第 12 期。

804 事实劳动关系下应由用人单位依法缴纳综合保险费

关键词｜工伤认定｜事实劳动关系｜综合保险费｜

【最高人民法院公报案例】

上海珂帝纸品包装有限责任公司不服上海市人力资源和社会保障局责令补缴外来从业人员综合保险费案

要旨：从事劳务派遣业务的单位应当依法登记设立。用人单位与未经工商注

册登记、不具备劳务派遣经营资质的公司签订用工协议，与派遣人员形成事实劳动关系，应由用人单位依法为其缴纳综合保险费；用人单位与不具备缴费资格的主体的协议约定，不能免除其法定缴费义务。

一、关于部分外来从业人员是否属于原告珂帝公司员工的争议。原告主张部分外来从业人员系案外人黄氏公司依据双方协议向原告派遣，不属于原告的员工，并出示了原告与黄氏公司之间的协议。首先，从协议内容来看，双方约定由黄氏公司在一年的期限内派遣部分劳动者至原告单位工作，该部分劳动者应享有与原告单位员工同等的待遇，原告单位定期结算该部分劳动者的工资。表面上这份协议符合劳动合同法规定的劳务派遣协议应当具备的内容，对被派遣劳动者社会保险费用的缴纳也作出了约定，但经合议庭调查核实，该份协议存在主体不适格的问题。根据劳动合同法第五十七条的规定，“劳务派遣单位应当依照公司法的有关规定设立，注册资本不得少于五十万元”。据此，劳务派遣单位应当是依法登记设立的公司，具备一定的经济实力，且能够独立承担法律责任。而黄氏公司既未经工商登记注册成立，在社保系统中也没有登记开户，没有为任何劳动者缴纳过社会保险费用的记录；原告虽主张查验过黄氏公司的工商营业执照，但未能在庭审中提供，也没有其他证据能够证明黄氏公司系具有向其合法派遣劳务人员的经营资质的用人单位。故本案中黄氏公司不是合法成立的公司，并不具备合法的劳务派遣资质。此外，劳务派遣单位还应当与被派遣劳动者订立两年以上的劳动合同，向其支付基本的劳动报酬，而本案中涉案的 35 名外来人员并没有与黄氏公司签订劳动合同，实际上也不在黄氏公司处工作，而是一直在原告公司从事原告的生产任务，故本案中原告所主张的劳务派遣关系并不能成立。

在劳务派遣关系不成立的情况下，本案需对 35 名外来人员是否属于原告珂帝公司的员工，从而应否由原告为其缴纳综合保险费作出认定。劳动关系是用人单位和劳动者之间的关系，根据劳动法第十六条的规定，“劳动合同是劳动者与用人单位确立劳动关系、明确双方权利和义务的协议。建立劳动关系应当订立劳动合同”。据此，劳动关系的建立以订立劳动合同为主要标志，但实践中存在大量的用人单位用工却不与劳动者订立劳动合同的现象。为此，1995 年《劳动部关于贯彻执行〈中华人民共和国劳动法〉若干问题的意见》中提出了“事实劳动关系”的概念，该意见第一条规定“中国境内的企业、个体经济组织与劳动者之间，只要形成劳动关系，即劳动者事实上已成为企业、个体经济组织成员，并为其提供了有偿劳动，适用劳动法”。这里规定的“事实劳动关系”是相对于劳动法调整的劳动法律关系而言的，劳动者与用人单位虽然没有签订书面的劳动合同，但是履行了实际的劳动关系,包括为用人单位提供劳动,接受用人单位的管理和约束,受到用人单位的保护等,即双方在事实上确立了劳动关系。为保护事实劳动关系中劳动者的权益,劳动合同法作出了进一步的明确,第七条规定:“用人单位自用工之日起即与劳动者建立劳动关系。”第十条规定:“建立劳动关系,应当订立书面劳动合同。……用人单位与劳动者在用工前订立劳动合同的,劳动关系自用工之日起建立。”据此,引起劳动关系产生的基本法律事实是用工,而不是订立劳动合同;只要存在用工行为,劳动者即享有法律规定的权利。一般情况下,可以从以下四个方面鉴别是否存在事实劳动关系:一是劳动者与用人单位之间是否存在从属关系,接受用人单位的管理、指挥和监督;二是用人单位是否根据某种分配原则,组织工资分配,劳动者按照一定方式领取劳动报酬;三是劳动者提供的劳动是否为用人单位业务的组成部分;四是劳动者是否在用人单位提供的工作场所、使用用人单位提供的生产工具。在存在劳务派遣的情况下,劳务派遣单位与被派遣的劳动者之间形成的是劳动关系。结合到本案的实际情况,由于劳务派遣关系并不成立,故需审查的是原告与35名外来从业人员之间是否存在事实上的劳动关系。从经过庭审质证的一系列证据来看,原告在劳动监察过程中所作笔录可以证明,原告公司共使用了95名外来从业人员,其中即包括争议的35名外来员工;原告提供的出勤考核表、员工出勤记录表、工资发放表等证据材料也反映出,原告单位员工共95名,包括该部分外来员工均在原告处工作,从事原告单位的生产任务,受原告统一管理,并从原告处领取工资报酬;原告在庭审中也确认了35名外来人员在原告单位务工的事实,据此,该部分外来从业人员与原告之间的关系符合事实劳动关系的基本特征,应当属于原告的员工,原告应履行用人单位的相关法定义务。

二、原告珂帝公司与案外人关于为部分外来从业人员缴纳综合保险费的约定可否免除原告的缴费义务的争议。本案中被告市人保局作出具体行政行为所适用的条文依据是《上海市外来从业人员综合保险暂行办法》(以下简称《暂行办法》)的相关规定。《暂行办法》是上海市政府为切实解决外来农民工的社会保障问题,根据外来从业人员的自身特点和需求制定的,对于维护其合法权益、规范单位的用工行为具有重要作用和积极意义。作为社会保险的外来从业人员综合保险,由政府强制实施,凡本市行政区域内使用外来从业人员的单位及其使用的外来从业人员均须按规定参加。根据该办法,使用外来从业人员的用人单位应当及时、足额地为每一位外来从业人员缴纳综合保险,这既是依法保障外来从业人员合法权益,当外来从业人员发生工伤、疾病等意外时能以统筹基金给予救助的重要途径,也是用工单位合法规避用工风险,避免产生劳资纠纷的重要手段。被告依据《暂行办法》

第五条、第八条的规定认定原告未依法履行缴费义务，并对其作出补缴所欠综合保险费用的行政处理决定。而原告则认为，其与黄氏公司签订的协议第五条规定，“工人综合保险有（由）甲方公司（即黄氏公司）来缴”，应由黄氏公司承担缴纳综合保险费的义务。故本案需要明确的问题是：综合保险费的缴纳主体应当如何认定，以及原告与黄氏公司的约定能否排除其缴费义务。

根据《暂行办法》第三条的规定，“使用外来从业人员”的企业、事业单位、社会团体等统称为用人单位，适用本办法；第五条规定了缴纳综合保险费的主体，即“用人单位和无单位的外来从业人员”；第八条进一步规定：“用人单位和无单位的外来从业人员应当自办理综合保险登记手续当月起，按月向市外来人员就业管理机构缴纳综合保险费。”据此，使用外来从业人员的用人单位是缴纳其工作期间综合保险费的法定义务主体。在存在劳务派遣法律关系的情况下，劳务派遣单位作为法定用人单位，属于该法规定的用人单位，应当承担缴纳综合保险费的义务。由于本案中劳务派遣关系并不成立，而原告作为经工商注册登记、具备合法用工主体资格的企业法人，在本案中实际使用外来从业人员，并与其建立事实劳动关系，故属于《暂行办法》规定的法定缴费主体，应当为这部分外来从业人员缴纳综合保险费用。至于原告与黄氏公司在协议中的约定，黄氏公司由于不具备合法的劳务派遣资质，并非可承担缴纳综合保险费责任的适格主体，原告以协议方式将其法定缴费义务转让给不具有缴费资格的案外人，不符合《暂行办法》的规定，故不能免除原告的缴费义务。

——《中华人民共和国最高人民法院公报》2013 年第 11 期。

3. 工伤和视同工伤的认定

805 工作原因、工作时间和工作场所在工伤认定中所起的作用问题

关键词 | 工伤认定 | 工作原因 | 工作时间 | 工作场所 |

【最高人民法院司法解释】

第四条 社会保险行政部门认定下列情形为工伤的，人民法院应予支持：

（一）职工在工作时间和工作场所内受到伤害，用人单位或者社会保险行政部门没有证据证明是非工作原因导致的；

（二）职工参加用人单位组织或者受用人单位指派参加其他单位组织的活动受到伤害的；

（三）在工作时间内，职工来往于多个与其工作职责相关的工作场所之间的合理区域因工受到伤害的；

（四）其他与履行工作职责相关，在工作时间及合理区域内受到伤害的。

——《最高人民法院关于审理工伤保险行政案件若干问题的规定》（2014 年 9 月 1 日，法释〔2014〕9 号）。

【链接：理解与适用】

法律法规对“工作原因”、“工作场所”和“工作时间”（以下简称为“三工”）规定得比较原则，具有较大的解释空间和较高的适应性，能够满足不断发展的实践需求；但是由于比较原则容易产生分歧，容易导致标准不统一的问题。《规定》第四条明确以下情况可以认定为工伤：

1. 职工在工作时间和工作场所内受到伤害，用人单位或者社会保险行政部门没有证据证明是非工作原因导致的。工伤认定的“三工”要素中，工作原因是核心要件，是认定工伤的充分条件。即使不在工作时间、工作场所，但只要是工作原因，同样应当认定为工伤。工作场所和工作时间在工伤认定中一方面是补强工作原因，另一方面是在工作原因无法查明时，用以推定是否属于工作原因。因此，在工作场所和工作时间内，没有证据证明是非工作原因导致职工伤亡的亦应认定为工伤。

2. 职工参加用人单位组织或者受用人单位指派参加其他单位组织的活动受到伤害的。关于职工在参加本单位或者受用人单位指派参加其他单位组织的集体活动受到伤害是否认定工伤的问题，争议较大。我们认为，如果属于用人单位强制要求或者鼓励参加的集体活动，这些活动可以被认为是工作的一个组成部分，应该属于工作原因，由此受到的伤害应当认定为工伤。

3. 在工作时间内，职工来往于多个与其工作职责相关的工作场所之间的合理区域因工受到伤害的。对工作场所的认定，既不宜过于宽泛也不宜过于狭窄。实践中将完成工作所应当经过或可能经过的区域确定为工作场所比较合理。这里所说的“为履行工作职责应当经过或可能经过的场所”是对工作场所的合理延伸，因其与工作职责有直接关联，应当认定为工作场所。因此，职工来往于多个与其工作职责相关的工作场所之间的合理区域因工受到伤害的，应当认定为工伤。

4. 其他与履行工作职责相关，在工作时间和涉及的合理区域内受到伤害的。

此项既为兜底条款,也是对《工伤保险条例》第十四条第(一)项"职工在工作时间和工作场所内,因工作原因受到事故伤害的,应当认定为工伤"规定作出的进一步解释。

——马永欣、李涛、杨科雄:《〈最高人民法院关于审理工伤保险行政案件若干问题的规定〉的理解与适用》,载中华人民共和国最高人民法院行政审判庭编:《行政执法与行政审判》(总第63集),中国法制出版社2014年版,第7—8页。

806 根据立法本意准确把握工伤认定的法定要件

关键词 | 工伤认定 | 工作原因 | 工作场所 |

【最高人民法院司法文件】

26. 工伤认定相关法定要件的理解问题

(2)"工作原因"应当包括因履行工作职责、完成工作任务、遵从单位安排等与工作存在直接关系的事项。(31号、34号、35号、70号)

——《最高人民法院办公厅关于印发〈行政审判办案指南(一)〉的通知》(2014年2月24日,法办〔2014〕17号)。

【最高人民法院指导性案例】

孙立兴诉天津新技术产业园区劳动人事局工伤认定案(最高人民法院指导案例40号)

裁判要点:(1)《工伤保险条例》第十四条第(一)项规定的"因工作原因",是指职工受伤与其从事本职工作之间存在关联关系。

(2)《工伤保险条例》第十四条第(一)项规定的"工作场所",是指与职工工作职责相关的场所,有多个工作场所的,还包括工作时间内职工来往于多个工作场所之间的合理区域。

(3)职工在从事本职工作中存在过失,不属于《工伤保险条例》第十六条规定的故意犯罪、醉酒或者吸毒、自残或者自杀情形,不影响工伤的认定。

法院生效裁判认为:各方当事人对园区劳动局依法具有本案行政执法主体资格和法定职权,其作出被诉工伤认定决定符合法定程序,以及孙立兴是在工作时间内摔伤,均无异议。本案争议焦点包括:一是孙立兴摔伤地点是否属于其"工作场所"?二是孙立兴是否"因工作原因"摔伤?三是孙立兴工作过程中不够谨慎的过失是否影响工伤认定?

一、关于孙立兴摔伤地点是否属于其“工作场所”问题

《工伤保险条例》第十四条第(一)项规定,职工在工作时间和工作场所内,因工作原因受到事故伤害,应当认定为工伤。该规定中的“工作场所”,是指与职工工作职责相关的场所,在有多个工作场所的情形下,还应包括职工来往于多个工作场所之间的合理区域。本案中,位于商业中心八楼的中力公司办公室,是孙立兴的工作场所,而其完成去机场接人的工作任务需驾驶的汽车停车处,是孙立兴的另一处工作场所。汽车停在商业中心一楼的门外,孙立兴要完成开车任务,必须从商业中心八楼下到一楼门外停车处,故从商业中心八楼到停车处是孙立兴来往于两个工作场所之间的合理区域,也应当认定为孙立兴的工作场所。园区劳动局认为孙立兴摔伤地点不属于其工作场所,系将完成工作任务的合理路线排除在工作场所之外,既不符合立法本意,也有悖于生活常识。

二、关于孙立兴是否“因工作原因”摔伤的问题

《工伤保险条例》第十四条第(一)项规定的“因工作原因”,指职工受伤与其从事本职工作之间存在关联关系,即职工受伤与其从事本职工作存在一定关联。孙立兴为完成开车接人的工作任务,必须从商业中心八楼的中力公司办公室下到一楼进入汽车驾驶室,该行为与其工作任务密切相关,是孙立兴为完成工作任务客观上必须进行的行为,不属于超出其工作职责范围的其他不相关的个人行为。因此,孙立兴在一楼门口台阶处摔伤,系为完成工作任务所致。园区劳动局主张孙立兴在下楼过程中摔伤,与其开车任务没有直接的因果关系,不符合“因工作原因”致伤,缺乏事实根据。另外,孙立兴接受本单位领导指派的开车接人任务后,从中力公司所在商业中心八楼下到一楼,在前往院内汽车停放处的途中摔倒,孙立兴当时尚未离开公司所在院内,不属于“因公外出”的情形,而是属于在工作时间和工作场所内。

三、关于孙立兴工作中不够谨慎的过失是否影响工伤认定的问题

《工伤保险条例》第十六条规定了排除工伤认定的三种法定情形,即因故意犯罪、醉酒或者吸毒、自残或者自杀的,不得认定为工伤或者视同工伤。职工从事工作中存在过失,不属于上述排除工伤认定的法定情形,不能阻却职工受伤与其从事本职工作之间的关联关系。工伤事故中,受伤职工有时具有疏忽大意、精力不集中等过失行为,工伤保险正是分担事故风险、提供劳动保障的重要制度。如果将职工个人主观上的过失作为认定工伤的排除条件,违反工伤保险“无过失补偿”的基本原则,不符合《工伤保险条例》保障劳动者合法权益的立法目的。据此,即使孙立

兴工作中在行走时确实有失谨慎，也不影响其摔伤系“因工作原因”的认定结论。园区劳动局以导致孙立兴摔伤的原因不是雨、雪天气使台阶地滑，而是因为孙立兴自己精力不集中导致为由，主张孙立兴不属于“因工作原因”摔伤而不予认定工伤，缺乏法律依据。

综上，园区劳动局作出的不予认定孙立兴为工伤的决定，缺乏事实根据，适用法律错误，依法应予撤销。

——《最高人民法院关于发布第九批指导性案例的通知》(2014 年 12 月 24 日，法〔2014〕337 号)。

【链接：理解与参照】

1. 关于第一个裁判要点的说明

《工伤保险条例》第十四条第(一)项规定：在工作时间和工作场所内，因工作原因受到事故伤害的，应当认定为工伤。在上述工伤认定的“三工”要素中，工作原因是核心要件，即使职工不在工作时间、工作场所内受到伤害，但只要是因为工作原因，就应当认定为工伤。工作场所和工作时间在工伤认定中的作用主要是补强工作原因，以及在工作原因无法查明时，用以推定是否属于工作原因。基于这样的精神，《工伤案件规定》第四条第(一)项明确指出，在工作场所和工作时间内，没有证据证明是非工作原因导致职工伤亡的，亦应认定为工伤。遗憾的是，对于“工作原因”这样一个如此重要的概念，《工伤保险条例》本身并没有作出进一步的规定或解释。在长期的工伤认定和司法实践中，人们习惯于从《工伤保险条例》第一条“为保障因工作遭受事故伤害……”的文意出发，将这种“工作原因”定位为工作与伤害之间的因果关系。这种看似当然的理解却存在着不小的缺陷：从逻辑上讲，因果关系要求作为“因”的工作对于作为“果”的伤害具有决定作用，也就是说要形成逻辑上的充分条件关系。但实践当中，伤害却并不总是由工作原因单独或直接导致，其中往往掺杂了多种因素，形成多因一果的状态。在此情况下，多因一果中的各个“因”与“果”之间在逻辑上就成为必要条件关系而非充分条件关系，而此时，作为原因的“工作”与作为结果的“伤害”之间也就不属于严格逻辑学意义上的因果关系。

就本案而言，孙立兴为完成开车接人的工作任务，必须从商业中心八楼的中力公司办公室下到一楼进入汽车驾驶室。该行为与其工作任务密切相关，是孙立兴为完成工作任务客观上必须进行的行为，不属于超出其工作职责范围的其他不相关的个人行为。但是，他在一楼门口台阶处摔伤，却不能完全归因于工作，而是掺杂了个人的过失。在这种情况下，显然不能说是工作原因直接或必然导致孙立兴受到伤害。那么在本案中，工作原因在逻辑上与孙立兴受到的伤害是什么关系呢？虽然孙立兴摔倒并不是由工作原因直接导致，其中还包括了其个人疏忽大意的过失，但是工作原因无疑是导致其在下楼过程中摔倒的必要因素，也就是说，仅有工作原因不必然导致其受到伤害，但是没有工作原因孙立兴则一定不会受到伤害，这种关系就是前文所说的必要条件逻辑关系。如果我们将这种情形排除在工伤保障制度之外，无疑会极大地挫伤职工的工作积极性，因为工作过程中疏忽大意的过失是无法完全避免的。因此，在该案的讨论过程中，我们将“工作原因”不再定位为工作与伤害结果之间的因果关系，而是将这种关系界定为伤害与工作之间的关联关系。从逻辑上看，关联关系包括两类，一类是充分条件关系，也就是工作原因直接导致了伤害，例如工作过程中机械设备出现故障将工人的肢体压伤；另一类是必要条件关系，也就是虽然工作本身并不是造成伤害的直接原因，但是如果没有工作则不会出现伤害，本案即是如此。

2. 关于第二个裁判要点的说明

《工伤保险条例》第十四条第(一)项规定的“工作场所”，是指职工从事职业活动的实际区域，传统上将其分为固定区域、不固定区域和临时区域。固定区域指职工日常工作的区域，主要包括单位所在地以及除单位以外的日常工作区域，如邮递员、快递员所负责的工作区域；不固定区域是指修理工、新闻工作者等因工作性质特殊所导致的经常变动的不确定的工作场所；临时区域是指单位或领导指派临时前往的工作场所。在实践中我们发现，由于工作场所的界定，应当涵盖与职工工作职责相关的所有区域及其自然延伸的合理区域，因此，在有多个工作场所的情形下，工作区域还应当包括职工来往于多个与其工作职责相关的工作场所之间的合理区域。这里所说的“与其工作职责相关的工作场所之间的区域”，因其与工作职责有直接关联，是完成工作职责的必经空间，因此是对工作场所的合理延伸，应当认定为工作场所。由此，职工来往于多个与其工作职责相关的工作场所之间的合理区域因工受到伤害的，应当认定为工伤。

本案中，位于商业中心八楼的中力公司办公室，是孙立兴的固定工作场所，而其完成去机场接人工作任务需到达的驾驶汽车的停车处，是孙立兴的另一处不固定的工作场所。汽车停在商业中心一楼的门外，孙立兴要完成开车任务，必须从商业中心八楼下到一楼门外停车处，故从商业中心八楼到停车处是孙立兴来往于两个工作场所之间的合理区域，应当认定为孙立兴的工作场所。园区劳动局认为孙立兴摔伤地点不属于其工作场所，系将完成工作任务的合理路线排除在工作场所之外，不符合立法本意，也有悖于生活常识。因此，“工作场所”应理解为包括工作时间内职工来往于多个工作场所之间的合理区域。

3. 关于第三个裁判要点的说明

《工伤保险条例》第十六条规定：“职工符合本条例第十四条、第十五条的规定，但是有下列情形之一的，不得认定为工伤或者视同工伤：(一)故意犯罪的；(二)醉酒或者吸毒的；(三)自残或者自杀的。”根据该条规定，只有在以上三种法定情形下才能排除工伤认定，职工从事工作中存在过失，不属于上述排除工伤认定的法定情形，不能阻却职工受伤与其从事本职工作之间形成一定的关联关系。工伤保险需要遵循的重要原则之一为无过失补偿原则，即无论工伤事故的责任在企业、受伤职工本人还是其同事，均应按照法定的工伤保险待遇标准对伤残职工或工亡职工遗属给予经济补偿。如果将职工个人主观上的过失作为认定工伤的排除条件，有违工伤保险的基本原则，不符合《工伤保险条例》保障劳动者合法权益的立法本意。

——石磊、阎巍：《指导案例40号〈孙立兴诉天津新技术产业园区劳动人事局工伤认定行政纠纷案〉的理解与参照——职工为完成工作任务在转换工作场所的必经区域过失导致自身伤亡应当认定为工伤》，载《人民司法 · 案例》2016年第20期。

807 工作场所是指职工从事工作的场所，而不是指职工本人具体的工作岗位

关键词 | 工伤认定 | 工作场所 | 串岗 |

【最高人民法院公报案例】

王长淮诉江苏省盱眙县劳动和社会保障局工伤行政确认案

要旨：根据《工伤保险条例》第十四条的规定，职工在工作时间和工作场所内，因工作原因受到事故伤害的，应当认定为工伤。这里的“工作场所”，是指职工从事工作的场所，例如职工所在的车间，而不是指职工本人具体的工作岗位。职工“串岗”发生安全事故导致伤害的，只要是在工作时间和工作场所内、因工作原因而发生的，即符合上述工伤认定条件，“串岗”与否不影响其工伤认定。

《工伤保险条例》第五条规定，“县级以上地方各级人民政府劳动保障行政部

门负责本行政区域内的工伤保险工作”。被告盱眙县劳保局具有负责工伤认定的法定职责。《工伤保险条例》第十四条规定:“职工有下列情形之一的,应当认定为工伤:(一)在工作时间和工作场所内,因工作原因受到事故伤害的……”这里的“工作场所”,是指职工从事工作的场所,例如职工所在的车间,而不是指职工本人具体的工作岗位。被告盱眙县劳保局认为原告因“串岗”受伤不能认定为工伤,对此法院认为,首先,原告王长淮临时更换岗位是按照管理人员即车间主任的安排进行的,并不是擅自离岗换岗,不属于“串岗”,应为正常工作变动;其次,即使认定原告上班期间“串岗”行为成立,原告仅是违反了相关企业管理制度,其只导致具体工作岗位及相关工作内容有所变动,并不能改变原告仍在工作场所内工作的事实,因此,“串岗”行为应由企业内部管理规章制度调整,不能因此影响工伤认定。原告是在第三人思达公司上班期间处于工作场所并因该公司设备故障安全事故导致伤害,符合工伤认定条件,被告作出原告不属于工伤的具体行政行为与法律相悖。

——《中华人民共和国最高人民法院公报》2011 年第 9 期。

808 工作时间、工作地点不确定时,重点考察工作原因

关键词 | 工伤认定 | 工作原因 | 时空界限 |

【最高人民法院公报案例】

陈善菊不服上海市松江区人力资源和社会保障局社会保障行政确认案

要旨:食宿在单位的职工在单位宿舍楼浴室洗澡时遇害,其工作状态和生活状态的界限相对模糊。在此情形下,对于工伤认定的时间、空间和因果关系三个要件的判断主要应考虑因果关系要件,即伤害是否因工作原因。

“因履行工作职责受到暴力伤害”应理解为职工因履行工作职责的行为而遭受暴力伤害,如职工系因个人恩怨而受到暴力伤害,即使发生于工作时间或工作地点,亦不属于此种情形。

“与工作有关的预备性或者收尾性工作”是指根据法律法规、单位规章制度的规定或者约定俗成的做法,职工为完成工作所作的准备或后续事务。职工工作若无洗澡这一必要环节,亦无相关规定将洗澡作为其工作完成后的后续性事务,则洗澡不属于“收尾性工作”。

……上述事实清楚地表明,陈童林的死亡非工作时间前后在工作场所内,从事与工作有关的预备性或者收尾性工作受到事故伤害。“与工作有关的预备性或者

收尾性工作”是指虽然并非职工工作本身，但根据法律法规、单位规章制度或者约定俗成的做法，职工为完成工作所作的准备或后续事务。职工工作若无洗澡这一必要环节，亦无相关规定将洗澡作为其工作完成后的后续性事务，则洗澡不符合“收尾性工作”的情形。

陈童林亦非在工作时间和工作场所内，因履行工作职责受到暴力等意外伤害。“因履行工作职责受到暴力伤害”应理解为职工履行工作职责的行为引起了暴力伤害结果的发生，而非简单理解为受到暴力伤害是发生在职工履行工作职责的过程中。陈童林作为申劳公司玻璃制品厂的厂长，其工作职责是管理，若张浩承确因不服从陈童林的管理而杀害陈童林，则应属于工作上的原因。但根据查明的事实，陈童林系因琐事与张浩承发生矛盾，并打了张浩承两记耳光，张浩承对此怀恨在心，才伺机将陈童林杀害，上述（2010）沪一中刑初字第15号刑事判决书亦确认了陈童林遇害是因其与张浩承之间的个人恩怨。可见，陈童林遇害虽有暴力伤害的结果，但与履行工作职责之间并无因果关系。

职工在单位浴室被杀害并非用人单位所能预见，或者用人单位履行相应的安全注意义务即可避免，因此，若将此情形认定为工伤则无端提高了用人单位安全注意义务的标准。据此，陈童林在浴室洗澡被杀害不符合《工伤保险条例》第十四条应当认定为工伤或第十五条视同工伤中规定的情形。

——《中华人民共和国最高人民法院公报》2013年第9期。

809 劳动者上厕所发生伤亡可以认定为工伤

关键词｜工伤认定｜工作场所｜工作时间｜

【最高人民法院公报案例】

何文良诉成都市武侯区劳动局工伤认定行政行为案

要旨：根据劳动法第三条的规定，认定劳动者工作时间在工作场所的卫生设施内发生伤亡与工作无关，属适用法律错误。

劳动者享有获得劳动安全卫生保护的权利，是劳动法规定的基本原则，任何用工单位或个人都应当为劳动者提供必要的劳动卫生条件，维护劳动者的基本权利。劳动者在日常工作中“上厕所”是其必要的、合理的生理需求，与劳动者的正常工作密不可分，应当受到法律的保护。被告作出的行政认定未体现劳动法中保护劳动者合法权益的基本原则，属适用法律、法规错误。

——《中华人民共和国最高人民法院公报》2004年第9期。

810 职工在参加用人单位组织的团队建设活动中受伤能否认定为工伤

关键词｜工伤认定｜工作原因｜因工外出｜

【最高人民法院参考案例】

郎毅娜诉北京市朝阳区劳动和社会保障局社会保障行政确认案(行政审判案例第34号)

要旨:职工在参加单位组织的团队建设活动中受伤,如果该活动系由单位组织安排,且单位鼓励或要求职工积极参加,那么应属工伤认定范畴。

判断职工所参加活动是否属于工作原因,不应仅从该活动的内容形式予以考虑,更应从该项活动的目的、性质、是否为单位组织安排、费用承担等多方面因素进行审慎考量。目前,团队建设活动已逐渐成为一些企业进行人力资源培训、加强和培养团队合作精神的重要手段。原、被告提交的宝马公司《团队建设指南》《销售团队建设活动安排表》等证据显示,该公司组织团队建设活动的目的是改善团队沟通与协作、激励团队精神,促进公司的核心价值;团队建设活动对于促进该公司解决问题、改进程序、绩效大有益处;同时,该公司强烈建议每个部门每年至少举行团队建设活动一次。据此,宝马公司组织的团队建设活动是该公司倡导的企业文化建设的重要组成部分,是该公司在经营管理过程中为培养和促进员工沟通与合作精神,最终实现公司核心价值、增强绩效的一项正常工作安排。本案中,郎毅娜参加的马术训练活动是宝马公司组织的团队建设活动中既定安排的一部分,活动费用亦由该公司支付,并非郎毅娜违反公司安排自行参加的其他活动。《工伤保险条例》的立法宗旨是预防工伤事故发生、分担事故风险,保护劳动者合法权益。因此,郎毅娜在参加宝马公司组织的团队建设活动中受伤,符合《工伤保险条例》规定的因工外出期间,因工作原因受伤的情形。综上,朝阳区劳动局所作非工伤认定结论认定郎毅娜所受伤害不属于因工作原因受伤,进而不予认定工伤的理由不能成立,应予撤销。

——中华人民共和国最高人民法院行政审判庭编:《中国行政审判指导案例》(第1卷),中国法制出版社2010年版,第181、182—183页。

811 因履行工作职责受到暴力伤害的，应当认定为工伤

关键词｜工伤认定｜履行工作职责｜工作原因｜

【最高人民法院参考案例】

天津市西青区荣发办公家具厂诉天津市北辰区人力资源和社会保障局工伤认定案(行政审判案例第70号)

要旨:《工伤保险条例》(2003年)第十六条第(一)项"因犯罪或者违反治安管理伤亡的"指的是因自身的犯罪或者违反治安管理造成的伤亡。职工在履行工作职责过程中,因他人犯罪或违反治安管理造成的伤亡,不适用该条该项,而应适用《工伤保险条例》第十四条第(三)项"在工作时间和工作场所内,因履行工作职责受到暴力等意外伤害的"之规定,认定为工伤。

二、第十四条第(三)项中的履行工作职责的概念应作广义解释

本案审理过程中遇到的另外一个问题是唐标受到的伤害是否属于因履行工作职责受到的暴力等意外伤害的情形,也就是说是否适用《工伤保险条例》第十四条第(三)项之规定。

根据《〈工伤保险条例〉条文释义》对第十四条第(三)项的解释,"在工作时间和工作场所内,因履行工作职责受到的暴力等意外伤害的"有两层含义,一层是指职工因履行工作职责,使某些人的不合理的或违法的目的没有达到,这些人出于报复而对该职工进行的暴力人身伤害;另一层是指在工作时间和工作场所内,职工因履行工作职责受到的意外伤害。本案中唐标的伤害是因暴力侵害所致,原审被告天津市北辰区人力资源和社会保障局提供的医院诊断证明书、天津市公安局北辰分局鉴定结论通知书复印件、原审原告提供的书证材料、原审被告对原审原告的调查笔录可以证明这一点,双方对此无异议。所以唐标伤害被认定工伤的关键在于受伤的原因是否是因履行工作职责。笔者认为唐标受伤的行为属于因履行工作职责受到暴力等意外伤害的情形。固然,唐标受伤害的直接原因是与曲现伟发生口角,但是该纠纷的起因是家具下料时间先后问题,这也是唐标被打的最终原因,而作为下料工的唐标其工作职责就是下料。所以,唐标受伤是应履行下料工作职责所致,应当认定为工伤。笔者认为在工伤认定中,"履行工作职责"与职工的伤害之间的因果关系应作广义的解释,不应作限缩性解释,阻却事由应当限定在第十六条所列情形,否则将导致职工受到的大量伤害被排除在工伤认定之外,这与工伤保险制度设立的初衷相违背。

——中华人民共和国最高人民法院行政审判庭编:《中国行政审判案例》(第2

卷），中国法制出版社 2011 年版，第 186、189—190 页。

812 职工对受到暴力等意外伤害负有一定责任时如何认定工伤

关键词｜工伤认定｜履行工作职责｜暴力伤害｜

【最高人民法院裁判案例】

刘伟诉四川省人力资源和社会保障厅、成都建工集团有限公司劳动和社会保障行政复议案［最高人民法院（2020）最高法行再 68 号行政判决书］

要旨：职工之间因履行工作职责发生争议时未能正确处理纠纷，甚至存在行为不当情形时能否认定为工伤，需要根据《工伤保险条例》的相关规定进行具体分析。

根据《工伤保险条例》第十四条第（三）项规定，"职工有下列情形之一的，应当认定为工伤：……（三）在工作时间和工作场所内，因履行工作职责受到暴力等意外伤害的"，因此认定受到暴力等意外伤害情形为工伤需要同时符合工作时间、工作场所和履行工作职责三个条件。从一、二审查明的事实以及各方当事人提供的证据来看，认定工作时间和工作场所各方当事人无争议，但是否为"履行工作职责"是本案核心焦点。

（一）关于刘伟受到暴力伤害是否因履行工作职责所致的问题。本案情形是否应当适用《工伤保险条例》第十四条第（三）项的关键不在于职工所受暴力等意外伤害的具体表现形式，而在于暴力伤害与履行工作职责之间的关联性是否足以达到认定工伤的程度。根据（2015）高新刑初字第 147 号刑事判决书及附案询问笔录等在案证据，刘伟与刘原栋在涉案纠纷发生前并不认识，二人并无个人恩怨。涉案伤害事件发生的起因是，刘伟在工作中需使用塔吊机吊运钢材，在催促过程中与塔吊指挥人员刘原栋发生争执，在双方第一次争执打斗未造成严重伤害的情况下，刘原栋为报复刘伟返回宿舍取刀后将其刺伤。从伤害事件发生的初始因素来看，刘伟是在履行其工作职责，虽然刘伟处理工作纠纷的方式方法欠妥，但从客观行为上看刘伟在经过第一次打斗后并无与刘原栋继续争执的相关表现，其在笔录中自述找刘原栋的目的是配合其完成工作任务，说明刘伟始终具有完成工作职责的主观意愿。二人之间的争执打斗系因工作原因引起，刘原栋心生怨气产生犯意致刘伟受伤，且前后两次争执打斗时间连续、地点均在工作场所之内，具有较为明显的连贯性。换言之，刘伟的伤害后果是工作原因与刘原栋的故意伤害行为共同导致，其中刘原栋的故意伤害行为虽是直接原因，但刘伟受伤与工作原因之间亦具有因果关系，不能将刘原栋刺伤刘伟归因于私人恩怨而否认刘伟因履行工作职责受到暴力伤害，故二被申请人关于“刘伟受伤系私人恩怨所致不应认定为工伤”的答辩理由本院不予支持。

（二）关于工作纠纷发生后处理不当是否属于阻却认定工伤的理由。职工之间因履行工作职责发生争议时未能正确处理纠纷，甚至存在行为不当情形时能否认定为工伤，需要根据《工伤保险条例》的相关规定进行具体分析。正如二审法院所言，因履行职责发生争议时，劳动者应以恢复正常履行工作职责状态为目的，并以适度的方法和手段达到该目的，行为不应超过合理、必要的限度。但二审法院认为“劳动者严重不当的行为会阻却履行工作职责与受到暴力伤害之间的因果关系，导致其不被认定为因‘履行工作职责’”，该认定对受到伤害的劳动者而言过于严苛。首先，虽然《工伤保险条例》第十四条第（三）项并未就职工对受到暴力等意外伤害负有一定责任时如何认定工伤的问题作出明确规定，但可以参考《工伤保险条例》第十四条第（六）项关于“在上下班途中，受到非本人主要责任的交通事故或者城市轨道交通、客运轮渡、火车事故伤害的应当认定为工伤”的规定、第十六条关于“故意犯罪的、醉酒或者吸毒的、自残或者自杀的不得认定为工伤或者视同工伤”的规定以及《工伤保险条例》的立法目的和原则进行认定。如果能够证明伤害后果系因职工故意或严重过失造成的，或者职工对伤害后果的发生负有主要责任的，即不属于意外伤害的范畴，不应认定为工伤。本案中，已发生法律效力的（2015）高新刑初字第 147 号刑事判决书认定“刘伟对纠纷的发生并无明显过错”。根据《最高人民法院关于行政诉讼证据若干问题的规定》第七十条的规定，生效的人民法院裁判文书或者仲裁机构裁决文书确认的事实，可以作为定案依据。上述事实表明，刘伟对于暴力侵害行为的后果并无明显过错。其次，二人因工作纠纷发生争执后，双方均未能冷静处理确有一定过错，但刘伟的过错并不应导致其受到暴力伤害，不足以阻却对履行工作职责的认定。况且二被申请人亦未提供证据证明二人系因涉案工作纠纷之外的其他个人恩怨导致伤害后果的发生。最后，从保障劳动者合法权益的角度出发，应当对《工伤保险条例》第十四条作适度从宽解释。《工伤保险条例》的立法目的旨在保障因工作遭受事故伤害或者患职业病的职工获得医疗救治和经济补偿，该条例第十四条第（三）项的立法意旨是为了保护劳动者在工作期间受到暴力等意外伤害后的救济。从制度价值的角度适用本款对是否属于工伤进行认定时，不能要求“纯洁的受害人”，即只有在暴力伤害中完全无过错的受害人才能够认定为“履行工作职责”，这与《工伤保险条例》第十四条第（三）项的立法意旨有违。故本案情形不能成为阻却认定工伤的理由。

——中国裁判文书网，https://wenshu.court.gov.cn/。

813 当事人所遭受的暴力伤害与其履行工作职责之间没有直接的、必然的联系的不构成工伤

关键词 | 工伤认定 | 履行工作职责 |

【最高人民法院裁判案例】

李海军诉平凉市人力资源和社会保障局不予工伤认定案[最高人民法院(2018)最高法行申8657号行政裁定书]

要旨：受伤虽然是在工作时间、工作地点发生，并且与履行工作职责有一定的联系，但是这种联系并不是直接的、必然的，不符合《工伤保险条例》第十四条第(三)项规定的因履行工作职责受到暴力等意外伤害的情形。

本案的主要争议焦点是李海军受伤是否属于因履行工作职责受到暴力伤害的情形。根据《工伤保险条例》第十四条第(三)项的规定，在工作时间和工作场所内，因履行工作职责受到暴力等意外伤害的，应当认定为工伤。根据原审法院查明的事实，李海军不慎跌倒将正在工作的同事田吉林压倒，二人发生争吵并相互撕扯，被同事柳喜等人劝开。后李海军持矿用工具扁铲与田吉林撕扯，并在田吉林面部顶了一膝盖，二人再次被同事劝开后，田吉林持矿用工具斧抓朝李海军头部打了一下，致其受伤。李海军受伤虽然是在工作时间、工作地点发生，并且与履行工作职责有一定的联系，但是这种联系并不是直接的，李海军受伤的直接原因是与他人发生殴打被他人打伤，这一事实被华亭县人民法院(2015)华刑初字第189号刑事附带民事判决所确认。因此，李海军所遭受的暴力伤害与其履行检修工作职责之间没有直接的、必然的联系，李海军的受伤不符合《工伤保险条例》第十四条第(三)项规定的因履行工作职责受到暴力等意外伤害的情形。

——中国裁判文书网，https://wenshu.court.gov.cn/。

814 因工外出期间的工伤认定

关键词 | 工伤认定 | 因工外出期间 |

【最高人民法院司法解释】

第五条 社会保险行政部门认定下列情形为“因工外出期间”的,人民法院应予支持：

（一）职工受用人单位指派或者因工作需要在工作场所以外从事与工作职责有关的活动期间；

（二）职工受用人单位指派外出学习或者开会期间；

（三）职工因工作需要的其他外出活动期间。

职工因工外出期间从事与工作或者受用人单位指派外出学习、开会无关的个人活动受到伤害,社会保险行政部门不认定为工伤的,人民法院应予支持。

——《最高人民法院关于审理工伤保险行政案件若干问题的规定》(2014 年 9 月 1 日,法释〔2014〕9 号)。

【链接：理解与适用】

关于“因工外出期间”的认定。“因工外出期间”属于“工作时间”的一种特殊情形。《工伤保险条例》第十四条第(五)项规定,职工因工外出期间,由于工作原因受到伤害或者发生事故下落不明的,应当认定为工伤。这里的“因工外出期间”和通常意义的“工作时间”是不同的。通常意义的“工作时间”是指《工伤保险条例》第十四条第(一)(二)(三)项、第十五条第(一)项规定的“工作时间”,多数发生在工作场所或工作岗位内,而“因工外出期间”则发生在工作场所和工作岗位之外,是用人单位为了工作指派职工或者职工因工作需要,在工作场所或工作岗位以外从事与工作有关的活动期间。因此,“因工外出期间”可以从职工外出是否因工作或者为用人单位的正当利益等方面综合考虑。为了更好地明确“因工外出期间”的有关情形,本条第一款列举了三种情形:(一)职工受用人单位指派或者因工作需要在工作场所以外从事与工作职责有关的活动期间。(二)职工受用人单位指派外出学习或者开会的活动期间。(三)职工因工作需要的其他外出期间。此为兜底条款。

关于职工因工外出期间的工伤认定。《工伤保险条例》第十四条第(五)项规定,“职工因工外出期间,由于工作原因受到伤害或者发生事故下落不明的,应当认定为工伤”。如何理解这里所规定的“工作原因”,存在较大争议。我们认为,“因工外出期间”较之一般工作时间存在许多不可预测的风险,这些风险由职工承担不甚公平;2010 年《工伤保险条例》第十四条第(五)项规定的“由于工作原因受到伤害”是指由于工作原因直接或间接造成的包括事故伤害、暴力伤害和其他形式的伤害。既包括与工作直接有关而形成的伤害,也包括开展工作过程中所发生的伤害,如外出途中产生的伤害,因住宿、餐饮等场所存在的不安全因素产生的伤害等。因此,这里的“工作原因”是一个范围很广的概念。只要不属于职工从事与工作或者受用人单位指派外出学习、开会无关的个人活动受到伤害的,原则上应当认定为《工伤保险条例》第十四条第(五)项规定的“由于工作原因受到伤害”。

——马永欣、李涛、杨科雄:《〈最高人民法院关于审理工伤保险行政案件若干问题的规定〉的理解与适用》,载中华人民共和国最高人民法院行政审判庭编:《行政执法与行政审判》(总第63集),中国法制出版社2014年版,第8页。

815 职工外出学习、开会休息期间受到伤害的,应认定为工伤

关键词｜工伤认定｜因工外出｜工作原因｜

【最高人民法院答复】

辽宁省高级人民法院:

你院〔2007〕辽行他字第1号《关于职工外出学习休息期间受到他人伤害应否认定为工伤的请示》收悉。经研究,答复如下:

原则同意你院审判委员会倾向性意见,即职工受单位指派外出学习期间,在学习单位安排的休息场所休息时受到他人伤害的,应当认定为工伤。

——《最高人民法院行政审判庭关于职工外出学习休息期间受到他人伤害应否认定为工伤问题的答复》(2007年9月7日,〔2007〕行他字第9号)。

【最高人民法院参考案例】

赵雨诉北京市朝阳区劳动和社会保障局社会保障行政确认案(行政审判案例第35号)

要旨:职工受单位指派外出开会期间,在会议单位安排的休息场所休息时受到意外伤害的,应当认定为工伤。

赵雨系微软公司北京办事处员工,其应该公司要求于2004年7月5日入住九华山庄参加会议,当晚在客房内洗澡时摔伤,经医院诊断为右膝内侧副韧带撕脱、右股骨内骨软骨损伤。根据《工伤保险条例》第十四条第(五)项规定,职工因工作原因在工作场所以外从事与职务有关的活动的时间应认定为“因工外出期间”,赵

雨系按照微软公司的安排入住九华山庄参加会议，属于“因工外出期间”。在用人单位组织或安排的与工作有关的活动中受到事故伤害，可以视为“工作原因”，赵雨在微软公司安排的房间内洗澡摔伤系因“工作原因”受到伤害。综上分析，朝阳区劳动局针对赵雨作出的《非工伤认定通知书》依据不足，应予撤销，由朝阳区劳动局重新作出是否构成工伤的认定结论。

——中华人民共和国最高人民法院行政审判庭编：《中国行政审判指导案例》（第1卷），中国法制出版社2010年版，第186、187—188页。

【链接：最高人民法院法官著述】

人民法院在审理工伤行政案件，适用〔2007〕行他字第9号答复时，需要注意以下三个问题：

1.〔2007〕行他字第9号答复所确定的原则，适用于所有外出因工受到伤害的案件。〔2007〕行他字第9号答复仅仅明确职工受单位指派外出“学习”期间，在“单位安排”的休息场所休息时受到他人伤害的，应当认定为工伤。对于因工外出的其他情况未作明确规定。因对于因工外出的其他情况与外出“学习”仅仅是外出原因不同，其他完全相同，所以，其他因工外出期间受到他人或者意外伤害、突发疾病死亡等的案件，亦应适用该答复所确定的原则。

2. 因工外出期间在与工作无关活动中受到他人或意外伤害、突发疾病死亡的，不应当认定为工伤。扩张解释有利于弥补成文法的局限，但不能没有限度任意扩张，否则就会违背法律的目的和要求。职工因工外出期间从事违法行为或者完全是个人目的的行为而产生的伤害，如探亲访友、娱乐游玩、购物等与工作无关的活动中受到他人或意外伤害、突发疾病死亡的，因所从事的活动与工作无直接和间接关系，不能再扩张解释属于“工作时间、工作场所、工作原因”，故不能认定为工伤。

3. 因工长期外出，休息期间在单位为其长期安排的住所中受到伤害的，不应认定为工伤。〔2007〕行他字第9号答复中对因工外出“工作原因”作了扩张解释，因此，适用范围亦应作较为严格的限定。单位派其职工长期在外工作（如驻各地的办事处等），并为其解决了长期住所问题，其在单位安排的住所休息期间受到伤害或突发疾病死亡的，不属于“工作时间、工作场所、工作原因”受到伤害，故不宜认定为工伤。

——蔡小雪：《职工外出学习休息期间受到他人伤害应否认定为工伤》，载江必新主编：《行政与执行法律文件解读》（总第61辑），人民法院出版社2010年版，第93页。

816 上下班途中的工伤认定

关键词｜工伤认定｜上下班途中｜

【最高人民法院司法解释】

第六条　对社会保险行政部门认定下列情形为“上下班途中”的，人民法院应予支持：

（一）在合理时间内往返于工作地与住所地、经常居住地、单位宿舍的合理路线的上下班途中；

（二）在合理时间内往返于工作地与配偶、父母、子女居住地的合理路线的上下班途中；

（三）从事属于日常工作生活所需要的活动，且在合理时间和合理路线的上下班途中；

（四）在合理时间内其他合理路线的上下班途中。

——《最高人民法院关于审理工伤保险行政案件若干问题的规定》（2014年9月1日，法释〔2014〕9号）。

【链接：理解与适用】

人民法院对“上下班途中”的认定至少应当考虑以下三个要素：一是目的要素。即以上下班为目的。二是时间要素。即上下班时间是否合理。三是空间要素。即往返于工作地和居住地的路线是否合理。

为了更好指导下级法院，《规定》第六条列举了“上下班途中”的具体情形：

1. 以上下班为目的，在合理时间内往返于工作地和住所地、经常居住地、单位提供的居住地或者配偶、父母、子女居住地的合理路线的途中。实践中，工作地的认定较为简单，而职工的居住地，认定起来往往非常复杂。我们认为，鉴于“上下班途中”的情况复杂，对“居住地”应当作广义的理解。所谓的“居住地”除住所地和经常居住地外，还应当包括以下居住地：单位宿舍或者配偶、父母以及子女居住地等。凡是职工以上下班为目的，在合理时间内往返于工作地和上述住所地或者居住地的合理路线的途中，原则上应当认定为“上下班途中”。

2. 在上下班途中从事属于日常工作生活所必须的活动，且在合理时间内未改变以上下班为目的的合理路线的途中。在实践中，争议较大的是职工在上下班途中绕道是否属于“上下班途中”。我们认为，是否属于“上下班途中”应当视绕道的原因而定。对于绕道的原因，实践中有因客观原因（突发事件、交通堵塞、天气恶劣等）而绕道，也有因私事而绕道等多种情形。因客观原因绕道的，原则上要认定为“上下班途中”。而因私事而绕道的，不能一刀切，如职工在上下班途中从事属于日常工作生活所必须的活动，且在合理时间内未改变以上下班为目的的合理路线的途中，应当视为“上下班途中”，其他原则上不宜认定为“上下班途中”。前者如接送孩子上学、去菜市场买菜等绕道，后者为下班后朋友聚会等。

3. 以上下班为目的，在合理时间内其他合理路线的途中。此项为兜底条款。

——马永欣、李涛、杨科雄：《〈最高人民法院关于审理工伤保险行政案件若干问题的规定〉的理解与适用》，载中华人民共和国最高人民法院行政审判庭编：《行政执法与行政审判》（总第63集），中国法制出版社2014年版，第8—9页。

在实践中，职工由于种种原因未按规定的时间上下班，擅自迟到、早退涉及的时间是否属于上下班途中？第一种意见认为，迟到、早退违反劳动纪律，但这种违反劳动纪律的行为其过错不足以导致其失去工伤保险的资格。因为这种过错和失去工伤保险的资格这一后果相比严重不合比例。第二种意见认为，迟到、早退是一种违反劳动纪律的行为，应当受到相应的制裁，迟到、早退的途中不应被认定为上下班途中。本来将上下班途中认定为工伤已是对劳动者的扩大保护，将早退定为工伤离立法本意更远，缺乏法律依据。第三种意见认为，对于迟到、早退还要区分两种情形：经过批准的，应当视为上下班，而没经过批准擅自离岗回家的，不视为上下班。笔者认为，上述情况要结合职工在其中的过错，职工无过错的，只是由于客观原因引起的，应当认定为上下班途中；职工即使有过错但不属于极其不合理的，亦应当认定为上下班途中。因此，职工迟到、早退因属于违反劳动纪律，应当受到劳动纪律的制裁，但原则上并不影响其“上下班途中”的认定。也就是，“上下班途中”的认定，从居住地到工作地或者工作地到居住地的过程这一时间因素，原则上并不会受到提早或推迟上下班的影响。

“上下班途中”的时间不仅涉及职工正常工作、加班加点、迟到早退，而且还涉及早到迟退。职工早到迟退涉及的时间是否属于上下班途中？如单位规定的下班时间是下午5点，而职工没有回家，也没有加班工作，只是一个人待在单位或者在单位与别人聊天，直到晚7点后回家发生交通事故，能否认定是合理的下班途中；又如单位规定的上班时间是早8点，职工早6点就在去单位的线路上发生交通事故，而平时是7点或7点30分才去上班，但职工当天就是想早去单位，能否认定是合理的上班途中，是容易引起纠纷的问题。笔者认为，原则上，在合理范围内仍应认定为上下班途中。

——杨科雄:《解读〈最高人民法院关于审理工伤保险行政案件若干问题的规定〉》,载江必新主编:《行政与执行法律文件解读》(总第117辑),人民法院出版社2014年版,第28—29页。

【最高人民法院司法文件】

26. 工伤认定相关法定要件的理解问题

(3)"上下班途中"应当包括职工在合理时间内为上下班而往返于居住地和工作单位之间的合理路径。(33号)

——《最高人民法院办公厅关于印发〈行政审判办案指南(一)〉的通知》(2014年2月24日,法办〔2014〕17号)。

【最高人民法院答复】

山东省高级人民法院:

你院《关于翟恒芝、邹依兰诉肥城市劳动和社会保障局工伤行政确认一案的请示》收悉。经研究认为:如邹平确系上下班直接回其在济南的住所途中受到机动车事故伤害,应当适用《工伤保险条例》第十四条第(六)项的规定。

——《最高人民法院关于非固定居所到工作场所之间的路线是否属于"上下班途中"的答复》(2008年8月22日,〔2008〕行他字第2号)。

【最高人民法院公报案例】

王志国诉重庆市万州区人力资源和社会保障局工伤认定及重庆市人力资源和社会保障局行政复议案

要旨:职工的家庭住所地与工作地相隔两城,法定节假日或约定休息日期间,职工为上下班在合理时间内跨越城际往返于两地的合理路线,应当认定为《工伤保险条例》第十四条规定的"上下班途中"。

——《中华人民共和国最高人民法院公报》2022年第5期。

北京国玉大酒店有限公司诉北京市朝阳区劳动和社会保障局工伤认定行政纠纷案

要旨:根据《工伤保险条例》第十四条第(六)项的规定,职工在上下班途中受到机动车事故伤害的,应当认定为工伤。对这里的"上下班途中"应当从有利于保障工伤事故受害者的立场出发,作出全面、正确的理解。"上下班途中",原则上是指职工为了上下班而往返于住处和工作单位之间的合理路径之中。根据日常生活的实际情况，职工上下班的路径并非固定的、一成不变、唯一的，而是存在多种选择，用人单位无权对此加以限制。只要在职工为上下班而往返于住处和工作单位之间的合理路径之中，都属于"上下班途中"。至于该路径是否最近，不影响对"上下班途中"的认定。职工在上下班的合理路途中发生机动车事故，被行政机关依法认定为工伤，用人单位以事故发生的地点不在其确定的职工上下班的路线上为由，请求撤销行政机关作出的工伤认定的，人民法院不予支持。

根据《工伤保险条例》第十四条第(六)项的规定，职工在上下班途中受到机动车事故伤害的，应当认定为工伤。对该规定所指的"上下班途中"应作全面、正确的理解。"上下班途中"应当理解为职工在合理时间内，为上下班而往返于住处和工作单位之间的合理路径之中。该路径可能有多种选择，不一定是固定的、一成不变的、唯一的路径。该路径既不能机械地理解为从工作单位到职工住处之间的最近路径，也不能理解为职工平时经常选择的路径，更不能以用人单位提供的路径作为职工上下班必须选择的唯一路径。根据日常社会生活的实际情况，职工为上下班而往返于住处和工作单位之间的合理路径可能有多种选择。只要在职工为了上班或者下班，在合理时间内往返于住处和工作单位之间的合理路径之中，都属于"上下班途中"。至于职工选择什么样的路线，该路线是否为最近的路线，均不影响对"上下班途中"的认定。本案中，根据行政机关的调查以及现有证据，2006 年 9 月 20 日晨，陈卫东从自己的住处出发，前往上诉人国玉酒店公司上班。陈卫东的住处位于北京市朝阳区大屯路南沙滩小区，国玉酒店公司位于北京市朝阳区安外慧忠里。从北京的实际地形看，陈卫东的住处在国玉酒店公司的西北方向，涉案事故发生于朝阳区北辰西路安翔北路东口，在国玉酒店公司的西方，该地点虽然不在国玉酒店公司自制的从陈卫东住处到国玉酒店的交通路线图上，但亦位于陈卫东上班的合理路线之内。因此，可以认定陈卫东系在上班途中因机动车事故伤害死亡，被上诉人朝阳区劳动局作出的工伤认定合法，应予维持。

——《中华人民共和国最高人民法院公报》2008 年第 9 期。

【最高人民法院参考案例】

何培祥诉新沂市劳动和社会保障局工伤行政认定案(行政审判案例第 117 号)

要旨：对上下班途中的理解，在非常规工作情况下，应根据工作性质、特点、一般社会生活经验及社会情理，结合机动车事故是否发生在上下班的合理时间、合理路段等因素，综合判断事故是否因"上下班目的"而发生。

本案当事人之间的主要分歧,在于对《江苏省劳动和社会保障厅关于实施〈工伤保险条例〉若干问题的处理意见》(苏劳社医〔2005〕6号)第十五条规定的"上下班途中,应是合理的时间经过合理的路线",如何理解其中的"合理时间"问题。对此认为,上述文件规定的"合理的时间"与"合理的路线",是两种相互联系的认定属于上下班途中受机动车事故伤害情形的必不可少的时空概念,不应割裂开来看待。结合本案,何培祥在上午听课及中午就餐结束后返校的途中骑摩托车摔伤,其返校上班目的明确,应认定为合理时间,而不应仅将11点40分到13点40分之间机械地认定为合理时间。

——中华人民共和国最高人民法院行政审判庭编:《中国行政审判案例》(第3卷),中国法制出版社2013年版,第185、188页。

龙岩卓鹰制铁有限公司诉福建省龙岩市劳动和社会保障局社会保障行政确认案(行政审判案例第33号)

要旨:《工伤保险条例》第十四条第(六)项规定,职工在上下班途中受到机动车事故伤害的,应当认定为工伤。对该项规定所指的"上下班途中"应当理解为职工为上下班而往返于住处和工作单位之间的合理路径之中。

"上下班途中"应当理解为职工在合理时间内,为上下班而往返于住处和工作单位之间的合理路径之中。职工既有单位临时休息宿舍,又另有较近的与家人相处的居住住处,根据工作岗位的不同上班时间要求,选择更有利于自己休息的住处属于情理之中。因此,就存在休息宿舍与工作场所、经常居住地与工作场所间的多种职工上下班合理路径。本案第三人江建杨虽分配有龙钢生活区59号楼102室18平方米的宿舍,但其家人居住于永定县高陂镇先锋烟场,其经常往返于先锋烟场与单位之间的路径属合理路径之一。时值春节,第三人在休息期间与家人团聚亦属人之常情。基于此,被告作出第三人江建杨于2007年2月19日14时30分因发生交通事故受伤为工伤的行政确认正确,应予维持。该案判决以人文关怀的视角,对"上下班途中"进行了延展解释,兼顾了法理、情理和事理统一。

——中华人民共和国最高人民法院行政审判庭编:《中国行政审判指导案例》(第1卷),中国法制出版社2010年版,第178、180页。

817 上下班途中驾驶未经年检的机动车发生事故能否认定工伤

关键词 | 工伤认定 | 上下班途中 | 机动车事故 |

【最高人民法院参考案例】

上海盈元服饰有限公司诉上海市浦东新区人力资源和社会保障局社会保障行政确认案(行政审判案例第32号)

要旨:驾驶未经年检的机动车不属于《工伤保险条例》(2003年)第十六条第(一)项规定的职工因犯罪或者违反治安管理伤亡不得认定为工伤或者视同工伤的情形。

本案争议的焦点在于发生交通事故时第三人驾驶的机动车未经年检,是否仍可适用《工伤保险条例》第十四条第(六)项,是否属于因违反治安管理伤亡的工伤排除情形。《工伤保险条例》第十六条规定了工伤排除的情形,其中"因犯罪或者违反治安管理伤亡的"不得认定为工伤或者视同工伤,具体而言对无证驾驶机动车、驾驶无证机动车和酒后驾驶机动车等严重违反道路交通安全法而导致伤亡的三种情形不予认定为工伤。本案中,第三人驾驶的机动车虽然未经年检,但并不符合以上三种严重情形之一。因此,被告适用《工伤保险条例》第十四条第(六)项认定工伤并无不当。①

——中华人民共和国最高人民法院行政审判庭编:《中国行政审判指导案例》(第1卷),中国法制出版社2010年版,第173、174页。

818 上下班途中发生电动车事故伤害可以认定为工伤

关键词｜工伤认定｜电动车事故｜上下班途中｜

【最高人民法院参考案例】

陈卫群诉江苏省启东市劳动和社会保障局工伤认定决定案(行政审判案例第62号)

要旨:电动自行车的设计车速突破国家强制性标准,带来具有与机动车同等的安全风险时可视为机动车,职工在上下班途中遭受此类车辆事故伤害的应当认定为工伤。

① 对此,应注意2010年修订的《工伤保险条例》第十六条第(一)项删除了"违反治安管理"的情形。——编者注

三、运用裁判要旨需要注意的问题

工伤认定行政案件争议的焦点绝大多数集中在是否属于工伤认定的范围，考证《工伤保险条例》第十四条和第十六条之间的关系，在肯定列举加否定列举的立法方式下，仍存在"灰色地带"。因为现实生活中职工受到伤害的情形越来越趋于多样化，仅靠第十四条所列举的七种情形远远不能概括形形色色的个案。规则的模糊性意味着立法技术上的包容性和开放性，在没有法律规则可供适用的情形下，法律原则应当作为弥补"规则漏洞"的手段发挥作用。因此，鉴于劳动立法"保护劳动者合法权益"之准则，应当对《工伤保险条例》第十四条第（六）项"机动车"的范围采扩大解释。同时，在工伤认定过程中也要充分考虑比例关系，不能因一个不太严重的过错而剥夺受伤职工享受工伤保险补偿的权利，也不能因职工需要救助而无视对现有社会秩序的危害。具体到本案，就是将电动自行车事故纳入工伤保险范围的同时，还应综合考虑受伤职工在事故发生过程中有无明显过错等情形。如受伤职工对事故的发生负主要责任，则不能任意适用该条款认定工伤。自 2011 年 1 月 1 日起正式施行的新《工伤保险条例》第十四条第（六）项对此已有明确规定，即"在上下班途中，受到非本人主要责任的交通事故或者城市轨道交通、客运轮渡、火车事故伤害的，应予认定工伤"。

——中华人民共和国最高人民法院行政审判庭编：《中国行政审判案例》（第 2 卷），中国法制出版社 2011 年版，第 137、143 页。

819 上下班途中因无证驾驶机动车导致伤亡是否应认定为工伤

关键词｜工伤认定｜无证驾驶｜上下班途中｜

【最高人民法院答复】

新疆维吾尔自治区高级人民法院生产建设兵团分院：

你院《关于职工无照驾驶无证车辆在上班途中受到机动车伤害死亡能否认定工伤的请示》收悉。经研究，答复如下：

在《工伤保险条例（修订）》施行前（即 2011 年 1 月 1 日前），工伤保险部门对职工无照或者无证驾驶车辆在上班途中受到机动车伤害死亡，不认定为工伤的，不宜认为适用法律、法规错误。

——《最高人民法院行政审判庭关于职工无照驾驶无证车辆在上班途中受到机动车伤害死亡能否认定工伤请示的答复》（2011 年 5 月 19 日，〔2011〕行他字第

50 号）。

安徽省高级人民法院：

你院〔2010〕皖行再他字第 0001 号《关于陈宝英、高祥诉安徽省桐城市劳动和社会保障局工伤行政确认一案的请示报告》收悉。经研究，答复如下：

原则同意你院第二种意见。即职工在上下班途中因无证驾驶机动车、驾驶无牌机动车或者饮酒后驾驶机动车发生事故导致伤亡的，不应认定为工伤。

——《最高人民法院行政审判庭关于职工在上下班途中因无证驾驶机动车导致伤亡的，应否认定为工伤问题的答复》（2010 年 12 月 14 日，〔2010〕行他字第 182 号）。

【链接：最高人民法院法官著述】

人民法院在审理此类案件时，应当注意以下四个问题：

（一）注意新旧《工伤保险条例》的变化

国务院于 2010 年 12 月 20 日作出《关于修改〈工伤保险条例〉的决定》（以下简称《决定》），对《工伤保险条例》做了六大修改：一是扩大了工伤保险适用范围：将工伤保险的适用范围扩大到了不参照公务员法管理的各类事业单位、社会团体，以及民办非企业单位、基金会、律师事务所、会计师事务所等组织。二是调整了工伤认定范围：（1）上下班途中的工伤认定范围既有扩大又有缩小。将认定范围从原来的上下班途中机动车事故伤害调整扩大到非本人主要责任的交通事故以及城市轨道交通、客运轮渡和火车事故伤害，惠及了更多的职工群众。但增加了非本人主要责任的交通事故这一条件，从这一方面讲也缩小了范围。（2）调整了不得认定工伤的范围。新条例删除时增加吸毒不得认定工伤的规定。三是简化了工伤认定、鉴定和争议处理程序：（1）增加了工伤认定简易程序，规定对于事实清楚、权利义务明确的工伤认定可以适用简易程序。其申请的认定时限，由原来规定的 60 天缩短为 15 天。（2）明确了再次鉴定和复查鉴定时限。新条例明确规定：劳动能力再次鉴定和复查鉴定的时限按照初次鉴定的时限执行。（3）取消了工伤认定争议处理中行政复议前置的规定。四是大幅度提高了工伤保险待遇：一次性工亡补助金标准，从原来的 48 至 60 个月的统筹地区上年度职工月平均工资，提高至按上年度全国城镇居民人均可支配收入的 20 倍发放，同时也适当提高了一次性伤残职工补助标准：一级至四级伤残增加 3 个月的本人工资，五级至六级伤残增加 2 个月的本人工资，七级至十级伤残增加 1 个月的本人工资。五是增加了基金支出项目，将原由用人单位支付的工伤职工“住院伙食补助费”、“统筹地区外就医的交通食宿费”以及“终止或解除劳动关系时的一次性医疗补助金”,改由工伤保险基金统一支付。六是加大了强制力度,增加了行政复议和行政诉讼期间不停止支付工伤职工治疗工伤的医疗费用的新规定,增加了对不参加工伤保险和拒不协助工伤认定调查核实的用人单位的行政处罚规定,提高了工伤保险的强制性。

(二)注意案件发生和处理的时间

《决定》中规定:“本规定自 2011 年 1 月 1 日起施行。”“《工伤保险条例》根据本决定作相应的修改,重新公布。本条例施行后本决定施行前受到事故伤害或者患职业病的职工尚未完成工伤认定的,依照本决定的规定执行。”这里所讲的“尚未完成”是指工伤保险部门在《决定》施行后(即 2011 年 1 月 1 日后),还未作出工伤认定的情形。以下两种情形不属于“尚未完成”:一是行政复议机关或者人民法院对工伤保险部门已作出的有关工伤保险具体行政行为正在复议或诉讼的工伤认定案件;二是工伤保险部门根据行政复议机关或者人民法院裁决或者判决撤销其在《决定》前作出的有关工伤保险的具体行政行为,重新作出的具体行政行为。这两种情况仍应当按照《决定》施行前的规定执行。据此,《决定》施行前,工伤保险部门对职工无照或者无证驾驶车辆在上下班途中受到机动车伤害死亡的,如果已作出不认定工伤的决定,人民法院一般不宜判决撤销,驳回诉讼请求为宜。如果法院已作出判决,维持工伤保险部门认定工伤的决定,现在申诉到法院的,为维护社会的稳定,受诉法院不宜改变认定工伤的定性。工伤保险部门在《决定》施行后,作出处理的,应当按照《决定》的规定进行审查。

(三)注意判断是否属于合理的上下班时间和合理的上下班路途

新旧《工伤保险条例》第十四条第(六)项所规定的职工工伤的“上下班途中”,其本意是指职工以上下班为目的,在合理时间内往返于工作单位和居住地的合理路线的途中。居住地包括实际居住地、经常居住地。职工在上下班途中从事了其他活动,该活动是职工日常工作生活中必需的、合理的要求,且在合理时间内未改变以“上下班”为目的的合理路线,应当认定为上下班途中。但职工上下班期间的私人聚会、游玩等不是基于上下班的目的的活动,不能认定为“上下班途中”。

(四)注意认定非本人主要责任的依据

根据《工伤保险条例(修订)》第十四条第(六)项规定,在上下班途中,因交通事故受到伤害的职工,是否是非本人主要责任,是构成应否认定为工伤的重要条件之一。工伤保险部门在诉讼中,一般会向法院提供由公安机关交通管理部门、交通运输、铁道部门或者司法机关以及法律、法规授权组织出具的相关法律文件。这些相关法律文件从性质上可以分为三类:第一类属于公文书证的性质,如行政机关的行政处罚决定、行政处理决定；第二类属于法定部门的鉴定结论，如公安机关出具的交通事故认定书等；第三类属于司法文书，如法院作出的发生法律效力的刑事、民事、行政判决或者裁定。根据《行政诉讼证据规定》第六十三条第（一）项、第（四）项和第六十八条第（四）项的规定，第一、二类属于最佳证据，其证明效力优于其他书证、其他鉴定部门的鉴定结论，在没有其他证据可以推翻的情况下，可以作为法院的定案依据。第三类属于司法认知的证据，法庭可以直接认定。但是如果发现裁判文书认定事实有重大问题的，根据该规定第七十条的规定，应当中止诉讼，通过法定程序予以纠正后恢复诉讼。

——蔡小雪：《职工无照驾驶无证车辆在上班途中受到机动车伤害死亡应否认定工伤》，载中华人民共和国最高人民法院行政审判庭编：《行政执法与行政审判》（总第 47 集），人民法院出版社 2011 年版，第 34—36 页。

820 女职工未请假回家给女儿喂奶，途中发生交通事故，是否属于工伤

关键词 | 哺乳期女职工 | 上下班途中 | 交通事故 | 工伤 |

【最高人民法院公报案例】

上海欧帛服饰有限公司诉南京市江宁区人力资源和社会保障局工伤认定决定案

要旨：按照《女职工劳动保护特别规定》，用人单位应在每日工作时间内为哺乳期女职工安排哺乳时间。哺乳期内女职工上班期间返家哺乳、哺乳结束后返回单位工作，往返途中属于《工伤保险条例》第十四条第（六）项的“上下班途中”，在此过程中因发生非本人主要责任的交通事故受伤，应认定为工伤。

本案中，第三人周某系原告欧帛公司的员工，被告江宁区人社局在受理周某的工伤认定申请后，经过调查并结合证据材料，认定周某从单位回家给小孩哺乳途中，受到非本人主要责任的交通事故伤害而受伤，属于因在上下班途中发生非本人主要责任的交通事故受伤的情形，江宁区人社局据此作出涉案决定书，符合上述规定。《工伤保险条例》第十九条第二款规定，职工或者其近亲属认为是工伤，用人单位不认为是工伤的，由用人单位承担举证责任。《女职工劳动保护特别规定》第九条规定，对哺乳未满 1 周岁婴儿的女职工，用人单位不得延长劳动时间或者安排

夜班劳动。用人单位应当在每天的劳动时间内为哺乳期女职工安排 1 小时哺乳时间;女职工生育多胞胎的,每多哺乳 1 个婴儿每天增加 1 小时哺乳时间。因此,女职工在哺乳期内,用人单位应当在每天的劳动时间内为其安排 1 小时的哺乳时间。本案中,周某于 2019 年 6 月 25 日生育一女,休完产假后回单位工作,周某工作时尚处在哺乳期内,欧帛公司应当为周某安排 1 小时的哺乳时间,并及时与周某沟通协商哺乳时间的安排。周某在欧帛公司未与其沟通明确哺乳时间的情形下,根据工作时间灵活安排其每日的哺乳时间,回家哺乳后再返回单位继续工作,往返途中发生的交通事故伤害应视为工伤认定的合理范畴。虽欧帛公司提交的员工手册中载明哺乳假的休假时间及请假流程,但欧帛公司不能证明其就员工手册向周某进行了告知,欧帛公司也未提交证据证明其就哺乳时间相关事宜与周某进行过沟通协商,故欧帛公司应承担不利的法律后果。因此,江宁区人社局作出的涉案决定书认定事实清楚、适用法律正确,保护了女职工的特殊权益。江宁区人社局在收到周某的工伤认定申请后,履行了受理、发送举证通知书等程序,在法定期限内作出涉案决定书并依法送达给相关当事人,江宁区人社局作出行政行为的程序合法。

——《中华人民共和国最高人民法院公报》2022 年第 12 期。

821 影响工伤认定的特殊情形的认定问题

关键词 | 工伤认定 | 本人主要责任 | 醉酒或者吸毒 | 自残或者自杀 | 故意犯罪 |

【最高人民法院司法解释】

第一条　人民法院审理工伤认定行政案件,在认定是否存在《工伤保险条例》第十四条第(六)项"本人主要责任"、第十六条第(二)项"醉酒或者吸毒"和第十六条第(三)项"自残或者自杀"等情形时,应当以有权机构出具的事故责任认定书、结论性意见和人民法院生效裁判等法律文书为依据,但有相反证据足以推翻事故责任认定书和结论性意见的除外。

前述法律文书不存在或者内容不明确,社会保险行政部门就前款事实作出认定的,人民法院应当结合其提供的相关证据依法进行审查。

《工伤保险条例》第十六条第(一)项"故意犯罪"的认定,应当以刑事侦查机关、检察机关和审判机关的生效法律文书或者结论性意见为依据。

——《最高人民法院关于审理工伤保险行政案件若干问题的规定》(2014 年 9 月 1 日,法释〔2014〕9 号)。

【链接：理解与适用】

《工伤保险条例》第十四条、第十五条规定了认定工伤或者视同工伤的具体条件，同时该条例第十四条的部分内容和第十六条也明确出现“本人主要责任的交通事故”、“醉酒或者吸毒”和“自残或者自杀”等特殊情形时，职工虽然符合工伤或者视同工伤的条件，但也不能认定为工伤或者视同工伤。《规定》第一条的主要目的在于明确《工伤保险条例》第十四条、第十六条关于不认定工伤或者不视同工伤的特殊情形的认定问题。本条主要明确以下几点内容：

1. 因特殊情形不认定工伤或者不视同工伤的，必须提供特殊情形存在的证据。有些工伤认定案件中，因没有有权机关出具的“非本人主要责任的交通事故”“醉酒”“自杀”等特殊情形的认定意见，社会保险行政部门往往以无相关认定意见，无法判断是否属于特定情形为由，长时间中止工伤认定程序或者不认定为工伤。我们认为，因存在特殊情形而排除工伤认定，社会保险部门的不予认定工伤决定必须以能够证明存在特殊情形的证据为依据，如果没有相关证据，而职工受伤害符合认定为工伤的其他条件，则应当认定为工伤，不能以没有有权机构的法律文书为由拖延认定或不予认定。

2. 特殊情形是否存在，原则上应当以有权机构的事故责任认定书、结论性意见和人民法院的生效裁判等法律文书为判断依据。特殊情形是否存在，涉及特定部门或者特殊机构的专业分析和权威判断，如交通事故责任、自杀、醉酒等，专业的权威机构判断或者经诉讼程序对证据严格审核后认定的事实，属于公认的证明力较高的证据材料。当然，也不排除上述法律文书出现错误的可能，本条同时也规定了出现相反证据的处理方式。

3. 没有有权机构或人民法院的法律文书时，社会保险行政部门可以结合相关证据作出事实认定，但是，涉及“故意犯罪”事实的认定，必须以刑事侦查机关、检察机关和审判机关的生效法律文书和结论性意见为依据，社会保险行政部门无权直接认定。主要考虑到，虽然特殊情形的认定具有较强的专业技术特点，但在当事人无法获得相关法律文书或者法律文书内容不明确时，社会保险行政部门基于履行工伤认定的法定职责的需要，根据《工伤保险条例》第十九条的规定，行使调查核实权对是否存在特殊情形的作出的明确认定，人民法院应当依法予以审核。

——马永欣、李涛、杨科雄：《〈最高人民法院关于审理工伤保险行政案件若干问题的规定〉的理解与适用》，载中华人民共和国最高人民法院行政审判庭编：《行政执法与行政审判》（总第 63 集），中国法制出版社 2014 年版，第 4—5 页。

【最高人民法院专业法官会议纪要】

3. 公安交管部门未出具交通事故责任认定书或者交通事故责任认定书内容不明确时的工伤认定

公安交管部门未出具交通事故责任认定书或者交通事故责任认定书内容不明确，社会保险行政部门调查核实后，可根据是否存在交通事故、是否依法报案以及交通事故证明书内容等综合判断职工是否对交通事故负主要责任。经前述程序仍无法判断，工伤认定申请人请求社会保险行政部门结合《工伤保险条例》第十九条第二款，并依据该条例第十四条第（六）项规定认定职工所受交通事故伤害为工伤的，人民法院应予支持。

——《最高人民法院行政法官专业会议纪要（七）》（工伤保险领域），载中华人民共和国最高人民法院行政审判庭编：《行政执法与行政审判》（总第 80 集），中国法制出版社 2020 年版，第 256 页。

822 第三人侵权情况下，工伤认定和工伤保险待遇支付的处理

关键词｜工伤认定｜第三人侵权｜工伤保险待遇支付｜

【最高人民法院司法解释】

第八条　职工因第三人的原因受到伤害，社会保险行政部门以职工或者其近亲属已经对第三人提起民事诉讼或者获得民事赔偿为由，作出不予受理工伤认定申请或者不予认定工伤决定的，人民法院不予支持。

职工因第三人的原因受到伤害，社会保险行政部门已经作出工伤认定，职工或者其近亲属未对第三人提起民事诉讼或者尚未获得民事赔偿，起诉要求社会保险经办机构支付工伤保险待遇的，人民法院应予支持。

职工因第三人的原因导致工伤，社会保险经办机构以职工或者其近亲属已经对第三人提起民事诉讼为由，拒绝支付工伤保险待遇的，人民法院不予支持，但第三人已经支付的医疗费用除外。

——《最高人民法院关于审理工伤保险行政案件若干问题的规定》（2014 年 9 月 1 日，法释〔2014〕9 号）。

【链接：理解与适用】

关于职工因第三人侵权受到伤害，如何处理第三人侵权赔偿责任和工伤保险待遇支付的关系，争议较大。因第三人侵权导致职工工伤的，根据侵权责任法和社会保险法的规定，职工既可以向侵权的第三人要求民事侵权赔偿，也可以向工伤保险基金要求享受工伤保险待遇，从而出现民事侵权责任和工伤保险责任如何处理的问题。对于这两种法律关系如何处理存在不同意见。第一种意见主张单赔，认为受伤害的职工只能在民事侵权赔偿和工伤保险待遇中选择一项，如果享受了工伤保险待遇，工伤保险基金就取得了对第三人的代位追偿权；如果工伤职工追究第三人民事赔偿责任的，不能再享受工伤保险待遇。第二种意见主张补差，应当实行工伤保险与第三人侵权赔偿相结合，由工伤保险基金先行支付，民事侵权赔偿超出工伤保险待遇的部分，归工伤职工所有。第三种意见主张双赔，根据社会保险法第四十二条规定，除工伤医疗费用外，工伤职工可以同时享受工伤保险待遇和获得民事侵权赔偿。也就是一般所说的“双赔”或者“一补一赔”。主要理由如下：

1. 理论上，工伤职工可以同时主张工伤保险待遇和请求民事侵权赔偿。一是工伤保险与民事侵权赔偿性质不同。工伤保险待遇属于公法领域的补偿，人身损害赔偿则属于私法领域的赔偿，二者不能混用，也不能相互替代。二是工伤保险金是用人单位而不是侵权的第三人缴纳的，那么用人单位以外的第三人承担民事责任不能免除接受用人单位工伤保险金的工伤保险基金支付受伤职工工伤保险待遇的法定义务，否则工伤保险基金便拥有了“享受权利而不承担义务”的特权。

2. 法律规定上，除工伤医疗费用外，法律不禁止工伤职工享受工伤保险待遇后再获得民事赔偿。社会保险法、《工伤保险条例》明确规定了构成工伤应享受相关待遇，没有规定第三人侵权工伤应当扣减第三人赔偿部分，也没有规定工伤基金或用人单位追偿权（除工伤医疗费用）。现行法律和行政法规没有明确规定受伤职工只能得到一份赔偿或者补偿，司法解释限制受伤职工只能得到一份赔偿，甚至只能先请求民事侵权赔偿的做法缺乏法律依据。

3. 在程序上，设计民事侵权赔偿与工伤保险待遇双向就高补差的程序过于复杂，缺乏操作性，难以切实保障职工权益。极易导致工伤职工一方面因侵权赔偿不能及时到位，而另一方面又因民事先行而不能享受工伤保险待遇的两难境地。

4. 现实情况中，由工伤职工向侵权第三人主张民事赔偿责任存在相当多的问题。一是在实践中，侵权人具有完全赔偿能力的并不多。即使法院判决侵权人支付赔偿金，也难以执行到位。从实际情况来看，侵权人的赔偿往往不足以弥补受害人的实际损失。二是工伤职工打民事官司要花费很大的人力和金钱成本。如果把打官司的成本除去,受到工伤的职工即使打赢官司,扣除成本后所获得的利益是有限的。三是民事诉讼实行的是“谁主张谁举证”,工伤职工存在举证不能而无法获得民事赔偿的巨大风险。

上述三种观点均有一定的合理性,上述三种模式在其他国家也都有所体现。社会保险法制定时,这个问题也存在较大分歧。社会保险法第四十二条规定,“由于第三人的原因造成工伤,第三人不支付工伤医疗费用或者无法确定第三人的,由工伤保险基金先行支付。工伤保险基金先行支付后,有权向第三人追偿”。鉴于这一问题争议较大且属于立法权限,本着不突破司法权,不逾越基本法理的原则,最大限度保护职工合法权益出发,《规定》第八条明确:一是职工因第三人的原因受到伤害,社会保险行政部门以职工或者其近亲属已经对第三人提起民事诉讼或者获得民事赔偿为由,作出不予受理工伤认定申请或者不予认定工伤决定的,人民法院不予支持。二是职工因第三人的原因受到伤害,社会保险行政部门已经作出工伤认定,职工或者其近亲属未对第三人提起民事诉讼或者尚未获得民事赔偿,起诉要求社会保险经办机构支付工伤保险待遇的,人民法院应予支持。三是职工因第三人的原因导致工伤,社会保险经办机构以职工或者其近亲属已经对第三人提起民事诉讼为由,拒绝支付工伤保险待遇的,人民法院不予支持,但第三人已经支付的医疗费用除外。上述规定,充分保障了工伤职工取得工伤保险待遇的权利。

——马永欣、李涛、杨科雄:《〈最高人民法院关于审理工伤保险行政案件若干问题的规定〉的理解与适用》,载中华人民共和国最高人民法院行政审判庭编:《行政执法与行政审判》(总第63集),中国法制出版社2014年版,第10—11页。

【最高人民法院专业法官会议纪要】

5. 第三人民事侵权赔偿与工伤保险待遇的关系

根据社会保险法第四十二条、《最高人民法院关于审理工伤保险行政案件若干问题的规定》第八条、《最高人民法院关于因第三人造成工伤的职工或其亲属在获得民事赔偿后是否还可以获得工伤保险补偿问题的答复》(〔2006〕行他字第12号)等规定,因第三人造成工伤的职工或其近亲属,从第三人处获得民事赔偿后,又依据《工伤保险条例》的有关规定,向工伤保险基金申请工伤保险待遇的,人民法院应予支持,但第三人已经支付的工伤医疗费用除外。工伤保险基金依法支付工伤保险待遇后,向第三人代位追偿其已经向职工或其近亲属支付的工伤医疗费用的,人民法院应予支持。

——《最高人民法院行政法官专业会议纪要(七)》(工伤保险领域),载中华人民共和国最高人民法院行政审判庭编:《行政执法与行政审判》(总第80集),中国法制出版社2020年版,第257页。

【链接：最高人民法院法官著述】

(二)适用时需要注意的几个问题

一是地方性规定的废止和修订。虽然社会保险法和《解释》[①]及《规定》在实体上和程序上承认了“双赔”模式,但是,之前有些地方性法规、规章以及其他规范性文件作出“补差”规定。立法法第七十九条规定,法律的效力高于行政法规、地方性法规、规章。第八十七条规定,法律、行政法规、地方性法规、自治条例和单行条例、规章存在下位法违反上位法规定的,由有关机关依照本法第八十八条规定的权限予以改变或者撤销。依据立法法的上述规定,有些地方性法规、规章以及其他规范性文件关于“补差”的规定应当由有关机关予以改变或者撤销。《最高人民法院关于审理行政案件适用法律规范问题的座谈会纪要》规定,下位法的规定不符合上位法的,人民法院原则上应当适用上位法。依据这一规定,人民法院审理相关行政案件中应当适用社会保险法和《解释》及《规定》的相关规定。

二是受伤职工与第三人达成和解协议的处理。在实践中,因第三方侵权导致的工伤事故,受伤职工与侵权的第三人达成和解协议,受伤职工放弃对第三方的求偿权,却向工伤保险部门申请工伤认定。对于这种情况,我们认为,在“有限的双赔模式”下,除“医疗费用”外,受伤职工与侵权的第三人达成民事和解协议处理的是民事侵权纠纷,并不妨碍工伤认定程序的处理。但是,对于“医疗费用”,如在工伤补偿之前,受伤职工放弃对第三方的求偿权,那么在其放弃的范围内,工伤保险基金不应给予补偿,如已补偿,有权追回。也就是说,在工伤保险基金支付医疗费用之后,因工伤职工的求偿权已经发生转移,工伤保险基金在其补偿范围内拥有代位求偿权,受伤职工无权放弃“医疗费用”的求偿权。那么,这种情况下工伤职工与侵权的第三人无权就“医疗费用”部分达成和解协议,即使达成亦属无效。

三是超过工伤保险标准的医疗费用的处理。《工伤保险条例》与《解释》分别对工伤赔偿与民事侵权赔偿的项目和金额标准作了规定,比较两者即可知工伤保险的赔偿金额远低于民事侵权的赔偿金额,特别是医疗费。《工伤保险条例》与《解释》均规定了受害者可以获得此项赔偿,《解释》第十九条规定:“医疗费根据医

---

① 即《最高人民法院关于审理人身损害赔偿案件适用法律若干问题的解释》(2003年)。——编者注

疗机构出具的医药费、住院费等收款凭证,结合病历和诊断证明等相关证据确定。”在实践中,一般认为只要是医疗机构出具了上述相关凭证,即认为工伤劳动者所支出的医疗费用是必要和合理的,侵权人应当承担赔偿责任。而《工伤保险条例》规定,除情况紧急,治疗工伤应当“在签订服务协议的医疗机构就医”,而且治疗工伤所需费用须“符合工伤保险诊疗项目目录、工伤保险药品目录、工伤保险住院服务标准的”才能支付。对于受伤职工被医院收取了超过标准的医疗费,该由第三人承担,还是由受伤职工承担?社会保险法和《工伤保险条例》未予规定。我们认为,依据社会保险法第四十二条规定,所有医疗费用(包括超过工伤保险待遇标准的部分)应当由第三人承担,即使工伤保险基金在工伤待遇范围的医疗费用先行支付,也应对第三人予以追偿。但是,如第三人没有完全能力支付医疗费用的,应当先行支付受伤职工超过标准的医疗费,属于工伤待遇范围的医疗费用由工伤保险基金先行支付并负责对第三人进行追偿;如第三人完全没有能力支付医疗费用的,那么,受伤职工只能获得工伤保险基金支付的工伤保险待遇范围的医疗费用。

四是程序的合并。因第三人侵权造成工伤而导致工伤保险待遇和民事侵权赔偿发生竞合,在实体上实现“有限双赔”,而在程序上为了更好地查清事实,实现民事救济程序和行政程序及之后的行政诉讼程序无缝衔接,充分有效地保护工伤职工的合法权益,可以参照《若干解释》第六十一条规定“一并审理”。该条规定:“被告对平等主体之间民事争议所作的裁决违法,民事争议当事人要求人民法院一并解决相关民事争议的,人民法院可以一并审理。”在条件成熟时,甚至可以考虑行政附带民事诉讼或者反过来民事附带行政诉讼,真正实现“有限双赔”程序的无缝衔接。

——杨科雄:《第三人侵权造成工伤的救济模式探讨》,载中华人民共和国最高人民法院行政审判庭编:《行政执法与行政审判》(总第65集),中国法制出版社2014年版,第29—30页。

823 因第三人侵权而死亡者亲属在获得民事赔偿后还可以获得工伤保险补偿

关键词 | 工伤认定 | 第三人侵权 | 民事赔偿 | 工伤保险补偿 |

【最高人民法院答复】

吉林省高级人民法院：

你院《关于因第三人侵权而死亡者亲属在获得高于工伤保险待遇的民事赔偿后是否还可以获得工伤保险补偿，以及具体能够获得哪些项目的补偿问题的请示》收悉。经研究，答复如下：

因第三人侵权死亡且属于工伤情形的，死者亲属在获得民事赔偿后，仍可以根据《工伤保险条例》《关于审理工伤保险行政案件若干问题的规定》等规定主张工伤保险待遇。民事赔偿已经支付医疗费用的，不得主张工伤医疗费用。

——《最高人民法院关于因第三人侵权而死亡者亲属在获得民事赔偿后是否还可以获得工伤保险补偿的答复》（2019 年 7 月 9 日，〔2017〕最高法行他 100 号）。

新疆维吾尔自治区高级人民法院生产建设兵团分院：

你院《关于因第三人造成工伤死亡的亲属在获得民事赔偿后是否还可以获得工伤保险补偿问题的请示报告》收悉。经研究，答复如下：

原则同意你院审判委员会的倾向性意见。即根据《中华人民共和国安全生产法》第四十八条以及《最高人民法院关于审理人身损害赔偿案件适用法律若干问题的解释》第十二条①的规定，因第三人造成工伤的职工或其近亲属，从第三人处获得民事赔偿后，可以按照《工伤保险条例》第三十七条②的规定向工伤保险机构申请工伤保险待遇补偿。

——《最高人民法院关于因第三人造成工伤的职工或其亲属在获得民事赔偿后是否还可以获得工伤保险补偿问题的答复》（2006 年 12 月 28 日，〔2006〕行他字第 12 号）。

【链接：最高人民法院法官著述】

人民法院在审理工伤保险行政案件中，需适用〔2006〕行他字第 12 号答复及相关司法解释时，应当注意以下三个问题：

1.《人身损害赔偿解释》施行以前，因用人单位以外的第三人造成职工工伤的有关赔偿问题，应当优先适用地方性法规或地方政府规章。

---

① 2022 年修正的《最高人民法院关于审理人身损害赔偿案件适用法律若干问题的解释》第三条。——编者注

② 2010 年修订的《工伤保险条例》第三十九条。——编者注

2. 除《工伤保险条例》规定的几种不得认定或视同工伤的情形外，对工伤职工不能因其有过错而减少其工伤补偿金。工伤赔偿采取的是无过错责任，也就是说，无论受害人有无过错，只要因工伤造成损失，就应按照该损失的情况，依据有关规定的标准予以补偿。

3.〔2006〕行他字第12号答复及相关司法解释适用于因用人单位以外的第三人造成职工工伤的所有行政案件。用人单位以外的第三人侵权损害，最典型的就是交通事故。道路交通安全法亦明确规定，人民法院应当支持当事人的合法请求。但是，用人单位以外的第三人侵权损害，并非仅指交通事故这一类情况，亦包括其他情况，如某单位保安在维持商场秩序中被第三人打伤等情况。凡是属于用人单位以外的第三人侵权损害的工伤保险行政案件，均可以适用〔2006〕行他字第12号答复及相关的司法解释。

——蔡小雪：《因第三人造成工伤的职工或其亲属在获得民事赔偿后还可以获得工伤保险补偿》，载万鄂湘、张军主编：《最新执行与司法程序法律文件解读》（总第4辑），人民法院出版社2007年版，第205—206页。

824 受伤职工通过调解获得损害赔偿后还能否享受工伤保险待遇

关键词 | 工伤认定 | 工伤保险待遇 | 损害赔偿 |

【最高人民法院裁判案例】

周祖华诉广东省东莞市人民政府行政复议案［最高人民法院（2020）最高法行再118号行政判决书］

《工伤保险条例》第二条第二款规定，中华人民共和国境内的各类企业的职工和个体工商户的雇工，均有依照本条例的规定享受工伤保险待遇的权利。第十四条第（一）项规定，职工在工作时间和工作场所内，因工作原因受到事故伤害的，应当认定为工伤。《最高人民法院关于审理工伤保险行政案件若干问题的规定》第三条规定，用工单位违反法律、法规规定将承包业务转包给不具备用工主体资格的组织或者自然人，该组织或者自然人聘用的职工从事承包业务时因工伤亡的，社会保险行政部门认定用工单位为承担工伤保险责任单位的，人民法院应予支持。承担工伤保险责任的单位承担赔偿责任或者社会保险经办机构从工伤保险基金支付工伤保险待遇后，有权向相关组织、单位和个人追偿。本案中，东锐公司将承包的"一村山庄宴会厅"等工程分包给不具备用工主体资格的谢耀坤，谢耀坤聘用的周祖华从事承包工程时受伤，周祖华以东锐公司为用工单位申请认定工伤，东莞市社会保障局作出《认定工伤决定书》，符合法律规定。

东锐公司不服，申请行政复议。东莞市政府以周祖华已领取了谢耀坤支付的损害赔偿款，其因工作遭受的事故伤害已获医疗救治和经济补偿，不再具有工伤认定所保护的权利为由，撤销了《认定工伤决定书》。本院认为，东锐公司与周祖华之间并非典型的劳动关系，而是法律拟制的用工主体责任关系，周祖华在劳动仲裁机构认定其与东锐公司不存在劳动关系的情形下，对其能否要求工伤保险赔偿存在认识不足。而且，民事损害赔偿系周祖华在未进行伤残等级鉴定的情况下与谢耀坤调解达成，赔偿金额可能低于工伤保险赔偿金额。依法享受工伤保险待遇是劳动者享有的法定权利，东莞市政府仅以周祖华签订调解协议并领取损害赔偿款为由，撤销《认定工伤决定书》，可能损害周祖华的法定权利，应当予以纠正。需要说明的是，周祖华在认定工伤、鉴定劳动能力后，若实际获得的医疗费、损害赔偿款少于应当享受的工伤保险待遇，有权要求补齐。

——中国裁判文书网，https://wenshu.court.gov.cn/。

825 职工在工作时间和工作岗位突发疾病视同工伤的认定

关键词 | 工伤认定 | 视同工伤 | 突发疾病 |

【最高人民法院专业法官会议纪要】

2. 职工在工作时间和工作岗位突发疾病视同工伤的认定

职工在工作时间和工作岗位突发疾病，因正当理由未及时送医疗机构抢救，但在离开工作岗位48小时内死亡，或者送医后因医疗机构误诊在离开医疗机构48小时内死亡，有证据证明职工死亡确属上述突发疾病所致，工伤认定申请人请求依据《工伤保险条例》第十五条第（一）项规定认定视同工伤，社会保险行政部门予以认定的，人民法院应予支持。

——《最高人民法院行政法官专业会议纪要（七）》（工伤保险领域），载中华人民共和国最高人民法院行政审判庭编：《行政执法与行政审判》（总第80集），中国法制出版社2020年版，第256页。

826 对视同工伤的判定，应当严格掌握，不宜对视同条件随意扩大解释，不合理扩大视同工伤的保护范围

关键词 | 工伤认定 | 视同工伤 | 突发疾病 |

【最高人民法院裁判案例】

周治春诉内蒙古自治区阿拉善左旗人力资源和社会保障局、内蒙古自治区阿拉善左旗人民政府工伤待遇认定及行政复议案[最高人民法院(2020)最高法行申12409号行政裁定书]

要旨：因视同工伤属于通常意义上因工伤亡之外的扩大保护，故对视同工伤的判定，应当严格掌握，不宜对视同条件随意扩大解释，不合理扩大视同工伤的保护范围。

《工伤保险条例》第十五条第一款第（一）项规定，职工在工作时间和工作岗位，突发疾病死亡或者在48小时之内经抢救无效死亡的，视同工伤。这一规定将工伤保险的保障范围由工作原因造成的事故伤害扩大到了在工作时间、工作岗位突发疾病死亡的情形，考虑了此类突发疾病可能与工作劳累、工作紧张等因素有关，最大限度地保障了职工的权益。因视同工伤属于通常意义上因工伤亡之外的扩大保护，故对视同工伤的判定，应当严格掌握，不宜对视同条件随意扩大解释，不合理扩大视同工伤的保护范围。

——中国裁判文书网，https://wenshu.court.gov.cn/。

管惠琴诉甘肃省张掖市人力资源和社会保障局社会保障行政确认案[最高人民法院(2018)最高法行申7403号行政裁定书]

要旨：在对因突发疾病视同工伤的认定上，应当从严适用工作时间、工作岗位、疾病突发和48小时内死亡四个重要条件，尤其是疾病发生的时间和地点是否属于日常的工作时间和工作岗位，或者特殊情形下合理延伸的工作时间和工作岗位。

《工伤保险条例》第十五条第一款第（一）项规定：在工作时间和工作岗位，突发疾病死亡或者在48小时之内经抢救无效死亡的，视同工伤。该项规定的正确适用，应当首先明确《工伤保险条例》第十五条和第十四条的关系，二者虽然都是关于职工工伤构成要件的具体规定，但侧重有所不同。第十四条侧重强调因工作原因导致的伤亡，该类伤亡的发生与工作有直接关系，属于通常意义上的因工伤亡，而第十五条规定的因工伤亡是基于扩大职工权益保障范围的目的，将部分与工作

没有直接关联,但因特殊原因需要通过社会保险予以保障的伤亡,视同为工伤。因视同工伤属于通常意义上因工伤亡之外的扩大保护,故对视同工伤的判定,应当严格掌握,不宜对视同条件随意扩大解释,不合理扩大视同工伤的保护范围。具体而言,在对因突发疾病视同工伤的认定上,应当从严适用工作时间、工作岗位、疾病突发和 48 小时内死亡四个重要条件,尤其是疾病发生的时间和地点是否属于日常的工作时间和工作岗位,或者特殊情形下合理延伸的工作时间和工作岗位。

——中国裁判文书网,https://wenshu. court. gov. cn/。

827 视同工伤中"48 小时"的起算时间判断

关键词 | 工伤认定 | 视同工伤 | 48 小时 |

【最高人民法院裁判案例】

魏淑娟诉甘肃省定西市人力资源和社会保障局社会保障行政确认案[最高人民法院(2017)最高法行申 7363 号行政裁定书]

要旨:48 小时的起算时间,以医疗机构的初次诊断时间作为突发疾病的起算时间。

根据《工伤保险条例》第十五条第一款第(一)项的规定,职工在工作时间和工作岗位,突发疾病死亡或者在 48 小时之内经抢救无效死亡的,视同工伤。关于"48 小时"的起算时间问题。《劳动和社会保障部关于实施〈工伤保险条例〉若干问题的意见》(劳社部函〔2004〕256 号)中明确:"48 小时的起算时间,以医疗机构的初次诊断时间作为突发疾病的起算时间。"本案中,根据王怀彦的住院病历记载,其于 2012 年 9 月 16 日晚突发疾病被送至定西市人民医院抢救,9 月 17 日 0 时 10 分收治入院被初步诊断为"1. 高血压脑出血;2. 高血压病 3 级,极高危组",故 48 小时的起算时间为 2012 年 9 月 17 日 0 时 10 分,各方当事人对此均无异议。本案的争议焦点是王怀彦的死亡时间认定问题。通常情况下,如无相反证据证明,一般应以医疗机构出具的病历等材料为准。本案中,王怀彦的死亡证明、死亡报告、死亡记录上载明的死亡时间均为 2012 年 9 月 20 日。王怀彦的病程记录从 2012 年 9 月 17 日 0 时 30 分一直记录到 2012 年 9 月 20 日 18 时 40 分,临时医嘱单、危重患者护理记录单一直记录到 2012 年 9 月 20 日 18 时 35 分。来某、刘某作为王怀彦的主治医生,亲自参与王怀彦整个救治过程,通过医疗器械来监测病人的心电、血压、呼吸、体温等数据,因此,其关于王怀彦于 2012 年 9 月 20 日死亡的证言更为科学和客观。针对病历材料中的部分时间瑕疵问题,来某、刘某已作出合理解释,二审判决已进行详尽阐述,本院予以认可。综合全案证据,王怀彦的死亡时间应为 2012 年 9 月 20 日 18 时 35 分,距入院初步诊断时间 2012 年 9 月 17 日 0 时 10 分,已超过 48 小时,不符合视同工伤的规定。

——中国裁判文书网,https://wenshu.court.gov.cn/。

828 突发疾病死亡的工伤认定

关键词｜工伤认定｜突发疾病死亡｜

【最高人民法院公报案例】

上海温和足部保健服务部诉上海市普陀区人力资源和社会保障局工伤认定案

要旨:职工在工作时间和工作岗位上突发疾病,经抢救后医生虽然明确告知家属无法挽救生命,在救护车运送回家途中职工死亡的,仍应认定其未脱离治疗抢救状态。若职工自发病至死亡期间未超过 48 小时,应视为“48 小时之内经抢救无效死亡”,视同工伤。

被上诉人普陀区人保局具有作出被诉工伤认定的法定职权。被上诉人受理两原审第三人的工伤认定申请后,依法进行了调查,于法定期限内作出被诉工伤认定决定并送达双方当事人,行政程序合法。被上诉人依据温和足保部员工的调查笔录及吴亚海的病历材料、居民死亡医学证明书等证据,认定吴亚海于 2013 年 12 月 23 日工作时突发疾病,当日送同济医院救治,次日死亡的事实,证据充分、事实清楚。被上诉人依据《工伤保险条例》第十五条第一款第(一)项、《上海市工伤保险实施办法》第十五条第一款第(一)项之规定,认定吴亚海因病死亡的情形属于视同工伤,适用法律正确。被上诉人所作的工伤认定决定书在使用法律条文时,将上述规定均表述为“第十五条第(一)项”,未写明第一款,显然不符合规范,应予纠正。

关于上诉人温和足保部对吴亚海死亡医学证明真实性存疑的意见,上海市第二中级人民法院认为,死亡医学证明系有资质的医疗机构出具,该证明形式完整、要件齐备,虽然在“死亡日期”的月份处有涂改,但该涂改不影响对吴亚海死亡时间的认定,也未与其他证据相矛盾,故该证明的真实性予以认可。

上诉人温和足保部关于运送吴亚海回乡的救护车为非正规救护车的意见,被上诉人普陀区人保局认定吴亚海死亡的依据是死亡医学证明书,该证明书载明吴亚海死亡医院为急诊救护车,即已经对该救护车予以了确认。而且,两原审第三人是通过拨打 120 电话的正规途径呼叫的救护车,即使该救护车不属于上海市医疗急救中心所有,也不能推断上海化学工业区医疗中心的救护车为非正规救护车。上诉人提供的证据无法证明其该项主张,法院不予支持。

关于上诉人温和足保部认为吴亚海死亡系家属主动放弃治疗运送其回乡而导致,不属于《工伤保险条例》第十五条第一款第(一)项规定的“突发疾病死亡或者在 48 小时之内经抢救无效死亡”的情形的意见,法院认为,从吴亚海发病后被送至同济医院治疗直至在救护车上死亡,其始终未脱离医疗机构的治疗抢救状态,其家属始终未有拒绝接受救治的意思表示,故上诉人的上述主张不能成立。

——《中华人民共和国最高人民法院公报》2017 年第 4 期。

【最高人民法院参考案例】

山东金宇建筑集团诉山东省东营市劳动和社会保障局工伤行政确认案(行政审判案例第 61 号)

要旨:根据《工伤保险条例》第十五条第一款第(一)项的规定,职工在工作时间和工作岗位,突发疾病死亡或者在 48 小时内经抢救无效的,应视同工伤。在医疗机构确定病人没有继续存活可能性的前提下,家属放弃治疗后病人死亡的,不影响上述结论。

东营市劳动和社会保障局提交的证据,能够认定孙家岭的死亡情形符合国务院《工伤保险条例》第十五条第一款第(一)项的规定。在孙家岭缺乏自主呼吸、靠升压药维持血压、救济无望的情况下,其亲属放弃治疗,确属无奈之举,并不违反法律禁止性规定。

——中华人民共和国最高人民法院行政审判庭编:《中国行政审判案例》(第 2 卷),中国法制出版社 2011 年版,第 132、133 页。

【链接:最高人民法院法官著述】

《工伤保险条例》第十五条第一款第(一)项规定,在工作时间和工作岗位,突发疾病死亡或者在 48 小时之内经抢救无效死亡的,视为工伤。这一情形视同工伤,是因为它与《工伤保险条例》第十四条工伤认定标准比较接近,不认定为工伤不符合社会公平公正的要求。

一、必须在工作时间和工作岗位

《工伤保险条例》之所以将该种情形视为工伤,是因为职工受到的伤害发生在工作时间和工作岗位,不认定为工伤有悖公平。因此,“突发疾病死亡或者在48小时内经抢救无效死亡”的前提条件是该疾病在工作时间和工作岗位上发生,若是下班之后发生并在48小时之内死亡的,即使疾病产生的原因可能是工作原因,原则上亦不能认定为工伤。反之,如果是在工作时间和工作岗位上发生的疾病,即使该疾病产生原因不是工作原因,而可能是职工个人身体的原因,亦可以认定为工伤。

如职工刘某下班回家后突发脑溢血死亡的能否认定为工伤?法院认为,《工伤保险条例》第十五条第一款第(一)项主要是针对在工作时间、工作岗位上突发疾病,不能坚持工作,需要紧急到医院进行抢救的情况而设定的。如果是在回家之后再到医院治疗的,就不属于这一条规定的适用范围。刘某是在下班以后回到家中因身体不适到村委会卫生所就医,没有有效证据证实刘某是在工作时间和工作岗位,突发疾病死亡,或者在48小时之内经抢救无效死亡的,故维持了社会保险行政部门的决定。此外,有些情况即使职工在工作时间和工作岗位感到身体不适回家后突发疾病死亡,也不能认定为工亡。

在工作时间、工作岗位出现发病的症状,休息后病情加重,经抢救无效死亡的情况是否符合《工伤保险条例》第十五条第一款第(一)项规定的情形。社会保险行政部门认为,8月1日,李某在单位出现不适症状,并伴有发热、咳嗽、黄痰等现象,次日李某在家休息期间突然出现肢体活动不灵活等病情,经医疗抢救无效死亡,不符合《工伤保险条例》第十五条第一款第(一)项规定的情形,因而不能被认定为视同工伤。

所谓的“在工作时间和工作岗位”不局限于日常的工作时间和工作岗位,还包括其他工作时间和工作岗位。主要有以下两种情形:

第一,在出差途中的工作时间和工作岗位。这属于因工外出的特殊情形。原则上只要因工外出期间所涉及的时间和区域均为工作时间和工作岗位,如“突发疾病死亡或者在48小时内经抢救无效死亡”,应当依据《工伤保险条例》第十五条第一款第(一)项规定认定视同工伤。

第二,与工作有关的准备、收尾工作的工作时间和工作岗位。这是依据《工伤保险条例》第十四条第(二)项规定,对工作时间和工作岗位作出的合理延伸。如职工突发疾病死亡的,依法认定视同工伤。

二、如何理解“突发疾病”

《劳动和社会保障部关于实施〈工伤保险条例〉若干问题的意见》(劳社部函〔2004〕256号)第三条规定,《工伤保险条例》第十五条规定,职工“在工作时间和工作岗位,突发疾病死亡或者在48小时之内经抢救无效死亡的”,视同工伤。这里

“突发疾病”包括各类疾病，要正确而全面地理解。有一种观点认为，职工既有病情在工作中加重的，除非医疗鉴定明确认定病情加重是由工作原因引起的，否则一般不视为工伤。因为劳动者原先病情的加重原因可能是多方面的，工作原因只是其中一种可能性，若一概认定为工伤，会对用人单位造成不公平。我们认为，这一理解是不恰当的，与《工伤保险条例》第十五条第一款第（一）项规定不一致，也不符合《劳动和社会保障部关于实施〈工伤保险条例〉若干问题的意见》关于“各种疾病”的本来含义。

三、如何理解“48 小时”

这里有以下两方面问题值得注意：一方面，“48 小时”的起算点。《劳动和社会保障部关于实施〈工伤保险条例〉若干问题的意见》（劳社部函〔2004〕256 号）第三条规定，“48 小时”的起算时间，以医疗机构的初次诊断时间作为突发疾病的起算时间。基于上述规定，在工作时间和工作岗位，突发疾病当场死亡的，认定为工伤没有太大的争议。而没有当场死亡的，社会保险部门认为要直接送往医院，并且要有医院的治疗记录，否则不认定为工伤。有些法院也是这样认为的。

对此有人认为，上述理解并不符合法律规定和实际情况。职工在工作时间和工作岗位上发生疾病，并在 48 小时内死亡的，即使未经医院抢救，亦可视为工伤。职工在工作时间和工作岗位上发生疾病未经医院抢救是有其合理理由的：一是要求职工一有病就去医院不合我国国情；二是职工由于缺乏医学知识对病情的严重性未能作出正确判断，未选择及时治疗而选择请假休息；三是由于个人身体素质不同，疾病的表现严重程度也不同，要求一律直接送医院救治不符合实际情况。因此，职工在工作时间和工作岗位突发疾病，无法坚持工作，经请假外出就医、回家休息时或者坚持上班在下班后死亡，死亡时间距离开单位（一说突发疾病时）不足 48 小时的，可视同工伤。没有送卫生院就医的，只要两人以上共同劳动的职工能证明该劳动者在工作时间时“突发疾病”，并因此在 48 小时内死亡的，就应当适用《工伤保险条例》第十五条第一款第（一）项的规定认定为工伤，不苛求职工突发疾病后必须到医院救治。如某职工在上班时间感觉身体不舒服，请假回宿舍休息，第二天一早发现死在床上，若身体不舒服与死亡之间有直接的联系，虽然未经医院抢救，但也可认定工伤。因此，职工突发疾病没有当场死亡，直接送往医院的，以医疗机构的初次诊断时间作为突发疾病的起算时间；未送医院的，以突发疾病或者离开单位时作为起算点。我们认为，上述观点有其合理性，在实践中可以进行探索，在条件成熟后通过修法予以明确。

另一方面，关于“48 小时”是否要严格要求的问题。我们认为，原则上超出 48

小时的，不能认定为工伤，但是连续抢救48小时，而后死亡的，亦可认定工伤。

四、如何理解"死亡"

依据《工伤保险条例》第十五条第一款第(一)项规定，突发疾病死亡分为两种：突发疾病死亡和48小时之内经抢救无效死亡。但是，"死亡"也有一个标准。死亡标准的不同，对是否适用《工伤保险条例》第十五条第一款第(一)项规定认定视同工伤至关重要。

"48小时"内脑死亡是否为死亡？我们认为，脑死亡应当是人死亡的标准，对"48小时"内脑死亡、"48小时"后停止呼吸者予以认定为工伤。否则就会出现一个奇怪的现象：如果"48小时"之内脑死亡、仅靠呼吸机维持生命者，是放弃治疗，还是继续抢救？放弃治疗，太不人道，但是能够认定为工伤；继续抢救，一旦抢救无效，就无法认定工伤。

死亡不仅要有标准，而且死亡时间也需要证明。死亡时间的认定应当以医疗机构出具的证明为准。作为医疗机构，亲临了对患者的救治过程，其对患者死亡的宣布，一般是在死者亲属等均在场的情况下，通过医疗器械的显示，作出宣告，相对更为客观。即使医疗机构出具的死亡时间与鉴定机构不一致时，也是如此。如确有证据证明医疗机构涂改病历、违规操作的，以鉴定机构的认定为准。

五、主动放弃治疗能否认定工伤

职工突发疾病送往医院死亡可能存在自然死亡或者家属主动放弃治疗后死亡的不同情形。尤其是否认定视同工伤，在实践中争议较大。

孙家岭案，其死亡发生于其家属作出放弃治疗决定，医院停止抢救措施之后，该死亡情形能否认定为《工伤保险条例》第十五条第一款第(一)项规定的"经抢救无效死亡"？二审法院认为，应是在经抢救无效的前提下，亦即医院经过诊断确定了确实没有继续存活的可能性，家属才可以作出放弃救治的决定，也只有在此种情形下，家属的放弃治疗可以认定属"经抢救无效"。因此，在医疗机构确定病人没有继续存活可能性的前提下，家属放弃治疗后病人死亡的，不影响根据《工伤保险条例》第十五条第一款第(一)项的规定认定视同工伤。在本案中，劳动部门调取的证据只有医院的病历和死亡证明。从病历的记载看，孙家岭发病当日即行手术治疗，术后次日凌晨2点40分停止呼吸，血压降低，靠呼吸机控制呼吸，靠升压药维持血压。医院出具的死亡证明中，明确载明了孙家岭是因"抢救无效"死亡。劳动部门结合以上证据认定孙家岭当时已无继续存活的可能性，家属放弃治疗的行为也是在此种情形下作出的。本案在二审审理期间，审判法官专程到相关的医院及当事人居住的居委会做了一些调查。根据调查的情形，能够证实在医院告知孙家岭家属病人已没有继续存活的可能的情况下，其家属才决定放弃抢救，家属与孙家岭间关系正常。由此能够认定，家属的放弃治疗确属无奈之举。二审遂作出维持判决。

——杨科雄：《突发疾病死亡的工伤认定问题研究》，载中华人民共和国最高人民法院行政审判庭编：《行政执法与行政审判》（总第 56 集），中国法制出版社 2013 年版，第 71—78 页。

829 长途客运班车司机因工作需要在外住宿期间突发疾病死亡应认定视同工伤

关键词 | 工伤认定 | 视同工伤 | 突发疾病 |

【最高人民法院裁判案例】

王玉梅诉黑龙江省齐齐哈尔市人民政府行政复议决定纠纷案［最高人民法院（2019）最高法行申 4054 号行政裁定书］

《工伤保险条例》第十五条第一款规定："职工有下列情形之一的，视同工伤：（一）在工作时间和工作岗位，突发疾病死亡或者在 48 小时之内经抢救无效死亡……"根据本案业已查明的事实，王凯生前系黑 B××××× 号客运班车司机。其客运班车运营时间是当日 9 时 30 分从齐齐哈尔发车，13 时 30 分到达扎赉特旗，次日 10 时 40 分从扎赉特旗发车，14 时 40 分返回齐齐哈尔市，2012 年 5 月 24 日王凯驾驶班车到达扎赉特旗，当晚与售货员张齐共同入住扎赉特旗旺角招待所 1 号房间。次日早 8 时许王凯起床后在旺角招待所突发疾病，经抢救无效当日死亡。王凯生前驾驶的客运班车在齐齐哈尔市与扎赉特旗之间隔日往返，王凯到达扎赉特旗后，在扎赉特旗住宿是因工作需要即长途客运班车运营方式所决定的，故由于其工作性质，王凯在旺角招待所住宿属于工作时间和工作岗位的自然延伸，其突发疾病且经抢救不足 48 小时死亡，符合《工伤保险条例》第十五条第一款规定的情节，应认定视同工伤。

830 职工在家加班工作期间突发疾病死亡的应当视同工伤

关键词 | 工伤认定 | 工作场所 | 工作原因 | 加班工作 |

【最高人民法院专业法官会议纪要】

28. 职工在家加班工作期间突发疾病死亡,或者在48小时之内经抢救无效死亡的,是否可以视为工伤。

答:职工在家加班工作期间突发疾病死亡,或者在48小时之内抢救无效死亡的,应当依照《工伤保险条例》第十五条第一款第(一)项规定,视为工伤。

理由:《工伤保险条例》第十五条第一款第(一)项规定职工在工作时间和工作岗位,突发疾病死亡或者在48小时之内经抢救无效死亡的,视同工伤。将工作带回家,在家加班工作,应当属于"在工作时间和工作岗位"。第一,根据《工伤保险条例》第一条规定,制定和实施该条例的目的在于对"因工作遭受事故伤害或者患职业病的职工获得医疗救治和经济补偿"。因此,理解"在工作时间和工作岗位",首先应当要看职工是否为了单位的利益从事本职工作。为了单位的利益,将工作带回家,占用个人时间继续工作,就是"在工作时间和工作岗位"。第二,《工伤保险条例》第十四条第(一)(二)(三)项"认定工伤"时的法定条件是"工作时间和工作场所",第十五条"视同工伤"时使用的是"工作时间和工作岗位"。相对于"工作场所"而言,"工作岗位"强调更多的不是工作的处所和位置,而是岗位职责、工作任务。职工为完成岗位职责,在家加班工作,当然可以理解为属于第十五条规定的"在工作时间和工作岗位"。第三,视为工伤是法律规范对工伤认定的扩大保护,的确不宜将其范围作扩大理解。但是,应当注意的是,第十五条将"工作场所"替换为"工作岗位",本身就是法律规范对工作地点范围的进一步拓展,将"工作岗位"理解为包括在家加班工作,是对法律条文的正常理解,不是扩大解释。职工在家加班工作,属于"在工作时间和工作岗位",在此过程中职工突发疾病死亡,或者在48小时之内经抢救无效死亡,当然应当视为工伤。可参考(2017)最高法行申6467号行政裁定。

——《最高人民法院第一巡回法庭关于行政审判法律适用若干问题的会议纪要》(2018年7月23日),载最高人民法院第一巡回法庭编著:《最高人民法院第一巡回法庭行政案件裁判精要》,中国法制出版社2020年版,第199页。

【最高人民法院裁判案例】

俞俊杰诉海南省海口市人力资源和社会保障局、海南省人力资源和社会保障厅工伤认定行政确认、行政复议案[最高人民法院(2017)最高法行申6467号行政裁定书]

要旨:职工为了单位的利益,在家加班工作期间,也应当属于"工作时间和工作岗位”。

《工伤保险条例》第十五条第一款第（一）项规定，职工在工作时间和工作岗位，突发疾病死亡或者在48小时之内经抢救无效死亡的，视同工伤。该项规定视同工伤包括两种情形：一是在工作时间、工作岗位上，突发疾病死亡；二是在工作时间、工作岗位上，突发疾病，48小时内经抢救无效死亡。未经抢救死亡，可能存在两种情形：一是突发疾病，来不及抢救即已经死亡；二是发病时，没有其他人员在场，丧失抢救机会死亡。无论是经抢救无效死亡，还是未经抢救死亡，视为工伤的关键都在于，必须是在“工作时间和工作岗位”上突发疾病死亡。通常理解，“工作时间和工作岗位”应当是指单位规定的上班时间和上班地点。同时，我们认为，职工为了单位的利益，在家加班工作期间，也应当属于“工作时间和工作岗位”。主要理由是：第一，根据《工伤保险条例》第一条规定，制定和实施该条例的目的在于对“因工作遭受事故伤害或者患职业病的职工获得医疗救治和经济补偿”。因此，理解“工作时间和工作岗位”，首先应当要看职工是否为了单位的利益从事本职工作。在单位规定的工作时间和地点突发疾病死亡视为工伤，为了单位的利益，将工作带回家，占用个人时间继续工作，期间突发疾病死亡，其权利更应当受到保护，只有这样理解，才符合倾斜保护职工权利的工伤认定立法目的。第二，《工伤保险条例》第十四条第（一）（二）（三）项认定工伤时的法定条件是“工作时间和工作场所”，而第十五条视为工伤时使用的是“工作时间和工作岗位”，相对于“工作场所”而言，“工作岗位”强调更多的不是工作的处所和位置，而是岗位职责、工作任务。职工在家加班工作，就是为了完成岗位职责，当然应当属于第十五条规定的“工作时间和工作岗位”。第三，视为工伤是法律规范对工伤认定的扩大保护，的确不宜将其范围再进一步做扩大理解。但是，应当注意的是，第十五条将“工作场所”替换为“工作岗位”，本身就是法律规范对工作地点范围的进一步拓展，将“工作岗位”理解为包括在家加班工作，是对法律条文正常理解，不是扩大解释。本案中，冯芳弟被发现时已经没有呼吸和心跳，属于深夜在家发病，无人发现、未经抢救死亡的情形，不属于经抢救无效48小时内死亡的情形。虽然冯芳弟在家中死亡，但从本案查明的事实可以看出，冯芳弟在被发现死亡的前一天晚10时许，组织学生晚修测验回家，连夜评完两个班学生的数学试卷，并进行试卷分析。显然是为学校的利益，在回家后利用个人休息时间，加班从事教学岗位职责工作，属于“在家加班工作”的情形。是否能够认定冯芳弟属于工伤，关键是看其发病、死亡是否发生在“在家加班工作期间”。冯芳弟的《居民死亡医学证明书》对其发病至死亡的时间认定为“不详”，这就造成冯芳弟的发病时间究竟是在加班工作期间，还是在已上床睡觉期间难以判断。223-1 号工伤决定根据冯芳弟的同事第二天一早发现趴卧床上的陈述,认定“冯芳弟发病时已上床休息”。正如一、二审所述,这一认定显然是缺乏充分证据予以支持的。趴卧床上,有可能是在发病后,身体不适倒卧床上,并非一定是上床睡觉后发病死亡。本院认为,在职工发病和死亡是否发生在工作时间、工作岗位上缺乏相关证据证明、难以确定的情况下,根据工伤认定倾向性保护职工合法权益的原则,应当作出有利于职工的肯定性事实推定,而非否定性的事实认定。因此,一、二审判决以事实不清、主要证据不足为由,撤销 223-1 号工伤决定,判决理由和结果均无不当。海口市人社局申请再审的理由,均是建立在不认可在家加班工作期间应当认定为“工作时间、工作岗位”这一前提之下,其主张与工伤认定的立法精神不符,缺乏事实根据,本院不予支持。

应当指出的是,根据《工伤保险条例》第十六条规定,符合第十四条认定工伤或者第十五条视为工伤法定条件的,排除认定工伤或视为工伤的是故意犯罪、醉酒或者吸毒、自残或者自杀三种情形。职工发生伤亡事故,是否存在违反单位相关规章制度的情形,并不是工伤认定应当考虑的因素。223-1 号工伤决定在认定事实时,强调学校规定不得利用晚修时间上课或考试、学校领导否认安排教师通宵改卷或要求任课老师必须当天改完作业或试卷等事实,不属于工伤认定应当考虑的因素,海口市人社局的上述事实认定不妥,本院予以指正。

——中国裁判文书网,https://wenshu. court. gov. cn/。

831 职工下夜班后在公司宿舍睡觉期间猝死不属工伤

关键词 | 工伤认定 | 视同工伤 | 突发疾病 |

【最高人民法院裁判案例】

李玲诉甘肃矿区人力资源和社会保障局社会保障行政确认纠纷案[最高人民法院(2016)最高法行申 1418 号行政裁定书]

《工伤保险条例》第十五条第一款第(一)项规定,“在工作时间和工作岗位,突发疾病死亡或者在 48 小时之内经抢救无效死亡的,视同工伤”。本案中,第一分公司《工作两地生产运行与休息模式》《朱涛死亡经过报告》、相关证人证言以及公安机关“3 · 6”朱涛死亡案现场查看笔录等证据可以证明,朱涛系下小夜班后回到公寓休息期间猝死,既非在工作时间也非在工作岗位死亡,故不属于《工伤保险条例》第十五条第一款第(一)项以及《最高人民法院关于审理工伤保险行政案件若干问题的规定》第四条规定的情形。

——中国裁判文书网,https://wenshu. court. gov. cn/。

832 上班途中突发疾病死亡是否应当认定为工伤

关键词 | 工伤认定 | 视同工伤 | 上班途中 | 突发疾病 |

【最高人民法院裁判案例】

薛翠英诉甘肃省人力资源和社会保障厅、甘肃省人民政府不予工伤认定案[最高人民法院(2018)最高法行申10944号行政裁定书]

要旨:"工作岗位"通常理解为职工日常履行工作职责所在的岗位或受本单位领导指派其从事工作的岗位。由于"视同工伤情形"的认定是对"应当认定工伤情形"的扩充,因此对"工作岗位"只能从立法本意出发,按照普通人的一般理解进行判断,而不宜再作延伸、扩充解释。

本案的主要争议焦点是井鹏的死亡是否应当认定为工伤。井鹏因在上班途中突发疾病死亡,而非受到"非本人主要责任的交通事故或者城市轨道交通、客运轮渡、火车事故伤害",故井鹏的死亡不符合《工伤保险条例》第十四条的规定。该条例第十五条规定:"职工有下列情形之一的,视同工伤:(一)在工作时间和工作岗位,突发疾病死亡或者在48小时之内经抢救无效死亡的;(二)在抢险救灾等维护国家利益、公共利益活动中受到伤害的;(三)职工原在军队服役,因战、因公负伤致残,已取得革命伤残军人证,到用人单位后旧伤复发的。职工有前款第(一)项、第(二)项情形的,按照本条例的有关规定享受工伤保险待遇;职工有前款第(三)项情形的,按照本条例的有关规定享受除一次性伤残补助金以外的工伤保险待遇。"该条文规定的"视同工伤"的三种情形,是对第十四条"应当认定工伤情形"的补充规定,视同工伤不要求必须是工作原因导致的伤害,而是基于社会公共利益或者公平正义的原则,对职工的一种倾斜性保护,给予职工以工伤保险待遇。对视同工伤应当严格按照法律规定执行,对工作时间和工作岗位不宜再作扩大解释。对因突发疾病死亡视为工伤的认定,必须同时具备工作时间、工作岗位和在48小时之内抢救无效死亡三个条件,缺一不可。

本案中,双方争议较大的是,关于乘车途中是否等同于在工作岗位的问题。"工作岗位"通常理解为职工日常履行工作职责所在的岗位或受本单位领导指派其从事工作的岗位。由于"视同工伤情形"的认定是对"应当认定工伤情形"的扩充,因此对“工作岗位”只能从立法本意出发,按照普通人的一般理解进行判断,而不宜再作延伸、扩充解释。井鹏生前的工作职责是协调处理采油厂与当地群众之间的关系,保证采油厂正常的生产秩序。其工作岗位应在合水县第十二采油厂板桥作业区内或者在合水县的相关工作区域内。在岗的前提是到岗,井鹏在 8 月 9 日既未到达采油厂岗位,也未到达合水县其负责外联工作的区域之内的岗位。而薛翠英将上班乘车途中等同于工作岗位的理由属于对该条例第十五条第一款第(一)项“工作岗位”的扩大解释,没有事实依据,本院不予采纳。

——中国裁判文书网,https://wenshu.court.gov.cn/。

833 职工在单位设备间(休息室)死亡的工伤认定

关键词｜工伤认定｜工作场所｜举证责任｜

【最高人民法院裁判案例】

李海英诉内蒙古自治区呼和浩特市人民政府行政复议案[最高人民法院(2020)最高法行申 13554 号行政裁定书]

根据一、二审查明的事实,刘立军 2017 年 3 月 17 日正常上班,中午外出用餐后返回单位,3 月 18 日上午刘立军被发现在其工作单位死亡。本案虽无证据证明刘立军的准确死亡时间,但不能排除刘立军在工作时间死亡的可能。刘立军的死亡地点为存放其工作所需工具的设备间,即使该设备间兼具休息室的功能,亦不能排除刘立军系在工作岗位上死亡的可能。《工伤保险条例》第十九条第二款规定:“职工或者其近亲属认为是工伤,用人单位不认为是工伤的,由用人单位承担举证责任。”刘立军的亲属李海英认为刘立军是工伤,涉案认定工伤决定亦认定刘立军的死亡视为工伤,汇雅风尚公司认为不是工伤,但其所提刘立军死于休息时间、事发前曾饮酒等理由,亦仅是其所作的推断,而无有效证据予以证明。

——中国裁判文书网,https://wenshu.court.gov.cn/。

834 职工见义勇为,为制止违法犯罪行为而受到伤害的,应当视同工伤

关键词｜工伤认定｜视同工伤｜见义勇为｜

【最高人民法院指导性案例】

重庆市涪陵志大物业管理有限公司诉重庆市涪陵区人力资源和社会保障局劳动和社会保障行政确认案(最高人民法院指导案例 94 号)

裁判要点:职工见义勇为,为制止违法犯罪行为而受到伤害的,属于《工伤保险条例》第十五条第一款第(二)项规定的为维护公共利益受到伤害的情形,应当视同工伤。

法院生效裁判认为:被告涪陵区人社局是县级劳动行政主管部门,根据国务院《工伤保险条例》第五条第二款规定,具有受理本行政区域内的工伤认定申请,并根据事实和法律作出是否工伤认定的行政管理职权。被告根据第三人罗仁均提供的重庆市涪陵区社会管理综合治理委员会《关于表彰罗仁均同志见义勇为行为的通报》,认定罗仁均在见义勇为中受伤,事实清楚,证据充分。罗仁均不顾个人安危与违法犯罪行为作斗争,既保护了他人的个人财产和生命安全,也维护了社会治安秩序,弘扬了社会正气。法律对于见义勇为,应当予以大力提倡和鼓励。

《工伤保险条例》第十五条第一款第(二)项规定,"职工在抢险救灾等维护国家利益、公共利益活动中受到伤害的,视同工伤"。据此,虽然职工不是在工作地点、因工作原因受到伤害,但其是在维护国家利益、公共利益活动中受到伤害的,也应当按照工伤处理。公民见义勇为,跟违法犯罪行为作斗争,与抢险救灾一样,同样属于维护社会公共利益的行为,应当予以大力提倡和鼓励。因见义勇为、制止违法犯罪行为而受到伤害的,应当适用《工伤保险条例》第十五条第一款第(二)项的规定,即视同工伤。

另外,《重庆市鼓励公民见义勇为条例》为重庆市地方性法规,其第十九条、第二十一条进一步明确规定,见义勇为受伤视同工伤,享受工伤待遇。该条例上述规定符合《工伤保险条例》的立法精神,有助于最大限度地保障劳动者的合法权益、最大限度地弘扬社会正气,在本案中应当予以适用。

综上,被告涪陵区人社局认定罗仁均受伤视同因工受伤,适用法律正确。

——《最高人民法院关于发布第 18 批指导性案例的通知》(2018 年 6 月 20 日,法〔2018〕164 号)。

【链接:理解与参照】

四、参照适用时应注意的问题

从视同工伤条款的字面来看,职工抢险救灾等行为的受益对象明确限定在国家和社会公共利益,排除维护私人利益的行为。换言之,只有为维护国家利益、社会公共利益而受伤的,才视同工伤。由于实践中见义勇为类型较多,不同类型的见义勇为维护的利益属性可能不同。本案例明确将与违法犯罪作斗争型的见义勇为受伤的行为应视同工伤,对职工因其他类型见义勇为而受伤的,能否视同工伤,应根据其所维护的利益属性进行判断。在见义勇为所维护的利益认定上,应当全面评析见义勇为所涉及的对象行为是否危及国家利益及不特定多数人的利益,如行为可能造成的影响和行为的后果等方面进行综合考量,进而确定见义勇为行为所维护的利益属性。

——最高人民法院案例指导工作办公室:《指导案例 94 号〈重庆市涪陵志大物业管理有限公司诉重庆市涪陵区人力资源和社会保障局劳动和社会保障行政确认案〉的理解与参照——职工见义勇为制止违法犯罪而受伤的应视同工伤》,载最新法律文件解读丛书编选组编:《最高人民法院司法解释与指导性案例理解与适用》(第八卷),人民法院出版社 2020 年版,第 905 页。

835 非因工作原因对遇险者实施救助导致伤亡的，如未经有关部门认定为见义勇为，是否属于视同工伤情形

关键词 | 工伤认定 | 视同工伤 | 工作原因 |

【最高人民法院答复】

江西省高级人民法院:

你院赣高法报〔2014〕5 号《关于张贤锋、王年姣诉信丰县人力资源和社会保障局劳动与社会保障行政确认的请示》收悉,经研究,答复如下:

非因工作原因对遇险者实施救助导致伤亡的,如未经有关部门认定为见义勇为,似不属于《工伤保险条例》第十五条第一款第(二)项规定的视同工伤情形,考虑到请示所涉案件中张诗春舍身救人的行为值得提倡,建议你院与下级法院协调当地有关部门,尽可能通过其他方式做好相关安抚工作,以妥善化解争议。

——《最高人民法院行政审判庭关于非因工作原因对遇险者实施救助导致伤亡的情形是否认定工伤问题的答复》(2014 年 7 月 3 日,〔2014〕行他字第 2 号)。

836 与低温雨雪冰冻灾害有关的工伤认定行政案件的处理

关键词 | 工伤认定 | 低温雨雪冰冻灾害 |

【最高人民法院司法文件】

（一）临时雇用员工的工伤认定。低温雨雪冰冻灾害期间，用人单位为维护国家利益和公共利益的需要，在恢复交通、通信、供电、供水、排水、供气、道路抢修、保障食品、饮用水、燃料等基本生活必需品的供应、组织营救和救治受害人员等过程中，临时雇用员工受到伤害的，可视为工伤，参照《工伤保险条例》的规定进行处理。

（二）工作时间的认定。低温雨雪冰冻灾害期间，工作时间应作宽泛理解，不仅指企业明确规定的上班至下班时间段，还应包括企业当班组长、班长或者某项具体工作负责人同意和安排的临时加班工作的时间。

（三）工作场所的认定。鉴于灾害期间的特殊情势，对于工作场所的认定，应当综合考虑工作职责、工作性质、工作需要、工作纪律等因素。某些劳动者可能存在多处或者不固定的工作地点和工作岗位，也有可能在企业住所地以外的场所，应当根据具体案情从宽掌握。原则上，凡是与职工的工作职责相关的场所，一般应认定为工作场所。

（四）上下班途中的认定。低温雨雪冰冻灾害期间，上下班的路线，不宜只严格掌握为工作地点和居住地点之间特定的、固定的路线。只要路线没有显失合理且方向正确，一般应予认定。

——《最高人民法院关于审理与低温雨雪冰冻灾害有关的行政案件若干问题的座谈会纪要》（2008 年 4 月 29 日，法〔2008〕139 号）。

4. 证据

837 用人单位在行政诉讼程序中提供的证据的效力认定

关键词 | 工伤认定 | 死因不明 | 举证责任 | 证据认定 |

【最高人民法院答复】

山东省高级人民法院：

你院《关于于保柱诉临清市劳动和社会保障局劳动保障行政确认一案如何适

用〈工伤保险条例〉第十四条第（五）项的请示》收悉。经研究，答复如下：

原则同意你院的第一种意见。即职工因公外出期间死因不明，用人单位或者社会保障部门提供的证据不能排除非工作原因导致死亡的，应当依据《工伤保险条例》第十四条第（五）项和第十九条第二款的规定，认定为工伤。

——《最高人民法院关于职工因公外出期间死因不明应否认定工伤的答复》（2011年7月6日，〔2010〕行他字第236号）。

【最高人民法院公报案例】

松业石料厂诉荥阳市劳保局工伤认定案

要旨：根据《最高人民法院关于行政诉讼证据若干问题的规定》第五十九条，劳动保障行政部门受理工伤认定申请后，依照法定程序要求用人单位在规定时间内提供相关证据，用人单位无正当理由拒不向行政机关提供证据，事后在行政诉讼程序中向人民法院提供的，人民法院可不予采纳。

上诉人松业石料厂未在行政程序中提交而在诉讼程序中提交的四个证据，被上诉人荥阳市劳保局和第三人李喜波在一审质证时均持异议。在决定取舍这样的证据时，司法解释既然规定"一般不予采纳"而不是"一律不予采纳"，就不能只从形式上看该证据是何时提交的，还应当从内容上看采纳该证据是否有利于人民法院查明案情。这四个证据是：（1）2004年5月13日以崔庙卫生院眼科医师陈玉转名义出具的诊断证明书，所证内容是2003年5月14日一名普通患者在该院的就诊情况。2003年5月26日，崔庙卫生院曾以同一个医师的名义，为李喜波出具过一份《诊断证明书》，其上记载的患者主诉是右眼被石子碰伤一天余伴视物不清；医师诊断结果是右眼外伤、右眼角膜溃疡。2004年5月13日又出具的这份诊断证明书，把李喜波的就诊时间从2003年5月26日提前到2003年5月14日，把对李喜波的诊断结果从右眼外伤、右眼角膜溃疡改变为角膜溃疡。由于这份诊断证明书上既没有患者主诉也没有医师检查所见，从字面上无法得知患者是哪只眼角膜溃疡，因何溃疡。崔庙卫生院何以在一年后出具这样一份残缺不全的诊断证明书？该诊断证明书既然能对一年前的患者姓名、准确就医时间以及诊断结果记录得如此清晰，却为什么说不出患者是哪只眼有病？如果崔庙卫生院是靠该院病案记载内容出具这份诊断证明书的，为什么不能将病案记载内容直接作为证据提供？如果2004年5月13日的这份诊断证明书反映的是事实真相，那么崔庙卫生院对2003年5月26日出具的那份《诊断证明书》，又该作何解释？这些疑点，出具该证据的崔庙卫生院和提供该证据的松业石料厂有义务说明。（2）松业石料厂2003年

5月份的记工表。该证据出自松业石料厂，是记工员一人在笔记本上书写的，极易伪造，如无其他证据印证，则不具有证明力。(3)2004年9月3日原告的委托代理人对李学亮的调查笔录一份。在这份笔录中，李学亮说：他不识字，只是在人家写好的内容上签名捺了指印；2003年5月21日他不上班，不知道李喜波崩着眼的事，也没有听说李喜波去医院看眼睛。对与工伤认定有利害关系的李喜波来说，李学亮的这一理由，足以推翻李学亮在先给其出具的证言。然而，荥阳市劳保局工作人员与工伤认定无任何利害关系；在荥阳市劳保局工作人员向李学亮调查时，李学亮所述内容仍与其给李喜波出具证言的内容一致，已经被荥阳市劳保局工作人员记录在案。李学亮翻证后的证言，不足采信。(4)2004年9月3日原告的委托代理人对李海木的调查笔录一份。在这份笔录中，李海木说：他们在一起干活时的距离很近，如果有人崩着眼，别人应该知道，就是当场没看见，也会听他说一声；而李海木说他既看到李喜波眼睛红，也听到李喜波说过是崩着眼了。该证言不能否定李喜波在工作时眼睛受伤的事实。再者，从四个证据的内容分析，这四个证据完全能在行政机关调查工伤情况时形成，松业石料厂当时如果持有这四个证据，完全有条件向行政机关提供。松业石料厂不在《工伤认定协助调查通知书》指定的期间内向行政机关提交这些证据，确实违背了《行政证据规定》第五十九条的规定。一审在这些证据受到对方当事人质疑的情况下，根据《行政证据规定》第五十九条的规定，决定不采纳松业石料厂提供的有疑问证据，是正确的。

——《中华人民共和国最高人民法院公报》2005年第8期。

【链接：最高人民法院法官著述】

人民法院在审理工伤认定行政案件中，对举证责任和认定证据方面需要注意以下几个问题：

（一）关于用人单位在诉讼中提供证据的问题

根据《工伤保险条例》第十九条第二款的规定，用人单位在行政程序中负有举证责任。如果用人单位在行政程序中未提供证据，能否在诉讼中提供？对此问题我们不能简单地说可以或者不可以，而是要根据不同的情况作出处理。根据《行政诉讼证据规定》第五十九条的规定，原告在诉讼程序中提供的证据，人民法院不予采纳必须同时具备以下三个条件：第一，被告必须在行政程序中依照法定程序要求原告提供证据。如果被告在行政程序中未要求原告提供证据，原告就没有义务在行政程序中向被告提供证据。在这种情况下，原告仍可以在诉讼中提供证据。第二，原告应当依法按照被告的要求向被告提供证据。如果法律、法规未规定在行政程序中原告应当提供证据,原告也就在行政程序中无提供证据的义务,此种情况,原告在诉讼中仍可以提供证据。第三,原告在行政程序中拒绝提供证据。这是适用该条的重要条件,因原告负有提供证据的义务而拒绝履行提供证据的义务,必须由其承担相应的法律责任。如果原告有正当理由,在行政程序中未依法取得或者未提供的证据,诉讼中仍可以向法庭提供。在行政诉讼中,用人单位可能是原告,也可能是第三人,因行政诉讼中原告与第三人均是与被诉具体行政行为之间具有法律上的利害关系,所不同的,仅仅是一方提起了诉讼,另一方未提起诉讼,其诉讼权利基本相同。也就是说,无论用人单位是原告还是第三人,该条的规定对其均可以适用。据此,人民法院对用人单位在诉讼中提供证据,应当对照着三个条件进行审查,都符合应当不予接纳;不符合其中任何一个条件的,均应当予以接纳。此外,在职工外出或者上下班途中发生事故的,用人单位因其自身能力在行政程序中未取得的证据,可以在诉讼中申请法院调取。

(二)关于行政机关的法律文书的证明效力问题

职工外出期间或者上下班途中发生事故,根据我国的法律、法规的规定,一般由行政机关或者法律法规授权的组织进行处理并出具相关的法律文书,如公安机关出具的交通事故、火灾事故认定书,铁路机构出具的事故调查报告,等等。根据《行政诉讼证据规定》第六十八条第(四)项的规定,这类证据属于司法认识的证据,法庭可以直接认定,但是当事人有相反证据足以推翻的除外。

——蔡小雪:《职工因公外出期间死因不明的能否认定为工伤》,载中华人民共和国最高人民法院行政审判庭编:《行政执法与行政审判》(总第48集),中国法制出版社2011年版,第42—43页。

838 用人单位无正当理由不提供证据,行政机关可推定受伤职工为工伤

关键词 | 工伤认定 | 证据推定 |

【最高人民法院参考案例】

合肥同达电力科贸股份合作公司诉安徽省合肥市劳动和社会保障局社会保障行政确认案(行政审判案例第38号)

要旨:在工伤认定行政程序中,职工或者其直系亲属认为是工伤,用人单位不

认为是工伤的，由用人单位承担举证责任。经通知，用人单位无正当理由未提供有关证据，劳动和社会保障机关据此推定为工伤的，人民法院应予认定。

本案的焦点问题是，劳动部门认定为工伤，其在行政诉讼程序中是否必须提供劳动者伤亡是在用人单位指定的工作场所、工作时间、从事用人单位安排的工作所造成等直接证据，才可认定其完成了举证义务。对该问题存在两种不同意见：

一种意见认为，行政机关应当提供劳动者属于工伤的直接证据，即其不但要提供证据证明劳动者伤亡的具体时间、地点、原因，还要证明该时间、地点系用人单位规定的工作时间、工作地点以及伤亡时正在从事用人单位安排的工作，否则未完成举证义务。理由如下：第一，行政诉讼法明确规定，被告对作出的具体行政行为负有举证责任，应当提供作出该具体行政行为的证据，相关司法解释亦无免除其举证义务之规定。第二，《工伤保险条例》免除了劳动者证明自己属于工伤的举证责任，主要是基于劳动者处于弱势地位，举证能力不足等原因。而行政机关并不存在这些障碍，其在行政程序中享有调查取证权，有资源、有能力获取相关证据。第三，如果免除行政机关的该部分举证责任，可能会导致其随意扩大工伤认定范围，违反了国家建立工伤保险制度的本意，特别是在用人单位未参加工伤保险的情况下，认定为工伤会给用人单位的利益带来重大影响。因此，行政机关认定为工伤的，在诉讼程序中应提供确实属于工伤的证据。就本案而言，即使高先杰在经理不在的情况下可以安排工作，但其也只能在用人单位工作范围内安排，在超出用人单位工作范围安排的工作中发生事故伤害，后果不应由用人单位承担。市劳动局没有提供证据证明事故当天刘庆柱等人拆卸下水管道属于同达公司的工作范围，故其认定刘庆柱为工伤，证据不足。

另一种意见认为，劳动保障部门并非必须提供出劳动者属于工伤的直接证据才可认定为完成了举证义务。理由如下：虽然行政诉讼法规定被告承担举证责任，但这并不意味着劳动保障部门必须提供直接证据证明劳动者是在工作时间和工作场所内因工作原因受到伤害的。因为工作时间、工作地点、工作内容均由用人单位掌控，除非用人单位主动向劳动保障部门提供证据证明劳动者伤亡不是在其指定的工作时间、工作地点、从事指定工作时发生，否则，在用人单位能够举证而拒不提供证据的情况下，劳动保障部门只能推定劳动者或者其近亲属自述的事实成立。另外，要求劳动保障部门向人民法院提供直接证据证明劳动者是否符合工伤认定的条件，势必会颠覆《工伤保险条例》第十九条第二款规定所确定的利益及风险承担方式，将间接导致劳动者权益受损。在这种情况下，只要劳动保障部门提供证据证明其在行政程序中已依法通知用人单位进行举证，且其工伤认定行政行为无违反法定程序之事实,人民法院应当认定劳动保障行政部门已完成了举证责任。本案中,同达公司主张拆卸下水管道不属其工作范围,刘庆柱等人拆卸下水管道是为了卖钱私分,举证责任应当由同达公司承担。

一、二审判决采纳了第二种意见。取舍的理由是:第一,劳动者必须服从用人单位的管理和指挥,工作时间、工作场所、工作内容均由用人单位安排。劳动保障部门虽然享有一定的调查取证权,但现实中不少用人单位并未依法为劳动者缴纳工伤保险费用,一旦发生劳动者伤亡事故,往往会为逃避赔偿责任而隐匿对其不利的证据,不承认劳动者伤亡发生在其安排的工作时间和工作场所内或者从事的工作内容并非其所安排,任何伤亡事故的发生都难以完全还原重现,在用人单位不配合的情况下,劳动保障部门通过事后调查取得劳动者属于工伤的直接证据,客观上存在困难。第二,虽然行政诉讼法规定被告对其作出的具体行政行为负有举证责任,但在工伤认定行政案件审理中不能机械地理解适用该规定,还必须结合《工伤保险条例》重在保护劳动者的立法本意,以及有关在工伤认定行政程序中用人单位和劳动者举证责任分配的具体规定,充分考虑诉讼各方当事人的举证能力。第三,劳动保障部门受理工伤认定申请后,实体处理上只能有两种结果,要么认定不属于工伤,要么认定为工伤,非此即彼,《工伤保险条例》第十九条第二款规定:“职工或者其直系亲属认为是工伤,用人单位不认为是工伤的,由用人单位承担举证责任。”根据该规定,职工或者其直系亲属认为是工伤的,不需对其主张承担举证责任;而用人单位主张不属于工伤的,则需对其主张承担举证责任。也就是说,用人单位提供的证据不能证明劳动者伤亡不属于工伤的,则未完成举证义务,劳动保障部门可以认定用人单位的主张不能成立。那么,剩下的只有一种结果,即认定为工伤,这实际上是一种推定,这种推定符合《工伤保险条例》的规定。因此,诉讼程序中不应以劳动保障部门是否提供属于工伤的直接证据,作为判断其完成举证责任与否的依据。

——中华人民共和国最高人民法院行政审判庭编:《中国行政审判指导案例》(第1卷),中国法制出版社2010年版,第206、209—210页。

839 无相反证据证明职工在厂区内跌倒受伤系从事与工作无关事务的,应认定为工伤

关键词|工伤认定|工作场所|工作原因|

【最高人民法院公报案例】

铃王公司诉无锡市劳动局工伤认定决定行政纠纷案

要旨:《工伤认定办法》第八条规定,工伤认定程序中的调查核实,可以由劳动保障行政部门根据需要进行。故调查核实不是每个工伤认定程序中必经的程序。在已经终结的工伤认定程序中,劳动保障行政部门如果已经掌握了有关职工受事故伤害的证据,在重新启动的工伤认定程序中可以不再进行调查核实。

人民法院在行政诉讼中的任务,是审查被诉具体行政行为的合法性。人民法院只有了解被诉具体行政行为据以作出的事实和证据,才可能对被诉具体行政行为是否具有合法性作出正确评价。

一、2000 年 6 月 7 日,吴宏到无锡市总工会陈述了第三人郭维军所受伤害的事实,咨询对此事的处理意见,无锡市总工会留下记录。无锡市总工会记录吴宏陈述的事实内容,与郭维军在被上诉人无锡市劳动局向其调查时陈述的事实基本一致。无锡市劳动局对郭维军提供的主要证人都进行过调查,各证人对郭维军受伤害经过所作证言虽然存在着矛盾,但仍有部分证人的证言与吴宏、郭维军陈述的事实相符。吴宏是上诉人铃王公司的工会主席,没有证据证明吴宏是代表郭维新前往无锡市总工会陈述事实、咨询意见,也没有证据证明吴宏在无锡市总工会陈述的事实受到了郭维军或者郭维新事前陈述的影响。综合考虑吴宏的工会主席身份、受咨询机关的性质和吴宏的陈述内容,应当认定:吴宏是为维护职工利益,才以铃王公司工会主席身份,前往无锡市总工会咨询对郭维军所受伤害的处理意见。故无锡市总工会对吴宏陈述事实所作的咨询记录具有真实性,应当确认为证据。

二、第三人郭维军受伤后,对郭维军的伤情是否构成工伤,被上诉人无锡市劳动局曾先后作出过三个工伤认定,这三个工伤认定都经过一审法院的行政诉讼程序。人民法院在行政诉讼中的任务,是审查被诉具体行政行为的合法性。在本案中,即是审查 0491 号工伤认定书的合法性。一审法院只有通过了解郭维军受伤的事实以及确认此事实的证据,才能对 0491 号工伤认定书是否合法作出评价。郭维军受伤的事实以及确认此事实的证据虽然在前后三个行政诉讼中没有变化,但是最后一个被诉具体行政行为(即工伤认定行为)的内容发生了变化,因此,一审相应地对被诉具体行政行为的合法性作出不同评价。上诉人铃王公司以一审对同样事实、同样证据作出不同判决为由,认为一审判决错误,该上诉理由不能成立。

综上所述,鉴于上诉人铃王公司没有证据证明在工作时间、工作场所内,第三人郭维军因从事了与日常生产、工作无关的事务而受到伤害,被上诉人无锡市劳动局以0491号工伤认定书作出认定工伤的决定。0491号工伤认定书认定事实清楚，证据确凿，适用法律、法规正确，符合法定程序，是合法的具体行政行为。一审判决维持0491号工伤认定书，是正确的。铃王公司的上诉理由不能成立，应当驳回。

——《中华人民共和国最高人民法院公报》2007年第1期。

5. 法律适用

840 《工伤保险条例》时间效力问题的一般规定

关键词 | 工伤认定 | 时间效力 |

【最高人民法院答复】

山西省高级人民法院：

你院《关于审理工伤认定行政案件有关问题的请示》收悉，经研究，答复如下：

工伤保险条例第六十四条①明确规定“本条例施行前已受到事故伤害或者患职业病尚未完成工伤认定的，按照本条例的规定执行”。据此，对工伤保险条例实施前发生事故伤害或者患职业病的，用人单位或从业人员在工伤保险条例实施后提出工伤认定申请的，应适用工伤保险条例的规定。根据工伤保险条例第十七条的规定，职工受到事故伤害或者患有职业病的，用人单位应自发生伤害之日起30日内、从业人员应当自发生伤害之日起1年内提出工伤认定申请。提出工伤认定申请的期限应从该条例施行之日起计算。

——《最高人民法院行政审判庭关于工伤保险条例时间效力问题的答复》(2005年7月5日，〔2005〕行他字第9号)。

841 “尚未完成工伤认定的情形”的认定

关键词 | 工伤认定 | 法律适用 |

---

① 2010年修订的《工伤保险条例》第六十七条。——编者注

【最高人民法院答复】

江西省高级人民法院：

你院《关于国务院〈工伤保险条例〉第六十四条的理解和适用问题的请示》收悉。经研究，答复如下：

原则同意你院第一种意见。即，企业职工因工伤害发生在《企业职工工伤保险试行办法》施行之前，当时有关单位已按照有关政策作出处理的，不属于《工伤保险条例》第六十四条①规定的“尚未完成工伤认定的情形”。

——《最高人民法院行政审判庭关于〈工伤保险条例〉第六十四条理解和适用问题请示的答复》（2009年6月10日，〔2009〕行他字第5号）。

河南省高级人民法院：

你院《焦作爱依斯万方公司诉焦作市劳动局工伤认定案件的请示》收悉。经研究，答复如下：

请示案件的事实发生在1996年10月1日至2004年1月1日期间应当适用《企业职工工伤保险试行办法》的有关规定，依法定程序处理工伤认定；2004年1月1日之后，应当适用《工伤保险条例》等有效的法律规范进行判断。

——《最高人民法院行政审判庭关于河南省高级人民法院就〈焦作爱依斯万方公司诉焦作市劳动局工伤认定案件的请示〉的电话答复》（2005年1月12日，〔2004〕行他字第14号）。

【最高人民法院公报案例】

铃王公司诉无锡市劳动局工伤认定决定行政纠纷案

要旨：在《工伤保险条例》施行前作出的工伤认定被人民法院判决撤销后，又在《工伤保险条例》施行后重新启动的工伤认定程序，应当执行《工伤保险条例》的规定。

2003年4月27日，国务院以第375号令公布了《工伤保险条例》，其中第六十四条规定：“本条例自2004年1月1日起施行。本条例施行前已受到事故伤害或者患职业病的职工尚未完成工伤认定的，按照本条例的规定执行。”第三人郭维军虽于2000年2月14日受伤，受伤后虽经被告无锡市劳动局的两次工伤认定，但至

① 2010年修订的《工伤保险条例》第六十七条。——编者注

《工伤保险条例》施行之日,没有取得过发生法律效力的工伤认定决定,因此对郭维军所受事故伤害的工伤认定尚未完成。依照《工伤保险条例》第六十四条规定,在对郭维军所受事故伤害重新启动的工伤认定程序中,应当按照《工伤保险条例》的规定执行。原告铃王公司关于本次工伤认定程序是前两次工伤认定程序的延续,《工伤保险条例》对本案不能适用的意见,与法相悖,不予采纳。

——《中华人民共和国最高人民法院公报》2007 年第 1 期。

【链接:最高人民法院法官著述】

国务院 2003 年 4 月 27 日颁布的《工伤保险条例》第六十四条规定:"本条例自 2004 年 1 月 1 日起施行。本条例施行前已受到事故伤害或者患职业病的职工尚未完成工伤认定的,按照本条例的规定执行。"该条第二句话,是指受到事故伤害的职工已经按照《企业职工工伤保险试行办法》的规定向当地劳动行政部门提出了工伤认定申请,劳动行政部门尚未作出工伤认定决定的情形,应当按照《工伤保险条例》的规定认定是否构成工伤;属于工伤的,按照《工伤保险条例》规定的保险待遇执行。

据此,最高人民法院行政审判庭于 2009 年 6 月 10 日作出〔2009〕行他字第 5 号《关于〈工伤保险条例〉第六十四条理解和适用问题请示的答复》中明确指出,企业职工因工伤害发生在《企业职工工伤保险试行办法》施行之前,当时有关单位已按照有关政策作出处理的,不属于《工伤保险条例》第六十四条规定的"尚未完成工伤认定的情形"。

——蔡小雪:《关于〈工伤保险条例〉第六十四条理解和适用》,载江必新主编:《行政法律文件解读》(总第 58 辑),人民法院出版社 2009 年版,第 93—95 页。

842 社保基金先行支付的法律适用

关键词|工伤认定|法律适用|社保基金|

【最高人民法院答复】

山东省高级人民法院:

你院鲁高法〔2018〕91 号《关于社保基金先行支付法律适用问题的请示》收悉。经研究,答复如下:

发生在社会保险法实施之前的工伤事故或患职业病,社会保险部门不予先行支付的，人民法院应予支持。

——《最高人民法院关于社保基金先行支付法律适用问题的答复》(2019 年 8 月 19 日，〔2019〕最高法行他 22 号)。

843 工伤认定审批权下放至县（市、区）人力资源和社会保障局是否合法

关键词 | 工伤认定 | 法律适用 | 审批权 |

【最高人民法院答复】

山西省高级人民法院：

你院〔2015〕晋行示字第 2 号《关于将工伤认定审批权下放至县(市、区)人力资源和社会保障局是否合法问题的请示》收悉。经研究，电话答复如下：

请你院参考人力资源和社会保障部法规司于 2015 年 7 月 16 日给我庭的《回函》精神办理。建议暂时不否定《山西省人民政府关于公布省本级行政审批项目目录的决定》(晋政法〔2013〕6 号)中有关工伤认定权限下放的规定之效力。

——《最高人民法院行政审判庭关于将工伤认定审批权下放至县(市、区)人力资源和社会保障局是否合法问题的请示案电话答复》(2015 年 9 月 16 日，〔2015〕行他字第 7 号)。

6. 认定程序

844 不属于职工或者其近亲属自身原因超过工伤认定申请期限的处理

关键词 | 工伤认定 | 申请期限 |

【最高人民法院司法解释】

第七条 由于不属于职工或者其近亲属自身原因超过工伤认定申请期限的，被耽误的时间不计算在工伤认定申请期限内。

有下列情形之一耽误申请时间的，应当认定为不属于职工或者其近亲属自身原因：

(一)不可抗力;

(二)人身自由受到限制;

(三)属于用人单位原因;

(四)社会保险行政部门登记制度不完善;

(五)当事人对是否存在劳动关系申请仲裁、提起民事诉讼。

——《最高人民法院关于审理工伤保险行政案件若干问题的规定》(2014 年 9 月 1 日,法释〔2014〕9 号)。

【链接:理解与适用】

根据 2010 年《工伤保险条例》的规定,用人单位工伤认定申请法定期限遇有特殊情况,经报社会保险行政部门同意,申请时限可以适当延长。但对工伤职工或者其近亲属的 1 年工伤认定申请法定期限是否可以适当延长则没有明确规定。对此,有两种不同意见:一种意见认为,《工伤保险条例》第十七条第二款规定的是除斥期间,不能延长;另一种意见认为,不属于除斥期间,可以适当延长。我们认为,国务院法制办(国法秘函〔2005〕39 号)《对〈关于对〈工伤保险条例〉第十七条、第六十四条关于工伤认定申请时限问题的请示〉的复函》明确"申请工伤认定时限应扣除因不可抗力耽误的时间",由此可见,该条规定的不是除斥期间,申请时限依法可以延长,但应当有正当理由。《规定》第七条将延长的正当理由明确为"不属于职工或者其近亲属自身原因"。主要包括不可抗力和社会保险行政部门、用人单位等不当致使受伤职工或者其近亲属耽误工伤认定申请等情形。

——马永欣、李涛、杨科雄:《〈最高人民法院关于审理工伤保险行政案件若干问题的规定〉的理解与适用》,载中华人民共和国最高人民法院行政审判庭编:《行政执法与行政审判》(总第 63 集),中国法制出版社 2014 年版,第 9 页。

845 工伤认定申请的法定期限

关键词 | 工伤认定 | 申请期限 |

【最高人民法院司法文件】

26. 工伤认定相关法定要件的理解问题

(4)申请工伤认定的"1 年期限"可因不归责于申请人的正当事由中止或者中断。(36 号、37 号、63 号)

——《最高人民法院办公厅关于印发〈行政审判办案指南(一)〉的通知》(2014年2月24日,法办〔2014〕17号)。

【最高人民法院参考案例】

邹政贤诉广东省佛山市禅城区劳动和社会保障局社会保障行政确认案(行政审判案例第63号)

要旨:职工超出1年申请时限提出的工伤认定申请,劳动部门应对逾期是否存在正当理由进行审查。如果有证据证明存在不能归责于职工本人的正当事由,其申请应予受理。

三、运用裁判要旨规则需要注意的问题

1. 关于“正当理由”的举证责任。职工向劳动部门主张超期申请有正当理由的,应适用“谁主张,谁举证”的一般举证原则,就自己主张的正当理由是否成立承担举证责任。职工没有证据或提供的证据不足以证明正当理由成立的,应承担举证不能的法律后果,即应视为其放弃了申请工伤认定和享受工伤保险待遇的权利,劳动部门应不予受理其逾期提出的工伤认定申请。

2. 关于“正当理由”的内涵及其认定。正当理由从文字意义上理解,更多地取决于认定主体在主观上的“心证”。应考察设立工伤认定申请时限制度的立法本意和目的,职工是否怠于行使自己的权利等综合因素后,才能作出准确的认定。具体可分为以下三种情形:

(1)职工基于对用人单位或国家机关的合理信赖而产生的正当理由。如在用人单位已明确表示会为职工提出工伤认定申请的情况下,受伤职工因信赖用人单位而延误了申请时间。又如劳动行政部门向职工建议其他救济渠道,职工因信赖其合法权益能通过劳动部门建议的途径得到救济,而未及时申请工伤认定的,应认定其有正当理由。

(2)职工已积极行使权利的正当理由。即职工知道享有申请工伤认定和工伤待遇的权利,虽积极行使权利,但由于主观认识的局限性或不能归责于其本人的客观原因未能及时申请或申请不符合受理条件。比如职工直接向法院起诉要求用人单位承担工伤待遇的赔偿责任、法院告知其应先向劳动部门申请工伤认定而耽误了时间,或者申请时限内职工非因自身原因举证不能导致申请未被受理、超过时限后才出现或取得证据等均可以认定为有正当理由。

(3)职工因一定客观原因而产生的正当理由。比如申请时限内职工生病住院不方便申请工伤认定,或者死亡职工的直系亲属在国外,难以及时赶回来申请工伤认定等，根据社会常理能够容忍和理解的理由。

——中华人民共和国最高人民法院行政审判庭编：《中国行政审判案例》（第2卷），中国法制出版社2011年版，第144、150—151页。

靖练全诉陕西省西安市劳动和社会保障局社会保障行政确认案（行政审判案例第36号）

要旨：《工伤保险条例》第十七条第二款关于1年申请期的规定，应理解为时效制度，存在中止、中断的事由和情形。

《工伤保险条例》第十七条第二款规定的1年申请期是时效概念，可以适用中止、中断的情形。该条款虽未明确规定申请时效的中止和中断，但是2005年2月1日国务院法制办公室在国法秘函〔2005〕39号《〈关于对《工伤保险条例》第十七条、第六十四条关于工伤认定申请时限问题的请示〉的复函》中指出工伤认定申请时限应扣除因不可抗力耽误的时间，这说明1年申请时效非不变期间，而是一种可变期间。虽然该复函仅是明确了不可抗力可以构成1年申请时效中止的法定事由，而没有表明是否还具有其他类似中止、中断的情形，但是从保护工伤职工利益的立法原则和关怀弱势群体的立法精神上看，并结合该复函的精神，应当认为《工伤保险条例》第十七条第二款规定的1年的申请时效可以适用时效的中止、中断等规定。本案中，第三人原法律顾问戴德纯证明靖练全长年向其反映靖燕群的工伤事宜，其亦向单位汇报过。戴德纯作为第三人的法律顾问，也曾参与了第三人与靖练全之间因交通事故引发的人身损害赔偿案的诉讼，靖练全向其反映工伤事宜，可以视为向单位主张权利，故本案中存在工伤申请时效中断的情形，靖练全于同年11月申请工伤认定，不应视为其申请超过1年的申请时效。市劳动局接到靖练全的申请材料后，应当对上述中断情形予以审查、确认，随后依据案件的具体情况作出靖燕群是否为工伤的判定。但是，市劳动局未经询问、核实，就以靖练全提出工伤认定申请超过1年时效为由作出不予受理通知书，适用法律错误，违反法定程序，故该具体行政行为应予撤销。同时，为切实保护受伤职工的合法权益，应限期市劳动局重新作出具体行政行为。受理当事人的工伤认定申请属于劳动保障行政部门的法定职责。如果劳动保障行政部门不及时履行其法定职责，行政相对人就可以依据行政诉讼法第十一条第一款第（五）项的规定提起行政诉讼，故靖练全请求判令市劳动局受理其工伤认定申请属于人民法院职权范围。

——中华人民共和国最高人民法院行政审判庭编：《中国行政审判指导案例》（第1卷），中国法制出版社2010年版，第192、194—195页。

846 从伤害结果实际发生之日起 1 年内可以申请工伤认定

关键词｜工伤认定｜申请期限｜

【最高人民法院公报案例】

杨庆峰诉无锡市劳动和社会保障局工伤认定行政纠纷案

要旨：根据《工伤保险条例》第十七条第二款的规定，工伤认定申请时效应当从事故伤害发生之日起算。“事故伤害发生之日”应当包括工作事故导致的伤害结果实际发生之日。工伤事故发生时结果尚未实际发生，工伤职工在伤害结果实际发生后 1 年内提出工伤认定申请的，不属于超过工伤认定申请时效的情形。

工伤认定是工伤职工享受工伤保险待遇的基础，而提出工伤认定申请是启动工伤认定程序的前提。《工伤保险条例》第十七条第二款规定：“工伤职工或者其直系亲属、工会组织在事故伤害发生之日或者被诊断、鉴定为职业病之日起 1 年内，可以直接向用人单位所在地统筹地区劳动保障行政部门提出工伤认定申请。”该规定明确了提出工伤认定申请的主体、申请时效及其起算时间，以及受理申请的行政部门。其中的“事故伤害发生之日”，即是关于工伤认定申请时效起算时间的规定。在通常情况下，工伤事故发生后，伤害结果也随即发生，伤害结果发生之日也就是事故发生之日，故对于“事故伤害发生之日”的理解不会产生歧义。但在工伤事故发生后，伤害结果并未马上发生，而是潜伏一段时间后才实际发生，即伤害结果发生之日与事故发生之日不一致的特殊情况下，“事故伤害发生之日”应当理解为伤害结果发生之日，并以之作为工伤认定申请时效的起算时间。

首先，文义解释是正确理解法律条文的首选方法。《工伤保险条例》第十七条第二款规定的“事故伤害发生之日”，从字面含义上看，“事故”是对于“伤害”的修饰和限制，即这里的“伤害”是基于工伤事故而发生的，伤害结果与工伤事故之间存在因果关系。据此理解，“事故伤害发生之日”就是指伤害结果发生之日，而不是事故发生之日。

其次，工伤职工或者其直系亲属、工会组织提出工伤认定申请的前提，是工伤事故伤害结果已经实际发生。工伤事故发生后，如果伤害后果尚未发生，上述工伤认定申请主体无法预知是否会产生伤害后果、会产生什么样的伤害后果，也无法预知伤害后果会引发什么样的损失，当然也就无从提出工伤认定申请。因此，正确理解《工伤保险条例》第十七条第二款规定的“事故伤害发生之日”，应当认定“事故伤害发生之日”即为工伤事故伤害结果实际发生之日，而不是工伤事故发生之日。

最后，根据民法通则第一百三十七条的规定，诉讼时效期间从知道或者应当知道权利被侵害时起计算。《最高人民法院关于贯彻执行〈民法通则〉若干问题的意见(试行)》第一百六十八条规定:“人身损害赔偿的诉讼时效期间,伤害明显的,从受伤害之日起算;伤害当时未曾发现,后经检查确诊并能证明是由侵害引起的,从伤势确诊之日起算。”工伤认定申请时效虽然与民事诉讼时效不同,但在判断时效起算时间时,应当参照上述关于民事诉讼时效起算时间的规定。劳动保障部门在确定工伤认定申请时效的起算时间时,应当以工伤事故伤害结果实际发生的时间为标准。

根据本案事实,被上诉人杨庆峰于2004年6月在工作时发生铁屑溅入左眼的事故,但当时并未实际发生伤害后果,而是直至2006年10月才病情发作,经医生确诊为左眼铁锈沉着综合征。根据医生诊断证明,该病具有潜伏性和隐蔽性,与2004年6月被上诉人在工作时发生的事故具有因果关系。鉴于涉案工伤事故发生时伤害后果尚未实际发生,伤害结果发生后经医生确诊证明确系因涉案工伤事故所致,故本案工伤认定申请时效应当从伤害后果实际发生之日起算,被上诉人提出涉案工伤认定申请时,尚未超过申请时效。

上诉人无锡市劳动局认为《工伤保险条例》第十七条第二款关于工伤认定申请时效的规定是为了防止工伤认定申请的提出没有时间上的限制,并因此导致浪费国家行政管理资源,影响办事效率,妨碍劳动保障部门及时、准确地查明事实。上诉人还认为上述规定中的“事故伤害发生之日”应当理解为事故发生之日。其上诉理由不能成立。如果不对提出工伤认定申请作出时效限制,确实可能造成行政管理资源的浪费,影响劳动保障部门的工作效率,也不利于劳动保障部门及时、准确地查明事实。但是,规定工伤认定申请时效,更为重要的是充分保障工伤职工的合法权益。另外,如果将事故发生之日作为工伤认定申请时效的起算时间,则劳动保障部门在工伤事故发生后,伤害后果没有马上出现的情况下,也无法及时、准确地查明事实,无法作出正确的处理,反而必将造成行政管理资源的浪费,影响劳动保障部门的工作效率,也不利于工伤职工合法权益的保护。

——《中华人民共和国最高人民法院公报》2008年第1期。

【最高人民法院参考案例】

杨庆峰诉江苏省无锡市劳动和社会保障局社会保障行政确认案(行政审判案例第37号)

要旨:根据《工伤保险条例》第十七条第二款的规定,事故发生时伤害未曾发现,后经确诊并能证明是由事故引起的,受伤职工申请工伤认定的时效应从伤害确诊之日起算。

四、运用裁判要旨应当注意的问题

1. 运用裁判要旨首先应当确立伤害与事故之间的因果关系。这里的“伤害”是基于事故而发生的，伤害结果与事故之间必须存在因果关系。鉴于该类案件的特殊性，发生事故到伤害结果确诊间隔一定的时间，特别是间隔时间长的，期间发生各种事情的可能性都有，且时间越久越难以查清事实，所以，一定要有充分的证据能够证明实际发生的伤害是由以往的事故引发的，在确立了伤害与事故之间的因果关系的前提下，才能适用本案的裁判要旨。

2. 受伤职工工伤认定的申请时效应以伤害确诊之日起算。关于伤害，在本案涉及的法律法规规定以及各方当事人的陈述中出现了若干个时间点，一是伤害发生之日，二是伤害发现之日，三是伤害确诊之日。因伤害发生之日和伤害发现之日主要出于受伤职工单方面的认识，具有一定的主观性和片面性，而伤害确诊之日是由医院作出的，具有客观性和公正性。故建议采用伤害确诊之日作为受伤职工申请工伤认定时效的起算点。

——中华人民共和国最高人民法院行政审判庭编：《中国行政审判指导案例》（第1卷），中国法制出版社2011年版，第199、205页。

847 职工失踪，以死亡宣告之日为工伤认定申请起算点

关键词 | 工伤认定 | 申请期限 |

【链接：最高人民法院法官著述】

2000年6月30日晚约10时，某企业司机驾车外出，后人车均无踪迹，经公安部门立案侦查，在各大媒体上发布寻人启事寻找仍无踪迹。2006年7月13日，法院民事判决宣告失踪司机死亡。该司机家属于2007年7月12日向劳动保障部门申请工伤认定，劳动保障部门以该申请已超过受理时限为由，依据《工伤保险条例》第十七条和第六十四条有关规定作出不予受理工伤认定申请决定书，该家属不服申请行政复议。

本案的关键点在于工伤认定申请的起算点是法院宣告死亡之日还是当事人失踪之日。根据《最高人民法院关于贯彻执行〈民法通则〉若干问题的意见（试行）》第三十五条关于“被宣告死亡的人，宣告判决之日为其死亡的日期。判决书除发给申请人外，还应当在被宣告死亡人的住所地和人民法院所在地公告”的规定，2006

年7月13日法院民事判决宣告失踪司机死亡,该日期为失踪司机的死亡日期。根据《工伤保险条例》第十七条第二款关于“用人单位未按前款规定提出工伤认定申请的,工伤职工或者其直系亲属、工会组织在事故伤害发生之日或者被诊断、鉴定为职业病之日起1年内,可以直接向用人单位所在地统筹地区劳动保障行政部门提出工伤认定申请”的规定,司机家属于2007年7月12日向劳动保障部门申请工伤认定,没有超过受理时限1年的期限。

本案涉及的另一法律适用问题为对《工伤保险条例》第六十四条关于“本条例自2004年1月1日起施行。本条例施行前已受到事故伤害或者患职业病的职工尚未完成工伤认定的,按照本条例的规定执行”规定的理解问题。一般法律适用规则为法不溯及既往原则,《工伤保险条例》自2004年1月1日起实施,对以往的工伤认定不溯及既往;但由于该条例的宗旨为保护劳动者合法权益,职工利益优先,如果溯及既往更有利于保护劳动者合法权益,遵循法不溯及既往原则的例外规则——从新从优法律适用规则,故规定条例施行前已受到事故伤害或者患职业病的职工尚未完成工伤认定的,按照本条例的规定执行。本案发生于2000年6月30日条例生效之前,但从法院宣告死亡之日2006年7月13日起尚未完成工伤认定,故仍应适用条例的有关规定进行工伤认定。

——杨临萍:《社会法理念下的工伤保险行政案件司法审查》,载中华人民共和国最高人民法院行政审判庭编:《行政执法与行政审判》(总第28集),人民法院出版社2008年版,第245—246页。

848 特殊条件下旁系亲属可申请工伤认定

关键词 | 工伤认定 | 旁系亲属 |

【最高人民法院司法文件】

26. 工伤认定相关法定要件的理解问题

(5)职工的旁系近亲属在职工因工伤死亡且无直系亲属时,具有申请工伤认定的资格。(64号)

——《最高人民法院办公厅关于印发〈行政审判办案指南(一)〉的通知》(2014年2月24日,法办〔2014〕17号)。

【最高人民法院参考案例】

李绍兰诉山东省聊城市劳动和社会保障局工伤行政复议决定案（行政审判案例第 64 号）

要旨：职工工伤死亡且无直系亲属时，基于类似情形应作相同处理的基本法律原则，应类推适用《工伤保险条例》第十七条第二款关于直系亲属有权申请工伤认定的规定，认定此情形下旁系近亲属具有工伤认定申请资格。

根据《工伤保险条例》第十七条第二款的规定，工伤职工所在单位未依法提出工伤认定申请的，工伤职工或者其直系亲属、工会组织可直接依法提出工伤认定申请。但在工伤职工死亡，且无直系亲属，工伤职工所在单位和有关工会组织又不提出工伤认定的情况下，工伤职工的旁系近亲属能否提出工伤认定申请？法律对此并未作出规定，本案就属这种情况。

原审法院基于被上诉人李绍兰为李绍乾唯一亲属，且负担了李绍乾抢救及丧葬费用，事实上已成为工伤待遇直接受益人之事实，认为应将《工伤保险条例》第十七条第二款中的“直系亲属”作广义理解，认定被上诉人李绍兰具有工伤认定申请的主体资格。但是，“直系亲属”这一法律概念具有确切含义，仅包括直系血亲和姻亲，并不包含旁系血亲和其他亲属，原审法院将“直系亲属”作广义理解没有法律根据，显属不当，应予纠正。

原审被告聊城市劳动和社会保障局认为：《工伤保险条例》第十七条第二款已对工伤职工死亡且无直系亲属的工伤认定申请作出了规定，即：工伤职工的其他亲属可以申请相关的工会组织提出工伤认定申请。因此，被上诉人李绍兰作为李绍乾的旁系亲属，应申请有关工会组织提出工伤认定申请，其本人无权直接提出工伤认定申请。但是，从《工伤保险条例》第十七条第二款的规定看，“直系亲属”的申请资格排斥的是“旁系亲属”或者其他相关亲属的申请资格，即：在工伤职工存在直系亲属的情况下，其旁系亲属或者其他相关亲属不能提出工伤认定申请；而工会组织是否提出申请和工伤职工是否存在直系亲属并无必然的联系，在工伤职工没有直系亲属的情况下，工会组织也未必提出工伤认定申请，工会组织提出工伤认定申请并非是工伤职工在没有直系亲属的情况下申请工伤认定的必然途径。故原审被告聊城市劳动和社会保障局以被上诉人李绍兰应向有关工会组织提出工伤认定申请为由，否认其申请资格的理由不能成立，本院不予支持。

《工伤保险条例》第三十七条规定：职工因工死亡，其直系亲属从工伤保险基金中领取丧葬补助金、供养亲属抚恤金和一次工亡补助金。劳动和社会保障部《因工死亡职工供养亲属范围规定》明确规定:上述"供养亲属"的范围包括兄弟姐妹。故职工因工死亡后,所给付的工伤保险待遇虽然由其直系亲属领取,但工亡职工的兄弟姐妹等旁系近亲属并未完全被排除在依法享受工伤保险待遇的范围之外。本案中,被上诉人李绍兰之兄李绍乾无直系亲属,被上诉人承担了其救治和死亡丧葬费用,李绍乾死亡一旦认定为工伤,被上诉人即依法成为由此而产生的工伤保险待遇的直接受益人。据此,被上诉人李绍兰与享受工伤保险待遇的直系亲属具有同等的法律地位。在法律未规定无直系亲属的工伤职工旁系亲属可提出工伤认定申请的情况下,可适用与此最相类似的《工伤保险条例》第十七条第二款关于直系亲属有权申请工伤认定的规定,认定被上诉人李绍兰具有工伤认定申请的主体资格。因此,原审被告聊城市劳动和社会保障局所作的复议决定认定被上诉人李绍兰不具备工伤认定申请的主体资格,不符合同等情况同等处理的基本法律原则。

根据《若干解释》第五十三条第二款的规定,复议决定改变原具体行政行为错误,人民法院判决撤销复议决定的同时,应当责令复议机关重新作出行政复议决定。原审法院在判决撤销原审被告所作的复议决定的同时,并未责令原审被告重新作出复议决定,不符合上述规定。

综上所述,被上诉人李绍兰之兄李绍乾死亡后,因李绍乾无直系亲属,被上诉人依法具有工伤认定申请的主体资格,原审被告聊城市劳动和社会保障局所作的复议决定认定被上诉人不具备工伤认定申请的主体资格,属适用法律错误,原审法院判决撤销,符合法律规定,依法应予维持。但原审判决未责令原审被告重新作出复议决定不符合法律规定,应予纠正,本院予以补充判决。

——中华人民共和国最高人民法院行政审判庭编:《中国行政审判案例》(第2卷),中国法制出版社2011年版,第152、154—155页。

849 因确认劳动关系而超过期限作出工伤认定,不属于"违反法定程序"

关键词 | 工伤认定 | 违反法定程序 | 程序瑕疵 |

【最高人民法院参考案例】

北京天元伟业模板有限公司武汉分公司不服湖北省武汉市东西湖区劳动和社会保障局社会保障行政确认案(行政审判案例第39号)

要旨:因确认劳动关系而超过《工伤认定办法》规定的期限作出的工伤认定结论,不属于行政诉讼法(1989年)第五十四条第(二)项第三目规定的"违反法定程序的”情形。

《工伤认定办法》第十四条规定:“职工或者其直系亲属认为是工伤,用人单位不认为是工伤的,由该用人单位承担举证责任。用人单位拒不举证的,劳动保障行政部门可以根据受伤害职工提供的证据依法作出工伤认定结论。”天元伟业武汉分公司在接到东西湖区劳动局的《举证告知书》后,在规定的期间未举证,东西湖区劳动局根据程涛提供的证据作出工伤认定结论是符合该条规定的。该办法第十五条规定:“劳动保障行政部门应当自受理工伤认定申请之日起60日内作出工伤认定决定……”湖北省劳动和社会保障厅发布的《关于工伤保险若干问题的处理意见》第五条规定:“当用人单位和职工在提出工伤认定申请时,就是否存在劳动关系发生争议时,先由用人单位或职工向劳动争议仲裁委员会提出申请,并由用人单位承担举证责任,劳动仲裁委员会确认后,再进行工伤认定。”东西湖区劳动局虽未在60日内作出工伤认定决定,但其在程涛与天元伟业武汉分公司之间出现劳动关系争议时,等待劳动仲裁机构确认程涛与天元伟业武汉分公司之间是否存在劳动关系后再进行工伤认定也是符合规范性文件规定的。天元伟业武汉分公司以东西湖区劳动局在工伤认定结论中认定事实不清、违反法定程序作为诉讼理由,缺乏事实根据。其要求撤销东西湖区劳动局作出的东劳社工伤认〔2009〕第48号《工伤认定结论通知书》的诉讼请求,本院不予支持。东西湖区劳动局所作的《工伤认定结论通知书》事实清楚、适用法律正确、程序合法,其辩称理由本院应予支持。

——中华人民共和国最高人民法院行政审判庭编:《中国行政审判指导案例》(第1卷),中国法制出版社2010年版,第212、214页。

7. 工伤保险待遇

850 对劳动鉴定委员会关于职工伤残等级的认定以及对劳动争议仲裁委员会作出的处理决定不服，不能申请行政复议

关键词 | 工伤认定 | 劳动能力鉴定 | 职工伤残等级 |

【最高人民法院裁判案例】

赵有红诉河南省安阳市人民政府不履行行政复议法定职责案[最高人民法院(2019)最高法行申13527号行政裁定书]

《人力资源社会保障行政复议办法》第八条第(三)项规定,“公民、法人或者其

他组织对下列事项,不能申请行政复议:……(三)劳动能力鉴定委员会的行为"。《工伤保险条例》第二十六条规定:"申请鉴定的单位或者个人对设区的市级劳动能力鉴定委员会作出的鉴定结论不服的,可以在收到该鉴定结论之日起15日内向省、自治区、直辖市劳动能力鉴定委员会提出再次鉴定申请。省、自治区、直辖市劳动能力鉴定委员会作出的劳动能力鉴定结论为最终结论。"据此,对于劳动鉴定委员会关于职工伤残等级的认定不服,可依法提出再次鉴定申请,而不能申请行政复议,赵有红第一项复议申请事项不属于行政复议受案范围。《劳动争议调解仲裁法》第二十九条规定:"劳动争议仲裁委员会收到仲裁申请之日起五日内,认为符合受理条件的,应当受理,并通知申请人;认为不符合受理条件的,应当书面通知申请人不予受理,并说明理由。对劳动争议仲裁委员会不予受理或者逾期未作出决定的,申请人可以就该劳动争议事项向人民法院提起诉讼。"据此,当事人对劳动争议仲裁委员会作出的不予受理决定不服,可依法提起民事诉讼,而不能申请行政复议,赵有红第二项复议申请事项不属于行政复议受案范围。

——中国裁判文书网,https://wenshu.court.gov.cn/。

851 公司清算中的工伤待遇给付及赔偿问题

关键词|公司清算|工伤保险待遇|

【最高人民法院公报案例】

邹汉英诉孙立根、刘珍工伤事故损害赔偿纠纷案

要旨:公司法定代表人在组织公司清算过程中,明知公司职工构成工伤并正在进行工伤等级鉴定,却未考虑其工伤等级鉴定后的待遇给付问题,从而给工伤职工的利益造成重大损害的,该行为应认定构成重大过失,应当依法承担赔偿责任。作为清算组成员的其他股东在公司解散清算过程中,未尽到其应尽的查知责任,也应认定存在重大过失,承担连带赔偿责任。

根据劳动法第七十三条的规定,劳动者因工伤残,依法享受社会保险待遇。被上诉人邹汉英在2007年3月23日于新威电器工作期间受伤,同年12月4日被认定为工伤,依法应当享受工伤保险待遇。根据国务院《工伤保险条例》第二条和第六十条的规定,用人单位应当按照规定参加工伤保险,为职工缴纳工伤保险费,未参加工伤保险期间用人单位职工发生工伤的,由该用人单位按照本条例规定的工伤保险待遇项目和标准支付费用。因新威电器未参加社会工伤保险统筹,因此应由新威电器按照国家的有关标准负担被上诉人的工伤保险待遇。

对于上诉人孙立根、刘珍提出的新威电器解散清算时，被上诉人邹汉英的工伤等级鉴定结果未出，其工伤保险待遇未发生的上诉理由，法院认为，被上诉人于2007年3月23日于工作期间受伤，并已于同年12月4日被认定为工伤，即依法享有工伤保险待遇。工伤等级鉴定结果是确定工伤保险待遇具体内容的主要依据，被上诉人的工伤等级鉴定结果未出，虽然无法确定工伤保险待遇的具体内容和数额，但并不影响被上诉人工伤保险待遇的发生。新威电器解散前，作为股东之一的孙立根清楚知晓被上诉人遭受工伤，因此，公司解散清算时，虽然被上诉人的工伤等级尚未鉴定出来，但作为公司的法定代表人，也是清算组成员的孙立根，在明知被上诉人受伤一事且已经认定工伤，正在进行工伤等级鉴定的情况下，亦应当在公司清算过程中将被上诉人的工伤保险待遇计算在内。

综上所述，上诉人孙立根在组织公司清算过程中，明知被上诉人邹汉英构成工伤并正在进行工伤等级鉴定，却未考虑被上诉人工伤等级鉴定后的待遇给付问题，从而给被上诉人的利益造成了重大损害，此行为明显构成重大过失。根据公司法第一百九十条的规定，清算组成员因故意或者重大过失给公司或者债权人造成损失的，应当承担赔偿责任。对此，孙立根应依法承担赔偿责任。上诉人刘珍系新威电器股东之一，也是清算组成员，在该公司解散清算过程中，刘珍对于实际存在的被上诉人工伤事实未能及时查知，显然未尽到清算组成员应尽的责任，也无证据证明另一清算组成员即孙立根在清算过程中，对其故意隐瞒了被上诉人工伤的事实，故对于被上诉人工伤待遇损失，刘珍的行为也构成重大过失，应与孙立根承担连带赔偿责任。如果刘珍认为相关责任人对此存在过错，可在承担责任后，依法向相关责任人主张权利。

——《中华人民共和国最高人民法院公报》2010年第3期。

852 职工工伤复发，经确认需治疗的，可重新享受《工伤保险条例》规定的停工留薪期待遇

关键词 | 工伤复发 | 工伤保险待遇 |

【最高人民法院公报案例】

邓金龙诉深圳市社会保险基金管理局工伤保险待遇决定案

要旨:国务院《工伤保险条例》第三十三条第二款和《广东省工伤保险条例》第二十六条第一款规定的停工留薪期最长期限不能超过24个月,应是指工伤职工治疗时单次享受的停工留薪期最长不能超过24个月,而非指累计最长不能超过24个月。职工工伤复发,经确认需治疗的,可重新享受《工伤保险条例》规定的停工留薪期待遇。

国务院《工伤保险条例》第三十三条规定:"职工因工作遭受事故伤害或者患职业病需要暂停工作接受工伤医疗的,在停工留薪期内,原工资福利待遇不变,由所在单位按月支付。停工留薪期一般不超过12个月。伤情严重或者情况特殊,经设区的市级劳动能力鉴定委员会确认,可以适当延长,但延长不得超过12个月。工伤职工评定伤残等级后,停发原待遇,按照本章的有关规定享受伤残待遇。工伤职工在停工留薪期满后仍需治疗的,继续享受工伤医疗待遇。生活不能自理的工伤职工在停工留薪期需要护理的,由所在单位负责。"据此,工伤职工的停工留薪期一般不超过12个月,伤情严重或者情况特殊,经设区的市级劳动能力鉴定委员会确认,可以适当延长至24个月。国务院《工伤保险条例》第三十八条同时规定:"工伤职工工伤复发,确认需要治疗的,享受本条例第三十条、第三十二条和第三十三条规定的工伤待遇。"据此,工伤职工工伤复发的,在其已经享受的停工留薪期的基础上,另外仍可根据《工伤保险条例》第三十三条的规定享受停工留薪期待遇。此外,《广东省工伤保险条例》第二十六条第一、二款规定:"职工因工伤需要暂停工作接受工伤医疗的,在停工留薪期内,原工资福利待遇不变,由所在单位按月支付。停工留薪期根据医疗终结期确定,由劳动能力鉴定委员会确认,最长不超过二十四个月。工伤职工鉴定伤残等级后,停发原待遇,按照本章的有关规定享受伤残待遇。工伤职工在鉴定伤残等级后仍需治疗的,经劳动能力鉴定委员会批准,一级至四级伤残,享受伤残津贴和工伤医疗待遇;五级至十级伤残,享受工伤医疗和停工留薪期待遇。"由此,在广东省行政辖区内,工伤职工的停工留薪期应根据劳动能力鉴定委员会确认的医疗终结期确定,最长不超过24个月。《广东省工伤保险条例》第三十六条还规定:"工伤职工工伤复发,确认需要治疗的,享受本条例第二十五条、第二十六条和第二十八条规定的工伤待遇。"故,根据以上行政法规和地方性法规的相关规定,2016年2月邓昆鹏工伤复发,最长可享受24个月的停工留薪期待遇。深圳市劳动能力鉴定委员会已于2016年3月2日出具了《工伤复发确认意见》，确认邓昆鹏属于工伤复发，医疗期为2016年2月4日至2016年8月4日，深圳市劳动能力鉴定委员会确定的上述邓昆鹏工伤复发医疗期6个月，即属于停工留薪期。邓昆鹏在深圳市劳动能力鉴定委员会确定的工伤复发医疗期期间死亡，属于在停工留薪期内因工伤导致死亡。被上诉人深圳社保局认为职工遭受工伤后（包括旧伤复发）可以享受的停工留薪期前后累计最长不能超过24个月，邓昆鹏于2010年12月受工伤后已经享受过24个月停工留薪期，故其2016年2月工伤复发后不能再享受停工留薪期，以上主张不仅有悖国务院《工伤保险条例》第三十八条、《广东省工伤保险条例》第三十六条之规定，而且会造成损害伤情严重、职业病病情严重的工伤职工权益的后果，不予支持。

——《中华人民共和国最高人民法院公报》2019年第11期。

853 工伤职工获赔因第三人侵权造成人身损害而产生的误工费后，还能主张工伤停工留薪期工资

关键词 | 第三人侵权 | 误工费 | 停工留薪期间 | 工资 |

【最高人民法院公报案例】

吴江市佳帆纺织有限公司诉周付坤工伤保险待遇纠纷案

要旨：劳动者因第三人侵权造成人身损害并构成工伤的，在停工留薪期间内，原工资福利待遇不变，由所在单位按月支付。用人单位以侵权人已向劳动者赔偿误工费为由，主张无须支付停工留薪期间工资的，人民法院不予支持。

职工因工作遭受事故伤害进行治疗，享受工伤医疗待遇。本案中，被上诉人周付坤遭受工伤，应享受相应工伤待遇。因佳帆公司已为周付坤缴纳了社保，故周付坤可享有的一次性伤残补助金和一次性工伤医疗补助金应由工伤保险基金支付。

关于一次性伤残就业补助金。被上诉人周付坤构成十级伤残，上诉人佳帆公司应当支付周付坤一次性伤残就业补助金15000元。关于停工留薪期工资。周付坤因工伤休息35天，应视同其正常提供劳动而享有工资，一审酌定佳帆公司支付周付坤停工留薪期工资为7028元并无不当。关于佳帆公司认为周付坤系因第三人侵权构成工伤，其已经获得误工费赔偿，故不能同时享有停工留薪期工资。法院认为，一方面，现行法律并未禁止工伤职工同时享受工伤保险待遇和人身损害赔偿；另一方面，工伤保险待遇与民事侵权赔偿二者性质不同，前者属公法领域，基于

社保法律关系发生，后者属私法领域，基于民事法律关系发生，不宜径行替代。

——《中华人民共和国最高人民法院公报》2021 年第 6 期。

854 特殊缴费行业工伤保险待遇的认定

关键词｜特殊缴费行业｜工伤保险待遇｜

【最高人民法院参考案例】

罗亨忠诉福建省将乐县劳动保险管理中心社会保障行政确认案（行政审判案例第 120 号）

要旨：《工伤保险条例》第十条第三款规定的难以按照工资总额缴纳工伤保险费的行业，若用人单位按实际总造价、营业额或总产量缴纳工伤保险费，且职工与用人单位存在劳动关系的，应当认定享有工伤保险待遇。工伤保险中该类参保人员转岗，但与统筹范围内用人单位的劳动关系仍未间断的，工伤保险关系持续存在，参保人员增减明细表不能作为认定工伤保险关系的唯一依据。

一、背景情况介绍

本案审理涉及特殊缴费行业工伤保险待遇的认定。工伤保险有不同的缴费方式，而缴费方式的不同影响着工伤保险关系的认定。一般情况下，依原来《工伤保险条例》第十条的"用人单位缴纳工伤保险费的数额为本单位职工工资总额乘以单位缴费率之积"的规定，工伤保险费根据职工的工资总额缴纳。但现实中，有的单位难以按照工资总额缴纳工伤保险费。因此，2010 年 12 月 20 日《工伤保险条例》修改时，第十条增加了第三款：对难以按照工资总额缴纳工伤保险费的行业，其缴纳工伤保险费的具体方式，由国务院社会保险行政部门规定。2010 年 12 月 31 日，人力资源和社会保障部根据该条授权，制定公布了《部分行业企业工伤保险费缴纳办法》（以下简称《办法》），对建筑施工企业、小型服务企业、小型矿山企业等难以直接按照工资总额计算缴纳工伤保险费的行业作了规定。其中，第五条规定：小型矿山企业可以按照总产量、吨矿工资含量和相应的费率计算缴纳工伤保险费。在该《办法》出台之前，各地就已经试行工伤保险的特殊缴费办法。例如，本案被告所在的将乐县人民政府依据有关规定就制定了《将乐县矿山职工工伤保险暂行规定》。特殊缴费方式工伤保险的认定与一般工伤保险不同，行政审判实务应探讨其构成要件的特殊性：若以职工工资总额作为缴纳依据，投保时职工是确定的，已经特定化，工伤保险关系是否成立只需审查某一职工是否已经投保，较容易判断。但在特殊缴费方式下，保险费的缴纳并非直接以职工工资为准，而是以企业劳动成果为计费依据，例如，建筑施工企业的项目工程总造价、小型服务业企业的所在统筹地区上一年度职工月平均工资或营业额、小型矿山企业的总产量来计算的。投保时这些企业的职工并未特定化，对于某一职工是否应享有工伤保险待遇，有诸多的不同之处需要注意。

……

三、运用裁判要旨应当注意的问题

1. 特殊缴费方式工伤保险关系的审查内容。对普通工伤保险关系的审查，其重点在于该职工是否已经参加保险。在特殊工伤保险中，与作出缴费依据的总产量的生产有关的职工都属于已参保人员。也即，在该核算的总产量之内，实际参与了这些总产量生产劳动的职工都已经建立了工伤保险关系。因而，构成要件的判断，其审查的特殊性在于：一要审查用人单位是否按实际的总产量缴纳工伤保险费；二要审查该职工与用人单位之间是否成立劳动关系。

2. 参保人员特定化时间的特殊考虑，即参保人员增减明细表的法律意义。对普通工伤保险而言，某一职工是否参保，要审查工伤事故发生之前名册中是否有其姓名，不能在事故之后再参保，参保人员特定化在于工伤事故之前。而特殊工伤保险不同，参保登记时不要求人员名单，此时不要求参保人员特定化。按照规定，用人企业每月核报总产量的同时，要报送职工名册。依此做法，因为职工流动性大，可以逐月对参保人员进行特定化。那么，如果工伤事故发生时尚未报送当月参保人员增减明细表，确有参加劳动的人未纳入明细表的，是否就无法享受工伤保险待遇呢？这就需要探讨报送名册对于不同工伤保险关系的法律意义：在普通工伤保险中，以工资总额投保，没有报送参保人员增减明细表的职工，其工资必然不会在总额中，不应当享有工伤保险待遇。但在特殊工伤保险中，以生产总量等作为投保依据，与此生产有关的所有职工都已经被缴纳了保险费用，即使当时没有报送参保人员增减明细表，或遗漏报送，只要事后能够证明，都应认定。可见，逐月报送参保人员增减明细表不能作为判断工伤保险关系的唯一依据。

3. 参保人员转岗情况下的工伤保险关系。本案中，原告原为兴源公司的井下采煤工，2008 年 3 月 9 日兴源公司为原告向被告办理了矿山职工工伤保险。后于 2008 年 4 月 1 日转岗到第三人农场煤矿，成立新的劳动关系。10 月份因煤硐塌方造成伤害。12 月农场煤矿为原告办理了工伤保险人员核增手续，开始为原告缴纳工伤保险费用，同时兴源煤矿不再为其缴纳工伤保险费用。有观点认为，原告与第三人建立劳动关系后，没有办理核增手续，而原用人单位为其缴纳保险费用，却没有劳动关系。原告转岗后新的用人单位没有及时核增，因而构成脱保，不应享受待遇。该观点不正确。因为本案中工伤事故发生后,第三人为原告办理的是核增手续,而非保险手续,可见原工伤保险关系仍然继续有效。只要原告仍在统筹范围内的参保岗位上劳动,其生产劳动的成果都被作为总产量向被告作了投保,因而其工伤保险关系从未中断。可见,在此类特殊工伤保险关系的认定中,若参保人员转岗的,应当审查其与统筹范围内用人单位的劳动关系是否间断,只要劳动关系不间断,工伤保险关系就持续存在。

——中华人民共和国行政审判庭编:《中国行政审判案例》(第3卷),中国法制出版社2013年版,第200、203—205页。

(二)其他

855 企业补缴社会保险费2年查处时效的适用

关键词 | 社会保险费 | 查处时效 |

【最高人民法院专业法官会议纪要】

6. 企业补缴社会保险费2年查处时效的适用

劳动保障行政部门依据《劳动保障监察条例》第二十条规定,以企业未依法缴纳社会保险费行为在2年内未被发现,也未被举报、投诉为由不再查处的,人民法院不予支持;当事人请求履行上述查处职责,且能够提供相应材料初步证明企业存在未依法缴纳社会保险费用的,人民法院应当判决责令有关劳动保障行政部门履行相应职责。

——《最高人民法院行政法官专业会议纪要(七)》(工伤保险领域),载中华人民共和国最高人民法院行政审判庭编:《行政执法与行政审判》(总第80集),中国法制出版社2020年版,第257页。

856 设区的市的"区劳动保障行政部门"具有劳动保障监察职权

关键词 | 区劳动保障行政部门 | 劳动保障监察职权 |

【最高人民法院答复】

山东省高级人民法院：

你院报送的《关于区劳动和社会保障局是否具有劳动保障监察职权的请示》收悉。经研究，答复如下：

原则同意你院审判委员会多数人的意见。即根据《劳动保障监察条例》第十三条的规定，设区的市的“区劳动保障行政部门”具有对用人单位实施劳动保障监察职权，但地方性法规或者规章明确规定由劳动保障行政部门实施的除外。

——《最高人民法院行政审判庭关于设区的市的区劳动和社会保障局是否具有劳动保障监察职权的答复》（2010年10月25日，〔2010〕行他字第128号）。

【链接：最高人民法院法官著述】

《劳动保障监察条例》第十三条第一款规定：“对用人单位的劳动保障监察，由用人单位用工所在地的县级或者设区的市级劳动保障行政部门管辖。”该款授权“县级或者设区的市级劳动保障行政部门”对用人单位实施劳动保障监察权。设区的市的“区劳动保障行政部门”在行政级别上属于“县级”。根据该款的规定，属于县级的区劳动和社会保障部门一般情况下具有对用人单位实施劳动保障监察权。第十三条第三款规定：“省、自治区、直辖市人民政府可以对劳动保障监察的管辖制定具体办法。”该款又授权省级人民政府依据该条例的规定可以就有关管辖问题制定具体的管辖规定。因第十三条第一款授权县级或者设区的市级劳动保障行政部门管辖对用人单位实施劳动保障监察权，所以地方规章对设区的市的可以结合本地区的实际情况，根据该条的规定对设区的市对用人单位实施劳动保障监察权可以在两者之间选择其中一个机关行使该项职权。尽管该条中没有明确授权具有立法权的地方人大及其常委会制定行使此项职权的具体办法，但立法法第六十四条第一款规定：“地方性法规可以就下列事项作出规定：（一）为执行法律、行政法规的规定，需要根据本行政区域的实际情况作具体规定的事项；（二）属于地方性事务需要制定地方性法规的事项。”《劳动保障监察条例》第十三条第一款有关管辖职权的设置问题就属于立法法第六十四条第一款第（一）项规定的情形。因此，地方性法规亦可根据本地区的实际情况，决定是由区劳动和社会保障部门，还是市劳动保障部门对用人单位实施劳动保障监察权。山东省人大常委会发布的《山东省劳动和社会保障监察条例》第八条规定：“省劳动和社会保障行政部门负责对中央所属、省属用人单位及其与之合资、合作企业和外省、部队驻鲁用人单位实施劳动和社会保障监察。”“设区的市和县(市、区)劳动和社会保障行政部门的监察管辖范围,由设区的市人民政府确定。”该条规定是对《劳动保障监察条例》第十三条的规定的具体化,与该条的规定是一致的,不存在抵触的问题。此外,《劳动和社会保障部关于实施〈劳动保障监察条例〉若干规定》第五条规定:“县级以上劳动保障行政部门设立的劳动保障监察行政机构和劳动保障行政部门依法委托实施劳动保障监察的组织具体负责劳动保障监察管理工作。”

人民法院审理具体行政案件,适用该答复时需要注意,《劳动保障监察条例》第十三条第一款是对最低一级劳动保障行政部门实施劳动保障监察职权的规定,地方性法规或者规章对不同层级劳动保障行政部门对用人单位实施劳动保障监察职权具体划分的规定,亦应作为法院衡量被诉具体行政行为是否存在超越职权的标准。如,《山东省劳动和社会保障监察条例》第八条就各级劳动保障行政部门对用人单位实施劳动保障监察职权具体划分的划定亦应作为法院衡量被诉具体行政行为是否存在超越职权的标准。

——蔡小雪:《设区的市的区劳动和社会保障局是否具有劳动保障监察职权》,载中华人民共和国最高人民法院行政审判庭编:《行政执法与行政审判》(总第44集),中国法制出版社2011年版,第32—33页。

857 劳动监察指令书不可申请法院强制执行

关键词｜劳动监察指令书｜非诉行政执行｜

【最高人民法院答复】

广东省高级人民法院:

你院《关于如何处理〈劳动监察指令书〉问题的请示》收悉。经研究,原则同意你院意见,即:劳动行政部门作出责令用人单位支付劳动者工资报酬、经济补偿和赔偿金的劳动监察指令书,不属于可申请人民法院强制执行的具体行政行为,人民法院对此类案件不予受理。劳动行政部门作出责令用人单位支付劳动者工资报酬、经济补偿和赔偿金的行政处理决定书,当事人既不履行又不申请复议或者起诉的,劳动行政部门可以依法申请人民法院强制执行。

——《最高人民法院关于劳动行政部门作出责令用人单位支付劳动者工资报酬、经济补偿和赔偿金的劳动监察指令书是否属于可申请法院强制执行的具体行政行为的答复》(1998年5月17日,〔1998〕法行字第1号)。

858 劳动行政部门无权作出强制企业支付工伤职工医疗费用的决定

关键词｜强制支付｜工伤医疗费｜

【最高人民法院答复】

山西省高级人民法院：

你院〔1997〕晋法行字第6号《关于如何理解和执行〈劳动法〉第五十七条的请示》收悉。经研究，原则同意你院的意见，即：根据现行法律规定，劳动行政部门无权作出强制企业支付工伤职工医疗费用的决定。

——《最高人民法院行政审判庭关于劳动行政部门是否有权作出强制企业支付工伤职工医疗费用的决定的答复》（1998年2月15日，〔1997〕法行字第29号）。

859 拖欠社会保险基金纠纷由法院主管

关键词｜拖欠社会保险基金纠纷｜受案范围｜

【最高人民法院答复】

吉林省高级人民法院：

你院《关于拖欠社会保险基金纠纷是否应由法院主管问题的请示》收悉。经研究，现答复如下：

根据现行的有关法律法规规定，社会保险基金经办机构是法律法规授权的组织，依法收支、管理和运营社会保险基金，并负有使社会保险基金保值增值的责任。社会保险基金经办机构与用人单位因拖欠社会保险费而发生的纠纷，属于行政争议。用人单位认为社会保险基金经办机构在收支、管理和运营社会保险基金中的具体行政行为侵犯其合法权益，可依法申请行政复议或者提起行政诉讼；既不履行义务又不依法申请复议或者起诉的，社会保险基金经办机构可以依法通知银行扣缴或者申请人民法院强制执行。

——《最高人民法院行政审判庭关于拖欠社会保险基金纠纷是否由法院主管的答复》（1998年3月25日）。

860 认定职工是否符合提前退休情形，不能以是否为农民合同制的身份作为限制条件，而应依据相关的法律法规和政策

关键词｜提前退休｜合同制｜

【最高人民法院答复】

山西省高级人民法院：

你院〔2015〕晋行示字第3号《关于张秀诉大同市人力资源和社会保障局不履行法定职责一案的请示》收悉。经研究，答复如下：

《国务院关于工人退休、退职的暂行办法》（国发〔1978〕104号）文系在特定的历史背景下制定，当时未对"工人"身份作出是否为"农民合同制"之区分，但根据《中华人民共和国劳动法》、《国家经济贸易委员会、人事部、劳动和社会保障部关于深化国有企业内部人事、劳动、分配制度改革的意见》（国经贸企改〔2001〕230号）、《劳动和社会保障部关于完善城镇职工基本养老保险政策有关问题的通知》（2001年12月22日）、《国务院关于解决农民工问题的若干意见》（国发〔2006〕5号）等规范性文件的规定，我国的企业已经取消行政级别，打破干部和工人的身份差别，职工都平等地与企业签订劳动合同，不再有全民固定工、集体工、合同工等身份界限，所有职工的权益依法受到平等保护。认定职工是否符合提前退休情形，不能以是否为农民合同制的身份作为限制条件，而应依据相关的法律法规和政策。综上，同意你院审委会倾向性意见。

——《最高人民法院关于张秀诉大同市人力资源和社会保障局不履行法定职责一案的请示答复》（2015年9月16日，〔2015〕行他字第8号）。

861 退役军人因患职业病死亡其遗属是否享受因公牺牲军人遗属抚恤待遇

关键词｜职业病｜退役军人｜遗属待遇｜

【最高人民法院答复】

浙江省高级人民法院：

你院〔2018〕浙行他1号《关于退役军人因患职业病死亡其遗属是否享受因公牺牲军人遗属抚恤待遇问题的请示》收悉。经研究，答复如下：

经我院征求退役军人事务部意见，退役军人事务部答复认为“因职业病评残的退役军人又因该职业病死亡的，不适用《军人抚恤优待条例》第二十八条第一款之规定”，建议你院在办理相关案件中参照适用。

——《最高人民法院关于退役军人因患职业病死亡其遗属是否享受因公牺牲军人遗属抚恤待遇问题的答复》（2019 年 11 月 19 日，〔2019〕最高法行他 23 号）。

四、政府信息公开[1]

(一)政府信息

862 司法考试答卷是否属于政府信息公开范围

关键词｜政府信息公开｜司法考试答卷｜

【最高人民法院裁判案例】

蔡迅诉中华人民共和国司法部政府信息公开案［最高人民法院(2018)最高法行申11129号行政裁定书］

要旨:国家司法考试结束后未公布的试题试卷、标准答案、应试人员的考试成绩及其他有关情况、数据,属于工作秘密,未经批准不得公开。

根据《政府信息公开条例》第十四条的规定,行政机关应当建立健全政府信息发布保密审查机制,明确审查的程序和责任。行政机关在公开政府信息前,应当依照保守国家秘密法以及其他法律、法规和国家有关规定对拟公开的政府信息进行审查。行政机关对政府信息不能确定是否可以公开时,应当依照法律、法规和国家有关规定报有关主管部门或者同级保密工作部门确定。本案中,蔡迅向司法部递交《信息公开申请书》,申请公开本人参加2015年国家司法考试的试卷一、试卷二、试卷三的答题卡及试卷四的答题纸。针对此类问题,司法部曾于2008年根据保守国家秘密法及其实施办法和《国家司法考试实施办法》的有关规定制定《国家司法考试保密工作规定》,该规定系司法部在其职权范围内会同国家保密局所制定的其主管业务方面的保密规定。依据《国家司法考试保密工作规定》第四条第三款,国家司法考试结束后未公布的试题试卷、标准答案、应试人员的考试成绩及其他有关情况、数据,属于工作秘密,未经司法部批准不得公开。司法部据此审查认定蔡迅

[1] 2019年5月15日,新修订的《政府信息公开条例》开始施行。新条例在政府信息公开的主体、方式、程序等方面作出了诸多修改,对人民法院对政府信息公开行政行为的合法性审查带来了重要影响。本部分内容要重点关注新旧法规的变化。——编者注

申请公开的事项不属于政府信息公开范围,符合《政府信息公开条例》的上述规定。

——中国裁判文书网,https://wenshu.court.gov.cn/。

863 经过评阅的高考试卷能否公开

关键词｜政府信息公开｜经过评阅的高考试卷｜密级规定｜

【最高人民法院参考案例】

谷山龙川诉北京教育考试院不服不予以公开高考试卷案(行政审判案例第97号)

要旨:人民法院针对涉及国家秘密的政府信息进行司法审查时,应当依据各相关领域的密级规定对政府信息是否涉密进行形式审查。经过评阅的高考试卷属于政府信息,行政机关主张政府信息涉及国家秘密且有确实充分的证据以及法律规范依据的,人民法院应予支持。

根据教育法第二十条以及1996年3月13日北京市机构编制委员会京编委〔1996〕2号《关于市教委成立北京教育科学研究院、北京教育考试院、北京教育音像报刊总社的批复》的相关规定,北京教育考试院作为全市教育考试的主管部门,具有负责北京市与高考相关的考试考务工作的法定职权。《密级规定》第三条第(三)项第3目规定,国家教育全国、省级、地区(市)级统一考试在启用之后的评分标准属于秘密级事项。同时,该规定第五条第(五)项规定,考试后不应公开的试题和考生试卷以及考生的档案材料只限一定范围的人员掌握,不得擅自扩散和公开。《政府信息公开条例》第十四条亦规定,涉及国家秘密的政府信息不得公开。本案中,原告向被告下属的高招办申请公开其2010年高考理综、数学及外语试卷,上述试卷涉及高考的评分标准且属于考试后不应公开的试题和考生答卷。由于高考评分标准属于秘密级事项不得公开,而原告申请公开的试卷只限一定范围的人员掌握,不得擅自扩散和公开,故被告在其职权范围内针对原告的申请在合理期限内作出被诉回复,并无不当。

——中华人民共和国最高人民法院行政审判庭编:《中国行政审判案例》(第3卷),中国法制出版社2013年版,第79、80—81页。

864 公安执法信息是否属于政府信息公开范畴[①]

关键词｜政府信息公开｜公安执法信息｜

【最高人民法院裁判案例】

彭中林诉江西省乐平市人民政府不履行行政复议法定职责案[最高人民法院(2019)最高法行申14387号行政裁定书]

首先,《最高人民法院关于审理政府信息公开行政案件若干问题的规定》第二条第(四)项规定:“公民、法人或者其他组织对下列行为不服提起行政诉讼的,人民法院不予受理:……(四)行政程序中的当事人、利害关系人以政府信息公开名义申请查阅案卷材料,行政机关告知其应当按照相关法律、法规的规定办理的……”公安机关对于作为行政程序中的当事人执行行政拘留处罚过程中形成的材料,如拘留期间的日期、违反拘留管理的行为等属于案卷材料,不能通过申请政府信息公开的渠道获得。

其次,《公安机关执法公开规定》第二十二条第一款规定:“除按照本规定第二十一条向特定对象告知执法信息外,公安机关应当通过提供查询的方式,向报案或者控告的被害人、被侵害人或者其监护人、家属公开下列执法信息:(一)办案单位名称、地址和联系方式;(二)刑事立案、移送审查起诉、终止侦查、撤销案件等情况,对犯罪嫌疑人采取刑事强制措施的种类;(三)行政案件受案、办理结果。”根据上述规定,公安机关在行政程序中的案件办理情况和结果等执法信息应当向特定对象公开,并为特定对象提供查询服务。特定对象如需获取上述信息,应通过查询方式取得。

最后,《政府信息公开条例》是国务院制定的行政法规,调整的范围仅限于政府信息。该条例第二条规定:“本条例所称政府信息,是指行政机关在履行职责过程中制作或者获取的,以一定形式记录、保存的信息。”而训诫、具结悔过、使用警械等属于公安机关在对被拘留人员执行拘留处罚过程中的管理行为,不是行政机关在履行职责过程中制作或者获取的,不属于《政府信息公开条例》第二条所规定的“以一定形式记录、保存的信息”。

基于以上,彭中林向乐平市公安局申请政府信息公开之内容,部分明显不属于政府信息,部分属于不能通过政府信息公开渠道获得的材料,故乐平市公安局不予

① 2019年修订的《政府信息公开条例》第十六条明确规定“行政执法案卷信息,可以不予公开。法律、法规、规章规定上述信息应当公开的,从其规定”。——编者注

答复并未对彭中林的权利义务产生实际影响，依法不属于行政复议的受理范围，亦非行政诉讼的受案范围。

——中国裁判文书网，https://wenshu.court.gov.cn/。

865 公安机关在履行刑事司法职能时制作的信息不属于政府信息

关键词 | 政府信息公开 | 公安机关履行刑事司法职能 |

【最高人民法院参考案例】

二、奚明强诉中华人民共和国公安部案

（二）裁判结果

北京市第二中级人民法院经审理认为，公安部受理奚明强的政府信息公开申请后，经调查核实认定奚明强申请公开的《关于实行"破案追逃"新机制的通知》是秘密级文件；《关于完善"破案追逃"新机制有关工作的通知》《日常"网上追逃"工作考核评比办法（修订）》系根据前者的要求制定，内容密切关联。公安部经进一步鉴别，同时认定奚明强申请公开的信息是公安机关在履行刑事司法职能、侦查刑事犯罪中形成的信息，且申请公开的文件信息属于秘密事项，应当不予公开。判决驳回奚明强的诉讼请求。

奚明强不服，提出上诉。北京市高级人民法院经审理认为，根据《政府信息公开条例》第二条规定，政府信息是指行政机关在履行职责过程中制作或者获取的，以一定形式记录、保存的信息。本案中，奚明强向公安部申请公开的三个文件及其具体内容，是公安部作为刑事司法机关履行侦查犯罪职责时制作的信息，依法不属于《政府信息公开条例》第二条所规定的政府信息。因此，公安部受理奚明强的政府信息公开申请后，经审查作出不予公开的被诉答复书，并无不当。

（三）典型意义

本案的焦点集中在追查刑事犯罪中形成的秘密事项的公开问题。根据《政府信息公开条例》第十四条的规定，行政机关不得公开涉及国家秘密的政府信息。保守国家秘密法第九条规定，"维护国家安全活动和追查刑事犯罪中的秘密事项"应当确定为国家秘密。本案中，一审法院认定原告申请公开的文件信息属于秘密事项，应当不予公开，符合前述法律规定。同时，公安机关具有行政机关和刑事司法机关的双重职能，其在履行刑事司法职能时制作的信息不属于《政府信息公开条例》第二条所规定的政府信息。本案二审法院在对公安机关的这两种职能进行区分的基础上,认定公安部作出不予公开答复并无不当,具有示范意义。

——《全国法院政府信息公开十大案例》,载中华人民共和国最高人民法院行政审判庭编:《行政执法与行政审判》(总第65集),中国法制出版社2014年版,第9—10页。

866 行政机关聘请法律顾问的相关信息属于政府信息范畴

关键词｜政府信息公开｜行政机关法律顾问｜

【最高人民法院裁判案例】

郝长满诉辽宁省沈阳市浑南区人民政府、辽宁省沈阳市人民政府信息公开与撤销复议决定案[最高人民法院(2019)最高法行申8515号行政裁定书]

《政府购买服务管理办法(暂行)》第十四条第(五)项规定,法律服务属于政府履职所需要的辅助性事项,应当纳入政府购买服务指导性目录;第三十六条规定,财政部门和购买主体应当按照《政府信息公开条例》《政府采购信息公告管理办法》以及预算公开的相关规定,公开财政预算及部门和单位的政府购买服务活动的相关信息,涉及国家秘密、商业秘密和个人隐私的信息除外。本案中,郝长满申请公开的聘请政府法律顾问的财政支出来源及各家费用清单属于上述规定中政府购买的法律服务范畴,且浑南区政府自认案涉信息不涉及国家秘密、商业秘密和个人隐私,故浑南区政府应当依法向郝长满公开案涉信息。

——中国裁判文书网,https://wenshu.court.gov.cn/。

867 行政机关签订的招商引资投资协议属于政府信息

关键词｜政府信息｜招商引资投资协议｜

【最高人民法院专业法官会议纪要】

法律问题:行政机关签订的招商引资投资协议是否属于《政府信息公开条例》第二条规定的政府信息?

法官会议意见:根据《政府信息公开条例》对政府信息的定义及该条例的立法目的,判断一份信息是否属于政府信息的核心要素为,该信息是否系行政机关在履行行政管理职能过程中产生。属于行政机关在履行行政管理职能过程中制作并保存的政府信息的，对其公开事项应当适用《政府信息公开条例》的规定。

——最高人民法院行政审判庭编：《最高人民法院行政审判庭法官会议纪要》（第一辑），人民法院出版社 2022 年版，第 200—201 页。

868 集体土地征收中的分户补偿情况应向征收范围内的村民公开

关键词 | 政府信息公开 | 分户补偿情况 |

【最高人民法院裁判案例】

刘广森、刘世刚、刘俊英诉河南省濮阳县人民政府政府信息公开案［最高人民法院（2018）最高法行再 180 号行政判决书］

要旨：在涉及第三方的情况下，政府信息是否公开，并不单纯取决于第三方是否同意，更要看是否确实涉及个人隐私以及是否因为公共利益的考虑而使个人隐私权进行必要的让渡。

三、个人隐私权的让渡

《政府信息公开条例》第二十三条规定："行政机关认为申请公开的政府信息涉及商业秘密、个人隐私，公开后可能损害第三方合法权益的，应当书面征求第三方的意见；第三方不同意公开的，不得公开。但是，行政机关认为不公开可能对公共利益造成重大影响的，应当予以公开，并将决定公开的政府信息内容和理由书面通知第三方。"由上述规定可知，在涉及第三方的情况下，政府信息是否公开，并不单纯取决于第三方是否同意，更要看是否确实涉及个人隐私以及是否因为公共利益的考虑而使个人隐私权进行必要的让渡。在本案，再审申请人申请公开的信息是红旗路东延建设项目涉及的濮阳县××镇铁炉村所有村民补偿、补助费用发放情况的明细。分户补偿情况尽管一定程度涉及其他户的个人隐私，但为了保证征收补偿的公开和公平，消除被征收人不公平补偿的疑虑和担心，法律对这类个人隐私进行了一定的让渡。根据《政府信息公开条例》第十一条第（三）项的规定，"征收或者征用土地、房屋拆迁及其补偿、补助费用的发放、使用情况"属于"设区的市级人民政府、县级人民政府及其部门重点公开的政府信息"。《国有土地上房屋征收与补偿条例》第二十九条第一款规定："房屋征收部门应当依法建立房屋征收补偿档案，并将分户补偿情况在房屋征收范围内向被征收人公布。"本案涉及的虽然是集体土地征收，但对于分户补偿情况是否应予公开，集体土地与国有土地上房屋征收不应有所差别,可以参照适用。再审申请人作为土地征收范围内的村民,有权知道分户补偿情况,再审被申请人应当向再审申请人公开这些政府信息。

——中国裁判文书网,https://wenshu.court.gov.cn/。

869 政府信息公开中内部管理信息和过程性信息的识别[①]

关键词｜政府信息公开｜内部信息｜过程信息｜

【最高人民法院裁判案例】

宋让仲、曹养峰诉陕西省咸阳市秦都区人民政府政府信息公开案[最高人民法院(2018)最高法行申265号行政裁定书]

要旨:对于是否属于内部管理信息和过程性信息的判断,不能仅以该信息系行政机关内部工作安排,仅在内部流转,不向外部送达就认定为内部管理信息或过程性信息。

根据《国务院办公厅关于做好政府信息依申请公开工作的意见》(国办发〔2010〕5号)第二条第二款的规定,行政机关在日常工作中制作或者获取的内部管理信息以及处于讨论、研究或者审查中的过程性信息,一般不属于《政府信息公开条例》所指应公开的政府信息。一般认为,行政机关内部的工作流程、人事管理、后勤管理等有关行政机关内部事务的信息,可不予公开。内部管理信息是与公共利益无关的纯粹的行政机关内部的事务信息,对于此类信息不公开,主要是因为该类信息对行政机关的决策、决定不产生实际影响,不公开不影响公民对行政权的监督,公开后对公民的生产、生活和科研等活动无利用价值。过程性信息是行政机关在作决定前的准备过程中形成的,处于讨论、研究或者审查过程中的信息,对于此类信息不公开,主要是考虑到行政行为尚未完成,公开可能会对行政机关独立作出行政行为产生不利影响,同时也是为了保护行政机关内部之间坦率的意见交换、意见决定的中立性,或者公开该信息具有危害公益的危险。对于是否属于内部管理信息和过程性信息的判断,不能仅以该信息系行政机关内部工作安排,仅在内部流转,不向外部送达就认定为内部管理信息或过程性信息。

---

① 2019年修订的《政府信息公开条例》明确规定行政机关的内部事务信息、过程性信息可以不予公开。其第十六条规定:“行政机关的内部事务信息,包括人事管理、后勤管理、内部工作流程等方面的信息,可以不予公开。行政机关在履行行政管理职能过程中形成的讨论记录、过程稿、磋商信函、请示报告等过程性信息以及行政执法案卷信息,可以不予公开。法律、法规、规章规定上述信息应当公开的,从其规定。”——编者注

——中国裁判文书网，https://wenshu.court.gov.cn/。

870 社会稳定风险评估报告、执法机关名称和执法人员的名单及执法证、全程录音录像资料的公开问题

关键词｜政府信息公开｜内部信息｜过程性信息｜

【最高人民法院裁判案例】

郑金德诉杭州市拱墅区人民政府、杭州市人民政府城建政府信息公开及行政复议案［最高人民法院（2018）最高法行申 2928 号行政裁定书］

关于风险评估报告应否公开问题。该报告系非诉执行中的社会稳定风险评估报告。此类有关社会稳定风险评估的政府信息，是行政机关在作出决策前据以研究、讨论使用的内部信息，也属于过程性信息，属于信息公开义务主体可以根据情况决定是否豁免的范围。《国务院办公厅关于做好政府信息依申请公开工作的意见》（国办发〔2010〕5 号）第二条也规定，行政机关在日常工作中制作或者获取的内部管理信息以及处于讨论、研究或者审查中的过程性信息，一般不属于《政府信息公开条例》所指应公开的政府信息。而且，此类社会稳定风险评估本身即包含部分敏感信息，其中有关风险隐患的认定、分析与防范，一旦公开既可能侵犯相关个人隐私，也可能造成风险防范措施的失效；且一旦公开，就存在在一定范围内将影响公共安全和社会稳定的可能性，信息公开义务主体可以依法决定不予公开。

关于参与实施强拆的执法机关名称和执法人员的名单及执法证应否公开问题。由于本案系人民法院裁定准予执行后的强制拆除，不论是准予执行的行政裁定书还是其后的强制执行通知，以及现场执法人员的身份表示，均已经明确组织实施强拆的执法机关系拱墅区政府，再审申请人也已明确知悉此节信息。行政机关依申请公开信息，只是提供行政机关以一定形式记录、保存的已经存在的信息，不因为申请人的请求而承担为其制作信息的义务。要求公开参与实施强拆的各行政执法机关名称和各行政执法人员的名单及行政执法证，已经明显属于要求行政机关加工、汇总的信息，行政机关对此类申请可以不予支持。尤其重要的是，有关执法人员名单和执法证，均属于政府机关内部人事管理信息，公开历次参与执法的人员名单和包括个人信息的执法证件，可能影响今后行政执法活动的顺利进行或者威胁相关人员人身安全，且当此类信息公开的重要性显著小于公开可能带来的危

害性时，信息公开义务主体可以依法决定不予公开。

关于“全程录音录像资料”公开申请是否已经依法得到处理问题。拱墅区政府虽然组织实施了强制搬迁，但并不意味着拱墅区政府即制作或者保存了强制搬迁全过程的所有信息，也不意味着强制搬迁全过程形成的所有信息均属于需要公开的信息。政府组织实施，多个执法机关参与的强制搬迁，政府的信息公开义务也仍然遵循“谁制作谁公开，谁保存谁公开”的要求，政府不需要也不可能公开具体职能部门自身在实施过程中形成的政府信息，也不应当成为整个实施过程信息的公开义务主体；其信息公开义务止于公开其实际制作和保存的信息为限。根据再审申请人提供全部录音录像资料的信息公开申请，拱墅区政府向其提供了由其保存的公证书及附财物登记清单、光盘。再审申请人虽然主张拱墅区政府未将全程录音录像资料公开，但由于其既未提供拱墅区政府应当保存全部录音录像资料的法律依据，也未提供证据或者证据线索证明拱墅区政府尚保存有其他录音录像资料未公开，在拱墅区政府经检索并陈述已经公开了与再审申请人户强制执行过程有关的全部资料情况下，应当认为拱墅区政府已经依法履行了信息公开义务。

——中国裁判文书网，https://wenshu.court.gov.cn/。

871 “一书四方案”已处于确定实施阶段即不属于过程性信息

关键词｜政府信息公开｜过程性信息｜

【最高人民法院参考案例】

五、姚新金、刘天水诉福建省永泰县国土资源局案

（二）裁判结果

永泰县人民法院经审理认为，“一书四方案”系永泰县国土局在向上级有关部门报批过程中的材料，不属于信息公开的范围。虽然《答复》没有说明不予公开的理由，存在一定的瑕疵，但不足以否定具体行政行为的合法性。姚新金、刘天水要求被告公开“一书四方案”于法无据，判决驳回其诉讼请求。

姚新金、刘天水不服，提出上诉。福州市中级人民法院经审理认为，根据《土地管理法实施条例》第二十三条第一款第（二）项规定，永泰县国土资源局是“一书四方案”的制作机关，福建省人民政府作出征地批复后，有关“一书四方案”已经过批准并予以实施，不再属于过程性信息及内部材料，被上诉人不予公开没有法律依据。判决撤销一审判决，责令永泰县国土资源局限期向姚新金、刘天水公开“一书四方案”。

(三)典型意义

本案的焦点集中在过程性信息如何公开。《政府信息公开条例》确定的公开的例外仅限于国家秘密、商业秘密、个人隐私。《国务院办公厅关于做好政府信息依申请公开工作的意见》第二条第二款又规定：“……行政机关在日常工作中制作或者获取的内部管理信息以及处于讨论、研究或者审查中的过程性信息，一般不属于《政府信息公开条例》所指应公开的政府信息。”过程性信息一般是指行政决定作出前行政机关内部或行政机关之间形成的研究、讨论、请示、汇报等信息，此类信息一律公开或过早公开，可能会妨害决策过程的完整性，妨害行政事务的有效处理。但过程性信息不应是绝对的例外，当决策、决定完成后，此前处于调查、讨论、处理中的信息即不再是过程性信息，如果公开的需要大于不公开的需要，就应当公开。本案福建省人民政府作出征地批复后，当事人申请的“一书四方案”即已处于确定的实施阶段，行政机关以该信息属于过程性信息、内部材料为由不予公开，对当事人行使知情权构成不当阻却。二审法院责令被告限期公开，为人民法院如何处理过程性信息的公开问题确立了典范。

——《全国法院政府信息公开十大案例》，载中华人民共和国最高人民法院行政审判庭编：《行政执法与行政审判》(总第 65 集)，中国法制出版社 2014 年版，第 12—13 页。

872 内部事务信息的界定

关键词｜政府信息公开｜内部信息｜价格违法｜物价局｜

【最高人民法院参考案例】

六、张宏军诉江苏省如皋市物价局案

(二)裁判结果

如东县人民法院认为，本案的争议焦点为涉诉信息应否公开。首先，行政机关进行行政管理活动所制作和获取的信息属于政府信息，行政机关单纯履行内部管理职责时所产生的信息属于内部管理信息。如皋市物价局称其对丁堰镇政府作出不予处罚决定的依据即为“皋价发〔2009〕28 号”文件，在相关法律法规对某些具体价格违法行为所规定的处罚幅度较宽时，该文件是该局量罚的参照依据。可见，涉诉信息会对行政相对人的权利义务产生影响，是被告行使行政管理职责过程中所制作的信息，不属于内部管理信息。其次，涉诉信息是如皋市物价局根据该市具体情况针对不同的价格违法行为所作的具体量化处罚规定，根据《国务院关于加强市县政府依法行政的决定》（国发〔2008〕17 号）第十八条的规定，针对行政裁量权所作的细化、量化标准应当予以公布，故涉诉信息属于应予公开的政府信息范畴。最后，如皋市物价局仅向张宏军公开涉诉文件的主文及附件《如皋市物价局行政处罚自由裁量权实施办法》，而未公开该文件的附件一（2），其选择性公开涉诉信息的部分内容缺乏法律依据。如皋市物价局应当全面、准确、完整地履行政府信息公开职责。据此判决被告于本判决生效之日起十五个工作日内向原告公开“皋价发〔2009〕28 号”文件的附件一（2）。

（三）典型意义

该案涉及内部信息的界定问题。所谓内部信息，就是对外部不产生直接约束力的普遍政策阐述或对个案的非终极性意见。之所以要免除公开内部信息，目的是保护机构内部或不同机构之间的交流，从而使官员能够畅所欲言，毫无顾忌地表达自己的真实想法。本案中，如东县人民法院通过三个方面的分析，确认涉诉政府信息是被告行使行政管理职责过程中所制作的信息，是对价格违法行为进行量化处罚的依据，会对行政相对人的权利义务产生影响，因而不应属于内部信息。同时，判决对行政机关公开政府信息的标准进行了严格审查，明确要求行政机关应当准确、完整、全面履行政府信息公开职责，不能随意地选择性公开。这些都具有较大的参考价值。

——《全国法院政府信息公开十大案例》，载中华人民共和国最高人民法院行政审判庭编：《行政执法与行政审判》（总第 65 集），中国法制出版社 2014 年版，第 14 页。

873 历史信息的公开

关键词｜政府信息公开｜历史信息｜法不溯及既往｜

【最高人民法院参考案例】

八、钱群伟诉浙江省慈溪市掌起镇人民政府案

（二）裁判结果

慈溪市人民法院经审理认为，被诉答复内容仅对少量的政府信息公开申请作出了答复，对其他政府信息公开申请既没有答复，亦没有告知原告获取该政府信息的方式和途径，而且被告在诉讼中未向本院提供其作出上述答复的相应证据，故应认定被告作出的答复主要证据不足。被告辩称,《政府信息公开条例》于 2008 年 5 月 1 日起才实施,在此之前的政府信息不能公开。法院认为,原告申请公开政府信息时,该条例早已实施。针对原告的申请,被告应当依据该条例的相关规定作出答复。如原告申请公开的政府信息属于不予公开范围的,被告应当告知原告并说明理由。况且,被告认为该条例施行之前的政府信息不能公开,缺乏法律依据。故被告上述辩称意见理由并不成立,不予采信。判决撤销被告慈溪市掌起镇人民政府作出的政府信息公开答复,责令其在判决生效之日起三十日内对钱群伟提出的政府信息公开申请重新作出处理。

(三)典型意义

本案的焦点集中在历史信息的公开问题。所谓历史信息,是指《政府信息公开条例》施行前已经形成的政府信息。虽然在立法过程中确有一些机关和官员希望能够将历史信息排除在适用范围之外,但《政府信息公开条例》对政府信息的定义并没有对信息的形成时间进行限定,亦未将历史信息排除在公开的范围之外。本案判决确认"被告认为该条例施行之前的政府信息不能公开,缺乏法律依据",符合立法本意。至于"法不溯及既往"原则,指的是法律文件的规定仅适用于法律文件生效以后的事件和行为,对于法律文件生效以前的事件和行为不适用。就本案而言,所谓的事件和行为,也就是原告依照条例的规定申请公开政府信息,以及行政机关针对申请作出答复。本案判决指出,"原告申请公开政府信息时,该条例早已实施",就是对"法不溯及既往"原则的正确理解。

——《全国法院政府信息公开十大案例》,载中华人民共和国最高人民法院行政审判庭编:《行政执法与行政审判》(总第 65 集),中国法制出版社 2014 年版,第 16 页。

【链接:最高人民法院法官著述】

一、历史信息

本案的争议焦点,是一个非常有意思的法律问题,即:《政府信息公开条例》对其施行前已经形成的"历史信息"是否具有溯及力。对此问题,实践中不无争议。《最高人民法院关于审理政府信息公开行政案件若干问题的规定》曾经试图对此予以明确,但在征求意见过程中,不少同志认为,从《政府信息公开条例》的条文本身完全可以解读出,政府信息是包括所谓的"历史信息"在内的,司法解释没有必要再予以规定。主张政府信息包括"历史信息",主要基于以下几个方面:

1.《政府信息公开条例》对"政府信息"的定义并没有对信息的形成时间进行

限定。考察其他国家的信息公开立法例,可以发现,只有个别国家对信息的形成时间作出了特别规定。例如《南非信息公开促进法》第三条规定:"本法适用于:(a)公共机构的记录;以及(b)私立机构的记录,不论记录是何时产生的。"这属于对"历史信息"的肯定性规定,也有国家作出对"历史信息"的否定性规定。例如《挪威行政公开法》第十三条规定:"本法生效前,公务机关做成、整理或取得提出之文书,不适用本法之规定。"但是,绝大多数国家都没有对形成时间作出特别要求。我国的《政府信息公开条例》亦遵从了国际通例,条例第二条规定:"本条例所称政府信息,是指行政机关在履行职责过程中制作或者获取的,以一定形式记录、保存的信息。"可见,条例对政府信息内涵的界定,只涉及性质、产生方式和存在形式,并不包括形成时间。依据该定义,只要信息是行政机关在履行职责过程中制作或者获取,并以一定形式记录、保存,就属于政府信息,就成为条例的调整对象,无论该信息形成于何时。

2.《政府信息公开条例》并未将"历史信息"排除在公开的范围之外。诚然,即使符合《政府信息公开条例》第二条的定义,属于政府信息,也并不意味着就都可以公开。对此,《政府信息公开条例》第二章专门就公开的范围问题作了规定。但是,从本章列举的例外信息来看,只有国家秘密、商业秘密、个人隐私三项,并不包括所谓"历史信息"。《政府信息公开条例》制定过程中,确有一些机关和官员希望能够将历史信息排除在适用范围之外。主要出于几个方面的考虑:一是担心历史信息浩如烟海,都去公开负担太重;二是担心翻历史旧账,拍醒"睡熟的孩子";三是担心在以往不重视依法行政的年代制作的政府信息大多很不规范,公开出去丢人现眼。《政府信息公开条例》正式出台时回避了这一问题,这种"回避"恰恰说明将历史信息排除在公开范围之外的主张没有被采纳。

3. 国务院相关文件亦可佐证。国务院办公厅2007年8月4日发出的《关于做好施行〈中华人民共和国政府信息公开条例〉准备工作的通知》(国办发〔2007〕54号)要求,为了做好政府信息公开工作,方便公众依法获取政府信息,行政机关要抓紧编制或修订政府信息公开指南和公开目录,"要按照由近及远的原则,重点对本届政府以来的政府信息,特别是涉及人民群众切身利益的政府信息进行全面清理。凡属于应当公开的必须按规定纳入公开目录"。道理很明白,如果只公开《政府信息公开条例》施行后形成的政府信息,用不着"清理",也谈不上"由近及远"。

二、法不溯及既往

要求公开"历史信息",究竟是否有违法不溯及既往原则呢?这其实是对法不溯及既往原则的错误理解。

1. 法的“溯及既往”是指是否溯及“事件和行为”。主持立法法起草工作的时任全国人大法律委员会副主任委员乔晓阳认为:“法的溯及力是关于法是否溯及既往的效力的问题。即法对它生效前所发生的事件和行为是否适用的问题。”时任国务院法制办副主任曹康泰也认为:“法律不溯及既往,是指法律文件的规定仅适用于法律文件生效以后的事件和行为,对于法律文件生效以前的事件和行为不适用。”作出这种判断,是基于“法律的调整对象是行为”。作为社会关系调整器的法,其所调整的社会关系不过是人与人之间的行为互动或交互行为。法的基本的、核心的要素是权利和义务,而所谓权利和义务也就是行为。《政府信息公开条例》所规范、调整的“事件和行为”,就是行政机关公开政府信息的义务和公民、法人或者其他组织提出政府信息公开申请的权利,以及两者之间的互动关系。根据法不溯及既往原则,《政府信息公开条例》对行政机关公开政府信息的具体行政行为是没有溯及力的,亦即人民法院不能依据现行条例认定行政机关在该条例施行前未公开政府信息的行为违法。至于政府信息,只是政府信息公开这一“事件和行为”的对象或“客体”,而非“事件和行为”本身。因之,在条例施行后要求行政机关公开条例施行前已经形成的“历史信息”,也就谈不上是以今日之法律规范昨日的事件和行为,也就不违反法不溯及既往的原则。

2. “法不溯及既往”是民众信赖利益的保证,具有限制国家权力、保护公民权利的价值取向。如果新法具有溯及力,无异于用事后创设出来的规定惩罚以前的行为,显然有失公正。法律溯及既往的形态,按其效果,可分为“不利溯及”和“有利溯及”两类。如果变更后的新法溯及既往会减少甚至剥夺公民、法人或者其他组织依据旧法取得的权利和利益,或者施加新的义务和责任,则为“不利溯及”;如果新法溯及既往会赋予公民、法人或者其他组织权利和利益,或者减少、免除他们已承担的义务和责任,则为“有利溯及”。“不利溯及”不但会损害人们的信赖利益,而且会严重挫伤人们对于法律的信仰,所以为法治社会所不许;但“有利溯及”则无上述之虞。因此,不溯及既往原则作为源于信赖利益保护原则的制度,只限制“不利溯及”,不限制“有利溯及”。我国关于不溯及既往原则的规定基本体现了这一思想。立法法第八十四条规定:“法律、行政法规、地方性法规、自治条例和单行条例、规章不溯及既往,但为了更好地保护公民、法人和其他组织的权利和利益而作的特别规定除外。”也就是说,“法不溯及既往”原则只是作为一种法律适用原则,而不是作为立法原则而存在;不是立法者在所制定的新法本身中不得规定本身的往前溯及力,而是执法者在执法中不得用新法去处理以前的事项。依据有利溯及的精神,对于《政府信息公开条例》施行前已经客观形成的历史信息,立法者完全可以特别规定其溯及力，如果这样能够更好地保护公民、法人和其他组织的权利和利益的话。

——中华人民共和国最高人民法院行政审判庭编：《行政执法与行政审判》（总第61集），中国法制出版社2014年版，第102—104页。

874 对外获取的信息也是政府信息

关键词｜政府信息公开｜获取的信息｜

【最高人民法院参考案例】

一、余穗珠诉海南省三亚市国土环境资源局案

（二）裁判结果

三亚市城郊人民法院经审理认为，原告请求公开之信息包括了政府环境信息和企业环境信息。对此，应遵循的原则是：不存在法律法规规定不予公开的情形并确系申请人自身之生产、生活和科研等特殊需要的，一般应予公开。本案原告申请公开的相关文件资料是被告在履行职责过程中制作或者获取的，以一定形式记录、保存的信息，当然属于政府信息。被告未能证明申请公开之信息存在法定不予公开的情形而答复不予公开，属于适用法律法规错误。据此，判决撤销被告《政府信息部分公开告知书》中关于不予公开部分的第二项答复内容，限其依法按程序进行审查后重新作出答复。

（三）典型意义

本案的典型意义表现在三个方面：第一，对外获取的信息也是政府信息。本案涉及两类信息，一是行政机关获取的企业环境信息；二是行政机关制作的具有内部特征的信息。关于前者，根据《政府信息公开条例》的规定，政府信息不仅包括行政机关制作的信息，同样包括行政机关从公民、法人或者其他组织获取的信息。因此，本案中行政机关在履行职责过程中获取的企业环境信息同样属于政府信息。关于后者，本案行政机关决定不予公开的23号函和50号函，虽然文件形式表现为内部报告，但实质仍是行政管理职能的延伸，不属于内部管理信息。第二，例外法定。政府信息不公开是例外，例外情形应由法律法规明确规定。本案判决强调，凡属于政府信息，如不存在法定不予公开的事由，均应予以公开。被告未能证明申请公开的信息存在法定不予公开的情形，简单以政府内部信息和企业环境信息为由答复不予公开，属于适用法律错误。第三，行政机关先行判断。考虑到行政机关获取的企业环境信息可能存在涉及第三方商业秘密的情形,应当首先由行政机关在行政程序中作出判断,法院并未越俎代庖直接判决公开,而是责令行政机关重新作出是否公开的答复,体现了对行政机关首次判断权的尊重。

——《全国法院政府信息公开十大案例》,载中华人民共和国最高人民法院行政审判庭编:《行政执法与行政审判》(总第65集),中国法制出版社2014年版,第8—9页。

875 党务信息不适用《政府信息公开条例》的规定

关键词｜政府信息公开｜党务信息｜

【最高人民法院裁判案例】

郭小兵诉江苏省人民政府政府信息公开案[最高人民法院(2018)最高法行申798号行政裁定书]

要旨:以党委文号制发的党政联合文件,并非行政机关在履行职责过程中制作或者获取的信息,不属于《政府信息公开条例》的调整范围。

本案的争议焦点问题是,再审申请人郭小兵所申请公开的"江苏省委、省政府办公厅正式批复20个镇改革试点方案"信息是否属于被申请人江苏省政府的政府信息公开范围。《政府信息公开条例》第二条规定,政府信息是指行政机关在履行职责过程中制作或者获取的,以一定形式记录、保存的信息。《政府信息公开条例》第三十六条规定,法律、法规授权的具有管理公共事务职能的组织公开政府信息的活动,适用该条例。可见,行政机关或经法律法规授权管理公共事务的组织有关信息的公开适用《政府信息公开条例》的规定,而党组织制作的党务信息以及党组织制发的党政联合文件一般不适用《政府信息公开条例》的规定。本案中,再审申请人申请公开的信息是以中共江苏省委为制定主体并以党委文号制发的党政联合文件,并非行政机关在履行职责过程中制作或者获取的信息,不属于《政府信息公开条例》的调整范围,更不属于《政府信息公开条例》第十条规定的行政机关主动重点公开的政府信息。

——中国裁判文书网,https://wenshu.court.gov.cn/。

876 领导干部的经济责任审计信息不属于《政府信息公开条例》的调整范围

关键词｜政府信息公开｜审计信息｜领导干部｜

【最高人民法院裁判案例】

李君诉辽宁省营口市人民政府、辽宁省营口市审计局政府信息公开及行政复议案［最高人民法院（2019）最高法行申5425号行政裁定书］

要旨：领导干部的经济责任审计系由组织部门委托审计机关依照干部管理权限对各级领导干部进行的经济责任审计监督行为，据此所形成的相关报告等材料不属于《政府信息公开条例》的调整范围。

根据中共中央办公厅、国务院办公厅联合下发的《党政主要领导干部和国有企业领导人员经济责任审计规定》（中办发〔2010〕32号）第六条第一款、第十三条及第三十九条的有关规定，领导干部的经济责任审计依照干部管理权限确定，经济责任审计应当有计划地进行，组织部门每年提出下一年度经济责任审计委托建议；有关部门和单位应当根据干部管理监督的相关要求运用经济责任审计结果，将其作为考核、任免、奖惩被审计领导干部的重要依据，并以适当方式将审计结果运用情况反馈审计机关。中央纪委机关、中央组织部、中央编办等联合下发的审计规定实施细则亦对经济责任审计的定义、内容、评价等作出了进一步规定。从上述规定可知，领导干部的经济责任审计系由组织部门委托审计机关依照干部管理权限对各级领导干部进行的经济责任审计监督行为，据此所形成的相关报告等材料不属于《政府信息公开条例》的调整范围。

——中国裁判文书网，https://wenshu.court.gov.cn/。

877 户籍、工商、不动产登记资料等特定业务查询事项，不属于政府信息公开范畴

关键词｜政府信息公开｜户籍资料｜工商资料｜不动产登记资料｜

【最高人民法院裁判案例】

杨光龙诉吉林省长春净月高新技术产业开发区管理委员会政府信息公开案［最高人民法院（2020）最高法行申15319号行政裁定书］

要旨：不动产登记资料查询，以及户籍信息查询、工商登记资料查询等，属于特

定行政管理领域的业务查询事项，其法律依据、办理程序、法律后果等，与《政府信息公开条例》所调整的政府信息公开行为存在根本性差别。

《政府信息公开条例》第三十六条规定“……（七）所申请公开信息属于工商、不动产登记资料等信息，有关法律、行政法规对信息的获取有特别规定的，告知申请人依照有关法律、行政法规的规定办理……”本案中，杨光龙向净月管委会申请公开的信息属于不动产登记信息，因不动产登记信息涉及特定的权利人或利害关系人，为平衡个人隐私与公众知情权，国家从法律、法规、规章等层面对不动产登记信息查询作出了专门规定。其中，物权法第十八条规定：“权利人、利害关系人可以申请查询、复制登记资料，登记机构应当提供。”《不动产登记暂行条例》第二十七条第一款规定：“权利人、利害关系人可以依法查询、复制不动产登记资料，不动产登记机构应当提供。”第二十八条规定：“查询不动产登记资料的单位、个人应当向不动产登记机构说明查询目的，不得将查询获得的不动产登记资料用于其他目的；未经权利人同意，不得泄露查询获得的不动产登记资料。”国务院办公厅政府信息与政务公开办公室对国土资源部办公厅《关于不动产登记资料依申请公开问题的函》作出的国办公开办函〔2016〕206号复函中明确：“不动产登记资料查询，以及户籍信息查询、工商登记资料查询等，属于特定行政管理领域的业务查询事项，其法律依据、办理程序、法律后果等，与《政府信息公开条例》所调整的政府信息公开行为存在根本性差别。当事人依据《政府信息公开条例》申请这类业务查询的，告知其依据相应的法律法规规定办理。”根据上述规定，杨光龙向净月管委会申请公开的土地登记资料不属于《政府信息公开条例》调整范围，其向净月管委会申请公开涉案土地登记资料的行为缺乏法律依据。

——中国裁判文书网，https://wenshu.court.gov.cn/。

878 行政机关下设企业的自主经营信息是否属于政府信息

关键词｜政府信息公开｜自主经营信息｜

【最高人民法院裁判案例】

刘宗仁诉沈阳经济技术开发区管理委员会政府信息公开案［最高人民法院（2018）最高法行申9691号行政裁定书］

要旨：企业自主经营信息并不属于政府信息。

黎明公司虽系全民所有制企业，但按照所有权和经营权分离的原则，该公司作为独立法人,自主经营、自负盈亏。刘宗仁申请公开的黎明公司的资产金额及去向等信息,属于企业自主经营信息,并不属于政府信息。《最高人民法院关于审理政府信息公开行政案件若干问题的规定》第十二条第(一)项规定,不属于政府信息、政府信息不存在、依法属于不予公开范围或者依法不属于被告公开的,被告已经履行法定告知或者说明理由义务的,人民法院应当判决驳回原告的诉讼请求。

——中国裁判文书网,https://wenshu.court.gov.cn/。

879 政府信息与信访事项的区分

关键词｜政府信息公开｜政府信息｜信访事项｜

【最高人民法院裁判案例】

刘书平诉郑州市人民政府政府信息公开案[最高人民法院(2018)最高法行申3687号行政裁定书]

所谓信访,按照《信访条例》第二条第一款的规定,"是指公民、法人或者其他组织采用书信、电子邮件、传真、电话、走访等形式,向各级人民政府、县级以上人民政府工作部门反映情况,提出建议、意见或者投诉请求,依法由有关行政机关处理的活动"。而政府信息公开则不涉及对于任何实体诉求的处理,按照《政府信息公开条例》第一条的规定,这项制度的主要功能在于保障公民、法人和其他组织依法获取政府信息。信访制度的一个特点是"对下和对外",即信访人可以针对行政机关及其工作人员,法律、法规授权的具有管理公共事务职能的组织及其工作人员,提供公共服务的企业、事业单位及其工作人员,社会团体或者其他企业、事业单位中由国家行政机关任命、派出的人员以及村民委员会、居民委员会及其成员的职务行为,向受理信访的有关行政机关反映情况,提出建议、意见。而政府信息公开则只具有"对己和对内"的特点,即申请人只能向行政机关申请公开由本机关制作或者保存的政府信息。并且,这些政府信息只能是现有的、以一定形式记录、保存的信息,行政机关一般不承担为申请人汇总、加工或重新制作政府信息,以及向其他行政机关和公民、法人或者其他组织搜集信息的义务。

判断一个申请到底属于政府信息公开,还是属于信访事项,不能仅凭申请人的声称,也不能仅凭申请人自己贴上一个什么样的标签,而应通过将特定申请与制度宗旨进行比对,对其实质作出认定。

——中国裁判文书网,https://wenshu.court.gov.cn/。

880 信访处理过程中形成的信息能否通过申请政府信息公开的途径获取

关键词 | 政府信息公开 | 信访 |

【最高人民法院裁判案例】

罗梅英诉湖北省人民政府政府信息公开案[最高人民法院(2018)最高法行申3684号行政裁定书]

要旨:公民、法人或者其他组织申请获取行政机关在信访处理过程中的相关信息,应当按照作为调整信访领域相关行为的特别法——《信访条例》的相关规定办理。

《政府信息公开条例》第十七条规定:“行政机关制作的政府信息,由制作该政府信息的行政机关负责公开;行政机关从公民、法人或者其他组织获取的政府信息,由保存该政府信息的行政机关负责公开。法律、法规对政府信息公开的权限另有规定的,从其规定。”根据该条规定,在法律、法规对政府信息公开的权限作出特别规定的情况下,应当优先适用特别法的规定。《信访条例》第十二条规定:“县级以上各级人民政府的信访工作机构或者有关工作部门应当及时将信访人的投诉请求输入信访信息系统,信访人可以持行政机关出具的投诉请求受理凭证到当地人民政府的信访工作机构或者有关工作部门的接待场所查询其所提出的投诉请求的办理情况。具体实施办法和步骤由省、自治区、直辖市人民政府规定。”该条明确规定了信访人对信访事项处理过程中相关信息的查询方式。因此公民、法人或者其他组织申请获取行政机关在信访处理过程中的相关信息,应当按照作为调整信访领域相关行为的特别法——《信访条例》的相关规定办理。

具体到本案,再审申请人要求获取的鄂终备报〔2011〕486号三级终结资料(文书)、信访法定程序的书面答复意见、复查意见、复核意见、听证意见及依法送达回证为相关信访工作机构在处理罗梅英信访事项中制作并保存的信息,应当属于政府信息的范畴。但再审申请人应当依照《信访条例》规定的途径进行查询,而不应通过申请政府信息公开的方式。

——中国裁判文书网,https://wenshu.court.gov.cn/。

881 政府信息确实存在是行政机关提供政府信息的前提

关键词｜政府信息公开｜确实存在｜

【最高人民法院裁判案例】

郑军海诉河南省人民政府政府信息公开案［最高人民法院（2018）最高法行申1574号行政裁定书］

根据《政府信息公开条例》第二条以及第二十一条第（三）项的规定，本院更支持二审法院的观点，因为行政机关提供政府信息的前提是政府信息确实存在。所谓确实存在，是指政府信息客观存在，而不能依据逻辑进行想当然地“推理”。在没有确凿证据否定行政机关关于政府信息不存在的答复，或者在申请人提供不出政府信息确实存在的相关线索的情况下，一般不宜判决行政机关重新答复。再审申请人的再审理由也主要是从逻辑推理的角度坚持认为政府信息存在，本院对此不予支持。

——中国裁判文书网，https://wenshu.court.gov.cn/。

882 判断政府信息是否存在，不能基于“推定”，而应当基于政府信息是否“客观存在”

关键词｜政府信息公开｜客观存在｜推定存在｜

【最高人民法院裁判案例】

王槐柯诉北京市丰台区人民政府政府信息公开案［最高人民法院（2016）最高法行申2855号行政裁定书］

政府信息不存在是《政府信息公开条例》第二十一条规定的不予公开的法定情形之一，因此可以说，政府信息存在是行政机关公开政府信息的前提。根据《政府信息公开条例》第二条的规定，政府信息存在是指行政机关在履行职责过程中已经制作或获取，并以一定形式记录、保存了信息。因此这种“存在”是指一种“客观存在”，而不能是“推定存在”。再审申请人主张，“项目存在，拆迁存在，相应补偿补助费用使用情况亦存在，相应信息必然存在”，就属于一种“推定”。人民法院判断政府信息是否存在，不能基于“推定”，而应当基于政府信息是否“客观存在”。审查判断的方法一般是要看行政机关是否确实尽到了积极的检索、查找义务。本案中，再审被申请人丰台区政府收到再审申请人王槐柯的政府信息公开申请后，对相关档案进行了检索、查找，并向有关单位发函要求协助查找，应当视为尽到了积极的检索、查找义务。在部分政府信息“未制作且未获取”的情况下，书面告知再审申请人部分政府信息不存在并说明理由，原审法院认定其已经履行告知义务并无不当。

——中国裁判文书网，https://wenshu. court. gov. cn/。

883 “政府信息不存在”的内涵和外延

关键词｜政府信息公开｜政府信息不存在｜

【最高人民法院裁判案例】

王蓉华诉上海市虹口区人民政府政府信息公开案［最高人民法院（2017）最高法行申9250号行政裁定书］

政府信息依申请公开，是指行政机关根据申请人的申请公开其在履行职责过程中制作或者获取的，以一定形式记录、保存的信息，以此保障公民、法人和其他组织依法获取政府信息的权利，提高政府工作透明度，促进依法行政，充分发挥政府信息对人民群众生产、生活和经济社会活动的服务作用。根据《政府信息公开条例》（以下简称《条例》）的规定，依申请公开的义务主体，仅具有在根据申请查找、检索相关政府信息后，依法提供其已经制作或者保存的可以公开的政府信息的义务，并不具有另行制作政府信息再予以公开的义务。国办发〔2010〕5号《国务院办公厅关于做好政府信息依申请公开工作的意见》第二条第三款也规定：“行政机关向申请人提供的政府信息，应当是现有的，一般不需要行政机关汇总、加工或重新制作（作区分处理的除外）。依据《条例》精神，行政机关一般不承担为申请人汇总、加工或重新制作政府信息，以及向其他行政机关和公民、法人或者其他组织搜集信息的义务。”也即行政机关未制作、未获取、未保存相关信息以及保管不善造成信息灭失是否合法问题，不属于政府信息公开行政案件的审查范围。

《条例》第二十一条第（三）项规定，政府信息不存在的，应当告知申请人，对能够确定该政府信息的公开机关的，应当告知申请人该行政机关的名称、联系方式。在现行立法未对“政府信息不存在”的内涵和外延作出明确界定的情况下，除明确答复政府信息不存在外，行政机关答复“未制作”“未获取”“未保存”“未找到”相应的政府信息，均可视为属于“政府信息不存在”范畴。行政机关在尽到合理的查找和检索义务后,将相应查找和检索情况告知申请人,并就应当制作、获取、保存但未制作、未获取、未保存等情况作出合理说明的,即应视为履行了政府信息公开义务。

——中国裁判文书网,https://wenshu.court.gov.cn/。

884 政府信息公开申请向谁提出

关键词｜政府信息公开｜提出申请｜

【最高人民法院裁判案例】

储可付、王少林、于传军诉阜阳市人民政府不履行政府信息公开法定职责案[最高人民法院(2017)最高法行申7093号行政裁定书]

向行政机关申请获取政府信息,是《政府信息公开条例》赋予公民、法人或者其他组织的权利,但这种权利的行使也应遵循法律规定的方式。按照《政府信息公开条例》第四条的规定,各级人民政府及县级以上人民政府部门均指定专门的政府信息公开工作机构,具体承办本行政机关的政府信息公开事宜,公民、法人或者其他组织申请政府信息公开,也应向政府信息公开工作机构提出,向其他机构甚至向行政机关法定代表人个人提出,都不符合法律的要求,由此带来的耽误、丢失等不利后果,应当由申请人承担。行政机关答复政府信息公开申请的期限也应当从申请书到达政府信息公开工作机构之日起计算。本案中,再审申请人投递的EMS将收件人写为阜阳市市长李平,内件品名一栏为空白,且未在快递详情单上注明政府信息公开字样,致使该信件被作为私人信件处理,其责任就不能归咎于行政机关。

——中国裁判文书网,https://wenshu.court.gov.cn/。

885 政府信息公开申请应明确具体，遵循“一事一申请”原则

关键词｜政府信息公开｜特征性描述｜

【最高人民法院裁判案例】

尚锁柱诉保定市莲池区人民政府政府信息公开案[最高人民法院(2020)最高法行申1453号行政裁定书]

修订前的《政府信息公开条例》第二十条第二款第(二)项规定,政府信息公开

申请应当包括下列内容：……（二）申请公开的政府信息的内容描述；……第二十一条第（四）项规定，对申请公开的政府信息，行政机关根据下列情况分别作出答复：……（四）申请内容不明确的，应当告知申请人作出更改、补充。修订后的《政府信息公开条例》第二十九条第二款第（二）项规定，政府信息公开申请应当包括下列内容：……（二）申请公开的政府信息的名称、文号或者便于行政机关查询的其他特征性描述；……第三十条规定，政府信息公开申请内容不明确的，行政机关应当给予指导和释明，并自收到申请之日起7个工作日内一次性告知申请人作出补正，说明需要补正的事项和合理的补正期限。答复期限自行政机关收到补正的申请之日起计算。申请人无正当理由逾期不补正的，视为放弃申请，行政机关不再处理该政府信息公开申请。《国务院办公厅关于做好政府信息依申请公开工作的意见》（国办发〔2010〕5号）第三条规定，为提高工作效率，方便申请人尽快获取所申请公开的信息，对一些要求公开项目较多的申请，受理机关可要求申请人按照"一事一申请"原则对申请方式加以调整，即：一个政府信息公开申请只对应一个政府信息项目。由此可知，申请人对申请公开的政府信息所作的内容描述，应是能够据以指向特定政府信息的文件名称、文号或者便于行政机关查询的其他特征性描述，尽量特定化、具体化，以便使行政机关能够寻找、确定并提供给申请人希望获得的政府信息。如果申请人提供的描述过于笼统，必然会增加政府机关检索的工作量，影响政府机关的正常运作。本案中，再审申请人向莲池区政府申请公开其在履职过程中制作或者取得的关于乌马庄村棚户区改造项目的所有信息，该申请并未指向具体、明确的政府信息。在此情况下，莲池区政府依据修订前的《政府信息公开条例》第二十一条第（四）项规定，告知再审申请人对申请内容进行更改、补充，并在再审申请人提交《补正说明》表示其"提出的申请简单明确，任何有正常生活经验的人都能理解申请人的意思"的情况下，视为再审申请人放弃申请，不再处理该政府信息公开申请，并无不当。

——中国裁判文书网，https://wenshu.court.gov.cn/。

蒋大明、宋向国、李朝云诉四川省广安市人民政府信息公开案［最高人民法院（2019）最高法行申14404号行政裁定书］

国办发〔2010〕5号《国务院办公厅关于做好政府信息依申请公开工作的意见》第三条规定，明确"一事一申请"原则。在实际工作中，有时会遇到一个申请要求公开分属多个行政机关制作或保存的政府信息，有的申请公开的信息类别和项目繁多，受理机关既不能如需提供，又难以一一指明哪条信息不存在，哪条信息属于哪个行政机关公开,影响了办理时效。为提高工作效率,方便申请人尽快获取所申请公开的信息,对一些要求公开项目较多的申请,受理机关可要求申请人按照"一事一申请"原则对申请方式加以调整,即:一个政府信息公开申请只对应一个政府信息项目。根据前述规定,当事人向行政机关申请公开政府信息应当符合《政府信息公开条例》的立法宗旨,且符合"一事一申请"原则,否则,政府信息公开的制度功能无从发挥。本案中,从蒋大明等三人申请的事项来看,包含了征地批文及其所涉及的征收土地方案、补偿安置方案、补充耕地方案、供地方案和建设用地批准书、征地公告及对外张贴的照片、土地利用总体规划、征地报批前调查资料等大量不同的内容,所申请的内容涉及不同的制作主体,还存在申请内容不具有明确的指向性等问题。蒋大明等三人的前述信息公开申请不符合《政府信息公开条例》的立法宗旨,亦不符合"一事一申请"的原则。

张岩昌诉辽宁省鞍山经济开发区管理委员会政府信息公开案[最高人民法院(2019)最高法行申7925号行政裁定书]

国办发〔2010〕5号《国务院办公厅关于做好政府信息依申请公开工作的意见》第三条规定,为提高工作效率,方便申请人尽快获取所申请公开的信息,对一些要求公开项目较多的申请,受理机关可要求申请人按照"一事一申请"原则对申请方式加以调整,即:一个政府信息公开申请只对应一个政府信息项目。由此可知,提出申请公开的信息应内容明确,尽量特定化、具体化,以便使行政机关能够寻找、确定并提供给申请人希望获得的政府信息。如果申请人提供的描述过于笼统,必然会增加政府机关检索的工作量,影响政府机关的正常运作。本案中,张岩昌向开发区管委会提出政府信息公开申请,申请公开2005—2015年国务院和辽宁省人民政府批准征收大阳气村土地的征地批复以及涉及征收大阳气村土地的征地公告。从张岩昌的信息公开申请可以看出,其申请公开信息的时间跨度达10年,内容包括征地批复和征地公告多份文件,内容并不具体明确。在此情况下,开发区管委会仍向张岩昌公开了27份文件的复印件,已充分履行了政府信息公开的法定职责。张岩昌关于开发区管委会未完全履行政府信息公开法定职责的主张,于法无据。

——中国裁判文书网,https://wenshu.court.gov.cn/。

徐跃进诉上海市浦东新区人民政府政府信息公开案[最高人民法院(2018)最高法行申3568号行政裁定书]

根据《政府信息公开条例》第二十条第二款第(二)项的规定,公民、法人或者其他组织向行政机关申请获取政府信息的，应当提交政府信息公开申请，申请中应当包括申请公开的政府信息的内容描述。实践中，为方便行政机关查找检索并及时提供政府信息，公民、法人或者其他组织在进行内容描述时，一般应当包括明确的文件名称、文号或者其他特征性描述。在判断信息公开申请中“内容描述”是否明确具体，行政机关是否能够检索、查找到该政府信息时，要处理好群众习惯用语与法律专业术语之间的关系，只要申请中对内容描述和特征描述能够被理解和识别，不会发生歧义，可以进行查找检索，行政机关就不能以内容描述不明确不具体为由拒绝答复，更不能以制作或保存的政府信息内容或者名称与申请中的内容描述不完全一致为由，不予提供。

——中国裁判文书网，https://wenshu.court.gov.cn/。

周学宪诉上海市杨浦区人民政府政府信息公开案［最高人民法院（2017）最高法行申123号行政裁定书］

为方便行政机关查找检索并及时提供政府信息，公民、法人或者其他组织在进行内容描述时，一般应当包括明确的文件名称、文号或者其他特征性描述。在判断信息公开申请中“内容描述”是否明确具体，是否能够检索、查找到该政府信息时，要处理好群众习惯用语与法律专业术语之间的关系，只要申请中对内容描述和特征描述能够被理解和识别，不会发生歧义，可以进行查找检索，行政机关就不能以内容描述不明确不具体为由拒绝答复；更不能以制作或保存的政府信息内容或者名称与申请中的内容描述不完全一致为由，不予提供。

——中国裁判文书网，https://wenshu.court.gov.cn/。

886 属于主动公开范围且行政机关认为已经主动公开的政府信息，行政机关是否有义务依申请再行公开

关键词｜政府信息公开｜主动公开｜依申请公开｜

【最高人民法院裁判案例】

张小平诉洛阳市涧西区人民政府政府信息公开案［最高人民法院（2017）最高法行再9号行政判决书］

《政府信息公开条例》第二十一条规定：“对申请公开的政府信息，行政机关根

据下列情况分别作出答复：（一）属于公开范围的，应当告知申请人获取该政府信息的方式和途径……”本项规定包括两种情形：其一，申请公开的政府信息已经主动公开的，行政机关应当告知申请人该政府信息主动公开的方式和获取途径，以便于申请人查找；其二，申请公开的政府信息虽然属于公开范围，但尚未主动公开的，或者申请人对已经公开的信息有更具体的公开要求的，行政机关应当告知申请人办理获取政府信息手续的时间、地点、形式等程序性事项。据此，无论是属于主动公开范围且已经主动公开，还是属于依申请公开范围且尚未公开，行政机关的答复都是以保证申请人能够获取为目的。有所不同的是，对于属于主动公开范围且已经主动公开的，行政机关没有向特定申请人提供该政府信息的义务，只需告知其获取信息的方式和途径。这是因为，一旦允许这种索取量很大的重复申请，不仅会造成不必要的重复劳动，破坏行政机关履行义务的能力，也会增加巨额公共支出，同时，主动公开政府信息的制度价值也会大打折扣。

但是，不向特定申请人提供行政机关已经主动公开的政府信息，仅限于政府信息“确实可见”的情形。《最高人民法院关于审理政府信息公开行政案件若干问题的规定》第二条第（二）项规定的“政府公报、报纸、杂志、书籍等公开出版物”，就具备“确实可见”的特性。如果行政机关拒绝提供此类信息，申请人不服提起诉讼的，人民法院不予受理。此外，《政府信息公开条例》还规定了政府网站、公共查阅室、资料索取点、信息公告栏、电子信息屏以及国家档案馆和公共图书馆等可以发布和查阅政府信息的场所和设施，对于能够通过这些途径获取政府信息的，行政机关应当告知申请人具体的获取方式和途径，但是否认定为行政机关已经履行了法定职责，不应仅以是否告知为标准，还应当看申请人通过行政机关告知的方式和途径是否确实能够获取信息。对于信息公告栏、电子信息屏等具有“转瞬即逝”特性的公开载体而言，简单的一个告知未必会满足申请人真正能够获取他所需要的信息的需求。如果申请人对于这类已经主动公开但事后无法查阅的政府信息确有需要，行政机关可以在收取必要的成本费用之后再行提供。

——中国裁判文书网，https://wenshu.court.gov.cn/。

887 以发送电子邮件的方式提出信息公开申请不符合政务服务网载明的接收方式，行政机关不承担相应的答复职责

关键词｜政府信息公开｜电子邮件｜申请方式｜

【最高人民法院裁判案例】

李建超诉河南省郑州经济技术开发区管理委员会政府信息公开案[最高人民法院(2020)最高法行申2333号行政裁定书]

本院经审查认为,参照《国务院办公厅政府信息与政务公开办公室关于政府信息公开申请接收渠道问题的解释》的规定,当面提交和邮政寄送是政府信息公开申请的基本渠道,行政机关不得以任何理由拒绝接收;为进一步便利申请人,鼓励行政机关根据自身实际,开通传真、在线申请、电子邮箱等多样化申请接收渠道。行政机关应当将本单位所开通的申请接收渠道及具体的使用注意事项,在政府信息公开指南中专门说明并向社会公告,并对已经专门说明并公告的申请接收渠道承担相应法律义务。行政机关没有按照上述要求专门说明并公告的,应当充分尊重申请人的选择。本案中,郑州市政务服务网(经开区)明确载明提出政府信息公开申请的具体方式有两种,一是信函、电报、传真申请,二是当面申请,并不包括通过电子邮箱提交申请的方式。李建超以发送电子邮件的方式提出本案信息公开申请不符合郑州市政务服务网(经开区)载明的接收方式,郑州经开区管委会不承担相应的答复职责,原审法院驳回李建超的诉讼请求并无不当。

——中国裁判文书网,https://wenshu.court.gov.cn/。

888 信封上未注明“政府信息公开申请”字样，不宜以行政机关签收信件之日开始计算答复期限

关键词｜政府信息公开｜答复期限｜

【最高人民法院裁判案例】

袁乐州诉河南省方城县人民政府政府信息公开案[最高人民法院(2020)最高法行申9565号行政裁定书]

方城县政府网站公布的信息公开指南第一条已明确告知受理政府信息公开申请的具体机构、办公时间、地址、邮编、传真号、电子邮箱等信息,第四条规定,通过信函方式申请的,应在信封左下角注明“政府信息公开申请”字样。袁乐州于2018年8月22日向方城县政府县长段文汉邮寄政府信息公开申请,但并未在信封左下角注明“政府信息公开申请”字样。在此情况下,无法仅从信件外观判断是私人信

函、信访抑或政府信息公开申请,故不宜以方城县政府收发室2018年8月24日签收该挂号信之日开始计算答复期限。

——中国裁判文书网,https://wenshu.court.gov.cn/。

889 行政机关内部处理流程不能成为延期处理的理由

关键词｜政府信息公开｜网络申请｜逾期答复｜

【最高人民法院指导性案例】

李健雄诉广东省交通运输厅政府信息公开案(最高人民法院指导案例26号)

裁判要点:公民、法人或者其他组织通过政府公众网络系统向行政机关提交政府信息公开申请的,如该网络系统未作例外说明,则系统确认申请提交成功的日期应当视为行政机关收到政府信息公开申请之日。行政机关对于该申请的内部处理流程,不能成为行政机关延期处理的理由,逾期作出答复的,应当确认为违法。

法院生效裁判认为:《政府信息公开条例》第二十四条规定:"行政机关收到政府信息公开申请,能够当场答复的,应当当场予以答复。行政机关不能当场答复的,应当自收到申请之日起15个工作日内予以答复;如需延长答复期限的,应当经政府信息公开工作机构负责人同意,并告知申请人,延长答复的期限最长不得超过15个工作日。"[①]本案原告于2011年6月1日通过广东省人民政府公众网络系统向被告提交了政府信息公开申请,申请公开广州广园客运站至佛冈的客运里程数。政府公众网络系统生成了相应的电子申请编号,并向原告手机发送了申请提交成功的短信。被告确认收到上述申请并认可原告是基于生活生产需要获取上述信息,却于2011年8月4日才向原告作出《关于政府信息公开的答复》和《政府信息公开答复书》,已超过了上述规定的答复期限。由于广东省人民政府"政府信息网上依申请公开系统"作为政府信息申请公开平台所应当具有的整合性与权威性,如未作例外说明,则从该平台上递交成功的申请应视为相关行政机关已收到原告通过互联网提出的政府信息公开申请。至于外网与内网、上下级行政机关之间对于

① 2019年修订的《政府信息公开条例》对答复期限作出了修改,其第三十三条规定:"行政机关收到政府信息公开申请,能够当场答复的,应当当场予以答复。行政机关不能当场答复的,应当自收到申请之日起20个工作日内予以答复;需要延长答复期限的,应当经政府信息公开工作机构负责人同意并告知申请人,延长的期限最长不得超过20个工作日。行政机关征求第三方和其他机关意见所需时间不计算在前款规定的期限内。"——编者注

该申请的流转，属于行政机关内部管理事务，不能成为行政机关延期处理的理由。被告认为原告是向政府公众网络系统提交的申请，因其厅内网与互联网、省外网物理隔离而无法及时发现原告申请，应以其 2011 年 7 月 28 日发现原告申请为收到申请日期而没有超过答复期限的理由不能成立。因此，原告通过政府公众网络系统提交政府信息公开申请的，该网络系统确认申请提交成功的日期应当视为被告收到申请之日，被告逾期作出答复的，应当确认为违法。

——《最高人民法院关于发布第六批指导性案例的通知》（2014 年 1 月 26 日，法〔2014〕18 号）。

【链接：理解与参照】

三、其他需要说明的问题

本案是广州市法院系统审理的首宗公民通过网上提交政府信息公开申请引起的行政诉讼案件，契合了近两年全国政府信息公开行政诉讼这一热点。另外，广东省越秀区人民法院是行政案件简易程序全国试点法院，本案是根据《最高人民法院关于开展行政诉讼简易程序试点工作的通知》的规定，经当事人同意，适用行政诉讼简易程序审结的新类型案件。

客观上说，目前有的地方政府公众网络系统与下属各个行政机关的内部网络系统联网建设还比较滞后，有的系统之间信息交换时间比较长。实践中，有的行政机关以上述系统内部公文流转过程长作为延期处理的借口，给依法开展政府信息公开工作造成了一定的困扰。本指导案例的裁判要点明确，只要政府公众网络系统接收了公民的申请，除非有例外说明，否则就要开始计算处理期限，逾期答复的应当确认为违法。本指导案例有利于纠正实践中错误的认识和做法，正确理解法律法规的相关规定，对于促进行政机关加强内部管理，推进依法行政，维护行政相对人的合法权益，具有一定的积极意义。

——石磊：《指导案例 26 号〈李健雄诉广东省交通运输厅政府信息公开案〉的理解与参照——行政机关内部处理程序不能成为信息公开延期理由》，载最高人民法院案例指导工作办公室编著：《中国案例指导》（总第 2 辑），法律出版社 2015 年版，第 221 页。

(二)起诉和受理

890 政府信息公开行政诉讼受案范围

关键词｜政府信息公开｜受案范围｜

【最高人民法院司法解释】

第一条 公民、法人或者其他组织认为下列政府信息公开工作中的具体行政行为侵犯其合法权益,依法提起行政诉讼的,人民法院应当受理:

(一)向行政机关申请获取政府信息,行政机关拒绝提供或者逾期不予答复的;

(二)认为行政机关提供的政府信息不符合其在申请中要求的内容或者法律、法规规定的适当形式的;

(三)认为行政机关主动公开或者依他人申请公开政府信息侵犯其商业秘密、个人隐私的;

(四)认为行政机关提供的与其自身相关的政府信息记录不准确,要求该行政机关予以更正,该行政机关拒绝更正、逾期不予答复或者不予转送有权机关处理的;

(五)认为行政机关在政府信息公开工作中的其他具体行政行为侵犯其合法权益的。

公民、法人或者其他组织认为政府信息公开行政行为侵犯其合法权益造成损害的,可以一并或单独提起行政赔偿诉讼。

——《最高人民法院关于审理政府信息公开行政案件若干问题的规定》(2011年8月13日,法释〔2011〕17号)。

【链接:理解与适用】

在行政审判实务中,应当注意把握以下几个问题:

一是准确把握"政府信息公开工作中的具体行政行为"的含义。根据《政府信息公开条例》第二条的规定,政府信息是指行政机关在履行职责过程中制作或者获取的,以一定形式记录、保存的信息。政府信息公开是指行政机关公开上述政府信息的活动。政府信息公开工作有的是内部行为,例如行政机关在公开政府信息前,应当进行保密审查；有的是外部行为，例如行政机关主动或者依申请公开或者提供政府信息的行为；有的是法律行为，例如行政机关依申请公开政府信息的行为；有的是事实行为，例如行政机关主动公开信息的行为。政府信息公开行为是否具有可诉性，必须依据行政诉讼法及其司法解释和《政府信息公开条例》的规定结合起来判断。根据上述法律、法规和司法解释的规定，只有"政府信息公开工作中的具体行政行为"才具有可诉性。这一标准包括了如下行为：行政机关对外作出的具有法律效果的行政行为；行政机关针对特定对象作出的行政行为；行政机关针对特定事项作出的行政行为。排除了如下行为：非行政机关或者非法律法规授权组织的行为；行政机关的内部行为；行政机关的抽象行政行为。上述行为是基于学理上的划分确定的，如果制定法对此有排除规定的，依照制定法的规定。根据行政诉讼法和《政府信息公开条例》的规定，不具有可诉性的行为还包括：国防外交等国家行为、行政机关内部行为、行政机关的过程性行为等。

二是准确把握"侵犯其合法权益"的含义。"侵犯其合法权益"是指政府信息公开行为侵犯了公民、法人或者其他组织受法律保护的权利和利益。《政府信息公开规定》保障的是公民、法人或者其他组织为《政府信息公开条例》所规定的知情权，对于法律无意保护或者已为其他法律保护的权利，本司法解释未作规定。这些"权益"包括：(1)无关知情权的权利。《政府信息公开条例》第二十七条第一款规定，行政机关依申请提供政府信息，除可以收取检索、复制、邮寄等成本费用外，不得收取其他费用。那么对于行政机关收取费用的，属于可诉行为。《政府信息公开规定》之所以没有规定，主要是考虑到行政收费的可诉性毋庸置疑，且本司法解释主要解决的是知情权的保护问题。(2)无须通过司法救济的利益。《政府信息公开条例》第二十八条规定，对于公民确有经济困难的，经本人申请，政府信息公开机构负责人审核同意，可以减免费用。申请公开政府信息的公民存在阅读困难或者视听障碍的，行政机关应当为其提供必要的帮助。这些减免、提供必要帮助的利益，并不属于法律保护的利益，无须通过司法救济方式实现。

——江必新主编：《最高人民法院关于审理政府信息公开行政案件若干问题的规定理解与适用》，中国法制出版社 2011 年版，第 31—32 页。

【最高人民法院司法文件】

要依法慎重受理和审理政府信息公开行政案件，正确处理公开与例外的关系。既要保障公民、法人和其他组织的知情权、参与权、表达权、监督权，促进政务公开和服务型政府建设，又要注意把握信息披露的时间、对象和范围，保证政府信息公开不危及国家安全、经济安全、公共安全和社会稳定。

——《最高人民法院关于当前形势下做好行政审判工作的若干意见》(2009 年 6 月 26 日,法发〔2009〕38 号)。

【最高人民法院答复】

吉林省高级人民法院:

你院《关于戚凤春、云庆强诉吉林省人民政府信息公开行政复议一案的请示》收悉,经研究,答复如下:

行政机关针对政府信息公开申请作出不予公开答复或者逾期不予答复,属于《中华人民共和国政府信息公开条例》第三十三条第二款规定的"行政机关在政府信息公开工作中的具体行政行为"。公民、法人或者其他组织认为侵犯其合法权益的,可以依法申请行政复议。行政复议机关依照《中华人民共和国政府信息公开条例》第三十三条第一款不予受理,系适用法律错误,人民法院依法应予纠正。

——《最高人民法院关于行政机关不依法履行政府信息公开义务行为是否属于行政复议范围问题的答复》(2014 年 6 月 26 日,〔2014〕行他字第 5 号)。

891 个人信息保护行政诉讼的受案范围

关键词｜政府信息公开｜个人信息保护｜受案范围｜

【最高人民法院司法解释】

第一条　公民、法人或者其他组织认为下列政府信息公开工作中的具体行政行为侵犯其合法权益,依法提起行政诉讼的,人民法院应当受理:

……

(四)认为行政机关提供的与其自身相关的政府信息记录不准确,要求该行政机关予以更正,该行政机关拒绝更正、逾期不予答复或者不予转送有权机关处理的;

……

——《最高人民法院关于审理政府信息公开行政案件若干问题的规定》(2011 年 8 月 13 日,法释〔2011〕17 号)。

【链接：最高人民法院法官著述】

根据《政府信息公开条例》的精神和行政诉讼法的规定，公民、法人或者其他组织在以下三种情况下，可以提起行政诉讼：(1)不服行政机关拒绝提供与其自身相关的税费缴纳、社会保障、医疗卫生等政府信息；(2)不服行政机关拒绝更正记录不准确的与其自身相关的政府信息；(3)由于行政机关保持不准确的记录，公民、法人或者其他组织的合法权益受到损害，请求赔偿。

——李广宇：《政府信息公开诉讼：理论、方法与案例》，法律出版社2009年版，第174页。

892 反信息公开行政诉讼的受案范围

关键词 | 政府信息公开 | 反信息公开行政诉讼 | 成熟原则 | 受案范围 |

【最高人民法院司法解释】

第一条 公民、法人或者其他组织认为下列政府信息公开工作中的具体行政行为侵犯其合法权益，依法提起行政诉讼的，人民法院应当受理：

……

（三）认为行政机关主动公开或者依他人申请公开政府信息侵犯其商业秘密、个人隐私的；

……

公民、法人或者其他组织认为政府信息公开行政行为侵犯其合法权益造成损害的，可以一并或单独提起行政赔偿诉讼。

——《最高人民法院关于审理政府信息公开行政案件若干问题的规定》（2011年8月13日，法释〔2011〕17号）。

【链接：最高人民法院法官著述】

如果政府信息已经由行政机关主动或依申请公开，第三方的商业秘密、个人隐私事实上受到侵害，第三方提起诉讼，请求法院确认行政机关公开该政府信息的行为违法，并进一步请求国家赔偿，并不存在起诉时机的问题。但是，由于行政机关在将政府信息付诸公开之前，先有一个“将决定公开的政府信息内容和理由书面通知第三方”的程序，为了阻止行政机关公开该信息并进而产生商业秘密、个人隐私被泄露的后果,第三方大多会选择在此时即提起诉讼,这就涉及起诉时机问题。《若干解释》第一条第二款第(六)项将"对公民、法人或者其他组织权利义务不产生实际影响的行为"规定为不属于行政诉讼的受案范围。实践中有人会据此认为相关政府信息尚没有实际公开,因而并没有对公民、法人或者其他组织权利义务产生实际影响,因而不能提起行政诉讼。这种理解其实是行政行为的执行力混同于根据这种执行力所采取的、表现于行政行为外部的执行行为或强制措施。《若干解释》规定上述后果条件,主要是用于区别那些不成熟的行政行为,也就是还没有成立的行政行为以及还在行政机关内部运作的行为,[①]属于行政机关尚没有作出最后决定。第三方在收到行政机关的书面通知之后提起行政诉讼,并不属于《若干解释》第一条第二款第(六)项所要排除的"对公民、法人或者其他组织权利义务不产生实际影响的行为"的情形。行政机关既然将决定公开的政府信息内容和理由书面通知第三方,就已经成为一个对第三方产生法律上的拘束力的最后决定;行政机关决定公开,第三方反对公开,当事人和行政机关之间已经有一个"案件"存在;行政机关的书面通知既包含决定公开的内容,又有理由说明,已经具备司法审查的条件。

——李广宇:《政府信息公开诉讼:理论、方法与案例》,法律出版社2009年版,第37—38页。

893 政府信息公开与利益衡量

关键词｜政府信息公开｜公众知情权｜公民隐私权｜

【最高人民法院裁判案例】

齐明喜诉上海市松江区人民政府、上海市人民政府政府信息公开、行政复议案

[最高人民法院(2017)最高法行申312号行政裁定书]

该问题实质上涉及了保障公众知情权与保护公民隐私权两者发生冲突时的处理规则。公民、法人和其他组织有权依法获取政府信息。对申请公开的政府信息,行政机关应根据相关规定作出答复。在公开相关信息可能侵害第三方合法权益时,行政机关应根据比例原则,作出适当处理,以取得与同样受法律保护的其他权

---

① 最高人民法院行政审判庭编:《关于执行〈中华人民共和国行政诉讼法〉若干问题的解释释义》,中国城市出版社2000年版,第9页。

利之间的平衡。具体到本案中，根据行政强制法的规定，强制执行决定是行政机关依法作出行政决定后，当事人在行政机关决定的期限内不履行义务的，具有行政强制执行权的机关依照行政强制法的相关规定作出的行政行为。齐明喜要求获取行政机关针对第三方作出强制执行决定的文件。首先，涉案信息所涉行政行为不涉及齐明喜，并未侵害齐明喜的个人合法权益。其次，公开涉案信息中隐去的内容，可能会给相关权利人造成潜在的损害，并且隐去部分信息，未侵害齐明喜获取政府信息的权利，亦与行政机关依法行政不存在关联性。所以，松江区政府把涉案信息作出区分，将涉案违法建筑地址等与相关个人存在紧密联系的部分作为个人隐私隐去，公开涉案信息其余部分，并不违反法律规定。行政机关对隐私权范围的界定与区分处理，属行政机关基于行政管理实践与行政管理相对人合法权益的综合判断，属于行政机关自由裁量权范畴，除非行政判断明显不当，否则人民法院应尊重行政机关的判断。

——中国裁判文书网，https://wenshu. court. gov. cn/。

894 不依法履行主动公开政府信息义务的可诉性

关键词 | 政府信息公开 | 主动公开 | 先行处理 |

【最高人民法院司法解释】

第三条 公民、法人或者其他组织认为行政机关不依法履行主动公开政府信息义务，直接向人民法院提起诉讼的，应当告知其先向行政机关申请获取相关政府信息。对行政机关的答复或者逾期不予答复不服的，可以向人民法院提起诉讼。

——《最高人民法院关于审理政府信息公开行政案件若干问题的规定》（2011年8月13日，法释〔2011〕17号）。

【链接：理解与适用】

申请人针对应当主动公开的政府信息提出政府信息公开申请后行政机关未能在法定期限内满足其要求时，就可视为已经穷尽了行政救济。申请人提起行政诉讼，人民法院应当受理。但如果行政机关未能在《政府信息公开条例》规定的15日内给予答复，有以下几种特殊情况的，应当根据具体情况，依法作出处理：

一是行政机关有正当理由，如根据《政府信息公开条例》第二十四条的规定申请延长答复期限并告知申请人的，或者根据《政府信息公开条例》第二十一条的规定，因申请人申请内容不明确，告知申请人作出更改、补充，造成在15日内未能答复申请人的，仍应适用本条的规定，对当事人提起的行政诉讼不予受理，告知其等待行政机关的处理。

二是行政机关没有正当理由逾期未予答复，但在申请人提起行政诉讼前，对申请人的申请予以答复，申请人可以就行政机关答复的具体内容提起行政诉讼，如果仅因为行政机关逾期答复而提起行政诉讼，人民法院可以适用本条的规定不予受理。

三是行政机关没有正当理由逾期未予答复，但在申请人提起行政诉讼后，作出了答复，人民法院应当根据《若干解释》第五十条的规定，作出确认违法或驳回诉讼请求的判决。

——江必新主编：《最高人民法院关于审理政府信息公开行政案件若干问题的规定理解与适用》，中国法制出版社2011年版，第55页。

895 政府信息公开中作出的更改、补充告知行为之可诉性

关键词 | 政府信息公开 | 更改、补充告知 | 受案范围 |

【最高人民法院参考案例】

张洪德、杨继兴诉辽宁省国土资源厅不履行信息公开法定职责案（行政审判案例第85号）

要旨：政府信息公开申请人对行政机关因认为申请内容不明确，而作出的补充告知行为不服提起行政诉讼的，人民法院不予受理，但是对申请人权利义务产生实质影响的除外。

被告在审查原告的申请后，认为原告申请内容不明确，既没有提供征地批准文件的具体文号，又没有提供征地行为发生的具体年份，遂依据《政府信息公开条例》第二十一条第（四）项的规定作出《申请公开信息告知函》，告知二原告进行补充。该《申请公开信息告知函》系被告在处理二原告申请事宜过程中的阶段行为，该行为不能认定被告拒绝履行信息公开职责，即对二原告权利义务未产生实际影响。因此，原告的起诉不属行政诉讼的受案范围。

——中华人民共和国最高人民法院行政审判庭编：《中国行政审判案例》（第3卷），中国法制出版社2013年版，第19、20页。

896 咨询类政府信息公开申请的答复及其可诉性

关键词｜政府信息公开｜复议范围｜诉的利益｜

【最高人民法院公报案例】

孙长荣诉吉林省人民政府行政复议不予受理决定案［最高人民法院（2015）行提字第19号行政裁定书］

要旨：《政府信息公开条例》调整的“政府信息”是指现实存在的，并以一定形式记录、保存的信息。申请了解文件效力，属于咨询性质，不属于该条例第二十六条规定的“应当按照申请人要求的形式予以提供”政府信息的情形。行政机关针对咨询申请作出的答复以及不予答复行为，不属于政府信息公开行为，不会对咨询人的权利义务产生实际影响，故不属于行政复议的受理范围。起诉人缺乏诉的利益，则无原告资格，人民法院可以不予受理或者裁定驳回起诉。

《政府信息公开条例》第二条规定：“本条例所称政府信息，是指行政机关在履行职责过程中制作或者获取的，以一定形式记录、保存的信息。”据此，该条例所指的政府信息，应当是现有的，以一定形式记录、保存的信息。为准确把握政府信息的适用范畴，《国务院办公厅关于做好政府信息依申请公开工作的意见》（国办发〔2010〕5号）第二条明确规定：“行政机关向申请人提供的政府信息，应该是现有的，一般不需要行政机关汇总、加工或者重新制作（作区分处理的除外）。”本案中，孙长荣向吉林省住建厅申请了解的是吉建房字〔1999〕27号通知的效力问题，并非申请公开“以一定形式记录、保存的”政府文件本身，在性质上属于咨询，不属于《政府信息公开条例》调整的范畴，况且针对咨询作出答复以及答复与否，不会对咨询人的权利义务产生实际影响……

根据《政府信息公开条例》第二十六条的规定，行政机关依申请公开的政府信息，应当按照申请人要求的形式予以提供。本案中，孙长荣的申请既然属于咨询性质，就不属于该条所规定的“应当按照申请人要求的形式予以提供”政府信息的情形。对于此类咨询申请，法律并无要求行政机关必须书面答复的明确规定。

——《中华人民共和国最高人民法院公报》2016年第12期。

897 对行政机关未制作或保存政府信息不服，不属于政府信息公开案件的审查范围

关键词｜政府信息公开｜受案范围｜

【最高人民法院裁判案例】

明静、林明与重庆市巴南区人民政府政府信息公开案［最高人民法院(2020)最高法行申6369号行政裁定书］

《政府信息公开条例》的宗旨在于保障公民、法人和其他组织依法获取政府信息,提高政府工作的透明度,促进法治政府建设,充分发挥政府信息对人民群众生产、生活和经济社会活动的服务作用。至于行政机关尽到合理的查找和检索义务而确认未制作或保存的政府信息,因其相关的公民、法人和其他组织的合法权益已不再是该条例所规范和保护的知情权等权益,不属于政府信息公开行政案件的审查范围。

——中国裁判文书网,https://wenshu.court.gov.cn/。

898 滥用诉讼权行为的认定及处理

关键词｜政府信息公开｜知情权｜重复处理行为｜滥用诉讼权｜受案范围｜

【最高人民法院专业法官会议纪要】

法律问题:滥用政府信息公开申请权与诉权的认定标准,即主客观标准是什么?

法官会议意见:审查当事人是否滥用政府信息公开申请权与诉权应当坚持主客观相一致的标准,尤其是滥用权利的主观故意的判断宜通过当事人的行为表现来综合判断,应从当事人提起诉讼的数量、周期、目的以及是否具有正当利益等角度综合分析,经全面审查综合判断后才能认定为滥用申请权和诉权。当事人为实现同一诉求而申请多项相关联的信息公开,一般不宜认定构成滥用信息公开申请权和滥用诉权,一般也不宜不经实体审查即简单以裁定方式作出判断。

——最高人民法院第二巡回法庭2019年第27次法官会议纪要,载贺小荣主编:《最高人民法院第二巡回法庭法官会议纪要》(第二辑),人民法院出版社2021年版,第277—278页。

【最高人民法院公报案例】

陆红霞诉南通市发展和改革委员会政府信息公开答复案

要旨:知情权是公民的一项法定权利。公民必须在现行法律框架内申请获取政府信息,并符合法律规定的条件、程序和方式,符合立法宗旨,能够实现立法目的。如果公民提起政府信息公开申请违背了《政府信息公开条例》的立法本意且不具有善意,就会构成知情权的滥用。当事人反复多次提起琐碎的、轻率的、相同的或者类似的诉讼请求,或者明知无正当理由而反复提起诉讼,人民法院应对其起诉严格依法审查,对于缺乏诉的利益、目的不当、有悖诚信的起诉行为,因违背了诉权行使的必要性,丧失了权利行使的正当性,应认定构成滥用诉权行为。

上诉人陆红霞与陆富国是父女关系,陆富国申请信息公开、提起行政复议及行政诉讼均由陆红霞经手或作为委托代理人。张兰系陆红霞伯母,两人均住南通市港闸区怡园新苑,与港闸区政府均存在房屋拆迁补偿争议。陆红霞、张兰分别向南通市人民政府申请公开"南通市人民政府 2013 年度政府信息公开工作年度报告"申请表,以及陆富国、张兰分别向南通市人民政府、南通市住房保障和房产管理局申请公开"城北大道工程征地的供地方案""城北大道工程拆迁计划和方案、房屋拆迁公告、房屋拆迁许可证"申请表内容完全一致。2014 年陆富国与张兰分别向法院提起的每起行政诉讼的诉状,除当事人不同外,其他内容高度雷同或者一致。三人基于共同目的,以各自名义分别实施申请信息公开、提起行政复议和行政诉讼的行为,可视为陆红霞等三人的共同行为。

2012 年底上诉人陆红霞与港闸区政府产生拆迁争议,2013 年开始,陆红霞三人先后提起至少 94 次政府信息公开申请,2014 年 1 月 2 日当天就向南通市人民政府提出 10 件申请。其中,所提申请多有相同或类似,如重复申请市、区两级人民政府年度财政预算报告、二十余次申请城北大道相关审批手续等信息。申请公开的内容繁多、形式各异,如政府公车数量、牌照及品牌,接处警电话号码及监控录像,拘留所伙食标准等信息,且很多系以信息公开的名义进行咨询询问。陆红霞持续申请公开众多政府信息,借此表达自己不满情绪,通过重复、大量提起信息公开的方式给有关部门施压,从而达到实现拆迁补偿安置利益最大化目的。这种行为已经明显偏离了公民依法、理性、正当行使知情权和监督权的正常轨道,超过了正当行使知情权的合理限度,背离了政府信息公开制度的初衷与立法目的,故一审法院认定陆红霞滥用获取政府信息权是适当的。

公民在行使权利的时候,不得损害国家的、社会的、集体的利益和其他公民的合法权利。作为权利之一的获取政府信息公开权和诉权当然也不能滥用。上诉人陆红霞的起诉源于政府信息公开申请，其起诉的理由多以被诉答复无发文机关标志、标题不完善、无发文字号、程序违法为由，反复多次提起相同或类似的诉讼请求。陆红霞不当的申请和起诉多次未获人民法院的支持，而其仍然频繁提起行政复议和行政诉讼，已经使有限的公共资源在维护个人利益与他人利益、公共利益之间有所失衡，超越了权利行使的界限，亦有违诚实信用原则，已构成诉讼权利的滥用，一审法院驳回其起诉并无不当。

——《中华人民共和国最高人民法院公报》2015 年第 11 期。

【最高人民法院裁判案例】

金文博诉辽宁省大连市西岗区人民政府政府信息公开告知案［最高人民法院(2020)最高法行再 320 号行政裁定书］

本案中，金文博为了解其房屋被征收的相关情况，向西岗区政府申请信息公开，故其提出本案信息公开具有保护其自身合法权益的目的。故被诉告知书与其具有利害关系。其针对被诉告知书提起本案诉讼，符合上述规定。

审查当事人是否具有滥用政府信息公开申请权、是否具有滥用诉权的主观故意，应从当事人提起诉讼的数量、周期、目的以及是否具有正当利益等角度综合分析。

——中国裁判文书网，https://wenshu.court.gov.cn/。

吴丽蓉诉安徽省黄山市人民政府、安徽省人民政府政府信息公开及行政复议案［最高人民法院(2020)最高法行申 4697 号行政裁定书］

对一、二审裁定是否正确及再审申请人申请再审理由是否成立的审查，应当围绕政府信息公开案件中，政府信息公开申请人的知情权是否得到保障，其是否存在权利滥用的情形。一方面，政府信息公开申请人的知情权是其法定权利，保护依法获得政府信息是制定《政府信息公开条例》的目的之一；另一方面，公民的信息公开申请权不能被滥用，如果当事人没有合理、正当理由就相同或类似信息向相同或不同行政机关反复、多次申请，后又就行政机关的处理行为、复议机关的复议行为多次提起诉讼，明显超过必要限度，法院就应当对其诉权行使的正当性予以审查。

——中国裁判文书网，https://wenshu.court.gov.cn/。

【链接：最高人民法院法官著述】

行政机关对于同一申请人就同一内容反复提出政府信息公开申请的重复处理

行为以及不重复答复行为，也应当排除在行政诉讼的受案范围之外。

随着城市建设的加快，社会经济的发展，公众权利意识的提高以及行政纠纷及其诉讼日益复杂和多样化，少数相对人由于各种非理性动机而提起信息公开诉讼的现象时有发生。实践中，少数相对人滥用信息公开申请权、滥用诉权的现象也比较突出，有的人实际上是通过政府信息公开申请，达到解决其其他诉求的目的。主要表现是，同一申请人就同一内容或相似内容反复提出公开申请，如果行政机关拒绝公开或者不予答复，就提起行政诉讼，导致行政机关和人民法院不堪重负，极大地浪费了行政资源和司法资源。对于这个问题，《国务院办公厅关于施行〈中华人民共和国政府信息公开条例〉若干问题的意见》规定："对于同一申请人向同一行政机关就同一内容反复提出公开申请的，行政机关可以不重复答复。"重复处理行为不属于人民法院行政诉讼的受案范围，见于《若干解释》第一条第二款第（五）项。之所以这样规定，是因为重复处理行为没有重新作出实质性审查，对申请没有作出新的实质决定，对相对人的权利义务没有产生新的影响。如果对这类重复处理行为可以提起诉讼，就是在事实上取消申请行政复议或者提起行政诉讼的期间，这就意味着任何一个相对人在任何时候都可以通过申诉的方式重新将任何一个行政行为提交行政机关或法院进行重新审查；如果将这类行为纳入行政诉讼受案范围，不仅不利于行政法律关系的稳定，而且不利于行政管理相对人对行政行为的信任。值得注意的是，国务院办公厅的意见规定的是行政机关"可以不重复答复"，这种不重复答复实质就是一种肯定原来所作答复的重复处理，因此，无论是重复处理行为还是不重复答复行为，均应排除在受案范围之外。

——江必新主编：《最高人民法院关于审理政府信息公开行政案件若干问题的规定理解与适用》，中国法制出版社 2011 年版，第 47—48 页。

899 以政府信息公开名义查阅行政复议案卷的处理方式

关键词｜政府信息公开｜行政复议案卷｜

【最高人民法院裁判案例】

李帮君诉河北省人民政府政府信息公开及行政复议决定案［最高人民法院（2017）最高法行申 2994 号行政裁定书］

根据《最高人民法院关于审理政府信息公开行政案件若干问题的规定》第二条第（四）项的规定，行政程序中的当事人、利害关系人以政府信息公开名义申请查阅案卷材料，行政机关告知其应当按照相关法律、法规的规定办理，公民、法人或者其他组织对该告知行为不服提起行政诉讼的，人民法院不予受理。据此，李帮君作为行政复议案件的当事人，以政府信息公开名义申请获取相关复议案件信息，作为复议机关的河北省法制办告知其按照行政复议法及其实施条例的规定办理，李帮君针对该告知行为及随后的行政复议决定提起诉讼的，人民法院不应予以受理。

——中国裁判文书网，https://wenshu. court. gov. cn/。

900 个人能否要求行政机关“公告”政府信息

关键词｜政府信息公开｜主动公开｜依申请公开｜

【最高人民法院裁判案例】

解恒顺诉孟州市人民政府政府信息公开案［最高人民法院（2018）最高法行申3922号行政裁定书］

法律规定公民、法人或者其他组织可以向行政机关提出政府信息公开申请，目的是保障申请人自己获取政府信息的权利，法律和司法解释要求尽可能按照法律、法规规定的适当形式提供政府信息，所指也是向申请人本人提供政府信息的形式。向不特定公众“公告”政府信息，可能是主动公开政府信息的形式，却不是依申请公开政府信息的形式。政府信息公开申请人要求行政机关“公告”政府信息，超出了自己需要的范围，实质是要求行政机关向不特定公众主动公开政府信息。公民、法人或者其他组织在政府信息公开诉讼中提出这样的诉求，实质是主张不特定公众的权利。这样的诉求不仅与行政诉讼法的立法宗旨不符，而且也被《最高人民法院关于审理政府信息公开行政案件若干问题的规定》第三条所明确禁止。

——中国裁判文书网，https://wenshu. court. gov. cn/。

901 起诉行政机关未主动公开政府信息的，应先向行政机关申请获取相关政府信息

关键词｜政府信息公开｜主动公开｜

【最高人民法院参考案例】

关和瑜诉国家食品药品监督管理局未主动公开政府信息案（行政审判案例第101号）

要旨：行政机关未主动公开政府信息，当事人经向行政机关申请已获得相关政府信息，但仍认为行政机关未履行主动公开政府信息义务或者未向社会公众公开相关政府信息而起诉的，应当裁定不予受理；已经受理的，应裁定驳回起诉。

当事人申请行政机关向社会公众主动公开政府信息，行政机关答复拒绝向社会公众公开该政府信息，当事人不服而起诉的，应当裁定不予受理；已经受理的，裁定驳回起诉。

关和瑜要求国家食品药品监督管理局履行主动公开政府信息职责，应当先向国家食品药品监督管理局申请获取相关政府信息，对国家食品药品监督管理局的答复不服的，可以向人民法院提起诉讼。而在关和瑜已经获取相关政府信息的情况下仍坚持要求国家食品药品监督管理局履行主动公开政府信息职责的，则不符合法定起诉条件，依法应予驳回。

——中华人民共和国最高人民法院行政审判庭编：《中国行政审判案例》（第3卷），中国法制出版社2013年版，第100、102页。

（三）主体资格

902 政府信息公开行政诉讼的原告资格

关键词 | 政府信息公开 | 原告资格 |

【最高人民法院裁判案例】

李定意、李娟、李钟育诉国家铁路局政府信息公开及行政复议案［最高人民法院（2020）最高法行申2686号行政裁定书］

要旨：政府信息公开案件中，起诉人与被申请的政府信息没有利害关系的，不具有原告资格。

行政诉讼法第二十五条第一款规定，行政行为的相对人以及其他与行政行为有利害关系的公民、法人或者其他组织,有权提起诉讼。所谓“有利害关系”,是指被诉行政行为有可能对原告的合法权益造成区别于其他人的、特别的不利影响或者侵害。如果被诉行政行为根本不可能对起诉人的合法权益造成区别于其他人的特别损害或不利影响,起诉人不具有原告资格。政府信息公开案件中,起诉人如果不能初步证明与申请的政府信息有利害关系,行政机关无论是否公开相关政府信息或者以何种方式公开,均不会对其权利义务产生实际影响;且作为普通公民申请政府信息公开,其知情权与其他公民并无实质区别,被诉政府信息公开行为对其知情权并不会造成区别于其他人的特别损害或不利影响。因此,政府信息公开案件中,起诉人与被申请的政府信息没有利害关系的,不具有原告资格。

——中国裁判文书网,https://wenshu.court.gov.cn/。

903 信息公开案件“利害关系”的判断并非针对政府信息的内容

关键词|政府信息公开|利害关系|

【最高人民法院裁判例】

韩继春诉辽宁省大连金普新区七顶山街道办事处撤销政府信息不存在告知书案[最高人民法院(2019)最高法行申1701号行政裁定书]

在政府信息公开案件中,申请获取政府信息,是《政府信息公开条例》赋予公民、法人或者其他组织的权利。行政机关针对申请作出不予公开决定、部分公开决定或者逾期未作出任何决定,均影响了申请人信息获取权的行使或实现。而针对“利害关系”的审查系针对政府信息公开行为,并非政府信息公开行为的标的(政府信息的内容)。本案中,韩继春申请公开海域使用权征收的相关信息,七顶山街道办事处于2017年4月19日作出告知书。人民法院审查原告主体资格时,应当审查韩继春与七顶山街道办事处作出的告知书是否有利害关系,而非韩继春与告知书中的具体内容是否有利害关系。韩继春系告知书的相对人,与被诉行政行为有利害关系,其对告知书不服有权提起行政诉讼,具有原告主体资格。

——中国裁判文书网,https://wenshu.court.gov.cn/。

904 具有维护公众环境权益和社会监督职责的公益组织，可以依法向环保机关申请获取环保信息

关键词｜政府信息公开｜原告资格｜

【最高人民法院公报案例】

中华环保联合会诉贵州省贵阳市修文县环境保护局环境信息公开案

要旨：依法获取环境信息，是公民、法人和其他组织的一项重要权利，是公众参与环境保护、监督环保法律实施的一项重要手段。具有维护公众环境权益和社会监督职责的公益组织，根据其他诉讼案件的特殊需要，可以依法向环保机关申请获取环保信息。在申请内容明确具体且申请公开的信息属于公开范围的情况下，人民法院应当支持。

——《中华人民共和国最高人民法院公报》2013 年第 1 期。

905 外国人是否具有政府信息公开申请人资格以及相应行政诉讼原告资格

关键词｜政府信息公开｜申请人资格｜原告资格｜

【最高人民法院答复】

上海市高级人民法院：

你院《关于如何判断外国人是否具有政府信息公开申请人资格以及相应行政诉讼原告资格问题的请示》收悉。经研究，答复如下：

国办秘函〔2008〕50 号《关于外国公民、法人或其他组织向我行政机关申请公开政府信息问题的处理意见》规定：在我国境内的外国公民、法人和其他组织因生产、生活、科研等特殊需要，①向我行政机关申请获取相关政府信息，由我行政机关依照《中华人民共和国政府信息公开条例》有关规定办理。在我国境外的外国公民、法人和其他组织向我行政机关提出政府信息公开申请的，我行政机关不予受理。请你院按照该函精神，依法处理。

——《最高人民法院关于如何判断外国人是否具有政府信息公开申请人资格

① 2019 年修订的《政府信息公开条例》取消了“三需要”的规定。——编者注

以及相应行政诉讼原告资格问题的电话答复》(2015 年 12 月 10 日,〔2015〕行他字第 17 号)。

906 依职权的行政不作为信息公开案件的被告

关键词｜政府信息公开｜行政不作为｜被告｜

【最高人民法院司法解释】

第四条第二款　公民、法人或者其他组织对主动公开政府信息行政行为不服提起诉讼的,以公开该政府信息的机关为被告。

——《最高人民法院关于审理政府信息公开行政案件若干问题的规定》(2011 年 8 月 13 日,法释〔2011〕17 号)。

【链接:理解与适用】

本条第二款关于"公民、法人或者其他组织对主动公开政府信息行政行为不服提起诉讼的,以公开该政府信息的机关为被告"的规定,属于依职权的行政行为。但是,如有权行政机关不依职权主动公开政府信息,根据本条第一、二款规定,也无法确定其适格被告。这个问题如何处理? 我们认为,成为依职权行政不作为的适格被告有以下两方面的条件:一是行政主体对某一行政事项在法律上负有应当履行的法定职责;二是行政主体通过各种方式(如当事人举报或申请、自己发现或其他)知道其对某一行政事项负有履行法定职责的必要而不履行。因此,行政机关不依职权主动公开政府信息,经公民、法人和其他组织申请仍逾期不予答复,公民、法人和其他组织对此可以向人民法院提起行政诉讼,并根据上述两方面的条件确定其适格被告。

——江必新主编:《最高人民法院关于审理政府信息公开行政案件若干问题的规定理解与适用》,中国法制出版社 2011 年版,第 75 页。

907 法律法规授权组织的被告资格

关键词｜政府信息公开｜被告｜

【最高人民法院司法解释】

第四条第三款 公民、法人或者其他组织对法律、法规授权的具有管理公共事务职能的组织公开政府信息的行为不服提起诉讼的，以该组织为被告。

——《最高人民法院关于审理政府信息公开行政案件若干问题的规定》(2011年8月13日，法释〔2011〕17号)。

【最高人民法院参考案例】

王锦奇诉河北省产权交易中心国有资产管理行政信息公开案(行政审判案例第87号)

要旨：依据法律、法规、规章授权行使社会管理公开事务职能的组织，具有行政诉讼被告的主体资格。

被告河北省产权交易中心是河北省人民政府为规范产权转让行为，防止国有资产流失而批准成立的产权交易机构(相当于处级)，机构类型为事业法人。根据《河北省企业国有资产产权交易管理暂行规定》第八条、第九条规定，被告河北省产权交易中心作为对产权交易提供服务并履行相关职责的事业法人，其在产权交易活动中，不仅具有为产权交易提供服务的中介身份，而且具有对产权交易活动相关事项进行管理的行政主体身份，属于规章授权的具有国家行政职权的组织。根据《若干解释》第一条规定，被告河北省产权交易中心虽不是行政机关，但属于《若干解释》第一条所规定的其他组织，具备作为行政诉讼被告的主体资格。

——中华人民共和国最高人民法院行政审判庭编：《中国行政审判案例》(第3卷)，中国法制出版社2013年版，第27、28页。

张宇不服北京市西城区房屋土地经营管理中心政府信息公开行为案(行政审判案例第126号)

要旨：依据《政府信息公开条例》第三十七条规定的具有公共管理与服务职能的公共企事业单位，可以成为政府信息公开行政诉讼的被告。

本案原告最初是以北京市西城区人民政府为被告提起诉讼，一审法院立案受理后，经合议，认为本案应当以被诉政府信息告知行为的作出主体即北京市西城区房屋土地经营管理中心为被告。一审法院向原告进行了释明，原告同意变更本案被告为北京市西城区房屋土地经营管理中心。

——中华人民共和国最高人民法院行政审判庭编：《中国行政审判案例》(第4

卷),中国法制出版社2012年版,第24、26页。

908 经过确认、批准或者保密审查的政府信息公开案件的适格被告

关键词｜政府信息公开｜确认、批准、保密审查｜适格被告｜

【最高人民法院司法解释】

第四条第四款　有下列情形之一的,应当以在对外发生法律效力的文书上署名的机关为被告:

(一)政府信息公开与否的答复依法报经有权机关批准的;

(二)政府信息是否可以公开系由国家保密行政管理部门或者省、自治区、直辖市保密行政管理部门确定的;

(三)行政机关在公开政府信息前与有关行政机关进行沟通、确认的。

——《最高人民法院关于审理政府信息公开行政案件若干问题的规定》(2011年8月13日,法释〔2011〕17号)。

【链接:理解与适用】

1. 关于共同署名的问题。行政诉讼法第二十五条第三款规定,两个以上行政机关作出同一具体行政行为的,共同作出具体行政行为的行政机关是共同被告。被诉政府信息公开行为经上级行政机关批准,上级行政机关和下级行政机关同时在法律文书上署名,按照行政诉讼法第二十五条第三款规定,应以上级行政机关和下级行政机关作为共同被告。但是还有一种情形,《信息公开若干规定》并未作出明确规定。原《贯彻意见》第十九条曾对非行政机关共同署名的情形作了规定:"公民、法人或者其他组织对行政机关与非行政机关共同署名作出的处理决定不服,向人民法院提起行政诉讼的,应以作出决定的行政机关为被告,非行政机关不能当被告。但侵犯公民、法人或者其他组织合法权益,需要进行赔偿的,人民法院可以通知非行政机关作为第三人参加诉讼。"《若干解释》未对相关内容作出规定,但这并不等于《若干解释》否定原《贯彻意见》第十九条规定的内容,如出现行政机关与非行政机关共同署名公开政府信息的,仍可以按照此精神办理。

2. 关于其他行政机关参加行政诉讼的问题。所谓多阶段行政行为,是指行政机关作出的行政行为需要其他机关参与并提供协助。依照本条第四款规定,应当以在对外发生法律效力的文书上署名的机关为被告,但是其他参与的行政机关是

否可以参加行政诉讼？我们认为，其他参与的行政机关在一定的情况下可以第三人身份参与行政诉讼。第三人一般可以分为原告型第三人、被告型第三人及证据型第三人。其他参与的行政机关在政府信息公开案件中大多是被告型第三人及证据型第三人，他们或支持被告或证明某项事实的存在，允许他们参加行政诉讼有利于查明案件事实，推进行政诉讼顺利进行。

3. 关于行政判决的问题。未依法经其他行政机关参与的政府信息公开行为，其法律效力如何？一般认为，该政府信息公开行为属于违法并非无效，依法可以在争议程序终结前以补正等方式进行补正；不能补正的，予以撤销。如我国台湾地区"行政程序法"第一百一十四条规定："违反程序或方式规定之行政处分，除依第一百十一条规定而无效者外，因下列情形而补正……四，应参与行政处分作成之委员会已于事后作成决议者。五，应参与行政处分作成之其他机关已于事后参与者。前项第二款至第五款之补正行为，仅得于诉愿程序终结前为之；得不经诉愿程序者，仅得于向行政法院起诉前为之。"因此，如行政机关予以补正的，人民法院对该政府信息公开行为可以不作出撤销判决，而不能补正的，可以判决撤销。

——江必新主编：《最高人民法院关于审理政府信息公开行政案件若干问题的规定理解与适用》，中国法制出版社 2011 年版，第 76—77 页。

909 县级以上地方人民政府指定的政府信息公开工作机构的被告资格

关键词｜县级以上地方人民政府｜政府信息公开｜被告资格｜

【最高人民法院司法解释】

第六条　县级以上地方人民政府根据《中华人民共和国政府信息公开条例》的规定，指定具体机构负责政府信息公开日常工作，公民、法人或者其他组织对该指定机构以自己名义所作的政府信息公开行为不服提起诉讼的，以该指定机构为被告。

——《最高人民法院关于正确确定县级以上地方人民政府行政诉讼被告资格若干问题的规定》（2021 年 4 月 1 日，法释〔2021〕5 号）。

910 对高等学校作出的信息公开答复不服如何寻求救济

关键词｜政府信息公开｜高等学校｜

【最高人民法院裁判案例】

云强诉北京市人民政府行政复议案[最高人民法院(2020)最高法行申3406号行政裁定书]

修订后的《政府信息公开条例》(自2019年5月15日起施行)第五十五条规定:"教育、卫生健康、供水、供电、供气、供热、环境保护、公共交通等与人民群众利益密切相关的公共企事业单位,公开在提供社会公共服务过程中制作、获取的信息,依照相关法律、法规和国务院有关主管部门或者机构的规定执行。全国政府信息公开工作主管部门根据实际需要可以制定专门的规定。前款规定的公共企事业单位未依照相关法律、法规和国务院有关主管部门或者机构的规定公开在提供社会公共服务过程中制作、获取的信息,公民、法人或者其他组织可以向有关主管部门或者机构申诉,接受申诉的部门或者机构应当及时调查处理并将处理结果告知申诉人。"根据上述规定,高等学校作出的信息公开答复,如果没有法律法规、国务院有关主管部门或者机构的规定等依据,不能依照条例提出行政复议申请,申请人可以向有关主管部门或者机构申诉。本案中,再审申请人云强2019年8月2日收到北京建筑大学关于回复其政府信息公开申请的函后申请复议,北京市人民政府2019年8月12日作出京政复告字〔2019〕217号《不予受理行政复议申请决定书》,云强对此不服提起诉讼,应适用修订后的上述条例规定。

《高等学校信息公开办法》第二十六条规定:"公民、法人和其他组织认为高等学校未按照本办法规定履行信息公开义务的,可以向学校内设监察部门、省级教育行政部门举报;对于中央部委所属高等学校,还可向其上级主管部门举报。收到举报的部门应当及时处理,并以适当方式向举报人告知处理结果。"据此,再审申请人云强对北京建筑大学作出的信息公开答复不服,可向有关主管部门或者机构申诉,也可向相关职能部门举报。北京市人民政府作出不予受理行政复议申请决定,符合法律规定。再审申请人云强提起本案行政诉讼不符合法定起诉条件,一审裁定不予立案,二审裁定驳回上诉,并无不当。

——中国裁判文书网,https://wenshu.court.gov.cn/。

911 工会是否属于政府信息公开主体及适格的行政复议被申请人

关键词|政府信息公开|被告资格|

【最高人民法院裁判案例】

陶端阳诉湖北省人民政府行政复议案[最高人民法院(2020)最高法行申668号行政裁定书]

行政复议法第十五条第(三)项规定,“对本法第十二条、第十三条、第十四条规定以外的其他行政机关、组织的具体行政行为不服的,按照下列规定申请行政复议:……(三)对法律、法规授权的组织的具体行政行为不服的,分别向直接管理该组织的地方人民政府、地方人民政府工作部门或者国务院部门申请行政复议”。该项规定的法律法规授权的组织,是指根据法律法规授权能够对外履行法定职责,作出对外产生法律效果、直接影响当事人权利义务的行政行为的组织。《政府信息公开条例》属于行政法范畴,对于因条例所引起的行政复议、行政诉讼,被申请人及被告资格仍不能超越行政复议法、行政诉讼法的有关规定。根据修改前的《政府信息公开条例》第二条“本条例所称政府信息,是指行政机关在履行职责过程中制作或者获取的,以一定形式记录、保存的信息”的规定,政府信息公开的主体应与行政复议、行政诉讼主体保持一致,即应具有行政性、外部性、独立性的特征。而并非行政主体的公共事业单位,即使参照《政府信息公开条例》的规定应公开某些公共服务信息,其行为也难以纳入行政复议、行政诉讼的救济范围。

工会法第二条规定,工会是职工自愿结合的工人阶级的群众组织。第十四条规定,中华全国总工会、地方总工会、产业工会具有社会团体法人资格。虽然从我国工会的职能作用、组织架构、资金来源、上下级关系等方面可以看出我国工会具有一定的公法人属性,但工会法及相关规定并未赋予工会行政管理职权,工会虽具有交涉、提出意见、进行监督、签订集体合同、参与劳动争议等权利,但工会行使上述权利的行为均不直接发生行政法律效果,用人单位对工会所提出的问题拒不改正的,最终仍需由相关政府部门进行处理,相关劳动争议无法解决的,仍需要通过仲裁、诉讼等途径进行解决。因此,工会并非行政机关,也并非行政复议法第十五条第(三)项规定的法律法规授权的组织,不属于适格的行政复议被申请人。陶端阳要求湖北省总工会公开涉案调解记录,并以湖北省总工会为被申请人申请行政复议,明显不符合行政复议受理条件,湖北省人民政府作出《不予受理行政复议申请决定书》,陶端阳对此不服提起本诉,人民法院仍可直接驳回起诉。原审裁定未对湖北省总工会是否属于法律法规授权的组织进行审查,仅以湖北省总工会不是行政机关为由驳回陶端阳的起诉虽有瑕疵,但该瑕疵不影响陶端阳的实体权利义务,故本案不进入再审。

——中国裁判文书网,https://wenshu. court. gov. cn/。

912 村委会不是法定的政府信息公开主体

关键词 | 政府信息公开 | 村委会 |

【最高人民法院裁判案例】

李素珍、岳崇兴、岳素梅、岳广兴诉河南省洛阳市老城区人民政府政府信息公开及洛阳市政府行政复议案[最高人民法院(2019)最高法行再206号行政判决书]

本案应适用修订前的《政府信息公开条例》。根据修订前的《政府信息公开条例》第十一条第(三)项的规定,设区的市级人民政府、县级人民政府及其部门重点公开的政府信息包括:征收或者征用土地、房屋拆迁及其补偿、补助费用的发放、使用情况。本案中,岳村集体建设用地的征地拆迁工作系由老城区政府具体负责。李素珍等人作为被征收人向老城区政府申请公开岳村征地补偿、安置费用的支付清单,是为了了解征收补偿安置费用的发放是否公平、公正,于法有据,亦合乎情理。村委会不是《政府信息公开条例》规定的政府信息公开主体,老城区政府答复李素珍等人到岳村村委会查询,不符合修订前的《政府信息公开条例》的规定。

——中国裁判文书网,https://wenshu. court. gov. cn/。

913 不服直属事业单位的信息公开答复的复议被申请人

关键词 | 政府信息公开 | 直属事业单位 |

【最高人民法院裁判案例】

周国兴诉湖南省长沙市人民政府不履行法定职责案[最高人民法院(2020)最高法行再23号行政判决书]

《行政复议法实施条例》第十四条规定,行政机关设立的派出机构、内设机构或者其他组织,未经法律、法规授权,对外以自己名义作出具体行政行为的,该行政机关为被申请人。本案中,芙蓉区政务中心对周国兴的政府信息公开申请作出回复,周国兴对该回复不服向长沙市政府提起行政复议申请,芙蓉区政务中心作为芙蓉区政府的直属事业单位,申请人对其作出的信息公开答复行为不服提起行政复议申请的,以芙蓉区政府为被申请人并无不当。

——中国裁判文书网,https://wenshu.court.gov.cn/。

(四)证据

914 被告拒绝提供、更正个人信息诉讼案件的举证责任

关键词 | 政府信息公开 | 个人信息保护 | 举证责任 |

【最高人民法院司法解释】

第五条第三款 被告拒绝更正与原告相关的政府信息记录的,应当对拒绝的理由进行举证和说明。

——《最高人民法院关于审理政府信息公开行政案件若干问题的规定》(2011年8月13日,法释〔2011〕17号)。

【链接:最高人民法院法官著述】

审理此类案件,应当把握以下几点:一是公民、法人或者其他组织有权要求更正的,是行政机关提供的与其自身相关的政府信息记录,与己无关的信息记录不在此列;二是在信息的范围上,应当不仅限于税费缴纳、社会保障、医疗卫生等政府信息;三是公民、法人或者其他组织要求行政机关更正政府信息记录,应当有证据证明该政府信息记录不准确;四是“更正”的含义,应当包括依照事实予以订正、删除或者停止使用;五是请求更正的信息,限于记录中的事实,不包括行政机关的意见在内。至于行政机关如何处理更正请求,《政府信息公开条例》第二十五条第二款只规定:“该行政机关无权更正的,应当转送有权更正的行政机关处理,并告知申请人。”这是给行政机关另外附加的一项义务,至于一般的方式和程序,同样适用于本条例对于信息公开的方式和程序的一般要求。即行政机关有帮助、答复、说明理由等义务。

——李广宇:《政府信息公开诉讼:理论、方法与案例》,法律出版社2009年版,第175—176页。

915 涉及国家秘密政府信息的证明

关键词｜政府信息公开｜国家秘密｜

【最高人民法院司法解释】

第五条第四款　被告能够证明政府信息涉及国家秘密,请求在诉讼中不予提交的,人民法院应当准许。

——《最高人民法院关于审理政府信息公开行政案件若干问题的规定》(2011年8月13日,法释〔2011〕17号)。

【链接:理解与适用】

(一)涉及国家秘密信息的举证

由于政府信息公开行政诉讼所要解决的主要问题是政府信息应当不应当公开的问题,因此,涉诉政府信息当然成为此类诉讼中最主要的证据。按照行政诉讼法关于被告"应当提供作出该具体行政行为的证据和所依据的规范性文件"的一般规定,当然要向人民法院提供。但是,对于涉及国家秘密的政府信息,由于其固有的保密性和专业性,应当采取较为特殊的举证规则。即被告能够提供书面证据材料,证明其拒绝公开的政府信息已经依照法定程序确定为国家秘密,或者能够提供有关主管部门、同级保密工作部门出具的政府信息公开保密审查结论的,人民法院可以不要求其提供该政府信息,但有下列情形之一的除外:(1)人民法院认为相关证据材料不充分的;(2)人民法院认为需要对政府信息中含有的不应当公开的内容与可以公开的内容作区分处理的。人民法院可以准许被告在诉讼过程中补充证据,以证明政府信息涉及国家秘密。

人民法院可以不要求被告提供涉及国家秘密的政府信息,基于以下考虑:第一,国家秘密的定密问题涉及特定机关的特别权力,需要专门的经验、知识和判断能力,法院是缺乏这方面的条件的,所以在大多数国家,法院一般都尊重行政机关在国家秘密定密问题上的判断,不对其作出实质方面的审查。第二,国家秘密往往事关重大的国家利益,如果在诉讼过程中提供就面临着泄密问题。因此,只要被告能够提供书面证据材料,证明其拒绝公开的政府信息已经依照法定程序确定为国家秘密,或者能够提供有关主管部门、同级保密工作部门出具的政府信息公开保密审查结论,就可以不要求其提供该政府信息。但是,并不是说法院在对待国家秘密信息方面就毫无作为,行政机关还是应当提供能够证明涉诉政府信息属于国家秘密的外围证据,以供法院据此进行程序方面的审查。当然,在例外的情形下,人民法院仍然可以要求被告提供秘密文件。首先,如果人民法院经过审查认为这些外围证据不能充分证明涉诉政府信息属于国家秘密,就可以要求被告提供秘密文件以便进行审查;其次,如果人民法院认为涉诉政府信息尽管含有秘密内容,但可以依照《政府信息公开条例》的规定对政府信息作出区分处理,也需要被告方提供相关文件,以便审查确定能不能把不应当公开的内容与可以公开的内容区分开来。

(二)涉及国家秘密信息的质证和审核认定

按照《行政证据规定》规定,证据应当在法庭上出示,并经庭审质证。未经庭审质证的证据,不能作为定案的依据。如果按照这一规定处理涉及国家秘密的信息,就会面临很大的问题。原告提起行政诉讼的目的,就是获知政府信息的内容,如果在确定该政府信息是否可以公开前在法庭上出示和公开质证,就可能会使不得公开的国家秘密事实上得以公开,诉讼的进行也就变得毫无意义。因此,对这类问题必须适用特殊的规则。行政诉讼法第四十五条规定:"人民法院公开审理行政案件,但涉及国家秘密、个人隐私和法律另有规定的除外。"但是,适用这一规定难以解决问题。因为这里规定的不公开审理,是对案件当事人以外的旁听人以及新闻媒体等的不公开,并没有将原告或者第三人排除在外。如前所述,其他一些国家的法院,都对秘密文件适用一种特殊的审查程序。例如美国实行法官私人办公室内审查,日本的信息公开救济制度也引入了"秘密审理"方式。我们也有必要采取这种方式,即人民法院审查涉及国家秘密的政府信息应当在被告单方参加下进行。当然,用于证明政府信息涉及国家秘密的相关证据材料,可以公开出示,并由当事人质证。法律、法规另有规定的,从其规定。

——江必新主编:《最高人民法院关于审理政府信息公开行政案件若干问题的规定理解与适用》,中国法制出版社 2011 年版,第 85—87 页。

916 申请人申请的政府信息是否属于国家秘密，行政机关应进行举证证明

关键词｜政府信息公开｜国家秘密｜证明责任｜

【最高人民法院裁判案例】

宋宗明诉甘肃省兰州市住房保障和房产管理局不履行政府信息公开职责案
[最高人民法院(2018)最高法行申 5844 号行政裁定书]

依照保守国家秘密法第三条第一款、第二款的规定,国家秘密受法律保护,一

切国家机关、武装力量、政党、社会团体、企业事业单位和公民都有保守国家秘密的义务。收到再审申请人提交的政府信息公开申请后，再审被申请人对案涉房产信息进行保密审查，系依照《政府信息公开条例》第十四条第二款的规定履职尽责。再审被申请人以案涉房产信息属于国家秘密为由不予公开。在再审申请人不服再审被申请人所作答复提起的行政诉讼中，依照《最高人民法院关于审理政府信息公开行政案件若干问题的规定》第五条第一款的规定，再审被申请人应当对案涉房产信息属于国家秘密的相关证据进行举证。在本案诉讼中，再审被申请人所举相关证据主要是741号复函和200号复函。但案涉房产信息是否属于741号复函规定的"原国务院建设行政主管部门制发的涉及私房改造的政策、文件及有关档案，经保密审查后确定为国家秘密"尚不清晰明确，尚难以认定再审被申请人所作答复已符合《政府信息公开条例》第二十一条第(二)项的规定。

——中国裁判文书网，https://wenshu.court.gov.cn/。

917 涉及"政府信息不存在"案件的举证责任

关键词｜政府信息公开｜政府信息不存在｜举证责任｜

【最高人民法院司法解释】

第五条第五款　被告主张政府信息不存在，原告能够提供该政府信息系由被告制作或者保存的相关线索的，可以申请人民法院调取证据。

——《最高人民法院关于审理政府信息公开行政案件若干问题的规定》(2011年8月13日，法释〔2011〕17号)。

【链接：理解与适用】

涉及"政府信息不存在"的案件，其举证问题有这样一种困境，即根据行政诉讼证据规则的一般规定，行政机关对于被诉具体行政行为的合法性负举证责任，被告有义务对于信息是否存在举证，如果它不能证明信息不存在，将要承担败诉的后果；但是，举证责任的分配有一个重要的原则，即当事人对其认为不存在的事实不承担举证责任，这样被告就没有必要对自己认为不存在的事实提供任何证据。这就陷入了一个困境。在庭审中，可以通过探究政府信息不存在的原因、变通证明对象等方法，合理分配案件当事人的证明责任。以"政府信息不存在"为由作出答复的原因存在以下几种情形：(1)申请公开的信息不属于被告的职权范围，因而政府信息不存在;(2)申请公开的信息属于被告的职权范围,政府信息应当制作或获取,但政府部门没有履行法定职责而未形成或获取;(3)申请公开的信息虽然属于被告的职权范围,但没有引起被告制作政府信息的原因事实,政府信息没有制作或获取过而确实不存在;(4)申请公开的政府信息形成或获取过,但由于政府部门的疏漏而丢失或灭损;(5)政府信息存在,但政府部门出于某种目的而声称不存在。第一种情形可以要求被告证明其没有制作、获取、保存原告申请信息的职责。若被告能够证明没有制作、获取、保存申请信息的职责,那么原告败诉;反之,原告胜诉。第二种情形可以要求被告证明其履行了制作或获取信息的职责。若被告可以证明其已履行制作或获取信息的职责,但并不存在原告申请获取的信息,那么原告败诉;如果被告无法证明其履行了制作或获取相关信息的职责,可以推定由于被告先前没有履行制作或获取信息的职责而导致了政府信息不存在。但是,应当注意的是,此时并不可以判决其败诉。因为政府信息确实是不存在的,所以被告以政府信息不存在为由向原告作出答复,并无不当。此时,法院可以在驳回原告诉讼请求的同时,提出司法建议,督促政府积极履行职责。第三种情形可以将证明对象转换成制作或获取政府信息的原因事实不存在。即由被告负责证明不存在政府信息制作的原因事实,例如规划部门有对用地性质进行批准的职权,但用地性质发生转变的事实是不存在的,那么被告就不可能制作相关的批准信息。第四种情形可以将证明对象转化为对规范履行信息制作或获取程序的证明。即由被告证明对于相关的政府信息已经按照规范文件规定的程序和步骤进行操作,但没有产生原告所申请公开的政府信息。原告则证明被告并未遵守相关的程序和步骤对政府信息进行制作和获取。第五种情形可以将证明对象转换成申请公开政府信息存在。即在被告尽到信息不存在的证明义务后,法庭仍无法查明信息是否存在,可要求原告证明申请人申请公开的政府信息存在。如果原告不能举证证明申请公开的政府信息存在,则推定信息不存在;如果原告举证证明相关信息存在,法院可依法裁判被告履行信息公开的义务。

在合理分配双方的证明责任尚不足以扭转证明僵局的情况下,比较可行的解决方法是要求原告提供证据线索,由法院根据原告提供的线索主动进行查证。因为既然是原告向行政机关提出公开信息的申请,则原告必然对其所要求获得的信息是否存在有一定程度的了解,法官首先判断原告提出的理由和被告的答辩意见是否可信,如果原告的理由有一定道理、被告的答辩缺乏可信度,法院应当以原告的理由为线索,对信息是否存在进行调查取证,以查明案件事实。法院调查的重点要围绕庭审的焦点和困境展开:(1)该部门是否有制作或获取该信息的职权及该职权的履行情况;(2)该部门制作相关信息的程序或流程;(3)是否存在与当事人申请相一致的特定文件;(4)是否存在与当事人申请相关的某类文件;(5)信息制作、获取及保管过程中是否存在失职或失误导致信息灭失。法院查明的途径主要是:(1)调阅与申请人申请的信息相关的政府文件;(2)查看政府机关对当事人申请公开信息的查询记录;(3)询问相关部门人员相关政府信息的制作和获取情况;(4)必要时询问该政府部门领导机关对于该政府信息的审批情况。

——江必新主编:《最高人民法院关于审理政府信息公开行政案件若干问题的规定理解与适用》,中国法制出版社 2011 年版,第 88—90 页。

【最高人民法院指导性案例】

罗元昌诉重庆市彭水苗族土家族自治县地方海事处政府信息公开案(最高人民法院指导案例 101 号)

裁判要点:在政府信息公开案件中,被告以政府信息不存在为由答复原告的,人民法院应审查被告是否已经尽到充分合理的查找、检索义务。原告提交了该政府信息系由被告制作或者保存的相关线索等初步证据后,若被告不能提供相反证据,并举证证明已尽到充分合理的查找、检索义务的,人民法院不予支持被告有关政府信息不存在的主张。

法院生效裁判认为:《中华人民共和国政府信息公开条例》第十三条规定,除本条例第九条、第十条、第十一条、第十二条规定的行政机关主动公开的政府信息外,公民、法人或者其他组织还可以根据自身生产、生活、科研等特殊需要,向国务院部门、地方各级人民政府及县级以上地方人民政府部门申请获取相关政府信息。彭水县地方海事处作为行政机关,负有对罗元昌提出的政府信息公开申请作出答复和提供政府信息的法定职责。根据《中华人民共和国政府信息公开条例》第二条"本条例所称政府信息,是指行政机关在履行职责过程中制作或者获取的,以一定形式记录、保存的信息"的规定,罗元昌申请公开彭水县港航处、彭水县地方海事处的设立、主要职责、内设机构和人员编制的文件,属于彭水县地方海事处在履行职责过程中制作或者获取的,以一定形式记录、保存的信息,当属政府信息。彭水县地方海事处已为罗元昌提供了彭水编发(2008)11 号《彭水苗族土家族自治县机构编制委员会关于对县港航管理机构编制进行调整的通知》的复制件,明确载明了彭水县港航处、彭水县地方海事处的机构性质、人员编制、主要职责、内设机构等事项,罗元昌已知晓,予以确认。

罗元昌申请公开涉及兴运 2 号船等船舶发生事故的海事调查报告等所有事故

材料的信息，根据《中华人民共和国内河交通事故调查处理规定》的相关规定，船舶在内河发生事故的调查处理属于海事管理机构的职责，其在事故调查处理过程中制作或者获取的，以一定形式记录、保存的信息属于政府信息。彭水县地方海事处作为彭水县的海事管理机构，负有对彭水县行政区域内发生的内河交通事故进行立案调查处理的职责，其在事故调查处理过程中制作或者获取的，以一定形式记录、保存的信息属于政府信息。罗元昌提交了兴运 2 号船于 2008 年 5 月 18 日在彭水高谷长滩子发生整船搁浅事故以及于 2008 年 9 月 30 日在彭水高谷煤炭沟发生沉没事故的相关线索，而彭水县地方海事处作出的（2015）彭海处告字第 006 号《政府信息告知书》第二项告知罗元昌申请公开的该项政府信息不存在，仅有彭水县地方海事处的自述，没有提供印证证据证明其尽到了查询、翻阅和搜索的义务。故彭水县地方海事处作出的（2015）彭海处告字第 006 号《政府信息告知书》违法，应当予以撤销。在案件二审审理期间，彭水县地方海事处主动撤销了其作出的（2015）彭海处告字第 006 号《政府信息告知书》，罗元昌仍坚持诉讼。根据《中华人民共和国行政诉讼法》第七十四条第二款第二项之规定，判决确认彭水县地方海事处作出的政府信息告知行为违法。

——《最高人民法院关于发布第 19 批指导性案例的通知》（2018 年 12 月 19 日，法〔2018〕338 号）。

【链接：理解与参照】

二、裁判要点的理解与说明

……

（二）政府信息是否存在的举证责任分配

行政诉讼法第三十四条第一款规定："被告对作出的行政行为负有举证责任，应当提供作出该行政行为的证据和所依据的规范性文件。"但在政府信息公开诉讼中，对于政府信息是否存在的举证责任如何分配问题则尤具特殊性，主要存在两种认识：一是认为行政诉讼中被告对被诉行政行为的合法性承担举证责任，被告既然主张政府信息不存在，就有责任提供证据；二是认为在被告主张政府信息不存在的特殊情形下，原告认为政府信息存在，则由原告提供证据，否则法院不能否定行政机关的这一认定。从举证责任分配的一般理论来说，一方面，当事人对其认为不存在的事实不应承担直接举证责任。由此，在政府信息不存在案件中，被告行政机关就没有必要对信息不存在提供证据。另一方面，如果由原告证明信息存在，同样存在障碍，因为政府信息是由行政机关掌握的，要求明显处于弱势地位的原告承担全部的证明责任,几乎等同于直接宣布其败诉。[①]

由于举证责任的分配关系行政诉讼的结果,在没有法律明确规定的前提下,法院应从公平正义的角度出发,结合行政法律关系的特殊性,对原被告的举证责任作适当的分配。在具体分配的过程中,需要考虑的因素包括:行政行为的特点、举证的难易程度、行政机关与行政相对人的举证能力、举证的便利性、公民权益的保障、行政机关行使职权的实际状况以及纠纷解决的可能性。[②]

对此,《最高人民法院关于行政诉讼证据若干问题的规定》第一条规定:根据行政诉讼法第三十二条和第四十三条的规定,被告对作出的具体行政行为负有举证责任,应当在收到起诉状副本之日起十日内,提供据以作出被诉具体行政行为的全部证据和所依据的规范性文件。被告不提供或者无正当理由逾期提供证据的,视为被诉具体行政行为没有相应的证据。根据上述规定,在政府信息公开诉讼中,被告对作出的政府信息不存在的具体行政行为的合法性承担举证责任。虽然政府信息不存在作为一个否定性事实,一般由主张事实存在的一方举证,但是考虑到双方的举证能力等因素,法院依然要对行政机关主张政府信息不存在的事实和理由进行合法性审查,否则容易助长被告以政府信息不存在为由规避公开责任和诉讼风险。因此,在政府信息公开诉讼中,被告承担主要的举证责任,同时原告承担补充证明责任。由于否定性事实难以从正面直接予以证明,被告需要通过向法院提供能够证明其已经尽到合理搜索义务的材料,从而完成证明信息不存在的举证责任。[③]

(三)原告对政府信息存在的补充证明责任

如上所述,在政府信息不存在的案件中,被告需举证证明其对涉案政府信息进行了合理检索责任,但由于对不存在的事实很难证明,法院同时可以要求原告提供被告已制作或获取并保存涉案政府信息的相关线索。一般来讲,原告向被告申请政府信息公开,对涉案政府信息是否存在有一定的了解,原告应承担提供政府信息存在线索及涉案政府信息系由被告制作或保存的补充证明责任。

第一,如果原告不能提供任何相关政府信息存在线索,人民法院可依据《政府信息公开规定》第十二条第(一)项“不属于政府信息、政府信息不存在、依法属于不予公开范围或者依法不属于被告公开的,被告已经履行法定告知或者说明理由义务的,人民法院应当判决驳回原告的诉讼请求”之规定,认定涉案政府信息不存

---

① 包蕾、何斐明、余韬:《政府信息公开诉讼中的信息不存在》,载《人民司法》2013年第7期。

② 江必新、梁凤云:《行政诉讼法理论与实务》(上卷),北京大学出版社2009年版,第506页。

③ 陈振宇:《政府信息不存在情形下举证责任的分配》,载《人民司法》2010年第24期。

在，判决驳回原告的诉讼请求。

第二，如果原告进一步提供了政府信息实际存在的证据或线索的情况下，比如其他政府文件已明确将被申请信息作为依据、有明确的文号等，应认定原告已经达到了其相应的证明责任。在此情况下，若行政机关未能举示相关证据材料或作出合理说明，人民法院可以判令撤销"政府信息不存在"的答复，责令被告重新作出相应的行政行为；亦可依据《政府信息公开规定》第五条第五款"被告主张政府信息不存在，原告能够提供该政府信息系由被告制作或者保存的相关线索的，可以申请人民法院调取证据"之规定，申请人民法院调取证据。若行政机关在诉讼中主动撤销其作出的政府信息不存在答复，原告仍坚持诉讼的，应确认其之前作出政府信息不存在答复的行政行为违法。

（四）行政机关对政府信息合理检索义务的审查

"政府信息不存在"的含义应当是明确的，也就是"从未制作过或者获取过"，[①]这是法院处理该类案件时应当明确的问题。在因政府信息不存在而引发的政府信息公开诉讼中，行政机关对于政府信息不存在负有证明责任，应举证证明其对相关政府信息已尽到合理、充分的查找、检索义务。对该类案件进行裁判时，应着重对被告告知义务的履行情况、搜寻与说明理由义务的合法性进行审查。[②]行政机关对政府信息不存在应当承担何种举证责任，是准确审理此类案件的关键所在，一般以被告提供其已经尽到了合理搜索义务的证据材料或合理说明为判断标准。被告主张政府信息不存在的，必须提供相应的证据材料或对其查找经过作出合理说明来证明其尽到了合理的搜索义务，没有提供相关检索或工作记录的，法院对其政府信息不存在的主张不予支持。

行政机关对涉案政府信息是否尽到合理检索义务是司法审查的重点，那么，如何判断行政机关达到合理检索的标准？一般情况下，法院对行政机关是否正确履行检索义务应从以下几个方面进行判断：第一，用以检索的载体（如数据库、信息目录）包含的信息资料是否全面。检索载体收纳的数据越多，检索结果越具有合理性。第二，检索方法是否妥当。选用不同的检索关键词、采用不同的检索方法会产生不同的检索结果，选取适当的检索方法是确保检索合理性的重要内容；检索的方法包括人工检索、浏览目录、网页检索等。第三，检索人员的工作态度是否认真。检索看似一个技术性工作，但不同的工作态度直接会对检索方法的选取以及最后的检索结果产生不同的影响。若有证据证明检索工作人员的工作态度是尽其可能

① 殷勇：《政府信息不存在情形下的司法审查》，载《法学》2012 年第 1 期。

② 郑涛：《政府信息不存在诉讼之证明责任分配探析》，载《清华法学》2016 年第 6 期。

帮助申请人获取信息的话,其检索结果便更具有合理性。[①]

具体而言,法院可从以下几个方面进行审查:第一,根据原告提供的线索,要求被告提供其进行了相关搜索的证据材料,并对搜索方法和搜索结果作出说明;第二,根据原告提供的信息制作时间线索,要求被告提供相关信息公开指南、年度报告、公开目录等关联性证据;第三,根据原告提供的信息文号线索,要求被告提供相关政府信息文件编号方式以及涉诉文号的对应文件名称、时间、制作机关证据材料;第四,根据原告提供的信息出处线索,要求行政机关提供相关调查结果或者相关卷宗材料,必要时法院可以依申请调查。如果经过上述途径依旧无法证实原告所申请公开的信息存在,而原告又坚持认为该信息存在的,应由原告承担举证责任,由其提供证据证明其申请公开的政府信息在被告处实际存在。[②] 此外,在审查行政机关检索是否合理时,检索关键词的选择应以有利于检索到申请人申请获取的政府信息为原则,被告提供的生成其检索记录的数据库应是专门制作的用以开展信息公开工作的数据库,应包含其所掌握的全部政府信息。本案中,法院以行政机关是否尽到合理的查找、检索义务作为审查行政机关政府信息不存在答复是否合法的标准,符合法理、情理和事理,符合社会公众的正义观和社会发展的趋势,对法院裁判类案具有指导价值,有利于促使行政机关及其工作人员依法行政,对于依法保障公民知情权、推进法治政府建设具有重要的社会导向意义。二审中,行政机关主动撤销作出的政府信息告知书,亦说明该裁判规则被原、被告双方认可,实现了法律效果和社会效果的统一。

三、参照适用时应注意的问题

合法性审查原则是行政诉讼的一项基本原则,人民法院应当围绕行政行为证据是否确凿,适用法律、法规是否正确,是否符合法定程序进行审查。对因政府信息不存在而引发的政府信息公开的诉讼,审查被告是否已经尽到充分合理的查找、检索义务建立在合理分配举证责任的基础之上,但这主要涉及行政机关政府信息不存在答复的证据是否确凿这一方面。值得进一步指出的是,除此外还应当对被诉行政行为适用法律、法规是否正确,程序是否合法进行全面审查,进而对行政机关所作政府信息不存在答复是否合法进行准确的裁判。

——游中川、王宏、石磊:《指导案例 101 号〈罗元昌诉重庆市彭水苗族土家族自治县地方海事处政府信息公开案〉的理解与参照——行政机关应对政府信息不存在承担举证责任》,载《人民司法 · 案例》2021 年第 17 期。

---

① 陈振宇:《政府信息不存在情形下举证责任的分配》,载《人民司法》2010 年第 24 期。

② 李广宇:《政府信息公开诉讼:理念、方法与案例》,法律出版社 2009 年版,第 76 页。

【最高人民法院参考案例】

九、张良诉上海市规划和国土资源局案

（二）裁判结果

上海市黄浦区人民法院经审理认为：原告申请公开的相关缴款凭证，应泛指被告收取土地使用权受让人缴纳本市116地块国有土地使用权出让金后形成的书面凭证。在日常生活中，这种证明缴纳款项凭证的名称或许为缴款凭证，或许为收据、发票等，并不局限于缴款凭证的表述。原告作为普通公民，认为其无法知晓相关缴款凭证的规范名称，仅以此缴款凭证描述其申请获取的政府信息内容的主张具有合理性。而与之相对应，被告系本市土地行政管理部门，应知晓其收取土地使用权出让金后开具给土地使用权受让人的凭证的规范名称，但在未与原告确认的前提下，擅自认为原告仅要求获取名称为缴款凭证的相关政府信息，并仅以缴款凭证为关键词至其档案中心进行检索，显然检索方式失当，应为未能尽到检索义务，据此所认定的相关政府信息不存在的结论，也属认定事实不清、证据不足。判决撤销被诉政府信息公开答复，责令被告重新作出答复。

（三）典型意义

本案涉及政府信息公开的两项重要制度，一是申请人在提交信息公开申请时应该尽可能详细地对政府信息的内容进行描述，以有利于行政机关进行检索。二是政府信息不存在的行政机关不予提供。本案在处理这两个问题时所采取的审查标准值得借鉴。也就是行政机关以信息不存在为由拒绝提供政府信息的，应当证明其已经尽到了合理检索义务。申请人对于信息内容的描述，也不能苛求其必须说出政府信息的规范名称甚至具体文号。如果行政机关仅以原告的描述为关键词进行检索，进而简单答复政府信息不存在，亦属未能尽到检索义务。

——《全国法院政府信息公开十大案例》，载中华人民共和国最高人民法院行政审判庭编：《行政执法与行政审判》（总第65集），中国法制出版社2014年版，第17页。

918 原告在政府信息公开行政诉讼中的举证责任

关键词 | 政府信息公开 | 举证责任 |

【最高人民法院司法解释】

第五条第七款　原告起诉被告拒绝更正政府信息记录的,应当提供其向被告提出过更正申请以及政府信息与其自身相关且记录不准确的事实根据。

——《最高人民法院关于审理政府信息公开行政案件若干问题的规定》(2011年8月13日,法释〔2011〕17号)。

【链接:最高人民法院法官著述】

在政府信息公开行政诉讼中,原告的举证责任主要体现在以下几个方面:

1. 起诉被告对于信息公开申请不予答复的,原告要证明其提出申请的事实。这种举证责任一般被称为推进举证责任,是为了启动行政诉讼程序。

2. 起诉被告拒绝更正政府信息记录的,原告要证明被告提出的与其自身相关的政府信息记录何以不准确。在行政诉讼程序中,原告不仅要提出政府信息“不准确”的证据,还要证明这些证据其已经在行政程序中向行政机关提交。

……

4. 在一并提起的行政赔偿诉讼中,证明其受被诉政府信息公开行政行为侵害而造成损失的事实。原告的合法权益受到侵害的事实应当由原告证明,因为这既是原告的主张,也只有原告才能提供。

——李广宇:《政府信息公开诉讼:理论、方法与案例》,法律出版社2009年版,第59页。

(五)审理和判决

919 政府信息公开行政案件审理方式

关键词｜政府信息公开｜国家秘密｜商业秘密｜个人隐私｜

【最高人民法院司法解释】

第六条　人民法院审理政府信息公开行政案件,应当视情采取适当的审理方式,以避免泄露涉及国家秘密、商业秘密、个人隐私或者法律规定的其他应当保密的政府信息。

——《最高人民法院关于审理政府信息公开行政案件若干问题的规定》(2011年8月13日,法释〔2011〕17号)。

【链接：理解与适用】

一、审判人员如何处理与国家秘密有关的政府信息公开案件

在审理涉及国家秘密的政府信息公开案件中,审判人员难免会接触到涉密信息。而且与其他类行政诉讼案件不同,在这类案件中,涉密信息本身就是审查对象,不是附带信息。其中存在的问题,一是审判人员有无因审理工作需要获悉秘密信息的权限;二是诉讼的传统审理方式和证据规则是否能满足保密的需要。保守国家秘密法并没有明确授予审判人员知悉权,且国家秘密的定密问题需要专门的经验、知识和判断能力,审判人员最好不对其作实质方面的审查,只要被告能够证明其拒绝公开的政府信息已经依照保守国家秘密法规定的程序确定为国家秘密,或者能够提供有关主管部门、同级保密工作部门出具的政府信息公开保密审查结论,就可维持不予公开的具体行政行为。从证据的补充和审理方式看,为了保密的需要,应当允许被告在诉讼过程中补充证据证明政府信息涉及国家秘密,并书面进行审理,消除泄露国家秘密的可能。至于涉及商业秘密和个人隐私的,最有证明力的证据是有权主体的确认函,即直接利害关系人书面同意或者不同意公开的意见。

二、审判人员如何对待行政机关对"商业秘密"和"个人隐私"的认定

对"个人隐私"和"商业秘密"的判断属于构成要件之解释,原则上司法应享有全面的审查权,而且从判断余地理论来看,行政机关很难说享有最后的决定权。由行政机关承担解释的举证责任固然可以缓解行政机关和申请人之间的不对等关系,但并不能防止行政机关滥用解释的权力,而且行政机关极可能与第三人形成不公开相关信息的"合谋",因此,在司法审查过程中,需要对"商业秘密"和"个人隐私"作出全面的审查。例如在李某诉镇政府请求公开拆迁信息案中,法院对行政机关的认定予以重新审查,一审法院判令镇政府对李某提出的"镇政府跟租户们的拆迁补偿协议;北七家镇政府拆迁的法律依据、补偿标准"的申请内容作出答复,同时驳回李某的其他诉讼请求,可见,法院并没有受到第三人不同意公开意见的影响,实际上是针对行政机关对个人隐私的判断作出了不同的判决。二审法院的态度则更进了一步,对被申请信息是否涉及个人隐私重新进行了审查,并认定李某申请公开"镇政府跟租户们的拆迁补偿协议;北七家镇政府拆迁的法律依据、补偿标准"的内容与第三人的隐私无关。但是无论是行政机关还是法院并没有对相关信息是

否涉及隐私进行详细的论证。同样的还有赵正军诉郑州市中原区物价局关于申请公开事项答复案。一审法院认为,原告以“学习研究价格法律法规,监督价格违法行为”为由,向被告申请公开“2007 年至今的投诉举报事项和办理结果(涉及投诉举报人姓名、住址等事项可不予公开)及 2007 年以来作出的处罚决定书”,对原告本人来说,公开有关的违法案件处罚决定书属于特殊需要,被告以原告申请公开的信息涉及隐私,原告申请不属特殊需要的政府信息,缺乏事实依据,对其主张不予支持。被告在其答复中也没有适用相关的法律条款,因此,被告对原告作出的答复主要证据不足、适用法律法规错误,应予撤销。

三、如何审查涉及商业秘密和个人隐私的政府信息公开行政行为

以王某诉北京市昌平区民政局政府信息公开侵权案为例:王某在代理一起民事案件过程中,因遭对方律师在法庭上出示其个人婚姻记录造成被动。王某认为自己不是案件当事人,民政部门却出具“查档证明”,侵犯了自己的隐私权,从而起诉要求法院确认民政部门公开该政府信息的行政行为违法。民政部门制作的婚姻登记档案是从婚姻登记申请人处获得的信息,直接关系当事人的婚姻状况隐私。在申请公开非本人婚姻登记档案信息的案件中,审查人员需要根据申请人是否确实出于生产、生活等特殊需要的原则,结合《婚姻登记管理办法》中对婚姻登记档案信息的利用原则,审查行政机关公开非本人婚姻状况信息的合法性和正当性:(1)婚姻当事人委托他人代为查阅自身档案信息的,应当办理授权委托书,并经过公证机关公证;(2)人民法院、人民检察院、公安和安全部门为确认当事人的婚姻关系,可持单位介绍信查阅信息;(3)律师和其他诉讼代理人在诉讼过程中,可持受理案件法院出具的证明材料及本人有效证件查阅;(4)婚姻当事人外的其他单位、组织和个人要求查阅婚姻登记档案的,婚姻登记档案保管部门必须在确认其目的合理的情况下,经主管单位审核,才可以利用。

人民法院在审理本案时认可了民政局的答辩意见,即婚姻登记处向律师出具“查档证明”符合法律规定。“依《婚姻登记档案管理办法》第十五条规定,律师及其他诉讼代理人在诉讼过程中,持受理案件法院出具的证明材料及本人有效证件,可以查阅与诉讼有关的婚姻登记档案。”对方律师调查王某的婚姻状况与民事诉讼中的证据有一定关联性,符合律师在诉讼过程中查阅与诉讼有关的婚姻登记档案的要求。律师将所查阅情况在法庭上作为证据使用,不是在其他场合使用,不存在侵犯隐私权问题。

——江必新主编:《最高人民法院关于审理政府信息公开行政案件若干问题的规定理解与适用》,中国法制出版社 2011 年版,第 97—99 页。

920 政府信息公开案件关于档案法的适用

关键词｜政府信息公开｜档案机构｜档案工作人员｜

【最高人民法院司法解释】

第七条 政府信息由被告的档案机构或者档案工作人员保管的，适用《中华人民共和国政府信息公开条例》的规定。

政府信息已经移交各级国家档案馆的，依照有关档案管理的法律、行政法规和国家有关规定执行。

——《最高人民法院关于审理政府信息公开行政案件若干问题的规定》(2011年8月13日，法释〔2011〕17号)。

【链接：理解与适用】

一、关于三十年封存期的适用范围问题①

档案法第十九条规定："国家档案馆保管的档案，一般应当自形成之日起满三十年向社会开放。经济、科学、技术、文化等类档案向社会开放的期限，可以少于三十年，涉及国家安全或者重大利益以及其他到期不宜开放的档案向社会开放的期限，可以多于三十年，具体期限由国家档案行政管理部门制订，报国务院批准施行。"这是三十年封存期的法律依据。与此同时，《政府信息公开条例》则确立了政府信息"公开为原则，不公开为例外"的原则，政府信息从其产生之日起，除非涉及国家秘密、商业秘密、个人隐私，应当予以公开。且属于政府主动公开的信息，从其形成或者变更之日起二十个工作日内，保存该政府信息的机关应当公布该政府信息。《政府信息公开条例》的规定实质上是对档案法第十九条三十年封存期问题提出了挑战。如何处理这一矛盾，关键是要正确理解三十年封存期档案的范围。英国以往也有政府档案封存三十年的制度规定，但是，2005年，英国全面实施"资讯自由法案"(Freedom of Information Act，FOI)。法案规定，所有存放在国家档案馆和政府部门里的档案，从其产生的那一刻开始，原则上都必须是公开的，由此以往英国政府档案要封存三十年才开放的制度已经彻底取消。英国的这个例证可以引导我们得出这样一个结论：由于《政府信息公开条例》的出台，只要属于《政府信息公开条例》规定应当予以公开的政府信息，一律不受三十年封存期限制。档案法第十九条规定的封存三十年档案的范围，仅仅包含根据《政府信息公开条例》规定不

---

① 2020年修订的档案法将封存期调整为二十五年。——编者注

应当公开的政府信息。依《政府信息公开条例》规定应当公开的政府信息，即便移交各级国家档案馆，亦应随时允许公众查询。

二、关于起诉后移交国家档案馆的政府信息

因机关档案适用《政府信息公开条例》，而已经移交国家档案馆的政府信息材料适用档案法，这里就会出现行政机关故意规避《政府信息公开条例》适用的问题。即，在相对人提起政府信息公开诉讼过程中，作为被告的行政机关，将原告请求公开的政府信息资料移交国家档案馆保存，此时，人民法院应当如何处理？我们认为，首先，应当认定被告的移交行为属于规避法律的行为，其移交行为不妥。其次，被告以相关政府信息资料已经不属于其保存为由，否定自身属于政府信息公开义务主体的，人民法院不予支持；被告的政府信息公开义务主体应当以相对人向其提出政府信息公开申请时的情形确定，而不应以诉讼中的地位状况确定。最后，原告的诉讼请求成立，被告应当公开相关政府信息的，人民法院不得以相关政府信息已经移交档案馆为由，简单确认被告行为违法，甚至驳回原告诉讼请求了事，而应当继续判决被告履行公开相关政府信息的法定职责。因为，作为档案移交机关，根据档案法第二十一条规定，向档案馆移交、捐赠、寄存档案的单位和个人，对其档案享有优先利用权。被告可以依照该条规定，从档案馆复制相关政府信息后依法向原告提供。

——江必新主编：《最高人民法院关于审理政府信息公开行政案件若干问题的规定理解与适用》，中国法制出版社 2011 年版，第 107—108 页。

【最高人民法院裁判案例】

刘敬儒诉北京市丰台区人民政府信息公开、北京市人民政府行政复议案［最高人民法院(2018)最高法行申 3626 号行政裁定书］

申请获取已经移交给各级国家档案馆的政府信息，应依照有关档案管理的法律、行政法规和国家有关规定执行。根据《最高人民法院关于审理政府信息公开行政案件若干问题的规定》第七条规定，政府信息转变成档案信息有两种情形：一是政府信息由行政机关的档案机构或者档案工作人员保管。行政机关仍保存政府信息，仅仅是保存主体的内部分工发生改变，应适用《政府信息公开条例》的规定；二是政府信息已经移交各级国家档案馆。行政机关已不再保存该信息，在客观上难以提供相关信息的，应依照有关档案管理的法律、行政法规和国家有关规定执行。

——中国裁判文书网，https://wenshu.court.gov.cn/。

【最高人民法院参考案例】

七、彭志林诉湖南省长沙县国土资源局案

（二）裁判结果

长沙县人民法院经审理认为，根据《政府信息公开规定》第七条的规定，原告申请的政府信息系保存在被告的档案室，并未移交给专门的档案馆，被告长沙县国土资源局依法应适用《政府信息公开条例》的规定对原告申请公开的信息进行答复，而被告在答复中却适用《档案法实施办法》的相关规定进行答复，属于适用法律、法规错误，依法应予撤销。原告申请公开的信息是否应当提供，尚需被告调查和裁量，故原告该项诉讼请求不予支持。判决撤销被诉答复，责令被告 30 个工作日内重新予以答复。长沙县国土资源局不服，提出上诉，长沙市中级人民法院判决驳回上诉、维持原判。

（三）典型意义

本案的焦点集中在档案信息的公开问题。政府信息与档案之间有一定的前后演变关系。对于已经移交各级国家档案馆或者存放在行政机关的档案机构的行政信息，是应当适用《政府信息公开条例》，还是适用档案管理的法律、行政法规和国家有关规定，存在一个法律适用的竞合问题。《政府信息公开规定》第七条将已经移交国家档案馆的信息与存放在行政机关档案机构的信息加以区分处理，有利于防止行政机关以适用档案管理法规为借口规避政府信息的公开。本案很好地适用了这一规则，认定被告在答复中适用《档案法实施办法》不予公开政府信息，属于适用法律、法规错误。同时，法院考虑到涉案政府信息是否应当提供，尚需被告调查和裁量，因此判决其重新答复，亦属对行政机关首次判断权的尊重。

——《全国法院政府信息公开十大案例》，载中华人民共和国最高人民法院行政审判庭编：《行政执法与行政审判》（总第 65 集），中国法制出版社 2014 年版，第 15 页。

921 行政机关提前移交档案后能否免除信息公开义务

关键词 | 政府信息公开 | 提前移交档案 |

【最高人民法院裁判案例】

李宏诉河南省郑州市中原区人民政府信息公开答复案[最高人民法院(2017)最高法行申5909号行政裁定书]

根据《最高人民法院关于审理政府信息公开行政案件若干问题的规定》第七条之规定,政府信息由被告的档案机构或者档案工作人员保管的,适用《政府信息公开条例》的规定;政府信息已经移交各级国家档案馆的,依照有关档案管理的法律、行政法规和国家有关规定执行。上述规定将已经移交国家档案馆的信息与存放在行政机关档案机构的信息加以区分处理,考察该条的解释本意,意在防止行政机关以适用档案管理法规为借口规避承担政府信息公开义务。《机关档案工作条例》第二十五条规定,省辖市(州、盟)和县级以下机关应将永久、长期保存的档案在本机关保存十年左右,连同案卷目录(一式三份)和有关的检索工具、参考资料,一并向有关的档案馆移交。就本案而言,根据一、二审法院查明的事实,涉案信息在再审被申请人李宏提出信息公开申请之时并未达到该条例规定的移交档案馆的期限。对于提前移交档案,《档案法实施办法》第十三条对此作出明确规定,即已撤销单位的档案或者由于保管条件恶劣可能导致不安全或者严重损毁的档案,可以提前向有关档案馆移交。再审申请人中原区政府对提前移交档案的原因并未提供充分的、有说服力的证据作出合理解释,且涉案信息亦非再审申请人移交之后就难以获取的复杂信息。故从保障信息公开申请人知情权、方便其获取政府信息的角度出发,即便涉案信息已经实际移交给中原区档案馆存放,亦不应免除再审申请人的信息公开义务。

——中国裁判文书网,https://wenshu.court.gov.cn/

922 政府信息不予公开范围的认定

关键词 | 政府信息公开 | 不予公开范围 |

【最高人民法院司法解释】

第八条　政府信息涉及国家秘密、商业秘密、个人隐私的,人民法院应当认定属于不予公开范围。

政府信息涉及商业秘密、个人隐私,但权利人同意公开,或者不公开可能对公共利益造成重大影响的,不受前款规定的限制。

——《最高人民法院关于审理政府信息公开行政案件若干问题的规定》（2011年8月13日，法释〔2011〕17号）。

【链接：理解与适用】

一、关于"三安全一稳定"问题

《政府信息公开条例》第八条规定："行政机关公开政府信息，不得危及国家安全、公共安全、经济安全和社会稳定。"因"三安全一稳定"是条例总则的规定，对其有两种理解：一种意见认为，"三安全一稳定"就是"公共利益"的另一种表述，是维护公共利益在总则中的体现；另一种意见认为，"三安全一稳定"是政府信息公开的基本原则，也是对政府信息公开的具体要求，与"公共利益"的要求不是一回事。政府信息公开，不仅要考虑是否符合"公共利益"需要，同时也要考虑是否符合"三安全一稳定"的要求。我们认为，"三安全一稳定"包含但不限于"公共利益"。"公共利益"主要是在涉及商业秘密、个人隐私等私权利时需要权衡考虑的问题。"三安全一稳定"则是一项适用于整个政府信息公开领域的普适性原则，只要威胁到"三安全一稳定"，无论是政府主动公开的信息，还是依申请公开的政府信息，无论是涉及国家秘密的政府信息，还是涉及个人隐私、商业秘密的政府信息，均应当不予公开。《国务院办公厅关于施行〈中华人民共和国政府信息公开条例〉若干问题的意见》对此加以明确："如公开可能危及国家安全、公共安全、经济安全和社会稳定，按规定不予提供，可告知申请人不属于政府信息公开的范围。"

"三安全一稳定"是一个主观性比较大的模糊概念，实践中难以把握其具体执行标准。政府信息属于依法确定为国家秘密的，产生国家秘密与"三安全一稳定"原则的部分重合，由于国家秘密的保护已有专门的法律规定，可以直接适用特别法——保守国家秘密法予以保护。政府信息尚未被依法确定为国家秘密，却又危及国家安全、公共安全、经济安全和社会稳定的，可以直接适用《政府信息公开条例》第八条规定不予公开。行政诉讼中，行政机关以申请人所申请的政府信息危及国家安全、公共安全、经济安全和社会稳定不予公开的，应当提供相关证据予以证明。行政机关提供的相关证据应当能够证明公布相关政府信息已经或者将会危及国家安全、公共安全、经济安全和社会稳定，而不是可能危及的主观臆断。例如，某政府以申请公开特定区域水资源状况调查结果会危及社会稳定为由拒绝公开相关政府信息，该政府必须举证证明特定区域水资源状况调查结果与社会稳定之间存在直接的关联。如果仅仅是因为某一特定区域水资源状况急剧恶化，公开后有可能引起群众不满，对政府监管不力提出批评甚至是抗诉，则法院不能认为该申请危及社会稳定。因为,如果确实存在政府监管不力的情况,应当是政府认真总结教训改进工作,甚至依法追究个别行政工作人员玩忽职守的法律责任,从而顺应民心的问题,而不是通过遮遮掩掩粉饰太平。极个别情况下,有证据证明当事人申请政府信息公开目的在于企图通过公开相关政府信息制造动乱,进而危害社会稳定、公共安全甚至国家安全的,则可以适用《政府信息公开条例》第八条规定不予公开。

二、关于不公开单方审理问题

涉及国家秘密、商业秘密、个人隐私的案件,依照行政诉讼法的规定应当不予公开审理。不予公开审理的基本含义是不对当事人之外的第三人公开审理。对当事人而言,依然是公开的审理活动。但是,在政府信息公开诉讼中,如果允许原告通过庭审程序了解相关国家秘密、商业秘密、个人隐私,则已经达到了原告申请政府信息公开的目的,在庭审中通过法院在当事人内部的公开审理,原告就完全可以了解到申请公开的政府信息的全部内容。这样是不符合政府信息公开诉讼目的的。因此,在诉讼过程中,对于政府信息涉及国家秘密、商业秘密、个人隐私的,相关政府信息应当通过不公开单方审理查明相关事实。即由法官与被告单方就相关政府信息进行证据审查,确定被告所提出的不予公开的理由是否成立。至于法官是否一定要了解相关国家秘密、商业秘密、个人隐私的具体内容,则应当视被告的举证情况而定,如果被告通过举证已经能够完全证明申请人所申请的内容属于国家秘密、商业秘密、个人隐私,根据秘密知道的人越少越好的原则,法官原则上亦不应了解相关国家秘密、商业秘密、个人隐私的具体内容。

三、关于其他不宜公开的政府信息

除了涉及国家秘密、商业秘密、个人隐私的政府信息不宜公开外,执法信息、过程信息亦属于不宜公开的政府信息。

所谓执法信息,主要是指行政机关在执法过程中形成的相关资料信息。执法信息包括刑事执法信息和行政执法信息两类。刑事执法信息的形成过程属于公安机关、国家安全机关等依照刑事诉讼法的明确授权实施的行为,根据《若干解释》第一条第二款第(二)项规定,不属于人民法院行政诉讼受案范围。但是,当事人申请公开刑事执法信息,行政机关拒绝或者不予答复的行为并非行政机关依照刑事诉讼法明确授权实施的行为,不得根据《若干解释》第一条第二款第(二)项的规定,以起诉不属于人民法院受案范围为由,裁定不予受理。至于是否应当判决予以公开,则应当审查其是否属于正在进行的刑事诉讼程序中的刑事执法信息。如果属于,则可以以公开有可能影响刑事诉讼程序的正常开展,危及国家安全、公共安全为由,不予公开。如果属于查阅刑事案件案卷材料行为的,应当按照刑事诉讼法规定的程序进行，而不是通过政府信息公开途径予以解决。如果申请的刑事执法信息已经审结归档移交国家档案馆，则应当按照档案法的相关规定办理，未移交国家档案馆的则适用《政府信息公开条例》规定决定是否应予公开。

行政执法信息除不属于刑事侦查活动外，其余内容与刑事执法信息并无明显区别。对于正在进行中的行政执法活动，当事人申请政府信息公开的，也可以以公开相关行政执法信息会对行政执法目的造成困难或者妨碍，危及国家安全、公共安全为由，根据《政府信息公开条例》第八条规定不予公开。

——江必新主编：《最高人民法院关于审理政府信息公开行政案件若干问题的规定理解与适用》，中国法制出版社 2011 年版，第 119—121 页。

923 涉及商业秘密政府信息的审查判断

关键词｜政府信息公开｜商业秘密｜征求第三方意见｜

【最高人民法院参考案例】

三、王宗利诉天津市和平区房地产管理局案

（二）裁判结果

天津市和平区人民法院经审理认为，和平区房管局审查王宗利的政府信息公开申请后，只给金融街公司发了一份第三方意见征询书，没有对王宗利申请公开的政府信息是否涉及商业秘密进行调查核实。在诉讼中，和平区房管局也未提供王宗利所申请政府信息涉及商业秘密的任何证据，使法院无法判断王宗利申请公开的政府信息是否涉及第三人的商业秘密。因此，和平区房管局作出的《涉及第三方权益告知书》证据不足，属明显不当。判决撤销被诉《涉及第三方权益告知书》，并要求和平区房管局在判决生效后 30 日内重新作出政府信息公开答复。

（三）典型意义

本案的焦点集中在涉及商业秘密的政府信息的公开问题以及征求第三方意见程序的适用。在政府信息公开实践中，行政机关经常会以申请的政府信息涉及商业秘密为理由不予公开，但有时会出现滥用。商业秘密的概念具有严格内涵，依据反不正当竞争法的规定，商业秘密是指不为公众知悉、能为权利人带来经济利益、具有实用性并经权利人采取保密措施的技术信息和经营信息。行政机关应当依此标准进行审查，而不应单纯以第三方是否同意公开作出决定。人民法院在合法性审查中，应当根据行政机关的举证作出是否构成商业秘密的判断。本案和平区房管局在行政程序中,未进行调查核实就直接主观认定申请公开的信息涉及商业秘密,在诉讼程序中,也没有向法院提供相关政府信息涉及商业秘密的证据和依据,导致法院无从对被诉告知书认定"涉及商业秘密"的事实证据进行审查,也就无法对该认定结论是否正确作出判断。基于此,最终判决行政机关败诉符合立法本意。该案例对于规范人民法院在政府信息公开行政案件中如何审查判断涉及商业秘密的政府信息具有典型示范意义。

——《全国法院政府信息公开十大案例》,载中华人民共和国最高人民法院行政审判庭编:《行政执法与行政审判》(总第 65 集),中国法制出版社 2014 年版,第 10—11 页。

924 公众知情权与公民隐私权发生冲突时的处理原则

关键词｜政府信息公开｜公众知情权｜公民隐私权｜保障性住房｜

【最高人民法院参考案例】

四、杨政权诉山东省肥城市房产管理局案

(二)裁判结果

泰安市中级人民法院经审理认为,《廉租住房保障办法》《经济适用住房管理办法》均确立了保障性住房分配的公示制度,《肥城市民政局、房产管理局关于经济适用住房、廉租住房和公共租赁住房申报的联合公告》亦规定,"社区(单位),对每位申请保障性住房人的家庭收入和实际生活状况进行调查核实并张榜公示,接受群众监督,时间不少于 5 日"。申请人据此申请保障性住房,应视为已经同意公开其前述个人信息。与此相关的政府信息的公开应适用《政府信息公开条例》第十四条第四款"经权利人同意公开的涉及个人隐私的政府信息可以予以公开"的规定。另,申请人申报的户籍、家庭人均收入、家庭人均住房面积等情况均是其能否享受保障性住房的基本条件,其必然要向主管部门提供符合相应条件的个人信息,以接受审核。当涉及公众利益的知情权和监督权与保障性住房申请人一定范围内的个人隐私相冲突时,应首先考量保障性住房的公共属性,使获得这一公共资源的公民让渡部分个人信息,既符合比例原则,又利于社会的监督和住房保障制度的良性发展。被告的答复未达到全面、具体的法定要求,因此判决撤销一审判决和被诉答复,责令被告自本判决发生法律效力之日起 15 个工作日内对杨政权的申请重新作出书面答复。

(三)典型意义

本案的焦点问题是享受保障性住房人的申请材料信息是否属于个人隐私而依法免予公开。该问题实质上涉及了保障公众知情权与保护公民隐私权两者发生冲突时的处理规则。保障性住房制度是政府为解决低收入家庭的住房问题而运用公共资源实施的一项社会福利制度,直接涉及公共资源和公共利益。在房屋供需存有较大缺口的现状下,某个申请人获得保障性住房,会直接减少可供应房屋的数量,对在其后欲获得保障性住房的轮候申请人而言,意味着机会利益的减损。为发挥制度效用、依法保障公平,利害关系方的知情权与监督权应该受到充分尊重,其公开相关政府信息的请求应当得到支持。因此,在保障性住房的分配过程中,当享受保障性住房人的隐私权直接与竞争权人的知情权、监督权发生冲突时,应根据比例原则,以享受保障性住房人让渡部分个人信息的方式优先保护较大利益的知情权、监督权,相关政府信息的公开不应也不必以权利人的同意为前提。本案二审判决确立的个人隐私与涉及公共利益的知情权相冲突时的处理原则,符合法律规定,具有标杆意义。

——《全国法院政府信息公开十大案例》,载中华人民共和国最高人民法院行政审判庭编:《行政执法与行政审判》(总第 65 集),中国法制出版社 2014 年版,第 11—12 页。

925 政府信息公开诉讼积极不作为案件的判决方式

关键词 | 政府信息公开 | 积极不作为 |

【最高人民法院司法解释】

第九条 被告对依法应当公开的政府信息拒绝或者部分拒绝公开的,人民法院应当撤销或者部分撤销被诉不予公开决定,并判决被告在一定期限内公开。尚需被告调查、裁量的,判决其在一定期限内重新答复。

被告提供的政府信息不符合申请人要求的内容或者法律、法规规定的适当形式的,人民法院应当判决被告按照申请人要求的内容或者法律、法规规定的适当形式提供。

人民法院经审理认为被告不予公开的政府信息内容可以作区分处理的,应当判决被告限期公开可以公开的内容。

被告依法应当更正而不更正与原告相关的政府信息记录的,人民法院应当判决被告在一定期限内更正。尚需被告调查、裁量的，判决其在一定期限内重新答复。被告无权更正的，判决其转送有权更正的行政机关处理。

——《最高人民法院关于审理政府信息公开行政案件若干问题的规定》(2011年8月13日，法释〔2011〕17号)。

【链接：理解与适用】

一、关于本条第一款规定适用中需要注意的问题

1. 本款规定确立了政府信息公开积极不作为案件最基本的处理方式。本条第四款第一句话与第一款的处理完全一致。本条第三款规定的判决方式也应当在第一款规定的处理模式的基础上适用。也就是说，被告以存在不宜公开情形决定不予公开的，人民法院应当先行判决撤销不予公开决定，然后再判令被告公开可以公开的内容。至于本条第二款针对的是公开信息行为，由于是不具有可撤销性的事实行为，一般不能用撤销判决，但是如果被告作出了不能按照原告要求的内容或者形式提供信息的决定，则人民法院亦应先撤销该决定。

2. 部分撤销判决适用于两种情形：一是原告请求的部分信息应当公开，部分不属于被告公开范围，被告全部拒绝；二是原告请求的全部信息都应公开，而被告部分拒绝。

3. 被告重新答复如果仍然是拒绝公开，则按照正当程序原则的要求，其根据调查而为的，必须要有相应的证据；如果是根据裁量结论而为的，必须要说明理由。

4. 人民法院指定被告公开的期限，如果有相关法律、法规、规章或者规范性文件规定的，可以依照该规定；没有规定的，可以根据实际情况指定合理的期限。

5. 人民法院在引用本条规定的同时，最好一并援引行政诉讼法第五十四条第(二)(三)项规定。

二、关于本条第二款规定适用中需要注意的若干问题

1. 信息保存、记录形式的举证责任问题。比如原告要求被告提供政府信息的电子版，被告称不存在，只能提供纸质信息的复印件。这种情况较为常见，应当由谁来承担举证责任？是由原告举证证明电子版信息的存在，还是由被告举证证明电子版信息的不存在呢？我们认为，从原则上来讲，应当由被告承担举证责任。因为按照行政诉讼法的规定，应当由被告证明被诉行政行为合法。而原告要求的形式是否存在，则直接决定了被告提供政府信息的行政行为是否合法。不过，被告提供多少证据才算是完成了举证责任，则应视具体情况而定。《政府信息公开条例》第十九条规定："行政机关应当编制、公布政府信息公开指南和政府信息公开目录，

并及时更新。政府信息公开工作机构的名称、办公地址、办公时间、联系电话、传真号码、电子邮箱等内容。政府信息公开目录，应当包括政府信息的索引、名称、内容概述、生成日期等内容。”借助于该条规定的具体程序，尤其是政府信息公开指南和公开目录，相对人就可以知道欲查询的信息的必要线索，有利于公民、法人和其他组织迅速、低成本、有效地查阅、获取政府信息。编制、公布政府信息公开指南和政府信息公开目录是行政机关的强制性义务。如果被告未履行上述义务，则其应提供其他证据来证明原告所要求的信息形式不存在。如果提供的政府信息公开目录中虽有原告要求的信息，但并无原告所要求的形式，原告对此没有异议，则可认为已尽举证责任。如果原告有异议，则看其要求的形式是否属于法定形式，如果是法定形式，则应由被告继续证明信息的该种形式不存在并说明理由；如果不是法定形式，则应转由原告证明该种信息形式是存在的。

2. 判决是否必须明确公开政府信息的具体形式？或者说是否允许作出概括判决？比如，判决中不直接写明提供何种形式的信息，只是要求行政机关以“适当形式”提供政府信息。我们认为，人民法院应当区别不同情况作出不同的处理。首先，应当对原告提出的形式要求进行适当性审查，如果该要求是适当的，则应当判决按照原告要求的形式提供信息。其次，如果原告的要求明显不当，则应按照法定的形式要求提供信息。再次，如果法律规定了唯一的信息形式，则人民法院应当判决按照这一特定的形式提供信息。复次，如果法律规定了多种信息形式或者未就形式作出规定，则法院应当综合权衡原告的要求和行政负担的可承受性，尽可能选择具体的某种形式。最后，如果法院难以作出具体选择，可以作出概括判决，把适当方式的选择权还给被告。

3. 可否判决被告采取公报、政府网站等便于公众知晓的方式向社会公开应当主动公开的政府信息？《政府信息公开条例》第十五条规定：“行政机关应当将主动公开的政府信息，通过政府公报、政府网站、新闻发布会以及报刊、广播、电视等便于公众知晓的方式公开。”有的案件中，被告依申请向原告提供了信息之后，原告认为此类信息属于应当向社会公开的信息，仅仅向其提供是不够的，请求法院判令被告采取公报、政府网站等方式向社会公开，能否得到支持？有的同志认为，根据本款规定，人民法院应当支持当事人的请求，因为《政府信息公开条例》规定的信息形式是通过政府公报、政府网站、新闻发布会以及报刊、广播、电视等便于公众知晓的方式公开。我们认为，这种观点虽有合理性，但目前并不具有可行性。首先，形式与方式是有区别的。政府信息的形式主要是指信息的载体，是书面文件还是电子文档，抑或是照片、音频、视频资料？而方式主要指的是公开信息的方法。故此,本款规定不能直接适用。其次,在目前阶段,我国行政诉讼法尚无公益诉讼的职能,从该法第二条规定可以得出一个结论,公民、法人或者其他组织只有在主张“自己的”合法权益时,才可以启动行政诉讼程序。相应地,行政诉讼的判决方式亦只能为个体权益提供救济。这一点在《政府信息公开规定》中也能觅得踪迹。《政府信息公开规定》第三条规定:“公民、法人或者其他组织认为行政机关不依法履行主动公开政府信息义务,直接向人民法院提起诉讼的,应当告知其先向行政机关申请相关政府信息。对行政机关的答复或者不予答复不服的,可以向人民法院提起诉讼。”之所以不能直接就行政机关不履行主动公开信息的职责提起诉讼,必须要先向行政机关提出申请才能起诉,就是因为只有提出申请,原告才有了“自己的”利益可以主张。不过,我们认为,法院虽然不能在判决上作出处理,但可以在判决理由中作出判断,同时也可以运用司法建议来发挥能动司法的作用。

三、本条第三款规定适用中需要注意的问题

1. 准确把握“不应当公开的内容”的范围是正确适用本款规定的首要条件

区分处理的目的在于保留信息中不应当公开的内容,只公开可以公开的部分。所以,在运用本款规定时必须要清楚哪些内容是不应当公开的。结合《政府信息公开条例》的规定来看,不应当公开的内容主要包括以下几项:

第一,涉及国家秘密的事项。按照保守国家秘密法的规定,国家秘密分为绝密、机密、秘密三级,“绝密”是重要的国家秘密,泄露会使国家的安全和利益遭受特别严重的损害;“机密”是重要的国家秘密,泄露会使国家的安全和利益遭受严重的损害;“秘密”是一般的国家秘密,泄露会使国家的安全和利益遭受损害。对是否属于国家秘密或属于何种密级不明确或者有争议的事项,由国家保密行政管理部门或者省、自治区、直辖市保密行政管理部门确定。在确定密级前,产生该事项的机关、单位应当按照拟定的密级,先行采取保密措施。《政府信息公开条例》第十四条第三款规定:“行政机关对政府信息不能确定是否可以公开时,应当依照法律、法规和国家有关规定报有关主管部门或者同级保密工作部门确定。”根据以上规定,已经确定密级的信息以及依照法定程序拟报密级的信息都属于不应当公开的信息。

第二,涉及商业秘密的事项。商业秘密是指不为公众所知悉,能为权利人带来经济利益,具有实用性并经权利人采取保密措施的技术信息和经营信息。商业秘密如果为他人尤其是竞争对手所知悉,企业的竞争力就会大大受损甚至完全丧失,因此,申请人申请的信息如果涉及商业秘密,通常不会得到支持。法院在审判当中需要注意涉及商业秘密的信息并非绝对不可公开,在以下两种情况下可以公开:一是权利人同意。商业秘密属于一项私权，权利人可以处分甚至放弃。按照《政府信息公开条例》第二十三条规定，行政机关认为申请公开的政府信息涉及商业秘密，公开后可能损害第三方合法权益的，应当书面征求第三方的意见；第三方不同意公开的，不得公开。二是不公开会严重损害公共利益。按照《政府信息公开条例》第二十三条规定，如果行政机关认为不公开可能对公共利益造成重大影响的，应当予以公开，并将决定公开的政府信息内容和理由书面通知第三方。

第三，涉及个人隐私的信息。在法律上，个人隐私并无明确界定，结合学理和实践来看，个人隐私的范围包括三类信息：一是私人信息，比如个人的姓名、性别、年龄、职业、身体缺陷或者特点、社会关系、财产等私人状况的信息。二是私人活动，尤其是那些不愿意为人所知的私人活动信息。三是私人空间，比如住宅内部情况。关于个人隐私的界定容易产生争议的问题是，个人违法犯罪的信息是否属于个人隐私，我们认为原则上可以纳入。涉及个人隐私信息的公开，与涉及商业秘密信息的公开采取同样的程序，都是按照《政府信息公开条例》第二十三条规定，行政机关应当先征求有关个人意见，取得其同意才可以公开。如果其不同意，则看是否涉及公共利益，如果不公开对公共利益有严重损害，就应当公开。

第四，涉及“三安全一稳定”的信息。按照《政府信息公开条例》第八条规定，如果公开原告申请的信息会危害国家安全、公共安全、经济安全和社会稳定，则不应公开。①

2. 对不应当公开内容的审查密度因不同情形而异

上述四种“不应当公开的内容”当中，国家秘密是羁束性因素，原告申请的信息只要涉及，就不应公开。这一点没有任何例外。在被告以此为由拒绝原告时，法院审查的问题主要就是政府信息是否涉密，国家秘密是否经过依法确认。法院在查明上述事实之后，如何处理，在法律上只有唯一答案，没有什么选择空间了。所以，从审查强度来讲，司法审查的密度可以达到最强。

行政机关在确认信息是否涉及商业秘密、个人隐私时，没有什么选择余地，因为上述因素都是确定概念，但是行政机关可以根据公共利益的需要，公开涉及商业

---

① 2019年修订的《政府信息公开条例》对不予公开的政府信息作了调整。第十四条规定：“依法确定为国家秘密的政府信息，法律、行政法规禁止公开的政府信息，以及公开后可能危及国家安全、公共安全、经济安全、社会稳定的政府信息，不予公开。”第十五条规定：“涉及商业秘密、个人隐私等公开会对第三方合法权益造成损害的政府信息，行政机关不得公开。但是，第三方同意公开或者行政机关认为不公开会对公共利益造成重大影响的，予以公开。”第十六条规定：“行政机关的内部事务信息，包括人事管理、后勤管理、内部工作流程等方面的信息，可以不予公开。行政机关在履行行政管理职能过程中形成的讨论记录、过程稿、磋商信函、请示报告等过程性信息以及行政执法案卷信息，可以不予公开。法律、法规、规章规定上述信息应当公开的，从其规定。”——编者注

秘密和个人隐私的信息,而对于公共利益以及不公开信息损害公共利益程度的判断则具有极大的裁量性,这都是因为公共利益是一个具有高度不确定性的概念,具有极大的弹性空间。“三安全一稳定”是个羁束性因素,只要涉及就不应公开,但是三种安全和社会稳定属于不确定概念,内涵或者要件具有很大的弹性空间,其确认也因此具有很大的裁量性。在上述问题上,法院的司法审查强度最弱,通常不宜以自己的判断取代行政机关的判断,只能评判行政机关的判断是否存在明显的不合理。

3. 政府信息的可分割性是此类案件的审查重点

如果被告拒绝向原告提供的信息属于不应公开的信息,接下来就应当审查该信息是否可以区分处理。所谓区分处理指的是,申请人申请公开的政府信息中含有涉密成分,但是涉密成分与其余部分可以分割开来。如果可以分割,行政机关就应当在保留涉密部分的同时,向申请人公开非涉密部分的信息。区分处理既可以满足保密需要,又可以最大限度地保护申请人的知情权。信息可分割性的审查,是人民法院审理不予公开政府信息的关键问题。如果经审查确认政府信息不能分割,就不能适用本款,只能判决维持不予公开政府信息的决定或者驳回原告诉讼请求。如果能够分割,比如事件可以公开,但事件中行为人的身份涉密,被告对原告提出的查询该事件的申请全部拒绝的,人民法院就应当判决被告限期公开可以公开的内容。被告在公开政府信息之前,可以根据具体情况选择对行为人的身份采取删除、遮盖、变更等方式加以处理。

四、本条第四款规定适用中需要注意的问题

本条第四款在适用中可能会产生一点疑问:既然只要政府信息更正不属于被告职责就可以直接判决其送有权机关处理,庭审中是否还要对所有的证据都进行质证并进行辩论?我们认为,如果能够确认被告无权更正,这样做并无明显不当,但问题在于,除当庭宣判等极少数情况外,庭审时合议庭往往不能作出最终判断。也就是说,合议庭当时的判断存在被后续程序(比如审委会讨论)否定的可能。故此,庭审时进行全面的质证和辩论不失为一种稳妥的做法。

——江必新主编:《最高人民法院关于审理政府信息公开行政案件若干问题的规定理解与适用》,中国法制出版社 2011 年版,第 119—121 页。

926 可分割性原则的适用

关键词｜政府信息公开｜可分割性原则｜限期公开｜

【最高人民法院司法解释】

第九条第三款 人民法院经审理认为被告不予公开的政府信息内容可以作区分处理的，应当判决被告限期公开可以公开的内容。

——《最高人民法院关于审理政府信息公开行政案件若干问题的规定》（2011年8月13日，法释〔2011〕17号）。

【最高人民法院司法文件】

28. 不予公开信息案件审理和判决的有关问题

……对于能够区分处理而没有区分处理的，人民法院可以在判决中指明需要区分的内容并责令被告重新作出处理。（23号、25号、76号）

——《最高人民法院办公厅关于印发〈行政审判办案指南（一）〉的通知》（2014年2月24日，法办〔2014〕17号）。

【最高人民法院参考案例】

赵树金诉上海市杨浦区房屋土地管理局信息公开案（行政审判案例第25号）

要旨：当事人申请公开的政府信息中同时包含可以公开和不应当公开内容且能够作区分处理的，行政机关应当在区分处理后公开可以公开的内容。未作区分处理，或者区分处理错误的，人民法院可以判决被告重作。

根据《政府信息公开条例》第四条、《上海市政府信息公开规定》第五条之规定，被告负责本机关政府信息公开日常工作，故被告具有对本机关政府信息公开的职权。根据《政府信息公开条例》第二十二条的规定，“申请公开的信息中含有不应当公开的内容，但是能够区分处理的，行政机关应当向申请人提供可以公开的信息内容”，被告可以根据原告的申请，对已获取的信息予以公开。因此被告作出的具体行政行为适用法律不当，应予以撤销，并重新作出答复。

——中华人民共和国最高人民法院行政审判庭编：《中国行政审判指导案例》（第1卷），中国法制出版社2010年版，第127页。

【链接：最高人民法院法官著述】

行政机关和法院在适用信息的可分割性原则时应当注意：

（一）可分割性原则适用于包含所有例外信息的文件，无论是涉及国家秘密，还是涉及商业秘密或个人隐私

关于涉及国家秘密信息的区分处理，《国务院办公厅关于施行〈中华人民共和

国政府信息公开条例〉若干问题的意见》第七条规定:“对主要内容需要公众广泛知晓或参与,但其中部分内容涉及国家秘密的政府信息,应经法定程序解密并删除涉密内容后,予以公开。”从上述规定可以看出,国务院办公厅对此设定了两个条件:其一,区分处理的对象是“主要内容需要公众广泛知晓或参与,但其中部分内容涉及国家秘密的政府信息”。我们知道,“需要社会公众广泛知晓或者参与的”,属于《政府信息公开条例》第九条规定的行政机关应当主动公开政府信息的范围,那么,是不是说,在依申请公开政府信息时遇到此类情况就不能作区分处理呢?《政府信息公开条例》显然没有作出明确限定。其二,区分处理的手段是“经法定程序解密并删除涉密内容”。关于涉及个人隐私的政府信息的区分处理,依照国际上的做法,则可以通过删除姓名、生日及其他可以识别特定个人内容等部分来实现。

(二)判断信息能否分割的关键,是“能够作区分处理”

“区分”,是指该部分信息内容可以区别于其他部分的信息内容;“处理”,是指在技术方面两种信息可以相互分离。分割的方式可以是多种多样的,即如果文件中只是援引或引用了不予公开的信息,可以对信息进行重新处理或遮盖;如果申请人申请公开的只是一个文件中可以公开的部分,可以选择提供该部分内容。如果某一不应公开的政府信息在内容上无法区分,提供任何一部分都有可能使当事人获知整个信息的内容,则不能适用可分割性原则。

——李广宇:《政府信息公开诉讼:理论、方法与案例》,法律出版社 2009 年版,第 78—80 页。

927 政府信息公开诉讼消极不作为案件的判决方式

关键词｜政府信息公开｜消极不作为｜不予答复｜履行判决｜

【最高人民法院司法解释】

第十条　被告对原告要求公开或者更正政府信息的申请无正当理由逾期不予答复的,人民法院应当判决被告在一定期限内答复。原告一并请求判决被告公开或者更正政府信息且理由成立的,参照第九条的规定处理。

——《最高人民法院关于审理政府信息公开行政案件若干问题的规定》(2011 年 8 月 13 日,法释〔2011〕17 号)。

【链接：理解与适用】

1. 本条第一句规定在适用中需要注意的问题是，法院在判决被告答复时应当指定期限，这个期限如何掌握？

我们认为，按照《政府信息公开条例》第十八条、第二十四条和第二十六条规定，具体分为以下几种情形：一是就是否公开被告能够当场答复的，可以判决立即公开。法律、法规对政府信息公开的期限另有规定的，从其规定。二是就是否公开被告不能当场答复的，法院可以指定最多不超过十五个工作日内予以答复。三是就是否公开作出答复需要延长期限的，可以指定超过十五个工作日的期限，但最多不能超过三十个工作日。四是申请公开的政府信息如果涉及第三方权益需要征求其意见的，还可以再适当延长。五是申请更正政府信息的，相关法律、法规有规定的，依照其规定；没有规定的，根据申请事项的难易程度和处理程序的复杂程度（比如是否需要进行调查）确定合理的期限。

2. 本条第二句规定在适用中需要注意的主要有如下几个法院在审查中连续面对的问题：

第一，如何准确把握原告起诉理由成立的要件？我们认为，这是审理此类案件的关键所在。所谓起诉理由成立，相当于《德国行政诉讼法》上的诉的理由具备性，只有具备了诉的理由，原告的请求才能获得支持，并在判决方式上得到体现。比如，当事人提起撤销之诉，仅仅提出具体行政行为违法是不够的，还必须证明该行为侵犯了自己的合法权益。也就是说，撤销之诉获得成功需要上述两个理由。我国行政诉讼法上并未对诉讼类型作出区分，但是判决方式的分类承载着与诉讼类型制度大致相当的功能。诉讼类型从诉讼启动就开始根据当事人的诉讼请求将其归入不同的种类，然后用不同的适法性条件和理由具备性、裁判时机成熟性去衡量，最后的结论是当事人提出的诉讼请求能否得到支持。此种方式的好处是为法院作出具体判决提供一个可靠的工作平台，有利于回应权利救济需要。弱点在于由于不同诉讼类型之间通常不能转化，亦为权利救济带来一些不便，因此需要原告具有较高的法律素养。判决方式的区分则带有更强的职权主义色彩，不是看当事人起诉时的具体请求是什么，而是看经过对具体行政行为的合法性审查之后，法院能作一个什么结论，至于这个结论能给当事人一种什么程度的救济，通常不会太受关注。比如，行政诉讼法第五十四条第（三）项规定的履行法定职责，在实践的运用中多为概括判决，而很少有具体判决。如果被告不作为是违法的，法院通常不会审查被告是否应当作为，处理结论自然也就无法具体。或者即便法院经审查认为应当作为,也不会直接判决被告作为。本条规定第二句话借鉴了诉讼类型理论中的理由具备性的成分,或者可以弥补现有制度的一些缺憾。参照有关理论,法院审查原告请求判决被告公开政府信息的理由是否成立一般从以下三个要件入手:不作为违法、权利侵害和裁判时机成熟性。

第二,对不作为违法性的判断。这里的不作为指的是实质不作为,也就是在法律上被告是否有权拒绝原告,对此作出判断则需要搞清楚如下几个问题:一是原告申请的信息是否属于政府信息。二是管辖权,主要看被告是否是公开此类政府信息的法定机关。三是公开信息的条件是否成熟。如果以上问题的答案都为肯定,则可以确认被告存在实质上的不作为,这是可以参照《政府信息公开规定》第九条规定的重要理由。如果任何一个问题为否定,则不构成不作为。比如,原告申请公开的信息不是政府信息,被告不是公开信息的法定机关,或者尚未经有关机关批准或确认,被告的不予答复就仅停留在形式层面,而不构成实质不作为。

第三,对权利侵害的判断。从行政诉讼法第二条规定可以看出,行政诉讼制度以保护个人利益为依归。据此,如果原告主张的利益是他人利益,自然不会受到行政诉讼法的保护。问题是如果原告主张的是公益,其作为公益一分子提起诉讼,是否可以受到保护?如果原告申请查询的信息与其个人生活没有任何关系,完全出自维护公益的需要,是否能够得到支持?我们认为,按照公益诉讼重要性,其创设应当通过最高立法机关制定法律,尤其是在现行行政诉讼法以救济个体利益为依归的情况下。不过,需要注意到,存在一个如何解读个体利益的问题。行政诉讼法第二条规定的行政诉讼法保护的个体利益范围,法律的用词是"合法权益"这样一个范围很大的概念,但是第十一条第一款第(八)项兜底规定中的"认为行政机关侵犯其他人身权、财产权",又使得"侵犯人身权、财产权"似乎成了可诉具体行政行为的定语,由此引起了无穷的争论。长期以来,司法实践在这个问题上虽然较为保守,但仔细观察可以看到其小步快跑,随着社会发展而循序渐进不断发展的历程。起初,行政诉讼法保护的权利范围仅限于人身权和财产权,只有这两种权利受到行政行为的侵害,才可以启动行政诉讼程序(不作为案件中,权利性质或许并不影响起诉的可诉性,但却会影响理由具备性判断),这是符合当时的实际的,与当时处在计划经济向市场经济转型,生存为人民第一需要的发展阶段相合拍。2000 年以后,我国逐步进入小康社会,社会需要多元化,人们不仅要生存,更要发展,教育权、劳动权、休息权的重要性越来越凸显,司法保护的需要越来越强烈,原来司法政策的不合时宜也越来越明显。法院对于社会需要的反应是敏感的,学生起诉高等学校拒绝颁发学位证书或者毕业证书的案件、公民起诉公务员招考中歧视行为的案件、职工起诉劳动部门工伤认定行为的案件陆续进入司法审查的门槛。结合法律规定和行政诉讼制度的发展趋势，我们认为：(1)行政审判应当给予知情权尽可能大的保护。在经济不断发展、社会迅速转型的情况下，法律滞后于现实在所难免；而在修改法律又有很大难度的背景下，法院应当基于能动司法的原则，尽量把法律的弹性用足，在解释法律时尽可能采取积极有效的解释方法，以符合实践的需要。(2)《政府信息公开条例》并不排斥知情权的司法保护。《政府信息公开条例》第三十三条第二款规定："公民、法人或者其他组织认为行政机关在政府信息公开工作中的具体行政行为侵犯其合法权益的，可以依法申请行政复议或者提起行政诉讼。"《政府信息公开条例》中的"合法权益"显然包括知情权，故此，将知情权纳入行政诉讼保护的权利范围。应当说行政诉讼法第二条规定的"合法权益"显示出受到保护的利益之内容具有较高的弹性系数。虽然该法第十一条第一款把保护范围聚集在人身权和财产权领域，但是该条第二款规定："除前款规定外，人民法院受理法律、法规规定可以提起诉讼的其他行政案件。"应当说，上述规定为法院的司法政策留下了足够的选择空间，也为法律在不进行修改的前提下留下了宝贵的发展余地。涉及人身权、财产权之外其他权利如受教育权、劳动权、休息权的具体行政行为纳入行政诉讼受案范围，正是利用了这一空间，在条件成熟时，知情权当然也可以利用这一空间纳入司法保护范围。(3)知情权的司法保护程度应当随着社会各方面的发展水平逐步提高。……

第四，裁判时机成熟性的判断。参照《政府信息公开规定》第九条规定，裁判时机成熟性取决于两个因素：一是是否需要经过调查；二是是否有裁量空间。如果两个问题当中有一个以上的答案是肯定的，则基于尊重行政机关首次判断权的考虑，应当交给被告在进行调查和裁量之后作出判断，法院不宜直接作出具体判决。如果答案都是否定的，则裁判时机成熟，法院可以直接判断并作出具体判决。

——江必新主编：《最高人民法院关于审理政府信息公开行政案件若干问题的规定理解与适用》，中国法制出版社 2011 年版，第 141—144 页。

928 对反信息公开诉讼的审查

关键词 | 政府信息公开 | 反信息公开诉讼 | 不公开审理 |

【最高人民法院司法解释】

第十一条 被告公开政府信息涉及原告商业秘密、个人隐私且不存在公共利益等法定事由的，人民法院应当判决确认公开政府信息的行为违法，并可以责令被告采取相应的补救措施；造成损害的，根据原告请求依法判决被告承担赔偿责任。政府信息尚未公开的，应当判决行政机关不得公开。

诉讼期间，原告申请停止公开涉及其商业秘密、个人隐私的政府信息，人民法院经审查认为公开该政府信息会造成难以弥补的损失，并且停止公开不损害公共利益的，可以依照《中华人民共和国行政诉讼法》第四十四条[①]的规定，裁定暂时停止公开。

——《最高人民法院关于审理政府信息公开行政案件若干问题的规定》(2011年8月13日，法释〔2011〕17号)。

【链接：理解与适用】

《政府信息公开规定》第十一条在司法适用中主要针对的是政府在信息公开领域的“乱作为”，所涉及的司法实务方面的问题主要有：

一、法院对成熟性原则的把握

成熟性原则是指，“法院在行政机关走完全部过程作出最后决定以前，通常不加干涉”，也就是“要以最后决定作为司法审查成熟的标准”。该原则对反信息公开诉讼案件而言，主要涉及法院受理问题。通常，一般的信息公开诉讼案件所体现的是政府不履行法定职责(不作为)或者履行法定职责中存在违法或瑕疵，相对人基于其提出申请而行政机关逾期不答复，或者对行政机关作出的答复存在异议而提起诉讼。其起诉前提都是行政机关有明确的不作为或者作为的行为表现(如答复行为等)。而对于反信息公开诉讼而言，这个前提就非常模糊。虽然在有些情况下，存在行政机关经过一系列通知、征求意见、利益平衡等程序后，作出一个公开决定并书面通知第三方，但还有很多情形诸如行政机关主动公开或者在公开之前未作出相关决定或发出相关通知等，此时，如何把握起诉时机显得十分关键。对权利人而言，只要认为公开或决定公开的内容涉及其商业秘密、个人隐私，即可以向法院提起行政诉讼。对人民法院而言，结合本条规定看，判断案件是否成熟的标准并非简单地看政府信息是否已经公开，或者公开之前是否存在某个固定格式化的决定或通知，而是只要权利人有证据证明其已经获悉政府已公开或决定公开相关信息，同时综合考量是否存在一旦公开该信息，可能会对申请人权利义务产生实际影响，依此决定是否受理、审查该案。其主要依据之一是《若干解释》第一条。

① 现行行政诉讼法第五十六条。——编者注

《若干解释》第一条第二款规定："公民、法人或者其他组织对下列行为不服提起诉讼的，不属于人民法院行政诉讼的受案范围：……（六）对公民、法人或者其他组织权利义务不产生实际影响的行为。"换言之，能够产生实际影响的行为可能属于受案范围。何谓"不产生实际影响"，主要是指还没有成立的行政行为以及还在行政机关内部运作的行为等，其精神实质与"成熟性原则"有一定的共通性。但对于反信息公开诉讼而言，为防范权益侵害扩大化，在信息公开之前，即给予权利人相对宽松的诉权，是符合该项制度发展趋势的，法院对此应当拥有一定的裁量权。如果政府作出一个公开决定，并通知了第三方，第三方如不加阻止，就会对其权利产生不利影响，其与行政机关之间已经存在一个争端，应当属于寻求司法审查的时机已经"成熟"。《政府信息公开规定》第二条规定的几种不予受理的情形中第（一）项为"因申请内容不明确，行政机关要求申请人作出更改、补充且对申请人权利义务不产生实际影响的告知行为"，此规定也反映出原告在相关诉讼中申请内容应明确，同时，也必须符合行政诉讼法第四十一条规定的"有明确的被告""有具体的诉讼请求和事实依据"等法定条件。人民法院在司法实践中应注意灵活把握"成熟性原则"。

二、第三方提起诉讼的事由认定

在反信息公开诉讼中，除了因行政机关主动公开信息而认为自己权益受损的受害人可以提起行政诉讼外，因申请人申请行政机关公开相关信息，第三方认为涉及自身的商业秘密和个人隐私的，也可以行政机关为被告提起行政诉讼。实践中，需注意把握第三方提起行政诉讼的相关事由：首先，如果把行政机关给予第三方的书面通知看作一个具体的行政行为，那么，第三方就是具体行政行为的直接对象，这是最典型的行政诉讼原告。其次，如果认为行政机关作出的公开政府信息决定直接针对的对象是信息申请人，那么，当第三方认为该信息公开后可能损害其合法权益时，第三方也处于合法权益受到不利影响的具体行政行为的间接相对人地位，也就是其与具体行政行为有法律上的利害关系，同样具有原告资格。最后，如果第三方认为该信息涉及其商业秘密，公开后可能侵害其公平竞争权，还可以依照《若干解释》第十三条第（一）项的有关"被诉的具体行政行为涉及其相邻权或者公平竞争权的"规定，以被诉的具体行政行为涉及其公平竞争权为由，依法提起行政诉讼。

三、区分情况公开的信息涉及商业秘密、个人隐私的处理

按照《政府信息公开规定》的精神，政府信息有时表现为一揽子或包含多个信息的某一类信息，在一定情况下可以作区分处理，即根据具体情况，有的可以公开，有的不可以公开。根据《政府信息公开条例》第二十二条规定，"能够作区分处理"

是判断信息能否区分处理并公开的关键。“处理”是指在技术上两种信息可以相互分离。分割的方式包括整体与整体的分割及部分与整体的分离。如果两种信息独立成体,可进行整体与整体的分割,这时从形式上讲选择公开的只是部分文件;如果两种信息不能独立成体,但可以通过遮盖等方式实现免予公开信息部分与整体的剥离,这时尽管从形式上讲公开的是整个文件,但内容本身存在缺少。而一旦出现公开的部分信息侵害公民、法人和其他组织的商业秘密、个人隐私且不存在公共利益等法定事由的情形,则可能涉及责任追究与赔偿。

《政府信息公开条例》第十四条第四款规定:“行政机关不得公开涉及国家秘密、商业秘密、个人隐私的政府信息。”其中当然包括了行政机关主动或应申请人申请而公开的可区分情形下的部分信息。对此,我们认为,决定公开此种信息的主体是行政机关,对于权利人就此而提起的诉讼,人民法院应当严格按照本条的规定作出处理,由决定公开政府信息的行政机关承担赔偿责任。

四、对实体和程序问题的审查重点

反信息公开诉讼中对实体问题的审查重点在于已公开或决定公开的信息是否涉及商业秘密、个人隐私,不公开是否可能对公共利益造成重大影响。这些是法院最终是否公开该信息以及已公开的行为是否合法的关键因素。在实践当中应当围绕此重点作出审查。

而在反信息公开诉讼中对程序问题的司法审查,同样也关系政府信息公开行为是否合法有效。其中,涉及程序合法性最主要的判断依据是《政府信息公开条例》第二十三条针对第三方权益的保护性规定,即“行政机关认为申请公开的政府信息涉及商业秘密、个人隐私,公开后可能损害第三方合法权益的,应当书面征求第三方的意见;第三方不同意公开的,不得公开。但是,行政机关认为不公开可能对公共利益造成重大影响的,应当予以公开,并将决定公开的政府信息内容和理由书面通知第三方”。其中,书面征求第三方意见,应是行政机关的必经程序,如果第三方不同意而行政机关予以公开,则该公开行为可能构成违法(除非存在其后但书中规定的“不公开可能对公共利益造成重大影响”的情形)。而对于行政机关主动公开某项信息或者行政机关虽基于申请人申请而公开,但原本就认为某项信息并不涉及商业秘密、个人隐私,但在后来权利人提起的诉讼中法院认为属于商业秘密、个人隐私等情形的,法院不应以行政机关未履行通知或征求意见义务为由而确认公开信息行为违法。

五、证据审查与判决方式的把握

司法实践中,反信息公开诉讼案件很少,多表现为信息公开诉讼案件。就证据审查而言，法院主要是审查行政机关在诉讼中向法院提交的证据，依据行政诉讼法、《若干解释》以及《行政证据规定》作出审查。这方面，国外的一些有益经验可资借鉴。如美国法院通常认为，一般情况下，应当根据行政机关作决定时的行政记录作出判断，因为行政机关在决定公开保密文件以前，已经存在大量的行政记录，可以作为司法审查的根据，只在行政记录非常不完备时，才适用重新审理的证据标准。

就判决方式而言，美国法院的做法之一是原告在提起诉讼时，可以同时请求预告禁止令和确认判决。本条规定也借鉴了上述做法。如裁定暂时停止公开以及确认违法，即是类似做法。实践中需加以注意的是，在作出确认公开相关信息行为违法后，通常应当进一步判决行政机关采取相应补救措施。虽然在实践中，行政机关在决定公开某项信息时，通常要比不公开某项信息更为审慎，因此产生的反信息公开诉讼的情形相对较少，但一旦公开后已经造成或尚未造成不良损害时，须采取相应的补救措施。如从公开的媒介中及时删去，在已经公开的区域内作出说明或采取后续应对措施（如赔礼道歉、消除影响等）。法院需注意的是，不能只作出判决确认公开政府信息行为违法，通常还需要责令被告采取补救措施。如在某市一起案件中，法院针对该市某区房屋土地管理局在公布某项目的拆迁补偿安置资金证明过程中，将拆迁人的月均营业收入、净资产情况、竞标情况、财务情况等一并在政府网站上公开的做法，最终作出确认部分公开行为违法的判决。从救济的全面合理性而言，还有必要在判决中要求行政机关采取相应的补救措施更为适宜。

此外，在目前倡导的服务行政、阳光政府的理念之下，各级政府及其部门在其职责范围内积极主动公开相关信息的总趋势是正确的，应当予以提倡和鼓励。法院不能因过度审查而抑制这种良性导向。对于可能涉及商业秘密、个人隐私事宜，要在依法严格审查的同时，对法定范围的主动公开相关政府信息的行为予以有效保障。

——江必新主编：《最高人民法院关于审理政府信息公开行政案件若干问题的规定理解与适用》，中国法制出版社 2011 年版，第 159—163 页。

【最高人民法院司法文件】

28. 不予公开信息案件审理和判决的有关问题

行政机关以申请公开的信息属于国家秘密、商业秘密、个人隐私或者危及“三安全一稳定”为由不予公开的，应当证明申请公开的信息符合《保密法》、《不正当竞争法》以及其他相关法律规范规定的要件。……（23 号、25 号、76 号）

——《最高人民法院办公厅关于印发〈行政审判办案指南(一)〉的通知》(2014年2月24日,法办〔2014〕17号)。

【最高人民法院参考案例】

徐建华诉江苏省靖江市人民政府信息公开案(行政审判案例第23号)

要旨:信息公开是《政府信息公开条例》规定的政府法定义务。信息公开以公开为原则,不公开为例外。除行政机关主动公开的政府信息外,公民、法人或者其他组织还可以根据自身需要,依法申请公开相关信息。申请人对行政机关不履行公开义务或拒绝公开政府信息的行为可依法提起行政诉讼。相关权利人有反信息公开权。法院经审查认为反信息公开理由不成立的,可以判令行政机关依法公开。

本案的争议焦点是:(1)238号、149号文件是否应该公开,即该信息是否属于法定应予公开的信息或与徐建华自身的生产、生活、科研等特殊需要具备相关性的信息。(2)第三人的反信息公开权是否应当予以支持。

一、关于238号文件是否存在的问题。经二审法院依职权调查,2002年靖城镇人民政府以靖镇政府发文号发文的共149件,未发现有编号为238号文件。上诉人仅提供一份《情况说明》证明238号文件存在,无其他证据佐证,以现有的证据认定238号文件存在,证据不足,且二审法院经多方调查,亦未查找到该文件。故对该信息行政机关不具有公开义务。一审法院认定无编号为238号文件,判决驳回上诉人的请求正确。关于149号文件是否应该公开的问题。政府信息公开的基本原则是,以公开为原则,以不公开为例外。对法定应该主动公开的信息,政府应当主动公开;对未主动公开的信息,除非具有法定不予公开的理由,一旦公民、法人或者其他组织提出获取相关政府信息的申请,行政机关要予以公开。通过审查149号文件的内容,其是政府对暖通厂处置债权债务请示的批复。根据《政府信息公开条例》第十二条的规定,乡(镇)人民政府应当依照该条例第九条的规定,在其职责范围内确定主动公开的政府信息的具体内容,并重点公开乡(镇)的债权债务、筹资筹劳情况,乡镇集体企业及其他乡镇企业的资产处置信息,政府应当主动公开。且该信息与徐建华的民事诉讼具备关联,属于因自身生产、生活、科研等特殊需要可以申请公开的信息。徐建华与暖通厂有债权债务关系,该文件直接涉及暖通厂的资产处置,与徐建华的债权能否得到实现具备关联性,故该信息属于依申请应公开的信息范围。靖江市人民政府以申请公开的信息与徐建华无关为由拒绝向徐建华公开149号文件无法律依据。原审法院认为徐建华要求公开的文件对徐建华的生活、生活不产生实际影响,因而对其要求法院判令靖江市人民政府公开信息的请求不予支持，该观点有失妥当，应依法予以纠正。

二、关于本案 149 号文件第三人的反信息公开权问题。《政府信息公开条例》第二十三条规定："行政机关认为申请公开的政府信息涉及商业秘密、个人隐私，公开后可能损害第三方合法权益的，应当书面征求第三方的意见；第三方不同意公开的，不得公开。"法院依法保护第三人的反信息公开权，但反信息公开权的行使需有事实和法律依据支撑。依照反不正当竞争法第十条第二款规定，商业秘密是指不为公众所知悉、能为权利人带来经济利益、具有实用性并经权利人采取保密措施的技术信息和经营信息。经法院审查，149 号文件的内容不具备商业秘密的特征。149 号文件内容是暖通厂资产处分的有关情况，并非某一个人的个人事务、个人领域的隐秘信息。文件内容不属于法定的个人隐私范畴。因此 149 号文件相关权利人的反信息公开理由不能成立。关于徐建华要求靖江市人民政府赔偿其因聘请律师协助申请政府信息公开而额外支付的 100 元的请求，因该请求不属于国家赔偿法规定的行政赔偿财产损失的范围，其请求缺乏事实和法律依据，原审法院判决驳回其诉讼请求正确，应予维持。

——中华人民共和国最高人民法院行政审判庭编：《中国行政审判指导案例》（第 1 卷），中国法制出版社 2010 年版，第 115、117—118 页。

929 判决驳回原告诉讼请求的情形

关键词 | 政府信息公开 | 反信息公开诉讼 | 举证责任 |

【最高人民法院司法解释】

第十二条 有下列情形之一，被告已经履行法定告知或者说明理由义务的，人民法院应当判决驳回原告的诉讼请求：

（一）不属于政府信息、政府信息不存在、依法属于不予公开范围或者依法不属于被告公开的；

（二）申请公开的政府信息已经向公众公开，被告已经告知申请人获取该政府信息的方式和途径的；

（三）起诉被告逾期不予答复，理由不成立的；

（四）以政府信息侵犯其商业秘密、个人隐私为由反对公开，理由不成立的；

（五）要求被告更正与其自身相关的政府信息记录，理由不成立的；

（六）不能合理说明申请获取政府信息系根据自身生产、生活、科研等特殊需

要，且被告据此不予提供的；[①]

（七）无法按照申请人要求的形式提供政府信息，且被告已通过安排申请人查阅相关资料、提供复制件或者其他适当形式提供的；

（八）其他应当判决驳回诉讼请求的情形。

——《最高人民法院关于审理政府信息公开行政案件若干问题的规定》（2011年8月13日，法释〔2011〕17号）。

【链接：理解与适用】

一、重视举证责任的合理分配

举证责任分配是采用驳回原告诉讼请求判决方式的重要考虑因素。政府信息公开行政诉讼的核心问题，就是解决政府信息能不能公开的问题。而政府信息掌握在行政机关手中，只有行政机关知道文件的内容和性质，通常情况下，被告拒绝向原告提供政府信息的，应当对拒绝的根据以及履行法定告知和说明理由义务的情况举证。如行政机关主张政府信息涉及国家秘密，就要提供证据证明政府信息已经依照法定程序确定为国家秘密，或者能够提供属于国家秘密的审查、确认结论。对于涉及商业秘密、个人隐私等情形，也是如此。《政府信息公开规定》第五条专门就举证责任分配作出相应规定，对于举证责任有明确划分的，法院可以根据双方履行举证义务的情况作出是否采取驳回诉讼请求的判决形式，但应切忌过于武断。其中，应当重点把握第五条第五款针对实践中行政机关常常以政府信息不存在为由拒绝公开的情形，即被告主张政府信息不存在，原告能够提供该政府信息系由被告制作或者保存的相关线索的，可以申请人民法院调取证据。法院认为必要时，可以调取相关证据，而非简单地以信息不存在为由驳回原告的诉讼请求。

二、正确理解行政机关告知或说明理由义务的履行

本条明确规定了适用驳回原告诉讼请求判决形式的前提是"被告已经履行法定告知或者说明理由义务"，该规定在司法实践中应当根据实际情况具体作出判断，前文已作了较为详细的分析。实践中，在公开信息的相关主体方面，还存在对能够确定该政府信息的公开机关但行政机关没有正确告知的情形。《政府信息公开条例》第二十一条第（三）项规定："依法不属于本行政机关公开或者该政府信息

① 2019年修订的《政府信息公开条例》删除了"三需要"的限制。其第二十七条规定："除行政机关主动公开的政府信息外，公民、法人或者其他组织可以向地方各级人民政府、对外以自己名义履行行政管理职能的县级以上人民政府部门（含本条例第十条第二款规定的派出机构、内设机构）申请获取相关政府信息。"——编者注

不存在的，应当告知申请人，对能够确定该政府信息的公开机关的，应当告知申请人该行政机关的名称、联系方式。”对于该条中规定的不属于本行政机关公开但能够确定该政府信息的公开机关的情形，我们认为，如果行政机关未告知或未正确告知的，法院应区分不同情况给出判决结果。首先，要通过庭审查明被告在原告申请时已经知道或者已经能够确定公开义务主体，有时相对困难，除非被告自己在庭审中承认。其次，如果被告因在庭审中自认能够确定该政府信息的公开机关而被判决败诉，则会反向导致被告在今后的庭审中或者在答复时一概不承认能够确定相关公开义务主体的事实前提，以避免败诉。因为法院判决的导向应有利于行政机关更好地履行公开义务和便民义务，如果一个判决反而导致被告规避便民义务的履行，则该判决就难以达到预期的社会效果。对此，在一些案件中，可以作为行政瑕疵加以指出，要求行政机关引以为戒，同时，可以采取驳回原告诉讼请求的判决方式，而非判决确认被告具体行政行为违法。

——江必新主编：《最高人民法院关于审理政府信息公开行政案件若干问题的规定理解与适用》，中国法制出版社 2011 年版，第 177—182 页。

930 政府信息公开诉讼的诉讼类型及裁判方式

关键词｜政府信息公开｜诉讼类型｜裁判方式｜

【最高人民法院裁判案例】

晏春林诉安阳市文峰区人民政府政府信息公开案［最高人民法院（2018）最高法行申 543 号行政裁定书］

政府信息公开诉讼在诉讼类型上属于履行法定职责之诉。履行法定职责之诉的诉讼目的，就是要求人民法院判令行政机关作出特定行政行为。因此，在裁判时机成熟的情况下，人民法院应当直接判决行政机关作出原告所申请的特定的行政行为，例如，判决行政机关向原告提供他所申请的某一个政府信息，而不是仅仅将行政机关的拒绝决定一撤了之，或者仅仅原则性地判决行政机关作出答复。所谓裁判时机成熟，意味着作出这样一个具体的、全面满足原告诉讼请求的判决所依赖的所有事实和法律上的前提都已具备。如果“案件事实尚未明确”，或者“尚需被告调查或者裁量”，就属于裁判时机不成熟，依照《最高人民法院关于适用〈中华人民共和国行政诉讼法〉的解释》第九十一条的规定，“应当判决被告针对原告的请求重新作出处理”。对此，《最高人民法院关于审理政府信息公开行政案件若干问题的规定》第九条第一款也早已明确规定:“被告对依法应当公开的政府信息拒绝或者部分拒绝公开的,人民法院应当撤销或者部分撤销被诉不予公开决定,并判决被告在一定期限内公开。尚需被告调查、裁量的,判决其在一定期限内重新答复。”

——中国裁判文书网,https://wenshu.court.gov.cn/。

931 政府信息公开案件判决方式的选择

关键词|政府信息公开|判决方式|

【最高人民法院裁判案例】

刘福友诉河北省唐山市路北区人民政府政府信息公开案[最高人民法院(2018)最高法行申4709号行政裁定书]

为强化行政审判解决政府信息公开案件中的纠纷解决功能,最大限度地保障权利救济的实用性,《最高人民法院关于审理政府信息公开行政案件若干问题的规定》第九条第一款规定:“被告对依法应当公开的政府信息拒绝或者部分拒绝公开的,人民法院应当撤销或者部分撤销被诉不予公开决定,并判决被告在一定期限内公开。”该规定使得政府信息公开案件行政判决内容变得明确、具体、直接。但选择这一判决方式的前提是,被告依法应当公开,即被告系政府信息公开主体。但若尚需被告调查、裁量的,《最高人民法院关于审理政府信息公开行政案件若干问题的规定》第九条第一款亦规定了“判决其在一定期限内重新答复”。

——中国裁判文书网,https://wenshu.court.gov.cn/。

932 对于已主动公开的政府信息,行政机关应当充分履行告知义务

关键词|政府信息公开|告知义务|主动公开|

【最高人民法院参考案例】

十、如果爱婚姻服务有限公司诉中华人民共和国民政部案

(二)裁判结果

北京市高级人民法院经审理认为,民政部认定中国婚姻家庭研究会的社会团体登记情况、历年年检情况属于公开信息,并告知如果爱公司登录中国社会组织网

查询。但通过前述网址查询到的内容显然不能涵盖如果爱公司申请公开的中国婚姻家庭研究会的社会团体登记资料、年检资料所对应的信息。对于中国社会组织网查询结果以外的，中国婚姻家庭研究会的其他社会团体登记资料、年检资料信息，民政部未在被诉告知书中予以答复，亦未说明理由，其处理构成遗漏政府信息公开申请请求事项的情形。同时，尽管民政部不保留登记证书的原件及副本，但作为全国性社会团体的登记机关，民政部应当掌握中国婚姻家庭研究会登记证书上记载的相关信息。民政部在未要求如果爱公司对其申请事项予以进一步明确的情况下，仅告知其不保留登记证书原件及副本，未尽到审查答复义务。一审法院关于民政部答复内容并无不当的认定错误，本院予以纠正。民政部作出被诉告知书明显超过法定期限，且无依法延长答复期限的批准手续，民政部在复议程序中已经确认超期答复违法，本院予以确认。此外，被诉告知书有可援引的法律依据而未援引，应属适用法律错误。民政部作为政府信息公开义务主体，应以其自身名义对外作出政府信息公开答复。综上，判决驳回上诉，维持一审判决。

（三）典型意义

本案涉及主动公开和依申请公开的关系以及行政机关应当充分履行告知义务的问题。政府信息公开的方式包括主动公开和依申请公开，两者相辅相成，互为补充。对于已经主动公开的政府信息，行政机关可以不重复公开，但应当告知申请人获取该政府信息的方式和途径。本案中，被告虽然在复议期间告知申请人可以查询信息的网址，但登登该网址仅能查询到部分信息，二审判决认定其遗漏了申请中未主动公开的相关信息，未完全尽到公开义务，是对《政府信息公开条例》的正确理解，从而对行政机关是否充分履行告知义务进而完全尽到公开义务确立了比较明确的司法审查标准。此外，行政机关不予公开政府信息，应当援引具体的法律条款并说明理由。本案判决认定被告有可援引的法律依据而未援引，属于适用法律错误，能够敦促行政机关规范政府信息公开的法律适用，增强政府信息公开的说理性。判决还针对行政机关超期答复和答复主体不当等问题作出确认，也有利于促进政府信息公开答复形式与程序的规范化。

——《全国法院政府信息公开十大案例》，载中华人民共和国最高人民法院行政审判庭编：《行政执法与行政审判》（总第65集），中国法制出版社2014年版，第18页。

933 申请公开的信息内容的合法性是否属于行政复议的审查范围

关键词｜政府信息公开｜信息内容合法｜

【最高人民法院裁判案例】

黄佳星诉中华人民共和国财政部行政复议决定案［最高人民法院（2017）最高法行申 3472 号行政裁定书］

复议机关在办理公民、法人或者其他组织对政府信息公开行为不服提起的行政复议案件时，主要应审查复议被申请人是否履行了信息公开的义务，即对所申请的信息是否是复议被申请人在履行职责过程中制作或者获取，并以一定形式记录、保存的信息，是否是该信息的公开义务机关，复议被申请人是否履行了查找、检索的义务，所作政府信息公开答复是否正确等进行审查。至于复议被申请人经查找、检索后所公开的政府信息内容的合法性，则属另一法律关系，与政府信息公开行为的合法与否无关，因而不属于针对政府信息公开行为进行的行政复议审查范围。

——中国裁判文书网，https://wenshu.court.gov.cn/。

934 行政机关不制作或者不保存相关政府信息是否违法，不属信息公开案件审查范围

关键词｜政府信息公开｜是否违法｜

【最高人民法院裁判案例】

永善高能循环发电机厂等 7 人诉浙江省瑞安市人民政府城建政府信息公开案［最高人民法院（2019）最高法行申 10565 号行政裁定书］

政府信息公开类纠纷案件审查范围为申请内容是否明确具体、是否客观存在相应的政府信息、是否应予公开以及公开的内容和公开的方式是否适当等问题，而行政机关不制作或者不保存相关政府信息是否违法等问题不属审查范围。

——中国裁判文书网，https://wenshu.court.gov.cn/。

935 在能够确定信息公开义务主体的情况下,行政机关应予以充分告知

关键词|政府信息公开|撤销|重作|

【最高人民法院裁判案例】

何正能诉江苏省淮安市淮安区人民政府政府信息公开案[最高人民法院(2020)最高法行申 6295 号行政裁定书]

本案的焦点问题是撤销案涉政府信息公开答复书并责令淮安区政府重新作出答复是否必要。清华苑北侧地块拆迁属于集体土地房屋拆迁,产生的"拆迁资金使用情况"等信息不属于《政府信息公开条例》规定的应当主动公开的政府信息。该地块拆迁由城投中心具体负责,淮安区政府虽未制作或保存案涉信息,但其应当能够确定城投中心为公开义务主体,且其在一审庭审中也认可其知晓城投中心实际使用清华苑北侧地块的拆迁资金,其应对此予以告知。故一审法院据此认定淮安区政府作出的政府信息公开答复书不符合法律规定,并无不当。案涉政府信息公开答复书虽告知不充分,但因何正能在一审庭审中已知晓城投中心负责制作和保存案涉信息,已无撤销重作的必要。一审法院仅对此判决确认违法并无不当。何正能在二审阶段亦已获得其所申请的案涉信息,如其还需申请公开其他与拆迁有关的信息,可以向城投中心申请查阅。一、二审判决并无不当之处,本院对何正能的再审请求,不予支持。

——中国裁判文书网,https://wenshu.court.gov.cn/。

五、行政协议

（一）定义和范围

936 行政协议内涵的界定

关键词 | 行政协议 | 行政性 | 合同性 |

【最高人民法院司法解释】

第一条 行政机关为了实现行政管理或者公共服务目标，与公民、法人或者其他组织协商订立的具有行政法上权利义务内容的协议，属于行政诉讼法第十二条第一款第十一项规定的行政协议。

——《最高人民法院关于审理行政协议案件若干问题的规定》（2020 年 1 月 1 日，法释〔2019〕17 号）。

【链接：理解与适用】

根据这一规定，行政协议包括四个要素：一是主体要素，即必须一方当事人为行政机关；二是目的要素，即必须是为了实现行政管理或者公共服务目标；三是内容要素，协议内容必须具有行政法上的权利义务内容；四是意思要素，即协议双方当事人必须协商一致。通过对行政协议内涵的规定，明确行政协议与民事合同之间的区别。

——黄永维：《〈最高人民法院关于审理行政协议案件若干问题的规定〉新闻发布稿》，载最高人民法院行政审判庭编著：《最高人民法院关于审理行政协议案件若干问题的规定理解与适用》，人民法院出版社 2020 年版，第 12—13 页。

一、行政协议的性质

行政协议作为一种特殊的行政管理活动，具有两面性，既有作为行政管理方式"行政性"的一面，也有作为公私合意产物"合同性"的一面。故行政协议既是一种行政行为，具有行政行为的属性，又是一种合同，体现合同制度的一般特征。

行政协议虽然与行政机关单方作出的行政行为一样，都是为了实现行政管理或者公共服务目标，但与单方行政行为不同的是，它是一种双方行为，是行政机关和行政相对人通过平等协商，以协议方式设立、变更或者消灭某种行政法上的权利义务的行为。由于行政协议既保留了行政行为的属性，又采用了合同的方式，由这种双重混合特征所决定，一方面，行政机关应当与协议相对方平等协商订立协议；协议一旦订立，双方都要依照协议的约定履行各自的义务；当出现纠纷时，也要首先根据协议的约定在合同法的框架内主张权利。另一方面，“协商订立”不代表行政相对人与行政机关是一种完全等同于民事主体一样平等的法律关系。法律虽然允许行政机关与行政相对人缔结协议，但仍应坚持依法行政，不能借由行政协议扩大法定的活动空间。法律也允许行政机关享有一定的行政优益权，当继续履行协议会影响公共利益或者行政管理目标实现时，行政机关可以单方变更、解除行政协议，不必经过双方的意思合致。作为协议一方的行政机关享有行政优益权，这是行政协议与民事合同的重大区别。

行政诉讼法及《行政协议解释》对人民法院针对行政协议案件的合法性审查和合约性审查作了明确规定。由此可知，对于行政协议案件，人民法院既要对行政机关是否“依法”履行、是否“依法”变更、解除行政协议的行政行为进行合法性审查，也要对行政机关是否“依约”履行协议进行合约性审查。

二、行政协议与行政优益权

司法实践中需要注意的是行政优益权在行政协议中的运用。最高人民法院在（2017）最高法行申 3564 号湖北草本工房饮料有限公司诉荆州经济技术开发区管理委员会、荆州市人民政府一案中对此作了详细的论述。行政机关既然选择以缔结行政协议的方式“替代”单方行政行为，则应于缔结协议后，切实避免再以单方行政行为径令协议相对方无条件接受权利义务变动。如果出尔反尔，不仅显失公平，亦违背双方当初以行政协议而不是单方行政行为来形塑当事人之间法律关系的合意基础。固然，基于行政协议和行政管理的公共利益目的，应当赋予行政机关一定的单方变更权或解除权，但这种行政优益权的行使，通常须受到严格限制。首先，必须是为了防止或除去对于公共利益的重大危害；其次，当作出单方调整或者单方解除时，应当对公共利益的具体情形作出释明；再次，单方调整须符合比例原则，将由此带来的副作用降到最低；最后，应当对相对人由此造成的损失依法或者依约给予相应补偿。尤为关键的是，行政优益权是行政机关在合同法的框架之外作出的单方处置，也就是说，行政协议本来能够依照约定继续履行，只是出于公共利益考虑才人为地予以变更或解除。如果是因为相对方违约致使合同目的不能实现,行政机关完全可以依照合同法的规定或者合同的约定采取相应的措施,尚无行使行政优益权的必要。

——最高人民法院行政审判庭编著:《最高人民法院关于审理行政协议案件若干问题的规定理解与适用》,人民法院出版社 2020 年版,第 34—36 页。

【最高人民法院裁判案例】

大英县永佳纸业有限公司诉四川省大英县回马镇人民政府、四川省大英县人民政府不履行行政协议纠纷案[最高人民法院(2017)最高法行申 195 号行政裁定书]

要旨:从所起的作用看,是否行使行政职权、履行行政职责为本质要素,只要符合该要素,所涉协议即为行政协议,而实现公共利益或者行政管理目标及行政机关的优益权这两个要素为判断是否行使行政职权的辅助要素。

行政协议主要包括以下五个方面的要素:(1)主体要素。合同法等民事法律规范规定民事合同的主体是平等主体的自然人、法人或者其他组织,而行政协议的主体则是行政主体和行政相对人,其中具有优势地位的行政主体是不可缺少的主体。(2)目的要素。与民事合同主要是为了追求私人利益不同,行政协议的目的是实现公共利益或者行政管理目标这一行政法上的目的。(3)职责要素。职责要素是指行政机关签订行政协议必须是行使行政职权、履行行政职责的一种方式。(4)内容要素。内容要素是指行政主体与行政相对人之间签订合同的内容是行政法上的权利义务。(5)意思要素。意思要素是指行政主体与行政相对人签订行政协议必须经过协商,意思表示一致。因此,与民事合同相比,除协商一致与民事合同相同外,识别行政协议和民事合同的标准主要有二:一方面,形式标准。形式标准也就是主体标准,即它发生在具有行政职权、履行行政职责的机关和组织及其工作人员与行政职权所作用的公民、法人或者其他组织之间。另一方面,实质标准。实质标准也就是标的及内容标准。行政协议的标的及内容是行政法上的权利义务,意在提供一种指引,强调行政协议不同于民事合同,这一标准排除了行政机关基于自身民事权利义务而签订的协议。行政法上的权利义务可以从以下三方面进行判断:一为是否行使行政职权、履行行政职责;二为是否为实现公共利益或者行政管理目标;三为在协议里或者法律上是否规定了行政机关的优益权。其中,行使行政职权、履行行政职责及行政机关具有优益权构成了行政协议的标的及内容,而是否属于上述标的及内容无法判断时,还可以结合"实现公共利益或者行政管理目标"这一目的要素进行判断。从所起的作用看,是否行使行政职权、履行行政职责为本质要素，只要符合该要素，所涉协议即为行政协议，而实现公共利益或者行政管理目标及行政机关的优益权这两个要素为判断是否行使行政职权的辅助要素。

——中国裁判文书网，https://wenshu. court. gov. cn/。

成都亿嘉利科技有限公司、乐山沙湾亿嘉利科技有限公司诉四川省乐山市沙湾区人民政府解除投资协议并赔偿经济损失案［最高人民法院（2018）最高法行再1号行政裁定书］

行政协议是指行政机关为实现公共服务或者行政管理目标，在行使职权履行职责的过程中与公民、法人或者其他组织协商订立的协议。与民事合同相比，除协商一致与民事合同相同外，识别行政协议的标准主要有二：一方面，形式标准。形式标准也就是主体标准，即它发生在具有行政职权、履行行政职责的机关和组织及其工作人员与行政职权所作用的公民、法人或者其他组织之间。另一方面，实质标准。实质标准也就是标的及内容标准，亦即行政法上的权利义务，其意在提供一种指引，强调行政协议不同于民事合同，这一标准排除了行政机关基于自身民事权利义务而签订的协议。行政法上的权利义务可以从以下三方面进行判断：一为是否行使行政职权、履行行政职责；二为是否为实现公共服务或者行政管理目标；三为在协议里或者法律上是否规定了行政机关的优益权。其中，行使行政职权、履行行政职责及行政机关具有优益权为首要标准，无法判断时，还可以结合“实现公共服务或者行政管理目标”进一步判断。

——中国裁判文书网，https://wenshu. court. gov. cn/。

【最高人民法院参考案例】

八、宁某某诉甘肃省定西市安定区住房和城乡建设局房屋征收补偿安置协议案

典型意义：在履行行政协议过程中，协议当事人对协议约定的内容发生争议的，可能有两类情形：一是约定明确，但当事人之间的理解存有分歧；二是约定不明确，当事人之间事后亦无法达成合意。基于行政协议的行政性与协议性双重属性，协议当事人对协议内容的理解发生争议的，应当按照先行政、后协议的顺序进行认定。有效规范性文件对争议的内容已作出明确规定的，按照该规定确定争议内容的含义；有效规范性文件未作出明确规定、属于协议当事人合意范围的内容，则可以参照民事合同法律规范关于意思表示解释的法律规则，即按照协议所使用的词句，结合相关条款、协议的目的、习惯以及诚信原则等确定争议内容的含义。根据前述方法仍无法确定争议内容含义的,则属于协议约定不明的情形,可以由协议当事人达成补充协议,达不成补充协议的,则可以参照民事合同法律规范关于合同约定不明确时履行的法律规则确定争议内容的含义。本案中,协议当事人之间对合意的事项即产权调换的六套房屋是否一次性交付发生争议,人民法院即根据前述法律规则,认定宁某某在其订立协议时对产权调换房屋非一次性交付已有预期且属明知,并在此基础上计算行政机关所应承担的违约责任。

——《最高人民法院发布第二批行政协议诉讼典型案例》,载最高人民法院网 2022 年 4 月 20 日,https://www.court.gov.cn/zixun-xiangqing-355511.html。

937 行政协议的范围与排除

关键词｜行政协议｜行政协议范围｜公务协助｜劳动人事协议｜

【最高人民法院司法解释】

第二条　公民、法人或者其他组织就下列行政协议提起行政诉讼的,人民法院应当依法受理:

(一)政府特许经营协议;

(二)土地、房屋等征收征用补偿协议;

(三)矿业权等国有自然资源使用权出让协议;

(四)政府投资的保障性住房的租赁、买卖等协议;

(五)符合本规定第一条规定的政府与社会资本合作协议;

(六)其他行政协议。

第三条　因行政机关订立的下列协议提起诉讼的,不属于人民法院行政诉讼的受案范围:

(一)行政机关之间因公务协助等事由而订立的协议;

(二)行政机关与其工作人员订立的劳动人事协议。

——《最高人民法院关于审理行政协议案件若干问题的规定》(2020 年 1 月 1 日,法释〔2019〕17 号)。

【链接:理解与适用】

在司法实践中,需要注意以下几个问题:

一是是否属于行政协议应当根据行政协议的要素进行审查。司法实践中,例如治安担保协议、计划生育合同、招商引资协议、行政和解协议、国有资产承包经营出售或者租赁合同、行政机关委托科研咨询协议等，在性质上一般属于行政协议。需要注意的是，对于这些非法定的无名协议，不能仅仅通过协议名称进行判断，而应当根据行政协议的要素进行识别，判断其是否属于行政协议。

二是对于国有土地使用权出让协议的处理。本次司法解释暂未将国有土地使用权出让协议列入。一些地方已经就该类案件作为行政协议案件进行审理，积累了一些审判经验。今后，人民法院行政审判部门就可以审理此类案件继续进行探索，条件成熟时，司法解释再行明确规定。

——最高人民法院行政审判庭编著：《最高人民法院关于审理行政协议案件若干问题的规定理解与适用》，人民法院出版社 2020 年版，第 51—52 页。

938 地方政府及其职能部门与投资主体达成的给予一系列优惠政策的招商引资协议，属行政协议

关键词｜行政协议｜招商引资协议｜

【最高人民法院参考案例】

五、九鼎公司诉吉林省长白山保护开发区池北区管理委员会、吉林省长白山保护开发区管理委员会不履行招商引资行政协议案

（二）裁判结果

吉林省延边朝鲜族自治州中级人民法院一审认为，长白山管委会认可九鼎商砼混凝土搅拌站项目是招商引资项目，并认为九鼎商砼站属招商遗留问题，因此九鼎公司可以享受招商引资政策，具备本案原告主体资格。案涉招商引资协议系行政协议，在案涉商砼混凝土搅拌站因原选址不符合环境保护要求、无法正常生产的情况下，池北区管委会、长白山管委会应当履行协议义务，为九鼎公司及时办理前期手续和场地选址事宜；如果因客观原因在辖区内确实无法重新选址，项目无法继续推进，池北区管委会、长白山管委会应当对九鼎公司的相关损失依法作出处理。遂判决：限池北区管委会和长白山管委会于本判决生效之日起六个月内履行法定职责，为九鼎公司办理前期手续及场地选址事宜，或者对九鼎公司的损失依法作出处理。池北区管委会、长白山管委会不服，提起上诉。

吉林省高级人民法院二审认为，九鼎公司基于管委会的行政允诺，依约进行了

投资建设。在相关政策及许可标准发生变化的情况下，项目成为招商遗留问题，池北区管委会、长白山管委会应当对此进行处理。在客观上无法实现原招商目的时，应当对实际投资人的损益作出处理，避免侵害营商环境。遂判决驳回上诉，维持一审判决。

（三）典型意义

法治是最好的营商环境，诚信政府是最好的招商名片。地方政府为吸引外来投资、搞活本地市场，采取提供优惠政策的方式招商引资，符合法律规定。但有些招商引资项目建设、经营周期较长，在实际推进过程中，因客观情况导致相关允诺未能按时如约履行，进而产生纠纷。本案明确地方政府及其职能部门为实现公共管理职能或者公共服务目标与投资主体达成的给予一系列优惠政策的招商引资协议，属行政协议。对于此类协议，无论是从履行行政管理的公法主体角度，还是从合同缔约者的角度，地方政府都应本着诚实守信的原则依法依约履行协议义务。同时，一、二审判决遵循司法谦抑原则，充分尊重行政机关的首次判断权，并对行政机关的后续履职行为提出明确的司法指引，充分保障了行政相对人的合法权益。本案作为一起涉及优化营商环境、督促政府守信践诺的典型案件，彰显了人民法院通过行政诉讼保护民营企业合法权益的司法理念，保障民营企业参与当地投资建设的安全感，推动当地诚信政府、法治政府建设。

——《最高人民法院行政协议典型案例（第一批）》，载最高人民法院网 2021 年 5 月 11 日，https://www.court.gov.cn/zixun-xiangqing-301081.html。

939 土地复垦协议属于行政协议

关键词｜行政协议｜土地复垦协议｜

【最高人民法院参考案例】

三、张绍春诉重庆市綦江区新盛镇人民政府不履行土地复垦行政协议案

（二）裁判结果

重庆市大渡口区人民法院认为，案涉《农村建设用地复垦协议书》系为完成行政管理目标而订立，协议内容具有行政法上权利义务，属于行政协议。新盛镇政府所举示的证据足以证明，该地块所涉复垦项目竣工后审查确认面积为 575 ㎡。张绍春退出农村建设用地应得的土地复垦补偿费用 112168.13 元，已领取首期付款金额 28513 元，尚余 83655.13 元未领取。但新盛镇政府所举证据均不足以证明其已将剩余款项依法支付,或者虽未依法支付但存在正当阻却事由。故新盛镇政府尚有 83655.13 元土地复垦补偿费未支付给张绍春,且其未及时足额支付的行为确给张绍春造成资金占用损失,张绍春要求支付资金占用利息应当依法支持。遂判决新盛镇政府继续履行《农村建设用地复垦协议书》,在判决生效之日起 15 日内支付张绍春土地复垦补偿费 83655.13 元及资金占用利息(从起诉之日起计付至付清全款时止,按中国人民银行公布的同期贷款利率计息)。一审宣判后双方当事人未上诉。

(三)典型意义

土地复垦是优化农村土地结构布局、完善乡村设施配套、改善乡村人居环境的重要方式,协议相对人与行政机关订立的土地复垦协议属于行政协议。人民法院应当依法支持行政机关通过柔性手段即与相对人达成协议推进土地复垦工作,落实合理利用土地和切实保护耕地的基本国策。司法实践中,当事人就行政协议的履行争议提起行政诉讼,但其提出的诉讼请求形式上可能属于传统的单方行政行为之诉。如本案当事人原先提出的诉讼请求为确认被告减少复垦面积违法并予以行政赔偿,但其实质为对土地复垦协议的履行产生争议。对于此类情形,人民法院应当依法释明,引导当事人提起行政协议履行之诉。土地复垦协议的约定事项与实际情况不一致时,应当以实际情况为依据。协议当事人主张按照实际情况履行协议的,则应当对实际情况的事实承担举证责任。另外,本案在违约责任认定上,人民法院参照适用民事法律规范有关规定,充分考量资金占用损失的法律性质,认定行政机关存在逾期支付款项情形,结合当事人的诉讼请求,判令其支付相应利息,有利于充分保障协议相对人的合法权益,有利于促进行政机关守信践诺。

——《最高人民法院行政协议典型案例(第一批)》,载最高人民法院网 2021 年 5 月 11 日,https://www.court.gov.cn/zixun-xiangqing-301081.html。

940 《附条件息诉罢访协议》是否属于行政协议，能否提起行政诉讼

关键词｜行政协议｜息诉罢访协议｜

【最高人民法院裁判案例】

姜万臣诉黑龙江省大庆市人民政府行政给付案[最高人民法院(2019)最高法行申 11819 号行政裁定书]

要旨:在形式上,《附条件息诉罢访协议》系行政主体与相对人之间经协商一

致签订的协议。在实质上,维护当地社会和谐稳定与处理信访事宜系政府的法定职责,该协议的签订是为了维护社会和谐稳定,是为了行政管理职能的需要,在政府职责权限的范围内,协议内容具有行政法上权利义务的性质。因此,《附条件息诉罢访协议》系可诉的行政协议的范畴。

关于《附条件息诉罢访协议》的性质。当时有效的《最高人民法院关于适用〈中华人民共和国行政诉讼法〉若干问题的解释》第十一条第一款规定:“行政机关为实现公共利益或者行政管理目标,在法定职责范围内,与公民、法人或者其他组织协商订立的具有行政法上权利义务内容的协议,属于行政诉讼法第十二条第一款第十一项规定的行政协议。”行政协议兼具“行政性”与“合同性”,是行政机关为管理行政事务,实现公共利益或者管理目标与公民、法人或者其他组织协商订立的具有行政法上权利义务内容的协议。本案中,大庆市政府委托大庆市信访法律服务中心(以下简称信访服务中心)解决姜万臣信访事项,信访服务中心与其签订《附条件息诉罢访协议》。在形式上,《附条件息诉罢访协议》系行政主体与相对人之间经协商一致签订的协议。在实质上,维护当地社会和谐稳定与处理信访事宜系政府的法定职责,该协议的签订是为了维护社会和谐稳定,是为了行政管理职能的需要,在政府职责权限的范围内,协议内容具有行政法上权利义务的性质。因此,《附条件息诉罢访协议》系可诉的行政协议的范畴。

关于《附条件息诉罢访协议》与信访事项处理的区别。《最高人民法院关于不服县级以上人民政府信访行政管理部门、负责受理信访事项的行政管理机关以及镇(乡)人民政府作出的处理意见或者不再受理决定而提起的行政诉讼人民法院是否受理的批复》(以下简称《最高院关于信访部门处理意见的批复》)主要针对的是信访负责部门单方面作出的登记、受理、交办、转送、处理意见、复查意见和复核意见等不对相对人产生实质性影响的单方行为,其实质是根据《信访条例》作出的信访处理事项,不属于行政诉讼受案范围。但本案中,《附条件息诉罢访协议》非信访部门的单方处理行为,而是双方协商一致的结果,双方协商的内容已经对姜万臣的权利义务产生了实质上的约束力。因此,本案的《附条件息诉罢访协议》不属于《最高院关于信访部门处理意见的批复》的规定范围。故,一、二审的裁定论述理由错误,应予纠正。

——中国裁判文书网,https://wenshu.court.gov.cn/。

941 村委会签订的拆迁安置补偿协议是否属于行政协议

关键词｜行政协议｜拆迁安置补偿协议｜

【最高人民法院裁判案例】

刘振盈诉济南高新技术产业开发区管理委员会行政协议案［最高人民法院（2018）最高法行申 8208 号行政裁定书］

行政诉讼法第十二条第一款第（十一）项规定的行政协议是指，行政机关为实现公共利益或者行政管理目标，在法定职责范围内，与公民、法人或者其他组织协商订立的具有行政法上权利义务内容的协议。本案中，《章锦村拆迁安置补偿协议》虽然由包括章锦街道办事处在内的三方当事人签订，但协议的主要目的和内容是约定章锦村委会与再审申请人之间在拆迁过程中的安置补偿事宜，章锦街道办事处仅“负责指导协助甲乙双方在拆迁各环节的工作落实及安全保障工作”，该项约定没有改变各方当事人之间行政法上的权利义务关系，也没有表明章锦街道办事处或者高新区管委会对案涉宅基地及房屋实施了征收。因此，原审法院以被诉的《章锦村拆迁安置补偿协议》不属于行政诉讼法第十二条第一款第（十一）项规定的行政协议为由，裁定驳回再审申请人的起诉并无不当。

——中国裁判文书网，https://wenshu.court.gov.cn/。

942 国有土地使用权出让协议的性质认定

关键词｜行政协议｜国有土地使用权出让协议｜

【最高人民法院专业法官会议纪要】

22. 国有土地使用权出让协议是否属于行政协议，相关行为引发的争议，应当通过民事诉讼，还是行政诉讼解决。

答：国有土地出让合同属于典型的行政协议，因为签订行政协议行为，行政机关不依法履行、未按照约定履行协议行为，行政机关单方变更、解除协议引发的纠纷，应当通过行政诉讼的途径解决。

理由：行政机关为实现公共利益或者行政管理目标，行使行政职权，与公民、法人或者其他组织协商订立的具有行政法权利义务内容的协议，属于行政协议。国有土地出让协议，是土地管理部门为实现土地行政管理的目标，行使法律赋予的土地行政管理法定职权,与国有土地使用权的受让人签订的具有行政法上权利义务内容的协议,属于行政协议范畴,是最典型的行政协议,发生相关争议,应当属于行政诉讼的受案范围。

但是,应当注意的是,目前《最高人民法院关于审理涉及国有土地使用权合同纠纷案件适用法律问题的解释》依然有效,该司法解释将国有土地出让合同纠纷作为民事案件受理,而行政诉讼法和相关行政诉讼的司法解释尚未明确国有土地出让合同属于行政诉讼的受案范围,当事人选择民事诉讼途径解决争议的,人民法院应当尊重当事人的选择。

——《最高人民法院第一巡回法庭关于行政审判法律适用若干问题的会议纪要》(2018 年 7 月 23 日),载最高人民法院第一巡回法庭编著:《最高人民法院第一巡回法庭行政案件裁判精要》,中国法制出版社 2020 年版,第 194—195 页。

943 政府采购协议的性质认定

关键词｜行政协议｜政府采购协议｜

【链接:最高人民法院法官著述】

司法实务中,要注意政府采购协议的性质问题。政府采购协议既没有在司法解释第二条的正面列举中出现,也没有在第三条的"负面清单"中列出,那么,它究竟是否属于行政协议呢?

……但是,由于政府采购法立法时,人们对于政府采购协议的认识还在深化之中,当时的行政诉讼法也还没有将行政协议的概念引入法律当中,因此,立法者只能通过民事诉讼的途径为政府采购协议提供救济渠道。最终的结果就是现行有效的政府采购法第四十三条规定:"政府采购合同适用合同法。采购人和供应商之间的权利和义务,应当按照平等、自愿的原则以合同方式约定。"第七十九条规定:"政府采购当事人有本法第七十一条、第七十二条、第七十七条违法行为之一,给他人造成损失的,并应依照有关民事法律规定承担民事责任。"因此,本次司法解释,暂时未将政府采购合同纳入行政协议。

——最高人民法院行政审判庭编著:《最高人民法院关于审理行政协议案件若干问题的规定理解与适用》,人民法院出版社 2020 年版,第 61—64 页。

944 行政协议争议是否属于行政复议受案范围①

关键词 | 行政协议 | 行政复议 |

【最高人民法院裁判案例】

谢忠田、王玉岭、谢维康诉安徽省淮北市相山区人民政府行政复议案[最高人民法院(2019)最高法行申8145号行政裁定书]

本院经审查认为,行政复议法第二条规定:"公民、法人或者其他组织认为具体行政行为侵犯其合法权益,向行政机关提出行政复议申请,行政机关受理行政复议申请、作出行政复议决定,适用本法。"据此,公民、法人或者其他组织认为具体行政行为侵犯其合法权益,有权向行政机关提出行政复议申请。从行政复议与行政诉讼衔接关系来看,一般情况下,属于行政诉讼受案范围的行政争议,均属于行政复议受理范围。虽然行政复议法和《行政复议法实施条例》均未明确规定行政协议争议属于行政复议受理范围,但行政复议法第六条第(十一)项对行政复议的受案范围作出了兜底规定:"有下列情形之一的,公民、法人或者其他组织可以依照本法申请行政复议:……(十一)认为行政机关的其他具体行政行为侵犯其合法权益的。"另外,行政补偿协议仅是征收补偿的一种方式,并没有改变征收补偿的根本性质。故在涉案征收补偿有可能侵犯谢彩侠合法权益的情况下,谢彩侠有权依据上述法律规定向相山区政府申请行政复议。相山区政府受理后进行实体审理并作出行政复议决定,并无不当。

——中国裁判文书网,https://wenshu.court.gov.cn/。

(二)当事人及权利

945 行政协议纠纷类型和行政协议诉讼原告、被告

关键词 | 行政协议 | 行政协议纠纷 | 原告、被告 |

① 2022年10月27日,行政复议法修订草案首次提请十三届全国人大常委会第三十七次会议审议。其中,修订草案扩大了行政复议受案范围,明确规定对行政协议等行为不服的可以申请行政复议。——编者注

【最高人民法院司法解释】

第四条　因行政协议的订立、履行、变更、终止等发生纠纷，公民、法人或者其他组织作为原告，以行政机关为被告提起行政诉讼的，人民法院应当依法受理。

因行政机关委托的组织订立的行政协议发生纠纷的，委托的行政机关是被告。

——《最高人民法院关于审理行政协议案件若干问题的规定》（2020 年 1 月 1 日，法释〔2019〕17 号）。

【链接：理解与适用】

根据行政诉讼法及相关司法解释的规定，在适用本条规定时，应注意以下几点：

（一）关于行政协议是否成立纠纷

当事人要求提起行政协议诉讼的前提系其与行政机关之间确实存在行政协议。在司法实践中，有的当事人还可能误解对方的意思表示，将双方在沟通过程中形成的不具有行政法上权利义务内容的合意也视为“行政协议”。对此，要注意甄别行政协议成立与否，对于明显不属于行政协议的应裁定不予受理，已经受理的裁定驳回起诉。此外，还要注意处理行政承诺与行政协议之关系，正确区分系单方承诺还是双方合意。

（二）关于行政协议之订立纠纷

对于行政协议之订立纠纷，协议双方的缔约资格问题是实体审查的起点，即行政机关有无签订行政协议的权限或者说协议约定的事项是否属于本机关行政管理事项，以及协议相对人对标的物是否拥有完全处分权。此处需要注意的是，行政机关缔约权限一般应由法律、法规、规章规定，或法律、法规、规章规定可授权给相关机关行使。若出现行政机关超越权限、滥用权限或委托、授权不合法等情形，所签订行政协议均应认定为无效协议。

（三）关于委托签订的行政协议之适格被告

因行政机关委托的组织订立的行政协议发生纠纷的，委托的行政机关是被告。但在司法实践中，对于是否构成“委托”往往也有争议，这时就要根据各方的证据综合加以判断。如在司法实践中，被委托组织有时是以自己的名义，而非委托主体的名义签订行政协议。虽然一般认为，受托主体接受委托后仍应以委托主体的名义实施行为，但只要委托主体不是转嫁责任，对委托予以认可，并能承担法律责任，人民法院可以认定委托关系成立。另如果行政机关委托的组织参加诉讼更便于查清案件事实，人民法院可以允许或追加其作为第三人参加诉讼。

——最高人民法院行政审判庭编著：《最高人民法院关于审理行政协议案件若干问题的规定理解与适用》，人民法院出版社 2020 年版，第 69—70 页。

946 行政协议外利害关系人的原告资格的确认

关键词｜行政协议｜原告资格｜

【最高人民法院司法解释】

第五条 下列与行政协议有利害关系的公民、法人或者其他组织提起行政诉讼的，人民法院应当依法受理：

（一）参与招标、拍卖、挂牌等竞争性活动，认为行政机关应当依法与其订立行政协议但行政机关拒绝订立，或者认为行政机关与他人订立行政协议损害其合法权益的公民、法人或者其他组织；

（二）认为征收征用补偿协议损害其合法权益的被征收征用土地、房屋等不动产的用益物权人、公房承租人；

（三）其他认为行政协议的订立、履行、变更、终止等行为损害其合法权益的公民、法人或者其他组织。

——《最高人民法院关于审理行政协议案件若干问题的规定》（2020 年 1 月 1 日，法释〔2019〕17 号）。

【链接：理解与适用】

总之，行政协议外第三人具有原告资格，归根结底为其与该行政协议存在利害关系且其固有利益受损的情形。行政协议纠纷的解决既需要在具体个案中坚持利益衡量原则，兼顾社会公共利益、协议相对人利益、第三人利益，也需要在整体框架上把握行政协议的合法性与安定性之间的微妙关系；既通过纠正行政协议中的各类违法、违规操作以维护协议的合法性，又避免合法性审查过度扰乱协议的安定性，造成各方利益的巨大损失，进而引发行政协议法律关系的不稳定和市场的不确定。在涉及土地房屋征收、政府特许经营、出让国有自然资源等行政管理事务时，既要充分考虑行政协议的公益性以及如何更好地发挥行政管理职权在充分利用有限社会资源方面的优势，又要科学地界定公共利益和私益合法权益的边界，在契约自由与契约正义之间实现平衡。

——最高人民法院行政审判庭编著:《最高人民法院关于审理行政协议案件若干问题的规定理解与适用》,人民法院出版社2020年版,第81页。

【最高人民法院参考案例】

四、凤冈县某工贸有限责任公司诉贵州省凤冈县人民政府请求撤销补偿安置协议案

典型意义:基于合同的合意性,合同原则上仅对订立合同的当事人具有效力,当事人之外的其他主体通常不能就合同主张权利,通常称之为合同相对性原则。但在法律有明确规定的情形下,亦可以突破合同相对性原则。行政协议的合意性特征,决定其同样应当遵循相对性原则。但行政协议同时具有行政性特征,具有公定力、确定力等,在未依法否定其效力之前,受其影响的主体应当予以尊重及执行。当订立行政协议属于行政机关履行法定职责的法定形式时,行政机关则可以其已订立行政协议作为其已经履行相应法定职责的正当抗辩事由。因此,传统行政行为的利害关系人制度,原则上也可以适用于行政协议诉讼。相比于民事合同,行政协议突破合同相对性原则的法定情形相对更多。本案中,若某工贸公司不理会《安置协议》的存在,而是提供证据证明其具有法定的补偿权益,进而主张行政机关应当与其订立补偿安置协议抑或履行补偿安置职责的,行政机关则可以其已与法定的被征收人订立补偿安置协议或者已经履行补偿安置职责为由予以拒绝。某工贸公司对此不服提起行政诉讼,在《安置协议》效力被否定之前,人民法院通常认定行政机关的主张成立,对诉讼请求不予支持。因此,某工贸公司需要主动就《安置协议》提起行政诉讼,否定其效力以救济自身的合法权益。《最高人民法院关于审理行政协议案件若干问题的规定》第五条第(二)项规定,即明确肯定了被征收征用土地、房屋等不动产的用益物权人、公房承租人的原告主体资格。行政机关通过订立行政协议方式履行法定职责的,应当严格遵循合法性要求,查明其对协议相对人是否具有相应的法定职责等事实,并依法约定双方当事人之间的权利义务。行政机关在未查明有关事实情形下订立行政协议,由此对协议相对人之外的其他主体合法权益造成损害,利害关系人请求撤销或部分撤销行政协议的,人民法院应当依法支持。这样,既可以一揽子解决行政协议争议,减少当事人的诉讼成本,又可以避免重复支付,防止国有资产不当流失。

——《最高人民法院发布第二批行政协议诉讼典型案例》,载最高人民法院网2022年4月20日,https://www.court.gov.cn/zixun-xiangqing-355511.html。

947 行政协议争议涉及第三方权益的，应通知第三方参加诉讼

关键词｜行政协议｜第三人｜

【最高人民法院裁判案例】

大同市新荣区昆仑燃气有限公司诉山西省大同市新荣区住房保障和城乡建设管理局、山西省大同市新荣区人民政府[最高人民法院(2020)最高法行再30号行政裁定书]

根据《最高人民法院关于适用〈中华人民共和国行政诉讼法〉的解释》第三十条第二款规定，与行政案件处理结果有利害关系的第三人，可以申请参加诉讼，或者由人民法院通知其参加诉讼。人民法院判决其承担义务或者减损其权益的第三人，有权提出上诉或者申请再审。本案系昆仑公司提起的请求履行案涉协议的诉讼，但行政协议争议并不仅仅局限于协议相对人之间。虽然行政协议具有相对性，但其订立、履行等过程可能会影响甚至处分第三方的权益。根据《最高人民法院关于审理行政协议案件若干问题的规定》第五条的规定，与行政协议有利害关系、认为行政协议的订立、履行、变更、终止等行为损害其合法权益的公民、法人或者其他组织，可以就行政协议提起诉讼。本案中，华润公司与大同市市政管理委员会于2011年9月签订《大同市城市燃气特许经营协议》，协议范围包括大同市新荣区。因此，该协议与案涉协议在特许经营范围上有重叠。人民法院对案涉协议是否履行的判断，直接影响到大同市政府与华润公司之间行政协议的履行。因此，华润公司属于必须参加诉讼的当事人。根据《最高人民法院关于适用〈中华人民共和国行政诉讼法〉的解释》第二十七条的规定，必须共同进行诉讼的当事人没有参加诉讼的，人民法院应当依法通知其参加；当事人也可以向人民法院申请参加。本案一审中，新荣区政府答辩中已经提出华润公司之前签订协议并获得大同市管道燃气特许经营权。二审上诉过程中，亦包括一审遗漏必要共同诉讼当事人的上诉理由。华润公司在提交的再审申请书中，一直主张其在原审中多次书面和口头申请参加诉讼，但是法院未予许可。因此，原审法院未通知华润公司和与其签订协议的大同市市政管理委员会参加诉讼，属于遗漏了必要参加诉讼的当事人情形，程序违法。

——中国裁判文书网，https://wenshu.court.gov.cn/。

948 行政协议涉及第三人履约请求权的审查

关键词 | 行政协议 | 第三人 |

【最高人民法院裁判案例】

哈尔滨人和化工经贸有限公司诉黑龙江省哈尔滨市道外区房屋征收服务中心、黑龙江省哈尔滨市道外区人民政府房屋征收补偿协议案[最高人民法院(2019)最高法行申1303号行政裁定书]

合同法第六十四条规定:"当事人约定由债务人向第三人履行债务的,债务人未向第三人履行债务或者履行债务不符合约定,应当向债权人承担违约责任。"该条规定了向第三人履行合同问题。根据该条规定,第三人对债务人不享有独立的履行请求权。本案中,3853号协议中载明协议的签订主体分别为"甲方:哈尔滨市道外区人民政府房屋征收办公室""乙方:哈尔滨华山化工厂",且协议尾部签章部分亦仅列有甲方和乙方的位置。该协议第十三条规定:"乙方应得补偿款为:贰仟陆佰零八万八千三百四十五元五角整(大写),26088345.50(小写),本协议签订结束7日后到龙江××××道里支行领取。"第十七条约定:"说明或约定:6. 其他不动产参照资产评估报告。人和公司为华山化工厂租赁企业,资产补偿金为:2452400元。"从3853号协议的上述内容可知,3853号协议的主体为道外区征收办及华山化工厂,人和公司系3853号协议的第三人。人和公司作为承租人要求道外区政府、道外区征收办履行3853号协议,必须以其具有直接的针对债务人的履行请求权为前提条件。原审法院应进一步查明相关事实,确定人和公司是纯粹的履行受领人,还是可以直接请求债务人履行协议的权利人。在此基础上,依法确定人和公司是否具有要求道外区政府、道外区征收办履行3853号协议的请求权。

——中国裁判文书网,https://wenshu.court.gov.cn/。

949 继承人有权请求履行房屋征收补偿安置协议

关键词 | 行政协议 | 继承人 | 房屋征收补偿安置协议 |

【最高人民法院参考案例】

四、张铁成诉北京市门头沟区人民政府房屋征收办公室、北京市门头沟区龙泉镇人民政府不履行行政协议案

（二）裁判结果

北京市门头沟区人民法院一审认为，张树祥去世后，其作为协议一方当事人的权利应当由其继承人依法继承。现张铁成主张其为张树祥的唯一合法继承人并要求两被告向其履行协议，但其提交的现有证据不足以证明其为张树祥的唯一合法继承人。因此，张铁成以张树祥唯一合法继承人的身份，要求法院判决两被告向其交付涉案安置房屋并以自己名义领取钥匙的诉讼请求缺乏事实与法律依据，遂判决驳回张铁成的诉讼请求。

北京市第一中级人民法院二审时依法向属地派出所、民政局、档案馆等单位查询张树祥、张铁军的户籍、婚姻登记信息，张铁军与张铁成属于同一户籍，未发现张铁军的婚姻登记信息。至二审判决作出，未发现存在与张铁成处于同等地位的继承人。二审认为，结合张铁成提交的证据以及法院调取的证据材料，可以认定被征收房屋属张树祥一人所有，在张树祥去世后，不存在与张铁成处于同等地位的继承人，且门头沟征收办与龙泉镇政府对此亦不持异议，因此张铁成可以继承张树祥在被诉协议和被诉补充协议中享有的权利。如果事后出现新的证据，能够证明张树祥尚存在与张铁成处于同等地位的其他继承人，该继承人亦有权向张铁成主张涉案安置房屋的相关权利，有权要求共同分割该部分利益。遂撤销一审判决，并判令门头沟征收办与龙泉镇政府向张铁成交付涉案安置房屋。

（三）典型意义

促进行政争议实质性化解是行政诉讼制度的一项重要功能。司法实践中，行政协议当事人之间的争议可能根源于基础民事法律关系的确认。根据法律规定以及已有证据可以直接认定或者推定基础民事法律关系的，人民法院不宜再要求当事人另行提起民事诉讼。本案中，二审法院为确认基础民事法律关系是否真实存在，依职权向有关行政主管部门核实，并在案件事实部分直接予以认定，可以减少当事人进一步证明"我就是我"的诉累，确保当事人的合法权益及时兑现，促进行政争议的实质性化解。同时，因可能存在推翻推定事实的证据，为保障潜在权利人的合法权益，二审法院为后续可能产生的争议明确解决方案或者救济路径，可以实现裁判公平与效率的有机统一，切实增强人民群众的获得感。

——《最高人民法院行政协议典型案例（第一批）》，载最高人民法院网 2021

年 5 月 11 日,https://www.court.gov.cn/zixun-xiangqing-301081.html。

950 行政协议案件中被告行政机关无权提起反诉

关键词 | 行政协议 | 被告 | 反诉 |

【最高人民法院司法解释】

第六条　人民法院受理行政协议案件后,被告就该协议的订立、履行、变更、终止等提起反诉的,人民法院不予准许。

——《最高人民法院关于审理行政协议案件若干问题的规定》(2020 年 1 月 1 日,法释〔2019〕17 号)。

【链接:理解与适用】

另外需要指出的是,在不允许行政机关提起反诉时,行政机关是否有权另行提起民事诉讼?对此我们认为,由于行政协议争议在性质上属于行政争议,故行政机关不能提起民事诉讼,而仍应主要通过上述几种方式寻求救济。此外,实践中部分行政相对人选择通过民事诉讼途径寻求救济,对于此类已经进入民事诉讼程序的行政协议案件,自当适用民事诉讼法的相关规定,允许行政机关在民事诉讼中依法提起反诉。

——最高人民法院行政审判庭编著:《最高人民法院关于审理行政协议案件若干问题的规定理解与适用》,人民法院出版社 2020 年版,第 95—96 页。

951 协议的直接签订人与变更、解除协议的主体不是一个行政机关的处理

关键词 | 行政协议 | 行政主体 |

【链接:最高人民法院法官著述】

实践中还应注意,协议的直接签订人与变更、解除协议的主体可能不是一个行政机关。在一些征收拆迁案件中,直接签订者经常表现为街道办、乡镇政府、拆迁办、项目指挥部、村民委员会、居民委员会甚至具体的公司等,这直接涉及协议的定

性以及确定被告的问题。只有具有《行政协议解释》第一条规定特征的协议,才可以认定为行政协议。在此前提下有两种关系:一种关系应当界定为行政委托关系,即直接签订者接受有关行政主体的明确委托而签订协议,此种情形有的表现为有明确的委托合同作依据,有的表现为推进项目实施的方案或公司章程中有规定,有的表现为协议文本中有表述。但也有一些情形需要法院结合具体情况引申和推定,其基本要素之一是受托者实施的是行政职权,接受的是行政委托,此种情形应当以委托方为被告,对直接签订者可以结合参诉必要性与审理需要列为第三人(如果基层行政机关自身同时存在直接侵权亦可列为共同被告)。一种关系是授权关系,即少数情况下有关主体依据《行诉解释》第二十四条之规定获得了法律、法规或者规章之授权,此时可以将被授权主体列为被告。除此之外,要注意区分行政法律关系与民事法律关系。对行政主体与协议直接签订者而言,有时可能存在行政职权之外的民事委托事项,有时还可能存在直接签订者作为民事主体基于自身意志而直接实施相关侵权行为,此时应当按照民事纠纷作出处理。也即,行政协议的直接签订者与作出变更、解除决定者既可能为同一行政主体,也可能不是,有关协议的变更、解除及侵权行为的发生与表现具有复杂性,人民法院要根据具体情况加以分析,防止出现错列被告现象。同时,就原告提出撤销行政机关单方变更、解除协议之外的其他诉求的,要一并予以考虑,必要时可以列为共同被告、一体判决,以方便当事人诉讼。

——最高人民法院行政审判庭编著:《最高人民法院关于审理行政协议案件若干问题的规定理解与适用》,人民法院出版社 2020 年版,第 140 页。

952 行政协议中当事人履行抗辩权的行使

关键词 | 行政协议 | 抗辩权 |

【最高人民法院司法解释】

第十八条 当事人依据民事法律规范的规定行使履行抗辩权的,人民法院应予支持。

——《最高人民法院关于审理行政协议案件若干问题的规定》(2020 年 1 月 1 日,法释〔2019〕17 号)。

【链接：理解与适用】

第一,关于区分抗辩权与反请求、本诉与反诉。《行政协议解释》第六条规定,人民法院受理行政协议案件后,被告就该协议的订立、履行、变更、终止等提起反诉的,人民法院不予准许。所谓反请求,是指被告依法向原告提出的独立的请求,原告提出的诉讼成为本诉,而被告提出的反请求成为反诉。反诉与本诉是基于同一个法律关系而发生或者以同一事实为根据的,且反诉的请求具有对抗性,是在反诉中提出了独立的请求,而不仅仅是否认对方的请求。抗辩权的重要功能则在于通过行使这种权利而使对方的请求权消灭或使其效力延期发生。前种功能的抗辩权称为消灭的抗辩权或永久的抗辩权,后种功能的抗辩权称为延缓的抗辩权或一时的抗辩权。行政协议履行中的抗辩权,是指在符合法定条件时,当事人一方对抗对方当事人的履行请求权,暂时拒绝履行其债务的权利,即仅能使对方的请求权在一定期限内不能行使。就其性质或功能而言,属于延缓的抗辩权。由于抗辩权是针对请求权而行使的,因此只有在一方提出请求以后,另一方才可以行使抗辩权。抗辩权只是给予抗辩权人对抗对方请求的权利,而没有给予抗辩权人某种补救的权利,亦即抗辩权人行使其抗辩权,只能对抗对方的请求,而不能解除协议或要求对方承担违约责任,否则与抗辩权的性质也是相违背的。

第二,关于双方当事人互负履行义务相应性的司法审查判断标准。本条司法解释规定当事人依据民事法律规范的规定行使履行抗辩权,根据我国合同法确立的相应性标准,就是要求履行和对待履行之间其义务的内容或者相互履行的金钱价值大致相当,这反映了合同的等价有偿原则,也体现了履行抗辩权的诚实信用原则基础,也便于法官的操作。基于行政协议有别于民事合同的特征,实务中仍须注意抗辩权行使标准司法审查的方式。一是合法性审查。对于行政机关在行政协议中的实质"单方行政行为",应当按照行政诉讼法进行合法性审查,主要包括行政机关的指挥权、行政机关的单方解除合同权、行政机关的制裁权等,这些行为虽然是在行政协议履行过程中发生的,但该行为实际上属于单方行政行为,在审查方式上与一般行政行为没有很大差异。因此,对于行政机关应当履行行政法律规范规定的义务即法定作为义务,以及行政法律规范规定行政机关必须履行的行政程序义务如政府采购法第三十八条规定的竞争性谈判方式的采购程序,不应当属于可以行使抗辩权的履行义务范畴。二是合理性审查。除了合法性审查之外,还应当进行合理性审查,理由是:(1)行政协议的意思表示大多是行政机关自由裁量权的体现,必须对此进行合理性审查才能防止行政机关以行政协议的"合法形式"出卖公权力。(2)由于行政协议本身是合意的结果，蕴含了协议必须合理正当的原理，因此原则上对于行政协议本身可以进行合理性审查。例外的是，如果行政机关作出没有裁量余地的、羁束性行政行为，人民法院只能进行合法性审查而不能进行合理性审查。三是合约性审查。合法性审查和合约性审查的侧重点各有不同，前者主要涉及行政行为合法性等“客观诉讼”事实，后者则更多地涉及行政合同履行等“主观诉讼”事实。因此，当事人根据本条司法解释，依据民事法律规范的规定行使履行抗辩权所涉及类似民事争议的事项，行政审判法官具有类似民事审判中的权力——完全管辖权。

第三，要区分抗辩权与行政协议违约。行使合同履行中的抗辩权，是权利的正当行使，而非违约，应受法律保护，而不得令权利人承担违约责任。有些裁判误把不安抗辩权、同时履行抗辩权的行使当作“双方违约”处理，应予纠正。行政机关的违约责任，在《行政协议解释》第十九条作出了规定。同时也要注意到，在审判实务中，抗辩权必须要由权利人主张后才能发生，人民法院不主动援引抗辩权。

——最高人民法院行政审判庭编著：《最高人民法院关于审理行政协议案件若干问题的规定理解与适用》，人民法院出版社 2020 年版，第 268—269 页。

953 行政协议案件中行政机关的抵销权

关键词｜行政协议｜抵销权｜

【最高人民法院参考案例】

八、恒裕公司诉广西壮族自治区融安县人民政府不履行行政协议案

（二）裁判结果

广西壮族自治区柳州市中级人民法院一审认为，融安县政府在恒裕公司达到原允诺的条件后，就应当履行其允诺，支付恒裕公司扶持资金。遂判决：融安县政府支付恒裕公司 166.84 万元。融安县政府不服，提出上诉。

广西壮族自治区高级人民法院二审认为，虽然恒裕公司建设投资达到 180 万元的条件，但至本案诉讼时，恒裕公司一直未达到年产值 2000 万元、年税收 150 万元的条件要求，其请求返还扶持资金的条件未成就。融安县政府作为行政协议的行政机关，按现行法律规定，其不能作为行政诉讼的原告通过行政诉讼来主张权利，但其可以采取不依约履行义务的抗辩方式来行使权利，在双方义务具备相互抵销的情况下，融安县政府无须先行兑现扶持资金。遂判决：撤销一审判决，驳回恒裕公司的诉讼请求。

(三)典型意义

行政协议诉讼属于行政诉讼的一种,应当遵循行政诉讼的基本原则。行政协议诉讼中,行政机关不能作为原告提起诉讼,也不能提起反诉。行政协议司法实务中,行政机关救济自身权益的路径,通常为通过行使抗辩权拒绝履行协议约定的义务,或者通过申请非诉强制执行途径促使协议相对人履行协议约定的义务。同时,行政协议具有合意性或者合同性特征,合同当事人所享有的合法权利且权利的行使不违反行政性要求的,同样可以适用于行政协议当事人,如主张抵销的权利。本案中,根据义务履行以及权利实现的先后顺序,行政机关应当先履行协议约定的支付义务,同时行政机关可以根据协议约定,要求协议相对人履行返还义务。在协议双方当事人的义务完全相同的情形下,人民法院支持了行政机关的抵销主张,避免协议相对人通过本案诉讼获得相应款项之后,行政机关另行通过申请非诉执行路径主张权益,可以有效减少当事人的诉累,高效、实质地解决行政协议争议。

——《最高人民法院行政协议典型案例(第一批)》,载最高人民法院网 2021 年 5 月 11 日,https://www.court.gov.cn/zixun-xiangqing-301081.html。

954 人民法院审理行政协议案件可以依法进行调解

关键词｜行政协议｜调解｜

【最高人民法院司法解释】

第二十三条　人民法院审理行政协议案件,可以依法进行调解。

人民法院进行调解时,应当遵循自愿、合法原则,不得损害国家利益、社会公共利益和他人合法权益。

——《最高人民法院关于审理行政协议案件若干问题的规定》(2020 年 1 月 1 日,法释〔2019〕17 号)。

（三）诉讼管辖

955 行政协议案件中当事人协议选择管辖法院应当符合的条件

关键词 | 行政协议 | 协议管辖 |

【最高人民法院司法解释】

第七条 当事人书面协议约定选择被告所在地、原告所在地、协议履行地、协议订立地、标的物所在地等与争议有实际联系地点的人民法院管辖的，人民法院从其约定，但违反级别管辖和专属管辖的除外。

——《最高人民法院关于审理行政协议案件若干问题的规定》（2020年1月1日，法释〔2019〕17号）。

【链接：理解与适用】

根据《行政协议解释》第七条规定，当事人协议选择管辖法院应当符合以下条件：

一是当事人协议选择的管辖法院具有一定范围限制，只限于被告所在地、原告所在地、协议履行地、协议订立地、标的物所在地的人民法院等与争议有实际联系地点的人民法院。该范围规定与2012年民事诉讼法第三十四条规定的对于合同或者其他财产权益纠纷的双方当事人可以协议选择管辖法院的范围保持一致，只是在具体名称上沿用了行政诉讼的习惯用法。“与争议有实际联系的地点”是对选择管辖法院范围进行的必要限制，当事人不可以协议选择与争议没有实际联系地点的法院。如果当事人选择了与争议没有实际联系地点的法院，则该选择无效。

二是协议选择管辖只适用于一审案件确定管辖法院。无论是民事合同案件的协议管辖还是行政协议案件的协议管辖，都仅仅适用于人民法院审理的第一审案件，在第二审案件中则禁止适用。因为如果允许二审案件可以协议的方式选择管辖法院，则会扰乱司法秩序，造成审级的混乱，进而影响司法的公信力，也不利于协议管辖制度的发展。

三是协议选择管辖法院不得违反行政诉讼法关于级别管辖和专属管辖的规定。级别管辖是不同审级的人民法院之间审理第一审行政案件的权限划分。我国人民法院的设置分为基层人民法院、中级人民法院、高级人民法院和最高人民法院四个审级，行政诉讼法分别确定了他们各自审理第一审行政案件的权限范围。根据行政诉讼法的规定，基层人民法院管辖第一审行政案件。中级人民法院管辖的第一审行政案件为：对国务院部门或者县级以上地方人民政府所作的行政行为提起诉讼的案件；海关处理的案件；本辖区内重大、复杂的案件；其他法律规定由中级人民法院管辖的案件。高级人民法院管辖本辖区内重大、复杂的第一审行政案件。最高人民法院管辖全国范围内重大、复杂的第一审行政案件。当事人协议选择管辖法院时不能违反行政诉讼法关于级别管辖的规定。也就是说，当事人协议选择的法院只能是一审法院，不能协议选择二审法院和再审法院，而且，协议选择的一审法院应当符合法律确定的管辖标准。当事人协议选择的管辖法院也不能违反行政诉讼法关于专属管辖的规定。专属管辖具有强制性和排他性，不允许当事人协议变更管辖，必须由特定法院管辖，其他法院无权管辖。根据行政诉讼法第二十条的规定，因不动产提起的行政诉讼，由不动产所在地人民法院管辖。对于何为“因不动产提起的行政诉讼”，《行诉解释》第九条有明确规定，“行政诉讼法第二十条规定的‘因不动产提起的行政诉讼’是指因行政行为导致不动产物权变动而提起的诉讼。不动产已登记的，以不动产登记簿记载的所在地为不动产所在地；不动产未登记的，以不动产实际所在地为不动产所在地。”

四是当事人必须以书面协议的形式选择管辖法院。这是协议管辖的形式要件，这方面可参照适用民事诉讼法、合同法的相关规定。《民诉解释》第二十九条规定：“民事诉讼法第三十四条规定的书面协议，包括书面合同中的协议管辖条款或者诉讼前以书面形式达成的选择管辖的协议。”合同法第十一条规定：“书面形式是指合同书、信件和数据电文（包括电报、电传、传真、电子数据交换和电子邮件）等可以有形地表现所载内容的形式。”《行政协议解释》第七条规定中的书面协议亦应包括书面合同中的协议管辖条款或者是诉讼前双方当事人达成的书面管辖协议。从形式上，书面协议可以采取合同书的形式，包括书面合同中的协议管辖条款，也可以采取信件和数据电文（包括电报、电传、传真、电子数据交换和电子邮件）等可以有形地表现当事人双方协议选择管辖法院意思表示的形式。从协议内容上，应当体现协议双方当事人选择管辖法院的真实意愿，一方不能将自己的意志强加给另一方。另外，当事人达成的选择管辖法院的协议内容也要合法。根据合同法第五十二条的相关规定，有下列情形的，选择管辖的协议无效：一方以欺诈、胁迫的手段订立的协议，损害国家利益的；当事人双方恶意串通，损害国家、集体或者第三人利益的；以合法形式掩盖非法目的的；损害社会公共利益的。此外，如前面所述，协议选择的法院违反行政诉讼法关于级别管辖和专属管辖规定的，亦属无效。根据合同法第五十四条的相关规定，选择管辖法院的协议订立后，如有以下情形，一方当事人则可以请求人民法院撤销该协议：因重大误解订立的；在订立协议时显失公平的；一方当事人以欺诈、胁迫的手段或者乘人之危，使对方在违背真实意思的情况下订立的协议。当然，双方当事人在订立有效的选择管辖法院的协议后，可以在协商一致的情况下，对已经选择的管辖法院进行变更，选择其他与争议有实际联系地点的人民法院处理其争议。

——最高人民法院行政审判庭编著：《最高人民法院关于审理行政协议案件若干问题的规定理解与适用》，人民法院出版社 2020 年版，第 101—103 页。

956 行政协议案件的推定管辖

关键词 | 行政协议 | 推定管辖 |

【最高人民法院司法解释】

第八条 公民、法人或者其他组织向人民法院提起民事诉讼，生效法律文书以涉案协议属于行政协议为由裁定不予立案或者驳回起诉，当事人又提起行政诉讼的，人民法院应当依法受理。

——《最高人民法院关于审理行政协议案件若干问题的规定》（2020 年 1 月 1 日，法释〔2019〕17 号）。

【链接：理解与适用】

一、关于当事人是否就生效民事裁定申请再审的问题

本条制定的初衷是避免民事审判与行政审判之间“踢皮球”，防止出现当事人既走不通民事诉讼，又走不通行政诉讼的境况。但是，若当事人既对生效民事裁定申请再审，同时就被裁定不予立案或者驳回起诉的协议提起行政诉讼，则可能又会出现民事诉讼与行政诉讼对同一协议纠纷同时敞开的情形。一个纠纷不可得到两次裁判。此种情形应予预防。预防的方式可为，对于当事人以生效民事裁定不予立案或者驳回起诉为由提起行政诉讼的，人民法院应核实其是否就该生效民事裁定申请再审。若已申请再审，则可对其提出的行政起诉暂不受理。若其未申请再审，则请其放弃就生效民事裁定申请再审的权利后再予受理。若当事人已通过民事审判监督程序纠正了生效民事裁定，争议可进入民事诉讼渠道解决，则无提起行

政诉讼的必要。……

二、关于仲裁不予受理情形的类似处理

……笔者认为，应参照《民诉解释》第二百一十五条的规定处理，即：若仲裁机构系以“仲裁条款或者仲裁协议不成立、无效、失效、内容不明确无法执行”为由不予受理，则该协议本身并未经过审查，当事人应先提起民事诉讼，不宜认可其直接提起行政诉讼；若仲裁机构以属于行政协议为由不予受理，而是对该协议本身进行了审查，则当事人可直接提起行政诉讼。……另外，若仲裁机构已对涉案协议本身进行了审查，以仲裁请求事项不属于其仲裁范围为由驳回仲裁申请，当事人又提起行政诉讼的，则人民法院即使确认涉案协议为行政协议，也不宜依照《行政协议解释》第二十六条的规定再确认仲裁条款或者仲裁协议无效。

三、关于该条规定的“涉案协议”的把握

该条规定主要适用于公民、法人或者其他组织直接就协议提起民事诉讼的情形。但在特殊情形下，公民、法人或者其他组织虽非直接就协议提起民事诉讼，而是向其他民事主体主张其他民事权益，但其与其他民事主体纠纷产生的根源却是行政机关为实现行政管理或者公共服务目标而与该其他民事主体签订的具有行政法上权利义务内容的行政协议。对于此种情形，若人民法院对其起诉该其他民事主体的民事诉讼不予立案或者驳回起诉，其又对签订该行政协议的行政机关提起行政诉讼的，人民法院应当依法立案，通过实体审理，解决其与行政机关之间的行政法上的权利义务关系。

——最高人民法院行政审判庭编著：《最高人民法院关于审理行政协议案件若干问题的规定理解与适用》，人民法院出版社2020年版，第116—118页。

【最高人民法院参考案例】

十、成都某商贸有限公司诉四川省成都市温江区规划和自然资源局行政决定案

典型意义：司法实践中，就某一协议或者合同属于行政协议抑或民事合同，可能出现较大争议。但无论协议的属性如何，由此引发的争议均属于人民法院的受案范围。由行政诉讼抑或民事诉讼审理，仅涉及人民法院的内部分工，人民法院不能拒绝裁判，也不能重复处理。《行政协议司法解释》第八条规定，民事生效法律文书确认涉案协议不属于民事诉讼受案范围，当事人提起行政诉讼的，人民法院应当依法受理，避免出现人民法院因对内部分工的认识不同而拒绝裁判的现象。行政协议诉讼因其进行合约性以及合法性双重审查，可以解决协议的合意纠纷。若

民事诉讼与行政诉讼均认为涉案协议不属于其受案范围，民事诉讼已经作出不予受理的生效法律文书的，行政协议诉讼应当予以受理，而非不予受理并告知当事人就民事生效法律文书申请再审。与此同时，避免重复处理亦属于人民法院应当遵循的诉讼规则。若民事诉讼与行政诉讼均认为涉案协议属于其受案范围，其中一种诉讼类型已经作出生效法律文书的，另一种诉讼类型应当予以尊重而不能重复处理。以本案为例，在民事诉讼已就涉案合同争议作出实体生效判决，合同当事人应当予以尊重并依法执行。作为合同当事人一方的行政机关再就同一争议事项以行政决定方式，作出与生效民事判决相冲突的结论，人民法院依法不予支持。

——《最高人民法院发布第二批行政协议诉讼典型案例》，载最高人民法院网 2022 年 4 月 20 日，https://www.court.gov.cn/zixun-xiangqing-355511.html。

（四）诉讼请求、举证责任及时效、期限

957 行政协议案件诉讼请求的种类

关键词 | 行政协议 | 诉讼请求 |

【最高人民法院司法解释】

第九条 在行政协议案件中，行政诉讼法第四十九条第三项规定的“有具体的诉讼请求”是指：

（一）请求判决撤销行政机关变更、解除行政协议的行政行为，或者确认该行政行为违法；

（二）请求判决行政机关依法履行或者按照行政协议约定履行义务；

（三）请求判决确认行政协议的效力；

（四）请求判决行政机关依法或者按照约定订立行政协议；

（五）请求判决撤销、解除行政协议；

（六）请求判决行政机关赔偿或者补偿；

（七）其他有关行政协议的订立、履行、变更、终止等诉讼请求。

——《最高人民法院关于审理行政协议案件若干问题的规定》（2020 年 1 月 1 日，法释〔2019〕17 号）。

【链接：理解与适用】

在理解本条对于行政诉讼法第四十九条第（三）项规定的“有具体的诉讼请求”所列举事项时，要特别注意第（一）项“请求判决撤销行政机关变更、解除行政协议的行政行为，或者确认该行政行为违法”与第（五）项“请求判决撤销、解除行政协议”之间的区别与联系。这对于实践中如何全面把握协议相关纠纷的表现以及采取何种方式作出处理颇为重要。总体上看，第（一）项的着眼点在于“行政行为”，即行政机关变更、解除行政协议的行政行为，而第（五）项的着眼点在于“行政协议”本身，即原告方直接请求撤销、解除协议；前者往往基于行政机关行使行政优益权单方变更、解除协议而引发纠纷，后者往往基于认为行政机关存在法律法规规定的可撤销或解除的过错或者自身因种种原因难以继续履行协议而提出撤销、解除协议诉求；前者意图在于继续保持协议的效力，或者明确协议被变更、解除的法律责任在于行政机关一方，后者意图在于原告自身想要终止协议效力，明确过错责任且不再积极促进协议的履行。

——最高人民法院行政审判庭编著：《最高人民法院关于审理行政协议案件若干问题的规定理解与适用》，人民法院出版社 2020 年版，第 139 页。

958 人民法院对未能明确表达诉求的行政协议当事人应予以释明

关键词｜行政协议｜法院释明｜

【最高人民法院参考案例】

九、灵石公司、正和公司诉安徽省涡阳县人民政府、安徽省蒙城县人民政府、安徽省利辛县人民政府请求订立特许经营行政协议案

（二）裁判结果

安徽省亳州市中级人民法院一审认为，两公司要求支付正和公司前期费用 12113.55 万元，不属于本案审理范围，可另案解决。因合同未成立，且双方并未就违约金进行约定，两公司要求支付违约金 6705 万元，不予支持。两公司所缴纳的 100 万元保证金应予退还。遂判决：涡阳县政府返还正和公司所缴纳的保证金 100 万元，驳回两公司的其他诉讼请求。双方当事人均不服，提起上诉。

安徽省高级人民法院二审认为，案涉垃圾焚烧发电 BOT 招标行为，违反政府采购法应公开招标的规定，废标后没有报请相关部门批准重新招标；设置中标人承担“投入前期费用12113.55万元”这一明显不合理条件排斥潜在投标人；违反法律强制性规定采取单一来源采购等，属于行政诉讼法第七十五条规定的“重大且明显违法情形”，该招标行为无效。灵石公司、正和公司请求法院判令涡阳、蒙城、利辛三县政府继续订立协议的诉讼请求不能成立。合同无效或者被撤销后，因该合同取得的财产，应当予以返还。由于案涉招标属于严重违法的无效招标，本案不适用违约责任。故灵石公司、正和公司要求招标人支付违约金6705万元的请求不能成立。但涡阳县政府应当退还保证金，并依法支付投标保证金的银行同期存款利息。正和公司因招商与涡阳县政府订立的《城市生活垃圾焚烧发电处理特许经营协议》，违反法律强制性规定，经有关部门查处已经终止，其所产生的前期费用，不属于本案可以一并审理的范围，可循法律规定的途径解决。据此改判：涡阳县政府返还正和公司交纳的投标保证金100万元及相应的利息，驳回两公司的其他诉讼请求。

（三）典型意义

当事人就某一行政协议行为提起诉讼，但诉讼请求同时涉及其他行政协议行为的，人民法院应当依法予以释明并区分处理，即对于与被诉行政协议行为相关联的诉讼请求直接进行处理，与之没有直接关联的诉讼请求，告知其另循法定救济路径。行政协议的订立、履行需要经过法定程序的如招投标程序，人民法院应当对是否经过或者符合法定程序进行审查，进而对行政协议的效力作出判断。对于依法应当订立行政协议的情形，协议相对人可以请求人民法院判令依法订立行政协议。行政协议未成立或者无效的，当事人提出追究对方违约责任的诉讼请求，人民法院依法不予支持。本案所涉的BOT项目，需经过法定的招投标程序，且先后出现两类行政协议行为，其对应的法律关系及法律后果并不相同。第一个行政协议系未经法定招标程序而通过招商订立协议的情形，依法属于无效行政协议。第二个行政协议虽通过招标形式，但违反了招投标的法定要求，招投标程序属于无效情形，招、投标当事人之间依法不能订立行政协议。人民法院经审查后区分处理，未支持协议相对人要求订立行政协议的诉讼请求，并按照缔约过失情形确认协议当事人之间的责任，理顺了当事人之间的法律关系，有助于行政协议争议的妥善解决。

——《最高人民法院行政协议典型案例（第一批）》，载最高人民法院网2021年5月11日，https://www.court.gov.cn/zixun-xiangqing-301081.html。

【链接：最高人民法院法官著述】

通常情况下，围绕行政协议的诉讼请求指向应当是特定的、明确的，而非含混不清或者存在多种可能的。如果诉讼指向不明确，比如可能包含围绕一个协议既要求撤销又要求解除或确认无效，或者针对一个协议以多个行政主体、民事主体为被告提出诉讼请求，则人民法院应当予以必要的释明，让当事人明确其所诉行政行为或者行政协议的具体指向，以固定行政诉讼的审查对象。当事人在一个诉讼中可能提出一项诉讼请求，也可能提出多项诉讼请求，如既请求撤销行政机关单方变更解除协议的行政行为，也同时提出要求行政机关按照协议约定履行义务或者要求行政补偿或赔偿。需要注意的是，有些诉讼请求不能同时提出，如针对行政协议既要求撤销又要求确认无效；有的诉讼请求本身不属于本条列举事项亦不符合合同法的一般原理，如有的当事人将行政协议等同于一般行政行为，提出要求法院判决确认行政协议本身违法的诉讼请求等。人民法院遇到此类情形时，要从诉判对应、诉讼经济等原则出发，进行必要的指导与释明，以使当事人正确表达其诉讼请求。

——最高人民法院行政审判庭编著：《最高人民法院关于审理行政协议案件若干问题的规定理解与适用》，人民法院出版社2020年版，第141页。

959 原告的诉讼请求不能成立或者部分成立，行政协议又不合法的，不宜简单判决驳回诉讼请求

关键词 | 行政协议 | 诉讼请求 |

【最高人民法院参考案例】

二、温红芝诉上海市虹口区住房保障和房屋管理局请求确认房屋征收补偿协议无效案

（二）裁判结果

上海铁路运输法院一审认为，补偿协议的签约主体适格，其内容并无法定无效的情形，故温红芝请求确认补偿协议无效理由及依据不足，不予支持。但补偿协议对冯志来户的居住困难人口认定确有错误，进而影响到居住困难户保障补贴数额的确定。虹口居困认定小组在本案审理中对居住困难人口重新作出认定，符合法律、法规及相关政策的规定。考虑到补偿协议对于居住困难户保障补贴的确定涉及国家征收补偿资金，虹口区房管局作为征收部门明确要求返还错误增加的补贴，因此对补偿协议第六条内容依法应予变更。温红芝正是以此为由请求确认补偿协

议无效，因此变更补偿协议与其诉讼请求并无矛盾。遂判决：一、驳回温红芝的诉讼请求；二、变更补偿协议第六条为：经认定，被征收户符合居住困难户的补偿安置条件，居住困难人口为6人，居住困难户增加货币补贴款人民币428739.62元。温红芝等户内人员不服，提起上诉，上海市第三中级人民法院判决驳回上诉，维持一审判决。

（三）典型意义

土地房屋征收补偿协议是行政诉讼法规定的重要的行政协议。人民法院在审理行政协议案件时，应当适用行政诉讼法规定对协议订立主体、内容等进行合法性审查，既要保障被征收人的征收补偿利益，也要避免国家财政资金的非法流失。若当事人提出的诉讼请求不能成立或者部分成立，而行政协议又不具有合法性的，人民法院不宜简单判决驳回诉讼请求。本案中，涉案行政协议对补偿款项的认定确有错误，但又不足以影响协议效力，人民法院根据行政诉讼法第七十七条的规定作出变更判决，既回应了当事人的实质诉求，保障被征收人获得公平、公正的补偿，又使涉案协议回归合法状态，有效监督房屋征收部门依法进行征收补偿工作，实质性解决行政协议争议，减少当事人的讼累。

——《最高人民法院行政协议典型案例（第一批）》，载最高人民法院网2021年5月11日，https://www.court.gov.cn/zixun-xiangqing-301081.html。

960 就同一行政协议关系多次提请司法审查的处理

关键词｜行政协议｜重复起诉｜

【链接：最高人民法院法官著述】

就同一行政协议关系而言，其引发的行政协议纠纷可能有多种类型，行政协议当事人提起的诉讼请求或寻求的司法救济路径也并非单一。因此，在涉行政协议的诉讼中，可能存在就同一行政协议关系多次提请司法审查的情形。在处理此类情形时，应当理顺前诉与后诉之间关系，可以参照《行诉解释》第一百零六条关于重复起诉的规定，重点审查以下要素：第一，当事人是否相同，即原告、被告双方主体是否相同。前诉的原告、被告可能在后诉中互换身份，但争议的主体双方可能并未发生改变。诉讼主体是判断不同诉讼是否关联的首要要素。第二，诉讼标的是否相同，即是否针对同一行政协议关系引发纠纷。行政协议纠纷的表现形式可能多样，但其围绕的行政协议关系可能是单一的。是否为同一行政协议关系，是判断前诉与后诉关联性的实质要素。第三,诉讼请求是否相同、相互包含或相互否定。诉讼请求是诉讼确定审查方向及裁判对象的核心要素。行政协议案件的诉讼请求可能多样且非完全排斥关系,诉讼请求之间的关系是确定前诉与后诉之间关系的关键要素。第四,前诉是否对行政协议争议已经或者将来可能进行实质裁判。即人民法院对争议的权利义务关系已有或者将有明确结论。基于行政协议纠纷所具有的民事性部分特征,当事人已经提起诉讼并不必然否定其就同一法律关系再次提起诉讼的权利。换言之,即使前诉与后诉完全相同,在前诉并未实质裁判的情形下,也不宜迳行否定后诉存在的价值。需要明确的是,分析并确定前诉因素,其核心目的就在于后诉是否具有存在的必要性,是否具有司法裁量的空间。若前诉各项因素均为肯定性,则后诉不具有存在的必要性,并可由此作出重复起诉或受生效裁判所羁束之结论。反之,则应根据具体情形判断前、后诉之间的关系,并作出相应的处理。

实践中,需要注意以下问题:一是新法之前已就行政协议纠纷提起民事诉讼的,新法之后再次提起的行政诉讼也可能受之前民事诉讼的羁束。二是后诉的诉讼请求包含前诉诉讼请求的,人民法院应当对未包含的诉讼请求进行审查。在审查诉讼请求时,应当采取实质标准。三是认定前诉处理结论与后诉所需处理法律关系之间的关系,应当采取实质标准。随着新情况、新事实的发生,同样表述的诉讼请求,可能产生不同的行政协议法律关系。反之,不一样的诉讼请求表述,其所需处理的法律关系却可能相同。例如,当事人在前诉请求解除行政协议,被生效判决以不符合解除条件为由驳回诉讼请求。当解除条件发生时,再次提起行政协议诉讼请求解除行政协议的,人民法院则不能以重复起诉为由裁定驳回起诉。当事人在前诉请求判决行政机关依法履行或者按照协议约定履行义务,被生效判决以行政机关已依法或依约履行义务驳回诉讼请求。当事人再次提起行政协议诉讼,请求解除行政协议或确认行政协议无效的,人民法院可以诉讼标的受生效裁判所羁束为由,裁定驳回起诉。

——最高人民法院行政审判庭编著:《最高人民法院关于审理行政协议案件若干问题的规定理解与适用》,人民法院出版社 2020 年版,第 393—395 页。

961 行政协议案件举证责任分配的一般规定

关键词 | 行政协议 | 举证责任分配 |

【最高人民法院司法解释】

第十条 被告对于自己具有法定职权、履行法定程序、履行相应法定职责以及订立、履行、变更、解除行政协议等行为的合法性承担举证责任。

原告主张撤销、解除行政协议的，对撤销、解除行政协议的事由承担举证责任。

对行政协议是否履行发生争议的，由负有履行义务的当事人承担举证责任。

——《最高人民法院关于审理行政协议案件若干问题的规定》（2020 年 1 月 1 日，法释〔2019〕17 号）。

（五）审理原则及审理内容

962 人民法院审理行政协议案件，不仅要进行合法性审查，还要围绕诉讼请求等进行审查

关键词 | 行政协议 | 合法性审查 | 审查诉讼请求 |

【最高人民法院司法解释】

第十一条 人民法院审理行政协议案件，应当对被告订立、履行、变更、解除行政协议的行为是否具有法定职权、是否滥用职权、适用法律法规是否正确、是否遵守法定程序、是否明显不当、是否履行相应法定职责进行合法性审查。

原告认为被告未依法或者未按照约定履行行政协议的，人民法院应当针对其诉讼请求，对被告是否具有相应义务或者履行相应义务等进行审查。

——《最高人民法院关于审理行政协议案件若干问题的规定》（2020 年 1 月 1 日，法释〔2019〕17 号）。

【链接：理解与适用】

在以往的司法实践中，人民法院一般是以被诉行政行为为中心，基本将精力用于审查行政行为是否合法上，对于当事人诉讼请求大多是予以明确即可。经过多年的审判经验积累和审判理论积淀，从 2015 年行政诉讼法修订后，行政诉讼的审判理念也相应地逐渐作出了调整，即从以前单纯审查被诉行政行为是否合法到既

审查被诉行政行为是否合法、合理，也紧紧围绕当事人诉讼请求对案件作出相应的裁判。在行政协议案件中，人民法院结合当事人诉讼请求审理案件尤为重要。无论是当事人请求判决撤销行政机关变更或解除行政协议的行为或是确认行政协议违法，以及请求判令行政机关继续依约履行行政协议或要求行政机关予以补偿或赔偿等，人民法院在审理过程中，都需要始终围绕当事人所提诉讼请求展开各项审查工作，毕竟审判最终也是为了解决当事人之间的争议。对于当事人认为行政机关未依法履行或未依约履行行政协议的案件，人民法院则需要结合当事人的诉讼请求，对于行政机关是否具有履行行政协议的职责或义务进行审查，还要对行政机关是否实际履行了行政协议约定义务的事实予以确认。

——最高人民法院行政审判庭编著：《最高人民法院关于审理行政协议案件若干问题的规定理解与适用》，人民法院出版社 2020 年版，第 169—170 页。

【最高人民法院专业法官会议纪要】

20. 行政协议中约定的义务，是否需要进行合法性审查。

答：行政机关在行政协议中约定义务，属于行政机关签订行政协议的行为。行政机关签订行政协议行为是否合法，应当依照行政诉讼法的规定，依据法律、法规，参照规章进行审查，不能根据合同法关于合同的有效性规定进行审查。

行政机关在其自由裁量权范围内实施的行政协议行为，才是合法有效的。同时，对于违法的行政协议行为，人民法院并非一律判决撤销或者确认无效，撤销违法行政协议行为将会损害国家利益、公共利益，或者行政协议行为轻微程序违法对当事人权利义务不产生实际影响的，人民法院可以判决确认行政协议行为违法，不撤销保留效力，在监督行政协议行为合法性的同时，确保行政协议得到实际履行。

理由：依法行政包含行政机关签订行政协议行为也必须符合法律规定。行政协议案件既然明确为行政诉讼的受案范围，对行政协议行为的合法性，就应当按照行政诉讼法关于对被诉行政行为合法性的审查标准进行审查，不能按照行政合同的有效、无效标准审查行政行为的合法性。合同有效、无效，仅仅是合同内容的实体审查，而对行政协议行为的合法性审查，包含了对主体是否越权、行政程序是否合法、适用法律法规是否正确、主要事实是否清楚、是否存在滥用职权、明显不当情形等多方面的审查。行政机关能够与相对人签订行政协议的基础，与行政诉讼中被告与原告能够达成调解协议的基础是相同的，根据行政诉讼法第六十条规定，在人民法院的主持下，达成调解协议，行政机关尚需遵循合法性原则，只有行政机关行使法律、法规规定的自由裁量权的案件才可以调解，诉讼外行政机关与行政相对人达成协议，更要遵守合法性原则，在其自由裁量权范围内处分其权力才是合法有效的。行政协议行为的内容超越行政机关自由裁量权，无论是侵犯国家利益、公共利益，还是侵犯行政相对人的合法权益，都是违法的、不能继续履行的。

——《最高人民法院第一巡回法庭关于行政审判法律适用若干问题的会议纪要》（2018年7月23日），载最高人民法院第一巡回法庭编著：《最高人民法院第一巡回法庭行政案件裁判精要》，中国法制出版社2020年版，第193—194页。

963 行政机关单方变更、解除行政协议行为的合法性审查

关键词 | 行政协议 | 合法性审查 | 单方变更、解除 |

【最高人民法院专业法官会议纪要】

法律问题：协议履行过程中，行政机关以决定形式单方变更、解除行政协议，相对人提起履约之诉，是否应在履约之诉一案中一并对该行政机关单方变更、解除行政协议行为的合法性进行审查？

法官会议意见：在行政机关以决定形式单方变更、解除协议的情况下，应根据当事人不同的诉讼请求，明确不同的诉讼类型，确定审理对象。如果当事人对于行政机关变更、解除行政协议的行为提起诉讼，是行为之诉，当事人可以请求判决撤销行政机关变更、解除行政协议的行为，也可以请求确认该行政行为违法。如果当事人请求判决行政机关依法履行或者按照协议约定履行义务，请求判决行政机关赔偿或者补偿，是履约之诉。作为协议主体的行政机关以决定形式单方变更、解除行政协议，应当视为否定协议效力的行为，人民法院应当在履约之诉一案中同时对于该决定的合法性进行审查，而不应以有生效行政决定改变原协议为由驳回诉讼请求，也不应指导当事人对于单方变更、解除协议的决定另行提起诉讼从而裁定驳回起诉。

——最高人民法院第二巡回法庭2019年第27次法官会议纪要，载贺小荣主编：《最高人民法院第二巡回法庭法官会议纪要》（第二辑），人民法院出版社2021年版，第298—299页。

964 当事人提起不同诉讼请求的行政协议案件，人民法院的审查重点

关键词 | 行政协议 | 诉讼请求 | 合法性审查 |

【链接：最高人民法院法官著述】

（一）请求判决撤销行政机关变更、解除行政协议的行政行为的案件

当事人提起上述诉求的目的在于维持或恢复行政协议的原状，主要理由是行政机关变更或解除行政协议的行政行为违反法律法规规定或行政协议约定，或变更、解除行为没有法律法规依据等。在此类案件中，行政机关被诉的变更或解除行政协议的行为是指行政机关单方变更或解除行政协议，人民法院需要重点审查五个方面。一是行政机关是否有权变更或解除行政协议。这里主要涉及的是行政机关实施变更或解除行政协议行为是否属于其职权范围的问题。二是行政机关变更或解除行政协议是否符合法律法规的规定或者行政协议的约定。当事人的争议焦点就在于行政机关变更或解除行政协议是否合法、合理，因而也是人民法院的审查核心。三是行政机关变更或解除行政协议是否遵循了法定程序或正当程序。行政机关在行政协议法律关系中除了具有协议一方的身份，还是行政管理机关，负有管理社会公共事务的法定职责。因此，法律法规对行政机关实施行为有更加严格的规定和要求，行政机关的行政行为应当遵循法定的行政程序。即使法律法规对相关行政程序未作出明确规定，行政机关也须遵循正当程序原则实施行政行为。四是行政机关变更或解除行政协议对当事人的实际影响。当事人提起诉讼主要是为了保护自身权益不受损害或者弥补已有损失，若被诉行政行为对其未产生实际影响，则不足以动用司法资源予以救济。五是行政机关变更或解除行政协议是否基于公共利益的正当考量。行政机关变更或解除行政协议除了符合法律规定外，还须符合公共利益的需要。在实践中，行政机关单方变更或解除行政协议的理由很多都是出于公共利益的需要等，因而对于是否符合公共利益的审查也是不能忽视的。

此外，人民法院在审理行政协议案件时，除了适用行政法律法规的相关规定和基本原则外，也需要适用合同法第九十四条的规定来进行判断。合同法第九十四条规定："有下列情形之一的，当事人可以解除合同：（一）因不可抗力致使不能实现合同目的；（二）在履行期限届满之前，当事人一方明确表示或者以自己的行为表明不履行主要债务；（三）当事人一方迟延履行主要债务，经催告后在合理期限内仍未履行；（四）当事人一方迟延履行债务或者有其他违约行为致使不能实现合同目的；（五）法律规定的其他情形。"

（二）请求判决确认行政机关变更或解除行政协议的行为违法的案件

当事人请求人民法院判决确认行政机关变更或解除行政协议的行为违法，其

诉讼目的主要是获得后续的补偿或赔偿。此类诉讼与当事人请求人民法院判决撤销行政机关变更或解除行政协议的行为有一定的相似之处，人民法院在审理当事人请求撤销行政机关变更或解除行政协议行为的案件时也需要首先对行政机关变更或解除行为的合法性进行判断。在请求判决确认变更或解除行为违法的案件中，人民法院主要审查四个方面。一是行政机关变更或解除行政协议是否出于公共利益的需要。公共利益一直都是一个模糊概念，在审理具体案件时，公共利益的内容需要在法律框架内结合案件实际情况予以认定。二是行政机关变更或解除行政协议是否符合法律规定或行政协议约定。三是行政机关变更或解除行政协议是否履行了相关行政程序或正当程序。四是行政机关是否给予了行政协议另一方补偿或赔偿，或者采取了相应的补救措施等。在当事人请求人民法院确认行政行为违法的案件里，判断行政行为合法与否实际上都是与后续的补偿或赔偿紧密相结合的，而且行政机关作出变更或解除行政协议的行政行为时也应当对协议另一方所受损失进行补偿、采取相应补救措施或予以赔偿。所以，人民法院审查行政机关变更或解除行政协议是否合法也须同步审查行政机关是否对因变更或解除协议而给签订协议另一方造成的损失采取了相应补救措施、补偿或赔偿。

（三）请求判决行政机关依法履行或者按照协议约定履行义务的案件

在请求判决行政机关履行义务的案件中，当事人的诉讼请求是明确的，人民法院在审理时，主要需审查以下几个方面：一是当事人是否具有要求行政机关履行行政协议约定义务的主体资格和权利；二是行政机关依法或依约是否具有履行协议义务的职责；三是行政机关是否已经履行了涉案的义务；四是行政机关未履行协议义务是否有正当理由，如继续履行协议义务将会侵害到公共利益或他人合法权益等。

（四）请求判决确认行政协议效力的案件

请求判决确认行政协议效力的案件分为两类，即确认行政协议无效和确认行政协议有效。

确认行政协议无效案件是司法实践中较为多见的类型，常见于房屋或土地的征收法律关系中。人民法院审理此类案件主要适用行政诉讼法第七十五条和合同法的相关规定等。行政诉讼法第七十五条规定："行政行为有实施主体不具有行政主体资格或者没有依据等重大且明显违法情形，原告申请确认行政行为无效的，人民法院判决确认无效。"合同法第五十二条规定："有下列情形之一的，合同无效：（一）一方以欺诈、胁迫的手段订立合同，损害国家利益；（二）恶意串通，损害国家、集体或者第三人利益；（三）以合法形式掩盖非法目的；（四）损害社会公共利益；（五）违反法律、行政法规的强制性规定。"合同法第五十三条规定："合同中的下列免责条款无效:(一)造成对方人身伤害的;(二)因故意或者重大过失造成对方财产损失的。”

对于请求判决行政协议无效的案件,人民法院的审查要点有三项。一是审查行政协议签订主体是否合法。即行政机关是否有权签订涉案行政协议、能否通过行政协议方式行使相关的行政管理职责等。二是行政协议的内容是否违反法律法规的强制性规定。违反法律规定还包括是否严重违反关于法定程序的规定。三是行政协议是否会侵害国家利益、社会公共利益、第三人利益等。

请求判决行政协议有效的案件,人民法院可以适用合法性审查原则,结合排除行政协议无效的情形进行审理即可。

(五)请求判决行政机关依法或者按照约定订立行政协议的案件

当事人提出该种诉讼请求实质上是一个给付之诉。人民法院应主要审查:(1)行政机关依照法律法规规定或者依照相关约定是否应当与原告订立行政协议;(2)行政机关是否有与原告订立行政协议的法定职权;(3)行政机关是否能够通过订立行政协议方式行使相关的行政管理职权;(4)行政机关按照原告要求与其订立行政协议是否存在损害国家利益或社会公共利益或其他人合法权益的阻却因素。在此类型案件中,人民法院主要是从正反两方面进行审查,从而对原告提出的判令行政机关与其订立行政协议的要求作出是否予以支持的判决。

(六)请求判决撤销行政协议的案件

当事人的该项诉讼请求涉及终止履行行政协议事项。人民法院在审理案件时除了依据行政法律法规外,可以适用合同法及其司法解释的相关规定。合同法第五十四条规定:“下列合同,当事人一方有权请求人民法院或者仲裁机构变更或者撤销:(一)因重大误解订立的;(二)在订立合同时显失公平的。一方以欺诈、胁迫的手段或者乘人之危,使对方在违背真实意思的情况下订立的合同,受损害方有权请求人民法院或者仲裁机构变更或者撤销。当事人请求变更的,人民法院或者仲裁机构不得撤销。”

人民法院在审理该类型案件时,除了可以适用合同法及其司法解释的相关规定外,还需要结合行政协议的具体约定,若行政协议中对于撤销的情形有约定,人民法院也要审查当事人的诉求是否符合行政协议的相关约定。

(七)请求判决解除行政协议的案件

人民法院可以适用合同法第九十四条关于当事人可以解除合同的具体规定来审理此类案件。合同法第九十四条规定:“有下列情形之一的,当事人可以解除合同:(一)因不可抗力致使不能实现合同目的;(二)在履行期限届满之前,当事人一方明确表示或者以自己的行为表明不履行主要债务;(三)当事人一方迟延履行主要债务,经催告后在合理期限内仍未履行;(四)当事人一方迟延履行债务或者有其他违约行为致使不能实现合同目的;(五)法律规定的其他情形。”人民法院在审理时可依照上述规定审查当事人提出的解除行政协议是否符合法定情形,同时,也需要审查行政协议的约定内容,若协议中对解除情形也有明确约定,则须一并予以审查。此外,鉴于行政协议的履行对社会公共利益会有一定影响,人民法院也必须注意审查解除行政协议是否会侵害到国家利益或社会公共利益等。

(八)请求对行政协议依据的规范性文件一并审查的案件

行政诉讼法第五十三条规定:“公民、法人或者其他组织认为行政行为所依据的国务院部门和地方人民政府及其部门制定的规范性文件不合法,在对行政行为提起诉讼时,可以一并请求对该规范性文件进行审查。前款规定的规范性文件不含规章。”在行政审判实践中,也经常会有当事人对行政协议订立或约定的权利义务所依据的规范性文件一并提起审查的案件。行政协议案件对相关规范性文件的审查方式与普通的行政案件基本相同。

(九)请求判决行政机关予以补偿或赔偿的案件

在前几类案件中,当事人一般都会提出补偿或赔偿要求。补偿的情形主要出现在行政机关依照法定事由或出于保护国家利益或社会公共利益等的需要而变更或解除行政协议,因变更或解除行政协议给签订协议的另一方造成了损失。在此种情况下,签订行政协议的另一方所受损失是因行政机关的合法行为而导致,因而仅能要求行政机关予以补偿或采取相应的补救措施来弥补损失。赔偿的情形主要出现在:行政机关违反法律法规的规定或违反行政协议的约定变更、解除或不履行行政协议,因该变更、解除或不履行协议行为而给签订协议的另一方造成了损失。签订协议的另一方所受损失是因行政机关的违法行为而导致,有权提出赔偿请求。

对于当事人请求判决给予补偿的案件,人民法院一般需要重点审查:(1)当事人提出的其所受实际损失与行政机关变更或解除行政协议等行为之间的因果关系;(2)行政机关变更或解除行政协议等行为在造成当事人所受实际损失的所有因素中所占比例;(3)当事人所提的补偿请求是否有相关证据予以支持,即该补偿请求是否有法律依据以及补偿请求与其所受实际损失之间是否存在对应关系等。

对于当事人请求判决给予赔偿的案件,按照法院目前的审理规则,一般分为两种情况:一种是当事人在对行政机关行政行为提起行政诉讼时一并提出行政赔偿请求,另一种是当事人单独向人民法院提起行政赔偿诉讼,要求判决行政机关予以赔偿。在两种情况下,人民法院的审查重点略有不同。在第一种情况中,人民法院需要审查:(1)当事人所提赔偿的事实根据中所涉及的行政行为是否合法;(2)当事人所提赔偿请求是否项目清晰、数额具体明确;(3)当事人所提赔偿请求是否具有事实根据;(4)当事人所提赔偿请求是否具有法律依据;(5)行政机关是否履行了相应的赔偿义务或责任。在第二种情况中,人民法院需要审查:(1)当事人所提赔偿请求是否项目清晰、数额具体明确;(2)当事人所提赔偿请求是否具有事实根据;(3)当事人所提赔偿请求是否具有法律依据;(4)当事人所提赔偿的事实根据中所涉及的行政行为是否已经被人民法院生效裁判确认违法或被有权机关予以撤销或确认违法;(5)行政机关是否履行了相应的赔偿义务或责任。

此外,在人民法院审理行政协议案件时,对于当事人提出的赔偿请求,除了继续适用相关的行政法律法规外,也可以适用合同法中关于违约赔偿责任的规定,如合同法第一百零七条规定:"当事人一方不履行合同义务或者履行合同义务不符合约定的,应当承担继续履行、采取补救措施或者赔偿损失等违约责任。"第一百一十三条第一款规定:"当事人一方不履行合同义务或者履行合同义务不符合约定,给对方造成损失的,损失赔偿额应当相当于因违约所造成的损失,包括合同履行后可以获得的利益,但不得超过违反合同一方订立合同时预见到或者应当预见到的因违反合同可能造成的损失。"

——最高人民法院行政审判庭编著:《最高人民法院关于审理行政协议案件若干问题的规定理解与适用》,人民法院出版社 2020 年版,第 171—176 页。

(六)效力

965 在不与法律规定相冲突的前提下,行政协议当事人可以约定行政协议的生效条件

关键词｜行政协议｜附生效条件｜

【最高人民法院参考案例】

九、韩某某诉辽宁省锦州市松山新区国有土地上房屋征收办公室不履行预征收行政协议案

裁判结果:辽宁省锦州市太和区人民法院一审认为,《锦州市国有土地上房屋

征收与补偿办法》第十七条规定，因旧城区改建需要征收房屋的，作出房屋征收决定前，房屋征收主管部门可以组织被征收人根据预评估结果、征收补偿方案，预先订立附生效条件的补偿协议。市、区人民政府可以根据预签协议的签约比例决定是否作出房屋征收决定。预签协议的签约比例由市、区人民政府确定。韩某某与松山征收办订立的《预签约协议》属于附生效条件的协议，虽然协议内容中没有约定预签约比例，但是在《政协周边房屋征收补偿实施方案征求意见稿》明确了签约比例应达到 70%，因该条件未成就，《预签约协议》未生效。一审法院遂判决驳回诉讼请求。韩某某不服，提起上诉。

辽宁省锦州市中级人民法院二审认为，辽宁省锦州市松山新区管理委员会发布的《政协周边房屋征收补偿实施方案》，明确该地段采取预约式征收方式，该方案以公告的方式发布，对所有被征收人具有法律效力。房屋征收补偿的预签协议的签约比例已经确定为 70%，可以作为本案争议的补偿协议行为的依据。经查明，预签协议的实际签约比例应为 25.4%。因此，《预签约协议》在规定的时间内预签约比例未达到 70%，该协议未生效。二审法院遂判决驳回上诉，维持一审判决。

典型意义：为了更好地实现行政管理或者公共服务目标，在不与法律规定相冲突的前提下，行政协议当事人可以约定行政协议的生效条件。如新修改的土地管理法所规定的行政机关与拟征收土地的所有权人、使用权人就补偿、安置等订立的协议，属于典型的附生效条件的行政协议。本案所涉国有土地上房屋征收补偿协议，亦属于此类行政协议。实践中，对于协议相对人就生效条件尚未成立的行政协议提起行政诉讼的，人民法院应当如何处理存在不同观点：一是以行政协议对协议相对人权利义务尚未产生实际影响为由裁定驳回起诉；二是依法认定生效条件不成立时判决驳回诉讼请求。由于生效条件是否成立需要进行实体审查，且协议相对人提起的诉讼请求可能并不直接涉及生效条件是否成立，人民法院依法予以受理可以提前定分止争，获得更佳的裁判效果，因而本案采取了第二种观点。协议当事人之间可以协商约定生效条件，以明示或默示方式体现在行政协议之中均可。本案中，生效条件虽未直接明确地写入补偿协议之中，但因补偿方案对生效条件作出明确规定，且其系订立补偿协议的主要依据，可以推定协议当事人知晓且认可补偿方案规定的补偿协议生效条件。对于此类案件，人民法院应当重点审查所约定的生效条件是否违反法律规定、生效条件是否成立、生效条件未能成立是否具有归责于协议当事人的原因等。对于因不具备生效条件而不具有效力的行政协议，协议当事人要求履行协议权利义务的，人民法院可以依法判决驳回诉讼请求。

——《最高人民法院发布第二批行政协议诉讼典型案例》，载最高人民法院网

2022 年 4 月 20 日，https://www.court.gov.cn/zixun-xiangqing-355511.html。

966 行政协议无效的认定

关键词｜行政协议｜行政协议效力｜行政协议无效｜

【最高人民法院司法解释】

第十二条　行政协议存在行政诉讼法第七十五条规定的重大且明显违法情形的，人民法院应当确认行政协议无效。

人民法院可以适用民事法律规范确认行政协议无效。

行政协议无效的原因在一审法庭辩论终结前消除的，人民法院可以确认行政协议有效。

——《最高人民法院关于审理行政协议案件若干问题的规定》(2020 年 1 月 1 日，法释〔2019〕17 号)。

【最高人民法院裁判案例】

丁三保、丁龙凤、王再多诉安徽省芜湖市弋江区人民政府土地行政协议案［最高人民法院(2019)最高法行申 10466 号行政裁定书］

要旨：因行政协议是一类特殊类型的行政行为，对行政协议效力的判断首先应当适用行政诉讼法关于无效行政行为的规定。同时行政协议作为体现双方合议的产物，又可在不违反行政诉讼法的情况下适用民事法律规范中关于合同效力的规定。

行政诉讼法第七十五条规定："行政行为有实施主体不具有行政主体资格或者没有依据等重大且明显违法情形，原告申请确认行政行为无效的，人民法院判决确认无效。"合同法第五十二条规定："有下列情形之一的，合同无效：(一)一方以欺诈、胁迫的手段订立合同，损害国家利益；(二)恶意串通，损害国家、集体或者第三人利益；(三)以合法形式掩盖非法目的；(四)损害社会公共利益；(五)违反法律、行政法规的强制性规定。"对于行政诉讼法第七十五条"重大且明显"的理解，《最高人民法院关于适用〈中华人民共和国行政诉讼法〉的解释》规定了四种情形：(一)行政行为实施主体不具有行政主体资格；(二)减损权利或者增加义务的行政行为没有法律规范依据；(三)行政行为的内容客观上不可能实施；(四)其他重大且明显违法的情形。在对行政协议的效力进行审查，要对依法行政、保护相对人信赖利益、诚实信用、意思自治等基本原则进行利益衡量，从维护契约自由、维持行政行为的安定性、保护行政相对人信赖利益的角度，慎重认定行政协议的效力。

——中国裁判文书网，https://wenshu. court. gov. cn/。

清远盛兴投资有限公司诉广东省清远市清城区人民政府行政协议案［最高人民法院（2020）最高法行申 3832 号行政裁定书］

法律、行政法规以及规章，对国有建设用地使用权的取得方式、出让主体、出让要求和缔约程序等均有明确规定。与合同法上普通标的物买卖合同不同，国有建设用地使用权出让合同具有行政性及合同性双重属性；出让合同既要遵循意思自治和契约自由原则，也要按照法律、行政法规规定的步骤、程序和方式缔约和履行。此类合同的效力，要依据合同法、土地管理法、行政诉讼法以及相关行政法规的规定综合进行评价；合同是否有效既须符合合同法的规定，亦不能违反土地管理法等法律、行政法规的强制性规定。土地管理法（2004 年修正）第四十三条第一款规定，任何单位和个人进行建设，需要使用土地的，必须依法申请使用国有土地；第四十六条规定，国家征收土地的，依照法定程序批准后，由县级以上地方人民政府予以公告并组织实施；第五十四条规定，建设单位使用国有土地，应当以出让等有偿使用方式取得；第六十三条规定，农民集体所有的土地的使用权不得出让、转让或者出租用于非农业建设。《城镇国有土地使用权出让和转让暂行条例》第十条规定，土地使用权出让的地块、用途、年限和其他条件，由市、县人民政府土地管理部门会同城市规划和建设管理部门、房产管理部门共同拟定方案，按照国务院规定的批准权限报经批准后，由土地管理部门实施；第十一条规定，土地使用权出让合同应当按照平等、自愿、有偿的原则，由市、县人民政府土地管理部门与土地使用者签订。《招标拍卖挂牌出让国有土地使用权规定》第四条第一款规定，商业、旅游、娱乐和商品住宅等各类经营性用地，必须以招标、拍卖或者挂牌方式出让。《协议出让国有土地使用权规定》第三条规定，出让国有土地使用权，除依照法律、法规和规章的规定应当采用招标、拍卖或者挂牌方式外，方可采取协议方式。

无论是行政协议还是民事合同，缔约双方的主体资格都是关涉合约法律效力的基础性条件。不同于一般民事合同中的权利主体可以通过事前委托或者事后追认程序赋予无权处分人签订的合同效力，签订行政协议中行政主体一般须具有法律、法规、规章等赋予的行政职权。与民事合同中无权处分合同的效力认定相比，无行政职权、无签约主体资格的行政主体签订的行政协议的效力认定，在适用合同法第五十一条等有关无处分权人订立的合同的效力转换条件应更为严格。无法律、法规、规章授权的行政主体签订的行政协议，将可能因合同归于无效而无法得到履行。《城镇国有土地使用权出让和转让暂行条例》第十一条规定，土地使用权出让合同应当按照平等、自愿、有偿的原则，由市、县人民政府土地管理部门与土地使用者签订。本案中，2006 年《协议》签订时，涉案土地仍属于未被征收、禁止出让的集体土地；2010 年涉案土地被批准征收后，有权签订出让合同的出让主体只能是清远市国土资源局。横荷街道办事处与清城区政府均不具备签订国有建设用地使用权出让合同的签约主体资格和行政职权。因此，《协议》对国有土地使用权出让的约定应视为自始不能且违反土地管理法强制性规定，应属无效。同时，《协议》未经竞争性程序出让商住用地，亦明显违反法律规定，损害公平竞争权人利益与社会公共利益。总之，《协议》虽然系双方真实意思表示，但由于横荷街道办事处并不具备签订国有土地使用权出让合同的主体资格和行政职权，双方的意思自治不能违反法律和行政法规规定，亦不能以契约自由为借口通过协议程序取代法律规定的竞争性招拍挂程序。因此，《协议》不能成为盛兴公司主张国有建设用地使用权的依据，《协议》中有关国有土地使用权出让的内容属于无效约定。二审判决撤销一审有关《协议》有效的判决并认定《协议》无效，符合法律规定。

——中国裁判文书网，https://wenshu.court.gov.cn/。

967 人民法院在审理行政协议效力认定的案件时，首先要根据行政诉讼法规定的无效情形进行审查，还要遵从相关民事法律规范对于合同效力认定的规定

关键词｜行政协议｜合同效力｜无效｜

【最高人民法院公报案例】

濮阳市华龙区华隆天然气有限公司因濮阳华润燃气有限公司诉河南省濮阳市城市管理局、河南省濮阳市人民政府确认行政协议无效再审案［最高人民法院（2020）最高法行再 509 号行政判决书］

要旨：行政协议系行政机关为实现行政管理或公共服务目标，与公民、法人或者其他组织协商订立的具有行政法上权利义务内容的协议。管道燃气特许经营协议作为政府特许经营协议，属于典型的行政协议，该协议兼具“行政性”和“合同性”。人民法院在审理行政协议效力认定案件时，不但要根据行政诉讼法及相关司

法解释规定的无效情形进行审查，还要遵从相关民事法律规范对于合同效力认定的规定。

本案争议焦点为被诉协议是否存在无效情形，以及华润公司关于被诉协议侵害其权益的主张是否成立。行政协议作为一种特殊的行政行为，兼具“行政性”和“合同性”。《最高人民法院关于审理行政协议案件若干问题的规定》第十二条第一、二款规定：“行政协议存在行政诉讼法第七十五条规定的重大且明显违法情形的，人民法院应当确认行政协议无效。人民法院可以适用民事法律规范确认行政协议无效。”据此，人民法院在审理行政协议效力认定的案件时，首先要根据行政诉讼法规定的无效情形进行审查，此外，还要遵从相关民事法律规范对于合同效力认定的规定。

一、本案被诉协议是否存在行政诉讼法规定的无效情形

行政诉讼法第七十五条规定：“行政行为有实施主体不具有行政主体资格或者没有依据等重大且明显违法情形，原告申请确认行政行为无效的，人民法院判决确认无效。”根据行政诉讼法的规定可知，无效行政行为是指该行为存在“重大且明显”的违法情形。“重大”一般是指行政行为的实施将给公民、法人或者其他组织的合法权益带来重大影响；而“明显”一般是指行政行为的违法性已经明显到任何有理智的人都能够作出判断的程度。行政行为只有同时存在“重大且明显”违法的情形，该行为才能被认定为无效。在《最高人民法院关于适用〈中华人民共和国行政诉讼法〉的解释》中，对行政行为无效情形亦作了例举式规定。该解释第九十九条规定：“有下列情形之一的，属于行政诉讼法第七十五条规定的‘重大且明显违法’：（一）行政行为实施主体不具有行政主体资格；（二）减损权利或者增加义务的行政行为没有法律规范依据；（三）行政行为的内容客观上不可能实施；（四）其他重大且明显违法的情形。”

本案中，被诉协议约定了华隆公司在濮阳市特许经营管道燃气的区域、年限等内容。《城镇燃气管理条例》第五条第二款规定：“县级以上地方人民政府燃气管理部门负责本行政区域内的燃气管理工作。”《市政公用事业特许经营管理办法》第四条第三款规定：“直辖市、市、县人民政府市政公用事业主管部门依据人民政府的授权，负责本行政区域内的市政公用事业特许经营的具体实施。”据此，濮阳市城管局具有负责濮阳市包括城市供气在内的市政公用事业特许经营管理工作的职权。根据《建设部关于印发〈关于加快市政公用行业市场化进程的意见〉的通知》中关于“城市市政公用行业主管部门代表城市政府与被授予特许经营权的企业签订特许经营合同”的规定，濮阳市城管局作为城市市政公用行业主管部门，与华隆

公司签订被诉协议,具有法律依据,因此,该协议不存在"签订主体没有行政主体资格或者超越法定权限"的情形。此外,该协议中也不存在《最高人民法院关于适用〈中华人民共和国行政诉讼法〉的解释》第九十九条规定的"减损权利或者增加义务的行政行为没有法律规范依据""行政行为的内容客观上不可能实施"或者其他重大且明显违法的情形。因此,本院认为,被诉协议不存在行政诉讼法第七十五条规定的无效情形。

二、被诉协议是否存在民事法律规范规定的无效情形

本案被诉协议签订时有效的合同法第五十二条规定:"有下列情形之一的,合同无效:(一)一方以欺诈、胁迫的手段订立合同,损害国家利益;(二)恶意串通,损害国家、集体或者第三人利益;(三)以合法形式掩盖非法目的;(四)损害社会公共利益;(五)违反法律、行政法规的强制性规定。"本案中,华润公司未提出被诉协议违反前述法律规定的主张,且被诉协议作为在濮阳市城管局和华隆公司之间签订的政府特许经营协议,亦不存在合同法第五十二条规定的无效情形。

三、华润公司关于被诉协议侵害其权益的主张是否成立

第一,根据本案再审查明的事实,华隆公司与华龙区政府于 2010 年 8 月 18 日已签订《濮阳市濮东产业集聚区燃气项目投资建设合同》,该合同约定华龙区政府授权华隆公司在濮东产业集聚区独家投资建设城市燃气管网。尽管该合同中关于特许经营权年限、区域等约定在 2015 年 12 月经人民法院生效判决撤销,但华隆公司基于该合同已于 2010 年开始在濮阳市投资建设燃气管网,相应的项目用地、建设项目、工程规划经过濮阳市、华龙区政府相关职能部门审批,其经营的天然气管网低压输气管线建设项目经过备案,河南省住房和城乡建设厅亦向华隆公司颁发了燃气经营许可证。上述事实可以证明,华隆公司早在本案被诉协议签订前,已实际在濮阳市濮东产业集聚区投资修建管道并经营管道燃气。

第二,根据本案再审查明的事实,在华润公司与濮阳市城管局签订《濮阳华润燃气有限公司管道燃气特许经营协议》之前,濮阳市法制办就该协议作出濮政法审〔2012〕81 号《法制审核意见书》,指出华隆公司、濮阳县博远天然气有限公司、濮阳市天伦燃气有限公司均对该协议所涉特许经营区域提出异议,建议濮阳市城管局进一步协调,对各方特许经营区域予以明确,达成一致意见。该事实可以证明,对于华润公司管道燃气的特许经营范围是存有争议的。根据《河南省城镇燃气管理办法》第十二条规定,"特许经营协议应当明确特许经营内容、区域、范围、有效期限及服务标准等"。《河南省住房和城乡建设厅关于进一步规范全省城镇管道燃气特许经营管理的通知》中亦有"签订特许经营协议时要充分考虑到城市发展的

动态变化，对特许经营的区域要明确界定，标明四至并附《特许经营区域范围图示》”的规定。根据原中华人民共和国建设部建城〔2004〕162号《关于印发城市供水、管道燃气、城市生活垃圾处理特许经营协议示范文本的通知》中《管道燃气特许经营协议示范文本》(GF-2004-2502)的指引，管道燃气特许经营协议中“特许经营权经营范围”应当标明地理四至。因此，签订管道燃气特许经营协议时，应将特许经营的范围标明地理四至，即东西南北各至何路、何界，该特许经营的范围应当是相对固定的。华润公司于2012年8月21日与濮阳市城管局签订《濮阳华润燃气有限公司管道燃气特许经营协议》，将特许经营范围约定为“濮阳市规划区”，该约定并没有明确的地理四至，且“濮阳市规划区”亦非一级行政区划。据此，华润公司虽与濮阳市城管局签订特许经营协议的时间早于本案被诉协议签订时间，但因《濮阳华润燃气有限公司管道燃气特许经营协议》约定的特许经营区域四至不明，故不能证明被诉协议与其经营区域部分重叠，亦不能证明华润公司的合法权益受到侵害，故本院认为华润公司关于被诉协议侵害其权益的主张不能成立。

此外，本院还认为，对行政协议效力的审查，一方面要严格按照法律及司法解释的相关规定，另一方面，基于行政协议的订立是为了进行行政管理和提供公共服务的目的，从维护国家利益和社会公共利益的角度出发，对行政协议无效的认定要采取谨慎的态度，如果可以通过瑕疵补正的，应当尽可能减少无效行政协议的认定，以推动协议各方主体继续履行义务。本案中，濮阳市城管局通过与华润公司签订补充协议明确四至，以及华隆公司、华润公司各自按照实际经营区域办理燃气特许经营许可证，都可以说明市场秩序已经稳定。

——《中华人民共和国最高人民法院公报》2022年第5期。

968 行政协议部分条款无效对行政协议整体效力影响的认定

关键词 | 行政协议 | 部分无效 | 整体效力 |

【最高人民法院专业法官会议纪要】

法律问题：因被征收人存在欺诈行为导致被征收物的评估价值有误时，依据评估报告签订的征收补偿协议是否有效？

法官会议意见：具有可分性内容的行政协议，协议部分无效，不影响合法部分的效力，即容许行政协议部分有效、部分无效的情形存在。但当部分无效将影响有效部分的效力，或者将导致整个协议无缔约可能性或者导致整个协议履行不公平的,应当确认行政协议整体无效。

——最高人民法院第二巡回法庭 2019 年第 16 次法官会议纪要,载贺小荣主编:《最高人民法院第二巡回法庭法官会议纪要》(第一辑),人民法院出版社 2019 年版,第 369—370 页。

【最高人民法院裁判案例】

游玉喜诉福建省莆田市秀屿区人民政府未按约定履行行政协议案[最高人民法院(2019)最高法行申 2322 号行政裁定书]

首先,对合同的效力应当进行整体判断,不能割裂条款之间的联系。游玉喜在询问过程中明确表示,其签订被诉协议的目的在于以固定价格拿地后进行建设,不接受超出协议约定价格的调解。被诉协议有关约定价格条款无效,则被诉协议签订的目的已经无法实现,此时仍要求秀屿区政府履行第一条约定的出让义务,无助于案涉地块争议的解决。其次,根据现行的相关法律规定,秀屿区政府作为地方政府,事实上确实具有对案涉土地使用权的拍卖有着相当的推动作用和影响力。但是根据秀屿区政府补充提交的证据,案涉土地有一部分不在征地红线范围内,事实上也不具备全部出让的条件。因此,被诉协议应当整体认定无效。

——中国裁判文书网,https://wenshu.court.gov.cn/。

【最高人民法院参考案例】

十、淮安红太阳公司诉江苏涟水经济开发区管理委员会、江苏省涟水县人民政府继续履行投资协议案

(二)裁判结果

江苏省淮安市中级人民法院一审认为,涉案《项目合同书》《补充协议》就投资事项进行了约定,该协议总体上并不违法,但其中要求办理土地分割手续、返还土地出让金、禁止同类物流园建设以及办理码头许可证等约定和承诺超越涟水开发区管委会、涟水县政府职权,违反了法律法规的强制性规定,依法应属无效条款。涟水开发区管委会负责"四通一平"的约定不违反法律规定,依法应为有效条款,双方均应严格遵守。淮安红太阳公司为实现"四通一平"中电通和路通而付出的费用,依法应由涟水开发区管委会承担。遂判决:涟水开发区管委会赔偿淮安红太阳公司为实现电通、路通支出的费用 246460 元,并驳回淮安红太阳公司其他诉讼请求。淮安红太阳公司不服,提起上诉,江苏省高级人民法院判决驳回上诉,维持一审判决。

（三）典型意义

行政协议的效力审查是审理行政协议案件的基础，人民法院首先要对行政协议的效力作出判断，具体包含合法性和合约性两个方面。人民法院应当优先适用行政诉讼法及相关司法解释的规定，对行政机关是否具有法定职权、约定的内容是否违反法律法规的强制性规定等进行审查，同时可以参照适用民事法律规范关于民事合同的相关规定，从合约角度审查行政协议是否存在无效的法定情形。行政协议的部分条款违反法律法规强制性规定，不影响其他部分条款效力或者行政协议整体效力的，人民法院可以仅认定部分条款无效。本案中，涉案《项目合同书》《补充协议》中相关条款的约定和承诺超越行政机关的职权，违反了法律法规强制性规定，相关条款应属无效，人民法院对有效条款和无效条款的法律后果分别处理，未全盘否定涉案投资协议的效力，可以充分保护协议相对人的信赖利益，对进一步规范行政机关招商引资行为及优化法治化营商环境，具有重要的现实意义。

——《最高人民法院行政协议典型案例（第一批）》，载最高人民法院网 2021 年 5 月 11 日，https://www.court.gov.cn/zixun-xiangqing-301081.html。

969 人民法院审理行政协议案件，能否确认行政协议违法，但仍然认可其有效

关键词｜行政协议｜确认违法｜

【链接：最高人民法院法官著述】

司法实践中，人民法院在审理行政协议案件时，能否确认行政协议违法，但仍然认可其有效？如前所述，行政协议是行政行为的一种，但行政协议又不同于单方行政行为，其兼具“行政性”和“合同性”的双重特性。那么人民法院在审理行政协议案件时，能否依据行政诉讼法第七十四条的规定，确认相关行政机关在签订行政协议中存在违法情形，但是不宣告无效？行政诉讼法第七十四条规定：“行政行为有下列情形之一的，人民法院判决确认违法，但不撤销行政行为：（一）行政行为依法应当撤销，但撤销会给国家利益、社会公共利益造成重大损害的；（二）行政行为程序轻微违法，但对原告权利不产生实际影响的。行政行为有下列情形之一，不需要撤销或者判决履行的，人民法院判决确认违法：（一）行政行为违法，但不具有可撤销内容的；（二）被告改变原违法行政行为，原告仍要求确认原行政行为违法的；

（三）被告不履行或者拖延履行法定职责，判决履行没有意义的。”

我们认为可以。对于行政协议的审查，不仅要考虑行政行为的合法性，也要考虑行政协议的合意性，我们需要权衡依法行政原则与合同需要遵守原则、信赖利益保护原则之间的冲突。如果行政机关的行政行为的违法性已经达到“明显且重大”的程度，自应依据行政诉讼法第七十五条的规定宣告行政协议无效，以维护法秩序的统一性。但是如果行政机关的行政行为没有达到“明显且重大”的程度，且宣告行政协议无效可能会给国家利益、社会公共利益造成重大损害的，则不应宣告行政协议无效。

如前所述，从比较法的角度看，德国对于行政合同的效力认定，一直存在“违法但有效”的状态，通过确认行政机关行为违法来监督行政机关依法行政，同时又维护行政协议的效力来平衡“行政性”与“合同性”之间的冲突。

因此，在审查行政协议的过程中，如果宣告行政协议无效会导致“国家利益、社会公共利益造成重大损害”，或者违法情节轻微的行政协议，则从维护信赖利益的保护以及维护行政协议应该遵守的原则基础上，继续赋予行政协议的效力，以维护社会正当管理秩序。

需要指出的是：这里所说的“违法但有效”，主要是指行政机关在签订行政协议的过程中作出的行政行为违反了行政法律规范的情形，但没有达到“明显且重大违法”的程度，法院可以维持行政协议的效力。如果行政协议是违反合同法第五十二条第（五）项所称的效力性强制规范，无论程度高低，人民法院均应该宣告行政协议无效，不存在违法但有效的情形。

在司法实践中，我们已经认可行政协议的“违法但有效”的认定，如“杨某与沈阳市于洪区造化街道办事处行政协议案”中，法院认为“被告与原告签订的产权调换协议违法”后，指出“虽然原被告签订的产权调换协议违反法律规定，但被告已无法将原告的房屋及地上物恢复到拆迁前的状态。因此，法院不能因为该协议违反法律强制性规定而确认协议无效”。最后，法院认定该协议违法，但保留了协议的效力，作出继续履行判决要求被告继续履行产权调换协议。

——最高人民法院行政审判庭编著：《最高人民法院关于审理行政协议案件若干问题的规定理解与适用》，人民法院出版社 2020 年版，第 187—188 页。

970 人民法院判决确认行政协议未生效后，当事人是否还可以补办批准手续

关键词 | 行政协议 | 行政协议未生效 | 批准 |

【最高人民法院司法解释】

第十三条 法律、行政法规规定应当经过其他机关批准等程序后生效的行政协议，在一审法庭辩论终结前未获得批准的，人民法院应当确认该协议未生效。

行政协议约定被告负有履行批准程序等义务而被告未履行，原告要求被告承担赔偿责任的，人民法院应予支持。

——《最高人民法院关于审理行政协议案件若干问题的规定》（2020 年 1 月 1 日，法释〔2019〕17 号）。

【链接：理解与适用】

人民法院判决确认行政协议未生效后，相对人虽然有权要求行政机关赔偿损失，但由于赔偿的只是缔约过失损失，而相对人追求的是履行协议的利益，因此，有些相对人更希望行政机关履行协议，不要求赔偿。而行政机关在判决后，可能担心被追究行政责任或其他利益考量，此时，是否还可以继续履行报批义务？我们认为，确认行政协议未生效的前提是协议已经依法成立，其效力只是由于依法经过批准才生效的协议而未获批准，导致协议生效条件尚未成就。协议被认定未生效后，处于效力待定状态，将来有可能生效，也有可能不生效。人民法院作出判决时合同实体条款虽不发生效力，但并不因此影响合同的报批条款的效力。报批义务作为连接成立与生效两端的桥梁，是行政协议通往生效的唯一路径。判决后行政机关可以继续履行报批义务，补正协议的效力。这样做，不存在与人民法院判决相抵触的问题，并且有利于维护行政管理秩序，有利于保护相对人的权益，有利于维护双方当事人的利益平衡。

——最高人民法院行政审判庭编著：《最高人民法院关于审理行政协议案件若干问题的规定理解与适用》，人民法院出版社 2020 年版，第 201—202 页。

971 行政协议无效后的损失确定与责任承担

关键词 | 行政协议 | 责任承担 | 损失确定 |

【最高人民法院司法解释】

第十五条　行政协议无效、被撤销或者确定不发生效力后，当事人因行政协议取得的财产，人民法院应当判决予以返还；不能返还的，判决折价补偿。

因被告的原因导致行政协议被确认无效或者被撤销，可以同时判决责令被告采取补救措施；给原告造成损失的，人民法院应当判决被告予以赔偿。

——《最高人民法院关于审理行政协议案件若干问题的规定》（2020 年 1 月 1 日，法释〔2019〕17 号）。

【最高人民法院裁判案例】

清远盛兴投资有限公司诉广东省清远市清城区人民政府行政协议案［最高人民法院（2020）最高法行申 3832 号行政裁定书］

一般认为，合同无效情形下产生的赔偿责任系缔约过失责任，合同有效情况下的赔偿责任系违约责任；合同无效的赔偿责任范围主要是信赖利益损失，违约责任范围则包括履行利益损失。信赖利益损失主要指过错方赔偿对方因合同无效（不成立或被撤销）而遭受的损失，即过错方赔偿对方因信赖合同有效成立而实际遭受的损失，包括缔约过程中发生的费用损失、为履行合同而增加的场地设施设备价值减损损失、为履行合同而发生的其他费用损失等。赔偿信赖利益损失的目的，在于使无过错方利益能够恢复至合同签订之前的状态，即：如果不是为了签订和履行合同，无过错方本不会发生上述费用；而如果合同有效，无过错方发生的上述费用将从合同履行的利益中得以补偿。但是，信赖利益损失的赔偿依法不应包括若合同有效而可能获得的预期履行利益损失；只有在合同有效且违约方不履行合同义务或者履行合同义务不符合约定、给守约方造成损失的情况下，守约方才可以主张履行利益，以及主张合同履行后可以期待获得的利益，且履行利益不得超过违约方订立合同时预见到或者应当预见到的因违约可能造成的损失。

——中国裁判文书网，https://wenshu.court.gov.cn/。

972 行政机关对无效协议采取补救措施的附随义务

关键词｜行政协议｜补救措施｜附随义务｜

【最高人民法院裁判案例】

清远盛兴投资有限公司诉广东省清远市清城区人民政府行政协议案［最高人民法院(2020)最高法行申3832号行政裁定书］

实践中,国有建设用地使用权出让合同引发的纠纷,有通过民事诉讼程序解决,也有通过行政诉讼程序解决。选择通过行政诉讼程序解决的,人民法院在适用合同法等民事法律规范认定合同效力、确定损失范围、分配违约责任的同时,还应依据行政实体法律规范和行政诉讼法对行政机关订立、履行、变更、解除国有建设用地使用权出让合同的行为是否具有法定职权、是否滥用职权、适用法律法规是否正确、是否遵守法定程序、是否明显不当、是否履行相应法定职责等进行合法性审查。由于行政协议的一方主体恒定为行政机关,且行政协议均系为实现公共利益而签订,行政协议应当比民事合同更加强调合同效力的稳定性,以尽快实现行政管理目的和公共服务目标;否定已经依法成立并生效的行政协议的效力应当更加审慎。人民法院在适用合同法第五十二条合同无效条款,特别是以违反法律、行政法规的强制性规定而确认合同无效时,应当采用比普通民事合同更加严格的标准;认定合同是否因违反法律、行政法规的强制性规定而无效,应当权衡所保护的法益类型、违法性程度以及交易安全等因素综合考量。与行政协议相对人相比,行政机关更加熟悉并知晓所签订行政协议领域的法律、行政法规等规定,居于签订行政协议的优势地位,对签约主体、协议条款的合法性具有更高的注意义务。因此,对行政机关在签订行政协议后又以违反法律、行政法规强制性规定为由提出协议无效的主张,人民法院应当更加严格地进行审查;坚持将行政机关诚实守信作为依法行政的基本要求,监督行政机关依法履行行政协议,不支持因市场环境变化、政府换届、领导人员更替等原因动辄以行政协议违反法律、行政法规的强制性规定为由违约、毁约。行政协议确因缔约主体、缔约程序和缔约方式违反法律、行政法规禁止性规定而无效,行政机关需依照合同法第五十八条规定承担法律责任的,人民法院可在尊重合同相对性原则的前提下,注重发挥行政权统一性和行政机关间的协同性,要求行政机关主动协调相关行政职能部门,采取相应的补救措施,承担相应的附随义务,以促进行政协议目的的实现。为了使行政协议所确定的行政管理目的和公共服务目标尽快实现,条件成熟的,人民法院可参照行政诉讼法第七十六条、第七十八条第一款,合同法第九十七条、第一百零七条、第一百一十二条的规定,责令行政机关采取补救措施,通过完善手续和程序,变更协议主体或者重新依法定程序签订新的行政协议等方式,以保障行政协议相对人的合法权益,维护交易安全。

——中国裁判文书网，https://wenshu.court.gov.cn/。

973 不宜简单地以存在损害公共利益的可能为由否定协议的效力

关键词 | 行政协议 | 撤销 |

【最高人民法院参考案例】

六、陈佐义诉湖南省株洲市渌口区人民政府单方撤销房屋征收补偿协议决定案

(二)裁判结果

湖南省株洲市中级人民法院一审认为，两份《遗漏补充协议》设定的补偿项目不符合客观事实，缺乏法律、法规、政策依据，存在重复、不当补偿，且损害了国家利益、社会公共利益，违反了行政法规的强制性规定，属于违法补偿。但株洲县政府作出的《撤销决定书》将两份《遗漏补充协议》及一份《补充协议》均予撤销，依据不足。遂判决：一、撤销株洲县政府作出的《撤销决定书》中第一点关于"撤销渌口镇政府于 2015 年 9 月 17 日与陈佐义签订的一份《补充协议》"的部分；二、驳回陈佐义其他诉讼请求。陈佐义不服一审判决，提出上诉。

湖南省高级人民法院二审认为，涉诉三份协议均由渌口镇政府与陈佐义所签，株洲县政府明知并同意由渌口镇政府负责征收工作，应视为对渌口镇政府的委托，由此产生的法律责任应由株洲县政府承担。株洲县政府本应依法征收，其委托渌口镇政府实施征收工作，属征收程序不规范，亦属未完全依法履职；现其又以渌口镇政府不具备订立征收补偿协议法定职权为由，主张协议无效并予撤销，有违诚信原则，亦不利于诚信政府、法治政府的建设。关于相关协议的效力问题。已有生效刑事裁定认定渌口镇政府工作人员收受贿赂，擅自决定为陈佐义提高补偿标准，导致公共财产损失 80 万元。故补偿协议中涉及 80 万元金额的部分依法无效，对该 80 万元应予以追回。但涉诉《撤销决定书》对案涉三份协议均予撤销依据不足，行政机关据此又责令陈佐义退还补偿款 1740781 元，同样依据不足。鉴于《撤销决定书》有"责令与陈佐义重新签订征收补偿协议"的内容，具体金额可在重新订立协议时考量，故对一审的判决结果可予维持。遂判决驳回上诉，维持一审判决。

(三)典型意义

行政协议具有行政性与协议性特征，人民法院在审理行政协议案件时，应当同时兼顾两种属性，正确理解和妥善处理政府依法行政与诚信守约之间的关系。司法实践中，确有可能出现行政机关若严格按照行政协议约定履行义务，则违反相关法律规定的情形，即形式上可能出现依法行政与诚信守约之间相互冲突的情形。造成前述冲突的根本原因在于行政协议行为不符合法律规定。行政协议的订立、履行等均不能违反法律规定，这是“公序良俗”的基本要求，也是行政协议的根本属性，行政协议的各方当事人都应当合理预见并严格遵循。因此，在行政协议不违反法律规定的前提下，人民法院应当监督行政机关依约履行义务，实现依法行政与诚信守约的有机统一。行政机关以损害公共利益为由撤销行政协议的，人民法院应当要求行政机关提供相应证据，并综合各方因素予以审查，而不宜简单地以存在损害公共利益的可能为由否定协议的效力。本案中，在已有生效刑事裁定认定相关行政机关工作人员收受贿赂，擅自决定为被征收人提高补偿标准、通过订立征收补偿协议超额支付补偿款、导致公共财产损失后，人民法院应当依法认定征收补偿协议的相关内容违法而不具有法律效力。但株洲县政府先委托渌口镇政府订立征收补偿协议，后又以订立协议主体不适格为由主张协议无效，有违诚信原则，依法不予支持。

——《最高人民法院行政协议典型案例（第一批）》，载最高人民法院网 2021 年 5 月 11 日，https://www.court.gov.cn/zixun-xiangqing-301081.html。

974 口头订立行政协议的效力认定

关键词 | 行政协议 | 口头形式 |

【最高人民法院裁判案例】

姜家娜诉蚌埠高新技术产业开发区管理委员会行政协议案［最高人民法院（2018）最高法行申 2032 号行政裁定书］

本案的争议焦点，在于行政协议能否以口头协议的方式订立以及再审申请人所称的口头协议是否存在。正如再审申请人所说，根据相关司法解释的规定，人民法院审查行政机关是否依法履行、按照约定履行协议或者单方变更、解除协议是否合法，在适用行政法律规范的同时，可以适用不违反行政法和行政诉讼法强制性规定的民事法律规范。但这种适用属于补充适用，如果行政法律、法规规定某项行政协议必须以书面形式订立，应当优先适用特别规定。在没有相反规定的情况下，可以适用合同法对于合同形式的相关规定。固然，合同法第十条第一款规定，“当事人订立合同，有书面形式、口头形式和其他形式”，但在实践中，口头形式的合同一般也只适用于标的数额不大、内容不复杂而且能即时清结的合同关系。这是因为，尽管口头形式的合同具有简便易行、直接迅速的特点，但因缺乏文字证据，一旦发生纠纷，将会难以举证，不易分清责任。在本案，再审申请人所称的口头协议标的数额高达150万元之巨，似乎就不宜以口头形式订立。事实上，也的确对于是否存在这样一个协议产生了争执。当对是否存在一个口头协议产生争执时，主张方应当对口头协议确实存在承担举证责任。据一审法院查明，再审申请人提供的证据不足以证明其所主张的口头协议确实存在，因此再审申请人起诉要求确认该口头协议有效并判令再审被申请人履行该口头协议缺乏事实根据。

——中国裁判文书网，https://wenshu. court. gov. cn/。

975 行政相对人行使撤销权的情形和法律后果

关键词 | 行政协议 | 撤销 |

【最高人民法院司法解释】

第十四条 原告认为行政协议存在胁迫、欺诈、重大误解、显失公平等情形而请求撤销，人民法院经审理认为符合法律规定可撤销情形的，可以依法判决撤销该协议。

【最高人民法院参考案例】

一、卡朱米公司诉福建省莆田市荔城区人民政府请求撤销征收补偿安置协议案

（二）裁判结果

福建省宁德市中级人民法院一审认为，补偿协议第六条约定，将搬迁补贴额预留12104576元作为履约保证金，卡朱米公司需开展兼并重组且兼并重组投资额需大于征迁补偿额36182713元，并经荔城区政府审核后，才可以取得履约保证金。如果卡朱米公司投资额小于征迁补偿额，将取消卡朱米公司履约保证金。该条款对被征收人获得搬迁费用人为附加了不平等条件，明显违反法律强制性规定，补偿明显不合理，行政协议显失公平。遂判决撤销卡朱米公司与荔城区政府订立的补偿协议。荔城区政府不服，提出上诉。

福建省高级人民法院二审认为，就补偿协议内容来看，卡朱米公司要获得协议约定的全部搬迁补贴额，必须满足以下条件：一是完成企业兼并重组；二是兼并重组投资额必须大于征迁补偿额。而实践中，实现企业的兼并重组需要有合适的被兼并对象且兼并双方需能达成合意。因此，卡朱米公司要实现上述条款的首要条件就必须依赖第三方的参与及其意思表示，而非卡朱米公司依其独立意志可以成就，这样的条件设定对于卡朱米公司权利的实现显然困难。条件中关于“投资额必须大于征迁补偿额”“如果投资额小于征迁补偿额将取消履约保证金”等设定没有考虑到卡朱米公司投资的实际状况以及实践中投资额到位的各种可能性，没有对投资额到位作出合理的安排，简单规定投资额一旦小于约定就取消履约保证金，对于卡朱米公司而言显然过于苛刻。从补偿协议履约保证金设定的金额来看，补偿协议中约定的搬迁补贴额为 27173083 元，而约定的履约保证金为 12104576 元，约占搬迁补贴额的 45%，如此巨额的履约保证金对于卡朱米公司也是极为不公平的。因此，补偿协议为卡朱米公司获得合法合理的搬迁补贴额附加了不平等的条件，违反了合同所应遵循的公平、平等的基本原则。一审判决据此认定补偿协议存在不公平的情形，依法撤销补偿协议，于法有据。荔城区政府可在与卡朱米公司充分协商的基础上，遵循公平原则重新就补偿安置达成协议。二审遂判决驳回上诉，维持一审判决。

（三）典型意义

如何在契约自由与公法监管之间找到最佳的平衡点，是行政协议案件审理的难点。行政机关在行政协议的订立过程中，应秉持公平公正、“禁止不当联结”等原则，合理利用自身的资源优势，与相对人展开平等协商，达到既实现公共治理，又有效保护和实现相对人合法权益的目的。本案中，获得拆迁补偿属于被征收人的法定权利，其与被征收人是否完成投资额等义务之间没有合理关联。涉案行政协议的订立，虽在形式上符合平等协商的要求，但因行政机关利用其强势地位为协议相对人设定明显不对等的条件或者义务，实质上并不具有合意基础，违反了“禁止不当联结”原则。因此，针对协议相对人提出行政协议存在显失公平情形之主张，人民法院除可以参照适用民事法律规范的相关规定对是否属于合意进行审查外，还应当适用行政行为的合法性标准对是否存在“不当联结”进行判断。经审查认定存在显失公平或者不当联结情形的，人民法院应当依法支持协议相对人主张撤销行政协议的诉讼请求。

——《最高人民法院行政协议典型案例（第一批）》，载最高人民法院网 2021 年 5 月 11 日，https://www.court.gov.cn/zixun-xiangqing-301081.html。

976 行政协议约定的仲裁条款无效

关键词 | 行政协议 | 仲裁条款 |

【最高人民法院司法解释】

第二十六条　行政协议约定仲裁条款的，人民法院应当确认该条款无效，但法律、行政法规或者我国缔结、参加的国际条约另有规定的除外。

——《最高人民法院关于审理行政协议案件若干问题的规定》(2020年1月1日，法释〔2019〕17号)。

【链接：理解与适用】

在司法实践中，需要注意的问题是关于PPP协议和政府特许经营协议中约定的仲裁条款的效力问题。一般来说，政府特许经营协议禁止约定仲裁条款的。对于PPP协议则要具体情况具体分析，不能一概否定其法律效力。修改后的行政诉讼法把特许经营协议定性为行政协议，纳入了行政诉讼的受案范围。国家发展改革委于2015年4月25日印发的《基础设施和公用事业特许经营管理办法》在第六章专门规定了“争议解决”问题，包括协商、调解、行政复议和行政诉讼，但没有明确规定仲裁。对此，全国人民代表大会常务委员会法制工作委员会针对最高人民法院作出的《对政府特许经营协议仲裁条款效力问题的意见》(法工办发〔2019〕231号)指出，仲裁法第二条规定了仲裁的范围，第三条明确规定行政争议不能仲裁。行政诉讼法第十二条第(十一)项明确规定涉及政府特许经营协议的纠纷属于行政诉讼的受案范围。根据上述法律规定，政府特许经营协议争议属于行政争议，不能仲裁。因此，依据上述复函，政府特许经营协议是禁止约定的仲裁条款的。对于政府与社会资本合作协议而言，由于该协议一般并非由单一的行政协议组成，甚至在形态上表现为合同群。具体的PPP协议法律属性应当根据本司法解释关于行政协议定义的规定明确其法律属性。如果不属于行政协议，属于民事合同的，则合同中有关仲裁的约定有效，可以依法仲裁。

——最高人民法院行政审判庭编著：《最高人民法院关于审理行政协议案件若干问题的规定理解与适用》，人民法院出版社2020年版，第360页。

（七）判决

977 人民法院对行政机关行使行政优益权的行政行为的判决

关键词｜行政协议｜行政优益权｜

【最高人民法院司法解释】

第十六条 在履行行政协议过程中，可能出现严重损害国家利益、社会公共利益的情形，被告作出变更、解除协议的行政行为后，原告请求撤销该行为，人民法院经审理认为该行为合法的，判决驳回原告诉讼请求；给原告造成损失的，判决被告予以补偿。

被告变更、解除行政协议的行政行为存在行政诉讼法第七十条规定情形的，人民法院判决撤销或者部分撤销，并可以责令被告重新作出行政行为。

被告变更、解除行政协议的行政行为违法，人民法院可以依据行政诉讼法第七十八条的规定判决被告继续履行协议、采取补救措施；给原告造成损失的，判决被告予以赔偿。

第二十一条 被告或者其他行政机关因国家利益、社会公共利益的需要依法行使行政职权，导致原告履行不能、履行费用明显增加或者遭受损失，原告请求判令被告给予补偿的，人民法院应予支持。

——《最高人民法院关于审理行政协议案件若干问题的规定》（2020 年 1 月 1 日，法释〔2019〕17 号）。

【链接：理解与适用】

五、行政优益权合法行使的审查

对行政优益权的审查应当关注以下方面：第一，行政机关行使行政优益权的权限。即订立合同的机关是否具有法律法规的授权，是否越权。第二，行政机关在行使行政优益权时是否遵循了相关的法律程序。对行政优益权的合理性审查包括对行政优益权行使的必要性（是否应当行使行政优益权）和行政优益权的界限（行政优益权的行使范围和程序）两方面进行审查。考量标准包括以下几个方面：（1）如果不行使行政优益权公共利益是否将会遭受重大损失。（2）行政优益权的行使是否违反了信赖利益保护原则,是否履行了自身的法定职责或承诺、约定。(3)行使行政优益权是否违背了自由平等原则而将行政协议变为行政命令。(4)对情势变更的考量。情势变更是否发生于行政协议订立之后,在行政协议订立时双方是否均无法预料,情势变更是否涉及行政协议基础的根本改变,行政协议一方是否可能遭受重大损失。(5)行政机关是否存在不诚信的现象,是否导致行政协议相对人利益受损或行政协议无法履行或履行困难。

——最高人民法院行政审判庭编著:《最高人民法院关于审理行政协议案件若干问题的规定理解与适用》,人民法院出版社2020年版,第239页。

【最高人民法院裁判案例】

宁夏兴宁驾驶员培训学校(有限公司)诉宁夏回族自治区中宁县人民政府、宁夏回族自治区中宁县自然资源局、宁夏回族自治区中宁县新堡镇人民政府行政协议案[最高人民法院(2020)最高法行申5529号行政裁定书]

行政协议争议大体分为两类:一是因行政机关的履约行为产生的行政协议争议,即公民、法人或者其他组织认为行政机关不依法履行、未按照约定履行行政协议;二是因行政机关单方作出行政行为产生的行政协议争议,即公民、法人或者其他组织认为行政机关违法变更、解除行政协议。这两类行政协议争议从两个侧面典型地反映了行政协议的"行政性"与"协议性"。行政机关变更、解除行政协议往往系行政机关基于高权行政、单方行使权力而为,变更、解除行为构成独立、可诉的行政行为。行政机关未依法履行、未按照约定履行行政协议不涉及行政机关单方行使权力,属于履约争议。这两类行政协议争议尽管存在一定的共同之处,但法律属性不同,审理与裁判方式亦有别。这种区别体现在了《最高人民法院关于审理行政协议案件若干问题的规定》的相关规定中。例如,对于行政机关作出的变更、解除行政协议行为,依照该司法解释第十六条第一款、第二款的规定,原告请求撤销该行为,人民法院经审理认为该行为合法的,判决驳回原告诉讼请求;该行为存在行政诉讼法第七十条规定情形的,人民法院判决撤销或者部分撤销,并可责令被告重新作出行政行为。对于行政机关未依法履行、未按照约定履行行政协议的,依照该司法解释第十九条第一款的规定,人民法院可依照行政诉讼法第七十八条的规定,结合原告诉讼请求,可判决被告继续履行、采取相应的补救措施、赔偿损失。

——中国裁判文书网,https://wenshu.court.gov.cn/。

【最高人民法院参考案例】

七、马诺诉黑龙江省齐齐哈尔市龙沙区人民政府不履行房屋征收补偿协议案

（二）裁判结果

黑龙江省齐齐哈尔市中级人民法院一审认为，马诺被征收的352.60平方米房屋系商服，双方对此无异议。双方订立的涉案协议，约定了回迁房屋面积、回迁地点、停产停业损失及临时安置补偿费，该协议不违反法律、法规规定，合法有效，城中村改造办应当依照协议约定对马诺进行安置。而城中村改造办为马诺提供的房屋面积928.84平方米，系城中村改造办未经马诺同意将两份协议约定的房屋合为一处安置，与协议约定不符。马诺于2016年5月未入住，系城中村改造办未按照约定履行协议导致。龙沙区政府向齐齐哈尔市人民政府请示，对马诺原352.60平方米房屋分三户进行安置，并与马诺重新订立了三份协议，对安置地点及安置户型进行变更，该变更不违反法律、法规规定，合法有效。因龙沙区征收办于2018年9月28日通知马诺入户，停产停业损失及临时安置补偿费应计算至2018年9月28日。遂判决：责令龙沙区政府在判决生效之日起20日内补偿马诺停产停业损失245916元，补偿临时安置费98366.4元，合计344282.4元。龙沙区政府提起上诉。

黑龙江省高级人民法院二审认为，在协议履行过程中，城中村改造办将本应依约为马诺安置的610平方米及352.6平方米两套房屋变更为安置一套928.84平方米房屋，该行为构成违约，马诺拒绝接收。后经双方协商，重新订立非住宅房屋征收安置补偿协议书。协议中确认了停产停业损失及临时安置费的计发期间从搬迁验收之日起至通知进户时止，而本协议安置房屋通知进户日期为2018年9月。龙沙区政府应当依据法律规定及协议约定履行给付马诺至2018年9月的停产停业损失及临时安置补偿费义务。遂判决驳回上诉，维持一审判决。龙沙区政府已履行生效判决确定的义务。

（三）典型意义

行政协议订立后，未经对方同意，任何一方都不能单方变更协议。尽管行政机关可以依法行使行政优益权，但在不具备可以行使的法定情形时，行政机关不能单方变更协议内容，而应当严格按照行政协议约定全面履行义务，否则应当依法承担违约责任。行政协议的当事人协商一致变更行政协议，且不违反法律规定的，双方当事人应当按照变更后的协议予以履行。本案中，行政机关单方变更安置房屋情况，不能发生补偿协议变更的法律效果，行政机关的行为属于未按照约定履行义务的情形，对协议相对人合法权益造成损害的，应当依法承担违约责任。协议双方当

事人经协商后重新订立的协议，属于对原补偿协议的变更，人民法院在认定变更协议合法有效的基础上，判令行政机关按照变更后的补偿协议履行义务，即限期给付停产停业损失、临时安置费等义务，既可以保障被征收人的补偿权益及时实现，又可以督促行政机关依法依约履行行政协议。

——《最高人民法院行政协议典型案例（第一批）》，载最高人民法院网 2021 年 5 月 11 日，https://www.court.gov.cn/zixun-xiangqing-301081.html。

六、某停车管理有限责任公司诉北京市门头沟区城市管理委员会行政协议解除通知案

典型意义：行政机关在不具备法定解除条件下，享有可以依法单方解除或变更协议的权力，即通常称之为行政优益权，属于行政协议与民事合同形式上的重大区别之一。但实质上，二者所遵循的法律精神并无不同。民事合同因不具有行政性特征，通常不会出现订立时合法有效、继续履行将损害社会公共利益的情形。即使因重大情势变更而出现此类情形，民事合同的当事人也应主动停止履行。否则，国家的相关代表主体应当依法阻止合同按照原先约定继续履行。就行政协议而言，作为订立行政协议一方当事人的行政机关，应当承担起主动变更或解除行政协议的法定职责，对外则表现为行政优益权的行使。因此，行政优益权兼具权力与职责双重属性。相比而言，基于情势变更而导致合同或协议变更或者解除之后的法律后果，属于行政协议与民事合同之间的实质区别。民事合同通常不存在一方当事人补偿另一方当事人，但行政协议则要求行政机关依法对协议相对人予以补偿，可以更好地保障协议相对人的合法权益，《行政协议司法解释》第十六条规定亦对此予以明确。因行政优益权的行使将直接侵犯行政协议的合意性，必须严格限定于法定情形、遵循法定要求。行政协议在订立时并不会损害国家利益或公共利益，否则属于无效协议。但在行政协议履行过程中，相关情势发生变更，致使行政协议继续履行又将可能严重损害国家利益或社会公共利益，而协议当事人依法又不能改变或否定该情势。在此情形下，行政机关应当首先考虑对行政协议内容予以变更，尽可能地维持行政协议的法律效力，仅在变更无法实现目的的情形下选择解除行政协议。本案中，涉案行政协议在履行过程中，当地路侧停车管理公共政策依法改革，对路侧停车管理体制、管理模式、收费方式等方面进行完善，有利于规范路侧停车管理行为，保障城市道路安全有序，改善停车难问题，但涉案行政协议继续履行将损害公共政策的执行，且变更行政协议内容也无法使之符合公共政策，行政机关据此单方解除行政协议，符合法律规定。另外，行政协议的行政性特征，决定行政机关可能依据相关规范性文件订立、履行行政协议，若协议相对人在提起行政协议诉讼时请求附带审查所依据的规范性文件，人民法院应当依法进行审查。

——《最高人民法院发布第二批行政协议诉讼典型案例》，载最高人民法院网2022年4月20日，https://www.court.gov.cn/zixun-xiangqing-355511.html。

978 原告请求解除行政协议法院如何判决

关键词｜行政协议｜合同解除｜

【最高人民法院司法解释】

第十七条 原告请求解除行政协议，人民法院认为符合约定或者法定解除情形且不损害国家利益、社会公共利益和他人合法权益的，可以判决解除该协议。

——《最高人民法院关于审理行政协议案件若干问题的规定》（2020年1月1日，法释〔2019〕17号）。

【链接：理解与适用】

一、关于协议外利害关系人能否诉请解除协议问题

行政协议的解除是专属行政协议当事人的权利。行政协议当事人之外的利害关系人无权提出解除协议，此点与协议的无效、可撤销不同，后者允许协议外利害关系人提出。

二、关于协议解除以存在有效协议为前提问题

允许解除的行政协议须是已经依法成立并生效的协议。不能解除协议的主要情形包括：（1）行政协议尚未成立；（2）行政协议虽已成立但未生效；（3）行政协议已经履行完毕；（4）行政协议被人民法院依法确认无效或撤销。

三、关于相对人提起协议解除之诉的期限问题

在合同法上，解除权系形成权，原则上赋予守约一方，经过一定期限不行使，该权利即归于消灭。相对人行使解除协议的形成诉权，是法律赋予当事人维护自身合法权益的手段，但该权利的行使亦不能毫无限制。合同法第九十五条对解除权行使的期限规定了两种情形：如果法律规定了解除权行使期限或者当事人约定了解除权行使期限，期限届满当事人不行使的，该权利消灭；如果法律没有规定或者当事人没有约定解除权行使期限，经对方催告后在合理期限内不行使的，该权利消灭。鉴于行政协议系行政机关为实现公共利益或者行政管理目标而订立，当约定

解除条件成就或法定解除情形出现，相对人怠于行使解除协议的形成诉权，将会导致协议关系处于不确定、不安定的状态，进而损害国家利益和社会公共利益，因此，相对人应在确定期间内或合理期限内请求法院解除协议，一旦超出该确定期间或合理期限，则法院不应支持其诉求。至于何为“合理期限”，由人民法院结合具体案情予以认定。

四、关于协议约定解除应否给予必要限制问题

通常情况下，协议的约定解除优于法定解除，但约定解除不得滥用，更不得违反法律法规的强制性规定，损害国家利益、社会公共利益和他人合法权益。如果协议双方对约定解除的条件过于随意，或者对协议某一方显失公平，则法院有必要予以审查。如前文所述，行政协议兼具行政性与协议性，从实现个人利益与公共利益之间的衡平角度而言，有必要对约定解除权的行使给予必要限制，以防止权利滥用。首先，约定解除条款必须明确具体，约定不明视为没有约定，在约定不明情形下，人民法院判定协议是否解除时，得依法定解除之条件判断。其次，因约定解除系协议双方意思自治的结果，故限制解除的事由不可一概而论，法官可根据当事人的违约程度，遵循不损害公共利益、利益衡平等原则，并结合具体案情加以判断。最后，即使约定解除条件成就，若行政机关违约程度显著轻微，不影响守约方协议目的的实现，此时相对人作为守约一方请求解除协议，原则上人民法院应不予支持。

五、关于协议解除后违约责任条款是否继续有效问题

行政协议解除时，一方依据协议中有关违约金、约定损害赔偿的计算方法、定金责任等违约责任条款的约定，请求另一方承担违约责任的，人民法院依法予以支持。对于违约金，合同法规定了“完全赔偿原则”和“可预见规则”，即使约定违约金属于协议自由范畴，也应受到人民法院的适度干预，对此可以参考合同法第一百一十三条、第一百一十四条以及《合同法解释二》第二十八条、第二十九条之有关规定。人民法院认定约定违约金是否过高，一般应以实际损失为基础进行判断，根据公平原则和诚实信用原则予以衡量，兼顾协议履行情况、当事人过错程度以及预期利益等综合因素确定，原则上调整到实际损失为宜。主张违约金过高的违约方应当对违约金是否过高承担举证责任。违约金与定金，二者不能同时并用，守约方可选择适用违约金或定金条款。

——最高人民法院行政审判庭编著：《最高人民法院关于审理行政协议案件若干问题的规定理解与适用》，人民法院出版社 2020 年版，第 252—254 页。

【最高人民法院参考案例】

七、中山市某房地产发展有限公司诉广东省中山市自然资源局要求解除行政协议案

典型意义：因行政协议具有协议性特征，协议相对人与民事合同当事人相同，在符合法定条件情形下，可以依法解除行政协议。但行政协议的订立系基于行政管理或者公共服务目标，行政协议的解除将导致订立目的无法实现，可能损害社会公共利益或其他合法权益。因此，行政协议所具有的行政性特征，决定了协议相对人不能通过其单方行为使有效的行政协议失去法律效力。与民事合同当事人不同，协议相对人在符合法定解除情形下，通常也不能直接通过单方通知行政机关方式解除行政协议，而需要进一步寻求法定救济路径，《行政协议司法解释》第十七条规定对此予以明确。人民法院在审理诉请解除行政协议案件时，应当重点审查行政协议是否符合法定的解除条件，以及行政协议解除后是否对其他合法权益尤其是社会公共利益造成损害。对法定解除条件的认定，可以参照适用有关民事合同法律规范。对国家利益、社会公共利益的认定，应当参照适用行政诉讼法第七十四条第一款第（一）项规定中“国家利益、社会公共利益”的认定标准，不能简单将行政机关的利益与之等同。行政协议的解除将依法产生相应的法律后果，解除的时间对行政协议当事人的权利义务具有直接影响。因体量篇幅所限，《行政协议司法解释》并未对行政协议解除的时间进一步作出规定。本案对此进行了有益探索，即参照民事合同解除诉讼的法律精神，确定一审法院向行政机关送达诉状及应诉通知书之日起解除。

——《最高人民法院发布第二批行政协议诉讼典型案例》，载最高人民法院网 2022 年 4 月 20 日，https://www.court.gov.cn/zixun-xiangqing-355511.html。

979 未依法履行、未按照约定履行行政协议的判决和预期违约的处理

关键词 | 行政协议 | 未依法履行 | 未按照约定履行 | 预期违约 |

【最高人民法院司法解释】

第十九条 被告未依法履行、未按照约定履行行政协议，人民法院可以依据行政诉讼法第七十八条的规定，结合原告诉讼请求，判决被告继续履行，并明确继续履行的具体内容；被告无法履行或者继续履行无实际意义的，人民法院可以判决被

告采取相应的补救措施;给原告造成损失的,判决被告予以赔偿。

原告要求按照约定的违约金条款或者定金条款予以赔偿的,人民法院应予支持。

第二十条　被告明确表示或者以自己的行为表明不履行行政协议,原告在履行期限届满之前向人民法院起诉请求其承担违约责任的,人民法院应予支持。

——《最高人民法院关于审理行政协议案件若干问题的规定》(2020年1月1日,法释〔2019〕17号)。

【链接:理解与适用】

(三)“不依法履行”“未按照约定履行”的审查

行政协议的违约和民事合同一样情形很多,如全部违约、先期违约、各有责任的违约等,在审查过程中与行政不相冲突的民事规则人民法院都可以适用。对行政协议的合约性审查应从以下几个方面入手:一是审查在行政协议的签订过程中,各方是否依承诺与对方缔结协议。此为预约情形。二是审查在行政协议履行过程中,各方是否严格履约。三是审查任何一方变更或解除协议是否具备正当的理由。在行政协议履行过程中,如果发生了情势变更、不可抗力,或其他法定情形,导致协议无法正常履行,或者继续履行会带来更大损失的情况下,协议的任何一方都有权变更或解除协议。当然,行政机关与相对人二者变更和解除的程序有所不同,行政机关可以单方变更或解除,而相对人必须经过行政机关的同意,或通过诉讼程序。但不论是哪一种情形,还是哪一方变更或解除合同都必须有正当理由,如果没有免责事由,则构成违约,行为人必须承担违约责任。

——最高人民法院行政审判庭编著:《最高人民法院关于审理行政协议案件若干问题的规定理解与适用》,人民法院出版社2020年版,第273页。

具体如何进行赔偿,应当注意以下方面:一是协议有规定的处理及限制。行政协议有约定的,相对人请求行政机关按照行政协议的约定承担违约责任的,人民法院应予支持,但约定标准不得低于国家赔偿法规定的标准。二是协议没有规定及可获得利益的处理。没有约定的,按照民事法律规范规定予以行政赔偿。鉴于行政机关选择了契约的形式来实施管理或者提供公共服务,其承担责任应按照违约责任予以承担,亦可参照合同法有关违约责任的规定处理。原告请求赔偿包括协议履行后可获得利益的损失的,人民法院应予支持,但不得超过当事人订立协议时预见到或者应当预见到的因违反协议可能造成的损失,但法律、行政法规另有规定的除外。三是过错相抵。原告对损失有过错，被告请求适当减轻其赔偿责任的，人民法院应予支持。

——最高人民法院行政审判庭编著：《最高人民法院关于审理行政协议案件若干问题的规定理解与适用》，人民法院出版社 2020 年版，第 284—285 页。

【最高人民法院裁判案例】

刘全福、刘鹏诉潍坊市高新技术产业开发区管理委员会未按照约定履行土地出让协议义务案［最高人民法院（2020）最高法行申 5229 号行政裁定书］

行政诉讼法第七十八条规定，被告不依法履行、未按照约定履行或者违法变更、解除本法第十二条第一款第（十一）项规定的协议的，人民法院判决被告承担继续履行、采取补救措施或者赔偿损失等责任。被告变更、解除本法第十二条第一款第（十一）项规定的协议合法，但未依法给予补偿的，人民法院判决给予补偿。根据前述规定，"继续履行、采取补救措施或者赔偿损失等责任"或者"给予补偿"判决均是法律责任条款，适用前述责任条款的前提是要对被告不依法履行、未按照约定履行或者违法变更、解除行政协议行为的合法性作出判断。该条第一款的适用条件是被诉行政协议行为违法情形下的责任判决方式；第二款是被诉行政协议行为合法情形下的责任判决方式。责任判决方式不能单独适用。本案中，2018 年 5 月 25 日潍坊高新区管委会出具《告知函》，明确因为国家法律政策调整，不再履行 49 号土地出让协议义务，协商补偿事宜。对于不履行协议义务行为的合法性，人民法院应当依法作出判断，在此基础上才能考虑对原告的赔偿或补偿问题。

——中国裁判文书网，https://wenshu.court.gov.cn/。

980 行政机关不依约履行行政协议与行政机关撤销行政协议竞合时的审理

关键词｜行政协议｜不依约履行｜撤销｜

【最高人民法院裁判案例】

任文彬诉黑龙江省齐齐哈尔市铁锋区人民政府履行房屋安置补偿协议案［最高人民法院（2020）最高法行申 2796 号行政裁定书］

行政协议是行政机关和行政相对人通过协商订立的具有行政法上权利义务内

容的协议。通常认为,基于实现公共利益或者行政管理的目标,行政机关具有一定的管理权。在特定情形下行政机关有权变更、解除行政协议,但该行政优益权的行使须受到严格限制。行政协议签订后,非因胁迫、欺诈、重大误解、显失公平以及履行协议会给国家利益和社会公共利益带来重大损失等情形不得随意解除,从而最大程度维护行政协议的稳定性以及行政机关的公信力。行政协议案件中协议的订立、履行等都是双方合意的产物,当事人在提起的行政协议案件中所提诉讼请求常常不限于针对行政机关的行政行为。因此,行政协议案件中的法律关系较为复杂。人民法院审理行政协议案件,应当对被告订立、履行、变更、解除行政协议的行为是否具有法定职权、是否滥用职权、适用法律法规是否正确、是否遵守法定程序、是否明显不当、是否履行相应法定职责进行合法性审查。原告认为被告未依法或者未按照约定履行行政协议的,人民法院应当针对其诉讼请求,对被告是否具有相应义务或者履行相应义务等进行审查。故本案中,任文彬向人民法院提起本案诉讼要求铁峰区政府履行涉案协议、为其出具相关手续。针对铁峰区政府在本案一审诉讼过程中单方撤销涉案协议的行为,经一审法院释明,任文彬拒绝变更诉讼请求,则人民法院应当在本案中就铁峰区政府的撤销行为一并进行合法性审查,并依法作出裁判。一审、二审法院未审查铁峰区政府撤销涉案协议行为的合法性,迳以涉案协议已被撤销,任文彬所诉继续履行涉案协议的前提条件及事实依据已不存在为由,驳回任文彬的诉讼请求,裁判结果确有不当,应予纠正。值得一提的是,任文彬即使按照一审法院释明撤回本案起诉,另行就铁峰区政府撤销涉案协议的行为提起诉讼,其核心诉求并未发生变化,仍是要求铁峰区政府继续履行原涉案协议、为其出具相关手续。这也必然要求人民法院对任文彬可能提起的另案行政诉讼中对铁峰区政府的撤销行为进行合法性审查,故其与本案实质上并无区别。为节约司法资源,避免当事人诉累,实质化解行政争议,人民法院亦应当在本案中就铁峰区政府的撤销行为一并进行合法性审查,并依法作出裁判。

——中国裁判文书网,https://wenshu.court.gov.cn/。

981 除非法律、法规或规章另有规定,行政机关不能既承担行政赔偿责任,又承担协议违约责任

关键词 | 行政协议 | 行政赔偿 | 违约责任 |

【最高人民法院裁判案例】

刘全福、刘鹏诉潍坊市高新技术产业开发区管理委员会未按照约定履行土地出让协议义务案［最高人民法院（2020）最高法行申 5229 号行政裁定书］

国家赔偿法第四条、第三十六条第（十）项规定，行政机关及其工作人员在行使行政职权时，违法行政行为造成财产损害的，受害人有取得赔偿的权利。财产损害按照直接损失给予赔偿。“直接损失”就是实际损失，包括已经发生的财产损失和必将发生的可得利益损失。未按约定履行协议义务行为违法，造成行政协议相对人合法财产利益损失的，人民法院应当判决行政机关赔偿直接损失。本案中，潍坊高新区管委会未按照 49 号土地出让协议约定履行办理国有土地使用证义务行为违法，协议无法继续履行，应当返还刘全福、刘鹏交付的土地出让金；同时，土地增值利益属于土地权利人的必得利益，由于潍坊高新区管委会补办征地手续过于延迟，未按约定履行土地出让协议约定的办证义务，并最终因土地出让法律程序改变导致土地受让人不能取得协议约定的国有土地使用权，一、二审判决按照涉案土地 2008 年出让给他人的市场拍卖价款减去 49 号土地出让协议约定土地价款的差价作为直接损失予以赔偿，符合国家赔偿法的规定，本院予以支持。一、二审判决认为，已支付土地出让金的利息损失包含在土地增值价值之中，二者不能重复计算，进而驳回刘全福、刘鹏关于利息损失的诉讼请求，并无不当。至于违约损失，行政协议案件的赔偿责任实质是行政协议行为侵权的国家赔偿责任与行政协议违约责任的法律竞合。民事诉讼中，发生民事侵权与违约赔偿法律责任竞合的情况下，当事人只能选择其一提起民事诉讼。根据行政诉讼法第二条规定，行政诉讼只能是行政行为侵权的国家赔偿责任，除非法律、法规或规章另有规定，行政机关一般不承担违约责任，更不能判决行政机关既承担行政赔偿责任，又承担协议违约责任。潍坊高新区管委会主张，损失赔偿不应包括可期待利益。但是，按照协议约定，潍坊高新区管委会应当在金宇电器公司缴付 131.1 万元土地款后的六个月内办理土地使用证，由于潍坊高新区管委会未及时补办征地审批手续，造成协议不能继续履行，从应当完成办证之日至土地出让给他人期间形成的土地价值增值部分，属于受让人必得利益，并非可得利益。以此为由申请再审，理由不能成立。潍坊高新区管委会还主张，签订合同中双方均有过错，应当按过错比例承担赔偿责任。但是，49 号土地出让协议不能履行的主要原因并非订立协议中的过错问题，而是由于协议订立后潍坊高新区管委会没有及时完善程序，后因法律政策发生变化最终造成协议不能履行。

——中国裁判文书网,https://wenshu.court.gov.cn/。

982 行政协议未约定违约责任时行政机关的违约责任承担

关键词｜行政协议｜违约责任｜

【最高人民法院专业法官会议纪要】

法律问题:行政协议未约定逾期履行的违约责任,而行政机关未按期履行协议的情形下,行政机关是否应承担违约责任?

法官会议意见:行政机关与相对人签订行政协议后,应当遵循诚信原则按照协议约定全面履行义务,未按照约定期限履行义务的,即构成违约,应当承担违约责任,行政协议中未约定违约责任并不能成为行政机关不承担违约责任的理由。

——最高人民法院第二巡回法庭 2019 年第 32 次法官会议纪要,载贺小荣主编:《最高人民法院第二巡回法庭法官会议纪要》(第二辑),人民法院出版社 2021 年版,第 258 页。

983 无效判决及其转换

关键词｜行政协议｜无效判决转换｜

【最高人民法院司法解释】

第二十二条　原告以被告违约为由请求人民法院判令其承担违约责任,人民法院经审理认为行政协议无效的,应当向原告释明,并根据原告变更后的诉讼请求判决确认行政协议无效;因被告的行为造成行政协议无效的,人民法院可以依法判决被告承担赔偿责任。原告经释明后拒绝变更诉讼请求的,人民法院可以判决驳回其诉讼请求。

——《最高人民法院关于审理行政协议案件若干问题的规定》(2020 年 1 月 1 日,法释〔2019〕17 号)。

【链接:理解与适用】

适用本条时,应当注意以下几个具体问题:

第一，应当注意适用本条规定的情形与适用《行诉解释》第九十四条情形的区分，应当注意行政协议无效与行政行为无效之间的差异。

第二，行政协议无效的判断应当根据本解释第十二条的规定予以判断，对于行政协议无效的情形应当严格把握，不宜扩大使用。在判断行政协议的效力时，要衡量依法行政原则和信赖保护原则。只有出现行政主体、职权依据或者协议内容存在重大且明显违法的情形时，才应确认行政协议无效。

第三，应当注意行政协议部分有效时的处理。本解释第十二条规定，人民法院可以适用民事法律规范确认行政协议无效。合同法第五十六条和民法总则第一百五十六条均规定，合同部分无效，不影响其他部分效力的，其他部分仍然有效。所以在存在行政协议部分无效的情形时，不宜一概适用本条规定处理。无效部分影响其他部分效力的情况，以及无效部分不影响其他部分效力的情况，都应当结合涉诉行政协议涉及的部分进行综合考虑。

第四，在诉讼类型转换时，要突出法院的释明义务和尊重原告的意愿。诉讼类型转换制度是行政诉讼法的特殊制度，目的在于更有效保障当事人诉权，更有力监督行政机关的行为。本条规定的诉讼类型转换，还有保护国家利益和社会公共利益的考量。由于原告起诉要求法院判令被告承担违约责任，如果法院在未完全履行释明义务的情况下，直接判决驳回原告的诉讼请求，可能不符合行政诉讼保障当事人诉权的意旨。如果原告在法院释明时没有机会表达意愿，原告可能会质疑司法的公正。保障原告在法院释明时表达意愿的权利，有利于提升原告的司法获得感。只有在法院完全履行了释明义务，明确告知原告拒绝变更诉讼请求的后果之后，人民法院才能判决驳回原告的诉讼请求。

第五，在原告变更诉讼请求之后，尤其是在原告请求法院判令被告承担赔偿责任的情况下，法院应当重新指定举证期限。法院应当在诉讼类型转换之后，按照原告变更后的诉讼请求进行充分审理，尽可能保障纠纷一次性解决，而不是让原告在法院判决之后重新提起赔偿损失之诉。

另外，对于原告直接请求确认协议无效时，如何处理的问题，属于本条的反面，可参照本条及相关规定的精神予以处理。《行政协议解释》第十五条第二款规定，原告请求解除协议或者确认协议无效，理由成立的，判决解除协议或者确认协议无效，并根据合同法等相关法律规定作出处理。行政协议无效理由成立的，可依据本解释第十五条处理。协议无效理由不能成立的，亦可参照《行诉解释》第九十四条第二款的规定，应当向当事人进行释明，对变更后的诉讼请求进行审理；原告拒绝变更诉讼请求的，判决驳回其诉讼请求。

——最高人民法院行政审判庭编著:《最高人民法院关于审理行政协议案件若干问题的规定理解与适用》,人民法院出版社2020年版,第315—316页。

(八)执行

984 因行政相对人不履行行政协议义务引起的非诉执行案件的处理

关键词 | 行政协议 | 非诉执行 |

【最高人民法院司法解释】

第二十四条 公民、法人或者其他组织未按照行政协议约定履行义务,经催告后不履行,行政机关可以作出要求其履行协议的书面决定。公民、法人或者其他组织收到书面决定后在法定期限内未申请行政复议或者提起行政诉讼,且仍不履行,协议内容具有可执行性的,行政机关可以向人民法院申请强制执行。

法律、行政法规规定行政机关对行政协议享有监督协议履行的职权,公民、法人或者其他组织未按照约定履行义务,经催告后不履行,行政机关可以依法作出处理决定。公民、法人或者其他组织在收到该处理决定后在法定期限内未申请行政复议或者提起行政诉讼,且仍不履行,协议内容具有可执行性的,行政机关可以向人民法院申请强制执行。

——《最高人民法院关于审理行政协议案件若干问题的规定》(2020年1月1日,法释〔2019〕17号)。

【链接:理解与适用】

二、关于审查的强度问题

……我们认为,在下一步探索中应当注意以下几点:一是要注意此类案件的特殊性。行政协议关于相对人义务的约定被转化为书面决定后,就相当于行政机关作出了一个行政行为,如果相对人在起诉期限内没有提起诉讼,就可以认为他放弃了诉讼机会,行政行为就产生了执行力。但是应当注意到,协议履行争议解决的基本方式原本是诉讼(有些行政协议在修改后的行政诉讼法实施之前被看作民事合同),而对此类纠纷提起诉讼原本是行政机关的诉讼负担。任何一方当事人不履行协议引起的争议都是通过民事诉讼解决的。如果诉讼,法院必须要进行深入的审查。新行政诉讼法实施后,这些案件之所以改为非诉执行案件,并非由于案件本身不需要深入审查,而是由于行政诉讼不具备“官告民”的诉讼形式。二是要注意此类案件涉及相对人利益的性质。如果法院认为涉及相对人的重大利益而安排了类似于庭审程序的听证,并在听证的基础上作出判断,其作出的结论可能就更加令人信服,也更易于让人民群众感受到公平正义。三是既要注意司法程序的正当性,也要注意行政程序的正当性。比如行政机关在作出书面决定后,如果没有告知相对人不诉讼将引起强制执行的不利后果,则法院适用通常非诉执行案件的审查强度就可能有失允当。

六、关于催告行为的可诉性问题

实践当中,出现过就以行政机关没有催告即采取执行措施,而起诉行政不作为的案件,由此提出了催告行为是否可诉的问题。我们认为,催告是行政强制执行启动程序,是行政机关就相对人履行协议义务作出决定的一个必经步骤,本身不具有改变相对人权利义务或者法律地位的效果,即使有时对当事人权益产生实际影响,这种影响亦为行政机关最终作出的书面决定所吸收。也就是说,催告要么是没有杀伤力的事实行为,要么是中间性的过程行为,按照可诉行政行为标准的理论,无论从哪个角度讲,都不具有可诉性。如果相对人认为催告存在违法,可以在起诉行政机关最终书面决定的案件中,一并指出并要求法院处理。如果法院经审查认为催告行为确实存在违法之处,亦可在裁判文书中将其作为书面决定的程序违法予以确认。

——最高人民法院行政审判庭编著:《最高人民法院关于审理行政协议案件若干问题的规定理解与适用》,人民法院出版社 2020 年版,第 342、345—346 页。

(九)法律适用及溯及力

985 人民法院审理行政协议案件，要优先适用行政诉讼法和行政实体法律规范

关键词 | 行政协议 | 法律适用 |

【最高人民法院司法解释】

第二十七条 人民法院审理行政协议案件,应当适用行政诉讼法的规定;行政诉讼法没有规定的,参照适用民事诉讼法的规定。

人民法院审理行政协议案件,可以参照适用民事法律规范关于民事合同的相关规定。

——《最高人民法院关于审理行政协议案件若干问题的规定》(2020 年 1 月 1 日,法释〔2019〕17 号)。

【最高人民法院裁判案例】

刘全福、刘鹏诉潍坊市高新技术产业开发区管理委员会未按照约定履行土地出让协议义务案[最高人民法院(2020)最高法行申 5229 号行政裁定书]

行政协议案件属于行政案件,在法律适用上当然要优先适用行政诉讼法和行政实体法律规范,而不是既可以适用行政法律规范,又可以适用民事法律规范。民事法律规范仅仅是人民法院审理行政协议案件的补充规则。即,行政法律规范没有规定的,在不与行政法的基本原则相抵触的情况下,人民法院可以补充适用民事法律规范。人民法院审理行政机关不依法履行、未按照约定履行,或者单方变更解除行政协议案件时,往往会涉及协议本身的合法有效性问题。被告不依法履行、未按约定履行协议或单方变更、解除协议的主要理由,就是认为协议无效。在对行政机关不依法履行、未按约定履行协议或单方变更、解除协议提起诉讼的案件中,行政协议仅仅是案件的主要证据和依据,并非被诉行政行为。这与征收案件中,当事人对征收补偿决定提起行政诉讼,理由是征收决定违法或无效,情形时一样的。在此情形下,人民法院应当对作为本案证据的前置行政行为是否存在重大且明显违法进行审查。不属于重大且明显违法的,一般不宜否定其证据效力。行政协议作为行政机关履行行政职责的一种方式,应当适用行政诉讼法第七十五条规定的重大且明显违法标准判断其是否属于无效。进而判断协议约定内容是否可以作为判断被诉行政行为是否合法的证据和依据。本案中,潍坊高新区管委会未按约定履行土地出让协议约定义务,并主张该协议无效。但是,订立 49 号土地出让协议时,尽管订立协议行为存在主体越权、未批先征的违法情形,但是完全可以通过潍坊市土地管理部门的追认以及补办征地审批手续予以补正,并非重大且明显违法的无效行政行为。因此,可以作为判断潍坊高新区管委会不履行办证等协议义务行为合法性的证据和依据。因潍坊高新区管委会没有及时完善程序,导致在征收手续完善后，因法律规定的土地出让程序发生变化，原来以协商方式出让土地的协议无法继续履行，不履行协议义务行为应当认定违法，并可以同时根据行政诉讼法第七十八条的规定，判决解除协议。一、二审未按行政诉讼法、土地管理法等相关行政法律规范判断行政协议的有效性，而是按照合同法等民事法律规范审理本案不妥。本院予以指正。

——中国裁判文书网，https://wenshu.court.gov.cn/。

苏会涛诉河北省唐县人民政府、河北省唐县仁厚镇人民政府集体土地征收补偿订立行政协议行为案［最高人民法院（2020）最高法行申 9651 号行政裁定书］

《最高人民法院关于审理行政协议案件若干问题的规定》第二十七条规定，人民法院审理行政协议案件，应当适用行政诉讼法的规定；行政诉讼法没有规定的，参照适用民事诉讼法的规定。人民法院审理行政协议案件，可以参照适用民事法律规范关于民事合同的相关规定。行政协议同时具有行政性和协议性，但是，将其明确为行政诉讼受案范围，主要是基于其行政性特质，而非协议性。因此，前述司法解释规定，人民法院审理行政协议案件要优先适用行政法律规范。行政法律规范没有规定时，在不与行政法、行政诉讼法的基本原则相抵触的情况下，可以适用民事法律规范。不是说行政协议既有行政性又有协议性，所以既可以适用行政法律规范，也可以适用民事法律规范。当事人请求确认行政协议无效，实质是对订立行政协议行为不服提起行政诉讼，起诉是否符合法定起诉条件，应当依照行政诉讼法规定的起诉条件进行审查判断；订立协议行为是否合法有效，应当依照行政诉讼法和相关行政实体法律规范进行审查判断，民事法律规范的适用仅仅是行政法和行政诉讼法没有相应规定情形下的一种补充适用。

——中国裁判文书网，https://wenshu.court.gov.cn/。

986 行政协议司法解释的溯及力

关键词 | 行政协议 | 司法解释 | 溯及力 |

【最高人民法院司法解释】

第二十八条 2015 年 5 月 1 日后订立的行政协议发生纠纷的，适用行政诉讼法及本规定。

2015 年 5 月 1 日前订立的行政协议发生纠纷的，适用当时的法律、行政法规及司法解释。

——《最高人民法院关于审理行政协议案件若干问题的规定》(2020 年 1 月 1 日,法释〔2019〕17 号)。

【链接:理解与适用】

二、协议订立时间一般作为法律适用的分界点

根据前述分析,行政协议案件的立案、审理等过程中可能出现多个时间节点,如协议的签订时间、生效时间、履行时间以及行政机关针对协议作出单方行政行为的时间等。同时,新行政诉讼法对行政协议案件的受理进行了调整,且有多部新司法解释的先后出台,相应存在新规定代替旧规定之情形。由于行政协议纠纷的时间节点与法律规定颁布实施的时间节点之间的相互交织,导致如何有效衔接旧法与新法、如何适用新规定等问题存在较大争议。如新法之前签订的征收补偿协议,新法实施之后被征收人提起行政诉讼的,有观点认为不应当作为行政案件受理,有观点认为可以作为行政案件受理,有观点认为应当区分情况,如已经履行完毕的不予受理,未履行完毕的可以受理;抑或超过起诉期限的不予受理,未超过的可以受理;等等。《行政协议解释》在实践案例的基础上,按照法律适用的基本原则,确定以协议订立时间作为法律适用的分界点。

——最高人民法院行政审判庭编著:《最高人民法院关于审理行政协议案件若干问题的规定理解与适用》,人民法院出版社 2020 年版,第 386 页。

987 因新法之后订立行政协议引发纠纷的法律适用

关键词 | 行政协议 | 法律适用 |

【链接:最高人民法院法官著述】

新法实施之后,不同时期发生的行政协议纠纷,所适用的司法解释不尽相同,应当区分具体情形。需要考虑的要素主要为受理时间、审结时间。受理时间可以分为三个阶段:在《行诉解释》之前受理的、《行诉解释》与《行政协议解释》之间受理的、《行政协议解释》之后受理的。审结时间也可以分为三个阶段:在《行诉解释》之前审结的、在《行诉解释》之后与《行政协议解释》之前审结的、《行政协议解释》之后尚未审结的。受理时间与审结时间的不同结合,实践中可能出现多种情形。根据不同审级的法律适用规则,不同情形应当适用的法律规定有所不同:第

一，在《行诉解释》之前受理，在《行诉解释》之前审结的。应当适用新行政诉讼法、《适用解释》、《执行解释》中与新法、新司法解释不相冲突的条文。第二，在《行诉解释》之前受理，在《行诉解释》之后、《行政协议解释》之前审结的。应当适用新行政诉讼法、《适用解释》、《行诉解释》。第三，在《行诉解释》之前受理，《行政协议解释》之后尚未审结的。应当适用新行政诉讼法、《行诉解释》、《行政协议解释》。第四，《行诉解释》与《行政协议解释》之间受理，《行政协议解释》之前审结的。应当适用新行政诉讼法、《适用解释》、《行诉解释》。第五，《行诉解释》与《行政协议解释》之间受理，《行政协议解释》之后尚未审结的。应当适用新行政诉讼法、《行诉解释》、《行政协议解释》。第六，《行政协议解释》之后受理的，尚未审结的。应当适用新行政诉讼法、《行诉解释》、《行政协议解释》。需要注意的是，对于前述《行政协议解释》实施之前已经受理但未审结的行政协议案件，已经完成的程序事项，仍然有效。

——最高人民法院行政审判庭编著：《最高人民法院关于审理行政协议案件若干问题的规定理解与适用》，人民法院出版社 2020 年版，第 391—392 页。

988 因新法之前订立行政协议引发纠纷的法律适用

关键词 | 行政协议 | 法律适用 |

【链接：最高人民法院法官著述】

新行政诉讼法颁布实施至今已过数年，新法之前订立协议引发纠纷的逐渐较少，实践中的主要情形有：其一，新法之前已经按照民事案件受理的。根据本条第二款规定，此类纠纷按照当时的规定，通常不作为行政案件予以受理。其二，新法之前按照行政案件受理的。如前述分析，对于已经作为行政案件受理的，亦不宜认定其存在错误。在具体法律适用时，同样也可以参照前述关于第一款情形下法律适用规则的分析，但相比而言更为简单：新法之后受理的，无论在哪个时间阶段进行审理，是否有新司法解释颁布实施，都应当适用新法之前的规定，即适用修改前的行政诉讼法及其司法解释。值得注意的是，由于在审理环节中新法的相关司法解释可能已经颁布实施，若适用新法、新司法解释审理行政协议案件的，则属于法律适用错误。但由于《行政协议解释》颁布在后，在立法层面的法律适用规则并不明确，对人民法院的法律适用问题不能过于苛责，且新司法解释的部分条文采用了旧规定或延续其立法精神或目的，因而在评价法律适用问题时，若处理结论并无不当的，则不宜以法律适用错误为由予以否定。

新法之前订立的行政协议，当时没有规定的，在法律适用过程中可能出现以下情形：一是因没有相关法律规定，一直未审结。在处理此类案件时，适用新法及《行政协议解释》处理即可。二是参照相关规定予以审结。对其法律适用的评价，关键在于所参照适用的规定是否与新法、《行政协议解释》相冲突。若彼此不冲突且不影响实体处理的，则不宜以法律适用为由否定其处理结论。反之，则属于法律适用错误之情形。需要说明的是，本条第二款在具体适用时，在穷尽当时规定未找到相关法律依据之后，则应当适用新法及《行政协议解释》。在新法实施之前，由于行政协议双方当事人就行政协议纠纷提起的诉讼，与民事领域的合同之诉较为相似，通常可以找到相关规定对应或参照适用。但行政机关单方就行政协议作出执行决定的行为并不常见，即使作出单方行政行为并由此引发争议的，在司法实务中也通常作为行政案件予以受理。但是，如何审理此类行政案件，当时的行政诉讼法及其司法解释并未作出明确规定，在民事法律规范中也没有相关的规定。因此，当时未作规定的情形，主要表现于行政机关单独作出变更、解除或执行决定，或行政机关申请执行行政协议等。对于前述单方行为，无论在新法之前，还是新法之后作出，应当或实际适用的规定均为新行政诉讼法及《行政协议解释》。

——最高人民法院行政审判庭编著：《最高人民法院关于审理行政协议案件若干问题的规定理解与适用》，人民法院出版社2020年版，第392—393页。

989 起诉修改后的行政诉讼法施行前的行政协议行为，人民法院是否应当受理

关键词｜行政协议｜受理｜法律适用｜

【最高人民法院专业法官会议纪要】

21. 起诉修改后的行政诉讼法施行前的行政协议行为，人民法院是否应当受理。

答：当事人对修改后的行政诉讼法实施前的行政协议行为提起行政诉讼，符合法定受理条件的，人民法院应当依法予以受理。

理由：行政诉讼法第十二条关于行政诉讼受案范围的列举，只是对常见或实践中有争议的可诉行政行为受案范围的不完全列举。行政协议行为属于行政行为，且对当事人的人身权、财产权有可能会产生不利影响，根据1989年行政诉讼法规

定，行政协议行为即应当属于行政诉讼的受案范围。只是在行政诉讼法修改之前，司法实践中对行政协议争议是通过民事诉讼，还是通过行政诉讼解决，确有争议。修改后的行政诉讼法第十二条第一款第（十一）项作出列举，对此予以明确，并非扩大行政诉讼的受案范围。

——《最高人民法院第一巡回法庭关于行政审判法律适用若干问题的会议纪要》（2018 年 7 月 23 日），载最高人民法院第一巡回法庭编著：《最高人民法院第一巡回法庭行政案件裁判精要》，中国法制出版社 2020 年版，第 194 页。

【最高人民法院裁判案例】

蚌埠广荣电力工程有限公司诉安徽省蚌埠市蚌山区人民政府履行招商协议案

［最高人民法院（2020）最高法行再 16 号行政裁定书］

行政诉讼法第十二条第一款第（十一）项规定，人民法院受理公民、法人或者其他组织提起的下列诉讼：认为行政机关不依法履行、未按照约定履行或者违法变更、解除政府特许经营协议、土地房屋征收补偿协议等协议的。据此，修订后的行政诉讼法将行政协议类案件纳入行政诉讼受案范围，但是对于 2015 年 5 月 1 日之前签订的行政协议是否属于行政诉讼受案范围，法律没有明确规定。对此，2020 年 1 月 1 日起施行的《最高人民法院关于审理行政协议案件若干问题的规定》第二十八条第二款规定："2015 年 5 月 1 日前订立的行政协议发生纠纷的，适用当时的法律、行政法规及司法解释。"案涉招商协议约定广荣公司将公司注册地迁至蚌山区辖区，并确保在蚌山区依法纳税，蚌山区政府优惠提供开办电力工程器材超市及商住楼建设用地等。该协议系蚌山区政府为实现公共服务目标，与广荣公司协商订立的具有行政法上权利义务内容的协议，其性质属于行政协议。2015 年 5 月 1 日前的法律法规及司法解释未明确规定招商协议属于民事协议，本案招商协议也未约定选择民事诉讼或仲裁程序解决纠纷。在此情况下，法院应当尊重当事人对诉讼类型的选择权。因此，广荣公司提起本案履行招商协议之诉，法院应当予以受理。一审法院以不属于行政诉讼受案范围为由，裁定驳回起诉，二审法院予以维持，适用法律错误，依法应予纠正。

——中国裁判文书网，https://wenshu.court.gov.cn/。

吉林市亚泰房地产开发有限公司诉吉林市人民政府民间借贷纠纷申请再审案

［最高人民法院（2020）最高法民申 7046 号民事裁定书］

关于亚泰公司主张案涉事实发生在 2015 年 5 月 1 日之前应当按照民事纠纷

处理的问题。2015 年 5 月 1 日修订后的行政诉讼法对行政协议的范围、判决方式等作出了明确规定。《最高人民法院关于审理行政协议案件若干问题的规定》第二十八条亦进一步明确:“2015 年 5 月 1 日后订立的行政协议发生纠纷的,适用行政诉讼法及本规定。2015 年 5 月 1 日前订立的行政协议发生纠纷的,适用当时的法律、行政法规及司法解释。”案涉法律行为发生当时,法律并未明确规定政府与法人之间关于棚户区改造形成的协议关系及其履行产生的纠纷属于民事案件,尽管该类协议在前述法律及司法解释实施前,因具备民事合同的部分特征存在通过民事诉讼予以救济的情形,但并未将该类纠纷排除在行政诉讼范围之外。行政诉讼法修订及相关司法解释的颁布实施,不影响对吉林市政府与亚泰公司之间协议关系主体、权利义务关系等要素和协议性质的认定,本案作为行政案件审理具有一定正当性。且结合案涉项目公益性及政策连贯性的实际情况,本案通过行政诉讼予以救济,更利于社会公共利益与协议相对方合法权益的平衡,行政诉讼审判规则及后续执行措施亦更能确保亚泰公司权益得以及时实现。故原审法院认定本案不属于民事案件受理范围,不违反前述司法解释第二十八条的规定,亚泰公司可依法就本案纠纷提起行政诉讼主张权利。

——中国裁判文书网,https://wenshu.court.gov.cn/。

990 行政协议案件中法律适用冲突的选择

关键词｜行政协议｜法律适用｜

【链接:最高人民法院法官著述】

随着新行政诉讼法将行政协议纠纷调整纳入行政诉讼受案范围,以及《行政协议解释》对行政协议案件相关规则的明确,在审理行政协议案件时可能出现法律规定相冲突的情形。根据前述分析,《行政协议解释》属于对新行政诉讼法的具体解释,在行政协议案件审理中具有与新行政诉讼法相同的效力。新行政诉讼法及《行政协议解释》均属于新规定,且《行政协议解释》属于行政协议案件审理的特殊规则。因此,在法律适用出现冲突时,应当优先适用新行政诉讼法及《行政协议解释》的相关规定。例如,2011 年颁布实施的《国有土地上房屋征收与补偿条例》第二十五条第二款规定:“补偿协议订立后,一方当事人不履行补偿协议约定的义务的,另一方当事人可以依法提起诉讼。”在新法实施之前,被征收人不履行补偿协议的约定义务的,行政机关可以提起民事诉讼,或者行政机关在被征收人提起的诉讼中进行反诉。但根据新行政诉讼法第十二条第一款第(十一)项规定,土地房屋征收补偿协议纠纷属于行政诉讼的受案范围。《行政协议解释》第六条规定,行政机关不能就行政协议纠纷提起反诉。新法实施之后,被征收人不履行行政协议约定义务的,应当适用新法及《行政协议解释》的相关规定,行政机关不能提起民事诉讼,也不能提起反诉,而应当根据《行政协议解释》关于申请执行的规定主张合法权益。

——最高人民法院行政审判庭编著:《最高人民法院关于审理行政协议案件若干问题的规定理解与适用》,人民法院出版社 2020 年版,第 395 页。

六、行政许可

991 行政许可案件的受案范围

关键词｜行政许可｜受案范围｜

【最高人民法院司法解释】

第一条 公民、法人或者其他组织认为行政机关作出的行政许可决定以及相应的不作为，或者行政机关就行政许可的变更、延续、撤回、注销、撤销等事项作出的有关具体行政行为及其相应的不作为侵犯其合法权益，提起行政诉讼的，人民法院应当依法受理。

——《最高人民法院关于审理行政许可案件若干问题的规定》(2010年1月4日，法释〔2009〕20号)。

【链接：理解与适用】

《解释》第一条规定了行政许可案件的范围，也就是《解释》的适用范围。行政许可是一个动态的过程，其从产生到消亡会出现一系列形态的行政行为。按照行政许可法，行政许可行为主要包括两类：一是行政机关对申请人作出的是否准予许可的决定；二是就行政许可的变更、延续、撤回、注销、撤销等事项作出的行政行为。保障行政许可法的实施是《解释》的主要旨趣之一，相应地，《解释》的适用范围亦应包括当事人针对以上两类行为及相应不作为提起诉讼的案件。

——赵大光、杨临萍、王振宇：《〈关于审理行政许可案件若干问题的规定〉的理解与适用》，载《人民法院报》2010年1月6日，第5版。

992 行政许可程序中的听证不属于行政复议法规定可复议的行政行为

关键词｜听证程序｜行政复议｜

【最高人民法院裁判案例】

姚志宏、汪琦鹰、安德祥诉北京市人民政府行政复议案[最高人民法院（2017）最高法行申 7854 号行政裁定书]

要旨：听证程序作为行政许可程序中的一个环节，并不具有独立、完整行政行为的特征，不属于行政复议法规定的可复议的行政行为。

本案中，姚志宏等三人将市规委行政许可程序中的听证程序作为单独事项提起行政复议。听证程序是行政机关在作出行政许可前征求利害关系人意见建议，为最终的行政许可提供依据的一个环节，虽该环节是行政机关组织的，但却不是行政复议法意义上的独立可申请复议的行政行为。因此，听证程序作为行政许可程序中的一个环节，并不具有独立、完整行政行为的特征，不属于行政复议法规定的可复议的行政行为。对于听证程序的审查，宜纳入行政许可行为的审查范围，作为对行政许可行为是否合法的一个要件予以审查。

——中国裁判文书网，https://wenshu. court. gov. cn/。

993 行政许可查阅权案件的原告资格

关键词｜查阅权｜行政许可｜

【最高人民法院司法解释】

第二条 公民、法人或者其他组织认为行政机关未公开行政许可决定或者未提供行政许可监督检查记录侵犯其合法权益，提起行政诉讼的，人民法院应当依法受理。

——《最高人民法院关于审理行政许可案件若干问题的规定》（2010 年 1 月 4 日，法释〔2009〕20 号）。

【链接：理解与适用】

按照行政许可法第四十条关于“行政机关作出的准予行政许可决定，应当予以公开，公众有权查阅”的规定和第六十一条关于“行政机关应当建立健全监督制度，通过核查反映被许可人从事行政许可事项活动情况的有关材料，履行监督责任。行政机关依法对被许可人从事行政许可事项的活动进行监督检查时，应当将监督检查的情况和处理结果予以记录，由监督检查人员签字后归档。公众有权查阅行政机关监督检查记录”的规定，公众具有查阅行政许可决定和行政许可监督检查记录的权利，由此带来的问题就是，查阅权诉讼中，提出查阅权的公众是否当然就具有原告主体资格。

理论和实践中主要存在两种不同意见。第一种意见认为，查阅权诉讼的原告范围须分两种情形：一是因查阅行政许可决定和监督检查记录引起的行政诉讼案件，原告范围应为公众成员；二是因查阅档案材料引起的行政诉讼案件的原告范围应当限于利害关系人。第二种意见认为，因查阅权引起的两类诉讼案件中，原告范围均应以利害关系人为限。我们倾向于第二种意见。

——杨临萍：《行政许可司法解释理解与适用》，中国法制出版社 2010 年版，第 8 页。

994 行政许可过程行为的可诉性

关键词｜过程行为｜行政许可｜

【最高人民法院司法解释】

第三条　公民、法人或者其他组织仅就行政许可过程中的告知补正申请材料、听证等通知行为提起行政诉讼的，人民法院不予受理，但导致许可程序对上述主体事实上终止的除外。

——《最高人民法院关于审理行政许可案件若干问题的规定》（2010 年 1 月 4 日，法释〔2009〕20 号）。

【链接：理解与适用】

行政许可实施过程中存在大量的程序行为，多为通知或者告知，比如受理行政许可申请通知、准予或不准予听证的通知、补正材料的通知、告知申辩权、行政许可有关信息的告知、公示、说明、解释等。这些行为是否具有可诉性？实践中占据主流的观点是，这些行为不具有最终性，当事人起诉这些行为的时机不成熟。我们认为，这种观点在传统理论（即成熟性理论）上有着深厚的根基，可以作为一般标准。但是很多行政法官都已注意到，有时过程行为也可以具有事实上的最终性，并影响公民、法人或者其他组织的合法权益。如果坚持让其等待行政机关作出最终决定后再起诉，则可能使司法救济丧失有利时机，甚至失去意义。我们认为，为了及时有效地监督行政机关依法行政，保护公民、法人或者其他组织的合法权益，此时应当承认过程行为的可诉性，作为通常标准的一个例外。

——赵大光、杨临萍、王振宇：《〈关于审理行政许可案件若干问题的规定〉的理解与适用》，载《人民法院报》2010年1月6日，第5版。

995 行政许可内部程序外部化的适格被告

关键词 | 内部程序外部化 | 适格被告 |

【最高人民法院司法解释】

第四条 当事人不服行政许可决定提起诉讼的，以作出行政许可决定的机关为被告；行政许可依法须经上级行政机关批准，当事人对批准或者不批准行为不服一并提起诉讼的，以上级行政机关为共同被告；行政许可依法须经下级行政机关或者管理公共事务的组织初步审查并上报，当事人对不予初步审查或者不予上报不服提起诉讼的，以下级行政机关或者管理公共事务的组织为被告。

——《最高人民法院关于审理行政许可案件若干问题的规定》（2010年1月4日，法释〔2009〕20号）。

【链接：理解与适用】

实践中，上下级行政机关分工实施行政许可的情形非常普遍，主要有两种形式：一是上级批准，下级决定；二是下级初审，上级决定。按照《最高人民法院关于执行〈中华人民共和国行政诉讼法〉若干问题的解释》（以下简称《若干解释》）第十九条关于"当事人不服经上级行政机关批准的具体行政行为，向人民法院提起诉讼的，应当以在对外发生法律效力的文书上署名的机关为被告"之规定，此种情形一般应以作出行政许可决定的下级或者上级机关为被告。然而，在上级机关不批准或者下级机关不予初审、不予上报的情况下，利害关系人仅起诉决定机关难获有效的救济。实践中，法院在这一问题上的做法不一。我们经讨论认为，如果上级机关的批准行为和下级机关的初审是法律规定的一个必经程序，则上级机关的批准和不批准或者下级机关的初审不作为，就产生了外化的法律效果，此时应当承认利害关系人的诉权。

——赵大光、杨临萍、王振宇：《〈关于审理行政许可案件若干问题的规定〉的理解与适用》，载《人民法院报》2010年1月6日，第5版。

996 统一办理行政许可的适格被告

关键词 | 统一办理 | 适格被告 |

【最高人民法院司法解释】

第五条　行政机关依据行政许可法第二十六条第二款规定统一办理行政许可的,当事人对行政许可行为不服提起诉讼,以对当事人作出具有实质影响的不利行为的机关为被告。

——《最高人民法院关于审理行政许可案件若干问题的规定》(2010 年 1 月 4 日,法释〔2009〕20 号)。

【链接:理解与适用】

行政许可法第二十六条第二款创设了被称为"统一办理"的行政许可新方式。依此方式,地方政府合并数个依法应由多个行政部门分别办理的许可,指定其中一个部门统一受理许可申请,并向其他相关部门分送有关材料,待相关部门向其提供处理意见后,作出行政许可决定。该规定带来的一个急需明确的问题就是如何确定被告。有两种意见,一种意见认为,当事人不服行政许可决定的,应当以统一办理的机关为被告。当事人不服相关机关意见的,如果该意见对于最后的行政许可具有决定意义,亦应以作出该意见的机关为被告。另一种意见认为,应当以提出有决定意义的处理意见的部门为被告。按照这种意见,如果统一办理的机关作出的行政许可决定完全根据一个或者数个相关机关的意见而为,则不应以其为被告。司法解释起草组最初倾向于第二种意见。主要理由是:第一,在诉其他部门意见的案件中,让统一办理的部门做被告没有太大意义。第二,统一办理有利于高效便民,是行政许可法的亮点之一,司法应予支持,而让统一办理部门为其他部门做被告,其积极性易受挫伤。审判委员会经讨论认为,第二种意见更为可取。

——赵大光、杨临萍、王振宇:《〈关于审理行政许可案件若干问题的规定〉的理解与适用》,载《人民法院报》2010 年 1 月 6 日,第 5 版。

997 行政许可办理期限届满之后,方可起诉不予答复许可申请

关键词 | 行政许可 | 法定期限 |

【最高人民法院司法解释】

第六条 行政机关受理行政许可申请后，在法定期限内不予答复，公民、法人或者其他组织向人民法院起诉的，人民法院应当依法受理。

前款“法定期限”自行政许可申请受理之日起计算；以数据电文方式受理的，自数据电文进入行政机关指定的特定系统之日起计算；数据电文需要确认收讫的，自申请人收到行政机关的收讫确认之日起计算。

——《最高人民法院关于审理行政许可案件若干问题的规定》（2010 年 1 月 4 日，法释〔2009〕20 号）。

998 关联行政行为的连带审查

关键词 | 关联行政行为 | 连带审查 |

【最高人民法院司法解释】

第七条 作为被诉行政许可行为基础的其他行政决定或者文书存在以下情形之一的，人民法院不予认可：

（一）明显缺乏事实根据；

（二）明显缺乏法律依据；

（三）超越职权；

（四）其他重大明显违法情形。

——《最高人民法院关于审理行政许可案件若干问题的规定》（2010 年 1 月 4 日，法释〔2009〕20 号）。

【链接：理解与适用】

所谓关联行政行为指的是作为行政许可基础的行政行为。比如饭店的营业许可就需要以卫生许可和消防许可等行政行为为基础。关联行政行为在行政许可领域是大量存在的，堪称行政许可与其他行政行为相区别的重要特点之一，因此，对关联行政行为如何审查或者说审查到什么程度，就成为一个带有普遍性的问题。我们认为，对关联行政行为的审查程度应当低于对被诉行政行为的合法性审查，具体可以参照《若干解释》第九十五条之规定，即非诉执行案件中，对申请执行的具体行政行为的审查。

——赵大光、杨临萍、王振宇:《〈关于审理行政许可案件若干问题的规定〉的理解与适用》,载《人民法院报》2010 年 1 月 6 日,第 5 版。

999 行政许可案件中被告怠于举证的处理

关键词 | 第三人提供证据 | 驳回诉讼请求 |

【最高人民法院司法解释】

第八条　被告不提供或者无正当理由逾期提供证据的,与被诉行政许可行为有利害关系的第三人可以向人民法院提供;第三人对无法提供的证据,可以申请人民法院调取;人民法院在当事人无争议,但涉及国家利益、公共利益或者他人合法权益的情况下,也可以依职权调取证据。

第三人提供或者人民法院调取的证据能够证明行政许可行为合法的,人民法院应当判决驳回原告的诉讼请求。

——《最高人民法院关于审理行政许可案件若干问题的规定》(2010 年 1 月 4 日,法释〔2009〕20 号)。

【链接:理解与适用】

关于被告怠于举证问题的处理,现有行政诉讼规则与授益行政行为的不适应性暴露得非常明显。按照《最高人民法院关于行政诉讼证据若干问题的规定》第一条规定,被告未在法定期限内提供证据的,视为被诉具体行政行为没有证据。该规定对于侵益性行政行为而言通常不会产生明显问题,但适用于授益行政行为就很容易带来不合理的结果。因为被告怠于举证的不利后果往往由作为申请人或者利害关系人承担,甚至还会损害公共利益。这给行政审判带来不小的困难:适用上述规则,其结果明显不合理;允许第三人举证以及法院调取证据以求合理结果,又缺乏明确的依据。我们经研究认为,应当根据行政许可特点,作出明确的解释性规则,为此类案件的合理解决提供依据。……

如果上述途径获得的证据能够证明行政许可合法,法院应当如何判决?讨论中有两种不同意见:一是判决确认被诉行政许可行为违法,但保留许可行为的效果。二是判决驳回原告的诉讼请求。因为在此情况下,被告的违法之处并不在行政许可行为,而在于诉讼行为。我们最终采纳了第二种意见。……

——赵大光、杨临萍、王振宇:《〈关于审理行政许可案件若干问题的规定〉的理解与适用》,载《人民法院报》2010 年 1 月 6 日,第 5 版。

1000 行政许可案件新旧法的选择适用

关键词 | 法律适用 | 行政许可 |

【最高人民法院司法解释】

第九条 人民法院审理行政许可案件,应当以申请人提出行政许可申请后实施的新的法律规范为依据;行政机关在旧的法律规范实施期间,无正当理由拖延审查行政许可申请至新的法律规范实施,适用新的法律规范不利于申请人的,以旧的法律规范为依据。

第十条 被诉准予行政许可决定违反当时的法律规范但符合新的法律规范的,判决确认该决定违法;准予行政许可决定不损害公共利益和利害关系人合法权益的,判决驳回原告的诉讼请求。

——《最高人民法院关于审理行政许可案件若干问题的规定》(2010 年 1 月 4 日,法释〔2009〕20 号)。

【链接：理解与适用】

《解释》对新旧法选择适用的两种特别情形作出了规定。

一是行政机关受理许可申请与作出行政许可决定之间,法律规范发生变更应当适用新法还是旧法的问题。我们认为,原则上应当适用新法。因为法律规范尤其是许可申请条件的变更往往是基于公共利益需要,而申请人的利益与公共利益相比通常不占优势。不过我们也注意到,新法律自公布到实施一般都间隔一段时间,有些行政机关在旧法生效期间受理了行政许可申请,但一直拖延不办,致使本应在旧法期间作出决定的许可事项,延至新法实施,而新法又不利于申请人。这种情况在行政许可实践当中比较常见,我们认为,此时申请人的期待利益更值得保护。……

二是对瑕疵痊愈的处理。所谓瑕疵痊愈指的是,行政许可作出时不符合当时的法律规定,但符合变更后的法律规定,即旧法生效时的行政许可瑕疵被新法治愈。在行政审批制度改革和市场经济不断完善的背景下,放宽许可条件、降低许可门槛的法律变更经常出现。与此相应,瑕疵痊愈的情形往往会伴随出现。如何处理,也就成为一个需要明确的问题。我们认为,第一,行政行为的合法性审查应当以行政行为作出的时间为基准时，因此，合法性审查的法律依据应当是旧法。第二，考虑到许可申请虽不符合旧法但符合新法，被许可人的利益实际上已经受到新法的保护，随着法律的发展，行政许可已经具有一种值得法律保护的法安定性价值，故在处理方式上不宜判决撤销。第三，至此，最为适当的处理方式就是判决许可违法，但保留许可效果。此种判决既可照顾被许可人的利益，也为原告就其损害求偿预留空间。第四，考虑到行政许可决定有时不会损害原告和其他利害关系人的权益和公共利益，判决确认违法并无实际意义，此时判决驳回原告的诉讼请求更为合理。……

——赵大光、杨临萍、王振宇：《〈关于审理行政许可案件若干问题的规定〉的理解与适用》，载《人民法院报》2010年1月6日，第5版。

1001 不予许可案件的判决方式

关键词｜不予许可｜判决方式｜

【最高人民法院司法解释】

第十一条　人民法院审理不予行政许可决定案件，认为原告请求准予许可的理由成立，且被告没有裁量余地的，可以在判决理由写明，并判决撤销不予许可决定，责令被告重新作出决定。

——《最高人民法院关于审理行政许可案件若干问题的规定》（2010年1月4日，法释〔2009〕20号）。

【链接：理解与适用】

在不予许可案件当中，法院对应否准予行政许可的问题如何审查并处理？也就是说，法院能否就此作出判断？如果经审查认为应当准予许可，能否判令行政机关作出准予许可的决定？这些问题涉及司法权与行政权的关系，在实践中争议较大。第一种意见认为，人民法院不宜就此作出判断，更不用说作出判决。因为是否应当准予许可属于行政机关自由裁量的范围，司法不应介入。第二种意见认为，法院可以在行政机关没有裁量余地时作出判断，并且可以判决责令被告作出准予许可决定。

我们认为，第二种意见更为合理。主要理由是：第一，起诉不予许可决定的案件通常具有撤销之诉和履责之诉的双重属性。就撤销之诉来说，法院的任务就在于确认行政行为是否合法，这种审查是一种复查，而复查意味着，法院在确认行政行为违法的同时，未必清楚什么样的行政行为是正确的。因此，法院即使认定被诉不予许可决定违法，也不必然说明原告应当获得许可。但是就履责之诉来讲，按照行政诉讼法保障人民权益的立法宗旨，法院就应当尽可能清楚地交代，对行政机关应当作出一个什么样的行政行为。就不予许可案件来说，法院应当尽其可能对原告是否符合许可条件作出判断。第二，在法律上，限制法院作出清楚判断的主要是自由裁量的因素。原告申请是否符合行政许可条件，如果法律上还有裁量余地，则基于司法权与行政权的分工，应当将这个问题留给行政机关重新作出处理；如果法律上没有裁量余地，或者行政机关已经行使了裁量权，经法院审查后确认裁量权已经限缩为零，为免原告的权益实现徒增变数，法院就应当作出肯定的判断。第三，德国、台湾地区等立法例都是以行政裁量作为分界点，在行政行为仍有裁量余地时，法院只能概括地判决行政机关作出处理，但没有裁量余地时，则可以判决行政机关作出特定的许可决定。

——赵大光、杨临萍、王振宇：《〈关于审理行政许可案件若干问题的规定〉的理解与适用》，载《人民法院报》2010年1月6日，第5版。

1002 行政机关拒绝查阅案件的判决方式

关键词 | 查阅权 | 行政许可 |

【最高人民法院司法解释】

第十二条 被告无正当理由拒绝原告查阅行政许可决定及有关档案材料或者监督检查记录的，人民法院可以判决被告在法定或者合理期限内准予原告查阅。

——《最高人民法院关于审理行政许可案件若干问题的规定》（2010年1月4日，法释〔2009〕20号）。

【链接：理解与适用】

查阅权诉讼是新类型的行政案件，其判决方式亦有必要加以明确。我们认为，按照行政诉讼法第五十四条第（三）项规定，被告拒绝公开本应公开的行政许可信息的，人民法院可以判决责令被告在法定或合理期限内向原告公开。

——赵大光、杨临萍、王振宇：《〈关于审理行政许可案件若干问题的规定〉的理解与适用》，载《人民法院报》2010年1月6日，第6版。

1003 行政许可案件中多因一果的赔偿责任

关键词 | 多因一果 | 赔偿责任 |

【最高人民法院司法解释】

第十三条 被告在实施行政许可过程中,与他人恶意串通共同违法侵犯原告合法权益的,应当承担连带赔偿责任;被告与他人违法侵犯原告合法权益的,应当根据其违法行为在损害发生过程和结果中所起作用等因素,确定被告的行政赔偿责任;被告已经依照法定程序履行审慎合理的审查职责,因他人行为导致行政许可决定违法的,不承担赔偿责任。

在行政许可案件中,当事人请求一并解决有关民事赔偿问题的,人民法院可以合并审理。

——《最高人民法院关于审理行政许可案件若干问题的规定》(2010 年 1 月 4 日,法释〔2009〕20 号)。

【链接:理解与适用】

原告受损的原因往往不限于被告的行政违法,可能还与申请人、其他人或者组织的过错有关。在此关系结构中,如何确定被告的行政赔偿责任,一直令司法实践困扰。经过梳理,主要有三种值得规范的情况:

第一,共同侵权。比较典型的情况是第三人与行政机关工作人员恶意串通损害原告利益的情形。我们认为,参照民法上的共同侵权责任处理原则,行政机关应当承担连带赔偿责任,即其应当与违法的他人共同承担赔偿责任。

第二,混合侵权。指的是申请人、其他人或者组织在行政许可申请当中存在过错,行政机关审查中亦有过失,导致行政许可行为违法。此时行政机关应负何种责任,主要有两种观点:一种观点是按份责任;另一种观点是补充责任。我们最后采纳了按份责任的观点,即行政机关应当承担与其过失性质和程度相应的赔偿责任。

第三,行政机关已尽审慎合理审查职责,由于他人以欺骗等违法过错行为而取得行政许可。有一种观点认为,行政机关应当承担赔偿责任,因为行政许可是违法的。我们认为,从原因力上讲,行政许可的结果错误完全系由他人违法过错行为造成,而与行政机关的许可行为无关,故行政机关不应承担赔偿责任。

关于当事人要求就有关民事争议一并解决如何处理的问题,有两种意见。一种意见认为,应当一并解决,以避免不一致的司法裁判,保证司法救济的及时性。另一种意见认为,不宜合并,行政赔偿诉讼之后,原告可以就其损失未获得部分提起民事诉讼。我们倾向于第一种意见。除前述理由外，还有一点：行政行为与民事侵权行为紧密结合在同一法律事实当中，通常是不可分的。

——赵大光、杨临萍、王振宇：《〈关于审理行政许可案件若干问题的规定〉的理解与适用》，载《人民法院报》2010 年 1 月 6 日，第 5 版。

1004 行政许可补偿诉讼的起诉时机

关键词 | 行政许可补偿诉讼 | 起诉时机 |

【最高人民法院司法解释】

第十四条 行政机关依据行政许可法第八条第二款规定变更或者撤回已经生效的行政许可，公民、法人或者其他组织仅主张行政补偿的，应当先向行政机关提出申请；行政机关在法定期限或者合理期限内不予答复或者对行政机关作出的补偿决定不服的，可以依法提起行政诉讼。

——《最高人民法院关于审理行政许可案件若干问题的规定》（2010 年 1 月 4 日，法释〔2009〕20 号）。

【链接：理解与适用】

有两种观点：一是当事人主张补偿的，可以直接起诉；二是在起诉前必须经过行政机关先行处理。我们倾向于第二种观点。主要理由：其一，行政补偿是行政机关的法定职责。行政机关在废止或者变更许可之时无须当事人申请，即应主动就补偿事宜作出处理决定。其二，法院的优势在于法律问题，行政机关先行处理补偿事宜，有助于查清基础事实，让法院将审查的重点放在法律问题上。

——赵大光、杨临萍、王振宇：《〈关于审理行政许可案件若干问题的规定〉的理解与适用》，载《人民法院报》2010 年 1 月 6 日，第 6 版。

1005 变更或者撤回行政许可的补偿标准

关键词 | 补偿标准 | 变更行政许可 | 撤回行政许可 |

【最高人民法院司法解释】

第十五条　法律、法规、规章或者规范性文件对变更或者撤回行政许可的补偿标准未作规定的，一般在实际损失范围内确定补偿数额；行政许可属于行政许可法第十二条第（二）项规定情形的，一般按照实际投入的损失确定补偿数额。

——《最高人民法院关于审理行政许可案件若干问题的规定》（2010年1月4日，法释〔2009〕20号）。

【链接：理解与适用】

行政补偿诉讼的实体问题当中，补偿标准问题至关重要。行政补偿的标准首先应当立足于现行法律规范，即法律、法规、规章确定的标准。不过实践中，补偿标准常常缺乏明确的规定，法院如何确定补偿额是一个难题。我们认为，一般应按实际损失确定行政补偿数额。所谓实际损失，不仅包括现有直接损失，还应当包括必然可得利益。这是行政补偿与行政赔偿的区别。另外，我国的特许权补偿具有特殊性。因为按照当前的标准，公共资源使用价格并未完全市场化，因此变更、撤回特许的补偿标准可以考虑适当降低。我们经研究认为，实际投入的损失是行政补偿的底线，考虑到当前特许的具体情况，可以将补偿标准确定于此。再考虑到特许权的市场化是其发展方向，不宜硬性规定为一律实行较低标准。

——赵大光、杨临萍、王振宇：《〈关于审理行政许可案件若干问题的规定〉的理解与适用》，载《人民法院报》2010年1月6日，第6版。

1006 行政许可补偿案件可适用调解

关键词｜调解｜行政许可补偿｜

【最高人民法院司法解释】

第十六条　行政许可补偿案件的调解，参照最高人民法院《关于审理行政赔偿案件若干问题的规定》的有关规定办理。

——《最高人民法院关于审理行政许可案件若干问题的规定》（2010年1月4日，法释〔2009〕20号）。

1007 行政许可到期后因违法继续生产被关闭的无权请求行政补偿

关键词｜行政补偿｜行政许可到期｜

【最高人民法院裁判案例】

深圳市新晋业实业发展有限公司巴马分公司诉广西壮族自治区巴马瑶族自治县人民政府行政补偿案[最高人民法院(2019)最高法行赔申925号行政赔偿裁定书]

行政许可法第八条第二款规定,行政许可所依据的法律、法规、规章修改或者废止,或者准予行政许可所依据的客观情况发生重大变化的,为了公共利益的需要,行政机关可以依法变更或者撤回已经生效的行政许可。由此给公民、法人或者其他组织造成财产损失的,行政机关应当依法给予补偿。本案中,新晋业公司以巴马县政府对其经营的文屯采矿场采取政策性关闭为由,请求人民法院判令巴马县政府对其予以行政补偿。但根据原审法院查明的事实,新晋业公司未在法定期限内申请采矿权许可证延续登记,之后也未在国土资源部门规定的期限提交延期补交材料申请并补交材料。2013年5月30日采矿权到期后,文屯采矿场仍然违法从事采矿活动。新晋业公司在经营文屯采矿场期间,还因违反安全生产、环境保护法律、法规,多次被行政主管部门处罚,并被责令立即停止排污、立即停产、整改等,但新晋业公司继续生产、拒不整改,巴马县政府于2013年12月27日通知电业部门对文屯采矿场采取断电措施。可见,文屯采矿场在采矿许可证已经到期的情况下继续生产,因违反安全生产、环境保护法律、法规被巴马县政府采取断电的强制措施。新晋业公司主张巴马县政府对其文屯采矿场进行了政策性关闭并要求补偿,没有事实根据。

——中国裁判文书网,https://wenshu.court.gov.cn/。

1008 行政机关作出处罚决定吊销行政许可的，不涉及行政补偿问题

关键词｜行政处罚｜行政补偿｜

【最高人民法院裁判案例】

天津宝迪农业科技股份有限公司诉池州市贵池区人民政府行政补偿案[最高人民法院(2019)最高法行申3298号行政裁定书]

行政许可法第八条第二款规定:“行政许可所依据的法律、法规、规章修改或者

废止,或者准予行政许可所依据的客观情况发生重大变化的,为了公共利益的需要,行政机关可以依法变更或者撤回已经生效的行政许可。由此给公民、法人或者其他组织造成财产损失的,行政机关应当依法给予补偿”。据此,行政机关给予行政许可权利人补偿的前提是行政许可所依据的法律、法规、规章修改或者废止,或者准予行政许可所依据的客观情况发生重大变化时,行政机关依法变更或撤回已经生效的行政许可。行政相对人在实施行政许可过程中违反行政法律规范,行政机关作出处罚决定吊销行政许可的,不涉及行政补偿问题。如果行政处罚决定违法,也应通过行政赔偿程序主张相关权利。本案中宝迪公司主张项目公司的《动物防疫条件合格证》《营业执照》《税务登记证》等行政许可被撤回,要求贵池区政府予以补偿。但根据原审查明的事实,因项目公司违反相关规定造成环境污染,池州市贵池区农业委员会作出贵农(牧)罚字〔2013〕1 号行政处罚决定,收回并注销项目公司的《动物防疫条件合格证》,池州市工商行政管理局贵池区分局作出贵工商处字〔2013〕199 号行政处罚决定,吊销项目公司的营业执照。上述行为属于行政许可实施主体在实施过程中存在违法行为,有关部门对实施主体作出的行政处罚,并非对合法行政许可的撤回,不属于行政许可法第八条第二款规定的情形。

——中国裁判文书网,https://wenshu.court.gov.cn/。

1009 作出行政许可时未告知许可期限事后以期限届满为由终止许可权益的属程序违法

关键词 | 行政许可期限 | 程序违法 |

【最高人民法院指导性案例】

张道文、陶仁等诉四川省简阳市人民政府侵犯客运人力三轮车经营权案(最高人民法院指导案例 88 号)

裁判要点:(1)行政许可具有法定期限,行政机关在作出行政许可时,应当明确告知行政许可的期限,行政相对人也有权利知道行政许可的期限。

(2)行政相对人仅以行政机关未告知期限为由,主张行政许可没有期限限制的,人民法院不予支持。

(3)行政机关在作出行政许可时没有告知期限,事后以期限届满为由终止行政相对人行政许可权益的,属于行政程序违法,人民法院应当依法判决撤销被诉行政行为。但如果判决撤销被诉行政行为，将会给社会公共利益和行政管理秩序带来明显不利影响的，人民法院应当判决确认被诉行政行为违法。

最高人民法院认为，本案涉及到以下三个主要问题：

关于被诉行政行为的合法性问题。从法律适用上看，《四川省道路运输管理条例》第四条规定“各级交通行政主管部门负责本行政区域内营业性车辆类型的调整、数量的投放”和第二十四条规定“经县级以上人民政府批准，客运经营权可以实行有偿使用”。四川省交通厅制定的《四川省小型车辆客运管理规定》（川交运〔1994〕359 号）第八条规定：“各市、地、州运管部门对小型客运车辆实行额度管理时，经当地政府批准可采用营运证有偿使用的办法，但有偿使用期限一次不得超过两年。”可见，四川省地方性法规已经明确对客运经营权可以实行有偿使用。四川省交通厅制定的规范性文件虽然早于地方性法规，但该规范性文件对营运证实行有期限有偿使用与地方性法规并不冲突。基于行政执法和行政管理需要，客运经营权也需要设定一定的期限。从被诉的行政程序上看，程序明显不当。被诉行政行为的内容是对原已具有合法证照的客运人力三轮车经营者实行重新登记，经审查合格者支付有偿使用费，逾期未登记者自动弃权的措施。该被诉行为是对既有的已经取得合法证照的客运人力三轮车经营者收取有偿使用费，而上述客运人力三轮车经营者的权利是在 1996 年通过经营权许可取得的。前后两个行政行为之间存在承继和连接关系。对于 1996 年的经营权许可行为，行政机关作出行政许可等授益性行政行为时，应当明确告知行政许可的期限。行政机关在作出行政许可时，行政相对人也有权知晓行政许可的期限。行政机关在 1996 年实施人力客运三轮车经营权许可之时，未告知张道文、陶仁等人人力客运三轮车两年的经营权有偿使用期限。张道文、陶仁等人并不知道其经营权有偿使用的期限。简阳市政府 1996 年的经营权许可在程序上存在明显不当，直接导致与其存在前后承继关系的本案被诉行政行为的程序明显不当。

关于客运人力三轮车经营权的期限问题。申请人主张，因简阳市政府在 1996 年实施人力客运三轮车经营权许可时未告知许可期限，据此认为经营许可是无期限的。最高人民法院认为，简阳市政府实施人力客运三轮车经营权许可，目的在于规范人力客运三轮车经营秩序。人力客运三轮车是涉及公共利益的公共资源配置方式，设定一定的期限是必要的。客观上，四川省交通厅制定的《四川省小型车辆客运管理规定》（川交运〔1994〕359 号）也明确了许可期限。简阳市政府没有告知许可期限，存在程序上的瑕疵，但申请人仅以此认为行政许可没有期限限制，最高人民法院不予支持。

关于张道文、陶仁等人实际享受"惠民"政策的问题。简阳市政府根据当地实际存在的道路严重超负荷、空气和噪声污染严重、"脏、乱、差"、"挤、堵、窄"等问题进行整治，符合城市管理的需要，符合人民群众的意愿，其正当性应予肯定。简阳市政府为了解决因本案诉讼遗留的信访问题，先后作出两次"惠民"行动，为实质性化解本案争议作出了积极的努力，其后续行为也应予以肯定。本院对张道文、陶仁等人接受退市营运的运力配置方案并作出承诺的事实予以确认。但是，行政机关在作出行政行为时必须恪守依法行政的原则，确保行政权力依照法定程序行使。

最高人民法院认为，简阳市政府作出《公告》和《补充公告》在行政程序上存在瑕疵，属于明显不当。但是，虑及本案被诉行政行为作出之后，简阳市城区交通秩序得到好转，城市道路运行能力得到提高，城区市容市貌持续改善，以及通过两次"惠民"行动，绝大多数原401辆三轮车已经分批次完成置换，如果判决撤销被诉行政行为，将会给行政管理秩序和社会公共利益带来明显不利影响。最高人民法院根据《最高人民法院关于执行〈中华人民共和国行政诉讼法〉若干问题的解释》第五十八条有关情况判决的规定确认被诉行政行为违法。

——《最高人民法院关于发布第17批指导性案例的通知》(2017年11月15日，法〔2017〕332号)。

【链接：理解与参照】

四、参照适用时应注意的问题

在本案例适用过程中，应当注意以下几个问题。

一是本案属于历史性老案，在适用法律过程中没有援引最新的法律和司法解释的规定。本案涉及的行政许可期限问题、信赖利益保障问题以及情况判决等问题，在本案发生之后，行政许可法及其2000年的行政诉讼法司法解释才出台，因此，无法引用相关规定。本案确立的规则，符合法律和司法解释的规定。对于行政许可法及其行政诉讼法司法解释发布之后发生的行政案件，可以适用相关法律和司法解释的规定。

二是对于历史性老案的处理，应当注重实体权益的保障。对于本案涉及的被诉行政行为的合法性问题，在判断上比较容易，或者说行政许可行为没有告知许可期限，违反了正当程序原则，是一般的共识和观念。对于这类行政案件，人民法院应当从保障当事人实体权益的角度，在选择裁判方式时既要坚持对行政行为合法性审查，也要注重当事人实体权益能够通过正当诉讼程序予以救济。

——梁凤云、石磊：《指导案例88号〈张道文、陶仁等诉四川省简阳市人民政府侵犯客运人力三轮车经营权案〉的理解与参照——行政许可应当遵循正当程序告知行政许可期限》，载最高人民法院案例指导工作办公室编著：《中国案例指导》（总第7辑），法律出版社2019年版，第22—23页。

1010 注销行政许可应遵循程序正当原则

关键词 | 注销行政许可 | 程序正当原则 |

【最高人民法院公报案例】

射阳县红旗文工团诉射阳县文化广电新闻出版局程序不正当注销文化行政许可纠纷案

要旨：行政机关设定和实施行政许可，应当遵循公开、公平、公正的原则。虽然现行法律对行政许可注销行为的程序没有具体规定，但行政机关在注销行政许可时仍应遵循程序正当原则，向行政相对人说明行政行为的依据、理由，以充分保障当事人的知情权和陈述申辩权。行政机关在注销行政许可前未告知行政相对人，未听取行政相对人的陈述申辩，违反了程序正当原则，在作出注销决定后又未依法送达行政相对人，行政相对人要求撤销行政机关行政许可注销行为的，人民法院应予支持。

国务院《营业性演出管理条例》第五条第二款规定，县级以上地方人民政府文化主管部门负责本行政区域内的营业性演出监督管理工作。据此，上诉人射阳县文化广电新闻出版局具有监督管理本行政区域内的营业性演出工作的法定职责。射阳县文化广电新闻出版局于2013年5月13日作出"射文广新注告字〔2013〕1号行政许可注销公告"，对被上诉人射阳县红旗文工团依法取得的"射民演01号营业性演出许可证"予以注销，之前未告知被上诉人依法享有陈述、申辩权，之后又未向被上诉人送达该注销决定，程序严重违法，故原审法院依法判决撤销上诉人于2013年5月13日作出的"射文广新注告字〔2013〕1号行政许可注销公告"并无不当。射阳县文化广电新闻出版局的主要上诉理由不能成立，法院不予支持。

——《中华人民共和国最高人民法院公报》2018年第8期。

1011 行政机关颁发许可证应当依照法定程序履行审慎合理的审查职责

关键词 | 颁发许可证 | 法定程序 |

【最高人民法院裁判案例】

李萍诉云南省勐海县人民政府、云南省勐海县林业局林业行政许可案[最高人民法院(2018)最高法行申3812号行政裁定书]

根据前述规定,在行政许可中,尽管申请人应对申请材料实质内容的真实性负责,但行政机关亦负有对申请人提供的申请材料是否齐全、是否符合法定形式进行审查的义务;根据法定条件和程序,需要对申请材料的实质内容进行核实的,还应对申请材料的实质内容进行相应的核查。具体到本案,根据森林法第三十二条第一款规定,采伐林木必须申请采伐许可证;根据《森林法实施条例》第三十条第一款规定,申请林木采伐许可证,除应当提交申请采伐林木的所有权证书或者使用权证书外,还应当按照下列规定提交其他有关证明文件:……(三)个人还应当提交包括采伐林木的地点、面积、树种、株数、蓄积量、更新时间等内容的文件。本案中,根据原审查明的事实,办理涉诉林木采伐许可的相关申请材料系由范正林向勐海县林业局提交,李乔安、小车、干爬等8人作为申请人并未到场。此种情况下,勐海县林业局有义务对范正林是否有李乔安、小车、干爬等8人的授权委托进行相应审查,但勐海县林业局提交的证据中并无李乔安、小车、干爬等8人的身份证明及授权委托。行政许可系依申请作出的行政行为,前述材料的欠缺致使申请人办理林木采伐许可的意思表示存疑,行政机关启动颁证行为亦缺乏事实依据。另,涉诉林木采伐许可申请人为李乔安、小车、干爬等8人,根据前述规定,申请材料中应具有前述8人的林木所有权或使用权证明材料,但勐海县林业局提供的证据材料中仅有李乔安、干爬、小车3人的土地承包经营权证,而无其余5人的林木所有权或使用权证明材料,亦即林木所有权或使用权证明材料亦不齐全。综上,尽管本案中存在范正林提供虚假材料申请办理林木采伐许可的情形,但勐海县林业局在申请人本人未到场,又无申请人本人身份证明及授权委托且林木所有权或使用权证明材料不齐全的情况下,颁发涉诉林木采伐许可,事实不清,证据不足,未依照法定程序尽到审慎合理的审查义务,颁证行为违法。

——中国裁判文书网,https://wenshu.court.gov.cn/。

七、行政复议

（一）起诉和受理

1012 复议前置情形下，未申请复议直接起诉的，不予立案

关键词｜复议前置｜行政复议｜

【最高人民法院司法解释】

第五十六条第一款 法律、法规规定应当先申请复议，公民、法人或者其他组织未申请复议直接提起诉讼的，人民法院裁定不予立案。

——《最高人民法院关于适用〈中华人民共和国行政诉讼法〉的解释》（2018年2月8日，法释〔2018〕1号）。

【链接：理解与适用】

原则上，行政争议的救济途径可以由当事人自由选择，但是为更好地解决行政争议，在特殊情形下先申请复议则效果更佳。行政诉讼法将特殊情形的规定权限授予给法律和法规，其中“法律”是指全国人大及其常委会制定的法律，“法规”包括国务院制定的行政法规以及地方人大及其常委会制定的地方性法规，如专利法第四十一条、税收征收管理法第八十八条、《军品出口管理条例》第二十七条等。根据上述规定可知，复议前置的行政行为均属于专业性极强的问题，但行政诉讼面对的是所有的行政服务和管理领域，相对于某一专业行政机关，其专业性难以达到相同或更高层级，难以驾驭相应领域里的专业难题。因此，设定复议前置，既可以发挥行政复议的优势，又可以为后续的行政诉讼提供专业借鉴。需要说明的是，规章不具有复议前置的设定权，而且随着行政审判经验的积累和能力的增强，复议前置的范围也将逐渐缩小，如《工伤保险条例》、进出口商品检验法等都已取消复议前置的规定。

——最高人民法院行政审判庭编著：《最高人民法院行政诉讼法司法解释理解

与适用》(上),人民法院出版社 2018 年版,第 302 页。

1013 复议机关不作为，提起诉讼的，应当立案

关键词｜不受理复议申请｜法定期限内不作出复议决定｜

【最高人民法院司法解释】

第五十六条第二款　依照行政诉讼法第四十五条的规定,复议机关不受理复议申请或者在法定期限内不作出复议决定,公民、法人或者其他组织不服,依法向人民法院提起诉讼的,人民法院应当依法立案。

——《最高人民法院关于适用〈中华人民共和国行政诉讼法〉的解释》(2018 年 2 月 8 日,法释〔2018〕1 号)。

【链接：理解与适用】

从而明确了复议前置情形下,复议机关不受理复议申请或者在法定期限内不作出复议决定的,公民、法人或者其他组织不服,起诉的对象应是复议机关的不予受理决定或者在法定期限内不作出复议决定的行政不作为行为,而不能是原具体行政行为。复议前置的案件,应当在行政复议机关对原具体行政行为经过合法性和合理性进行审查并作出复议决定后,行政相对人才可以对原具体行政行为起诉。因此,不能将行政复议前置理解为行政相对人申请了行政复议即可,而应理解为行政复议机关受理行政复议申请后,经过实体审查,依法作出了行政复议决定。另外,复议为前置程序的,如果允许当事人在复议机关作出不予受理决定时,对原行政行为可以起诉的话,从逻辑上也说不通。当事人对原行政行为所享有的复议申请权是其享有起诉权的前提,丧失复议申请权,意味着同时也丧失了对原行政行为的起诉权,如再赋予其起诉权的话,明显与法理和逻辑不合。

……

本条第二款规定,复议机关不受理复议申请或者在法定期限内不作出复议决定,公民、法人或者其他组织不服,依法向人民法院提起诉讼的,人民法院应当依法立案。该款解决了行政审判实践中长期以来,在复议机关长期不作出复议决定的情况下,当事人能否提起行政诉讼的疑问。需要注意的是,在复议机关怠于履行复议职责的情况下,当事人“不服”的,可能是复议行为本身,也可能是原行政行为,因此,这里的“依法向人民法院提起诉讼”既包括就复议行为提起诉讼,也包括就

原行政行为提起诉讼，当事人对此拥有选择权。但是，应当排除对二者同时提起诉讼的情况，否则，就可能存在复议机关根据法院判决对被复议行为进行处理，与法院直接对被复议的原行政行为作出处理同时存在的混乱局面。

——最高人民法院行政审判庭编著：《最高人民法院行政诉讼法司法解释理解与适用》（上），人民法院出版社2018年版，第303—304页。

【最高人民法院司法文件】

13. 行政复议机关作出不予受理决定时的起诉与受理问题

行政复议机关作出不予受理决定，并不表明原行政行为经过复议。在复议前置的情况下，当事人起诉不予受理决定的，应当依法受理；起诉原具体行政行为的，应当裁定不予受理。在法律没有规定复议前置的情况下，当事人在不予受理决定和原行政行为之间择一起诉的，应当依法受理。（4号、50号）

——《最高人民法院办公厅关于印发〈行政审判办案指南（一）〉的通知》（2014年2月24日，法办〔2014〕17号）。

【最高人民法院答复】

山东省高级人民法院：

你院报送来的《关于如何适用〈山东省行政复议条例〉第二十三条的请示》收悉。经研究，答复如下：

根据行政复议法和行政诉讼法的有关规定，公民、法人或者其他组织不服行政复议机关作出的不予受理决定，依法提起行政诉讼的，人民法院应当受理。

——《最高人民法院行政审判庭关于不予受理决定是否属于行政诉讼受案范围问题的答复》（2010年6月28日，〔2010〕行他字第15号）。

【最高人民法院专业法官会议纪要】

5. 复议机关不予受理决定或程序性驳回复议申请决定的可诉性

法律法规规定复议前置的，当事人对复议机关不予受理决定或程序性驳回复议申请决定不服提起诉讼的，人民法院应当受理。

非法定复议前置的，当事人可以起诉复议机关作出的不予受理决定或驳回复议申请决定，也可以起诉原行政行为。当事人既起诉复议决定又起诉原行政行为的，人民法院应当审理先立案的案件，后立案的案件可裁定终结诉讼。当事人同时起诉复议决定和原行政行为的，受诉人民法院应当引导当事人起诉原行政行为；坚持起诉复议决定的,裁定不予立案;已经立案的,裁定驳回起诉。

——《最高人民法院行政法官专业会议纪要(八)》(复议诉讼衔接领域),载中华人民共和国最高人民法院行政审判庭编:《行政执法与行政审判》(总第80集),中国法制出版社2020年版,第259页。

11. 复议前置案件,复议机关不受理或逾期未作出复议决定,当事人直接起诉原行政行为的,人民法院是否应当立案。

答:复议前置案件中,复议机关不予受理或者逾期不作出复议决定的,当事人只能对复议机关的不受理行为或不履行行政复议法定职责行为提起行政诉讼,直接起诉原行政行为的,不符合法定起诉条件,人民法院应当裁定不予立案。

公民、法人或者其他组织不服复议决定的,无论是选择起诉复议决定,还是原行政行为,都应当按照行政诉讼法第四十五条规定,在收到复议决定书之日起十五日内向人民法院提起诉讼;复议机关逾期不作出决定的,应当在复议期满之日起十五日内向人民法院提起诉讼。法律另有规定的除外。

理由:法律、法规规定的复议前置案件,经过行政复议是当事人起诉的前提条件。所谓"经过行政复议",是指原行政行为的合法性经过复议程序的实体审查。复议机关决定不予受理或逾期不作复议决定,原行政行为没有经过复议程序的实体审查,当事人在此情形下对原行政行为直接提起诉讼,当然不符合复议前置的法定条件。

根据行政诉讼法第四十五条规定,只要经过行政复议对行政复议决定仍不服的,起诉期限就是十五天。行政诉讼法第四十六条规定的六个月起诉期限只能适用于未经复议直接起诉被诉行政行为的情况。

——《最高人民法院第一巡回法庭关于行政审判法律适用若干问题的会议纪要》(2018年7月23日),载最高人民法院第一巡回法庭编著:《最高人民法院第一巡回法庭行政案件裁判精要》,中国法制出版社2020年版,第186页。

【最高人民法院参考案例】

董用权诉海南省三亚市人民政府土地权属处理决定案(行政审判案例第50号)

要旨:(1)对法律规定应为复议前置的案件,复议机关作出不予受理决定,当事人起诉原具体行政行为的,人民法院应当不予受理。

(2)当事人对于不予受理决定提起行政诉讼的,人民法院应当受理。

根据行政复议法第三十条第一款"公民、法人或者其他组织认为行政机关的具体行政行为侵犯其已经依法取得的土地、矿藏、水流、森林、山岭、草原、荒地、滩涂、海域等自然资源的所有权或者使用权的,应当先申请行政复议;对行政复议决定不服的,可以依法向人民法院提起行政诉讼”及《最高人民法院关于适用〈行政复议法〉第三十条第一款有关问题的批复》“根据《行政复议法》第三十条第一款的规定,公民、法人或者其他组织认为行政机关确认土地、矿藏、水流、森林、山岭、草原、荒地、滩涂、海域等自然资源的所有权或者使用权的具体行政行为,侵犯其已经依法取得的自然资源所有权或者使用权的,经行政复议后,才可以向人民法院提起行政诉讼”的规定,上诉人董用权对三亚市人民政府作出的8号处理决定不服,只有经过行政复议后,才可向人民法院提起行政诉讼。本案中,海南省人民政府以董用权个人不具备复议的主体资格,且复议申请已超过法定受理期限为由,作出了琼府复受字〔2008〕3号《行政复议不受理决定书》,对董用权的复议申请不予受理,该不予受理决定未改变或维持三亚市人民政府作出的具体行政行为,故应认定三亚市人民政府作出的8号处理决定没有经过行政复议。一审法院直接受理法律规定复议前置的案件,没有法律依据,应予纠正。

——中华人民共和国最高人民法院行政审判庭编:《中国行政审判案例》(第2卷),中国法制出版社2011年版,第57、58—59页。

董永华等诉重庆市人民政府拆迁行政复议案(行政审判案例第4号)

要旨:当事人认为复议机关不予受理的裁定侵犯其合法权益,以复议机关为被告向人民法院提起行政诉讼,人民法院应予受理。

垫江县政府作出的垫府发〔1998〕2号通知中有关拆迁补偿安置的标准、办法以及未按通知执行的法律后果等内容涉及当事人权利义务,上述内容针对的对象是特定的,即北苑小区的全部被拆迁单位和被拆迁户。上述内容的效力只适用于北苑小区旧城改造范围的被拆迁单位和被拆迁户,其效力不及于其他对象,不能反复使用,一旦北苑小区的拆迁工作完成,该通知即失去其效力。该通知第二条第一款规定,对个别超过拆迁公告规定的拆迁期限,并经拆迁动员单位督促后,仍拒不拆、搬的,在给予一定经济惩罚的基础上,依法实施强制拆除。该规定不仅为相对人设定了义务,而且规定一旦相对人未履行义务,将直接承担被强制拆除的法律后果。综上,垫江县政府垫府发〔1998〕2号《关于认真做好北苑小区旧城改造房屋拆迁补偿安置工作的通知》中含有具体行政行为的内容,根据行政复议法第二条、第六条的规定,属于申请复议的范围。重庆市人民政府认为该通知属于抽象行政行为、不属行政复议的范围的理由不能成立,其作出的渝府复裁(2000)15号行政复议裁定书主要证据不足，适用法律错误，应予撤销。重庆市高级人民法院(2001)行重字第8号行政判决维持重庆市人民政府的渝府复裁(2000)15号行政复议裁定，属于认定事实不清，适用法律错误。上诉人的上诉理由成立，应予支持。

——中华人民共和国最高人民法院行政审判庭编：《中国行政审判指导案例》(第1卷)，中国法制出版社2010年版，第16、19页。

1014 在复议决定为终局裁决的情况下，相对人对复议机关不受理复议申请或者在法定期限内不作复议决定不服，提起行政诉讼，是否应当受理

关键词 | 终局裁决 | 行政复议 |

【最高人民法院答复】

四川省高级人民法院：

你院《关于当事人因征地批复诉省级人民政府不履行行政复议职责类案件法院应否受理的请示报告》收悉，经研究，答复如下：

当事人针对省级人民政府的行政行为向同级机关申请行政复议，复议机关未在法定期限内作任何处理，当事人以其不履行法定职责为由提起行政诉讼的，人民法院应当依法受理。

——《最高人民法院关于当事人因征地批复行为起诉省级人民政府不履行行政复议职责类案件是否属于行政诉讼受案范围问题的答复》(2015年9月16日，〔2015〕行立他字第2号)。

【链接：最高人民法院法官著述】

目前，我国有些法律赋予了行政机关对特定事项拥有最终裁决权，当事人不服，只能向作出最终裁决的机关或者其上级机关申诉，而不能向人民法院提起诉讼。例如，行政复议法第三十条第二款规定："根据国务院或者省、自治区、直辖市人民政府对行政区划的勘定、调整或者征收土地的决定，省、自治区、直辖市人民政府确认土地、矿藏、水流、森林、山岭、草原、荒地、滩涂、海域等自然资源的所有权或者使用权的行政复议决定为最终裁决。"在复议决定为终局裁决的情况下，相对人对复议机关不受理复议申请或者在法定期限内不作复议决定不服，提起行政诉讼，

人民法院是否应当受理，一直存有争议。一种意见认为，法律已经规定复议机关的复议决定是终局裁决的，也就意味着排除了法院对这类行政行为的司法审查权。相对人对复议机关此类不作为不服，提起行政诉讼，法院不应当受理。但本书认为，所谓的复议决定为终局裁决，仅指复议机关依法作出的复议决定本身是终局的，不受人民法院的司法审查，这仅仅是排除了人民法院对行政机关某些特殊复议决定的实体上的司法审查权，但并不能排除法院对复议机关的复议程序进行司法审查。否则，相对人将完全失去救济途径。因此，人民法院对不受理复议申请或者不作出复议决定的行为，仍然可以受理并进行审查，以监督复议机关依法履行复议职责，防止少数复议机关不依法受理和及时作出行政复议决定。

——最高人民法院行政审判庭编著：《最高人民法院行政诉讼法司法解释理解与适用》（上），人民法院出版社 2018 年版，第 305 页。

1015 出境入境管理法第六十四条第一款规定属于终局行政决定，相对人仅可请求行政途径救济而不能请求诉讼途径救济

关键词 | 终局行政决定 | 最终裁决 |

【最高人民法院答复】

云南省高级人民法院：

你院云高法〔2017〕272 号《关于适用〈中华人民共和国出境入境管理法〉第六十四条第一款有关问题的请示》收悉。经研究，答复如下：

根据《中华人民共和国行政复议法》第五条以及《中华人民共和国行政诉讼法》第十三条第四项的规定，人民法院不受理公民针对行政机关最终裁决的行政行为提起的诉讼。根据《中华人民共和国行政诉讼法》第九十八条规定，外国人在我国适用本法进行行政诉讼，但法律另有规定除外。据此，我院同意你院第一种意见，即《中华人民共和国出境入境管理法》第六十四条第一款规定属于终局行政决定，相对人仅可请求行政途径救济而不能请求诉讼途径救济。故，外国人对依照《中华人民共和国出境入境管理法》第六十四条第一款规定对其实施的继续盘问、拘留审查、限制活动范围、遣送出境措施不服的，只能申请行政复议，该行政复议决定具有最终效力，当事人不得对复议决定以及原行政强制措施提起行政诉讼。如行政相对人反映的问题涉及公安机关没有严格依照相关法律规定适用相应强制措

施,可以适当方式请求上级公安机关依法监督。

——《最高人民法院关于适用〈中华人民共和国出境入境管理法〉第六十四条第一款有关问题的答复》(2018 年 5 月 9 日,〔2018〕最高法行他 130 号)。

1016 对行政复议法第三十条第一款规定的理解

关键词|行政确认|复议前置|行政处罚|行政强制措施|

【最高人民法院司法解释】

山西省高级人民法院:

你院《关于适用〈行政复议法〉第三十条第一款有关问题的请示》收悉。经研究,答复如下:

根据《行政复议法》第三十条第一款的规定,公民、法人或者其他组织认为行政机关确认土地、矿藏、水流、森林、山岭、草原、荒地、滩涂、海域等自然资源的所有权或者使用权的具体行政行为,侵犯其已经依法取得的自然资源所有权或者使用权的,经行政复议后,才可以向人民法院提起行政诉讼,但法律另有规定的除外;对涉及自然资源所有权或者使用权的行政处罚、行政强制措施等其他具体行政行为提起行政诉讼的,不适用《行政复议法》第三十条第一款的规定。

——《最高人民法院关于适用〈行政复议法〉第三十条第一款有关问题的批复》(2003 年 2 月 28 日,法释〔2003〕5 号)。

【链接:理解与适用】

人民法院在审理具体行政案件,适用法释〔2003〕5 号批复时,需要特别注意以下问题:

需要特别注意行政复议法第十四条的规定。根据该条的规定,国务院作出的所有的行政复议决定,不论是有关确权的复议决定,还是有关行政处罚、行政强制措施等其他具体行政行为的复议决定,均为最终裁决,当事人对这类复议决定不服而提起诉讼的,人民法院均不得受理。

需要特别注意行政复议法第三十条第二款的规定。第一,在实践中,国务院或者省级人民政府一般不会具体实施勘定、调整或者征用土地的决定,而是交由县级或者地市级人民政府实施。由于国务院或者省级人民政府作出的勘定、调整或者征用土地的决定不具有可诉性,所以,对于省级以下人民政府根据勘定、调整或者征用土地的决定所实施的行为，行政相对人以该决定违法为由而提起行政诉讼的，人民法院不应受理。倘若行政相对人以实施行为违反决定的内容而提起诉讼，因起诉人并未否定决定的效力，而是认为实施行为没有按照决定执行，人民法院应当予以受理。第二，我国法律未授权省级以下人民政府作出勘定、调整和征用土地的权力，省级以下人民政府作出的勘定、调整和征用土地的决定，超出了有关法律的授权，属于越权行为，行政复议法未将其列为最终裁决，故可以向人民法院提起行政诉讼。第三，行政复议法仅仅将省级人民政府作出的确认自然资源的所有权或者使用权的行政复议决定列为最终裁决，未将省级以下人民政府作出的确认自然资源的所有权或者使用权的行政复议决定列为最终裁决，也就意味着，当事人对省级以下人民政府作出的确认自然资源的所有权或者使用权的行政复议决定不服，可以依法向人民法院提起行政诉讼。

——蔡小雪：《〈关于适用《行政复议法》第三十条第一款有关问题的批复〉的理解与适用》，载中华人民共和国最高人民法院行政审判庭编：《行政执法与行政审判》（总第5辑），法律出版社2003年版，第121—123页。

【最高人民法院答复】

甘肃省高级人民法院：

你院报送的《关于行政机关颁发土地、矿藏等自然资源所有权或者使用权证的行为是否属于确认具体行政行为的请示》收悉。经研究答复如下：

最高人民法院法释〔2003〕5号批复中的“确认”，是指当事人对自然资源的权属发生争议后，行政机关对争议的自然资源的所有权或者使用权所作的确权决定。有关土地等自然资源所有权或者使用权的初始登记，属于行政许可性质，不应包括在行政确认范畴之内。据此，行政机关颁发自然资源所有权或者使用权证书的行为不属于复议前置的情形。

——《最高人民法院行政审判庭关于行政机关颁发自然资源所有权或者使用权证的行为是否属于确认行政行为问题的答复》（2005年2月24日，〔2005〕行他字第4号）。

1017 土地确权行政案件复议前置的问题

关键词｜土地行政案件｜复议前置｜

【最高人民法院司法解释】

第六条 土地权利人认为乡级以上人民政府作出的土地确权决定侵犯其依法享有的农村集体土地所有权或者使用权,经复议后向人民法院提起诉讼的,人民法院应当依法受理。

法律、法规规定应当先申请行政复议的土地行政案件,复议机关作出不受理复议申请的决定或者以不符合受理条件为由驳回复议申请,复议申请人不服的,应当以复议机关为被告向人民法院提起诉讼。

第七条 土地权利人认为行政机关作出的行政处罚、行政强制措施等行政行为侵犯其依法享有的农村集体土地所有权或者使用权,直接向人民法院提起诉讼的,人民法院应当依法受理。

——《最高人民法院关于审理涉及农村集体土地行政案件若干问题的规定》(2011 年 9 月 5 日,法释〔2011〕20 号)。

【最高人民法院专业法官会议纪要】

法律问题:当事人不服行政机关就国有土地使用权权属争议作出的处理决定,向人民法院提起诉讼前,是否应当按照行政复议法第三十条第一款的规定,先行向上一级行政机关申请复议?

法官会议意见:第一,行政复议法及《最高人民法院关于适用〈中华人民共和国行政复议法〉第三十条第一款有关问题的批复》(法释〔2003〕5 号)中均明确规定了土地权属争议处理决定应当适用复议前置,本案裁判应严格、正确适用法律,而不应突破现有规定。第二,本案审理过程中,裁判结论有所反复,但二审法院最终裁定驳回起诉是经该院联席会议讨论形成的结论,体现出人民法院对法律规定从严把握、适用的裁判尺度。第三,国有土地使用权属争议处理决定纠纷案件具有专业性强、涉及面广的特征,适用复议前置程序,将行政机关的复议审查挺在前面,便于查明事实、分清是非,使土地权属争议得以及时解决。

——最高人民法院第五巡回法庭 2019 年第 44 次法官会议纪要,载李少平主编:《最高人民法院第五巡回法庭法官会议纪要》,人民法院出版社 2021 年版,第 300—301 页。

【链接:理解与适用】

一是关于土地确权行政案件复议前置的问题。行政复议法第三十条第一款规定："公民、法人或者其他组织认为行政机关的具体行政行为侵犯其已经依法取得的土地、矿藏、水流、森林、山岭、草原、荒地、滩涂、海域等自然资源的所有权或者使用权的，应当先申请行政复议；对行政复议决定不服的，可以依法向人民法院提起行政诉讼。"从文义上看，复议前置的土地行政案件范围非常大，绝大部分土地行政行为都属于复议前置的范围。但从立法过程和立法本意看，是将土地确权决定作为复议前置的案件，因此有必要对该条规定作限缩性解释，故《规定》第六条第一款和第七条规定，土地权利人认为乡级以上人民政府作出的土地确权决定侵犯其依法享有的农村集体土地所有权或者使用权，经复议后向人民法院提起诉讼的，人民法院应当依法受理。土地权利人认为行政机关作出的行政处罚、行政强制措施等行政行为侵犯其依法享有的农村集体土地所有权或者使用权，直接向人民法院提起诉讼的，人民法院应当依法受理。

二是法律、法规规定应当先申请行政复议的土地行政案件，复议机关作出不受理复议申请的决定或者以不符合受理条件为由驳回复议申请，复议申请人不服的，应以谁为被告的问题。我们认为，复议机关根据行政复议法第十七条和《行政复议法实施条例》第四十八条第一款第（二）项的规定，作出不予受理复议申请和驳回行政复议申请的决定，是认为申请人不符合行政复议的受理条件，从程序上作出的决定，并未进行实体的审查。所以，不能将这种情况视为已经作出维持原具体行政行为的复议决定，而对原具体行政行为提起行政诉讼。否则，有些已经超过复议期限等不符合行政复议受理条件的案件，复议机关不受理，法院却予以受理，使复议前置的规定失去意义。复议为必经程序的，行政相对人未经行政复议当然不具有对实体问题的起诉权。但为了保护行政相对人的合法权益，防止行政机关滥用不受理复议申请的决定权，行政相对人应当享有司法救济的权利。所以，复议申请人可以对复议机关不受理复议申请或驳回复议申请的决定提起诉讼。故《规定》第六条第二款规定，法律、法规规定应当先申请行政复议的土地行政案件，复议机关作出不受理复议申请的决定或者以不符合受理条件为由驳回复议申请，复议申请人不服的，应当以复议机关为被告向人民法院提起诉讼。

——赵大光、杨临萍、马永欣：《〈关于审理涉及农村集体土地行政案件若干问题的规定〉的理解与适用》，载《人民法院报》2011 年 9 月 7 日，第 6 版。

1018 同一行政行为的当事人部分起诉部分申请复议的处理

关键词｜行政复议｜中止诉讼｜

【链接：最高人民法院法官著述】

行政机关就同一事实，对若干人作出一个具体行政行为，复议不是必经程序的，其中一部分当事人向行政机关申请行政复议，另一部分当事人向人民法院提起诉讼的，对此应当如何处理呢？

行政机关或者人民法院立案审查时，发现这种情况的，应当在尊重当事人的意愿基础上，多做协调工作，尽可能地让他们都选择同一种救济途径。如果协调不成的，行政机关与人民法院应当分别受理，为了避免处理结果相互矛盾，减少当事人诉累，人民法院应当先中止诉讼，让行政机关先行复议。如果行政复议决定维持原具体行政行为，申请复议人仍不服向人民法院提起诉讼后，因被诉对象都是原具体行政行为，故人民法院应当将两个诉合并审理。若申请人在法定起诉期限未起诉，原告亦未撤诉的，法院应当恢复诉讼，并通知申请人作为第三人参加诉讼。如果行政复议改变原具体行政行为，因原具体行政行为已不存在，应询问原告是否将其原先所诉的具体行政行为变更为复议决定。若变更的，人民法院应对复议决定的合法性进行审理；若不变更的，应当裁定驳回其诉讼请求。

——蔡小雪、甘文：《行政诉讼实务指引》，人民法院出版社 2014 年版，第 382 页。

1019 非复议前置情形下，复议与诉讼的衔接

关键词｜先立案｜不予立案｜

【最高人民法院司法解释】

第五十七条　法律、法规未规定行政复议为提起行政诉讼必经程序，公民、法人或者其他组织既提起诉讼又申请行政复议的，由先立案的机关管辖；同时立案的，由公民、法人或者其他组织选择。公民、法人或者其他组织已经申请行政复议，在法定复议期间内又向人民法院提起诉讼的，人民法院裁定不予立案。

——《最高人民法院关于适用〈中华人民共和国行政诉讼法〉的解释》（2018 年 2 月 8 日，法释〔2018〕1 号）。

【链接：理解与适用】

实践当中，有时会出现当事人向复议机关和人民法院同时提出申请，同时立案

后，拒不作出选择，坚持要求同时立案办理的情况。对此，如果人民法院直接受理，就意味着替当事人决定放弃复议权直接进入诉讼，而如果裁定不予立案，则当事人复议后仍可选择诉讼维护其权利，因此，一般应当首先予以释明，如当事人拒不作出选择，则裁定不予立案。

——最高人民法院行政审判庭编著：《最高人民法院行政诉讼法司法解释理解与适用》（上），人民法院出版社2018年版，第308页。

1020 非复议前置情形下，申请人撤回复议申请再起诉的，应当依法立案

关键词 | 撤回复议申请 | 行政复议 |

【最高人民法院司法解释】

第五十八条 法律、法规未规定行政复议为提起行政诉讼必经程序，公民、法人或者其他组织向复议机关申请行政复议后，又经复议机关同意撤回复议申请，在法定起诉期限内对原行政行为提起诉讼的，人民法院应当依法立案。

——《最高人民法院关于适用〈中华人民共和国行政诉讼法〉的解释》（2018年2月8日，法释〔2018〕1号）。

【链接：理解与适用】

公民、法人或者其他组织撤回复议申请后，复议即告终止，对原行政行为的审查也告终止。此时，如果不赋予公民、法人或者其他组织诉权，不利于保护其合法权益，也不利于维护和监督行政机关依法行政。当然，相对方诉权的行使也要受到一定限制，否则就有可能导致复议虚设、资源浪费或行政救济与司法救济重叠不清的后果。根据本条规定，人民法院受理相对一方的起诉，应当满足以下条件：第一，必须是复议机关同意撤回复议申请，复议活动已告终止。此时，应有复议机关同意撤回复议申请的裁决书为证。第二，必须是对原行政行为提起诉讼。虽然进行了行政复议，但复议未果即告终结，复议机关没有对原行政行为进行审查并作出结论，影响相对方权益的仍是原行政行为，因此，相对方如果提起诉讼，只能针对原行政行为。第三，必须是在法定起诉期限内。超过起诉期限，法院不予受理。

——最高人民法院行政审判庭编著：《最高人民法院行政诉讼法司法解释理解

与适用》(上),人民法院出版社2018年版,第310页。

1021 针对原行政行为直接提起行政诉讼后又申请行政复议的,人民法院不予支持,除非该行为属于法定复议前置情形

关键词｜行政复议｜复议前置｜

【最高人民法院裁判案例】

汤太阳诉南京市人民政府行政复议案[最高人民法院(2018)最高法行申2732号行政裁定书]

行政诉讼法第四十四条第一款规定,对属于人民法院受案范围的行政案件,公民、法人或者其他组织可以先向行政机关申请复议,对复议决定不服的,再向人民法院提起诉讼;也可以直接向人民法院提起诉讼。行政复议法第十六条第二款规定,公民、法人或者其他组织向人民法院提起行政诉讼,人民法院已经依法受理的,不得申请行政复议。根据上述规定,行政诉讼与行政复议都是解决行政争议、实现权利救济的有效途径。除了法定的复议前置的情形之外,当事人对行政行为不服,既可以选择直接提起行政诉讼,也可以选择申请复议,待复议决定作出后,当事人如不服可再行提起诉讼。虽然当事人兼具提起诉讼和申请复议这两种要求法律救济的权利,但仅限于最初对原行政行为不服的阶段。一旦当事人作出选择,则不可往复,相关法律对行政诉讼与行政复议的程序衔接作出了明确安排。当事人提起诉讼,人民法院已经受理的,则不得再申请行政复议。此做法保证了司法最终裁决原则的实现,也避免了两种程序同开可能造成的矛盾及社会资源的浪费。

——中国裁判文书网,https://wenshu.court.gov.cn/。

郑军海诉河南省人民政府行政复议案[最高人民法院(2018)最高法行申1577号行政裁定书]

在法律、法规并没有规定复议前置的情况下,对于行政复议和行政诉讼实行自由选择主义。所谓自由选择是指,公民、法人或者其他组织可以先向行政机关申请复议,对复议决定不服的,再向人民法院提起诉讼;也可以不经复议直接向人民法院提起诉讼。但是,自由选择并不意味着可以同时选择复议和诉讼,因为复议和诉讼这两种救济机制不能同时进行。根据《最高人民法院关于适用〈中华人民共和

国行政诉讼法〉的解释》第五十七条的规定，“法律、法规未规定行政复议为提起行政诉讼必经程序，公民、法人或者其他组织既提起诉讼又申请行政复议的，由先立案的机关管辖；同时立案的，由公民、法人或者其他组织选择。公民、法人或者其他组织已经申请行政复议，在法定复议期间内又向人民法院提起诉讼的，人民法院裁定不予立案”。自由选择也不能违背司法最终处理原则，在已经选择直接向人民法院提起诉讼的情况下，不能转而申请行政复议。所谓已经选择直接向人民法院提起诉讼，包括提起诉讼之后的任何阶段，既包括人民法院已经作出裁判，也包括人民法院已经立案尚未作出裁判。只要案件已经系属于人民法院，就不允许再就同一争议申请行政复议。

——中国裁判文书网，https://wenshu.court.gov.cn/。

1022 复议机关对不属于行政诉讼受案范围的行政行为作出复议决定，当事人不服起诉的，不予立案或驳回起诉

关键词｜受案范围｜复议决定｜

【最高人民法院专业法官会议纪要】

1. 复议机关对不属于行政诉讼受案范围的行政行为作出复议决定后的处理

复议机关对不属于行政诉讼受案范围的行政行为作出复议决定，当事人对复议决定不服提起诉讼的，人民法院应当裁定不予立案；已经立案的，裁定驳回起诉。

复议机关依法应当受理公民、法人或者其他组织提出的行政复议申请而不受理，当事人起诉复议机关不履行法定职责的，人民法院应予受理。

——《最高人民法院行政法官专业会议纪要（八）》（复议诉讼衔接领域），载中华人民共和国最高人民法院行政审判庭编：《行政执法与行政审判》（总第80集），中国法制出版社2020年版，第258页。

1023 复议机关受理复议申请后，发现复议申请不属于法定复议范围，作出终止复议决定，当事人起诉的，可以依法驳回诉讼请求

关键词｜行政复议范围｜终止行政复议｜驳回诉讼请求｜

【最高人民法院答复】

北京市高级人民法院：

你院京高法〔2005〕102号《关于国务院法制办公室对北京市人民政府法制办公室〈关于终止审理余国玉复议案件的请示的复函〉有关问题的请示》收悉。经研究，原则同意你院倾向性意见，即行政复议机关受理行政复议申请后，发现该行政复议申请不符合法定的行政复议范围，作出终止行政复议决定。当事人不服，向人民法院提起诉讼，人民法院经审查认为，该复议申请不属于行政复议范围的，可以依法驳回其诉讼请求。

——《最高人民法院关于行政复议机关受理行政复议申请后，发现复议申请不属于行政复议法规定的复议范围，复议机关作出终止行政复议决定的，人民法院如何处理的答复》(2005年6月3日，〔2005〕行他字第11号)。

【链接：最高人民法院法官著述】

人民法院在审理具体行政案件中，适用〔2005〕行他字第11号答复时，应当注意以下几个问题：

(一)〔2005〕行他字第11号答复的适用范围问题

尽管该答复仅仅规定“不符合法定的行政复议范围”，并未包含其他不符合法定立案条件的情形，但是，其精神实质是一致的，即只要是复议机关受理了不符合法定立案条件的行政复议案件，不论是不符合行政复议范围，还是超过行政复议申请的法定申请期限、不符合行政复议申请人的条件、所申请的被申请人不适格等，只要立案后审查发现不符合立案条件的，均可以作出驳回行政复议申请决定，而不限于批复所言的复议范围问题。

(二)〔2005〕行他字第11号答复的效力问题

《行政复议法实施条例》第四十八条第一款第(二)项对“受理行政复议申请后，发现该行政复议申请不符合行政复议法和本条例规定的受理条件的”明确规定，“应当决定驳回行政复议申请”。因此，《行政复议法实施条例》实际上已经否定了国法函〔2002〕3号《复函》，采纳了最高人民法院〔2005〕行他字第11号批复的意见。在此情形下，〔2005〕行他字第11号答复应当属于继续有效的答复。当然，由于《行政复议法实施条例》已经明确规定了受理后发现不符合受理条件的法律结果是“应当决定驳回行政复议申请”，而不是终止行政复议，那么，如果复议机关继续以《复函》为依据作出终止行政复议决定，依然属于适用法律错误，通常也可以判决驳回原告的诉讼请求。

（三）诉讼请求与裁判的选择问题

〔2005〕行他字第 11 号答复最后一句使用的是“可以依法驳回其诉讼请求”。“可以”两个字是有讲究的，它表明了驳回诉讼请求仅仅是一种选择，并不排除其他合法选项。正如我们前面的分析，实际上对于适用法律错误的行政复议决定，人民法院并非只能作出驳回原告诉讼请求的判决，最符合行政诉讼法本意的应当是作出撤销行政复议决定的判决。但是，由于受当前司法环境、原告法律知识水平等限制，作出撤销判决，之后再让复议机关作出一个驳回行政复议申请的决定，会给行政机关和当事人双方造成浪费司法和行政资源的印象。等到人民法院的司法权威进一步提高，公民、法人和其他组织的法律意识进一步增强，人民法院行政诉讼的职能作用从保护公民、法人和其他组织合法权益，有效化解行政争议为主转向监督行政机关依法行政为主的时候，判决撤销行政复议决定应当是最佳选择。

另外还有一个影响裁判选择的因素，就是当事人的诉讼请求。对于复议机关作出的终止行政复议的决定，原告可以有几种不同诉讼请求选择：一是请求撤销复议决定，判决复议机关继续履行行政复议法定职责；二是单纯请求撤销复议决定或者确认复议决定违法。第一种情况，可以选择判决驳回原告诉讼请求。因为原告的主张实际上还是想通过诉讼获得实体权利的救济，这个目的看来是无法达到的，因此可以驳回原告诉讼请求。但是，对于第二种诉讼请求可能就难以一概适用驳回诉讼请求判决，因为原告的诉讼请求有可能不是要获得实体权利的救济，而是要对违法行政复议行为行使监督权利。此时，如果原告行使监督权的态度非常明确、坚定，那么人民法院也应当适用撤销判决或者确认违法判决。选择撤销判决时，应当同时判决复议机关重新作出行政复议决定。因为简单判决撤销，已经开始的行政复议实际上得以恢复，不另行作出驳回行政复议审判的决定，行政复议活动在理论上成为一种未完成的不确定状态。

——蔡小雪、郭修江、耿宝建：《行政诉讼中的法律适用》，人民法院出版社 2011 年版，第 202—204 页。

1024 复议机关不予受理对 1982 年林权证的复议申请

关键词 | 行政复议 | 溯及力 |

【最高人民法院参考案例】

坑贝元村民小组诉广东省惠州市人民政府林业行政复议决定案(行政审判案例第46号)

要旨:1982年各地人民政府根据中央政策颁发《林权证》的行政行为,发生在行政复议法、国务院《行政复议条例》颁布实施之前,当事人根据以上法律和条例规定,以发证行为错误为由申请行政复议,根据法不溯及既往原则,复议机关不应当受理。

行政复议法第四十三条规定:"本法自1999年10月1日起施行。1990年12月24日国务院发布,1994年10月9日国务院修订发布的《行政复议条例》同时废止。"国务院1990年12月24日发布的《行政复议条例》第五十七条规定:"本条例自1991年1月1日起施行。"根据上述规定,行政复议法、《行政复议条例》对其实施之前的行政行为不具有溯及力。本案原审第三人王宾大围村民小组申请复议的具体行政行为(龙门县人民政府1982年核发的龙林证字第0000903号《龙门县山林所有证》的行为)发生在行政复议法、《行政复议条例》实施之前,依法不属于行政复议法、《行政复议条例》的调整范围,因此,被上诉人惠州市人民政府依据行政复议法受理原审第三人王宾大围村民小组的复议申请并作出复议决定,撤销龙门县人民政府1982年核发龙林证字第0000903号《龙门县山林所有证》的行为属于适用法律错误,依法应予以撤销;而原审判决维持被诉复议决定不妥,依法应予以撤销。

——中华人民共和国最高人民法院行政审判庭编:《中国行政审判案例》(第2卷),中国法制出版社2011年版,第34、36—37页。

1025 对批准同意征地补偿安置方案的行为可否申请行政复议

关键词 | 行政复议 | 批准征地补偿安置方案 | 受案范围 |

【最高人民法院专业法官会议纪要】

法律问题:对市、县人民政府批准同意征地补偿安置方案的行为不服申请复议,是否属于行政复议受理范围?

法官会议意见:补偿安置方案制定及实施程序可分为三个阶段:市、县人民政府土地行政主管部门拟订征地补偿安置方案,予以公告并听取被征地农民的意见;

市、县人民政府经审查后对补偿安置方案予以批准；市、县人民政府土地行政主管部门根据经批准的补偿安置方案组织实施。据此，补偿安置方案经市、县人民政府批准后即由土地行政主管部门组织实施，最终确定补偿安置标准的书面载体即市、县人民政府作出的批复及所附补偿安置方案。市、县人民政府作出该批复的受文对象虽系土地行政主管部门，但该批复并非仅在行政机关内部流转，而是直接对外实施。补偿安置方案的确定是市、县人民政府的法定职权，市、县人民政府作出该批复体现了其确定补偿安置标准的意思表示，属实质性批准行为，并非内部行政行为。在对补偿安置标准争议采取复议而非裁决方式予以救济的省市，该批准行为属于行政复议的受理范围。前述案件中，刘某等五人对甲县人民政府批复同意补偿安置方案的行为申请行政复议，属于行政复议受案范围。乙市人民政府复议维持该批复后，刘某等五人对该批复及行政复议决定不服提起的诉讼属于行政诉讼的受案范围。据此，再审裁定撤销二审裁定，指令二审法院再审。

——最高人民法院第五巡回法庭 2019 年第 42 次法官会议纪要，载李少平主编：《最高人民法院第五巡回法庭法官会议纪要》，人民法院出版社 2021 年版，第 285—286 页。

1026 在补偿、安置方案已经被申请复议的情况下，集体经济组织或者农民不得另行对市、县人民政府的批准行为再次申请复议

关键词｜行政复议｜土地征收｜补偿、安置方案｜

【最高人民法院答复】

四川省高级人民法院：

你院川高法〔2020〕56 号《四川省高级人民法院关于农村集体土地征收补偿安置方案批复相关问题的请示》收悉。经研究，答复如下：

《中华人民共和国土地管理法实施条例》第二十五条规定，市、县人民政府土地行政管理部门会同有关部门拟定征地补偿、安置方案，报市、县人民政府批准后组织实施。征地补偿、安置方案与市、县人民政府批准行为是一体的，不能割裂。在补偿、安置方案已经被申请复议的情况下，集体经济组织或者农民不得另行对市、县人民政府的批准行为再次申请复议。

——《最高人民法院关于不服农村集体土地征收补偿安置方案批复是否可以

申请行政复议的答复》(2020 年 12 月 26 日,〔2020〕最高法行他 4 号)。

1027 行政机关不依法履行政府信息公开义务行为属于行政复议范围

关键词｜政府信息公开｜行政复议范围｜

【最高人民法院答复】

吉林省高级人民法院:

你院《关于戚凤春、云庆强诉吉林省人民政府信息公开行政复议一案的请示》收悉,经研究,答复如下:

行政机关针对政府信息公开申请作出不予公开答复或者逾期不予答复,属于《中华人民共和国政府信息公开条例》第三十三条第二款规定的"行政机关在政府信息公开工作中的具体行政行为"。公民、法人或者其他组织认为侵犯其合法权益的,可以依法申请行政复议。行政复议机关依照《中华人民共和国政府信息公开条例》第三十三条第一款不予受理,系适用法律错误,人民法院依法应予纠正。

——《最高人民法院关于行政机关不依法履行政府信息公开义务行为是否属于行政复议范围问题的答复》(2014 年 6 月 26 日,〔2014〕行他字第 5 号)。

1028 行政复议与行政机关内部层级监督行为的区分

关键词｜内部层级监督｜行政复议｜

【最高人民法院裁判案例】

刘得礼诉甘肃省公安厅、甘肃省东风场区公安局履行法定职责及行政赔偿案
[最高人民法院(2019)最高法行申 14012 号行政裁定书]

从外观上看,行政机关内部层级监督与行政复议较为相似,都是基于行政机关上下级关系构架所形成。一方面,根据《最高人民法院关于适用〈中华人民共和国行政诉讼法〉的解释》第一条第二款第(八)项的规定,上级行政机关基于内部层级监督关系对下级行政机关作出的听取报告、执法检查、督促履责等行为,不属于人民法院行政诉讼的受案范围。内部层级监督行为是指行政机关基于领导与被领导关系对其所属部门和下级行政机关进行的监督,是政府系统的内部监督,具有内部性特征。另一方面，行政复议是依据行政复议法及其实施条例所实施的行为。行政复议机关一般为作为被申请人的行政主体的本级人民政府或上一级行政主体，两者具有层级隶属关系；但行政复议具有多元功能，是法律赋予解决行政争议的权利救济制度，该制度设置的直接目的是保障公民、法人或其他组织的合法权益，是一项依法可供司法监督的具有外部特征的行为。

当事人的申请属于行政复议职责还是行政机关内部层级监督职责，除了要看是否具有明确的法定职责、是否符合行政复议的受理条件外，还可从以下几方面进行区分：一是申请形式不同，是提起行政复议申请还是提交申诉、举报、投诉、控告等材料；二是问题反映的渠道和部门不同，是向行政复议机关及其法制工作的机构提出，还是向上一级行政主体或本级人民政府的相关信访、纪检监察等部门提出；三是法律依据不同，是依据行政复议法及其实施条例等相关法律规定，还是基于一般的领导与被领导关系请求对其所属部门和下级行政主体履行相应监督职责；四是反映问题所针对的对象不同，行政复议应以行政主体为被申请人，针对有关行政行为或者不履行法定职责情形提起，而内部监督行为则不以此为限。

——中国裁判文书网，https://wenshu. court. gov. cn/。

1029 行政复议中止行为的可诉性

关键词｜行政复议中止｜可诉性｜

【最高人民法院裁判案例】

梅杰诉中华人民共和国教育部中止行政复议通知案［最高人民法院（2018）最高法行申6244号行政裁定书］

根据行政复议法及其实施条例的规定，复议机关在复议程序中可以依法中止复议程序，待中止事由消失后继续复议程序。一般而言，该中止行为仅是复议程序中的过程性行为，并非最终对外发生法律效力的行为，也不会对当事人的权利义务产生实际影响，最终发生法律效力和产生实际影响的行为系中止事由消失后复议机关作出的行政复议决定。因此，复议机关中止复议程序的行为一般不属于行政诉讼应当受理的“行政行为”的范畴，除非该中止行为直接设定了当事人的权利义务，或者实际上剥夺了当事人依法寻求救济的权利。

——中国裁判文书网，https://wenshu. court. gov. cn/。

1030 被申请人不履行复议决定的，由行政复议机关或者上级行政机关责令其履行，当事人不服提起行政诉讼的，人民法院不予受理

关键词｜不履行复议决定｜不予受理｜

【最高人民法院专业法官会议纪要】

提请讨论议题：当事人因原行为机关未履行行政复议决定，就相关实体事项提起行政诉讼，而未依据行政复议法第三十二条规定请求行政复议机关或者有关上级行政机关责令其限期履行，人民法院是否应当受理？

结论：被申请人不履行复议决定的，由行政复议机关或者上级行政机关责令其履行，当事人不服提起行政诉讼的，人民法院不予受理。

理由：行政复议决定一经送达，即发生法律效力。作为复议机关下级机关的被申请人，应当在收到决定书之后开始履行决定。行政复议法第三十二条规定，被申请人应当履行行政复议决定。被申请人不履行或者无正当理由拖延履行行政复议决定的，行政复议机关或者有关上级行政机关应当责令其限期履行。故对于行政机关无正当理由延缓履行复议决定或者不履行的，行政复议机关或者有关机关都可以依照该规定，责令被申请人履行复议决定。同时立法机关在该规定的释义中进一步阐述“如果复议机关或上一级行政机关对被申请人没有采取责令限期履行措施的，申请人也可以依照本条规定向人民法院申请强制执行。申请强制执行应依照行政诉讼法和最高人民法院有关执行的司法解释进行”。根据该规定及释义精神，对于履行行政复议决定的救济，并无提起行政诉讼进行救济的路径。当事人应当申请上级机关责令履行或通过法院进行强制执行。

——《最高人民法院行政法官专业会议纪要（三）》（复议诉讼领域），载微信公众号“行政执法与行政审判”2018 年 7 月 11 日。

【最高人民法院裁判案例】

许明泉诉如东县人民政府不履行行政复议决定案［最高人民法院（2017）最高法行申 9201 号行政裁定书］

行政复议法第三十二条规定，被申请人应当履行行政复议决定。被申请人不履行或者无正当理由拖延履行行政复议决定的，行政复议机关或者有关上级行政机关应当责令其限期履行。第三十七条规定，行政复议被申请人应当履行行政复议决定。被申请人不履行或者无正当理由拖延履行行政复议决定的，对直接负责

的主管人员和其他直接责任人员依法给予警告、记过、记大过的行政处分，经责令履行仍拒不履行的，依法给予降级、撤职、开除的行政处分。《行政复议法实施条例》第六十二条规定，被申请人在规定期限内未按照行政复议决定的要求重新作出具体行政行为，或者违反规定重新作出具体行政行为的，按照行政复议法第三十七条的规定追究法律责任。因此，行政复议申请人若对行政复议被申请人拒不履行行政复议决定的行为不服，应按前述规定向行政复议机关或者有关上级行政机关反映，要求责令被申请人限期履行。本案中，许明泉在一审起诉时的诉讼请求存在不明确的情形，一审法院依法告知其变更被告和明确诉讼请求。经释明后，许明泉确认其诉求为确认如东县人民政府拒不履行南通市人民政府作出的通政复决〔2016〕71号行政复议决定书的行政不作为违法并责令其履行，其再审申请的请求亦为要求如东县人民政府按行政复议决定作出答复。对此，许明泉应按前述法律规定向行政复议机关或者如东县人民政府的有关上级行政机关反映，要求责令如东县人民政府履行行政复议决定，而非向人民法院提起行政诉讼。许明泉提起的该项诉求不属于人民法院行政诉讼的受案范围，依照行政诉讼法第四十九条第（四）项，《最高人民法院关于适用〈中华人民共和国行政诉讼法〉若干问题的解释》第三条第一款第（一）项的规定，应当裁定驳回许明泉的起诉；因许明泉提起的主诉不属于人民法院受案范围，其一并提出的行政赔偿请求亦应予以驳回。据此，一审法院裁定驳回起诉，二审法院裁定驳回上诉，维持一审裁定，并无不当。

——中国裁判文书网，https://wenshu.court.gov.cn/。

1031 针对不履责行为申请行政复议，复议机关作出责令处理的复议决定已实质性改变原行政行为，当事人不能再就该争议事项提起行政诉讼

关键词 | 不履行职责 | 行政复议 |

【最高人民法院裁判案例】

孙德安诉北京市朝阳区人民政府和平街街道办事处不履行法定职责案［最高人民法院（2018）最高法行申1471号行政裁定书］

朝阳区政府予以受理并作出责令再审被申请人重新进行调查处理的复议决定，已实质性改变原行政行为。换言之，朝阳区政府作为行政复议机关已经对申请

人的上述两项复议请求作出实体处理，申请人再对这两项争议事项提起行政诉讼即违反了行政复议和行政诉讼衔接的制度安排。再审申请人如对276号复议决定不服，应通过诉争276号复议决定的合法性予以救济，其以再审被申请人和平街街道办为被告所提的第三项、第四项诉讼请求，亦不属于行政诉讼的受案范围。

——中国裁判文书网，https://wenshu.court.gov.cn/。

1032 当事人能否就行政赔偿事项单独申请行政复议

关键词｜行政赔偿｜行政复议｜

【最高人民法院裁判案例】

张云诉安徽省合肥市包河区人民政府行政复议案［最高人民法院（2020）最高法行申528号行政裁定书］

国家赔偿法第九条第二款规定："赔偿请求人要求赔偿，应当先向赔偿义务机关提出，也可以在申请行政复议或者提起行政诉讼时一并提出。"行政复议法第二十九条第一款规定："申请人在申请行政复议时可以一并提出行政赔偿请求，行政复议机关对符合国家赔偿法的有关规定应当给予赔偿的，在决定撤销、变更具体行政行为或者确认具体行政行为违法时，应当同时决定被申请人依法给予赔偿。"行政复议法并未规定当事人可以就行政赔偿事项单独申请行政复议。据此，在行政复议程序中，公民、法人或者其他组织提出行政赔偿请求应一并提出，复议机关对行政行为合法性予以审查时一并对行政赔偿事项作出处理。

——中国裁判文书网，https://wenshu.court.gov.cn/。

1033 复议机关或其上一级行政机关对复议决定监督行为的处理

关键词｜复议决定监督行为｜行政复议｜

【最高人民法院专业法官会议纪要】

2. 复议机关或其上一级行政机关对复议决定监督行为的处理

当事人对复议决定不服，向复议机关或其上一级行政机关反映，复议机关或其上一级行政机关不予答复或者作出不改变原复议决定内容的处理决定，当事人仍不服提起诉讼的，不属于行政诉讼受案范围，人民法院可以根据《最高人民法院关于适用〈中华人民共和国行政诉讼法〉的解释》第五十五条第二款之规定，退回诉状并记录在册；坚持起诉的，不予立案并载明不予立案的理由。但复议机关或其上一级行政机关作出撤销或改变原复议决定内容的处理决定的除外。

——《最高人民法院行政法官专业会议纪要（八）》（复议诉讼衔接领域），载中华人民共和国最高人民法院行政审判庭编：《行政执法与行政审判》（总第80集），中国法制出版社2020年版，第258页。

1034 未告知复议申请期限的处理

关键词｜复议申请期限｜行政复议｜

【最高人民法院专业法官会议纪要】

3. 未告知复议申请期限的处理

行政机关作出原行政行为时未告知公民、法人或者其他组织申请复议期限的，申请期限参照《最高人民法院关于适用〈中华人民共和国行政诉讼法〉的解释》第六十四条之规定，从公民、法人或者其他组织知道或者应当知道复议期限之日起计算，但从知道或者应当知道行政行为内容之日起最长不得超过一年。

——《最高人民法院行政法官专业会议纪要（八）》（复议诉讼衔接领域），载中华人民共和国最高人民法院行政审判庭编：《行政执法与行政审判》（总第80集），中国法制出版社2020年版，第258页。

1035 当事人不服行政机关作出的行政行为，向有权受理复议案件的机关信访申诉，该机关对信访申诉的处理期间，不宜计算在复议申请期限内

关键词｜复议申请期限｜信访申诉｜

【最高人民法院答复】

江西省高级人民法院

你院赣高法报〔2012〕592号《江西省高级人民法院关于姚文辉、姚明水、周建

军诉江西省国土资源厅土地行政复议案的请示》收悉。经研究,答复如下:

行政机关在《行政复议法》实施后《行政复议法实施条例》施行前作出的行政行为,应当告知行政相对人申请复议的权利、复议机关和复议申请期限。行政机关未告知前述内容的,复议期限可参照《最高人民法院关于执行〈中华人民共和国行政诉讼法〉若干问题的解释》第四十一条的规定办理。

本案当事人不服行政机关作出的行政行为,向有权受理复议案件的机关信访申诉,该机关对信访申诉的处理期间,不宜计算在复议申请期限内。

——《最高人民法院关于江西省高级人民法院就姚文辉、姚明水、周建军诉江西省国土资源厅土地行政复议案的请示的答复》(2012 年 12 月 18 日,〔2012〕行他字第 11 号)。

1036 因民事诉讼未及时申请行政复议构成耽误法定期限的正当事由

关键词｜行政复议申请期限｜正当事由｜

【最高人民法院裁判案例】

岳溪忠诉北京市海淀区人民政府行政复议决定案[最高人民法院(2016)最高法行申 1830 号行政裁定书]

本案争议焦点在于行政复议申请期限的确定方式以及如何判断耽误法定期限是否构成正当理由的认定问题。公民、法人或者其他组织认为行政行为侵犯其合法权益的,可以在法定期限内向行政复议机关提出行政复议申请。行政复议法第九条第一款规定,提出行政复议申请的期限为知道该行政行为之日起六十日内。该条第二款规定,因不可抗力或者其他正当理由耽误法定申请期限的,申请期限自障碍消除之日起继续计算。而为了更好地保护公民、法人或者其他组织申请复议的权利,强化行政机关作出行政行为时的教示义务,对行政机关作出涉及当事人重大权益的行政行为,未告知申请复议权利和申请复议期限且公民、法人或者其他组织的确不知道申请复议权利和申请期限又无其他救济渠道的,应当坚持有利于保护行政复议申请权的原则,从公民、法人或者其他组织知道或者应当知道申请复议权或者申请复议期限之日起计算六十日申请期限,但从知道或者应当知道行政行为内容之日起最长不得超过两年。

本案中,海淀区政府作出《复议决定》认为,岳溪忠于 2014 年 7 月 3 日参加其与北京市海淀区苏家坨镇西小营村村民委员会(以下简称小营村委会)房屋借用纠纷一案的庭审时，即已经知道了本案的行政行为，其于 2015 年 2 月 13 日提出行政复议申请，超过了法律规定的行政复议申请期限。然而，海淀区政府作出《复议决定》时，未考虑到岳溪忠与小营村委会房屋借用纠纷民事案件与本案涉诉土地使用权以及本案被申请复议的土地使用权审批行为之间具有直接关联性；岳溪忠与小营村委会之间的民事诉讼与本案的行政复议性质虽异，但实质争议相同。因此，本案的实质争议，既可以通过民事诉讼方式得以解决，也可以通过行政复议方式得以解决。岳溪忠因正在进行民事诉讼而未及时提出行政复议申请，构成行政复议法第九条第二款所规定的“正当理由”。同时，本案中海淀区政府也未查明本案是否存在最长不得超过两年申请复议期限的特别情形，即简单以岳溪忠的行政复议申请超出法定期限为由，驳回岳溪忠的行政复议申请，不符合行政复议法有关行政复议申请期限规定的精神。因此，一审判决驳回岳溪忠的诉讼请求，二审判决予以维持，显属不当。

——中国裁判文书网，https://wenshu.court.gov.cn/。

1037 行政机关过错导致申请人复议申请期限耽搁的，属于“其他正当理由”

关键词｜行政复议｜复议申请期限｜其他正当理由｜

【最高人民法院参考案例】

陈其建诉海南省工商行政管理局工商登记案（行政审判案例第 103 号）

要旨：在司法解释未予以明确的情况下，对于“其他正当理由”的界定应从保护公民、法人或者其他组织的合法权益这一立法原则出发，对因行政机关的过错造成申请人复议申请期限耽误的，应认定属于行政复议法第九条规定的“其他正当理由”。

首先，虽然 2005 年 1 月 17 日颁布实施了《海南省实施〈中华人民共和国行政复议法〉办法》，但具体实施和告知被上诉人的应是政府行政部门，儋州市人民政府在复议中止后，未及时恢复本案，确实存在过错。但是否恢复复议案件的审理决定权在行政机关，而不在申请人，不能把行政机关不恢复案件审理的责任由被上诉人承担，因此上诉人认为从 2005 年 1 月 17 日至 2010 年 3 月 9 日这段时间都应计入法定申请期限，这一上诉理由不能成立，本院不予支持。其次，被上诉人虽然于

2002年9月11日即向儋州市人民政府申请行政复议，但直至2010年3月8日儋州市人民政府才对被上诉人作出《行政复议终止通知书》，故被上诉人的行政复议申请应从2010年3月8日起计算。2010年3月9日，被上诉人即向上诉人提起行政复议申请，没有超过法定行政复议申请期限，上诉人应予以受理。

——中华人民共和国最高人民法院行政审判庭编：《中国行政审判案例》（第3卷），中国法制出版社2013年版，第111、114—115页。

1038 撤回复议申请后提起行政诉讼按照原行政行为的起诉期限计算

关键词｜撤回复议申请｜起诉期限｜

【链接：最高人民法院法官著述】

行政相对人撤回复议申请后起诉案件的起诉期限，应当按照法律、法规对原具体行政行为规定的起诉期限计算。起诉期限应当从行政相对人知道或者应当知道原具体行政行为的内容之日开始计算。具体理由如下：首先，虽然行政相对人撤回复议申请经过行政复议机关的批准，该机关在批准时须经过一定的审查。但这种"审查"仅仅是审查撤回申请存在不存在侵害其他公民、法人或者其他组织的合法权益和公共利益的问题，并未对原具体行政行为的合法性进行全面审查。因此，不能视为行政复议机关维持了原具体行政行为。这类案件的起诉期限不应从复议机关批准撤回复议申请之日起开始计算，起诉期限也不应按照不服行政复议决定的期限计算。其次，行政相对人申请复议还是提起诉讼是其的权利。行政相对人撤回复议申请，实际上是其放弃行政复议的选择，改为提起诉讼。因此，其起诉期限应当按照法律、法规对原具体行政行为规定的起诉期限计算。起诉期限应当从行政相对人知道或者应当知道原具体行政行为的内容之日开始计算。

——蔡小雪、甘文：《行政诉讼实务指引》，人民法院出版社2014年版，第401—402页。

1039 复议机关未遵循法定期限的行为不拘束人民法院对行政纠纷起诉期限的认定

关键词｜申请复议期限｜起诉期限｜逾期复议｜

【最高人民法院司法文件】

14. 行政复议机关受理逾期申请对起诉期限的影响问题

当事人逾期申请复议,行政复议机关决定维持原行政行为,当事人对原行政行为不服提起诉讼,人民法院认为逾期申请复议无正当理由且起诉已超出法定期限的,裁定不予受理。(51号)

——《最高人民法院办公厅关于印发〈行政审判办案指南(一)〉的通知》(2014年2月24日,法办〔2014〕17号)。

【最高人民法院参考案例】

俞国华诉福建省莆田市荔城区建设局不履行职责案(行政审判案例第51号)

要旨:复议机关未依行政复议法规定的申请复议期限受理案件并作出复议决定,不拘束人民法院对行政案件起诉期限的认定。利害关系人即使在收到复议决定书之日起十五日内起诉,经审查若属逾期起诉且无正当理由,应当不予受理或者驳回起诉。

——中华人民共和国最高人民法院行政审判庭编:《中国行政审判案例》(第2卷),中国法制出版社2011年版,第62页。

1040 其他利害关系人不服复议决定的起诉期限

关键词 | 利害关系人 | 行政复议 | 起诉期限 |

【链接:最高人民法院法官著述】

对复议决定不服的起诉主体不仅包括申请人,也包括其他利害关系人。根据行政复议法第十条第三款“同申请行政复议的具体行政行为有利害关系的其他公民、法人或者其他组织,可以作为第三人参加行政复议”的规定,其他利害关系人可以第三人的身份参加复议,对复议决定不服的,起诉期限的计算方法与申请人相同。但是,如果复议审理过程并未追加第三人,其他利害关系人则无法收到复议决定书,对复议决定也完全不知晓,此时利害关系人提起诉讼的起诉期限问题,与本条所规定的情形则不相对应,而且行政诉讼法的其他条款对此也并未作出明确规定。在有效的法律解释(此处所指法律解释,包括立法机关作出的立法解释和最高人民法院作出的司法解释)出台之前,应根据有关起诉期限的法律精神予以确定,即由于利害关系人并未参加复议环节,复议决定对其而言属于新的行政行为,而且对其权利义务产生直接影响,那么应依照行政诉讼法中有关未经复议决定的行政行为的起诉期限规定进行计算。

——最高人民法院行政审判庭编著:《中华人民共和国行政诉讼法及司法解释条文理解与适用》,人民法院出版社 2015 年版,第 273—274 页。

1041 行政复议资格条件及其承继

关键词｜行政复议资格｜行政复议｜

【最高人民法院专业法官会议纪要】

法律问题:在出让人与原行政行为之间已无法律上的利害关系、不再具有针对原行政行为申请行政复议的资格时,受让人对原行政行为是否具有申请行政复议的资格?

法官会议意见:在认定受让人的行政复议申请资格时,行政复议申请资格只能够通过出让人而得,亦即受让人要获得申请复议的资格只有通过转让承继的方式,而转让承继的前提是出让人具有行政复议申请资格。由此可见,认定受让人行政复议申请资格时,首要的步骤是认定其前手即出让人的行政复议申请资格,因为出让人的行政复议申请资格是受让人行政复议申请资格的来源和基础。如果针对原行政行为,出让人不具有或者已经丧失了申请行政复议的资格,则受让人自然不具有针对原行政行为申请行政复议的资格。

——最高人民法院行政审判庭编:《最高人民法院行政审判庭法官会议纪要》(第一辑),人民法院出版社 2022 年版,第 2—3 页。

【最高人民法院参考案例】

九、冯书军诉河北省衡水市人民政府撤销国有土地使用证案

(一)基本案情

1995 年 6 月 3 日,河北省景县商业局食品加工厂为了解决职工住房问题,申请征收涉案土地。1995 年 10 月,原景县土地管理局将该土地征收,并出让给景县商业局食品加工厂,并在办理土地登记过程中将土地使用者变为冯玉章(冯书军之父)。1995 年 11 月,河北省景县人民政府(以下简称景县政府)为冯玉章颁发了国有土地使用证。冯玉章办证后一直未建房。2003 年 3 月 1 日,第三人张天安以

3000元的价格将该地卖给赵文彬,双方签订转让协议。2004年赵文彬在该地上建房并居住至今,但一直未办理土地使用证。2009年6月,冯玉章将赵文彬诉至景县人民法院,赵文彬得知冯玉章已办证,遂提起行政复议。复议机关以程序违法为由撤销景县政府为冯玉章颁发的国有土地使用证,并注销其土地登记。冯玉章不服该复议决定,诉至法院。

（二）裁判结果

河北省冀州市人民法院一审认为,第三人赵文彬在本案争议土地上建房,并居住多年,赵文彬与景县政府为冯玉章发放土地使用证的行政行为存在利害关系,因而被告受理赵文彬提起的行政复议申请并无不当。被告认定景县土地管理局未依法办理土地权属变更,直接为冯玉章办理土地登记程序违法,并认定依据该土地登记办理的土地使用证程序违法,事实清楚,判决维持被诉行政行为。冯玉章不服,提起上诉。

河北省衡水市中级人民法院二审认为,虽然赵文彬在涉案土地上建有房屋,但是景县政府的颁证行为在先,赵文彬的利益在后,以后来的利益否定在先的行政行为,不符合客观实际情况,也没有法律依据。二审法院判决撤销一审判决和被诉的行政复议决定。本案经再审,判决撤销二审判决,维持一审判决。

后本案经最高人民法院裁定提审。最高人民法院认为,本案的焦点问题是,赵文彬对于1995年11月景县政府颁发国有土地使用证的行政行为是否具有申请行政复议的主体资格。赵文彬对涉案土地的占有源于张天安2003年的转让行为,而颁证行为则发生在此次转让之前的1995年。因此,赵文彬要获得申请复议的资格只有通过转让承继的方式。而转让承继的前提则是颁证行为作出时张天安具有申请复议的资格。1995年10月,原景县土地管理局将该土地征收后,该幅土地的性质已经转变为国有。张天安未对土地征收行为提起行政复议或者行政诉讼。此后,原景县土地管理局在办理土地登记过程中将土地使用者变为冯玉章,景县政府也为冯玉章颁发了国有土地使用证。该颁证行为是在该幅土地通过征收转为国有土地的基础上作出的。即,在颁证行为作出之前,即使不考虑张天安在1990年就已经将涉案土地使用权有价转让给冯玉章一节,其亦因该土地被征收而不享有土地使用权,故其与该颁证行为之间并无法律意义上的利害关系,不足以获得申请复议的资格。据此,赵文彬不具备申请行政复议的权利基础。判决撤销再审判决,维持二审判决。

（三）典型意义

本案的典型意义在于进一步确定行政复议资格和权利的承继问题。行政复议制度是我国重要的行政救济制度。行政救济制度的核心理念在于“有权利必有救济”。根据行政复议法的规定,行政相对人认为行政行为侵犯其合法权益的,可以向行政机关提出行政复议申请。根据《行政复议法实施条例》的规定,申请需与被申请的行政行为有利害关系,复议申请才予以受理。本案中,赵文彬对涉案土地的占有来源于张天安在2003年的转让。本案中被申请复议的颁证行为发生在1995年。行政机关作出颁证行为时,张天安已经丧失对涉案土地的使用权,与该颁证行为之间已无法律意义上的利害关系,亦无申请行政复议的资格。罗马法谚“后手的权利不得优于前手”也体现了权利继受规则。本案中,作为前手的张天安已经丧失行政复议的资格,作为后手的赵文彬则丧失了权利继受的基础。本案颁证之后,行政机关与行政相对人之间业已形成稳定的行政法律关系,除非存在法定事由,法院和行政复议机关亦有义务维持行政法律关系的有序存在。公民、法人或者其他组织只有在符合行政复议法和行政诉讼法的关于利害关系人的规定的前提下,才能对既存法律关系发起复议或者诉讼“挑战”,这也正是维护法律安定性和行政秩序稳定性的需要。该案对于明确行政复议资格条件及其承继具有一定的示范意义。

——《最高人民法院行政审判十大典型案例(第一批)》,载最高人民法院网2017年6月13日,https://www.court.gov.cn/zixun-xiangqing-47862.html。

1042 举报人为维护自身合法权益而要求查处的,具有行政复议申请人资格

关键词｜举报人｜行政复议申请人｜

【最高人民法院答复】

辽宁省高级人民法院:

你院《关于李方珍等人是否具有复议申请人资格的请示报告》收悉,经研究答复如下:

根据《中华人民共和国行政复议法》第九条第一款、《行政复议法实施条例》第二十八条第(二)项规定,举报人为维护自身合法权益而举报相关违法行为人,要求行政机关查处,对行政机关就举报事项作出的处理或者不作为行为不服申请行政复议的,具有行政复议申请人资格。

——《最高人民法院关于举报人对行政机关就举报事项作出的处理或者不作

为行为不服是否具有行政复议申请人资格问题的答复》(2014 年 3 月 14 日，〔2013〕行他字第 14 号)。

【最高人民法院裁判案例】

李桐女诉湖南省嘉禾县人民政府驳回行政复议申请案[最高人民法院(2018)最高法行申 3935 号行政裁定书]

《行政复议法实施条例》第二十八条第(二)项规定,申请人与被申请复议的行政行为有利害关系,是行政复议机关受理申请人行政复议申请的法定条件之一。第四十八条第(二)项规定,复议机关受理行政复议申请后,发现申请不符合行政复议法及其实施条例规定的受理条件的,应当决定驳回申请人的行政复议申请。〔2013〕行他字第 14 号《最高人民法院关于举报人对行政机关就举报事项作出的处理或者不作为行为不服是否具有行政复议申请人资格问题的答复》规定,根据行政复议法第九条第一款、《行政复议法实施条例》第二十八条第(二)项规定,举报人为维护自身合法权益而举报相关违法行为人,要求行政机关查处,对行政机关就举报事项作出的处理或者不作为行为不服申请行政复议的,具有行政复议申请人资格。也就是说,消费者、服务的接受者、受害人、竞争权人等利益主体,为了自身合法权益,对相关经营单位、竞争对手的违法行为进行举报,要求具有法定查处行政职权的行政机关予以查处,对行政机关就其举报事项作出的处理或者不处理行为,有权申请行政复议。反过来说,如果举报人仅仅是以公民身份,行使宪法、法律赋予的检举控告权利,举报经营单位的违法行为,并非为了自身利益举报的,与行政机关就其举报事项作出的处理或者不处理行为没有利害关系,不具有行政复议申请人资格。

——中国裁判文书网,https://wenshu.court.gov.cn/。

1043 买卖、租赁民事合同一方当事人，与合同相对方因公司设立、股权和名称改变而进行的相应工商登记一般没有法律上的利害关系

关键词 | 诉讼参加人 | 原告资格 | 利害关系 |

【最高人民法院公报案例】

黄陆军等人不服金华市工商行政管理局工商登记行政复议案

要旨:买卖、租赁民事合同一方当事人,与合同相对方因公司设立、股权和名称

改变而进行的相应工商登记一般没有法律上的利害关系，其以合同相对方存在民事侵权行为为由申请行政复议的，行政复议机关可以不予受理。

《行政复议法实施条例》第二十八条规定，“行政复议申请符合下列规定的，应当予以受理：……（二）申请人与具体行政行为有利害关系；……”判断构成利害关系的要素有二：一是申请人的权益受到损害或有受到损害的现实可能性；二是权益损害与具体行政行为具有因果关系，即具体行政行为是因，权益损害是果。在本案中，上诉人黄陆军等以“世贸城采取种种软硬兼施手段，譬如停电、对一些商铺进行拆除改装，使业主无法经营”等为由申请行政复议，要求撤销涉诉公司的工商核准登记。对案件进行考量分析：第一，被上诉人东阳市工商行政管理局在对涉诉公司进行工商登记审查时，其按照公司法、企业登记相关法律、法规的规定，审查公司设立（变更）是否符合法定条件；第二，登记机关无法预见公司成立后作为市场主体，在与上诉人发生买卖、租赁民事合同后的侵权行为或侵权可能性；第三，登记机关没有对涉诉公司作为市场主体的民事侵权行为进行审查的法定义务；第四，本案上诉人主张的权益损害原因并不是涉诉公司工商登记行政行为，而是涉诉公司不履行合同或其他民事侵权行为；第五，撤销涉诉公司的工商核准登记，不能使上诉人的权益损害得到恢复。因此，上诉人所主张的权益损害与涉诉公司工商登记的具体行政行为不存在因果关系，上诉人与涉诉公司工商登记具体行政行为没有利害关系，故上诉人不具有申请复议的主体资格。涉诉公司经工商行政管理部门登记，作为市场主体与上诉人因购买或租赁发生了民事合同法律关系，双方享有合同权利与承担合同义务。双方因合同权益产生民事纠纷，应受合同法及相关民事法律调整，上诉人应通过民事诉讼寻求救济。综上，被上诉人金华市工商行政管理局受理上诉人的行政复议申请后，在实体审查中发现上诉人与具体行政行为没有行政法律利害关系，根据《行政复议法实施条例》第四十八条第一款第（二）项的规定驳回上诉人的行政复议申请，于法有据。金华市工商行政管理局作出金工商复字〔2009〕7 号行政复议决定，从程序上驳回上诉人的行政复议申请，但在该决定中又对本案所涉公司核准登记的合法性作出了结论性意见，存在不妥之处，予以指出。金华市工商行政管理局作出的金工商复字〔2009〕7 号行政复议决定结论正确。

——《中华人民共和国最高人民法院公报》2012 年第 5 期。

1044　“复议机关改变原行政行为”的认定

关键词｜改变原行政行为｜行政复议｜

【最高人民法院司法解释】

第二十二条 行政诉讼法第二十六条第二款规定的“复议机关改变原行政行为”，是指复议机关改变原行政行为的处理结果。复议机关改变原行政行为所认定的主要事实和证据、改变原行政行为所适用的规范依据，但未改变原行政行为处理结果的，视为复议机关维持原行政行为。

复议机关确认原行政行为无效，属于改变原行政行为。

复议机关确认原行政行为违法，属于改变原行政行为，但复议机关以违反法定程序为由确认原行政行为违法的除外。

——《最高人民法院关于适用〈中华人民共和国行政诉讼法〉的解释》（2018年2月8日，法释〔2018〕1号）。

【链接：最高人民法院法官著述】

在司法实践中，需要注意以下两个问题：

其一，改变原行政行为的决定。根据本条第二款的规定，复议机关作出撤销、变更、履行、确认违法、责令限期重新作出行政行为等决定，属于复议机关自己的行为，也就属于改变原行政行为。在司法实践中，如果复议机关改变原行政行为的处理结果，但是没有作出上述决定，而是作出部分改变部分维持决定的如何处理？例如复议机关认为原行政行为若干行政处罚项，部分撤销，部分维持的，当事人不服的，是否适用本条规定？笔者认为，如果原告对整个行政复议决定提起诉讼，可以认定行政复议决定属于改变原行政行为，由复议机关单独作被告；如果原告对部分维持项提起诉讼的，可以根据《行诉解释》第一百三十四条第二款的规定，由原行政行为机关和行政复议机关作共同被告。

其二，关于原行为机关在受理后已经履行法定职责的，复议机关如何作出决定的问题。《行政复议法实施条例》第四十八条第一款第（一）项规定，申请人认为行政机关不履行法定职责申请行政复议，行政复议机关受理后发现该行政机关没有相应法定职责或者“在受理前已经履行法定职责的”，行政复议机关应当决定驳回行政复议申请。在行政复议中，如果原行为机关在受理前已经履行法定职责的，复议机关可以作出驳回复议申请的决定自当无疑。那么如果原行为机关是在复议程序中履行相应的法定职责，复议机关应当作出何种决定？笔者认为，行政诉讼法对同类的问题有相应规定。行政诉讼法第七十四条第二款规定，被告改变原违法行政行为，原告仍要求确认原行政行为违法的，人民法院判决确认违法。根据《若干解释》的规定，对于不作为案件，参照适用这一内容。如果在行政复议案件中，原行为机关是在复议程序中履行相应的法定职责，申请人仍然要求确认原不作为的，行政复议机关作出确认原不作为行为违法的决定。对于这一决定，不能适用《行政复议法实施条例》第四十八条第一款第（一）项的规定，应当视为行政复议机关改变原行政不行为，也就是说，不适用本司法解释本条的规定。当然，如果申请人在行政机关履行职责后，撤回复议申请的，行政复议机关不再作出确认违法的决定，也就不存在前述问题了。

——梁凤云：《行政诉讼法司法解释讲义》，人民法院出版社 2018 年版，第 106—107 页。

1045　“有具体的行政复议请求”的理解

关键词｜行政复议请求｜行政复议｜

【最高人民法院裁判案例】

迁安市滦水湾生态农业园诉河北省人民政府土地行政复议案［最高人民法院（2018）最高法行申 5977 号行政裁定书］

复议申请人申请行政复议，应当有具体的行政复议请求和理由。根据《行政复议法实施条例》第二十八条第（三）项规定，所谓“具体的行政复议请求”，是指当事人的请求需指向明确的被复议的行政行为或者要求行政机关履行具体的给付义务。因此，申请人在提起行政复议时，一般应当提供被复议行政行为的文号、有关特征或者其他指向明确的证据证明该行政行为客观存在。唯有如此，复议机关才能针对所请求复议的行政行为进行审查，否则复议程序将无法进行，这也是该条立法目的之所在。但是，为保护当事人的复议申请权，一般而言，在申请人的复议请求不具体时，复议机关负有指导和释明的义务。

——中国裁判文书网，https://wenshu. court. gov. cn/。

1046 对于明显违背行政复议制度、明显具有任性恣意色彩的反复申请，即使行政复议机关予以拒绝，当事人不服提起诉讼的，人民法院也可以不予立案，或者在立案之后裁定驳回起诉

关键词｜滥用行政复议申请权｜不予立案｜裁定驳回起诉｜

【最高人民法院专业法官会议纪要】

法律问题：行政复议机关对明显违反行政复议制度的复议申请不予受理，当事人不服提起诉讼的，能否裁定不予立案，或者立案后裁定驳回起诉？

法官会议意见：违反一级复议制度的复议申请，明显不符合行政复议受理条件。公民、法人或者其他组织随后对行政复议机关作出的不予受理决定或者程序性驳回复议申请决定提起诉讼，明显缺乏通过诉讼解决争议的实际价值，只会造成诉讼程序的无谓虚耗。对此种起诉，可直接裁定不予立案，或者立案后裁定驳回起诉。

——最高人民法院行政审判庭编：《最高人民法院行政审判庭法官会议纪要》（第一辑），人民法院出版社 2022 年版，第 55—56 页。

【最高人民法院参考案例】

十、杨吉全诉山东省人民政府行政复议案

（一）基本案情

杨吉全不服山东省青岛市市南区法律援助中心作出的不予法律援助决定，向青岛市市南区司法局提出异议。该局作出答复意见，认为该不予法律援助决定内容适当。杨吉全对该答复意见不服，向青岛市司法局申请行政复议。该局于 2013 年 10 月 23 日告知其所提复议申请已超过法定申请期限。杨吉全不服，向青岛市人民政府申请行政复议。该府于 2013 年 10 月 30 日告知其所提行政复议申请不符合行政复议受案条件。杨吉全不服，向山东省人民政府申请行政复议。山东省人民政府于 2013 年 11 月 18 日对其作出不予受理行政复议申请决定。杨吉全不服，提起行政诉讼，请求撤销该不予受理决定，判令山东省人民政府赔偿损失。

（二）裁判结果

山东省济南市中级人民法院一审判决驳回杨吉全的诉讼请求。山东省高级人民法院二审判决驳回上诉，维持一审判决。杨吉全向最高人民法院申请再审，最高人民法院裁定予以驳回。

最高人民法院认为，申请行政复议和提起行政诉讼是法律赋予公民、法人或者其他组织的权利，其可以在申请行政复议之后再行提起行政诉讼。但杨吉全在提起行政诉讼之前，针对同一事由连续申请了三级行政复议，明显且一再违反一级行政复议制度。对于明显违反复议制度的复议申请，行政复议机关不予受理后，申请人对此不服提起行政诉讼的，人民法院可以不予立案，或者在立案之后裁定驳回起诉。鉴于本案已经实际走完诉讼程序，原审法院经实体审理后亦未支持杨吉全的诉讼请求，故无必要通过审判监督程序提起再审后再行裁定驳回起诉。

（三）典型意义

本案典型意义在于：当事人申请行政复议和提起行政诉讼应当具有利用复议制度和诉讼制度解决行政争议的正当性。行政诉讼是解决行政争议，保护公民、法人和其他组织合法权益，监督行政机关依法行使职权的法律救济途径。人民法院既要充分保障当事人正当诉权的行使，又要引导、规范当事人行使诉权。人民法院有义务识别、判断当事人的请求是否具有足以利用行政复议制度和行政诉讼制度加以解决的必要性，避免因缺乏诉的利益而不当行使诉权的情形发生，坚决抵制滥用诉权的行为。对于明显违背行政复议制度、明显具有任性恣意色彩的反复申请，即使行政复议机关予以拒绝，当事人不服提起诉讼的，人民法院也可以不予立案，或者在立案之后裁定驳回起诉。

——《最高人民法院行政审判十大典型案例（第一批）》，载最高人民法院网 2017 年 6 月 13 日，https://www.court.gov.cn/zixun-xiangqing-47862.html。

1047 复议机关不依法受理复议申请的处理

关键词 | 限期受理 | 不依法受理 |

【最高人民法院答复】

甘肃省高级人民法院：

你院《关于谭永智不服甘肃省人民政府房产登记行政复议决定一案的请示报告》收悉，经研究答复如下：

1. 根据《中华人民共和国行政复议法》第十二条的规定，对县级以上地方各级人民政府工作部门的具体行政行为不服的，申请人既可以向该部门的本级人民政府申请行政复议，也可以向上一级主管部门申请行政复议。上级行政机关认为行政复议机关无正当理由不依法受理复议申请的，可以依据《中华人民共和国行政复议法》第二十条和《中华人民共和国行政复议法实施条例》第三十一条的规定，先行督促行政复议机关受理；经督促仍不受理的，应当责令行政复议机关限期受理，必要时上级行政机关也可以直接受理。

……

——《最高人民法院行政审判庭关于谭永智不服甘肃省人民政府房产登记行政复议决定请示案的答复》（2011 年 7 月 12 日，〔2011〕行他字第 26 号）。

1048 复议决定对同一行政行为评判后，其他当事人能否针对该行为另行申请行政复议

关键词 | 行政复议 | 复议决定 |

【最高人民法院裁判案例】

张纯富诉浙江省人民政府行政复议案［最高人民法院（2019）最高法行申 14299 号行政裁定书］

本案中，张纯富因不服浙江省政府作出的浙土字 A〔2016〕-0402 号《浙江省建设用地审批意见书》而申请行政复议，浙江省政府以已另案对该审批意见书作出浙政复〔2017〕411 号行政复议决定为由，告知张纯富不予重复处理。我国行政复议法及其实施条例并未明确规定行政复议决定对同一行政行为评判后，其他当事人不得针对该行为另行申请行政复议。复议机关基于复议结论一致性和便捷考虑，可以告知在先作出的行政复议决定的效力及于之后针对同一行政行为申请复议的其他当事人，故浙江省政府以受生效复议决定羁束为由对张纯富的复议申请不予受理不当。同时，其他当事人在接受该行政复议决定效力约束的情况下，如果该复议决定没有受人民法院作出的生效裁判的羁束，仍然可以提起行政诉讼。一审、二审法院对此问题认识不清，应予指正。

——中国裁判文书网，https://wenshu.court.gov.cn/。

(二)复议机关作共同被告

1049 复议机关维持原行政行为的，复议机关与原行为机关为共同被告

关键词｜维持决定｜共同被告｜

【最高人民法院司法解释】

第五十九条　公民、法人或者其他组织向复议机关申请行政复议后，复议机关作出维持决定的，应当以复议机关和原行为机关为共同被告，并以复议决定送达时间确定起诉期限。

第一百三十四条第二款　行政复议决定既有维持原行政行为内容，又有改变原行政行为内容或者不予受理申请内容的，作出原行政行为的行政机关和复议机关为共同被告。

——《最高人民法院关于适用〈中华人民共和国行政诉讼法〉的解释》(2018年2月8日，法释〔2018〕1号)。

【链接：理解与适用】

本条第二款为新增内容。针对申请人提出的多项行政复议申请，复议机关作出的复议决定可能部分支持部分驳回，其中既有维持原行政行为的内容，又有改变原行政行为的内容，甚至还有不予受理某项复议申请的内容。在此情况下，由于被诉行政复议决定包含多项内容，如何认定并进而对是否共同被告作出判断成为司法实务中需要解决的问题。根据本款规定，只要复议决定中包含维持原行政行为的内容，复议机关即为共同被告。但需注意的是，条款仅明确了此种情况下复议机关成为共同被告，在审理后仍应当针对复议决定的不同内容分别作出裁判。

——最高人民法院行政审判庭编著：《最高人民法院行政诉讼法司法解释理解与适用》(下)，人民法院出版社2018年版，第625页。

【链接：最高人民法院法官著述】

本条在适用中需注意：原告只针对复议程序的合法性提起诉讼，并不起诉原行政行为，这种情况下是否要对原行政行为进行审查？行政诉讼法第二十六条明确

规定，“经复议的案件，复议机关决定维持原行政行为的，作出原行政行为的行政机关和复议机关是共同被告”，事实上是将原行政行为和复议决定视为“必须合一确定”的“诉讼标的”，如果不将原行政行为的合法性“合一确定”，当事人日后可能还会提起诉讼，这就有可能导致审理的重复和裁判的矛盾，不利于纠纷的统一解决。原告单独以程序违法为由起诉复议决定，其是否具有权利侵害可能以及诉的利益。如果原行政行为对其并无不利，则维持该行政行为的复议决定即使程序违法，一般也不会产生权利侵害可能；如果原行政行为对其不利益，则单独起诉复议决定，即使确认该复议决定程序违法，违法的原行政行为还在产生效力，也没能实质解决权利侵害问题。

——本书编委会编：《行政诉讼法司法解释实务指南与疑难解答》，中国法制出版社 2018 年版，第 176 页。

1050 对“复议机关决定维持原行政行为”的理解

关键词｜驳回复议申请｜维持原行政行为｜

【最高人民法院司法解释】

第一百三十三条 行政诉讼法第二十六条第二款规定的“复议机关决定维持原行政行为”，包括复议机关驳回复议申请或者复议请求的情形，但以复议申请不符合受理条件为由驳回的除外。

——《最高人民法院关于适用〈中华人民共和国行政诉讼法〉的解释》（2018 年 2 月 8 日，法释〔2018〕1 号）。

【最高人民法院裁判案例】

张武功诉南通市人民政府、江苏省人民政府房屋行政补偿及行政复议案［最高人民法院（2017）最高法行申 4311 号行政裁定书］

022 号驳回行政复议申请决定从性质上属于对行政复议申请的程序性驳回，未对被申请行政行为的合法性作出实体性评判和处理，不同于“复议机关决定维持原行政行为”之情形。在复议机关不受理复议申请的情况下，根据行政诉讼法第四十四条的规定，当事人可以起诉原行政行为，也可以起诉复议机关驳回行政复议申请的决定，即行政不作为。但当事人不可以同时起诉两项行为，因为后者审查的结果可能是撤销驳回行政复议申请的决定，重启行政复议程序，由此造成人民法院和行政复议机关在并行的两个法定程序中对同一行为即原行政行为合法性进行审查,两个程序重复且结果可能矛盾,也违背司法最终原则。同时,根据行政诉讼法第二十六条第二款规定,复议机关是共同被告的情形,限于“复议机关决定维持原行政行为”。江苏省政府虽为复议机关但不满足作为共同被告的条件。张武功同时起诉 8 号征收补偿决定和 022 号驳回复议申请决定,并将南通市政府与江苏省政府作为共同被告向人民法院提起诉讼,不符合法律规定。

——中国裁判文书网,https://wenshu.court.gov.cn/。

王林生诉周口市人民政府行政复议案[最高人民法院(2018)最高法行申 152 号行政裁定书]

区分复议机关的驳回复议申请究竟属于因理由不成立而驳回,还是因不符合受理条件而驳回,应当适用实质性标准。名为驳回复议申请,甚至名为不予受理决定,但事实上对复议请求作出了实体审查的,也应当定性为驳回复议请求,进而构成对原行政行为的维持。本案中,尽管周口市政府作出的周政(复不可诉)字〔2016〕11 号《行政复议不予受理决定书》援引的是行政复议法第十七条关于“对不符合本法规定的行政复议申请,决定不予受理”的规定,但其在决定书中指出:“申请人申请公开的文件是原中共周口市委的文件,不属于政府信息公开职责范围。川汇区已于 2016 年 8 月 8 日对申请人进行了公开答复,不构成不作为。”事实上是对复议请求进行了实体审查,其情形也符合《行政复议法实施条例》第四十八条第一款第(一)项“申请人认为行政机关不履行法定职责申请行政复议,行政复议机关受理后发现该行政机关没有相应法定职责或者在受理前已经履行法定职责的”情形,而非第一款第(二)项“受理行政复议申请后,发现该行政复议申请不符合行政复议法和本条例规定的受理条件的”情形。

——中国裁判文书网,https://wenshu.court.gov.cn/。

【链接:最高人民法院法官著述】

在司法实践中,需要注意以下两个问题:其一,这里的“但以复议申请不符合受理条件为由驳回的除外”中的“除外”,是指行政复议机关不作为共同被告,而不是不作为行政诉讼被告。其二,关于驳回复议申请和驳回复议请求的区别。本条第一款规定的“包括驳回复议申请或者复议请求”是并列的关系。《行政复议法实施条例》第四十八条的两项内容中,第(一)项涉及的是驳回申请人的复议请求,是一种实体上的驳回,第(二)项涉及的是申请人的申请不符合受理条件而驳回申请,是一种程序上的驳回。两者针对的对象并不相同，但是条文上均表述为“驳回行政复议申请”。在起草本解释时，我们征求有关法规制定部门的意见。有关制定部门认为，相关内容应当在表述上进行区分，对于程序上的驳回，应当表述为“驳回行政复议申请”，类似于法院作出的裁定驳回起诉，对于实体上的驳回，应当表述为“驳回行政复议请求”，类似于法院作出的判决驳回原告诉讼请求。我们在起草解释时，进一步对行政复议法相关规定作了研究。行政复议法对于复议针对的对象与修改前的行政诉讼法规定基本一致，针对的是具体行政行为，没有针对申请人的申请。但是，在实体权利的表述上采用“请求”的表述。例如，行政复议法第二十九条规定的“申请人在申请行政复议时没有提出行政赔偿请求”中“请求”的表述。行政诉讼法修改后，有关原告的诉讼请求已经成为一个比较规范的概念，预计今后行政复议法的修改，也将不再局限于针对“行政行为”进行审查和作出决定。据此，《行诉解释》采取了两种表述同时存在的方式。

——梁凤云：《行政诉讼法司法解释讲义》，人民法院出版社 2018 年版，第 337 页。

1051 复议决定维持原行政行为情形下，共同被告的追加

关键词 | 维持决定 | 共同被告 |

【最高人民法院司法解释】

第一百三十四条第一款 复议机关决定维持原行政行为的，作出原行政行为的行政机关和复议机关是共同被告。原告只起诉作出原行政行为的行政机关或者复议机关的，人民法院应当告知原告追加被告。原告不同意追加的，人民法院应当将另一机关列为共同被告。

——《最高人民法院关于适用〈中华人民共和国行政诉讼法〉的解释》（2018 年 2 月 8 日，法释〔2018〕1 号）。

【链接：理解与适用】

第一，法院的释明义务。原告只起诉作出原行政行为的行政机关或者复议机关的，人民法院应当告知原告追加被告。这里的“告知”有一定的释明意义，但又与一般的释明不同。不同点在于，告知并不产生特定的法律后果，其意义在于使原告准确理解行政诉讼法的规定，理解法院追加共同被告的目的，便于诉讼程序的顺

利进行。

第二，在原告不同意追加的情况下，人民法院应当依职权追加。理由在于，行政诉讼法规定的经复议案件的共同被告制度是一种法定的共同被告制度，无论当事人甚至法院都不能选择，如果允许原告选择与确立该制度的立法目的不相符。诉讼法关于必要共同诉讼的一般规定是，人民法院应当对原告的选择权予以尊重，在原告只起诉其中一个被告的情况下，人民法院释明后只能追加为第三人。但是，复议维持情况下的共同被告制度是一种例外规定，之所以规定为法定共同被告，立法目的不仅仅在于解决原告和原行政行为之间的纠纷，而且在于监督和促进复议机关依法履行复议职责。此外，另一行政机关作为共同被告，解决了诉讼对象错位问题，有利于举证责任、其他诉讼义务和最终法律责任的落实。例如，在复议机关改变原行政行为认定的事实或证据以及适用的法律规范依据的情况下，即复议机关在修正原行政行为的不足或弥补了原行政行为漏洞的情况下作出维持决定，如果仅以其中一个机关为被告，不利于查明全部事实并依法作出裁判。再如，原告同时提出赔偿请求的情况下，原行政行为与复议行为与损害后果的因果关系等是审理必须查明的事实，只有在诉讼对象合一确定的情况下才能做到。

——最高人民法院行政审判庭编著：《最高人民法院行政诉讼法司法解释理解与适用》（下），人民法院出版社 2018 年版，第 626—627 页。

【链接：最高人民法院法官著述】

在司法实践中，在理解本款规定时，需要注意以下两个问题：

其一，本款中“复议机关决定维持原行政行为的，作出原行政行为的行政机关和复议机关是共同被告”与行政诉讼法第二十六条第二款的关系。行政诉讼法第二十六条第二款规定，经复议的案件，复议机关决定维持原行政行为的，作出原行政行为的行政机关和复议机关是共同被告。这两条的内容一致，只是表述方式的不同。之所以要重述法律的规定，目的是明确本条的适用情形和法律依据，属于立法技术中的必要重复。人民法院在适用相关情形时，应当直接援引行政诉讼法第二十六条第二款的规定。

其二，本款中“作出原行政行为的行政机关”应当作扩大解释。“作出原行政行为的行政机关”应当理解为“原行为机关”，既包括作为类的行政机关，也包括不作为类的行政机关。根据《行政复议法实施条例》第四十八条第一款第（一）项的规定，申请人认为行政机关不履行法定职责申请行政复议，行政复议机关受理后发现该行政机关没有相应法定职责或者在受理前已经履行法定职责的，行政复议机关应当决定驳回行政复议申请。根据本解释第六条的规定,没有履行相应法定职责或者在受理前已经履行法定职责的行政机关,亦属于本条规定的“作出原行政行为的行政机关”的范畴。

——梁凤云:《行政诉讼法司法解释讲义》,人民法院出版社 2018 年版,第 354—355 页。

1052 复议决定维持原行政行为，当事人提起诉讼，诉讼程序中原告申请撤诉的处理

关键词｜撤诉｜共同被告｜

【最高人民法院专业法官会议纪要】

7. 诉讼程序中原告申请撤诉的处理

复议决定维持原行政行为,当事人提起诉讼的,作出原行政行为的行政机关经复议机关同意,在人民法院宣告判决或者裁定前撤销或改变原行政行为,原告申请撤诉且不损害国家利益、社会公共利益和他人合法权益的,人民法院应予准许,但作出原行政行为的行政机关撤销或改变原行政行为未经复议机关同意或认可的除外。

——《最高人民法院行政法官专业会议纪要(八)》(复议诉讼衔接领域),载中华人民共和国最高人民法院行政审判庭编:《行政执法与行政审判》(总第 80 集),中国法制出版社 2020 年版,第 259 页。

1053 复议机关作共同被告案件级别管辖的确定

关键词｜级别管辖｜共同被告｜

【最高人民法院司法解释】

第一百三十四条第三款　复议机关作共同被告的案件,以作出原行政行为的行政机关确定案件的级别管辖。

——《最高人民法院关于适用〈中华人民共和国行政诉讼法〉的解释》(2018 年 2 月 8 日,法释〔2018〕1 号)。

【链接：理解与适用】

第三，注意本条第三款与行政诉讼法第十八条的关系。第十八条规定涉及的是地域管辖问题，本条第三款涉及的是级别管辖问题。这是两个不同的问题，地域管辖当事人可选择，而级别管辖则是法定的。曾有观点提出，如果复议机关级别较高而由基层法院管辖，会出现不对等的情形。我们认为，级别较高的复议机关到基层法院应诉不存在不对等的问题，法律面前人人平等，人民法院作为裁判机关也无大小高低之分，复议机关依法到作出原行政行为的行政机关所在地人民法院出庭应诉，符合法律规定。

——最高人民法院行政审判庭编著：《最高人民法院行政诉讼法司法解释理解与适用》（下），人民法院出版社 2018 年版，第 627 页。

1054 复议机关作共同被告的案件，人民法院合法性审查的对象

关键词｜维持决定｜合法性审查｜

【最高人民法院司法解释】

第一百三十五条第一款　复议机关决定维持原行政行为的，人民法院应当在审查原行政行为合法性的同时，一并审查复议决定的合法性。

——《最高人民法院关于适用〈中华人民共和国行政诉讼法〉的解释》（2018 年 2 月 8 日，法释〔2018〕1 号）。

【链接：理解与适用】

3. 应结合当事人的争议焦点、围绕原行政行为和复议决定的合法性进行审查。同时，在审理中和裁判时应注意分清主次、详略得当。对于复议决定认定的事实、证据或适用的规范依据等与原行政行为完全相同的，可以审查原行政行为为主，并依法确认上述事实和适用的规范依据是否成立；复议决定改变原行政行为认定的事实、证据或者适用的规范依据的，则应重点审查改变后的主要事实、证据或者适用的规范依据是否成立。若原行政机关与复议机关的答辩意见不一致且无法协商一致的，应当重点审查复议机关的理由和证据。当事人对复议程序的合法性提出争议的，就复议程序的合法性问题应当单独进行审查。

——最高人民法院行政审判庭编著：《最高人民法院行政诉讼法司法解释理解

与适用》(下),人民法院出版社 2018 年版,第 633 页。

【链接：最高人民法院法官著述】

在《行诉解释》起草过程中,各方比较一致的意见认为,人民法院审查对象既包括原行政行为合法性,也包括复议决定的合法性。复议决定合法性包括实体的合法性,也包括程序的合法性,仅仅审查复议程序的合法性,在司法实践中已经导致复议机关不积极对原行政行为以及改变内容部分举证不积极。据此,《行诉解释》恢复了行政诉讼法上的提法。

——梁凤云:《行政诉讼法司法解释讲义》,人民法院出版社 2018 年版,第 345 页。

1055 复议机关作共同被告的案件的举证责任承担

关键词｜举证责任｜共同被告｜

【最高人民法院司法解释】

第一百三十五条第二款 作出原行政行为的行政机关和复议机关对原行政行为合法性共同承担举证责任,可以由其中一个机关实施举证行为。复议机关对复议决定的合法性承担举证责任。

——《最高人民法院关于适用〈中华人民共和国行政诉讼法〉的解释》(2018 年 2 月 8 日,法释〔2018〕1 号)。

【链接：理解与适用】

2. 共同承担举证责任并不意味着两个机关之间没有分工,不同情况下举证责任的主从关系不同。如果复议维持决定是纯粹的“复制”原行政行为,则以原行政机关为主、复议机关为辅;如果复议维持决定改变了原行政行为认定的事实、证据和适用的规范依据但未改变处理结果的,则应以复议机关为主、原行政机关为辅。证明原行政行为合法性的证据,由原行政机关与复议机关协商后可以由一方提交,视为双方共同举证责任的体现;如果复议机关在复议程序中收集了原行政行为作出时未收集的新的证据,可以在列举证据时予以适当说明。如果复议机关委托原行政机关实施举证行为,一般也应允许。

——最高人民法院行政审判庭编著:《最高人民法院行政诉讼法司法解释理解

与适用》(下),人民法院出版社 2018 年版,第 633 页。

1056 复议机关作共同被告的案件，复议机关在复议程序中收集和补充的证据可以作为认定原行政行为合法的依据

关键词｜共同被告｜证据｜

【最高人民法院司法解释】

第一百三十五条第三款　复议机关作共同被告的案件,复议机关在复议程序中依法收集和补充的证据,可以作为人民法院认定复议决定和原行政行为合法的依据。

——《最高人民法院关于适用〈中华人民共和国行政诉讼法〉的解释》(2018 年 2 月 8 日,法释〔2018〕1 号)。

【链接：理解与适用】

本条第三款是新增内容。准确把握该款规定必须调整固有思路,即认为该规定与其他司法解释中的相关规定发生冲突。《行政诉讼证据规定》第六十一条规定,“复议机关在复议程序中收集和补充的证据,或者作出原具体行政行为的行政机关在复议程序中未向复议机关提交的证据,不能作为人民法院认定原具体行政行为合法的依据”。上述规定表明,复议程序中产生的证据不得用以证明原行政行为合法。换言之,复议机关不得为原行政行为的合法性举证。这样规定的基础在于“先取证后裁决”,即行政机关只有在证据完备的情况下才能作出行政行为,行政机关事后获取的证据不能证明先前行政行为的合法性。但是,上述司法解释是根据 1989 年行政诉讼法作出的,当时这样规定是建立以下两个基础之上的:一是当时的法律规定并无共同被告制度,而是规定,复议决定维持原行政行为的情况下,原行政机关是(单独)被告;复议决定改变原行政行为的情况下,复议机关是(单独)被告。二是《若干解释》第七条规定,复议决定“改变”原行政行为包括三种情况,既包括改变处理结果,也包括改变原行政行为所认定的主要事实和证据以及所适用的规范依据且对定性产生影响。由此可见,1989 年行政诉讼法及相关司法解释,均是将原行政行为与复议行为作为两个完全独立的行政行为来认识,故原行政机关与复议机关应只对自己的行为承担相应的责任。

2014年行政诉讼法加大了复议机关的责任，且将复议决定与原行政行为作为一个整体来认识，不仅在实体上如此，在程序上亦如此。也就是说，复议机关只要没有改变原行政行为的处理结果，举凡改变事实、证据或适用规范依据，均属于对原行政行为的“治愈”、补正和维持，是对原行政行为的强化，复议机关改变这些事项已经成为“整体行政程序”的一个环节和步骤，故逻辑上的结论就是，行政复议机关在复议过程中可以收集和补充证据。在此情况下，原行政行为已不是原来作出时的状态，而是以复议决定的形式体现出来的原行政行为，原行政行为因所认定的事实、证据或适用规范依据错误导致的不合法问题已经被复议维持决定所修正，故复议机关在复议程序中收集的证据可以被用于证明原行政行为的合法性。而复议机关也是先收集证据后作出复议维持决定的，故仍符合“先取证后裁决”原则。

——最高人民法院行政审判庭编著：《最高人民法院行政诉讼法司法解释理解与适用》（下），人民法院出版社2018年版，第631—632页。

1057 复议机关作共同被告情形下的裁判方式

关键词 | 共同被告 | 裁判方式 |

【最高人民法院司法解释】

第一百三十六条　人民法院对原行政行为作出判决的同时，应当对复议决定一并作出相应判决。

人民法院依职权追加作出原行政行为的行政机关或者复议机关为共同被告的，对原行政行为或者复议决定可以作出相应判决。

人民法院判决撤销原行政行为和复议决定的，可以判决作出原行政行为的行政机关重新作出行政行为。

人民法院判决作出原行政行为的行政机关履行法定职责或者给付义务的，应当同时判决撤销复议决定。

原行政行为合法、复议决定违法的，人民法院可以判决撤销复议决定或者确认复议决定违法，同时判决驳回原告针对原行政行为的诉讼请求。

原行政行为被撤销、确认违法或者无效，给原告造成损失的，应当由作出原行政行为的行政机关承担赔偿责任；因复议决定加重损害的，由复议机关对加重部分承担赔偿责任。

原行政行为不符合复议或者诉讼受案范围等受理条件，复议机关作出维持决定的,人民法院应当裁定一并驳回对原行政行为和复议决定的起诉。

——《最高人民法院关于适用〈中华人民共和国行政诉讼法〉的解释》(2018年2月8日,法释〔2018〕1号)。

【最高人民法院专业法官会议纪要】

提请讨论议题:原行政行为超过起诉期限或者当事人不具有原告资格以及其他不符合起诉条件情形的,当事人申请行政复议,复议机关作出维持原行政行为决定。当事人对原行政行为及复议决定一并提起诉讼,人民法院应当如何审查并作出裁判?

结论:此议题在《最高人民法院关于适用〈中华人民共和国行政诉讼法〉的解释》颁布之前提出。该司法解释第一百三十六条第七款对此予以明确规定,即原行政行为不符合复议或者诉讼受案范围等受理条件,复议机关作出维持决定的,人民法院应当裁定一并驳回对原行政行为和复议决定的起诉。

理由:行政诉讼法以及《行诉解释》规定的行政诉讼受理条件,与行政复议法及《行政复议法实施条例》规定的复议受理条件基本一致。例如当事人与原行政行为的利害关系、申请复议期限与起诉期限等。以利害关系为例,复议机关如果对申请人申请复议的主体资格判断有误,进而作出维持原行政行为的复议决定,当事人不服提起行政诉讼。人民法院经过审查认为原告因与原行政行为没有利害关系而不具有申请复议的资格,人民法院应当一并驳回当事人对原行政行为和复议决定的起诉,而不宜对复议决定进行实体审查。在原行政行为超过起诉期限的前提下,复议机关作出维持决定,当事人不服提起行政诉讼的,人民法院亦应对全案裁定驳回起诉。此外,从维护行政法律关系的稳定性及行政诉讼起诉制度的严肃性考虑,亦不应当让已经超过起诉期限的当事人通过行政复议程序重新获得已经丧失的诉权。

——《最高人民法院行政法官专业会议纪要(二)》(复议诉讼领域),载微信公众号“行政执法与行政审判”2018年7月10日。

1058 复议机关作共同被告情形下的行政赔偿责任

关键词 | 行政赔偿 | 共同被告 |

【最高人民法院司法解释】

第一百三十六条第六款　原行政行为被撤销、确认违法或者无效，给原告造成损失的，应当由作出原行政行为的行政机关承担赔偿责任；因复议决定加重损害的，由复议机关对加重部分承担赔偿责任。

——《最高人民法院关于适用〈中华人民共和国行政诉讼法〉的解释》（2018年2月8日，法释〔2018〕1号）。

【链接：最高人民法院法官著述】

在司法实践中，还需要注意以下两个问题：

其一，本款规定的"原行政行为被撤销、确认违法或者无效"规定的内容属于原行政行为"违法"的情形，但该列举属于例示性的列举，并非完全列举。原行政行为"违法"的情形除了被撤销、确认违法或者无效外，还包括被变更、判决履行法定职责、判决履行给付义务等。在司法实践中，也应当参照本条第五款的规定执行。

其二，本款规定的赔偿是否需要原告请求的问题。人民法院经过审理，认为原行政行为或者复议维持决定给原告造成损失的，人民法院是否判决赔偿，在起草本解释时还有不同意见，主要是：第一种意见认为，原告没有提出赔偿请求的，根据不告不理的原则，法院不予审理和判决。同时，也要考虑被告没有进行答辩的应诉。建议表述为"给原告造成损失，并提出赔偿请求的，由原行政行为机关承担赔偿责任"。原告对于赔偿请求另行提起诉讼的，符合立案条件的，人民法院应当立案审理。第二种意见认为，原告没有提出赔偿请求的，法院应当释明，征求原告是否提出赔偿请求，原告提出赔偿请求的，法院判决予以赔偿。第三种意见认为，法院无须征求原告意愿，可以依职权判决赔偿。我们认为，原告没有提出赔偿请求，但是给其造成损失的，法院原则上可以依职权判决赔偿，在判决前可以要求被告对相应事项进行答辩，但是原告明确表示不要求赔偿的除外。

——梁凤云：《行政诉讼法司法解释讲义》，人民法院出版社2018年版，第363页。

（三）审理和判决

1059 行政复议决定应依法说明理由

关键词｜行政复议决定｜说明理由｜

【最高人民法院专业法官会议纪要】

法律问题：复议机关作出复议决定时应履行何种程度的说明理由义务？

法官会议意见：行政机关行使自由裁量权，应当在行政决定中说明理由。行政复议决定是复议机关居中行使准司法权进行的裁决，也是行使上级行政机关专业判断权的行政行为，人民法院对行政复议决定的判断、裁量及理由说明，应当给予充分尊重。与此相对应，行政复议决定和复议卷宗也应当依法说明行为作出的理由，以此表明复议机关已经全面客观地查清了事实，综合衡量了与案情相关的全部因素，而非轻率或者武断地作出决定。复议机关对违法的行政行为，可以作出撤销、变更或者确认违法等行政复议决定。因此，复议机关应当审慎选择适用复议决定的种类，权衡撤销对法秩序的维护与对权利人合法权益造成损害的程度以及采取补救措施的成本等诸相关因素。在对重叠问题有多种处理方式、有多种复议决定结论可供选择的情况下，复议机关未履行充分说明理由义务，也未提供有关撤销的必要性和紧迫性的相应证据，依法应予纠正。

——最高人民法院行政审判庭编：《最高人民法院行政审判庭法官会议纪要》（第一辑），人民法院出版社2022年版，第91—92页。

【最高人民法院裁判案例】

郴州饭垄堆矿业有限公司诉中华人民共和国国土资源部国土资源行政复议决定案［最高人民法院（2018）最高法行再6号行政判决书］

五、关于被诉复议决定说明理由义务问题

国务院《全面推进依法行政实施纲要》规定，行政机关行使自由裁量权的，应当在行政决定中说明理由。行政复议决定是复议机关居中行使准司法权进行的裁决，且行使着上级行政机关专业判断权，人民法院对行政复议决定判断与裁量及理由说明，应当给予充分尊重。与此相对应，行政复议决定和复议卷宗也应当依法说明理由，以此表明复议机关已经全面客观地查清了事实，综合衡量了与案情相关的全部因素，而非轻率或者武断地作出决定。因为只有借助书面决定和卷宗记载的理由说明，人民法院才能知晓决定考虑了哪些相关因素以及是否考虑了不相关因素，才能有效地审查和评价决定的合法性。不说明裁量过程和没有充分说明理由的决定，既不能说服行政相对人，也难以有效控制行政裁量权，还会给嗣后司法审查带来障碍。

对本案而言，颁发采矿许可证属于典型的许可类授益性行政行为，撤销采矿许可必须考虑被许可人的信赖利益保护，衡量撤销许可对国家、他人和权利人造成的利益损失大小问题。确需撤销的，还应当坚持比例原则，衡量全部撤销与部分撤销的关系问题。同时，被复议撤销的 2011 年《采矿许可证》有效期自 2011 年至 2014 年 9 月；国土资源部 2014 年 7 月 14 日作出被诉复议决定时，该《采矿许可证》的有效期已经临近届满。在许可期限即将届满，双方均已经因整合需要停产且不存在安全生产问题的情况下，被诉复议决定也未能说明撤销的紧迫性和必要性，反而使饭垄堆公司在可能的整合中处于明显不利地位，加大整合并购的难度。

坚持依法行政和有错必纠是法治的基本要求，但法治并不要求硬性地、概无例外地撤销已经存续的、存在瑕疵甚至是违法情形的行政行为，而是要求根据不同情况作出不同处理。行政复议法第二十八条第一款第（三）项规定，复议机关对违法的行政行为，可以作出撤销、变更或者确认违法等行政复议决定。因此，复议机关应当审慎选择适用复议决定的种类，权衡撤销对法秩序的维护与撤销对权利人合法权益造成损害的程度以及采取补救措施的成本等诸相关因素；认为撤销存在不符合公共利益等情形时，可以决定不予撤销而选择确认违法等复议结果；确需撤销的，还需指明因撤销许可而给被许可人造成的损失如何给予以及给予何种程度的补偿或者赔偿问题。如此，方能构成一个合法的撤销决定。在对案涉采矿权重叠问题有多种处理方式以及可能存在多种复议结论的情况下，国土资源部选择作出撤销决定，更应充分说明理由。但是，从复议机关所提供的证据与全案卷宗情况来看，被诉复议决定并未体现相应的衡量因素，也未进行充分说理，仅简单以构成重叠即作出撤销决定，难以得到人民法院支持。人民法院认为复议机关所提供的证据材料不能满足司法审查需要，复议机关未完全履行说明理由义务的，可以要求复议机关重新调查处理，并提供可以进行审查的证据、依据以及相应的理由说明。

同时，被诉复议决定援引行政复议法第二十八条第一款第（三）项作为法律依据时，未明确具体适用该项五种违法情形的具体类型，更未阐明具体理由，给当事人依法维权和人民法院合法性审查造成障碍，构成适用法律不当。

——中国裁判文书网,https://wenshu. court. gov. cn/。

1060 复议机关可以改变已经生效的复议决定

关键词｜改变复议决定｜变更被告｜

【最高人民法院答复】

贵州省高级人民法院:

你院〔2004〕黔高行终字第02号《关于吴睿韡诉贵阳市人民政府撤销复议决定一案适用法律的请示》收悉。经研究认为:行政复议机关认为自己作出的已经发生法律效力的复议决定有错误,有权自行改变。因行政机关改变或者撤销其原行政行为给当事人造成损害的,行政机关应该承担相应的责任。

——《最高人民法院关于复议机关是否有权改变复议决定请示的答复》(2004年4月5日,〔2004〕行他字第5号)。

【链接:最高人民法院法官著述】

在实践中,判断此问题,应当注意以下几个问题:

(一)关于自我纠错的权力限制问题

承认行政机关的自我纠错职权,并不是说行政机关自我纠错职权是不受限制的。行政机关自我纠错职权主要受到以下几方面的限制:第一,纠错职权范围限于正向的行政职权范围。新的决定内容只能在该行政机关法定的职权范围内作出,否则构成行政越权,新的行政行为同样是不合法的。如果前一个行为属于超越职权的行政行为,行政机关作出新的行政行为只能撤销旧的行政行为,移送其他有权机关处理,不得作出其他超越职权范围的处理内容。第二,自我纠错也应当遵守正当程序原则。就目前而言,由于缺少统一的行政程序法,有关行政机关自我纠错的职权依据和法定程序均不健全,自我纠错职权依据更多地来源于理论上的推导和执法习惯,自我纠错程序更无从谈起。一些行政机关乘法律不完善之机,出尔反尔,使得老百姓无所适从。这也是一些学者对自我纠错职权的担心所在。因此,及早出台行政程序法,规范行政机关自我纠错程序十分必要。在当前相关法律不健全的情况下,根据依法行政原则,行政机关也应当遵守正当程序,在撤销相关行政行为有可能对相关当事人权利义务造成不利影响的,应当听取其意见,告之拟作出的处理决定的内容,给予当事人陈述申辩的权利。在妥善处理好相关当事人的合法权益问题后，再作出撤销违法行政行为的处理，这样就不会引起相关利益主体的不满带来的社会不稳定。第三，行政机关自我纠错行为要接受上级行政机关和司法机关的监督。对行政机关的自我纠错行为，当事人可以向其上一级行政机关申请行政复议，也可以依法向人民法院提起行政诉讼。自我纠错形成的决定本身就是一个新的行政行为，对这个新的行政行为不服，当事人有权复议和诉讼。如果是复议机关自我纠错，撤销自己作出的行政复议决定，在法律、法规规定复议前置的案件中，当事人对新的撤销复议决定行为提起诉讼，是否还需复议前置？我们认为不再需要。因为复议程序已经经过，撤销复议决定的行为已经是对复议决定的再处理，如果再要求当事人还需经过复议程序，程序过于烦琐，不利于当事人合法权利的及时救济。对该行为可以由当事人自主选择是继续向上一级行政机关申请行政复议，还是直接向人民法院提起行政诉讼。

（二）对于答复中"因行政机关改变或者撤销其原行政行为给当事人造成损害的"理解问题

最高人民法院〔2004〕行他字第5号批复中规定："因行政机关改变或者撤销其原行政行为给当事人造成损害的，行政机关应该承担相应的责任。"有人误读本句话的含义，认为是行政机关变更或者撤销原行政行为这一合法行政行为给当事人造成的损失，行政机关应当承担赔偿责任。这是完全错误的理解。行政机关纠正原行政行为错误，会使当事人先前的投入成为泡影，造成损失。但是，这个损失实际并不是自我纠错行为造成的，当事人原本就不应当进行投入，其投入本身是一个错误，这个错误是原行政行为造成，而不是新的纠错行政行为造成的。自我纠错与因法律、规划、形势等发生重大变化，行政机关依法终止原行政行为的效力不同，情势变更引起的行政机关改变或者终止原行政行为的履行，其损失属于新的行政行为造成的，这里行政机关应当承担的是信赖保护补偿责任。但是，原行政行为违法，行政机关自我纠错，其承担的则主要是违法赔偿责任。必须将这两种不同情形的不同责任区分清楚。

——蔡小雪、郭修江、耿宝建：《行政诉讼中的法律适用》，人民法院出版社2011年版，第184—186页。

1061 对补正存有争议时不能视为放弃复议申请

关键词 | 申请材料 | 放弃复议申请 |

【最高人民法院司法文件】

16. 视为申请人放弃申请的认定问题

行政机关要求申请人补正相关材料，申请人以无须补正为由请求继续处理的，行政机关应当依据现有申请材料作出相应处理；简单地视为放弃申请的，构成不履行法定职责。（53号）

——《最高人民法院办公厅关于印发〈行政审判办案指南（一）〉的通知》（2014年2月24日，法办〔2014〕17号）。

【最高人民法院参考案例】

潘冬明等360人诉浙江省人民政府履行行政复议法定职责案（行政审判案例第53号）

要旨：（1）行政复议机关要求复议申请人提供与被申请具体行政行为有利害关系的证明材料，属于《行政复议法实施条例》第二十九条所规定的“申请材料不齐全或者不清楚”的补正范围，可以通知申请人予以补正。

（2）在申请人书面回复认为不需要提供时，即申请人与复议机关对此存有争议的情况下，行政复议机关不能再作视为放弃行政复议申请处理。

当申请人提出行政复议申请后，判断申请人提供的证明材料能否证明其与被复议具体行政行为有利害关系，既是行政复议机关依据《行政复议法实施条例》第二十八条获得的法定职权，亦属于其应当依法行使的法定职责，如行政复议机关在受理审查阶段认为申请人提供的证明材料不能证明其与被复议具体行政行为有利害关系的，则应当依据行政复议法第十七条第一款的规定，决定不予受理。

但本案中，浙江省人民政府收到潘冬明等360人的行政复议申请后，认为其没有提交能够证明全体申请人与被复议具体行政行为有法律上利害关系的证明材料，遂于5日内发出补正通知书，要求申请人补正全体申请人系涉案土地承包人的证明；当潘冬明等360人答复承包证明与本案没有关联性无须提供时，浙江省人民政府据此认为，申请人没有提交全体申请人系涉案土地承包人的证明，属于《行政复议法实施条例》第二十九条规定的“无正当理由逾期不补正，视为申请人放弃行政复议申请”的法定情形，不需要作出不予受理的决定。该观点及理由违反了行政复议法第十七条第一款和《行政复议法实施条例》第二十八条的规定，实质上回避了对申请人提供的证明材料能否证明其与被复议具体行政行为有利害关系的判断，如浙江省人民政府在受理审查阶段认为潘冬明等360人提供的证明材料不能证明其与被复议具体行政行为有利害关系，则应当依法决定不予受理，而不能以无正当理由逾期不补正为由，简单地视为潘冬明等 360 人放弃行政复议申请，此种做法构成了不履行行政复议法定职责；若其理由成立，在申请人与被复议具体行政行为之间不存在利害关系的情形下，行政复议机关在受理审查阶段只需发出补正通知，然后一律按申请人放弃行政复议申请处理即可，而此种情形下法定的行政复议不予受理决定将不复存在。原告的起诉理由成立，其诉讼请求应予以支持。

——中华人民共和国最高人民法院行政审判庭编：《中国行政审判案例》（第 2 卷），中国法制出版社 2011 年版，第 78、79—80 页。

1062 与复议决定有利害关系的人均提起诉讼应并案审理

关键词｜必要的共同诉讼｜合并审理｜违反法定程序｜

【链接：最高人民法院法官著述】

与复议决定有利害关系的人均提起诉讼的，主要有以下三种情况：一是与原具体行政行为有利害关系的人为两人以上的，他们对行政复议机关变更原具体行政行为的复议决定不服分别提起诉讼的；二是与原具体行政行为有利害关系的人，一部分人直接提起行政诉讼，另一部分人申请行政复议后对原具体行政行为提起诉讼的；三是与原具体行政行为有利害关系的人，一部分人直接对原具体行政行为提起诉讼，另一部人申请复议，行政复议机关拒绝复议或者裁决不予受理，对拒绝复议行为或者不予受理裁决提起诉讼的。

前两种情况属于必要的共同诉讼，人民法院发现已受理并正在审理的案件中具有前两种情况的，必须将两个诉合并审理。第三种情况中的两个被诉具体行政行为不同，人民法院审查内容亦不同，一个是审查原具体行政行为的合法性，另一个是审查拒绝复议行为或者不予受理裁决的合法性。虽然两个被诉具体行政行为之间具有一定的关联性，但人民法院审查这两个具体行政行为的内容，判断其合法性所依据的证据、适用的法律规范等均不同。把这两个诉合并在一起审理，不但不可能减少法院的工作量，反而会使案件复杂化，审理、判决的难度加大，有悖于合并审理的目的。因此说，第三种情况不具有共同诉讼的特征，人民法院不应将这两个以上的诉合并审理。

有两个问题需要特别指出：一是第一种情况可能会出现利害关系人向不同的人民法院分别提起诉讼的情形。因所诉的具体行政行为相同，根据"一事不再理"

和“禁止重复起诉”的原则，人民法院对该具体行政行为只能审理一次，而不能数次审理。后接到起诉状的人民法院应当告知当事人向先受理的法院起诉，告知后当事人仍坚持起诉的，应当裁定不予受理；已经受理的，应当裁定驳回起诉。二是与原具体行政行为有利害关系的人是两人以上的，只要其中有一人先对原具体行政行为提起的诉讼被人民法院受理后，其他人再对拒绝复议行为或者不予受理行为提起的诉讼，亦属重复起诉，人民法院不应当再受理。但是，其中一些人对拒绝复议行为或者不予受理决定提起的诉讼先被人民法院受理后，另一些人才对原具体行政行为提起诉讼的，因原告最终所要解决的问题是原具体行政行为对其所确定的权利义务，而不是应当不应当进行复议的问题，为了减少当事人的诉累，同时也符合行政诉讼法的有关规定，人民法院应当受理对原具体行政行为的起诉。但应先对诉拒绝复议行为或者不予受理裁决案件进行审理，中止对诉原具体行政行为案件的审理。如果判决维持拒绝复议行为或者不予审理裁决，再恢复对诉原具体行政行为案的审理。如果判决令被告在一定期限内作出复议决定的，复议机关变更原具体行政行为，应驳回对原具体行政行为的起诉；如果维持原具体行政行为，申请复议人再次起诉的，人民法院应当与先前所诉原具体行政行为的案件一并审理。

——蔡小雪、甘文：《行政诉讼实务指引》，人民法院出版社 2014 年版，第 415—416 页。

1063 行政复议中禁止不利变更原则的适用

关键词｜禁止不利变更原则｜行政复议｜

【最高人民法院专业法官会议纪要】

法律问题：被侵害人申请行政复议，被处罚人在行政复议过程中亦对行政处罚决定提出异议，行政复议机关可否作出对被侵害人不利变更的行政复议决定？

法官会议意见：正如刑事诉讼法中的“上诉不加刑”原则只适用于被告人一方一样，《行政复议法实施条例》第五十一条规定：“行政复议机关在申请人的行政复议请求范围内，不得作出对申请人更为不利的行政复议决定。”此规定在行政复议中确立禁止不利变更原则。禁止不利变更原则限定了行政复议机关作出变更裁决的内容，即行政复议机关在变更裁决中原则上不能加重对复议申请人的处罚或科以更多的义务，也不能减损复议申请人的既得权利或利益。按照该规定，禁止不利变更原则适用的范围仅限于行政复议申请人，不包括因为行政复议决定而受不利的其他人。在行政处罚中存在利益相对的双方当事人（如被侵害人、被处罚人），如果一方申请行政复议，利益相对的另一方虽未申请复议，但其作为第三人亦在行政复议程序中对处罚行为提出异议，则此种情形不适用禁止不利变更原则，即复议申请人不受禁止不利变更原则的保护。

——最高人民法院第二巡回法庭 2020 年第 9 次法官会议纪要，载贺小荣主编：《最高人民法院第二巡回法庭法官会议纪要》（第二辑），人民法院出版社 2021 年版，第 318—319 页。

【最高人民法院公报案例】

焦志刚诉和平公安分局治安管理处罚决定行政纠纷案

行政复议法确实没有“行政处罚决定被复议机关撤销后，行政机关重新作出的裁决不得加重处罚”的规定。之所以不作这样的规定，是因为实践中存在着因原裁决处罚过轻被复议机关撤销的实际情况，重新作出的裁决当然有必要加重处罚。

行政处罚法第三十二条第一款规定：“当事人有权进行陈述和申辩。行政机关必须充分听取当事人的意见，对当事人提出的事实、理由和证据，应当进行复核；当事人提出的事实、理由或者证据成立的，行政机关应当采纳。”第二款规定：“行政机关不得因当事人申辩而加重处罚。”行政处罚决定权掌握在行政机关手中。在行政处罚程序中始终贯彻允许当事人陈述和申辩的原则，只能有利于事实的查明和法律的正确适用，不会混淆是非，更不会因此而使违法行为人逃脱应有的惩罚。法律规定不得因当事人申辩而加重处罚，就是对当事人申辩进行鼓励的手段。无论是行政程序还是行政复议程序，都不得因当事人进行申辩而加重对其处罚。认为“不得因当事人申辩而加重处罚”不适用于行政复议程序，是对法律的误解。

上诉人和平公安分局作出给予被上诉人焦志刚拘留 10 日的 047 号处罚决定书后，焦志刚以处罚明显过重为由申请复议，这是一种申辩行为。复议机关以事实不清为由撤销了 047 号处罚决定书，和平公安分局在没有调查取得任何新证据的情况下，在 870 号处罚决定书中决定给予焦志刚治安拘留 15 日的处罚。这个加重了的行政处罚明显违反了行政处罚法第三十二条第二款规定，也背离了行政复议法的立法本意。

——《中华人民共和国最高人民法院公报》2006 年第 10 期。

1064 行政机关在行政复议中可能作出不利于他人的决定时，如没有采取适当的方式通知其本人参加行政复议即作出复议决定的，构成严重违反法定程序，应予撤销

关键词 | 行政复议 | 违反法定程序 | 撤销判决 |

【最高人民法院公报案例】

张成银诉徐州市人民政府房屋登记行政复议决定案

要旨：行政机关在行政复议中可能作出不利于他人的决定时，如没有采取适当的方式通知其本人参加行政复议即作出复议决定的，构成严重违反法定程序，应予撤销。

行政复议法虽然没有明确规定行政复议机关必须通知第三人参加复议，但根据正当程序的要求，行政机关在可能作出对他人不利的行政决定时，应当专门听取利害关系人的意见。本案中，复议机关审查的对象是颁发鼓房字第1741号房屋所有权证行为，复议的决定结果与现持证人张成银有着直接的利害关系，故复议机关在行政复议时应正式通知张成银参加复议。本案中，徐州市人民政府虽然声明曾采取了电话的方式口头通知张成银参加行政复议，但却无法予以证明，而利害关系人持有异议的，应认定其没有采取适当的方式正式通知当事人参加行政复议，故徐州市人民政府认定张成银自动放弃参加行政复议的理由欠妥。在此情形下，徐州市人民政府未听取利害关系人的意见即作出对其不利的行政复议决定，构成严重违反法定程序。

——《中华人民共和国最高人民法院公报》2005年第3期。

1065 不予受理决定或程序性驳回复议申请决定的裁判方式

关键词 | 不予受理决定 | 程序性驳回复议申请 |

【最高人民法院专业法官会议纪要】

6. 不予受理决定或程序性驳回复议申请决定的裁判方式

当事人对复议机关作出的不予受理决定或程序性驳回复议申请决定提起诉讼，人民法院认为被诉行为证据确凿、适用法律法规正确、符合法定程序的，应当判决驳回原告的诉讼请求。

人民法院认为申请复议的事项明显不符合行政复议受理条件，或者复议机关不予受理决定或程序性驳回复议申请决定是对复议申请人申诉信访事项重复处理的，可以根据《最高人民法院关于适用〈中华人民共和国行政诉讼法〉的解释》第五十五条第二款之规定，退回诉状并记录在册；坚持起诉的，不予立案并载明不予立案的理由。

——《最高人民法院行政法官专业会议纪要(八)》(复议诉讼衔接领域)，载中华人民共和国最高人民法院行政审判庭编:《行政执法与行政审判》(总第 80 集)，中国法制出版社 2020 年版，第 259 页。

1066 未通知第三人参加复议程序案件的裁判

关键词 | 第三人 | 复议程序 |

【最高人民法院专业法官会议纪要】

4. 未通知第三人参加复议程序案件的裁判

复议机关未通知原行政行为涉及的第三人参加复议程序，复议决定要求第三人承担义务或者减损其权益，第三人主张行政复议程序违法的，人民法院应予支持，但复议决定未对第三人权益造成不利影响的除外。

——《最高人民法院行政法官专业会议纪要(八)》(复议诉讼衔接领域)，载中华人民共和国最高人民法院行政审判庭编:《行政执法与行政审判》(总第 80 集)，中国法制出版社 2020 年版，第 258—259 页。

1067 复议决定改变原行政行为错误的，人民法院采取的裁判方式

关键词 | 撤销复议决定 | 改变原行政行为 |

【最高人民法院司法解释】

第八十九条 复议决定改变原行政行为错误，人民法院判决撤销复议决定时，可以一并责令复议机关重新作出复议决定或者判决恢复原行政行为的法律效力。

——《最高人民法院关于适用〈中华人民共和国行政诉讼法〉的解释》(2018 年 2 月 8 日，法释〔2018〕1 号)。

【链接：理解与适用】

一、程序上应当将作出原行政行为的机关列为第三人

行政诉讼法第二十九条规定，公民、法人或者其他组织同被诉行政行为有利害关系但没有提起诉讼，或者同案件处理结果有利害关系的，可以作为第三人申请参加诉讼，或者由人民法院通知参加诉讼。复议机关改变原行政行为，原告提起诉讼请求撤销复议决定的，作出原行政行为的行政机关与被诉行政复议决定有利害关系，是必须参加诉讼的第三人，人民法院应当通知其为第三人参加行政诉讼。作出原行政行为的行政机关作为第三人参加诉讼，有助于人民法院对被诉行政复议决定合法性的审查。通过原行政行为机关向法庭表达其作出的原行政行为的事实根据和法律依据，可以让法庭进一步明了原行政行为与复议决定相关事件的来龙去脉，对被诉行政复议决定的合法性作出正确判断。同时，原行政行为机关在反驳复议决定的同时，实际上也是对原行政行为合法性理由的充分阐述，也有助于人民法院对原行政行为合法性的审查，从而为判决恢复原行政行为的法律效力奠定基础。

二、必须对原行政行为的合法性进行全面审查

本条规定的要义在于，撤销复议决定同时判决复议机关重新作出行政行为，或者判决恢复原行政行为的法律效力。从实际化解行政争议的角度考虑，如果符合法定条件，人民法院更应当选择撤销复议决定同时恢复原行政行为的法律效力；只有在不具备恢复原行政行为法律效力的情况下，才撤销复议决定同时判决复议机关重新作出行政行为。要作出这样的选择，在撤销改变原行政行为复议决定的案件中，人民法院必须对原行政行为的合法性进行审查。审查后，人民法院才能作出选择。是否只有原行政行为完全合法的情况下人民法院才能判决恢复原行政行为的法律效力？我们认为不是的。如果人民法院经审理认为，原行政行为违法但是撤销将会给国家利益、公共利益造成重大损害，或者行政行为程序轻微违法，但对原告权利不产生实际影响，复议机关撤销原行政行为不妥，应当确认违法保留效力，实质化解行政争议的，人民法院可以在判决撤销被诉复议决定的同时，判决确认原行政行为违法，不撤销保留效力。

——最高人民法院行政审判庭编著：《最高人民法院行政诉讼法司法解释理解与适用》（上），人民法院出版社 2018 年版，第 418—419 页。

1068 对适用法律错误结论正确复议行为的审查

关键词｜行政复议｜法律适用错误｜再审｜

【最高人民法院专业法官会议纪要】

法律问题：行政复议决定结论正确但适用法律错误的，人民法院应如何处理？

法官会议意见：行政复议决定结论正确，但适用法律错误的，应当依法判决确认行政复议决定违法，保留法律效力。一、二审错误判决驳回原告诉讼请求。当事人申请再审的，考虑再审纠错功能及实质化解行政争议需要，不宜进入再审。

——最高人民法院行政审判庭编：《最高人民法院行政审判庭法官会议纪要》（第一辑），人民法院出版社 2022 年版，第 176—177 页。

八、行政公益诉讼

1069 审理行政公益诉讼案件应坚持正当程序的基本原则

关键词 | 行政公益诉讼 | 正当程序 |

【最高人民法院答复】

山东省高级人民法院：

你院鲁高法行〔2016〕1 号《关于庆云县人民检察院诉庆云县环境保护局环保行政公益诉讼案相关问题的请示》收悉。经研究，答复如下：

根据《全国人民代表大会常务委员会关于授权最高人民检察院在部分地区开展公益诉讼试点工作的决定》《检察机关提起公益诉讼试点方案》《人民法院审理人民检察院提起公益诉讼案件试点工作实施办法》的相关规定和精神，人民法院审理检察院提起的行政公益诉讼案件，应当以民事诉讼法和行政诉讼法等相关法律规定为基本依据，还应坚持正当程序的基本规则，平等保护各方当事人的合法权益。从目前已经审结的检察机关提起公益诉讼案件情况看，都是严格遵循上述原则进行审理并作出裁判。据此，你院所请示的问题也应遵循上述原则。

——《最高人民法院对山东省高级人民法院〈关于庆云县人民检察院诉庆云县环境保护局环保行政公益诉讼案相关问题请示〉的电话答复》(2016 年 7 月 12 日，〔2016〕行他字第 52 号)。

1070 人民检察院在行政公益诉讼中的法律地位

关键词 | 行政公益诉讼 | 人民检察院 | 法律地位 |

【最高人民法院司法解释】

第四条　人民检察院以公益诉讼起诉人身份提起公益诉讼，依照民事诉讼法、行政诉讼法享有相应的诉讼权利，履行相应的诉讼义务，但法律、司法解释另有规定的除外。

——《最高人民法院、最高人民检察院关于检察公益诉讼案件适用法律若干问题的解释》(2018 年 3 月 2 日,法释〔2018〕6 号;2021 年 1 月 1 日,经法释〔2020〕20 号修正)。

【链接：最高人民法院法官著述】

这一规定主要包括以下几个方面的内容：

一是人民检察院以公益诉讼起诉人的身份提起公益诉讼。在试点过程中,学术界和实务界对于"公益诉讼人"的概念和范围还存在不同争论。特别是"诉讼人"的概念与"诉讼主体"相当,模糊了检察机关提起诉讼的法律地位。在行政诉讼法中,公民、法人或者其他组织提起诉讼的,称为起诉人;案件受理之后,才具有原告主体资格。《公益诉讼解释》明确检察机关具有"起诉人"的法律地位。检察机关起诉人的法律地位,在行政诉讼法中是置于行政诉讼原告部分。但是,与一般的行政诉讼原告关于利害关系的法律资格要件有所不同。

二是公益诉讼起诉人应当依照民事诉讼法、行政诉讼法享有相应的诉讼权利,履行相应的诉讼义务。行政诉讼法中没有公益诉讼起诉人这一诉讼主体,人民检察院提起公益诉讼所对应的诉讼主体是原告。因此,公益诉讼起诉人应当享有"相应的"诉讼权利和承担"相应的"诉讼义务。这里的"相应的"含义是比照、参照的意思。例如,人民法院可以依照行政诉讼法关于原告的相关规定,确定人民检察院诉讼权利行使的期间、行使权利及履行义务的方式和程序等。依照行政诉讼法第六十七条的规定,人民法院应当在收到被告答辩状之日起五日内,将答辩状副本发送人民检察院等。在二审阶段则可能具有上诉人或者被上诉人的诉讼地位。这里的"相应的"含义,也同时意味着公益诉讼起诉人的权利义务不完全等同于行政诉讼原告。原告享有的权利和承担的义务,在特定情况下并不适用于公益诉讼起诉人。例如,根据行政诉讼法第五十八条的规定,经人民法院传票传唤,原告无正当理由拒不到庭,或者未经法庭许可中途退庭的,可以按照撤诉处理。对检察机关运用传票的方式传唤,确有值得研究的地方。对于行政公益诉讼起诉人的诉讼权利和义务,下一步还应当在司法实践中进一步总结和归纳。

——梁凤云:《行政公益诉讼制度若干重大问题解析》,载中华人民共和国最高人民法院行政审判庭编:《行政执法与行政审判》(总第 76 集),中国法制出版社 2019 年版,第 5—6 页。

1071 检察机关提起行政公益诉讼的诉前程序规定

关键词｜行政公益诉讼｜诉前程序｜

【最高人民法院司法解释】

第二十一条　人民检察院在履行职责中发现生态环境和资源保护、食品药品安全、国有财产保护、国有土地使用权出让等领域负有监督管理职责的行政机关违法行使职权或者不作为,致使国家利益或者社会公共利益受到侵害的,应当向行政机关提出检察建议,督促其依法履行职责。

行政机关应当在收到检察建议书之日起两个月内依法履行职责,并书面回复人民检察院。出现国家利益或者社会公共利益损害继续扩大等紧急情形的,行政机关应当在十五日内书面回复。

行政机关不依法履行职责的,人民检察院依法向人民法院提起诉讼。

——《最高人民法院、最高人民检察院关于检察公益诉讼案件适用法律若干问题的解释》(2018 年 3 月 2 日,法释〔2018〕6 号;2021 年 1 月 1 日,经法释〔2020〕20 号修正)。

【链接:最高人民法院法官著述】

这一内容可以从以下几个方面来理解:

一是人民检察院采取诉前程序和措施的范围。根据行政诉讼法第二十五条第四款的规定,人民检察院采取诉前程序和措施的范围是“生态环境和资源保护、食品药品安全、国有财产保护、国有土地使用权出让等领域”。生态环境和资源保护、食品药品安全领域主要涉及环境监管、自然资源监管以及食品药品等监督管理领域。在国有财产保护、国有土地使用权出让领域,除了有关机关的监管之外,对于涉及国有资产承包经营、出售或者出租协议、政府信贷协议、国有土地等国有自然资源使用权出让协议等领域,也属于采取诉前程序和措施的范围。这里的“等”是“等外等”,除了列举事项之外,只要涉及负有监督管理职责的行政机关违法行使职权或者不作为,致使国家利益或者社会公共利益受到侵害的,检察机关均可以提出检察建议督促其依法履行职责。例如,涉及安全生产、规划建设、政府财政资金运用、行政公产维护等导致公共安全、公共财产受到侵害等领域的行为纳入公益诉讼监督范围。

二是诉前程序适用于作为和不作为。十八届四中全会决定中,对于公益诉讼针对的情形是“一些行政机关违法行使职权或者不作为造成对国家和社会公共利益侵害或者有侵害危险的案件”，既包括作为，也包括不作为。在试点过程中，诉前程序主要集中于不作为，这主要是由于行政公益诉讼主要针对的是生态环境、资源保护等领域，在这些领域中行政监管不到位、不履责的现象比较突出。对于行政机关主动作出的作为行为比较容易认定，对于行政机关不作为则比较难以认定。例如，在司法实践中，对于下列情形是否属于不作为，存在较大争议：行政机关对诉前程序的检察建议不回复或者延期回复；行政机关已经履行监管义务，没有回复检察机关；行政机关已经针对监管对象采取了限期整改等措施，相关企业等未整改到位；行政机关已经履行相关义务，但尚需履行上级机关批准等程序；部分履行；行政机关针对检察建议作了自行裁量后履行；等等。是否构成不作为，属于人民法院实体审理过程中的判断。在公益诉讼起诉人提起诉讼时，只要其“认为”行政机关不依法履行职责，即可向人民法院提起公益诉讼。

三是诉前程序采取检察建议的方式。行政诉讼法第二十五条第四款规定，人民检察院在履行职责中发现生态环境和资源保护、食品药品安全、国有财产保护、国有土地使用权出让等领域负有监督管理职责的行政机关违法行使职权或者不作为，致使国家利益或者社会公共利益受到侵害的，“应当”向行政机关提出检察建议，督促其依法履行职责。在司法实践中需要注意三个问题：第一，检察机关履行诉前程序，需要首先向行政机关提出检察建议。在检察建议中，应当明确行政机关违法行使职权或者不作为的具体情形，以及依法应当履行的具体义务和期限。第二，行政机关一般履责期限和书面回复期限是两个月，特殊情况下应当在十五日内书面回复，即出现国家利益或者社会公共利益损害继续扩大等紧急情形的，行政机关应当在十五日内书面回复。特殊情形下，行政机关应当尽快甚至即时履行义务，但是最长也不得超过十五日。第三，这里的“应当”意味着，检察机关作为维护国家利益和社会公共利益的法律主体，只要发现行政机关违法行使职权或者不作为的行为，致使国家利益或者社会公共利益受到侵害的，就有义务提起行政公益诉讼。

四是“不依法履行职责”的含义。“不依法履行职责”包括两个层面：一方面，检察机关认为行政机关未按照检察建议中的要求履行监督管理职责。另一方面，检察机关认为行政机关未按照司法解释规定的答复期限、答复方式等书面回复检察机关。

——梁凤云：《行政公益诉讼制度若干重大问题解析》，载中华人民共和国最高人民法院行政审判庭编：《行政执法与行政审判》（总第76集），中国法制出版社2019年版，第6—8页。

1072 检察机关在行政公益诉讼中调查收集证据的权力

关键词 | 行政公益诉讼 | 调查收集证据 |

【最高人民法院司法解释】

第六条　人民检察院办理公益诉讼案件,可以向有关行政机关以及其他组织、公民调查收集证据材料;有关行政机关以及其他组织、公民应当配合;需要采取证据保全措施的,依照民事诉讼法、行政诉讼法相关规定办理。

——《最高人民法院、最高人民检察院关于检察公益诉讼案件适用法律若干问题的解释》(2018年3月2日,法释〔2018〕6号;2021年1月1日,经法释〔2020〕20号修正)。

【链接:最高人民法院法官著述】

这一条包括以下三个方面的内容:一是人民检察院具有调查收集证据的权力。即人民检察院可以采取调阅、复制行政卷宗,询问行政机关执法人员及其利害关系人,收集书证、物证等,委托评估、鉴定、审计,勘验现场等收集证据的方式。二是有关行政机关及其公民、法人或者其他组织应当予以配合。三是人民检察院在调查收集证据不得采取限制人身自由以及查封、扣押、冻结财产等措施。人民检察院在调查收集证据过程中,需要提取、封存证据采取强制性保全措施的情况下,应依据民事诉讼法、行政诉讼法关于证据保全的规定向人民法院提出申请,人民法院要及时审查,符合条件的,裁定采取证据保全措施。

——梁凤云:《行政公益诉讼制度若干重大问题解析》,载中华人民共和国最高人民法院行政审判庭编:《行政执法与行政审判》(总第76集),中国法制出版社2019年版,第10页。

1073 二审程序的启动方式和相关主体的法律地位

关键词 | 行政公益诉讼 | 二审程序 |

【最高人民法院司法解释】

第十条　人民检察院不服人民法院第一审判决、裁定的,可以向上一级人民法院提起上诉。

第十一条 人民法院审理第二审案件，由提起公益诉讼的人民检察院派员出庭，上一级人民检察院也可以派员参加。

——《最高人民法院、最高人民检察院关于检察公益诉讼案件适用法律若干问题的解释》（2018年3月2日，法释〔2018〕6号；2021年1月1日，经法释〔2020〕20号修正）。

【链接：最高人民法院法官著述】

在司法实践中，需要注意以下几个问题：其一，公益诉讼起诉人与上一级检察机关是一体化的诉讼主体。两个机关并非独立的诉讼主体，只能作为一方当事人看待。上一级检察机关可以通过发表意见的方式，支持提起公益诉讼的人民检察院的诉讼主张。其二，在庭审过程中，公益诉讼起诉人应当与上一级检察机关的意见保持一致。上一级人民检察院与公益诉讼起诉人的意见不一致，人民法院可以休庭或延期开庭，由上下级检察机关统一意见。检察机关明确意见后，按照民事诉讼法、行政诉讼法的规定继续审理。其三，人民法院在二审裁判文书中应当载明公益诉讼起诉人和上一级检察机关的出庭情况。即在二审裁判文书案件来源和经过部分写明上一级人民检察院派员出庭情况，在当事人诉辩意见之后写明上一级人民检察院的具体意见。其四，《公益诉讼解释》对行政机关不服提起上诉的问题暂时没有明确。行政诉讼法规定，当事人对一审裁判不服的，可以向上一级法院提起上诉。《公益诉讼解释》仅对公益诉讼起诉人不服一审裁判上诉的问题作了明确，明确了公益诉讼起诉人的上诉权利，对于行政机关的上诉权利没有规定。今后司法解释还将对此问题予以明确。

——梁凤云：《行政公益诉讼制度若干重大问题解析》，载中华人民共和国最高人民法院行政审判庭编：《行政执法与行政审判》（总第76集），中国法制出版社2019年版，第11—12页。

1074 行政公益诉讼起诉人的撤诉权利

关键词 | 行政公益诉讼 | 撤诉 |

【最高人民法院司法解释】

第二十四条 在行政公益诉讼案件审理过程中，被告纠正违法行为或者依法履行职责而使人民检察院的诉讼请求全部实现，人民检察院撤回起诉的，人民法院应当裁定准许；人民检察院变更诉讼请求，请求确认原行政行为违法的，人民法院应当判决确认违法。

——《最高人民法院、最高人民检察院关于检察公益诉讼案件适用法律若干问题的解释》（2018年3月2日，法释〔2018〕6号；2021年1月1日，经法释〔2020〕20号修正）。

【链接：最高人民法院法官著述】

这一条文包括以下几个方面的内容：一是公益诉讼起诉人原则上不允许撤诉。只有行政机关改变行政行为的情况下，才允许公益诉讼起诉人撤诉。二是"改变行政行为"包括被告纠正行为（针对的是作为行为）和依法履行职责行为（针对的是不作为行为）。三是行政机关改变行政行为后还须使人民检察院的诉讼请求全部实现。如果公益诉讼起诉人认为诉讼请求没有全部实现或者仅仅部分实现，可以不撤诉。是否全部实现，由公益诉讼起诉人进行判断。四是与普通行政诉讼不同，公益诉讼起诉人撤诉的，人民法院应当准许。对于普通行政诉讼，行政诉讼法第六十二条规定的是"是否准许，由人民法院裁定"。也就是说，对于被告纠正违法行为或者依法履行职责而使人民检察院的诉讼请求全部实现的，人民法院裁定准许撤诉。

当然，如果行政机关虽然纠正违法行为或者依法履行职责而使人民检察的诉讼请求全部实现的，也可以不撤回起诉。人民法院应当向公益诉讼起诉人释明，要求其变更诉讼请求。

——梁凤云：《行政公益诉讼制度若干重大问题解析》，载中华人民共和国最高人民法院行政审判庭编：《行政执法与行政审判》（总第76集），中国法制出版社2019年版，第14—15页。

1075 环境行政公益诉讼中审查行政机关是否履行法定职责的标准

关键词｜行政公益诉讼｜履行法定职责｜

【最高人民法院指导性案例】

云南省剑川县人民检察院诉剑川县森林公安局怠于履行法定职责环境行政公益诉讼案（最高人民法院指导案例137号）

裁判要点：环境行政公益诉讼中，人民法院应当以相对人的违法行为是否得到有效制止，行政机关是否充分、及时、有效采取法定监管措施，以及国家利益或者社会公共利益是否得到有效保护，作为审查行政机关是否履行法定职责的标准。

法院生效裁判认为，公益诉讼人提起本案诉讼符合最高人民法院《人民法院审理人民检察院提起公益诉讼试点工作实施办法》及最高人民检察院《人民检察院提起公益诉讼试点工作实施办法》规定的行政公益诉讼受案范围，符合起诉条件。《中华人民共和国行政诉讼法》第二十六条第六款规定："行政机关被撤销或者职权变更的，继续行使其职权的行政机关是被告"，2013 年 9 月 27 日，云南省人民政府《关于云南省林业部门相对集中林业行政处罚权工作方案的批复》授权各级森林公安机关相对集中行使林业行政部门的部分行政处罚权，因此，根据规定剑川县森林公安局行使原来由剑川县林业局行使的林业行政处罚权，是适格的被告主体。本案中，剑川县森林公安局在查明玉鑫公司及王寿全擅自改变林地的事实后，以剑川县林业局名义作出对玉鑫公司和王寿全责令限期恢复原状和罚款 22266.00 元的行政处罚决定符合法律规定，但在玉鑫公司缴纳罚款后三年多时间里没有督促玉鑫公司和王寿全对破坏的林地恢复原状，也没有代为履行，致使玉鑫公司和王寿全擅自改变的林地至今没有恢复原状，且未提供证据证明有相关合法、合理的事由，其行为显然不当，是怠于履行法定职责的行为。行政处罚决定没有执行完毕，剑川县森林公安局依法应该继续履行法定职责，采取有效措施，督促行政相对人限期恢复被改变林地的原状。

——《最高人民法院关于发布第 24 批指导性案例的通知》（2019 年 12 月 26 日，法〔2019〕297 号）。

1076 行政公益诉讼的裁判方式

关键词 | 行政公益诉讼 | 裁判方式 |

【最高人民法院司法解释】

第二十五条 人民法院区分下列情形作出行政公益诉讼判决：

（一）被诉行政行为具有行政诉讼法第七十四条、第七十五条规定情形之一的，判决确认违法或者确认无效，并可以同时判决责令行政机关采取补救措施；

（二）被诉行政行为具有行政诉讼法第七十条规定情形之一的，判决撤销或者部分撤销，并可以判决被诉行政机关重新作出行政行为；

（三）被诉行政机关不履行法定职责的，判决在一定期限内履行；

（四）被诉行政机关作出的行政处罚明显不当，或者其他行政行为涉及对款额的确定、认定确有错误的，可以判决予以变更；

（五）被诉行政行为证据确凿，适用法律、法规正确，符合法定程序，未超越职权，未滥用职权，无明显不当，或者人民检察院诉请被诉行政机关履行法定职责理由不成立的，判决驳回诉讼请求。

人民法院可以将判决结果告知被诉行政机关所属的人民政府或者其他相关的职能部门。

——《最高人民法院、最高人民检察院关于检察公益诉讼案件适用法律若干问题的解释》（2018 年 3 月 2 日，法释〔2018〕6 号；2021 年 1 月 1 日，经法释〔2020〕20 号修正）。

1077 行政公益诉讼文书要突出公益诉讼案件的审理特点

关键词 | 行政公益诉讼 | 裁判文书 |

【链接：答记者问】

问：行政公益诉讼文书样式是新增的，有什么特点？

答：一是延续行政文书样式的基本体例、结构，突出公益诉讼的特点。裁判文书是体现司法机关适用法律的全过程，要求行政公益诉讼裁判文书要完整概括当事人起诉、答辩、对庭审证据的举证、质证和认证，全面反映人民法院案件审理过程。尤其是在法院查明的事实部分，区分写明当事人无争议的事实和有争议但经法院审查确认的事实。对无争议事实中涉及公共利益的部分，要写明法院审查确认意见，突出公益诉讼案件审理特点。

二是明确诉讼相关利益主体可以作为第三人参加诉讼。人民检察院针对行政机关不履行法定职责或者违法履行职责行为提起的行政公益诉讼，案件审理结果可能对与行政行为有利害关系的他人产生影响，允许利害关系人以第三人的身份参加诉讼，有利于全面衡量案件审判效果，有效保护社会公共利益。

三是以简明样式归纳必要的文书要素。本样式中行政一审、二审公益诉讼文书以行政机关违法行使职权或不履行法定职责两大主要行政公益诉讼类型为样本设计，主要考虑这两类案件在行政公益诉讼中占绝大多数。统一这两种样式的基本要素，就明确了大部分行政公益诉讼的写作要求。对于其他类型如何书写，也在说明中明确可参照适用最高人民法院 2015 年发布的《行政诉讼文书样式（试行）》。

——《规范公益诉讼文书样式 提升公益诉讼文书质量 深入推进公益诉讼审判工作——最高人民法院环境资源审判庭负责人就〈公益诉讼文书样式（试行）〉答记者问》，载最高人民法院网 2020 年 4 月 1 日，https://www.court.gov.cn/zixun-xiangqing-224331.html。

1078 就同一污染环境行为人民检察院分别提起环境行政公益诉讼和民事公益诉讼的处理

关键词 | 行政公益诉讼 | 行政附带民事诉讼 |

【最高人民法院指导性案例】

吉林省白山市人民检察院诉白山市江源区卫生和计划生育局、白山市江源区中医院环境公益诉讼案（最高人民法院指导案例 136 号）

裁判要点：人民法院在审理人民检察院提起的环境行政公益诉讼案件时，对人民检察院就同一污染环境行为提起的环境民事公益诉讼，可以参照行政诉讼法及其司法解释规定，采取分别立案、一并审理、分别判决的方式处理。

法院生效裁判认为，根据国务院《医疗机构管理条例》第五条及第四十条的规定，白山市江源区卫生和计划生育局对辖区内医疗机构具有监督管理的法定职责。《吉林省医疗机构审批管理办法（试行）》第四十四条规定，医疗机构申请校验时应提交校验申请、执业登记项目变更情况、接受整改情况、环评合格报告等材料。白山市江源区卫生和计划生育局在白山市江源区中医院未提交环评合格报告的情况下，对其《医疗机构职业许可证》校验为合格，违反上述规定，该校验行为违法。白山市江源区中医院违法排放医疗污水，导致周边地下水及土壤存在重大污染风险。白山市江源区卫生和计划生育局作为卫生行政主管部门，未及时制止，其怠于履行监管职责的行为违法。白山市江源区中医院通过渗井、渗坑违法排放医疗污水，且污水处理设施建设完工及环评验收需要一定的时间，故白山市江源区卫生和计划生育局应当继续履行监管职责，督促白山市江源区中医院污水处理工程及时完工，达到环评要求并投入使用，符合《吉林省医疗机构审批管理办法（试行）》第四十四条规定的校验医疗机构执业许可证的条件。

《中华人民共和国侵权责任法》第六十五条、第六十六条规定，因污染环境造成损害的，污染者应当承担侵权责任。因污染环境发生纠纷，污染者应当就法律规定的不承担责任或者减轻责任的情形及其行为与损害之间不存在因果关系承担举证责任。本案中，根据公益诉讼人的举证和查明的相关事实，可以确定白山市江源区中医院未安装符合环保要求的污水处理设备，通过渗井、渗坑实施了排放医疗污水的行为。从检测机构的检测结果及检测意见可知，其排放的医疗污水，对附近地下水及周边土壤存在重大环境污染风险。白山市江源区中医院虽辩称其未建设符合环保要求的排污设备系因政府对公办医院投入建设资金不足所致，但该理由不能否定其客观上实施了排污行为，产生了周边地下水及土壤存在重大环境污染风险的损害结果，以及排污行为与损害结果存在因果关系的基本事实。且环境污染具有不可逆的特点，故作出立即停止违法排放医疗污水的判决。

——《最高人民法院关于发布第24批指导性案例的通知》（2019年12月26日，法〔2019〕297号）。

1079 行政公益诉讼中刑事处罚与行政处理衔接问题

关键词｜行政公益诉讼｜刑事处罚｜

【最高人民法院答复】

吉林省高级人民法院：

你院向我庭呈报的〔2017〕吉行他3号《关于行政公益诉讼中刑事处罚与行政处理衔接有关问题的请示》收悉。你院请示的数个案件所涉法律问题为，对非法毁坏林木涉嫌犯罪的行为，在刑事处理尚未终结的情况下，行政机关能否作出责令补种树苗的处理决定？人民检院此事针对行政机关未予处理的情形提起行政公益诉讼的，人民法院应否受理。经研究，具体意见答复如下：

责令补种树苗的行政处理决定与针对非法毁坏林木的犯罪所处刑罚之间不具有吸收关系，在此情况下，行政机关应当依法履行职责。行政机关不履行或者不及时履行法定职责，人民检察院就此提起行政公益诉讼且符合其他起诉条件的，人民法院应当依法立案。至于刑事案件是否立案以及是否审结，并不影响上述结论。

特此告知。

——《最高人民法院行政审判庭关于行政公益诉讼中刑事处罚与行政处理衔接有关问题的电话答复》（2017年8月8日，〔2017〕行他字第215号）。

【最高人民法院指导性案例】

铜仁市万山区人民检察院诉铜仁市万山区林业局不履行林业行政管理职责行政公益诉讼案(最高人民法院指导案例211号)

裁判要点:(1)违法行为人的同一行为既违反行政法应受行政处罚,又触犯刑法应受刑罚处罚的情形下,行政机关在将案件移送公安机关时不应因案件移送而撤销已经作出的行政处罚。对刑事判决未涉及的行政处罚事项,行政机关在刑事判决生效后作出行政处罚决定的,人民法院应予支持。

(2)违法行为人在刑事判决中未承担生态环境修复责任的,林业等行政主管部门应当及时责令其依法履行修复义务,若违法行为人不履行或者不完全履行时应组织代为履行。林业等行政主管部门未履行法定生态修复监督管理职责,行政公益诉讼起诉人请求其依法履职的,人民法院应予支持。

(3)特殊功能区生态环境被破坏,原则上应当原地修复。修复义务人或者代履行人主张异地修复,但不能证明原地修复已不可能或者没有必要的,人民法院不予支持。

法院生效裁判认为:

一、万山区林业局未依法履行职责

万山区林业局作为万山区人民政府林业行政主管部门,依照《中华人民共和国森林法》(2009年修改)第十条规定,负责对万山区行政区域内森林资源保护、利用、更新的监督管理。万山区林业局应当依法履行职责,对违反林业管理法律、法规占用、毁坏森林资源、改变林地用途的行为依法查处。依照《中华人民共和国森林法》(2009年修改)第四十四条的规定,责令违法行为人停止违法行为并按法律规定补种树木,违法行为人拒不补种或者补种不符合国家有关规定的,由林业主管部门代为补种,所需费用向违法行为人追偿,但是万山区林业局未依法履行职责。

二、公安机关立案侦查后,万山区林业局撤销行政处罚的决定违法

违法行为人的同一行为既违反行政法应受行政处罚,又触犯刑法应受刑罚处罚的情形下,行政执法机关在将案件移送司法机关之前已经作出的行政处罚,折抵相同功能的刑罚。依照《中华人民共和国行政处罚法》(2017年修正)第二十八条"违法行为构成犯罪,人民法院判处拘役或者有期徒刑时,行政机关已经给予当事人行政拘留的,应当依法折抵相应刑期。违法行为构成犯罪,人民法院判处罚金时,行政机关已经给予当事人罚款的,应当折抵相应罚金",《行政执法机关移送涉嫌犯罪案件的规定》第十一条第三款"行政执法机关向公安机关移送涉嫌犯罪案

件前,已经依法给予当事人罚款的,人民法院判处罚金时,依法折抵相应罚金”的规定,这种折抵是执行上的折抵,而不是处罚决定本身的折抵,且仅折抵惩罚功能相同的处罚,功能不同的处罚内容不能折抵。因此,在刑事侦查立案前已经作出的行政处罚不应撤销。万山区林业局在将涉嫌犯罪的行政违法行为移送公安机关,公安机关立案后万山区林业局又撤销其在先已经作出的行政处罚决定时,不但撤销了与刑事裁判可能作出的罚金刑功能相同的罚款处罚,还一并撤销了不属于刑罚处罚功能的责令违法行为人补植复绿以恢复原状的行政处罚。万山区林业局这一撤销行为违反了法律规定。

三、刑事判决生效后,万山区林业局未责令违法行为人恢复被毁坏林地的行为违法

对刑事判决未涉及的处罚事项,行政机关在刑事判决生效后应作出行政处罚决定。责令犯罪人补植复绿以修复环境,不属于刑罚处罚范畴,而属于法律赋予行政主管机关的行政权,属于行政处罚范围。刑事判决生效后,在先没有作出行政处罚的,刑事判决生效后,行政机关不得基于同一行为作出与刑罚功能相同的行政处罚。在对违法行为人追究刑事责任后,刑罚处罚未涉及环境修复责任的,行政机关应当依法作出决定,责令违法行为人按森林法要求种植树木、修复环境。因此,万山区林业局在刑事判决生效后应当依法作出责令违法行为人履行补植复绿义务的行政处罚决定并监督违法行为人履行,违法行为人拒不履行或者履行不合格的,应当代为补植复绿,并责令违法行为人承担费用。被告万山区林业局未作出责令沈中祥及武陵农木业公司补植复绿以恢复原状并监督履行的行为违法。

四、万山区林业局未履行代为补植复绿职责

特殊功能区生态环境被破坏的,原则上应当原地修复。修复义务人或者代履行人主张异地修复,但不能证明原地修复已不可能或者没有必要的,人民法院不予支持。万山区林业局在未作出责令违法行为人修复环境决定的情形下,会同乡镇人民政府等在被毁坏的林地上种植了部分树苗,但效果较差,没有保证成活率,没有达到环境修复的目的。且对于毁坏严重,形同戈壁的土地未进行治理复绿。鉴于被毁坏林地及林木的公益林性质和水源涵养、水土保持功能,补植复绿应当就地进行,不得异地替代。万山区林业局代为补植树木的行为,虽已部分履行职责,但尚未正确、全面履行,仍应继续履行。

——《最高人民法院关于发布第37批指导性案例的通知》(2022年12月30日,法〔2022〕277号)。

第十二章 CHAPTER 12

行政赔偿

一、受案范围

1080 违法利益不属于国家赔偿范围

关键词 | 行政赔偿 | 违法利益 |

【最高人民法院公报案例】

祁县华誉纤维厂诉祁县人民政府行政赔偿案

要旨:修订前的国家赔偿法第二条第一款规定:"国家机关和国家机关工作人员违法行使职权侵犯公民、法人和其他组织的合法权益造成损害的,受害人有依照本法取得国家赔偿的权利。"该条规定了国家赔偿责任的构成要件:一是国家机关和国家机关工作人员违法行使职权;二是公民、法人和其他组织的合法权益受到侵害;三是国家机关和国家机关工作人员违法行使职权与公民、法人和其他组织的合法权益受到损害存在因果关系。获得国家赔偿的前提是合法权益受到侵害,如果公民、法人或其他组织受到的损害是不法利益,即使是具体行政行为违法,国家也不承担赔偿责任。新修订的国家赔偿法在修改本条时仍然坚持了违法利益不属于国家赔偿范围的原则。

国家机关及其工作人员违法行使职权侵犯公民、法人和其他组织的合法权益造成损害的,受害人有取得国家赔偿的权利。但赔偿的前提必须是合法权益遭到损害。上诉人祁县华誉纤维厂工商核准登记的经营范围是生产和销售化学纤维材料,而其提供的证据证明,要求赔偿的生产设备为生产二硫化碳设备,存货亦为二硫化碳;且其对该厂生产的产品为二硫化碳亦无异议。而根据国家《危险化学品名录》,二硫化碳属于危险化学品。又根据国务院令第 397 号《安全生产许可证条例》的规定,国家对矿山企业、建筑施工企业和危险化学品、烟花爆竹、民用爆破器材生产企业实行安全生产许可制度,企业未取得安全生产许可证的,不得从事生产活动。本案中,祁县华誉纤维厂在未取得安全生产许可证的情况下,以生产化学纤维材料为名,实际生产危险化学品二硫化碳,其行为违反国家禁止性法规,因而不存在合法利益;从另一角度看,上诉人要求赔偿的生产二硫化碳的设备、存货等直接损失与其核准登记的生产销售化学纤维产品无关,因而也不能认定为祁县华誉纤维厂的损失。综上，被上诉人祁县人民政府整体淘汰关闭祁县华誉纤维厂的具体行政行为虽已被生效判决撤销，但并不能因此当然地认定上诉人行为和利益的合法性，故其赔偿请求法院依法不能支持。

——《中华人民共和国最高人民法院公报》2011 年第 4 期。

1081 国家赔偿法第三条、第四条规定的“其他违法行为”的具体情形

关键词 | 行政赔偿 | 不履行法定职责行为 | 行政法律行为 | 行政事实行为 |

【最高人民法院司法解释】

第一条 国家赔偿法第三条、第四条规定的“其他违法行为”包括以下情形：

（一）不履行法定职责行为；

（二）行政机关及其工作人员在履行行政职责过程中作出的不产生法律效果，但事实上损害公民、法人或者其他组织人身权、财产权等合法权益的行为。

——《最高人民法院关于审理行政赔偿案件若干问题的规定》（2022 年 5 月 1 日，法释〔2022〕10 号）。

【链接：理解与适用】

第（一）项主要解决的是“其他违法行为”除了包括以积极作为方式实施的违法行政行为，还包括不履行法定职责的行政不作为行为。第（二）项主要解决的是“其他违法行为”除行政法律行为外，还包括行政事实行为，也就是包括如违法使用武器、警械的事实行为，殴打、虐待等，或者唆使、放纵他人殴打、虐待等这类不体现行政机关意思表示的行为。综上，国家赔偿法第三条、第四条规定的“其他违法行为”，既包括行政法律行为也包括行政事实行为，既包括行政作为也包括行政不作为。

——最高人民法院行政审判庭编著：《最高人民法院关于审理行政赔偿案件若干问题的规定理解与适用》，人民法院出版社 2022 年版，第 16 页。

1082 公民、法人或者其他组织认为行政机关及其工作人员违法行使行政职权对其劳动权、相邻权等合法权益造成人身、财产损害的，可以依法提起行政赔偿诉讼

关键词｜行政赔偿｜受案范围｜劳动权｜相邻权｜

【最高人民法院司法解释】

第二条　依据行政诉讼法第一条、第十二条第一款第十二项和国家赔偿法第二条规定，公民、法人或者其他组织认为行政机关及其工作人员违法行使行政职权对其劳动权、相邻权等合法权益造成人身、财产损害的，可以依法提起行政赔偿诉讼。

——《最高人民法院关于审理行政赔偿案件若干问题的规定》（2022年5月1日，法释〔2022〕10号）。

【链接：理解与适用】

司法实践中，在适用本条关于合法权益造成损害的相关规定时，需要注意的是，虽然本解释明确列举了对劳动权、相邻权等合法权益进行保护，但在对可供赔偿情形进行界定时，落脚点为造成人身、财产损害的情形。对此可以从两个方面理解：(1)司法保护的范围需要聚焦在造成人身、财产损害的情形，一般情况下，侵犯其劳动权、相邻权等合法权益必然会导致人身、财产的损害，但也不排除极端例外情形；(2)在考虑对侵犯合法权益予以赔偿的方式和标准时，需要与造成人身、财产损害的情形相对应，即落脚点转化为人身、财产损失。

对于本条的适用，需要把握的另一个问题为：我国的国家赔偿范围仅包括直接损失而不包括间接损失，尤其是关于本条规定的相邻权等，如不坚持直接损失原则，侵犯此种权益所带来的损害有时候通过经济利益无法予以量化衡量。

——最高人民法院行政审判庭编著：《最高人民法院关于审理行政赔偿案件若干问题的规定理解与适用》，人民法院出版社2022年版，第45—46页。

1083 赔偿请求人对赔偿义务机关针对行政赔偿作出的各种决定，可以依法提起行政赔偿诉讼

关键词｜行政赔偿｜赔偿请求人｜赔偿义务机关｜

【最高人民法院司法解释】

第三条 赔偿请求人不服赔偿义务机关下列行为的，可以依法提起行政赔偿诉讼：

（一）确定赔偿方式、项目、数额的行政赔偿决定；

（二）不予赔偿决定；

（三）逾期不作出赔偿决定；

（四）其他有关行政赔偿的行为。

——《最高人民法院关于审理行政赔偿案件若干问题的规定》（2022年5月1日，法释〔2022〕10号）。

【链接：理解与适用】

对于行政赔偿诉讼而言，公民、法人或者其他组织提起行政赔偿诉讼的目的就在于，请求人民法院判令行政机关赔偿其所受到的损失。关于公民、法人或者其他组织提出的行政赔偿请求，行政机关可能在诉讼之前已经作出了相应处理，也可能并未作出处理。在行政赔偿诉讼中，对于公民、法人或者其他组织针对行政机关已经作出的行政赔偿决定、不予赔偿决定或其他有关行政赔偿事项提出的诉讼请求都应当属于行政赔偿诉讼的受理范围，即均是人民法院审理行政赔偿案件的审查范围，只有将行政机关作出的行政赔偿决定审查好了才能较全面地解决公民、法人或者其他组织的行政赔偿诉求。当然，对于公民、法人或者其他组织向人民法院提起行政赔偿诉讼时，其并未向行政机关提出过行政赔偿请求的，即尚不曾有行政赔偿决定等情形，公民、法人或者其他组织所提诉讼请求一般是要求判令行政机关承担相应的行政赔偿责任等，此类行政赔偿案件的受理以及审查范围就是行政赔偿请求等。还有一种情形是，在公民、法人或者其他组织向人民法院提起行政赔偿诉讼之前，行政机关已经针对其提出的行政赔偿申请作出过行政赔偿决定等，此时，公民、法人或者其他组织向人民法院提起行政赔偿诉讼的诉讼请求可能除了要求判令撤销行政机关作出的行政赔偿决定等外，还要求人民法院支持其所提的行政赔偿请求，就其行政赔偿请求直接作出行政判决。因此，不同情形之下，公民、法人或者其他组织向人民法院提起的行政赔偿诉讼请求有所不同，行政赔偿诉讼的受理范围也相应要有所区别。

——最高人民法院行政审判庭编著：《最高人民法院关于审理行政赔偿案件若干问题的规定理解与适用》，人民法院出版社2022年版，第59—60页。

1084 最终裁决行为引起的行政赔偿可诉

关键词｜行政赔偿｜最终裁决｜

【最高人民法院司法解释】

第四条 法律规定由行政机关最终裁决的行政行为被确认违法后,赔偿请求人可以单独提起行政赔偿诉讼。

——《最高人民法院关于审理行政赔偿案件若干问题的规定》(2022年5月1日,法释〔2022〕10号)。

【链接:理解与适用】

行政诉讼法仅仅是将最终裁决排除于行政诉讼受案范围,并没有将此类行为引起的行政赔偿也一并予以排除,且国家赔偿法第五条规定的国家不承担赔偿责任的三种情况中,亦不包含行政机关最终裁决行为。因此,人民法院应当受理由行政机关最终裁决行为所引起的行政赔偿诉讼。若当事人对最终裁决不服,向作出最终裁决的行政机关及其上级行政机关申诉,受理申诉的行政机关确认最终裁决违法,赔偿请求人就最终裁决行为,单独提起行政赔偿诉讼的,人民法院应当依法立案。

……鉴于法律规定由行政机关最终裁决的行政行为均是由最终裁决机关或者其上级行政机关确认违法的,以赔偿义务机关先行处理为起诉条件更符合此类案件的实际情况,更有利于该行政争议的切实化解。

——最高人民法院行政审判庭编著:《最高人民法院关于审理行政赔偿案件若干问题的规定理解与适用》,人民法院出版社2022年版,第67页。

1085 不属于人民法院行政赔偿诉讼的受案范围

关键词｜行政赔偿｜受案范围｜

【最高人民法院司法解释】

第五条 公民、法人或者其他组织认为国防、外交等国家行为或者行政机关制定发布行政法规、规章或者具有普遍约束力的决定、命令侵犯其合法权益造成损害,向人民法院提起行政赔偿诉讼的,不属于人民法院行政赔偿诉讼的受案范围。

——《最高人民法院关于审理行政赔偿案件若干问题的规定》(2022 年 5 月 1 日,法释〔2022〕10 号)。

【链接：理解与适用】

制定规范性文件行为与一般的行政处理行为之间的区分标准大致有三个方面:一是对象是否特定。一般的行政处理行为都是针对特定的对象作出的,而规则制定行为则是针对不特定的对象作出的。例如,市政府发布交通管制通告,宣布对一定范围内的道路进行特殊时段的限制通行。这个通告针对的对象是全体市民,甚至包括所有特殊时段在本市因公因私短暂停留的外地人。这个通告发布行为是面向不特定对象作出的,属于典型的制定规则行为。二是事项是否特定。……一般的行政处理行为都是针对某一件特定的事项作出的,而规则制定行为则是针对某一类事项作出的。例如,市政府划定一定的区域禁止燃放烟花爆竹,所针对的是禁放这一类事项,属于典型的规则制定行为。三是效力是否具有反复适用性。一般的行政处理行为只具有一次性适用效力,而规则制定行为则具有反复适用效力。例如,市政府发布市区范围内单双号机动车车辆限行通知,明确要求尾号为单数的车辆只能在星期一、三、五在市区范围内通行,星期二、四、六则在市区范围内限制通行。这份通知能够被反复适用,属于典型的规则制定行为。

——最高人民法院行政审判庭编著:《最高人民法院关于审理行政赔偿案件若干问题的规定理解与适用》,人民法院出版社 2022 年版,第 82—83 页。

1086 罪犯在监狱劳动中致伤、致残应按照行政赔偿程序处理

关键词 | 行政赔偿 | 监狱工作人员 | 不履行法定职责 |

【最高人民法院答复】

陕西省高级人民法院:

你院《关于监狱对罪犯在劳动中致伤、致残所作的医疗费、补偿金等处理行为的性质如何认定以及对该行为不服如何救济问题的请示》收悉。经研究,答复如下:

罪犯在监狱劳动中致伤、致残所引起的国家赔偿,应当按照《中华人民共和国国家赔偿法》规定的程序处理。

——《最高人民法院关于罪犯在监狱劳动中致伤、致残所引起的国家赔偿如何

救济问题的答复》(2005 年 3 月 10 日,〔2004〕行他字第 15 号)。

【链接:最高人民法院法官著述】

人民法院在审理此类案件和类似案件时,应当注意以下两个问题:

1. 对于罪犯不服监狱机关对罪犯在劳动中致伤、致残所作的医疗费、补偿金等处理行为的起诉,作为行政诉讼案件受理为宜。近几年,随着我国社会保障制度的不断完善,司法界和法学界倾向性的意见是,罪犯在劳动中致伤、致残或者死亡,国家给予保障待遇,属于行政补偿的性质。监狱机关对此问题作出的处理决定,应当定性为行政确认,作为行政诉讼案件受理为宜。

2. 因犯罪嫌疑人在看守所羁押期间患病未得到及时治疗而死亡所引起的赔偿,应当按照行政赔偿程序处理。根据《看守所条例》的规定,看守所是对被依法逮捕的犯罪嫌疑人予以羁押的法定场所,并负有保护羁押人在羁押期间人身安全的法定职责和义务。看守所履行上述职责的行为,是行政法规赋予的行政职责行为,不是刑事诉讼法规定的行使国家侦查职权的司法行为。因此,犯罪嫌疑人在看守所羁押期间患病未得到及时治疗而死亡所引起的国家赔偿,应当按照国家赔偿法规定的行政赔偿程序处理。

——蔡小雪:《监狱就罪犯在劳动中致伤、致残所作的医疗费、补偿金等处理行为是否属于行政诉讼的受案范围》,载中华人民共和国最高人民法院行政审判庭编:《行政执法与行政审判》(总第 46 集),中国法制出版社 2011 年版,第 64 页。

1087 在看守所羁押期间被同监室人员殴打致残应按行政赔偿程序处理

关键词｜行政赔偿｜看守所｜

【最高人民法院答复】

陕西省高级人民法院:

你院《周乾炳诉镇巴县公安局行政违法及赔偿一案的请示报告》收悉。经研究,答复如下:

犯罪嫌疑人、被告人或者罪犯在被羁押期间,被同仓人致残所引起的国家赔偿,应当按照《中华人民共和国行政诉讼法》和《中华人民共和国国家赔偿法》规定的行政赔偿程序处理。

——《最高人民法院行政审判庭关于犯罪嫌疑人、被告人或者罪犯在看守所羁押期间,被同仓人致残而引起的国家赔偿如何处理问题的答复》(2006年12月7日,〔2006〕行他字第7号)。

1088 犯罪嫌疑人在看守所羁押期间患病未得到及时治疗而死亡应按行政赔偿程序处理

关键词 | 行政赔偿 | 看守所 | 犯罪嫌疑人 |

【最高人民法院答复】

四川省高级人民法院:

你院川高法〔2004〕136号《关于犯罪嫌疑人在看守所羁押期间患病未得到及时治疗而死亡所引起的国家赔偿应如何处理的请示》收悉。经研究,答复如下:

根据《中华人民共和国看守所条例》的规定,看守所是对被依法逮捕的犯罪嫌疑人予以羁押的法定场所,并负有保护被羁押人在羁押期间人身安全的法定职责和义务。看守所履行上述职责的行为,是行政法规赋予的行政职责行为,不是《中华人民共和国刑事诉讼法》规定的行使国家侦查职权的司法行为。因此,犯罪嫌疑人在看守所羁押期间患病未得到及时治疗而死亡所引起的国家赔偿,应当按照《中华人民共和国国家赔偿法》规定的行政赔偿程序处理。

——《最高人民法院研究室关于犯罪嫌疑人在看守所羁押期间患病未得到及时治疗而死亡所引起的国家赔偿应如何处理问题的答复》(2005年5月8日,法研〔2005〕67号)。

1089 行政机关工作人员执行职务致人伤、亡构成犯罪的，属于行政赔偿范围

关键词 | 行政赔偿 | 刑事附带民事诉讼 |

【最高人民法院司法解释】

山东省高级人民法院:

你院鲁高法函〔1998〕132号《关于对行政机关工作人员执行职务时致人伤亡,法院以刑事附带民事判决赔偿损失后,受害人或其亲属能否再提起行政赔偿诉讼

的请示》收悉。经研究,答复如下:

一、行政机关工作人员在执行职务中致人伤、亡已构成犯罪,受害人或其亲属提起刑事附带民事赔偿诉讼的,人民法院对民事赔偿诉讼请求不予受理。但应当告知其可以依据《中华人民共和国国家赔偿法》的有关规定向人民法院提起行政赔偿诉讼。

二、本批复公布以前发生的此类案件,人民法院已作刑事附带民事赔偿处理,受害人或其亲属再提起行政赔偿诉讼的,人民法院不予受理。

——《最高人民法院关于行政机关工作人员执行职务致人伤亡构成犯罪的赔偿诉讼程序问题的批复》(2002 年 8 月 30 日,法释〔2002〕28 号)。

二、诉讼当事人

1090 行政诉讼的适格被告和行政赔偿诉讼的适格被告不一致的处理

关键词｜行政赔偿｜一并提起行政赔偿｜

【最高人民法院司法解释】

第六条 公民、法人或者其他组织一并提起行政赔偿诉讼中的当事人地位，按照其在行政诉讼中的地位确定，行政诉讼与行政赔偿诉讼当事人不一致的除外。

——《最高人民法院关于审理行政赔偿案件若干问题的规定》（2022 年 5 月 1 日，法释〔2022〕10 号）。

【链接：理解与适用】

一并提起行政赔偿诉讼和单独提起行政赔偿诉讼只是提起行政赔偿诉讼的两种不同的诉讼途径，对公民、法人或者其他组织的实体权益并无影响。由于一并提起行政赔偿诉讼和单独提起行政赔偿诉讼的前提条件不同，公民、法人或者其他组织应当选择恰当的诉讼途径，人民法院亦应当审查公民、法人或者其他组织选择的诉讼途径是否恰当，并作出相应处理，而非一概接受公民、法人或者其他组织选择的诉讼途径。若在立案受理阶段发现行政诉讼的适格被告和行政赔偿诉讼的适格被告不一致，则一般应予释明，告知公民、法人或者其他组织先行提起行政诉讼，在行政行为的违法性得到确认之后再行提起行政赔偿诉讼。

若行政诉讼的适格被告和行政赔偿诉讼的适格被告不一致，在立案受理阶段已经作为一并提起的行政赔偿诉讼予以立案受理，则在审判庭审理阶段需区分情形分别处理：（1）若对行政诉讼案件的处理是裁定驳回起诉，则对一并提起的行政赔偿诉讼亦裁定驳回起诉。（2）若对行政诉讼案件的处理是进入实体审理，且可能对行政行为的违法性作出确认，例如，判决撤销被诉行政行为、确认被诉行政行为违法，则不宜对一并提起的行政赔偿诉讼裁定驳回起诉。可结合行政诉讼法第二十九条第一款的规定，告知行政赔偿义务机关，由其作为第三人申请参加行政诉讼，或者由人民法院通知其参加行政诉讼。这种诉讼程序上的处理可使行政赔偿义务机关在行政诉讼中对行政侵权事实予以了解,为行政赔偿争议的实质解决奠定基础。(3)若对行政诉讼案件的处理是进入实体审理,但可能对原告的诉讼请求予以判决驳回,则行政赔偿义务机关不必作为第三人参加诉讼。在行政诉讼对原告的诉讼请求判决驳回后,对一并提起的行政赔偿诉讼亦应裁定驳回起诉。

——最高人民法院行政审判庭编著:《最高人民法院关于审理行政赔偿案件若干问题的规定理解与适用》,人民法院出版社 2022 年版,第 94—95 页。

1091 第三人对确定行政诉讼和行政赔偿诉讼的当事人是否一致有无影响

关键词｜行政赔偿｜第三人｜

【链接:最高人民法院法官著述】

广义而言,诉讼当事人除了原告和被告,还包括第三人。但是,第三人参加诉讼的程序、在诉讼中的法律地位等均不同于原告、被告。行政诉讼法第二十九条第一款规定:“公民、法人或者其他组织同被诉行政行为有利害关系但没有提起诉讼,或者同案件处理结果有利害关系的,可以作为第三人申请参加诉讼,或者由人民法院通知参加诉讼。”民事诉讼法第五十九条第二款规定:“对当事人双方的诉讼标的,第三人虽然没有独立请求权,但案件处理结果同他有法律上的利害关系的,可以申请参加诉讼,或者由人民法院通知他参加诉讼。人民法院判决承担民事责任的第三人,有当事人的诉讼权利义务。”行政诉讼的裁判结果与行政赔偿诉讼裁判结果在逻辑上的关联以及这两种诉讼原告、被告的一致性,系是否可以一并提起行政赔偿的关键因素,且行政诉讼的被告恒定为行政机关、行政赔偿诉讼的被告恒定为作为赔偿义务机关的行政机关,故第三人对确定行政诉讼和行政赔偿诉讼的当事人是否一致并无影响。无论行政诉讼和行政赔偿诉讼是否均列第三人,或者行政诉讼和行政赔偿诉讼所列第三人是否一致,均不影响公民、法人或者其他组织一并提起行政赔偿诉讼。

——最高人民法院行政审判庭编著:《最高人民法院关于审理行政赔偿案件若干问题的规定理解与适用》,人民法院出版社 2022 年版,第 95 页。

1092 行政行为经行政复议机关实体处理之后是否可一并提起行政赔偿诉讼

关键词｜行政赔偿｜行政复议｜一并提起行政赔偿诉讼｜

【链接：最高人民法院法官著述】

行政行为经行政复议机关实体处理之后，行政诉讼和行政赔偿诉讼的被告就会出现不一致。行政诉讼法第二十六条第二款规定："经复议的案件，复议机关决定维持原行政行为的，作出原行政行为的行政机关和复议机关是共同被告；复议机关改变原行政行为的，复议机关是被告。"《行政诉讼法解释》第一百三十四条第一款规定："复议机关决定维持原行政行为的，作出原行政行为的行政机关和复议机关是共同被告。原告只起诉作出原行政行为的行政机关或者复议机关的，人民法院应当告知原告追加被告。原告不同意追加的，人民法院应当将另一机关列为共同被告。"国家赔偿法第八条规定："经复议机关复议的，最初造成侵权行为的行政机关为赔偿义务机关，但复议机关的复议决定加重损害的，复议机关对加重的部分履行赔偿义务。"对于这种行政诉讼和行政赔偿诉讼的被告出现的不一致，仍应当允许一并提起行政赔偿诉讼。

具体分为两种情形：（1）复议机关决定维持原行政行为的情形。依照行政诉讼法第二十六条第二款以及《行政诉讼法解释》第一百三十四条第一款的规定，在行政诉讼中，被告为双被告，即作出原行政行为的行政机关和行政复议机关。依照国家赔偿法第八条的规定，在行政赔偿诉讼中，被告为单被告，即最初造成侵权行为的行政机关。尽管行政诉讼和行政赔偿诉讼的被告不一致，但复议机关只是非常例外地参加行政诉讼，行政诉讼的核心审查对象是原行政行为的合法性，复议决定的合法性只是随之予以审查，且原行政行为机关既是行政诉讼的被告，又是行政赔偿诉讼的被告，故不宜机械地适用本条规定，而应当从便利解决行政赔偿争议的角度，允许一并提起行政赔偿诉讼。（2）复议机关决定改变原行政行为的情形。依照行政诉讼法第二十六条第二款的规定，在行政诉讼中，被告为单被告，即行政复议机关。依照国家赔偿法第八条的规定，若行政复议机关的复议决定未加重损害，则在行政赔偿诉讼中，被告为最初造成侵权行为的行政机关，即原行政行为机关；若行政复议机关的复议决定加重损害，则在行政赔偿诉讼中，被告为双被告，即最初造成侵权行为的、作出原行政行为的行政机关和对加重损害部分承担赔偿责任的行政复议机关。无论是哪一种情形，行政诉讼和行政赔偿诉讼的被告都不一致。但是,对于此种情形,亦应结合行政诉讼法第二十九条第一款的规定,告知原行政行为机关,由其作为第三人申请参加行政诉讼,或者由人民法院通知其参加行政诉讼。这种诉讼程序上的处理可使原行政行为机关在行政诉讼中对行政侵权事实予以了解,为行政赔偿争议的实质解决奠定基础。

——最高人民法院行政审判庭编著:《最高人民法院关于审理行政赔偿案件若干问题的规定理解与适用》,人民法院出版社 2022 年版,第 96—97 页。

1093 两个以上行政机关共同实施侵权行为造成损害的情形是否可一并提起行政赔偿诉讼

关键词 | 行政赔偿 | 共同侵权 | 一并提起行政赔偿诉讼 |

【链接:最高人民法院法官著述】

行政诉讼和行政赔偿诉讼的适格被告不一致,除基于法律规定而出现外,还可能基于原告的诉讼选择。因两个以上行政机关共同实施侵权行为而提起的诉讼,便可能出现这种情况。

对两个以上行政机关共同作出的行政行为不服提起诉讼,被告为共同作出行政行为的两个以上的行政机关,形成的诉讼为必要共同诉讼。行政诉讼法第二十六条第四款规定:“两个以上行政机关作出同一行政行为的,共同作出行政行为的行政机关是共同被告。”《行政诉讼法解释》第二十六条第二款规定:“应当追加被告而原告不同意追加的,人民法院应当通知其以第三人的身份参加诉讼,但行政复议机关作共同被告的除外。”国家赔偿法第七条第二款规定:“两个以上行政机关共同行使行政职权时侵犯公民、法人和其他组织的合法权益造成损害的,共同行使行政职权的行政机关为共同赔偿义务机关。”本解释第八条规定:“两个以上行政机关共同实施侵权行政行为造成损害的,共同侵权行政机关为共同被告。赔偿请求人坚持对其中一个或者几个侵权机关提起行政赔偿诉讼,以被起诉的机关为被告,未被起诉的机关追加为第三人。”依照上述规定,在行政诉讼中,即使对于必要共同诉讼,人民法院也尊重原告对被告的选择权,即可以选择其中的一个或者几个行政机关为被告,其他的行政机关列为第三人。若将共同作出行政行为的行政机关均列为行政诉讼的被告,同时将这些行政机关均列为行政赔偿诉讼的被告,或者是将共同作出行政行为的行政机关的一个或者几个行政机关列为行政诉讼的被告，同时将这一个或者几个行政机关列为行政赔偿诉讼的被告，则完全符合本条规定，可一并提起行政赔偿诉讼。但是，若将共同作出行政行为的行政机关均列为行政诉讼的被告，但只将共同作出行政行为的行政机关的一个或者几个行政机关列为行政赔偿诉讼的被告，或者将共同作出行政行为的行政机关的一个或者几个行政机关列为行政诉讼的被告，却将其他的一个或者几个行政机关列为行政赔偿诉讼的被告，则将导致行政诉讼和行政赔偿诉讼的适格被告不一致。此时，可结合行政诉讼法第二十九条第一款和民事诉讼法第五十九条第二款的规定，告知未被列为被告的其他行政机关，由其作为第三人申请参加诉讼，或由人民法院通知其参加诉讼，从而不影响对行政赔偿诉讼的一并提起。

——最高人民法院行政审判庭编著：《最高人民法院关于审理行政赔偿案件若干问题的规定理解与适用》，人民法院出版社 2022 年版，第 97—98 页。

1094 在立案阶段对承继人是否具有原告资格应当进行形式审查而非实质审查

关键词 | 行政赔偿 | 原告资格 | 行政赔偿请求人资格转移 |

【最高人民法院司法解释】

第七条 受害的公民死亡，其继承人和其他有扶养关系的人可以提起行政赔偿诉讼，并提供该公民死亡证明、赔偿请求人与死亡公民之间的关系证明。

受害的公民死亡，支付受害公民医疗费、丧葬费等合理费用的人可以依法提起行政赔偿诉讼。

有权提起行政赔偿诉讼的法人或者其他组织分立、合并、终止，承受其权利的法人或者其他组织可以依法提起行政赔偿诉讼。

——《最高人民法院关于审理行政赔偿案件若干问题的规定》（2022 年 5 月 1 日，法释〔2022〕10 号）。

【链接：理解与适用】

针对承继人的起诉，法院首先需要解决的是承继人的起诉是否符合受理条件的问题，而受理条件的首要问题是合法原告的问题，即必须审查原告资格。但由于在受理阶段被告尚未进入答辩、调查等程序，因而不存在一个与起诉人相对应的当事人与之抗辩,法院对作为起诉人的承继人是否具有原告资格进行实质性审查就失去基础。这就决定在受理阶段法院对原告的审查只能是形式审查,而不进行实质审查。这种情况下,起诉人对行政行为与其合法权益是否存在"利害关系"负有初步举证责任,即提供的起诉材料应当大体或基本能够证明行政行为对其合法权益可能造成了损害,法院审查的重点并非起诉人的合法权益确实受到了行政行为的侵犯,而是起诉人的合法权益可能受到行政行为的不利影响。起诉人在形式上符合原告的条件后,法院就应裁定立案受理。①

当然,只有具有行政赔偿请求人资格的人,才有权作为原告提出行政赔偿诉讼,反之则不能作为原告提起行政赔偿诉讼。法院经审理发现原告不具有赔偿请求人资格的,应当裁定驳回其行政赔偿诉讼。对于具备行政赔偿请求资格的人提起的行政赔偿诉讼,法院立案受理后,应当审查其是否超过法定提起行政赔偿的期限。……人民法院在立案阶段对承继人是否超过起诉期限应当进行形式审查而非实质审查。承继人是否确实超过起诉期限,以及耽误起诉期限是否有正当理由等,应在审理阶段予以查清。

——最高人民法院行政审判庭编著:《最高人民法院关于审理行政赔偿案件若干问题的规定理解与适用》,人民法院出版社 2022 年版,第 114—116 页。

1095 受害公民死亡后赔偿请求人的请求顺序

关键词｜行政赔偿｜赔偿请求人｜继承人｜

【链接：最高人民法院法官著述】

对于法定继承人要求行政赔偿的顺序,本法并没有明确规定。我们认为,继承法关于继承顺序的规定应当适用于所有法定的可能产生财产继承的情形,包括国家赔偿领域。因此,受害的公民死亡的,其继承人并非同等地享有行政赔偿请求权,继承人要求行政赔偿的顺序应等同于遗产继承的顺序。丧失继承权的,则无权要求行政赔偿;顺序在前的继承人没有放弃赔偿请求权之前,顺序在后的继承人不能取得赔偿请求权。

对于同时存在继承人和有扶养关系的非继承人的情形下的请求顺序,本法也

① 参见最高人民法院行政审判庭编著:《中华人民共和国行政诉讼法及司法解释条文理解与适用》,人民法院出版社 2015 年版,第 155—156 页。

没有明确规定。有人认为，只有在继承人都放弃国家赔偿请求权后，有扶养关系的非继承人才能请求行政赔偿。我们认为，根据继承法第十四条和第十九条规定体现的精神，有扶养关系的非继承人无须等待所有继承人都放弃赔偿请求权后才能请求行政赔偿。

——最高人民法院赔偿委员会办公室编著：《〈中华人民共和国国家赔偿法〉条文理解与适用》，人民法院出版社 2010 年版，第 103—104 页。

1096 作出赔偿决定时应适当照顾未成年人利益

关键词｜行政赔偿｜未成年人利益｜赔偿数额｜

【最高人民法院答复】

吉林省高级人民法院赔偿委员会：

你院《关于如何处理石晓丽等五人请求赔偿案件的请示报告》收悉。经研究答复如下：

根据《国家赔偿法》第六条第二款的规定，石晓丽等五位赔偿请求人都享有申请国家赔偿的权利，各自都应获得一部分赔偿金。赔偿金不应按份额平均分割，考虑到受害人崔洪福及其妻已与父母分家、子女尚小等因素，在作出赔偿决定时，应适当照顾未成年人的利益，并应就赔偿请求人各自获得的赔偿金额直接作出决定。

同意你院请示中的其他意见。

——《最高人民法院赔偿委员会关于如何处理石晓丽等五人请求赔偿一案的批复》（1996 年 10 月 28 日，〔1996〕法赔复 2 号）。

1097 在受害的公民死亡但无继承人和其他有扶养关系的人（包括近亲属不明）的情形下，如何确定请求权的主体

关键词｜行政赔偿｜近亲属｜

【链接：最高人民法院法官著述】

对于这种情形，如有支付受害公民医疗费、丧葬费等合理费用的人，正如前述，该主体可以依法提起行政赔偿诉讼。但如果没有支付受害公民医疗费、丧葬费等

合理费用的人，情况则比较复杂，实践中争议也比较大。一种观点认为，对于“无名死者”即无近亲属或者近亲属不明的被侵权人死亡的，为制裁侵权行为，维护社会关系稳定，保护潜在无名死者近亲属权益，可以由有关机关、法人或者其他组织，如检察机关、民政部门、村民委员会、居民委员会等，以原告身份提起诉讼，主张死亡赔偿金。另一种观点认为，在被侵权人死亡后，没有近亲属或者近亲属不明时，未经法律授权的机关或者组织无权向法院主张死亡赔偿金。我们倾向于同意第二种观点。理由主要在于：有关机关或者组织提起诉讼，并主张死亡赔偿金，缺乏法律依据。对此，《最高人民法院关于审理道路交通事故损害赔偿案件适用法律若干问题的解释》有类似规定，其第二十三条第一款明确规定：“被侵权人因道路交通事故死亡，无近亲属或者近亲属不明，未经法律授权的机关或者有关组织向人民法院起诉主张死亡赔偿金的，人民法院不予受理。”对受害公民死亡而无继承人和其他有扶养关系的人时也不能提起公益诉讼。因为根据民事诉讼法第五十八条的规定，只有对污染环境、侵害众多消费者合法权益等损害社会公共利益的行为，法律规定的机关和有关组织可以向人民法院提起诉讼。显然，该条不适用于受害公民死亡而无继承人和其他有扶养关系的人的合法权益的保护问题。另外，死亡赔偿金的性质也决定了行使请求权的主体范围不包括有关机关、法人或者其他组织。因死亡赔偿金是以受害人死亡导致预期收入减少为依据的“继承丧失”，即侵权人向死者近亲属赔偿死者余命年限内将获得的除去生活费等正常开支的剩余收入。[①] 如上所述，有权提起赔偿的人乃其权益受到侵害的人，包括直接受害人和间接受害人。在直接受害人因侵权行为死亡的情况下，间接受害人就是损害赔偿的请求权人，包括死者的近亲属和被扶养人。该损害赔偿乃是对受害者近亲属或者被扶养人因其死亡导致的生活资源减少和丧失的赔偿。[②]

——最高人民法院行政审判庭编著：《最高人民法院关于审理行政赔偿案件若干问题的规定理解与适用》，人民法院出版社 2022 年版，第 116—117 页。

① 参见全国人大常委会法制工作委员会民法室：《中华人民共和国侵权责任法条文说明、立法理由及相关规定》，北京大学出版社 2010 年版，第 62 页。

② 参见最高人民法院民法典贯彻实施工作领导小组主编：《中华人民共和国民法典侵权责任编理解与适用》，人民法院出版社 2020 年版，第 161—163 页。

1098 经上级行政机关批准的行政行为引发行政赔偿诉讼时是否成立共同被告

关键词｜行政赔偿｜共同被告｜共同侵权｜上级行政机关批准｜

【最高人民法院司法解释】

第八条 两个以上行政机关共同实施侵权行政行为造成损害的，共同侵权行政机关为共同被告。赔偿请求人坚持对其中一个或者几个侵权机关提起行政赔偿诉讼，以被起诉的机关为被告，未被起诉的机关追加为第三人。

——《最高人民法院关于审理行政赔偿案件若干问题的规定》（2022年5月1日，法释〔2022〕10号）。

【链接：理解与适用】

关于批准机关与被批准机关的诉讼地位问题，《行政诉讼法解释》作出了明确规定，该司法解释第十九条规定："当事人不服经上级行政机关批准的行政行为，向人民法院提起诉讼的，以在对外发生法律效力的文书上署名的机关为被告。"该司法解释明确了在涉及上下级行政机关关系的适格被告问题上，以在对外发生法律效力的文书上署名的机关为被告的判断标准。据此，经上级行政机关批准的行政行为引发行政赔偿诉讼时，可根据该条规定确定适格被告。如果下级行政机关经请示上级行政机关，得到上级行政机关批准后作出某行政行为，该行政行为是以下级行政机关的名义作出的，则不能认定该行政行为系上级行政机关和下级行政机关共同实施，赔偿请求人如认为该经批准的行政行为侵犯其合法权益提起行政赔偿诉讼，只能以在对外发生法律效力的文书上署名的机关，即下级行政机关作为被告。如果下级行政机关请示上级行政机关后，双方共同署名作出某行政行为，由此引发行政赔偿诉讼时，则上下级行政机关为共同赔偿义务机关，是共同被告。

此外，当下级行政机关按照上级行政机关的要求作出行政行为，即上下级行政机关之间存在委办（交办）关系时，如何确定适格被告？在这种情况下，人民法院在审查判断时，应当考察下级行政机关是否被动地接受上级行政机关的委办命令、交办指令。下级行政机关被动接受上级行政机关的指令而作出行政行为时，应当遵循"实际约束力"标准，即如果上级行政机关的指令也构成一个有约束力的行政行为，下级行政机关据此作出行政行为，则上下级行政机关是共同被告；如果上级行政机关的指令仅仅是一个行政指导行为，对下级行政机关没有实际约束力，则被诉行政行为仍然是下级行政机关的行为,应当列下级行政机关为被告。①

——最高人民法院行政审判庭编著:《最高人民法院关于审理行政赔偿案件若干问题的规定理解与适用》,人民法院出版社 2022 年版,第 131—132 页。

1099 认定行政机关共同侵权时，应当注意区分是一个侵权行为还是数个侵权行为

关键词|行政诉讼|共同侵权|数个侵权行为|

【链接：最高人民法院法官著述】

实践中,在认定数个行政机关共同实施侵权行政行为时,还应当注意区分数个行政机关实施的是一个侵权行为还是分别实施的数个侵权行为。只有在两个以上行政机关共同实施一个侵权行为对公民、法人或者其他组织合法权益造成损害的情况下,才构成共同侵权,该两个以上行政机关才属于共同赔偿义务机关,才能适用本条的规定。如果是两个以上行政机关分别由于各自独立的行政行为对公民、法人或者其他组织的合法权益造成了数个损害,则两个以上行政机关不构成共同侵权,不成立共同被告。赔偿请求人应当针对对其造成损害的各个不同的侵权行政行为,分别向各赔偿义务机关提出赔偿申请或者提起行政赔偿诉讼,以分别寻求救济。

——最高人民法院行政审判庭编著:《最高人民法院关于审理行政赔偿案件若干问题的规定理解与适用》,人民法院出版社 2022 年版,第 132 页。

1100 行政行为经过复议后，行政赔偿诉讼被告的确定

关键词|行政赔偿|行政复议|被告确定|

【最高人民法院司法解释】

第九条 原行政行为造成赔偿请求人损害,复议决定加重损害的,复议机关与原行政行为机关为共同被告。赔偿请求人坚持对作出原行政行为机关或者复议机

① 江必新、梁凤云:《行政诉讼法理论与实务(第三版)》(上),法律出版社 2016 年版,第 618 页。

关提起行政赔偿诉讼,以被起诉的机关为被告,未被起诉的机关追加为第三人。

——《最高人民法院关于审理行政赔偿案件若干问题的规定》(2022 年 5 月 1 日,法释〔2022〕10 号)。

【链接：理解与适用】

一、立案时如何判断复议机关是否为共同被告

根据本条规定,复议机关成为共同被告的条件是,“复议决定加重损害”。但是,要求在立案时正确判断是否存在“复议决定加重损害”的情形可能存在一定困难,有的甚至需要经过实体审理才能判断。例如,在复议决定维持原行政机关作出的责令停产停业、吊销许可证或执照等的行政处罚情况下,虽然停产停业损失是原行政处罚决定造成的,但复议程序是否违法、是否因此加重了原告的损害,未经审理无法作出正确的判断。如因复议程序超过法定期限并造成原告损失的扩大,则超期部分的停产停业损失应由复议机关承担。再如,在复议决定改变原行政行为视为维持①的情况下,复议决定虽然维持了原行政行为的处理结果,但改变了原行政行为所认定的主要事实和证据或所适用的规范依据,如果仅以原行政机关为被告,可能造成原行政机关的举证困难。因为,根据《行政诉讼法解释》第一百三十五条第三款的规定,复议机关作共同被告的案件,复议机关在复议程序中依法收集和补充的证据,可以作为人民法院认定复议决定和原行政行为合法的依据。

因此,在立案阶段比较妥当的做法是,根据原告的诉讼请求及提交的初步证据进行综合判断,确定适格的被告。若原告对原行政机关和复议机关均提出赔偿请求,且提交的初步证据能够证明,不仅存在原行政行为造成的损失,而且存在复议决定加重损害的可能,人民法院应将复议机关与原行政机关列为共同被告。若原告仅对其中一个机关提出赔偿请求,但初步证据证明存在加重损害的可能时,人民法院应当释明原告,将两个机关列为共同被告。经释明后原告拒绝追加的,人民法院应当追加未被起诉的机关为第三人。经审理,若不存在复议决定加重损害或因复议程序违法造成原告损失扩大的情形,则由原行政机关对造成的损害后果承担赔偿责任,复议机关不承担赔偿责任。

二、复议机关作出的不予受理决定是否加重损害

根据国家赔偿法第三条、第四条列举的可能造成损害的侵权行为种类,绝大多数均是因行政机关及其工作人员不当行使职权的作为行为才能导致行政赔偿责

① 《行政诉讼法解释》第二十二条第一款规定:“复议机关改变原行政行为所认定的主要事实和证据、改变原行政行为所适用的规范依据,但未改变原行政行为处理结果的,视为复议机关维持原行政行为。”

任。消极不作为导致的行政赔偿责任,通常仅存在于特定领域中。如负有保护公民人身权、财产权不受侵害的人民警察,接到报警后未及时出警,受害人遭受不法侵害;负有监管职责的看守所未尽安全保障义务,被限制人身自由的被监管人的安全和健康受损等。

上文已述,复议机关成为共同被告的条件是,“复议决定加重损害”。那么,复议机关的不予受理决定是否会造成复议申请人的损害,就成为判断是否存在加重损害的前提。根据行政复议法及《行政复议法实施条例》的规定,行政复议的目的是解决行政争议,防止和纠正违法的或者不当的行政行为,保护公民、法人和其他组织的合法权益,保障和监督行政机关依法行使职权。行政复议机关根据申请人的申请,依法受理并对被申请的行政行为的合法性进行审查。若申请人的申请不符合上述法律法规规定的受理条件,复议机关即作出不予受理决定。因此,不予受理决定本身并不对公民、法人或者其他组织的人身权、财产权进行直接处分,与国家赔偿法第四条规定所列举的其他造成财产权损害的行政执法行为具有不同的属性,因此不属于国家赔偿法第四条规定的“造成财产损害的其他违法行为”。[①]

——最高人民法院行政审判庭编著:《最高人民法院关于审理行政赔偿案件若干问题的规定理解与适用》,人民法院出版社 2022 年版,第 148—149 页。

1101 行政非诉执行行政赔偿被告的确定

关键词 | 行政赔偿 | 行政非诉执行 | 适格被告 |

【最高人民法院司法解释】

第十条　行政机关依据行政诉讼法第九十七条的规定申请人民法院强制执行其行政行为,因据以强制执行的行政行为违法而发生行政赔偿诉讼的,申请强制执行的行政机关为被告。

——《最高人民法院关于审理行政赔偿案件若干问题的规定》(2022 年 5 月 1 日,法释〔2022〕10 号)。

【链接:理解与适用】

人民法院基于行政机关的申请,对拒不履行行政决定所确定的义务的相对人

---

① 详见最高人民法院(2015)行监字第 2116 号行政裁定书。

依法采取强制措施,使生效行政决定的内容得以实现。在这一过程中,历经行政机关作出行政行为、申请人民法院执行、人民法院经过审查作出裁定、人民法院予以执行或交由行政机关执行等诸多环节。任一环节出现问题,都有可能损害相对人的合法权益,进而引发赔偿问题。此种情形下,由谁作为被告承担赔偿责任,一直存在不同观点。本条即关于行政非诉执行行政赔偿的规定,本条规定明确了在行政非诉执行行政赔偿诉讼中,由申请强制执行的行政机关作为被告。

——最高人民法院行政审判庭编著:《最高人民法院关于审理行政赔偿案件若干问题的规定理解与适用》,人民法院出版社 2022 年版,第 156 页。

三、证据

1102 行政赔偿诉讼举证责任规则

关键词 | 行政赔偿 | 举证责任 |

【最高人民法院司法解释】

第十一条第一款 行政赔偿诉讼中,原告应当对行政行为造成的损害提供证据;因被告的原因导致原告无法举证的,由被告承担举证责任。

——《最高人民法院关于审理行政赔偿案件若干问题的规定》(2022 年 5 月 1 日,法释〔2022〕10 号)。

【链接:理解与适用】

本条所指的损害,应当是指行政行为对原告合法权益所造成的不利影响。除法律明确限定外,这里的损害既包括人身损害,也包括财产损害;既包括物质损害,也包括精神损害;既包括直接损害,也包括间接损害;既包括已经发生的损害,也包括将来一定要发生的损害。如违法使用武器、警械造成公民身体伤害或者死亡,原告请求赔偿人身伤害的,原告应当提供证明伤情的医院诊断证明书、处方或者病历复印件、医疗费单据等。需要注意的是,这里的损害只能是受到法律保护或者认可的权益所受到的损害,不包括违法利益或者法律不保护的利益所遭受的损害。比如违章建筑,不被法律认可也不受法律保护,原告就其损害诉至法院,得不到法院的支持。但在个别情形下,如行政机关采取了突然强制执行的方式,未给当事人留出自行纠正、减少损失的时间,一些地方法院判赔部分建筑材料等损失,一般亦可予以支持。

——最高人民法院行政审判庭编著:《最高人民法院关于审理行政赔偿案件若干问题的规定理解与适用》,人民法院出版社 2022 年版,第 185 页。

1103 原告是否应当对行政行为与损害事实之间存在因果关系承担举证责任

关键词｜行政赔偿｜举证责任｜因果关系｜

【链接：最高人民法院法官著述】

根据行政诉讼法和国家赔偿法的规定，对于行政赔偿责任应当满足以下几个要件：(1)侵权行为主体是行政机关及其工作人员。(2)行政机关及其工作人员在行使职权过程中实施的行为违法。(3)受害人的合法权益遭受损害。(4)行政机关及其工作人员的违法行为与受害人所受损害之间存在因果关系。行政行为被确认违法是请求行政赔偿的前置程序，在行政赔偿案件中，侵权行为主体是行政机关及其工作人员以及行政行为具有违法性这两项要件事实已被有权机关确认，损害事实一般由原告承担举证责任、特殊情况下由被告承担举证责任的规则也基本明确，但关于因果关系的举证责任问题则存在一定争议。……但我们认为，无论是《行政诉讼证据规定》，还是《行政赔偿司法解释》，均未排除行政赔偿诉讼的原告对损害事实与行政行为之间存在因果关系承担初步证明责任。行政赔偿诉讼不同于一般的行政诉讼，人民法院审查的是原告也即赔偿请求人的诉讼请求能否成立，而不是被诉行政行为，若原告提不出证据或者提供的证据不能证明自身所受损害与行政行为存在因果关系，则其提出的赔偿请求因缺乏事实根据可能无法得到支持。立法之所以作出上述规定，一是按照国家赔偿法第十五条第一款关于“人民法院审理行政赔偿案件，赔偿请求人和赔偿义务机关对自己提出的主张，应当提供证据”的规定，原告就其所主张的因果关系之存在负有举证责任本是题中应有之义，无须再行强调；二是出于时代背景和政策考量，突出强调赔偿义务机关的举证责任，以充分发挥行政赔偿制度的效果，切实维护受害人的合法权益，促使国家机关及其工作人员依法行使职权；三是给司法实务留有一定余地，因为现实中，除了国家赔偿法第十五条第二款所规定的受害人在被赔偿义务机关采取行政拘留或者限制人身自由的强制措施期间死亡或丧失行为能力与赔偿义务机关的违法行为之间的因果关系外，还有一些情形，赔偿请求人也是没有能力证明因果关系的，譬如受害人的伤害程度虽然没有达到丧失行为能力或死亡，但因人身自由被限制，也没有能力证明因果关系。立法不可能覆盖所有情形，实践中，法官要结合具体情况来酌定。例如，按照本解释第十二条规定，在行政赔偿诉讼中，原告主张限制人身自由期间受到身体伤害，被告否认负有行政赔偿责任的，对于原告损害与行政行为之间是否存在因果关系由被告提供相应的证据证明。换一种情形，原告主张行政机关工作人员在实施拆除行为的过程中对其身体进行了伤害，行政机关主张拆除时原告并不在场，也未对原告人身自由进行限制，此时原告则须对拆除行为与其人身损害之间存在因果关系作出合理说明。

——最高人民法院行政审判庭编著：《最高人民法院关于审理行政赔偿案件若干问题的规定理解与适用》，人民法院出版社 2022 年版，第 187—189 页。

1104 行政赔偿诉讼中人民法院的证据认定规则

关键词｜行政赔偿｜证据认定｜

【最高人民法院司法解释】

第十一条第二款　人民法院对于原告主张的生产和生活所必需物品的合理损失，应当予以支持；对于原告提出的超出生产和生活所必需的其他贵重物品、现金损失，可以结合案件相关证据予以认定。

——《最高人民法院关于审理行政赔偿案件若干问题的规定》（2022 年 5 月 1 日，法释〔2022〕10 号）。

【最高人民法院指导性案例】

沙明保等诉马鞍山市花山区人民政府房屋强制拆除行政赔偿案（最高人民法院指导案例 91 号）

裁判要点：在房屋强制拆除引发的行政赔偿案件中，原告提供了初步证据，但因行政机关的原因导致原告无法对房屋内物品损失举证，行政机关亦因未依法进行财产登记、公证等措施无法对房屋内物品损失举证的，人民法院对原告未超出市场价值的符合生活常理的房屋内物品的赔偿请求，应当予以支持。

法院生效裁判认为：根据《中华人民共和国土地管理法实施条例》第四十五条的规定，土地行政主管部门责令限期交出土地，被征收人拒不交出的，申请人民法院强制执行。马鞍山市花山区人民政府提供的证据不能证明原告自愿交出了被征土地上的房屋，其在土地行政主管部门未作出责令交出土地决定亦未申请人民法院强制执行的情况下，对沙明保等四人的房屋组织实施拆除，行为违法。关于被拆房屋内物品损失问题，根据《中华人民共和国行政诉讼法》第三十八条第二款之规定，在行政赔偿、补偿的案件中，原告应当对行政行为造成的损害提供证据。因被告的原因导致原告无法举证的，由被告承担举证责任。马鞍山市花山区人民政府组织拆除上诉人的房屋时，未依法对屋内物品登记保全，未制作物品清单并交上诉人签字确认，致使上诉人无法对物品受损情况举证，故该损失是否存在、具体损失情况等，依法应由马鞍山市花山区人民政府承担举证责任。上诉人主张的屋内物品5万元包括衣物、家具、家电、手机等，均系日常生活必需品，符合一般家庭实际情况，且被上诉人亦未提供证据证明这些物品不存在，故对上诉人主张的屋内物品种类、数量及价值应予认定。上诉人主张实木雕花床价值为5万元，已超出市场正常价格范围，其又不能确定该床的材质、形成时间、与普通实木雕花床有何不同等，法院不予支持。但出于最大限度保护被侵权人的合法权益考虑，结合目前普通实木雕花床的市场价格，按"就高不就低"的原则，综合酌定该实木雕花床价值为3万元。综上，法院作出如上判决。

——《最高人民法院关于发布第17批指导性案例的通知》（法〔2017〕332号，2017年11月15日）。

【最高人民法院公报案例】

陈莉诉徐州市泉山区城市管理局行政处罚案

原告陈莉要求返还手推车及冰柜内食品和饮料的诉讼主张，应对被扣押的手推车价值及食品、饮料的品种和数量承担举证责任，但考虑到陈莉的手推车是自制的，陈莉的经营属于流动性的零售摊点，没有销售记录，客观无法准确举证，且被告城市管理局的工作人员在执法时未现场制作扣押清单或笔录，亦是造成该事实难以确定的主要原因，故手推车按陈莉主张的价值200元认定比较合理，应予支持；食品、饮料损失根据陈莉冰柜型号和经营品种等情况认定为800元比较合理，对陈莉主张赔偿其食品、饮料损失1000元的主张，不予支持。

——《中华人民共和国最高人民法院公报》2003年第6期。

【最高人民法院裁判案例】

王文、王钦诉江苏省睢宁县人民政府行政赔偿案［最高人民法院（2019）最高法行赔申203号行政赔偿裁定书］

本案系因被申请人睢宁县政府强制拆除涉案房屋的行为被生效判决认定违法而引发的行政赔偿诉讼。结合再审申请人王文、王钦申请再审的事实和理由，主要涉及对屋内物品损失这一事实认定的举证责任分配和证据采信问题。关于行政赔偿诉讼中的举证责任分配，行政诉讼法第三十八条第二款规定："在行政赔偿、补偿的案件中,原告应当对行政行为造成的损害提供证据。因被告的原因导致原告无法举证的,由被告承担举证责任。”根据上述法律规定,在行政赔偿诉讼中,一般仍应坚持“谁主张,谁举证”的诉讼一般原则,即原告应当对被诉行政行为造成损害的事实提供证据。同时,上述规定也明确“因被告的原因导致原告无法举证的,由被告承担举证责任”,主要是考虑到一方面被告要对自己的过错和违法情形承担代价,另一方面,因被告的原因往往客观上导致原告无法举证或难以举证,不宜将举证责任再加之于原告自身。但司法实践中需要注意的是,在被告无法举证或举证不充分的情况下,人民法院仍应当结合当事人的主张和在案证据,遵循法官职业道德,运用逻辑推理和生活经验、生活常识等,酌情确定赔偿数额。对于当事人未超出市场价值且符合生活常理的赔偿请求,人民法院应予支持;而对于超出正常生活需要或常理的赔偿请求,仍不应排除当事人的初步举证责任。具体到本案,涉案行政赔偿纠纷系因被申请人违法强制拆除房屋而引发,强拆行为在一定程度上确实导致了再审申请人对其损害举证困难,因此,本案依法应由被申请人对被拆除房屋内的相关物品损失承担举证责任。为此,被申请人提供了强制拆除当日的现场录像等证据,符合法律规定。根据该现场录像,再审申请人屋内物品的损失主要包括屋内未搬出的家用电器损失和其他物品损失。原审法院根据现场录像,并综合考虑日常生活经验、物品折旧等因素,酌情认定空调、热水器等家用电器损失 8000 元,其他物品损失 70000 元,符合生活经验和常理,并无不当。再审申请人主张屋内还存有发电机、磨光机等生产设备,但未能提供初步证据予以证明,也没有其他证据可以与之相互印证,故原审法院对该赔偿主张未予支持,于法有据。至于案外人王芝兰,原审法院仅是根据王芝兰与被申请人在本案侵权行为中的过错程度,来确定被申请人的赔偿责任分担比例,并非是把王芝兰作为本案赔偿义务主体。原审法院根据被申请人在侵权行为中的过错程度,确定其承担其他物品 50%的损害赔偿,即 35000 元,亦无不妥。再审申请人因王芝兰过错而导致的侵权损害,可经由其他诉讼途径依法解决。

——中国裁判文书网,https://wenshu. court. gov. cn/。

1105 原告被限制人身自由人身损害行政赔偿举证责任倒置

关键词｜行政赔偿｜被限制人身自由｜身体损害｜举证责任倒置｜

【最高人民法院司法解释】

第十二条 原告主张其被限制人身自由期间受到身体伤害,被告否认相关损害事实或者损害与违法行政行为存在因果关系的,被告应当提供相应的证据证明。

——《最高人民法院关于审理行政赔偿案件若干问题的规定》(2022 年 5 月 1 日,法释〔2022〕10 号)。

【链接：理解与适用】

一、原告并非不承担证明义务

本条规定是行政诉讼举证责任倒置的特殊情形,并非原告不承担任何证明义务。即使原告因人身自由受到限制而处于孤立无援的境地,也需要按照行政诉讼举证责任分配的一般规定承担相应的证明义务。一方面,原告需要重点就身体受到伤害的事实进行充分举证,并就被告违法行使职权行为的存在及其与身体损害之间的因果联系提出主张;另一方面,当被告提供充足的证据否认其负有行政赔偿责任后,原告仍然需要提供相应的证据进行反驳。否则,面对被告所提供的充足证据,原告还将陷入不利境地。因此,在行政审判实践中,必须澄清举证责任倒置情形下原告可以不承担任何证明义务的认识误区。

二、被告举证的完整性要求

本条规定的亮点在于扩大了被告举证责任倒置情形的适用范围,对被告举证随之提出了更为完整性的要求。一方面,被告要针对原告是否存在身体伤害、行政机关自身是否存在违法行使职权的行为以及职权行为与身体伤害之间是否存在因果联系进行全方位举证;另一方面,被告需要针对原告身体伤害的具体程度大小,展开有针对性的、梯度式的举证,适应不同场景下证明标准的具体要求。因此,在行政审判实践中,不能仅从字面上理解被告的举证要求,需要在行政诉讼法、国家赔偿法整体的制度框架下进行理解和适用,确保新增条款规范意旨的实现。

——最高人民法院行政审判庭编著:《最高人民法院关于审理行政赔偿案件若干问题的规定理解与适用》,人民法院出版社 2022 年版,第 201 页。

四、起诉与受理

1106 行政赔偿请求应当有具体的损失内容和赔偿数额

关键词｜行政赔偿｜诉讼请求｜

【最高人民法院裁判案例】

黄德章、郭智豪诉广西壮族自治区南宁经济技术开发区管理委员会行政赔偿案［最高人民法院（2019）最高法行赔申315号行政裁定书］

行政诉讼法第四十九条第（三）项规定，提起行政诉讼，应当有具体的诉讼请求和事实根据。《最高人民法院关于适用〈中华人民共和国行政诉讼法〉的解释》第六十八条第二款、第三款规定，当事人单独或一并提起行政赔偿诉讼，应当有具体的损失内容和赔偿数额。当事人未能正确表达诉讼请求的，人民法院应当要求其明确诉讼请求。因此，当事人不能笼统请求予以行政赔偿，否则属于诉讼请求不明确，赔偿请求缺乏相应的事实根据。本案中，黄德章、郭智豪单独提起行政赔偿诉讼，并未明确具体的损失内容和赔偿数额，属于诉讼请求不明确的情形，一审法院应当向当事人释明，要求其列明具体损失内容、提出具体的赔偿数额。至于将来人民法院支持的数额，确需通过司法评估程序确定的，由人民法院自主决定，而不是由当事人在起诉时主张诉讼中通过司法评估程序确定其赔偿请求的数额。一审未予释明不妥，本院予以指正。

——中国裁判文书网，https://wenshu. court. gov. cn/。

1107 当事人能否就行政赔偿事项单独申请行政复议

关键词｜行政赔偿｜行政复议｜

【最高人民法院裁判案例】

张云诉安徽省合肥市包河区人民政府行政复议案[最高人民法院(2020)最高法行申528号行政裁定书]

国家赔偿法第九条第二款规定："赔偿请求人要求赔偿，应当先向赔偿义务机关提出，也可以在申请行政复议或者提起行政诉讼时一并提出。"行政复议法第二十九条第一款规定："申请人在申请行政复议时可以一并提出行政赔偿请求，行政复议机关对符合国家赔偿法的有关规定应当给予赔偿的，在决定撤销、变更具体行政行为或者确认具体行政行为违法时，应当同时决定被申请人依法给予赔偿。"行政复议法并未规定当事人可以就行政赔偿事项单独申请行政复议。据此，在行政复议程序中，公民、法人或者其他组织提出行政赔偿请求应一并提出，复议机关对行政行为合法性予以审查时一并对行政赔偿事项作出处理。本案中，张云以征收违法、其未获得补偿安置为由，请求包河开发区管委会将其房屋恢复原状，该请求实质上是一项行政赔偿请求，包河开发区管委会作出不予恢复原状、请张云尽快办理拆迁安置手续的回复。张云对该回复不服，但其申请行政复议时未对其房屋被征收或拆除的行政行为一并提起行政复议申请，不符合上述法律规定。包河区政府驳回张云的行政复议申请，结果并无不当。

——中国裁判文书网，https://wenshu.court.gov.cn/。

1108 视为一并提起行政赔偿诉讼的适用情形

关键词｜行政赔偿｜未被确认违法｜视为一并提起行政赔偿｜

【最高人民法院司法解释】

第十三条第一款 行政行为未被确认为违法，公民、法人或者其他组织提起行政赔偿诉讼的，人民法院应当视为提起行政诉讼时一并提起行政赔偿诉讼。

——《最高人民法院关于审理行政赔偿案件若干问题的规定》(2022年5月1日，法释〔2022〕10号)。

【链接：理解与适用】

在此需要指出的是，随着本次修改后的司法解释规定的实施，特别是本条第一款"公民、法人或者其他组织提起行政赔偿诉讼时，行政行为未被确认为违法的，人民法院应视为提起行政诉讼时一并提起行政赔偿诉讼”的落地,从此不再区分法律行为和事实行为行政赔偿程序的不同,行政行为未被确认为违法而提起行政赔偿诉讼,依法视为提起行政诉讼时一并提起行政赔偿诉讼的,在判决时应当对赔偿义务机关致害行为是否违法予以确认,而一般来说,行政行为已被确认为违法的,赔偿请求人单独提起行政赔偿诉讼,则要遵循行政先行处理原则。

——最高人民法院行政审判庭编著:《最高人民法院关于审理行政赔偿案件若干问题的规定理解与适用》,人民法院出版社 2022 年版,第 211 页。

1109 行政行为已被确认为违法，单独提起行政赔偿诉讼的条件

关键词 | 行政赔偿 | 已被确认违法 | 单独提起行政赔偿 | 赔偿义务机关先行处理 |

【最高人民法院司法解释】

第十三条第二款　行政行为已被确认为违法,并符合下列条件的,公民、法人或者其他组织可以单独提起行政赔偿诉讼:

(一)原告具有行政赔偿请求资格;

(二)有明确的被告;

(三)有具体的赔偿请求和受损害的事实根据;

(四)赔偿义务机关已先行处理或者超过法定期限不予处理;

(五)属于人民法院行政赔偿诉讼的受案范围和受诉人民法院管辖;

(六)在法律规定的起诉期限内提起诉讼。

——《最高人民法院关于审理行政赔偿案件若干问题的规定》(2022 年 5 月 1 日,法释〔2022〕10 号)。

1110 行政行为确认违法后行政赔偿诉讼类型的选择与法院释明

关键词 | 行政赔偿 | 确认违法 | 给付诉讼 | 法院释明 |

【最高人民法院专业法官会议纪要】

法律问题:就赔偿请求人提出的国家赔偿请求,行政机关拒绝予以赔偿,赔偿请求人得提起何种诉讼?

法官会议意见：行政诉讼中的诉讼类型，原则上具有排斥关系。原告的诉讼请求，原则上只有一种诉讼类型能达到最有效的法律保护的目的。法院应当履行释明义务，协助当事人找出正确的诉讼类型进行诉讼。赔偿请求人为获得损害赔偿提起的行政赔偿诉讼属于给付诉讼。在赔偿请求人不提起给付诉讼，仅对行政赔偿义务机关拒绝等行为提起其他类型诉讼时，法院应行使释明权，引导其正确行使诉权，直接提起给付诉讼。

——最高人民法院第二巡回法庭 2019 年第 16 次法官会议纪要，载贺小荣主编：《最高人民法院第二巡回法庭法官会议纪要》（第一辑），人民法院出版社 2019 年版，第 336—338 页。

1111 提起行政诉讼后提出行政赔偿请求的处理

关键词 | 行政赔偿 | 行政诉讼 | 调解 |

【最高人民法院司法解释】

第十四条 原告提起行政诉讼时未一并提起行政赔偿诉讼，人民法院审查认为可能存在行政赔偿的，应当告知原告可以一并提起行政赔偿诉讼。

原告在第一审庭审终结前提起行政赔偿诉讼，符合起诉条件的，人民法院应当依法受理；原告在第一审庭审终结后、宣判前提起行政赔偿诉讼的，是否准许由人民法院决定。

原告在第二审程序或者再审程序中提出行政赔偿请求的，人民法院可以组织各方调解；调解不成的，告知其另行起诉。

——《最高人民法院关于审理行政赔偿案件若干问题的规定》（2022 年 5 月 1 日，法释〔2022〕10 号）。

【链接：理解与适用】

（一）一审中提出行政赔偿请求

行政诉讼当事人可以在提起行政诉讼的同时一并提出行政赔偿的请求，也可以在提起行政诉讼后提出行政赔偿请求。不同的是，到人民法院一审庭审终结前提出行政赔偿请求的，如果符合相关起诉条件，人民法院应当受理其起诉并作出裁判。这是为了便捷诉讼当事人，可以通过一个审判组织对行政行为的合法性以及是否符合行政赔偿的条件进行综合判断，并作出是否予以赔偿的裁判。如果当事人在一审庭审结束后宣判之前提出行政赔偿请求的人民法院并不当然对其起诉予以立案,而是综合案件具体情形决定是否受理并作出裁判。行政诉讼当事人在一审期间没有提出行政赔偿请求的,根据本解释第十四条第一款的规定,人民法院应当行使释明权,但是经过人民法院释明后,当事人仍未一并提出行政赔偿请求的,根据“不告不理”原则,人民法院无权主动作出是否予以赔偿的判决。

(二)二审和再审中提出行政赔偿请求

行政诉讼当事人在二审或者再审期间提出行政赔偿请求的,人民法院可以就行政赔偿问题进行调解,调解不成的,告知当事人另行起诉。当事人之间可就行政赔偿问题进行调解的规定是出于尊重当事人的处分权,并可以实质性化解行政争议的考虑。但是行政诉讼中的调解要充分尊重当事人的意愿,同时也要符合法律法规的相关规定。如果有一方当事人提出不同意调解,或者提出在二审或者再审程序中对行政赔偿事项进行确认违背诉讼程序利益的话,人民法院就不能再对赔偿事项继续调解或者作出裁判,而应当告知赔偿请求人另行提起行政赔偿诉讼。

值得注意的是,如果当事人在一审中提出了行政赔偿请求,只是在判决中遗漏行政赔偿请求的,二审人民法院应当分情况处理:经审查认为依法应当给予赔偿的,在确认具体行政行为违法的同时,可以就行政赔偿问题进行调解,调解不成的将行政赔偿部分发回重审;经审查认为依法不应当予以赔偿的,应当驳回赔偿请求。这种区分处理的法律依据是《行政诉讼法解释》第一百零九条第三款、第四款、第五款的规定。即原审判决遗漏了必须参加诉讼的当事人或者诉讼请求的,第二审人民法院应当裁定撤销原审判决,发回重审。原审判决遗漏行政赔偿请求,第二审人民法院经审查认为依法不应当予以赔偿的,应当判决驳回行政赔偿请求。原审判决遗漏行政赔偿请求,第二审人民法院经审理认为依法应当予以赔偿的,在确认被诉行政行为违法的同时,可以就行政赔偿问题进行调解;调解不成的,应当就行政赔偿部分发回重审。

——最高人民法院行政审判庭编著:《最高人民法院关于审理行政赔偿案件若干问题的规定理解与适用》,人民法院出版社 2022 年版,第 230—231 页。

1112 行政赔偿请求时效

关键词 | 行政赔偿 | 请求时效 |

【最高人民法院司法解释】

第十五条　公民、法人或者其他组织应当自知道或者应当知道行政行为侵犯其合法权益之日起两年内，向赔偿义务机关申请行政赔偿。赔偿义务机关在收到赔偿申请之日起两个月内未作出赔偿决定的，公民、法人或者其他组织可以依照行政诉讼法有关规定提起行政赔偿诉讼。

——《最高人民法院关于审理行政赔偿案件若干问题的规定》（2022年5月1日，法释〔2022〕10号）。

1113 提起行政诉讼时一并提出行政赔偿请求的，人民法院应主动审查起诉是否超过起诉期限

关键词｜行政赔偿｜一并提出行政赔偿请求｜起诉期限｜

【最高人民法院司法解释】

第十六条　公民、法人或者其他组织提起行政诉讼时一并请求行政赔偿的，适用行政诉讼法有关起诉期限的规定。

——《最高人民法院关于审理行政赔偿案件若干问题的规定》（2022年5月1日，法释〔2022〕10号）。

【链接：理解与适用】

我们认为，起诉期限系行政诉讼法定起诉条件之一。如果起诉超过起诉期限且无正当事由，当事人将因起诉期限的经过而丧失诉权。与诉讼时效不同，起诉期限是法院应当依职权主动调查的程序性事项，并非基于当事人的申请，亦非基于当事人的抗辩，在当事人没有提交相关证据的情况下法院亦可主动调取相关证据。如前所述，公民、法人或者其他组织提起行政诉讼时一并提出行政赔偿请求的，行政行为诉讼系主诉，人民法院得依职权主动审查主诉是否超过法定起诉期限。鉴于一并提起的行政赔偿诉讼的起诉期限与行政行为诉讼的起诉期限应保持一致，如果行政行为诉讼超过起诉期限，不符合法定起诉条件，则一并提起的行政赔偿诉讼亦超过起诉期限，亦不符合法定起诉条件。结合本解释第十九条“公民、法人或者其他组织一并提起行政赔偿诉讼，人民法院经审查认为行政诉讼不符合起诉条

件的，对一并提起的行政赔偿诉讼，裁定不予立案；已经立案的，裁定驳回起诉”之规定，此时人民法院应当不予立案；已经立案的，应当裁定驳回起诉。最高人民法院所作（2020）最高法行申 12613 号行政裁定即认为：“本案的争议焦点为德卡公司提起本案诉讼是否超过法定起诉期限。本案属于提起行政诉讼的同时一并提出行政赔偿请求的情形，根据《最高人民法院关于审理行政赔偿案件若干问题的规定》第二十三条第一款‘公民、法人或者其他组织在提起行政诉讼的同时一并提出行政赔偿请求的，其起诉期限按照行政诉讼起诉期限的规定执行’之规定，赔偿诉讼起诉期限应当与相应的确认扶余市政府对德卡城市花园小区建设项目实行限价销售行为违法诉讼的起诉期限一致。行政诉讼法规定起诉期限之立法目的，是促使行政诉讼当事人尽快行使诉权，借以通过司法审查获得救济，维护自身合法权益；同时，有助于行政机关及时发现和纠正问题，提高行政效率，实现公共利益，保障社会公共秩序和法律关系的稳定性，使公平正义及时获得实现。对于行政机关作出行政行为时未告知公民、法人或者其他组织诉权或者起诉期限的情形，当时有效的 2000 年《行政诉讼法解释》第四十一条第一款规定，行政机关作出具体行政行为时，未告知公民、法人或者其他组织诉权或者起诉期限的，起诉期限从公民、法人或者其他组织知道或者应当知道诉权或者起诉期限之日起计算，但从知道或者应当知道具体行政行为内容之日起最长不得超过两年。本案中，德卡公司要求确认扶余市政府对德卡城市花园小区建设项目实行限价销售行为违法，其自 2010 年向扶余市政府反映限价问题，扶余市政府于 2015 年 8 月 10 日出具答复意见，而德卡公司于 2019 年 1 月 10 日才向一审法院提起本案诉讼，明显超过法定起诉期限，一并提起的本案行政赔偿诉讼亦已超过起诉期限。”①

——最高人民法院行政审判庭编著：《最高人民法院关于审理行政赔偿案件若干问题的规定理解与适用》，人民法院出版社 2022 年版，第 265—267 页。

1114 一并提起行政赔偿诉讼超过起诉期限，仅丧失诉权，但不丧失获得行政赔偿实体权利

关键词 | 行政赔偿 | 一并提起行政赔偿诉讼 | 起诉期限 |

---

① 参见最高人民法院（2020）最高法行申 12613 号行政裁定书。

【链接：最高人民法院法官著述】

起诉期限是法律规定的当事人不服某项行政行为时向法院请求司法救济的时间限制。公民、法人或者其他组织一并提起行政赔偿诉讼超过起诉期限的，其所丧失的仅是进入实体审理的程序权利，而非实体上的权利。亦即赔偿请求人的实体权利依然存在，法律只是拟制其失去了请求人民法院判令赔偿义务机关予以赔偿的权利。① 根据修正后的国家赔偿法第九条第二款之规定，赔偿请求人要求赔偿可以选择三条不同路径，一并提起行政赔偿诉讼仅是路径之一。一并提起行政赔偿诉讼超过起诉期限，并不代表申请行政复议时一并提出赔偿请求一定超过申请复议期限。此外，对于赔偿请求人而言，一并提起行政赔偿诉讼超过起诉期限的，其虽不能再通过诉讼途径请求确认行政行为无效、违法或撤销、废止行政行为，却可以请求行政机关重开行政程序。对于赔偿义务人而言，行政行为一旦作出，即具有确定力及执行力，行政机关虽然受行政行为的约束，但对于违法或者不当的行政行为以及由于事实和法律变迁而不宜存续的行政行为，行政机关亦具有自我纠错的职权和职责，在特定条件下可以自行纠错，在法律救济程序之外自行撤销或者废止行政行为，进而予以赔偿。基于上述分析，鉴于赔偿请求人的实体权利并未丧失，在一并提起行政赔偿诉讼超过起诉期限被裁定不予立案或者驳回起诉之后，其仍可向赔偿义务机关要求赔偿，赔偿义务机关主动履行赔偿义务的，其有权领受。嗣后，如果赔偿义务机关以时效期限已经届满为由要求赔偿请求人返还赔偿金的，人民法院应不予支持。

——最高人民法院行政审判庭编著：《最高人民法院关于审理行政赔偿案件若干问题的规定理解与适用》，人民法院出版社 2022 年版，第 267—268 页。

1115 不服复议决定中的赔偿部分提起行政赔偿诉讼的起诉期限

关键词 | 行政赔偿 | 行政复议 | 起诉期限 |

【最高人民法院司法解释】

第十七条 公民、法人或者其他组织仅对行政复议决定中的行政赔偿部分有

① 江必新、梁凤云、梁清：《国家赔偿法理论与实务》（下卷），中国社会科学出版社 2010 年版，第 1002 页。

异议,自复议决定书送达之日起十五日内提起行政赔偿诉讼的,人民法院应当依法受理。

行政机关作出有赔偿内容的行政复议决定时,未告知公民、法人或者其他组织起诉期限的,起诉期限从公民、法人或者其他组织知道或者应当知道起诉期限之日起计算,但从知道或者应当知道行政复议决定内容之日起最长不得超过一年。

——《最高人民法院关于审理行政赔偿案件若干问题的规定》(2022 年 5 月 1 日,法释〔2022〕10 号)。

【链接:理解与适用】

一、本条仅适用于赔偿请求人对复议决定中的赔偿部分不服提起的单独行政赔偿案件

公民、法人或者其他组织申请行政复议,若复议决定对被申请的行政行为予以撤销或确认违法,同时对赔偿请求作出决定,公民、法人或者其他组织对复议决定中的赔偿部分有异议的,向人民法院提起行政赔偿诉讼时,适用本条规定。此时的赔偿诉讼类型为单独赔偿之诉,应当立行赔字案号,审理的重点为应否赔偿以及赔偿多少。反之,如果复议机关作出的复议决定中,对于赔偿请求决定不予赔偿,且理由为被申请的行政行为合法,则不适用本条规定。因为此时原行政行为的违法性不仅没有得到复议机关的确认,而且经复议机关审查,肯定了原行政行为的合法性。公民、法人或者其他组织不服复议决定,向人民法院起诉,其诉讼请求既包括对原行政行为、复议行为的违法性进行确认,也包括请求赔偿损失,此种情形应属于一并提起的行政赔偿诉讼。根据国家赔偿法第三十九条的规定,一并提出赔偿请求的适用行政诉讼法关于起诉期限的规定。经复议的案件,应当适用行政诉讼法第四十五条规定。

实务中,应当正确识别单独提起行政赔偿之诉。在夏某诉某市政府、第三人镇政府的行政复议一案①中,夏某向某市政府申请复议,请求确认某镇政府违法占用其两块承包地修建道路的行为违法,并赔偿相应的损失。市政府作出复议决定,确认镇政府的占地行为违法,驳回夏某的行政赔偿请求。夏某不服复议决定,向人民法院提起诉讼,请求撤销复议决定的第二项,即驳回其行政赔偿请求的部分,并判令市政府重新作出复议决定。一审法院认为,夏某对镇政府占用其享有承包经营权的一块承包地修路的行为有权申请复议,但对于占用另一块其不享有承包经营

① 参见最高人民法院(2018)最高法行再 128 号行政裁定书。

权的土地修路的行为不具有复议申请人资格，故判决撤销复议决定，并责令复议机关重作。二审法院维持一审判决。当事人不服，向最高人民法院申请再审。最高人民法院经审理认为："复议机关对被申请复议的行政行为的处理和对一并提出的行政赔偿请求的处理，虽可载明于同一行政复议决定中，但彼此可分。因为，这两种处理引起的诉讼相互独立，按照不告不理原则，当事人仅挑战其中之一时，人民法院不宜主动审理另外一个并作出裁判。一审法院对本案的处理，使再审申请人行使诉权的结果比不行使诉权更加不利，对诉权的充分行使和诉讼渠道的畅通产生阻碍效果，与行政诉讼制度的宗旨显有不和。""国家赔偿法规定的救济方式是直接起诉赔偿义务机关，并不包括起诉复议机关，即不包括要求人民法院判决复议机关就行政赔偿问题作出处理或者重新处理的情形。以起诉复议机关履行法定职责的方式解决行政赔偿问题，与直接起诉赔偿义务机关相比，不仅程序更加烦琐，耗费更多的资源，而且难以直接解决赔偿问题，容易形成循环诉讼。"该案的裁判规则明确了，经复议机关确认原行政行为违法但驳回赔偿请求的情况下，当事人仅对复议决定中的行政赔偿部分有异议，向人民法院提起诉讼时，人民法院应当如何进行审理的问题。该案的裁判规则被司法解释所采纳。

——最高人民法院行政审判庭编著：《最高人民法院关于审理行政赔偿案件若干问题的规定理解与适用》，人民法院出版社 2022 年版，第 276—278 页。

1116 行政行为被确认为违法的认定

关键词 | 行政赔偿 | 行政行为被确认违法 |

【最高人民法院司法解释】

第十八条 行政行为被有权机关依照法定程序撤销、变更、确认违法或无效，或者实施行政行为的行政机关工作人员因该行为被生效法律文书或监察机关政务处分确认为渎职、滥用职权的，属于本规定所称的行政行为被确认为违法的情形。

——《最高人民法院关于审理行政赔偿案件若干问题的规定》（2022 年 5 月 1 日，法释〔2022〕10 号）。

【链接：理解与适用】

在司法实践中关于此类情形的法律适用，一定要注意行政机关工作人员因存在渎职情形被追究刑事责任与其履行或者怠于履行法定职责的行为高度关联，而不能作扩大解释。例如,张某华等五人诉天水市公安局麦积分局行政赔偿案中,张某华之夫被加害人刺伤后因失血过多死亡。虽然造成其夫死亡的主要原因是加害人的加害行为,但是该案中存在的特殊情况为,群众报警后,离事发现场仅几百米之遥的公安机关派出所在两个小时后出警,且120救护车辆亦救援不及时。因此,公安机关工作人员怠于履行职责的行为一定程度上对张某华之夫的死亡结果负有责任。因此,最高人民法院在针对该案作出的答复中认为,公安机关不履行或者拖延履行保护公民、法人或者其他组织人身权、财产权法定职责,致使公民、法人或者其他组织人身、财产遭受损失的,应当承担相应的行政赔偿责任。因该案中相关公安机关工作人员因怠于履行职责已被追究刑事责任,故该案中张某华等五人提起行政赔偿之诉具有事实根据,符合单独提起行政赔偿诉讼的起诉条件。

——最高人民法院行政审判庭编著:《最高人民法院关于审理行政赔偿案件若干问题的规定理解与适用》,人民法院出版社2022年版,第296—297页。

1117 行政机关违法扣押当事人财产后主动解除扣押且明示扣押违法的,可视为确认违法

关键词 | 行政赔偿 | 违法扣押 | 确认程序 |

【最高人民法院答复】

福建省高级人民法院:

你院《关于行政机关违法扣押当事人财产后又主动解除扣押的行为能否视为确认的请示》收悉。经研究,答复如下:

行政机关扣押当事人财产后又解除扣押,如解除扣押时明示扣押行为违法的,应认定扣押行为的违法性已被确认;解除时未明示扣押行为违法的,不能视为行政机关对扣押行为违法性已作确认。

——《最高人民法院行政审判庭对〈关于行政机关违法扣押当事人财产后又主动解除扣押的行为能否视为确认的请示〉的答复》(2000年1月25日,法行〔1999〕18号)。

1118 行政诉讼不成立，一并提起的行政赔偿诉讼裁定不予立案或驳回起诉

关键词｜行政赔偿｜一并提起行政赔偿诉讼｜不予立案｜驳回起诉｜

【最高人民法院司法解释】

第十九条　公民、法人或者其他组织一并提起行政赔偿诉讼，人民法院经审查认为行政诉讼不符合起诉条件的，对一并提起的行政赔偿诉讼，裁定不予立案；已经立案的，裁定驳回起诉。

——《最高人民法院关于审理行政赔偿案件若干问题的规定》（2022年5月1日，法释〔2022〕10号）。

1119 行政赔偿诉讼中一并解决民事争议的处理

关键词｜行政赔偿｜民事争议｜一并审理｜

【最高人民法院司法解释】

第二十条　在涉及行政许可、登记、征收、征用和行政机关对民事争议所作的裁决的行政案件中，原告提起行政赔偿诉讼的同时，有关当事人申请一并解决相关民事争议的，人民法院可以一并审理。

——《最高人民法院关于审理行政赔偿案件若干问题的规定》（2022年5月1日，法释〔2022〕10号）。

【链接：理解与适用】

行政诉讼法六十一条第一款规定："在涉及行政许可、登记、征收、征用和行政机关对民事争议所作的裁决的行政诉讼中，当事人申请一并解决相关民事争议的，人民法院可以一并审理。"即赋予了人民法院决定是否一并审理相关民事争议的权利，对于当事人提出的请求，人民法院可以根据具体情况决定是否一并审理。本解释基本延续了这一规定。那么，哪些情况应当一并审理，哪些情况下不适合合并审理呢？一般来说，人民法院在决定是否允许当事人提出的一并审理相关民事争议请求时，首要考虑的因素当然是关联性。如前所述，一并审理民事争议的关键是民事争议与被诉行政行为之间具有关联性，也就是两类争议在法律上的紧密程度。

考虑到当事人对于关联程度的把握未必准确，为了争取自己的权益，有可能将并不相关的民事争议请求一并审理，此时，不论从诉讼效率还是避免当事人的诉累方面考虑，赋予人民法院决定是否一并审理的权利都有一定意义。其次，对于相关民事争议是否一并审理还需要依赖对参加者的需要或者权益与既有当事人的可能性负担之间的权衡。如果一并审理相关民事争议会造成已有的行政诉讼程序过度迟延，人民法院也有权利不予准许当事人提起的一并审理相关民事诉讼请求。

——最高人民法院行政审判庭编著：《最高人民法院关于审理行政赔偿案件若干问题的规定理解与适用》，人民法院出版社 2022 年版，第 341 页。

五、审理和判决

1120 滥用职权的行政行为造成了财产损害，应予赔偿

关键词 | 行政赔偿 | 行政裁量 | 比例原则 |

【最高人民法院公报案例】

王丽萍诉中牟县交通局行政赔偿纠纷案

具体行政行为的合法性，不仅包括认定事实清楚、适用法律正确、符合法定程序，还包括行政机关在自由裁量领域合理使用行政自由裁量权，明显不合理的具体行政行为构成滥用职权。

张军明、王老虎、王书田驾驶的小四轮拖拉机未交养路费而在公路上行驶，被告县交通局的工作人员据此事实作出暂扣车辆的决定。由于行政相对人张军明、王老虎、王书田或者本案原告王丽萍都对暂扣车辆决定不存异议，故本案对这一决定的合法性不予审查。

准备暂扣的小四轮拖拉机，正处在为原告王丽萍运送生猪的途中。无论暂扣车辆的决定是否合法，被告县交通局的工作人员准备执行这个决定时，都应该知道：在炎热的天气下，运输途中的生猪不宜受到挤压，更不宜在路上久留。不管这生猪归谁所有，只有及时妥善处置后再行扣车，才能保证不因扣车而使该财产遭受损失。然而，县交通局工作人员不考虑该财产的安全，甚至在王丽萍请求将生猪运抵目的地后再扣车时也置之不理，把两轮拖斗卸下后就驾主车离去。县交通局工作人员在执行暂扣车辆决定时的这种行政行为，不符合合理、适当的要求，是滥用职权。

原告王丽萍因被告县交通局工作人员滥用职权的行政行为给自己造成了财产损害，起诉请求赔偿，其诉讼请求合法，应当支持。扣除出卖死猪得款 390 元，王丽萍遭受的经济损失是 10500 元，县交通局应当赔偿。王丽萍请求赔偿交通费 1700 元，但其提交支持该请求的相应证据无法核实认证，故对该部分请求不予支持。本案证据足以证明，15 头生猪是因小四轮主车被扣后，长时间在倾斜的车斗内挤压受热而死亡；扣车地点离生猪收购点远远超出 200 米，王丽萍在离开车辆运送的情

况下，无法保证生猪安全；出售生猪必须经过检疫，王丽萍把生猪卖给开封贸易实业公司，如何履行检疫手续，如何成交，财产所有权何时转移，是双方约定范围内的事务，他人无权干涉；到了开封后发现的死猪，也属于王丽萍所有。县交通局关于王丽萍应当向小四轮车主索赔，生猪因中暑死亡证据不足、王丽萍不应坐视损失扩大以及对运抵开封后死亡的生猪没有索赔权等辩解理由，不能成立。

——《中华人民共和国最高人民法院公报》2003 年第 3 期。

1121 警察在不得已情况下采取紧急救助行为造成的损失不应赔偿

关键词｜行政赔偿｜紧急救助｜最小侵害原则｜

【最高人民法院司法文件】

23. 最小侵害原则的运用问题

行政机关未选择对相对人损害较小的执法方式达成执法目的，径行作出被诉行政行为给相对人造成不必要的较大损害的，可以认定被诉行为违法。但在损害较小的方式不能奏效时，行政机关作出被诉行政行为给相对人造成较大损害的，不宜认定违法。（18 号、19 号）

——《最高人民法院办公厅关于印发〈行政审判办案指南（一）〉的通知》（2014 年 2 月 24 日，法办〔2014〕17 号）。

【最高人民法院公报案例】

陈宁诉庄河市公安局行政赔偿纠纷案

根据国家赔偿法第二条第一款的规定，国家机关及工作人员违法行使职权是给予国家赔偿的必要前提。本案中，警方是在司机韩勇被夹在发生事故的轿车驾驶室里生死不明，需要紧急抢救的情况下，决定实施强行打开驾驶室车门措施的。由于当时其他方法都不能打开已经变形的车门，为及时抢救出韩勇而采取气焊切割车门的方法，实属情况紧急，迫不得已。因为不及时打开车门，就无法对生死不明的韩勇实施紧急救护；尽早打开车门救出韩勇，就有可能挽救其生命。气焊切割车门的方法虽然会破损车门，甚至造成汽车的毁损，但及时抢救韩勇的生命比破损车门或者造成汽车的毁损更为重要。因为就相对人的生命而言，破损汽车车门或者汽车致他人利益损害明显较小，警方在紧急情况下作出强行打开车门抢救韩勇的决定，具有充分的合理性，而且在采取措施之前，警方已经尽可能地采取了相应的防范措施。虽然气焊切割车门导致了轿车的失火，但该行为从性质上属于警方正当的抢险救助行为，没有超出交通警察依法履行职责的范围。上诉人陈宁要求警方对在不得已情况下的紧急救助行为所造成的损失给予行政赔偿，是没有法律依据的。又由于事故现场客观条件的限制，无法准确判断司机韩勇的生死状况，故不能以事后证实的结果为理由认定警方对韩勇的救助行为没有实际的意义，故上诉人陈宁认为警方实施的紧急抢险行为不当的理由亦不成立。

——《中华人民共和国最高人民法院公报》2003 年第 3 期。

1122 行政共同侵权的构成要件和责任承担方式

关键词 | 行政赔偿 | 共同侵权 | 连带赔偿责任 |

【最高人民法院司法解释】

第二十一条 两个以上行政机关共同实施违法行政行为，或者行政机关及其工作人员与第三人恶意串通作出的违法行政行为，造成公民、法人或者其他组织人身权、财产权等合法权益实际损害的，应当承担连带赔偿责任。

一方承担连带赔偿责任后，对于超出其应当承担部分，可以向其他连带责任人追偿。

——《最高人民法院关于审理行政赔偿案件若干问题的规定》（2022 年 5 月 1 日，法释〔2022〕10 号）。

【链接：理解与适用】

一、关于对共同侵权人的起诉问题

……

关于行政共同侵权中的第二种情形，即行政机关及其工作人员与第三人恶意串通作出的违法行政行为，造成公民、法人或者其他组织人身权、财产权等合法权益实际损害的，赔偿请求人坚持对其中一个主体提起诉讼，人民法院是否应当追加连带责任人的问题。在行政赔偿诉讼中，这个问题倒也不难解决，因为行政赔偿案件的被告只能为行政机关。如果受害方当事人仅就行政机关一方提出行政赔偿诉讼，人民法院应当将行政机关列为行政赔偿案件的被告，同时根据修订后的司法解释第二十条的规定，在涉及行政许可、登记、征收、征用和行政机关对民事争议所作的裁决的行政案件中，行政机关可以申请人民法院一并解决与前述行政行为共同造成损害结果的相关民事争议问题，实施侵权的第三人就作为相关民事诉讼的被告。如果受害方当事人就行政机关、实施侵权行为的第三人要求承担民事赔偿责任的，人民法院应当将他们作为共同被告，被判决两被告对全部损失承担连带民事赔偿责任；如果受害方当事人仅就实施侵害的第三人提起民事侵权赔偿诉讼的，人民法院应当将行政机关追加为第三人，判决被告实施侵权行为的第三人承担全部损失的民事赔偿责任，同时判决行政机关承担连带赔偿责任。

二、行政行为违法与他人民事侵权交叉混合致使当事人合法权益受损时，行政机关赔偿责任的承担以及分摊原则

首先需要明确的是，行政行为违法并不必然导致行政机关承担行政赔偿责任。行政机关承担赔偿责任除了行政行为违法之外，还需满足损害结果、因果关系等构成要件。尤其是在行政行为违法与他人民事侵权交叉混合致使当事人合法权益受损的情况下，行政机关是否承担赔偿责任以及如何承担赔偿责任，根据行政诉讼法、国家赔偿法以及本解释等，应当区分情况分别对待。第一，行政机关及其工作人员与第三人恶意串通的情况下，行政机关承担连带赔偿责任。原告有权请求行政机关、第三人或者两者承担全部责任。由于判断行政机关“恶意串通”的主观状态比较困难，法院可以通过对行政机关工作人员的行为是否符合常理等综合予以判断。第二，行政机关与第三人分别违法的情况下，行政机关承担按份责任。由于第三人提供虚假材料，导致行政机关作出的行政行为违法，造成公民、法人或者其他组织损害的，人民法院应当根据违法行政行为在损害发生和结果中的作用大小，确定行政机关承担相应的行政赔偿责任。第三，行政机关已经尽到审慎审查义务的，不承担行政赔偿责任。

——最高人民法院行政审判庭编著：《最高人民法院关于审理行政赔偿案件若干问题的规定理解与适用》，人民法院出版社 2022 年版，第 356—360 页。

1123 行政机关工作人员以其机关的名义与罪犯共同诈骗的行为所引起的赔偿的定性

关键词｜行政赔偿｜刑事附带民事诉讼｜

【最高人民法院答复】

云南省高级人民法院：

你院《关于番集云等十人诉德宏州交警支队、潞西市交警大队行政赔偿案的请示》收悉。经研究，答复如下：

基于你院请示报告中所认定的事实，原则上同意你院审判委员会倾向性意见，即：张艾虎、石华山的行为是职务行为。对于番集云等上诉人的经济损失，德宏州交警支队、潞西市交警大队应承担相应的行政赔偿责任。

——《最高人民法院行政审判庭关于警察以其机关的名义与罪犯共同诈骗行为赔偿问题的答复》（2006年12月1日，〔2006〕行他字第8号）。

【链接：最高人民法院法官著述】

人民法院在处理此类案件时，应当注意以下三个问题：

（一）关于应否刑事附带民事的问题

行政机关工作人员执行职务时，致人伤亡或者合法财产损失的，因赔偿的义务主体是行政机关，不是其工作人员，赔偿的性质属于行政赔偿，故在刑事诉讼中，不能附带民事诉讼。但是，如果行政机关工作人员与行政机关以外的其他人员共同实施了同一违法行为，行政机关以外的其他人的侵害行为属于民事侵权行为，在刑事诉讼中，就可以附带民事诉讼。倘若受侵害人所获得的民事赔偿尚不足以弥补其损害的，还可以提起行政赔偿诉讼。

（二）关于在行政诉讼中发现刑事判决中对民事判决存在问题的处理问题

就本案而言，刑事判决中确认："侯卫明诈骗的赃款予以追缴，返还被害人。"在行政诉讼中发现，被骗的购车款项已被侯卫明自己挥霍或用于偿还债务，另有近200余万元的款项侯卫明无法证明其去向。也就是说，在刑事诉讼中，被骗的购车款项并未追缴。该判决存在认定事实不清和判决的此项内容无法实现的问题。根据《最高人民法院关于行政诉讼证据若干问题的规定》第七十条的规定，应当中止行政诉讼，通过法定程序予以纠正后恢复诉讼。

（三）关于连带赔偿与补充赔偿责任的问题

行政机关工作人员与非行政机关的人员共同故意实施违法行为，行政机关与非行政机关的人员应当承担连带赔偿责任。如果行政机关工作人员属于过失，一般应当承担补充责任。即非行政机关的人员赔偿后，不能弥补的损失部分由行政机关工作人员赔偿。

——蔡小雪、郭修江、耿宝建:《行政诉讼中的法律适用》,人民法院出版社2011年版,第100—101页。

1124 行政机关分别侵权承担连带责任或按份责任

关键词|行政赔偿|分别侵权|连带责任|按份责任|

【最高人民法院司法解释】

第二十二条　两个以上行政机关分别实施违法行政行为造成同一损害,每个行政机关的违法行为都足以造成全部损害的,各个行政机关承担连带赔偿责任。

两个以上行政机关分别实施违法行政行为造成同一损害的,人民法院应当根据其违法行政行为在损害发生和结果中的作用大小,确定各自承担相应的行政赔偿责任;难以确定责任大小的,平均承担责任。

——《最高人民法院关于审理行政赔偿案件若干问题的规定》(2022年5月1日,法释〔2022〕10号)。

【链接:理解与适用】

一、行政机关分别侵权的情况下,一方承担连带赔偿责任后也可以向其他连带责任人追偿

根据本解释第二十一条的规定,两个以上行政机关共同侵权,一方承担连带赔偿责任后,对于超出其应当承担的部分,可以向其他连带责任人追偿。那么,在本条规定的两个以上行政机关分别侵权,但应当承担连带赔偿责任的条件下,一方承担全部连带赔偿责任后,对于其他侵权的行政机关是否有追偿权?对此,实践中存有一定争议。民法典第一百七十八条第二款规定:“连带责任人的责任份额根据各自责任大小确定;难以确定责任大小的,平均承担责任。实际承担责任超过自己责任份额的连带责任人,有权向其他连带责任人追偿。”由于本司法解释的此条规定源于民法典,在赔偿责任的分配上也可以参考民法典的相关规定。我们认为,既然法律已经明确规定了有关连带责任承担后内部责任如何划分及追偿的规则,就应当适用这一规定,不必再区分是何种原因或者何种侵权行为类型导致的连带责任。换言之,本条规定从外部责任上讲,当然具有充分救济行政相对人的价值导向和政策判断,但从内部责任上看,并不意味着其中一个或者部分行政机关承担了全部责任后,其他侵权的行政机关责任即告消灭,它们仍应依照上述规定承担相应责任。

——最高人民法院行政审判庭编著:《最高人民法院关于审理行政赔偿案件若干问题的规定理解与适用》,人民法院出版社 2022 年版,第 374—375 页。

1125 两个以上行政机关分别侵权造成同一损害的，实施侵权行为的行政机关是否属于共同赔偿义务机关

关键词 | 行政赔偿 | 分别侵权 | 共同赔偿义务机关 |

【链接：最高人民法院法官著述】

国家赔偿法第七条第二款规定:“两个以上行政机关共同行使行政职权时侵犯公民、法人和其他组织的合法权益造成损害的,共同行使行政职权的行政机关为共同赔偿义务机关。”第十条规定:“赔偿请求人可以向共同赔偿义务机关中的任何一个赔偿义务机关要求赔偿,该赔偿义务机关应当先予赔偿。”根据上述规定,两个以上行政机关共同侵权时,为共同赔偿义务机关,这点没有争议。但是,两个以上行政机关分别侵权造成同一损害的,实施侵权行为的行政机关是否属于共同赔偿义务机关,则需要根据具体情形进行判断。

一般来说,认定为共同赔偿义务机关,需要满足以下几个条件:一是作为共同赔偿义务机关的每个行政机关必须具有独立主体资格;二是各个行政机关行使职权的行为都是损害发生的原因,即各个行政机关的职权行为都与损害后果之间存在因果关系;三是各个行政机关共同承担连带赔偿责任。我们认为,在本条第一款规定的“每个行政机关的违法行为都足以造成全部损害的”情形下,各行政机关的行为必然是损害发生的原因,且各个行政机关都承担连带赔偿责任,可以视为共同赔偿义务机关,赔偿请求人可以根据国家赔偿法第十条的规定向实施侵权行为的任何一个赔偿义务机关要求赔偿,该赔偿义务机关应当先予赔偿。当然,赔偿请求人也可以向数个赔偿义务机关要求共同赔偿。在本条第二款规定的“两个以上行政机关分别实施违法行政行为造成同一损害后果的”情形下,数个侵权机关之间承担的是按份责任,不构成共同赔偿义务机关。赔偿请求人应当就其受到的损害分别向各赔偿义务机关提出赔偿申请,其可以向一个或数个赔偿义务机关要求赔偿,但此时各赔偿义务机关只在相应的责任份额内承担赔偿责任。如果赔偿请求人对赔偿义务机关的赔偿数额不服,可以提起行政赔偿诉讼,由人民法院根据其违法行政行为在损害发生和结果中的作用大小,确定各侵权行政机关承担相应的行政赔

偿责任;难以确定责任大小的,平均承担责任。

——最高人民法院行政审判庭编著:《最高人民法院关于审理行政赔偿案件若干问题的规定理解与适用》,人民法院出版社 2022 年版,第 375—376 页。

1126 第三人提供虚假材料,导致行政机关作出的行政行为违法,造成损害的,如何确定行政机关应承担的赔偿责任

关键词｜行政赔偿｜第三人｜审慎审查义务｜

【最高人民法院司法解释】

第二十三条　由于第三人提供虚假材料,导致行政机关作出的行政行为违法,造成公民、法人或者其他组织损害的,人民法院应当根据违法行政行为在损害发生和结果中的作用大小,确定行政机关承担相应的行政赔偿责任;行政机关已经尽到审慎审查义务的,不承担行政赔偿责任。

——《最高人民法院关于审理行政赔偿案件若干问题的规定》(2022 年 5 月 1 日,法释〔2022〕10 号)。

【链接:理解与适用】

行政机关对于相关人员提交的材料需要尽到审慎审查的义务,那么何种程度的审查才算是达到该义务的要求这一问题是审理该类案件的关键点。对于行政登记类案件,行政机关工作人员客观上很难做到要将申请人提交的所有材料都全部进行调查核实,因为申请人提交的各种材料可能会涉及多方面信息,如果一一核实则需要行政登记机关在办理过程中不仅得和其他行政机关核实相关身份信息、经营信息、办理多种业务信息、资金流动信息等是否真实、准确,还需要核实经济实体的内部决策信息、人员信息等林林总总的情况,如果每一个登记事项都照此办理,行政登记机关恐怕无力完成,而且根据现实运行规律,确实也没有必要如此办理。无论是承担何种法定职责的行政机关,法律法规设置其权利义务之时皆是按照社会生活的普遍规律进行的。在行政登记领域,申请登记的公民、法人或者其他组织都是为了确认并保护自身合法权益而向行政机关提出请求,在此种情况下,行政机关只要对材料的完整性、合规范性以及依据高于常识性认知的职业标准进行审查即尽到了审慎审查义务。

与行政机关的审慎审查义务相对应的，我们在判断行政机关是否需承担行政赔偿责任时，需要审查行政机关行使行政职责时是否存在疏忽或者过错，是否依照法定程序对相关材料进行了审查或者对有关事项进行了妥当的处理等。如果是由于第三人提供了虚假材料导致了行政机关违法行政行为的作出，只要行政机关已按照法律法规等的要求履行了法定职责的，则不用承担行政赔偿责任。在此种情形下，合法权益受到损害的公民、法人或者其他组织一方面可以通过提起民事诉讼的方式，追究提供虚假材料的第三人的民事侵权责任；另一方面，可以通过向行政机关提交变更登记申请或者撤销、注销登记申请的方式维护自身合法权益。

——最高人民法院行政审判庭编著：《最高人民法院关于审理行政赔偿案件若干问题的规定理解与适用》，人民法院出版社 2022 年版，第 392—393 页。

【最高人民法院司法文件】

一、以虚假材料获取公司登记的问题

……

因申请人隐瞒有关情况或者提供虚假材料导致登记错误引起行政赔偿诉讼，登记机关与申请人恶意串通的，与申请人承担连带责任；登记机关未尽审慎审查义务的，应当根据其过错程度及其在损害发生中所起作用承担相应的赔偿责任；登记机关已尽审慎审查义务的，不承担赔偿责任。

——《最高人民法院办公厅关于印发〈关于审理公司登记行政案件若干问题的座谈会纪要〉的通知》（2012 年 3 月 7 日，法办〔2012〕62 号）。

【最高人民法院公报案例】

中国银行江西分行诉南昌市房管局违法办理抵押登记案［最高人民法院（2002）行终字第 6 号行政赔偿判决书］

要旨：国家行政机关在履行行政登记职责时，未尽到必要的注意义务，致使行政管理相对人遭受财产损失的，应根据国家赔偿法的有关规定，承担相应的赔偿责任。

南昌市房管局作为负责办理房产抵押登记的行政主管部门，在办理房产抵押登记过程中，对当事人的申请应当以高度负责的态度认真履行必要的注意义务，对于抵押房产及其权属证书的真伪有条件加以核对与识别。然而，南昌市房管局在本案中违反职业规范，未尽必要的注意义务，为持有假房产证实施诈骗的天龙公司办理抵押登记手续，并明示信托公司可以办理贷款。信托公司基于对房产登记机关所办抵押登记行为的信赖，为天龙公司发放贷款，致使信托公司遭受了财产损失。虽然本案贷款人天龙公司是造成信托公司财产损失的直接责任人，但是南昌市房管局的违法行为客观上为天龙公司骗取贷款提供了条件，其违法出具他项权利证明的行为与信托公司财产损失之间存在法律上的利害关系和因果关系。根据国家赔偿法第四条第（四）项、第七条第四款、第二十八条第（七）项和《最高人民法院关于审理行政赔偿案件若干问题的规定》第二十九条的规定，南昌市房管局对其违法办理抵押登记而酿成信托公司财产损失的后果，在天龙公司无法偿还贷款的情况下，应当承担相应的过失赔偿责任。一审判决认定南昌市房管局应当承担补充赔偿责任不当，应予纠正。南昌市房管局承担行政赔偿责任后，有权就其承担的数额向天龙公司行使追偿权。

——《中华人民共和国最高人民法院公报》2004 年第 2 期。

1127 第三人侵权造成损害的情况下，如行政机关未尽相关法定义务，如何承担行政赔偿责任

关键词｜行政赔偿｜第三人侵权｜未尽法定义务｜行政不作为｜

【最高人民法院司法解释】

第二十四条　由于第三人行为造成公民、法人或者其他组织损害的，应当由第三人依法承担侵权赔偿责任；第三人赔偿不足、无力承担赔偿责任或者下落不明，行政机关又未尽保护、监管、救助等法定义务的，人民法院应当根据行政机关未尽法定义务在损害发生和结果中的作用大小，确定其承担相应的行政赔偿责任。

——《最高人民法院关于审理行政赔偿案件若干问题的规定》（2022 年 5 月 1 日，法释〔2022〕10 号）。

【链接：理解与适用】

（一）“相应的行政赔偿责任”如何界定

所谓“相应的”，是指行政机关应当根据其不履行或者拖延履行法定职责行为对损失所起的作用大小来承担行政赔偿责任。这里需要注意对于补充责任的定性。补充责任的理论与制度中，将补充责任与主责任联结起来，并非因为它们之间属于共同责任关系，而是因为这两种不同的责任之间存在一定的牵连关系，即主次

责任都指向同一权利主体和同一损害，补充责任设置的目的在于将上述主次责任之间的关系通过立法的制度设计进行必要的协调和合理的安排。需要注意不能简单地按照共同责任的思维认识补充责任，将该条规定的损害行为视为第三人与行政机关分别实施的共同侵权行为，否则会得出行政机关作为补充责任人承担连带责任以及补充责任与主责任相加的总和便是某一共同责任的错误认识。因此，该条规定中责任划分的标准主要是“行政机关未尽法定义务在损害发生和结果中的作用大小”，这里所谓的作用，应当将行政机关不履行职责、拖延履行职责当成不防止、不阻止、不消除、不减轻等损害后果的因素来考虑；应将不履行、拖延履行法定职责行为在侵权行为和损害后果发生、发展过程中所起的作用等因素作为责任划分依据。实践中，不履行、拖延履行法定职责的行为可能出现在侵权行为和损害后果发生、发展的不同阶段，而这些不同阶段的不履行、拖延履行法定职责的行为，对于损害后果所起的作用又是不同的。一般而言，前期的不预防和后期的不消除、不减轻，比不制止或不阻止正在实施的侵权行为，对于损害后果所起的作用更小；在时间上越是接近侵权行为发生的阶段，不履行职责行为对损害后果所起的作用也就越大。预防、阻止、消除、减轻侵权行为和损害后果的可能因素，也是确定行政赔偿数额的因素。需要说明的是，之前相关司法解释讨论中，曾有人提出用“因果关系”一词来描述行政机关应当承担的“相应的”行政赔偿责任，即根据行政机关不履行、拖延履行法定职责行为与当事人损害之间的因果关系大小确定行政机关应当承担的行政赔偿数额。但结合前述分析可以看出“因果关系”的表述不够周延，实践中也难以判断，不具备较强的操作性。

——最高人民法院行政审判庭编著：《最高人民法院关于审理行政赔偿案件若干问题的规定理解与适用》，人民法院出版社 2022 年版，第 406—407 页。

【最高人民法院答复】

甘肃省高级人民法院：

你院《关于张美华等五人诉天水市公安局麦积分局行政赔偿案的请示报告》收悉，经研究，答复如下：

公安机关不履行或者拖延履行保护公民、法人或者其他组织人身权、财产权法定职责，致使公民、法人或者其他组织人身、财产遭受损失的，应当承担相应的行政赔偿责任。

公民、法人或者其他组织人身、财产损失系第三人行为造成的，应当由第三人承担民事侵权赔偿责任；第三人民事赔偿不足、无力承担赔偿责任或者下落不明的，应当根据公安机关不履行、拖延履行法定职责行为在损害发生过程和结果中所起的作用等因素，判决其承担相应的行政赔偿责任。

公安机关承担相应的赔偿责任后，可以向实施侵权行为的第三人追偿。

——《最高人民法院关于公安机关不履行、拖延履行法定职责如何承担行政赔偿责任问题的答复》（2013 年 9 月 22 日，〔2011〕行他字第 24 号）。

【最高人民法院公报案例】

尹琛琰诉卢氏县公安局 110 报警不作为行政赔偿案

原告尹琛琰主张的损失数额，有合法的依据，被告卢氏县公安局虽然对具体数额表示怀疑，但由于没有提供相关的具体证据予以否认，因此，对尹琛琰主张的财产损失数额应予以认定。尹琛琰门市部的财产损失，是有人进行盗窃犯罪活动直接造成的，卢氏公安局没有及时依法履行查处犯罪活动的职责，使尹琛琰有可能避免的财产损失没能得以避免，故应对盗窃犯罪造成的财产损失承担相应的赔偿责任。尹琛琰的门市部发生盗窃犯罪时，尹琛琰没有派人值班或照看，对财产由于无人照看而被盗所造成的缺失，也应承担相应的责任。

——《中华人民共和国最高人民法院公报》2003 年第 2 期。

【最高人民法院裁判案例】

王展鹏诉阜新市公安局新邱公安分局行政赔偿案［最高人民法院（2015）行监字第 81 号行政裁定书］

要旨：当事人起诉行政机关不作为行为并请求行政赔偿的，行政机关的不作为行为必须基于具体的事由、针对特定的行政相对人承担的具体的行为义务，不是抽象、普遍意义上的法定职责义务。否则，起诉人与所诉行政机关不作为之间不具有法律上的利害关系，不具有适格原告主体资格。

公民、法人或者其他组织提起行政诉讼，应当初步证明其与被诉的行政行为具有法律上的利害关系。本案中，王展鹏受到伤害系刘越超违法侵权行为所致。新邱公安分局“失职和纵容”不履行法定职责行为发生在刘越超伤害白凤英案件中，与刘越超伤害王展鹏的事件之间虽具有时间上的先后关系，但并不具有法律上的利害关系。因此，王展鹏以新邱公安分局不履行法定职责为由提起本案行政诉讼，不具有适格的原告主体资格，原审裁定驳回原告起诉，并无不当。王展鹏主张因新邱公安分局西部派出所民警不履行法定职责和纵容刘越超犯罪，造成王展鹏终身残疾，侵害了王展鹏的合法权益，两者之间具有法律上的利害关系，缺乏事实和法律根据,本院不予支持。

法释〔2001〕23 号《最高人民法院关于公安机关不履行法定行政职责是否承担行政赔偿责任问题的批复》(以下简称《批复》)规定:“由于公安机关不履行法定行政职责,致使公民、法人和其他组织的合法权益遭受损害的,应当承担行政赔偿责任。”这里的不履行法定职责“致使”公民、法人和其他组织的合法权益遭受损害,应当是指基于具体的事由,公安机关对特定的行政相对人承担具体的作为义务,公安机关没有履行相关义务,从而造成该行政相对人人身、财产损害的情形。《批复》中所称“法定职责”,不是抽象、普遍意义上的法定职责、义务。否则,公安机关负有保障全社会每一个公民人身、财产安全的法定职责,每一个受到违法犯罪行为侵害的公民,均可以公安机关没有维护好社会治安、违法犯罪频发,系不履行法定职责为由,要求公安机关承担行政赔偿责任。本案中,即便如王展鹏所述,新邱公安分局存在“失职和纵容”刘越超犯罪的不履行法定职责行为,王展鹏受到刘越超伤害,与新邱公安分局不履行法定职责行为之间,也未形成特定的职责义务对应关系。因此,本案并不符合《批复》的适用条件。王展鹏主张的依据《批复》,新邱公安分局应当承担行政赔偿责任,理由不能成立。

——人民法院出版社法规编辑中心编:《最高人民法院裁判观点精编(2014—2015)》,人民法院出版社 2016 年版,第 791—792 页。

1128 混合过错下的行政赔偿责任

关键词 | 行政赔偿 | 混合过错 |

【最高人民法院司法解释】

第九十七条 原告或者第三人的损失系由其自身过错和行政机关的违法行政行为共同造成的,人民法院应当依据各方行为与损害结果之间有无因果关系以及在损害发生和结果中作用力的大小,确定行政机关相应的赔偿责任。

——《最高人民法院关于适用〈中华人民共和国行政诉讼法〉的解释》(2018 年 2 月 8 日,法释〔2018〕1 号)。

【链接:理解与适用】

原告或者第三人的损失,是由被告行政机关的违法行政行为和原告或第三人的过错行为共同造成。其中,原告或者第三人的自身过错,包括:(1)原告因自身的过错行为。例如,原告过于信任侵权人,将自己的身份证、产权证书等重要身份和权利凭证交给侵权人,侵权人伪造产权移交手续,骗取产权变更登记,造成原告的房屋无法收回。(2)第三人自身过错行为。例如,第三人明知侵权人无代理权限或者以明显低于市场价格的购房款购买原告的房产,并积极配合侵权人伪造相关登记、转移登记手续办理产权过户手续,最终上当受骗,交付给侵权人的购房款无法追回。无论原告的过错,还是第三人的过错,只要受损失一方存在自身过错,因其自身过错造成的损失部分,行政机关不承担赔偿责任。这一点在国家赔偿法上也是有根据的,国家赔偿法第五条第(二)项规定,因公民、法人和其他组织自己的行为致使损害发生的,国家不承担赔偿责任。

被告行政机关的违法行政行为承担行政赔偿责任的前提条件是行政机关"未尽审慎审查义务",对损失的形成存在过错。"未尽审慎审查义务"的实质是违法行政行为与损失之间存在因果联系。违法行政行为对损失的形成没有过错,违法行政行为与损失之间没有因果联系,行政机关不承担行政赔偿责任。例如,在房屋产权变更登记案件中,由于原告或第三人的过错,侵权行为人提供的虚假材料确实让登记机关在作出房屋权属变更登记时难以发现,登记机关已经按照法律、法规、规章的规定,完全履行相关的审查程序义务,结果还是上当受骗,为侵权人错误地办理产权变更登记。由于办理转移登记的相关材料是虚假的,行政机关尽管已经履行相关程序义务,但是,因被诉变更登记行为主要事实不清、证据不足,该变更登记行为仍然是违法的行政行为。人民法院判决确认被诉变更登记行为违法后,因行政机关已经尽到审慎的审查义务,对损失的形成并无过错,违法登记行为与损失之间没有因果联系,所以登记机关并不承担行政赔偿责任。但是,如果侵权人提供的申报材料明显存在伪造的痕迹,登记机关未尽审慎审查义务发现并拒绝变更登记,违法登记行为只有在行政机关未尽到审慎的审查义务,其违法办理变更登记行为对损失的形成具有过错责任时,行政机关才应当承担相应的行政赔偿责任。

——最高人民法院行政审判庭编著:《最高人民法院行政诉讼法司法解释理解与适用》(上),人民法院出版社 2018 年版,第 448—449 页。

1129 不可抗力等客观原因造成损害,行政机关未尽相关法定义务,如何承担行政赔偿责任

关键词 | 行政赔偿 | 不可抗力 | 未尽法定义务 | 行政不作为 |

【最高人民法院司法解释】

第二十五条 由于不可抗力等客观原因造成公民、法人或者其他组织损害，行政机关不依法履行、拖延履行法定义务导致未能及时止损或者损害扩大的，人民法院应当根据行政机关不依法履行、拖延履行法定义务行为在损害发生和结果中的作用大小，确定其承担相应的行政赔偿责任。

——《最高人民法院关于审理行政赔偿案件若干问题的规定》(2022 年 5 月 1 日，法释〔2022〕10 号)。

【链接：理解与适用】

行政机关的不作为可能发生在不可抗力产生的各个阶段，行政机关未准确预警不可抗力的发生、不可抗力发生阶段未及时采取恰当的处置措施、不可抗力发生后未按照法律规定进行恢复与重建都可能与不可抗力叠加，导致未能及时止损或者扩大损失。此类案件审理中应当把握如下要件：第一，行政机关具有法定的现实作为义务。这里的法定义务可能是羁束性义务，也可能是裁量性义务。羁束性义务的履行中，行政机关及其工作人员对义务的履行不具有裁量权或者裁量空间。这类义务一般根据法律条文的明确性规定进行判断即可。裁量性义务的履行中，行政机关及其工作人员对义务的履行有一定的裁量权或者裁量空间，这里需要具体衡量此种义务的不履行是否会导致公民、法人或者其他组织的人身财产权受到即刻且现实的危险。如果存在此种情形，则认为即使法律没有明确列举，行政机关也具有相应的义务。第二，行政机关有履行义务的可能性。在行政机关有法定义务的情况下，其具备某种行政职权，且即使存在不可抗力的情形下，结合行政机关的信息掌握程度、注意义务及决策需要等因素，行政机关具备履行义务的可能性。比如在科学技术发展程度较高的今天，行政机关根据法律、法规的规定可以建立气象灾害监测体系，可以作出相对精准的预警并采取相应措施。第三，行政机关存在不依法履行或者拖延履行法定义务的情形。以前述气象灾害预警为例，在具备预警条件的情况下，行政机关怠于行使预警职责，或者延迟进行预警，或者预警范围和方式不符合法律法规规定，都属于不作为的情形。第四，公民、法人或者其他组织需要提起相应的申请。此外，实践中需要综合考量其他主体是否基于合同约定或者其他方式负有相应义务，其他主体是否履行了相应义务，以及受损害人本身是否采取相应措施避免损失扩大。

——最高人民法院行政审判庭编著：《最高人民法院关于审理行政赔偿案件若

干问题的规定理解与适用》,人民法院出版社 2022 年版,第 427—428 页。

1130 紧急情况下遵循技术规范采取必要措施应属已尽合理职责

关键词｜行政赔偿｜紧急情况｜比例原则｜合理职责｜

【最高人民法院参考案例】

曾伟勇诉福建省安溪县人民政府等不履行职责及行政赔偿案(行政审判案例第 75 号)

要旨:为避免灾害后果的发生,行政机关遵循技术操作规范的要求,采取必要措施的,可认定已合理履行职责。行政机关对因自然灾害造成的损失不承担赔偿责任。

根据防洪法及《福建省防洪条例》的有关规定,防汛抗洪是各级人民政府及所属水政行政主管部门依职权必须履行的法定职责。本案被上诉人安溪县人民政府、安溪县水利局于 2003 年 8 月初接到第 9 号热带风暴“莫拉克”的预警时,就及时部署防抗各项准备工作。根据防汛指挥部的部署,安溪县城东水闸桥也于 8 月 4 日做好开闸泄洪准备,并于 8 月 5 日凌晨 4 时 20 分进行洪水预泄,后随着上游来水剧增逐渐加大泄洪力度,始终将闸桥水位控制在 39 米高程的正常蓄水位以下。被上诉人所实施的上述一系列行为符合防洪法规定的技术操作规范的要求,这些行为应当认定被上诉人已积极履行了防汛抗洪的法定职责。上诉人起诉认为被上诉人没有及时通知城东水闸开闸泄洪,系不作为的违法行为缺乏事实依据。上诉人的店面被淹主要是短时间降雨量特大引起内涝造成,与不可抗力的自然灾害具有直接的因果关系,上诉人要求被上诉人承担经济赔偿责任的理由不能成立。

——中华人民共和国最高人民法院行政审判庭编:《中国行政审判案例》(第 2 卷),中国法制出版社 2011 年版,第 214、216 页。

1131 因误工减少的收入的赔偿金的计算

关键词｜行政赔偿｜误工费｜

【最高人民法院答复】

云南省高级人民法院：

你院关于郭运森诉官渡分局“行政侵权赔偿”上诉一案有关问题的请示收悉。经研究答复如下：原则同意你院请示中的第一种意见：即《国家赔偿法》第二十七条(一)项[①]所规定的因误工减少的收入的赔偿金应按“国家上年度职工日平均工资×实际误工工日”的公式计算，所乘之积超过国家上年度职工年平均工资的5倍的，亦只能按国家上年度职工年平均工资的5倍计算。

——《最高人民法院行政审判庭关于赔偿金有关问题的答复》(1998年3月18日，〔1997〕行他字第31号)。

1132 财产损害赔偿的方式

关键词｜行政赔偿｜财产损害赔偿｜市场价格｜

【最高人民法院司法解释】

第二十七条第一款 违法行政行为造成公民、法人或者其他组织财产损害，不能返还财产或者恢复原状的，按照损害发生时该财产的市场价格计算损失。市场价格无法确定，或者该价格不足以弥补公民、法人或者其他组织损失的，可以采用其他合理方式计算。

——《最高人民法院关于审理行政赔偿案件若干问题的规定》(2022年5月1日，法释〔2022〕10号)。

【链接：理解与适用】

本条第一款参照了民法典关于侵权责任中财产权赔偿的计算方式，采取了客观计算标准，确定了以损害发生时的市场价格计算损失为原则，同时规定了其他合理方式计算为补充。

——最高人民法院行政审判庭编著：《最高人民法院关于审理行政赔偿案件若干问题的规定理解与适用》，人民法院出版社2022年版，第447页。

---

① 2012年修正的国家赔偿法第三十四条第一款第(一)项。——编者注

【最高人民法院公报案例】

魏淑英、齐帅与辽宁省新民市人民政府强制清除地上物并行政赔偿案[最高人民法院(2015)行监字第1921号行政裁定书]

二、关于赔偿标准问题

国家赔偿法第三十六条第(八)项规定,侵犯公民、法人和其他组织的财产权造成损害的,按照直接损失给予赔偿。所谓直接损失,是指受到损害财产的市场价值。新民市政府违法强制清除魏淑英、齐帅栽种的紫叶稠李,应当按照紫叶稠李的市场评估价格予以赔偿。在紫叶稠李已经被强制清除,无法根据现状进行评估的情况下,一、二审判决参照新民市政府征收补偿方案规定的每株50元的标准予以赔偿,体现了市场价格赔偿的基本原则,判决结果并无不当。

——《中华人民共和国最高人民法院公报》2019年第6期。

1133 存款利息不足以弥补其损失,可以按贷款利息计算

关键词 | 行政赔偿 | 利息利率 | 实际损失 |

【最高人民法院答复】

湖南省高级人民法院:

你院《关于行政赔偿利息利率及土地置换协议效力法律适用问题的请示》收悉,经研究,答复如下:

根据《最高人民法院关于审理行政赔偿案件若干问题的规定》第二十七条第一款规定,违法行政行为造成公民、法人或者其他组织财产损害,不能返还财产或者恢复原状的,按照损害发生时该财产的市场价格计算损失。市场价格无法确定,或者该价格不足以弥补公民、法人或者其他组织损失的,可以采用其他合理方式计算。所谓"其他合理方式",包括确定合理的利息损失,以及按照决定赔偿时的市场价格计算损失等。人民法院应当综合考量案件具体情况,客观公正地评估当事人的实际损失,如存款利息不足以弥补其损失,可以按贷款利息计算。

——《最高人民法院关于行政赔偿利息利率法律适用问题的答复》(2022年10月8日,〔2022〕最高法行他10号)。

1134 违法征收征用案件中的行政赔偿

关键词 | 行政赔偿 | 违法征收征用 | 行政补偿 |

【最高人民法院司法解释】

第二十七条第二款 违法征收征用土地、房屋，人民法院判决给予被征收人的行政赔偿，不得少于被征收人依法应当获得的安置补偿权益。

——《最高人民法院关于审理行政赔偿案件若干问题的规定》（2022 年 5 月 1 日，法释〔2022〕10 号）。

【链接：理解与适用】

本条第二款是针对行政赔偿案件中大量存在且对民生产生重大影响的不动产损失赔偿作出的专门性规定，不同于一般的财产权，此类财产因违法行政行为造成损害的，既要遵循前款规定，按照市场价或其他合理方式赔偿，又要考虑到在征收补偿中有明确的安置补偿标准，为了最大限度地保护被征收人的合法权益，应当采取就高不就低的原则，保证赔偿不得低于补偿，并且可以根据案件的具体情况决定赔偿不低于补偿的幅度以体现对违法征收征用行为的惩罚性。

——最高人民法院行政审判庭编著：《最高人民法院关于审理行政赔偿案件若干问题的规定理解与适用》，人民法院出版社 2022 年版，第 447—448 页。

1135 拆除违法建筑过程中的侵权认定以及赔偿标准

关键词 | 行政赔偿 | 拆除违法建筑 | 直接损失 |

【最高人民法院司法文件】

27. 土地、城建类行政案件审查标准问题

……

在强制拆除违法建筑的案件中，相对人表明仍需使用建筑材料的，行政机关负有返还义务；行政机关无正当理由拒绝返还的，人民法院可以判决确认违法，并要求行政机关承担相应的赔偿责任。（79 号）

——《最高人民法院办公厅关于印发〈行政审判办案指南（一）〉的通知》（2014 年 2 月 24 日，法办〔2014〕17 号）。

【最高人民法院参考案例】

上海彭浦电器开关厂诉上海市闸北区人民政府确认侵占行为违法并要求行政赔偿案(行政审判案例第79号)

要旨:在强制拆除违法建筑过程中,当事人明确表示仍需使用被拆除的违法建筑材料,拆违实施部门未将该建筑材料返还当事人的,其行为构成违法,对因此给当事人造成的直接损失应承担赔偿责任。

因原告未在原闸北区规划局闸规查〔2009〕第(011)号限期拆除违法建筑决定规定的期限内,自行拆除违法建筑,闸北区政府根据该局的申请,依法组织相关部门实施强制拆除,该强制拆除行为是对限期拆除违法建筑决定的执行行为。原告在本市彭浦路4号厂区1号、2号、3号房楼顶搭建的建筑物及在地面空间搭建的地面棚,虽已被上述限期拆除决定认定为违法建筑,但原告认为其对被拆除建筑物、搭建物的建筑材料享有权利的主张,能够成立。被告实施强制拆除后,原告曾多次向被告及上海市人民政府信访办提出书面请求,要求返还财物,但没有收到任何答复。原告现向法院提起本案诉讼,符合法律规定的起诉条件。原告在诉讼中提供的强制拆除现场的DVD光碟,可以证明执行强制拆除的人员将拆下的部分旧彩钢板运离现场的事实。这部分旧彩钢板尽管被使用多年,但在原告认为仍有使用价值的情况下,被告的执法人员将其作为建筑垃圾进行处理确有不当,被告应依法予以返还。鉴于旧彩钢板是被告在强制执行过程中从违法建筑上拆下已被使用多年的建筑材料,被告的强制拆除行为无法保证全部建筑材料整体的完好无损,且被告已将拆除的建筑材料作为建筑垃圾予以处理,客观上无法返还,故被告应对被执法人员运离执法现场,尚有使用价值部分的彩钢板等建筑材料酌情折价赔偿。至于原告要求确认被告侵占其电表等其他物品的行为违法,并判令被告返还的诉请,因原告未能在诉讼中提供证据证明被告实施了该项事实行为,法院难以支持。

——中华人民共和国最高人民法院行政审判庭编:《中国行政审判案例》(第2卷),中国法制出版社2011年版,第237、238—239页。

1136 停产停业期间必要的经常性费用开支的范围

关键词 | 行政赔偿 | 停产停业 | 经常性费用 |

【最高人民法院司法解释】

第二十八条 下列损失属于国家赔偿法第三十六条第六项规定的“停产停业期间必要的经常性费用开支”：

（一）必要留守职工的工资；

（二）必须缴纳的税款、社会保险费；

（三）应当缴纳的水电费、保管费、仓储费、承包费；

（四）合理的房屋场地租金、设备租金、设备折旧费；

（五）维系停产停业期间运营所需的其他基本开支。

——《最高人民法院关于审理行政赔偿案件若干问题的规定》（2022年5月1日，法释〔2022〕10号）。

【链接：理解与适用】

国家赔偿法第三十六条第（六）项关于“停产停业期间必要的经常性费用开支”的规定，分解来看主要包括四个要素：一是时间要素，即“停产停业期间”；二是特征要素，即“必要的”；三是频率要素，即“经常性”；四是属性要素，即“费用开支”。这四个要素对于认定某项损失是否属于“停产停业期间必要的经常性费用开支”来说，是总的、宏观上的尺度和标准。比如，这四个要素对于本条前四项所列举的各项损失来说应该是必备的，同时也是用来衡量是否属于本条第（五）项所规定的维系停产停业期间运营所需的其他基本开支的判断标准。除了本条前四项明确规定的项目之外，其他损失项目如果不具备这四个要素，一般来说不属于维系停产停业期间运营所需的其他基本开支；反之，一般来说则属于维系停产停业期间运营所需的其他基本开支。

——最高人民法院行政审判庭编著：《最高人民法院关于审理行政赔偿案件若干问题的规定理解与适用》，人民法院出版社2022年版，第468—469页。

1137 企业非法经营或者没有实际经营情形下停产停业期间必要的经常性费用开支的性质认定

关键词 | 行政赔偿 | 经常性费用 | 非法经营 | 没有实际经营 |

【链接：最高人民法院法官著述】

企业在非法经营或者没有实际经营等非正常生产经营状态下，因行政机关吊销许可证或执照、责令停产停业，则其在停产停业期间的必要的经常性费用开支，是否属于本条所规定的内容，这个问题在司法实践中也会时常遇到。第一种情形，在企业非法经营情况下停产停业期间必要的经常性费用开支，是否要认定为本条所规定的损失予以赔偿。比如杨某无证经营一家停车场，既未依法办理工商注册登记等手续，也未依法履行纳税义务，行政机关发现后遂责令其停产停业，但行政机关作出的责令停产停业行为，亦因程序轻微违法被法院判决确认违法，杨某遂向法院起诉要求根据国家赔偿法第三十六条第（六）项之规定，赔偿其停产停业期间必要的一些经常性费用开支。对于本案，因国家赔偿法第二条规定，国家机关和国家机关工作人员行使职权，有本法规定的侵犯公民、法人和其他组织合法权益的情形，造成损害的，受害人有依照本法取得国家赔偿的权利。而杨某在非法经营情形下，其经营行为不受法律保护，其在行政机关责令停产停业期间必要的经常性费用开支，也不属于本条所规定的损失内容。第二种情形，在企业没有实际经营情况下停产停业期间必要的经常性费用开支。一般来说，只有企业处于实际经营情形下，才能主张停产停业期间必要的经常性费用开支损失赔偿；而当企业没有实际经营，则不存在要求赔偿停产停业期间必要的经常性费用开支的前提和基础。比如在一起案件中，原告何某实际控制的几家公司都没有开展实际业务，也没有实际经营项目，这几家公司之间虽有资金流动，但都是用来走银行流水，不涉及实际业务。当何某起诉要求赔偿这几家公司停产停业期间必要的一些经常性费用开支时，法院以这几家公司未实际经营，不存在“停产停业期间必要的经常性费用开支”为由，驳回了何某的赔偿请求。由此，也表明了在企业没有实际经营情况下所谓的“停产停业期间必要的经常性费用开支”，一般不能认定为本条所规定的损失予以处理。

——最高人民法院行政审判庭编著：《最高人民法院关于审理行政赔偿案件若干问题的规定理解与适用》，人民法院出版社2022年版，第482—483页。

1138 直接损失的认定

关键词｜行政赔偿｜直接损失｜

【最高人民法院司法解释】

第二十九条 下列损失属于国家赔偿法第三十六条第八项规定的“直接损失”：

（一）存款利息、贷款利息、现金利息；

（二）机动车停运期间的营运损失；

（三）通过行政补偿程序依法应当获得的奖励、补贴等；

（四）对财产造成的其他实际损失。

——《最高人民法院关于审理行政赔偿案件若干问题的规定》（2022年5月1日，法释〔2022〕10号）。

【链接：理解与适用】

目前，国家赔偿法第三十六条仅规定了停产停业期间的经常性费用开支作为赔偿范围，而没有明确停产停业损失也属于赔偿范围，这与国家赔偿法仅赔偿直接损失的原则是一致的。但是在违法征收征用土地房屋的赔偿案件中，根据赔偿不低于合法补偿的原则，因为补偿的范围包括因征收房屋造成的停产停业损失的补偿，故就停产停业损失的赔偿问题，在违法征收拆迁案件中属于赔偿范围，成为特别的规定，不同于一般行政行为如责令停产停业造成的营业损失。关于征收拆迁过程中涉及的停产停业损失如何赔偿问题，应当参照征收补偿安置方案或者相关的规定进行，而不完全按照实际停产停业时间计算。通常情况下，征收过程中的停产停业损失是考虑征收需要过渡期而给予被征收人相应时间的过渡补助，被征收人也需要积极配合征收拆迁，寻找新场所营业，如果其故意拖延时间导致损失进一步扩大，则相应权利不在赔偿保护范围内。

——最高人民法院行政审判庭编著：《最高人民法院关于审理行政赔偿案件若干问题的规定理解与适用》，人民法院出版社2022年版，第500页。

【最高人民法院裁判案例】

黄宝银诉山东省济南高新技术产业开发区管理委员会、山东省济南高新技术产业开发区东区街道办事处、山东省济南高新技术产业开发区城市管理行政执法局行政赔偿案［最高人民法院（2020）最高法行再38号行政判决书］

根据国家赔偿法第二条第二款规定，赔偿义务机关应当及时履行赔偿义务。被申请人违法强制拆除案涉房屋后，理应及时履行赔偿义务，尽快支付违法损害赔偿金，以使赔偿金的孳息尽早归于受害人，尽可能减少受害人的损失。若违法损害赔偿金不计付利息，则会使受害人的直接损失无法得到全部赔偿，甚至可能促使加害人拖延履行赔偿义务。故本院认为，未及时支付赔偿金所产生的利息亦属于直接损失的范围，应予赔偿。一、二审判决未对房屋损失及附属物损失的赔偿款计付利息，亦属适用法律错误，应予纠正。

——中国裁判文书网，https://wenshu.court.gov.cn/。

1139 精神损害赔偿的适用范围

关键词 | 行政赔偿 | 精神损害赔偿 |

【最高人民法院司法解释】

第一条　公民以人身权受到侵犯为由提出国家赔偿申请，依照国家赔偿法第三十五条的规定请求精神损害赔偿的，适用本解释。

法人或者非法人组织请求精神损害赔偿的，人民法院不予受理。

第十三条　人民法院审理国家赔偿法第三十八条所涉侵犯公民人身权的国家赔偿案件，以及作为赔偿义务机关审查处理国家赔偿案件，涉及精神损害赔偿的，参照本解释规定。

——《最高人民法院关于审理国家赔偿案件确定精神损害赔偿责任适用法律若干问题的解释》（2021 年 4 月 1 日，法释〔2021〕3 号）。

【链接：答记者问】

问题二：请问《解释》关于精神损害赔偿的适用范围是如何规定的？

答：根据国家赔偿法第三十五条的规定，具有国家赔偿法第三条、第十七条规定情形之一，致人精神损害的，应当在侵权行为影响的范围内，为受害人消除影响，恢复名誉，赔礼道歉；造成严重后果的，应当支付相应的精神损害抚慰金。《解释》是对该条款作出的细化规定。据此，《解释》明确规定，公民因人身权受到侵犯，依照国家赔偿法第三十五条规定请求精神损害赔偿的，适用本解释。而公民因财产权受到侵犯请求精神损害赔偿，以及法人或者非法人组织请求精神损害赔偿的，因不在现行法律保护之列，故亦不属于《解释》规定的精神损害赔偿的适用范围。

《解释》同时规定，人民法院审理国家赔偿法第三十八条所涉侵犯公民人身权的国家赔偿案件，以及作为赔偿义务机关审查处理国家赔偿案件，涉及精神损害赔偿的，参照《解释》规定。

——《最高法相关负责人就审理国家赔偿案件确定精神损害赔偿责任的司法解释答记者问》，载最高人民法院网 2021 年 3 月 25 日，https://www.court.gov.cn/zixun-xiangqing-292861.html。

1140 造成严重精神损害后果情形的认定

关键词 | 行政赔偿 | 精神损害 | 造成严重后果 |

【最高人民法院司法解释】

第二十六条 有下列情形之一的，属于国家赔偿法第三十五条规定的"造成严重后果"：

（一）受害人被非法限制人身自由超过六个月；

（二）受害人经鉴定为轻伤以上或者残疾；

（三）受害人经诊断、鉴定为精神障碍或者精神残疾，且与违法行政行为存在关联；

（四）受害人名誉、荣誉、家庭、职业、教育等方面遭受严重损害，且与违法行政行为存在关联。

有下列情形之一的，可以认定为后果特别严重：

（一）受害人被限制人身自由十年以上；

（二）受害人死亡；

（三）受害人经鉴定为重伤或者残疾一至四级，且生活不能自理；

（四）受害人经诊断、鉴定为严重精神障碍或者精神残疾一至二级，生活不能自理，且与违法行政行为存在关联。

——《最高人民法院关于审理行政赔偿案件若干问题的规定》（2022 年 5 月 1 日，法释〔2022〕10 号）。

第七条 有下列情形之一的，可以认定为国家赔偿法第三十五条规定的"造成严重后果"：

（一）无罪或者终止追究刑事责任的人被羁押六个月以上；

（二）受害人经鉴定为轻伤以上或者残疾；

（三）受害人经诊断、鉴定为精神障碍或者精神残疾，且与侵权行为存在关联；

（四）受害人名誉、荣誉、家庭、职业、教育等方面遭受严重损害，且与侵权行为存在关联。

受害人无罪被羁押十年以上；受害人死亡；受害人经鉴定为重伤或者残疾一至四级，且生活不能自理；受害人经诊断、鉴定为严重精神障碍或者精神残疾一至二级，生活不能自理，且与侵权行为存在关联的，可以认定为后果特别严重。

——《最高人民法院关于审理国家赔偿案件确定精神损害赔偿责任适用法律若干问题的解释》（2021 年 4 月 1 日，法释〔2021〕3 号）。

1141 精神损害判决及履行方式

关键词｜行政赔偿｜精神损害｜判决方式｜精神损害抚慰金｜

【最高人民法院司法解释】

第三十条　被告有国家赔偿法第三条规定情形之一，致人精神损害的，人民法院应当判决其在违法行政行为影响的范围内，为受害人消除影响、恢复名誉、赔礼道歉；消除影响、恢复名誉和赔礼道歉的履行方式，可以双方协商，协商不成的，人民法院应当责令被告以适当的方式履行。造成严重后果的，应当判决支付相应的精神损害抚慰金。

——《最高人民法院关于审理行政赔偿案件若干问题的规定》（2022 年 5 月 1 日，法释〔2022〕10 号）。

第四条　侵权行为致人精神损害，应当为受害人消除影响、恢复名誉或者赔礼道歉；侵权行为致人精神损害并造成严重后果，应当在支付精神损害抚慰金的同时，视案件具体情形，为受害人消除影响、恢复名誉或者赔礼道歉。

消除影响、恢复名誉与赔礼道歉，可以单独适用，也可以合并适用，并应当与侵权行为的具体方式和造成的影响范围相当。

第五条　人民法院可以根据案件具体情况，组织赔偿请求人与赔偿义务机关就消除影响、恢复名誉或者赔礼道歉的具体方式进行协商。

协商不成作出决定的，应当采用下列方式：

（一）在受害人住所地或者所在单位发布相关信息；

（二）在侵权行为直接影响范围内的媒体上予以报道；

（三）赔偿义务机关有关负责人向赔偿请求人赔礼道歉。

第六条 决定为受害人消除影响、恢复名誉或者赔礼道歉的，应当载入决定主文。

赔偿义务机关在决定作出前已为受害人消除影响、恢复名誉或者赔礼道歉，或者原侵权案件的纠正被媒体广泛报道，客观上已经起到消除影响、恢复名誉作用，且符合本解释规定的，可以在决定书中予以说明。

——《最高人民法院关于审理国家赔偿案件确定精神损害赔偿责任适用法律若干问题的解释》(2021 年 4 月 1 日，法释〔2021〕3 号)。

1142 精神损害抚慰金数额的确定

关键词 | 行政赔偿 | 精神损害抚慰金 |

【最高人民法院司法解释】

第八条 致人精神损害，造成严重后果的，精神损害抚慰金一般应当在国家赔偿法第三十三条、第三十四条规定的人身自由赔偿金、生命健康赔偿金总额的百分之五十以下（包括本数）酌定；后果特别严重，或者虽然不具有本解释第七条第二款规定情形，但是确有证据证明前述标准不足以抚慰的，可以在百分之五十以上酌定。

第九条 精神损害抚慰金的具体数额，应当在兼顾社会发展整体水平的同时，参考下列因素合理确定：

（一）精神受到损害以及造成严重后果的情况；

（二）侵权行为的目的、手段、方式等具体情节；

（三）侵权机关及其工作人员的违法、过错程度、原因力比例；

（四）原错判罪名、刑罚轻重、羁押时间；

（五）受害人的职业、影响范围；

（六）纠错的事由以及过程；

（七）其他应当考虑的因素。

第十条 精神损害抚慰金的数额一般不少于一千元；数额在一千元以上的，以千为计数单位。

赔偿请求人请求的精神损害抚慰金少于一千元，且其请求事由符合本解释规定的造成严重后果情形，经释明不予变更的，按照其请求数额支付。

第十一条 受害人对损害事实和后果的发生或者扩大有过错的，可以根据其过错程度减少或者不予支付精神损害抚慰金。

——《最高人民法院关于审理国家赔偿案件确定精神损害赔偿责任适用法律若干问题的解释》(2021 年 4 月 1 日,法释〔2021〕3 号)。

1143 行政赔偿案件判决的具体方式

关键词｜行政赔偿｜判决方式｜

【最高人民法院司法解释】

第三十一条 人民法院经过审理认为被告对公民、法人或者其他组织造成财产损害的,判决被告限期返还财产、恢复原状;无法返还财产、恢复原状的,判决被告限期支付赔偿金和相应的利息损失。

人民法院审理行政赔偿案件,可以对行政机关赔偿的方式、项目、标准等予以明确,赔偿内容确定的,应当作出具有赔偿金额等给付内容的判决;行政赔偿决定对赔偿数额的确定确有错误的,人民法院判决予以变更。

第三十二条 有下列情形之一的,人民法院判决驳回原告的行政赔偿请求:

(一)原告主张的损害没有事实根据的;

(二)原告主张的损害与违法行政行为没有因果关系的;

(三)原告的损失已经通过行政补偿等其他途径获得充分救济的;

(四)原告请求行政赔偿的理由不能成立的其他情形。

——《最高人民法院关于审理行政赔偿案件若干问题的规定》(2022 年 5 月 1 日,法释〔2022〕10 号)。

【链接:理解与适用】

修正后的行政诉讼法关于判决方式的规定,对人民法院审理行政赔偿案件判决方式的适用具有重大影响。第一,对于行政机关已经作出行政赔偿决定,原告单独提起行政赔偿诉讼的,如果行政赔偿决定违法,通常都属于“涉及对款额的确定、认定确有错误的”情形,人民法院一般应当适用变更判决,纠正行政赔偿决定款额错误,直接变更赔偿数额,责令被告行政机关限期支付正确数额的行政赔偿。为了实质化解行政赔偿争议,人民法院通常不得适用撤销重作判决。第二,对于行政机关不作为、不依法履行行政赔偿义务的,无论是金钱给付还是返还原物义务,人民法院都应当适用给付判决,直接判决被告行政机关限期支付特定数额的行政赔偿金额,或者交付特定物品,不得以履行判决代替给付判决,判决被告行政机关限期作出行政赔偿决定。理由是修正后的行政诉讼法之所以区分履行判决和给付判决,就是要让行政判决更能够实质化解行政争议。在符合给付判决适用条件的情形下,人民法院适用履行判决,不能够直接有效化解行政争议,判决方式错误,适用法律错误,同时也违反行政诉讼法解决行政争议的立法目的。

——最高人民法院行政审判庭编著:《最高人民法院关于审理行政赔偿案件若干问题的规定理解与适用》,人民法院出版社 2022 年版,第 534—535 页。

行政赔偿案件中,原告请求赔偿义务机关予以行政赔偿,行政机关可能有多种表现:或者逾期不予答复,或者明确拒绝赔偿,或者作出赔偿决定。对于行政机关作出的行政赔偿决定或者行政机关拒绝赔偿决定不服,都属于对行政机关作出的行政行为不服的情形,应当适用行政诉讼法第六十九条第一句话,审查判断是否应当判决驳回原告的行政赔偿诉讼请求。只有在原告对行政机关不予答复的不作为行为提起行政诉讼时,人民法院才能够适用第六十九条第二句话中请求给付理由不成立的规定判决驳回原告诉讼请求。行政机关作出赔偿决定、签订行政赔偿协议或者明确拒绝予以行政赔偿,人民法院应当对该行政赔偿行为主体是否越权、事实是否清楚、主要证据是否扎实、适用法律法规是否正确、是否存在违反法定程序情况、是否存在滥用职权或明显不当情形,逐项审理。只有行政机关作出的行政赔偿决定、订立行政赔偿协议、拒绝赔偿决定行为完全合法时,人民法院才可以判决驳回原告的行政赔偿诉讼请求。如果作出的行政赔偿行为存在程序轻微违法或者撤销重作将会导致程序空转,严重损害国家利益、公共利益,有违实质化解行政争议行政诉讼立法目的,人民法院应当依照行政诉讼法第七十四条第一款规定,判决确认被诉行政赔偿行为违法、保留效力,不能撤销被诉行政赔偿行为、责令被告重新作出行政赔偿决定;如果作出的行政赔偿行为因赔偿范围、赔偿项目、赔偿标准或者数字计算错误等存在款额错误的,人民法院应当依照行政诉讼法第七十七条规定,依法予以变更,作出具有确定赔偿内容的行政判决,不得怠于行使职权,放弃对相关损害事实的审查认定职责,简单以相关损害事实需要行政机关进一步查明为由,判决撤销被诉行政赔偿行为,责令被告限期重新作出行政赔偿决定,更不能仅仅判决撤销被诉行政赔偿行为,造成原告赔偿请求无法得到有效救济。

——最高人民法院行政审判庭编著:《最高人民法院关于审理行政赔偿案件若干问题的规定理解与适用》,人民法院出版社 2022 年版,第 546—547 页。

六、其他

1144 人民法院受理行政赔偿案件不收取诉讼费用

关键词｜行政赔偿｜诉讼费用｜

【最高人民法院答复】

四川省高级人民法院：

你院川高法〔1995〕123号《关于国家赔偿法实施后行政赔偿案件是否收取诉讼费用的请示》收悉。经研究，答复如下；

根据《中华人民共和国国家赔偿法》第三十四条[①]的规定，人民法院受理行政赔偿案件，不得向当事人收取诉讼费用。

——《最高人民法院关于受理行政赔偿案件是否收取诉讼费用的答复》（1995年9月18日，法函〔1995〕121号）。

---

① 2012年修正的国家赔偿法第四十一条。——编者注

图书在版编目(CIP)数据

新编最高人民法院司法观点集成．行政卷 / 杜万华总主编；蔡小雪，陈裕琨，缪蕾本卷主编．—2版．—北京：中国民主法制出版社，2023.2

ISBN 978-7-5162-2628-5

Ⅰ.①新… Ⅱ.①杜…②蔡…③陈…④缪… Ⅲ.①行政法-法律解释-中国 Ⅳ.①D920.5

中国版本图书馆CIP数据核字(2021)第119901号

图书出品人：刘海涛

图 书 策 划：麦 读

责 任 编 辑：陈 曦

书名/新编最高人民法院司法观点集成·行政卷(第二版)

作者/杜万华 总主编

刘德权 副总主编

蔡小雪 陈裕琨 缪 蕾 本卷主编

出版·发行/中国民主法制出版社

地址/北京市丰台区右安门外玉林里7号(100069)

电话/(010)63055259(总编室) 63058068 63057714(营销中心)

传真/(010)63055259

http://www.npcpub.com

E-mail:mzfz@npcpub.com

经销/新华书店

开本/16开 730毫米×1030毫米

印张/100.5 **字数**/1802千字

版本/2023年3月第1版 2023年3月第1次印刷

印刷/北京天宇万达印刷有限公司

书号/ISBN 978-7-5162-2628-5

定价/288.00元(全3册)

走向上的路　追求正义与智慧

THE COLLECTION OF
THE SUPREME PEOPLE'S COURT'S
JUDICIAL RULES

新编

最高人民法院司法观点集成

行政卷 II
（第二版）

总 主 编 | 杜万华　　副总主编 | 刘德权

本卷主编 | 蔡小雪　陈裕琨　缪　蕾

中国民主法制出版社

全国百佳图书出版单位

本卷总目

CONTENTS

本册细目

CONTENTS

第七章 审理程序

一、一般问题 /485

二、简易程序 /514

第七章 | CHAPTER 07

审理程序

一、一般问题

329 可以延期开庭审理的具体情形

关键词｜延期审理｜当事人｜诉讼参与人｜

【最高人民法院司法解释】

第七十二条　有下列情形之一的，可以延期开庭审理：

（一）应当到庭的当事人和其他诉讼参与人有正当理由没有到庭的；

（二）当事人临时提出回避申请且无法及时作出决定的；

（三）需要通知新的证人到庭，调取新的证据，重新鉴定、勘验，或者需要补充调查的；

（四）其他应当延期的情形。

——《最高人民法院关于适用〈中华人民共和国行政诉讼法〉的解释》（2018年2月8日，法释〔2018〕1号）。

【链接：最高人民法院法官著述】

一、决定是否延期开庭审理需要法庭根据实际情形进行裁量

本条司法解释使用的是“可以”延期开庭审理的字眼，而没有使用“应当”或“必须”等强制性含义的词语，给司法实践适用该条留有一定的裁量空间。该条文中除了第（二）项外，其他明确规定的两项即第（一）项和第（三）项都不是必须延期开庭审理的情形。

对于第（一）项而言，当事人有正当理由没有到庭的，法庭应当延期开庭审理。而对于其他诉讼参与人，如证人、鉴定人、勘验人、翻译人员等人员有正当理由没有到庭的，如果翻译人员可以找到临时替换人员则可继续正常开庭。而对于应当出庭的证人、鉴定人和勘验人员有正当理由没有到庭的，由于法庭及各方当事人在庭审中均会对证人、鉴定人和勘验人询问相关情况，若其不出庭则无法完成完整的庭审活动，直接影响到案件事实的认定等，因此，此种情况须延期开庭审理。

对于第（三）项中“需要补充调查的”情形，法庭应当视具体情况来决定是否延

期开庭。法庭需要确定“需要补充调查”的是什么事实，通过补充调查的事实或相关情况想要求证的目标是什么以及该目标与案件的关联度高低等。从而判定是否需要暂停庭审，等待补充调查结果出来后再行开庭还是可以继续正常开庭，在开庭后，再专门组织当事人对补充调查的事实或情况进行质证等。另外，如果是当事人提出的申请新的证人到庭或调取新的证据以及要求重新鉴定、勘验等要求，法庭应当作出认定，根据案件的实际需要和当事人所提申请或要求与审理案件的关联度来判断是否需要延期开庭审理。

——本书编委会编：《行政诉讼法司法解释实务指南与疑难解答》，中国法制出版社2018年版，第242页。

330 可以合并审理的具体情形

关键词 | 合并审理 | 同一事实 | 同一人民法院 |

【最高人民法院司法解释】

第七十三条 根据行政诉讼法第二十七条的规定，有下列情形之一的，人民法院可以决定合并审理：

（一）两个以上行政机关分别对同一事实作出行政行为，公民、法人或者其他组织不服向同一人民法院起诉的；

（二）行政机关就同一事实对若干公民、法人或者其他组织分别作出行政行为，公民、法人或者其他组织不服分别向同一人民法院起诉的；

（三）在诉讼过程中，被告对原告作出新的行政行为，原告不服向同一人民法院起诉的；

（四人民法院认为可以合并审理的其他情形。

——《最高人民法院关于适用〈中华人民共和国行政诉讼法〉的解释》（2018年2月8日，法释〔2018〕1号）。

【最高人民法院裁判案例】

庞才英诉广西壮族自治区合浦县人民政府、合浦县人力资源和社会保障局补发退休工资待遇案［最高人民法院（2019）最高法行申9254号行政裁定书］

要旨：对于因同类行政行为发生的行政案件，只有在人民法院认为可以合并审理并经当事人同意后，才能作为共同诉讼立案审理。如果人民法院认为合并审理将增加案件的难度、影响诉讼效率或不利于保护每个当事人的合法权益，就不能作为共同诉讼审理。

根据行政诉讼法第二十七条规定，当事人一方或双方为二人以上，因同一行政行为发生的行政案件，或者因同类行政行为发生的行政案件，人民法院认为可以合并审理并经当事人同意的，为共同诉讼。即对于因同类行政行为发生的行政案件，只有在人民法院认为可以合并审理并经当事人同意后，才能作为共同诉讼立案审理。如果人民法院认为合并审理将增加案件的难度、影响诉讼效率或不利于保护每个当事人的合法权益，就不能作为共同诉讼审理。故一审法院根据本案实际情况，告知当事人分别起诉，属于法院的自由裁量权，并未违反法律规定，该主张不能成立。

——中国裁判文书网，https://wenshu.court.gov.cn/。

【链接：最高人民法院法官著述】

对于“在诉讼过程中，被告对原告作出新的行政行为，原告不服向同一人民法院起诉的”的合并审理情形，“诉讼过程”限定了此种情形能够适用合并审理的时间段，主要指从原告起诉到案件开庭审理结束之前，而不是诉讼活动的全过程。如果在案件开庭审理结束后，案件裁判结果宣告前或案件裁判文书送达当事人之前，原告对于被告作出的新的行政行为不服向同一人民法院起诉的，人民法院则不宜予以合并审理。主要原因是，在法庭组织当事人或其他诉讼参与人进行开庭审理后，各方当事人已经对对方提交的证据进行了充分的质证和辩论。案件基本事实已基本固定，法院的审理活动接近尾声，如果在此时，原告再对被告作出的新的行政行为提出诉讼，会影响前期诉讼案件的审理进度，审理效果并不好，而且，分案审理也不影响前后两案的审理工作。

——本书编委会编：《行政诉讼法司法解释实务指南与疑难解答》，中国法制出版社 2018 年版，第 245—246 页。

331　“一行为一诉”与“多行为合并审理”的审查判断

关键词｜合并审理｜一行为一诉｜

【最高人民法院裁判案例】

姬长友、姬玉琴诉沁阳市人民政府、沁阳市房产管理中心拆迁许可、拆迁裁决、拆迁公告、强制拆除等行政行为及行政赔偿案[最高人民法院(2019)最高法行申6846号行政裁定书]

要旨:行政诉讼原告同时提出多个诉讼请求的,人民法院既不能简单地认为只要不符合“一行为一诉”的原则即对案件不予受理,也不能认为在每一个案件中都要对被诉的多个行政行为逐一进行合法性审查并裁判,而要审查原告的起诉是否符合合并审理的条件,并根据审查结果决定案件处理方式。

不同行政行为所依据的事实、适用的法律、作出的程序存在差别,人民法院进行合法性审查的范围、内容、强度等亦不完全一致。若在一个行政案件中同时对多个行政行为进行审理,往往对人民法院聚焦被诉行政行为,归纳争议焦点,组织举证质证,认定案件事实,安排法庭辩论,准确适用法律,作出清晰明确的裁判等诉讼活动的有序开展产生阻碍,进而影响到行政案件的公正及时审理。因此,“一行为一诉”应当作为行政诉讼立案受理的基本原则。同时,行政诉讼法并未完全限制同一案件中对多个行为进行审查,行政诉讼法第二十七条、《最高人民法院关于适用〈中华人民共和国行政诉讼法〉的解释》第七十三条也规定了合并审理制度。两个或两个以上的单独诉讼,若有共同的诉讼标的或者法律关系,或基本事实之间具有相同性质的,人民法院可以将多个案件在同一个诉讼中进行审理。合并审理的价值在于将若干个高度关联案件通过一个诉讼程序完成全部审理工作,以提高司法效率,减少当事人诉累。因此,行政诉讼原告同时提出多个诉讼请求的,人民法院既不能简单地认为只要不符合“一行为一诉”的原则即对案件不予受理,也不能认为在每一个案件中都要对被诉的多个行政行为逐一进行合法性审查并裁判,而要审查原告的起诉是否符合合并审理的条件,并根据审查结果决定案件处理方式。一般而言,合并审理应当符合如下条件:第一,当事人的不同诉讼请求,必须是在行政法律关系上有联系的,不能把不相关的案件合并在一起审理;第二,对这些诉讼请求,受诉人民法院必须均拥有管辖权,不符合这一条件,就会违背行政诉讼法有关管辖的规定;第三,必须向同一人民法院提出,并适用同一诉讼程序,不属于同一人民法院管辖或者不适用同一种诉讼程序,就不能对案件合并审理;第四,必须能够达到合并审理的目的,如果使案件复杂化、给审理或判决造成困难、降低审判效益的,不应合并审理。符合合并审理条件的,人民法院应对多个被诉行政行为逐一进行审查。不符合合并审理条件的,人民法院应当向当事人释明由其分别起诉,当事人拒不分别起诉的,人民法院可不予立案或驳回起诉。

本案姬长友、姬玉琴对沁阳市人民政府、沁阳市房产管理中心(原沁阳市房产管理局)作出的拆迁许可、拆迁裁决、拆迁公告、强制拆除等行为不服,提起本案行政诉讼,被诉行政行为事实基础不同、依照的行政法律规范不同、涉及的行政法律关系不同,人民法院管辖层级不同。如果对姬长友、姬玉琴提出的相关诉讼合并审理,将会造成级别管辖的混乱,还会增加人民法院审理案件的难度,造成案件审理的复杂化,影响案件审理的公正与效率,给当事人造成诉累;还有可能针对姬长友、姬玉琴不同的诉讼请求产生多个裁判方式和结果,不宜统一到一个裁判文书中。因此,本案不符合合并审理的条件。一审法院在向其释明后,姬长友、姬玉琴仍坚持并案诉讼,原审法院驳回其起诉并无不当。

——中国裁判文书网,https://wenshu.court.gov.cn/。

332 对当事人提出的明显不属于法定回避事由的申请,法庭可以依法当庭驳回

关键词｜回避｜回避事由｜决定｜

【最高人民法院司法解释】

第七十四条　当事人申请回避,应当说明理由,在案件开始审理时提出;回避事由在案件开始审理后知道的,应当在法庭辩论终结前提出。

被申请回避的人员,在人民法院作出是否回避的决定前,应当暂停参与本案的工作,但案件需要采取紧急措施的除外。

对当事人提出的回避申请,人民法院应当在三日内以口头或者书面形式作出决定。对当事人提出的明显不属于法定回避事由的申请,法庭可以依法当庭驳回。

申请人对驳回回避申请决定不服的,可以向作出决定的人民法院申请复议一次。复议期间,被申请回避的人员不停止参与本案的工作。对申请人的复议申请,人民法院应当在三日内作出复议决定,并通知复议申请人。

——《最高人民法院关于适用〈中华人民共和国行政诉讼法〉的解释》(2018年2月8日,法释〔2018〕1号)。

【链接:最高人民法院法官著述】

在司法实践中,对于当事人提出的明显不属于法定回避事由的申请,法庭可以

依法当庭驳回。在具体把握上,要注意以下几个问题:第一,要注意“明显不属于法定回避事由”的把握。法定的回避事由是指审判人员与本案有利害关系或者有其他关系可能影响公正审判。“利害关系”是指本案处理结果直接涉及审判人员及其他人员在法律上的某种利益或者审判人员及其他人员就本案诉讼与当事人有共同权利人、共同义务人的关系;或有其他法律上的利害关系。“其他关系”是指除上述关系以外的其他社会关系,如师生、同学、战友、恩怨等关系,只要具有影响公正审理的可能性,也必须回避。当事人提出回避申请必须提供相应的证据或者证据线索。不提供证据、证据线索或者为了拖延诉讼的目的提出要求法庭或者法院整体回避等“明显不属于回避事由”的申请,法院可以当庭驳回。第二,要注意“依法”当庭驳回。一般情况下,如果当事人提出的回避申请,事实比较清楚,容易决定的,可以当庭驳回。如果当事人提供一定的证据、证据线索或者其他事实理由,可能存在法定回避事由的,应当履行决定程序。即院长担任审判长的回避,由审判委员会决定;审判人员的回避,由院长决定;其他人员的回避,由审判长决定。

——本书编委会编:《行政诉讼法司法解释实务指南与疑难解答》,中国法制出版社 2018 年版,第 249 页。

333 发回重审的案件又进入二审程序，原二审程序合议庭组成人员不需要回避

关键词 | 回避 | 发回重审 |

【最高人民法院司法解释】

第七十五条 在一个审判程序中参与过本案审判工作的审判人员,不得再参与该案其他程序的审判。

发回重审的案件,在一审法院作出裁判后又进入第二审程序的,原第二审程序中合议庭组成人员不受前款规定的限制。

——《最高人民法院关于适用〈中华人民共和国行政诉讼法〉的解释》(2018 年 2 月 8 日,法释〔2018〕1 号)。

【链接：最高人民法院法官著述】

根据行政诉讼法第八十九条的相关规定,人民法院审理上诉案件,若经审查认

为一审判决认定基本事实不清、证据不足的，发回一审法院重审或者经审查认为一审判决遗漏当事人或者违法缺席判决等严重违反法定程序的，裁定撤销一审判决，发回一审法院重审。二审法院发回一审法院重审案件后，一审法院重新组成合议庭对案件进行审理，作出一审判决或裁定后，当事人不服提起上诉的，二审法院的合议庭组成人员可以不受在同一个审判程序中参与过审判工作的审判人员工作回避的要求，继续审理二审案件。之所以作此规定，主要是考虑到二审法院的合议庭在同一案件的第一轮诉讼中，即发现了一审法院判决中存在的问题，所以才作出发回一审法院重审的裁判。而且，二审法院发回重审裁判的裁判理由主要是一审法院存在严重违反法定程序或一审对案件的调查和查明工作严重不足或有重大问题，从而需要一审法院重新对案件进行调查和认定或者严格按照法定程序去审理案件，以弥补第一轮诉讼中的不足。因此，同一案件进入第二轮诉讼时，二审法院原合议庭继续审理该案件并不会出现“先入为主”等弊端，也就没有必要再行回避了。

——本书编委会编：《行政诉讼法司法解释实务指南与疑难解答》，中国法制出版社2018年版，第251页。

334 裁定先予执行后原告要求撤诉的处理

关键词｜先予执行｜撤诉｜

【链接：最高人民法院法官著述】

我们认为，先予执行的裁定作出之后，是否准予原告撤诉应当根据不同的情况进行判断。是否准予撤诉，应当由人民法院来判断，并非只要原告提出撤诉，人民法院都一概准许。主要包括以下情形：(1)如果行政机关依法改变其行政行为，原告认为已经达到了诉讼目的并且要求撤诉的，在这种情况下，行政机关实际上改变行政行为的目的也在于修正错误或者获得原告谅解，人民法院应当予以准许。这里的“改变”不包括行政机关加重对原告的处罚或者其他负担性处分。(2)如果行政机关在人民法院裁定先予执行后，自觉履行给付义务，原告和被告达成了谅解的，人民法院应当予以准许。(3)如果行政机关在人民法院裁定先予执行后，行政机关已经履行相应的给付义务，但是对给付存有异议的，人民法院应当裁定驳回原告的撤诉申请。(4)如果行政机关在人民法院裁定先予执行后，行政机关已经履行相应的给付义务并且对给付没有异议的，人民法院发现给付可能存在错误的，应当裁定驳回原告的撤诉申请。(5)如果行政机关在人民法院裁定先予执行后,行政机关已经履行相应的给付义务并且对给付没有异议的,人民法院发现给付可能给国家利益、社会公共利益或者他人合法权益造成损失的,应当裁定驳回原告的撤诉申请。

——江必新、梁凤云:《行政诉讼法理论与实务(第三版)》(下),法律出版社2016年版,第1274—1275页。

335 一审程序中未提出先予执行申请，二审程序中提出的，由二审法院作出裁定

关键词｜先予执行｜诉讼系属｜

【链接：最高人民法院法官著述】

当事人在一审程序中未提出先予执行的申请,进入二审程序后,当事人提出先予执行的申请的,一审法院能否就申请作出裁定?主要有以下两种观点:

第一种观点认为,一审判决引起上诉程序后,判决尚未发生法律效力,一审法院裁定先予执行不违背法律规定。第二种观点认为,虽然法律对此没有作出明确规定,但是一审判决引起上诉程序后,意味着一审程序终结,按照权限划分的原则,对于已经进入二审程序案件的先予执行只能向二审法院提出,由二审法院作出先予执行的裁定。可见,由一审法院还是二审法院来裁定的关键在于诉讼案件的系属。

我们赞同第二种意见。理由是:其一,先予执行裁定由二审法院来作出,符合诉讼系属的原理。如果案件进入二审程序,对于案件的处理就应当属于二审法院的职权。一审法院无权就已经属于二审法院的案件作出裁定。其二,案件进入二审程序意味着双方就案件事实或者权利义务关系存在重大分歧或者可能提供新的事实理由于二审法院。如果一审法院在相关事项尚不明朗的情况下作出先予执行裁定,就有可能出现误差。其三,民事诉讼法修改之后,对于先予执行也可以适用于第二审程序,二审法院亦可以作出先予执行的裁定。当然,在二审法院作出先予执行的裁定之后,可以由一审法院执行。

——江必新、梁凤云:《行政诉讼法理论与实务(第三版)》(下),法律出版社2016年版,第1275页。

336 一审程序中已经提出先予执行申请，二审程序中无须再行申请

关键词｜先予执行｜裁定效力｜

【链接：最高人民法院法官著述】

对于先予执行裁定的效力,先予执行裁定书一经送达当事人,立即发生法律效力,立即执行。有一种观点认为,先予执行的裁定随着一审人民法院判决的作出而消失,二审人民法院认为有必要先予执行时,可以由当事人另行申请,由二审人民法院重新作出先予执行的裁定。我们认为,这种观点是错误的。理由是,先予执行裁定一旦作出即发生法律效力,但是这种法律效力是指裁定本身的法律效力。该裁定所发生的法律效力是否能够持续,还要看生效判决对于先予执行裁定的态度或者法院是否作出变更或撤销该先予执行的裁定。如果生效判决对于先予执行裁定予以支持,该先予执行裁定是一种真正意义上的先予执行;如果生效判决对于先予执行裁定予以否定,该先予执行裁定实际上的作用更类似于一种诉讼保全。那么,先予执行裁定由一审裁判还是二审裁判来最终确定,需要观察是哪一个裁判发生了法律效力。如果当事人提起上诉,则该一审法院的判决尚未发生法律效力,该判决不对先予执行裁定作出评断。对先予执行裁定作出评断的是生效的二审判决。因此,在第二审程序中,如果当事人申请先予执行的,原先予执行裁定继续有效,无须再行裁定先予执行。如果在二审程序中,二审判决支持该先予执行裁定的,该先予执行的裁定就有了预决的意义,裁定先予执行并且已经执行的款项或者特定物,应当在案件判决时记载明确,并且在被告应给付的总数额中扣除或者返还。

——江必新、梁凤云:《行政诉讼法理论与实务(第三版)》(下),法律出版社2016年版,第1275—1276页。

337 不同的当事人就同一财产分别提出了先予执行和财产保全的申请的处理

关键词｜先予执行｜财产保全｜

【链接：最高人民法院法官著述】

从广义上讲,先予执行和财产保全都属于保全措施。在司法实践中,在特定的

情况下，不同的当事人就同一财产分别提出了先予执行和财产保全的申请，如果在两者发生竞合的情况下，何者效力优先？主要有以下三种观点：第一种观点认为，应当财产保全优先。理由是，财产保全是一种保护性的措施，它能够有效保证案件的正确、及时处理，切实保护当事人的合法权益；但是，先予执行只是一种维护当事人合法权益的暂时的法律救济方式。先予执行措施的采取可能导致被执行人为逃避他案义务的履行而转移隐匿其持有的财产，并且该种救济仅仅能满足当事人的一时之需，而无法保证案件的圆满解决。第二种观点认为，应当先予执行优先。理由是，先予执行的条件一般是情况紧急，如果不先予执行将严重影响当事人的生产经营乃至正常生活或者发生严重后果，如果不先予执行导致诸如当事人困顿死亡等严重后果，则是法律和道德都无法接受的。第三种观点认为，两者具有同等的效力。理由是，法律没有就两者的效力作出规定，应当推定两种具有相同的效力。

我们认为，上述观点都存在一定的缺陷。第三种观点是一种含混的观点，在司法实践中容易导致财产被重复查封或者冻结，直接违反民事诉讼法第一百零三条第二款的规定。第一种观点和第二种观点都有失绝对。实际上，这两种裁定都属于广义上的诉讼保全范围。在发生竞合的情况下，应当充分发挥两种裁定的优势。财产保全的优势在于对于财产保全的条件较为宽松，实施条件和解除条件都相对宽松，亦无预决之效力；先予执行的优势在于对于特定的涉及严重影响生产、生活的，保护较为及时。因此，一般情况下，应当首先采取财产保全的措施，如果在采取保全措施后发现还不能满足申请人生活、生产上的急需的，可以再考虑先予执行的措施。

——江必新、梁凤云：《行政诉讼法理论与实务（第三版）》（下），法律出版社2016年版，第1276—1277页。

338 行政诉讼中的保全和诉前保全

关键词 | 保全 | 诉前保全 |

【最高人民法院司法解释】

第七十六条 人民法院对于因一方当事人的行为或者其他原因，可能使行政行为或者人民法院生效裁判不能或者难以执行的案件，根据对方当事人的申请，可以裁定对其财产进行保全、责令其作出一定行为或者禁止其作出一定行为；当事人没有提出申请的，人民法院在必要时也可以裁定采取上述保全措施。

人民法院采取保全措施,可以责令申请人提供担保;申请人不提供担保的,裁定驳回申请。

人民法院接受申请后,对情况紧急的,必须在四十八小时内作出裁定;裁定采取保全措施的,应当立即开始执行。

当事人对保全的裁定不服的,可以申请复议;复议期间不停止裁定的执行。

第七十七条　利害关系人因情况紧急,不立即申请保全将会使其合法权益受到难以弥补的损害的,可以在提起诉讼前向被保全财产所在地、被申请人住所地或者对案件有管辖权的人民法院申请采取保全措施。申请人应当提供担保,不提供担保的,裁定驳回申请。

人民法院接受申请后,必须在四十八小时内作出裁定;裁定采取保全措施的,应当立即开始执行。

申请人在人民法院采取保全措施后三十日内不依法提起诉讼的,人民法院应当解除保全。

当事人对保全的裁定不服的,可以申请复议;复议期间不停止裁定的执行。

第七十八条　保全限于请求的范围,或者与本案有关的财物。

财产保全采取查封、扣押、冻结或者法律规定的其他方法。人民法院保全财产后,应当立即通知被保全人。

财产已被查封、冻结的,不得重复查封、冻结。

涉及财产的案件,被申请人提供担保的,人民法院应当裁定解除保全。

申请有错误的,申请人应当赔偿被申请人因保全所遭受的损失。

——《最高人民法院关于适用〈中华人民共和国行政诉讼法〉的解释》(2018年2月8日,法释〔2018〕1号)。

339 诉前保全裁定确有错误的处理

关键词｜诉前保全｜抗诉｜

【最高人民法院司法解释】

山东省高级人民法院:

你院鲁高法函〔1998〕57号《关于人民法院在执行程序中作出的裁定如发现确有错误应按何种程序纠正的请示》和鲁高法函〔1998〕58号《关于人民法院发现本院作出的诉前保全裁定确有错误或者人民检察院对人民法院作出的诉前保全提出

抗诉人民法院应如何处理的请示》收悉。经研究，答复如下：

一、人民法院院长对本院已经发生法律效力的诉前保全裁定和在执行程序中作出的裁定，发现确有错误，认为需要撤销的，应当提交审判委员会讨论决定后，裁定撤销原裁定。

二、人民检察院对人民法院作出的诉前保全裁定提出抗诉，没有法律依据，人民法院应当通知其不予受理。

——《最高人民法院关于人民法院发现本院作出的诉前保全裁定和在执行程序中作出的裁定确有错误以及人民检察院对人民法院作出的诉前保全裁定提出抗诉人民法院应当如何处理的批复》（1998 年 8 月 5 日，法释〔1998〕17 号）。

340 原告或者上诉人、被告无正当理由拒不到庭、未经许可中途退庭适用缺席判决的情形

关键词 | 缺席判决 | 拒不到庭 | 中途退庭 |

【最高人民法院司法解释】

第七十九条 原告或者上诉人申请撤诉，人民法院裁定不予准许的，原告或者上诉人经传票传唤无正当理由拒不到庭，或者未经法庭许可中途退庭的，人民法院可以缺席判决。

第三人经传票传唤无正当理由拒不到庭，或者未经法庭许可中途退庭的，不发生阻止案件审理的效果。

根据行政诉讼法第五十八条的规定，被告经传票传唤无正当理由拒不到庭，或者未经法庭许可中途退庭的，人民法院可以按期开庭或者继续开庭审理，对到庭的当事人诉讼请求、双方的诉辩理由以及已经提交的证据及其他诉讼材料进行审理后，依法缺席判决。

——《最高人民法院关于适用〈中华人民共和国行政诉讼法〉的解释》（2018 年 2 月 8 日，法释〔2018〕1 号）。

【链接：最高人民法院法官著述】

正当理由是指因不可抗力或者其他不能抗拒的事由。当事人确实有不能到庭的事由，在接到法院的传票后，应当及时提出。人民法院经审查，认为当事人提出

的不能到庭的理由正当，确实不能到庭的，可以决定延期审理，并及时将延期审理的情况通知另一方当事人。人民法院经审查，认为当事人提出的理由不正当，可以决定不延期审理，并通知当事人。当事人接到不延期审理的通知后，应当按时出庭。当事人经法院传票传唤，没有正当理由拒不到庭的，对于原告而言，视为放弃自身的诉讼请求，人民法院可以按照撤诉处理；对于被告而言，视为放弃答辩权利，人民法院可以缺席判决。此处的“原告”不仅仅包括原告本人，如果丧失诉讼行为能力的原告的法定代理人无正当理由拒不到庭，亦不委托诉讼代理人的，也应当比照上述规定处理。

——梁凤云：《行政诉讼法司法解释讲义》，人民法院出版社 2018 年版，第 220 页。

341 被告经一次合法传唤无正当理由拒不到庭的，可以缺席判决

关键词｜合法传唤｜拒不到庭｜缺席判决｜

【最高人民法院答复】

河北省高级人民法院：

你院《关于如何理解〈中华人民共和国行政诉讼法〉第四十八条①的规定有关问题的请示》收悉。经研究，答复如下：

被告未在法定期限内向人民法院提供据以作出被诉具体行政行为的证据和依据，经人民法院一次合法传唤，被告无正当理由拒不到庭的，人民法院依法作出撤销被诉具体行政行为的判决并无不妥。

——《最高人民法院行政审判庭关于如何理解〈中华人民共和国行政诉讼法〉第四十八条的答复》（2008 年 11 月 17 日，〔2008〕行他字第 26 号）。

342 原告或者上诉人在庭审中视为放弃陈述权利并承担不利后果的情形

关键词｜放弃陈述权利｜拒绝陈述｜

① 现行行政诉讼法第五十八条。——编者注

【最高人民法院司法解释】

第八十条第一款 原告或者上诉人在庭审中明确拒绝陈述或者以其他方式拒绝陈述，导致庭审无法进行，经法庭释明法律后果后仍不陈述意见的，视为放弃陈述权利，由其承担不利的法律后果。

——《最高人民法院关于适用〈中华人民共和国行政诉讼法〉的解释》（2018年2月8日，法释〔2018〕1号）。

【链接：最高人民法院法官著述】

在这种情下，原告或者上诉人实际上属于放弃权利，特别是放弃举证权利，由其自行承担法律后果即可。当然，需要满足以下几个条件：第一，行为要素。即原告或者上诉人在庭审中明确拒绝陈述或者以其他方式拒绝陈述。第二，结果要素。即原告或者上诉人在庭审中明确拒绝陈述或者以其他方式拒绝陈述客观上导致庭审无法进行。第三，释明要素。即人民法院此时需要履行释明义务，释明的内容是告知原告或者上诉人不利法律后果。在满足上述三个条件的基础上，人民法院可以视为放弃陈述权利，由其承担不利的法律后果。

——梁凤云：《行政诉讼法司法解释讲义》，人民法院出版社2018年版，第223页。

343 对于法庭辩论终结后原告申请撤诉，被告不同意的，人民法院可以不予准许

关键词｜撤诉｜法庭辩论｜

【最高人民法院司法解释】

第八十条第三款 法庭辩论终结后原告申请撤诉，人民法院可以准许，但涉及到国家利益和社会公共利益的除外。

——《最高人民法院关于适用〈中华人民共和国行政诉讼法〉的解释》（2018年2月8日，法释〔2018〕1号）。

【链接：最高人民法院法官著述】

第二，对于法庭辩论终结后原告申请撤诉，被告不同意的，人民法院可以不予

准许。原告在法庭辩论后撤诉,其实体权利并不受到影响,但是被告参加诉讼已经消耗了诉讼成本。如果允许原告在法庭辩论后随意撤诉,也不利于行政管理的秩序,因此,在这种情况下,人民法院可以根据《民诉解释》第二百三十八条第二款的规定,询问被告是否同意原告撤诉,以免原告滥用权利损害被告或者第三人的利益。

——梁凤云:《行政诉讼法司法解释讲义》,人民法院出版社 2018 年版,第 224 页。

344 被告改变被诉行政行为的，如何处理

关键词 | 确认违法 | 改变行政行为 | 不作为 |

【最高人民法院司法解释】

第八十一条 被告在一审期间改变被诉行政行为的,应当书面告知人民法院。

原告或者第三人对改变后的行政行为不服提起诉讼的,人民法院应当就改变后的行政行为进行审理。

被告改变原违法行政行为,原告仍要求确认原行政行为违法的,人民法院应当依法作出确认判决。

原告起诉被告不作为,在诉讼中被告作出行政行为,原告不撤诉的,人民法院应当就不作为依法作出确认判决。

——《最高人民法院关于适用〈中华人民共和国行政诉讼法〉的解释》(2018 年 2 月 8 日,法释〔2018〕1 号)。

第三条 有下列情形之一的,属于行政诉讼法第五十一条①规定的“被告改变其所作的具体行政行为”:

(一)改变被诉具体行政行为所认定的主要事实和证据;

(二)改变被诉具体行政行为所适用的规范依据且对定性产生影响;

(三)撤销、部分撤销或者变更被诉具体行政行为处理结果。

第四条 有下列情形之一的,可以视为“被告改变其所作的具体行政行为”:

(一)根据原告的请求依法履行法定职责;

---

① 现行行政诉讼法第六十二条。——编者注

（二）采取相应的补救、补偿等措施；

（三）在行政裁决案件中，书面认可原告与第三人达成的和解。

——《最高人民法院关于行政诉讼撤诉若干问题的规定》（2008 年 2 月 1 日，法释〔2008〕2 号）。

【最高人民法院答复】

甘肃省高级人民法院：

你院〔2000〕甘行终字第 10 号《关于周俊不服庆阳地区工商行政管理处理决定一案的请示报告》收悉。经研究，答复如下：依据《行政诉讼法》的有关规定，对行政机关作出的改变原具体行政行为的行政行为，当事人不服可以提起行政诉讼。

——《最高人民法院行政审判庭关于对行政机关作出的改变原具体行政行为的行政行为，当事人不服能否提起行政诉讼的电话答复》（2000 年 11 月 15 日，〔2000〕行他字第 15 号）。

【链接：最高人民法院法官著述】

在司法实践中，需要注意以下三个问题：

（一）一审被告若在二审期间改变被诉行政行为的，人民法院如何处理

对于被告在一审期间改变被诉行政行为的情况，人民法院结合原告的诉请如何进行裁判，该条司法解释已有明确规定。相关联的还有一种情形，即一审被告在二审期间改变被诉行政行为，此时，一审法院已对被诉行政行为作出判决或裁定，在二审阶段，若一审被告改变被诉行政行为，一审原告对一审被告新作出的行政行为不服的，需要另行单独提起行政诉讼，由于原来的案件已经进展到二审阶段，原被诉行政行为和新作出的行政行为已经无法合并审理，不能再放在一个诉讼程序中进行审理，二者的诉讼阶段已经无法同步了。若原告起诉被告不作为，在二审阶段一审被告作出了行政行为，人民法院可以进行调解工作，若一审原告认可一审被告作出的行政行为，愿意撤回起诉的，二审法院即可根据当事人撤回起诉的申请作出相应裁判。

（二）被告改变原违法行政行为，原告仍要求撤销原行政行为的，人民法院应当如何处理

在本条司法解释的第三款中，有一个适用的限定条件，即被告的原被诉行政行为是违法的，而对原被诉行政行为合法性的判定是由受诉人民法院承担的。在人民法院对原被诉行政行为的违法性作出基本判断后，被告也改变了原违法行政行

为,实际上,原行政行为对原告的实体权益一般情况下不会再产生影响了,如果原告在诉讼中仍要求人民法院撤销原行政行为的,人民法院也必须对此诉讼请求作出相应的裁判。由于被告已经改变了原违法行政行为,其新作出的行政行为的效力已然覆盖了原违法行政行为,等同于直接撤销了原违法行政行为,此时,对于原违法行政行为而言,也已经没有可撤销内容了,人民法院如果再作出撤销判决,就相当于是再次撤销了一个已经被行政机关自行撤销的行政行为,没有实际意义,因而,尽管原告仍要求撤销原违法行政行为,人民法院也不能再作撤销判决了,只能作确认违法判决。

(三)被告改变原行政行为,原告不撤诉,人民法院应当如何处理

在诉讼过程中,被告改变原行政行为,作出新的行政行为,原告仍然不撤诉,人民法院应当对原行政行为的合法性进行审查。人民法院经审查认为原行政行为违法的,应当作出确认原行政行为违法的判决;若认为原行政行为合法的,应当判决驳回原告的诉讼请求。

——本书编委会编:《行政诉讼法司法解释实务指南与疑难解答》,中国法制出版社 2018 年版,第 273—274 页。

345 被告改变行政行为,原告申请撤诉,法院裁定准许的条件

关键词|申请撤诉|真实意思表示|公共利益|他人合法权益|

【最高人民法院司法解释】

第二条　被告改变被诉具体行政行为,原告申请撤诉,符合下列条件的,人民法院应当裁定准许:

(一)申请撤诉是当事人真实意思表示;

(二)被告改变被诉具体行政行为,不违反法律、法规的禁止性规定,不超越或者放弃职权,不损害公共利益和他人合法权益;

(三)被告已经改变或者决定改变被诉具体行政行为,并书面告知人民法院;

(四)第三人无异议。

——《最高人民法院关于行政诉讼撤诉若干问题的规定》(2008 年 2 月 1 日,法释〔2008〕2 号)。

346 被告改变被诉行政行为后，原告申请撤诉的，人民法院裁定不准予撤诉，被告的改变行为依然有效

关键词｜不准予撤诉｜改变行政行为｜

【链接：最高人民法院法官著述】

对于这一问题,实践中主要有两种意见。第一种意见认为,被告的改变行为有效。理由是:其一,行政行为是行政机关单方面的意思表示,不取决于人民法院是否同意或者准许。法院不是行政机关的上级机关,行政行为是否生效,不应当取决于人民法院的批准。因此,即便是人民法院不准予撤诉,被告的改变行为仍然有效。其二,被告改变被诉行政行为,说明行政行为本身存在问题,行政机关自己有作出新的行政行为的权力,因此,该改变的行政行为有效。其三,此种情形下,一般对于原告有利。从保护原告合法权益的角度出发,也应当认定该改变的行政行为有效。第二种意见认为,尽管行政行为是行政机关单方面的意思表示,但是法律可以为行政行为的生效设置附属条件或者生效要件,如须经人民法院准许。理由是,由于被诉行政行为已经系属人民法院,被告改变行政行为当然应当得到人民法院的准许。因此,人民法院的准许是被告在诉讼中所改变的行政行为是否生效的附加条件。如果法院认为改变后的行政行为违法,而不准许改变,被告作出的改变行为就不能生效。

我们认为,就不准予撤诉的裁定本身而言,其效力并不一定及于改变后的行政行为的效力。因此,人民法院的不准予撤诉的裁定与改变后行政行为的效力之间并没有直接关联。当然,这不等于人民法院对于行政机关改变后的行政行为没有约束力。即使人民法院以改变后的行政行为违法为由拒绝原告的撤诉申请,人民法院可以通过变更诉讼客体的方式,使改变后的行政行为得到司法审查。

——江必新、梁凤云:《行政诉讼法理论与实务(第三版)》(下),法律出版社2016年版,第1212—1213页。

347 人民法院在裁定是否准予原告撤诉中应当注意的问题

关键词｜撤诉｜合法性审查｜

【最高人民法院司法文件】

一是以依法妥善处理行政争议为目标。制定《撤诉规定》的主要目的，是为了妥善化解行政争议，依法审查行政诉讼中行政机关改变被诉具体行政行为及当事人申请撤诉的行为。人民法院经审查认为被诉具体行政行为违法或者明显不当，可以根据案件的具体情况，建议被告改变其所作的具体行政行为，主动赔偿或补偿原告的损失，原告同意后可以申请撤诉。这种处理机制是在法律允许范围内的制度创新，是新形势下解决行政争议的一项有效制度，是实现"案结事了"，促进"官"民和谐的必然要求。各级人民法院要通过认真执行《撤诉规定》，积极探索协调解决行政争议的新机制。特别是对于群体性行政争议、因农村土地征收、城市房屋拆迁、企业改制、劳动和社会保障、资源环保等社会热点问题引发的行政争议，更要注意最大限度地采取协调方式处理。鼓励和提倡双方当事人通过合意协商，在妥善解决争议的基础上通过撤诉的方式结案。

二是正确处理合法性审查与当事人撤诉的关系。提倡和鼓励以当事人撤诉的方式结案，不能排除或放弃合法性审查原则。人民法院应当在通过对具体行政行为的合法性、适当性进行审查，初步确认具体行政行为违法或明显不当的基础上，根据案件具体情况建议被告改变被诉具体行政行为。被告改变其所作的具体行政行为及原告申请撤诉只有符合法定条件，人民法院才能作出准许撤诉的裁定。

三是准确把握审判组织在新机制中的地位和作用。由于行政诉讼中被告改变其所作的具体行政行为，原告同意并申请撤诉，是建立在当事人自愿的基础上，合议庭可以发挥宣传、建议、协调和法律释明的作用，但要严格遵循当事人自愿原则，坚决防止和杜绝动员甚至强迫当事人撤诉的现象。既要尽可能通过协调化解行政争议，又不能片面追求撤诉率，侵害当事人合法权益。

四是注意选择裁定准许撤诉的时机。在当事人之间达成的和解中，往往具有履行权利义务的内容，人民法院应当关注和解内容的履行情况，对于有履行内容且履行完毕，符合撤诉条件的，应当裁定准许撤诉；不能即时或者一次性履行的，可以裁定准许撤诉，也可以裁定中止审理，以防止约定的义务不能及时履行或者不履行，使当事人的权益再次受到侵害。

五是正确处理撤诉与裁判的关系。及时救济权利，兼顾行政效率，是行政审判应当追求的目标。要正确处理好撤诉与裁判的关系，防止当判不判，久拖不结。经审查申请撤诉不符合法定条件，或者行政机关改变被诉具体行政行为后当事人不撤诉的，应当及时作出裁判。

六是完善撤诉的结案方式。为了满足审判实践的需要，《撤诉规定》对撤诉裁定的方式进行了必要的完善。准许撤诉裁定可以载明被告改变被诉具体行政行为的主要内容，并可以根据案件具体情况，在裁定理由中明确被诉具体行政行为全部或者部分不再执行。准许撤回上诉或者再审申请的裁定参照上述要求制作，并可以明确被诉具体行政行为或者原裁判全部或者部分不再执行，以解决双方当事人的合意与被诉具体行政行为或者原裁判的冲突。通过对行政机关改变具体行政行为的内容及履行情况加以确认，使当事人的权利义务更加明确。由于裁定通常只解决诉讼程序方面问题，因此，上述已在裁定理由中明确、涉及实体处理的内容，在裁定主文中不再表述。

七是注意撤诉的适用范围。行政机关改变被诉具体行政行为后原告申请撤诉，一般发生在第一审诉讼期间，但在第二审和再审期间也可能出现，如果片面强调判决的既判力和稳定性而不允许撤诉，不利于实现化解行政争议、妥善解决纠纷的目的。《撤诉规定》对此也作了明确规定，当事人在第二审期间申请撤回上诉，再审期间申请撤回再审申请的，均可参照本规定执行。

——《最高人民法院关于认真贯彻执行〈关于行政诉讼撤诉若干问题的规定〉的通知》（2008 年 1 月 31 日，法发〔2008〕9 号）。

348 行政诉讼中恶意诉讼的处理

关键词 | 恶意串通 | 驳回起诉 | 驳回诉讼请求 |

【最高人民法院司法解释】

第八十二条 当事人之间恶意串通，企图通过诉讼等方式侵害国家利益、社会公共利益或者他人合法权益的，人民法院应当裁定驳回起诉或者判决驳回其请求，并根据情节轻重予以罚款、拘留；构成犯罪的，依法追究刑事责任。

——《最高人民法院关于适用〈中华人民共和国行政诉讼法〉的解释》（2018 年 2 月 8 日，法释〔2018〕1 号）。

【最高人民法院司法文件】

15. 要依法制止滥用诉权、恶意诉讼等行为。滥用诉权、恶意诉讼消耗行政资源，挤占司法资源，影响公民、法人和其他组织诉权的正常行使，损害司法权威，阻碍法治进步。对于以危害国家主权和领土完整、危害国家安全、破坏国家统一和民族团结、破坏国家宗教政策为目的的起诉，人民法院依法不予立案；对于极个别当事人不以保护合法权益为目的，长期、反复提起大量诉讼，滋扰行政机关，扰乱诉讼秩序的，人民法院依法不予立案。

17. 在认定滥用诉权、恶意诉讼的情形时，应当从严掌握标准，要从当事人提起诉讼的数量、周期、目的以及是否具有正当利益等角度，审查其是否具有滥用诉权、恶意诉讼的主观故意。对于属于滥用诉权、恶意诉讼的当事人，要探索建立有效机制，依法及时有效制止。

——《最高人民法院关于进一步保护和规范当事人依法行使行政诉权的若干意见》（2017 年 8 月 31 日，法发〔2017〕25 号）。

【链接：最高人民法院法官著述】

本条规定可以从以下几个方面来理解：

一是虚假诉讼须当事人之间恶意串通。这是构成虚假诉讼的主观条件。当事人之间通过合谋、伪造证据等方式实施虚假诉讼的行为。对于是否属于虚假诉讼，一般难以直接证明。法院可以通过对当事人实施的客观行为来进行推定。当事人之间既可以包括原告和原告之间，包括原告与被告之间，还包括原告与第三人之间，等等。

二是通过诉讼等方式。诉讼是国家通过法定程序进行的解决纠纷的活动。虚假诉讼是一种原本不存在的争议，实际上将诉讼程序作为侵害合法权益的手段。这里的“诉讼等”中的“等”是一种“等外等”，还包括法院主持的调解等方式。

三是侵害国家利益、社会公共利益或者他人合法权益。虚假诉讼是侵害发起虚假诉讼的当事人之外的合法权益，包括国家利益、社会公共利益或者他人合法权益。

四是裁定驳回起诉或者判决驳回请求。虚假诉讼的证据是伪造的、陈述是虚假的，其所要证明的事实并不存在，因此，当事人提起的诉讼请求是不成立的。人民法院可以在审查起诉阶段，裁定驳回其起诉。进入审理阶段，人民法院进行实体审理后发现的，不能作出驳回其诉讼请求的判决，只能作出驳回请求的判决，从根源上否定虚假诉讼。

五是拘留、罚款。对于虚假诉讼，人民法院除了可以作出上述裁判外，还可以根据情节轻重予以罚款、拘留。根据行政诉讼法第五十九条的规定，对于诉讼参加人可以处以一万元以下罚款，十五日以下拘留。

六是依法追究刑事责任。当事人进行虚假诉讼构成犯罪的，应当追究刑事责任。根据虚假诉讼的表现形式，可能会构成伪证罪、妨害作证罪、帮助伪造证据罪、诈骗罪、贪污罪、职务侵占罪，等等。

七是关于虚假诉讼与恶意诉讼、滋扰型诉讼。最高人民法院就滥用诉权、恶意诉讼等问题专门出台了《关于规范和保护行政诉权的意见》。意见认为，滥用诉权、恶意诉讼消耗行政资源、挤占司法资源，影响公民、法人和其他组织诉权的正常行使，损害国家司法权威，阻碍法治进步。对于以危害国家主权和领土完整、危害国家安全、破坏国家统一和民族团结、破坏国家政策为目的的起诉，人民法院依法不予立案；对于极个别当事人不以保护合法权益为目的，长期、反复提起大量诉讼，滋扰行政机关，扰乱诉讼秩序的，人民法院依法不予立案；对于没有新的事实和理由，针对同一事项重复、反复提起诉讼，或者反复提起行政复议继而提起诉讼等违反"一事不再理"原则的起诉，人民法院依法不予立案。

——梁凤云：《行政诉讼法司法解释讲义》，人民法院出版社 2018 年版，第 224 页。

349 行政诉讼中可以适用迳行调解的案件要求

关键词 | 调解 | 迳行调解 |

【最高人民法院司法解释】

第八十四条 人民法院审理行政诉讼法第六十条第一款规定的行政案件，认为法律关系明确、事实清楚，在征得当事人双方同意后，可以迳行调解。

——《最高人民法院关于适用〈中华人民共和国行政诉讼法〉的解释》（2018 年 2 月 8 日，法释〔2018〕1 号）。

【链接：最高人民法院法官著述】

这是关于适用迳行调解的条件。迳行调解是指不须经当事人举证、质证、法庭调查、辩论等程序而直接进行调解活动。其中，根据《行诉解释》第一百零二条的规定，"法律关系明确"，是指权利义务关系明确，即行政法律关系中的权利和义务能够明确区分；"事实清楚"是指当事人对争议的事实陈述基本一致，并能提供相应的证据，无须人民法院调查收集证据即可查明事实。这里的"事实清楚"是指事实基本清楚，考虑到调解是当事人对自身合法权益的处分，当事人对权利进行处分，不要求将本案所有事实完全查清。"征得当事人同意"是指征得所有当事人同意,如果当事人不愿意进行调解的,人民法院不能强行调解。人民法院对受理的符合行政诉讼法第六十条第一款规定的案件,经过审查当事人的起诉状、答辩状等材料后,发现符合这三个条件的,可以迳行调解。

——梁凤云:《行政诉讼法司法解释讲义》,人民法院出版社 2018 年版,第 230 页。

350 调解达成协议后，人民法院应当制作调解书

关键词｜调解协议｜调解书｜

【最高人民法院司法解释】

第八十五条　调解达成协议,人民法院应当制作调解书。调解书应当写明诉讼请求、案件的事实和调解结果。

调解书由审判人员、书记员署名,加盖人民法院印章,送达双方当事人。

调解书经双方当事人签收后,即具有法律效力。调解书生效日期根据最后收到调解书的当事人签收的日期确定。

——《最高人民法院关于适用〈中华人民共和国行政诉讼法〉的解释》(2018 年 2 月 8 日,法释〔2018〕1 号)。

【链接:最高人民法院法官著述】

(一)在行政诉讼中是否也有人民法院可以不制作调解书的案件

在民事诉讼中,有一些涉及人身关系或能够当场及时履行的案件,法律明确规定人民法院可以不制作调解书。法律之所以允许人民法院可以不制作调解书,主要是因为在一些确定人身关系的案件中,经过人民法院的调解工作,原来意图解除人身关系的当事人又愿意继续保持特定的人身关系,实际上经过诉讼之后,也并未改变原有的人身关系,因此,没有必要一定要制作调解书来确定双方当事人的特定关系。还有就是在人民法院调解成功后,双方当事人能够及时履行法定义务,有的甚至是可以在调解后当场就可以履行的,自然也没有必要再由人民法院制作调解书了。在行政诉讼中,当事人经调解达成协议,人民法院应当制作调解书。行政诉讼不同于民事诉讼,在行政诉讼中,由于一方当事人是行使国家公权力的行政主体,在行政争议经过诉讼之后,涉及履行具体义务时需要凭借人民法院生效的法律文书才能进行,这点不同于民事诉讼的情况。作为一方当事人的行政主体,不得任

意处置国家权力和法律权益,必须依照有效的法律法规等规范性文件或者人民法院等机关作出的生效法律文书来作出相应的行政行为。因此,在行政诉讼中,当事人经过调解达成协议的,人民法院必须制作调解书。

——本书编委会编:《行政诉讼法司法解释实务指南与疑难解答》,中国法制出版社 2018 年版,第 286—287 页。

351 行政给付行为和给付变动行为中，行政主体具有裁量权，可以调解结案

关键词 | 行政给付 | 调解 |

【最高人民法院专业法官会议纪要】

法律问题:廉租住房申请处理等行政给付及其变动行为,能否通过调解方式结案?

法官会议意见:行政诉讼法上有关"行政机关行使法律、法规规定的自由裁量权的案件可以调解"的规定,用意在于排除"行政行为是否合法问题无调解余地"的情形。行政案件调解结案与被诉行政行为的具体类型无关,既可以适用行政处罚等传统高权行为,也可以适用行政给付及其变动行为。行政案件调解的具体适用,以行政机关作出被诉行政行为时是否存在裁量空间为前提,以行政争议双方当事人对调解事项是否具有处分权为基础,以调解结果不得损害国家利益、社会公共利益和他人合法权益为界限。在行政争议实质性解决的路径谱系中,调解相对于宣示性判决而言具有一定的比较优势,更有助于被诉行政行为背后实质争议的一揽子解决。

——最高人民法院行政审判庭编:《最高人民法院行政审判庭法官会议纪要》(第一辑),人民法院出版社 2022 年版,第 75—77 页。

【最高人民法院裁判案例】

林建国诉山东省济南市住房保障和房产管理局房屋行政管理案[最高人民法院(2016)最高法行再 17 号行政调解书]

要旨:(1)在行政给付行为和给付变动行为中,行政主体在是否实施给付、给付的方式与幅度、是否行使给付变动权、采取何种变动行为等方面有裁量权,行政

机关行使法律、法规规定的裁量权的案件可以调解结案。有关城市低收入家庭廉租住房权益保障的案件属于上述情形,可以通过调解结案。

(2)对残疾人等较为弱势的行政相对人,人民法院应当提供公正、高效、便捷的司法服务,在法律允许的范围内,给予司法关怀。

——最高人民法院行政审判庭编:《最高人民法院行政裁判要旨及评述》(第一卷),人民法院出版社2019年版,第301页。

352 行政诉讼过程中,中止诉讼和终结诉讼的适用情形

关键词 | 中止诉讼 | 终结诉讼 |

【最高人民法院司法解释】

第八十七条 在诉讼过程中,有下列情形之一的,中止诉讼:

(一)原告死亡,须等待其近亲属表明是否参加诉讼的;

(二)原告丧失诉讼行为能力,尚未确定法定代理人的;

(三)作为一方当事人的行政机关、法人或者其他组织终止,尚未确定权利义务承受人的;

(四)一方当事人因不可抗力的事由不能参加诉讼的;

(五)案件涉及法律适用问题,需要送请有权机关作出解释或者确认的;

(六)案件的审判须以相关民事、刑事或者其他行政案件的审理结果为依据,而相关案件尚未审结的;

(七)其他应当中止诉讼的情形。

中止诉讼的原因消除后,恢复诉讼。

第八十八条 在诉讼过程中,有下列情形之一的,终结诉讼:

(一)原告死亡,没有近亲属或者近亲属放弃诉讼权利的;

(二)作为原告的法人或者其他组织终止后,其权利义务的承受人放弃诉讼权利的。

因本解释第八十七条第一款第一、二、三项原因中止诉讼满九十日仍无人继续诉讼的,裁定终结诉讼,但有特殊情况的除外。

——《最高人民法院关于适用〈中华人民共和国行政诉讼法〉的解释》(2018年2月8日,法释〔2018〕1号)。

353 审理期限的定义、扣除、起算和延长

关键词｜审理期限｜延长审理期限｜

【最高人民法院司法解释】

第五十条 行政诉讼法第八十一条、第八十三条、第八十八条规定的审理期限，是指从立案之日起至裁判宣告、调解书送达之日止的期间，但公告期间、鉴定期间、调解期间、中止诉讼期间、审理当事人提出的管辖异议以及处理人民法院之间的管辖争议期间不应计算在内。

再审案件按照第一审程序或者第二审程序审理的，适用行政诉讼法第八十一条、第八十八条规定的审理期限。审理期限自再审立案的次日起算。

基层人民法院申请延长审理期限，应当直接报请高级人民法院批准，同时报中级人民法院备案。

——《最高人民法院关于适用〈中华人民共和国行政诉讼法〉的解释》（2018年2月8日，法释〔2018〕1号）。

【链接：理解与适用】

这些都是因为客观原因导致的时间耗费，都应当从审理期限中扣除。

第一，公告期间。公告是指向社会公众发出的通告。在审判实践中，时常出现当事人下落不明、住所地不详、无法确定等情形，致使不能采取直接送达、留置送达、委托送达、邮寄送达、转交送达等方式将诉讼文书送达或者将有关诉讼活动予以告知。为保证诉讼活动的顺利进行，以公告的方式予以通知或者送达，使有关当事人获悉后能够及时了解诉讼活动，积极行使相关诉讼权利。因公告所花时间，理应从审理期限中扣除。

第二，鉴定期间。行政机关的行政管理活动涉及建筑、能源、化学、医学、工程、计算机、网络等许多专业技术领域，行政机关作出的行政行为经常是基于某些专门性问题的专业判断。人民法院在审理这些案件中，往往需要对这些专门性问题进行技术鉴定，才能正确地进行法律适用。由于案件需要交由法定的鉴定部门或者指定的鉴定部门进行鉴定，然要花费一定的时间，故因鉴定所耽误的时间应当从审理期限中扣除。

第三，调解期间。依照行政诉讼法第六十条第一款的规定，人民法院审理行政案件，一般不适用调解，但行政赔偿、补偿以及行政机关行使法律、法规规定的自由裁量权的案件可以调解。行政诉讼调解是指当事人在人民法院的主持下，自愿达

成协议,解决行政争议的行为。在当事人自愿的情况下,人民法院在正常的审理程序之外进行调解,所花时间理应从审理期限中扣除。在调解不成时,应当及时恢复审理,不得规避法定的审理期限。

第四,中止诉讼期间。中止诉讼是指在诉讼过程中,由于发生无法克服或者难以避免的情形,使得诉讼程序不得以暂时停止的情况。影响诉讼程序正常进行的情形消除后,恢复诉讼。依照《行诉解释》第八十七条的规定,中止诉讼的原因包括七种:“(一)原告死亡,须等待其近亲属表明是否参加诉讼的;(二)原告丧失诉讼行为能力,尚未确定法定代理人的;(三)作为一方当事人的行政机关、法人或者其他组织终止,尚未确定权利义务承受人的;(四)一方当事人因不可抗力的事由不能参加诉讼的;(五)案件涉及法律适用问题,需要送请有权机关作出解释或者确认的;(六)案件的审判须以相关民事、刑事或者其他行政案件的审理结果为依据,而相关案件尚未审结的;(七)其他应当中止诉讼的情形。”中止诉讼的情形消除后从人民法院通知或者准许当事人继续进行诉讼活动之日起,继续计算审理期限。

第五,处理管辖异议和管辖争议的期间。管辖是指各级人民法院之间受理一审行政案件的分工和权限。管辖权争议是指两个以上人民法院对案件管辖权有不同意见而发生争议。行政诉讼法第二十三条第二款规定,人民法院对管辖权发生争议,由争议双方协商解决。协商不成的,报它们的共同上级人民法院指定管辖。管辖权异议是指人民法院受理行政案件后,当事人向受理案件的人民法院提出的,旨在排除该人民法院对本案行使管辖权的意见或者意思表示。依照《行诉解释》第十条第二款的规定,对当事人提出的管辖异议,人民法院应当进行审查。异议成立的,裁定将案件移送有管辖权的人民法院;异议不成立的,裁定驳回。只有有管辖权的人民法院才能对案件进行审理和判决,确定管辖权是对案件进行审理和判决的前提。当人民法院之间或者当事人对应由哪个法院对案件行使管辖权有不同意见时,人民法院应当先处理案件的管辖权问题,其后方能合法地对案件进行审理和判决。处理案件的管辖权问题所花时间,也理应从审理期限中扣除。

——最高人民法院行政审判庭编著:《最高人民法院行政诉讼法司法解释理解与适用》(上),人民法院出版社 2018 年版,第 281—282 页。

354 依据原告起诉时提供的被告地址无法送达时的处理

关键词 | 受送达人 | 住址不清 |

【最高人民法院司法解释】

第五十一条　人民法院可以要求当事人签署送达地址确认书，当事人确认的送达地址为人民法院法律文书的送达地址。

当事人同意电子送达的，应当提供并确认传真号、电子信箱等电子送达地址。

当事人送达地址发生变更的，应当及时书面告知受理案件的人民法院；未及时告知的，人民法院按原地址送达，视为依法送达。

人民法院可以通过国家邮政机构以法院专递方式进行送达。

——《最高人民法院关于适用〈中华人民共和国行政诉讼法〉的解释》（2018年2月8日，法释〔2018〕1号）。

人民法院依据原告起诉时所提供的被告住址无法直接送达或者留置送达，应当要求原告补充材料。原告因客观原因不能补充或者依据原告补充的材料仍不能确定被告住址的，人民法院应当依法向被告公告送达诉讼文书。人民法院不得仅以原告不能提供真实、准确的被告住址为由裁定驳回起诉或者裁定终结诉讼。

因有关部门不准许当事人自行查询其他当事人的住址信息，原告向人民法院申请查询的，人民法院应当依原告的申请予以查询。

——《最高人民法院关于依据原告起诉时提供的被告地址无法送达应如何处理问题的批复》（2004年12月2日，法释〔2004〕17号）。

355 期间自开始日至届满日均为节假日的计算

关键词｜期间计算｜节假日｜

【最高人民法院司法解释】

第四十八条第三款　期间届满的最后一日是节假日的，以节假日后的第一日为期间届满的日期。

——《最高人民法院关于适用〈中华人民共和国行政诉讼法〉的解释》（2018年2月8日，法释〔2018〕1号）。

【最高人民法院答复】

浙江省高级人民法院：

你院《关于期间自开始日至届满日均为节假日应如何计算期间的请示》收悉。经研究，答复如下：

从有利于保护当事人诉权考虑，原则同意你院的倾向性意见，即本案的起诉期限可以从节假日后的第1日起计算。

——《最高人民法院行政审判庭对期间自开始日至届满日均为节假日应如何计算期间的电话答复》(2000年12月31日，行他〔2000〕8号)。

二、简易程序

356 如何理解简易程序的适用条件

关键词｜简易程序｜事实清楚｜权利义务关系明确｜争议不大｜

【最高人民法院司法解释】

第一百零二条 行政诉讼法第八十二条规定的行政案件中的“事实清楚”，是指当事人对争议的事实陈述基本一致，并能提供相应的证据，无须人民法院调查收集证据即可查明事实；“权利义务关系明确”，是指行政法律关系中权利和义务能够明确区分；“争议不大”，是指当事人对行政行为的合法性、责任承担等没有实质分歧。

——《最高人民法院关于适用〈中华人民共和国行政诉讼法〉的解释》（2018年2月8日，法释〔2018〕1号）。

【链接：最高人民法院法官著述】

本条是关于适用简易程序的适用条件的规定，因此，对于相关内容属于初步的判断。这是首先要明确的。这一条文包括以下几个方面的内容：

一是事实清楚。主要包括三层含义：（1）当事人对争议的事实陈述基本一致。当事人对行政行为的有关情况陈述基本一致，即便个别地方当事人表述有出入亦可以允许。（2）能提供相应的证据。这里的相应的证据，是指当事人能够提供一些初步的、基本能够证明自己主张的证据。该证据是否符合证据的真实性、合法性和关联性，是需要在审理过程中判断的。（3）无须人民法院调查收集证据即可查明事实。无须人民法院调查收集证据是指现有证据已经能够证明基本事实，如果还需要人民法院调查收集证据，就说明案件的事实仍不清楚。当然，这一规定是对当事人提出的证据的要求，是对是否适用简易程序的要求，并没有否认人民法院在此过程中可以调查收集证据。

二是权利义务关系明确。被诉行政行为涉及的权利义务关系简单、明晰、准确，当事人之间的行政纠纷形成过程也不复杂。被诉行政行为是对行政法律关系，即行政主体与行政相对人之间权利义务的设立、变更或者消灭。如果权利义务关系本身就是争议的问题，就没有达到权利义务关系明确的要求。例如，在确认行政法律关系是否存在的诉讼中，行政法律关系本身就是争议的问题，一般不能适用简易程序。

三是争议不大。行政诉讼中，人民法院对被诉行政行为的合法性进行审查，当事人对于合法性没有实质性分歧，说明案件的是非曲直相对明确。对于行政行为合法性的明确判断，实际上也影响到责任承担的明确界定。合法性确定的前提下，行政法律责任一般也相对明晰。也就是说，对于行政法律责任的承担没有原则性的、实质性的分歧。

——梁凤云：《行政诉讼法司法解释讲义》，人民法院出版社 2018 年版，第 276—277 页。

357 提高简易程序适用率，积极引导当事人适用简易程序审理行政案件

关键词｜简易程序｜传唤｜通知｜送达｜举证期限｜

【最高人民法院司法解释】

第一百零三条　适用简易程序审理的行政案件，人民法院可以用口头通知、电话、短信、传真、电子邮件等简便方式传唤当事人、通知证人、送达裁判文书以外的诉讼文书。

以简便方式送达的开庭通知，未经当事人确认或者没有其他证据证明当事人已经收到的，人民法院不得缺席判决。

第一百零四条　适用简易程序案件的举证期限由人民法院确定，也可以由当事人协商一致并经人民法院准许，但不得超过十五日。被告要求书面答辩的，人民法院可以确定合理的答辩期间。

人民法院应当将举证期限和开庭日期告知双方当事人，并向当事人说明逾期举证以及拒不到庭的法律后果，由双方当事人在笔录和开庭传票的送达回证上签名或者捺印。

当事人双方均表示同意立即开庭或者缩短举证期限、答辩期间的，人民法院可以立即开庭审理或者确定近期开庭。

——《最高人民法院关于适用〈中华人民共和国行政诉讼法〉的解释》(2018年2月8日，法释〔2018〕1号)。

【最高人民法院司法文件】

第八条 人民法院依照行政诉讼法第八十二条第一款规定适用简易程序审理的行政案件，可以向当事人发送简易程序审理通知书，告知审理方式、审理期限等事项。

人民法院依照行政诉讼法第八十二条第二款规定审理其他第一审行政案件，应当征求当事人意见。征求意见可以通过诉讼平台、电话、手机短信、即时通讯账号等简便方式进行。当事人不同意适用简易程序的，应当自收到通知之日起五日内向人民法院提出。期限内未提出异议的，人民法院可以按照简易程序进行审理。

第九条 人民法院适用简易程序审理行政案件，可以根据案件情况，采取下列方式简化庭审程序，但应当保障当事人答辩、举证、质证、陈述、辩论等诉讼权利：

（一）已经通过开庭前准备阶段或者其他方式完成当事人身份核实、权利义务告知、庭审纪律宣示的，开庭时可以不再重复；

（二）庭审直接围绕与被诉行政行为合法性相关的争议焦点展开，法庭调查、法庭辩论可以合并进行。

当事人双方表示不需要答辩期间、举证期限的，人民法院可以迳行开庭，开庭时间不受答辩期间、举证期限的限制。

适用简易程序审理的案件，应当一次开庭审结，但人民法院认为确有必要再次开庭的除外。

第十条 适用简易程序审理行政案件的庭审录音录像，经当事人同意的，可以代替法庭笔录。

第十一条 人民法院适用简易程序审理行政案件，可以简化裁判文书，但应当包含当事人基本信息、诉讼请求、答辩意见、主要事实、简要裁判理由、裁判依据和裁判主文，以及诉讼费用负担、告知当事人上诉权利等必要内容。

——《最高人民法院关于推进行政诉讼程序繁简分流改革的意见》(2021年6月1日，法发〔2021〕17号)。

358 简易程序转换为普通程序的条件

关键词 | 简易程序 | 普通程序 |

【最高人民法院司法解释】

第一百零五条　人民法院发现案情复杂,需要转为普通程序审理的,应当在审理期限届满前作出裁定并将合议庭组成人员及相关事项书面通知双方当事人。

案件转为普通程序审理的,审理期限自人民法院立案之日起计算。

——《最高人民法院关于适用〈中华人民共和国行政诉讼法〉的解释》(2018年2月8日,法释〔2018〕1号)。

【最高人民法院司法文件】

第十二条　由简易程序转为普通程序审理的案件,转为普通程序前已经进行的诉讼行为有效,双方当事人已确认的无争议事实,可以不再进行举证、质证。

由简易程序转为普通程序的案件,不得再转为简易程序审理。

——《最高人民法院关于推进行政诉讼程序繁简分流改革的意见》(2021年6月1日,法发〔2021〕17号)。

【链接:最高人民法院法官著述】

"不宜适用简易程序"的情形主要包括:当事人的诉讼请求发生改变,导致案情复杂化;因当事人申请调取、保全证据、申请证人出庭等原因导致案件无法在四十五日内审结;相关法律文书无法直接或者留置送达,需要公告送达;案件虽然简单,但属于某一领域的标志性案件,可能影响同类案件的审理;案件虽然比较简单,但是当事人情绪激烈,可能引发重大事件;等等。人民法院在审理过程中发现不宜适用简易程序的,裁定转为普通程序。

《行诉解释》第一百零五条第一款规定,人民法院发现案情复杂,需要转为普通程序审理的,应当在审理期限届满前作出裁定并将合议庭组成人员及相关事项书面通知双方当事人。需要转为普通程序的,人民法院须在"审理期限届满前"作出裁定,否则当事人可能质疑法院转入普通程序的意图。"相关事项"主要包括:当事人的举证责任分配和举证要求、举证期限及逾期举证的法律后果等。适用简易程序审理时已经确认的事实,也应当确认并告知当事人。也就是说,案件转为普通程序之前,当事人已经举证、质证的事实,当事人已经确认的,人民法院可以不再举证、质证。考虑到转入普通程序,对当事人而言意味着审理期限延长、诉讼成本增加,涉及当事人的程序利益,因此,通知当事人必须采取书面形式。此外,案件审理程序虽然已经转为普通程序,但是立案时间并不因此重新起算。同时,也考虑到案件转为普通程序审理后,原来简易程序案件的承办人一般也是普通程序案件的承办人,对于案件的情况比较了解,已经做了相应的审理工作,因此,《行诉解释》第一百零五条第二款规定,案件转为普通程序审理的,审理期限自人民法院立案之日起计算。

——梁凤云:《行政诉讼法司法解释讲义》,人民法院出版社 2018 年版,第 280 页。

三、二审程序

359 共同诉讼中一部分人提出上诉一部分人没有提出上诉时其诉讼地位的确定

关键词｜二审程序｜上诉人｜被上诉人｜

【最高人民法院司法解释】

第一百零七条　第一审人民法院作出判决和裁定后，当事人均提起上诉的，上诉各方均为上诉人。

诉讼当事人中的一部分人提出上诉，没有提出上诉的对方当事人为被上诉人，其他当事人依原审诉讼地位列明。

——《最高人民法院关于适用〈中华人民共和国行政诉讼法〉的解释》（2018年2月8日，法释〔2018〕1号）。

【链接：理解与适用】

第三，关于共同诉讼中一部分人提出上诉一部分人没有提出上诉时其诉讼地位如何确定的问题。该条第二款的规定是，诉讼当事人中的一部分人提出上诉，没有提出上诉的对方当事人为被上诉人，其他当事人依原审诉讼地位列明。进而言之，如果共同原告中有一部分人提出上诉，那么该部分人为上诉人，没有提出上诉的其他共同原告和第三人分别列为一审原告和一审第三人，被告（包括共同被告）列为被上诉人；如果共同被告中有一部分人提出上诉，那么该部分人为上诉人，原告（包括共同原告）列为被上诉人，没有提出上诉的其他共同被告和第三人分别列为一审被告和一审第三人；对于被判决承担义务或者被判决减损权益的第三人提出上诉，谁为被上诉人，本条未予明确。我们认为，对此可以参照适用《民诉解释》第三百一十九条的相关规定来确定各自的诉讼地位，即：（1）该第三人的上诉仅对与被告之间的权利义务分担有意见，不涉及原告利益的，那么被告为被上诉人，未上诉的原告依原审诉讼地位列明；（2）上诉仅对与原告之间权利义务的分担有意见，不涉及被告利益的，那么原告为被上诉人，未上诉的被告依原审诉讼地位列明；

（3）上诉对原、被告双方当事人之间的权利义务承担有意见的，那么未提起上诉的原、被告均为被上诉人。

——最高人民法院行政审判庭编著：《最高人民法院行政诉讼法司法解释理解与适用》（上），人民法院出版社 2018 年版，第 510—511 页。

360 提出上诉的具体程序

关键词 | 当事人 | 诉讼代表人 | 上诉状 | 答辩状 |

【最高人民法院司法解释】

第一百零八条 当事人提出上诉，应当按照其他当事人或者诉讼代表人的人数提出上诉状副本。

原审人民法院收到上诉状，应当在五日内将上诉状副本发送其他当事人，对方当事人应当在收到上诉状副本之日起十五日内提出答辩状。

原审人民法院应当在收到答辩状之日起五日内将副本发送上诉人。对方当事人不提出答辩状的，不影响人民法院审理。

原审人民法院收到上诉状、答辩状，应当在五日内连同全部案卷和证据，报送第二审人民法院；已经预收的诉讼费用，一并报送。

——《最高人民法院关于适用〈中华人民共和国行政诉讼法〉的解释》（2018 年 2 月 8 日，法释〔2018〕1 号）。

【链接：最高人民法院法官著述】

理解本条规定时，需要注意以下几个问题：

其一，当事人提出上诉，应当按照其他当事人或者诉讼代表人的人数提出上诉状副本。这一内容参考了民事诉讼法第一百六十六条第一款“上诉状应当通过原审人民法院提出，并按照对方当事人或者代表人的人数提出副本”的内容。民事诉讼法中关于“代表人”的表述，在行政诉讼中可能与“法定代表人”“诉讼代表人”等混淆，因此，本款将其修改为“诉讼代表人”。

其二，当事人提出上诉，一般应当通过原审人民法院提出。当事人提起上诉，既可以向原审人民法院提出，也可以向第二审人民法院提出。之所以一般应当向原审人民法院提出，主要是考虑原审人民法院对于本案的基本情况比较了解，便于审查上诉是否超过了上诉期限，是否符合上诉状内容要求等，如果上诉状有欠缺的，可以及时通知当事人进行补正。原审人民法院还可以就上诉理由提出意见并随卷报送，方便第二审人民法院审查。但是，在特别情况下，当事人向第二审人民法院提出上诉的，亦得准许。第二审人民法院接到起诉状后，也应当于五日内交给原审人民法院，并由原审人民法院审查是否超过上诉期限等上诉条件。因此，民事诉讼法第一百六十六条“当事人直接向第二审人民法院上诉的，第二审人民法院应当在五日内将上诉状移交原审人民法院”的规定，在行政诉讼中亦得适用。

其三，上诉状副本应当发送其他当事人。本条第二款规定的“其他当事人”，不仅包括被上诉人，也包括原审第三人等按照原审地位列明的当事人。此外，对方当事人提出答辩状的，也应当发送其他当事人。否则，其他当事人仅仅有上诉状，没有答辩状，在程序上亦不公平。

其四，原审人民法院应当对是否符合上诉条件进行形式审查。原审人民法院要对当事人的上诉状等进行形式审查。如果上诉状不符合法律规定的内容，应当通知上诉人限期补正，上诉人逾期不补正的，应当退回上诉状等上诉材料。

其五，对方当事人不提出答辩状的，不影响人民法院审理。被上诉人提出答辩状的，原审人民法院应当在收到答辩状之日起五日内将副本发送上诉人。被上诉人提出答辩状是其诉讼权利，被上诉人不提出答辩状，既不影响法院的审理，也不影响其在第二审程序中进行口头答辩或者提交书面材料。本条第二款规定的“对方当事人应当自收到上诉状副本之日起十五日内提出答辩状”中的“十五日”是指，对方当事人如果提出答辩状的，应当在十五日内提出，十五日内不提出，原审人民法院即可直接将案卷材料报送第二审人民法院。

——梁凤云：《行政诉讼法司法解释讲义》，人民法院出版社 2018 年版，第 282—283 页。

361 上诉人经合法传唤，无正当理由拒不到庭的，是否可以按照撤诉处理

关键词｜上诉人｜合法传唤｜拒不到庭｜撤诉｜

【最高人民法院专业法官会议纪要】

15. 上诉人经合法传唤，无正当理由拒不到庭的，是否可以按照撤诉处理。

答：上诉人经合法传唤，无正当理由拒不到庭的，是否可以按照撤诉处理，应经

二审法院对案件进行审查，并对一审裁判结果是否存在损害国家利益、公共利益和他人合法权益情形进行审查后通过裁定方式确认。

理由：行政诉讼法第五十八条规定，经人民法院传票传唤，原告无正当理由拒不到庭，或者未经法庭许可中途退庭的，可以按照撤诉处理。《最高人民法院关于执行〈中华人民共和国行政诉讼法〉若干问题的解释》第四十九条规定，原告或者上诉人经合法传唤，无正当理由拒不到庭或者未经法庭许可中途退庭的，可以按撤诉处理。也就是说，在启动一审程序的原告或启动二审程序的上诉人不配合法庭传唤的情况下，法院有权对其起诉按撤回起诉处理，对其上诉按照撤回上诉处理。同时，行政诉讼法第五十八条规定还规定，被告无正当理由拒不到庭，或者未经法庭许可中途退庭的，可以缺席判决。《最高人民法院关于执行〈中华人民共和国行政诉讼法〉若干问题的解释》第四十九条还规定，第三人经合法传唤无正当理由拒不到庭，或者未经法庭许可中途退庭的，不影响案件的审理。这些规定则说明，除启动一审或二审程序之外的其他当事人是否依传唤到庭，不发生阻止案件审理的效果。但是，在具体执行上述法条的过程中，应当注意的是，按照撤诉处理的前置条件是经过法院审查，依照《最高人民法院关于适用〈中华人民共和国行政诉讼法〉的解释》第八十条的规定，当事人申请撤诉或者依法可以按撤诉处理的案件，当事人有违反法律的行为需要依法处理的，人民法院可以不准许撤诉或者不按撤诉处理。法庭辩论终结后原告申请撤诉，人民法院可以准许，但涉及到国家利益和社会公共利益的除外。也就是说，即使是当事人提出撤诉或者符合视为撤诉情况的案件，经法院审查后发现仍有违法行为需要处理，涉及到国家利益、公共利益需要维护的，都不应当裁定准许撤诉或裁定视为撤诉。即使发生了拒不到庭的情况，也应当按照《最高人民法院关于适用〈中华人民共和国行政诉讼法〉的解释》第七十九条第一款的规定进行缺席判决。因此，在二审阶段，无论是原告、第三人，还是被告作为上诉人，如果上诉人经合法传唤，无正当理由拒不到庭的，二审法院仍需对案件本身情况及一审裁判结果是否存在损害国家利益、公共利益和他人合法权益情形进行审查后，再决定是按照撤诉处理还是依法缺席裁判。

——《最高人民法院第一巡回法庭关于行政审判法律适用若干问题的会议纪要》（2018 年 7 月 23 日），载最高人民法院第一巡回法庭编著：《最高人民法院第一巡回法庭行政案件裁判精要》，中国法制出版社 2020 年版，第 188—189 页。

362 发回重审案件不能裁定驳回起诉

关键词｜发回重审｜裁定驳回起诉｜

【最高人民法院裁判案例】

胡凤桃、胡训辉、胡训付、唐丽诉湖南省衡阳市人民政府、湖南衡阳松木经济开发区管理委员会行政强制拆除及行政赔偿案[最高人民法院(2020)最高法行再245号行政裁定书]

要旨:二审法院经审查后,以原判决认定基本事实不清,发回重审的,即表明二审法院经审查认为该案符合起诉条件。原审法院重审时,应当对案件进行实体审理,并重点针对二审法院指出的事实问题进行审查,而不能再以不符合起诉条件为由裁定驳回起诉。

根据行政诉讼法第八十七条的规定,人民法院审理上诉案件,应当对原审人民法院的判决、裁定和被诉行政行为进行全面审查。全面审查的内容,应当包括审查起诉是否符合法定条件。对于一审法院作出判决的案件,二审法院经审查认为不符合起诉条件的,可依据《最高人民法院关于适用〈中华人民共和国行政诉讼法〉的解释》第一百二十三条第(一)项的规定,在裁定撤销一审判决的同时,迳行驳回起诉。一般来说,二审法院经审查后,以原判决认定基本事实不清,发回重审的,即表明二审法院经审查认为该案符合起诉条件。原审法院重审时,应当对案件进行实体审理,并重点针对二审法院指出的事实问题进行审查,而不能再以不符合起诉条件为由裁定驳回起诉。

本案中,衡阳中院原一审判决确认衡阳市政府及松木管委会对胡训付32.76平方米房屋的拆除行为违法并判决予以赔偿,驳回其他诉讼请求。湖南高院认为原一审判决认定基本事实不清,对赔偿请求的处理明显不当,裁定发回衡阳中院重审,并指出了原一审判决存在的具体问题。但衡阳中院重审时未对相应事实问题进行审查,而是以胡凤桃等四人诉讼请求不明确且拒不变更为由,裁定驳回起诉,该裁定理由与湖南高院作出的发回重审裁定相矛盾。同时,起诉时被诉行政行为不明确的,人民法院应当根据行政诉讼法第五十一条第三款规定予以指导和释明。虽然胡凤桃等四人的诉讼请求中所谓"征收拆迁违法"指向的行政行为并不明确,但根据其起诉状内容,以及湖南高院原二审裁定查明的事实看,对胡凤桃等四人的权利义务产生更直接影响的实际上是强制拆除行为。在原一、二审裁判已经初步查明事实的情况下,衡阳中院重审时应当结合当事人的实质诉求等情况,引导原告正确选择被诉行政行为、适格被告以及有利于实质化解争议的诉讼请求,而非直接以诉讼请求不明确为由裁定驳回起诉。原审裁定驳回胡凤桃等四人的起诉和上诉错误,应予纠正。

本案应由衡阳中院继续审理。

——中国裁判文书网,https://wenshu. court. gov. cn/。

四、审判监督程序

363 申请再审的期间和条件

关键词｜再审｜上一级人民法院｜

【最高人民法院司法解释】

第一百一十条　当事人向上一级人民法院申请再审，应当在判决、裁定或者调解书发生法律效力后六个月内提出。有下列情形之一的，自知道或者应当知道之日起六个月内提出：

（一）有新的证据，足以推翻原判决、裁定的；

（二）原判决、裁定认定事实的主要证据是伪造的；

（三）据以作出原判决、裁定的法律文书被撤销或者变更的；

（四）审判人员审理该案件时有贪污受贿、徇私舞弊、枉法裁判行为的。

——《最高人民法院关于适用〈中华人民共和国行政诉讼法〉的解释》（2018年2月8日，法释〔2018〕1号）。

第一条　再审申请应当符合以下条件：

（一）再审申请人是生效裁判文书列明的当事人，或者其他因不能归责于本人的事由未被裁判文书列为当事人，但与行政行为有利害关系的公民、法人或者其他组织；

（二）受理再审申请的法院是作出生效裁判的上一级人民法院；

（三）申请再审的裁判属于行政诉讼法第九十条规定的生效裁判；

（四）申请再审的事由属于行政诉讼法第九十一条规定的情形。

第十二条　当事人申请再审，应当在判决、裁定、调解书发生法律效力后六个月内提出。

申请再审期间为人民法院向当事人送达裁判文书之日起至再审申请人向上一级人民法院申请再审之日止。

申请再审期间为不变期间，不适用中止、中断、延长的规定。

再审申请人对2015年5月1日行政诉讼法实施前已经发生法律效力的判决、裁定、调解书申请再审的，人民法院依据《最高人民法院关于执行〈中华人民共和国行政诉讼法〉若干问题的解释》第七十三条规定的2年确定申请再审的期间，但该期间在2015年10月31日尚未届满的，截止至2015年10月31日。

第十三条　人民法院认为再审申请不符合法定申请再审期间要求的，应当告知再审申请人。

再审申请人认为未超过法定期间的，人民法院可以要求其在十日内提交生效裁判文书的送达回证复印件或其他能够证明裁判文书实际生效日期的相应证据材料。再审申请人拒不提交上述证明材料或逾期未提交，或者提交的证据材料不足以证明申请再审未超过法定期间的，人民法院裁定驳回再审申请。

——《最高人民法院关于行政申请再审案件立案程序的规定》（2018年1月1日，法释〔2017〕18号）。

364 第三人申请再审的条件

关键词｜第三人申请再审｜利害关系｜

【最高人民法院裁判案例】

广西壮族自治区永福县永福镇坪岭村英石屯第10村民小组诉永福县人民政府、桂林市人民政府土地行政裁决及行政复议案［最高人民法院（2019）最高法行再102号行政判决书］

要旨：应当参加诉讼而未参加诉讼的第三人，可以通过申请再审的方式维护自己的合法权益，但应当具备以下两个条件：第一，因不能归责于本人的事由未参加诉讼；第二，有证据证明发生法律效力的判决、裁定、调解书损害其合法权益。

《最高人民法院关于适用〈中华人民共和国行政诉讼法〉的解释》第三十条第三款规定，行政诉讼法第二十九条规定的第三人，因不能归责于本人的事由未参加诉讼，但有证据证明发生法律效力的判决、裁定、调解书损害其合法权益的，可以依照行政诉讼法第九十条的规定，自知道或者应当知道其合法权益受到损害之日起六个月内，向上一级人民法院申请再审。据此可知，应当参加诉讼而未参加诉讼的第三人，可以通过申请再审的方式维护自己的合法权益，但应当具备以下两个条件：第一，因不能归责于本人的事由未参加诉讼；第二，有证据证明发生法律效力的判决、裁定、调解书损害其合法权益。参照《最高人民法院关于适用〈中华人民共和国民事诉讼法〉的解释》第二百九十五条所列举的情形，因不能归责于本人的事由未参加诉讼，是指没有被列为生效判决、裁定、调解书当事人，且无过错或者无明显过错的情形，具体包括不知道诉讼而未参加的、申请参加未获准许的、知道诉讼但因客观原因无法参加的、因其他不能归责于本人的事由未参加诉讼的。至于发生法律效力的判决、裁定、调解书侵犯其合法权益，则应当根据行政诉讼法第二十九条第一款的规定，以公民、法人或者其他组织同案件处理结果有利害关系作为标准。

——中国裁判文书网，https://wenshu.court.gov.cn/。

365 行政诉讼当事人应向上一级人民法院申请再审

关键词｜再审｜上一级人民法院｜原审人民法院｜

【最高人民法院司法解释】

第十一条 再审申请人向原审人民法院申请再审或者越级申请再审的，原审人民法院或者有关上级人民法院应当告知其向作出生效裁判的人民法院的上一级法院提出。[①]

——《最高人民法院关于行政申请再审案件立案程序的规定》(2018年1月1日，法释〔2017〕18号)。

【链接：最高人民法院法官著述】

(一)行政诉讼法没有关于向原审人民法院申请再审的规定

在制定本解释的过程中，有意见认为，民事诉讼法第一百九十九条规定了当事人既可以向上一级人民法院申请再审，也可以向原审人民法院申请再审，即当事人对已经发生法律效力的判决、裁定，认为有错误的，可以向上一级人民法院申请再审；当事人一方人数众多或者当事人双方为公民的案件，也可以向原审人民法院申请再审。考虑到便利当事人诉讼，是否也应当明确当事人可以向原审人民法院申请再审。比较一致的观点是，行政诉讼法修改时，民事诉讼法修改已经完成，行政诉讼法对申请再审管辖法院作了不同于民事诉讼法的规定，目的在于排除地方干

① 2022年底公布的行政诉讼法修正草案明确当事人不服高级人民法院生效裁判，原则上应当向原审高级人民法院申请再审，同时明确可以向最高人民法院申请再审的情形。——编者注

预,保证司法公正。因此,关于向同级人民法院申请再审的意见最后没有被采纳。

——梁凤云:《行政诉讼法司法解释讲义》,人民法院出版社 2018 年版,第 293 页。

366 当事人申请再审应当提交的材料

关键词 | 再审 | 再审申请书 | 书面意见 |

【最高人民法院司法解释】

第一百一十一条 当事人申请再审的,应当提交再审申请书等材料。人民法院认为有必要的,可以自收到再审申请书之日起五日内将再审申请书副本发送对方当事人。对方当事人应当自收到再审申请书副本之日起十五日内提交书面意见。人民法院可以要求申请人和对方当事人补充有关材料,询问有关事项。

——《最高人民法院关于适用〈中华人民共和国行政诉讼法〉的解释》(2018 年 2 月 8 日,法释〔2018〕1 号)。

第四条 申请再审,应当提交下列材料:

(一)再审申请书,并按照被申请人及原审其他当事人的人数提交副本;

(二)再审申请人是自然人的,应当提交身份证明复印件;再审申请人是法人或者其他组织的,应当提交营业执照复印件、组织机构代码证书复印件、法定代表人或者主要负责人身份证明;法人或者其他组织不能提供组织机构代码证书复印件的,应当提交情况说明;

(三)委托他人代为申请再审的,应当提交授权委托书和代理人身份证明;

(四)原审判决书、裁定书、调解书,或者与原件核对无异的复印件;

(五)法律、法规规定需要提交的其他材料。

第五条 当事人申请再审,一般还应提交下列材料:

(一)一审起诉状复印件、二审上诉状复印件;

(二)在原审诉讼过程中提交的主要证据材料;

(三)支持再审申请事由和再审请求的证据材料;

(四)行政机关作出相关行政行为的证据材料;

(五)其向行政机关提出申请,但行政机关不作为的相关证据材料;

(六)认为需要提交的其他材料。

第六条　再审申请人提交再审申请书等材料时,应当填写送达地址确认书,并可同时附上相关材料的电子文本。

第七条　再审申请书应当载明下列事项:

(一)再审申请人、被申请人及原审其他当事人的基本情况。当事人是自然人的,应列明姓名、性别、出生日期、民族、住址及有效联系电话、通讯地址;当事人是法人或者其他组织的,应列明名称、住所地和法定代表人或者主要负责人的姓名、职务及有效联系电话、通讯地址;

(二)原审人民法院的名称,原审判决、裁定或者调解书的案号;

(三)具体的再审请求;

(四)申请再审的具体法定事由及事实、理由;

(五)受理再审申请的人民法院名称;

(六)再审申请人的签名、捺印或者盖章;

(七)递交再审申请书的日期。

——《最高人民法院关于行政申请再审案件立案程序的规定》(2018 年 1 月 1 日,法释〔2017〕18 号)。

367 再审审查程序中逾期举证正当理由的判断标准

关键词|逾期举证|正当理由|

【最高人民法院裁判案例】

锦州坤泰房地产开发有限公司诉辽宁省锦州市凌河区人民政府行政协议案
[最高人民法院(2020)最高法行申 238 号行政裁定书]

要旨:行政诉讼中对行政机关逾期举证的条件作出了严格限制,行政机关因自身主观原因在原一、二审中未能提交证据,不属于逾期举证正当理由成立的情形。

行政诉讼法第三十四条第二款规定,被告不提供或者无正当理由逾期提供证据,视为没有相应证据。本案系再审审查程序,再审审查的对象是生效裁判,审判监督程序设置的目的,是救济权利义务严重失衡、严重背离法治准则的错误裁判,在保障当事人合法权益的同时,也要考虑裁判既判力和司法成本,在逾期举证正当理由的标准上,要体现督促行政机关在一、二审程序中及时举证、将诉讼权利用尽的原则。根据《最高人民法院关于行政诉讼证据若干问题的规定》第五十一条的规定,按照审判监督程序审理的案件,对当事人依法提供的新的证据,法庭应当进行质证。根据第五十二条的规定，第五十一条中的“新的证据”是指以下证据：（一）在一审程序中应当准予延期提供而未获准许的证据；（二）当事人在一审程序中依法申请调取而未获准许或者未取得，人民法院在第二审程序中调取的证据；（三）原告或者第三人提供的在举证期限届满后发现的证据。可见行政诉讼中对行政机关逾期举证的条件作出了严格限制，行政机关因自身主观原因在原一、二审中未能提交证据，不属于逾期举证正当理由成立的情形。故对凌河区政府主张其提交的系“新证据”的主张，本院不予支持。

——中国裁判文书网，https://wenshu.court.gov.cn/。

368 人民法院再审审查的期限

关键词｜再审审查期限｜院长｜

【最高人民法院司法解释】

第一百一十二条 人民法院应当自再审申请案件立案之日起六个月内审查，有特殊情况需要延长的，由本院院长批准。

——《最高人民法院关于适用〈中华人民共和国行政诉讼法〉的解释》（2018年2月8日，法释〔2018〕1号）。

【链接：理解与适用】

二、关于延长审查期限的次数和批准权

本条虽然对存在特殊情况案件的批准延长审查期限作了规定，但并未对申请延长的次数作出限制，因此对于少数经延长后仍难以审查完毕的案件，可再次申请延长，是否批准由本院院长决定。实践中，部分法院院长将延长审查期限的批准权授予分管副院长、庭长行使，亦应认为并不违背本条精神。需要强调的是，具有批准权的法院相关领导应从严掌握延长标准，加强对延长理由的审核，特别是要加强对多次报请延长审限案件的审核，慎重决定是否批准，不断促进提升工作的规范性，减少随意性，督促合议庭、承办法官着力提升审查效率。

——最高人民法院行政审判庭编著：《最高人民法院行政诉讼法司法解释理解与适用》（上），人民法院出版社2018年版，第533页。

369 最高人民法院可以决定由作出生效判决、裁定的高级人民法院审查的再审案件情形

关键词｜最高人民法院决定｜高级人民法院审查｜

【最高人民法院司法解释】

第三条 行政申请再审案件有下列情形之一的，最高人民法院可以决定由作出生效判决、裁定的高级人民法院审查：

（一）案件基本事实不清、诉讼程序违法、遗漏诉讼请求的；

（二）再审申请人或者第三人人数众多的；

（三）由高级人民法院审查更适宜实质性化解行政争议的；

（四）最高人民法院认为可以由高级人民法院审查的其他情形。

——《最高人民法院关于办理行政申请再审案件若干问题的规定》（2021年4月1日，法释〔2021〕6号）。

370 审查再审申请期间，被申请人及原审其他当事人提出再审申请的处理

关键词｜被申请人｜再审申请｜

【最高人民法院司法解释】

第一百一十四条 审查再审申请期间，被申请人及原审其他当事人依法提出再审申请的，人民法院应当将其列为再审申请人，对其再审事由一并审查，审查期限重新计算。经审查，其中一方再审申请人主张的再审事由成立的，应当裁定再审。各方再审申请人主张的再审事由均不成立的，一并裁定驳回再审申请。

——《最高人民法院关于适用〈中华人民共和国行政诉讼法〉的解释》（2018年2月8日，法释〔2018〕1号）。

371 审查再审申请期间，再审申请人申请人民法院委托鉴定、勘验的，不予准许

关键词｜鉴定｜勘验｜

【最高人民法院司法解释】

第一百一十五条第一款　审查再审申请期间，再审申请人申请人民法院委托鉴定、勘验的，人民法院不予准许。

——《最高人民法院关于适用〈中华人民共和国行政诉讼法〉的解释》（2018年2月8日，法释〔2018〕1号）。

【链接：最高人民法院法官著述】

当事人申请鉴定、勘验，应当在一审、二审程序中进行，通过鉴定、勘验证明其不能举证的事实。如果当事人在一审、二审阶段没有提出该项请求，应当认定为其已经放弃了该权利。其在再审申请审查阶段提出鉴定、勘验请求，人民法院不应当准许。此外，如果当事人申请再审时，自行委托或者向原鉴定意见、勘验笔录作出者申请重新鉴定、勘验的，人民法院应当依法判断其是否符合再审事由。据此，《行诉解释》第一百一十五条第一款规定："审查再审申请期间，再审申请人申请人民法院委托鉴定、勘验的，人民法院不予准许。"在司法实践中，如果当事人在原审程序中依法申请鉴定、勘验，原审法院应当准许没有准许，同时未经鉴定、勘验可能影响案件基本事实的，可以根据行政诉讼法第九十一条第（三）项"原判决、裁定认定事实的主要证据不足"进行审查。

——梁凤云：《行政诉讼法司法解释讲义》，人民法院出版社2018年版，第296页。

372 审查再审申请期间，再审申请人撤回再审申请的处理

关键词｜撤回再审申请｜再次申请再审｜

【最高人民法院司法解释】

第一百一十五条第二、三款　审查再审申请期间，再审申请人撤回再审申请的，是否准许，由人民法院裁定。

再审申请人经传票传唤，无正当理由拒不接受询问的，按撤回再审申请处理。

——《最高人民法院关于适用〈中华人民共和国行政诉讼法〉的解释》（2018年2月8日，法释〔2018〕1号）。

第十四条　再审申请人申请撤回再审申请，尚未立案的，人民法院退回已提交材料并记录在册；已经立案的，人民法院裁定是否准许撤回再审申请。人民法院准许撤回再审申请或者按撤回再审申请处理后，再审申请人再次申请再审的，人民法院不予立案，但有行政诉讼法第九十一条第二项、第三项、第七项、第八项规定等情形，自知道或者应当知道之日起六个月内提出的除外。

——《最高人民法院关于行政申请再审案件立案程序的规定》（2018 年 1 月 1 日，法释〔2017〕18 号）。

【链接：理解与适用】

2. 对于当事人撤回再审申请应注意的问题。一是判断标准问题。人民法院在决定是否准许当事人撤诉时，重点考虑当事人是否有规避法律的行为，或者是否有损害公共利益和他人利益的行为，或者申请人申请撤回再审申请是否出于其自愿等。当事人在再审审查阶段申请撤回再审申请，系以其行为表明放弃通过审判监督程序对生效裁判启动再审，接受原生效裁判所确立的法律关系，因此，在再审审查阶段，人民法院不应对当事人撤回再审申请作过多干预，只要不违反法律法规的禁止性规定，不损害国家利益、社会公共利益以及他人合法权益，均应依法准许撤回再审申请。二是不予准许撤回再审申请的，诉讼程序如何进行的问题。本解释虽然没有规定人民法院依法不准许撤回再审申请时，诉讼程序应如何进行，但是，参照本解释第七十九条的规定精神，人民法院裁定不予准许撤回再审申请的，应对案件及时进行审查；经传票传唤，再审申请人无正当理由拒不接受询问的可以迳行作出裁定。

3. 按撤回再审申请处理需要注意的问题。审判实践中应当注意，按撤回再审申请处理的，需要同时满足一定条件。主要包括：人民法院依法向再审申请人送达了传票；再审申请人未在传票确定的时间接受询问；再审申请人缺席询问没有正当的理由。

——最高人民法院行政审判庭编著：《最高人民法院行政诉讼法司法解释理解与适用》（上），人民法院出版社 2018 年版，第 545—546 页。

373 审查再审申请期间，再审申请人撤回再审申请后再次申请再审的如何处理

关键词 | 撤回再审申请 | 再次申请再审 |

【最高人民法院司法解释】

第一百一十五条第四款 人民法院准许撤回再审申请或者按撤回再审申请处理后，再审申请人再次申请再审的，不予立案，但有行政诉讼法第九十一条第二项、第三项、第七项、第八项规定情形，自知道或者应当知道之日起六个月内提出的除外。

——《最高人民法院关于适用〈中华人民共和国行政诉讼法〉的解释》（2018年2月8日，法释〔2018〕1号）。

【链接：理解与适用】

4. 当事人再次提出再审申请应注意的问题。第一，对于当事人再次提出的再审申请，原则上不予受理。实践中经常出现当事人以证据不够充分，需要继续调查收集证据或者双方当事人正在协商达成和解协议等理由申请撤回再审申请，却在人民法院作出准许撤回再审申请的裁定后再次申请再审。对于当事人再次提出的再审申请，此前的做法大多是予以受理，但法律效果和社会效果并不好。本条确定原则上不再受理再审申请人重新提出的再审申请，主要原因：一是当事人继续调查收集证据或者协商达成和解协议等，并不影响再审审查程序的正常进行，没有必要以撤回再审申请为前提；二是当事人反复提出再审申请会浪费有限的司法资源，造成当事人的讼累；三是在六个月的申请再审期限内，当事人在撤回再审申请至重新提出再审申请期间，发现比原审程序更充分的证据的可能性不大。第二，满足四种特殊情形的，允许当事人再次申请再审。这四种情形分别是指行政诉讼法第九十一条第（二）项、第（三）项、第（七）项、第（八）项。上述例外情形，在当事人撤回再审申请或者按撤回再审申请处理的情况下同样适用。符合这四种情形时，如果不允许当事人再次提出再审申请，显然有违公平正义，无法令当事人息诉服判。但是，对于"有新的证据足以推翻原判决、裁定的"情形，应当从严把握，不能任意扩大解释，否则当事人可能利用该条来规避撤回再审申请后不得再次申请再审的规定。第三，再次提出再审申请应自知道或者应当知道该事由之日起六个月内提出。如果当事人虽然提出了符合前述四种情形的证据，并据以再次提出再审申请，但由于其并不是在知道或者应当知道该事由之日起六个月内提出再审申请，也因该申请不符合法定期限，人民法院不予受理。

——最高人民法院行政审判庭编著：《最高人民法院行政诉讼法司法解释理解与适用》（上），人民法院出版社2018年版，第546页。

374 申请再审案件审查后的处理方式

关键词｜再审理由｜裁定再审｜驳回再审申请｜

【最高人民法院司法解释】

第一百一十六条　当事人主张的再审事由成立，且符合行政诉讼法和本解释规定的申请再审条件的，人民法院应当裁定再审。

当事人主张的再审事由不成立，或者当事人申请再审超过法定申请再审期限、超出法定再审事由范围等不符合行政诉讼法和本解释规定的申请再审条件的，人民法院应当裁定驳回再审申请。

——《最高人民法院关于适用〈中华人民共和国行政诉讼法〉的解释》（2018年2月8日，法释〔2018〕1号）。

第四条　已经发生法律效力的判决、裁定认定事实清楚，适用法律、法规正确，当事人主张的再审事由不成立的，最高人民法院可以迳行裁定驳回再审申请。

——《最高人民法院关于办理行政申请再审案件若干问题的规定》（2021年4月1日，法释〔2021〕6号）。

【链接：最高人民法院法官著述】

人民法院对再审申请案件进行审查之后，应当依法作出相应的裁定。《行诉解释》第一百一十六条规定了两种裁定方式：（1）当事人主张的再审事由成立，且符合行政诉讼法和本解释规定的申请再审条件的，人民法院应当裁定再审。裁定再审的标准分为形式标准和实质标准。在形式标准方面，人民法院应当审查是否符合行政诉讼法和本解释规定的申请再审的条件。在实质标准方面，人民法院应当坚持“再审事由成立”标准。这个标准与再审审理标准不同。有的观点认为，再审标准应当是“确有错误”。这种观点实际上否认了再审申请审查制度的独立程序价值。再审审查程序的目的在于决定是否启动再审审理程序，再审审理程序则是对案件作出实体性的判断。（2）当事人主张的再审事由不成立，或者当事人申请再审超过法定申请再审期限、超出法定再审事由范围等不符合行政诉讼法和本解释规定的申请再审条件的，人民法院应当裁定驳回再审申请。人民法院裁定驳回再审申请也是基于两个标准。从形式标准上看，如果申请人的申请超过法定申请再审期限等不符合行政诉讼法和本解释规定的申请再审条件的，应当裁定驳回再审申请；从实质标准上看，当事人主张的再审事由不成立，一般属于不符合行政诉讼法第九十一条规定的情形。在司法实践中,需要注意的是,考虑到再审裁定可能会对生效裁判的稳定产生直接影响,因此裁定再审必须非常谨慎。对于法律适用可能存在错误,但法律适用并不影响当事人实体权益;或者认定事实虽可能存在错误,但该事实并非主要事实,并不对当事人权利义务产生实质影响的等,应当裁定驳回再审申请。此外,过去人民法院根据《若干解释》第七十四条“人民法院接到当事人的再审申请后,经审查,符合再审条件的,应当立案并及时通知各方当事人;不符合再审条件的,予以驳回”的规定,对于驳回申请曾经采取了通知书的形式。《行诉解释》实施后,过去的驳回申诉通知书、驳回再审申请通知书、不予立案通知书等法律文书形式亦应一并废止。

——梁凤云:《行政诉讼法司法解释讲义》,人民法院出版社 2018 年版,第 298 页。

375 违法犯罪线索移送与再审事由

关键词 | 违法违纪 | 再审事由 |

【最高人民法院裁判案例】

张兴怀诉安徽省蚌埠市淮上区人民政府土地行政强制案[最高人民法院(2016)最高法行申 3081 号行政裁定书]

要旨:行政行为是否违法与行政机关的主管人员、直接责任人员是否违法违纪或者是否有犯罪行为属于两个不同层面的问题,即使被诉行政行为被确认违法,也并不必然意味着行政机关的主管人员、直接责任人员违法违纪或者有犯罪行为。因此,再审申请人称一审法院未将本案有关材料移送刑事侦查机关处理构成审判程序违法,缺乏法律依据。

行政诉讼法第六十六条第一款还规定:“人民法院在审理行政案件中,认为行政机关的主管人员、直接责任人员违法违纪的,应当将有关材料移送监察机关、该行政机关或者其上一级行政机关;认为有犯罪行为的,应当将有关材料移送公安、检察机关。”作出这一规定的主要考虑是:第一,人民法院在对被诉行政行为进行审查中,比较容易发现行政机关的主管人员、直接责任人员违法违纪或者犯罪的线索。第二,人民法院无权对涉嫌违法违纪或者犯罪的问题自己直接处理,但有义务将有关材料移送有权机关处理。但是,该条所规定的移送并非诉讼程序范畴。是否启动移送程序属于人民法院依职权判断决定的事项,法律既没有赋予当事人申请移送的权利,也没有赋予当事人通过诉讼程序质疑人民法院所作处理的权利。另外,行政行为是否违法与行政机关的主管人员、直接责任人员是否违法违纪或者是否有犯罪行为属于两个不同层面的问题,即使被诉行政行为被确认违法,也并不必然意味着行政机关的主管人员、直接责任人员违法违纪或者有犯罪行为。因此,再审申请人称一审法院未将本案有关材料移送刑事侦查机关处理构成审判程序违法,缺乏法律依据。二审法院认定再审申请人的主张不能成立,并无不当。

行政诉讼法第九十条规定,当事人对已经发生法律效力的判决、裁定,认为确有错误的,可以向上一级人民法院申请再审。其后的第九十一条则规定了人民法院应当再审的具体情形。这些具体情形均属于裁判本身存在的各种错误。人民法院在审理行政案件中,对于行政机关主管人员、直接责任人员是否存在违法违纪或者有犯罪行为线索的认定,以及是否启动移送程序的决定,并非裁判的组成部分。再审申请人对原审判决并未持有异议,其仅就一、二审法院未将本案有关材料移送刑事侦查机关处理向本院申请再审,不属于法定再审事由,其再审申请不符合行政诉讼法第九十一条规定的情形。

——中国裁判文书网,https://wenshu.court.gov.cn/。

376 当事人向最高人民法院申请再审的案件,应当裁定再审的情形

关键词 | 最高人民法院 | 裁定再审 |

【最高人民法院司法解释】

第二条 下列行政申请再审案件中,原判决、裁定适用法律、法规确有错误的,最高人民法院应当裁定再审:

(一)在全国具有普遍法律适用指导意义的案件;

(二)在全国范围内或者省、自治区、直辖市有重大影响的案件;

(三)跨省、自治区、直辖市的案件;

(四)重大涉外或者涉及香港特别行政区、澳门特别行政区、台湾地区的案件;

(五)涉及重大国家利益、社会公共利益的案件;

(六)经高级人民法院审判委员会讨论决定的案件;

(七)最高人民法院认为应当再审的其他案件。

——《最高人民法院关于办理行政申请再审案件若干问题的规定》(2021 年 4 月 1 日,法释〔2021〕6 号)。

377 按照审判监督程序决定再审的案件对原判决、裁定、调解书的处理

关键词｜中止执行｜提审｜指令再审｜

【最高人民法院司法解释】

第一百一十八条 按照审判监督程序决定再审的案件，裁定中止原判决、裁定、调解书的执行，但支付抚恤金、最低生活保障费或者社会保险待遇的案件，可以不中止执行。

上级人民法院决定提审或者指令下级人民法院再审的，应当作出裁定，裁定应当写明中止原判决的执行；情况紧急的，可以将中止执行的裁定口头通知负责执行的人民法院或者作出生效判决、裁定的人民法院，但应当在口头通知后十日内发出裁定书。

——《最高人民法院关于适用〈中华人民共和国行政诉讼法〉的解释》（2018年2月8日，法释〔2018〕1号）。

【链接：理解与适用】

审判实践中，有以下问题值得注意。第一，有少量案件因各种原因，由上级法院指定至与原审人民法院同级的其他法院再审，对此，关于是否应当中止执行以及裁定书的主文、署名等，可以参照指令原审法院再审裁定。第二，对于可以不需要中止执行的支付抚恤金、最低生活保障费或者社会保险待遇的案件，再审裁定仅有一项内容，即“决定再审”，不再写明“中止原判决、裁定、调解书的执行”。而对于执行法院而言，只有再审裁定中写明了“中止原判决、裁定、调解书的执行”的，才能中止执行。否则，执行法院应继续执行原生效裁判。第三，提审或者指令再审裁定与中止原判决、裁定、调解书执行的裁定系同一个裁定，也就是说，上级人民法院在作出的提审或者指令再审裁定中同时写明中止原判决、裁定、调解书的执行，而无须再另行作出一个中止执行的裁定。

——最高人民法院行政审判庭编著：《最高人民法院行政诉讼法司法解释理解与适用》（上），人民法院出版社2018年版，第555页。

378 再审案件的审理程序

关键词｜第一审程序｜第二审程序｜提审｜

【最高人民法院司法解释】

第一百一十九条　人民法院按照审判监督程序再审的案件，发生法律效力的判决、裁定是由第一审法院作出的，按照第一审程序审理，所作的判决、裁定，当事人可以上诉；发生法律效力的判决、裁定是由第二审法院作出的，按照第二审程序审理，所作的判决、裁定，是发生法律效力的判决、裁定；上级人民法院按照审判监督程序提审的，按照第二审程序审理，所作的判决、裁定是发生法律效力的判决、裁定。

人民法院审理再审案件，应当另行组成合议庭。

——《最高人民法院关于适用〈中华人民共和国行政诉讼法〉的解释》（2018年2月8日，法释〔2018〕1号）。

【链接：最高人民法院法官著述】

需要注意的是，第一，如果生效的判决、裁定是适用简易程序作出的，再审程序应当适用第一审程序。第二，因当事人申请而裁定再审的案件，如果由负责再审申请的人民法院再审，一般应当适用第二审程序。第三，检察院抗诉的案件，如果由接受抗诉的人民法院再审，适用第二审程序。第四，检察院抗诉的案件，交下一级人民法院再审的，如果生效的判决、裁定是第一审程序作出的，则再审适用第一审程序；如果原生效判决、裁定是第二审程序作出的，再审适用第二审程序。

——梁凤云：《行政诉讼法司法解释讲义》，人民法院出版社2018年版，第301—302页。

379 再审案件的审理范围

关键词｜再审请求｜原审请求｜另行起诉｜

【最高人民法院司法解释】

第一百二十条　人民法院审理再审案件应当围绕再审请求和被诉行政行为合法性进行。当事人的再审请求超出原审诉讼请求，符合另案诉讼条件的，告知当事人可以另行起诉。

被申请人及原审其他当事人在庭审辩论结束前提出的再审请求，符合本解释规定的申请期限的，人民法院应当一并审理。

人民法院经再审，发现已经发生法律效力的判决、裁定损害国家利益、社会公共利益、他人合法权益的，应当一并审理。

——《最高人民法院关于适用〈中华人民共和国行政诉讼法〉的解释》（2018年2月8日，法释〔2018〕1号）。

【链接：理解与适用】

1. 要注意区分被申请人的抗辩和再审请求，不能将抗辩作为再审请求予以裁判。

2. 关于原审诉讼请求的确定问题，要根据再审案件的审理程序分别确定。按照一审程序再审的，再审请求不超过一审时的诉讼请求；按照二审程序再审的，再审请求不超过二审的上诉请求。

3. 在认定是否超出原审请求时要注意的是，当事人在再审中提出的原审遗漏诉讼请求，不能认定为超出原审请求。按一审程序再审发现原审遗漏诉讼请求的，可以直接作出实体判决；按二审程序再审发现原审法院遗漏诉讼请求的，适用《行诉解释》第一百零九条的规定。

——最高人民法院行政审判庭编著：《最高人民法院行政诉讼法司法解释理解与适用》（上），人民法院出版社2018年版，第561页。

380 再审审理期间裁定终结再审程序的情形

关键词 | 裁定终结再审程序 | 撤回再审请求 | 撤回抗诉 | 自动恢复执行 |

【最高人民法院司法解释】

第一百二十一条 再审审理期间，有下列情形之一的，裁定终结再审程序：

（一）再审申请人在再审期间撤回再审请求，人民法院准许的；

（二）再审申请人经传票传唤，无正当理由拒不到庭的，或者未经法庭许可中途退庭，按撤回再审请求处理的；

（三）人民检察院撤回抗诉的；

（四）其他应当终结再审程序的情形。

因人民检察院提出抗诉裁定再审的案件,申请抗诉的当事人有前款规定的情形,且不损害国家利益、社会公共利益或者他人合法权益的,人民法院裁定终结再审程序。

再审程序终结后,人民法院裁定中止执行的原生效判决自动恢复执行。

——《最高人民法院关于适用〈中华人民共和国行政诉讼法〉的解释》(2018年2月8日,法释〔2018〕1号)。

【链接:理解与适用】

第一,终结再审程序裁定的效力不同于终结再审审查裁定的效力,后者发生在前者之前,且再审审查程序也是再审程序启动的前置程序。一旦再审审查程序终结,则再审程序就无法启动;而再审程序的启动,是再审审查的结果,也就意味着再审审查程序完成了。终结再审程序裁定的效力与第一审程序中终结诉讼裁定的效力一样,都是诉讼程序的终结。但是,终结再审审查裁定不同于第一审程序中的终结诉讼裁定。在第一审程序中终结诉讼时,并不存在确定当事人之间权利义务的裁判文书,终结诉讼的裁定作出后,诉讼程序结束。而终结再审审查裁定作出后,仅仅是结束了人民法院依照审判监督程序启动的审查程序,并不影响已经发生法律效力的裁判的既判力以及执行程序的正常进行。

第二,本条第一款第(四)项是一个兜底性条款,以防止挂一漏万。再审程序的启动需要具备严格的条件,一旦启动就不能随便裁定终结。在实践中要注意避免通过滥用终结再审审查的方式以达到不启动再审程序,从而损害当事人合法权益的情形出现。

第三,申请撤回再审请求与申请撤回起诉不同。根据《民诉解释》第四百一十条规定,"一审原告在再审审理程序中申请撤回起诉,经其他当事人同意,且不损害国家利益、社会公共利益、他人合法权益的,人民法院可以准许。裁定准许撤诉的,应当一并撤销原判决。一审原告在再审审理程序中撤回起诉后重复起诉的,人民法院不予受理"。可见,撤回起诉是一审原告在再审程序中撤回最初提起的诉讼请求,并需要经其他当事人同意,且不损害国家利益、社会公共利益及他人的合法权益。其结果是导致诉讼自始不存在,法院对当事人的争议也没有任何裁判,即恢复到起诉前的状态。对此,有学者断言:"再审程序中规定撤诉制度,反映了对当事人自由处分权的尊重,同时考虑到对其他当事人可能造成的程序利益损失,要求需要经其他当事人同意等程序的设置进行保障。应当说这属于民事诉讼的重大进步,也必然能够推动再审制度的完善。"而撤回再审申请是再审申请人撤回启动的再审程序,从而恢复到原审生效裁判的状态。

——最高人民法院行政审判庭编著:《最高人民法院行政诉讼法司法解释理解与适用》(上),人民法院出版社 2018 年版,第 565—566 页。

381 当事人可以向人民检察院申请抗诉或者检察建议的情形

关键词 | 申请抗诉 | 申请检察建议 |

【最高人民法院司法解释】

第一百一十七条 有下列情形之一的,当事人可以向人民检察院申请抗诉或者检察建议:

(一)人民法院驳回再审申请的;

(二)人民法院逾期未对再审申请作出裁定的;

(三)再审判决、裁定有明显错误的。

人民法院基于抗诉或者检察建议作出再审判决、裁定后,当事人申请再审的,人民法院不予立案。

——《最高人民法院关于适用〈中华人民共和国行政诉讼法〉的解释》(2018 年 2 月 8 日,法释〔2018〕1 号)。

【链接:最高人民法院法官著述】

司法实践中,应当准确把握"一次再审、一次抗诉"的原则。根据本条规定,当事人申请再审被驳回后,或者再审判决、裁定生效后,当事人对再审判决、裁定仍然不服的,只能向人民检察院寻求救济,人民检察院认为驳回再审申请的裁定或者再审判决、裁定确有错误的可以向人民法院抗诉。根据《行诉解释》第一百二十七条的规定,人民法院审理因人民检察院抗诉或者检察建议裁定再审的案件,不受此前已经作出的驳回当事人再审申请裁定的影响。这一"路线图"有利于解决当事人无限申诉、法院和检察院多头处理的问题,有利于维护既判力权威,有利于维护社会关系的稳定。

——梁凤云:《行政诉讼法司法解释讲义》,人民法院出版社 2018 年版,第 301 页。

382 人民检察院提起抗诉案件的启动程序

关键词｜抗诉书｜和解协议｜撤回抗诉｜

【最高人民法院司法解释】

第一百二十四条　人民检察院提出抗诉的案件,接受抗诉的人民法院应当自收到抗诉书之日起三十日内作出再审的裁定;有行政诉讼法第九十一条第二、三项规定情形之一的,可以指令下一级人民法院再审,但经该下一级人民法院再审过的除外。

人民法院在审查抗诉材料期间,当事人之间已经达成和解协议的,人民法院可以建议人民检察院撤回抗诉。

——《最高人民法院关于适用〈中华人民共和国行政诉讼法〉的解释》(2018年2月8日,法释〔2018〕1号)。

【链接:理解与适用】

审判实践中应当注意以下问题:第一,审判中应当注意不要将"应当在三十日内再审"理解为再审审理的审限。根据本司法解释第一百一十二条的规定,再审审限为六个月。第二,人民法院接受检察机关抗诉后在法定期限内进行形式审查,应当充分认识到抗诉权是国家法律赋予检察机关的法律监督权,接受抗诉的人民法院一般应当裁定再审。审查不是限制检察机关的抗诉,而是为了减少和避免抗诉出现随意性和误差,维护司法机关整体的权威和公信。第三,尽管驳回当事人再审申请裁定不是指令再审的法定障碍,但无论是在提审还是指令再审中,无疑会成为影响审理的酌定情形,同时也可能成为当事人据以支持其主张的依据。因此,在再审裁判特别是再审改判原审裁判中,可以引用本司法解释第一百二十七条的规定,并作一定的说理释明。这样,有助于维护裁判的一致性和权威性,也有利于服判息诉,避免出现不必要的炒作。

——最高人民法院行政审判庭编著:《最高人民法院行政诉讼法司法解释理解与适用》(上),人民法院出版社2018年版,第578页。

383 人民法院对再审检察建议的审查程序

关键词｜再审检察建议｜书面回复｜

【最高人民法院司法解释】

第一百二十六条　人民法院收到再审检察建议后，应当组成合议庭，在三个月内进行审查，发现原判决、裁定、调解书确有错误，需要再审的，依照行政诉讼法第九十二条规定裁定再审，并通知当事人；经审查，决定不予再审的，应当书面回复人民检察院。

——《最高人民法院关于适用〈中华人民共和国行政诉讼法〉的解释》（2018年2月8日，法释〔2018〕1号）。

【链接：理解与适用】

第三，人民法院采纳再审检察建议应以“确有错误”为标准。有观点认为，是否采纳再审检察建议应以检察建议书提出的再审事由是否确实存在为标准。我们认为，从行政诉讼法第九十三条第二款的规定看，该法第九十一条规定的再审事由是人民检察院是否提出再审检察建议的标准，应当与人民法院采纳检察建议标准有所不同。人民法院办理的再审检察建议是针对本院已经发生法律效力的裁判，根据行政诉讼法第九十二条的规定，应当以人民法院依职权再审的“确有错误”为标准，并由院长提交审判委员会讨论决定是否再审。司法实践中，对检法两家提出和采纳再审检察建议的标准依法作出适当区分，也有助于避免不同的司法机关对同一案件作出的结论发生直接冲突。

——最高人民法院行政审判庭编著：《最高人民法院行政诉讼法司法解释理解与适用》（上），人民法院出版社2018年版，第583—584页。

384 因人民检察院抗诉或者检察建议裁定再审的案件不受之前驳回再审申请裁定的限制

关键词｜抗诉｜检察建议｜驳回再审申请裁定｜

【最高人民法院司法解释】

第一百二十七条　人民法院审理因人民检察院抗诉或者检察建议裁定再审的案件，不受此前已经作出的驳回当事人再审申请裁定的限制。

——《最高人民法院关于适用〈中华人民共和国行政诉讼法〉的解释》（2018

年2月8日，法释〔2018〕1号）。

【链接：理解与适用】

本条规定明确了因抗诉或检察建议引发的再审不受驳回再审申请裁定的限制。具体包括如下情形：第一，原审人民法院的上一级人民法院裁定驳回再审申请，后根据人民检察院抗诉提审的，上一级人民法院审理抗诉案件，不受驳回再审申请裁定的限制。第二，原审人民法院的上一级人民法院裁定驳回再审申请，后根据人民检察院抗诉指令下级人民法院再审的，原审人民法院审理抗诉案件不受上一级人民法院驳回再审申请裁定的限制。第三，原审人民法院的上一级人民法院驳回当事人申请再审，原审人民法院的同级人民检察院向原审人民法院提出检察建议，原审人民法院审查后进入再审的，不受上一级人民法院驳回再审申请裁定的限制。第四，原审人民法院是最高人民法院的案件，其根据最高人民检察院抗诉再审的，不受本院作出的驳回再审申请裁定的限制。

所谓不受驳回再审申请裁定的限制，是指：第一，人民法院对抗诉案件以及再审检察建议案件的审理不受上一级人民法院、本院驳回裁定的限制，依法独立作出裁判；第二，上一级人民法院的驳回再审申请裁定不构成其将抗诉案件指令原审人民法院再审的法律障碍；第三，无论最终是否改判，均不需要在再审裁判主文中撤销驳回再审申请裁定，这也是目前司法实践中的普遍做法，原因是相较于审查程序，经再审审理程序作出的裁判具有更强的程序正当性和裁判效力，且时间在后，因此其效力自然覆盖驳回再审申请裁定的效力。当然，对于是否需要对驳回再审申请裁定在再审裁判文书的说理部分提及，是一个值得在实务中继续研究的问题。

——最高人民法院行政审判庭编著：《最高人民法院行政诉讼法司法解释理解与适用》（上），人民法院出版社2018年版，第586页。

385 人民检察院不可单独就诉讼费负担的裁定进行抗诉

关键词｜诉讼费负担｜抗诉｜

【最高人民法院司法解释】

河南省高级人民法院：

你院豫高法〔1998〕131号《关于人民检察院单独就诉讼费负担的裁定进行抗诉能否受理的请示》收悉。经研究，同意你院意见，即：人民检察院对人民法院就诉讼费负担的裁定提出抗诉,没有法律依据,人民法院不予受理。

——《最高人民法院关于人民法院不予受理人民检察院单独就诉讼费负担裁定提出抗诉问题的批复》(1998 年 9 月 5 日,法释〔1998〕22 号)。

386 再审程序中当事人撤回原抗诉申请的处理

关键词｜再审程序｜撤回抗诉申请｜

【最高人民法院答复】

云南省高级人民法院:

你院《关于人民检察院因审查当事人申诉而提起抗诉的民事再审案件,申诉人在人民法院审理过程中申请撤诉是否应当准许的请示》(云高法〔2003〕9 号)收悉。经研究,答复如下:

人民法院对于人民检察院提起抗诉的民事案件作出再审裁定后,当事人正式提出撤回原抗诉申请,人民检察院没有撤回抗诉的,人民法院应当裁定终止审理,但原判决、裁定可能违反社会公共利益的除外。

——《最高人民法院关于人民法院在再审程序中应当如何处理当事人撤回原抗诉申请问题的复函》(2004 年 4 月 20 日,法函〔2004〕25 号)。

五、规范性文件的一并审查

387 对规范性文件合法性的审查要求只能在针对行政行为提起诉讼时一并提出，而不能直接对规范性文件提起诉讼

关键词 | 规范性文件 | 一并提出 |

【最高人民法院裁判案例】

徐庆裕诉浙江省宁波市鄞州区人民政府拆迁其他行政行为案［最高人民法院（2016）最高法行申3581号行政裁定书］

要旨：公民、法人或者其他组织认为行政行为所依据的国务院部门和地方人民政府及其部门制定的规范性文件不合法，在对行政行为提起诉讼时，可以一并请求对该规范性文件进行审查。因此，对规范性文件合法性的审查要求只能在针对行政行为提起诉讼时一并提出，而不能直接对规范性文件提起诉讼。

再审申请人徐庆裕要求撤销的鄞政发〔2001〕103号《鄞县周公宅水库征地拆迁和移民安置实施办法》为原鄞县人民政府作出的规范性文件。根据行政诉讼法第十三条的规定，行政法规、规章或者行政机关制定、发布的具有普遍约束力的决定、命令不属于行政诉讼的受案范围。而涉案文件系依据土地管理法和《大中型水利水电工程建设征地补偿和移民安置条例》等法律、法规，针对周公宅水库征地拆迁和移民安置工作的需要而制定，属于行政规范性文件，具有普遍约束效力，故不能直接提起诉讼。行政诉讼法第五十三条第一款规定，公民、法人或者其他组织认为行政行为所依据的国务院部门和地方人民政府及其部门制定的规范性文件不合法，在对行政行为提起诉讼时，可以一并请求对该规范性文件进行审查。因此，对规范性文件合法性的审查要求只能在针对行政行为提起诉讼时一并提出，而不能直接对规范性文件提起诉讼。本案中，二审法院明确指出，再审申请人诉请撤销的实施办法系再审被申请人鄞州区政府依据土地管理法和《大中型水利水电工程建设征地补偿和移民安置条例》等法律、法规，针对周公宅水库征地拆迁和移民安置工作的需要而制定，属于行政规范性文件，对其不能直接行政诉讼。上述认定于法有据，本院予以认可。

——中国裁判文书网,https://wenshu.court.gov.cn/。

388 被诉行为不属于行政诉讼受案范围，故一并提起要求确认相关规范性文件违法的诉请也不属于行政诉讼受案范围

关键词｜受案范围｜规范性文件｜附带性｜

【最高人民法院参考案例】

八、成都金牌天使医疗科技有限责任公司诉四川省成都市科学技术局科技项目资助行政许可案

（三）典型意义

规范性文件附带审查制度在促进公民权益保护、监督规范性文件的制定以及促进法治政府“科学立法”的进程具有积极的意义。在本案的审理中，人民法院明确，原告提起规范性文件的审查需符合“附带性”的原则。首先，审查对象的附带性，只有直接作为被诉行政行为依据的规范性文件才可能成为人民法院的审查对象；其次，审查模式的附带性，即对规范性文件的审查只能在针对行政行为合法性审查中附带提出；最后，审查结果的附带性，人民法院对规范性文件的审查是为了确认诉争行政行为的直接依据是否合法进而确认行政行为的合法性，经审查后确认该规范性文件不合法，处理方式为不作为认定行政行为合法的依据，并向规范性文件的制定机关提出处理建议，而不就规范性文件的合法性做单独判定。本案中，由于被诉行为不属于人民法院行政诉讼受案范围，故原告一并提起要求确认被告制定的相关规范性文件违法的诉请也不属于人民法院行政诉讼的受案范围。

——《行政诉讼附带审查规范性文件典型案例》，载最高人民法院网 2018 年 10 月 30 日，https://www.court.gov.cn/zixun-xiangqing-125871.html。

389 规范性文件不是行政机关实施行政行为的法律依据，人民法院将不予审查

关键词｜规范性文件｜法律依据｜

【最高人民法院参考案例】

九、毛爱梅、祝洪兴诉浙江省江山市贺村镇人民政府行政强制及行政赔偿案

(三)典型意义

本案再次明确了规范性文件附带审查制度中审查对象的附带性,即作为被诉行政行为依据的规范性文件才可能成为人民法院的审查对象。如果规范性文件不是行政机关实施行政行为的法律依据,那么人民法院将不予审查。以促进经济社会转型升级为核心目标开展的“三改一拆”“五水共治”等活动,是贯彻党的十八届五中全会提出“创新、协调、绿色、开放、共享”五大发展理念的重要体现。对于严重影响生态环境的生猪养殖业开展整治提升,是生态文明建设的重要环节,环保部门和乡镇政府在其中发挥着主要作用。人民法院在审理此类行政案件中,一方面要依法审查行政主体的职权依据、法律依据和执法程序,对强制拆除等行为应严格审查其合法性;另一方面对于涉及赔偿的内容要依照国家赔偿法以及《最高人民法院关于审理行政赔偿案件若干问题的规定》等法律、司法解释中“合法权益”、直接损失、行为与损失之间因果关系等要素进行严格审查。本案中规范性文件并非行政行为作出依据,人民法院根据行政诉讼法的规定不予审查,明确了可以附带审查的规范性文件的法律界限。

——《行政诉讼附带审查规范性文件典型案例》,载最高人民法院网 2018 年 10 月 30 日,https://www.court.gov.cn/zixun-xiangqing-125871.html。

390 规范性文件一并审查申请提出的时间

关键词｜规范性文件｜开庭审理｜法庭调查｜

【最高人民法院司法解释】

第一百四十六条　公民、法人或者其他组织请求人民法院一并审查行政诉讼法第五十三条规定的规范性文件,应当在第一审开庭审理前提出;有正当理由的,也可以在法庭调查中提出。

——《最高人民法院关于适用〈中华人民共和国行政诉讼法〉的解释》(2018 年 2 月 8 日,法释〔2018〕1 号)。

【链接：理解与适用】

在处理涉及当事人请求一并审查规范性文件的案件中，对于该项诉讼请求的提出，需要注意以下几个问题。

（一）对规范性文件的理解

目前，对规范性文件的名称、内涵、制作主体、制发权限以及制定程序、权限等，我国尚无统一的规定。但在行政管理领域中，规范性文件的数量可观、适用范围极广，在某种程度上，其已经成为对外行政行为作出的主要依据之一。对规范性文件的理解，可以从广义和狭义两个角度去看待。广义上，规范性文件包括经过严格立法程序，由特定主体制定的立法性文件以及行政主体根据实际需要，自行制定的各类非立法属性的文件。立法性文件主要包括：宪法、法律、行政法规、地方性法规、自治条例、单行条例和规章。非立法属性的文件主要指，行政机关制定的能够反复适用的对一定范围内的事务具有规则意义的文件。狭义的规范性文件仅指行政机关制定的具有规则意义的非立法性文件。本条中的“规范性文件”是指国务院部门和地方人民政府及其部门制定的规范性文件，不包括国务院制定的规范性文件。

（二）对“正当理由”的理解

一般地，当事人在提起行政诉讼时请求人民法院一并审查规范性文件的，应当在第一审开庭审理前提出，至迟是在法庭调查中提出，但必须有正当理由。“正当理由”是一个模糊的法律概念，需要审判人员在具体案件中进行判断。对于是否属于“正当理由”，可以从以下几个角度来进行分析和认定：一是阻却理由的合理性。使得当事人延迟提出一并审查规范性文件的理由应当具有合理性，符合生活经验和逻辑规律，此种因素也就是通常意义上的“事出有因”“在情理之中”。二是阻却理由与当事人延迟提出诉求的紧密关联性。阻却事由的出现足以导致当事人无法顺利提出一并审查规范性文件的请求，如果不存在该阻却事由，则不会影响当事人在第一审开庭审理前提出一并审查规范性文件的请求。

（三）对“法庭调查中”的把握

对于开庭审理而言，可能存在两种情况：其一，法庭调查与法庭辩论两个阶段截然分开，有明确的界点。在此种开庭模式下，当事人请求法院一并审查规范性文件的请求就应当在法庭辩论阶段开始前提出方可有效。其二，法庭调查与法庭辩论两个阶段交融在一起，实际上糅合成一个阶段时，当事人就可以在这个阶段完成前提出一并审查规范性文件的请求。

——最高人民法院行政审判庭编著：《最高人民法院行政诉讼法司法解释理解

与适用》(下),人民法院出版社 2018 年版,第 691—692 页。

391 人民法院如何对规范性文件进行审查并认定“规范性文件不合法”

关键词｜超越权限｜法定程序｜规范性文件不合法｜

【最高人民法院司法解释】

第一百四十八条　人民法院对规范性文件进行一并审查时,可以从规范性文件制定机关是否超越权限或者违反法定程序、作出行政行为所依据的条款以及相关条款等方面进行。

有下列情形之一的,属于行政诉讼法第六十四条规定的“规范性文件不合法”:

(一)超越制定机关的法定职权或者超越法律、法规、规章的授权范围的;

(二)与法律、法规、规章等上位法的规定相抵触的;

(三)没有法律、法规、规章依据,违法增加公民、法人和其他组织义务或者减损公民、法人和其他组织合法权益的;

(四)未履行法定批准程序、公开发布程序,严重违反制定程序的;

(五)其他违反法律、法规以及规章规定的情形。

——《最高人民法院关于适用〈中华人民共和国行政诉讼法〉的解释》(2018 年 2 月 8 日,法释〔2018〕1 号)。

【链接:理解与适用】

在审查规范性文件是否合法时,需要注意以下两个问题。

一、需要全面地去进行审查、综合地进行判定

对于规范性文件的审查是一个较为复杂的过程。规范性文件的制定本身就是一个对于某一领域特定事项进行规范和指导的综合考量过程。在行政案件中,能够影响到公民、法人或者其他组织权益的一般是规范性文件的个别条款,但在我们的审查中,不仅仅要审查该规范性文件的相关条款,还需要对该规范性文件制定机关的制定权限、制定法律依据、规范性文件制定程序等方面也进行审查,从而综合判断该规范性文件的合法性。尽管,法院目前还不能直接在判决中宣布规范性文件无效或废止,但可以通过对规范性文件的审查对今后的司法实践产生影响,通过对规范性文件的评价、实际上的不适用以及给相关机关提出建议等方式推动有关机关对相关的规范性文件进行重新审视或作出修改或给予补正。

二、需要注意对规范性文件中存在的严重违反制定程序情形的处理

在审查规范性文件的时候，对于规范性文件存在的程序上的问题，需要进行区分对待。可以事后予以及时补正程序瑕疵的规范性文件，可以建议有权机关在一定时限内给予补正。而对于存在严重违反制定程序的规范性文件，才可建议有权机关对该规范性文件予以废止。之所以作出区分对待，主要是考虑到规范性文件与一般的行政行为存在很大差异。一般的行政行为指向对象单一，一事一处理，影响面较小，人民法院对于一般的行政行为可以直接予以撤销。但规范性文件的适用面较广，对社会生活的影响较大，启动废止步骤往往需要经过一定的程序和行政机关内部的审批等，所以在处理上需要更加周全，只有在规范性文件的制定程序存在严重问题的时候且无法及时补正，又对当事人的合法权益产生了不可弥补的损害时，人民法院方可建议有权机关对该规范性文件予以废止或宣布无效。

——最高人民法院行政审判庭编著：《最高人民法院行政诉讼法司法解释理解与适用》（下），人民法院出版社 2018 年版，第 698—699 页。

【最高人民法院公报案例】

丹阳市珥陵镇鸿润超市诉丹阳市场监督管理局不予变更经营范围登记案

要旨：为从源头上纠正违法和不当的行政行为，我国行政诉讼法规定，人民法院在审理行政案件中，对行政行为所依据的规章以下规范性文件的合法性具有附带审查的职权。市场经营主体申请变更登记经营范围，市场监管部门依据地方政府文件规定不予办理，人民法院经审查认为该规范性文件相关内容违反上位法规定，存在限制市场公平竞争等违法情形的，该规范性文件不作为认定被诉行政行为合法的依据。市场经营主体起诉要求市场管理部门办理变更登记的，人民法院应予支持。

根据行政诉讼法第六十三条第一款、第三款规定，人民法院审理行政案件，以法律和行政法规、地方性法规为依据，参照规章。《个体工商户条例》第四条规定，国家对个体工商户实行市场平等准入、公平待遇的原则。申请办理个体工商户登记，申请登记的经营范围不属于法律、行政法规禁止进入的行业的，登记机关应当依法予以登记。本案中，原告丹阳市珥陵镇鸿润超市申请变更登记增加的经营项目为蔬菜零售，不属于法律、行政法规禁止进入的行业，被告丹阳市市场监督管理局依法应当予以登记。但被告却适用丹阳市人民政府丹政办发〔2012〕29 号规范性文件中关于“菜市场周边 200 米范围内不得设置与菜市场经营类同的农副产品经销网点”的规定，以原告经营场所距珥陵农贸市场不足 200 米为由，对原告的申

请作出不予登记行为。由于丹阳市人民政府的上述规定与商务部《标准化菜市场设置与管理规范》有关场地环境之选址要求第三款“以菜市场外墙为界,直线距离1公里以内,无有毒有害等污染源,无生产或贮存易燃、易爆、有毒等危险品的场所”的规定不一致,与商建发〔2014〕60号《商务部等13部门关于进一步加强农产品市场体系建设的指导意见》第(七)项“积极发展菜市场、便民菜店、平价商店、社区电商直通车等多种零售业态”的指导意见不相符,也违反《个体工商户条例》关于对个体工商户实行的市场平等准入、公平待遇的原则。根据行政诉讼法第五十三条、第六十四条的规定,人民法院经审查认为地方人民政府制定的规范性文件不合法的,不作为认定行政行为合法的依据。据此,丹政办发〔2012〕29号规范性文件不能作为认定被诉登记行为合法的依据。因此,被告对原告的申请作出不予登记的行政行为缺乏法律依据,依法应予撤销。

——《中华人民共和国最高人民法院公报》2018年第6期。

【最高人民法院裁判案例】

章新宝诉池州市贵池区人民政府、池州市贵池区人民政府清溪街道办事处行政管理案[最高人民法院(2018)最高法行申3312号行政裁定书]

要旨:人民法院在审查规范性文件是否存在“与法律、法规、规章等上位法的规定相抵触”的情形时,应当注意听取上位法制定机关的意见。在上位法制定机关对规范性文件的合法性予以认可,并且不存在与更上一级法律、法规、规章等上位法的规定相抵触的情况下,应当尊重上级机关的意见。

行政诉讼法第五十三条第一款规定:“公民、法人或者其他组织认为行政行为所依据的国务院部门和地方人民政府及其部门制定的规范性文件不合法,在对行政行为提起诉讼时,可以一并请求对该规范性文件进行审查。”在本案,再审申请人章新宝就是在对清溪街道办扣缴养老保险统筹基金的行为提起诉讼时,一并请求对该扣缴行为所依据的规范性文件贵政〔2010〕16号文件的合法性进行审查。再审申请人申请再审,也主要针对原审法院对于规范性文件合法性的审查认定。

围绕再审申请人的再审理由,本院进行了审查。根据《最高人民法院关于适用〈中华人民共和国行政诉讼法〉的解释》第一百四十八条第二款的规定,“有下列情形之一的,属于行政诉讼法第六十四条规定的‘规范性文件不合法’:(一)超越制定机关的法定职权或者超越法律、法规、规章的授权范围的;(二)与法律、法规、规章等上位法的规定相抵触的;(三)没有法律、法规、规章依据,违法增加公民、法人和其他组织义务或者减损公民、法人和其他组织合法权益的;(四)未履行法定批准程序、公开发布程序，严重违反制定程序的；（五）其他违反法律、法规以及规章规定的情形”。根据上述规定，对规范性文件合法性的审查，主要集中在职权依据、文件内容和制定程序等方面。一审和二审法院正是围绕这几个方面对贵政〔2010〕16号文件的合法性进行了审查，认为该文件符合法律规定，其中由村委会提取部分土地补偿款作为被征地农民养老保险统筹基金的条款符合土地管理法及其他行政法规的规定。

人民法院审查针对规范性文件合法性的再审申请，根据再审理由和案件实际情况，可以针对规范性文件合法性的所有方面进行审查，也可以主要针对再审申请人质疑的方面进行审查。本案中，再审申请人对贵政〔2010〕16号文件的合法性提出质疑的主要理由，是“贵政〔2010〕16号文件的制定无法律依据，违法无效。池州市人民政府制定的池政〔2007〕123号文件才是合法有效的规范性文件”。在此情况下，本院的审查也主要集中于贵政〔2010〕16号文件是否违反池政〔2007〕123号文件的规定。

《最高人民法院关于适用〈中华人民共和国行政诉讼法〉的解释》第一百四十七条第一款规定：“人民法院在对规范性文件审查过程中，发现规范性文件可能不合法的，应当听取规范性文件制定机关的意见。”这里所说的“规范性文件制定机关”，既包括被请求审查的规范性文件的制定机关，也包括更高等级的规范性文件的制定机关。因此，本院专门举行听证会，邀请贵政〔2010〕16号文件的制定机关贵池区政府以及池政〔2007〕123号文件的制定机关池州市人民政府到庭发表意见。经审查查明，贵池区政府制定的贵政〔2010〕16号文件中关于提取部分土地补偿费的规定是解决养老保险资金的筹集问题，而池州市人民政府制定的池政〔2007〕123号文件第九项是解决养老保险金的发放问题，并非针对资金的筹集问题。池州市人民政府在听证程序中也说明，两个规范性文件解决的不是同一事项，不存在冲突问题，再审申请人关于违反上位法规定的再审理由，是对规范性文件的错误理解。对此本院认为，人民法院在审查规范性文件是否存在“与法律、法规、规章等上位法的规定相抵触”的情形时，应当注意听取上位法制定机关的意见。在上位法制定机关对规范性文件的合法性予以认可，并且不存在与更上一级法律、法规、规章等上位法的规定相抵触的情况下，应当尊重上级机关的意见。并且，所谓下位法与上位法相抵触，必须是针对同一事项或对象。在不是针对同一事项或对象时，不能适用上位法优于下位法的规则。据此，对于再审申请人的该项再审理由，本院不予采纳。

——中国裁判文书网，https://wenshu.court.gov.cn/。

392 对规范性文件的审查应符合证据规则

关键词｜规范性文件｜证据规则｜

【最高人民法院裁判案例】

杨彩珍诉宁夏回族自治区石嘴山市人民政府行政复议案［最高人民法院（2019）最高法行申8329号行政裁定书］

要旨：由于行政机关需承担提供作出行政行为所依据的规范性文件的责任，对于规范性文件是否真实、是否与案件存在关联等问题的审查而言，行政诉讼法及《最高人民法院关于行政诉讼证据若干问题的规定》规定的一些基本规则亦应参照适用。

《公告》在法律属性上属于行政机关制定的规范性文件。制定规范性文件是行政机关行使行政职权的一种行政活动方式，其目的是实现特定的行政管理目标。可制定规范性文件的行政机关和行政层级多样，包括国务院部门、地方各级人民政府及其工作部门和乡、镇人民政府。行政机关为有效应对纷繁复杂的行政管理事项，制定规范性文件不拘泥于定时，制定的规范性文件亦是林林总总。对处于行政机关外部的公民、法人或其他组织而言，及时、全面、准确掌握规范性文件殊非易事。尽管规范性文件在严格意义上并非证据，但行政诉讼法证据专章中关于被告对作出的行政行为负有举证责任的规定将规范性文件与证据相提并论，即“被告对作出的行政行为负有举证责任，应当提供作出该行政行为的证据和所依据的规范性文件”。《最高人民法院关于行政诉讼证据若干问题的规定》在第一条第一款亦相应规定“被告对作出的具体行政行为负有举证责任，应当在收到起诉状副本之日起十日内，提供据以作出被诉具体行政行为的全部证据和所依据的规范性文件”。由于行政机关需承担提供作出行政行为所依据的规范性文件的责任，对于规范性文件是否真实、是否与案件存在关联等问题的审查而言，行政诉讼法及《最高人民法院关于行政诉讼证据若干问题的规定》规定的一些基本规则亦应参照适用。例如，行政诉讼法第四十三条及《最高人民法院关于行政诉讼证据若干问题的规定》第三十五条第一款规定的证据应当在法庭上出示并由当事人质证，及未经庭审质证的证据，不能作为定案依据。对于人民法院依职权调取的证据，《最高人民法院关于行政诉讼证据若干问题的规定》第三十八条第二款规定“由法庭出示，并可就调取该证据的情况进行说明，听取当事人意见”。此为公正审理行政案件的应有之义，对于规范性文件的处理亦应概莫能外，尤其是在规范性文件的制定主体未参加诉讼的场合。

——中国裁判文书网，https://wenshu.court.gov.cn/。

393 人民法院对规范性文件审查后的处理

关键词｜裁判理由｜司法建议｜备案｜

【最高人民法院司法解释】

第一百四十九条 人民法院经审查认为行政行为所依据的规范性文件合法的，应当作为认定行政行为合法的依据；经审查认为规范性文件不合法的，不作为人民法院认定行政行为合法的依据，并在裁判理由中予以阐明。作出生效裁判的人民法院应当向规范性文件的制定机关提出处理建议，并可以抄送制定机关的同级人民政府、上一级行政机关、监察机关以及规范性文件的备案机关。

规范性文件不合法的，人民法院可以在裁判生效之日起三个月内，向规范性文件制定机关提出修改或者废止该规范性文件的司法建议。

规范性文件由多个部门联合制定的，人民法院可以向该规范性文件的主办机关或者共同上一级行政机关发送司法建议。

接收司法建议的行政机关应当在收到司法建议之日起六十日内予以书面答复。情况紧急的，人民法院可以建议制定机关或者其上一级行政机关立即停止执行该规范性文件。

第一百五十条 人民法院认为规范性文件不合法的，应当在裁判生效后报送上一级人民法院进行备案。涉及国务院部门、省级行政机关制定的规范性文件，司法建议还应当分别层报最高人民法院、高级人民法院备案。

——《最高人民法院关于适用〈中华人民共和国行政诉讼法〉的解释》（2018年2月8日，法释〔2018〕1号）。

【链接：最高人民法院法官著述】

在理解本条时，需要注意以下几个问题：

其一，不作为认定行政行为合法的依据。“不作为认定行政行为合法的依据”是指不作为认定被诉行政行为合法的依据。本条中，虽然没有明确法院可以在判决中宣告相关条款对本案的效力，但是，由于该规范性文件已经在本案中，对其相关条款已经作了“合法、有效、合理、适当”审查，其相关条款的合法性、有效性、合理性等得到了确认，在今后类似的案件中，具有一定的预决效力。也就是说，如果今后当事人根据其他法院的生效判决,提出该规范性文件已被认定为不合法,人民法院应当认定该生效判决对本案具有拘束力。

其二,人民法院不能针对规范性文件作出判决。人民法院经审查认为被诉行政行为依据的规范性文件合法、有效、合理、适当的,在认定行政行为合法性时应当承认其效力,并且在裁判文书中引用。同时人民法院在裁判理由中对规范性文件是否合法、有效、合理、适当等进行评述。但是,这一“评述”仍然属于司法权中浅层次的评价权。真正意义上的司法权应当包括对于其他规范性文件的处分权、形成权,即经过合法性审查认为存在违法、无效、失效、不合理、不适当的,可以判决撤销、变更或者通过法定程序由有权机关废止或者修订。当然,在目前,人民法院还不具有这一权力。

其三,裁判理由中阐明相关规范性文件的合法性。人民法院对规范性文件进行合法性审查之后,如果不对合法性审查情况予以阐明,当事人可能质疑法院遗漏诉讼请求,甚至质疑法院包庇制定机关,因此,各方比较一致的意见是,人民法院应当对合法性审查的情况在裁判理由中予以说明。实际上,在裁判理由中阐明相关规范性文件的合法性,是人民法院一直以来的做法。前已述及,《最高人民法院关于审理行政案件适用法律规范问题的座谈会纪要》指出,规范性文件不是正式的法律渊源,对人民法院不具有法律规范意义上的约束力。但是,人民法院经审查认为被诉行政行为依据的规范性文件合法、有效并合理、适当的,在认定被诉行政行为合法性时应承认其效力;人民法院可以在裁判理由中对规范性文件是否合法、有效、合理或适当进行评述。也就是说,人民法院对规范性文件进行合法性审查之后,如果认为其合法、有效、合理、适当,就应当承认其效力,即规范性文件可以作为行政行为的依据;反之,人民法院如果认为规范性文件不合法的,不作为认定行政行为合法的依据。人民法院可以在“裁判理由”部分对规范性文件是否合法进行认定。人民法院在对规范性文件进行合法性审查时,如果发现规范性文件明显不当的,也不能认定其为行政行为的依据。司法实践中,为了配合所谓的“专项整治”活动,一些规范性文件规避法律,设置明显不当的行政处罚、执法期限等,人民法院可以认定该规范性文件不符合法律规定或者明显不当,不作为行政行为的依据。人民法院在裁判理由中对一并申请审查的规范性文件予以阐明,是人民法院必须遵守的义务。根据本解释第六十八条第一款第(七)项的规定,“请求一并审查规章以下规范性文件”属于“具体的诉讼请求”,人民法院对当事人提出的这一诉讼请求不能置之不顾,不能避重就轻,应当详细予以阐明。

其四,人民法院对行政诉讼案件裁定驳回起诉的,由于该案并未进入实体审查,而且对规范性文件的审查为附带性审查,因此裁定驳回起诉的在裁定书中不需要对规范性文件的合法性表态。

其五,行政诉讼案件进入第二审程序的,上级法院发现下级法院对规范性文件的审查意见错误,可以进行纠正。上级法院应在裁判文书中予以说明。但下级法院对行政行为的处理结果正确,规范性文件审查存在错误的,因其属于附带审查,对行政诉讼案件无须改判。

其六,对于人民法院在审查规范性文件合法性过程中,发现规范性文件合法但是不合理的,应当向规范性文件制定机关提出处理建议,并可以抄送制定机关的同级人民政府、上一级行政机关、监察机关以及规范性文件的备案机关。这里的"处理建议"和司法建议不同。对于经过审查之后,认为规范性文件不合法的,人民法院可以向制定机关以及其他有关机关提出司法建议。

——梁凤云:《行政诉讼法司法解释讲义》,人民法院出版社 2018 年版,第 411—413 页。

394 规范性文件合法性认定错误的，可以通过审判监督程序予以纠正

关键词 | 规范性文件合法性 | 审判委员会 | 提审 | 指令再审 |

【最高人民法院司法解释】

第一百五十一条 各级人民法院院长对本院已经发生法律效力的判决、裁定,发现规范性文件合法性认定错误,认为需要再审的,应当提交审判委员会讨论。

最高人民法院对地方各级人民法院已经发生法律效力的判决、裁定,上级人民法院对下级人民法院已经发生法律效力的判决、裁定,发现规范性文件合法性认定错误的,有权提审或者指令下级人民法院再审。

——《最高人民法院关于适用〈中华人民共和国行政诉讼法〉的解释》(2018 年 2 月 8 日,法释〔2018〕1 号)。

【链接：最高人民法院法官著述】

人民法院通过审判监督程序对规范性文件进行一并审查后,可以分别不同情形作出不同的处理:其一,生效裁判对规范性文件认定合法确有错误的,应当在裁判理由中予以纠正,并不得作为被诉行政行为合法的依据。并可以根据本解释关于规范性文件不合法的处理规定,在生效裁判生效之日起三个月内,向规范性文件

制定机关提出修改或者废止该规范性文件的司法建议等。其二，生效裁判认定规范性文件不合法确有错误的，应当将规范性文件作为被诉行政行为合法的依据。如果在审判监督程序之前已经发送相关司法建议的，应当发出撤回司法建议的决定，并抄送制定机关的同级人民政府、上一级行政机关、监察机关以及规范性文件的备案机关。

——梁凤云：《行政诉讼法司法解释讲义》，人民法院出版社 2018 年版，第 417 页。

六、相关民事争议的一并审理

395 当事人在第二审程序中提出“一并审理”民事争议的申请，一般不予准许

关键词｜一并审理民事争议｜第一审开庭审理前｜法庭调查｜

【最高人民法院司法解释】

第一百三十七条 公民、法人或者其他组织请求一并审理行政诉讼法第六十一条规定的相关民事争议，应当在第一审开庭审理前提出；有正当理由的，也可以在法庭调查中提出。

——《最高人民法院关于适用〈中华人民共和国行政诉讼法〉的解释》（2018年2月8日，法释〔2018〕1号）。

【链接：最高人民法院法官著述】

在司法实践中需要注意的是，当事人在第二审程序中提出“一并审理”的申请，人民法院一般不予准许，否则就剥夺了民事争议对方当事人的上诉权。但是，在特殊情况下，人民法院认为调解有可能成立的，二审法院可以一并处理。《民诉解释》第三百二十八条规定：“在第二审程序中，原审原告增加独立的诉讼请求或者原审被告提出反诉的，第二审人民法院可以根据当事人自愿的原则就新增加的诉讼请求或者反诉进行调解；调解不成的，告知当事人另行起诉。双方当事人同意由第二审人民法院一并审理的，第二审人民法院可以一并裁判。”第三百二十九条规定：“一审判决不准离婚的案件，上诉后，第二审人民法院认为应当判决离婚的，可以根据当事人自愿的原则，与子女抚养、财产问题一并调解；调解不成的，发回重审。双方当事人同意由第二审人民法院一并审理的，第二审人民法院可以一并裁判。”参照这一规定，当事人在第二审程序中申请一并解决相关民事争议的，对于能够调解的事项，二审法院可以在当事人自愿原则的基础上进行调解，如果调解不成，可以告知其另行提起民事诉讼。

——本书编委会编：《行政诉讼法司法解释实务指南与疑难解答》，中国法制

出版社 2018 年版,第 509 页。

396 一并审理相关民事争议的管辖和立案

关键词 | 一并审理民事争议 | 另行起诉 | 中止诉讼 |

【最高人民法院司法解释】

第一百三十八条　人民法院决定在行政诉讼中一并审理相关民事争议,或者案件当事人一致同意相关民事争议在行政诉讼中一并解决,人民法院准许的,由受理行政案件的人民法院管辖。

公民、法人或者其他组织请求一并审理相关民事争议,人民法院经审查发现行政案件已经超过起诉期限,民事案件尚未立案的,告知当事人另行提起民事诉讼;民事案件已经立案的,由原审判组织继续审理。

人民法院在审理行政案件中发现民事争议为解决行政争议的基础,当事人没有请求人民法院一并审理相关民事争议的,人民法院应当告知当事人依法申请一并解决民事争议。当事人就民事争议另行提起民事诉讼并已立案的,人民法院应当中止行政诉讼的审理。民事争议处理期间不计算在行政诉讼审理期限内。

——《最高人民法院关于适用〈中华人民共和国行政诉讼法〉的解释》(2018 年 2 月 8 日,法释〔2018〕1 号)。

【链接:理解与适用】

1. 应诉管辖在一并审理民事争议中的适用问题。原告向没有管辖权的法院提起诉讼,被告未提出异议,并进行了应诉,使得没有管辖权的法院拥有了对该案件的管辖权。此为应诉管辖。这是基于保护已进入审理的案件,保护法院及原告的利益,尊重被告在该地接受诉讼的意思表示的考虑。应诉管辖成立的要件是,被告不提出异议,且进行辩论或陈述。在判断案件当事人是否“一致同意相关民事争议在行政诉讼中一并解决”时,不能机械理解为当事人通过主动的方式作出同意的意思表示,还应该包括当事人通过被动的方式作出同意的意思表示,如当事人通过参加民事诉讼,进行辩论或陈述的方式表明其同意一并审理民事争议。

2. 民事诉讼超过诉讼时效的,如何处理一并审理民事争议诉讼请求问题。民事诉讼中的诉讼时效制度不同于行政诉讼中的起诉期限制度。在行政诉讼中,当事人提起的行政诉讼超过起诉期限会导致案件不予立案或驳回起诉的法律后果。

民事诉讼中的诉讼时效完成不成为法院受理民事争议的障碍。诉讼时效完成后权利人的权利本身并不丧失，只丧失实体意义上的诉权即胜诉权，但不丧失程序意义上的诉权即起诉权。因此，如果当事人一并提起民事诉讼，人民法院不能以民事案件超过诉讼时效为由不予立案。

——最高人民法院行政审判庭编著：《最高人民法院行政诉讼法司法解释理解与适用》（下），人民法院出版社 2018 年版，第 656 页。

397 不予准许一并审理民事争议的情形

关键词 | 一并审理民事争议 | 先行处理 | 专属管辖 | 协议管辖 | 仲裁 |

【最高人民法院司法解释】

第一百三十九条 有下列情形之一的，人民法院应当作出不予准许一并审理民事争议的决定，并告知当事人可以依法通过其他渠道主张权利：

（一）法律规定应当由行政机关先行处理的；

（二）违反民事诉讼法专属管辖规定或者协议管辖约定的；

（三）约定仲裁或者已经提起民事诉讼的；

（四）其他不宜一并审理民事争议的情形。

对不予准许的决定可以申请复议一次。

——《最高人民法院关于适用〈中华人民共和国行政诉讼法〉的解释》（2018 年 2 月 8 日，法释〔2018〕1 号）。

398 一并审理民事争议的立案和审判组织

关键词 | 一并审理民事争议 | 单独立案 | 同一审判组织 | 行政裁决 |

【最高人民法院司法解释】

第一百四十条 人民法院在行政诉讼中一并审理相关民事争议的，民事争议应当单独立案，由同一审判组织审理。

人民法院审理行政机关对民事争议所作裁决的案件，一并审理民事争议的，不另行立案。

——《最高人民法院关于适用〈中华人民共和国行政诉讼法〉的解释》(2018年2月8日,法释〔2018〕1号)。

【链接：理解与适用】

1. 关于同一审判组织出现更换审判人员情形,行政案件及相关民事案件是否重新审理问题。该问题关系直接言词原则在我国的适用。直接言词原则,是指法官必须在法庭上亲自听取当事人、证人及其他诉讼参与人的口头陈述,案件事实和证据必须由双方当事人当庭口头提出并以口头辩论和质证的方式进行调查。为贯彻直接言词原则,人民法院应当做到以下几点:(1)及时通知并保证有关人员出庭。证人出庭作证应当作为一般原则,不出庭只能是例外;(2)开庭审理过程中,合议庭的审判人员必须始终在场,参加庭审的全过程;(3)所有证据包括法庭依当事人申请或者依职权收集的证据,都必须当庭出示,当庭质证;(4)保证双方有充分的陈述和辩论的机会和时间。根据上述第二项要求,同一案件审判组织的成员更换后,案件应当重新审理,确保案件的审理和裁判由同一审判组织作出。

行政案件与民事案件作为相互关联的案件予以合并审理,其方式是由同一审判组织审理,但仍为两个独立的案件,可以共同开庭、裁决。如果一个案件对另一个案件有先决效力,可以对有先决效力的案件先行宣判。此种情形民事与行政案件分开审理,分别判决,审判组织成员的更换对原有案件的审理不会产生任何影响,无须重新进行审理。

2. 关于案号问题。为体现一并审理行民争议案件的特点,且便于第二审人民法院在民事案件、行政案件分别上诉的情况下予以一并审理,建议此类案号立为"行并民"。此外,关于不另行立案的裁判文书的案号问题,即审理行政机关对民事争议所作裁决的案件时,因民事案件与行政案件的当事人不同,为方便裁判文书的撰写,可撰写两份文书,即行政诉讼文书和民事诉讼文书,在本案案号之后加标"-1""-2"的符号。

——最高人民法院行政审判庭编著:《最高人民法院行政诉讼法司法解释理解与适用》(下),人民法院出版社2018年版,第667—668页。

399 一并审理民事争议的法律适用

关键词｜一并审理民事争议｜法律适用｜

【最高人民法院司法解释】

第一百四十一条 人民法院一并审理相关民事争议，适用民事法律规范的相关规定，法律另有规定的除外。

当事人在调解中对民事权益的处分，不能作为审查被诉行政行为合法性的根据。

——《最高人民法院关于适用〈中华人民共和国行政诉讼法〉的解释》（2018年2月8日，法释〔2018〕1号）。

【链接：理解与适用】

本条所用的"民事法律规范"一词是从整体意义上而言，并非民事法律规范中只有民法规则，行政法律规范中只有行政法规则。很难认定某部法律法规绝对属于民法或者行政法。如土地管理法中既有土地管理的行政法规则，也有土地承包经营等民法规则。又如专利法中既包括了专利行政管理部门的职责，也包括了专利权的保护范围以及侵权认定的规则，既有规范专利行政管理部门对授予专利权审查条件的规定，也有专利权的保护期限、举证责任的特殊规定以及权利人寻求救济的途径。再如，在土地承包经营权合同纠纷中，对于涉及农村集体土地承包经营合同的权利义务、土地承包经营期限等，由土地管理法规定。对于不动产登记，物权法明确不动产物权的设立、变更、转让和消灭，依照法律规定应当登记的，自记载于不动产登记簿时发生效力，与此相关的民事争议应当适用这些法律规定。行政诉讼是从民事诉讼中分离出来的，其发展之初，往往适用民事诉讼程序，而且许多司法原则是一致的，如公开审判、回避制度、两审终审制、合议制等，二者存在着紧密的联系。

——最高人民法院行政审判庭编著：《最高人民法院行政诉讼法司法解释理解与适用》（下），人民法院出版社2018年版，第671页。

400 一并审理民事争议分别裁判和上诉程序

关键词 | 分别裁判 | 行政争议 | 民事争议 |

【最高人民法院司法解释】

第一百四十二条 对行政争议和民事争议应当分别裁判。

当事人仅对行政裁判或者民事裁判提出上诉的，未上诉的裁判在上诉期满后即发生法律效力。第一审人民法院应当将全部案卷一并移送第二审人民法院，由行政审判庭审理。第二审人民法院发现未上诉的生效裁判确有错误的，应当按照审判监督程序再审。

——《最高人民法院关于适用〈中华人民共和国行政诉讼法〉的解释》（2018年2月8日，法释〔2018〕1号）。

【链接：最高人民法院法官著述】

在司法实践中，有的意见认为，是否需要发回重审或者改判，应当根据案件的具体情况予以判断，如果未上诉案件裁判确有错误且影响上诉案件审理的，应当全案发回原审法院重审；未上诉案件裁判虽有错误但不影响上诉案件审理的，上诉案件可依法迳行处理，未上诉案件按照审判监督程序指定再审。我们认为，未上诉案件裁判确有错误且影响上诉案件审理的，该裁判在上诉期满后已经发生法律效力，且其并非第二审人民法院的审理对象，因此，不宜直接发回原审法院重审。

——本书编委会编：《行政诉讼法司法解释实务指南与疑难解答》，中国法制出版社2018年版，第530页。

401 行政案件撤诉后相关民事争议的处理

关键词｜撤诉｜民事争议｜

【最高人民法院司法解释】

第一百四十三条　行政诉讼原告在宣判前申请撤诉的，是否准许由人民法院裁定。人民法院裁定准许行政诉讼原告撤诉，但其对已经提起的一并审理相关民事争议不撤诉的，人民法院应当继续审理。

——《最高人民法院关于适用〈中华人民共和国行政诉讼法〉的解释》（2018年2月8日，法释〔2018〕1号）。

【链接：最高人民法院法官著述】

本条规定针对的情形是，行政诉讼原告在“宣判”前申请撤诉的，而行政诉讼法第六十二条规定的是，人民法院对行政案件“宣告判决或者裁定”前，对于两者含义是否相同，司法实践中还有不同理解。笔者认为，这里的“宣判”包括了宣告裁定的情形。从法律的规定来看，宣告判决，一般也包括了宣告裁定的情形。行政诉讼法第八十条规定，人民法院对公开审理和不公开审理的案件，一律公开宣告判决。这里的公开宣告判决，也包括了公开宣告裁定。

——本书编委会编：《行政诉讼法司法解释实务指南与疑难解答》，中国法制出版社 2018 年版，第 531 页。

402 行政争议与民事争议交叉时的处理方式

关键词｜民行交叉｜一并审理｜中止诉讼｜

【最高人民法院司法文件】

19. 正确处理行政诉讼案件和民事诉讼案件交叉的问题。要区别责任发生的时间、法律对责任实现顺序是否有专门规定，以及是否涉及国家利益、公共利益，审慎解决民事责任和行政责任的冲突。要立足我国社会主义初级阶段的国情，既重视保障民事受害人的及时有效救济，也要兼顾行政与民事两种赔偿责任承担的基本公平。对选择民事或行政救济途径法律规定不明确的，要加强法院内部的沟通协商，不轻易否定起诉人的行政诉权或民事诉权。如争议的民事法律关系是行政行为合法的基础性前提性事实和主要构成要件的，应当先行中止行政诉讼，等候民事诉讼的判决结果。反之则可以行政诉讼先行。不同审判庭或者法院之间应当主动加强沟通协调，不得各行其是。

——《最高人民法院关于加强和改进行政审判工作的意见》（2007 年 4 月 24 日，法发〔2007〕19 号）。

【最高人民法院答复】

四川省高级人民法院：

你院〔2002〕川行他字第 1 号《关于行政诉讼与民事诉讼交叉引起的审判程序问题的请示》收悉。经研究，答复如下：

根据《中华人民共和国民事诉讼法》第一百三十六条第一款第（五）项①的规定，当行政诉讼与民事诉讼交叉且行政诉讼的裁判结果是民事诉讼的定案根据或裁决依据时，应当中止民事诉讼，待行政诉讼终结后再恢复民事诉讼。

---

① 2021 年修正的民事诉讼法第一百五十三条第一款第（五）项。——编者注

——《最高人民法院行政审判庭关于对行政诉讼与民事诉讼交叉引起的审理程序如何处理问题的答复》(2002 年 8 月 1 日,〔2002〕行他字第 10 号)。

【链接:最高人民法院法官著述】

行政诉讼和民事诉讼即便存在交叉情形,但是这种交叉在并不影响诉讼效率又不影响判决的统一性的情况下,无须进行附带。此时,在行政诉讼和民事诉讼的诉讼结果之间互相不构成审判前提或者先决问题,孰先孰后并不影响案件顺利审结时,分别独立进行亦不会造成判决之间的不统一。例如,在涉及相邻权的案件中,原告认为他人的违章建筑影响了自己的采光,可以向行政机关提出要求拆除违章建筑;原告也可以以违章建筑影响了自己的采光,向行政机关请求履行法定职责,给予相对方相应的行政处罚。上述两种诉讼,原告可以选择并且两种诉讼结果互相并不冲突。在行政诉讼中,法院在认定行政机关无正当理由不予处罚的基础上,可以判决行政机关履行给予行政处罚的法定职责;在民事诉讼中,法院对违章建筑的事实确认后,直接作出停止侵害、拆除违章建筑的判决。当然,原告的诉讼请求和判决的内容有时候可能出现重叠。例如,原告在行政诉讼中提出要求行政机关责令违章建筑人拆除违章建筑,在民事诉讼中亦要求法院判决拆除违章建筑。在民事诉讼中,人民法院依据民法通则中关于相邻权的规定,可以判决停止侵害、排除妨害、赔偿损失等;在行政诉讼中,人民法院根据城乡规划法的规定,可以判决行政机关履行法定职责,即要求违章建筑人员拆除违章建筑、行政处罚等。如果民事判决已经达到拆除违章建筑的目的,行政判决则不必重复处理已为民事判决所羁束的内容。

——梁凤云:《行政诉讼与民事诉讼、刑事诉讼的交叉问题研究》,中华人民共和国最高人民法院行政审判庭编:《行政执法与行政审判》(总第 31 集),人民法院出版社 2008 年版,第 78—79 页。

403 民行交叉行政案件中,当事人对基础民事争议既不一并也不另行提起民事诉讼,人民法院对基础民事法律关系如何处理

关键词｜民事争议｜一并提起民事诉讼｜

【最高人民法院专业法官会议纪要】

19. 民行交叉行政案件中,当事人对基础民事争议既不一并也不另行提起民事

诉讼,人民法院对基础民事法律关系应当审查到什么程度。

答:在民行交叉行政案件的审理中,当事人对基础民事争议既不一并,又不另行提起民事诉讼的,人民法院只对与被诉行政行为合法性相关联的基础民事争议的事实和法律问题进行审理。与被诉行政行为合法性无关的基础民事关系的履行争议等内容,不属于行政诉讼的审理范围。

理由:行政诉讼的审理对象是被诉行政行为的合法性。基础民事争议中与被诉行政行为合法性相关联的事实和法律问题属于审查被诉行政行为合法性的范围,人民法院必须对其进行审理并作为判断的依据,否则,不能对被诉行政行为的合法性作出整体的全面判断。以房屋登记民行交叉案件为例,甲名下的房产过户至乙名下,甲不服,提起行政诉讼,请求撤销变更登记的行为,理由是变更登记所依据的甲乙双方买卖房屋的合同是虚假的。与被诉变更登记行为合法性相关的基础民事关系中,甲乙双方的买卖合同真假的事实以及房屋买卖合同的有效性,直接关系变更登记行为是否合法,属于行政诉讼的审理范围,人民法院必须审理。但是,甲乙双方是否还有应付房款未支付完毕,是否存在延迟交房需承担违约责任的事实和法律责任问题,与被诉变更登记行为的合法性无关,不属于行政诉讼的审理范围,应当另行提起民事诉讼解决。

——《最高人民法院第一巡回法庭关于行政审判法律适用若干问题的会议纪要》(2018 年 7 月 23 日),载最高人民法院第一巡回法庭编著:《最高人民法院第一巡回法庭行政案件裁判精要》,中国法制出版社 2020 年版,第 192—193 页。

404 公司登记涉及民事法律关系的处理

关键词 | 民行交叉 | 公司登记 |

【最高人民法院司法文件】

三、公司登记涉及民事法律关系的问题

利害关系人以作为公司登记行为之基础的民事行为无效或者应当撤销为由,对登记行为提起行政诉讼的,人民法院经审查可以作出如下处理:对民事行为的真实性问题,可以根据有效证据在行政诉讼中予以认定;对涉及真实性以外的民事争议,可以告知通过民事诉讼等方式解决。

——《最高人民法院办公厅关于印发〈关于审理公司登记行政案件若干问题的座谈会纪要〉的通知》(2012 年 3 月 7 日,法办〔2012〕62 号)。

七、其他

405 行政诉讼中发现涉嫌刑事犯罪问题的处理

关键词 | 涉嫌刑事犯罪 | 中止诉讼 |

【最高人民法院司法文件】

21. 高度重视“以罚代刑”的问题。当前在行政程序中，“以罚代刑”的现象比较突出。各级人民法院在行政审判中发现违法行为已经构成犯罪的，应当及时移送刑事侦查机关处理；对于行政机关可能存在“以罚代刑”、放纵犯罪问题的，要向行政机关或者有关部门及时提出司法建议。

——《最高人民法院关于加强和改进行政审判工作的意见》(2007 年 4 月 24 日，法发〔2007〕19 号)。

【最高人民法院答复】

天津市高级人民法院：

你院《关于李宵诉天津市国土资源和房屋管理局房屋登记一案如何适用法律问题的请示报告》收悉。经研究答复如下：

人民法院在审理有关房屋登记行政案件中，发现涉嫌刑事犯罪问题的，不应将该案全案移送公安机关处理，而应区别不同情况分别处理：

一、第三人购买的房屋不属于善意取得，参照民法通则第五十八条和合同法第五十二条、第五十九条的规定，房屋买卖行为属于无效的行为，人民法院应当依法判决撤销被诉核发房屋产权证行为。

二、第三人购买的房屋属于善意取得，房屋管理机关未尽审慎审查职责的，依据物权法第一百零六条等有关法律的规定，第三人的合法权益应当予以保护，人民法院可以判决确认被诉具体行政行为违法。

三、如果不能确定第三人购买的房屋是否属于善意取得，应当中止案件审理，待有权机关作出有效确认后，再恢复审理。①

——《最高人民法院关于审理房屋登记行政案件中发现涉嫌刑事犯罪问题应如何处理的答复》（2008 年 9 月 23 日，〔2008〕行他字第 15 号）。

406 行政处罚与刑罚如何衔接

关键词 | 行政处罚 | 刑罚 | 行刑交叉 |

【最高人民法院指导性案例】

铜仁市万山区人民检察院诉铜仁市万山区林业局不履行林业行政管理职责行政公益诉讼案（最高人民法院指导案例 211 号）

裁判要点：（1）违法行为人的同一行为既违反行政法应受行政处罚，又触犯刑法应受刑罚处罚的情形下，行政机关在将案件移送公安机关时不应因案件移送而撤销已经作出的行政处罚。对刑事判决未涉及的行政处罚事项，行政机关在刑事判决生效后作出行政处罚决定的，人民法院应予支持。

（2）违法行为人在刑事判决中未承担生态环境修复责任的，林业等行政主管部门应当及时责令其依法履行修复义务，若违法行为人不履行或者不完全履行时应组织代为履行。林业等行政主管部门未履行法定生态修复监督管理职责，行政公益诉讼起诉人请求其依法履职的，人民法院应予支持。

（3）特殊功能区生态环境被破坏，原则上应当原地修复。修复义务人或者代履行人主张异地修复，但不能证明原地修复已不可能或者没有必要的，人民法院不予支持。

法院生效裁判认为：

一、万山区林业局未依法履行职责

万山区林业局作为万山区人民政府林业行政主管部门，依照《中华人民共和国森林法》（2009 年修改）第十条规定，负责对万山区行政区域内森林资源保护、利用、更新的监督管理。万山区林业局应当依法履行职责，对违反林业管理法律、法规占用、毁坏森林资源、改变林地用途的行为依法查处。依照《中华人民共和国森林法》（2009 年修改）第四十四条的规定，责令违法行为人停止违法行为并按法律

---

① 2021 年 1 月 1 日民法典施行后，民法通则、合同法、物权法被废止。本答复中关涉的民事法律行为的效力、善意取得等内容，具体参见民法典相关条文规定。——编者注

规定补种树木,违法行为人拒不补种或者补种不符合国家有关规定的,由林业主管部门代为补种,所需费用向违法行为人追偿,但是万山区林业局未依法履行职责。

二、公安机关立案侦查后,万山区林业局撤销行政处罚的决定违法

违法行为人的同一行为既违反行政法应受行政处罚,又触犯刑法应受刑罚处罚的情形下,行政执法机关在将案件移送司法机关之前已经作出的行政处罚,折抵相同功能的刑罚。依照《中华人民共和国行政处罚法》(2017 年修正)第二十八条"违法行为构成犯罪,人民法院判处拘役或者有期徒刑时,行政机关已经给予当事人行政拘留的,应当依法折抵相应刑期。违法行为构成犯罪,人民法院判处罚金时,行政机关已经给予当事人罚款的,应当折抵相应罚金",《行政执法机关移送涉嫌犯罪案件的规定》第十一条第三款"行政执法机关向公安机关移送涉嫌犯罪案件前,已经依法给予当事人罚款的,人民法院判处罚金时,依法折抵相应罚金"的规定,这种折抵是执行上的折抵,而不是处罚决定本身的折抵,且仅折抵惩罚功能相同的处罚,功能不同的处罚内容不能折抵。因此,在刑事侦查立案前已经作出的行政处罚不应撤销。万山区林业局在将涉嫌犯罪的行政违法行为移送公安机关,公安机关立案后万山区林业局又撤销其在先已经作出的行政处罚决定时,不但撤销了与刑事裁判可能作出的罚金刑功能相同的罚款处罚,还一并撤销了不属于刑罚处罚功能的责令违法行为人补植复绿以恢复原状的行政处罚。万山区林业局这一撤销行为违反了法律规定。

三、刑事判决生效后,万山区林业局未责令违法行为人恢复被毁坏林地的行为违法

对刑事判决未涉及的处罚事项,行政机关在刑事判决生效后应作出行政处罚决定。责令犯罪人补植复绿以修复环境,不属于刑罚处罚范畴,而属于法律赋予行政主管机关的行政权,属于行政处罚范围。刑事判决生效后,在先没有作出行政处罚的,刑事判决生效后,行政机关不得基于同一行为作出与刑罚功能相同的行政处罚。在对违法行为人追究刑事责任后,刑罚处罚未涉及环境修复责任的,行政机关应当依法作出决定,责令违法行为人按森林法要求种植树木、修复环境。因此,万山区林业局在刑事判决生效后应当依法作出责令违法行为人履行补植复绿义务的行政处罚决定并监督违法行为人履行,违法行为人拒不履行或者履行不合格的,应当代为补植复绿,并责令违法行为人承担费用。被告万山区林业局未作出责令沈中祥及武陵农木业公司补植复绿以恢复原状并监督履行的行为违法。

四、万山区林业局未履行代为补植复绿职责

特殊功能区生态环境被破坏的,原则上应当原地修复。修复义务人或者代履

行人主张异地修复,但不能证明原地修复已不可能或者没有必要的,人民法院不予支持。万山区林业局在未作出责令违法行为人修复环境决定的情形下,会同乡镇人民政府等在被毁坏的林地上种植了部分树苗,但效果较差,没有保证成活率,没有达到环境修复的目的。且对于毁坏严重,形同戈壁的土地未进行治理复绿。鉴于被毁坏林地及林木的公益林性质和水源涵养、水土保持功能,补植复绿应当就地进行,不得异地替代。万山区林业局代为补植树木的行为,虽已部分履行职责,但尚未正确、全面履行,仍应继续履行。

——《最高人民法院关于发布第37批指导性案例的通知》(2022年12月30日,法〔2022〕277号)。

第八章 — CHAPTER 08

法律适用

一、一般规定

407 行政案件的审判依据

关键词 | 法律适用 | 审判依据 |

【最高人民法院司法文件】

根据行政诉讼法和立法法有关规定,人民法院审理行政案件,依据法律、行政法规、地方性法规、自治条例和单行条例,参照规章。在参照规章时,应当对规章的规定是否合法有效进行判断,对于合法有效的规章应当适用。根据立法法、行政法规制定程序条例和规章制定程序条例关于法律、行政法规和规章的解释的规定,全国人大常委会的法律解释,国务院或者国务院授权的部门公布的行政法规解释,人民法院作为审理行政案件的法律依据;规章制定机关作出的与规章具有同等效力的规章解释,人民法院审理行政案件时参照适用。

考虑建国后我国立法程序的沿革情况,现行有效的行政法规有以下三种类型:一是国务院制定并公布的行政法规;二是立法法施行以前,按照当时有效的行政法规制定程序,经国务院批准、由国务院部门公布的行政法规。但在立法法施行以后,经国务院批准、由国务院部门公布的规范性文件,不再属于行政法规;三是在清理行政法规时由国务院确认的其他行政法规。

行政审判实践中,经常涉及有关部门为指导法律执行或者实施行政措施而作出的具体应用解释和制定的其他规范性文件,主要是:国务院部门以及省、市、自治区和较大的市人民政府或其主管部门对于具体应用法律、法规或规章作出的解释;县级以上人民政府及其主管部门制定发布的具有普遍约束力的决定、命令或其他规范性文件。行政机关往往将这些具体应用解释和其他规范性文件作为具体行政行为的直接依据。这些具体应用解释和规范性文件不是正式的法律渊源,对人民法院不具有法律规范意义上的约束力。但是,人民法院经审查认为被诉具体行政行为依据的具体应用解释和其他规范性文件合法、有效并合理、适当的,在认定被诉具体行政行为合法性时应承认其效力;人民法院可以在裁判理由中对具体应用解释和其他规范性文件是否合法、有效、合理或适当进行评述。

——《最高人民法院关于审理行政案件适用法律规范问题的座谈会纪要》(2004 年 5 月 18 日，法〔2004〕96 号)。

408 法律规范冲突的适用规则

关键词｜法律适用｜法律规范冲突｜

【最高人民法院司法文件】

调整同一对象的两个或者两个以上的法律规范因规定不同的法律后果而产生冲突的，一般情况下应当按照立法法规定的上位法优于下位法、后法优于前法以及特别法优于一般法等法律适用规则，判断和选择所应适用的法律规范。冲突规范所涉及的事项比较重大、有关机关对是否存在冲突有不同意见、应当优先适用的法律规范的合法有效性尚有疑问或者按照法律适用规则不能确定如何适用时，依据立法法规定的程序逐级送请有权机关裁决。

（一）下位法不符合上位法的判断和适用

下位法的规定不符合上位法的，人民法院原则上应当适用上位法。当前许多具体行政行为是依据下位法作出的，并未援引和适用上位法。在这种情况下，为维护法制统一，人民法院审查具体行政行为的合法性时，应当对下位法是否符合上位法一并进行判断。经判断下位法与上位法相抵触的，应当依据上位法认定被诉具体行政行为的合法性。从审判实践看，下位法不符合上位法的常见情形有：下位法缩小上位法规定的权利主体范围，或者违反上位法立法目的扩大上位法规定的权利主体范围；下位法限制或者剥夺上位法规定的权利，或者违反上位法立法目的扩大上位法规定的权利范围；下位法扩大行政主体或其职权范围；下位法延长上位法规定的履行法定职责期限；下位法以参照、准用等方式扩大或者限缩上位法规定的义务或者义务主体的范围、性质或者条件；下位法增设或者限缩违反上位法规定的适用条件；下位法改变上位法已规定的违法行为的性质；下位法超出上位法规定的强制措施的适用范围、种类和方式，以及增设或者限缩其适用条件；法规、规章或者其他规范文件设定不符合行政许可法规定的行政许可，或者增设违反上位法的行政许可条件；其他相抵触的情形。

法律、行政法规或者地方性法规修改后，其实施性规定未被明文废止的，人民法院在适用时应当区分下列情形：实施性规定与修改后的法律、行政法规或者地方性法规相抵触的，不予适用；因法律、行政法规或者地方性法规的修改，相应的实施性规定丧失依据而不能单独施行的,不予适用;实施性规定与修改后的法律、行政法规或者地方性法规不相抵触的,可以适用。

(二)特别规定与一般规定的适用关系

同一法律、行政法规、地方性法规、自治条例和单行条例、规章内的不同条文对相同事项有一般规定和特别规定的,优先适用特别规定。

法律之间、行政法规之间或者地方性法规之间对同一事项的新的一般规定与旧的特别规定不一致的,人民法院原则上应按照下列情形适用:新的一般规定允许旧的特别规定继续适用的,适用旧的特别规定;新的一般规定废止旧的特别规定的,适用新的一般规定。不能确定新的一般规定是否允许旧的规定继续适用的,人民法院应当中止行政案件审理,属于法律的,逐级上报最高人民法院送请全国人民代表大会常务委员会裁决;属于行政法规的,逐级上报最高人民法院送请国务院裁决;属于地方性法规的,由高级人民法院送请制定机关裁决。

(三)地方性法规与部门规章冲突的选择适用

地方性法规与部门规章之间对同一事项的规定不一致的,人民法院一般可以按照下列情形适用:(1)法律或者行政法规授权部门规章作出实施性规定的,其规定优先适用;(2)尚未制定法律、行政法规的,部门规章对于国务院决定、命令授权的事项,或者对于中央宏观调控的事项、需要全国统一的市场活动规则及对外贸易和外商投资等需要全国统一规定的事项作出的规定,应当优先适用;(3)地方性法规根据法律或者行政法规的授权,根据本行政区域的实际情况作出的具体规定,应当优先适用;(4)地方性法规对属于地方性事务的事项作出的规定,应当优先适用;(5)尚未制定法律、行政法规的,地方性法规根据本行政区域的具体情况,对需要全国统一规定以外的事项作出的规定,应当优先适用;(6)能够直接适用的其他情形。不能确定如何适用的,应当中止行政案件的审理,逐级上报最高人民法院按照立法法第八十六条第一款第(二)项的规定送请有权机关处理。

(四)规章冲突的选择适用

部门规章与地方政府规章之间对相同事项的规定不一致的,人民法院一般可以按照下列情形适用:(1)法律或者行政法规授权部门规章作出实施性规定的,其规定优选适用;(2)尚未制定法律、行政法规的,部门规章对于国务院决定、命令授权的事项,或者对属于中央宏观调控的事项、需要全国统一的市场活动规则及对外贸易和外商投资等事项作出的规定,应当优选适用;(3)地方政府规章根据法律或者行政法规的授权,根据本行政区域的实际情况作出的具体规定,应当优先适用;(4)地方政府规章对属于本行政区域的具体行政管理事项作出的规定,应当优先适用;(5)能够直接适用的其他情形。不能确定如何适用的,应当中止行政案件的审理,逐级上报最高人民法院送请国务院裁决。

国务院部门之间制定的规章对同一事项的规定不一致的,人民法院一般可以按照下列情形选择适用:(1)适用与上位法不相抵触的部门规章规定;(2)与上位法均不抵触的,优先适用根据专属职权制定的规章规定;(3)两个以上的国务院部门就涉及其职权范围的事项联合制定的规章规定,优先于其中一个部门单独工作的规定;(4)能够选择适用的其他情形。不能确定如何适用的,应当中止行政案件的审理,逐级上报最高人民法院送请国务院裁决。

国务院部门或者省、市、自治区人民政府制定的其他规范性文件对相同事项的规定不一致的,参照上列精神处理。

——《最高人民法院关于审理行政案件适用法律规范问题的座谈会纪要》(2004 年 5 月 18 日,法〔2004〕96 号)。

409 新旧法律规范的适用规则

关键词 | 法律适用 | 新旧法律规范 |

【最高人民法院司法文件】

三、关于新旧法律规范的适用规则

根据行政审判中的普遍认识和做法,行政相对人的行为发生在新法施行以前,具体行政行为作出在新法施行以后,人民法院审查具体行政行为的合法性时,实体问题适用旧法规定,程序问题适用新法规定,但下列情形除外:(一)法律、法规或规章另有规定的;(二)适用新法对保护行政相对人的合法权益更为有利的;(三)按照具体行政行为的性质应当适用新法的实体规定的。

——《最高人民法院关于审理行政案件适用法律规范问题的座谈会纪要》(2004 年 5 月 18 日,法〔2004〕96 号)。

17. 行政处罚作出过程中法律规定发生变化时的选择适用问题

被诉行政处罚决定作出过程中新法开始施行的,一般按照实体从旧、程序从新的原则作出处理,但新法对原告更有利的除外。(57 号)

——《最高人民法院办公厅关于印发〈行政审判办案指南(一)〉的通知》(2014 年 2 月 24 日,法办〔2014〕17 号)。

【最高人民法院参考案例】

青岛五龙橡塑制品有限公司诉中华人民共和国黄岛海关行政处罚案（行政审判案例第 57 号）

要旨：行政相对人的行为发生在新法施行前，行政机关处理期间新法施行的，行政机关一般应当按照新法的程序要求作出具体行政行为。

行政相对人的行为发生在新法施行前，行政机关处理期间新法施行的，行政机关对实体问题一般应当以旧法为判断依据，但新法对相对人更有利的除外。

——中华人民共和国最高人民法院行政审判庭编：《中国行政审判案例》（第 2 卷），中国法制出版社 2011 年版，第 104 页。

410 法律规范具体应用解释问题

关键词 | 法律适用 | 法律规范应用解释 |

【最高人民法院司法文件】

四、关于法律规范具体应用解释问题

在裁判案件中解释法律规范，是人民法院适用法律的重要组成部分。人民法院对于所适用的法律规范，一般按照其通常语义进行解释；有专业上的特殊涵义的，该涵义优先；语义不清楚或者有歧义的，可以根据上下文和立法宗旨、目的和原则等确定其涵义。

法律规范在列举其适用的典型事项后，又以“等”、“其他”等词语进行表述的，属于不完全列举的例示性规定。以“等”、“其他”等概括性用语表示的事项，均为明文列举的事项以外的事项，且其所概括的情形应为与列举事项类似的事项。

人民法院在解释和适用法律时，应当妥善处理法律效果与社会效果的关系，既要严格适用法律规定和维护法律规定的严肃性，确保法律适用的确定性、统一性和连续性，又要注意与时俱进，注意办案的社会效果，避免刻板僵化地理解和适用法律条文，在法律适用中维护国家利益和社会公共利益。

——《最高人民法院关于审理行政案件适用法律规范问题的座谈会纪要》（2004 年 5 月 18 日，法〔2004〕96 号）。

411 参照民事法律规范认定涉及民事问题的行政行为的合法性

关键词 | 行政补偿 | 土地承包合同 | 信赖保护原则 |

【最高人民法院答复】

云南省高级人民法院：

你院报送的《关于红河县人民政府因张建军诉其行政补偿上诉一案的请示报告》收悉。经研究，答复如下：

基于你院请示报告认定的张建军诉红河县人民政府行政补偿上诉一案的事实，可以参照《云南省荒山有偿开发的若干规定》第十六条的规定，给予张建军适当的补偿。并请你院做好协调工作，尽量协调解决该案。

——《最高人民法院行政审判庭关于云南省高级人民法院就张建军诉红河县人民政府行政补偿上诉一案请示的电话答复》（2006 年 4 月 12 日，〔2005〕行他字第 27 号）。

【链接：最高人民法院法官著述】

我们认为，在满足一定条件的情况下在行政审判中是可以适用民事法律规范的。从司法实践来看，这些条件主要包括：一是与本案行政行为的合法性相关。相当多的行政行为是基于民事纠纷引发的，例如，拆迁补偿协议引发的拆迁纠纷等。二是与本案的利害关系人的财产利益、人身利益、劳动权益等相关。例如，合同法上的规定可能涉及利害关系人的经营自主权；民法通则上关于财产权、人身权的规定；劳动法、劳动合同法上关于劳动权的规定。三是涉及行政民事交叉的案件。例如，因民事纠纷引发的行政纠纷等案件。四是涉及经济法的法律。例如，土地管理等法律、法规在传统上属于经济法的范畴，但是，这些法律同时规定了有关行政机关的行政管理职能、执法程序等，法院必须通过适用此类法律才能进行合法性审查。

——江必新、梁凤云：《行政诉讼法理论与实务（第三版）》（下），法律出版社 2016 年版，第 1476 页。

二、市场监督

412 法律、行政法规对个体诊所办理营业执照未作明确规定的，可适用地方性法规

关键词｜法律｜行政法规｜地方性法规｜

【最高人民法院答复】

重庆市高级人民法院：

你院〔2002〕渝高法行请第4号请示收悉，经研究，答复如下：

关于个体医疗机构是否应向工商行政管理机关办理注册登记的问题，法律、行政法规未作明确规定。人民法院在审理这类案件时，如地方性法规有明确规定的，可依据地方性法规的具体规定办理。

——《最高人民法院行政审判庭对个体医疗机构是否应向工商行政管理机关办理注册登记的问题的答复》（2003年7月31日，〔2002〕行他字第8号）。

吉林省高级人民法院：

你院吉高法〔1996〕59号请示收悉，经研究，答复如下：关于个体诊所是否应向工商行政部门办理营业执照问题，法律、行政法规未作明确规定。人民法院在审理这类案件时，如地方性法规有明确规定，可参照地方性法规的具体规定办理。

——《最高人民法院行政审判庭对吉林省高院〈关于个体诊所是否应向工商行政部门办理营业执照的请示〉的答复》（1999年1月19日，〔1996〕法行字第14号）。

【链接：理解与适用】

三、应当注意的问题

在适用本答复时，应当注意以下问题：

其一，这里的“行政法规未作明确规定”并非指行政法规对此没有规定，而只是没有作出区分性、界别性很强的规定，这个问题可以在修订相应法律和行政法规

时统筹考虑。如果地方性法规对此有明确规定的，应当参照地方性法规的具体规定办理。

其二，行政许可法颁布以后，一些部门认为上述行政登记行为不符合行政许可法规定。2007年6月18日，国家工商管理总局作出《关于个体诊所和个人行医登记管理有关问题的答复》（工商个字〔2007〕123号）。答复明确："根据《国务院办公厅转发国务院体改办等部门关于城镇医药卫生体制改革指导意见的通知》（国办发〔2000〕16号）精神，国家将医疗机构分为非营利性和营利性两类进行管理。单位或个人设立营利性医疗机构，在取得相关审批文件后应当办理工商登记。对经卫生行政部门核定为营利性医疗机构，但未办理工商登记的单位或个人开展医疗经营活动的，工商行政管理机关依照《无照经营查处取缔办法》的职责分工进行查处。"2009年6月19日，国家工商行政管理总局发出《关于允许港澳居民个体工商户从事个体诊所等行业的通知》，通知明确，港澳居民申请登记个体诊所的，应当持有审批权限的卫生行政管理部门颁发的《医疗机构执业许可证》（营利性），向经营所在地工商行政管理机关申请办理个体工商户登记手续。其经营范围登记为"个体诊所"。其他问题仍按国家工商行政管理总局关于港澳居民在内地申办个体工商户登记管理工作的有关文件执行。人民法院在审理此类案件时，应当参照上述规章性文件。

——蔡小雪、梁凤云、段小京编著：《现行有效行政诉讼司法解释解读应用》，人民法院出版社2014年版，第585页。

413 未依法办理营业执照的营利性医疗机构从事经营活动的，属于无照经营

关键词｜营利性医疗机构｜营业执照｜行政处罚｜

【最高人民法院参考案例】

尹源才诉韶关市翁源县工商行政管理局行政处罚案（行政审判案例第140号）

要旨：从2009年9月起，营利性医疗机构除取得《设置医疗机构批准书》《医疗机构执业许可证》《医师执业证书》外，还应到工商行政管理局办理营业执照，方可从事经营活动，否则属无照经营的违法行为。

——中华人民共和国最高人民法院行政审判庭编：《中国行政审判案例》（第4

卷)，中国法制出版社2012年版，第103页。

414 “坐堂医生”宣传推销自己研制的药品并为患者代购药品的，不宜认定为反不正当竞争法所规定的经营者

关键词 | 不正当竞争 | 经营者 | 扣押财产 |

【最高人民法院答复】

江苏省高级人民法院：

你院《关于徐继康不服南京市工商局下关分局扣押财产强制措施一案的请示报告》收悉。经研究，答复如下：

原则同意你院审判委员会倾向性意见，即："坐堂医生"接受医院的聘请，宣传推销其研制的药品并为患者代为购药品，如果其不具有销售药品的经营权，不宜认定为反不正当竞争法所规定的经营者。

反不正当竞争法没有授予工商行政管理机关扣押财产的权力，如果下位法与该法的规定不一致，应当适用反不正当竞争法的规定。

——《最高人民法院行政审判庭关于对江苏高院就徐继康不服南京市工商行政管理局下关分局扣押财产一案请示的答复》(2006年9月27日，〔2004〕行他字第3号)。

415 佣金、折扣入账是否构成商业贿赂的判断

关键词 | 佣金 | 折扣 | 不正当竞争 | 商业贿赂 |

【最高人民法院答复】

黑龙江省高级人民法院：

你院〔2003〕黑行他字第3号《关于鹤岗铁路职工小学不服鹤岗市工商行政管理局行政处罚一案的请示报告》收悉。经研究答复如下：

根据《中华人民共和国反不正当竞争法》第八条第二款的规定，学校向学生推销保险收取保险公司佣金并入账的行为不宜视为不正当竞争行为。

——《最高人民法院关于学校向学生推销保险收取保险公司佣金入账行为是

否构成不正当竞争行为的答复》(2004年1月8日,〔2003〕行他字第21号)。

【最高人民法院公报案例】

宜昌市妇幼保健院不服宜昌市工商行政管理局行政处罚决定案

要旨:与交易相关联的捐赠,不能如实反映接受款、物与交易(采购)之间的联系,不能反映所采购商品的实际成本,不能如实反映双方之间的经营活动,不是如实入账,不符合折扣"明示并如实入账"的要求。

反不正当竞争法第二条第三款规定的该法调整对象,不仅包括经核准登记、持有工商营业执照的经营者,还包括其他从事了经营行为或营利性服务等与市场竞争有关活动的法人、其他经济组织和个人。上诉人保健院虽为财政全额拨款的非营利性公益卫生事业单位,但其日常业务活动是营利的,这种活动是与市场竞争有关的经营行为,应当依照反不正当竞争法去规范。依法规范保健院的经营行为,不影响保健院将在经营中的获利用于其所称的弥补财政拨款不足。保健院上诉称其属于财政全额拨款的非营利性事业单位,所获收益用于弥补财政拨款不足,因此不应受反不正当竞争法调整的理由,不能成立。

上诉人保健院以其在二审中提交的证据,主张其收受款、物入账是符合这些财务规定的。经查,这些证据只证明保健院对接受的捐赠款、物应当如何入账,并非指对接受的回扣或者折扣应当如何入账。而捐赠与回扣或者折扣是不同的概念。捐赠可以发生在任何时候,捐赠是无偿的,不能以受捐赠人必须对捐赠人的经营活动作出回报为前提。回扣或者折扣则发生在经营活动中,是经营者为促成经营使用的手段,接受回扣或者折扣的一方必须与经营者做成交易,才能获得回扣或者折扣。虽然保健院对收受的款、物冠以"捐赠"的名义,但不能掩盖保健院是因做成药品交易而收受了这些款、物的真相。如果保健院不与药品经销企业做成药品交易,则这些企业就不会给保健院"捐赠"。因此,保健院收受的涉案款、物,不是捐赠款、物。保健院按捐赠款、物入账的规定来主张自己对收受涉案款、物的入账是正确的,理由不能成立。由于保健院对收受的款、物虽然入了账,但不是如实入账,不符合折扣"明示并如实入账"的要求,所以保健院上诉主张这些款物是变相折扣或高额折扣,理由也不能成立。

——《中华人民共和国最高人民法院公报》2001年第4期。

【链接：最高人民法院法官著述】

(一)要正确区分经营者以及对方单位的法律责任

我们认为,公立医院和公立学校、科研院所等虽为财政全额拨款的非营利性事业单位,但其日常业务活动也具有营利性质,当这种活动是与市场竞争有关的经营行为时,也应当由反不正当竞争法调整和规范。比如,公立医院和公立学校作为医疗和教学服务的提供者,利用优势地位,强迫病人和学生接受其提供的服务,就可能成为反不正当竞争法律关系中的经营者。

同时,此类公立医院和学校还可能不是以经营者,而是以“对方单位”的身份承担违法责任。特别是在商业贿赂中,接受贿赂的对方单位就更不要求必须具备经营者的资格,也不必须是从事商品经营或者营利性服务的法人、其他经济组织和个人。任何主体(如立法机关、司法机关、行政机关)违法收受贿赂且不依法入账,都可能会成为反不正当竞争法的查处对象。因此,国家工商总局工商公字〔2006〕90号《关于公办学校收受商业贿赂行为是否受〈反不正当竞争法〉调整问题的答复》就认为,国家工商行政管理总局《关于禁止商业贿赂行为的暂行规定》第九条第二款中的“有关单位”,是指在商品交易中收受商业贿赂的单位,不受单位性质的限制。无论是公办学校,还是其他性质的学校,只要在购买商品(包括购买书籍)时收受商品销售者给予的商业贿赂,就可以按照反不正当竞争法和国家工商行政管理总局《关于禁止商业贿赂行为的暂行规定》的有关规定予以处理。

(二)要准确理解反不正当竞争法规定的“账外暗中”的含义

商业贿赂的表现形式有多种,其形式和名称也各有不同。比如有“折扣”“回扣”“劳务费”“发行费”“返回款”“佣金”“代理费”“捐赠款”等。如何区分上述行为是否构成商业贿赂行为,不能仅从其名称上判断,主要应当从双方是否采取明示方式约定、是否将如实入账来认定。在实践中,有一种误解认为,只要收受的款、物入账就不构成商业贿赂。这种理解是不全面的。必须准确把握反不正当竞争法第八条所指称的“账外暗中”和“如实入账”。

“账外”指不入法律规定的正规财务记录,不在依法设立的反映其生产经营活动或者行政事业经费收支的财务账上按照财务会计制度规定明确如实记载,包括不记入财务账、转入其他财务账或者做假账等。而“暗中”是指没有合同、发票等可为第三方知晓的明确表示行为。以“账外暗中”形式存在的财务往来使得财务账簿记载的经营主体和对方单位的收入和支出与实际情况不符,资产收益率不能真实反映其获利能力,存货周期率、应收账款周转率、资产周转率等指标,不能正确反映其经营能力，容易误导消费者或投资者作出错误判断，破坏社会主义市场经济运行的规律。

比如，医院在采购药品时收取医药公司所谓“折扣”，并且将款物记入了医院的固定资产账目，表面上看似乎并不违法，由于其所记入的并非是反映药品购销活动的经营账，这种入账方式，不能如实反映接受款物与采购药品之间的联系，不能反映所购药品的实际成本，不能如实反映双方之间的经营活动，以这种入账方式接受款物，对于药品经营活动来说，还是“账外暗中”而非“如实入账”。因此，对于医院在收取药品采购“折扣”后，没有去冲减购药成本，而是记入其他收入和固定资产科目，实际上加重了病人的负担，其行为已丧失了合法折扣的本来面目，变成“账外暗中”收受回扣的商业贿赂行为。再比如，学校在采购学生教辅材料时，收取供货商的财物，即使这些财物并非由学校工作人员私自取得，而是由学校作为学校资产进行管理和分配，但由于供货商支付的折扣或者说手续费的给付对象应是学生而不是学校（当然不能排除学校提供了一定的劳务，有权获得一定比例的劳务费用），这种“折扣”应当去核减学生购买的成本。而学校没有去减少学生的成本，使得作为实际购买方的学生并没有实际得利。这种“折扣”不属于法律意义上的折扣，学校也未“如实入账”，构成了商业受贿行为。

人民法院在审理此类商业贿赂时，在确定是否构成商业贿赂时，应着重从经营者与对方单位间发生财务往来关系，重点审查“该不该付（拿）——为什么付（拿）——怎么付（拿）——财物去向”。

（三）是否构成商业贿赂应当结合财务往来的事实综合判断

由于经营者与对方单位间发生财务往来的名义本身在确定是否构成商业贿赂行为时并没有太多实际意义，如“折扣”“回扣”等名称本身并不能自动表明其是否构成商业贿赂。因此，审查重点应当放在经营者和对方单位之间的账目处理和财务往来的性质。经营者和对方单位间发生的财务往来（以折扣为例），由于双方在账目处理上的区别，可能存在以下六种情形，应据此分别作出不同的认定：

1. 经营者和对方单位对折扣本身在合同中进行了明示，并在相关销售、采购成本中予以了扣除，因而商品或者服务的价格本身并没有受到扭曲，也不存在损害市场经济秩序、违背公平竞争的现象。因此，两者均不存在不正当竞争行为，不构成商业贿赂。

2. 经营者和对方单位对折扣本身在合同中进行了明示，记入双方单位账目，但双方均没有在销售或采购成本中予以扣除。此情形虽然明示了折扣，也入了账，但由于不能真实反映物品和服务的价格，不能真实反映销售和购买成本，破坏了经济秩序，既可能损害其他竞争者和消费者的利益，也可能破坏国家的税收秩序，干扰公平竞争。因此，经营者和对方单位均存在不正当竞争行为，前者构成商业行贿，后者构成商业受贿。

3. 经营者和对方单位对折扣本身未在合同中进行明示，但双方在实际经营中存在约定。经营者将其支出在销售成本中扣除，但对方单位未入账或者虽入账但未在采购成本中予以扣除，则经营者不构成商业行贿，但对方单位构成受贿。

4. 经营者和对方单位对折扣本身未在合同中进行明示，但双方在实际经营中存在约定。经营者未入账或者未将其支出在销售成本中扣除，但对方入账且在采购成本中予以扣除，则经营者构成商业行贿，但对方单位不构成受贿。

5. 经营者和对方单位对折扣未在合同中进行明示，双方单位之间对折扣也无约定。但在经营活动过程中，经营单位在账外暗中给予对方单位负责人、经办人员以折扣，则经营单位构成商业行贿，对方单位不构成商业受贿，但对方单位的负责人、经办人员构成商业受贿。

6. 经营者和对方单位对折扣未在合同中进行明示，双方单位之间对折扣也无约定。但在经营活动过程中，经营单位经办人员个人在账外暗中给予对方单位负责人、经办人员以折扣，则经营单位不构成商业行贿，对方单位不构成商业受贿，但对方单位的负责人、经办人员构成商业受贿。

——蔡小雪、郭修江、耿宝建：《行政诉讼中的法律适用》，人民法院出版社 2011 年版，第 349—352 页。

416 工商行政管理部门查处非法转包建筑工程行为缺乏法律依据

关键词 | 非法转包 | 建筑工程 | 行政处罚 | 法律依据 |

【最高人民法院答复】

湖北省高级人民法院：

你院《关于工商行政管理机关能否对建筑领域转包行为进行处罚及法律适用问题的请示》收悉。经研究，并经征求国务院法制办公室意见，答复如下：

《中华人民共和国建筑法》第七十六条第一款中的“有关部门”指的是铁路、交通、水利等专业建设工程主管部门，不包括工商行政管理部门。除根据该条第二款吊销营业执照外，工商行政管理部门查处非法转包建筑工程行为缺乏法律依据。

——《最高人民法院关于工商行政管理机关能否对建筑领域转包行为进行处

罚及法律适用问题的答复》(2009 年 11 月 19 日,〔2009〕行他字第 6 号)。

【链接：最高人民法院法官著述】

在理解适用〔2009〕行他字第 6 号答复时,还应注意以下问题:

(一)建筑法第七十六条第一款中的“有关部门”不包括工商机关

建筑法第七十六条中的“有关部门”是否包括工商行政管理部门,对此存在不同理解:一种观点认为,对转包行为的“其他行政处罚”由哪些部门行使处罚权,法律没有明确规定。因此,不能排除工商行政管理部门的处罚权。另一种观点认为,“有关部门”所指的是铁路、交通、水利等专业建设工程的行业主管部门,不包括工商行政管理部门。在征询国务院法制办意见后,认为根据当时的立法原意,“有关部门”所指的是铁路、交通、水利等专业建设工程主管部门,不包括工商行政管理部门。最高人民法院最终采取的是第二种观点。需要特别强调的是,答复中关于“有关部门”的解释,同样适用于《建设工程质量管理条例》第七十五条和《建设工程勘察设计管理条例》第四十一条规定中“有关部门”的范围界定。

(二)吊销营业执照属于后续性并罚措施,不是主动性执法权

对如何理解答复中规定的“除根据该条第二款吊销营业执照外,工商行政管理部门查处非法转包建筑工程行为缺乏法律依据”。有意见认为,工商行政管理部门只有在颁发资质证书的机关依法吊销相关企业的资质证书后,才能采取后续性的配合措施,吊销相关企业的营业执照,并不具有主动调查处理相关违法企业的职权。我们认为,该意见符合相关法律规定和答复的精神,工商管理机关吊销营业执照的职权实质上是配合性的后续措施,而不是主动性的查处职权。部分市场主体取得工商登记的前提条件是需要获得特定行业的前置性许可,如果该市场主体的前置许可资格因为违法被撤销或者吊销,则该市场主体就失去继续持有工商营业执照的资格,工商管理机关应当吊销相关企业的营业执照,这种吊销营业执照的处罚并非工商部门主动查处违法行为后直接采取的处罚措施,而是配合其他执法机关查处违法行为吊销资质证书后采取的配合性措施。因此,虽然工商管理机关对非法转包建筑工程行为的企业可以采取吊销营业执照的处罚措施,但属于配合相关执法部门的后续性措施,依赖于相关执法部门的处理结果,工商管理部门不能主动和单独对非法建筑工程的行为进行调查处罚。

——蔡小雪、郭修江、耿宝建:《行政诉讼中的法律适用》,人民法院出版社 2011 年版,第 385—386 页。

417 工商部门对银行业、保险业的不正当竞争行为是否有权查处

关键词 | 不正当竞争 | 行政处罚 |

【最高人民法院答复】

黑龙江省高级人民法院：

你院《关于银行业虚假宣传的不正当竞争行为的处罚权由银监部门还是工商部门行使的请示》收悉。经研究，答复如下：

商业银行的虚假宣传行为属于《中华人民共和国商业银行法》第七十四条第（三）项规定的“采用其他不正当手段”。对商业银行采用虚假宣传手段吸收存款的不正当竞争行为的监督管理职权，应由银行业监督管理机构行使。

——《最高人民法院关于银行业虚假宣传的不正当竞争行为的处罚权由银监部门还是工商部门行使问题的答复》（2009 年 12 月 2 日，〔2009〕行他字第 17 号）。

安徽省高级人民法院：

你院《关于安徽省利辛县孙集农村信用合作社诉安徽省亳州市工商行政管理局工商行政处罚一案适用法律问题的请示报告》收悉。经研究，并征求国务院法制办、国家工商总局和银监会的意见，答复如下：

原则同意你院第一种意见，即依照《中华人民共和国商业银行法》第十条、第七十四条第（三）项、第九十三条规定及《中华人民共和国反不正当竞争法》第三条第二款规定，对农村信用合作社的金融违法行为包括反不正当竞争行为的监督管理职权，应由银行业监督管理机构行使。

——《最高人民法院关于工商部门对农村信用合作社的不正当竞争行为是否有权查处问题的答复》（2006 年 8 月 18 日，〔2005〕行他字第 10 号）。

浙江省高级人民法院：

你院〔2004〕浙行他字第 8 号《关于工商行政管理部门对保险机构不正当竞争行为是否有权查处的请示报告》收悉，经研究，答复如下：关于工商行政管理部门对保险机构不正当竞争行为是否有行政管理权问题，在《中华人民共和国保险法》修改之前，依据《中华人民共和国反不正当竞争法》第三条第二款的规定，工商行政管理部门对保险机构不正当竞争行为具有行政管理权。此间，应当适用最高人民法院行政审判庭 2000 年 4 月 19 日作出的法行〔2000〕1 号《关于对保险公司不正当竞争行为如何确定监督检查主体的答复》的规定。

在《中华人民共和国保险法》修改之后，依据修改后的《中华人民共和国保险法》第八条的规定，保险监督管理委员会对保险机构不正当竞争行为具有监督管理权。应当适用最高人民法院法函〔2003〕65号《关于审理涉及保险公司不正当竞争行为的行政处罚案件时如何确定行政主体的复函》的规定。

——《最高人民法院行政审判庭关于工商行政管理部门对保险机构不正当竞争行为是否有权查处的答复》(2010年2月24日)。

【链接：理解与适用】

对于本案涉及的强制缴纳股金是否属于不正当竞争行为的问题并非重点。本案的核心问题涉及的是对于银行业的不正当竞争行为，即，应当依照一般法由工商行政机关处罚还是依照特别法由银行业监督管理机构来行使，或者依照涉嫌违法行为的阶段、性质分别行使职权。

……

基于上述考虑，我们认为，反不正当竞争法与银行业监督管理法、商业银行法对于反不正当竞争一节的内容属于一般法和特别法的关系。根据我国立法法第八十三条的规定，同一机关制定的法律，特别规定与一般规定不一致的，适用特别规定。据此，2006年8月18日，最高人民法院作出《关于工商部门对农村信用合作社的不正当竞争行为是否有权查处问题的答复》(〔2005〕行他字第10号)。……

根据上述司法批复的精神，我们可以得出以下两点结论：一是上述批复的依据主要是商业银行法和反不正当竞争法。实际上，这一批复还有两个重要的法律依据：立法法和银行业监督管理法。立法法是关于如何对法律的不同规定进行选择适用的重要依据，行政诉讼批复已经体现了立法法的规定。银行业监督管理法的规定由于重在规定银行业监督管理机构的设置及其业务，对于金融机构违法情形及其监管确实也存在一些语焉不详的情况。正因为如此，有关行政机关仍然坚持银行业监督管理法不能作为银监会行使职权的依据，容后文再行阐述。二是包括对不正当竞争行为在内的金融违法的行为进行查处的职权属于银监会。根据商业银行法第七十四条和第九十三条的规定，可以看出，立法机关不仅将查处不正当竞争行为的权力赋予了银监会，事实上只要是属于金融违法的行为，均已经授予了银监会。

——蔡小雪、梁凤云、段小京编著：《现行有效行政诉讼司法解释解读应用》，人民法院出版社2014年版，第407、412页。

418 颁发个体工商户营业执照是否适用法律规定的环保评价前置许可

关键词｜营业执照｜建设项目｜环保评价许可｜

【最高人民法院答复】

福建省高级人民法院：

你院《关于工商行政管理部门审查颁发个体工商户营业执照是否适用法律规定环保评价前置许可的请示》收悉。经研究，答复如下：

公民个人租赁住宅楼开办个体餐馆的，不属于环境影响评价法第十六条第三款关于“建设项目的环境影响评价分类名录”规定中的“建设项目”。

公民之间因个体餐馆排放的噪声空气污染产生争议的，可以依照环境噪声污染防治法和大气污染防治法的有关规定处理，经营管理者应采取有效措施，使其边界噪声、排放物达到国家规定的环境噪声、排放物的排放标准；对他人造成危害的，应承担相应的赔偿责任。

——《最高人民法院行政审判庭关于工商行政管理部门审查颁发个体工商户营业执照是否以环保评价许可为前置条件问题的答复》（2006 年 11 月 27 日，〔2006〕行他字第 2 号）。

【链接：理解与适用】

该案件的主要涉环境保护法律规范环境影响评价法与工商行政管理法律规范的衔接问题，因此需要对“建设项目”的含义及有公民、法人或者其他组织受到环境污染的救济途径进行分析。

（一）公民个人租赁住宅楼开办个体餐馆的，是否属于环境保护法律规范中规定的“建设项目”

环境影响评价法第十六条第一款规定：“国家根据建设项目对环境的影响程度，对建设项目的环境影响评价实行分类管理。”第三款规定：“建设项目的环境影响评价分类管理名录，由国务院环境保护行政主管部门制定并公布。”国家环保总局 1999 年 4 月 21 日发布的《关于执行建设项目环境影响评价制度有关问题的通知》中规定：《建设项目环境保护管理条例》（以下简称《条例》）所称的“建设项目”是指，按固定资产投资方式进行的一切项目建设活动，包括国有经济、城乡集体经济、联营、股份制、外资、港澳台投资、个体经济和其他各种不同经济类型的开发活动。按照计划管理体制，建设项目可分为基本建设、技术改造、房地产开发（包括开发区建设、新区建设、老区改造）和其他共四个部分的工程和设施建设。对环境可能造成影响的餐饮服务性行业，也属《条例》管理范围。公民个人租赁住宅楼开办个体餐馆未改变房屋主体结构，一般装修的，不属于环境影响评价法第十六条第三款关于"建设项目的环境影响评价分类名录"规定中"建设项目"。国家工商行政管理局2004年7月28日发布、2004年8月1日施行的《个体工商户登记程序规定》第五条规定："申请个体工商户设立登记，应当提交下列文件：(一)申请人签署的个体工商户设立登记申请书；(二)申请人身份证明；(三)经营场所证明；(四)国家法律、法规规定提交的其他文件。"据此，公民个人租赁住宅楼开办个体餐馆申请营业执照时，无须进行环保评估。

(二)关于受到环境污染的救济途径问题

环境噪声污染防治法第六十一条规定："受到环境噪声污染危害的单位和个人，有权要求加害人排除危害；造成损失的，依法赔偿损失。""赔偿责任和赔偿金额的纠纷，可以根据当事人的请求，由环境保护行政主管部门或者其他环境噪声污染防治工作的监督管理部门、机构调解处理；调解不成的，当事人可以向人民法院起诉。当事人也可以直接向人民法院起诉。"大气污染防治法第六十二条规定："造成大气污染危害的单位，有责任排除危害，并对直接遭受损失的单位或者个人赔偿损失。""赔偿责任和赔偿金额的纠纷，可以根据当事人的请求，由环境保护行政主管部门调解处理；调解不成的，当事人可以向人民法院起诉。当事人也可以直接向人民法院起诉。"根据这两条的规定，公民之间因个体餐馆排放的噪声空气污染产生争议的，可以依照这两条的规定处理，经营管理者应当采取有效措施，使其边界噪声空气达到国家规定的环境噪声空气排放标准；对他人造成危害的，应当承担相应的损害赔偿责任。

……

人民法院在审理这类行政案件时，应当注意以下两个问题：

(一)注意〔2006〕行他字第2号答复的适用范围

〔2006〕行他字第2号答复仅明确，公民个人租赁住宅楼开办个体餐馆的，不属于环境影响评价法第十六条第三款关于"建设项目的环境影响评价分类名录"规定中"建设项目"。公民对其使用的房屋改变房屋主体结构的改建，则属于"建设项目"，应当取得环保评价的许可证后，方能进行改建。

(二)法院应尽告知义务

法院在审理这类案件时，认定被告核发的营业执照行为合法，不能仅仅判决维持被诉行政行为，为了保护公民、法人和其他组织的合法权益，还应在判决理由部分告知原告可以通过民事诉讼的途径维护其合法权益。

——蔡小雪、梁凤云、段小京编著:《现行有效行政诉讼司法解释解读应用》,人民法院出版社2014年版,第453—454页。

419 责令改正非撤销工商登记的前提条件

关键词 | 公司登记 | 虚假证明文件 | 撤销登记 |

【最高人民法院答复】

安徽省高级人民法院:

你院《关于申诉人深港贸易公司与被申诉人范楚琦、福建省土木建筑开发深圳实业公司、原审被上诉人临泉县工商行政管理局、原审第三人中国水利电力物资公司工商行政登记撤销决定提审一案有关问题的请示》收悉。经研究答复如下:

行政相对人在办理公司变更登记时提交虚假证明文件或者采取其他欺诈手段,情节严重的,工商机关在1994年7月1日后、2005年12月18日前,未经责令改正,直接对公司变更登记予以撤销的,不违背1994年7月1日起施行的《中华人民共和国公司登记管理条例》第五十九条的规定。

——《最高人民法院行政审判庭关于〈公司登记管理条例(1994年颁布)〉第五十九条适用问题请示的答复》(2010年11月1日,〔2010〕行他字第113号)。

【链接:最高人民法院法官著述】

该请示案件涉及撤销登记行为是否属于行政处罚和撤销登记是否以责令改正为前提条件这两个法律问题。

(一)关于撤销登记行为的性质问题

国务院1994年颁布的《公司登记管理条例》第五十九条规定:“办理公司登记时提交虚假证明文件或者采取其他欺诈手段,取得公司登记的,由公司登记机关责令改正,处以1万元以上10万元以下的罚款;情节严重的,撤销公司登记,吊销营业执照。构成犯罪的,依法追究刑事责任。”从工商机关根据该条规定作出的撤销登记行为来看,作出的主体是行政机关,是用于外部公共行政领域,以行政违法为前提,在这三点上似乎非常符合行政处罚的特征。但是,行政处罚最为重要的一个特征是对违法行为人的一种行政法律制裁措施。所谓的法律制裁,是国家的专门机关对违法者依其违法行为应负的法律责任而采取的惩罚性措施。行为人本不应当取得登记,但在其办理公司登记时,采取提交虚假证明文件或者采取其他欺诈手段，骗取公司登记的，被登记机关发现后取消登记，仅仅恢复到原来的状态，并不具有惩罚性，因此，很难归于行政处罚的性质。

工商登记及变更登记的行为完全具备行政许可的特征，对其属于行政许可无论在法学还是实务界均无争议。行政许可法第六十九条第二款规定："被许可人以骗取、贿赂等不正当手段取得行政许可的，应当予以撤销。"工商机关根据国务院1994年颁布的《公司登记管理条例》第五十九条的规定，作出的撤销登记行为，因其不是对违法行为的一种惩罚，而是为了维护公共管理秩序，所采取的一种对不当发放行政许可的补救措施，从其性质上看，应当归类于行政许可的范畴。

正因撤销登记行为属于行政许可的性质，故听证程序不是作出该类行为的必经程序。

（二）关于撤销登记是否以责令改正为前提条件的问题

按照国务院1994年颁布的《公司登记管理条例》第五十九条规定的文义，应当做如下理解：一是办理公司登记时提交虚假证明文件或者采取其他欺诈手段，情节不严重的行为，公司登记机关可以让该登记公司继续进行经营活动的，公司登记机关应当责令改正，也就是用真实的材料补齐有关登记材料。同时，还可以根据具体情况给予罚款处罚。二是办理公司登记时提交虚假证明文件或者采取其他欺诈手段，情节严重的，公司登记机关不应让该登记公司继续进行经营活动，应当撤销公司登记或者吊销营业执照。此外，还暗含着，工商机关开始认为情节不严重，责令申请人改正，申请人未改正，发展至情节严重的情形时，工商机关应当吊销营业执照。也就是说，该条规定中，没有将责令改正作为撤销登记的前提条件。

……

人民法院在审理具体案件适用〔2010〕行他字第113号答复时，需要注意一个问题：

国务院于2005年12月18日对1994年6月24日颁布的《公司登记管理条例》进行了修改，修改后的条例第六十九条规定："提交虚假材料或者采取其他欺诈手段隐瞒重要事实，取得公司登记的，由公司登记机关责令改正，处以5万元以上50万元以下的罚款；情节严重的，撤销公司登记或者吊销营业执照。"该条的规定与1994年《公司登记管理条例》第五十九条的规定相比，除提高罚款数额外，其他基本相同。因此，〔2010〕行他字第113号答复所确定的原则仍适用于修改条例施行后发生的同类案件。

——蔡小雪、郭修江、耿宝建：《行政诉讼中的法律适用》，人民法院出版社2011年版，第368—370页。

420 部门职权的一般规定与特别规定的判断与适用

关键词｜一般规定｜特别规定｜

【最高人民法院答复】

湖南省高级人民法院：

你院《关于涟源市人民医院不服涟源市工商行政管理局行政处罚一案的请示》收悉。经研究，答复如下：

《药品管理法》第三十二条规定，药品必须符合药品标准。国务院药品监督管理部门颁布的《中华人民共和国药典》和药品标准为国家药品标准。医用氧被列入《中华人民共和国药典》，制定有相应的国家药品标准，应当按照药品管理。

《产品质量法》和《消费者权益保护法》规定，有关法律、法规对处罚机关和处罚方式有规定的，依照法律、法规的规定执行。医疗机构购买工业氧代替医用氧用于临床的行为违反了《药品管理法》的有关规定，应当依照《药品管理法》的规定，由药品监督管理部门予以处罚。

——《最高人民法院关于工商行政管理部门对医疗机构购买工业氧代替医用氧用于临床的行为是否有处罚权问题的答复》（2003 年 9 月 5 日，〔2003〕行他字第 8 号）。

【链接：理解与适用】

人民法院审理具体行政案件，在适用〔2003〕行他字第 8 号答复时，应当注意以下几个问题：

……

（三）应当注意药品管理法中的有关部门职权的特别规定

同一阶位的法律、行政法规有关部门职权问题的一般规定与特别规定是相对的，而不是绝对的。在有关药品监督管理的部门职权问题上，产品质量法的规定相对药品管理法的规定来说，前者属于一般规定，后者属于特别规定。但是，在以下两种特殊情况下，药品管理法有关部门职权的规定却属于一般规定而不属于特别规定。一是在有关药品价格管理行政处罚权的问题上，药品管理法属于一般规定，价格法属于特别规定。药品管理法第八十九条规定："违反本法第五十五条、第五十六条、第五十七条关于药品价格管理的规定的，依照《中华人民共和国价格法》的规定处罚。"二是在有关药品广告管理行政处罚权的问题上，药品管理法属于一般规定，广告法属于特别规定。药品管理法第九十二条规定："违反本法有关药品广告的管理规定的，依照《中华人民共和国广告法》的规定处罚，并由发给广告批准文号的药品监督管理部门撤销广告批准文号，一年内不受理该品种的广告审批申请；构成犯罪的，依法追究刑事责任。”因此，在审理具体行政案件中，有关部门职权的问题，不能仅注意有关部门职权的原则规定，还需要注意该法中有无特别规定，只有这样才能准确地判断部门职权的一般规定与特别规定，正确适用有关的法律条文。

（四）注意法律效果与社会效果的统一

工商机关对医疗机构将工业氧代替医用氧用于临床的行为，依据消费者权益保护法的有关规定给予行政处罚，违反了行政职权法定的原则，属于超越职权的行为，根据行政诉讼法第五十四条的规定，应当判决予以撤销。但是，由于被处罚的行为属于违法行为并在社会上造成很坏的影响，因此，对这类超越职权行为，法院在处理时一定要注意法律效果与社会效果的统一，不能简单地一判了之，而应当解决好两个问题：一是在法院行政判决书的说理部分应当明确指出，此类行为属于违法行为，应当受到法律的制裁，尔后阐明被告超越职权及依法应当由其他机关予以制裁的理由，依此判决撤销，从而避免给人民群众造成法院偏袒违法者的误解；二是应当向具有职权的行政部门提出司法建议，促使其履行法定职责，或者向人民政府或上级机关反映，使这类违法行为及时受到法律的制裁，维护人民群众的合法权益，真正起到处理一案解决一类问题的社会效果。

——蔡小雪、梁凤云、段小京编著：《现行有效行政诉讼司法解释解读应用》，人民法院出版社 2014 年版，第 430—432 页。

421 学校、图书馆等单位内设上网场所变相经营网吧行为的认定与处罚

关键词｜变相经营网吧｜行政处罚｜比例原则｜

【最高人民法院答复】

甘肃省高级人民法院：

你院〔2008〕甘行他字第 90 号《关于金塔信息技术专修学校诉酒泉市工商局行政处罚一案的请示报告》收悉。经研究，答复如下：

学校、图书馆等单位内部附设的为特定对象获取资料、信息提供上网服务的场所，以营利为目的向公众提供互联网上网服务，变相经营网吧的，可以适用《互联网上网服务营业场所管理条例》。对本案的处理，应当根据查明的事实和情节加以考

虑,注意社会效果和比例原则。

——《最高人民法院行政审判庭关于金塔信息技术专修学校诉酒泉市工商局行政处罚请示案的电话答复》(2009 年 6 月 9 日,〔2009〕行他字第 4 号)。

【链接:最高人民法院法官著述】

(一)是否构成"变相经营网吧"是本案能否适用条例的决定性因素

根据《互联网上网服务营业场所管理条例》(以下简称《条例》)第二条的规定,《条例》调整的互联网上网服务营业场所,应当指以营利为目的,面向社会公众,为不特定的多数人提供网络服务的、开放式的经营组织。学校、图书馆等单位内设的上网服务场所不具有这一特征,因此,此类单位提供互联网上网服务的,原则上不属于《条例》调整。

由于实践中经常出现学校网络教室、计算机房和图书馆电子阅览室出租、承包,甚至单位直接用于对外经营提供上网服务,并且利用《条例》第二条的规定逃避执法部门的日常监管,扰乱互联网上网服务经营场所的正常监管秩序。因此,文化部、国家工商行政管理总局、公安部等九部委《关于进一步深化网吧管理工作的通知》等文件均把以电脑学校、劳动职业技术培训班、学校网络教室、电子阅览室、计算机房等名义变相经营网吧的行为作为重点整治对象,要求工商部门予以查处取缔。但对执法部门能否直接适用《条例》,并根据《条例》第二十七条予以处罚,仍然存在不同观点。

我们认为,依照九部委《关于进一步深化网吧管理工作的通知》,学校、图书馆等单位内部附设的对特定对象提供上网服务的场所从事为社会公众提供收费上网服务活动,构成变相经营网吧的,工商等部门应当予以查处取缔,其执法依据应当是《条例》。提供收费上网服务,构成变相经营网吧,学校、图书馆等单位内设的上网场所性质就发生了根本性变化,已经由单纯的为特定对象提供公益性上网服务的场所转变为具有为社会公众提供收费上网服务性质的营业场所,争议场所性质的转变决定了属于《条例》调整,互联网上网服务经营场所包括了争议场所,因此,应当适用《条例》而不是《条例》之外的其他法律、法规进行查处。

(二)对外收费上网服务是否具有"营利性"是认定"变相经营网吧"的关键

构成"变相经营网吧"是认定争议场所属于《条例》调整的互联网上网服务经营场所的主要标准,那么,如何认定争议场所达到"变相经营网吧"的程度?我们认为,原则上应当考虑以下因素:一是为公众提供收费上网服务的目的具有"营利性",向特定对象以外的社会公众提供收费上网服务的主要目的是赚取利润,其结果是否获取利润并不是"变相经营网吧"构成要件，强调其主观上具有营利动机并脱离了公益性质。在营利目的上，主要应当结合该区域网吧的一般收费标准进行判断，如果收费明显低于营业性网吧的一般性收费标准，仅仅是收取上网成本费用，一般不宜认定具有"营利性"。二是提供"营利性"上网服务的对象具有"开放性"和"不特定性"，即向公益服务对象之外的不特定社会公众提供上网服务。三是"经营性"，即以营利为目的向不特定公众开放上网服务成为其重要活动构成，如果只是偶尔向社会公众提供上网服务，一般不宜认定为"变相经营网吧"。

……

在理解适用〔2009〕行他字第4号答复时，还应注意以下问题：

（一）要根据具体案件查明的事实和情节综合考虑

学校、图书馆等内设上网场所提供收费上网服务是否构成变相经营网吧行为，除了上述的三个因素外，在具体案件中，还应当结合个案的事实和情节判断。比如，在有些案件中，违法行为人虽然以营利为目的，但收取费用较低，向社会公众开放程度较低，次数较少，没有吸纳未成年人上网，提供服务中没有违反《条例》第十四条、第十五条的相关规定的情况，如果执法机关根据《条例》第二十七条给予较重处罚的，法院在审理过程中认为违法事实和情节显著轻微的，或者违法行为人存在行政处罚法第二十七条规定情形的，可以从轻、减轻或不予处罚。

（二）要考虑案件处理的社会效果和比例原则的问题

由于学校、图书馆等内设上网场所具有为特定对象提供公益性服务的职能，如果构成变相经营网吧，根据《条例》第二十七条规定进行处罚，则一些违法行为轻微的学校被处没收教学工具和设备，势必影响学校的正常教学秩序和功能，一些小的民办学校可能还会有生存危机，进而影响稳定，案件虽然依法办理，但很难取得良好的社会效果。因此，在具体案件中应当考虑案件处理的社会效果和比例原则的运用。对变相经营网吧达到非常严重的程度，如出租、承包给私人主要从事经营性上网服务，已经不具有公益性服务职能，可以根据《条例》第二十七条依法取缔，没收违法所得及其从事违法经营活动的专用工具、设备。对违法行为轻微的，可以根据行政处罚法第二十七条的规定从轻或者减轻处罚，原则上以纠正违法行为为主，不采取没收从事违法经营活动的专用工具、设备，使其在违法行为后可以继续从事公益性服务。

——蔡小雪、郭修江、耿宝建：《行政诉讼中的法律适用》，人民法院出版社2011年版，第390—393页。

422 工商机关对被举报车辆进行堵截并暂扣所载涉嫌假酒的措施不属上路设卡检查行为

关键词｜假酒｜上路设卡｜

【最高人民法院答复】

山西省高级人民法院：

你院〔1997〕晋法行字第1号请示收悉。经研究，答复如下：

同意你院审判委员会的倾向性意见，即工商行政管理机关根据有关规定，对被举报涉嫌拉运假酒的特定车辆进行堵截，并对所载涉嫌假酒采取暂扣措施，不属于国务院国发〔1994〕41号文件明令禁止的上路设卡检查的行为。

——《最高人民法院行政审判庭关于如何适用国务院国发〔1994〕41号文件有关问题请示的答复》（1997年6月4日，〔1997〕法行字第6号）。

423 设定行政处罚应遵循法律优先原则、法律保留原则和处罚公开原则

关键词｜行政处罚｜法律优先｜

【最高人民法院答复】

江苏省高级人民法院：

你院〔2006〕苏行再终字第0004号《关于苏州爱利电器有限公司不服工商行政处罚一案请示报告》收悉。经研究，答复如下：

《立法法》第十条第三款规定："被授权机关不得将该项权力转授给其他机关。"《行政处罚法》第四条第三款规定："对违法行为给予行政处罚的规定必须公布；未经公布的，不得作为行政处罚的依据。"《投机倒把行政处罚暂行条例》现已废止。对于个案问题，请你院依照上述法律规定精神妥善处理。

——《最高人民法院行政审判庭对江苏省高级人民法院〈关于苏州爱利电器有限公司不服工商行政处罚一案请示报告〉的答复》（2008年6月20日，〔2007〕行他字第1号）。

【链接：最高人民法院法官著述】

（一）审理行政处罚案件应审查处罚的设立是否符合法律优先、法律保留、处

罚公开等原则

从501号批复的性质来看，其是对一个市场行为的合法与否进行认定，并设定了相应的处罚措施，这实际上是在设定新的行政处罚。而根据行政处罚法的有关规定，仅法律、法规、规章有权设定行政处罚。该法第十四条还进一步规定，除上述三种规范性文件外，其他规范性文件不得设定行政处罚。因此，作为工商机关内部针对个案进行的批复，501号批复明显不属于行政处罚法规定的可以设定行政处罚的规范性文件。从认定主体看，根据行政处罚法和立法法的有关规定，江苏省工商局作为省级工商行政管理机关，既无权制定法律、法规和规章，也不可能通过授权或再授权而制定上述规范性文件，因此也就无权设定行政处罚；从认定程序看，501号批复是在爱利公司经销行为发生之后作出的，且未经公布程序，而根据行政处罚法第四条第三款，未经公布的规定不得作为行政处罚的依据，显然，501号批复也明显违反行政处罚法规定的行政处罚公开原则。综上，501号批复不能作为73号处罚决定的依据。

（二）在下位法与上位法存在明显抵触但尚未失效的情况下，法院应对下位法条文进行符合上位法规定的体系解释

在下位法与上位法存在明显抵触但尚未失效的情况下，法院首先应对该下位法制定、实施的历史背景深入了解，探析制定该条文的立法原意。其次，在对该下位法条文按立法原意进行解释，同样与上位法抵触时，应对该条文进行符合上位法的体系解释。

——蔡小雪、郭修江、耿宝建：《行政诉讼中的法律适用》，人民法院出版社2011年版，第361—363页。

424 雷电防护设施检测机构需要经过资格认证，但不需要经过计量认证

关键词｜雷电防护设施检测｜法律冲突｜

【最高人民法院答复】

黑龙江省高级人民法院：

你院《关于五常市气象局不服哈尔滨市五常质量技术监督局行政处罚一案有关法律适用问题的请示报告》收悉。经研究，答复如下：

根据《中华人民共和国计量法》等有关法律的规定，雷电防护设施检测机构需要经过资格认证，但不需要经过计量认证。

——《最高人民法院关于雷电防护设施检测机构是否应当进行计量认证问题的答复》(2003年11月26日,〔2003〕行他字第13号)。

【链接：最高人民法院法官著述】

(一)防雷装置检测行为不属于计量法调整的范围

计量法调整的对象是计量法律关系,只有进行计量检定,制造、修理、销售、使用计量器具的行为,才能由计量法及其配套法规调整,除此之外的其他行为由其他法律、法规调整。气象法明确赋予各级气象主管机构防雷工作的行政管理职能。防雷装置检测并非计量法所指的任何一种计量行为,所以防雷装置检测不能适用计量法。原告对防雷装置进行检测并对外出具防雷检测报告的行为受气象法、《防雷减灾管理办法》的规范和调整,国家气象局对防雷装置检测机构依法应实行资质管理。

(二)防雷装置检测机构不是产品质量检验机构,不应进行计量管理

防雷装置检测机构与产品质量检验机构是不同的,防雷装置检测机构是指从事防雷装置安全性能检测的机构,不是对防雷产品质量进行检验,而是对防雷装置安全性能的检测。防雷装置检测机构属于气象法、《防雷减灾管理办法》的调整范围,所以防雷装置检测机构不适用《计量法实施细则》第三十二条的规定。根据气象法、《防雷减灾管理办法》的规定,防雷装置检测并非是对防雷产品质量进行检验,不属计量法所指的任何一种计量行为,故此不属产品质量检验机构的行为。防雷装置检测是对防雷装置安全性能进行检测,并对外出具防雷装置检测报告,是根据气象法的规定,行使其行政管理职能,其单位性质属防雷装置检测机构。根据计量法等有关法律规定,防雷装置检测机构仅需资质认证,不需要计量认证。

(三)《黑龙江省计量条例》超出计量法第二十二条规定的计量考核认证范围的规定没有效力

按照《黑龙江省计量条例》第二十五条的规定,防雷装置检测机构应当进行计量认证,而计量法第二十二条未有规定,这说明《黑龙江省计量条例》第二十五条的规定是对计量法第二十二条规定的计量考核认证范围的扩大。而按照国家技术监督局、中国气象局技监局评发〔1998〕37号通知,该站需要经过计量认证,但按照中国气象局《防雷减灾管理办法》第二十条的规定则只需资质认证,不需计量认证。两个规章性质的文件不一致。

国务院公布的《认证认可条例》第十六条规定:“向社会出具具有证明作用的数据和结果的检查机构、实验室,应当具备有关法律、行政法规规定的基本条件和

能力，并依法经认定后，方可从事相应活动，认定结果由国务院认证认可管理部门公布。”据此，该条例没有改变现行有关法律、行政法规的调整范围。同时，只确认法律、行政法规对社会提供服务的检查机构所规定的基本条件和能力。只有法律和行政法规才能规定向社会出具有证明作用的数据的检查机构的基本条件，地方性法规和规章没有权利作出规定。这个理由与行政许可法规定的精神是一致的。

……

应注意的问题：

防雷检测机构对防雷装置进行检测是依法履行职能，检查建筑物和其他设施安装的雷电灾害防护装置是否符合气象部门规定的要求，其所出具的检测报告仅是向被检测的单位通报检查结果，并提出整改意见，而不是产品质量检验和检测机构。对防雷装置进行检测并出具防雷检测报告的行为属于气象法的规范和调整，防雷装置检测机构依法应进行资质管理。

但是，如果防雷装置检测机构在检测过程中使用了有关计量工具，而在计量工具的使用上存在违反计量法的行为，技术监督部门仍然有权进行查处。例如，如果防雷装置检测机构使用未经检定的接地电阻测量仪，则违反了计量法的规定，技术监督部门有权依据《计量法实施细则》第四十六条的规定进行处罚。

——蔡小雪、郭修江、耿宝建：《行政诉讼中的法律适用》，人民法院出版社 2011 年版，第 225—226 页。

425 行政解释符合法律规范原意时才能作为衡量行政行为的标准

关键词 | 行政处罚 | 行政解释 |

【最高人民法院答复】

辽宁省高级人民法院：

你院〔2000〕辽行疑字第 15 号《关于对计量违法行为适用〈辽宁省计量监督条例〉处 1 万元以上罚款是否受〈中华人民共和国计量法实施细则〉调整的请示》收悉，经研究，答复如下：

原则同意你院第一种意见。即辽宁省人民代表大会常务委员会通过的《辽宁省计量监督条例》第五十条的规定与经国务院批准、国家计量局发布的《中华人民共和国计量法实施细则》第六十条规定是一致的，人民法院认定诉计量行政罚款 1 万元以上决定的案件的行政处罚主体资格时，亦应适用《中华人民共和国计量法实施细则》第六十条的规定。

——《最高人民法院关于对计量违法行为处一万元以上罚款的决定是否受〈计量法实施细则〉第六十条调整的请示的答复》(2001年6月25日,〔2000〕行他字第17号)。

【链接:最高人民法院法官著述】

人民法院审理具体行政案件,在适用〔2000〕行他字第17号答复时,需要注意以下三个问题:

(一)注意审查行政解释所解释的法律规范是否符合上位法的规定

〔2000〕行他字第17号答复实际上确定了一项原则,即法院在审理行政案件中,经审查行政机关对法律规范所作出的解释必须符合以下两个条件,才可以作为衡量被诉具体行政行为合法性的标准:一是必须与其所解释的法律规范的有关具体规定之间不存在相抵触的问题;二是所解释的法律规范与其上位法之间亦不存在抵触的问题。因此,法院在审查行政解释时,首先应当审查行政解释是否符合其解释的法律规范的原意。经审查如果不符合这一个条件的,就应当确认该行政解释无效,不予参考。如果符合其解释的法律规范的原意,若有上位法的,还需要继续审查该法律规范是否符合上位法的规定,符合的,可以作为衡量被诉具体行政行为合法性的依据,不符合的,不予参考。切不可不审查行政解释所解释的法律规范是否符合上位法的规定这一问题。

(二)要注意法律规范的修改

计量法是1985年制定的,《细则》是1987年制定的,目前已经实施了20多年,其中不少规定已经不能适应当今社会发展的需要,应当进行修改。因此,行政法官在审理计量行政案件时,一定要注意上述两个法律规范是否已修改的问题。当它们一旦修改,必须要适用新的法律规范,而不能继续适用原来的法律规范。

(三)工商行政机关依据计量法第二十七条规定作出的罚款决定不受《细则》第六十条规定的限制

计量法第三十一条中规定,“本法第二十七条规定的行政处罚,也可以由工商行政管理部门决定”。根据该条的规定,工商行政机关也享有部分的计量行政处罚权。但《细则》第三十一条中仅规定,一万元以上罚款的,由省级计量行政部门决定。未点出工商行政部门,说明该条规定未限制省级以下的工商行政机关不得作出一万元以上罚款的决定。因此,省级以下工商行政机关作出一万元以上的罚款决定,若地方性法规、部门规章、地方政府规章没有特别限定的,不宜认定为超越层级职权。

——蔡小雪、郭修江、耿宝建:《行政诉讼中的法律适用》,人民法院出版社2011年版,第178—179页。

426 同一位阶的法律规范中特别法优于一般法

关键词 | 产品质量监督 | 特别法 | 一般法 |

【最高人民法院答复】

河南省高级人民法院:

你院关于审理产品质量监督行政案件中如何适用法律问题的请示收悉,经研究答复如下:

人民法院在审理涉及产品质量监督行政案件时,应当适用具体行政行为作出时已经施行的《中华人民共和国产品质量法》的有关规定。

——《最高人民法院关于对人民法院审理产品质量监督行政案件如何适用法律问题的答复》(2001年2月18日,〔1999〕行他字第15号)。

【链接:最高人民法院法官著述】

一般来说,特别法和一般法的适用主要针对的是同一个位阶的法律规范,除非上位法的一般法授权下位法以特别法修改其确立的法律规范。人民法院不承认任何与上位法相冲突的下位法为特别法,一般视为下位法与上位法相冲突或者为无法律效力的越权规定。例如,地方性法规规定的行政处罚措施与法律的规定相冲突的,地方性法规的规定就属于越权规定。例如,《河南省查处生产、销售假冒伪劣商品条例》规定了对伪造、假冒行为的"没收假冒伪劣商品"的行政处罚,而作为上位法的产品质量法没有规定该行政处罚,该地方性法规的规定属于无权限或者越权行为,应当适用产品质量法的规定。

——江必新、梁凤云:《行政诉讼法理论与实务(第三版)》(下),法律出版社2016年版,第1535—1536页。

427 企业经营特别强调某种配料、成分的食品而未标示含量的，属于经营标签、说明书不符合食品安全法规定

关键词 | 食品经营者 | 食品安全标准 |

【最高人民法院指导性案例】

盐城市奥康食品有限公司东台分公司诉盐城市东台工商行政管理局工商行政处罚案(最高人民法院指导案例60号)

裁判要点:(1)食品经营者在食品标签、食品说明书上特别强调添加、含有一种或多种有价值、有特性的配料、成分,应标示所强调配料、成分的添加量或含量,未标示的,属于违反食品安全法的行为,工商行政管理部门依法对其实施行政处罚的,人民法院应予支持。

(2)所谓"强调",是指通过名称、色差、字体、字号、图形、排列顺序、文字说明、同一内容反复出现或多个内容都指向同一事物等形式进行着重标识。所谓"有价值、有特性的配料",是指不同于一般配料的特殊配料,对人体有较高的营养作用,其市场价格、营养成分往往高于其他配料。

法院生效裁判认为:《食品安全法》第二十条第四项规定,食品安全标准应当包括对与食品安全、营养有关的标签、标识、说明书的要求。第二十二条规定,本法规定的食品安全国家标准公布前,食品生产经营者应当按照现行食用农产品质量安全标准、食品卫生标准、食品质量标准和有关食品的行业标准生产经营食品。GB7718-2004《预包装食品标签通则》由国家质量监督检验检疫总局和国家标准化管理委员会制定,于2005年10月1日实施;《食品安全法》于2009年6月1日实施,新版的GB7718-2011《预包装食品标签管理通则》是由国务院卫生行政部门制定,且明确是食品安全国家标准,于2012年4月20日实施。本案原告奥康公司违法行为发生在2011年9月至2012年2月,GB7718-2004《预包装食品标签通则》属于当时的食品安全国家标准之一。因此,被告东台工商局适用GB7718-2004《预包装食品标签通则》对原告作出行政处罚,并无不当。

GB7718-2004《预包装食品标签通则》规定:"预包装食品标签的所有内容,不得以虚假、使消费者误解或欺骗性的文字、图形等方式介绍食品;也不得利用字号大小或色差误导消费者。""如果在食品标签或食品说明书上特别强调添加了某种或数种有价值、有特性的配料,应标示所强调配料的添加量。"这里所指的"强调",是特别着重或着重提出,一般意义上,通过名称、色差、字体、字号、图形、排列顺序、

文字说明、同一内容反复出现或多个内容都指向同一事物等形式表现，均可理解为对某事物的强调。“有价值、有特性的配料”，是指对人体有较高的营养作用，配料本身不同于一般配料的特殊配料。通常理解，此种配料的市场价格或营养成分应高于其他配料。本案中，原告奥康公司认为“橄榄原香”是对产品物理属性的客观描述，并非对某种配料的强调，但从原告销售的金龙鱼牌橄榄原香食用调和油的外包装来看，其标签上以图形、字体、文字说明等方式突出了“橄榄”二字，强调了该食用调和油添加了橄榄油的配料，且在吊牌（食品标签的组成部分）上有“添加了来自意大利的100%特级初榨橄榄油”等文字叙述，显而易见地向消费者强调该产品添加了橄榄油的配料，该做法本身实际上就是强调“橄榄”在该产品中的价值和特性。一般来说，橄榄油的市场价格或营养作用均高于一般的大豆油、菜籽油等，因此，如在食用调和油中添加了橄榄油，可以认定橄榄油是“有价值、有特性的配料”。因此，奥康公司未标示橄榄油的添加量，属于违反食品安全标准的行为。东台工商局所作行政处罚决定具有事实和法律依据，应予维持。

——《最高人民法院关于发布第12批指导性案例的通知》（2016年5月30日，法〔2016〕172号）。

【链接：理解与适用】

四、其他相关问题的说明

《预包装食品标签通则》（GB7718-2004）由国家质量监督检验检疫总局和国家标准化管理委员会制定，于2005年10月1日实施；食品安全法于2009年6月1日实施，新版的《预包装食品标签管理通则》（GB7718-2011）是由国务院卫生行政部门制定，且明确是食品安全国家标准，于2012年4月20日实施。本案原告奥康公司违法行为发生在2011年9月至2012年2月，《预包装食品标签通则》（GB7718-2004）属于当时的食品安全国家标准之一。因此，被告东台工商局适用《预包装食品标签通则》（GB7718-2004）对原告作出行政处罚，并无不当。

另外，卫生行政管理部门发布的《预包装食品标签管理通则》（GB7718-2011）取代了《预包装食品标签通则》（GB7718-2004）作为食品安全国家标准。2011版通则在4.1.4.1节中规定：“如果在食品标签或食品说明书上特别强调了添加了或含有一种或多种有价值、有特性的配料或成分，应标示所强调配料或成分的添加量或在成品中的含量。”这与2004版通则对此的规定是一致的。因此，本案例仍然对类似案件的审理具有较强的指导价值。

——石磊：《指导案例60号〈盐城市奥康食品有限公司东台分公司诉盐城市东

台工商行政管理局工商行政处罚案〉的理解与参照——食品经营者在食品标签、说明书上应依法标示特别强调的配料、成分的添加量或含量》，载最高人民法院案例指导工作办公室编著：《中国案例指导》（总第 4 辑），法律出版社 2017 年版，第 130 页。

428 对保护行政相对人有利的通常应作等外解释

关键词｜较大数额｜听证｜

【最高人民法院司法文件】

四、关于法律规范具体应用解释问题

法律规范在列举其适用的典型事项后，又以“等”、“其他”等词语进行表述的，属于不完全列举的例示性规定。以“等”、“其他”等概括性用语表示的事项，均为明文列举的事项以外的事项，且其所概括的情形应为与列举事项类似的事项。

——《最高人民法院关于审理行政案件适用法律规范问题的座谈会纪要》（2004 年 5 月 18 日，法〔2004〕96 号）。

【最高人民法院答复】

新疆维吾尔自治区高级人民法院：

你院〔2003〕新行监字第 27 号请求报告收悉。经研究，答复如下：

一、人民法院经审理认定，行政机关作出没收较大数额财产的行政处罚决定前，未告知当事人有权要求举行听证或者未按规定举行听证的，应当根据《行政处罚法》的有关规定，确认该行政处罚决定违反法定程序。有关较大数额的标准问题，实行中央垂直领导的行政管理部门作出的没收处罚决定，应参照国务院部委的有关较大数额罚款标准的规定认定；其他行政管理部门作出没收处罚决定，应参照省、自治区、直辖市人民政府的相关规定认定。

二、根据《行政处罚法》、《药品管理法》的有关规定，没收处罚只能由法律、行政法规或者地方性法规、自治条例作出规定。

——《最高人民法院关于没收财产是否应当进行听证及没收经营药品行为等有关法律问题的答复》（2004 年 9 月 4 日，〔2004〕行他字第 1 号）。

【链接：最高人民法院法官著述】

人民法院在审理具体案件适用该答复时,应当注意以下几个问题:

(一)关于“等外”行政处罚范围的确定标准

行政处罚法第四十二条的“等”应当理解为除法律列举的“责令停产停业、吊销许可证或者执照、较大数额罚款”之外的其他与上述三种行政处罚程度相当的行政处罚。“程度相当”是一个模糊概念,实践中主要是依据行政处罚造成被处罚人直接财产损失数额判断。例如,没收财产如果达到了“较大数额罚款”的数额标准,就应当属于听证范畴;“无偿收回土地使用权”使得被处罚人直接减少的财产价值达到“较大数额罚款”的数额标准的,也应当给予被处罚人听证的权利。财产损失价值的计算以作出行政处罚决定时,被处罚人因行政处罚而丧失的财产的市场价值为准。

……

(三)关于违法限制权利的效力问题

法律没有对经营性药品企业设立办事处作出限制,未规定经营性药品企业办事处不得经营药品,行政机关在批准成立办事处时附加法律限制之外的禁止性义务,该项禁止义务对公民、法人或者其他组织不发生法律效力。鸿鹏药品公司取得了《药品经营企业许可证》,依法在新疆设立办事处,药监局在批准其设立办事处的批文中却依据《药品流通监督管理办法(暂行)》第六条关于“药品生产企业设立的办事机构不得进行药品现货销售活动”的规定,限定药品经营性企业设立的办事处“不得设立库房,不得从事药品现货交易”,该限定不能作为鸿鹏药品公司无证经营的事实根据。因此,即便药监局依据批准设立办事处的批文认定鸿鹏药品公司办事处属于无证经营,责任主体是鸿鹏药品公司,据此对鸿鹏药品公司作出处罚,也是缺乏法律根据的。

——蔡小雪、郭修江、耿宝建:《行政诉讼中的法律适用》,人民法院出版社 2011 年版,第 194—195 页。

429 行政机关制定的规章超越权限范围的不能适用

关键词 | 地方政府规章 | 超越权限 |

【最高人民法院答复】

海南省高级人民法院：

你院琼高法行终字〔2000〕第16号请示收悉，经研究，答复如下：

《驰名商标认定和管理暂行规定》第九条和第十三条将驰名商标的保护范围由同一种商品或者类似商品扩大到非类似商品，扩大了商标法及其实施细则规定的应行政处罚的行为范围，人民法院在审理行政诉讼案件时应依据行政处罚法的有关规定处理。

——《最高人民法院行政审判庭对琼高法行终字〔2000〕第16号请示的电话答复》（2003年6月20日，法行〔2000〕45号）。

三、公安

430 公安机关无权依据无法律法规依据的地方政府规章行使没收的行政处罚

关键词 | 废旧金属 | 行政处罚 | 没收 |

【最高人民法院答复】

内蒙古自治区高级人民法院：

你院关于在审理案件中是否适用《呼和浩特市废旧金属管理暂行规定》的请示，经研究原则上同意你院意见，即：《呼和浩特市废旧金属管理暂行规定》中关于废旧金属出省区运输必须办理准运证，非法外运的由公安机关没收的规定是没有法律法规依据的。人民法院在审理此类案件中应以国务院有关规定为依据。

——《最高人民法院行政审判庭关于〈呼和浩特市废旧金属管理暂行规定〉的效力问题的答复》（1996年9月23日，〔1996〕行他字第23号）。

【链接：理解与适用】

三、应当注意的问题

在适用本批复时，应当注意以下两个问题：

一是注意行政许可法的有关规定。在本批复下发时，行政许可法尚未制定。行政许可法对于行政许可的设定有着严格的规定。根据行政许可法第十五条的规定，只有作为省、自治区、直辖市人民政府的规章可以设定临时性的行政许可，但是作为自治区首府的呼和浩特市并无此项职权。且根据该法第十六条的规定，规章可以在上位法设定的行政许可事项范围内，对实施该行政许可作出具体规定。法规、规章对实施上位法设定的行政许可作出的具体规定，不得增设行政许可；对行政许可条件作出的具体规定，不得增设违反上位法的其他条件。行政许可法反证了上述批复的规定是符合法律精神的。

二是治安管理处罚法对公安机关对废旧金属管理职权作了明确。该法第五十九条第（二）项规定，对违反国家规定，收购铁路、油田、供电、电信、矿山、水利、车辆和城市公用设施等废旧专用器材的,公安机关可以处500元以上1000元以下罚款;情节严重的,处5日以上10日以下拘留,并处500元以上1000元以下罚款。本条对于废旧金属外运出省的,公安机关是否行使处罚权也未作出规定。

——蔡小雪、梁凤云、段小京编著:《现行有效行政诉讼法解释解读应用》,人民法院出版社2014年版,第613—614页。

431 部门规章增设行政许可条件,与法律规定不一致,人民法院可以不参照适用

关键词｜机动车检验｜交通违章｜行政许可｜

【最高人民法院答复】

湖北省高级人民法院:

你院鄂高法〔2007〕鄂行他字第3号《关于公安交警部门能否以交通违章行为未处理为由不予核发机动车检验合格标志问题的请示》收悉。经研究答复如下:

《道路交通安全法》第十三条对机动车进行安全技术检验所需提交的单证及机动车安全技术检验合格标志的发放条件作了明确规定:"对提供机动车行驶证和机动车第三者责任强制保险单的,机动车安全技术检验机构应当予以检验,任何单位不得附加其他条件。对符合机动车国家安全技术标准的,公安机关交通管理部门应当发给检验合格标志。"法律的规定是明确的,应当依照法律的规定执行。

——《最高人民法院关于公安交警部门能否以交通违章行为未处理为由不予核发机动车检验合格标志问题的答复》(2008年11月17日,〔2007〕行他字第20号)。

【链接:最高人民法院法官著述】

本案争议的焦点在于被告荆门市交通警察支队车辆管理所根据公安部《机动车登记规定》的规定,以机动车涉嫌交通违章未处理完毕为由,不予核发检验合格标志,有无法律依据?公安部《机动车登记规定》有关机动车年检的规定是否违反道路交通安全法的相关规定?而回答上述两个互相关联的问题,就必须先对机动车核发检验合格标志的性质及相关的法律规范进行梳理。

道路交通安全法第十三条第一款规定:"对登记后上道路行驶的机动车应当依照法律、行政法规的规定,根据车辆用途、载客载货数量、使用年限等不同情况,定

期进行安全技术检验。对提供机动车行驶证和机动车第三者责任强制保险单的，机动车安全技术检验机构应当予以检验，任何单位不得附加其他条件。对符合机动车国家安全技术标准的，公安机关交通管理部门应当发给检验合格标志。”因此，公安机关交通管理部门对符合机动车国家安全技术标准的车辆颁发检验合格标志，是公安机关交通管理部门的法定职责，也是对机动车管理所采取的一项行政许可措施。

本案中公安机关交通管理部门所依据的公安部《机动车登记规定》第三十四条第二款规定：“机动车所有人申请检验合格标志，应当提交行驶证、机动车第三者责任强制保险凭证、机动车安全技术检验机构出具的安全技术检验合格证明。”第三款规定：“机动车涉及道路交通安全违法行为和交通事故未处理完毕的，不予核发检验合格标志。”正是依据第三款的规定，被告荆门市交通警察支队车辆管理所在原告提交了机动车行驶证、机动车第三者责任强制保险凭证、机动车安全技术检验合格证明的情况下，以机动车涉嫌交通违章未处理完毕为由，不予核发检验合格标志。显然，公安部《机动车登记规定》第三十四条第三款关于机动车年检的规定与道路交通安全法第十三条第一款的规定存在不一致之处。而这种不一致，是否构成下位法对上位法的冲突，是否就是违法？则需要进一步从行政许可法的角度予以审视。

行政许可法第十六条对行政许可的设定权作了规定，并就法律、行政法规、地方性法规和规章对行政许可的设定和行政许可的实施审批进行了明确的规定。对于法律已经设定行政许可事项的，法规和规章只能对实施行政许可作出具体规定，不得增设行政许可。对行政许可条件作出的具体规定，也不得增设违反上位法的其他条件。因此，公安部《机动车登记规定》在对机动车年检合格标志的发放作出具体规定时，不能违反道路交通安全法第十三条第一款的规定，也不得在法律明确规定的三个条件之外增设其他条件。原公安部《机动车登记规定》第三十四条将机动车涉及道路交通安全违法行为和交通事故是否处理完毕，作为核发检验合格标志的前提条件之一，与道路交通安全法第十三条规定不一致，实际上增设了核发检验合格标志的条件，没有法律依据。对该规章的此种规定，依据行政诉讼法第五十三条的规定，人民法院可以不作为参照的依据。

基于上述理由，最高人民法院在征求了全国人大常委会法制工作委员会意见后，作出了〔2007〕行他字第20号《关于公安交警部门能否以交通违章行为未处理为由不予核发机动车检验合格标志问题的答复》。

就本案而言，原告在申请核发车辆检验合格标志的同时，已经向被告提供了机动车安全检验记录单（即该机动车符合国家安全技术标准）、机动车行驶证、机动车交通事故强制保险单等材料，被告就应当依据道路交通安全法第十三条的规定，核发车辆检验合格标志。

——耿宝建：《公安部规章无权对机动车年检增设新的条件》，载江必新主编：《行政法律文件解读》（总第 57 辑），人民法院出版社 2009 年版，第 92—95 页。

三、应当注意的问题

值得注意的是，2008 年 5 月 27 日，公安部对《机动车登记规定》有关申请检验的规定进行了一定的修订。修订后《机动车登记规定》第四十条规定："机动车所有人可以在机动车检验有效期满前三个月内向登记地车辆管理所申请检验合格标志。申请前，机动车所有人应当将涉及该车的道路交通安全违法行为和交通事故处理完毕。申请时，机动车所有人应当填写申请表并提交行驶证、机动车交通事故责任强制保险凭证、机动车安全技术检验合格证明。车辆管理所应当自受理之日起一日内，确认机动车，审查提交的证明、凭证，核发检验合格标志。"从文字表达方式来看，没有将道路交通违法行为和交通事故处理完毕作为许可条件。但是，由于"申请前"和"申请时"规定在一个条文中，很容易理解为在"申请时"必须将涉及该车的道路交通安全违法行为和交通事故处理完毕。"该车的道路交通安全违法行为和交通事故处理完毕"固然是该车所有人的行政义务，但是该行政义务的履行与该车是否达到安全要求是两个问题。因此，对于上述规章的规定应当作适当修订，以免在执行中出现变形。

——蔡小雪、梁凤云、段小京编著：《现行有效行政诉讼司法解释解读应用》，人民法院出版社 2014 年版，第 589 页。

432 下位法超出上位法规定的强制措施的适用范围、种类和方式，与上位法抵触时的处理

关键词｜行政强制措施｜铁路公安｜

【最高人民法院答复】

吉林省高级人民法院：

你院〔1996〕行监字第 25 号关于铁路公安部门是否有权查封倒卖火车票的经

营场所问题的请示收悉。经研究，答复如下：人民警察法及其他相关法律规范没有授予铁路公安部门实施查封倒卖火车票经营场所的职权。长春铁路公安处依据人民警察法作出查封倒卖车票经营场所的具体行政行为缺乏法律依据。

——《最高人民法院行政审判庭关于铁路公安部门是否有权查封倒卖火车票经营场所的电话答复》（1997年2月20日，〔1997〕行他字第1号）。

433 部门规章对同一事项规定不一致但与上位法均不抵触的，优先适用根据专属职权制定的规章

关键词｜部门规章｜专属职权｜

【最高人民法院答复】①

河南省高级人民法院：

你院〔1999〕豫法行请字第1号《关于审理农用运输车行政管理纠纷案件应当如何适用法律的请示报告》收悉。经研究，答复如下：机动车道路交通应当由公安机关实行统一管理；作为机动车一种的农用运输车，其道路交通管理包括检验、发牌和驾驶员考核、发证等，也应当由公安机关统一负责。人民法院审理农用运输车行政管理纠纷案件，涉及相关行政管理职权的，应当适用《中华人民共和国道路交通管理条例》和《国务院关于改革道路交通管理体制的通知》和有关规定。

——《最高人民法院关于对审理农用运输车行政管理纠纷案件应当如何适用法律问题的答复》（2000年2月29日，法行〔1999〕第14号）。

【链接：最高人民法院法官著述】

（2）与上位法均不抵触的，优先适用根据专属职权制定的规章规定。所谓专属职权是指两个类似的行政管理领域，法律、法规对于某行政机关的专属职权进行

---

① 另外一个可供参考的答复是《最高人民法院关于如何认定质量监督检验检疫部门在产品流通领域中行政管理职权问题的答复》（2003年12月1日，〔2003〕行他字第15号），其主要内容是："湖北省高级人民法院：你院《关于如何认定质量技术监督部门在产品流通领域中行政管理职权的请示》收悉，经研究认为：国办发〔2001〕56号文和57号文根据《中华人民共和国产品质量法》第七十条的授权明确规定，国家质量监督检验检疫总局负责生产领域的产品质量监督管理；国家工商行政管理总局负责流通领域产品质量监督管理。有关部门在行使行政管理职权时，应当以此为依据。"鉴于2018年国家机构改革，国家工商行政管理总局和国家质量监督检验检疫总局被并入新组建的国家市场监督管理总局，原工商管理和质量监督部门的职责由市场监督部门行使。——编者注

了特别的授权或者规定。根据专属职权制定的规章应当优先适用。例如,对于农用运输车属于农业机械还是属于机动车交通工具,决定了对于其管理职权属于农业部门还是公安部门。最高人民法院认为,公安机关对于农用运输车的管理属于专属职权。

——江必新、梁凤云:《行政诉讼法理论与实务(第三版)》(下),法律出版社2016年版,第1550页。

434 适用兜底条款应与同条款中已经明确列举的情形相同或相似,在性质、影响程度等方面具有一致性,且符合该条款的立法目的

关键词 | 兜底条款 | 法律适用 |

【最高人民法院公报案例】

季频不服宜兴市公安局宜城派出所治安其他行政行为案

要旨:行政机关适用兜底条款时,应与同条款中已经明确列举的情形相联系,参照同条款已经明确列举的情形所设置的标准,确定兜底条款能否适用。适用兜底条款的情形,应与同条款中已经明确列举的情形具有相同或相似的价值,在性质、影响程度等方面具有一致性,且符合该条款的立法目的。"证据不足"情况下,无法排除未来重新作出行政处罚决定的可能性,与修改前的《公安机关办理行政案件程序规定》第二百三十三条第一款前三项列举的终止调查情形不具有相同或相似的性质,不属于"其他需要终止调查的情形"。

2013年1月1日起施行的《程序规定》第二百三十三条第一款规定:"经过调查,发现行政案件具有下列情形之一的,经公安派出所、县级公安机关办案部门或者出入境边防检查机关以上负责人批准,终止调查:(一)没有违法事实的;(二)违法行为已过追究时效的;(三)违法嫌疑人死亡的;(四)其他需要终止调查的情形。"设置兜底条款,作为一种立法技术,固然是为了避免法律的不周延性,以适应社会情势的变迁。但是,行政机关通过自由裁量适用兜底条款时,应与同条款中已经明确列举的情形相联系,参照同条款已经明确列举的情形所设置的标准,来确定能否适用兜底条款。适用兜底条款的情形,应与同条款中已经明确列举的情形具有相同或相似的价值,在性质、影响程度等方面具有一致性。另外,适用兜底条款应符合该条款的立法目的,不得任意适用。

2013 年 1 月 1 日起施行的《程序规定》第二百三十三条第一款明确列举的“没有违法事实、违法行为已过追究时效、违法嫌疑人死亡”这三种情形都是确定性的事实，该事实的出现使得公安机关无法或没有必要再针对该案件采取任何调查措施，即该事实的出现足以产生终局性的、不可逆的终止案件调查的效果。宜城派出所以“证据不足、办案期限届满”为由终止调查，显然该情形与上述条款明确列举的情形在性质、影响程度上并不具有相同或者相似的价值。

“办案期限届满”并非终止案件调查的合理理由，而“证据不足”也不应产生终止案件调查的效果。即使确如宜城派出所在上诉状及二审询问中所称的“证据不足、办案期限届满”这一终止案件调查的理由存在书写表达欠妥，实际终止原因是“证据不足”，即结合案情不能完全排除涉案人员存在违法事实的可能性。但是，根据依法行政原则，在没有充分的证据证明涉案人员违法事实成立的情况下，宜城派出所应当按照 2013 年 1 月 1 日起施行的《程序规定》第一百四十七条第一款第（三）项的规定，对涉案人员作出不予处罚决定。其后公安机关又发现新的证据，使违法行为能够认定时，可以根据 2019 年 1 月 1 日起施行的《程序规定》第一百七十二条第二款关于“对已经依照前款第三项作出不予行政处罚决定的案件，又发现新的证据的，应当依法及时调查；违法行为能够认定的，依法重新作出处理决定，并撤销原不予行政处罚决定”的规定，依法重新作出处理决定，并撤销原不予行政处罚决定。所以，即使确如宜城派出所所言，实际终止调查的原因是“证据不足”的情况下，宜城派出所作出终止调查决定也是缺乏依据的。作为司法机关，也应当依法撤销宜城派出所所作的终止调查决定，并责令宜城派出所限期依法重新作出处理决定。

——《中华人民共和国最高人民法院公报》2020 年第 12 期。

435 司法解释具有创制性质的内容适用于其生效后发生的案件或者正在审理的案件

关键词｜司法解释｜溯及力｜

【最高人民法院答复】

广东省高级人民法院：

你院〔1998〕粤高法行终字第 9 号《关于潮州市金贸经济发展有限公司诉饶平

县公安局冻结、扣划银行存款上诉一案有关法律适用问题的请示报告》收悉，经研究答复如下：

最高人民法院 1996 年 12 月 16 日发布的《关于审理诈骗案件具体应用法律的若干问题的解释》适用于该解释生效后发生的案件或者正在审理的案件。关于潮州市金贸经济发展有限公司被扣划的存款是否为善意取得，请你院在查清事实的基础上依法确认。

——《最高人民法院行政审判庭关于审理行政案件时对善意取得适用法律问题的答复》(1999 年 11 月 24 日，〔1999〕行他字第 5 号)。

【链接：理解与适用】

在本请示案件办理过程中，我国司法解释对于赃物适用善意取得已经明确。但是，本案发生之时，《最高人民法院关于审理诈骗案件具体应用法律的若干问题的解释》尚未公布，能否适用该司法解释呢？这个问题涉及到新旧法律规范的适用。根据《最高人民法院关于审理行政案件适用法律规范问题的座谈会纪要》(2004 年 5 月 18 日，法〔2004〕96 号)规定："根据行政审判中的普遍认识和做法，行政相对人的行为发生在新法施行以前，具体行政行为作出在新法施行以后，人民法院审查具体行政行为的合法性时，实体问题适用旧法规定，程序问题适用新法规定，但下列情形除外：(一)法律、法规或规章另有规定的；(二)适用新法对保护行政相对人的合法权益更为有利的；(三)按照具体行政行为的性质应当适用新法的实体规定的。"也就是说，对于诈骗赃物是否善意取得的实体问题应当适用案件发生当时的法律规范。但是，如果适用新的法律规范对于保护行政相对人的合法权益更为有利，则应当适用新的法律规范。本案中，作为原告的合法权益是已经善意取得的财产，新的法律规范中有关诈骗赃物适用善意取得的规定显然更有利于保护其合法权益，则在本案处理中应当适用新的法律规范，即《最高人民法院关于审理诈骗案件具体应用法律的若干问题的解释》。

至于潮州市金贸经济发展有限公司被扣划的存款是否为善意取得，属于本案的认定事实问题。最高人民法院对于请示案件中的事实认定问题不作答复。《最高人民法院关于审判工作请示问题的通知》(1999 年 1 月 26 日，法〔1999〕13 号)规定："一、对于审判案件如何具体应用法律的问题，需要最高人民法院作出司法解释的，高级人民法院、解放军军事法院可以向最高人民法院请示。二、高级人民法院、解放军军事法院向最高人民法院请示的案件必须是：1. 适用法律存在疑难问题的重大案件；2. 依照有关规定应当报最高人民法院审核的涉外、涉港澳、涉台和涉侨案件。报送请示案件的事实、证据问题由高级人民法院、解放军军事法院负责。案件事实不清、证据不足的不得报送请示。”《最高人民法院行政审判庭关于严格执行行政审判工作请示制度的通知》（2000 年 12 月 29 日，法行〔2000〕44 号）也规定：“高级人民法院向最高人民法院请示的内容必须是：1. 适用法律存在疑难问题；2. 适用法律规范冲突，应当由最高人民法院与有关部门协调或者确认的；3. 依照有关规定应当报请最高人民法院审核的涉外、涉港澳台和涉侨案件。报送请示的事实、证据问题由高级人民法院负责。事实不清、证据不足的，不得报送请示。”最高人民法院仅仅对法律适用问题作出批复，对于事实问题，应当由办理案件的法院依法予以确认。

……

值得注意的是，本答复下发之后，《最高人民法院关于审理诈骗案件具体应用法律的若干问题的解释》已为新的司法解释所替代。《最高人民法院、最高人民检察院关于办理诈骗刑事案件具体应用法律若干问题的解释》（2011 年 4 月 8 日，法释〔2011〕7 号）第十条规定：“行为人已将诈骗财物用于清偿债务或者转让给他人，具有下列情形之一的，应当依法追缴：（一）对方明知是诈骗财物而收取的；（二）对方无偿取得诈骗财物的；（三）对方以明显低于市场的价格取得诈骗财物的；（四）对方取得诈骗财物系源于非法债务或者违法犯罪活动的。他人善意取得诈骗财物的，不予追缴。”该司法解释中有关诈骗赃物适用善意取得的规定没有发生变化。

——蔡小雪、梁凤云、段小京编著：《现行有效行政诉讼司法解释解读应用》，人民法院出版社 2014 年版，第 608—609 页。

436 不满十四周岁不予刑事处罚的，必要时依法进行专门矫治教育

关键词 | 不满十四周岁 | 收容教养 |

【最高人民法院答复】

甘肃省高级人民法院：

你院〔2003〕甘行终字第 98 号《关于胡起立不服甘肃省公安厅少年收容教养决定上诉一案的请示》已收悉。经研究，答复如下：

《刑法》第十七条第四款关于“因不满十六周岁不予刑事处罚的……；在必要的时候，可以由政府收容教养”的规定，适用于因不满十四周岁不予刑事处罚的情形。

——《最高人民法院对甘肃省高级人民法院〔2003〕甘行终字第98号请示的答复》(2004年7月15日,〔2004〕行他字第10号)。

437 对无财产的已满十四岁不满十八岁的人可以适用罚款

关键词 | 罚款 | 监护人 |

【最高人民法院答复】

四川省高级人民法院:

你院川法研〔1988〕48号请示收悉。关于对无财产的已满14岁不满18岁的人,违反《治安管理处罚条例》可否适用罚款处罚的问题,经研究,我们同意你院的第二种意见。

这个问题条例第九条已作明确规定,已满14岁不满18岁的人违反治安管理的,从轻处罚;不满14岁的人违反治安管理的,免予处罚,但是可以予以训诫,并责令其监护人严加管教。《条例》对无财产的已满14岁不满18岁的人违反治安管理,没有规定不适用罚款处罚。鉴于监护人对未成年人员有法定的监护责任,所以对无财产的已满14岁不满18岁的人违反治安管理的可以适用罚款处罚,由其监护人支付罚款。

——《最高人民法院行政审判庭关于对无财产的已满14岁不满18岁的人违反〈治安管理处罚条例〉可否适用罚款处罚问题的电话答复》(1988年10月21日)。

【链接:理解与适用】

三、应当注意的问题

值得注意的是,根据行政处罚法第二十五条关于"不满十四周岁的人有违法行为的,不予行政处罚,责令监护人加以管教;已满十四周岁不满十八周岁的人有违法行为的,从轻或者减轻行政处罚"的规定,治安管理处罚法(2005年)作了修订。对于该案涉及的相关内容,相应的条文为第十二条:"已满十四周岁不满十八周岁的人违反治安管理的,从轻或者减轻处罚;不满十四周岁的人违反治安管理的,不予处罚,但是应当责令其监护人严加管教。"与原《治安管理处罚条例》相比,修订的内容主要是:一是将"岁"修订为"周岁",使其含义更为准确。二是将已满十四周岁不满十八周岁的人违反治安管理的,由"从轻处罚"修订为"从轻或者减轻处罚"。三是将不满十四周岁的人违反治安管理的,由"免予处罚,但是可以予以训诫,并责令其监护人严加管教”修订为“不予处罚,但是应当责令其监护人严加管教”。取消了免予处罚的规定,这一规定更为科学。因为不满十四周岁的人,不应当受到治安处罚,也就不存在免予处罚的问题。可见,相关内容并未作原则性的修订,可以参照适用。

——蔡小雪、梁凤云、段小京编著:《现行有效行政诉讼司法解释解读应用》,人民法院出版社 2014 年版,第 624 页。

438 出售淫秽物品行为结束以及追诉时效的判断

关键词 | 淫秽物品 | 追诉时效 |

【最高人民法院答复】

四川省高级人民法院:

你院川法研〔1991〕30 号《关于出售淫秽物品如何计算追溯期限问题的请示》收悉。经研究答复如下:

原则上同意你院的意见。

一、行为人“将淫秽物品出售他人后”,应当视为其违法行为已经终了。“致使淫秽物品接连不断地在社会上转卖、复制、传播”,只能作为其违法行为的情节(即所造成的后果)来考虑,而不能视为连续或继续状态。

二、根据《治安管理处罚条例》第十八条之规定,违反治安管理处罚条例的行为,只要超过法定追溯期限,即不能追究行为人的法律责任。

——《最高人民法院行政审判庭关于出售淫秽物品如何计算追溯期限问题的电话答复》(1991 年 8 月 21 日)。

【链接:理解与适用】

在本案中,行为人将淫秽物品出售给他人之后,该行为已经完成,完全构成一个独立的违法行为。治安管理处罚法第六十八条规定的制作、运输、复制、出售、出租淫秽的书刊、图片、影片、音像制品等淫秽物品的违法行为,只要存在制作、运输、复制、出售、出租的任何一项,均分别构成违法行为,并非只有上述各项行为均符合才能进行处罚。因此,本案中,行为人的出售行为是一个可以独立评价的行为。淫秽物品不断地在社会上转卖、复制、传播,并非该出售行为的连续或者继续行为。对于该出售行为的追诉时效,应当从该出售行为发生之日起计算,不适用关于连续或者继续状态的追诉时效的规定。

据此,1991 年 8 月 21 日,最高人民法院行政审判庭作出《关于出售淫秽物品如何计算追溯期限问题的电话答复》。……治安管理处罚法颁布之后,上述条文并未修订,本批复应当参照适用。

——蔡小雪、梁凤云、段小京编著:《现行有效行政诉讼司法解释解读应用》,人民法院出版社 2014 年版,第 619 页。

439 公安派出所对于在其法定授权范围内的治安案件,有权作出处罚决定或者不予处罚决定

关键词 | 公安派出所 | 法定授权 |

【最高人民法院答复】

山东省高级人民法院:

你院《关于公安派出所就其没有处罚权的治安案件在调查后认为违法事实不成立的能否直接以公安派出所的名义作出不予处罚决定问题的请示》收悉。经研究,答复如下:

根据《中华人民共和国治安管理处罚法》第九十一条规定,公安派出所对于在其法定授权范围内的治安案件,有权作出处罚决定或者不予处罚决定。

——《最高人民法院关于公安派出所就其没有处罚权的治安案件在调查后认为违法事实不成立的能否直接以公安派出所的名义作出不予处罚决定问题的答复》(2012 年 8 月 22 日,〔2012〕行他字第 7 号)。

440 户籍行政登记案件对婚姻法律的适用

关键词 | 户籍登记 | 姓名权 |

【最高人民法院答复】

山东省高级人民法院:

你院《关于在北雁云依诉济南市公安局历下区分局燕山派出所户籍行政登记一案中如何适用〈中华人民共和国婚姻法〉第二十二条的请示》收悉。经研究,答

复如下：

第十二届全国人民代表大会常务委员会第十一次会议2014年11月1日通过《全国人民代表大会常务委员会关于〈中华人民共和国民法通则〉第九十九条第一款、〈中华人民共和国婚姻法〉第二十二条的解释》，请你院按照该解释的意见办理。

——《最高人民法院关于户籍行政登记案件如何适用〈中华人民共和国婚姻法〉第二十二条的答复》（2014年11月28日，〔2010〕行他字第127号）。

【最高人民法院指导性案例】

"北雁云依"诉济南市公安局历下区分局燕山派出所公安行政登记案（最高人民法院指导案例89号）

裁判要点：公民选取或创设姓氏应当符合中华传统文化和伦理观念。仅凭个人喜好和愿望在父姓、母姓之外选取其他姓氏或者创设新的姓氏，不属于《全国人民代表大会常务委员会关于〈中华人民共和国民法通则〉第九十九条第一款、〈中华人民共和国婚姻法〉第二十二条的解释》第二款第（三）项规定的"有不违反公序良俗的其他正当理由"。

法院生效裁判认为：2014年11月1日，第十二届全国人民代表大会常务委员会第十一次会议通过了《全国人民代表大会常务委员会关于〈中华人民共和国民法通则〉第九十九条第一款、〈中华人民共和国婚姻法〉第二十二条的解释》。该立法解释规定："公民依法享有姓名权。公民行使姓名权，还应当尊重社会公德，不得损害社会公共利益。公民原则上应当随父姓或者母姓。有下列情形之一的，可以在父姓和母姓之外选取姓氏：（一）选取其他直系长辈血亲的姓氏；（二）因由法定扶养人以外的人抚养而选取抚养人姓氏；（三）有不违反公序良俗的其他正当理由。少数民族公民的姓氏可以从本民族的文化传统和风俗习惯。"

本案不存在选取其他直系长辈血亲姓氏或者选取法定扶养人以外的抚养人姓氏的情形，案件的焦点就在于原告法定代理人吕晓峰提出的理由是否符合上述立法解释第二款第（三）项规定的"有不违反公序良俗的其他正当理由"。首先，从社会管理和发展的角度，子女承袭父母姓氏有利于提高社会管理效率，便于管理机关和其他社会成员对姓氏使用人的主要社会关系进行初步判断。倘若允许随意选取姓氏甚至恣意创造姓氏，则会增加社会管理成本，不利于社会和他人，不利于维护社会秩序和实现社会的良性管控，而且极易使社会管理出现混乱，增加社会管理的风险性和不确定性。其次，公民选取姓氏涉及公序良俗。在中华传统文化中，"姓名"中的"姓"，即姓氏，主要来源于客观上的承袭，系先祖所传，承载了对先祖的敬重、对家庭的热爱等，体现着血缘传承、伦理秩序和文化传统。而“名”则源于主观创造，为父母所授，承载了个人喜好、人格特征、长辈愿望等。公民对姓氏传承的重视和尊崇，不仅仅体现了血缘关系、亲属关系，更承载着丰富的文化传统、伦理观念、人文情怀，符合主流价值观念，是中华民族向心力、凝聚力的载体和镜像。公民原则上随父姓或者母姓，符合中华传统文化和伦理观念，符合绝大多数公民的意愿和实际做法。反之，如果任由公民仅凭个人意愿喜好，随意选取姓氏甚至自创姓氏，则会造成对文化传统和伦理观念的冲击，违背社会善良风俗和一般道德要求。再次，公民依法享有姓名权，公民行使姓名权属于民事活动，既应当依照《民法通则》第九十九条第一款和《婚姻法》第二十二条的规定，还应当遵守《民法通则》第七条的规定，即应当尊重社会公德，不得损害社会公共利益。通常情况下，在父姓和母姓之外选取姓氏的行为，主要存在于实际抚养关系发生变动、有利于未成年人身心健康、维护个人人格尊严等情形。本案中，原告“北雁云依”的父母自创“北雁”为姓氏、选取“北雁云依”为姓名给女儿办理户口登记的理由是“我女儿姓名‘北雁云依’四字，取自四首著名的中国古典诗词，寓意父母对女儿的美好祝愿”。此理由仅凭个人喜好愿望并创设姓氏，具有明显的随意性，不符合立法解释第二款第（三）项的情形，不应给予支持。

——《最高人民法院关于发布第17批指导性案例的通知》（2017年11月15日，法〔2017〕332号）。

【链接：理解与参照】

四、参照适用时应注意的问题

此案与之前的一些公安姓名登记案件的不同之处在于，此案针对公民选择、创设姓问题，重点不在于名。而此前一些案件，比如赵c案，主要涉及名字的选字用字问题，与姓氏无涉。姓氏和名字应当采用二元规制模式，这在很大程度上是由姓氏与名字本身的差异性决定的。与名字所体现出的个体性、专指性、既逝性有所不同，姓氏体现群体性、共用性、传袭性。姓氏主要来源于客观上的承袭，系先祖所传，姓氏只能有一个。名字则源于主观创造，为父母所授，且根据主观需求不同，名字可以有多个，例如网名、笔名等。姓氏所承载的精神利益主要是对血缘的传承、对先祖的敬重、对家庭的热爱以及对父母长辈的孝道。而名字所承载的精神利益主要是表明个人喜好、彰显人格特征、寄托长辈愿望等。姓氏伦理道德要求较高、容忍程度较低，而名字的伦理道德要求较低、容忍程度较高。基于上述理由，在审理具体案件过程中，应注意姓、名两类案件适用的裁判规则有所不同，不能混为一谈。

——白杨、石磊：《指导案例89号〈“北雁云依”诉济南市公安局历下区分局燕山派出所公安行政登记案〉的理解与参照——公民姓氏的法律属性及其规制》，载最高人民法院案例指导工作办公室编著：《中国案例指导》（总第7辑），法律出版社2019年版，第38页。

441 对卖淫嫖娼行为应采用广义的法律解释

关键词｜治安管理处罚｜卖淫嫖娼｜广义解释｜

【最高人民法院答复】

重庆市高级人民法院：

你院《关于董国亮不服重庆市公安局大渡口区分局治安管理处罚抗诉再审请示一案的请示报告》收悉。经研究，答复如下：

《治安管理处罚条例》第三十条规定的“卖淫嫖娼”，一般是指异性之间通过金钱交易，一方向另一方提供性服务以满足对方性欲的行为。至于具体性行为采用什么方式，不影响对卖淫嫖娼行为的认定。

——《最高人民法院关于如何适用〈治安管理处罚条例〉第三十条规定的答复》（2000年2月29日，〔1999〕行他字第27号）。

【链接：最高人民法院法官著述】

（三）狭义的法律解释和广义的法律解释

这是根据法律解释的标准宽严程度的不同进行的分类。狭义解释又称为严格解释（strict interpretation），即强调法律条文字面上的含义。广义解释又称为自由解释（liberal interpretation），即强调不拘泥于文字的、比较自由的解释。就整个法律体系而言，一般来说，对于限制和剥夺公民人身自由的法律规范一般采取严格解释。常见的有对于刑法上术语的规定，行政法律规范中对于行政拘留、行政强制等进行的解释。此外，对于相对于通常法律规范的例外情形也采取严格的法律解释。这是由于，例外实际上改变了通常法律规范的内容，对于实现通常法律规范设定的立法目的可能产生侵蚀性的影响，因此，法院在进行解释时应当审慎地、严格地解释。广义上的法律解释一般针对涉及公民的权利，对于公民权利的范围一般采取较为广义的解释，以更好地更广泛地保护公民的权益。同时，对于严重影响社会秩序的、违反社会公共利益的、有伤社会风化的违法行为,根据案件具体情况也采取广义上的法律解释。例如,对于卖淫嫖娼,一般是指异性之间通过金钱交易,一方向另一方提供性服务以满足对方性欲的行为。至于具体性行为采取何种方式,不影响对卖淫嫖娼行为的认定。法院对于非正常的"鸡奸"行为也解释为"性行为"。

——江必新、梁凤云:《行政诉讼法理论与实务(第三版)》(下),法律出版社2016年版,第1556页。

442 无证驾驶致人重伤不宜吊销与肇事车型无关的其他类型驾驶证

关键词|无证驾驶|吊销驾驶证|

【最高人民法院参考案例】

安鹏强诉安阳市公安交通警察支队公安交通管理行政处罚案(行政审判案例第138号)

要旨:行政机关作出行政处罚,应遵循合法性原则和合理性原则,同时不能忽视行政处罚与已发生法律效力的刑事判决之间的逻辑一致性。在相对人已经被刑事判决认定为无证驾驶并追究刑事责任的情况下,不宜吊销与肇事车型无关的其他类型驾驶证。

安鹏强有C1机动车驾驶证而驾驶摩托车的行为,应属无证驾驶,该行为性质已被(2010)安龙法刑初字第136号刑事判决书所确定。而道路交通安全法第一百零一条第一款规定:"违反道路交通安全法律、法规的规定,发生重大交通事故,构成犯罪的,依法追究刑事责任,并由公安交通管理部门吊销机动车驾驶证。"本案安鹏强虽然因无证驾驶受到了相应的刑事处罚,但是交警支队在未提供机动车驾驶人发生交通事故,该驾驶人其他所有机动车驾驶证可一并吊销的法律规定的情况下,按照与刑事处罚相同的无证驾驶为由,吊销安鹏强持有的C1驾驶证,缺乏法律依据。

——中华人民共和国最高人民法院行政审判庭编:《中国行政审判案例》(第4卷),中国法制出版社2012年版,第94、95页。

443 禁毒法中强制隔离戒毒的适用

关键词|强制隔离戒毒|禁毒法|

【最高人民法院参考案例】

伊建武诉武汉市公安局汉阳分局强制隔离戒毒决定案（行政审判案例第98号）

要旨：相对人长期吸毒，经多次自戒和强戒，且在戒毒药品治疗过程中又有注射毒品行为的，可以认定构成“吸毒成瘾严重”，在相对人难以自行戒毒成功且无力提供充分治疗条件的情况下，公安机关可以根据禁毒法第三十八条第二款规定，不经社区戒毒而直接对相对人作出强制隔离戒毒的决定。

根据禁毒法的规定，被告是禁毒工作的主要管理部门。被告根据原告有长期吸毒的历史、且多次自戒和强戒的情况，以及在服用戒毒药品治疗过程中又注射毒品的行为，认定原告吸毒成瘾严重，通过戒毒难以戒除毒瘾，故直接对原告作出强制隔离戒毒的决定，程序合法，适用法律正确。但被告的行政行为存在行政处罚告知内容不全、强制隔离戒毒决定未通知家属的瑕疵。原告称被告的强制隔离戒毒决定适用法律错误，要求撤销强制隔离戒毒决定改为接受戒毒的诉讼请求与法律规定不符，法院不予支持。

——中华人民共和国最高人民法院行政审判庭编：《中国行政审判案例》（第3卷），中国法制出版社2013年版，第84、85页。

444 符合正确导向的司法认定宜从宽把握

关键词 | 司法导向 | 见义勇为 | 从宽解释 |

【最高人民法院参考案例】

任建平诉福建省南平市延平公安分局不予确认见义勇为案（行政审判案例第74号）

要旨：法律概念及其构成要件难以把握和认定时，若有利于弘扬社会正气，可从宽解释。判断救助行为是否见义勇为，不应该要求必须事迹突出，而要看被救助者是否身处现实危险、救助者是否冒着危险实施救助。

根据《福建省奖励和保护见义勇为人员条例》第七条的规定，见义勇为的确认，由行为发生地县级公安机关负责。原告在游泳中听到金淑娥“救命”的呼喊声后，险情已经发生，原告及时将金淑娥托至一旁浅水区，使其脱险，确实保护了他人的人身安全，原告的行为符合《福建省奖励和保护见义勇为人员条例》第三条、第六条第（四）项的规定。被告于2007年7月16日作出的编号为2007004《见义勇为行为确认结果通知书》,对原告申报见义勇为的申请不予确认,但未说明原告的行为不符合《福建省奖励和保护见义勇为人员条例》规定的情形。据此,依照行政诉讼法第五十四条第(二)项第2目和《若干解释》第六十条第一款的规定,判决:一、撤销被告南平市公安局延平分局作出的编号为2007004的《见义勇为行为确认结果通知书》。二、被告南平市公安局延平分局应于本判决生效后十五日内重新作出具体行政行为。

南平市公安局延平分局不服,向南平市中级人民法院提出上诉。经二审法院辨法析理与上诉人南平市延平公安分局充分沟通,上诉人申请撤回上诉,并对任建平申报见义勇为予以确认,纠纷圆满协调解决。

——中华人民共和国最高人民法院行政审判庭编:《中国行政审判案例》(第2卷),中国法制出版社2011年版,第209、210页。

四、自然资源

445 法律之间存在冲突的必须中止案件审理，请示最高人民法院作出答复

关键词 | 法律冲突 | 中止审理 | 请示 |

【最高人民法院答复】

福建省高级人民法院：

你院〔1995〕闽行他字第4号《关于地下热水的属性及适用法律问题的请示》收悉。经研究并征求国务院法制局的意见，现答复如下：

地下热水（25℃以上）属于地热资源，具有矿产资源和水资源的双重属性。对地下热水的勘查、开发、利用、保护和管理应当适用《中华人民共和国矿产资源法》、《中华人民共和国矿产资源法实施细则》和《矿产资源补偿费征收管理规定》。但在依法办理城市规划区内地下热水（25℃以上）的开采登记手续时，应当附具水行政主管部门和城市建设行政主管部门的审查意见。

——《最高人民法院关于对地下热水的属性及适用法律问题的答复》（1996年5月6日，〔1996〕法行字第5号）。

【最高人民法院公报案例】

福建省水电勘测设计研究院不服省地矿厅行政处罚案

本案当事人争议的问题归纳起来是：温度为72℃的地下热水是地热还是地下水？它属于矿产资源还是水资源？它应当由矿产资源法调整还是由水法调整？它应当由哪一个行政管理部门主管？应当由哪一级行政管理机关管辖？如果被告地矿厅有权管辖，其具体行政行为是否符合法定程序？

国务院根据矿产资源法制定并发布、1994年3月27日起施行的《矿产资源法实施细则》（以下简称《实施细则》）第二条规定："矿产资源是指由地质作用形成的，具有利用价值的，呈固态、液态、气态的自然资源。矿产资源的矿种和分类见本细则所附《矿产资源分类细目》。"所附的细目（一）能源矿产中，列有地热；细目

(四)水气矿产中,列有地下水。由此可见,地热与地下水是两个不同的概念。国家技术监督局在1989年8月29日发布、1990年6月1日起实施的GB11615-89号国家标准《地热资源地质勘查规范》中规定,地热资源是指在我国当前技术经济条件下,地壳内可供开发利用的地热能、地热流体及其有用组分。该标准将地热资源按温度分为高温地热资源、中温地热资源和低温地热资源三类。其中低温地热资源里,又将小于90℃大于或等于25℃的地热分为热水、温热水、温水三项。本案涉及的地下热水平均温度为72℃,是地热,不是地下水。《实施细则》第四十四条是对地下水资源的勘查、开发、利用、保护和管理作出的规定,与本案无关。

全国人大常委会于1986年3月19日颁布并于1986年10月1日起施行(已于1996年8月29日修正)的矿产资源法第三条规定:"矿产资源属于国家所有……开采矿产资源,必须依法申请取得采矿权。"第九条第二款规定:"省、自治区、直辖市人民政府地质矿产主管部门主管本行政区域内矿产资源勘查、开采的监督管理工作。"法律已经明确,地热作为矿产资源,必须依法取得采矿权后才能开采。勘查、开采地热的监督管理工作,在省一级行政区域内,是由省地质矿产行政部门主管的。矿产资源法第三十九条规定:"违反本法规定,未取得采矿许可证擅自采矿的,责令停止开采、赔偿损失,没收采出的矿产品和违法所得,可以并处罚款。"1987年4月29日国务院根据矿产资源法发布的《采矿登记办法》第二十七条第(一)(二)项规定,对于"开办矿山企业,未办理采矿登记手续擅自开工的","正在建设或者正在生产的矿山企业,从本办法发布之日起满1年无正当理由不申请办理采矿登记手续的",可以给予警告、罚款、通知银行停止拨款等处罚。本案原告设计院作为全民所有制的事业单位,没有依法取得采矿权而开采地热,是违法的,应当依法进行处罚。

1991年7月19日起施行的《地下热水管理办法》,是福建省第七届人民代表大会常务委员会第二十二次会议批准的地方性法规。其中第五条规定:"市水行政主管部门是地下水资源的主管部门,负责对温泉的统一规划和协调,对温泉的保护工作进行指导。福州市城市建设行政主管部门是温泉开发利用的主管部门(以下简称温泉主管部门),负责温泉的保护和开发利用的统一管理工作。"第二十七条规定:"本办法规定的行政处罚,由市温泉主管部门决定。"这个规定没有根据国家标准把温泉按照温度的不同区分出地热和地下水,以致将部分地热归入地下水中,由此给这部分地热确定的行政主管部门与法律、行政法规的规定不符。本案第三人城建委据此地方性法规认为自己对这部分地热有行政管理权,是不适当的。

《采矿登记办法》第二十七条的行政处罚,规定由登记管理机关给予。该办法

第三条第三款规定的登记管理机关，是省、自治区、直辖市人民政府地质矿产主管部门。被告地矿厅根据《采矿登记办法》的规定，以自己作为实施具体行政行为的主体，对设计院的违法行为进行处罚，并无不当。地矿厅的具体行政行为发生于1994年，评判该具体行政行为是否符合法定程序，应当以行为时的法律为准。地矿厅已经对设计院的违法事实调查取证，又向其发出《关于开采地热必须依法办理采矿许可证的通知》和《限期办理采矿许可证通知书》等两个通知。由于设计院对这两个通知均未履行，才依照《采矿登记办法》第二十七条第（一）项的规定决定对设计院处以人民币5000元的罚款。此决定通过邮寄送达当事人。地矿厅的上述具体行政行为认定事实清楚，适用法律法规正确，处罚适当，程序合法，应当维持。

——《中华人民共和国最高人民法院公报》1998年第1期。

【链接：最高人民法院法官著述】

本案请示的问题是由于地下热水可能具有矿产资源和水资源的双重属性而引起水法和矿产资源法规范竞合的问题。本案的焦点问题是地下热水的物理属性和法律属性的问题。

……

可见，涉及地热和矿泉水管理方面的问题仍然复杂。地方法院在适用有关问题时，为稳妥起见，应当层报最高人民法院决定。

——蔡小雪、梁凤云、段小京编著：《现行有效行政诉讼司法解释解读应用》，人民法院出版社2014年版，第660、664页。

司法实践中，如果法律之间存在冲突的情况，法院如何适用？我们认为，对于法律之间存在冲突的情况，审理案件的法院（除最高人民法院外）不能像规章之间的冲突解决方式一样直接选择适用，而必须中止案件的审理，请示最高人民法院作出答复。最高人民法院在一个答复意见中认为，对于法律之间的冲突，应当按照各自的规范范围内执行。地下热水属于地热资源，具有矿产资源和水资源的双重属性，应当分别按照水资源法律和矿产资源法律的有关规定执行。

——江必新、梁凤云：《行政诉讼法理论与实务（第三版）》（下），法律出版社2016年版，第1475—1476页。

446 同一法律规范内部条文之间相互不一致的，人民法院应当根据实际情况按照不同条文之间的联系进行解释

关键词｜法律解释｜体系解释｜

【最高人民法院司法解释】

山西省高级人民法院：

你院《关于适用〈行政复议法〉第三十条第一款有关问题的请示》收悉。经研究，答复如下：

根据《行政复议法》第三十条第一款的规定，公民、法人或者其他组织认为行政机关确认土地、矿藏、水流、森林、山岭、草原、荒地、滩涂、海域等自然资源的所有权或者使用权的具体行政行为，侵犯其已经依法取得的自然资源所有权或者使用权的，经行政复议后，才可以向人民法院提起行政诉讼，但法律另有规定的除外；对涉及自然资源所有权或者使用权的行政处罚、行政强制措施等其他具体行政行为提起行政诉讼的，不适用《行政复议法》第三十条第一款的规定。

——《最高人民法院关于适用〈行政复议法〉第三十条第一款有关问题的批复》（2003 年 2 月 28 日，法释〔2003〕5 号）。

【最高人民法院答复】

甘肃省高级人民法院：

你院报送的《关于行政机关颁发土地、矿藏等自然资源所有权或者使用权证的行为是否属于确认具体行政行为的请示》收悉。经研究答复如下：

最高人民法院法释〔2003〕5 号批复中的“确认”，是指当事人对自然资源的权属发生争议后，行政机关对争议的自然资源的所有权或者使用权所作的确权决定。有关土地等自然资源所有权或者使用权的初始登记，属于行政许可性质，不应包括在行政确认范畴之内。据此，行政机关颁发自然资源所有权或者使用权证书的行为不属于复议前置的情形。

——《最高人民法院行政审判庭关于行政机关颁发自然资源所有权或者使用权证的行为是否属于确认行政行为问题的答复》（2005 年 2 月 24 日，〔2005〕行他字第 4 号）。

【链接：最高人民法院法官著述】

二是关于条文之间的体系解释。条文之间的解释是指法律规范普通条文之间

存在语义分歧时应当通过对条文之间的相互关系来进行解释。条文之间的不一致主要包括相互矛盾、相互包含等情况。对于相互不一致的情况，人民法院应当根据实际情况按照不同的条文之间的联系进行解释。……再如，行政复议法第三十条第一款规定："公民、法人或者其他组织认为行政机关的具体行政行为侵犯其已经依法取得的土地、矿藏、水流、森林、山岭、草原、荒地、滩涂、海域等自然资源的所有权或者使用权的，应当先申请复议；对行政复议决定不服的，可以依法向人民法院提起行政诉讼。"

在审判实践中，对因自然资源所有权或使用权引发争议的行政诉讼案件，哪些应适用复议前置程序存在不同意见：一种意见认为，适用复议前置程序的案件应具备两个条件：一是相对人认为具体行政行为侵犯了自己合法的使用权或所有权；二是相对人必须"依法取得"了所涉自然资源的所有权或使用权，即必须持有手续完备的使用权或所有权证或法院的裁判文书。这类案件包括不服收回、撤销或变更所有权或使用权证、许可证的，不包括确定自然资源权属的行政案件。另一种意见认为，相对人认为自己已经"依法取得"了自然资源所有权或使用权的情况比较复杂，有些虽未取得有关证件，但已实际使用多年，他人也无异议，有些存在争议虽经有关部门解决多次仍无结果，争议当事人或多或少都有一定证据或理由认为依法应由自己所有或使用，法院也一时无法判定，因此，当事人提起诉讼的，都应先经过复议，这类案件不仅包括前述案件，也应包括不服确权决定的案件。最高人民法院认为，对于行政复议法第三十条第一款的规定不能进行孤立理解，应当结合该法第六条第(四)项和第三十条第二款的规定进行体系解释。最高人民法院最后的结论是：根据行政复议法第三十条第一款的规定，公民、法人或者其他组织认为行政机关确认土地、矿藏、水流、森林、山岭、草原、荒地、滩涂、海域等自然资源的所有权或者使用权的具体行政行为，侵犯其已经依法取得的自然资源所有权或者使用权的，经行政复议后，才可以向人民法院提起行政诉讼，但法律另有规定的除外；对涉及自然资源所有权或者使用权的行政处罚、行政强制措施等其他具体行政行为提起行政诉讼的，不适用行政复议法第三十条第一款的规定。

——江必新、梁凤云：《行政诉讼法理论与实务（第三版）》（下），法律出版社 2016 年版，第 1564—1566 页。

447 地方性法规的行政处罚规定与上位法的规定相抵触的，应当适用上位法

关键词｜行政处罚｜法律冲突｜

【最高人民法院答复】

重庆市高级人民法院：

你院渝高法〔2001〕78号《关于秦大树不服重庆市涪陵区林业局行政处罚争议再审一案如何适用法律的请示》收悉。经研究，答复如下：

根据《中华人民共和国行政处罚法》第十一条第二款关于“法律、行政法规对违法行为已经作出行政处罚规定，地方性法规需要作出具体规定的，必须在法律、行政法规规定的给予行政处罚的行为、种类和幅度的范围内规定”的规定，《重庆市林业行政处罚条例》第二十二条第一款第（一）项关于没收无规定林产品运输证的林产品的规定，超出了《中华人民共和国森林法》规定的没收的范围。人民法院在审理有关行政案件时，应当适用上位法的规定。

——《最高人民法院对〈关于秦大树不服重庆市涪陵区林业局行政处罚争议再审一案如何适用法律的请示〉的答复》（2003年6月23日，〔2001〕行他字第7号）。

【链接：理解与适用】

该答复所确定的，地方性法规扩大或者限缩上位法规定的给予行政处罚的行为、种类和幅度的范围，属于下位法与上位法相抵触的性质，人民法院应当适用上位法的原则，最高人民法院2004年5月18日发出的《关于审理行政案件适用法律规范问题的座谈会纪要》中亦有所体现。

三、应注意的问题

人民法院在审理具体行政案件中，适用〔2001〕行他字第7号答复及相关司法解释性文件时，应当注意以下两个问题：

（一）关于不适用地方性法规的规定是否需要的请示问题

我国宪法第六十七条规定，全国人民代表大会常务委员会“撤销国务院制定的同宪法、法律相抵触的行政法规和撤销省、自治区、直辖市国家权力机关制定的同宪法、法律和行政法规相抵触的地方性法规”。立法法第八十八条亦作了相同的规定。根据这两条的规定，各地人民法院在审理行政案件中，如果发现行政法规的规定与宪法、法律的规定相抵触，或省级立法机关制定的地方性法规与宪法、法律和

行政法规的规定相抵触的问题，应当逐级上报，由最高人民法院报请全国人民代表大会常务委员会的工作机构，全国人民代表大会常务委员会的工作机构提出该条行政法规或地方性法规同宪法、法律及行政法规相抵触的意见，最高人民法院作出司法解释后，各地人民法院才可以根据司法解释，不适用该条行政法规或地方性法规。最高人民法院未作司法解释前，不能确认地方性法规与法律、行政法规相抵触。地方人民法院在审理行政案件中，认为省级以下立法机关制定的地方性法规与上位法相抵触的，应当逐级报送高级人民法院，由高级人民法院报请省级立法机关裁决。省级立法机关的裁决可以作为人民法院对发生在本行政辖区内的行政案件的依据。

（二）关于总则是否优于分则的问题

重庆市高级人民法院的请示报告中提到"总则优于分则"的观点。法律规范中总则部分一般是有关法律规范所追求的目的、基本原则、一般职权的划分等有关原则性问题的规定。分则一般是对有关具体问题的规定。因此说，总则属于一般规定，分则属于特别规定。正因为总则是对一般问题的规定，分则往往要对特别问题作出规定，这样就会出现总则规定与分则的规定不一致的问题。根据立法法第八十三条的规定，同一机关制定的法律规范，特别规定与一般规定不一致的，适用特别规定的原则，在一部法律或法规中，总则规定与分则规定不一致的，应当适用分则中的特别规定。据此，"总则优于分则"的观点是不成立的。

——蔡小雪、梁凤云、段小京编著：《现行有效行政诉讼司法解释解读应用》，人民法院出版社 2014 年版，第 491—492 页。

448 部门规章对同一事项规定不一致的，适用与上位法不相抵触的部门规章

关键词 | 部门规章 | 法律适用 |

【最高人民法院答复】

河南省高级人民法院：

你院《关于河南日报农村专版读者服务部不服长葛市森林病虫防治检疫站行政处罚一案的请示报告》收悉。经研究并征求国务院法制局的意见，答复如下：

根据 1983 年农业部、林业部两部分工的规定，本案中对苹果苗木的检疫职权

应由农业部门行使。

本案中的其他问题请你院根据该案的具体情况依法处理。

——《最高人民法院行政审判庭关于对苹果苗木的检疫职权应由何部门行使的答复》(1995 年 9 月 18 日,〔1995〕行他字第 16 号)。

【链接:最高人民法院法官著述】

(1)适用与上位法不相抵触的部门规章规定。两个以上部门规章如果存在冲突,且部分规章与上位法不相抵触,部分规章与上位法抵触的,应当适用与上位法不相抵触的部门规章。例如,关于苹果苗木的检疫职权属于农业部门还是林业部门,部门规章规定有所不同。作为林业部规章上位法的森林法未对苹果苗木的检疫职权作出任何规定,而作为农业部规章上位法的《植物检疫条例》明确了苹果苗木的检疫职权由农业部行使。林业部规章规定的苹果苗木的检疫职权与上位法相抵触,农业部规章规定的检疫职权并未与上位法相抵触。最高人民法院认为,苹果苗木的检疫职权应当由农业部门行使,应当适用农业部的规章。可见,两个部门规章存在职权冲突,其中一个规章为上位法所肯定,一个被判定为与上位法相抵触,实际上此时两个规章之间的冲突已经由上位法予以明确,当然应当适用与上位法不相抵触的部门规章。

——江必新、梁凤云:《行政诉讼法理论与实务(第三版)》(下),法律出版社 2016 年版,第 1550 页。

449 相对人作出的不合法行为存在“一果多因”时的处罚

关键词 | 因果关系 | 行政处罚 | 显失公正 |

【最高人民法院参考案例】

王品朝诉临安市林业局林业行政处罚案(行政审判案例第 96 号)

要旨:行政相对人在生产活动中作出的行为虽不符合法律规定的要求,但存在“一果多因”情形,且相对人并无违法之故意的,行政机关不得简单以结果违法为由对其作出处罚。

2007 年间,国务院为保“菜篮子”工程,两次发文要求地方政府出台政策鼓励生猪养殖。同年 9 月,国土资源部和农业部根据国务院的文件精神,联合下发了《关于促进规模化畜禽养殖有关用地政策的通知》,鼓励利用荒山荒坡等土地,进行规模化畜禽养殖,简化用地审批手续。在此情况下,原告响应政府号召,在自己荒芜的承包山建养猪场,其行为是对社会有益的,虽未经法定行政审批程序,但应属情节相对轻微的行政违法。行政处罚法第四条第二款规定,设定和实施行政处罚必须以事实为依据,与违法行为的事实、性质、情节以及社会危害程度相当。本案中,造成涉案林地未经林业部门审核的原因有两个,一是原告自认为在承包山上建养猪场不需要林业部门批准,其主观上存在认识过错;二是镇、畜牧、国土等部门未告知原告应当去林业部门办理审批手续,并且在未征求林业部门意见的情况下,为原告用地办理了备案手续。在存在以上两个原因的情况下,由原告一人承担未经林业部门审批造成的不利后果,有失公平。行政处罚法第二十七条规定,违法行为轻微并及时纠正,没有造成危害后果的,不予行政处罚。涉案土地虽登记为林地,但实际已处在荒芜状态。原告的用地行为并不是森林法及其实施条例规定的禁止性行为,仅仅是在审批环节违反了有关程序性的规定。因此,原告的违法行为是轻微的,本案被告本可以通过通知原告到被告单位补办有关审批手续的方式,对原告办养猪场的行为予以鼓励和扶持,并使原告在程序上的违法行为得到及时纠正,从而适用行政处罚法第二十七条的规定,不对原告进行行政处罚。但被告却仅适用《森林法实施条例》第四十三条第一款之规定,对原告作出责令恢复原状并进行罚款的行政处罚,该处罚决定适用法律错误,依法应予撤销。

——中华人民共和国最高人民法院行政审判庭编:《中国行政审判案例》(第3卷),中国法制出版社2013年版,第75、76页。

450 非法取得土地使用权再转让行为的法律适用

关键词 | 非法转让土地 | 法律适用 |

【最高人民法院答复】

福建省高级人民法院:

你院闽高法〔1997〕176号《关于对尚未依法取得房产权和划拨土地使用权而转让房地产的行为应如何定性问题的请示》收悉。经征求全国人大法工委的意见,答复如下:

关于你院请示对尚未依法取得房产权和划拨土地使用权而转让房地产的行为应如何定性的问题,全国人大法工委已对你省人大常委会办公厅闽常办〔1995〕综字037号《关于非法取得土地使用权后进行转让行为应如何定性问题的请示》作了答复。即："根据《土地管理法》的规定，无论以何种方式非法取得土地使用权，其再转让的行为都构成非法转让土地，应适用有关土地管理的法律追究其法律责任"。故不再另行答复，请你院据此执行。

——《最高人民法院行政审判庭关于非法取得土地使用权再转让行为的法律适用问题的答复》(1998年5月15日，〔1997〕法行字20号)。

451 在已取得土地使用权的范围内开采砂石无须办理矿产开采许可证和缴纳资源补偿费的情形

关键词｜土地使用权｜矿产开采许可证｜

【最高人民法院答复】

青海省高级人民法院：

你院《关于在已取得土地使用权的范围内开采砂石是否需办理矿产开采许可证的请示》收悉。经研究，答复如下：

原则同意你院第二种意见。即根据《矿产资源法实施细则》第十五条关于"本细则由地质矿产部负责解释"的规定，参照国土资源部国土资函〔1998〕190号《关于开山凿石、采挖砂、石、土等矿产资源适用法律问题的复函》中关于"建设单位因工程施工而动用砂、石、土，但不将其投入流通领域以获取矿产品营利为目的，或就地采挖砂、石、土用于公益性建设的，不办理采矿许可证，不缴纳资源补偿费"的解释，水电站建设单位因工程施工而在批准用地的范围内采挖砂、石、土，用于水电站大坝混凝土浇筑工程的，无须办理矿产开采许可证及缴纳资源补偿费。

——《最高人民法院行政审判庭关于在已取得土地使用权的范围内开采砂石是否需办理矿产开采许可证问题的答复》(2006年10月31日，〔2006〕行他字第15号)。

【链接：理解与适用】

本请示案件的焦点问题是对于行政法规的一般性规定，国土资源部作出的特别规定的效力问题。

……

对于本案中的两个复函，属于主管部门制定发布的规范性文件。这些规范性文件一般针对具体的事项,在不与上位法冲突的前提下对上位法进行补充规定。这些规范性文件虽然不是正式的法律渊源,对人民法院不具有法律规范意义上的约束力,但是,人民法院经审查认为该具体应用解释和其他规范性文件合法、有效并且合理适当的,应当承认其效力。

——蔡小雪、梁凤云、段小京编著:《现行有效行政诉讼司法解释解读应用》,人民法院出版社 2014 年版,第 644、646 页。

452 矿产资源补偿费缴费义务主体以及征收对象的确定

关键词 | 矿产资源补偿费 |

【最高人民法院答复】

贵州省高级人民法院:

你院关于在审理征收矿产资源补偿费行政案件中如何确定矿产资源补偿费缴费义务主体、征收对象问题的请示收悉。经征求国务院法制局的意见,答复如下:

1. 依照《矿产资源补偿费征收管理规定》第四条第一款及《矿产资源法实施细则》第六条第一款第(二)项的规定,矿产资源补偿费缴费义务主体应是依法取得采矿许可证、具有独立承担经济责任能力的组织或者个人。

2. 根据《矿产资源补偿费征收管理规定》第三条的规定,征收矿产资源补偿费,应当以脱离自然赋存状态的原矿为计征对象。

——《最高人民法院行政审判庭关于对矿产资源补偿费缴费义务主体以及征收对象的答复》(1997 年 3 月 7 日,〔1996〕行他字第 16 号)。

453 下位法的解释必须符合宪法规定的基本精神和原则

关键词 | 合宪性解释 | 土地权属纠纷 | 司法建议 |

【最高人民法院答复】

广西壮族自治区高级人民法院:

你院《关于北海市铁山港区营盘镇白龙村公所坪底村委第八(三)生产队不服合浦县人民政府土地权属处理纠纷一案适用法律问题的请示》收悉。经研究,答复如下：

根据《宪法》、《土地管理法》关于土地所有权规定的基本精神，对土地所有权有争议，但不能依法证明土地属农民集体所有的土地，应依照《土地管理法实施条例》第三条第（三）项的规定，并参照原国家土地管理局确定土地所有权使用权的有关规定确定土地所有权。

此外，考虑到该案的争议土地系农民长期使用，但未取得合法权属证明的特殊情况，建议你院向政府提出司法建议，即：如果国家使用该争议地，应参照国家征用土地的有关规定给予适当补偿。

——《最高人民法院行政审判庭关于对农民长期使用但未取得合法权属证明的土地应如何确定权属问题的答复》（1998 年 8 月 17 日，〔1997〕行他字第 17 号）。

【链接：最高人民法院法官著述】

合宪性解释的理论基础在于，以宪法为统领的法律规范体系被假设成为一个科学的、互相之间和谐的统一体。这一点体现在解释的方法上，主要是基于同一术语的解释应当尽量为一致的解释，也就是说在运用此种方法时，不应当首先假定法律规范之间是相互冲突的，而是应当假设法律规范之间是不存在冲突的，即使存在可能的冲突，也是可以通过解释获得一致的。如果作为下位法的法律规范确实存在不同于上位法甚至抵触的含义，下位法的含义应当通过上位法的准确含义予以框定和限制。这种限制和框定不能构成对于适用下位法具体制度的障碍，下位法只要不逾越宪法原则即可。……合宪性解释的功能和作用就体现在对于下位法的具体含义进行整体上的约束和指导，对于下位法的有关条文、字句的解释必须符合整个宪法基本原则和基本制度。正因为合宪性解释采用了价值判断的方法，大多数学者认为，合宪性解释实际上属于最后的选择方式。

例如，在一个具体的案件中，涉及了宪法和土地管理法上规定存在不一致理解的问题。某地的土地长期由村民耕种，但是没有办理过土地产权文书，土地管理机关认为，根据国务院颁布的《土地管理法实施条例》第三条："下列土地属于全民所有即国家所有：……（三）国家未确定为集体所有的林地、草地、山岭、荒地、滩涂、河滩地以及其他土地。"同时，还根据国家土地管理局〔1995〕国土籍字第 26 号《确定土地所有权和使用权的若干规定》第十八条规定："土地所有权有争议，不能依法证明争议土地属于农民集体所有的，属于国家所有。"进而认为村民的土地属于国有。实际上，根据宪法第十条第二款规定："农村和城市郊区的土地，除由法律规定属于国家所有的以外，属于集体所有……"土地管理法第六条第二款也规定：

"农村和城市郊区的土地，除由法律规定属于国家所有的以外，属于集体所有……"按照宪法与土地管理法的规定，应理解为，农村和城市郊区的土地，如果属于国家所有的，应当由法律作出明确规定，如果法律没有规定的，则属于集体所有的土地。上述解释就是运用了合宪性解释的方法，即下位法的解释必须符合宪法规定的基本精神和基本原则，下位法的有关规定明显与宪法和土地管理法的规定相抵触。这就是合宪性解释的基本方法，当然，对于合宪性解释的方法必须是在明显违反宪法的精神或者原则的情况下才进行。如果下位法与宪法的规定仅有微小的差异，并且意义尚在可以接受的范围之内，不能采用这种解释方法。上位法与下位法的解释能够和谐统一的，应当尽量作一致的解释，因为法律解释的原则在于解决问题，而不是凭空制造问题。

——江必新、梁凤云：《行政诉讼法理论与实务（第三版）》（下），法律出版社2016年版，第1566—1567页。

454 对规范性文件的合法性审查方式及处理方式

关键词 | 规范性文件 | 合法性审查 |

【最高人民法院公报案例】

陈爱华诉南京市江宁区住房和城乡建设局不履行房屋登记法定职责案

要旨：国家对不动产实行统一登记制度。统一登记制度的范围、登记机构和登记办法，由法律、行政法规规定。司法部、建设部《关于房产登记管理中加强公证的联合通知》不属于法律、行政法规、地方性法规、规章的范畴，且与物权法、继承法、《房屋登记办法》等有关法律法规相抵触，不能成为房屋登记主管部门不履行房屋登记法定职责的依据。

行政诉讼法第五十二条规定："人民法院审理行政案件，以法律和行政法规、地方性法规为依据。地方性法规适用于本行政区域内发生的行政案件。"第五十三条规定："人民法院审理行政案件，参照国务院部、委根据法律和国务院的行政法规、决定、命令制定、发布的规章以及省、自治区、直辖市和省、自治区的人民政府所在地的市和经国务院批准的较大的市的人民政府根据法律和国务院的行政法规制定、发布的规章。"另物权法第十条规定："国家对不动产实行统一登记制度。统一登记的范围、登记机构和登记办法，由法律、行政法规规定。"继承法第十六条第三款规定："公民可以立遗嘱将个人财产赠给国家、集体或者法定继承人以外的人"，以及第十七条第二款规定："自书遗嘱由遗嘱人亲笔书写，签名，注明年、月、日。"另《房屋登记办法》第三十二条规定："发生下列情形之一的，当事人应当在有关法律文件生效或者事实发生后申请房屋所有权转移登记……(三)赠与……"且《房屋登记办法》并无规定，要求遗嘱受益人须持公证机关出具的遗嘱公证书才能办理房屋转移登记。

本案中，《联合通知》是由司法部和建设部联合发布的政府性规范文件，不属于法律、行政法规、地方性法规或规章的范畴，其规范的内容不得与物权法、继承法、《房屋登记办法》等法律法规相抵触。行政机关行使行政职能时必须符合法律规定，行使法律赋予的行政权力，其不能在有关法律法规规定之外创设新的权力来限制或剥夺行政相对人的合法权利。行政机构以此为由干涉行政相对人的合法权利，要求其履行非依法赋予的责任义务，法院不予支持。故，被告依据《联合通知》的规定要求原告必须出示遗嘱公证书才能办理房屋转移登记的行为与法律法规相抵触，对该涉案房屋不予办理房屋所有权转移登记的具体行政行为违法。

——《中华人民共和国最高人民法院公报》2014年第8期。

【链接：最高人民法院法官著述】

我们认为，规范性文件在不同的诉讼阶段具有不同的法律地位。在法院进行合法性审查之前，规范性文件对于行政机关而言，是行政行为的直接依据，对于法院而言，不具有法律规范意义上的约束力，在性质上类似于待证事实。在法院进行合法性审查之后，规范性文件包括两种情况：如果经过合法性审查认为合法、有效并合理、适当的，应当承认其具有法律效力；如果经过合法性审查认为存在不合法、无效、失效、不合理、不适当的，法院不承认其具有法律效力。值得注意的是，法院此时进行的"合法性审查"不同于对于案件事实的合法性审查，《适用法律规范纪要》指出，行政机关往往将这些具体应用解释和其他规范性文件作为具体行政行为的直接依据。这些具体应用解释和规范性文件不是正式的法律渊源，对人民法院不具有法律规范意义上的约束力。但是，人民法院经审查认为被诉具体行政行为依据的具体应用解释和其他规范性文件合法、有效并合理、适当的，在认定被诉具体行政行为合法性时应承认其效力；人民法院可以在裁判理由中对具体应用解释和其他规范性文件是否合法、有效、合理或适当进行评述。

在对规范性文件进行审查之后，关键的问题是法院应如何处理。在行政诉讼法修改之前，法院已经就规范性文件的合法性审查的概念进行了宽松的解释，但是对于规范性文件也只能是审查权，没有对它的"处分权"，法院在一个案件中认定无效的其他规范性文件，尚不影响其在行政执法过程中继续存有效力，即法院经过合法性审查之后，无权通过撤销、变更等方式产生法律上的形成力。

本次行政诉讼法修改，明确了人民法院对于规范性文件的审查权，法院在进行合法性审查之后认为不合法而不予适用的规范性文件，应当在裁判文书中对其合法性、合理性进行评述，明确阐明理由。在案件结束后，法院应当就该规范性文件中存在的问题提出具有详细内容的司法建议书。上级行政机关或者其他有权机关在接到司法建议书之后，在一定期限内须就是否进行修改或者废止该规范性文件作出书面答复。如果相关机关不予答复的，法院可以就相关情况请求人民代表大会启动质询等法律监督程序。

——最高人民法院行政审判庭编著：《中华人民共和国行政诉讼法及司法解释条文理解与适用》，人民法院出版社 2015 年版，第 444—446 页。

五、水利

455 国务院办公厅颁布的规范性文件的法律效力

关键词｜征收水资源费｜规范性文件｜法律效力｜

【最高人民法院答复】

广西壮族自治区高级人民法院：

你院报来的《关于广西桂冠电力股份有限公司诉大化瑶族自治县水利局征收水资源费及行政处罚上诉一案的请示》收悉。经研究，答复如下：

国务院颁布的《取水许可和水资源费征收管理条例》于2006年4月15日起施行，在该条例施行之后，应当根据该条例的有关规定征收水资源费。

——《最高人民法院行政审判庭关于征收中央直属发电厂的水力发电用水和火力发电贯流式冷却用水水资源费问题的答复》（2007年11月5日，〔2007〕行他字第17号）。

山东省高级人民法院：

你院鲁高法〔1997〕78号请示收悉。经研究，答复如下：

根据《中华人民共和国水法》第三十二条第二款、第三十四条第三款的规定，实施取水许可制度的步骤、范围和办法以及征收水费、水资源费的办法，应由国务院规定。国办发〔1995〕27号文件是"经国务院同意"，由国务院办公厅下发的。该文关于"对中央直属水电厂的发电用水和火电厂的循环冷却水暂不征收水资源费"的规定，应当作为人民法院审理有关行政案件的依据。

——《最高人民法院关于审理水政行政征收案件是否适用国办发〔1995〕27号文件请示的答复》（1997年8月8日，〔1997〕法行字第08号）。

【最高人民法院裁判案例】

山东省莱芜发电总厂诉山东省莱芜市莱城区水利水产局行政征收再审案[最高人民法院(1998)行再字第1号行政判决书]

要旨：国办发〔1995〕27号《通知》是经国务院同意，以国务院办公厅名义下发的，根据水法的授权，国务院有权对征收水资源费的问题作出规定，国办发〔1995〕27号《通知》应当作为行政机关执法和人民法院审理有关行政案件的依据。

水法第三十四条第三款规定："水费和水资源费的征收办法，由国务院规定。"也就是说，水费、水资源费的征收范围、征收标准等，应由国务院规定，其他部门无权规定。但目前国务院尚未制定水费和水资源费的征收办法。根据国务院办公厅发出的国办发〔1995〕27号《通知》的规定，在国务院发布水资源费征收和使用办法前，各省级人民政府制定的水费和水资源费的征收办法，可以作为各所在行政区域内征收水费和水资源费的依据，但不包括对中央直属水电厂的发电用水和火电厂的循环冷却水水资源费的征收。该《通知》是经国务院同意，以国务院办公厅名义下发的；根据水法的授权，国务院有权对征收水资源费的问题作出规定；国办发〔1995〕27号《通知》应当作为行政机关执法和人民法院审理有关行政案件的依据。被申请人作出处理决定时，亦认为应当执行国办发〔1995〕27号《通知》，山东莱芜发电总厂系中央直属火电厂，莱芜市莱城区水利水产局收取该厂循环冷却水在循环冷却过程中消耗的水量所补充的新水，与水法和国办发〔1995〕27号《通知》规定精神不符，本院不予支持。山东省高级人民法院(1997)鲁行终字第8号行政判决维持一审判决和莱芜市莱城区水利水产局莱城区水政〔1996〕019号《违反水法规行政处理决定通知书》，属于认定事实不清，证据不足。

——最高人民法院行政审判庭编：《最高人民法院最新行政裁判汇编》，人民法院出版社2006年版，第171页。

【链接：最高人民法院法官著述】

(一)关于国办发〔1995〕27号文的性质问题

1987年4月21日国务院批准，同日由国务院办公厅发布的《行政法规制定程序暂行条例》第十五条规定："经国务院常务会议审议通过或者经国务院总理审定的行政法规，由国务院发布，或者由国务院批准、国务院主管部门发布。"该条虽然是规定行政法规的发布形式，但多数同志认为，从形式上看，无论是国务院发布，还是国务院主管部门发布，都是国务院的意志，而不是国务院主管部门的意志，因此，这两种发布形式都是具有普遍性约束力的规范性文件,均属于行政法规。在立法法颁布以前,实践中均将这两种发布形式的规范性文件按照行政法规对待。经国务院同意,国务院办公厅下发的具有普遍约束力的规范性文件,与国务院批准、国务院部门发布的具有普遍约束力的规范性文件性质是相同的,故应当视为行政法规。国办发〔1995〕27 号文是经国务院同意、国务院办公厅下发的具有普遍性约束力的规范性文件,在立法法颁布前,亦应视为行政法规,各级行政机关均应当执行。立法法第六十一条规定:“行政法规由总理签署国务院令公布。”这就意味着立法法施行以后所有的行政法规都必须以总理签署国务院令的形式公布,不再保留国务院批准、国务院部门发布行政法规这一形式。经国务院同意,国务院办公厅下发的具有普遍约束力的规范性文件,在立法法施行后亦不应视为行政法规。但此种文件应属于何种性质,在立法法及有关法律中没有明确。在立法法实施后,此种文件不属于行政法规,但国务院采取这种行政措施主要是基于保障法律、行政法规及中央宏观政策的统一性考虑,防止地方各行其是破坏法律、行政法规及中央宏观政策的统一性。因此,其法律效力虽低于行政法规,但高于地方性法规和规章,只要不与上位法相抵触的,地方各级政府及其部门仍应执行。换言之,国办发〔1995〕27号文在立法法施行以后,国务院未制定水费和水资源费的征收办法之前,仍应当是地方政府及其部门征收水资源费的法律依据。

经国务院同意、国务院办公厅下发的具有普遍约束力的规范性文件有三种情况:一是法律授权制定的。这类文件的发布主要是法律授权国务院制定行政法规,但由于情况的复杂性,短时间内难以制定行政法规,但又要解决现实生活中急需解决的问题,所作出的与行政法规衔接过程中需要采取过渡性执行措施的文件。二是补充法律的规定。这类国务院规范性文件多是针对行政法律实施具体操作的文件。三是法律未规范但社会发展急需所制定的。这类国务院规范性文件主要是针对社会发展中出现的新情况、新问题采取必要管理措施的文件。由于国务院的地位特殊,前两种情况下制定的文件,不与上位法相抵触的,第三种情况制定的文件,如果不违背我国宪法所确立的公平正义的原则,其法律效力虽低于行政法规,但高于地方性法规、地方政府规章。因此,当地方性法规、地方政府规章与它们相抵触的,应当适用该类文件。国办发〔1995〕27 号文是国务院实施水法与《水资源费征收办法》衔接的间隙过程中,为了执行需要,作出的临时性执行措施,尽管,该规定是经国务院同意,国务院办公厅形式发布的,但按照水法授权国务院制定《水资源费征收办法》的权限,该文件应当是国务院在其权限内发布的规范性文件,应当属于第一种情况制定的文件,其效力虽然不能完全等同于行政法规的效力,但只要不与水法相抵触，其效力应当高于地方性法规和规章。

国办发〔1995〕27 号文与水法不存在抵触问题。水法授权国务院制定水费和水资源费的征收办法，也就意味着包括征收水资源费的范围及免除征收水资源费的特殊情形。因此，国办发〔1995〕27 号文暂时免除对中央直属发电企业水力发电用水和火力发电灌溉流式冷却用水征收水资源费并未超出水法的授权范围，故不能认定该文规定的内容与水法相抵触。国办发〔1995〕27 号文暂时免除对中央直属发电企业水力发电和火力发电灌溉流式冷却用水征收水资源费，为了避免中央直属发电企业与地方发电企业不公平竞争，地方性法规或者地方政府规章完全可以规定免除对地方发电企业水力发电用水和火力发电灌溉流式冷却用水征收水资源费，从而避免地方发电企业与中央直属发电企业的不公平竞争。地方性法规、地方政府规章不作此方面的规定，由此造成的不公平竞争，不能说是由国办发〔1995〕27 号文造成的。

（二）国办发〔1995〕27 号文的时间效力问题

全国人大常委会于 2002 年 8 月 29 日修订了水法。有人提出，当新水法施行后，国办发〔1995〕27 号文的效力应当终止。实质上，该命题涉及两个法律问题。

1. 经修订的法律规范施行后，原有的下位法是否还具有法律效力的问题

经修订的法律规范是在原有的法律规范经过实践检验后制定出来的，为了保证国家政策的连续性，避免造成法律规范的真空，修订的法律规范没有明确规定废止的下位法，其规定的内容与经过修订的法律规范的规定不相抵触的部分，应当具有法律效力。但当新的同位法律规范发布施行后，原有的同位法律规范自行失效。国办发〔1995〕27 号文是水法的下位法，修订后的水法，没有明确废止该文的法律效力。因此，不能仅仅因为水法的修改，就能如此简单地得出该文已自然失效的结论。

2. 国办发〔1995〕27 号文与修订后的水法及相关的国务院文件之间是否存在抵触的问题

修订后的水法第四十八条规定："直接从江河、湖泊或者地下取用水资源的单位和个人，应当按照国家取水许可制度和水资源有偿使用制度的规定，向水行政主管部门或者流域管理机构申请领取取水许可证，并缴纳水资源费，取得取水权。实施取水许可制度和征收管理水资源费的具体办法，由国务院规定。"该条的规定与修订前的水法第三十四条的规定完全相同，修订后的水法中未对征收水资源费的问题作出具体规定。由此推定，国办发〔1995〕27 号文与水法之间不存在相抵触的问题。

国务院于1997年10月28日印发的《水利产业政策》第十七条规定："国家实行水资源有偿使用制度，对直接从地下或江河、湖泊取水的单位依法征收水资源费。水资源费征收和使用管理办法由国务院制定，在国务院正式发布之前，暂按省（自治区、直辖市）的有关规定执行。收取的水资源费要作为专项资金，纳入预算管理，专款专用。"该文件仅仅是对征收水资源费的原则规定，由于对中央直属企业征收水资源费的问题规定不明确。1999年1月6日，国务院办公厅经国务院领导同意下发了《国务院办公厅关于执行国办发〔1995〕27号文件有关问题的通知》，要求"各地方、各部门要继续贯彻执行国办发〔1995〕27号文件的规定"，并对中央直属水电厂、火电厂进行了明确的界定。因此说，该通知并没有废止国办发〔1995〕27号文的法律效力。

国务院办公厅于2004年4月19日发布的国办发〔2004〕36号《关于推进水价改革促进节约用水保护水资源的通知》中明确规定："凡未征收的地区要尽快开征水资源费，并根据水资源紧缺程度，逐步提高征收标准。"该通知中原则要求各地区尽快开征水资源费，逐步提高征收标准，但并没有明确规定，对中央直属发电企业水力发电用水和火力发电灌溉流式冷却用水开征水资源费，因此，不能以该通知来否定国办发〔1995〕27号文的法律效力。

2005年4月29日，国务院副总理曾培炎在全国水价改革与节水工作电视电话会议上指出：全面推进水价改革的主要任务之一，就是要"加大水资源费征收力度。要继续扩大水资源费征收范围，未开征的地区要开征。对中央直属电厂，恢复征收水资源费。"该讲话虽然明确了对中央直属电厂恢复征收水资源费。但是，该讲话不是行政法律规范，因此，不能作为行政机关执法的依据，只有在该讲话转化为行政法律规范后，行政法律规范才能作为行政执法的依据。因此，也不能仅仅根据曾培炎同志的讲话否定国办发〔1995〕27号文的法律效力。

国务院于2006年1月24日通过，同年2月21日公布，自同年4月15日起施行的《取水许可和水资源费征收管理条例》第二条第二款规定："取用水资源的单位和个人，除本条例第四条规定的情形外，都应当申请领取取水许可证，并缴纳水资源费。"该条例第三十一条规定："水资源费由取水审批机关负责征收；其中，流域管理机构审批的，水资源费由取水口所在地省、自治区、直辖市人民政府水行政主管部门代为征收。"该条例第三十二条规定："水资源费缴纳数额根据取水口所在地水资源费征收标准和实际取水量确定。水力发电用水和火力发电贯流式冷却用水，可以根据取水口所在地水资源费征收标准和实际发电量确定缴纳数额。"该条例未将中央直属发电企业的水力发电用水和火力发电贯流式冷却用水排除在征收水资源费之外,也就意味着,所有的发电企业的水力发电用水和火力发电贯流式冷却用水都应征收水资源费。因该条例的规定与国办发〔1995〕27 号文的有关内容规定不一致,因此,当该条例施行后,国办发〔1995〕27 号文就失去法律效力。

基于上述原因,在国务院颁布的《取水许可和水资源费征收管理条例》施行之前(即 2006 年 4 月 15 日之前),不应征收中央直属发电企业的水力发电用水和火力发电贯流式冷却用水水资源费;施行之后,应当根据该条例的有关规定征收水资源费。人民法院在审理有关征收中央直属发电企业水资源费的案件时,除了要注意征收时间外,还需注意以下一个问题。

目前,我国水库分为设计有供水功能的水库和没有供水功能的水库。前者水资源费一般应当由水库管理单位向水利行政主管部门缴纳,后者一般由用水单位直接向水利行政主管部门缴纳。根据有关征收水资源费的法律规范的规定,水资源费不得重复征收,最高人民法院行政审判庭于 2005 年 4 月 25 日作出的〔2004〕行他字第 24 号《关于用水单位从水库取水应否缴纳水资源费问题的答复》中明确指出:"目前我国水库分为设计有供水功能的水库和没有供水功能的水库。有供水功能的水库,且水库管理单位已向水行政主管部门申请取水许可证并缴纳水资源费的,用水户仅需按用水量和水利工程供水价格向水库管理单位支付水利工程水费,无需再向国家缴纳水资源费;没有供水功能的水库,则用水单位应当直接向水行政主管部门申请取水许可并缴纳水资源费。"

——蔡小雪:《国务院办公厅发布的规范性文件的法律效力的判断与适用》,载中华人民共和国最高人民法院行政审判庭编:《行政执法与行政审判》(总第 26 集),人民法院出版社 2008 年版,第 36—43 页。

456 用水单位从水库取水应否缴纳水资源费，应当视有无供水功能而定

关键词 | 水库 | 水资源费 |

【最高人民法院答复】

湖北省高级人民法院:

你院〔2004〕鄂行他字第 5 号《关于荆门市供水总公司诉湖北省水利厅水利行政征收一案法律适用问题的请示报告》收悉。

经研究并征求国务院法制办的意见,现答复如下:

水法对水资源属于国有和水资源实行有偿使用只作了原则性规定,在国务院制定水资源费征收办法前,除法律、行政法规明确规定不得征收水资源费的情况外,水资源费征收范围应暂按省、自治区、直辖市的规定执行。目前水库分为设计有供水功能的水库和没有供水功能的水库。有供水功能的水库,且水库管理单位已向水行政主管部门申请取水许可证并缴纳水资源费的,用水户仅需按用水量和水利工程供水价格向水库管理单位支付水利工程水费,无需再向国家缴纳水资源费;没有供水功能的水库,则用水户应当依法直接向水行政主管部门申请取水许可并缴纳水资源费。

——《最高人民法院行政审判庭关于用水单位从水库取水应否缴纳水资源费问题的答复》(2004 年 4 月 25 日,〔2004〕行他字第 24 号)。

【链接:理解与适用】

根据修订后的水法第四十八条第一款的规定,直接从江河、湖泊或者地下取用水资源的单位和个人应当按照国家取水许可制度和水资源有偿使用制度的规定,向水行政主管部门或者流域管理机构申请领取取水许可证,并缴纳水资源费,取得取水权。但是,家庭生活和零星散养、圈养畜禽饮用等少量取水的除外。本条仅仅规定了一个除外规定,即以家庭为取水单位的为了自己家庭生活和少量散养、圈养畜禽的取水,而不包括家庭办的养殖场取水和自来水厂为居民生活供水而取水的行为。将修订前水法中的取水改成了现在的取用水资源,扩大了取水许可的范围,包含了水电厂的用水等。

本案涉及的法律问题是从水库中取水是否属于"直接从江河、湖泊或者地下取用水资源"?《湖北省水资源费征收管理办法》第二条规定,本省行政区域内凡利用水工程或者机械提水设施直接从江河、湖泊(含水库)和地下取水的单位和个人,均应缴纳水资源费。也就是说,湖北省人民政府认为,从水库中取水的也应当视为从湖泊中取水。焦点问题仍然是从水库中取水是否就是直接从湖泊中取水。

根据《现代汉语词典》的解释,所谓"湖泊",是指湖的总称;所谓"水库",是指拦洪蓄水和调节水流的人工湖,可以用来灌溉、发电和养鱼等。根据《辞海》的解释,"湖泊"是指陆地上相对封闭的洼地中汇积的广阔水体。所谓"水库",是指在山谷、河道或低洼地区用挡水和泄水等水工建筑物形成的人工水域。那么,是不是可以将水库解释为湖泊的一种?如果将水库界定为"人工湖泊",则水库似属于湖泊的一种。但是,从通常人的观点来看,湖泊一般是指自然湖泊,例如太湖、洞庭湖等;如果包括人工湖泊,大多数人也会认为颐和园的昆明湖、北海等,把水库称为人工湖显然是一种扩大解释。

那么,这种扩大解释是否符合立法原意呢?从水法第四十八条第一款的规定来看,其采取的立法技术是概括式肯定与否定式排除相结合的方式。其中"直接从江河、湖泊或者地下取用水资源的单位和个人,应当按照国家取水许可制度和水资源有偿使用制度的规定,向水行政主管部门或者流域管理机构申请领取取水许可证,并缴纳水资源费,取得取水权"是概括式肯定;而"但是,家庭生活和零星散养、圈养畜禽饮用等少量取水的除外"则是否定式排除。概括式肯定方式体现的是一种一般的情形,而否定式排除则是一种例外情形。从法条上看,我们可以理解为,立法者并非要将取水范围限制在"直接从江河、湖泊或者地下取用水资源",而应当理解为除了"家庭生活和零星散养、圈养畜禽饮用等少量取水"之外,"直接从江河、湖泊或者地下取用水资源"都应当缴纳水资源费。① 水库中的水一般是通过拦截江河,形成了相对封闭的水体。这个水体中水实质上还是江河湖泊中的水。因此,对于取水人而言,不能因为其从水库中取水,就认为没有"直接从江河、湖泊或者地下取用水资源"。

也就是说,本案中取水人应当缴纳水资源费。但是,本案的取水人供水总公司已经向漳河水库缴纳了水利工程水费,不应当另行缴纳水资源费。而湖北省水利厅则认为,供水总公司除了应当向水库管理单位支付水利工程水费外,还应当依法履行向国家缴纳水资源费的义务。那么,取水人缴纳的水利工程水费是否包含了水资源费呢?

水利工程水费是水利部门通过拦、蓄、引、提等工程措施向用水户提供用水过程中耗费的价值补偿,是水利供水产业的价格表现,其价格构成为工程的运行管理费、直接材料费、修理费、固定资产折旧费、应交税金和合理收益。这里有一个前提条件是,水利工程水费必须是有供水功能的水利工程。一般说来,水利工程水费分为农业水费和非农业水费。农业水费是指水利工程直接供应粮食作物、经济作物、退耕还林(用材林除外)和水产养殖用水水费;非农业水费是指水利工程直接供应工业、自来水厂、水力发电、城市环境和其他用水水费。水利工程水费是指供水经

① 此外,根据《取水许可和水资源费征收管理条例》第四条的规定,以下情形也无须缴纳水资源费:农村集体经济组织及其成员使用本集体经济组织的水塘、水库中的水的;为保障矿井等地下工程施工安全和生产安全必须进行临时应急取(排)水的;为消除对公共安全或者公共利益的危害临时应急取水的;为农业抗旱和维护生态与环境必须临时应急取水的。

营者通过拦、蓄、引、提等水利工程设施销售给用户的天然水价格。水利工程供水是供水的源头,取水需要交纳水资源费,在《水利工程管理单位财务会计制度》中,水资源费是供水成本中制造费用中的一项,是工程水价成本的一部分。对用水户而言,其交纳的水费中已经包括水资源费、水利工程供水水费、自来水生产费和污水处理费。可见,水利工程水费中已经包括水资源费,无须另行缴纳。

据此,2004 年 4 月 25 日,最高人民法院行政审判庭作出《关于用水单位从水库取水应否缴纳水资源费问题的答复》(〔2004〕行他字第 24 号)。……这里包括两个内容:一是认可了地方政府规章在征收范围上的参照效力。二是是否需要另行缴纳水资源费,要看水库是否有供水功能。如果有供水功能,水库已经收取了水利工程水费的,其费用中已经含有水资源费,无须缴纳水资源费;如果没有供水功能,用水户应当依法直接向水行政主管部门申请取水许可并缴纳水资源费。在本案中,漳河水库在设计时没有供水功能,供水总公司应当直接向水行政主管部门申请取水许可并缴纳水资源费。当然,漳河水库因其没有供水功能,亦不应当代替水利部门收取包含水资源费的水利工程水费。

——蔡小雪、梁凤云、段小京编著:《现行有效行政诉讼司法解释解读应用》,人民法院出版社 2014 年版,第 649—651 页。

457 对《水土保持法实施条例》第二十一条第二款“水土保持设施”的理解

关键词｜水土保持设施｜扩展解释｜

【最高人民法院答复】

内蒙古自治区高级人民法院:

你院《关于对伊敏华能东电煤电有限公司不服呼伦贝尔盟水利局催交水土流失补偿费一案如何适用法律的请示》收悉。经研究并征求国务院法制办的意见,答复如下:《中华人民共和国水土保持法实施条例》第二十一条第二款“任何单位和个人不得破坏或者侵占水土保持设施,企事业单位在建设和生产过程中损坏水土保持设施的,应当给予补偿”的规定中的“水土保持设施”,系指建设的水土保持设施和种植的林草。你院在审理伊敏华能东电煤电有限公司不服呼伦贝尔盟水利局催交水土流失补偿费一案时,应当适用《中华人民共和国水土保持法实施条例》的有关规定。

——《最高人民法院行政审判庭关于对审理水土流失补偿费行政案件如何适用法律问题的答复》(2002 年 7 月 29 日,〔2001〕行他字第 9 号)。

六、住房和城乡建设

458 部门规章之间有关部门职权规定冲突的优先适用联合规章

关键词｜部门规章｜联合规章｜

【最高人民法院答复】

湖北省高级人民法院：

你院《关于塔式起重机的监督管理权限如何选择适用行政规章的请示》收悉，经研究，答复如下：

国家建设部、工商局、质量技术监督局联合制定的《施工现场安全防护用具及机械设备使用监督管理规定》，对起重机械的监督管理权限作了明确划分。人民法院审查行政机关在国务院《特种设备安全监察条例》施行前作出的相关具体行政行为，应当参照《施工现场安全防护用具及机械设备使用监督管理规定》。

——《最高人民法院对〈湖北省高级人民法院关于对塔式起重机的监督管理权限如何选择适用行政规章的请示〉的答复》（2004 年 2 月 16 日，〔2004〕行他字第 2 号）。

【链接：最高人民法院法官著述】

由于产品质量法和建筑法均没有明确规定，在房屋建筑工地和市政工程工地上塔式起重机械的安装、使用的监督管理职权由何部门行使。如果行政职能部门放任行政监督管理，将不利于建筑安全生产，有可能引发建筑安全事故。因此，为了使这方面的行政监管不出现真空，维护建筑安全生产，有必要明确该项行政管理职权的行使部门。建设部、国家工商局、国家质量技术监督局在上位法没有明确规定的前提下，联合发布了《施工现场安全防护用具及机械设备使用监督管理规定》，其中明确规定：建设行政主管部门负责对施工现场安全防护用具及施工机械设备的使用实施监督管理。施工现场安全防护用具及机械设备使用的具体监督管理工作，可以委托所属的建筑安全监督管理机构负责实施。工商行政管理机关负责查处市场管理和商标管理中发现的经销掺假或假冒的安全防护用具及机械设备；质量技术监督机关负责查处生产和流通领域中安全防护用具及机械设备的质量违法行为。该项规定与上位法不存在抵触的问题，而且符合建筑法的立法本意。据此，应当说，在上位法及国务院的有关文件中未明确此项行政管理职权之前，联合规定是具有法律效力的。国家质量技术监督局在联合规定出台后发布的《特种设备质量监督与安全监察规定》，单方面擅自改变了联合规定中有关部门职权的规定，是错误的，该项规定不具有法律效力。建设部在联合规定发布之前发布的《塔式起重机拆装管理暂行规定》中有关部门职权的规定，符合联合规定中有关部门行政管理职权划分的原则。据此，对在联合规定发布后的行为，建设部门依据暂行规定作出的具体行政行为不宜认定为超越职权。

基于上述理由，最高人民法院 2004 年 2 月 16 日作出〔2004〕行他字第 2 号《对〈关于对塔式起重机的监督管理权限如何选择适用行政规章的请示〉的答复》（以下简称《答复》）。这里需要说明的是，该《答复》从表面上看，是关于对塔式起重机的监督管理权限如何选择适用部门规章的问题，实质上是明确了当部门规章之间有关部门职权规定发生冲突时，选择适用部门规章的原则。即人民法院在审理行政案件中，发现部门规章之间有关部门职权规定发生冲突时，经审查确认法律、行政法规及国务院的有关文件中未明确划分有关部门职权的情况下，与之管理职权相关的国务院部、委员会及直属局共同制定并发布的文件中有关部门职权范围的规定，可以作为判断部门职权的依据。此项原则在《最高人民法院关于审理行政案件适用法律规范问题的座谈会纪要》中亦有所体现。

人民法院在审理具体行政案件中，适用《答复》及相关司法解释性文件时，应当注意以下两个问题：

1. 两个以上的国务院部门共同发布有关部门职权划分的规定之后，一般实施一段时间后，国务院会制定相关的行政法规进一步明确规定部门职权。例如，建设部、国家工商局、国家质量技术监督局于 1998 年 9 月 4 日共同发布的《施工现场安全防护用具及机械设备使用监督管理规定》明确了三部门的行政监督管理职权后，国务院于 2003 年 3 月 11 日发布的《特种设备安全监察条例》进一步明确规定了有关特种设备安全的行政监督管理职权。因此，人民法院在审理具体行政案件中，发现当事人提供国务院相关部门共同发布的规范性文件中有关部门职权划分的规定时，还应当审查上位法对该项部门职权是否作出明确规定。如果未作出明确规定的，国务院相关部门共同发布的规范性文件中有关部门职权划分的规定，可以作为认定被告是否具有部门职权的依据；如果作出明确规定的，应当依据上位法的规定认定被告是否具有作出被诉具体行政行为的部门职权。

2. 行政处罚法第十六条规定:“国务院或者经国务院授权的省、自治区、直辖市人民政府可以决定一个行政机关行使有关行政机关的行政处罚权,但限制人身自由的行政处罚权只能由公安机关行使。”根据该条的规定,除限制人身自由的行政处罚权外,国务院或者国务院授权的省、自治区、直辖市人民政府,可以根据行政执法的需要决定将法律、行政法规已经明确授予某一行政部门的行政处罚权由另一行政部门行使。也就是说,国务院或者国务院授权的省、自治区、直辖市人民政府所作出的有关部门职权的决定可以作为人民法院认定被告是否具有作出被诉具体行政行为的部门职权的依据。这里需要作出两点说明:(1)国务院决定一个行政机关行使另一个行政机关的行政处罚权,必须是明确规定某行政部门行使某项行政处罚权。倘若,国务院有关文件中仅写明国务院某部或某委员会或某直属局负责组织协调全国某项活动,例如,国发办〔2001〕56 号文规定,国家质量监督检验检疫总局“根据国务院授权,组织协调全国有关专项打假活动”,此种情况不属于国务院特别授予的行政处罚权,不能作为认定被告是否具有作出行政处罚职权的依据。(2)省、自治区、直辖市人民政府只能在国务院授权的范围内作出有关部门职权的决定,超出国务院授权的范围所作出的有关部门职权的决定,不能作为认定被告是否具有作出被诉具体行政行为职权的依据。

——蔡小雪主编:《行政审判与行政执法实务指引》,人民法院出版社 2009 年版,第 827—831 页。

(3)两个以上的国务院部门就涉及其职权范围的事项联合制定的规章规定,优先于其中一个部门单独作出的规定。一般来说,两个以上的国务院部门在起草联合规章时,大都与相关部门经过了征求意见和充分协商的阶段,并且联合规章应当由该几个起草单位主要负责人共同签署。根据立法法的规定涉及两个以上国务院部门职权范围的事项,应当提请国务院制定行政法规或者由国务院有关部门联合制定规章。联合规章为立法法所规定,原因在于实际工作中联合规章数量较多,有些行政事务需要多个部门联合进行以及上升为行政法规还不成熟。制定联合规章的目的就在于解决相近的行政职权之间划分以及相应的利益分配的问题,从这个意义上讲,联合规章的效力高于单个国务院部门制定的规章。

——江必新、梁凤云:《行政诉讼法理论与实务(第三版)》(下),法律出版社 2016 年版,第 1551 页。

459 在法律、行政法规尚无明确规定的前提下，可以参照地方政府规章

关键词 | 法律 | 行政法规 | 地方政府规章 |

【最高人民法院答复】

浙江省高级人民法院：

你院〔1999〕浙行他字第16号《关于在审理城市燃气管理行政案件中如何参照规章的请示》收悉。经研究，答复如下：

关于涉及农村液化气管理问题，目前法律、行政法规尚未明确规定。浙江省人民政府发布的《浙江省液化石油气管理办法》，当属本行政区域液化气管理的依据。人民法院审理燃气管理行政处罚案件时，可以参照《浙江省液化石油气管理办法》的有关规定。

——《最高人民法院行政审判庭关于审理城市燃气管理行政案件中如何参照规章问题的答复》（2001年4月27日，〔2000〕行他字第6号）。

460 违法不建防空地下室应缴纳防空地下室异地建设费

关键词 | 行政征收 | 易地建设费 |

【最高人民法院司法文件】

19. 行政事业性收费免收规定的适用问题

行政机关因建设单位未依法定要求建设防空地下室而向其征收的易地建设费，系由建设单位应尽的法定义务转化而来的行政事业性收费，不适用有关部委规章中关于经济适用住房建设项目免收各种行政事业性收费的规定。（60号）

——《最高人民法院办公厅关于印发〈行政审判办案指南（一）〉的通知》（2014年2月24日，法办〔2014〕17号）。

【最高人民法院指导性案例】

内蒙古秋实房地产开发有限责任公司诉呼和浩特市人民防空办公室人防行政征收案（最高人民法院指导案例21号）

裁判要点：建设单位违反人民防空法及有关规定，应当建设防空地下室而不建

的，属于不履行法定义务的违法行为。建设单位应当依法缴纳防空地下室易地建设费的，不适用廉租住房和经济适用住房等保障性住房建设项目关于"免收城市基础设施配套费等各种行政事业性收费"的规定。

法院生效裁判认为：国务院《关于解决城市低收入家庭住房困难的若干意见》第十六条规定："廉租住房和经济适用住房建设、棚户区改造、旧住宅区整治一律免收城市基础设施配套费等各种行政事业性收费和政府性基金。"建设部等七部委《经济适用住房管理办法》第八条规定："经济适用住房建设项目免收城市基础设施配套费等各种行政事业性收费和政府性基金。"上述关于经济适用住房等保障性住房建设项目免收各种行政事业性收费的规定，虽然没有明确其调整对象，但从立法本意来看，其指向的对象应是合法建设行为。人民防空法第二十二条规定："城市新建民用建筑，按照国家有关规定修建战时可用于防空的地下室。"《人民防空工程建设管理规定》第四十八条规定："按照规定应当修建防空地下室的民用建筑，因地质、地形等原因不宜修建的，或者规定应建面积小于民用建筑地面首层建筑面积的，经人民防空主管部门批准，可以不修建，但必须按照应修建防空地下室面积所需造价缴纳易地建设费，由人民防空主管部门就近易地修建。"即只有在法律法规规定不宜修建防空地下室的情况下，经济适用住房等保障性住房建设项目才可以不修建防空地下室，并适用免除缴纳防空地下室易地建设费的有关规定。免缴防空地下室易地建设费有关规定适用的对象不应包括违法建设行为，否则就会造成违法成本小于守法成本的情形，违反立法目的，不利于维护国防安全和人民群众的根本利益。秋实房地产公司对依法应当修建的防空地下室没有修建，属于不履行法定义务的违法行为，不能适用免缴防空地下室易地建设费的有关优惠规定。

——《最高人民法院关于发布第五批指导性案例的通知》(2013 年 11 月 8 日，法〔2013〕241 号)。

【链接：理解与参照】

本指导案例裁判要点涉及的焦点问题是建设保障性住房未同时依法修建战时可用于防空的地下室是否需要缴纳防空地下室易地建设费。根据前述分析，两种可以不建防空地下室的合法情形，本来应该按规定缴纳易地建设费，但是如果属于保障性住房建设项目，根据保障性住房有关优惠规定，该项行政事业性收费属于免除范围。但并不具有合法可以不修建防空地下室情形，也未经人防主管部门批准不修建防空地下室的，即使是保障性住房建设项目，是否就可以享受免缴易地建设费的优惠规定呢?

在本指导案例中,内蒙古秋实房地产公司新建的“秋实第一城”项目虽然属于保障性住房建设项目,但并没有《人民防空工程建设管理规定》第四十八条第一款规定的两种例外情形,即依法应当修建防空地下室,该项目在建设时应当修建而未建防空地下室的行为显属违法建设行为。人民防空法及其相关配套措施规定了建设单位在新建民用建筑时修建防空地下室的法定义务,并对违法不修建的行为规定了行政处罚措施。人民防空法第四十八条规定:“城市新建民用建筑,违反国家有关规定不修建战时可用于防空的地下室的,由县级以上人民政府人民防空主管部门对当事人给予警告,并责令限期修建,可以并处十万元以下的罚款。”《内蒙古自治区实施〈中华人民共和国人民防空法〉办法》第十六条规定:“人民防空重点城市新建十层以上或者基础埋置深度大于三米的九层以下民用建筑,应建与地面首层建筑面积相等的防空地下室。城市规划确定新建的居住区、小区和旧城改造区以及统建住宅,总规划建筑面积在七千平方米以上的,按地面总建筑面积的百分之二修建防空地下室。”该办法第三十八条又规定:“城市新建民用建筑应建防空地下室而不建又拒不缴纳易地建设费的,由旗县级以上人民防空主管部门对当事人给予警告,责令限期修建或者缴纳易地建设费,并处建设单位十万元以下罚款。”因此,建设单位违反人民防空法及其相关配套措施的规定,对必须建设的人防工程没有修建,属于违反法定义务的违法行为,此时其承担的易地建设费虽然也被称为行政事业性收费,但实质上具有行政处罚的性质,是人民防空主管部门依法采取的补救措施,是违法建设单位必须承担的法律责任的转化形式。根据前述分析,关于保障性住房建设项目免除收费的优惠规定,其指向的对象是合法建设行为人,违法建设单位不应当从违法行为中获利,故不能享受免缴易地建设费的优惠待遇。根据《人民防空工程建设管理规定》第四十八条第一款的规定,人民防空主管部门在收取易地建设费后,还应当就近易地修建防空地下室。如果建设单位违法不修建防空地下室,又免除其缴纳易地建设费的义务,那么不仅纵容了建设单位的违法行为,也使相应的补建防空地下室的经费落空。

本指导案例中,内蒙古秋实房地产公司有条件建设防空地下室而违法不修建,属于违法建设行为人,不应享受保障性住房建设项目免收易地建设费的优惠规定。国务院、中央军委于2008年1月8日下发的《关于进一步推进人民防空事业发展的若干意见》第九条再次重申,对于确因地质条件等原因不能修建防空地下室的,要按照规定缴纳易地建设费,对未按规定修建防空地下室,未按规定缴纳易地建设费的,人民防空主管部门要严格依法处理。任何地方和部门不得将少建、不建防空地下室或者减免易地建设费作为招商引资的优惠条件。如果建设单位违反法律规定，逃避人防地下室建设义务，还能享受免缴易地建设费的优惠规定，必然会助长不法企业钻法律空子，逃避法定义务，损害国家利益、公共利益。保障性住房建设项目关涉千家万户低收入家庭的切身利益，如果免除了违法建设单位的法定义务，不予以经济上的相关制裁，必然导致大量不法企业在有条件建设防空地下室时不依法修建，在战时将严重威胁到国防利益和低收入家庭的生命和财产安全。如果其他高价住宅都在法律的严格约束下依法修建防空地下室或缴纳易地建设费，而保障性住房在这方面放松管制，必将严重损害社会公平，危及法律尊严。平时建设应当考虑战时需要，立足长远，否则遗患无穷。本指导案例的指导意义就在于堵塞法律漏洞，约束建设单位在建设保障性住房时依法修建防空地下室，防止其逃避法定义务。因此，本指导案例的裁判符合立法本意，适用法律正确，有利于防止建设单位逃避法定义务，有利于保障国防安全，维护社会公共利益，法律效果和社会效果是积极正面的，具有较强的指导价值。

——最高人民法院案例指导工作办公室：《指导案例21号〈内蒙古秋实房地产开发有限责任公司诉呼和浩特市人民防空办公室人防行政征收案〉的理解与参照——违法不建防空地下室应缴纳防空地下室异地建设费》，载江必新主编：《最高人民法院司法解释与指导性案例理解与适用》(第2卷)，人民法院出版社2014年版，第487—489页。

461 贷款银行以外的主体可以成为在建工程的抵押权人

关键词 | 在建工程 | 抵押权人 |

【最高人民法院答复】

山东省高级人民法院：

你院鲁高法函〔2012〕3号请示收悉，经征求全国人大常委会法制工作委员会、住房和城乡建设部意见，答复如下：

在建工程属于《担保法》规定的可以抵押的财产范围。法律对在建工程抵押权人的范围没有作出限制性规定，《城市房地产抵押管理办法》第三条第五款有关在建工程抵押的规定，是针对贷款银行作为抵押权人时的特别规定，但并不限制贷款银行以外的主体成为在建工程的抵押权人。

——《最高人民法院关于〈城市房地产抵押管理办法〉在建工程抵押规定与上

位法是否冲突问题的答复》(2012年11月28日,〔2012〕行他字第8号)。

462 擅自扩大卫生间属于室内装修中的违规行为

关键词｜室内装修｜行政处罚｜

【最高人民法院参考案例】

路中新诉广东省珠海市城市管理行政执法局城建行政处罚案(行政审判案例第11号)

要旨:人民法院在审理住宅装饰装修行政案件时,对于法律法规及相关规定的理解,要紧密结合案件事实加以综合、释明,避免仅对字面表述作简单判断。《住宅室内装饰装修管理办法》第五条第一款第(二)项关于"将没有防水要求的房间或者阳台改为卫生间、厨房"的规定,包括了未经批准而擅自将房间全部或一部分加以改动的情形,"扩大"也应当视为"改为"的表现形式之一。

对于《住宅室内装饰装修管理办法》第五条第一款第(二)项规定,第一,从字面意思看,该条款中的"房间"和"卫生间"是并列使用的。从功能意义和名词意义上理解,"改为"卫生间和"扩大"卫生间的行为没有区别。路中新认为两者存在差异,一审法院扩大解释的上诉理由不能成立。第二,从法律规范的目的看,该条款是为了保证住宅室内装饰工程质量与安全:维护公共安全和公众利益。路中新将卫生间扩大1.96平方米,使房屋存在安全隐患,可能危及相邻房屋的安全以及邻里的正常生活。因而,原审判决认定其违反上述规定并无不当。

……

确定本案的裁判要旨主要考虑了以下因素:

1. 从概念的逻辑关系看,本案中路中新"扩大"卫生间的行为符合该条款界定的概念范围。在住宅装修中,"改为"的本意可理解为"改建为""改造为""修改为",而"扩大"是其表现手段或方式之一,两者在概念上是包容关系。而路中新将其理解为非此即彼、性质截然不同的整体改变和局部变动关系,逻辑上很难成立。

2. 从规范性文件变化过程看,住宅装修管理越来越严格。从《建筑装饰装修管理规定》(1995年,已废止)、《家庭居室装饰装修管理试行办法》(1997年),到目前的《住宅室内装饰装修管理办法》(2002年),总趋势是管理的法网日益严密。如1997年的试行办法第十一条规定,进行家庭居室装饰装修,不得破坏或者拆改厨房、厕所的地面防水层;而2002年的管理办法禁止"将没有防水要求的房间或者阳台改为卫生间",内涵更加丰富、规定更为严谨。

3. 从维护公共利益看,二审法院认定路中新的行为造成房屋安全隐患违反相关规定的定性准确。住房和城乡建设部2008年7月发出《关于进一步加强住宅装饰装修管理的通知》(建质〔2008〕133号),针对一些用户违反国家法律法规,擅自改变房屋使用功能、损坏房屋结构等情况,要求以治理野蛮装修、防止破坏房屋结构为重点,严格对装修人和装修企业违法违规行为的处罚。在此背景下,法院认定路中新的行为违反《住宅室内装饰装修管理办法》第五条第一款第(二)项规定符合立法精神。此外,该办法第六条、第十三条还规定了装修人向有关部门的报批和申报登记义务,本案路中新的扩建行为也没有经过行政主管部门批准。

——中华人民共和国最高人民法院行政审判庭编:《中国行政审判指导案例》(第1卷),中国法制出版社2010年版,第53、54、55—56页。

七、交通运输

463 公路交通行政案件涉及地方性法规对交通部门暂扣运输车辆的规定与公路法的有关规定不一致的，应当适用公路法的有关规定

关键词｜地方性法规｜法律冲突｜

【最高人民法院答复】

甘肃省高级人民法院：

你院〔2002〕甘行他字第05号《关于养路费征稽部门能否扣押车辆的请示报告》收悉。经研究，原则同意你院审判委员会第一种意见，即：人民法院审理公路交通行政案件涉及地方性法规对交通部门暂扣运输车辆的规定与《中华人民共和国公路法》的有关规定不一致的，应当适用《中华人民共和国公路法》的有关规定。

——《最高人民法院行政审判庭关于养路费征稽部门能否扣押车辆的答复》（2002年8月7日，〔2002〕行他字第7号）。

广西壮族自治区高级人民法院：

你院〔1999〕桂行请字第60号《关于张仕红不服隆林县交通局暂扣车辆一案适用法律问题的请示》收悉。经研究，答复如下：

人民法院审理公路交通行政案件涉及地方性法规对交通部门暂扣运输车辆的规定与《中华人民共和国公路法》有关规定不一致的，应当适用《中华人民共和国公路法》的有关规定。

——《最高人民法院关于对人民法院审理公路交通行政案件如何适用法律问题的答复》（2001年2月1日，〔1999〕行他字第29号）。

河南省高级人民法院：

你院《关于应泽忠诉西峡县交通局行政强制措施案件的法律问题的请示》收悉。经研究，同意你院的倾向性意见，即在审理应泽忠诉河南省西峡县交通局行政强制措施一案中，应执行《中华人民共和国公路法》的有关规定。

——《最高人民法院行政审判庭对河南省高级人民法院〈关于应泽忠诉西峡县交通局行政强制措施案的法律问题的请示〉的答复意见》（1998 年 12 月 27 日，〔1998〕行他字第 23 号）。

【链接：最高人民法院法官著述】

如果法规与法律存在冲突，根据立法法的有关规定，应当适用上位法即法律的规定。全国人大法工委 1989 年 11 月 17 日在答复最高人民法院“关于地方性法规与国家法律相抵触应如何执行”中指出，人民法院在审理行政案件的过程中，如果发现地方性法规与国家最高权力机关制定的法律相抵触，应当执行国家最高权力机关的法律。这个答复实际上明确了人民法院在地方性法规和法律相抵触情况下直接适用法律的权力。

……

我们认为，对于法律、行政法规和地方性法规之间存在冲突的情形，应当按照上位法优于下位法的原则适用。《纪要》规定：“调整同一对象的两个或者两个以上的法律规范因规定不同的法律后果而产生冲突的，一般情况下应当按照立法法规定的上位法优于下位法、后法优于前法以及特别法优于一般法等法律适用规则，判断和选择所应适用的法律规范。”“下位法的规定不符合上位法的，人民法院原则上应当适用上位法。当前许多具体行政行为是依据下位法作出的，并未援引和适用上位法。在这种情况下，为维护法制统一，人民法院审查具体行政行为的合法性时，应当对下位法是否符合上位法一并进行判断。经判断下位法与上位法相抵触的，应当依据上位法认定被诉具体行政行为的合法性。”法律和行政法规是否存在不一致或者抵触，本身就是一个重要的法律问题。根据立法法的规定，必须经由有关机关审查后“改变或者撤销”。所以，从理论上讲，对于法律、行政法规或者地方性法规之间存在冲突的，法院可以依照上位法优于下位法的适用规则进行适用。但从实践中来看，法律、法规在制定过程比较规范，绝大多数的涉及法律冲突的问题都进行了论证，比较大的冲突已经得到解决。法院在司法实践中遇到的法律冲突问题很少有明显的冲突，绝大多数是“不能确定如何适用的情形”。况且，从司法实践来看，如果当地司法环境不好，压力很大，可以逐级报送有关机关作出答复。因此，对于这类案件，法院如果认为冲突规范所涉及的事项比较重大、有关机关对是否存在冲突有不同意见、应当优先适用的法律规范的合法有效性尚有疑问或者按照法律适用规则不能确定如何适用时，依据立法法规定的程序逐级送请有权机关裁决。

——江必新、梁凤云:《行政诉讼法理论与实务(第三版)》(下),法律出版社2016年版,第1476、1479—1480页。

464 规范性文件设定行政处罚种类，缺乏法律、法规依据，不宜作为审理依据

关键词 | 规范性文件 | 行政处罚 |

【最高人民法院答复】

内蒙古自治区高级人民法院:

你院《关于对包头市人民政府办公厅转发〈包头市城市公共客运交通线路经营权有偿出让和转让的实施办法〉中设定罚则是否符合法律、法规问题的请示》收悉。经研究,答复如下:

包头市人民政府办公厅转发的包头市城乡建设局《包头市城市公共客运交通线路经营权有权出让和转让的实施办法》中设定的行政处罚种类,缺乏法律、法规依据,不宜作为审查被诉具体行政行为是否合法的根据。

——《最高人民法院行政审判庭关于对包头市人民政府办公厅转发〈包头市城市公共客运交通线路经营权有偿出让和转让的实施办法〉中设定罚则是否符合法律、法规规定问题的答复》(1997年6月2日,〔1997〕行他字第11号)。

465 公路管理机构对公路桥梁下面修建的违法建筑，有强制拆除的权力

关键词 | 公路桥梁 | 违法建筑 | 强制拆除 |

【最高人民法院答复】

安徽省高级人民法院:

你院〔2013〕皖行他字第00003号《关于公路桥梁下面违法建筑强制拆除如何适用法律问题的请示》收悉。经研究:

原则同意你院倾向性意见,根据《中华人民共和国行政强制法》第五十条、《中华人民共和国公路法》第五十六条、第八十一条和《公路安全保护条例》第十一条

第三款的规定，公路管理机构对公路桥梁下面修建的违法建筑，有强制拆除的权力。公路管理机构向人民法院申请强制执行的，人民法院不予受理。

——《最高人民法院关于对公路桥梁下面违法建筑强制拆除适用法律问题的答复》(2013年12月28日，〔2013〕行他字第12号)。

466 安监部门对道路安全问题予以行政处罚的法律适用

关键词｜道路安全｜行政处罚｜法律适用｜

【最高人民法院答复】

湖北省高级人民法院：

根据《安全生产法》第二条规定，《道路交通安全法》等法律、行政法规对道路交通安全有关问题有特别规定的，应当适用特别规定。没有特别规定的，安监部门可以适用《安全生产法》和《生产安全事故报告和调查处理条例》的规定处理。

运输企业违反《安全生产法》第二十一条规定的，安监部门可以适用《安全生产法》第八十二条第三款予以处罚。未履行安全生产教育和培训义务不是发生交通事故直接原因的，安监部门适用《生产安全事故报告和调查处理条例》第三十七条对相关运输企业实施行政处罚不妥。

——《最高人民法院关于安监部门是否有权适用〈安全生产法〉及〈生产安全事故报告和调查处理条例〉对道路交通安全问题予以行政处罚及适用法律问题的答复》(2010年10月27日，〔2010〕行他字第12号)。

【链接：最高人民法院法官著述】

(一)同一层级的不同法律在适用范围存在重叠时，不得简单以特别法优于普通法为由，排除一般法在重叠范围的适用，而应当从所涉事项或者行为的具体性质确定应当适用的具体规范

在本案的讨论过程中，曾存在一种意见认为：根据安全生产法第二条规定，道路交通安全法对道路交通安全问题已经有特别规定，对有关道路交通安全的问题应当适用道路交通安全法规定，不应适用安全生产法的规定。安监部门无权依据安全生产法和《生产安全事故报告和调查处理条例》的相关规定对该运输企业实施行政处罚。其主要理由是：第一，根据特别法优于一般法的规定，道路交通安全问题应当适用特别法道路交通安全法。安全生产法第二条明确规定"有关法律、行

政法规对消防安全和道路交通安全、铁路交通安全、水上交通安全、民用航空安全另有规定的,适用其规定”。有关道路交通安全问题已经有特别法道路交通安全法作出专门规定,其相关问题的处理只能在道路交通安全法寻找法律根据,而不能说特别法中有专门规定的适用专门规定,没有专门规定的事项还可以选择其他一般法律规则处理。第二,道路交通安全法第六条对有关单位应当对其所属人员进行道路交通安全教育的义务已经作出规定,不能简单以未规定法律责任为由认为在特别法中没有规定,许多法律中均有只规定行为规则未规定法律责任的情形,有时不是立法机关的疏忽,很有可能是立法机关认为没有必要设定法律责任。如果允许依照其他一般法律规定予以处理,就有可能违背特别法不予处理的立法原意。道路交通安全法第一百零二条有关于单位法律责任的规定。

我们认为,上述两点理由都是站不住脚的。首先,关于对特别法和一般法关系的理解问题。特别法的适用要有两个条件,一是特别法限定特别的适用范围;二是特别法限定具体的适用条件。例如,本案涉及的道路交通安全法是对道路上的交通安全问题的特别规定,其限定的适用范围是道路,有关道路上的车辆、行人均应遵守该法。但是,不能由此说:凡是有关道路交通安全的所有事项都只能适用道路交通安全法。因为,道路规则以外还会存在其他安全问题,比如,在工厂厂区内车辆发生的交通事故就不适用道路交通安全法,维修人员在对抛锚在道路上的车辆进行紧急维修时,违反操作规程使用千斤顶造成致人死亡的事故,同样也无法适用道路交通安全法追究违规使用千斤顶人员的法律责任。由此可以看出,那种认为只要特别法作出特别规定的就完全排除其他法律适用的观点是不成立的,必须还要分析法律的适用范围和行为、事件的具体性质。其次,关于道路交通安全法第六条和第一百零二条规定是否是关于交通运输企业有关教育培训法律责任的特别规定问题。第六条第(三)项规定:“机关、部队、企业事业单位、社会团体以及其他组织,应当对本单位的人员进行道路交通安全教育”,这条文字应当是指有关机关、单位应当对其所属全体人员进行道路交通安全教育,并非对机关、单位从事交通运输人员生产安全的特别要求,该条内容更多的是对各类社会组织进行一般性道路交通安全教育的宣誓性规定,而非专门法律义务的设定,因此,道路交通安全法上并不能找到违反该条义务的法律责任的规定。至于第一百零二条规定,结合文中末尾的法律责任规定“未消除安全隐患的机动车,禁止上道路行驶”看,将该条内容理解为专业运输单位未对车辆安全隐患予以消除造成事故而应承担的法律责任,而非针对一般单位对其驾驶人员未尽道路交通安全教育义务的法律责任规定更为合适。

（二）以违法结果发生地确定行政处罚管辖权的，违法结果与违法行为之间必须存在直接的因果联系

行政处罚法第二十条规定："行政处罚由违法行为发生地的县级以上地方人民政府具有行政处罚权的行政机关管辖。法律、行政法规另有规定的除外。"通常理解，此处的"违法行为发生地"既包括违法行为开始的地方，也包括违法行为实施的地方，还包括违法行为结果发生的地方。应当注意的是，违法行为结果地行政机关的行政处罚管辖权，前提是该结果必须是该违法行为造成的后果，如果违法行为与结果之间不具备直接的因果关系，即违法行为不能直接导致危害结果发生，或者不是导致危害结果发生的直接原因之一的，不能将这个结果作为该违法行为的结果地，该结果地行政机关也不能因此而取得对相应违法行为的行政处罚管辖权。本案中，未履行安全教育义务的违法行为发生在荆州市，荆州市对本次事故的安全生产违法行为有管辖权。至于襄樊市，则属于交通事故的发生地，发生交通事故的直接原因是"两车在雨雪气象条件下车速过快所致"，未履行安全教育义务与交通事故之间并不存在法律上的直接因果联系，也不是造成本次交通事故的直接原因之一。所以，襄樊市安全生产监督管理部门对发生在荆州的违法行为不具有管辖权。

——郭修江：《关于安全生产监督部门是否有权对道路交通安全问题予以行政处罚问题》，载中华人民共和国最高人民法院行政审判庭编：《行政执法与行政审判》（总第44集），中国法制出版社2010年版，第28—30页。

八、工业和信息化

467 有关盐业管理的地方性法规与行政法规不一致的，应当适用行政法规

关键词 | 地方性法规 | 法律冲突 |

【最高人民法院答复】

河南省高级人民法院：

你院豫高法行请〔2000〕4 号《关于〈河南省盐业管理条例〉第三十条第一款与国务院〈食盐专营办法〉第二十五条规定是否一致问题的请示》收悉。经研究，答复如下：

根据《中华人民共和国行政处罚法》第十一条第二款关于“法律、行政法规对违法行为已经作出行政处罚规定，地方性法规需要作出具体规定的，必须在法律、行政法规规定的给予行政处罚的行为、种类和幅度的范围内规定”的规定，《河南省盐业管理条例》第三十条第一款关于对承运人罚款基准为“盐产品价值”及对货主及承运人罚款幅度为“1 倍以上 3 倍以下”的规定，与国务院《食盐专营办法》第二十五条规定不一致。人民法院在审理有关行政案件时，应根据《中华人民共和国立法法》第六十四条第二款、第七十九条第二款规定的精神进行选择适用。

——《最高人民法院对人民法院在审理盐业行政案件中如何适用国务院〈食盐专营办法〉第二十五条规定与〈河南省盐业管理条例〉第三十条第一款规定问题的答复》（2003 年 4 月 29 日，法行〔2000〕36 号）。

【链接：理解与适用】

《河南省盐业管理条例》第三十条第一款规定：“违反本条例第二十一条第一款规定的，由盐业行政主管部门没收违法运输的盐产品，对货主和承运人分别处以违法运输的盐产品价值 1 倍以上 3 倍以下的罚款。”《食盐专营办法》第二十五条规定：“违反本办法第十八条的规定，无食盐准运托运证或者自运食盐的，由盐业主管机构没收违法运输的食盐，对货主处以违法运输的食盐价值 3 倍以下的罚款，对承

运人处以违法所得3倍以下的罚款。”这是本案可能涉及抵触的两个条文。显而易见,主要的不同点集中在以下两个方面:

一是关于计算罚款的基准问题。《河南省盐业管理条例》规定的计算基准是“违法运输的盐产品价值”,而《食盐专营办法》规定的计算基准根据货主和承运人分别是“违法运输的食盐价值”和“违法所得”。那么,“违法运输的盐产品价值”和“违法所得”是否相同?从文义解释的角度来看,两者并非同一个概念。“违法运输的盐产品价值”是指按照市场价格计算和确定的盐产品的价值,通常体现为盐产品的货款额。这个货款额与是否非法运输没有太大关系。而“违法所得”则是指违法行为人通过违法行为所获得的经济收益,“违法所得”是针对承运人的条款,也就意味着违法所得是指其收取的运费收入。一般而言,承运人的运费远远低于盐产品价值。而《河南省盐业管理条例》并未区分货主和承运人,两者均得处以“盐产品价值1倍以上3倍以下的罚款”。不同情况同等对待,显然不符合《食盐专营办法》的立法原意和现有规定。这一行为实际上也属于《最高人民法院关于审理行政案件适用法律规范问题的座谈会纪要》规定的下位法以参照、准用等方式扩大上位法规定的义务或条件的情形,构成了下位法对上位法的抵触。

二是罚款的幅度问题。《河南省盐业管理条例》规定的对货主和承运人的罚款幅度是“1倍以上3倍以下”,《食盐专营办法》规定的罚款幅度则是“3倍以下”。“1倍以上3倍以下”可参照如1元—3元,但是不能低于1元;“3倍以下”可参照0元—3元,没有底线。可见,《河南省盐业管理条例》的规定提高了罚款的下限,直接导致起罚点的提高。亦属于下位法扩大上位法规定的义务或者条件,构成了抵触。

行政处罚法第十一条第二款规定,法律、行政法规对违法行为已经作出行政处罚规定,地方性法规需要作出具体规定的,必须在法律、行政法规规定的给予行政处罚的行为、种类和幅度的范围内规定。本案中,《河南省盐业管理条例》规定的罚款基准和罚款幅度,属于广义上的违反上位法关于行政处罚幅度的规定。不同意见认为,“1倍以上”的罚款实际上仍然在“3倍以下”的幅度范围之内,并不违反行政处罚法的规定。这种观点不正确。行政处罚的幅度一般包括了下限和上限,对于提高下限和提高上限的规定,都是幅度范围之外的规定。提高上限比较容易理解。“提高下限”包括了两种情形:一是上位法明确了下限而下位法予以提高,例如上位法规定100元下限,下位法提高到200元;二是上位法没有明确下限而下位法予以规定,例如,上位法规定100元以下罚款,下位法规定50元—100元罚款。50元即是下位法无上位法依据确定的下限,属于幅度范围之外的行政处罚。

据此，2003年4月29日，最高人民法院作出《对人民法院在审理盐业行政案件中如何适用国务院〈食盐专营办法〉第二十五条规定与〈河南省盐业管理条例〉第三十条第一款规定问题的答复》（法行〔2000〕36号）。……这一批复有两个重要的内容必须予以强调：一是关于下位法与上位法冲突的确认。这一个问题前已述及。二是人民法院依照立法法第六十四条第二款和第七十九条第二款进行选择适用的权力。

先来看立法法第六十四条第二款的规定："除本法第八条规定的事项外，其他事项国家尚未制定法律或者行政法规的，省、自治区、直辖市和较大的市根据本地方的具体情况和实际需要，可以先制定地方性法规。在国家制定的法律或者行政法规生效后，地方性法规同法律或者行政法规相抵触的规定无效，制定机关应当及时予以修改或者废止。"根据权威解释，本条规定是指地方性法规只能在法律、行政法规规定的幅度内加以具体化，不能作出变通的规定，否则就同法律或行政法规相抵触。最高权力机关的专属立法权，是地方性法规的"禁区"，无论国家是否制定法律，地方都不能作出规定，否则地方性法规就是越权，是无效的。但是，中央一旦立法，由于法律和行政法规的位阶高于地方性法规，地方性法规同法律或行政法规相抵触的规定即为无效，制定机关应当及时进行修改或者废止。批复仅仅依据上述规定作出效力的判断，下级法院一般不要根据上述条文在判决主文中认定其无效，而是适用行政法规的规定即可。

再来看立法法第七十九条第二款的规定："行政法规的效力高于地方性法规、规章。"规定行政法规的效力高于地方性法规是我国政治制度、国家结构和历史传统等因素决定的。本条的规定实际上是一个效力认定规则。但是，下级法院在审理行政案件时，在判决主文中亦不应当直接依据立法法的规定进行裁判。批复确立的仅仅是一种判断方法，下级法院可以根据这种判断方法进行"选择适用"，这种选择适用是根据其"精神"而不是立法法的具体规定。

——蔡小雪、梁凤云、段小京编著：《现行有效行政诉讼司法解释解读应用》，人民法院出版社2014年版，第494—496页。

468 地方政府规章违反法律规定设定行政许可、行政处罚的不予参照适用

关键词 | 地方政府规章 | 行政处罚 | 行政许可 |

【最高人民法院答复】

江苏省高级人民法院：

你院〔2009〕苏行他字第0012号《关于鲁潍（福建）盐业进出口有限公司苏州分公司诉苏州市盐务管理局盐业行政处罚及行政赔偿一案的请示报告》收悉。经研究并征求全国人大法工委及国务院法制办意见，答复如下：

一、《行政许可法》第十五条第一款规定："本法第十二条所列事项，尚未制定法律、行政法规的，地方性法规可以设定行政许可；尚未制定法律、行政法规和地方性法规的，因行政管理的需要，确需立即实施行政许可的，省、自治区、直辖市人民政府规章可以设定临时性的行政许可。临时性的行政许可实施满一年需要继续实施的，应当提请本级人民代表大会及其常务委员会制定地方性法规。"第十六条第二款规定："地方性法规可以在法律、行政法规设定的行政许可事项范围内，对实施该行政许可作出具体规定。"第十六条第三款规定："规章可以在上位法设定的行政许可事项范围内，对实施该行政许可作出具体规定。"据此，在已经制定法律、行政法规的情况下，地方性法规或者地方政府规章只能在法律、行政法规设定的行政许可事项范围内对实施该行政许可作出具体规定，不能设定新的行政许可。法律及《盐业管理条例》没有设定工业盐准运证这一行政许可，地方性法规或者地方政府规章不能设定工业盐准运证制度。

二、《行政处罚法》第十三条规定："省、自治区、直辖市人民政府和省、自治区人民政府所在地的市人民政府以及经国务院批准的较大的市人民政府制定的规章可以在法律、法规规定的给予行政处罚的行为、种类和幅度的范围内作出具体规定。""尚未制定法律、法规的，前款规定的人民政府制定的规章对违反行政管理秩序的行为，可以设定警告或者一定数量罚款的行政处罚。"据此，在已经制定行政法规的情况下，地方政府规章只能在行政法规规定的给予行政处罚的行为、种类和幅度的范围内作出具体规定。《盐业管理条例》对盐业公司之外的其他企业经营盐的批发业务没有规定行政处罚，地方政府规章不能对该行为规定行政处罚。

——《最高人民法院关于经营工业用盐是否需要办理工业盐准运证等请示的答复》（2011年1月17日，〔2010〕行他字第82号）。

【最高人民法院指导性案例】

鲁潍(福建)盐业进出口有限公司苏州分公司诉江苏省苏州市盐务管理局盐业行政处罚案(最高人民法院指导案例5号)

裁判要点:(1)盐业管理的法律、行政法规没有设定工业盐准运证的行政许可,地方性法规或者地方政府规章不能设定工业盐准运证这一新的行政许可。

(2)盐业管理的法律、行政法规对盐业公司之外的其他企业经营盐的批发业务没有设定行政处罚,地方政府规章不能对该行为设定行政处罚。

(3)地方政府规章违反法律规定设定许可、处罚的,人民法院在行政审判中不予适用。

法院生效裁判认为:苏州盐务局系苏州市人民政府盐业行政主管部门,根据《盐业管理条例》第四条和《江苏盐业实施办法》第四条、第六条的规定,有权对苏州市范围内包括工业盐在内的盐业经营活动进行行政管理,具有合法执法主体资格。

苏州盐务局对盐业违法案件进行查处时,应适用合法有效的法律规范。《立法法》第七十九条规定,法律的效力高于行政法规、地方性法规、规章;行政法规的效力高于地方性法规、规章。苏州盐务局的具体行政行为涉及行政许可、行政处罚,应依照《行政许可法》《行政处罚法》的规定实施。法不溯及既往是指法律的规定仅适用于法律生效以后的事件和行为,对于法律生效以前的事件和行为不适用。《行政许可法》第八十三条第二款规定,本法施行前有关行政许可的规定,制定机关应当依照本法规定予以清理;不符合本法规定的,自本法施行之日起停止执行。《行政处罚法》第六十四条第二款规定,本法公布前制定的法规和规章关于行政处罚的规定与本法不符合的,应当自本法公布之日起,依照本法规定予以修订,在1997年12月31日前修订完毕。因此,苏州盐务局有关法不溯及既往的抗辩理由不成立。根据《行政许可法》第十五条第一款、第十六条第三款的规定,在已经制定法律、行政法规的情况下,地方政府规章只能在法律、行政法规设定的行政许可事项范围内对实施该行政许可作出具体规定,不能设定新的行政许可。法律及《盐业管理条例》没有设定工业盐准运证这一行政许可,地方政府规章不能设定工业盐准运证制度。根据《行政处罚法》第十三条的规定,在已经制定行政法规的情况下,地方政府规章只能在行政法规规定的给予行政处罚的行为、种类和幅度内作出具体规定,《盐业管理条例》对盐业公司之外的其他企业经营盐的批发业务没有设定行政处罚,地方政府规章不能对该行为设定行政处罚。

人民法院审理行政案件,依据法律、行政法规、地方性法规,参照规章。苏州盐务局在依职权对鲁潍公司作出行政处罚时，虽然适用了《江苏盐业实施办法》，但是未遵循《立法法》第七十九条关于法律效力等级的规定，未依照《行政许可法》和《行政处罚法》的相关规定，属于适用法律错误，依法应予撤销。

——《最高人民法院关于发布第二批指导性案例的通知》(2012年4月9日，法〔2012〕172号)。

【链接：理解与参照】

现围绕与该裁判要点相关的问题逐一说明如下：

(一)关于地方性法规或地方政府规章能否设定工业盐准运证这一新的行政许可问题

行政许可是行政机关根据公民、法人或者其他组织的申请，经依法审查，准予申请人从事特定活动的一种行政管理措施。行政许可法是规范行政许可的基本法，它规定了哪些情况需要设置行政许可、哪些情况可以不设定行政许可。一般来说，随着市场经济的不断发展和行政审批制度的持续改革，国家需要通过行政许可方式进行社会管理的领域应当逐渐减少。特别是那些市场竞争机制能够有效调节的、行业组织或者中介机构能够自律管理的或者行政机关采用事后监督等其他行政管理方式能够解决的，就不宜设定行政许可。根据行政许可法规定，全国人大常委会可以通过法律设定所有的行政许可。而对于那些尚未制定法律，但又确需设定行政许可的，国务院可以通过制定行政法规来设定。但是，地方性法规和地方性规章对行政许可的设定权则有较多限制。只有尚未制定法律、行政法规的，地方性法规才可以设定行政许可；尚未制定法律、行政法规和地方性法规的，因行政管理的需要，确需立即实施行政许可的，省、自治区、直辖市人民政府规章可以设定临时性的行政许可。临时性的行政许可实施满一年需要继续实施的，应当提请本级人民代表大会及其常务委员会制定地方性法规。换言之，在已经制定了法律、行政法规的情况下，地方性法规和地方性规章都不得创设行政许可；只能在法律、行政法规设定的行政许可事项范围内，对实施该行政许可作出具体规定。对行政许可条件作出的具体规定，不得增设违反法律、行政法规的其他条件。

在盐业管理领域，《盐业管理条例》这一行政法规并没有设定工业盐准运证之类的行政许可，这已经说明国务院并不认为需要设定类似的行政许可。因此，地方性法规、地方政府规章不能在行政法规没有规定的情况下，创设新的行政许可。

(二)关于地方政府规章能否对其他企业经营盐的批发业务设定行政处罚问题

行政处罚法第十三条规定："省、自治区、直辖市人民政府和省、自治区人民政府所在地的市人民政府以及经国务院批准的较大的市人民政府制定的规章可以在法律、法规规定的给予行政处罚的行为、种类和幅度的范围内作出具体规定。”“尚未制定法律、法规的，前款规定的人民政府制定的规章对违反行政管理秩序的行为，可以设定警告或者一定数量罚款的行政处罚。”因此，在已经制定行政法规的情况下，地方政府规章只能在行政法规规定的给予行政处罚的行为、种类和幅度的范围内作出具体规定。地方性法规和地方性规章对未办理工业盐准运证的经营单位设定行政处罚，应当遵守行政处罚法所确立的原则和规定。由于《盐业管理条例》对盐业公司之外的其他企业经营盐的批发业务没有规定行政处罚，也没有规定对未办理工业盐准运证的单位从事工业盐经营要予以行政处罚，故地方政府规章不能对盐业公司之外的其他企业经营盐的批发业务的行为和未办理工业盐准运证的单位从事工业盐经营规定行政处罚。

（三）关于如何参照适用规章的问题

根据行政诉讼法和立法法有关规定，人民法院审理行政案件，依据法律、行政法规、地方性法规、自治条例和单行条例，参照规章。所谓参照规章，是指人民法院在适用规章时，首先应当对规章的相关规定是否合法有效、是否与上位法一致进行审查判断；只有那些符合上位法规定、合法有效的规章，人民法院才可以参照适用。

《江苏省〈盐业管理条例〉实施办法》规定，盐的运销站发运盐产品实行准运证制度。在途及运输期间必须货、单、证同行。无单、无证的，运输部门不得承运，购盐单位不得入库。未经省盐业公司调拨或盐业行政主管部门批准而私运、私销、私购的盐产品视为私盐。由盐业行政主管部门就地封存，没收其盐产品和非法所得。并可处以不超过其盐产品总价值 3 倍以下的罚款。苏州盐务局对鲁潍公司作出行政处罚，虽然符合《江苏省〈盐业管理条例〉实施办法》的上述规定，但是由于该实施办法的规定，违反了行政许可法第十五条第一款、第十六条第三款、第八十三条第二款的规定和行政处罚法第十三条、第六十四条第二款的相关规定，人民法院在审理时应当不予参照适用。

其他需要说明的问题：

（一）关于谁有权设定工业盐准运证行政许可的问题

盐业行政主管部门对食盐和工业盐的管理必须依法进行。对工业盐设定行政许可、对未取得行政许可擅自经营工业盐的单位进行处罚，必须遵循立法法、行政许可法、行政处罚法的相关规定，这是依法行政的基本要求。人民法院在审理行政案件时也应当遵循法治统一原则，正确选择适用法律。如有权机关认为经营工业盐确需办理工业盐准运证，也应当通过修改《盐业管理条例》的方式来加以规定。

必要时，国务院也可以采用发布决定的方式设定行政许可。地方性法规和省、自治区、直辖市人民政府规章，即使经依法授权设定行政许可，也不得限制其他地区的个人或者企业到本地区从事生产经营和提供服务，不得限制其他地区的商品进入本地区市场。地方性法规和规章对于没有上位法依据、设立的与行政许可法规定不一致的行政许可，要及时予以修改或者废止；对确需制定法律、法规的，要抓紧依法上升为法律、法规；国务院各部门对因行政管理需要必须实施行政许可又一时不能制定行政法规的，应当报国务院发布决定。凡与行政许可法不一致的有关行政许可的规定，自行政许可法施行之日起一律停止执行。

（二）关于地方性法规、规章变相设置行政许可的问题

根据行政许可法的规定，行政许可可以分为普通许可、特许、认可、核准、登记。而行政许可形式的称谓主要有许可、审批、颁发许可证、执照等。但也有一些地方性法规、规章甚至规范性文件为了规避行政许可法的规定，不以许可名义出现，而是变相设定行政许可。如规定相对人在从事特定活动前要到行政机关备案、先行经过行政机关确认等。对行政机关要求备案、确认等管理措施是否属于行政许可的判断，则应结合行政许可法的相关条文综合进行。只要这种备案、确认等管理措施限制相对人从事特定活动，或者对相对人从事特定活动设置了一定的前提条件，那么不论其形式称谓如何，都应当认定为是一种行政许可；违反行政许可法规定的，人民法院在审理中均不应当适用。

（三）关于法院能否直接宣告地方政府规章无效的问题

根据现行宪法、立法法所确立的原则，人民法院在审理案件时具有法律规范的选择适用权。在案件审理时，一般应当按照上位法优于下位法、后法优于前法以及特别法优于一般法等法律适用规则，判断和选择所应适用的法律规范。下位法的规定不符合上位法的，人民法院原则上应当适用上位法。当前许多具体行政行为是依据下位法作出的，且未援引和适用上位法。在这种情况下，为维护法制统一，人民法院审查具体行政行为的合法性时，应当对下位法是否符合上位法一并进行判断。但是值得强调的是，现行法律制度下，人民法院无权撤销、改变甚至是宣布规章无效，只有在个案裁判中才具有法律规范的选择适用权。因此，法院一般不宜直接在判决书中宣告违反上位法的规章无效，而应直接依据合法的上位法对被诉具体行政行为是否合法作出认定。而对于那些被人民法院生效裁判认定为违反上位法进而不予适用的规章，制定机关或者其他有权机关也应当及时对相关条款依法予以修订或者废止。

——最高人民法院案例指导工作办公室：《指导案例 5 号〈鲁潍（福建）盐业进

出口有限公司苏州分公司诉江苏省苏州市盐务管理局盐业行政处罚案〉的理解与参照》，载江必新主编：《最高人民法院司法解释与指导性案例理解与适用》（第1卷），人民法院出版社2013年版，第588—591页。

469 国家部委内设机构无权就相关行政法规作出解释

关键词｜规范性文件｜法律解释｜

【最高人民法院公报案例】

丰祥公司诉上海市盐务局行政强制措施案

要旨：国家部委内设机构无权就相关行政法规作出解释。

盐务局未能提供丰祥公司有“隐匿、销毁证据可能的情况”的事实证据，故盐务局适用《盐业行政执法办法》第二十四条对丰祥公司作出扣押工业盐的强制措施，属认定事实不清，适用法律、法规不当。国务院《盐业管理条例》第十九条规定：“食用盐，国家储备盐和国家指令性计划的纯碱、烧碱用盐，由国家统一分配调拨。”本案涉及的是工业盐，不属上述条文规定的由国家实行统一分配调拨的盐类范畴。《盐业管理条例》第二十条规定：“盐的批发业务，由各级盐业公司统一经营。未设盐业公司的地方，由县级以上人民政府授权的单位统一组织经营。”根据丰祥公司营业执照的经营范围，丰祥公司具有经营工业盐的经营范围，属可经营工业盐的公司，有权经营工业盐。故盐务局根据《上海市盐业管理若干规定》第十四条的规定作出具体行政行为，属于适用法律、法规不当。依据《盐业管理条例》第三十一条规定，本条例由轻工业部负责解释，盐务局提供的中盐政〔2000〕109号《关于对上海市盐务管理局〈关于请求解释“盐的批发业务由各级盐业公司统一经营”的请示〉函复函》系国家轻工业局内设机构盐业管理办公室的文件，国家轻工业局盐业管理办公室无权对《盐业管理条例》作出解释，且该复函亦未对外公布，故对外不具有法律效力。

——《中华人民共和国最高人民法院公报》2003年第1期。

470 应当根据社会的发展需要解决法律规定中有关部门职权的冲突

关键词｜烟草零售｜烟草批发｜

【最高人民法院答复】

云南省高级人民法院：

你院报送的《关于昆明旭明经贸有限公司诉昆明市工商行政管理局五华分局行政处罚抗诉再审一案的请示报告》收悉。经研究答复如下：

有烟草零售许可证但无烟草专卖批发企业许可证经营烟草批发业务的，应当适用《中华人民共和国烟草专卖法》第三十三条的规定，由烟草主管行政机关处理。

——《最高人民法院行政审判庭关于对无烟草专卖批发企业许可证经营烟草批发业务行为应当由何机关处理的答复》(2006 年 9 月 29 日，〔2006〕行他字第 1 号)。

【链接：理解与适用】

人民法院审理具体行政案件，适用〔2006〕行他字第 1 号答复时，应当注意以下问题：

(一)关于《投机倒把行政处罚暂行条例》被废止后，有关该条例的适用问题

2008 年 1 月 15 日，国务院公布了《国务院关于废止部分行政法规的决定》(国务院令第 516 号)，宣布废止 49 件行政法规，宣布失效 43 件行政法规。其中由工商行政管理部门作为主要执法机关的行政法规有四项，分别是：《投机倒把行政处罚暂行条例》、《投机倒把行政处罚暂行条例施行细则》、《关于申请商标注册要求优先权的暂行规定》和《关于汽车交易市场管理的暂行规定》。此外，《外商投资企业清算办法》等行政法规也涉及工商行政管理部门职能。鉴于上述行政法规已自 2008 年 1 月 15 日起停止执行。对依据上述行政法规进行查处的案件应当按照以下原则处理：(1)凡依据上述行政法规立案但尚未结案，该行为同时违反其他法律、法规的，可以按照其他相关法律、法规进行查处；该行为不违反其他法律、法规的，予以销案。(2)凡依据上述行政法规立案，已结案但处罚决定书尚未送达当事人的，鉴于处罚依据已经消失，该行政处罚停止执行。(3)凡依据《投机倒把行政处罚暂行条例》和《投机倒把行政处罚暂行条例施行细则》采取行政强制措施的，一律解除所采取的行政强制措施。但该行为同时违反其他法律、法规，依照相关法律、法规规定可以采取行政强制措施的，可以在解除原行政强制措施的同时，采取新的行政强制措施。

(二)关于烟草专卖法第三十七条和《烟草专卖法实施条例》第六十一条的规定的衔接问题

根据烟草专卖法第三十七条的规定，对非法印制烟草制品商标标识的行为，由

工商行政管理部门行使行政处罚职权。按照特别规定优于一般规定的原则，烟草管理部门对此类违反烟草管理的行为，不具有行政处罚职权。

根据《烟草专卖法实施条例》第六十一条的规定，对无烟草专卖零售许可证经营烟草制品零售业务的行为的行政处罚职权，由工商行政管理部门行使，烟草专卖部门无权行使。工商行政管理部门除此类违反烟草专卖管理行为外，对其他违反烟草专卖的倒卖行为，均不具有行政处罚职权。对此类违反烟草专卖管理的行为，工商行政管理机关应当依据《烟草专卖法实施条例》第六十一条的规定，进行处罚，而不能依据暂行条例的有关规定作出行政处罚决定。

（三）关于“移送”问题

人民法院在审理诉工商行政机关行政处罚案件中，发现根据烟草专卖法及《烟草专卖法实施条例》的有关规定，工商行政机关越权行使了应当由烟草专卖机关行使的行政处罚职权的，应当在行政判决书说理部分阐明其超越职权的理由。如果经审理认定原告或者第三人的行为属于违反烟草专卖管理行为的性质的，还应当阐明被告应当将此案的有关材料移交烟草专卖行政主管部门处理。为了达到法律效果与社会效果相统一，当法院判决生效后，法院应当主动将有关情况向烟草专卖机关、同级人民政府或者被告的上级机关通报。法院直接将案件材料移送烟草专卖机关，有司法干涉行政之嫌疑，故法院不宜直接移送。但烟草专卖机关可以到法院查阅有关卷宗并可以复印或复制有关证据材料。

——蔡小雪、梁凤云、段小京编著：《现行有效行政诉讼司法解释解读应用》，人民法院出版社 2014 年版，第 483—484 页。

九、其他

471 对违法收取电费的行为应由物价行政管理部门监督管理

关键词｜电费｜物价部门｜

【最高人民法院答复】

山西省高级人民法院：

你院〔1999〕晋法行字第 9 号《关于对乡镇企业管理局是否有权对电业局非法收取农村分类综合电价外的费用的行为进行处罚的请示》收悉。经研究，答复如下：

原则同意你院倾向性意见。即遵循特别法规定优于普通法规定的原则，对违法收取电费的行为，根据《电力法》第 66 条的规定，应由物价行政管理部门监督管理。

——《最高人民法院行政审判庭关于对违法收取电费的行为应由物价行政管理部门监督管理的答复》（1999 年 11 月 17 日，行他〔1999〕第 6 号）。

【链接：理解与适用】

法律对于供电企业的供电义务、收取电费的行为以及对违法收取电费行为的处罚作了明确规定。电力法第二十九条规定，供电企业在发电、供电系统正常的情况下，应当连续向用户供电，不得中断。第三十三条规定，供电企业应当按照国家核准的电价和用电计量装置的记录，向用户计收电费。第四十三条规定，任何单位不得超越电价管理部门限制定电价。供电企业不得擅自变更电价。第四十四条规定，禁止任何单位和个人在电费中加收其他费用；但是，法律、行政法规另有规定的，按照规定执行。由于上述违法行为一般是供电企业实施的，且对于物价管理职责国家已经赋予物价管理机关。[①] 因此，电力法第六十六条规定："违反本法第三

① 价格法第三十三条规定，县级以上各级人民政府价格主管部门，依法对价格活动进行监督检查，并依照本法的规定对价格违法行为实施行政处罚。

十三条、第四十三条和第四十四条规定，未按国家标准的电价和用电计量装置的记录向用户计收电费，超越职权制定电价或者在电费中加收其他费用的，由物价行政主管部门给予警告、责令返还违法收取的费用，可以并处违法收费五倍以下的罚款……”可见，对于上述违法行为，应当由价格主管部门依法予以处罚。当然，为了不放纵供电企业的违法行为，乡镇企业行政管理部门应当及时将案件移交给价格主管部门依法予以处罚。

——蔡小雪、梁凤云、段小京编著：《现行有效行政诉讼司法解释解读应用》，人民法院出版社2014年版，第436页。

472 招投标过程中对重新评标审核决定的司法审查标准

关键词 | 招投标 | 合法性审查 |

【最高人民法院参考案例】

北京希优照明设备有限公司诉上海市商务委员会招标投标管理纠纷案（行政审判案例第67号）

要旨：《机电产品国际招标投标实施办法》第四十一条第三款关于“评标结果公示为一次性公示”的规定是指第一次评标，不适用于重新评标。对重新评标审核决定的司法审查应尊重技术审核机构的专业意见。

市商委依法具有监督本市机电产品国际招标投标活动、作出本案讼争行政决定的法定职权。市商委受理希优公司的质疑后，责成招标机构重新评标，并在审查重新评标报告过程中，对招标文件、重新评标专家的组成、复评意见等内容进行了监督审核。根据重新评标专家材料载明的专家姓名、职务、专家库级、人数等信息，参与重新评标的专家组成符合法定要求。重新评标委员会中，有一名参与了第一次评标的招标人和招标机构代表参与了重新评标，并不违反法律规定。对招标网络系统设计程序已经足以保证评审专家抽取的随机性和公正性，予以采信。一审法院对《机电产品国际招标投标实施办法》第四十一条第三款关于“评标结果为一次性公示”的规定是指第一次评标，并不适用于重新评标的阐述意见并无不当，依法予以确认。经重新评标，判定希优公司为技术废标的复评意见系由依法组成、具备相应资质的评审机构对照招标文件及相关技术标准作出的认定结论，市商委依法对该复评意见进行审查后，同意复评意见，维持原评标结果并无不当。市商委已依法定送达程序对重新评标报告予以网上备案生成了中标公告，希优公司通过查看招标网上公布的内容即已知道市商委作出了维持原评标结果的决定。原审判决驳回希优公司的诉讼请求并无不当,依照行政诉讼法第六十一条第(一)项之规定,判决驳回上诉,维持原判。

——中华人民共和国最高人民法院行政审判庭编:《中国行政审判案例》(第2卷),中国法制出版社2011年版,第167、169—170页。

473 拍卖法第二十二条的理解与适用

关键词｜拍卖｜竞买人｜

【最高人民法院答复】

上海市高级人民法院:

你院《关于〈中华人民共和国拍卖法〉第二十二条应如何适用的请示》收悉。经研究,答复如下:

根据拍卖法规定的拍卖活动应当遵循公开、公平、公正和诚实信用的原则,拍卖法第二十二条规定的"拍卖人及其工作人员不得以竞买人的身份参与自己组织的拍卖活动",包括拍卖人及其工作人员不得在自己组织的拍卖活动中接受他人委托,以自己的行为代为竞买的情形。

——《最高人民法院关于〈中华人民共和国拍卖法〉第二十二条如何适用问题的答复》(2004年6月16日,〔2003〕行他字第20号)。

474 与旧法配套的实施细则在新法实施后的适用问题

关键词｜海关行政处罚｜实施细则适用｜

【最高人民法院司法文件】

18. 与旧法配套的实施细则在新法实施后的适用问题

新法实施后,与之配套的实施细则尚未颁行前,原有细则与新法不相抵触的内容可以适用。(13号)

——《最高人民法院办公厅关于印发〈行政审判办案指南(一)〉的通知》(2014年2月24日,法办〔2014〕17号)。

【最高人民法院公报案例】

博坦公司诉厦门海关行政处罚决定纠纷案

要旨：行政机关为实施法律而根据法律制定的实施细则、条例等行政法规，在相关法律修改后，只要没有被法律、行政法规或者制定机关明令废止，并且不与修改后的法律相抵触，就仍然可以适用。

双方当事人争议的焦点在于上诉人的卸储行为是否构成“协助走私”，《海关法行政处罚实施细则》关于“协助走私”的规定与新海关法相关规定是否冲突，以及认定上诉人的违法所得是否应当扣除经营成本。经审查确认如下：（一）上诉人博坦公司卸储涉案油料的行为属于“协助走私”的违法行为。依照原《海关法行政处罚实施细则》第六条第二款的规定，知情不报并为走私人提供方便，构成“协助走私”的违法行为。（二）《海关法行政处罚实施细则》第六条第二款的规定与新海关法没有抵触。无论是对行为人的主客观方面要求，还是对行为人构成相应行政违法行为所应承担的法律责任，《海关法行政处罚实施细则》第六条第二款规定与新海关法第八十四条规定均未抵触，在其生效期间依法可以适用。

——《中华人民共和国最高人民法院公报》2006 年第 6 期。

475 下位法超越其他行政主体职权，与上位法抵触时的处理

关键词 | 进口货物 | 海关 |

【最高人民法院答复】

黑龙江省高级人民法院：

你院〔1996〕黑行他字第 1 号“关于佳木斯进出口公司第二部不服绥芬河市口岸管理委员会拍卖财产一案的请示”收悉。经研究，答复如下：

进口货物在办妥报关手续前应根据《海关法》第二十一条的规定，由海关监管，其他机关对进口货物无管理职权。具体案件请你院依据法律规定处理。

——《最高人民法院行政审判庭关于对佳木斯进出口公司第二部诉绥芬河市口岸管理委员会拍卖财产案的答复》（1996 年 7 月 25 日，〔1996〕行他字第 14 号）。

476 应当适用当事人行为发生时生效的法律规范处理案件

关键词｜行政处罚｜行为效力｜

【最高人民法院答复】

新疆维吾尔自治区高级人民法院：

你院新法行〔1991〕35号《关于国务院几个部、局制定的有关规章之间不一致的几个问题的请示》收悉。经研究，答复如下：

皮山县供销社不服皮山县税务局行政处罚一案，法院应适用当事人行为发生时生效的法律规范进行处理。从你院请示报告中所反映的该案的基本情况看，1988年3月至5月间皮山县供销社实施转移收购棉花的升溢款的行为时，生效的法律文件只有商业部〔1986〕商棉字第1号《关于棉花收购、加工盈亏问题的批复》。国家物价局、国家技术监督局〔1988〕价检字743号文件，国家物价局、国家技术监督局、商业部、纺织部〔1990〕价检字250号文件，国家税务局国税发〔1990〕205号文件当时均未生效。因此，该案不存在国务院几个部、局制定的有关规章之间不一致的问题，请你院依照该案的具体情况自行处理。

——《最高人民法院行政审判庭关于部门规章之间规定不一致时应如何对待问题的复函》（1991年10月16日，法行〔1991〕1号）。

477 固体废物污染环境防治法和大气污染防治法如何选择适用

关键词｜行政处罚｜法律适用｜

【最高人民法院指导性案例】

上海鑫晶山建材开发有限公司诉上海市金山区环境保护局环境行政处罚案（最高人民法院指导案例139号）

裁判要点：企业事业单位和其他生产经营者堆放、处理固体废物产生的臭气浓度超过大气污染物排放标准，环境保护主管部门适用处罚较重的大气污染防治法对其进行处罚，企业事业单位和其他生产经营者主张应当适用固体废物污染环境防治法对其进行处罚的，人民法院不予支持。

法院生效裁判认为，本案核心争议焦点在于被告适用大气污染防治法对原告涉案行为进行处罚是否正确。其中涉及固体废物污染环境防治法第六十八条第一款第(七)项、第二款及大气污染防治法第九十九条第(二)项之间的选择适用问题。前者规定,未采取相应防范措施,造成工业固体废物扬散、流失、渗漏或者造成其他环境污染的,处一万元以上十万元以下的罚款;后者规定,超过大气污染物排放标准或者超过重点大气污染物排放总量控制指标排放大气污染物的,由县级以上人民政府环境保护主管部门责令改正或者限制生产、停产整治,并处十万元以上一百万元以下的罚款;情节严重的,报经有批准权的人民政府批准,责令停业、关闭。前者规制的是未采取防范措施造成工业固体废物污染环境的行为,后者规制的是超标排放大气污染物的行为;前者有未采取防范措施的行为并具备一定环境污染后果即可构成,后者排污单位排放大气污染物必须超过排放标准或者重点大气污染物排放总量控制指标才可构成。本案并无证据可证实臭气是否来源于任何工业固体废物,且被告接到群众有关原告排放臭气的投诉后进行执法检查,检查、监测对象是原告排放大气污染物的情况,适用对象方面与大气污染防治法更为匹配;《监测报告》显示臭气浓度超过大气污染物排放标准,行为后果方面适用大气污染防治法第九十九条第(二)项规定更为准确,故被诉行政处罚决定适用法律并无不当。

——《最高人民法院关于发布第 24 批指导性案例的通知》(2019 年 12 月 26 日,法〔2019〕297 号)。

【链接:理解与参照】

(一)法律适用规则在环境行政处罚中的运用

法律条文的概括性、抽象性保证了立法的简洁、精练以及适用情形的涵摄范围,其规范作用的发挥依赖于适用者结合个别具体事实,对其赋予一定的法律效果。[①] 但在案件事实兼涉多个法律规范时,法律条文之间的协调适用就会存在一定困难,甚至彼此产生冲突。因此,正如前述,法学理论及实定法上的法律选择适用规则是:上位法优于下位法、特别法优于一般法、新法优于旧法。下位法不符合上位法规定的,适用上位法;特别规定与一般规定不一致的,适用特别法;新的规定与旧的规定不一致的,适用新法。上述规则对于法律规范间的选择意义重大,有效解决了诸多法律适用难题。

具体到环境法律规范中,法律条文间的竞合时有发生,法律选择适用问题较其他行政领域更为突出。这是与现阶段中国环境法律规范的特点和社会环境的要求

① 李洪雷:《行政法释义学:行政法学理的更新》,中国人民大学出版社 2014 年版,第 116 页。

相关联的。随着社会经济跳跃式发展,人们对于生态环境保护的要求愈发高涨,而与原社会发展相对缓慢阶段相适应的既有环境法律规范不断受到挑战,既有处罚幅度也无法与飞速发展的现实相适应,但大量的环境法律规范客观上难以实时、全面、系统、彼此严密衔接地修订。环境违法行为法律竞合、法律冲突多可通过前述法律适用一般规则予以解决,但无法发挥全部效用甚至失灵的情形也不鲜见。

以本案所涉大气污染防治法及固体废物污染环境防治法为例,大气污染防治法于 1987 年由第六届全国人大常委会第二十二次会议通过,1995 年、2000 年、2015 年、2018 年进行了多次修订、修正。固体废物污染环境防治法于 1995 年由第八届全国人大常委会第十六次会议通过,2004 年、2013 年、2015 年、2016 年、2020 年也进行了多次修订、修正。企业事业单位和其他生产经营者堆放、处理固体废物产生的臭气浓度超过大气污染物排放标准,客观上既涉及大气污染,又有固体废物堆放于现场,环境保护部门应适用大气污染防治法还是固体废物污染环境防治法就成了争议焦点。从处罚相对人角度而言,其自然希望适用处罚幅度较轻的后者。而按照法律适用一般规则,从位阶分析,因为两部法律都是全国人大常委会通过,法律位阶相同,不存在上位法、下位法的问题;从规范特定性角度分析,两部法律分别规制大气污染、固体废物污染的行为,难言谁为特别、谁为一般;从时间分析,两部法律均已持续多番修改,也难言谁为新法、谁为旧法。法律适用一般规则在本案中适用存在困难。

(二)堆放、处理固体废物致臭气浓度超标时的法律选择与适用的考量

在法律适用一般规则失灵时,就需要执法者、司法者综合案件情况进行衡平,确定最为贴切的法律适用规范。就环境法律规范的法律适用与解释,需避免孤立、机械理解法律条文,应基于法解释的方法、执法监管的有效性、环境利益的衡平等多个角度进行总体化、系统化考量。

第一,从构成要件角度分析,适用大气污染防治法更为匹配和周延。这实际上是运用文义解释的法解释方法,按照法律条文所使用词语的通常意义或法律特殊意义对法律条文进行解释、理解。[①] 就适用对象而言,固体废物污染环境防治法适用于工业固体废物,从本案查明事实来看,并不能证明企业产生的臭气全部来源于污泥,即不能排除生产作业过程中其他污染物产生的臭气,适用固体废物污染环境防治法显不周延。大气污染防治法第八十条规定:“企业事业单位和其他生产经营者在生产经营活动中产生恶臭气体的,应当科学选址,设置合理的防护距离,并安

① 梁慧星:《裁判的方法》,法律出版社 2012 年版,第 106 页。

装净化装置或者采取其他措施,防止排放恶臭气体。”从大气污染防治法适用对象来看,涉案行为产生的臭气可归类为恶臭范围,与该法适用对象相互匹配。就行为方式及后果而言,原固体废物污染环境防治法第六十八条第一款第(七)项、第二款规定的是扬散、流失、渗漏或者造成其他环境污染,大气污染防治法第九十九条第(二)项规定的则是造成大气污染且达到超标排放。涉案固废产生臭气时样态为堆放,不属于固体废物污染环境防治法中规定的扬散、流失、渗漏。至于是否属于或者造成其他环境污染,从语义角度分析,造成其他环境污染的立法表述并未规定确切的、可量化的标准,其行为后果未要求超过国家相应标准;而大气污染防治法规定的行为后果需是排放大气污染物超标。原告涉案行为产生的臭气浓度已超过国家标准,故适用大气污染防治法予以处理更为恰当。申言之,在选择适用法律时,不应拘泥于法律中的单个条款,须结合整部法律中关于适用对象、行为后果、处罚规定以及立法目的等进行综合认定。

第二,从责罚相当角度分析,适用大气污染防治法更有利于环境监管。行政处罚法规定,设定和实施行政处罚必须以事实为依据,与违法行为的事实、性质、情节及社会危害程度相当。本案中,涉案企业堆放污泥产生大量臭气,环保局先后接到几十封投诉举报信反映空气质量问题,严重影响了周边居民正常生活,且恶臭浓度已超过大气污染物排放标准,行为后果较为严重。大气污染防治法的处罚幅度为10万元到100万元,固体废物污染环境防治法的处罚幅度为1万元到10万元,对于造成臭气浓度超标的严重后果的行为适用大气污染防治法予以处罚,贯彻了责罚相当原则,有利于环境效益与法律效果的统一。

第三,从环保利益衡平角度分析,适用大气污染防治法更有利于发挥环境审判司法能动性。习近平总书记在十九大报告中指出:既要创造更多物质财富和精神财富以满足人民日益增长的美好生活需要,也要提供更多优质生态产品以满足人民日益增长的优美生态环境需要。面对我国资源储备趋紧、环境污染严重、生态系统退化的严峻形势,应遵循最严格制度最严密法治理念,充分发挥环境资源审判司法能动性,服务生态保护大局。藉此,在环境资源案件审理中,应从更有利于环境资源保护与监管的角度进行解释和认定。

综上,企业事业单位和其他生产经营者堆放、处理固体废物产生的臭气浓度超过大气污染物排放标准,环境保护主管部门适用处罚较重的大气污染防治法对其进行处罚,符合法律规定,责罚相当,有利于有效震慑环境违法行为,法律适用准确。环境处罚相对人主张适用处罚较轻的固体废物污染环境防治法进行处罚的,人民法院不予支持。

——崔胜东、朱婧、石磊:《指导案例139号〈上海鑫晶山建材开发有限公司诉上海市金山区环境保护局环保行政处罚案〉的理解与参照——环境行政处罚案件中的法律适用与选择》,载《人民司法・案例》2022年第11期。

478 对涉外股权交易避税行为的认定

关键词｜涉外股权交易｜避税｜

【最高人民法院专业法官会议纪要】

法律问题:如何准确理解适用企业所得税法第二条第三款有关"来源于中国境内所得"以及第四十七条有关"企业实施其他不具有合理商业目的的安排而减少其应纳税收入或者所得额的,税务机关有权按照合理方法调整"之规定,对不从事实际经营且标的为对外披露的中国居民企业股权的涉外公司之间的股权转让交易活动征收企业所得税。

法官会议意见:对企业所得税法第二条第三款有关"非居民企业在中国境内未设立机构、场所的,或者虽设立机构、场所但取得的所得与其所设机构、场所没有实际联系的,应当就其来源于中国境内的所得缴纳企业所得税"以及第四十七条"企业实施其他不具有合理商业目的的安排而减少其应纳税收入或者所得额的,税务机关有权按照合理方法调整"之规定的理解,人民法院应当结合《国家税务总局关于加强非居民企业股权转让所得企业所得税管理的通知》有关"境外投资方(实际控制方)通过滥用组织形式等安排间接转让中国居民企业股权,且不具有合理的商业目的,规避企业所得税纳税义务的"等情形作出合理解释。

——最高人民法院行政审判庭编:《最高人民法院行政审判庭法官会议纪要》(第一辑),人民法院出版社2022年版,第233—234页。

479 证券短线交易行为的审查要素及认定标准

关键词｜短线交易｜信息优势｜证券市场｜

【最高人民法院专业法官会议纪要】

法律问题:违法的短线证券交易如何认定,即交易标的、交易时点、交易方式、主观目的分别如何认定？

法官会议意见：特定主体的短线交易之所以为各国证券法所禁止，是因为特定主体极易利用信息优势通过此种短线交易获取不正当利益并损害其他投资者利益，该种短线交易违反了证券市场的公开、公平、公正原则。对短线交易的交易标的、交易方式、交易时点、交易目的等方面的认定，根本标准是特定主体是否可能利用其信息优势、决策优势通过此种交易获取不正当利益等。

——最高人民法院行政审判庭编：《最高人民法院行政审判庭法官会议纪要》（第一辑），人民法院出版社 2022 年版，第 256—257 页。

第九章 | CHAPTER 09

行政诉讼裁判

一、一审

（一）驳回诉讼请求判决

480 判决驳回原告的诉讼请求，并非诉讼请求不成立，而是被诉行政行为合法

关键词｜驳回诉讼请求｜合法性审查｜

【最高人民法院裁判案例】

刘志军、金慧艳诉中华人民共和国财政部行政复议案［最高人民法院（2020）最高法行申9332号行政裁定书］

要旨：行政诉讼判决驳回原告诉讼请求的法定条件并非原告诉讼请求不成立，而是被诉行政行为完全合法。

根据行政诉讼法第六十九条规定，行政行为证据确凿，适用法律、法规正确，符合法定程序的，判决驳回原告的诉讼请求。据此，行政诉讼判决驳回原告诉讼请求的法定条件并非原告诉讼请求不成立，而是被诉行政行为完全合法。如果被诉行政行为结果正确，但是理由不当，撤销重作又将会大量浪费行政复议和行政诉讼资源，严重损害国家利益、公共利益的，人民法院应当依照行政诉讼法第七十四条第一款第（一）项规定，判决确认被诉76号复议决定违法，保留效力，而不是判决驳回原告诉讼请求。

——中国裁判文书网，https://wenshu.court.gov.cn/。

481 公安机关交通管理部门对不礼让行人的机动车驾驶人依法作出行政处罚的，人民法院应予支持

关键词｜行政处罚｜道路交通安全｜驳回诉讼请求｜

【最高人民法院指导性案例】

贝汇丰诉海宁市公安局交通警察大队道路交通管理行政处罚案（最高人民法院指导案例90号）

裁判要点：礼让行人是文明安全驾驶的基本要求。机动车驾驶人驾驶车辆行经人行横道，遇行人正在人行横道通行或者停留时，应当主动停车让行，除非行人明确示意机动车先通过。公安机关交通管理部门对不礼让行人的机动车驾驶人依法作出行政处罚的，人民法院应予支持。

法院生效裁判认为：首先，人行横道是行车道上专供行人横过的通道，是法律为行人横过道路时设置的保护线，在没有设置红绿灯的道路路口，行人有从人行横道上优先通过的权利。机动车作为一种快速交通运输工具，在道路上行驶具有高度的危险性，与行人相比处于强势地位，因此必须对机动车在道路上行驶时给予一定的权利限制，以保护行人。其次，认定行人是否"正在通过人行横道"应当以特定时间段内行人一系列连续行为为标准，而不能以某个时间点行人的某个特定动作为标准，特别是在该特定动作不是行人在自由状态下自由地作出，而是由于外部的强力原因迫使其不得不作出的情况下。案发时，行人以较快的步频走上人行横道线，并以较快的速度接近案发路口的中央位置，当看到贝汇丰驾驶案涉车辆朝自己行走的方向驶来，行人放慢了脚步，以确认案涉车辆是否停下来，但并没有停止脚步，当看到案涉车辆没有明显减速且没有停下来的趋势时，才为了自身安全不得不停下脚步。如果此时案涉车辆有明显减速并停止行驶，则行人肯定会连续不停止地通过路口。可见，在案发时间段内行人的一系列连续行为充分说明行人"正在通过人行横道"。再次，机动车和行人穿过没有设置红绿灯的道路路口属于一个互动的过程，任何一方都无法事先准确判断对方是否会停止让行，因此处于强势地位的机动车在行经人行横道遇行人通过时应当主动停车让行，而不应利用自己的强势迫使行人停步让行，除非行人明确示意机动车先通过，这既是法律的明确规定，也是保障作为弱势一方的行人安全通过马路、减少交通事故、保障生命安全的现代文明社会的内在要求。综上，贝汇丰驾驶机动车行经人行横道时遇行人正在通过而未停车让行，违反了《中华人民共和国道路交通安全法》第四十七条的规定。海宁交警大队根据贝汇丰的违法事实，依据法律规定的程序在法定的处罚范围内给予相应的行政处罚，事实清楚，程序合法，处罚适当。

——《最高人民法院关于发布第17批指导性案例的通知》（2017年11月15日，法〔2017〕332号）。

【链接：理解与参照】

四、参照适用时应注意的问题

“人们遵守法律的主要原因在于，集体成员在信念上接受了这些法律，并且能够在行为上体现这些法律所表达的价值观。”该案旨在明确礼让行人是文明安全驾驶的基本要求，在斑马线上礼让行人也是社会文明程度的标志之一。该案的裁判要点明确规定：机动车驾驶人驾驶车辆行经人行横道，遇行人正在人行横道通行或者停留时，应当主动停车让行，除非行人明确示意机动车先通过，公安机关交通管理部门对不礼让行人的机动车驾驶人依法作出行政处罚的，人民法院应予支持。这是全国首例机动车驾驶人不服因在人行横道前未礼让行人被罚款记分而提起行政诉讼的案件。该案例要点确定的裁判规则弥补了道路交通安全法第四十七条第一款规定比较原则的不足，对法律条文规定的“行人正在通过人行横道”进行了进一步解释，明确即使是“行人在人行横道停留时”也应当礼让行人。这进一步明确了机动车“礼让斑马线”的义务和“行人优先、生命至上”的文明安全驾驶准则，为广大机动车驾驶人确立了行为规范，指引和督促其自觉地规范自己的驾驶行为，引导形成文明礼让的良好社会风尚。为此，其他法院在遇到“行人正在人行横道通行或者停留时”类似案情时应当参照适用本案例。

当然，如果实践中遇到行为人在人行横道耍赖、故意在人行横道上长时间停留等极端现象，则涉及治安管理问题，应由相关部门对其进行批评、教育和处罚，则不能参照适用本案例。

——杨治、石磊：《指导案例90号〈贝汇丰诉海宁市公安局交通警察大队道路交通管理行政处罚案〉的理解与参照——人行横道前机动车驾驶人具有礼让行人的义务》，载最高人民法院案例指导工作办公室编著：《中国案例指导》（总第7辑），法律出版社2019年版，第50页。

482 通过私设暗管等方式排放水污染物，污染者以其排放的水污染物达标、没有对环境造成损害为由，主张不受行政处罚的，人民法院不予支持

关键词 | 驳回诉讼请求 | 行政处罚 | 环境保护 |

【最高人民法院指导性案例】

陈德龙诉成都市成华区环境保护局环境行政处罚案（最高人民法院指导案例138号）

裁判要点：企业事业单位和其他生产经营者通过私设暗管等逃避监管的方式排放水污染物的，依法应当予以行政处罚；污染者以其排放的水污染物达标、没有对环境造成损害为由，主张不应受到行政处罚的，人民法院不予支持。

法院生效裁判认为，德龙加工厂工商登记注册地虽然在成都市龙泉驿区，但其生产加工形成环境违法事实的具体地点在成都市成华区，根据《中华人民共和国行政处罚法》第二十条、《环境行政处罚办法》第十七条的规定，成华区环保局具有作出被诉处罚决定的行政职权；虽然成都市成华区环境监测站于2012年5月22日出具的《检测报告》，认为德龙加工厂排放的废水符合排放污水的相关标准，但德龙加工厂私设暗管排放的仍旧属于污水，违反了水污染防治法第二十二条第二款的规定；德龙加工厂曾因实施"未办理环评手续、环保设施未验收即投入生产"的违法行为受到过行政处罚，本案违法行为系二次违法行为，成华区环保局在水污染防治法第七十五条第二款所规定的幅度内，综合考虑德龙加工厂系二次违法等事实，对德龙加工厂作出罚款10万元的行政处罚并无不妥。

——《最高人民法院关于发布第24批指导性案例的通知》（2019年12月26日，法〔2019〕297号）。

483 行政机关有权依法对行为人非法运输《濒危野生动植物种国际贸易公约》附录中的珊瑚、砗磲进行行政处罚

关键词 | 行政处罚 | 濒危野生动植物种 |

【最高人民法院指导性案例】

海南临高盈海船务有限公司诉三沙市渔政支队行政处罚案（最高人民法院指导案例177号）

裁判要点：我国为《濒危野生动植物种国际贸易公约》缔约国，对于列入该公约附录一、附录二中的珊瑚、砗磲的所有种，无论活体、死体，还是相关制品，均应依法给予保护。行为人非法运输该公约附录一、附录二中的珊瑚、砗磲，行政机关依

照野生动物保护法等有关规定作出行政处罚的,人民法院应予支持。

法院生效裁判认为:

一、我国作为《濒危野生动植物种国际贸易公约》缔约国,应当严格、全面履行公约义务,对已列入该公约附录一、附录二中的珊瑚、砗磲的所有种,无论活体、死体,还是相关制品,均应依法给予保护。砗磲属受保护的珍贵、濒危水生野生动物,砗磲贝壳为受我国法律保护的水生野生动物产品。根据《最高人民法院关于审理发生在我国管辖海域相关案件若干问题的规定(二)》第七条第三款及《中华人民共和国水生野生动物保护实施条例》第二条的规定,列入《国家重点保护野生动物名录》中国家一、二级保护的,以及列入《濒危野生动植物种国际贸易公约》附录一、附录二中所有水生野生动物物种,无论属于活体、死体,还是相关制品(水生野生动物的任何部分及其衍生品),均受到法律保护。案涉大砗磲属《国家重点保护野生动物名录》中的国家一级保护动物,砗蠔属《濒危野生动植物种国际贸易公约》附录二物种,二者均受法律保护。盈海公司运输行为的客体虽然是砗磲贝壳,但作为双壳纲动物,砗磲的贝壳属于其作为动物的一部分,因此,应当将砗磲贝壳认定为《中华人民共和国水生野生动物保护实施条例》第二条规定应受保护的水生野生动物产品;盈海公司关于其运输的砗磲为死体,不违反法律、行政法规的抗辩不能成立。

二、非法开发利用野生动物资源"产业链"中所涉及的非法采捕、收购、运输、加工、销售珍贵、濒危野生动物及其制品等行为均构成违法并需承担相应的法律责任。非法运输珍贵、濒危野生动物及其产品的行为是非法开发利用野生动物资源"产业链"的重要一环,应承担相应的法律后果和责任。根据案发时生效的《中华人民共和国野生动物保护法》(2009 年 8 月 27 日修订)第二十三条、《中华人民共和国水生野生动物保护实施条例》第二十条及《中华人民共和国水生野生动物利用特许办法》第二十九条的规定,运输、携带国家重点保护野生动物或者其产品出县境的,必须经省、自治区、直辖市政府野生动物行政主管部门或者其授权的单位批准并取得相应许可证明。本案中,盈海公司未经批准并取得相关许可证明,就将案涉砗磲贝壳从三沙市向海南岛运输,已构成违法,故三沙市渔政支队对其处以罚款具有法律、行政法规依据。

——《最高人民法院关于发布第 31 批指导性案例的通知》(2021 年 12 月 1 日,法〔2021〕286 号)。

484 非法围海填海共同违法行为的认定及其法律责任

关键词 | 非法围海、填海 | 共同违法行为 | 行政处罚 |

【最高人民法院指导性案例】

北海市乃志海洋科技有限公司诉北海市海洋与渔业局行政处罚案（最高人民法院指导案例 178 号）

裁判要点：(1)行为人未依法取得海域使用权，在海岸线向海一侧以平整场地及围堰护岸等方式，实施筑堤围割海域，将海域填成土地并形成有效岸线，改变海域自然属性的用海活动可以认定为构成非法围海、填海。

(2)同一海域内，行为人在无共同违法意思联络的情形下，先后各自以其独立的行为进行围海、填海，并造成不同损害后果的，不属于共同违法的情形。行政机关认定各行为人的上述行为已构成独立的行政违法行为，并对各行为人进行相互独立的行政处罚，人民法院应予支持。对于同一海域内先后存在两个以上相互独立的非法围海、填海行为，行为人应各自承担相应的行政法律责任，在后的违法行为不因在先的违法行为适用从轻或者减轻行政处罚的有关规定。

法院生效裁判认为：乃志公司占用的海边空地在海岸线（天然岸线）之外向海一侧，实为海滩涂。其公司使用自有铲车、勾机等机械，从外运来泥土和建筑废料对渔沣公司吹填形成的沙堆进行平整、充实，形成临时码头，并在临时码头西南面新填了部分海域，建造了临时码头北面靠海一侧的沙袋围堰和护岸设施。上述平整填充场地以及围堰护岸等行为，导致海域自然属性改变，形成有效岸线，属于围海、填海行为。乃志公司未取得案涉 0.38 公顷海域的合法使用权，在该区域内进行围海、填海，构成非法围海、填海。

渔沣公司与乃志公司均在案涉海域进行了一定的围海、填海活动，但二者的违法行为具有可分性和独立性，并非共同违法行为。首先，渔沣公司与乃志公司既无共同违法的意思联络，亦非共同实施违法行为。从时间上分析，渔沣公司系于 2013 年 7 月至 9 月间雇请他人抽取海沙填到涉案海域，形成沙堆。而乃志公司系于 2016 年 5 月 12 日通过签订转让协议的方式取得渔沣公司在原合同中的权利，并于 2016 年 7 月至 9 月期间对涉案海域进行场地平整，建设临时码头，形成陆域。二者进行围海、填海活动的时间间隔较远，相互独立，并无彼此配合的情形。其次，渔沣公司与乃志公司的违法性质不同。渔沣公司仅是抽取海沙填入涉案海域，形成沙堆，其行为违法程度较轻。而乃志公司已对涉案海域进行了围堰和场地平整，并建设临时码头，形成了陆域，其行为违法情节更严重，性质更为恶劣。再次，渔沣公司与乃志公司的行为所造成的损害后果不同。渔沣公司的行为尚未完全改变涉案海域的海洋环境,而乃志公司对涉案海域进行围堰及场地平整,设立临时码头,形成了陆域,其行为已完全改变了涉案海域的海洋生态环境,构成了非法围海、填海,损害后果更为严重。海洋渔业局认定乃志公司与渔沣公司的违法行为相互独立并分别立案查处,有事实及法律依据,并无不当。乃志公司主张海洋渔业局存在选择性执法,以及渔沣公司应当与其共同承担责任的抗辩意见不能成立。

乃志公司被查处后并未主动采取措施减轻或消除其围海、填海造地的危害后果,不存在从轻或减轻处罚的情形,故乃志公司主张从轻或减轻行政处罚,缺乏法律依据。乃志公司平整和围填涉案海域,占填海域面积为0.38公顷,其行为改变了该海域的自然属性,形成陆域,对近海生态造成不利的影响。海洋渔业局依据海域使用管理法第四十二条规定的"处非法占用海域期间内该海域面积应缴纳的海域使用金十倍以上二十倍以下的罚款",决定按十五倍处罚,未违反行政处罚法关于行政处罚适用的相关规定,符合中国海监总队《关于进一步规范海洋行政处罚裁量权行使的若干意见》对于行政处罚幅度中的一般处罚,并非从重处罚,作出罚款人民币256.77万元的处罚决定,认定事实清楚,适用法律并无不当。

——《最高人民法院关于发布第31批指导性案例的通知》(2021年12月1日,法〔2021〕286号)。

(二)撤销判决

1. 主要证据不足

485 主要证据不足的认定

关键词|主要证据不足|撤销|

【链接:最高人民法院法官著述】

这里所说的主要证据不足,是指被告向法庭提供的证据达不到被诉行政行为所认定的事实所需要的证明标准。

这里所说的"行政行为所认定的事实",是指在行政行为中用文字记载的事实，或向行政相对人口头宣告行政行为时宣读的事实。口头宣告的事实，必须要在符合规定要求的记录中反映出来。被诉行政行为中没有认定的事实，人民法院不能将其作为被诉行政行为认定的事实进行审查，只能作为审查行政行为是否存在滥用职权、明显不当等问题的事实进行审查。如果将被诉行政行为没有认定的事实进行审查，并依此事实确定行政行为的主要证据是否充分，实际上是人民法院越权行使行政权的行为，其是与行政诉讼法规定的“合法性审查原则”相悖的。行政行为中没有认定的事实，被告在诉讼中所提出的事实，不属于行政行为认定的事实。

这里所说的“证实”，是指对被诉行政行为确定的有关定性和处理结果以及其他有关行政相对人权利义务的基本事实，其举出的证据均达到此类行政行为所要求的证明标准。如果对有关行政相对人权利义务的基本事实，所举出的证据达不到此类行政行为证明的标准，即属于主要证据不足。例如，某县烟草专卖局的处罚决定认定某商店未经许可销售香烟 20 箱。该商店没有取得销售香烟许可证关系其行为的性质，出售了多少箱香烟关系对其的处理。如果县烟草专卖局举出的证据不能证实这两个方面，该处罚决定就属于主要证据不足。行政行为中有关定性和处理结果的基本事实清楚，但一些不影响定性和处理结果的事实的证据不足，则不能依此确定被诉行政行为主要证据不足。例如，某公安机关认定刘某殴打张某，造成张某胸部一块 10cm×12cm 软组织挫伤，依据治安管理处罚法第四十三条第一款的规定给予 150 元罚款的处罚。该公安机关提供的证据证实刘某殴打张某，但有关证据证实张某的胸部软组织挫伤不是 10cm×12cm，而是 10cm×11cm。此问题因不影响对刘某行为的定性，也不影响处理的结果和刘某的其他权利义务，故不属于主要证据不足。

一个被诉行政行为认定多个事实的，每个事实中有关权利义务的基本事实，均要有证据加以证实。如果有的事实中有关权利义务的基本事实有证据加以证实，有的没有证据或者缺乏证据证实，对证实的事实应当认定主要证据确实、充分；对没有或者缺乏证据证实的事实，应当认定主要证据不足。例如，某市场监督管理机关所作的处罚决定中，认定某公司倒卖香烟 400 箱，倒卖汽车 20 台。该机关只提交出该公司有关倒卖汽车的证据，提供不出该公司倒卖香烟的证据。据此，法院应当认定该机关的处罚决定中认定倒卖汽车的事实成立，认定倒卖香烟的事实主要证据不足。

——蔡小雪：《行政行为的合法性审查》，中国民主法制出版社 2020 年版，第 112—114 页。

486 未经核实直接依据广告宣传材料作出行政处罚决定属主要证据不足

关键词｜行政处罚｜主要证据不足｜

【最高人民法院参考案例】

青岛吉运房地产开发有限公司诉山东省青岛市地震局地震行政处罚案(行政审判案例第7号)

裁判要旨:行政机关能否依据相对人的广告宣传材料对其处罚,取决于材料所载相关信息是否真实。行政机关能够核实相关信息而未予核实,直接依据广告宣传材料作出行政处罚决定引起诉讼的,人民法院应当认定被诉行政行为主要证据不足。

行政处罚法第三十条规定,公民、法人或者其他组织违反行政管理秩序的行为,依法应当给予行政处罚的,行政机关必须查明事实;违法事实不清的,不得给予行政处罚。

被上诉人作为本行政区域内负责地震安全性评价的主管机关,在作出大额处罚之前,必须依法查明事实。为查明处罚事实,被上诉人应当到有权机关查明涉案奥润府新嘉苑工程的总建筑面积。而本案中,被上诉人仅仅依照宣传资料,就作出了处罚决定,导致了所查明违法事实不清,应当予以撤销。

——中华人民共和国最高人民法院行政审判庭编:《中国行政审判指导案例》(第1卷),中国法制出版社2010年版,第33、34—35页。

2. 适用法律、法规错误

487 作出行政行为时未引用具体法律条款属于适用法律错误

关键词｜适用法律错误｜未引用具体法律条款｜

【最高人民法院指导性案例】

宣懿成等诉浙江省衢州市国土资源局收回国有土地使用权案(最高人民法院指导案例41号)

裁判要点:行政机关作出具体行政行为时未引用具体法律条款,且在诉讼中不能证明该具体行政行为符合法律的具体规定，应当视为该具体行政行为没有法律依据，适用法律错误。

法院生效裁判认为：被告衢州市国土局作出《通知》时，虽然说明了该通知所依据的法律名称，但并未引用具体法律条款。在庭审过程中，被告辩称系依据《中华人民共和国土地管理法》（以下简称《土地管理法》）第五十八条第一款作出被诉具体行政行为。《土地管理法》第五十八条第一款规定："有下列情况之一的，由有关人民政府土地行政主管部门报经原批准用地的人民政府或者有批准权的人民政府批准，可以收回国有土地使用权：（一）为公共利益需要使用土地的；（二）为实施城市规划进行旧城区改建，需要调整使用土地的；……"衢州市国土局作为土地行政主管部门，有权依照《土地管理法》对辖区内国有土地的使用权进行管理和调整，但其行使职权时必须具有明确的法律依据。被告在作出《通知》时，仅说明是依据《土地管理法》及浙江省的有关规定作出的，但并未引用具体的法律条款，故其作出的具体行政行为没有明确的法律依据，属于适用法律错误。

——《最高人民法院关于发布第九批指导性案例的通知》（2014 年 12 月 24 日，法〔2014〕337 号）。

【链接：理解与参照】

这里需要说明的是，本案同时存在适用法律错误和主要证据不足的问题，就二者的关系而言，应当说是有着紧密联系的。行政法上所关注的适用法律的"错误"应当能够体现于行政行为的瑕疵上，如果没有行政行为的瑕疵，即便有行政主体对法律的错误认识亦不构成适用法律错误。就本案而言，虽然被告没有载明具体适用的法律条款，但如果其在诉讼过程中能够说明作出的收回土地的行政行为符合相关法律规定，事实清楚、证据确凿，那么司法机关显然不能仅仅因为行政行为在告知方面的缺陷而撤销该行为。

四、其他相关问题的说明

本案例在编写裁判理由时，将衢州市国土局在作出收回各原告住宅国有土地使用权决定时，对所依据的法律条款应当予以具体说明而没有说明，属于"适用法律错误"之说理方面做了补充，弥补了原审判决主要强调被告行为证据不足，对适用法律错误方面着墨不多的缺憾。

另外，《最高人民法院关于执行〈中华人民共和国行政诉讼法〉若干问题的解释》第二十六条第二款规定，被告不提供或者无正当理由逾期举证的，应当"认定"具体行政行为没有证据、依据。而《最高人民法院关于行政诉讼证据若干问题的规定》第一条第一款规定，被告不提供或者无正当理由逾期提供证据的，“视为”被诉具体行政行为没有相应的证据。两款用词存在“认定”“视为”之区别。相对而言，本案例情形使用“视为”一词更为准确些，故裁判要点采用了“应当视为该具体行政行为没有法律依据，适用法律错误”的表述。

——阎巍、石磊：《指导案例41号〈宣懿成等18人诉浙江省衢州市国土资源局收回国有土地使用权案〉的理解与参照——行政机关不能证明具体行政行为符合法律的具体规定，视为该具体行政行为没有法律依据》，载最高人民法院案例指导工作办公室编著：《中国案例指导》（总第3辑），法律出版社2016年版，第175—176页。

【最高人民法院公报案例】

罗伦富不服交通事故责任认定案

交警队作出此次道路交通事故责任认定，适用的法律依据是《道路交通事故处理办法》第十九条。该条规定有三款，分别规定了在有一方、两方、三方或多方当事人的情况下责任如何认定。交警队只笼统适用《道路交通事故处理办法》第十九条，没有指出具体适用哪一款，属适用法律错误。

——《中华人民共和国最高人民法院公报》2002年第5期。

宿海燕不服劳动教养决定案

劳动教养决定中只提到适用国务院《关于劳动教养问题的决定》及其《补充规定》，没有指出适用的具体条款，是适用法律不当。

——《中华人民共和国最高人民法院公报》2000年第3期。

【链接：最高人民法院法官著述】

（1）被诉行政行为根本没有引用任何法律、法规、规章或者只引用了法律、法规、规章的名称，没有引用具体条文。法律、法规及规章是通过每一条条文来规定各种行为、事项的性质，对不同情节、情况的行为、事项应如何处理。行政机关的行政行为没有引用法律、法规、规章或者只引用了法律、法规、规章名称，没有引用具体条文，说明其应当适用的条文没有适用，故属于适用法律、法规错误。例如，某镇政府只引用县政府党委的文件，没有引用任何法律、法规及规章，征收该镇居民的治安费。又如，某乡政府只引用土地管理法，但没有引用任何条款，对村民刘某与村民张某争议的宅基地作出归刘某使用的处理决定。这两个案件就属于这类适用法律、法规错误的情况。应当指出，行政行为没有引用法律、法规，但引用了规章的条文，不属于未适用法条的情形。

——蔡小雪：《行政行为的合法性审查》，中国民主法制出版社 2020 年版，第 182 页。

488 行政行为同时适用有效和无效的法律规范，如果有关定性和处理的法律规范适用正确，应当认定被诉行政行为适用法律正确

关键词｜法律适用｜行政行为｜

【链接：最高人民法院法官著述】

这里需要指出，被诉行政行为同时适用了多个法律、法规及规章或者多条法条，有的具有法律效力，有的不具有法律效力，如果适用有关定性和处理的法律、法规条文正确，无效的法律规范条文不影响其正确性的，应当认定被诉行政行为适用法律、法规正确。反之，则应当认定被诉行政行为适用法律、法规错误。例如，某公司从香港购买了 15 辆旧奥迪轿车拆解为两件套，在无合法证明的情况下于 1994 年 1 月运进国内，在组装时被工商机关查获。工商机关于同年 7 月 17 日依据国务院批准、国务院办公厅 1993 年 8 月 20 日发布的《关于加强进口汽车牌证管理的通知》第二条“海关、公安、工商行政管理部门对查获的走私汽车和无进口证明的汽车应一律没收，不得罚款放行”和国家计委等 1994 年 3 月 12 日发布的《汽车工业产业政策》第三十八条“国家禁止以贸易方式和接受捐赠方式进口旧汽车和旧摩托车”的规定，作出没收该公司无进口证明的 15 辆旧奥迪轿车的决定。该决定适用的《关于加强进口汽车牌证管理的通知》第二条的规定是有效的，适用该条对该案的定性和处理也都是正确，虽然所适用的《汽车工业产业政策》在该公司进口该批旧奥迪轿车时尚未发布，不能适用于该案，但影响不到对该案的定性和处理。据此，应当认定该决定适用法律规范正确，但应在判决理由部分指出这一问题。

——蔡小雪：《行政行为的合法性审查》，中国民主法制出版社 2020 年版，第 181—182 页。

489 只引用有关定性或定性处理的原则条文，未引用具体处理条文属适用法律错误

关键词 | 法律适用 | 适用法律错误 |

【链接：最高人民法院法官著述】

(2)被诉行政行为只引用了有关定性或处理的原则条文,没有引用应该适用的有关处理规定条文。……又如,某市博物馆举办文化活动,门票收入25万元。税务机关依据《营业税暂行条例》附件第5项“征收文化体育业营业税率为3%”的规定,通知博物馆交纳7500元营业税。《营业税暂行条例》第六条第一款第(六)项规定,纪念馆、博物馆、文化馆等单位举办文化活动的门票收入免征营业税。税务机关未适用该条款第(六)项的规定,通知市博物馆交纳门票收入营业税,即属这类适用法律、法规错误的问题。

但是,这里需要指出,被诉行政行为适用有关定性和处理的原则条文,未引用具体处理条文,其处理结果符合具体处理条文的规定,不属于未适用应当适用的法条的错误。例如,某海关认定某公司进口空调配件申报不实,依据1987年海关法第五十一条第(三)项“进出口货物、物品或者过境、转运、通运货物向海关申报不实的”,可以处以罚款的规定,决定给予应缴纳税款的一倍罚款。虽未引用1987年《海关法行政处罚实施细则》第十一条第(五)项“进出境货物申报不实的”,处货物、物品等值以下或者应缴纳税款两倍以下的罚款的规定,但该处罚决定符合该项的规定,故不属于适用法律、法规错误。

——蔡小雪:《行政行为的合法性审查》,中国民主法制出版社2020年版,第183—184页。

490 事实上适用了合法的法律规范，但在法律文书中未引用，是否属于适用法律错误

关键词 | 法律适用 | 适用法律错误 |

【链接：最高人民法院法官著述】

法院或者行政机关事实上适用了某个法律条文,但在法律文书中没有引用,是否构成“适用法律、法规确有错误”。

我们认为，对行政机关和法院的要求应当有所区别。由于目前法律对行政机关作出具体行政行为的载体（通常为行政法律文书）没有统一的要求，如果行政机关作出的具体行政行为，事实上适用了合法的法律规范，只是在法律文书中未予引用，则可以视为程序上的瑕疵，不认为是适用法律、法规错误。当然这一观点，仅仅是基于目前我国法治条件所作的判断，与严格的法治原则是相冲突的。对于法院裁判的要求则不同。法院作出的裁判不引用相关的法律规范，即使事实上是正确的，也应当视为适用法律、法规错误。因为，在中国目前的法治条件下，对法院作这样的要求并不过分。

——甘文：《行政诉讼司法解释之评论——理由、观点与问题》，中国法制出版社 2000 年版，第 195 页。

3. 违反法定程序

491 正当程序原则在司法审查中的运用

关键词 | 正当程序 | 违反法定程序 |

【最高人民法院司法文件】

24. 正当程序原则的运用问题

行政机关作出对利害关系人产生不利影响的行政决定前，未给予该利害关系人申辩机会的，不符合正当程序原则；由此可能损害利害关系人合法权益的，人民法院可以认定被诉行政行为违反法定程序。（20 号）

——《最高人民法院办公厅关于印发〈行政审判办案指南（一）〉的通知》（2014 年 2 月 24 日，法办〔2014〕17 号）。

【最高人民法院公报案例】

中国石化销售有限公司江苏盐城石油分公司诉江苏省射阳县国土资源局撤销行政许可案

要旨：行政机关撤销已经生效的行政许可，应当遵守行政许可法规定的法定程序，保障行政相对人依法行使陈述、申辩等权利。

根据行政诉讼法第二十六条第（六）项的规定，“行政机关被撤销或者职权变更的,继续行使其职权的行政机关是被告”,本案原告中石化盐城分公司以射阳住建局为被告提起行政诉讼后,射阳住建局规划及规划监管等职能整体划转到射阳国土局,故原告将被告变更为射阳国土局符合法律规定,射阳国土局为本案适格被告。

射阳住建局依原告中石化盐城分公司的申请于 2017 年 6 月 2 日向其发放了射建临证字第 0007240 号《射阳县城市临时建设许可证》,仅仅相隔七日后,于 2017 年 6 月 9 日,又向其作出了射住建撤字〔2017〕第 1 号《撤销行政许可决定书》,对此,行政许可法虽然没有规定撤销行政许可的具体程序,但该法第一章总则中第五条、第七条规定了设定和实施行政许可所应遵守的原则、程序和利害关系人享有的法定程序权利。没有设定行政机关撤销行政许可所要遵循的具体程序性义务,并不意味着其就可以不要程序,程序合法的底线在于正当程序原则,行政机关在此情况下应当遵循这一法律原则。根据这一法律的要求,行政机关作出影响当事人权益的行政行为时,应当履行事先告知、说明根据和理由、听取相对人的陈述和申辩、事后为相对人提供相应的救济途径等正当法律程序。本案射阳住建局在对原告作出〔2017〕第 1 号《撤销行政许可决定书》时,对原告已积极着手筹备建设的罩棚维修改建工程造成非常不利影响,其作出该行政行为时应当遵循公开、公平、公正的原则,应当听取行政相对人即本案原告就其在申请改建加油站罩棚维修改建时是否隐瞒真实情况进行陈述和申辩,即应受正当程序的控制。射阳住建局仅根据第三人法定代表人姜习标的举报,结合调查的情况作出该行政行为,在向原告颁发临时规划许可证七日后即予以撤销,并未听取原告的陈述和申辩,故本案被诉行政行为即射住建撤字〔2017〕第 1 号《撤销行政许可决定书》违背公开、公平、公正的正当程序原则,不具有合法性,依法应予撤销。

——《中华人民共和国最高人民法院公报》2021 年第 11 期。

【最高人民法院参考案例】

彭淑华诉浙江省宁波市北仑区人民政府工伤行政复议案(行政审判案例第 20 号)

要旨:行政复议机关拟作出对利害关系人产生不利影响行政复议决定的,应当按照正当程序原则的要求,采取适当方式通知利害关系人参加行政复议。行政复议机关未通知利害关系人参加行政复议,直接作出对利害关系人不利影响的行政复议决定的,构成违反法定程序,依法应当撤销。

随着社会民主进程的进一步推进,行政程序中正当程序理念得以进一步深化。正当程序原则的基本含义是:行政机关实施行政行为,可能影响公民、法人或者其他组织合法权益的,应当在作出行政行为之前向当事人和利害关系人告知事实,并说明理由,听取公民、法人或者其他组织的意见。行政机关应当告知公民、法人和其他组织享有陈述和申辩的权利,并为公民、法人和其他组织提供陈述事实、表达意见的机会。行政复议制度,作为一种争讼制度,一种权利救济制度,应当贯彻正当程序原则。行政复议原则上采取书面审查办法,在书面审查办法不足以保护行政相对人的合法权益时,应当听取行政相对人(利害关系人)的意见。行政复议机关拟作出对利害关系人产生不利影响的行政复议决定,应当通知利害关系人参加行政复议,行使复议权利。行政复议机关未履行通知义务,属于程序违法。自由裁量行为是指法律规范授权行政主体在符合立法目的和法律原则前提下,自主采取相应措施,作出裁断的行为。行政自由裁量的边界是体现立法目的和法律原则的法律规范。北仑区政府认为,是否通知彭淑华参加行政复议,并听取意见是其自由裁量的范围,该主张是对自由裁量权的扩大理解。徐成兵的死亡事件,死亡原因处在公安机关侦查阶段,死亡原因还有查清可能,一审法院将徐成兵死亡事件是否属于工伤事故,交由复议机关重新作出行政复议决定,并无不当,综上,判决驳回金鑫公司的上诉,维持一审判决。

——中华人民共和国最高人民法院行政审判庭编:《中国行政审判指导案例》(第1卷),中国法制出版社2010年版,第99、101—102页。

【链接:最高人民法院法官著述】

一般认为,所谓正当程序,是指要求一切权力的行使在剥夺私人的生命、自由或财产时,必须听取当事人的意见,当事人具有要求听证的权利。在《布莱克法律辞典》中,正当法律程序原则的中心含义是指,“任何其权益受到判决影响的当事人,都享有被告知和陈述自己意见并获得听审的权利”。在1996年通过的行政处罚法中,对正当法律程序原则有着比较明显的体现。这部法律首次将作为现代行政程序核心内容的听证程序引进了行政处罚领域。此外,行政处罚法还规定了行政处罚的公开制度、告知制度、说明理由制度等。此后,价格法、立法法、行政许可法等也规定了相关的听证制度。程序正当,即蕴含了“最低限度公正”这一程序正义基本理念,即行政权力的运行必须符合最低限度的公正标准。从正当程序的适用看,法院并没有明确指出正当程序要求行政机关以何种程序行使权力,但应当明确,如果行政程序不能满足“最低限度公正”,就是不可接受的。最低限度公正体现着这样一种理念,某些程序对于一个行政行为过程来看,是最基本的、不可缺少的,否则无论该行为有无违反法律、法规和规章的规定,人们都可以感受到此程序是不公正的和不可接受的。国务院《全面推进依法行政实施纲要》就规定:“程序正当。行政机关实施行政管理,除涉及国家秘密和依法受到保护的商业秘密、个人隐私的外,应当公开,注意听取公民、法人和其他组织的意见;要严格遵循法定程序,依法保障行政管理相对人、利害关系人的知情权、参与权和救济权。行政机关工作人员履行职责,与行政管理相对人存在利害关系时,应当回避。”也就是说,如果行政程序违反了正当程序,即使其并没有违反法律的禁止性规定,人民法院也应当判决撤销。

——最高人民法院行政审判庭编著:《中华人民共和国行政诉讼法及司法解释条文理解与适用》,人民法院出版社 2015 年版,第 473—474 页。

492 行政纠错行为对正当程序和信赖保护原则的遵循

关键词 | 正当程序 | 信赖利益 | 行政纠错行为 |

【最高人民法院专业法官会议纪要】

法律问题:行政机关在纠正过往错误颁证行为时,是否应当遵循正当程序原则,同时兼顾保障相对人的信赖利益?

法官会议意见:行政机关对于自己或者所属部门作出的行政行为违反法律规定的,有权亦有职责加以纠正,但在纠正错误时必须遵循法定程序,尤其是拟作出对行政相对人权益影响较大的行政处理决定之前,应当给予行政相对人陈述、申辩的权利,且须准确判明造成错误行政行为的原因,分清行政机关与行政相对人各自的责任,同时要保护行政相对人的信赖利益,不能机械地作出行政处理决定。

——最高人民法院行政审判庭编:《最高人民法院行政审判庭法官会议纪要》(第一辑),人民法院出版社 2022 年版,第 121—122 页。

493 调查组成员所在行政机关与事故调查结果之间存在利害关系的,该行政机关与其工作人员均应当回避

关键词 | 正当程序 | 回避 |

【最高人民法院公报案例】

上海笛爱建筑材料有限公司诉上海市浦东新区人民政府行政批复案

要旨：事故调查过程中，事故调查组的主要职责在于查明事故情况、认定事故责任并提交事故调查报告。调查组成员参与事故调查属于职务行为，为维护事故调查的客观公正，调查组成员所在行政机关与事故调查结果之间存在利害关系的，该行政机关与其工作人员均应当回避。

涉案生产安全事故1人死亡，系一般事故。根据国务院《生产安全事故报告和调查处理条例》（以下简称《安全事故条例》）第十九条第二款、第二十九条及第三十二条规定，原浦东安监局接受上诉人浦东新区政府的委托对"11 · 19"事故组织调查组进行调查，拟写《事故调查报告》并报送浦东新区政府，浦东新区政府自收到《事故调查报告》后于法定期限15日内作出批复，符合法律规定。浦东新区政府作为负责涉案事故调查的人民政府在收到事故调查组提交的《事故调查报告》后，具有作出被诉批复的法定职责。《安全事故条例》第二十二条第二款、第二十三条规定，事故调查组的主要职责在于查明事故情况、认定事故责任并提交事故调查报告。

政府部门一般不直接从事生产经营活动，通常情况下，属地人民政府参加事故调查组，参与事故调查及认定事故责任，有利于配合做好服务保障和相关社会管理工作。但在本案中，张江镇政府是涉案工程的建设单位，在此特定情形下，张江镇政府就涉案工程建设的安全生产具有相应的安全生产责任，有可能是涉案生产安全事故的被调查对象，不应在调查之前即将其排除出调查范围。张江镇政府工作人员参加事故调查组，参与事故调查并认定事故责任，显然有违正当程序的法治原则。上诉人浦东新区政府批复同意该调查组作出的《事故调查报告》，显属不当，一审据此认定浦东新区政府作出被诉批复违反法定程序，判决撤销该批复并责令浦东新区政府于一审判决生效之日起九十日内重新作出行政行为正确。

为准确查清事故原因，查明事故性质和责任，维护事故调查的客观公正，组织事故调查组不仅应该严格遵循法律法规规定，而且应该结合事故个案的具体情况，排除对事故调查公正性的合理怀疑。事故调查组由具体调查人员组成，法规已明确规定事故调查组成员应当与所调查的事故没有直接利害关系。基于正当程序原则，为防止偏见、排除合理怀疑，派出调查组人员参与组成调查组的单位也理所应当与所调查的事故没有直接利害关系，故作为涉案新建工程项目建设单位的张江镇政府，在有可能作为被调查对象的情况下，应当主动回避，不参与涉案事故调查过程以及对事故原因的分析判断和事故责任的认定处理。因此,上诉人浦东新区政府提出回避对象应是调查组的组成成员而非成员单位的上诉主张,不能成立。

涉案事故发生时,涉案工程尚未竣工验收、交付使用,属在建工程。张江镇政府在本案中既是事故发生地人民政府,同时也是涉诉《事故调查报告》所查明的新建道路工程的建设单位。在张江镇政府建设的新建道路工程工地上,在运输工程所用人行道砖车辆的装卸过程中发生生产安全事故,事故调查组自然应该调查该在建工程相关主体在事故中的安全责任。事故被调查对象不应当在调查开展前即预先确定,而应该随着调查的开展,基于查清事实、明确责任的需要,逐步确定或排除。如前所述,张江镇政府作为涉案在建工程的建设单位,有可能是事故的被调查对象。浦东新区政府上诉中主张,涉案事故发生于运输服务过程中,而非建筑施工过程中,在事故调查组开展调查、作出事故责任认定之前,即将张江镇政府作为建设单位可能承担的安全生产责任局限于建筑施工过程,进而预先认定张江镇政府不属涉案事故的被调查对象,这一预设前提显然缺乏依据,浦东新区政府相关上诉主张亦不能成立。

综上所述,一审法院以违反法定程序为由,判决撤销被诉批复并责令浦东新区政府于一审判决生效之日起九十日内重新作出行政行为,认定事实清楚,适用法律、法规正确,程序合法,应予维持。

——《中华人民共和国最高人民法院公报》2022 年第 7 期。

494 “拆违”中作出限期拆除通知应符合正当程序原则

关键词｜正当程序｜拆除违建｜

【最高人民法院参考案例】

陈刚诉句容市规划局、句容市城市管理局城建行政命令案(行政审判案例第106 号)

要旨:在法律、法规没有明确规定的情况下,人民法院可以把正当程序原则作为判断行政行为合法性的依据。被诉行政行为存在明显违反正当程序原则情形的,可以依照行政诉讼法(1989 年)第五十四条第(二)项第 5 目作出判决。被告自行纠正后原告仍坚持诉讼的,应当判决确认违法。

两被告所作责令原告限期拆除所建亭棚的《限期拆除通知书》未适用具体法律条款,未告知原告享有陈述、申辩的权利,违反了行政正当程序的要求,故两被告所作具体行政行为程序违法，应予撤销。鉴于两被告已于2010年7月20日自行撤销该《限期拆除通知书》，本案不具有可撤销的内容。现原告要求撤销两被告所作《限期拆除通知书》已无必要，故对原告的诉请本院不予支持。据此，确认被告作出《限期拆除通知书》的行为违法。

——中华人民共和国最高人民法院行政审判庭编：《中国行政审判案例》（第3卷），中国法制出版社2013年版，第128、129—130页。

495 撤销行政许可前未听取被许可人申辩的，构成程序违法

关键词 | 违反法定程序 | 行政许可 |

【最高人民法院参考案例】

赵博诉平邑县人民政府土地行政复议案（行政审判案例第104号）

要旨：虽然行政许可法未就撤销行政许可应当遵循的程序作出具体规定，但根据行政许可法第五条和第七条的原则规定，撤销行政许可应给予相对人陈述和申辩的机会，否则即构成程序违法。

行政许可法虽然没有规定撤销行政许可的具体程序，但该法第一章总则中第五条、第七条规定了设定和实施行政许可所应遵守的原则、程序和利害关系人享有的法定程序权利。没有设定行政机关撤销行政许可所要遵循的具体程序性义务，并不意味着其就可以不要程序，在行使职权的方式、步骤、顺序、时限上享有绝对的自由裁量权，而程序合法的底线在于正当程序原则，行政机关在此情况下应当遵循这一法律原则。根据这一法律原则的要求，行政机关作出影响当事人权益的行政行为时，应当履行事先告知、说明根据和理由、听取相对人的陈述和申辩、事后为相对人提供相应的救济途径等正当法律程序。本案中，上诉人平邑县人民政府作出撤销平政土清补字〔2004〕327号文号中关于赵博补办用地手续批复的决定，对被上诉人赵博造成不利影响，其作出该具体行政行为时应当遵循公开、公平、公正的原则，应当听取行政相对人的陈述和申辩，即应受正当程序的控制。上诉人平邑县人民政府是根据上诉人吴加存等人的反映，审查了当时作出平政土清补字〔2004〕327号文所依据的材料，并结合调查的情况作出该具体行政行为，并没有告知被上诉人，说明撤销的根据和理由，听取被上诉人的陈述和申辩，因此，本案被诉具体行政行为违背公开、公平、公正的正当程序原则，不具有合法性，一审予以撤销并无不当。

——中华人民共和国最高人民法院行政审判庭编:《中国行政审判案例》(第3卷),中国法制出版社2013年版,第118、120页。

496 没收较大数额涉案财产，未告知当事人有要求举行听证的权利或者未依法举行听证的，行政处罚违反法定程序

关键词 | 没收财产 | 听证 | 撤销判决 |

【最高人民法院指导性案例】

黄泽富、何伯琼、何熠诉四川省成都市金堂工商行政管理局行政处罚案(最高人民法院指导案例6号)

裁判要点:行政机关作出没收较大数额涉案财产的行政处罚决定时,未告知当事人有要求举行听证的权利或者未依法举行听证的,人民法院应当依法认定该行政处罚违反法定程序。

法院生效裁判认为:《中华人民共和国行政处罚法》第四十二条规定:"行政机关作出责令停产停业、吊销许可证或者执照、较大数额罚款等行政处罚决定之前,应当告知当事人有要求举行听证的权利。"虽然该条规定没有明确列举"没收财产",但是该条中的"等"系不完全列举,应当包括与明文列举的"责令停产停业、吊销许可证或者执照、较大数额罚款"类似的其他对相对人权益产生较大影响的行政处罚。为了保证行政相对人充分行使陈述权和申辩权,保障行政处罚决定的合法性和合理性,对没收较大数额财产的行政处罚,也应当根据行政处罚法第四十二条的规定适用听证程序。关于没收较大数额的财产标准,应比照《四川省行政处罚听证程序暂行规定》第三条"本规定所称较大数额的罚款,是指对非经营活动中的违法行为处以1000元以上,对经营活动中的违法行为处以20000元以上罚款"中对罚款数额的规定。因此,金堂工商局没收黄泽富等三人32台电脑主机的行政处罚决定,应属没收较大数额的财产,对黄泽富等三人的利益产生重大影响的行为,金堂工商局在作出行政处罚前应当告知被处罚人有要求听证的权利。本案中,金堂工商局在作出处罚决定前只按照行政处罚一般程序告知黄泽富等三人有陈述、申辩的权利,而没有告知听证权利,违反了法定程序,依法应予撤销。

——《最高人民法院关于发布第二批指导性案例的通知》(2012年4月9日,法〔2012〕172号)。

【链接：理解与参照】

（四）其他需要说明的问题

1. 应注意对“未告知当事人有要求举行听证的权利或者未依法举行听证的”的认定

在没收较大涉案数额财产案件中，行政机关违反法定程序的表现有两种形式：一种是应当告知当事人有听证的权利而未告知。根据行政处罚法第四十二条，对于应当举行听证的事项，行政机关有义务告知相对人有申请听证的权利，至于最终是否举行听证仍依相对人的申请。也就是说，我国行政处罚法设立的不是强制听证制度，听证程序仍采当事人申请主义，但如果行政机关不告知相对人享有此项权利，便是违反法定程序。另一种是行政机关未依法举行听证的。我国行政处罚法设专章对听证程序作出规定，地方政府和行政部门也对听证的具体程序作出了相关规定，如果行政机关在组织听证的过程中违反了这些规定，法院也应当以违反法定程序为由撤销行政机关作出的具体行政行为。之所以这样，是为了防止听证流于形式。

2. 关于人民法院对“行政处罚违反法定程序”的处理

对于人民法院认定该行政处罚违反法定程序的，可能会产生两种结果，一种是撤销该行政处罚，另一种是撤销该行政处罚，并且要求行政机关重新作出行政处罚。有些行政案件，行政机关不仅违反法定程序，并且实体上对相对人给予处罚也是错误的，因此撤销后行政机关不得再次作出行政处罚。有些行政案件，从实体上看行政处罚是没有问题的，仅违反了法定程序，或者相对人应当受到处罚，但处罚过重或不当，加之违反法定程序，因此法院在撤销原行政处罚时，责令行政机关重新作出具体行政行为。当然有人会问，如果仅仅是违反法定程序，实体处罚没有错误，撤销后行政机关可以以同样的事实和事由作出完全一样的处罚，此种情况撤销原处罚是否必要？我们认为，虽然行政机关完善了听证程序后有可能作出完全与上次一致的处罚，但这仍是程序合法的要求，仍是必需的。正当程序原则是最低限度的程序正义要求，任何人不能未经审判即被定罪，在行政处罚领域也是如此，任何人未经法定的申辩或听证程序，不能被课以行政处罚。当然，由于我国没有确立案卷排他原则，听证笔录仅是行政机关作出行政处罚的根据之一，但是一般认为，听证笔录对行政主体的决定应有一定约束力，行政主体应“斟酌”听证笔录作出决定。

3. 关于本案例其他方面的指导意义

（1）人民法院在审判实践中，不仅仅是“没收较大数额涉案财产”类案件，对于其他与行政处罚法第四十二条明文列举的三种行政处罚类似且对相对人权益产生重大影响的行政处罚案件，要在分析把握住“对相对人权益产生重大影响”这一立法本意的基础上，对是否应适用听证程序作出认定。

（2）行政机关作出具体行政行为必须遵循法定程序。如果违反法定程序，即使具体行政行为实体上是正确的，也有被人民法院依法撤销的危险。程序合法是行政法最为重要的原则，行政机关必须遵守。

（3）地方政府和部门不得对行政处罚法第四十二条作限缩解释。1996 年行政处罚法出台后，不少地方政府和部门规章就听证程序作出专门规定，其中个别地方政府和部门规定只有“责令停产停业、吊销许可证或者执照、较大数额罚款”三种情形适用听证程序，其他一律不予以适用，这是不正确的。根据法律规定，人民法院审理行政案件，依据法律、行政法规、地方性法规、自治条例和单行条例，参照规章。对于那些对行政处罚法第四十二条作出限缩解释的，人民法院将不予适用。

（4）作为行政相对人也应增强权利意识。行政法上的合法原则不仅仅是实体上的，更是程序上的，普通大众都是潜在的行政相对人，要求行政机关在作出具体行政行为时遵循法定程序，也是人民群众根据宪法第二十七条的规定，支持、监督国家机关和国家工作人员工作，使其更好地为人民服务的重要方面。

——最高人民法院案例指导工作办公室：《指导案例 6 号〈黄泽富、何伯琼、何熠诉四川省成都市金堂工商行政管理局行政处罚案〉的理解与参照》，载江必新主编：《最高人民法院司法解释与指导性案例理解与适用》（第 1 卷），人民法院出版社 2013 年版，第 593—598 页。

497 以未充分履行说明理由义务为由判决撤销的适用情形

关键词 | 说明理由 | 撤销判决 |

【最高人民法院裁判案例】

郴州饭垄堆矿业有限公司诉中华人民共和国国土资源部国土资源行政复议决定案［最高人民法院（2018）最高法行再 6 号行政判决书］

要旨：行政复议决定和复议卷宗也应当依法说明理由，以此表明复议机关已经全面客观地查清了事实，综合衡量了与案情相关的全部因素，而非轻率或者武断地作出决定。因为只有借助书面决定和卷宗记载的理由说明，人民法院才能知晓决定考虑了哪些相关因素以及是否考虑了不相关因素，才能有效地审查和评价决定的合法性。

五、关于被诉复议决定说明理由义务问题

国务院《全面推进依法行政实施纲要》规定，行政机关行使自由裁量权的，应当在行政决定中说明理由。行政复议决定是复议机关居中行使准司法权进行的裁决，且行使着上级行政机关专业判断权，人民法院对行政复议决定判断与裁量及理由说明，应当给予充分尊重。与此相对应，行政复议决定和复议卷宗也应当依法说明理由，以此表明复议机关已经全面客观地查清了事实，综合衡量了与案情相关的全部因素，而非轻率或者武断地作出决定。因为只有借助书面决定和卷宗记载的理由说明，人民法院才能知晓决定考虑了哪些相关因素以及是否考虑了不相关因素，才能有效地审查和评价决定的合法性。不说明裁量过程和没有充分说明理由的决定，既不能说服行政相对人，也难以有效控制行政裁量权，还会给嗣后司法审查带来障碍。

对本案而言，颁发采矿许可证属于典型的许可类授益性行政行为，撤销采矿许可必须考虑被许可人的信赖利益保护，衡量撤销许可对国家、他人和权利人造成的利益损失大小问题。确需撤销的，还应当坚持比例原则，衡量全部撤销与部分撤销的关系问题。同时，被复议撤销的 2011 年《采矿许可证》有效期自 2011 年至 2014 年 9 月；国土资源部 2014 年 7 月 14 日作出被诉复议决定时，该《采矿许可证》的有效期已经临近届满。在许可期限即将届满，双方均已经因整合需要停产且不存在安全生产问题的情况下，被诉复议决定也未能说明撤销的紧迫性和必要性，反而使饭垄堆公司在可能的整合中处于明显不利地位，加大整合并购的难度。

坚持依法行政和有错必纠是法治的基本要求，但法治并不要求硬性地、概无例外地撤销已经存续的、存在瑕疵甚至是违法情形的行政行为，而是要求根据不同情况作出不同处理。行政复议法第二十八条第一款第（三）项规定，复议机关对违法的行政行为，可以作出撤销、变更或者确认违法等行政复议决定。因此，复议机关应当审慎选择适用复议决定的种类，权衡撤销对法秩序的维护与撤销对权利人合法权益造成损害的程度以及采取补救措施的成本等诸相关因素；认为撤销存在不符合公共利益等情形时，可以决定不予撤销而选择确认违法等复议结果；确需撤销的，还需指明因撤销许可而给被许可人造成的损失如何给予以及给予何种程度的补偿或者赔偿问题。如此，方能构成一个合法的撤销决定。在对案涉采矿权重叠问题有多种处理方式以及可能存在多种复议结论的情况下，国土资源部选择作出撤销决定，更应充分说明理由。但是，从复议机关所提供的证据与全案卷宗情况来看，被诉复议决定并未体现相应的衡量因素，也未进行充分说理，仅简单以构成重叠即作出撤销决定，难以得到人民法院支持。人民法院认为复议机关所提供的证据材料不能满足司法审查需要，复议机关未完全履行说明理由义务的，可以要求复议机关重新调查处理，并提供可以进行审查的证据、依据以及相应的理由说明。

——中国裁判文书网，https://wenshu.court.gov.cn/。

498 程序瑕疵未影响相对人权利的，不足以否定行政行为的合法性

关键词｜违反法定程序｜程序瑕疵｜

【最高人民法院裁判案例】

李广同诉吉林省公主岭市工商行政管理局行政处罚抗诉案［最高人民法院（2007）行抗字第3号行政判决书］

要旨：作出行政处罚的时间与告知听证的时间相同不符合行政处罚法规定，但未影响相对人在行政程序中依法享有的各项权利的，该程序瑕疵不足以否定行政行为的合法性。

根据行政处罚法第三十二条关于“当事人有权陈述和申辩，行政机关必须充分听取当事人意见，对当事人提出的事实、理由和证据，应当进行核实；当事人提出的事实、理由或者证据成立的，行政机关应当采纳”的规定以及第四十一条关于“行政机关在作出行政处罚之前，不依照第三十一、三十二条的规定向当事人告知给予处罚的事实、理由和依据，或者拒绝听取当事人陈述申辩，行政处罚决定不能成立”的规定，市工商局法制科填写的拟作出行政处罚案件核审表送审时间为1999年8月18日。同日，市工商局向福斯特公司签发了《听证告知书》，并告知其在收到通知之日起3日内有提出陈述、申辩和要求举行听证的权利，逾期未提出的，视为放弃上述权利。该《听证告知书》于1999年8月23日邮寄送达，该公司于8月26日收到。福斯特公司收到《听证告知书》后，应当在8月29日之前依法向市工商局提出听证申请，但该公司未在法定时间内行使听证的权利。市工商局于1999年9月10日向福斯特公司邮寄送达了《行政处罚决定书》，该公司于9月11日收到。市工商局作出行政处罚决定书的时间虽然与《听证告知书》的时间相同，不符合行政处罚法的规定，但该行政程序的瑕疵并未影响福斯特公司在行政程序中依法享有的各项权利。福斯特公司提出被诉行政行为程序违法、未依法保证其在行政程序

中的听证权利的理由不能成立。

——中华人民共和国最高人民法院行政审判庭编:《行政执法与行政审判》(总第30集),人民法院出版社2008年版,第62—64页。

【链接：最高人民法院法官著述】

行政机关在送达催告通知后,未给予当事人陈述、申辩的机会,剥夺了当事人陈述申辩的权利,行政强制执行行为构成违反法定程序。根据行政诉讼法第五十四条规定,违反法定程序构成撤销的理由。但是,司法实践中,是否能够不问情节,一律撤销呢？我们认为是不可以的。行政机关违反法定程序,如果尚未达到比较严重的程度,可以归为程序瑕疵。对于存在程序瑕疵但没有其他违法的,通常人民法院不应撤销被诉具体行政行为,可以在指出程序瑕疵的同时,判决驳回原告的诉讼请求。例如,在行政强制执行中,行政机关未给予当事人口头陈述申辩的机会,不过在催告通知送达后,接受了当事人书面陈述、申辩意见。此时,尽管未给予当事人当面口头陈述、申辩的机会,有违行政强制法第三十六条关于"充分听取当事人意见"的程序规定,但是,行政机关履行了告知义务,也确实接受并认真阅读了当事人的书面陈述、申辩意见,此时,应当认定为听取当事人口头陈述申辩属于程序瑕疵,而不宜将其归为违反法定程序。

——最高人民法院行政强制法研究小组编:《〈中华人民共和国行政强制法〉条文理解与适用》,人民法院出版社2011年版,第203页。

499 婚姻登记存在程序瑕疵但符合实质要件的，不宜判决撤销

关键词｜婚姻登记程序｜程序瑕疵｜

【最高人民法院参考案例】

祝东勇诉辽宁省西丰县陶然乡人民政府婚姻行政登记案(行政审判案例第110号)

要旨:婚姻登记行为是一种确认婚姻法律关系的行政行为。在不违背婚姻法规定的实体要件的前提下,人民法院应当指出程序违法或瑕疵,但不宜仅以此为由撤销婚姻登记。

原告祝东勇与第三人袁凤英于1996年6月8日举行婚礼,当时未办理结婚登记手续。十几年后袁凤英到被告乡政府登记结婚并领取了结婚证。虽然在被告乡

政府登记结婚档案中未查出登记存根,亦无充足证据证实双方当事人共同到场办理婚姻登记,但从原告祝东勇与第三人袁凤英的婚姻状况实体要件看,没有违反法律上的强制性规定。被告乡政府在婚姻登记程序上存在瑕疵,虽然影响对婚姻状况判断,但不足以推翻既已领取结婚证而产生的法律效力。第三人袁凤英领取结婚证,从而确定了原告祝东勇与第三人袁凤英在法律上的合法婚姻关系,是双方婚姻状况的客观、真实的反映,未违背原告祝东勇的意志。故原告祝东勇要求撤销结婚证的诉讼请求,不予支持。

——中华人民共和国最高人民法院行政审判庭编:《中国行政审判案例》(第3卷),中国法制出版社2013年版,第148、149页。

500 以虚假身份证明办理的结婚证依法应予撤销

关键词 | 结婚登记 | 违反法定程序 |

【最高人民法院参考案例】

李玉巧诉南阳市卧龙区民政局婚姻登记案(行政审判案例第156号)

要旨:以虚假身份证明办理结婚登记,属于结婚登记程序严重违法,当事人提起行政诉讼的,人民法院应予受理并可以将该婚姻登记依法撤销。

——中华人民共和国最高人民法院行政审判庭编:《中国行政审判案例》(第4卷),中国法制出版社2012年版,第188页。

501 规划许可内容改变应遵循听证程序

关键词 | 规划许可 | 听证程序 |

【最高人民法院参考案例】

邱正吉等不服厦门市规划局规划行政许可案(行政审判案例第105号)

要旨:行政机关经听证程序作出许可决定后,对原许可决定的技术指标等实质内容进行调整的,调整前亦应当举行听证。

本案被诉的《批复》,是厦门市规划局接受大洋公司的申请,对"泰和花园N1栋"商品房项目的规划进行部门调整所作出的规划许可,该《批复》应纳入我国行政许可法的调整范畴。本案被诉的《批复》,系对“泰和花园 N1 栋”商品房已有的规划许可方案的变更,根据上述规定,应当按照行政许可法的规定,适用听证程序后方可作出。本案争议的规划调整主要集中在“泰和花园 N1 栋”一层及二层商场的层高问题。根据本案所查明及各方当事人认可的事实,“泰和花园 N1 栋”的实际施工图与被告审批的建设工程规划许可证所附的施工图存在一定的差异,被告作出的 98J-532《建设工程规划许可证》关于规划技术指标的规定,其中“主要建筑层高要求:……一层 5.7 米,二层 4.2 米……”,被诉的《批复》中第 1 点“……一层 5.7 米(局部夹层下层 3 米,上层 2.7 米)、二层 4 米……”,被告的行政许可与后续的《批复》,二者对“泰和花园 N1 栋”的部分规划技术指标确存在前后不同的要求;且该规划条件的调整,是在“泰和花园 N1 栋”商品房项目已建设完毕,大洋公司已实际将房屋交付买受人的情况下所作出的,三原告作为与“泰和花园 N1 栋”商品房的规划调整存在重大利益关系人,大洋公司作为行政许可申请人,依法享有听证的权利。被告未依法举行听证,即作出本案被诉的《批复》,在程序上存在错误。另,没有证据证明被告《批复》中提及的“有向购房业主告知且无异议”的事实,被告该事实的认定系证据不足。

——中华人民共和国最高人民法院行政审判庭编:《中国行政审判案例》(第 3 卷),中国法制出版社 2013 年版,第 122、124—125 页。

502 行政强制措施程序违法的司法救济

关键词 | 行政强制措施 | 违反法定程序 |

【链接:最高人民法院法官著述】

我们认为,我们在对行政强制措施程序进行合法性审查,以及采取何种处理方式时,可以借鉴国外的类似做法,具体可以采取以下方式:

(一)对影响到行政相对人实体权益的程序违法应判决违法

行政相对人的合法权益包括程序性权益和实体性权益。程序违法直接侵犯或者剥夺相对人的程序权利进而可能影响到相对人的实体权益,如没有告知或者没有听取相对人的陈述和申辩权,法院应当依法判决撤销或者确认违法。

(二)对未影响到行政相对人实体权益的程序违法可以判决驳回诉讼请求,同时应向行政机关发出司法建议

程序违法虽然影响相对人行使程序权利,但不存在影响相对人实体权益的可

能,法院可以判决驳回诉讼请求,同时通过司法建议的方式向行政机关发出改正建议。

(三)对可以治愈的程序瑕疵建议补正

在行政诉讼过程中,经过审查,确信采取行政强制措施是正确的,但是,在实施强制措施的过程中违反了某一程序规定。比如,告知内容不完整,未告知相对人救济途径。此类程序瑕疵不会对行政裁量结果产生实质性的影响。法院可以在诉讼过程中建议行政机关予以补正或者纠正,原则上不宜判决撤销或确认违法,可以根据具体情况判决维持或者驳回诉讼请求。

——最高人民法院行政强制法研究小组编:《〈中华人民共和国行政强制法〉条文理解与适用》,人民法院出版社 2011 年版,第 124—125 页。

503 法律、法规关于行政强制措施的程序规定与行政强制法的程序规定不一致时的适用

关键词 | 行政强制措施 | 违反法定程序 |

【链接:最高人民法院法官著述】

如果法律、法规关于行政强制措施实施程序的具体规定与本法的程序规定存在不一致的情况时,适用对当事人有利和对行政机关严格的程序规定。即,如果单行法的程序规定对当事人有利,应当适用单行法的规定,反之适用本法的规定。如《禁止传销条例》第二十二条第二款规定:"现场笔录和查封、扣押清单由当事人、见证人和执法人员签名或者盖章,当事人不在现场或者当事人、见证人拒绝签名盖章的,执法人员应当在现场笔录中予以注明。"其中,关于见证人拒绝签字或者盖章的规定,较本法关于见证人签名或者盖章的规定明显对行政机关更为有利,在这种情况下,依据上述原则,应当适用本法的规定。如果本法与其他法律之间出现不一致的情况,还需要遵循法律冲突规则予以解决。但考虑到法律、法规冲突属于立法问题,法院在审理中遇到此类问题,原则上应当逐级请示,由最高人民法院依法处理。

——最高人民法院行政强制法研究小组编:《〈中华人民共和国行政强制法〉条文理解与适用》,人民法院出版社 2011 年版,第 125—126 页。

504 行政机关重新作出行政行为，不必完成完整的行政程序

关键词｜重新作出行政行为｜行政程序｜

【最高人民法院公报案例】

铃王公司诉无锡市劳动局工伤认定决定行政纠纷案

要旨：在《工伤保险条例》施行前作出的工伤认定被人民法院撤销，在《工伤保险条例》施行后又重新启动的工伤认定程序，应当执行《工伤保险条例》的规定。在已经终结的工伤认定程序中，劳动保障行政部门如果已经掌握了有关职工受事故伤害的证据，在重新启动的工伤认定程序中可以不再进行调查核实。

被告无锡市劳动局接到2号终审判决书后，依法重新启动了工伤认定程序。由于在以前的工伤认定程序中，对第三人郭维军所受事故伤害的经过，无锡市劳动局通过调查已经取得大量证据，故在重新启动的工伤认定程序中，该局未再进行调查。鉴于原告铃王公司一直不认为郭维军所受事故伤害是工伤，依照《工伤保险条例》第十九条和《工伤认定办法》第十四条的规定，铃王公司应当承担不是工伤的举证责任，于是无锡市劳动局向铃王公司发出《工伤认定举证通知书》，通知其举证，并且明确告知了不承担举证责任的法律后果。铃王公司接到举证通知书后，未在通知书指定的期限内举证，延期十多天后提交的证据，仍没有证明郭维军因从事与日常生产、工作无关的事务而跌倒致伤。无锡市劳动局在对铃王公司延期提交的证据进行审查后，以0491号工伤认定书作出认定工伤的决定。

根据《工伤认定办法》第五条、第八条，劳动保障行政部门受理工伤认定申请后，只是对申请人提交的材料进行审查，然后根据需要对提供的证据进行调查核实，所以调查核实不是每个工伤认定程序中必经的程序。由于对第三人郭维军所受事故伤害的经过已经掌握了大量证据，被告无锡市劳动局在重新启动的工伤认定程序中，根据需要未再进行调查，而是径行通知原告铃王公司举证的做法，不违背法律规定。0491号工伤认定书将2号终审判决书根据《工伤保险条例》规定阐述的裁判理由写入其中，只是要交代其重新认定的理由，并非以法院判决为依据。铃王公司关于无锡市劳动局不进行调查，将法院判决作为依据，是适用法律错误的起诉理由，不能成立。

——《中华人民共和国最高人民法院公报》2007年第1期。

【链接：最高人民法院法官著述】

行政机关重新作出具体行政行为，是否有必要完成完整的行政程序。我们认

为,对于这个问题应当分情况而定。在有的情况下,行政机关纠正或者补充程序后便可以作出实体上正确的具体行政行为,没有必要要求行政机关完成所有的程序。例如,根据行政处罚法的规定,行政机关在作出涉及相对人重大权益的处罚决定之前,应当告知相对人有要求举行听证的权利。某工商机关在未告知被处罚人此项权利的情况下,直接吊销了相对人的营业执照,相对人不服,提起行政诉讼。法院认为被告违反法定程序,判决其重新作出具体行政行为。于是,该工商机关在作出处罚决定前书面告知相对人要求举行听证的权利。但是,该相对人放弃了听证的权利。在这种情况下,工商机关没有必要重新调查取证,经过完整的行政程序再作出行政处罚决定。若该相对人在被告知听证权利后,要求工商机关举行听证,则行政机关应当举行听证,并根据听证的记录重新经过法定的程序作出处罚决定。在后一种情况下,行政机关重新作出处罚决定必须完成所有的行政程序。

——甘文:《行政诉讼司法解释之评论——理由、观点与问题》,中国法制出版社 2000 年版,第 152—153 页。

505 可以依据法律原则认定行政程序的合法性

关键词｜不履行法定职责｜违反法定程序｜法律漏洞｜

【最高人民法院公报案例】

中海雅园管委会诉海淀区房管局不履行法定职责案

房管行政机关负责指导物业管理委员会的组建和日常工作的监督,有权要求物业管理委员会纠正其作出的违反法规、规章及政策的决定。原告中海雅园管委会在组建时已经在行政管理机关办理了登记手续。任期届满后进行了换届选举。被告海淀区房管局如认为中海雅园管委会采取的换届选举方式不符合法规、规章的规定,可以要求中海雅园管委会予以纠正;在收到中海雅园管委会寄送的换届选举登记备案的书面申请后,如认为其提交的备案材料不符合规定,应当要求其补正;如不予备案,亦应书面通知并说明理由。海淀区房管局在长达一年的时间内,不依照职权对中海雅园管委会提出的换届选举登记备案申请给予任何书面答复,亦未依照规定尽其指导、监督的职责,构成违法。为此,中海雅园管委会请求确认海淀区房管局的上述行为违法,应予支持。

——《中华人民共和国最高人民法院公报》2004 年第 5 期。

【链接：最高人民法院法官著述】

以一个案例引出问题：在行政许可法生效之前，按照当时的法律规定，物业管理委员会是小区不动产业主的自治组织，其产生与改选均须经行政主管机关登记，否则其民事主体的身份不能得到承认。但是法律对于行政机关不予登记是否需书面通知物业管理委员会的问题没有作出明确规定，如果行政机关对申请人要求其予以登记的申请，长时间不予书面答复，是否构成程序违法？答案是肯定的，法院判决确认行政机关不予答复违法，但是法律依据并非是具体的法律规则，而是法律精神。

这个案件涉及的问题就是法律原则（法律上规定的原则）甚至法律的一般原则（成文法上未见明文的）能否作为行政程序所依据的法？或者说，法院能否依据法律原则认定行政程序合法或者违法？这个问题在行政诉讼的初期是不可想象的，尽管当时的行政程序具体规定是残缺不全的，可以利用的程序审查标准很不充分，但是法官还是很少把法律原则作为案件裁判的标准。现在持赞成观点的人越来越多，不仅是学者，很多法官也是接受的，尽管实践中的具体应用仍然比较谨慎。

从操作的角度，我们认为，在运用法律原则时，需要明确以下几个问题：

第一，到哪里找？我们在判决中必须要援引法律条款，因此就有一个找法的前期工作，那么，作为法范畴中的法律原则到哪里寻找呢？法律原则中有一些载于成文法中，有的在宪法当中，有的在单行法或者部门法当中；还有一些体现在学理当中。

第二，关于表述问题。法律原则尤其那些法律上没有规定的一般法律原则并不具有固定的形态。不同的学者可能会从不同的角度总结出不同名称和内涵的原则，层次也不相同，在这些原则当中，合理性原则最具有涵盖性，其他所有的一般法律原则的意涵其实都可以被囊括其中。有些一般原则相对调整的对象有限，比如信赖保护原则主要调整和约束行政行为的变更撤废。不当联络禁止原则意在对行政行为对相对人课以义务和不利负担施加必要的限制（比如政府许可企业在当地经营电厂，但条件是必须给当地修一条路）。行政自我拘束原则主要运用在行政规范性文件及相关的行政惯例可适用性的判断上。这对法官意味着什么呢？我们认为，这意味着法官在法律原则的表述上具有较大的发挥余地。由于一般法律原则不具有固定的形态，所以在这个问题上可以不必拘泥于现成的法律原则，不一定非要在判决中写上根据信赖保护原则还是根据不当联络禁止原则。事实上，很多原则都是由行政法官发现的，比如法国行政法的一般原则基本上都是由行政法官的判例创造的。这些原则归根到底都可以说是合理性原则的运用。什么叫合理性?合理性就是合乎理性。那么什么是合乎理性?只要能为社会一般观念认可就是合乎理性。

第三,运用法律原则的条件问题。我们认为,法律原则的适用仅限于法律没有明确规则的情形。由于法律原则的主要功能在于填补法律漏洞,如果法律上已经有了明确的规则,我们就不能把规则放在一边,直接运用原则。当然,如果法律规则在文义上有歧义的时候,我们可以借助法律原则来固定规则的具体含义,除此之外,我们不能用法院对一般法律原则的理解来代替具体的法律规则,因为这样我们就行使了本应由立法机关行使的权力。

——王振宇:《行政程序的司法审查》,载中华人民共和国最高人民法院行政审判庭编:《行政执法与行政审判》(总第 18 集),法律出版社 2006 年版,第 60—62 页。

506 对行政机关内部程序规则的审查

关键词 | 内部程序规则 | 正当程序 |

【最高人民法院公报案例】

焦志刚诉和平公安分局治安管理处罚决定行政纠纷案

要旨:依法作出的行政处罚决定一旦生效,其法律效力不仅及于行政相对人,也及于行政机关,不能随意撤销,否则不利于社会秩序的恢复和稳定。错误的治安管理行政处罚决定只能依照法定程序纠正。《公安机关内部执法监督工作规定》是公安部为保障公安机关及其人民警察依法正确履行职责,防止和纠正违法和不当的执法行为,保护公民、法人和其他组织的合法权益而制定的内部规章,不能成为制作治安管理行政处罚决定的法律依据。

上诉人和平公安分局认定焦志刚的行为触犯了《治安管理处罚条例》第十九条第(七)项规定,并根据该条规定作出 056 号处罚决定书,给予焦志刚治安罚款 200 元的处罚。这个处罚决定事实清楚、证据确凿,处罚在法律规定的幅度内,且执法程序合法,是合法的行政处罚决定,并已发生法律效力。依法作出的行政处罚决定一旦生效,其法律效力不仅及于行政相对人,也及于行政机关,不能随意被撤销。已经生效的行政处罚决定如果随意被撤销,也就意味着行政处罚行为本身带有随意性,不利于社会秩序的恢复和稳定。

《公安机关内部执法监督工作规定》第十三条、第十九条第(一)项,要求公安机关纠正在执法活动中形成的错误的处理或者决定。纠正的目的,该规定第一条已经明示,是为保障公安机关及其人民警察依法正确履行职责,防止和纠正违法和不当的执法行为,保护公民、法人和其他组织的合法权益。这样做的结果,必然有利于树立人民警察公正执法的良好形象。前已述及,056 号处罚决定书依照法定程序作出,事实清楚、证据确凿,处罚在法律规定的幅度内,是合法且已经发生法律效力的处罚决定,不在《公安机关内部执法监督工作规定》所指的"错误的处理或者决定"之列,不能仅因交警部门认为处罚过轻即随意撤销。这样做,只能是与《公安机关内部执法监督工作规定》的制定目的背道而驰。再者,《公安机关内部执法监督工作规定》是公安部为保障公安机关及其人民警察依法正确履行职责,防止和纠正违法和不当的执法行为,保护公民、法人和其他组织的合法权益而制定的内部规章,只在公安机关内部发挥作用,不能成为制作治安管理行政处罚决定的法律依据。

——《中华人民共和国最高人民法院公报》2006 年第 10 期。

4. 超越职权

507 婚姻关系一经离婚登记予以解除便具有不可逆性，婚姻登记机关无权确认该离婚登记无效或撤销该离婚登记

关键词 | 超越职权 | 越权无效 | 正当程序 |

【最高人民法院公报案例】

梁某某诉徐州市云龙区民政局离婚登记行政确认案

要旨:离婚登记是婚姻登记机关依当事人的申请,对当事人之间就自愿解除婚姻关系及对于子女抚养、财产分配等问题所达成的协议予以认可,并以颁发离婚证的形式确认当事人之间婚姻关系解除的行政行为。离婚登记一经完成当事人之间的婚姻关系即告解除,婚姻解除情况即产生对外效力,具有社会公信力。

不具有级别管辖权的婚姻登记机关为符合离婚实质要件的涉外婚姻当事人进行离婚登记,其后又以无管辖权为由、以自行纠正方式确认离婚登记行为无效的,对于该自行纠正的行政行为,人民法院不予支持。

一、关于行政越权无效原则的适用问题

行政越权,是指行政主体在行政活动中,超越其法定的权力范围或权力限度而作出的行政行为。行政越权无效(含可撤销)是行政法的基本原则并体现在我国相关具体法律规范中,如行政诉讼法第七十条第(四)项、第七十五条等规定。对于绝大多数行政越权行为,可通过行政机关自纠、层级监督及法院裁判等途径以确认无效或撤销的方式予以纠正。但对于极少数特定的行政越权行为,若以确认无效或撤销的形式予以纠正,会给国家利益、社会公共利益及相关法律秩序带来重大损害,且该损害客观上难以得到有效恢复与补救,则该类行政越权行为应当作为行政越权无效的例外情形,不应确认无效或予以撤销。本案婚姻登记机关对婚姻当事人越权作出的案涉离婚登记即为例外情形之一。

就离婚登记,婚姻法第三十一条规定,男女双方自愿离婚的,准予离婚。双方必须到婚姻登记机关申请离婚。婚姻登记机关查明双方确实是自愿并对子女和财产问题已有适当处理时,发给离婚证。据此,离婚登记是婚姻登记机关依当事人的申请,对当事人之间自愿解除婚姻关系及子女抚养、财产等问题所达成的协议予以认可,并以颁发离婚证的形式确认当事人之间婚姻关系解除的行政行为。因在婚姻登记机关颁发离婚证之时,婚姻登记机关对当事人之间的离婚登记即已完成,当事人之间的婚姻关系即已解除,离婚证所确认的婚姻解除情况即产生对外效力,具有社会公信力。在已离婚人员持有离婚证的情况下,符合法定条件的其他人员完全可以对离婚证所反映的婚姻解除情况产生信赖,进而与已离婚人员建立合法的婚姻关系或其他特定关系。如果婚姻登记机关或其他职能部门可以对离婚登记中的被解除的婚姻关系确认无效或予以撤销,将会使相关人身法律关系处于随时可变化的不稳定状态,也会使社会公众对婚姻登记机关的离婚登记行为产生不安全感及不信任感,使婚姻法确定的一夫一妻等基本原则和基本社会关系架构遭到破坏,进而损害现实的法律秩序和社会公共利益,故当事人之间的婚姻关系一经离婚登记予以解除后便具有不可逆性。而该不可逆性在我国法律法规中亦有体现,婚姻法、《婚姻登记条例》针对结婚规定了无效婚姻和可撤销婚姻情形,但对离婚没有规定无效离婚或可撤销离婚情形,亦没有法律规范授权婚姻登记机关对已完成的离婚登记中被解除的婚姻关系能够确认无效或予以撤销。需要指出的是,我国现行诉讼制度也未设立无效离婚或可撤销离婚之诉;而针对生效离婚判决书、调解书所解除的婚姻关系,我国民事诉讼制度已实际作了不可逆的特别规定,民事诉讼法第二百零二条规定,当事人对已经发生法律效力的解除婚姻关系的判决、调解书,不得申请再审。《最高人民法院关于规范人民法院再审立案的若干意见(试行)》第十四条第(三)项也规定,人民法院判决、调解解除婚姻关系的案件,当事人提出再审申请的,人民法院不予受理;但当事人就财产分割问题申请再审的除外。基于此,对于离婚,无论是婚姻登记机关作出离婚登记,还是法院判决、调解离婚,当事人在领取离婚证之时或法院准予离婚的判决书、调解书生效之时,其婚姻关系即被解除,且被解除的婚姻关系具有不可逆性。

因离婚登记中当事人婚姻关系的解除具有不可逆性;对于离婚登记中的子女、财产事项,虽然依相关法律规范,当事人可以向法院申请变更、撤销等法定方式寻求救济,但也没有法律规范授权婚姻登记机关可予确认无效或予以撤销。故对于当事人在婚姻登记机关进行的离婚登记,一旦婚姻登记机关以颁发离婚证的形式完成后,该婚姻登记机关并无确认该离婚登记无效或撤销该离婚登记的职权。对于已完成的离婚登记,如在登记过程中确有违法情形,则由存在相关违法行为的当事人或登记机关及其工作人员依法承担相应的民事、行政、刑事责任。

就涉外离婚登记,《婚姻登记条例》第二条第二款规定,中国公民同外国人,内地居民同香港特别行政区居民、澳门特别行政区居民、台湾地区居民、华侨办理婚姻登记的机关是省、自治区、直辖市人民政府民政部门或者省、自治区、直辖市人民政府民政部门确定的机关。《江苏省婚姻登记工作规范》(江苏省民政厅苏民福〔2005〕62号)第三条规定,省民政厅设置婚姻登记处,负责办理全省涉外、涉港澳台居民、华侨、出国人员的婚姻登记。本案中,梁某某与黄某某办理案涉离婚登记之前,黄某某已取得了新加坡国籍,其在办理案涉离婚登记时系外国人,并非中国公民。因此,云龙区民政局并无办理该离婚登记的职权,梁某某与黄某某应在江苏省民政厅办理涉外婚姻登记的部门进行离婚登记。黄某某与梁某某于2015年8月10日在云龙区民政局自愿办理离婚登记时,未告知云龙区民政局黄某某系新加坡国籍,在黄某某持有未注销的中国内地户口簿、身份证的情况下,云龙区民政局依规定审查了黄某某与梁某某提交的离婚申请材料后,为黄某某与梁某某颁发了离婚证,以法定形式完成了该离婚登记。即使此后云龙区民政局发现其没有办理涉外离婚登记的职权,其亦无职权确认该离婚登记无效或撤销该离婚登记。

据此,云龙区民政局作出案涉《离婚登记情况说明》,确认案涉离婚登记应为无效登记及由此形成的相关后果缺乏法律依据,原审法院关于云龙区民政局以确认无效方式纠正原违法离婚登记行为并无不当的认定错误,应予纠正。

二、关于行政程序法律原则的适用问题

行政主体及其工作人员要严格按照法定的行政程序作出行政行为。一般情况下,无论是行政机关还是法院,如直接适用法律原则来判断行政行为的程序合法性需具备前提条件：查明法律规范对该行政行为的程序存在规则不能情形。如查明相关行政程序有可适用的具体法律规范，则应当直接适用该具体法律规范；如查明没有可适用的具体法律规范，即存在行政程序规则缺失、规则模糊等规则不能的情况下，方可直接以正当程序原则等相关行政程序法律原则来判断行政行为的程序合法性。

本案原审法院在未查明案涉相关行政程序可适用的具体法律规范的情况下，直接适用相关行政程序法律原则对案涉行政程序进行合法性评价不当，应予纠正。《江苏省行政程序规定》第三十九条规定，本规定所称行政执法，是指行政机关依据法律、法规和规章，作出的行政许可、行政处罚、行政强制、行政给付、行政征收、行政确认等影响公民、法人或者其他组织权利、义务的行政行为。云龙区民政局以《婚姻登记条例》第二条等法律规范为依据作出的案涉《离婚登记情况说明》，是对黄某某、梁某某的权利、义务产生直接影响的行政确认行为，虽然没有法律规范对该类行政行为的程序作出特别规定，但在《江苏省行政程序规定》对此已有一般规定的情形下，云龙区民政局应当履行该程序规定所确定的程序义务。《江苏省行政程序规定》第五十三条规定，行政机关在作出行政执法决定前，应当告知当事人、利害关系人享有陈述、申辩的权利，并听取其陈述和申辩。对于当事人、利害关系人的陈述和申辩，行政机关应当予以记录并归入案卷。对当事人、利害关系人提出的事实、理由和证据，行政机关应当进行审查，并采纳其合理的意见；不予采纳的，应当说明理由。根据在案证据，云龙区民政局在案涉《离婚登记情况说明》作出前，其婚姻登记处袁晓明主任告知了梁某某拟作出的行政行为、相应的事实依据及理由，梁某某也发表了自己的意见，故梁某某已行使了自己的陈述、申辩权。但本案并无证据证明云龙区民政局对梁某某的陈述、申辩进行了记录，故不符合前述关于记录的规定，应予纠正。《江苏省行政程序规定》第六十八条第三款规定，行政执法决定的送达程序参照民事诉讼法有关规定执行。民事诉讼法第八十五条至第九十二条规定了诉讼文书的直接送达、留置送达、电子送达、委托及邮寄送达、公告送达等送达方式及程序。但云龙区民政局作出案涉《离婚登记情况说明》后并未向梁某某送达，而是要求梁某某自行到档案馆查询。虽然梁某某在档案馆查到案涉《离婚登记情况说明》并提起本案诉讼，该情况说明已实际产生外化结果，但云龙区民政局未按照民事诉讼法规定的方式向梁某某送达案涉《离婚登记情况说明》的行为，不符合前述关于送达的规定，亦应予以纠正。

——《中华人民共和国最高人民法院公报》2022 年第 1 期。

508 作出限制供电行政强制措施必须要有法律、行政法规的授权依据

关键词｜超越职权｜行政强制措施｜

【最高人民法院裁判案例】

衡阳华强玻璃制品有限公司诉湖南省衡阳市电力行政执法支队、湖南省衡阳市经济和信息化委员会行政强制及行政赔偿案［最高人民法院（2018）最高法行申6130号行政裁定书］

要旨：行政机关作出限制供电行政强制措施，必须要有法律、行政法规的授权依据。

行政强制法第十条规定，行政强制措施由法律设定。尚未制定法律，且属于国务院行政管理职权事项的，行政法规可以设定除本法第九条第（一）项、第（四）项和应当由法律规定的行政强制措施以外的其他行政强制措施。尚未制定法律、行政法规，且属于地方性事务的，地方性法规可以设定本法第九条第（二）项、第（三）项的行政强制措施。法律、法规以外的其他规范性文件不得设定行政强制措施。限制供电行政强制措施，不属于行政强制法第十条第三款规定的地方性法规有权设定的查封、扣押措施，只能由法律或者行政法规设定。因此，行政机关作出限制供电行政强制措施，必须要有法律、行政法规的授权依据。本案中，衡阳市经信委作出3号限电通知，并无法律、行政法规的授权依据。湖南省第十一届人民代表大会常务委员会第四次会议通过的《湖南省电力设施保护和供用电秩序维护条例》第二十三条第二款规定，要"按照国家和省人民政府的有关规定"，对高能耗、严重污染环境的企业实施限制用电措施，并非电力行政主管部门享有作出限制用电行政强制措施法定职权的授权依据。工业和信息化部发布的工产业政策〔2010〕第3号《日用玻璃行业准入条件》，属于部门规章，无权设定行政强制措施，且该准入条件第八条第（三）项规定"电力监管机构要监督供电企业依法实施停、限电措施"，亦未授权电力行政主管部门作出限制用电行政强制措施。湖南省环保厅等部门作出的19号通知，系规章以下的规范性文件，无权设定行政强制措施，且19号通知规定，对"已经作出取缔、关闭、停产、限产等行政决定"，经（工）信部门可以通知供电单位实施断电措施。作出3号限电通知不存在"已经作出取缔、关闭、停产、限产等行政决定"的事实，不符合19号通知的适用条件，更不能作为电力行政主管部门享有作出限制用电行政强制措施法定职权的授权依据。因此，衡阳市经信委作出3号限电通知超越职权，二审判决撤销3号限电通知，处理结果并无不当。

——中国裁判文书网，https://wenshu.court.gov.cn/。

509 考试机构的内设机构无权确认考试成绩无效

关键词｜教育行政处理｜超越职权｜

【最高人民法院参考案例】

陈炯杰诉浙江省教育考试院教育行政处理案(行政审判案例第21号)

要旨:(1)考试机构的内设机构无权作出"确认考试成绩无效"的处理决定。

(2)直接以网上公告方式告知陈述申辩权违反正当程序。

一、浙江省教育考试院考务处可否以自己的名义对外作出考试违规处理决定

涉案具体行政行为是由浙江省教育考试院考务处作出。考务处是被告的内设机构。法律、法规、规章并未授权考务处可以以自己的名义独立作出涉及公民、法人或者其他组织权利义务的具体行政行为。《国家教育考试违规处理办法》规定作出考试违规处理决定的主体是教育考试机构,而非其内设机构。行政内设机构以自己名义对外执法,主体资格欠缺。

二、被告是否可以通过网上公告的方式告知原告陈述申辩权

程序法定是行政活动的原则。即便法律没有明确的程序性规定,也应当遵循正当程序原则。《国家教育考试违规处理办法》第二十五条第一款规定:"教育考试机构在对考试违规的个人或者单位做出处理决定前,应当复核违规事实和相关证据,告知被处理人或者单位做出处理决定的理由和依据;被处理人或者单位对所认定的违规事实认定存在异议的,应当给予其陈述和申辩的机会。"陈述申辩权作为一项基本的程序性权利,是不能忽略的。涉案具体行政行为作出前,被告采取了网上公告的形式将当次浙江省高等教育自学考试中所认定的违规考生(包括原告)准考证号、违规行为以及相应的处理意见予以公告,明确了考生对所认定的违规事实存在异议,可在公告之日起向浙江省教育考试院陈述和申辩,逾期未陈述申辩的,将依法作出正式处理决定。虽然现有法律法规并没有对陈述申辩权的告知采取何种形式作具体规定,但是,公告送达一般是在不能直接送达情形下的后备性选择。被告无正当理由直接采用网上公告送达的方式,事实上剥夺了原告的陈述申辩权。从这个角度上,被诉行为也是应该被撤销的。

——中华人民共和国最高人民法院行政审判庭编:《中国行政审判指导案例》(第1卷),中国法制出版社2010年版,第105、106—107页。

510 政府部门无权干涉破产财产的处理

关键词｜破产清算｜清算组｜

【最高人民法院公报案例】

路世伟不服靖远县人民政府行政决定案

要旨：破产财产处理方案经人民法院裁定认可后，清算组不去立即执行，反而再向不负责此项工作的县政府请示，不符合法定程序。

有权负责集体企业破产财产的保管、清理、估价、处理和分配工作的，是人民法院依职权组织的清算组织。本案中，作为集体企业的刺绣厂被宣告破产后，靖远县人民法院已经为该破产企业组成了清算组。该清算组有权提出破产财产以什么价格出售、以什么方式出售以及出售给何人的方案，经债权人会议讨论通过并报请人民法院裁定后就可以执行。另外，清算组还可以作为民事主体，与其他民事主体进行必要的、平等的民事活动。清算组织依法只对人民法院负责并报告工作。其他任何组织都无权对破产财产进行处理，也无权要求清算组织对其负责，向其报告工作。清算组在破产财产处理方案经靖远县人民法院裁定认可后，决定以 36 万元的协议价格将西街厂区出售给上诉人路世伟，是清算组依法行使自己职权所进行的必要民事活动。在出售西街厂区的过程中，清算组与路世伟形成了平等主体间的买卖民事法律关系。他们达成的买卖西街厂区交易是合法有效的。

本案的破产财产处理方案经靖远县人民法院裁定认可后，清算组不去立即执行，反而再向不负责此项工作的被上诉人县政府请示，不符合法定程序。县政府接到清算组的违法请示后，没有以不属自己职权范围为理由拒绝受理，却以靖政发〔1997〕134 号文件批复同意，超越了职权。

——《中华人民共和国最高人民法院公报》2002 年第 3 期。

511 行政机关作出否定生效判决的处理决定属超越职权

关键词｜林权争议｜超越职权｜

【最高人民法院公报案例】

罗边槽村一社不服重庆市人民政府林权争议复议决定行政纠纷上诉案[最高人民法院(1999)行终字第 21 号行政判决书]

要旨:已经达成调解协议,并被人民法院的生效判决认定为具有法律效力的情况下,行政机关又作出决定,否定该调解协议具有法律效力,与人民法院的生效判决相抵触,属于超越职权。

重庆市丰都县高家镇罗边槽村一、四社之间的林地林木权属争议,在丰都县林业局、高家镇人民政府、高家镇林业站、罗边槽村村民委员会调解下,达成了“林木林地权属争议调解协议”。虽然该调解协议书未加盖林权争议处理机构的印章,与林业部《林木林地权属争议处理办法》第十八条关于“林权争议经林权争议处理机构调解达成协议的,当事人应当在协议上签名或者盖章,并由调解人员署名,加盖林权争议处理机构印章,报同级人民政府或者林业行政主管部门备案”的规定不尽一致,但丰都县林业局以丰都林发〔1997〕46 号文向丰都县人民政府呈报的《关于高家镇罗边槽村一、四社林地林木权属争议的调解情况的报告》中盖有林业局的印章,附有调解协议书,可视为林业局对该调解协议书的认可;而且该调解协议书被重庆市第三中级人民法院(1998)渝三中民终字第 275 号民事判决认定为具有法律效力。依照森林法第十七条关于“单位之间发生的林木、林地所有权和使用权争议,由县级以上人民政府依法处理”的规定,重庆市丰都县人民政府有权处理丰都县高家镇罗边槽村一、四社之间的林地林木权属争议。但是,在罗边槽村一、四社已经达成调解协议,并被人民法院的生效判决认定为具有法律效力的情况下,重庆市丰都县人民政府又作出丰都府发〔1998〕157 号《关于高家镇罗边槽村一、四社林权争议的处理决定》,否定该调解协议具有法律效力,与人民法院的生效判决相抵触,属于超越职权。重庆市人民政府渝府复〔1999〕2 号行政复议决定书认定调解协议具有法律效力,撤销《丰都县人民政府关于高家镇罗边槽村一、四社林权争议的处理决定》证据充分,适用法律、法规正确,符合法定程序,依法应予维持。

——《中华人民共和国最高人民法院公报》2000 年第 6 期。

【最高人民法院参考案例】

三都水族自治县打鱼乡介赖村民委员会诉黔南州布依族苗族自治州人民政府土地权属行政复议决定案(行政审判案例第 95 号)

要旨:人民法院生效维持判决对行政机关的后续行政行为具有拘束力。在该判决未经法定程序撤销或者变更之前，行政机关不得作出与其内容相反的行政行为。

上诉人与第三人之间的争议地，已在 2004 年经三都县政府确权处理，并经黔南州政府复议及人民法院判决维持。2009 年 12 月 7 日，三都县政府对该争议地又再次作出三府裁处〔2009〕3 号变更确权，于法无据。黔南州政府以三都县政府作出三府裁处〔2009〕3 号处理决定程序违法为由，撤销了其处理决定，该复议决定符合行政复议法的规定。

——中华人民共和国最高人民法院行政审判庭编：《中国行政审判案例》（第 3 卷），中国法制出版社 2013 年版，第 70、71 页。

512 拒不交出土地的，行政机关径行实施清表超越职权

关键词 | 超越职权 | 拒不交出土地 |

【最高人民法院裁判案例】

刘瑞西诉广西壮族自治区横县人民政府、广西壮族自治区横县横州镇人民政府、广西壮族自治区横县公安局土地行政强制案［最高人民法院（2020）最高法行申 5696 号行政裁定书］

要旨：土地行政主管部门作出责令交出土地决定后，应申请人民法院强制执行。行政机关径行组织相关单位和人员对涉案土地实施强制清表，明显超越职权。

《土地管理法实施条例》第四十五条规定，违反土地管理法律、法规规定，阻挠国家建设征收土地的，由县级以上人民政府土地行政主管部门责令交出土地；拒不交出土地的，申请人民法院强制执行。本案中，涉案集体土地已经完成征收、补偿程序，土地权利人刘瑞西拒不交出土地，土地行政主管部门作出责令交出土地决定后，应申请人民法院强制执行。横县政府径行组织相关单位和人员对涉案土地实施强制清表，明显超越职权。

——中国裁判文书网，https://wenshu. court. gov. cn/。

513 具有管辖权的行政机关与不具有管辖权的行政机关共同作出行政行为属超越职权

关键词 | 超越职权 | 共同行政行为 |

【最高人民法院公报案例】

上海环球生物工程公司不服药品管理行政处罚决定案

上诉人与和桥医院在药品管理法颁布实施后,未经卫生行政部门审核批准,擅自生产"人α-干扰素",违反了药品管理法第四条关于开办药品生产企业必须经审核批准的规定,其行为是违法的。上诉人将未取得批准文号生产的"人α-干扰素"批量销售,违反了药品管理法第三十三条关于禁止销售未取得批准文号生产的药品的规定,其生产、销售的"人α-干扰素"依法按假药处理。被上诉人上海市徐汇区卫生局作为药品监督管理部门,依照药品管理法第四十五条第一款的规定,对该案有管辖权;依照药品管理法第五十条关于"生产、销售假药的,没收假药和违法所得,处以罚款"的规定和该法第五十二条关于未取得药品生产企业许可证生产药品、经营药品的,责令停产,没收全部药品和违法所得,可以并处罚款的规定,对上诉人作出的处罚决定,事实清楚,证据确实,适用法律正确,处罚恰当。上诉人请求撤销被上诉人作出的处罚决定的理由不能成立。被上诉人上海市徐汇区工商行政管理局,非药品监督部门,不具备实施处罚的主体资格,在对上诉人行使处罚时,违背了药品管理法第四十五条第一款关于卫生行政部门行使药品监督权的规定,属越权行政,上诉人的起诉理由是正确的,但不影响行政处罚的正确性。据此判决:维持被上诉人上海市徐汇区卫生局的行政处罚决定中对上诉人处以责令停产;没收非法所得51353.04元;罚款356655元;对已查扣的61瓶"人α-干扰素"监督销毁部分。撤销被上诉人上海市徐汇区工商行政管理局在该行政处罚决定中的处罚主体资格。

——《中华人民共和国最高人民法院公报》1989年第4期。

【链接:最高人民法院法官著述】

此外,需要特别指出,人民法院在审理行政案件时,发现一个具有部门管辖权的行政机关与另一个不具有部门管辖权的行政机关共同对某一行政事务作出行政行为,仍属于"超越部门管辖权"的性质,倘若实体上没有问题,为避免浪费行政和司法资源,切实解决行政纠纷,法院应作出确认该行政行为违法的判决,不宜作出驳回原告诉讼请求的判决。如果判决驳回原告诉讼请求，也就意味着人民法院确定没有部门管辖权的行政机关具有该项职权，这样做与行政机关职权划分的原则相悖，不利于被告行政机关认识到其行为的错误所在。

——蔡小雪：《行政行为的合法性审查》，中国民主法制出版社2020年版，第26—27页。

514 上级行政机关依法纠正下级行政机关错误的行政行为，不属于超越级别职权

关键词｜超越职权｜级别职权｜

【链接：最高人民法院法官著述】

法律、法规明确授予下级行政机关的职权或者人民政府的某部门行政机关行使的行政管理职权，上级行政机关或者人民政府原则上不得行使。例如，治安管理处罚法第九十一条规定："治安管理处罚由县级以上人民政府公安机关决定；其中警告、五百元以下的罚款可以由公安派出所决定。"根据该条的规定，各级人民政府均不能直接对违反治安管理的行为人作出处罚决定。这里需要特别指出，根据我国宪法关于上级行政机关有权改变或者撤销下级行政机关的不适当的决定和命令的规定，上级行政机关发现下级行政机关作出的行政行为错误，在当事人未申请复议或者当事人已经丧失申请复议权的情况下，依法作出纠正原错误行政行为的决定，不属于超越级别职权的行政行为。

——蔡小雪：《行政行为的合法性审查》，中国民主法制出版社2020年版，第51页。

515 在上级公安机关的行政行为未被认定错误与撤销之前，下级公安机关不能作出与其相冲突的行为

关键词｜行政处罚｜超越职权｜

【最高人民法院答复】

云南省高级人民法院：

你院《关于六六一厂不服禄丰县公安局没收雷管行政处罚一案适用法律问题的请示》收悉，经研究，就下列问题答复如下：

根据《地方各级人民代表大会和地方各级人民政府组织法》第六十六条第二款规定："自治州、县、自治县、市、市辖区的人民政府的各工作部门受人民政府统一领导，并依照法律或者行政法规的规定受上级人民政府主管部门的业务指导或者领导。"《人民警察法》第四十三条规定："人民警察的上级机关对下级机关的执法活动进行监督，发现其作出的处理或者决定有错误的，应当予以撤销或者变更。"根据上述规定精神，禄丰县公安局在上级公安机关的具体行政行为没有被认定错误与撤销之前，作出与省公安厅审批行为相冲突的具体行政行为，属超越职权行为。

经与公安部沟通协商，该部表示由其与有关公安机关协调处理，返还当事人被没收的财产，赔偿损失，以其由被上诉人撤诉结案。具体案件请你们参照上述意见依法处理。

——《最高人民法院行政审判庭关于对六六一厂不服禄丰县公安局没收雷管行政处罚一案适用法律问题请示的电话答复》（2000 年 11 月 14 日，〔2000〕行他字第 4 号）。

516 层级管辖职权转移与诉讼管辖权转移的区别

关键词｜层级管辖权｜管辖权转移｜

【链接：最高人民法院法官著述】

层级管辖职权转移，是指上级行政机关有权管辖下一级行政机关或者法律、法规授权的组织实施的行政管理事务；下级行政机关认为需要上一级行政机关或者授权组织管辖的，可以报请上级行政机关管辖。

层级管辖职权转移主要有下列三种情况：一是上级行政机关认为下级行政机关正在查处的案件复杂、重大，下级行政机关不具备处理条件或者有可能影响到合法、公正处理的，上级行政机关可以提级管辖。二是上级行政机关发现某一行政相对人具有违反某一行政法律规范的行为，指定具有层级管辖职权的下级行政机关作出行政处罚决定，下级行政机关不作出的，上级行政机关可以提级管辖。三是下级行政机关认为其正在处理的案件重大、复杂、专业性很强、干扰严重无法处理，可以报请上级行政机关处理。上级行政机关经审查，认为需要提级处理的，可以决定提级处理。如果上级行政机关认为没有必要的，仍由原报请行政机关处理。

这里所讲的层级管辖权转移，只能上移，不能下移。即上级行政机关可以将下级行政机关管辖的案件提级由自己管辖，下级行政机关可以将自己管辖的案件，报请上级行政机关或者法律、法规授权的组织管辖。但是上级行政机关不能将自己管辖的案件交给下级行政机关管辖。这是因为，法律、法规授予行政机关的行政权属于专有权，专有权是不能转让的。如果可以转让，则这种规定如同虚设，没有任何意义。

——蔡小雪：《行政行为的合法性审查》，中国民主法制出版社 2020 年版，第 48—49 页。

517 对超越层级管辖职权行为的认定

关键词 | 超越职权 | 层级管辖 |

【最高人民法院答复】

河南省高级人民法院：

你院 1997 年 1 月 7 日送来的〔1996〕豫法行字第 6 号《关于县级人民政府颁发的宅基地使用证乡人民政府认定无效或者予以撤销是否超越职权的请示》收悉。经研究，答复如下：原则同意你院请示中的第二种意见。即：县人民政府颁发的宅基地使用证，乡人民政府认定无效或予以撤销的行为，属于超越职权的性质。

——《最高人民法院行政审判庭关于〔1996〕豫法行字第 6 号请示的答复》（1997 年 4 月 12 日，〔1997〕法行字第 2 号）。

【链接：最高人民法院法官著述】

（1）下级行政机关行使了法律、法规授权上级行政机关行使的职权。法律、法规明确授权上级行政机关行使的行政管理职权，下级行政机关不能行使，如果行使即属超越级别管辖权的行为。例如，土地管理法中规定，单位之间的土地所有权和使用权争议，由县级以上人民政府处理。某乡人民政府对两个村的土地所有权争议作出确权决定，该决定即属这类超越级别管辖权的行为。这里还需特别指出，作出行政行为的行政机关超越层级管辖权所作的行政行为，上级复议机关虽然具有层级管辖权，但在作出复议决定时，应裁决予以撤销原行政行为，而后其另作出行政行为，或者在说理部分指出原行政机关超越职权性质，决定确认违法，保留原行政行为的效力。若裁决维持原行政行为，不能改变原行政行为超越职权的性质，人民法院在判决时，仍应当撤销被诉的原行政行为。“下级服从上级”，是行政法中的一项基本准则。上级行政机关对具体事务作出决定后，下级行政机关所作的行政行为无权否定。即使上级行政机关作出的决定错误，也只能向上级行政机关或者有监督权的机关反映，通过法定程序予以纠正，但不能自行作出否定上级行政机关的具体决定。凡下级行政机关作出否定上级行政机关对具体事务作出的决定的行政行为，均是超越职权的行为。

——蔡小雪：《行政行为的合法性审查》，中国民主法制出版社 2020 年版，第 49—50 页。

518 两地行政机关都有管辖权的，由先发现的进行处理

关键词 | 管辖权竞合 | 超越职权 |

【链接：最高人民法院法官著述】

(3)两地行政机关都具有管辖权，后发现的行政机关再作处理的属于违法。从我国现行法律、法规的规定来看，绝大部分法律、法规规定对一个行为或者事项只能由一个地方行政机关进行处理，但也有个别法规中规定，两个地方的行政机关均有权处理。对于这种情况，应当谁先发现由谁进行处理，后发现的行政机关不能再处理。如果谁先发现难以确认的，应当由上一级行政机关按照有利于案件查处的原则，指定其中的一个行政机关管辖，被指定的行政机关具有管辖权，未被指定的行政机关不具有管辖权。如果行政机关违背这个原则作出行政行为，亦属于超越地域管辖权性质。

行政职权必须由具有地域管辖权的行政机关实施。没有地域管辖权的行政机关作出的行政行为，属于越权行政行为。但是，有两种情况例外：一是由于水灾、地震等自然灾害以及战争和意外事故等原因，致使有地域管辖权的行政机关无法行使行政处罚权的，上级行政机关可以指定某地行政机关在该地区内行使行政处罚权。当有管辖权的行政机关恢复后，指定的行政机关不再对该区域内的案件具有管辖权。二是由于法律上规定的原因，如某一案件涉及某一行政机关或者其主要领导人，致使有管辖权的行政机关无法处理该案，上级行政机关可以指定其他地区的行政机关对该案行使行政处罚权。被指定的行政机关仅对指定的案件有管辖

权，对其他案件没有管辖权。

——蔡小雪：《行政行为的合法性审查》，中国民主法制出版社 2020 年版，第 67—68 页。

519 交通警察支队的下属大队能否作为行政处罚主体

关键词 | 超越职权 | 行政处罚 |

【最高人民法院答复】

山东省高级人民法院：

你院《关于郭玉文诉烟台市公安局交通警察支队第二大队道路交通行政处罚案适用法律问题的请示》收悉。经研究，答复如下：

一、根据《中华人民共和国道路交通安全法实施条例》第一百零九条第一款“对道路交通安全违法行为人处以罚款或者暂扣驾驶证处罚的，由违法行为发生地的县级以上人民政府公安机关交通管理部门或者相当于同级的公安机关交通管理部门作出决定”的规定，如果烟台市公安局交通警察支队下设的大队相当于县级公安机关交通管理部门，其可以以自己名义作出处罚决定。

二、《中华人民共和国道路交通安全法》第一百零七条的规定与《中华人民共和国行政处罚法》第三十三条的规定不一致。前者属于特别规定，后者属于一般规定。根据《立法法》第八十三条的规定，可以适用《中华人民共和国道路交通安全法》第一百零七条规定的简易程序作出行政处罚决定。

三、本案的行政处罚行为作出时间是在违法行为发生后将近一年，地点并不在违法行为发生地，故不属于当场处罚。

——《最高人民法院关于交通警察支队的下属大队能否作为行政处罚主体等问题的答复》（2009 年 12 月 2 日，〔2009〕行他字第 9 号）。

5. 滥用职权

520 对行政行为目的的判断方法

关键词 | 行政行为目的 | 滥用职权 |

【链接：最高人民法院法官著述】

判断行为目的是一件比较困难的工作,一般采取如下步骤:

1. 先把行政行为所可能涉及的目的都找到,其中可能有法律目的,也有可能有其他目的。比如,公安机关在接到当事人报案后,对涉嫌诈骗的人的财产采取了扣押措施。该措施既可能是出于侦查犯罪的目的,也可能是出于替第三人追讨债务的目的。要确定行为的真正目的还需要进行第二步操作。

2. 用案件的具体事实来进一步确认行为的真正目的。比如刚才的案件当中,公安机关如果以侦查诈骗案为名,先把人收容审查,扣押财产后将财产直接交给第三人,然后就解除了收容审查,没有继续侦查,就把案件终结了,未作其他处理。由此就可以认定,公安机关扣押财产的目的不是侦查犯罪案件,而是给第三人讨债。据此我们可以认定其以刑事侦查手段介入民事纠纷,系执法目的不当,属于滥用职权。如果没有解除扣押措施,而是继续侦查,就不能排除其采取的强制措施有侦查犯罪的目的。

目的不当的裁量行为有以下两种情况:

第一,偏离。行政行为表面上是在执行法律,实际上是追求某种违法的利益。非法目的中牟取经济利益的情况比较常见。比如,某地有很多生产假冒伪劣产品的厂家,按照有关法律,行政机关可以采取的处理方式包括罚款、没收伪劣产品及违法所得、关闭、吊销营业执照等。然而,行政机关与这些厂家在很长时间里达成一种默契,行政机关定期带着写好的处罚决定书,向这些企业收缴了罚款后,企业就可以继续生产经营。虽然罚款是法律上的选项之一,但这种方式已经不足以遏制违法行为,行政机关本应采取更有效的执法方式。处罚实际上已经成为变相收费,偏离了法律目的。行政机关滥用了处罚裁量权。

第二,错位。行政行为目的虽然有助于公共利益,但并不符合特定法律的目的。有时表面上在执行一部法律,实际上是为了达到另一种法律目的。比如,水边饭店的排污问题比较严重,政府想把它们都拆除,一劳永逸地解决问题,但卫生部门又没有这个权力,于是政府就要规划部门想办法。规划部门就超出裁量的幅度,把饭店拆除。这表面看是执行规划法,但实际的目的却是环保法所追求的治理污染之目的。

——王振宇:《行政裁量与司法审查》,载中华人民共和国最高人民法院行政审判庭编:《行政执法与行政审判》(总第20集),法律出版社2007年版,第16页。

521 滥用职权的司法认定

关键词 | 滥用职权 | 司法认定 |

【链接：最高人民法院法官著述】

在行政法中，滥用职权，是指行政主体作出的行政行为虽然在其自由裁量权限的范围内，但违背或者偏离了法律、法规的目的、原则，不合理地行使自由裁量权。构成滥用职权的行政行为，须具备以下三个要件：

一、行政主体作出的行政行为不尽合理但未超出法定权限

“未超出法定权限”是滥用职权与超越职权的主要区别点之一。行政机关所作出的行政行为如果超出法律、法规规定的权限，即属超越职权。因此，行政机关只有在法律、法规规定的职权范围内作出行政行为，才有可能出现不合理地行使自由裁量权的问题。……

二、行政主体的行政行为违背或者偏离法律、法规的目的、原则

“违背或者偏离法律、法规的目的、原则”是构成滥用职权的实质要件之一。法律、法规的目的是立法者要通过该规定所要达到的结果；原则则是处理各类行政事务问题的基本准则。我国法律、法规的总目的是维护社会主义制度，维护国家的统一，维护社会秩序和公共利益，保护公民、法人和其他组织的合法权益，促进社会的进步和发展。基本原则是公平、公正、适当。这里的“公平”，是指行政机关作出的行政行为合情合理，不偏袒任何一方行政相对人。“公正”，是指行政机关作出的行政行为符合社会主义的公共道德标准。“适当”，是指行政机关作出的行政行为所确定的行政相对人的权利义务与其应当享有的权利或者应当承担的义务基本一致，不存在明显的差距。行政机关的行政权力在根本上不同于个人的权利。个人可以在法律规定的范围内，自由处置其民事权利，不受任何约束。但行政机关的行政权力却不能无约束地行使，只能合理地、诚实地行使，只能为实现法律、法规的目的而行使。因此，行政机关在执法过程中，均不能违背总目的和基本原则。……

三、行政主体的行政行为必须是不合理的

“不合理”是构成滥用职权的实质要件之一。尽管行政机关享有很大的自由裁量权，但并不是说，行政机关在自由裁量权限的范围和幅度内，可以不受任何限制地随意行使行政权力。行政机关在法律、法规规定的范围和幅度内，行使行政职权的行为，还必须是客观的、公正的、合情合理的和适当的，倘若不合理地行使自由裁量权，即构成滥用职权。需要特别指出的，这里所讲的“不合理”，是指行政机关的行政行为在具有一般智力水平和知识的人眼中都认为是违反了社会公认的公

平、正义规则。换言之,不合理就是指行政行为的明显不合理。行政处罚中的轻一点重一点,行政确权裁决、行政补偿裁决、民事纠纷处理裁决中的多一点少一点、大一点小一点等均不属于这里所说的“不合理”。……

——蔡小雪:《行政行为的合法性审查》,中国民主法制出版社 2020 年版,第 188—195 页。

522 滥用职权和明显不当的区别

关键词 | 滥用职权 | 明显不当 |

【链接:最高人民法院法官著述】

滥用职权与明显不当的区别主要有以下两点:第一,立法者认为,对行政机关行使自由裁量权过程中极端不合理的情形,应纳入合法性范围进行审查。2014 年行政诉讼法在滥用职权之外,增加规定明显不当的情形,可以适用撤销判决。其中滥用职权是从主观角度提出的,明显不当是从客观角度提出的。① 因此,在绝大多数的情况下,滥用职权是行政机关及其工作人员为了个人利益、小团体利益而作出的,其主观上具有“故意”的性质;明显不当是由于行政机关及其工作人员考虑不周作出的。因此说,两者之间的过错是有一定的区别的。第二,两者之间的不合理的“度”有所不同。滥用职权与明显不当的共同点都是不合理,它们之间的区别仅仅在于不合理的程度不同。前者是具有一般常识的人都认为是违反了社会公认的公平、正义规则;后者是具有一定法律政策水平的人认为被处理事项偏重或者偏轻。由于行政行为涉及各个行政管理行业和不同的地区,情况相当复杂,难以划分出一个非常明确的标准,因此,就需要人民法院根据不同行业和不同地区的具体情况作出判断。人民法院在审理行政案件中,如果难以判断出究竟是滥用职权,还是明显不当时,笔者主张,以明显不当为由,作出撤销或者变更判决为宜。

——蔡小雪:《行政行为的合法性审查》,中国民主法制出版社 2020 年版,第 196 页。

---

① 参见全国人大常委会法制工作委员会行政法室编著:《中华人民共和国行政诉讼法解读》,中国法制出版社 2014 年版,第 197 页。

523 最小侵害原则的运用

关键词｜最小侵害原则｜滥用职权｜

【最高人民法院司法文件】

23. 最小侵害原则的运用问题

行政机关未选择对相对人损害较小的执法方式达成执法目的，迳行作出被诉行政行为给相对人造成不必要的较大损害的，可以认定被诉行为违法。但在损害较小的方式不能奏效时，行政机关作出被诉行政行为给相对人造成较大损害的，不宜认定违法。（18号、19号）

——《最高人民法院办公厅关于印发〈行政审判办案指南（一）〉的通知》（2014年2月24日，法办〔2014〕17号）。

【最高人民法院参考案例】

王丽萍诉河南省中牟县交通局交通行政赔偿案（行政审判案例第18号）

要旨：行政机关实施行政行为追求的行政目的与法律保护的权益存在冲突时，应当采取对相对人权益造成最少损害的执法措施。行政机关在执法过程中单纯追求执法效果，采取明显超过必要限度的执法方式且对相对人权益造成较大损害的，属滥用职权，并应予赔偿。

河南省郑州市中牟县人民法院经审理认为，原告借用的小四轮拖拉机虽未交纳养路费，但该拖拉机运输的是"鲜活"物品，被告在行使职权时未考虑按照常理应当考虑的因素，作出了不合理的具体行政行为，属滥用职权。被告扣押拖拉机车头后，造成原告的生猪长时间受热挤压死亡，与被告执法人员的扣车行为有直接因果关系，给原告造成的经济损失被告应当赔偿。

——中华人民共和国最高人民法院行政审判庭编：《中国行政审判指导案例》（第1卷），中国法制出版社2010年版，第89、90页。

陈宁诉辽宁省庄河市公安局不予行政赔偿决定案（行政审判案例第19号）

要旨：人民法院不仅应当对行政行为的合法性进行审查，而且应当用比例原则等规则对行政裁量的适当性予以审查。

根据国家赔偿法第二条第一款的规定，国家机关及工作人员违法行使职权，是其承担国家赔偿责任的必要前提。本案中，交通警察是在司机韩勇被夹在发生事故的轿车驾驶室里生死不明，需要紧急抢救的情况下，才决定强行打开驾驶室车门。由于当时其他方法都不能打开已经严重变形的车门,为了及时抢救出韩勇迫不得已采取了气焊切割车门的方法。因为不及时打开车门,就无法对生死不明的韩勇实施紧急救护,尽早打开车门救出韩勇,就有可能挽救其生命。气焊切割车门的方法虽然会导致车门破损,甚至造成轿车的全部毁损,但及时抢救韩勇的生命比破损车门或者造成轿车毁损更为重要。相对于人的生命而言,破损车门或者造成轿车毁损对他人利益的损害明显较小,交通警察在紧急情况下采取气焊割门的方法强行打开车门救出韩勇的行为,具有充分的合理性。而且在气焊割门之前,交通警察已经尽可能地采取了相应的防范措施。虽然气焊割门导致轿车的全部毁损,但该行为从性质上属于交通警察正当的抢险救助行为,没有超出交通警察依法履行职责的范围。上诉人陈宁要求被上诉人庄河市公安局对在不得已情况下的紧急救助行为所造成的损失给予行政赔偿,没有法律依据。由于事故现场客观条件的限制,无法准确判断韩勇的生死状况,因此不能以事后证实的结果为理由,认定交通警察对韩勇实施的救助行为没有实际意义,上诉人陈宁认为交通警察实施的紧急救助行为不当的理由不能成立。

——中华人民共和国最高人民法院行政审判庭编:《中国行政审判指导案例》(第 1 卷),中国法制出版社 2010 年版,第 94、95—96 页。

524 交警大队扣留涉案车辆后,既不积极调查核实车辆相关来历证明,又长期扣留涉案车辆不予处理,构成滥用职权

关键词 | 滥用职权 | 暂时性控制措施 |

【最高人民法院专业法官会议纪要】

法律问题:公安机关交通管理部门对涉嫌违法的机动车长期扣留不予处理,是否构成滥用职权?

法官会议意见:判断是否构成滥用职权的关键点为是否违反立法目的、严重不当行使职权。扣留机动车属于对机动车的暂时性控制。当事人提供相应的合法证明的,应当及时退还机动车。

——最高人民法院行政审判庭编:《最高人民法院行政审判庭法官会议纪要》(第一辑),人民法院出版社 2022 年版,第 106—107 页。

【最高人民法院公报案例】

刘云务诉山西省太原市公安局交通警察支队晋源一大队道路交通管理行政强制案［最高人民法院（2016）最高法行再5号行政判决书］

要旨：建设服务型政府，要求行政机关既要严格执法以维护社会管理秩序，也要兼顾相对人实际情况。行政处理存在裁量余地时，应当尽可能选择对相对人合法权益损害最小的方式；实施扣留等暂时性控制措施不能代替对案件的实体处理，行政机关无正当理由长期不处理的，构成滥用职权。

（三）既不调查核实又长期扣留涉案车辆是否构成滥用职权。车辆车体打刻的发动机号码、车架号码，是确认车辆身份的重要证明。根据公安部于2004年4月30日发布的《机动车登记规定》第九条、第十条的规定，刘云务在车辆生产厂家指定的维修站对涉案车辆的发动机、车架进行维修，并不违法。且仅为对涉案车辆更换发动机缸体而非更换发动机。但刘云务未及时请相关单位在相应部位重新打刻号码并履行相应手续不当。在涉案车辆发动机缸体未打刻发动机号码且车架号码被钢板铆钉遮盖无法目视确认的情况下，刘云务让所雇佣的司机驾驶车辆上路具有过错，晋源交警一大队认为涉嫌套牌依法有权扣留车辆，刘云务应承担相应责任。但扣留车辆属于暂时性的行政强制措施，不能将扣留行为作为代替实体处理的手段。晋源交警一大队扣留车辆后，应依照道路交通安全法第九十六条第二款和《道路交通安全违法行为处理程序规定》第十五条的规定，分别作出相应处理：如认为刘云务已经提供相应的合法证明，则应及时返还机动车；如对刘云务所提供的机动车来历证明仍有疑问，则应尽快调查核实；如认为刘云务需要补办相应手续，也应依法明确告知补办手续的具体方式方法并依法提供必要的协助。刘云务先后提供的车辆行驶证和相关年审手续、购车手续、山西省威廉汽车租赁有限公司出具的说明、山西吕梁东风汽车技术服务站出具的三份证明，已经能够证明涉案车辆在生产厂家指定的维修站更换发动机缸体及用钢板铆钉加固车架的事实。在此情况下，晋源交警一大队既不返还机动车，又不及时主动调查核实车辆相关来历证明，也不要求刘云务提供相应担保并解除扣留措施，以便车辆能够返回维修站整改或者返回原登记的车辆管理所在相应部位重新打刻号码并履行相应手续，而是反复要求刘云务提供客观上已无法提供的其他合法来历证明，滥用了法律法规赋予的职权。

行政机关进行社会管理的过程，也是服务社会公众和保护公民权利的过程。建设服务型政府，要求行政机关既要严格执法以维护社会管理秩序，也要兼顾相对人实际情况，对虽有过错但已作出合理说明的相对人可以采用多种方式实现行政目的时，在足以实现行政目的的前提下，应尽量减少对相对人权益的损害。实施行政管理不能仅考虑行政机关单方管理需要，而应以既有利于查明事实，又不额外加重相对人负担为原则。实施扣留等暂时性控制措施，应以制止违法行为、防止证据损毁、便于查清事实等为限，不能长期扣留而不处理，给当事人造成不必要的损失。因此，晋源交警一大队扣留涉案车辆后，既不积极调查核实车辆相关来历证明，又长期扣留涉案车辆不予处理，构成滥用职权。

——《中华人民共和国最高人民法院公报》2017 年第 2 期。

525 逾期作出治安行政处罚的法律性质及后果

关键词｜滥用职权｜违反法定程序｜

【最高人民法院参考案例】

潘龙泉诉新沂市公安局治安行政处罚案（行政审判案例第 144 号）

要旨：相关法律规范虽然没有规定行政机关未在法定期限作出处罚的法律后果，但行政机关无任何正当理由，超过法定的追究时限对违法行为人作出处罚，损害了追究时效制度所维护的社会秩序的安定性，应属滥用职权的情形。

上诉人潘龙泉等人打麻将行为发生于 1997 年 8 月 26 日，被上诉人新沂市公安局于同日对其他两名参加打麻将人员作出治安处罚，在无违反治安管理人逃跑等客观原因的情况下，再于 2007 年 1 月 31 日对上诉人潘龙泉作出被诉的治安处罚决定，既不符合治安管理处罚法第九十九条关于“公安机关办理治安案件的期限，自受理之日起不得超过三十日；案情重大、复杂的，经上一级公安机关批准，可以延长三十日。为了查明案情进行鉴定的期间，不计入办理治安案件的期限”的规定，也有违反行政处罚法的立法精神。被上诉人对上诉人作出新公（治）决字〔2007〕第 N23 号公安行政处罚决定违反了法定程序，亦属滥用职权，依法应予撤销。

——中华人民共和国最高人民法院行政审判庭编：《中国行政审判案例》（第 4 卷），中国法制出版社 2012 年版，第 125、127 页。

526 行政行为被法院撤销后，行政机关以相同理由再次作出相同行政行为，应认定为滥用职权

关键词｜滥用职权｜相同理由｜相同行政行为｜

【最高人民法院公报案例】

余姚市甬兴气体分滤厂与余姚市住房和城乡建设局燃气经营许可纠纷案

要旨：具有行政许可权的行政机关作出不予行政许可决定的理由不能成立，且该决定已被人民法院判决撤销并责令重作的情况下，行政机关仍以相同理由再次作出不予行政许可决定，应认定为滥用职权。

根据《燃气经营许可管理办法》第三条“住房城乡建设部指导全国燃气经营许可管理工作。县级以上地方人民政府燃气管理部门负责本行政区域内的燃气经营许可管理工作”之规定，被申请人余姚市住建局具有核发瓶装燃气经营许可的法定职权。

《城镇燃气管理条例》第十五条第一款第（一）项规定：国家对燃气经营实行许可证制度。从事燃气经营活动的企业，应当具备下列条件：（一）符合燃气发展规划要求；……《宁波市燃气管理条例》第十三条第（一）项也规定：从事燃气经营活动的企业，应当具备下列许可条件：（一）符合燃气专项规划要求；……根据上述规定，从事燃气经营活动的企业要获得燃气经营许可证，必须符合当地的燃气发展规划和燃气专项规划的要求。

……在法院审理期间，余姚市住建局虽然一再强调液化石油气是易燃、易爆、有毒的危化物品，直接关系公共安全和反恐防范，不能降低准入条件，必须严格按照法定条件、标准实施行政许可，且燃气经营许可后难以监管，但却未能提交申请人提出的申请不符合案涉行政许可的法定条件、标准依据以及存在安全隐患的相关证据。余姚市住建局在余姚市人民政府复议和余姚市人民法院判决撤销其不予行政许可行为的情况下，仍然以相同理由作出不予行政许可决定，严重违反了行政诉讼法第七十一条规定，浪费了有限的司法资源，增加了当事人的讼累，显系滥用职权。

综上，一、二审判决认定余姚市住建局非以同一事实和理由作出与原行政行为基本相同的行政行为，适用法律错误，依法应当予以纠正。

——《中华人民共和国最高人民法院公报》2022 年第 2 期。

6. 明显不当

527 审查是否存在滥用职权、明显不当的步骤

关键词 | 滥用职权 | 明显不当 |

【链接：最高人民法院法官著述】

根据审判实践中总结出来的经验，审查行政行为是否存在滥用职权、明显不当的问题，应当按照下列步骤进行：

(1)确认被诉行政行为是否属于自由裁量的行政行为。因滥用职权、明显不当只存在自由裁量的行政行为之中，所以，合议庭应当在开庭前，确认被诉行政行为是自由裁量的行政行为，还是羁束的行政行为。如果经审查确认被诉行政行为是自由裁量的行政行为，在有关职权、程序、认定事实的证据和适用法律规范等四个方面经审查后认定有问题时，无须再对被诉行政行为是否存在滥用职权和明显不当的问题进行审查；如果认定均无问题，就应将被诉行政行为是否存在滥用职权和明显不当的问题列为庭审中的一项审查内容，并对有关法律、法规的规定进行学习与研究，掌握法律、法规的目的、原则及应当考虑的因素和被告在同一时期内处理有关同类案件的情况，拟好庭审提纲。如果是羁束的行政行为，在庭审中没有必要对这一问题进行审查。

(2)审查被告的目的和考虑的因素。在开庭审查被诉行政行为的主要证据是否充分、适用法律法规是否正确、行政程序是否合法、是否存在超越职权等问题后，再审查是否存在滥用职权、明显不当的问题。审查时，首先应由被告向法庭说明作出被诉行政行为的目的和其所考虑的因素。尔后，法庭询问原告或者第三人对被告的说明有无异议。如果原告或者第三人有异议的，应当让原告或者第三人向法庭提供有关证据。合议庭对有关证据进行质证后予以认定。法庭认为被告的说明或者原告、第三人提供的证据有疑点的，应当进行调查取证，只有在排除疑点的情况下，才能认定被告的说明或者认证原告、第三人提供的证据。

(3)查明法律、法规的目的、原则。法庭在查清被告的目的和所考虑的因素后，由被告向法庭阐述被诉行政行为所依据的法律、法规的目的、原则以及应当考虑哪些法定因素和常理因素，可以作出何种方式、种类、程度的处理决定，并宣读有关法律、法规的目的、原则规定的条文。此后，法庭询问原告、第三人有无异议。如

果没有异议的，可以进行下一步骤的审查；如果有异议的，原告、第三人可以向法庭宣读该法律、法规有关目的、原则规定的条文，并阐述其对该法条的理解。法庭认为被告、原告、第三人都没有宣读被诉行政行为所依据的法律、法规的目的、原则规定的条文，审判人员可以在法庭上宣读有关法律、法规的条文。

（4）审查处理结果是否存在明显不合理的问题。先由被告向法庭阐述被诉行政行为不存在明显不合理的问题的理由和举出处理类似案件的处理决定。尔后，法庭询问原告、第三人被告阐述的理由是否成立，说明原因，并可以向法庭提供被告对类似案件的处理决定。无论是被告，还是原告、第三人提供的有关被告对类似案件作出的处理决定，经法庭庭审质证，认定是真实的、与该案件相关的，均可以作为定案的根据。

——蔡小雪：《行政行为的合法性审查》，中国民主法制出版社 2020 年版，第 202—203 页。

528 判断是否存在滥用职权、明显不当的方法

关键词 | 滥用职权 | 明显不当 |

【链接：最高人民法院法官著述】

凡是违背或者偏离法律、法规的目的、原则的自由裁量的行政行为，其处理决定的结果必然是不合理的。也就是说，确认是否存在不合理的问题，是确认行政行为是否存在滥用职权、明显不当的最关键问题。判断行政行为是否存在滥用职权、明显不当的具体方法主要有以下几种：

（1）比较行政相对人得到的权利和承担的义务是否相称。权利义务相一致原则，是制定我国法律、法规的一项基本原则，并体现在每一部法律、法规中。我国的单行法律、法规所规定的应当考虑的因素，均是这一原则的具体体现。由于行政管理事务涉及的方面很广，而且非常复杂多变，也就不能把所有的公平合理处理问题的标准均一一列举出来，因此，常理上应当考虑的因素，也是行政机关在处理具体问题时应当考虑的问题。行政机关所作的行政行为如果未考虑法定因素或者常理因素，将决定行政相对人得到的权利或者承担的义务，就会与其应当得到的权利或者应当承担的义务明显不相称。据此，人民法院在审查行政行为是否存在滥用职权、明显不当的问题时，发现被诉行政行为没有考虑法定因素或常理因素，或者考虑了不应考虑的因素，使行政相对人获得的权利或者应当承担的义务与应当得到

的权利或者承担的义务相差甚远的,就应当认定为滥用职权或者明显不当。

（2）比较被告对同等情况的案件的处理结果。我国宪法规定,法律面前人人平等。根据这一原则,每一个公民、法人或者其他组织在同等情况下,应当享有同等的权利,承担同样的义务。如果有多有少,显然就违反了法律面前人人平等的原则。因此,行政机关在同一时期、同一地方,对同等情况的案件作出的处理结果应当是基本相同的,而不应当差距巨大。法庭在审理过程中,应当将被诉行政行为的处理结果与被告行政机关在同一时期对同等情况的案件所作的处理结果进行比较。如果发现被诉行政行为与同一时期、同等情况的绝大多数案件的处理结果相差甚远的,应当认定为滥用职权或者明显不当。如果与绝大多数案件的处理结果无大的差距,仅与个别案件的处理结果差异较大,则不应当认定为滥用职权或者明显不当。

（3）与同案人进行比较。在一个案件中有数个行政相对人,法庭查清案件的事实后,应当按照每个行政相对人的具体情况确定其应当享有多大的权利、承担多大的义务。如果发现本案中存在以下三种情形的,应当认定为滥用职权:①行政相对人的情况或者责任基本相同的,所得到的利益或者承担的义务差距很大。例如,甲、乙共同殴打他人并致人轻微伤害,两人的主观和客观情节基本相同,公安机关给予甲警告的处罚,乙拘留 10 日的处罚。②应当获得较多利益的人与应当获得较少利益的人相比,所得到的利益相同或者还少。例如,某城市建设管理机关征用甲单位与乙单位共同所有的房屋,虽然给予补偿的总额符合有关法律规定,但对原占有房屋比例较大的甲单位给予补偿的数额少于乙单位。③责任人所承担的义务不成比例。即责任大的人承担与责任较小的人相同或者较小的义务,责任较小的人承担与责任大的人相同或者较大的义务。例如,甲盗窃某厂废铁时乙为其望风。事发后,公安机关仅给予甲罚款 200 元的处罚,却给予乙拘留 5 日和罚款 100 元的处罚。

——蔡小雪:《行政行为的合法性审查》,中国民主法制出版社 2020 年版,第 204—205 页。

7. 其他

529 人民法院判决被告重新作出行政行为，对被告重新作出行政行为的基本要求

关键词｜重新作出行政行为｜撤销｜

【最高人民法院司法解释】

第九十条 人民法院判决被告重新作出行政行为，被告重新作出的行政行为与原行政行为的结果相同，但主要事实或者主要理由有改变的，不属于行政诉讼法第七十一条规定的情形。

人民法院以违反法定程序为由，判决撤销被诉行政行为的，行政机关重新作出行政行为不受行政诉讼法第七十一条规定的限制。

行政机关以同一事实和理由重新作出与原行政行为基本相同的行政行为，人民法院应当根据行政诉讼法第七十条、第七十一条的规定判决撤销或者部分撤销，并根据行政诉讼法第九十六条的规定处理。

——《最高人民法院关于适用〈中华人民共和国行政诉讼法〉的解释》（2018年2月8日，法释〔2018〕1号）。

【链接：最高人民法院法官著述】

本条第一款中的“结果相同”是指行政行为的结论或者行政行为对相对人权利义务关系的影响相同。“主要事实或者主要理由有改变”是相对于行政诉讼法第七十一条所称的“同一的事实和理由”而言的，是指行政机关认定事实有改变、法律适用有改变、阐述理由有改变。

本条第二款规定，由于行政机关违反法定程序被撤销的，行政机关原行政行为在认定事实、适用法律等方面本身就是符合法律规定，并非法院作出撤销判决的理由。从行政诉讼法第七十一条的规定来看，主要是禁止行政机关在实体认定、理由阐述以及行政行为结果上出现与法院意旨不一致。对于违反法定程序的违法行为，法院作出撤销判决后，其合法性已经得到否定。此时，行政机关基于同一的事实和理由作出基本相同的行政行为，不受行政诉讼法第七十一条的限制。同时，如果行政机关再行违反法定程序，以同一的事实和理由作出基本相同的行政行为，法

院仍然可以判决撤销该对抗法院判决意旨的行政行为,并可以按照行政诉讼法第九十六条的规定进行处理。需要注意的是,行政机关因违反法定程序被法院判决撤销之后,对于行政机关在原行政程序中经过合法程序收集的证据等,仍可以作为重新作出的行政行为的依据。对于可以补正的瑕疵,行政机关亦可以就相关程序进行纠正、治愈,无须机械地重新履行行政程序。

本条第三款规定了行政机关违反行政诉讼法第七十一条的法律后果。行政机关以同一的事实和理由重新作出与原行政行为基本相同的行政行为,是违反行政诉讼法第七十一条的行为。首先,应当按照行政诉讼法第七十条关于撤销或者部分撤销的规定,判决撤销该行为。其次,法院应当按照行政诉讼法第九十六条规定的"行政机关拒绝履行判决、裁定"的措施进行处理,包括对行政机关账户进行划拨、对行政机关负责人进行罚款、公告、提出司法建议、追究刑事责任等。如果公民、法人或者其他组织没有对行政机关重新作出的这种行政行为提起诉讼的,人民法院虽然不能判决撤销或者部分撤销,但是,人民法院认为事实清楚的,可以依职权适用行政诉讼法第九十六条的规定进行处理。

——梁凤云:《行政诉讼法司法解释讲义》,人民法院出版社 2018 年版,第 236—237 页。

530 判决撤销被诉行政行为后,当事人的权利义务并非当然恢复至被诉行政行为作出之前的状态

关键词 | 撤销判决 | 执行人民法院生效判决 |

【最高人民法院裁判案例】

北京北大教育投资有限公司、北京北大公学教育投资有限公司诉海南省工商行政管理局工商登记案[最高人民法院(2018)最高法行申 4932 号行政裁定书]

要旨:行政诉讼中,人民法院判决撤销被诉行政行为后,是否意味着应当将当事人的权利义务恢复到撤销之前的状态,行政机关作出将当事人权利义务恢复到撤销前状态的行政行为,是否属于执行人民法院生效判决的行为,应当根据生效判决认定的事实和作出撤销判决的理由具体判断。

如果生效行政判决彻底否定据以作出被诉行政行为的事实认定或法律适用,从根本上否定被诉行政行为存在的合法性,则当事人的权利义务应当恢复到撤销

前的状态，行政机关根据该生效行政判决，作出将当事人权利义务恢复到撤销前状态的行政行为，属于执行人民法院生效判决的行为；如果生效行政判决撤销被诉行政行为的理由，仅仅是认为被诉行政行为认定事实不清，主要证据不足，或者认为行政行为适用法律、法规错误，违反法定程序，超越职权等，需要有权的行政机关重新作出行政行为的，则不能认为生效判决已经确认当事人的权利义务需要恢复到撤销前的状态，即便是撤销判决未在判决主文中作出责令被告重新作出行政行为的判项，也是需要行政机关依职权重新进行处理。在此情形下，行政机关作出行政行为，将当事人的权利义务恢复到撤销之前状态，与生效行政判决内容不一致，是行政机关自行判断作出的新的行政行为，不属于执行人民法院生效判决的行政行为。

——中国裁判文书网，https://wenshu.court.gov.cn/。

531 行政事实行为不能成为撤销判决的对象

关键词 | 事实行为 | 撤销判决 | 违法判决 |

【最高人民法院裁判案例】

刘国庆诉山西省芮城县人民政府、山西省运城市人民政府撤销房屋登记决定及行政复议案［最高人民法院（2017）最高法行申 2930 号行政裁定书］

要旨：事实行为不会对当事人的权利义务产生创设、变更或消灭的法律效果，因而不能成为撤销判决的对象，在其违法时只能适用确认判决。

行政诉讼法第七十四条第二款第（一）项规定，“行政行为违法，但不具有可撤销内容的”，“人民法院判决确认违法”。该项所规定的确认违法判决，主要是针对违法的事实行为。所谓事实行为，是与法律行为相对的概念，是指一切并非以发生法律效果为目的，而以发生事实效果为目的的行政措施。事实行为不会对当事人的权利义务产生创设、变更或消灭的法律效果，因而不能成为撤销判决的对象，在其违法时只能适用确认判决。该项所规定的确认违法判决，还适用于在作出判决前行政行为已经了结，亦即已经执行完毕而无恢复原状可能或因其他事由而消灭的情形。因为该行政行为已无可撤销之效力，只能判决确认违法。

——中国裁判文书网，https://wenshu.court.gov.cn/。

532 行政行为违法性的继承

关键词｜行政行为｜违法性的继承｜公定力｜

【最高人民法院专业法官会议纪要】

法律问题:行政机关先后作出两个具有一定关联的行政行为,行政相对人起诉要求撤销后续行政行为,人民法院经审查发现先前行政行为违法,则该先前行政行为违法是否会对后续行政行为的合法性产生影响?

法官会议意见:行政行为的公定力理论具有重要价值,在行政法理论与实践中需要严格遵守和维护,一般被认为是行政行为违法性继承的最大阻断。但违法性阻断意味着先前行政行为的违法性无法得以纠正,继而通过后续行政行为对行政相对人的权益造成侵害,破坏行政诉讼权利救济的有效性。因此,从公民权利救济和实质性化解行政争议的角度出发,应允许在一定条件下对行政行为公定力理论有所突破。即当行政机关先后作出两个有关联的行政行为时,法院可基于全面审查原则对先前行政行为进行证据效力的审查。在这种情形下,当先前行政行为存在违法性,并足以否定其证明效力的,则应确认后续行政行为也具有违法性。

——最高人民法院行政审判庭编:《最高人民法院行政审判庭法官会议纪要》(第一辑),人民法院出版社 2022 年版,第 188—189 页。

(三)履行判决

533 行政机关不履行法定职责案件的判决方式

关键词｜不履行法定职责｜履行判决｜

【最高人民法院司法解释】

第九十一条　原告请求被告履行法定职责的理由成立,被告违法拒绝履行或者无正当理由逾期不予答复的,人民法院可以根据行政诉讼法第七十二条的规定,判决被告在一定期限内依法履行原告请求的法定职责;尚需被告调查或者裁量的,应当判决被告针对原告的请求重新作出处理。

——《最高人民法院关于适用〈中华人民共和国行政诉讼法〉的解释》(2018

年2月8日，法释〔2018〕1号）。

【链接：理解与适用】

一、不履行法定职责的表现

行政机关不履行法定职责的主要表现：(1)拒绝履行；(2)不予答复；(3)拖延履行；(4)不完全履行；(5)不适当履行。《行诉解释》第九十一条规定"违法拒绝履行或者无正当理由逾期不予答复"，其列举并非全面列举。上述五种情形应当都可以适用第九十一条规定。

二、法定职责的范围

法定职责包括：(1)法律、法规以及合法规章、规范性文件规定的职责义务。(2)根据上级行政机关指令产生的义务。(3)先前行为引起的随附义务。例如，行政机关限制当事人人身自由后，有保障其人身权不受他人非法侵犯的义务，行政机关扣押财物期间，负有保障财物的义务。(4)行政协议约定的义务。

三、逾期履行的含义

逾期是指超过法定、规范性文件规定，或约定的履责期限。行政诉讼法第四十七条规定："公民、法人或者其他组织申请行政机关履行保护其人身权、财产权等合法权益的法定职责，行政机关在接到申请之日起两个月内不履行的，公民、法人或者其他组织可以向人民法院提起诉讼。法律、法规对行政机关履行职责的期限另有规定的，从其规定。""公民、法人或者其他组织在紧急情况下请求行政机关履行保护其人身权、财产权等合法权益的法定职责，行政机关不履行的，提起诉讼不受前款规定期限的限制。"

四、判决限期履行法定职责

原告请求行政机关履行相关职责义务，行政机关不履行，人民法院经审理认为被告是否需要履行尚需行政机关进一步查明事实或作出裁量的，判决被告限期履行法定职责，至于具体履行法定职责的结果，法院判决不作限定。例如，原告申请补发工伤保险待遇，社会保障部门不予答复。人民法院审理后认为，是否存在少发工伤保险待遇的事实尚需进一步核实，可以判决社会保障部门对原告的申请限期作出答复。至于是否需要补发，由社会保障部门在履责过程中，进一步查明事实，依法自主作出处理，法院判决不作限定。

五、判决限期履行特定职责义务

原告请求被告履行法定职责的理由成立，被告违法拒绝履行或者无正当理由逾期不予答复的，人民法院应当判决被告限期履行原告申请的特定义务。例如，经审理认为,原告申请颁发房产证符合法定条件的,人民法院可以直接判决不动产登记部门限期给原告核发房产证。从监督行政机关依法行政,保护相对人合法权益、实质化解行政争议的角度,更应当提倡人民法院作出特定义务的履行判决。

——最高人民法院行政审判庭编著:《最高人民法院行政诉讼法司法解释理解与适用》(上),人民法院出版社 2018 年版,第 424—426 页。

【链接:最高人民法院法官著述】

在司法实践中,需要注意以下两个问题:

(一)对于"一定期限内"的把握

根据本条规定,原告请求被告履行法定职责的理由成立,被告违法拒绝履行或者无正当理由逾期不予答复的,人民法院可以根据行政诉讼法第七十二条的规定,判决被告在"一定期限内"依法履行原告请求的法定职责。这里的"一定期限内"一般可以参考相关法律法规规章对履行法定职责的期限的规定,但是考虑到经过诉讼之后,行政机关耽误的履行期限已经较长,人民法院可以据情确定少于法定的期限要求行政机关履行法定职责。此外,"尚需被告调查或者裁量"的,本条虽然没有规定法院判决被告在一定期限内重新作出处理,但是,这是题中之义。行政诉讼法第七十二条规定,人民法院经过审理,查明被告不履行法定职责的,判决被告"在一定期限内"履行。这一规定包括了行政机关没有裁量空间和具有裁量空间的两种情形。人民法院在"尚需被告调查或者裁量"的情况下,可以参照行政机关履行法定职责的法定期限、本法第四十七条第一款规定的两个月期限、合理期限等确定履行期限。

(二)如何适用在紧急情况下的课予义务判决

行政诉讼法第四十七条第二款规定,公民、法人或者其他组织在紧急情况下请求行政机关履行保护其人身权、财产权等合法权益的法定职责,行政机关不履行的,提起诉讼不受前款规定的限制。紧急情况下,原告请求立即保护其人身权、财产权的,法院是否采取特殊的救济程序,各国的做法还不一样。……在本司法解释制定过程中,曾有意见认为,在紧急情况下,行政机关不履行保护原告人身权、财产权等合法权益的法定职责,将可能造成无法弥补的损害后果的,人民法院可以根据原告的申请,裁定被告作出保护原告人身权、财产权的行政行为。在讨论过程中,有意见认为,这种裁定对于法院判断相关事实的要求极其高,如果法院判断失误,裁定行政机关立即作出行政行为,造成损害的,法院可能面临国家赔偿的问题。法院裁定之后,与之后作出的判决如果出现不一致如何处理等,均须作进一步研究。此外,这种情形也比较少见,司法解释暂不规定为宜。《行诉解释》最终没有对此作出规定。但是,这一问题仍然有研究的必要。在条件成熟时,再作规定。

——本书编委会编:《行政诉讼法司法解释实务指南与疑难解答》,中国法制出版社 2018 年版,第 314—315 页。

534 人民法院如何在判决中确定行政机关的履责期限

关键词｜履责判决｜履责期限｜

【最高人民法院公报案例】

启东市发圣船舶工程有限公司诉启东市人民政府渡口行政许可及南通市人民政府行政复议案

要旨:人民法院在确定行政机关履行法定职责的期限时,应当遵循一定的原则。当法律规范明确规定了行政机关的履责期限,除特殊情形外,人民法院一般应当参照相关法律规范的规定确定行政机关的履责期限;法律规范未对行政机关履责期限作出规定的,人民法院应结合具体案情,充分考虑当事人合法权益保护的及时性和行政机关履责的可行性等因素,根据行政诉讼法第四十七条的规定,合理确定行政机关的履责期限。如存在正当理由或不可抗力的,即使行政机关超出人民法院生效判决所确定的期限作出行政决定,亦不能认定该行为构成程序违法。

行政诉讼法第七十二条规定,查明被告不履行法定职责的,人民法院判决被告在一定期限内履行。人民法院在确定行政机关履行法定职责的期限时,虽然拥有一定的裁量权,但该权力的行使并非不受限制,应当遵循一定的原则。当法律规范明确规定了行政机关履责期限的,除因特殊情形外,人民法院一般应当按照法律规范的规定确定行政机关的履责期限;如法律规范未对履行期限作出明确规定的,人民法院应结合个案具体情况,考量相关因素后,根据行政诉讼法第四十七条的规定,确定行政机关的履责期限。一旦人民法院确定了行政机关的履责期限,即便该期限与法律、法规所规定的行政机关履责期限不一致,也因人民法院具有司法裁判权,进而在案件审理中拥有最终确定行政机关履行法定职责期限的权力,故行政机关应依据人民法院确定的履责期限作出相关行政处理决定。除非存在正当事由或不可抗力,行政机关超过该期限作出行政决定的,构成程序违法。

——《中华人民共和国最高人民法院公报》2020 年第 12 期。

535 行政机关将自己主管业务范围内收到的公民来信批转无处理权的单位处理，属不履行法定职责

关键词 | 不履行法定职责 | 批转行为 |

【最高人民法院公报案例】

汤晋诉当涂县劳动局不履行保护人身权、财产权法定职责案

要旨：劳动局把要求查处违法行为的来信批转无处理权的物资局去处理，自己既不履行监督检查的职责，也不向物资局了解监督的结果如何，并且不给来信人答复，不能认为其已履行了法定职责。

劳动法第八十八条第二款规定："任何组织和个人对于违反劳动法律、法规的行为有权检举和控告。"原告汤晋认为建材公司违反劳动法律、法规，侵害了自己的合法权益，写信要求查处，是行使公民的正当权利。劳动法第九条第二款规定："县级以上地方人民政府劳动行政部门主管本行政区域内的劳动工作。"被告当涂县劳动局是当涂县行政区域内劳动工作的主管部门，汤晋就劳动工作方面的问题向其投诉，是适当的。劳动法第八十五条规定："县级以上各级人民政府劳动行政部门依法对用人单位遵守劳动法律、法规的情况进行监督检查，对违反劳动法律、法规的行为有权制止，并责令改正。"第八十六条规定了劳动行政部门执行监督检查公务的权力，第十二章规定了劳动行政部门对用人单位违反劳动法律、法规的行为进行处理的各种权限。这些规定说明，当涂县劳动局有责任、也有权力对用人单位遵守劳动法律、法规的情况进行监督、检查和处理。劳动法第八十七条规定："县级以上各级人民政府有关部门在各自职责范围内，对用人单位遵守劳动法律、法规的情况进行监督。"物资局是人民政府的一个部门，对其主管的建材公司遵守劳动法律、法规的情况有权进行监督，但是无权对违法行为进行处理。当涂县劳动局把要求查处违法行为的来信批转无处理权的物资局去处理，自己既不履行监督检查的职责，也不向物资局了解监督的结果如何，并且不给来信人答复，不能认为其已履行了法定职责。如果允许行政机关对自己主管业务范围内收到的公民来信，只要批出后就可了事，就可以认为履行了职责，再不必检查、落实和给来信人作出答复，那么，法律赋予公民的检举、控告权利就会形同虚设。当涂县劳动局已经履行了法定职责的辩解理由，不能成立。

——《中华人民共和国最高人民法院公报》1996年第4期。

536 工商局以不构成医疗广告为由不予查处，属未依法履行法定职责

关键词｜医疗广告｜不履行法定职责｜

【最高人民法院公报案例】

彭学纯诉上海市工商局不履行法定职责案

要旨：广告的管理和监督是工商行政管理部门的职责之一，因此，认定有关节目是否构成广告、是否构成违法广告以及如何依法进行行政处罚，均属于工商行政管理部门的职责范围。

广告法第六条规定，县级以上人民政府工商行政管理部门是广告监督管理机关。根据广告法的规定，广告的管理和监督是工商行政管理部门的职责之一，因此，认定有关节目是否构成广告、是否构成违法广告以及如何依法进行行政处罚，均属于工商行政管理部门的职责范围。彭学纯认为上海市有线电视台播出节目属于违法广告，侵犯其合法权益，并向上海市工商局申请对该广告予以行政查处，符合行政诉讼法的有关规定。

1993 年国家工商行政管理局、卫生部《医疗广告管理办法》第二条第二款规定，医疗广告是指医疗机构通过一定媒介或者形式，向社会或者公众宣传其运用科学技术诊疗疾病的活动。公众所理解的广告，就是以一定的方式通过媒体对商品或者服务以及提供商品或者服务单位的宣传和介绍。从庭审播放的上海市有线电视台专题节目《共和国之歌——献给人民功臣》来看，尽管录制的光盘声音不清晰，但画面反映出节目中不仅有对 411 医院院长章某的事迹介绍，还有相当一部分内容是介绍其诊疗方法和疗效，画面上还三次出现 411 医院名称的特写镜头。该节目反映的信息既有医务人员工作事迹的介绍，又有医务人员医术和医疗专长的介绍，其宣传医院和医院服务的用意十分明显，彭学纯有理由得出该节目属于医疗广告的结论。因此，原审认定该专题报道从形式上具备了医疗广告的基本特征，并无不当，符合《医疗广告管理办法》的有关规定，工商局以该节目不构成广告而不予查处的理由不成立。工商局虽然将不予立案查处的理由告诉了彭学纯本人，但由于工商局没有依法履行其法定的行政职责，未能够依法保护申请人的人身权和财产权，故原审判决认定工商局应对该节目进行查处，亦无不当，可予维持。

——《中华人民共和国最高人民法院公报》2003 年第 5 期。

537 教育机构不向受教育者颁发毕业证书构成不履行法定职责

关键词 | 颁发毕业证 | 不履行法定职责 |

【最高人民法院公报案例】

杨宝玺诉天津服装技校不履行法定职责案

要旨:根据教育法(1995 年)第四十二条第(三)项的规定,受教育者享有完成规定的学业后获得相应的学业证书的权利。教育机构没有直接向其准予毕业的受教育者发放毕业证书的行为,构成了违法。

被告服装技校作为从事培养技术工人的中等职业教育学校,应根据教育法第四十二条第(三)项的规定和 1990 年 5 月 4 日劳动部关于颁发《技工学校学生学籍管理规定》第三十条“学生学完教学计划规定的全部课程,毕业考核和操行总评(毕业鉴定)成绩合格者,准予毕业,由学校发给毕业证书”的规定,向在学校接受教育且完成规定学业的学生颁发学业证书。现服装公司以原告杨宝玺的毕业证书已交上级主管单位为由,不向杨宝玺颁发毕业证的行为,缺乏法律依据,侵犯了杨宝玺依法应享有的受教育权,故应承担相应的法律责任。第三人纺织集团在服装技校 1994 年未向杨宝玺颁发毕业证书时,虽然不是服装技校的主管单位,但在 2002 年 2 月原隶属于中孚国际集团有限公司的服装技校划转回归其管理后,作为服装技校主管单位应承担监督管理的职责,及时清查服装技校的遗留问题,督促其纠正违法行为。由于纺织集团疏于管理,导致本案争议纠纷长期未得到解决,最终形成诉讼。为此,纺织集团应负有一定的责任。鉴于本案的实际情况,纺织集团应积极通过有关劳动行政主管部门协助其下属的服装技校办理毕业证书,以切实维护杨宝玺的合法权益不受侵害。

综上,依据行政诉讼法第五十四条第(三)项和教育法第二十一条的规定,天津市河东区人民法院判决:自本判决生效之日起 60 日内,被告天津市服装技术学校颁发原告杨宝玺的毕业证书,第三人天津纺织集团(控股)有限公司予以协助办理。

——《中华人民共和国最高人民法院公报》2005 年第 7 期。

538 裁判时机成熟时可直接判决高校为学生颁发毕业证书

关键词 | 不履行法定职责 | 颁发毕业证书 |

【最高人民法院司法文件】

22. 履责判决内容具体化的问题

被告不履行法定职责，人民法院认为应当履行且无裁量余地的，可以直接判决其作出特定行政行为。（77 号）

——《最高人民法院办公厅关于印发〈行政审判办案指南（一）〉的通知》（2014 年 2 月 24 日，法办〔2014〕17 号）。

【最高人民法院参考案例】

谢文杰诉山西师范大学不履行颁发毕业证法定职责案（行政审判案例第 77 号）

要旨：高等学校不予颁发毕业证，理由不能成立的，法院可以直接判决高校为学生颁发毕业证书。

山西师大虽决定谢文杰降级，但却提供不出谢文杰被转至 94 级学习和管理的有效证据，该校物理系对谢文杰仍按原 9301 班学生实施管理，谢文杰在该班学习期间，通过了十余门课程的考试和毕业实习，其中包括 1997 年 1 月参加的 93 级“量子力学”课程的正常考试。有证据能够证明，1997 年 5 月，谢文杰参加了学校组织 93 级“量子力学”补考。以上事实应视为山西师大认可了谢文杰参加 93 级“量子力学”考试和补考的资格。山西师大辩称谢文杰没有资格参加 93 级“量子力学”课程补考的理由不能成立。谢文杰向山西师大提出的公布其“量子力学”补考成绩，及查阅试卷的请求正当，山西师大无正当理由不公布考试成绩，不允许查阅试卷，应承担举证不能的法律后果。谢文杰此次“量子力学”补考成绩应视为合格。

国家实行学业证书制度，高等学校依据法律授权对学生颁发毕业证书的行为，系代表国家实施行政管理权。本案山西师大与谢文杰因颁发毕业证发生的争议，正是由于高等学校代表国家行使对受教育者颁发毕业证书的行政权力引起的行政争议，可以适用行政诉讼法予以解决。谢文杰具有山西师大的学籍，在按规定完成全部学业，考核合格后，山西师大应当为其颁发毕业证书。谢文杰要求山西师大颁发毕业证的诉讼请求应当予以支持。山西师大认为颁发毕业证属于学校的办学自主权，司法审查应有一定的限度，法院不能直接判令学校为学生颁发毕业证的抗辩理由不能成立。原审法院认定事实清楚，但判决山西师大对谢文杰提出的颁发毕业证的请求限期作出书面决定，没有实际意义，也背离了上诉人的诉讼请求，应予纠正。

——中华人民共和国最高人民法院行政审判庭编:《中国行政审判案例》(第2卷),中国法制出版社2011年版,第225、227—228页。

539 行政机关自设义务可归入法定职责

关键词｜履行法定职责｜自设义务｜

【最高人民法院司法文件】

21.行政机关自设义务可否归入法定职责的问题

行政机关在职权范围内以公告、允诺等形式为自己设定的义务,可以作为人民法院判断其是否对原告负有法定职责的依据。(22号、55号、56号、78号)

——《最高人民法院办公厅关于印发〈行政审判办案指南(一)〉的通知》(2014年2月24日,法办〔2014〕17号)。

【最高人民法院参考案例】

郭伟明诉广东省深圳市社会保险基金管理局不予行政奖励案(行政审判案例第78号)

要旨:行政机关制定和发布的有关行政违规、违法行为举报奖励办法既属规范性文件,又属政府的公开承诺,有关行政机关在执法过程中应严格遵守,在公民、法人和其他组织的举报行为符合上述办法的规定时,应遵循诚信原则给予承诺的行政奖励。行政机关作出具体行政行为拒绝履行承诺的,人民法院可以在判决撤销具体行政行为的同时,在判决理由中明确行政机关所负职责,并责令其重新作出具体行政行为。

《深圳市城镇职工社会医疗保险违规行为举报奖励办法》作为上诉人深圳市社会保险基金管理局与深圳市卫生局共同制定并向社会公布的规范性文件,上诉人在执法过程中应严格遵守。本案被上诉人向上诉人举报北京大学深圳医院通过做假记账单等方式骗取社会医疗保险基金的行为,并提供充分有力的证据使上诉人足额追回医保损失,被上诉人的行为符合《深圳市城镇职工社会医疗保险违规行为举报奖励办法》第三条的规定。被上诉人虽然在医院实施违规行为的过程中与其有民事合作关系,但上诉人提交的证据不足以证明被上诉人系实施违规行为的主体。上诉人提出被上诉人是违法主体不能认定为举报者的主张不能成立。被上诉人在举报后要求上诉人书面说明对其举报问题的查处情况,属合理要求,上诉人应予以说明。

——中华人民共和国最高人民法院行政审判庭编：《中国行政审判案例》（第2卷），中国法制出版社2011年版，第231、233—234页。

张炽脉、袭爱玲诉浙江省绍兴市人民政府不履行招商引资奖励行政职责案（行政审判案例第56号）

要旨：行政机关的奖励承诺系其应当履行的职责之一，承诺的内容可构成对其履行行为进行合法性审查的规范依据。

绍兴市人民政府发布的绍政发〔2002〕6号文件系关于招商引资的规范性文件，是其对符合招商引资条件的单位、个人进行奖励所设定的义务，在与上位法没有抵触的情况下，应属有效。因此，原告的请求实为要求被告履行招商引资奖励的行政职责。

——中华人民共和国最高人民法院行政审判庭编：《中国行政审判案例》（第2卷），中国法制出版社2011年版，第97、99页。

慈溪市华侨搪瓷厂诉浙江省慈溪市国土资源局不履行土地调查法定职责案（行政审判案例第55号）

要旨：行政主体以公告形式向相对人表示在具备特定条件下履行一定的行为，若公告内容所涉事项未超出行政主体职权范围，则行政主体违反自己通过公告创设的积极作为义务时，行政相对人可以提起行政诉讼，要求行政主体履行相应的职责。

庵东大会堂宗地的土地使用权虽已经登记发证，但根据被告发布的公告内容，原告享有在指定期限内对涉案土地使用权提出书面异议的权利，被告应履行复核的职责。该公告应视为被告启动土地更正登记程序前的收集证据行为。被告应受公告的约束。公告没有明确复核的期限，根据《若干解释》第三十九条之规定，行政机关一般应当在接到当事人申请后60日内履行职责。原告于2009年10月21日向被告提出涉案土地使用权的书面异议，至其于2009年12月25日起诉时，已超过了60日的期限。被告在原告起诉前未对争议土地作出调查处理结论，应认定被告存在不履行职责的行为。但被告在本次诉讼中已就原告异议明确告知了调查处理结果，故再责令被告对涉案争议土地作出调查处理已无实际意义。在庭审中，原告仍坚持诉请被告对涉案争议土地作出调查处理，故依照《若干解释》第五十条第四款之规定，应确认被告未在原告起诉前对原告提出的土地使用权异议作出调查处理结论的行为违法。至于被告关于原告异议不符合土地权属争议调查处理申请的辩称,法院认为,虽然原告所提异议并非处理土地权属争议申请,对已依法登记发证的土地权属争议,也不适用土地权属争议处理相关规定,但公告内容为被告设定了复核的义务,被告应受公告约束,履行复核的职责,即对原告提出的土地使用权异议重新进行调查核实,并将复核结果告知原告。被告虽辩称对原告反映的争议土地问题,其已积极调处、认真反馈,但并无证据表明被告在原告起诉前已对原告异议进行复核,并将复核结果告知原告。因此,被告辩称不能成立。

——中华人民共和国最高人民法院行政审判庭编:《中国行政审判案例》(第2卷),中国法制出版社2011年版,第90、92页。

黄银友、张希明诉湖北省大冶市人民政府、大冶市保安镇人民政府行政允诺案(行政审判案例第22号)

要旨:行政机关为促进辖区经济社会发展而制定的奖励文件,如所含允诺性内容与法律法规不相违背,应视为合法有效。当引资人按照文件规定,通过发挥中介作用客观上促成本地招商引资时,行政允诺关系成立,引资人依法要求兑现相关奖励的权利受法律保护。

大冶市政府制定的《大冶市关于鼓励外商投资的优惠办法》是为了充分调动和发挥社会各方面参与招商引资积极性,实现政府职能和公共利益为目的向不特定相对人发出承诺,在相对人实施了某一特定行为后由自己或由自己所属的职能部门给予该相对人物资利益或其他利益的单方意思表示行为。黄银友、张希明在得知尖峰集团对外投资水泥项目信息后,将该信息传递给了保安镇政府,保安镇政府也就上述引资事项作出了奖励承诺。其后二人多次邀请、陪同投资商到保安镇进行考察,并多次前往投资商所在地进行洽谈沟通。由于其与大冶市政府及保安镇政府的共同努力终于促成了尖峰水泥落户到大冶市保安镇。上述事实说明黄银友、张希明在浙江尖锋集团500万吨水泥项目落户大冶市保安镇的过程中,实施了招商引资中介行为。大冶市政府、保安镇政府辩称黄银友、张希明不是大冶尖峰水泥项目的引进人、其与黄银友、张希明之间无合法有效的行政允诺关系的理由不能成立,本院不予支持。至于黄银友、张希明要求大冶市政府、保安镇政府支付奖励款数额的确定问题,虽然黄银友、张希明在整个招商引资过程中实施了中介行为,起到了一定的作用,但该项目成功引进大冶市保安镇,绝非仅仅只是其两人的因素,但两人在招商过程中所起的作用及金额的确定是行政机关的职责,大冶市政府及保安镇政府应根据其制定的《大冶市关于鼓励外商投资的优惠办法》的规定对黄银友、张希明给予兑现奖励。故本院对黄银友、张希明要求大冶市政府、保安镇政府给付奖励款336万元请求不予支持。

——中华人民共和国最高人民法院行政审判庭编:《中国行政审判指导案例》(第1卷),中国法制出版社2010年版,第108、110—111页。

540 公安机关不得以当事人应承担民事责任为由拒绝履行法定职责

关键词 | 治安不作为 | 私力救济 | 法定职责 |

【最高人民法院参考案例】

郭长城诉河南省辉县市公安局行政不作为案(行政审判案例第54号)

要旨:当事人因民事纠纷采取不当私力救济,侵犯他人合法权益,公安机关不能以纠纷应由法院处理为由拒绝履行维护社会治安秩序,保障公共安全,保护公民、法人和其他组织合法权的法定职责。

——中华人民共和国最高人民法院行政审判庭编:《中国行政审判案例》(第2卷),中国法制出版社2011年版,第85页。

541 履行法定职责判决中可以提示行政机关按照法院的法律见解作出特定行为

关键词 | 履行法定职责 | 程序性裁判 | 实体性裁判 |

【最高人民法院参考案例】

苏真诉儋州市人民政府不履行法定职责案(行政审判案例第155号)

要旨:履行法定职责案件的判决形式因案而异。对案件涉及的法律关系较为复杂,不宜在判决语言中直接判令行政主体履行特定法定职责,可以在本院认为部分通过裁判说理的形式,厘清或确认法律关系,提示行政机关按照法院的法律见解作出特定行为。

导致本案纠纷的根本原因是原儋州市规划局出于公共利益的需要对各业主已经颁发国有土地使用证的用地范围或面积进行调整时,事前并未按照正当程序履行通知义务。该规划行为在程序上虽有违法之处,却是出于公共利益的目的。依据该规划行为形成的土地使用现状难以被改变。对此既成事实,儋州市政府应在尊重历史的基础上,积极采取后续补救济措施,以解决房地产权不一致的历史遗留问题。在苏真与陈允琦、陈仁善发生土地纠纷并向相关部门提出申诉后,儋州市国土局已经对本案事实进行了调查并提出了可行性建议,儋州市政府在纠纷事实清楚的基础上应当及时进行相应的处理。但从2009年至今长达两年多的时间里,儋州市政府怠于履行法定职责,一直未能解决本案涉及的一揽子纠纷。原判回避苏真的诉讼请求,作出"责令儋州市人民政府在本判决生效之日起30日内对苏真要求更换国有土地使用证的申请作出答复"的判决。无论儋州市政府向苏真作出什么内容的答复,该答复行为本身都难以直接解决苏真与他人之间的土地纠纷,故该判项内容实属过于模糊。鉴于1-15号宅基地人相邻人之间有相互"占地"的关系,不能直接判决仅更换苏真的土地证,故本院综合苏真的诉求及本案其他事实,改判责令儋州市政府在指定期限内针对苏真的诉请事项作出行政处理。

——中华人民共和国最高人民法院行政审判庭编:《中国行政审判案例》(第4卷),中国法制出版社2012年版,第181、183—184页。

542 对村集体经济组织或村民委员会侵犯农村集体经济组织成员土地承包经营权的行为,乡政府具有监督管理职责

关键词|不履行法定职责|农村集体经济组织|土地承包经营权|

【最高人民法院参考案例】

栾云平诉吉林省白城市洮北区东风乡人民政府不履行法定职责案(行政审判案例第24号)

要旨:农村集体经济组织成员因村集体经济组织或村民委员会不发包而没有实际取得土地承包经营权的,可以根据农村土地承包法的规定,要求所在乡镇政府履行相关监督管理的职责。

一、《最高人民法院关于审理涉及农村土地承包纠纷案件适用法律问题的解释》第一条第二款规定:"集体经济组织成员因未实际取得土地承包经营权提起民事诉讼的,人民法院应当告知其向有关行政主管部门申请解决。"该款规定为此种争议设定了行政处理程序。本案中,栾云平因未实际取得土地承包经营权而申请乡政府解决,乡政府对栾云平是否应取得承包经营权应作出处理,而乡政府在法定

期限内未予答复,已构成行政不作为。因栾云平未实际取得土地,其纠纷不属于土地承包纠纷,因此一审法院依据农村土地承包法认定上诉人的申请不是乡政府的职责,属适用法律错误,应予纠正。上诉人以该纠纷应由东风乡政府处理的上诉理由成立,应予采信。

二、鉴于本案在一审期间,被上诉人对上诉人的申请作出了“不享受土地待遇”的答复。该答复的意见是明确的,应认定被上诉人对上诉人的申请作出了处理,履行了法定职责。上诉人以该答复不属于行政处理决定而要求东风乡政府履行职责的上诉理由,不予支持。根据《若干解释》第五十条第三款、第四款“被告改变原具体行政行为,原告不撤诉,人民法院经审查认为原具体行政行为违法的,应当作出确认其违法的判决;认为原具体行政行为合法的,应当判决驳回原告的诉讼请求。原告起诉被告不作为,在诉讼中被告作出具体行政行为,原告不撤诉的,参照上诉规定处理”及行政诉讼法第六十一条第(二)项的规定,判决如下:(1)撤销白城市洮北区人民法院(2006)白洮行初字第8号行政判决。(2)确认东风乡政府对栾云平的申请在法定期限内不予答复的行为违法。

——中华人民共和国最高人民法院行政审判庭编:《中国行政审判指导案例》(第1卷),中国法制出版社2010年版,第121、122页。

543 行政机关在发现行政行为存在瑕疵的情况下，有义务加以改正，拒绝改正的，可以判决其履行改正义务

关键词 | 无主财产 | 改正义务 |

【最高人民法院专业法官会议纪要】

法律问题:行政机关作出行政行为时并无不当,但有新的证据证明行政行为错误时应当如何裁判?

法官会议意见:被诉行政行为作出时无明显不当,但因出现新的情况,行政机关仍需要根据新的情况进一步作出处理,给付相对人一个新的行政行为,人民法院应当判决被告根据新的事实纠正原行政行为,履行相应义务。

——最高人民法院行政审判庭编:《最高人民法院行政审判庭法官会议纪要》(第一辑),人民法院出版社2022年版,第134—135页。

【最高人民法院裁判案例】

厦门居泰安物业管理有限公司诉上海市工商行政管理局黄浦分局无主财产上缴财政案[最高人民法院(2013)行提字第7号行政判决书]

要旨:法治政府要求行政机关法定职责必须为,勇于负责,敢于担当,行政机关在发现行政行为存在瑕疵的情况下,有义务加以改正。在以撤销诉讼为主的诉讼制度和理念的影响下,人民法院一般只有在被诉行为被撤销或者确认违法后,才会处理相关损失的补偿或赔偿问题,从而将行政行为的违法性与行政机关的给付义务挂钩,形成了无违法即无给付的诉讼格局。本案明确了即便在撤销诉讼中,行政机关的给付义务也并非仅仅取决于被诉行政行为的违法性。根据被诉行政行为作出时的基础事实,该行为无法被撤销或确认违法,但只要行政机关嗣后发现行政行为有瑕疵,且该瑕疵损害或者可能损害公民、法人或者其他组织的合法权益,行政机关就负有及时加以改正的义务,人民法院就应当视情况判决行政机关为一定的给付。

二、关于被诉行政行为是否合法以及被申请人是否负有改正义务的问题

评价被诉行政行为的合法性,一般应当以该行为作出时行政机关能够发现的事实为依据。事后出现的新证据,即使足以证明被诉行政行为作出时所依据的法律事实与客观事实不符,只要该客观事实是行政机关在作出行为时无法发现的,人民法院就不宜以此简单否定行政行为的合法性并据此撤销。但是,按照依法行政的基本原则,行政机关一旦发现已经作出的行政行为赖以存在的基础事实发生重大变化,且该行为会损害或者可能损害公民、法人或者其他组织的合法权益时,即有义务依法及时改正。本案中,被申请人对涉案羊毛进行调查,由于查找不到相关当事人且货物所有人经公告仍未出现,遂依照当时生效的《工商行政管理机关行政处罚程序暂行规定》(以下简称《暂行规定》)对无主财产认定的相关要求,作出了被诉行政行为。鉴于此,在现有证据不能证明被申请人知道涉案羊毛设有质权的情况下,对再审申请人提出的撤销被诉行政行为的请求,本院不予支持。同时,被申请人事后发现涉案羊毛设有质权,其知道或者应当知道被诉行政行为与客观事实不符,即依法负有改正义务。该义务包括两项内容:一是就涉案羊毛可能涉及的违法问题,依照法律规定的处理权限作出判断。被申请人如果无权处理,则交由有权机关继续调查;如果有权处理,则自行组织调查。二是被申请人如果有权处理,则应一并对再审申请人提出的返还请求作出处理。参照国家工商行政管理总局《工商行政管理机关行政处罚程序规定》的有关规定,被申请人应在判决生效之日

起15日内移交有权机关调查；如果自行调查，则应在启动调查之日起120天内作出处理。对于再审申请人提出的被诉行政行为依据的《暂行规定》未经公布，而且与民事诉讼法相抵触的主张，由于《暂行规定》于1996年10月17日颁布，该规定第六十一条中的无主财产与民事诉讼法规定的无主财产性质并不相同，故该主张于法无据，本院不予支持。居泰安公司还提出，被诉行政行为是没收决定，并进而主张该决定违反行政处罚程序规定。本院认为，被诉行政行为系依据《暂行规定》第六十一条作出的视为无主财产上缴财政的决定，并非针对相对人违法行为作出终局处理的没收决定，在性质上不属于行政处罚。一审判决针对厦门建行提出的相同主张进行审查，在作出同样结论的同时指出被申请人参照没收物品进行处理的做法欠妥，并无不当。

……

综上，被诉行政行为虽然不宜由法院判决撤销，但有新的证据表明该行为作出时所依据的事实与客观事实不符，且该行为继续存在可能侵害再审申请人的合法权益，对此，被申请人负有改正义务。根据修改前的行政诉讼法第五十四条第（三）项之规定，人民法院应当判决其在法定期限内履行上述义务。

——中国裁判文书网，https://wenshu.court.gov.cn/。

544 行政机关不作为案件行政赔偿责任的确定

关键词 | 不履行法定职责 | 拖延履行法定职责 | 行政赔偿责任 |

【最高人民法院司法解释】

第九十八条 因行政机关不履行、拖延履行法定职责，致使公民、法人或者其他组织的合法权益遭受损害的，人民法院应当判决行政机关承担行政赔偿责任。在确定赔偿数额时，应当考虑该不履行、拖延履行法定职责的行为在损害发生过程和结果中所起的作用等因素。

第九十七条 原告或者第三人的损失系由其自身过错和行政机关的违法行政行为共同造成的，人民法院应当依据各方行为与损害结果之间有无因果关系以及在损害发生和结果中作用力的大小，确定行政机关相应的赔偿责任。

——《最高人民法院关于适用〈中华人民共和国行政诉讼法〉的解释》（2018年2月8日，法释〔2018〕1号）。

【链接：理解与适用】

一、抽象不履责行为不承担行政赔偿责任

行政机关不履行、拖延履行法定职责行为造成公民、法人或者其他组织人身、财产损害，应当承担相应的行政赔偿责任。这里的不履行、拖延履行法定职责行为，是指行政机关针对特定对象负有的作为义务的不履行或拖延履行。即，在特定情形下，当事人向负有法定职责义务的行政机关提出具体的履责申请，或者出现相关行政机关应当依法主动履行法定职责的情形，行政机关不履行、拖延履行法定职责，造成特定当事人人身、财产损害，此时行政机关应当对特定当事人的损失承担行政赔偿责任。但是，如果行政机关只有存在一般意义上的不履责，未尽日常的社会监管义务，造成社会治安状况恶化、假冒伪劣产品充斥市场等，造成大量普通市民、消费者人身、财产损害，则不属于《行诉解释》第九十八条规定的行政机关不履行、拖延履行法定职责应当承担行政赔偿责任的情形。抽象的不履行法律规定的日常行政管理职责行为，其对象不特定，不属于行政诉讼法规定可诉行政行为造成的损害，不适用行政诉讼法和国家赔偿法关于行政赔偿的规定。

二、第三人民事侵权与行政赔偿的诉讼顺序问题

存在第三人民事侵权与行政机关不履行、拖延履行法定职责行为共同造成当事人损失的情况下。第三人民事侵权责任应当是第一位的责任，行政机关不履责属于第二位的责任。在此情形下，是否需要受害人先行向民事侵权人提起民事诉讼，在民事诉讼救济不能的情况下，受害人才能向行政机关请求行政赔偿？这是司法实践中一直存在困惑的问题。笔者认为，根据〔2011〕行他字第 24 号答复，行政机关在赔偿后有权向侵权人进行追偿，受害人当然就有权先于民事侵权诉讼，向行政机关提起行政赔偿诉讼。当然，应当注意的是，为了避免因过于延迟的追偿造成对民事侵权人民事赔偿责任的放纵，一般情况下人民法院应当引导当事人向有赔偿能力的侵权人提起民事侵权诉讼解决赔偿问题。只有在侵权人下落不明或者确实没有赔偿能力的情况下，受害人才可以先行向不履行、拖延履行法定职责的行政机关请求行政赔偿。行政机关应当根据其不履行、拖延履行法定职责行为在损失形成中的作用承当相应的行政赔偿责任。受害人获得相应比例的行政赔偿后，已获得赔偿部分的赔偿请求权转移给承担行政赔偿责任的行政机关。之后，受害人另行提起民事侵权诉讼的，行政机关应当就其已经赔偿部分，作为民事侵权诉讼的共同原告，或者有独立请求权的第三人身份参加诉讼，以行政赔偿确定的相应比例在民事侵权赔偿总额中数额，向侵权人提出相应的追偿请求。民事侵权诉讼中，人

民法院不得将行政机关已经赔偿过的比例部分，再次判决赔偿给受害人。作为受害人，无取得民事和行政双份赔偿的权利。

——最高人民法院行政审判庭编著：《最高人民法院行政诉讼法司法解释理解与适用》（上），人民法院出版社 2018 年版，第 454—455 页。

（四）给付判决

545 一般给付判决的适用条件

关键词｜抚恤金｜最低生活保障待遇｜社会保险待遇｜给付义务｜

【最高人民法院司法解释】

第九十二条 原告申请被告依法履行支付抚恤金、最低生活保障待遇或者社会保险待遇等给付义务的理由成立，被告依法负有给付义务而拒绝或者拖延履行义务的，人民法院可以根据行政诉讼法第七十三条的规定，判决被告在一定期限内履行相应的给付义务。

——《最高人民法院关于适用〈中华人民共和国行政诉讼法〉的解释》（2018 年 2 月 8 日，法释〔2018〕1 号）。

【链接：理解与适用】

一、给付判决与限期履行法定职责判决的关系

理论上讲，给付判决脱胎于履责判决。不履行金钱给付和财物的交付义务，原本也应当属于履责判决的一部分。由于金钱给付和给付特定财物，与行为义务的履行确有较大区别，为使两者的界限更加清晰，各自适用条件更加明确，法律将行为义务的履行规定为履行判决，金钱及财物的交付义务履行规定为给付判决。

二、不履行金钱给付义务案件确认违法判决的适用

金钱给付义务是种类物而非特定物的给付，原告请求判决被告行政机关限期履行金钱给付义务的，人民法院应当明确判决给付的具体数额，因拖延履行支付义务造成损失的，可以一并判决支付利息。如果行政机关已经履行本金支付义务，但对延迟履行金钱给付义务造成当事人利息等直接财产损失未予支付，当事人请求

判决确认延迟履行金钱支付行为违法,并赔偿利息等直接损失的,人民法院应当予以支持。被告行政机关不履行特定物的交付义务,或者因拖延履行交付义务造成当事人直接损失的,人民法院应当判决被告不能交付或拖延履行交付义务行为违法,并判决被告行政机关承担相应的行政赔偿责任。

——最高人民法院行政审判庭编著:《最高人民法院行政诉讼法司法解释理解与适用》(上),人民法院出版社2018年版,第429—430页。

546 给付判决中的先行申请程序及速裁

关键词 | 履行判决 | 给付判决 | 先行申请 |

【最高人民法院司法解释】

第九十三条 原告请求被告履行法定职责或者依法履行支付抚恤金、最低生活保障待遇或者社会保险待遇等给付义务,原告未先向行政机关提出申请的,人民法院裁定驳回起诉。

人民法院经审理认为原告所请求履行的法定职责或者给付义务明显不属于行政机关权限范围的,可以裁定驳回起诉。

——《最高人民法院关于适用〈中华人民共和国行政诉讼法〉的解释》(2018年2月8日,法释〔2018〕1号)。

【链接:理解与适用】

一、被告对履行给付义务申请不予答复的处理

被告对原告请求履行给付义务的申请不予答复,人民法院经审理后认为,原告请求履行给付义务的诉讼请求不能成立,人民法院应当如何判决?我们认为,行政诉讼是通过对被诉行政行为的合法性审查,对原告合法权益的救济,实现行政争议的有效化解,并非单纯的主观权利救济诉讼。被告对原告的履责申请应当依法作出答复,未履行答复义务,被诉行政行为违法。但是,由于原告请求履行给付义务的诉讼请求不能成立,判决被告履行答复义务没有实际意义,徒增诉累。根据行政诉讼法第七十四条第二款第(三)项的规定,人民法院应当判决确认不予答复行为违法,并驳回原告请求责令被告履行给付义务的诉讼请求。

二、被告不履行给付义务行为违反法定程序的处理

被告对原告请求履行给付义务作出答复,答复内容结果正确,但是违反法定程

序，人民法院应当如何处理？我们认为，同样不能简单审查原告诉讼请求是否成立即判决驳回原告诉讼请求，必须对被诉答复行为的合法性依法作出判决。根据行政诉讼法第七十四条第一款的规定，被诉答复行为轻微程序违法没有对原告权利产生实际影响的，或者程序严重违法，但撤销将会造成程序空转，增加诉累，给国家利益和社会公共利益造成重大损害的，人民法院均应当判决确认被诉行政行为违法，不撤销保留其法律效力。

——最高人民法院行政审判庭编著：《最高人民法院行政诉讼法司法解释理解与适用》（上），人民法院出版社2018年版，第432页。

【链接：最高人民法院法官著述】

理解本款规定时，应当注意以下两个问题：第一，本款涉及的不作为，既包括行政机关依申请的不作为，也包括行政机关依职权的不作为。对于依职权的不作为，公民、法人或者其他组织在提起行政诉讼之前，一般也需要先行申请行政机关履行相应的法定职责或者给付义务。第二，对于行政机关即时性的依职权的不作为，不适用本款规定。例如，公民的房屋遭遇火灾，毗邻的消防机关应当主动进行救灾而未作出。此时，由于火灾毗邻行政机关，行政机关应当知道，无须公民申请。事后，公民亦无申请的必要。此时，公民认为消防机关的不作为损害自身合法权益的，可以提起行政诉讼，此时，法院无须告知公民先向行政机关提出申请。

……

在适用本款规定时，需要注意的问题是：第一，一般情况下，对于行政机关是否具有法定职责或者给付义务，属于实体判断问题，应当采用判决方式。只有原告所请求履行的法定职责或者给付义务"明显"不属于行政机关权限范围的，可以裁定驳回起诉。是否属于"明显"情形，应当由人民法院根据案件具体情况进行判断，但是不能滥用本款内容。第二，行政机关权限范围主要是指行政机关根据法律、法规、规章或者规章以下规范性文件规定行使职权的范围。对于给付义务而言，该义务可能来自于法律规范的规定，也可能来自于协议的约定等。对于后者，人民法院应当对是否符合约定的给付义务等实体内容进行审查，在司法实践中，也很少有明显不属于约定的给付义务的情形，因此一般不能援引本款内容裁定驳回起诉。

——梁凤云：《行政诉讼法司法解释讲义》，人民法院出版社2018年版，第254—256页。

547 对于符合给付判决适用条件的案件，应当判决具体给付实体内容

关键词 | 给付判决 | 履行判决 |

【最高人民法院裁判例】

微山县旭沐新能源科技有限公司诉山东省微山县人民政府、济宁市南四湖自然保护区管理局行政赔偿案[最高人民法院(2020)最高法行赔申467号行政赔偿裁定书]

要旨：人民法院选择适用判决方式时，应当选择适用最有利于行政争议实质性化解的判决方式，依法作出判决。对于符合给付判决适用条件的案件，应当依法作出具有具体给付实体内容的判决，及时化解行政争议。

行政诉讼法第一条规定，行政诉讼的立法目的在于解决行政争议，保护公民、法人和其他组织的合法权益，监督行政机关依法行使职权。解决行政争议的立法目的，贯穿于行政案件审理和判决的全过程。行政诉讼法第七十三条规定，人民法院经过审理，查明被告依法负有给付义务的，判决被告履行给付义务。人民法院选择适用判决方式时，应当选择适用最有利于行政争议实质性化的判决方式，依法作出判决。对于符合给付判决适用条件的案件，应当依法作出具有具体给付实体内容的判决，及时化解行政争议。以履行判决代替给付判决，判决被告行政机关限期予以行政赔偿，不符合实质化解行政争议的立法目的，易造成累诉，浪费行政和司法资源。

——中国裁判文书网，https://wenshu.court.gov.cn/。

(五)确认违法判决

548 如果判决撤销被诉行政行为，将会给社会公共利益和行政管理秩序带来明显不利影响的，应当判决确认被诉行政行为违法

关键词 | 撤销判决 | 确认违法判决 | 行政许可 |

【最高人民法院专业法官会议纪要】

23.被诉行政行为违法，但撤销将会损害国家利益、公共利益的，人民法院应当如何判决。

答:被诉行政行为存在行政诉讼法第七十条规定的违法情形,但撤销将会损害国家利益、公共利益的,人民法院应当依据行政诉讼法第七十四条第一款第(一)项之规定,判决确认违法,不撤销保留效力。

理由:被诉行政行为违法包括行政诉讼法第七十条列举的六种情形,无论被诉行政行为违法程度严重到何种程度,只要符合行政诉讼法第七十四条第一款第(一)项规定的,人民法院均应当判决确认违法,不撤销保留效力。例如:被诉行政行为严重违反法定程序,但判决撤销重做,将会形成循环诉讼,浪费司法资源和行政资源,不符合行政诉讼法实质化解行政争议的立法目的,损害国家利益和公共利益的,人民法院应当依法判决确认违法,保留效力,不能判决撤销重做。又如,被诉行政行为存在事实不清,主要证据不足,或者适用法律、法规错误,但判决撤销将会损害国家利益和公共利益,亦应判决确认违法,不撤销保留效力。

需要进一步说明的是,一定要克服只有撤销被诉行政行为才是监督的错误观点,确认违法判决同样是对被诉行政行为合法性监督的有效形式。

——《最高人民法院第一巡回法庭关于行政审判法律适用若干问题的会议纪要》(2018 年 7 月 23 日),载最高人民法院第一巡回法庭编著:《最高人民法院第一巡回法庭行政案件裁判精要》,中国法制出版社 2020 年版,第 195 页。

法律问题:在涉案项目列为停缓建工程项目后,行政机关先后两次批准续建,又仍将涉案项目作为停缓建工程项目进行处置,且在处置过程中存在诸多程序违法的问题,对此类行政案件如何适用判决类型?

法官会议意见:处置变现价格与实际价值相比明显偏低、委托拍卖过程中存在不符合拍卖法有关规定等问题,但撤销处置变现行为将导致公共利益受损,应当依法判决确认被诉行政行为违法。

——最高人民法院行政审判庭编:《最高人民法院行政审判庭法官会议纪要》(第一辑),人民法院出版社 2022 年版,第 164 页。

【最高人民法院指导性案例】

张道文、陶仁等诉四川省简阳市人民政府侵犯客运人力三轮车经营权案(最高人民法院指导案例 88 号)

裁判要点:(1)行政许可具有法定期限,行政机关在作出行政许可时,应当明确告知行政许可的期限,行政相对人也有权利知道行政许可的期限。

(2)行政相对人仅以行政机关未告知期限为由,主张行政许可没有期限限制的，人民法院不予支持。

(3)行政机关在作出行政许可时没有告知期限，事后以期限届满为由终止行政相对人行政许可权益的，属于行政程序违法，人民法院应当依法判决撤销被诉行政行为。但如果判决撤销被诉行政行为，将会给社会公共利益和行政管理秩序带来明显不利影响的，人民法院应当判决确认被诉行政行为违法。

最高人民法院认为，本案涉及以下三个主要问题：

关于被诉行政行为的合法性问题。从法律适用上看，《四川省道路运输管理条例》第四条规定"各级交通行政主管部门负责本行政区域内营业性车辆类型的调整、数量的投放"和第二十四条规定"经县级以上人民政府批准，客运经营权可以实行有偿使用"。四川省交通厅制定的《四川省小型车辆客运管理规定》(川交运〔1994〕359号)第八条规定："各市、地、州运管部门对小型客运车辆实行额度管理时，经当地政府批准可采用营运证有偿使用的办法，但有偿使用期限一次不得超过两年。"可见，四川省地方性法规已经明确对客运经营权可以实行有偿使用。四川省交通厅制定的规范性文件虽然早于地方性法规，但该规范性文件对营运证实行有期限有偿使用与地方性法规并不冲突。基于行政执法和行政管理需要，客运经营权也需要设定一定的期限。从被诉的行政程序上看，程序明显不当。被诉行政行为的内容是对原已具有合法证照的客运人力三轮车经营者实行重新登记，经审查合格者支付有偿使用费，逾期未登记者自动弃权的措施。该被诉行为是对既有的已经取得合法证照的客运人力三轮车经营者收取有偿使用费，而上述客运人力三轮车经营者的权利是在1996年通过经营权许可取得的。前后两个行政行为之间存在承继和连接关系。对于1996年的经营权许可行为，行政机关作出行政许可等授益性行政行为时，应当明确告知行政许可的期限。行政机关在作出行政许可时，行政相对人也有权知晓行政许可的期限。行政机关在1996年实施人力客运三轮车经营权许可之时，未告知张道文、陶仁等人人力客运三轮车两年的经营权有偿使用期限。张道文、陶仁等人并不知道其经营权有偿使用的期限。简阳市政府1996年的经营权许可在程序上存在明显不当，直接导致与其存在前后承继关系的本案被诉行政行为的程序明显不当。

关于客运人力三轮车经营权的期限问题。申请人主张，因简阳市政府在1996年实施人力客运三轮车经营权许可时未告知许可期限，据此认为经营许可是无期限的。最高人民法院认为，简阳市政府实施人力客运三轮车经营权许可，目的在于规范人力客运三轮车经营秩序。人力客运三轮车是涉及公共利益的公共资源配置方式，设定一定的期限是必要的。客观上，四川省交通厅制定的《四川省小型车辆客运管理规定》(川交运〔1994〕359 号)也明确了许可期限。简阳市政府没有告知许可期限,存在程序上的瑕疵,但申请人仅以此认为行政许可没有期限限制,最高人民法院不予支持。

关于张道文、陶仁等人实际享受“惠民”政策的问题。简阳市政府根据当地实际存在的道路严重超负荷、空气和噪声污染严重、“脏、乱、差”、“挤、堵、窄”等问题进行整治,符合城市管理的需要,符合人民群众的意愿,其正当性应予肯定。简阳市政府为了解决因本案诉讼遗留的信访问题,先后作出两次“惠民”行动,为实质性化解本案争议作出了积极的努力,其后续行为也应予以肯定。本院对张道文、陶仁等人接受退市营运的运力配置方案并作出承诺的事实予以确认。但是,行政机关在作出行政行为时必须恪守依法行政的原则,确保行政权力依照法定程序行使。

最高人民法院认为,简阳市政府作出《公告》和《补充公告》在行政程序上存在瑕疵,属于明显不当。但是,虑及本案被诉行政行为作出之后,简阳市城区交通秩序得到好转,城市道路运行能力得到提高,城区市容市貌持续改善,以及通过两次“惠民”行动,绝大多数原 401 辆三轮车已经分批次完成置换,如果判决撤销被诉行政行为,将会给行政管理秩序和社会公共利益带来明显不利影响。最高人民法院根据《最高人民法院关于执行〈中华人民共和国行政诉讼法〉若干问题的解释》第五十八条有关情况判决的规定确认被诉行政行为违法。

——《最高人民法院关于发布第 17 批指导性案例的通知》(2017 年 11 月 15 日,法〔2017〕332 号)。

【链接:理解与参照】

关于行政许可的期限。行政许可的期限是行政许可合法性的重要组成部分。根据行政许可法第十八条的规定,设定行政许可,应当规定行政许可的实施机关、条件、程序、期限。本案被诉行政行为以及被诉行政行为的前续行政行为发生时,行政许可法尚未制定和实施。但是,行政机关在设定和实施行政许可过程中,行政许可的期限是一个必备的要素,必备的合法性要件。因此,行政机关在作出行政许可行为时,告知许可期限,是一个正当法律程序。如果行政机关未告知许可期限,应当认定该许可缺乏合法性。

关于行政相对人以未告知期限为由认为行政许可没有期限的问题。行政机关的行政行为,特别是行政许可行为,应当设定一定的期限。对于期限的含义,大陆法系国家有的认为属于附款,有的认为属于行政行为的内容。我们认为,该期限属于行政行为的内容,构成行政行为合法的要件。构成行政行为合法的要件,直接的结论就是,被诉行政行为缺乏合法性要件。同时,该合法性要件的缺乏并不必然推定行政相对人的主张就是成立的,也就是说,结合行政管理的目的,行政许可是一种排除性的许可,占用了公共资源,不能是无期限的。法院也不能基于行政机关没有告知许可期限,就推定行政相对人关于无期限的主张成立。

关于情况判决的问题。情况判决是一种衡平判决,即人民法院在对公共利益和私人利益进行衡量之后作出的判决。大陆法系国家一般称为情势判决或者情况判决。行政诉讼是民告“官”的诉讼,人民法院在审理行政案件时,既要坚持对行政行为的合法性审查,也要注意私人权益的保障。本案中,如果撤销被诉行政行为,可能导致已经形成的行政管理秩序紊乱,所以采取了确认违法的转换判决。这类转换判决实际上已经否定了行政行为的合法性。根据国家赔偿法的规定,行政赔偿应当以行政行为确认违法为前提,确认违法之后,相对人如果认为其合法权益受到损害的,还可以另行提起行政赔偿诉讼加以解决。

四、参照适用时应注意的问题

在本案例适用过程中,应当注意以下几个问题。

一是本案属于历史性老案,在适用法律过程中没有援引最新的法律和司法解释的规定。本案涉及的行政许可期限问题、信赖利益保障问题以及情况判决等问题,在本案发生之后,行政许可法及其 2000 年的行政诉讼法司法解释才出台,因此,无法引用相关规定。本案确立的规则,符合法律和司法解释的规定。对于行政许可法及其行政诉讼法司法解释发布之后发生的行政案件,可以适用相关法律和司法解释的规定。

二是对于历史性老案的处理,应当注重实体权益的保障。对于本案涉及的被诉行政行为的合法性问题,在判断上比较容易,或者说行政许可行为没有告知许可期限,违反了正当程序原则,是一般的共识和观念。对于这类行政案件,人民法院应当从保障当事人实体权益的角度,在选择裁判方式时既要坚持对行政行为合法性审查,也要注重当事人实体权益能够通过正当诉讼程序予以救济。

——梁凤云、石磊:《指导案例 88 号〈张道文、陶仁等诉四川省简阳市人民政府侵犯客运人力三轮车经营权案〉的理解与参照——行政许可应当遵循正当程序告知行政许可期限》,载最高人民法院案例指导工作办公室编著:《中国案例指导》(总第 7 辑),法律出版社 2019 年版,第 22—23 页。

【最高人民法院公报案例】

定安城东建筑装修工程公司与海南省定安县人民政府、第三人中国农业银行定安支行收回国有土地使用权及撤销土地证案［最高人民法院（2012）行提字第26号行政判决书］

要旨：行政机关作出对当事人不利的行政行为，未听取其陈述、申辩，违反正当程序原则的，属于行政诉讼法第七十条第（三）项"违反法定程序"的情形，本应依法撤销，但可能会损害公共利益，应当依法判决确认该行政行为违法。

（一）关于被诉112号通知中收回土地使用权决定的合法性问题。根据土地管理法第五十八条第一款规定，县政府有偿收回涉案土地使用权，具有法定职权。但县政府在作出被诉112号通知之前，未听取当事人的陈述和申辩意见，事后通知城东公司和定安支行举行听证，违反"先听取意见后作决定"的基本程序规则。国务院国发〔2004〕10号《全面推进依法行政实施纲要》明确要求，行政机关实施行政管理要"程序正当"，"除涉及国家秘密和依法受到保护的商业秘密、个人隐私的外，应当公开，注意听取公民、法人和其他组织的意见；要严格遵循法定程序，依法保障行政管理相对人、利害关系人的知情权、参与权和救济权"。县政府作出112号通知前，未听取当事人意见，违反正当程序原则，本应依法撤销，但考虑到县政府办公楼已经建成并投入使用，撤销112号通知中有偿收回涉案土地使用权决定已无实际意义，且可能会损害公共利益。依据《最高人民法院关于执行〈中华人民共和国行政诉讼法〉若干问题的解释》第五十八条规定，应当依法判决确认该行政行为违法。

——《中华人民共和国最高人民法院公报》2015年第2期。

益民公司诉周口市人民政府等行政行为违法案

要旨：根据《最高人民法院关于执行〈中华人民共和国行政诉讼法〉若干问题的解释》第五十八条的规定，被诉具体行政行为违反了法律规定，且损害了相对人信赖利益，但如果撤销该行政行为，将会给公共利益造成重大损失的，应确认被诉具体行政行为违法，并责令被诉行政机关采取相应的补救措施。

虽然市计委作出《招标方案》、发出《中标通知书》及市政府作出54号文的行为存在适用法律错误、违反法定程序之情形，且影响了上诉人益民公司的信赖利益，但是如果判决撤销上述行政行为，将使公共利益受到以下损害：一是招标活动须重新开始，如此则周口市"西气东输"利用工作的进程必然受到延误。二是由于具有经营能力的投标人可能不止亿星公司一家，因此重新招标的结果具有不确定性，如果亿星公司不能中标，则其基于对被诉行政行为的信赖而进行的合法投入将转化为损失，该损失虽然可由政府弥补，但最终亦必将转化为公共利益的损失。三是亿星公司如果不能中标，其与中石油公司签订的"照付不议"合同亦将随之作废，周口市利用天然气必须由新的中标人重新与中石油公司谈判，而谈判能否成功是不确定的，在此情况下，周口市民及企业不仅无法及时使用天然气，甚至可能失去"西气东输"工程在周口接口的机会，从而对周口市的经济发展和社会生活造成不利影响。根据《若干解释》第五十八条关于"被诉具体行政行为违法，但撤销该具体行政行为将会给国家利益或者公共利益造成重大损失的，人民法院应当作出确认被诉具体行政行为违法的判决，并责令被诉行政机关采取相应的补救措施"之规定，应当判决确认被诉具体行政行为违法，同时责令被上诉人市政府和市计委采取相应的补救措施。由于周地建城〔2000〕10 号文已被周口市建设局予以撤销，该文现在已不构成被诉具体行政行为在法律上的障碍，因此就本案而言，补救措施应当着眼于益民公司利益损失的弥补，以实现公共利益和个体利益的平衡。一审法院判决确认被诉具体行政行为违法并无不当，但其对补救措施的判决存在两点不足：一是根据法律精神，为防止行政机关对于采取补救措施之义务无限期地拖延，在法律未明确规定期限的情况下，法院可以指定合理期限，但一审判决未指定相应的期限。二是一审判决仅责令市政府采取相应的补救措施，而未对市计委科以应负的义务。

——《中华人民共和国最高人民法院公报》2005 年第 8 期。

【最高人民法院裁判案例】

郑州市中原区豫星调味品厂诉河南省郑州市人民政府行政处理决定案［最高人民法院（2014）行提字第 21 号行政判决书］

要旨：行政决定违法，依法本应判决撤销，并责令行政机关重新作出处理。但考虑到涉案土地已出让他人开发建成住宅并已使用多年，判决撤销不利于保护为数众多的善意第三人的合法利益，且相对人确实不具备获得涉案土地使用证的条件，判决撤销亦无必要。根据行政诉讼法有关规定，最为适当的判决方式就是确认违法但不撤销。

二、关于 4 号决定的合法性问题

按照依法行政原则的要求，行政机关对于自己或者所属部门作出的违法行政行为，有权亦有职责加以纠正。关于纠正的方式，按照实体从旧、程序从新的原则，可以适用新的规定。据此,《河南省实施〈土地管理法〉办法》关于发现土地登记和颁证错误可以收回或者注销之规定虽系1999年修改时新增加的内容,但按照前述原则,郑州市政府于2006年纠正1996年的错误颁证行为时可以适用。豫星调味品厂质疑上述规定溯及力从而主张郑州市政府无权纠正1996年所颁涉案土地使用证的理由不能成立,本院不予支持。

郑州市政府作出的4号决定虽有法律上的授权为依据,但以被诉行政行为合法性审查的标准来衡量,至少还有两个明显问题:一是事实认定有误。从本案查明的事实来看,豫星调味品厂在与闫垌村三组共同申请土地登记时曾经自称"村办企业",亦曾在有关申请表中填写过"个体"的经济性质。虽然申请人对经济性质的表述前后不一,但尚不构成对真实经济性质的刻意隐瞒,故4号决定认定豫星调味品厂与闫垌村三组在登记中采取欺骗手段,证据并不充分。除此之外,郑州市政府及所属土地管理部门在办理登记的过程中未尽审慎审查的义务,未能发现豫星调味品厂系个体工商户这一明显事实,导致错误登记和颁证的发生。因此,4号决定将错误登记和颁证完全归因于豫星调味品厂和闫垌村三组的"欺骗手段",却对行政机关审查不严的问题隐而不提,事实认定有误。二是有违正当程序。按照正当程序的基本要求,行政机关作出对行政管理相对人、利害关系人不利的行政决定之前,应当告知并给予其陈述和申辩的机会。4号决定剥夺了豫星调味品厂继续使用涉案土地的权利,对其重大财产权益产生不利影响,郑州市政府既未事前告知豫星调味品厂,亦未给予其陈述和申辩的机会,程序明显不当。虽然郑州市政府相关工作人员在2006年9月22日对豫星调味品厂负责人弓中兴进行了口头询问并制作了调查笔录,但从该笔录内容看,询问时既未告知调查目的,也未告知可能因涉嫌欺骗未如实登记、行政机关拟注销涉案土地使用证等情况,不足以使该厂在4号决定作出前进行充分的、有针对性的陈述和申辩,显然不能满足正当程序的要求。因此,郑州市政府作出的4号决定事实认定有误、程序明显不当,被诉行政行为构成违法,一审、二审判决及河南高院的两次再审判决,属于认定事实不清,证据不足,依法应予纠正。

三、关于选择何种判决方式的问题

4号决定违法,依法本应判决撤销,并责令郑州市政府重新作出处理。但考虑到涉案土地已出让他人开发建成住宅并已使用多年,判决撤销不利于保护为数众多的善意第三人的合法利益,且豫星调味品厂确实不具备获得涉案土地使用证的条件,判决撤销亦无必要。从利益保护的角度看,本案最大的问题在于,由于被诉行政行为对错误颁证归因有误,客观上不利于豫星调味品厂主张信赖利益的保护。

且涉案土地使用证从发证到被注销的时间长达九年，该厂在此期间如有合理投入，应当认定为应受法律保护的信赖利益。为了保护相对人的信赖利益，应当对被诉行政行为的违法性尤其是错误颁证过程中行政机关未尽审慎审查职责的行为作出确认。另外，郑州市政府是在闫垌村三组就颁证行为提起诉讼后法院审理期间、该组又向郑州市政府提出撤证申请的背景下作出了4号决定，之前长期一直未发现并及时纠错，而4号决定将涉案土地使用证一注了之，未充分考量各种因素，加之涉案土地很快用于房地产开发，无疑增大了后续权益实现、矛盾化解的难度。故综合权衡公共利益和个体利益全面保护的需要，根据行政诉讼法有关规定，本案最为适当的判决方式就是确认4号决定违法但不撤销。

——中国裁判文书网，https://wenshu.court.gov.cn/。

于栖楚诉贵阳市住房和城乡建设局强制拆迁案［最高人民法院(2012)行提字第17号行政判决书］

要旨：因违法强制拆迁行为已经实施完毕且不具备可撤销内容，人民法院应当作出确认违法判决。

因贵阳市拆迁处不具备独立承担法律责任的主体资格，故违法责任应由贵阳市住建局承担。贵州省高级人民法院(2000)黔行再终字第2号判决将该强制拆迁行为认定为合法显属不当，依法应予纠正。因违法强制拆迁行为已经实施完毕且不具备可撤销内容，人民法院应当作出确认违法判决。申请再审人于栖楚历经多年诉讼仍未得到安置补偿，贵阳市住建局与拆迁人汉方公司应依法对于栖楚的房屋进行补偿或妥善安置；因违法实施强制拆迁给于栖楚造成的其他财产损失，亦应依法予以赔偿。

——中国裁判文书网，https://wenshu.court.gov.cn/。

549 不动产登记颁证行为违法，但该不动产已为第三人善意取得的，属于应适用情况判决确认违法的情形

关键词｜不动产登记｜善意取得｜情况判决｜确认违法判决｜

【最高人民法院专业法官会议纪要】

24. 被诉行政行为违法，但撤销被诉行政行为将会损害善意第三人合法权益

的,是否可以判决确认违法不撤销保留效力。

答:被诉行政行为违法,但撤销被诉行政行为将会损害善意第三人合法权益的,人民法院应当依照行政诉讼法第七十四条第一款第(一)项规定,判决确认违法,不撤销保留效力。

理由:物权法第一百零六条规定的保护善意第三人制度,目的并非仅仅在于对善意第三人合法权益的保护,更重要的是对社会交易秩序稳定性、可期待性的保护,属于公共利益的范畴。撤销被诉行政行为将损害善意第三人合法权益,属于损害公共利益的情形,应当依照行政诉讼法第七十四条第一款第(一)项判决确认违法,不撤销保留效力。鉴于此,《最高人民法院关于审理房屋登记案件若干问题的规定》第十一条第三款关于被诉房屋登记行为违法,但判决撤销将会损害善意第三人合法权益的,判决确认被诉行为违法,不撤销登记行为的规定,与行政诉讼法第七十四条第一款第(一)项规定不冲突,仍然可以继续适用。

应当注意的是,被确认违法保留效力的行政行为,应当是指以虚假事实取得不当权利的行政行为。而善意第三人基于该行为获得权利的行政行为,应当是合法有效的。原告对这一合法有效的行为同时提起诉讼的,应当判决驳回其该项诉讼请求。

——《最高人民法院第一巡回法庭关于行政审判法律适用若干问题的会议纪要》(2018年7月23日),载最高人民法院第一巡回法庭编著:《最高人民法院第一巡回法庭行政案件裁判精要》,中国法制出版社2020年版,第196页。

【最高人民法院裁判案例】

海南华琦实业开发公司诉海口市人民政府颁发国有土地使用证纠纷案[最高人民法院(2016)最高法行再3号行政裁定书]

要旨:虽为土地登记案件,但因土地与房屋均属于不动产,按照物权法的规定均以登记作为发生物权变动的生效要件,土地登记与房屋登记的法律后果相同,故当事人主张善意取得土地使用权的,应当参照《最高人民法院关于审理房屋登记案件若干问题的规定》进行审理。

但是,对被诉行政行为作出否定性评价并不意味着该行政行为必须撤销,行政诉讼法及其司法解释明确规定了情况判决为行政诉讼裁判方式之一,即仅对被诉行政行为的合法性作否定评价却不改变该行政行为所形成的法律关系。关于情况判决的适用,根据行政诉讼法第七十四条第一款第(一)项、《最高人民法院关于执行〈中华人民共和国行政诉讼法〉若干问题的解释》第五十八条之规定,在被诉行政行为违法、但撤销会给国家利益或社会公共利益造成重大损害的情况下，人民法院应当判决确认违法，而不撤销行政行为。社会公共利益为社会全部或者部分成员所享有的利益，强调利益享有者的公共性，受益范围一般是不特定多数人，应是在一定范围内带有共同性、普遍性、整体性的利益，同时还应涉及诚信、公平、秩序、稳定等基本的促进社会整体发展的因素。鑫铭公司在涉案土地上建成的大量地上建筑物无法预售，主要影响的是特定主体鑫铭公司的个体利益，不属于社会公共利益的范畴，故本案不符合损害社会公共利益的情形。鑫铭公司关于撤销土地证将损害社会公共利益的主张不能成立，本院不予支持。

情况判决的适用条件中除涉及国家利益或社会公共利益外，还包括涉及善意第三人的情形。《最高人民法院关于审理房屋登记案件若干问题的规定》第十一条第三款规定，被诉房屋登记行为违法，但判决撤销将给公共利益造成重大损失或者房屋已为第三人善意取得的，判决确认被诉行为违法，不撤销登记行为。该司法解释明确规定，人民法院审理房屋登记案件，可以根据物权法等实体法律规范判断当事人是否属于善意取得，并确立了房屋登记案件中第三人善意取得可以阻却撤销登记的裁判规则。本案虽为土地登记案件，但因土地与房屋均属于不动产，按照物权法的规定均以登记作为发生物权变动的生效要件，土地登记与房屋登记的法律后果相同，故当事人主张善意取得土地使用权的，应当参照《最高人民法院关于审理房屋登记案件若干问题的规定》进行审理。

——中国裁判文书网，https://wenshu.court.gov.cn/。

550 行政行为被确认违法但并不当然无效

关键词｜确认违法｜公共利益｜

【最高人民法院裁判案例】

刘祖强诉合肥市蜀山区人民政府房屋征收补偿决定案［最高人民法院（2017）最高法行申8174号行政裁定书］

要旨：房屋征收决定在仅被法院确认违法、而未被撤销的情况下，依然是作为有效的行政行为而存在，对行政机关、相对人、其他利害关系人以及其他国家机关仍具有约束力，可以作为后续房屋征收补偿决定的依据，本案被诉的房屋征收补偿决定并不因为该房屋征收决定曾被确认程序违法而当然违法。

本案的争议焦点系已被法院判决确认违法的前一行政行为能否成为后一行政

行为作出的依据。由于行政行为具有的公定力，除因严重违法而自始无效外，在未经法定机关和法定程序撤销或变更之前，都推定为有效。蜀山区政府所作的合蜀房征决〔2014〕第6号《合肥市蜀山区房屋征收决定》业经原审两级法院审查，确认其在拟定征收补偿方案和进行社会稳定风险评估的主体、对征求意见情况和根据公众意见修改情况的及时公布、征收补偿费用的专户管理等程序上存在一定的缺陷或瑕疵，但同时认为若撤销该房屋征收决定会给公共利益造成重大损害，遂依法确认该房屋征收决定违法，并责令蜀山区政府采取相应的补救措施。因此，该房屋征收决定在仅被法院确认违法、而未被撤销的情况下，依然是作为有效的行政行为而存在，对行政机关、相对人、其他利害关系人以及其他国家机关仍具有约束力，可以作为后续房屋征收补偿决定的依据，本案被诉的房屋征收补偿决定并不因为该房屋征收决定曾被确认程序违法而当然违法。本案中，再审申请人刘祖强因与房屋征收部门在征收补偿方案确定的签约期限内达不成补偿协议，经房屋征收部门报请，蜀山区政府依照有关房屋征收补偿的地方政府规章和规范性文件，按照已公告的征收补偿方案对刘祖强作出蜀政征字〔2015〕14号《房屋征收补偿决定书》，并无不当。另经查，关于涉案拆迁安置项目的性质，业经原审两级法院审查确认为旧城区改造，符合公共利益的需要。再审申请人刘祖强所提其他诉求不足以推翻原审判决，本院不予支持。

——中国裁判文书网，https://wenshu.court.gov.cn/。

551 确认违法判决中对“程序轻微违法”的理解

关键词｜确认违法判决｜程序轻微违法｜

【最高人民法院司法解释】

第九十六条 有下列情形之一，且对原告依法享有的听证、陈述、申辩等重要程序性权利不产生实质损害的，属于行政诉讼法第七十四条第一款第二项规定的“程序轻微违法”：

（一）处理期限轻微违法；

（二）通知、送达等程序轻微违法；

（三）其他程序轻微违法的情形。

——《最高人民法院关于适用〈中华人民共和国行政诉讼法〉的解释》（2018年2月8日，法释〔2018〕1号）。

【链接：理解与适用】

一、违反正当程序原则但对原告权利不产生实际影响的行政行为的判决方式

“对当事人重要程序性权利产生实际损害的程序违法”，不属于行政诉讼法第七十四条第一款第（二）项规定的情形。但是，即便是重要程序性权利受到实际损害的程序违法，由于未对原告实体权利产生实际影响，审判程序已经基本补正行政行为的程序问题，判决撤销被诉行政行为后，让行政机关在重新作出行政行为的过程中举行听证，给予当事人陈述、申辩的机会，或更换调查人重新进行调查处理，补正程序之后重新作出与被撤销的行政行为认定主要事实、适用法律法规、处理结果基本一致的行政决定，当事人再次对重新作出的行政为提起诉讼，再经一、二审程序，终审判决驳回原告诉讼请求。这样的结果只能是造成程序空转，浪费司法资源、行政资源，而且会进一步激化矛盾，对国家利益和社会公共利益都是一个重大损失。正因为如此，对重大明显程序违法但对原告权利不产生实际影响的行政行为作出撤销判决，是不符合行政诉讼法目的。既然此种情形下撤销被诉行政行为会对国家利益、社会公共利益造成重大损害，我们完全可以依照行政诉讼法第七十四条第一款第（一）项的规定，判决确认被诉行政行为违法，不撤销保留其法律效力。如此判决，既节约司法和行政成本，又对行政程序违法实施了监督，有助于行政争议的实质化解，符合行政诉讼目的和确认违法判决的具体适用条件。

二、“程序轻微违法”与文字校对错误的补正

严格意义上讲，行政机关作出行政决定的法律文书，因为校对不严，存在文字、数字等表述错误的，同样属于行政行为形式违法，也是行政程序违法的一种形式，可以归于“程序轻微违法”的情形之一。但是，这种明显的校对错误，在人民法院作出一审判决前，行政机关自行纠正校对错误的，人民法院是否仍有必要判决确认被诉行政行为违法，不撤销保留其法律效力，这是值得讨论的。笔者认为，在行政机关已经及时在自我纠正校对错误，形式错误得到补正的情况下，人民法院应当将补正后的行政决定与原行政行为视为一个整体，不应将校对文字错误补正后的行政决定，认定为行政机关自我纠错后重新作出的新的行政行为，可以判决驳回原告诉讼请求。

——最高人民法院行政审判庭编著：《最高人民法院行政诉讼法司法解释理解与适用》（上），人民法院出版社 2018 年版，第 445—446 页。

【链接：最高人民法院法官著述】

对于本条规定，可以从以下几个方面来理解：

其一，程序轻微违法的标准是对原告依法享有的听证、陈述、申辩等重要程序性权利不产生实质损害。如前所述，行政程序既有重要的程序，也有次要的程序；既有对当事人产生实质影响的程序，也有纯属于行政机关内部规范的程序。对于原告而言，诸如听证程序、陈述申辩程序、回避程序等程序，对原告的程序权利影响较大，同时也往往为法律法规明确规定。行政机关违反此类程序，一般会被认定为违反法定程序或者违反正当程序，法院应当判决撤销。而程序轻微违法的标准则是程序违法的具体情形对此类重要的程序性权利不产生实质性的损害。“不产生实质性的损害”是指程序违法不能影响当事人意见依法阐述和有效表达。这里的“等”属于“等外等”，除了听证、陈述、申辩之外，还包括回避等程序性权利。

其二，程序轻微违法的具体情形采取了不完全列举的方式。对于程序轻微违法，但是对于原告权利不产生实际影响的，例如行政决定书晚送了一天，如果判决撤销，只会是重作一遍行政行为，结果不会变，对当事人的程序权利也没有大的损害。因此，程序轻微违法主要是指行政程序可以补正的一些情形，不影响实体决定的正确性，例如告知送达不规范、超过法定期限作出决定等。“处理期限轻微违法”对应的是处理期限一般违法或者严重违法，对于后者应当依法判决撤销。“通知、送达的轻微违法”对应的是通知、送达的一般违法或者严重违法，对于后者如果当事人事实上由于该程序瑕疵导致无法获知相关事项的，应当依法判决撤销。本条规定对于这些程序轻微瑕疵的情形作了不完全的列举规定。对于是否属于程序轻微瑕疵，应当按照“对原告依法享有的听证、陈述、申辩等重要程序性权利不产生实质损害”的标准进行判断。

——梁凤云：《行政诉讼法司法解释讲义》，人民法院出版社 2018 年版，第 263 页。

552 对于未对当事人合法权益产生不利影响的行政违法行为并非一律适用确认违法判决

关键词 | 确认违法 | 实体权利 |

【最高人民法院裁判案例】

朱秀云诉商丘市梁园区人民政府房屋征收补偿决定案［最高人民法院（2017）最高法行申 329 号行政裁定书］

要旨：人民法院对于未对当事人实际合法权益产生不利影响的行政违法行为，

可视情形通过在裁判理由中予以指出，发送司法建议等方式予以纠正，而并非一律适用确认违法判决。

四、关于楼高（层数）。本案中，再审申请人主张涉案房屋所在的建筑总层数为私房字第×号《房屋所有权证》中记载的3层，而非评估报告中记载的2层。但是，从房屋分类价格明细表公布的补偿标准看，房屋所在建筑的总层数并不影响房屋的评估价值，在涉案房屋所在层数为底层这一事实没有争议的情况下，该项记载亦没有对朱秀云的合法补偿利益造成不利影响。

综上，评估报告中对涉案房屋相关信息的记载虽然确有错误，但是，由于最终的评估结果较为充分地体现了房屋的客观实际价值，因此，原审法院认定梁园区政府以该评估报告为基础作出的房屋征收补偿决定，没有实际损害再审申请人的合法权益，进而对该征收补偿决定予以认可，并无不当。至于朱秀云提出的《房屋情况调查复核表》未经本人签字的问题，由于该程序性问题没有影响到朱秀云的实体权利，故在本案再审审查阶段不宜以此为由否定原审判决结论。

——中国裁判文书网，https://wenshu. court. gov. cn/。

553 被诉行政行为违法或者无效造成原告损失，原告请求行政赔偿的处理

关键词 | 确认违法 | 确认无效 | 行政赔偿 |

【最高人民法院司法解释】

第九十五条 人民法院经审理认为被诉行政行为违法或者无效，可能给原告造成损失，经释明，原告请求一并解决行政赔偿争议的，人民法院可以就赔偿事项进行调解；调解不成的，应当一并判决。人民法院也可以告知其就赔偿事项另行提起诉讼。

——《最高人民法院关于适用〈中华人民共和国行政诉讼法〉的解释》（2018年2月8日，法释〔2018〕1号）。

【链接：理解与适用】

一、行政赔偿诉讼程序适用行政诉讼程序

国家赔偿法只对赔偿义务机关的审理程序作出规定，进入行政赔偿诉讼程序

后，仅规定赔偿请求人和赔偿义务机关对自己提出的主张应当提供证据，未对行政赔偿诉讼程序作出规定。其原因在于，行政赔偿诉讼实际上是行政诉讼的一部分，原则上适用行政诉讼程序。因此，国家赔偿法没有必要作出重复规定。凡是国家赔偿法和行政诉讼法没有作出特别规定的，行政赔偿诉讼应当依照行政诉讼法进行审理和裁判。

二、行政诉讼与行政赔偿诉讼的合并审理问题

《最高人民法院关于审理行政赔偿案件若干问题的规定》第二十八条规定，当事人在提起行政诉讼的同时一并提出行政赔偿请求，或者因行政行为和与行使行政职权有关的其他行为侵权造成损害一并提出行政赔偿请求的，人民法院应当分别立案，根据具体情况可以合并审理，也可以单独审理。根据该条规定，一些地方法院单纯考虑增加案件数量，将所有行政诉讼案件与行政赔偿案件分别立案。还有的地方法院担心二审撤销行政诉讼案件判决的同时，撤销行政赔偿案件判决，因此，对行政诉讼案件先行进行审理和判决，裁定中止行政赔偿诉讼案件的审理，等行政诉讼案件终审判决生效后再恢复对行政赔偿案件的审理。我们认为，尽管如此做法没有违反行政诉讼法和行政赔偿司法解释的明文规定，但是，违背行政诉讼法关于及时有效化解行政争议的诉讼目的。正确的做法应当是，尽可能将行政诉讼案件和行政赔偿诉讼案件合并一案审理，一并作出行政判决和行政赔偿判决。

——最高人民法院行政审判庭编著：《最高人民法院行政诉讼法司法解释理解与适用》（上），人民法院出版社 2018 年版，第 442—443 页。

554 行政行为被确认违法时判决被告承担赔偿责任的不同情形

关键词｜确认违法判决｜行政赔偿｜

【链接：理解与适用】

人民法院依照行政诉讼法第七十四条判决确认被诉行政行为违法后，判决行政机关承担赔偿责任的情形可以分为三种：

第一种情形，当事人的诉讼请求未包括赔偿损失内容的，人民法院可以不直接作出包括赔偿内容的裁判，但责令行政机关采取补救措施判决可以包括相应赔偿要求，还可积极引导当事人提出赔偿请求。根据行政诉讼法第七十四条第一款第（一）项，人民法院不支持原告撤销行政行为的诉讼请求后，有义务向原告释明、引导其提出相应的赔偿请求。其主要理由是：适用该项的情况是行政行为本来应该

被撤销,但人民法院在衡量行政行为所要达到的国家利益、社会公共利益和行政行为所侵害的公民、法人或者其他组织合法权益之后,决定避免给国家利益、社会公共利益造成重大损害,确认行政行为违法而保留行政行为的效力。保留行政行为的效力,事实上也就是承认违法的行政行为可以继续"侵犯"公民、法人或者其他组织合法权益。人民法院既然判决要求公民、法人或者其他组织为国家利益、社会公共利益而作出牺牲,也应当保护公民、法人或者其他组织请求获得国家赔偿的权利,应当责令行政机关采取相应的补救措施,尽可能小地损害相对人权益,或者通过其他方式来弥补损失,等等。而这样的裁判,并不应受限于原告在一审起诉状中的诉讼请求和理由,而应当由人民法院在一审期间主动释明。如果人民法院不进行释明,留待作出利益牺牲的公民、法人或者其他组织再另行提起行政赔偿诉讼救济自己被迫牺牲的合法权益,那便可能使公民、法人或者其他组织遭受双重不利而有违司法公正的要求。这也就意味着,由于行政诉讼法未规定"中间判决",难以完全将行政诉讼和行政赔偿诉讼分割审理,那么一审人民法院在可能作出确认违法的判决时,要主动向原告进行释明,引导其提出相应的赔偿请求和主张以及提交相关证据。当然,如果确认违法判决是在二审改判的情况下首次作出,且一审也未对赔偿请求和造成损害的事实、赔偿金额进行抗辩,那么,人民法院的二审判决也不宜直接决定赔偿问题,而应述明赔偿问题,并告知其另行提起行政赔偿诉讼为宜。

第二种情形,如果适用行政诉讼法第七十四条第一款第(二)项,那么人民法院就不能作出行政赔偿判决。即使公民、法人或者其他组织提出行政赔偿请求,人民法院也不应支持。其主要理由是,行政行为程序轻微违法并没有对原告的合法权益造成损害,行政机关不承担行政赔偿责任。

第三种情形,如果适用行政诉讼法第七十四条第二款各项,那么人民法院应当依照公民、法人或者其他组织的行政赔偿请求作出赔偿判决。其主要理由是,对于该条第二款其他各项而言,人民法院或者是没有必要判决撤销,或者是无法判决撤销,或者是没有必要判决履行法定职责,都没有涉及主动处分公民、法人或者其他组织的合法权益。因此,对他们因违法行政行为而遭受的损害,公民、法人或者其他组织应当另行提出行政赔偿请求。同时,如果公民、法人或者其他组织在起诉时一并申请行政赔偿,那么人民法院就应当根据当事人的赔偿请求一并就赔偿问题作出判决;如果公民、法人或者其他组织在起诉时没有一并申请行政赔偿,那么人民法院可就赔偿问题进行调解,调解不成的,应当告知其另行起诉。

——最高人民法院行政审判庭编著:《中华人民共和国行政诉讼法及司法解释

条文理解与适用》，人民法院出版社2015年版，第503—504页。

(六)确认无效判决

555 确认无效判决中无效行政行为的认定

关键词｜无效行政行为｜确认无效｜

【最高人民法院司法解释】

第九十九条 有下列情形之一的，属于行政诉讼法第七十五条规定的“重大且明显违法”：

(一)行政行为实施主体不具有行政主体资格；

(二)减损权利或者增加义务的行政行为没有法律规范依据；

(三)行政行为的内容客观上不可能实施；

(四)其他重大且明显违法的情形。

——《最高人民法院关于适用〈中华人民共和国行政诉讼法〉的解释》(2018年2月8日，法释〔2018〕1号)。

【链接：理解与适用】

第一，行政行为实施主体不具有行政主体资格。行政诉讼法第七十五条第一次在法律层面上规定了“行政主体资格”的法律概念。长期以来，行政主体是作为一个学术概念在使用。对于行政主体的范围存在较大的争议。传统上，一般认为，1989年行政诉讼法规定的“行政机关”和“法律、法规授权的组织”是适格的被告，也是适格的行政主体。《若干解释》第二十条第二款、第三款规定了“规章授权的组织”之后，“规章授权组织”也被视为适格被告和适格的行政主体。根据《若干解释》第二十条第一款的规定，“行政主体”是指具有行使行政管理职能，能够以自己名义作出行政行为和独立承担法律后果的行政机关或者法律、法规、规章授权组织。对于行政机关而言，由于其成立需要依照有关法律和符合有关编制，一般具有行政主体资格。有的观点认为，甲行政机关行使了乙行政机关的职权，甲行政机关本来没有该项行政职权，此时，甲行政机关在本案中没有行政主体资格。我们认为,对于行政机关而言,是否具有行政主体资格,主要是看有关法律规定和是否符合编制。如果甲行政机关行使了乙行政机关的行政职权,属于“超越职权”的情形。例如,根据药品管理法的规定,对于销售假劣药的行为,属于药品监督管理机关的职权,工商机关行使该项职权的,属于超越职权,而不能认定该行政机关没有行政主体资格。在极个别的情况下,如果工商机关对相对人采取了限制人身自由的措施,相对人不能认为工商机关行使了公安机关的权力,工商机关没有相应行政主体资格。这种违法是如此的重大且明显,属于无效行为,但属于本条规定的“等”的情形。实施主体不具有行政主体资格,更多的是指法律、法规、规章授权组织的行为。对于授权组织而言,法律、法规、规章一般赋予其特定的职权,授权组织在授权范围内才具有行政主体资格。例如,行政机关的内设机构、派出机构或者其他组织,如果行使法律、法规、规章授权的职权,其具有行政主体资格;该组织如果超出该授权范围作出行政行为,该行政行为将被认定为无效。值得注意的是,行政诉讼法第七十五条和本条第(一)项规定的“实施主体”是指“作出主体”之意。大多数行政机关既是作出主体也是实施主体。但是,在特定情形下,作出主体与实施主体并不一致。例如,城乡规划法第六十八条规定,城乡规划主管部门作出责令停止建设或者限期拆除的决定后,当事人不停止建设或者逾期不拆除的,建设工程所在地县级以上地方人民政府可以责成有关部门采取查封施工现场、强制拆除等措施。本条中,行政行为的作出主体是“城乡规划主管部门”,而实施主体则是“县级以上人民政府”“有关部门”等。

第二,行政行为没有法律规范依据,是指行政主体作出行政行为时没有法律、法规、规章等规范性文件的依据。这里的“依据”与行政诉讼法规定的人民法院审理行政案件以“法律法规”为“依据”的含义存在差别。“行政行为没有依据”主要分为以下几种情况:(1)行政行为毫无依据。即行政机关在作出行政行为时,缺乏任何法律依据,包括缺乏各个层级的规范性文件。也就是说,行政行为在作出之时,已经达到恣意妄为的程度。(2)行政行为虽然有规范性文件的依据,但是该规范性文件与上位法直接、明显抵触,视为没有依据。不同的行政行为,对于法律依据的要求不同。例如,根据行政处罚法的规定,限制人身自由的行政处罚,只能由法律设定。如果法律之下的规范性文件设定限制人身自由的处罚,即便有该规范性文件,依此作出的该行政处罚也属于没有依据。根据行政处罚法第十一条第一款的规定,地方性法规可以设定除限制人身自由、吊销营业执照以外的行政处罚。如果地方性法规设定限制人身自由或者吊销营业执照的处罚,直接违反了行政处罚法的规定或者没有上位法依据。以该地方性法规为依据作出的行政行为属于无效的行政行为。需要说明的是,这种抵触必须是“直接”“明显”的抵触,任何一个理性的人都能判断。如果对于该行政行为的依据是否与上位法存在抵触并不“直接”“明显”或者存有争议,不宜认定为行政行为“没有依据”。

第三,行政行为的内容客观上不可能实施。客观上不可能实施,主要是指行政机关的行为内容对任何人均属于不能实现。主要包括:(1)客体不能。例如行政机关命令拆除一处已经不复存在的违章建筑。(2)时限不能。例如行政机关要求长期居住的公民在二个小时之内搬离违章建筑物。(3)成本不能。例如行政机关课以公民的义务虽然在科技技术上属于可能,但导致公民巨额的金钱支付。(4)自身不能。行政机关针对公民作出的行政行为虽然对绝大多数人并非客观上无法实现,但是对特定个体,由于身体状况、年龄等原因无法履行义务。(5)其他不能。一般情况下,无效行政行为是指课以义务类行政行为。在特殊情况下,形成类或者确认类行政行为也存在无效的情形。例如,确认已经不复存在的建筑物为违法建筑、确认已经坍塌的古代建筑物为文物、注销从未存在过的许可证照等。

——最高人民法院行政审判庭编著:《最高人民法院行政诉讼法司法解释理解与适用》(上),人民法院出版社 2018 年版,第 456—458 页。

556 人民法院依职权选择适用无效判决或撤销判决

关键词 | 无效判决 | 撤销判决 |

【最高人民法院司法解释】

第九十四条 公民、法人或者其他组织起诉请求撤销行政行为,人民法院经审查认为行政行为无效的,应当作出确认无效的判决。

公民、法人或者其他组织起诉请求确认行政行为无效,人民法院审查认为行政行为不属于无效情形,经释明,原告请求撤销行政行为的,应当继续审理并依法作出相应判决;原告请求撤销行政行为但超过法定起诉期限的,裁定驳回起诉;原告拒绝变更诉讼请求的,判决驳回其诉讼请求。

——《最高人民法院关于适用〈中华人民共和国行政诉讼法〉的解释》(2018 年 2 月 8 日,法释〔2018〕1 号)。

【链接:最高人民法院法官著述】

在适用本条时,应当注意以下几个问题:第一,无效的行政行为是具有法定情形的存在瑕疵行政行为。是否属于无效的行政行为,应当根据行政诉讼法第七十五条的规定和本解释第九十九条的规定予以判断。对于无效行政行为的情形应当严格把握,不宜扩大适用。第二,在诉讼类型转换中,要突出法院的释明义务和强调原告的意愿。诉讼类型转换制度是行政诉讼法的特殊制度,目的在于更有效保障当事人诉权,更有力监督行政机关的行政执法行为。因此,对于撤销诉讼转换为确认无效诉讼的,因其更有利于保障当事人合法权益,法院无须进行释明。但是,如果当事人起诉要求确认无效,法院不进行释明,直接判决驳回其诉讼请求,可能不符合行政诉讼法保障当事人诉权的意旨。因此,法院可以在征求当事人意愿的基础上,依职权进行诉讼类型的转换。当事人拒绝变更诉讼请求的,法院才能判决驳回其诉讼请求。第三,法院释明之后,原告拒绝变更的,法院判决驳回诉讼请求。在此过程中,法院实际上已经对行政行为合法性进行了审查,并且确认该行为属于可撤销的情形。但是原告要求确认无效,该事项属于实体事项,应当判决驳回原告诉讼请求。判驳之后,由于行政行为合法性已经被法院认定为可撤销,审查结论是确定的。当事人再行提起撤销或者确认违法之诉,法院可以根据一事不再理原则裁定驳回起诉。

——梁凤云:《行政诉讼法司法解释讲义》,人民法院出版社 2018 年版,第 260—261 页。

557 提起确认无效之诉不能成为规避撤销之诉起诉期限的手段

关键词 | 确认无效判决 | 撤销判决 |

【最高人民法院裁判案例】

魏修娥诉利川市人民政府、利川市国土资源局土地行政征收案[最高人民法院(2018)最高法行申 4773 号行政裁定书]

要旨:在行政行为虽然存在一定程度的违法但并未达到“重大且明显违法”的情况下,人民法院也不是一概会转而作出撤销判决或者确认违法判决,其前提必须是在其提起确认无效之诉时尚没有超过撤销之诉的法定起诉期限。

由于确认行政行为无效与撤销行政行为或者确认行政行为违法一样,都是基于对被诉行政行为合法性的审查,因此的确存在一种可转换的关系。正因如此,本院在(2016)最高法行申 2720 号行政裁定书中曾经指出:“实践中,真正的无效确认之诉,主要出现于辅助请求中,或者它是遵照法院的释明采取的一种转换形式。换句话说,即使原告的请求仅是撤销,法院经审理认为达到自始无效的程度,也会判决确认无效；反之，如果原告请求的是确认无效，法院经审理认为仅仅属于一般违法，也会转而作出撤销判决。因此，无论原告的诉讼请求是确认无效，还是请求撤销（或确认违法），法院通常都会对是否违法以及违法的程度作出全面的审查和评价。”嗣后于2018年2月8日起施行的《最高人民法院关于适用〈中华人民共和国行政诉讼法〉的解释》第九十四条对此进行了明确，该条第一款规定：“公民、法人或者其他组织起诉请求撤销行政行为，人民法院经审查认为行政行为无效的，应当作出确认无效的判决。”第二款中规定：“公民、法人或者其他组织起诉请求确认行政行为无效，人民法院审查认为行政行为不属于无效情形，经释明，原告请求撤销行政行为的，应当继续审理并依法作出相应判决。”本案一审裁判作出时，虽然上述司法解释尚未施行，但依据法理和先前最高人民法院的裁判观点，亦应行使相应的释明权。就这一点而言，再审申请人的再审理由不无道理。不过，在行政行为虽然存在一定程度的违法但并未达到“重大且明显违法”的情况下，人民法院也不是一概会转而作出撤销判决或者确认违法判决，其前提必须是在其提起确认无效之诉时尚没有超过撤销之诉的法定起诉期限。否则，提起确认无效之诉就会成为规避撤销之诉起诉期限的“武器”。《最高人民法院关于适用〈中华人民共和国行政诉讼法〉的解释》第九十四条第二款关于“原告请求撤销行政行为但超过法定起诉期限的，裁定驳回起诉”的规定，说的就是这个问题。

原审法院虽然没有就起诉期限问题作出认定，但本院针对一个已经发生法律效力的判决、裁定决定提审或者指令再审，必然要对包括起诉期限在内的各种起诉条件是否具备进行审查。根据原审法院认定的事实，2015年4月22日，利川市人民政府就发布了《利川市人民政府征收土地公告》，2015年5月8日，利川市国土资源局又发布了《利川市国土资源局土地及房屋征收补偿安置方案公告》，截至2015年6月8日，相关居民对土地房屋征收补偿安置方案无异议，无一人口头或者书面要求举行听证会。再审申请人迟至2017年6月12日提起行政诉讼，显然已经超过《最高人民法院关于执行〈中华人民共和国行政诉讼法〉若干问题的解释》第四十一条规定的两年的起诉期限。在此情况下，原审法院不予作出确认违法判决，并无不当。其认定被诉行政行为“尚未达到重大且明显违法情形”，亦无不妥。

——中国裁判文书网，https://wenshu.court.gov.cn/。

558 应谨慎对待因法律规定本身的冲突或歧义导致的行政违法

关键词 | 法律依据 | 农转非 |

【最高人民法院裁判案例】

鲁中保诉新郑市人民政府要求确认其作出的《新郑市人民政府国有土地上房屋征收决定》无效案［最高人民法院(2017)最高法行申7098号行政裁定书］

要旨:如果特定行政行为的"违法",并非出于行政机关对法律的无知或是蔑视,而是因为法律规定本身的冲突或歧义,超出了行政机关对依法行政所应尽到的谨慎注意义务,则对此类行为的处罚将显得极不合理,且与行政诉讼法的立法初衷不符。

本案争议的实质问题为涉案土地性质为集体土地还是国有土地。土地管理法第四十三条规定:"任何单位和个人进行建设,需要使用土地的,必须依法申请使用国有土地;……前款所称依法申请使用的国有土地包括国家所有的土地和国家征收的原属于农民集体所有的土地。"依据该条,建设使用集体土地必须经过法定征收程序。但是,《土地管理法实施条例》第二条规定:"下列土地属于全民所有即国家所有:……(五)农村集体经济组织全部成员转为城镇居民的,原属于其成员集体所有的土地;……"从文意上,该条似可理解为,农村集体经济组织全部成员转为城镇居民的,即在通常所说的"农转非"情况下,原属于集体经济组织的土地在性质上随之转化国家所有,而无须经过征地审批程序。这一上下位法律规定在文义上产生的歧义,导致一段时间内,我国各地在集体经济组织成员整体"农转非"后,对于相应的集体土地是否需要另行征收,认识不一,做法多样。为此,国务院法制办公室、国土资源部于2005年3月4日联合颁发了《关于对〈中华人民共和国土地管理法实施条例〉第二条第(五)项的解释意见》(国法函〔2005〕36号)(以下简称意见),对该问题解释如下:该项规定,是指农村集体经济组织土地被依法征收后,其成员随土地征收已全部转为城镇居民,该农村集体经济组织剩余的少量集体土地可以依法征收为国家所有。由此明确了,即使在"农转非"情况下,相应的集体土地仍须经过征收程序方能在性质上转化为国有土地。但需要注意的是,对于该意见出台之前,一些没有经过征收而依据《土地管理法实施条例》第二条第(五)项的规定直接使用集体土地的行为,不宜简单认定为违法。理由在于,根据行政诉讼法第一条的规定,行政诉讼之于行政机关的作用,主要在于"监督行政机关依法行使职权",防止其不谨慎地适用法律。因此,如果特定行政行为的"违法",并非出于行政机关对法律的无知或是蔑视,而是因为法律规定本身的冲突或歧义,超出了行政机关对依法行政所应尽到的谨慎注意义务,则对此类行为的处罚将显得极不合理,且与行政诉讼法的立法初衷不符。本案中,根据1993年12月3日新郑县人民政府作出的新政文〔1993〕74 号《县政府关于城区无地少地村民小组农民集体“农转非”问题的通知》，再审申请人鲁中保所在的北关街属于集体农转非范围。由于该“农转非”问题发生在意见公布实施之前，再审被申请人新郑市人民政府，以及二审法院认为在原北街村民已转为城市居民后，集体土地也相应转化为国有土地，具有一定的法律依据，符合当时特定的历史背景，处理结果并无不当。

——中国裁判文书网，https://wenshu.court.gov.cn/。

（七）变更判决

559 违背过罚相当原则的行政处罚决定，人民法院有权判决变更

关键词｜过罚相当｜变更判决｜行政处罚｜

【最高人民法院公报案例】

苏州鼎盛食品公司不服苏州市工商局商标侵权行政处罚案

要旨：……工商行政机关依法对行政相对人的商标侵权行为实施行政处罚时，应遵循过罚相当原则，综合考虑处罚相对人的主观过错程度、违法行为的情节、性质、后果及危害程度等因素行使自由裁量权。工商行政机关如果未考虑上述应当考虑的因素，违背过罚相当原则，导致行政处罚结果显失公正的，人民法院有权依法判决变更。

（三）被上诉人苏州工商局作出的行政处罚显失公正

行政处罚显失公正一般是指行政处罚虽然在形式上不违法，但处罚结果明显不公正，损害了公民、法人或者其他组织的合法权益。我国行政处罚法第四条第二款规定，实施行政处罚必须以事实为依据，与违法行为的事实、性质、情节以及社会危害程度相当。因此，行政主体在实施行政处罚时，应当遵循该条规定的“过罚相当原则”。如果行政机关作出的行政处罚明显违背“过罚相当原则”，使行政处罚结果与违法程度不相适应，则应当认定属于行政处罚显失公正。

我国商标法第五十三条规定，工商行政管理部门在处理侵犯注册商标专用权纠纷时，认定侵权行为成立的，责令立即停止侵权行为，并可处以罚款。对该条款的正确理解应当是工商行政机关对商标侵权行为作出行政处罚时，在责令立即停

止侵权行为的同时,可以对是否并处罚款作出选择。因此,工商行政机关在行使该自由裁量权时,应当根据行政处罚法第四条第二款确立的"过罚相当原则",综合考虑处罚相对人的主观过错程度、违法行为的情节、性质、后果及危害程度等因素,决定是否对相对人并处罚款。

——《中华人民共和国最高人民法院公报》2013 年第 10 期。

560 行政法律法规虽然赋予了行政机关较大的自由裁量权，但同一行政机关在对同类型案件、同种类违法行为作出处罚时，幅度应当保持相对一致

关键词 | 合理性审查 | 过罚相当 | 变更判决 |

【最高人民法院裁判案例】

翁秀芬诉江苏省东台市市场监督管理局商标行政处罚案[最高人民法院(2019)最高法行申 9339 号行政裁定书]

要旨:人民法院在对行政处罚行为坚持合法性审查的同时,还应当进行合理性审查。根据行政合理性原则,行政法律法规虽然赋予了行政机关较大的自由裁量权,但同一行政机关在对同类型案件、同种类违法行为作出处罚时,幅度应当保持相对一致。

根据行政诉讼法第七十七条第一款关于"行政处罚明显不当,或者其他行政行为涉及对款额的确定、认定确有错误的,人民法院可以判决变更"的规定,人民法院在对行政处罚行为坚持合法性审查的同时,还应当进行合理性审查。根据行政合理性原则,行政法律法规虽然赋予了行政机关较大的自由裁量权,但同一行政机关在对同类型案件、同种类违法行为作出处罚时,幅度应当保持相对一致。

本案中,再审申请人东台市监局于 2016 年 5 月 11 日作出 0084 号处罚决定,经重新调查后于同年 12 月 15 日作出 0332 号处罚决定。相比 0084 号处罚决定,0332 号处罚决定认定被申请人翁秀芬经营行为侵犯的注册商标数量、违法经营额均少于 0084 号处罚决定认定的事实情节。再审申请人的两次处罚虽然均在法定幅度内作出,但作为同一处罚程序中针对同类违法行为作出的处罚决定,应当符合行政处罚法第三十二条关于"行政机关不得因当事人申辩而加重处罚"的规定。结合行政处罚法第四条第二款关于"过罚相当"的规定,在同一处罚程序中,对于

违法情节明显减轻的情况，处罚结果未相应减轻，实质上亦属于加重处罚，不符合行政合理性原则。同时，在0332号处罚决定作出前，被申请人翁秀芬与部分消费者及商标权利人进行了协商并予以赔偿。再审申请人东台市监局以商标权利人出具的“贵局对被投诉人之前的行为是否处罚、如何处罚，权利人均没有异议”说明为由，主张该行为并不影响处罚结果。但根据行政处罚法第五条关于“实施行政处罚，纠正违法行为，应当坚持处罚与教育相结合”的规定，行政处罚的目的并不在于罚款本身，而是通过惩戒性的措施教育公民、法人或者其他组织自觉守法。被申请人积极与商标权利人沟通并赔偿了损失，表明被申请人已经认识到行为的过错性，并采取了积极措施消除或者减轻违法行为危害后果。再审申请人仍坚持原处罚幅度，有所不当。一审法院根据行政诉讼法第七十七条第一款之规定，判决变更罚款数额符合行政处罚法的立法精神和相关规定。二审法院驳回再审申请人的上诉，维持原判决，并无不当。

——中国裁判文书网，https://wenshu.court.gov.cn/。

561 审理山林权属行政裁决案件可适用变更判决

关键词 | 行政裁决 | 变更判决 |

【最高人民法院专业法官会议纪要】

法律问题：审理山林权属类行政裁决案件是否可以适用变更判决。

法官会议意见：山林权属行政裁决案件的基础争议是民事争议，对民事纠纷的处理，人民法院原本就享有包括变更权在内的完全司法裁判权。原告对山林权属行政裁决行为不服提起行政诉讼，实质是不服行政机关对民事争议作出的处理结果，已经包含了对民事争议的主张。且山林权属行政裁决案件直接涉及争议山林的面积确认和权属认定，属于涉及款额确定、认定的案件，人民法院依法享有变更判决权。因此，对于该类案件，当事人无须再另行对民事争议一并提起民事诉讼，人民法院应当在审理行政裁决争议的同时，一并对民事纠纷作出判决，定分止争。

——最高人民法院第一巡回法庭2019年第9次法官会议纪要，载最高人民法院第一巡回法庭编著：《最高人民法院第一巡回法庭行政主审法官会议纪要》（第1卷），中国法制出版社2020年版，第192页。

【最高人民法院裁判案例】

广西壮族自治区隆林各族自治县新州镇民强村民委员会六我农业经济合作社诉广西壮族自治区隆林各族自治县人民政府、百色市人民政府山林确权行政裁决及行政复议案［最高人民法院（2019）最高法行再134号行政判决书］

要旨：所谓“涉及对款额的确定、认定确有错误”，通常是指被诉行政行为涉及的钱款的具体数字确定，或者与款额相关联的权利归属的认定出现错误，主要包括两种情形：一是行政补偿、行政赔偿案件中，涉及补偿、赔偿具体数额的计算确有错误的；二是土地、山林、草原确权行政裁决案件中，涉及争议地中各方权利归属具体面积数额的确定确有错误的。

行政诉讼法第一条规定，行政诉讼法的立法目的之一是要解决行政争议。人民法院作出行政判决，选择适用行政诉讼法规定的判决方式，也必须服从并服务于实质化解行政争议的立法目的。行政诉讼法第七十七条第一款规定，行政行为涉及对款额的确定、认定确有错误的，人民法院可以判决变更。所谓“涉及对款额的确定、认定确有错误”，通常是指被诉行政行为涉及的钱款的具体数字确定，或者与款额相关联的权利归属的认定出现错误，主要包括两种情形：一是行政补偿、行政赔偿案件中，涉及补偿、赔偿具体数额的计算确有错误的；二是土地、山林、草原确权行政裁决案件中，涉及争议地中各方权利归属具体面积数额的确定确有错误的。同时，行政诉讼法第六十一条第一款亦规定，在涉及行政机关对民事争议所作的裁决案件中，当事人申请一并解决相关民事争议的，人民法院可以一并审理；《最高人民法院关于适用〈中华人民共和国行政诉讼法〉的解释》第一百四十条第二款还规定，人民法院审理行政机关对民事争议所作裁决的案件，一并审理民事争议的，不另行立案。行政裁决案件中，当事人争议的核心是相关民事权利的归属。原告不服被诉行政裁决行为提起行政诉讼，实际上是对争议的民事权利归属提出主张，请求将争议的民事权利判归己方。在此情形下，原告对被诉行政裁决行为提起行政诉讼，其实已经包括一并解决民事争议的诉讼请求，受理行政裁决案件的人民法院，应当对相关民事争议一并作出判决。民事争议原本属于人民法院传统裁判领域，法院享有包括变更权在内的完整司法裁判权。根据前述规定，人民法院审理行政裁决案件，依法享有司法变更权，有权直接对争议的民事权利归属作出判决。变更判决与撤销重作判决，均属于行政诉讼法规定的法定判决方式。但是，与撤销重作判决相比较，变更判决直接确定争议事项的处理结果，无须被告另行作出行政行为，更有利于行政争议的实质化解。因此，在符合变更判决法定适用条件的情形下，人民法院选择适用撤销重作判决，违背行政诉讼法关于解决行政争议的立法目的，适用法律和判决方式错误，依法应予改判。本案中，4 号处理决定和 7 号复议决定，是县级以上人民政府依法对江管社与六我社两个平等主体之间山林权属纠纷作出的行政裁决，人民法院依法享有作出变更判决的权力，有权直接确定争议山林的权利归属。本案一审判决驳回六我社的诉讼请求，主要事实不清、证据不足；二审依法予以纠正，原本已经作出正确的判断。而且，根据二审判决对证据和法律的分析、论证，争议地应当属六我社集体所有。在此情形下，二审判决本应适用行政诉讼法第七十七条第一款规定，直接将争议地权属判决归六我社集体所有，但却根据行政诉讼法第七十条规定，判决撤销 4 号处理决定和 7 号复议决定，责令隆林县政府重新作出处理决定。该判决违背行政诉讼法实质化解行政争议的立法目的，适用法律和判决方式错误，依法应予改判。

——中国裁判文书网，https://wenshu.court.gov.cn/。

二、二审和再审

562 二审人民法院对一审人民法院裁定不予立案、驳回起诉错误的处理

关键词｜不予立案｜驳回起诉｜

【最高人民法院司法解释】

第一百零九条第一款　第二审人民法院经审理认为原审人民法院不予立案或者驳回起诉的裁定确有错误且当事人的起诉符合起诉条件的，应当裁定撤销原审人民法院的裁定，指令原审人民法院依法立案或者继续审理。

——《最高人民法院关于适用〈中华人民共和国行政诉讼法〉的解释》(2018年2月8日，法释〔2018〕1号)。

【链接：理解与适用】

本条规定第一款是有关二审审理过程中，二审法院认为当事人的起诉符合法定起诉条件但原审人民法院不予立案或者驳回起诉的裁定错误时应如何处理的规定。根据本款规定，二审人民法院认为一审不予立案裁定确有错误的，应当在撤销原审裁定的同时，指令一审法院立案审理；二审人民法院认为一审驳回起诉裁定确有错误的，应当在撤销原审裁定的同时，指令一审法院继续审理。这里要注意的是，“当事人的起诉符合起诉条件”与“原审人民法院不予立案或者驳回起诉的裁定确有错误”是用“且”来连接的，换句话说，只有当两项条件同时满足时，二审法院才可以裁定撤销原审人民法院的裁定，指令原审人民法院依法立案或者继续审理。行政诉讼的起诉条件有十余项之多，原审人民法院不予立案或者驳回起诉的具体理由不成立的，二审法院也不宜简单以此为由指令立案或者继续审理，而是应当在二审程序中一并查清当事人的起诉是否符合其他起诉条件，如果仅是原审法院的不予立案或者驳回起诉理由不成立，但当事人的起诉仍然不符合其他起诉条件的，二审法院应当对一审法院存在的问题予以指正后，驳回上诉，维持一审裁定。

——最高人民法院行政审判庭编著:《最高人民法院行政诉讼法司法解释理解

与适用》(上),人民法院出版社 2018 年版,第 516—517 页。

563 遗漏必须参加诉讼的当事人或者诉讼请求应当撤销原审判决，发回重审

关键词｜撤销原审判决｜发回重审｜

【最高人民法院司法解释】

第一百零九条第三款 原审判决遗漏了必须参加诉讼的当事人或者诉讼请求的,第二审人民法院应当裁定撤销原审判决,发回重审。

——《最高人民法院关于适用〈中华人民共和国行政诉讼法〉的解释》(2018 年 2 月 8 日,法释〔2018〕1 号)。

【链接：理解与适用】

本条规定第三款是有关一审法院遗漏必须参加诉讼的当事人或者诉讼请求的,二审法院应如何处理的规定。“必须参加诉讼的当事人”主要是指,原告、被告和第三人,其共同特征是与诉讼标的有利害关系的行政机关、公民、法人或者其他组织。“必须参加诉讼的当事人”与案件的处理结果有重大的利害关系,同时对于案件的具体情况也更为了解,法院在审理行政案件时为查明事实,要听取当事人的陈述,组织各方当事人进行辩论和质证,还要对当事人进行询问。如果法院在审理过程中遗漏了“必须参加诉讼的当事人”就会影响上述审理活动的进行,进而导致证据不足、认定事实不清,可能会影响案件的公正审判,因此,案件应当发回原审人民法院重新审理。“遗漏诉讼请求”是指,当事人在诉讼过程中提出了诉讼请求,而法院的判决内容却未涉及其诉讼请求。本条规定要求二审法院裁定撤销原审判决,发回原审法院重审。这主要是因为人民法院审理行政案件适用两审终审制,当事人享有由两级人民法院解决纠纷的审级权益。如果二审不发回重审而直接裁判,那么原审被遗漏的当事人或者被遗漏诉讼请求的当事人就被剥夺了上诉权,违背两审终审制的诉讼原则。另外,发回原审人民法院重新审理也有助于理顺各种诉讼法律关系,排除不必要的技术性障碍。

——最高人民法院行政审判庭编著:《最高人民法院行政诉讼法司法解释理解与适用》(上),人民法院出版社 2018 年版,第 517—518 页。

564 原审判决遗漏行政赔偿请求，二审人民法院根据是否应予赔偿分别处理

关键词｜行政赔偿请求｜发回重审｜

【最高人民法院司法解释】

第一百零九条第四、五款　原审判决遗漏行政赔偿请求，第二审人民法院经审查认为依法不应当予以赔偿的，应当判决驳回行政赔偿请求。

原审判决遗漏行政赔偿请求，第二审人民法院经审理认为依法应当予以赔偿的，在确认被诉行政行为违法的同时，可以就行政赔偿问题进行调解；调解不成的，应当就行政赔偿部分发回重审。

——《最高人民法院关于适用〈中华人民共和国行政诉讼法〉的解释》（2018年2月8日，法释〔2018〕1号）。

【链接：理解与适用】

本条第四款规定，原审判决遗漏行政赔偿诉讼请求的，二审法院经审查认为依法不应当予以赔偿的，应当判决驳回行政赔偿请求。有学者认为此规定剥夺了当事人的上诉权。因为，如果法院不遗漏行政赔偿请求，一审法院对该请求进行审理，在二审中法院还应对行政赔偿请求进行审理，但本款规定使得行政赔偿请求只被法院审理了一次，剥夺了当事人的上诉权。因此，应按照本条第三款的规定由二审人民法院发回一审法院重审。这种观点没有被采纳，主要理由是，二审法院认为当事人的赔偿诉讼请求不应当予以赔偿，往往是基于认定被诉行政行为合法性的前提；在一、二审法院均认为被诉行政行为合法的前提下，没有必要对当事人的诉讼请求进行二次审查。当然除行政行为合法外，在行政行为仅程序违法未对当事人造成损失，或当事人损失与行政行为没有因果关系等情况下，也不应给予当事人行政赔偿，二审法院以此来认定行政行为不应予以赔偿的，也应遵照本款规定，直接判决驳回行政赔偿请求。这主要是因为，根据文义解释，无论二审法院认定不予赔偿的理由为何，根据本款规定都应直接判决驳回行政赔偿请求。并且，实践中认定不应予以行政赔偿的理由往往是多样、交叉的，按照本款规定进行处理，有利于减少不必要的程序，提高诉讼效率。

本条第五款规定，原审判决遗漏赔偿诉讼请求，二审法院经审查认为，行政机关应当赔偿当事人损失的，应当确认被诉行政行为违法，并可以就赔偿问题进行调

解；调解不成的，则应当就赔偿部分发回重审。原审遗漏的诉讼请求是行政赔偿请求，二审法院调解的规定不违反两审终审制。因为当事人不得就调解书提起上诉，无论是在一审还是在二审审理期间达成调解协议，当事人的审级利益均未受损。本规定赋予二审法院一定的裁量权，法院“可以”调解也“可以不”调解，不进行调解的话，与调解不成作相同的处理，就行政赔偿部分发回重审。二审法院就行政赔偿调解不成或不调解的，也仅就行政赔偿部分发回重审，这一规定兼顾了诉讼效率与形式上的公平，同时也尊重了当事人的意愿。

——最高人民法院行政审判庭编著：《最高人民法院行政诉讼法司法解释理解与适用》（上），人民法院出版社 2018 年版，第 518—519 页。

565 当事人在二审期间提出行政赔偿请求的处理

关键词 | 行政赔偿请求 | 另行起诉 |

【最高人民法院司法解释】

第一百零九条第六款 当事人在第二审期间提出行政赔偿请求的，第二审人民法院可以进行调解；调解不成的，应当告知当事人另行起诉。

——《最高人民法院关于适用〈中华人民共和国行政诉讼法〉的解释》（2018 年 2 月 8 日，法释〔2018〕1 号）。

【链接：最高人民法院法官著述】

这一内容是关于“上诉变化”的规定。《民诉解释》第三百二十八条规定，在第二审程序中，原审原告增加独立诉讼请求，第二审人民法院可以根据当事人自愿的原则就新增加的诉讼请求进行调解；调解不成的，告知当事人另行起诉。一般来说，原审原告在第二审程序中增加诉讼请求，当事人愿意进行调解的，是当事人对自身合法权益的处分，是对第一审程序利益的放弃，法院应当予以尊重。法院可以就行政赔偿请求进行调解，但是，法院必须征得所有当事人的同意。调解之后，法院可以制作调解书并送达当事人；因为调解而申请撤诉，经审查符合撤销条件的，人民法院应予准许。如果调解不成的，应当告知当事人另行提起行政赔偿诉讼。这一条的规定还意味着，如果当事人同意由第二审人民法院对行政赔偿请求进行一并审理的，第二审人民法院可以一并裁判，裁判之后，由于该行政赔偿请求的上诉权已经被处分，当事人不能就此提起上诉。

——梁凤云:《行政诉讼法司法解释讲义》,人民法院出版社 2018 年版,第 285—286 页。

566 二审程序中的撤诉问题

关键词 | 二审程序 | 撤诉 |

【最高人民法院司法解释】

第八条　第二审或者再审期间行政机关改变被诉具体行政行为,当事人申请撤回上诉或者再审申请的,参照本规定。

准许撤回上诉或者再审申请的裁定可以载明行政机关改变被诉具体行政行为的主要内容及履行情况,并可以根据案件具体情况,在裁定理由中明确被诉具体行政行为或者原裁判全部或者部分不再执行。

——《最高人民法院关于行政诉讼撤诉若干问题的规定》(2008 年 2 月 1 日,法释〔2008〕2 号)。

【链接:最高人民法院法官著述】

第七,关于第二审程序中的撤诉问题,《行诉解释》对第二审程序中原审原告撤回起诉和上诉人撤回上诉没有作具体规定。行政诉讼法第六十二条规定,人民法院对行政案件宣告判决或者裁定前,原告申请撤诉的,是否准许,由人民法院裁定。但是,行政诉讼法没有规定原审原告在第二审程序中撤回起诉的问题。考虑到原审原告对于起诉具有处分权,其不愿再行通过诉讼解决纠纷的意愿应当得到尊重。但是,由于原告的起诉,法院经过了审理,原审被告也进行了应诉答辩等,如果对于原告在第二审程序中的撤回起诉行为不进行限制,势必产生程序公正上的质疑。因此,原审原告在第二审程序中申请撤回起诉的,须经其他当事人同意,法院经过审查后认为撤回起诉不损害国家利益、社会公共利益或者他人合法权益的,应得准许。准许撤诉的,应当一并裁定撤销一审裁判。原审原告撤回起诉后,第一审法院裁判已经归于无效。其再行提起诉讼,人民法院裁定不予立案。此外,行政诉讼法没有规定上诉人撤回上诉的问题。民事诉讼法第一百七十三条规定,第二审人民法院判决宣告前,上诉人申请撤回上诉的,是否准许,由第二审人民法院裁定。这一规定也适用于行政诉讼。与人民法院对撤回起诉的制度一样,人民法院对于上诉人撤回上诉的申请,也应当进行审查,如果经审查认为一审判决确有错误的，人民法院不予准许；经审查认为当事人撤回上诉是基于恶意串通等意图损害国家利益、社会公共利益、他人合法权益的，人民法院亦不予准许。

第八，在第二审程序中行政机关可以改变其所作出的原行政行为。对于这一问题，主要有两种观点。一种观点认为，在第二审程序中行政机关不能改变其所作出的原行政行为。理由是：其一，行政诉讼法没有对行政机关是否改变原行政行为作出规定，因此在二审程序中行政机关不能改变原行政行为。其二，行政诉讼法第六十二条明确规定，行政机关只能在人民法院对一审行政案件宣告判决或者裁定前，可以改变所作出的行政行为，因此，在第二审程序中不能改变原行政行为。其三，根据行政诉讼法第八十九条规定，人民法院审理上诉案件，按照下列情形，分别处理：原判决、裁定认定事实清楚，适用法律、法规正确的，判决或者裁定驳回上诉，维持原判；原判决、裁定认定事实清楚，但适用法律、法规错误的，依法改判、撤销或者变更；原判决认定事实不清，证据不足，发回原审人民法院重审，或者查清事实后改判；等等。如果允许行政机关在第二审程序中改变其作出的原行政行为，也就是意味着上诉人如因行政机关改变原行政行为而申请撤诉的，经人民法院审查，对符合法律规定的撤诉条件的，应当裁定准许上诉人撤回上诉。如果在裁定中撤销原判决将违反行政诉讼法第八十九条的规定；若在裁定中不撤销原判决，则原判决是否还有法律效力呢？这是一个难以克服的矛盾。原《贯彻意见》采纳了这种意见，该司法解释第七十六条规定，在第二审程序中，行政机关不得改变其原具体行政行为。上诉人如因行政机关改变其原具体行政行为而申请撤回上诉的，人民法院不予准许。另一种观点认为，在第二审程序中行政机关可以改变原行政行为。理由是，既然行政诉讼法没有就此作出禁止性规定，就应当推定可以参照第一审程序中关于撤诉的规定。但是，从司法实践来看，如果不允许行政机关改变行政行为，实际上就是否定了行政机关对其作出的行政行为进行纠正的可能，同时也不利于彻底解决行政纠纷。正如前文所述，在行政诉讼中，当事人对其权益有一定的处分权。这种处分权意味着当事人可以对其权益作出处分，行政机关可以在法律规定的范围内对其行政行为作出一定的纠正。通过纠正行政行为存在的瑕疵，达到双方当事人和解的目的。在民事诉讼中，因和解而申请撤诉的，为法律所准许。《民诉解释》第三百三十九条规定，当事人在二审中达成和解协议的，人民法院可以根据当事人的请求，对双方达成的和解协议进行审查并制作调解书送达当事人；因和解而申请撤诉，经审查符合撤诉条件的，人民法院应予准许。基于以上考虑，我们认为，无论是第一审、第二审还是再审期间，如果被告改变被诉具体行政行为，原告同意并申请撤诉，只要符合条件，人民法院均应准许。此外，《撤诉规定》第八条规定,第二审或者再审期间行政机关改变被诉具体行政行为,当事人申请撤回上诉或者再审申请的,参照本规定。准许撤回上诉或者再审申请的裁定可以载明行政机关改变被诉具体行政行为的主要内容及履行情况,并可以根据案件具体情况,在裁定理由中明确被诉具体行政行为或者原裁判全部或者部分不再执行。这就意味着《撤诉规定》中有关撤诉的规定均可参照。例如,《撤诉规定》第五条规定,被告改变被诉具体行政行为,原告申请撤诉,有履行内容且履行完毕的,人民法院可以裁定准许撤诉;不能即时或者一次性履行的,人民法院可以裁定准许撤诉,也可以裁定中止审理。这说明,司法解释已经允许行政机关在第二审程序中改变行政行为,当事人亦可以其为理由撤回上诉。那么,如果行政机关改变行政行为法院准予上诉人撤回上诉,原审裁判的效力如何确定?笔者认为,撤回上诉的法律效力必须予以明确。撤回上诉就意味着对于利害关系人而言,法律救济手段已经全部丧失,同时判决或者相应的法律文书也将获得既判力。即撤回上诉是不可逆和不可撤销的。准予撤回上诉的裁定具有确定法律关系的效力。在行政机关改变行政行为后上诉人撤诉的情形下,准许撤回上诉的裁定中载明的行政机关改变行政行为的主要内容和履行情况,上诉人基于此撤回上诉。这种情况实际上是一种变通的和解协议。例如,《民诉解释》第三百三十九条规定,当事人在第二审程序中达成和解协议的,人民法院可以根据当事人的请求,对双方达成的和解协议进行审查并制作调解书送达当事人;因和解而申请撤诉,经审查符合撤诉条件的,人民法院应予准许。

——梁凤云:《行政诉讼法司法解释讲义》,人民法院出版社 2018 年版,第 286—288 页。

567 再审案件原生效判决、裁定确有错误的处理

关键词 | 再审 | 发回重审 |

【最高人民法院司法解释】

第一百二十二条　人民法院审理再审案件,认为原生效判决、裁定确有错误,在撤销原生效判决或者裁定的同时,可以对生效判决、裁定的内容作出相应裁判,也可以裁定撤销生效判决或者裁定,发回作出生效判决、裁定的人民法院重新审理。

——《最高人民法院关于适用〈中华人民共和国行政诉讼法〉的解释》(2018 年 2 月 8 日,法释〔2018〕1 号)。

【链接：理解与适用】

适用本条应注意如下问题：

第一，再审案件的范围。依据行政诉讼法的规定，再审案件包括根据当事人申请再审引发的再审案件；各级人民法院院长提请本院审判委员会讨论决定引发的再审案件；上级人民法院对下级人民法院依法行使审判监督权提起再审的再审案件；人民检察院提出抗诉引发的再审案件以及人民检察院提出检察建议引发的再审案件。以上再审案件，既包括由作出原生效判决、裁定的人民法院审理的再审案件，也包括由最高人民法院或者作出原生效判决、裁定的人民法院的上一级人民法院提审的再审案件。对于由原审人民法院审理的再审案件必须另行组成合议庭审理，原审合议庭成员应当回避，不得参加再审合议庭。上级人民法院指令下级人民法院再审的案件如果遇到有已经被原审人民法院的上一级人民法院裁定驳回再审的情形，上级人民法院除裁定中止原生效裁判的执行外，还应同时裁定撤销驳回再审的裁定。

第二，对原生效判决、裁定确有错误的再审案件的处理方式。对原生效判决、裁定确有错误的，在撤销原生效判决或者裁定的同时，是发回作出生效判决、裁定的人民法院重审，还是直接对生效判决或者裁定的内容作出相应裁判，对此本条未作硬性规定，而是为提起再审的人民法院设定了自由裁撤的权力。提起再审的人民法院可以根据原生效判决或者裁定的不同情况，在可以选择的情况下，酌情处理。这样规定的理由是：一方面，人民法院按照审判监督程序提起再审的案件不是一个独立的审级，没有独立的审判程序规定。另一方面，对于一个需要纠正错误的再审案件来而言，是发回重审有利，还是直接裁判更好，不同的情况各有利弊，不便统一规定。对原生效判决、裁定确有错误的再审案件的处理，一般情况下应遵循如下原则：对于原审裁判认定事实清楚，证据充分，但适用法律法规错误的，可以不发回作出原生效裁判的人民法院重审，而是在撤销原生效裁判后直接依法改判。对于原审裁判认定基本事实不清、证据不足的，既可以发回作出原生效裁判的人民法院重审，也可以在查清事实后依法改判。所谓基本事实，是指案件的关键事实，即可能影响案件最终判决的事实。在原审裁判认定基本事实不清的情况下，为避免在再审程序中程序反复以及增加当事人的诉累，提起再审的人民法院能够查清事实的，应当查清事实后改判，不应强调以发回重审的方式查清事实，但原审法院更便于查清事实、化解纠纷的，则可以发回重审。另外，原审程序遗漏必须参加诉讼的当事人且无法达成调解协议以及其他违反法定程序的，也应当裁定发回重审。

第三，对“确有错误”的理解。本条“确有错误”是指经过审理，证明再审案件的错误已经被查实，是客观存在的事实，而不是一种待证明的可能性。其错误主要是指认定事实错误、适用法律规范错误、严重违反法定程序等。这里的法律规范既包括实体法规范，也包括程序法规范。

第四，再审案件无论是被发回重新审理，还是直接裁判，必须先中止执行原生效判决或裁定，否则不能作出新的判决或裁定。原生效判决或裁定认定事实错误，违反法律法规规定的，如果是按照第一审程序审理的，可以依法作出新的裁判。如果是按照第二审程序审理的，可以裁定撤销原判决或裁定，发回原审人民法院重新审理；如果二审人民法院判决违反法律法规的规定，可以依法改判；如果原审人民法院裁判正确，二审人民法院裁判错误的，可以撤销二审裁判，维持一审裁判。

——最高人民法院行政审判庭编著：《最高人民法院行政诉讼法司法解释理解与适用》（上），人民法院出版社2018年版，第567—569页。

568 原审法院立案、不予立案或者驳回起诉错误的，二审和再审如何处理

关键词 | 立案 | 不予立案 | 驳回起诉 |

【最高人民法院司法解释】

第一百二十三条　人民法院审理二审案件和再审案件，对原审法院立案、不予立案或者驳回起诉错误的，应当分别情况作如下处理：

（一）第一审人民法院作出实体判决后，第二审人民法院认为不应当立案的，在撤销第一审人民法院判决的同时，可以迳行驳回起诉；

（二）第二审人民法院维持第一审人民法院不予立案裁定错误的，再审法院应当撤销第一审、第二审人民法院裁定，指令第一审人民法院受理；

（三）第二审人民法院维持第一审人民法院驳回起诉裁定错误的，再审法院应当撤销第一审、第二审人民法院裁定，指令第一审人民法院审理。

——《最高人民法院关于适用〈中华人民共和国行政诉讼法〉的解释》（2018年2月8日，法释〔2018〕1号）。

【链接：理解与适用】

1. 本条第（一）项明确规定二审法院“迳行驳回起诉”，即二审法院直接驳回当

事人最初的起诉,而不是当事人的上诉请求。

2. 按照本条第(一)项的规定,二审人民法院在撤销一审判决的同时,可以直接驳回当事人的起诉。在这种情况下,参照《民诉解释》第三百三十条"人民法院依照第二审程序审理案件,认为依法不应由人民法院受理的,可以由第二审人民法院直接裁定撤销原裁判,驳回起诉"的规定,二审人民法院应出具裁定书,在撤销一审判决的同时驳回当事人的起诉。不得在出具撤销一审判决裁定的同时,另行出具一份驳回当事人起诉的裁定。

3. 按照本条第(二)(三)项的规定,再审法院撤销第一审、第二审人民法院裁定,指令第一审人民法院受理或审理的,原则上应先由再审法院提审,提审后撤销第一审、第二审人民法院裁定,再指令第一审人民法院受理或审理。

——最高人民法院行政审判庭编著:《最高人民法院行政诉讼法司法解释理解与适用》(上),人民法院出版社2018年版,第572页。

第十章 | CHAPTER 10

执行

一、生效裁判的执行

569 行政诉讼申请人民法院强制执行的执行名义

关键词 | 执行名义 | 强制执行 |

【最高人民法院司法解释】

第一百五十二条 对发生法律效力的行政判决书、行政裁定书、行政赔偿判决书和行政调解书,负有义务的一方当事人拒绝履行的,对方当事人可以依法申请人民法院强制执行。

人民法院判决行政机关履行行政赔偿、行政补偿或者其他行政给付义务,行政机关拒不履行的,对方当事人可以依法向法院申请强制执行。

——《最高人民法院关于适用〈中华人民共和国行政诉讼法〉的解释》(2018年2月8日,法释〔2018〕1号)。

【链接:理解与适用】

一、要准确理解作为履行义务依据的裁判文书与调解书

本条所规定的"行政判决书"通常指根据行政诉讼法相关规定针对被诉行政行为作出的实体性判决;而"行政赔偿判决书"是指因行政行为被认定违法后法院判决行政机关赔偿相对方损失的给付判决,是司法救济权利的重要表现形式;"行政裁定书"是指根据行政诉讼法的相关规定就程序性问题作出的裁定;"行政调解书"系2014年行政诉讼法修改时新增加的内容,是指2014年行政诉讼法第六十条规定的当事人在自愿、合法原则基础上,针对行政赔偿、补偿以及行政机关行使法律、法规规定的自由裁量权的案件,在法院主持下达成协议并由法院正式制作的调解书,而以往《若干解释》第八十三条所规定调解书仅限于"行政赔偿调解书"可作为申请法院强制执行的依据,2014年行政诉讼法的修改对调解书适用范围作了扩大。在上述四类文书之外,人民法院在行政诉讼法中形成的其他法律文书(如针对妨害诉讼行为作出的罚款、拘留决定书等),本条虽未提及,但其执行力毋庸置疑,也可以作为强制执行依据。上述文书必须是已经生效的法律文书。生效的判决和

裁定通常指已经超过法定上诉、抗诉期限而没有上诉、抗诉的判决和裁定以及终审作出的判决和裁定等。调解书应当是经过双方当事人签收后具有法律效力的调解书。如果是尚未生效的判决、裁定和调解书，因不具备依法执行条件，故不存在拒不执行问题。

二、要正确理解裁判文书和调解书要求当事人履行义务的内容

该问题涉及上述法律文书有哪些可执行内容。我们认为，可以从四个方面加以诠释：第一，对于大多数行政机关胜诉的案件（如判决驳回原告诉讼请求），在判决理由所肯定的合法的行政决定常常包含需执行内容，也即在行政执行领域，具有确定力、羁束力和执行力的生效行政行为所加诸于公民、法人或者其他组织应当承担的法定义务，有时需要强制执行。这些义务经过法院审理后被认可，也即需要申请法院强制执行的标的和内容是被法院认可的行政行为，而非法院的生效裁判本身。第二，对于大多数行政机关败诉的案件（如判决变更行政处罚的数额，判决被告重新作出行政行为或责令其采取某种补救措施，判决被告承担赔偿责任等），执行标的和内容往往是法院通过裁判活动直接依法加诸于被告的义务，执行依据就是法院的生效裁判。第三，对于行政协议案件中行政机关败诉的情形（如法院判决被告承担继续履行、采取补救措施、赔偿损失等责任），执行标的和内容往往是法院依据当事人协议之约定，依法加诸于被告的义务。第四，还有一些行政机关败诉的案件（如单独判决撤销行政行为，判决确认行政行为违法或者无效），判决往往是对行政行为合法性、有效性的判断、评价与处置，属于法律关系确认类或者形成类的判决，通常情况下在司法执行和行政执行领域没有明确的可执行内容；但对于单独判决撤销行政行为，如果存在诉讼期间行政机关未停止执行等情形，其后需要恢复性救济，有时也可视为具有可执行性。

——最高人民法院行政审判庭编著：《最高人民法院行政诉讼法司法解释理解与适用》（下），人民法院出版社 2018 年版，第 714—715 页。

570 据以执行的法律文书表述的执行内容应明确具体

关键词 | 执行依据 |

【链接：理解与适用】

本条虽然旨在明确执行管辖主体，但作为执行依据的发生法律效力相关法律文书，其内容是否清晰明确，是否具有可执行性，也是确保执行效果的一个不容忽

视的问题。无论是行政裁判文书、调解书还是据以执行的行政机关的生效法律文书,在制作之时对于今后可能涉及的执行事项,应当根据各种具体特定情况,写明需要执行的具体内容,以减少日后引起纷争。由于不停止行政行为的执行是行政诉讼的一项特有原则,法院在作出生效行政裁判时,有些被诉行政行为可能已经执行完毕或者已部分执行,如果生效行政裁判撤销、部分撤销了被诉行政行为,或者对被诉行政行为作了变更或确认其违法,就意味着生效裁判的执行通常情况下即为恢复已被行政行为约束的内容。但是,如果被约束的内容并非相对人的合法权益,或者是相对人依法应当履行的义务,或者这种权益的恢复将会给国家利益、公共利益或者他人的合法权益造成重大损失的,则不发生此种恢复问题,宜由行政机关采取其他相应的补救措施。例如,根据行政诉讼法的规定,行政案件判决方式主要有:一是判决撤销或者部分撤销行政行为,并可以判决被告重新作出行政行为;二是判决被告履行其法定职责;三是判决变更显失公正的行政处罚;四是判决确认行政行为违法或者无效;五是判决驳回原告诉讼请求。我们认为,后两种判决形式在判决书主文部分缺乏可执行内容,这是由上述判决本身的法律特性决定的,执行主体也无法确定执行事项。而第一种撤销判决如果单独作出通常情况下缺乏可执行性,但存在行政机关已执行完毕需恢复性救济时仍具有可执行性。因此,法院在制作具有可执行内容的法律文书时,既要对被诉行政行为的合法性、有效性作出判断,也要对相对人依法应当得到恢复或救济的合法权益一并作出处理,可执行的内容应当明确、具体,便于操作。对一些需要通过行政赔偿方式恢复或弥补相对人合法权益的,应当通过行政赔偿程序审理和判决。就裁定书而言,大多数的裁定没有执行力,具有执行力的主要集中于一些财产保全、证据保全、先予执行等裁定。在执行过程中,对于具有执行内容,但作为执行根据的法律文书没有明确载明具体的执行内容、执行对象、执行方式等而无法操作的,应当提交作出生效判决的法院重新作出判决,或者以裁定的形式加以补正。

——最高人民法院行政审判庭编著:《最高人民法院行政诉讼法司法解释理解与适用》(下),人民法院出版社 2018 年版,第 725—726 页。

571 行政诉讼申请强制执行的期限及起算

关键词 | 申请执行期限 | 履行期间 | 中止 | 中断 |

【最高人民法院司法解释】

第一百五十三条 申请执行的期限为二年。申请执行时效的中止、中断，适用法律有关规定。

申请执行的期限从法律文书规定的履行期间最后一日起计算；法律文书规定分期履行的，从规定的每次履行期间的最后一日起计算；法律文书中没有规定履行期限的，从该法律文书送达当事人之日起计算。

逾期申请的，除有正当理由外，人民法院不予受理。

——《最高人民法院关于适用〈中华人民共和国行政诉讼法〉的解释》（2018年2月8日，法释〔2018〕1号）。

572 行政诉讼的执行管辖

关键词 | 执行管辖 | 第一审人民法院 | 第二审人民法院 |

【最高人民法院司法解释】

第一百五十四条 发生法律效力的行政判决书、行政裁定书、行政赔偿判决书和行政调解书，由第一审人民法院执行。

第一审人民法院认为情况特殊，需要由第二审人民法院执行的，可以报请第二审人民法院执行；第二审人民法院可以决定由其执行，也可以决定由第一审人民法院执行。

——《最高人民法院关于适用〈中华人民共和国行政诉讼法〉的解释》（2018年2月8日，法释〔2018〕1号）。

573 行政处罚的加处罚款在诉讼期间不应计算

关键词 | 加处罚款 | 执行罚 |

【最高人民法院答复】

云南省高级人民法院：

根据《中华人民共和国行政诉讼法》的有关规定，对于不履行行政处罚决定所加处的罚款属于执行罚，在诉讼期间不应计算。

——《最高人民法院行政审判庭关于行政处罚的加处罚款在诉讼期间应否计算问题的答复》(2007 年 4 月 27 日，〔2005〕行他字第 29 号)。

【链接：理解与适用】

人民法院审理或审查具体行政案件，在适用〔2005〕行他字第 29 号答复及相关司法解释时，应当注意以下问题：

（一）行政处罚决定被撤销后加处罚款决定不得予以执行

我们认为，加处罚款是依附行政处罚决定的存在而存在的，如果法院认定被诉行政处罚决定违法，依附其存在的加处罚款行为亦是违法的，无论是撤销还是变更，都说明该行政处罚决定违法，执行罚都不应当执行。因此，法院在确定被诉行政处罚决定违法后，对加处罚款的部分无须再进行审查。此外，行政机关申请人民法院执行其作出的具体行政行为，应当认定强制执行已经开始，故在法院受理后至采取强制执行措施前的这段期间亦不应计算。

（二）加处罚款的执行决定亦属于合法性审查的范围

被诉或申请执行的具体行政行为中具有加处罚款的内容，它就是该具体行政行为的一个组成部分，因此，法院在确认被诉行政处罚决定合法后，还应当对加处罚款决定的合法性进行审查。如果发现加处罚款超过法律规定的标准或者要求行政相对人执行行政罚款决定的期限极不合理等问题的，法院应当判决撤销或者不予执行这部分内容，令作出该具体行政行为的行政机关重新作出加处罚款的决定。

——蔡小雪：《行政处罚的加处罚款在诉讼期间不应计算》，载万鄂湘、张军主编：《最新执行与司法程序法律文件解读》(总第 3 辑)，人民法院出版社 2007 年版，第 230—233 页。

574 对行政机关履行公务必需的财产不能采取执行措施

关键词 | 执行措施 | 国家财政性资金 |

【最高人民法院答复】

甘肃省高级人民法院：

你院甘高法〔1999〕07 号《关于能否强制执行金昌市东区管委会有关财产的请示》收悉。经研究，答复如下：

我们认为,预算内资金和预算外资金均属国家财政性资金,其用途国家有严格规定,不能用来承担连带经济责任。金昌市东区管委会属行政性单位,人民法院在执行涉及行政性单位承担连带责任的生效法律文书时,只能用该行政单位财政资金以外的自有资金清偿债务。为了保证行政单位正常的履行职能,不得对行政单位的办公用房、车辆等其他办公必需品采取执行措施。

——《最高人民法院执行工作办公室对甘肃高院〈关于能否强制执行金昌市东区管委会有关财产的请示〉的复函》(2001 年 4 月 19 日,〔2001〕执他字第 10 号)。

575 法院查封之前，土地闲置已经超过两年的，行政机关收回土地使用权的处理

关键词 | 查封 | 土地闲置 |

【最高人民法院专业法官会议纪要】

27. 法院查封之前,土地闲置已经超过两年的,行政机关收回土地使用权是否合法。

答:法院查封之前,土地闲置已经超过两年的,市、县人民政府有权无偿收回土地使用权。但是,作出决定的市、县人民政府应当函请有关人民法院依法及时解除查封。人民法院及时解除查封的条件应当是,政府向债权人支付相应的债务及利息款项,结清查封土地上的债务。

理由:海南省第三届人民代表大会常务委员会第三次会议于 2003 年 6 月 6 日通过,并于 2003 年 7 月 1 日起实施的《关于加快处置海南经济特区停缓建工程的决定》第十三条第(一)项规定,对人民法院依法查封时已满两年未动工开发的土地和已满两年未完成项目投资总额百分之二十五的停缓建工程用地,由市、县、自治县人民政府决定依法无偿收回土地使用权的,作出决定的市、县、自治县人民政府应当函请有关人民法院依法及时解除查封。政府未无偿收回土地使用权之前,人民法院已经查封土地,依附在被查封土地上的债权是合法有效的,政府无偿收回土地使用权,函请人民法院解除查封,必须保障债权人合法债权的实现。

——《最高人民法院第一巡回法庭关于行政审判法律适用若干问题的会议纪要》(2018 年 7 月 23 日),载最高人民法院第一巡回法庭编著:《最高人民法院第一巡回法庭行政案件裁判精要》,中国法制出版社 2020 年版,第 198—199 页。

二、非诉行政执行

576 行政机关向人民法院申请非诉执行应当具备的条件

关键词 | 申请非诉执行条件 |

【最高人民法院司法解释】

第一百五十五条　行政机关根据行政诉讼法第九十七条的规定申请执行其行政行为,应当具备以下条件:

(一)行政行为依法可以由人民法院执行;

(二)行政行为已经生效并具有可执行内容;

(三)申请人是作出该行政行为的行政机关或者法律、法规、规章授权的组织;

(四)被申请人是该行政行为所确定的义务人;

(五)被申请人在行政行为确定的期限内或者行政机关催告期限内未履行义务;

(六)申请人在法定期限内提出申请;

(七)被申请执行的行政案件属于受理执行申请的人民法院管辖。

行政机关申请人民法院执行,应当提交行政强制法第五十五条规定的相关材料。

人民法院对符合条件的申请,应当在五日内立案受理,并通知申请人;对不符合条件的申请,应当裁定不予受理。行政机关对不予受理裁定有异议,在十五日内向上一级人民法院申请复议的,上一级人民法院应当在收到复议申请之日起十五日内作出裁定。

——《最高人民法院关于适用〈中华人民共和国行政诉讼法〉的解释》(2018年2月8日,法释〔2018〕1号)。

【链接:理解与适用】

1. 申请执行的行政行为应当是依法可以由法院执行的。依法可以由法院执行的行政行为,主要指依法可以对其提起行政诉讼,当事人在法定期限内既不提起诉讼又不履行，没有行政强制执行权的行政机关可以申请法院强制执行。理解该项规定的关键点：一是对于行政机关自身有强制执行权的情形，即不属于"依法可以由人民法院执行"，法院对行政机关提出的申请有权不予受理；二是虽然非诉申请事项限于"依法可以由人民法院执行"，但并不等于法院裁定准予执行后，只能由法院动用强制力量执行。目前，全国许多地方正积极推进由法院审查作裁定、由行政机关组织实施的"裁执分离"模式，这是因应中国国情和行政强制执行现实需要的方式选择，这一实践对于推进行政强制执行体制整体设计和制度改革具有积极意义。

2. 行政行为已经生效并具有可执行内容。所谓"已经生效"，主要有三方面含义：一是行政行为本身已经具备了发生法律效力的必要要件。二是具备对行政行为发生法律效力具有决定意义的其他要件。如行政处罚法第三条第二款规定了"没有法定依据或者不遵守法定程序的，行政处罚无效"。可见，生效行政行为应当是具有法律依据、依照法定程序作出的行政行为。三是生效行政行为还应当包括行政主体资格合法、依法已穷尽了行政程序，并已经依法送达当事人等。只有这些要件同时具备，方可以成为生效的行政行为。所谓依法穷尽行政程序，主要指行政行为依法应当履行的审批程序已经履行完毕，当事人依法申请行政救济的程序业已完结等。所谓"具有可执行内容"，是指行政行为具有可执行性，即行政行为确定被执行人具有给付的义务。这种给付义务主要表现为物权的转移和债权的实现以及要求被执行人为一定的行为等。如果行政行为没有要求当事人履行一定的给付义务或为一定的行为（如只属于确认自然资源所有权、使用权或注销、吊销相关证照等确认类或形成类的行为），则往往不具有可执行性，强制执行就失去了对象和内容，申请执行也就失去了意义，法院则不应受理。

3. 申请人是作出该行政行为的行政机关或者法律、法规、规章授权的组织。此项规定的重点在于强调申请人当为行政行为作出人。除行政机关外，还包括法律、法规、规章授权的组织。需加注意的是，如果有关组织是受行政机关委托而从事某种行政行为，则以委托机关为申请人；如果是行政机关的派出机构，则在其自身法定职权之外，仍由派出其的行政机关作为申请人。

4. 被申请人是该行政行为所确定的义务人。主要指行政行为所指向的行政相对人，在特定情形下，也包括其他可能对行政行为的执行造成直接妨害的被执行人。如被征收房屋的实际占用者等。

5. 被申请人在行政行为确定的期限内或者行政机关催告期限内未履行义务。上述期限通常由法律、法规、规章或者其他规范性文件明确规定，缺乏相关规定时，也可以由行政机关根据行政管理客观需要和当事人必要的准备期限与可接受程度科学合理地加以酌定。

6. 申请人在法定期限内提出申请。根据行政强制法第五十三条以及《行诉解释》第一百五十六条的规定,这一申请期限应当为被执行人的法定起诉期限届满之日起三个月内。

7. 被申请执行的行政案件属于受理申请执行的人民法院管辖。根据《行诉解释》第一百五十七条之规定,此类行政非诉案件由申请人所在地基层法院受理;执行对象为不动产的由不动产所在地的基层法院受理。基层法院认为执行确有困难的,可以报请上级法院执行。上级人民法院可以决定由其执行,也可以决定由下级人民法院执行。

——最高人民法院行政审判庭编著:《最高人民法院行政诉讼法司法解释理解与适用》(下),人民法院出版社 2018 年版,第 729—730 页。

577 行政机关向人民法院申请非诉执行的期限

关键词 | 申请非诉执行期限 | 除斥期间 |

【最高人民法院司法解释】

第一百五十六条　没有强制执行权的行政机关申请人民法院强制执行其行政行为,应当自被执行人的法定起诉期限届满之日起三个月内提出。逾期申请的,除有正当理由外,人民法院不予受理。

——《最高人民法院关于适用〈中华人民共和国行政诉讼法〉的解释》(2018 年 2 月 8 日,法释〔2018〕1 号)。

【链接:理解与适用】

关于行政机关提起行政非诉执行申请的期限,本条规定了“应当自被执行人的法定起诉期限届满之日起三个月内提出”。此处的“法定起诉期限”,主要指公民、法人或者其他组织依法享有诉权的期限,当其在该期限内不提起诉讼又不履行行政行为时,待该期限一过,行政机关即有权通过向法院申请强制执行而启动行政非诉程序。有关期限在不同法律和司法解释中有不同的规定。此处规定的三个月的期限,是与行政诉讼法第四十五条、第四十六条等有关起诉期限的规定相对应衔接的,就起诉期限的一般规定而言,行政诉讼法第四十五条规定了对复议决定或者复议机关逾期不作决定不服的起诉期限是十五天，直接向法院起诉的是六个月（自知道或者应当知道行政行为之日起）。期满行政机关即可以在本条所规定的三个月内申请法院强制执行。本条的规定保持了与行政强制法第五十三条规定的一致性。如前所述，行政强制法第五十三条规定的要义是强调行政机关申请强制执行的前提是当事人不申请行政复议或者提起行政诉讼，又不履行行政决定。在适用范围上包括了复议终局与复议前置，较之于本条适用范围更广，逻辑上也更为周延。事实上，本条规定并不排斥复议终局或复议前置情形下行政非诉程序的启动，而是突出强调了不行使诉权是启动行政非诉程序的主要前提。起诉期限与复议期限的关系问题，目前法律有不同规定。对于复议终局的，主要指自被执行人申请复议的期限届满之日起三个月内，行政机关可启动非诉程序；而对于占绝大多数的非复议终局情形，主要包括复议前置及当事人可直接起诉（有选择权）两种类型，不论哪种，行政机关申请法院强制执行行政行为，应当自被执行人的法定起诉期限届满之日起三个月内提出。

《若干解释》第八十八条有关"行政机关申请人民法院强制执行其具体行政行为，应当自被执行人的法定起诉期限届满之日起 180 日内提出"的规定，目前应已被行政强制法和本条规定替代。此外，有关三个月申请执行期限的起算点。我国民法总则规定的期间计算方法是以历法为计算方法，即以日、月、年计算期间，开始的当天不算入，从下一日开始计算。

据此，行政机关申请法院强制执行的三个月的起算日应从当事人申请司法救济的期间届满之日的次日起算。另外，法定期限属除斥期间还是可变期间曾有一定争议。在制定行政强制法过程中，立法机关认为三个月的期间为除斥期间。理由是行政机关申请法院强制执行其行政决定，是出于公共利益，与民事案件当事人申请法院执行是处分自己私利不同。为了提高行政效率，维护公共利益，行政机关应在一个不变的期间内向法院申请强制执行，因此该三个月的除斥期间没有中止、中断之说。

——最高人民法院行政审判庭编著：《最高人民法院行政诉讼法司法解释理解与适用》（下），人民法院出版社 2018 年版，第 739—741 页。

578 行政机关申请人民法院强制执行前催告当事人履行义务的时间可以在行政复议和行政诉讼期限届满后，也可以在届满之前

关键词 | 催告义务 | 申请人民法院强制执行 |

【最高人民法院答复】

北京市高级人民法院：

你院《关于行政机关申请人民法院强制执行前催告当事人履行义务的时间问题的请示》（京高法〔2019〕137 号）收悉。经研究，同意你院第一种意见，即当事人在行政决定所确定的履行期限届满后仍未履行义务的，行政机关即可催告当事人履行义务。行政机关既可以在行政复议和行政诉讼期限届满后实施催告，也可以在行政复议和行政诉讼期限届满之前实施催告。

——《最高人民法院关于行政机关申请人民法院强制执行前催告当事人履行义务的时间问题的答复》（2019 年 6 月 17 日，〔2019〕最高法行他 48 号）。

【链接：最高人民法院法官著述】

行政强制法新增加了催告程序。催告程序，是指义务人在行政决定所确定的履行义务期限届满后仍不自动履行义务时，行政机关书面通知义务人应立即履行义务，并告之如义务人仍不履行义务将面临的不利后果和强制执行的方式。催告书是否仍然应当为义务人重新设定一个自动履行的期限，行政强制法没有作出明确规定。我们认为，行政机关有权根据义务的性质及强制执行的紧迫程度，自行决定是否还需要另行确定催告履行期限。需要说明的是，对催告书应当何时送达、催告书送达日期与相对人提起复议和诉讼的期限是何种关系，行政强制法并没有明确规定。一般认为，只要在行政决定所确定的履行期限届满后，相对人仍未履行义务的，行政机关就可以催告自动履行。也就是说，催告书送达时间与法定的复议或诉讼期限没有关系。行政机关既可以在法定的复议或起诉期限届满后申请强制执行，也可以在后两者未届满之前实施催告程序，送达催告书。这就与法定的复议和起诉期限可能存在以下两种关系：一是催告书送达时，相对人申请复议或者提起诉讼的期限仍未届满。催告书期限届满时，如相对人申请复议或者提起行政诉讼的期限仍未届满，行政机关则应等后者期限届满后才能申请强制执行；如催告书期限届满时，相对人申请复议或者提起行政诉讼的期限也已届满，则行政机关可以立即申请强制执行。由于行政机关在复议或者提起诉讼的期限届满后三个月内必须申请人民法院强制执行，逾期申请即使有正当理由，人民法院将不予执行，因此催告程序完全实施完毕必须在此三个月之内；换言之，催告书至少必须在三个月期限届满前的十日前向义务人送达。对行政机关申请执行行政强制法生效前的行政决定，是否需要遵守催告程序也存在两种不同意见。一种意见认为，如行政机关申请执行行政强制法实施前生效的行政决定，且行政机关在该法实施后向人民法院申请强制执行的，应适用《若干问题解释》的有关规定。因此，不应适用行政强制法中关于催告程序的规定。我们认为，行政强制法实施后，根据实体从旧、程序从新的原则，行政机关在2012年1月1日后申请执行其在行政强制法实施前生效的行政决定的，应当按照行政强制法第五十四条的规定先行催告，未经先行催告程序即申请人民法院强制执行的，人民法院不予受理。

——耿宝建：《实施行政强制法应当注意的十个问题》，载《人民法院报》2013年2月20日。

579 行政机关既有强制执行权又可以申请法院执行，如果行政机关申请法院强制执行的，法院可以依法受理

关键词 | 强制执行权 | 申请法院强制执行 |

【链接：理解与适用】

一、关于行政机关既有强制执行权又可申请法院执行的情形

在界定是否系“没有强制执行权的行政机关”问题上，有一种特殊情形是，法律既授予了行政机关强制执行权，同时又规定也可以申请法院强制执行的行政行为。例如，税收征收管理法第八十八条第三款规定：“当事人对税务机关的处罚决定逾期不申请行政复议也不向人民法院起诉、又不履行的，作出处罚决定的税务机关可以采取本法第四十条规定的强制执行措施，或者申请人民法院强制执行。”海关法第九十三条规定：“当事人逾期不履行海关的处罚决定又不申请复议或者向人民法院提起诉讼的，作出处罚决定的海关可以将其保证金抵缴或者将其被扣留的货物、物品、运输工具依法变价抵缴，也可以申请人民法院强制执行。”对此，《若干解释》第八十七条第二款曾经规定，“法律、法规规定既可以由行政机关依法强制执行，也可以申请人民法院强制执行，行政机关申请人民法院强制执行的，人民法院可以依法受理”。《行诉解释》已将此款删除。

——最高人民法院行政审判庭编著：《最高人民法院行政诉讼法司法解释理解与适用》（下），人民法院出版社2018年版，第741—742页。

580 行政机关申请人民法院强制执行其行政行为案件的管辖

关键词｜非诉执行管辖｜不动产｜

【最高人民法院司法解释】

第一百五十七条　行政机关申请人民法院强制执行其行政行为的，由申请人所在地的基层人民法院受理；执行对象为不动产的，由不动产所在地的基层人民法院受理。

基层人民法院认为执行确有困难的，可以报请上级人民法院执行；上级人民法院可以决定由其执行，也可以决定由下级人民法院执行。

——《最高人民法院关于适用〈中华人民共和国行政诉讼法〉的解释》（2018年2月8日，法释〔2018〕1号）。

581 行政裁决案件中申请人民法院强制执行生效行政裁决主体的特殊规定

关键词｜行政裁决｜申请法院强制执行｜

【最高人民法院司法解释】

第一百五十八条　行政机关根据法律的授权对平等主体之间民事争议作出裁决后，当事人在法定期限内不起诉又不履行，作出裁决的行政机关在申请执行的期限内未申请人民法院强制执行的，生效行政裁决确定的权利人或者其继承人、权利承受人在六个月内可以申请人民法院强制执行。

享有权利的公民、法人或者其他组织申请人民法院强制执行生效行政裁决，参照行政机关申请人民法院强制执行行政行为的规定。

——《最高人民法院关于适用〈中华人民共和国行政诉讼法〉的解释》（2018年2月8日，法释〔2018〕1号）。

582 申请非诉执行前申请人可以申请财产保全

关键词｜财产保全｜申请法院强制执行｜

【最高人民法院司法解释】

第一百五十九条 行政机关或者行政行为确定的权利人申请人民法院强制执行前,有充分理由认为被执行人可能逃避执行的,可以申请人民法院采取财产保全措施。后者申请强制执行的,应当提供相应的财产担保。

——《最高人民法院关于适用〈中华人民共和国行政诉讼法〉的解释》(2018年2月8日,法释〔2018〕1号)。

【最高人民法院答复】

上海市高级人民法院:

你院沪高法〔2000〕330号关于如何执行《最高人民法院关于执行〈中华人民共和国行政诉讼法〉若干问题的解释》第九十二条的请示收悉。经研究,答复如下:

申请人在具体行政行为对外发生法律效力后至申请执行的期限内,依据《最高人民法院关于执行〈中华人民共和国行政诉讼法〉若干问题的解释》第九十二条①的规定,可以向人民法院申请采取财产保全措施。

——《最高人民法院行政审判庭对如何执行〈关于执行《中华人民共和国行政诉讼法》若干问题的解释〉第九十二条的请示的答复》(2000年12月14日,法行〔2000〕21号)。

583 申请非诉执行由行政审判庭进行合法性审查，执行机构执行

关键词｜合法性审查｜明显违法｜

【最高人民法院司法解释】

第一百六十条 人民法院受理行政机关申请执行其行政行为的案件后,应当在七日内由行政审判庭对行政行为的合法性进行审查,并作出是否准予执行的裁定。

人民法院在作出裁定前发现行政行为明显违法并损害被执行人合法权益的,应当听取被执行人和行政机关的意见,并自受理之日起三十日内作出是否准予执

① 该司法解释已被废止。其内容可见《最高人民法院关于适用〈中华人民共和国行政诉讼法〉的解释》第一百五十九条。——编者注

行的裁定。

需要采取强制执行措施的，由本院负责强制执行非诉行政行为的机构执行。

——《最高人民法院关于适用〈中华人民共和国行政诉讼法〉的解释》(2018年2月8日，法释〔2018〕1号)。

【最高人民法院司法文件】

一、行政机关申请人民法院强制执行案件由行政审判庭负责审查。经教育，行政行为相对人自动履行的，即可结案。需要强制执行的，由行政审判庭移送执行庭办理。

二、对于申请执行的具体行政行为，人民法院必须认真进行审查，切实履行法律赋予的监督职责，坚决防止和杜绝违法失职现象的发生。因不审查或不认真审查而给被申请人造成损失的，应当追究有关人员的责任。

三、人民法院经审查，确认申请执行的具体行政行为有明显违法问题，侵犯相对人实体合法权益的，裁定不予执行，并向申请机关提出司法建议。

——《最高人民法院关于办理行政机关申请强制执行案件有关问题的通知》(1998年8月18日，法〔1998〕77号)。

584 人民法院对申请非诉执行的行政行为的审查标准

关键词 | 明显缺乏 | 明显违法 | 主体资格 |

【最高人民法院司法解释】

第一百六十一条 被申请执行的行政行为有下列情形之一的，人民法院应当裁定不准予执行：

(一)实施主体不具有行政主体资格的；

(二)明显缺乏事实根据的；

(三)明显缺乏法律、法规依据的；

(四)其他明显违法并损害被执行人合法权益的情形。

行政机关对不准予执行的裁定有异议，在十五日内向上一级人民法院申请复议的，上一级人民法院应当在收到复议申请之日起三十日内作出裁定。

——《最高人民法院关于适用〈中华人民共和国行政诉讼法〉的解释》(2018年2月8日，法释〔2018〕1号)。

【链接：理解与适用】

（一）实施主体不具有行政主体资格的

……

按照行政诉讼法的规定以及司法实践，行政主体一般分为两类：一是国家行政机关，二是法律法规规章授权的组织。实践中，不具有行政主体资格的情形常表现为以下几种：一是没有法律法规规章授权的行政机关内设机构、派出机构，但实践中以自己名义作出的行政行为；二是根本不具有行政管理职能的社会团体、组织或者法人，没有法律法规依据，或者超出法律法规授权，擅自以自己名义对外实施行政管理的行为。如某社会团体对团体成员的结婚年龄作出限制的行为，某工厂对进入厂区道路的车辆进行处罚的行为。严格而言，不具有行政主体资格的主体所作的行政行为，并不是法律意义上的行政行为，有关主体申请人民法院强制执行缺乏基础合法性，人民法院难以支持。实践中人民法院需加注意，一是可以告知申请者可通过民事或其他途径解决问题，二是避免将有行政主体资格的主体误认为无行政主体资格主体。因此，在原有规定基础上增加上述规定是十分必要的。

（二）明显缺乏事实根据的

所谓明显缺乏事实根据，实质上指认定事实的主要证据不足。之所以对缺乏事实根据冠以“明显”加以限定，目的是对那些不是明显缺乏事实根据的行政行为不作无效认定，不将其纳入不准予执行的情形之列。例如，行政行为认定违法行为人有违法所得决定予以没收，在违法所得的认定上，一部分数额证据充分，另一部分数额的认定缺乏证据，而被处罚人对此没有提出异议或者不能提出否定的证据，或者说既不能表明认定该部分违法所得的主要证据充分，也不能认定其是合法财产。从行政诉讼中一般由被告承担举证责任的角度说，这种情形在诉讼程序的合法性审查中一般是难以原谅的，但在行政非诉审查程序中则可以不认为是明显缺乏事实根据；只有缺乏事实根据达到明显的程度，才能裁定不准予执行。当然，这种明显程度如何掌握，需要结合具体案件具体分析，实践中难以一概而论。但作为人民法院审查行政非诉案件的重要标准之一，要有充分的现实可操作性，在很多案件中表现为达到任何有理智的人均能够判断的程度。

（三）明显缺乏法律、法规依据的

所谓明显缺乏法律、法规依据，是指行政行为没有法律、法规依据或者适用法律、法规有明显的错误等情形。本条规定在行政强制法和《行诉解释》中增加了“法规”依据，扩充了以往仅对“法律”的较窄理解。一般表现为：第一，行政行为没有适用法律、法规规范，并且行政行为所针对的特定行为或者事项没有相应的法律、法规可以适用，即找不到相应的法定依据；第二，行政行为适用的是已经废止或者失去效力的法律、法规；第三，行政行为所适用的法律、法规不适用于该行政行为所针对的特定行为或者事项；第四，行政行为确实是适用了某些“规定”，但这种“规定”既不是法律、法规，也不是规章及以下的规范性文件，如某个人的讲话、民间机构章程等；第五，行政行为适用了没有相应法律、法规为依据或者与法律、法规相冲突的规章及以下的其他规范性文件或政策。对于第五种情况，要具体案件具体分析。如果其他规范性文件或政策没有相应的法律、法规为依据，但是行政机关根据基层行政管理工作的实际需要或者国家利益、公共利益的需要而制定，这种规范性文件确有一定的合理性和必要性，而且与法律、法规、规章以及相关政策精神也不冲突，就不宜认定为没有依据。例如，在河道中取沙，一般情况下对疏通河道是有利的。但如果不分季节、不分地点地滥挖滥取，就可能影响河道的畅通和防洪工作。但是，归于特定地段河道的取沙季节和地点的确定，法律、法规以及规章不太可能作出规定，只能由当地的规范性文件加以确定。行政机关适用这种规范性文件作出的行政行为，就不能认定为没有依据。而如果某基层行政机关出于地方利益的需要，规定本地商业企业只能销售本地的产品，否则将给予处罚。这种规定既侵犯了企业的经营自主权，也违反了反不正当竞争法的规定，适用这类规定作出的行政处罚，即属于明显缺乏法律、法规依据的行为。

本条规定要与行政诉讼法第七十条所规定的“适用法律、法规错误”有所区别。后者主要指所适用的法律、法规依据未能准确对应行政行为所针对的行为或情形，而相关情形本身有法律、法规依据。如适用工商行政管理的法律规范处理税务违法行为等；如果应当适用同一法律的甲条款而适用了乙条款，两个条款在对违法行为或特定事项的性质认定、处罚（处理）上没有原则性的差别，也可归于适用法律、法规错误而非没有法律、法规依据处理。司法实践中，“适用法律、法规错误”主要针对一般违法情形，而非重大且明显违法情形。

（四）其他明显违法并损害被执行人合法权益的情形

所谓其他明显违法并损害被执行人合法权益的，是一种概括性规定，也是一个兜底条款，即除前三项列举规定的情形以外，行政行为有其他明显违法并且损害被执行人合法权益的情形。其他明显违法的情形，一般应当包括行政行为超越了行政机关的法定职权范围；行政机关滥用职权作出行政行为并损害被执行人合法权益；行政机关严重违反法定程序等。这里有几个相关的问题值得注意：一是超越职权的行政行为无须附加损害被执行人合法权益的条件，即只要是行政机关的越权行为,无论是否损害了被执行人的合法权益,都不应准予执行;二是滥用职权和违反法定程序应当是明显的严重的,如行政机关在作出处罚时剥夺当事人的申辩权,并且因当事人申辩对已经作出的处罚又多次加重处罚,又如违反了重要的法定程序,应当适用听证程序的没有举行听证等;三是滥用职权和违反法定程序应当同时损害了被执行人的合法权益,或者说虽然行政行为存在滥用职权和违反法定程序的问题,如果并未损害被执行人的合法权益,也不产生该项规定的后果;四是被执行人的合法权益应当是一种实体上的权益;五是显失公正的行政处罚不宜包括在该条第(三)项规定的情形之内。现实生活中,也可能存在这样的情况:行政行为虽然没有明显滥用职权和违反法定程序等情形,但确实损害了被执行人实体上的合法权益。此种情况可从两个方面分析:其一,行政行为如果损害了被执行人的合法权益,必然存在前述严重违法、不应准予执行的问题,可以适用相应款项作出处理;其二,损害被执行人实体上的合法权益应当作为首要的核心问题加以考虑,无论是因行政行为何种问题所致,都不应当准予执行。

——最高人民法院行政审判庭编著:《最高人民法院行政诉讼法司法解释理解与适用》(下),人民法院出版社 2018 年版,第 766—769 页。

585 经非诉执行程序审查，并准予执行的行政行为，可否作为被诉行政行为

关键词 | 非诉执行 | 生效裁定 |

【最高人民法院裁判案例】

徐文革诉庐江县住房和城乡建设局房屋拆迁裁决案[最高人民法院(2016)最高法行申 1276 号行政裁定书]

最高人民法院对如何理解《最高人民法院关于执行〈中华人民共和国行政诉讼法〉若干问题的解释》第四十四条第一款第(十)项规定的请示的答复规定,行政诉讼的标的为人民法院生效判决书、裁定书和调解书所羁束的,人民法院应当依法裁定不予受理;已经受理的,应当依法裁定驳回起诉。本案徐文革的诉请是确认庐江县住建局作出的庐建拆裁字(2013)10 号房屋拆迁裁决违法,一、二审裁定以其起诉的诉讼标的受已生效的准予强制执行裁定的内容所羁束为由,对徐文革的起诉不予立案。因准予强制执行裁定的审查内容、审查标准以及审查期限等均不同

于进入诉讼程序的行政裁定，因此，准予强制执行裁定不属于上述法律规定的生效裁定书的范围，故一、二审裁定以此为由，驳回徐文革的起诉，适用法律错误，应予纠正。

——中国裁判文书网，https://wenshu. court. gov. cn/。

【链接：最高人民法院法官著述】

不难看出，非诉执行程序的审查标准是“明显”违法，这显然与一般的诉讼程序的审查标准不同。而一个具有既判力，从而可以阻断后案的裁判，应当是在审查对象、审查程序，尤其是在审查程度上相当的裁判。故而，本书认为，准予执行裁定本质上不同于《行诉解释》第六十九条第一款第（九）项所规定的“生效裁判”，对于已经执行审查的行政行为，如果当事人起诉时，确未超过起诉期限，不能简单地以受到非诉执行裁定的羁束为由不予立案。当然，此类案件进入审理程序后，如果经审查发现被诉行政行为确有错误，需要纠正，应当在作出裁判前，通过行政诉讼法第九十二条规定的发现程序对准予执行裁定先行纠正。

——阎巍、胡卉明：《集体土地征收案件裁判思路与裁判规则》，法律出版社2020年版，第68—69页。

586 行政相对人对行政机关就其申请并经法院审查准予执行的行政决定所实施的强制执行行为不服提起诉讼的，如何处理

关键词｜可诉性｜受案范围｜

【最高人民法院答复】

浙江省高级人民法院：

你院《关于“裁执分离”组织实施行为可诉性问题的请示》（浙高法〔2017〕165号）请示收悉。经研究，答复如下：

人民法院受理行政机关申请执行其行政行为的案件，对行政行为的合法性进行审查。人民法院依法作出准予执行裁定的，行政机关就其申请并经法院审查准予执行的行政决定所实施的强制执行行为，仍属于行政行为。该行为是否可诉，应根据当事人的诉讼请求及理由作区分处理：

一、人民法院作出准予执行裁定后，公民、法人或者其他组织又就行政机关申

请执行的行政行为提起行政诉讼或者行政赔偿诉讼的,人民法院不予受理。

二、被执行人及利害关系人仅以行政机关据以申请执行的行政行为(决定)本身违法等为由主张行政机关实施的强制执行行为违法提起行政诉讼或者行政赔偿诉讼的,人民法院不予受理。

三、被执行人及利害关系人以行政机关实施的强制执行行为存在违反法定程序,与人民法院作出的准予执行裁定确定的范围、对象不符等特定情形,给其造成损失为由提起行政诉讼或者行政赔偿诉讼的,人民法院应当依法受理。

——《最高人民法院关于"裁执分离"后行政机关组织实施行为是否具有可诉性问题的批复》(2018年3月7日,〔2017〕最高法行他550号)。

【链接：理解与适用】

一、关于"裁执分离"后强制执行行为的可诉性

各地在推进"裁执分离"改革过程中遇到的一个现实问题是,行政机关或第三人申请法院强制执行后,经适用"裁执分离"原则,由行政机关组织实施之后,该组织实施的强制执行行为是否属于行政诉讼受案范围。一种意见认为,由行政机关组织实施的活动在性质上属于《行诉解释》第一条第二款第(七)项所规定的"行政机关根据人民法院的生效裁判、协助执行通知书作出的执行行为,但行政机关扩大执行范围或者采取违法方式实施的除外",通常不属于行政诉讼的受案范围;另一种意见认为,行政非诉案件的执行依据并非法院裁定,而是行政机关的行政决定,其组织实施行为在性质上仍是行政强制执行,应当接受人民法院的司法审查。至于是否存在"行政机关扩大执行范围或者采取违法方式实施",恰恰是立案受理之后的审查事项,而非限制立案的条件。

我们认同后一种意见主要理念的同时,结合当事人就此类执行行为提起诉讼的理由,在处理方式上可作进一步细分。最高人民法院审判委员会对此问题研究后形成的意见是:行政机关申请人民法院强制执行,人民法院依法作出准予执行裁定后,行政机关就其申请并经法院审查准予执行的行政决定所实施的强制执行行为,其行为本身仍然是行政行为,并非司法行为。因当事人在人民法院受理准予执行案件后未在法定期限内对征收补偿决定提起行政诉讼,其已经丧失对征收补偿决定的诉权,故在行政机关强制执行后当事人针对征收补偿决定提起行政诉讼的,人民法院不应予以受理。行政机关强制执行后,被执行人及利害关系人以征收补偿决定违法等为由笼统起诉执行行为违法的,人民法院也不应予以受理。被执行人及利害关系人以行政机关强制执行行为存在违反法定程序、执行行为超过法院

裁定确定的范围等特定情形,造成其不应有的损失为由提起行政诉讼的,属于行政诉讼的受理范围,人民法院应予受理。结合对上述意见的理解,我们认为,“裁执分离”主要是强制执行的审查活动与组织实施活动在法律主体、法律关系以及法律责任上的分离,尽管有的经过了行政诉讼,但是,对于自身具有强制执行权的行政机关而言,其作出的行政强制执行行为所涉及的权利义务与生效行政判决涉及的权利义务并不完全一致,也就是说,行政强制执行行为在行政裁判之外影响了当事人的权利义务,因此,应当允许被执行人对行政强制执行行为提起行政诉讼。对于根据法院裁判而组织实施强制执行的行政机关而言,尽管其系依据法院裁判而有权组织实施的,但是,法院裁判仅赋予了行政机关组织实施的职权,对于行政机关具体组织实施中的程序是否合法、有无侵犯被执行人的合法权益等问题,难以由先期的法院裁判所预知和羁束,因此应允许被执行人对其后的强制执行行为提起行政诉讼。当然,如果被执行人仅起诉行政机关无组织实施职权或者以征收补偿决定违法等为由笼统起诉执行行为违法的情形可以除外。同样,法院在其后被执行人提起的针对此类行政事实行为的行政诉讼中,通常不再专门审查作为执行依据的行政行为本身的合法性(因在诉讼过程中已经进行过审查),主要审查重点为行政机关在组织实施过程中是否有新出现的行政违法情形。对此,2012 年 4 月 5 日颁布的《最高人民法院关于认真贯彻执行〈关于办理申请人民法院强制执行国有土地上房屋征收补偿决定案件若干问题的规定〉的通知》(法〔2012〕97 号)明确规定了法院“对被执行人及利害关系人认为强制执行过程中具体行政行为违法而提起的行政诉讼或者行政赔偿诉讼,应当依法受理”。另需说明的是,“裁执分离”后的强制执行行为,不仅包括经过行政非诉程序后行政机关组织实施的执行行为,也包括法院在诉讼中作出驳回原告诉讼请求裁定之后,行政机关依据行政诉讼法第九十五条经向法院申请并由法院裁定准予执行后所组织实施的执行行为(执行的实体依据依然是生效行政决定)。此外,上述意见指出,如果行政机关强制执行后,被执行人及利害关系人以征收补偿决定违法等为由笼统起诉执行行为违法的,人民法院不应予以受理。根据《行诉解释》第六十九条相关规定精神,已经立案的,应当裁定驳回起诉。

——最高人民法院行政审判庭编著:《最高人民法院行政诉讼法司法解释理解与适用》(下),人民法院出版社 2018 年版,第 760—762 页。

587 非诉执行案件人民法院裁定不予执行后，有强制执行权的行政机关不能再自行执行

关键词｜裁定不予执行｜自行执行｜

【链接：最高人民法院法官著述】

人民法院作出的不准予执行裁定，具有既判力，行政机关不能违背裁定的宗旨和内容。在行政机关既可以依法强制执行，又可以申请人民法院强制执行的情况下，如果行政机关选择了申请人民法院强制执行，人民法院依法作出了不准予执行的裁定。该裁定对于非诉行政行为具有拘束力，行政机关即便具有强制执行权，亦不得行使强制执行权。因为该裁定已经对非诉行政行为的合法性进行了审查，已经确认其存在"重大且明显"的瑕疵，不能允许其进入强制执行过程。

——本书编委会编：《行政诉讼法司法解释实务指南与疑难解答》，中国法制出版社2018年版，第586页。

588 非诉执行案件中作为被执行人的法人终止，人民法院应通知变更被执行人

关键词｜非诉行政执行｜被执行人终止｜变更被执行人｜

【最高人民法院答复】

山东省高级人民法院：

你院鲁高法函〔1999〕62号《关于非诉执行案件中作为被执行人的法人终止，人民法院是否可以直接裁定变更被执行人的请示》收悉。经研究，答复如下：

人民法院在办理行政机关申请人民法院强制执行其具体行政行为的案件过程中，作为被执行人的法人出现分立、合并、兼并、合营等情况，原具体行政行为仍应执行的，人民法院应当通知申请机关变更被执行人。对变更后的被执行人，人民法院应当依法进行审查。

——《最高人民法院对〈关于非诉执行案件中作为被执行人的法人终止，人民法院是否可以直接裁定变更被执行人的请示〉的答复》（2000年5月29日，法行〔2000〕16号）。

589 违反土地管理法的建筑物、其他设施的强制拆除的主体的确定

关键词 | 强制拆除 | 裁执分离 |

【最高人民法院答复】

山西省高级人民法院：

你院《关于违反土地管理法的建筑物、其他设施强制拆除实施主体问题的请示》（晋高法函〔2018〕42 号）收悉。经研究，答复如下：

原则同意你院第一种意见。理由如下：

2012 年 4 月，最高人民法院针对国有土地上房屋征收补偿决定非诉执行案件制定了《最高人民法院关于办理申请人民法院强制执行国有土地上房屋征收补偿决定案件若干问题的规定》，其中第九条明确规定："人民法院裁定准予执行的，一般由作出征收补偿决定的市、县级人民政府组织实施，也可以由人民法院执行。"该规定是从现实可行性出发，经有关国家机关反复协商后形成的共识，符合"裁执分离"的司法改革基本方向。其中，由"市、县级人民政府组织实施"是总的原则，"也可以由人民法院执行"是个别例外情形。

2014 年 7 月，最高人民法院下发《关于在征收拆迁案件中进一步严格规范司法行为积极推进"裁执分离"的通知》（法〔2014〕191 号），进一步明确"要积极拓宽'裁执分离'适用范围"，并指出"浙江省高级人民法院在省委、省政府的大力支持下出台相关规定，明确将'裁执分离'扩大至征收集体土地中的房屋拆迁、建筑物非法占地强制拆除等非诉案件和诉讼案件，该做法值得推广和借鉴"。

因此，我们认为，对于违反土地管理法的建筑物、其他设施的强制拆除，也可以参照《最高人民法院关于办理申请人民法院强制执行国有土地上房屋征收补偿决定案件若干问题的规定》第九条的规定，朝着"裁执分离"的方向作出探索和改进。

——《最高人民法院关于违反土地管理法的建筑物、其他设施强制拆除实施主体问题的答复》（2019 年 7 月 31 日，〔2018〕最高法行他 822 号）。

590 涉及公路桥梁下面修建的违法建筑的非诉行政执行申请，因公路管理机构有强制拆除权，不予受理

关键词 | 违法建筑 | 非诉行政执行 |

【最高人民法院答复】

安徽省高级人民法院：

你院〔2013〕皖行他字第00003号《关于公路桥梁下面违法建筑强制拆除如何适用法律问题的请示》收悉。经研究：

原则同意你院倾向性意见，根据《中华人民共和国行政强制法》第五十条、《中华人民共和国公路法》第五十六条、第八十一条和《公路安全保护条例》第十一条第三款的规定，公路管理机构对公路桥梁下面修建的违法建筑，有强制拆除的权力。公路管理机构向人民法院申请强制执行的，人民法院不予受理。

——《最高人民法院关于对公路桥梁下面违法建筑强制拆除适用法律问题的答复》（2013年12月28日，〔2013〕行他字第12号）。

591 涉及违章建筑强制拆除的非诉行政执行申请，因行政机关有强制执行权，不予受理

关键词 | 强制拆除 | 违章建筑 |

【最高人民法院司法解释】

北京市高级人民法院：

根据行政强制法和城乡规划法有关规定精神，对涉及违反城乡规划法的违法建筑物、构筑物、设施等的强制拆除，法律已经授予行政机关强制执行权，人民法院不受理行政机关提出的非诉行政执行申请。

——《最高人民法院关于违法的建筑物、构筑物、设施等强制拆除问题的批复》（2013年4月3日，法释〔2013〕5号）。

【链接：答记者问】

从《批复》表述的准确性而言，重在强调人民法院不受理行政机关提出的有关限期拆除决定等的非诉行政执行申请。

强调"非诉"的意义，首先在于严格区分是否属于诉讼中的强制执行。在诉讼案件中，根据行政诉讼法第六十五条和《最高人民法院关于执行〈中华人民共和国行政诉讼法〉若干问题的解释》第八十三条的规定，对发生法律效力的行政判决

书、行政裁定书、行政赔偿判决书和行政赔偿调解书,负有义务的一方当事人拒绝履行的,对方当事人可以依法申请人民法院强制执行。即属于诉讼中的“申请人民法院强制执行”情形。至于一些地方行政机关在诉讼中申请人民法院“先予执行”被诉行政行为的,原则上不得准许。而非诉行政强制执行的前提是“非诉”。

其次在于严格区分行政机关是否有无完全行政强制执行权。只有没有完全行政强制执行权的行政机关才可以向法院提出非诉行政执行申请。而行政强制法、城乡规划法已经授权县级以上人民政府可以责成有关部门强制拆除。需要说明的是,司法实践中对行政强制法第四十四条规定的“行政机关可以依法强制拆除”存在两种争议:一种意见认为是完全授权,即只要是“违法的建筑物、构筑物、设施等需要强制拆除的”,行政机关都可以依法强制拆除;另一种意见认为是特定授权,即只有其他法律明确规定行政机关的强制拆除权时,才可“依法”强制拆除。该条专门针对违法建筑物、构筑物、设施等的强制拆除问题,具有明确的指向性。孤立地看,可能存在上述争议,但如果结合城乡规划法第六十五条、第六十八条以及行政强制法第三十四条有关“行政机关依法作出行政决定后,当事人在行政机关决定的期限内不履行义务的,具有行政强制执行权的行政机关依照本章规定强制执行”的规定,则不会产生理解歧义。同时,所依之“法”根据行政强制法第十三条有关“行政强制执行由法律设定”的规定,应当限于法律。此外,有的观点主张作出限期拆除决定的城乡规划主管部门本身没有强制执行权,可以自己名义向法院提出非诉行政执行申请。我们认为,法律既然规定“县级以上地方人民政府可以责成有关部门采取查封施工现场、强制拆除等措施”,就意味着“强制拆除”要按照行政程序执行,县级以上地方人民政府已经获得了法定授权,启动非诉执行的司法程序的理由不足。

城乡规划法中有关强制拆除的授权性规定集中体现于两条。该法第六十五条规定:“在乡、村庄规划区内未依法取得乡村建设规划许可证或者未按照乡村建设规划许可证的规定进行建设的,由乡、镇人民政府责令停止建设、限期改正;逾期不改正的,可以拆除。”理解该规定的要旨在于,乡、镇人民政府既是作出责令停止建设、限期改正等行政决定的主体,也是直接实施强制拆除活动的主体。

该法第六十八条规定:“城乡规划主管部门作出责令停止建设或者限期拆除的决定后,当事人不停止建设或者逾期不拆除的,建设工程所在地县级以上地方人民政府可以责成有关部门采取查封施工现场、强制拆除等措施。”该条规定旨在明确城乡规划主管部门只是作出责令停止建设、限期拆除等行政决定的主体,而对于直接实施强制拆除活动的主体,须由县级以上地方人民政府“责成有关部门”组织实施。此处的“有关部门”实践中有各种情形，如城市管理局、综合执法局、城建部门所属执法大队乃至少数地方公安部门参与共同组织实施；此处的“责成”程序实践中也各有不同，有的以规范性文件加以明确，有的就个案作出责成决定，有的表现为内部行政程序，有的同时产生外化效果，有的直接以政府名义催告当事人或者作出带有责成内容的强制执行决定，等等。目前，对上述问题的各种规范欠缺，操作不统一，情况较为复杂，影响到人民法院针对当事人就相关行政行为提起诉讼的受理和审查。但可以肯定的是，城乡规划法规定的“强制拆除”在行为性质上属于典型的行政强制执行，受行政强制法调整。

《批复》之所以强调“对涉及违反城乡规划法的违法建筑物、构筑物、设施等的强制拆除”，主要是因为“违法的建筑物、构筑物、设施等”，涉及城乡建设、土地管理、环境保护等多个领域，不同法律有不同规定，行政机关并非在所有情形下都有强制执行权。而城乡规划法的上述条文对此作出明确规定，故《批复》重在解决城乡建设规划领域的相关问题。

概括地讲，人民法院对拆违涉及的行政侵权可以在三个环节发挥司法保护作用。

第一个环节，行政机关以当事人违反城乡规划法为由作出责令停止建设、限期改正、限期拆除等决定后，当事人有权向人民法院提起行政诉讼。被告通常是作出上述决定的市、县人民政府城乡规划主管部门或乡、镇人民政府。人民法院对上述决定进行合法性审查，对违法情形可以作出撤销上述决定或确认违法、要求限期重作等判决。司法审查中认定无证建筑、临时建筑是否构成违法建筑时，要综合考虑有无非因当事人一方过错的行政因素、历史因素、实际建设和使用状况等作出全面审查，不能简单一判了之。

第二个环节，在限期改正、限期拆除等决定作出后、强制拆除活动进行前，行政机关如果依照行政强制法作出强制执行决定，当事人有权提起行政诉讼。拆违领域的行政强制执行存在城乡规划法第六十八条规定的县级以上人民政府“责成”等程序以及行政强制法第二十五条、第三十七条规定的催告、作出强制执行决定等程序，相关的配套性规定目前尚不健全，司法实践中应注意把握的标准是，如果县级以上人民政府以自己名义作出的“责成”行为直接产生外化效果（如作出“责成决定书”“强制执行决定书”等直接通知当事人），当事人可以县级以上人民政府为被告提起行政诉讼；如果强制执行决定是由被责成的部门作出的，则当事人可以该部门以及作出责成行为的县级以上政府为共同被告。人民法院审查重点在于判断强制执行决定的定性及程序的合法性，如是否符合违法建筑构成及是否按要求经过法定的责成、催告程序等，人民法院根据审查情况作出相应的裁判。

第三个环节，当事人针对行政机关实施的强制拆除行为本身也可以依法提起诉讼。行政强制法第八条第一款规定：“公民、法人或者其他组织对行政机关实施行政强制，享有陈述权、申辩权；有权依法申请行政复议或者提起行政诉讼；因行政机关违法实施行政强制受到损害的，有权依法要求赔偿。”强制拆除行为作为一种行政行为具有可诉性，即使对违法建筑物、设施、构筑物等的行政处罚决定和强制执行决定本身合法有效，也可能存在实施主体不适格，执行对象错误，擅自扩大执行范围，没有采取适当的动产登记、封存、保管等措施，造成被执行人或其他人合法财产损失，以及违反行政强制法第四十三条规定在夜间或法定节假日实施，或者对居民生活采取停止供水、供电、供热、供燃气等方式实施等情形，当事人对此可依法提起行政诉讼或行政赔偿诉讼。需加说明的是，这一环节中当事人原则上只能针对行政强制执行行为本身的合法性提起诉讼，人民法院一般不对原具体行政行为的合法性进行审查。通常，直接实施的行政机关或者以自身名义委托他人实施的行政机关是被告，人民法院对违法的行政行为可以作出确认违法判决或者行政赔偿判决等。

——《厘清权属界限 规范拆违行为——最高人民法院行政审判庭负责人答记者问》，载《人民法院报》2013 年 4 月 2 日。

592 非诉执行中没收的地上建筑物的移交

关键词｜建筑物｜非诉执行｜

【最高人民法院答复】

山东省高级人民法院：

你院鲁高法〔2009〕9 号《关于审查执行土地行政处罚案件中对“没收地上建筑物”、“拆除地上建筑物”的理解适用问题的请示》收悉，经研究答复如下：

国土资源管理部门申请人民法院强制执行其依法作出的没收地上建筑物的行政处罚，人民法院在采取强制执行措施后，应当将没收的建筑物移交申请执行的国土资源管理部门。

——《最高人民法院行政审判庭关于在非诉执行案件中没收的地上建筑物如何移交问题的电话答复》（2009 年 9 月 27 日，〔2009〕行他字第 10 号）。

【链接：最高人民法院法官著述】

实践中，行政机关尤其是国土部门，未能在违法建筑初始阶段加以制止，甚至是收取相关费用后默许建设，但一旦国家在土地执法方面加强力度，又将强制依法管理并作出强制拆除等决定，并申请法院强制执行。这就使法院面临较大的压力，一方面，违法建筑较为普遍，已经形成气候，一律强制拆除既不利于老百姓权益的保护，客观上也浪费了资源，土地也很难进行复垦；另一方面，由于不少违法建筑老百姓已经实际居住，一旦采取强制手段拆除，既可能导致矛盾激化，又会造成部分老百姓居无定所。对于存在以下情形的，法院是否采取执行措施要特别慎重：一是明确缺少事实依据，明显没有法律依据以及程序严重违法的，坚决不能进入强制执行程序；二是对土地管理部门发现违法占地不制止，不责令行为人停止违法行为，并曾收取相关费用，强制执行将扩大相对人损失，土地管理部门又不能提供相应的补偿方案的，应裁定不予执行，并向申请机关提出司法建议；三是对于大面积违法占地，土地管理部门只是申请强制执行其中一部分，即选择性执法的情形，法院在裁定不予执行的同时，要向当地党委汇报有关情况，与政府沟通，由党委、政府统一协调解决。

——蔡小雪、郭修江、耿宝建：《行政诉讼中的法律适用》，人民法院出版社 2011 年版，第 131 页。

593 劳动行政部门作出的劳动监察指令书，不属于可申请人民法院强制执行的行政行为

关键词｜劳动监察指令书｜申请法院强制执行｜

【最高人民法院答复】

广东省高级人民法院：

你院《关于如何处理〈劳动监察指令书〉问题的请示》收悉。经研究，原则同意你院意见，即：劳动行政部门作出责令用人单位支付劳动者工资报酬、经济补偿和赔偿金的劳动监察指令书，不属于可申请人民法院强制执行的具体行政行为，人民法院对此类案件不予受理。劳动行政部门作出责令用人单位支付劳动者工资报酬、经济补偿和赔偿金的行政处理决定书，当事人既不履行又不申请复议或者起诉

的，劳动行政部门可以依法申请人民法院强制执行。

——《最高人民法院关于劳动行政部门作出责令用人单位支付劳动者工资报酬、经济补偿和赔偿金的劳动监察指令书是否属于可申请法院强制执行的具体行政行为的答复》（1998 年 5 月 17 日，〔1998〕法行字第 1 号）。

594 林业行政机关作出的行政行为可以申请人民法院强制执行

关键词｜非诉行政执行｜申请强制执行｜

【最高人民法院答复】

林业部：

你部林函策字〔1993〕308 号函收悉，经研究，同意你部所提意见，即：林业主管部门依法作出的具体行政行为，自然人、法人或者非法人组织在法定期限内既不起诉又不履行的，林业主管部门依据行政诉讼法第九十七条的规定可以申请人民法院强制执行，人民法院应予受理。

——《最高人民法院关于对林业行政机关依法作出具体行政行为申请人民法院强制执行问题的复函》（1993 年 12 月 24 日，法函〔1993〕91 号；2021 年 1 月 1 日，经法释〔2020〕21 号修正）。

595 当事人对人民法院强制执行生效行政行为的案件提出申诉的处理

关键词｜非诉行政执行｜申诉｜国家赔偿｜

【最高人民法院答复】

吉林省高级人民法院：

你院《关于当事人对人民法院强制执行生效具体行政行为的案件提出申诉人民法院应如何受理和处理的请示》收悉。经研究认为：公民、法人和其他组织认为人民法院强制执行生效的具体行政行为违法，侵犯其合法权益，向人民法院提出申诉，人民法院可以作为申诉进行审查。人民法院的全部执行活动合法，而生效具体行政行为违法的，应转送作出具体行政行为的行政机关依法处理，并通知申诉人同该行政机关直接联系；人民法院采取的强制措施等违法，造成损害的，应依照国家赔偿法的有关规定办理。

——《最高人民法院对〈当事人对人民法院强制执行生效具体行政行为的案件提出申诉人民法院应如何受理和处理的请示〉的答复》(1995年8月22日,法行〔1995〕12号)。

【链接：理解与适用】

人民法院受理并依据行政机关的基础行政决定实施强制执行行为,本质上具有行政属性,应当视为行政权的一部分。这也是行政强制法将此种行政强制执行进行规范的一个重要理论基础。人民法院的强制执行只是保证了生效基础行政决定的执行,人民法院并没有额外地设定任何新的权利和义务。作为执行机关,人民法院虽然也要对基础行政决定的合法性进行审查,但这种审查本身不能改变人民法院强制执行行为的性质。因此,即使是人民法院未能依据本法第五十八条的规定,作出不予执行的裁定,对于事后被认定为违法的行政决定或者符合第五十八条规定的行政决定进行了执行,这种赔偿责任也不能由人民法院来承担。而应借鉴国家赔偿法第八条的规定,经复议机关复议的,最初造成侵权行为的行政机关为赔偿义务机关,但复议机关复议的,最初造成侵权行为的行政机关为赔偿义务机关,但复议机关的复议决定加重损害的,复议机关对加重的部分履行赔偿义务。在申请法院强制执行中,法院裁定执行,且没有变更基础行政决定的,因基础行政决定违法性损害当事人合法权益的,应当由申请执行的行政机关承担赔偿责任。

当然,如果人民法院在强制执行过程中存在违法之处并造成其他损失的,应当分清是非、明确责任,与行政机关在各自的责任范围内,独立承担各自的赔偿责任。人民法院在强制执行中存在以下违法行为并且造成损害的,应当承担国家赔偿责任:在强制执行过程中查封、扣押了与违法行为无关的财产;查封、扣押了公民个人及其所扶养家属的生活必需品;强制执行方法和手段不适当;错误执行基础行政决定所确定的范围和内容;其他扩大了当事人损失的情形等。

——最高人民法院行政强制法研究小组编著:《〈中华人民共和国行政强制法〉条文理解与适用》,人民法院出版社2011年版,第58—59页。

三、其他

596 行政诉讼中执行和解的范围

关键词｜执行和解｜

【链接：最高人民法院法官著述】

在行政诉讼中允许执行和解并非绝对，应当限制在一定的范围之内。从作为执行名义的生效法律文书来说，可以适用执行和解的法律文书包括：人民法院作出的具有明确给付内容的行政判决书、裁决书等，准予执行非诉行政执行的裁定等。从具体的被诉行政行为而言，在下列情形下可以适用执行和解：

1. 行政赔偿调解书

人民法院依照行政诉讼法的规定，在执行当事人自愿协商制作的行政赔偿调解书过程中，双方当事人自愿达成新的和解协议的，该和解协议一般情况下变更了行政赔偿调解书的内容，是一个新的民事权益处分，应得允许。

2. 自愿放弃行政赔偿权利

人民法院作出判定行政机关行政行为违法、行政机关赔偿行政相对人财产损失的生效法律文书，在执行过程中，行政机关与行政相对人自愿协商，行政相对人全部放弃或者部分放弃赔偿数额等行政赔偿权利并达成和解协议的，应得允许。

3. 行政补偿案件

在行政补偿案件的执行过程中，当事人双方自愿协商达成协议的，对于行政机关应当向行政相对人给付补偿金为内容的生效裁判文书，当事人得执行和解。

4. 行政协议案件

行政协议案件大多数情况下仅仅涉及行政相对人的民事权益，而行政机关在缔结合同过程中与行政相对人处于平等地位，而非管理者与被管理者的地位。在此类案件的执行过程中，双方协商一致达成协议的，应得允许。

5. 行政机关具有较大行政裁量权的案件

行政机关具有较大的行政裁量权意味着法律允许行政机关对一定的行政事项具有酌处的余地，只要在行政裁量范围之内的，行政机关的取舍都视为合法。在执行过程中，如果行政机关与行政相对人对执行内容达成新的协议的，应得允许，但是要注意不能以侵害国家利益、社会公共利益和他人合法权益作为代价。

6. 行政裁决案件

在特定的行政裁决案件中，法院可以代替行政机关居中就行政裁决事项作出裁判，对于此类裁判内容主要涉及民事权益，作为行政裁决行为中的被裁决人之间可以依据民事诉讼法的规定自愿达成和解协议。

——江必新、梁凤云：《行政诉讼法理论与实务（第三版）》（下），法律出版社 2016 年版，第 1815—1816 页。

597 加处罚款或者滞纳金要作出行政决定

关键词 | 加处罚款 | 滞纳金 | 行政决定 |

【链接：最高人民法院法官著述】

行政机关实施加处罚款或者滞纳金，其法律依据是行政处罚法或者其他特别法的专门授权。那么，在执法实践中，行政机关在行政决定未明确执行加处罚款或者滞纳金的内容，亦未单独作出加处罚款或者滞纳金的行政决定，行政机关是否有权直接根据法律的规定，对当事人实施强制执行。我们认为，不可以。因为，法律的规定是抽象的条文规定，尽管行政处罚法和相关法律对加处罚款或者滞纳金的标准规定通常比较明确，但毕竟只是抽象的法律条文规定，如果行政机关要对当事人执行加处罚款或者滞纳金，必须要有明确的行政决定内容，而且要明确加处罚款或者滞纳金的具体标准，告知申请行政复议或者提起行政诉讼的权利和期限。这样抽象的义务才能成为具体的义务，才具有强制执行的具体根据。行政机关不得以法律明确规定了加处罚款或者滞纳金的具体标准为由，在未作出任何形式的加处罚款或者滞纳金行政决定的情况下，直接对当事人实施加处罚款或者滞纳金的行政强制执行。

——最高人民法院行政强制法研究小组编著：《〈中华人民共和国行政强制法〉条文理解与适用》，人民法院出版社 2011 年版，第 239—240 页。

第十一章 | CHAPTER 11

几类特殊案件的审理

一、房屋、土地

（一）房屋征收及补偿

598 国有土地上房屋征收与集体土地（及地上房屋）征收的区分

关键词｜房屋征收｜土地征收｜

【最高人民法院裁判案例】

王贤武诉贵州省安顺市西秀区人民政府房屋征收决定案[最高人民法院(2020)最高法行再276号行政判决书]

要旨：国有土地上房屋的征收与集体土地(及地上房屋)的征收，虽均为征收，但依照我国法律法规，二者在征收主体、征收对象、征收程序、征收补偿安置内容和方式等方面均存在明显区别。

我国土地性质分为国有土地和集体土地。因土地性质不同，行政机关实施征收时所适用的征收程序受不同的法律、法规调整。国有土地上房屋的征收与集体土地(及地上房屋)的征收，虽均为征收，但依照我国法律法规，二者在征收主体、征收对象、征收程序、征收补偿安置内容和方式等方面均存在明显区别。从征收主体看，国有土地上房屋征收主体由市、县级人民政府作出征收决定；集体土地征收需省级人民政府或国务院批准，由市、县级人民政府予以公告并组织实施。从征收对象看，国有土地上房屋征收针对的是房屋，国有土地使用权一并征收，即“地随房走”；集体土地征收针对的是土地，地上房屋随集体土地一并收回，即“房随地走”，不存在仅征收房屋而不征收土地的情况。从征收程序看，国有土地上房屋征收主要依据《国有土地上房屋征收与补偿条例》规定的程序进行；而集体土地征收主要依据土地管理法及《土地管理法实施条例》规定的程序进行。从征收补偿安置的内容、方式来看，国有土地上房屋征收主要是通过评估的方式确定被征收房屋的价值，根据《国有土地上房屋征收与补偿条例》第十七条和第二十五条确定的项目进行补偿；而集体土地征收涉及土地补偿费、安置补助费、地上附着物和青苗的补偿标准以及住房安置等,根据土地管理法(2004年修正)第四十七条规定,由省、自治区、直辖市确定。因此,行政机关针对不同征收对象实施征收时,应当区分土地性质适用不同的征收程序。

——中国裁判文书网,https://wenshu.court.gov.cn/。

599 征收决定的前置行为的可诉性

关键词｜前置行政行为｜征收决定｜

【链接：最高人民法院法官著述】

作出征收决定需依据的行政行为,被称之为征收决定的前置行政行为。在房屋征收补偿案件中,前置行政行为主要有:建设用地规划许可证、县级以上人民政府的有关审查批准文件、国有土地批准文件、国家的建设项目立项批准书等。

前置行政行为与其他行政行为相比,具有两个特征:一是在最终征收决定作出之前,前置行政行为在行政机关内部运行或在不同的行政机关之间运行,不会向行政相对人公布;二是前置行政行为需要等待到征收决定作出后,才对行政相对人产生法律上的影响。

……

第三种意见认为,前置行政行为处于不成熟阶段不具有可诉性,成熟后才具有可诉性。理由是:很多行政行为并不能够产生具有最终效力的决定,而是具有不确定性的特征,在行政机关的最终决定作出之前,其效力还处在不完全确定的状况之中,有可能被最终决定所否定。也就是说,前置行为正处在的这些阶段,不会对行政相对人的权利义务产生实质影响。因此,在征收决定作出之前,前置行为是处于不成熟阶段的,不应纳入行政诉讼的受案范围。当征收决定作出之后,其效力已经完全确定,进入成熟阶段,故可以纳入行政诉讼的受案范围。

笔者原则上同意第三种意见。

……

在审理征收决定或补偿决定案件时应当注意以下几个问题:一是应当对前置行政行为的合法性进行审查。在实践中,不少法院仅仅审查是否具有前置行政行为,而不对前置行政行为的合法性进行审查。因前置行政行为是征收决定的依据,如果依据本身不合法,依据不合法的前置行政行为作出的决定难以合法。因此,必须对前置行政行为的合法性进行审查。二是因前置行政行为在征收决定作出时才发生法律效力，并公告告知被征收人。一般情况下，起诉期限应从征收决定告知（含公告告知）之日起计算。三是如果维持或驳回原告诉讼请求的，也就意味前置行政行为具有合法性。当事人再诉前置行政行为的，根据《行政诉讼法解释》第三条“诉讼标的已为生效裁判所羁束的”的规定，应当裁定不予受理。

——蔡小雪、郭修江：《房屋征收案件审理指引》，人民法院出版社 2015 年版，第 11—14 页。

600 行政机关实施房屋征收前作出中止租赁合同、腾空移交房屋的通知是否可诉

关键词｜房屋征收｜受案范围｜

【最高人民法院裁判案例】

平顶山市福岛快捷宾馆诉平顶山市新华区人民政府行政征收案［最高人民法院（2019）最高法行申 8192 号行政裁定书］

要旨：通知已经对当事人的义务进行了明确告知并交代如不交付房屋将承担相应后果，故案涉三份通知具有可诉性，属于人民法院行政诉讼的受案范围。

关于案涉的三份通知是否属于行政诉讼受案范围的问题，本案中，平顶山市新华区 G 地块连片开发改造指挥部于 2013 年 11 月 20 日、2014 年 9 月 5 日、2015 年 6 月 19 日向福岛宾馆作出三份通知，主要内容为“不得进行新建、扩建、改建房屋、装修房屋、改变房屋用途等行为，不得进行转租、分租、续租、抵押等行为，及时中止所有房屋租赁合同，及时解除转（分）租租赁关系”、“将剩余房屋全部腾空并移交”、“通知所有承租人限期搬离，并将腾空的房屋及时交付指挥部，如不能如期交付房屋，产生的一切后果，由贵单位承担相应法律责任”等。根据原审中双方提交的房屋交接单和案涉三份通知的内容可知，案涉三份通知已经对当事人的义务进行了明确告知并交代如不交付房屋将承担相应后果，福岛宾馆已经根据指挥部的通知作出了中止相关租赁合同、腾空移交房屋等一系列行为，故案涉三份通知具有可诉性，属于人民法院行政诉讼的受案范围。……

关于案涉三份通知是否合法的问题，在新华区政府尚未作出房屋征收决定，尚未与被征收人原平顶山市邮政局以及福岛宾馆达成补偿协议或作出补偿决定的情况下，平顶山市新华区 G 地块连片开发改造指挥部作出的三份通知，违反了《国有

土地上房屋征收补偿条例》第十六条第一款和第二十七条第一款、第二款的规定，原审法院据此判决确认该三份通知违法并无不当。

——中国裁判文书网，https://wenshu.court.gov.cn/。

601 征收公告的可诉性

关键词 | 征收公告 | 可诉性 |

【链接：最高人民法院法官著述】

《征收条例》第十三条第一款规定，市、县级人民政府作出征收决定后应当及时公告。此条中规定的“公告”究竟属于何种性质在实践中存在较大的争议。有人认为，“公告”具体规定了征收人、被征收人、有关部门以及其他利害关系人等相关权利义务，并产生法律效果，故属于可诉的行政行为；也有人认为，“公告”是将征收决定规定的征收事项，在不改变其内容的情况下，“复制”成公告，并将其内容予以公示，对当事人没有实质性的影响，故不具有可诉性。[①]

笔者认为，公告一般情况下将征收决定规定的征收事项，在不改变其内容的情况下予以公示，其性质属于“告知”，本身并不对被征收人及其他利害关系人产生实质性影响，真正对被征收人及其他利害关系人产生实质性影响的是征收决定，故被征收人及其他利害关系人只能对征收决定提起诉讼，而不能对公告提起诉讼。但是，有个别情况，人民政府未作出征收决定，而是在征收公告中载有征收的具体内容的，此时的公告确定了被征收人及其利害关系人的权利义务关系，并对他们直接产生了法律后果，因此此类公告是可诉的。

——蔡小雪、郭修江：《房屋征收案件审理指引》，人民法院出版社 2015 年版，第 5—6 页。

602 补偿方案的可诉性

关键词 | 补偿方案 | 可诉性 |

---

① 参见江必新主编：《国有土地上房屋征收与补偿条例理解与适用》，中国法制出版社 2012 年版，第 133—134 页。

【最高人民法院裁判案例】

郭寅时诉河北省邯郸市丛台区人民政府、河北省邯郸市人民政府房屋征收补偿及行政复议决定案[最高人民法院(2018)最高法行申 1255 号行政裁定书]

要旨:房屋征收补偿方案的效力已被房屋征收补偿决定所吸收,被征收人完全可以通过起诉房屋征收补偿决定维护自己的合法权益。

在国有土地上房屋征收与补偿过程中,房屋征收补偿方案是市、县级人民政府作出房屋补偿决定的重要依据。但房屋征收补偿方案并非针对单个权利主体,而是针对所有被征收人作出的征收补偿标准和方式。对单个权利主体的权益产生实质影响的是其后作出的房屋征收补偿决定。并且在被征收人对房屋征收补偿决定依法提起行政诉讼,人民法院对房屋征收补偿决定审查时,也将一并对征收补偿方案的合法性进行审查。换言之,房屋征收补偿方案的效力已被房屋征收补偿决定所吸收,被征收人完全可以通过起诉房屋征收补偿决定维护自己的合法权益。本案中,郭寅时起诉要求撤销丛台区政府作出的《邯郸市串城文化旅游步行街项目房屋征收补偿方案》及邯郸市政府作出的邯政复决〔2013〕25 号行政复议决定。但房屋征收补偿方案是房屋征收补偿决定的前置阶段性行为,属行政程序尚未终结的不成熟的行政行为,并不单独对外产生效力。人民法院单独对补偿方案进行审查,也不符合诉讼经济、便利的原则。因此,一、二审法院裁定驳回郭寅时的起诉及上诉,并无不当。

——中国裁判文书网,https://wenshu. court. gov. cn/。

【链接:最高人民法院法官著述】

第三种意见认为,补偿方案是征收房屋决定的一个组成部分,在审理征收房屋决定时,应当对其合法性进行审查,故不能单独对其提起诉讼。

笔者同意第三种意见。理由如下:第一,补偿方案所针对的人是征收范围内的被征收人及其他利害关系人,针对的对象是可数的,仅针对此次征收房屋这一件事情。也就是说,它针对的人是特定的人,事是特定的事,故属于行政行为。第二,制定征收补偿方案是征收决定的阶段性行为。决定征收房屋是一个多阶段的行政行为。所谓多阶段行政行为,是指在行政行为最终完成前,需要经过若干连续不断的阶段,各阶段不具有独立的法律意义,亦即不产生独立的法律后果。制定征收补偿方案是市、县级政府作出征收决定的前置行为,是一个典型的阶段性行政行为。第三,征收决定的合法性中包含着对被征收人及其他利害关系人安置补偿是否合法的问题。因此，在审理征收房屋决定时，必须对补偿方案的合法性进行审查，审查中如果发现其违法或部分违法，法院可以撤销或部分撤销。被征收人及其他利害关系人仅对补偿决定提起诉讼，未对补偿方案提起诉讼，法院也须对补偿方案的合法性进行审查。如果可以单独对补偿方案提起诉讼，将会增加当事人的诉讼环节，不利于提高行政审判效率。据此，笔者认为，将补偿方案作为征收房屋决定的组成部分看待更为合理。第四，如果被征收人及其他利害关系人仅对征收补偿决定提起诉讼，未对征收房屋决定提起诉讼，因征收房屋决定是补偿决定的依据，在审理补偿决定案件中，仍须对征收决定（包括补偿方案）的合法性进行审查，亦不会影响到被征收人及其他利害关系人合法权益。

——蔡小雪、郭修江：《房屋征收案件审理指引》，人民法院出版社 2015 年版，第 4—5 页。

603 房屋征收案件中行政机关不履行法定职责或义务的可诉性

关键词 | 不履行法定职责 | 行政奖励 |

【链接：最高人民法院法官著述】

行政机关在行政管理过程中不履行法定职责或者义务，将会使行政相对人的某些权利或者义务不能实现或者只能部分实现。也就是说，该行为是对行政相对人的权利义务产生实际影响的行为，应属于可诉的行政行为。在房屋征收中，人民政府及有关行政机关不履行法定职责或义务的可诉性行为主要有以下三类：

第一类是不履行给付补偿费用或交付安置房屋。它是指政府作出补偿决定或签订补偿协议后，未按照决定或者协议确定的时间履行给付全部征收补偿费用或者交付安置房屋。

第二类是不履行行政奖励行为。行政奖励是行政主体给予对国家和社会作出贡献的公民、法人或者其他组织物质或者精神利益的行政行为。行政奖励行为可以分为内部的行政奖励行为和外部的行政奖励行为。内部行政奖励行为是指行政机关给予行政机关内部的行政工作人员物质和精神奖励的行为。根据 1989 年行政诉讼法第十二条第（三）项和 2014 年行政诉讼法第十三条第（三）项的规定，对内部行政奖励行为提起行政诉讼，不属于法院的受案范围。外部行政奖励行为，是指行政机关基于行政管理的目的，奖励公民、法人或其他组织的行政行为。外部行政奖励行为往往是基于行政相对人实施了有利于行政管理的行为而实施的。对于外部行政奖励行为的可诉性,有两种不同的观点。一种观点认为,相对人对行政机关的奖励行为不服,应当提起民事诉讼,不能提起行政诉讼。理由是奖励行为是一种民事行为,而不是一种行政行为。行政机关的不公正奖励行为或不作为,构成对公民民事权利的侵犯,公民应当通过民事诉讼寻求救济。另一种观点认为,行政奖励行为是为了实现行政管理目的而实施的行政行为,行政相对人认为行政机关的行政奖励行为侵犯其合法权益,符合行政诉讼法规定的起诉条件,法院应予受理。笔者同意后一种观点。主要理由是:第一,行政奖励是现代法治和现代行政的产物,是一种新型的管理方式。从形式上看,这种奖励行为体现为一种民事合同的关系,实质上是行政机关与行政相对人之间的一种行政管理的关系。这种奖励行为的目的是实现本地区的公共利益。这种行为是行政主体行使行政职权的行为。第二,这种行为的主体只能是行政机关,具有排他性。行政行为和民事行为的重要区别是,民事行为的主体不具有排他性而行政行为的主体具有排他性,行政行为只能是行政机关或法律授权的组织。第三,行政机关的文件承诺对公民实施某种行为给予奖励,而在行政相对人实施了文件规定的某种行为后又不予奖励,这种不予奖励的行为对相对人的权利义务产生极大的影响。根据2014年行政诉讼法第十二条的规定,属于行政诉讼受案范围。市、县级人民政府依据《征收条例》第十七条第二款的规定,制定的补助和奖励办法,是对被征收人的一种奖励承诺,属于外部行政奖励行为,倘若不履行,被征收人依法提起行政诉讼,人民法院应当受理。

第三类是不履行监督处理违反《征收条例》规定的行为。根据《征收条例》第七条第一款和第三十条的规定,有关人民政府、房屋征收部门和其他有关部门对违反《征收条例》规定的行为,有权核实、处理。有关人民政府、房屋征收部门和其他有关部门对举报人举报违反《征收条例》规定的行为,不核实处理或拖延处理或不予实质性处理的,举报人可以提起行政诉讼。违反《征收条例》规定的行为主要有:(1)采取暴力、威胁或者违反规定中断供水、供热、供气、供电和道路通行等非法方式迫使被征收人搬迁;(2)建设单位参与搬迁活动;(3)贪污、挪用、私分、截留、拖欠征收补偿费用;(4)提供的安置房屋不符合国家质量安全标准等。

这里所需要注意的是,上级人民政府根据《征收条例》第六条的规定,对房屋征收与补偿实施工作所作的监督行为、指导行为和监察机关依据《征收条例》第七条第二款的规定所实施的监察行为,分别属于内部监督行政行为、内部指导行政行为和内部监察行政行为,根据2014年行政诉讼法第十三条和《若干解释》第四条的规定,公民、法人或者其他组织对这三类内部行政行为提起的诉讼,人民法院不予受理。

——蔡小雪、郭修江:《房屋征收案件审理指引》,人民法院出版社2015年版,第15—17页。

604 房屋征收过程中的程序性行政行为的可诉性

关键词｜程序性行政行为｜房屋征收｜

【链接：最高人民法院法官著述】

市、县级人民政府及房屋征收部门根据《征收条例》拟定征收补偿方案行为、对征收补偿方案论证的行为、公布或征求公众对拟定征收补偿方案征求意见及意见修改情况公布的行为、听证行为、社会稳定风险评估行为、准备补偿费行为、调查询问行为等,均属于程序性行政行为,行政相对人对此不服提起诉讼的,法院不予受理。但是,有下列情况之一的,法院应当受理:(1)程序性行政行为可能造成被征收人及其利害关系人实体权利损害的;(2)因不得进入后续程序,使其申请的目的无法实现;(3)行政机关可以进入执行程序;(4)法律、法规规定的其他情形。

——蔡小雪、郭修江:《房屋征收案件审理指引》,人民法院出版社2015年版,第21—22页。

605 对被征收房屋的面积、产权等核实认定与公示行为，是否属于可复议、可诉讼的行政行为

关键词｜房屋征收｜房屋面积｜房屋产权｜

【最高人民法院裁判案例】

金菊诉浙江省绍兴市越城区人民政府行政复议案[最高人民法院(2020)最高法行申1000号行政裁定书]

要旨:对房屋面积核实认定与公示行为是否作为独立的行政行为申请行政复议、提起行政诉讼,并不从根本上影响当事人就此事项要求上级行政机关或司法机关审查的权利,主要是审查强度上存在一定差别。

关于房屋征收过程中征收单位实施的对被征收房屋的面积、产权等核实认定与公示行为,是否属于独立可复议、可诉讼的行政行为,法律中没有明确的规定,司

法实践中存在不同认识。一方面,由于该核实认定与公示行为系之后房屋补偿安置的主要依据,对当事人权益具有直接且重大的影响,故作为独立的行政行为看待更具有合理性。另一方面,由于在有关补偿协议或补偿决定的行政复议或行政诉讼中,必然会对被征收房屋的面积、产权等基本事实进行审查,该审查可涵盖对房屋的面积、产权核实认定与公示行为的审查,只是在审查强度上可能会弱于专门针对核实认定与公示行为之诉中的审查。综合两方面而言,对房屋面积核实认定与公示行为是否作为独立的行政行为申请行政复议、提起行政诉讼,并不从根本上影响当事人就此事项要求上级行政机关或司法机关审查的权利,主要是审查强度上存在一定差别。行政诉讼再审审查程序的根本目的在于实现监督和支持行政机关依法行政,保障行政相对人合法权益,促进社会公正;同时,再审审查程序作为对已生效裁判的审查,亦须注重生效裁判的稳定性与既判力。因此,再审审查程序着重于纠正确有错误且对当事人权益确有明显影响的生效裁判。对于征收房屋过程中对房屋的面积、产权核实与公示行为,再审审查程序中,总体上认可行政复议机关和人民法院将其作为可复议、可诉讼的独立行政行为对待;同时,鉴于对此问题法律尚无明文规定,故对于能够在此后的补偿协议或补偿决定之程序中对核实认定与公示行为进行审查,而生效裁判已确定不予单独审查的,再审审查程序中一般亦不认为该生效裁判确有错误需启动再审。

——中国裁判文书网,https://wenshu.court.gov.cn/。

606 强制搬迁行为的可诉性

关键词 | 强制搬迁 | 可诉性 |

【链接:最高人民法院法官著述】

笔者认为,被征收人以“政府无权实施强制搬迁行为”为由,提起的行政诉讼,人民法院不应受理;但以“政府实施的强制搬迁行为扩大了裁定准予执行的范围或违法采取措施造成其损害”为由,依法提起行政诉讼的,人民法院应当受理。具体理由如下:

第一,政府实施的强制搬迁行为是执行生效的补偿决定。依据1989年行政诉讼法第六十六条及2014年行政诉讼法第九十七条的规定,公民、法人或者其他组织对行政行为在法定期间不提起诉讼又不履行的,行政机关可以申请人民法院强制执行。根据此规定,房屋补偿决定作出后,被征收人在法定期间不提起诉讼又不履行的,该决定对被征收人具有约束力和执行力,政府依据法院的裁定实施强制搬迁行为是在执行生效的房屋补偿决定所确定的被征收人的搬迁义务。

第二,被征收人认为根据该裁定实施的强制搬迁行为违法提起的诉讼的,法院不应受理。法院对政府请求强制执行的申请进行审查后,裁定准予执行,意味着,补偿决定合法,被征收人应当履行房屋补偿决定中有关房屋搬迁的义务,不履行的,政府可以根据法院准予执行裁定实施强制搬迁行为。因法院的生效裁判是解决纠纷的最终手段,具有最高的权威性和最终效力,任何单位和个人不得对此提出异议,再寻找其他方式解决纠纷。因此,被征收人以政府不得实施强制搬迁为由提起的诉讼,法院不应受理。

第三,被征收人以"政府实施的强制搬迁行为扩大了裁定准予执行的范围或违法采取措施造成其损害"为由,依法提起行政诉讼的,法院应当受理。法院准予执行裁定具有最终法律效力,但政府应当根据裁定的内容与要求实施强制搬迁行为。政府扩大了裁定确定的搬迁范围或者违法采取措施,均不是执行裁定,而是有悖裁定,造成被征收人合法权益损害的行为不是裁定,而是政府实施强制搬迁的行为。为了充分保护被征收人的合法权益,就必须赋予被征收人在此种情况下的诉权。

——蔡小雪、郭修江:《房屋征收案件审理指引》,人民法院出版社 2015 年版,第 7—8 页。

607 执行征收决定行为的可诉性

关键词 | 执行征收决定 | 可诉性 |

【链接:最高人民法院法官著述】

有关执行征收决定的行为,主要是指行政机关依据人民政府的征收决定办理的注销房屋登记、土地使用权登记或者收缴房屋权属证书、土地使用权证书等行为。人民政府作出征收决定后,征收范围内的房屋所有权以及其所附土地使用权不再属于原房屋所有权人和土地使用权人,而是属于国家所有。有关行政管理部门就需依据征收决定,注销房屋登记、土地使用权登记或收缴房屋权属证书、土地使用权证书等。对被征收人及其利害关系人的权益产生实际影响的,是征收决定,而不是注销和收缴等执行行为。根据《行政诉讼法解释》第三条第一款第(八)项的规定,"行政行为对其合法权益明显不产生实际影响的",已经立案的,应当裁定驳回起诉。公民、法人或者其他组织对执行征收决定的行为提起的诉讼,人民法院不应受理。

人民法院在这类案件受理问题上，要特别注意以下两个问题：一是公民、法人或者其他组织认为其房屋不在征收决定确定的范围或实施强制执行措施违法，不服执行征收决定的行为，以执行征收决定错误为由而提起行政诉讼的，对起诉人权益发生实际影响的是执行征收决定的行为，而不是征收决定。据此，对此类执行征收决定的行为不服而提起诉讼的，人民法院应当依法予以受理。二是征收决定被依法撤销后，被征收的房屋及其土地的使用权应归还被征收人。被征收人可以申请恢复原登记或返还权属证明书，行政机关拒绝恢复或返还的，被征收人可以依法提起行政诉讼。

——蔡小雪、郭修江：《房屋征收案件审理指引》，人民法院出版社 2015 年版，第 11—14 页。

608 被征收人签订安置补偿协议后，还能否就强制拆除行为提起诉讼

关键词｜安置补偿协议｜强制拆除｜

【最高人民法院裁判案例】

李俊诉武汉市洪山区人民政府、洪山区城乡统筹发展局行政强制拆除案［最高人民法院（2019）最高法行再 72 号行政裁定书］

要旨：被征收人即使签订了征收补偿协议，也依然与可能存在的违法强制拆除行为存在法律上的利害关系，可以作为适格原告就此提起行政诉讼。

本案再审审查阶段双方争议的核心问题为安置补偿协议签订后，房屋被征收人还是否有权就强拆行为提起诉讼。《国有土地上房屋征收与补偿条例》第十七条规定："作出房屋征收决定的市、县级人民政府对被征收人给予的补偿包括：（一）被征收房屋价值的补偿；（二）因征收房屋造成的搬迁、临时安置的补偿；（三）因征收房屋造成的停产停业损失的补偿。"第二十五条规定："房屋征收部门与被征收人依照本条例的规定，就补偿方式、补偿金额和支付期限、用于产权调换房屋的地点和面积、搬迁费、临时安置费或者周转用房、停产停业损失、搬迁期限、过渡方式和过渡期限等事项，订立补偿协议。补偿协议订立后，一方当事人不履行补偿协议约定的义务的，另一方当事人可以依法提起诉讼。"据此，征收补偿协议主要解决的是被征收房屋的价值补偿、被征收人的搬迁损失以及因搬迁引起的停产停业损失问题。征收补偿协议签订后，可以据此认定被征收人就房屋的征收以及上述相

关事项的补偿与征收人达成了一致。但是,根据该条例的上述规定以及第二十七条“任何单位和个人不得采取暴力、威胁或者违反规定中断供水、供热、供气、供电和道路通行等非法方式迫使被征收人搬迁。禁止建设单位参与搬迁活动”,第二十八条“被征收人在法定期限内不申请行政复议或者不提起行政诉讼,在补偿决定规定的期限内又不搬迁的,由作出房屋征收决定的市、县级人民政府依法申请人民法院强制执行”的规定,征收补偿协议约定的内容,显然不包括因违法强制拆除可能给被拆迁人造成的不应有的包括屋内动产在内的其他人身、财产损失。对此,根据行政诉讼法第十二条“人民法院受理公民、法人或者其他组织提起的下列诉讼:……(二)对限制人身自由或者对财产的查封、扣押、冻结等行政强制措施和行政强制执行不服的”,以及国家赔偿法第四条“行政机关及其工作人员在行使行政职权时有下列侵犯财产权情形之一的,受害人有取得赔偿的权利:……(二)违法对财产采取查封、扣押、冻结等行政强制措施的;(三)违法征收、征用财产的;(四)造成财产损害的其他违法行为”,被征收人可在强制拆除行为被确认违法的情况下,取得相应的赔偿。因该利益独立于合法征收行为产生的补偿利益,故被征收人即使签订了征收补偿协议,也依然与可能存在的违法强制拆除行为存在法律上的利害关系,可以作为适格原告就此提起行政诉讼。原审法院以不具有利害关系为由,裁定驳回起诉,适用法律错误。

——中国裁判文书网,https://wenshu. court. gov. cn/。

609 合理解读原告方的诉讼请求

关键词 | 诉讼标的 | 诉讼请求 | 拆除房屋 |

【最高人民法院专业法官会议纪要】

法律问题:当事人诉请确认行政机关依据批复拆除房屋行为违法,并未直接针对行政机关作出的批复提出诉请,是否可将批复认定为案件诉讼标的?批复本身的可诉性如何认定?

法官会议意见:行政诉讼兼具主观诉讼和客观诉讼的属性。在我国当前的行政诉讼实践中,原告方因自身诉讼能力普遍相对较弱,对法律的理解有所偏差,故而其起诉状中载明的诉讼请求往往有失精准、恰当。对此,人民法院在确定诉讼标的时,不必完全拘泥于原告方在起诉状中对诉讼请求的描述,而是可以基于有效监督依法行政、实质化解纠纷、更好保护当事人合法权益等因素考量,结合个案案情对原告方的诉讼请求作一定的穿透理解。

——最高人民法院行政审判庭编:《最高人民法院行政审判庭法官会议纪要》(第一辑),人民法院出版社 2022 年版,第 32—33 页。

610 房屋所有权人并不具备申请政府征收其房屋的权利

关键词｜房屋征收｜房屋所有权人｜

【最高人民法院裁判案例】

葛余标诉浚县人民政府不履行法定职责案[最高人民法院(2021)最高法行申 440 号行政裁定书]

要旨:是否征收房屋以公共利益的需要为前提,且须遵循法定的程序。

《国有土地上房屋征收与补偿条例》第二条规定:"为了公共利益的需要,征收国有土地上单位、个人的房屋,应当对被征收房屋所有权人(以下称被征收人)给予公平补偿";第四条规定:"市、县级人民政府负责本行政区域的房屋征收与补偿工作";第八条规定:"为了保障国家安全、促进国民经济和社会发展等公共利益的需要,有下列情形之一,确需征收房屋的,由市、县级人民政府作出房屋征收决定:……"根据前述规定,是否征收房屋以公共利益的需要为前提,且须遵循法定的程序。房屋所有权人并不具备申请市、县级人民政府征收其房屋的权利。

——中国裁判文书网,https://wenshu.court.gov.cn/。

611 原所有权人与房屋被依法征收后政府收回国有土地使用权的行为不具有利害关系

关键词｜房屋征收｜国有土地使用权｜利害关系｜

【最高人民法院裁判案例】

熊宗强诉宜昌市人民政府、湖北省人民政府土地行政管理及行政复议案[最高人民法院(2017)最高法行申 9297 号行政裁定书]

要旨:城市房屋的征收也意味着建设用地使用权的收回,房屋被依法征收的,国有土地使用权亦同时收回。

一旦征收范围内国有土地上的房屋被依法征收，人民政府的征收决定将直接导致物权变动的法律效果，该房屋所有权即转归国家所有，被征收人对其房屋不再享有所有权。城市房屋的征收也意味着建设用地使用权的收回，房屋被依法征收的，国有土地使用权亦同时收回。原土地使用权人对征收决定和补偿行为不服的，可以通过行政复议、行政诉讼等法定途径维护自身合法权益，但对于原房屋所有权人或土地使用权人起诉行政机关在其房屋被依法征收后收回国有土地使用权的行为或上级政府针对收回土地使用权的批复行为，则因为其不再具有利害关系，其诉求不会得到法院支持。

——中国裁判文书网，https://wenshu.court.gov.cn/。

612 特殊情形的房屋承租人可以成为诉房屋征收行为案件的原告

关键词｜公租房｜经租房｜廉租房｜

【最高人民法院专业法官会议纪要】

法律问题：在被征收房屋上有经营事实或重大添附的承租人与拆除该房屋的行政行为是否有利害关系。

法官会议意见：一般而言，承租人与征收决定、补偿决定、补偿协议、强制拆除房屋行为没有利害关系，但是承租人在被征收房屋上有不可分割的重大添附，或依法独立在承租房屋开展经营活动或者可以证明强制拆除房屋造成其物品损失的，应认为承租人与该强制拆除房屋行为有利害关系，符合其他法定起诉条件的，具有原告资格。

——最高人民法院第一巡回法庭2019年第3次法官会议纪要，载最高人民法院第一巡回法庭编著：《最高人民法院第一巡回法庭行政主审法官会议纪要》（第1卷），中国法制出版社2020年版，第34—35页。

【链接：最高人民法院法官著述】

我们原则上同意上述观点，承租人与房屋征收行为之间不具有利害关系，一般不能成为诉房屋征收行为案件的原告。但具有以下几种特殊情形的房屋承租人具有原告资格：

1. 公租房的承租人

所谓的公房，是指国有房屋和单位所有的房屋。按照我国目前的实际情况，从权利主体角度可将公房分为直管公房和自管公房。国家房地产管理部门享有所有权的或直接经营管理的房屋，称直管房。管理主体为某市某区的某个房产经营管理所，简称房管所。国有企业、事业单位、机关团体投资兴建、自行管理的房屋，称自管公房。从法理上讲，因国家或者单位是房屋的所有权人，征收补偿款应由公房的所有者或者管理者按照房屋所有权人的授权进行支配与管理。但是，由于绝大多数出租的公房是计划经济的产物，公房的承租人实际上是计划经济时代福利分房的承受人，享有长期缴纳低房租居住该房屋的权利，其经济地位接近房屋的产权人。征收公租房，将使承租人享有低房租的承租权丧失。因此说，公租房的承租人与征收决定、补偿决定之间具有利害关系，故应具有原告资格。

2. 经租房的承租人

经租房是指我国城市中的一些私有房产，这些房产在 1958 年前后由政府统一经营出租，收取房租，于是就称这类房产为经租房。按当时的做法，各地标准不同，以北京为例：城市里出租房在 15 间或 225 平方米（郊区 10 间或 150 平方米）以上的，即由政府经租。政府房管部门负责经租房的经营，如管理、收租、修缮等，并把租金的百分之二十到四十发给经租房的业主。这种做法延续到 1966 年“文革”爆发。“文化大革命”开始后，政府房管部门就不再发租金给经租房主。经租房主从来没有办理过这些房屋产权的转移出让手续，他们仍然是被经租房产的合法业主。“文革”后，除侨台政策而少量归还的经租房外，绝大多数经租房目前仍然未能完全回到当年的经租房房主手中。不少地方承认原房屋主为所有权人，承租人仍按照国家规定的房租标准承租，将房租租金缴纳给原房主。经租房也是计划时代的产物，经租房的承租人亦是计划经济时代福利分房的享受者，与公房的承租人所不同的，仅仅是他所居住的房屋不是公房。房屋征收后，经租房的承租人也丧失了低房租的福利。因此说，经租房的承租人与征收决定、补偿决定之间也具有利害关系，故也应具有原告资格。

3. 廉租房的承租人

廉租房是政府以租金补贴或者是实物配租的方式，以最低生活保障标准向住房困难的城镇居民家庭提供社会保障性质的住房。这种房子的分配形式以租金补贴为主，实物配租和租金减免为辅。简言之，廉租房是解决低收入家庭住房问题的一种制度。征收廉租房，将会使廉租房的承租人失去补贴，故廉租房的承租人亦可作为原告提起诉讼。

4. 用于经营房屋的承租人

承租人用于经营的房屋被征收，虽然被征收房屋的价值补偿应当补偿给被征收房屋的所有人，承租人却因承租房屋被征收造成停产停业、装修等损失，虽然承租人与房屋所有权人存在合同关系，可以通过违约责任来救济其权利，但是征收作为一种不可抗力，一般人并不会在合同中就不可抗力造成的损失进行约定，造成合同双方风险自负，在非住宅的行政补偿中，很多情况下包括室内装饰装修价值、机器设备等搬迁费用、停产停业损失等内容，实际上都是承租人的损失。因此，此类承租人与补偿决定之间具有利害关系，对该决定不服亦可以作为原告提起诉讼。

这里需要特别注意两个问题：一是在房屋征收案件中，一般房屋的所有权人和土地使用权人为同一人，但在极个别案件中房地权属分离，此种情况，地役权人与征收决定或补偿决定之间也具有利害关系，地役权人也具有原告资格；二是该确定原告资格的标准亦适用于诉征收决定的前置行政行为、房屋征收补偿协议等行为。

——蔡小雪、郭修江：《房屋征收案件审理指引》，人民法院出版社 2015 年版，第 25—27 页。

613 征收部门向房屋所有权人发放停产停业损失补偿后，承租人无权提起诉讼主张停产停业损失

关键词 | 停产停业损失 | 承租人 |

【最高人民法院专业法官会议纪要】

法律问题：征收部门向房屋所有权人发放停产停业损失补偿后，承租人是否有权提起诉讼主张停产停业损失？

法官会议意见：于某与乙公司签订《房屋租赁合同》，经人民法院生效裁判判决解除双方的租赁合同，并判令于某腾退租赁房屋，乙公司返还剩余租金。在上述案件审理过程中，经法院释明，于某对其添附部分不申请鉴定。且甲区政府征收部门已经就涉案被征收房屋与所有权人乙公司达成了征收补偿协议，对征收范围内的房屋、构筑物、机械设备、动植物、停产停业损失等进行了补偿。故于某与本案征收行为并不具有利害关系，依法不具有要求甲区政府履行征收补偿职责的原告主体资格。

——最高人民法院第二巡回法庭 2020 年第 9 次法官会议纪要，载贺小荣主编：《最高人民法院第二巡回法庭法官会议纪要》（第二辑），人民法院出版社 2021 年版，第 354—355 页。

614 涉房屋征收与补偿等行政案件被告的确定原则

关键词｜房屋征收部门｜房屋征收实施单位｜

【最高人民法院司法解释】

第二十五条　市、县级人民政府确定的房屋征收部门组织实施房屋征收与补偿工作过程中作出行政行为，被征收人不服提起诉讼的，以房屋征收部门为被告。

征收实施单位受房屋征收部门委托，在委托范围内从事的行为，被征收人不服提起诉讼的，应当以房屋征收部门为被告。

——《最高人民法院关于适用〈中华人民共和国行政诉讼法〉的解释》（2018年2月8日，法释〔2018〕1号）。

【链接：理解与适用】

一、房屋征收部门及房屋征收实施单位的认定

房屋征收部门是能够独立承担法律责任的行政主体。由于目前全国地方机构设置和职能分工不同，需要由市、县级人民政府确定一个房屋征收部门具体负责房屋征收的组织实施工作。房屋征收部门的设置一般有两种形式：一是市、县级人民政府设立专门的房屋征收部门；二是在现有的部门（如房地产管理部门、建设主管部门）中，确定一个部门作为房屋征收部门。如市、县级人民政府未确定房屋征收部门或者其指定的房屋征收部门不明确，被征收人对房屋征收补偿过程中的具体实施工作不服，仍可以市、县级人民政府为被告提起行政诉讼。受委托的房屋征收实施单位，只要求其不得以营利为目的。一般来说，企业是从事生产、流通、服务等经济活动，以生产或服务满足社会需要，实行自主经营、独立核算，依法设立的一种营利性组织。为了公共利益的需要，对被征收人的房屋实施征收，具有强制性。由以营利为目的的企业实施，可能会造成这些单位利用强制性，在房屋征收补偿工作中谋取利润最大化，克扣被征收人的补偿费用，损害被征收人合法权益。因此，承担房屋征收与补偿工作的实施单位，应当是不以营利为目的的，其所需工作经费应当由政府财政予以保障。

二、不能混淆市、县级人民政府在房屋征收补偿工作中应负有的职责和其对房屋征收部门应尽的层级监督职责

房屋征收与补偿的主体是市、县级人民政府，被征收人对其作出的征收决定、征收补偿决定不服提起诉讼的，应当以市、县级人民政府为被告。而房屋征收部门组织实施该行政区域的房屋征收与补偿工作，被征收人对房屋征收部门组织实施

房屋征收与补偿工作过程中作出的行政行为不服，则应当以房屋征收部门为被告。

根据《国有土地上房屋征收与补偿条例》第六条第一款、第七条、第三十条规定，上级人民政府应当加强对下级人民政府房屋征收与补偿工作的监督，任何组织和个人对发现的相关违法行为，有权向有关人民政府举报，有关人民政府也有权对相关违法责任人员作出处理。但上级人民政府不改变或者不撤销所属各工作部门及下级人民政府决定、命令的，一般并不直接设定被征收人新的权利义务，被征收人可以通过直接起诉所属工作部门或者下级人民政府作出的行政行为来维护其合法权益。在存在更为有效便捷的救济方式的情况下，被征收人坚持起诉人民政府不履行层级监督职责，不具有权利保护的必要性和实效性，也不利于纠纷的及时解决，且易于形成诉累。因此，在房屋征收补偿案件的审理过程中，应注意区分市、县级人民政府的职责和其确定的房屋征收部门的职责，被征收人对房屋征收部门组织实施房屋征收与补偿工作过程中作出的行政行为不服，应当以房屋征收部门为被告。如其坚持以市、县人民政府为被告，应依法裁定不予立案或者驳回起诉。

三、对房屋征收实施单位超出委托范围所实施的行为如何处理

由于房屋征收部门与征收实施单位之间的委托属于内部关系，作为行政相对人的被拆迁人无从知晓其具体委托代理事项、权限和期间等内容，也无力与行政权力进行对抗，对征收实施单位超出委托范围实施的与房屋征收补偿相关的行为被征收人仍可以房屋征收部门为被告提起诉讼。房屋征收部门以征收实施单位超出委托范围进行抗辩的，人民法院可以追加征收实施单位为第三人。征收实施单位超出委托范围实施的与房屋征收补偿相关的行为给被征收人造成损失的，仍应当由房屋征收部门进行赔偿。房屋征收部门对被征收人进行赔偿后，有权向征收实施单位追偿。

——最高人民法院行政审判庭编著：《最高人民法院行政诉讼法司法解释理解与适用》（上），人民法院出版社 2018 年版，第 151—152 页。

【最高人民法院裁判案例】

王建平、王晟诉浙江省义乌市国有土地上房屋征收管理办公室、浙江省义乌市人民政府、义乌市城市投资建设集团有限公司房屋征收补偿协议案［最高人民法院（2019）最高法行申 8788 号行政裁定书］

要旨：在实践中，基于工作的便利性或统筹性需要，市、县人民政府可能确定并不具有行政主体资格的行政机关下属机构或其他组织承担房屋征收部门的相关职能。对此，不宜简单以市、县政府的征收决定为依据确定被告，还应当根据行为主

体与职权主体相一致的原则，确定法律意义上的“房屋征收部门”。

一般而言，判断行政诉讼的被告是否适格，既要审查该机关是否是行政行为的作出者，亦应审查行为者是否具有行政主体资格。倘若存在授权、委托等职权转移情形的，则应当按照行政诉讼法第二十六条第五款、《最高人民法院关于适用〈中华人民共和国行政诉讼法〉的解释》（以下简称《适用解释》）第二十条等条款的规定，确定适格被告。

由于征收补偿工作步骤环节多、工作量大，在征收补偿程序中往往涉及多个部门。《适用解释》第二十五条针对征收补偿程序，专门规定了适格被告的确定规则。即市、县级人民政府确定的房屋征收部门组织实施房屋征收与补偿工作过程中作出行政行为，被征收人不服提起诉讼的，以房屋征收部门为被告。征收实施单位受房屋征收部门委托，在委托范围内从事的行为，被征收人不服提起诉讼的，应当以房屋征收部门为被告。但在实践中，基于工作的便利性或统筹性需要，市、县人民政府可能确定并不具有行政主体资格的行政机关下属机构或其他组织承担房屋征收部门的相关职能。对此，不宜简单以市、县政府的征收决定为依据确定被告，还应当根据行为主体与职权主体相一致的原则，确定法律意义上的“房屋征收部门”。本案中，一审被告、二审被上诉人义乌市政府虽然在征收决定中明确了被申请人义乌征收办为房屋征收部门，但根据《义乌征收办主要职责内设机构和人员编制规定》，被申请人义乌征收办作为浙江省义乌市住房和城乡建设局所属全额拨款公益一类事业单位，并不具有独立承担行政法律责任的能力，其行为的后果应由所属的行政机关承担。同时，义乌城投公司并非行政机关或法律、法规授权实施征收补偿的主体，亦不具有承担行政责任的主体资格。一审被告、二审被上诉人义乌市政府作为征收人，并非被诉行政协议的签订主体，在能够确定相应行政机关承担责任的情况下，不宜直接以征收人为本案被告。据此可知，再审申请人起诉的三个主体均非本案适格被告，经原审法院释明告知其以浙江省义乌市住房和城乡建设局为被告另行提起行政诉讼，但再审申请人拒绝变更被告。因此，一审法院裁定驳回再审申请人的起诉，二审法院裁定驳回上诉、维持原裁定，均无不当。再审申请人提出的申请再审的理由不能成立，本院不予支持。

——中国裁判文书网，https://wenshu.court.gov.cn/。

615 人民法院应当综合分析证据认定违法强制拆除主体

关键词 | 违法强制拆除 | 证明责任 |

【最高人民法院司法解释】

第三条第二款 县级以上地方人民政府已经作出国有土地上房屋征收与补偿决定，公民、法人或者其他组织不服具体实施房屋征收与补偿工作中的强制拆除房屋等行为提起诉讼的，人民法院应当根据行政诉讼法第二十六条第一款的规定，以作出强制拆除决定的行政机关为被告；没有强制拆除决定书的，以县级以上地方人民政府确定的房屋征收部门为被告。

——《最高人民法院关于正确确定县级以上地方人民政府行政诉讼被告资格若干问题的规定》（2021年4月1日，法释〔2021〕5号）。

【最高人民法院专业法官会议纪要】

法律问题：国有土地上房屋强制拆除主体不明情况下的责任承担。

法官会议意见：当事人起诉强制拆除房屋行为，只要提供证据初步证明被诉强制拆除房屋行为系被告所为，即已完成对起诉条件的证明责任。例如，原告举证证明涉案项目由被告主持推进，被告设立临时机构负责项目开发和搬迁补偿工作。在没有证据证明强制拆除系他人所为的情况下，人民法院根据相关证据推定被告所为，符合法律规定。

——最高人民法院第一巡回法庭2019年第16次法官会议纪要，载最高人民法院第一巡回法庭编著：《最高人民法院第一巡回法庭行政主审法官会议纪要》（第1卷），中国法制出版社2020年版，第100页。

616 房屋强制拆除过程中强行带离行为的适格被告

关键词｜强制拆除｜强行带离｜

【最高人民法院专业法官会议纪要】

法律问题：在市、县级人民政府组织强制拆除房屋过程中，公安机关对相对人实施强行带离行为的，适格被告如何确定？强行带离行为的法律后果由谁承担。

法官会议意见：在市、县级人民政府组织实施强制拆除房屋过程中，公安机关在现场仅负责治安秩序、未实施强制拆除行为的，不是强制拆除行为的适格被告。根据职权法定原则，公安机关属于依照法律规定独立行使职权并能够承担相应法律责任的行政机关，对强拆过程中实施的其职权范围内的强行带离行为应承担相应责任,是被诉强行带离行为的适格被告。公安机关的强行带离行为不同于强制拆除行为,对其合法性应予以审查。

——最高人民法院第一巡回法庭 2019 年第 1 次法官会议纪要,载最高人民法院第一巡回法庭编著:《最高人民法院第一巡回法庭行政主审法官会议纪要》(第 1 卷),中国法制出版社 2020 年版,第 57 页。

617 不服市、县级人民政府不履行征收补偿法定职责行为的被告确定

关键词 | 不履行法定职责 | 市、县级人民政府 |

【最高人民法院专业法官会议纪要】

3. 不服市、县级人民政府不履行征收补偿法定职责行为,以市、县人民政府为被告,还是以征收管理部门为被告。

答:集体土地征收和国有土地上房屋征收中,被征收人起诉不履行征收补偿法定职责行为的,应当以依法享有作出征收补偿决定法定职权的县级以上人民政府为被告。

当事人起诉不依法履行签订征收补偿协议义务行为的,应当以依法享有签订补偿协议法定职权的征收管理部门为被告。

理由:不履行法定职责案件的适格被告,是依法享有相应法定职权的行政机关。无论是集体土地征收,还是国有土地上房屋征收,依法享有作出征收补偿决定法定职权的机关,均为县级以上人民政府。征收管理部门仅仅具有签订行政协议的法定职权,不具有作出征收补偿决定的职权。《最高人民法院关于适用〈中华人民共和国行政诉讼法〉的解释》第二十五条规定,房屋征收部门组织实施的行政行为,房屋征收部门为被告;征收实施单位受房屋征收部门委托实施的行政行为,以房屋征收部门为被告。根据该条规定并不能得出诉不履行征收补偿法定职责行为,适格被告是征收管理部门的结论。

——《最高人民法院第一巡回法庭关于行政审判法律适用若干问题的会议纪要》(2018 年 7 月 23 日),载最高人民法院第一巡回法庭编著:《最高人民法院第一巡回法庭行政案件裁判精要》,中国法制出版社 2020 年版,第 181—182 页。

618 多人诉同一征收决定是否合并审理

关键词｜征收决定｜合并审理｜

【链接：最高人民法院法官著述】

在实践中，个别法院对若干人起诉同一征收决定的，采取分别立案，审理时一并审理或分案审理，分别判决。笔者认为，这种做法不妥。应当立同一案号，合并审理、判决。理由如下：第一，分案审理增加了当事人诉累。虽若干人起诉，但被诉征收决定是同一的，也就意味，无论多少人起诉，审查的对象是同一个征收决定，分案审理显然没有必要，只能增加诉讼当事人的诉累，浪费司法资源和行政资源。第二，分案审理不利于提高审判质量。法院是对征收决定的合法性进行全面审查，原告的诉讼请求即使不同，但审查的内容都是相同的，其合法权益均可以得到充分的保护。若分案审理有可能在同一问题上作出相互矛盾的判决，不利于保证审判质量。第三，必要的共同诉讼必须合并审理。根据行政诉讼法的规定，法院可以把几个诉讼请求合并审理的，有两种情况：一是当事人一方或者双方为二人以上，因同一行政行为发生的行政案件，法院可以合并审理；二是当事人一方或者双方为二人以上因同类的行政行为发生的行政案件，当事人同意的，法院也可以合并审理。前者为必要的共同诉讼，后者为普通的共同诉讼。同一法院受理必要的共同诉讼的诉后，均应当合并审理；受理普通的共同诉讼的诉后，并不一定都合并审理，可以根据具体情况决定是合并审理，还是分案审理。若干人诉同一征收决定，属必要的共同诉讼，必须合并审理，不得分案审理。第四，对同一行政行为只能对其合法性判决一次。因被诉征收决定是同一个，只应判决驳回诉讼请求、撤销或者确认违法一次，不能多次驳回诉讼请求、撤销或者确认违法。分别立案一并审理，但因有多个案号，根据每个案号必须要有相对应的裁判的规定，一个案号就应作出相应的一份裁判文书，这样一个征收决定就有可能被驳回诉讼请求或者撤销或者确认违法若干次，这显然是不合适的。

——蔡小雪、郭修江：《房屋征收案件审理指引》，人民法院出版社 2015 年版，第 63—64 页。

619 数量众多的被征收人针对同一征收行为先后提起诉讼的处理

关键词｜标准诉讼｜共同诉讼｜

【最高人民法院裁判案例】

张刚诉武汉市武昌区人民政府城建行政征收案［最高人民法院（2017）最高法行申411号行政判决书］

要旨：在当事人一方人数众多、针对同一个行政行为分别提起撤销诉讼的情况下，比较恰当的做法是采用标准诉讼，即，首先审理其中一个或数个有代表性的诉讼，并中止其他诉讼。在首先审理的诉讼中作出的裁判发生法律效力的情况下，如果其他诉讼的当事人认为其案件与首先审理的案件之间并无事实上或法律上的重要区别且案件事实清楚，人民法院可以裁定对中止的诉讼适用已经生效的判决裁定。

在当事人一方人数众多、针对同一个行政行为分别提起撤销诉讼的情况下，分别对每一个起诉进行审理，确实不符合诉讼经济原则；人民法院对被诉行政行为的合法性进行全面审查，也决定了不可能在不同的案件中对同一个行政行为的合法性作出相反的认定。在这种情况下，比较恰当的做法是采用标准诉讼，即，首先审理其中一个或数个有代表性的诉讼，并中止其他诉讼。在首先审理的诉讼中作出的裁判发生法律效力的情况下，如果其他诉讼的当事人认为其案件与首先审理的案件之间并无事实上或法律上的重要区别且案件事实清楚，人民法院可以参照民事诉讼法第五十四条第四款的规定，裁定对中止的诉讼适用已经生效的判决裁定。本案中，再审申请人提起的后诉与奚小弟等人提起的前诉在起诉时间上相差无几，一审法院确实是首先审理一部分诉讼，对本案诉讼裁定中止。但在前诉裁判发生法律效力后，不是在听取本案当事人意见之后裁定本案适用生效的前诉裁判，而是以"诉讼标的已为生效裁判所羁束"为由裁定驳回再审申请人的起诉。再审申请人认为这其实是"刻意构建'诉讼标的已为生效裁判所羁束的'情形"，不无道理。根据法律规定，再审申请人的再审理由应予支持，本案也应指令原审法院依法作出实体裁判。但本院同时查明，本院已在2016年11月30日作出的（2016）最高法行申字2310号行政裁定书中，从是否符合公共利益、是否违反法定程序等方面对本案再审申请人请求撤销的湖北省武汉市武昌区人民政府武昌征决字〔2015〕1号《房屋征收决定》的合法性进行了比较全面的司法审查，并驳回了熊伟等140人请求确认该房屋征收决定违法并予以撤销的再审申请，而本案再审申请人张刚与熊伟等140人的权利主张并不存在事实上或法律上的重要区别，在此情况下，指令原审法院作出一个相同的判决，不仅于事无补，还徒然浪费有限的司法资源。因此本院认为，虽然再审申请人的再审理由有其道理，但对于案件而言并无提起再审的必要。

——中国裁判文书网,https://wenshu.court.gov.cn/。

620 对征收决定和前置行政行为同时起诉的是否合并审理

关键词｜征收决定｜前置行政行为｜合并审理｜

【链接：最高人民法院法官著述】

在实践中,一个行政相对人对征收决定和前置行为同时起诉,或若干行政相对人分别对征收决定和前置行政行为同时起诉,或有一部分人对征收决定起诉,另一部分人对前置行为起诉。对上述情况下是否应当合并审理的问题,存在三种不同意见。

……

第三种意见认为,对征收决定和前置行政行为同时提起行政诉讼时,法院应当合并审理,不宜分案审理。理由如下:第一,尽管征收决定与前置行政行为是各自独立的行政行为,但前置行政行为是征收决定的依据,且前置行政行为只有在征收决定作出之后才产生法律效力,它的合法性直接影响到征收决定的合法性,两者存在着依赖关系。合并审理有利于查清案件的事实,统一适用法律,可以避免作出相互矛盾的判决。第二,前置行政行为不合法将会导致征收决定不合法,如果造成被征收人及其利害关系人的合法权益损害,作出前置行政行为的机关和作出征收决定的机关须根据各自的责任大小共同承担行政赔偿责任,合并审理有利于确定各机关所应承担的赔偿责任。第三,合并审理的目的,是为了简化诉讼程序,提高办案效率,节省人力、物力、财力,便于人民群众诉讼、减轻当事人诉累,便于人民法院办案,防止人民法院在同一问题上作出相互矛盾的判决,保证审判质量。通过前面分析,此种情况符合合并审理的目的,从法理上应归为非典型的必要共同诉讼,宜合并审理,不宜分案件审理。第四,行政诉讼法是 1989 年制定的,当时我国的行政诉讼制度刚刚开始建立,对行政诉讼的规律性问题认识不够,在有关具体规定上存在一定的疏漏,需要通过司法实践逐步弥补。此种情况符合共同诉讼的目的,与行政诉讼法的立法原则和精神相符,法院合并审理亦具有合法性。

笔者基本赞同第三种意见,同时需要指出注意以下两个问题:一是前置行政行为是由多个行为组成的,各个行为都是相对独立的,可能有的合法,有的违法,前置行政行为中一个违法,就会导致征收决定的依据错误,其本身就失去了合法性,依法可以判决撤销或确认违法。前置行政行为被法院认定为合法的，作出机关无须承担赔偿责任。二是合并审理后，法院应当先审查前置行政行为的合法性，而后审查征收决定的合法性。法院确认前置行政行为合法，但因征收决定复杂，法院短时间内难以查清的，可以先行对前置行政行为作出判决。

——蔡小雪、郭修江：《房屋征收案件审理指引》，人民法院出版社 2015 年版，第 64—65 页。

621 对征收决定和补偿决定同时起诉应否合并审理

关键词 | 征收决定 | 补偿决定 | 合并审理 |

【链接：最高人民法院法官著述】

笔者认为，征收决定从性质上讲应属于补偿决定的前置行为，但它与房屋征收前置行政行为有两点不同：一是征收决定作出之日就对被征收人及其利害关系人的权利产生实际影响；而前置行政行为要等到征收决定作出之后，才对被征收人及其利害关系人产生实际影响。二是征收决定是众多的补偿决定的依据，而前置行政行为只是作为一个征收决定的依据，不是其他征收决定的依据。正因征收决定是众多补偿决定的依据，每个补偿案件中有关补偿问题的事实、适用的标准等不同，如果起诉补偿决定数量较大或者巨大，统统放在一起审理，将会使审理时间拖得很长，不利于提高审判效率。对此种情况，笔者认为，不宜合并审理。如果仅涉及一两个诉补偿决定的案件，法院可以合并审理。

法院在处理此类情况时，需要注意以下三个问题：一是因征收决定是补偿决定的依据，无论是合并审理，还是分案审理，都应先审查征收决定，后审查补偿决定。二是法院对诉征收决定案件作出的判决，可以作为审查判断依据征收决定作出的补偿决定是否合法的依据。三是在一审开庭期间，其他被征收人依法对征收决定提起诉讼的，法院应将其他被征收人列为共同原告，让其参加诉讼；若一审判决后，其他被征收人才提起诉讼的，法院应以一事不再理的理由不予受理。

——蔡小雪、郭修江：《房屋征收案件审理指引》，人民法院出版社 2015 年版，第 66—67 页。

622 房屋征收决定的合法性审查

关键词|征收决定|合法性审查|

【最高人民法院裁判案例】

马树宇诉天津市河西区人民政府房屋征收决定案[最高人民法院(2020)最高法行申12441号行政裁定书]

要旨:《国有土地上房屋征收与补偿条例》并未对选择和确认房屋征收补偿价格评估机构是在作出征收决定之前,还是之后作出明确规定。

《国有土地上房屋征收与补偿条例》第八、九、十、十一、十二、十三、十九、二十一条规定,征收国有土地上的房屋应当符合公共利益需要,建设项目符合国民经济和社会发展规划、土地利用总体规划、城乡规划和专项规划;市、县级人民政府应当组织有关部门对征收补偿方案进行论证并予以公布,征求公众意见,征求意见期限不得少于30日,应当将征求意见情况和根据公众意见修改的情况及时公布;作出房屋征收决定前,应当进行社会稳定风险评估,征收补偿费用应当足额到位、专户存储、专款专用;作出房屋征收决定后应当及时公告。本案中,为修建天津市11号地铁公共利益需要,天津市将建设项目纳入国民经济和社会发展规划。经天津市政府相关职能部门审核、批准,项目符合用地、规划要求。征收范围内被征收人、公有住房承租人在河西公证处的公证下,投票选取评估机构并进行公示。评估机构受委托开展评估工作,并将初步评估结果在征收范围内进行公示。河西区政府对征收补偿安置方案进行论证,并公布和征求公众意见。征求意见期限满30日后,公布征求意见情况及对反馈意见、建议的答复。同时,作出征收决定前,河西区政府还组织相关部门进行社会稳定风险评估,制定风险防范方案,补偿费用足额到位、专户存储、专款专用,经政府常务会议讨论,作出3号征收决定,并在征收范围内公告。征收决定明确征收范围、实施主体等相关法定事项,所附征收补偿方案给予被征收人货币补偿、产权调换选择权,提供可供选择房源,并告知申请行政复议、提起行政诉讼的权利。3号征收决定事实清楚证据充分、适用法律法规正确,符合法定程序,一、二审判决驳回马树宇的诉讼请求并无不当。马树宇主张,河西区政府先选择和确认房屋征收补偿价格评估机构,后作征收决定,程序违法。但是,《国有土地上房屋征收与补偿条例》并未对选择和确认房屋征收补偿价格评估机构是在作出征收决定之前,还是之后作出明确规定,马树宇亦未提供天津市相关地方性法规、规章等对此作出明确规定。在此情形下,马树宇认为河西区政府违反法定程序,缺乏法律根据。以此为由申请再审,理由不能成立。

——中国裁判文书网,https://wenshu.court.gov.cn/。

623 房屋征收补偿决定的合法性审查

关键词 | 征收补偿决定 | 合法性审查 |

【最高人民法院裁判案例】

李宝亮、李站生诉北京市西城区人民政府房屋征收补偿决定案[最高人民法院(2020)最高法行申7789号行政裁定书]

《国有土地上房屋征收与补偿条例》第四、十七、十九、二十、二十一、二十二、二十五、二十六、二十七、二十八条规定,市、县级人民政府负责本行政区域的房屋征收与补偿工作;市、县级人民政府确定的房屋征收部门(以下称房屋征收部门)组织实施本行政区域的房屋征收与补偿工作。对被征收人给予的补偿包括被征收房屋价值的补偿,因征收房屋造成的搬迁、临时安置的补偿,因征收房屋造成的停产停业损失的补偿。对被征收房屋价值的补偿,不得低于房屋征收决定公告之日被征收房屋类似房地产的市场价格。被征收房屋的价值,由具有相应资质的房地产价格评估机构按照房屋征收评估办法评估确定。被征收人对评估确定的被征收房屋价值有异议的,可以向房地产价格评估机构申请复核评估。对复核结果有异议的,可以向房地产价格评估专家委员会申请鉴定。被征收人可以选择货币补偿,也可以选择房屋产权调换。被征收人选择房屋产权调换的,市、县级人民政府应当提供用于产权调换的房屋,并与被征收人计算、结清被征收房屋价值与用于产权调换房屋价值的差价。因征收房屋造成搬迁的,房屋征收部门应当向被征收人支付搬迁费;选择房屋产权调换的,产权调换房屋交付前,房屋征收部门应当向被征收人支付临时安置费或者提供周转用房。房屋征收部门与被征收人依法就补偿方式、补偿金额和支付期限、用于产权调换房屋的地点和面积、搬迁费、临时安置费或者周转用房、停产停业损失、搬迁期限、过渡方式和过渡期限等事项,订立补偿协议。在征收补偿方案确定的签约期限内达不成补偿协议的,市、县级人民政府依法按照征收补偿方案作出补偿决定,并在房屋征收范围内予以公告。补偿决定应当公平。实施房屋征收应当先补偿、后搬迁。作出房屋征收决定的市、县级人民政府对被征收人给予补偿后,被征收人应当在补偿协议约定或者补偿决定确定的搬迁期限内完成搬迁。被征收人在法定期限内不申请行政复议或者不提起行政诉讼,在补偿决定规定的期限内又不搬迁的,由作出房屋征收决定的市、县级人民政府依法申请人民法院强制执行。本案中，西城区征收办与李宝亮、李站生在签约期限内未达成补偿协议，西城区政府作出9号征补决定，依法送达并公告；该决定为李宝亮提供货币补偿和产权调换补偿补偿方式，同时明确补偿金额计算方式和支付期限、房屋安置、周转用房、搬迁期限等内容，符合《国有土地上房屋征收与补偿条例》和《征补方案》的相关规定。一、二审判决驳回李宝亮、李站生的诉讼请求并无不当，本院予以支持。李宝亮主张，9号征补决定对未登记建筑没有给予补偿，未明确补偿、补助内容。但是，李宝亮、李站生未提供证据证明其存在未登记应予补偿的合法建筑的事实，同时也未在法定期限对《评估报告》确定的建筑面积提出异议，申请复核评估和鉴定。关于建筑物之外的其他补偿，9号征补决定也已经明确，按照《征补方案》确定，详见附件算账单，不存在未明确补偿、补助内容问题。其该项申请再审理由缺乏事实根据，本院不予支持。李宝亮还主张，《评估报告》存在多处违法，不应作为补偿决定的依据。但是，《评估报告》由具有法定资质的评估机构和评估人员，根据客观事实和法定评估试点，依照法定程序作出并送达。李宝亮收到《评估报告》后拒绝在送达回执上签字，有见证人见证，不影响送达程序的合法性。且，李宝亮未在法定期限内申请复核评估和鉴定。西城区政府以《评估报告》为根据作出，并无不当。以此为由申请再审，理由不能成立。

——中国裁判文书网，https://wenshu. court. gov. cn/。

李红阳诉山东省东明县人民政府征收补偿决定案［最高人民法院（2020）最高法行申1008号行政裁定书］

要旨：判断该房屋征收补偿决定是否合法，可以从依据、主体、程序、实体内容四个层面判断。

首先，关于案涉征补决定作出的依据。根据再审申请人一审期间所提交的证据，并经一审法院查证属实，能够证明案涉房屋征收补偿方案在公布前已经论证、评估社会稳定风险、征求意见、修订等法定程序，具备公布的法定条件。本案亦不符合《国有土地上房屋征收与补偿条例》规定的召开听证会之条件，故案涉房屋征收补偿方案作为被诉征补决定的依据合法有效。其次，关于作出主体。本案中，申请人与房屋征收部门在签约期限内未能达成补偿协议，按照《国有土地上房屋征收与补偿条例》，东明县政府作为征收主体，具有依法作出案涉征收补偿决定的法定职权。再次，从程序看。二审法院经审查认为，案涉房屋征收评估机构的选定程序存在违法情形，但评估报告作出程序合法、内容并无不当，且已经价格评估专家委员会鉴定，被申请人以此评估报告为基础，作出征补决定，程序合法。最后，从实体权益保障看。本案中,案涉征收补偿方案明确了被征收人产权调换房屋的所在区域,因未达到选房条件,没有明确安置房具体位置、楼号,但房屋征收部门同时向申请人提供了货币补偿或产权调换方式,并赋予选择权。被诉房屋征收补偿决定依照房屋征收补偿方案中确定的补偿办法,计算了货币补偿的数额,且该数额经过评估机构的评估及鉴定机构的鉴定,不存在显失公平的情形,亦未损害申请人的实质利益。

——中国裁判文书网,https://wenshu. court. gov. cn/。

624 开发区管委会能否以自己名义作出征收决定

关键词｜开发区管委会｜征收决定｜

【链接:最高人民法院法官著述】

开发区管委会应属于直辖市、省级、副省级或者地级市人民政府的准派出机关,不属于县级人民政府。《征收条例》第八条只授权市、县级人民政府具有作出征收决定的职权,没有明确授权市政府准派出机关可以作出房屋征收与补偿行为。参照行政处罚法第十六条"国务院或者经国务院授权的省、自治区、直辖市人民政府可以决定一个行政机关行使有关行政机关的行政处罚权,但限制人身自由的行政处罚权只能由公安机关行使"的规定,国务院有权授予开发区管委会实施房屋征收行政行为的职权。国务院 1991 年 3 月 6 日发布的《关于批准国家高新技术产业开发区和有关政策规定的通知》第三条规定:"国务院授权国家科委负责审定各国家高新技术产业开发区的区域范围、面积,并进行归口管理和具体指导。"国家科委根据国务院授权制定的《国家高新技术产业开发区管理暂行办法》第八条规定:"……开发区管理委员会作为开发区日常管理机构,可以行使省、自治区、直辖市、计划单列市人民政府所授予的省市级规划、土地、工商、税务、财政、劳动人事、项目审批、外事审批等经济管理权限和行政管理权限,对开发区实行统一管理。"根据上述规定,国务院批准和省级人民政府批准并报国务院备案的国家高新技术产业开发区管理委员会均具有作出征收房屋与补偿行为的职权。

因开发区管委会的职权范围属于地方事务,有制定地方性法规权的地方人大及其常委会可以根据地方的具体情况决定是否授予开发区管委会实施房屋征收与补偿行为的职权。我国绝大多数具有地方性法规立法权的人大常委会颁发的相关地方性法规中都授予开发区管委会实施房屋征收行为的职权。例如,山东省人大常委会颁布的《山东省经济技术开发区管理条例》第八条规定，开发区管委会按照经批准的开发区总体规划和土地审批权限的规定行使，对开发区土地进行统一征用、统一开发、统一出让、统一管理；统一规划、管理开发区各项基础设施、公共设施和其他设施等职权。根据该条的规定，经国务院批准或山东省人民政府批准并报国务院备案的经济技术开发区管委会具有实施征收房屋行为的职权。但是，也有少数地方人大常委会未制定相关的地方性法规，省级人民政府制定的规章中未明确授权可以实施房屋征收行为。例如，黑龙江省人民政府颁布的《黑龙江绥芬河综合保税区管理办法》第四条第二款规定："管委会可以依法接受有关行政管理部门的委托，在综保区内履行相关行政管理职责，并负责协调和配合口岸、海关、检验检疫、边检、工商、税收、金融、公安、环保等有关行政管理部门在综保区的行政管理工作。"根据该条的规定，绥芬河综合保税区管委会可以接受有关行政机关的委托实施房屋征收行为，但不得以自己的名义实施房屋征收行为。因此，法院在审查开发区管委会实施的房屋征收行为时，一定要让被告开发区管委会提供有关授予其实施房屋征收行为的规范性文件，并对有关文件进行认真审查，不能武断地作出开发区管委会是否具有实施房屋征收行为职权的判断。

——蔡小雪、郭修江：《房屋征收案件审理指引》，人民法院出版社 2015 年版，第 85—86 页。

625 市、县级人民政府作出的征收决定超越职权的判决方式

关键词 | 市、县级人民政府 | 超越职权 |

【链接：最高人民法院法官著述】

市、县级人民政府作出的征收决定超越职权具体来讲，主要有以下三种情况，应当分别予以判决：一是不具有房屋征收职权的行政机关、内部行政机构、派出机构作出征收决定的。因他们不具有此项职权，无权作出征收决定，按照越权无效原则，故应当判决予以撤销。二是具有房屋征收职权的市、县级人民政府所作出的征收决定，部分超越了其行政管辖范围，其他部分均为合法的，原则上应当将其超越行政管辖范围部分撤销。撤销后，市、县级人民政府可以重新划定征收范围，或与有管辖权的市、县级人民政府共同作出征收决定。三是有房屋征收职权的市、县级人民政府对其管辖区域内的集体所有土地未经征收，直接按照国有土地上的房屋进行征收，一般应当判决予以撤销。但法院在审理时，绝大部分已经征收完毕，或

者已进入工程施工阶段，撤销后将会给国家利益造成重大损失的，法院可以依据2014年行政诉讼法第七十四条第一款第（一）项及《若干解释》第五十八条的规定，判决确认被诉征收决定违法，责令市、县级人民政府补办征收集体土地审批手续，有关被征收房屋补偿问题，可以参照国有土地上房屋征收标准予以补偿。

——蔡小雪、郭修江：《房屋征收案件审理指引》，人民法院出版社2015年版，第92页。

626 房屋征收案件中对是否符合公共利益的审查

关键词 | 公共利益 | 房屋征收 |

【链接：最高人民法院法官著述】

笔者认为，判断征收决定的目的是否为了公共利益的需要，必须根据前置行政行为所确定的内容，对照国民经济和社会发展规划、土地利用总体规划、城乡规划和专项规划三个文件，从以下四个方面进行综合分析才能作出正确的判断：

（一）是否具有公共性

公共性由两个要件构成：一是受益主体具有普遍性或者不特定性；二是政府组织实施的建设项目。它包括政府直接实施或者独立投资的项目，也包括政府主导、市场化运作的项目。这两个要件必须同时具备，缺少任何一个都应认定为不具有公共性，不能认定征收决定具有合法性。建设项目立项批复可以反映出项目承办单位、建设内容、建设理由、建设地点、拟建规模、总投资估算及资金来源。从建设内容和建设理由上，可以分析出征收房屋用于何类建设项目，受益主体是否具有普遍性或者不特定性；从资金来源等方面可以分析出是否为政府组织实施的建设项目。在确定征收决定具有公共性的事实基础上，再与《征收条例》第八条规定进行对照，确定是否属于该条所列举的可以征收的六种情形。对不符合该条规定的建设项目的，均应认定征收决定适用法律、法规错误。

……

（二）是否具有合理性

根据《征收条例》第八条的规定，只有在“确实需要”的情况下，无法通过其他方式实现公共利益时，政府才能将公民、法人或者其他组织在国有土地上的房屋所有权及其所附土地使用权收归国家所有。因此，征收房屋必须符合比例原则。此处的比例原则有三层含义：一是政府对房屋征收，可以实现政府希望实现的公共利益的，不得以公共利益需要为由征收非国有财产；二是政府对房屋实行征收是在可供选择的实现公共利益的多种途径中对公民、法人和其他组织的权益损害最小的，如果政府希望实现的公共利益可以通过征收之外的其他方式实现，应采用其他方式来实现公共利益，而不应当通过征收方式实现；三是因征收而受到损害的公民、法人和其他组织受损的利益不应超过政府所要实现的公共利益。如果政府所要实现的公共利益小于征收给财产权人造成的损害，政府也就无征收财产的必要。

……

（三）是否具有正当性

公共利益的界定事关广泛的公众利益，立法机关和行政机关应当广泛听取、充分尊重公众意见，保证公共利益界定基于广泛的民意之上。因此，《征收条例》第九条第二款中规定："制定国民经济和社会发展规划、土地利用总体规划、城乡规划和专项规划，应当广泛征求社会公众意见，经过科学论证。"

……

虽然《征收条例》中强调四类规划的公众参与原则，但就目前关于相关规划的法律、法规以及有关规范性文件的内容来看，虽然国务院和各级人民政府开始重视在各类规划中引入公众参与，但关于公众参与的具体制度和法律效力等方面的规定比较简单和原则，公众参与原则更多地表现为一种政策倡导性规定，还没有关于违反公众参与规定的法律后果。因此，违反公众参与原则，不能作为相关规划活动违法或无效的判断标准，更不能因为相关规划违反公众参与进而认定征收活动违法。据此，人民法院在审查国民经济和社会发展规划、土地利用总体规划、城乡规划和专项规划等三个文件时，发现有关行政机关未进行公众参与的程序，公众反映强烈的，受诉人民法院应当报请市、县人大常委会或其上一级人大常委会，请他们对这三个文件的法律效力进行确认后再作出最终认定。

（四）是否体现了公平性

征收房屋的公平性主要体现在被征收人所受到的相应损失适当补偿。从实践中反映出来的问题看，征收活动所引发的各种纠纷中，大多数体现为补偿不公平的问题，被征收人及其利害关系人最为关注的也正是房屋征收中的补偿问题。补偿是否合理主要从以下三个方面审查：一是补偿的范围是否合理。根据《征收条例》第十七条规定，对被征收人给予补偿的范围包括对被征收人房屋价值的补偿，因征收房屋造成的搬迁、临时安置的补偿，因征收房屋造成的停产停业损失的补偿。二是补偿标准的是否合理。根据《征收条例》第十九条的规定，对被征收房屋价值的补偿，不得低于征收决定公告之日被征收房屋类似房地产的市场价格。三是补偿方式是否合理。房屋是居民赖以生存的重要生活资料,房屋被拆除后,必然会给居民居住等生活问题造成不便。为保证被征收人有房住,《征收条例》第二十一条规定,被征收人可以选择货币补偿或产权调换,不得剥夺被征收人选择补偿权利。关于征收决定补偿是否公平的问题,人民法院应重点审查补偿方案是否合理。如果补偿方案存在不符合法律法规有关规定的,不能认定征收决定合法。

——蔡小雪、郭修江:《房屋征收案件审理指引》,人民法院出版社 2015 年版,第 103—109 页。

627 对旧城区改建项目是否符合公共利益需要的认定

关键词 | 旧城区改建 | 公共利益 |

【最高人民法院裁判案例】

郭鸿昌诉宁波市鄞州区人民政府房屋行政征收案[最高人民法院(2017)最高法行申 4693 号行政裁定书]

要旨:以征收形式进行的旧城区改建,既交织公共利益与商业开发,也涉及旧城保护与都市更新,更应尊重拟征收范围内被征收人的改建意愿;大多数或者绝大多数被征收人同意改建方案的,即可以认为建设项目符合公共利益的需要。

国有土地上房屋征收决定影响众多被征收人合法权益,事关建设项目的顺利推进和社会和谐稳定,人民法院对征收决定的审查,应当按照《征补条例》的规定依法进行。人民法院一般应审查建设项目是否基于公共利益的需要、建设活动是否符合一系列规划、征收补偿方案是否已经公布并根据公众意见修改公布、是否已进行社会稳定风险评估、征收补偿费用是否已经足额到位、专户存储、专款专用。由于公共利益属于典型的不确定法律概念,建设项目是否符合公共利益的需要,一方面应主要由立法判断,即只有立法明确列举的建设项目才属于公共利益的需要;另一方面,对于立法规定不明确或者可能认识有分歧的,则宜尊重通过正当程序而形成的判断,地方人大及其常委会、绝大多数被征收居民同意的建设项目,应当认为属于公共利益的需要。尤其是以征收形式进行的旧城区改建,既交织公共利益与商业开发,也涉及旧城保护与都市更新,更应尊重拟征收范围内被征收人的改建意愿;大多数或者绝大多数被征收人同意改建方案的,即可以认为建设项目符合公共利益的需要。本案中,江东征管办就涉案项目征询了被征收人的征收意愿,并由浙江省宁波市永欣公证处对征询工作进行公证。经统计,涉案项目的征收意愿同意率达 99.4%,充分证明案涉项目反映了公共利益。郭鸿昌有关涉案地块不属于公共利益项目的再审申请,不能成立。

——中国裁判文书网,https://wenshu.court.gov.cn/。

628 对房屋征收决定进行公告,即视为送达

关键词 | 征收决定 | 送达 |

【最高人民法院裁判案例】

杨银书诉河北省邢台市桥东区人民政府房屋征收决定案[最高人民法院(2018)最高法行申 1459 号行政裁定书]

《国有土地上房屋征收与补偿条例》第十三条第一款规定,市、县人民政府作出房屋征收决定后应当及时公告。公告应当载明征收补偿方案和行政复议、行政诉讼权利等事项。根据上述规定,房屋征收决定以公告方式送达,无须参照民事诉讼法规定的送达程序,向每一户被征收人逐户送达。只要市、县人民政府依法进行公告,即视为征收决定已经送达每一户被征收人;征收决定公告中告知当事人诉权和起诉期限,即视为全体被征收人已经被告知诉权和起诉期限。

——中国裁判文书网,https://wenshu.court.gov.cn/。

629 房屋征收决定未经社会风险评估或政府常务会议讨论,应确认违法

关键词 | 社会风险评估 | 征收决定 |

【最高人民法院裁判案例】

陈秀敏、王胜义诉山东省菏泽市成武县人民政府房屋征收决定案[最高人民法院(2019)最高法行申 6515 号行政裁定书]

成武县政府不能提供证据证明进行了有效的社会稳定风险评估,也无法提供被诉房屋征收决定作出前经过政府常务会议讨论的证据,因而应当承担举证不能的不利后果,即被诉房屋征收决定并不符合《国有土地上房屋征收与补偿条例》的相关规定,应当认定为违反法律规定,确认违法。

行政诉讼法第七十四条第一款第(一)项规定,行政行为依法应当撤销,但撤销会给国家利益、社会公共利益造成重大损害的,人民法院判决确认违法,但不撤销行政行为。本案中,涉案土地拆迁改造项目的目的在于适应经济和社会发展,有利于改善和提高居民的生活状况,相关房屋征收活动能够满足《国有土地上房屋征收与补偿条例》对于旧城区改造的各项条件要求。且片区内绝大多数居民已经签署拆迁补偿协议并拆除房屋,从保障已形成权利义务的稳定性和维护公共利益的方面考虑,此房屋征收补偿决定亦不宜撤销,符合行政诉讼法前述规定情形。

——中国裁判文书网,https://wenshu.court.gov.cn/。

630 “住改非”房屋的征收补偿标准

关键词 | 住宅用房 | 营业用房 |

【最高人民法院裁判案例】

崔德荣诉梅河口市人民政府房屋征收补偿决定案[最高人民法院(2016)最高法行申292号行政裁定书]

要旨:产权证记载为住宅用房,尽管被征收人实际用于经营,但从房屋的性质上讲仍应认定为住宅。

二、关于住宅兼营业用房的补偿问题

《征收评估办法》第九条第三款规定,对于已经登记的房屋,其性质、用途和建筑面积,一般应当以房屋权属证书和房屋登记簿的记载为准。国务院办公厅国办发〔2003〕42号《关于认真做好城镇房屋拆迁工作维护社会稳定的紧急通知》第四条规定:“对拆迁范围内产权性质为住宅,但已依法取得营业执照经营性用房的补偿,各地可根据其经营情况、经营年限及纳税等实际情况给予适当补偿。”依照以上规定,产权证记载为住宅用房,尽管被征收人实际用于经营,但从房屋的性质上讲仍应认定为住宅。42号通知同时授权地方人民政府对此类房屋的补偿标准作出具体规定。梅河口市政府制定的本案征收补偿方案规定,不临主要街路自行改变用途的住宅房屋,工商税务手续齐全,实际用于经营的,按照住宅标准予以补偿安置;选择货币补偿,营业损失按照被征收房屋价值的10%予以一次性补偿。征收补偿方案的上述规定,与法律、行政法规不相冲突,应当认定为合法有效。崔德荣的30平方米有照房屋登记为住宅,实际用于经营,129号《征收补偿决定》按照住宅予以评估补偿,并给予住宅总价值10%的营业损失补偿,符合征收补偿方案的规定。

崔德荣主张应当按照经营性用房的标准予以补偿,没有事实和法律依据,本院不予支持。

——中国裁判文书网,https://wenshu. court. gov. cn/。

631 房屋征收补偿决定应当以何时作为房屋价值确定的时点

关键词｜征收补偿决定｜房屋价值｜

【最高人民法院裁判案例】

杨婷诉河南省商丘市梁园区人民政府房屋征收补偿决定案[最高人民法院(2020)最高法行申3108号行政裁定书]

要旨:如果房屋征收补偿决定的作出时间相距征收决定公告之日较远,且不可归责于被征收人,那么若以房屋被征收决定公告之日作为房屋价值的评估时点,将导致被征收人实际获得的补偿不足以获得相应的补偿。虽然《国有土地上房屋征收与补偿条例》并未对房屋征收补偿决定作出的时间进行限定,征收主体原则上具有一定的裁量权限,但其仍应在合理的期限内作出。

本案的争议在于作出房屋征收决定的时间与被征收房屋价值评估报告确定的时点相距较远时,房屋征收补偿决定应当以何时作为房屋价值确定的时点。根据《国有土地上房屋征收与补偿条例》(以下简称征补条例)第二十六条的规定,房屋征收部门与被征收人在征收补偿方案确定的签约期限内达不成补偿协议的,征收部门应当报请作出房屋征收决定的市、县级人民政府按照征收补偿方案作出补偿决定。前述规定的目的一方面在于有序地推进征收项目的进行,以保障公共利益得以实现,另一方面也可以及时地解决行政争议,以实现被征收人权益的保障。虽然征补条例第十九条规定,对被征收房屋价值的补偿,不得低于房屋征收决定公告之日被征收房屋类似房地产的市场价格。但是如果房屋征收补偿决定的作出时间相距征收决定公告之日较远,且不可归责于被征收人,那么若以房屋被征收决定公告之日作为房屋价值的评估时点,将导致被征收人实际获得的补偿不足以获得相应的补偿。虽然征补条例并未对房屋征收补偿决定作出的时间进行限定,征收主体原则上具有一定的裁量权限,但其仍应在合理的期限内作出。如果被征收人存在过错,导致房屋征收补偿决定延迟作出的,征收主体不承担相关责任。如果并非被征收人的原因而导致房屋征收补偿决定延迟作出的,征收主体应当承担相应的责任,即通过重新确定被征收房屋价值的评估时点等方式,弥补被征收人由此可能遭受的损害。本案中,被诉房屋征收补偿决定作出于 2017 年 11 月 22 日,而其依据的评估价值时点为 2012 年 3 月 8 日。二审法院从公平补偿的角度出发,撤销被诉征收补偿决定,责令梁园区政府就相关房屋征收补偿事项重新作出处理,并无不当。

——中国裁判文书网,https://wenshu. court. gov. cn/。

632 房屋征收补偿决定中能否确定补偿方式的选择权期限

关键词 | 征收补偿决定 | 补偿方式 |

【最高人民法院裁判案例】

汪宝琴诉山东省青岛市市北区人民政府房屋征收补偿决定案[最高人民法院(2020)最高法行申 1302 号行政裁定书]

本案中,被诉房屋征收补偿决定要求被征收人在补偿决定送达之日起十五日内向房屋征收部门提出异地房屋补偿或货币补偿的书面意见,逾期则视为选择异地房屋补偿。现行法律法规对此问题并未作出明确规定,一审认为为保障征收活动顺利进行、使房屋征收补偿决定具有确定力,在补偿决定中确定的该期限并无不当,本院予以认可。

——中国裁判文书网,https://wenshu. court. gov. cn/。

633 房屋征收评估方法的选择

关键词 | 房屋评估 | 评估方法 |

【最高人民法院裁判案例】

林敦琦诉黑龙江省鸡西市城子河区人民政府行政赔偿纠纷案[最高人民法院(2019)最高法行申 2241 号行政裁定书]

根据《国有土地上房屋征收评估办法》第十三条规定:“注册房地产估价师应当根据评估对象和当地房地产市场状况,对市场法、收益法、成本法、假设开发法等评估方法进行适用性分析后,选用其中一种或者多种方法对被征收房屋价值进行评估。”根据该办法,在没有与案涉房屋相类型,鉴定时点近期交易的房屋实例对照比较、双方当事人亦未提交其他相关材料的情况下，山东省弘裕土地房屋评估有限公司黑龙江省分公司未采用市场比较法，而采用成本法和收益法进行鉴定，不违反该办法。城子河区政府主张该鉴定意见采取的评估方法不当，但是并未提供证据证明，其主张不能成立。

——中国裁判文书网，https://wenshu.court.gov.cn/。

634 被征收房屋价格评估是否一律以征收决定公告日作为评估时点

关键词 | 房屋评估 | 评估时点 |

【最高人民法院裁判案例】

居李、李琼、居文诉福州市鼓楼区人民政府房屋征收补偿决定案［最高人民法院（2018）最高法行再202号行政判决书］

要旨：人民法院对在“征收决定公告之日”或者估价报告出具之日起的一年后作出的补偿决定是否仍应继续坚持以“征收决定公告之日”为确定补偿的评估时点，应结合多种因素综合判断。

市、县级人民政府因公共利益征收国有土地上被征收人房屋时，应当对被征收人给予公平补偿；而公平补偿的基本要求即为不得低于房屋征收决定公告之日被征收房屋类似房地产的市场价格。但近年来由于房屋价格波动幅度较大，如果征收决定公告日、签订补偿协议日或者作出补偿决定日、强制搬迁日以及实际支付货币补偿金日之间差距较大，尤其是如果确定并支付货币补偿金时点明显迟延于房屋价值的评估时点（征收决定公告时点），则难以保障被征收人得到的货币补偿金能够购买被征收房屋类似房地产，无法体现公平补偿原则。即使是以产权调换方式进行的补偿安置，由于被征收房屋通常位于中心城区而产权调换房屋可能位于次中心城区，而中心城区房屋价格上涨幅度一般而言要高于次中心城区房屋价格的上涨幅度。因此，市、县级人民政府在以征收决定公告日作为评估时点后，应当尽可能快速通过签订补偿安置协议或者作出补偿决定的方式，及时对被征收人进行补偿，并固定双方的权利义务，确保补偿的实质公平。因此，对上述法律规定中有关“被征收房屋价值评估时点为房屋征收决定公告之日”的规定，就应当结合《征补条例》有关“公平补偿”条款，作统一的法律解释，而不能静止、孤立、机械地强调不论征收项目大小、征收项目实施日期，以及是否存在市、县级人民政府及其职能部门的单方责任，也不考虑实际协议签订日或者补偿决定作出日甚至实际货币补偿款支付到位日的区别，均以征收决定公告之日作为评估时点。

显然，《征补条例》未明确规定市、县级人民政府与其职能部门应当在征收决定公告后何期限内必须以补偿安置协议或者补偿决定方式解决补偿安置问题，《征补条例》等法律文件也未规定如何判断相应的“合理期限”。因此，人民法院也不宜动辄轻率否定以“征收决定公告之日”作为评估时点的合理性，也不宜简单以“征收决定公告之日”起或者估价报告出具之日起的“一年”或者“两年”作为判断标准。但《征补条例》有关及时补偿的立法精神，第二十六条有关在征收补偿方案确定的签约期限内达不成补偿协议即应当作出补偿决定的规定，以及房地产市场价格波动的剧烈性，仍然可以为人民法院确定相应的合理期限提供指引。人民法院对在“征收决定公告之日”或者估价报告出具之日起的一年后作出的补偿决定是否仍应继续坚持以“征收决定公告之日”为确定补偿的评估时点，应结合以下因素综合判断：一是注意当地房地产市场价格波动的幅度并考虑评估报告的“应用有效期”。要参考《房地产抵押估价指导意见》第二十六条规定，原则上应当在估价报告应用有效期内作出补偿决定，从估价报告出具之日起计，无正当理由的，市、县级人民政府一般宜在一年内签订补偿安置协议或者作出补偿决定。二是市、县级人民政府未在一年内作出补偿决定，是否存在可归责于被征收人的原因。如被征收人以种种理由拒绝配合征收补偿工作致使征收与补偿程序延误的、被征收人拒绝入户调查致使评估工作延误的、被征收人依法对评估报告复核、鉴定致使补偿决定迟延的、被征收人要求继续就补偿安置问题协商致使补偿决定未及时作出的，等等，在此等情形下，人民法院不宜以补偿决定未在一年内作出而另行确定补偿评估时点。三是补偿决定时点明显迟延且主要归责于市、县级人民政府与其职能部门自身原因的，同时房地产市场价格发生剧烈波动，按照超过“应用有效期”的评估报告补偿，明显不利于被征收人得到公平补偿的，则不宜再坚持必须以“征收决定公告之日”为确定补偿的评估时点。四是坚持《征补条例》第二十七条规定的实施房屋征收应当先补偿、后搬迁。即“作出房屋征收决定的市、县级人民政府对被征收人给予补偿后，被征收人应当在补偿协议约定或者补偿决定确定的搬迁期限内完成搬迁”。此处的“对被征收人给予补偿后”应当作限缩性理解，即不仅仅是签订协议或者作出补偿决定，而应理解为补偿协议约定或者补偿决定确定的款项已经交付（被征收人不接受的已经依法提存）、周转用房或者产权调换房屋已经交付（被征收人不接受的已经依法提存相关凭证与钥匙）。此时，市、县级人民政府申请强制搬迁的条件才符合《最高人民法院关于办理申请人民法院强制执行国有土地上房屋征收补偿决定案件若干问题的规定》。五是征收房屋范围是否过大，难以在一年内实施完毕，并存在分期实施征收决定情形，且被征收房屋在强制搬迁前仍然继续由被征收人正常使用等因素。

——中国裁判文书网，https://wenshu. court. gov. cn/。

635 被征收房屋类似房地产市场价格的认定

关键词｜类似房地产市场价格｜被征收房屋｜

【最高人民法院裁判案例】

姜凤娟诉黑龙江省鸡西市梨树区人民政府房屋征收补偿决定案[最高人民法院(2018)最高法行申1001号行政裁定书]

根据《国有土地上房屋征收评估办法》第十条第一款及第三十条规定，被征收房屋的类似房地产，是指与被征收房屋的区位、用途、权利性质、档次、新旧程度、规模、建筑结构等相同或者相似的房地产。类似房地产的市场价格，是指在评估时点即房屋征收决定公告之日与被征收房屋类似的房地产的市场价格。本案中，鸡西市新世纪房地产评估公司受梨树区政府委托对姜凤娟两处房屋作出289号和290号房地产估价报告以2014年8月7日即房屋征收决定公告之日为估价时点，采取市场比较法进行估价作出，符合相关法律规定。姜凤娟关于类似房地产价格指的是就近区位新建商品房的价格的主张，于法无据，二审法院未支持其该主张正确。

——中国裁判文书网，https://wenshu. court. gov. cn/。

636 房屋补偿面积的认定

关键词｜房屋补偿面积｜房屋征收｜

【最高人民法院裁判案例】

严祥诉安徽省宣城市宣州区人民政府房屋征收补偿决定案[最高人民法院(2017)最高法行申2871号行政裁定书]

要旨：对于已经登记的房屋，一般以房屋权属证书和房屋登记簿的记载为准；房屋权属证书与房屋登记簿的记载不一致的，除有证据证明房屋登记簿确有错误外，以房屋登记簿为准。对于未经登记的建筑，应当按照市、县级人民政府的认定、处理结果进行评估。

本案的争议焦点是,再审被申请人宣州区政府所作出的房屋征收补偿决定对房屋补偿面积的认定是否正确。根据《国有土地上房屋征收评估办法》第九条的规定,房屋征收评估前,房屋征收部门应当组织有关单位对被征收房屋情况进行调查,明确评估对象。对于已经登记的房屋,一般以房屋权属证书和房屋登记簿的记载为准;房屋权属证书与房屋登记簿的记载不一致的,除有证据证明房屋登记簿确有错误外,以房屋登记簿为准。对于未经登记的建筑,应当按照市、县级人民政府的认定、处理结果进行评估。本案中,严祥与房屋征收部门未能在补偿方案确定的期限达成补偿协议,宣州区政府有权作出征收补偿决定。宣州区政府按照《宣城市原职业教育中心校区及周边地块改造项目国有土地上房屋征收与补偿安置方案》,对严祥被征收房屋面积以其产权证为依据计算,并无不当。严祥主张其未登记的37.48平方米房屋面积也应纳入被征收房屋面积,但"无证房屋认定小组"经调查后未予认定为被征收房屋的合法面积,故该主张难以成立,其所声称的"二审判决遗漏了其要求确认《原职高及周边地块改造项目房屋调查摸底公示表》所载面积为合法面积的诉求"难以支持。至于再审申请人所提出的"再审被申请人对37.48平方米争议房屋不予补偿没有提供证据因而违反行政诉讼举证责任倒置原则"的主张,系对行政诉讼举证责任制度的误解,不能成立。故一、二审判决认定事实清楚,适用法律、法规正确。

——中国裁判文书网,https://wenshu.court.gov.cn/。

637 安置房为高层单元式住宅的情形下,安置补偿协议约定的安置房屋面积一般应包括房屋的共有部分面积

关键词|安置房|房屋共有部分|

【最高人民法院裁判案例】

程有建诉山西省高平市人民政府房屋征收补偿案[最高人民法院(2018)最高法行申2060号行政裁定书]

要旨:安置房为高层单元式住宅,其安置房屋面积理应包括共有部分面积。

本案中,从对《协议书》内容及效力的分析看,《协议书》由双方自愿签订,系当事人的真实意思表示,且不违反法律、行政法规的强制性规定,依法成立并生效。

根据合同法第一百二十五条第一款之规定，当事人对合同条款的理解有争议的，应当按照合同所使用的词句、合同的有关条款、合同的目的、交易习惯以及诚实信用原则，确定该条款的真实意思。参照《建设部商品房销售面积计算及公用建筑面积分摊规则（试行）》第三条、第五条的规定，商品房销售以建筑面积为面积计算单位；商品房按“套”或“单元”出售，商品房的销售面积即为购房者所购买的套内或单元内建筑面积（以下简称套内建筑面积）与应分摊的公用建筑面积之和。《协议书》中约定的安置房面积应为建筑面积。而且，经再审申请人签字确认的《新北小区安置户选房结果确认书》中也进一步明确，再审申请人所选安置房的房屋面积为建筑面积，而不是套内建筑面积。

从对房屋的实际使用需要看，安置的房屋为高层单元式住宅，必然存在与他人共同使用的电梯井、管道井、楼梯间、设备间等。这些公用配套设施与整栋住宅构成不可分割的整体，是产权人正常使用房屋不可或缺的部分，且产权人对该共有部分享有共有和共同管理的权利。根据《协议书》的约定，再审申请人的安置房为高层单元式住宅，其安置房屋面积理应包括共有部分面积。再审申请人的申请再审理由，于法无据，本院不予支持。一、二审判决并无不当。

——中国裁判文书网，https://wenshu.court.gov.cn/。

638 过渡期内临时安置补助费并不适用于在征收范围内无住房的被征收人

关键词｜安置补助费｜过渡期｜

【最高人民法院裁判案例】

唐位成诉海南省海口市秀英区人民政府未按照约定履行棚户区改造安置协议案［最高人民法院（2021）最高法行申459号行政裁定书］

要旨：临时安置费是房屋征收部门在产权调换房屋交付前，支付给合法房屋所有权人用于解决临时居住问题的费用；没有房屋被征收，就不存在支付临时安置费的前提。

《国有土地上房屋征收与补偿条例》第十七条第一款第（二）项规定，作出房屋征收决定的市、县级人民政府对被征收人给予的补偿包括因征收房屋造成的搬迁、临时安置的补偿。第二十二条规定，因征收房屋造成搬迁的，房屋征收部门应当向被征收人支付搬迁费;选择房屋产权调换的,产权调换房屋交付前,房屋征收部门应当向被征收人支付临时安置费或者提供周转用房。因此,临时安置费是房屋征收部门在产权调换房屋交付前,支付给合法房屋所有权人用于解决临时居住问题的费用;没有房屋被征收,就不存在支付临时安置费的前提。本案中,再审申请人未能提供证据证明其在征收范围内有合法房屋被征收,其请求支付临时安置费,不符合上述规定。再审申请人主张《安置协议》第三条第一项约定的补助实质为临时安置费,但是,《安置方案》第十八条的规定已经明确载明,过渡期内临时安置补助费并不适用于在征收范围内无住房的被征收人。再审申请人认为不论有无房屋被征收均能获得临时安置费,缺乏事实和法律依据。

——中国裁判文书网,https://wenshu.court.gov.cn/。

639 被征收房屋产权存在争议的情况下,如何进行补偿安置

关键词｜房屋产权｜产权争议｜补偿安置｜

【最高人民法院裁判案例】

百洋产业投资集团股份有限公司诉海南省海口市琼山区人民政府履行房屋征收补偿职责案[最高人民法院(2019)最高法行申1293号行政裁定书]

要旨:在被征收房屋产权存在争议的情况下,征收管理部门不能与争议的任何一方签订征收补偿协议,只能由作出征收决定的人民政府依法对被征收的房屋作出征收补偿决定,并将征收补偿款及补偿安置房屋予以提存。

《国有土地上房屋征收与补偿条例》第二条规定,征收国有土地上的房屋,应当对被征收房屋所有权人给予补偿。第二十六条规定,被征收房屋所有权人不明确的,由房屋征收部门报请作出房屋征收决定的市、县级人民政府依照本条例的规定,按照征收补偿方案作出补偿决定,并在房屋征收范围内予以公告。在被征收房屋产权存在争议的情况下,征收管理部门不能与争议的任何一方签订征收补偿协议,只能由作出征收决定的人民政府依法对被征收的房屋作出征收补偿决定,并将征收补偿款及补偿安置房屋予以提存。在相关争议各方就被征收房屋产权民事争议依法解决后,作出征收补偿决定的人民政府依照生效的法律文书,向权利人发放征收补偿款,进行安置补偿。

——中国裁判文书网,https://wenshu.court.gov.cn/。

孟友兰诉黑龙江省牡丹江市人民政府拆除行为纠纷案［最高人民法院（2018）最高法行申 858 号行政裁定书］

要旨：考虑被征收人的利益、征收部门的注意义务以及征收工作效率，当被征收房屋存在权属争议时，行政机关应当先行调查，经调查发现存在“所有权人不明确”的情况时，应当按照征收补偿方案作出补偿决定。

《国有土地上房屋征收与补偿条例》第十五条规定，房屋征收部门应当对房屋征收范围内房屋的权属、区位、用途、建筑面积等情况组织调查登记，被征收人应当予以配合，调查结果应当在房屋征收范围内向被征收人公布。可见，行政机关在对房屋进行征收时，有对于被征收房屋权属进行调查的义务。该条例第二十六条规定，房屋征收部门与被征收人在征收补偿方案确定的签约期限内达不成补偿协议，或者被征收房屋所有权人不明确的，由房屋征收部门报请作出房屋征收决定的市、县级人民政府依照本条例的规定，按照征收补偿方案作出补偿决定，并在房屋征收范围内予以公告。根据上述规定，考虑被征收人的利益、征收部门的注意义务以及征收工作效率，当被征收房屋存在权属争议时，行政机关应当先行调查，经调查发现存在“所有权人不明确”的情况时，应当按照征收补偿方案作出补偿决定。

——中国裁判文书网，https://wenshu.court.gov.cn/。

640 不宜仅以依据的补偿安置方案与上位法不一致而否定补偿决定

关键词｜房屋征收｜补偿决定｜行政机关自由裁量权｜

【最高人民法院裁判案例】

孙长红诉安徽省淮北市相山区人民政府房屋征收补偿决定案［最高人民法院（2020）最高法行申 11189 号行政裁定书］

需要说明的是，在土地、房屋征收过程中，如果行政机关根据本辖区实际情况，制定的补偿安置规范性文件或具体征收项目的补偿安置方案所载明的补偿标准与上位法的规定有所差别，但有利于保护被征收人合法权益的，人民法院一般应当尊重行政机关的自由裁量权，不宜否定其效力；行政机关以此为依据对被征收人进行补偿的，也不宜仅以其依据的规范性文件或补偿安置方案与上位法不一致而否定补偿决定。

——中国裁判文书网，https://wenshu.court.gov.cn/。

641 市、县级人民政府已经依法保障被征收人就近安置选择权，且异地安置更有利于保障被征收人居住权的，人民法院可以支持市、县级人民政府作出的补偿决定

关键词｜就近安置｜异地安置｜

【最高人民法院裁判案例】

贵艳玲、贵宗温诉上海市人民政府、上海市静安区人民政府房屋行政补偿及行政复议案[最高人民法院(2017)最高法行申4162号行政裁定书]

要旨:上海静安区政府将上海市奉贤区房源作为安置房源,虽然不属于提供改建地段或者就近地段房源,但静安区政府在征收补偿程序中已经充分保障了再审申请人就近地段房屋安置选择权,因再审申请人在行政征收程序中未能达成补偿安置协议,静安区政府结合被征收房屋实际状况,选择市场价值明显高于被征收房屋价值、更有利于保障再审申请人及其家庭成员居住权的异地房源实施安置,符合法律法规的规定,依法应予支持。

一、关于被诉补偿决定确定安置房屋是否合法,是否充分保障被征收人改建地段或者就近地段安置选择权问题

由于公共利益属于典型的不确定法律概念,建设项目是否符合公共利益的需要,一方面应主要由立法判断,即只有立法明确列举的建设项目才属于公共利益的需要;另一方面,也要尊重绝大多数被征收人通过正当程序而形成的意思表示,对绝大多数被征收居民同意的建设项目,应当认为符合公共利益需要。《国有土地上房屋征收与补偿条例》(以下简称《征补条例》)第八条第五项规定:“由政府依照城乡规划法有关规定组织实施的对危房集中、基础设施落后等地段进行旧城区改建的需要,确需征收房屋的,由市、县级人民政府作出房屋征收决定。”《上海市国有土地上房屋征收与补偿实施细则》(以下简称《上海市征补实施细则》)第二十一条规定:“因旧城区改建需要征收房屋的,房屋征收部门应当在征收决定作出后,组织被征收人、公有房屋承租人根据征收补偿方案签订附生效条件的补偿协议。在签约期限内达到规定签约比例的,补偿协议生效;在签约期限内未达到规定签约比例的,征收决定终止执行。签约比例由区(县)人民政府规定,但不得低于80%。”本案系上海市旧城区改建房屋征收,改建地段内被征收人、公有房屋承租人补偿协议签约比例超过85%,符合上述公共利益征收规定及相应征收补偿协议签约比例要求。

因房屋征收部门与再审申请人在征收补偿方案确定的签约期限内未达成补偿协议，静安区政府有权作出补偿决定。《征补条例》第二十一条第三款规定：“因旧城区改建征收个人住宅，被征收人选择在改建地段进行房屋产权调换的，作出房屋征收决定的市、县级人民政府应当提供改建地段或者就近地段的房屋。”《上海市征补实施细则》第二十六条第三款进一步规定：“因旧城区改建征收居住房屋的，作出房屋征收决定的区（县）人民政府应当提供改建地段或者就近地段的房源，供被征收人、公有房屋承租人选择，并按照房地产市场价结清差价。就近地段的范围，具体由房屋征收部门与被征收人、公有房屋承租人在征收补偿方案征求意见过程中确定。”据此，对因旧城区改建征收的，被征收人、公有房屋承租人有选择改建地段或者就近地段房屋安置的权利。就近地段的范围，一般应考虑城市规模、交通状况、安置房源数量和户型面积等实际因素，由房屋征收部门与被征收人、公有房屋承租人在征收补偿方案征求意见过程中确定。被征收人、公有房屋承租人未在改建地段或者征收补偿方案确定的就近地段选择安置、未能达成补偿安置协议的，房屋征收部门根据房屋征收补偿法律规定，可以结合被征收房屋套型、面积和价值，被征收房屋与安置房屋匹配程度，当地对居住困难户优先保障安置方案等具体因素，选择确定更有利于保障被征收人居住权的安置房屋。本案中，房屋征收部门根据征收补偿方案，已经公告《静安区59街坊（一期）旧城区改建产权调换房屋选购办法》，再审申请人在征收补偿方案确定的签约期内未选择就近地段安置；在房屋征收部门已经依法公告案涉产权调换房评估报告等相关文件资料，并经静安区政府组织行政调解后，也未能与房屋征收部门达成补偿安置协议。因再审申请人户被征收公有承租房屋居住面积仅11.7平方米，核定建筑面积18.02平方米，难以在就近地段安置相匹配的房屋，静安区政府根据上海市有关对居住困难户优先保障和增加保障补贴的规定，并经上海市静安区建设和交通委员会报请上海市城乡建设和交通委员会、上海市住房保障和房屋管理局作出沪建交联〔2014〕24号《关于安排静安区59街坊旧区改造项目居民安置房源的批复》，在计算被征收房屋价格、价格补贴、套型面积补贴等补偿、补贴后，未将再审申请人户安置于就近地段，而选择上海市奉贤区专门房源进行安置，更加有利于保障被征收人居住权。且该安置房源均为商品房，安置再审申请人户两套房屋面积分别为82.52平方米、104.58平方米，再审申请人户虽为公有房屋承租人，但被诉补偿决定亦明确上述房屋归“公有房屋承租人及其共同居住人共有”，亦可依法上市交易。因此，静安区政府将上海市奉贤区房源作为安置房源，虽然不属于提供改建地段或者就近地段房源，但静安区政府在征收补偿程序中已经充分保障了再审申请人就近地段房屋安置选择权,因再审申请人在行政征收程序中未能达成补偿安置协议,静安区政府结合被征收房屋实际状况,选择市场价值明显高于被征收房屋价值、更有利于保障再审申请人及其家庭成员居住权的异地房源实施安置,符合城市房地产管理法第六条有关"征收个人住宅的,还应当保障被征收人的居住条件"的规定,也不违反《征补条例》第二条有关"为了公共利益的需要,征收国有土地上单位、个人的房屋,应当对被征收人给予公平补偿"的规定,依法应予支持。

——中国裁判文书网,https://wenshu. court. gov. cn/。

642 征收补偿应当遵循及时补偿原则和公平补偿原则，补偿问题未依法定程序解决前，被征收人有权拒绝交出房屋和土地

关键词｜及时补偿｜公平补偿｜

【最高人民法院公报案例】

山西省安业集团有限公司诉山西省太原市人民政府收回国有土地使用权决定案

要旨:有征收必有补偿,无补偿则无征收。征收补偿应当遵循及时补偿原则和公平补偿原则。补偿问题未依法定程序解决前,被征收人有权拒绝交出房屋和土地。

有征收必有补偿,无补偿则无征收。为了保障国家安全、促进国民经济和社会发展等公共利益的需要,国家可以依法收回国有土地使用权,也可征收国有土地上单位、个人的房屋;但必须对被征收人给予及时公平补偿,而不能只征收不补偿,也不能迟迟不予补偿。通常,征收决定应当包括具体补偿内容,因评估或者双方协商以及其他特殊原因,征收决定未包括补偿内容的,征收机关应当在征收决定生效后的合理时间内,及时通过签订征收补偿协议或者作出征收补偿决定的方式解决补偿问题。征收补偿应当遵循及时补偿原则和公平补偿原则。国家因公共利益需要使用城市市区的土地和房屋的,市、县人民政府一般应按照《国有土地上房屋征收与补偿条例》规定的程序和方式进行,并应根据《国有土地上房屋征收评估办法》和《城镇土地估价规程》等规定精神,由专业的房地产价格评估机构在实地查勘的基础上,根据被征收不动产的区位、用途等影响被征收不动产价值的因素和当地房地产市场状况,综合选择市场法、收益法、成本法、假设开发法等评估方法对被征收

不动产价值进行评估，合理确定评估结果，并在此基础上进行补偿。对国有土地上房屋所有权人补偿内容已经包含了国有土地使用权补偿的，对同时收回的国有土地的土地使用权人不再单独给予补偿。对被征收不动产价值评估的时点，一般应当为征收决定公告之日或者征收决定送达被征收人之日。因征收人原因造成征收补偿问题不合理迟延的，且被征收不动产价格明显上涨的，被征收人有权主张以作出征收补偿决定或者签订征收补偿协议时的市场价格作为补偿基准。被征收人对征收补偿决定或者征收补偿协议所确定的补偿金额和其他内容有异议的，可以依法提起行政诉讼。征收机关依法办理相关提存等手续并书面告知被征收人领取补偿款项、使用安置房屋等内容的，被征收人无法定正当理由拒绝领取的，征收机关对诉讼期间被征收财物价格上涨而形成的损失不承担补偿责任。

——《中华人民共和国最高人民法院公报》2017 年第 1 期。

643 对超征收范围造成当事人的损失可依法判决一并予以行政补偿

关键词｜超征收范围｜行政补偿｜

【最高人民法院专业法官会议纪要】

法律问题：征收补偿过程中对行政机关超征收范围给当事人造成的损失是否可以一并予以行政补偿。

法官会议意见：国有土地上征收范围应当根据红线确定的范围为依据，征收补偿决定按照征收决定确定的范围，认定安置补偿范围。但是，实际征收过程中，超过征收范围的部分建筑实际上已经不可能继续使用，已经丧失财产价值的，人民法院可以依法一并判决行政机关予以行政补偿。

——最高人民法院第一巡回法庭 2018 年第 10 次法官会议纪要，载最高人民法院第一巡回法庭编著：《最高人民法院第一巡回法庭行政主审法官会议纪要》（第 1 卷），中国法制出版社 2020 年版，第 247 页。

644 被征收房屋在未得到补偿的情况下被违法拆除，被征收人既可以选择要求行政补偿，也可以要求行政赔偿

关键词｜行政补偿｜行政赔偿｜

【最高人民法院裁判案例】

程秀玲、张永红、张永丽、张永征诉河南省郑州市惠济区人民政府行政补偿案[最高人民法院(2020)最高法行再389号行政判决书]

要旨:征收过程中合法被征收房屋在未得到补偿的情况下被违法拆除的,被征收人既可以选择要求行政机关进行行政补偿,也可以要求行政机关予以行政赔偿。

一般情况下,已经开启行政赔偿程序对当事人的损失予以救济后,不能再重复进行行政补偿。但本案中,惠济区政府的强拆行为被生效行政判决确认违法后,张维先向惠济区政府提出了补偿申请,请求对于涉案房屋价值、拆迁补助费、临时安置补助费、交通补助费、奖励费、停产停业损失费、过渡费等十项内容作出行政补偿决定。惠济区政府收到申请后,于2017年10月20日作出了行政赔偿决定,而未能按照程秀玲等四人的补偿申请作出补偿决定,且赔偿决定未载明赔偿标准及依据,仍有部分补偿申请内容未在赔偿决定中涉及。程秀玲等四人随即于2018年1月3日提起本案行政补偿诉讼,在本案诉讼过程中又于2018年4月18日向一审法院提起行政赔偿诉讼,赔偿案件生效裁定以超过起诉期限为由驳回了程秀玲等四人的起诉。在程秀玲等四人的部分补偿申请事项在赔偿决定中并未得到处理,且另案行政赔偿之诉程秀玲等四人超过起诉期限与惠济区政府未能按照程秀玲等四人的要求进行补偿存在因果关系的情况下,宜将惠济区政府作出的赔偿决定作为对程秀玲等四人补偿申请的回应,允许程秀玲等四人通过补偿诉讼维护合法权益,由惠济区政府对程秀玲等四人的补偿申请作出补偿决定,同时就行政赔偿决定一并处理。

——中国裁判文书网,https://wenshu.court.gov.cn/。

林常红诉河南省郑州市惠济区人民政府行政补偿案[最高人民法院(2020)最高法行再269号行政判决书]

要旨:认为案涉房屋拆除行为被确认违法后,要求补偿安置的前提已不存在,只能通过行政赔偿程序或行政赔偿诉讼要求赔偿,没有法律依据。

本案中,惠济区政府未依法先进行补偿就强制拆除了林常红的房屋,其在实施强拆后,以及法院确认其强拆行为违法后,仍然未主动履行补偿职责,在林常红申请房屋补偿及物品赔偿后,又未尊重林常红对货币补偿的选择权,也未及时依法作出补偿决定,而是决定赔偿林常红一套安置房,行政赔偿决定书也未载明对屋内物品赔偿的标准和依据。惠济区政府作出行政赔偿决定书的时间为2017年10月20

日，林常红收到行政赔偿决定书后于2018年1月3日提起本案履行行政补偿职责之诉，请求判令惠济区政府向其支付房屋补偿款。林常红不存在怠于行使诉权的情形。关于房屋损失，林常红作为被征收人依法有权选择通过行政补偿程序请求惠济区政府依照《国有土地上房屋征收与补偿条例》的相关规定和案涉《郑州粮机家属院棚户区改造项目房屋征收补偿方案》对其进行补偿，也可以选择通过行政赔偿程序请求惠济区政府给予行政赔偿。惠济区政府认为案涉房屋拆除行为被确认违法后，林常红要求补偿安置的前提已不存在，其只能通过行政赔偿程序或行政赔偿诉讼要求赔偿，没有法律依据。惠济区政府应当就林常红的房屋补偿申请尽快作出补偿决定，同时可就屋内物品赔偿问题，以及案涉行政赔偿决定一并予以处理。

——中国裁判文书网，https://wenshu.court.gov.cn/。

645 行政机关因违法强拆产生的行政赔偿责任，其赔偿的标准不得低于行政机关依法实施征收补偿的标准

关键词 | 行政赔偿 | 行政补偿 |

【最高人民法院裁判案例】

范春生诉沈阳市和平区人民政府强制拆除房屋并行政赔偿案［最高人民法院（2015）行监字第634号行政裁定书］

要旨：根据因违法强制拆除被征收人获得的行政赔偿不应低于合法征收获得补偿的基本原则，行政赔偿应当包含被征收人依照地方行政规范性文件在合法征收中可获得的优惠。

二、关于以决定赔偿时的市场评估价予以赔偿问题

《国有土地上房屋征收与补偿条例》第十九条规定："对被征收房屋价值的补偿，不得低于房屋征收决定公告之日被征收房屋类似房地产的市场价格。被征收房屋的价值，由具有相应资质的房地产价格评估机构按照房屋征收评估办法评估确定。"住房和城乡建设部发布的建房〔2011〕77号《国有土地上房屋征收评估办法》第十条规定："被征收房屋价值评估时点为房屋征收决定公告之日。"也就是说，在正常的征收补偿过程中，征收管理部门应当以房屋征收决定公告之日为评估时点，依法委托评估机构对被征收房屋进行市场价格评估，并据此予以补偿。行政

法规和规章之所以选择征收公告之日作为评估时点，目的在于保障对被征收房屋价值的补偿不低于同时期类似房地产的市场价格，被征收人用获得的补偿款在市场上能够购买到与被征收房屋区位、结构、面积等相接近的房屋，被征收人的合法财产权益不因房屋征收而受到减损。根据这一立法目的，如果房屋征收决定的公告时间与征收补偿时间相隔时间过长，市场行情发生变化，以公告之日的市场价格进行补偿不能确保被征收人获得足额补偿时，则应以补偿时的房屋市场价格确定房屋征收补偿数额。在违法强制拆除房屋的情形下，被征收人获得的行政赔偿数额不应低于赔偿时被征收房屋的市场价格。否则，因违法强制拆除房屋行为，行政机关付出的行政赔偿数额还要低于其合法征收支付的补偿数额，其实质效果是鼓励行政机关违法强制拆除。鉴于此，在违法强制拆除房屋的情形下，人民法院以决定赔偿时的市场评估价格对被征收人予以行政赔偿，符合房屋征收补偿的立法目的。和平区政府主张应当以拆除时房屋的市场评估价格予以赔偿，理由不能成立。至于和平区政府提出的评估价格远远高于评估时点同类地块房屋的市场价格问题，因其未提供充分证据予以证明，本院不予支持；由于和平区政府违法强制拆除，造成被申请人对房屋装修损失情况无法举证证明，评估机构根据被申请人单方介绍的装饰装修情况，在合乎情理的范围内作出评估，不违反行政诉讼证据采信规则，和平区政府对评估报告装修损失提出的质疑，理由不能成立；征收之前，和平区政府及相关政府职能部门并未将被申请人未办理所有权证的车库、鸽子笼认定为违法建筑，评估机构对车库、鸽子笼一并予以评估不违反法律规定，和平区政府以车库、鸽子笼没有产权证为由，对评估报告关于车库、鸽子笼损失认定提出质疑，同样理由不能成立；因被申请人已经取得涉案房屋所有权证书，和平区政府以被申请人户籍不属于土地所属村，无权购买涉案房产为由，主张涉案房屋权属存在争议，与事实不符，理由亦不能成立。

三、关于市场评估价基础上上浮25%予以赔偿问题

沈阳市人民政府办公厅98号通知规定：“拆迁住宅房屋，实施货币补偿的，补偿标准在被拆迁房屋市场评估价格基础上上浮20%—30%。具体比例由有关地区或单位根据拆迁项目所处区位、被拆迁房屋不同户型等实际情况确定。”沈阳市人民政府令第46号《沈阳市国有土地上房屋征收与补偿办法》第二十四条规定：“征收住宅房屋，实施货币补偿的，补偿标准在被征收房屋房地产市场评估价格基础上上浮20%—30%。区、县(市)人民政府应当根据征收项目所处区位、被征收房屋不同户型、建筑年代、结构等实际情况确定具体上浮比例。”上述规定一脉相承，是沈阳市政府制定的一项惠民政策，目的是维护被征收人的合法权益，该规定符合《国

有土地上房屋征收与补偿条例》第十九条规定的对被征收房屋价值的补偿不得低于类似房地产市场价格的基本原则，依法有效。根据上述规定，在正常的合法征收过程中，征收住宅房屋，被征收人能够获得在市场评估价格基础上上浮20%—30%的优惠。根据因违法强制拆除被征收人获得的行政赔偿不应低于合法征收获得补偿的基本原则，行政赔偿应当包含被征收人依照地方行政规范性文件在合法征收中可获得的优惠。本案中，二审判决结合案件实际情况，在市场评估价格的基础上，酌定上浮25%予以赔偿，较好地保护了被申请人的合法权益，判决结果依法有据，合乎法理和情理。和平区政府主张98号通知不适用于本案，理由不能成立。

——中国裁判文书网，https://wenshu.court.gov.cn/。

许水云诉金华市婺城区人民政府房屋行政强制及行政赔偿案［最高人民法院（2017）最高法行再101号行政判决书］

要旨：因强制拆除引发的一并提起的行政赔偿诉讼中，人民法院应当结合违法行为类型与违法情节轻重，综合协调适用国家赔偿法规定的赔偿方式、赔偿项目、赔偿标准与《国有土地上房屋征收与补偿条例》规定的补偿方式、补偿项目、补偿标准，依法、科学地确定赔偿项目和赔偿数额，让被征收人得到的赔偿不低于其依照征收补偿方案可以获得的征收补偿，确保产权人得到公平合理的补偿。

三、关于本案通过行政赔偿还是行政补偿程序进行救济的问题

行政补偿是指行政机关实施合法的行政行为，给行政相对人合法权益造成的损失，由国家依法予以补偿的制度。行政赔偿是指行政机关实施违法的行政行为，侵犯行政相对人合法权益，由国家依法予以赔偿的制度。在国有土地上房屋征收过程中，征收及与征收相关联的行政行为违法造成损失的赔偿问题，较为复杂。其中，既有因违法拆除给权利人物权造成损失的赔偿问题，也有因未依据《征收与补偿条例》第十七条和当地征收补偿政策进行征收补偿而给权利人造成的应补偿利益的损失问题，甚至还包括搬迁、临时安置以及应当给予的补助和奖励的损失问题。尤其是在因强制拆除引发的一并提起的行政赔偿诉讼中，人民法院应当结合违法行为类型与违法情节轻重，综合协调适用国家赔偿法规定的赔偿方式、赔偿项目、赔偿标准与《征收与补偿条例》规定的补偿方式、补偿项目、补偿标准，依法、科学地确定赔偿项目和赔偿数额，让被征收人得到的赔偿不低于其依照征收补偿方案可以获得的征收补偿，确保产权人得到公平合理的补偿。同时，人民法院在确定赔偿义务机关和赔偿数额时，要坚持有权必有责、违法须担责、侵权要赔偿、赔偿应全面的法治理念，对行政机关违法强制拆除被征收人房屋，侵犯房屋所有权人产权

的，应当依法责令行政机关承担行政赔偿责任，而不能让产权人因侵权所得到的赔偿低于依法征收所应得到的补偿。

通常情况下，强制拆除被征收人房屋应当依据已经生效的补偿决定，而补偿决定应当已经解决了房屋本身的补偿问题。因此，即使强制拆除行为被认定为违法，通常也仅涉及对房屋内物品损失的赔偿问题，而不应涉及房屋本身的补偿或者赔偿问题。但本案在强制拆除前，既无征收决定，也无补偿决定，许水云也未同意先行拆除房屋，且至今双方仍未达成补偿安置协议，许水云至今未得到任何形式补偿，强制拆除已构成重大且明显违法，应当依法赔偿。对许水云房屋损失的赔偿，不应再依据《征收与补偿条例》第十九条所规定的房屋征收决定公告之日被征收房屋类似房地产的市场价格，即 2014 年 10 月 26 日的市场价格，为基准确定，而应按照有利于保障许水云房屋产权得到充分赔偿的原则，以婺城区政府在本判决生效后作出赔偿决定时点的案涉房屋类似房地产的市场价格为基准确定。同时，根据国家赔偿法第三十六条第（八）项有关对财产权造成其他损害的，按照直接损失给予赔偿的规定，许水云在正常征收补偿程序中依法和依据当地征收补偿政策应当得到的利益损失，属于其所受到的直接损失，也应由婺城区政府参照补偿方案依法予以赔偿。因此，本案存在行政赔偿项目、标准与行政补偿项目、标准相互融合的情形，一审法院判决第二项责令婺城区政府参照《征收补偿方案》对许水云进行赔偿；二审法院判决认为应当通过后续的征收补偿程序获得救济，并据此驳回许水云的行政赔偿请求，均属对国家赔偿法、《征收与补偿条例》等相关规定的错误理解，应予纠正。

——中国裁判文书网，https://wenshu.court.gov.cn/。

王德明诉黑龙江省哈尔滨市道外区人民政府、黑龙江省哈尔滨市道外区城市管理行政执法局行政赔偿案［最高人民法院（2019）最高法行赔申 981 号行政裁定书］

要旨：对于国有土地上房屋的征收而言，无论是被征收人通过征收补偿获得补偿，还是因被征收房屋被违法强制拆除而取得行政赔偿，其就被征收房屋所能得到的补偿权益或者赔偿权益均是以该房屋的价值为限，均是填平补齐其受损的财产权利。

行政机关和行政机关工作人员在执行职务过程中，侵犯公民、法人或其他组织的合法权益的，应当承担赔偿责任。但这种赔偿责任应以受害人受到损害为前提，而且这种对损害的赔偿责任是一种弥补性质或救济性质的责任，本质上是对受害人所受损害的弥补。如果受害人通过其他途径已获得了补偿，就会相应地减免行政机关的赔偿责任。对于国有土地上房屋的征收而言，无论是被征收人通过征收补偿获得补偿，还是因被征收房屋被违法强制拆除而取得行政赔偿，其就被征收房屋所能得到的补偿权益或者赔偿权益均是以该房屋的价值为限，均是填平补齐其受损的财产权利。本案是房屋征收过程中，行政机关违法拆除被征收人王德明的房屋，王德明作为案涉房屋的建造者，其所遭受损害本应得到相应的赔偿。但道外区征收办与东腾公司（法定代表人王秀英）对案涉房屋的征收补偿问题已达成一致意见，并签订了《房屋征收补偿协议》，王德明、王秀英已实际领取了补偿款，其所受到的损害已得到救济，道外区政府及道外区执法局就不应当再承担赔偿责任。

——中国裁判文书网，https://wenshu. court. gov. cn/。

646 房屋征收补偿标准能否作为赔偿的计算依据

关键词 | 行政赔偿 | 行政补偿 |

【最高人民法院裁判案例】

孙金连、孙金领、孙庆红、孙庆祥、孙庆平、孙庆军、孙庆芳 6 人诉山东省聊城市东昌府区人民政府行政赔偿案［最高人民法院（2020）最高法行申 2694 号行政裁定书］

要旨：在征收范围内的房屋被非法强制拆除后，相关的补偿问题可依法转化为赔偿程序解决，人民法院可以按照安置补偿方案中的相应标准作出赔偿判决。

在强制拆除房屋行为被依法确认为违法，且孙金连已经提出了明确的赔偿请求的情况下，人民法院直接判决赔偿更有利于及时、有效地解决双方的行政争议。最高人民法院在《关于福建省高级人民法院就罗丽萍、罗丽华诉福州市晋安区人民政府、福州市晋安区新店镇人民政府房屋行政强制及行政赔偿案的请示的答复》（〔2015〕行他字第 11 号）中指出，当事人的房屋损失可以按照相关建设项目安置补偿方案中的相应标准予以赔偿。因此，在征收范围内的房屋被非法强制拆除后，相关的补偿问题可依法转化为赔偿程序解决，人民法院可以按照安置补偿方案中的相应标准作出赔偿判决，而无须再通过征收补偿程序予以解决。

——中国裁判文书网，https://wenshu. court. gov. cn/。

647 征收国有土地上房屋时是否应当对被征收人未确权登记的空地和院落单独予以补偿

关键词｜房屋征收｜未确权登记｜

【最高人民法院答复】

山东省高级人民法院：

你院《关于征收国有土地上房屋时是否应当对被征收人未确权登记的空地和院落单独予以补偿的请示》收悉，经研究，答复如下：

对土地公有制之前，通过购买房屋方式使用私有的土地，土地转为国有后迄今仍继续使用的，未经确权登记，亦应确定现使用者的国有土地使用权。

国有土地上房屋征收补偿中，应将当事人合法享有国有土地使用权的院落、空地面积纳入评估范围，按照征收时的房地产市场价格，一并予以征收补偿。

——《最高人民法院关于征收国有土地上房屋时是否应当对被征收人未经登记的空地和院落予以补偿的答复》（2013 年 5 月 15 日，〔2012〕行他字第 16 号）。

648 申请人民法院强制执行国有土地上房屋征收补偿决定案件的受理条件与程序

关键词｜强制执行｜征收补偿决定｜

【最高人民法院司法解释】

第二条　申请机关向人民法院申请强制执行，除提供《条例》①第二十八条规定的强制执行申请书及附具材料外，还应当提供下列材料：

（一）征收补偿决定及相关证据和所依据的规范性文件；

（二）征收补偿决定送达凭证、催告情况及房屋被征收人、直接利害关系人的意见；

（三）社会稳定风险评估材料；

（四）申请强制执行的房屋状况；

（五）被执行人的姓名或者名称、住址及与强制执行相关的财产状况等具体

---

① 即《国有土地上房屋征收与补偿条例》。——编者注

情况；

（六）法律、行政法规规定应当提交的其他材料。

强制执行申请书应当由申请机关负责人签名，加盖申请机关印章，并注明日期。

强制执行的申请应当自被执行人的法定起诉期限届满之日起三个月内提出；逾期申请的，除有正当理由外，人民法院不予受理。

第三条 人民法院认为强制执行的申请符合形式要件且材料齐全的，应当在接到申请后五日内立案受理，并通知申请机关；不符合形式要件或者材料不全的应当限期补正，并在最终补正的材料提供后五日内立案受理；不符合形式要件或者逾期无正当理由不补正材料的，裁定不予受理。

申请机关对不予受理的裁定有异议的，可以自收到裁定之日起十五日内向上一级人民法院申请复议，上一级人民法院应当自收到复议申请之日起十五日内作出裁定。

——《最高人民法院关于办理申请人民法院强制执行国有土地上房屋征收补偿决定案件若干问题的规定》（2012年4月10日，法释〔2012〕4号）。

【链接：理解与适用】

需要说明的是，第一，判断申请是否符合“形式要件且材料齐全”，除依据《规定》本身相关要求（如对申请书的形式要求和申请材料完整性要求）外，还应当依据《若干解释》第八十六条等具体规定。第二，是否“限期补正”申请材料由法院根据审查情况酌定。之所以适用不予受理裁定而不采用“将材料退回申请机关”的处理方式，主要是考虑法院在受理阶段以形式审查为主，立案之后还要进一步作实质审查；行政强制法和《若干解释》都对不予受理裁定作出明确规定“限期补正”，使法院具有一定的程序控制余地，起到有效监督的作用，故不宜以退回作为处理方式。第三，在复议裁定方式上，行政强制法第五十六条表述为上级法院“作出是否受理的裁定”，《规定》原则性表述为“作出裁定”，主要是考虑案件处理方式的多样性和上级法院需要有选择裁定方式的自主性，如裁定维持或撤销原裁定，要求下级法院重新审查作出裁定等，比单一裁定是否受理更具操作的科学性、合理性。

——赵大光、马永欣、王晓滨：《〈关于办理申请人民法院强制执行国有土地上房屋征收补偿决定案件若干问题的规定〉的理解与适用》，载《人民司法·应用》2012年第11期。

649 申请人民法院强制执行国有土地上房屋征收补偿决定案件的审查标准和程序

关键词｜强制执行｜征收补偿决定｜

【最高人民法院司法解释】

第五条　人民法院在审查期间，可以根据需要调取相关证据、询问当事人、组织听证或者进行现场调查。

第六条　征收补偿决定存在下列情形之一的，人民法院应当裁定不准予执行：

（一）明显缺乏事实根据；

（二）明显缺乏法律、法规依据；

（三）明显不符合公平补偿原则，严重损害被执行人合法权益，或者使被执行人基本生活、生产经营条件没有保障；

（四）明显违反行政目的，严重损害公共利益；

（五）严重违反法定程序或者正当程序；

（六）超越职权；

（七）法律、法规、规章等规定的其他不宜强制执行的情形。

人民法院裁定不准予执行的，应当说明理由，并在五日内将裁定送达申请机关。

第七条　申请机关对不准予执行的裁定有异议的，可以自收到裁定之日起十五日内向上一级人民法院申请复议，上一级人民法院应当自收到复议申请之日起三十日内作出裁定。

第八条　人民法院裁定准予执行的，应当在五日内将裁定送达申请机关和被执行人，并可以根据实际情况建议申请机关依法采取必要措施，保障征收与补偿活动顺利实施。

——《最高人民法院关于办理申请人民法院强制执行国有土地上房屋征收补偿决定案件若干问题的规定》（2012年4月10日，法释〔2012〕4号）。

【链接：理解与适用】

需要说明的是，第一，法院可以根据需要调取证据、询问当事人、组织听证、现场调查等，主要源于现行法律、司法解释赋予法院的相应职权。房屋征收与补偿案件往往牵动各方面利益较大，法院的审查必须严谨细致、慎之又慎，视情况采取多种方式，切实履行好司法审查职能。第二，裁定表述形式为是否“准予执行”，而非行政强制法表述的“是否执行”，主要是考虑到申请强制执行的对象和依据是行政法律文书，这种表述更精准科学，且多部司法解释一直沿用“准予执行”的提法，需保持稳定性和一致性，与行政强制法亦不存在矛盾。第三，提出司法建议的情形，主要是在作出准予执行裁定同时，法院可以根据案件的实际情况，就审查中可预见的与强制执行相关需要注意的问题，书面建议申请机关依法采取必要措施消除隐患或者落实必要的应对预案，也可以针对政府组织实施行为提出相关建议。第四，在复议裁定方式上，行政强制法第五十八条表述为上级法院“作出是否执行的裁定”，《规定》原则性表述为“作出裁定”。主要理由与前述有关不予受理复议裁定相同。

——赵大光、马永欣、王晓滨：《〈关于办理申请人民法院强制执行国有土地上房屋征收补偿决定案件若干问题的规定〉的理解与适用》，载《人民司法 · 应用》2012 年第 11 期。

650 人民法院裁定准予执行的，执行方式的确定

关键词 | 准予执行 | 执行方式 |

【最高人民法院司法解释】

第九条 人民法院裁定准予执行的，一般由作出征收补偿决定的市、县级人民政府组织实施，也可以由人民法院执行。

——《最高人民法院关于办理申请人民法院强制执行国有土地上房屋征收补偿决定案件若干问题的规定》（2012 年 4 月 10 日，法释〔2012〕4 号）。

【链接：理解与适用】

这主要是基于探索“以裁执分离”为主导的强制执行方式的需要。所谓裁执分离，是指作出裁决的机关（机构）与执行裁决的机关（机构）应当分离，即不能由同一机关（机构）既行使裁决权又行使执行权，从而体现权力的监督与制约，防止权力的滥用侵害相对人合法权益。体现在房屋征收补偿决定的强制执行方面，裁执分离主要体现为两种情形：一是根据《条例》规定，被征收人在法定期限内不申请行政复议或者不提起行政诉讼，在补偿决定规定的期限内又不搬迁的，由作出房屋征收决定的市、县级人民政府依法申请人民法院强制执行。也就是说，作出房屋

征收决定的市、县级人民政府不能自行决定强制执行，而必须依法向人民法院提出申请，由人民法院审查后作出是否准予执行的裁定。这一规定的意义在于：征收补偿决定的合法性、正当性需要受到司法机关的监督，经人民法院审查确认合法有效的，才能进入执行程序。二是就人民法院内设机构而言，行政机关申请法院强制执行其作出的具体行政行为的，由行政审判庭进行审查并作出裁定，需要由人民法院强制执行的，由人民法院的执行机构组织实施。

《规定》明确了人民法院裁定准予执行的，一般由作出征收补偿决定的市、县级人民政府组织实施。这也是从现实可行性出发，经有关国家机关反复协商后形成的共识，符合裁执分离的司法改革基本方向。同时，在个别例外情形下，人民法院认为自身有足够能力实施时，也可以依照《规定》由人民法院执行。应当说明的是，一般由作出征收补偿决定的市、县级人民政府组织实施的规定，与《条例》关于申请人民法院强制执行的规定并不矛盾，前者的意义在于实现裁执分离接受司法监督，后者的意义在于经司法审查确认并明确具体实施方式。最高人民法院已于《规定》公布后下发专门通知，要求人民法院不得与地方政府搞联合执行、委托执行；对被执行人及利害关系人认为强制执行过程中具体行政行为违法而提起的行政诉讼或者行政赔偿诉讼，应当依法受理。这种模式和相关要求，既有利于人民法院有效监督、支持行政机关依法行政和实现公共利益，也有利于人民法院切实履行保障被征收人合法权益的职责。

——赵大光、马永欣、王晓滨：《〈关于办理申请人民法院强制执行国有土地上房屋征收补偿决定案件若干问题的规定〉的理解与适用》，载《人民司法·应用》2012 年第 11 期。

（二）土地征收及补偿[①]

651 涉及农村集体土地行政案件的受案范围

关键词｜农村集体土地｜受案范围｜

【最高人民法院司法解释】

第一条 农村集体土地的权利人或者利害关系人（以下简称土地权利人）认为行政机关作出的涉及农村集体土地的行政行为侵犯其合法权益，提起诉讼的，属于人民法院行政诉讼的受案范围。

第二条 土地登记机构根据人民法院生效裁判文书、协助执行通知书或者仲裁机构的法律文书办理的土地权属登记行为，土地权利人不服提起诉讼的，人民法院不予受理，但土地权利人认为登记内容与有关文书内容不一致的除外。

——《最高人民法院关于审理涉及农村集体土地行政案件若干问题的规定》（2011 年 9 月 5 日，法释〔2011〕20 号）。

【链接：理解与适用】

涉及农村集体土地的行政行为包括土地的征收征用、土地出让、土地登记、土地许可、土地处罚、土地确权和强制措施等行政行为及其相应的不作为。土地权利人或利害关系人（以下简称土地权利人）对上述行为不服，均可以提起行政诉讼。鉴于此，《规定》第一条规定："农村集体土地的权利人或者利害关系人认为行政机关作出的涉及农村集体土地的行政行为侵犯其合法权益，依法提起诉讼的，属于人民法院行政诉讼的受案范围。

关于涉及农村集体土地的行政行为排除司法审查的问题，司法解释规定了一

---

① 2019 年修正的土地管理法对集体土地的征收规定作出了较大修改，2021 年修订的《土地管理法实施条例》对土地管理法规定的土地征收程序进行了更加细化的规定。主要包括：(1)发布土地征收预公告，启动土地征收。县级以上人民政府认为符合土地管理法第四十五条规定的公共利益，需要启动土地征收的，发布土地征收预公告，开展土地现状调查和社会稳定风险评估；(2)组织编制征地补偿安置方案，并进行公告和听证；(3)签订征地补偿安置协议，对个别难以达成征地安置协议的，在申请征收土地时如实说明；(4)申请土地征收审批；(5)土地征收经依法批准后发布土地征收公告，公布土地征收范围和征收时间，对个别未达成征地补偿协议的作出征地补偿安置决定；(6)实施土地征收。该部分修改对与集体土地征收有关的系列行政行为的合法性审查产生重要影响。——编者注

种情形,即根据人民法院、仲裁机构的生效法律文书作为土地权属登记的可诉性的问题。我们认为,按照物权法第二十八条规定,人民法院或者仲裁机构作出确权判决或裁决后,新的土地权利人就直接取得了土地所有权或使用权。土地权属登记机构必须按照判决或裁决作出登记,而不能对判决、协助执行通知书或裁决的合法性进行审查,此时的登记行为实际上并非土地权属登记机构的独立意志。不过土地权属登记机构登记的内容与法律文书的内容不一致时,登记就有了独立于司法意志的因素,应为可诉。故《规定》第二条规定,土地登记机构根据人民法院生效裁判文书、协助执行通知书或者仲裁机构的法律文书办理的土地权属登记行为,土地权利人不服提起诉讼的,人民法院不予受理,但土地权利人认为登记内容与有关文书内容不一致的除外。

虽然《规定》只规定了一种排除司法审查的行政行为,但是《最高人民法院关于执行〈中华人民共和国行政诉讼法〉若干问题的解释》中所规定的不属于人民法院受案范围的行政案件,同样适用于涉及农村集体土地的行政行为。

——赵大光、杨临萍、马永欣:《〈关于审理涉及农村集体土地行政案件若干问题的规定〉的理解与适用》,载《人民法院报》2011 年 9 月 7 日,第 6 版。

652 国务院或者省、自治区、直辖市人民政府作出的征地批准行为是否属于人民法院的受案范围

关键词｜征地批准｜受案范围｜

【最高人民法院裁判案例】

张庆海诉辽宁省本溪市人民政府征收行为违法案[最高人民法院(2015)行监字第 1844 号行政裁定书]

一、关于征地行为的可诉性问题

行政复议法第三十条第二款规定:"根据国务院或者省、自治区、直辖市人民政府对行政区划的勘定、调整或者征用土地的决定,省、自治区、直辖市人民政府确认土地、矿藏、水流、森林、山岭、草原、荒地、滩涂、海域等自然资源的所有权或者使用权的行政复议决定为最终裁决。"《最高人民法院关于适用〈中华人民共和国行政复议法〉第三十条第二款有关问题的答复》(〔2005〕行他字第 23 号)规定:"《中华人民共和国行政复议法》第三十条第二款规定的最终裁决应当包括两种情形:一是

国务院或者省级人民政府对行政区划的勘定、调整或者征收土地决定；二是省级人民政府据此确认自然资源的所有权或者使用权的行政复议决定。”根据上述规定，省级人民政府作出的征收土地的决定，属于最终裁决，不属于人民法院行政诉讼的受案范围。本案中，张庆海所诉征收土地行为，是辽宁省人民政府作出的辽政地字〔2008〕7 号批复，系省级人民政府作出的征收土地决定，属于行政复议法第三十条第二款规定的最终裁决，依照修改前的行政诉讼法第十二条第（四）项规定，不属于人民法院行政诉讼受案范围。一、二审法院裁定不予受理，结果并无不当。

——最高人民法院第二巡回法庭编著：《行政典型案例及审判经验》，人民法院出版社 2019 年版，第 38—39 页。

边小荣诉陕西省人民政府征收土地行政批复案［最高人民法院（2016）最高法行申 1636 号行政裁定书］

本案被诉的 59 号《批复》系省级人民政府征收土地的决定。上述决定作出时，根据行政复议法第三十条第二款规定以及当时人民法院适用本款规定的一般标准，上述行政行为及行政复议决定未被纳入行政诉讼受案范围之内。据此，对于边小荣就陕西省政府征收土地的决定和行政复议决定提起的行政诉讼，原审法院依照行政诉讼法第十三条第（四）项的规定裁定驳回起诉，并无不当。

——中国裁判文书网，https://wenshu. court. gov. cn/。

【链接：最高人民法院法官著述】

1. 从审判实践角度看，申请人对征地批复不服，实质上绝大多数是对征地补偿安置标准和安置补偿方案不服。2019 年 8 月 26 日，第十三届全国人民代表大会常务委员会第十二次会议表决通过《关于修改〈中华人民共和国土地管理法〉、〈中华人民共和国城市房地产管理法〉的决定》。从中，我们可以看到关于征地审批权限部分，修改后的土地管理法第四十六条，除对“基本农田”修改为“永久基本农田”以外，完全保留了原征收审批权限设置，即国务院和省级人民政府两级审批制。对于修改后的土地管理法规定的征地决定的可诉性问题，本书还是保留本节所持观点。但是在接下来将要开展的《土地管理法实施条例》及相关配套规章的修改制定工作中，征地审查报批制度和相应的报批材料将有可能进行大规模调整和修改。国务院和省级人民政府批准征地时重点审查的将是征地项目是否符合公共利益，而不对征地补偿安置标准和方案等是否合理进行审批。这就意味着，由市、县人民政府批准的征地补偿安置方案会成为对申请人利害关系产生直接影响的行政行为。届时,大多数被征地农民和集体经济组织将会选择与其切身利益直接相关的征地补偿安置方案及其批准机关作为诉讼对象和相应的被告,这会直接导致在大多数情况下,征地补偿安置方案而不是征地批复成为行政诉讼对象。

2. 2020 年 3 月 1 日,修改后的土地管理法施行后,为进一步深化"放管服"改革,改革土地管理制度,赋予省级人民政府更大用地自主权,国务院下发了《国务院关于授权和委托用地审批权的决定》(国发〔2020〕4 号,以下简称《决定》),规定国务院授权省级人民政府负责永久基本农田以外的农用地转为建设用地审批,并确定 8 个省份作为试点,国务院委托试点省份省级人民政府批准涉及永久基本农田农用地转用和集体土地征收审批。《决定》引起社会较大关注,用地审批事项改革对简化用地审批层级、提高土地管理效率等方面具有重要意义,同时对征地批复的可复议和可诉性问题也带来了新的内容和理解。比较有意思的是,根据授权和委托的法律含义不同,国务院授权省级人民政府负责的农转用审批权限及根据土地管理法第四十六条规定相应获取的征收审批权限,视为省级人民政府行为,可以纳入复议范畴,而国务院委托省级人民政府试点批准的农转用和征收审批权限,将仍视为国务院行为,不可复议。

——阎巍、胡卉明:《集体土地征收案件裁判思路与裁判规则》,法律出版社 2020 年版,第 7—8 页。

653 申请人民法院执行责令交出土地决定的审查

关键词 | 责令交出土地 |

【最高人民法院司法解释】

第十四条 县级以上人民政府土地管理部门根据土地管理法实施条例第四十五条①的规定,申请人民法院执行其作出的责令交出土地决定的,应当符合下列条件:

(一)征收土地方案已经有权机关依法批准;

(二)市、县人民政府和土地管理部门已经依照土地管理法和土地管理法实施条例规定的程序实施征地行为;

(三)被征收土地所有权人、使用人已经依法得到安置补偿或者无正当理由拒

① 2021 年修订的《土地管理法实施条例》第六十二条。——编者注

绝接受安置补偿,且拒不交出土地,已经影响到征收工作的正常进行;

(四)符合《最高人民法院关于执行〈中华人民共和国行政诉讼法〉若干问题的解释》第八十六条①规定的条件。

人民法院对符合条件的申请,应当裁定予以受理,并通知申请人;对不符合条件的申请,应当裁定不予受理。

——《最高人民法院关于审理涉及农村集体土地行政案件若干问题的规定》(2011年9月5日,法释〔2011〕20号)。

【链接:理解与适用】

根据土地管理法实施条例第四十五条规定,对违反土地管理法律、法规规定,阻挠国家建设征用土地的,县级以上人民政府土地管理部门可以作出责令交出土地的决定;拒不交出土地的,可以申请人民法院强制执行。实践中,由于征地行为违法或有关部门工作不到位,导致土地权利人拒不交出土地。为了依法保护土地权利人的合法权益,人民法院应当严格审查强制执行的依据是否合法、合理。

——赵大光、杨临萍、马永欣:《〈关于审理涉及农村集体土地行政案件若干问题的规定〉的理解与适用》,载《人民法院报》2011年9月7日,第6版。

654 责令交出土地决定在内容上是否可以包含安置补偿决定

关键词｜责令交出土地｜安置补偿决定｜

【最高人民法院裁判案例】

张丽诉吉林省长春市二道区人民政府责令交出土地决定案[最高人民法院(2017)最高法行申7414号行政裁定书]

要旨:将征地补偿决定规定在责令交出土地决定中,并直接就后者提起诉讼,事实上确实是剥夺了被征收人对补偿安置争议请求解决的权利,同时也有可能违反安置补偿争议类案件中涉及安置补偿方案及其标准类案件的受理程序。

土地管理法第四十六条第一款规定,国家征收土地的,依照法定程序批准后,由县级以上地方人民政府予以公告并组织实施。《征收土地公告办法》第十五条

① 该解释已被废止。具体内容见《最高人民法院关于适用〈中华人民共和国行政诉讼法〉的解释》第一百五十五条。——编者注

第一款规定,因未按照依法批准的征收土地方案和征地补偿、安置方案进行补偿、安置引发争议的,由市、县人民政府协调;协调不成的,由上一级地方人民政府裁决。根据上述规定,农村集体土地被依法征收后,由县级以上人民政府组织实施,在征收实施过程中,土地权利人对土地补偿有争议的,应当先行由县级以上人民政府协调、裁决程序处理。本案中,张丽未与土地征收实施部门达成补偿安置协议,其补偿安置问题应当先行经协调、裁决程序解决。二道区政府在34号决定中确定了张丽的房屋面积及补偿金额,告知仅可对补偿异议向二道区房屋征收经办中心咨询,且须在收到该决定之日起十日内与房屋征收部门二道区住房和城乡建设局签订征收补偿协议。该项内容实质为征地补偿处理意见,规定在责令交出土地决定中,剥夺了张丽对补偿安置争议请求协调、裁决的权利。仅就该项内容,34号决定即违反法律、法规规定。

——中国裁判文书网,https://wenshu.court.gov.cn/。

【链接:最高人民法院法官著述】

首先,在目前土地管理法及其实施条例没有对安置补偿的具体载体作出明确规定的情况下,应当肯定借助责令交出土地决定将安置补偿内容明确化、具体化的动机和努力方向。但同时,也应当认识到这一做法的无奈和缺憾:由于《土地管理法实施条例》明确赋予了被征收人对补偿安置争议请求协调、裁决的权利,同时也将其作为人民法院受理此类案件的前置条件。因此,将征地补偿决定规定在责令交出土地决定中,并直接就后者提起诉讼,事实上确实是剥夺了被征收人对补偿安置争议请求协调、裁决的权利,同时也有可能违反安置补偿争议类案件中涉及安置补偿方案及其标准类案件的受理程序。

即使我们将对征地补偿方案和标准的争议与对具体补偿决定的争议分开处理,并允许后者与责令交出土地合二为一进行诉讼,也仍然要面临以下困境:首先,一旦征地安置补偿方案及其标准被其他救济程序所否定或修改,从而需要根据新的安置补偿标准重新作出补偿决定,此时应当如何处理其与已经审查了包含有具体征收补偿决定的责令交出土地案的羁束关系,就会成为一个很难解决的问题。其次,“一案一诉”是行政诉讼的一般要求,新修订的行政诉讼法据此对当事人的起诉行为作出了相应的规定。如果允许将安置补偿行为与责令交出土地行为合二为一,那么审判组织如何确定单个案件中的诉讼标的和审查对象,也是在理论上无法准确回答的问题。最后,本书前文已经谈及,在对责令交出土地案件的审查过程中,固然需要对是否进行合法安置进行审查,但是,审查的标准与专门针对安置补偿行为提起的诉讼中的审查标准是不一样的。前者是重大明显违法标准，而后者则是行政行为的合法性审查标准。如果出现前文所说的征地补偿方案及其标准被其他救济程序所否定或修改的情况，那么应当如何判定责令交出土地案的对错呢？鉴于以上原因，我们原则上不建议征地机关采取将安置补偿决定与责令交出土地决定二者合二为一的做法，但是鼓励征地机关单独作出征地补偿决定，以明确安置补偿的具体内容。

——阎巍、胡卉明：《集体土地征收案件裁判思路与裁判规则》，法律出版社2020年版，第18—19页。

655 对征收土地公告提起的诉讼是否应当受理

关键词｜征收土地公告｜可诉性｜

【最高人民法院裁判案例】

王锦等119人诉陕西省西安市人民政府征收土地方案公告案［最高人民法院（2017）最高法行申4636号行政裁定书］

要旨：公告只是一种单纯的公示行为，其目的是将公告中载明的内容进行告知发布，其本身并不创设新的权利义务，对被告知人的合法权益明显不产生实际影响，不具有可诉性。但是，如果公告为当事人设定了新的权利义务，当事人对该部分内容不服提起的诉讼应该属于行政诉讼受案范围。

根据《最高人民法院关于适用〈中华人民共和国行政诉讼法〉若干问题的解释》第三条第一款第（八）项的规定，对公民、法人或者其他组织合法权益明显不产生实际影响的行为，不属于行政诉讼受案范围。通常情况下，公告只是一种单纯的公示行为，其目的是将公告中载明的内容进行告知发布，其本身并不创设新的权利义务，对被告知人的合法权益明显不产生实际影响，不具有可诉性。但是，如果公告为当事人设定了新的权利义务，当事人对该部分内容不服提起的诉讼应该属于行政诉讼受案范围。具体到本案，89-1号征收土地方案公告只是将经陕西省人民政府批准的征收土地方案的内容和办理征地补偿登记的事项等进行了告知发布，没有为被征地人创设新的权利义务，对其合法权益明显不产生实际影响，因此不具有可诉性。一审裁定以此为由驳回王锦等119人的起诉，二审予以维持，并无不当。

——中国裁判文书网，https://wenshu.court.gov.cn/。

刘沃权诉广东省广州市从化区人民政府征收土地公告及行政赔偿案［最高人民法院(2017)最高法行申6927号行政裁定书］

要旨：如果被征收人以征收公告范围与征地批复不一致为由，对征收公告提起行政诉讼，并提供初步事实根据的，人民法院就不能以征地公告仅为告知的程序性行为为由简单裁定不予立案或驳回起诉。

通常情况下，市、县人民政府根据省级人民政府征地批复作出的征地公告行为，仅仅是对征地批复内容的告知，是一个对当事人的权利义务不产生实际影响的程序性行为，不属于行政诉讼的受案范围。但是，如果被征收人以征收公告范围与征地批复不一致为由，对征收公告提起行政诉讼，并提供初步事实根据的，人民法院就不能以前述理由简单裁定不予立案或驳回起诉。刘沃权起诉的理由即是如此，所以本案不能以75号公告属于对被征收人权利义务不产生实际影响的程序性行为为由不予受理。

——中国裁判文书网，https://wenshu.court.gov.cn/。

【链接：最高人民法院法官著述】

征地公告行为是否可诉，本身不可一概而论，需要结合案件具体情况具体分析：如果被征收人以征地公告超出征地批复范围或是"未批先征"为由，就征地公告提起诉讼，并能够依据行政诉讼法第四十九条的规定，提供初步的事实根据，立案部门应当登记立案，将案件交由审判部门进行审查。如果经审查，认定征地公告仅是一个单纯的告知行为，在内容上没有超出征地批复，则可以根据《行诉解释》第六十九条第（八）项的规定，裁定驳回起诉；而如果发现征地公告存在超出批复范围、未经合法审批、未告知补偿登记事宜、送达程序严重违法等情形，则应当根据不同的违法性作出相应的实体判决。如果当事人以征收人未依法履行公告职责为由，起诉要求履行公告职责或是确认未予公告的行为违法，则应当将不公告行为的可诉性与当事人是否具有诉讼利益结合起来对起诉应否受理作出综合判断。具体来说，如果当事人已经就征收行为、补偿行为提起诉讼，或是通过信息公开途径知晓了公告的内容，则不予公告行为一般不会单独对被征收人造成不法侵害，公告所涉及的征收或补偿问题，通常可以在诉征收或补偿的相关案件中一并得到解决。在此情况下，单独请求确认不公告行为违法的诉讼利益不充分，应当考虑裁定驳回起诉；如果当事人尚未就其他征收行为提起诉讼，也没有证据表明其知晓了公告内容，则可以首先引导当事人"一揽子"地就具体的征收或补偿行为提起诉讼，以达到实质解决行政争议的目的；而在当事人拒绝就征收或补偿行为提起诉讼或是单独提起信息公开申请，且以知晓公告内容，方能判断征收或补偿行为是否合法，从而确定权利救济途径的情况下，如其起诉符合行政诉讼法第四十九条的规定，可予立案审查。但如果当事人已经明知征地行为没有国务院或省政府征地批复，系违法占地行为，则应当引导当事人就违法征收行为直接提起复议或诉讼，而不宜单独确认未公告的行为违法。

值得注意的是，2019 年 8 月 26 日第十三届全国人民代表大会常务委员会第十二次会议表决通过的《关于修改〈中华人民共和国土地管理法〉、〈中华人民共和国城市房地产管理法〉的决定》在土地征收程序方面的规定修改如下："（十八）将第四十六条、第四十八条合并，作为第四十七条，修改为：'国家征收土地的，依照法定程序批准后，由县级以上地方人民政府予以公告并组织实施。''县级以上地方人民政府拟申请征收土地的，应当开展拟征收土地现状调查和社会稳定风险评估，并将征收范围、土地现状、征收目的、补偿标准、安置方式和社会保障等在拟征收土地所在的乡（镇）和村、村民小组范围内公告至少三十日，听取被征地的农村集体经济组织及其成员、村民委员会和其他利害关系人的意见。''多数被征地的农村集体经济组织成员认为征地补偿安置方案不符合法律、法规规定的，县级以上地方人民政府应当组织召开听证会，并根据法律、法规的规定和听证会情况修改方案。''拟征收土地的所有权人、使用权人应当在公告规定期限内，持不动产权属证明材料办理补偿登记。县级以上地方人民政府应当组织有关部门测算并落实有关费用，保证足额到位，与拟征收土地的所有权人、使用权人就补偿、安置等签订协议；个别确实难以达成协议的，应当在申请征收土地时如实说明。''相关前期工作完成后，县级以上地方人民政府方可申请征收土地。'"我们可以看到，土地管理法修改并施行后，签订补偿安置协议的工作总体上挪移到了征地报批前，绝大多数被征收人在征地决定作出前已经知情并同意补偿方案。在这一前提下，征地决定作出后，由县级以上地方人民政府作出的征地公告通常情况下就是一种不创设权利义务的告知，尤其对于征地前已经签订了补偿安置协议的被征地农民而言，是否有权提起复议或诉讼，答案应当是否定的。

——阎巍、胡卉明：《集体土地征收案件裁判思路与裁判规则》，法律出版社 2020 年版，第 24—26 页。

656 征收预公告及"未批先用"的可诉性

关键词｜征收预公告｜未批先用｜

【最高人民法院专业法官会议纪要】

法律问题：征收预公告行为是否属于可诉的行政行为，原告对“未批先用”行为提起行政诉讼，被诉行政行为是否明确。

法官会议意见：预征地公告只是在征地报批前的一种预先告知准备征地及有关注意事项的告知行为，对被征收人的权利义务未产生实际影响，不属于行政诉讼的受理范围。本案中当事人名义上起诉征收预公告行为，实质上是要求对“未经批准实施征地”落实行政赔偿责任。预公告行为本身不可诉，未批先用行为则非明确的行政行为，人民法院未对“未经批准实施征地行为”进行审查和审理，迳行作出行政赔偿判决，可能存在适用法律错误。

——最高人民法院第一巡回法庭 2018 年第 8 次法官会议纪要，载最高人民法院第一巡回法庭编著：《最高人民法院第一巡回法庭行政主审法官会议纪要》（第 1 卷），中国法制出版社 2020 年版，第 4—5 页。

657 征收补偿方案的可诉性及登报公告效力认定

关键词 | 征收补偿方案 | 登报公告 |

【最高人民法院专业法官会议纪要】

法律问题：征收补偿方案是否具有可诉性；登报公告是否具有告知当事人的效力、是否能免除当地政府的张贴公告义务。

法官会议意见：征收补偿方案具有相对的独立性，要尊重相对人的选择权，可以并诉也可以独立起诉。

用媒体进行登报等形式的公告并不能免除政府应在当地进行张贴公告的义务，在考虑登报公告的效力问题上，未在当地张贴属于程序上的瑕疵，不应简单以此为由否定进行了告知的效力。本案中，结合当地征收工作开展的社会经验，以及过往案件的裁判标准，登报公告的告知效力可以得到确认。

——最高人民法院第一巡回法庭 2018 年第 7 次法官会议纪要，载最高人民法院第一巡回法庭编著：《最高人民法院第一巡回法庭行政主审法官会议纪要》（第 1 卷），中国法制出版社 2020 年版，第 10—11 页。

658 对安置补偿方案公告提起的诉讼是否应当受理

关键词｜安置补偿方案｜可诉性｜

【最高人民法院裁判案例】

郑世春诉重庆市沙坪坝区人民政府确认未发布征地补偿安置方案公告违法案
[最高人民法院(2017)最高法行再50号行政裁定书]

要旨：土地使用权人或者实际使用人对行政机关作出的涉及征地补偿安置的行政行为，可以以自己的名义提起诉讼。

在本案中，郑世春的诉讼请求为请求人民法院确认沙坪坝区政府未发布征地补偿安置方案公告违法。原审法院认为发布征地补偿安置方案公告系行政机关针对农村集体经济组织作出的行政行为。根据《最高人民法院关于审理涉及农村集体土地行政案件若干问题的规定》第三条第一款规定，本案适格原告是村民委员会、农村集体经济组织或者过半数的村民，郑世春以个人名义提起本案诉讼不符合法律规定，不具备诉讼主体资格，故裁定驳回郑世春的起诉。但是，补偿安置方案涉及农村集体经济组织及成员（包括被征地户）的切身利益，其公告发布后，农村集体经济组织及成员（包括被征地户）对补偿方案均可能有不同的意见，为了更好地听取各方面的意见，法律要求补偿安置方案予以公告。故公告补偿安置方案是土地征收过程中的法定程序，且同时涉及农村集体经济组织和村民个体的安置补偿权，与侵犯村农民集体土地所有权的行政行为不尽相同。主要体现为：一是从公告对象上看，土地管理法第四十八条规定"征地补偿安置方案确定后，有关地方人民政府应当公告，并听取被征地的农村集体经济组织和农民的意见"，故补偿安置方案的公告既针对农村集体经济组织也针对农民个体；二是从公告内容上看，《土地管理法实施条例》第二十六条第一款规定"土地补偿费归农村集体经济组织所有；地上附着物及青苗补偿费归地上附着物及青苗的所有者所有"，故补偿安置方案的公告内容既包括归农村集体经济组织所有的土地补偿费也包括归个人所有的地上附着物及青苗补偿费；三是从权益辐射上看，即使土地补偿费公告主要涉及农村集体经济组织，但受益的是全体成员（包括被征地户），涉及每一成员（包括被征地户）后续具体获得的补偿数额；四是从相关司法解释上看，依据《最高人民法院关于审理涉及农村集体土地行政案件若干问题的规定》第四条"土地使用权人或者实际使用人对行政机关作出涉及其使用或实际使用的集体土地的行政行为不服的，可以以自己的名义提起诉讼"的规定，土地使用权人或者实际使用人对行政机关作出的涉及征地补偿安置的行政行为，可以以自己的名义提起诉讼。综上，郑世春认为行政机关未发布征地补偿安置方案公告侵犯其合法权益(包括安置补偿权),可以自己名义依法提起本案诉讼,一、二审法院依据《最高人民法院关于审理涉及农村集体土地行政案件若干问题的规定》第三条第一款规定认为郑世春在本案中不具备诉讼主体资格,属于适用法律错误。

——中国裁判文书网,https://wenshu. court. gov. cn/。

冯建斌诉内蒙古自治区包头市东河区人民政府、内蒙古自治区包头市人民政府不履行发布征用土地公告、征地补偿安置方案公告职责案[最高人民法院(2018)最高法行申 6310 号行政裁定书]

再审申请人因认为再审被申请人未履行发布征用土地公告和征地补偿安置方案公告职责,提起本案诉讼,请求确认该行政不作为违法。根据原审法院查明的事实,再审申请人系王家圪旦村的迁入居民,在该村拥有房屋,并于 2014 年 10 月 21 日与包头市东河区住房保障和房屋管理局签订了房屋征收产权调换安置协议。由此可知,虽然王家圪旦村村民委员会召开的村民代表会议认定再审申请人不属于该集体经济组织成员,不能享受集体经济组织成员待遇,但再审申请人作为此次棚户区搬迁改造项目的补偿安置对象是显而易见的。故一审和二审法院以再审申请人不具有原告资格为由,裁定驳回其起诉,确有不妥。但鉴于再审申请人已通过申请政府信息公开的方式获取了涉案征收公告和征收补偿方案,其亦已签订房屋征收产权调换安置协议并获得了置换房屋和补偿款,故再审申请人在本案中已不具有诉的利益,本案启动再审已无必要。再审申请人如对补偿有异议,应循其他途径解决。

——中国裁判文书网,https://wenshu. court. gov. cn/。

【链接:最高人民法院法官著述】

从上述规定体现出的安置补偿方案公告的程序看,我们通常所说的“两公告”意义上的安置、补偿方案公告,并不是一个直接对被征收人发生法律效力的文件,或者说,这里的征地补偿、安置方案并非是最终作为实施依据的方案。它在征求完被征地农村集体经济组织、农村村民或者其他权利人的意见,并报市、县人民政府批准后,才能作为安置补偿工作的标准。因此,单就安置、补偿方案公告而言,该行为属于为作出行政行为而实施的准备、论证等过程性行为。依照《行诉解释》第一条第二款第(六)项之规定,不属于行政诉讼受案范围。

但是,公告行为不属于受案范围,并不等于不公告行为也必然不属于受案范围。自然资源主管部门的该项职责履行与否，关系农村集体经济组织及其成员以及相关利害关系人在集体土地征收过程中的知情权、参与权、听证权和补偿请求权，这些权利均事关被征地集体经济组织和农民能否依法获取安置补偿的切身利益。事实上，如果安置补偿方案不依法进行公告，集体土地的被征收人很有可能无法确知自身应得的安置补偿项目、标准、数额、奖励等相关信息，更不用说通过复议或是诉讼等救济渠道对最终获得的补偿安置利益的合法性进行判断并在此基础上进行有效救济。因此，安置补偿方案的公告行为虽然并没有直接对被征收的权利义务产生不利影响，但是不公告行为则有可能影响到被征收人复议或诉讼权利的行使，从而影响其合法安置补偿利益的实现。正因如此，《征收土地公告办法》第十四条第二款规定："未依法进行征地补偿、安置方案公告的，被征地农村集体经济组织、农村村民或者其他权利人有权依法要求公告，有权拒绝办理征地补偿、安置手续。"

当然，与征地公告行为的可诉性问题一样，我们在具体判断一个要求履行安置补偿公告职责或是确认未履行安置补偿方案行为违法的诉请是否应当被受理时，还应当综合考虑诉讼利益问题。如果当事人事实上已经知晓补偿标准，并对补偿标准或是最终的安置补偿行为提起了诉讼，则应当引导其在相关诉讼中一并解决相关争议。如果其尚未就上述问题提起诉讼，也没有证据表明其通过其他途径知晓了公告内容，而知晓安置补偿标准事实上构成其救济自身权利的必经程序，则应当认定市、县级人民政府土地管理部门不履行安置、补偿方案公告的法定职责，与农村集体经济组织及其成员具有法律上的利害关系，自然资源主管部门不履行公告职责的，属于行政诉讼的受案范围。

2020 年 1 月 1 日起施行的修改后的土地管理法，将征地公告修改为征收前公告和征收后公告两个公告。原土地管理法规定的批准征收后实施的安置补偿公告，修改为征地批准前公告，多数被征地的农村集体经济组织成员对征地补偿安置方案有异议的，应当召开听证会修改。这一规定以倡导和谐征地为宗旨，进一步落实了被征地的农村集体经济组织和农民在整个征地过程中的知情权、参与权和监督权。县级以上地方人民政府在征地报批前，必须与拟征收土地的所有权人、使用权人就补偿安置等协商，并尽可能签订协议。新法实施后，吸纳了旧法中安置补偿公告的征地批前公告的可诉性将在行政和司法实践中得到新的检验。

——阎巍、胡卉明：《集体土地征收案件裁判思路与裁判规则》，法律出版社 2020 年版，第 30—31 页。

659 集体土地征收中补偿安置协议的效力

关键词｜补偿安置协议｜协议效力｜

【最高人民法院专业法官会议纪要】

8. 补偿安置协议的效力

人民法院应当尊重依法订立的补偿安置协议的效力。补偿安置协议个别约定需要明确和调整的，当事人应当按照诚实信用原则协商解决；协商不成的，应当按照法律规定的程序解决补偿安置争议。

被征收人已签订补偿安置协议、领取相应补偿费用且交出土地后，又起诉征收行为的，人民法院不予立案；但补偿安置协议明确约定保留提起诉讼权利，或者协议存在以欺诈、胁迫的手段订立，损害国家利益等无效情形的除外。

——《最高人民法院行政法官专业会议纪要（五）》（集体土地补偿领域），载中华人民共和国最高人民法院行政审判庭编：《行政执法与行政审判》（总第80集），中国法制出版社2020年版，第252页。

660 征收决定实施后，自然资源主管部门与第三人签订的土地使用权出让合同是否可诉

关键词｜征收决定｜土地使用权出让合同｜

【最高人民法院裁判案例】

郝景诗、王存志、刘敏耀诉六安市金安区人民政府与重庆市兴茂产业发展（集团）有限公司签订的《六安·悠然南山生态旅游度假区二期项目合同书》无效案

［最高人民法院（2019）最高法行申494号行政裁定书］

行政诉讼法第二十五条第一款规定，行政行为的相对人以及其他与行政行为有利害关系的公民、法人或者其他组织，有权提起诉讼。本案中，案涉合同虽然约定了项目用地的范围、土地取得方式等内容，但并不对郝景诗、王存志、刘敏耀的权利义务直接产生实际影响，郝景诗、王存志、刘敏耀亦非案涉合同的当事人。因此，郝景诗、王存志、刘敏耀与案涉合同不具有利害关系，起诉不符合法定条件。一、二审裁定不予立案，并无不当。

——中国裁判文书网，https://wenshu.court.gov.cn/。

【链接：最高人民法院法官著述】

从土地出让合同签订的实践情况来看，在国有土地使用权出让中，出让的土地应当是“净地”，“毛地”出让被严格禁止。一般理解中的“毛地”“净地”，最主要的区别在于政府在出让时是否已经完成该地块的土地平整，完成全部拆迁安置补偿工作。如《闲置土地处置办法》第二十一条规定：“市、县国土资源主管部门供应土地应当符合下列要求，防止因政府、政府有关部门的行为造成土地闲置：（一）土地权利清晰；（二）安置补偿落实到位；（三）没有法律经济纠纷；（四）地块位置、使用性质、容积率等规划条件明确；（五）具备动工开发所必需的其他基本条件。”《关于加大闲置土地处置力度的通知》（国土资电发〔2007〕36 号）第二条规定：“实行建设用地使用权‘净地’出让，出让前，应处理好土地的产权、补偿安置等经济法律关系，完成必要的通水、通电、通路、土地平整等前期开发，防止土地闲置浪费。”据此，能够进入土地出让环节并签订土地出让合同的土地使用权，一般而言应该是已经安置补偿到位，且完成了拆迁和平整开发工作，符合土地出让条件的宗地。该宗土地的使用权应当已经与被征收前的土地所有权和使用权完成了法律关系上的割裂，因此，通常不存在被征收人与进入出让程序的土地使用权存在直接利害关系的情形。

当然，实践中也不排除存在被征收人未被依法安置，土地即进入出让环节的个别情形，但是其在没有对权利义务产生直接影响的前续行政行为，如征地补偿安置行为提起复议或者诉讼的情形下，直接对后续的土地出让合同签订行为提起诉讼难以成就法律上保护的必要性。对此，自然资源主管部门作为行政复议机关在审理申请人不服自然资源主管部门与第三人签订的土地使用权出让合同提起的行政复议申请时，以及人民法院在审理类似案件时，通常会以该合同与申请人没有直接利害关系为由作出不予受理决定（裁定）或者驳回决定（裁定）。

——阎巍、胡卉明：《集体土地征收案件裁判思路与裁判规则》，法律出版社 2020 年版，第 51—52 页。

661 落实村民通过自治程序形成的征收安置补偿方案的行为是否可诉

关键词｜征收安置补偿方案｜村民自治｜

【链接：最高人民法院法官著述】

为回避复杂的征收程序,加快集体土地征收进程,同时避免在“城中村”改造等一系列征迁工作中成为矛盾的焦点,各地出现了由村民委员会或村民大会讨论通过征收补偿安置方案,再由村集体经济组织与政府有关部门配合实施的集体土地征收方式。对于此类行为是否可诉,因对村民自治行为的认识不同,实践中存有争议。

……

总之,“村民自治”模式下征收行为的性质,应当综合考虑拆迁补偿方案的实际制作主体、实际补偿主体、政府的参与程度、土地征收后的用途等情形来加以确定。如果征收补偿方案的实际制作主体、补偿资金的实际支付主体、最终的用地主体或受益主体以及实际的征收实施主体均是政府及有关部门,则应当认定该行为超出了村民自治行为的范围,有逃避征地批准法定程序之嫌,相关行为属于行政诉讼受案范围。此时如果判定此类行为不可诉,则《土地管理法实施条例》第二十五条第三款以及《最高人民法院关于审理涉及农村集体土地行政案件若干问题的规定》第十条设定的救济途径将被架空。从形式上看,村民只能按照村民委员会组织法第二十七条第二款、第三款规定,申请乡、民族乡、镇的人民政府对违法行为责令改正。但实践中,由于安置方案本身系经区、县人民政府批准,此种途径往往形同虚设,村民权益事实上将无法得到有效救济。

新修改的土地管理法于 2020 年 1 月 1 日正式施行后,征地适用范围的缩小势在必行。修改后的土地管理法删去了原法第四十三条关于“任何单位和个人进行建设,需要使用土地,必须使用国有土地”的规定。增加的第四十五条,首次对公共利益进行界定,并通过列举方式明确:因军事和外交、政府组织实施基础设施建设、公共事业、扶贫搬迁和保障性安居工程需要以及成片开发建设等六种情形,确需征收的,可以依法实施征收。其中成片开发可以征收土地的范围限定在土地利用总体规划确定的城镇建设用地范围内,此外,不能再实施“成片开发”征地,从而为集体经营性建设用地入市预留了空间。与此同时,修改后的土地管理法第六十三条也在总结集体土地入市试点经验的基础上,进行了较大修改,允许集体经营性建设用地在符合规划、依法登记,并经本集体经济组织三分之二以上成员或者村民代表同意的条件下,通过出让、出租等方式交由集体经济组织以外的单位或者个人直接使用。同时,使用者取得集体经营性建设用地使用权后还可以转让、互换或者抵押。上述规定结束了多年来集体建设用地不能与国有建设用地同权同价同等入市的二元体制。可以预见的是,修改后的土地管理法正式施行后,在集体经营性建设用地入市问题上将会呈现出真正法律意义上的“村民自治”模式。

——阎巍、胡卉明:《集体土地征收案件裁判思路与裁判规则》,法律出版社2020年版,第53—58页。

662 集体土地上房屋征收决定公告的可诉性

关键词 | 征收决定公告 | 可诉性 |

【最高人民法院裁判案例】

邹科良诉新疆维吾尔自治区乌鲁木齐市新市区人民政府土地行政征收案[最高人民法院(2019)最高法行申8351号行政裁定书]

要旨:对行政相对人权利义务产生实际影响的是行政行为而非公告,行政相对人对公告提起诉讼的,不符合起诉条件。但是,如果行政机关在发布公告之前并未单独作出行政行为,那么公告除了是公示送达方式之外,同时也是行政行为本身的载体,此时公告应具有可诉性。

关于被诉公告是否对被征收人权利义务产生实际影响的问题。一审裁定除认为再审申请人不具有本案原告资格外,同时认为被诉公告系公示告知行为,对被征收人权利义务不产生实际影响。一般而言,行政机关作出一个行政行为,需要向行政相对人送达才能生效,在一些特殊情况下,如行政相对人人数众多时,法律规定以公告作为对行政行为进行送达的方式,在这种情况下,对行政相对人权利义务产生实际影响的是行政行为而非公告,行政相对人对公告提起诉讼的,不符合起诉条件。但是,如果行政机关在发布公告之前并未单独作出行政行为,那么公告除了是公示送达方式之外,同时也是行政行为本身的载体,此时公告应具有可诉性。本案被诉行为形式上是作为送达行政行为方式的公告,但从一、二审查明的事实来看,新市区政府并未作出房屋征收决定,该公告既是公示告知行为,亦是房屋征收决定的载体,对房屋所有人的权利产生实际影响,具有可诉性。

——中国裁判文书网,https://wenshu.court.gov.cn/。

663 当事人请求确认一系列征地行为违法是否属于诉讼请求不明确

关键词 | 诉讼请求 | 一系列征地行为 |

【最高人民法院专业法官会议纪要】

提请讨论议题：(1)当事人请求确认一系列征地行为违法是否属于诉讼请求不明确。(2)一审法院在未释明的情况下以诉讼请求不明确为由裁定驳回起诉，二审法院应当如何处理？

结论：当事人确认一系列征地行为违法，一般不宜认定为诉讼请求不明确；一审法院未予释明的情况下，二审法院仍可以诉讼请求不明确为由维持一审驳回起诉的裁定。

理由：征地由一系列的行为构成，包括征地批复、发布征地公告、进行征地补偿登记、签订补偿协议或者作出补偿决定、责令交出土地等行为。当事人起诉要求确认征地行为违法的，一般不宜认定为诉讼请求不明确。因为被诉征地行为是可以拆分的，且按照法律规定，对于征地补偿协议等征地中的行政行为提出的诉讼，人民法院均应受理并作出裁判。因此当事人起诉要求确认征地行为违法的，人民法院应当进行释明，对于符合起诉条件的诉讼可以受理；对于不符合行政诉讼受案范围等起诉条件的起诉不予立案。

根据行政诉讼法及《行诉解释》的规定，法院释明不是强制性义务规定。一审法院未予释明尚非二审法院纠错的法定条件。因此，对于此类一审法院以诉讼请求不明确为由作出的驳回起诉裁定，二审法院不能以一审法院没有释明为由认定一审违反法定程序而予以撤销，二审法院仍可以诉讼请求不明确为由维持一审驳回起诉的裁定。

——《最高人民法院行政法官专业会议纪要(四)》(土地征收领域)，载微信公众号"行政执法与行政审判"2018年7月12日。

法律问题：请求确认一系列征地行为违法是否属于诉讼请求不明确？

法官会议意见：行政诉讼法第四十九条第(三)项规定，起诉人提起行政诉讼，必须要有具体的诉讼请求和事实根据。所谓具体的诉讼请求，首先是要有明确的被诉行政行为，被诉行政行为不明确，人民法院应当根据行政诉讼法第五十一条第三款的规定，向起诉人释明，要求其明确，并引导起诉人尽可能对能够解决其实质诉求的行政行为提起行政诉讼。征地行为包括征地批准行为和征地实施行为，征地实施行为又包括征地公告、补偿登记、补偿安置公告、签订补偿协议以及限期搬迁、责令交出土地、强制搬迁等一系列行政行为。当事人对征地行为不服，应明确系针对征地行为中的哪一个或几个行为不服，仅概括性地诉请确认征地行为违法，属于诉讼请求不具体不明确的情形，其起诉不符合法定条件。只有被诉行政行为明确，人民法院才能就该行政行为是否属于行政诉讼的受案范围、起诉是否在法定期限内提起、是否属于受诉法院的管辖等起诉条件进行审查确定。

——最高人民法院行政审判庭编：《最高人民法院行政审判庭法官会议纪要》（第一辑），人民法院出版社 2022 年版，第 43—45 页。

664 集体土地征收案件中诉讼请求的释明引导与诉讼类型选择

关键词 | 诉讼请求 | 诉讼类型 |

【最高人民法院专业法官会议纪要】

1. 诉讼请求的释明引导与诉讼类型选择

被征收人对适用 2019 年 8 月 26 日修改前的土地管理法实施的农村集体土地征收引发的补偿安置提起诉讼的，人民法院在立案或一审审理期间应当根据《最高人民法院关于适用〈中华人民共和国行政诉讼法〉的解释》第五十五条等规定，给予指导和释明，并结合补偿安置具体情况、补偿安置分歧原因、被征收人实质诉求等情况，引导被征收人正确选择被诉行政行为、适格被告及有利于补偿安置争议实质化解的诉讼请求：

（1）签订补偿安置协议后，认为补偿安置协议违法或遗漏法定补偿安置内容的，引导起诉补偿安置协议；

（2）对补偿安置义务主体作出的补偿决定不服，认为补偿决定违法或者遗漏法定补偿安置内容的，引导起诉补偿决定；

（3）无补偿安置协议或补偿决定且尚未被强制交出土地的，引导提起履行补偿安置职责诉讼或请求作出补偿决定诉讼；

（4）无补偿安置协议或补偿决定且已被强制交出土地，被征收人对补偿安置不服，引导提起履行补偿安置职责诉讼或请求作出补偿决定诉讼；对强制拆除行为不服的，引导提起确认强制拆除行为违法并赔偿动产、不动产等损失诉讼。

被征收人对补偿标准、补偿安置方案、被征收房屋和土地的地类与面积认定、地上附着物与青苗补偿费计算等有异议的，可以在提起上述相关类型诉讼时一并提出；人民法院应当全面审查上述行为的合法性。

——《最高人民法院行政法官专业会议纪要（五）》（集体土地补偿领域），载中华人民共和国最高人民法院行政审判庭编：《行政执法与行政审判》（总第 80 集），中国法制出版社 2020 年版，第 249 页。

665 行政机关在土地征收过程中不直接解决土地权属争议

关键词 | 土地权属争议 | 土地征收 |

【最高人民法院裁判案例】

边春雷诉江苏省邳州市人民政府土地行政(土地)行政强制案[最高人民法院(2020)最高法行申 1194 号行政裁定书]

要旨：征收实施机关在集体土地征收过程中既无职权，亦无法定程序，对土地权属争议直接进行解决。

参照《土地管理法实施条例》第二十五条第二款关于“被征收土地的所有权人、使用权人应当在公告规定的期限内，持土地权属证书到公告指定的人民政府土地行政主管部门办理征地补偿登记”的规定，一般而言，土地权利人的确定应以有权机关依法颁发的土地权属证书或确无争议的土地承包合同、土地承包清册为准。若行政相对人不能提供有效的土地权属凭证或土地权属存在争议时，应当在解决权属争议、确定权利人以后，再行维护其在征收过程中的权益。征收实施机关在集体土地征收过程中既无职权，亦无法定程序，对土地权属争议直接进行解决。再审申请人认为被申请人组织实施的征地行为侵犯其合法权益，应当以其能够提供确切的权属证明为基础。在再审申请人既不能提供权属证明，也未先行解决权属争议的情况下，一审法院不予认可其原告主体资格并驳回起诉，二审法院驳回上诉、维持原裁定，均无不当。

——中国裁判文书网，https://wenshu.court.gov.cn/。

666 集体土地征收案件起诉期限确定与统一告知

关键词 | 起诉期限 | 统一告知 |

【最高人民法院专业法官会议纪要】

2. 起诉期限确定与统一告知

被征收人对补偿、强制拆除等行为不服，应当在法定期限内提起行政诉讼。行政机关未依法告知公民、法人或者其他组织起诉期限的，起诉期限从公民、法人或者其他组织知道或者应当知道起诉期限之日起计算,但从知道或者应当知道行政行为内容之日起最长不得超过一年。

《征收土地公告》《征地补偿安置方案公告》等已经明确告知被征收人对补偿、强制拆除等行为不服可以在六个月内提起行政诉讼的,视为已经正确告知起诉期限。未明确告知起诉期限的,参考原国务院法制办公室《关于认定被征地农民"知道"征收土地决定有关问题的意见》(国法〔2014〕40号)确定相应的期限。

——《最高人民法院行政法官专业会议纪要(五)》(集体土地补偿领域),载中华人民共和国最高人民法院行政审判庭编:《行政执法与行政审判》(总第80集),中国法制出版社2020年版,第249—250页。

667 如何认定被征地农民"知道"征收土地决定

关键词 | 征收土地决定 | 被征收人 |

【最高人民法院司法文件】

各省、自省区、直辖市高级人民法院行政审判庭,新疆维吾尔自治区高级人民法院生产建设兵团分院行政审判庭:

现将国务院法制办公室《关于认定被征地农民"知道"征收土地决定有关问题的意见》转发给你们,请在办理相关案件时予以参考。

——《最高人民法院行政审判庭转发国务院法制办公室〈关于认定被征地农民"知道"征收土地决定有关问题的意见〉的通知》[2014年8月28日,法(行政)明传〔2014〕9号]。

附件:《国务院法制办公室关于认定被征地农民"知道"征收土地决定有关问题的意见》(国法〔2014〕40号)

各省、自治区、直辖市人民政府法制办公室:

根据《中华人民共和国行政复议法》第九条规定,公民、法人或者其他组织认为具体行政行为侵犯其合法权益,申请行政复议的,应当在知道该具体行政行为之日起60日内提出。近来,一些被征地农民以征收土地决定作出时不知道、系事后通过申请政府信息公开等方式知道为由,就省级人民政府多年前作出的征收土地决定申请行政复议,大大超出了法定的60日申请期限。实践中,各地方对认定被征地农民知道征收土地决定问题把握标准不一致。为了保障被征地农民依法行使权利,确保有关行政复议申请期限法律规定的正确实施,提出以下意见:

一、申请人对行政机关已经发布征收土地公告的主张提出异议，行政机关不能提供证据的，不能认定申请人知道征收土地决定。

二、行政机关能够提供下列证据之一，经查证属实的，可以作为认定依法发布了征收土地公告的证据：

（一）行政机关出具的在被征收土地所在地的村、组内张贴公告的书面证明及视听资料；征收乡（镇）农民集体所有土地的，出具的在乡（镇）人民政府所在地张贴公告的书面证明及视听资料；

（二）被征地农民出具的证实其被征收土地已张贴公告的证言等证据。

征收土地公告有确定期限的，可以认定申请人自公告确定的期限届满之日起知道征收土地决定；征收土地公告没有确定期限的，可以认定申请人自公告张贴之日起满 10 个工作日起知道征收土地决定。

三、行政机关不能提供发布征收土地公告的相关证据，但是能够举证证明已经按照法律法规和规章的规定发布了征收土地补偿安置公告，且在公告中载明了征收土地决定的主要内容，经查证属实的，可以视为申请人自公告确定的期限届满之日起知道征收土地决定；公告没有确定期限的，可以视为申请人自公告张贴之日起满 10 个工作日起知道征收土地决定。

四、行政机关不能提供发布征收土地公告或者征收土地补偿安置公告的证据，但是能够举证证明申请人在征收土地决定作出后有下列行为之一，经查证属实的，可以视为申请人自该行为发生之日起知道征收土地决定：

（一）已经办理征收土地补偿登记的，自申请人办理征收土地补偿登记之日起；

（二）已经签订征收土地补偿协议的，自申请人签订征收土地补偿协议之日起；

（三）已经领取征收土地补偿款或者收到征收土地补偿款提存通知的，自申请人领取征收土地补偿款或者收到征收土地补偿款的提存通知之日起；

（四）已经签订房屋拆迁协议的，自申请人签订房屋拆迁协议之日起；

（五）对补偿标准存有争议，已经申请县级以上地方人民政府进行协调的，自申请人申请协调之日起。

同时存在上述两种或者两种以上行为的，以最早可以认定的知道征收土地决定的时间为准。

五、行政机关不能证明有本意见第二条至第四条情形，但是能够举证证明申请人通过行政复议、政府信息公开、信访、诉讼等其他途径知道征收土地决定主要内容，经查证属实的，可以认定申请人自有证据证明之日起知道征收土地决定。

六、行政机关在征收土地决定作出后，没有告知被征地农民申请行政复议的权利、行政复议机关或者申请期限的，行政复议申请期限参照《最高人民法院关于执行〈中华人民共和国行政诉讼法〉若干问题的解释》第四十一条办理，即：行政复议申请期限从公民、法人或者其他组织知道或者应当知道申请行政复议的权利、行政复议机关或者申请期限之日起计算，但从知道或者应当知道征收土地决定内容之日起最长不得超过2年。

各省、自治区、直辖市人民政府法制办公室要按照本意见的规定，进一步规范对不服征收土地决定类行政复议申请的受理，依法保护被征地农民合法权益，及时化解行政争议，切实维护社会和谐稳定。

668 知道强制行为但不知道行为主体是否属于耽误起诉期限的法定事由

关键词｜起诉期限｜推定｜

【链接：最高人民法院法官著述】

在土地征收过程中，最常出现的知道行为但不知道主体的情形，莫过于强制拆除行为。此类行为主体较为混乱，从事实上来讲，既可能是征收部门，也可能是征收部门委托的其他行政主体，还有可能是村委会、居委会，甚至不排除个人。上述主体为了回避法律责任，通常都不会主动表明身份，从而给被强制主体维护自身权益带来了一定的困难。但是，这种事实上的困难并不总是能够成为提起诉讼的障碍。《国务院法制办公室关于认定被征地农民“知道”征收土地决定有关问题的意见》（国法〔2014〕40号）规定……在上述情形中，除非有相反证据，人民法院均可认定征收人发布了征地公告，被征收人知道征地决定。而在征地公告已经发布的情况下，由于土地管理法第四十六条规定：“国家征收土地的，依照法定程序批准后，由县级以上地方人民政府予以公告并组织实施。”《土地管理法实施条例》第二十五条规定：“征收土地方案经依法批准后，由被征收土地所在地的市、县人民政府组织实施……”因此征地公告的发布，就意味着征收主体的确定，在没有其他主体声明承担强制拆除行为责任的情况下，通常可以推定该强制拆除行为系作出征收公告的市、县人民政府所为。《土地管理法实施条例》第四十五条规定：“违反土地管理法律、法规规定，阻挠国家建设征收土地的，由县级以上人民政府土地行政主管部门责令交出土地；拒不交出土地的，申请人民法院强制执行。”据此，在自然资源主管部门作出责令交出土地决定的情况下,也可以推定自然资源主管部门为强制行为的主体。由于在上述两种情况下,均可以依据相关事实和法律规定推定强制行为的主体,而人民法院事实上也支持这种推定,因此,被征收人对于强制行为的主体理论上就属于"应当知道"的情形,其以推定的主体作为被告,完全符合行政诉讼法第四十九条关于起诉应当有明确被告的要求。我们要注意的是行政诉讼法第四十九条强调的是有"明确"的被告,而不是有"正确"的被告,因此,即便推定错误,也是诉的理由具备性问题,不会对诉权的行使产生影响。

如果征收过程中没有或者无法推定相关主体发布公告,抑或有证据证明征收过程是通过与村集体经济组织签订协议等非法定的方式完成,强制拆除确有可能为法定主体以外的其他主体所为,则上述推定的法律前提即不存在,推定也无从进行。被征收人此时对于强制行为的主体就处于"不知"也不"应当知道"的情况,其为确定相关主体所耽误的时间一般应当排除在起诉期限之外。

——阎巍、胡卉明:《集体土地征收案件裁判思路与裁判规则》,法律出版社2020年版,第107—109页。

669 当事人因不服安置补偿行为提起诉讼,人民法院应当直接受理还是告知当事人由行政机关先行处理①

关键词｜安置补偿｜裁决｜

【最高人民法院司法解释】

第十条　土地权利人对土地管理部门组织实施过程中确定的土地补偿有异议,直接向人民法院提起诉讼的,人民法院不予受理,但应当告知土地权利人先申

① 在2021年修订的《土地管理法实施条例》生效之前,对征地补偿方案所涉及的补偿标准存在异议,应当在补偿安置方案确定并实施后,由县级以上政府协调;协调不成的,由批准征收土地的人民政府裁决。而根据最高人民法院的裁判精神以及各地各级法院裁判的实际情况,各地裁决与复议两种程序是并存的,土地权利人对补偿安置有异议,经过裁决或复议后仍不服而提起诉讼的,人民法院均应当予以受理。

但是在新的《土地管理法实施条例》开始施行以后,原规定的协调裁决程序已经被征地补偿安置决定所替代。如果被征收人未能签订补偿协议,对补偿安置决定不服的,可以针对补偿安置决定进行复议或诉讼。

应当说,征地补偿安置决定这一设置参照借鉴了城市房屋征收中的征收补偿决定,是对具体某一户被征地农民补偿安置给出的明确结论。其救济途径也将会较此前的"协调—裁决"或者复议"补偿标准/方案"更具有针对性和可操作性。

因此,适用本司法观点要注意新旧法律的适用问题。——编者注

请行政机关裁决。

——《最高人民法院关于审理涉及农村集体土地行政案件若干问题的规定》（2011 年 9 月 5 日，法释〔2011〕20 号）。

【链接：理解与适用】

根据土地管理法第二条的规定，国家为了公共利益的需要，可以依法对土地实行征收或者征用并给予补偿。如果土地权利人和当地有关部门就征地补偿事宜达不成协议的，土地权利人如何行使救济权利。我们认为，土地权利人和当地人民政府就征地补偿事宜达不成协议的，不能直接向人民法院提起诉讼，应依照《土地管理法实施条例》第二十五条的规定，由行政机关作出裁决，对行政机关作出的裁决不服的，可以向人民法院提出行政诉讼。故《规定》第十条规定，土地权利人对土地管理部门组织实施过程中确定的土地补偿有异议，直接向人民法院提起诉讼的，人民法院不予受理，但应当告知土地权利人先申请行政机关裁决。

——赵大光、杨临萍、马永欣：《〈关于审理涉及农村集体土地行政案件若干问题的规定〉的理解与适用》，载《人民法院报》2011 年 9 月 7 日，第 6 版。

【链接：最高人民法院法官著述】

《土地管理法实施条例》第二十五条第三款规定："……对补偿标准有争议的，由县级以上地方人民政府协调；协调不成的，由批准征收土地的人民政府裁决……"由于省级政府或者国务院并未建立完善的"裁决"制度，且无力应对大量的裁决申请，因此，国务院法制办下发了《关于依法做好征地补偿安置争议行政复议工作的通知》（国法〔2011〕35 号，以下简称 35 号通知），将该条规定的裁决制度明确为复议制度，并表述如下："被征地集体经济组织和农民对有关市、县人民政府批准的征地补偿、安置方案不服要求裁决的，应当依照行政复议法律、法规的规定向上一级地方人民政府提出申请。"由于 35 号通知是"经征求全国人大常委会法工委和最高人民法院的意见，并报国务院领导同意"的，因此，各级人民政府、法院以及土地管理部门都应当尊重并参照执行 35 号通知，即对征地补偿、安置方案不服的，不再通过裁决程序，而是申请上一级地方人民政府复议。最高人民法院发布的《关于审理涉及农村集体土地行政案件若干问题的规定》第十条相关规定，自然也应当结合 35 号通知精神，作相应的理解。尽管土地管理法、《土地管理法实施条例》以及其他规定，在涉及安置补偿时分别在不同层面使用了"补偿标准""征地补偿、安置方案"以及"支付、发放土地补偿费、地上附着物及青苗补偿费和安置补助费"等具体安置补偿行为,但是根据上述规定,相应的救济途径应当有所区别。由于复议前置必须由法律、法规规定,国务院法制办在作出35号通知时,回避了复议前置问题。但考虑到《土地管理法实施条例》第二十五条第三款规定了"协调不成的,由批准征收土地的人民政府裁决",实际暗含着行政裁决先行,然后再进入行政诉讼的意思。而根据35号通知精神,此处的"裁决"已经转变为"行政复议"。因此,结合上述两个文件的内容,不论是裁决还是复议主要是针对"补偿标准"和"征地补偿、安置方案"。这些都属于较为抽象的、规范化和技术化的行政行为,由行政机关先行复议处理,能够较好地减少纠纷,并及时统一标准。因此,可以明确对"征地补偿、安置方案"及其所确定的征地标准不服的,应当要求被征收人先申请复议,对复议不服的再提起行政诉讼。但对于根据"征地补偿、安置方案",行政机关对每家每户作出的支付、发放土地补偿费、地上附着物及青苗补偿费和安置补助费的具体行为,则不能要求复议前置。因为,这些安置补偿的行为本来就不属于《土地管理法实施条例》第二十五条第三款规定的先行裁决范围,相应地,也不宜再扩大理解为复议前置的范围。事实上,由于具体的补偿安置行为是依据补偿安置方案和标准作出的具体的行政行为,直接对被征收人的权益产生影响,从行为性质上看是可诉的。从司法裁判的角度看,根据土地管理法以及各省对补偿标准的具体规定,并结合安置补偿方案,具体安置补偿行为是否合法的判断标准也是较为明确的,是一个可以由司法直接审查,并作出裁判的行政行为。此外,安置补偿行为本身就是市、县级人民政府及其自然资源主管部门依据安置补偿标准针对具体安置对象作出的一个安置补偿决定,再让其进行重复处理,也没有太大意义。

综上,被征地集体经济组织和农民对有关市、县人民政府批准的征地补偿、安置方案不服,向上一级地方人民政府申请复议,对复议决定不服提起诉讼的,人民法院应当受理。被征地集体经济组织和农民对被征收土地所在地的市、县人民政府支付、发放土地补偿费、地上附着物及青苗补偿费和安置补助费等补偿、安置行为不服的,可以申请行政复议,也可以直接向人民法院提起行政诉讼。

需注意的问题:根据35号通知的要求,《土地管理法实施条例》第二十五条第三款规定的裁决已经转变为复议,对此,应当理解为用复议制度替代了裁决制度,而不能理解为在原有裁决制度的基础上增加了复议制度,即不能理解为:先复议才能申请裁决,裁决后才能进一步提起诉讼,从而人为地给被征收人维护自身权益增加障碍。

此外,此处所说的人民法院可以直接受理的因安置补偿纠纷引发的案件,限于对适用安置补偿方案或标准的结果不服产生的争议。如果当事人提起的诉讼中,既对适用安置补偿方案或标准的结果和行为不服，又对安置补偿方案或标准本身不服，则因案件的审理涉及安置补偿标准问题，原则上应当一并交由行政机关先行处理。作出安置补偿方案的上一级人民政府受理复议申请并作出行政复议决定后，复议申请人提起行政诉讼的，人民法院应予受理。……

——阎巍、胡卉明：《集体土地征收案件裁判思路与裁判规则》，法律出版社2020年版，第127—129页。

670 农村集体经济组织成员的原告资格的认定

关键词｜农村集体经济组织｜过半数｜

【最高人民法院司法解释】

第三条 村民委员会或者农村集体经济组织对涉及农村集体土地的行政行为不起诉的，过半数的村民可以以集体经济组织名义提起诉讼。

农村集体经济组织成员全部转为城镇居民后，对涉及农村集体土地的行政行为不服的，过半数的原集体经济组织成员可以提起诉讼。

——《最高人民法院关于审理涉及农村集体土地行政案件若干问题的规定》（2011年9月5日，法释〔2011〕20号）。

【链接：理解与适用】

实践中，常常遇到农村集体经济组织或村民委员会等对涉及农村集体土地的行政行为不起诉的情况，导致农民权益受到损害而无法得到救济，引起群体性的上访。为了依法保护农民的合法权益，有必要赋予具有代表性的农民以集体名义提起诉讼，故《规定》第三条第一款规定，村民委员会或者农村集体经济组织对涉及农村集体土地的行政行为不起诉的，过半数的村民可以以集体经济组织名义提起诉讼。

另外，很多地方通过"农转非"的形式，将农民转为城市居民，原农村集体经济组织成建制撤销，原村民委员会不复存在。如果涉及原集体土地权益受到侵犯，对谁有资格起诉的问题有不同意见。有的主张原村民的多数即可起诉，也有的主张应由居委会起诉。我们认为，居委会是群众自治组织，对居民的财产没有管理权，因此居委会没有原告主体资格，可以由原集体经济组织的多数村民提起行政诉讼。故《规定》第三条第二款规定，农村集体经济组织成员全部转为城镇居民后，对涉及农村集体土地的行政行为不服的，过半数的原集体经济组织成员可以提起诉讼。

——赵大光、杨临萍、马永欣：《〈关于审理涉及农村集体土地行政案件若干问题的规定〉的理解与适用》，载《人民法院报》2011年9月7日，第6版。

【链接：最高人民法院法官著述】

村民委员会组织法第二十三条规定："村民会议审议村民委员会的年度工作报告，评议村民委员会成员的工作；有权撤销或者变更村民委员会不适当的决定；有权撤销或者变更村民代表会议不适当的决定。""村民会议可以授权村民代表会议审议村民委员会的年度工作报告，评议村民委员会成员的工作，撤销或者变更村民委员会不适当的决定。"第二十四条第一款规定："涉及村民利益的下列事项，经村民会议讨论决定方可办理：……（二）从村集体经济所得收益的使用；……（四）土地承包经营方案；……（六）宅基地的使用方案；（七）征地补偿费的使用、分配方案；……（九）村民会议认为应当由村民会议讨论决定的涉及村民利益的其他事项。"可见，对于诸如征地拆迁这样一些涉及整个村集体重大权益的事项，村集体的"最高权力机构"村民会议有权行使相关权利。对于村民会议的组成，村民委员会组织法第二十一条第一款规定："村民会议由本村十八周岁以上的村民组成。"第二十二条第一款规定："召开村民会议，应当由本村十八周岁以上村民的过半数，或者本村三分之二以上的户的代表参加，村民会议所作决定应当经到会人员的过半数通过。法律对召开村民会议及作出决定另有规定的，依照其规定。"《最高人民法院关于审理涉及农村集体土地行政案件若干问题的规定》第三条规定，在村民委员会或者农村集体经济组织对涉及农村集体土地的行政行为不起诉情况下，过半数的村民可以以集体经济组织名义提起诉讼。这里的"过半数的村民"理论上行使的就是村民大会对于重大事项的决策权，而该权力的行使理论上应当符合权力主体"村民大会"的组织要求，也就是"本村十八周岁以上村民的过半数，或者本村三分之二以上的户的代表"。

但需要注意的是，"本村十八周岁以上村民的过半数，或者本村三分之二以上的户的代表"仅仅是召开村民大会的法定人数，而在实际行使权利时，村民委员会组织法仅要求上述参会主体的半数通过即可。照此计算，如果以全村的总人数和总户数作为基数，实际行使权利的村民数量只要超过本村十八周岁以上村民的四分之一或是户的三分之一即可。也就是说，虽然代表数量只有全村的四分之一或是三分之一，但是这些人可以代表村民的多数意见。同理，实践中，由于各种原因能够实际行使村民权利的主体占比有限，加之农村集体经济组织土地的分配原则上都以户为单位,因此,不论是“过半数的村民”还是“过半数的户”,其已足以代表村民的多数意见,原则上都符合《最高人民法院关于审理涉及农村集体土地行政案件若干问题的规定》第三条规定的“过半数”的要求。换句话说,这里的过半数,可以是“户”过半数,也可以是“人头”过半数,而不必过于强调人头的年龄或是户的三分之二。

——阎巍、胡卉明:《集体土地征收案件裁判思路与裁判规则》,法律出版社2020年版,第134—135页。

671 土地实际使用人的范围及原告资格的认定

关键词 | 土地实际使用人 | 原告资格 |

【最高人民法院司法解释】

第四条 土地使用权人或者实际使用人对行政机关作出涉及其使用或实际使用的集体土地的行政行为不服的,可以以自己的名义提起诉讼。

——《最高人民法院关于审理涉及农村集体土地行政案件若干问题的规定》(2011年9月5日,法释〔2011〕20号)。

【链接:理解与适用】

实践中,很多农村集体土地的使用人没有土地权属证书,有的是因为当地从没发放过土地权属证书,有的是由于土地权属转移正在办理土地权属证书过程中,也有的属于非法占地。有人主张只有持有土地权属证书的使用权人才具有原告资格。我们认为,土地实际使用人即使没有权属证书,只要是合法享有土地使用权的,当其土地权益受到侵害时仍应赋予其诉权;对于非法占地的,人民法院受理后,可以裁定驳回其起诉。故《规定》第四条规定,土地使用权人或者实际使用人对行政机关作出涉及其使用或实际使用的集体土地的行政行为不服的,可以以自己的名义提起诉讼。

——赵大光、杨临萍、马永欣:《〈关于审理涉及农村集体土地行政案件若干问题的规定〉的理解与适用》,载《人民法院报》2011年9月7日,第6版。

【最高人民法院裁判案例】

尚同升、张新强诉河南省栾川县人民政府土地征收案[最高人民法院(2016)最高法行申44号行政裁定书]

要旨:只有在行政行为侵犯其合法权益的情况下,才具备诉讼主体资格。“合法权益”应当是法律上客观存在而能独立提出主张的权益。

本案的争议焦点为再审申请人尚同升、张新强是否具备诉讼主体资格。再审申请人只有在具体行政行为侵犯其合法权益的情况下,才具备诉讼主体资格。“合法权益”应当是法律上客观存在而能独立提出主张的权益。根据土地管理法第十条的规定,农民集体所有的土地依法属于村农民集体所有,不属于农民个人或部分人所有。再审申请人因对栾川县人民政府征收村集体土地的行为不服提起诉讼,只有作为土地所有权人的农民集体经济组织才是权利主体,与征收行为具有利害关系。因此,如果再审申请人认为村农民集体享有的土地所有权或使用权受到他人侵害,需要主张权利的,应通过法定的途径和形式,将农民个人的意愿转化为村农民集体的意愿,以农民集体经济组织的名义对外主张权利,个人未经授权不能代表农民集体经济组织对外主张权利,包括提起行政诉讼。《最高人民法院关于审理涉及农村集体土地行政案件若干问题的规定》第三条第一款规定:“村民委员会或者农村集体经济组织对涉及农村集体土地的行政行为不起诉的,过半数的村民可以以集体经济组织名义提起诉讼”;第四条规定:“土地使用权人或者实际使用人对行政机关作出涉及其使用或实际使用的集体土地的行政行为不服的,可以以自己的名义提起诉讼。”本案中,一方面再审申请人未提供证据证明其对涉案土地享有直接、独立、排他的合法权益,不是涉案土地的承包人和实际使用人;另一方面,也不存在过半数的村民以集体经济组织名义提起诉讼的情形,再审申请人以自己的名义起诉于法无据,本院不予支持。

——中国裁判文书网,https://wenshu. court. gov. cn/。

【链接:最高人民法院法官著述】

土地使用权人是指依法取得土地使用权属证书,合法使用集体土地的土地承包经营权人、宅基地使用权人、建设用地使用权人;土地实际使用人是指未取得土地使用权属证书,但合法使用集体土地的自然人、法人或是其他组织,包括因继承取得宅基地、自留地的土地使用权人,因宅基地的村内流转取得的宅基地使用权人,以及其他未及时颁证或颁证并不规范而产生的“权证”不符的情形,具体来说:

（1）因继承取得的宅基地。我国土地管理法确立了“一户一宅基”的基本原则。同时，根据相关法律规定，农村集体经济组织成员，在符合分户条件的情况下，可以通过申请获得一块独立的宅基地。宅基地在法律上属于集体所有，是不能继承的，但是1989年《国家土地管理局关于确定土地权属问题的若干意见》中规定：“通过房屋继承取得的宅基地，继承者拥有使用权。”1995年《确定土地所有权和使用权的若干规定》第四十九条规定：“继承房屋取得的宅基地，可确定集体土地建设用地使用权。”宅基地原使用人的子女可以通过继承房屋，当然地享有宅基地的使用权。这种使用权虽然受到法律保护，但由于其与物权的排他性和“一户一宅”的原则存在冲突，所以很多地方不会给使用人颁证，从而造成了对宅基地合法使用，但却没有法律凭证的情况。

（2）因流转取得的宅基地。我国对于宅基地转让问题的态度，总体上经历了两个历史阶段：一是1962年至1981年严格禁止宅基地转让行为的转让管制阶段。1962年《农村人民公社工作条例》、1963年中共中央出台的《关于各地对社员宅基地问题做一些补充规定的通知》、1981年国务院出台的《关于制止农村建房侵占耕地的紧急通知》等文件均明确：宅基地不准租赁和买卖；房屋可以买卖、租赁、抵押、典当，宅基地使用权随着房屋的买卖和租赁而转移。二是1982年至今，有限承认宅基地转让，但转让后取消宅基地申请资格的资格管制阶段。1982年《村镇建房用地管理条例》，1986年、1988年、1998年、2004年的土地管理法以及2004年《国土资源部关于加强农村宅基地管理的意见》均明确：农民将房屋转让后，不能再申请和获得宅基地。这一规定在一定范围和条件下，实际肯定了农村宅基地可以随房转让，但是，由于没有明确宅基地的买卖行为是否合法，同时考虑到购买方一户多宅的问题，是否予以登记，各地做法不一，很多也是不予登记的。

（3）因继承取得的自留地。自留地作为农业集体化时期的产物，在实行家庭联产承包责任制以后，自留地的分配根据各集体经济组织的实际情况相当灵活。就当前而言，自留地的取得并不需要履行特定的法律程序，更多的是由集体化时期家庭占有而祖辈相传，通常没有权属证明，在农村具有约定俗成的意味；自留地使用权也因农户基于长期耕种而被农户、农村集体及政府认可。特定自留地使用权人去世后，如果其还有家庭成员，且该成员属于本集体经济组织成员，则由该成员取得特定自留地的使用权。

（4）因承租而实际使用的集体土地。农村土地允许通过租赁的方式进行流转，尤其是在中央提出“三权分置”的背景下，以租赁为主要方式的农村土地经营权已经存在于广大农村。与此同时，因土地租赁或是地上房屋租赁而享有农村集体土地使用权，也成为集体土地实际使用权人的一种常见情况。例如，最高人民法院行政审判庭作出的（2016）最高法行申 5004 号行政裁定中，就认可了因签订《租用荒山坡地合同书》而取得集体土地实际使用权，进而对征地补偿问题单独提起诉讼的权利，从而肯定了土地承租人的诉讼主体地位。

除以上几种情况外，因未及时、依法颁证，导致合法经营的承包土地没有取得承包经营权证，或是只在村集体登记却没有取得法定的土地承包经营权证等，都属于“土地实际使用人”的具体情况。而在土地管理法修改并施行后，随着集体经营性建设用地使用权的合法入市、宅基地使用权的自愿有偿退出等机制的建立，“土地实际使用人”的内涵将更为丰富。需要说明的是，上述主体虽然都属于实际使用人，但并不意味着他们可以对所有的征收行为都提起诉讼。这里涉及适格原告资格问题上的“主观权利”和“最大侵害”理论。所谓“主观权利”理论，是指诉讼所保护的权利只能是属于原告自身的权利，除公益诉讼外，一般不得主张他人的权利。所谓“最大侵害”理论，是指在行政行为的影响波及多个主体，具有复效性的情况下，一般应当由受该行为影响最重、最直接的主体提起诉讼。例如，对于集体土地征收决定，由于该决定直接针对的是所有权，而所有权由集体经济组织享有。因此，尽管征收决定会间接对使用权和实际使用权人产生影响，但只有所有权的权利主体，也就是村集体经济组织可以对征收决定行使相关的救济权利。

上述规定中的“土地实际使用人”虽然没有权利凭证，但应当是通过合法途径取得土地的土地使用人。明显通过违法手段取得或占用土地，或是没有任何权属来源的实际使用人，由于不受法律保护，当然也不具有行政诉讼原告的主体资格。

——阎巍、胡卉明：《集体土地征收案件裁判思路与裁判规则》，法律出版社 2020 年版，第 137—140 页。

672 集体土地上房屋的经营性承租人，可否就征收补偿行为提起诉讼

关键词｜经营性承租人｜征收补偿｜

【最高人民法院裁判案例】

海口龙华湘水源商务宾馆诉海口市龙华区人民政府行政征收案［最高人民法院（2017）最高法行申 5387 号行政裁定书］

根据行政诉讼法第四十九条第（一）项、第二十五条第一款的规定，提起行政诉讼的原告应当是行政行为的相对人以及其他与行政行为有利害关系的公民、法人或者其他组织。在征收过程中具有原告资格的应当是征收行为的相对人或者与

征收行为具有利害关系的公民、法人或者其他组织。一般而言，承租人与房屋征收行为之间不具有利害关系，不能成为行政诉讼的原告。但是如果用于经营的房屋被征收，承租人在行政补偿中提出的室内装修价值、机器设备搬迁、停产停业等损失，与补偿决定之间具有利害关系，此时承租人可以作为原告提起诉讼。本案中，湘水源宾馆请求判决确认龙华区政府对坡博、坡巷棚户区（城中村）改造项目房屋征收行为违法，结合其一审起诉状中载明的三点理由来看，实质上是对龙华区政府作出的征收决定不服。湘水源宾馆作为承租人，与征收决定之间不具有利害关系，不具有原告资格。一、二审裁定不予立案，结果并无不当，本院予以支持。

——中国裁判文书网，https://wenshu.court.gov.cn/。

【链接：最高人民法院法官著述】

2020 年 1 月 1 日施行的修改后的土地管理法第六十三条明确规定："土地利用总体规划、城乡规划确定为工业、商业等经营性用途，并经依法登记的集体经营性建设用地，土地所有权人可以通过出让、出租等方式交由单位或者个人使用。"这里的"出租"，本书认为是集体经营性建设用地一级市场的一种流转和用地方式，承租人通过合同的约定以及后期相关立法还可能进一步获得不动产登记。在此情况下，其获得的虽然是承租期间集体经营性建设用地的使用权，但这类承租人是征地补偿行为的直接相对人（例如，对地上附着物及停产停业的补偿），对于征收补偿行为具有当然的诉讼主体资格。

——阎巍、胡卉明：《集体土地征收案件裁判思路与裁判规则》，法律出版社 2020 年版，第 144—145 页。

673 被征收人签订相关补偿安置协议后，不能当然视为其与征地拆迁行为即不再具有利害关系

关键词 | 补偿安置协议 | 利害关系 |

【最高人民法院裁判案例】

宣晓明诉无锡市人民政府、无锡市滨湖区人民政府土地房屋征收拆迁行为及行政赔偿案［最高人民法院（2017）最高法行申 144 号行政裁定书］

要旨：被征收人签订补偿安置协议并领取相应补偿费用后，如坚持认为征收行为违法，仍可在法定期限内依法对征收行为提起行政诉讼，而不能认为签订补偿安

置协议或领取相应补偿费用后，被征收人即丧失相应原告主体资格，无权提起相关行政诉讼；除非补偿安置协议对被征收人放弃相关诉讼权利并取得相应之补偿，已经进行了明确约定。

（一）关于签订补偿安置协议后能否对征地拆迁行为起诉的问题

根据土地管理法第二条第四款规定，国家为了公共利益的需要，可以依法对土地实行征收或者征用并给予补偿。实践中，整个征收补偿过程约略可划分为征收行为、补偿行为和强制或非强制实施行为，其中补偿行为是征收行为的必然结果，也是实施行为的前提条件。由于征收行为、补偿行为与实施行为的分离，被征收人既可能认为上述三个阶段的行政行为均不合法，也可能仅认为征收过程中的某一行政行为不合法，因而提起行政诉讼。为了更好地推进征收补偿依法、有序、平稳进行，应当允许被征收人在对征收行为合法性保留异议权利的前提下，先行鼓励和引导其以签订补偿安置协议的方式先行解决补偿问题，以减少纠纷。但被征收人签订补偿安置协议并领取相应补偿费用后，如坚持认为征收行为违法，仍可在法定期限内依法对征收行为提起行政诉讼，而不能认为签订补偿安置协议或领取相应补偿费用后，被征收人即丧失相应原告主体资格，无权提起相关行政诉讼；除非补偿安置协议对被征收人放弃相关诉讼权利并取得相应之补偿，已经进行了明确约定。因此，一审法院认为宣晓明签订补偿安置协议即实际处分自己权益，因而征地拆迁行为对其权利义务不产生实际影响，是对《最高人民法院关于执行〈中华人民共和国行政诉讼法〉若干问题的解释》第一条第二款第（六）项规定的错误理解，一审法院以此为由对宣晓明的起诉裁定不予立案，不符合法律规定。

——中国裁判文书网，https://wenshu.court.gov.cn/。

674 集体土地被征收为国有，原集体土地使用权人与后续国有土地使用权登记颁证行为通常不具有法律上的利害关系

关键词｜集体土地使用权人｜国有土地使用权｜利害关系｜

【最高人民法院裁判案例】

吴艳丽等8人诉湖北省人民政府行政复议决定案［最高人民法院（2016）最高法行申780号行政裁定书］

再审申请人吴艳丽等人主张他们均是姚家岭村征地范围内的被拆迁户，且其

中三人还是涉案建设用地批准书申请人武汉星星集团有限责任公司的股东，因此与武汉市人民政府批准出让姚家岭村土地给武汉星星集团有限责任公司以及给该公司核发建设用地批准书的行为有利害关系，有权对上述行政行为申请行政复议。再审被申请人提供的《湖北省国土资源厅关于批准武汉市 2009 年城中村第 3 批次建设用地的函》（鄂土资函〔2009〕786 号）能够证明涉案土地已于 2009 年经由湖北省人民政府批准征收，故该土地的性质已由集体土地转为国有土地，包括被拆迁户在内的原集体土地使用权人所享有的土地使用权灭失，上述人员与后续针对该土地的行政行为不再具有利害关系。武汉星星集团有限责任公司虽然是被申请行政复议的行政行为的相对人，但该公司的股东并不能因其股东地位而享有相关权利。故无论再审申请人是被拆迁户还是武汉星星集团有限责任公司的股东，均与本案被申请行政复议的行政行为无利害关系。被诉《行政复议告知书》合并答复再审申请人的行政复议申请并不违反法律规定。原审判决驳回吴艳丽等人的诉讼请求并无不当。

——中国裁判文书网，https://wenshu.court.gov.cn/。

675 补偿安置义务主体的确定

关键词 | 补偿安置 | 土地征收 |

【最高人民法院专业法官会议纪要】

3. 补偿安置义务主体的确定

地方性法规、规章未明确规定市、县人民政府为补偿安置义务主体，市、县人民政府也未依法组建具有独立承担法律责任能力的征收管理机构（以下简称征收管理机构）并赋予该机构补偿安置行政管理职能的，人民法院一般可根据《征收土地公告办法》第十一条有关“征地补偿、安置方案经批准后，由有关市、县人民政府土地行政主管部门组织实施”的规定，确定市、县人民政府土地行政主管部门是补偿安置义务主体。规范性文件规定或者《征地补偿安置方案公告》规定由其他主体代表市、县人民政府土地行政主管部门签订补偿安置协议或者作出补偿决定的，可视为市、县人民政府土地行政主管部门委托实施，法律、法规、规章等另有规定的除外。

——《最高人民法院行政法官专业会议纪要（五）》（集体土地补偿领域），载中华人民共和国最高人民法院行政审判庭编：《行政执法与行政审判》（总第 80 集），中国法制出版社 2020 年版，第 250 页。

676 集体土地征收中支付征地安置补偿费用的责任主体

关键词｜集体土地征收｜征地安置补偿费｜

【最高人民法院专业法官会议纪要】

法律问题：当事人起诉行政机关不履行支付征地补偿安置费用职责的适格被告应如何确定？当事人以市、县人民政府及土地行政主管部门为共同被告提起诉讼，请求确认行政机关未支付征地补偿安置费用的行为违法，受诉人民法院在立案阶段应如何处理？

法官会议意见：当事人起诉认为行政机关不履行支付征地补偿安置费用职责的，应当以具体组织实施补偿职责的行政机关为被告。当事人以市、县人民政府及土地行政主管部门为共同被告向中级人民法院提起行政诉讼，请求确认行政机关不履行支付征地补偿安置费用行为违法，受诉人民法院在立案阶段未能查明适格被告的，应当先予立案并移交审判业务庭进一步查明确定。当事人所列被告中既有适格被告也有不适格被告的，应当向当事人释明，当事人拒绝撤回对不适格被告起诉的，受诉人民法院可裁定驳回对不适格被告的起诉，并将案件直接移送有管辖权的人民法院。

——最高人民法院第五巡回法庭 2019 年第 16 次法官会议纪要，载李少平主编：《最高人民法院第五巡回法庭法官会议纪要》，人民法院出版社 2021 年版，第 274—276 页。

677 土地储备机构的被告资格

关键词｜土地储备机构｜被告资格｜

【最高人民法院司法解释】

第五条　土地权利人认为土地储备机构作出的行为侵犯其依法享有的农村集体土地所有权或使用权的，向人民法院提起诉讼的，应当以土地储备机构所隶属的土地管理部门为被告。

——《最高人民法院关于审理涉及农村集体土地行政案件若干问题的规定》（2011年9月5日，法释〔2011〕20号）。

【链接：理解与适用】

实践中，人民政府或土地管理部门设立了一些土地储备机构，这些机构往往以自己的名义实施征地或强制拆除集体土地上的附着物的行为，土地权利人认为上述机构的行为侵害自己合法权益的，能否以土地储备机构为被告提起行政诉讼？我们认为，根据《土地储备管理办法》第三条规定，土地储备机构应为市、县人民政府批准成立、具有独立的法人资格、隶属于国土资源管理部门、统一承担本行政辖区内土地储备工作的事业单位，因此这类土地储备机构不具有行政主体资格，对其行使行政职权的行为，应由其所隶属的行政机关做被告。故《规定》第五条规定，土地权利人认为土地储备机构作出的行为侵犯其依法享有的农村集体土地所有权或使用权的，向人民法院提起诉讼的，应当以土地储备机构所隶属的土地管理部门为被告。

——赵大光、杨临萍、马永欣：《〈关于审理涉及农村集体土地行政案件若干问题的规定〉的理解与适用》，载《人民法院报》2011年9月7日，第6版。

【链接：最高人民法院法官著述】

此处需要特别注意的是，我国目前存在两种不同性质的土地储备机构。一种是隶属于土地管理部门或者地方政府的事业单位；另一种是具有国有背景的企业集团，如土地开发企业和房地产公司等。土地储备机构与国有企业集团施行两块牌子、两个独立法人、一套人马管理运作的组织体系。对于两套牌子的土地储备机构，无论以哪个单位的名义从事具有行政性质的土地储备行为，都应以其隶属或者批准其成立的行政机关为被告。

——蔡小雪、郭修江：《房屋征收案件审理指引》，人民法院出版社2015年版，第25—37页。

678 集体土地征收中强制拆除行为适格被告的确定

关键词 | 强制拆除 | 适格被告 |

【最高人民法院司法解释】

第三条第一款 公民、法人或者其他组织对集体土地征收中强制拆除房屋等行为不服提起诉讼的,除有证据证明系县级以上地方人民政府具体实施外,人民法院应当根据行政诉讼法第二十六条第一款的规定,以作出强制拆除决定的行政机关为被告;没有强制拆除决定书的,以具体实施强制拆除等行为的行政机关为被告。

——《最高人民法院关于正确确定县级以上地方人民政府行政诉讼被告资格若干问题的规定》(2021年4月1日,法释〔2021〕5号)。

【最高人民法院专业法官会议纪要】

4. 强制拆除行为适格被告的确定

被征收人位于《征地补偿安置方案公告》范围内的合法房屋等被强制拆除后引发诉讼的,人民法院应当根据行政诉讼法第二十六条第一款"作出行政行为的行政机关是被告"的规定与职权法定原则,结合案情确定适格被告:

(1)被征收人提供的证据能够证明市、县人民政府或其成立的临时机构等组织实施强制拆除的,以市、县人民政府为被告;

(2)被征收人提供的证据能够证明市、县人民政府土地行政主管部门或征收管理机构组织实施强制拆除的,以市、县人民政府土地行政主管部门或征收管理机构为被告;

(3)非行政主体自认实施强制拆除,但被征收人提供的证据能够初步证明该强制拆除行为系行政主体基于征收职权组织的,推定市、县人民政府土地行政主管部门或征收管理机构为被告,有相反证据足以推翻的除外;

(4)有证据证明乡(镇)人民政府、街道办事处、村民委员会、居民委员会、建设单位等主体实施的强制拆除行为是受行政机关委托实施的,以委托的行政机关为被告。具体实施的乡(镇)人民政府、街道办事处、村民委员会、居民委员会、建设单位等主体,可作为共同被告或第三人,依法承担相应责任;

(5)合法房屋被强制拆除时无补偿安置协议或补偿决定,又无主体自认实施,人民法院根据原告提供的证据无法确定或推定适格被告,强制拆除行为涉嫌构成犯罪的,依法移送有关部门处理。

无征地批复、征地公告、征地补偿安置方案公告等,乡(镇)人民政府、街道办事处等主体未经市、县人民政府、土地行政主管部门或者征收管理机构委托、部署等,擅自以自己名义实施强制拆除的,以具体实施的单位为被告。

——《最高人民法院行政法官专业会议纪要(五)》(集体土地补偿领域),载中华人民共和国最高人民法院行政审判庭编:《行政执法与行政审判》(总第80集),中国法制出版社2020年版,第250—251页。

679 集体土地征收过程中强制拆除主体不明情况下被告的确定

关键词 | 集体土地征收 | 强制拆除 |

【链接：最高人民法院法官著述】

在强制实施行为主体不明的情况下,依据相关法律和事实,对强制实施者进行推定,是使权益受损的被征收人避免处于"无人可告"僵局的有效手段。在这一推定过程中,起实质性作用的是法官的"证明评价",而决定法官证明评价走向的则是现行法律、法规对强制行为法定职责的规定和日常经验法则。具体来说:

(1)土地管理法第四十六条第一款规定:"国家征收土地的,依照法定程序批准后,由县级以上地方人民政府予以公告并组织实施。"《土地管理法实施条例》第二十五条第一款规定:"征收土地方案经依法批准后,由被征收土地所在地的市、县人民政府组织实施……"据此,在市、县级人民政府已经发布公告,确定由其对特定范围内的土地实施征收的情况下,依据"职权之所在,即义务之所在,也即责任之所在"的一般经验法则,并结合上述法律规范对征收职责的规定,可以推定市、县级人民政府是强制行为的实施者,并以其为被告。

(2)根据《土地管理法实施条例》第四十五条的规定,在自然资源管理部门已经作出责令交出土地决定的情况下,由于强制工作此时已经具体由市、县级人民政府的自然资源管理部门进行落实并作出了相应的行政决定,因此,自然资源管理部门采取强制行为的盖然性要大于同级人民政府,此时,推定自然资源管理部门为实施主体,并以其为被告较为合适。

(3)根据土地管理法第四十六条以及《土地管理法实施条例》第二十五条规定中的"组织实施"的规定,强制拆除作为征收工作的一个具体环节,依法可以由市、县级人民政府组织有关单位具体实施,而非必须自己亲力亲为。如果根据有关规范性文件等材料可以证明,市、县级人民政府或其自然资源管理部门将具体强制拆除的工作委托给乡(镇)或者街道办事处等行政主体的,由于上述主体并非土地管理法及其实施条例确定的土地征收部门,从立法本意上来看,市、县级人民政府或其自然资源管理部门也无权将自身的法定职责间接授权给其他行政主体，所以，应当推定乡（镇）或者街道办事处等行政主体采取的强制拆除行为系受到市、县级人民政府或其自然资源管理部门的委托，相应的法律责任应当由市、县级人民政府或其自然资源管理部门承担，进而以其为适格被告。同时，由于乡（镇）或者街道办事处系受托方，为方便查明征收、委托相关事宜以及可能存在的其他超出委托范围的组织、协助行为，可以追加乡（镇）或者街道办事处等受托方为共同被告或第三人；而如果市、县级人民政府或其自然资源管理部门委托的主体是项目指挥部等没有行政主体资格的内设机构或村委会、居委会等其他组织，由于这些组织不具有行政诉讼的被告能力，根据《行诉解释》第二十条第三款、第二十四条第二款的规定，应当以委托主体即市、县级人民政府或其自然资源管理部门为被告，同时，为方便查明征收、委托相关事宜以及可能存在的其他超出委托范围的组织、协助行为，可以追加项目部、村民委员会、居民委员会等受托人为第三人。

（4）如果特定主体在没有任何授权、委托的情况下径行实施强制行为，则根据其是否具有行政主体资格可作区分：在该主体具有行政主体资格的情况下，根据行政诉讼法第二十六条第一款的规定，以作出强制行为的行政主体为被告。如果该主体不具有行政诉讼主体资格，那还要根据其与行政机关的关系进一步区分如下：如该主体属于行政机关组建并赋予行政管理职能，但不具有独立承担法律责任能力的机构，则根据《行诉解释》第二十条第一款的规定，应当以组建该机构的行政机关为被告；如该主体系村委会、拆迁公司等非行政机关组建的组织，则在有明确证据证明上述组织实施强制行为与行政主体无关的情况下，应当告知被征收人通过民事或刑事途径解决相关争议。当然如果有关证据表明行政主体确有可能为实际授权或组织者，则应当允许以该行政主体为被告，通过实体审理，进一步确定案件事实。

需注意的问题：上述推定，本质上都是事实推定而非法律推定。因此，必须以法定职权的存在、能够证明实际实施行为的载体等相关证据为推定的前提。实践中，在责任主体不明的情况下，由于没有确切的证据，很可能会出现人民法院难以推定特定的主体实施了强制拆除行为的情况。此时，为防止被拆除人陷入维权无门的困境在强拆行为涉嫌构成犯罪的情况下，人民法院可以考虑根据行政诉讼法第六十六条的规定，将有关材料移送公安、检察机关。

——阎巍、胡卉明：《集体土地征收案件裁判思路与裁判规则》，法律出版社2020年版，第149—152页。

680 集体土地征收立案阶段对被告适格问题进行审查的限度

关键词｜集体土地征收｜立案｜被告适格｜

【最高人民法院专业法官会议纪要】

法律问题：行政诉讼案件的立案阶段，应否对适格被告问题进行审查？审查深度如何确定？

法官会议意见：行政诉讼采立案登记制有效解决了行政诉讼“立案难”的问题，其目的是充分保障公民、法人和其他组织的行政诉权，进而保障其实体法上的合法权益获得救济。在立案阶段，根据起诉材料能够明显判断被告不适格的，人民法院应及时向起诉人释明告知其变更被告，起诉人不同意变更的，及时裁定不予立案，更有利于起诉人高效获得实体权利救济。立案阶段应对适格被告问题进行必要审查而非过度审查，在审查的材料上主要限于起诉材料及起诉人在立案时所作陈述等；在对被告不适格的判定上仅限于明显不适格的情形。对于根据起诉材料不能判定被告明显不适格的，应当予以登记立案，经进一步审查后再对适格被告问题作出准确判定。前述案件中，钟某提交的《安置协议》中载明系参照而非依据有关征地补偿安置文件进行农房搬迁，且其中未涉及征地过程中应当进行的土地、青苗、人员安置等补偿安置事项。《安置协议》及其他起诉材料中均未载明有关征地批复、征地公告及补偿安置方案等内容。前述起诉材料并不足以认定《安置协议》系在实施征地过程中签订，不能排除系甲街道办为达成其他行政管理目的而签订。一审法院在立案阶段仅依据前述起诉材料即认定该协议系在征地补偿安置程序中签订，并据此认定适格被告，缺乏事实依据。据此，再审裁定撤销一、二审裁定，指令一审法院继续审理。

——最高人民法院第五巡回法庭 2020 年第 16 次法官会议纪要，载李少平主编：《最高人民法院第五巡回法庭法官会议纪要》，人民法院出版社 2021 年版，第 378—380 页。

681 集体土地征收案件中多列、错列被告的处理

关键词｜多列被告｜错列被告｜

【最高人民法院专业法官会议纪要】

5. 当事人多列、错列被告的处理

原告所起诉的被告不适格，人民法院应根据《最高人民法院关于适用〈中华人民共和国行政诉讼法〉的解释》第二十六条规定告知原告变更被告；原告不同意变更的，裁定驳回起诉。应当追加被告而原告不同意追加的，人民法院应当通知应追加的被告以第三人的身份参加诉讼，行政复议机关作共同被告的除外。

当事人多列、错列被告，或者诉讼请求明显不属于行政诉讼受案范围，或者虽属于行政诉讼受案范围但不符合一并审理条件的，人民法院应当先行释明。当事人拒绝按照释明内容修改起诉状的，人民法院可根据案情分别援引行政诉讼法第四十九条、第五十一条，《最高人民法院关于适用〈中华人民共和国行政诉讼法〉的解释》第二十六条、第五十五条第二款等规定处理。

——《最高人民法院行政法官专业会议纪要（五）》（集体土地补偿领域），载中华人民共和国最高人民法院行政审判庭编：《行政执法与行政审判》（总第 80 集），中国法制出版社 2020 年版，第 251 页。

682 集体土地征收补偿一般不直接适用《国有土地上房屋征收与补偿条例》的程序及补偿标准

关键词 | 征收程序 | 补偿标准 |

【最高人民法院裁判案例】

曾桂香、卢秋红诉广东省兴宁市人民政府房屋征收补偿决定案［最高人民法院（2017）最高法行申 6215 号行政裁定书］

集体土地征收补偿应当依照土地管理法的相关规定予以征收补偿安置。除非符合《最高人民法院关于审理涉及农村集体土地行政案件若干问题的规定》第十二条第二款规定的情形，一般不得按照《国有土地上房屋征收与补偿条例》进行安置补偿。中纪办〔2011〕8 号中共中央纪委办公厅、监察部办公厅《关于加强监督检查进一步规范征地拆迁行为的通知》第二部分关于“在土地管理法等法律法规作出修订之前，集体土地上房屋拆迁，要参照新颁布的《国有土地上房屋征收与补偿条例》的精神执行”的规定，意思是要参照国有土地上房屋征收补偿的精神，充分保障被征收土地农民的合法权益。不能将其理解为集体土地征收过程中,应当按照国有土地征收补偿的程序和标准对被征收土地农民予以安置补偿。如此理解,违反土地管理法及其相关规定。兴宁市政府对曾桂香等人坐落于集体土地上的房屋,按照国有土地上房屋征收的补偿安置标准予以安置补偿不妥,本院予以指正。鉴于没有证据证明 82 号征收补偿决定的补偿数额,与根据土地管理法第四十七条规定给予曾桂香等人的补偿数额,存在重大差别、明显不合理的情形,本案不予再审。

——中国裁判文书网,https://wenshu. court. gov. cn/。

683 集体土地征收案件中公平合理补偿安置的判断依据

关键词 | 补偿安置 | 公平合理 |

【最高人民法院专业法官会议纪要】

6. 公平合理补偿安置的判断依据

人民法院对补偿安置内容的审查,应当根据当时有效的土地管理法、《土地管理法实施条例》、《征收土地公告办法》等所确定的补偿标准和计算方法依法进行。确定土地补偿费、安置补助费、地上附着物与青苗补偿费、社会保障等补偿内容应当公平合理。规范性文件和补偿安置方案结合当地实际确定的补偿标准、支付对象和支付方式等,不违反法律、法规、规章等上位法规定的,可以作为人民法院的裁判依据。

——《最高人民法院行政法官专业会议纪要(五)》(集体土地补偿领域),载中华人民共和国最高人民法院行政审判庭编:《行政执法与行政审判》(总第 80 集),中国法制出版社 2020 年版,第 251 页。

684 宅基地上房屋补偿安置原则和方式

关键词 | 宅基地 | 补偿安置 |

【最高人民法院专业法官会议纪要】

7. 宅基地上房屋补偿安置原则和方式

宅基地上的合法房屋或者虽未取得合法权证但符合“一户一宅”建设标准房屋

的补偿安置，应当坚持居住水平不降低原则。被征收人对房屋的补偿安置有异议的，人民法院应当引导双方通过协商方式解决。无补偿安置协议又无法协商一致的，人民法院可以根据案情并结合补偿安置方案，判决责令补偿安置义务主体采取重置价格补偿加异地安排重建、产权调换或者货币补偿等方式给予公平合理补偿。

——《最高人民法院行政法官专业会议纪要（五）》（集体土地补偿领域），载中华人民共和国最高人民法院行政审判庭编：《行政执法与行政审判》（总第80集），中国法制出版社2020年版，第251—252页。

685 集体土地上房屋征收安置对象确定时点的界定

关键词｜安置对象｜确定时点｜

【最高人民法院裁判案例】

刘某诉河南省驻马店经济开发区管理委员会、河南省驻马店市人民政府行政补偿及行政复议案［最高人民法院（2020）最高法行申7772号行政裁定书］

相较于国有土地上房屋征收侧重于被征收房屋价值的补偿，集体土地上房屋征收更侧重于被征迁集体经济组织成员的安置。实践中，从征迁工作启动到安置房建成分配，需要经历一段时间，在此时间段内集体经济组织内人口因出生、死亡、婚姻关系发生变化等原因，数量处在不断变化中。因此，确定一个时间节点来界定需安置对象及数量就显得尤为重要。无论如何确定，总有一部分人认为因此而利益受损，如将拆迁公告发布之时作为安置对象确定时点，拆迁公告发布后至安置房建成分配之前出生的人员就不能获得安置；如将安置房建成分配之时作为安置对象确定时点，则房屋拆迁至安置房建成分配前去世人员的家属可能会觉得利益受损。所以，只要该时点的确定对全体征迁项目内集体组织成员普遍适用、符合绝大多数成员的利益，就无明显不当。

——中国裁判文书网，https://wenshu.court.gov.cn/。

周德均诉重庆市人民政府征地安置补偿行政裁决案［最高人民法院（2016）最高法行再82号行政判决书］

要旨：无论从立法原理还是实际意义来看，将“政府批准征地之日”和“征地批文下达之日”理解为行政机关第一次发布征地公告之日都更为合适。

本案中，重庆市人民政府渝府地〔1998〕380号《重庆市人民政府关于同意巴南区三峡工程受淹企业集群搬迁征用土地的批复》于1998年9月11日作出，该文件于1999年12月12日通过巴南区国土局发布的《重庆市巴南区国土局征地补偿安置方案公告》予以公告。周德均之父周林成于前述征地批复作出后，征地补偿安置方案公告前去世。对于其是否属于住房安置对象，《重庆市国土房管局关于〈重庆市征地补偿安置办法〉应用中有关问题的通知》（渝国土房管发〔2010〕225号）第一条规定："区县（自治县）人民政府土地行政主管部门应以政府征地公告之日为截止时间，并按照市人民政府第53、55号的规定确定农转非人员住房安置对象。"第二条规定："政府征地公告之日前死亡的被征地农转非人员，不再给予人员安置和住房安置。"《重庆市国土房管局、重庆市公安局关于征地农转非人员与住房安置有关问题的通知》（渝国土房管发〔2001〕595号）第八条规定："区县（自治县、市）人民政府第一次征地公告之日前，持有房屋所有权证和集体土地使用权证的下列被拆迁房屋的征地农转非人员为住房安置对象：（一）区县（自治县、市）人民政府第一次征地公告之日在籍的世居农业户口人员（含现役义务兵、在校大中专学生、劳改劳教人员）……"重庆市国土房管局《关于渝北区国土局征地安置有关问题请示的批复》（渝地房发〔2000〕342号）第三条规定："在批准征地后至终结安置前尚未实施安置就死亡的人员不再给予安置。"以上三个规范性文件均将征地公告之日确定为住房安置人员的确定时点，此前死亡的人员不属于被安置对象。而《重庆市征地农转非人员住房安置规定》（重府发〔1995〕122号，以下简称《安置规定》）第三条和《重庆市征地补偿安置办法》（重庆市人民政府第55号令，以下简称《安置办法》）第二十一条则将确定征地农转非人员是否为住房安置对象的时点分别表述为"政府批准征地之日"和"征地批文下达之日"。此处的"政府批准征地之日"和"征地批文下达之日"如果被理解为前述三个规范性文件所规定的征地批准文件公告之时，而非作出之时，那么周林成在征地批准文件作出时在世，在该文件公告时去世，显然不能成为住房安置对象。反之，如果将"政府批准征地之日"和"征地批文下达之日"理解为征地批准文件作出之时，而非公告之时，那么尽管前述三个规范性文件的规定与此相悖，但由于《安置规定》和《安置办法》的效力层级更高，周林成则应当属于住房安置对象。本案中，重庆市人民政府与周德均分别持前后两种观点。在此情况下，周林成是否属于住房安置对象，就取决于对《安置规定》和《安置办法》中"政府批准征地之日"以及"征地批文下达之日"的理解。对此，本院认为，无论从立法原理还是实际意义来看，将"政府批准征地之日"和"征地批文下达之日"理解为行政机关第一次发布征地公告之日都更为合适：

首先，从行政行为的效力层面看，行政行为自送达时起对被送达相对人的权利义务产生实际影响，因此，理论和实践当中，一般均将“送达”作为行政行为生效的始点。具体到集体土地征收过程中，省级以上人民政府作出的征地批复或者征地决定，在依据土地管理法及其实施条例的相关规定，以发布公告的方式对被征收人送达后，才能对被征收人发生法律效力，才能导致土地性质的改变，也才能引发安置补偿等一系列后续法律关系。而这也意味着，被征收人只有在征地公告发布后，方可因征地过程中出现的损害自身合法权益的行政行为，通过法定途径寻求救济。如果被征收人在征地公告发布前就安置补偿等事宜向有关部门提出主张，那么该项主张会因为征收行为尚未对其权利义务产生影响而欠缺请求权基础，从而导致被征收人不具备提出主张的资格。因此，将安置对象的确定时点，理解为行政机关第一次发布征地公告之日，从而将该时点与行政行为的生效和被征收人的权利救济相统一，既符合行政惯例和审判实践，也有相应的理论支撑。

其次，从法律规范的相互关系层面看，虽然《安置办法》和《安置规定》的制定主体是重庆市人民政府，而《重庆市国土房管局关于〈重庆市征地补偿安置办法〉应用中有关问题的通知》（渝国土房管发〔2010〕225 号）等三个规范性文件的制定主体是重庆市国土房管局等重庆市人民政府的组成部门，效力层级上前者高于后者，发生冲突时，应当适用前者的规定。但二者对于住房安置人员确定时点的规定是否真的存在不一致，不能仅从字面上简单理解。《安置办法》自 1999 年 1 月 1 日起施行，在时间上晚于 1995 年颁布的《安置规定》。由于二者均属于重庆市人民政府颁布的政府规章，效力层级相同，加之巴南区国土局于 1999 年 12 月 12 日发布案涉《重庆市巴南区国土局征地补偿安置方案公告》时，二者均已生效，故根据新法优于旧法的原则，本案应当优先适用《安置办法》。而对于其中住房安置人员的确定时点，也就是“征地批文下达之日”应作何理解，该办法第三十三条指出，具体执行过程中的问题，由市土地行政主管部门负责解释。据此，重庆市国土房管局是该规章的有权解释主体，《重庆市国土房管局关于〈重庆市征地补偿安置办法〉应用中有关问题的通知》（渝国土房管发〔2010〕225 号）是其行使前述解释权的具体表现形式。该通知第一条规定：“区县（自治县）人民政府土地行政主管部门应以政府征地公告之日为截止时间，并按照市人民政府第 53、55 号的规定确定农转非人员住房安置对象。”第二条规定：“政府征地公告之日前死亡的被征地农转非人员，不再给予人员安置和住房安置。”从而明确了所谓的“征地批文下达之日”，应当理解为征地公告发布之日。该通知虽然发布于 2010 年，但由于其颁布的目的，在于对 1999 年实施的《安置办法》在应用中的有关问题进行解释说明，因此，其效力可以及于《重庆市征地补偿安置办法》实施之时。对此，《安置办法》的制定主体重庆市人民政府亦予以认可。

最后，从规范执行的社会效果看，在征地批复作出至征地公告发布的时间段内，被征收的集体土地上，既可能出现因死亡导致的人口削减，也可能出现因新生儿降世以及嫁娶等原因导致的人口增加。因此，不论是以征地批复作出的时间，还是以征地批复公告的时间作为确定住房安置人员的时点，总会对一部分被征收人有利，而对另一部分被征收人不利。仅就此而言，二者似不存在法律技术层面的优劣。但是，司法案件的处理并不仅仅追求法律效果，而是应当在坚持法律底线的前提下，实现法律效果和社会效果的统一。在社会效果的诸多内涵中，法的安定性显然是其中的重要内容，法律只有保持连续性，才能较直观地彰显法规范层面的安定。否则，法律的遵守者会因为法律规范的不可预期而无所适从，出现所谓“治大国而数变法者，则民苦之”的不利局面。具体到本案中，重庆市人民政府提交的《重庆市人民政府关于重庆市征地政策有关问题的说明》、《重庆市国土房管局、重庆市公安局关于征地农转非人员与住房安置有关问题的通知》（渝国土房管发〔2001〕595 号）以及重庆市国土房管局《关于渝北区国土局征地安置有关问题请示的批复》（渝地房发〔2000〕342 号）等有关文件表明，重庆市人民政府及当地有关部门在将征地公告之日作为确定住房安置人员始点这一问题上，政策尺度是连贯一致的。如果机械地理解有关规定，将安置人口的确定始点变更为征地批复作出之时，不但不利于对新增人口这一在住房安置过程中显然需要重点保护主体的利益保障，绝大多数已经或部分因把征地公告之日作为确定安置人员始点而获利的被征收人的安置补偿利益，也将受到较大冲击，从而对重庆市业已形成的安置补偿工作秩序带来不必要的震动。

综合以上分析，以征地公告之日为截止时间确定征地农转非人员住房安置对象，既有合法性也有合理性。至于检察机关提出的《重庆市国土房管局关于〈重庆市征地补偿安置办法〉应用中有关问题的通知》（渝国土房管发〔2010〕225 号）等三个规范性文件系重庆市人民政府申请再审期间提出的，因此，依据《最高人民法院关于行政诉讼证据若干问题的规定》第一条的规定，上述三个规范性文件不应被采信的观点，本院认为，《重庆市国土房管局关于〈重庆市征地补偿安置办法〉应用中有关问题的通知》等三个规范性文件系作出本案被诉行政行为的法律依据而非证据材料。虽然根据《最高人民法院关于行政诉讼证据若干问题的规定》第一条的规定，被诉行政机关负有向人民法院提供据以作出被诉行政行为所依据的规范性文件的义务，但由于法律依据属于人民法院可通过司法认知加以适用的对象，在性质上与当事人应当承担举证责任的证据材料存在本质不同，故《最高人民法院关于行政诉讼证据若干问题的规定》第一条仅规定“被告不提供或者无正当理由逾期提供证据的,视为被诉具体行政行为没有相应的证据”,而没有规定被告不提供或者无正当理由逾期提供法律依据的,视为被诉行政行为没有相应的法律依据。因此,对检察机关的该项主张,本院不予支持。

——中国裁判文书网,https://wenshu. court. gov. cn/。

686 对被征收人住房的安置,应以房屋权属证书为准还是以户籍为准

关键词 | 房屋权属 | 户籍登记 |

【链接:最高人民法院法官著述】

具体到住房安置,该项工作的目的在于补偿被征收人原集体土地上房屋被拆除的损失,针对的是原房屋的物权,体现的是一种财产性价值,其功能在于保障被征收人的居住条件不因征收而降低。通常情况下,由于我国农村宅基地的管理实行“一户一宅基”原则,因此,即使住房安置以“户籍”为单位进行中,一般也不会出现“户籍”与“产权”关系的对立。但在实践当中,各地“户籍”和“产权”管理体系及其相互关系的不顺畅,确实导致了一些符合分户条件且已经合法取得宅基地的村民尚未分户的情况出现。由于此种情况并非村民个人原因所致,为确保被征地农民合法权益的最大化,土地征收部门对被征收房屋的安置补偿在坚持以“户籍”为分配原则的前提下,应当兼顾被征收房屋的“产权”属性,体现出房屋的居住价值。修改后的土地管理法对此要求更为明确,规定:对农村村民住宅的征收,应当按照先补偿、后搬迁、居住条件有改善的原则,尊重农村村民意愿,采取重新安排宅基地建房、提供安置房或者货币补偿等方式给予公平、合理的补偿……从而与修订前的土地管理法将房屋作为地上附着物进行补偿,没有体现出其独立的物权属性存在明显差别。新修订的土地管理法正是以充分保障财产权为着眼点,提出把房屋安置作为一种单独安置的方式,不再作为地上附着物进行补偿,从而将农村村民住宅与土地补偿、安置补助以及其他地上附着物和青苗等的补偿并列,作为集体土地征收安置补偿的独立对象之一。这一改变,反映出了对农村村民住宅物权属性的认识,以及立法在安置补偿过程中对这种物权属性及其相应的安置补偿的特别关照。

此外,住房安置工作的目的在于保障被征收人的居住条件不因土地房屋征收而降低。而“保障失地农民生活水平不下降”的原则,不仅包括征收部门进行住房

安置时,应当保障被征收人依法享有的居住面积,还应当包括确保被征收人的居住便利性不因征地行为受到不当损害。在我国农村,符合条件的成年子女分家独立居住,是一项传统习俗,这项制度对于充分利用生产生活资料、提高生产积极性、减少家庭矛盾等发挥着积极的作用,是事关农村居民生活便利性的一项重要制度。出于对该项传统的尊重,在宅基地系以户为单位使用的前提下,派生出了申请宅基地需要符合分户条件的规则。但如前所述,由于房屋权属证书颁发与户籍管理关系不协调等因素,权属证书和户籍信息确实存在不一致的情形,有的地方甚至因为管理方式的更替导致十分混乱。例如,成年子女虽未与父母分户,但符合分户条件,已经合法取得宅基地,并独立居住。此时,由于住房安置的首要目的在于解决被征收人的实际居住需求,确保其居住的面积和便利性等合法利益受到最大化的保护,应当兼顾房屋的实际权属情况进行分别安置,从而使安置行为符合土地管理法的立法精神,也更有利于被征收人合法权益的保护。

——阎巍、胡卉明:《集体土地征收案件裁判思路与裁判规则》,法律出版社2020年版,第182—183页。

687 农村集体土地征收通常以被征拆房屋是否符合“一户一基”作为重要依据，而非仅凭公安户籍进行认定

关键词 | 户籍登记 | 住房安置 |

【最高人民法院裁判案例】

张子怡、陈新庭、杨树连诉湖南省长沙市望城区人民政府、湖南省长沙市自然资源和规划局望城分局、湖南省长沙市望城区人民政府征地办公室不履行补偿安置职责案[最高人民法院(2020)最高法行申12188号行政裁定书]

土地管理法、《土地管理法实施条例》等对“户”的认定并没有明确规定。实践中,通常以被征拆房屋是否符合“一户一基”作为重要依据。本案中,张子怡等三人与杨文户虽在公安户籍管理登记为两个公安户,但公安户并非征拆程序中的农村家庭自然户,且现有证据不能证明存在以其三人名义单独申请的宅基地及建造的房屋,故望城区政府、望城区自规局将张子怡等三人与杨文户作为一户进行征收补偿安置,并不违反法律规定,也未侵犯张子怡等三人的合法权益。现张子怡等三人主张其应作为单独户另行得到安置,缺乏事实及法律依据。

——中国裁判文书网,https://wenshu. court. gov. cn/。

688 已经纳入城市规划区的农村集体土地上房屋的征收补偿

关键词 | 城市规划区 | 土地补偿费 | 集体土地征收 |

【最高人民法院司法解释】

第十二条　征收农村集体土地时涉及被征收土地上的房屋及其他不动产,土地权利人可以请求依照物权法第四十二条第二款①的规定给予补偿的。

征收农村集体土地时未就被征收土地上的房屋及其他不动产进行安置补偿,补偿安置时房屋所在地已纳入城市规划区,土地权利人请求参照执行国有土地上房屋征收补偿标准的,人民法院一般应予支持,但应当扣除已经取得的土地补偿费。

——《最高人民法院关于审理涉及农村集体土地行政案件若干问题的规定》(2011 年 9 月 5 日,法释〔2011〕20 号)。

【最高人民法院裁判案例】

陈春生诉广西壮族自治区南宁高新技术产业开发区管理委员会房屋征收行政强制及行政赔偿案[最高人民法院(2019)最高法行申 5097 号行政裁定书]

《最高人民法院关于审理涉及农村集体土地行政案件若干问题的规定》第十二条第二款规定,征收农村集体土地时未就被征收土地上的房屋及其他不动产进行安置补偿,补偿安置时房屋所在地已纳入城市规划区,土地权利人请求参照执行国有土地上房屋征收补偿标准的,人民法院一般应予支持,但应当扣除已经取得的土地补偿费。该款规定的适用条件是:集体土地征收时,未对原集体土地上的房屋进行征收补偿,时隔多年后又对原集体土地上的房屋进行征收。征收时,包括被征收房屋所在的土地已经征为国有土地。如果补偿安置时被征收房屋所在土地已纳入城市规划区,基本实现城镇化,房屋价值已经普遍升值,按照若干年前集体土地征收时的价格进行补偿安置,显然会严重损害被征收人的合法权益。为此,最高人民法院前述司法解释规定,对此类房屋可以参照国有土地上房屋征收的安置补偿标准予以安置补偿,同时要扣除已经取得的土地补偿费。本案中,集体土地征收与

---

① 民法典第二百四十三条。——编者注

对陈春生房屋征收是同步进行的，并不符合前述司法解释规定的“征收农村集体土地时未就被征收土地上的房屋进行安置补偿”的适用条件。陈春生以此为由申请再审，理由亦不能成立。

——中国裁判文书网，https://wenshu.court.gov.cn/。

衡巧仁诉五河县人民政府行政赔偿案［最高人民法院（2018）最高法行赔申207号行政赔偿裁定书］

《最高人民法院关于审理涉及农村集体土地行政案件若干问题的规定》第十二条第二款规定：“征收农村集体土地时未就被征收土地上的房屋及其他不动产进行安置补偿，补偿安置时房屋所在地已纳入城市规划区，土地权利人请求参照执行国有土地上房屋征收补偿标准的，人民法院一般应予支持，但应当扣除已经取得的土地补偿费。”本案中，案涉土地虽然划归城市规划范围内，但一直未被征收，其集体土地性质仍未改变，故再审申请人要求按照国有土地进行赔偿的诉讼请求没有法律和事实依据。

——中国裁判文书网，https://wenshu.court.gov.cn/。

【链接：最高人民法院法官著述】

上文我们说到，适用本条的前提，是土地征收工作与安置补偿工作未在同一征收程序中完成，形成了“两步走”的情况。如果土地征收工作与安置补偿工作系在同一征收行为中完成，也就是说，征收部门在作出征收决定的同时，一并制定了相应的安置补偿方案并公布执行，只是因为各种因素导致安置补偿过程较长，时间间隔较大，安置补偿工作未能及时完成，则通常情况下即便安置补偿时涉案土地已经被纳入城市规划区，由于这一事实无法改变安置补偿所针对土地的集体土地性质，因此，只能综合考虑征收人在迟延补偿问题上是否存在过错、案涉土地的区块地价有无调整等因素，在已经公布的集体土地安置补偿方案所确定的补偿标准基础上，通过增加利息、调整基础地价等方式对被征收人的补偿进行适当调整，而不宜从根本上改变补偿标准，对案涉土地适用国有土地标准进行补偿。

此外，还应当注意的是，《最高人民法院关于审理涉及农村集体土地行政案件若干问题的规定》第十二条第二款在规定人民法院对土地权利人请求参照执行国有土地上房屋标准进行补偿的态度时，在“支持”前面使用的限定词是“一般”，而不是硬性地规定“应当”。这是因为，在实践当中，征收安置补偿工作面对的局面往往十分复杂。如果针对极个别人的安置补偿决定作出时，案涉地块绝大多数被征收人均已经接受并按照一定的标准签订、履行了安置补偿协议，此时，应当考虑的就不仅仅是房屋的价值问题，还应当考虑公平性和稳定性的问题。如果严格按照补偿决定作出时国有土地上房屋的价格，对极个别拒不签订安置补偿协议的被拆迁人进行补偿，会导致对已经签订安置补偿协议的被拆迁人明显不公，甚至引发新的矛盾，此时，就应当综合考虑本条规定的标准与其他相关因素的协调问题。

——阎巍、胡卉明：《集体土地征收案件裁判思路与裁判规则》，法律出版社2020年版，第188—189页。

689 对集体土地上房屋按国有土地上房屋征收程序作出的征收决定的合法性审查

关键词｜集体土地上房屋｜国有土地上房屋｜合法性审查｜

【最高人民法院专业法官会议纪要】

法律问题：对集体土地上房屋按国有土地上房屋征收程序作出征收决定的合法性如何审查？

法官会议意见：本案中，某市某区人民政府所作的案涉征收决定，其征收对象均系集体土地上的房屋。土地性质虽属集体土地，但并非耕地，对农民的补偿也主要是房屋等地上附着物的价值补偿。在满足对集体土地征收的强制性规定的前提下，允许对“城中村”类房屋的征收适用国有土地上房屋征收与补偿的相关规定，有利于消除城乡差距，体现实质公平。法院应结合两种征收方式的相关法律规定进行合法性审查。

——最高人民法院第五巡回法庭2019年第47次法官会议纪要，载李少平主编：《最高人民法院第五巡回法庭法官会议纪要》，人民法院出版社2021年版，第343—345页。

690 对农村“住改非”房屋参照国有土地上房屋标准进行征收时的补偿问题

关键词｜住改非｜国有土地上房屋｜征收补偿｜

【最高人民法院专业法官会议纪要】

法律问题：对于农村集体土地上房屋因“住改非”而用于经营，征收时对于待工待业损失是否应当进行补偿，如何补偿？

法官会议意见：行政合理性原则和比例原则要求为了公共利益征收集体土地时，要给予当事人公平合理的补偿，保障被征收人的生活水平不降低。2019 年 8 月 26 日修正并于 2020 年 1 月 1 日实施的土地管理法第四十八条规定：“征收土地应当给予公平、合理的补偿，保障被征地农民原有生活水平不降低，长远生计有保障。”为使农村集体土地上房屋因“住改非”而用于经营的被征收人原有生活水平不降低、长远生计有保障，本案应按照政府制定的《房屋征收与安置补偿方案的批复》和《手册》给予待工人员公平、合理的补偿。鉴于经人民法院现场工作、调解，息烽县政府出具书面承诺，自愿一并补偿杨某某待工人员补助费，本案不启动再审程序。

——最高人民法院第五巡回法庭 2020 年第 6 次法官会议纪要，载李少平主编：《最高人民法院第五巡回法庭法官会议纪要》，人民法院出版社 2021 年版，第 360—362 页。

691 以农转非方式转变土地性质后，是否还需要履行征收程序

关键词｜农转非｜征收程序｜

【最高人民法院裁判案例】

鲁中保诉新郑市人民政府要求确认其作出的《新郑市人民政府国有土地上房屋征收决定》无效案［最高人民法院（2017）最高法行申 7098 号行政裁定书］

要旨：即使在“农转非”情况下，相应的集体土地原则上仍须经过征收程序方能在性质上转化为国有土地。

本案争议的实质问题为涉案土地性质为集体土地还是国有土地。土地管理法第四十三条规定：“任何单位和个人进行建设，需要使用土地的，必须依法申请使用国有土地；……前款所称依法申请使用的国有土地包括国家所有的土地和国家征收的原属于农民集体所有的土地。”依据该条，建设使用集体土地必须经过法定征收程序。但是，《土地管理法实施条例》第二条规定：“下列土地属于全民所有即国家所有：……（五）农村集体经济组织全部成员转为城镇居民的，原属于其成员集

体所有的土地；……”从文义上，该条似可理解为，农村集体经济组织全部成员转为城镇居民的，即在通常所说的“农转非”情况下，原属于集体经济组织的土地在性质上随之转化国家所有，而无须经过征地审批程序。这一上下位法律规定在文义上产生的歧义，导致一段时间内，我国各地在集体经济组织成员整体“农转非”后，对于相应的集体土地是否需要另行征收，认识不一，做法多样。为此，国务院法制办公室、国土资源部于2005年3月4日联合颁发了《关于对〈中华人民共和国土地管理法实施条例〉第二条第（五）项的解释意见》（国法函〔2005〕36号）（以下简称意见），对该问题解释如下：该项规定，是指农村集体经济组织土地被依法征收后，其成员随土地征收已全部转为城镇居民，该农村集体经济组织剩余的少量集体土地可以依法征收为国家所有。由此明确了，即使在“农转非”情况下，相应的集体土地仍须经过征收程序方能在性质上转化为国有土地。但需要注意的是，对于该意见出台之前，一些没有经过征收而依据《土地管理法实施条例》第二条第（五）项的规定直接使用集体土地的行为，不宜简单认定为违法。理由在于：根据行政诉讼法第一条的规定，行政诉讼之于行政机关的作用，主要在于“监督行政机关依法行使职权”，防止其不谨慎地适用法律。因此，如果特定行政行为的“违法”，并非出于行政机关对法律的无知或是蔑视，而是因为法律规定本身的冲突或歧义，超出了行政机关对依法行政所应尽到的谨慎注意义务，则对此类行为的处罚将显得极不合理，且与行政诉讼法的立法初衷不符。本案中，根据1993年12月3日新郑县人民政府作出的新政文〔1993〕74号《县政府关于城区无地少地村民小组农民集体“农转非”问题的通知》，再审申请人鲁中保所在的北关街属于集体农转非范围。由于该“农转非”问题发生在意见公布实施之前，再审被申请人新郑市人民政府，以及二审法院认为在原北街村民已转为城市居民后，集体土地也相应转化为国有土地，具有一定的法律依据，符合当时特定的历史背景，处理结果并无不当。

——中国裁判文书网，https://wenshu.court.gov.cn/。

692 对于集体土地征收过程中违法强拆造成的损失，应当通过补偿程序还是赔偿程序予以解决

关键词｜违法强拆｜补偿程序｜赔偿程序｜

【最高人民法院裁判案例】

卢先锋诉庐江县人民政府不履行法定职责案［最高人民法院（2017）最高法行申370号行政裁定书］

公民、法人或者其他组织依法享有取得国家赔偿或者国家补偿的权利。《最高人民法院关于适用〈中华人民共和国行政诉讼法〉的解释》第六十八条第一款第（五）项也规定，“请求判决行政机关予以赔偿或者补偿”，属于行政诉讼法第四十九条第（三）项规定的“有具体的诉讼请求”。国家赔偿和国家补偿都属于国家责任的范畴，两者也有一些相似之处，例如，都是基于对公权力行使造成损害的救济，都要由公权力主体支出一定的费用来弥补损害。但两者也存在诸多差别，最为核心的是引起损害的原因不同：国家赔偿以违法行为为前提，系对侵权行为所造成的损害进行赔偿；国家补偿则是由合法行为所引起，系对合法行为所造成的损失进行弥补。就行政领域而言，究竟应当寻求行政赔偿，还是寻求行政补偿，依赖于一个行政行为究竟属于违法还是属于合法。在一个行政行为被依法确认为违法的情况下，受害人应当通过行政赔偿程序寻求损害赔偿，而不能通过行政补偿程序寻求对损失的弥补。在已经开启行政赔偿程序的时候，更不能重复或者交互运用救济手段，再行寻求行政补偿。

在本案中，再审申请人不服龙桥镇政府强制拆除其房屋的行为，曾向庐江县政府申请行政复议，请求确认强制拆除行为违法并给予行政赔偿。庐江县政府作出行政复议决定，确认强制拆除行为违法，并责令给予行政赔偿。在此情况下，再审申请人因同一事由再次要求庐江县政府予以行政补偿，就属于重复或者交互运用救济手段，原审法院对其诉请不予支持，并无不当。对受害人而言，行政行为合法与否的定性并非终极目标，最为重要的是由此造成的损害或者损失能否得到填补。就本案而言，再审申请人的房屋属于征收范围，他本来可以在征收程序中得到相应补偿，只是因为在未达成房屋拆迁安置补偿协议的情况下被违法拆除房屋，因此才走向了行政赔偿之路。但在同一个征收项目中，如果因为行政机关违法强拆而使得当事人所获得的赔偿低于正常情况下所能获得的补偿，显然是一件非常荒唐的事情。因此，尽管已经不能选择补偿程序，但在行政赔偿中，应当将受害人在正常征收补偿程序中依法和依据当地征收补偿政策所应得到的利益损失，视为国家赔偿法第三十六条第（八）项规定的国家赔偿中的“直接损失”。如果赔偿义务机关未按照此标准给予赔偿，再审申请人可以依照行政复议法第三十二条第二款关于“被申请人不履行或者无正当理由拖延履行行政复议决定的，行政复议机关或者有关上级行政机关应当责令其限期履行”的规定寻求救济，或者依法对赔偿义务机关不履行赔偿义务的行为另行提起诉讼。

——中国裁判文书网，https://wenshu. court. gov. cn/。

693 违法强制拆除的赔偿内容与赔偿标准

关键词｜违法强制拆除｜赔偿内容｜赔偿标准｜

【最高人民法院专业法官会议纪要】

10. 违法强制拆除的赔偿内容与赔偿标准

被征收人位于《征地补偿安置方案公告》范围内的房屋未通过补偿安置协议或者补偿决定得到补偿安置即被强制拆除的，被征收人请求确认强制拆除行为违法时，可一并请求赔偿动产、不动产等损失。

人民法院审理后认为确定赔偿内容的事实、证据和依据均已明确，可以直接判决被告赔偿相应的损失；认为相关事实、证据和依据尚不明确或者需要行政主体先行作出行政判断的，可以在明确相关赔偿内容、标准或计算方法后，判决被告在一定期限内作出赔偿决定。

确定赔偿方式和赔偿金额应当公平合理，不应低于被征收人依据补偿安置方案可以获得的征收补偿。确定赔偿项目和赔偿金额应结合违法行为的类型与违法情节的轻重，准确适用国家赔偿法规定的赔偿方式、赔偿项目、赔偿标准，并参照补偿安置方案规定的补偿方式、补偿项目、补偿标准。赔偿金额应包括被征收房屋的价值、违法强制拆除造成的物品损失等。被征收人按照补偿安置方案应当获得的搬迁费、临时安置费、停产停业损失等，可以视为国家赔偿法第三十六条第（八）项规定的“直接损失”。

——《最高人民法院行政法官专业会议纪要（五）》（集体土地补偿领域），载中华人民共和国最高人民法院行政审判庭编：《行政执法与行政审判》（总第80集），中国法制出版社2020年版，第252—253页。

法律问题：违法强制拆除案件中赔偿范围及金额的认定。

法官会议意见：行政机关通过非法手段拆迁，所有通过行政补偿应当获得的项目以及数额，都应当属于行政赔偿的范畴，要确保对相对人的赔偿数额不低于相对人在合法强拆情况下获得的补偿数额。补偿协议中约定的按期搬迁奖励、搬迁费和临时安置费在内均应纳入赔偿范围,计算为直接损失。未及时支付赔偿金所产生的利息亦属于直接损失的范围,应予赔偿。

——最高人民法院第一巡回法庭2018年第9次法官会议纪要,载最高人民法院第一巡回法庭编著:《最高人民法院第一巡回法庭行政主审法官会议纪要》(第1卷),中国法制出版社2020年版,第221页。

694 未按集体土地征收补偿协议约定安排宅基地相关损失的赔偿标准

关键词｜异地新建｜宅基地｜

【最高人民法院专业法官会议纪要】

法律问题:集体土地征收中采取异地新建安置方式的宅基地价值损失和过渡费损失如何救济。

法官会议意见:行政机关怠于履行法定义务,宅基地价值损失和过渡费损失应予赔偿。根据2008年《安置办法》的规定以及案涉《房屋拆迁协议书》的约定,涟源市政府为被拆迁人安置宅基地既是法定义务,也是约定义务。涟源市政府不履行、拖延履行法定职责,导致被拆迁人合法权益遭受损害的,应当承担赔偿责任。王某虽然已经死亡,但不应免除涟源市政府对王某未获得宅基地偿还造成相关损失的赔偿责任,否则不符合公平原则;其因未获得宅基地偿还造成的损失属于财产权,其继承人有权要求赔偿。王术某虽然在房屋被拆除前已经获得宅基地并建设住宅,但包含在王术某户内的王买某、王净某系在案涉房屋拆除后自行获得的宅基地,虽然无须涟源市政府再行安置宅基地,但涟源市政府应向王买某、王净某支付宅基地价值赔偿。2008年《安置办法》未对过渡期超过18个月时过渡费如何计算作出规定,但根据充分赔偿原则,对超过18个月仍未获安置的被拆迁人,应当相应增加过渡费,对该部分损失,涟源市政府应予赔偿。

——最高人民法院第一巡回法庭2019年第1次法官会议纪要,载最高人民法院第一巡回法庭编著:《最高人民法院第一巡回法庭行政主审法官会议纪要》(第1卷),中国法制出版社2020年版,第228—229页。

695 被拆房屋不能恢复原状时的判决方式

关键词｜被拆房屋｜恢复原状｜判决方式｜

【最高人民法院专业法官会议纪要】

法律问题：被拆房屋不能恢复原状时的法官释明义务和给付判决的适用。

法官会议意见：被拆房屋明显不具备恢复原状的可能时，人民法院就应及时依法释明，引导当事人将诉讼请求变更为判令行政机关支付特定数额的赔偿金或交付特定（包括特定面积、特定位置）的安置房，以便人民法院作出契合当事人诉讼请求的一般给付判决，高效、公平、公正地实质解决行政争议，而不宜作出判令行政机关限期作出赔偿决定的概括判决，以免行政机关作出不合法或不合理的赔偿决定后，当事人再行起诉，既增加当事人的诉累，又浪费司法资源。

——最高人民法院行政审判庭编：《最高人民法院行政审判庭法官会议纪要》（第一辑），人民法院出版社 2022 年版，第 146—148 页。

696 诉请补偿安置案件的裁判方式

关键词 | 补偿案件 | 裁判方式 |

【最高人民法院专业法官会议纪要】

9. 诉请补偿安置案件的裁判方式

已取得国务院、省级人民政府征地批复的农村集体土地征收项目，市、县人民政府批准征地补偿安置方案后，市、县人民政府土地行政主管部门，征收管理机构及其委托的其他主体，应当在征地补偿安置方案规定的期限内与被征收人协商签订补偿安置协议。

未能在法定期限内签订补偿安置协议，也未依法解决补偿安置问题，被征收人诉请市、县人民政府土地行政主管部门、征收管理机构履行补偿安置职责的，人民法院应判决责令被告依法履行补偿安置职责；被征收人诉请作出补偿决定的，人民法院应判决责令被告依法作出补偿决定；确定补偿项目与补偿内容的事实、证据和依据均已明确的，人民法院可以直接作出包括具体补偿项目与补偿内容的判决。

——《最高人民法院行政法官专业会议纪要（五）》（集体土地补偿领域），载中华人民共和国最高人民法院行政审判庭编：《行政执法与行政审判》（总第 80 集），中国法制出版社 2020 年版，第 252 页。

697 未批先用、少批多用土地案件的裁判方式

关键词 | 未批先用 | 少批多用 | 裁判方式 |

【最高人民法院专业法官会议纪要】

11. 未批先用、少批多用土地案件的裁判方式

市、县人民政府组织实施土地征收时未取得征地批复，但已参照法定标准制定补偿安置方案并实施补偿安置，且在人民法院一审辩论终结前已取得征地批复的，视为市、县人民政府已采取补救措施。

市、县人民政府未取得征地批复，但已参照法定标准制定补偿安置方案并公告实施的，人民法院应先行保障被征收人按照补偿安置方案应当获得的补偿安置利益，不得以尚未取得征地批复无法确定补偿安置标准为由拒绝对补偿安置内容作出裁判。

市、县人民政府组织实施土地征收时未取得征地批复，一审辩论终结前仍未取得的，人民法院应当判决确认违法并责令返还土地、恢复原状；征地项目确属公共利益需要且无法返还土地、恢复原状的，人民法院可以判决确认违法，并可以根据行政诉讼法第七十四条、第七十六条的规定，判决责令被告采取补救措施；给原告造成损失的，依法判决被告承担赔偿责任。

——《最高人民法院行政法官专业会议纪要（五）》（集体土地补偿领域），载中华人民共和国最高人民法院行政审判庭编：《行政执法与行政审判》（总第80集），中国法制出版社2020年版，第253页。

698 国有农用地被收回并依法变更为国有建设用地的，不适用有关农村集体土地征收的法律规定

关键词 | 国有农用地 | 农村集体土地 |

【最高人民法院裁判案例】

余刚友诉贵州省贵阳市观山湖区人民政府不履行土地行政补偿协调法定职责案［最高人民法院（2016）最高法行申2359号行政裁定书］

本案争议的焦点是被申请人观山湖区政府是否具有对申请人余刚友申请协调事项进行协调的法定职责。根据土地管理法实施条例第二十五条第三款的规定，对集体土地上征地补偿标准有争议的，由县级以上地方人民政府协调。根据原审

所查明的事实,本案中,阳关饲养场系国有农垦企业,涉案土地为国家划拨使用的国有农用地。由于开发建设的需要,涉案国有土地陆续被收回转为建设用地,并办理了农用地转用审批手续。涉案国有土地被收回并转化为建设用地的行为,并非对集体农用地的征收行为,因此,申请人不属于土地管理法实施条例第二十五条第三款规定的协调对象,其申请的事项也不属于该条规定的内容。故申请人请求观山湖区政府履行法定协调职责的理由不能成立,原审法院对其诉讼请求不予支持,并无不当。

——中国裁判文书网,https://wenshu. court. gov. cn/。

(三)违法建筑拆除

699 限期拆除通告的可诉性

关键词｜限期拆除｜可诉性｜

【最高人民法院裁判案例】

马冬梅诉吉林省榆树市人民政府限期拆除建筑物通告案[最高人民法院(2020)最高法行申 8909 号行政裁定书]

根据本案业已查明的事实,2019 年 5 月 8 日榆树市政府向马冬梅送达了通告,限其五日内自行拆除建筑物,如逾期不自行拆除,政府将强制拆除。同月 21 日榆树市政府强制拆除案涉建筑物,因此该通告是榆树市政府实施强制拆除行为前的过程性和阶段性行为,马冬梅已经对榆树市政府的强制拆除行为另案提起行政诉讼,并已有生效判决确认榆树市政府强制拆除行为违法。一、二审裁定驳回起诉,并无不当。

——中国裁判文书网,https://wenshu. court. gov. cn/。

700 诉请履行拆除违法建筑的法定职责，实为申请人民法院强制执行

关键词｜违法建筑｜强制执行｜

【最高人民法院裁判案例】

施乐茂诉福建省福清市人民政府、福建省福清市龙田镇人民政府不履行法定职责案[最高人民法院(2019)最高法行申3919号行政裁定书]

再审申请人向原审提起本案之诉,请求确认被申请人福清市政府和被申请人龙田镇政府未履行强制拆除涉案违建房屋的法定职责违法,并判令两被申请人立即履行强制拆除该违建房屋的法定职责。从上述事实可知,原审第三人福清市资源和规划局对涉案违法建筑的查处,系严格按照城乡规划法和行政强制法的程序规定,作出限期拆除决定和强制执行决定,并报送被申请人福清市政府作出责成行政强制拆除决定。根据城乡规划法和行政强制法上述规定的精神,对涉及违反城乡规划法的违法建筑物、构筑物、设施等的强制拆除,法律已授予行政机关强制执行权,人民法院不受理行政机关的非诉执行申请。再审申请人向原审提起本案履责之诉,实为向人民法院申请强制执行,其诉请依法不属于人民法院行政诉讼的受案范围。

——中国裁判文书网,https://wenshu.court.gov.cn/。

701 行政机关处理违法建筑时，对于违法建筑已建成多年且已出售的情形，必须考虑直接受到行政处理行为实际影响的利害关系人的正当权益

关键词|违法建筑|利害关系人|

【最高人民法院裁判案例】

刘志诉安徽省阜阳市颍州区人民政府、安徽省阜阳市颍州区城乡管理行政执法局、安徽省阜阳市颍州区文峰街道办事处行政强制拆除案[最高人民法院(2018)最高法行申2376号行政裁定书]

要旨:行政机关在处理违法建筑的法律关系中,应当针对不同情况进行相应的处置,主要分为两种情况:其一,对于正在进行建设的违法建筑,可对违法建设者予以处罚。其二,对于违法建筑已经建成多年并已出售的情况,由于行政机关实施强制拆除时已经产生了新的权利人,即除了违法建筑的建设者外还有违法建筑的实际居住、使用人。因此,行政机关对于违法建筑采取强制拆除的处理方式实际上直接影响的是购买该违法建筑并居住使用的利害关系人,对违法建筑原建设者的影

响可能已经微乎其微了。在此情况下,行政机关在作出对违法建筑的处理时,必须考虑到直接受到该行政处理行为实际影响的利害关系人的正当权益。

根据一、二审查明的事实,本案被强拆房屋被认定为违法建筑。从形式上看,被申请人颍州区城管局根据城乡规划法、行政强制法等的相关规定履行了相应的听证告知、行政处罚事先告知、作出行政处罚决定、催告、公告、作出强制执行决定等程序,但这一系列的程序都是针对本案一审第三人罗桂忠作出的,而案涉被强拆房屋的实际居住人是再审申请人刘志,并不是罗桂忠,因房屋强拆受到实际影响的也是再审申请人刘志。即使一审第三人罗桂忠是被强拆房屋的建设者,对于已经建成多年的涉案房屋且该房屋实际居住使用人已经不是罗桂忠本人的情况下,被申请人所作出的针对涉案房屋的告知、催告及强制拆除决定和强制拆除行为的相对人不能再仅仅局限于涉案房屋的原建设者,而忽略了行政行为作出的直接相对人或利益明显受影响的利害关系人。行政机关在处理违法建筑的法律关系中,应当针对不同情况进行相应的处置,主要分为两种情况:其一,对于正在进行建设的违法建筑,可对违法建设者予以处罚。其二,对于违法建筑已经建成多年并已出售的情况,由于行政机关实施强制拆除时已经产生了新的权利人,即除了违法建筑的建设者外还有违法建筑的实际居住、使用人。因此,行政机关对于违法建筑采取强制拆除的处理方式实际上直接影响的是购买该违法建筑并居住使用的利害关系人,对违法建筑原建设者的影响可能已经微乎其微了。在此情况下,行政机关在作出对违法建筑的处理时,必须考虑到直接受到该行政处理行为实际影响的利害关系人的正当权益。在本案中涉及到对违法建筑的处理上,即使再审申请人没有实际取得案涉房屋的房屋所有权证,但其作为房屋的实际居住使用人,应当享有对涉及该房屋相关处理决定的知情权、陈述权和申辩权,这是行政法赋予利害关系人的正当程序权利。而且,经过本院对双方当事人的询问了解到,本案被申请人颍州区城管局在实施强制拆除房屋行为之前,曾对案涉房屋相关情况进行过调查,知道案涉房屋的建设者和实际居住人并非同一人。在此情况下,被申请人颍州区城管局无论是作出处罚决定还是强拆决定,都应当将与案涉房屋的相关决定告知再审申请人,以保障其主张合法权益的权利和机会。根据行政强制法第八条第一款关于"公民、法人或者其他组织对行政机关实施行政强制,享有陈述权、申辩权;有权依法申请行政复议或者提起行政诉讼;因行政机关违法实施行政强制受到损害的,有权依法要求赔偿"之规定,本案中,再审申请人对被诉强制拆除行为享有知情权、陈述和申辩的权利,但被申请人并没有履行对再审申请人的告知、催告等程序义务,即强制拆除再审申请人实际居住使用的房屋,侵犯了再审申请人的知情权和陈述申辩权,构成程序违法。因此,一、二审法院以被申请人已经按照行政强制法的相关规定对违法建筑建设者罗桂忠进行了告知、催告等，即认为被申请人实施强制拆除行为符合法律规定，属于适用法律错误，被申请人不能仅以对违法建设者的处罚及强制执行程序义务的履行来代替对强制拆除行为涉及的利害关系人的相应程序义务的履行。

——中国裁判文书网，https://wenshu. court. gov. cn/。

702 相邻权人向行政机关投诉举报后认为行政机关未履行拆除违法建筑职责的，可以提起行政诉讼

关键词｜违法建筑｜相邻权人｜拆除｜

【最高人民法院答复】

辽宁省高级人民法院：

关于你院请示的徐敏诉丹东市振兴区人民政府不履行拆除违法建筑职责一案有关法律适用问题，现答复如下：

相邻权人为排除妨碍而投诉举报要求拆除邻居违法建筑，行政机关在作出相关拆除决定后，被拆除人不拆除的，相邻权人认为行政机关未履行强制执行的法定职责影响到其相邻权益的，可以依法提起行政诉讼。

——《最高人民法院关于相邻权人向行政机关投诉举报后认为行政机关未履行拆除违法建筑职责而提起行政诉讼相关问题的答复》（2022 年 6 月 29 日，〔2022〕最高法行他 5 号）。

703 具有查处违章建筑职责的适格被告的认定

关键词｜违章建筑｜适格被告｜

【最高人民法院司法解释】

第二条　县级以上地方人民政府根据城乡规划法的规定，责成有关职能部门对违法建筑实施强制拆除，公民、法人或者其他组织不服强制拆除行为提起诉讼，人民法院应当根据行政诉讼法第二十六条第一款的规定，以作出强制拆除决定的行政机关为被告；没有强制拆除决定书的，以具体实施强制拆除行为的职能部门为被告。

——《最高人民法院关于正确确定县级以上地方人民政府行政诉讼被告资格若干问题的规定》(2021 年 4 月 1 日,法释〔2021〕5 号)。

【最高人民法院裁判案例】

钱井峰等 56 人诉南通市人民政府不履行法定职责案[最高人民法院(2017)最高法行申 2203 号行政裁定书]

要旨:对未取得建设工程规划许可证或者未按照建设工程规划许可证的规定进行建设的,由县级以上地方人民政府城乡规划主管部门负责进行查处;对未经批准,非法占用土地的,由县级以上人民政府土地行政主管部门负责查处。

本案的焦点问题是钱井峰等 56 人提起诉讼是否符合法定起诉条件。行政诉讼法第四十九条第(三)项规定,提起诉讼应有具体的诉讼请求和事实依据。城乡规划法第六十四条规定:"未取得建设工程规划许可证或者未按照建设工程规划许可证的规定进行建设的,由县级以上地方人民政府城乡规划主管部门责令停止建设;尚可采取改正措施消除对规划实施的影响的,限期改正,处建设工程造价百分之五以上百分之十以下的罚款;无法采取改正措施消除影响的,限期拆除,不能拆除的,没收实物或者违法收入,可以并处建设工程造价百分之十以下的罚款。"土地管理法第七十六条第一款规定:"未经批准或者采取欺骗手段骗取批准,非法占用土地的,由县级以上人民政府土地行政主管部门责令退还非法占用的土地,对违反土地利用总体规划擅自将农用地改为建设用地的,限期拆除在非法占用的土地上新建的建筑物和其他设施,恢复土地原状,对符合土地利用总体规划的,没收在非法占用的土地上新建的建筑物和其他设施,可以并处罚款;对非法占用土地单位的直接负责的主管人员和其他直接责任人员,依法给予行政处分;构成犯罪的,依法追究刑事责任。"由前述规定可见,对未取得建设工程规划许可证或者未按照建设工程规划许可证的规定进行建设的,由县级以上地方人民政府城乡规划主管部门负责进行查处;对未经批准,非法占用土地的,由县级以上人民政府土地行政主管部门负责查处。本案中,钱井峰等 56 人要求南通市人民政府对案涉违法建设行为进行查处。根据上述规定,该诉讼请求明显不属于南通市人民政府的法定职责。如钱井峰等 56 人认为人民政府相关工作部门存在不履行查处违法建设法定职责的情形,应以相应工作部门为被告直接提起行政诉讼。一审据此裁定对钱井峰等 56 人的起诉不予立案,二审裁定驳回上诉,并无不当。

——中国裁判文书网,https://wenshu.court.gov.cn/。

704 行政机关自行强制拆除违法建筑是否需等待当事人对强制拆除决定提起行政诉讼的起诉期限届满

关键词 | 强制拆除 | 违法建筑 | 起诉期限 |

【最高人民法院答复】

重庆市高级人民法院：

你院渝高法文〔2015〕26号《关于行政机关自行强制拆除违法建筑是否需等待当事人对强制拆除决定提起行政诉讼的起诉期限届满的请示》收悉。经研究，答复如下：

原则同意你院第二种意见。依照《中华人民共和国行政强制法》第四十四条规定，针对当事人在法定期限内不申请行政复议或者提起行政诉讼，又不拆除的，具有行政强制执行权的行政机关应当等待行政诉讼起诉期限届满后，方可依法强制拆除违法的建筑物、构筑物、设施等。

——《最高人民法院关于行政机关自行强制拆除违法建筑期限问题的答复》（2015年12月7日，〔2015〕行他字第15号）。

705 建成于城乡规划法实施之前的违法建筑物的法律适用

关键词 | 违法建筑物 | 法律适用 |

【最高人民法院专业法官会议纪要】

25. 违法建筑物建成于城乡规划法实施之前，规划部门在该法实施之后作出行政处罚，应当适用城乡规划法还是城市规划法的相关规定。

答：行政机关作出行政处罚决定，实体处理应当适用违法行为发生时有效的法律。但是，新法的规定更有利于被处罚人的，应当根据从旧兼从轻的原则，适用新法规定。

违法行为处于持续状态的，应当适用违法行为终了时有效的法律。违法建筑属于违法行为持续状态，应当适用作出行政处罚时有效的城乡规划法。

理由：《最高人民法院关于审理行政案件适用法律规范问题的座谈会纪要》第三条规定，行政相对人的行为发生在新法施行以前，行政行为作出在新法施行以后，人民法院审查行政行为合法性时，实体问题适用旧法规定，程序问题适用新法规定，但适用新法对保护行政相对人的合法权益更为有利的除外。根据原建设部的行政解释，违法建筑属于违法行为的持续状态，违法行为终了之日就是依法作出处理之日，因此，应当适用作出行政处罚时有效的城乡规划法。

——《最高人民法院第一巡回法庭关于行政审判法律适用若干问题的会议纪要》(2018 年 7 月 23 日)，载最高人民法院第一巡回法庭编著：《最高人民法院第一巡回法庭行政案件裁判精要》，中国法制出版社 2020 年版，第 196—197 页。

706 如何理解适用城乡规划法第六十八条和行政强制法第四十四条的规定

关键词 | 违法建筑物 | 限期拆除 | 责令停止建设 |

【最高人民法院专业法官会议纪要】

26. 如何理解适用城乡规划法第六十八条和行政强制法第四十四条的规定。

答：根据城乡规划法第六十八条规定，规划部门对已建成的违法建筑物、构筑物、设施等作出的限期拆除决定，县级以上地方人民政府可以责成有关部门强制拆除。结合行政强制法第四十四条规定，作出限期拆除决定的规划部门应当对强制拆除决定予以公告，限期当事人自行拆除。逾期不自行拆除，且对规划部门作出的限期拆除决定申请行政复议或提起行政诉讼的法定期限届满后，县级以上人民政府责成的具有强制执行权的行政机关，有权依照行政强制法的规定自行强制执行。

同时，城乡规划法第六十八条还就在建违法建筑物、构筑物、设施规定，规划部门有权对其作出责令停止建设或限期拆除的法定职权。逾期不自行拆除，县级以上人民政府责成的有关部门有权采取查封施工现场、强制拆除在建违法建筑物、构筑物、设施等行政强制措施。有关部门对在建违法建筑物、构筑物、设施等采取查封或强制拆除行政强制措施的，不受行政强制法第四十四条规定的复议或起诉期限届满限制。

土地管理部门依照土地管理法对违法建筑物、构筑物、设施等作出的限期拆除决定，依法不享有强制执行权。经公告期满，相关当事人不自行拆除的，申请行政复议或提起行政诉讼的法定期限届满后三个月内，土地管理部门有权依照行政强制法规定申请人民法院非诉执行。

理由：行政强制法第四十四条的规定，是有关行政机关强制执行程序的规定，不适用于行政强制措施。城乡规划法第六十八条规定："城乡规划主管部门作出责令停止建设或者限期拆除的决定后，当事人不停止建设或者逾期不拆除的，建设工程所在地县级以上人民政府可以责成有关部门采取查封施工现场、强制拆除等措施。”分析该条规定的具体内容，规划部门对在建违法建筑物、构筑物、设施等作出责令停止建设或者限期拆除，实质是为制止违法行为、避免危害发生、控制危险扩大，对公民、法人或者其他组织的财物实施的暂时性控制行为，应当属于行政强制措施行为，不是行政强制执行措施；只有规划部门对已建成的违法建筑物、构筑物、设施等作出的限期拆除决定，当事人逾期不自行拆除，县级以上人民政府责成有关部门强制拆除的行为，才属于行政强制执行行为，受行政强制法第四十四条的限制。

应当注意的是，根据复议、诉讼不停止执行原则，即便当事人申请行政复议或提起行政诉讼，在复议申请或起诉期限届满后，县级以上地方人民政府责成的有关部门依然有权自行强制执行。复议机关决定或人民法院裁定停止执行的除外。

——《最高人民法院第一巡回法庭关于行政审判法律适用若干问题的会议纪要》（2018 年 7 月 23 日），载最高人民法院第一巡回法庭编著：《最高人民法院第一巡回法庭行政案件裁判精要》，中国法制出版社 2020 年版，第 197—198 页。

707 违法建筑强制拆除程序的合法性审查

关键词 | 违法建筑 | 强制拆除 | 合法性审查 |

【最高人民法院裁判案例】

济宁中广新能源有限公司诉山东省济宁市微山县人民政府、南四湖自然保护区管理局限期拆除违法光伏项目设施行政强制执行决定案［最高人民法院（2020）最高法行申 7063 号行政裁定书］

要旨：行政机关依法作出强制拆除违法建筑物、构筑物、设施行政决定后，当事人在法定期限内不申请行政复议或者提起行政诉讼，又不拆除的，法律规定有强制执行权的行政机关可以依法自行强制执行；没有强制执行权的行政机关，应当依法申请人民法院强制执行。

《自然保护区条例》（2011 年修订）第三十二条第一款、第三十五条规定，不得在自然保护区的实验区内建设污染环境、破坏资源或者景观的生产设施。违反条例规定，在自然保护区进行相关违法活动的，由县级以上人民政府有关自然保护区行政主管部门或者其授权的自然保护区管理机构责令停止违法行为，限期恢复原状或者采取其他补救措施。行政强制法第十三条第二款、第三十四条、第三十五条、第三十六条、第三十七条规定，法律没有规定行政机关强制执行的，作出行政决定的行政机关应当申请人民法院强制执行。行政机关依法作出行政决定后，当事人在行政机关决定的期限内不履行义务的，具有行政强制执行权的行政机关依法自行强制执行。行政机关作出强制执行决定前，应当事先催告当事人履行义务。当事人收到催告书后有权进行陈述和申辩。行政机关应当充分听取其意见，当事人提出的事实、理由或者证据成立的，行政机关应当采纳。经催告逾期仍不履行行政决定确定的义务，且无正当理由的，行政机关可以作出强制执行决定。行政强制法第四十四条规定的内容，并未授权作出限期拆除决定的行政机关对违法建筑物、构筑物、设施等享有强制拆除的法定职权。行政机关依法作出强制拆除违法建筑物、构筑物、设施行政决定后，当事人在法定期限内不申请行政复议或者提起行政诉讼，又不拆除的，法律规定有强制执行权的行政机关可以依法自行强制执行；没有强制执行权的行政机关，应当依法申请人民法院强制执行。本案中，中广公司光伏项目设施全部位于南四湖省级自然保护区实验区内，造成自然保护区污染环境、破坏资源和景观，应当由微山县政府自然保护区行政主管部门或者其授权的南四湖管理局依法作出责令限期拆除光伏项目设施、限期恢复原状的行政决定。中广公司在决定规定期限不自行拆除的，作出限期拆除决定的行政机关应当依法催告履行。经催告仍不履行，又不申请复议或提起行政诉讼的，起诉期限届满后，行政机关应当依法申请人民法院强制执行。但是，微山县在处理中广公司在自然保护区实验区内的违规光伏项目设施时，是由留庄镇环境保护办公室、留庄镇环境突出问题整改百日攻坚行动领导小组办公室以及留庄镇人民政府作出限期拆除光伏设施、恢复原状的行政决定。作出决定的行政机关不是法律规定的“县级以上人民政府有关自然保护区行政主管部门或者其授权的自然保护区管理机构”。中广公司不履行限期拆除决定，应申请人民法院强制执行。微山县政府和南四湖管理局作出 6 号决定强制执行，适用法律错误、超越法定职权；同时，作出 6 号决定未经催告履行程序，也没有给予中广公司陈述、申辩的机会，违反法定程序。6 号决定应予以撤销。鉴于中广公司光伏项目位于自然保护区实验区内，且相关设施已经全部拆除，撤销 6 号决定将会严重损害国家利益、公共利益，一、二审判决确认违法并无不当。中广公司光伏项目建设，经过微山县政府及其相关部门审批，存在政府信赖利益。违法强制拆除行为造成中广公司合法利益损失的，应当予以行政赔偿。本案相关行政赔偿问题，正在通过另案解决。中广公司主张，山东省政府于 2019 年 11 月 4 日发布的《关于调整山东南××湖××自然保护区范围和功能区的批复》，将其光伏项目所在区域调整出自然保护区的实验区，6 号决定应予撤销。但是，新证据之前涉案光伏项目设施已经被全部强制拆除，事后的规划调整并不能影响 6 号决定的合法性。以此为由申请再审，理由不能成立。

——中国裁判文书网，https://wenshu.court.gov.cn/。

708 未办理用地手续的养殖场是否属于违法建筑

关键词｜违法建筑｜养殖场｜

【最高人民法院裁判案例】

衢州市柯城兴旺达农牧开发场、衢州市柯城区顺达生猪专业合作社诉浙江省衢州市柯城区人民政府行政复议案［最高人民法院（2019）最高法行申4750号行政裁定书］

在再审被申请人的临时用地到期并未办理续用手续的情况下，柯城区政府相关的职能部门并未以此为由强制再审被申请人停止养殖，相反对于其生猪养殖给予了诸多政策帮持，帮助其扩大生产规模。同时，从现有证据来看，对于再审被申请人及其法定代表人的各项奖励，也表明了政府对于其发展生猪养殖产业的认可。诚然，再审被申请人的用地手续上确实存在一定问题，但是由于相关的政府部门并未及时作出处罚决定，再审被申请人基于对政府的信赖，在涉案土地上兴建了一批养猪设施来满足其养殖产业发展的需要，故以此来认定其所建造的建筑属于非法建筑，不具有合理性。此外，再审申请人提出按照《国土资源部、农业部关于促进规模化畜禽养殖有关用地政策的通知》（国土资发〔2007〕220号）第三条第一款、第三款，《国土资源部、农业部关于完善设施农用地管理有关问题的通知》（国土资发〔2010〕155号）第三条，《国土资源部、农业部关于进一步支持设施农业健康发展的通知》（国土资发〔2014〕127号）第三条的相关规定，认为被申请人建造的建筑物要合法均需要经过审批、备案或经乡镇政府、农村集体经济组织同意后签约，即设施农用地的使用需经过相关行政机关的同意。但是，相关的规定最早出台的时间也是2007年，并无溯及既往的效力，以此来认定再审申请人的建造的建筑物不合法缺乏合理性。

——中国裁判文书网，https://wenshu.court.gov.cn/。

709 占用农用地的违章建筑的认定

关键词｜违章建筑｜农用地｜

【最高人民法院裁判案例】

吕秋文、洪国祥诉浙江省衢州市柯城区人民政府、衢州市综合行政执法局行政强制案［最高人民法院（2019）最高法行申924号行政裁定书］

第一，关于吕秋文、洪国祥提出的案涉用地系用于养殖的设施农用地，无须审批，不属于违章建筑的意见。经审查，原国土资源部、原农业部《关于完善设施农用地管理有关问题的通知》（国土资发〔2010〕155号）规定，农业设施的建设与用地由经营者提出申请，乡镇政府申报，县级政府审核同意。设施农用地审核同意后，乡镇政府具体监督设施建设和用地协议的实施。设施用地不得改变土地用途，禁止擅自或变相将设施农用地用于其他非农建设。对于未经审核同意的设施农用地，要依法依规进行处理。从一审、二审审理情况看，吕秋文、洪国祥并未提供案涉建筑经过县级政府审核同意的材料，且从查明的情况看，案涉建筑在拆除前出租给他人用于家具生产，并非用于养殖，故其提出的该项主张缺乏依据，不能成立。

——中国裁判文书网，https://wenshu.court.gov.cn/。

710 超出房屋登记簿的面积是否属于违法建筑的认定

关键词｜违法建筑｜房屋登记簿｜

【最高人民法院裁判案例】

李恩光诉湖南省长沙市芙蓉区人民政府房屋征收补偿决定纠纷案［最高人民法院（2020）最高法行申5613号行政裁定书］

《长沙市国有土地上房屋征收与补偿实施办法》第二十六条规定，被征收房屋的建筑面积、结构、用途等，一般以房屋权属证书和房屋登记簿的记载为准；房屋权属证书与房屋登记簿的记载不一致的，除有证据证明房屋登记簿确有错误外，以房屋登记簿为准。本案中，李恩光房屋登记簿上记载的面积为112.66㎡，房屋结构为混合结构，芙蓉区政府以房屋登记簿上记载的面积及房屋结构认定涉案房屋的价值，符合上述规定。李恩光提出涉案房屋结构为钢混结构而非砖混结构，原审法院认定错误的主张，但未提供证据证明涉案房屋征收补偿决定系按砖混结构对涉案房屋进行补偿。因此，该项主张无事实依据，本院不予支持。

《长沙市国有土地上房屋征收与补偿实施办法》第二十七条规定，市、区、县（市）人民政府在作出房屋征收决定前，由城乡规划部门会同住房和城乡建设、国土资源、城市管理和行政执法、房屋征收等有关部门对房屋征收范围内未登记的建筑进行调查、认定和处理。未登记建筑认定的具体办法由市城乡规划部门制定并报市人民政府批准执行。对认定为合法建筑的，应当给予补偿。对未超过批准期限的临时建筑，按建筑成本并结合使用年限给予补偿。对违法建筑和超过批准期限的临时建筑不予补偿。根据上述规定，芙蓉区政府负有法定职责组织有关部门对涉案房屋未经登记的建筑进行调查、认定和处理。涉案房屋征收补偿方案的作出表明芙蓉区政府已对涉案房屋的建筑面积作出了调查、认定和处理，结果已体现在涉案房屋征收补偿方案之中。该房屋征收补偿方案已于2017年12月5日以留置送达方式送达李恩光。李恩光如对超出房屋登记簿上的面积被认定为违法建筑有异议，可在涉案房屋征收补偿方案依法寻求权利救济中一并行使其陈述、申辩的合法权利。但李恩光至今未提供任何证据证明涉案房屋超出房屋登记簿上的面积为合法建筑面积。芙蓉区政府根据长沙市城乡规划局芙蓉区分局出具的《长沙市城乡规划局芙蓉区分局关于对当事人李恩光在定王台街道所建建筑物的规划专业咨询意见的复函》，决定对涉案房屋除产权面积112.66㎡以外的建筑物不予补偿，符合法律规定。李恩光提出涉案房屋测量面积错误的主张，因超出房屋登记簿上记载的面积已被认定为违法建筑，不予补偿，故查明涉案房屋超出房屋登记簿上的实际测量面积并无实际意义。对李恩光的该项主张，本院不予支持。

长沙市城乡规划局芙蓉区分局出具的《长沙市城乡规划局芙蓉区分局关于对当事人李恩光在定王台街道所建建筑物的规划专业咨询意见的复函》认定涉案房屋除产权面积112.66㎡以外的建筑物未取得《建设工程规划许可证》，且无法采取改正措施消除影响。该复函仅对涉案房屋建筑行为进行定性，并未对定性后的建筑行为作出处罚，不属于行政处罚。李恩光主张认定涉案房屋部分建筑为违法建筑不符合行政处罚法的规定，理据不足，本院不予支持。

——中国裁判文书网，https://wenshu.court.gov.cn/。

711 被征收的无证照房屋未被依法认定为违法建筑，征收部门应给予征收补偿

关键词 | 无证房屋 | 违法建筑 | 征收补偿 |

【最高人民法院裁判案例】

金淑艳诉辽宁省沈阳市浑南区人民政府、辽宁省沈阳市浑南区城市更新局（原辽宁省沈阳市浑南区土地房屋征收管理办公室）履行征收补偿职责案［最高人民法院（2020）最高法行申4319号行政裁定书］

要旨：征收范围内的房屋往往情况复杂，尤其是城中村或旧城区，存在大量因历史原因未依法办理产权登记或者未依法办理审批许可手续的建筑，对于此类建筑，政府应当组织有关部门依法进行调查、认定和处理，并应就此在行政诉讼中承担相关举证责任。负责调查、认定、处理的相关部门具有对未登记建筑的合法性作出认定和处理的法定职责。

关于案涉无证房及构筑物是否应予以补偿及补偿数额的问题。根据《国有土地上房屋征收与补偿条例》第二十四条第二款的规定,市、县级人民政府作出房屋征收决定前,应当组织有关部门依法对征收范围内未经登记的建筑进行调查、认定和处理。对认定为合法建筑和未超过批准期限的临时建筑的,应当给予补偿;对认定为违法建筑和超过批准期限的临时建筑的,不予补偿。征收范围内的房屋往往情况复杂,尤其是城中村或旧城区,存在大量因历史原因未依法办理产权登记或者未依法办理审批许可手续的建筑,对于此类建筑,政府应当组织有关部门依法进行调查、认定和处理,并应就此在行政诉讼中承担相关举证责任。负责调查、认定、处理的相关部门具有对未登记建筑的合法性作出认定和处理的法定职责。本案中,浑南区政府既未发布征收安置补偿方案又未对案涉无证房及构筑物进行调查、认定及处理。浑南区政府委托评估机构对案涉无证房及构筑物进行评估,并将评估结果送达金淑艳,金淑艳对评估结果无异议并自动搬迁后,又称评估错误,不予补偿。故在案涉无证房及构筑物并未被认定为系违法建筑和超过批准期限的临时建筑的情况下,浑南区政府关于案涉无证房及构筑物不应予补偿的主张,本院不予支持。关于无证房及构筑物的补偿数额。鉴于诉讼时涉案建筑已被拆除,而评估报告系基于双方当事人共同确定的评估项目及数量而作出,双方当事人对评估数额均无异议,一、二审法院参照评估报告确定无证房及构筑物的估价结果,判令浑南区政府向金淑艳给付无证房及构筑物的补偿款,并无不当。

——中国裁判文书网,https://wenshu.court.gov.cn/。

712 无证房屋要综合考量未办理产权登记的原因,不宜直接认定为违法建筑

关键词 | 无证房屋 | 违法建筑 |

【最高人民法院裁判案例】

湖南省湘潭市广湘中电电工专用设备有限公司诉湖南省湘潭市雨湖区人民政府行政补偿案[最高人民法院(2020)最高法行申13015号行政裁定书]

要旨:对于因历史原因未办理房屋产权证的房屋,行政机关在没有充分证据证明该房屋属于违法建筑的情况下,不宜认定为违法建筑。行政征收中,应当综合考量未办理产权登记的历史原因、土地价值、房屋用途和周边类似房屋市场价格等因素,确定补偿标准,不宜径行以违法建筑为由不予补偿。

现行集体土地征收制度的本质是国家基于公共利益需要实施征收,并由国家

依法给予公平合理补偿的制度,对于因历史原因未办理房屋产权证的房屋,行政机关在没有充分证据证明该房屋属于违法建筑的情况下,不宜认定为违法建筑。行政征收中,应当综合考量未办理产权登记的历史原因、土地价值、房屋用途和周边类似房屋市场价格等因素,确定补偿标准,不宜径行以违法建筑为由不予补偿。本案中,广湘公司未依照法定程序取得国土、建设规划部门的审批,更未依法办理产权登记,不能认定涉案厂房已转化为合法建筑。但是,涉案厂房在建设和使用过程中,取得了土地所有人村委会同意,也得到有关部门的认可和支持。广湘公司基于对政府相关部门的信赖对涉案厂房的建设使用所作的相应投入,依法应予合理补偿。湘潭市雨湖区长株潭城际铁路建设指挥部的通知未充分考虑涉案建筑物在当地特定时期和政策背景下的特殊性,对广湘公司在其信赖利益范围内的相应投入、产生的损失未予综合考量和合理保护,明显不当。一审判决未予支持广湘公司的诉讼请求错误,二审判决基于上述公平合理补偿原则,撤销一审判决、撤销雨湖区政府作出的《关于对湘潭市广湘中电电工专用设备有限公司未经登记建筑等相关补偿事项的通知》,责令雨湖区政府重新作出处理决定正确,本院予以支持。

——中国裁判文书网,https://wenshu.court.gov.cn/。

潘玉民诉辽宁省沈阳市于洪区人民政府、辽宁省沈阳市于洪区沙岭街道办事处履行补偿职责案[最高人民法院(2019)最高法行申7904号行政裁定书]

首先,案涉有产权证房屋初为乡镇人民政府的办公大楼,后为沈阳市于洪区沙岭信用合作社(以下简称沙岭信用社)营业场所。潘玉民从沙岭信用社合法购买案涉有产权证房屋后,用做肉食品加工厂经营场所和厂房。在潘玉民向人民法院提供了《房照》及契税证等证据的情况下,案涉1100平方米房屋虽无房产档案但属于历史遗留问题,按照有证房屋和经营性用房予以补偿并无不当。原审法院经实地走访、询价,按照案涉房屋2011年拆除时周边在售经营性用房平均成交最低价的80%确定补偿单价,亦无不当。故对于洪区政府关于案涉有产权证房屋因无房产档案应为无证房屋、原审法院认定的案涉房屋补偿单价无事实和法律依据的主张,不予支持。

其次,二审法院认定沙岭街道办事处出具的《证明》证实案涉无产籍房屋建成于1976年,原为乡镇人民政府的办公用房,亦系潘玉民从沙岭信用社合法购买,没有办理房屋产权证有其历史原因。在于洪区政府没有提交充分证据证明其为违法建筑的情形下,不宜认定为违法建筑。二审法院在综合考量没有办理产权登记的历史原因、土地价值、房屋用途和案涉房屋2011年拆除时周边在售经营性用房平均成交最低价格等因素后,确定每平方米2750元的补偿单价并无不当。故对于洪区政府关于案涉无产籍房屋系违法建筑不应予以补偿的主张,不予支持。

最后,案涉土地属于集体建设用地,系潘玉民于1995年从沙岭信用社合法购买,已依法取得集体土地使用证,享有占有、使用和取得收益的权利。据此,二审法院认定潘玉民有权获得案涉土地补偿并无不当。二审法院根据辽宁省沈阳市有关土地价格保障标准,并考虑前述有产权证房屋和无产籍房屋补偿中已包括项下土地价值应扣除相应面积,最终确定案涉土地应补偿面积为2795.29平方米、补偿标准为每平方米480元亦无不当。故对于洪区政府关于二审法院判决其给付潘玉民土地补偿费属于适用法律错误的主张,不予支持。

——中国裁判文书网,https://wenshu.court.gov.cn/。

梁承志诉广西壮族自治区贵港市港北区人民政府强制拆除房屋及行政赔偿案

[最高人民法院(2018)最高法行申5425号行政裁定书]

要旨:在房屋征收过程中,对因历史原因形成的没有建设审批手续和产权证照的房屋,行政机关应当在征收之前依法予以甄别,作出处理,不能简单将无证房屋一律认定为违法建筑,不予征收补偿;违法拆除因历史形成的无证房屋造成损失的,也不能简单以无证房屋即为违法建筑为由,不予行政赔偿。在行政机关没有充分证据证明被拆除的无证房屋属于违法建筑的情况下,应当将该房屋视为合法建筑,依法予以行政赔偿。行政赔偿的项目、数额不得少于被征收人通过合法征收补偿程序获得的行政补偿项目、数额。

1996年梁承志获得涉案土地准许其建房。港北区政府至今没有提供充分证据证明,梁承志通过合法交易获得的土地上的房屋属于违法建筑。鉴于此,二审判决将梁承志的土地、房屋视为合法建筑,按照市场评估价格和征收补偿方案确定的补偿项目和标准,依法判决港北区政府赔偿梁承志房屋、装修费、搬迁费、临时安置费等共计821269元,符合本案事实及法律规定,本院予以支持。梁承志主张,本案评估机构选定及评估程序不合法,评估报告认定事实错误,应当以当前房地产市场价格予以评估赔偿。但是,行政赔偿的目的在于弥补损失。本案评估报告仅仅是认定房屋损失的证据,梁承志未在法定期限内对该评估报告提出异议,且未提供证据证明评估结果存在实质性错误,也未提供证据证明,评估时点的市场价格与判决时的市场价格发生重大且明显的变化,按照评估报告赔偿其房屋损失不足以弥补其损失,仅以评估机构选定程序违法、评估程序违法等理由否定评估报告的证据证明效力,理由不能成立。梁承志还主张,港北区政府违法强制拆除行为,导致梁承志无法对屋内物品损失举证,应当承担举证不能的后果。其该项主张的实质,是对生效判决认定的屋内物品损失数额有异议。根据行政诉讼法第三十八条第二款规定,因被告的原因导致原告无法举证的,确实应当由被告承担举证责任。但是,在被告也不能提供证据对损失数额予以证明的情况下,并非必须按照原告提出的赔偿项目和数额,判决被告承担行政赔偿责任。确定行政赔偿数额,必须要有基本的事实依据。在双方对损失情况均不能举证证明的情况下,法官应当根据《最高人民法院关于行政诉讼证据若干问题的规定》第五十四条规定,遵循法官职业道德,运用逻辑推理和生活经验,酌定损失数额。本案中,根据查明事实,强制拆除前梁承志对室内物品已进行过清理和搬离,房内仅剩下抽油烟机、床等少量日常生活用品,结合梁承志提出的赔偿请求,法官酌定10000元损失,具有事实依据。梁承志的该项申请再审理由,亦不能成立。

应当指出的是,《国有土地上房屋征收与补偿条例》第二十四条第二款规定,市、县级人民政府作出房屋征收决定前,应当组织有关部门依法对征收范围内未经登记的建筑进行调查、认定和处理。对认定为合法建筑和未超过批准期限的临时建筑的,应当给予补偿;对认定为违法建筑和超过批准期限的临时建筑的,不予补偿。所谓"依法对征收范围内未经登记的建筑进行调查、认定和处理",是指按照土地管理法及其实施条例以及城乡规划法等法律、法规规定,依法判断、准确认定征收范围内未经登记的建筑是否属于违法建筑。本案中,贵港市政府发布的5号通知第七条规定,对因历史原因造成手续不全的房屋,"在房屋征收期限内签订协议书的,根据房屋建成的年限,按《贵港市中心城区房屋市场指导价格》规定的补偿标准一定比例给予补助;不签订协议书的,按违法建筑依法拆除"。上述内容与依法认定违法建筑的理念和标准相悖,违反法律、法规规定,本院予以指正。鉴于本案生效判决并未按照上述规定处理,判决结果符合法律规定,本案不予再审。

——中国裁判文书网,https://wenshu.court.gov.cn/。

713 行政机关在强制拆除违法建筑时应尽到的法定注意义务

关键词 | 强制拆除 | 违法建筑 | 注意义务 |

【最高人民法院裁判案例】

黄江英、张顺忠诉浙江省义乌市人民政府行政赔偿案[最高人民法院(2019)最高法行赔申482号行政赔偿裁定书]

要旨:根据正当法律程序和比例原则的要求,行政机关在履行职务过程中可能给公民、法人或者其他组织造成损害的,应选择对相对人权益最小侵害的方式进行。

在行政机关拆除违法建筑时，首先，在实施强制拆除行为之前，应当依照行政强制法的相关规定，书面催告、公告相对人在合理期限内自行拆除违法建筑，改正违法行为；逾期仍不改正的，依法实施强制拆除，努力最大限度以最少成本修复被损害的社会法律关系。其次，在依法实施强制拆除行为时，亦应尊重当事人合法的财产权利，负有对被拆除违法建筑内的合法财产，承担清点登记及妥善保管、移交之义务，否则即应承担相应的赔偿责任。

——中国裁判文书网，https://wenshu. court. gov. cn/。

714 城镇规划区内违法建筑强制拆除的法定程序

关键词｜违法建筑｜强制拆除｜

【最高人民法院裁判案例】

陈选金诉临武县人民政府、临武县城市管理行政执法局强制拆除行为违法及行政赔偿案[最高人民法院(2018)最高法行申952号行政裁定书]

要旨：程序合法是行政法的基本原则之一，行政机关作出任何行政行为，均应按照相应的法定程序进行，即使行政相对人违法在先，行政机关纠正违法行为也应当严格按照法定程序履行职责。

根据行政强制法第五条的规定，行政强制的实施应当适当，该法第四章对行政机关实施强制拆除行为应当遵循的法定程序做了明确、具体的规定，行政机关拆除违法建筑应当严格依照相关规定进行。强制拆除的对象是违法建筑本身，但组成建筑物的建筑材料及建筑内的物品，则属于当事人的合法财产。当事人因违法建筑所负的法律责任，不应当涉及其合法的私有财产。虽然城乡规划法、行政强制法均未对行政强制执行的具体实施程序作出明确规定，但是参照行政强制法第三章关于行政强制措施实施程序的规定，结合行政诉讼法第三十八条第二款关于行政赔偿案件中因被告原因导致原告无法举证时由被告承担举证责任的精神，行政机关对违法建筑实施强制拆除的，手段、方式必须科学、适中，不得以野蛮方式实施强制拆除。对于建筑物内的物品，行政机关应当采用公证、见证等方式，进行清点造册、制作现场笔录、妥善保管并及时移交。如行政机关未依法履行上述程序，造成当事人合法财产损失的，则该强制拆除行为应予确认违法。本案中，涉案建筑位于县城总体规划的规划区范围内，临武县城管局认定该临时建筑未办理规划许可手续，依法作出行政处罚决定，陈选金逾期没有自行拆除，临武县城管局作出强制拆除决定，之后由临武县政府组织临武县城管局等部门对违法建筑强制拆除。上述程序符合城乡规划法、行政强制法的相关规定，程序并无不当。但是，临武县政府在组织实施强制拆除过程中，针对建筑物内的财产，既未与陈选金办理财物交接手续，亦未清点建筑物内的财产或进行相应的证据保全。临武县政府实施强制拆除的行为，不符合法定程序，应予确认违法。一、二审判决对此部分事实予以认定，但却判决驳回陈选金请求判决确认临武县政府强制拆除其临时厂棚及附属设施的行政行为违法的诉讼请求，适用法律不当，本院予以指正。一、二审判决虽未确认强制拆除行为违法，但已判决临武县政府对陈选金合法财产的损失予以赔偿，陈选金的赔偿请求已经过实体审理并作出相应裁判。鉴于案涉建筑已经被拆除，事实上已经无法恢复，陈选金的合法权益只能通过赔偿途径予以解决。即使本院对违法诉讼请求的判决方式错误提起再审，其结果仍然是确认强制拆除行为违法后判决予以相应赔偿，徒增诉累，浪费司法资源。一、二审判决有关强制拆除行为合法性的诉讼请求虽然在适用法律上存在错误，但本案已无进行再审的必要性，原审该项裁判结果应予维持。

——中国裁判文书网，https://wenshu.court.gov.cn/。

715 违法建筑的拆除应当给予当事人自行拆除的合理时间

关键词｜违法建筑｜自行拆除｜

【最高人民法院裁判案例】

黄周德、黄涛诉南宁高新技术产业开发区管理委员会行政强制拆除及行政赔偿案［最高人民法院（2020）最高法行申 8700 号行政裁定书］

城乡规划法第四十条第一款规定，在城市、镇规划区内进行建筑物、构筑物、道路、管线和其他工程建设的，建设单位或者个人应当向城市、县人民政府城乡规划主管部门或者省、自治区、直辖市人民政府确定的镇人民政府申请办理建设工程规划许可证。原周德六公司未能提供建设涉案建（构）筑物的合法手续，原审判决认定涉案建（构）筑物属于违法建筑，符合法律规定。国家赔偿法第二条第一款规定，国家机关和国家机关工作人员行使职权，有本法规定的侵犯公民、法人和其他组织合法权益的情形，造成损害的，受害人有依照本法取得国家赔偿的权利。涉案建（构）筑物虽然属于违法建筑，但是被申请人从作出《行政处罚决定书》到违反法定程序实施强拆行为，没有给予原周德六公司自行拆除的合理时间，拆除过程对涉案建（构）筑物内的财产没有依法进行证据保全工作，二审法院综合全案证据，酌定判决赔偿原周德六公司在被强拆过程中受到的各项损失共计人民币 58 万元，并无不当。

——中国裁判文书网，https://wenshu.court.gov.cn/。

716 在复议、诉讼法定期限内，行政机关应当停止执行强制拆除违法建筑物

关键词 | 违法建筑 | 自行拆除 | 法定期限 |

【最高人民法院裁判案例】

胡素媚诉广西壮族自治区南宁青秀山风景名胜旅游区管理委员会行政强制及行政赔偿案[最高人民法院(2019)最高法行再228号行政判决书]

行政强制法第四十四条规定："对违法的建筑物、构筑物、设施等需要强制拆除的，应当由行政机关予以公告，限期当事人自行拆除。当事人在法定期限内不申请行政复议或者提起行政诉讼，又不拆除的，行政机关可以依法强制拆除。"根据上述规定，在复议、诉讼法定期限内，应当停止执行强制拆除违法建筑物、构筑物、设施等。本案中，青秀山管委会于2015年1月21日作出1号《强制拆除决定书》后，当日便强制拆除了案涉房屋，该强制拆除行为尚在当事人提起行政复议或者提起行政诉讼的法定期限之内，违反了上述法律规定。一、二审判决据此确认青秀山管委会强制拆除案涉房屋违法正确，本院予以支持。

——中国裁判文书网，https://wenshu.court.gov.cn/。

717 农村房屋被认定为违建，被征收人仍可以基于宅基地使用权获得补偿安置

关键词 | 农村房屋 | 违法建筑 | 宅基地使用权 |

【最高人民法院裁判案例】

陈立、华安民、华宁、华一聪诉河南省信阳高新技术产业开发区管理委员会、河南省信阳市人民政府、河南省信阳高新技术产业开发区城东街道办事处行政征收案[最高人民法院(2020)最高法行申13515号行政裁定书]

宅基地使用权是农村集体经济组织成员的一项基本权利，应当保障农村村民实现户有所居。本案中，陈立作为河南省信阳市平桥区刘洼村陈庙组村民，户籍一

直未变动，应当依法享有该村集体经济组织成员的各项权利，包括宅基地使用权。陈立结婚后，其随迁入户的丈夫和所生子女亦均依法享有该村集体经济组织成员的各项权利。虽然其家庭长期在外居住生活，但并不因此丧失该村集体经济组织成员资格和宅基地使用权。尽管陈立等四人在未经批准的情况下建设房屋，所建房屋被认定为违法建筑并已被强制拆除，但仍享有宅基地使用权利，信阳高新区管委会应当基于陈立等四人合法享有的宅基地使用权对陈立等四人予以补偿安置。至于陈立等四人在该宅基地上是否有合法房屋，则是补偿安置过程中确定补偿标准的考量因素之一，信阳高新区管委会仅以陈立等四人所建房屋属于违法建筑、原住房已坍塌为由，拒绝给予陈立等四人补偿安置的主张不能成立。因此，二审法院确认信阳高新区管委会对陈立等四人不予补偿的行为违法，认定陈立等四人具有获得征收补偿的权利，认定事实清楚，适用法律正确。

——中国裁判文书网，https://wenshu. court. gov. cn/。

718 违法强拆违法建筑的赔偿范围、赔偿数额及举证责任

关键词 | 违法建筑 | 举证责任 | 行政赔偿 |

【最高人民法院裁判案例】

重庆市永川区洪奇生猪养殖专业合作社诉重庆市永川区人民政府行政赔偿案

［最高人民法院（2020）最高法行赔申 188 号行政裁定书］

要旨：在行政赔偿、补偿的案件中，原告应当对行政行为造成的损害提供证据。因被告的原因导致原告无法举证的，由被告承担举证责任。但此处两种举证责任在证明目的、证明对象、不利后果等方面并非完全一致，具体而言，对于运用逻辑推理和生活经验无法认定的巨额损失是否存在，原告仍应承担初步证明责任，否则主张消极事实的被告将无从举证。而对于损失数额，被告穷尽举证手段仍无法确定的，人民法院应当综合案件实际情况，运用逻辑推理和生活经验，结合当事人诉求合理酌情确定，并判决行政机关承担相应赔偿责任，而非直接支持原告所有赔偿请求。

本案系行政机关强制拆除违法建筑过程中毁损物品的行为被确认违法后，行政相对人直接提起行政赔偿诉讼的案件。本案争议焦点在于赔偿范围和数额的确定及相应举证责任分配问题。首先，根据国家赔偿法第二条第一款的规定，公民、法人和其他组织合法权益受到违法行政行为侵犯，造成损害的，有取得国家赔偿的权利。本案中因永川区政府在拆除过程中的不当行为造成洪奇生猪养殖合作社的

合法财产损失的,属本案赔偿范围。根据行政诉讼法第三十八条第二款及《最高人民法院关于适用〈中华人民共和国行政诉讼法〉的解释》第四十七条第三款的规定,在行政赔偿、补偿的案件中,原告应当对行政行为造成的损害提供证据。因被告的原因导致原告无法举证的,由被告承担举证责任。但此处两种举证责任在证明目的、证明对象、不利后果等方面并非完全一致,具体而言,对于运用逻辑推理和生活经验无法认定的巨额损失是否存在,原告仍应承担初步证明责任,否则主张消极事实的被告将无从举证。而对于损失数额,被告穷尽举证手段仍无法确定的,人民法院应当综合案件实际情况,运用逻辑推理和生活经验,结合当事人诉求合理酌情确定,并判决行政机关承担相应赔偿责任,而非直接支持原告所有赔偿请求。

本案中,洪奇生猪养殖合作社针对土地毁损损失、建筑材料损失等 10 项损失提出赔偿请求。(1)关于土地,其上建筑物被拆除后土地不平整是拆除行为的必然后果,但土地仍然存在,权利人仍可继续使用土地,不存在土地的毁损、灭失。如权利人认为有其他妨害土地使用权的侵权情形,可通过其他方式另行主张,但并非本案的审查范围。(2)关于建筑材料,案涉房屋被认定为违法建筑,构成该违法建筑的材料虽属洪奇生猪养殖合作社的合法财产,但建筑材料在拆除过程中无可避免地会受到部分损毁;而对拆除后的残存建筑材料,永川区政府并无职责进行清理、保管。故其要求对违法建筑的建筑材料予以赔偿的理由不成立。(3)关于洪奇生猪养殖合作社主张的圈舍、杀菌铁缸池、水池、基础配套设施中的机井、电缆线、地下排污管道、化粪池等及室内物品及电线开关插座,作为整体建筑中的一部分,房屋拆除过程中无法进行区分保存和移交,其损毁系拆除行为的必然结果,并非不当拆除行为所致,故原审判决未予支持并无不当。(4)关于养殖场内的猪,结合永川区政府的自认和过磅清单、结算票据,原审法院认定小猪 11 头、大猪 9 头并无不当。(5)关于煤炭和养殖配套三混坝子,原审判决已阐明因洪奇生猪养殖合作社未举示该损失确实存在的初步证据,故原审法院未予支持并无不当。(6)关于诉讼期间车旅费、误工费,原审法院已充分考虑诉讼参加人居住距离远近、庭审次数等情况酌情支持 0.2 万元。(7)关于洪奇生猪养殖合作社主张的其他项目,永川区政府已自认的部分原审法院已直接予以确认,未自认的项目均充分考虑案件实际情况酌情确定损失,并无遗漏或错误之处。综上,一、二审对于赔偿范围和数额的认定并无不当,举证责任分配符合法律规定。洪奇生猪养殖合作社相关理由均不成立。

——中国裁判文书网,https://wenshu.court.gov.cn/。

719 违法强制拆除造成可回收废旧建筑材料损失的赔偿

关键词 | 违法强制拆除 | 废旧建筑材料 |

【最高人民法院裁判案例】

闫立忱诉沈阳市东陵区人民政府强制清除地上附着物并行政赔偿案[最高人民法院(2016)最高法行申605号行政裁定书]

要旨：违法建筑物、构筑物，不属于合法权益范畴。但是，通过适当、合法方式拆除可得的废旧建筑材料，属于当事人的合法权益。行政机关违法强制拆除造成可回收、利用的废旧建筑材料损失的，依法应当予以赔偿。

国家赔偿法第二条规定："国家机关和国家机关工作人员行使职权，有本法规定的侵犯公民、法人和其他组织合法权益的情形，造成损害的，受害人有依照本法取得国家赔偿的权利。"本案中，闫立忱在禁止建设行为的通告发布之后建设大棚，系抢建行为，所建大棚是违法构筑物，不属于合法权益范畴。但考虑政府违法强拆行为造成大棚成本损失，一、二审判决参照《补偿办法》中大棚补偿标准，按照其价格20%补偿闫立忱大棚建设成本，并无不当。

——最高人民法院第二巡回法庭编著：《行政典型案例及审判经验》，人民法院出版社2019年版，第305、308—309页。

720 拆除违法建筑导致建筑材料损失的赔偿问题

关键词 | 违法建筑 | 建筑材料 |

【最高人民法院裁判案例】

郭桂军诉北京市朝阳区人民政府行政复议案[最高人民法院(2017)最高法行申3854号行政裁定书]

再审申请人的财产权是否受到十八里店乡政府强制拆除行为的侵犯是判断其应否取得行政赔偿的要端。违法建设不属于再审申请人的合法财产权益，对违法建设的拆除自然不会产生国家赔偿。但建设本身违法并不意味着建筑材料亦随之变成非法财物。建筑材料属于当事人的合法财产。行政机关在对违法建设实施强制拆除的过程中，若违反法定程序及采取的手段、方式不适中、不正当，导致建筑材料受到明显不合理、过度毁损的，应当根据建筑材料的合理价值、违法强制拆除行为造成的合理损失等因素承担相应的赔偿责任。

——中国裁判文书网,https://wenshu. court. gov. cn/。

王乃鑫诉河南省郑州市中原区人民政府、郑州市中原区汝河路街道办事处强制拆除及行政赔偿案[最高人民法院(2018)最高法行申 6631 号行政裁定书]

行政赔偿必须以合法权益受到损害为前提。本案中,王乃鑫要求中原区政府赔偿被诉强制拆除行为给其造成的损失,但未能提供证据证明案涉建筑取得规划许可等手续,依法不属于国家赔偿的范畴。关于王乃鑫主张因强制拆除行为造成板材等建筑材料以及屋顶灯饰、不锈钢吧台的毁损,因拆除行为必然导致部分建筑材料及物品的毁损,在汝河路街道办已告知王乃鑫限期自行拆除、恢复原状之后,王乃鑫应当及时采取措施使相应损失降到最低限度。对因强制拆除程序不到位而导致相对人损失扩大的,行政机关应当予以赔偿。但根据二审庭审询问,王乃鑫对其赔偿请求未明确正常拆除之外的其他损失,故对其赔偿请求无法支持。二审判决并无不当。

——中国裁判文书网,https://wenshu. court. gov. cn/。

西宁和则宏建材有限公司诉青海省西宁市城北区人民政府、原青海省西宁市城北区建设局行政赔偿案[最高人民法院(2019)最高法行申 10940 号行政裁定书]

违法建设不属于合法财产权益,行政机关对违法建设的拆除自然不会产生行政赔偿。建筑材料虽系当事人的合法财产,但若当事人因不易拆除、价值不大、拆除成本较高等原因而明示或暗示放弃,则亦不产生行政赔偿。若当事人未放弃建筑材料的所有权,行政机关违反法定程序及采取不适中、不正当的手段、方式强制拆除违法建设,导致建筑材料受到明显不合理、过度毁损的,则行政机关应承担相应的赔偿责任。

——中国裁判文书网,https://wenshu. court. gov. cn/。

重庆市永川区洪奇生猪养殖专业合作社诉重庆市永川区人民政府行政赔偿案[最高人民法院(2020)最高法行赔申 188 号行政裁定书]

(2)关于建筑材料,案涉房屋被认定为违法建筑,构成该违法建筑的材料虽属洪奇生猪养殖合作社的合法财产,但建筑材料在拆除过程中无可避免地会受到部分损毁;而对拆除后的残存建筑材料,永川区政府并无职责进行清理、保管。故其要求对违法建筑的建筑材料予以赔偿的理由不成立。(3)关于洪奇生猪养殖合作社主张的圈舍、杀菌铁缸池、水池、基础配套设施中的机井、电缆线、地下排污管道、化粪池等及室内物品及电线开关插座,作为整体建筑中的一部分,房屋拆除过程中无法进行区分保存和移交，其损毁系拆除行为的必然结果，并非不当拆除行为所致，故原审判决未予支持并无不当。

——中国裁判文书网，https://wenshu.court.gov.cn/。

721 行政机关发现违法建筑并责令停止建设后，相对人继续建设所导致的建筑材料等损失不属于合法利益的范畴

关键词 | 违法建筑 | 建筑材料 |

【最高人民法院裁判案例】

吕学民诉临漳县人民政府、临漳县住房和城乡建设局、临漳县自然资源和规划局、临漳县临漳镇人民政府行政赔偿案［最高人民法院(2019)最高法行赔申917号行政裁定书］

涉案行政强制拆除行为虽因程序问题被另案判决确认违法，但再审申请人所建房屋位于临漳县城市规划区范围内，其未办理建设工程规划许可证，所建房屋系违法建筑，不具有合法利益。虽然，临漳县住建局未依法履行作出限期拆除决定、强制拆除决定等程序，本因对再审申请人因丧失期限利益而付出的建筑成本予以适当补偿，但临漳县住建局发现再审申请人存在违法建设行为后，曾对其作出行政处罚事先告知书，责令其停止建设，并于接到告知书三日内自行拆除违法建筑。此后亦作出行政处罚听证告知书，召开听证会，多次告知其停止施工，但再审申请人依然继续建设。在此情况下，再审申请人继续建设所导致的建筑材料等损失，亦不属于合法权益的范畴，行政机关无须承担赔偿责任。

——中国裁判文书网，https://wenshu.court.gov.cn/。